국제경영학

환경과 운영

International Business: Environments & Operations

17th Edition

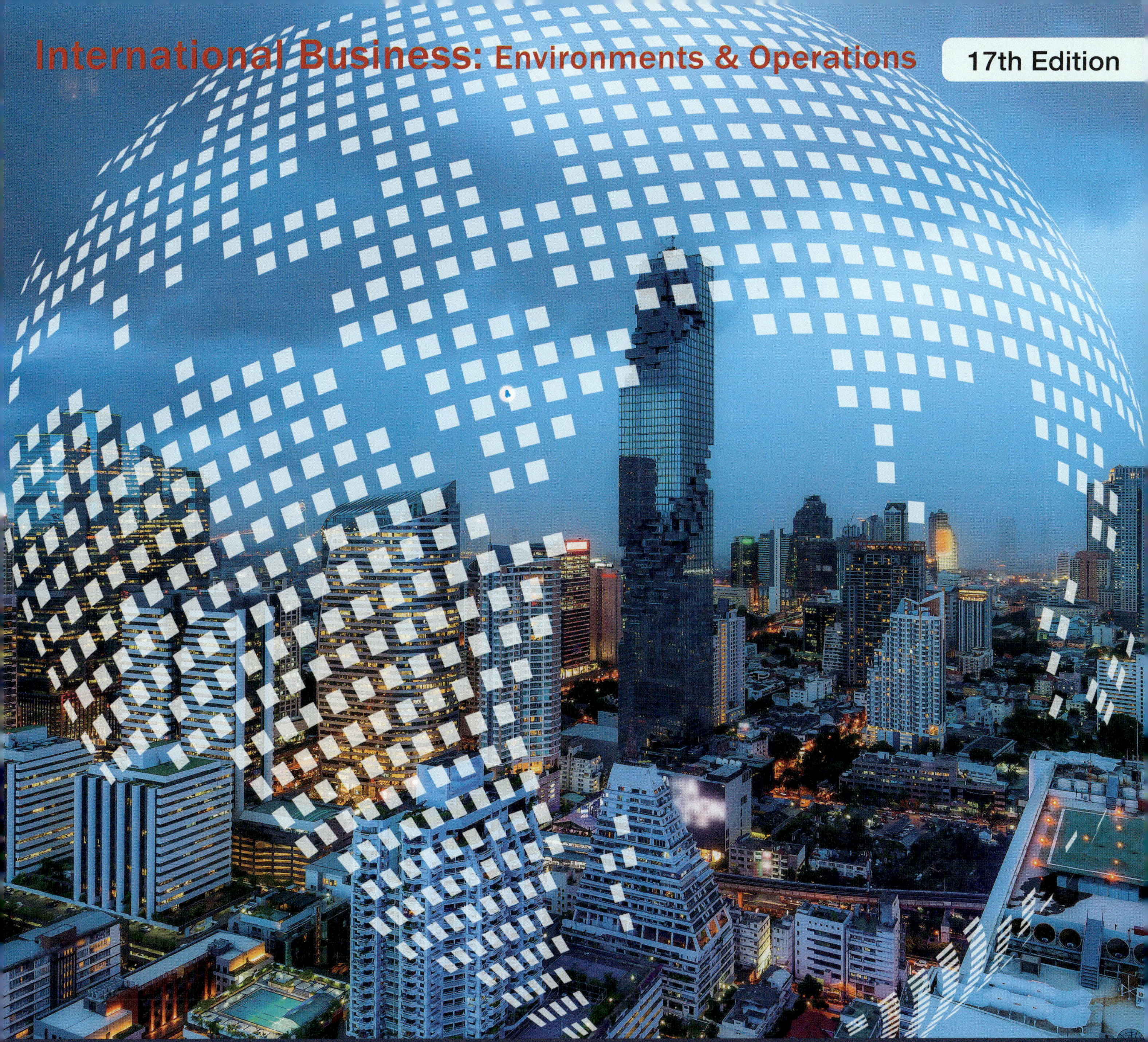

국제경영학 환경과 운영

John D. Daniels · Lee H. Radebaugh · Daniel P. Sullivan · Reid W. Click 지음

문정빈 · 김태중 · 노태우 · 정선욱 · 편주현 옮김

Pearson Education South Asia Pte Ltd
63 Chulia St
#15-01
Singapore 049514

Pearson Education offices in Asia: *Bangkok, Beijing, Ho Chi Minh City, Hong Kong, Jakarta, Kuala Lumpur, Manila, Seoul, Singapore, Taipei, Tokyo*

3 2 1
25 24 23

Cover Art: Smile-Sky Ztudio/Shutterstock

발행일: 2022년 12월 30일
공급처: 한빛아카데미㈜(02–336–7112/question@hanbit.co.kr)
ISBN: 978–981–3350–25–0(93320)
가격: 41,000원

http://pearson.com/asia

역자 서문

전 세계를 휩쓴 COVID-19의 대유행을 뒤로하고, 갈수록 고조되는 미국과 중국 간 경제적 갈등의 한복판에서 《International Business: Environments & Operations》 17판 번역본을 펴내게 되어 매우 뜻깊게 생각한다.

우리나라는 국토의 크기나 천연자원 부존 측면에서 다른 나라에 비해 불리한 여건을 가지고 있으며, 지정학적 측면에서 동아시아의 양대 강국이자 세계 2, 3위 경제 대국인 중국과 일본 사이에 자리한 데다, 유라시아 대륙의 맹주를 꿈꾸는 러시아와 글로벌 제해권·제공권을 장악하고 일극 체제를 구축해온 미국의 영향력이 경합하는 위치에 놓여 있다. 6.25 전쟁의 참화로 1950년대에 세계 최빈국에 속했던 우리나라가 불과 70여 년 만에 명목 GDP 기준 세계 10대 경제 대국의 자리에 올라선 것, 인구 5,000만 이상 국가 중 일곱 번째로 1인당 국민소득 3만 달러 수준에 진입한 것, K-팝, K-드라마 등의 전 세계적 성공에 힘입어 경제뿐 아니라 문화적으로도 선진국으로 인정받게 된 것은 세계사에 기록될 만한 놀라운 성취임에 분명하다. 이는 시민 한 사람 한 사람이 교육열과 근면성을 기반으로 쉴 새 없이 인적 자본을 축적한 노력의 결실이면서, 또 한편으로는 1980년대 3저 호황, 1990년대 미국 주도 세계화, 2000년대 중국의 부상이라는 시대별 세계 경제의 흐름을 기회로 활용한 정치·경제 지도자들의 혜안도 큰 역할을 했다는 점을 부인하기 어렵다. 그러나 최근 들어 내부적으로는 심각한 출산율 저하와 함께 경제적 불평등에 따른 정치적 갈등이 두드러지고, 외부적으로는 미·중 패권 경쟁이라는 갈등에 휘말려 기업 및 국가 경제가 성장 동력을 잃고 정체 중이라는 위기감을 떨치기 어렵다. 이럴 때일수록 우리나라 경제와 개개인의 삶의 번영을 위해서는 적극적인 해외 시장 개척과 주도적인 글로벌 공급사슬 구축 및 참여가 절실하며, 이를 위한 국제적 시각 배양과 국제경영에 대한 이해 증진이 더욱 중요하다고 생각한다.

애플의 아이폰 제작에는 원소 주기율표상의 원소 중 75개 이상이 사용된다고 알려져 있으며, 구상과 디자인, 부품 조달, 조립, 판매가 전 세계에 걸쳐 이루어진다. 우리나라의 삼성전자 또한 매출의 85%가량을 해외 시장에서 벌어들이는 명실상부한 글로벌 기업이며, 작은 스타트업이라도 창업 초기부터 글로벌 시장과 글로벌 공급업체, 글로벌 인력을 상대하게 마련이다. 따라서 오늘날 모든 기업 경영은 국제경영이며, 국제경영을 이해하지 못한다면 기업 경영이 불가능하다고 감히 말할 수 있다.

기업이 국경을 넘어 무역이나 해외직접투자를 하면 본국과 상이한 현지 환경에 처함으로써 정치적, 법률적, 경제적, 문화적으로 다양한 어려움에 직면할 수밖에 없다. 이에 대한 이해를 높여 효과적인 대처를 가능하게 하고, 결과적으로 현지에서의 불리함을 극복하고 우수한 성과를 내는 데 도움을 줄 수 있는 실질적인 학문이 바로 국제경영학이다. 전 세계의 190여 개국, 서로 경쟁 및 협력 관계를 맺고 있는 수많은 기업, 다양한 언어·문화·제도, 빠르게 진화하는 기술, 국제적 사건 등 국제경영학의 범위는 실로 광범하며, 글로벌 경험이 상대적으로 부족한 학생들이 이해할 수 있도록 요약·정리하여 가르치기가 매우 어려운 것이 사실이다. 이에 경영대학에서 다년간 국제경영 및 관련 과목을 강의해온 역자들은 국제경영학 분야의 오랜 명저인 《International Business: Environments & Operations》를 최대한 충실히 번역함으로써 학생들이 국제경영학의 이론은 물론이고 사례와 논쟁을 포괄적으로 쉽게 접할 수 있도록 많은 노력을 기울였다.

이 책은 다음과 같이 총 6부 20개 장으로 구성되어 있다.

- 1부 '국제경영에 대한 이해'(1장)에서는 세계화 및 국제경영의 정의와 기업이 국제경영에 나서는 이유를 살펴보고, 세계화에 대한 비판과 함께 국제경영 전반에 대해 개괄적으로 알아본다.
- 2부 '비교 환경 프레임워크'(2~5장)에서는 문화적, 정치적, 법률적, 경제적 환경이 다국적 기업 경영에 미치는 영향을 살펴보고 기업과 사회의 관계, 윤리 경영, 지속가능성 등의 주제를 다룬다.
- 3부 '이론과 제도: 무역과 투자'(6~8장)에서는 국제무역 관련 이론, 노동과 자본 등 생산 요소의 국제적 이동을 이해하고 무역 정책과 국가 간 협력을 살펴본다.
- 4부 '글로벌 금융 환경'(9~11장)에서는 글로벌 외환 시장의 주요 특성과 국경 간 통화의 움직임에 대한 정부 정책, 기업 외환 거래의 필요성 등을 다룬다. 그리고 환율 결정에서 국제통화기금(IMF)의 역할, 환율의 주요 결정 원리를 파악하고 환율 움직임을 예측하는 방법을 살펴보며 글로벌 자본 시장에 대해 개괄한다.
- 5부 '글로벌 전략, 구조, 실행'(12~16장)에서는 기업의 세계화에 따른 전략과 입지 선정, 진입 방식 선정, 수출과 수입, 해외직접투자와 협력 전략에 대해 알아보고 다국적 기업의 조직 구조와 통제 방식을 다룬다.
- 6부 '국제 운영 관리'(17~20장)에서는 글로벌 마케팅, 글로벌 생산 및 공급사슬 관리, 글로벌 회계 및 재무 관리, 국제 인적 자원 관리 등 다국적 기업의 운영과 관련해 꼭 필요한 기능별 주제를 살펴본다.

개인적으로는 이 책의 저자인 존 D. 대니얼스(John D. Daniels) 교수님과 2010년에 처음 인연을 맺었다. 그 후 대니얼스 교수님의 강의에 연사로 초청받은 경험과 이를 바탕으로 이 책의 14판부터 17장의 사례 '방글라데시의 그라민다논식품'을 공동 집필하며 인연을 이어오던 중 이렇게 한글판 번역을 맡게 되어 감회가 매우 깊다.

끝으로 17판 번역서 출간을 기획하고 지원해준 피어슨에듀케이션의 관계자 여러분께 감사드린다. 결코 쉽지 않은 번역 작업에 기꺼이 참여하신 충남대학교 김태중 교수님, 순천향대학교 노태우 교수님, 서강대학교 정선욱 교수님, 고려대학교 편주현 교수님(가나다 순)께 깊이 감사드리며, 본인을 비롯한 다섯 역자가 번역서에 동등하게 공헌했음을 밝히는 바이다. 또한 번역 작업을 꼼꼼히 도와준 고려대학교 경영대학 조효은 박사, 박사 과정 유담·차혜민, 석사 과정 안지민·장택상에게 감사의 인사를 전하고 싶다. 혹시라도 번역에 오류나 미진한 점이 있다면 전적으로 역자들의 책임이며, 증쇄 시 독자의 지적을 반영할 것을 약속한다.

2022년 12월

역자 대표 문정빈

저자 서문

17판은 최신간이자 이 책의 최고 버전이라 할 수 있다. 이 책은 미국과 전 세계에서 국제경영 교재의 베스트셀러로 자리매김했으며, 오래전부터 국제경영학 학부 또는 대학원 MBA 과정의 교재로 채택되어왔다. 지금까지 이 책은 한국어, 중국어, 러시아어, 스페인어, 태국어, 알바니아어, 마케도니아어로 번역되었다. 1976년에 발간된 초판은 많은 교수로부터 국제경영 영역의 지적인 구조를 정의했다는 평을 받았으며, 그 이후 열여섯 차례 출간된 개정판도 국제경영의 환경과 운영을 공부하는 글로벌 표준으로서의 지위를 굳건히 했다.

거의 반세기 동안 학생, 교수, 경영자, 정부 관리는 이 책이 국제경영의 권위 있는 이론을 실무와 결합하여 국제경영의 흐름을 심도 있게 분석한 점을 칭찬했다. 정치적, 법률적, 기술적, 경쟁적, 문화적 요인에 대한 정확한 이해는 명확한 의사결정을 이끌고 성과를 향상한다. 저자들의 노력에 영감을 불러온 성공의 기준이야말로 이 개정판을 최고의 교재로 만들었다고 생각한다. 저자들은 함께 협력하여 비즈니스 세계의 차원과 역학에 대한 강력하고 생산적이며 의미 있는 이해를 돕는 교재를 탄생시켰다.

17판의 특징

변화하는 비즈니스 세계에서 국제경영의 환경과 운영을 더 잘 알려면 이해와 해석을 바꿀 필요가 있다. 이 개정판에는 국제경영의 다양한 주제, 이슈, 도전, 기회에 대한 저자들의 최신 견해가 반영되었다. 책 전체에 걸쳐 독자의 직업적, 개인적인 선택에서 이와 같은 변화가 무엇을 의미하는지 해석하는 것을 돕고자 애썼다. 이를 위해 학문적, 실무적 차원에서 최신 연구와 모범 사례를 반영하여 대폭 개정하고, 다양한 출처의 많은 경영자와 기업 사례를 추가 및 업데이트했다. 대표적인 변화와 특색은 다음과 같다.

- 조지워싱턴대학교의 리드 클릭(Reid Click) 교수가 공저자로 새로이 참여했다. 클릭 교수는 국제경제학, 글로벌 재무 시장, 국제 재무 관리, 신흥 시장과 관련된 풍부한 경험과 전문성을 강화했다. 그의 분석과 통찰력은 이 책의 엄정성과 타당성을 한층 높여주었다.
- 장의 순서는 16판과 같지만 COVID-19의 대유행과 정치적, 경제적, 사회적, 제도적 변화를 반영하여 내용을 보강하거나 수정했다.
- 국제경영의 동태적 성격을 강조하고자 최신 사건을 포함했다. 예를 들어 COVID-19의 대유행이 제도, 공급사슬, 무역과 관련된 국제경영 환경과 운영 측면에 미치는 영향을 강조했다.
- 2017년 미국 세법 개정이 다국적 기업의 세무에 미치는 영향이나 국가 간 무역협정 체결과 같은 새로운 법률 또는 규제를 다룸으로써 기업의 정책과 전략을 재평가해야 할 필요성을 강조했다.
- 세계화의 변화하는 맥락과 국제경영 행위의 변화를 따라 거의 모든 그림, 표, 지도를 업데이트하고, 풍부한 분석을 위해 새로운 그림, 표, 지도를 추가했다.

- 전통적인 분석이나 추가적인 분석을 다룬 최신 현장 모습을 보여주는 사진을 실었다.
- 국제경영의 최신 이슈를 다루는 다음 11개 사례를 담았다.
  2장: 국제 학생과 국제경영
  4장: 유럽연합의 그린딜과 순환 경제를 위한 청사진
  5장: 지속 가능한 제조를 위한 거대 의류 기업의 전쟁
  6장: 호주 쇠고기 산업
  9장: 아시아·태평양에서의 가상화폐 등장: 필리핀 사례
  11장: 거대 전자상거래 기업과 유럽연합: 새로운 경제 모델과 전통적인 국가 주권
  11장: 열려라 참깨: 알리바바는 더 이상 가난하지 않다
  13장: 에어버스: 거대 항공사의 국제적 탄생
  14장: 인도에 진출한 아마존: 큰 잠재력을 가진 시장을 포착하다
  16장: 대나무 네트워크에서 기술 중심 유니콘으로: 동남아시아에 있는 중국 기업
  17장: 스벤슨스포츠: 건강한 비즈니스 개발을 위한 글로벌 마케팅
- 이슈, 제도, 국가, 기업에 대한 최신 분석을 제공하기 위해 29개의 사례를 수정했다.

교수 및 학습 과제 해결

국제경영을 오랫동안 가르쳐왔기에 국제경영의 이론과 실제를 가르치는 데 따르는 도전과 기회를 잘 이해하는 입장에서 저자들은 이 교재를 선택한 강사가 학생들에게 최고의 학습 경험을 제공할 수 있도록 유용한 교육 자원과 강력한 교수법을 담기 위해 최선을 다했다. 성공적인 학습을 위해 우리는 강사가 학생들에게 교과서에 몰입할 수 있도록 고무하고, 수강생들이 내용을 완전히 습득할 수 있도록 돕는 다양한 교육 자원을 개발했다.

사례

모든 사례는 각 장에서 다룬 주제, 관점, 예시와 부합해야 한다는 명시적인 목적으로 개발되었다. 이 책의 사례들은 경영계의 넓은 영역을 아우르며 환경, 제도, 국가, 산업, 기업, 경영진, 개인의 관점과 같은 폭넓은 주제를 다루고 있다. 거대 다국적 기업부터 영세 수출업자까지, 전통적 제조업체부터 신생 디지털 기업까지, 제조업부터 서비스 산업까지 다양한 기업의 관점을 포함하고 있으며, 기회를 측정하고 도전을 분석하며 결정을 내리는 시각에서 저술했다.

장 도입 사례 각 장은 국제경영의 큰 주제에 관한 개략적인 사례로 시작한다. 사례를 통해 실제 맥락을 접함으로써 학생들이 뒤에 설명될 핵심 주제에 익숙해지게 한다. 마치 교향곡의 서곡과 같이 도입 사례는 장 전체의 핵심적인 아이디어와 이슈를 강조함으로써 학생들의 생각 회로를 자극한다.

장 마무리 사례 각 장은 그 장에서 다룬 국제경영의 핵심 주제를 확장하고 상세히 보여주는 개략적인 사례로 마무리함으로써 학생들에게 사례를 통해 본문에서 다룬 이론을 현실에 적용해보게 한다. 이를 통해 학생들에게 관찰자, 기업 임원, 정부 당국자의 입장에서 상황을 이해하고 실제 국제경영 맥락에서 결정을 내려보는 소중한 기회를 제공한다.

찬반 토론 국제경영의 많은 이슈가 관점에 따라 다른 결정으로 이어지는 특성을 가지고 있다는 점

을 반영하여 학생들에게 서로 대립되는 두 관점을 살펴보고 서로의 접점과 모순점을 이해하는 기회를 제공함으로써 본문에서 배운 이론을 적용하여 대립되는 관점을 해결하게 한다. 이는 학생들에게 관점에 따라 서로 다르면서도 신뢰할 수 있는 해석과 결론이 도출될 수 있다는 점을 이해시킨다는 점에서 중요하다.

개념 체크 학생들이 서로 다른 장에서 소개된 개념 사이의 관계를 더 잘 이해할 수 있도록 돕기 위해 개념 체크를 제공한다. 개념 체크는 국제경영의 핵심 기반이 되는 개념을 강조하는데, 국제경영을 공부하는 데 상호 연결성이 중요하다는 점을 보여주도록 해당 주제 옆의 여백에 배치되었다.

미래 전망 각 장마다 국제경영의 명백한 추세나 가능한 미래상에 영향을 미칠 만한 이슈를 다룬다. 이 코너를 통해 학생들은 미래를 예상하는 데 과거와 현재를 이해하는 것이 중요하다는 점을 깨달을 수 있다. 각 장에서 다룬 주제와 관점을 통해 현재의 추세와 사건이 어떤 기회와 위협을 가져올지 이해함으로써 미래의 국제경영 시나리오를 예측할 수 있게 한다. 특히 COVID-19 대유행의 결과로 국제경영을 이해하는 데 미래 지향적 관점이 중요해졌다. 이를 통해 그러한 관점을 학습할 수 있을 것이다.

지도 국제경영의 규모와 범위를 알려줌과 동시에 본문에 소개된 회사의 상황, 각 장의 도입 사례나 마무리 사례 내용, 수업 중 토론 등과 관련된 국제경영의 지리를 실제적으로 이해하도록 도와준다는 점에서 지도는 중요하다. 학생들은 지도를 통해 글로벌 경영 환경의 패턴과 과정을 시각화하는 데 도움을 받는다. 말로 설명하기는 어렵지만 눈으로 보면 쉽게 이해가 되는 정보를 전달하는 데 지도는 언제나 큰 도움이 된다.

저자 소개

왼쪽부터 존 대니얼스, 리드 클릭, 리 래더보, 대니얼 설리번

존 D. 대니얼스 John D. Daniels

마이애미대학교 고위경영교육 새뮤얼 N. 프리드랜드 명예석좌교수

마이애미대학교에서 경영학 학사를, 아메리카대학교에서 경영학 석사 학위를, 미시간대학교에서 경영학 박사 학위를 받았다. 또한 페루의 UPAO대학교에서 명예박사 학위를 받았으며, 자메이카에서 카리브해유니버시티칼리지의 명예총장으로 재직했다. 박사 학위 논문은 국제경영학회(Academy of International Business) 최우수 논문상을 수상했고, 《Journal of International Business Studies》 10년 최우수 논문상과 공로 은메달을 받았다. 《Academy of Management Journal》, 《Advances in International Marketing》, 《California Management Review》, 《Columbia Journal of World Business》, 《International Marketing Review》, 《International Trade Journal》, 《Journal of Business Research》, 《Journal of High Technology Management Research》, 《Journal of International Business Studies》, 《Management International Review》, 《Multinational Business Review》, 《Strategic Management Journal》, 《Transnational Corporations》, 《Weltwirtschaftliches Archiv》 등의 학술지에 논문을 게재하고 15권의 책을 집필했다. 가장 최근에는 Ray Loveridge, Tsai-Mei Lin, Alan M. Rugman과 함께 《Multinational Enterprises and the Changing World Economy》를 편저하고, Jeffrey Krug와 함께 3권의 《Multinational Enterprise Theory》, 3권의 《International Business and Globalization》을 저술했다. 《Management International Review》 30주년 기념호에서는 '가장 활발한 미국인 국제경영 학자' 중 한 사람으로 선정되었으며, 2010년 전미경영학회 선정 최고의 교육자로 뽑히기도 했다. 또한 국제경영학회 회장, 국제경영학회 학술원 의장, 전미경영학회 국제경영분과 의장을 역임했다.

7개국에서 최소 1년 이상 근무하고 6개 대륙의 30여 개국에서 단기간 일한 경력이 있다. 외국을 다니면서 기업 자문, 정부 자문, 강의, 연구 등 모든 분야를 경험했으며, 조지아주립대학교, 펜실베이니아주립대학교, 인디애나대학교 CIBER 센터장, 리치먼드대학교 E. 클레이본 로빈스 석좌교수 등을 역임했다. 1963년에 결혼하여 슬하에 두 아들을 두고 있다.

리 H. 래더보Lee H. Radebaugh

브리검영대학교 위트모어 명예석좌교수

브리검영대학교에서 메리어트경영전문대학원 부원장, MBA 프로그램 부주임교수, 회계학 대학원장 등을 역임했다. 브리검영대학교 CIBER 센터장으로서 메리어트경영전문대학원의 국제경영 프로그램을 맡고 해외 대학과의 교환협정 및 교류를 담당했다. 학생들과 함께 아시아, 중동, 남미를 방문했으며, 2000~2003년에는 예수그리스도후기성도 교회의 브라질 포르투 알레그리 남부 사역장을 맡기도 했다. 브리검영대학교에서 회계학 학사 학위를, 인디애나대학교에서 경영학 석사·박사 학위를 받았다. 1972~1980년에 펜실베이니아주립대학교에서 가르치고 페루 리마의 ESAN과 스코틀랜드 글래스고대학교에서 방문교수를 지냈다. 이 책뿐만 아니라 《International Accounting and Multinational Enterprises》를 저술했으며, 이 2권은 중국어를 비롯하여 여러 언어로 번역되었다. 국제경영 및 국제회계 관련 논문을 많이 발표했으며, 2019년에는 《Journal of International Business Studies》에 대한 공로를 인정받아 국제경영학회 학술 은메달을 수상했다. 또한 환율이 다국적 기업의 운영, 회계, 재무 보고에 미치는 영향, IFRS의 국제적 전파, 문화와 제도적 요인이 국제회계와 국제경영에 미치는 역할을 연구했다. 그리고 유타주 기업에 대한 공헌으로 1998년 '유타주 국제 분야 올해의 인물'에 선정되었으며, 전미회계학회 국제회계분과 회장을 역임하여 2007년에 공로상을 수상했다. 1998년에는 전미회계학회 국제회계분과로부터 '최고의 국제 분야 교육자상'을 받았고, 1990년에 국제경영학회 학술원 회원으로 선정되었다. 슬하에 6명의 자녀와 14명의 손주를 두고 있다.

대니얼 P. 설리번Daniel P. Sullivan

델라웨어대학교 앨프리드러너경영대학원 글로벌학 교수

사우스캐롤라이나대학교에서 박사 학위를 받았으며, 세계화와 경영, 국제경영 관리, 글로벌 전략, 경쟁분석, 기업 지배 구조 등 다양한 주제를 연구하고 있다. 《Journal of International Business Studies》, 《Management International Review》, 《Law and Society Review》, 《Academy of Management Journal》, 《Academy of Management Perspectives》, 《Online Learning Journal》 등 주요 학술지에 논문을 게재하고, 《Journal of International Business Studies》와 《Management International Review》의 편집위원으로도 활동했다. 델라웨어대학교와 과거에 재직한 툴레인대학교의 프리맨경영전문대학원에서 다수의 연구와 강의 관련 상을 수상했으며, 국제경영학 최고의 학술지인 《Journal of International Business Studies》에 최소 5편의 논문을 게재한 학자에게 수여되는 JIBS 은메달을 수상했다. 델라웨어대학교와 툴레인대학교의 19개 최고경영자, MBA, 학부 강의에서 우수강의상을 수상하는 등 수많은 강의상을 수상했다. 대학원, 학부, 비학위 과정의 세계화와 경영, 국제경영 운영, 국제경영 관리, 전략적 관점, 최고경영자 리더십, 기업 전략 등 관련 과목을 대면·비대면으로 설계하고 강의했다. 그리고 미국의 많은 대학교와 기업에서 강연하고 중국, 홍콩, 불가리아, 체코, 프랑스, 대한민국, 스위스, 대만, 영국 등에서 강의했다. 또한 수많은 다국적 기업의 경영자에게 국제경영에 대해 자문해주고 있다.

리드 W. 클릭 Reid W. Click

조지워싱턴대학교 국제경영, 국제학 부교수

오하이오주 케니언칼리지에서 경제학 학사 학위를, 시카고대학교 부스경영전문대학원에서 경제학과 국제경영 전공으로 경영학 석사 · 박사 학위를 받았다. 글로벌 재무 시장, 국제재무 관리, 글로벌 거시경제, 재무와 경제 발전 등의 주제를 연구하고 가르치는 국제 재무 위험 및 위험 관리 전문가이다. 《Journal of International Business Studies》, 《Journal of Money》, 《Credit and Banking》 등에 논문을 게재했으며, 풀브라이트스칼러로 필리핀의 아시아경영연구소에서 일한 것을 계기로 《Journal of Asian Economics》의 국제재무 담당 부편집장을 맡고 있다. 또한 조지워싱턴대학교에서 국제경영 프로그램을 개발하고 있다. 미국 교육부 지원을 받는 국제경영교육 프로그램 CIBER의 조지워싱턴대학교 지부 책임자, 조지워싱턴대학교의 저명한 국제경영학과 학과장을 지냈으며, 르완다에서 기업 제도, 재무, 경제 발전을 연구하는 8개의 프로그램을 수행했다. 그리고 국제 금융, 재무 위험, 위험 관리와 관련하여 미국대외원조국(USAID)의 개발신용사업단과 미국 국제개발금융공사 등의 기구에서 자문 역할을 했다.

지도

우리는 위성 TV를 통해 다른 나라에서 벌어지는 일을 실시간으로 시청하는 것이 당연한 시대에 살고 있으며, 운송 및 통신의 발달과 국제협약 덕분에 외국산 재화와 외국 시장에 점점 더 의존하고 있다. 이러한 상호의존이 증가할수록 최신 지도는 소중한 도구가 된다. 지도는 인구, 경제적 부, 생산, 시장의 위치와 지역 간의 공통점 및 차이점을 보여주고 무역을 가로막을 수 있는 장벽도 알려준다. 이러한 지도의 유용함에도 불구하고 지도의 정보를 해석하고 자신의 삶에 영향을 끼치는 사건이 벌어지는 지역을 찾지 못하는 사람이 많다. 다음 지도를 활용하여 지리에 대한 인식을 제고하기 바란다.

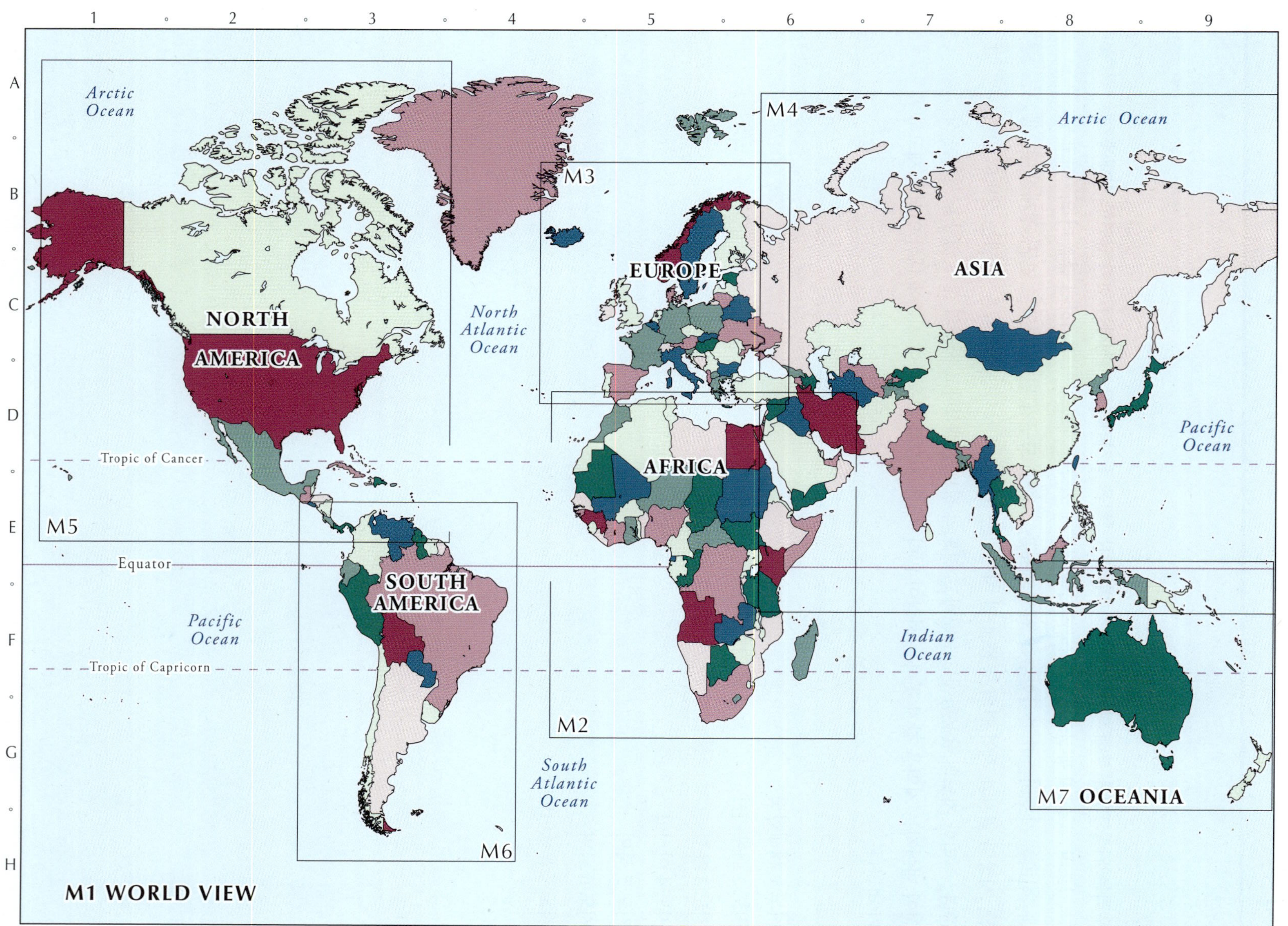
1
2
3
4
5
6
7
8
9
A
B
C
D
E
F
G
H
Arctic Ocean
NORTH AMERICA
North Atlantic Ocean
M3
EUROPE
M4
Arctic Ocean
ASIA
Pacific Ocean
Tropic of Cancer
AFRICA
M5
Equator
SOUTH AMERICA
Pacific Ocean
Tropic of Capricorn
Indian Ocean
M2
South Atlantic Ocean
M7 OCEANIA
M6
M1 WORLD VIEW

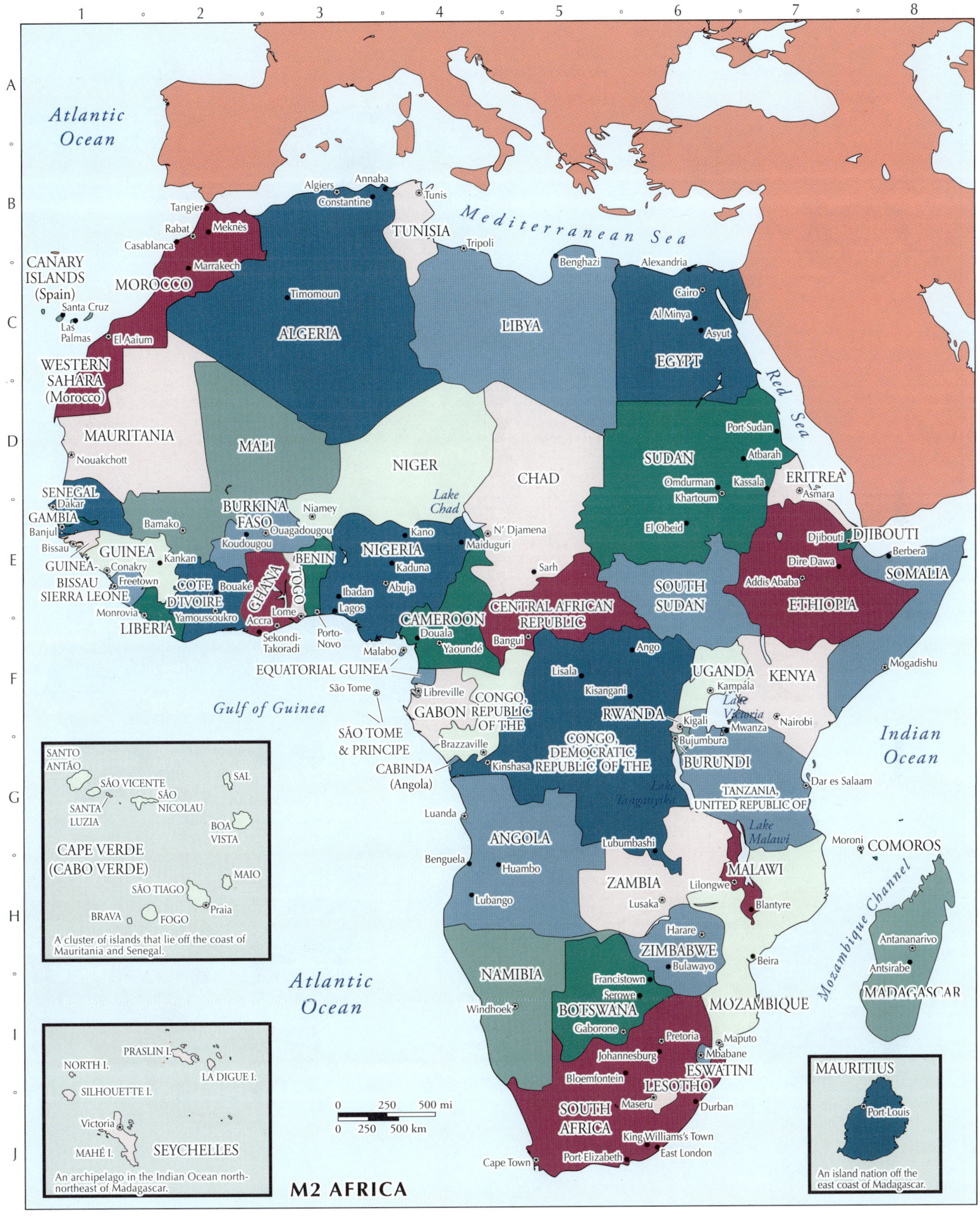

Atlantic Ocean
Mediterranean Sea
Red Sea
Gulf of Guinea
Indian Ocean
Mozambique Channel
MOROCCO
ALGERIA
TUNISIA
LIBYA
EGYPT
WESTERN SAHARA (Morocco)
CANARY ISLANDS (Spain)
MAURITANIA
MALI
NIGER
CHAD
SUDAN
ERITREA
DJIBOUTI
ETHIOPIA
SOMALIA
SENEGAL
GAMBIA
GUINEA-BISSAU
GUINEA
SIERRA LEONE
LIBERIA
COTE D'IVOIRE
BURKINA FASO
GHANA
TOGO
BENIN
NIGERIA
CAMEROON
CENTRAL AFRICAN REPUBLIC
SOUTH SUDAN
EQUATORIAL GUINEA
SÃO TOME & PRINCIPE
GABON
CONGO, REPUBLIC OF THE
CONGO, DEMOCRATIC REPUBLIC OF THE
CABINDA (Angola)
UGANDA
KENYA
RWANDA
BURUNDI
TANZANIA, UNITED REPUBLIC OF
ANGOLA
ZAMBIA
MALAWI
MOZAMBIQUE
ZIMBABWE
NAMIBIA
BOTSWANA
SOUTH AFRICA
LESOTHO
ESWATINI
MADAGASCAR
COMOROS
Lake Chad
Lake Victoria
Lake Tanganyika
Lake Malawi
CAPE VERDE (CABO VERDE)
A cluster of islands that lie off the coast of Mauritania and Senegal.
SEYCHELLES
An archipelago in the Indian Ocean north-northeast of Madagascar.
MAURITIUS
An island nation off the east coast of Madagascar.
0 250 500 mi
0 250 500 km
M2 AFRICA

M3 EUROPE
Arctic Ocean
Barents Sea
Norwegian Sea
North Sea
Baltic Sea
Atlantic Ocean
Bay of Biscay
English Channel
Irish Sea
Denmark Strait
Black Sea
Adriatic Sea
Tyrrhenian Sea
Ionian Sea
Aegean Sea
Mediterranean Sea
Strait of Gibraltar
JAN MAYEN IS. (Denmark)
FAEROE IS. (Den.)
SHETLAND IS. (U.K.)
ORKNEY IS.
ICELAND
Reykjavík
NORWAY
Bergen
Oslo
SWEDEN
Stockholm
Göteborg
Malmo
FINLAND
Helsinki
RUSSIAN FEDERATION
Murmansk
Lake Ladoga
St. Petersburg
Kostroma
Moscow
Tula
Smolensk
Orel
Kursk
ESTONIA
Tallinn
LATVIA
Riga
LITHUANIA
Vilnius
RUS.
Kaliningrad
BELARUS
Minsk
Homyel'
UNITED KINGDOM
Glasgow
Edinburgh
Belfast
Manchester
Liverpool
Birmingham
London
IRELAND
Dublin
DENMARK
Copenhagen
NETHERLANDS
Amsterdam
The Hague
BELGIUM
Brussels
Liège
LUXEMBOURG
Luxembourg
GERMANY
Hamburg
Berlin
Essen
Düsseldorf
Bonn
Leipzig
Dresden
Frankfurt
Stuttgart
Munich
POLAND
Gdansk
Bydgoszcz
Warsaw
Lódz
Wroclaw
Krakow
UKRAINE
Kiev
Lvov
Chernivtsi
Dnipropetrovsk
Mykolayiv
Odesa
MOLDOVA
Chisinau
CZECHIA
Prague
Brno
SLOVAKIA
Bratislava
AUSTRIA
Vienna
Linz
LIECHTENSTEIN
HUNGARY
Budapest
Debrecen
ROMANIA
Arad
Timisoara
Bucharest
FRANCE
Le Havre
Paris
Le Mans
Limoges
Lyon
St. Etienne
Bordeaux
Toulouse
Nîmes
Marseille
MONACO
CORSICA
SWITZERLAND
Zurich
Geneva
Bern
SLOVENIA
Ljubljana
CROATIA
Zagreb
BOSNIA & HERZE-GOVINA
Sarajevo
SERBIA
Belgrade
MONTE-NEGRO
KOSOVO
Pristina
NORTH MACEDONIA
Skopje
ALBANIA
Tirana
BULGARIA
Sofia
GREECE
Thessaloniki
Piraiévs
Athens
CRETE
ITALY
Milan
Turin
Genoa
Padova
Venice
SAN MARINO
Florence
Livorno
Rome
VATICAN CITY
Naples
Bari
Taranto
SARDINIA
Palermo
Messina
SICILY
MALTA
Valetta
SPAIN
A Coruña
Madrid
Barcelona
Valencia
Sevilla
Granada
Málaga
Cartagena
ANDORRA
BALEARIC IS.
PORTUGAL
Porto
Lisbon
EUROPE PORTION OF TURKEY
ASIA PORTION OF TURKEY
TURKEY
Istanbul
CYPRUS
0 300 mi
0 300 km

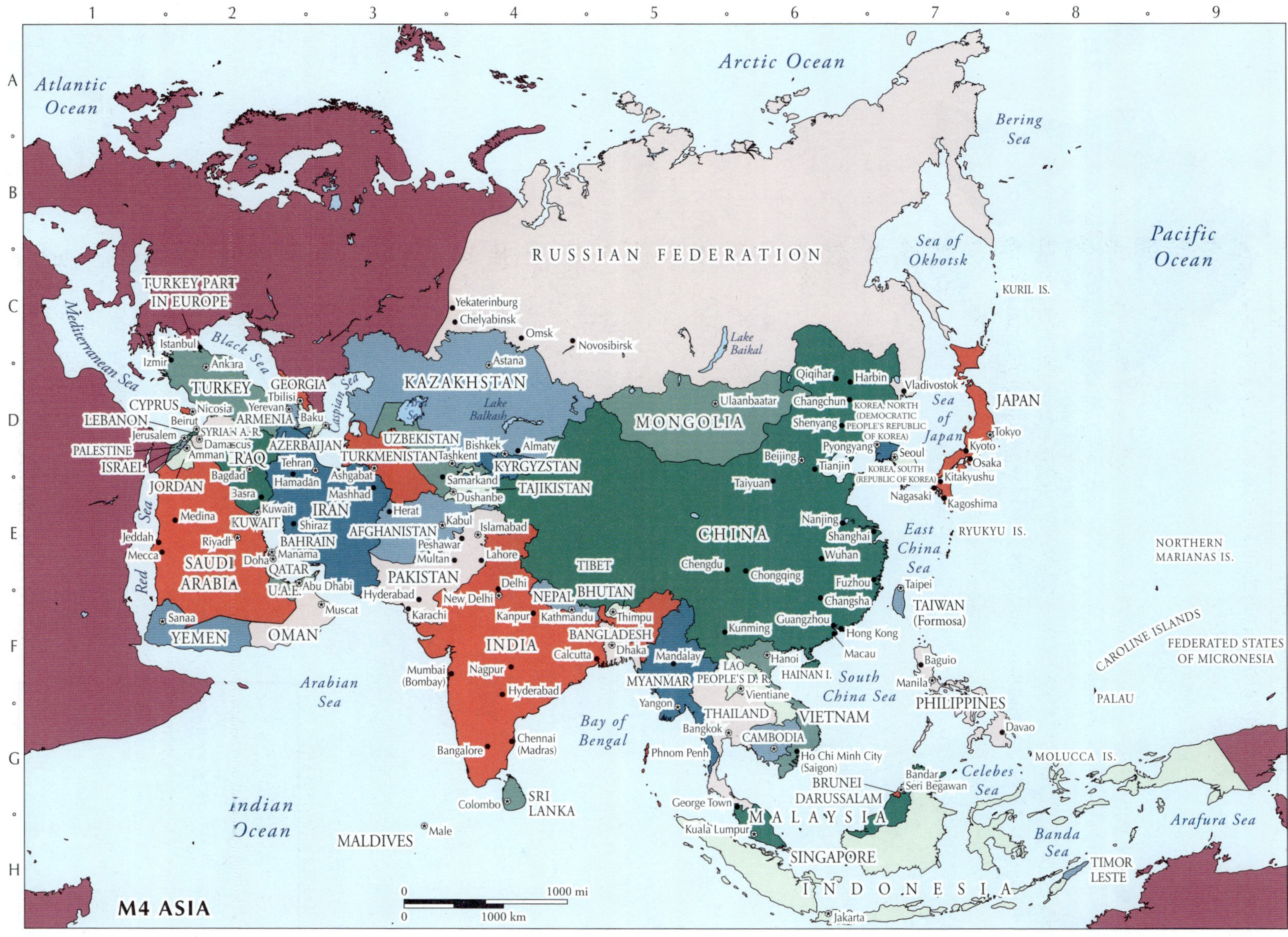
M4 ASIA
Atlantic Ocean
Arctic Ocean
Pacific Ocean
Indian Ocean
Mediterranean Sea
Black Sea
Caspian Sea
Red Sea
Arabian Sea
Bay of Bengal
South China Sea
East China Sea
Sea of Japan
Sea of Okhotsk
Bering Sea
Celebes Sea
Banda Sea
Arafura Sea
Lake Baikal
Lake Balkash
Aral Sea
RUSSIAN FEDERATION
KAZAKHSTAN
MONGOLIA
CHINA
TIBET
JAPAN
TURKEY PART IN EUROPE
TURKEY
GEORGIA
ARMENIA
AZERBAIJAN
CYPRUS
LEBANON
SYRIAN A.R.
PALESTINE
ISRAEL
JORDAN
IRAQ
KUWAIT
IRAN
BAHRAIN
QATAR
U.A.E.
SAUDI ARABIA
OMAN
YEMEN
UZBEKISTAN
TURKMENISTAN
KYRGYZSTAN
TAJIKISTAN
AFGHANISTAN
PAKISTAN
INDIA
NEPAL
BHUTAN
BANGLADESH
MYANMAR
LAO PEOPLE'S D.R.
THAILAND
CAMBODIA
VIETNAM
MALAYSIA
SINGAPORE
BRUNEI DARUSSALAM
INDONESIA
PHILIPPINES
TAIWAN (Formosa)
KOREA NORTH (DEMOCRATIC PEOPLE'S REPUBLIC OF KOREA)
KOREA SOUTH (REPUBLIC OF KOREA)
SRI LANKA
MALDIVES
TIMOR LESTE
PALAU
NORTHERN MARIANAS IS.
CAROLINE ISLANDS
FEDERATED STATES OF MICRONESIA
MOLUCCA IS.
RYUKYU IS.
KURIL IS.
HAINAN I.
Istanbul
Izmir
Ankara
Nicosia
Beirut
Damascus
Amman
Jerusalem
Yerevan
Tbilisi
Baku
Bagdad
Basra
Kuwait
Tehran
Hamadan
Shiraz
Mashhad
Ashgabat
Manama
Doha
Abu Dhabi
Muscat
Riyadh
Medina
Jeddah
Mecca
Sanaa
Herat
Kabul
Peshawar
Islamabad
Lahore
Multan
Hyderabad
Karachi
Tashkent
Samarkand
Dushanbe
Bishkek
Almaty
Astana
Yekaterinburg
Chelyabinsk
Omsk
Novosibirsk
Ulaanbaatar
Delhi
New Delhi
Kanpur
Kathmandu
Thimpu
Dhaka
Calcutta
Nagpur
Mumbai (Bombay)
Bangalore
Chennai (Madras)
Colombo
Male
Mandalay
Yangon
Bangkok
Phnom Penh
Vientiane
Hanoi
Ho Chi Minh City (Saigon)
Kuala Lumpur
George Town
Jakarta
Bandar Seri Begawan
Manila
Baguio
Davao
Kunming
Chengdu
Chongqing
Taiyuan
Beijing
Tianjin
Nanjing
Shanghai
Wuhan
Changsha
Fuzhou
Guangzhou
Hong Kong
Macau
Taipei
Qiqihar
Harbin
Changchun
Shenyang
Pyongyang
Seoul
Vladivostok
Tokyo
Kyoto
Osaka
Kitakyushu
Nagasaki
Kagoshima
0 1000 mi
0 1000 km
A B C D E F G H
1 2 3 4 5 6 7 8 9

Arctic Sea
GREENLAND
ELLESMERE I.
PARRY IS.
Baffin Bay
Beaufort Sea
BANKS I.
BAFFIN I.
VICTORIA I.
Davis Strait
Bering Sea
Fairbanks
Anchorage
Labrador Sea
Gulf of Alaska
Juneau
CANADA
Hudson Bay
NEWFOUNDLAND
St. John's
Gulf of St. Lawrence
Edmonton
Calgary
Regina
Winnipeg
Quebec
Halifax
Vancouver
Pacific Ocean
Montréal
Ottawa
Seattle
Tacoma
Spokane
Helena
Portland
Bismarck
Burlington
Toronto
Boston
Minneapolis
Hartford
Providence
Buffalo
New York
UNITED STATES OF AMERICA
Milwaukee
Detroit
Pittsburgh
Philadelphia
Chicago
Cleveland
Baltimore
Atlantic Ocean
Great Salt Lake
Salt Lake City
Omaha
Des Moines
Washington, D.C.
Charleston
Indianapolis
Richmond
Provo
Kansas City
Cincinnati
Norfolk
Sacramento
Boulder
San Francisco
Denver
St. Louis
Louisville
Winston-Salem
Wichita
Little Rock
Memphis
Charlotte
Tulsa
Columbia
BERMUDA
Las Vegas
Los Angeles
Albuquerque
Oklahoma City
Atlanta
Phoenix
San Diego
Dallas
Jackson
Savannah
Tijuana
Tucson
El Paso
Fort Worth
Shreveport
Mobile
Jacksonville
Ciudad Juárez
New Orleans
Orlando
San Antonio
Houston
St. Petersburg
HAWAIIAN ISLANDS (U.S.)
BAHAMAS
Turks and Caicos Islands
Corpus Cristi
Miami
Nassau
Gulf of Mexico
Torreón
WEST INDIES
DOMINICAN REPUBLIC
Monterrey
Havana
CUBA
HAITI
MEXICO
Port-au-Prince
Santo Domingo
Mérida
Cancún
León
Guadalajara
JAMAICA
Kingston
Mexico City
BELIZE
Belmopan
Caribbean Sea
Puebla
Acapulco
GUATEMALA
HONDURAS
Tegucigalpa
Guatemala
NICARAGUA
EL SALVADOR
Managua
San José
Panama
COSTA RICA
PANAMA
EASTERN CARIBBEAN
DOMINICAN REPUBLIC
VIRIN ISLANDS (U.S. & Br.)
SAINT MARTIN
San Juan
ANGUILLA
ANTIGUA & BARBUDA
Santo Domingo
PUERTO RICO
MONTSERRAT (Br.)
ST. KITTS & NEVIS
Caribbean
DOMINICA
GUADELOUPE (Fr.)
CURAÇAO (Neth.)
MARTINIQUE (Fr.)
ST LUCIA
BONAIRE (Neth.)
ST VINCENT & THE GRENADINES
BARBADOS
GRENADA
Port of Spain
ARUBA (Neth.)
TRINIDAD & TOBAGO
0 2000 mi
0 2000 km
M5 NORTH AMERICA

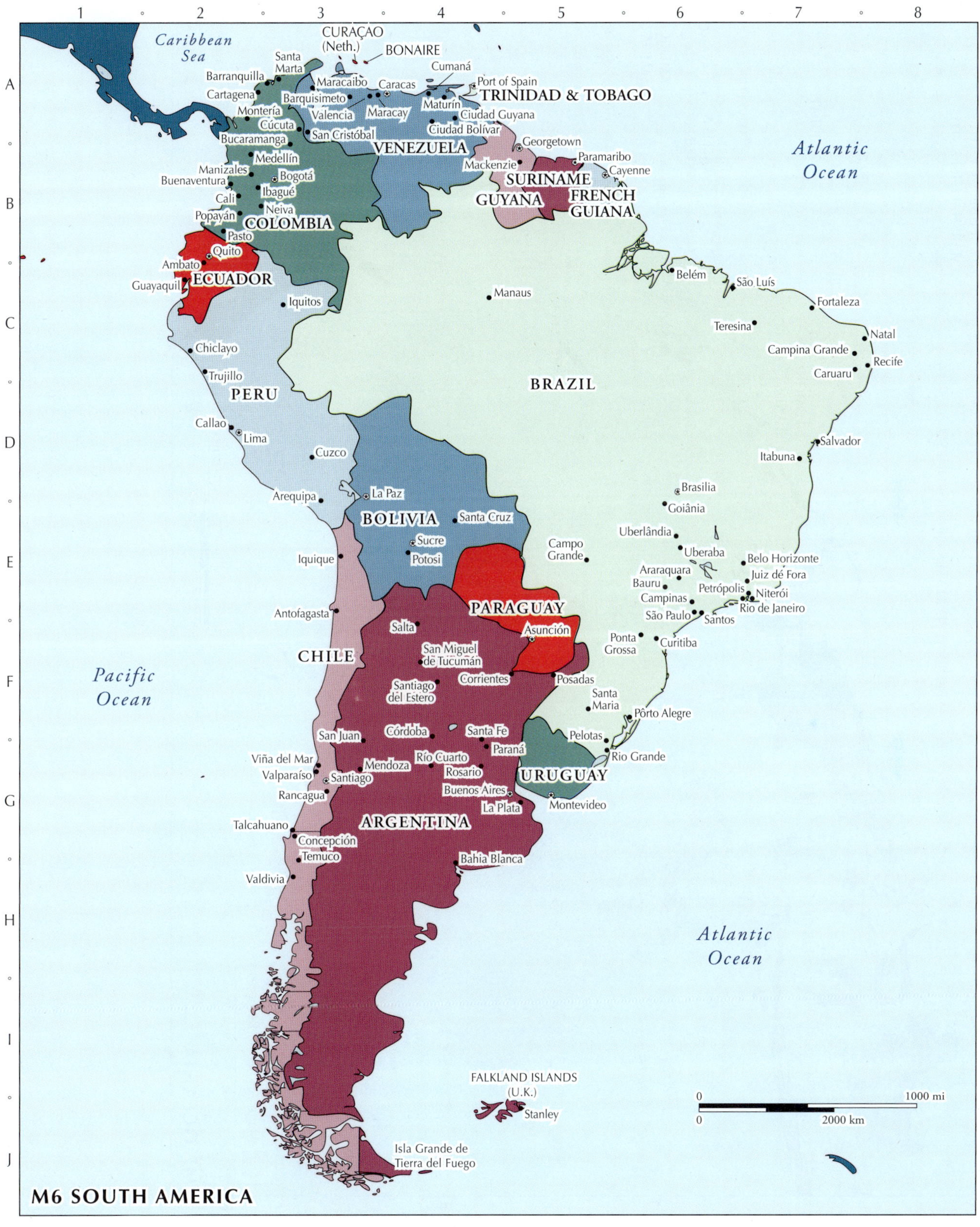
Caribbean Sea
CURAÇAO (Neth.)
BONAIRE
Santa Marta
Barranquilla
Cartagena
Maracaibo
Caracas
Cumaná
Port of Spain
TRINIDAD & TOBAGO
Barquisimeto
Valencia
Maracay
Maturín
Ciudad Guyana
Montería
Cúcuta
San Cristóbal
Ciudad Bolívar
Bucaramanga
VENEZUELA
Georgetown
Medellín
Paramaribo
Manizales
Mackenzie
Cayenne
Buenaventura
Bogotá
SURINAME
Ibagué
FRENCH GUIANA
Cali
GUYANA
Neiva
Popayán
COLOMBIA
Pasto
Quito
Ambato
ECUADOR
Guayaquil
Iquitos
Belém
São Luís
Manaus
Fortaleza
Teresina
Natal
Chiclayo
Campina Grande
Caruaru
Recife
Trujillo
PERU
BRAZIL
Callao
Lima
Salvador
Cuzco
Itabuna
Brasília
La Paz
Arequipa
Goiânia
BOLIVIA
Santa Cruz
Uberlândia
Campo Grande
Sucre
Uberaba
Iquique
Potosí
Belo Horizonte
Araraquara
Juiz de Fora
Bauru
Petrópolis
Niterói
Campinas
Rio de Janeiro
PARAGUAY
São Paulo
Santos
Antofagasta
Salta
Asunción
Ponta Grossa
Curitiba
San Miguel de Tucumán
CHILE
Corrientes
Posadas
Pacific Ocean
Santiago del Estero
Santa Maria
Pôrto Alegre
Córdoba
Santa Fe
San Juan
Pelotas
Paraná
Rio Grande
Viña del Mar
Río Cuarto
Valparaíso
Mendoza
Santiago
Rosario
URUGUAY
Buenos Aires
Rancagua
Montevideo
La Plata
Talcahuano
ARGENTINA
Concepción
Temuco
Bahía Blanca
Valdivia
Atlantic Ocean
Atlantic Ocean
FALKLAND ISLANDS (U.K.)
Stanley
0 1000 mi
0 2000 km
Isla Grande de Tierra del Fuego
M6 SOUTH AMERICA

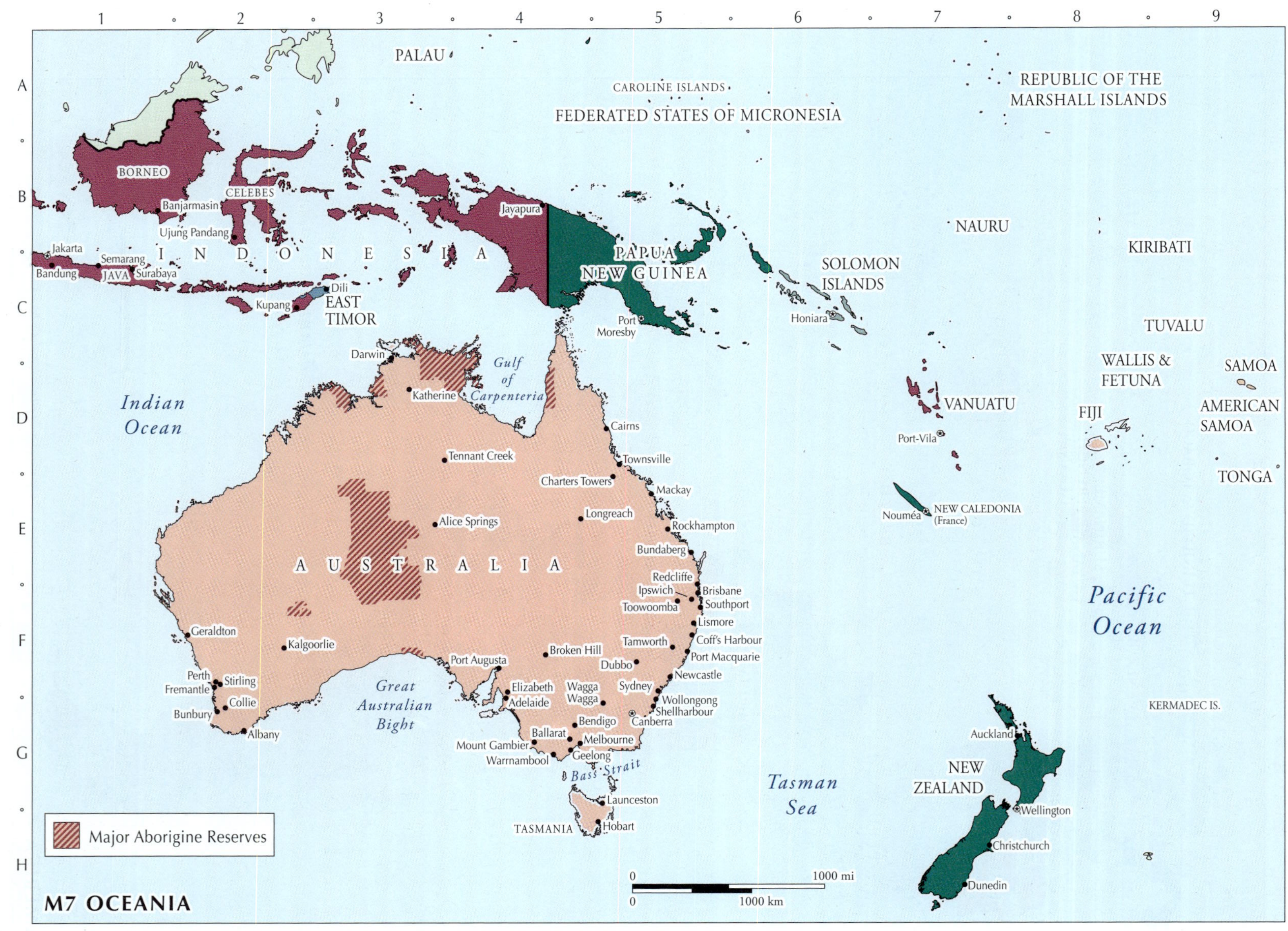
PALAU
CAROLINE ISLANDS
FEDERATED STATES OF MICRONESIA
REPUBLIC OF THE MARSHALL ISLANDS
BORNEO
CELEBES
Banjarmasin
Ujung Pandang
Jakarta
Bandung
Semarang
JAVA
Surabaya
INDONESIA
Jayapura
PAPUA NEW GUINEA
Port Moresby
Dili
EAST TIMOR
Kupang
NAURU
KIRIBATI
SOLOMON ISLANDS
Honiara
TUVALU
WALLIS & FETUNA
SAMOA
AMERICAN SAMOA
FIJI
TONGA
VANUATU
Port-Vila
NEW CALEDONIA (France)
Nouméa
Indian Ocean
Darwin
Katherine
Gulf of Carpenteria
Cairns
Tennant Creek
Townsville
Charters Towers
Mackay
Longreach
Alice Springs
Rockhampton
Bundaberg
AUSTRALIA
Redcliffe
Ipswich
Brisbane
Southport
Toowoomba
Lismore
Geraldton
Kalgoorlie
Tamworth
Coff's Harbour
Port Macquarie
Broken Hill
Port Augusta
Dubbo
Newcastle
Perth
Fremantle
Stirling
Collie
Bunbury
Albany
Great Australian Bight
Elizabeth
Adelaide
Wagga Wagga
Sydney
Wollongong
Shellharbour
Canberra
Bendigo
Ballarat
Melbourne
Mount Gambier
Warrnambool
Geelong
Bass Strait
Launceston
TASMANIA
Hobart
Tasman Sea
Pacific Ocean
KERMADEC IS.
NEW ZEALAND
Auckland
Wellington
Christchurch
Dunedin
Major Aborigine Reserves
M7 OCEANIA
0 1000 mi
0 1000 km
1 2 3 4 5 6 7 8 9
A B C D E F G H

차례 한눈에 보기

차례

PART 4 글로벌 금융 환경

PART 6 국제 운영 관리

Chapter 1
세계화와 국제경영

학습 목표

1–1 국제경영을 공부하는 것이 얼마나 중요한지, 그리고 그 이유는 무엇인지 설명한다.

1–2 세계화와 국제경영의 관계를 이해한다.

1–3 세계화와 국제경영을 촉진한 동인을 파악한다.

1–4 세계화와 관련된 주요 비판에 대해 논의한다.

1–5 기업이 국제경영을 통해 가치 창출을 추구하는 주요 원인을 분석한다.

1–6 기업이 국제경영 목표를 달성할 수 있는 다양한 운영 방법을 정의하고 기술한다.

1–7 기업 외부 환경의 국가적 차이가 국제경영 성과를 최적으로 제고하는 데 어떤 영향을 주는지 이해한다.

출처: aarows/Shutterstock

▲ 2018년 러시아 월드컵을 방문한 해외 관광객들

세계는 하나의 무대이다. 각자 역할을 하고, 그에 따른 몫을 챙긴다. —네덜란드 속담

CASE

스포츠 사업의 세계화[1]

스포츠는 세계에서 가장 세계화된 사업일 것이다. 팬들은 최고를 볼 것을 요구하며, '최고'는 글로벌 경쟁 기준이 되었다(위의 사진은 2018년 월드컵을 위해 다양한 국가에서 모스크바를 방문한 관광객을 보여준다). 위성 TV 방송을 통해 각각 다른 곳에 있는 팬들에게 세계 모든 곳에서 발생하는 라이브 이벤트를 송출한다. 이를 통해 선수, 구단주, 리그 대표 및 스포츠 협회 등 핵심 스포츠 사업 참여자는 시청자에게 많이 노출되며 팬 기반 확대 및 수익 증대 효과를 얻을 수 있다.

국제적 경쟁을 위한 국제 스포츠 연맹의 후원은 특히 오랜 역사를 지닌 축구 월드컵 및 올림픽에서 흔히 볼 수 있다. 유엔 회원국보다 더 많은 국가의 기업 및 인원이 이런 행사에 참여한다. 국제 대회가 비즈니스와 어떤 관련이 있는지 살펴보자. 도시와 국가는 관광객을 유치하고 사업 기회를 알리는 행사를 주최하고자 경쟁하며, 기업은 후원사로서 마케팅 권리를 구매한다. 또한 운동선수는 메달을 두고 경쟁할 뿐만 아니라 수익성이 좋은 제품 홍보 계약을 위해서도 경쟁한다.

올림픽 및 월드컵 참가뿐 아니라 대회의 개최 장소도 점차 세계화되고 있다. 월드컵은 최근 남아프리카공화국, 브라질, 러시아로 옮겨가고 있으며 2022년 카타르에서 개최될 예정이다. 마찬가지로 올림픽도 지난 몇 년간 캐나다, 중국, 러시아, 브라질 등의 국가에서 개최되었으며 향후 일본, 중국, 프랑스, 미국에서 열릴 예정이다.

국제적인 고용 시장

인재를 찾는 노력도 세계적이 되었다. 프로 농구 스카우트는 잠재력이 뛰어난 장신 청소년을 발굴하고자 나이지리아 지역을 살펴본다. 야구 에이전트는 미래 프로 계약 보너스의 일정 비율을 받는 대가로 도미니카공화국 청소년에게 합숙 트레이닝 캠프를 제공한다(지나치게 열성적인 에이전트는 청소년에게 제공할 수 있는 교육, 트레이닝 및 생활 수준을 넘어선 약속을 한다고 비난을 받는다). 스포츠 사업을 성공시키기 위해 인재를 모으는 것만으로는 충분치 않다. 기민한 마케팅과 재무관리 또한 매우 중요하다. 예컨대 프로 축구 구단 중 FC 바르셀로나는 재무 상황 개선을 위해 젊은 경영학과 졸업생을 영입하고 있다.

오늘날 최고의 프로 운동선수는 고정된 근거지를 정하지 않고 수입에 따라 국제적으로 이동한다. 다수의 북미 및 유럽의 프로 스포츠 리그는 예전보다 더 국제적인 선수들로 구성되었다는 중요한 공통점이 있다. 영국 프로 축구 리그(프리미어)는 66개국, 스페인 라리가(La Liga)는 50개국 출신의 선수들로 구성되었다. 외국 선수를 통해 경기의 수준을 높였을 뿐만 아니라 국제적인 팬 기반을 확장했다.

프로 테니스 협회가 전 세계의 지원을 얻는 법

당신은 프로 스포츠 선수가 세계에서 종횡무진으로 활약하고 있다는 사실을 알 것이다. 테니스를 예로 들면 어떤 나라도 선수들이 1년 내내 국내 대회만 참여할 수 있을 만큼의 충분한 팬을 보유하고 있지 않으며, 오늘날 최고의 테니스 선수들은 다양한 대륙 출신이다. 2019년, 미국 테니스 협회(ATP)는 31개국에서 64개 대회를 허가했으며, 선수들은 많은 나라를 방문할 수 있다. 하지만 피로와 일정상의 제약 때문에 모든 ATP 대회에 출전할 수 있는 프로 선수는 없다.

대회는 티켓 판매, 기업 후원 계약, TV 계약, 광고 계약을 통해 수익을 창출한다. 경기장이 크고 TV 시청자가 많을수록 후원자와 광고주의 이목을 끌 수 있다. 또한 국제 방송은 다양한 산업 및 국가 기업의 이목을 끈다. 결과적으로 주최측은 경기장 좌석을 채우고 수익성이 좋은 미디어 계약을 체결하기 위해 경쟁한다. 2020년 호주 오픈 테니스 대회의 상금은 5,000만 달러로 매우 후한 편이다.

한 나라의 스포츠에서 세계적 스포츠로

일부 국가는 전통을 유지하기 위해 특정 스포츠를 국기(national sport)로 지정하며 이를 지도 1.1에서 보여준다. 하지만 크리켓이 인도에서 국기인 필드하키를 제치고 가장 인기 있는 스포츠가 된 것처럼 다른 종목이 국기보다 더 인기 있는 경우도 있다.

역사적으로 야구는 북미 지역에서만 유명했지만 오늘날 국제야구연맹은 100개 이상의 회원국을 보유하고 있다. 미디어 수익이 정체됨에 따라 메이저리그 베이스볼(MLB)은 전 세계에 야구 경기를 방송함으로써 팬 기반을 넓혔으며 전 세계 젊은이에게 야구 경기 방식을 보여주었다. MLB클럽하우스에서는 선수와 코치가 영어는 물론 스페인어, 일본어, 중국어, 한국어로 야구에 대해 소통한다.

TV를 타고 전 세계로 방송되는 스포츠

놀랍지 않게도 다른 프로 스포츠는 글로벌 TV 방송 및 마케팅 프로그램을 확장하고 있다. 다수의 북미 아이스하키 스탠리컵의 시청자는 북미 외 지역에 있다. 팬들은 대부분의 국가에서 나스카(NASCAR)와 NBA(National Basketball Association) 게임을 시청할 수 있다.

TV는 스포츠 기업이 해외 팬과 선수를 찾아내는 유일한 수단이 아니다. NFL(National Football League)은 중국 학교의 축구 프로그램을 후원하며 유럽에서 정규 경기를 개최하기도 한다. NBA는 인도의 청소년 리그 구축에 도움을 주고 있다.

최고급 브랜드가 된 일류 프로 선수

많은 유명 선수는 실질적으로 글로벌 브랜드를 대표한다. 미국 프로 테니스 선수 세리나 윌리엄스(Serena Williams), 포르투갈 축구선수 크리스티아누 호날두(Cristiano Ronaldo)를 예로 들 수 있다. 스포츠에서의 성공과 카리스마 때문에 스포츠 산업 안팎의 기업은 의류, 장비 및 기타 제품의 홍보를 위해 그들에게 후한 비용을 지불한다. 오랜 기간 나이키(Nike)와 전속 계약관계를 이어온 스위스 테니스 스타 로저 페더러(Roger Federer)는 나이키와 결별하고 일본 캐주얼 의류 브랜드 유니클로(Uniqlo)와 3억 달러에 10년간 전속 계약을 맺었다.

협업을 통한 홍보

미국 프로 야구 팀 뉴욕양키스(New York Yankees), 뉴질랜드 럭비 국가대표 팀 올블랙스(All Blacks), 맨체스터 유나이티드 축구 구단(Man U)과 같은 일부 구단은 글로벌 브랜드로서 의류와 기타 제품을 판매할 수 있는 충분한 브랜드 평판을 보유하고 있다. 위의 모든 팀은 상표권을 행사할 수 있으며 소매점의 글로벌 체인을 운영할 수 있는 충분한 인지도를 보유하고 있다. 기업도 유명한 구단을 후원하거나 구단을 통해 홍보하고자 하는데, 레알 마드리드(Real Madrid) 축구 구단 유니폼에 에미레이트항공(Emirates Airlines)의 'Fly Emirates' 문구가 새겨진 것이 그 예이다. 구단들은 여전히 경기장 및 기타 장소 작명권을 위해 비용을 지불한다. 물론 구단 자체도 매력적인 국제적 투자로 간주할 수 있다. 미국 투자자가 영국 리버풀 FC(Liverpool Football Club)를 인수한 것을 예로 들 수 있다.

세계화된 스포츠의 장점과 단점

이 모든 것은 스포츠 팬에게 어떤 의미일까? 프로 스포츠가 글로벌 현

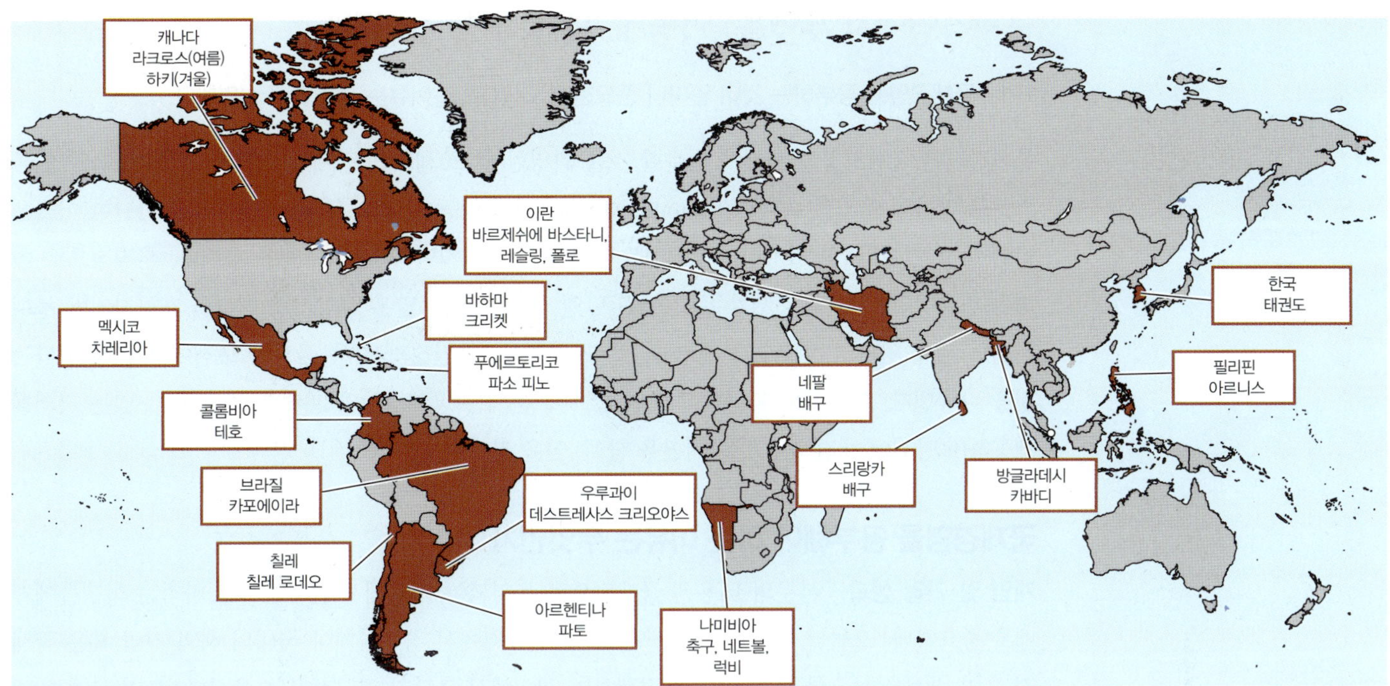

지도 1.1 국기의 예시

약 62개국이 국기를 가지고 있으며, 16개국은 법으로, 나머지는 실질적으로 지정되었다. 일부 스포츠는 하나 이상의 국가들이 공유하는데, 예를 들어 영국의 크리켓은 과거 식민지였던 7개 국가에서도 공유된다. 콜롬비아의 테호(tejo), 방글라데시의 카바디(kabaddi), 아르헨티나의 파토(pato)와 같이 역사적 유산을 보호하는 국가도 있다. 캐나다와 같은 일부 국가에는 하나 이상의 국기가 있다. 캐나다는 겨울에는 하키를, 여름에는 라크로스(lacrosse)를 한다.

출처: Wikipedia, http://en.wikipedia.org/wiki/National_sport (March 18, 2016).

상이 됨에 따라 팬들은 이전 세대보다 다양하고 높은 수준의 경기를 즐길 수 있게 되었다. 이는 장점임이 분명하지만 모든 사람이 다른 국가의 스포츠를 쉽게 받아들이는 것은 아니다. 많은 노력에도 불구하고 크리켓은 한때 영국의 식민지였던 나라들, 그리고 독일처럼 크리켓의 인기가 높은 파키스탄 이민자가 많은 곳에서만 인기가 있다. 미식축구 또한 미국 밖에서는 많은 인기를 얻지 못했다. 아마도 그 이유는 크리켓과 미식축구의 룰이 매우 복잡하기 때문일 수 있다. 반면 농구와 축구는 이해하기 쉽고 전문화된 장비가 거의 필요하지 않기 때문에 새로운 시장으로의 확장이 비교적 용이했다.

월드컵 및 올림픽과 같은 큰 국제 대회 유치에 성공했을 때의 경제적 효과에 대해서는 이견이 있다. 한편으론 관광 활성화를 돕고 외국인 투자, 시설 건설, 빈민 지역의 환경 개선에 도움을 주는 반면, 테러로부터의 위협 때문에 국가 안보 위협이 높아지고 대회 이후 사용이 저조한 경기장과 시설은 개최국에게 낭비적 지출을 야기할 수 있다. 또한 정치적 혼란, 자연 재해와 전염병이 대회 개최를 어렵게 할 수 있다. 2020년 일본 하계 올림픽은 COVID-19 대유행으로 인해 2021년으로 연기되었다. 아울러 다른 스포츠들은 경기를 관람하는 관중의 인원을 제한하고 선수와 팬은 국제 이동 제한에 적응해야 했다. 결국 많은 대회가 큰 손실을 안고 막을 내렸다. 이에 비판하는 이들은 종종 그 비용이 사회 서비스에 사용되었더라면 더 좋았을 것이라고 주장한다.

또한 모든 사람이 거침없는 스포츠의 세계화, 또는 적어도 그 일부 효과를 반기는 것은 아니다. 브라질의 축구 팬은 자국 최고의 선수들을 잃은 것을 한탄하고, 쿠바 야구 팬은 자국 선수들의 미국 및 일본 구단으로의 이적에 대해 초조해하며, 프랑스 팬은 카타르 투자 당국의 파리생제르맹(PSG) 축구단 인수에 항의했다. 영국 내 일부 사람들은 외국인 선수의 대규모 유입으로 인해 현지 선수의 발전이 불리하다고 주장한다. 또한 국제대회 우승 및 개최에 따른 수익과 홍보는 경기력 향상을 위해 불법 약물을 사용하고 대회 장소를 결정하는 공무원에게 뇌물을 주는 등 부정 행위에 영향을 미쳤다. 마지막으로 프로 스포츠의 큰 상금이 도박으로 이어져 부패를 유발할 가능성이 있다. 이는 핸드볼과 스모 같은 인지도가 낮은 스포츠뿐만 아니라 축구, 야구, 테니스 같은 유명한 스포츠에서도 나타났다.

문제

1-1 프로 운동선수 A는 스타 선수이고 B는 평범한 프로 선수이다. 프로 스포츠의 세계화가 각 선수에게 어떤 긍정적인 영향과 부정적인 영향을 미쳤는지 생각해보라.

1-2 이 장을 읽은 후 프로 스포츠의 세계화를 설명하는 국제 운영 방식의 사례를 파악하고 제시해보라.

국제경영에서 무엇을, 어떻게, 왜 공부할 것인가

1-1 국제경영을 공부하는 것이 얼마나 중요한지, 그리고 그 이유는 무엇인지 설명한다.

흥미진진한 국제경영의 세계에 입문한 것을 환영한다! 20세기 중반에 큰 인기를 얻어 영화와 연극으로도 만들어진 소설 《앤티 맘(Auntie Mame)》의 주인공은 "인생은 파티인데 많은 가난한 이들은 굶어 죽고 있어!"라고 말했다. 이 대사는 상징적인 의미지만 현실에 경종을 울린다. 본질적으로 이러한 비유적인 메시지는, 세계는 그 어떤 단일 국가보다 더 많은 다양성과 매력을 제공하지만 불행하게도 세계 인구의 상당수가 배고픔, 질병, 불평등, 불안정과 같은 극심한 도전에 직면해 있다는 것을 나타낸다. 그럼에도 불구하고 모든 글로벌 문제는 국제경영이 문제를 해결할 수 있는 기회를 제공하며 당신이 해결책을 찾는 역할을 할 수 있을 것이다.

국제경영을 공부해야 하는 이유는 무엇인가

개인 및 기업 성과 본문의 내용은 국제적으로 운영되는 기업에서 근무하기를 바라는 학생들에게 매우 중요하다. 오늘날 사실상 거의 모든 기업이 해외에서 경쟁하거나 국내의 해외 기업 혹은 국제적 운영 방식을 보유한 현지 기업과 경쟁하며 해외에서 조달한 공급품을 사용한다. 도입 사례는 개인, 팀, 기업, 협회가 스포츠에 국제적으로 참여하는 다면적인 이유를 기술하고 있다. 이는 기타 많은 산업에서도 유사하다. 직업적 포부와 무관하게 ① 기업과 개인의 발전을 위한 최적의 가격으로 최적의 자원을 획득할 장소, ② 만든 제품과 서비스를 가장 잘 판매할 수 있는 장소를 고려해야 한다. 따라서 다양한 상황에서의 조직의 운영 환경과 경험을 더 많이 이해할수록 취업 시장 진출을 준비하면서 채용 담당자의 관심을 끌 수 있다. 혹은 이미 일하고 있는 경우 승진에 유리한 위치를 점할 수 있다.

사업 외의 의사결정 국제경영에 대한 직접적인 책임을 맡고 있지 않더라도 국제경영을 이해한다면 유용할 것이다. 규모를 막론하고 기업의 국제적인 경영 활동과 정부의 정책은 경제 성장, 고용 안정성, 소비자 가격 및 국가 안보 등 전반적인 국가 환경뿐만 아니라 개별 산업과 기업에 영향을 미친다. 예를 들면 현재 국가들은 해외 생산 및 해외 시장에 대한 의존 정도, 국방을 위해 다른 나라들과 동맹을 맺고 국경을 초월하는 문제를 해결하기 위해 협력하는 정도에 대해 고심하고 있다. 국제경영을 더 잘 이해하면 기업 활동 장소와 지지해야 하는 정부 정책 등 경영과 시민으로서의 의사를 결정하는 데 더 큰 도움이 된다.

《앤티 맘》의 대사를 간과하지 말자. 다양한 세계 관광 명소에 대한 지식이 증가함에 따라 국제 여행이 대규모로 확대되었다. 본문의 내용을 학습하면 전 세계에 존재하는 사업 기회뿐만 아니라 향후 여행에서 국제적 행동 및 의견 차이를 더 잘 해석할 수 있는 이해도가 향상될 것이다. 글로벌 파티를 즐겨보자!

국제경영을 공부하는 것이 중요한 이유는 다음과 같다.

- 대부분의 기업은 국제적으로 운영되거나 국제 기업과 경쟁한다.
- 국제 기업은 국내에서와는 다른 운영 방식을 사용한다.
- 경영자가 어디에서 자원을 찾고 제품을 판매할 것인지 의사결정하는 데 도와준다.
- 경영 활동을 수행하는 최적의 방식은 국가마다 다르다.
- 국제경영을 이해하면 경력을 결정하는 데 도움이 된다.
- 국제경영을 이해하면 어떤 정부 정책을 지지해야 할지 결정하는 데 도움이 된다.

국제경영에서는 무엇을 배우는가

여러분 중 일부는 국내 또는 해외에서 국제경영에 직접 종사하기를 희망할 것이다. 일부는 해외 고객, 해외 공급업체 및 해외 경쟁업체를 상대하는 국내 기업에서 일할 수도 있다. 두 가지 경우에서 조직의 성과는 모두 운영 환경을 이해하고 목표를 파악하며 이를 달성하기 위한 수단을 개발하는 데 달려 있다. 이에 따라 그림 1.1은 기업이 일부 활동을 국제적으로 하기로 결정했을 때 발생할 수 있는 조건과 운영의 관계를 설명한다.

본국에서의 기업 활동과 해외에서의 기업 활동에서 가장 좋은 방법이 다른 이유는 무엇일까? 첫째, 기업을 국제적으로 운영할 때는 수출 및 수입 활동과 같이 다양한 방식의 경영 활동에 참여하게 된다. 둘째, 물리적 조건, 제도적 조건과 경쟁 조건이 국가마다 달라 경영 활동에서 최적의 방식에 영향을 준다. 즉 국제적으로 운영되는 기업은 국내에서만 경영을 하는 기업보다 더 다양하고 복잡한 경영 환경을 가지고 있다.

필수 기술을 계발하기 위해 국제경영을 어떻게 학습할 것인가

이 책은 국제경영의 환경과 운영에 대해 광범위하게 설명한다. 당신의 취업 가능성과 직업적 성공을 지원하는 기술을 계발하는 데 도움이 되도록 많은 아이디어와 문제를 다룬다. 방대한 내용을 다루지만 자료를 공부하고 이해하고 사용하는 데 도움이 되는 많은 특징을 찾을 수 있을 것이다. 책의 여백에 핵심 포인트를 요약하고 다른 장의 아이디어와의 본질적인 연관성을 강조했다. 마찬가지로 국제경영에 대한 이해를 뒷받침하는 기초 용어를 볼드체로 강조했다. 이 절을 간단히 살펴보면 본문의 주요 구성 요소가 어떻게 통합되었는지를 알 수 있다. 예를 들어 모든 장에 포함된 도입 사례 및 마무리 사례, '찬반 토론(Point-Counterpoint)', '미래 전망' 등의 구성 요소는 복잡한 문제의 해결, 이해 및 논리, 비판적 사고, 문화적 인식, 윤리, 글로벌 사고방식 및 통합적 추론에 대한 기술을 개발하는 데 도움을 준다. 이 모든 것은 아이디어를 평가하고, 복잡한 정보를 해석하고, 모순을 조정하고, 다양한 권고사항을 통합하고, 통찰력 있는 결정을 내릴 경우 당신의 재능을 제고하는 데 도움이 될 것이다. 의심할 여지없이 당신은 이미 이전 교과 과정에서 이러한 기술을 계발하기 시작했다. 이

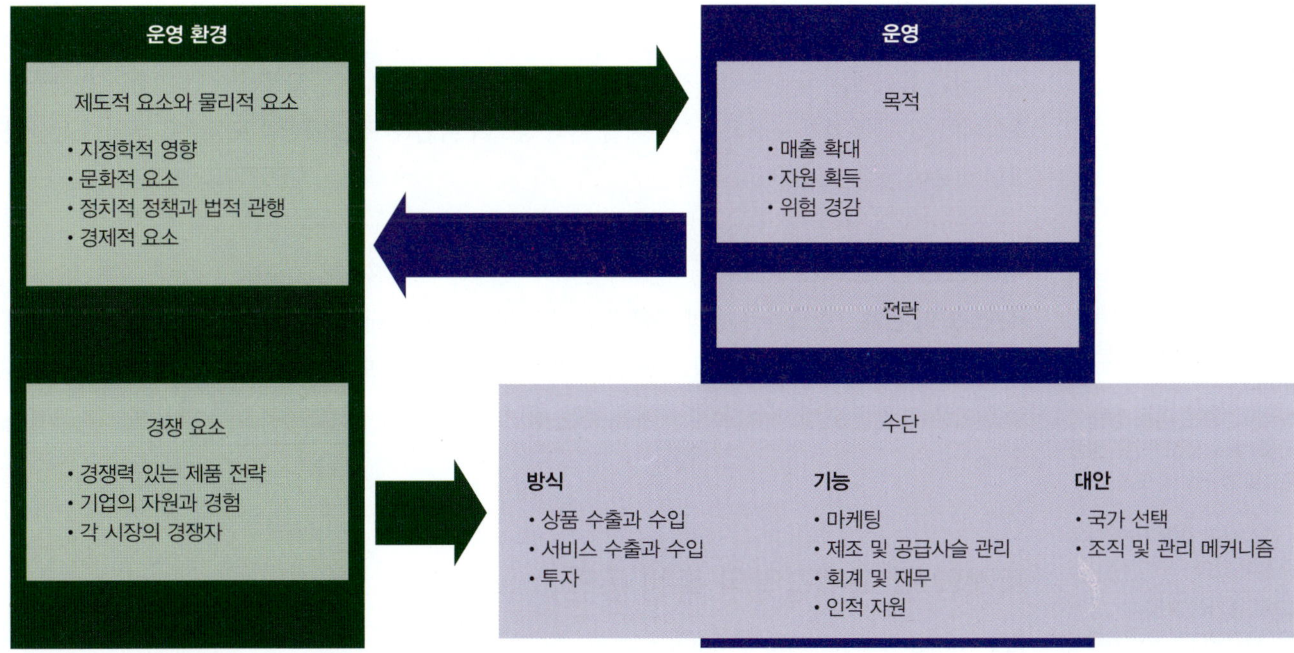

그림 1.1 국제경영 활동의 요소
기업의 국제경영 활동은 두 요소에 따라 달라진다. 첫째는 성취하고자 하는 목적이고, 둘째는 이를 위한 수단이다. 이런 활동은 물리적 및 사회적 경쟁이라는 두 가지 요소에 영향을 주고받는다.

책은 국제경영의 환경과 운영이라는 흥미로운 맥락에서 당신이 계발하기 시작한 기술을 개선하는 것을 도와줄 것이다. 당신은 면접에서 이러한 기술을 보여주고 보람 있고 성공적인 경력을 쌓는 데 이 기술들을 사용할 것이다. 그 과정에서 당신은 아마도 당신만의 글로벌 파티를 즐길 수 있을 것이다.

세계화와 국제경영의 관계

1-2 세계화와 국제경영의 관계를 이해한다.

세계화(globalization)는 광의의 개념에서 여러 국가의 사람들 사이에서 상호관계가 확대되는 현상을 일컫는다. 또한 상품과 서비스, 자본, 기술, 인적 자원의 이동을 가로막는 장벽을 없애 세계 경제를 통합한다는 의미를 지닌 용어로도 해석할 수 있다.[2] 역사를 통틀어 사람들 사이의 연결은 자원, 제품, 서비스, 시장에 대한 사람들의 접근성을 확장했다. 우리는 우리가 원하고 기대하는 삶의 방식을 바꿨으며 외부 환경에 의해 (긍정적이든 부정적이든) 더 영향을 받고 있다.

도입 사례에서 설명했듯이 산업 및 기업은 원료와 시장을 확보하기 위해 먼 곳으로 확장해왔다. 우리는 소비자로서 'Made in' 라벨을 통해 일반적으로 전 세계에서 제품을 구매한다는 것을 알고 있지만 이 라벨이 모든 것을 말해주지는 않는다. 예를 들면 벨기에 노이하우스(Neuhaus) 봉봉과 미국 포드(Ford) 자동차는 다양한 부품, 재료 및 다양한 국가 간의 전문적인 경영 활동을 포함하고 있기에 제품 원산지를 정확하게 파악하기 어렵다.[3] 애플(Apple)은 중국에서 아이폰(iPhone)을 출하하므로 아이폰이 중국 제품으로 보이지만 중국에서 창출되는 가치는 거의 없다. 예를 들어 아이폰7의 출고가는 237.45달러이지만 그중 8.46달러만이 중국에서 발생하기 때문에 중국 제품이라고 말하기는 어렵다.[4]

우리는 세계화를 통해 더 다양하고, 더 나은 품질 혹은 더 저렴한 가격의 제품을 얻을 수 있다. 우리가 먹는 음식에는 국내에서는 재배되지 않는 향신료와 국내에서는 제철이 아닌 신선한 농산물이 포함되어 있다. 우리가 운전하는 자동차를 여러 장소가 아닌 한 장소에서만 노동력을 투입해 생산했다면 비용이 높아졌을 것이다.

국제경영이 필요한 이유

국제경영은 2개 혹은 그 이상 국가의 모든 상업적 거래로 구성된다.
- 민간 기업의 국제경영 목표는 이윤 창출이다.
- 정부의 국제경영은 이윤 창출이 동기가 될 수도 있고 이윤 창출 외의 목표를 추구할 수도 있다.

세계화와의 관계 공급과 시장의 글로벌 연결은 **국제경영**(international business, IB)에서 비롯된다. 국제경영은 국가 간에 발생하는 판매, 투자, 운수를 포함한 모든 상업적 거래 활동이다. 민간 기업은 이윤 창출을 위해 이런 국제 거래를 하는 반면 정부는 이윤 창출 외의 이유 때문에 거래하기도 한다.

세계화 및 국제경영의 촉진 동인

세계화는 측정하기 어렵지만 다음과 같은 특성이 있다.
- 산발적으로 증가하고 있다.
- 일반적인 생각보다는 보편화되어 있지 않다.
- 경제적인 차원과 비경제적인 차원을 가지고 있다.
- 여러 요소로 인해 촉진된다.

1-3 세계화와 국제경영을 촉진한 동인을 파악한다.

세계화를 측정하는 것은 특히 역사적인 비교 측면에서 어렵다. 세계화를 측정하기 위해서는 첫째, 국가의 상호의존도를 간접적으로 측정해야 한다.[5] 둘째, 러시아가 우크라이나의 영토를 점령한 것과 같이 국가의 경계가 변했을 때 국내의 사업 거래는 국제적 사업 거래로 되며 그 반대의 경우도 마찬가지이다. 그럼에도 불구하고 신뢰할 수 있는 다양한 지표를 통해 최소 20세기 중반부터 세계화가 산발적으로 확대되고 있음을 확인할 수 있다. 현재 세계 생산량의 25%는 원산지 국가 외부에서 판매되고 있는데, 1950년에는 7%에 불과했다. 또 수입 규제가 산발적으로 감소하고 있으며, 세계 생산량에서 해외투자로부터 나오는 생산량이 증가했다. 제2차 세계대전 이후 거의 매년 세계 무역은 세계 생산보다 더 빠르게 성장을 했다. 그러나 예를 들면 COVID-19 대유행으로 인한 경기 침체기에는 글로벌 무역과 투자가 글로벌 경제보다 축소되는 경향을 보인다.

▲ 하이얼 그룹 수입의 대부분은 중국 고객들로부터 창출된다.

출처: Lou-Foto/Alamy Stock Photo

하지만 이와 동시에 세계화는 당신의 생각만큼 만연하지는 않다. 실제로 미국의 많은 사람은 미국 소비 가치의 약 15%만이 다른 나라에서 나온다는 사실에 놀란다. 세계 많은 곳(특히 가난한 시골 지역)의 사람들은 고립된 자기 지역을 넘어 외부와 연결할 수 있는 자원이 부족하다. 그러나 이러한 고립은 특히 휴대전화의 등장 이후 빠르게 변하고 있다.[6] 규모가 작은 국가를 중심으로 소수 국가만이 생산의 50% 이상을 해외로 수출하거나, 소비의 50% 이상을 해외 생산에 의존한다. 이는 대부분의 상품과 서비스가 여전히 생산되는 국가에서만 판매되고 있음을 의미한다. [위 사진은 베이징에 위치한 매장에 전시된 하이얼(Haier) 세탁기이다.] 더 나아가 대부분의 국가에서 자본의 주요 원천은 해외가 아닌 국내이다.

물론 이러한 측정은 세계화의 **경제적** 측면만을 다루고 있다. 보다 포괄적인 비교에는 여행 및 통신을 통한 사람 간 접촉, 기술 교류, 정부 간 관계, 다른 언어의 단어와 같은 외국 문화의 속성을 수용하고 적용하는 것이 포함된다.[7] 이러한 비교에는 몇 가지 공통점이 있다.

- 국가의 크기: 작은 국가는 큰 국가보다 더 세계화되는 경향이 있는데, 이는 주로 작은 땅덩어리와 인구로 인해 생산의 다양성이 낮아지기 때문이다.
- 1인당 국민소득: 1인당 국민소득이 높은 국가는 1인당 국민소득이 낮은 국가보다 더 세계화되는 경향이 있다. 이는 1인당 국민소득이 높은 국가의 시민이 해외 제품을 구매하고 여행을 하고 통신을 할 수 있는 금전적 여유가 더 있기 때문이다.
- 세계화 양상의 차이: 특정 국가가 한 차원에서 고도로 세계화되어 있는 것으로 평가될 수 있지만 다른 차원에서는 낮은 수준으로 평가될 수 있다. 예를 들어 미국은 기술적으로는 고도로 세계화되었지만 경제적인 세계화 수준이 낮다.

세계화 확대에 기여한 요소

최근 수십 년 동안 세계화 확대에 기여한 요소에는 어떤 것이 있을까? 대부분의 분석가는 다음의 상호의존 관계가 있는 요소를 꼽는다.

1. 기술 발달 및 기술의 응용 증가
2. 국가 간 무역과 자원 이동의 자유화
3. 국제경영을 지원하는 서비스의 발전
4. 소비자 압력 증가
5. 글로벌 경쟁 증가
6. 정치적 상황 및 정부 정책의 변화
7. 국제 협력 확대

기술 발달 및 기술의 응용 증가 잘 알려진 '현대의 경이로운 발명품'과 효율적인 생산 방식 중 많은 것이 최근에 등장했다. 여기에는 스마트폰과 같은 신제품뿐만 아니라 구형 제품의 새로운 응용도 포함된다. 예를 들면 버섯 균사체로 만든 생분해성 플라스틱, 회로기판의 양철, 석유·천연가스 채굴에 꼭 필요한 원료로 주목받게 된 인도 구아콩 등이다.[8] 구형 제품의 수요에 대한 변화는 생산지도 변화시켰다. 에어컨에 대한 수요는 중국 남부 지역을 세계의 공장으로 바꿔 놓았다.[9] 최근 무역하고 있는 상품이나 서비스의 상당수는 10~20년 전만 하더라도 존재하지 않았거나 무역에서 중요하지 않은 것이었다. 기술이 어떻게 이렇게 많이 발전할 수 있었을까? 역사상 존재했던 모든 과학자의 절반 이상이 현재 살아 있다. 그 이유 중 하나는 인구 증가이지만, 다른 이유는 생산성 향상이다. 생산성 향상 덕분에 적은 시간을 일하고도 같은 제품을 생산할 수 있다. 이는 더 적은 사람이 생산할 수 있기 때문에 상대적으로 더 많은 사람에게 신제품을 개발할 여유를 주었다. 또한 생산성 향상 덕분에 같은 시간을 일하고도 더 많은 신제품을 구매할 수 있다. 신제품의 시장 진입은 다른 보완 제품(예: 스마트폰용 앱)에 대한 수요를 창출하여 과학자와 엔지니어에 대한 수요를 가속화한다.

한 국가에서 많은 신제품을 성공적으로 생산할 수는 없다. 새로운 기술 혁신에는 많은 재무 자원과 지적 자원이 필요하므로 여러 국가의 기업은 기술 개발을 위해 협력해야 한다. 신제품이 개발되고 나면 이를 생산하는 최적 규모는 한 나라의 시장 수요를 넘어서는 경우가 많다. 결과적으로 기업은 고정 개발 비용과 생산 비용을 더 많은 생산 단위에 분산해 충당하기 위해 국내는 물론 국제적으로 판매해야 한다.

통신과 교통의 발달 통신과 교통의 발달로 다른 나라에서 개발된 제품과 서비스에 대해 알고 이를 원하게 되었다. 동시에 통신과 교통에 드는 비용은 급감하고 있다. 예를 들면 뉴욕에서 런던까지의 3분간 국제 통화료는 1970년에는 10.8달러에 달했지만, 지금은 0.2달러에 불과하다. 또 음성 인터넷 프로토콜을 이용하면 무료 통화도 가능하다. 마찬가지로 항공 요금도 수년간 하락하고 있다. 1995~2014년에 항공 요금은 실질 가치로 절반으로 하락했다.[10]

교통 부문의 혁신은 더 많은 기업이 특정 시장에서 판매 경쟁을 할 수 있게 되었음을 의미한다. 예를 들면 과거에는 해외에서 재배한 꽃을 미국 시장에서 판매하는 것은 오직 고소득층 소비자를 대상으로 한 것이었기에 실용적이지 못한 사업이었다. 그러나 지금은 에콰도르, 이스라엘, 네덜란드, 뉴질랜드산 화훼 제품이 미국 시장을 놓고 서로 경쟁을 벌이는데, 꽃 재배자가 이런 화훼 제품을 빨리 그리고 경제적으로 선적할 수 있기 때문이다.

통신과 교통의 발달은 경영자의 해외 사업 활동 관리 능력 또한 강화했다. 예를 들면 더 쉽게 해외 시설을 방문하고 해외 경영자들과 연락할 수 있다. 인터넷 덕분에 기업은 샘플의 사진을 즉시 교환

할 수 있다. 중소기업조차도 인터넷의 도움을 받아 해외의 고객과 공급업체에게 연락할 수 있다. 그러나 다음 질문에 대해 생각해볼 필요가 있다. 인터넷이 1858년에 10일에서 몇 분으로 통신 시간을 단축시킨 최초의 대서양 횡단 전신 케이블을 설치한 것보다 세계화에 더 큰 영향을 미쳤을까?

국가 간 무역과 자원 이동의 자유화 모든 국가는 내수 산업을 보호하기 위해 상품과 서비스는 물론 이를 생산하는 데 필요한 노동자, 자본, 설비 등 자원의 진입과 퇴출을 규제한다. 이런 규제는 국제경영 활동에 제한을 가할 뿐만 아니라 규정이 수시로 변하기 때문에 불확실성을 높인다. 예를 들면 미국과 중국은 2010년대 후반 서로의 제품에 대한 무역 장벽을 강화했다. 그러나 시간이 흐름에 따라 대부분의 정부는 주로 다음의 세 가지 이유로 이러한 규제를 줄였다.

1. 시민은 다양한 제품과 서비스를 더 저렴한 가격에 구매하기를 원한다.
2. 경쟁은 국내 생산업체가 더 효율적으로 되도록 촉진한다.
3. 다른 국가들이 차례로 장벽을 낮추도록 유도하기를 희망한다.

국제경영을 지원하는 서비스의 발전 기업과 정부는 국제경영 활동을 촉진하는 서비스를 개발했다. 예를 들면 은행 신용장 계약(특정 통화를 다른 통화로 바꾸는 청산 약정과 미지급 및 도중에 발생한 피해와 같은 위험을 보장하는 보험) 덕분에 대부분의 생산업체는 해외에서 판매한 제품과 서비스의 대금을 쉽게 받을 수 있다. 예를 들면 나이키가 프랑스 축구 팀에 스포츠웨어를 판매할 때 선적한 제품이 프랑스 세관에 도착하면 프랑스 은행은 축구 팀에게 유로 통화로 대금을 받은 후 미국 은행을 통해 미국 달러로 나이키에게 대금을 지불한다.

소비자 압력 증가 오늘날 많은 소비자는 다른 국가에서 생산된 제품과 서비스에 대해 더 많이 알고 있을 뿐만 아니라 그것을 구입할 능력이 있으며 더 많은 제품, 더 질 좋은 제품, 더 저렴한 제품을 원한다. 하지만 이런 수요는 부(富)의 불평등으로 인해 국내는 물론 국제적으로 불평등하게 확대된다.

소비자 압력 증가는 기업이 연구개발(R&D)에 더 많이 투자하도록 유도하며 이는 전 세계를 대상으로 더욱 까다로운 고객에게 판매할 혁신과 제품을 개발하게 한다. 소비자 역시 전 세계를 대상으로 더 나은 거래를 찾는다. 예를 들면 인터넷 검색을 통해 해외에서 더 저렴한 처방약을 찾는다.

글로벌 경쟁 증가 경쟁 증가는 기업의 해외 판매 및 조달을 유도한다. 예를 들면 기업은 경쟁자가 이미 매출을 올리고 있는 시장에 제품을 출시하거나, 경쟁자가 더 저렴하거나 더 매력적인 제품을 확보하는 국가에서 공급업체를 찾을 수 있다. 몇몇 기업이 해외에서의 기회에 대응하게 되면 다른 기업 또한 불가피하게 이를 따르게 된다. 기업은 서로의 해외 경험을 통해 교훈을 터득한다. 도입 사례가 시사하듯이 메이저리그에서 외국계 야구 선수의 성공은 미국의 농구 및 축구 구단이 해외에서 인재를 발굴하고 육성하도록 자극했다.[11]

소위 **본 글로벌**(born global)이라 불리는 기업은 창업자의 국제 경험[12]과 통신의 발전으로 글로벌 시장 및 공급업체의 입지를 잘 파악할 수 있기 때문에 창업 초기부터 해외 시장을 목표로 사업을 전개한다. 스웨덴의 오디오 공유 웹서비스인 사운드클라우드(SoundCloud)를 예로 들어보자. 공동 창업자 중 한 사람은 영국에서, 다른 한 사람은 스웨덴에서 태어났기에 독일과 미국 시장에 진출하기 전부터 두 시장에 대한 이해도가 높았다.[13] 한편 이스라엘 드론 제조사 에어로보틱스(Airobotics)와 같은 일부 스타트업 기업은 매력적인 기술 해결책을 개발한다.[14] "더 나은 쥐덫을 만들면 사람들이

문 앞까지 길을 내서 찾아올 것이다"라는 아이디어처럼 본 글로벌 기업은 초기부터 전 세계 고객을 확보한다. 기업과 개인은 산업의 종류와 관계없이 더 글로벌해져야 한다. 현재 경쟁적인 경영 환경에서 세계화하지 못했을 때 치러야 할 대가는 크다.

정치적 상황 및 정부 정책의 변화 제2차 세계대전 이후 50여 년 동안 공산권 국가와 다른 국가의 기업 활동은 극히 제한적이었다. 그러나 현재는 정치적인 단절 때문에 기업 활동에 제약을 받는 국가는 극소수에 불과하다. 그럼에도 불구하고 정부는 정치적인 원인으로 다른 국가와의 기업 활동을 거부하는데, 북한 및 이란과의 기업 활동에 대한 제재를 예로 들 수 있다.

그러나 정부 정책은 시장을 폐쇄할 뿐만 아니라 개방할 수도 있는데, 국제적인 상품 유통의 효율성을 촉진하도록 공항과 항구 시설을 개선하는 정부 지원 프로그램이 그 예이다. 정부는 이 밖에도 국내 기업이 더 많은 제품을 해외에 판매할 수 있도록 다양한 서비스를 제공하고 있으며 해외 시장에 대한 정보 수집, 잠재 바이어에 대한 접촉 기회 제공, 본국 통화로 대금 미납에 대한 보험금을 제공하는 것 등을 예로 들 수 있다.

국제 협력 확대 조약, 협정, 자문 등 국제적인 협력을 통해 자국의 이익을 대변할 수 있다는 사실을 깨달은 정부가 점차 늘어나고 있다. 이런 정책을 추구하는 이유는 다음 세 가지 수요에서 기인한다.

1. 상호 이익 획득
2. 특정 국가 단독으로 해결하지 못하는 문제에 공동 대처
3. 특정 국가 영역 밖의 문제 해결

상호 이익 획득 기본적으로 기업은 해외 기업 활동에서 불이익을 당하기를 원하지 않는다. 따라서 정부가 자신들을 대변해줄 것을 요청한다. 정부는 이런 이유 때문에 국제 단체에 가입하고, 다양한 상업 활동에 대한 조약과 협정을 체결한다. 예를 들면 일부 조약과 협정은 특정 국가의 화물선 및 항공기가 특정 항구와 공항을 상호 호혜적으로 이용하도록 규정한다. 상업 항공기 안전 기준 및 운항권, 해외투자, 특허, 상표권, 저작권 보호와 관련된 조약 및 협정도 있다. 또한 무역 장벽을 서로 낮추는 조약을 체결하기도 한다.

다국적 문제 해결 각국 정부는 모든 국가의 이익에 부합하는 고속도로, 철도, 수력 발전용 댐 건설 등 여러 협력 활동을 한다. 그러나 여전히 과거로부터 물려받은 국경 문제가 존재한다. 예를 들면 철로를 통해 외국 군대가 침략하는 것이 두려워 국가는 궤도가 더 넓거나 좁은 선로를 설치했다. 러시아에서는 중국 표준 궤도보다 넓은 선로를 사용하지만 유럽에서는 국가 시스템이 다르기에 이탈리아와 스웨덴을 오가는 열차는 기관차를 3~4회 교체해야 한다.[15]

각국 정부는 독자적으로는 해결할 수 없거나 해결하지 못하는 문제를 협력해서 해결한다. 독자적인 문제 해결이 불가능한 데는 몇 가지 이유가 있다. 첫째, 특정 국가가 감당하기에는 문제 해결에 필요한 자원이 너무 많은 경우이다. 특정 국가가 다른 국가에도 이익이 되는 프로젝트에 단독으로 비용을 부담하지는 않는다. 기본적으로 많은 문제는 글로벌 사고가 필요한데, 글로벌 기후 변화, 테러, 질병 등이 그 예이다.

둘째, 특정 국가의 정책은 다른 국가에 영향을 미칠 수 있다. 예를 들면 특정 국가가 실질 금리를 높이면 금리가 낮은 국가의 기업과 개인이 보유한 자본을 유치할 수 있다. 그리고 이는 상대 국가의

투자 자금 부족으로 이어진다.[16] 이와 유사하게 특정 국가가 자국 통화의 가치를 절하하면 해외 시장에서의 수출품 가격이 하락한다. 구매자가 더 저렴한 공급선으로 바꾸면 공급하지 못하게 된 기존 국가에는 실업 문제가 생긴다. 경제적으로 중요한 국가들은 여러 경제 정책을 조율하기 위해 정기적으로 정보와 아이디어를 공유한다. 가장 주목할 만한 협력은 G20을 예로 들 수 있는데, G20은 세계에서 중요한 경제적 영향력을 행사하는 19개 국가와 EU 의장국으로 구성된다. G20은 세계 생산량의 90%, 세계 무역의 80%, 세계 인구의 3분의 2와 세계 절반에 해당하는 영토를 점유하고 있다.[17]

특정 국가 영역 밖의 문제 해결 특정 국가의 영역에 속하지 않는 3개의 글로벌 지역이 있다. 이는 바로 공해에 해당하는 해양, 우주, 남극이다. 이들은 상업적 실효성이 입증되기까지 탐사나 다국적 협력에 대한 관심이 거의 없었던 지역이다. 그러나 해양은 많은 식량 및 광물 자원을 보유하고 있으며, 국제 상거래 물류에서 큰 중요성을 차지한다. 오늘날에는 어획량과 어획 방법, (북극해의 석유 자원 같은) 해양 자원에 대한 권리, 해적 문제 등에 자세한 협정이 존재한다.[18]

이와 유사하게 우주에서 획득할 수 있는 상업적 이익에 대한 이견이 존재한다. 예를 들면 상업 위성은 직접 수혜가 없는 국가의 상공을 통과한다. 그러한 국가에서는 뭔가 대가를 받아야 한다고 주장할 수 있다. 이런 주장이 일리가 없다고 생각한다면 특정 국가의 항공을 통과하는 외국 국적 항공기에 대가를 요구하는 사례를 생각해보기 바란다.[19]

많은 광물 자원과 해양 생물이 있고 많은 관광객이 방문하는 남극 대륙에는 남극점으로 이어지는 고속도로와 러시아정교의 교회가 있다. 남극을 연구 목적으로만 활용하자는 남극조약(1959)과 같이 상업적 개발을 제한하는 조약이 체결되어 있는데, 그때부터 여러 국가는 첨단 건축물로 연구 시설을 구축했다.[20] 그러나 여전히 어느 정도까지 개발이 가능하고 누가 개발을 할지에 대해 의견 일치를 보지는 못하고 있다.

세계화에 대한 비판

1–4 세계화와 관련된 주요 비판에 대해 논의한다.

앞서 국제경영과 세계화의 증가에 따른 혜택에 대해 이야기했다. 그러나 이로 인한 결과에 논란의 여지가 있을 수 있다는 사실을 기억해야 한다. **반세계화** 세력은 세계화를 막기 위해 정기적으로 국제 조약이나 정부 정책을 반대하는 시위를 한다. 때로는 폭력 시위를 하기도 한다. 여기에서는 세 가지 문제, 즉 국가 주권에 대한 위협, 자연환경에 미치는 부담, 소득 불평등 증가, 개인이 느끼는 스트레스 증가에 대해 집중적으로 다룰 것이다.

세계화에 대한 비판은 다음과 같다.
- 국가의 주권이 약화된다.
- 세계화로 인한 경제 성장이 자연환경 피해를 증가시킨다.
- 경제적인 차원과 비경제적인 차원이 있다.
- 큰 사회적 불안은 개인이 느끼는 스트레스를 증가시킨다.

국가 주권에 대한 위협

"글로벌하게 생각하고 현지에 맞게 행동하라(Think globally, act locally)"는 슬로건을 들어보았을 것이다. 이는 현지의 이해관계가 글로벌 이해관계에 우선해야 한다는 의미이다. 일부 학자들은 국제 조약, 특히 제품 생산 및 판매 방법에 대한 현지 규제를 저해하는 국제 조약의 확산이 국가의 **주권**(sovereignty), 즉 외부에서 부과된 제약 없이 '현지에 맞게 행동할 자유'를 저해할 수 있다고 우려한다.

현지의 목표와 정책에 대한 문제 국가는 근로자 보호 및 환경 관행과 같은 국가적 우선사항을 반영하는 정책을 수립함으로써 국민의 목표를 실현하고자 한다. 그러나 비평가들은 무역을 위해 국경을 개방함으로써 이러한 우선사항이 훼손된다고 주장한다. 예를 들어 한 국가가 노동 환경을 개선하기 위한 엄격한 규제를 보유하고 기업의 탄소 배출량에 세금을 부과하는 등의 깨끗한 생산 방식을 장려한다면 규제가 덜 엄격한 국가와 경쟁하기 어려울 수도 있다.[21] 무역을 위해 국경을 개방하면 경쟁력을 갖추기 위해 노동 및 환경적인 고려사항을 포기하거나 아니면 더 적은 일자리와 더 적은 경제적 산출이라는 불리한 상황에 직면해야 한다.

소규모 경제권의 과잉 의존 문제 경제 규모가 작은 나라가 경제 대국에 대한 공급 및 판매 의존도가 커져 외국의 요구에 취약해지는 문제도 있다. 이는 UN의 입장에서부터 경제 대국의 군사 및 경제 활동 지원까지 모든 부분에 해당된다. 노벨경제학상 수상자인 조지 애컬로프(George Akerlof)는 가난한 국가는 세계화에 대처할 행정 능력이 부족해 이런 의존에 따른 결과가 더 악화된다고 주장한다.[22] 또 이런 국가들은 거대 다국적 기업이 생산지 변경 위협 등을 통해 사업 조건을 자국에 유리하게 책정하거나, 정책 감독이나 세금 회피 목적으로 법적 공백을 악용하거나, 자국의 정치적·경제적 이익을 추구하기 위해 소규모 경제권의 이익을 침해할 가능성에 우려를 표한다.

문화적 동질화 문제 세계화로 인해 제품과 기업, 업무 방식, 사회 구조, 심지어는 언어가 동질화되면서 주권 국가의 문화적 토대를 저해한다는 비판이 있다. 본질적인 측면에서 비판하는 사람들은 통합과 구분에 필요한 삶의 전통을 유지하기가 더 어려워진다고 주장한다. 기본적으로 많은 비판자가 위성 TV, 인쇄 매체, 인터넷을 통한 해외 문화의 유입에 속수무책이라고 말하고 있다.[23]

자연환경에 미치는 부담

세계화에 대한 많은 비판은 세계화로 인한 경제 성장에 기인한다. 한 가지 주장은 생산 및 해외 여행의 성장이 재생 불가능한 천연자원을 더 많이 소비하고 환경 피해를 증가시킨다는 것이다. 즉 유독물질을 강과 바다에 배출하고, 공장 및 차량 배기가스로 대기 오염을 유발하며, 삼림 벌채로 날씨와 기후에 영향을 미친다. 또한 비판자들은 먼 지역으로부터 구매하는 것은 운송량을 증가시키며, 이로 인해 배출된 온실가스의 총량을 의미하는 **탄소이력**(carbon footprint)이 증가한다고 주장한다.[24] 더 나아가 비판자들은 중유를 연료로 바다를 항해하는 1,000척 이상의 컨테이너선을 지적하는데, 한 척의 컨테이너선은 5,000만 대의 자동차만큼 오염물질을 배출한다. 실제로 15척의 초대형 선박의 탄소배출량은 전 세계의 모든 자동차의 배출량과 맞먹는다.[25]

글로벌 성장과 글로벌 협력에 대한 논쟁 그러나 세계화가 천연자원 보호와 친환경적인 행성을 유지하는 데 긍정적이라고 주장하는 사람들도 있다. 높은 수준의 전 지구적 환경 기준을 내세움으로써 천연자원을 보호하고, 기업이 자원 절약 및 친환경 기술을 추구하도록 글로벌 경쟁을 촉진함으로써 친환경적인 행성을 유지하게 한다는 것이다. 꾸준히 연료를 더 적게 사용하고 오염물질을 더 적게 배출하는 자동차를 생산하는 자동차 산업을 예로 들 수 있다.

글로벌한 목표 추구의 긍정적인 효과조차도 국가 이익과 충돌할 수 있다. 국제 사회가 세계 기후 보호를 위해 브라질의 아마존 벌목량과 농업 활동을 줄이도록 압력을 넣는 것을 생각해보자. 실직한 브라질 노동자들은 전 지구적 기후 보호보다 브라질에서의 고용 창출이 더 중요하다고 생각한다.

소득 불평등 증가와 개인이 느끼는 스트레스

경제적 웰빙에 관해 사람들은 절대적 상황을 고려할 뿐만 아니라 타인과 비교하여 상대적 상황을 고려한다. 사람들은 대개 스스로의 경제적 상태가 다른 사람보다 낫거나 유사할 때까지 만족하지 않는다.[26]

소득 불평등 다양한 측정법에 따르면 일부 예외 상황을 제외하고 국가 간 및 국내 소득 불평등이 커지고 있다.[27] 비평가들은 세계화가 '글로벌 슈퍼스타' 시스템을 만들고 저비용 노동력을 공급받을 수 있는 기회를 창출하며 승자와 패자로 나뉘는 경쟁을 촉발하여 이러한 소득 불평등에 영향을 미친다고 주장한다.

슈퍼스타 시스템은 특히 스포츠 분야에서 두드러진다. 오늘날 글로벌 스타는 예전에 비해 평범한 프로 선수나 덜 인기 있는 스포츠 분야의 프로 선수보다 훨씬 더 많은 돈을 번다. 이런 시스템은 다른 직종에서도 마찬가지이다. 예를 들어 경영자 중에서도 카리스마 있는 리더는 다른 사람들보다 몇 배의 보수를 받을 수 있다.

세계화는 기업이 더 많은 제품을 판매할 수 있게 하고 저렴하거나 더 좋은 제품을 공급받을 수 있게 하기 때문에 기업에 전례 없는 기회를 가져다준다. 하지만 비판자들은 이윤이 일반 조직 구성원이 아닌 최고경영진과 주주들에게 지나치게 많이 분배된다고 주장한다. 노벨경제학상 수상자인 로버트 솔로(Robert Solow)는 가난한 나라의 저임금 노동력에 대한 접근성이 높아질수록 부유한 나라 노동자의 실질 임금 성장률은 감소한다고 주장하며 이런 비판에 힘을 실어준다.[28] 세계 전체로는 세계화를 통해 긍정적인 결과를 얻더라도 절대적 또는 상대적 패자가 있기 마련이며, 아마 이들은 세계화를 반대할 것이다. 글로벌 기술과 경쟁 확대 속도는 개인, 기업, 국가의 상대적 위치 변화와 함께 더 많은 승자와 패자를 만든다. 예를 들면 최근 중국과 인도의 제조업과 해외 매출 성장률 증가는 두 나라가 미국보다 더 빨리 성장하는 데 도움을 주었다. 결과적으로 두 나라에 대한 미국의 상대적 경제 리더십이 낮아진 것이다.[29] 이와 마찬가지로 일부 노동자는 제조업 일자리가 다른 나라로 옮겨감에 따라 경제적·사회적 지위를 잃었다. 따라서 세계화를 통한 이득을 최대화하는 동시에 패자들이 감수해야 하는 비용을 최소화해야 하는 도전 과제가 있는 것이다.

개인이 느끼는 스트레스 경제적인 기준만으로 정확하게 측정할 수 없는 세계화에 따른 영향이 있는데, 사람들이 상대적인 경제적·사회적 지위를 실제로 상실했거나 상실할 가능성 때문에 받는 스트레스가 있다.[30] 많은 이민자는 국가 내에서 소수집단이 될 것을 우려한다.[31] 스트레스가 만연하면 대가가 큰 사회적 불안으로 이어진다.[32] 옆의 사진은 이러한 스트레스로 인해 2018~2019년 프랑스 정치를 뒤흔든 폭력 시위의 모습이다. 세계 문제 중 새로운 문제는 극소수에 불과하지만 사람들은 오늘날 이를 더 걱정하게 되었다. 통신이 세계화되면서 다른 국가의 비극이 세계 도처의 안방으로 전달되고 있기 때문이다.[33]

출처: Alexandros Michailidis/Shutterstock

▲ 사진 속 파리 시위는 프랑스 소비자의 희생을 강요하는 유류세 인상에 대한 반발로 일어났다. 유류세 인상의 목표는 글로벌 탄소배출량 감소였다.

오프쇼어링은 좋은 전략인가?

POINT

그렇다. **오프쇼어링**(offshoring)은 국내에서 해외로 생산을 이전하는 것이다. 오프쇼어링을 통해 비용 절감에 성공할 수 있다면 좋은 일이다. 대부분의 브랜드 의류 회사는 저렴한 봉제 작업을 위해 오프쇼어링을 한다. 인도의 피델리티(Fidelity) 등 많은 투자 회사가 산업 연구 비용을 줄이기 위해 저임금 국가에서 사무직 직원을 채용하고 있다. 비용을 절감하면 무엇이 좋을까? 대답은 간단하다. 비용을 절감하면 제품 가격을 낮추거나 제품을 개선할 수 있다. 예를 들면 미국의 소규모 의료보험 과금 회사인 클레임파워(Claimpower)는 인도로의 오프쇼어링을 통해 비용을 절감하고 의사에게 부과하는 가격을 낮췄다. 또한 2년 만에 사업을 4배나 확장했으며 이런 성장세를 바탕으로 미국에서 더 많은 직원을 고용했다.[34]

그렇다면 오프쇼어링의 단점에는 무엇이 있는가? 많은 국내 일자리가 해외로 이전된다. 하지만 앞서 언급했듯이 오프쇼어링으로 인한 고용 문제인지 기타 사유로 인한 고용 변화인지 구분하기 어렵다. 고소득 국가 대부분에서 실업이 크게 증가했다. 그러나 이는 생산 기술의 발전 때문일 수 있다. 오프쇼어링의 직접적인 영향을 정확히 찾아내보자.

삼성이 좋은 사례이다. 삼성은 한국에서 브라질, 중국, 인도, 베트남으로 휴대전화 조립을 오프쇼어링함으로써 비용을 절감하고 판매량을 높일 수 있었다. 그에 따라 국내 저소득 일자리의 수를 유지하는 동시에 R&D, 엔지니어링, 디자인, 마케팅 등 고소득 일자리를 더 많이 창출했다.[35] 만약 삼성이 이런 비용 절감에 실패했다면 저소득 국가 경쟁자들의 경쟁력 있는 제품과 서비스에 뒤처졌을 것이다. 요컨대 비용 절감을 통해 성장을 촉진하고 성장을 통해 더 많은 일자리를 창출한 것이다.

단순한 일자리뿐만이 아니다. 기업은 오프쇼어링을 통해 더 많은 국내 고부가 가치 일자리(높은 임금을 받는 경영자, 연구원 등)를 창출할 수 있다. 오프쇼어링이 되면 우수 인재에 대한 수요가 증가한다. 미국에서는 오프쇼어링 덕분에 직장에서 화이트칼라 및 전문직 종사자의 비중이 증가했다. 이들은 고소득자이며 이들 중 대부분은 저소득 일자리를 인건비가 저렴한 국가로 이전했기에 고용된 것이다.[36]

또한 오프쇼어링은 기업이 다른 회사와의 계약을 통해 자사의 핵심 경쟁력에 집중할 수 있도록 하는 아웃소싱의 자연스러운 연장선에 해당하는 개념이다.[37] 이는 기업의 효율성 제고에 도움을 준다. 그렇다면 국내 아웃소싱과 해외 아웃소싱의 차이는 무엇인가?

COUNTERPOINT

아니다. 어떤 것은 일부 시점에 일부 사람에게만 좋은 법인데, 오프쇼어링이 바로 그렇다. 불행히도 오프쇼어링은 소수에게만 좋고 다수에게는 좋지 않다. 비용 절감에 대한 이야기는 계속 들리지만 상품이나 서비스를 구매할 때 과거보다 더 저렴한 것을 찾는 것은 쉽지 않다. 랄프로렌(Ralph Lauren) 셔츠를 구입하거나, 클레임파워를 통해 비용을 절감하는 의사에게 의료 서비스를 받거나, 피델리티를 통해 자산을 관리하는 경우를 생각해보자. 실제 최종 소비자가 지불하는 가격에는 변함이 없다. 대신 낮은 생산 비용이 이미 높은 급여를 받는 경영자와 주주의 보상을 증가시켰을 뿐이다. 클레임파워의 성장은 의료 서비스를 받는 사람 수의 증가가 아니라 다른 기업의 희생으로 이루어졌다. 실제로 연구에 따르면 국민소득에서 임금의 비중은 꾸준히 감소하고 이윤의 비중은 끊임없이 상승하고 있다.[43] 동시에 CEO와 근로자의 극심한 임금 격차는 확대되고 있다.[44]

핵심 문제는 바로 이것이다. 오프쇼어링으로 일자리를 대체할 때 좋은 일자리를 나쁜 일자리로 대체하는 것이다. 즉 오프쇼어링 대상이 되는 직종의 근로자 대부분은 수십 년간 적당한 근무 시간과 의료 서비스 및 퇴직금 같은 기본적인 혜택을 받기 위해 고군분투한 사람들이다. 더 중요하게도 이들은 이렇게 번 소득으로 자녀를 대학에 보냄으로써 상향 이동이 가능한 더 생산적인 세대를 배출할 수 있었다.

이들 직원 대다수는 고용주를 위해 오랜 기간 충성스럽게 근무했지만 오프쇼어링 시대가 오면서 아무런 대가를 받지 못하게 되었다. 물론 정부가 실업 수당을 지급하긴 하지만 이는 과거 소득에는 미치지 못하며 금방 소진된다.[45] 무엇보다 이들은 더 이상 유용한 기술을 보유하고 있지 않을 수 있다. 이 연령대의 근로자를 재교육하기 위한 비용을 누가 부담하겠는가? 이른바 고부가 가치 일자리는 이들에게 소용이 없다. 또한 리쇼어링이 발생할 때 (경영자가 오프쇼어링 결정을 충분히 신중하게 고려하지 않았기 때문에) 기업은 오프쇼어링하기 전보다 더 낮은 임금으로 국내 근로자를 재고용할 것이 확실하다. 오프쇼어링은 단기적인 비용 절감으로 이어질 수 있지만, 생산성 향상 기술과 같은 효율적인 생산을 위한 혁신적인 수단을 찾는 것에서 주의를 돌리는 것일 뿐이다.[46] 혁신적인 수단에 초점을 맞추면 비용을 절감하고 생산을 늘리며 해외로 이전되는 일자리를 유지하면서 근로자의 소득을 높일 수 있다. 또한 오프쇼어링은 기업에게 추가적인 위험을 야기하는데, 이는 2010년대 후반

당연한 이야기지만 오프쇼어링을 하게 되면 어떤 근로자는 일자리를 잃는다. 그러나 거시 고용 지표를 살펴보면 오프쇼어링으로 인한 실직자는 다른 이유로 실직한 사람들과 마찬가지로 다른 직업을 찾고 있음을 볼 수 있다. 역동적인 경제에서 일부는 기술 때문에 끊임없이 직업을 바꾼다. 이전에 미국 여성의 주요 직업은 전화 교환원이었으나 직접통화 기술이 이를 변화시켰다. 예전에는 주유원이 주유를 했지만 지금 대부분 주유소는 셀프 서비스이다. 과거 여객기는 5명의 조종실 승무원을 필요로 했지만 기술의 발전은 항법사, 항공 기관사, 무선 통신사에 대한 수요를 없앴다. 가까운 미래에는 무인 여객기와 소포 운반 드론 헬리콥터로 인해 조종실 승무원이 1명으로 줄거나 심지어는 사라질 수도 있다.[38] 또한 무인자동차는 교통경찰, 자동차 보험, 응급실 직원, 교통사고 전문 변호사, 신호등 및 가드레일과 같은 제품 제조업체에 대한 수요를 감소시킬 것이다.[39] 실제로 보고서에 따르면 컴퓨터화가 미국에서 47%의 일자리를 위협하고 유럽연합에서는 55%의 일자리를 위협한다고 추정한다.[40] 또한 일부 예측에 따르면 2030년까지 자동화와 인공 지능으로 인해 전 세계적으로 최대 8억 개의 일자리가 사라질 수 있다.[41]

이러한 것을 종합해보면 오프쇼어링으로 인한 일자리 이동이 다른 이유에서 비롯된 일자리 이동과 다르지 않다는 것을 의미한다. 또 어떤 경우이든 간에 국가가 아웃소싱을 하는 데는 한계가 있기 때문에 일자리 손실에 대한 예측은 과장되었다고 할 수 있다. 해외에는 필요한 기술을 갖추고 충분히 낮은 임금으로 일할 구직자가 부족하다. 또한 해외 아웃소싱 설비의 생산량이 증가함에 따라 시간당 임금이 상승한다.

모든 기업과 모든 운영 방식에 오프쇼어링이 적합한 것은 아니다. 일부 기업은 해외 운영 부문을 다시 국내로 돌아오도록 하고 있는데, 이를 **리쇼어링**(reshoring)이라고 한다. 이는 초기 오프쇼어링의 이점을 오판하거나 열악한 품질, 소비자 압력, 경쟁력 보호에 대한 우려, 운송 위험, 기술 개발 지역 근처에 생산 시설을 설립할 때의 장점을 간과했기 때문이다.[42] 이는 앞서 말한 내용을 상기시킨다. 오프쇼어링은 운영 비용을 효과적으로 절감할 수 있을 때만 성공할 수 있다.

미국 자동차 업계에 발생한 것과 같이 정부가 해외에서 구매한 제품에 대한 수입 규제를 부과할 수 있기 때문이다. 마지막으로 해외생산에 대한 의존은 기업이 자연재해 혹은 외국의 수출 규제로 인한 공급 부족 문제에 취약하다. 예를 들면 미국은 거의 대부분의 마스크 생산을 중국에 이전했으나 2020년 COVID-19 대유행 시기에 중국은 마스크 수출을 제한했다.

우리는 일자리의 '가치'에 대해 이야기하고 있다. 그러나 가난한 나라에서 어떤 일자리를 창출하고 있는가? 국가는 저임금으로 경쟁해야 하기 때문에 임금 상승을 억제하려 한다. 일종의 '못난이 시합(race to the bottom)'이 벌어지는 것이다. 물론 다국적 기업은 저임금 국가의 직원에게 이들이 다른 곳에서 받을 수 있는 것 이상의 급여를 지불하며, 사무직과 기술 관련 직종 등 일부 일자리가 좋다는 사실은 분명하다. 그러나 대부분은 근무 시간이 길고 근무 환경은 열악하며 급여는 겨우 생존할 수 있는 수준에 불과하다. 방글라데시를 예로 들어보자. 노동자는 문이 잠겨 있었기 때문에 화재에서 대피할 수 없어 목숨을 잃었고 일부 노동자는 곧 무너질 것 같았던 작업장 건물이 붕괴되면서 사망했다. 이 사태는 방글라데시에 협력사를 두고 있던 기업의 평판 하락과 비난을 불러왔다. 고용안정성도 낮으며 오프쇼어링한 지역의 임금 수준이 상승하면 기업은 더 저렴한 곳으로 이전해버린다.

정체된 경제보다 역동적인 경제에서 사람들이 더 자주 직업을 바꾸는 것은 사실이다. 그러나 오프쇼어링이 초래하는 만큼 자주 직업을 바꿔야 하지는 않는다. 오프쇼어링이 특정 국가의 취업률에 미치는 영향에 대해서는 여전히 이견이 존재한다. 학자들이 이 문제를 연구하고 있으나 그들은 금융과 IT 등 이른바 많은 '좋은 일자리' 또한 아웃소싱되고 있다는 것을 발견했다. 이런 점을 감안했을 때 오프쇼어링이 정말로 국내에서 고부가 가치 일자리를 창출하고 있을까? 결론은 다음과 같다. 미국과 같은 나라에서 일자리의 수출 속도가 평균적인 근로자가 다른 기술을 습득하는 속도보다 빠를 때 근로자는 변화의 속도를 받아들일 준비가 되어 있지 않다.

기업이 국제경영에 참여하는 이유

1–5 기업이 국제경영을 통해 가치 창출을 추구하는 주요 원인을 분석한다.

기업이 국제경영을 통해 가치를 창출할 수 있는 구체적인 방법에 초점을 맞춰보자. 그림 1.1을 다시 살펴보면 국제경영을 운영하는 세 가지 주요한 목적이 있다.

- 매출 확대

- 자원 획득
- 위험 경감

일반적으로 이 세 가지 목적을 기준으로 국제경영을 실행할지 여부, 장소, 방법을 결정한다. 각각을 더 자세히 살펴보자.

매출 확대

해외에서의 매출은 매출 증대와 이윤 창출로 이어진다.

한 기업의 매출은 소비자의 요구에 좌우된다. 당연히 특정 단일 국가보다는 전 세계에 잠재적인 소비자가 많다. 높은 매출은 매출 증가에 필요한 비용이 지나치게 증가하지 않는 한 대개 이윤 창출로 이어진다. 다시 도입 사례를 떠올려보자. 스포츠 경기를 TV로 여러 국가에 중계하면 방송 비용을 초과하는 광고 수익이 창출된다. 실제로 기업은 해외에서의 추가 매출을 통해 초기 연구개발 비용과 같은 고정 비용을 충당하면서 단가를 낮출 수 있으며, 단가를 낮출수록 매출을 증가시킬 수 있다.

따라서 매출 증대는 국제 시장으로의 확대를 유도하는 주요 동인이다. 세계의 유수 기업 가운데 상당수는 전체 매출에서 해외 매출의 비율이 50%가 넘는다. 그러나 국제경영이 대기업만의 영역인 것은 아니다. 약 28만 개의 중소기업(근로자가 500명 미만인 기업)이 미국 전체 수출업체의 98%를 차지하지만,[47] 캐터필러(Caterpillar), 보잉(Boeing), GE(General Electric), 인텔(Intel)과 같은 미국의 약 7,000개 대기업은 수출 가치의 3분의 2 이상을 창출한다.

자원 획득

해외 진출을 통해 기업은 다음과 같은 이득을 얻는다.

- 비용을 절감한다.
- 새롭거나 더 좋은 제품 및 부품을 찾는다.
- 추가적인 운영 지식을 얻는다.

미국의 공업용 다이아몬드처럼 국내 공급이 부족하여 생산자와 유통업체가 해외에서 제품, 서비스, 자원과 부품을 찾는 경우가 있다. 또 경쟁우위를 창출할 수 있는 무언가를 찾기도 한다. 이는 비용을 절감해주는 자원을 획득하는 것을 의미할 수도 있다. 예를 들어 아이폰을 중국에서 만들겠다는 애플의 발표를 다시 떠올려보자. 애플의 목표는 저렴하고 생산적인 현지 생산 기자재 제작, 자재 관리, 조립을 이용하는 것이다. 이런 자원은 다른 곳에서 얻을 수 있지만 애플 CEO가 설명했듯이 "중국 기업은 지난 30년 동안 이런 기술을 개발하고 확장한 반면 미국과 다른 나라들은 정반대 방향으로 나아갔다."[48]

기업은 제품 품질 개선 혹은 차별화를 통해 경쟁우위를 획득한다. 두 경우 모두 시장 점유율과 이윤을 증가시킬 수 있다. 이 과정에서 기업은 빈번하게 해외로 진출한다. 예를 들면 대부분의 자동차 제조사는 이탈리아 북부의 디자인 회사를 고용하여 디자인에 도움을 받는다. 많은 기업은 추가적인 과학 자원에 접근하기 위해 해외 R&D 시설을 건설한다.[49] 인도 기업은 세계적으로 경쟁하는 데 필요한 지식을 얻기 위해 해외 인수 전략을 사용했다.[50] 또한 기업은 해외 운영을 통해 직원들로부터 다양성을 확보하여 새로운 관점을 얻을 수 있다.

위험 경감

국제 운영은 다음과 같은 방법으로 위험을 경감한다.

- 매출, 이익 및 공급의 변동폭을 줄이고 안정성을 높인다.
- 경쟁자가 우위를 얻는 것을 방지한다.

경기 순환 주기가 다른 국가에 제품을 판매하면 매출과 이윤의 변동폭을 줄일 수 있는데, 예를 들어 경기 침체에 진입하고 회복하는 시점이 조금씩이라도 다른 국가에서 운영하게 되면 매출의 안정성을 높일 수 있다. 또한 기업은 국내외로 제품 혹은 부품의 공급을 다변화함으로써 가격 변동 혹은 특정 국가에서의 공급 부족 영향을 완화할 수 있다.

마지막으로 기업은 방어적 목적을 가지고 국제 시장에 진출한다. 이는 기업에게 피해를 줄 수 있는 해외 시장에서 경쟁자의 우위에 대응하기 위한 경우가 많다. 예를 들면 P&G(Procter & Gamble)는 그들이 진출한 해외 시장에서 잠재적인 일본 경쟁사의 자원 축적을 지연시키는 방식을 통해 경쟁사의 해외 확장을 늦췄다. 이와 유사하게 트레데가(Tredegar Industries)는 주요 미국 고객사를 따라 중국 시장에 진출했으며, 이를 통해 고객사가 트레데가의 미국 경쟁 포지션을 위협할 수 있는 다른 공급업체와 계약하는 것을 막았다.

국제경영의 운영 방법

1-6 기업이 국제경영 목표를 달성할 수 있는 다양한 운영 방법을 정의하고 기술한다.

국제경영을 추구할 때 기업은 그림 1.1의 **운영 방법**에서 적합한 것을 정해야 한다. 다음 절에서 각 운영 방식을 정의하고 소개할 것이다.

상품 수출과 수입

수출과 수입은 특히 중소기업을 중심으로 국제경영에서 가장 많이 사용하는 방법이다. **상품 수출과 수입**(merchandise export and import)은 물건(제품)을 외국으로 내보내거나 자국으로 들여오는 것이다. 이런 상품은 실제로 볼 수 있기에 이를 **가시적인 수출과 수입**으로 일컫기도 한다. 대부분 국가에서 상품 수출과 수입은 국제 수입과 지출의 주요 원천이다.

상품 수출과 수입은 국제경영에서 가장 많이 사용하는 방법이다.

서비스 수출과 수입

수출과 수입이라는 용어는 흔히 상품에 적용되며 **상품**이 아닌 서비스의 국제 거래를 통한 수익에는 **서비스 수출과 수입**(service export and import)이라는 용어를 사용하며, 이는 무형의 수출입을 뜻한다. 공급을 하고 대금을 받는 수취인은 **서비스 수출**을 하는 것이고 서비스를 받고 대금을 지불하는 고객은 **서비스 수입**을 하는 것이다. 서비스의 수출입은 국제무역에서 가장 빠르게 성장하고 있는 부문이며 여러 형태가 있다. 이 절에서는 다음의 서비스 형태를 논의해보자.

- 관광 및 교통
- 서비스 제공
- 자산 사용

서비스 수출과 수입은 상품이 아닌 서비스의 국제 거래를 통한 매출과 지출을 가리킨다.
- 관광, 교통, 은행, 보험과 상표권, 특허, 저작권 등 자산의 사용을 포함한다.
- 서비스 수출과 수입은 일부 국가에서 아주 중요하다.
- 서비스 수출과 수입은 전문화된 국제경영 운영 방식을 포함한다.

관광 및 교통 일부 오스트레일리아 팬들이 투르드프랑스(Tour de France) 자전거 대회를 관람하기 위해 에어프랑스(Air France) 항공기를 탔다고 가정하자. 에어프랑스 항공권과 관광 비용은 프랑스의 서비스 수출이자 오스트레일리아의 서비스 수입에 해당한다. 관광업과 교통은 항공사, 선박회사, 여행사, 호텔의 주요 수입원이다. 일부 국가의 경제는 이런 부문의 수입에 크게 의지하는데, 예를 들면 그리스에서 해운사의 해외 화물 운수 수입이나 바하마는 관광 수입이 있다.

서비스 제공 은행, 보험, 대여, 엔지니어링, 관리 서비스 등을 포함한 서비스를 제공하고 수수료를 받을 수 있으며, 이는 서비스 이행에 따른 대가이다. 예를 들면 국제적 수준에서 기업은 특정 계약에 따라 이행되고 운영 단계에서 오너(소유자)에게 양도되는 건설 프로젝트인 **턴키 방식**(turnkey operation)을 위한 엔지니어링 서비스에 보수를 지불한다. 스페인 턴키업체 사시르바예에르모소(Sacyr Vallehermoso)의 파나마 운하 확장 건설을 예로 들 수 있다. 기업은 인력 제공을 통해 다른 기업의 **위탁 관리 계약**(management contract)에 따라 수수료를 받는다. 디즈니(Disney)는 프랑스와 일본에서 테마파크를 관리하는 데 따른 보수를 받고 있다.

자산 사용 기업은 **라이선싱 계약**(licensing agreement)에 따라 다른 기업이 일부 자산(예: 상표, 특허, 저작권, 전문지식)을 사용하도록 허가하고 **로열티**(royalty)를 받는다. 예를 들면 아디다스(Adidas)는 자사가 판매하는 재킷에 레알마드리드 축구 구단의 로고를 사용하는 데 따른 로열티를 지불한다. 또한 기업은 한 기업이 지속적으로 다른 기업을 지원하고 상표를 사용하도록 허용하는 계약 형태인 **프랜차이즈 계약**(franchising)에서도 로열티를 받는다. 예를 들면 맥도날드(McDonald's)는 공급품, 관리 서비스, 기술을 제공하고 공동 광고 프로그램을 통해 개인 소유의 맥도날드 프랜차이즈 레스토랑을 지원한다.

투자

해외투자를 통해 지불받는 배당금과 이자는 서비스 수출과 수입으로 간주되는데, 이는 자본이라는 자산의 사용에 해당하기 때문이다. 그러나 국가 통계에서는 투자를 별도로 취급하고 있다. 해외투자는 이자와 배당금 같은 재무 수익(financial return)을 대가로 해외 자산을 소유하는 것이다. 해외투자에는 두 가지 형태, 즉 직접투자와 포트폴리오 투자가 있다.

직접투자 **해외직접투자**(foreign direct investment, FDI)를 **직접투자**(direct investment)로 줄여 부르곤 한다. 이는 투자자가 외국 기업의 지배 지분(controlling interest)을 보유하는 것이다. 예를 들면 보스턴 글로브(Boston Globe)와 보스턴 레드삭스(Boston Red Sox)의 소유주가 리버풀 FC를 매입했을 경우 미국이 영국에 해외직접투자(FDI)를 한 것이다. 지배 주주가 반드시 100% 또는 51%의 지분을 확보할 필요는 없다. 외국인 투자자가 50% 미만의 지분을 보유하더라도 남은 지분이 넓게 분산되어 있으면 다른 소유주들은 사실상 외국인 투자자의 결정에 반대할 수 없다. 2개 혹은 그 이상의 기업이 FDI의 지분을 공동 보유한 경우 **합작투자**(joint venture, 조인트 벤처)라고 한다[비지분 방식 합작투자(non-equity joint venture)도 존재한다].

포트폴리오 투자의 핵심 요소는 다음과 같다.
- 해외 기업의 비지배 지분
- 대출 확대

포트폴리오 투자 **포트폴리오 투자**(portfolio investment)는 다른 기업을 지배할 목적이 없는 투자이다. 이는 채권, 증권, 또는 투자자가 구매한 어음 형태로 기업(혹은 국가)에 대한 대출 또는 주식으로 구성된다. 포트폴리오 투자는 주기적으로 국가 간 자금을 이동시켜 단기 금융 수익을 얻는 대부분의 국제 기업에게 중요하다.

국제경영의 조직 형태

'국제 기업'은 기본적으로 하나 이상의 국가에서 기업 활동을 하는 모든 기업을 가리키는데, 운영 방식에 따라 다양한 용어로 불린다. 기업은 합작투자, 라이선싱 계약, 위탁 관리 계약, 소수 지분 확보, 장기 계약 등을 통해 협력을 하는데, 이를 **협력 약정**(collaborative arrangement)이라고 한다. 간혹 **전략적 제휴**(strategic alliance)라는 용어를 쓰기도 하는데, 일반적으로 하나 이상의 파트너에게 아주 중요한 약정이거나 공동 소유권 계약이 아닌 약정을 일컫는 데 쓰인다.

다국적 기업 이 책에서 **다국적 기업**(multinational enterprise, MNE)이란 해외직접투자를 한 기업으로 정의한다. 일부 저자들은 일정 수 이상의 국가에 직접투자를 한 기업을 다국적 기업이라고 부르기도 한다. MNE 대신 **MNC**(multinational company)라는 표현을 사용하기도 하며 UN은 **초국적 기업**(transnational company, TNC)이라는 용어를 사용하고 있다.

다국적 기업(MNE, MNC, TNC)은 해외직접투자를 한 기업으로 정의한다.

규모가 중요한가 어떤 이들은 기업 규모(보통 거대기업)를 반영해 정의를 내려야 한다고 주장한다. 그러나 중소기업도 해외직접투자를 하고, 앞서 언급한 운영 방식을 채택할 수 있다. 규모가 작은 기업이 성공하면 중견 혹은 대기업이 된다는 것을 기억하자.[51] 비스타프린트[Vistaprint, 현재는 심프레스(Cimpress)]가 좋은 사례이다. 1995년에 설립된 비스타프린트의 매출은 2000년 610만 달러, 2012년 10억 달러 이상으로 성장했으며, 주로 북미와 유럽에서 사업을 운영한다.

기업이 최적으로 해외 운영을 하는 데 외부 환경이 영향을 미치는 이유

1-7 기업 외부 환경의 국가적 차이가 국제경영 성과를 최적으로 제고하는 데 어떤 영향을 주는지 이해한다.

이제 기업의 국제 운영에 영향을 미치는 기업의 **외부 환경**의 조건에 대해 살펴보자. 기업이 해외 환경의 차이를 고려하지 않았을 때 발생하는 운영상의 문제를 보여주는 많은 일화가 있지만 이러한 차이가 성공을 가로막을 정도로 위협적이지는 않다. 첫째, 일화 중 일부는 너무 자주 반복되어 아무도 의심하지 않는 신화에 불과하다. 둘째, 국내에서 성공적으로 창업하는 것도 어렵기는 마찬가지이다. 따라서 기업이 국내 및 해외의 기회와 위험을 객관적으로 분석했을 때 해외 진출이 상대적으로 유망해 보일 수도 있다. 셋째, 기업이 향후 어떤 상황에 직면하게 되는지를 잘 이해하는 것은 운영 위험을 줄이는 데 도움이 되며, 현명한 기업은 성공에 영향을 미칠 수 있는 아래의 조건을 검토하여 국제 전략(international strategy)을 실행하는 수단을 개발한다.

해외 외부 환경의 차이가 문제를 유발하지만 다음을 명심해야 한다.
- 일부 국제경영 실패 일화는 한낱 신화에 불과하다.
- 기업은 반드시 국내와 해외의 기회와 위험을 분석해야 한다.
- 제도적 요소를 이해하고 제도적 요소가 경영 기능에 미치는 영향이 어떻게 해외 운영 성공을 보장하는지 이해해야 한다.

- 물리적 요소(예: 지리 또는 인구통계학적 요소)
- 제도적 요소(예: 문화, 정치, 법 및 경제)
- 경쟁 요소(예: 공급업체, 고객, 경쟁 기업의 수와 협상력)

이러한 조건을 조사하려면 세계 각 지역에서 기업의 행동 패턴에 영향을 미칠 뿐 아니라 기업이 해외 수요에 맞춰 국내적으로 처리하던 업무를 변경하도록 영향을 주는 외부 환경을 철저하게 조사해야 한다.

물리적 요소

지리 및 인구 통계와 같은 물리적 요소는 기업의 제품 생산, 마케팅, 직원 채용, 계좌의 유지에 영향을 미친다. 이러한 모든 요소는 기업이 성과를 위해 (국내와는 다르게) 해외 운영 방식을 변경할 것을 요구한다는 것을 명심해야 한다.

물리적 요소는 다음에 영향을 미친다.
- 제품과 서비스가 최적으로 생산될 수 있는 지역
- 운영 위험

지리적 영향 지리에 밝은 경영자는 입지, 수량, 품질, 세계 각국의 가용 자원 및 조건 등을 더 잘 결정할 수 있다. 전 세계적으로 자원이 고르게 분포되어 있지 않기 때문에 지역에 따라 다른 제품과 서비스를 생산하게 된다.

다시 한번 스포츠를 예로 살펴보자. 노르웨이는 기후 때문에 하계 올림픽보다는 동계 올림픽에서 더 좋은 성적을 거둔다. 또 〈쿨러닝(Cool Runnings)〉이라는 영화로 잘 알려진 자메이카 봅슬레이팀(실제로는 캐나다 거주)을 제외하고는 열대 국가들은 동계 올림픽에 출전조차 하지 않는다. 동아프리카 국가들은 장거리 경주에 강한데, 이는 그들이 다른 선수보다 높은 고도에서 훈련받을 수 있기 때문이다.

산, 사막, 밀림, 해상로의 부재 등 지리적 장벽은 통신과 유통 경로에 영향을 미친다. 자연재해와 불리한 기후 조건은 공급, 가격, 운영 조건에 영향을 미치므로 일부 지역에서 사업을 운영하는 것은 위험할 수 있다. 기후 환경에는 단기 및 장기 주기와 변화가 있음을 유념해야 한다. 예를 들면 최근 북극의 빙산이 녹고 새로운 선박 기술이 사용되면서 더 많은 선박이 대서양과 태평양 사이의 북극 항로를 이용하게 되었으며, 이를 통해 항해 기간을 15일 단축하고 운송 비용을 절감했다.[52]

인구통계학적 영향 국가의 인구는 인구 밀도, 교육, 연령 분포, 기대 수명 등에서 차이점이 존재한다. 이러한 차이는 시장 수요 및 인력 가용성과 같은 국제경영의 운영에 영향을 미친다.

제도적 요소

제도(institution)는 "사회적 상호작용을 구조화하는 확립된 시스템이자 만연한 사회적 규칙이다. 따라서 언어, 화폐, 법률, 도량형 및 측정 시스템, 식사 예절 및 기업(및 기타 조직)은 모두 제도"이다.[53] 지금부터 제도에 대한 사례를 살펴볼 것이다.

정치는 국제경영 활동 위치와 국제경영 방식에 영향을 미친다.

정치적 정책 한 국가의 정치적 정책은 국제경영 활동 여부와 국제경영 방식에 영향을 미친다. 예를 들면 쿠바와 미국이 외교 관계를 단절하기 전인 1960년대에는 하바나에 마이너리그 야구 구단이 있었다. 외교관계 단절과 함께 이 마이너리그 야구 구단이 사라졌을 뿐 아니라 쿠바 야구 선수가 미국 프로 구단에 합류할 수 있는 길도 사라졌다. 많은 쿠바 출신 야구 선수가 미국 프로 구단에서 활동하고 있지만 그들 중 대부분은 해외에서 뛰기 위해 쿠바를 탈출해야 했다. 이런 상황은 2013년 이후 정치적 정상화와 함께 간간히 변화 중이다.[54]

정치적 분쟁, 특히 군사적 대립은 무역과 투자를 방해한다. 심지어는 작은 지역에서의 분쟁이 매우 큰 파장을 초래하기도 하는데, 중요한 부품의 생산이나 관광객의 방문에 차질을 가져오기 때문이다.

각 국가는 기업의 운영 방식을 규제하는 법률이 있다. 국제법은 국가 간 조약의 형태로 나타난다.

법률 정책 국내법과 국제법은 기업의 해외 운영 방식을 결정하는 데 큰 영향을 준다. **국내법**은 본국과 진출국 법 모두를 포함하며 과세, 고용, 외환 거래에 대한 법을 예로 들 수 있다. 예를 들면 영국법은 리버풀 축구 구단을 소유한 미국 투자자의 과세 방법 및 국적별 직원 채용에 대해 규정하고 있다. 반면 미국법은 영국 투자를 통해 창출한 수익에 대한 과세 방법과 시기를 규정한다.

국가 간 조약의 형태인 **국제법**은 모든 사법권에서의 과세 방법을 규정한다. 국제 조약에 따라 선원은 거의 어느 곳이든 갈 수 있다. 간혹 국가 간 거래가 분쟁으로 번지기도 하는데, 예를 들면 프랑스 축구 구단이 미국 나이키에서 제공하는 유니폼의 품질에 의의를 제기하며 대금 지급을 보류한 일이다. 판매 계약에는 보통 필요시 분쟁 해결에 적용되는 국가의 법률을 규정하는 법 선택 조항이 포함된다. 마찬가지로 회사는 계약에 중재 조항을 포함하여 법원 밖에서 잠재적인 분쟁을 해결하기로 미리 동의할 수 있다. 마지막으로 법률이 **집행**되는 방식도 기업의 해외 운영에 영향을 미친다. 상표권, 특허 지식 및 저작권 영역에서 대부분의 국가는 국제 조약에 가입하고 위반사항을 다루는 국내 법을 제정했다. 그러나 많은 국가가 계약이나 자체 법률을 강제하기 위해 노력하지 않는다. 따라서 기업은 여러 국가에서 법률이 얼마나 엄격하게 집행될지를 판단해야 한다.

행동 요인 인류학, 심리학, 사회학은 경영자가 다양한 가치와 태도, 신념을 이해하는 데 도움을 준다. 또한 이런 이해는 경영자가 해외에서의 기업 활동에 대해 판단을 내리는 것을 돕는다. 다시 도입 사례로 돌아가보자. 프로 스포츠는 전 세계적으로 인기를 끌고 있다. 그러나 국가마다 선호하는 스포츠가 다르다. 또한 스포츠 규칙과 스포츠를 플레이하는 방식도 다르다. 전통적으로 그랜드슬램 테니스 토너먼트는 오스트레일리아의 하드코트, 프랑스의 클레이코트, 영국의 잔디코트에서 진행된다. 미국에서는 야구 경기의 승자가 결정될 때까지 경기를 계속하지만, 일본에서는 12회까지 동점이면 경기를 중단하고 무승부를 선언한다. 아마도 야구에서 차이점이 존재하는 이유는 일본인은 미국인보다 조화를 중시하는 반면 미국인은 일본인보다 경쟁에 가치를 두기 때문일 것이다.

국가의 행동 규범은 해외 기업 활동에 영향을 미친다.

경제적 동인 경제학은 국가가 제품과 서비스를 교환하는 이유, 자본과 인적 자원이 기업 활동 과정에서 국가를 넘나드는 이유, 국가별 통화 가치가 다른 이유를 설명해준다. 스포츠의 국제화를 다시 살펴보자. 메이저리그 야구 선수 명단에는 미국에서 태어나지 않은 선수의 비율이 증가하는 추세이며 이 중에서 도미니카공화국 선수의 비중이 가장 크다. 미국과 캐나다의 소득 수준이 높기 때문에 메이저리그 구단이 도미니카 출신 선수를 유치할 충분한 연봉을 제공할 수 있는 것이다. 도미니카공화국 국민에게 판매하는 입장권 수입만으로 팀을 유지할 수 없기 때문에 도미니카공화국에 메이저리그 구단을 창설할 수는 없다.

경제학은 국가별 비용, 통화 가치 및 시장 규모가 다른 이유를 설명해준다.

경제학은 또한 특정 국가가 더 저렴한 비용으로 제품과 서비스를 생산할 수 있는 이유를 설명해준다. 그리고 다국적 기업의 운영이 본국과 진출국 경제에 미치는 영향, 진출국의 경제 환경이 외국 기업에 미치는 영향에 대해 판단하는 분석 도구를 제공한다.

경쟁 환경

글로벌 기업은 이러한 물리적·사회적 환경에 더해 경쟁 환경 속에서 활동하게 된다. 그림 1.1은 국제경영의 외부 환경에서 핵심 경쟁 요소인 제품 전략, 자원과 경험, 경쟁자의 역량을 보여준다.

기업의 경쟁 환경은 다음에 따라 다르다.

- 각 국가에서의 상대적인 규모
- 각 국가에서 직면하는 경쟁자
- 국제경영 활동을 펼칠 수 있는 자원

제품의 경쟁 전략 비용우위 또는 **차별화 전략**을 통해 제품 경쟁을 한다. 후자는 흔히 다음 방식으로 진행된다.

- 광고나 장기적인 고객 체험을 통해 우호적인 **브랜드 이미지** 구축
- R&D와 차별화된 유통 수단을 통해 **독창적인 특성** 개발

기업은 이러한 방법 중 하나를 사용해 제품을 대량 판매하거나, 틈새시장을 대상으로 판매할 수 있으며[틈새시장을 대상으로 하는 판매는 **집중화 전략**(focus strategy)이라고 한다], 제품과 국가별로 다른 전략을 채택할 수 있다. 그러나 기업의 전략 선택은 운영 장소와 방법에 큰 영향을 미친다. 세계에서 가장 큰 자동차 제조 회사 중 하나인 이탈리아와 미국의 다국적 기업 피아트크라이슬러오토모빌스(Fiat Chrysler Automobiles, FCA)를 예로 들어보자. FCA는 대중 시장 판매를 타기팅하여 비용우위 전략을 통해 가장 많이 팔리는 모델인 피아트 우노(Fiat UNO)와 같은 차종으로 경쟁한

다. 이런 전략은 FCA가 일부 엔진 공장을 생산 비용이 저렴한 중국에 이전하고 가격에 민감한 브라질, 인도, 멕시코에 제품을 판매하도록 영향을 주었다. 동시에 FCA는 혁신적인 디자인 전문성과 고객의 세련된 감각을 충족하는 고가의 집중 전략을 사용하여 이탈리아에서 프리미엄 제품군인 알파로메오(Alfa Romeo)와 마세라티(Maserati) 브랜드의 생산에 집중하고 있다. FCA는 독일과 미국 같은 고소득 국가의 부유하고 지위에 민감한 고객을 타깃으로 한다.

기업의 자원과 경험 다른 경쟁 요소로는 경쟁자 대비 기업의 규모와 자원이 있다. 예를 들면 시장 선도 기업인 코카콜라(Coca-Cola)는 로열크라운(Royal Crown)과 같은 소규모 경쟁 기업에 비해 더 야심 차게 국제경영 활동을 펼칠 수 있는 자원을 보유하고 있다. 로열크라운은 60여 개국에 제품을 판매하지만, 코카콜라는 200여 개국에 제품을 판매한다.

기업은 싱가포르 같은 작은 시장과 달리 미국 같은 큰 시장에서 국내 유통망을 확보하려면 더 많이 투자해야 한다. 또 큰 시장에는 작은 시장보다 경쟁자의 수가 많을 가능성이 높다. 한편 시장 점유율과 브랜드 인지도가 특정 국가에서의 운영에 영향을 미친다. 오랜 기간 시장 입지를 다진 기업의 운영 전술은 신규 진출 기업의 운영 전략과 사뭇 다르다. 예를 들면 이런 기업은 공급업체와 유통업체에 대한 영향력이 더 크다. 그러나 기억해야 할 부분이 있다. 특정 국가에서 선도 기업이 되었다고 해서 다른 국가에서도 선도 기업이 된다는 보장은 없다는 것이다. 예를 들면 세계 시장 점유율 면에서 폭스바겐(Volkswagen), 토요타(Toyota), GM(General Motors)이 최대 자동차 제조사 자리를 두고 경쟁하고 있지만 이들 기업은 많은 국가에서 상위 3위권 안에 들지 못한다. 예를 들면 인도에서는 마루티스즈키(Maruti Suzuki), 현대, 마힌드라앤드마힌드라(Mahindra & Mahindra)가 3대 자동차 판매 기업이다.[55]

각 시장에서 직면하는 경쟁자 국내 혹은 해외 시장에서의 성공 여부는 경쟁 강도와 경쟁이 국제 경쟁인지 국내 경쟁인지에 의해 좌우되는 경우가 많다. 예를 들어 대형 상업용 항공기 제조업체인 보잉과 에어버스(Airbus)는 그들이 진출한 모든 시장에서 서로 경쟁한다. 한 나라에서 그들이 서로에 대해 배운 것은 다른 나라에서의 전략을 예측하는 데 유용하다. 이와 대조적으로 월마트(Walmart)는 진출하는 거의 모든 해외 시장에서 현지 맞춤형 전략을 사용하여 현지 경쟁자와 경쟁한다.

미래 전망 세계화의 미래에 대한 세 가지 주요 시나리오

현 시점에서 국제경영의 미래와 세계화에 대한 이견이 존재한다. 기본적으로 세 가지 시나리오가 존재한다.

- 추가적인 세계화는 불가피하다.
- 국제경영은 전 세계보다는 지역적으로 확대될 것이다.
- 세계화 및 국제경영에 반대하는 세력이 세계화와 국제경영의 성장을 정체시킬 것이다.

세계화는 불가피하다

세계화가 불가피하다는 시각에는 전제가 있다. 사람들 사이의 연결성이 만연해지면서 전 세계 소비자가 원산지에 상관없이 최적의 가격으로 최고의 제품을 알고 원하게 될 것이라는 것이다.[56] '연결지리학(connectography)'이라고 하는 이 관점은 사회 기반 시설의 국제적 연결이 가속화될 것이라고 주장한다. 이런 관점을 보유한 사람들은 다국적 기업이 국제적인 생산망과 유통망을 많이 구축했기에 자국 정부가 국제 상품 이동과 생산 수단에 대한 제약을 줄이도록 압력을 가할 것이라고 주장한다.

그러나 이런 관점을 수용하더라도 최소한 미래에 직면할 한 가지 도전에 대처해야 한다. 바로 미래는 우리가 만들어나가는 것이므로 국제 경쟁 확대로 고통받는 당사자(사람 및 기업)가 겪는 어려움을 최소화하면서 세계화에 따른 혜택을 공평하게 확산하는 방법을 찾아야 한다는 것이다.

《월스트리트저널(Wall Street Journal)》은 노벨경제학상 수상자들에게 다음과 같은 질문을 던졌다. "미래에 직면할 가장 큰 경제적 도전은 무엇인가?" 그리고 일부 경제학자들은 세계화와 국제경영이라는 답을 내놓았다. 로버트 포겔(Robert Fogel)은 "자원 부족으로 죽어가는 사람들에게 가용한 기술과 식량을 공급하는 문제가 시급하다"고 응답했다. 버논 스미스(Vernon Smith)와 해리 마코위츠(Harry Markowitz)는 "글로벌 무역 장벽을 철폐할 필요가 있다"고 밝혔다. 로런스 클라인(Lawrence Klein)은 "평화로운 정치적 환경에서 질병과 빈곤을 경감할 것"을 촉구했다. 존 내시(John Nash)는 "전 세계적으로 삶의 질을 높이는 문제와 1인당 지구 표면적이 줄어드는 문제를 해결해야 한다"고 대답했다.[57] 이런 대답은 경영 관리 측면의 도전과 기회를 제시한다.

'글로벌'이 아닌 '지역' 중심의 국제경영 확대

국제경영이 글로벌이 아닌 지역 중심으로 확대될 것이라는 두 번째 시각은 우리가 '글로벌' 경영을 한다고 생각하는 거의 모든 기업이 본국이나 인접 국가를 중심으로 한 '글로벌' 기업 활동을 한다는 연구에 토대를 두고 있다.[58] 대부분의 국제무역은 지역 중심이다. 또한 무역 장벽 철폐 조약 가운데 상당수가 지역적이다. 최근 몇 년 동안 수많은 국가를 포괄하는 다자간 협정보다는 양국간 무역협정이 더 많이 체결되었다. 운송 비용 때문에 글로벌 경영 활동보다 지역 경영 활동이 유리하다. 그리고 지역 내에서의 매출이 기업이 고정 비용을 충당할 수 있는 규모의 경제를 얻는 데 충분할 수 있다. 하지만 기업 활동의 지역화는 과도기 단계에 불과하다. 즉 기업은 먼저 인접 국가에서 국제경영 활동을 추진한 이후 해당 지역에서의 목표를 달성하면 활동 범위를 확대하게 된다.

세계화와 국제경영의 정체

세 번째 관점은 세계화의 속도가 정체되거나 이미 하락하기 시작했을 수 있다고 주장한다.[59] 이를 '탈세계화(deglobalization)'라고 한다. 앞서 언급한 반세계화 정서를 감안했을 때 일부 사람들은 세계화를 단호히 반대하는 목소리를 높일 것이라는 점을 쉽게 알 수 있다. 반세계화 운동의 핵심은 세계화된 환경에서 번성하고 있는(다국적 기업 포함) 사람들과 그렇지 못한 사람들 사이의 분열이다. 예를 들면 2019년 기준으로 세계 인구의 약 10%인 7억 명이 넘는 사람들이 하루 1.9달러 이하로 생활하며 극심한 빈곤에 시달렸다. 하지만 이 수치는 1990년에는 47%였다. 이런 발전은 중국의 눈부신 성장에 기인하는 바가 크다. 1981년에는 중국 인구의 약 90%인 5억 명이 극심한 빈곤 속에서 살았지만 오늘날에는 6.5%만이 빈곤에 시달리고 있다.[60]

반세계화 세력은 정부가 무역 장벽을 높이고 국제 기구 및 조약 가입을 거부하여 민족주의를 조장하도록 압력을 가한다. 역사적으로 이런 세력들은 자신들의 '웰빙'을 위협하는 기술적·상업적 발전을 (적어도 일시적으로) 방해하는 데 성공했다. 최근 들어 많은 나라에서 반세계화 정서가 커지고 있다. 미국의 애리조나주는 서류 미비(밀입국) 외국인의 활동을 규제할 수 있도록 법안을 개정했고, 프랑스는 집시들을 추방했다. 또한 여러 국가에서 보이는 난민 수용에 대한 반발, 중국과 미국의 상호 수입 규제 등을 예로 들 수 있다. 브라질과 남아프리카공화국은 자국 기업이 글로벌 특허 보호를 받는 의약품을 복제할 수 있도록 승인했다. 볼리비아와 베네수엘라는 일부 외국인 투자를 국유화했고, 캐나다는 말레이시아 국영 에너지 회사인 페트로나스(Petronas)가 천연가스 생산업체인 프로그레스에너지(Progress Energy)를 인수하지 못하게 했다. 세계화에 찬성하는 세력과 반대하는 세력의 다툼은 세계화가 등락을 거듭하며 진행되는 이유 중 하나이다.

다른 불확실성도 세계화를 저해할 수 있다. 첫째, 국제 운수에 영향을 미치는 유가 문제로, 대형 선박을 운영하는 데 드는 비용의 75%를 유가가 차지한다.[61] 국제 유가가 크게 변동했을 뿐만 아니라 셰일가스 시추 기술과 셰일가스 전환으로 인해 생산지가 가격이 높은 곳으로 이전되었다. 또한 중동에서 계속되는 정치적 혼란은 세계 에너지 시장을 혼란에 빠뜨렸다. 가구 제조업체를 비롯한 많은 미국 기업은 운송 비용과 무역 제한 불확실성에 직면하기보다는 리쇼어링으로 대응했다. 둘째, 재산 몰수, 테러, 해적, 무법 상태 등 안전과 관련된 우려는 기업의 해외 진출을 제한한다.

마지막으로 세계화가 성공하려면 명확한 권한을 가진 효율적인 조직이 필요하다는 시각이 존재한다. 그러나 조직이나 그 조직에서 일하는 사람 모두가 상호 연결된 세계의 복잡성을 제대로 다루지 못할 수 있다는 우려가 있다.[62]

미래 전망

시간이 흘러야 알 수 있겠지만 한 가지는 확실해 보인다. 기업이 국제적 기회를 활용하기 원한다면 정치적 · 경제적 환경을 신속하게 예측해야 한다는 점이다. 연구, 설비, 공장, 인력 훈련에 대한 투자가 결실을 맺기에는 여러 해가 필요하기 때문이다. 해외에서의 기회와 위험을 예측하기란 항상 어렵다. 그러나 미래의 다양한 발전 방향을 조사함으로써 예기치 못한 어려움을 피할 확률을 높일 수 있다. 이 책의 각 장에 국제경영의 미래를 살펴볼 수 있는 섹션이 포함되어 있는 이유가 여기에 있다.

CASE

운수와 물류: 두바이포츠월드[63]

– 하메드 샤마(Hamed Shamma)

세계 경제와 세계 무역은 2008~2009년의 경기 침체 이후 점진적으로 성장했다. 이러한 성장은 무역이 예상보다 강세였던 유럽과 일본, 지속적으로 높은 성장률을 기록하고 있는 중국과 인도 및 석유와 기초 상품에 무역의 기반을 두고 있는 저개발 국가에서 발생했다. 그러나 COVID-19 대유행은 이러한 꾸준한 성장에 큰 타격을 주었다. WTO는 2020년 세계 교역량이 9.2% 감소한 후 2021년에는 7.2% 감소로 회복될 것으로 예상했다.

무역 확대에 가장 중요한 기여를 한 요소 중 하나인 글로벌 운수 및 물류 산업에 대한 인지는 산업의 운영 방식과 동향을 이해하는 데 필수적이다. 운수 및 물류 산업의 성장에는 원자재, 노동 및 생산의 분리, 관세 인하, 수입 규제 및 환율 통제와 같은 여러 요인이 작용했다. 이러한 요인으로 인해 글로벌 경제에서 원자재, 중간재 및 완제품의 운송에 대한 수요가 증가했다. 스태티스타(Statista)에 따르면 2020년 전 세계 항구에서 처리되는 컨테이너는 8억 2,900만 TEU 이상으로 추정된다.

운수와 물류 산업의 동향

생산의 지리적 파편화는 글로벌 무역의 중요한 동인이다. 또한 관세, 수입 규제 및 환율 통제도 점진적으로 감소했다. 많은 국가에서 국내 기업을 돕기 위해 무역 장벽을 설치했지만 이는 국내 기업의 글로벌 시장에서의 성장을 방해했다. 글로벌 물류 및 공급사슬의 성장은 오늘날 정부가 과거보다 무역 장벽을 부과할 이유가 줄어들었음을 의미한다.

경쟁과 라이벌 관계는 끊임없는 변화와 개선의 필요성을 수반한다. 증가하는 글로벌 무역량에 대응하여 지난 몇 년 동안 대용량 컨테이너선의 수량이 증가했고 선박 크기도 커졌다. 이는 모두 새로운 항구 시설을 필요로 한다.

항구는 국제 물류 사슬에서 분명히 중요한 역할을 하지만 경쟁력 유지를 위해 최신 기술과 숙련된 노동력을 사용해야 한다. 세계은행(World Bank)은 160개국에 걸쳐 비교할 수 있는 물류성과지표(Logistics Performance Indicator, LPI)를 개발했다. 물류성과지표는 통관 절차, 무역 관련 시설의 품질, 운수 서비스 품질, 배송 적시성, 화물 추적 기능과 같은 공급사슬 성과의 다양한 차원을 측정한다. 또한 세계은행은 정부 정책이 물류 성과에 미치는 중요성을 강조했다. 공급사슬 활동을 개선하기 위한 정책을 개발하려는 국가는 그렇지 않은 국가보다 물류성과지표에서 더 높은 점수를 받았다.

운수와 물류 산업

과거에 물류는 무역 장벽을 낮추고 정부가 세관에서 물품을 통관하기 위해 따라야 하는 절차에 초점을 맞췄다. 이것도 중요하지만 공급사슬의 모든 요소를 통합하여 다양한 참여자가 사업을 쉽게 관리할 수 있도록 하는 정책도 중요하다. 운수 및 물류 산업은 이러한 측면에서 한계가 존재한다. 화물 취급, 보관, 창고, 화물 서비스, 택배 서비스와 같은 물류망의 모든 구성 요소를 통합하는 접근 방식은 물류 사업의 생산성과 효율성에 큰 영향을 미친다.

물류 클러스터의 개발

전 세계 정부는 물류 단지, 운수 센터, 물류 플랫폼, 물류 센터라고도 불리는 물류 클러스터를 개발하는 데 상당한 자원을 투자하고 있다. 여기에는 항구, 공항, 철도, 고속도로에 대한 투자가 포함된다. 대표적인 물류 클러스터로는 싱가포르, 네덜란드, 로스앤젤레스, 두바이, 상파울루를 예로 들 수 있다.

물류 클러스터의 장점은 범위의 경제, 규모의 경제, 밀도의 경제, 우수한 서비스 및 가격 안정성이다. 이러한 장점은 더 많은 회사를 클러스터로 끌어들이는 긍정적인 피드백 루프를 창출하여 비용을 더욱 절감하고 효율성을 제고한다.

다양한 국가에서의 경영 활동

현지 혹은 국내 정책은 다양한 시장의 물류 운영에 영향을 미칠 수 있다. 이러한 정책 중 일부는 비용 증가, 효율성 감소, 현지 기업 또는 공기업 우대, 단일 공급업체의 지배를 유발하거나 특정 활동에 대한 투자에 제한을 가할 수 있다. 이러한 정책은 공급사슬에 중요한 영향을 미칠 수 있으며, 이는 기업의 비용을 증가시키고 경영 활동에 영향을 미칠 수 있다.

제품 가공이 보다 효율적이고 경제적인 국가에서는 원자재 수입에 대한 관세율을 낮추고 노동 집약적인 가공 제품에 대한 관세율을 높이는 등의 규제 정책을 도입할 수 있다. 기타 규제사항에는 경쟁을 왜곡하는 양자 간 협정, 금수 조치, 사업 비자 제한, 보안 요구사항 등이 있다.

두바이포츠월드

아랍에미리트 두바이에 본사를 둔 두바이포츠월드(Dubai Ports World, DP월드)는 세계 3대 터미널 운영사 중 하나이다. 글로벌 시장에서는 상대적으로 신생 기업으로 평가받지만 공격적인 성장과 인수 전략을 사용한다. 2005년 두바이항만청(Dubai Ports Authority)과

두바이포츠인터내셔널(Dubai Ports International)의 합병을 통해 설립된 DP월드의 첫 번째 프로젝트는 사우디아라비아 제다에서 진행됐으며 지부티, 인도, 루마니아 등 여러 나라로 사업을 확장했다. 사업의 상당 부분은 남미와 아프리카의 신흥 시장에서 운영된다. 103개국에서 온 5만 명이 넘는 직원으로 구성된 DP월드는 40개국에 걸쳐 78개의 해양 및 내륙 터미널을 운영하고 있다.

2017년, DP월드는 포트폴리오에서 약 7,000만 TEU를 처리했으며, 2019년에는 두바이항이 컨테이너 수송량에서 세계 10대 항만 중 하나로 선정되었다(상하이가 1위를 차지했다). DP월드의 용량은 2020년까지 1억 TEU 이상으로 증가할 것으로 예상됨에 따라 전 세계 고객에게 더 나은 고객 서비스 품질을 제공하기 위해 인력과 기술에 지속적으로 투자하고 있다. 이러한 고객 지향적인 접근 방식은 고객과의 긴밀한 관계 및 훌륭한 고객 서비스 수준으로 이어졌다. DP월드의 제벨알리 항구는 2018년까지 24년 동안 '중동 최고의 항구'로 선정되었다.

2006년, DP월드는 페닌슐러앤드오리엔탈스팀내비게이션[Peninsular & Oriental(P&O) Steam Navigation]을 인수하여 아시아, 아프리카, 호주, 유럽, 미주 지역에서 글로벌 네트워크 및 시장 입지를 확장했다. 그러나 같은 해 미국의 여러 항구를 매입하여 국가안보에 대한 논쟁이 가열되면서 논란에 휩싸였다. 이 상황을 완화하기 위해 DP월드는 이 거래를 취소하는 데 동의했다.

해외 환경

다양한 시장에서 경영 활동을 하는 기업은 기회뿐 아니라 도전에도 직면한다. 기회 측면에서는 새로운 시장, 자원 및 기술에 대한 접근을 통해 혁신과 사업 확장으로 이어진다. 산업은 여전히 역동적이고 수익성이 있으며 신흥 시장은 상당한 사업 성장을 보여준다.

물류가 경제 성장과 일자리를 창출하므로 정부는 흔히 물류 회사에 항구를 개방하기를 희망한다. 기업은 생산직 및 사무직 일자리뿐만 아니라 새로운 사업을 위한 기회를 창출한다. 물류 기업은 제품에 대한 부가 가치 서비스를 제공하며 많은 제조업체는 다양한 산업에 대한 지원 때문에 물류 기업과 가까운 곳에 위치하는 것을 선호한다.

물류 산업이 직면한 도전은 공급사슬이 비싸고 시간이 많이 소요되는 아프리카와 같은 지역에서 운영해야 하는 것이다. 말라위, 르완다, 우간다와 같은 시장에서 운송 비용은 소매 가격의 75%를 차지한다. 예를 들면 일본에서 우간다까지 20피트 컨테이너로 자동차를 운송하는 데 비용은 3,000달러에 달한다.

적합한 기술자 찾기

물류 산업은 기본적으로 노동 집약적 사업이다. 물류 비용의 약 25%가 인건비이다. 따라서 모든 수준에서 자격을 갖춘 사람들을 유치하고 훈련시키며 동기를 부여하는 것이 필수적이다. 대부분의 기업은 특히 외국에서 경영 활동을 할 때 적합한 기술을 가진 사람을 채용하는 데 어려움을 겪는다. 자격을 갖춘 후보자가 적을 뿐만 아니라 낮은 임금, 업계의 낮은 인지도와 열악한 근무 환경으로 인해 물류 산업에서 적임자를 채용하기가 어렵다.

위험 요인

2020년 5월의 COVID-19 대유행 기간에 미국 트럼프(Trump) 행정부는 글로벌 공급사슬에 대한 의존을 중국에서 다른 국가로 이전하기 시작했다. 공급사슬의 위험을 해결하는 것이 기업의 우선순위가 되고 있다. 이러한 위험은 전염병 발생, 자연재해, 테러 및 공격 위협과 같은 지정학적 갈등, 환율 변동, 수요 급락 및 공급 실패와 같은 경제적 혼란, IT 및 통신 시스템의 중단과 같은 기술적 오류 등 다양한 혼란으로 인해 발생할 수 있다. 시나리오 분석을 수행하고 정보를 공유하고 취약점을 파악하고 비상대책을 조율함으로써 위험을 완화할 수 있다.

경영 활동에서의 기술

DP월드는 경영 활동을 용이하게 하기 위해 고급 정보 기술 수단을 적극적으로 사용해왔다. 모바일 기술을 사용하여 고객의 삶을 더 편안하게 만들고 고객의 시간과 비용을 절약했다. 또한 DP월드는 직원을 위해 모바일 기술을 사용한다. 인력 배치, 선박 도착 및 게이트 예약은 모두 모바일 장치를 통해 가능하다. 모바일 장치는 근무지에 인력을 배치하는 인사 부서와 연결되어 효율성을 높인다. 이 기술은 컨테이너 선적 선박이 선적 계획에 접근할 수 있게 하여 기항 시간을 단축시켰다.

지속적인 디지털 전환 추세에 따라 DP월드는 경영 활동에서 블록체인 및 IoT 기능을 점점 더 활용하고 있다. 2020년에 DP월드는 150개 이상의 국가에서 온 선도적인 물류 제공업체가 그들의 사업 확장을 위한 새로운 수단, 서비스 및 경로에 접근할 수 있는 온라인 네트워크인 디지털 화물 연합(Digital Freight Alliance)을 창립했다. BOXBAY는 DP월드와와 SMS 그룹의 합작 투자 회사이며 컨테이너 터미널의 보관 및 취급을 개선하는 고층선적(High Bay Storage) 시스템을 제공한다.

환경적인 고려사항

물류 운영의 경제적 혜택과 물류 운영이 환경 및 주변 지역 사회의 건강에 미치는 영향 사이에는 항상 상충관계가 존재한다. 물류 기업의 존재는 대기 질을 악화시키고 해당 클러스터 주변의 건강상의 위험을 증가시킬 수 있다. 물류 운영 및 프로세스의 '친환경 혁신(green innovation)'을 통해 물류 운영이 환경에 미치는 부정적인 영향을 최소화하고자 노력하고 있다.

DP월드는 기업이 환경에 미치는 영향을 공개하도록 요구하는 탄소정보공개 프로젝트(Carbon Disclosure Project)에 가입한 최초의 국제 해양 및 내륙 무역 서비스 제공업체이다. 태양광 발전 프로그램에 따라 DP월드는 아랍에미리트, 도미니카공화국 및 인도의 건물 지

지도 1.2 두바이포츠월드

두바이포츠월드는 40개국에 걸쳐 70개 이상의 터미널을 운영하고 있으며, 그중 일부가 지도에 표기되어 있다.

출처: "Our Locations," https://www.dpworld.com/about-us/our-locations, April 15, 2021.

붕에 태양광 패널을 설치했다. 또한 아랍에미리트 최초의 친환경 창고(green warehouse) 시설을 가동했으며 에콰도르 맹그로브 숲의 재조림에 착수했다.

물류의 미래

물류 산업은 성장 가능성이 높은 매우 유망한 산업이다. 이러한 성장을 실현하기 위해 육로, 철도, 해운, 무역, 금융 등 물류의 다양한 구성요소를 모두 포괄하고 이들의 조정을 촉진하는 포괄적인 물류 정책이 필요하다. 또한 교통 혼잡을 완화하고 비용과 대기 오염을 줄이기 위한 도로, 철도, 해운과 같은 물류 인프라에 대한 투자도 중요하다.

문제

1-3 운수 및 물류 산업의 성장에 기여한 요인은 무엇이며 어떻게 기여했는가?

1-4 DP월드는 글로벌 경제 변화에서 이익을 얻기 위해 어떤 조치를 취했는가?

1-5 국제 운수와 물류 산업의 성공에 영향을 준 경제적 요인은 무엇인가?

Chapter 2
경영을 둘러싼 문화적 환경

학습 목표

2–1 문화(특히 국가 문화)가 국제경영에서 중요하면서도 분석하기 쉽지 않은 이유를 설명한다.

2–2 국가의 문화 형성과 변화의 주요 원인을 분석한다.

2–3 국가의 사업 관행에 영향을 주는 주요 행동적 요인을 논의한다.

2–4 다문화 의사소통의 복잡성을 인식한다.

2–5 문화 적응을 위한 지침을 이해한다.

출처: View Pictures/Hufton + Crow/VIEW/Newscom

▲ 건축가 자하 하디드(Zaha Hadid)가 지은 사우디아라비아 리야드에 소재한 킹압둘라석유연구소(King Abdullah Petroleum Studies) 복합 단지의 일부

젊은 시절의 기억은 깊게 각인된다. *—아랍 속담*

CASE

사우디아라비아의 역동적 문화[1]

사우디아라비아(지도 2.1 참조)는 현지의 규범과 관습에 맞춰 기업 활동을 전개하고자 노력하는 외국 기업을 종종 당황하게 만든다. 엄격한 종교적 신념, 오랜 사회 관습, 정부의 경제 정책으로 인해 법과 관습은 다른 지역과 다른 데다가 종종 예고 없이 바뀌기도 하며, 산업과 지역에 따라 편차가 크다. (첫 사진은 초현대적인 구조에서 종교적으로 권장되는 전통 의상을 입은 사람들, 즉 전통과 현대의 대조를 보여준다.) 이런 연유로 외국 기업과 직원은 어떤 차이가 있는지, 성공적인 경영을 위해서는 여기에 어떻게 적응해야 하는지를 이해해야 한다. 지금부터 다룰 사우디 전통, 문화적 규범, 외국 기업의 현지 적응 사례는 국제경영에서 문화의 중요성을 이해하는 데 도움이 될 것이다.

역사와 배경

사우디아라비아를 둘러싼 땅은 오랜 역사를 가지고 있지만, 오랫동안 침입자들이 분단된 땅을 통제하며 국가보다는 부족 중심으로 거주민

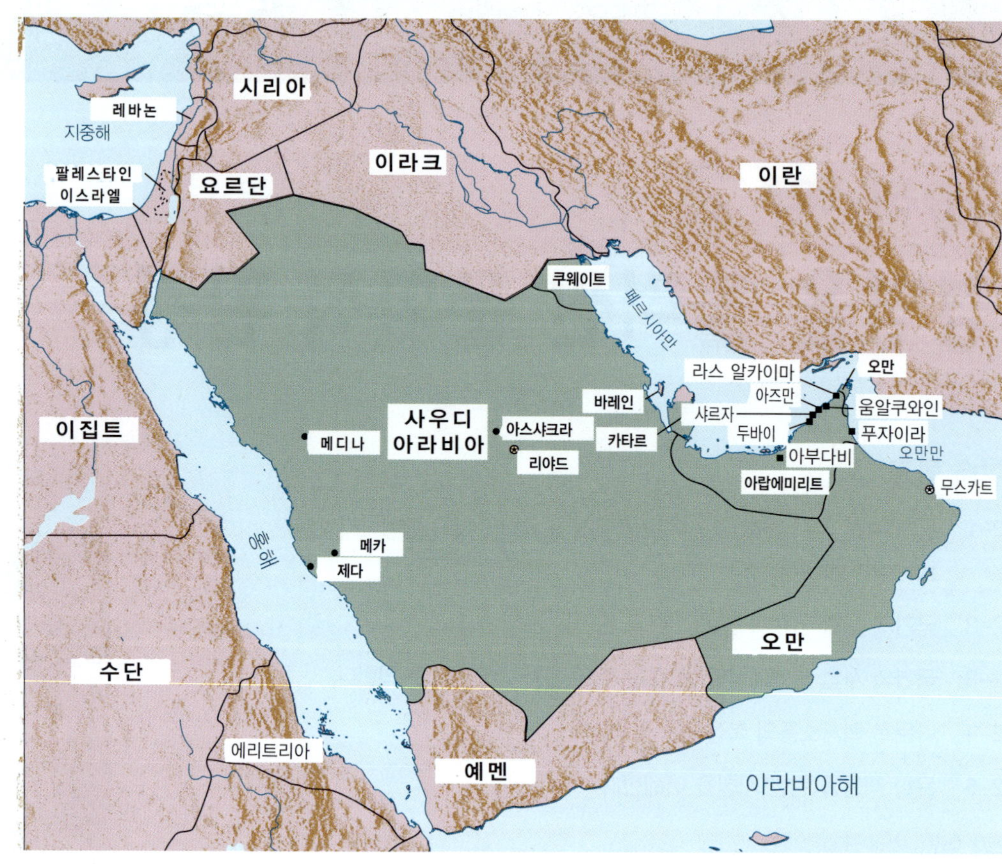

지도 2.1 사우디아라비아와 아라비아 반도

사우디아라비아는 서남아시아 아라비아 반도의 대부분을 차지하고 있다. 수도는 리야드이다. 이슬람 성지인 메카와 메디나가 이곳에 자리를 잡고 있다. 사우디의 가장 중요한 항구는 제다이다. 사우디아라비아의 인접국 또한 아랍국이다. 국어가 아랍어인 국가라는 의미이다. 아라비아 반도의 모든 국가는 이슬람 국가이다.

을 다스렸다. 그럼에도 불구하고 이곳의 거주민은 동일한 언어(아랍어)를 사용하고 동일한 종교(이슬람)를 믿는다. 사우디아라비아는 이슬람의 기원으로, 메카와 메디나라는 2개의 성지가 이곳에 위치해 있다. 모하맛(Mohamad)의 후손으로 1901년에 집권한 이븐 사우드(Ibn Saud) 국왕은 독립된 지역을 통일하고 정치적이면서 종교적인 국가를 건설했으며 이슬람 성지와 믿음, 가치를 수호함으로써 군주제를 정당화했다.

사우디아라비아는 특히 1970년대 이후 석유 매출이 증가하면서 빠른 속도로 도시화가 진행되었다. 정부는 석유 매출을 통해 벌어들인 재원으로 무상 교육 등의 사회복지 서비스 확충에 노력했다. 이러한 변화를 통해 국가 정체성은 강화되었고 동시에 전통적인 생활 방식은 약화되었으며 현대화된 도시가 등장했다. 이러한 물리적 변화 속에서도 사우디 사람들은 다른 어떤 곳의 규범과도 다르면서 쉽게 식별되지 않는 가치와 태도를 유지했다.

사우디아라비아에서 현대화는 논쟁의 대상이었다. 한편에는 진보적인 단체가 있다. 이들은 해외 여행 경험이 있고, 경제 성장으로 제품과 라이프스타일에 대한 선택권이 늘어나기를 원하는 엘리트 그룹의 지지를 받는다. 또 다른 한편에는 보수적인 단체가 있다. 이들은 현대화가 전통적인 가치를 저해하기 때문에 코란의 가르침을 엄격히 해야 한다고 믿는 사람들과 종교 지도자들로부터 지지를 받는다. 이러한 상황에서 정부(왕가)는 지도부가 취약해지지 않도록 보수적 관점을 만족시켜야 한다. 예를 들어 이란 국왕(Shah)의 현대화 운동을 지나친 세속주의로 판단한 반대파들은 이슬람 혁명을 주도했었다. 한편으로는 고소득이 보장되는 정부의 일자리와 더디지만 이들이 희망하는 변화를 통해 진보적인 시각을 가진 사람들을 달래고 있다. 예를 들면 여성에게 더 많은 교육 기회를 제공하는 동시에 몸을 가리는 더 긴 의복을 입도록 요구한다(여성은 '아바야'를, 남성은 '토브'를 입어야 한다). 그러나 전통적으로 검은색인 아바야는 점점 더 현대적인 디자인과 밝은 색상으로 바뀌고 있다.

종교적 요소

종교와 국가가 상당히 엄격하게 분리된 것에 익숙한 사람이라면 사우디아라비아에 팽배한 종교 문화에 위압감을 느낄 가능성이 높다. 예를 들어 이슬람교는 돼지고기와 주류를 금지한다. 라마단 기간에는 낮 동안 금식을 하기 때문에 저녁에만 서비스를 제공할 수 있다. 맥도날드(McDonald's)와 같은 패스트푸드점도 하루 5번 무슬림 남성이 기도를 드리는 동안 조명을 어둡게 하고 문을 닫는다. 많은 기업이 수익을 창출할 수 있는 공간을 기도를 위한 공간으로 개축했다. 사우디아라비아항공(Saudi Arabian Airlines)은 비행기 내에, 그리고 영국의 소매업체인 하비니콜스(Harvey Nichols)는 백화점에 기도를 위한 공간을 조성해놓았다.

그러나 지역마다 차이가 있다. 리야드에서 여성은 얼굴을 가리는 전통 복장인 '니캅'을 착용해야 한다. 그러나 외국인과의 접촉이 잦고 덜 보수적인 제다의 드레스코드는 훨씬 자유로워서 이를 착용하는 여성은 소수에 불과하다. 그럼에도 불구하고 상인들은 정기적으로 마네킹의 머리와 손을 떼어내 가리는 작업을 해야 한다. 이케아(IKEA)는 심지어 사우디 카탈로그에서 여성의 사진을 지웠다.

종교적 규칙과 법이 현대적인 상황에 맞게 조정됐기 때문에 이런 행동 규범을 이해하기가 어려울 수도 있다. 예를 들면 이슬람 법은 이자를 부과하는 것과 상해 보험을 판매하는 것을 금지한다(이러한 규정의 이유는 '사고는 신이 정한 운명'이라는 믿음 때문이다). 주택 담보 대출(모기지)의 경우 사우디 정부는 이자 없는 대출로 대신하고 있다. 다른 기업과 마찬가지로 사우디 기업도 보장이 필요하기 때문에 상해 보험을 허락한다.

또 현지인과 외국인에게 같은 행동을 기대하지도 않는다. 이슬람교도가 아닌 외국인 여성은 머리에 쓰는 스카프를 착용할 필요가 없다. 다만 종교 경찰(religious patrol)이 착용을 설득할 것이다. 사우디아라비아항공은 사우디 여성을 승무원으로 채용하지 않는다(이는 남성과의 직접적인 접촉이 무분별한 행위로 간주되기 때문이라고 한다). 그러나 외국인 여성은 승무원으로 채용한다. 또한 정부는 미국인과 유럽인이 주로 거주하는 복합 단지의 주민이 본국에서 하던 방식대로 옷을 입는 것을 허용한다. 또 역복식 문화(reverse dress code)를 예로 들면 일부 거주 단지는 주민과 방문자가 공공장소에서 아바야와 토브를 입는 것을 금지한다.

전통적인 요소

사우디아라비아의 전통은 과거 부족 사회와 유목 사회로부터 비롯되었다. 예를 들면 "형제보다는 내가 먼저고, 사촌보다는 나와 형제가 먼저고, 이방인보다는 나와 내 사촌이 먼저이다(즉 피는 물보다 진하다는 뜻)"라는 격언은 사우디가 다른 사람에 대한 신뢰가 친밀한 정도에 따른 가족 중심의 사회임을 설명한다.

사우디에서는 역사적으로 가족이 신뢰를 바탕으로 사업체를 소유하여 운영하는 사례가 많았다. 이들은 더 유능한 직원을 채용할 수 있는 경우에도 가족 구성원이나 지인 채용을 선호한다. 하지만 기업은 전문성을 획득하기 위해 외국 기업과 제휴할 필요가 있고, 이러한 제휴에는 통상 많은 시간이 소요된다. 사우디 사람들은 외국인과 친분을 쌓는 데 오랜 시간이 걸리고, 또 가족 너머 돈과 관련된 정보를 완전히 공개하기 꺼린다. 사우디는 상대방을 잘 아는 것을 희망하기 때문에 본격적으로 사업을 논의하기 앞서 집으로 초대하여 일정 수준의 친분을 쌓아가는 과정을 밟는다.

사우디아라비아에 2명의 영업 담당자를 파견한 한 영국 출판사의 사례에서 이런 과정을 확인할 수 있다. 이 담당자들은 커미션을 받기 때문에 공격적으로 영업했다. 영국에 있을 때 하루에 전화를 거는 횟수와 판매량이 직결된다는 사실을 깨달았다. 또한 정확하게 일정을 수립하여 이행했고 잠재 고객에게 각별한 관심을 기울였으며 사업과 관련된 대화만 했다. 이들에게 시간은 '돈'이었다. 하지만 사우디아라비아에서는 예정대로 약속이 지켜진 적이 거의 없고 약속 장소 또한 카페나 커피숍이라는 것을 발견했다. 그들은 사우디 사람들은 친구와 이야기하기 위해 비즈니스를 무시하고 잡담에 너무 많은 시간을 소비한다고 생각했다. 결국 두 사람은 짜증을 내기 시작했는데, 사우디의 사업 파트너들은 이들을 무례하고 참을성이 없는 사람으로 여겼고, 영국의 출판사는 이들을 본국으로 불러들일 수밖에 없었다.

사우디 사람들이 자신이 잘 알고 있는 사람들과 거래하는 것을 선호하는 방식을 '와스타(wasta)'라고 한다. 영어로 번역하면 'connection(관계 또는 연줄)' 정도의 의미이다. 즉 누군가를 알고 있는 것이 취업 청탁, 토지 용도 승인, 여권 취득, 본사 직원 방문을 위한 비자 취득 등 많은 일에 도움이 된다.

성 역할

아마도 외국인을 가장 당혹스럽게 하는 사우디의 문화는 '성 역할'이다. 코란의 율법에 따르면 딸은 아들의 절반만 물려받은 존재이다. 따라서 여성은 남성과 다른 존재이고, 많은 경우 남성을 보조하는 존재이다. 여성은 정숙해야 하고 일찍 결혼하여 자식을 낳아야 한다. 반대로 남성은 여성을 보호하고 가족의 생계를 책임져야 한다. 외부에 보이는 이러한 여성의 모습은 매우 중요한데, 그 이유는 가족 구성원 1명에 대한 부정적인 평판이 전체 가족에게 영향을 주기 때문이다. 이러한 사회적 관념은 여성에 대한 많은 제약으로 연결되는데, 가령 여성은 남성 친척의 허락 없이는 해외 여행을 할 수 없고, 남성 친척이 동반하지 않으면 유학도 할 수 없다. 친척이 아닌 여성과 남성은 '공개된 장소'에서만 서로 접촉할 수 있고, '폐쇄된 장소'의 경우 남성 친척이 동반해야 한다. 그러나 외국인에게는 이런 제약이 혼란스럽다. 예를 들면 레스토랑은 '폐쇄된 장소'이다. 따라서 소유주는 여성을 동반하지 않은 남성을 위한 공간과 출입구를 만들어야 한다. 그러나 대부분 쇼핑센터의 푸드코트는 남성과 여성이 함께 식사할 수 있는 '공개된 장소'로 간주된다.

그럼에도 불구하고 최근 몇 가지 사례는 향후 성별 요구사항의 차이가 감소될 것이라는 것을 예고한다. 이제 여성은 투표권이 있으며 공직에서 일할 수 있고 자동차를 운전할 수 있으며 체육 수업을 수강할 수 있다. 제한된 숫자이기는 하지만 여성 운동선수가 올림픽에 참가하며 (2019년 현재) 여성은 사우디아라비아 내 스포츠 대회에 참가할 수 있다. 물론 좌석 제한이 여전히 존재하기 때문에 가족석에 앉아야 한다. 2019년에는 세계레슬링엔터테인먼트(World Wrestling Entertainment, WWE)가 리야드에서 여자 레슬링 경기를 개최했다. 또한 이혼한 여성과 미망인은 이제 그들의 가족사를 직접 관리할 수 있게 되었다.

직장에서 남성과 여성이 함께 근무할 수 있으나 실제 상황은 다소 복잡하다. 공공 부문의 경우 남녀는 별개의 건물에서 근무하는데, 미팅을 위해서는 남성과 여성의 출입문이 구분된 특별 회의실을 이용해야 한다. 민간 부분은 다소 제한은 존재하지만 남성과 여성 직원이 함께 근무할 수 있다.

사우디의 대학 졸업생 성비를 비교하면 여성이 남성보다 많다. 그러나 여성 직장인은 전체의 약 15%에 불과하다. 그래서 외국인 근로자가 필요하고 추가 비용이 발생한다. 왜 여성의 대졸 비율과 직장 여성 비율에 차이가 존재하는 것일까? 여성은 전통적인 가족에서의 성 역할을 선호한다. 일부 가족은 '다른 사람들이 어떻게 생각하겠느냐?'며 여성이 일하는 것을 반대한다. 여성이 일하는 것을 가족의 명예와 직결시키는 것이다. 물론 이런 문화적인 이유에는 경제적인 이유도 숨어 있다. 예를 들어 기업은 남성 전용, 여성 전용 출입구와 화장실을 만드는 비용을 피하기 위해 여성 직원의 고용을 꺼린다. 그럼에도 불구하고 다국적 기업에서는 드레스코드를 준수하기만 하면 여성과 남성이 같이 근무한다. 하지만 여성은 해외 출장에 제약이 있다. 남성 친인척의 허락이 있어야 하기 때문이다. 일부 다국적 기업은 여성 직원이 남성 친인척을 동반하여 출장 갈 수 있도록 제반 비용을 지불하는 방식으로 이 문제를 해결한다.

한때 미혼 여성 혼자서는 사우디에 입국할 수 있는 비자를 받지 못했던 시절이 있었다. 그러나 사우디아라비아는 다국적 기업의 투자를 장려하고 기업은 여성 임원을 사우디에 보내기 위해 비자가 필요하다. 자동적으로 비자가 발급되지는 않지만 40세 이상의 여성이라면 쉽게 비자를 발급받을 수 있다. 또 이보다 젊은 여성이라도 특히 '와스타'를 잘 이용하면 비자를 발급받을 수 있다. 성 상호작용(gender interaction)에 대한 제한으로 인해 다른 조정(adjustment)이 필요하다. 예를 들면 해외에 거주한 4명의 사우디 젊은이가 제다에 고급 레스토랑을 오픈하기 전에 시장성을 조사한 사례가 있었다. 이러한 조사는 남성과 여성의 접촉을 제한하여 가족을 대상으로 한 표적 집단 면접에 제약이 있기 때문에 어렵다. 이들은 레스토랑을 방문하는 사람들 가운데 부유해 보이는 가족을 면접하는 방법을 썼다. 그렇다면 부유한 가족이라는 것은 어떻게 알게 되었을까? 레스토랑의 수준 이외에 손님의 행동, 입고 있는 옷이 맞춤복인지 기성복인지, 소매 밑으로 보이는 시계의 퀄리티, 남성의 턱수염 관리 상태를 살펴보았다. 이러한 것은 이러한 사회에 익숙하지 않은 연구자들이 간과할 수 있는 지표였다.

삭스피프스에비뉴(Saks Fifth Avenue)와 같은 외국 기반의 고급 백화점은 아래층에서만 남성과 여성이 섞여 쇼핑할 수 있다. (화장품과 란제리를 포함해) 모든 판매대의 판매원은 남성이다. 탈의실도 없고 화장품을 직접 체험해볼 수도 없다. 위층은 여성만 쇼핑할 수 있다. 여성 고객은 이곳에서 아바야를 정돈하거나 자신이 원하는 모든 제품을 구입할 수 있다(그동안 여성을 태우고 운전한 남성은 백화점이 제공하는 라운지에서 휴식을 취한다). 그러나 한 가지 문제가 발생한다. 남성 매니저는 백화점이 폐장했을 때만 위층을 방문할 수 있기 때문에 제대로 관리할 수 없다는 것이다.

문화적 역동성

거의 모든 곳에서 문화는 진화하고, 앞서 살펴본 것처럼 사우디아라비아 또한 예외가 아니다. 첫 여학교가 1960년에 들어선 이후로 여성을 위한 교육과 커리큘럼에 점진적인 발전이 있었다. 한편으로는 경제적 수요가 교육과 직장에서의 교육 인력 활용에 변화를 가져왔고, 또 다른 면에서는 이런 변화가 여성의 역할에 부합한다는 논리로 비판론자들을 설득했다. 예를 들면 가장 먼저 여성을 받아들인 분야 중 하나가 의료 분야이다. 의사의 수가 부족하고, 남성과 여성 의사를 분리하는 데 많은 비용이 들며, 의료 행위가 여성의 양육자라는 성 역할과 부합하기 때문이다.

사우디의 기업 사회에도 많은 변화가 있었다. 여성이 사우디 전체 사업체의 약 20%를 소유하며 최고 재벌 가운데 하나인 올라얀파이낸싱컴퍼니(Olayan Financing Company)의 CEO 또한 여성이라는 점이 이러한 변화의 모습이다. 향후 하단의 다섯 가지 요인이 사우디 여성의 더 많은 사회 참여 및 여성 노동의 증가로 이어질 것으로 예상된다. ① 사우디로 유입되는 해외직접투자(FDI)의 증가, ② 여성 해외 유학생 수의 증가, ③ 여성의 자아 실현 욕구 향상, ④ 성별을 연결하고 사우디인에게 더 많은 외부 정보를 제공하는 소셜 미디어 접근성 향상, ⑤ 가격 변동에 따른 석유 수입의 불확실성이 그것이다. 게다가 사우디아라비아는 경제를 다각화하는 것을 돕는 수단으로서 국제 관광을 장려한다. 하지만 이러한 변화는 지역, 소득, 교육 수준에 따라 차이가 있을 것임을 염두에 둘 필요가 있다.

문제

2-1 다국적 기업 관리자로서 사우디아라비아에 제품을 판매할 가능성을 조사하기 위해 팀을 파견한다고 가정해보자. 현지의 문화적인 문제가 기업의 성공에 방해되지 않게 하려면 어떤 조언을 해야 하는가?

2-2 북미 또는 유럽에 기반을 둔 회사에서 사우디아라비아에 지사 설립을 고려한다고 가정해보자. 사우디 문화로 인한 어떤 추가적인 운영 비용을 부담해야 하는가?

국제경영에서 문화의 중요성과 이해의 어려움

2-1 문화(특히 국가 문화)가 국제경영에서 중요하면서도 분석하기 쉽지 않은 이유를 설명한다.

도입 사례는 기업이 사업을 운영하는 지역의 문화를 제대로 이해하고 이를 주시할 필요성에 대해 보여준다. 그림 2.1은 국제경영과 문화의 관계를 보여준다.

개념 체크

1장에서는 행동 요소, 가치, 태도, 신념이 해외에서 적합한 기업의 제도 및 관행을 발전시키는 데 핵심이 된다는 사실을 설명했다.

참조 포인트로서의 국가 문화

모든 개인에게는 가치가 있고, 이는 모두 학습된 것이다. 가치는 태도, 신념, 행동에 반영된다. **핵심 가치**(core value)는 너무 강해서 협상이 어려운 반면 **주변 가치**(peripheral value)는 덜 지배적이고 더 유연하다.[2] 개인 집단의 공유된 가치, 태도, 신념은 하나의 **문화**(culture)를 구성한다.

문화는 연구하기가 쉽지 않은 주제인데, 그 이유 중 하나는 사람들이 국적, 민족, 종교, 성별, 직장, 직업, 연령, 소득 수준에 따라 여러 문화에 속해 있기 때문이다. 우리는 국가 문화를 강조하면서도 주요 문화 구분이 국가들 사이에서도 다름을 논의한다.

국가가 유용한 사회적 개념인 이유는 다음과 같다.

- 사람들 사이의 유사성은 국경의 원인과 효력이 된다.
- 국가는 사람들이 '우리'와 '그들'을 나누는 레퍼런스이다.

국가라는 개념은 문화에 대한 사용 가능한 정의를 제공하는데, 그 이유는 국경이 사람의 유사성의 원인과 결과가 되기 때문이다. 국가 내에서 사람들은 가치, 언어라는 필수 속성을 공유한다. '우리'라는 감정은 외국인을 '그들'로 간주하게 만든다. 또 의식(rite)과 상징(symbol), 국가 영웅(national hero)에 대한 존경을 통해 국가 정체성을 영속시킨다. 동시에 유적과 문헌, 기념물, 박물관을 통해 '우리'라는 공동 의식을 배양한다.

문화 매개로서의 국가 모든 국민이 속성을 공유하는 것이 아니며 각국이 모든 면에서 다른 국가와 차이가 있는 것은 아니다. 국가에는 다양한 하위 문화가 있고, 다양성을 중재하고 수용할 만큼 탄력적이어야 한다.[3] 실패하면 종종 해체되기도 한다. 국가는 이런 속성을 공유하고 중재함으로써 국가 정체성을 확립하며, 그 사법권 아래 사업을 하는 기업의 관행에 영향을 준다. 동시에 일부 사람들은 **이중 문화**(bicultural) 또는 **다문화**(multicultural)이며, 이는 그들이 이중 또는 다중 국적, 부모 또는 다른 나라 배우자를 가지고 있기 때문에 둘 이상의 국가 문화를 내재화했거나 또는 감수성이 부족한 나이에 해외에서 살았다는 것을 의미한다.

국가를 문화적 기준점으로 삼고 있음에도 다음과 같은 특성이 있다.

- 모든 사람이 동일한 가치와 태도를 공유하는 것은 아니다.
- 국가에는 하위 문화가 존재한다.
- 일부 사람들은 하나 이상의 문화를 내면화한다.
- 서로 다른 국가의 집단 사이에 문화적인 유사성이 있다.

집단은 자국의 다른 집단보다 외국의 유사한 집단과 더 비슷한 태도를 가질 수 있다. 예를 들어 A 국가의 도시 사람은 자국의 농촌 사람보다 B 국가의 도시 사람과 더 많은 공통점을 지닐 수 있다.

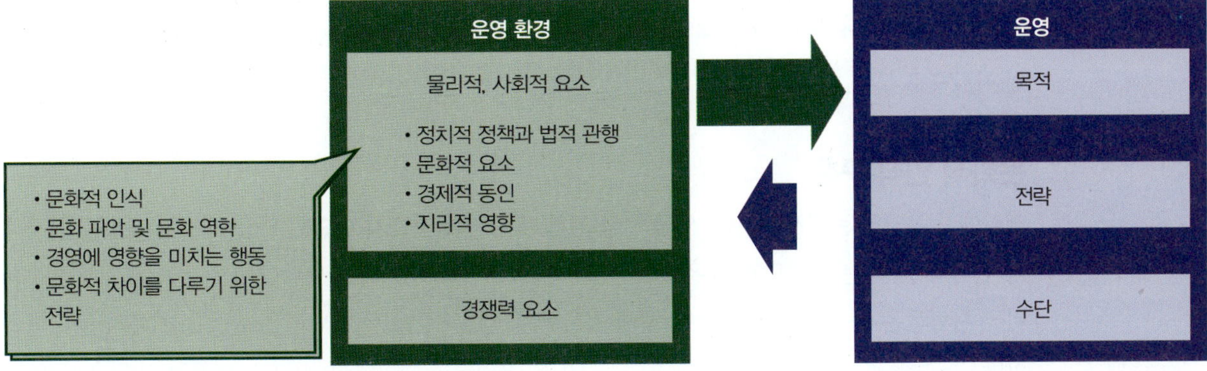

그림 2.1 **국제경영 활동에 영향을 미치는 문화적 요소**

결과적으로 국가를 문화적으로 비교할 때 **관련 집단**의 차이를 주의 깊게 조사해야 한다. 예를 들면 농촌 지역 거주자와 도시 지역 거주자, 관리자와 생산직 근로자의 전형적인 태도 같은 것이다.

인적 요소

국제경영에는 다양한 국가를 배경으로 가진 사람들이 참여한다. 따라서 (인적 자원 관리, 마케팅, 운송, 조달, 규제 기관 대처, 재원 확보 등) 경영 기능은 종종 문화적 차이의 영향을 받는다.

문화적 다양성은 경쟁우위가 될 수 있지만, 이를 관리하는 것은 어려울 수 있다.

문화적 다양성 프로젝트와 팀을 통해 국적이 하나로 통합됨에 따라 다양한 관점과 경험을 얻음으로써 기업은 제품과 서비스를 만들고 제공하는 데 더 깊은 지식을 얻을 수 있다. 그러나 개인이 자신의 문화 안에서 하는 것처럼 상호작용하면 갈등이 생겨 다양성을 성공적으로 배양하기 어렵다. 다행히도 국가적으로 다양한 팀을 더 효과적으로 만드는 데 도움을 주는 일련의 연구가 존재한다. 예를 들어 어떤 국가의 사람들은 팀원과 경쟁하는 데 익숙하고 다른 국가의 사람들은 협력하는 데 익숙한 경우, 어떤 국가의 사람들은 정확한 지시를 기다리는 동안 다른 국가의 사람들은 자기 주도적인 행동을 취하는 경우, 어떤 국가의 사람들은 업무 분담을 기대하고 어떤 국가의 사람들은 각자 협력적인 해결책을 찾기를 기대하는 경우 문제가 발생한다. 이와 마찬가지로 언어 차이는 팀 역할, 우선순위, 정서에 대한 공통적인 이해를 방해한다.[4] 더 성공적인 팀은 당면한 과제를 처리하기 전에 서로의 문화를 이해하려고 노력한다.[5] 팀원들이 다양성을 생각할 때 차이점에 대처하고 열린 마음을 유지하며 위협적이지 않은 분위기를 조성할 필요성을 깨닫는 경향이 있다. 특히 소수 혹은 다른 관점을 표현할 때 언어적으로 불안감을 느끼거나 위협을 느낄 수 있는 다른 사람들을 다룰 경우 더욱 그러한 경향이 있다.[6]

문화 충돌은 다음을 유발한다.
- 비효율적인 사업 관행
- 개인적인 고통

문화 충돌 다양한 문화 간 접촉으로 문제가 발생할 때 이를 **문화 충돌**(cultural collision)이라 한다. 이러한 충돌로 인해 회사는 의도한 것보다 관행을 덜 효과적으로 실행할 수 있다. 또한 다른 행동에 적응하는 것이 어렵기 때문에 해외에 파견된 직원에게 어려움과 고통을 줄 수도 있다.

도입 사례는 두 가지 문제를 모두 보여준다. 출판사는 판매 목표를 달성하지 못했고, 영업 담당자들은 사우디의 잠재 고객이 시간을 엄수하고 헌신적인 관심을 줄 것이라고 잘못 생각했기 때문에 괴로워했다. 특히 영국 영업 담당자들은 주로 업무 중심적인 **거래 중심 문화**[deal-focus(DF) culture]에서 온 반면 사우디인들은 **관계 중심 문화**[relationship-focus(RF) culture]에서 왔다.[7] 후자는 일을 마무리하고 싶은 강박이 덜했고, 카페에서의 잡담을 사업 파트너를 식별하는 수단으로 간주했으며, 비즈니스 거래보다 친구와의 거래를 우선시했다. 거래 중심인 사람들은 일반적으로 관계 중심인 사람들을 시간 낭비자로 보는 반면, 관계 중심인 사람들은 거래 중심인 사람들을 공격적이고 직설적인 사람으로 본다.

문화적 인식 구축

해외에서 사업하는 회사는 어떤 외국 사업 관행이 자사와 다른지 판단한 다음 조정할 사항을 결정해야 한다. 허용되는 옷차림과 같은 일부 문화적 차이는 꽤 명백하지만 다른 것들은 그렇지 않다. 그리고 사람들은 종종 주어진 상황에 대해 자국에서 얻을 수 있는 것과 같은 반응을 기대하면서 반응한다.

일상 생활과 규칙, 사회적 관계 코드, 언어, 감정 표현, 행운의 개념 등 대부분의 문화적 변수는 어디에나 존재한다. 그러나 그들이 취하는 형태는 문화마다 다르다. 예를 들어 모든 국가 문화에는 춤이 있지만 춤의 종류와 참여는 문화마다 다르며 심지어 문화 내에서도 다르다.[8]

문화적 인식을 구축하는 완벽한 방법은 존재하지 않는다.[9] 여행자는 문화적 차이에 대해 언급하고 전문가는 이를 기록하며 국제경영자는 이것이 운영에 어떤 영향을 미치는지 주목한다. 그럼에도 불구하고 사람들은 그것이 무엇인지, 광범위하거나 제한적인지, 핵심 가치와 주변 가치에 의해 발생하는지 여부에 대해 의견이 다르다.

대부분의 사람들이 국가마다 문화가 다르다는 것을 인정한다. 그러나 그 차이점이 무엇인지와 그 중요성에 대해서는 의견이 일치하지 않는다.

문화 연구는 사람의 인식과 민감성을 향상할 수 있다.

어떤 사람들은 적시에 맞는 말과 행동을 할 수 있는 타고난 능력이 있을 수 있다. 그러나 실수일지라도 기분을 상하게 하거나 무시하는 것으로 비춰지는 말과 행동을 하는 사람들도 있다. 전문가들은 학습을 통해 자각(awareness)과 감수성(sensitivity)을 개선할 수 있고, 이를 통해 해외에서의 성공 확률을 높일 수 있다고 입을 모아 말한다. 다른 문화를 조사하는 것은 큰 도움이 되지만 누군가는 부적절한 스테레오타입(unwarranted stereotype)이 영속하는지, 특정 국가와 문화의 제한된 단면만을 다루고 있는지, 시대에 뒤떨어져 있는지 파악하기 위해 정보를 평가해야 한다. 또 존경과 신뢰를 받는 사람들의 행동을 관찰해야 한다.

물론 문화적 차이는 너무 다양해서 모든 차이를 기억할 수 없다. 다만 사람을 다루는 데 얼마나 많은 방식이 있는지 고려해야 한다. 성(姓)을 사용해야 하는가? 아니면 이름을 사용해야 하는가? 성 앞에 이름이 오는가? 아니면 이름 앞에 성이 오는가? 부모의 이름을 '성'으로 물려받는가? 그렇다면 부모의 '이름'을 물려받는가, '성'을 물려받는가? 부모 가운데 누구의 이름을 '성'으로 물려받는가? 아내는 남편의 '성'을 따라야 하는가? 직업마다 적합한 호칭은 무엇인가? 또 많은 언어에 대명사형과 동사형이 있다(친숙한 표현과 정중한 표현). 이는 지위와 친분을 반영한다. 사소해 보일 수 있는 실수는 무지나 무례함으로 받아들여질 수 있다. 다행히 가이드북을 참고할 수 있으며 지식이 풍부한 사람들과 이야기 나눌 수 있다. 경영과 관련된 문화별 태도와 관행에 대한 연구가 있다.[10] 그럼에도 불구하고 여전히 많은 태도, 관행, 문화가 충분하게 연구되지 않은 실정이다.

문화 이해의 단점

일부 설명이 불가능한 차이가 존재한다. 예를 들어 스페인 사람보다는 아일랜드 사람이 차가운 시리얼을 더 많이 소비한다. 우리는 이러한 이유를 조사하지 않고 단지 문화 때문이라고 단정 짓는다(아일랜드에서 더 많은 시리얼을 판매하는 것이 하나의 이유일 수 있다). 또한 문화를 경제적, 정치적 조건으로부터 분리하는 것도 쉽지 않다. 예를 들어 기업가적 관행은 위험을 감수하는 가치뿐만 아니라 현재 경제 상황에도 영향받을 수 있다.[11] 남성 대 여성 자녀에 대한 중국의 선호도 변화는 문화적, 경제적 상호작용의 예를 나타낸다. 중국이 한 자녀 정책을 시행했을 때 수백만 가정에서 여아의 낙태를 결정했다. 이유가 무엇일까? 남성은 대를 이어갈 수 있고(문화적), 농촌 지역에서 일손이 되며(경제적), 노년에 부모를 돌볼 수 있기(문화적, 경제적) 때문이다. 그러나 최근 중국은 여성 자손을 더 선호하는 방향으로 변화하고 있다. 그 이유는 무엇인가? 도시화로 인해 농장에서 일하는 남성 노동자를 덜 필요로 하고(경제적), 반면 부동산 가치의 상승(경제적)으로 인해 결혼 전에 아들을 위해 거주지를 마련해주는 가족의 전통(문화적)이 타격을 입었기 때문이다.[12]

다른 요인이 영향을 미칠 때도 있지만 차이가 오직 문화에서 기인하는 경우가 종종 있다.

문화 연구를 해석하는 데 몇 가지 공통적인 단점을 강조할 필요가 있다.

문화 연구의 단점으로는 이러한 내용이 거론된다.

- 질문에 대한 잘못된 응답
- 차이의 존재에도 불구하고 일반적인 평균에 의존
- 문화의 변화에 대한 간과

1. 사람들이 말하는 내용을 근거로 국가를 비교하는 것은 위험할 수 있다. 사람들의 응답은 당신이 이해하고자 하는 문화에 채색될 수 있기 때문이다. 일부 집단은 불평할 때 가장 행복해하거나, 자신들이 생각하기에 질문자가 듣고자 하는 내용을 대답한다. 또한 1에서 5까지의 척도로 동의 여부를 표시할 때 일부 문화권은 중간점을 선택하는 경향이 있고, 다른 문화권은 극단점을 선택하는 경향이 있다.[13]
2. 국가 간 차이에 초점을 두면 일반적인 **평균**에 집중하고 국가 내부의 다양한 차이를 간과할 수있다. 가령 스칸디나비아 반도의 사람들은 일반적으로 가격 흥정을 불편해한다. 그러나 이를 근거로 이케아의 스웨덴 바이어가 가격 흥정을 하지 않을 것이라고 가정하면 오산이다.[14] 물론 개성의 차이 때문에 동일한 문화에서도 아웃라이어가 존재한다.[15] 그럼에도 불구하고 사람들이 국가 평균에 근접하는 정도에 국가 사이에서 뚜렷한 차이가 있다. 한 국가의 대부분의 사람들이 평균에 가까울 때, 그것을 높은 문화적 강도 혹은 **문화적 경직성**(cultural tightness)이라고 일컫는다. 그 반대의 경우 느슨한 문화적 강도 혹은 **문화적 유연성**(cultural looseness)이라고 일컫는다.[16]
3. 문화는 진화하기 때문에 '현재'의 태도를 반영하는 행동이 미래에는 변할 수도 있다. 예를 들면 도입 사례는 사우디 사람들의 성 차별에 대한 관행이 바뀌었음을 자세히 보여준다.

문화의 형성과 변화에 대한 영향

2-2 국가의 문화 형성과 변화의 주요 원인을 분석한다.

문화는 '부모로부터 자녀', '교사로부터 학생', '사회 지도자로부터 추종자', '또래 집단 간' 등 다양한 경로로 전파된다. 발달심리학자들은 대부분의 사람들이 어린 시절에 선과 악, 깨끗함과 더러움, 아름다움과 추악함, 부자연스러움과 자연스러움, 비정상과 정상, 자기 모순과 논리, 불합리와 합리 등 기본적인 가치 체계, 특히 핵심 가치를 습득한다고 믿는다.[17]

변화의 원천

문화적 가치 체계, 특히 핵심 가치는 초기에 설정되지만 다음으로 인해 바뀔 수 있다.
- 선택 또는 주입
- 다른 문화와의 접촉

개인적인 가치와 집단적인 가치의 진화를 조사해보면 문화가 특정 상관행(business practice)을 수용(또는 거부)하는 과정을 일부 파악할 수 있다. 이는 그들의 상관행을 해외에 소개하려는 기업에게 유용한 조사이다. 여기서 중요한 부분은 이런 변화를 받아들이려는 의사가 **선택**(choice)에 따른 결과인지, 아니면 주입 혹은 **부과**(imposition)에 따른 결과인지이다.

선택에 의한 변화 선택에 의한 변화는 사람들에게 새로운 대안을 제시하는 사회적 상황과 경제적 상황에 대한 반응으로 발생하곤 한다. 예를 들면 농촌 사람은 공장에서 일하기로 결정하면 기본적인 관행을 바꾸게 된다. 공장의 경우 업무 시간에 사회적인 상호작용을 포기하지만 농장은 이를 허용하기 때문이다.

부과에 의한 변화 **문화 제국주의**(cultural imperialism)라 불리는 부과에 의한 변화는 외래 문화의 특정 요소를 부과할 때 발생한다. 예를 들면 지배국이 강제적인 법 개정을 통해 장기간 특정 요소를 부과하면 이는 피지배 문화의 일부가 되어버린다.

일반적으로 국가 간 접촉 또한 변화를 가져온다. 이것이 **문화 확산**(cultural diffusion)이라고 불리는 개념이다. 이러한 변화가 문화의 혼합을 가져오면 **크레올화**(creolization, 혼성화)가 발생한다. 예를 들면 멕시코 토르티야에 대한 미국의 인기는 문화 확산의 결과이다. 토르티야 칩과 부리토 등을 미국 입맛에 맞게 변형시킨 것이 크레올화이다. 일부 집단과 정부는 국가 문화를 완벽하게 보호하는 데 성공하지 못했다. 그들의 노력은 자국민의 해외 여행, 해외 정보에 대한 접근, 경제력을 높이는 외국 기술을 채택하려는 열망에 방해받았다. 따라서 대부분의 국가는 경제를 성장시키는 변화에 개방적이면서도 국가 응집력을 유지하는 데 도움이 되는 전통을 보존하려고 한다. 예를 들어 한국은 공장에서 일하는 데 필요한 외국인의 유입으로 인해 더욱 다민족 국가가 되었다. 전통을 유지하기 위해 정부는 외국인을 '한국화'하는 프로그램과 언어센터를 후원한다.[18]

문화 안정과 확산의 역할로서의 언어

언어는 서로 의사소통할 수 없는 사람들 사이의 접촉을 제한하기 때문에 문화의 중요한 요소이다. 한 국가가 하나의 공용어를 가지고 있을지라도 현실은 훨씬 더 복잡하다.[19] 예를 들어 어떤 언어가 다른 언어와 별개의 언어인지 혹은 단순히 방언인지에 대해서는 의견이 분분하다.[20] 다수의 국가에서 여러 언어가 사용되고 있으며, 그중 하나 이상이 공식 언어인 경우도 존재하고, 다수의 사람이 하나 이상의 언어를 구사한다. 그럼에도 불구하고 언어는 사회적 정체성의 핵심이다. 다른 국가에서 온 사람들이 같은 언어를 사용할 때 문화는 더 쉽게 전파된다. 공통 언어는 공유된 정체성의 의식을 촉진하고 실용적인 수준에서 모든 것을 번역할 필요가 적기 때문에 상업 또한 확장된다. 특히 소

공통의 언어는 국가를 단결시키는 힘이다. 그러나 많은 국가는 다음과 같다.

- 여러 언어 그룹이 있다.
- 지역적으로 통용되는 제2언어에 의존한다.

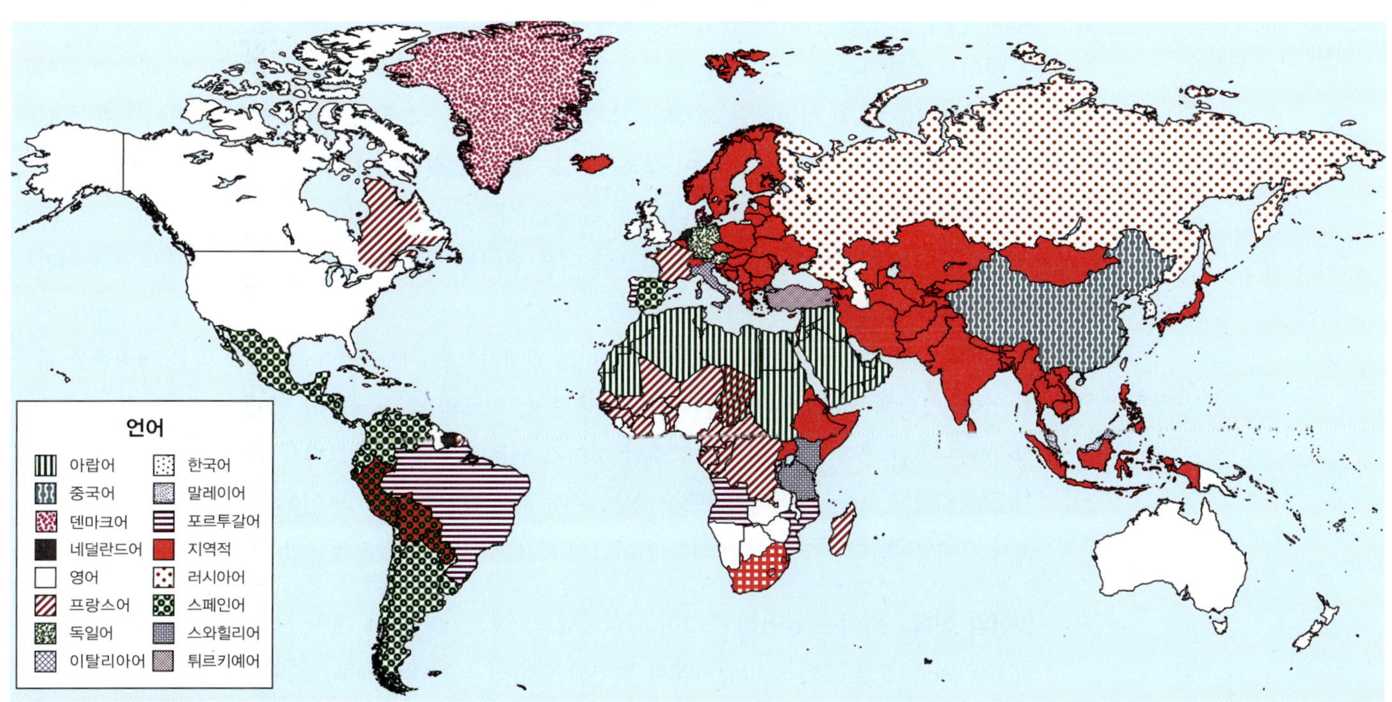

지도 2.2 세계의 주요 언어 분포도

전 세계적으로 사람들은 7,000개 이상의 다른 언어를 사용하지만 이 중 23개는 세계 인구의 약 57%가 사용하는 언어이다. 한 예측에 따르면 21세기 말까지 언어의 50~90%가 멸종될 것이라고 한다. 그러나 토착민을 지원하려는 최근의 노력은 많은 언어를 멸종 위기에서 구해낼지도 모른다. 소수의 언어만이 문화 전파에서 중요한 것으로 남아 있다. 예를 들어 국가의 상당 부분이 아랍어, 영어, 프랑스어, 스페인어를 사용한다. 그러나 중국의 만다린어를 보면 중국은 인구가 많고 세계 2위의 경제 대국이 되었기 때문에 국제경영에서 중요하다. '지역적(Regional)'이라는 분류는 두 가지 하위 분류, 즉 해당 국가에서만 통용되는 언어를 사용하는 국가(예: 일본)와 여러 언어를 사용하는 국가(예: 인도)로 나뉜다.

수의 사람으로 구성된 그룹이 다른 곳에서는 사용되지 않는 언어를 사용하면 그 집단의 사람들은 다른 언어를 배우거나 그렇지 아니면 소외된다.

아프리카 일부의 프랑스어와 동유럽 및 중앙아시아의 러시아어와 같은 특정 언어는 오랫동안 제2의 언어로서 지역적으로 널리 사용되었다. 이로 인해 지역 언어 또는 매우 널리 사용되는 언어의 원어민은 외국어를 배우는 데 무관심하게 된다. 왜냐하면 외국어를 배우지 않고도 잘 지낼 수 있다고 생각하기 때문이다. 게다가 이러한 언어는 종종 권력, 영향력 및 기회의 언어로 간주된다. 예를 들어 영어가 가장 널리 사용되는 제2외국어로 부상하면서 영어를 모국어로 사용하는 국가의 사람들은 대부분의 다른 국가의 사람들보다 단일 언어를 더 많이 사용하는 경향이 있다. 이로 인해 영어를 모국어로 사용하는 사람들은 다문화 및 다국어 비즈니스 환경에서 중재하기 위해 더욱 더 그들이 잘 모르는 언어를 사용하는 사람들에게 의존하게 되었다. 이에 대한 간단한 결과가 있다. 양쪽 언어를 모두 구사한다면 의사소통에 혼란을 줄 수 있는 중개자에게 의존할 필요가 없다(지도 2.2는 세계 주요 언어 그룹의 분포를 보여준다).

영어는 '비즈니스의 국제 언어'가 되었다.
- 영어를 모국어로 사용하는 국가가 전 세계 생산량의 상당 부분을 차지하기 때문이다.
- 세계에서 가장 중요한 제2외국어이기 때문이다.
- 그러나 미래에는 상대적인 중요성을 잃을 수 있다.
- 그러나 영어가 능숙한 직원을 과대평가할 수도 있다.

영어를 많이 사용하는 이유 영어를 모국어로 사용하는 국가는 세계 인구의 6%에 불과하지만 세계 생산량의 25%를 차지한다.[21] 이처럼 경제적으로 가장 중요한 5대 영어권 국가(호주, 캐나다, 뉴질랜드, 영국, 미국)를 통칭하여 앵글로스피어(Anglosphere)라고 하며, 이는 이민을 원하는 사람과 고도로 숙련된 이민자가 선호하는 곳이다.[22] 이 차이는 영어가 왜 세계에서 가장 중요한 제2외국어인지 설명해준다. (약 15억 명이 제2외국어로 영어를 공부한다. 프랑스어는 두 번째로 중요하며, 8,200만 명이 사용한다.)[23] 또한 대부분 영어권 국가에 본사를 둔 다국적 기업은 서로 다른 국가에 있는 직원 간 의사소통을 위해 공통 언어를 선택한다는 사실도 기억해야 한다. 놀랄 것도 없이 일반적으로 영어를 선택하는데, 그 이유는 대부분의 경영자가 영어만 사용하거나 영어를 제2외국어로 사용하기 때문이다. 또한 비영어권 국가의 일부 다국적 기업은 '국제 비즈니스 언어'인 영어를 운영 언어로 채택한다. 그럼에도 불구하고 이 정책은 채용 및 평가 결정에서 영어 능력을 과대평가하는 등 몇 가지 부정적인 영향을 미칠 수 있다.[24] 더 유능한 사람들이 간과되어 결국 회사를 떠날 수도 있다. 그러나 개인은 비공식적으로는 지속적으로 다른 언어를 사용하므로 영어가 회사 내의 공용어라는 것은 종종 착각일 수 있다.

영어를 모국어로 구사하는 사람들은 결국 전 세계적으로 의사소통하는 데 더 많은 어려움을 겪을 수 있다. 그렇게 예상되는 이유는 무엇일까? 중국, 인도와 같은 국가의 언어는 경제와 함께 빠르게 성장하는 반면 영어 사용 비율은 감소할 것이기 때문이다.[25] 종종 그렇듯이 역사는 이 문제에 대해 시사하는 바가 크다. 라틴어와 프랑스어는 한때 각각 학문과 외교의 언어였다. 아랍어는 한때 중동에서 지배적이었다.[26] 그러나 이러한 언어들의 사용은 그 이후로 오랫동안 감소하거나 대체되었다.

언어의 진화 언어는 단어를 추가하고 삭제한다. 시간이 지남에 따라 사람들의 그룹이 서로 충분히 소외되면 공통 언어는 라틴어에서 발전한 다양한 로만(Romans) 언어와 같이 하나 이상의 언어로 발전될 수 있다. 동시에 언어는 공존하고 서로에게 영향을 미친다. 예를 들어 미국 제품이 외국 시장에 진출할 때 해당 어휘도 종종 이상한 형태로 진출한다. 예를 들어 스페인어를 사용하는 국가에서는 "우리는 갖가지 색상의 청바지를 판매합니다(Vendemos blue Jeans de varios colores)"라는 표지판을 볼 수 있다. 이 문맥에서 '청바지'라는 단어를 사용하는 것은 영어가 우세함을 보여주는 예시일 뿐이다. 그러나 영어는 이탈리아 도시 제노바와 그곳에서 유래한 (지금은 데님으로 부르는) 직물을 뜻하는 프랑스어인 'Gênes'이라는 단어를 채택했다. 이러한 언어의 교차 수분(cross-pollination)은 문화의 보급과 동시에 진행 중인 현상이다.

문화와 종교

지도 2.3은 세계 주요 종교의 대략적인 분포를 보여준다. 종교는 쇠퇴하는 사회에서조차 문화적 가치를 형성하는 데 수세기 동안 지속적으로 영향을 끼쳐왔기 때문에 그 자체가 문화적 안정자 역할을 수행해왔다.[27] 인간 행동을 형성하는 데 있어 종교의 역할은 종교적 신념이 강한 사람들과 국가에서 더욱 강하다.

많은 가치는 지배적인 종교의 산물이다.

불교, 기독교, 힌두교, 이슬람교, 유대교 등과 같은 종교가 상관행에 영향을 주는 신념에 영향을 미쳤다. 각 종교는 너무 복잡하여 그것에 대해 의미 있는 간략한 현실적 일반화를 할 수 없으므로,

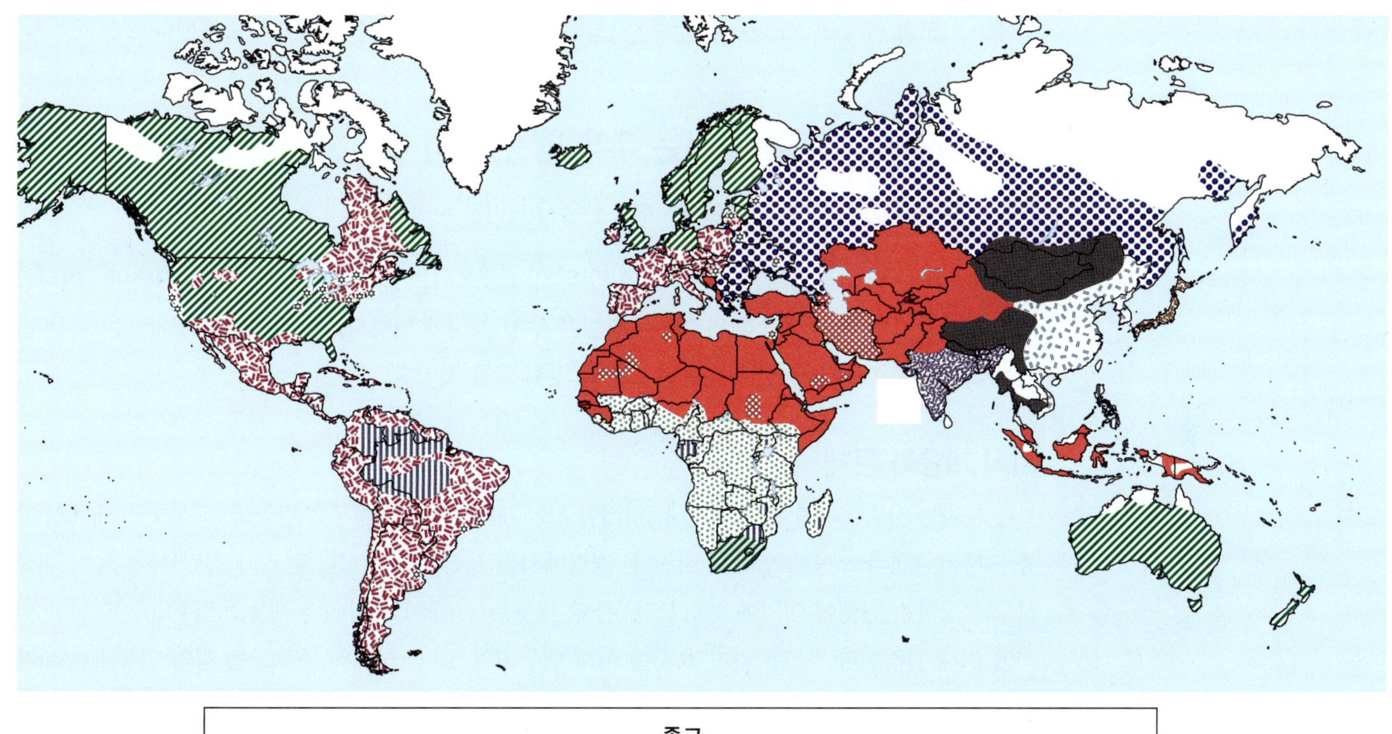

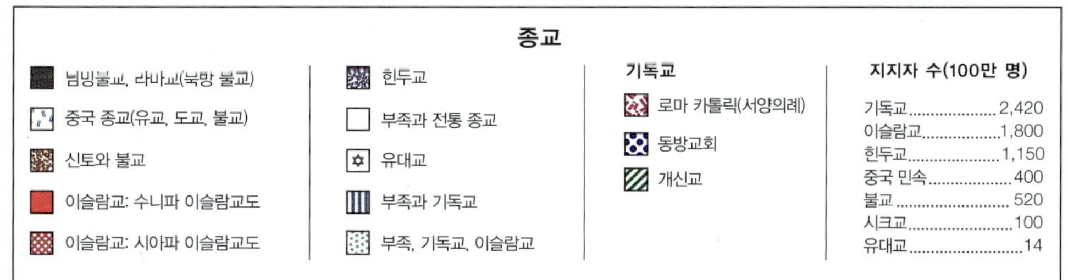

지도 2.3 세계의 주요 종교 분포도

전 세계 인구의 약 84%가 종교를 가지고 있다. 대부분의 국가가 다양한 종교를 수용한다. 그러나 문화는 가장 지배적으로 종교의 영향을 받는다. 예를 들면 이러한 지배적인 종교의 관행은 법적, 사업적 관행에 종종 영향을 미친다. 지도는 정확한 분포가 아니라 근사치를 반영한다. 각 국가는 제각각 다양하며, 표시하기 쉽게 주요 종교만 강조했다. 세계 인구의 상당한 비율도 비종교인이다.

출처: The numbers for adherents are taken from Pew Research Center, "The Global Religious Landscape," (December 18, 2012) http://www.pewforum.org/2012/12/18/global-religious-landscapeexec/?utm_content=bufferf682f&utm_source=buffer&utm_medium=twitter&utm_campaign=Buffer (February 6, 2016); "Major Religious Groups," *Wikipedia* (April 15, 2019).

단순화에 크게 의존하는 문화적 설명을 받아들이는 것을 주의해야 한다. 가령 소승불교(Theravada)와 밀교(Vajrayana), 복음주의와 가톨릭 기독교, 이슬람교의 수니파(Sunni)와 시트교(Shite), 정교회와 개혁 유대교와 같이 종교 내에도 분열이 있다. 그럼에도 종교는 광범위한 영향을 끼치기 때문에 기업은 운영하는 데 적응하고 조응해야 한다. 예를 들어 맥도날드는 인도에서 힌두교와 이슬람교가 각각 금지하는 소고기와 돼지고기가 든 햄버거를 판매하지 않고, 이스라엘 항공사인 엘알항공(EI AI)은 유대교의 안식일에 해당하는 토요일에는 항공기를 운항하지 않는다. 실제로 종교는 거의 모든 경영 활동에 영향을 미친다. 현지에서 제대로 기업 활동을 하는 것으로 보이고 싶다면 기업은 종교적 신념을 반드시 고려해야 한다.[28]

물론 종교가 같다고 모든 국가가 기업의 비즈니스 활동에 동일한 제약을 가하는 것은 아니다. 예를 들면 이슬람 국가에서 금요일은 예배일이지만 튀르키예(세속주의 이슬람 국가)의 금요일은 유럽 국가와 기독교 업무일을 맞추기 위해 영업일(workday)이다. 종교나 종파가 정치 지배권을 놓고 경쟁하는 지역에서는 갈등이 경영 활동에 큰 영향을 줄 수 있다. 불행히도 이런 문제가 심각하다. 최근에도 인도와 이라크, 스리랑카, 수단, 시리아와 같은 국가에서 종교 폭력이 발생했다.

경영 활동에 영향을 미치는 주요 행동 양식

2-3 국가의 사업 관행에 영향을 주는 주요 행동적 요인을 논의한다.

문화적 변수는 다르게 정의되고 다소 차이가 있거나 중복되는 개념의 다양한 명칭을 가진다. 이러한 뉘앙스 때문에 문화를 경영과 연결하는 방법은 수천 가지에 달한다. 한 장에서 다루기에는 너무 많다는 의미이다. 이에 중요한 부분에만 초점을 맞춰 다룰 것이다.

사회 계층화 문제

모든 문화는 사람들의 순위를 매긴다. 이러한 **사회 계층화**는 위계질서를 만들고 그 문화권 내에서 계층, 지위, 금전적 보상에 영향을 끼친다. 경영에서는 생산자 집단보다 관리자 집단을 더 높이 취급하고 보상하는 관행이 여기에 해당한다. 사회 계층은 ① 개인의 성취와 재능(**능력주의**), ② 집단 인식에 의해 결정된다. 이 두 가지 요소는 서로 연동되어 있다. 상대적 중요도는 경영 기능과 문화에 따라 차이가 있다. 또한 보다 형식적인 문화에서는 위계적 수준의 지위에 기반한 소통이 이루어진다. 예를 들어 지위가 높은 사람은 지위가 낮은 사람이 이름을 부르거나 직함을 사용하지 않으면 기분이 상할 수도 있다.

기업은 어떤 사회에서는 능력주의에 더 높은 보상을 제공한다.

개인의 자격과 한계 대부분의 사회에서 능력주의는 기업 활동에 중요한데, 가령 스포츠웨어 홍보를 위해 스타 운동선수를 선택하고 고난이도의 책임이 요구되는 사안을 다루는 자리에 고학력의 의욕이 높은 사람을 선택한다. 그러나 항상 이런 원칙이 적용되지는 않는다.

사회는 소속감을 다르게 평가하므로 비즈니스 관행은 국가마다 다르다. 예를 들어 일본 기업은 다른 국가에 비해 높은 근속 연수, 고연령 직원을 우대한다.[29] 다른 예로 영국과 독일 은행의 감원 관행 비교 조사에서 영국 은행은 감원이 필요할 때 실적 대비 연봉을 기준으로 감원하여 비용을 절감하는 방법을 선호한다. 반면 독일 은행은 개인적인 곤경을 최소화하는 데 더 신경을 쓴다(실적과 상관없이 젊은 관리자를 타깃으로 하는데, 이는 쉽게 다른 일자리를 찾을 수 있기 때문이다).[30]

앞의 사례는 연령에 기준을 두고 있지만 소속 집단을 분류하는 다른 방식도 있다. 주로 출생으로 결정된 집단을 **귀속된 소속 집단**(ascribed group membership)이라고 한다. 기준은 성별, 가족, 연령, 카스트, 인종, 민족, 출신 국가이다. 또 **획득된 소속 집단**(acquired group membership)이 있는데, 이것의 기준은 종교, 정치적 당파, 직업, 기타 관계이다.

소속 집단은 다음과 같은 특징이 있다.
- 선천적으로 귀속되거나 획득된다.
- 계급과 지위를 반영한다.

입법 활동과 정치도 종종 집단 차이의 중요성에 영향을 미친다. 예를 들어 사하라 사막 이남 아프리카의 많은 지역에서 여성의 교육 기회를 배제하는 정책은 여성의 소득 잠재력을 낮추는 데 큰 영향을 끼친다. 노벨경제학상 수상자인 아마르티아 센(Amartya Sen) 박사는 이런 식으로 특정 집단을 인력에서 배제하는 현상을 **무자유**(unfreedom)라고 표현하면서, 무자유가 경제 발전에 부정적인 영향을 초래한다고 지적한다.[31] 이와 대조적으로 대기업 이사회에 여성의 최소 비율을 포함하도록 요구하는 유럽의 정책은 남성 지배를 극복하기 위한 것이다.

개인이 특정 직책에 자격이 있고, 이를 막을 법적 장벽이 없는 경우에도 사회적 장벽 때문에 진출 국가에서 이런 행위를 도입하는 것을 꺼릴 수도 있다. 또 다른 근로자, 고객, 현지 주주, 정부 관료가 특정 집단을 반대할 수도 있다.

다음 절에서는 국가별로 개인의 사회적 지위에 영향을 주는 소속 집단에 초점을 맞출 것이다. 사회 인맥은 추가적인 중요한 요소이다.[32] 이는 "뭘 알고 있는지보다 누구를 알고 있는지가 중요하다"는 격언에 부합한다.

국가별 태도는 다음에 따라 달라진다.
- 사회 인맥
- 인종과 민족성
- 남성과 여성의 역할
- 나이 존중
- 가족의 유대감

민족과 인종 집단 예를 들면 말레이시아는 정당과 고용 쿼터(quotas)를 말레이인, 중국인, 인도인의 세 민족으로 명시적으로 정의한다. 고용 쿼터는 주로 말레이인의 경제적 입지를 업그레이드하는 것이 주된 목적이다. 중국인과 인도인의 소수 민족이 사업체 소유와 직업 분야를 독점하다시피 했기 때문이다.[33] 이 시스템은 기업에게 채용과 관련한 기록을 보관하는 값비싼 시스템을 유지할 것을 의무화한다.[34] 인도에는 저소득층과 카스트 수준을 개선하기 위한 채용 및 대학 입학 쿼터가 있다.[35] 브라질의 공용어 사용에는 피부 색깔을 지정하는 많은 용어가 있고, 그중 5개는 인구 조사 내에서 공식적으로 분류된다. 이 나라는 대학에 인종 쿼터를 두고 있으며 고용 쿼터를 제정하라는 압력을 받는다.[36] (단, 국가대표 축구 팀을 뽑는 데는 실력만이 중요하다.)

성별 집단 때때로 성별에 대한 태도가 국가별로 크게 차이가 나곤 한다.[37] 도입 사례에서 성별에 대한 사우디아라비아의 문화적 차이에 대해 논의했는데, 사우디아라비아의 남녀 직원 비율은 7:1인데 반해, 노르웨이는 1.1:1이다. 한편 '일자리가 부족하면 여성보다 남성을 채용해야 하는가?'라는 질문에 리투아니아에서는 찬성 비율이 남녀 모두 과반인 반면, 스웨덴과 아이슬란드에서는 이 비율이 10% 이하에 불과했다.[38]

대부분의 국가에는 여성의 노동을 방해하는 법률이 있다. 이러한 법률의 대부분은 여성을 보호하기 위한 것이지만 그 결과는 때때로 차별적이다. 예를 들어 프랑스는 여성이 25킬로그램 이상을 들어야 하는 직업에서 일하는 것을 금지한다. 그 무게가 가정에서 돌보는 5세 아동의 무게에 지나지 않음에도 그렇게 규정되어 있다. 또한 페덱스(FedEx) 패키지를 배달하는 것과 같은 작업을 금지한다.[39] 그러나 많은 곳에서 고용 관행의 성별 장벽은 태도와 근무 요구 요건의 변화로 인해 낮아지고 있다. 미국에서도 눈에 띄는 변화가 있었는데, 남성 간호사의 증가와 여성 의사의 증가처럼 예전에 하나의 성이 압도적이었던 분야에 다른 성별이 증가한 것이다. 그러나 이러한 변화 중 일부는 태도보다는 경제적인 것이 원인일 수 있다.[40] 근무 요건 변화는 완력이 필요한 업무가 감소하고, X-레이

기술과 정신병동처럼 전문교육이 필요한 일자리가 증가한 것이 반영된 결과이다.

연령 집단 모든 국가가 연령과 관련된 법을 시행한다. 고용 연령, 운전 연령, 제품 및 서비스(주류, 담배, 특정 의약품, 은행 계좌 개설) 구입 가능 연령, 의무(투표, 병역, 배심원) 등에 적용되는 법이다. 때때로 법 논리가 배치되는 경우도 있다. 예를 들면 미국인은 합법적으로 주류를 구매할 수 있는 21세 이전에 선거 참여, 결혼, 운전, 군복무를 할 수 있다. 반대로 룩셈부르크인은 증류주를 16세에 합법적으로 구매할 수 있다.[41] 또한 미국 기업은 아이들을 대상으로 TV 광고를 할 수 있지만, 스웨덴은 이를 금지한다.

국가별 고용 연령의 차이는 더 크다. 예를 들면 핀란드와 네덜란드는 법으로 은퇴 연령을 규정한다. 그러나 미국은 일부 예외(예: 항공기 조종사 등)가 있지만 법으로 이를 금지하고 있다. 영국의 연령 차별법은 모든 나이에 적용된다. 반면에 미국의 법(어린이 노동 제외)은 40세 이상만을 보호한다.[42] '일자리가 부족하면 조기에 은퇴를 하도록 강조해야 할까?'라는 질문에 대한 반응도 국가마다 차이가 있다. 불가리아에서는 4분의 3이 찬성했지만, 일본에서는 찬성 비율이 10%에 불과했다.[43] 이러한 차이가 나는 이유는 무엇일까? 일본 사람들은 "나이가 많을수록 지혜도 깊다"는 믿음을 가지고 있는 것이 한 가지 이유이다.

가족 집단 중남미 등 일부 문화권에서 가장 중요한 소속 집단은 가족이다. 사회에서 개인의 지위는 개인적인 성취보다는 가족의 사회적 위상이나 존경에 크게 좌우된다. 가족의 유대가 강하면 소규모 가족 기업이 성공을 거두는 사례가 많다. 반대로 성장에서 종종 어려움을 겪기도 한다. 소유주가 가족이 아닌 외부에서 채용한 유능한 전문 경영인과 책임을 공유하기 꺼리기 때문이다. 이런 현상이 기업 문화를 방해하고, 국가는 장기 경제 발전에 필요한 국내 대기업 부족 현상을 겪는다.[44]

근로 동기

(직업에 대해) 동기부여가 많이 된 직원이 그렇지 않은 직원에 비해 생산성이 높은 것이 일반적이다. 더 나아가 더 높은 직원 생산성이 기업 전체의 효율성과 국가의 경제 발전에 영향을 미친다. 국가별 근로 동기의 차이와 이유에 대해 알아보자.

물질적 부에 대한 욕구는 다음과 같다.
- 근로에 대한 기본적인 동기이다.
- 경제 성장에 긍정적인 영향을 준다.

물질주의와 동기부여 막스 베버(Max Weber)는 프로테스탄티즘 직업 윤리(protestant work ethic) 이론을 발전시킬 때 프로테스탄트 국가가 경제적으로 가장 발달된 국가라는 사실을 발견했다. 그는 이것이 16세기 유럽에서 발생한 프로테스탄트 종교 개혁의 산물이라고 주장했다. 노동은 구원에 이르는 경로이며, 이는 물질적인 성공이 이러한 구원을 방해하지 않는다는 '윤리'를 반영한다. 현재 프로테스탄트를 엄격히 구분하지 않지만 여전히 베버가 제시한 몇 가지 주장이나 생각은 인정되는데, 이를테면 자기수양, 근면, 정직, 공정한 세상에 대한 신념이 근로 의욕과 경제 성장을 촉진한다는 것이다.[45]

한편 (특정 종교 체제와는 상관없이) 종교적 신념의 정도와 이런 속성이 경제 성장을 촉진한다는 개념 사이에 양의 상관관계가 있다는 증거가 있다(예: 법치와 근검절약의 미덕에 대한 믿음).[46] 더 나아가 개인의 물질적인 풍요를 추구하는 것은 더 열심히 일하게 하고, 공동체 전반에 걸친 경제 발전을 구현한다.[47] 반면 숙명론과 같은 일부 종교 가치는 '결국 벌어질 일은 벌어진다'[48]는 생각으로 근로 욕구를 줄일 수도 있다. 더 나아가 인구의 상당수가 일시적으로 또는 영구적으로 일하지 않고 종교적 활동을 추구하며 다른 사람의 지원을 받는 미얀마와 라오스 같은 사회도 있다(옆의 라오스 사진 참조).

출처: Barbara Walton/EPA/Shutterstock

▲ 라오스의 루앙프라방에서 자선을 하는 승려들의 모습

성공과 보상에 대한 기대 성공 확률과 보상, 실패 확률은 근로 동기에 영향을 준다. 일반적으로 사람들은 성공 확률이 너무 쉽거나 너무 어려우면 노력하지 않는 경향이 있다. 달팽이나 경주마를 상대로 경주하려는 사람은 없을 것이다. 어느 쪽이든 결과가 너무 뻔하기 때문이다. 성공에 대한 불확실성이 높을 때 열정이 고조된다. 능력이 비슷한 다른 사람과의 경주에는 도전을 하는 것이다. 이와 유사하게 목표를 성공적으로 완수했을 때 보상은 많을 수도 적을 수도 있다. 그리고 대부분은 실패했을 때보다 성공에 따른 보상이 더 많다고 기대할 때 더 많은 노력을 발휘한다.

사람들은 다음의 경우 더 일하고 싶어 한다.

- 실패와 비교했을 때 성공에 대한 보상이 크다.
- 성공에 대한 일정 수준의 불확실성이 존재한다.

국가별 성공과 보상 다른 국가에서 근무할 때 동일한 일이라도 성공 확률, 성공 대 실패에 대한 보상에 따라 결과가 다르다. 실패 확률이 거의 확실하고 성공과 실패에 따른 보상이 많이 다르지 않은 문화에서 사람들은 일을 만족할 수 없는 것으로 여긴다. 큰 이득이 없음을 예측하기 때문이다. 이런 태도는 가혹한 기후, 극빈 지역, 차별에 취약한 하위 문화에 팽배해 있다. 이와 유사하게 공공 정책에 입각해 생산물을 생산적인 노동자와 생산적이지 못한 노동자에게 배급하면 열심히 일할 의욕이 줄어든다. 결과의 불확실성이 높고 성공에 따른 보상은 많지만 실패에 따른 보상은 없거나 적을 때 가장 의욕적으로 일한다.[49]

성과 및 성취

남성성-여성성 지수 **남성성-여성성 지수**(masculinity-femininity index)는 남성과 여성의 신체적 특성보다는 성취에 대한 태도를 측정한다. 남성성 점수가 높을수록 '일하기 위해 사는 것'을 선호하는 반면, 여성성 점수가 높으면 '살기 위해 일하는 것'을 선호한다. 본질적으로 남성성이 높은 사람은 업무를 완수한 성취자를 존경하고 불행한 사람에 대한 동정심이 낮으며 남과 동등하기보다는 남보다 나은 것을 선호하고 돈과 물질에 지향성을 보인다. (또한 성별 간 역할 차이를 강력히 선호한다.) 높은 여성성 점수는 그 반대를 나타낸다. 업무 지향보다는 사람 지향적이고, 경제적 성과와 성장보다 삶의 질과 환경을 중시한다.[50]

남성성이 높은 문화는 '일하기 위해 사는 것'을 선호하고, 여성성이 높은 문화는 '살기 위해 일하는 것'을 선호한다.

이 지수는 행동의 국가적 차이를 설명하는 데 도움을 준다. 오스트리아처럼 남성성이 높은 국가의 기업이 스웨덴과 같이 여성성이 높은 국가에서 사업한다고 가정해보자. 스웨덴의 구매 담당자는 아마도 부드러운 사회적 관계, 친절하고 지속적인 거래, 직원 및 사회 복지를 선호하는 반면, 오스트리아 기업의 직원은 낮은 비용, 빠른 배송, 직원에 대한 최소화된 보상을 선호한다.

욕구의 단계 동기와 관련된 **욕구(니즈) 단계 이론**(hierarchy-of-needs theory)에 따르면 사람들은 고수준 욕구에 앞서 저수준 욕구를 충족하려 한다.[51] 가장 기본적인 욕구는 식량, 물, 성(性), 휴식과 같은 **생리적(물리적) 욕구**이다. 물리적, 감정적으로 안전한 환경이라는 **안전 욕구**가 동기화되기 전에 이런 욕구가 충족되어야 한다. 이는 동료의 인정과 같은 **소속 욕구**가 유발되기 전에 충족되어야 한다. 그다음 **존경 욕구**는 인정, 주목, 존중을 통해 자신의 이미지를 강화하는 욕구이다. 마지막 단계

욕구의 단계는 다음과 같은 특징이 있다.

- 국가마다 다를 수 있다.
- 국가별로 다르게 동기를 부여하는 방법을 결정하는 데 유용하다.

는 **자아 실현 욕구**이다. 즉 잠재력의 자아 실현을 의미한다. 마지막으로 욕구 단계 이론은 일단 욕구가 충족되면 동기라는 가치가 감소한다고 추론한다.

이 이론은 세계 각국 직원들의 보상에 선호도를 구분하는 데 도움을 준다. 예를 들면 아주 가난한 나라에서는 특별한 기술이 없는 일을 하는 노동자의 비율이 높다.[52] 따라서 식량과 주거지 같은 욕구를 충족하는 수준의 보상을 제공함으로써 이들에게 동기를 부여할 수 있다. 그러나 다른 지역에서는 다른 욕구를 통해 동기를 부여해야 한다.

그러나 (소득 수준이 낮은 경우에도) 보상만으로 근로 동기의 차이를 완전히 설명할 수 없다. 예를 들면 미국 항공사의 사무소 직원을 대상으로 장기간 실시한 연구에 따르면 미국과 도미니카공화국 직원들은 승진을 중시하고 있었다. 그러나 바베이도스 직원들은 근로를 대개 소속 욕구를 충족하는 수단으로 생각하기 때문에 친구관계가 바뀔 것을 염려해서 승진을 별로 원하지 않는다. 미국 근로자는 백오피스 업무에서 복장을 선택하는 것이 존경 욕구를 충족하는 데 중요하지 않다고 생각했기 때문에 매우 캐주얼하게 옷을 입었다. 하지만 바베이도스 사람들은 제대로 차려 입는 것이 위신 있는 직업과 직결된다고 생각하기 때문에 정복을 입는다. 이 항공사는 바베이도스 직원들에게 회사 소유의 버스를 교통편으로 제공했었다. 그러나 직원들은 남에게 과시하기 위해 대중교통을 이용하는 경향이 있었다. 바베이도스 사무소 직원들의 결근율과 이직률은 낮았다. 바베이도스는 전통적으로 여성 또한 직장을 다녔기 때문이다. 그러나 도미니카공화국의 대다수 여직원은 결혼 전까지만 근무를 하고 있었다.

관계 선호도

지금까지 경영에 영향을 미치는 두 가지 행동 요소인 사회 계층과 근로 동기에 대해 설명했다. 이제 행동에서 대인관계의 차이에 영향을 주는 가치에 대해 논의해보자.

국가별로 권위적인 경영과 협의적인 경영에 대한 선호도가 다르다.

권력 거리 **권력 거리**(power distance)는 상사와 부하 직원 간 상호작용에 대한 직원의 선호도를 측정한 것이다. 이러한 상호작용이 선호도와 부합할 때 사람들이 더 나은 성과를 낸다는 사실을 보여주는 증거가 있다. 따라서 기업은 관계 스타일을 효과적으로 조정하는 것을 고려해야 한다.

권력 거리가 높으면 상사와 부하는 협의를 잘 하지 않는다. 또한 **권위적인 경영**(제한이 없는 권력으로 관리) 관리 스타일을 선호한다. 권력 거리가 낮으면 '협의하는 방식'을 선호한다.[53] 그렇다면 낮은 권력 거리를 선호하는 네덜란드 경영자가 대부분의 직원들이 높은 권력 거리를 선호하는 모로코에 배치되면 어떤 일이 발생할까? 네덜란드 경영자는 모로코의 부하 직원과 협의할 것이다. 그러면 직원들은 경영자에 대한 신뢰를 잃을 수 있고 '상급자가 어떤 일을 해야 하는지 모르는 건가?'라고 생각할 것이다. 따라서 성과가 개선되기보다는 저해될 수 있다.

흥미롭게도 권위주의를 선호하는 경영자가 부하 직원의 결정을 수용하거나 이런 결정을 위임하는 확률이 높다. 그러나 상급자와 하급자 간 동등한 관계를 의미하는 협의는 수용하지 않는다. 이렇듯 국가에 맞게 직원 참여 방법을 조정할 필요가 있다.

더 나은 근무 환경을 제공하는 것은 집단주의자에게 동기를 부여한다. 반면 개인주의자의 동기부여 요소는 도전이다.

개인주의 대 집단주의 **개인주의**(individualism) 성향이 강한 직원은 여가 시간을 충족하고 우정을 쌓으며 조직에 의존하지 않고 역량을 개선하는 것을 선호한다. 또한 간접적인 보상보다는 직접적인 금전적 보상을 받고 개인적으로 의사결정하는 것을 선호한다. 반대로 **집단주의**(collectivism) 성향이 강하면 교육, 만족스러운 근무 조건, 좋은 혜택 등 전반에 걸쳐 조직에 의존하는 것을 선호한다. 예를 들면 미국은 고도로 개인주의적인 국가이며 직원들은 집단주의 사회에서보다 직장 밖에서 가까운 동료들과 덜 어울린다.[54] 개인주의 성향이 강한 국가에서는 직원들이 도전을 원하기 때문에 자아 실현 기회가 주된 동기부여 요소가 된다. 반대로 집단주의 성향이 강한 국가에서는 안전에 대한 욕구가 주요 동기부여 요소이다.[55]

개인주의와 집단주의의 정도는 직원들의 관계에도 영향을 미친다. 예를 들면 리바이 스트라우스(Levi Strauss)는 집단주의 문화인 일본에서 팀제 생산이 높은 생산성으로 이어지는 것을 확인하고 이를 미국 공장에 도입했다. 그러나 가장 숙련된 노동자인 이 회사의 미국 직원들은 그룹으로 일을 향상하고 문제를 해결하는 것을 주저하고 방해했다. 결국 생산성이 떨어져서 이 회사는 미국의 노동 문화에 더 적합한 개인주의 시스템을 다시 적용해야 했다.

위험 감수 행동

사람들이 현재의 상황에 대한 만족과 상황을 바꾸기 위해 위험을 감수하는 것은 문화에 따라 다르다. 이번에 논의할 것은 이러한 태도를 반영하고 있는 네 가지 유형의 위험 감수 행동, 즉 **불확실성 회피, 신뢰, 미래 지향, 운명론**이다.

위험 감수 행동은 다음 사항에서 국가마다 차이가 있다
- 불확실성에 대한 태도
- 사람들에 대한 신뢰 수준
- 미래 지향성
- 자결권과 운명론에 대한 태도

불확실성 회피 **불확실성 회피**(uncertainty avoidance)는 모호함에 불편을 느끼는 특성을 설명한다. 이러한 특성이 강한 곳에서는 규칙을 어기는 것이 회사의 최선의 이익이 될 수 있다고 생각하더라도 대부분의 직원이 정해진 규칙을 따르는 것을 선호한다. 또한 같은 직장에서 장기 근속을 하는 경향이 있다. 다른 곳에서 미래의 불확실한 위치보다는 현재의 확실한 위치를 선호하기 때문이다.[56] 그러한 상황에서는 불확실성을 회피하려는 성향이 강한 국가의 상사는 회사의 이해에 반하는 행동을 책임지기 싫어하는 부하 직원에게 더 정확한 지시를 내려야 한다.

신뢰 각국의 사람들에게 '대부분의 사람들을 신뢰할 수 있다', '사람들을 다룰 때는 정말 신중해야 한다'는 문구를 이용해 신뢰(trust)를 조사한 결과, 국가별로 다른 반응이 나타났다. 예를 들면 대부분의 사람들을 신뢰한다고 응답한 비율이 브라질보다는 노르웨이에서 더 높았다.[57] 신뢰가 높은 국가에서 사업 수행의 원가는 낮아진다. 경영자가 모든 돌발 상황에 대처하고 원칙을 준수하지 않는 것에 많은 시간을 투자할 필요가 없기 때문이다. 대신 생산과 판매, 혁신에만 시간을 투자하면 된다.[58] 이와 동시에 사람들의 신뢰는 자신의 그룹과 다른 사람들에 따라 다를 수 있다.[59] 예를 들어 앞서 일부 가족 중심 사회에서 다른 가족 구성원에 대한 신뢰는 높지만 잘 알지 못하는 사람들에 대한 신뢰는 낮다는 것을 논의했다.

미래 지향성 **미래 지향성**(future orientation)은 미래에 더 많은 것을 거두기 위해 만족을 늦추는 의지를 나타낸다. 사람들은 이 특성을 유치원 다닐 무렵에 발전시키고, 이는 성인이 된 후 경제적 성공과 관련이 있다. 또한 신뢰(예: 지연된 보상을 받을지 여부에 대한 믿음)와 긍정적으로 관련이 있다.[60] 미래 지향성은 예를 들어 이탈리아보다 스위스에서 더 두드러진다.[61] 스위스의 경우 기업이 퇴직 연금과 같은 지연 보상 제도를 통해 근로자에게 동기를 부여하는 것이 더 쉬울 수 있다.

운명론 운명론(fatalism, 일생의 모든 사건이 불가피한 일이라는 믿음)을 믿는 사람들은 일과 보상의 원인과 결과 관계를 수용하지 않는다. 즉 경영자는 원인과 결과라는 논리보다는 개인적인 매력과 요청에 부합하는 보상으로 직원들을 조정하게 된다는 의미이다.[62]

정보와 업무 처리

"제 눈에 안경"이라는 말이 있다. 문화와 개인에 대한 인식과 판단도 여기에 해당한다. 둘 다 사람들이 정확한 **정보**로 간주하는 것에 뿌리를 두고 있다. 이번 절에서는 문화에 따른 정보 인식, 획득, 처리 방법을 살펴보자.

신호에 대한 인식의 차이는 유전과 언어에서 비롯될 수 있다.

신호 인식 원칙적으로 우리는 선호에 따라 신호를 인식한다. 신호(cue)란 우리에게 무언가의 특징에 대한 정보를 주는 기능이다. 우리는 감각을 통해 사물을 파악하고 각 감각은 다양한 방식으로 정보를 전달한다. 예를 들면 우리는 시각을 통해 색상과 깊이, 형태를 느낀다. 사람들이 의존하는 신호는 부분적으로 생리적이다.[63] 왜냐하면 진화와 유전자가 각기 다른 집단의 인식에 영향을 주기 때문이다. 예를 들면 눈 색소의 유전자 차이 때문에 다른 사람들에 비해 더 정확히 색상을 구분하는 사람들이 있다.

특히 언어와 관련된 문화적 차이는 인식(perception)의 차이를 반영한다. 언어의 서술 어휘가 풍부하면 화자는 듣는 사람이 인식하지 못하는 미묘한 뉘앙스를 표현할 수 있다. 가령 아랍어에는 낙타에 대한 다양한 단어가 존재하는데, 낙타의 몸체, 낙타 관련 장비 등까지 표현할 수 있어서[64] 다른 나라 사람들이 간과하는 뉘앙스까지 잘 표현할 수 있다.

정보는 경영자가 특정 문화가 다음 사항을 선호하는지 아는 데 도움을 준다.

- 집중된 또는 폭넓은 정보
- 정보를 분류하는 특정 방법
- 순차적인 또는 동시다발적인 상황 처리
- 원칙이나 작은 사안을 가장 먼저 처리

정보 획득: 저맥락 문화 대 고맥락 문화 일부 국가(미국과 북유럽의 대다수 국가 등)는 **저맥락 문화**(low-context culture)에 해당하는 국가로, 사람들이 특정 사안에 직접 관련된 정보만 관련 있는 정보로 판단한다. 또 이런 문화의 사업가와 직장인은 잡담을 잘 하지 않고 바로 요점을 이야기하는 경향이 있다. **고맥락 문화**(high-context culture)에서 사람들은 간접적인 정보를 적절한 것으로 이해하고 간주하는 경향이 있다. 차이는 잘못된 의사소통을 초래할 수 있다. 예를 들어 고맥락 문화인 일본에서 부하 직원은 일반적으로 상사의 간접적인 지시를 이해한다. 그러나 저맥락 문화인 영국에서 근무하는 일본 관리자는 부하 직원이 더 명확한 설명을 기대하기 때문에 현지에서 지시하는 데 어려움을 겪었다.[65]

정보 처리 모든 문화에서는 정보를 분류, 계획, 정량화하여 처리한다. 그러나 정보를 분류하는 체계에는 차이가 있다. 예를 들면 미국의 전화번호부는 성의 알파벳순으로 정보를 기록한다. 반면 아이슬란드는 이름을 기준으로 삼는다. 미국의 도로 번호는 일반적으로 한쪽 길이 홀수이고, 다른 한쪽이 짝수이다. 미국의 대부분에서 숫자는 길이 시작되는 거리를 나타낸다. 일본의 많은 지역에서 숫자는 공사 날짜를 나타낸다. 베를린에서 숫자는 거리의 한쪽에서 순차적으로 올라간 다음 다른 쪽으로 내려간다.[66] 외국에서 효율적으로 원만하게 일하기 위해서는 정보 처리 체계의 차이를 이해할 필요가 있다. 게다가 정보 처리 체계의 차이로 글로벌 데이터 수집 및 이용이 어려워진다. 심지어 인명부(personnel directory)도 알파벳, 알파벳 표기법, 숫자 체계가 다르기 때문에 문제가 발생한다.

일면적인 문화 대 다면적인 문화 **일면적인 문화**(monochronic culture)의 사람들은 순차적으로 일하는 것을 선호한다. 이는 특정 고객과의 거래를 완료한 후에 다른 고객과 거래하는 것을 말한다.

반대로 **다면적인 문화**(polychronic culture)의 사람들은 멀티태스킹과 같이 여러 일을 동시에 하는 것을 더 선호한다. 서비스가 필요한 여러 고객을 즉시 상대하는 것을 말한다. 따라서 일면적인 문화권의 사업가는 다면적인 문화권 출신의 사업 파트너를 만났을 때 그들이 멀티태스킹을 한다면 자신들에게 관심이 덜하다고 생각할 수 있다. 더 나아가 회사가 두 유형의 문화에서 온 사람들을 한 팀으로 결합시켰다고 생각해보자. 일면적인 구성원은 때때로 다면적인 구성원이 프로그램의 항목을 끝내기 전에 시간을 낭비함으로써 결과를 지연시킨다고 생각한다.[67]

이상주의 대 실용주의 일부 문화는 전체에 먼저 초점을 맞춘 뒤 부분에 초점을 맞춘다. 큰 물고기 한 마리가 작은 물고기 사이에서 헤엄치고 있는 바닷속 광경을 묘사해보라고 하면 대부분의 일본인은 전체 광경을 먼저 묘사한다. 반면 대부분의 미국인은 가장 큰 물고기에 대해 묘사한다.[68] 이와 유사하게 일부 문화는 사소한 사안을 해결하기 앞서 개괄적인 원칙을 수립하는 것을 선호하며 이를 **이상주의**(idealism) 문화라고 한다. 반대로 추상적인 원칙보다는 디테일에 더 초점을 맞추는 문화를 **실용주의**(pragmatic) 문화라고 부른다.

이런 차이가 여러 방식으로 경영에 영향을 미칠 수 있다. (미국과 같은) 실용주의 문화권의 경우 노동 교섭을 할 때 잘 정리된 문제에 초점을 맞추는 경향이 있다. 이를 테면 협상 도구로 시간당 급여 인상을 활용하는 것을 예로 들 수 있다. 반대로 (아르헨티나 같은) 이상주의 문화권의 경우에는 노동쟁의가 특정 요구에 대한 초점을 흐리게 만드는 경향이 있다. 노동자들이 기본 원칙을 지지받기 위해 총파업이나 정치적 활동 같은 다수의 행동에 의존하는 경향이 있기 때문이다.

문화 간 의사소통의 문제

2–4 다문화 의사소통의 복잡성을 인식한다.

이제는 문화 간 의사소통 문제, 특히 구어와 문어(소위 '침묵 언어') 이외의 수단으로 발생하는 번역 및 차이점을 살펴보자.

구어와 문어의 번역

국경 간 의사소통은 의도대로 통번역되지 않는 경우도 있다.

한 언어를 다른 언어로 번역하는 것은 생각만큼 쉽지 않다. 간단하게 직접 번역을 할 수 없는 단어도 있다. 예를 들면 영어의 'children'은 '어린 사람'과 '자녀' 두 가지를 의미한다. 그러나 스페인어는 이를 'niños'와 'hijos'로 구분하며, 영어에서는 두 가지 의미를 모두 포함하는 난어는 없다. 따라서 최근 기계 번역의 발전에도 불구하고 여전히 많은 오류가 발생한다. 게다가 갈리시아어를 웨일스어로 번역하는 일처럼 많은 번역이 중간 언어(주로 영어)를 사용한다.[69]

언어는 계속 진화한다. 이와 관련해 마이크로소프트(Microsoft)는 워드(Word)의 스페인어 버전을 개발하기 위해 시소러스 코드(thesaurus code)를 구입했다. 그러나 소프트웨어를 출시하던 시기에는 많은 해당어의 함축적인 의미가 바뀌어 있었다. 일부는 잠재 고객을 쫓을 수 있는 모욕적인 의미를 가지고 있기까지 했다.[70] 물론 어떤 언어든 문맥에 따라 의미가 달라진다. 예를 들어 영어의 'old'라는 단어는 '예전의' 또는 '오랜 기간 지속된'이라는 의미의 단어이다. 'We are the old leader in banking'라는 문장을 해석하는 데 생기는 혼란을 상상해보면 이를 이해할 수 있다.

마지막으로 문법은 복잡하고 조금만 단어를 잘못 사용하거나 배치를 잘못해도 의미가 크게 바뀐다는 사실을 명심해야 한다. 다음 내용은 전 세계 호텔의 영어권 손님을 지원하기 위한 안내 문구의 예이다.

일본: "You are invited to take advantage of the chambermaid."
노르웨이: "Ladies are requested not to have children in the bar."
스위스: "Because of the impropriety of entertaining guests of the opposite sex in the bedroom, it is suggested that the lobby be used for this purpose."

위에서 언급한 표현은 우스꽝스럽게 혼란을 불러일으키는 언어적 장벽을 설명하는 예이다. 그러나 잘못된 번역은 상업적인 분쟁을 유발할 수 있다. 예를 들어 상하이해양법원(Shanghai Maritime Court)은 중국과 해외 기업 간 다수의 분쟁을 겪어야 했다.[71] 단어를 신중히 선택해야 한다. 완벽하게 통번역할 수 있는 방법은 없다. 그러나 경험이 많은 국제경영 인력은 다음 원칙을 준수한다.

- 통번역해줄 사람에 대한 정보를 수집한다.
- 통번역자가 해당 산업에서 사용하는 기술적 용어를 아는지 확인한다.
- 문어체의 경우 **교차 번역**을 한다. 예를 들면 한 사람이 영어를 프랑스어로 번역하면 두 번째 사람이 프랑스어를 다시 영어로 번역한다. 두 번역의 의미가 일치한다면 만족스러운 수준으로 번역된 것이다.
- 문어의 경우 단어는 물론 논조가 당신의 의도와 번역문을 받아보는 사람의 기대에 일치하도록 만전을 기한다.
- 가능한 한 간단한 단어를 사용한다('interdiction' 대신 'ban'이라는 단어 사용).
- 속어를 피한다. 미국의 슬랭, 특히 'off base', 'out in the left field', 'threw me a curve, 'ballpark figure' 등 스포츠에서 파생된 단어나 구문은 미국이 아닌 국가의 기업인에게는 의미가 없다.[72]
- 당신이나 상대 가운데 누구든 국어가 아닌 외국어로 거래를 진행한다면 모든 사람이 동일한 의미로 이해할 수 있도록 여러 방식으로 명확한 커뮤니케이션을 한다(다른 단어를 사용하여 반복해서 표현하고 질문을 던진다).
- 시작부터 번역과 확실한 이해에 추가적인 시간이 필요하다는 사실을 인정하고, 이를 예산에 반영한다.

유머를 조심해야 한다. 유머에는 보편성이 결여되어 있기 때문이다. 마이크로소프트의 한 경영진은 인도 출신의 동료 경영진이 MBA를 마치지 않았기 때문에 발언할 자격이 없다고 말했다. 인도 경영진은 이를 아주 심각하게 받아들였다. 인도 사람들은 교육을 중시할뿐더러 할 말이 있더라도 내뱉기보다는 안에 감추기 때문이다.[73]

마지막으로 여러 국가에서 온 사람들이 공용어로 대화한다고 해서 모두 대화 내용을 이해할 것이라고 가정해서는 안 된다. 예를 들어 표 2.1은 영국식 영어와 미국식 영어에서 서로 다른 의미를 가진 몇 가지 비즈니스 용어를 나열하고 있다. 무엇이 잘못될 수 있을까? 허쉬(Hershey's)는 중남미에서 엘레간시타(Elegancita)라는 캔디바를 런칭할 때 제품에 'cajeta'라고 광고했다. 유감스럽게도 'cajeta'는 멕시코에서 '염소젖 캐러멜'이라는 의미로 쓰이지만 남미의 상당수 국가에서는 여성의 성기를 가리키는 저속한 속어라는 것을 간과했다.[74]

표 2.1 경영에서 언어를 잘못 사용했을 때의 위험

미국	영국
Turnover	redundancy
Sales	turnover
Inventory	stock
Stock	shares
President	managing director
chapter 11	receivership

같은 비즈니스 용어지만 의미가 다른 영국 영어와 미국 영어의 단어이다. 아일랜드 극작가인 조지 버나드 쇼(George Bernard Shaw)는 이를 "공통의 언어로 단절된 국가"라는 말로 표현했다. 이론적으로 같은 언어를 사용하는 두 나라 사람들 사이에 문제를 유발할 수 있는 단어는 약 4,000개이다.

침묵 언어

우리는 이른바 **침묵 언어**(silent language)라는 비언어적인 신호를 통해 메시지를 전달한다.[75] 도입 사례에서 이에 대한 좋은 예를 살펴봤다. 새로운 레스토랑의 런칭을 위해 시장조사를 했던 조사원들은 신호를 이용해 부유한 사람들을 추론했다.

침묵 언어로는 색상에 대한 연상, 적정 거리에 대한 인식, 시간에 대한 개념, 보디랭귀지, 위신 신호가 있다.

색상 제품을 성공시키려면 소비자의 색상에 대한 관념과 색상을 일치시켜야만 한다. 국가마다 색상에 대한 연상이 다르다(예: 미국의 택시는 노란색이지만 영국의 택시는 검은색이다). 예를 들면 특정 사업에서 특정 색상은 행운을 나타내기도 하고 불운을 나타내기도 한다. 대부분의 서구 국가에서 죽음을 나타내는 색은 검은색이다. 그러나 아프리카 일부는 흰색이 죽음을 애도하는 색상이다. 유나이티드항공(United Airlines)은 홍콩에서 신규 승객을 대상으로 한 홍보에서 색상 때문에 역풍을 맞았다. 고객에게 흰색 카네이션을 나눠주었는데, 홍콩에서 흰색은 가족 장례식에 사용되는 색상이었기 때문이다.

거리 편안한 거리(간격)는 사람마다 다르다. 예를 들어 미국 사람은 멕시코 사람보다 대화할 때나 업무를 수행할 때 먼 거리를 유지한다. 그리고 악수를 제외하고는 미국에서는 접촉이 거의 또는 전혀 없는 반면 멕시코에서는 서로 접촉하는 것이 매우 일반적이다.[76] 따라서 미국과 멕시코 경영자는 서로 비즈니스를 수행할 때 익숙한 거리와 신체 접촉을 유지하려고 끊임없이 움직일 것이다. 이윽고 대화가 끝나면 두 사람 모두 이유는 알지 못한 채 어색함을 느낄 것이다.

하지만 이 책을 집필하는 시점에 COVID-19 팬데믹은 전 세계 사람들 간 신체 접촉과 거리에 대한 규범을 바꾸고 있다. 우리는 팬데믹이 끝날 때 사람들이 오래된 습관으로 되돌아갈지 여부와 방법을 지켜봐야 한다.

시간과 시간 엄수 나라마다 시간과 시간 엄수에 대한 인식이 달라 혼란이 생길 수 있다. 미국의 사업가는 비즈니스와 관련된 약속에서는 약속 시간보다 일찍, 저녁 식사 초대에는 몇 분 늦게, 큰 사회 모임에는 이보다 더 늦게 도착한다. 그런데 이런 상황에서 시간 엄수의 개념이 완전히 다른 나라도 있다. 중남미에서 손님을 초대한 집주인은 미국의 손님이 저녁 식사의 시작 시간보다 몇 분 늦게 도착하면 당혹해하거나 어쩌면 이 손님을 무례하다고 여길 수도 있다.

시간은 희소한 상품인가, 사건인가? 시간을 희소한 상품으로 소중히 여기는 사람들은 시간을 잃

미국
좋아!

그림 2.2 보편적인 언어가 아닌 보디랭귀지

승낙과 거부는 완전히 다른 의미이다. 그러나 공통의 의미를 갖는 제스처는 극소수에 불과하다. 미국에서 엄지와 검지로 'O'를 만들면 누군가의 의견에 동의하거나 승낙한다는 의미이다. 그러나 독일과 그리스, 프랑스에서는 완전히 다른 의미이다.

출처: Roger E. Axtell, *Gestures* (New York: John Wiley, 1998). Reprinted by permission of John Wiley & Sons, Inc.

어버리면 되찾을 수 없다고 생각한다.[77] 따라서 일정을 지연시켰을 때 더 나은 결과가 나온다고 할지라도 일정을 고수하는 경향이 있다. 이와는 대조적으로 시간을 하나의 사건으로 보는 사람들은 오랜 시간이 걸리더라도 사건을 완료하면 된다고 생각한다. 한 미국 기업의 입찰 경쟁과 관련된 사례를 들어 설명해보자. 이 회사의 경영자는 기술력이 더 높기 때문에 입찰 경쟁에서 승리할 수 있을 것이라고 자신하고 멕시코시티에서 하루라는 빡빡한 일정을 수립했다. 이 회사는 그 정도면 프레젠테이션을 하고 질문을 받기에 충분한 시간이라고 판단을 했다. 그러나 멕시코 사람들이 예정된 시작 시간보다 한 시간 늦게 도착했다. 또한 그중 한 사람이 회의 중 급한 전화 때문에 밖으로 나가고 말았다. 미국 사람들은 그 사람 없이 계속 회의를 진행하려고 했지만 멕시코 사람들이 이에 화를 냈다. 이와는 대조적으로 경쟁사인 프랑스 회사의 사람들은 무려 2주라는 일정을 계획했고 기술이 미국보다 뛰어나지 못했음에도 계약을 체결하는 데 성공했다.[78]

보디랭귀지 보디랭귀지(또는 kinesics)는 걷고 신체를 만지고 움직이는 동작이다. 극소수만 공통의 의미를 가진다. 그리스와 튀르키예, 불가리아 언어권에서는 고개를 양옆으로 내저으면 '예'라는 의미이다. 그러나 미국과 유럽의 대부분 국가에서는 '아니요'라는 뜻이다. 그림 2.2의 제스처는 미국에서 보통 괜찮다 또는 OK를 의미하며, '백인 우월주의'도 나타내게 되었다.[79]

위신 침묵 언어에서 또 다른 요소는 사람의 위신(prestige), 특히 조직 환경에서의 위신과 관련이 있다. 물리적인 대상을 위신의 신호로 생각하는 미국의 경영자는 외국의 거래 파트너가 고층에 크고 안락한 사무실을 가지고 있지 않으면 그 사람의 지위를 과소평가한다. 반대로 외국의 경영자는 스스로 문을 열고 커피를 내리고 전화를 직접 받는 미국의 사업 파트너를 과소평가한다.

문화 적응을 위한 지침

2–5 문화 적응을 위한 지침을 이해한다.

경영자는 진출하려는 해외의 주요 문화 차이를 파악한 후 자사의 관행을 조정해야 성공할 수 있을까? 사람들은 해외에서 근무할 때 문화와 관련된 적응 문제를 극복할 수 있을까? 이런 질문에 답하기는 절대 쉽지 않다. 그러나 성공적인 적응에 영향을 미치는 네 가지 문제를 이해하면 도움이 된다.

1. 특정 문화가 외국 문물을 수용하는 정도

2. 핵심 문화 차이가 큰지 혹은 작은지
3. 외국 문화에 적응하는 개인 능력
4. 기업의 경영 지향점

다음 절에서는 이 네 가지를 더 자세히 알아보자.

진출한 사회의 수용 정도

도입 사례에서 국제 기업이 진출한 국가의 문화에 맞게 상품이나 서비스를 조정했을 때의 장점을 설명했다. 그러나 경우에 따라서는 이런 조정이 거의 없어도 신제품이나 기술, 공정, 운영 절차를 성공적으로 도입할 수 있다. 이유는 두 가지 가운데 하나이다. 도입하려는 대상이 핵심 가치에 반하지 않거나, 진출국 사회가 외국의 상품과 관행을 주변 가치에 수용할 수 있는 상충관계(trade-off)로 판단하여 기꺼이 수용하려는 의지가 있기 때문이다. 예를 들면 비이슬람 노동자가 필요한 바레인은 이슬람 사람들이 일하거나 쇼핑하지 않는 특정 장소에서는 통상 종교법으로 금지하는 돼지고기 제품을 판매하는 행위를 허락한다.

진출국 문화에 따라 외국인에게 적응을 기대하지 않는 경우도 있다.

문화적 차이의 정도

문화가 서로 유사한 국가들이 있다. 이는 언어, 종교, 지리적 입지, 인종, 경제 개발 수준 등의 특징이 겹치는 경우이다.

유사한 문화에서 사업을 할 때 기업은 다음과 같다.
- 조금만 조정하면 된다.
- 미세한 차이를 간과할 수 있다.

문화적 거리 인간의 가치 연구(Human Values Study)는 43개 사회를 대상으로 405가지 문화 단면을 바탕으로[80] **문화적 거리**(cultural distance)를 계산했다. 여기에서 문화적 거리는 특정 문화 단면에 대해 서로 거리를 보이는 국가들의 평균 숫자이다. 에콰도르 기업이 콜롬비아로 진출하는 것과 같이 문화적으로 유사한 외국에 진출할 경우 문화적으로 거리가 먼 태국과 같은 국가에 진출할 때보다 문화적 적응에 대한 노력을 더 적게 해도 된다.

그러나 문화적으로 유사한 국가라도 문화 차이는 여전히 사업 거래를 악화할 수 있다. 경영자는 국가들은 실제보다 더 유사할 것이라고 가정한다. 그러므로 중요하지만 미세한 차이나 전반적인 문화적 거리 분석에 나타나지 않은 차이를 간과할 수 있다. 예를 들어 아랍권 국가들은 문화적으로 유사하지만 여성의 역할과 행동은 국가별로 큰 차이가 있다.

숨겨진 문화적 태도 본국과 투자 대상국의 문화가 유사한 경우에도 진출국의 국민이 외국 관행의 유입을 거부할 수 있다. 자신들의 정체성을 위협한다고 생각하기 때문이다.[81] 또 광범위한 문화적 단면을 가지고 국가를 비교했을 때 쉽게 식별이 안 되는 운영상의 장벽이 있기도 하다. 예를 들면 디즈니(Disney)의 테마파크는 프랑스보다 일본에서 더 큰 성공을 거두었다. 그러나 문화적으로는 프랑스가 미국과 더 가깝다. 이러한 일이 발생하는 이유는 무엇일까? 첫째, 프랑스 시장에 진입하던 당시 프랑스 내부에서는 국가의 특성을 잃을 것이라는 우려가 있었다. 특히 미국 영어가 프랑스 언어에 스며들고, 미국의 패스트푸드 레스토랑이 오랜 점심시간이라는 관습에 위협이 될 수도 있다는 등의 우려였다. 또한 미국 기업이 프랑스 기업을 인수하면 국가 정체성에 해가 된다는 시각이 팽배했다. 둘째, 일본과 프랑스의 상황에는 또 다른 미묘한 차이가 있었다. 일본은 다음과 같은 이유 때문에 디즈니를 더 잘 받아들였다. ① 일본의 아이들과 어른들은 미키 마우스를 위협이 없는 건전한 상징으로 인식하고 있었다. ② 일본은 전통적으로 가족이 나들이를 하면 기념품을 구매한다. ③ 디즈니의 '청결'과 '미소'라는 평판이 조화와 질서를 선호하는 일본인들과 잘 부합했다. 반대로 프랑스 사람들은 미키 마우스를 만화책으로만 알고 있었다. 이들은 디즈니의 기념품이 조잡하다고 여겼으며, 정책으로 직원들에게 정장 차림을 하도록 했고 무분별한 미소를 개인의 존엄을 해치는 행위로 간주했다.[82]

적응 능력: 문화 충격

일부 사람들은 다른 문화적 환경에 진입했을 때 크게 좌절한다.

사람들은 해외에 나가서 다른 관습과 관행을 마주한다. 이들 중 일부는 이러한 다름에 대해 잠재적인 트라우마를 가지게 될 수 있다. 극단적인 경우 현지의 문화적 관습은 외부인들이 보기에 명백히 잘못된 것으로 간주된다. 일부다처제, 아동 혼인, 본국에서는 범죄로 간주하지 않는 행위를 (때로는 가혹하게) 처벌하는 것 등이 이러한 사례에 해당한다. 기업과 개인이 모두 외국에 진출할 때 이런 관행을 수용할 수 있도록 준비해야 한다.

정신적으로 큰 충격을 주는 관행이 없는 국가에 진출하는 경우라도 **문화 충격**(culture shock)을 경험할 수 있다. 문화 충격은 새로운 문화 신호와 기대를 흡수할 때 발생한다. 완전히 다른 형태의 화장실이나 특정 상품을 어떻게 얻을 것인지 찾기 등 간단한 일조차도 처음에는 힘든 경험이 될 수 있다. 이렇듯 일부 사람들은 이에 적응하는 과정에서 특정 단계를 통과하곤 한다. 가장 먼저 여행객처럼 이국적인 문화 차이에 흥분한다. 그러나 시간이 지나면서 낙담과 혼란스러움이 커진다(문화 충격 단계). 외국 환경에 제대로 적응하지 못해 고통받는 것이다. 다행히 대부분의 경우 한두 달이 지나면 현지 문화에 편안함을 느끼면서 문화 충격이 사라지기 시작한다. 일부는 돌아갔을 때 **역문화 충격**(reverse culture shock)을 경험하기도 한다. 국내에는 없는 해외 일상의 한 단면을 좋아하게 되기 때문이다.

기업과 경영 지향성

기업과 경영자가 해외에 적응할지 여부와 방법은 진출 국가의 문화는 물론 이들의 태도와 행동에 따라 달라진다. 이제 현지중심주의, 본국중심주의, 세계중심주의라는 세 가지 태도와 지향성에 대해 알아보자.

현지중심주의 경영의 경우 국가 차이에 압도되어 제대로 된 변화를 도입하지 못할 수도 있다.

현지중심주의 현지중심주의(polycentrism)에 해당하는 기업은 현지 기업처럼 행동해야 한다고 믿는다. 해외 문화에 적응하지 않음으로써 발생하는 여러 패턴의 문제를 감안해보면 기업이 현지중심주의 시각을 지니는 것은 그리 놀라운 일이 아니다. 그러나 일부 측면에서 현지중심주의는 문화적 다양성에 지나칠 정도로 조심스럽게 대응하는 경향이 있다. 현지중심주의에 치우친 기업은 특정 국가를 기피하거나 해외에서도 실제 효과가 있는 모국의 관행이나 자원을 이전시키는 것을 꺼리곤 한다.

다른 방법으로 설명해보자. 국제 기업은 효과적으로 경쟁하고 경쟁우위를 확보하기 위해 경쟁자와는 다른 기능을 수행해야 한다. 예를 들면 신제품 판매 및 마케팅을 해야 하거나 혹은 기존 제품이라면 다른 방식으로 생산해야 한다. 그런데 지나치게 현지중심주의에 치우친 기업은 친숙하지 않은 시장에서 혁신이라는 위험을 감수하지 않는 경향이 있다. 따라서 진출 국가에서 입증된 관행을 모방하게 되는데, 이 과정에서 본국에서 배양한 혁신 경쟁력을 상실하게 된다.

본국중심주의 **본국중심주의**(ethnocentrism)는 자신들의 관행이 다른 나라보다 우월하다고 생각하는 것이다. 국제경영에서 이 용어는 "국내에서 효과가 있었다면 해외에서도 효과가 있다"는 원칙을 고수하는 기업(또는 개인)에 적용된다. 따라서 해외에서 문화나 시장, 제도의 차이를 무시하는 경향이 있다. 또한 새로운 경영 방법, 제품, 마케팅 수단을 도입하는 것이 복잡함에도 불구하고 이를 과소평가한다. 그 결과 성과가 저조하다.

본국중심주의의 경영은 국가적 차이를 간과하고 다음과 같이 행동할 수 있다.

- 중요한 요소를 무시한다.
- 모국에서의 목표를 확산해야 한다고 믿는다.
- 다른 문화가 쉽게 수용할 것이라고 생각한다.

그러나 본국중심주의가 항상 부적절한 것만은 아니다. 기업의 관점에서 국내에서 효과가 있었던 것 가운데 상당수는 해외에서도 효과가 있다. 더 나아가 **평균**을 기준으로 국가의 차이에 집중하는 것은 특정 국가 내에서 특정한 차이가 있다는 사실을 간과한다. 기업은 평균적인 사람들이 이 회사에서의 활동에 심한 문화적 편견을 가지고 있는 경우라도 이들을 다룰 수 있다. 예를 들면 인도의 보통 사람들은 육식에 대한 문화적 편견이 심하다. 그러나 기업은 육식을 하는 인도 사람들에게 육류를 판매할 수 있다. 이와 유사하게 기업은 해당 국가의 평균적인 문화에 부합하지 않는 소수의 사람들 가운데 파트너와 공급업체, 직원을 찾을 수도 있다(예: 집단주의 경향이 강한 국가라도 개인주의자가 있기 마련이다).

마찬가지로 사람들은 정도에 따라 해외에 적응할 수 있다. 음식을 예로 들어보자. 우리 대부분은 해외에 가면 새로운 음식에 기뻐하지만 모든 요리에 다 그런 것은 아니다. 스웨덴 말뫼에 위치한 역겨운 음식 박물관은 일부 지역에서는 허용되지만 다른 곳에서는 역겹게 여겨지는 음식의 샘플을 제공한다. 그와 함께 성장하지 않은 많은 사람은 설명만으로도 진저리를 친다. 사람들은 처음 거부감을 느낀 음식과 다른 것들을 참는 법을 배울 수 있지만 모든 것을 받아들이지 않고도 충분히 외국에 적응할 수 있을 것이다.[83]

세계중심주의 극단적인 현지중심주의와 본국중심주의 사이에서 **세계중심주의**(geocentrism)는 본국과 대상국의 관행에서 나아가 완전히 새로운 관행을 통합하는 개념이다.[84] 도입 사례에서 삭스피프스에비뉴는 사우디 관습에 맞춰 여성 전용층을 마련함으로써 상관행을 조정했고, 본국에서의 상관행과 여성 고객을 데려온 운전자를 위한 라운지 제공이라는 새로운 관행을 도입했다.

세계중심주의 경영은 본국과 외국의 기준을 융합한 상관행을 사용하는 사례가 많다.

세계중심주의는 기업이 체계적인 지식을 바탕으로 내부의 기업 문화와 본국, 투자 대상국의 니즈와 역량, 제약을 조화롭게 균형 잡을 것을 요구한다. 세계중심주의는 혁신을 촉진하고 성공 가능성을 높이므로 기업이 해외 문화와 시장에서 성공하기 위해 선호하는 방식이다.

변화를 실행하기 위한 전략

지금까지 살펴본 것처럼 기업은 다른 해외 기업과는 일부 다른 방식으로 경영할 필요가 있다(예: 해외 시장에 일정 수준 변화를 도입하는 것). 그러나 사람들은 일반적으로 변화를 즉시 수용하지 않는다는 사실을 염두에 두어야 한다. 여기서 변화를 관리하기 위해 선택한 방법은 성공을 구현하는 데 중요하다.

사람들이 늘 변화를 선뜻 받아들이는 것은 아니기 때문에 변화 관리는 중요하다.

다행히 조직의 국제 경험을 조사함으로써 많은 통찰력을 확보할 수 있다. 또한 이른바 **변화 동인**(사회, 문화, 행동 변화를 유발하고 가속화하는 국제적인 프로세스와 사람)과 잠재적인 방법에 대한 많은 증거 자료가 있다. 다음 항목의 분야를 중심으로 성공적인 변화를 위한 접근법에 대해 설명할 것이다.

- 가치 체계
- 지나친 변화에 대한 저항
- 참여
- 보상 분배
- 오피니언 리더십
- 중재자로서 다문화 전문가
- 타이밍
- 해외 학습

가치 체계 만약 어떠한 것이 가치 체계(value system)와 충돌하면 그것은 수용이 안 될 가능성이 높다. 그러나 한 사회의 주변부적인 가치에 충돌하는 것조차도 장애물을 만난다. 예를 들면 아프리카 북부 에리트레아는 기근에 시달렸는데, 해산물이 풍부한 해안에 인접한 지역임에도 불구하고 해산물 소비가 적다. 에리트레아의 쿠시어군(Cushitic) 사용자들은 식용 해산물을 먹는 것을 종교적으로 금기하고 있기 때문이다. 해산물 소비는 그들의 핵심 식생활 가치에 반하기 때문에 에리트레아 정부와 유엔세계식량기구(UN World Food Program)는 식습관을 바꾸도록 설득하는 데 성공하지 못했다. 그러나 쿠시어군을 사용하지 않는 사람들 또한 해산물을 거의 먹지 않는다. 그 이유 중 하나는 경제적인 것이다. 빈곤으로 인해 대부분의 사람들이 해산물 부패를 방지하는 얼음과 냉장고를 접할 수 없기 때문이다. 따라서 많은 어른이 해산물을 먹어보지 못하고 안전을 걱정하며 역겨운 맛이라 생각했다. 그러나 아직 가치 체계와 습관이 고착되지 않아 유연한 사고를 가진 학생들의 경우에는 반발이 덜했다.[85]

지나친 변화에 대한 저항 독일의 잡지 출판사 G+J는 미국의 《매콜즈(McCall's)》를 인수하자마자 이 잡지를 완전히 바꿔버렸다. 편집자를 교체했고 장문의 기사와 특정 내용의 기사를 없앴으며 유명인에 대한 지면을 늘렸고 레이아웃을 더 거칠게 편집했으며 왼쪽에 기사의 지면을 배치했고 대형 광고주에게 광고 단가 할인을 중단했다. 오래 지나지 않아 직원들의 사기가 저하되면서 이직률이 높아지는 문제가 발생했다. 게다가 광고주가 이런 잡지 포맷을 지나치게 급진적인 것으로 판단하면서 광고 매출이 급감했다.[86] 지켜보는 사람들에 따르면 G+J가 서서히 변화를 추구했다면 직원과 광고주에게 더 많은 지지를 받았을 것이라고 분석했다.

참여 문제를 피하는 한 가지 방법은 변화를 도입하기 앞서 이해관계자(직원, 공급업체, 고객 등)와 이를 논의하는 것이다. 이렇게 할 경우 경영진은 직면할 저항의 강도를 미리 가늠해볼 수 있고 이해관계자에게 변화의 필요를 인식하게 납득시킬 수 있으며 결과에 대한 공포를 경감할 수 있다. 이해관계자는 최종 결정에 상관없이 경영진이 자신들에게 최소한 귀를 기울였다는 사실에 어느 정도 만족할 수도 있다.[87]

기업은 어느 정도 학력 수준을 지닌 이해관계자만을 의사결정에 참여시키는 것이 효과적이라고 생각하는 경향이 있는데, 이는 잘못된 인식이다. 해외 원조 프로그램을 진행해본 사람이라면 누구나 교육 수준이 낮고 권력 거리와 불확실성 회피 정도가 높은 국가에서도 이런 참여가 아주 중요하다고 말한다.

국제경영은 문화 제국주의를 초래하는가?

POINT

그렇다. 이렇게 생각하는 사람들이 꽤 많다. 국제경영은 세계화에 영향을 주고, 세계화는 문화에 영향을 준다. 국제경영이나 세계화에 반대할 생각은 전혀 없다. 그러나 서구, 특히 미국이 개발도상국을 상대로 기술, 정치, 군사, 경제적 지상권을 행사할 때 발생하는 현대적인 문화 제국주의는 좋아하지 않는다.[88]

미국 기업은 미국 문화를 수출하는 사업을 한다. 대부분은 진출 국가의 경제를 지배하기 위한 것으로, 문화에는 최고의 이익이라고 할 수 없는 전술을 통해서 이루어진다. 미국 기업은 전 세계 엔터테인먼트 미디어 산업을 독점하다시피 하고 있다. 전 세계 사람들이 미국의 넘치는 영화와 TV를 시청한다. 더 나아가 미국 기업의 수많은 광고도 시청한다.

그리고 개발도상국에서 호텔 직원이 몇 달 동안 버는 것보다 하룻밤에 더 많은 비용을 지불하는 미국 관광객 무리들은 어떨까? 실제로는 미국의 라이프스타일을 수용할 여유가 없고, 이것이 없는 게 더 나은 시장에 미국의 라이프스타일을 팔고 있는 것이나 다름없다. 개발도상국에 넘쳐 나는 미디어, 광고, 관광객의 결합은 미국의 물질과 관행을 이들 국가의 심장에 해당하는 문화에 심는 역할을 한다. 그들이 잘못된 인상을 받는 것에 신경 쓰지 않아도 된다. TV와 영화에 따르면 미국은 슈퍼 부자, 경찰, 각종 총기 사고와 섹스라는 향락, 공허한 가족 관계로 대변되는 삶을 살고 있는 사람들로 대변된다. 그럼에도 불구하고 미국의 라이프스타일은 유혹적이다. 전 세계 도처의 사람들이 미국 프랜차이즈의 패스트푸드점에서 먹고 마신다. 그러고는 허구의 미국인들처럼 말하고 행동한다. 필리핀 마닐라에서 미나과에 이르기까지 사람들은 미국식 속어를 사용한다. 그리고 이 과정에서 자신들의 문화적 정체성을 조금씩 잃어간다.

물론 나라가 부유하다면 문화적 착취에 저항할 힘이 있다. 예를 들면 캐나다는 문화적으로 중요한 산업에는 외국인 투자를 금지하며 캐나다의 엔터테인먼트 미디어는 캐나다 현지의 내용만 다룰 수 있다. 프랑스는 영화 산업에 보조금을 지급하고 프랑스어 외의 언어를 사용하지 못하도록 유도한다. 일부 프랑스 TV 프로그램과 영화는 현재 국제 관객을 수용하기 위해 영어로 제작되고 있으며, 많은 대학 과정이 영어로 진행되고 있다.[89] 그러나 이런 문화적 착취에 대항할 자원이 없는 개발도상국은 외국 문화 중개자들의 자비에 의존할 수밖에 없다.

COUNTERPOINT

아니다. 이는 가난한 국가 사람들이 영화와 TV 프로그램 등을 통해 보는 모든 것을 수동적으로 받아들인다고 가정하는 것이다. 그러나 이들은 국제 기업이 촉진하는 제품에 등을 돌릴 수 있고, 실제로 그렇게 하고 있다.[90] 우리 대부분과 마찬가지로 제품을 고르고 선택하는 것이다. 또 개발도상국의 문화가 동일하다고 가정하고 있다. 그렇지 않다. 이들은 듣고 보고 구입한 대상을 아주 다르게 해석한다.

문화 순수주의자(culture purist)처럼 문화가 확산되는 과정과 방법을 간과한 것이다. 문화는 계약과 마찬가지로 쌍방향이며 진화한다. 물론 미국 영어가 다른 언어로 스며들고 있다. 그러나 미국 영어에도 많은 외국어가 유입되고 있다. 예를 들면 엔칠라다(enchilada, '모든 것'이라는 의미의 스페인어)를 관장해야 직성이 풀리는 마초(macho, '남성성이 강한 사람'을 일컫는 스페인어)를 가리켜 헤드혼초(head honcho, '책임자'를 뜻하는 일본어)라고 부르는 사람이 많다.

이와 유사하게 미국의 패스트푸드는 전 세계 도처에 진출했지만 현지 음식을 완전히 대체한 것은 아니다. 오히려 음식의 경우 국제경영을 통해 다양성이 확대되는 추세이다. 따라서 당신이 관찰하는 현상은 '문화 제국주의'가 아닌 '문화 융합(cultural hybridization)'이다. 대부분의 나라에서 미국의 햄버거, 일본의 스시, 이탈리아의 피자, 멕시코의 타코, 중동의 피타빵이 공존한다. 멕시코의 그루포빔보(Grupo Bimbo, 미국에서 온 사라리가 소유한 멕시코 식품 기업)는 미국에서 토르티야를 팔고, 멕시코에서는 미국식 베이글을 판매한다.[91]

또 개발도상국 사람들이 소프트드링크와 패스트푸드를 좋아한다고 해서 그 맛이 영원하다는 것을 의미하는 것은 아니다. 젊은 사람들은 외국 문화 수용을 즐기지만 나이가 들면서 전통적인 가치와 습관으로 회귀한다는 증거가 있다.[92]

사람들은 다양한 욕구를 충족하고 싶어 하기 때문에 이의 균형을 유지해야 한다. 예를 들면 사람들이 가족과의 점심을 포기하는 대신 가족 전체의 욕구를 충족하는 소비재를 구입한다고 해서 개인이나 사회의 상황이 나빠졌다고 주장할 수 있을까? 세계화는 더 많은 선택을 제공할 뿐이다. 관광 또한 '양날의 검'과 같다. 부정적인 영향을 준다기보다는 특정 전통 문화를 유지하는 데 도움을 준다. 예를 들면 관광객들은 발리에 가서 전통 발리 댄스를 보기 원한다.

단순히 외국 문화를 강요하는 것이 아니라 국내에서든 외국에서든 기업이 성공하려면 해당 국가의 문화를 충분히 수용해야 한다. 즉 많은 외국 기업이 실행한 것처럼 현지 수요에 대처하기 위해 계획을 수정할 수도 있다는 의미이다.

보상 분배 계획하고 있는 변화가 이를 지지해야 하는 사람들에게 이렇다 할 가시적인 혜택을 주지 못하는 경우도 있다. 예를 들면 생산직 근로자는 즉각적인 혜택이 없다면 새로운 작업 관행을 수용할 인센티브가 적다. 이때 고용주는 어떤 방법을 쓸 수 있을까? 새 방식에 보너스나 PS(profit-sharing, 이익 분배) 프로그램을 도입하여 이해관계자를 유도할 수 있는 방법이 있다. 가령 중국석유집단(中國石油集團)은 이라크의 유정 인근에 살고 있는 화난 농부들이 시설을 파괴하는 문제를 해결해야 했다. 이는 유정 시설이 농부에게는 아무런 이익이 없다고 인식하면서 분노하여 야기된 문제였다.[93] 대조적으로 미국과 페루의 금광 개발 합작법인은 현지 안데스 주민에게 지원을 받았다. 이들에게 양을 기부하면서 이익을 공유했기 때문이다.[94]

오피니언 리더십 기업은 현지에서 영향력이 있는 오피니언 리더(opinion leader)를 활용해 현지 사람들이 변화를 수용하도록 유도할 수 있다. 이런 오피니언 리더는 예상하지 못한 장소에 출현할 수도 있다. 예를 들면 포드(Ford)는 멕시코 공장에 미국 제조공정을 도입하면서 멕시코나 미국 관리감독자가 아닌 멕시코 생산직 근로자에게 미국 공장의 공정을 관찰하게 했다. 이에 대한 장점은 이들이 새로운 방식을 실행하는 데 멕시코 근로자와 더 높은 수준의 신뢰관계를 얻는다는 것이다.[95]

중재자로서 다문화 전문가 이해관계자는 변경사항에서 발표자가 지적하는 세부사항뿐만 아니라 발표자의 기술적 자격에 대한 자신감, 현지국 제약 조건에 대한 이해, 솔루션에 대한 유연한 태도에 설득된다. 이러한 측면에서 기업은 이해관계자에게 변경사항을 제시하고 설명하기 위해 이중 문화 또는 다문화 개인에 의존할 수 있다.[96] 이러한 이중 문화 및 다문화 개인은 회사의 본국과 현지국의 문화를 모두 내재한 경우 중재자 역할을 수행하는 데 특히 능숙할 수 있다. 문화가 다른 나라에서 왔더라도 이러한 개인은 단일 문화의 개인보다 문화적인 뉘앙스를 더 쉽게 이해할 수 있다. 또한 다양한 관점에 대한 그들의 입증된 공감은 현지국 이해관계자에게 더 긍정적으로 인식될 수 있다. 이는 단순하게 그들이 자민족 중심적인 안건을 추진할 가능성이 낮아 보이기 때문이다.[97]

타이밍 단지 타이밍(timing)이 맞지 않아 계획한 변화를 도입하지 못하는 사례가 많다. 예를 들면 노동력을 절감하려는 생산공정의 경우 경영진이 아무리 안심을 시키더라도 직원들은 일자리를 잃을까 걱정한다. 그러나 노동력이 부족한 시기에 이런 제안을 했다면 직원들의 두려움과 반발도 줄어들 것이다.

물론 위기가 변화를 도입하는 데 촉매 역할을 하는 경우도 있다. 예를 들면 튀르키예에서는 전통적으로 기업 조직을 가족이 독점하는 경우가 많았다. 이들은 공식적인 자리에서 물러난 이후에도 상당한 영향력을 행사하곤 했다. 그러나 이로 인해 실적이 악화되는 사례가 늘어나면서 변화에 가속도가 붙었다. 지금은 가족이 기업을 직접 경영하는 사례가 드물며 (이사회라는) 자문 기구에서 활동하고 있을 뿐이다.

해외 학습 기업의 해외 사업 경험은 중요하고 값진 지식을 현지국에 전파하면서 그와 동시에 중요한 경험과 지식을 습득하는 계기가 된다. 이런 학습은 모든 경영 기능과 관계가 있다. 특히 연구원을 활용하는 것이 해외 경영에 도움이 된다. 그렇지만 이미 모든 것을 알고 있다는 생각으로 해외에 가서 배울 기회를 놓치기도 한다. 그러나 열린 마음일 때는 좋은 결과를 얻은 사례가 많다.

마지막으로 기업은 모방할 수 있는 관행이 있는지 판단하기 위해 높은 성과를 이룬 외국 기업과 경제를 조사해야 한다. 예를 들면 최근 인도의 일부 대기업은 사회적 사명을 강조하고 직원에 대한 과감한 투자를 통해 높은 성과를 내고 있다.[98] 비인도(non-Indian) 기업이 이 경험을 성공적으로 배우고 모방할 수 있을까?

미래 전망 국가 문화의 진화 시나리오

시나리오 1: 새로운 융합 문화가 발전하고 개인의 시각이 넓어질 것이다

불과 20~30년 전만 하더라도 상상하지 못했을 정도로 국제적인 접촉이 증가하고 있다. 이로 인해 국가 간 문화가 섞이면서 유사성이 높아지고 있다. 이는 쉽게 느낄 수 있는 현상이다. 예를 들면 일본 관광객은 인도네시아의 영국계 호텔에서 필리핀 밴드가 연주하는 미국 팝송을 듣는다. 이와 유사하게 '스팽글리시' 같은 혼종 언어가 출현하고 있다. 이렇게 문화가 섞이는 현상을 전 세계에서 관찰할 수 있다. 유사한 옷을 입고 국제적인 스타가 부르는 노래를 듣는 사람들이 있는 한편, 현지 스타일의 옷을 입고 현지 가수가 부르는 노래를 듣는 사람들이 공존하고 있다. 기업은 멀리 떨어진 글로벌 지역에 본사를 둔 경쟁 기업의 경영 방식과 상관행을 모방하고 있다. 이로 인해 국가보다는 세계적인 경쟁 환경이 조성되는 추세이다. 또한 기업과 개인은 국제적인 경영에 익숙해지면서 문화적 다양성과 세계화를 반영한 경영 방식을 통해 생산성을 높이고 새로운 소비자 행동을 이용할 수 있다는 믿음을 다지고 있다.

역사적으로 외국으로 이민한 이민자 대다수는 한때 자신이 살았던 모국으로 돌아갈 능력이 있었다. 이들은 이민을 하는 과정에서 모국 문화의 정체성 가운데 상당수를 희생하며 이민 국가의 문화를 수용할 것을 강요받았다. 그러나 현재는 많은 이민자가 이중국적을 가지고 있으며, 여행과 전화, 인터넷 통신을 통해 모국 문화를 계속 접하고 있다. 한편 이민자는 문화를 쌍방향으로 전파하는 역할을 한다. 모국과 이민 국가 모두의 다양성 확대에 기여하는 것이다. 게다가 사람들이 해외 여행을 더 많이 할수록 다른 국적 간 결혼이 증가한다. 외국 태생 배우자가 있는 미국인의 수는 1960년과 2010년 사이에 2배로 증가했다.[99] 또 이민자의 자녀는 이중 문화 또는 다문화 성향을 가지게 된다. 그 결과 대다수 사람보다 특정 문화와의 전통적 연대가 느슨한 국제경영자가 출현한다. 또 한편으로는 다문화는 실패라는 증거가 있다. 이민자가 더 이상 이민한 국가의 문화로 흡수되지 않는 문제가 발생하고 있기 때문이다. 이로 인한 문화적인 갈등이 증가할 가능성이 있다.[100]

시나리오 2: 국가 문화가 외부로 확대되면서 동질성이 강해지기는 해도 독창적인 가치가 안정적으로 보존될 것이다

(시나리오 1에서 설명한 대부분의 요소를 포함하여) 가시적인 문화 현상의 표면 아래를 보면 사람들은 자국의 문화를 다른 국가의 문화와 차별화하는 기본적인 요소를 계속 유지한다. 다른 말로 설명하면 문화에서 특정한 물질적, 행동적 단면이 보편화되기는 하겠지만 특정 기본 가치와 태도는 과거와 동일하게 유지될 것이라는 의미이다. 예를 들면 종교 차이와 언어 차이는 여전히 민족 정체성을 강화하는 역할을 한다. 여기서 중요한 사실은 이런 차이가 아직까지는 세상을 문화적으로 구분하고 제품과 경영 방식의 글로벌 표준화를 방해하기에 충분하다는 것이다.

시나리오 3: 민족주의는 계속해서 문화적 정체성을 강화할 것이다

사람들이 문화적 차이를 인식하지 못하면 국적을 기준으로 스스로를 다른 사람과 구분하는 개념 또한 약해진다. 문화적 정체성을 통해 사람들이 국가 정체성을 방어해야 하는 이유가 여기에 있다. 일반적으로 언어와 종교를 강화하고 민족주의 프로그램과 활동을 후원하며 외국 문화가 국내 문화에 미치는 악영향을 선전하는 방식으로 국가 문화를 촉진한다. 또 사람들의 국제적 이동이 증가할지라도 모국의 사람들은 국가 문화를 고수하도록 압력을 넣을 것이다.

시나리오 4: 현존하는 국경은 민족 차이를 수용하는 방향으로 이동할 것이다

몇몇 국가에서 하위 문화의 힘과 영향력에 대한 더 많은 증거를 보여준다. 이유가 무엇일까? 이민과 종교적 원리주의를 대표적인 이유로 들 수 있다. 또 자신이 거주하는 집단에서 독립하기를 희망하는 소수 인종이 증가하는 추세이다. 유고슬라비아와 체코슬로바키아는 이런 이유로 분열되었다. 그리고 영국과 스페인(스코틀랜드, 카탈로니아, 바스크)의 민족 그룹은 현재 독립을 위해 나아가고 있다. 한편 북극의 이누이트족과 중동의 쿠르드족 같은 일부 하위 문화는 국경을 초월하여 단순히 한 국가 내로 간주되는 것을 거부한다. 이들은 동일 국가의 주변 시민과 공유하는 것보다 타국가에 거주하는 같은 민족과 공유하는 것이 더 크기 때문에 이들에게 단지 정치적 지리 경계를 이유로 동일 정체성을 부여하기는 쉽지 않다.

이런 시나리오와 상관없이 국제경영 인력(글로벌 사업에 종사하는 인원)은 외국의 환경에서 더욱 효과적으로 기업 활동을 펼치려면 특정 문화 차이를 조사하는 방법을 학습해야 한다. 미래에는 국가의 특징에 중심을 둔 분석만으로는 부족할 것이다. 기업은 가치와 태도, 행동의 차이점에 영향을 주는 다른 많은 요소에 관심을 기울여야 한다.

CASE

국제 학생과 국제경영[101]

– 테리 무간(Terry Mughan), 포틀랜드주립대학교

네덜란드의 기독교 인문주의자인 에라스무스(Erasmus, 1466~1536)는 네덜란드, 프랑스, 영국, 스위스의 대학에서 공부했다. 그는 북부 르네상스의 가장 위대한 학자로 인정받았다. 그러나 영국과의 문화적 통합은 성공적이지 못했다. 날씨나 맥주를 즐긴 적이 없었기 때문이다. 에라스무스처럼 모든 국제 학생이 유학하는 모든 국가에 문화적으로 완전히 통합되는 것은 아니다.

2017년에는 약 530만 명의 학생이 시민권 국가 이외의 국가에서 대학 교육에 등록했다. 학생들은 학위 프로그램에 등록하거나 모국의 대학을 통해 유학 프로그램에 등록해서 일시적으로 수학한다. 이러한 이동성의 규모는 학생 자신, 본국 및 현지국 대학, 본국 및 현지국 국가와 같은 모든 이해관계자에게 (재정 및 문화적으로) 영향을 미친다. 국가(매크로), 대학(메소), 개인(마이크로) 수준에서 검토될 수 있다. 게다가 본국(그들이 떠나온 나라)과 현지국(그들이 도착한 나라)의 관점에서 검토될 수 있다.

국가적 차원

국가적 차원에서 미국이 가장 큰 수혜국이다. 그러나 국제 학생은 전체 미국 학생 수의 4%를 약간 넘는다. 다른 국가의 국제 학생 비율이 훨씬 더 높다. 예를 들어 캐나다에서는 11% 미만, 영국에서는 약 19%, 호주에서는 25%를 차지한다.

다양한 국가에서 국제 학생을 모집하는 일을 경제적 또는 무역 달성, 교육적 사명, 글로벌 외교적 영향력의 필수적인 부분으로 보고 있다. 예를 들어 미국은 2017년에 상품 무역에서 적자를 냈지만, 국제 학생이 미국 경제에 지출한 390억 달러는 미국의 서비스 무역 흑자에 기여했고, 약 40만 개의 일자리를 지원했다. 2014~2015년 영국에서는 국제 학생의 캠퍼스 외 지출로 인한 경제 활동과 고용으로 10억 파운드의 세금 수입을 창출했다. 따라서 국제 학생의 현지국에 대한 경제적인 기여도는 그들이 대학에 지불하는 비용보다 훨씬 더 높다.

향후 국제 경쟁력의 주요 결정 요인이 고도로 숙련된 전문 인력의 존재 유무라는 사실은 거의 대부분이 동의하는 사안이다. 예를 들어 하나의 하위 그룹을 STEM(과학, 기술, 공학, 수학)이라 한다. STEM 전문가의 고용은 일반 고용보다 훨씬 더 증가할 것으로 예상된다. 이 분야의 전문 인력 부족으로 인해 선진국들은 격차를 메우려고 이민자를 받아들이고 있다. 예를 들어 2015년에는 미국 소프트웨어 엔지니어의 약 40%와 원자력 엔지니어 및 의사의 4분의 1이 외국 출신이었다. 다른 성장 분야는 문화 산업 및 미디어 분야이다. 관광, 영화, 음악의 글로벌 무역이 글로벌 마인드를 가진 졸업생에 대한 수요를 생성하기 때문이다.

그러나 이것이 국제 학생과 대학에 의미하는 바는 무엇일까? 캐나다가 좋은 예를 보여준다. 미국과 마찬가지로 21세기에 매우 낮은 출생률과 기술 부족을 겪었고, 이민이 없었다면 인구 감소에 직면했을 것이다. 캐나다 정부는 국제 학생이 학업을 마친 후 캐나다에 남아 취업을 하고 영주권을 취득할 것을 권장한다. 따라서 교육 정책을 이민 정책과 일치시키는 것은 정부의 주요 과제이다. 국제 학생은 자신의 경험을 긍정적으로 여길 경우 외교관계에 기여할 수 있다. 예를 들어 2018년에 전 세계 군주, 대통령, 총리 중 미국에서 교육받은 숫자가 58명, 영국에서 57명, 프랑스에서 40명이었다. 이들은 일반적으로 무역과 국제 이해를 증진하면서 국제외교의 중요한 역할을 담당한다. 그러나 스위스에서 유학한 김정은 북한 국무위원장처럼 해외 유학에도 불구하고 우호적이지 않은 지도자의 사례도 존재한다.

외교관계의 이점 이외에도 국내 학생과 국제 학생은 서로를 이해하게 되고 이 과정에서 쌓인 우정은 국제 학생이 본국으로 귀국하면 국제 비즈니스로 연결되는 데 큰 역할을 한다. 본질적으로 학생들은 해외에 체류하는 동안 본국에서 사용할 수 있다고 생각하는 다양한 제품과 기술을 살펴본다. 그 과정에서 유학을 통해 쌓은 우호와 상호신뢰는 사용 가능한 자산을 국제적으로 이전하는 연결고리 역할을 하여 국제 비즈니스를 촉진할 수 있다.

방금 논의한 국제 학생 이동의 긍정적인 결과에도 불구하고 일부는 이에 대해 비판한다. 이들 중 다수는 이민 자체에 대한 반발과 관련이 있다. 또한 다음과 같은 (때로는 모순되는) 주장을 염두해야 한다.

- 현지국(보통 고소득 국가)은 유학생이 이민을 오면 귀중한 인적 자

원을 얻지만, 이는 개발도상국의 입장에서는 두뇌 유출이다.

- 대학생을 교육하는 데 드는 전체 비용이 등록금으로 완전히 충당되는 경우는 거의 없기 때문에 유학생은 현지국의 세금 및 지출로 보조금을 받는다.
- 입학 수요와 등록 정원이 대학의 정원을 초과할 경우 유학생이 국내 학생을 대체할 수 있고, 이로 인해 원성이 발생할 수 있다.
- 일부 사람들은 유학생이 외국에서 배우고 본국으로 귀국한 다음, 그들을 교육시킨 국가와 경쟁하는 것으로 인식한다. 이는 현지국 내부 정치에 긴장을 유발할 수 있다.

대학 수준

현지 대학은 유학생을 환영하고 오리엔테이션을 진행하는 주요 기관이다. 그들은 학생이 비자 요건을 충족하고 새로운 삶의 방식과 학습에 적응하도록 돕는 데 중요한 역할을 수행한다. 숙박 지원에서부터 좋은 학업 및 관행 적응에 대한 안내에 이르기까지 다양한 도움을 준다. 이러한 호스트 역할은 해당 기관의 국제 프로그램 담당 직원, 교수, 보직자 등이 주축이 되는 다양한 기구를 통해 이루어진다. 단기 프로그램 위주로 등록했던 예전과는 달리 본 프로그램에 등록하는 국제 학생 비율이 높아지면서 이러한 국제 프로그램 담당 서비스는 대학 본부의 주요 직제와 서비스로 자리매김하게 되었다. 점차적으로 국제 학생은 국내 학생의 정규 코스로 통합되고 있다. 장기간 체류하는 정규 코스의 국제 학생 그룹의 규모가 성장하면서 대학은 이들의 추가적인 요구사항이나 서비스를 제공하기 위해 더 많은 인력으로 다양한 서비스를 제공한다. 이와 동시에 유학생이 이제는 좀 더 본격적인 수업 관련 과제를 수행하고 대학의 여러 프로세스를 거쳐야 하는데, 대학은 종종 이 과정에서 발생하는 어려움이나 딜레마를 간과할 때가 있다. 만약 유학생이 해외에서 학업 요건에 적응하면 그들은 현지국 학생의 국제적인 관점에 기여할 수 있다. 예를 들어 그들은 강의실에서 다양한 관점을 제공하며 세계 다른 지역의 정보를 제공할 것이다. 위의 사진은 이러한 계획 활동의 예를 보여준다.

전 세계의 대학은 직원, 학부모, 인증 기관의 압력에 대응하여 학생들이 이문화적 역량을 포함하는 세계적인 관점을 갖추도록 준비한다. 예를 들어 AACSB는 세계 최고의 경영대학 인증 기관이며(56개국 850개 이상의 프로그램), 이 기관은 학생이 다양하고 다문화적인 환경에서 효과적으로 공부할 수 있도록 준비할 것을 대학에게 요구한다. 릴과 파리에 있는 프랑스 비즈니스 스쿨 이에섹은 “변화의 영감을 주고 문화 간 윤리적 선구자가 되도록 관리자를 교육하자”는 사명을 가지며, 많은 비즈니스 스쿨도 비슷한 사명을 가지고 있다. 그럼에도 불구하고 이를 달성하는 최선의 방법에 대해서는 많은 차이가 있다. 각 대학은 커뮤니티의 다양한 구성원과의 관계를 위한 자체적인 정책을 개발해야 하며 다음 상황에서 볼 수 있듯이 항상 합의되는 것은 아니다.

출처: dpa picture alliance/Alamy Stock Photo

▲ 독일 프랑크푸르트(오데르)에 위치한 피아드리나대학교에서는 80여 개국에서 온 유학생이 국내 또는 국제 학생에게 자신의 국가를 설명하는 전시 부스를 마련했다.

> 미국 명문대학 대학원 책임자는 중국 학생들에게 캠퍼스에서는 영어로만 말해야 한다는 글을 쓴 후 논란이 일자 사임했다.
> 학생들은 사생활 침해에 대해 불만을 느꼈고, 학장으로부터 캠퍼스에 있을 때 말할 수 있는 언어에 아무런 제한이 없다는 두 번째 이메일을 바로 받았다.
> –《인디펜던트뉴스페이퍼(The Independent Newspaper)》, London, UK, 2019년 1월 29일자 내용 요약 편집

국제 프로그램 운영하는 데 주의해야 할 또 다른 사항은 해외 경험이 부족한 교원에게 수업 프로그램을 작성할 때 국제적인 내용을 넣게 하는 일이다. 현재의 교원은 이미 꽉 짜인 스케줄과 프로그램에 국제 관련 내용을 넣기도 쉽지 않은 데다가 경험이 제한되어 있어 기존 프로그램에 국제적인 내용까지 균형 있게 가미한 새로운 프로그램으로 탈바꿈시키는 것은 쉽지 않은 문제이다. 이러한 문제를 완화하는 데 도움이 되도록 많은 프로그램에 전문화된 국제 과정(때로는 필수)을 추가했으며, 일부 프로그램은 다른 국가 대학의 교수 교환 프로그램을 개발하여 다른 문화 환경에서 삶과 일을 경험하고 돌아와서 더 풍부한 내용의 강의를 진행할 수 있게 했다. 또한 사우스캐롤라이나대학교와 같은 일부 비즈니스 스쿨에서는 다양한 대학의 교수진이 해당 분야의 국제적 내용을 배울 수 있도록 단기 교육 프로그램을 개발했다. 일부는 관광지뿐만 아니라 현지 비즈니스 환경에 대해 알려주는 기업 및 관공서 방문을 포함하는 특정 해외 지역 학습 여행을 제공한다. 게다가 노팅엄대학교와 같은 일부 대학은 교수진과 학생 모두의 해외 경험과 국적 간 교류를 용이하게 하고자 해외에 캠퍼스를 설립했다.

대학, 정부, 교육 기관은 대학의 규정 및 제도적 ‘국제화’ 정도에 대한 유학생의 만족도를 확인하기 위해 많은 설문 조사를 수행했다. 당연히 이 설문 조사에서는 학생들의 만족도가 높게 나타났다. 그러나 학생의 영향력에 대해 수집된 정보가 너무 적다는 우려가 있다.[102] 대신 대부분의 조사는 학생과 교직원 유형의 수와 비율, 본국 학생 대비

국제 학생, 국제 교환학생 참여 등 '구조적' 측정을 기반으로 한다.

많은 사람이 국제 학생과 국내 학생 간 상호작용을 증가시키기 위해 보다 일상적인 종류의 다른 행동을 장려할 수 있다는 것에 동의한다.[103] 교직원은 학생들이 국제 학습 경험을 공유할 수 있도록 행사를 열고, 학생회가 국제 학생을 더 개방적이고 포용적으로 맞이할 수 있도록 도울 수 있다. 전공 이외의 교과 과정을 허용하면 수업과 그룹을 혼합하여 친구를 사귈 수 있는 더 많은 기회를 제공할 수 있다. 특히 새로운 프로그램은 팀 구성원의 상호의존성을 높이고 다양한 결과물을 만들 수 있는 프로젝트 및 팀워크를 위한 공간을 마련할 수 있다.

학생 수준

학생들의 유학 동기는 외국에서 학위를 취득하려는 사람과 단기 해외 유학 혹은 교환 학생으로 다르다. 전자는 주로 다음의 이유로 유학생이 된다. ① 외국 대학(대개 선진국) 학위 취득, ② 이력서에 추가할 외국어 및 문화 지식 습득, ③ 본국에서 전문 과정을 배울 수 없는 경우, ④ 현지국에서의 취업 및 졸업 후 거주 가능성이 그것이다. 단기 해외 유학 프로그램은 덜 광범위하며, 주로 다른 문화에서 생활하고 학습하는 이점을 제공하면서 학업 실패의 위험이 적고 비용이 적게 드는 가정 학습 프로그램에 가치를 추가하는 것을 목표로 한다.

유학생은 해외 파견 주재원과 유사한 적응 문제, 즉 문화 적응, 성과 문제, 새로운 사회적 경험에 직면한다. 주재원의 경우 일반적으로 문화 간 교육과 이러한 학습을 촉진하는 많은 수단과 방법이 있다. 주재원을 위한 대부분의 기존 관행은 출발 전 교육, 지원 및 가족을 포함하는 국내 개발의 기업 포트폴리오를 중심으로 구축되었다. 이는 기업 운영의 특성과 요구사항을 구체적으로 다루기 위해 설계되었다. 이렇게 학생들의 국제 이동이 급속도로 성장하고 이들의 국제경제에 기여도가 증가하면서 그동안 기업의 글로벌 비즈니스와 직원들의 국제 이동 경험이 대학에 전수되는 것과 그 반대의 경우에 대해 많은 논의가 진행되었다.

이문화 역량 모델

대학은 학생들의 대내외적 상황에 따라 문화적으로 역량이 있는 학생을 만들고자 다양한 접근 방식을 취한다. 그림 2.3은 이러한 훈련에 접근하는 모델을 보여준다. 다른 문화에 대한 학생들의 몰두와 더불어

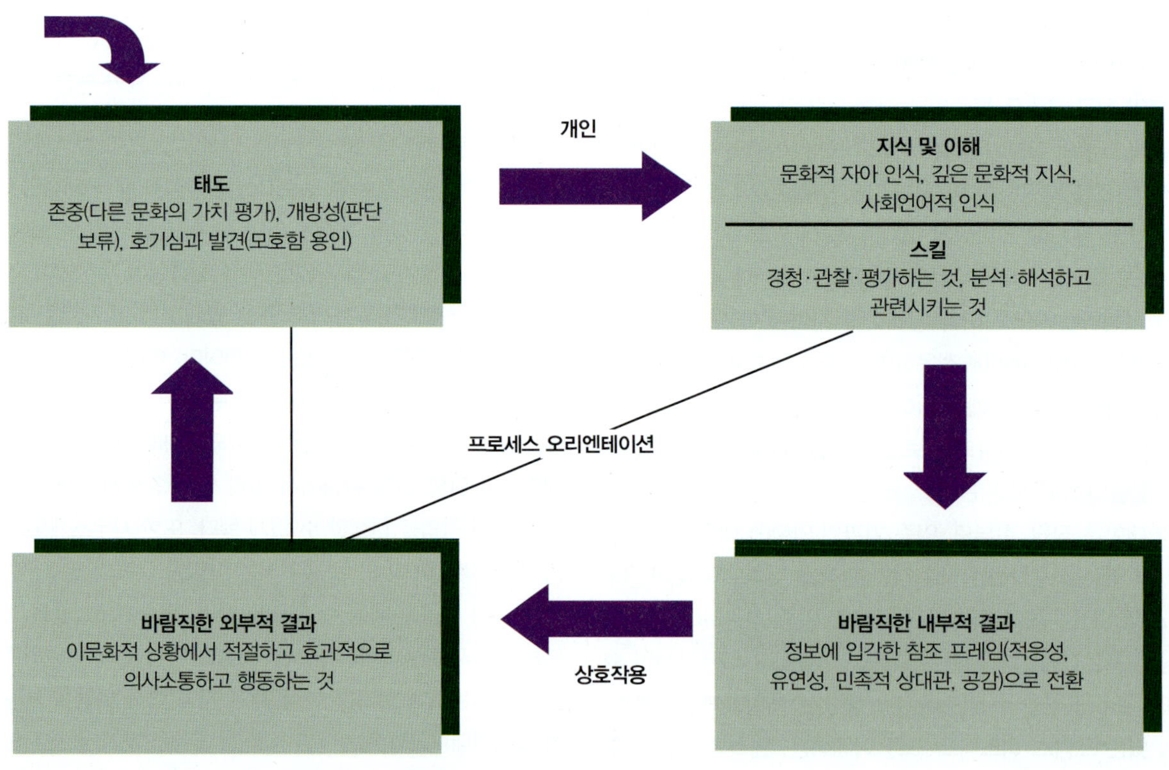

참고
- 태도부터 시작하라. 개인 수준(태도)에서 상호작용 수준(결과)으로 이동하라.
- 이문화 역량의 정도는 습득한 태도, 지식 및 이해, 스킬 정도에 따라 다르다.

그림 2.3 이문화 역량의 프로세스 모델

이 모델은 미국 대학의 광범위한 연구를 기반으로 하며 태도, 지식, 이해, 바람직한 내부적 결과, 바람직한 외부적 결과의 요소를 포함한다.
출처: "The Identification and Assessment of Intercultural Competence as a Student Outcome of Internalization at Institutions of Higher Education in the United States" in *Journal of Studies in International Education*, Fall 2006, 10, pp. 241–266 and in *The SAGE Handbook of Intercultural Competence*, 2009 (Thousand Oaks, CA: Sage). Copyright 2006 by D. K. Deardorff.

한 가지 제안은 학생들의 학습 프로그램 기간에 문화 간 교과 과정을 계획하는 것이다. 이러한 접근 방식은 시간이 지남에 따라 자신의 지식과 능력으로 지역 사회와 국제관계를 개선하는 것을 도울 수 있도록 직장, 근무지 혹은 더 넓은 지역 사회의 상황에 맞게 역량을 개발할 수 있다.

이문화 역량[104]은 공감, 유연성, 학습, 회복력, 불안 관리와 같은 능력과 적극적인 리스닝 및 외국어 능력과 같은 기술을 포함한다. 이 모델은 학생의 태도가 다른 문화와 함께하는 것을 배우는 데 자신의 개인적인 여정이 어떻게 출발점이 되는지를 보여준다. 문화에 대한 지식과 기술을 향상시킴으로써 개인 수준에서 대인관계 수준(다른 사람과의 문화 간 상호작용)으로 발전한다.

결론

최근의 연구[105]는 이 접근법의 유용성을 입증한다. 광범위한 연구를 바탕으로 한 연구 결과가 보여주는 바는, 유학생을 위한 이문화 역량의 길은 통합된 다문화 프로그램과 이에 연결된 문화 기반 강의 자료, 강의 전략, 강의실 내 활동 등이 수반된 해외 몰입 프로그램이 가장 효과적이라는 것이다.[106]

국제 학생의 존재는 이제 거의 모든 대학에서 보편화된 현상이다. 그들은 공부하는 지역 사회에 탄탄한 재정적 기여를 한다. 아마도 그러한 지역 사회를 연결함으로써 기여할 수 있는 잠재력을 가지고 있을 것이다. 정부와 대학은 대학 통합은 물론 프로그램 기간 이상의 활동을 지원함으로써 이러한 기여에 적응하기 시작했다. 영국의 에라스무스처럼 일부 학생은 현지국 환경에 완전히 적응하지 않고도 학업적으로 성공할 수 있지만, 대부분의 학생은 잘 통합되고 국내 학생과 사회 활동을 공유할 수 있다면 더 행복감을 느낄 것이다. 대학은 친구 사귀기, 문화 몰입, 새로운 지식 창출을 수월하게 하는 강의실, 캠퍼스 및 다른 곳에서 국제 및 국내 학생을 함께 모으기 위해 지속적으로 더 많은 것을 모색해야 한다.

학생이 현지 국가에서 우호적인 관계를 발전시키고 지역 사회에 기여하고자 한다면 목적을 달성하는 데 통합된 문화 학습 프로그램이 도움이 될 것이다. 이는 유학생이 졸업 후 몇 년 동안 더 효과적으로 문화적, 경제적 '연결자(bridge)' 혹은 '경계 확장자(boundary spanner)'가 될 수 있도록 본국과 현지국 지역 사회의 지속적인 의사소통 및 관계를 위한 기반을 만들 수 있다. 이는 무역, 상호 비즈니스 및 경제 개발, 국경을 넘어 비즈니스 및 문화적 연계를 활용하는 글로벌 리더십 기술 및 프로젝트의 발전 분야일 수 있다.

문제

2-3 다른 나라에서 온 누군가가 당신의 나라에서 가장 중요한 문화적 요소가 무엇인지 질문한다면 어떻게 답변하겠는가?

2-4 만약 당신이 학생이나 관광객으로 다른 나라를 방문할 계획이라면 어떤 준비를 해야 그 문화를 더 잘 이해할 수 있는가?

2-5 만약 당신이 다른 나라를 방문했다면 그 경험을 통해 자신이나 모국에 대해 더 많이 생각하게 되었는가?

2-6 다른 문화권에서 온 학생이 당신이 소중하게 여기는 학생 생활에 기여한 경우가 있었는가?

2-7 다른 나라에서 온 학생과 친구가 된 적이 있는가? 만약 그렇다면 어떻게 가능하게 됐는지 설명하라. 그렇지 않다면 그 이유를 생각해보라.

2-8 졸업 후 새로운 글로벌 스타트업을 시작하여 새로운 파트너를 찾고 있다고 가정해보자. 글로벌 비즈니스 네트워크 구축을 시작하는 방법은 무엇인가?

Chapter 3

정치적 · 법적 환경

학습 목표

3-1 정치와 법이 기업 환경에 어떤 영향을 미치는지 설명한다.

3-2 정치적 환경의 원리와 실재를 해석한다.

3-3 정치적 자유의 원리와 실재에 대해 논의한다.

3-4 정치적 위험을 설명한다.

3-5 법률적 환경의 원리와 실재를 해석한다.

3-6 다국적 기업이 직면하는 법적 이슈를 검토한다.

3-7 정치, 법, 비즈니스의 연관성을 알아본다.

출처: Shannon Fagan/123RF

▲ 중국 철학자 공자의 조각상

모든 길은 두 갈래이다. —러시아 속담

CASE

중국: 커다란 기회와 복합적인 위험[1]

중국은 1949년부터 1970년대 말까지 국내 자원에만 온전히 의존하는 자급자족 경제권이었다. 공산당 지도자들은 외국과의 접촉은 국가의 정치 구조를 부패시키고 문화를 오염시킨다고 믿었고, 이에 해외 직접투자와 대외 무역을 금지했다. 그러나 1970년대 말, 중국이 세계 대부분의 국가보다 뒤처져 있다는 사실을 깨닫고 경제 전략을 다시 생각하기 시작했다. 중국은 1978년에 '중국과 외국인 합작투자법(Law on Joint Ventures Using Chinese and Foreign Investment)'을 제정했고, 중국 시장은 세계 경제에 편입되었다. 이후 중국의 시장 자유화는 광범위한 산업화와 수출 성장의 동력이 되었고 외국인 투자 또한 증가시켰다. 이 모든 과정에서 중국 공산당은 절대적인 정치 권력을 유지하고 있다. 베이징의 한 학자는 이에 대해 "중국 공산당은 신과 같은 존재이다. 어디에나 존재한다. 다만 보이지 않을 뿐"이라고 말한다.[2]

이러한 변화는 놀라운 결과를 가져왔다. 중국은 30년간 세계화를 통해 다른 어떤 나라보다 더 많이 발전했다. 국민들의 거주지는 단출한 가옥에서 고층 빌딩으로 발전했다. 중국의 1인당 소득은 1990년과 2000년 사이 200달러에서 1,000달러로 5배 증가했다. 2000년과 2010년 사이 1인당 소득은 1,000달러에서 5,000달러로 증가하며 동일한 성장률을 보였다. 2018년에는 1인당 소득이 1만 200달러에 달하며 중간 소득 국가의 대열에 합류했다. 이 과정에서 약 8억 명이 빈곤에서 벗어났고 4억 2,000만 명은 중산층으로 발돋움했다. 국영 기업은 세계적인 수준의 다국적 기업으로 성장했다. 또한 세계 최대의 외환 보유고를 축적했다. 이에 많은 사람은 중국의 발전을 전례 없는 세계적인 사건으로 평가했다.

1980년대부터 사실상 모든 종류, 크기, 국적의 다국적 기업이 중국에 사업체를 설립했다. 1978년에 말 그대로 사실상 전무했던 중국의 해외직접투자(FDI) 유치 실적은 2018년에 1조 5,000억 달러를 넘어섰다. 이렇게 많은 다국적 기업이 중국을 찾는 이유는 무엇일까? 간단히 말하면 소비자 수요, 노동 생산성, 독창성과 혁신성, 사회 기반 시설의 발전, 시장 잠재력과 같은 놀라운 기회가 있기 때문이다.

중국의 매력과 복잡성

외국인 투자자들은 성공적으로 중국 시장에 진출하여 사업체를 설립하고, 사업 활동을 관리하며, 이익을 창출한다. 많은 이에게 성공은 쉽지 않았다. 중국의 정치 체제 때문에 어려움을 겪고, 법률 체계 때문에 기업 활동에 골치 아픈 일이 생긴다. 일반적으로 다국적 기업은 중국의 정치 체제와 법률 체계는 기업 활동을 어렵고 난감하게 만든다고 말한다. 정치적 자유와 법적 보호가 있는 서구 시장의 민주적 정치 체제에 적응된 기업은 중국에서 다른 상황에 직면한다. 중국 공산당의 통제 아래 정부는 국가자본주의를 유지하며 정치적 목적인 '강한 중국의 꿈'을 이루기 위해 시장 활동에 개입한다. 이는 시진핑(習近平) 국가 주석이 제시하는 과거 세계를 이끌었던 중국의 지위를 되찾자는 의미의 '중국몽'을 말한다.[3] 이에 중국에 진출한 다국적 기업은 정치적 방침과 법적 규제를 이해하는 데 어려움을 겪는다. 예를 들면 엑슨모빌(ExxonMobil), ABB, 구글(Google), 이베이(eBay), 베스트바이(Best Buy), 홈디포(Home Depot), 우버(Uber), 캐터필러(Caterpillar), 보다폰(Vodafone)과 같은 서구의 야심 찬 기업은 중국에 기업을 설립하거나 중국 기업의 지분을 매입했다. 그러나 정치적 모호성과 법적 어려움 때문에 계획에 차질을 겪었다. 결과적으로 많은 기업이 지분을 매각하고 전략을 다시 수립했다.[4]

중국의 급속한 경제적 성장은 장기간 지속되던 중국만의 특이성을 더 두드러지게 했다. 전통적 관점과 현대적 관점이 뒤섞여 이루어진 이 특이성 때문에 애매모호한 부분이 많다. 일부 전문가는 중국에서 사업을 하면서 지켜야 할 첫 번째 규칙은 '규정집(rulebook)'을 버리는 것이라고 주장한다. 외국인 투자자들은 서구의 생각이 중국에도 적용될 것이라는 생각을 버려야 한다. 예를 들면 설립자의 신원, 사업 목적, 사업 계획, 투자 희망 액수, 고용 창출 정도 등을 포함한 대단히 자세한 내용을 정부에 일일이 설명해야 기업을 설립할 수 있다. 다국적 기업은 현지 사업체 설립에 필요한 허가를 얻기까지 장기간의 협상을 감수해야 한다. 또한 매번 중앙 정부와 지방 정부 관료는 해당 투자가 어떻게 자본 형성에 도움이 되는지, 수출을 촉진하는지, 고용을 창출하는지, 기술을 이전하는지 확인한다. 시장이 아니라 정부가 정한 목표에 부합하는 사업 계획서만이 승인된다.

용은 달래고 뱀은 구워삶기

중국뿐만 아니라 세계의 많은 정부는 정치적 환경과 법적 환경을 통해 경제 발전의 경로와 속도를 결정한다. 그러나 중국은 까다롭기로 악명 높다. 왜냐하면 정치 체제와 법률 체계의 복잡성이 만만치 않은 장애물이기 때문이다. 외국인들은 정부의 관료주의와 미성숙한 법률 체계를 마주할 준비를 해야 한다.[5] 한 전문가는 "유럽 문명의 위대한 발명 가운데 하나가 법률 체계라면 중국 문명의 위대한 발명은 관료주의"라고 말한다.[6]

투자자들은 합리적인 규제와 제멋대로인 목표가 동시에 존재하는 알 수 없는 체제라고 종종 지적한다. 때때로 거래를 하거나 잘못을 바로잡는 경우에 경쟁력보다는 개인적인 관계 '꽌시(quanxi)'가 더 중요하다. 객관적 경제 논리에 입각하여 사업 운영 수단을 결정해야 한다고 판단하는 경영자는 이를 비논리적이라고 본다. 그러나 중국의 지도자는 국가가 경영 활동을 통제하는 것이 조화로운 번영을 달성하는 가장 확실한 경로이며, 따라서 이를 주도하는 것이야말로 논리적이라고 믿는다. 이에 외국인 투자자는 때때로 불가사의한 정치의 미로를 헤매고 다녀야 한다.

중앙 정부와 지방 정부의 오래된 갈등도 문제를 더욱 복잡하게 만든다. 국토가 넓기 때문에 대도시이든 작은 마을이든 지방 정부 관료들은 중앙 정부와 멀리 떨어져 있다. 물론 법과 규칙이 존재하지만 33개의 지방 정부가 이를 어떻게 받아들이는가는 전혀 다른 문제이다. 한 전문가는 "중앙 정부가 지방 정부를 전혀 통제하지 못한다. 불법 CD 복제를 조사하려고 사람을 파견했을 때 지방 관료가 해당 공장의 접근을 막은 사례도 있다"고 말했다.[7] 중국의 16세기 격언 중에 "제 아무리 강력한 용이라도 현지에 살고 있는 뱀을 밟아 죽이지 못한다"는 격언이 있다. 이는 베이징의 중앙 정부가 모든 권한을 가진 것처럼 보이지만 지방 호족의 정치가 이를 제한한다는 것을 보여준다. 그렇기 때문에 외국인 투자자에게는 용(중앙 정부)은 달래고 뱀(지방 세력)은 구워삶는 정교한 기술이 필요하다.

예측 가능한 법 또는 모호한 지침?

중국은 1978년 개혁 개방 정책을 실시하겠다고 천명하고 나서야 공식적인 법률 체계를 마련했다. 지속적인 발전으로 한때 예측 불가능하고 주기적으로 혼란스러웠던 법적 환경이 안정화되었다. 그러나 이러한 비약적인 발전에도 불구하고 여전히 법적 공백, 불투명한 해석, 느슨한 집행이라는 도전에 직면해 있다. 중국 법은 모호함으로 가득하며 어떤 이들은 법이 예측 가능해지기 위해서는 한 세대가 지나야 할 것이라고 말한다. 또 어떤 이들은 덜 낙관적이다. 이들은 현재 중국의 법률 체계를 오래된 헌법과 법률을 현대화하기까지 수십 년이 걸린 미국의 1900년대 초 법률 체계와 비교한다. 투명성, 신뢰성, 객관성의 제도화에 대한 요구는 언젠가 성공할 수도 있다. 하지만 중국의 4000년 역사의 법적 유산은 여전히 강력한 영향력을 가지고 있기에 한 애널리스트는 중국 법률 체계의 현대화야말로 "인류 역사상 가장 큰 사회 기반 시설 공사" 중 하나라고 평가했다.[8]

중국 법률 체계를 이해하려 할 때 가장 큰 도전은 법을 이해하는 방식에 서구와 근본적인 차이가 있다는 점이다. 서구의 법률 체계는 '법치(rule of law)'에 기반하는데, 이는 법이란 공정한 법 집행을 책임지는 공무원이 공평무사하게 적용하는 합법적인 규정이라는 믿음을 의미한다. 이와 대조적으로 중국은 '인치(rule of man)'의 철학을 따른다. 권력자(예전이라면 황제, 현재는 중국 공산당)의 권리, 즉 천명에 따르는 한 견제와 균형으로부터 자유롭게 행동할 수 있도록 허용하고 있는 것이다. 이 철학에 따르면 하늘은 덕치를 하는 황제에게 독단적으로 통치할 수 있는 권리를 부여한 것이 된다. 따라서 중국 공산당은 법 자체일 뿐 아니라 천명을 따라 법 위에 군림하는 것으로 간주된다. 실제로 형사 사건은 공산당의 지시에 따라 거의 대부분 유죄 판결로 마무리된다. 베이징 주재 미국 대사관의 FBI 특별 수사관이자 법무관은 "중국에 '법치'란 없다. 공산당이 본보기를 보이기 위해 판결보다 먼저 결정한다"고 언급했다.[9]

불법의 합법화

중국의 법률 관행은 새로운 상법 및 발전 중인 정치 기준과 더불어 외국 기업에게 문제가 되고 있다. 특히 창작자가 특허, 저작권, 상표 등이 부여한 소유물의 사용을 결정할 권리를 가진 저작물이나 발명품을 가리키는 지적 재산에 대한 보호가 문제가 되고 있다. 다국적 기업은 지적 재산권 침해가 중국 경제 성장의 동력이 되고 있다고 불평한다. 어느 추정에 따르면 중국 경제의 약 3분의 1이 지적 재산권 침해와 연관되었다고 한다.[10] 이 비율은 중국의 성장과 함께 감소했지만 여전히 미국 기업은 이로 인해 매년 수천억 달러에 달하는 손실을 입고 있다고 추정된다. 더 나아가 중국은 세계적인 위조품 제조국으로 꼽힌다. 미국의 세관 공무원은 대부분의 위조품이 중국산이라고 보고했다.[11] 미 당국은 이에 대한 중국의 법적 처벌이 잘 이루어지지 않는 점을 언급하며 자국의 위조품 생산자를 눈감아주는 중국 관료를 비판했다. 또한 미국은 국제 기구에게 중국의 지적 재산권 규제의 '불충분한 집행'을 시정해줄 것을 호소했다.[12]

중국이 세계적인 위조품 제조국이 된 이유는 무엇일까? 전문가들은 서구를 따라잡으려는 여정에서 여러 문제, 집단주의 지향, '인치'가 남긴 유산, 모호한 법의 의심스러운 집행 등을 지적한다. 이들은 복합적으로 작용하여 엄청난 혼란을 가져온다. 한 학자는 "세계 역사에서 이 정도 규모의 문제가 관찰됐던 사례는 없다. … 중국에서는 다른 어떤 곳에서도 볼 수 없었던 많은 불법 위조가 일어나고 있다"고 말했다.[13] 그리고 이 문제는 더 심각해질 수 있다. 정부의 정책은 기업에 '지적 재산이란 누구나 무료로 사용할 수 있는 것'이라는 인상을 깊게 심어주고 있다. 지역 및 지방 당국은 지적 재산권 침해가 경제 성장의 힘이 될 것이라고 기대한다. 더 나아가 중국은 '고품질'의 위조품을 만드는 데 뛰어나다. 상하이의 일부 사람들은 "우리는 당신의 어머니를 제외하고는 무엇이든 복제할 수 있다"고 말한다.[14]

앞으로의 방향

외국인 투자자들은 필연적으로 불투명한 일당 체제와 혼탁한 법률 체계가 어떻게 공정하게 활동을 규제하고 정당하게 재산권을 보호할 수 있을지 의구심을 가진다. 일부는 외부 기관이 결정적인 영향력을 행사할 것이라고 생각했었다. 예를 들면 중국은 2001년 세계무역기구(WTO)에 가입하면서 관세, 보조금, 지식 재산을 포함한 대한 각종 사업적 규칙을 수용해야 했다. 중국은 법과 제도를 WTO 기준에 부합하도록 꾸준히 개정했다. 여전히 문제가 지속되는 이유는 규제 부족이 아닌 비일관적인 시행 때문이다.

더욱 큰 변화는 국가 부흥을 위한 시진핑 주석의 '중국몽'에 문제가 될 수도 있다. 은행 및 부동산 부문의 신용 문제, 의심스러운 사회 기반 시설 투자, 시장 성장세의 둔화, 조립라인 일자리에 대한 의존, '중간 소득 함정(middle income trap)'은 경제적 문제이며, 계속되는 홍콩의 친민주주의 시위와 미국과의 관세 전쟁은 중국에게 큰 잠재적 문제이다.[15] COVID-19의 확산으로 세계화 속에서 중국의 역할이 줄어들었기 때문에 이러한 문제가 사소해 보일 수도 있다. COVID-19 대유행으로 인해 중국을 중심으로 한 공급사슬은 상황이 좋을 때는 아주 훌륭하지만 쉽게 무너져서 병목 현상, 공급 부족, 심지어는 공급 중단까지 불러올 수 있다는 것을 보여주었다. 그래서 세계의 다국적 기업은 'ABC' 전략, 즉 '중국 외에 어디든(anywhere but China)'을 검토하기 시작하여 공급처를 전 세계 여러 곳으로 분산하려 한다.[16] 예를 들어 대만의 반도체 제조업체 TSMC는 미국 애리조나에 120억 달러 상당의 공장을 건설 중이며 애플(Apple)은 중국에서 생산되는 제품 수량의 5분의 1을 인도로 이전할 계획이다.

중국의 선택

이 장에서 볼 수 있듯이 생산적인 변화의 길은 궁극적으로 그리고 당연히 중국의 주권사항이다. 중국 공산당이 점차 유교적 이상을 지지하는 것이야말로 당이 제시하는 미래 기준을 예시한다고 일부는 말한다. 공자의 전통적인 사상이 집대성된 '경전'을 중국의 정치적 및 법적 발전에 유용한 지침으로 보는 시진핑 주석은 유교적 가치를 옹호한다. 유교에 의하면 사람들은 기본적으로 선하며 정부의 규제나 형사법으로 강압적이게 복종시키는 것보다는 추상적인 덕인 예절, 즉 전통적인 가치, 의식, 예의, 관습, 규범을 통해 다스리는 것이 좋다. 유교 사상은 예절의 내면화를 통해 궁극적으로 모두가 자발적으로 적절히 행동하는 조화로운 사회 질서가 탄생한다고 본다. 공식 법규는 당연히 필요하지만 이는 집단의 조화를 해치며 이기적으로 자기 이익을 좇는 '악인'만을 대상으로 한다. 자연히 외국인 투자자들은 유교 사상, 예절, 사회적 조화가 자신들의 활동에 어떤 의미가 있는지 대한 의문을 가지게 된다.

위협적인 정치적 어려움과 혼란스러운 법적 환경에도 불구하고 수많은 투자자가 중국의 거부할 수 없는 부름에 응답하여 수익을 내고 있다. 낙관론, 지속적인 발전에 대한 믿음, 메가트렌드를 놓칠 수 없다는 절실함 등 그 이유가 무엇이든, 많은 외국 기업이 자사에 친숙한 시장을 떠나 고유한 전통을 가진 중국으로 향한다. 의심 많은 관료를 설득하고 입국심사를 거쳐 현대의 루비콘강을 건너고 나면 중국의 정치 체제와 법률 체계를 어떻게 헤쳐나갈 것인지 결정해야 한다.

문제

3-1 중국의 정치적 환경을 설명하는 관점 중 어떤 관점을 찬성하는가?

3-2 다국적 기업이 중국의 복잡한 법률 환경을 관리할 수 있도록 어떤 조언을 할 것인가?

정치와 법 그리고 국제경영

3-1 정치와 법이 기업 환경에 어떤 영향을 미치는지 설명한다.

정치와 법은 언제, 어디서나 역동적이다. 집단들은 시기에 따라 서로 다른 관행을 지지하는 다양한 원칙을 옹호한다. 결과적으로 국제적으로 투자하고 사업체를 설립하는 다국적 기업은 정치 체제와 법률 체계의 변화에서 비롯되는 위험에 노출되어 있다.[17] 세계의 모든 시장에는 단기 수익과 사업 활동의 장기적 지속가능성을 위협하는 어느 정도의, 대부분 높은 수준의, 정치적 위험이 존재한다. 그러므로 경영자는 정치와 법을 평가하고 원칙과 관행을 이해하며 그에 따른 영업 활동, 수익성, 지속가능성에 대한 위험을 판단해야 한다.

시장마다 정치 이념, 정치적 자유에 대한 개념, 법률적 잔재, 공정에 대한 가정, 책임 소재의 기준이 다르기 때문에 도전에 직면한다. 이러한 상황을 헤쳐나가기 위해 국가 간 정치적 환경과 법적 환경의 차이점과 공통점에 대해 공부해야 한다. 경영자는 정치적 자유가 실용적인 이상인지 혹은 추상적인 희망사항인지 평가하며 정부의 권한, 입법 정책, 기업 규제, 부정 행위 처벌에 대해 공부한다. 뿐만 아니라 법치가 적용되는지, 인치가 우위에 있는지 평가해야 한다. 또한 정치인 선출 및 해임 방법을 알아봐야 한다. 이런 분석을 토대로 정치적 및 법적 도전을 예측하고 사업 시나리오를 종합한다. 이를 통해 자원 획득, 투자, 운영 방식의 적응, 위험 관리를 위한 최적의 계획을 결정한다.

출처: Robert Bociaga/Shutterstock

▲ 선거, 안정성, 정부의 형태와 관련된 정치적 위험은 국제경영 환경의 필수적인 요소이다. 일부 나라에서는 위험이 적고, 일부 나라에서는 위험이 크지만, 다국적 기업의 전략적 선택과 영업 의사결정에 영향을 미치는 정치적 위험은 어느 나라에나 존재한다.

이와 관련된 사례가 있다. 예를 들면 호주 기업은 뉴질랜드에서 큰 차이를 느끼지 못하지만 차이가 큰 국가도 많다. 준비가 되지 않은 캐나다 기업은 러시

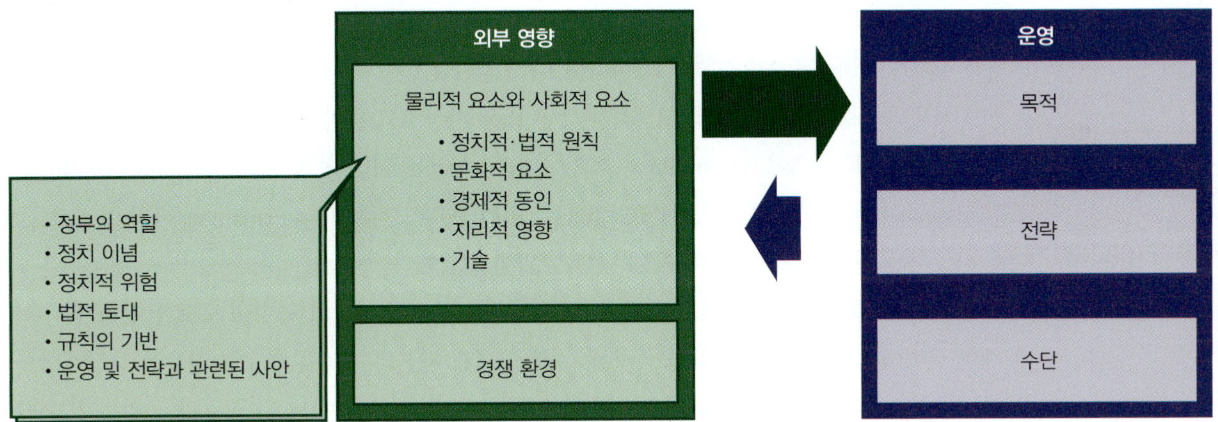

그림 3.1 국제경영 운영에 영향을 미치는 정치적·법적 요소
정치적·법적 환경은 직관적으로 분류하기 어려운 광범위한 개념이지만 경영자가 유용한 관점을 계발할 수 있도록 핵심사항을 살펴보자.

아에서 큰 어려움을 겪을 것이다. 러시아는 세계 최대의 국토와 풍부한 천연자원, 1억 4,400만 명에 달하는 인구를 보유한 국가이다. 또 정부는 에너지에 의존하는 자국의 경제를 다국적 기업의 도움으로 현대화하기를 희망한다. 그러나 외국인 투자자들은 여전히 러시아의 정치적 위험이라는 문제에 직면한다. 스웨덴의 가구 소매업체인 이케아(IKEA)의 한 경영진은 러시아의 정치 환경에 대해 "롤러코스터를 닮았다. … 내일 어떤 일이 일어날지 예측할 수 없다"고 평가한다.[18] 러시아에서 사업을 하려면 "관료의 공격으로부터 스스로를 지킬 준비"를 해야 한다.[19] 또한 부정 선거나 야당의 탄압에도 몸을 숙이고 있어야 하는데, 그 정도로 충분하지 않을 수도 있다. 왜냐하면 러시아의 대통령은 러시아 검찰에 외국 기업이 불량스럽다고 신고하고 일방적으로 폐업시킬 수 있는 권한이 있다. 정치적 위험뿐만 아니라 러시아는 높은 부패와 정실 자본주의(crony capitalism)의 위험이 있다.[20] 이러한 문제에도 불구하고 영리하고 자신감 있는 외국 기업은 러시아에 상당한 투자를 한다.

국가 간 정치적 및 법적 차이는 서로 다른 철학, 규제, 정치적 자유, 재산권, 법적 기준에 대한 태도를 해석하는 것을 더 어렵게 한다. 결과적으로 경영자는 정치와 법에 대한 원칙의 차이가 국가 간 관행의 차이로 이어진다는 사실을 깨닫는다. 그림 3.1은 특정 국가의 경영 환경을 규정짓는 정치 정책, 법적 관행을 보여준다. 이 장에서는 이러한 생각이 어떻게 국가의 정치 이념을 해석하고 정부의 권한을 규제하며 정치적 위험에 영향을 주고 법률 체계의 기초가 되는지 살펴볼 것이다.

정치적 환경

3–2 정치적 환경의 원리와 실재를 해석한다.

경영자는 아프가니스탄, 짐바브웨, 아니면 200여 개 국가 가운데 어디로 진출하든 그 국가의 정치 체제를 연구해야 한다. **정치 체제**(political system)란 ① 제도, 조직, 이익 집단을 규정하고, ② 정치적 행동을 지배하는 규범과 규칙을 정의하는 정부의 구조적 차원과 역학관계를 말한다. 정치 체제의 목적은 명확한데, 여러 그룹을 통합하여 잘 작동하는 자치 사회를 구현하는 것이다. 이와 관련하여 효과적인 정치 체제인지 보여주는 진정한 척도는 분열적인 관점이 나타났을 때 사회를 지속시킬 능력이 있느냐이다. 스웨덴, 보츠와나, 오스트레일리아, 뉴질랜드, 르완다, 싱가포르처럼 정치 체제

효과적인 정치 체제는 다양한 사회 요소를 통합시킨다. 서로 상충되는 관점 사이에서 사회를 통합시키는 것이 과제이다.

가 성공하면 평화와 번영을 가져오지만, 아프가니스탄, 방글라데시, 리비아, 수단, 베네수엘라, 예멘처럼 실패하면 체계적 불안정과 취약한 제도로 귀결된다.[21]

개념 체크

2장에서는 문화가 국제경영에 영향을 미친다는 것을 알아보았다. 개인주의와 집단주의의 개념을 기반으로 학문적·실무적 관점에서 다양한 해석이 생겨났다.

정치 체제의 공통점과 차이점을 이해하는 것은 많은 사상가의 흥미를 끌었다. 이는 플라톤과 공자에서 시작하여 헤로도투스(Herodotus), 마키아벨리(Machiavelli), 애덤 스미스(Adam Smith), 루소(Rousseau), 마르크스(Marx), 간디(Gandhi,), 밀턴 프리드먼(Milton Friedman)까지 이어진다.[22] 이들 사상가는 지속되는 철학적 주제에 답하기 위해 노력했다. 이성적이고, 정당하고, 평화로운 체제를 유지하기 위해 사회는 어떻게 개인의 권리와 집단의 요구 사이의 균형을 도모할 것인가? 시민에 대한 국가 권위의 근간은 무엇인가? 사회는 개인에게 자신의 이익을 추구할 자유를 보장해야 하는가? 개인의 권리가 집단의 목표를 달성하기 위해 종속될 때 사회는 더 나은 결과를 얻는가? 사회는 평등을 옹호해야 하는가 아니면 계층을 제도화해야 하는가? 모든 개인은 양도할 수 없는 천부 인권을 지니는가 아니면 인권이란 집단에 의해 부여되는 것인가? 정치적 환경을 이해하는 데 중요한 이러한 질문를 생각하다 보면 개인주의와 집단주의에 주목하게 된다.

개인주의

개인주의는 집단보다는 개인을 더 중시한다.

개인주의 사상은 개인의 자유, 표현, 독립성이 우선함을 강조한다. 미국의 독립선언문 조항은 사람은 "양도 불가능한 권리가 있고 이 권리는 생명, 자유, 행복추구권을 의미한다"고 규정한다.[23] 개인주의는 개인의 야망을 실현하는 것을 옹호하며 이를 제한하는 규제에 반대한다. 개인주의 체제에서 사회적 이상은 사람들이 강하고 자주적이고 적극적이도록 고무시킨다. 사람들은 독립성과 자율성을 열망한다. '우리'보다는 '내'가 주요한 관점이 된다. 정부는 사람들이 타인의 자유를 침해하지 않는 선에서 원하는 대로 행동할 수 있는 개인의 자유를 보호한다. 개인주의 사상은 많은 국가의 정치에 큰 영향을 주었는데, 여기에는 호주, 캐나다, 헝가리, 이탈리아, 네덜란드, 뉴질랜드, 남아프리카공화국, 스위스, 미국과 같은 나라가 있다.

개인주의가 경영에 던지는 시사점은 명확하다. 모든 사람은 지나친 규칙이나 규제를 받지 않고 결정을 내릴 수 있는 권리가 있다. 개인은 어떻게 일하고, 생산하고, 소비하고, 저축하고, 투자하고, 혁신할 것인지에 대해 결정을 내릴 자유가 있다. 개인주의 성향의 국가는 **자유방임**(laissez-faire)을 기반으로 시장을 형성한다. 자유방임은 말 그대로 '그대로 가만히 두라'로 해석한다. 그래서 자유방임주의는 사업 활동이 정부의 간섭 없이 자율적으로 행해지는 것을 지지한다. 이와 비슷한 맥락에서 신자유주의는 공정하고 정당하게 자신의 야망을 좇는 개인은 집단의 복지를 위협하지 않는다고 판단한다. 개인주의 사회에서 이상적 원칙과 기회주의적 현실 행동의 차이는 정부와 기업의 적대적 관계를 부추긴다. 몇몇의 개인이 집단의 후생을 해치며 자기 이익을 극대화한다는 불안 때문에 정부는 시장의 비효율성(예: 불충분한 소비자 지식, 불분명한 재산권, 생산자의 과도한 힘)으로부터 개인을 보호하기 위한 법과 규제를 제정한다.

집단주의

집단주의는 개인보다는 집단을 더 중시한다.

집단주의 사상은 개인의 이익보다는 소모임, 정당, 공동체, 계급, 사회, 민족 국가와 같은 집단이 우선함을 강조한다. 집단을 구성하는 사람들의 중요성과 상관없이 개별 부분의 합보다는 집단 전체를 우선시한다. 다른 구성원들과의 관계와 그에 따른 상호연결성이 개인 정체성의 중심이 된다. 집단주의 체제에서 사회적 이상은 자기 희생적이고, 믿을 만하고, 관대하고, 타인에게 도움이 되는 것을 고무한다. 사람들은 상호의존과 상호작용을 열망한다. '나'보다는 '우리'가 주요한 관점이 된다. 더 정확히 말하자면 개인주의 사회인 미국에는 유명한 속담 중에 "시끄러운 바퀴에 기름칠해준다(The squeaky wheel gets the grease)" 혹은 "팀이라는 단어에는 I(나)가 없다(There is no I in team)"가 있다. 이와 반대로 집단주의 사회에서는 다른 관점이 나타난다. 중국에는 "시끄러운 오리가 총에 맞는다(The loudest duck gets shot)"라는 말이 있고, 일본에는 "튀어나온 못은 망치질을 당한다(The nail that sticks out gets hammered down)"라는 말이 있다(한국에는 "모난 돌이 정 맞는다"는 속담이 있다_역자 주). 집단주의는 과테말라, 인도네시아, 쿠웨이트, 파키스탄, 페루, 한국, 대만, 베트남과 같은 나라의 정치에 강한 영향을 미친다.

집단주의적 관점은 사회 정의, 노동권, 평등한 소득, 직장 내 조화 등을 증진하는 규제를 발전시키는 정치 체제를 옹호하며, 개인의 이기심보다는 국가의 후생을 우선시한다.[24] 이탈리아, 스페인, 미국과 같은 개인주의적 나라와 비교해서 중국, 일본, 한국, 싱가포르 등 집단주의적인 나라에서 시행했던 COVID-19에 대한 강력하고 빠른 대응은 집단주의 성향에 관심을 가지게 만들었다.[25] 경영에서 집단주의는 자산 소유권, 자원 배분, 산업 구조, 기업 관행, 경영자의 행동이 집단의 이익이라는 공동의 목표를 가진다고 규정한다. 이란, 북한, 사우디아라비아와 같은 극단적인 경우에 정치적 지도자는 집단적 기준을 강제하기 위해 개인의 재산권을 제한하고 언론을 통제한다.

정치 이념

개인주의나 집단주의에 대한 국가적 지향은 정치 체제의 핵심적인 요인이다. 이는 지배적인 **정치 이념**(political ideology)에 막대한 영향을 미친다. 이론적으로 이념이란, 추상적 이상과 규범적 사고 과정에 대한 전체적 개념을 정의하는 통합된 비전이다. 예를 들면 민주주의의 비전인 자유에 대한 이상은 관련 원칙, 신념, 목표, 관행, 상징을 옹호한다. 전체주의의 비전인 조화에 대한 이상도 같은 맥락이다. 실질적으로 정치 이념은 사회가 어떻게 스스로 통치해야 하는지를 규정하고, 이를 위한 방법을 설명한다. 효과적인 정치 이념은 밝은 미래에 대한 비전을 설명하는 것을 넘어 이를 성취하는 수단을 규정한다.

정치 이념은 정치적 행동과 변화의 원칙을 요약한다. 또한 이상으로부터 결과를 이루어내는 절차를 설명한다.

그림 3.2는 다양한 정치 이념을 형성하는 **정치 스펙트럼**(political spectrum)이다. 스펙트럼 분석은 다양한 기본 개념 구조를 규정하여 복잡한 사안(이 경우 정치 이념)을 평가하는 데 도움을 준다.

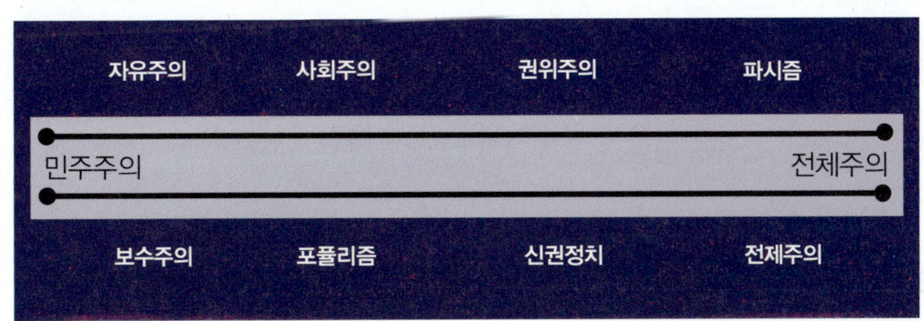

그림 3.2 정치 이념의 스펙트럼
현실에서 순수한 민주주의와 순수한 전체주의는 찾아보기 힘들다. 세계에는 각 유형별로 해석, 표현, 적용 면에서 다양한 변형이 존재한다.

하나의 축을 따라 이념들을 배치하면 서로 다른 이념들의 상대적 위치에 대한 모델을 만들 수 있다. 이를 위해서는 우선 양 끝점에 위치한 이념을 적절히 배치하고 그 후에 다른 이념들의 위치를 정해야 한다. 너무나 다양한 이념이 있기 때문에 '적절한 양 끝점'을 정하는 기준은 해석하기 나름이다. 몇 가지 예를 들면 무정부주의, 보수주의, 세속주의, 환경주의, 자유주의, 여성주의, 민족주의, 사회주의, 신권정치 등 다양한 이념이 있다.

서구의 관점에서는 민주주의적 지배 구조의 양 끝점을 보수주의와 자유주의로 나누는 것이 일반적이다(예: 미국은 공화당과 민주당, 영국은 보수당과 노동당, 인도는 인민당과 국민회의로 나눈다). 다른 맥락에서는 전혀 다른 대척점이 적합하다. 예를 들면 이란과 사우디아라비아 같은 이슬람 국가의 정치 스펙트럼은 신권정치와 세속주의로 구분되는 경우가 많은데, 둘 모두 정부 내 성직자의 역할을 반영한 구분법이다. 대만의 경우 중국과의 통일을 찬성하는 정당과 대만의 독립을 지지하는 정당이 있다. 이와 유사하게 벨기에의 경우 양 끝점은 네덜란드 언어권인 플랑드르 지방과 프랑스 언어권인 왈론 지방의 인종 및 사회경제적 차이를 반영하고 있다. 캐나다의 경우 양 끝점은 포용적 민족주의를 옹호하는 사람들과 프랑스 언어권인 퀘벡의 주권을 요구하는 블록퀘벡당이다.

이러한 선택지를 정리해나가기 위해 자유에 대한 비전에 따라 정치 이념을 해석해보자. 이는 고대 그리스의 정치 원칙에서 비롯되었고 이후 정치 원칙을 해석하는 필수적인 요소가 되었다. 엄밀히 말하면 정치 체제는 공정하고 경쟁적인 선거, 개인과 집단의 자유, 법치, 시민권과 인권에 대한 선택에 의해 **정치적 자유**(political freedom)를 정립한다. 다르게 주장하는 이들도 있지만, 정치적 자유가 양도 불가능한 권리인지는 논쟁의 여지가 있다. 미국을 포함한 일부는 정치적 자유를 적극적으로 옹호하지만 사우디아라비아를 포함한 일부는 소극적이다. 북한을 포함한 소수의 나라는 이를 거의 인정하지 않는다. 결과적으로 현지에서 사업을 경영하는 경영자의 자유는 현지의 지배적인 관점과 태도에 달려 있다.

자유는 정치 이념의 스펙트럼을 정한다(그림 3.2 참조). 자유를 기준으로 민주주의를 하나의 끝점으로, 전체주의를 다른 끝점으로 설정한다. 민주주의에 대한 해석은 자유주의적 민주주의, 보수주의적 민주주의, 사회주의적 민주주의와 같은 서로 다른 형태가 있지만, 기본적으로 모든 사람이 개인주의의 정당성과 행복을 추구할 개인의 자유를 지지한다. 이와 비슷하게 전체주의에도 여러 해석이 있는데, 권위주의, 신권주의, 전제주의가 포함된다. 이들은 근본적으로 집단적 조화의 추구를 위해 개인적 자유를 예속시키는 통제의 정당성을 옹호한다. 따라서 민주주의 체제에서는 경영자에게 자유가 많으며, 반대로 전체주의 체제에서는 자유가 적거나 없다. 그래서 경영자는 어떻게 정치 체제가 자유를 해석하는지 연구하고, 이것이 국가의 시장 규제, 사업 운영에 어떤 영향을 주는 평가한다. 그림 3.2에 나오는 이념은 모두 중요하지만, 각각을 자세히 설명하기에는 공간이 부족하므로 민주주의와 전체주의라는 스펙트럼의 양 끝을 살펴봄으로써 다른 이념을 이해하는 데 도움을 주고자 한다.

민주주의

민주주의와 개인주의는 불가분의 관계가 있으며, 서로가 서로를 강화한다. 개인주의는 민주주의의 원칙에 정당성을 부여하고, 민주주의는 개인주의의 기준에 힘을 실어준다.

에이브러햄 링컨(Abraham Lincoln)은 **민주주의**(democracy)란 "국민의, 국민에 의한, 국민을 위한 정부"라고 규정했다. 현대 민주주의는 이 이념을 모든 국민이 정치적으로 평등하고 사상, 의견, 신앙, 언론, 결사의 자유를 가지며 공직자에 대한 궁극적인 통제권을 가진다는 원칙으로 이해한다.[26]

표 3.1 민주주의의 형태

형태	설명	예시
다당제(multiparty)	3개 이상의 정당이 독자적으로 혹은 연정을 통해 국가를 통치하는 정치 체제. 정책의 입법을 위해서는 야당과 협상을 해야 한다.	캐나다, 독일, 이탈리아, 이스라엘, 멕시코
의회제(parliamentary)	국민이 의회라는 입법 기관의 대표자를 선출하는 방식으로 정치적 권한을 행사한다. 의회는 집행 기관을 관장하는 여러 장관에게 정당성을 부여하는 원천이다.	호주, 인도, 뉴질랜드, 영국
대의제(representative)	개인의 자유를 보호하는 헌법에 뿌리를 두고 있으며 법 앞에 모든 시민은 평등하다. 궁극적으로 자율성을 가진 선출된 대표자가 국민의 이익을 위해 행동한다. 공무원은 유권자를 대표하며, 유권자의 선호를 고려하기는 하지만 본인들이 적절하다고 생각하는 대로 행동할 권한을 부여받는다.	일본, 미국
사회주의(social)	자본주의를 사회주의로 이행하고자 민주적인 수단을 사용한다. 정부는 평등주의를 고취시키며 자본주의의 기회주의적 경향을 규제한다.	덴마크, 핀란드, 노르웨이, 스웨덴

민주주의의 근본적인 정의는 그리스어로 dēmokratía, 즉 '사람들에 의한 통치'이다. '사람들에 의한 통치'의 이상을 실제 정치 체제에 적용하는 데는 다양한 형태가 존재한다.

실제적으로 민주주의를 위해서는 공평하고 정의로운 의사결정 과정에 대한 시민들의 평등하고 개방된 참여가 필요하다. 민주적 정부는 개인의 권리와 정치적 권리, 시민의 자유, 공평하고 자유로운 선거, 사법부의 독립을 확립한다.[27] 이런 원칙과 관행은 평등, 자유, 정의에 대한 지지를 통해 개인주의를 지지하는 시민의 자유와 정치적 자유를 제도화한다.

다양한 과거의 유산이 나라의 민주주의 성과를 좌우한다. 현대 사회의 범위와 규모 때문에 민주주의 도입과 실행에는 제약이 있고, 특히 인구가 많아 모든 유권자가 직접 정치에 참여할 수 없는 경우에는 그 정도가 심하다. 표 3.1은 국가가 채택하는 다양한 형태의 민주주의를 정리한 내용이다. 차이가 있기는 하지만 다수결을 지지한다는 점은 같다. 미래에는 직접민주주의가 지금보다 활발해질 수도 있다. 발전하는 기술을 이용함으로써 국민이 정치적 대표자를 통하지 않고도 가상의 공간에서 전자서명 또는 블록체인을 통해 직접 투표권을 행사할 수 있기 때문이다.

경영적 함의 현대 민주주의의 정치적 자유와 경제적 자유는 점점 더 서로 연결되고 있다. 정치적인 면에서 자유는 권리와 자유를 정당화한다. 경제적인 면에서 자유는 이윤과 번영을 정당화한다. 민주주의에서 경영자는 정치가 아닌 경제적인 기준에서 투자하고 사업할 자유가 있다. 개인주의에 대한 신념은 공무원이 아닌 사기업이 경제 발전을 이끈다는 생각을 증진한다. 공무원은 사업 활동, 투자, 교역의 자유를 극대화하는 경영 환경을 경제적·사회적·정치적 진보로 향하는 길이라고 본다. 관료적인 규제가 아닌 자유 시장 활동이 주는 신호로 경영자는 자원을 최적으로 조직할 수 있다.

민주주의의 안정성과 투명성은 사기업을 지지함으로써 사업 기회를 형성하고 투자를 장려하며 생산적인 기업을 지속시킨다. 민주주의는 불필요한 규제, 무역 장벽, 지대 추구, 규제 포획, 부패, 정실주의를 줄이는 견제와 균형을 확립한다. 정기적인 공무원 선출과 순환은 시장 조작을 줄인다. 정치적 권리와 시민적 자유의 신성함은 다른 곳에 있는 다른 사람들에 대한 개방성을 고취시킨다. 증가하는 국가적 접촉, 소통, 협력에 대한 관심은 국제경영의 규모와 범위를 더 확장시킨다.[28]

전체주의

전체주의 체제는 단일 행위자에 권력을 집중시켜 정치와 경제, 사회 활동을 통제한다.

전체주의(totalitarianism)는 개인적 이익보다 집단의 이익이 우선한다. 개인, 의회, 위원회, 군사 위

표 3.2 전체주의의 형태

형태	설명	예시
권위주의(authoritarian)	국가 이념으로부터의 일탈을 허용하지 않는다. 일상에서 정부 당국에의 복종이 반영되어 있으며, 여기에 저항하면 처벌이 따른다. 공무원은 정치를 통제하지만, 사회의 경제 및 사회 구조에는 큰 관심을 기울이지 않는다.	카자흐스탄, 북한, 차드, 투르크메니스탄
파시스트(fascist)	일당 체제로 무력과 세뇌를 통해 국민의 마음, 정신, 일상을 통제한다. 통합된 국가와 기업 권력을 추구하여 가치와 체계를 표준화한다. 제2차 세계대전 중 외에는 역사적으로 드물게 나타난다.	(대략 1920년대~1945년의) 이탈리아, 독일, 일본
세속주의(secular)	일당 체제의 정부가 선거를 통제하고, 다른 이념을 억압하되 국가에 도전하지 않는 한 반대를 용인한다. 정부가 거대한 국가적 비전을 제시하지는 않는다. 국가 당국의 권위에 도전하지 않고, 사회의 조화를 해치지 않는 한에서 개인에게 약간의 경제적·시민적 자유를 허용한다.	중국, 베트남, 르완다, 러시아, 베네수엘라
신정주의(theocratic)	정부는 숭배하는 신을 대변한다. 지도자는 신의 현세에서의 이해를 자신이 대변한다고 주장한다. 정부는 현대적인 원칙 대신 고대의 교리를 적용하며 엄격하게 사회를 규제하고 성별에 따른 역할을 통제한다.	이란, 아프가니스탄, 사우디아라비아

이탈리아 파시즘을 지칭하며 처음 사용된 용어인 totalitario는 독재 국가에 의한 개인의 삶의 '완전하고 절대적인' 통제를 의미한다. 이 표는 독재자가 사회를 통제하기 위해 채택할 수 있는 방법이다.

원회, 정당과 같은 기관이 정치적 권력을 독점하고, 이 권력으로 전부는 아니라도 공적 생활과 사적 생활의 상당 영역을 규제한다. 이 기관은 유토피아로 가는 길에 생기는 개인의 선택의 위험으로부터 사람들을 보호하는 숭고한 의도를 가지고 있다고 믿는다.[29] 개인의 직업, 소득, 이익, 종교, 심지어는 가족 구조까지도 개입할 수 있다. 표 3.2는 전체주의 체제의 형태를 정리한 내용이다.

전체주의 정부는 세뇌, 감시, 선전, 검열, 폭력을 통해 반대 세력을 제거한다.[30] 국가 이념에 반하는 사상, 이익 집단, 활동은 거의 허용되지 않는다. 예를 들면 이란과 사우디아라비아에서 위성 방송 수신 안테나를 소유하는 것은 불법인데, 왜냐하면 이를 통해 사람들이 개인주의를 미화하는 언론을 접할 수 있다고 우려하기 때문이다.[31] 극단적인 상황에서 개인의 생존은 지배 체제의 생존에 직결되어 있다. 이러한 조건을 통해 개인의 이익은 국가의 이익에 병합된다.

개념 체크

2장의 '경영 활동에 영향을 미치는 주요 행동 양식'의 내용을 다시 짚어보자. 사람들이 변하면서 또는 국가 당국의 영향으로 이들 변수 또한 변한다. 전체주의 정부는 사람들이 국가의 이익을 지지하게끔 직무 동기, 위험의 수용, 소통 방법, 소비 선호 등의 규범을 조작 또는 강제한다.

전체주의 국가에서 변화의 역학은 이념을 집행하는 수단을 더 잘 보이게 한다. 지도자는 이전의 사회는 부패하고 도덕적이지 못한 사회라고 반대하면서 부정과 불공정을 바로잡고 조화에 힘을 싣는 새로운 사회를 건설하자고 주장한다. 국가는 지지자들에게 개인 재산이 아니라 권력과 지위를 나눠주는데, 이러한 옹호자들은 부패와 정실주의를 통해 특권을 현금화한다. 전체주의 국가는 선전과 세뇌, 투옥을 통해 국민을 강제한다. 순응하지 않는 개인은 사회에서 배제된다. 국가의 통제를 받는 언론은 정보를 검열하고, 국가의 통제를 받는 교육은 사상을 검열하며, 국가의 통제를 받는 법원, 경찰, 정보요원은 반대를 억압한다. 전체주의는 정치가 삶의 모든 면을 침범하는 체제이며 극단적인 경우 이 모든 것이 합쳐져 지도자와 국가를 동일시하는 '가상의 정신적 감옥'에 도달한다.[32]

전체주의와 집단주의는 불가분의 관계가 있으며, 서로가 서로를 강화한다. 집단주의는 전체주의의 원칙에 정당성을 부여하고, 전체주의는 집단주의의 기준을 지지한다.

경영적 함의 경영자는 전체주의 체제에서 민주주의와 완전히 다른 시장을 직면한다. 전체주의 체제에서는 되도록이면 사기업은 국가를 지지한다. 중국의 경우 중국 공산당의 명령 아래 정부가 경제의 상당 부분을 소유 및 관리하고 있다. 정부는 많은 중국 상장 대기업에서 지배 주주이며, 그중에는 세계 최대 규모의 회사도 있다. 또한 금융, 언론, 광업, 금속, 교통, 통신 분야의 대기업은 중국 공산당의 직접 통제를 받는다.[33] 마찬가지로 지방 및 시 정부가 수만 개의 중소기업을 통제한다.[34]

이를 종합해보면 민주주의의 전형적인 자유방임 관점을 거부하는 권위주의 체제를 발견할 수 있다.

이런 시장에서 경영자는 정부가 국가 권력을 유지하는 것을 우선시하며, 시장을 이를 위한 강력한 도구로 본다는 점을 고려하여 의사결정을 조정한다. 정치적 위험은 모든 기업에 영향을 미치지만 특히 해외투자자에게 큰 영향을 미친다. 정부는 해외 경쟁 기업을 희생양으로 삼아 국내 기업에 금융 지원, 세제 혜택, 노동 규제 완화 등의 혜택을 준다.[35] 국가는 정치적 목적을 위해 시장에 개입하여 자원의 가치를 왜곡하고 위험과 수익의 관계를 모호하게 만든다. 예를 들면 중국에서는 외국 기업이 공산당 조직 활동가에게 필요한 지원을 해야 한다. 또한 지방 정부는 기업에게 인건비의 일부를 공산당 활동 자금으로 지원하라고 요구할 수 있다.[36] 공산당 조직 활동가들은 기업에게 합법적으로 사업을 운영하고, 사회적 책임을 다하고, 안정적인 노사관계를 촉진하고, 사회적 조화를 유지하라고 권고한다.

자유의 현황

3–3 정치적 자유의 원리와 실재에 대해 논의한다.

프리덤하우스(Freedom House)는 1972년부터 매년 세계적으로 자유의 현황(the state of freedom)을 평가하는 단체이다. 이 단체는 "자유는 정부가 시민에게 책임을 지고 법치가 확립되어 있으며 표현, 결사, 신앙의 자유, 여성과 소수자의 권리에 대한 존중이 보장되는 민주주의 정치 체제에서만 가능하다"고 선언한다.[37] 프리덤하우스는 세계인권선언에서 유래된 방법으로 세계 각국의 자유를 측정한다. 세계인권선언은 모든 사람에게 천부적으로 주어진 30개의 권리를 선언했는데, 여기에는 생명권, 평등권, 사상의 자유, 표현의 자유, 집회의 자유, 국적 선택의 자유, 이동의 자유, 종교의 자유, 공정하고 자유로운 세상, 교육의 자유, 결혼과 가족 구성의 자유 등이 있다. 프리덤하우스는 정부가 선언한 자유보다는 개인에 의해 향유되는 자유에 집중한다. 다음은 자유 국가의 정도를 설명한다.

- **자유로운 국가**는 열린 정치적 경쟁, 시민적 자유에 대한 존중, 강건한 법치와 독립적인 시민 생활, 독립적인 언론을 보장한다. 양도할 수 없는 표현의 자유, 집회와 결사의 자유, 교육의 자유, 종교의 자유가 있다. 호주, 브라질, 미국이 이에 해당한다.
- **부분적으로 자유로운 국가**는 제한적인 정치적 권리와 시민적 자유, 부패, 취약한 법치, 인종적·종교적 갈등, 불공정 선거, 검열의 특징을 보인다. 과테말라, 헝가리, 파키스탄, 탄자니아가 이에 해당한다.
- **자유롭지 않은 국가**는 정치적 권리와 시민적 자유를 아주 적게 보장하거나 아예 보장하지 않는다. 정부는 아주 최소한의 개인적 선택권을 허용하고, 법치가 아닌 인치에 의존하며, 종교적 자유와 사회적 자유를 제한한다. 또한 모두는 아니더라도 많은 부분에서 기업 활동을 통제한다. 중국, 러시아, 사우디아라비아, 이란이 이에 해당한다.

현재 29억의 사람들이 자유로운 국가에 살고 있다. 서양식 민주주의 국가에게는 낯설게 느껴지겠지만 세계 인구의 과반수가 다양한 형태의 권위주의 정치 체제하에 살고 있다. 세계 인구의 24% 정도가 부분적으로 자유로운 국가에 살고 있으며, 36%는 자유롭지 않은 국가에 살고 있다.

정치적 자유의 확산

민주화의 세 번째 물결은 20세기 후반 민주주의 국가의 급속한 증가를 칭한다.

다양한 영향이 민주화의 세 번째 물결에 동력을 공급했다.

- 번영을 약속했던 전체주의 체제의 실패
- 통신 기술의 발달
- 정치적 자유가 가져오는 경제적 배당

20세기 후반에 민주주의는 전 세계로 꾸준히 퍼졌다. 1950~2016년 사이 선거제 민주주의를 도입한 국가는 22개국에서 129개국으로 늘어났다.[38] 이들 중 많은 국가가 이전에 전체주의 국가였지만 꾸준히 민주주의 이념을 확립했다. 이처럼 대규모의 민주주의를 향한 변화는 가히 **민주화의 세 번째 물결**(Third Wave of Democratization)이라 할 수 있다.[39] 이러한 변화는 개인적 자유와 시민적 자유를 전 세계적으로 확장했다. 국가는 공정한 제도, 시민 사회, 공정한 재산권, 독립적인 언론, 공정한 사법부를 건설했다. 결과적으로 2000년 기준 세계 인구의 거의 절반이 다양한 형태의 민주주의 체제에 살았다.

1970년대 중반부터 여러 추세가 합쳐지며 민주화의 세 번째 물결을 가속화했다. 1980년대 말에 베를린 장벽이 무너지며 공산권이 해체되고 냉전이 끝나며 민주화의 물결은 최고조에 이르렀다. 첫째로, 번영을 약속했던 전체주의 정권의 실패가 전체주의의 정당성을 약화했다. 분개한 시민들은 삶의 질이 악화되는 것을 걱정하며 체제에 저항했다. 자유 시장으로 전환한 전 공산주의 국가들은 기업가 정신을 옹호했다. 개인주의로의 전환은 시민의 자유를 증진하고 정치적 자유를 장려했다. 둘째로, 통신 기술의 발전은 전체주의 진영의 정보 통제력을 약화했다. 한때는 뉴스가 퍼지기까지 몇 주나 걸렸지만 통신의 발달로 인해 정보는 빠르게 전파되었다. 검열되지 않은 뉴스에 대한 접근이 확대되었고, "정보는 민주주의의 화폐"라는 토머스 제퍼슨(Thomas Jefferson)의 주장대로 이는 전 세계적인 친민주주의 움직임에 영감을 주었다.

개념 체크

1장에서 '기술의 확장'은 세계화의 요인 중 하나라는 사실을 확인했다. 통신의 발달은 정보의 흐름을 자유롭게 했고, 그에 따라 많은 나라의 사회적 및 정치적 태도에 도전과 변화를 가져왔다.

결국 자유는 경제적 배당을 창출했다. 무엇보다도 자유는 사람들을 빈곤에서 구제하고 번영으로 이끌었다. 삶의 질 척도인 개인당 GDP의 중간값이 자유로운 국가의 경우 자유롭지 않은 국가보다 약 7배 더 높았다. 나라가 번영하게 되면서 재산권, 법규, 교육 기회, 성 평등, 언론의 권력 감시, 사회적 관용에 대한 요구로 이어졌다.[40] 배고픔을 면할 식량, 쉼터, 안전을 끊임없는 찾아야 하는 고통에서 벗어난 중산층의 수가 점점 더 늘어나면서 이들은 개성, 정의, 자유의 이상을 지탱할 자원을

출처: clicksdemexico/Shutterstock

▲ 많은 여성이 거리에 나서 안전, 더 나은 삶의 질, 성 평등을 위해 시위 중이다.

가지게 되었다. 번영의 확장은 정치적 안정성과 밝은 미래에 대한 믿음을 뒷받침했다.

20세기가 지나가면서 더 많은 정치적 자유와 광범위한 시민적 자유를 향한 수십 년간의 행진은 민주주의의 필연성에 대한 믿음을 강화했다. 일부는 민주주의의 급격한 증가가 '역사의 종언'을 상징한다고 보았는데, 서양의 자유민주주의의 보편화가 인류의 이념적 진화의 종점과 인류 통치의 마지막 단계를 나타낸다는 주장이다.[41] 이 거대한 흐름은 국제경영의 성장과 확장에 막대한 결과를 가져왔다. 민주주의적 체제는 여러 불안정한 경영 환경을 안정화했다. 이에 따라 이전까지는 극심한 정치적 위험으로 인해 출입금지 구역이었던 중국, 러시아, 동유럽과 같은 시장까지 다국적 기업이 투자 범위를 확대할 수 있게 되었다. 차츰 전 세계적으로 산업이 발전하고, 중산층이 부상하고, 세계화가 가속화되고, 자유가 만개했다.

출처: Stephane Bidouze/Shutterstock

▲ 한때 흔치 않았던 위성 안테나를 이제는 세계 어디서나 찾아볼 수 있다. 프랑스 보르도에서 찍힌 이 사진은 세계에 범람하는 정보에 접속하기 위해 위성 안테나를 세운 집들을 보여준다.

개념 체크

1장에서 '세계화의 요인'을 설명하며 변화하는 정치적 환경의 힘을 주목했다. 최근까지 민주주의의 확산과 그에 따르는 전체주의의 쇠퇴가 관찰되었다. 민주주의의 정당성을 받아들이는 이들이 늘면서 국제경영의 확장이 가속화되었다.

여러 지표에서 전 세계적으로 새롭게 민주주의를 도입하는 나라가 줄어들고 있음을 볼 수 있다.

자유의 위기

민주주의가 옹호하는 개인주의, 자유, 번영, 평화는 민주주의를 20세기 가장 성공적인 정치적 이념으로 만들었다. 하지만 프리덤하우스는 우려스러운 데이터를 바탕으로 21세기 민주주의의 추진력에 의구심이 제기된다고 보고했다. 2008년, 점차 약해지는 추진력이 '민주주의의 침체'를 제시했고, 2012년 데이터에 따르면 전 세계적인 민주주의의 후퇴가 나타났다. 2015년에 후퇴는 역행으로 이어졌고 이는 곧 '철권 통치의 귀환'을 의미한다. 2018년에는 '민주주의의 위기'를 의미하는 사건과 동향이 나타났으며, 2019년 민주주의의 후퇴는 전 세계적으로 가속화되었다.[42] 결과적으로 경영자는 정치적 해석에서 '역사'가 끝난 것이 아니라 계속 진행 중일지도 모른다는 가능성을 염두에 두어야 한다.

민주화의 세 번째 물결 동안 증가한 민주주의 체제는 여전히 많이 남아 있다. 하지만 개인과 기관은 자유 선거를 늘리고, 인권을 보호하며, 국가의 힘을 제한하고, 규제의 신의 성실을 보호하기 위해 힘든 싸움을 하고 있다. 부정 선거, 공권력을 이용한 탄압, 부정 재판, 반정부 인사에 대한 박해가 늘고 있다. 세계적으로 영향력 있는 전체주의 체제는 민주주의 옹호자를 억압할 뿐 아니라 민주주의 이념 자체를 억압한다. 벨라루스의 대통령이 부정 선거를 통해 당선된 직후 말한 "민주주의는 쓸모없으니 이 나라에 더 이상 없을 것이다"라는 전망을 많은 사람이 따르고 있다.[43]

결과적으로 많은 나라에서 정치적 환경이 유동적이다. 프리덤하우스 보고서에 따르면 2018년까지 13년간 연속으로 전 세계적인 정치적 자유가 감소했다.[44] 이는 현대에 들어서 가장 긴 연속적인 감소이다. 전 세계적으로 민주주의의 근본적인 원칙이 도전받고 점차 거절되면서 수십 년 만에 가장 심각한 위기를 맞았다. 2018년에는 68개국에서 참정권과 시민 자유의 감소가 있었고, 50개국

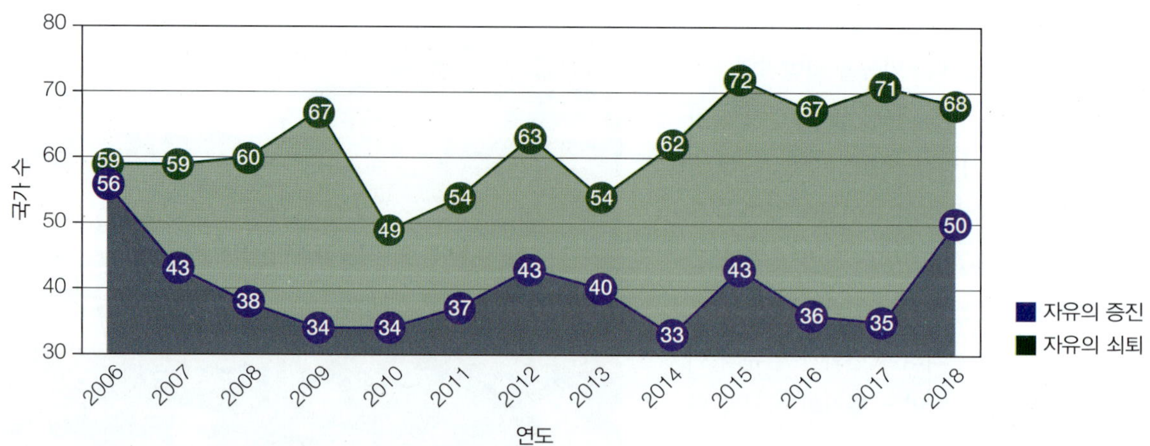

그림 3.3 세계 속 자유: 국가별 증가와 감소

정치적 자유의 추진력은 지난 수십 년 동안 변했다. 초기의 증가가 점차 감소하는 방향으로 바뀌었다.

출처: "Freedom in the World 2019: Democracy in Retreat," www.freedomhouse.org. Used by permission of Freedom House.

에서 증가가 있었다. 민주주의의 순감소는 2006년부터 시작되어 113개국에 자유의 순감소가 있었고, 62개국에 순증가가 있었다(그림 3.3 참조).[45] 이에 상응하여 2019년 이코노미스트정보연구소(Economist Intelligence Unit, EIU)가 발표한 민주주의 지표는 165개국 평균 5.44(1부터 10까지)로 역대 최저를 기록했다.

EIU는 정치적 체제를 네 가지 유형으로 분류한다.

- 완전 민주주의
- 불완전 민주주의
- 혼합 체제
- 권위주의 체제

위기의 정도를 측정하다: 민주주의의 층위 좁게 정의하면 민주주의는 쉽게 이루어질 수 있다. 선거를 실시하는 것만으로 민주주의를 정의한다면 부분적으로 자유롭거나 자유롭지 않은 국가를 포함한 대부분의 국가가 민주주의에 포함될 것이다. EIU는 이러한 왜곡을 해결하기 위해 합법적으로 일상에서 누리는 정치적 자유의 정도를 측정한다. EIU는 국가의 선거 과정, 다원주의, 시민적 자유, 정부의 성과, 정치적 참여, 정치적 문화가 민주주의 체제를 지지하는 정도에 따라 '민주주의의 층위'를 평가한다. EIU는 이러한 요소를 60개의 지표로 변환해서 165개 나라와 2개 비국가 영역에서 민주주의의 층위를 측정하며, 여기에는 전 세계 거의 모든 인구가 포함된다. 이러한 정치적 체제는 **완전 민주주의, 불완전 민주주의, 혼합 체제, 권위주의 체제**로 분류할 수 있다. 표 3.3은 유형별 특징을 설명한다. 지도 3.1은 유형별 세계 분포를 나타낸다.

민주주의의 분포 EIU는 76개국을 민주주의로 분류하는데, 이들은 정기적으로 공정한 선거를 실시한다는 최소한의 기준을 만족한다. 하지만 민주주의의 층위의 관점에서 평가했을 때 많은 국가는 그저 이름만 '민주주의'인 것으로 밝혀졌다. 22개국만이 완전 민주주의이고, 나머지 54개국은 불완전 민주주의이다. 대부분의 완전 민주주의는 서구에서 발견되고 중남미, 동유럽, 아프리카에서는 거의 찾아볼 수 없다. 더 정확히는 유럽과 북미의 OECD 국가들이 '완전 민주주의' 분류의 대부분을 차지한다. 또한 2개의 대양주 국가도 포함되지만 아시아 국가는 하나도 없다. 2개의 중남미 국가(우루과이와 코스타리카) 그리고 하나의 아프리카 국가(모리셔스)가 '완전 민주주의'에 해당된다. OECD 국가들이 분류상 '완전 민주주의' 국가의 대부분을 차지하는 것은 민주주의적 체제와 경제 발전 사이에 관계가 있다는 것을 의미한다.[46]

지도 3.1에서 불완전 민주주의는 세계 곳곳에 존재하지만, 특히 동유럽과 중남미에서 많이 발견

표 3.3 민주주의의 층위: 유형, 특징, 예시

유형	특징[47]	예시
완전 민주주의	• 성숙한 정치 문화가 정치적 자유와 시민적 자유를 보호하고 증진시킨다. • 정부는 책임을 투명하게 이행한다. • 효과적인 견제와 균형이 정치를 규제한다. • 사법부는 독립적이며 결정은 공정하게 집행되고 법치가 확립되어 있다. • 언론은 독립적이고 활발히 감시되며 다양하다.	호주, 오스트리아, 코스타리카, 덴마크, 뉴질랜드, 노르웨이, 스위스, 우루과이
불완전 민주주의	• 국가가 시민의 기본적 자유를 존중한다. • 자유롭고 공정한 선거가 정기적으로 실시되지만 부정 선거와 언론 통제가 일어난다. • 지배 구조의 문제와 낮은 정치적 참여 때문에 정치 문화가 취약하다. • 지도자와 정책이 자주 바뀐다.	브라질, 에스토니아, 헝가리, 인도, 인도네시아, 멕시코, 세네갈, 싱가포르, 남아프리카공화국, 한국, 미국, 대만
혼합 체제	• 선거 부정이 자유와 정의를 약화한다. • 국가가 야당과 후보자를 제한한다. • 인치를 옹호하는 사법부의 편향이 법치를 약화한다. • 정치 문화, 공공 행정, 정치적 참여에 어려움이 있다. • 부정부패가 만연하고, 시민 사회는 약화되며, 언론이 통제된다.	방글라데시, 캄보디아, 온두라스, 키르기스스탄, 나이지리아, 파키스탄, 탄자니아, 태국, 우크라이나
권위주의 체제	• 정치적 다원주의가 없거나 국가에 의해 탄압된다. • 민주주의적 기관이 존재할 수 있으나 국가가 이를 단일 정당의 지배를 정당화하기 위해 사용한다. • 선거가 실시된다 해도 자유롭지 않고 공정하지 않다. • 국가가 체계적으로 시민적 자유를 묵살한다. • 독립적인 사법부가 존재하지 않고 사람에 의한 지배(인치)가 법치에 우선한다. • 언론은 국가 소유이거나 국가에 조종되는 집단에 의해 통제된다. • 검열을 통해 국가에 대한 비판을 탄압한다. • 선전 활동을 통해 국가 이념을 선전한다.	아프가니스탄, 벨라루스, 중국, 가봉, 쿠웨이트, 니카라과, 모잠비크, 러시아, 사우디아라비아, 짐바브웨

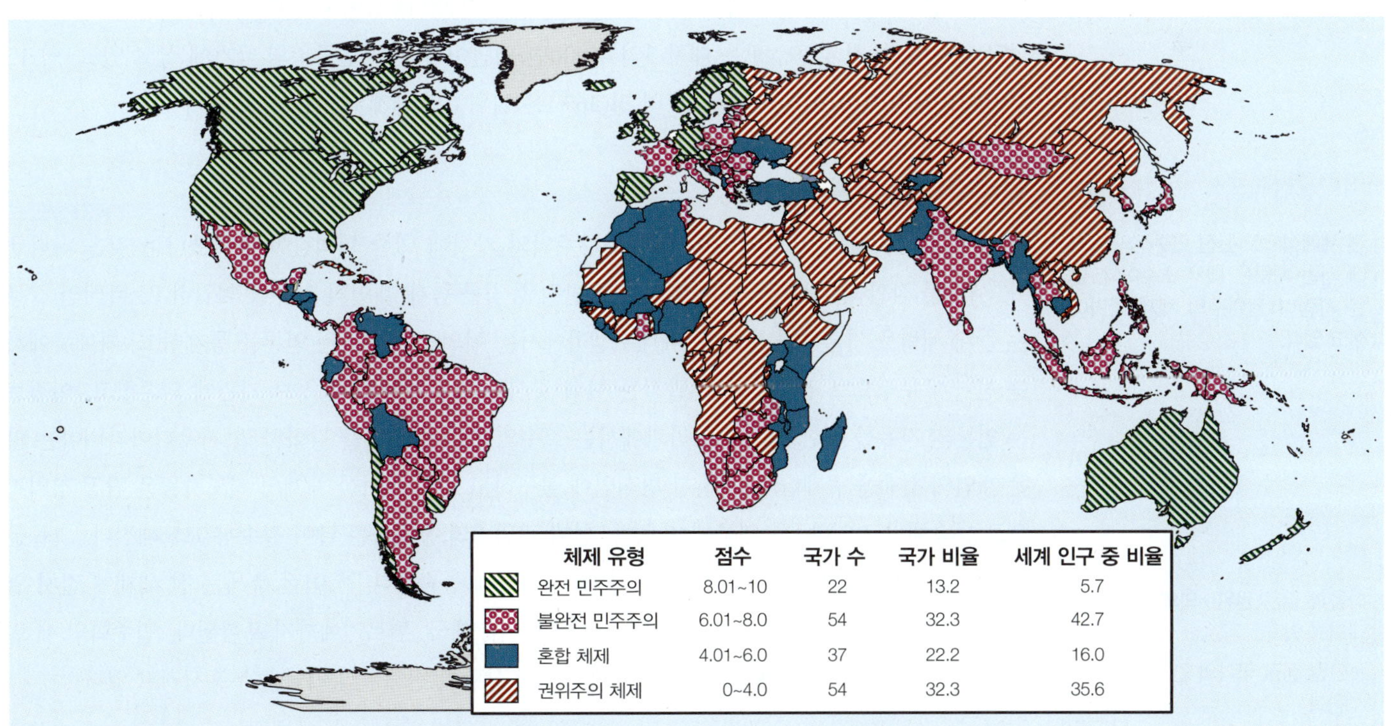

지도 3.1 민주주의의 층위: 체제 유형별 세계적 분포

전 세계적으로 민주주의의 규모와 범위는 다양하다.

출처: "Democracy Index 2019: A Year of Democratic Setbacks and Popular Protest," The Economist Intelligence Unit (2019).

된다. 이들은 취약한 제도적 구조와 낮은 정치적 참여 때문에 자유가 제한된다. 이와 비슷하게 부패, 테러, 마약 유통에 대한 정부의 대응이 통치 체제를 더 복잡하게 한다. 민주주의는 때때로 통제된 다당제의 장식을 빌려 지배하는 단일 정당을 위한 편리한 슬로건으로 사용된다. 예를 들면 홍콩은 불완전 민주주의를 보여준다. 홍콩은 공정한 사법부, 시민적 자유, 독립적인 언론, 다수의 정당과 같은 근본적인 민주주의의 모습을 갖추고 있다. 그럼에도 불구하고 절차상의 부조리는 민주주의적 통치를 저해한다. 홍콩의 행정 장관(사실상의 대통령)은 740만의 시민이 선출하는 것이 아니라 엄선된 엘리트로 구성된 1,200명의 '선거 인단'이 선출한다. 이러한 선거 절차와 여타 정책에 대한 강렬한 반대는 광범위한 시위로 이어졌다. 덧붙여 말하자면 홍콩은 세계 1위 정실자본주의인 동시에 세계 1위 경제적 자유 국가이다. 4장에서 이에 대해 알아볼 것이다.

EIU의 보고서에 따르면 37개국이 자본주의와 권위주의 관행이 섞여 있는 혼합 체제를 따른다. 많은 혼합 체제는 민주주의의 지표를 가지고 있지만, 체계적 오남용이 자유롭고 공정한 절차를 부패시키며 결국 자유를 좀먹는다. 권위주의는 54개국에서 발견된다. 혼합 체제에서도 그렇듯 많은 수의 국가가 보통 선거, 열린 토론, 시민권과 같은 민주주의적 관행을 표방하지만, 실제로 이는 대부분 전시용일 뿐이다. 예를 들면 시민은 지배층 엘리트에 의해 사전에 승인된 후보들에게만 투표할 자유가 있다. EIU는 중국을 권위주의 국가로 분류한다. 중국은 '정당 내 민주주의'에 의해 8개의 다른 법적 민주주의 정당의 정치 체제 참여를 허락한다. 하지만 이들은 공산당에 도전하지 못한다.[48] 일상에서 자주 보이는 개인에 대한 제약, 공직 부패, 국영 언론, 편재하는 국가 보안, 만연한 검열, 편향된 사법부 등은 권위주의의 특징을 보여주는 증거이다.

인구수로 본 민주주의 인구통계학적 관점에서 정치 체제의 분포를 살펴보면 민주주의의 층위에 대해 더 잘 이해할 수 있다. 전 세계 인구 중 대략 37억 명(48%)이 다양한 형태의 민주주의 국가에 살고 있지만, 오직 4.5%, 또는 대략 3억 4,000만 명만이 완전한 민주주의 국가에 살고 있고, 약 12억 명(17%)은 혼합 체제 국가에, 27억 명(36%)은 권위주의 체제 국가에 살고 있다.

권위주의의 유혹

전 세계적으로 완전 민주주의 국가에 사는 사람은 매우 소수이다. 많은 사람이 권위주의 체제 국가에 살고 있다.

단일 정당, 권위주의 국가의 재부상은 민주주의의 가치에 대한 회의감이 증가했다는 것을 나타낸다. 세계를 잠깐 훑어보면 러시아에서는 독단적 통치를 통해 개인의 자유를 억압하고, 바레인 정부는 반대 세력을 가혹하게 대하며, 베네수엘라에서는 이의를 제기하는 언론을 통제하고, 카메룬에서는 선거가 부정으로 얼룩졌으며, 말리는 사회 질서를 확립하기 위해 정보 기관에 의존하고, 이집트는 언론의 자유를 제한하며, 니카라과에서는 소수의 관리가 권력을 강화하고, 사우디아라비아는 많은 개인의 선택을 규제한다. 가혹한 방식임에 불구하고 이와 유사한 체제의 지도자들은 점점 정치적으로 능숙해지고 있다. 한 연구에 따르면 "현대 권위주의 통치자는 날이 갈수록 교묘해진다. 그들은 유연하고, 법률 체계를 조작하며, 현대적 선전 기술에 능숙하다."[49] 이런 추세는 전 세계에 걸쳐 일어나고 있으며 헝가리부터 부르키나파소, 리투아니아, 태국, 튀르키예까지 포함된다. 민주화의 세 번째 물결을 이끌었던 동력에 비유될 만한 여러 진행 상황이 전체주의 이념을 부흥시키고 있다.

다음과 같은 권위주의의 동력이 확대되고 있다.

- 단일 정당 국가의 견조한 경제적 성과
- 민주주의의 이상과 현실의 괴리
- 경제적 불안과 포퓰리즘의 증가
- 민주주의에 대한 서로 다른 해석

성장의 정치경제학 현대화 가설은 산업화, 도시화, 교육, 건강, 소득과 같은 경제적 발전이 민주주의 체제를 지지한다고 주장한다. 특히 확대되는 중산층 부의 증가는 재산권을 촉진하고 개인의 선택을 장려하며, 그럼으로써 민주주의를 옹호한다. 하지만 오늘날의 데이터는 이런 주장에 도전한다.[50] 2019년 기준으로 권위주의 국가의 GDP의 합이 120년 만에 최초로 민주주의 국가의 GDP의 합보다 더 커졌다.[51] 일부에서는 중국의 경제적 성과야말로 권위주의적 일당 체제가 다당제 자유민주주의의 대안이라는 것을 입증한다고 본다. 빈곤에 시달리고 정치적으로 불안정한 많은 국가에서는 '민주주의의 우위'가 실현되지 않은 배당금에 대한 인내심이 사라지고 있다. 예를 들면 거의 75년 동안 이어진 민주주의 체제에도 불구하고 많은 인도 시민은 건강, 교육, 안전을 개선하는 데 애를 먹고 있다. 이에 따라 중국의 이른바 '인민민주주의 독재' 모델이 신뢰를 얻고 있다.[52]

구호 대 현실 일부 서구 국가, 특히 이탈리아, 프랑스, 스페인, 미국의 민주주의 후퇴는 전략적으로 중요한 약 70개국을 정치적 기로에서 멈추게 한다. 민주주의가 이런 나라에서 정상적으로 작동하지 않는다면 아프가니스탄, 아르헨티나, 방글라데시, 모잠비크와 같은 나라에서 어떻게 작동할 수 있을지 의문을 가지게 된다.[53] 상징적으로 미국이 2017년 완전 민주주의에서 불완전 민주주의로 하락한 것 때문에 오랫동안 내려오던 원칙의 정당성이 시험받게 되었다. 이와 비슷하게 서구 국가의 위선에 대한 비판(이라크, 리비아, 시리아, 아프가니스탄에 대한 군사 개입과 대테러 활동이 정치적 자유와 시민의 자유에 가져온 영향이 비판의 원인이 되었다)은 민주주의의 이상에 혼란을 주고 외교 정책에 대한 이중 잣대(사우디아라비아와 태국 같은 일부 독재 국가는 미국의 동맹국인 반면에 이란과 베네수엘라는 적대국이다)는 민주주의 지지자들의 신임을 떨어뜨린다.[54]

마찬가지로 제도에 대한 신뢰가 서구 전역에서 감소했다. 유럽인 5분의 1 미만이 정당을 신뢰하고, 3분의 1만이 정부와 의회를 신뢰할 수 있다고 생각한다.[55] 4분의 1 이상의 유럽인이 선출직 공무원보다 인공 지능이 내리는 정치적 결정을 선호한다고 응답했으며, 독일, 네덜란드, 영국에서는 3분의 1에 달했다.[56] 1973년 42%의 미국인들이 의회에 '매우 많은/꽤 많은' 신뢰를 가진다고 답했지만 2019년에 이 비율은 11%로 떨어졌다. 이는 군, 대기업, 공립학교, 은행, 신문, 대통령직을 포함한 15개의 기관 중 가장 낮은 점수이다.[57]

경제적 문제 많은 서구 나라에서 지속되는 실업, 저성장, 더 높은 세금, 늘어나는 부채는 민주주의가 과연 더 공정하고, 밝고, 번영하는 미래를 창조할 능력이 있는지에 의문을 제기한다.[58] 권위주의 운동은 종종 비관적인 전망을 두려워하는 사람들의 지지를 받는다. 예를 들면 프랑스에서 일어난 노란조끼(gillets jaunes)와 정부의 갈등은 민주주의의 유효성에 대한 불안을 보여준다. 이와 마찬가지로 미국에서 대통령의 논란이 되는 정치 행태와 영국에서 국민을 양극화시킨 브렉시트(BREXIT) 사건이 비슷한 의문을 던진다.

특히 자녀의 장래에 대한 전망이 어두워지는 것을 두려워하는 사람들은 미래에 대한 자신감만 되찾을 수 있다면 대안적 이념에 전적으로 동의하지는 않더라도 받아들이는 경우가 많다. 예를 들면 부패한 엘리트가 자신들의 관심사를 무시한다고 생각하는 일반 시민들이 민주주의의 대안이 되는 이념을 고민하면서 **포퓰리즘**(populism)이 세계적으로 성장하고 있다. 세계포퓰리즘지수(Global Populism Index)는 세계적으로 크게 증가하고 있는 포퓰리즘 정당에 대한 지지율을 발견 및 보고하는데, 현재의 지지율은 1940년대 초반에나 볼 법한 높은 수준이다. 증거에 따르면 민주주의의 유효성에 의문을 제기하는 사람들의 기대와 같이 포퓰리즘 정책은 경제적 불평등을 감소시키는 것으로 나타났다.[59]

출처: Alexandros Michailidis/Shutterstock

▲ 프랑스에서 촉발된 노란조끼 운동은 프랑스 밖으로 퍼져나갔다. 사진은 벨기에 브뤼셀에서 노동자 계층과 중산층에 대한 억압이 증가하는 것에 항의하는 시위자들을 보여준다.

누가 민주주의를 정의하는가 민주주의에 대한 서구 개념의 정당성은 다른 이념을 지지하는 국가에 제대로 전달되지 않는다. 중국의 전임 주석은 서구에서 흔히 사용되는 것과는 다른 의미의 '민주주의'를 말했다. 그의 관점에 따르면 다당제 민주주의에 대한 요구는 금기이고 야당은 공식적으로 조직될 수 없으며 개혁은 반드시 '올바른 정치적 지향'에 따라야 하고 '질서 있는' 변화는 공산당의 권위를 존중하고 보존해야 한다.[60] 시진핑 중국 국가주석은 서구에 "당신의 민주주의는 그리스와 고대 로마의 민주주의이고 그것이 당신의 전통이다. 우리는 우리만의 전통이 있다"고 조언한다.[61]

이와 마찬가지로 블라디미르 푸틴(Vladimir Putin) 러시아 대통령은 자신을 '진정한 민주주의자'라고 선언하고 서구는 권위주의의 미덕을 잘못 해석하고 있다고 주장한다. 또한 "국제적 담론에 참여하는 일부 사람들은 민주주의에 대한 자신의 생각이 진리라고 믿는다"며 비난한다.[62] 그 대신 푸틴은 혼란스러운 자유민주주의보다 안정적인 독재를 선호하는 많은 러시아인이 원하는 방식인 '주권 민주주의'를 관할한다. 혹자는 서구식 민주주의가 개인의 권리와 시민의 자유를 증진하기보다는 계급, 재산, 권력의 불평등을 위장하는 이념적 말장난이라고 말한다. 여러 지도자는 서구식 민주주의의 옹호자들이 신흥국에게 해결책을 강제할 도덕적 권위를 잃으면서 더 이상 세계를 대변하지 않는다고 주장한다.[63]

미래 전망 정치 이념과 다국적 기업의 활동

당신처럼 경영자 역시 향후 10년간 세계의 정치 지형을 궁금해한다. 민주주의가 지적이고 실제적인 매력을 다시 얻을 수 있을까? 전체주의의 입지가 더 튼튼해질까? 새로운 이념이 등장할까? 이러한 질문을 학문적인 허수아비로 치부하여 무시하거나 상아탑에 있는 학자들이 궁금해할 몫으로 남겨두기 쉽다. 그러나 최근 데이터는 그렇지 않음을 보여준다. 줄어드는 정치적 자유와 부흥하는 권위주의가 민주주의의 후퇴를 가속시킴에 따라 국가는 시장을 개편하고 다국적 기업은 전략을 조정한다. 이런 추세는 현대의 정치 이념 간 패권 경쟁을 보여준다. 이것이 이른바 워싱턴 컨센서스 대 베이징 컨센서스이다. 이는 경영자에게 무엇을 의미할까?

워싱턴 컨센서스

냉전이 끝나고 점차 두각을 나타낸 워싱턴 컨센서스(Washington Consensus)는 자유 시장, 친무역, 친세계화 정책에 중점을 둔다. 미국의 지지를 받는 워싱턴 컨센서스는 민주주의, 정치적 자유, 법치, 생명, 자유, 행복 추구 측면의 인권을 옹호한다. 시기적으로 1989년 베를린 장벽 붕괴로 상징화된 모스크바 컨센서스의 몰락은 미국 중심의 일극 세계에서 워싱턴을 세계 철학의 중심으로 만들었다. 경영진, 정치가, 군장성, 언론인, 기관이 개진하는 워싱턴 컨센서스는 선진국과 신흥국에 미국식 신자유주의 정치 경제를 반영한 개혁을 추진하도록 촉구한다. 워싱턴 컨센서스를 지탱하는 것은 올바른 시장 개혁을 통한 경제 성장이 재산권을 지지하는 중산층이 생성하고, 이는 결국 법치의 제도화로 이어질 것이라는 서로 연결된 믿음이었다.

미국은 이런 순서로 발전이 성공적으로 이루어지면 번영과 평화를 굳게 옹호하는 국가가 건설될 것이라고 믿었다. 워싱턴 컨센서스는 이러한 신념의 보편성이 생명권, 자유권, 행복권의 보편성과 같이 국가의 권위주의, 인치, 체계적인 억압에 의해 부과된 제한을 상쇄한다고 주장한다. 워싱턴 컨센서스의 단계적 도입은 정당한 신자유주의적 민주주의를 설정, 지지 및 유지하는 정책을 실행했다. 신자유주의적 민주주의를 일상에 도입하는 것은 개인이 본인이 원하는 대로 살 수 있는 본질적인 자유를 가진다는 것을 의미했다. 궁극적으로 워싱턴 컨센서스의 확산은 미국식 친평화 민주주의를 실천하는 국가로 이루어진 세계를 가져온다. 이의 달성이야말로 인류의 사회문화적 발전의 종착역, 즉 역사의 종언을 의미한다고 정치 이론가들은 주장했다.

베이징 컨센서스

반대로 베이징 컨센서스(Beijing Consensus)의 매력이 커지고 있는 것은 역사의 종언이 아니라 새로운 정치적 시대의 징후라고 말하는 이들도 있다. 실제로 20세기가 각자의 컨센서스를 지지하는 모스크바와 워싱턴 사이의 이념적 경쟁으로 특징지어진 것처럼 21세기에도 워싱턴과 베이징 사이의 이념적 경쟁과 함께 역사가 되풀이될지 모른다. 중국의 자칭 '인민민주주의 독재'의 완곡한 표현인 베이징 컨센서스는 시민들은 집권당이 사전에 승인하여 선출된 대표에 대한 투표권을 가지지만 의사결정에 참여하지는 않는 명목상 민주주의 체제를 감독하는 단일 정당 체제를 옹호한다. 선거는 자유롭지만 공정하지 않다. 중국 공산당이라는 형식의 국가는 합의에 의한 지배를 목표로 하고, 철권 통치보다는 자비로운 설득을 선호한다. 물론 국가는 권위에 도전하는 자를 신속하게 탄압한다. 일당 체제하에서는 비정치적 자기 의사 표시조차도 항명을 의미한다. 중국 공산당의 관리는 "안정이 모든 것에 우선한다"고 일상적으로 말한다.

이념적으로 개입주의적인 워싱턴 컨센서스와는 달리 베이징 컨센서스는 이념적 불가지론에 해당한다. 베이징 컨센서스는 경제 발전과 국제무역을 성장과 부의 축적, 조화로운 사회를 구현하기 위한 수단으로 중시한다. 시민들이 정치적 자유보다는 더 높은 임금, 사회적 안정, 경제적 안정에 더 가치를 둔다고 판단하는 베이징 컨센서스는 정치적 선택지를 없애기 위해 빠르게 성장하는 번영을 활용한다. 다른 국가의 정치 상황에 대해 판단하지 않으며, 반대로 자국의 정치 상황에 대해 판단받지 않기를 바란다. 그러면서 '구속 없는' 무역을 옹호한다(워싱턴 컨센서스의 경우 민주주의, 자유, 인권, 법치를 옹호한다). 이를 위해 중국은 정치 개혁에 대한 요구 없이 아시아, 아프리카, 중동, 남미 전역에 투자하고 있다.

지난 40년간 보여준 경제 성과 덕분에 중국이 주창하는 일당 체제 내 조화로운 안정 정책은 세계적으로 인정받았다. 한 애널리스트에 따르면 "중국의 권위주의적 자본주의 모델이 인정받기 시작했다. 시리아부터 베트남에 이르는 정부가 중국의 모델을 칭송한다." 일부는 자유 경제와 다당제 민주주의가 결합한 모델이 아닌 자유 경제와 권위주의 정치가 결합한 국가 통제가 번영과 조화를 달성함에 있어 더 나은 정치적 경로를 제시한다고 주장한다.

다음은 무엇인가?

민주주의가 계속 후퇴하면서 오랫동안 중시되었던 이상에 의문이 제기되고 있다. 경영자들은 정치 이념이 나아갈 방향을 연구하고 있다. 워싱턴 컨센서스 형식의 자유민주주의가 다시 지도력을 회복할까? 전 세계적 네트워크의 확장을 통해 점진적으로 연결되어 가는 중산층의 확대를 필두로 하는 세계적 발전 상황은 이와 같은 예측을 지지한다. 아니면 베이징 컨센서스의 권위주의적 정신이 정치적 기준이 될 것인가? 지지자들은 중국이 전 세계적으로 우호적인 국가에 점점 더 많이 관여하고 있는 것이 설득력 있는 증거라고 말한다.

어떤 시나리오든 우리는 역사가 중요하다는 사실을 역사로부터 배운다. 민주화의 첫 번째 물결(1828~1926)과 두 번째 물결(1943~1962) 이후 자유에 대한 반발과 민주주의의 후퇴, 권위주의의 발흥이 있었다. 민주화의 두 번째 물결이 끝날 무렵 20여 개의 민주주의 국가가 다시 전체주의로 회귀했고, 이는 워싱턴과 모스크바 사이 이념 전쟁의 상징이 되었다. 여기서 질문이 제기된다. 우리는 다시 한번 전환과 통합의 주기를 맞고 있는 것일까? 답이 무엇이든 무지한 이들만이 정치적 변화의 결과를 과소평가한다. 워싱턴 컨센서스가 회복력을 입증한다면 경영자는 개인주의를 지지하고 자유와 인권을 옹호하며 법치를 채택하는 국가의 성장통에 맞춰 경영 방식을 조정해야만 한다. 쉽지 않지만 결국 많은 이에게 번영이 있을 것이다. 베이징 컨센서스가 우세한다면 경영자는 집단주의를 옹호하고 조화를 추구하며 정치적 자유를 대가로 경제 성장을 달성하는 국가에 의존하는 세상의 경영을 위해 잘 생각해야 한다. 번영은 쉬울 수 있으나 그 대가는 선택의 제한일 것이다.

정치적 위험

3–4 정치적 위험을 설명한다.

정치적 위험이란 특정 국가의 의사 결정이나 사건이 투자의 수익성과 지속가능성에 부정적인 영향을 미치는 위협을 일컫는다.

캐나다, 캄보디아, 카메룬, 차드, 중국, 칠레 중 어느 나라에서 사업을 운영하는지에 관계없이 다국적 기업은 진출국의 정치적 사건이 운영 목표, 전략적 목표, 수익성에 부정적인 영향을 미칠 위험에 직면해 있다. **정치적 위험**(political risk)이란 정치적 결정, 사건 또는 조건이 국가의 사업 환경을 변화시켜 기업으로 하여금 더 낮은 수익률을 받아들이거나, 투자의 일부 또는 전부를 포기하거나, 계속 운영하기 어렵게 위협할 가능성을 말한다.

다양한 흐름이 정치적 위험을 증가시킨다. 정치적 자유의 감소는 시장 전반의 정치 활동을 불안정하게 한다. 많은 국가는 일관된 정치 체제를 유지하기 위한 민주주의의 층위 면에서 부족하다. 앞서 민주화의 세 번째 물결이 확대되면서 경영자는 권위주의적 통제가 아닌 정치적 자유의 원칙이 국사를 좌우하는 것을 목격했다. 권위주의의 자의적이고 기회주의적 특징이 아닌 민주주의의 공정하고 정의로운 원칙은 더 많은 국가에서의 정치적 위험을 체계적으로 감소시켰다. 국제경영은 민주 체제를 꾸준히 확립한 시장으로 확장하면서 번영했다. 오늘날 전 세계적으로 정치적 자유를 감소시키는 정책이 정치의 불확실성을 증가시킴으로써 정치적 위험을 심화한다.

개념 체크

1장에서 일부 이익 집단이 국내 사업 환경의 세계화로 인해 국가 주권이 약화되는 것을 우려한다고 설명했다. 즉 확대되는 국가 간 연결이 국가가 자국의 이익을 위해 행동할 권리를 제약하는 것을 걱정한다. 그리고 때때로 이런 입장은 공격적으로 외국인 투자자를 규제하여 국가 주권을 보호하도록 정부를 압박함으로써 정치적 위험을 심화한다.

문제를 가중시키는 것은 많은 신흥 시장이 일촉즉발의 상황으로 가득하다는 사실이다. 외국인 투자자는 종종 정치적 충성이 경제적 상황을 복잡하게 만드는 국영 기업과 경쟁해야 한다. 또한 자국의 우량 기업에 대한 정부의 편애는 위험한 상황을 만든다. 더 근본적으로 자의적인 법, 취약한 제도, 불안정한 사회, 부패한 정권이 불확실성을 키운다. 포퓰리즘, 실업, 소득 불평등, 대규모 이민, 고조되는 민족주의, 시민의 양극화 등 2000년대에 지엽적으로 여겨졌던 문제가 많은 곳에서 중대한 문제가 되었다. 문제를 복잡하게 만드는 것은 정치적 위험을 촉발하는 요인이 시장마다 다르다는 사실이다. 베네수엘라의 경영자는 사회주의가 확대되는 가운데 경제적 민족주의에 직면한다. 브라질의 경영자는 의회의 끊임없이 변화하는 다당제 동맹을 마치 암호를 풀듯이 이해해야 한다. 중국에서는 공산당의 권력과 작동 방식을 이해해야 한다. 사우디아라비아의 경영자는 왕족 내부의 상황을 이해해야 한다. 미국과 영국에서 경영자는 민족주의의 고조가 국가 간 통합에 미치는 영향을 이해해야 한다. 결과적으로 한 국가에서 잘 들어맞는 정치적 분석이라 하더라도 다른 국가에서는 종종 쓸모가 없다.

정치적 위험의 분류

정치적 위험을 거시-미시 축을 사용하여 평가해보자(그림 3.4 참조). 거시적 위험은 자국 기업과 외국 기업 모두를 포괄하여 한 국가의 모든 기업에 영향을 주는 위험이고, 미시적 위험은 개별 기업, 특히 외국 기업에 영향을 주는 위험이다. 각 유형에 대해 자세히 살펴보자.

체계적인 정치적 위험 일반적으로 국가의 정치적 절차가 임의적으로 기업에게 불이익을 주지는 않는다. 만약 그렇다면 그 나라에 투자하는 위험을 감수하는 기업은 극소수에 불과할 것이다. 오히려 기업은 보통 공공 정책의 변화로 인해 현지 사업 활동에 영향을 미치는 일반적인 정치적 위험에 직면하는 경우가 많다. 예를 들어 새로 선출된 공직자는 일반적으로 새 재정 정책 수립, 새 규정 제정 또는 통화 정책 변경과 같이 자신의 전임자와는 다른 프로그램을 추진한다. 때로는 해당 시장의

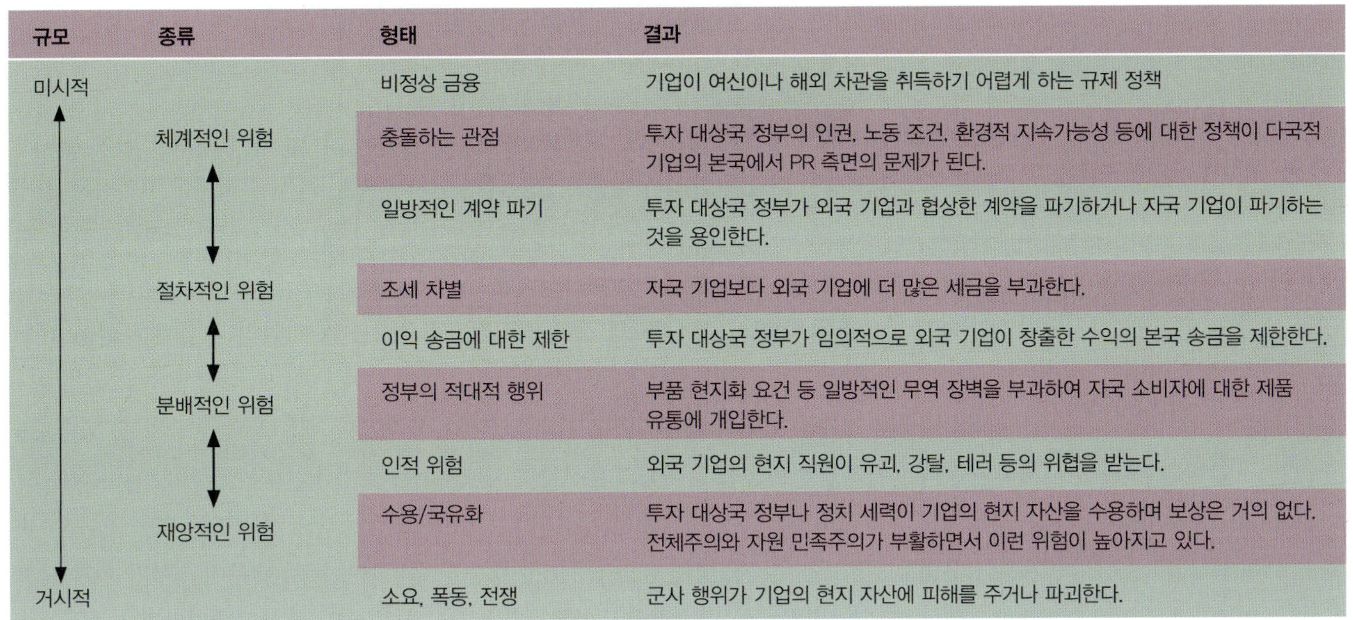

규모	종류	형태	결과
미시적		비정상 금융	기업이 여신이나 해외 차관을 취득하기 어렵게 하는 규제 정책
	체계적인 위험	충돌하는 관점	투자 대상국 정부의 인권, 노동 조건, 환경적 지속가능성 등에 대한 정책이 다국적 기업의 본국에서 PR 측면의 문제가 된다.
		일방적인 계약 파기	투자 대상국 정부가 외국 기업과 협상한 계약을 파기하거나 자국 기업이 파기하는 것을 용인한다.
	절차적인 위험	조세 차별	자국 기업보다 외국 기업에 더 많은 세금을 부과한다.
		이익 송금에 대한 제한	투자 대상국 정부가 임의적으로 외국 기업이 창출한 수익의 본국 송금을 제한한다.
	분배적인 위험	정부의 적대적 행위	부품 현지화 요건 등 일방적인 무역 장벽을 부과하여 자국 소비자에 대한 제품 유통에 개입한다.
		인적 위험	외국 기업의 현지 직원이 유괴, 강탈, 테러 등의 위협을 받는다.
	재앙적인 위험	수용/국유화	투자 대상국 정부나 정치 세력이 기업의 현지 자산을 수용하며 보상은 거의 없다. 전체주의와 자원 민족주의가 부활하면서 이런 위험이 높아지고 있다.
거시적		소요, 폭동, 전쟁	군사 행위가 기업의 현지 자산에 피해를 주거나 파괴한다.

그림 3.4 정치적 위험의 종류와 특징
정치적 위험은 유형, 기술, 결과의 면에서 명백한 특징이 있다.

중요성으로 인해 다국적 기업이 체계적 위험을 회피할 수 있는 실질적인 선택지는 거의 없을 때도 있다. 예를 들어 대부분의 사람들은 미국을 정치적 위험의 온상으로 간주하지 않는다. 하지만 담배 사업을 하고 있다면 미국은 위험한 시장이 된다. 미국 정부는 과세, 사업 관행, 배상책임 문제에 대해 담배 제조업체[필립모리스(Philip Morris)와 같은 국내 기업과 BAT와 같은 외국 기업 모두]를 공격적으로 규제한다. 정치적으로 위험하지만 전략적으로 중요한 시장에 대한 접근을 유지하려면 역동적인 상황을 능숙하게 다루어야 한다.

체계적인 정치적 위험은 국가의 투자와 운영 조건에 영향을 미치며 모든 기업에 영향을 준다.

정부는 때때로 에너지 산업을 국유화하는 베네수엘라, 철도를 국유화하는 아르헨티나, 우주 산업을 다시 국유화하는 러시아와 같이 국내외 기업이 지배하는 전략적 산업을 먹잇감으로 삼을 수 있다. 마찬가지로 민간 부문에 외국인 노동자를 대신하여 사우디 시민을 위한 일자리를 창출하려는 사우디아라비아의 계획은 광범위한 금지 규정으로 이어졌다. 그 결과 외국인 노동자의 탈출이 일어났고 전국적으로 임금률이 상승했다. 이러한 상황으로부터 정치적 목적을 가진 정책은 거시적 환경을 변화시켜 모든 기업에 영향을 미치는 체계적인 정치적 위험을 가져온다는 사실을 알 수 있다.

절차적인 정치적 위험은 효과적인 기업 활동을 제약하는 장애물을 가져온다.

절차적인 정치적 위험 제품과 자원은 끊임없이 전 세계 시장 곳곳을 이동한다. 각각의 이동은 개인, 자회사, 회사, 기관 또는 국가 간 절차적 거래(procedural transaction)를 생성한다. 정책은 때때로 이러한 거래를 늦추거나 중지시키는 마찰을 가져온다. 기회주의적인 관료는 세관에서 물품을 통관하거나, 기술 이전 허가를 얻거나, 자본 송환을 승인할 때 추가 비용을 지불하도록 회사에 압력을 가할 수 있다. 예를 들어 나이지리아의 사업 환경은 절차적인 위험으로 가득하다. 한 전문가는 "국가 기구 전체가 현금을 빨아먹기 위해 존재한다. 정부의 많은 기능이 개인의 이익을 위해 변형되었다. … 경제 전반에 걸쳐 불필요하고 번거로운 규제가 만연하다. … 나이지리아의 일부 주지사들은 모든 재산 거래를 직접 승인하고 이에 대한 수수료를 요구한다"고 지적한다.[64] 정치적 간섭은 비용을 증가시켜 수익을 낮춘다. 절차적인 정치적 위험은 일반적으로 기업 전체가 아닌 일부에 영향을 미친다. 다국적 기업은 산업 발전을 모니터링하고, 공무원과의 관계에 신경 쓰며, 좋은 기업 시민으로 행동함으로써 이를 관리한다.

분배적인 정치적 위험은 외국 기업의 현지 재산권을 조금씩 소멸시킨다.

분배적인 정치적 위험 국가는 성공적인 외국인 투자자를 혁신의 대리인이자 번영의 원천으로 본다. 종종 지역 경제에서 다국적 기업의 이윤이 늘어나면 현지 정부는 사업 수익에서 차지하는 몫에 의문을 제기한다. 많은 정부가 더 큰 몫을 받아야 하며 분배를 재설정하는 정책을 시행하겠다는 결론을 내린다. 종종 정부는 **점진적 몰수**(creeping expropriation) 절차를 적용한다. 정부는 다국적 기업의 현지 재산권을 입법, 규제, 과세를 통해 점진적으로 감소시켜 이익의 더 많은 부분을 점유한다.

다국적 기업은 경계를 늦추지 않음으로써 분배적인 정치적 위험에 대한 노출을 줄일 수 있다. 선제적 대응책은 가치사슬 활동을 분해하고 분산하여 재배치하는 것이다. 크라이슬러(Chrysler)는 현지 공장에서 자동차를 조립하는 데 필요한 부품의 많은 부분을 만들지만 전부 만들지는 않음으로써 페루 정부의 점진적 몰수를 차단했는데, 이는 일부 부품을 수입해야 하기 때문에 정부가 현지 시설을 수용해도 쓸모가 없다는 것을 의미했다. 마찬가지로 일본과 중국 간 주기적인 긴장감은 중국에서 광범위한 사업을 하는 일본 다국적 기업이 정치적 위험을 회피하게 한다. 일부는 '차이나플러스' 접근법을 적용한다. 이는 중국을 중심으로 구축된 공급사슬에 대한 보호 장치로, 태국, 베트남, 필리핀과 같은 다른 아시아 시장에 '예비 중심지'를 두는 방식이다. 비효율적이긴 하지만 예비적 위치를 두는 것은 긴장이 고조될 경우 사업을 보호하는 역할을 한다.[65]

재앙적인 정치적 위험은 모든 기업의 사업 환경을 파괴한다.

재앙적인 정치적 위험 인종 갈등, 불법적인 정권 교체, 내분 또는 반란과 같은 이례적인 정치적 사건은 한 국가의 모든 기업의 투자와 운영에 직접적이고 극적인 영향을 미친다. 원인이 무엇이든 이러한 종류의 재난은 근본적으로 시장을 파괴한다. 예를 들어 아랍의 봄 운동 동안 이집트의 반정부 시위는 경제를 마비시켰다. 대외 교역과 국내 사업이 중단되고 교역용 수로가 점령되며 모든 종류의 공급이 사라졌다. 다행히 이집트는 위기에서 벗어났다. 반면 특히 차드, 리비아, 소말리아와 같은 소위 실패한 국가에서 심화되는 혼란은 모든 기업의 사업 환경을 파괴한다.[66] 마찬가지로 COVID-19의 대유행은 처음에 대규모 격리, 여행 제한, 사회적 거리두기 조치를 촉발하여 소비자 및 기업 지출의 급격한 감소를 초래했다. 또한 정리해고, 사업 폐쇄, 파산의 악순환을 발생시켰고, 일부 국가는 불황은 아니더라도 경기 침체를 겪었다.[67]

법적 환경

3-5 법률적 환경의 원리와 실재를 해석한다.

정치가 국가마다 다르듯이 법률 체계 역시 그렇다. 따라서 국제경영 환경의 주요한 특징은 국가가 어떻게 법을 제정하고 해석하며 집행하느냐이다. 당연하게도 경영자는 국가마다 법이 일관되어야 한다고 주장한다. 획일적이고 투명한 법은 어디에 투자할 것인지, 그리고 그곳에 진출하면 인맥이 아닌 전문적인 역량으로 어떻게 경쟁할 것인지를 쉽게 결정할 수 있게 한다. 이론적으로 적법한 규칙은 정치, 문화, 경제적 지위를 막론하고 편견 없이 개인이나 기업에 적용되며, 이는 정의롭고 공정한 법적 환경의 기초가 된다. 이런 과정이 합리적이라면 개인과 기업은 평화와 번영을 지탱하는 타

능동적인 정치적 위험 관리가 더 나은 방식인가?

POINT

그렇다. 기업은 정부가 기업 환경을 규제하고 그에 따라 기업의 성과가 영향을 받는다는 사실을 잘 알고 있기 때문에 정치를 중요하게 생각한다. 따라서 다국적 기업은 예리한 정치적 위험 관리 전략을 필요로 한다. 여기에는 능동적 접근 방식과 수동적 접근 방식이 있다. 능동적인 정치적 위험 관리를 옹호하는 사람들은 최선의 방어가 좋은 공격이라고 생각한다. 주도권을 쥐고, 분석을 적용하고, 문제를 예측하여 선제적 조치를 취하는 것이 최적의 위험 관리 방식이다.

해야 할 일 경영진은 실전에서 검증된 전략을 사용해야 한다. 첫째, 최첨단 통계 모델 기법 및 빅데이터 분석을 적용하여 정치적 위험을 수치화한다. 정치적 사건은 독립적이지도 우연도 아니며 소요, 점진적 몰수, 정권 교체, 민족적 갈등, 테러 같은 일은 무작위로 일어나지 않는다는 논점에서 시작한다. 사건에 예리한 분석을 활용함으로써 미래 결과의 확률을 추정할 수 있게 하는, 측정 가능하고 관찰 가능한 패턴을 알아낸다. 그런 다음 국가의 정치 현실 전문가와 상의하여 그 모델의 타당성을 시험할 수 있다. 다국적 기업은 시나리오를 감지, 측정 및 구성하는 엄격한 분석을 적용하여 한발 앞서 나아가 정치적 위험 노출을 능동적으로 관리한다.

주시해야 할 것 정치적 위험을 모형화하는 일의 핵심은 알맞은 개별 상황의 집합을 측정하는 것이다. 성공은 신뢰할 수 있는 측정 가능한 유효한 지표를 파악하느냐에 달려 있다. 연구를 통해 정부 위기의 빈도, 부패의 정도, 정실자본주의의 정도, 위조의 범위, 공직을 맡은 군인의 수, 도시화의 속도, 언론의 자유, 민족적-언어적 파편화 등과 같은 유용한 후보 지표를 식별한다. 방법론의 발전에 따라 분석도 강화된다. 예를 들어 감성 분석, 여론 추출, 컴퓨터 언어학은 온라인 통신에서 사용되는 감정적인 단어와 구문을 추적한다. 수백만 개의 댓글과 온라인 포스팅 등에 사용되는 긍정적인 단어와 부정적인 단어의 상대적 빈도를 비교하면 사람들이 '느끼는' 방식에 대한 국가 및 글로벌 온도 지도(heat map)가 생성된다. 예를 들어 감성 분석은 독재 통치에 대한 사람들의 분노가 폭력으로 폭발하기 몇 주 전에 이집트와 리비아에서 임계점을 넘었다는 것을 알려주었다.[68] 감성 분석은 문제가 개별적 척도를 식별하는 것이 아니라 올바른 조합을 파악하는 일이라는 것을 보여준다. 파악이 완료되면 숙련된 통계 모델이 위험 노출 정도를 객관적으로 추정한다.

COUNTERPOINT

아니다. 의심할 여지 없이 능동적인 접근 방식은 진취적이고, 자신감 있으며, 객관적이고, 결단력 있는 훌륭한 경영의 특징을 보인다. 그러나 이는 일부 다국적 기업이 정반대로 정치적 위험을 예측할 수 없는 위험으로 취급하며 수동적으로 관리하는 이유를 설명하지 못한다. 본질적으로 이러한 기업은 모델이 얼마나 훌륭하게 개념화되었는지, 얼마나 체계적으로 명시되었는지, 얼마나 정확하게 분석되었는지에 관계없이 어떤 모델도 정치적 위험을 일관되게 예측할 수 없다고 판단한다. 물론 좋은 모델은 누가 집권할지, 어떤 정책이 통과될지, 이러한 종류의 사건이 시장에 어떤 영향을 미칠지에 대한 경제, 정치, 사회 보고서에서 의미 있는 통찰을 제공한다. 의심할 여지 없이 이러한 통찰력은 정치 체제와 그 위험을 이해할 수 있게는 하지만, 예측 가능하게 하지는 않는다.

피해야 할 일 복잡하고 구조가 없는 상황을 신뢰성 있게 측정하는 것은 비현실적이기 때문에 통찰이 예측과 정확히 같지는 않다. 정치 세계는 복잡하고 본질적으로 모호하며 변화하는 경향이 굉장히 높다. 정치 체제를 구성하는 수많은 변수와 이들 간 상호작용은 어려움을 가중한다. 예를 들어 한 국가의 민주주의의 층위를 평가하는 데는 60개의 지표가 있다.

다국적 기업이 각각 고유한 정치적 특성을 지닌 신흥 시장으로 진출함에 따라 이러한 상황은 더욱 어려워진다. 미국에서 멕시코로 가는 것이 쉽지 않을 수 있지만, 미국에서 사우디아라비아, 카자흐스탄, 짐바브웨로 확장하는 것과 비교하면 어렵지 않은 일이다. 아무리 분석 내용이 포괄적이고 전문가가 아무리 통찰력이 있다고 해도 정치 환경의 다양성과 변화성은 정확한 모델링을 거의 불가능하게 만든다. 잠재적인 위험을 예측하는 폭넓은 사고의 틀을 개발하는 것은 사업을 위해 필요하다. 그러나 정치적 위험을 신중하게 관리하려면 우선 관리할 수 있다는 환상부터 버려야 한다. 모델의 목표는 예측이 아니라 보호이다. 달리 말하면 좋은 방어가 최선의 공격인 것이다.

피하는 방법 정치적 위험에 대한 노출을 어떻게 회피하는가? 일반적으로 다국적 기업은 정치적 위험 보험에 가입한다. 보험 정책은 점진적 몰수, 정치적 폭력, 송금 중단, 체납 및 불가피한 계약 파기를 포함한 여러 위험에 대해 단일 국가 보장 또는 광범위한 다국가, 지역적 및 글로벌 보장을 제공한다. 다양한 공공 기관, 국제 기구, 민간 기업에서 보험 상품을 제공한다.

- 다자 개발 은행(Multilateral Development Bank, MDB)은 회원국 정부가 공동 소유하고 재원을 지원하는 국제 금융 기관이다

추가해야 할 것 그렇다. 능동적인 접근 방식에는 한계가 있다. 스프레드시트 추정은 아무리 엄격하더라도 현재까지의 분석만을 할 수 있다. 이 한계에 도달한다고 해서 위험 관리를 중단할 필요는 없다. 심층적인 국가별 질적 지표로 정량적 측정을 보완할 수 있다. 설문 조사 국가 전문가들은 숫자로 표현하기 어려운 부분에 국가의 정치 현실에 대한 해석을 활용한다. 전문가는 미묘한 복잡성을 이해하고 주관적 조건에 대한 전문지식으로 정량 분석을 향상시킨다. 그러면 그들의 통찰력에 비추어볼 때 독특하게 보일 수 있는 상황이 체계적인 패턴이 된다. 전문가 평가를 정치적 위험 전략에 통합하는 것은 간단하다. 한 국가의 정치 환경을 평가하기 위해 전문가와 표준화된 인터뷰를 진행하는 것으로 시작하라. 막혔다면 유용한 출발점은 인터넷이다. '정치적 위험 관리'를 검색하면 참고 자료를 찾을 수 있다. 종합적으로 이는 현실적인 시나리오를 계획하고 합리적인 결과에 대한 객관적인 확률을 부여하는 것을 지원한다. 이것이 능동적인 정치 위험 관리의 특징이다.

깨달아야 할 것 모호하고 주관적이며 예측할 수 없는 정치적 변화의 역학을 모델링하는 것은 많은 사람에게 확실하기보다는 환상에 가깝게 느껴진다. 그럼에도 불구하고 국제적으로 사업을 운영한다는 것은 경영자가 끝없는 질문과 복잡성을 다룬다는 것을 의미한다. 기업의 일상 업무의 일부는 정치적이다. 어려워 보이지만 다국적 기업의 실적을 들여다보면 경영자가 정치적 위험 전략을 고안하여 수익성 높은 기업을 운영하는 현명한 방법을 찾아내고 있음을 알 수 있다.

(예: 아프리카 개발 은행, 아시아 개발 은행, 세계은행 그룹 등). 잠재적 투자자에게 금융 장려책을 제공함으로써 회원국의 성장을 촉진한다. 또한 자본 위험을 낮춰 기업이 위험한 환경에서도 사업을 확대할 수 있도록 돕는다.

- 해외민간투자공사(Overseas Private Investment Corporation, OPIC)은 소요, 몰수, 송금 중단을 포함한 다양한 형태의 위험으로부터 사업을 보호함으로써 미국의 해외 투자 프로젝트를 장려한다. 해외민간투자공사는 미국의 외교 정책을 뒷받침하는 신흥시장에 대한 투자를 촉진하는 것을 선호한다.
- 민간 보험회사는 정치적 위험 보호에 대한 보험을 판매한다. 많은 경우 계약 파기 및 송금 중단과 같은 재산과 소득을 수반하는 '일상적인' 절차적·분배적 위험에 대해 보험을 제공한다. 민간 보험사는 잠재적인 손실 규모를 고려할 때 소요, 반란, 전쟁으로 인한 재앙적 위험을 감당하기는 꺼린다.

깨달아야 할 것 궁극적으로 예측과 통제가 전문적인 경영의 기반이라는 점에 동의한다. 그러나 정치는 결코 예측 가능하고 통제될 수 있는 것이 아니다. 아랍의 봄이라는 정치적 혼란을 예견한 사람은 거의 없었다. 마찬가지로 영국의 브렉시트 투표 결과나 도널드 트럼프(Donald Trump)의 당선은 많은 사람을 놀라게 했다. 게다가 10년 전 민주주의의 후퇴를 예견한 사람은 거의 없었고, 분석가 역시 '역사의 종언'을 선언했다. 이들의 오류를 강조하려는 것은 아니지만 이런 종류의 거대 사건조차 예측할 수 없다면 도대체 무엇을 예측할 수 있을까? 그러므로 능동적 위험 관리에 대한 환상을 버리고 실제로 가능한 수동적인 정치적 위험 관리를 선택하는 것이 합리적이며, 또한 이를 통해 더 많은 이윤을 낼 수 있다.

당한 결정을 내릴 수 있다. 이런 과정이 임의적이라면 개인과 기업은 고통받는다. 오노레 드 발자크(Honoré de Balzac)는 이를 "사법부를 불신하는 것은 사회의 종말의 시작을 의미한다"고 경고했다.

> 법률 체계는 공식적인 사법 관할권 내에서 법을 제정, 규정, 해석, 집행하기 위한 작동 원리이다.

국가의 **법률 체계**(legal system)는 행동을 규제하는 규칙, 법을 집행하는 과정, 불만을 해결하는 절차를 규정하는 규칙을 명시한다. 다른 사정이 동일하다고 했을 때 법률 체계는 사업 형성을 지탱하고, 거래를 규제하며, 관계를 공식화하는 규칙을 제정한다. 이는 사회가 경제 발전을 추구할 수 있도록 보장하고 의견 충돌이 발생할 때 무법 상태에 의존하지 않고 해결할 수 있게 한다. 그러나 법률 체계는 전통, 판례, 용법, 관습, 종교적 율법의 차이로 인해 나라마다 다르다. 게다가 유럽연합의 회원국을 제외한 국가들은 다른 나라의 법적 관행이나 법원 판결의 정당성을 거의 인식하지 못한다. 한 전문가는 "상품은 쉽게 국경을 넘어 이동하지만 법적 판단은 별로 그렇지 않다"고 말한다.[69]

> 현대의 법률 체계는 다음 세 항목으로 구성되어 있다.
> - 헌법
> - 형법
> - 민법과 상법

현대의 법률 체계는 세 가지 필수적인 요소를 가지고 있다. ① **헌법**(constitutional law)은 한 나라의 핵심 원칙을 개방적이고 정의로운 법률 체계로 바꾸고, 정부의 틀을 세우며, 법을 제정하기 위한 권력 기구의 권위와 절차를 규정한다. ② **형법**(criminal law)은 어떤 행위가 범죄인지 명시하고,

그 기준을 위반하는 사람에 대한 처벌을 규정함으로써 사회를 보호한다. ③ **민법**(civil law)과 **상법**(commercial law)은 개인 및 조직 간 행위를 규제하기 위한 사적 권리 및 구체적인 해결책을 규정함으로써 사업 거래의 공정성과 효율성을 보장한다. 법률 체계의 기능을 그 자체로 보장하는 단일한 법적 요소는 존재하지 않는다. 성공은 철학적 진실성, 절차적 정의, 개인적 안전을 확립하기 위한 구성 요소의 종합적 효과성에 달려 있다.

각 구성 요소의 특성이 진출국에서 다국적 기업의 행동에 영향을 미친다. 예를 들어 이 장 초반부의 도입 사례는 중국의 법적 전통과 관행이 투자를 어떻게 억제할 뿐만 아니라 어떻게 유치 및 유지하는지 설명한다. 서구 투자자는 채권자를 보호하는 투명한 파산법에 익숙하지만 중국 법은 채무자를 보호한다. 마찬가지로 지난 10년 동안 러시아에서 활동하는 경영자 중 6분의 1이 경제 범죄 혐의로 기소되었다. 대부분의 경우 원고가 없고, 무죄 선고는 드물며, 기업의 자산은 종종 국가에 몰수된다. 비판자들은 러시아 법이 "그 법을 집행하는 사람들의 재산이며 오로지 그들을 위해 제정된 것"이라고 주장한다.[70] 경영자는 이러한 상황을 다룰 수 있는 길을 찾아야 한다. 때로는 곧게 뻗은 좁은 길이 있는 반면, 때로는 복잡하고 어려운 길도 있다.

법률 체계의 종류

한 나라의 법률 체계는 사업 거래, 경영자의 권리와 의무, 부당한 행위를 당한 사람들에게 열린 법적 보상을 규정한다. 경영진은 이러한 미묘한 차이를 이해함으로써 다양한 사항을 분석할 수 있다. 법은 추상성에 기초하는가 아니면 실용성에 기초하는가? 판사가 판결을 내리는가, 배심원이 판결을 내리는가? 정의는 객관적인 원리에 근거하는가 아니면 신의 영역으로 여겨지는가? 인맥이 사실관계보다 우선하는가? 이러한 질문이 이상하게 들리는 것처럼 국제경영 상황에서 경영자는 다른 해석이 행동의 합법성을 규정하는 서로 다른 기준을 가져오는 상황을 겪는다.

사업의 국제화, 특히 국가 간 접촉, 소통 및 협력의 확장은 법 원칙과 관행의 표준화를 촉진한다. 유엔(UN), 경제개발협력기구(OECD), 국제통화기금(IMF), 세계지적재산권기구(WIPO)와 같은 초국적 기관은 보편적 전망을 옹호함으로써 국가 간 수렴을 용이하게 한다. 여전히 지속되는 철학적 전망과 정치적 정책이 각국마다 다른 형태의 법률 체계를 유지하게 한다. 지도 3.2는 오늘날 널리 퍼져 있는 주요 유형, 즉 영미법, 대륙법, 신정법, 관습법, 혼합 법률 체계를 나타낸다.[71]

영미법 **영미법**(common law) 체계는 전통, 판례, 용례에 의존한다. 철학적으로 영국의 불문법 개념에 바탕을 두고 있으며 판례법에 우선권을 부여한다. 법관은 법원의 규칙, 관습, 사법적 사고, 법원의 과거 결정, 형평성 원칙을 모두 고려한 후에야 법적 강령과 입법을 참고한다. **선례구속성의 원칙**(doctrine of stare decisis)은 판사가 이전 법원 판결의 선례를 존중할 의무가 있다는 것을 의미하며, 이 원칙이야말로 영미법의 두드러진 특징이다.[72] 영미법은 영미권의 유산이며, 이는 호주, 캐나다, 영국, 홍콩, 뉴질랜드, 미국에 널리 퍼져 있다.

영미법은 사법 재판의 결정에 기초를 둔다. 판례에 기반한 것이 특징이다.

대륙법 **대륙법**(civil law) 체계는 세부 법의 체계적 성문화에 의존한다. 철학적으로 대륙법은 로마법에서 영감을 얻었으며, 이는 성문법에 우위를 둔다. 법관이 아닌 정치 관료가 법리를 규제 법령의 경전으로 해석한다. 법관은 영미법 체계에서처럼 법을 만들기보다는 관련 법령을 적용하여 분쟁을 해결한다. 마찬가지로 선례구속성의 원칙과 달리 대륙법 체계의 판사는 선례에 구속되지 않는다.

대륙법은 법의 주요 원천 역할을 하는 핵심 원칙을 성문화한다.

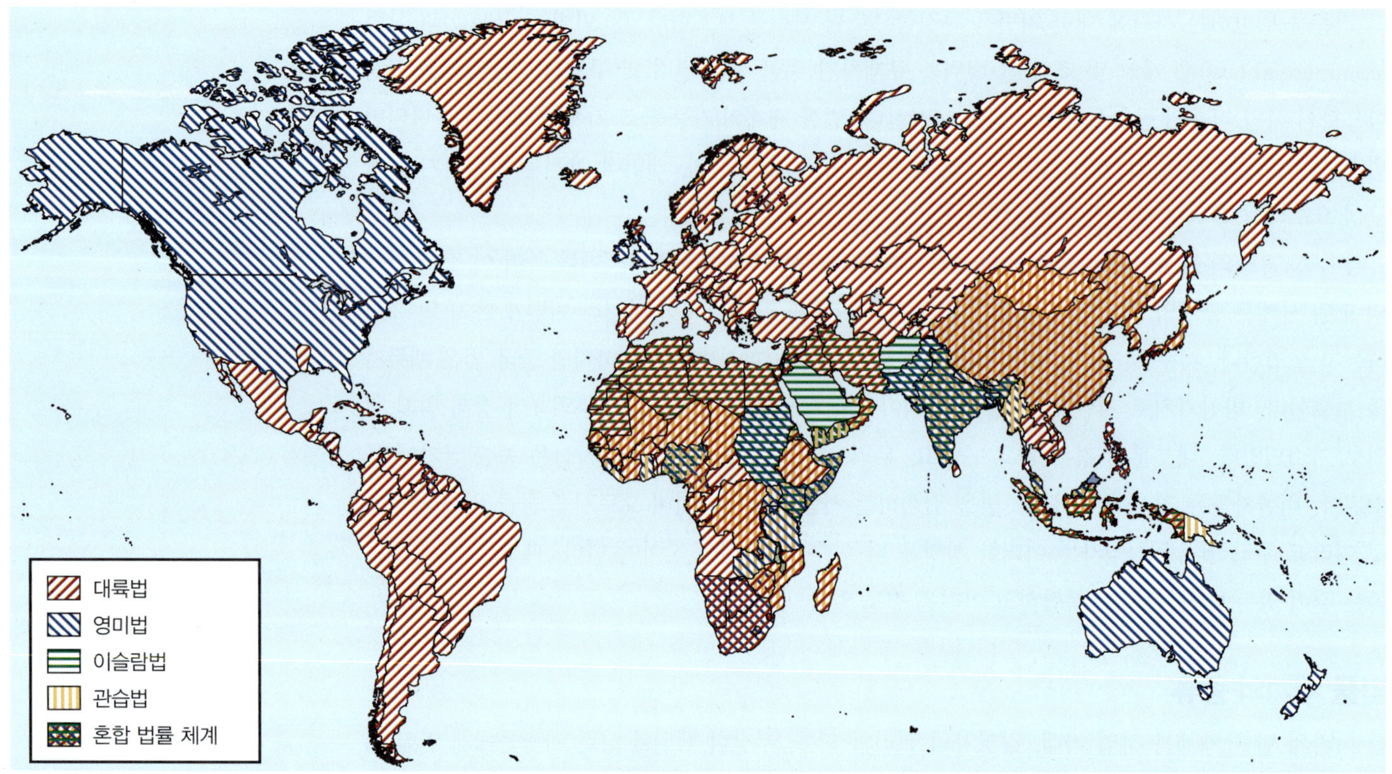

지도 3.2 세계의 법률 체계
국제적으로 활동하는 경영자는 다양한 철학과 원칙에 기반한 법적 환경을 직면한다. 지도는 세계적으로 대표적인 유형을 보여준다.
출처: University of Ottawa, "World Legal Systems," retrieved January 15, 2020, from www.juriglobe.ca/eng/index.php. Used by permission.

그러나 법령에 따라 판사의 권한이 규제된다. 이와 비슷하게 공증인은 영미법 체계에서 가벼운 역할을 하지만, 대륙법 체계에서는 계약과 증서의 규제자일 뿐만 아니라 중요한 문지기이다. 대륙법은 세계에서 가장 널리 퍼져 있는 법률 체계이다. 아제르바이잔, 칠레, 프랑스, 독일, 일본, 쿠웨이트, 멕시코, 러시아, 스위스, 태국을 포함한 대략 150개국이 대륙법을 따른다.

신정법은 종교적 가르침의 영감과 지시를 따른다.

신정법 **신정법**(theocratic law) 체계는 종교적 교리, 명령, 신념에 의존한다. 궁극적인 권위는 종교 지도자에게 주어지는데, 그들은 경전의 해석에 근거하여 사업 거래와 사회적 관계를 규제한다. 예를 들어 이란의 대통령 하산 로하니(Hassan Rouhani)는 이란의 최고 지도자인 성직자 아야톨라 알리 하메네이(Ayatollah Ali Khamenei)에게 최종 판단을 양보한다. 신정법은 정교 분리를 허용하지 않는다. 정부, 법, 종교가 하나이다. 가장 널리 퍼져 있는 신정주의 체제인 이슬람의 율법 **샤리아**(Shari'a)는 코란, 순나(선지자 무함마드의 결정과 어록), 이슬람 학자들의 저술, 이슬람 국가들의 법조계의 합의에 기반한다.[73] 이슬람법은 중동과 북아프리카에 퍼져 있다. 그러나 근대주의 국가(예: 튀르키예, 인도네시아), 전통주의 국가(예: 쿠웨이트, 말레이시아), 원리주의 국가(예: 이란, 사우디아라비아)는 **샤리아**에 대한 서로 다른 해석을 주장한다.

관습법은 지속적인 실행됨으로써 정당성을 얻는 행동 규범에 기초한다.

관습법 **관습법**(customary law) 체계는 매일매일의 일상과 의식의 지혜를 반영하거나 좀 더 형식적으로는 지속되는 영적 유산과 유서 깊은 철학적 관점을 반영한다. 관습법은 구성원의 권리와 책임을 정의하면서 많은 토착 사회 법률 체계의 기초가 된다. 관습법의 정당성은 힘 있는 사람이나 기관의 승인으로부터가 아니라 공동체 내 기준을 준수함으로써 얻는 이익을 기꺼이 수용하는 개인들로부터 비롯된다. 법률 위반은 국가나 사회에 반하는 범죄라기보다 민법상의 손해배상으로 취급된다. 관습법은 많은 개발도상국, 특히 아프리카에 널리 퍼져 있다. 안도라, 건지, 저지를 포함한 극소수의 나라는 완전한 관습법 체계로 운영되고 있다. 사실 관습법은 혼합 법률 체계를 사용하는 국가에서 자주 발견된다.

혼합 법률 체계 **혼합 법률 체계**(mixed legal system)는 국가가 앞서 언급된 유형 중 두 가지 이상을 함께 사용하는 것을 말한다. 각 유형은 누적적 또는 상호적으로 적용되며, 어떤 유형이 명확하게 우세하지 않은 지역에서도 적용된다. 지도 3.2는 아프리카와 아시아에서 혼합 법률 체계가 가장 많이 사용됨을 보여준다. 잠재적 혼합은 모든 분야를 아우르며, 두 가지에서 네 가지 유형이 혼합된 국가를 발견할 수 있다. 예를 들어 필리핀, 남아프리카, 가이아나는 대륙법과 영미법이 혼합되어 있고, 방글라데시, 싱가포르, 파키스탄은 영미법과 신정법이 혼합되어 있으며, 인도네시아, 지부티, 오만은 신정법과 대륙법이 혼합되어 있고, 인도, 나이지리아, 말레이시아, 케냐는 영미법, 신정법, 관습법이 혼합되어 있다. 마지막으로 바레인, 카타르, 소말리아, 예멘은 영미법, 대륙법, 신정법, 관습법이 결합되어 있다.

합법성의 맥락

일반적으로 적법성이란 어떤 것을 합법으로 또는 불법으로 만드는 것이다. "어떤 행위가 특정 관할권에서 범죄가 아니라면 범죄로 인정되지 않는다"는 말이 있다.[74] 합법성의 맥락은 법적 체제에 자신감을 심어주거나 반대의 경우 불안감을 증폭시킨다. 만약 정당하게 설립되었다면 법적 체계는 경영자에게 재산권의 존엄성, 계약 집행의 질, 경찰의 청렴성, 법원의 공정성, 범죄와 폭력으로부터의 보호에 대한 자신감을 심어준다. 따라서 법적 환경은 책임성, 투명성, 정당성, 정의의 특징이 있다. 이러한 특징은 모두 합법성의 맥락을 구성하고 다른 선택을 하도록 고무하며 불확실성, 자의성, 불법성으로 얼룩진 환경과는 다른 결과를 이끌어낸다. 세계의 법률 체계 유형에 대한 설명은 국가가 어떻게 법률 체계를 도입하는지에 대한 이해를 돕는다. 원칙적으로 모든 체계는 효과적으로 작동하지만 실제로는 종종 의문이 생긴다. 원칙과 관행의 괴리에 대한 평가는 국가 지배의 기반이 되는 합법성의 맥락에 대한 평가를 요구한다.

개념 체크

1장에서 보았듯이 국가적 사업 환경은 다양하다. 물론 사업 환경이 수렴하는 점은 있다. 하지만 국제경영 활동은 국가 간에 지속되는 차이를 인식해야 한다. 법률 체계의 기반이 원칙과 실천 면에서 다르다는 것을 강조하고자 한다.

세계은행은 경영자가 한 국가 지배의 기반을 평가하는 것을 도와준다. 구체적으로 표 3.4에서 보듯이 세계은행은 국가의 법률 체계를 평가하여 지배 기반이 법에 있는지 '권력자'에게 있는지를 결정한다. 표 3.4를 살펴보면 특히 미국, 캐나다, 일본, 뉴실랜드, 호주와 대부분의 유럽 국가를 포함한 서구화된 국가에서 법치가 지배적이라는 것을 알 수 있다. 반대로 러시아 북부에서 시작해 중국을 거쳐 남쪽으로 꺾은 뒤 동남아시아로 방향을 틀고 중동으로 이동한 뒤 아프리카를 거쳐 남미로 넘어가는 긴 호에 해당하는 나라에서는 인치가 만연한 것을 알 수 있다. 결론적으로 말해서 나라마다 적법성에 대한 해석이 완전히 다르다는 것은 경영자로 하여금 '국가 지배의 기반은 무엇인가? 그것은 법인가 아니면 권력자인가?'라고 묻게 한다.

법치 1215년에 서명된 대헌장(Magna Carta)은 **법치**(rule of law)의 시초로 여겨지는데, 이는 왕에서 소작농까지 모든 사람이 같은 방식으로 시행되는 동일한 법의 적용을 받는다는 원칙을 확립했다. 마찬가지로 1776년, "모든 사람은 평등하게 태어났다"고 천명한 미국 독립선언문은 아무리 강

법치에서는 대통령부터 노동자까지 어떠한 개인도, 명시되어 있고 쉽게 이해되며 공정하게 집행되는 법 위에 있지 않다고 여긴다.

표 3.4 지배의 기반

국가	백분위 점수	국가	백분위 점수
핀란드	100	남아프리카공화국	50.96
스위스	99.04	중국	48.08
뉴질랜드	98.08	아르헨티나	45.67
싱가포르	97.12	브라질	44.71
캐나다	94.71	인도네시아	42.79
호주	92.79	케냐	37.98
영국	91.83	필리핀	34.13
독일	91.35	네팔	33.65
일본	90.38	몰디브	31.73
미국	89.9	멕시코	28.85
프랑스	88.94	방글라데시	27.88
한국	86.06	파키스탄	27.4
포르투갈	85.1	러시아	20.67
이스라엘	80.77	나이지리아	18.27
스페인	77.4	지부티	17.31
아랍에미리트	75.48	미얀마	15.87
카타르	75.48	짐바브웨	8.17
말레이시아	74.04	북한	4.81
오만	68.27	아프가니스탄	4.33
나미비아	61.54	이라크	3.37
그리스	59.13	리비아	2.4
사우디아라비아	58.65	예멘	1.92
스리랑카	55.77	남수단	1.44
인도	55.29	베네수엘라	0.48

이 표는 전 세계적인 지배의 기반을 요약한다. 예를 들어 백분위 점수 90점 이상인 캐나다는 법치가 확립된 법적 환경을 나타낸다. 반대로 백분위 점수 10점 미만인 아프가니스탄에서는 법치의 부재 또는 인치가 만연한 것을 보여준다.[75]
출처: The Worldwide Governance Indicators: Methodology and Analytical Issues. The Worldwide Governance Indicators. www.govindicators.org. ©2018 The World Bank Group. All Rights Reserved.

력하거나 혹은 무력하더라도 모든 사람은 같은 법의 적용을 받는다고 반복해 강조했다.[76] 오늘날 이러한 관점을 보여주는 다양한 표현을 볼 수 있다. 예를 들어 전 세계 법원 앞에는 검을 들고 균형을 재는 정의의 여신상이 서 있으며, 때로는 눈을 감거나 또는 안대를 쓰고 있다. 그녀의 칼은 법정의 힘을, 저울은 청원자들의 대립되는 주장을, 안대는 두려움이나 편애 없이 정의가 모두에게 객관적으로 실현됨을 상징한다. 정의는 공정하고 투명한 것이며, 자의적이고 이기적인 것이 아니다. 추상적으로 법치는 초월적인 원칙이나 실제로는 사회의 평등과 공정성을 보호한다.

법치는 명확하고, 공표되고, 기본권을 보호하는 법률 체계를 옹호한다. 법은 투명하게 제정, 관리 및 집행된다. 모든 시민은 유능하고 독립적이며 윤리적인 사법부의 혜택을 받을 수 있다. 모든 공무원은 국법에 따른 책임을 진다. 정부의 권한은 서면으로 공표된 법에 따라 적법하게 행사된다.[77] 헌법적 원칙이 성공적으로 제도화되면 시민은 헌법적 원칙을 정당한 것으로, 형법을 정의로운 것으로, 상법 및 민법을 공정한 것으로 여긴다. 법치로 강화된 민주주의는 어떤 형태의 권력이든 규제할 수 있는 법적 도구를 가지고 있다는 바로 그 이유 때문에 작동한다.[78] 정의로운 정치적 환경을 조성하는 것 외에도 법치는 상업 및 사업 거래의 집행 가능성과 재산권의 신성함을 보장한다. 기업은 사업 활동을 규제하는 법령의 유효성을 확인하기 위해 법치의 정당성에 의존한다.

▲ 독일 프랑크푸르트의 뢰머광장에서 볼 수 있는 정의의 여신상은 법치의 도덕적 힘을 우화적으로 의인화한 것이다.[79]

권력자에 의한 지배(인치) 궁극적인 권위가 아무리 불공평하고 부당할지라도 그의 말과 기분이 곧 법인 한 사람에게 있다는 주장이 인치의 기초가 된다. 역사적으로 오랫동안 통치자와 법은 하나로 일치했다. 법은 곧 통치자[예: 왕, 황후, 쇼군(과거 일본의 장군), 차르(옛 러시아의 황제), 마하라자(과거 인도 왕국의 군주), 족장, 칼리프(이슬람의 교주) 등]의 뜻이었다. 오늘날의 통치자는 의장, 사령관, 동지, 총사령관, 최고지도자와 같은 칭호가 있다. 어떤 칭호이든 인치는 지도자의 행위가 헌법의 제약을 받지 않고, 형법의 규제를 받지 않으며, 민법상의 도전을 넘어서는 법률 체계를 규정한다. 예를 들어 이라크의 전 대통령 사담 후세인(Saddam Hussein)은 "법은 내가 종이에 쓰는 모든 것"이라고 고압적으로 선언했다.[80] 중국에서는 "당은 법 밖에 그리고 위에" 있기 때문에, 범법으로 고발된 당원은 국법이 아닌 중국 공산당의 결정에 따라 우선 처리된다.[81]

인치를 통해 법의 근간을 세운 국가에서는 군주가 법을 제정하고 관리는 복종하는 대리인이며 국민은 힘없는 주체가 되는 법적 환경을 조성한다. 법은 국가의 권위에 대한 위협을 억제하고, 그에 대한 지지를 보상하기 위해 사용되는 국가의 기구이다. 헌법상의 문제는 임의적이고 형법은 자의적이며 기회주의는 상법과 민법을 더럽힌다. 인치는 전체주의의 핵심 장치이다.

인치는 어떤 형태로든 통치자가 초법적 권한을 가진다고 주장한다.

인치가 법의 기본인 나라에서는 무엇이 시장에서 적법한 행동인지 예측할 수 없다. 경영자는 조작된 혐의, 뇌물 청탁, 지역 경쟁업체에 대한 편애, 능력에 앞선 정실주의에 대한 경계를 늦추지 않는다. 예를 들어 서구에서는 재산권, 즉 재산을 통제하고, 이익을 얻고, 이전하는 방법을 결정하는 법적 권한이 너무 당연하게 여겨진다. 이는 아시아, 아프리카, 중동, 남미의 많은 나라에는 해당되지 않는다. 그곳들은 역사적으로 인치 위주였기 때문에 법치의 원칙과 실천은 동떨어진 추상적 개념이 되며, 따라서 재산권은 모호하다. 다르게 말하면 법치는 현재 많은 신흥국의 법적 전통에 그리 크지 않은 의미를 가지고 있으며, 그들 대부분은 '권력자'에 의한 권위주의적 통치의 유산을 가지고 있다. 그 결과 러시아, 중국, 베네수엘라, 말레이시아, 우크라이나, 사우디아라비아, 베트남과 같은 나라의 모호한 재산권은 지속적인 우려를 낳고 있다.[82]

지배의 기반: 과거의 유산과 현재의 동향

1215년부터 1776년까지 법치는 특히 영국, 미국, 프랑스, 독일 등 여러 나라의 법적 발전의 기초가 되었다. 20세기 후반까지 법치는 서구화된 국가에서 합법성의 명백한 토대였다. 민주화의 세 번째 물결은 민주주의의 신자유주의적 이상을 확산시키는 과정에서 개인의 양도할 수 없는 법적 권리를 옹호하며 이를 보호하기 위한 정당한 절차를 도입했다. 이러한 변화는 전 세계적으로 법치를 확산시

개념 체크

2장에서 기술된 바와 같이 권력, 지위, 책임, 형평성, 공정성에 대한 국가의 문화적 지향은 법적 환경의 기초가 되는 원칙을 결정한다.

켰다. 선진국과 신흥국을 포함한 많은 나라에서 법은 더욱 투명해졌고, 법정은 더욱 공정해졌으며, 공무원의 책임은 명확해졌다. 경영진은 점점 더 많은 국가에서 공정하고 정당한 방식으로 문제를 해석하기 위해 '권력자'가 아닌 법을 바라보았다. 한때 지나치게 위험하다고 여겨졌던 시장에 법치가 정당성을 얻으면서 정치적으로 안정되고 법적으로 예측이 가능해졌다.

개념 체크

1장에서 민주주의 체제는 다국적 기업이 선호하는 형태로 국제경영 활동을 할 수 있는 자유를 제공한다고 설명한다. 민주주의의 후퇴는 국가가 어떻게 법률 체계를 이용하여 기업 활동을 규제할 것인가에 대한 큰 의문을 가져온다.

역사적으로 국가가 농업에서 산업 경제로 이동함에 따라 점점 더 번영하는 시민이 중요한 재산권을 보호하기 위한 법을 요구했다는 것을 알 수 있다. 경제 발전을 지속하는 것은 물론이거니와 늘어나는 부를 보호하기 위해서는 '권력자'의 지시가 아니라 정의롭고 공정하며 투명한 법에 근거한 법률 체계가 필요했다. 따라서 신흥국의 농업 사회에서 산업 사회로의 전환의 역사로부터 추정해보면 중국, 나이지리아, 페루, 태국, 말레이시아와 같은 나라가 선례를 따라 인치에서 법치로 옮겨갈 것임을 예상할 수 있다.

불길한 동향 현대의 발전은 예측을 복잡하게 한다. 민주주의의 지속적인 쇠퇴는 법치의 확산 속도를 늦췄다. 법치가 민주주의의 초석인 반면 인치는 권위주의의 초석이다. 간단히 말해서 '권력자'가 법에 따라야 한다면 더이상 '권력자'가 아니다. 따라서 자유의 쇠퇴와 민주주의의 고난에 따라 '권력자'를 향한 법치 시행의 압력이 줄어들었다.[83] 마찬가지로 중국의 시장 성과는 법치와 경제 성장 사이에 직접적인 관계가 존재한다는 주장에 도전한다. 불투명한 통치, 정실자본주의, 지속적인 부패에도 불구하고 지난 수십 년 동안 세계 최대의 외국인 투자 수혜국으로서 중국의 지위는 법치의 절대적인 필요성에 의문을 제기한다. 러시아, 사우디아라비아, 벨라루스, 르완다, 튀르키예, 투르크메니스탄에서도 비슷한 상황을 볼 수 있다. 그런데 통치의 근간이 법이 아니라 '권력자'인 시장에 외국인 투자를 늘리는 것은, 이러한 종류의 시장에서 성공하려는 외국인 투자자의 기발한 전략을 반영한다.

신흥국의 커져가는 자신감은 '서구가 가장 잘 안다'는 가정에 점점 의문을 제기하고 있다.

철학적 관점 다른 나라의 여러 철학적 유산은 선호되는 법적 기반에 영향을 미친다. 법치가 모든 나라의 필연적인 최종 상태로 예측되는 것은 서구의 법적 철학이 모든 사람에게 적용된다는 것을 전제로 한다. 반면에 일부는 민주주의의 자유권과 자유, 행복보다 권위주의의 효율성과 안정, 조화가 더 중요하다고 주장하며, '서구가 가장 잘 아는 것이 아니다'라고 반박한다. 서구의 저명한 평론가는 "일당 독재정치는 확실히 단점이 있다. 그러나 중국이 오늘날 그렇듯이 합리적으로 계몽된 집단에 의해 주도된다면 큰 이점을 가질 수 있다"고 설명한다.[84] 흥미롭게도 현재 중국의 지도자인 시진핑 국가 주석은 "서구의 민주주의는 그리스와 고대 로마의 민주주의이며, 그것이 당신의 전통이듯 우리는 우리만의 전통이 있다"고 말한다.[85] 사실 4000년의 역사를 통틀어 중국 문명은 결코 서양의 법률 개념을 따른 적이 없다. 오히려 왕조가 뜨고 짐에 따라 그마다의 '천명'을 따르고, 권위주의를 채택하고, 인치를 확립했다. 오늘날 국제경영의 영역에서 중국은 본보기가 되고 있으며 중국과 비슷한 원칙과 관행을 적용하는 나라들이 있다.

경영에의 함의

세계 곳곳에서 지배의 기초와 정부의 목표에 대한 불확실성은 위험한 법적 환경을 조성한다. 그렇다. 법치에 의해 규제되는 시장에서 운영하는 사업에는 정당한 법이 일관되게 적용된다. 하지만 인치에 의해 규제되는 시장에서의 활동은 자의적인 규제에 노출된다. 지도 3.1로 상황을 설명할 수 있다. 프리덤하우스가 '불완전 자유' 또는 '자유롭지 않음'으로 평가하거나 EIU가 '혼합 체제' 또는 '권위주의 체제'로 분류하는 국가는 지도상에서 '인치' 국가를 나타내는 호(러시아 북부에서 시작해 중국을 거쳐 남쪽으로 꺾은 뒤 동남아시아로 방향을 틀고 중동으로 이동한 뒤 아프리카를 거쳐 남미로 넘어가는 긴 호를 의미. '합법성의 맥락' 절 참조_역자 주)에 속한다. 종합해보면 이 지도에서 볼 수 있듯이 많은 나라에서의 권위주의의 상승은 법치의 점진적인 도입이라는 가설에 의문을 제기한다. 일반적으로 권위주의 정부는 기업 활동을 규제하여 국가를 지원하고 유지하기 위해 인치의 맥락에서 법률 체계를 이용한다. 권위주의가 성행하고 민주주의가 후퇴하면서 지배의 기초가 법에서 권력자로 옮겨가고 있다.

중국의 법률 상황에 대한 이전의 의견을 떠올려보자. 한 전문가는 중국에서 사업을 하는 것은 "많은 규칙이 존재하지만 규칙이 거의 집행되지 않는 사회"에서 활동하는 것이라며, "중국은 실력 있는 쇼맨들이 운영하는 것처럼 보였다. 보이는 것이 실질적인 것보다 더 중요하며, 규칙은 항상 왜곡되었다"[86]고 말했다. 게다가 법 위에 있는 중국 공산당의 공식적인 지위는 무엇이 옳고 그른지 결정하는 것을 더 복잡하게 만든다. 중국이 딱히 예외는 아니다. 러시아 법전에 스며들어 있는 애매모호함은 기업이 "법을 따르기는커녕 파악조차 할 수 없다"는 것을 의미한다.[87] 마찬가지로 벨라루스, 카자흐스탄, 베네수엘라 같은 인치 체계에서는 법원의 영장, 가처분, 소송 등이 공정한 법적 기준이 아니라 지도자에게 복무하는 느릿느릿한 법률 기계(법원을 의미_역자 주)에 갇혀 있다.[88] '권력자'[예: 벨라루스의 알렉산드르 루카셴코(Alexander Lukashennko), 카자흐스탄의 카심-조마르트 토카예프(Kassym-Jomart Tokayev), 베네수엘라의 니콜라스 마두로(Nicolás Maduro) 등]의 호감을 사는 사람들은 성공한다.[89]

시장의 현실 확실히 오랫동안 그래왔던 것처럼 서구 기업은 법적으로 위험한 시장을 우회하는 선택을 할 수 있다. 20세기 내내 이는 합리적인 선택이었다. 서구 시장은 생산적이고 수익성 있는 활동을 할 수 있는 충분한 기회를 제공했다. 일반적으로 인치에 기초한 시장은 세계 경제의 주변부에 있었고 전형적으로 원자재나 저임금 노동력을 제공했다. 모험심이 강한 서구 회사와 현지인 사이에 가끔 있었던 분쟁은 대개 전자에 유리하게 해결되었다. 따라서 서구의 다국적 기업에게 지배의 기반이 중요했지만 결정적이지는 않았고, 경영자는 '권력자'의 독단성을 피하기 위한 다양한 수단이 있었다.

오늘날에는 서구의 느린 성장 때문에 빠르게 성장하고 있는 신흥국이 세계 시장의 중심으로 이동했다. 지역 수요의 가속화와 저렴하고 생산적인 자원의 풍부한 공급은 다국적 기업에게 거부할 수 없는 매력이다. GE(General Electric)의 전 CEO가 말했듯이, "우리는 시장을 중심으로 세계화했다. … 오늘날 우리는 브라질, 중국으로 간다. 왜냐하면 그곳에 고객이 있기 때문이다."[90] 향후 15년간 400개의 중견 신흥 시장 도시(바마코, 치타공, 이바단, 킨샤사, 와가두구, 사나 등 서구에서는 생소한 도시)가 전 세계 성장의 40%를 창출할 것으로 예상된다.[91] 이 중 거의 대부분의 도시에서 인치가 행해진다.

독일이나 일본과 같은 시장에서의 법치 기반의 사업 운영에 오랫동안 익숙해진 다국적 기업은 점점 더 많이 중국이나 러시아처럼 인치 아래 시장에서의 사업 운영을 확장하고 있다. 그러므로 경영자는 세계 경제의 중요한 시장에서 시행되는 인치에 근거하여 법률 체계를 다룬다. 마지막으로 점점 더 부유해지는 시민들의 더욱 확실한 재산권에 대한 요구는 공무원의 책임을 강요함으로써 점진적

합법성에 대해 서로 다른 개념을 가진 시장에서 사업을 운영한다면 현지 시장에서 기초적 합법성 평가를 통해 지역 공무원이 어떻게 사업 활동을 규제하는지 이해하는 것이 필요하다.

으로 법치에 의한 보호를 확립할지 모른다.[92] 그러나 현재 쇠퇴하는 자유와 민주주의의 후퇴에서 보듯이 권위주의와 그 핵심 도구인 인치가 국제경영에 영향을 미치고 있다.

다국적 기업이 직면하는 법적 쟁점

3–6 다국적 기업이 직면하는 법적 이슈를 검토한다.

개념 체크

이 책의 주제는 개인, 기업, 국가 및 기관 간 연결의 확대이다. 여기서는 사상과 이상 사이의 관계의 중요성, 즉 한 나라의 정치 체제와 법률 원칙 사이의 상호작용의 중요성을 강조한다. 이러한 연결은 경영자가 국가적 사업 환경의 체계적 성격을 평가하는 데 도움이 된다.

시장의 세계화는 법적 환경의 많은 측면을 점차적으로 표준화한다. 외국인 투자를 유치하려는 국가는 매력적인 시장을 만들기 위해 일관된 정치를 발달시킨다. 이와 마찬가지로 공무원은 쉽게 접근할 수 있고 객관적으로 관리될 수 있는 투명한 규제로 좋은 평판을 쌓는다. 잘 고안된 규칙은 부패를 막고 책임을 개선하며 경제 성장을 촉진한다. 초국가 기구의 회원 증가가 이러한 추세를 가속화한다. 예를 들어 유럽연합은 회원국에게 법치의 기준을 충족하도록 요구하고, 세계은행은 대출자에게 법률 개혁에 동의하도록 요구하며, 세계무역기구(WTO)는 국가 법령을 대체하는 무역 규정을 수립한다.

이러한 수렴에도 불구하고 국가마다 기업 활동에 대한 규제 방식이 서로 다르다. 개인주의 대 집단주의, 자유의 이상, 정치 이념, 통치에 대한 관점의 차이로부터 다양성이 생겨난다. 게다가 무역과 투자 패턴의 변화와 더불어 나타나는 새로운 형태의 사업 활동은 법적 불확실성을 초래한다. 결과적으로 경영자는 현지의 법률을 준수하기 위해 운영과 전략을 조정한다.

사업 방식의 합법성

법률 체계는 다음과 같은 사업 운영의 실질적인 측면에 영향을 준다.

- 창업
- 계약의 체결 및 이행
- 채용 및 해고
- 폐업

세계은행에 따르면 생산적인 사업 활동은 ① 재산권을 설정 및 유지하고, ② 분쟁 해결의 비용과 복잡성을 최소화하며, ③ 거래의 위험을 줄이는 규칙을 명시하고, ④ 계약상 파트너들을 오남용으로부터 보호하기 위한 규칙을 세우는, 공정하고 정의롭고 투명한 규칙을 필요로 한다. 세계은행은 매년 각국이 민간 기업의 일상적인 운영에 미치는 현지 법률의 영향 측면에서 해당 기준을 얼마나 잘 충족하는지 평가한다. 이는 창업, 건축 허가 처리, 근로자 고용, 부동산 등록, 신용 취득, 투자자 보호, 세금, 대외 무역, 계약 시행, 전기 연결, 폐업의 측면에서 190개국에 존재하는 규제 프레임워크의 미시 수준의 특성을 추적한다. 상황을 파악하기 위해 전 세계적으로 사업을 시작하고, 운영하고, 폐업하는 것에 대한 내부 및 외부 사항을 살펴보자.

창업 창업에는 상호를 등록하는 것, 적절한 세금 분류를 확인하는 것, 인·허가증 취득, 신용 알선, 보험 확보의 활동이 수반된다. 일부 국가는 이 과정을 신속히 처리하고, 다른 국가는 이를 복잡하게 한다. 예를 들어 인도는 월마트(Walmart), 까르푸(Carrefour), 이케아와 같이 여러 브랜드를 보유한 외국 체인점에 일련의 규제를 가한다. 이들은 합작 법인으로 운영되어야 하고, 51% 이하의 소유 지분을 가지고 있어야 하며, 자본 투자의 절반 이상을 가공 기반 시설에 직접 투자해야 하고, 최소 100만 명의 주민이 거주하는 도시에서만 매장을 열 수 있다.[93]

미시적인 수준에서 한 브라질 기업가는 그의 고국에서 회사를 시작한 경험을 회상했다. 7개의 다른 부처로부터 인가와 면허, 허가를 받는 데 약 150일이 걸렸다. 이어서 미국에 본사를 둔 사업을 시작했고 "일주일 안에 유한책임회사를 결성해 델라웨어에 법인을 세우고 은행 계좌를 개설했다"고 언급했다.[94] 마찬가지로 창업은 캐나다에서도 간단한 과정이다. 세금, 노동, 행정 신고를 포괄하는 두 가지 등록 절차를 필요로 한다. 이와 반대로 베트남에서는 은행 예금, 법원 등록, 건강 혜택 등 8가지 절차를 요구한다. 결론적으로 사업을 시작하는 데 캐나다에서는 하루 반이 걸리고 베트남에서는 17일이 걸린다.

계약 체결 및 이행 창업을 마친 이후 기업은 구매자 및 판매자와 계약을 맺는다.[95] 계약의 신성함은 사업 거래에 필수적이다. 국제 물품 매매 계약에 관한 유엔 협약은 협상과 계약 집행을 위한 지침을 세운다. 그러나 여전히 관행은 법률 체계에 따라 다르다. 예를 들어 영미법 체계를 사용하는 국가는 정확하고 상세한 계약을 장려하는 반면, 대륙법 체계에서는 더 느슨한 합의를 허용한다. 계약 이행 정책에서도 비슷한 경향이 나타난다. 호주, 노르웨이, 영국은 가장 적은 수의 이행 절차를 요구한다. 부룬디, 앙골라, 볼리비아, 카메룬, 엘살바도르, 멕시코, 파나마는 많은 것을 필요로 한다. 이에 따라 계약 성사를 위해서 호주에서 402일, 볼리비아에서 591일, 카메룬에서 800일이 소요된다.

채용 및 해고 기업이 어디에서 사업을 운영하든 간에 고용은 반드시 해야 하고 필요한 경우 노동자를 해고해야 한다. 세계적으로 직장 규제와 고용법은 노동자가 어떻게 고용되는지, 얼마를 받는지, 몇 시간 일할 수 있는지, 어떻게 해고되는지 등을 명시하고 있다. 싱가포르, 뉴질랜드, 미국에는 유연한 노동규제법이 있다. 중국은 고용, 해고, 고용 조건(예: 근로 시간, 최저임금, 복리후생 등)에 더 큰 유연성을 허용한다. 이와 대조적으로 앙골라, 벨라루스, 인도, 파라과이는 기업이 직원을 해고하는 방법과 넉넉한 퇴직금을 요구하는 방법을 엄격하게 규정한다. 예를 들어 인도의 중앙 정부는 100명 이상의 노동자를 고용한 회사가 어려운 시기를 겪더라도 해고하기 전에 국가의 승인을 받도록 하는 산업분쟁법을 포함하여 거의 60개의 노동법을 명시한다.[96] 한편 인도의 28개 주와 9개 연방 영토는 더 많은 법을 시행한다. 이를 모두 고려했을 때 해고는 매우 어렵고, 따라서 기업은 채용을 꺼린다.

폐업 폐업은 단순히 회사 문을 닫고 조용히 사라지는 것이 아니다. 서구 시장에서의 파산 절차는 이 문제를 처음으로 다루었던 현대법인 1732년 영국의 파산법과 1800년부터 시작된 미국, 아일랜드, 일본, 캐나다, 홍콩의 점진적 개정에 기반한다. 이는 '빠르고'(4~8개월) 저렴하게(자산 가치의 1~10%) 문을 닫을 수 있게 해주었다.[97] 신흥국의 상황은 다르다. 인도의 종합적인 파산 법규의 부재는 채권자, 공무원, 법원과의 일처리를 복잡하게 만들고, 이는 결국 파산을 방해한다. 회사가 파산할 시 인도 채권자의 약 25%가 돈을 돌려받는 반면, 유럽과 미국에서는 77%가 돈을 돌려받는다.[98] 따라서 인도에서는 서구보다 더 적은 수의 기업이 파산을 신청한다. 인도네시아, 베트남, 에콰도르의 파산은 느리고(5~8년), 비싸다(자산 가치의 10~30%). 또한 부룬디, 캄보디아, 도미니카, 기니비소에서는 파산을 다루는 기준이 아예 없다.

사업 전략의 합법성

일상적인 사업 활동은 창업, 운영, 폐업의 실질적인 측면에 경영자의 주의를 집중시킨다. 전략적 사안은 기업의 경쟁력, 수익성, 지속가능성을 좌우하는 장기적인 문제에 주의를 기울이게 한다. 이번에는 제품 생산, 마케팅, 제품 고유 특성 보호 측면에서 법적 환경이 다국적 기업의 사업 전략에 어떤 영향을 미치는지 살펴보자.

법률 체계가 영향을 미치는 사업 운영의 전략적 측면은 다음과 같다.

- 원산지 표시
- 시장에서의 경쟁 행위
- 사법관할권
- 제품 안전 및 제조물 책임
- 지적 재산권 보호

제품 규제 국법은 국가 간 제품의 흐름에 영향을 미친다. 현지 정부는 제품의 **원산지**(country of origin, 제품이 추출, 재배, 생산 또는 제조된 나라)에 따라 시장 접근을 규제하는 법을 마련한다. 일부 국가는 소비자에게 알리고 현지 생산자를 지원하기 위해 원산지 상표(COOL)라는 이름으로 제품 상표에 원산지 정책을 적용한다. 국가 안보에 대한 우려가 원산지 규정을 결정하기도 한다. 예를 들어 중국 다국적 기업의 통신 제품의 첩보 기능에 대한 의혹은 화웨이(Huawei)와 ZTE 같은 중국 다국적 기업을 괴롭힌다. 서구의 관료들은 그들의 불투명한 지배 구조와 중국 공산당과의 연관성에 이의를 제기한다. 국가 안보에 대한 우려로 인해 호주, 캐나다, 미국은 공공 계약에서 네트워크 장비를 제외했다.[99]

정치인은 또한 일자리를 보호하고, 유권자를 달래고, 이익 집단을 만족시키고, 세수를 보존하기 위해 규제를 제정한다. 당연히 현지 정부는 다국적 기업이 가능한 한 제품의 최대한 많은 부분을 현지에서 만드는 것을 선호한다. 이를 통해 국내 기업을 육성하는 것 외에도 기술 이전과 지식 파급을 통해 국내 혁신을 지원한다. 이를 꺼리는 기업에 자극을 주기 위해 정부는 **지역 조달**(local content) 규제를 시행하여 생산공정에 사용되는 중간재 중 일정 비율이 국내 협력업체에서 나오도록 한다.

예를 들어 러시아에는 컴퓨터로 수집된 데이터가 자국 국경을 넘어 이동하기 전에 현지에서 처리하고 저장하게 하는 공격적인 데이터현지화법이 있다. 인도는 애플이나 나이키(Nike)와 같은 단일 브랜드 소매점이 인도 회사로부터 적어도 지역 가치의 30%를 공급받도록 요구한다. 미국의 미국산 우선구매법(Buy American Act)은 공공 기관에게 먼저 국내에서 만든 제품을 찾고, 그다음에 필요한 경우 외국산 대체품을 찾도록 요구한다. 이와 비슷하게 존스법(Jones Act)은 미국 항구들 사이에서 이동하는 상품이나 사람들을 운송하는 선박을 미국 시민권자가 소유하고 운영하도록 명시한다. 마찬가지로 중국은 외국 영화 제작자에게 개봉된 외국 영화의 수의 할당량, 이익 배분 계약, 국내 기업에게 판권을 판매하는 요건을 충족하도록 요구한다. 그래서 예를 들어 미국 회사가 중국으로 영화를 수출할 경우 이익 공유 방식으로 연간 34편, 이에 추가해서 고정 요금제로 30~40편까지만 가능하다. 고정 요금제 영화의 경우 중국 회사는 정해진 가격에 해외 배급 라이선스 계약을 맺을 뿐 입장권 수입을 제작사와 나누지는 않는다.

제품 안전 및 책임 규정 국가는 다국적 기업이 제품을 개조하거나 시장 접근을 포기하도록 요구하는 제품 안전 및 책임 법을 부과한다. 원칙적으로 부유한 나라는 엄격한 기준을 적용하는 반면, 가난한 나라는 발전도상의 법과 인치의 유산을 반영하여 더 느슨한 규제를 일관되지 않게 적용한다. 현재 유럽연합의 제품 책임 지침이 글로벌 표준을 형성하고 있다.[100] 이 지침은 제조사가 가지는 법적 책임을 개괄적으로 보여주고 배상 청구 절차를 규정한다. 이를 통해 일부 다국적 기업은 위험을 미연에 방지한다. 예를 들어 덴마크의 장난감 회사인 레고(LEGO)는 중국에서 만들어진 플라스틱 장난감에 독성이 있을 수도 있다는 소비자의 두려움에 주의하여 중국에 공장을 세우지 않았다. 대신 비교적 비싸지만 더 신뢰할 수 있는 멕시코와 동유럽에 공장을 세웠다.[101]

사법관할권 국제경영 거래는 정의에 따르면 국경을 넘나든다. 분쟁이 발생하면 어느 나라의 법률 체계가 우선하느냐는 사법관할권의 문제이다. 역시나 계약 분쟁에 휘말린 각 기업은 자국 법원으로부터 유리한 대우를 받을 것이라는 믿음으로 자국 법률을 적용할 것을 주장한다. 이러한 상황은 특히 캐나다 같은 법치 국가의 다국적 기업이 볼리비아 같은 인치 환경에서 법적인 어려움을 겪을 때

확실히 심각해진다. 더욱이 여러 나라에 걸친 상호의존적 운영과 결합된 복잡한 소유권의 유형은 종종 사법관할권을 결정하는 것을 어렵게 만든다. 따라서 다국적 기업은 필요한 경우 분쟁 해결을 다루는 **법률 선택 조항**(choice-of-law clause)을 계약서에 명시한다. 이와 비슷하게 계약에는 보통 중재 조항이 포함되어 있는데, 이 조항은 기업이 국제중재재판소와 같은 기관을 통해 법원 밖에서 발생할 수 있는 분쟁을 해결하는 데 동의하는 것이다.

지적 재산권 애덤 스미스의 시대에 국가는 농업 기술로부터 힘을 얻었고, 그 후에는 굴뚝 산업이 국가의 번영과 권력을 정의했다. 이제 국가는 힘, 명성, 부를 창출하기 위해 지적 능력에 주목한다. 이러한 능력의 산출량을 **지적 재산**(intellectual property, IP: 발명, 문학 및 예술 작품, 기호, 이름, 이미지, 디자인, 공정 형태의 창의적인 아이디어, 독점적 작품, 혁신적인 전문지식 또는 무형의 통찰력으로서 개인, 기업 또는 국가에 경쟁우위를 창출하는 것)이라고 부른다. 글로벌 경제에서 아이디어의 힘이 커지면서 지적 재산 보호가 관심사로 떠올랐다.

개인의 지적 재산권 및 지적 소유권은 혁신을 자극한다는 게 주류의 생각이다. 지적 재산을 만들고 소유권을 등록하면, 그것을 사용할 사람을 결정하는 것은 소유자의 법적 권리라는 관점은 근본적으로 개인주의의 이상에 부합한다. 반대로 일부는 지적 재산권이 지식 사용을 제한함으로써 지역 발전을 저해하고 세계적인 복지를 낮추는, 국가가 만든 독점적인 특혜라고 주장하며 덜 엄격한 보호를 옹호한다. 무엇을 창조한다면 그것은 집단에게 이득이 되어야 한다. 예를 들어 소프트웨어 불법 복제에 대한 질문을 받았을 때 한국의 외교관은 "역사적으로 한국인들은 지적 발견이나 과학적 발명을 발견자나 발명가의 사유물로 보지 않았다. 새로운 아이디어나 기술은 모두가 자유롭게 공유할 수 있는 '공공재'이다. 물질적인 이득보다는 문화적 존중이 창의성을 위한 동기부여이다"라고 말했다.[102]

개념 체크

앞서 1장과 2장에서 부유한 나라 및 가난한 나라를 포함한 국가의 소득 수준이 사업 환경 개발에 영향을 미친다는 것을 다루었다. 소득 수준은 이뿐만 아니라 국가 차원에서 다국적 기업의 운영 및 전략을 규제하는 접근 방식에도 영향을 미친다.

현재는 개인주의적 관점이 지배적이다. 초국가적인 기관, 특히 세계지적재산권기구(World Intellectual Property Organization, WIPO)는 정부 및 산업 협회와 함께 강력한 보호를 요구하고 있다. 일차적 보호 장치는 **지적 재산권**(intellectual property right, IPR)은 누가 어떤 상황에서 자산을 사용할 수 있는지 결정할 수 있는 법적 권한을 등록 소유자에게 부여한다. 본질적으로 지적 재산권은 혁신자에게 국가가 부여하는, 법적으로 집행되는 제한적인 독점이다.

사법 관할권 문제는 지적 재산권 보호를 복잡하게 한다. 예를 들어 미국 특허는 오직 미국의 영토 및 소유지에서만 지적 재산권을 보장하며, 다른 국가에서는 적용되지 않는다. 전 세계적인 보호를 위한 지름길은 없다. 기업은 '글로벌' 특허, 상표, 저작권을 등록할 수 없다. 지적 재산권은 안전한 것처럼 들리지만 그것을 시행하는 것은 어렵다. 예를 들어 미국에서는 기업이 위조 상품의 사용자가 아닌 제조자와 판매자에게 책임을 물을 수 있다.[103] 전 세계적으로 정부들은 이러한 계약을 준수하고 지적 재산권을 시행한다고 주장한다. 하지만 위조품 제조자는 계속해서 인기 있고, 비싸고, 필수적인 상품들을 위조하고 있다.

다국적 기업은 지적 재산을 보호하기 위해 많은 노력을 한다. 전 세계적으로 만연한 저작권 침해 행위는 엄청난 도전이다. 이 장의 마무리 사례인 '위조품 세계'는 이 상황을 보여준다. 특히 인치와 권위주의 정치가 특징인 일부 국가의 약한 지적 재산권 보호 집행은 어려운 장애물을 부과한다. 일부에서는 개인의 재산권을 거부하는 집단주의적 해석을 옹호하기 때문에 또 다른 문제가 발생한다. 예상대로 법치를 준수하는 국가는 보다 적극적으로 지적 재산권을 보호한다. 따라서 대부분의 위조품은 인치가 우세한 국가에서 만들어진다.

마지막으로 모든 나라가 지적 재산권을 보호하는 협정을 지지하지 않기 때문에 복잡함이 생긴다. 주로 산업 재산 보호를 위한 파리 협약과 문예 작품 보호를 위한 베른 협약이 있다. 둘 다 1880년대에 등장했으며 주기적으로 갱신된다. 세계무역기구의 무역 관련 지적 재산권에 대한 협정(Trade-Related Aspects of Intellectual Property Rights, TRIPS)은 지적 보호를 확대한다. 한편 유럽연합은 모든 회원국에서 법적 구속력을 있는 '단일 특허'를 제정하는 방향으로 계속 나아가고 있다.

정치와 법, 그리고 비즈니스

3-7 정치, 법, 비즈니스의 연관성을 알아본다.

표 3.5는 정치 및 법률 정책이 지지를 가장 많이 받거나, 가장 적게 받는 기업 환경을 각각 나타내는 국가의 목록이다. 전자의 경우 정치적으로 안정적이고 법적으로 예측 가능한 싱가포르가 세계에서 가장 호의적인 기업 환경을 자랑한다. 반대로 중앙아프리카공화국의 정치적 불안정과 법적 단점은 세계에서 가장 불리한 기업 환경을 나타낸다. 자료를 더욱 자세히 보면 핵심 관계가 눈에 띄는데, 최상위권 국가는 대부분 민주적인 정치 체제와 영미법 또는 대륙법 체계에 기반하고 있다. 이와 대조적으로 대부분의 최하위권 국가는 권위주의 정치와 인치에 기반한 혼합 법률 체계에 기반한다.

표 3.5 다양한 나라에서의 사업: 수월한 나라, 어려운 나라

국가	순위	국가	순위
뉴질랜드	1	동티모르	181
싱가포르	2	차드	182
홍콩	3	콩고민주공화국	183
덴마크	4	중앙아프리카공화국	184
한국	5	남수단	185
미국	6	리비아	186
조지아	7	예멘	187
영국	8	베네수엘라	188
노르웨이	9	에리트레아	189
스웨덴	10	소말리아	190

세계은행은 190개 국가의 기업 활동 편의성을 각각 평가했다. 점수가 높을수록 기업 환경이 호의적이다. 기술적으로 이 지수는 창업, 건축 허가 처리, 근로자 고용, 부동산 등록, 신용 획득, 투자자 보호, 세금 납부, 대외 무역, 계약 이행의 10가지 측면에서 국가의 백분위 순위로 평균을 계산한다. 표에서 최고의 국가와 최악의 국가를 찾아볼 수 있다.

출처: Doing Business 2020. The World Bank. Retrieved January 29, 2020. https://www.doingbusiness.org/en/doingbusiness

CASE

위조품 세계

전 세계적으로 기업은 저작권 침해(불법적인 지적 재산의 모방, 복제, 위조)로 고통받고 있다. 저작권 침해가 역사, 문화, 정치, 소득, 발전, 혁신, 경쟁력, 번영의 이슈로 이어지는 것을 감안하면 심각한 문제이다. 엎친 데 덮친 격으로 저작권 침해는 어디에나 있을 뿐만 아니라 생각할 수 있는 모든 형태로 존재한다. 이들은 직장에서 복제품을 만드는 개인, 우중충한 노동 착취 공장에서 일하는 모조품 제조자, 절도를 목표로 만들어진 현대적 기업, 음지에서 다크웹 거래를 하는 시민, 글로벌 연합체를 운영하는 상습적 범죄자이다.

문제는 간단하다. 책, 음악, 제품 디자인, 브랜드 이름, 공정 혁신, 소프트웨어, 영화의 형태로 된 지적 재산권은 만들기는 어렵지만 복제하기는 쉽다. 게다가 위조품 제조자는 부도덕하긴 하지만 진취성과 상상력이 부족하지는 않다. 우리가 사는 이 위조품 세계에서 만들어지고 있는 것은 거의 위조되고 있을 가능성이 높다. 위조 대상은 소박한 아스피린부터 화려한 페라리까지 사실상 모든 것을 포함한다.[104] 위조품은 진품 가격보다 싸게 팔리지만 저작권 침해는 놀랄 만큼 수익성이 높다. 이윤율이 500~50,000%에 달하는 것이 일반적이다.[105] 가짜 의약품은 헤로인보다 수익성이 높으며 짝퉁 시계는 1~2달러면 만들지만 베이징 실크 마켓(북경에 있는 쇼핑 센터로, 모조품 판매로 악명이 높다_역자 주)에서는 40달러, 인터넷 사이트에서는 250달러에 팔린다. 고급 위조 소프트웨어 판매액은 코카인 밀매를 통한 수익과 맞먹는다.[106]

큰 기회, 큰 돈

지적 재산권 도용은 큰 사업이다. 세계화와 인터넷은 최악의 상황을 만든다. 세계화를 통해 전 세계 제조업의 많은 부분이 지적 재산권 보호가 취약한 국가로 옮겨진 한편, 인터넷은 저렴하고 쉽게 접근할 수 있는 마케팅 플랫폼과 유통 채널을 제공한다. 판매 손실, 소비자 신뢰 침식, 브랜드 평판 하락, 세수 감소, 집행 비용 증가 등 지적 재산권의 위조가 불러오는 비용은 상당하다. 국제위조방지연맹(International Anti-Counterfeiting Coalition, IACC)은 불법 상품 무역이 연간 1조 7,700억 달러에 이를 것으로 추산하고 있다. 이는 세계 상품 무역의 약 10%에 해당한다. 게다가 1982년에 55억 달러에 불과했던 저작권 침해는 지난 30년 동안 10,000% 이상 증가했다.[107]

마이크로소프트(Microsoft)가 중국에서 겪는 어려움은 공통적인 문제를 잘 보여준다. 오피스와 윈도우 프로그램의 복사본은 소매가의 몇 분의 1에 해당하는 몇 달러에 판매되고 있다. 소프트웨어 불법 복제가 만연하다는 것은 중국에서 마이크로소프트의 매출이 미국 매출과 비교할 수 없을 정도로 적다는 것을 의미한다(개인용 컴퓨터는 미국보다 중국에서 매출이 더 높다). 초기에 13억 4,000만 명의 인구를 가진 중국에서 마이크로소프트의 매출액은 인구가 1,700만 명인 네덜란드에서 거둔 매출액보다 적었다.[108] 이러한 상황은 마이크로소프트에만 국한된 것이 아니다. 전 세계 기업이 이와 유사한 과제를 안고 있다.

모든 것은 위조될 수 있다

많은 사람은 저작권 침해가 고급 브랜드의 문제라고 생각한다. 확실히 위조품 제조자는 나이키, 노스페이스(North Face), 에르메스(Hermès), 리피터(Lipitor), 아디다스(Adidas), 루이비통(Louis Vuitton) 같은 고급 브랜드를 목표로 한다. 그러고 나서 끌로에(Chloé) 앵클부츠, 샤넬(Chanel) 르보이백, 생로랑(Saint Laurent) 지갑, 레이밴(Ray-Ban) 선글라스를 쉽게 복제한다. 그러나 가짜 명품은 저작권 침해의 약 5%만을 차지한다. 나머지 95%는 일상용품 복제품이다. 위조할 수 없는 제품은 없다. "만약 미국에서 돈을 벌 수 있다면 역설계되거나 해외에서 만들어질 것이다."[109]

예를 들어 제약업계의 공급사슬은 저작권 침해의 낙원이다. 만연한 위조는 전 세계의 건강과 안전을 위협하고 있다. 가짜 의약품은 매년 수만 명의 목숨을 앗아간다. 가짜 약이 전 세계에 얼마나 떠돌고 있는지는 아무도 정확히 모른다. 미국 식품의약국(Food and Drug Administration, FDA)은 미국에서 판매되는 모든 의약품의 10%가 모조약이라고 추산하고 있다. 아프리카와 동남아시아의 항감염성 치료에 대한 연구에서는 70%까지 가짜로 간주하고 있다.[110] 유엔은 아프리카에서 판매되는 말라리아 치료제의 절반이 위조품이라고 추정한다. 화이자(Pfizer)는 40개국 이상의 합법적인 공급사슬에서 프레브나13(Prevnar 13), 리피토(Lipitor), 라이리카(Lyrica)와 같은 베스트셀러 의약품의 위조품을 발견했다고 보고했다.

다면 전쟁

회사, 산업협회, 정부는 저작권 침해와 전쟁하기 위해 합법적인 무기를 사용한다. 지속적인 방법은 수색과 파괴 임무에 변호사 부대를 파견하는 것이다. 기업은 관료에게 로비를 위한 다수의 변호사를 선임하고, 인터넷망을 감시하며, 인터넷 제공업자에게 모방 사이트를 없애라고 촉구하고, 불법 판매업자를 상대로 소송을 제기한다. 호주 어그(UGG)는 짝퉁 부츠가 널리 퍼진 것을 깨닫고 지적 재산권을 집행하기 시작했다. 가짜 어그를 파는 수천 개의 웹사이트를 폐쇄했고, 수천 개가 넘는 불법 온라인 판매 페이지를 차단했다. 브랜드 쥬시꾸뛰르(Juicy Couture)와 케이트스페이드(Kate Spade)의 소유주인 리즈

클레이본(Liz Claiborne)은 위조품을 판매하는 수많은 웹사이트와 싸우고 있다. 단 몇 달 만에 거의 3만 개의 위조품 경매 페이지를 없앴다.

어떤 회사는 첨단 기술 방식을 선호한다. 한 가지 방법은 정확한 추적이 가능하도록 제품 포장에 전파 태그(RFID) 칩을 내장하는 것이다. IBM, 3M, 애벗랩(Abbot Laboratories) 등이 선두 주자이다. 또 다른 일부는 공장에서 소비자에 이르기까지 제품을 추적하는 소프트웨어 프로그램을 제공한다. 가나에서는 엠페디그리(mPedigree)의 제품 보안 전략을 통해 소비자가 휴대폰을 사용하여 제품을 인증할 수 있다. 구매자는 진위 여부를 확인하기 위해 소포 안에 새겨진 코드를 확인한다.[111] 일부 전문가는 결국 미세한 표시와 태그가 제품의 포장과 본체에 삽입될 것이라고 예상한다.

진품 제조 기업의 압박과 세수 감소를 지켜보던 정부는 공격적인 보호 프로그램을 고안하고 있다. 유럽연합(EU)은 지적 재산권 도용 문제를 최우선 과제로 꼽고 있다. 미국은 소프트웨어 저작권 침해 행위를 경범죄에서 중범죄로 격상시켰고, 중국, 러시아, 아르헨티나, 인도, 태국, 튀르키예, 우크라이나 등의 국가는 지독하고 성가신 지적 재산권 침해 위반 기록을 가진 악명 높은 위조품 제조자를 제재하겠다고 경고했다. 마찬가지로 미국 FDA는 중국, 인도, 남아프리카, 멕시코에 사무소를 열며 이 전쟁의 최전선에서 싸우고 있다. 다른 쪽에서는 발언의 수위가 높아진다. 예를 들어 미 무역 대표부는 "우리는 사기꾼과 도둑으로부터 아이디어, 발명품, 창의성을 방어해야만 한다"고 선언했다.[112]

다국적 기업, 공무원, 무역협회는 초국가기관이 더 강력한 방어를 구축하도록 로비한다. IACC와 같은 산업협회는 법을 강화하기 위한 노력에 앞장서고 있다. 전 세계 정부는 공공 정책, 사업 개발, 소비자 교육 분야에서 글로벌 서비스를 제공한다. 세계지적재산권기구(WIPO)는 지적 재산권 조약을 강화하고, 회원국들에 저작권 침해 퇴치 프로그램을 강화하도록 촉구하고 있다. 마찬가지로 WTO는 무역 관련 지식 재산권에 대한 협정(TRIPS)을 적용하여 이행을 규제한다. 이는 회원국이 지적 재산권을 현지 표준이 아닌 글로벌 표준에 따라 시행하도록 요구한다.

빗발치는 법적 조치, 새로운 기술, 스마트 수사, 외교적 노력, 산업 공동 협력, 소비자 교육, 강력한 지적 재산권 정책, 공격적인 법 집행, 일치된 정치적 · 상업적 · 제도적 행동이면 충분하다고 생각할지 모른다. 그에 더하여 눈에 불을 켠 다국적 기업의 세계적인 영향력, 세간의 이목을 끄는 법적 절차, 정부 간 협력의 확대, 더 엄격한 무역협정이라는 화력을 더해보자. 이러한 충격과 공포 작전은 저작권 침해를 근절할 것이다. 과연 그럴까? 놀라운 사실은 저작권 침해는 계속해서 늘어나고 있다는 것이다.

도적들이 사방에 있다

저작권 침해가 줄어들기보다는 다국적 기업과 위조품 제조자 사이의 글로벌 고양이와 쥐 게임이 고조되고 있다. 중국, 인도, 나이지리아와 같은 거대하고 빠르게 성장하는 신흥 시장에서 저작권 침해 행위가 급증하는 것은 크고 빠르게 성장한다는 문제를 의미한다. 점점 더 많은 사람이 거침없이 글로벌 시장에 진출하는데, 이들 중 많은 사람은 가난하지만 가장 최신의, 또 가장 좋은 지적 재산을 가능한 한 최저 가격에 소비하기를 열망한다. 전문가들은 전 세계 수십억 명이 함께하는 이 끝없는 미션이 저작권 침해를 가속화한다고 경고한다.

솜씨 좋은 위조품 제조자는 지적 재산권 방어를 빠르게 무력화한다. 그들은 라이선스 코드를 해독하고, 홀로그램을 복제하고, 이메일 헤더를 위조하고, 메신저 앱을 조작하고, 스팸 봇을 만들고, 봇넷을 배포하고, 암호화폐를 활용한다. 이들이 IP 경찰보다 한발 앞서가는 것은 널리 퍼진 능력 덕분이다. "마치 마약 밀매처럼 위조 문제가 너무 커서 어떻게 대응해야 할지 모르겠다. 도적들이 사방에 있다."[113] 걱정스러운 것은 성공한 위조품 제조자가 영리한 스타트업에서 정교한 글로벌 네트워크로 진화한다는 점이다. "고급 위조품을 다룬다는 것은 공급사슬, 유통망, 제조 도구를 모두 갖추고 있는 조직을 말하는 것이고, 이 모든 것은 이윤에 기반을 두고 있다."[114] 한 분석가는 "위변조는 물로 가득 찬 풍선과 같다. 한쪽으로 밀고 손을 떼면 더 강하게 되돌아온다"고 말했다.[115]

불법 복제는 P2P 파일 공유 사이트, 통신 판매 사이트, 경매 사이트, 다크웹과 같은 인터넷 채널을 통한 위조 상품 이용성의 증가로부터 큰 힘을 얻고 있다. 몇몇 회사는 질린 나머지 항복한다. 고급 핸드백 제조업체인 폴리앤드코리나(Foley & Corinna)는 인터넷 위조품이 많아지면서 인터넷을 아예 보지 않게 됐다고 설명했다. "너무 답답하다. 무언가를 하려고 시도할 수는 있지만 위조품 시장은 매우 크고 매우 빠르다."[116] 한편 지적 재산 도용을 사업이 치러야 할 대가로 보는 사람도 있다. 중국 시장에서 당사의 제품을 매일같이 불법 복제했음에도 불구하고 한 임원은 당사의 합법적 판매에서 오는 수익성이 위조품으로 인한 손실을 상쇄하고도 남는다고 말했다.[117]

지적 재산권 침해는 불가피한가?

공격적인 법률 행위, 정교한 추적 및 태그 기술, 더 엄격한 통제에 직면해 있음에도 불구하고 여전히 만연한 저작권 침해는 재적 재산 보호에 깊은 의문을 제기한다. 일부는 국가마다 다른 법적 유산과 정치 이념이 기본적인 문제를 해결할 수 없을 정도로 복잡하게 만든다고 우려한다. WTO의 프로그램인 TRIPS는 법규와 규범을 표준화함으로써 고질적인 문제를 해결했어야 했다. 여전히 개인주의와 집단주의 측면의 국가 간 문화적 성향의 차이뿐만 아니라 국가 간 지배의 기반의 차이는 TRIPS의 영향을 제약한다.

가끔씩 전투에서 승리했음에도 불구하고 위조품과의 전쟁에서 기업과 국가가 이미 패배한 것인지에 대한 염려가 있다. 위조품의 엄청난 규모와 범위는 전 세계 소비자와 기업이 위조품을 만들고, 구매하고, 사용하는 것에 대한 윤리적 거리낌이 거의 없다는 것을 나타낸다. 소프트웨어를 예로 들면 세계적인 소프트웨어 불법 복제는 만연할 뿐만 아니라 지속되고 있다. 현재 전 세계적으로 컴퓨터 소프트웨어 불법 복제율은 37%에 달한다. 달리 말하면 전 세계 컴퓨터에 설치된 패키지 소프트웨어 중 37%가 불법적으로 구한 것이다. 이에 따른 기업 손실은 2003년 290억 달러에서 상승하여 현재 470억 달러에 육박한다. 아르메니아, 인도네시아, 나이지리아, 태국, 우크라이나, 베네수엘라, 베트남과 같은 국가의 경우 소프트웨어 불법 복제율이 60~90%에 이른다. 심지어 프랑스, 일본, 미국과 같은 지적 재산권 보호에 적극적인 국가에서도 소프트웨어 불법 복제율이 15% 이상이라고 보고된다.[118] 결과적으로 마이크로소프트의 가장 큰 경쟁사는 또 다른 소프트웨어 회사가 아니라 바로 불법 복제 소프트웨어이다.

옳고 그름을 떠나서 빠듯한 예산으로 더 나은 삶을 추구하는 사람들은 위조품을 찾게 된다. 집단주의 문화에서 많은 사람은 지적 재산권 소유자가 본질적으로 이기적이고 이익을 극대화하는 사업 모델을 포기하고 사회를 존중해야 한다고 주장한다. 개인의 이익을 위해 지식을 보호하는 것이 아니라 모두의 이익을 위해 지식을 공유하는 것이 도덕적 의무라고 말이다. 이와 반대로 명예와 부를 추구하는 진취적인 개인을 옹호하는 사람들은 지적 재산 보호가 없다면 결국 공유할 지적 재산이 없으므로 훔칠 것도 남지 않을 것이라고 반박한다. 이 와중에 엄청난 양의 지적 재산이 각지에서 도용되고 있으며, 혁신과 번영을 지속하고자 하는 기업과 국가는 해결책 마련에 애쓰고 있다.

문제

3–3 저작권 침해 행위는 민주주의 국가에서 더 자주 일어나는가 아니면 전체주의 국가에서 더 자주 일어나는가? 그 이유는 무엇인가?

3–4 지적 재산의 개발자와 소비자가 불법 복제의 수익성을 제거하는 관계를 발전시킬 수 있는가?

3–5 삶의 질을 향상하기 위해 노력하는 가난한 국가에 사는 개인의 입장에서 생각해보았을 때 어떤 생각이 지적 재산권의 합법성을 이해하는 데 영향을 주는가? 이때 그 지적 재산권이 서구의 다국적 기업 소유인지의 여부가 중요한가?

Chapter 4

경제적 환경

학습 목표

4-1 경제 분석의 가치에 대해 설명한다.

4-2 경제적 환경의 유형을 구분한다.

4-3 경제적 자유의 개념에 대해 논의한다.

4-4 경제 체제의 유형을 구분한다.

4-5 경제 발전, 성과, 잠재력 척도를 해석한다.

4-6 경제 분석의 요소에 대해 논의한다.

4-7 경제 분석을 통합하는 접근법을 설명한다.

출처: Gumpanat/Shutterstock

▲ 기회와 도전으로 가득한 세계

아무것도 빚지지 않은 사람은 부자이다. —프랑스 속담

CASE

신흥경제권: 부흥인가, 몰락인가?[1]

전 세계적으로 우리는 세계 경제 구조의 획기적인 변화를 목격하고 있다. 2050년까지 세계 최대 경제, 특히 중국, 인도, 일본, 인도네시아, 러시아의 대부분이 더 큰 아시아에 속하게 될 것이다. 그들의 성장은 호주, 싱가포르, 필리핀, 캄보디아, 한국, 대만, 말레이시아, 키르기스스탄, 베트남, 태국과 같은 아시아 이웃 국가 사이에서 강력한 차상의 경제국을 형성할 것이다. 아프리카와 남아프리카 같은 오랫동안 부진했던 다른 지역의 경제국은 아시아 국가와 함께 발전할 것이다. 속도는 다르지만 모두 세계 경제의 주변부에서 중심으로 이동하고 있다.

그림 4.1은 이와 같은 전개 및 결과를 강조한다. 현재 **경제의 무게중심**(economic center of gravity)은 주로 유럽과 미국을 중심으로 한 서구에서 중국과 인도를 중심으로 한 동부로 이동하고 있다. 1800년대에 산업혁명의 생산성과 번영은 세계 경제의 중심을 동양에서 서양으로 이동시켰다. 그리고 제2차 세계대전 직후 이는 다시 순환하기 시작하여 꾸준히 속도를 얻었다. 현재, 이는 역사상 그 어느 때보다 빠

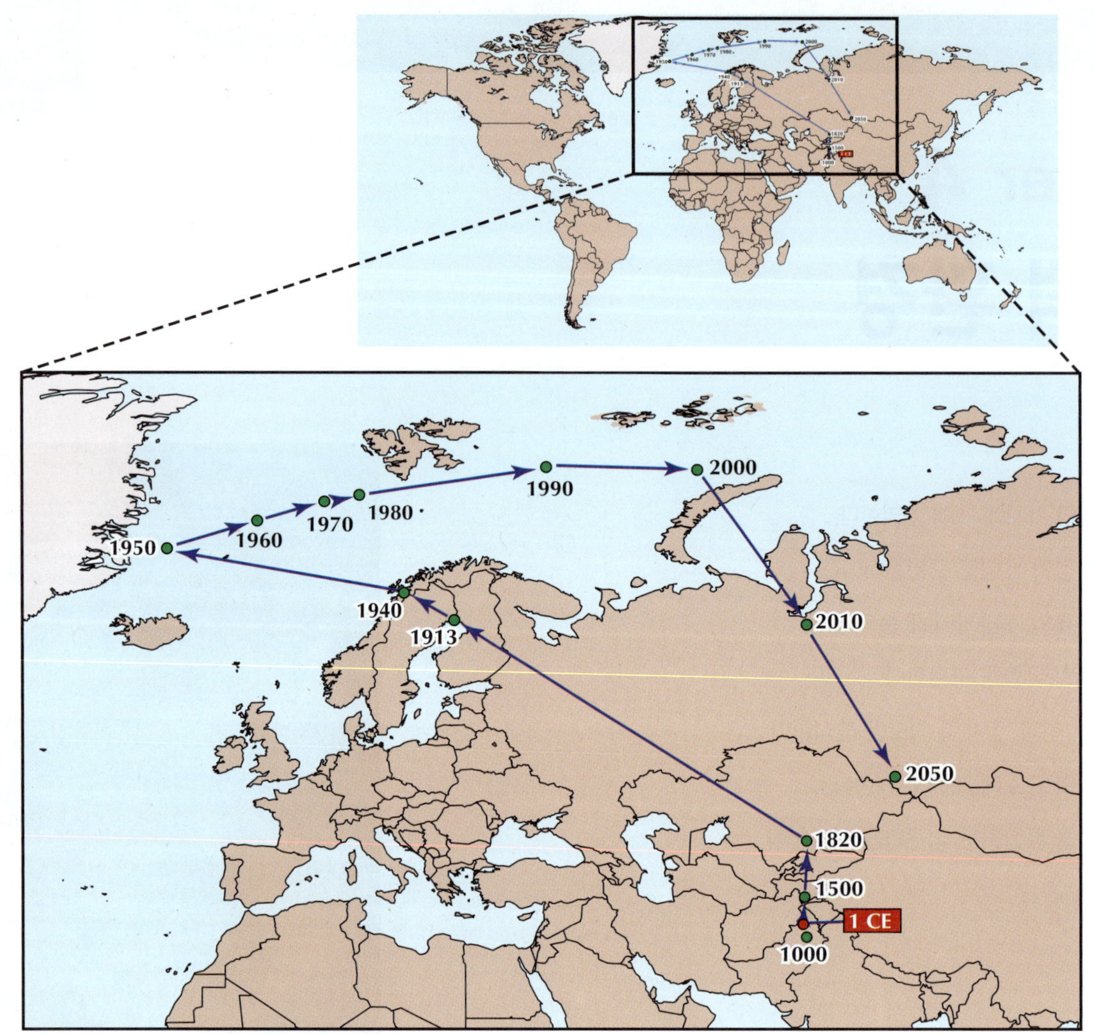

그림 4.1 세계 경제의 중심지: 서기 1년부터 2025년까지

세계 경제의 중심이 아시아로 돌아오고 있다. 이는 천 년 만의 의미 있는 변화이다.

출처: Dobbs, R., Jaana Remes, James Manyika, Charles Roxburgh, Sven Smit, and Fabian Schaer. *Urban World: Cities and the Rise of the Consuming Class*. McKinsey Global Institute, 2012. "Asia's Future Is Now | McKinsey." February 10, 2020. https://www.mckinsey.com/featured-insights/asia-pacific/asias-future-is-now.

른 연간 약 140km/85마일의 속도로 동쪽으로 이동하고 있다.[2]

2020년에서 2050년까지도 의심할 여지가 없어 보인다. 그럼에도 불구하고 많은 신흥경제국은 수십억의 근로자와 소비자가 있는 시장에 강력한 친성장 정책을 적용하고 있다. 하드 데이터를 보면 지금까지 이러한 성공을 확인할 수 있다. 1980년에 신흥경제국의 총생산량은 세계 총생산량의 36%를 차지했다. 2009년에는 절반 이상을 차지하면서 이정표를 넘었다. 2019년에는 점유율이 59%까지 올라갔다. 상하이와 뭄바이 같은 큰 지역의 큰 변화 외에도 곳곳에서 변화를 관찰할 수 있다. IMF는 향후 몇 년 동안 가장 빠르게 성장하는 10개 시장을 신흥경제국이라고 보고한다. 마찬가지로 아비장, 치타공, 하르툼, 킨샤사, 루안다, 와가두구와 같이 서구에 많이 알려지지 않은 400개의 중소 신흥 시장 도시는 향후 15년 동안 세계 성장의 약 40%를 생성할 것이다.[3]

제도적으로는 원래 서부의 거점이었던 G-7은 G-20으로 확장되었다. 중국, 인도, 브라질, 멕시코, 한국과 같은 신규 회원국은 글로벌 거버넌스에서 더 큰 발언권을 얻었다. 이러한 새로운 이해당사국은 역사적으로 서구에서 옹호했던 것과는 다른 경제 발전에 관한 관점을 옹호한다. 선진국에서 오랫동안 확고히 뿌리내려온 경제적 자유 및 자유시장과 같은 문제는, 이제 국가 자본주의와 권위주의의 아이디어가 많은 신흥경제국에 자리를 잡게 하는 여지를 준다. 더욱이 중국의 국제 지불 시스템(CIPS) 및 러시아의 재정 메시지 전송 시스템(SPFS)과 같은 신흥경제국의 제도로 이를 구현할 수 있다. 종합적으로 이 같은 신흥경제국 부상의 가속화는 20세기의 부유한 국가가 21세기 세계 경제의 원칙과 관행을 결정하지 않을 것이라는 신호라고 볼 수 있다.

신흥경제국의 발전과 번영의 모멘텀은 혁명이 이제 막 시작되었음을 시사한다. 기반 시설을 개선하고, 생산성을 높이며, 일자리를 만들고, 빈곤을 완화하고, 소비를 확대하려는 그들의 야심은 역사상 가장 큰 경제 부양책이 될 가능성을 실행에 옮겼다. 비슷한 규모의 마지막 변형인 산업혁명에는 훨씬 더 적은 수의 국가에서 훨씬 더 적은 수의 사람들이 참여했지만 여전히 모든 곳의 삶을 변화시킨 100년 반 동안의 확장을 주도했다. 오늘날의 혁명은 전 세계에 걸쳐 있고 훨씬 더 많은 국가의 훨씬 더 많은 사람이 포함되어 있으며 자본주의 역사상 가장 큰 기회를 나타낸다.[4]

신흥국이 선진국으로부터 리더십 배턴을 넘겨받은 것은 좋든 나쁘든 경제 환경의 성장, 성과, 잠재력에 대한 해석을 재구성한다. 결과적으로 기업 경영자는 신흥국에서 직면하는 근본적으로 다른 상황을 다루기 위해 선진국에 기반을 둔 기존의 분석을 미세 조정한다. 오랫동안 당연하게 여겼던 재산권, 정부 규제, 경제적 자유와 같은 문제가 다시 작동하기 때문이다.

동향 및 전환기

지난 세기를 추적하면 현 상황의 장래를 전망할 수 있다. 증기 기관과 동력 직기가 아시아에서 서구로 경제력을 끌어오기 전에 오늘날의 신흥경제국은 세계 생산량을 지배했었다. 1000년부터 1880년대 중반까지 이들은 평균적으로 그중 70~80%를 생산했다(그림 4.2 참조). 이 기간에 중국과 인도는 세계에서 가장 큰 경제 대국이었다. 1850년 중국은 홀로 세계 생산량의 3분의 1을 생산했다. 1880년대부터 영국은 호황을 누리던 산업 리더십을 글로벌 리더십으로 전환했고, 곧 세계 경제의 원동력으로서 중국을 대체했다. 이후 역사가 전개되며 20세기에는 미국이 세계 지배를 향해 포효하며 영국을 제치고 1위 자리를 탈환했다.

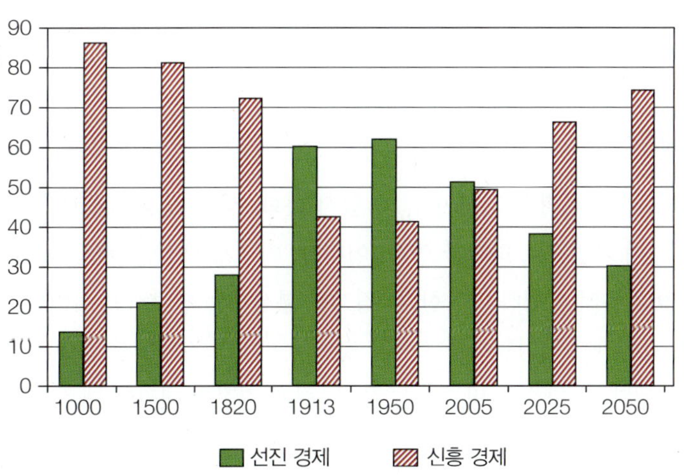

그림 4.2 신흥 시장의 재기

지난 천 년 동안, 특히 중국과 인도로 대표되는 오늘날의 신흥경제권은 전 세계 생산량의 대부분을 차지했다. 2025년에는 신흥경제권이 다시 세계 경제를 지배할 것이라는 추세가 나온다.

출처: Development Centre Studies, *The World Economy: A Millennial Perspective*, OECD Publishing, 2006; *Looking to 2060: A Global Vision of Long-Term Growth*, OECD Economic Policy Papers, November 2012; Loayza, N., & S Pennings, *The Long-Term Growth Model*, World Bank: Washington DC, 2018.[5]

미국은 다른 선진국, 특히 영국, 독일, 프랑스와 함께 산업혁명을 통해 세계 경제를 뒤집었다. 자유 시장 이데올로기의 옹호, 경제적 자유의 제도, 생산성 혁신의 적용에 대한 선진국의 옹호는 세계 경제의 무게 중심을 극적으로 이동시켰다. 1950년까지 세계 생산량에서 신흥경제국의 몫은 절반으로 떨어졌다. 중국의 점유율은 5%까지 떨어졌다. 인도에서 인도네시아에 이르기까지 많은 국가의 경우 정치적 갈등, 식민주의, 모호한 무역협정으로 악화된 내부 투쟁 때문에 허우적거렸고 고립주의와 외국인 혐오증이 촉발되기도 했다.

새로운 게임, 새로운 세계

신흥경제국의 야망은 논리적이다. 세계 경제의 원동력으로서 역사적 위상을 회복하는 것이다. 신흥경제국의 재기 이후 이러한 목표는 절정에 달할 것이고, 이들은 다시 한번 글로벌 활동에서 가장 큰 몫을 차지하게 될 것이다. 이러한 변화를 상징하는 중국은 2009년에 세계에서 가장 많은 상품을 생산했던 1850년 당시의 지위를 되찾았다. 지난 110년 동안 1위였던 미국은 2위로 밀려났다. 마찬가지로 IMF는 중국이 세계의 중심 교역국이 되었으며 124개국에 대한 가장 큰 교역 파트너가 되었다고 보고했다. 미국의 경우 약 76개국과 교역 관계를 맺고 있다.[6]

신흥경제국의 발전, 성과 및 잠재력 문제는 중국의 일대일로(One Belt One Rood, OBOR) 정책의 비전에 강력하게 나타난다. 2013년에 시작된 일대일로는 전 세계 시장의 많은 부분을 포함하는데, 세계 인구의 70% 이상, 세계 GDP의 35%, 대부분 빠르게 성장 중인 약 90개의 신흥경제국에 영향력을 행사한다. 일부에서는 일대일로가 중국을 세계에서 가장 광대한 상업 제국의 중심으로 포지셔닝하고 있다고 본다. 도로, 파이프라인, 철도, 항구, 발전소의 조직적 네트워크는 시장 연결 및 초국가적 협력을 위한 놀라운 플랫폼을 구축한다. 지상 및 해상 경로 외에도 일대일로는 광섬유 케이블과 5G 연결을 사용하여 고대 무역로를 현대화하는 디지털 실크로드를 건설하고 있다.

현지 시장을 이해하려는 노력

신흥경제권의 재기와 같은 메가트렌드는 천 년에 한번 있을까 말까 한 사건이다. 물론 메가트렌드는 극적으로 잘못될 수 있다. 신흥경제권은 인구통계학적, 환경적, 형평적, 이념적, 제도적 도전 과제에 직면해 있다. 더욱이 COVID-19 전염병에서 예시된 바와 같이 소위 '검은 백조(black swan)' 사건은 지속적인 위협이며, 체제를 재설정하지는 않더라도 검증하는 역할을 한다. 그럼에도 불구하고 소비자, 노동자, 투자자, 경영진, 정책 입안자는 부흥, 또는 경우에 따라 초래될 수도 있는

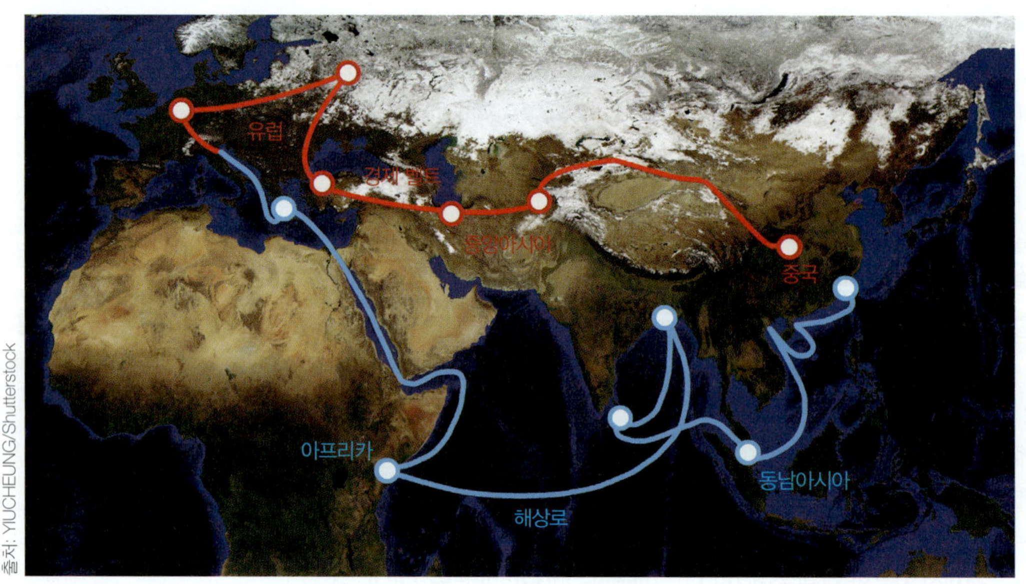

출처: YIUCHEUNG/Shutterstock

◀ 중국의 일대일로 프로그램은 아시아, 아프리카, 유럽에 걸친 국가들의 연결성 향상, 협력 증진, 무역 확장을 목표로 한다. 사진은 광범위한 지리적 범위를 보여준다. 이 구역 내에 전 세계 인구의 대부분이 살고 있다는 사실은 그 잠재적인 규모를 강조한다.

몰락의 여파로 전개될 혁명과 씨름하고 있다.

기업 경영자는 주의 깊게 경제 환경을 연구하여 발전을 평가하고, 성과를 설명하며, 신흥경제권의 잠재력을 추정한다. 재기 혹은 붕괴와 관련한 투자, 자산 배치, 운영은 좋을 수도, 혹은 나쁠 수도 있는 새로운 글로벌 비즈니스 환경을 이해하는 데 달려 있다. 그동안 경영자는 서구 선진 시장에 기반을 둔 분석 방법이 동부 경제권으로 자동 전환되지 않는다는 것을 깨달았다. 대신 이 장에서 보게 될 것처럼 새로운 관점과 원칙 및 관행이 등장한다.

문제

4-1 신흥경제권의 재기와 같은 변화는 거의 드문 사건이다. 이는 우리 삶에 미치는 영향을 증폭시킨다. 현재까지의 재기와 지속적인 성공을 감안할 때 당신의 삶이 어떻게 바뀌었는지, 혹은 어떻게 바뀔 가능성이 있는지 추정하라.

4-2 이제 분석을 뒤집고 신흥경제권의 야망이 지나치게 야심 찬 것으로 판명되어 성공적인 부흥이 아닌 몰락하게 되었다고 생각해 보자. 그렇다면 이는 당신의 삶에 어떤 의미가 있는가?

국제 경제 분석

4-1 경제 분석의 가치에 대해 설명한다.

이 장에서는 국제경영의 환경 분야로 개요를 확장할 것이다. 즉 앞서 문화, 정치, 법률 시스템을 다루었던 것과 마찬가지로 경제적 환경이 기업으로 하여금 언제, 어디서, 어떻게 사업할 것인지에 대한 결정을 내리는 데 어떤 영향을 미치는지 설명하고자 한다. 경제를 분석하는 일반적인 아이디어 및 도구뿐 아니라 해석을 통합하는 관점과 프레임워크를 소개할 것이다.[7] 이 장 전체에서 경제의 차원 및 역동성을 이해한다는 것이 모두가 더 나은 소비, 투자, 운영, 정책 결정을 내리는 데 도움이 된다는 논문을 바탕으로 시민, 경영진, 기업, 공무원과 경제학의 관련성을 알아보자.

국제경영의 경제적 환경을 평가하는 것은 매혹적인 도전이다. 시작하기에 앞서 업무의 규모와 범위에 대해 생각해보자. 세계은행(World Bank)은 경제통계수치를 보고하는 인구 3만 명 이상의 189개국과 28개의 경제권을 포함하여 총 217개의 개별 경제 환경을 식별한다.[8] 189개국에는 우리에게 친숙한 호주, 중국, 독일, 인도네시아, 나이지리아, 미국과 같은 국가가 포함된다. 28개 경제권에는 맨섬, 마카오, 산마리노, 투발루, 바누아투와 같이 들어본 적이 있을 수도, 혹은 없을 수도 있는 국가가 포함된다. 가장 큰 시장(중국)부터 가장 작은 시장(투발루)까지 이러한 시장을 분류하는 것은 국제경영의 필수적인 측면이다. 이 장에서는 경제의 놀라운 다양성을 이해하는 원칙과 도구를 강조하면서 경영자가 어떻게 시장을 분류하는지 설명할 것이다.

217개의 모든 경제 환경에서 자금을 조달하고 운영할 수 있는 다국적 기업은 거의 없다. 자원에는 제약이 있으므로 경영자는 위험을 최소화하면서 최대의 수익을 제공하는 시장을 대상으로 옵션의 우선순위를 정해야 한다. 성공 확률을 높이는 것은 경제의 발전, 성과 및 잠재력을 평가하는 데 달려 있다. 경제학은 평가를 체계화하는 다양한 독창적인 아이디어와 엄격한 도구를 발견할 수 있게 도와준다. 생산, 이자율, 인플레이션, 실업과 같은 친숙한 지표로 중요한 특성을 추정할 수 있다. 통합 분석에서는 생산함수, 한계분석, 일반균형 모형 같은 과학적 원리와 합리성 및 인센티브 같은 행동 가정을 활용한다. 이러한 원칙과 분석 방법은 경영자가 소비자 선택, 기업 행동, 산업 구조 및 시장 패턴을 이해할 수 있게 도와준다.[9]

경영자는 발전을 해석하고 성과를 평가하며 잠재력을 추정하기 위해 경제 환경을 연구한다.

경제 시스템을 분류하는 것은 어렵다. 다른 시스템과 마찬가지로 경제는 상호연관, 상호연결되어 있고, 상호의존적이며, 상호작용하는 응집력 있는 집합체이기 때문이다. 특히 아프가니스탄에서 짐바브웨까지, 그리고 그 사이의 모든 지점에서 발견되는 엄청난 차이를 고려할 때 세계 시장의 217개 경제를 포함하도록 분석을 확장하는 것은 매우 어려운 일이다. 더욱이 COVID-19가 생생하게 보여주듯이 모든 경제는 근본적으로 서로 연결되어 있다. 가장 단순한 경제 시스템이라도 복잡성 때문에 직관적인 분류가 어렵다. 특정 경제국의 성과와 잠재력을 나타내고 다른 국가를 대상으로도 안정적으로 작동하는 모델을 규정하는 것은 매우 어려운 일이다. 따라서 경영자는 신뢰할 수 있는 측정치 및 타당한 관점을 찾고, 이들 사이의 관계를 분류하고, 이를 경제권에 매핑하고, 주요 트랜드를 추적하며, 그 의미를 추론하기 위해 애쓴다. 다시 말해 이 장에서 강조하는 것처럼 경영자는 이를 위한 자신만의 독창적인 방법을 찾고 그 과정에서 다국적 기업을 성공적으로 운영한다.

개념 체크

세계화의 원칙은 사람, 기업, 국가, 기관의 관계 네트워크를 확장시키는 것이다. 철학적으로 같은 원칙이 여러 경제의 출현 및 발전에 적용된다.

개념 체크

1장은 세계화를 촉진 및 제약하는 변화하는 환경 조건, 2장은 변화하는 문화정체성, 3장은 변화하는 정치 체제 및 법적 체계에 주목했다. 같은 방식으로 4장에서는 기회와 어려움을 야기하는 변화하는 국제경영의 경제 환경을 주목할 것이다. 이러한 이슈는 투자가 어디로 가야만 하는지, 더 중요하게는 어디로는 가지 말아야 하는지를 정확히 짚어준다.

선택 및 과제 해결

그림 4.3은 국내 혹은 머나먼 해외 시장에서 경영자가 어떻게 선택하고 과제를 어떻게 해결하는지를 보여준다. 이는 경제 상황이 한 국가의 발전, 성과, 잠재력을 형성한다고 주장한다. 또한 평가를 구성하는 요소와 이론 및 응용분석의 중요성을 강조한다. 이러한 특성 간 상호작용을 명확히 하는

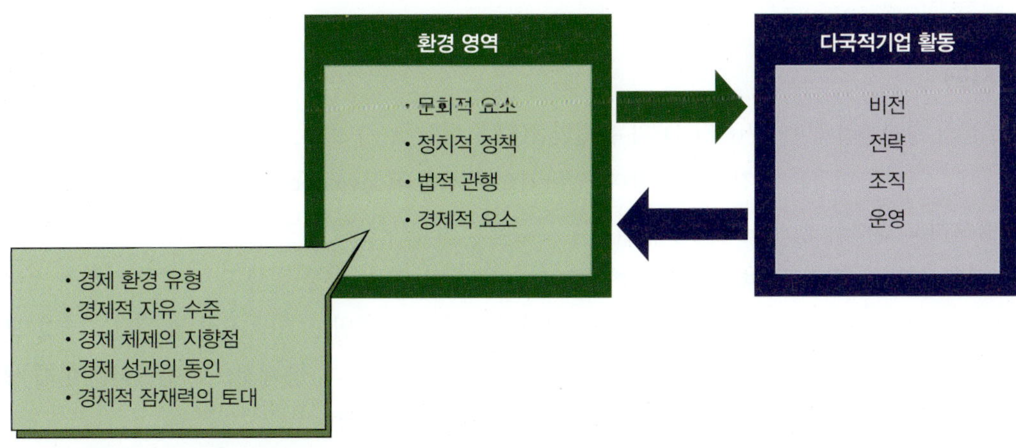

그림 4.3 국제경영 활동에 영향을 미치는 경제적 요소

경제적 환경은 국가마다 다르다. 그럼에도 불구하고 감출 수 없는 원칙과 관행을 공유한다. 경영자는 경제 분석을 위해 이들과 이들의 상호작용에 초점을 맞춘다.

것은 경영자가 발전 경로를 발견하고 잠재력을 추정하는 데 도움을 준다. 따라서 그림 4.3은 ① 발전 상태를 기준으로 한 경제 환경 유형, ② 경영자가 투자 및 운영을 해야 하는 경제적 자유, ③ 시장의 기준과 상황을 형성하는 경제 체제의 지향성, ④ 경제적 변화의 동인, 그리고 특히 ⑤ 혁신 및 경쟁력을 기준으로 한 경제적 성과의 토대를 기준으로 경제를 해석하는 관점을 보여준다. 이 장에서는 각 항목을 평가할 것이다.

글로벌 경영 환경 인명 사전

4–2 경제적 환경의 유형을 구분한다.

절대적인 측면에서 볼 때 세계화에 힘입은 기업 활동은 크게 증가했다. 1970년에서 2020년 사이 세계 총생산은 12조 달러에서 88조 달러로 거의 7배 가까이 증가했다. 상대적인 측면에서는 이러한 증가로 인해 일부는 다른 국가보다 번영했으며 일부는 그렇지 않았다. 불균등한 국가 성과는 경영자가 국가를 탐색하고 사건과 추세를 평가하여 기회를 포착하고 위험을 미연에 방지할 것을 요구한다. 217개국에 걸친 복잡성, 역동성, 상호의존성을 해석하는 것은 어려운 일이다.

분석을 복잡하게 하는 것은, 광범위하게 중첩되는 부분이 있음에도 불구하고 근본적으로 동일한 경제 국가는 존재하지 않는다는 것이다. 국가 간 차이는 인구통계, 지리, 자원 투입, 산출, 임금, 생산성, 무역 활동에서 기인할 수도 있고 이에 국한되지 않은 영역에서 발생할 수도 있다. 이러한 종류의 특성은 차례로 생산 활동의 조직화, 외국인 투자자에 대한 태도, 규제의 투명성, 시장 시스템의 정교화, 총수요 규모와 같은 요소적 특성에 영향을 미치면서 사업의 용이성을 결정한다.

경제적 환경의 다양한 측면을 이해하는 것은 경영 환경 인명 사전을 확인하는 것에서 시작된다. 국제경영에서 가장 포괄적으로 사용되는 단일 지표는 국가의 발전 수준이다. 이는 생활 수준을 향상하고 1인당 소득을 높이며 시민 안정을 확립하고 교육, 의료 및 사회 서비스와 같은 편의를 시민에게 제공하는 국가의 능력에 대한 분석에 초점을 맞춘다. 우리는 세계 체제 이론(world-systems theory)의 맥락에서 IMF, 유엔 및 세계은행의 방식에 따라 누가 누구인지 식별할 수 있다. 해당 기관이 발행하는 보고서는 국가를 선진국, 개발도상국, 또는 신흥경제권으로 분류하는 삼분법 체계를 지지한다.[10]

선진국

선진국은 대개 높은 소득 수준, 선진 기술, 정교한 인프라, 높은 생활 수준, 낮은 성장 속도를 특징으로 한다.

대부분의 경제협력개발기구(OECD)와 유럽연합(EU) 회원국, 즉 호주, 캐나다, 일본, 뉴질랜드, 노르웨이, 스위스, 미국은 선진국에 속한다. 일반적으로 **선진국**(developed economy)은 정치적 자유를 옹호하고 민주적 통치를 확립하며 법치를 시행하고 자유 시장을 지지한다. 시민은 높은 생활 수준, 사회적 안정, 장수, 교육 기회, 적당한 영양 수준, 첨단 의료, 공중 위생 및 다양한 상품과 서비스를 누린다. 선진국은 효율적인 자본 이동, 안정적인 제도, 광범위한 기반 시설 및 첨단 기술을 보여준다. 오늘날 약 11억 명(세계 인구의 14%)이 선진국에 살고 있다. 총체적으로 선진국은 현재 세계 총생산의 41%를 차지한다. 2000년에 선진국의 점유율은 57%였다.[11]

개념 체크

1장의 '세계화 및 국제경영의 촉진 동인'에서는 경제 환경이 기술, 무역, 경쟁, 소비자 태도, 국경 간 관계에 어떻게 반응하는지 설명했다. 이러한 조건은 경제 체제의 발전 수준에 따라 각기 다르다.

선진국 경제의 독특한 특징은 전형적인 거주자가 평균적으로 벌어들이는 소득이다. 미국, 프랑스, 일본, 스위스와 같은 고소득 선진국의 1인당 평균소득은 4만 142달러이다. 이와 대조적으로 개발도상국에서는 최대 99%까지 떨어질 수 있다. 예를 들어 차드, 우간다, 타지키스탄, 아프가니스탄과 같은 저소득 개발도상국의 평균소득은 744달러이다. 절대적인 차이도 마찬가지로 놀라운 수준이다. 선진국인 싱가포르의 1인당 연간소득은 5만 4,530달러이다. 개발도상국인 부룬디에서는 280달러이다.[12] 한 분석가는 "같은 행성 내의 물질적인 복리 수준이 극도로 다양하다는 것은 정말 놀라운 일"이라고 언급했다.[13]

역사적으로 선진국의 제조업에 대한 의존도는 점차 다양한 산업과 서비스 지향적 활동으로 옮겨가고 있다. 이제는 공장과 조립라인이 아닌 데이터와 기술이 혁신을 주도한다. 종종 '지식 근로자' 또는 '창의적 계층'이라고 불리는 숙련되고 교육받은 근로자는 일반적으로 도심에서 일하며 높은 급여를 받는다. 선진국의 제조업체는 개발도상국 및 신흥경제국의 공장으로 많은 역외생산(오프쇼어링)을 했다. 예를 들어 미국의 전체 근로자 중 제조업 일자리를 차지하는 비율은 1970년에 26.4%에서 2020년에 10% 미만으로 떨어졌다. 최근에는 자동화, 로봇공학 등이 제조 방법을 지원하면서 기업 활동을 본국으로 회귀하도록 격려하고 있다(즉 선진국으로 일자리가 돌아오는 것이다).

그럼에도 불구하고 지난 세대 동안 선진 경제의 지배적인 추세는 낮은 비용, 높은 생산성을 특징으로 하는 신흥경제권 및 개발도상국의 공장에서 역외생산하는 것이었다. 1장에서 보았듯이 역외생산은 선진국 내 수공업뿐 아니라 전문직 분야에도 상당한 영향을 미친다. 선진국에서는 실업과 불완전 고용으로 어려움을 겪는 사람들이 점점 늘어나고 있다. 예를 들어 1995년부터 2004년까지 거의 모든 선진국에서 임금이 98% 증가했다. 그러나 2005년부터 2014년까지는 임금 정체가 만연했다. 그 이후로도 선진국의 많은 가구에서 소득 감소를 경험했다. 예를 들어 미국에서는 소득 불평등, 즉 개인 간 소득 분배 격차가 2020년 들어 50년 만에 최고 수준에 도달했으며, 이러한 격차는 계속 증가할 것으로 예측된다. 결과적으로 소득 불평등 문제는 대부분의 선진국에서 증가하고 있으며, 부자는 더 부자가 되고 가난한 사람은 더 가난해진다.[14]

제조업에서 서비스업 중심으로의 이동이 번영의 동인이 되면서 선진국을 고소득 국가, 선진 시장, 선진 공업국 또는 후기 산업 경제로 지칭하기도 한다. 1인당 소득 수준 및 생활 수준이 높으며 정교한 제도적 틀이 있지만 개발도상국 및 신흥경제권에 비해 상대적으로 성장이 느린 점을 감안할 때 향후 이런 국가를 '확립된 시장 경제(established market economy)'라고 부를 수 있다.

개발도상국

아프리카, 아시아, 동유럽, 중남미, 남미, 중동에 걸쳐 약 120개의 개발도상국이 존재한다. 오늘날 약 20억 명(세계 인구의 26%)이 개발도상국에 살고 있다. 총체적으로 개발도상국은 전 세계 생산량의 약 10%를 생산한다. 일반적으로 **개발도상국**(developing economy)은 취약한 제도, 막대한 부채, 일관성 없는 규제 및 시민 불안정성을 특징으로 한다. 정부는 주권적 책임을 관리하는 데 어려움을 겪는다. 개발도상국은 비효율적인 자본 이동, 외국인 소유에 대한 불신, 무역 장벽, 불완전한 경쟁, 고르지 못한 기반 시설 등의 문제에 대처해야 한다.

개발도상국은 일반적으로 낮은 소득 수준, 제한적 산업화, 기본 수준의 인프라, 낮은 생활 수준, 만성적인 시민들의 어려움을 특징으로 한다.

개발도상국의 부패, 정실주의, 범죄는 일관된 사회 규제 및 정책 시행을 어렵게 만든다. 일반적으로 개발도상국은 1인당 국민총소득이 최저로는 평균 수백 달러 중후반으로 낮다. 카메룬, 니카라과, 나이지리아, 우즈베키스탄, 예멘과 같이 성과가 높은 선진국의 경우 평균 연간소득이 수천 달러에 불과하다.[15] 개발도상국에는 종종 막대한 부의 주머니가 있음에도 불구하고 여전히 많은 사람이 극

출처: Chirag Wakaskar/Alamy Stock Photo

▲ 경제가 전환기에 있다는 개념은 다소 추상적일 수 있다. 개발도상국은 종종 거대한 부의 주머니를 가지고 있다. 그러나 고층 건물 사이로 나란히 존재하는 빈민가에서 볼 수 있듯이 이들은 여전히 낮은 생활 수준과 빈곤 문제를 겪고 있다.

심한 빈곤, 낮은 생활 수준, 한정적 기회, 제한적인 재화와 서비스 등의 문제를 견디고 있다. 정규 교육이나 실무 훈련이 부족한 근로자에게 직업 선택권은 거의 없다. 만연한 불완전 고용은 높은 실업률을 초래한다. 많은 사람이 농촌 지역에 살면서 농업에 종사한다. 선진국의 경우 근로자의 1~3%만이 농장에서 일하는 반면, 개발도상국, 예컨대 에티오피아, 네팔, 부룬디에서는 각각 약 62%, 68%, 91%가 농업에 종사한다.

개발도상국은 강한 공동체와 사회적 유대감, 자급자족 문화, 고무적인 직업윤리를 가지고 있다. 그럼에도 불구하고 선진국과 개발도상국 국민의 삶은 수많은 측면에서 다르다. 후자의 경우 유아사망률이 더 높고, 기대 수명이 더 짧으며, 문맹률이 높고, 공중 위생, 영양, 보건이 불충분하며, 극심한 빈곤이 뒤따른다. 빈곤은 가장 부유한 선진국에서 가장 가난한 개발도상국에 이르기까지 모든 시장에 영향을 미치는 문제이지만, 개발도상국 시장에서 특히 만연하는 문제이다. 엄밀히 말하면 하루에 1.9달러 미만을 버는 것은 극심한 빈곤에 해당되며, 전 세계 인구 10명 중 1명꼴인 거의 7억 명이 현재 이 집단에 속하고, 이들의 대부분은 개발도상국에 살고 있다.

개발도상국 내에서 만연한 빈곤은 안전, 교육, 기회는 말할 것도 없고 음식, 주거지, 의류, 깨끗한 물, 보건 서비스를 위한 지속적인 개인의 투쟁을 야기한다. 필수재에 대한 결핍은 영양실조, 질병, 기근, 범죄, 갈등을 초래한다. 정부는 사회 서비스, 의료, 교육, 시민 안정성을 제공하기 위해 고군분투한다. 시장은 부패, 정실주의, 정치적 위험에 노출되기 쉽다. 생존을 위한 분투는 기업을 저지하고, 기업가의 발목을 잡으며, 생산성을 떨어뜨려 빈곤의 굴레를 지속화한다. 지속 가능한 국제경영은 궁극적으로 빈곤 완화에 달려 있다.

피라미드의 바닥은 세계에서 가장 크지만 가장 가난한 사회경제적 집단을 뜻한다.

다국적 기업은 개발도상국 시장과는 근본적으로 다른 선진국 환경에 적용되었던 시장분석 방법을 조정해야 한다. 예컨대 부유한 선진국에서의 제품 개발 전략은 가난한 시장의 경제 상황에 맞도록 재설정되어야 한다. 전자의 경우 고객은 강력한 제품 기능을 선호하지만, 후자의 경우 저렴하고 단순한 제품을 선호하기 때문이다. 그러나 최근의 동향은 경영자에게 이른바 **피라미드의 바닥**(Base of the Pyramid)에 대한 관심을 불러일으킨다. 피라미드의 바닥은 하루에 몇 달러로 생계를 유지하는 40억 이상의 인구 집단을 뜻한다. 이들은 오랫동안 수익을 창출할 수 없는 집단으로 간주되었지만, 일부는 이들이 향후 글로벌 경제의 시장 개척자가 될 것이라고 전망한다.[16] 경영자는 선진국 시장에서 학습된 경제적 통찰력을 이처럼 변화하는 개발도상국 시장 상황에 적응시킬 것이다.

신흥경제권

신흥경제권은 상대적으로 성장 속도가 더딘 개발도상국에 비해 더 향상된 생산성, 높은 소득 수준, 경제적 번영을 보여준다.

각기 다른 경제 발전 수준은 국가 간 성과 차이를 명확하게 보여준다. 개발도상국 중 일부는 매우 빠른 성장과 산업화를 겪었다. 바로 이들이 신흥 시장, 개척 시장, 신흥 산업 국가, 일반적으로는 **신흥경제권**(emerging economy)으로 지칭된다. 그들은 시장 기반의 원칙과 관행을 확립하는 구조적 변

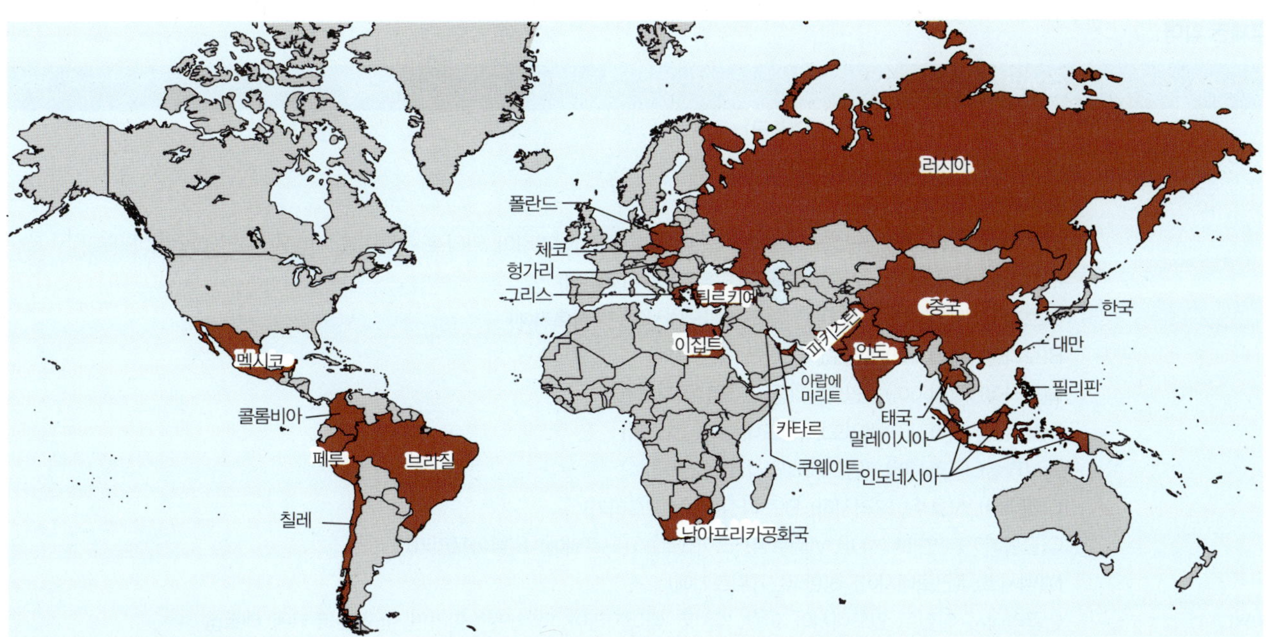

지도 4.1 세계의 신흥경제
다양한 명칭이 경제 환경을 구성한다. 여기서는 신흥경제권이 특히 개발 가속화를 경험하고 있는 시장을 뜻한다는 점을 강조하고자 한다.
출처: MSCI Emerging Markets Index. Retrieved January 22, 2020, https://www.msci.com/market-classification

혁을 꾀한다. 신흥경제권 국가는 선진국의 특징 중 일부를 가지고 있으며 개발도상국과는 달리 이를 제도화하는 방향으로 나아가고 있다.

현재 약 35개 국가가 신흥경제권으로 분류되고 있다(지도 4.1 참조).[17] 이러한 국가는 생산성, 산업화, 1인당 소득에서 높은 속도의 성장을 보고한다. 이들의 금융 시스템, 정치 제도, 시장 기반 시설은 꾸준히 현대화되고 있다. 시장 자유화는 외국인 투자 및 수출 증대를 야기하고 규제 완화와 민영화는 사업 효율성을 향상하며, 기회의 확장은 기업가 정신을 촉진한다. 이러한 번영과 진보는 중산층의 성장을 뒷받침한다.

오늘날 전 세계 인구의 약 60%(약 42억 명)가 신흥경제권에 살고 있으며, 그중 중국과 인도에는 27억 명이 거주하고 있다. 2000년 기준으로 신흥경제권 국가는 세계총생산의 32%를 창출했으나, 오늘날 이들의 점유율은 약 50%에 이른다.[18] 선진국의 연평균 국민소득이 4만 142달러인 데 대응하여, 신흥경제권 국민의 연평균 소득은 약 9,000달러이다.[19] 아직 신흥경제권으로 분류되지 않는 다른 국가도 생산성 향상을 보이고 있다. 표 4.1은 일반적인 국가 분류 체계를 나타낸다.

향후 몇 년간 신흥경제권과 개발도상국은 전 세계 성장의 70% 이상을 차지할 것이라고 예측된다. 약 400개의 중간 규모 신흥 시장 도시는 향후 15년 동안 전 세계 성장의 약 40%를 창출할 것이다. 방글라데시의 치타공, 말리의 바마코, 우간다의 캄팔라, 나이지리아의 카노, 콩고민주공화국의 킨샤사, 예멘의 사나가 바로 이러한 전략적 중심지이다.[20] 이들은 저비용의 자원, 풍부한 노동력, 소비 확대, 경영친화적 관행 및 대기업의 출현 등을 특징으로 한다.

신흥경제권의 경영자는 생산 및 유통 시스템을 영리하게 재편하고 새로운 비즈니스 모델을 실험하고 있다. 케냐의 모바일 머니에서 인도의 검소한 혁신(frugal innovation)에 이르기까지, 사파리닷컴(Safari.com)과 군즈(Goonj) 같은 선구적인 기업이 실적을 가속화하고 있다. 이러한 시장의 최하단에서 피라미드의 바닥에 있는 고객의 막대한 수요를 새롭게 볼 필요가 있다. 마찬가지로 많은

개념 체크

신흥경제권 및 개발도상국의 시장잠재력은 매력적이다. 그럼에도 불구하고 경영자는 2장과 3장에서 논의되었던 서로 다른 문화적·정치적·법적 환경에 주의를 기울인다. 그러나 1장에서 설명한 세계화의 강력한 동인은 그들과 선진국 사이의 격차를 꾸준히 좁힌다는 점을 명심하라.

표 4.1 신흥경제권 약어

약어	국가명
BRIC	B(브라질), R(러시아), I(인도), C(중국)
BASIC	B(브라질), AS(남아프리카), I(인도), C(중국)
BIC	B(브라질), I(인도), C(중국)
BRICA	B(브라질), R(러시아), I(인도), C(중국), A[아랍국가(사우디아라비아, 카타르, 쿠웨이트, 바레인, 오만, 아랍에미리트)]
BRICET	B(브라질), R(러시아), I(인도), C(중국), E(유럽), T(튀르키예)
BRICIT	B(브라질), R(러시아), I(인도), C(중국), I(인도네시아), T(튀르키예)
BRICK	B(브라질), R(러시아), I(인도), C(중국), K(한국)
BRICS	B(브라질), R(러시아), I(인도), C(중국), S(남아프리카)
BRIIC	B(브라질), R(러시아), I(인도), I(인도네시아), C(중국)
BRIMC	B(브라질), R(러시아), I(인도), M(멕시코), C(중국)
CARBS	C(캐나다), A(호주), R(러시아), B(브라질), S(남아프리카)
CIVETS	C(콜롬비아), I(인도네시아), V(베트남), E(이집트), T(튀르키예), S(남아프리카)
MIST	M(멕시코), I(인도네시아), S(한국), T(튀르키예)
N-11(The Next 11)	방글라데시, 이집트, 인도네시아, 이란, 멕시코, 나이지리아, 파키스탄, 필리핀, 한국, 튀르키예, 베트남
PPICS	페루, 필리핀, 인도네시아, 콜롬비아, 스리랑카

다양한 신흥경제국 집단을 분류하는 약어이다. 새로운 국가가 등장함에 따라 다양한 약어가 만들어졌다.

신흥국과 개발도상국의 본거지인 아시아·태평양 지역의 중산층 소비자 지출은 6조 달러 이상이다. 이는 2030년까지 500% 이상 성장하여 33조 달러에 이를 것이다. 이에 비해 선진국에서는 약 15조 달러에서 17조 달러까지 성장할 것이다.[21] 또한 아시아에는 719명의 억만장자가 있는 반면, 북미에는 631명, 유럽에서는 559명이 있다. 이 모든 것을 종합하여 일부는 이러한 추세가 우리가 지금껏 경험하지 못한 경제 급등으로 이어진다고 보고 있다.[22]

경제적 자유

4-3 경제적 자유의 개념에 대해 논의한다.

경제적 자유는 한 개인이 자신이 선호하는 방식으로 일하고, 생산하고, 소비하고, 저축하고, 투자할 권리를 보장한다.

선진국과 개발도상국, 신흥경제권의 규모와 범위의 차이를 분석하는 것은 도전적인 과제이다. 여기서 경제적 자유라는 개념은 유용한 관점을 제시한다. 3장에서 정치적 자유를 통해 각국의 정치적 환경을 평가했던 것을 상기해보자. 용어, 관점, 역학관계에 상관없이 정치에 관한 분석은 궁극적으로 개인이 무엇을 자유롭게 할 수 있는지에 대한 문제를 다루는 것이다. 동일한 관점을 적용하면 경제적 자유가 경제의 원칙과 관행을 평가하는 견고한 관점이라고 주장할 수 있다.

공식적으로 **경제적 자유**(economic freedom)는 "절대적인 권리로서의 재산권, 노동, 자본, 재화의 완전한 이동성의 자유, 시민이 자유 그 자체를 보호하고 유지하는 데 필요한 범위를 넘어서는 경제적 자유에 대한 제약 및 강압의 절대적 부재"를 뜻한다.[23] 경제적 자유가 높다는 것은 경제 전반에 걸친 의사결정을 분산시킴으로써, 일반 국민이 어떻게 일하고, 소비하고, 저축하고, 혁신을 할 것인지에 대해 스스로 선택할 수 있게 함으로써 더 많은 기회와 더 많은 선택권을 부여한다는 것이다. 선진국의 경우 경제적 자유의 측면이 너무나 당연하게 여겨져서 좀처럼 우리의 뇌리를 스치지 않지만, 개발도상국과 신흥경제권에서는 경제적 자유가 매우 제한적인 수준이기에 여전히 지속적인 논의가 필요한 주제라고 볼 수 있다.

경제적 자유는 기업을 위해 재산권의 적법성에 대한 신뢰, 생산 요소 사용의 자유, 상품 및 서비스 편성에 대한 유연성, 과도한 정치적 간섭으로부터의 보호를 보장한다. 국가가 아닌 경영자가 투자를 결정하고 자원을 배분하며 채용하고 해고하며 경쟁자와 경쟁한다는 것이다. 경제적 자유는 기회를 창출하고 생산성을 높여 기업의 야망을 실현하는 데 중요한 연결고리 역할을 한다. 경제적으로 자유로운 국가는 소득과 부를 창출하는 활동을 지원한다. 성공한 기업가는 다른 이들이 더 나은 삶을 구축하기 위한 경로를 개척한다.

경제적 자유가 시장 내 정부의 부재를 무조건 옹호하는 것은 아니다. 오히려 경제적 자유를 보호하려면 계몽된 지배를 통한 보호가 필요하다. 재산권을 보호하는 경찰력, 공정한 경쟁을 보장하는 시장 규제 기관, 안정성을 촉진하는 통화 당국, 계약 이행을 강제하는 사법부의 존재를 예로 들 수 있다. 물론 이러한 종류의 안전 장치는 경제적 자유를 감소시킨다. 그러나 이는 개인의 선택을 보호하고 유지하기 위해 필요한 정도를 넘어서지 않는다. 국가의 개입이 과도해지면 정치적 판단이 개인의 선택을 대체하게 된다. 데이터에 따르면 이는 결과적으로 기업 활동을 제약하며 기업가 정신의 발현을 억제하고 시장 효율성을 감소시킨다.

경제적 자유는 시민의 자유를 보호 및 유지하기 위해 필요한 범위를 넘어서서 제품 및 서비스의 생산, 배분, 소비에 가하는 정부 규제의 부재를 측정한다.

경제적 자유 측정 경제자유지수(Economic Freedom Index)는 전 세계 180개국의 경제적 자유를

표 4.2 경제자유지수 차원

범주	구성 요소	측정
법질서	재산권	개인이 사유재산을 축적, 사용, 거래, 판매할 수 있는 능력으로, 국가가 완전하고 공정하게 집행되는, 명확하고 구체적이며 명시적인 법률에 의해 보호되는 권리
	정부 청렴도	정실주의, 갈취, 독직, 뇌물, 후원, 족벌주의, 자기 거래와 같은 형태의 부패가 불안, 강요, 불확실성, 기회주의를 형성함으로써 어떻게 경제적 거래, 활동, 관계를 와해시킬 수 있는지 측정한다.
	사법 효과성	법률 제도가 당사자에 대한 편견 없이 운영된다는 대중의 신뢰를 유지하기 위해 사법 제도가 법의 틀을 공정하게 해석하고 정당하게 적용하는 정도
제한된 정부	재정 건전성	정부가 안정적인 경제 여건을 지원하고 유지하기 위해 조세, 공공 수입, 공공 부채를 관리하는 체계적인 정책을 수립하는 정도
	정부 지출	재화를 취득하고, 용역을 제공하고, 소득 지급을 시민에게 이전하는 데 정부 기관이 지출한 돈이 경제 체제에 부과하는 부담
	조세 부담	국민과 기업이 소득, 급여, 소비, 관세, 매출, 재산 등의 세금의 형태로 지방, 주 정부, 지방 정부, 연방 정부에 지불하는 이윤과 총소득의 비율
규제 효율성	노동의 자유	산업안전보건, 임금과 근로 시간, 단체 교섭, 고용 차별 등 노동자의 직장 내 권리에 영향을 미치는 법률 및 규제 정책
	기업 활동의 자유	기업의 창업, 운영 및 폐업 용이성과 같은 문제에 대한 효율적인 관리에 영향을 미치는 법적·규제적 인프라
	통화 정책상의 자유	시장 활동 왜곡 및 지원 측면에서 가격 통제의 범위 및 규모와 가격 안정성의 정도
개방적인 시장	무역의 자유	정부가 무역을 규제하기 위해 적용하는 관세 및 비관세 장벽의 규모와 범위에 의해 영향을 받는 상품 및 서비스의 수출입에 대한 경제의 개방성 정도
	투자의 자유	효율적인 자원 배분에 대한 개인의 선택을 복잡하게 만드는 관료주의, 사유재산 규제, 외환 통제와 같은 투자 제한의 부재
	금융의 자유	개인이나 회사가 정부, 관료 및 정책의 간섭으로부터 스스로를 방어하며 보호하는 독립성

출처: "Methodology," *2019 Index of Economic Freedom*, The Heritage Foundation, in partnership with the *Wall Street Journal*, www.heritage.org/index/pdf/2019/book/methodology.pdf and TCdata360, The World Bank, https://tcdata360.worldbank.org/, retrieved September 13, 2020

추정한다. 원칙적으로 경제자유지수는 "경제적 이익을 추구하기 위해 개인의 자유를 보호하는 기본 제도가 사회 전체에 더 큰 번영을 가져온다"는 애덤 스미스(Adam Smith)의 주장을 수용하는 정도를 측정한다.[24] 구체적으로 이 지수는 네 가지 핵심 범주와 경제적 자유를 양적 및 질적으로 측정하기 위한 12개의 하위 범주를 제시한다(표 4.2 참조). 약 50개의 추정치를 기반으로 특정 국가의 성과는 0(자유 없음)에서 100(완전한 자유) 사이의 점수를 얻게 된다. 표 4.3에서 볼 수 있듯이 각 국가는 점수에 따라 '자유로움', '대체로 자유로움', '비교적 자유로움', '대체로 자유롭지 않음', '억압 상태' 등 5단계로 평가된다.

표 4.3 경제적 자유: 분류 및 특징[25]

경제적 자유 점수	등급	특징	대표적인 국가
80~100	자유로움	• 국내 및 해외 기업 모두 제품을 만들거나 판매하는 데 제약을 받지 않는다. • 정부 기관이 광범위한 재산권을 인정한다. • 정부의 시장 개입 수준이 낮다. • 부패 및 몰수 위험 수준이 낮다. • 정부는 국제무역 및 투자에 개방성을 보인다. • 투명성, 공정성, 기업 활동 향상을 위해 규제는 최소화된다.	호주, 홍콩, 뉴질랜드, 싱가포르, 스위스, 아일랜드
70~79.9	대체로 자유로움	• 국가는 노동, 자본, 상품의 흐름에 제한적으로 간섭한다. • 재산권이 인정 및 보호된다. • 해외 기업이 거의 차별적 규제의 대상이 되지 않는다. • 사법 제도는 지연될 수 있으며 일관성 없이 계약을 강행할 수 있다. • 부패가 일반적이지 않으며 몰수 위험도 낮은 편이다. • 주요 부문 기업의 상당 부분 정부가 소유한다.	캐나다, 칠레, 콜롬비아, 에스토니아, 이스라엘, 리투아니아, 한국, 세인트루시아, 스웨덴, 대만, 미국
60~69.9	비교적 자유로움	• 노동 규제가 유연하지 않고 종종 엄격하다. • 대내외 자본 이동이 제한적이다. • 정부의 경제 개입이 중간 수준이다. • 규제에 많은 비용이 동반된다. • 정부가 주요 경제 분야에 대한 소유권 및 통제를 행사한다. • 사법부가 공공 및 민간 부문으로부터 과도하게 영향을 받을 가능성이 있다.	아제르바이잔, 벨기에, 보츠와나, 가나, 이탈리아, 자메이카, 카자흐스탄, 쿠웨이트, 멕시코, 모로코, 오만, 페루, 필리핀, 르완다, 사우디아라비아
50~59.9	대체로 자유롭지 않음	• 국가 조치가 개인의 선택을 상당히 간섭한다. • 정부가 많은 기업을 소유 및 통제한다. • 해외 기업에 피상적인 정책을 적용한다. • 해외로 자금 송환을 규제하여 제한한다. • 자본의 사적 이용을 규제한다. • 법규가 종종 불투명하고 자의적으로 시행된다. • 법원 체계가 비효율적이다. • 국가가 자유로운 해외 무역 흐름을 방해한다.	방글라데시, 브라질, 캄보디아, 카메룬, 중국, 에티오피아, 피지, 그리스, 인도, 레바논, 네팔, 니카라과, 파키스탄, 러시아, 스리랑카, 에스와티니, 튀니지, 베트남
0~49.9	억압 상태	• 억압적인 관료제가 과중한 규제를 시행한다. • 부패가 만연하다. • 해외 기업의 진입 및 이동성에 광범위한 장벽이 존재한다. • 사유재산 소유는 약하게 보호되거나 최악의 경우 불법화된다. • 시장에서 개인의 선택을 규제로 제한한다. • 국가는 모든 재산을 일부 소유하며 재화 및 용역을 직접 생산한다. • 강압과 제약이 만연한 불공정한 시장 체제이다.	앙골라, 아르헨티나, 벨라루스, 버마, 볼리비아, 차드, 에콰도르, 이란, 북한, 투르크메니스탄, 베네수엘라, 짐바브웨

출처: Terry Miller, Anthony B. Kim, James M. Roberts, and Patrick Tyrrel, *2020 Index of Economic Freedom*, The Heritage Foundation.

표 4.3은 각 범주의 특징과 더불어 대표적인 국가를 보여주며, 경제적 자유의 각 차원에 따른 경영상 시사점을 강조한다. 예를 들어 '자유로운' 경제에서 개인과 기업은 부패나 강제 수용 같은 위험을 직면할 일이 적으므로 자유롭게 재산을 취득하고 사용할 수 있는 반면, '억압된' 경제에서는 부패가 만연하고 사유재산은 기껏해야 경미한 수준으로 보호되며 최악의 경우 불법화되어 있다. 또한 '자유로운' 경제의 개인은 시장에 대한 경미한 수준의 정부 개입을 기대하고, '비교적 자유로운' 경제의 개인은 더욱 광범위한 정부 개입에 직면하며, '억압된' 경제의 개인은 사실상 모든 시장 활동에서 억압적인 규제를 견뎌야 한다.

경제적 자유의 가치

경제적 자유를 확립하기 위한 정책을 시행하는 국가는 다양한 혜택을 누린다. 경제적 자유는 단기(5년), 중기(10년), 장기(20년)의 고성장을 뒷받침한다. 이러한 고성장은 결과적으로 더 높은 수준의 개인 소득을 이끈다. 경제적으로 자유로운 국가의 개인 소득은 전 세계 평균의 2배 이상이며, 대체로 자유로운 국가와 억압된 국가에 비해 4배 이상 높다. 더 높은 성장과 더 높은 소득 수준은 더 높은 국민 생활 수준으로 이어진다(그림 4.4 참조).

개념 체크

1장에서는 국제경영이 자원 배분의 효율성을 높임에 따라 소득 불균형과 빈곤이 줄어들어야 한다고 제시했다. 3장에서는 효과적인 정책 추진을 위한 사람들의 정치적 자유의 중요성을 강조했다. 이 장에서는 생산적인 야망과 투자의 활용이 경제적 번영을 증가시킨다는 경제적 자유에 대한 생각을 덧붙이고자 한다.

전 세계 국가의 경제적 자유 실적은 더 높은 생산성 및 경제적 번영, 더 낮은 수준의 빈곤과 직접적인 관계를 가지고 있다.

높은 수준의 경제적 자유는 거시경제적 안정성을 촉진하고, 이는 결국 인플레이션을 낮추고 고용을 증가시킨다. 경영 측면에서 경제적 자유는 경영자가 합법적인 재산권, 효율적인 자본 시장, 통화 정책에 대한 확신을 바탕으로 위험과 수익의 균형을 맞추는 데 도움을 준다. 규제의 간소화는 기업 활동을 고무하고 혁신 기회를 열며 자원 사용을 최적화할 경로를 제공하는 인센티브를 도입한다. 기회의 확대는 빈부 격차를 줄여준다. 대체로 자유로운 경제와 억압된 경제에서의 빈곤율은 자유로운 경제에서의 빈곤율의 약 4배에 달한다. 경제적 번영은 교육에 대한 접근성을 개방하고, 문맹률을 낮추며, 의료 서비스를 개선하고, 중산층을 확장한다. 3장에서 보고했듯이 중산층의 확대는 민주적 통치의 전제 조건이다.

시장 자유화는 무역 네트워크(예: EU, USCMA), 다자간 금융 기관(예: AIIB, IMF, 세계은행), 초국가 기관(예: UN, WTO, WHO)을 통한 다른 국가와의 연결을 장려한다. 연결성 확장은 경제적

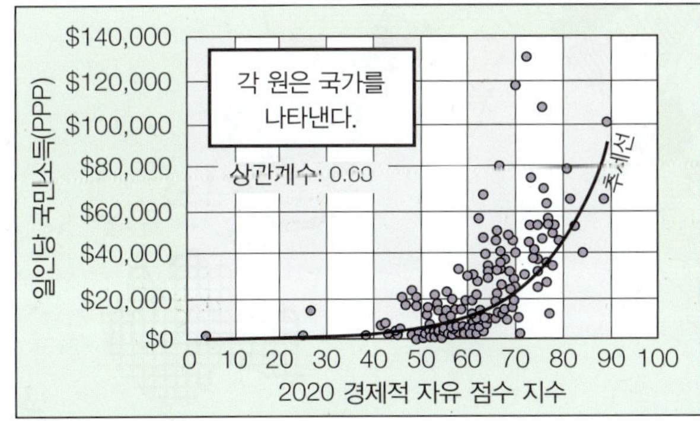

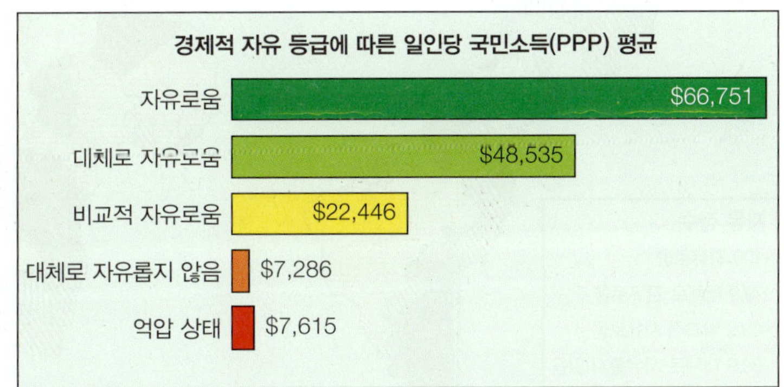

그림 4.4 경제적 자유와 생활 수준

경제적 자유는 다양한 소득, 시장, 사회적·정치적 측정치와 중요한 관계를 맺고 있다. 여기에서 경제적 자유와 생활 수준의 광범위한 지표인 1인당 국내총생산의 연관성을 볼 수 있다.

출처: Terry Miller, Anthony B. Kim, James M. Roberts, and Patrick Tyrrel, *2020 Index of Economic Freedom* (Washington: The Heritage Foundation, 2020), http://www.heritage.org/index and International Monetary Fund, World Economic Outlook Databasehttps://bit.ly/3eWOIHl (July, 20, 2020).

자유의 요소를 전 세계 기업에 제도화함으로써 기업가와 기업이 국제적인 기회를 추구하도록 장려한다. 요약하자면 혁신적이고 생산적이며 책임감 있는 기업 운영 방법을 선택할 개인과 기업의 경제적 자유를 보장하는 것은 전 세계에서 가장 경쟁력 있는 국가들의 공통점이라고 할 수 있다.[26]

경제적 자유의 확산

지도 4.2는 180개 국가의 경제적 자유 점수를 보여준다. 북미(캐나다, 멕시코, 미국)는 세계 평균 61.6 대비 평균 73.7으로 가장 높은 수준의 경제적 자유를 누리고 있다. 유럽은 평균 69.8, 중동 및 북아프리카는 평균 61.8, 아시아 및 태평양은 평균 61.1, 중남미는 평균 58.2이다. 사하라 이남 아프리카는 55.2를 기록했다. 약 37개국이 70 이상을 획득하여 개인 및 사기업에게 높은 수준의 경제적 자유를 제공한다. 60~70 사이의 점수를 받은 62개 시장은 '비교적 자유로운' 경제에 속한다. 마지막으로 81개 국가는 60 이하이며, 그중 63개 국가는 50~60을 기록하며 '대체로 자유롭지 않은' 국가, 나머지 18개 경제국은 50 이하를 기록하며 '억압된' 국가에 속한다.[27] 사하라 사막 이남 아프리카를 제외한 모든 지역에는 상위 20개의 '자유로운' 경제 국가 중 최소 1개 이상의 국가가 포함된다. 이 중 10개 국가는 유럽, 5개 국가는 아시아 및 태평양, 3개 국가는 아메리카, 1개 국가는 중동 및 북아프리카에 위치한다.

국가별 순위는 더욱 극명하다. 경제적으로 가장 자유로운 국가로는 싱가포르(89.4), 홍콩(89.1), 뉴질랜드(84.1), 호주(82.6), 스위스(81.9), 아일랜드(80.9) 등이며, 경제적 자유도가 가장 낮은 국가로는 에리트레아(38.5), 쿠바(26.9), 베네수엘라(25.2), 북한(4.2)이다. 경제적 자유 점수가 60 이상인 99개국은 개인과 민간 기업에 적당한 수준의 경제적 자유를 부여한다. 브라질(53.7), 중국

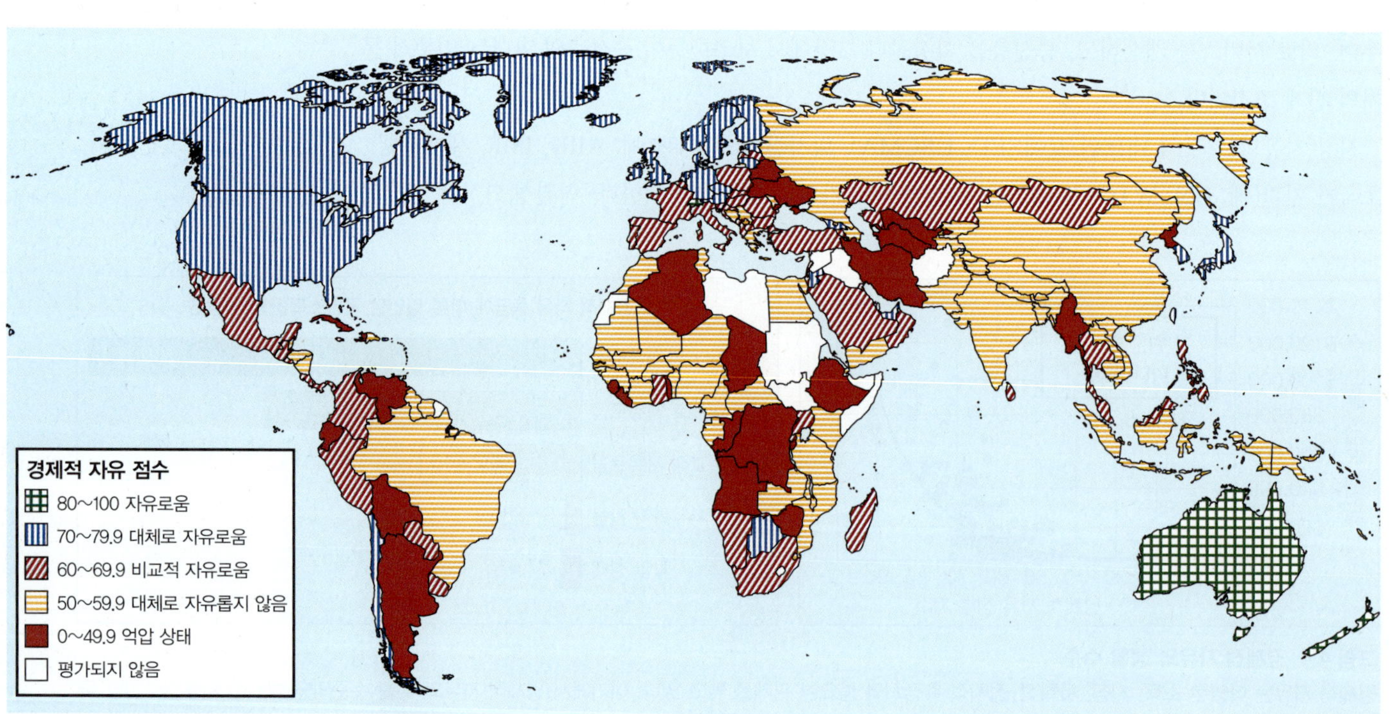

지도 4.2 경제적 자유 분포

세계적으로 경제적 자유의 분포는 나라마다 다르다.

출처: Terry Miller, Anthony B. Kim, James M. Roberts, and Patrick Tyrrel, *2020 Index of Economic Freedom* (Washington, DC: The Heritage Foundation and Dow Jones & Co., Inc., 2020).

(59.5), 인도(56.5) 등 주요 신흥경제권 국가는 '대체로 자유롭지 않은' 경제 수준이 장기화되고 있다. 금융 위기 이전인 2007년에는 81.2를 받아 '자유로운' 경제 국가에 속했던 미국은 76.6점을 받아 '대체로 자유로운' 경제 국가에 속한다.

전 세계적으로 최근 경제적 자유의 성장은 혁명적이기보다는 진화적이었다. 1999년에 경제적 자유의 세계 평균은 57.6이었고, 2009년에는 59.5였으며, 2020년에는 61.6이었다. 물론 2020년 기준 싱가포르(89.4)와 북한(4.2)의 격차에서 알 수 있듯이 정부가 통제를 완화하거나 강화하는 수준에 따라 각 국가별 변화 속도는 상이하다. 꾸준한 경제 성장에도 불구하고 이러한 가변성으로 인해 경영자는 정부의 의도를 결정하는 국가별 관행과 정책을 평가해야만 한다.

경제적 환경 유형에 따른 경제적 자유

표 4.4는 경제적 환경 유형에 따른 경제적 자유의 평균점수 및 12개의 구성 요소를 보여준다. 경제적 자유의 특징은 경영자가 직면하는 차이의 규모와 범위를 강조한다. 선진국은 일관된 높은 점수에서 볼 수 있듯이 개인의 선택을 촉진하고 보호하는 정책을 고안한다. 특히 재산권, 부패로부터의 자유, 정부 청렴성에 대한 신뢰도는 신흥경제권 및 개발도상국에서 볼 수 있는 수준과는 상당히 다르다. 3장에서 논의한 바와 같이 이러한 격차는 주로 민주주의, 법치주의를 특징으로 하는 선진국과 권위주의, 인치주의를 특징으로 하는 신흥경제권 및 개발도상국의 차이에서 비롯된다. 개발도상국의 경우 선진국과 신흥경제권에 비해서 기업 활동뿐만 아니라 투자와 무역의 자유도 훨씬 더 강하게 제약한다.

이러한 성향은 국가의 소득 수준과 규제 범위 사이의 역관계에 기여한다. 즉 고소득 선진국일수록 규제 수준이 낮으며, 저소득 개발도상국일수록 규제 수준이 높다는 것이다. 고소득 선진국(예: 미국, 프랑스, 일본)에서 사업을 시작하려면 평균적으로 18일에 걸친 6.28회의 절차가 필요하며 1인

일반적으로 기업 활동에 대한 규제 수준은 부유한 나라일수록 높고, 가난한 나라일수록 낮다.

표 4.4 경제적 환경 유형에 따른 평균 자유 점수(%)

차원		선진국	신흥경제권	개발도상국[28]
전체 경제적 자유 점수		73.3	66.9	57.1
법질서	재산권	82.9	61.1	45.3
	사법 효과성	72.1	52.6	34.3
	정부 청렴도	76.7	45.8	34.3
정부 규모	조세 부담	62.7	79.9	79.5
	재정 건전성	82.2	75.1	61.4
	정부 지출	43.3	71.1	66.9
규제 효율성	노동의 자유	65.7	61.5	57.9
	기업의 자유	81.6	70.9	59.0
	화폐 정책상의 자유	82.6	76.4	73.5
개방적인 시장	무역의 자유	85.9	80.1	71.1
	투자의 자유	82.5	59.8	52.0
	금융의 자유	73.8	56.5	42.5

참고: 점수는 0(자유 없음)에서 100(완전한 자유)에 이른다.
경제적 환경의 발전 상태는 경영자의 투자 및 경영에 상당한 영향을 미친다. 이 표는 점수가 높을수록 개인의 자유가 커진다는 것을 보여준다.

당 소득의 7%가 필요하다. 중간 소득 신흥국(예: 멕시코, 폴란드, 말레이시아, 중국, 인도, 남아프리카공화국)에서 동일한 절차를 수행하려면 평균적으로 36일에 걸쳐 7.8회의 절차가 필요하며 1인당 소득의 28%가 소요된다. 마지막으로 저소득 개발도상국(예: 방글라데시, 에티오피아, 네팔)에서는 7.5번의 절차와 90일의 기간, 1인당 소득의 37%가 필요하다.[29] 더욱이 부유한 국가의 법 제도는 가난한 나라의 법 제도에 비해 운영 활동을 더 일관되게 규제하는 경향이 있다. 이는 전자의 경우 법치주의, 후자의 경우 인치주의가 만연하기 때문이다.

공약과 현실 사이의 역설

1989년 베를린 장벽의 붕괴는 공산주의에 대한 자본주의의 승리를 상징했다. 분명히 그것은 발전을 촉진하고, 성과를 향상하고, 잠재력을 높이기 위한 경제적 자유의 우월성을 상징했다. 각국은 점차적으로 국가 통제 정책을 포기하고 경제적 자유의 특징인 재산권, 정부의 투명성, 규제 효율성, 공정 경쟁을 확립했다. 전 세계적으로 각국의 정부는 점차 공급과 수요의 법칙, 즉 정치인의 눈에 보이는 손이 아닌 시장의 보이지 않는 손에 경제를 맡기기 시작했다. 이후 더 많은 국가의 더 많은 사람은 자신의 삶의 수준을 향상하기 위한 더 많은 선택권을 가지게 되었다.

이러한 진전에도 불구하고 공약과 현실 사이의 역설이 존재한다. 구체적으로 누군가는 이러한 경제적 자유의 이점에도 불구하고 이를 극대화하려는 국가가 왜 그렇게 적은지 의아할 것이다. 경제적 자유를 향상하는 나라는 더 높은 성장을 이루고, 더 큰 번영을 얻고, 더 많은 사회경제적 발전을 누린다. 좀 더 직접적으로 그림 4.4는 자유 경제에서 1인당 평균 GNP가 6만 6,751달러라고 보고한다. 이는 대체로 자유로운 경제에서 4만 8,535달러, 비교적 자유로운 경제에서 2만 2,446달러, 대체로 자유롭지 않은 경제에서 7,286달러, 억압된 경제에서 7,615달러로 떨어진다. 수치가 의미하는 바는 명확하다. 경제적 자유를 개선하면 경제적 번영을 얻을 수 있다.

역설적으로 경제적 자유가 주는 이점에도 불구하고 180개국 중 단 6개 국가만이 '자유로운' 경제에 속한다.

지도 4.2는 홍콩, 싱가포르, 뉴질랜드, 스위스, 호주, 아일랜드가 전 세계에서 유일한 자유 경제이며, 이러한 국가는 5,000만 명이 조금 넘는 사람들의 고향이라는 것을 보여준다. 캐나다, 미국, 독일, 스웨덴, 한국, 말레이시아를 포함한 약 31개의 나라는 대체로 자유로운 경제에 속하며, 약 10억 명의 인구가 살고 있다. 반면 62개국은 비교적 자유로운 경제, 62개국은 대체로 자유롭지 않은 경제, 19개국은 억압된 경제에 속하며, 약 63억 명이 이러한 국가에 살고 있다. 다시 말해 180개 국가 가운데 세계 인구의 약 15%가 살고 있는 37개국만이 자국민에게 상당한 경제적 자유를 부여하고 있다는 것이다.

향상되는 국가의 유능함 경영자는 이 상황을 연구하며 어디에서 사업을 시작할지, 이후 사업을 어떻게 운영할 것인지에 대한 시사점을 판단한다. 대부분 서구의 대체로 자유로운 국가가 성장을 위해 고군분투함에 따라 경영자는 경제적 자유가 만연할 것인지 궁금해한다. 덜 자유로운 시장에서는 권위주의 정부가 점점 더 경제를 통제하고, 경제 발전을 진두지휘하며, 성과를 규제하고, 잠재력을 결정한다. 이에 따른 결과는 해석을 복잡하게 만들어 생산적인 경제 체제를 정착시키기 위한 경제적 자유의 최적화가 여전히 필요한지 의문을 제기한다.[30] 구체적으로 중국, 러시아, 에티오피아, 멕시코, 르완다 등 다양한 국가의 기록을 보면 생산성과 번영을 높이기 위해 경제적 자유의 개선이 반드시 필요한 것은 아니라는 것을 알 수 있다.

2008년 이래로 역사적으로 경제적 자유를 강하게 옹호했던 선진국의 실질 누적 성장은 어려움을 겪었고, 경우에 따라서는 하락했다. 이에 반해 대체로 자유롭지 않은 경제인 중국은 실질 성장이 전체 생산의 2배 이상을 기록했다. 마찬가지로 중국의 1인당 연간소득은 2000년 940달러에서 2019년 1만 262달러로 증가하여 8억 이상의 중국인이 극심한 빈곤에서 벗어났고, 중산층은 2002년 4%에서 현재 31%로 늘어났다.[31] 중국의 성공은 경제적 자유의 극대화가 아니라 국가 주도 발전 방향에서 비롯된 것이다. 이는 중국만의 단독 사례가 아니다. 빠르게 성장하는 많은 신흥국과 개발도상국도 마찬가지로 적극적인 국가 개입을 선호하며 경제적 자유는 강조하지 않는다. 중국이 그랬던 것처럼 그들은 개인, 시장, 정부 사이의 대안적인 관계를 확립한다. **미래 전망**에서 기술한 바와 같이 이 관계는 **국가 자본주의**(state capitalism)의 개념을 강조한다.

경영자는 경제적 자유와 국가 통제 사이의 충돌을 보여주는 주요 사건에 주목한다. 이는 다음을 보여준다.

- 정부가 경제를 어떻게 규제하는가?
- 정부가 재산권을 어떻게 보호하는가?
- 정부가 재정 및 금융 정책을 어떻게 수립하는가?
- 정부가 투명한 의사결정을 촉진하는가?

미래 전망 국가 자본주의: 우회로인가, 종착역인가?

철학 가운데 역사적인 경쟁이 진행 중이다. 한편에는 애덤 스미스가 대중화한 개념에 고착되었으며 자유 시장을 통해 제도화된 경제적 자유의 이상이 자리잡고 있다. 다른 한편에는 카를 마르크스(Karl Marx)와 블라디미르 레닌(Vladimir Lenin)이 대중화한 개념과 느슨하게 연결되어 있으며 국가 자본주의를 통해 확립된 국가 권력의 모델을 가지고 있다. 한 세대 전만 해도 국가가 통제하는 경제는 자유 시장으로 가는 길목에 있는 경유지로 여겨졌다. 이제 많은 신흥국과 개발도상국의 성과 향상은 자유 시장 경제학이 더 이상 현대화로 가는 유일한 실용적인 경로가 아님을 시사한다. 전 세계의 경영자는 '스미스'식 자유 시장과 '마르크스'식 국가 권력의 경쟁이 21세기에 가장 잘 작동할 경제 유형을 결정하기를 지켜보고 기다린다.

정의

국가 자본주의는 정치 관계자가 생산 요소의 가치 평가와 사용에 영향을 미치지만 직접적으로 통제하지는 않는 경제 시스템이다.[32] 국가는 자국의 최우량 기업을 양성하고 무역관계와 환율을 관리하여 수출을 촉진하며 수입을 억제하고 금융 시스템을 중재하여 저비용의 자본을 국내 산업에 제공하고 민족주의 법률 체계를 운영한다. 국가 자본주의는 시장 자본주의나 국가 공산주의와 달리 이데올로기를 지나치게 옹호하지 않는다. 추상적인 이상을 강요하거나 인격 숭배를 조장하는 것이 아니라 국가가 정치적 정당성을 설정하고 유지하기 위해 경제를 관리하도록 장려한다. 유토피아를 약속하는 정치적인 혁명가 대신, 국가 자본주의는 정교한 경영 원칙을 적용하여 성장 및 생산성이 높은 경제를 건설하는 실용적인 기술 관료에게 의존한다. 이념적 의제를 벗어난 정부는 익명성을 띤다. 성장하는 경제가 안정을 지탱하는 한 관료는 어둠 속에 머물며 활동에 영향을 미치고 결과를 만들어낸다. 계획이 틀어지면 베일에 감춰졌던 손이 겉으로 드러난다. 주 정부가 개입하여 정책을 수정하고 자금 지원을 재설정하며 활동 방향을 수정하는 것이다.

정치적 목적을 위해 시장 결과를 조작하는 것은 불가피하게 경제적 자유를 감소시킨다. 이러한 절충안은 시장 순환을 안정시키고 소득 분배를 평준화하며 사회 화합을 위협하는 사리사욕을 미연에 방지하는 데 도움이 된다고 관계자들은 설명한다. 역사를 보면 고삐 풀린 시장 경제는 탐욕이 좋은 것이라는 심리를 부추길 수 있다는 것을 알 수 있다. 따라서 적극적인 정부만이 이러한 생각이 정신질환으로 악화되는 것을 막을 수 있다. 따라서 정부는 안정과 성장을 촉진함으로써 지속적인 통치를 정당화하는 번영을 창출하기 위해 경제를 관리한다. 보상은 분명하다. 정치적 자유를 억누르는 대가로 경제적 번영을 제공함에 따라 정부의 권위는 강화된다.[33]

소유 구조

국가 자본주의는 직접적이든 간접적이든 정부가 국가 초우량 기업을 소유하여 시장 활동에 영향을 미칠 뿐만 아니라 자신들의 권한을 공고히 하는 데 사용된다. 예를 들어 중국 공산당은 주요 은행, 에너지 생산자, 통신 회사, 미디어 대기업, 건설 회사 등 많은 공개상장된 중국 회사의 대주주이다.[34] 게다가 중국의 지방 및 도시의 당 간부들은 수천 개의 중소기업을 소유하며 운영한다. 주 공무원은 조심스럽기는 하지만 거리낌없이 다음과 같이 말한다. 모든 수준에서 "공기업의 촉수는 이윤이 창출될 수 있는 모든 구석 구석까지 뻗어 있다."[35] 브라질, 르완다, 러시아, 사우디아라비아, 남아프리카공화국 역시 비슷한 실정이며, 이는 국가의 경제적 영향력을 강조한다.

명백한 징후

국가 자본주의에 의해 확립된 경제에는 공공투자, 공공재산, 공기업의 만연과 같은 명백한 징후가 존재한다. 관료들은 소비자가 '현지 상품'을 구매하도록 장려하면서 경제 민족주의를 부채질한다. 국가는 국내 시장을 국가 우량 기업의 은신처로 육성함으로써 글로벌 경쟁력을 키울 수 있는 발판을 마련한다. 국가 자본주의는 경제 발전을 가속화하기 위해 특정 산업 부문과 기업의 성장을 촉진한다. 예를 들어 중국 정부는 일대일로 프로젝트를 감독하는 것 외에도 '중국제조 2025(Made in China 2025)' 플랜을 지휘한다. 이는 중국을 세계의 공장에서 항공우주, 제약, 자동차, 산업, 반도체, 통신, 로봇공학 분야의 혁신적인 발명자로 전환시키기 위한 국가 전략 계획이다.[36]

국가 자본주의는 지역 발전을 촉진하기 위해 무역 및 투자 장벽을 설치하는 것을 지지한다. 국가는 국유은행을 통해 값싼 대출, 유리한 규제, 안정적인 시장을 제공하여 혁신적인 외국 기업을 유치한다. 규제 당국은 외국인 투자자가 국내 기업과의 합작법인을 설립하는 것을 시장 진입 가격으로 받아들이도록 요구하는 경우가 많다. 이에 반해 어려운 상황에 직면할 경우 외국 기업은 종종 보호막이 부족하고 약한 수준에서만 법의 보호를 받는다. 국가 자본주의는 독립된 사법부를 필요로 하지 않는다. 즉 법 체계는 필요에 따라 국가 정책을 정당화한다. 같은 맥락에서 국가는 사회공학이 아닌 경제공학을 위한 도구로 세법을 사용한다.

기세등등

전 세계에서 전략적으로 중요한 70여 개국이 정치적·경제적 미래를 결정하는 갈림길에 서 있다.[37] 경제적 선택은 자유 시장 혹은 국가 자본주의 중 하나를 도입하는 극명한 선택이다. 많은 사람은 중국을 길잡이로 본다. 중국은 세계에서 가장 빠른 경제 성장을 이룩하기 위해 국가 자본주의를 이용했고, 이는 그 어떤 나라의 경우에 비해서도 가장 빠르고 광범위한 빈곤 탈출의 원동력이 되었다. 생존하는 것뿐만 아니라 거대한 금융 위기 동안 번영을 이룩한 성공은 "중국 지도부가 국가 경제 발전의 많은 부분을 통제하는 것이 번영을 향한 가장 안정적인 길이며, 따라서 국내의 평온을 향한다는 것을 확신시켰다."[38] COVID-19 대유행의 여파는 이러한 주장에 힘을 실었다.

국가 자본주의를 필연적으로 받아들일 수 없는 것으로 치부하는 이들 중 일부는 더 큰 경제적 자유를 외치는 사람들로부터의 압박이 증가할 것이라고 예측한다. 설문 데이터는 흥미로운 결과를 제시한다. 2002년 중국의 경제 상황이 '좋다', '나쁘다'는 항목에 대해 중국인의 52%와 미국인의 46%가 '좋다'고 답했다. 2009년 같은 질문에 중국인의 88%와 미국인의 17%는 좋다고 답했다. 2016년 같은 질문을 했을 때 중국인의 87%와 미국의 44%가 호황기라고 응답했다.[39] 한편 이 기간에 경제적 자유 점수는 중국이 계속 가장 자유롭지 못한 범주에 속해 있다고 가리켰으며, 미국은 자유로운 경제에서 대체로 자유로운 경제로 변화했음을 제시했다.

증가하는 도전 과제와 경쟁 수준을 고려할 때 다른 경제국, 특히 권위주의의 경제가 국가 자본주의의 요소를 도입하는 것은 놀라운 일이 아니다. 아프리카, 아시아, 중동, 중남미, 남미 전역에 걸쳐 각국은 중국의 모델을 광범위하게 모방하고 있다.[40] 국가의 지원을 받는 기업이 성장하고 확장하며 진보와 번영을 창출한다. 국가 자본주의의 성공은 권위주의가 만연함을 분명히 보여줄 뿐 아니라 몇십억 명이 살고 있는 많은 나라에서 왜 경제적 자유를 제한하는지를 설명하는 데 도와준다.

경제 체제의 유형

4-4 경제 체제의 유형을 구분한다.

경제 체제는 제품 및 서비스의 생산, 분배, 소비를 체계화한다.

어떤 국가에서든 경영자는 진출 국가의 정부가 어떻게 시장을 규제하고, 어떤 재정 및 통화 정책을 실행하며, 경제적 자유에 대한 개념을 어떻게 해석할지에 대해 질문한다. 한 국가의 **경제 시스템**(economic system)의 맥락에서 이러한 이슈를 평가하는 것은 조직적인 분석에 도움이 된다. 즉 한 국가가 자원을 할당하고 재화와 서비스를 거래하기 위해 시장을 어떻게 구성했는지 평가하는 것은 경영자가 사업을 운영하기 위해 사용하는 수단과 방법을 설명한다. 구체적으로 경제 체제를 시장 경제, 혼합 경제, 계획 경제 측면으로 분류하는 것은 공급과 수요의 원동력, 신호 장치로서 가격의 역할, 자원 배분의 효율성, 경제적 자유의 정도를 명확히 한다. 그림 4.5는 기본적인 특징에 따라 경제를 시장 경제, 혼합 경제, 계획 경제로 구분할 수 있음을 보여준다. 하나씩 살펴보도록 하자.

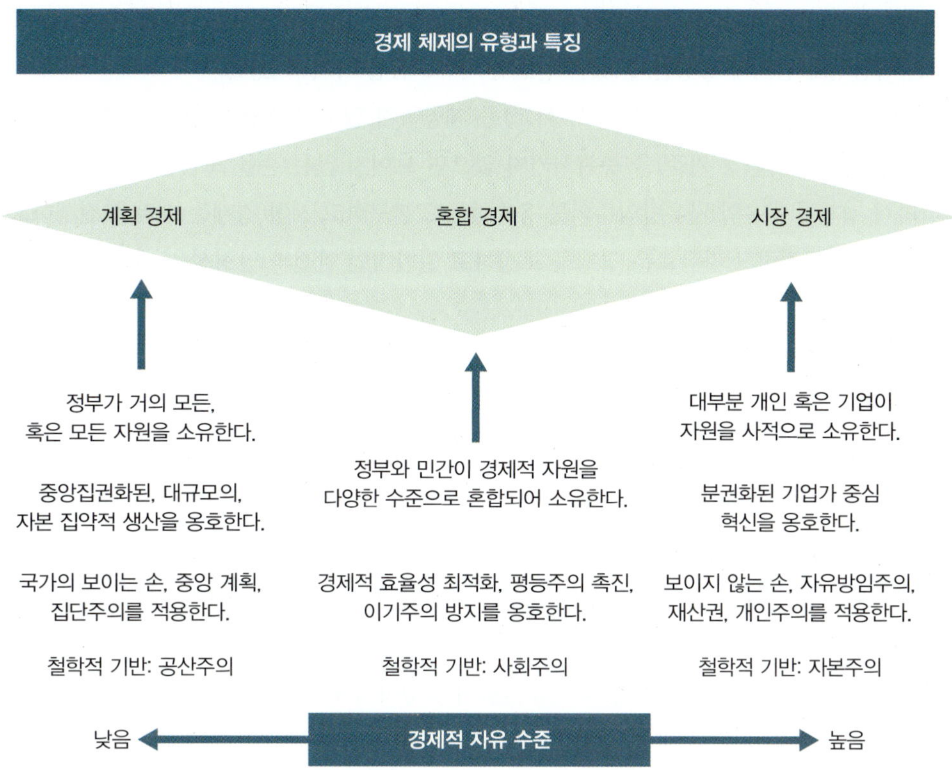

그림 4.5 경제 체제의 유형
경제 체제의 주요 유형은 각기 다른 철학에 기반을 두고 다른 원칙을 옹호하며 다른 방식을 적용한다.

시장 경제

시장 경제(market economy)란 정부가 아닌 개인이 대부분의 의사결정을 내리는 경제 체제를 뜻한다. 시장 경제는 사유재산제도가 주도권, 투자, 리스크로 얻은 이익을 정당화하는, 양도할 수 없는 재산권을 개인에게 부여한다는 **자본주의**(capitalism)의 원칙과 논지에 기반을 둔 것이다. 최적의 자원 배분은 소비자가 재화와 서비스를 구매하는 데 선택의 자유를 행사하고, 생산자가 이에 대응하는 것에서부터 이루어진다. 시장 경제는 호주, 캐나다, 홍콩, 스위스, 미국과 같은 선진국에서 흔히 볼 수 있다. 시장 경제는 개인이 어디서 일할 것인지, 무엇을 할 것인지, 언제 어떻게 돈을 쓰거나 저축할 것인지, 언제 소비할 것인지를 결정하는 많은 선택권을 주는 제도를 도입하며, 이를 위해 경제적 자유를 수호한다.

자본주의와 생산 요소의 사적 소유를 옹호하는 것은 시장 경제에 기반을 두는 것이다.

시장 경제는 경제적으로 자유롭고, 사적 이익을 추구하며, 효용을 극대화하는 소비자의 '보이지 않는 손'을 생산적 효율성의 원동력으로 삼는다. 소비자는 생산자와의 상호작용을 통해 가격, 양, 공급, 수요 사이의 관계를 최적화한다. 시장 경제는 효용 극대화를 추구하는 소비자가 구매하는 제품을 이윤 극대화를 추구하는 생산자가 만들도록 촉구한다. 따라서 소비자가 무엇을 사고 무엇을 사지 않는지에 따라 효율적인 자원 배분과 최적의 자산 가치 평가를 이끌어낸다.

개념 체크

3장은 개개인의 유권자가 민주주의의 초석이라는 것에 주목한다. 이와 마찬가지로 개개인의 소비자는 시장 경제의 초석이 된다. 민주주의가 유권자 주권 우위를 인정하는 데 반해, 시장 경제는 소비자 주권 우위를 인정한다.

최소한의 정부 개입에 대한 지속적인 편향성은 시장 경제에 고정되어 있다. 정부 개입으로 '손'이 잘 보이지 않을수록 시장 경제의 효율성은 높아진다. 근본적으로 시장 경제는 **자유방임주의**(laissez-faire)를 지지하며, 자유방임주의의 관점은 안전성을 지지하고 안정성 유지를 위해 필요한 최소한의 수준을 넘어서는 경제 문제에 대한 정부의 간섭에 반대한다. 애덤 스미스가 추론한 대로 "모든 사람

시장 경제는 경제적 자유의 이상, 자본주의 원칙, 보이지 않는 손의 원칙을 보장한다.

은 그가 정의의 법을 위반하지 않는 한 자신의 이익을 추구할 수 있고 그의 산업과 자본 모두를 가지고 다른 사람이나 질서와 경쟁할 수 있는 완전한 자유로움을 가지고 있다."[41]

정부가 공공재(예: 신호등, 고속도로, 학교)를 제공하지 않고 사회를 보호할 필요성(예: 최저임금, 제품 안전 장치, 환경 기준)을 충족시키지 않으면 보이지 않는 손을 조금은 보이게 만들 수 있다. 따라서 경제적 자유와 자유방임주의를 옹호함에도 불구하고 시장 경제는 계약을 집행하고 재산권을 보호하며 공정하고 자유로운 경쟁을 보장하고 일반적인 안전과 안정성을 제공하기 위해 국가에 의존한다.

계획 경제

계획 경제에서는 국가의 보이는 손이 시장의 보이지 않는 손을 대체한다.

공산주의(communism)는 국가의 자원 소유 및 경제 활동에 대한 통제를 옹호한다. 정치적 이념인 공산주의는 마르크스주의 원칙인 "능력에 따른 노동과 필요에 따른 분배"를 달성하기 위해 필요한 수단인 정부의 지휘를 기반으로 평등주의, 무계급의 사회, 궁극적으로는 무국적 사회를 이룩할 것을 요청한다.[42] 공산주의 체제를 확립하는 것은 국가가 생산 요소를 소유하고 통제하는 **계획 경제**(command economy)를 도입할 것을 요구한다. 그러면 민간 대리인이 아닌 공무원이 어떤 제품을, 어떤 양으로, 어떤 가격으로, 어떤 방식으로 만들지 결정하게 된다.

보이지 않는 손을 가시화한다는 것은 민간 소비자가 아닌 정부관계자가 재화와 서비스의 가격을 결정하고, 이에 따라 자원의 배분을 결정한다는 것을 의미한다. 예를 들면 시장 경제에서 자동차가 필요하면 정부가 세금을 걷어서 자동차 기업으로부터 시세대로 차를 사들이는 방식이다. 계획 경제에서 정부의 보이는 손은 가격을 대수롭지 않게 여기고 국가가 소유한 자동차 기업에 생산을 지시한다. 이에 따라 국가 경제에서 상품의 품질은 종종 일정하지 않으며, 이윤을 극대화하는 인센티브가 없을 경우 일반적으로 악화된다. 제품은 보통 품귀 현상이 심하고 대체품도 거의 없다. 대규모이고 비효율적이며 수익성이 떨어지는 국영 기업은 종종 품질 개선에 필요한 자원이나 혁신의 동기가 더 적다.

개념 체크

전체주의는 시장 행동과 경제 전망을 포함하여, 사람들의 일상생활을 국가에 귀속시킨다. 자산 가치를 결정하고 자원 배분을 지시하여 경제를 통제함으로써 정부는 경제적 자유를 통제할 수 있다.

확실히 단기적으로는 계획 경제가 시장 경제를 능가할 수 있다. 국가는 모든 것을 통제하며 성장을 촉진하기 위해 유휴 자원, 대개 노동력을 동원할 수 있다. 국가가 느슨한 저비용의 자원 공급을 유능하게 관리하는 한 높은 생산성은 지속된다. 성과 향상은 종종 관료가 자유 시장에 대한 통제 경제의 우월성을 천명하도록 영감을 준다. 그러나 역사는 다른 결과를 보여준다. 공무원은 아무리 예리하더라도 소비자의 선호도를 일관되게 예측하고 기업가를 위한 인센티브를 제작하며 자원을 효율적으로 배분하기가 힘들다는 점을 고려할 때 계획 경제는 일반적으로 비생산적인 체제라는 것이 입증된다. 결국 계획 경제는 불평등, 정실주의, 부패를 증가로 인한 생산성 감소, 궁극적으로는 생활수준 향상의 실패 문제와 씨름하고 있다. 소련(1966년 세계 2위의 경제 대국), 1960년경 대약진 시대의 중국, 1991년 경제 개혁 이전의 인도, 소련과 탈레반의 통치 동안 아프가니스탄이 계획 경제의 예이다. 오늘날에는 경제적 자유 점수 7.6으로 대표되는 북한을 제외하고 순수한 의미의 계획 경제를 찾아볼 수 없다.

자격 계획 경제와 국가 자본주의는 일부 겹치는 부분이 있다. 중국, 이란, 르완다, 러시아, 사우디아라비아, 베트남과 같이 국가 자본주의를 실천하는 다양한 국가의 경제 환경을 조사해본 결과 권위주의적인 국가가 자원 배분에 영향을 미치고 일부 기업을 통제하며 개인의 선택을 규제하는 보이는 손이 나타났다. 이에 대응하여 이러한 경제 중 다수는 일상적으로 경제자유지수를 기준으로 '대체로 자유롭지 못한' 범주와 '억압 상태' 범주에 속한다. 따라서 국가 자본주의는 계획 경제를 암시하는 국가 통제의 특징을 보여준다. 그러나 근본적으로 이 둘은 다르다. **미래 전망**에 기술된 바와 같이 국가 자본주의를 도입한 정부는 계획 경제를 대이념적 의제로 삼는 대신 그 권위를 정당화하고 유지하기 위해 번영을 도모한다는 목표로 경제를 조작한다. 따라서 겹치는 부분이 있음에도 불구하고 국가 자본주의는 공산주의와 다르다. 가장 두드러진 차이점은 전자가 국가의 권위를 증진하는 반면 후자는 국가의 이념을 촉진한다는 것이다.

혼합 경제

많은 경제는 시장 경제와 계획 경제 사이에 속하는 **혼합 경제**(mixed economy)의 형태로 존재한다. 일반적으로 혼합 경제는 경제적 의사결정이 주로 시장 중심이며 소유권은 대부분 민간에 귀속되지만 자산 평가, 자원 배분, 규제 활동, 상업 조직 등에 정부가 개입한다. '혼합'의 개념은 자본주의에 따라 시장이 자원을 배분하도록 허용하는 동시에 공산주의에 따라 주어진 정치적 목표의 사용을 규제하는 것에서 비롯된다. 본질적으로 국가는 시장 성과를 최적화하기 위해 전략 산업에 대한 전략적 결정을 내려야 한다. 이를 통해 시장 경제와 계획 경제 체제의 요소를 혼합한 혼합 경제가 확립될 수 있다. 계획 경제의 그늘에서 국가는 일부 자원을 소유하고 일부 계획 기능을 중앙집권화하며 일부 체제를 규제한다. 이와 동시에 국가는 시장 경제의 반향으로 일부 경제적 자유를 확립한다.

혼합 경제는 시장 경제와 계획 경제 체제의 요소를 결합한 것이다. 즉 정부와 민간 기업 둘 다 생산, 소비, 투자, 저축에 영향을 미친다.

혼합 경제는 주로 수요와 공급의 상호작용에 의존하며, 생산자가 국가 지침이 아닌 소비자 선택에 따라 생산을 조직하도록 만든다.[43] 예를 들면 혼합 경제에서의 정부는 부분적으로 자동차 생산업체를 소유할 수 있다. 국가는 반드시 만들어야 하는 자동차의 종류, 수량, 스타일을 지시하는 대신 공공 프로그램 및 사회적 목표의 최적화에 따라 자동차 제조사가 결정할 수 있는 자유를 부여한다. 일반적으로 혼합 경제의 생산성은 시장 경제의 생산성에는 미치지 못하지만 계획 경제의 생산성은 능가한다. 현재 혼합 경제로 분류되는 나라에는 일본, 한국, 스웨덴, 프랑스, 브라질, 독일, 인도가 있다. 혼합 경제의 경제자유지수는 일반적으로 '대체로' 자유롭거나 '비교적' 자유로운 범주에 속한다.

민주주의와 시장 경제는 철학적으로 일치한다. 공산주의와 계획 경제도 마찬가지다. 따라서 **사회주의**(socialism)는 철학적으로 혼합 경제와 일치한다. 사회주의는 공정하고 정의로운 경제는 생산성 최적화뿐만 아니라 고용 극대화를 통해 공동의 대의를 도모하고 부와 특권의 통합을 막고 소득 재분배를 통해 빈곤층을 돕고 시장 실패를 중재해 사회를 안정시키며 시장 지배력 남용을 제한하여 대중을 보호한다고 주장한다. 사회주의를 옹호하고 나아가 혼합 경제를 옹호하는 사람들은 정부가 시장 경제에서 발견되는 기회주의적 개인주의를 억제하고 계획 경제에서 발견되는 억압적인 집단주의를 약화하는 평등주의적 기풍을 공들여 확립한다고 주장한다.

시장 경제는 자본주의를, 계획 경제는 공산주의를, 혼합 경제는 사회주의를 기반으로 한다.

국제경영의 여러 측면과 마찬가지로 혼합 경제에 대한 국가 개입의 폭도 다양하다. 정치적 리더십, 사회적 의제, 시장 상황은 국가가 경제적 자유와 중앙 정부의 계획을 혼합하여 해석하는 방식을 형성한다. 스웨덴은 다른 북유럽 국가와 마찬가지로 일과 삶의 균형, 소득 평등, 포괄적 사회관계 증진을 위해 **균형 잡힌 삶의 방식**(iagom, 적절한 양)이라는 개념을 적용한다. 국가는 고용, 사회, 복지, 환경, 시장에 대한 기준을 설정하여 이러한 목표를 달성한다. 반면 프랑스는 국가가 시장 행위를 형성하고 종종 주요 부문을 통제하지만, 사회적 기준을 규정하는 것은 자제하는 **통제 정책**

(dirigisme, 계획 경제)의 개념을 옹호한다. 그러므로 두 나라 모두 혼합 경제에 속하지만 프랑스의 경우 정부 지침의 수준이 스웨덴에 미치지 않는다고 볼 수 있다.

경제 발전과 성과 및 잠재력 평가

4-5 경제 발전, 성과, 잠재력 척도를 해석한다.

경영자는 경제를 평가하기 위해 광범위한 거시적·미시적 척도를 이용한다. 경영진은 점점 더 많은 데이터에 직면한다. 경쟁우위나 독특한 통찰력을 얻고자 하는 일부는 비공식적 또는 독특한 지표를 고려한다. 무선통신 가입자 수, 인터넷 검색, 가족 소유 대기업의 규모 또는 기업을 운영하는 군 장교와 같은 지표가 예시가 될 수 있다.[44] 일반적으로는 관습(convention)이 실무에서 지배적이며, 경영자는 생산성, 소득, 부를 추정하기 위해 통화 척도에 의존한다. 기후 변화와 환경 파괴에 대한 우려가 커짐에 따라 경영자는 지속가능성 및 안정성의 추정치를 사용하여 분석을 개선해야 한다. 각각의 관점을 살펴보자.

금전적 척도

포괄적인 단일 항목으로 구성된 금전적 척도는 ① 경제가 확장되고 있는지 혹은 축소되고 있는지, ② 경기 부양이나 제동이 필요한지, ③ 인플레이션이나 경기 침체로 인해 위협을 받고 있는지를 보여주는 예리한 지표이다. 환자의 체온을 측정하는 것은 간단한 절차이지만 생명 유지에 필수적인 중요한 활동의 수행을 신속하게 보여줄 수 있다. 단일 항목 통화 척도도 마찬가지이다. 특히 국민총소득(GNI), 국내총생산(GDP), 국민총생산(GNP)은 가계, 기업, 정부의 소비, 투자, 소비 및 무역 활동을 효율적으로 요약하면서 경제의 '온도'를 보여준다. 게다가 GDP와 같은 총체적 척도의 실질 변화를 추적함으로써 전반적인 생산과 시장의 방향을 구체화하며 경제의 전반적인 건전성을 나타낼 수 있다. 예를 들어 GDP 통계는 "20세기의 위대한 발명품 가운데 진정으로 정책 입안자가 경제를 주요 경제적 목표를 달성하기 위한 방향으로 향하도록 도와주는 등불"로 여겨진다.[45]

금전적 척도 가운데 국민총소득(GNI)은 경제 성과에 대한 가장 광범위한 측정치를 제공한다.

국민총소득(gross national income, GNI)은 한 나라의 경제적 성과를 측정하는 가장 광범위한 척도이며, 개인 소비, 기업 투자, 정부 지출, 재화 및 서비스 순수출의 네 가지 주요 요소로 구성되어 있다. 이는 한 나라가 다른 나라로부터 이익, 이자, 배당 등의 형태로 받는 소득과 함께 국내 경제 총생산의 가치를 측정한다. 예를 들어 한국의 다국적 기업인 삼성이 만든 스마트폰의 가치와 삼성의 자원을 이용하여 일본에서 만든 삼성 스마트폰의 가치는 한국의 GNI에 반영되며, 마찬가지로 일본의 다국적 기업인 소니(Sony)가 소니의 자원을 이용해 한국에서 만든 스마트폰의 가치는 일본의 GNI에 반영된다.

대부분의 국가에서 수령한 소득과 지급된 금액은 일반적으로 서로 상쇄된다. 이런 상황에서 GNI는 GDP와 거의 차이가 없으며, 경영자는 이 중 하나의 척도를 믿고 사용할 수 있다. 예를 들어 미국의 2019년 GNI는 GDP보다 1% 정도 높은 수준에도 미치지 않았다. 일부 국가에서는 다국적 기업이 큰 역할을 하므로 흐름이 고르지 않다. 예를 들어 한 국가에서 다국적 기업의 해외 자회사로부터 대규모 이익 송환이 있을 경우 이는 GDP를 GNI 이하로 떨어뜨려 실적을 과소평가하게 될 수 있다. 예를 들어 2019년 일본의 GNI는 국내 기업의 광범위한 해외 운영으로 5조 2,630억 달러를 기록했

표 4.5 GDP 기준 10대 경제 대국[a]

순위	국가	경제 유형	국내총생산(1조 달러)	세계 경제 차지 비율	경제적 자유 점수
1	미국	선진국	22.32	26.31	76.8
2	중국	신흥국	15.27	18	58.4
3	일본	선진국	5.41	6.38	72.1
4	독일	선진국	3.98	4.69	73.5
5	인도	신흥국	3.2	3.77	55.2
6	프랑스	선진국	2.77	3.27	63.8
7	영국	선진국	2.72	3.21	78.9
8	이탈리아	선진국	2.01	2.37	62.2
9	브라질	신흥국	1.89	2.23	51.9
10	캐나다	신흥국	1.81	2.13	77.7
	전 세계		84.83	72.36	60.8

출처: International Monetary Fund 2019 and 2019 Index of Economic Freedom.[46]

지만 GDP는 4조 9,700억 달러였다.

국내총생산(gross domestic product, GDP)은 한 국가의 국경 내에서 생산되는 모든 생산물의 시장가치를 의미한다. 한 나라의 국경 내에서 생산되는 경우 국내 기업인지 해외 기업인지와 상관없이 모든 기업으로부터 생산되는 생산량의 가치가 GDP에 반영된다.[47] 소셜 미디어부터 농업에 이르기까지 모든 분야에서 한 국가 내 기업의 생산량이 반영된다. 각 부문의 비중은 국가 경제에서 차지하는 상대적 중요성을 반영한다. 따라서 GDP는 한 국가 내에서 소비자, 기업, 정부를 위해 생산된 완제품과 서비스의 총가치를 측정한다. 단순히 생산 가능 자산의 재고가 아니라 생산 측면에서 경제 활동의 흐름을 측정하는 것은 경제가 팽창하고 있는지 수축하고 있는지를 보여준다. 현재 GDP는 가장 일반적으로 사용되는 경제적 성과 척도이다. 이는 생산성과 번영의 보편적인 벤치마크 역할을 한다. 표 4.5는 GDP 기준 가장 규모가 큰 경제 국가를 나열하고 있다.

국내총생산(GDP)은 한 국가의 지리적 경계 내에서 모든 노동자 또는 자본으로 생산된 제품 및 서비스의 총시장가치를 뜻한다. 즉 이는 한 국가의 경제 활동에 대한 가장 신뢰할 수 있는 측정치를 제공한다.

GNI가 소유권을 민감하게 반영하는 것과 달리 GDP는 생산 지역을 강조한다. 즉 이는 한 나라의 국경 내에 있는 모든 노동자가 수행한 경제 활동을 측정한다. 예를 들어 한국에서 삼성과 소니가 만든 스마트폰은 한국의 GDP에 기여하지만, 일본에서 삼성이 만든 스마트폰은 그렇지 않다. 대신에 이는 일본의 GDP에 반영된다. 따라서 GDP는 해외 다국적 기업의 국내 생산량이 사업 활동의 상당한 비중을 차지하는 한국, 아일랜드, 중국과 같은 시장에서 성과를 더 잘 측정한다. 또한 GDP는 국가 생산량만을 추적함으로써 단기적 분석을 지원하고 국가 간 비교를 용이하게 한다. 국가들은 1960년대에 GDP를 강조하기 시작했다. 1990년대까지 이는 이전의 기준인 GNP를 능가했다.[48]

국민총생산(gross national product, GNP)은 특정 연도에 한 국가의 거주자가 공급하는 노동력, 자산, 자본으로 생산된 상품과 서비스의 시장가치를 측정하는 것에서 시작된다. 이후 시민이 해외에서 일하면서 벌어들인 수입이 더해지지만 국경 내에서 일하는 외국인이 벌어들인 수입은 제외된다. 후자는 그들의 모국의 GNP에 반영된다. 사실상 이는 소유지의 관점에서 경제 성과를 추정하는데, 여기에는 국내에서 생산된 생산뿐만 아니라 나라의 수도나 노동력이 국경 밖에서 가치를 창출하는 경우가 더해지는 것이다. 이와 같이 GNP는 GDP와는 달리 심지어 다른 국가에서 이루어진 경우라 하더라도 한 국가의 시민, 기업의 모든 활동을 집계한다.

국민총생산(GNP)은 특정 연도에 한 국가 내에서 생산된 최종 재화 및 서비스의 총가치를 뜻한다.

향상된 경제 분석

경영자는 한 국가의 성장률, 인구수, 지역 생활 비용을 기준으로 조정하여 경제적 지표의 유용성을 향상시킨다.

GNI, GDP, GNP는 경제의 절대적인 성과를 추정한다. 그러나 여러 장점에도 불구하고 이들은 측정과 비교를 왜곡할 수 있다. 예를 들어 미국, 일본, 독일과 같은 경제 강국은 GNI, GDP, GNP의 순위표에서 지속적으로 상위권을 차지한다. 어떤 이들은 이러한 국가의 경제가 하위권 국가보다 더 생산적이라고 추론할 수 있다. 그러나 종종 그 반대가 사실이다. 따라서 경영자는 ① 경제 성장률, ② 한 국가의 인구수, ③ 현지 통화의 구매력에 따라 조정함으로써 경제지표의 유용성을 향상시킨다.

경제 성장률 금전적 척도는 특정 시점에 경제의 스냅숏을 찍는다. 따라서 변동률은 측정하지 않는다. 경제 성과의 핵심 측면은 성장률이다. 단기적으로 GDP의 성장으로 나타나는 경제 확장은 사업, 일자리, 개인 소득이 확장되고 있다는 것을 의미한다. 장기적으로 GDP의 성장률은 한 나라의 경제적 잠재력을 측정한다. 만약 GDP가 그 나라의 인구 성장률보다 더 빨리(또는 느리게) 성장한다면, 그 나라의 생활 수준은 상승(또는 하락)하고 있는 것이다.

성장률에 따른 척도는 유망한 비즈니스 기회를 발견하는 데 도움을 준다. 글로벌 비즈니스 환경을 구성하는 217개국을 보면 예상대로 국가별 성장률의 변동성이 나타난다. 특히 가나, 에티오피아, 인도, 코트디부아르 같은 많은 신흥국과 개발도상국의 GDP는 선진국보다 최대 10배 더 빠르게 증가하고 있다. 예를 들어 중국은 1995년 이후 매년 평균 8% 이상의 성장률을 기록하며 지난 30년 동안 가장 빠르게 성장하는 국가 중 하나였다. 이에 따라 중국의 GDP는 1995년 당시 약 6,000억 달러에서 2018년 기준 15조 달러로 증가했다. 중국의 시장 확대는 많은 일자리를 창출했고 노동자의 소득 및 총수요를 증가시켰으며 외국인 투자자를 끌어 모았고 생활 수준을 향상시켰다.

인구 규모 경영자는 일반적으로 그 나라의 인구수에 따라 지표를 수정한다. 76억 3,000만 명의 세계 인구가 얼마나 불균등하게 분포되어 있는지(예: 중국의 13억 8,900만 명에서 핏케언섬의 50명까지)를 고려할 때 이러한 수정은 필요하다.[49] 중국은 국내총생산(GDP) 기준으로 세계 2위의 경제 대국이다. 그러나 인구에 맞게 실적을 조정하면 중하위권으로 이동한다. 마찬가지로 2018년 스위스의 GDP 7,050억 달러는 미국이 보고한 20조 5,000억 달러의 3.7%이다. 그러나 857만 명의 인구를 고려하면 스위스의 1인당 GDP는 8만 450달러이다. 이에 비해 미국의 1인당 GDP는 3억 2,700만 명의 인구를 감안할 때 6만 2,794달러이다.[50]

구매력평가는 국가 간 상대적 생활 비용의 차이를 통제한다.

구매력평가(PPP) 상품과 서비스의 가격은 무엇보다도 생산 요소 부존도, 생산성, 규제의 차이로 인해 국가마다 다르다. 특히 선진국과 개발도상국의 가격 차이는 크다. 예를 들어 1리터의 휘발유는 네덜란드에서는 1.9달러, 아이슬란드에서는 1.93달러, 홍콩에서는 2.3달러에 팔린다. 한편 동일한 양의 휘발유가 베네수엘라에서는 0.01달러, 이란에서는 0.11달러, 쿠웨이트에서는 0.35달러이다.[51] 이 때문에 GDP를 통한 단순 비교는 국가 간 주요 차이를 제대로 나타내지 못한다. 가격 차이는 분석을 혼란스럽게 한다. 따라서 경영자는 인도와 미국 생활비 수준의 극명한 차이로 인해 마이애미의 소득 1달러가 뭄바이의 소득 1달러와 같은 구매력을 가지고 있지 않다는 사실을 감안하여 금전적 척도를 조정한다.

국가 간 **구매력평가**(purchasing power parity, PPP)를 조정하면 이 문제가 해결된다. 구매력평가는 한 국가의 소득 단위로 얼마나 많은 재화와 서비스를 구매할 수 있는지, 다른 나라의 동등한 소득 단위로 얼마나 구매할 수 있는지를 통제한다. 엄밀히 말하면 제품 및 서비스를 담고 있는 동일한 '바

표 4.6 구매력평가지수로 조정된 GDP 기준 10대 경제 대국

순위	국가	인구(100만 명)	국내총생산(1조 달러)	글로벌 GDP 비중	경제적 자유 점수
1	중국	1,341	29.47	21.62	58.4
2	미국	322	22.32	16.38	76.8
3	인도	1,267	12.36	9.07	62.2
4	일본	127	5.89	4.32	72.1
5	독일	83	4.59	3.37	73.5
6	러시아	142	4.52	3.32	58.9
7	인도네시아	252	4	2.93	65.8
8	브라질	203	3.6	2.64	51.9
9	영국	63	3.24	2.38	78.9
10	프랑스	64	3.16	2.32	63.8
	전 세계	7,556,278	135.24	68.34	

출처: International Monetary Fund 2019 and the 2019 Index of Economic Freedom.

구니(basket)'를 구매하기 위해 한 국가의 통화가 다른 국가의 통화로 전환되는 비율을 적용한다는 것이다. 바구니에는 식용유 1리터, 휴대폰 요금제, 휘발유 1리터, 맥도날드(McDonald's) 빅맥과 같은 품목이 모두 들어갈 수 있다. 동등한 바구니를 설정하고 국가(예: 인도와 미국) 간 상대적 생활비와 통화 효과를 고려하여 현지 가격을 계산하면 뭄바이에서 1달러의 구매력이 마이애미와 동등해진다. 역사적으로 구매력평가 전환율은 미국에서 동등한 상품과 서비스 바구니를 구입하는 데 필요한 한 국가의 통화 단위 수로 설정된다.

표 4.6은 구매력평가에 따른 국가 경제 성과의 조정 효과를 보여준다. 표 4.5에 보고된 GDP 순

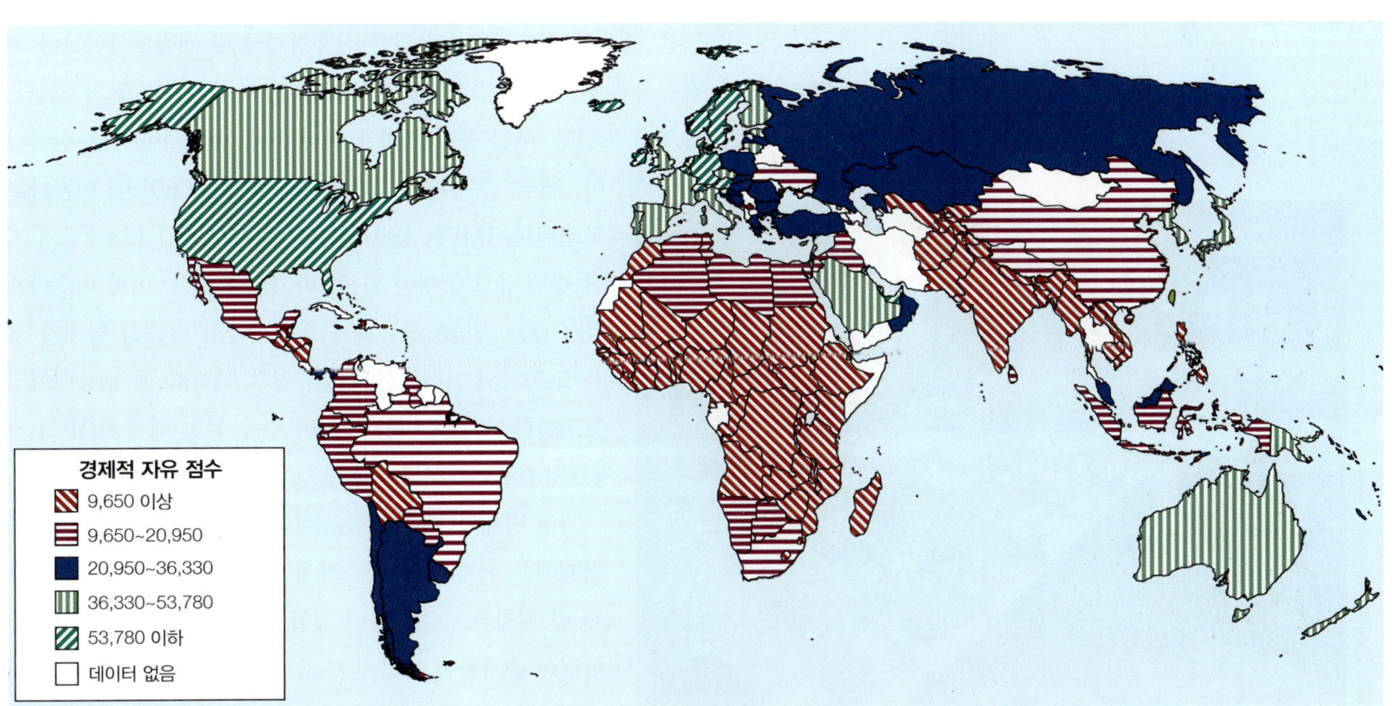

지도 4.3 구매력평가지수로 조정된 GDP

출처: World Bank Indicators. Retrieved January 21, 2020, http://data.worldbank.org/indicator/NY.GDP.PCAP.PP.CD/countries?display=map.

위는 크게 달라졌다. 예를 들어 중국은 세계에서 가장 큰 경제 대국으로서 미국을 앞지른다. 15조 2,700억 달러인 GDP가 구매력평가에 맞게 조정되자 거의 2배인 29조 4,700억 달러가 되었다. 마찬가지로 구매력평가 조정은 인도와 러시아의 순위를 높이고 일본, 독일, 영국, 프랑스를 떨어뜨리며 이탈리아와 인도네시아의 위치를 바꾼다. 또한 구매력평가 조정은 1인당 국가 간 비교에서 극단적인 변동성을 감소시킨다. 예를 들어 스위스의 경우 고가 시장에서 통화 단위가 가진 구매력 감소를 감안하자 1인당 국내총생산(GDP) 8만 450달러가 6만 8,060달러로 떨어졌다. 인도와 같이 생활비가 덜 비싼 나라에서는 그 반대 현상을 보인다. 인도의 경우 2,041달러인 1인당 GDP가 구매력평가에 맞춰질 때 3배 이상 증가한 7,762달러를 기록한다.[52] 이러한 종류의 조정은 피라미드의 바닥이 가진 매력을 설명하는 데 도움을 주면서, 전 세계에 걸쳐 있는 수십억의 가난한 사람들이 가진 경제적 잠재력을 강조한다. 지도 4.3은 구매력평가를 통해 조정한 1인당 GDP 측면에서 국가들을 설명한다.

조커: 지하 경제

GNI, GDP, GNP를 측정하고 수정하기 위해서는 국가 경제의 활동을 포괄적으로 나타내는 데이터가 필요하다. 전 세계 정부는 데이터를 수집하고 통계를 생성한다. 이들의 노력은 **지하 경제**(shadow economy, 회색 또는 병렬 시장, 비공식 경제 또는 시스템 D라고도 한다)로 인해 복잡해진다. 어디에서나 발견되는 지하 경제는 법의 테두리를 벗어나는 활동(예: 무면허 셔틀 운전, 은밀한 보수, 여행 비자 위반, 은밀한 활동, 미등록 탁아소 및 이와 유사한 종류의 거래)뿐 아니라 여러 공식 통계를 넘어서는 불법적인 활동(예: 마약 밀매, 성매매, 불법 도박, 담배 및 주류 밀수, 제품 불법 복제)을 포함한다. 추적하기 어려운 현금으로 사업을 하는 것 외에도 지하 경제의 활동가는 보통 불법적인 거래를 숨기거나 세금을 회피하기 위해 무슨 일이든지 한다. 지하 경제의 여러 활동은 한 국가의 경제 활동 규모 및 범위에 대한 측정을 혼란스럽게 한다.[53]

캐나다, 독일, 미국 같은 선진국은 그리스, 인도, 멕시코 같은 신흥경제국 및 개발도상국보다 지하 경제가 더 작은 경향이 있다. 선진국에서는 지하 경제가 일반적으로 GDP의 5~15%를 차지한다. 개발도상국에서는 훨씬 더 높은 수치를 보인다. 예를 들어 조지아, 볼리비아, 아제르바이잔, 탄자니아, 태국, 우루과이, 과테말라 등에서는 60%에 이른다고 보고된다. IMF는 1991년부터 2015년까지 158개국의 지하 경제 규모가 평균 31.9%라고 보고했다. 이와 비슷하게 OECD는 개발도상국과 신흥경제국의 비공식 경제가 모든 노동자의 70%, 선진국의 경우 약 18%를 고용한다고 보고한다.[54] 어떤 이들은 지하 경제가 전 세계 GDP의 약 4분의 1을 차지한다고 추정한다.[55]

출처: Busurmanov/Shutterstock

▲ 베트남 나트랑의 이 노점상들은 공식적인 시장과는 거리가 멀다. 그들의 판매량은 각각 작지만 합쳐지면 어마어마하고 이들은 지하 경제의 영역에 속한다.

지하 경제의 규모와 범위는 일부 정부의 GDP를 어떻게 집계해야 할지 다시 생각하게 한다. 예를 들어 국가의 부채 및 적자를 유럽연합이 정한 목표치 내에서 유지하라는 압력이 증가함에 따라 일부 유럽 국가는 자국의 경제 규모를 늘릴 방법을 찾는데, 아일랜드, 이탈리아, 영국은 특히 국가 생산량을 측정할 때 지하 활동을 포함하려고 한다.

예를 들어 영국은 불법 마약 거래(약 75억 달러)와 성매매(약 90억 달러)의 가치를 포함하면 GDP가 0.7% 증가한다고 추정했다.[56] 모든 불법적인 활동과 법의 테두리를 벗어난 활동을 포함한다면 영국의 GDP는 10% 이상 증가할 것이다.[57]

지속가능성과 안정성

한 경제의 성과를 금전적 척도가 제공하는 정보를 넘어 보다 정확히 나타내려면 지속가능성과 안정성을 측정하는 데 주의를 기울여야 한다. GNI, GDP, GNP는 성장률, 인구 규모, 구매력에 따라 조정된 후에도 한 국가의 성과와 잠재력을 부분적으로 제시한다. 지하 경제가 야기하는 복잡성 외에도 성장의 비용 및 결과를 과소평가하는 것은 분석의 타당성을 손상시킨다. 또한 GNI, GNP, GDP를 '순이익(net)'이 아닌 '총액(gross)'으로 고정하는 것은 생산에 사용되는 자원의 비용이 총생산량에서 공제되지 않음을 의미한다. 게다가 금전적 척도는 경제 활동에서 비롯되는 공기 및 수질 오염, 소음 공해 등 소위 외부 효과(externality)로 불리는 다른 비용을 놓친다. 그러한 활동에서 발생하는 관련 비용을 고려하지 않고 시장 활동의 화폐 수량을 측정하는 것은 성과 및 잠재력을 잘못 나타내는 것이다. 측정 및 해석을 개선하기 위해 지속가능성 및 안정성을 기준으로 한 분석 확대가 필요하다.

개념 체크

1장은 세계화에 반대하는 몇몇 단체에 주목했고, 2장은 문화적 반대에 대해 논의했으며, 3장은 반대를 부추기는 정치적 이유를 확인해보았다. 이 장에서는 지나치게 금전적 척도를 강조하는 것이 세계화에 따른 경제적 이익을 잘못 표현한다는 비평을 추가한다.

지속가능성

녹색경제학(green economics)은 경제가 자연계의 구성 요소이며 궁극적으로는 이에 귀속된다고 주장한다. 생산적인 사업 활동을 지속하는 것은 이러한 활동이 환경에 미치는 영향을 최소화하는 데 달려 있다. 이와 같은 맥락에서 **지속가능성**(sustainability)은 "미래 세대가 자신의 요구를 충족할 수 있는 능력을 훼손하지 않고 현재의 요구를 충족"하는 경제 성과 측정치를 통해 기존 통화지표를 보완함으로써 성장을 통한 이익과 비용을 고려하게 한다.[58] 현재 스웨덴, 노르웨이, 아이슬란드, 핀란드, 덴마크가 세계 1위 수준의 지속가능성을 이루고 있다. 가장 낮은 수준의 지속가능성을 가진 이라크, 예멘, 세이셸, 남수단, 아이티는 큰 도전 과제에 직면하고 있다. GNI, GNP, GDP와 같은 지표를 '녹색화'하기 위한 몇 가지 제안이 존재한다. 현재로서는 다음과 같은 후보군이 있다.

녹색경제학은 오늘날의 선택이 장기적인 지속가능성에 미치는 영향을 기준으로 경제 성과를 평가하는 것을 옹호한다.

- **국민순생산**(Net National Product, NNP): 이론적으로 한 국가는 제품 생산 및 소비로 인해 발생하는 천연자원 고갈 및 환경 악화를 측정할 수 있다. 녹색경제학은 기업이 제품을 만들 때 자산을 평가절하하는 방식을 국가에도 똑같이 적용해야 한다고 주장한다. 국민순생산은 생산량 창출에 사용하는 국가의 자산을 평가절하한다.[59]
- **참진보지수**(Genuine Progress Indicator, GPI): 이 측정치는 GDP를 추정하는 데 사용되는 것과 동일한 회계 방식을 적용하는 것에서부터 시작된다. 이후 이는 환경의 질, 보건 및 위생, 보안, 형평성, 여가 시간 및 교육의 감소에 상응하는 비용을 반영하여 조정된다. 예를 들어 참진보지수는 국내총생산과 달리 자발적인 가사 노동 및 무급 노동을 유급 노동으로 계산하고 범죄, 환경오염, 가족에게 미치는 스트레스와 관련된 비용을 차감한다. 사실상 국내총생산과 참진보지수의 차이는 총이익과 순이익 간 차이와 유사하며, 경제적 가치를 창출하기 위해 발생하는 비용은 국내총생산 총액(gross GDP)을 순참진보지수(net GPI)로 변환한다. 따라서 오염, 범죄, 가족에게 미치는 스트레스가 상품과 서비스의 생산으로 인한 금전적 이득과 동일하다면 참진보지수는 0이다.

- **인간개발지수**(Human Development Index, HDI): 성과 측정에서 인간개발 문제는 바로 드러나지 않는다. 궁극적으로 영양, 교육, 건강 관리, 위생을 통해 인간의 상태를 개선한다는 것을 고려할 때 성과 측정은 이러한 문제를 포함한다. 따라서 한 나라의 전반적인 삶의 질을 형성하는 물리적·지적·사회적 기준의 관점에서 인간개발 수준을 측정하는 것은 경영자가 그 나라의 경제를 더 포괄적으로 평가하는 데 도움을 준다. 유럽연합은 이러한 견해를 인간개발지수와 그 주요 구성 요소로 변환한다. 구성 요소로는 출생 시의 기대 수명으로 측정되는 **수명**(Longevity), 성인 문해율과 초등, 중등, 대학 총진학률로 측정되는 **지식**(Knowledge), 1인당 국민소득(PPP)으로 측정되는 **생활표준**(Standard of Living)이 있다. 인간개발지수에서 높은 점수를 받은 국가로는 노르웨이, 호주, 스위스, 덴마크, 네덜란드가 있다. 낮은 점수를 받은 국가로는 베냉, 우간다, 르완다, 아이티, 토고 등이 있다.[60]

안정성

지속가능성과 안정성의 관점에서는 사람들이 더 오랫동안 건강하고 행복한 삶을 영위할 수 있는 환경을 형성하는 것이 경제적 활동의 목표라고 본다.

보편적 풍요(universal affluence)는 매력적으로 들리지만 현실적으로 불가능하다. 지구에는 2050년까지의 예상 인구 97억 명은 말할 것도 없고 76억 명에 대해서도 그들의 높은 소비를 지원하고 유지할 충분한 자원이 부족하다. 실제로 월드워치연구소(WorldWatch Institute)는 모든 나라에서 현재 미국의 1인당 수준으로 자원을 소비하고 오염을 생산한다면 우리의 수요를 충족시키고, 쓰레기를 처리하고, 시스템을 유지하기 위해 필요한 자원을 제공하는 5개의 행성을 필요로 할 것이라고 경고한다. **행복경제학**(happynomics), 복지경제학과 같은 관점은 경제의 풍요를 증가시키는 잠재력을 평가하기보다는 심리학, 건강, 안보, 사회학의 요소를 포함하도록 장려한다. 보다 근본적으로 복지, 삶의 질, 삶의 만족의 원칙을 반영하려면 부, 소득 또는 이익의 전통적인 성과 기준을 재정의하는 것을 옹호한다. 유럽연합이 선언하듯이, "행복은 점점 더 사회적 진보의 적절한 척도이자 공공 정책의 목표로 간주되고 있다."[61]

녹색경제학은 성장률, 진보, 번영을 완전히 측정하려면 경제적 선택이 지속가능성 및 안정성에 초래한 결과를 평가해야 한다고 주장한다.

행복경제학은 "금전적 번영의 개념에서 정서적 번영의 개념으로"의 이동을 장려한다.[62] 예를 들어 부탄의 헌법은 시민을 더 부유하게 하는 것보다 더 행복하게 만드는 것을 옹호한다. 목표는 사회의 행복 증진, 사람들 스스로의 삶에 대한 만족, 금전적 성취와 무관한 국가의 안녕을 포함한다. 이 주장에 따르면 경제 활동을 행복의 관점에서 다시 생각하는 것은 성과를 더 잘 나타내고 잠재력을 더 잘 측정하는 지속가능성과 안정성을 촉진한다. 예를 들어 행복경제학은 거의 70%의 개인적 만족도가 생산, 소득 흐름, 부의 축적이 아닌 대인관계의 양과 질로 결정된다고 보고한다.[63] 그러나 기대 수명, 여가 시간, 소득 평등, 삶의 선택 자유, 관대함, 신뢰 등의 측면에서 성과를 재정렬하면 호주, 네덜란드, 스웨덴이 미국을 앞서게 된다. 현재 유럽연합에 따르면 세계에서 가장 행복한 나라는 핀란드이며 덴마크, 룩셈부르크, 노르웨이, 아이슬란드, 네덜란드가 그 뒤를 잇고 있다.[64]

안정감, 행복감 등을 측정하는 것은 어렵다. 예를 들어 아름다움과 마찬가지로 행복은 종종 보는 이의 눈에 달려 있다. 즐거움, 이타심, 약혼, 또는 반대로 우울증, 슬픔, 스트레스와 같은 잠재적 지표는 정확히 밝히기 어렵기로 악명 높다. 게다가 어떻게 하면 안전한 거리, 깨끗한 공기와 같은 합리적인 목표에 객관적으로 측정할 수 있는 금전적 가치를 부여할 수 있을까? 행복 매핑이 불필요하게 경제 분석을 혼란스럽게 한다는 주장도 있다. 어떤 사람들은 불행한 시민이 경제적 성과를 위협하는 세속적인 소비 이동이나 사회적 불안정의 선행지표가 될 수 있다고 반박한다. 또한 주관적인 복지를 측정하는 것은 공직자가 공공장소의 디자인과 공공 서비스의 전달을 개선하도록 장려하여 경제적 잠재력을 증가시킨다.

행복의 복잡성이 점점 더 주목받고 있다. 통찰력은 점진적으로 측정을 개선한다. 예를 들어 유엔은 그 결의안인 **행복과 웰빙: 새로운 경제 패러다임 정의**를 실질적인 측정지표로 점차 운용하고 있다.[65] 한편 경영자는 다음과 같은 지표를 참고한다.

- **더 나은 삶 지수**(Your Better Life Index, YBLI): OECD가 개발한 YBLI는 전 세계 사람들이 중요하다고 믿는 삶의 11가지 측면(예: 주거, 직업, 관계, 건강, 안전, 가족-생활-일과 삶의 균형, 교육)을 기준으로 경제적 성과를 평가한다. 이는 사람들의 행복과 생활 수준에 대한 인식을 평가하기 위한 지수이다. OECD는 YBLI가 "지식과 이해의 경계를 혁신적인 방식으로 확대한다. 이는 더 나은 정책을 개발할 수 있도록 돕는 큰 잠재력을 가지고 있다"고 설명했다.[66]
- **국민총복지**(Gross National Well-being, GNW): 이는 물질적·정신적 발전이 함께 이루어져야 한다는 점에 주목한 지수이다. 또한 정부의 목적은 행복을 증진하는 것이라고 규정한다. GNW는 경제적, 환경적, 신체적, 정신적, 일, 사회적, 정치적 삶의 차원에서 개인의 안녕을 증진하기 위해 자원을 사용하는 국가의 능력을 측정한다.
- **국민총행복**(Gross National Happiness, GNH): 이 지수는 집단적 행복과 국민의 복지를 강조한다. GNH는 공정하고 지속 가능한 사회경제적 발전, 정신적 측면의 향상, 문화적 가치 보존, 자연환경 보존, 공평하고 공정한 관리를 강조한다. 철학적으로 이는 불교의 가르침을 기반으로 한다. 실제로 부탄 헌법은 이러한 견해를 지지하며 행복을 정부의 목표로 규정하고 있다.
- **행복한 지구 지수**(Happy Planet Index, HPI): 공리주의적 관점은 사람들이 오랫동안 건강하고 행복한 삶을 살기를 희망한다고 주장한다. 경제가 국민이 이를 실현하도록 돕는 동시에 미래 세대뿐만 아니라 다른 나라 국민도 이를 실현할 기회를 침해하지 않았다는 것은 경제의 성과와 잠재력을 충분히 드러낸다.[67] HPI는 경제 발전의 측면이 아니라 모두를 위한 지속 가능한 복지를 성취하는 성공을 진보라고 정의한다. 코스타리카가 세계 순위 1위를 차지하고 있으며 멕시코, 콜롬비아, 바누아투, 베트남이 그 뒤를 따르고 있다. 반면 차드, 룩셈부르크, 토고는 가장 낮은 수준에 머무르고 있다.

개념 체크

1장에서 보았듯이 세계화에 대해 비평가들은 경제 활동을 촉진하기 위해 비효율적으로 자원을 사용한다고 지적한다. 따라서 일부는 세계화의 이익과 비용을 더 잘 추정하기 위해서는 지속가능성 및 안정성에 대한 측정을 포함해야 한다고 주장한다.

경제 분석 요소

4-6 경제 분석의 요소에 대해 논의한다.

사업을 할 곳으로서 시장의 매력을 평가하고, 일단 그곳에 도착하면 현명한 투자와 건전한 운영 결정을 내리는 것은 경제의 근본적인 특징을 이해하는 데 달려 있다. 좁은 지표(예: GNI, GDP, GNP)와 넓은 지표(예: HDI, HPI, NNP)는 절대적이고 상대적인 경제 상황을 추정한다. 이론적으로 부분균형 분석은 정교한 분석 및 해석을 위해 개별적인 지표를 제한적인 범위로 평가하는 것을 권장한다. 예를 들어 중앙은행의 통화 정책은 이자율과 인플레이션율에 직접적으로 영향을 미친다. 그러므로 자본 시장의 성과에 관심이 많은 경영자는 그러한 종류의 지표에 집중한다. 다른 산업의 경영자도 마찬가지로 자신의 활동에 중요한 측정치에 초점을 맞춘다. 표 4.7은 경영자가 경제를 이해하기 위해 추적하는 몇 가지 지표를 보여준다.

성장은 좋은 것인가?

POINT

그렇다. 성장은 좋을 뿐만 아니라 반드시 필요한 것이다. 성장은 개인과 공동체, 국가의 생산적 잠재력을 실현하는 수단이자 생명과도 같은 존재이다. 성장은 모든 국가, 모든 국민에게 편익을 제공한다. 성장은 사회를 안정시키고 빈곤층을 구제한다. 또한 폭력적인 분쟁을 줄이며 삶의 기준을 높인다. 성장은 안정망과 정부 지원에 필요한 재원을 제공하는 한편, 삶을 편안하게 만드는 물질적인 발전을 가져온다. 또한 개인과 사회에 번영과 부, 소득, 고용을 창출한다. 각각을 더 자세히 살펴보자.

빈곤 축소 성장은 '타인의 친절(kindness of stranger)'에도 불구하고 생존을 위해 발버둥치고 있는 수십 억의 빈곤층을 구제하는 유일한 수단이다. 많은 가난한 국가에서 성장은 절망적인 빈곤에 빠져 있는 사람들의 수를 줄였다. 1981년 전 세계 인구의 43%, 약 19억 4,000만 인구가 극심한 빈곤을 영위했다. 그러다 오늘날 자유시장이 경제 성장을 견인하면서 이 비율은 10%, 약 8억으로 줄어들었다.[68] 성장이 없다면 인류는 빈곤과의 전쟁에서 패배하며 수십억에 달하는 사람들이 신체적·정신적으로 고통받게 된다.

시민 안정성 성장은 사회의 정신적인 안정에 중추나 다름없는 정치 제도와 사회적 태도에 영향을 미친다. 소득이 증가하고 경제력이 향상되면 사람들은 서로에게 더 자비로워지고 너그러워진다. 부가 인간애로 이어진다는 의미이다. 성장은 투명한 정부, 열린 기회, 다양성, 사회적 이동의 경로, 공평하고 정당한 법, 민주주의를 촉진하는 자원을 창출한다.

기업 이익 성장은 고용과 자본 투자, 이익을 촉진한다. 자산 가치의 상승, 자산 효과의 안정, 어려운 시기에 생존할 수 있다는 자신감은 개인과 기업의 번영을 지탱한다. 더 나아가 최근 금융 위기로 인한 공포가 만연한 가운데 사람들은 성장의 가치를 강조한다. 76%에 달하는 미국인이 미국의 힘은 기업의 성과에 달려 있다는 데 동의했다. 또 90%는 열심히 일하여 부자가 된 사람들을 존경한다고 대답했다.[69]

재정 이익 정부의 재정은 성장에 따른 결과이다. 경제가 번성하면 세입이 증가한다. 그리고 중앙 정부와 지방 정부는 이 세입을 사회 발전과 안정을 위한 프로젝트에 투자한다. 더 밝은 미래에 투자하는 것 외에도 재정 배당은 실업, 가정불화, 심지어 자연재해로부터 어려움을 겪는 이들의 전환기를 지원한다. 역사는 '인색한 정부'가 좋은 정부가 되지 못한다는 점을 보여준다. 재정 및 통화 안정은

COUNTERPOINT

아니다. 물론 성장이 생명과 사기, 투명성, 용인, 이동성, 정의, 자유에 힘을 실어준다는 전제는 수용한다. 그러나 성장 그 자체보다 더 빠르게 커지는 비용을 간과하거나 부인하면 시민 사회, 더 나아가 인류와 지구의 생존이 위태로워진다. 성장에 관한 우호적인 주장 이면에 자리 잡은 이기심, 절반의 진실과 절반의 거짓이라는 꼬인 가닥을 풀어 보면 끝없는 과실에 대한 보장이 망상이라는 사실을 알 수 있다. 성장은 당장은 물론이거니와 미래에 문제를 초래한다. 하나가 멈추면 다른 하나가 시작된다. 이를 정확히 지적하기란 아주 어렵다. 그리고 이런 문제는 아래에서 알 수 있듯 사회에 충격을 준다.

소수만을 위한 성장 성장에 따른 혜택을 '밀물이 들면 모든 배가 들어 올려진다'고 정의 내린다. 이론적으로는 경제가 성장하면 모든 이의 임금과 소득, 복지가 상승한다. 그러나 실제로는 성장에 따른 혜택은 불평등하게 분배된다. 소득과 부, 권력의 불평등이 심화되는 것이다. 오랜 기간 성장이 '수면'을 상승시켰다는 점에 동의한다. 그러나 글로벌 인구 가운데 적지 않은 사람이 탄 '뗏목'은 뒤집히고 말았고, 많은 사람은 물이 새는 배를 타고 표류하고 있다. 그리고 정말 소수의 사람만이 '요트'를 업그레이드했다.

성장에 대한 착각 성장에 대한 목소리가 높지만 실제 약속한 혜택을 제공하지 않는다. 성장은 부자에게 보상하지만, 가난한 사람은 처벌한다. 과거의 판에 박힌 일상에서 사람들을 해방시키지만 새로운 습관의 노예가 되게 만든다. 또 가족 및 공동체와 함께 보낼 여유 시간을 만들지만 단절을 초래하는 이동과 이주를 요구한다. 성장은 자기만족을 위한 더 새롭고 더 흥미로운 제품을 보장한다. 그러나 '기대'와 '기만'이라는 끝없는 악순환을 되풀이한다. 한마디로 경제 성장은 과장되었고 기대에 미치지 못한다. 또 물질에 정신을 지배당하게 만든다.[71] 더 새롭고, 더 빛나고, 더 좋고, 더 크고, 더 빠르고, 더 근사한 것을 좇는 탐욕의 여정에 사로잡힌 사람들은 가장 최신의 것, 가장 좋은 것을 소비하는 것이 꿈을 실현하는 과정이라고 혼동한다. 즉 '나는 쇼핑한다, 고로 존재한다'는 것이다.

생명을 위협하는 성장 공해, 수질 오염, 토양 오염, 지구 온난화, 생물 다양성 붕괴, 자원 고갈은 성장에 따른 부산물이다. 생산이 필수적인 제품과 서비스를 제공한다는 점은 인정한다. 그러나 과잉 생산과 과잉 소비는 삶의 기반을 불안정하게 만든다. 아이러니하게도 GDP나 GNI처럼 경제가 창출한 가치를 측정할 때는 비용을 고

좋은 정부를 성장시킨다.

평화 배당금 성장은 더 많은 장소에서 더 많은 사람들에게 더 많은 기회를 창출한다. 호황을 확신하는 사람들은 평화적으로 행동한다. 빈곤층이 중간 소득층이 되면 사고와 행동이 달라지는 것이 대표적인 예이다. 생계에 대한 고민에서 자유로워지면 열린 마음을 가지게 되고 자녀의 미래에 대해 걱정하며 추상적인 가치에 동조되고 분쟁을 평화적으로 해결하며 자유 시장과 민주주의를 옹호하고 미래에 대해 확신하게 된다. 자산을 보호하는 사람들은 안정적인 공동체를 유지하는 것의 엄청난 가치를 인식한다. 궁극적으로는 사람, 과정, 원칙, 미래에 대한 점진적인 견해가 평화를 촉진한다.

환경 이익 성장은 혁신을 촉진하며 사람들 자신이 가장 잘하는 분야를 전문으로 삼고 그 이외의 분야는 아웃소싱을 하게 한다. 이는 자원을 효율적으로 배정하고 생산성을 극대화하는 데 도와준다. 지난 40년간 상품과 서비스가 급증했지만 GDP에서 에너지 소비가 차지하는 비율이 감소했다는 것은 성장에 따른 이익을 보여주는 증거이다. 성장은 자원을 가치 있게 만들면서 이를 현명하게 소비하도록 유도한다.

발전 유도 성장은 사람들이 매일 변화를 구현하는 더 나은 방법을 찾기 위해 독창성, 상상력, 성실에 전념하도록 인센티브를 제공한다. (엔터테인먼트같이) 사소한 변화이든 (대체에너지같이) 큰 변화이든 성장에 대한 탐색은 인류를 견인하는 원동력이다. 성장을 추구하지 않는다면 사회는 나태해지는 것이다.

생명 성장은 수명을 연장시키는 데 도움을 준다. 1900년 미국의 기대 수명은 47년이었다. 그러나 2020년에는 78년으로 증가했다. 일찍이 1990년대에는 일과 삶은 '고독하고 가난하고 추잡하고 야만적이고 짧은 것'이라는 생각이 지배적이었다.[70] 100년간의 성장 이후 사람들은 과거보다 절반만 일하면 된다. 생산성을 향상시킨 새로운 도구 덕분이다. 또 생활 수준이 높아졌고 의료가 개선되었으며 더 나은 전망을 가지고 영감을 찾을 수 있게 되었다.

발전 또는 후퇴 옆의 '반내'에서 주장하듯 성장은 개인과 인류, 지구에 비용을 부과한다. 이런 비용은 상당하지만 장기적인 관점에서 이해할 수 있으며 궁극적으로는 관리할 수 있는 수준일 것이다. 성장의 편익은 지속적으로 사람들이 더 나은 미래를 건설하기 위한 해결책을 상상하도록 영감을 준다. 입장은 분명하다. 성장에 따른 비용이 얼마이든 성장하지 않았을 때의 대가에는 미치지 못한다는 것이다. 성장이 멈추면 후퇴가 시작된다.

려하지 않는다. 사회에 미치는 영향을 '외부 효과'라는 모호한 단어로 지칭하면서 사실상 배제한다. 그러면서 성장이 가져다줄 편익에 대해 목소리를 높인다. 누구도 외부 효과라는 비용에 책임지지 않기 때문에 이를 지불하는 사람도 없다. 오로지 성장 엔진만 가동할 뿐이다. 그러나 결국에는 모든 사람이 환경 파괴, 왜곡된 사회, 금융 노예화에 따른 비용을 지불하게 된다.

개성을 파괴하는 성장 성장하려면 효율성을 높여야 한다. 그리고 이를 위해서는 대량 생산, 대량 소비, 대량 유통, 대량 장, 대중 매체 등이 필요하다. 이런 대량화는 상당한 편익을 제공하지만 비용 또한 상승한다. 한 학자는 "서구인들이 좋은 제품에 끝없이 지불한 비용의 일부는 한때 활력을 더했던 더 진귀한 것들의 손실, 즉 개성, 독창성, 손재주, 지역별 다양성의 상실과 친밀한 관계의 상실, 특징과 기발함의 상실이다"라고 표현했다.[72] 슬프게도 성장을 위한 성장은 물질적 빈곤을 도덕적 빈곤으로 대체한다.

지속 불가능한 현재 성장 인류는 전례가 없을 정도로 지구를 약탈 중이다. 현재 인류는 자연이 재생산할 수 있는 양보다 30%를 더 소비하고 있다. 현 추세가 계속된다면 2050년에 인류가 지금과 같이 천연자원을 소비하기 위해서는 5개의 지구가 필요하다. 월드워치연구소는 이에 대해 "우리는 20년 넘게 지구가 지탱할 수 없는 수준으로 소비를 해왔다. 앞으로는 이런 수준으로 소비할 수 없게 될 것이다"라고 경고했다.[73] 광업, 농업, 제조업에서 '검은 백조 혁신(black swan innovation)'이 없다면 우리의 희망과는 상관없이 모행성 지구는 조만간 현재의 성장 패턴을 멈출 것이다.

게임을 바꾸다 우리의 입장은 간단하다. 수십억의 빈곤, 끝없는 생태계 파괴, 소비를 통해 자아실현을 하겠다는 잘못된 희망, 과소비, 소수의 독점은 우리가 역사적인 분기점에 직면해 있음을 알리고 있다. 우리는 성장에 따른 대가를 무시하고 끝없이 획득을 추구할 수 있다. 그러나 결국에는 과소평가된 외부 효과에 놀라게 될 것이다. 이에 대한 대안으로 우리는 문제를 수용하고, 지속가능성의 기준을 적용하여 '미래 세대의 니즈 충족을 훼손하지 않으면서도 현재의 니즈를 수용하는 성장'을 구현할 수 있다.

표 4.7 경제 분석의 주요 요소

차원	정의	의미
국제수지(BOP)	개인, 기업 및 정부 기관이 전 세계와 수행하는 한 국가의 무역 및 금융 거래에 대한 개요	한 국가가 성장 자금 조달을 위해 충분한 소득을 창출하고, 수입에 대한 비용을 지불하기에 충분한 저축을 하고 있는지 여부를 나타낸다.
디플레이션	일반적으로 화폐 또는 신용 공급의 감소, 또는 총수요 하락으로 인해 발생하는 가격 하락	경제 성장의 둔화. 가격 하락을 예상한 소비자는 구매를 미루고, 그로 인해 디플레이션 악화의 위험이 발생한다. 부채의 실질 가치를 높인다.
해외직접투자	타국에 기반을 둔 기업이 한 국가에 있는 비즈니스에 대한 소유권을 통제하는 것	개발, 일자리 확대, 산업화 및 수출을 촉진하며, 기술을 이전한다.
소득 분포	한 국가 내의 소득분배로 GINI 계수로 추정[74]	평등은 사회를 안정시키고 기회를 제공한다. 불평등은 부채, 스트레스, 위험을 촉진한다.
인플레이션	표준 구매력 수준 대비 소비자 물가의 지속적인 상승	이자율, 생활비, 소비자 신뢰, 정치적 안정성에 영향을 미친다.
궁핍지수	한 나라의 인플레이션과 실업률의 합계. 합계가 높을수록 경제적 참상도 커진다.	더 높은 불행은 긴축 상황에서 소비와 투자를 위축시킨다.
빈곤	사람 또는 공동체의 행복과 삶을 위한 최소한의 필수 요소가 결여된 다차원적 상태	지속적인 빈곤은 성과를 불안정하게 하고 잠재력을 제약한다.
국채	국가의 재정적 의무의 총합. 정부가 자국민, 해외 기관, 외국 정부, 국제 기구로부터 빌리는 것을 측정	빚이 줄면 성장 기회가 열린다. 부채의 증가는 긴축, 세금 증가를 의미하며 통제할 수 없는 부채는 정치적, 경제적, 사회적 비용을 부과한다.
실업	전체 민간 노동 인력 대비 급여를 받기 위해 적극적으로 취업에 나서는 실직자 비율	고용된 사람들은 생산적인 경제를 유지하기 위한 정책 입안자의 능력을 증명한다. 지속적인 실업은 정부의 부도덕함을 나타낸다.

통합적 경제 분석

4-7 경제 분석을 통합하는 접근법을 설명한다.

경제 환경의 규모와 범위는 개별적인 지수를 통합한 것을 기준으로 경제 환경의 성과와 잠재력을 완전히 표현하는 것을 불가능하게 한다. 아무도 섬이 아닌 것처럼 어떤 나라도 고립되어 있지 않다. 이와 마찬가지로 경제 환경은 세계화의 기폭제를 고려하여 사람, 프로세스, 제품들 간의 네트워크를 확장하는 동적 시스템이다. 시스템 요소 간 연결을 연구하면 분석을 정교하게 할 수 있다. 일반적으로 사용되는 지수는 다음과 같다.

글로벌 경쟁력 지수(GCI) 세계경제포럼은 지속적인 경제적 번영이 한 나라가 얼마나 효과적으로 제도를 개발하고 활동을 규제하며 생산성을 향상하기 위해 자원을 사용하는지에 달려 있다고 주장한다. 이런 분야를 발전시키는 한 국가의 능숙도가 국제 경쟁력을 결정한다.[75] 글로벌 경쟁력 지수(Global Competitiveness Index, GCI)는 12개의 '경쟁력 기둥(pillars of competitiveness)'에 걸쳐 있는 110개 변수 간 관계를 통합한다. 기둥은 금융 시장 발전, 거시경제 환경, 기술 준비성, 시장 효율성, 혁신과 같은 차원을 다룬다.

각 기둥이 경쟁력에 미치는 영향은 1인당 GDP에서 알 수 있는 국가의 경제 발전 단계에 따라 나라마다 다르다. 스웨덴이나 대만과 같은 선진국의 경쟁력은 아이디어와 혁신이 주도한다. 대신 가나나 캄보디아와 같은 개발도상국의 경우 노동력과 천연자원 부존도가 결정한다. 현재 선진국은 GCI 순위에서 1위를 차지하고 있다. 미국이 글로벌 리더이며 싱가포르, 독일, 스위스, 일본이 그 뒤

개념 체크

1~3장에서 보았듯이 커다란 전 세계의 각기 다른 영역을 이해하려면 여러 척도가 통합된 하나의 포괄적인 지수가 필요하다. 여기서 살펴볼 이러한 지수는 경영자가 생산성, 경쟁력, 혁신을 기준으로 한 경제에 대한 종합적인 프로파일을 발전시키는 데 도움을 준다.

를 잇고 있다. 대형 신흥국 가운데 중국과 인도의 순위가 꾸준히 상승하고 있다. 대만, 카타르, 말레이시아, 체코, 아랍에미리트와 같은 일부 소규모 시장도 빠르게 상승 중이다.[76]

한 경제의 생산성(인풋을 유용한 아웃풋으로 변환시키는 효율성)은 그 국가의 경쟁력의 핵심 결정 요인이다.

세계 경쟁력 지수(WCI) 세계 경쟁력 프로젝트는 기업이 경쟁하고 번영하며 부를 창출할 수 있는 비즈니스 환경을 설정하고 유지하는 국가의 능력을 평가한다. 경제 성과, 정부 효율성, 사업 효율성, 사회 기반 시설의 네 가지 요소가 국가의 경쟁력을 결정한다. 각 부문은 국제무역, 고용, 물가, 기업 관련 법규, 생산성, 경영 관행과 같은 차원을 다루는 하위 측정치로 구성되어 있다. 결과적으로 세계 경쟁력 지수(World Competitiveness Index, WCI)는 한 국가의 성과를 요약하기 위해 300개 이상의 기준을 평가한다. 싱가포르는 비즈니스 효율성, 금융 부문, 혁신 및 인프라의 강점으로 WCI 점수 1위를 차지했다. 홍콩, 스위스 스웨덴, 독일 등 다른 고위군의 성과는 사업 효율성 향상, 신사업 발전 지원, 국제적 연계성 증진의 중요성을 강조한다. 중국과 미국 사이의 무역 갈등은 분명 그들의 경쟁력을 약화했다. 최근 중국의 순위이 14위에서 20위로 떨어졌고, 미국은 3위에서 10위로 떨어졌다.[77]

글로벌 혁신 지수(GII) 각국은 점점 더 생산성과 경쟁력을 높이고 번영을 증진하는 혁신을 모색하고 있다. 아이디어의 힘이 커짐에 따라 한 나라의 혁신 역량은 세계 시장에서 그 나라의 성과와 잠재력을 결정하는 중요한 요소가 되었다. 글로벌 혁신 지수(Global Innovation Index, GII)는 연구개발의 규모에 초점을 맞추기보다는 아이디어를 상상하고 이를 선구적인 제품에 활용하며 그 과정에서 지식을 창출하고 경쟁력을 강화하며 번영을 유지할 수 있는 국가의 역량을 추정한다.

GII는 인풋과 아웃풋을 기준으로 한 분석을 기반으로 한다. 혁신을 촉진하고 가능하게 하는 인풋에는 기관과 정책, 인적 역량, 인프라, 기술 고도화, 비즈니스 시장, 자본 등이 포함된다. 아웃풋은 지식, 경쟁력, 부를 포함한다. 이러한 지표는 집합적으로 기술을 촉진하고 인적 역량을 확대하며 조직 역량을 능률화하고 제도적인 대응을 향상하는 국가의 역량을 측정한다. GII는 지속적으로 뛰어난 발상을 실제 혁신으로 전환하는 경제가 훌륭하다고 나타낸다.[78]

현재 선진국들은 GII 순위에서 상위권을 차지하고 있다. 스위스가 1위를 차지했고, 네덜란드, 스웨덴, 영국이 그 뒤를 따른다. 동유럽 국가 중에서는 특히 에스토니아, 슬로베니아, 체코, 아시아 국가 중에서는 특히 한국, 홍콩, 중국에서 혁신이 가속화되었고, 이에 따라 국가 순위가 개선되었다. 종합적으로 데이터에 따르면 신흥국은 과거 산업 효율성을 최적화했던 관행에서 중국의 일대일로 및 '중국제조 2025' 계획과 같은 혁신을 위해 환경을 개선하는 정책으로의 전환을 꾀하고 있다.

최우수 국가 지수(BCI) 최우수 국가 지수(Best Countries Index, BCI)는 가능성을 창출하는 정책, 이를 달성하는 사람들, 미래 전망과 지향점에 기반을 둔 역사에서 한 나라의 부와 성공이 기인한다고 본다. BCI는 무역, 여행, 투자에 영향을 미치고 궁극적으로는 국가 경제의 생산성을 형성하는 글로벌 인식과 관련된 측면에서 65가지의 특성을 평가한다. 시민권, 문화적 영향, 기업가 정신, 유산, 삶의 질 같은 차원이 있다. 전 세계 2만 명 이상을 대상으로 한 설문 조사는 80개국을 대상으로 이루어진다. 스위스가 1위를 차지했고 일본, 캐나다, 독일, 영국이 그 뒤를 이었다. 상위 25개국 중 22개국이 선진국이고, 3개국은 신흥경제권인 중국, 아랍에미리트, 러시아가 차지했다.

삶의 질 지수(WTBBI) 삶의 질 지수(Where-To-Be-Born Index, WTBBI)는 국가가 건강하고 안

전하며 풍요로운 삶을 살 수 있는 기회를 얼마나 잘 제공하는지가 그 국가의 현재와 미래의 성과를 설명한다는 점에 주목한 지표이다.[79] WTBBI는 지리, 인구, 삶의 질, 1인당 소득, 기대 수명과 같은 11가지 지표를 평가한다. 80개국으로 구성된 '럭키베이비' 순위표에서는 스위스가 1위를 차지했고 호주, 노르웨이, 스웨덴, 덴마크가 그 뒤를 이었다. 작은 나라들이 상위 15개국을 차지하며 순위를 주도하고 있다. 크고 부유한 국가들(특히 미국, 일본, 프랑스, 영국)이 다음 계층을 이루며, 신흥경제권 및 개발도상국은 중간 및 하위 순위권을 차지한다.

경제적 자유와 혁신 그리고 경쟁력

경제적 자유는 한 국가의 상대적 경쟁력 및 혁신 성과와 직접적인 관계가 있다.

이 장의 핵심 개념인 경제적 자유와 경제활력지표의 연관성을 설명함으로써 4장을 마무리할 것이다. 구체적으로 표 4.8은 다양한 국가의 경제적 자유 점수와 앞서 설명한 척도에 대한 각 국가의 순위를 보여준다. 경제적 자유도가 높은 국가는 지속적으로 높은 경쟁력과 혁신 수준을 보여준다. 싱가포르, 스위스, 스웨덴과 같은 작은 시장이 두드러진다. 이들은 높은 경제적 자유를 가지고 있고 높은 경쟁력, 혁신 수준을 보이며, 이에 따라 삶의 질 지수에서도 높은 순위를 차지한다. 더 큰 경제 중에서는 미국이 표준이다. 전반적으로 데이터는 경제적 자유를 옹호하고 기업 활동의 효율성과 개인 선택의 유연성을 의도적으로 향상하는 국가가 생산적인 경제를 유지할 가능성이 더 높다는 것을 나타낸다. 결국 그들은 세계 최고 수준의 혁신과 경쟁력이라는 보상을 받는다. 궁극적으로 이러한 성과는 국민의 생활 수준을 향상하는 데 도움을 준다.

표 4.8 경제적 자유, 혁신, 경쟁력의 통합[80]

국가	경제적 자유 점수	경제 유형	글로벌 경쟁력 지수(GCI, 순위)	세계 경쟁력 지수 (WCI)	글로벌 혁신 지수 (GII)	최우수 국가 지수 (BCI)	삶의 질 지수 (WTBBI)
싱가포르	89.4	선진국	1	1	8	15	6
스위스	81	선진국	5	3	1	1	1
호주	80.9	선진국	16	18	22	7	2
캐나다	77.1	선진국	14	8	17	3	9
미국	76.2	선진국	2	10	3	8	17
스웨덴	75.2	선진국	8	6	2	6	4
말레이시아	74	신흥경제권	27	27	35	38	36
독일	73.5	선진국	7	17	9	4	16
한국	72.3	선진국	13	23	11	22	19
일본	72.1	선진국	6	34	15	2	25
폴란드	67.8	신흥경제권	37	39	39	33	33
콜롬비아	67.3	신흥경제권	57	54	63	66	42
인도네시아	65.8	신흥경제권	50	40	85	43	71
멕시코	64.7	신흥경제권	48	53	56	35	39
필리핀	63.8	신흥경제권	64	45	54	50	63
사우디아라비아	60.7	개발도상국	36	24	68	32	38
러시아	58.9	신흥경제권	43	50	46	24	72
중국	58.4	신흥경제권	28	20	41	16	49
남아프리카	58.3	신흥경제권	60	59	63	*	53
인도	55.2	신흥경제권	68	43	52	27	66
브라질	51.9	신흥경제권	71	56	66	28	37

CASE

유럽연합의 그린딜과 순환 경제를 위한 청사진[81]

– 스테파니아 팔라디니(Stefania Paladini)

경제 성장과 지속가능성 사이의 상충관계는 가장 중요한 쟁점이며, 이는 인도나 중국과 같은 신흥경제권 국가만의 문제가 아니다. 2020년 말에 2015 파리협정에서 체결된 기후변화협약에서 탈퇴한 미국은 바이든(Biden) 정부 시절인 2021년 1월에 재가입했으며, 이는 똑같이 두 가지 중요한 측면을 조율하기가 얼마나 어려운지 보여주는 사례이다.

2019년 12월, 우르줄라 폰 데어 라이엔(Ursula Von der Leyen)이 이끄는 유럽연합 집행위원회(European Commission)가 2050년까지 유럽연합(EU) 국가들의 기후 중립화를 실현하겠다는 과감한 공약을 내놓자 전 세계는 이를 불신과 관심을 가지고 지켜봤다. 기후(혹은 탄소) 중립은 이산화탄소와 같은 온실가스(GHG)의 배출을 최소화하고 기후 보호 현안을 수행하여 배출량을 상쇄함으로써 달성될 수 있다. 유럽위원회는 기후 중립 목표인 유럽그린딜(European Green Deal)을 실현하기 위한 더 과감한 로드맵을 공개했다.

이 계획이 얼마나 획기적일 수 있는지를 완전히 이해하려면 유럽이 오랫동안 세계 최고의 오염국 중 하나였다는 가장 중요한 사실부터 전후사정을 살펴볼 필요가 있다.

유럽과 기후 변화: 가파른 오르막길

2016년 유럽환경청(European Environmental Agency, EEA)은 유럽이 여전히 전 세계 오존 파괴 물질 배출량의 약 3분의 1을 차지하고 있음을 보여주었다. 배출가스 문제를 해결하기 위한 EU 국가들의 많은 과거의 시도는 일반적으로 실패했거나 만족스럽지 못한 결과를 가져왔다. 최근 EEA는 '유럽 환경: 국가 및 전망 2020(The European Environment: State and Outlook 2020)' 보고서에서 향후 몇 년에 대한 불길한 예측을 내놓았다. 긴급하고 급진적인 개입이 없다면 이산화탄소 수치가 증가하고 지구 온난화가 지속되면서 자연 생태계 붕괴, 식량 안보 잠식 등 심각한 파장이 발생할 가능성이 커진다는 것이다.

세계적인 동향은 말할 것도 없이 더욱 무섭다. 2020 UNEP 보고서(UNEP Report 2020)에 따르면 데이터 분석 결과 1970년에서 2017년 사이에 전 세계 연간 원자재 추출 속도가 3배 증가했고, 이는 생물 다양성을 엄청나게 감소시켰다(일부 통계에서는 90%에 이르는 것으로 추정한다).

유럽연합에서는 운수 산업이 단독으로 온실가스 배출량의 약 25%를 차지하고 있으며 최근 EEA의 조사를 받고 있다. 이는 특히 운수 산업이 항상 유럽 통합의 초석으로 대표되며, 시장 공동체의 기둥이라 할 수 있는 사람, 상품, 서비스의 무제한 순환을 가능하게 했다는 점과 관련이 있다. 운수 산업은 유럽연합 경제에 중요한 기여를 했으며 GDP의 약 10%를 차지하면서 수백만 명을 고용하고 있다.

유럽연합은 1990년대에 자국 산업이 환경에 미치는 영향을 근본적으로 줄이기 위한 노력을 시작했고, 경제가 계속 성장하는 동안에도 점차적으로 전체 배출량을 23% 줄였다. 그림 4.6은 전력, 공업용 난방, 금속 산업이 2013~2019년 동안 탄소 배출량을 성공적으로 억제했지만, 다른 산업들은 지속적으로 오염시키거나 심지어 배출량을 증가시켰다는 것을 보여준다.

따라서 배출량 감소가 가져올 이득에도 불구하고 현재의 추세로는 유럽연합 집행위원회가 원하는 만큼 급진적으로 배출 문제가 해결되지는 않을 것이라는 사실이 명백하다. 2050년까지 배출량의 60%를 줄이는 것은 불충분한 것으로 간주되었다. 유럽연합은 2050년을 탄소 중립의 해로 목표했고, 그린딜은 정확한 타임라인과 동일하게 명확한 실행 계획을 제시할 전략을 보여주며 새로운 길을 열었다. 명확한 실행 계획은 기존 현안의 조정, 새로운 목표, 자원의 추가를 포괄한다.

2019년 그린딜: 로드맵

유럽연합 집행위원회는 2050년 기후 중립 달성 목표 외에도 2019년 12월 11일에 공식적으로 공개된 유럽 그린딜에 두 가지 주요 목표를 포함했다. 첫 번째 목표는 순환 경제 및 재활용에 대한 산업 정책에 핵심 역할을 부여함으로써 유럽연합의 경제 성장을 자원 사용으로부터 분리하는 것이다. 두 번째 목표는 훨씬 더 야심 차고 보다 광범위한 문제를 포괄한다. 이는 사회적 정의의 근본적인 문제를 다루고 유럽연합

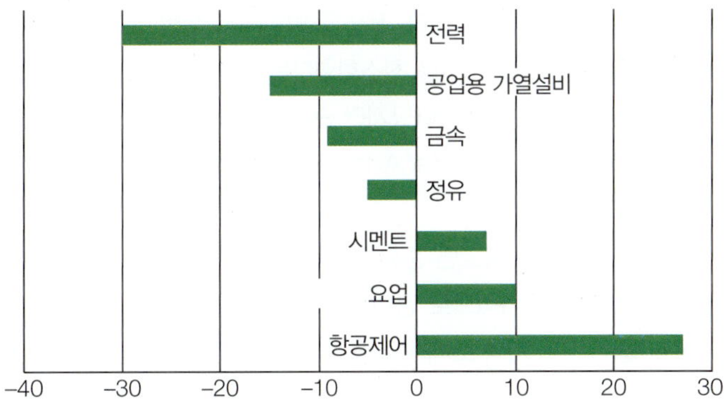

그림 4.6 유럽 배출량 변화

2013년부터 2019년까지 백분율 변화

출처: William Roper, "Slow Shift in European Emissions," Statista, October 2, 2020, https://www.statista.com/chart/23089/carbon-emissions-by-european-industry/.

의 어떤 사람도, 어떤 지역도 뒤처지지 않도록 소득 및 특혜 수준이 낮은 지역 사회 및 개인에 대한 지원을 제공하는 것이다.

이후 더 많은 세부사항이 추가되었고 유럽 그린딜 투자 계획(European Green Deal Investment Plan)과 공정 전환 체제(Just Transition Mechanism, JTM)가 한 달 후인 2020년 1월 14일에 발표되었다.

대륙이 COVID-19 위기에 막 직면하기 시작하던 2020년 3월, 그린딜의 효과적인 이행을 위한 추가 조치가 취해졌다. 유럽 기후법을 입안하기 위한 입법안이 유럽연합 집행위원회에 채택되었다. 오는 2021년 확정될 것으로 예상되는 이 법은 2050년까지 순배출량 0% 달성에 필요한 법적 틀을 마련하게 된다. 위원회는 또한 그린딜뿐만 아니라 디지털 전략을 통해 유럽연합 단일 시장의 경쟁력을 유지하고 유럽 산업을 변화시키는 것을 목표로 하는 유럽 산업 전략을 채택했다. 이와 함께 10년 동안의 그린 투자를 위한 약 1조 유로가 언급됐는데, 그중 절반이 그린딜에 명시적으로 배정되었다.

이 전략에는 곧 그린딜에 포함된 일련의 현안이 뒤따랐다. '팜투포크 전략(Farm to Fork Strategy)'은 식량 안보를 보장하는 것을 목표로 하여 생산, 가공, 유통, 소비 등 모든 단계에서 식품 산업의 지속가능성을 다룬다. 뿐만 아니라 폐기물 감소 및 부정적 환경 영향에 대한 내용도 포함한다. 자연환경과 멸종위기종의 보호 수단을 논하는 유럽연합의 2030 생물다양성 전략(Biodiversity Strategy for 2030)은 유럽연합의 정책을 UN 지속가능개발목표(Sustainable Development Goals, SDGs)에 맞추는 동시에 또 다른 중요한 정부 개입 영역을 나타낸다. 농업, 지속 가능한 투자, 오염 감소, 재생 가능 에너지원 또는 새로운 에너지원(예: 수소)과 같은 일련의 추가 분야는 이미 미래의 규제와 개입의 대상으로 채택되었다.

순환 경제: 지속가능성을 보장하는 새로운 길

유럽연합의 순환 경제 실행 계획은 유럽연합 집행위원회가 2020년 봄에 승인한 현안 중 하나이다. 폭넓은 범위에서 순환 경제는 자원의 지속적인 사용을 통해 낭비를 최소화한다는 생각에 기초한다. 이러한 아이디어는 몇십 년 전에 나타났지만 순환 경제 철학에 선도적인 기관인 엘렌맥아더재단(Ellen MacArthur Foundation)에 의해 최근 더 수정되고 확장되었다.

엘렌맥아더재단에 따르면 순환 경제의 가장 중요한 목표는 한정된 자원의 소비에서 점차적으로 경제 활동을 분리하여 재생 가능 에너지와 복원 및 개조된 지역 소재에 집중함으로써 성장을 재정의하는 것이다. 이 관점에 따르면 재활용은 순환에서 하나의 요소로만 나타난다. 초기 유럽연합 현안에서 강조된 것은 재활용하기 전부터 자원을 줄이고 재사용하는 것을 우선시하는 것이다. 이 프레임워크 아래 개발될 일련의 새로운 비즈니스 모델 디자인 중에 특히 섬유, 플라스틱, 전자제품, 건설과 같이 자원이 부족한 것으로 악명 높은 부문에 관심이 주어질 것이다. 순환 경제 모델의 수혜가 가장 큰 업종은 자동차, 기계, 전기장비이다. 순환 경제의 채택은 단일 접근법으로 여러 이득을 얻을 수 있는 이상적인 방법으로 보인다.

유럽연합은 순환 경제 방식을 채택할 수 있는 엄청난 기존 잠재력을 보유하고 있다. 일부 추정치에 따르면 시나리오 분석에서 채택된 모델에 따라 연간 3,000~3,500억 유로에서 최대 5,000~6000억 유로에 이르는 상당한 순자재 절감 효과가 예상된다(다른 시나리오는 각기 다른 퍼센트의 이득을 예측하지만 모두가 상당한 수준이다). 이는 유럽연합의 2010년 GDP의 약 3~4%에 해당한다. 기후 변화가 비상사태가 되거나 더 나쁜 재앙으로 나타나기 이전에 이로 인한 피해를 해결함으로써 순환 경제 모델은 장기적으로 유럽연합이 얻을 절감 효과를 높일 것이다. 비용에 대한 예측은 상당히 다르지만 일부 예측은 2050년까지 해수면 상승만으로도 유럽연합에 연간 1,350억 유로에서 1,450억 유로의 손실이 발생할 수 있다고 추정한다. 만약 정부가 즉각적이고 구체적인 조치를 취하지 않는다면 이 금액은 2080년까지 450억 유로에서 6,500억 유로에 달할 것으로 추정된다.

COVID-19와 앞으로의 길

이 모든 조치가 시행되었음에도 불구하고 유럽연합에는 여전히 상당한 과업이 남아 있다. 현재 유럽연합 기반 산업이 제조에 사용하는 재료 중 12%만이 재활용에서 나온다. 이와 같은 데이터는 유럽연합 집행위원회의 공약이 현실화되기 위해 얼마나 많은 변화가 필요한지를 가늠할 수 있게 한다.

지금까지 온실가스 배출의 주요 원인 중 하나인 운수 산업은 2050년까지 탄소 중립 목표 달성에 필요한 90% 감소를 달성하기 위해 (스마트 교통 수단을 도입하는 등) 더 극적으로 변화해야 할 것이다.

하지만 이제 막 상황이 나아질지도 모른다. COVID-19의 재앙을 기회의 측면에서 말하는 것이 터무니없게 들릴 수 있지만 많은 분석가는 여객 항공 교통의 사실상 중단으로 인한 2020년 전 세계 온실가스 배출량 급감이 불행 속 한 가닥의 희망이라고 언급했다.

2020년 7월, 유럽연합은 COVID-19의 영향을 가장 많이 받은 회원국을 위해 차세대 유럽연합(Next Generation EU)으로 불리는 실질적인 복구 계획을 내놓기로 결정했다. 그러나 이 주요 재정 지원 계획에는 조건이 있다. 2021년에 제공될 7,500억 유로의 거대한 회복 기금의 수혜국이 되려면 단순히 재정적인 것만이 아니라 무엇보다도 기후 변화를 억제하고 혁신을 촉진하며 사회적 통합을 달성한다는 유럽연합 집행위원회의 비전에 영향을 받는 국가여야 한다는 것이다. 다시 말해 자금에 대한 접근은 그린딜에 대한 완전한 헌신을 조건으로 할 것이다.

유럽연합 집행위원회는 차세대 유럽연합 재원을 마련하기 위해 관세, 부가가치세 등 다른 수입원 외에도 3~10년 만기 국채를 발행할 계획이다. 2021년부터 2027년까지 여러 그린딜 목표를 달성하기 위해 1,100억 유로의 예산이 지출될 예정이다.

유럽연합과 세계

유럽연합은 기후 변화에 대처하는 엄청난 노력을 홀로 짊어질 수 없다. 하지만 더 지속 가능하고 환경 친화적인 행성으로 가는 길을 안내할 수 있다. 대내외적인 그린딜 외교의 주도하에 유럽연합의 비전은 미래로 가는 길을 잘 보여줄 수 있다. 향후 전 세계 신흥경제권에 대한 자금 지원이나 보조금이 특정 그린딜의 목표 이행과 결부될 가능성은 낮지 않다. 물론 해결해야 할 일련의 도전 과제가 남아 있으며 그중 하나는 신흥경제권으로 유럽연합 공급사슬의 상당 부분을 이전해온 유럽 산업이 외부 공급자에 과도하게 의존 중이라는 것이다. 전 세계적인 혼란과 다루기 어려운 과제에도 불구하고 2020년은 긍정적인 변화를 위한 완벽한 기회를 제시했을지도 모른다.

문제

4–3 유럽은 대륙 국가로서 온실가스 배출량의 상당 부분 역사적으로 책임이 있다. 그러나 유럽연합은 지금 이 문제를 전면적으로 해결하기로 결정했다. 이러한 선택의 동인은 무엇인지 설명하라.

4–4 그린딜의 가장 중요하고 영향력 있는 측면은 무엇인가?

4–5 순환 경제는 경제적 지속가능성뿐만 아니라 더욱 공정한 사회를 위한 핵심이 될 것으로 보인다. 이에 대해 설명하라.

4–6 COVID-19가 현재 진행 중인 그린딜 프로젝트에 어떤 방식으로 영향을 주었는가? 이 전염병은 유럽연합 국가들에 어떤 위기와 기회를 제공하는가?

Chapter 5

세계화와 사회

학습 목표

5-1 다국적 기업 활동에서 다양한 이해관계자의 상충관계를 설명한다.

5-2 다국적 기업이 본국과 피투자국에 미치는 주요 경제적 영향을 살펴본다.

5-3 윤리적 행동의 폭넓은 토대를 설명한다.

5-4 윤리적 행동의 문화적 토대를 확인한다.

5-5 윤리적 행동이 다양한 법적 측면에 어떻게 영향을 받는지 설명한다.

5-6 부패와 뇌물이 문화, 법, 정치 세력과 어떻게 상호작용하는지 밝힌다.

5-7 환경 문제 해결을 위한 정부와 기업의 역할을 요약한다.

5-8 다국적 기업이 국제 노동 문제를 어떻게 해결해야 하는지 이해관계자에게 설명한다.

5-9 다국적 기업이 책임감 있는 기업 활동을 하는지 우려하는 이해관계자를 대응하는 데 행동강령이 어떻게 도움이 되는지를 설명한다.

출처: HollyHarry/Shutterstock

▲ 지속 가능한 패션은 친환경적이고 재활용된 섬유의 사용을 촉진한다.

마지막 나무가 베어지고, 마지막 강물도 오염되고, 마지막 물고기마저 다 잡고 없을 때, 그제서야 돈으로 모든 걸 살 수 없다는 것을 깨닫는다. —미국 원주민 속담

CASE

지속 가능한 제조를 위한 거대 의류 기업의 전쟁[1]

—스테파니아 팔라디니(Stefania Paladini)

수십 년 전, 수십억 달러 규모의 의류 산업은 비윤리적인 관행과 현대 노예 제도의 확산으로 많은 비난을 받았다. 많은 다국적 의류 기업은 저소득 국가에 생산을 위탁했고, 완제품을 부유한 고객에게 판매했다. 다국적 기업에 관한 비판은 열악한 작업 환경, 낮은 임금, 제조공정에서의 지속 가능하지 않고 낭비적인 자원 관리 등에서 비롯되었다. 그러나 이러한 생산 시스템은 더 이상 가능하지 않게 되었다.

의류 업계에서 점점 두드러지는 추세는 현지 생산부터 사업 지속 가능성에 관한 모든 측면을 아우르는 경영 관행 등의 핵심적인 기업의 사회적 책임 문제를 해결하기 위해 선도 제조업체가 의식적으로 노력하는 것이다. 이러한 변화가 어떻게 진행되는지 살펴보자.

의류 제조 대기업

2020년, 의류 산업은 공급사슬이 브랜드 인지도보다 디자인부터 출시까지 빠른 시간 안에 이루어지는 것에 상당한 영향을 받는 이른바 '패스트 패션 운동(fast fashion movement)'이 주도하고 있다. 패스트 패션 운동은 인디텍스(Inditex), 유니클로(Uniqlo)의 모회사인 패스트리테일링(Fast Retailing), H&M이 주도하는 의류 시장의 선도 유통업체를 살펴보는 것으로 명확히 알 수 있다.

2019년, 자라(Zara)와 마시모두띠(Massimo Dutti) 등의 브랜드를 소유한 스페인 기업인 인디텍스는 약 288억 9,000만 달러의 매출을 기록하며 다시 한번 전 세계 매출 1위를 차지했다. 패스트리테일링과 H&M도 각각 약 200억 달러의 매출을 기록하며 2위와 3위를 차지했다.

1975년에 설립된 비교적 젊은 기업인 인디텍스는 패스트 패션의 대표적인 기업이 되었다. 평균적으로 12주가 걸리는 디자인부터 출시까지의 기간이 점점 짧아짐에 따라 기업은 매장 내 제품 판매 추이를 통해 소비자의 최신 취향을 인지할 수 있다. 소비자의 취향을 파악하는 것은 기존 브랜드 제품보다 상대적으로 품질은 낮지만 소비자 중심의 디자인 접근 방식을 결합하여 제품을 생산라인에서 아웃렛으로 최단 시간에 이동시키는 패스트 패션 사업의 성공을 위한 핵심 요인이다. 인디텍스 그룹의 최대 기업인 자라가 채택한 패스트 패션 사업 모델은 자체 의류 생산으로 구성되어 있으며, 자라 공장에서 무려 75%의 제품을 직접 생산하고, 나머지는 아웃소싱한다. 한편 H&M은 전체 생산을 아웃소싱한다. 자라 공장의 약 절반과 4개의 주요 유통센터가 모두 스페인에 있기 때문에 자라는 제품을 수 주 안에 전 세계로 유통할 수 있다.

스웨덴의 H&M(Hennes & Mauritz)은 세계에서 네 번째로 가치 있는 의류 브랜드임에도 불구하고 공장에서 제품 출시까지 걸리는 시간이 길기 때문에 2009년 매출이 35억 2,100만 달러를 기록했지만, 10년 후 매출이 18억 1,400만 달러로 감소했다. 1947년에 설립된 H&M은 현재 전 세계에 12만 명 이상의 직원을 고용하고, 일부 온라인 매장을 포함하여 5,000개 이상의 매장을 운영한다(그림 5.1 참조). 심지어 오늘날에도 디자인 업무는 스웨덴 본사에서 이루어지고, 생산은 주로 유럽과 아시아에 위치한 1,000여 개의 공급업체에 위탁한다.

1949년에 일본에 설립된 유니클로는 2005년에 패스트리테일링에 인수되었고, 유니클로 매장은 일본에 집중되어 있으며 상당히 최근인

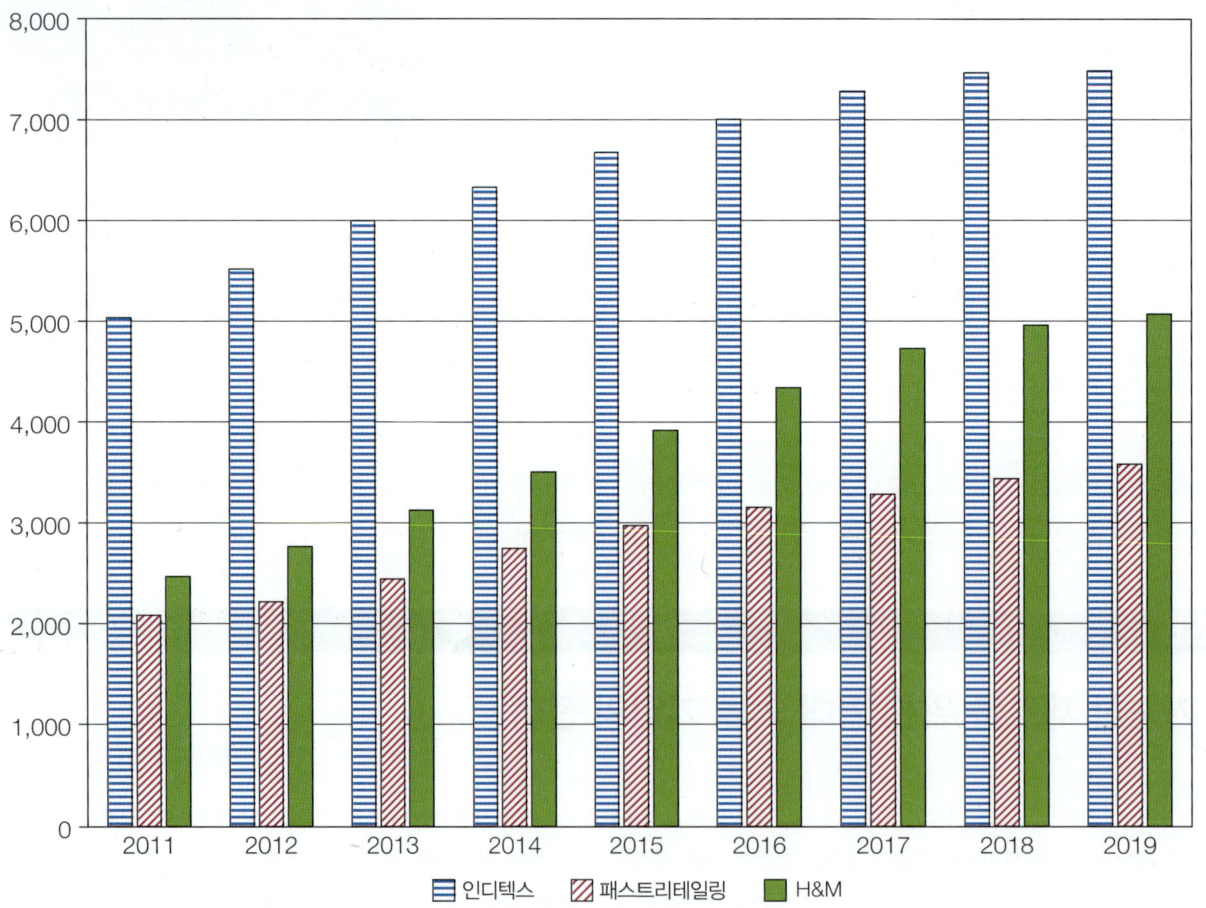

그림 5.1 주요 의류 기업의 글로벌 매장 수(2011~2019)

출처: Statista, and the annual reports and official websites of H&M, Inditex, and Fast Retailing.

1990년대에 중국에서 생산이 시작되었다.

인디텍스, H&M, 유니클로 등의 대형 체인점은 공급업체 시장의 근무 조건과 기후 변화 과제 측면에서 빠르게 진화하는 사업 환경에 적응해야 하는 상당한 압력을 직면하고 있다.

기업의 사회적 책임, 근로 조건, 환경 기준

지난 수십 년 동안 많은 기업이 신흥국가의 저렴한 생산 비용을 이용하고, 생산 공장의 일부를 신흥국가로 이전함에 따라 기업의 사회적 책임이 글로벌 공급사슬의 커뮤니케이션 전략 관점에서 근본적인 문제로 부상했다. 기업의 사회적 책임에 대한 관심이 높아진 이유는 신흥국가의 열악한 근로 조건과 낮은 임금, 미비한 보건 및 안전 규칙이 많은 비판을 받고 있기 때문이다. 신흥국가의 여러 문제점은 2013년 방글라데시 라나플라자에서 1,000명 이상의 노동자가 사망하는 참사가 발생한 이후 국제적 주목을 받았다. 그 결과 UN 지속가능개발목표(UN Sustainable Development Goals, SDGs)가 추구하는 원칙과 같은 보편적 원칙을 지지하는 국제적 외침과 집단 행동에 대한 요구가 발생했다.

그러나 향후 10년간 산업 전반에서 직면하게 될 지속가능성 문제는 임금과 근로 조건의 개선에만 국한되지 않는다. 환경 문제는 지속가능성에 관한 또 다른 문제일 뿐만 아니라 더욱 시급한 과제일 수도 있다.

매킨지(McKinsey)에 따르면, 지속가능성을 수용하는 것은 2017년 의류 산업의 화두가 되었고, 100개의 패션 브랜드 중 42개 브랜드가 공급업체 정보를 공개했다. 소비자가 에너지 소비량과 산업이 환경오염에 미치는 영향을 점점 더 인식함에 따라 기업의 책임에 대한 이해관계자와 소비자의 압력이 증가하고 있다. 실제로 화학물질 사용과 유독성 폐기물 생산으로 인해 의류 산업은 바다로 유입되는 미세플라스틱의 약 3분의 1을 생산하며 가장 환경오염 정도가 높은 산업 중 하나가 되었다.

(더욱) 지속 가능한 생산 방식

의류 산업의 탄소이력(carbon footprint)은 국제 항공 및 해운 산업의 탄소이력을 크게 초과한다. 천연섬유만으로도 농장부터 매장에 이르기까지 목화 생산을 위한 물과 같은 엄청난 양의 자원이 소비된다. 대부분의 천연직물도 수성 환경에서 표백, 세척, 염색을 포함하는 '습식가공(wet processing)'이라는 작업이 필요하다. 한편 합성섬유는 본질적으로 석유에서 유래하고, 화석 연료를 사용하는 것은 다양한 이유로 문제가 된다.

이제 주요 의류 브랜드들은 원자재부터 제조공정까지 공급사슬의 모든 단계에서 더욱 지속 가능한 생산 방법을 찾아내는 데 적극적으로 참여한다.

업계의 많은 사람은 혁신적인 기술, 특히 제조에 사용할 수 있는 새롭고 더욱 지속 가능한 인공섬유와 천연섬유를 찾고 있다. 대표적인 예로는 살충제가 거의 필요하지 않고 최소한의 물을 필요로 하는 유기농 삼베(organic hemp)와 아마포(linen, 리넨)가 있다. 유기농 삼베와 아마포 섬유는 다양하게 사용될 수 있으며 낭비되는 것이 거의 없다. 게다가 2000년대 초반에는 열이나 소리와 같은 환경 자극을 감지하고 반응하거나 착용자의 심박 수, 체온, 혈압과 같은 생물학적 변화를 감지할 수 있는 첨단 인공 직물로 '스마트 섬유(smart textile)'를 생산했고, 혁신과 지속가능성에 대한 우려로 인해 지난 10년 동안 스마트 섬유의 발전 속도는 빨라졌다.

또 다른 가능성은 버려지는 의류 소재를 업사이클링(upcycling)이라고 하는 과정으로 재사용하는 것인데, 업사이클링 과정에서 순환 경제(circular economy)의 원칙이 도움이 될 수 있다(4장의 마무리 사례 '유럽연합의 그린딜과 순환 경제를 위한 청사진' 참조). 엘런맥아더재단(Ellen MacArthur Foundation)에 따르면, 패션 산업은 매년 약 5,300만 톤의 섬유를 생산하고, 생산된 섬유의 3분의 2는 정기적으로 매립된다. 영국에서만 2019년에 약 1억 4,000만 파운드 상당의 의류가 쓰레기통에 버려진 것으로 추정된다. 더욱이 현재 제조업체가 새 옷을 만들기 위해 재사용하는 의류의 비율은 1% 미만이다. 의류 재사용 비율이 낮은 것은 아마도 완전한 의류를 업사이클링하는 과정이 원단을 재활용하는 것보다 훨씬 더 비싸고 기술적으로 어렵기 때문일 것이다. 모든 자원 순환 노력이 경제적 성공을 거두려면 주요 브랜드들이 기술, 디자인, 상업적 수준에서 실행 가능한 방법을 고안하여 의류 재사용을 위한 길을 닦는 것이 필수이다.

의류 업계에 좋은 소식은 시장 선도 기업들이 업사이클링뿐만 아니라 직물의 수명주기(life cycle) 연장을 목표로 하는 다양한 조치를 채택하면서 의류 제조가 환경에 미치는 영향을 관리하고자 이미 움직이고 있다는 것이다. 2019년, 인디텍스는 지속 가능한 면의 사용을 105%, 재활용 재료의 사용을 250% 늘리면서 2025년까지 100% 지속 가능한 제조를 달성하는 목표를 담은 성명을 발표했다. 지속가능성을 위한 헌신에 오랜 전통을 자랑하는 H&M은 지난 10년간 부품 재활용을 시작했고, 2017년에는 H&M이 사용하는 면의 약 3분의 2가 지속 가능한 방식으로 조달되었으며 전기의 약 96%는 재생 가능 에너지로 생산되었다. H&M은 또한 2030년까지 100% 지속가능성을 약속했다. H&M은 재활용을 위해 정기적으로 고객들로부터 헌 옷을 수거했고, 2017년에는 약 17,771톤의 헌 옷을 회수했다.

학계 및 정부와의 협력

지속가능성 목표는 시장 선도 기업을 넘어 다양한 기관이 참여하는 여러 프로젝트로 이어졌다. 예를 들어 H&M은 HKRITA(Hong Kong Research Institute of Textiles and Apparel)와 파트너십을 체결하여 수열 재활용 시험 공장(pilot hydrothermal recycling plant)을 설립했다. 또한 환경적 지속가능성과 기업의 사회적 책임(corporate social responsibility, CSR)을 결합하기 위해 2013년 라나플라자를 비롯한 다양한 사건 이후 방글라데시에 위치한 공급업체 공장에서 노조와 근로자 주도의 대표 선출이 이루어졌다.

지속가능성을 위한 이니셔티브는 많은 대중의 지지를 받았고, 정부도 지속가능성을 위한 이니셔티브를 환영하며 지속가능성을 위한 약속이 행동과 정책으로 나타날 수 있도록 노력하고 있다. 예를 들어 소비자가 지속 가능한 쇼핑에 더욱 민감해질 수 있도록 2020년에 노르웨이 소비자당국(Norwegian Consumer Authority)은 H&M이 의류 제조로 인한 오염 정도를 명백히 표시할 것을 권장했다.

한편 지속 가능한 미래를 위한 야심 찬 목표의 일환으로, 유럽연합(EU), 유럽연합 집행위원회(EC)는 EC의 순환경제 패키지(Circular Economy Package)에 산업 재활용과 관련된 목표를 도입했고, 폐원단의 처리를 핵심 요인으로 고려하고 있다.

또한 EC는 업사이클링 이니셔티브를 촉진하기 위해 재정적 자원을 투입했다. 10개국 17개 파트너가 참여한 Trash2Cash는 혼섬유(mixed fiber)를 분리하는 효율적인 방안을 찾는 것을 목표로 한다. EU는 지속 가능한 바이오 기반 직물을 지원하기 위해 2,100만 유로(2,350만 달러)의 자금을 제공할 예정이다. 2019년에 완료된 유럽 의류행동계획(European Clothing Action Plan, ECAP)과 같은 조치들은 지속 가능한 의류 부문에 대한 비전의 일환으로 환경적 이점과 경제적 이점을 결합하기 위해 노력했다.

물론 모든 이니셔티브와 서약이 결실을 맺은 것은 아니지만, 더욱 많은 가능성이 남아 있다. 보수적으로 추정해보자면 글로벌 스마트 섬유 부문은 2019년 930억 달러에서 2025년까지 약 4,750억 달러로 계속 성장할 것이고, 글로벌 의류 공급사슬 전반에 걸쳐 혜택이 확대되며 향후 확장의 기회가 존재한다.

문제

5-1 업사이클링이란 무엇이며, 글로벌 의류 공급사슬에서 업사이클링이 그토록 중요해지는 이유는 무엇인가?

5-2 제조업체의 지속가능성 서약에 대한 정부의 태도는 어떠한가? 제조업체의 지속가능성 서약이 더욱 지속 가능한 소비 모델에 대한 소비자 행동에 어떤 방식으로 영향을 미칠 수 있는가? 예를 들어보자.

이 장에서는 경영자가 다른 법률 및 문화와 상호작용하고 사회적 책임을 지기 위해 노력할 때 세계화가 사회와 경영자의 판단에 어떤 영향을 미치는지 살펴볼 것이다. 세계화의 영향을 살펴보는 것은 사회 초년생으로서 오늘날 사회적으로 책임감 있는 환경에서 성공하는 데 더 유리한 위치를 차지할 수 있게 도와줄 것이다. 외국에서 사업을 하는 것은 쉽지 않다. 본국과 거리가 멀어질수록 사업 운영은 더욱 복잡해진다. 다양한 방법으로 설명할 수 있지만 거리를 식별하는 한 가지 방법은 CAGE(cultural, administrative, geographic, and economic distance), 즉 문화(심리적 거리라고도 한다), 행정(정치 및 제도 정책 등), 지리, 경제이다.[2] 세계화에 대한 비판과 아주 먼 지역에서 사업하는 기업 및 개인의 어려움을 고려하면 기업과 개인이 사업에서 성공하거나 적어도 중대한 실수를 하지 않을 수 있는 방법은 무엇일까?

이해관계자들의 상충관계

5-1 다국적 기업 활동에서 다양한 이해관계자의 상충관계를 설명한다.

기업은 주주, 직원, 고객, 공급업체, 사회의 요구사항을 충족해야 한다.

기업이 번영하려면, 좀더 확실히 말해 생존하려면 주주, 직원, 고객, 공급업체 및 사회 전반에 걸친 다양한 **이해관계자**(stakeholder)를 만족시켜야 한다. 확실히 모든 이해관계자를 만족시키는 것은 상당히 까다롭다. 주주와 이해관계자에 관한 딜레마는 한 이해관계자의 요구가 다른 모든 이해관계자의 요구에 반대될 수 있다는 데서 시작한다. 기업이 이윤을 증대하면서 동시에 중대한 사회적 문제를 해결할 수 있음을 시사하는 공유 가치에 대한 논의가 이루어지고 있다. 이윤 추구와 사회적 책임을 지는 것을 함께 성공적으로 수행하는 것은 까다롭지만, 많은 다국적 기업은 노력을 기울일 가치가 있다고 생각한다.[3] 본질적으로 GE(General Electric)가 이윤과 긍정적 현금 흐름을 증가시키는 동시에 환경적인 책임을 지려고 노력하는 것은 이윤 추구와 사회적 책임 수행을 동시에 시도하는 것이다. 이해관계자에 대해 더욱 광범위하게 초점을 맞춰야 한다는 개념은, 기업이 의사결정을 내릴 때 사회적으로 중요한 여러 이해관계자를 고려한다는 것을 의미한다.[4] 예를 들어 단기적으로는 집단의 목표가 상충하는 경우가 많다. **주주**는 매출 증대와 생산성 증가를 원한다(이로써 더 높은 수익과 이익을 얻을 수 있다). **직원**은 더욱 안전한 작업 환경과 더 많은 보상을 원한다. **고객**은 뛰어난 품질의 제품을 더욱 저렴한 가격으로 구매하길 원한다. **사회**는 더 많은 고용 창출, 법인세 인상, 사회 서비스에 대한 기업의 지원, 기업 경영진의 보다 책임감 있는 행동을 원한다.

장기적으로는 모든 이해관계자의 목적이 적절하게 충족되어야 한다. 만약 모든 이해관계자의 목적을 만족할 수 없다면, 특히 각 이해관계자의 영향력이 기업 운영을 중단시킬 만큼 충분히 강력하다면, 기업 운영이 원활히 이루어지지 않을 가능성이 높다. 또한 특정 이해관계자의 이익을 대변하는 압력 단체가 정부 로비를 통해 다국적 기업의 국내외 활동을 규제하기도 한다.

예를 들어 GE의 에코매지네이션 이니셔티브는 고객과 수익성에 대해 우려하는 주주, 규제 입안과 관련된 다양한 정부, 회사의 전략 및 목표 변화에 대해 궁금해하는 직원들, 환경 보존을 위해 노력하는 환경 로비스트, NGO 및 동료 기업 등 다양한 이해관계자로부터 압력을 받았다. 각 이해관계자 그룹은 GE가 사업을 운영하는 방식과 시장에서의 성공에 강력한 영향을 미친다. 그러나 GE는 서로 다른 관심을 가진 다양한 이해관계자를 만족시켜야 한다. 그렇기 때문에 GE는 기후 변화에 관심이 있는 이해관계자뿐만 아니라 다른 이해관계자들과 함께하는 다양한 이니셔티브를 가지고 있다.

다국적 기업의 경제적 영향

5-2 다국적 기업이 본국과 피투자국에 미치는 주요 경제적 영향을 살펴본다.

세계화와 사회에 관해 검토하면서 다국적 기업이 사업을 영위하는 국가에 미치는 영향에 대한 논의부터 시작해보자. 1장에서 논의한 바와 같이 기업이 해외에서 사업할 수 있는 방법은 다양하며, 그림 1.1에 나와 있듯이 사업의 성공과 실패 여부는 사업 운영 환경에 따라 크게 좌우될 수 있다. 또한 다국적 기업의 활동도 부패 및 뇌물, 환경 영향(예: 대기 및 수질 오염), 노동 정책과 같은 운영 환경에 영향을 미칠 수 있다.

모든 기업이 해외 생산에 관여하는 것은 아니지만, 해외 생산과 관련된 역동성은 많은 흥미로운 문제를 제기한다. 국제 생산의 절충 이론(eclectic paradigm)에 따르면, 해외 생산 결정을 설명하는 데 도움이 되는 세 가지 조건이 있다. 바로 다국적 기업이 피투자국의 다른 기업들보다 우위를 가지게 하는 다국적 기업의 특유 우위(ownership-advantage), 피투자국을 해외직접투자(foreign direct investment, FDI)를 위한 매력적인 장소로 만드는 피투자국 입지 특유의 우위(location-specific advantage), 다국적 기업이 소유우위를 외부인에게 판매하거나 라이선스를 부여하기보다는 기업 특유의 소유우위를 활용하는 내부화 우위(internalization advantage)이다.[5] 그림 5.2는 다국적 기업이 제공해야 하는 것에 초점을 맞춰 다국적 기업 특유의 우위 중 일부를 보여준다.

다국적 기업이 본국과 피투자국 사회에 미치는 영향을 측정하는 것은 이해관계자, 인과 관계를 이해하는 능력, 개별 효과 대 총효과에 달려 있다.

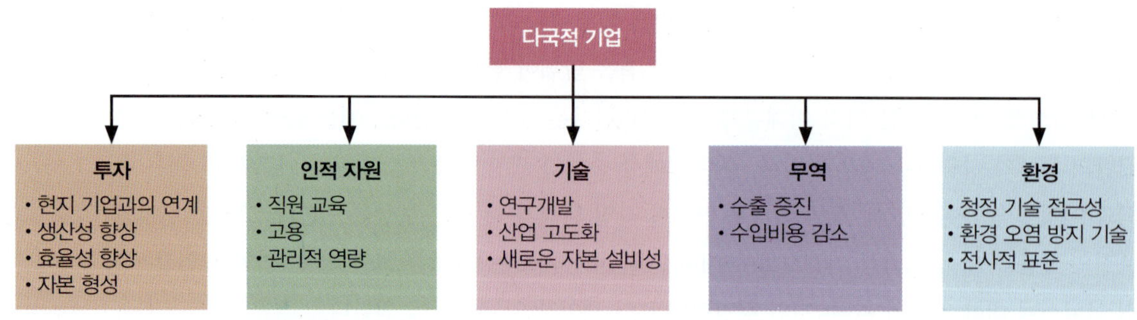

그림 5.2 다국적 기업의 필수 요소

다국적 기업의 활동이 사회적 조건에 영향을 미치는지 여부를 판단하기는 어렵다.

인과관계는 다국적 기업이 피투자국에 미치는 진정한 영향을 나타낸다. FDI를 반대하는 사람들은 다국적 기업의 활동을 불평등한 소득 분배, 정치적 부패, 환경 훼손, 사회적 박탈과 같은 피투자국의 문제와 연결하기 위해 노력한다.[6] 이와 대조적으로 다국적 기업의 활동을 지지하는 사람들은 다국적 기업의 활동과 더 높은 세수, 고용 및 수출 증가, 더 큰 혁신과 같은 피투자국에서의 효과 사이에 긍정적인 관계를 추정하는 경향이 있다. 다국적 기업의 활동과 피투자국의 영향 간에는 연관성이 있을 수도 있고 없을 수도 있지만, 양측은 각자의 입장을 뒷받침할 수 있는 근거를 제시해야 한다.

각 다국적 기업의 철학, 목표, 활동이 독특하기 때문에 어떻게 대처해야 할지 파악하기 어렵다.

일부 국가에서는 다국적 기업과 다국적 기업의 활동을 개별 또는 사례별로 평가한다. 또 다른 일부 국가에서는 모든 외국 기업이 동일한 방식으로 지역 경제에 영향을 미치는 것으로 추정한다. 외국인 투자자를 사례별로 취급하는 것이 더 정확할 수 있지만 모든 외국 기업을 동일하게 취급하는 것이 더 쉽다. 오직 경험만이 정책 입안자들이 어느 방법이 최선인지 판단하는 데 도움이 될 것이다.

국제수지 효과

개별 다국적 기업의 효과는 긍정적이거나 부정적일 수 있다.

국제수지 효과는 FDI로 인한 무역과 자본의 흐름을 나타낸다. 국제수지 효과는 피투자국 또는 본국에 긍정적이거나 부정적으로 작용할 수 있다.

피투자국은 자본 유입이 재화와 서비스를 수입하고 외채를 상환하는 데 필요한 외환을 공급하기 때문에 자본 유입을 원한다. 그러나 FDI는 자본 유입과 자본 유출을 동시에 초래한다. 초기 투자와 함께 자금이 유입되지만 수익이 모기업으로 환수될 때는 자금이 빠져나간다.

개념 체크

4장에는 국제수지가 어떻게 한 국가 경제의 주요한 특징이 되는지 언급되어 있다.

개별 FDI의 효과 국가가 국제수지에 대한 각 투자의 효과를 평가해야 하는 이유를 더 잘 이해하기 위해 FDI가 국가의 국제수지에 미치는 영향을 보여주는 두 가지 극단적인 가상 시나리오를 검토할 수 있다.

- 시나리오 1: 멕시코 다국적 기업이 포트폴리오 투자로서 자메이카 소유 회사를 구매할 때 FDI를 한다고 가정한다. 다국적 기업이 관리, 자본 환원 또는 운영에 변화를 주지 않는다면 자메이카 기업의 수익성은 그대로 유지된다. 그러나 배당금은 자메이카 소유주가 아니라 멕시코 소유주에게 돌아간다. 이로 인해 자메이카 외환이 유출되어 멕시코로 유입된다.
- 시나리오 2: 멕시코 다국적 기업이 자메이카에서 유휴 자원(토지, 노동력, 자재, 장비)을 구매

하고, 유휴 자원을 예전에는 수입되었던 상품의 생산으로 전환한다. 소비자 수요 증가로 인해 다국적 기업은 자메이카에 이익을 재투자하고, 수입 대체로 인해 피투자국인 자메이카의 외환 보유액이 증가한다.

대부분의 FDI는 이상의 시나리오와 같은 극단적인 예시의 사이에 위치해 있다. 그렇기 때문에 특히 정책 입안자들이 모든 인바운드 투자에 규제를 적용하려 할 때 FDI를 평가하는 것이 어렵다. 그러나 피투자국의 국제수지에 대한 FDI의 영향력을 분석하기 위한 기본 방정식이 있다.

국제수지 효과를 결정하는 공식은 간단하지만 국제수지 효과를 파악하기 위해 사용되는 데이터는 추정되어야 하며 몇 가지 가정을 따라야 한다.

$$B = (m - m_1) + (x - x_1) + (c - c_1)$$

B = 국제수지 효과

m = 수입 대체

m_1 = 수입 촉진

x = 수출 촉진

x_1 = 수출 감소

c = 수출입대금 이외의 자본 유입

c_1 = 수출입대금 이외의 자본 유출

순수입 효과 계산 방정식 자체는 매우 간단하지만 각 변수의 값을 결정하는 것은 어려울 수 있다. 일본 다국적 기업의 FDI 사례로 토요타(Toyota) 자동차 공장을 브라질에 설립하기로 한 결정의 영향을 살펴보자. 수입 대체는 브라질산 토요타가 과거에 브라질로 수입되던 토요타를 대체할 것으로 가정한다. 브라질 현지에서 생산된 토요타는 피아트(Fiat) 또는 폭스바겐(Volkswagen)과 같이 브라질로 수입되는 다른 브랜드의 자동차를 대체할 수도 있다. FDI의 수입 촉진은 토요타가 브라질 내 공장 설립을 위한 자원을 브라질 내에서 조달하지 않는 것을 가정하면 공장 설립을 위한 부품과 기계 등을 브라질로 수입해야 함을 나타낸다. 공장이 설립되어 가동을 시작한 후에는 토요타가 현지 공급업체의 부품을 사용할 수 있으므로 수입 촉진의 정도가 감소한다. 또한 토요타의 일본 공급업체가 브라질에 투자하여 토요타의 부품 수입은 더욱 줄어들 수 있다.

수입 측면에서 FDI가 수입을 대체하면 국제수지는 양수가 되고, 수입을 증가시키면 국제수지는 음수가 된다.

순수출 효과는 **수출 촉진**에서 **수출 감소**를 뺀 값($x - x_1$)이지만, 순수출 효과는 복잡하다는 점을 명심해야 한다. 다시 토요타 사례로 돌아가보자. 토요타 사례에서 브라질 공장이 단순히 일본으로부터의 수입과 일본에서의 생산을 대체한다고 가정할 수 있다. 만약 토요타 사례의 가정이 실제로 지속된다면 브라질에 대한 순수출 효과는 발생하지 않는다. 일본의 경우 토요타의 수출 감소로 인해 순수출 효과가 마이너스를 기록한다(현재 일본산 자동차를 브라질에 수출하는 대신 브라질에서 만든 자동차를 브라질 소비자에게 판매하고 있다). 그러나 토요타의 해외 진출이 상당히 방어적이라는 점에서 토요타는 스스로를 잘 방어할 수 있을 것이다. 어떻게 그럴 수 있을까? 토요타의 브라질 공장이 일본으로부터의 수입과 일본에서의 생산을 대체한다는 가정하에 토요타는 피아트 또는 폭스바겐과 같은 브라질 내 비일본 자동차 제조업체의 몫이었을 자동차 판매 성과를 차지하고 있는 것으로 볼 수 있다. 일본에서의 생산을 통해 토요타가 여전히 브라질에서의 자동차 판매를 장악하고 있지만, 토요타가 브라질 공장을 통해 비일본 자동차 제조업체의 자동차 판매를 장악한다면 일본 토요타의 대(對)브라질 수출 감소는 브라질 생산 공장 건설 결정에 따른 수출 대체(손실)에 불과하다. 또한 토요타는 브라질에서 생산한 자동차를 주변 국가에 판매하여 브라질에서의 수출을 증가시킬 수 있다.

일각에서는 다국적 기업의 해외투자가 외국계 시설을 통해 다국적 기업이 피투자국에서 판매할 수 있는 보완재(토요타 사례에서는 자동차 부품)에 관한 본국에서의 수출을 촉진한다고 주장한다.

FDI의 자본 흐름 측면에서 국제수지 효과는 일반적으로 초기에는 피투자 국가에 대해 흑자이고 본국에 대해 적자이지만 이후에는 피투자국가에 대해 적자가 되고 본국에 대해서 흑자로 전환된다.

순자본 흐름 계산 순자본 흐름($c - c_1$)은 대부분의 중앙은행이 통제하기 때문에 계산하기 가장 쉬운 수치이다. 그러나 몇 가지 난제가 있다. 순자본 흐름에 대한 평가를 해당 연도를 기준으로 하는 것은 기업 투자 자금의 외부 흐름과 송금된 수입의 내부 흐름 사이에 시차가 있기 때문에 문제가 된다. 기업은 궁극적으로 원래 투입한 것보다 더 많은 자본을 획득하는 것을 목표로 하므로 해당 기간에는 긍정적(또는 부정적) 자본 흐름으로 보이는 것이 장기간에 걸쳐 그 반대가 될 수 있다. 토요타가 브라질로 유출된 자본을 회수하는 데 걸리는 시간은 피투자국에 자금을 재투자할 필요성, 현지에서 차입하는 능력, 미래 환율 추정치, 자본 송환 규정과 같은 요인에 따라 달라진다.

일반적으로 다국적 기업의 투자는 단기적 관점에서 초기에는 피투자국에 유리하고 본국에 불리하다. 그러나 얼마 후 상황은 대체로 역전된다.[7] 그 이유는 무엇일까? 거의 모든 외국인 투자자가 결국에는 자회사로 하여금 해외로 보낸 금액을 초과하는 배당금을 모회사로 다시 송금하게 하기 때문이다. 만약 FDI의 순가치가 이익잉여금을 통해 계속 증가한다면 해당 연도의 배당금 지급액이 초기 투자를 구성하는 자본 이전의 총액을 초과할 수 있다.

성장 및 고용 효과

다국적 기업은 실업자나 불완전 고용 상태였던 자원을 사용할 수 있기 때문에 다국적 기업의 성장과 고용 효과는 제로섬 게임이 아니다.

국제수지 효과와 달리 성장과 고용에 대한 다국적 기업의 효과는 항상 본국과 개최국의 **제로섬 게임**(zero-sum game, 이익과 손실이 반드시 동일)에 해당하지는 않는다. 고전파 경제학자들은 생산 요소가 항상 완전 고용 상태에 있다고 가정했다. 결과적으로 생산 요소 중 하나라도 국내에서 해외로 이동하면 해외 생산량이 증가하고 국내 생산량이 감소한다. 고전파 경제학자의 가정이 사실일지라도 피투자국의 이익이 본국의 손실보다 크거나 적을 가능성은 여전히 존재한다.

본국과 피투자국 모두 FDI를 통해 이익을 얻을 수 있다는 주장은 ① 자원이 반드시 완전히 고용되지 않고, ② 자본과 기술이 한 산업에서 다른 산업으로 쉽게 이전될 수 없다는 두 가지 가정에 근거한다. 예를 들어 청량음료 제조업체가 국내 시장을 위한 최대 생산 능력을 갖추고 있지만 수출 판매를 창출하는 데는 한계가 있다고 가정하자(예: 높은 운송 비용으로 인해 수출이 제한되었다). 또한 국내 생산성을 높이기 위해 다른 제품 계열로 확장하거나 재정 자원을 사용하는 것은 실행 가능한 옵션이 아니다.

해외 생산 시설 설치는 기업이 본국 시장의 자원 고용을 줄이지 않고도 해외 매출을 키울 수 있다는 점에서 매력적이다. 실제로 해외 생산 시설 설치는 해외에서의 사업 운영 감독을 위해 추가적인 국내 관리자 고용을 야기할 수도 있다. 또한 해외 생산 시설을 통해 외국에서 자본, 브랜드, 기술을 사용함에 따라 배당금과 로열티를 얻을 수도 있다.

예를 들어 많은 미국 및 유럽 의류 제조업체는 소비자가 더 저렴한 의류를 요구함에 따라 비용우위를 실현하기 위해 저임금 국가로 생산 시설을 이전했다.[8] 생산 시설 이전 과정에서 미국 및 유럽 의류 제조업체는 본국에서의 사업 운영을 중단하거나 최소한 운영을 확장하지는 않았다. 따라서 의류 제조업의 FDI는 해외에서 일자리를 창출하는 반면 국내에서는 일자리를 잃는 결과를 낳았다. 그러나 미국 및 유럽 국가로의 FDI도 발생하여 외국인 투자자가 전체 또는 일부를 소유한 기업이 국내 일자리를 창출했다. 의류 산업의 피투자 국가는 자본과 기술의 이전을 통해 이익을 얻었다. 만약 피투자 국가로 이전된 자본이 폐업하는 피투자국의 사업을 인수하는 데 사용된다면, 외국인 투자자는 피투자국의 일자리를 보장할 수 있고, 기술 및 관리 능력의 도입을 통해 새로운 일자리를 창출할 수도 있다.

그러나 비평가들은 다국적 기업이 종종 국내 기업이 할 수도 있는 투자를 진행하여 지역 기업가를 차단한다고 주장한다. 이와 유사하게 비평가들은 외국인 투자자가 노동력 및 기타 자원에 대해 현지 기업과 경쟁할 때 가격을 올리는 경우가 많다고 주장한다. 또한 FDI가 국가 발전에 영향을 미치는 방식으로 지역 기업가 정신을 파괴한다고 주장한다. 기업가는 성공에 대한 합리적인 기대에서 영감을 받기 때문에, 특히 현지 운영을 통합하려는 다국적 기업의 시도에 직면하면서 여러 국가의 소규모 가내 수공업이 붕괴되는 것은 현지 기업인의 경쟁에서의 자신감을 약화했을 수 있다.

복잡한 요인은 외국인 투자자가 시장 상황의 변화에 적응하기 위해 끊임없이 자원을 변화시키고 있다는 것이다. 예를 들어 포드(Ford)는 2019년 시장 상황의 변화로 인해 브라질의 일부 사업을 폐쇄하고 미국으로 다시 수출될 수 있는 제품보다는 브라질에서 인기 있는 제품에 더욱 집중할 것이라고 발표했다. 포드의 결정은 브라질의 성장과 고용에 큰 영향을 미칠 것이다.[9]

윤리적 행동의 토대

5-3 윤리적 행동의 폭넓은 토대를 설명한다.

기업과 기업의 직원들은 어디를 가든 책임감 있게 행동해야 한다. 그러나 윤리적 행동을 살필 때 기업보다는 어떻게 행동할지 최종적인 결정을 내리는 개인에 초점이 맞춰지는 경향이 있다. 기업의 최고 경영진은 기업이 추구할 가치를 결정할 수 있고, 직원들이 기업의 가치를 지켜줄 것을 기대한다. 기업의 가치는 일반적으로 이 장의 마지막 부분에서 설명할 윤리강령에 포함되고, 조직 내 개개인, 특히 다른 동료 직원과 상급자의 행동에 반영된다. 기업은 기업의 가치를 고수하기 위해 기업이 추구하는 윤리적 환경에서 일할 의지가 있는 사람을 채용하려고 노력한다. 그러나 사람들은 주어진 상황에 따라 어떻게 행동할지 결정해야 하는데, 모든 상황이 항상 명확하지는 않다.

많은 행동이 무엇이 옳고 그른지에 대한 보편적인 합의를 이끌어내지만, 그 외 다른 상황은 덜 명확하다.

다음 절에서는 글로벌 환경에서 윤리적 행위의 문화적 측면과 법적 측면을 살펴볼 것이다. 먼저 윤리적 행동의 토대에 대해 간략히 설명하겠다. 도덕의 발달 단계는 3단계로 이루어져 있다.[10]

도덕성 발달 단계는 다음의 세 단계로 구성된다.

- 전인습
- 인습
- 후인습, 자율적, 또는 원리적

- 1단계, 전인습 단계(preconventional level): 아이들이 무엇이 옳고 그른지 학습하지만 자신의 행동이 옳고 그른 이유는 이해하지 못하는 단계이다.
- 2단계, 인습 단계(conventional level): 사람이 순응해야 하는 역할을 부모를 비롯한 동료로부터, 그리고 이어서 사회 법칙으로부터 학습하는 단계이다. 누군가는 기업의 행동강령도 사회보다 기업이라는 좁은 맥락에서 인습 단계의 일부라고 주장할 수 있다. 그러나 기업의 행동강령은 기업의 본국의 가치를 반영할 가능성이 높다.
- 3단계, 후인습 단계(postconventional level): 자율적 단계(autonomous level) 또는 원리적 단계(principled level)라고도 하는 이 단계에서 사람들은 제재가 두렵기 때문이 아니라 스스로의

행동이 진심으로 옳다고 믿으면서 도적적 행동을 내재화한다.

사람들이 자신이 살고 있는 곳의 법이나 일하고 있는 직장의 행동강령을 수용한다면 2단계와 3단계의 행동은 동일할 수 있다.[11]

목적론적 접근법: 결정은 행동의 결과를 기반으로 한다.
공리주의: 가장 많은 양의 선을 생산하는 행동은 옳다.
의무론적 접근법: 결과와는 무관하게 도덕적 판단이 내려지고 도덕적 추론이 발생한다.

사람은 윤리적인 결정을 해야 할 때 도덕적 추론을 한다. 특히 앞에서 설명한 2단계와 3단계를 중심으로 스스로의 도덕적 가치를 살펴보고 행동을 결정한다. 도덕적 추론의 한 가지 방식은 행위의 결과에 토대를 두고 결정을 내리는 **목적론적 접근법**(teleological approach)이다. 결과에 토대를 둔 도덕적 추론 방식인 **공리주의**(utilitarianism)는 "어떤 행위가 영향을 받는 최대 다수의 이익을 낸다면, 혹은 이익을 내는 경향이 있다면, 해당 행위를 정당한 것으로 보지만, 그렇지 않다면 잘못된 행위로 본다."[12] 두 번째 방식은 **의무론적 접근법**(deontological approach)으로, 사람들이 결과와는 상관없이 도덕적 판단을 하고 도덕적 행위를 한다는 주장이다. 의무론적 방식은 행위 그 자체가 옳거나 잘못되었음을 의미한다.[13] 즉 "사람들은 잘못된 행동을 피하고, 옳은 행동을 해야 할 책임이 있다"는 것이다.[14] 사람들은 도덕적 추론을 할 때 목적론적 접근법과 의무론적 접근법 중 하나, 혹은 두 가지 접근법을 섞어서 판단한다.

최근 연구에서 언급된 바와 같이 강력한 도덕적 잣대를 가진 사람 외에도 썩은 사과(bad apple), 즉 돈에 대한 사랑이 강한 동기를 부여하고 정직하지 않은 행동을 초래할 가능성이 있는 사람이 존재할 가능성이 있다. 그러나 썩은 사과 행동을 억제하는 두 가지 외부 조정 세력이 있다. 하나는 기업의 윤리적 가치(corporate ethical value, CEV)이고 다른 하나는 개인이 사업을 영위하는 국가의 부패 인식 지수(Corruption Perceptions Index, CPI)이다. 기업이 강력한 CEV를 설정하고 기업이 운영되는 국가의 CPI가 높으면 개인이 정직하지 않은 행동을 할 가능성이 낮아진다.[15] 기업이 CPI에 영향을 줄 수는 없지만 강력한 CEV를 설정할 수 있다. 사람들이 해외 파견 근무를 시작하면 도덕적 추론이 매우 복잡해진다. 법적 차이로 인해 결과가 달라질 수 있으며, 무엇이 옳고 그른 것인지가 현지 국가의 가치에 따라 달라질 수 있다. 사람들은 도덕적 결정을 내리는 방법을 알아야 하며, 기업도 마찬가지이다. 이때 두 가지 질문이 제기된다. 하나는 '기업과 사람들이 왜 윤리적인 행동을 신경 써야 하는 것인가?'이며 또 하나는 '기업과 개인이 외국의 환경에 맞추어 조정하는 과정에서 윤리적 행동의 법적 및 문화적 토대는 무엇인가?'에 대한 것이다.

기업은 왜 윤리적 행동을 신경 써야 하는가

기업은 왜 윤리적 행동에 관해 신경 써야 하는가? 비즈니스 관점에서 윤리적 행동은 다음의 두 가지 목표 중 하나 혹은 두 가지 목표 모두를 달성하는 데 도움이 될 수 있다.

1. 경쟁우위를 개발한다.
2. 무책임한 기업으로 인식되는 것을 피한다.

첫째, 일각에서는 기업의 책임감 있는 행동이 신뢰를 조성하고, 신뢰는 헌신을 조장하므로 기업의 전략 및 재정적 성공에 기여한다고 주장한다.[16] 예를 들어 GE의 에코매지네이션 프로그램은 지구 온난화에 대한 사회적 관심에 적극적으로 대응함으로써 GE가 경쟁사보다 전략적 우위를 확보하고 심각한 환경 문제에 직면한 신흥 시장에서 우위를 점할 수 있다는 최고 경영자의 믿음을 반영한다.

NGO는 기업이 특정한 윤리적인 행동 기준을 따르도록 촉구하는 데 적극적이다.

둘째, 기업은 비정부 기구(Non-Governmental Organization, NGO)와 다른 조직 및 개인의 국제

경영 관행에 대한 감시와 공론화가 점차 활발해지고 있다는 사실을 인식하고 있다. 정부도 개인 및 기업의 행동이 더 넓은 지역 사회의 최선의 이익과 일치하고 법률이 제대로 준수되고 있는지 확인하기를 원한다.

윤리적 행동의 문화적 토대

5–4 윤리적 행동의 문화적 토대를 확인한다.

상대주의 대 규범주의

2장에서 논의되었듯이 국가마다 문화적 차이가 있음에도 불구하고 기업의 윤리적이고 사회적으로 책임 있는 행위에 무엇이 옳고 그른지 보편적인 합의가 존재한다고 가정하기 쉽다. 그러나 현실에서 경영자는 문화적 가치를 적용하는 이유와 방법이 명확하지 않은 상황에 직면한다. 국내 비즈니스 환경에서 딜레마를 복잡하게 만드는 요인은 국제 시장에서의 딜레마를 더욱 복잡하게 만드는 경향이 있다. 그렇다면 윤리적 행동은 국가별로 다를 수 있을까, 아니면 모든 사람이 공유해야 하는 획일적인 가치가 있을까?

가치는 국가마다, 그리고 직원과 기업 간에도 다르다.

개념 체크

2장의 '문화적 인식'에 대한 논의와 한 국가의 인구를 특징짓는 사회적·문화적 구별의 다양한 방식을 생각해보자. 또한 우리는 해외에서 사업하는 기업이 내부적 다양성에 민감할 필요가 있음을 관찰했다. 해외 사업을 운영하는 기업은 대부분의 국가에 있는 사람들이 종종 다양한 문화의 구성원이며 어떤 경우에는 국내 그룹보다 특정 외국 그룹과 공통점이 더 많다는 점을 기억해야 한다.

상대주의 한 가지 관점은 사람들의 행동에 영향을 주는 국가별 차이를 수용하는 것이다. "로마에 가면 로마법을 따라야 한다"는 문구는 기원 후 4세기로 거슬러 올라가는 자주 인용되는 표현이고, 다른 환경에서는 현지 관습에 대한 존중의 차원에서 현지 관습에 적응해야 함을 의미한다.[17]

국제 환경에서 "로마에 가면 로마법을 따라야 한다"는 표현을 적용하는 것은 결정이 행동의 결과에 근거한다고 가정하는지 또는 옳고 그름에 대한 확고한 견해에 근거한다고 가정하는지에 달려 있다. **상대주의**(relativism)는 윤리적 진리가 특정 사회의 가치에 좌우되며, 사회 및 국가마다 다를 수 있다고 주장한다.[18] 상대주의에 내포된 의미는 누군가의 윤리적 가치를 다른 사람에게 주입하거나 강제하는 것이 적합하지 않을 수 있다는 것, 또는 외국인은 자신의 가치 및 신념과 일치하든 아니든 간에 현지의 가치와 윤리적 행동을 수용해야 한다는 것이다.

규범주의 반면 **규범주의**(normativism)는 행동이 다양한 문화적 가치에 영향을 받지만 전 세계 어디에서나 사람들이 수용해야 하는 보편적 기준이 있다고 주장한다. 심지어 미국과 같은 다원주의 사회에서도 많은 사람의 의견이 일치하는 핵심 가치와 기준이 있다.[19] 그러나 사람들은 다른 가치와 규범을 자신의 것으로 받아들일 수 있다. 핵심은 모든 사람에게 공통적인 것과 개인에게 고유한 것을 구별하는 것이다.

규범주의: 모든 문화가 따라야 하는 보편적인 행동 기준이 있다.

상대주의와 규범주의 간 균형 유지 기업과 기업의 직원들은 외국 비즈니스 환경에서 자신의 윤리적 원칙을 어떻게 구현해야 하는지에 대한 문제로 고민하고 있다. 자신의 윤리적 원칙이 보편적으로 유효한 '진리'를 반영하고 있는가?(규범적 접근법) 아니면 모든 장소에 고유한 '진리'가 있고 다르게 취급되어야 한다고 가정하며 현지 조건에 적응해야 하는가?(상대적 접근법)

많은 사람과 기업은 현지의 법적 요건이나 윤리적 규범과 상관없이 국내나 국외에서 반드시 지켜야 할 최소한의 사업 관행을 규정한다.[20] 사람과 기업의 최소한의 사업 관행은 정직과 공명정대 원칙에 뿌리를 둔 행위, '상식적 품위(ordinary decency)' 원칙에 기초한 행동으로 간주될 수 있다.[21]

개념 체크

2장에서 '문화 적응을 위한 지침'을 논의하면서 피투자국의 문화를 성공적으로 수용하는 것은 피투자국의 문화가 외국 문화를 수용할 의지가 있는지뿐만 아니라 외국 기업과 직원들의 문화 적응 능력에도 달려 있음을 보았다.

경영자는 정직과 공명정대 원칙을 보여야 한다.

윤리적 행동의 법적 토대

5-5 윤리적 행동이 다양한 법적 측면에 어떻게 영향을 받는지 설명한다.

사회적 책임은 주관적이고 모호한 인간의 판단을 요구한다.

개념 체크

3장에서 특정 국가의 법 체제는 포괄적인 법망을 통해 사회적 상호작용을 규제하는 기본적인 토대가 되는 제도라고 규정했다. 법 체제의 목표는 정치적 안정 및 사회적 안정과 공정하고 안전하며 효율적인 사업 환경을 보장하는 것이다.

윤리적 딜레마를 다루는 것은 수단(옳거나 그른 행위)과 결과(옳거나 그른 행위에 따른 결과)의 균형을 도모하는 것이다. 윤리적 행동에 대한 법적 토대는 윤리적 딜레마 상황에서 지침을 제시할 수 있지만, 법적 정당성은 도덕적 추론과 도덕적 행위(결과)에 대해 의무론적 접근법보다는 목적론적 접근법에 토대를 두고 있다. 그러나 법을 사용하는 데 한계가 있는 것처럼 법을 윤리적 행동의 기초적 잣대로 간주할 충분한 이유가 있다. 추가로 관심을 가져야 할 것은 다음과 같다. 누구의 법이 우선인가? 다국적 기업은 현지 법률만 신경 써야 하는가, 아니면 본사가 위치한 국가의 법률을 신경 써야 하는가? 만약 본국과 피투자국의 법률이 상충한다면 어떤 법률이 우선하는가?

법적 정당성: 장점과 단점

법적 논증에 따르면 개인이나 기업은 불법이 아닌 모든 것을 할 수 있다. 그러나 불법이 아닌 모든 것을 허락하는 것이 왜 적절하지 않은지에 관한 다섯 가지 이유가 있다.

1. 비윤리적이지만 불법적이지 않은 것도 있다. 예를 들어 일부 상호 간 행동은 법에 위배되지는 않지만 분명히 잘못된 행위일 수 있다.
2. 신흥국가에서 법의 발전은 더디다. 그리고 법의 입법과 법정에서의 검증에는 시간이 걸린다. 게다가 법은 이미 표면화된 문제에 대한 대응이기 때문에 미래에 발생할 수 있는 딜레마를 예측하지 못하는 경우가 있다.
3. 도덕에 대한 개념을 법 개념과 분리할 수 없기 때문에 법은 종종 부정확하게 정의된 도덕적 개념을 토대로 한다.
4. 법은 종종 법원의 철저한 조사가 필요하다. 특히 법원이 판례를 확립함으로써 법을 만드는 판례법이 이에 해당된다.
5. 법은 효율적이지 않다. 법률에서 '효율성'이란 아주 저렴한 비용으로 윤리적 행동을 구현하는 것이고, 적용법으로 모든 윤리적 행동에 대한 문제를 해결하는 것은 불가능하다.[22]

이와 대조적으로 윤리적 행동을 정당화하기 위해 법을 사용하는 것에도 몇 가지 타당한 이유가 있다.

모든 비윤리적인 것이 불법적인 것은 아니므로 윤리적 행위의 법적 정당성만으로는 부족할 수 있다.

법은 현지 문화 가치를 반영하고 있기 때문에 윤리적 행동의 좋은 기준이 된다.

1. 법에는 특정 국가의 도덕적 원칙이 다수 반영되어 있기 때문에 적합한 행동지침이 될 수 있다.
2. 법은 명확하게 정의된 규칙을 제시하고, 법을 준수하는 것은 최소한 수용 가능한 행동에 대한 좋은 선례가 된다.
3. 법은 누구에게나 적용되는 집행 가능한 규칙을 포함한다.
4. 법은 다수의 경험과 숙의에서 비롯된 합의를 나타낸 것이므로 세심하면서도 광범위한 논의를 반영한다.[23]

부패와 뇌물

5-6 부패와 뇌물이 문화, 법, 정치 세력과 어떻게 상호작용하는지 밝힌다.

뇌물은 부패의 한 측면이다. 부패의 결정 요인에는 문화적, 법적, 정치적 세력이 포함된다.[24] 국제투명성기구(Transparency International, TI)에서 정의한 부패는 "사적 이익을 위해 위임된 권한을 남용하는 것"이다. 공무원이 관련된 경우 정부 계약을 체결하기 위해 뇌물 수수가 발생할 수 있고, 공무원이 자신의 업무를 수행하게 하는 사소한 뇌물 수수가 발생할 수도 있다. 부패는 돈의 액수와 부패가 이루어지는 부문에 따라 크고, 사소하거나, 정치적일 수 있다.[25] 뇌물은 현금 또는 가치 있는 무언가를 지불하거나 지불하기로 약속하는 것이다.

정부 계약을 체결하거나 공무원이 공무를 수행하게끔 하기 위해 공무원 뇌물 수수가 발생한다.

뇌물은 현금 또는 기타 가치가 있는 무언가를 제공하거나, 제공할 것을 약속하는 행위이다.

그림 5.3은 180개 국가의 인지된 공공 부문 부패 수준을 식별하여 2018년 CPI에 대한 정보를 제공한다. 부패가 없는 나라는 없지만 가장 부패한 나라가 분쟁이 심한 지역, 특히 아프리카에 있는 경향이 나타난 것은 안타까운 일이다. 부패와 뇌물은 모든 소득 수준에서 발생하지만 빈곤은 분명한 문제이다. 부패와 뇌물 수준이 높아지는 것은 불안정한 정치 환경으로 이어질 수 있고, 현지 기업은 물론 외국인 투자자에게도 문제가 생길 수 있다. TI는 CPI뿐만 아니라 뇌물공여지수(Bribe Payers Index, BPI)도 발표하는데, BPI는 세계 상위 28개국 중 어떤 국가에 해외 사업을 위해 뇌물을 지불하는 기업이 존재할 가능성이 높은지를 식별한다. 최근 설문 조사에서 BPI는 러시아, 중국, 멕시코, 인도네시아, 아랍에미리트의 기업이 외국 정부 공무원이나 기타 민간 부문 기업에 뇌물을 제공할 가능성이 가장 높은 것으로 보고했다.[26] 그러나 BPI는 CPI와 같이 1년 단위로 발표되지 않기 때문에 BPI의 추세를 따라가기는 어렵다.

출처: Kaspars Grinvald/Shutterstock

▲ 뇌물을 거절하기 위해서는 기업의 행동강령과 옳은 일을 하기 위한 경영자의 도덕적 잣대가 종종 필요하다.

전 세계적 왜곡을 일으키는 부패

부패는 만연한 현상이다. 부패는 지역 정치인과 기업이 연관되어 발생하거나, 때로는 정치 시스템

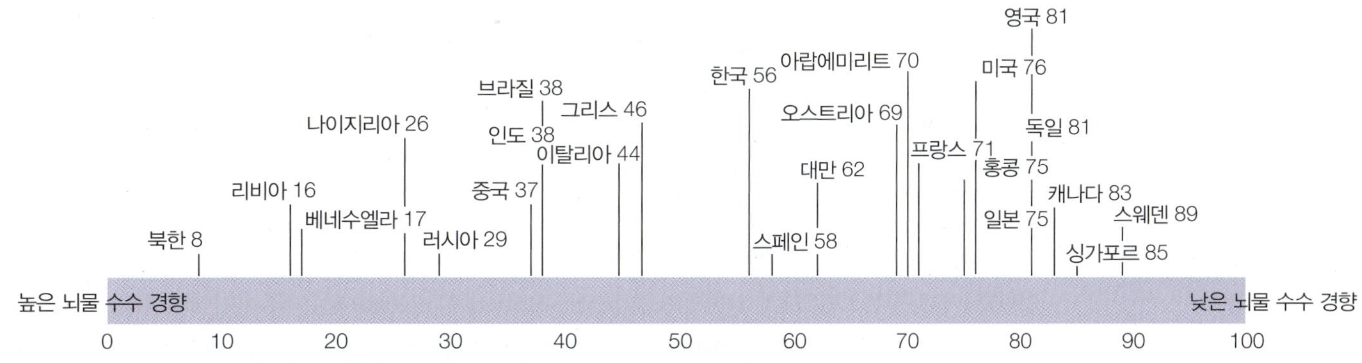

그림 5.3 뇌물 수수가 사업에서 관행적으로 이루어지는(그리고 이루어지지 않는) 국가

TI는 국가 전문가, 비거주자, 거주자에게 공공 및 민간 부문의 전반적인 부패 정도(뇌물의 빈도 그리고/또는 규모)에 대해 질문했다. 부패 척도는 0에서 100까지이며, 0은 해당 국가가 매우 부패한 국가로 인식되고 100은 매우 깨끗한 국가로 인식된다는 것을 의미한다. 각 수치에는 표본 국가가 나타나 있다.

출처: Transparency International, "TI Corruption Perceptions Index" (2018), transparency.org/cpi201 (February 22, 2019).

외부의 기업과 개인 간에 발생한다. CPI가 높은 국가뿐만 아니라 CPI가 낮은 국가도 부패가 만연할 수 있고, 부패에는 외국인이 포함될 수도 있다. 한 가지 예시는 브라질 국영 석유 기업인 페트로브라스(Petrobras)와 관련된 카워시(Car Wash, 세차) 스캔들이다. 카워시 스캔들로 인해 최소 30억 달러의 뇌물, 리베이트 및 자금 세탁이 드러났고, 기업 임원진, 집권당인 브라질 노동당, 50명 이상의 현직 정치인, 페트로브라스와 수익성이 좋은 계약을 체결하려는 많은 기업이 부패 스캔들에 연루되었음이 밝혀졌다. 브라질 하원 의장 및 브라질 대통령과 가까운 유력 상원 의원도 스캔들에 연루되었다.[27] 국제적으로는 영국 엔지니어링 그룹인 롤스로이스(Rolls-Royce)가 페트로브라스에 뇌물을 주고 계약을 따낸 혐의를 받았다.[28] 다른 외국계 엔지니어링 기업도 페트로브라스와 브라질 정당에 뇌물을 주고 서비스를 지나치게 과장한 혐의로 조사받고 있다. 페트로브라스의 부패 스캔들은 TI가 "부패를 드러내라(Unmask the Corrupt)"라는 캠페인을 위해 표적으로 삼은 9개의 스캔들 중 하나이다. 페트로브라스는 배상금으로 29억 5,000만 달러를 지불했다.

부패로 인한 결과

부패는 기업의 실적과 현지 경제 모두에 영향을 미친다. 예를 들어 높은 수준의 부패는 낮은 국가 성장률 및 낮은 1인당 소득 수준과 밀접한 관련이 있다.[29] 부패는 이를 묵인하는 정부의 권위를 약화할 수도 있다. 수년간 뇌물 스캔들은 수많은 국가 원수의 몰락을 초래했고, 많은 정부 관료와 기업 임원은 스캔들로 인해 투옥, 벌금 또는 사임하게 되었다. 지우마 호세프(Dilma Rousseff) 브라질 대통령은 2016년에 탄핵당했고 전임자인 루이스 이나시우 룰라 다 시우바(Luiz Inacio Lula da Silva)는 카워시 스캔들과 다른 뇌물 스캔들로 인해 13년형을 선고받았다. 게다가 부패 사실이 드러나면 기업과 국가 전체의 명예가 실추될 뿐 아니라 지역 및 글로벌 커뮤니티의 관점에서 다국적 기업의 정당성이 훼손된다.[30] 마지막으로 부패는 비용이 많이 들고, 부패로 인해 기업의 비용과 상품 가격이 부풀려진다. 그럼에도 불구하고 부패는 오늘날 국제 비즈니스와 정치가 직면한 힘겨운 난제 중 하나로 남아 있다.

부패에 어떤 조치가 취해지고 있는가

국제 비즈니스 관행으로서 뇌물 수수를 억제하기 위해 국제적·국가적 차원에서 많은 노력이 이루어지고 있다. 뇌물죄를 척결하려는 국제적인 노력은 경제협력개발기구(Organization for Economic Cooperation and Development, OECD), 국제상업회의소(International Chamber of Commerce, ICC), UN 부패방지협약(United Nations Convention Against Corruption, UNCAC)의 노력을 예로 들 수 있다. 문제는 그 어떤 협약도 법적 효력을 가지고 있지 않다는 것이다. 국제 협약은 부패의 핵심 현안을 파악하고 위반자를 조명할 수 있지만, 부패 근절을 위해서는 정부 주도의 법적 조치가 필요하다.

2022년 기준으로 OECD는 전 세계적으로 소득이 가장 높은 38개국이 가입한 국제 기구이다. 1997년에 체결된 OECD의 뇌물방지협약(Anti-Bribery Convention)은 국제 거래에서 외국 공무원에게 뇌물을 제공하는 행위를 처벌하는 법적 구속력을 가진 기준을 설립하고, 2009년 반부패 권고안(Anti-Bribery Recommendation)을 채택한 국가에 권고사항을 제시한다. 협약이 체결되기 전 오직 한 국가만이 외국 뇌물 수수를 범죄로 규정했고, 다른 나라 대부분은 외국 뇌물 수수를 합법적인 세금 공제 비용으로 처리했다. 물론 권고안의 비중이 높아지기 위해서는 회원국이 권고안을 국내법으로 해석해 제정하고, 올바르게 집행해야 한다.[31] 예를 들어 TI의 2015년 연구에 따르면 서명국 중 4개국에서만 권고안의 적극적인 집행이 이루어지고 있고, 6개국에서는 온건한 집행이 이루어지고 있으며, 29개국에서는 집행이 제한적이거나 거의 또는 전혀 시행되지 않는 것으로 나타났다.[32] 그러나 OECD는 2009년 국제 비즈니스 거래 시 외국 공무원에 대한 뇌물 제공 방지를 위한 권고(2009 Recommendation for Further Combating Bribery of Foreign Public Officials in International Business)를 2018년 12월부터 검토하기 시작하면서 권고안을 계속해서 강화하고 있다. 해당 권고안에 대한 검토는 2021년 11월 26일에 공표되었다.[33]

유럽연합 EC는 EU가 2007년 EU 정상회의(European Council), 유럽의회(European Parliament), 유럽경제사회위원회(European Economic and Social Committee)에 보낸 전문에서 규정한 반부패 대책을 지원하기로 결정했다. EC는 반부패 대책에 대한 지원으로 UN의 부패에 대한 공식 개념을 도입했고, 국제 협약을 바탕으로 하는 많은 정책을 지원했다. 또한 EU와 관련된 기업 및 개인 부패에 관한 업무와 위원회 모든 부서의 활동에 대한 내부 감사 서비스를 수행하는 EU 부패방지총국(European Anti-Fraud Office, OLAF) 활동을 승인했다. EU는 구체적인 반부패 법안은 없지만 회원국이 높은 기준을 채택하고 따르도록 권장하고 있다. 가장 최근의 EU 반부패 리포트(EU Anti-Corruption Report)에서 EU는 부패로 인해 연간 1,200억 유로의 비용을 지출하며 부패 퇴치를 위한 노력이 EU 전체에서 매우 고르지 못하므로 국가 입법의 중요성에 주목했다.[34]

국가적 차원의 이니셔티브: 미국 많은 국가에서 국제 모범 사례를 활용하여 자체적인 반부패 이니셔티브를 수립했다. 한 가지 예시는 미국이다. 미국이 외국의 부패에 관여하는 방법은 여러 가지가 있다. 예를 들어 **미국 해외부패방지법**(Foreign Corrupt Practices Act, FCPA)은 미국 기업이 외국 공무원, 성당, 정당 관계자 및 정치 후보자에게 뇌물을 제공하는 것을 금지한다. FCPA의 적용 범위는 1998년에 미국에서 운영되는 외국 기업의 뇌물 수수를 포함하도록 확장되었다. FCPA는 미국에 등록된 기업뿐만 아니라 미국 증권거래소에 상장된 외국 기업에도 적용된다.

미국 해외부패방지법(FCPA)은 뇌물 수수를 불법으로 규정하는 미국 법률이다. FCPA는 국내 또는 해외 사업 부문과 기업의 직원 및 해외 대리인에게 적용된다.

합법적인 거래를 신속하게 처리하기 위해 공무원에게 금전을 지급하는 것은 합법이지만(공식적으로는 **급행료**라고 하지만 때때로 스피드 머니 또는 **윤활유 지급**이라고도 한다), 해당 거래에 직접적으로 책임이 없는 공무원에게는 금전을 지급할 수는 없다. 실제로 1988년 FCPA의 수정안은 뇌물의 정의에서 **급행료**를 제외했다. 예를 들어 합법적인 상품의 통관을 위해 세관원에게 금전을 지불하는 것은 합법적이지만, 세관원에게 영향력을 행사하기 위해 정부 장관에게 금전을 지불하는 것은 합법적이지 않다.

미국 증권거래위원회(U.S. Securities and Exchange Commission, SEC)와 미국 법무부는 글로벌 부패가 미국의 공무원에게 영향을 미치지 않는 경우에도 글로벌 부패와의 전쟁에서 역할을 수행한다. 예를 들어 스위스에 본부를 둔 축구 관리 기구인 FIFA와 관련된 약 1억 5,000만 달러의 뇌물 수수 스캔들이 일부 스캔들 당사자가 미국 내 소득세 탈세와 자금 흐름을 용이하게 하기 위해 미국 금융 시스템을 사용했기 때문에 미국 법무부에 의해 밝혀졌다. 심지어 미국에 본사를 둔 나이키(Nike)도 브라질 축구 연맹에 대한 뇌물 수수 가능성이 있다는 혐의로 도마에 올랐다. 그러나 나이키에 대한 혐의는 외국 정부와 관련이 없기 때문에 FCPA에 의해 기소되지 않았다. FIFA 스캔들은

전 세계적으로 퍼져 나갔고, FIFA 회장은 사임했다.[35]

사베인-옥슬리법(SOX)은 효과적인 기업 지배 구조, 재무 기록 공개, 회계 감독을 통해 부패를 방지하는 데 일조한다.

미국의 또 다른 주요한 법제화 노력은 유명한 기업 스캔들의 유행에 대한 대응으로, 2002년에 통과된 사베인-옥슬리법(Sarbanes-Oxley Act, SOX)이다. SOX는 기업 지배 구조, 재무 공시, 강력한 내부 통제, 회계 및 감사 업무 감독에 관한 기준을 강화했다. SOX가 통과되면서 미국 법무부는 뇌물 수수 퇴치를 위해 FCPA를 더욱 적극적으로 활용하기 시작했다.

윤리와 환경

5-7 환경 문제 해결을 위한 정부와 기업의 역할을 요약한다.

천연자원을 채취하거나, 대기 오염이나 수질 오염을 유발하거나, 자동차와 같이 오염물질을 발생시키는 제품을 생산하는 기업은 환경에 미치는 영향에 관심을 가져야 한다.

이 절에서는 대기와 수질 오염, 지구 온난화 등 공해의 맥락에서 환경을 더욱 면밀히 살펴보자. 세 가지 모두 기업의 정책 및 전략에 중요하다. 기업은 물을 비효율적으로 사용하여 물 부족을 유발할 뿐만 아니라 산업 폐기물을 수계로 처리하며 수질 오염을 야기할 수 있다. 대기 오염과 지구 온난화는 연관성이 있지만 지구 온난화를 일으키는 주요한 온실가스(greenhouse gas, GHG)는 이산화탄소인 반면, 대기 오염은 오존, 이산화황, 질소산화물, 미립자 등의 영향을 더 많이 받는다. 대기 질 면에서는 인도, 파키스탄, 방글라데시, 중국이 가장 나쁘고, 세계 10대 오염 도시 중 7곳이 인도에 있다.[36] 선진국에서는 산업 쇠퇴와 청정 대기 정책으로 대기 오염이 감소했음에도 주요 현안은 여전히 남아 있다. EU는 매년 40만 명 이상의 유럽인이 대기 오염으로 인해 조기에 사망하며 대기 오염으로 인한 건강 문제가 GDP의 3~7%를 차지하는 것으로 추산된다.[37] 전 세계가 지구 온난화로 어려움을 겪고 있지만, 대기 오염에도 여전히 대응해야 한다.

도입 사례에서 보았듯이 의류 대기업은 환경의 미래뿐만 아니라 자사의 미래를 보호하기 위한 문제로서 환경적 책임을 인식하게 되었다. 기업은 다양한 방법으로 환경 파괴에 기여한다. 예를 들어 일부 기업은 제조 중에 공기, 토양, 물을 오염시키거나, 화석 연료 오염물질을 대기로 방출하는 자동차나 전기와 같은 제품을 만든다.

천연자원을 추출할 때도 기업은 환경에 직접적이고 명백한 영향을 미친다. 그러나 제조와 천연자원 추출 등의 기업 활동이 환경에 미치는 모든 문제가 반드시 명확하지는 않다. 물론 일부 자원(예: 광물, 가스, 석유)은 재생 가능하지 않을 수 있지만, 다른 일부 자원(예: 목재)은 재생 가능하며, 일각에서는 자원이 결코 희소해질 수 없다고 주장하기도 한다. 그 이유는 무엇인가? 자원이 희소해지면 가격이 상승하고 기술이나 대체품이 해당 자원을 보충하기 때문이다.

'지속가능성'이란 무엇인가

지속가능성은 사람과 환경을 위해 무엇이 최선인지를 고려하면서 미래 세대가 니즈를 충족할 능력을 훼손하지 않고 현 세대의 니즈를 충족하는 것을 의미한다.

지속가능성(sustainability)은 미래 세대가 니즈를 충족할 능력을 훼손하지 않으면서 현 세대의 니즈를 충족하는 것을 의미한다. 이 절에서는 환경적 지속가능성의 관점에서 지속가능성의 개념을 사용할 것이다. 지속가능성 개념의 지지자들은 지속가능성이 사람과 환경 모두에 무엇이 최선인 것인지를 고려한다고 주장한다. 환경에 영향을 미치는 기업이 지구에 책임감 있는 행동, 즉 문화적 영향력과 법적 영향력을 모두 가진 책임에 대한 정책을 수립하는 것은 중요하다.

지속가능성은 더 이상 단순히 바람직한 비즈니스 관행이 아니다. 환경적 책임과 수익성을 결합한 새로운 비즈니스가 등장하고 있다.

하지만 지속가능성이 바람직한 비즈니스 관행일 뿐만 아니라 좋은 비즈니스가 되는 것이 가능할까? GE는 강력한 지속가능성 정책을 채택하는 것이 사업적으로 합리적이라는 것을 밝혔다. 그러나

GE는 방대한 자원을 마음껏 사용하고 있기도 하다. 하지만 심지어 본 글로벌(born-global) 기업도 지속 가능한 전략을 채택하는 동시에 수출 수익을 창출할 수 있다.

지구 온난화와 기후 변화에 대한 파리협정

2015년 12월 파리에서 열린 유엔기후변화협약(United Nations Framework Convention on Climate Change, UNFCCC)의 핵심은 우주로 방사될 열을 가두고 지구를 따뜻하게 만드는 온실 지붕과 같은 역할을 하는 이산화탄소 및 기타 가스의 증가로 인해 지구의 기후 변화가 발생한다는 것이다. 만약 이산화탄소 배출이 감소 및 통제되지 않는다면 기온 상승은 극지방의 만년설을 녹이고, 해안 지역에 홍수를 일으키고, 폭풍의 패턴을 바꾸고, 농가 생산량을 줄이고, 가뭄을 일으키고, 심지어 식물과 동물종을 멸종시키는 재앙적인 결과를 초래할 수 있다.[38]

지구 온난화는 열을 빠져나오게 하기보다는 대기 중에 가두는 온실가스의 방출로 인해 발생한다.

하지만 2016년 11월에 발효된 파리협정으로 모든 것이 달라졌다. 당시 187개국이 산업화 이전 대비 지구의 평균 기온 상승폭을 2℃로 유지하며 1.5℃까지 달성할 것을 합의했고, 21세기 후반까지 온실가스 배출 제로 목표를 달성하기 위해 노력하기로 합의했다.[39] 국가들 간 합의에는 온실가스 배출의 두 가지 주요 원인인 전기와 교통수단에서의 화석 연료 사용에서 벗어나 태양열이나 풍력과 같은 지속 가능한 에너지로 전환하는 것이 포함되었다. 야심 차지만 실현 가능성이 낮은 목표를 달성하기 위해 개발도상국가를 포함한 모든 국가가 자발적 국가결정기여(Intended Nationally Determined Contributions, INDCs)라는 목표를 설정했다. 게다가 선진국은 개발도상국이 기후 변화에 적응할 수 있도록 개발도상국에 2020년까지 연간 1,000억 달러를 지원하기로 합의했다. 파리협정은 온실가스 배출의 대기 중 농도를 안정시킬 뿐만 아니라 인류가 기후에 미치는 부정적인 영향을 피하기 위한 방법을 논의했다. 후자의 큰 목표는 인도네시아와 브라질 같은 국가에서 삼림 벌채와 산림 황폐화를 줄이는 것이다. 숲이 사라지는 것은 온실가스 배출에 기여하며, 이산화탄소를 흡수하고 저장하는 주된 자연적 방법이 사라지는 것이다.[40] 주요 온실가스 배출국 중 하나인 미국은 2015년 미국 대통령의 행정명령으로 파리협정에 서명했다. 그러나 2017년 선거 이후 미국은 파리협정에 대한 모든 활동을 중단하겠다고 발표했다. 협정에 따라 미국은 협정에 서명한 지 4년이 경과할 때까지 탈퇴할 수 없으므로 가장 빠른 협정 탈퇴 날짜는 2020년 11월 4일이다. 그러나 2021년 조지프 바이든(Joseph R. Biden) 대통령 취임 첫날 파리협정 재가입을 비롯한 기후 변화 대응을 위한 행정명령에 서명했다.

187개국이 참여한 파리협정은 산업화 이전 대비 지구의 평균 기온 상승폭을 2℃로 유지하기 위한 온실가스 배출 감축 정책을 목표로 한다.

지구 온난화를 늦추기 위한 파리협정의 성공은 공공 부문과 민간 부문 두 가지 원천에서 비롯되어야 한다. 첫 번째 원천인 공공 부문의 문제는 국가가 여전히 에너지 공급을 위해 화석 연료에 크게 의존하고 있다는 것이다. 석탄 사용을 없애기 위해 필사적으로 노력하는 독일조차 재생 에너지가 독일 에너지 공급에서 차지하는 비중이 기존 6%에서 2018년에는 33%로 높아졌음에도 불구하고 여전히 에너지 수요의 37%를 석탄에 의존하고 있다.[41] 재생 에너지에 대한 의존은 긍정적인 변화이지만, 전문가들은 화석 연료 사용을 없애기까지는 아직 남은 과제가 많다고 지적한다. 따라서 온실가스 배출은 가까운 미래에도 여전히 문제가 될 것이다. 2015년 중반 이후 유가 하락으로 인해 에너지 공급을 태양광과 풍력 에너지로 전환하는 것은 상당한 정부 보조금을 필요로 할 것이다. 두 번째 원천은 민간 부문이다. 민간 부문 해결책의 일부는 전기 자동차와 같이 전기를 사용하는 제품을 개발하는 것뿐만 아니라 기술 향상을 통해 온실가스 배출량을 줄이는 것이다. 안타깝게도 세계는 여전히 화석 연료를 사용해 전기를 생산하는 발전소에 의존한다. 이해관계자는 기업이 탄소이력을 줄이도록 압박하고 있지만, 기업의 성장을 위한 정부 보조금과 외부 투자자로부터 자금 조달 없이 기업이 대체 에너지원 개발에 막대한 투자를 하도록 유인하는 것이 주요 과제가 될 것이다. 투자자는 대체 에너지에 실현 가능한 수익이 보이지 않으면 재생 에너지 부문에 투자하지 않는다. 2018년 캘리포니아 산불의 원인이 된 PG&E의 장비 문제로 인해 PG&E의 잠재적인 부채에 대한 우려가 생겼고, 잠재적 부패에 대한 우려에 대응하여 PG&E의 주가가 폭락하면서 캘리포니아 공익사업 기업인 PG&E가 파산한 것이 좋은 예시이다. PG&E는 재생 가능 에너지 사용 증가와 ESG(Environmental, Social, and Governance) 지표에서 좋은 평판을 받아 투자 커뮤니티에서 높은 점수를 받았지만, 투자자들은 위험한 것에는 충분한 관심을 기울이지 않았다.[42]

마지막으로 다국적 기업은 여러 국가의 다양한 표준에 적응해야 한다. 예를 들어 미국, 독일, 중국에서 사업을 운영하거나 공장을 두고 있는 유럽과 미국의 다국적 기업은 다양한 규제 환경에 직면한다. 한편 책임감 있는 기업 행동에 대한 **법적 접근 방식**은 다국적 기업이 현지 법률에 따라 현지의 환경 표준을 채택해야 한다고 말한다. 반면 **윤리적 접근 방식**은 기업이 만족시켜야 할 이해관계자가 많다는 점을 감안하면 기업이 온실가스 배출량을 줄이는 데 필요하고 경제적으로 실현 가능한 모든 조치를 취하기 위해 법을 넘어서야 한다고 촉구한다.

근로 조건의 윤리적 딜레마

5-8 다국적 기업이 국제 노동 문제를 어떻게 해결해야 하는지 이해관계자에게 설명한다.

오늘날 다국적 기업이 직면한 주요 과제는 해외 사업장이나 외주 공급사슬에서 외국인 노동자의 근로 조건이다. 근로 조건은 다국적 기업이 일반적으로 생산량의 상당 부분을 외국의 독립적 기업에게 위탁하는 소매, 의류, 신발, 전자 제품 및 농업 산업에서 특히 중요하다.

다국적 기업이 신흥국의 독립적인 제조업체와의 거래 또는 FDI 과정에서 연관되는 주요한 노동 문제는 공정한 임금, 아동 노동, 노예 노동, 노동 조건, 노동 시간, 결사의 자유이다.

노동 관련 윤리적 처우에 관한 관심은 기업과 직접적으로 관련되어 있을 뿐만 아니라 기업의 공급업체를 통해서도 간접적으로 다루어진다. 기업이 노동자를 보호하기 위한 정책을 채택하고, 노동자 보호 정책과 실효성을 주주들에게 공개해야 한다는 압력이 거세지고 있다. 그림 5.4는 기업이 해외 사업장에서 책임감 있는 근로자 관련 관행을 채택하도록 장려하기 위해 외부 이해관계자가 기업에 가하는 여러 압력을 보여준다. 근로자에 관련된 우려를 제기하는 안건은 다양한 기구에 의해 확인되는데, 주로 UN에 기반을 둔 국제노동기구(International Labour Organization, ILO), 유엔글로벌콤팩트(UN Global Compact, UNGC), 윤리적 무역 이니셔티브(Ethical Trading Initiative, ETI)와 2010년 캘리포니아 공급사슬 투명성 법률(California Transparency in Supply Chains Act of 2010) 등 이상의 국제 기구를 벤치마킹한 여러 기구를 중심으로 한다. 다국적 기업의 고용 관행에 초점을 맞추며 국제노동기구와 동일한 기준을 채택한 영국의 ETI는 근로자 문제에 대한 보다 구체적인 항목을 개발했다. 갭(GAP), 인디텍스, H&M, 막스앤드스펜서(Marks & Spencer), 더바디샵(The Body Shop International) 등의 대표뿐만 아니라 노동조합과 NGO, 정부의 대표들도 ETI의 회원으로 참여한다. ETI의 목적은 기업이 윤리적 고용 정책을 채택하게 하고 해외 공급업체의 준수 여부를 감독하는 것이다. ETI 기본 규범은 다음의 문제를 파악한다.

다국적 기업은 직원의 비윤리적 행동에 대해 전적으로 책임져야 하는가?

POINT

그렇다. 하지만 부패가 어디서 시작되며 누가 무엇을 아는지 파악하는 것은 어렵다. 2015년 9월 18일, 미국 환경보호국(U.S. Environmental Protection Agency, EPA)은 세계 최고의 자동차 제조사 중 하나이자 유럽에서 가장 큰 독일 자동차 기업인 폭스바겐 AG(VW) 차량에 스모그 배출 테스트의 기준을 회피할 수 있는 소프트웨어가 탑재되어 있으므로 미국에서 50만 대 이상의 차량에 대하여 리콜을 명령할 것이라고 발표했다. VW 차량에 탑재된 소프트웨어는 자동차가 테스트되고 있는 시점을 인식하고 배기가스 배출량을 조절한다. 그러고 나서 자동차가 테스트받지 않을 때는 소프트웨어가 배기가스 배출량을 조절하지 않았고, 운전 성능과 연비가 향상되었다. 일반적인 주행 조건에서 VW 차량은 미국 정부 규정이 허용하는 오염물질의 최대 40배를 배출하는 것으로 추정되었다. VW는 배기가스 검사를 조작하기 위해 고안된 소프트웨어가 수백만 대의 차량에 설치되었다고 발표했다.[43] 결국 배기가스 조절 소프트웨어 설치 사건은 VW의 다른 브랜드인 아우디(Audi)와 포르쉐(Porsche)의 특정 모델로 확산되었다. 어떻게 이런 일이 일어날 수 있었을까? VW 사건에는 몇 가지 매우 흥미로운 측면이 있다. 유럽과 미국의 서로 다른 규제 환경과 미국 시장, 특히 미국의 디젤 자동차 시장 점유율을 높이려는 VW의 열망, 그리고 누가 무슨 일이 일어나고 있는지 알고 있는가를 파악하기 위한 규제 기관과 VW의 노력이 바로 그것이다.

정말 아이러니한 것 중 하나는 2014년 지속가능성 보고서에서 VW가 친환경 제품을 판매하고 있으며 이산화탄소, 질소산화물 및 기타 오염물질 배출 가이드라인을 충족한다고 밝힌 것이다. 또한 VW는 GRI(Global Reporting Initiative, G4), 유엔글로벌콤팩트, 독일지속가능성규정(German Sustainability Code)을 준수하고 있다고 밝혔다. 선도적인 글로벌 공공회계법인 중 하나인 PwC(PricewaterhouseCoopers)는 VW의 2014년 지속가능성 보고서가 정확하다고 인증했다. VW는 기업이 높은 기준에 따라 운영되고 있다고 주장했을 뿐만 아니라 직원들에게 기업이 무엇을 지향하는지 확실하게 이해할 수 있게 하는 프로그램도 갖추고 있었다.

법률과 규제 시스템이 다른 점도 미국과 독일 이해관계자의 차이에 기여했다. VW이 독일 기업이라 EU의 규제 환경 아래 있다는 점을 고려하면 VW은 미국의 규제 요건은 위반했지만 유럽의 규제요건은 위반하지 않았다고 주장했다. VW의 소프트웨어가 미

COUNTERPOINT

아니다. VW은 전 세계적으로 판매되던 일부 디젤 차량에 임의조작 소프트웨어를 설치한 책임을 분명히 져야 한다. 그러나 해당 사건은 누구의 책임인가? VW의 엔진과 변속기의 책임자인 볼프강 하츠(Wolfgang Hatz)는 VW 스캔들의 핵심 인물 중 한 사람이다. 2015년 9월 스캔들이 발생했을 때 하츠는 VW에서 정직된 직원 중 하나였다. 하츠가 VW에서 가장 먼저 고민한 것 중 하나는 캘리포니아의 엄격한 오염 방지 요건을 충족하는 디젤 엔진을 개발할 방법을 찾아내는 것이었다. 하츠는 포르쉐를 포함한 VW의 브랜드 중 하나인 아우디에서 동일한 직책으로 고용되었다. 하츠는 빠른 자동차를 좋아했고, 배기가스 배출 요건을 충족하기 위해 VW이 더 많은 디젤 자동차를 미국에 도입해야 한다는 것을 인식했다. 그러나 미국 운전자가 원했던 강력하고 매력적인 차량을 어떻게 개발할 수 있었을까? 디젤 차량은 연비가 좋고 온실가스 배출량이 적지만 스모그를 일으키는 오염물질을 더욱 많이 발생시킨다. VW에서 고려했던 전략은 새로운 기술을 개발하기 위해 메르세데스 벤츠(Mercedes-Benz) 및 BMW와 제휴를 맺는 것이었지만, 하츠와 VW의 다른 직원들은 비용이 적게 드는 대안을 개발하기를 원했다. 그러나 새롭게 개발한 대안이 오염물질 배출 요건을 충족하지 못할 것이라는 사실은 분명했다. 미국 시장에서 디젤 차량의 판매량을 늘리기 위한 전략을 축소하기보다는 속임수를 쓰기로 결정했다.

하지만 누가 임의 조작 소프트웨어를 도입하려는 계획의 배후에 있었는가? VW의 내부고발자는 이산화탄소와 연비 조작을 공개했고, EPA는 미국 내 오염물질에 대한 임의 조작 소프트웨어 전략을 밝혀냈다. VW은 스캔들에 관한 어떠한 것이라도 밝혀낼 수 있다면 누구든지 사면하기로 결정했다. 스캔들로 인해 수감된 첫 번째 사람은 다른 VW 경영진과도 연루된 VW 엔지니어였다. 2016년까지 5명의 전직 임원이 기소되었고, 2018년 5월에는 VW의 전 CEO가 임의 조작 소프트웨어 전략 사용을 승인한 혐의로 기소되었다.[45]

스캔들 사건에서 정보 제공에 대한 사면을 결정하는 것은 비교적 드문 일이지만, 지멘스(Siemens) 뇌물 사건이 발생한 2008년에도 비슷한 일이 있었다. 지멘스 뇌물 사건에서 지멘스는 이탈리아, 그리스, 아르헨티나, 사우디아라비아와 같은 국가의 공무원에게 뇌물을 제공하려고 가짜 컨설팅 계약을 통해 모은 자금을 '검은 돈(black accounts)'으로 은닉한 것이 확인되었다. 조사 결과 밝혀진 것 중 하나는 지멘스가 부패 문화를 조성했다는 것이다. 비록 VW의 사례가 뇌물 수수를 수반하지는 않지만 VW 사례는 판매 증진을 위해 누군

국에서는 불법이었지만 유럽에서는 불법이 아니었을 가능성이 있을까? 미국과 EU는 기준이 다를 뿐만 아니라 시험 절차도 다르다. 미국에서 캘리포니아는 엄격한 오염 방지 규제 환경을 갖추고 있으며, VW은 디젤 엔진 차량의 판매를 늘리기 위해 캘리포니아에서 성공을 거두기 위한 방법을 찾아야 한다는 것을 인식했다. 또한 미국 규제 당국은 자동차 제조사의 주장이 정확한지 확인하기 위해 자체적으로 테스트를 수행하는 반면, 유럽 규제 당국은 테스트와 검증을 제조사에게 위임한다.[44] VW은 미국 고객을 잃지 않기 위해 임의 조작 장치가 설치된 디젤 엔진 차량을 구매한 고객에게 보상금을 지급했다. 물론 보상금 지급은 집단소송을 허용하는 미국의 법적 환경과 관련이 있을 것이다. 집단소송은 유럽에서는 상대적으로 알려지지 않았으며, 특히 VW은 유럽의 어떠한 법률도 위반하지 않았다고 생각하기 때문에 유럽 고객에게는 보상금이 지급되지 않았다.

가가 미국과 유럽의 규제 요건을 위반하는 것을 쉽게 생각했다는 점에서 분명히 부패 행위와 관련이 있다. VW의 회장인 한스디터 포치(Hans-Dieter Potsch)가 언급했듯이 "규정 위반에 대한 묵인이 있었다. 규정 위반은 일회성 실수가 아니라 발생하도록 용인된 일련의 오류였다는 것을 입증한다."[46] 배기가스 조작 스캔들의 결과로 VW는 200억 달러 이상의 벌금과 위약금을 지불했다. 높은 수준의 기업 행위에 대한 VW의 헌신에 관해 우리가 알고 있는 것을 고려한다면 누군가가 나서서 '아니요!'라고 말하지 않은 이유는 무엇인가?

문제

만약 당신이 규제 기관과 소비자에게 온실가스 및 오염 배출에 대한 정확한 데이터를 제공하는 것을 피할 수 있는 VW의 소프트웨어 개발 프로젝트를 진행해야 한다면 거절할 수 있겠는가? 그 이유에 대해 설명하라.

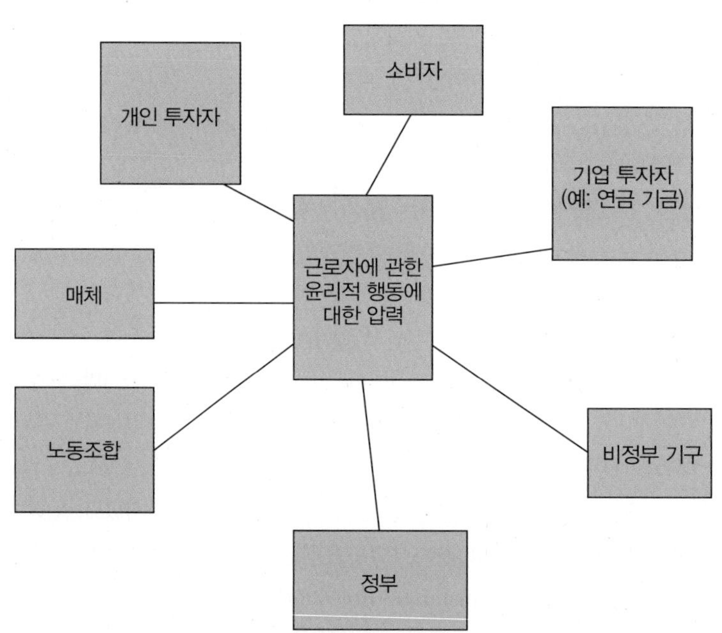

그림 5.4 글로벌 공급사슬에서 근로자가 겪는 압력의 원천

1. 직장은 자유롭게 선택할 수 있다.
2. 결사의 자유가 있다.
3. 작업 환경이 안전하고 위생적이다.
4. 아동 노동을 사용해서는 안 된다.
5. 생활 임금이 지급된다.
6. 근무 시간이 과도하지 않다.
7. 차별이 없다.
8. 정규직 채용이 제공된다.

9. 가혹하거나 비인간적인 처우는 허용되지 않는다.[47]

ETI에서 파악한 모든 문제가 중요하지만 강제 노동, 현대 노예 제도, 인신매매, 아동 노동을 비롯한 여러 문제가 있다.

아동 노동에 관한 몇 가지 매우 간단한 사례부터 살펴보자.

- 인도 카펫 산업에서 아이들을 고용하는 것에 대한 두 가지 논거가 있다. ① 특정 업무에서는 아이들이 어른보다 더욱 적합하다. 그리고 ② 아이들이 고용되지 않는다면 아이들의 상황은 더욱 악화될 것이다. 실제로 인도의 아이들은 부모가 가족을 부양할 충분한 능력이 없기 때문에 종종 작업 현장에 투입된다. 만약 부모가 빚을 갚지 못하면 아이들이 채권자를 위해 일해야 한다.
- 1990년대에 빈곤한 아시아 국가인 방글라데시는 수천 명의 아동 노동자 고용을 중단하지 않으면 미국의 무역 제재가 가해지는 압력을 받았다. 방글라데시가 아동 노동 중단에 대한 압박을 직면하면서 방글라데시 아이들의 상황은 오히려 더욱 나빠졌다. 예를 들어 5,000~7,000명의 어린 소녀는 공장 노동을 하다가 매춘을 하게 되었다.[48]

국제노동기구(ILO)에 따르면 5~17세 아동 고용은 2억 1,800만 명에 달한다.[49] 국제노동기구는 아동 노동이란 무엇이고 아동 노동의 가장 나쁜 형태는 무엇인지를 설명하는 매우 구체적인 지침을 가지고 있다. 특히 아동 노동의 최악의 형태는 노예 제도와 매춘, 즉 아동의 건강, 안전, 도덕에 위협이 되는 암묵적인 활동이다. 국제노동기구 지침은 최소 12~14세의 아동은 건강에 해롭지 않고 주 14시간 미만이며 학업에 지장을 주지 않는 '가벼운' 업무에 채용될 수 있다고 명시한다. 18세 미만의 모든 어린이는 가장 가혹한 노동 조건으로부터 보호되어야 한다.[50]

노예와 인신매매에 대한 우려는 단순한 아동 노동보다 더 큰 문제를 포함한다. 국제노동기구는 노예와 인신매매를 "자발적으로 지원하지 않으며 불이익에 관한 위협 아래 이루어지는 모든 작업 또는 서비스"라고 정의했다.[51] 노예와 인신매매 문제는 다국적 기업의 해외 시설보다는 공급사슬상에서 더욱 많이 발생하는 경향이 있고, 계약 생산업체에서도 발생할 수 있다.

다국적 기업이 할 수 있는 일과 할 수 없는 일

다양한 어려움이 있지만 다국적 기업이 해외 시설의 노동 관련 문제에 어떠한 영향력도 행사할 수 없는 것은 아니다. 스웨덴 소매업체인 이케아(IKEA)는 대규모 아동 노동에 크게 의존하는 현지 기업으로부터 카펫을 구입하여 인도에서 곤경에 처하자 공급업자에게 아동 착취를 중단하도록 강요하기보다는 두 가지 문제를 발견하고 해결하기 위해 노력했다. 첫째, 이케아는 워킹맘이 자녀를 담보로 잡고 있는 고리대금업자의 손아귀에서 벗어날 수 있도록 가계 수입을 높이는 데 도움을 주었다. 둘째, 이케아는 작업 현장에 투입된 아이들이 1년 안에 주류 교육 채널에 들어갈 수 있도록 '브릿지 스쿨'을 설치했다.[52]

흔히 노동 정책이 매우 다른 국가에서 활동하는 다국적 기업은 시장에서 철수하도록 하는 압력에 굴복하게 된다. 일반적으로 기업이 시장을 떠나도록 압박하는 것은 근시안적인 결정으로 나타난다. 예를 들어 연구에 따르면 이케아와 같은 기업은 해외 시설에서 근무하는 근로자의 환경을 상당히 개선했다.[53]

어떤 기업은 아동 노동이 이루어지는 국가에서 사업을 운영하는 것을 피하는 반면, 어떤 기업은 아동 노동이 이루어지는 국가에서 책임감 있는 정책을 수립하기 위해 노력한다.

기업의 윤리강령: 기업은 어떻게 행동해야 하는가

5–9 다국적 기업이 책임감 있는 기업 활동을 하는지 우려하는 이해관계자를 대응하는 데 행동강령이 어떻게 도움이 되는지를 설명한다.

기업 책임경영의 동인

윤리적이지 않고 책임감 없는 행동은 다음과 같은 상황을 초래할 수 있기 때문에 기업은 책임감 있는 행동을 해야 한다.

- 법적 제재
- 소비자 보이콧 야기
- 직원 사기 저하
- 기업 평판 악화로 인한 매출 감소

기업의 책임감 있는 행동을 유도하는 동기는 일반적으로 네 가지가 있다.

1. 비윤리적이고 무책임한 행동은 특히 재정적 관리부실(financial mismanagement), 뇌물 수수, 제품 안전과 같은 분야에서 **법적 공방**을 야기할 수 있다.
2. 비윤리적이고 무책임한 행동은 보이콧과 같은 **소비자 행동**을 초래한다.
3. 비윤리적인 행동은 **직원의 사기**에 영향을 줄 수 있다. 반대로 책임감 있는 행동은 본사와 해외 시설 모두에서 직원들에게 긍정적인 영향을 미칠 수 있다.
4. **기업의 평판 악화**가 어느 시점에 매출에 부정적인 영향을 미칠지 파악할 수 없다. 기업 평판 악화의 불확실성에 대한 우려는 많은 글로벌 의류 기업이 개발도상국에서의 불공정 고용 관행에 대한 비판에 빠르게 대응한 이유 중 하나일 것이다.

행동강령 개발

기업이 윤리적이고 사회적으로 책임감 있는 행동을 하기 위한 전략에서 중요한 구성 요소는 행동강령이다.

행동강령(code of conduct)은 윤리적이고 사회적으로 책임감 있는 기업 활동을 위한 전략의 주요한 구성 요소이다. 국제적 운영의 맥락에서 행동강령은 외부와 내부라는 두 가지 관점이 있을 수 있다. 행동강령은 기업이 어떻게 운영되어야 하는지에 대한 일반적인 지침을 제공한다는 점에서 유용하다. 기업의 실무적 과제는 기업이 다양한 조직의 강령에 익숙해지며 자체적인 **내부 행동강령**을 만드는 것이다.

행동강령에는 네 가지 차원이 있다.

- 기업이 활동하는 어디서든지 준수되어야 하는 글로벌 정책을 수립한다.
- 행동강령을 직원과 공급업체, 하도급 업체에 전달하여 소통한다.
- 기업의 정책이 이행되도록 한다.
- 외부 이해관계자에게 결과를 보고한다.

무엇이 좋은 내부 행동강령을 만들 수 있을까? 다음은 좋은 내부 행동강령을 위한 네 가지 기준이다.

1. **기업의 모든 직원이 어디서든 준수해야 하는 글로벌 정책을 수립한다.** 핀란드의 휴대전화 기업인 노키아(Nokia)가 공표한 행동강령이 좋은 예시이다. 노키아의 행동강령은 강령이 어떻게 수립되었는지, 누가 승인했는지, 직원에게 전달되는 방법과 기본 가치가 무엇인지에 대해 설명한다.
2. **기업 정책을 모든 직원뿐만 아니라 공급업체와 하도급 업체에도 전달하여 소통한다.**
3. **행동강령에서 규정한 정책이 이행되도록 한다.** 행동강령 준수 여부 확인은 일반적으로 직원들이 자신의 행동강령 준수를 승인하는 교육 프로그램과 내부 감사를 통해 이루어진다.
4. **외부 이해관계자에게 결과를 보고한다.** 결과 보고는 일반적으로 기업이 주주에게 보내는 연례보고서에서 이루어지지만, GE는 대부분의 다국적 기업이 관행적으로 하듯이 소셜 미디어를 활용해 외부 이해관계자와 소통한다. 또한 GRI는 환경, 사회, 경제와 관련된 다양한 영역을 확인하는 G4 가이드라인을 발행했고, 투명성 강화를 이루어낸 주요한 주체이다.[54]

미래 전망 세계 시장에서의 윤리적 딜레마 관리

전 세계적으로 근무할 준비를 할 때 근무하는 기업의 환경, 사회 및 지배 구조(종종 ESG라고도 한다)를 이해하는 것은 중요하다. 이 장은 세계화의 영향에 대한 1장에서의 논의를 계속했지만, 윤리적 문제와 해외에서 사업을 운영할 때 어떻게 해야 더욱 책임감 있는 기업이 될 수 있는지에 중점을 둔다.

- 추가적인 세계화는 불가피하다.
- 국제 비즈니스는 전 세계적으로 성장하기보다는 주로 지역적으로 확대될 것이다.
- 추가적인 세계화와 국제 비즈니스에 반대하는 세력은 세계화와 국제 비즈니스의 성장을 저해할 것이다.

어떤 일이 일어나든 세계화 시대의 미래에 더 많은 기업이 해외로 진출할수록 기업은 어떻게 사회적으로 책임감 있는 방식으로 운영되어야 하는지에 대한 어려운 결정을 내릴 가능성이 커진다. 바틀릿(Bartlett)과 비미시(Beamish)가 논의한 바와 같이[55] 다국적 기업은 크게 네 가지 방법으로 운영될 수 있다. 다국적 기업은 첫째, 착취적일 수 있다. 착취적인 다국적 기업의 운영 방식은 과거의 모델이지만, 일부 다국적 기업은 자국을 위한 최선의 선택을 내릴 힘이 없는 가난한 국가에서 여전히 착취적으로 운영되고 있다. 둘째, 다국적 기업은 계약을 맺고 법을 존중하는 거래에 기반하여 운영될 수 있다. 문제는 다국적 기업이 현지 법률과 기업 본사가 위치한 국가의 법률 중 하나를 선택해야 할 수도 있다는 것이다. 셋째, 현지에서 변화를 만들고자 노력한다는 점에서 다국적 기업은 반응적일 수 있다. 반응적인 운영 방식은 대부분의 거대 다국적 기업이 나아가는 방향이다. 많은 다국적 기업은 UNGC에 서명했고 인권, 근로 기준, 환경, 반부패에 변화를 만들고자 노력한다. 넷째, 다국적 기업은 광범위한 변화를 주도한다는 측면에서 혁신적일 수 있다. 혁신은 훨씬 더 어렵고 종종 기업 이해관계자의 소망에 대응하는 NGO 및 지방 정부와의 공동 파트너십이 필요하다.

소셜 미디어가 향후 사회적으로 책임감 있는 행동에 더욱 거대한 영향력을 미칠 것은 분명하다. 역사적으로 우리는 투명성을 위한 열쇠 중 하나가 부정 행위를 기꺼이 조사하고 보도하는 독립적인 언론이라고 생각해왔다. 그러나 이제 페이스북(Facebook), 트위터(Twitter), 유튜브(YouTube)와 같은 소셜 미디어는 투명성에 관한 중요한 새로운 차원을 만들었다. 기업과 정부는 더 이상 그늘에 숨지 못하게 되었으므로 사회적으로 책임감 있는 기업이 투명해지는 것은 중요하고, 탄탄한 소셜 미디어 전략은 기업 투명성의 중요한 차원이다.

CASE

남아프리카공화국의 앵글로아메리칸: HIV/AIDS와의 투쟁에서 어떻게 변화를 만들 수 있을까?[56]

다국적 기업은 어디서 사업을 운영하든지 간에 관료적 부패와 정치적 불안정에서 테러와 전쟁에 이르기까지 기업의 계획과 운영에 상당히 다양한 위협과 차질을 겪게 될 것이 분명하다. 2019년, 세계 최대 광산 기업 중 하나인 앵글로아메리칸(Anglo American PLC)은 남아프리카공화국에서 HIV/AIDS 팬데믹을 근절하기 위한 글로벌 캠페인에 참여했다.

2002년, 앵글로아메리칸은 HIV에 감염된 직원들에게 항레트로바이러스 치료(antiretroviral therapy, ART)를 무료로 제공하는 획기적인 결정을 내렸고, 2008년에는 직원들의 피부양자도 치료를 받을 수 있도록 대상을 확대했다. 영국 기업인 앵글로아메리칸은 '이제 어디로 가야 할까?'라고 자문하고 있다.

남아프리카공화국의 AIDS

질병이 '팬데믹'으로 지정되려면 얼마나 심각해야 할까? 앵글로아메리칸이 처음 HIV/AIDS 문제에 직면했을 때 사하라 이남 아프리카에는 세계 인구의 10%가 조금 넘는 사람들이 있었고 AIDS를 유발하는 바이러스인 HIV에 감염된 사람의 60%가 거주하고 있었다. 남아프리카공화국은 HIV/AIDS 환자 수가 가장 많고 HIV 감염률과 AIDS 관련 질병으로 인한 사망률이 세계에서 가장 높은 국가 중 하나이다. 심지어 2017년에도 HIV에 감염된 사람들의 약 75%가 사하라 이남 아프리카에 살고 있다.

따라서 지난 10년 동안 HIV/AIDS의 확산은 남아프리카공화국 사람들과 경제에 깊은 영향을 미쳤다. 남아프리카공화국의 평균 수명은 56.1세인데, 이는 인구 규모와 1인당 GDP가 비슷한 폴란드의 평균 수명이 76.8세인 것과 비교된다. AIDS는 또한 남아프리카공화국의 경제를 황폐화했다. 1992~2002년에 남아프리카공화국은 AIDS 관련 노동자의 사망으로 인해 GDP의 약 2%에 달하는 연간 70억 달러의 손실을 입었다.

남아프리카공화국에서 앵글로아메리칸의 운영

앵글로아메리칸은 전 세계적으로 6만 9,000명의 직원을 보유하고 있고 다이아몬드, 귀금속(백금), 비금속(구리, 니켈, 아연, 인산염), 벌크금속(철, 석탄)을 생산하는 광산 대기업이다. 1917년 남아프리카공화국에 앵글로아메리칸코퍼레이션이 설립되었고, 앵글로아메리칸코퍼레이션은 런던에 본사를 둔 세계적인 광산 기업이다.

앵글로아메리칸과 ART

남아프리카공화국에 대규모 투자를 진행하면서 앵글로아메리칸은 HIV/AIDS 팬데믹으로 인해 큰 타격을 받았다. 1990년대 초에 앵글로아메리칸은 HIV/AIDS의 위협을 인식하면서 자사의 노동력에 대한 질병에 대처하기 위해 포괄적이고 사전 예방적인 전략을 개발한 최초의 기업 중 하나였다.

원래 앵글로아메리칸의 프로그램은 교육과 인식, 콘돔 배포, 빈곤 완화를 위한 재정 및 기술 관련 훈련, 감염 확산을 추적하기 위한 설문조사 시스템으로 구성된 예방 이니셔티브였다. 최종적으로 앵글로아메리칸의 정책은 자발적인 상담, 검사, 건강 관리 프로그램 등을 포함하도록 확대되었고, 모든 프로그램의 서비스를 직원의 가족뿐만 아니라 주변 지역의 주민도 누릴 수 있도록 확장되었다.

앵글로아메리칸은 HIV/AIDS에 대응하는 전략을 선제적으로 채택하여 민간 부문에서 아프리카의 HIV/AIDS에 대항하는 실질적인 리더가 되었다. 많은 다국적 기업은 곧 앵글로아메리칸을 따랐다. 그러나 남아프리카공화국에 진출한 대부분의 기업은 여전히 망설였고, 이로 인해 남아프리카공화국의 노동자에게 ART를 기업의 비용으로 제공하겠다는 2002년 앵글로아메리칸의 발표는 세계보건기구(World Health Organization, WHO)와 GBC(Global Business Council on HIV/AIDS) 등의 단체로부터 폭넓은 승인을 받았다.

전염병 상황에서의 기업 운영 비용

앵글로아메리칸의 ART 프로그램에 대한 인센티브는 주로 질병의 확산을 막는 데 많은 진전이 있길 바랐던 AIDS 예방 노력이 실패한 것에서 비롯되었다. 2001년까지 HIV 양성 근로자의 비율은 모든 기업에서 평균 21%로 증가했고, 매년 2%씩 꾸준히 증가하고 있었다. HIV/AIDS로 인해 금 1온스를 생산하는 데 5달러가 추가되어 기업의 생산 비용에 연간 1,100만 달러가 추가된 것으로 추산되었다. 그리고 기업은 불과 10년 전과 비교할 때 감염 비율이 5배 높아진 결핵과 같은 AIDS 관련 질병에 대처하고자 매년 700만 달러를 지출하고 있었다.

출처: Clive Chilvers/Shutterstock

▲ 2008년 1월 13일 제20회 세계 에이즈의 날 행사에서 에티오피아 피셰의 아이들을 포함한 아프리카 전역의 아이들이 AIDS에 반대하는 시위를 하고 있다.

마지막으로 생산성 손실뿐만 아니라 기업은 높은 수준의 결근, 대체근로자에 대한 지속적인 재교육, 급증하는 건강, 입원 및 사망 수당으로 인한 비용을 부담해야 했다. 당시 진행된 연구에 따르면 AIDS로 인한 비용이 기업 전체 임금의 7.2%에 달할 뿐만 아니라 직원들을 치료하지 않고 방치할 때 발생하는 비용이 ART를 제공하는 비용보다 훨씬 더 높을 것으로 나타났다.

ART 프로그램을 시작한 지 9년이 지나고, 앵글로아메리칸은 다양한 이해관계자를 기쁘게 하며 문제 해결을 위한 자사의 노력이 실제로 근본적인 변화를 가져오고 있는지 아니면 단순히 문제를 가리고 있는지를 확인하려고 고군분투하고 있었다. 예를 들어 2009년 말까지 HIV에 감염된 노동자의 27%가 ART를 받고 있었지만, 기업은 여전히 높은 비율의 거부(non-adherence)와 치료 요법의 중단으로 어려움을 겪었다.

앵글로아메리칸은 또한 ART 프로그램의 비용이 급증하는 문제에 직면했다. 대부분의 필수 약품의 가격이 낮아지고 있음에도 불구하고 약품의 유통 비용은 여전히 높았고, 치료 요법을 위해 직원 1인당 연간 약 4,000달러의 비용이 투입됐다. 이는 앵글로아메리칸이 일반적으로 광산 노동자에게 지급하는 급여와 혜택에 비해 상당히 비싸다. 남아프리카공화국 광산 산업의 월평균 임금은 약 5,100랜드, 즉 미화 830달러이다. 한편 앵글로아메리칸의 관계자는 투자자에게 노동자를 대우해주는 것이 궁극적으로 수익에 도움이 된다는 점을 계속해서 상기시키면서 10년 동안 10억 달러 이상의 비용이 발생할 것으로 추정했다.

다행인 점은 프로그램 참여 인원이 늘어날수록 환자 1인당 비용이 감소한다는 것이다. 불행하게도 앵글로아메리칸이 직면한 가장 큰 과제 중 하나는 불안정하고 혹독한 환경에서 일하는 이민자와 교육 수준이 낮은 노동자의 프로그램 참여를 독려하는 것이다. 남아프리카공화국에서 HIV/AIDS는 여전히 심각한 오명을 가지고 있으며, 많은 남아프리카공화국 사람들은 관리자, 동료 직원, 심지어 사회 전반에서의 차별에 대한 두려움 때문에 HIV/AIDS에 감염되었다는 것을 인정하거나 검사하기를 거부한다. 게다가 프로그램 참여에 동의한 많은 사람이 루머와 잘못된 정보로 인해 혼란을 겪었고, 약물을 복용하면 콘돔 사용을 중단할 수 있다고 생각하게 되었다. 물론 잘못된 루머와 정보는 안전하지 않은 행동의 확산에 악영향을 미쳤다.

또한 열악한 근무 조건으로 인해 근로자가 제시간에 약을 복용하거나 특정 부작용에 대처하는 것이 어려운 경우가 많다. 마지막으로 수백 마일 떨어진 고립된 마을에서 온 이주 노동자 전체 노동력의 약 5분의 4는 질병에 걸릴 확률이 2.5배 더 높으며, 질병을 자신들의 마을에도 퍼트린다.

지지자, 비평가, 진행 상황

앵글로아메리칸은 다양한 이해관계자의 압력에 직면하고 있다. 앵글로아메리칸은 모든 문제를 해결하는 것은 단일 기업의 자원과 능력을 넘어서는 일이라고 주장하며 비판에 대응했고, 남아프리카공화국 정부의 많은 참여를 요구했다. 그러나 앵글로아메리칸은 프로그램 초기에 정치 지도자들의 협력이 아니라 노골적인 반대에 부딪쳤다.

더욱이 제약 회사를 상대하는 것은 까다로운 과제이다. 앵글로아메리칸은 GSK(GlaxoSmithKline)과 계약을 맺어 선진국 시장의 10분의 1 가격으로 ART 약물을 구매할 수 있다(GSK가 비영리 단체에 청구하는 금액과 동일하다). 그러나 동시에 다른 제약 회사는 지적 재산권 침해를 우려하며 가격 인하 약속을 저버리는 등 신뢰할 수 없고 주저하는 태도를 보였다. 그럼에도 불구하고 HIV/AIDS를 치료하기 위한 새롭고 더 효과적인 약들이 현재 이용 가능하다.

일부 이해관계자의 반대는 말할 것도 없고 앵글로아메리칸이 직면한 많은 과제를 고려하면 몇몇 사람들은 HIV/AIDS 치료 프로그램을 철회하는 것이 바람직하다고 제안했다. 그러나 장기적으로 앵글로아메리칸은 윤리적인 주주로부터 받을 지속적인 압력과 도덕적 책임을 고려해야 한다.

미래가 기존에 예측된 것보다는 암울하지 않을 수도 있다는 징후도 있다. 2017년에는 HIV/AIDS에 대처하는 적극적인 글로벌 캠페인으로 인해 전 세계적으로 HIV에 감염된 사람들의 59%가 ART를 받고 있었고, AIDS 관련 사망은 2004년에 정점을 찍은 이후 51% 이상 감소했다. 앵글로아메리칸의 노력 덕분에 직원과 직원의 피부양자의 86%가 무료 ART 치료와 검사를 받았다. UN 에이즈합동계획(Joint United Nations Programme on HIV/AIDS, UNAIDS)은 앵글로아메리칸이 승인한 전략으로, 2030년까지 공중 보건의 위협인 AIDS를 제거하기 위한 활동을 주도하고 있다. UNAIDS는 90-90-90 전략을 발표했다. 2020년까지 HIV를 앓고 있는 사람들의 90%는 자신의 상태를 알게 될 것이다. HIV 감염 진단을 받은 사람들의 90%는 지속적인 ART를 받게 될 것이다. ART를 받는 사람들의 90%는 바이러스 억제 효과를 누릴 것이다.

그러나 2020년 COVID-19의 도입과 확산으로 인해 남아프리카공화국에서 7,000명 이상이 사망했고, 50만에 가까운 사람들이 바이러스 감염 진단을 받으면서 앵글로아메리칸이 직면한 과제는 더욱 복잡해졌다. AIDS 바이러스는 직원과 직원들의 가족에게 문제를 일으켰지만, COVID-19는 세계 경제와 앵글로아메리칸의 제품 수요에 굉장한 영향력을 행사하기 때문에 앵글로아메리칸의 운영에 훨씬 더 큰 영향을 미쳤다. 두 가지 다른 바이러스가 어떻게 다국적 기업의 글로벌 운영과 전 세계 직원들에게 엄청난 영향을 미칠 수 있는지 놀랍다.

문제

5–3 많은 노동자가 HIV/AIDS에 감염되고 피뜨릴 가능성이 높은 이주 노동자로 구성되어 있으므로 앵글로아메리칸은 이주 노동자를 고용하지 않는 정책을 채택해야 하는가? 남아프리카공화국 정부는 이주 노동자에 대한 문을 닫아야 하는가?

5–4 남아프리카공화국 내 HIV/AIDS에 관한 대응에서 제약 회사의 역할은 무엇인가? 제약 회사보다 더 저렴한 가격으로 HIV/AIDS 약품이 인도에서 수출될 수 있다는 점을 고려하면 앵글로아메리칸은 직원에게 사용될 약품을 그냥 수입해야 하는가?

Chapter 6
국제무역과 요소이동성

학습 목표

6–1 정책 입안자와 경영자가 경제적 목표 달성을 위해 국제무역 및 요소이동성 이론에 의존하는 이유를 이해한다.

6–2 보호무역과 자유무역 이론의 역사적, 현재적 근거를 설명한다.

6–3 국가의 무역 패턴을 설명하는 이론을 이해한다.

6–4 국가의 수출 역량이 역동적인 이유를 설명한다.

6–5 노동과 자본 등 생산 요소가 국제적으로 이동하는 이유 및 그 효과를 이해한다.

6–6 국제무역과 국제 요소이동성의 관계를 이해한다.

출처: Xinhua/Alamy Stock Photo

▲ 2018 동계올림픽이 개최된 한국의 평창올림픽스타디움에서 개회식 중 성화가 점화되고 있다.

시장은 한 사람을 위해서 열리는 것이 아니다. *–아프리카 풀라니족 속담*

CASE

제2차 세계대전 이후 국제 경제에서 한국의 성공 사례[1]

–스테파니아 팔라디니(Stefania Paladini)

20세기 한국의 복잡한 역사와 제2차 세계대전 이후 한국이 직면했던 도전들을 상기해볼 때 세계 경제에서 한국이 현재와 같은 위치를 차지하게 될 것이라고 상상한 사람은 아마 없었을 것이다. 1960년대 한국 경제의 1인당 국민총생산(GDP)은 아프리카 및 아시아 최빈국들과 같은 수준이었지만, 그로부터 40년 후인 2004년에 한국은 세계 경제에서 GDP가 1조 달러 이상인 국가 그룹에 합류했다.

9만 9,720km^{2}인 한국의 국토 면적은 세계 109위이며(대략 일본의 4분의 1 정도), 인구는 5,200만 명으로 세계 28위(2020년 기준)이다. 그러나 GDP의 관점에서 보면 상황은 크게 달라진다. GDP는 1조 9,000억 달러로, 한국은 튀르키예에 이어 세계 14위를 차지했고 캐나다, 스페인, 호주와 같은 나라를 앞질렀다(2018년 구매력 평가 기준).

분단 이전의 한국은 때때로 중국의 영향력 아래에 있었지만, 오랜

출처: Hans Kim./Shutterstock

▲ 한강. 한국전쟁 이후 한국이 선진국으로 급변한 것을 일컬어 흔히 '한강의 기적'이라고 한다.

역사의 대부분 독립을 유지한 오래된 나라이다. 그러나 러일전쟁의 여파로 1905년 일본에 점령되었고 그후 1945년에 독립하여 한반도를 되찾았다. 그러나 한국의 불행은 제2차 세계대전의 종료로 끝나지 않았다. 한국전쟁(1950~1953년) 이후 한국은 둘로 나뉘었고 38선에 비무장지대가 설치되었으며, 남한에 독립적인 정부가 들어섰다.

제2차 세계대전 이후 경제 정책: 5개년 계획과 수출 확대

제2차 세계대전 이후 한국의 경제 정책은 크게 세 단계로 나눌 수 있다. 1단계(1954~1960년)는 수입 대체 단계이다. 2단계(1961~1979년)에 한국은 대외적인 측면에 집중했고 급격하게 성장하기 시작했다. 3단계(1980년대 이후)는 경제 안정화에 들어선 시기로, 더욱 성숙한 경제 전망을 보였다. 이러한 각 단계에서 명확한 정책 도구와 정책이 목표로 하는 산업 부문을 구분할 수 있다.

1단계는 수입을 제한하기 위한 무역 장벽의 부과와 함께 국내 생산에 중점을 두었다. 이러한 보호주의적 접근은 저성장을 초래했지만 전쟁 후 재건이라는 근본적인 문제를 해결했고, 이후 단계를 위한 경제적 초석을 마련했다.

수입 대체 정책은 박정희 대통령이 정권을 잡고 농업과 석탄, 전력 등 중공업 확대에 초점을 맞춘 제1차 경제개발 5개년 계획(1962~1966년)을 제정하면서 끝났다. 한국은 1961년부터 1979년까지 박정희의 독재 정권 아래 급속한 경제 발전을 이루는 데 기여한 수출 주도형 성장 모형을 시작했다. 한국의 1인당 국민소득은 공산주의를 채택한 북한의 17배까지 증가했다. 한국은 처음에는 경공업 분야에서, 그다음에는 전자 제품 분야에서 서구 기업들에 비해 가격 면에서 비교우위에 있는 노동 집약적 제품의 생산을 선택했다. 한국은 곧 통신과 컴퓨터 부품의 주요 생산국이 되었고, 오늘날까지 이런 전문성을 유지하고 있다.

수출 주도 성장의 성공에 기여하는 요소 가운데 정부의 지원은 매우 중요한 것으로 평가된다. 1960년대부터 한국 정부는 세금 감면, 관세 면제, 수입 금융 및 세금 환급, 예비 지급금(reserve fund)과 심지어 외화 대출의 형태로 직간접적인 지원을 제공하며 수출 장려를 위한 일련의 인센티브를 제공했다. 이러한 정부 지원의 형태는 성장을 촉진했고, 오늘날까지도 한국 기업들의 대외 진출을 돕는 대한무역투자진흥공사(KOTRA)와 해외 시장에서 해외직접투자 인수를 지원하는 한국광해광업공단(KORES) 같은 공공 기관의 형태로 확고히 자리 잡고 있다.

민주주의 체제로의 이행

한국의 놀라운 발전은 연속된 정권들에서 1980년대 민주주의 정부로 이행되는 과정에서도 계속되었다. 한강의 기적이라 불리는 것처럼, 한국은 수십 년 동안 놀라운 속도로 꾸준히 성장하면서 개발도상국에서 선진국으로 도약했다. 1960~1980년대에 평균 8%의 경제 성장률을 기록했고, 2006년에 GDP가 1조 달러를 넘어섰다. 이 기간에 수출도 매년 약 20%씩 성장했다. 1988년 서울올림픽과 2002년 FIFA 월드컵의 개최는 국가의 발전을 여실히 증명하는 예이다.

그러나 한국이 채택한 경제 모형에도 취약점이 나타났는데, 이는 세계 경제 위기 때 한국이 직면했던 문제를 통해 알 수 있다. 1990년대에 한국은 부실채권, 높은 부채비율, 엄청난 양의 단기 외채와 같은 문제가 오랜 시간에 걸쳐 더욱 악화되었다. 이러한 문제는 1997~1998년 아시아 금융 위기 동안 모두 수면 위로 드러났고, 특히 1998년 GDP가 7% 폭락했던 것을 통해 여실히 드러났다. 이후 수년에 걸쳐 나타난 경기 회복은 채무 재조정을 포함한 개혁과 시장 개방 확대 덕분에 가능했다. 이 새로운 구조 조정을 통해 2003년부터 2007년까지 매년 약 4%의 지속적인 성장이 이어졌다.

2008~2009년, 또 다른 글로벌 금융 위기가 한국의 수출에 타격을 주었다. 그러나 한국은 이런 세계적인 격변에 대처하기 위한 준비가 되어 있었다. 글로벌 무역의 어두운 전망과 국내 소비 부진으로 인해 매년 2~3%의 낮은 성장률을 보였지만, 한국은 빠른 회복세를 보이며 이후 10년 동안 지속적으로 성장했다.

재벌과 지속적인 수출 확대

한국은 2019년 대외 무역 가치(수출과 수입)가 약 1조 달러에 달하는 성숙한 경제가 되었다. 수출로는 세계 5위, 수입으로는 세계 9위를 기록했으며, 2018년 기준 무역수지가 1,070억 달러에 이른다. 분야별로 보면 한국의 주요 수출품은 전자 제품, 집적회로, 정유, 자동차, 조선 등이다. 또한 산업 내 무역의 경우 한국의 주요 수입품은 에너지 자원(원유와 가스, 정제된 석유, 석탄 등)과 집적회로이다. 중국, 미국, 일본, 베트남, 독일과 같은 나라는 수출 및 수입을 위한 한국의 중요한 무역 상대국이다.

한국의 기업 부문이 일본과 비슷하게 몇몇 대기업이나 재벌에게 고도로 집중되어 있음에도 불구하고, 한국의 경제적 개방 정도는 중국이나 일본에 비해 상대적으로 낮은 보호주의로 해석할 수 있다. 특히 재벌은 국가 발전에 매우 중요한 관련이 있다. '재벌'은 한국판 일본 '게이레츠(keiretsus)'로, 다양한 부문과 시장에 걸쳐 사업을 전개하고 있으며, 일반적으로 한 가족이 지배한다. 삼성, 현대, 대우, LG 같은 유명한 한국 회사가 주요 재벌의 예이다. 재벌은 전후 한국의 경제 발전에 근본적인 역할을 했으며, 수출 주도형 성장 전략이 성공한 이유 중 하나로 재벌과 정부의 긴밀한 협력을 꼽을 수 있다. 재벌의 힘은 막강하여 한국 정치에 재벌이 관여하기도 했다 예를 들어 현대와 같은 기업은 국회 활동 참여도가 매우 높았고, 심지어 '햇볕 정책'(남북 관계의 해빙)을 수행하는 역할까지 했다.

재벌은 또한 2002년 이후 급증한 한국의 해외직접투자(OFDI)의 상당 부분을 담당하고 있다. 이런 점에서 한국 해외직접투자의 출발은 역내 다른 나라들보다 늦었지만, 생산적인 국제화를 위한 '세계화' 정책과 2005년 한국투자공사의 설립으로 촉진되었다. 그 이후 한국의 해외직접투자는 상당히 증가하여 한국의 생산 구조를 다변화하는 데 기여했다. 2018년, 한국은 UNCTAD의 추정에 따라 대부분의 선진국이 해외 지출을 40% 정도 축소함에도 불구하고 대내 해외직접투자(flow 기준)는 20위(약 2,000만 달러)를 차지했지만 대외 해외직접투자(flow 기준)는 13위(약 3,900만 달러)였다. 한국 글로벌 기업이 가장 선호하는 투자처는 여전히 아시아와 북미지만, 재벌들은 중남미 국가 같은 신흥국에도 관심이 있다. 에너지 및 원자재 부문은 한국의 해외직접투자의 주력 부분이지만(일반적으로 전략적 재료 및 에너지가 부족한 나라이므로), 산업 및 제조업 부분에도 공장설립형 그린필드 해외직접투자(다른 국가에서 사업을 시작하기 위해 공장, 사무실, 부지 건설에 투자한 후 관리 운영에 대한 완전한 통제권을 유지하는 해외직접투자)가 늘고 있다.

국제화: 자유무역협정

자유무역협정(Free Trade Agreement, FTA)을 통해 국제화와 무역이 촉진되었다. 한국은 상품과 서비스 무역에 대한 해외 시장 접근을 강화하기 위해 일부 국가와 FTA를 체결했을 뿐만 아니라, 광범위한 파트너십 네트워크를 구축한 아시아 국가들의 대열에 합류했다. 2020년, 56개국을 대상으로 한 17개의 활발한 FTA와 함께 한국은 이미 중국이나 일본보다 더 많은 역내 무역협정을 체결했으며 신흥국과 훨씬 더 많은 계약을 체결할 계획이다. 한국은 메르코수르(MERCOSUR, 남미 국가의 관세 동맹으로 시작된 남미 공동 시장)와 협정을 맺은 몇 안 되는 아시아 국가 중 하나이다. 또한 일부 상품에 대한 긴 협상 끝에 한미 FTA는 결국 2011년에 비준되었고, 2012년 3월에 시행되었다. 2015년에 체결된 한-EU FTA는 수십억 달러의 가치를 지닌 한국과 유럽연합(EU)의 협정으로, 아시아·태평양 지역에서 EU FTA를 체결한 최초이자 몇 안 되는 사례 중 하나였다.

그러나 한국의 경제 모형에는 국가의 미래를 위협할 수 있는 몇 가지 구조적 한계가 있다는 사실을 간과할 수 없다. 가장 심각한 것은 재벌의 지배력과 경직되고 건전하지 못한 은행 부문, 수출에 대한 과도한 의존이다. 한국 정부는 이러한 문제를 구조 개혁, 시장 규제 완화 촉진, 중소기업 및 기업가 정신 육성을 통해 해결하려고 노력하고 있다.

문제

6-1 이 장의 틀을 사용하여 한국의 경제사를 분석하고, 어떤 이론이 한국의 성공 사례와 지속적인 성장을 가장 잘 설명하는지 분석하라.

6-2 해외직접투자는 한국 경제의 중요한 측면을 나타낸다. 전반적으로 해외직접투자가 줄어들 것이라는 세계적인 전망에도 불구하고 한국은 지속적으로 해외직접투자를 늘리고 있다. 이런 현상에 대한 이유를 설명하라.

정책 입안자와 경영자는 왜 국제무역 및 요소이동성 이론에 의존해야 하는가

6-1 정책 입안자와 경영자가 경제적 목표 달성을 위해 국제무역 및 요소이동성 이론에 의존하는 이유를 이해한다.

국가는 무역과 요소 이동(노동, 자본, 기술의 이동)을 통해 연결된다. 도입 사례는 한국이 경제적 목표를 달성하기 위해 이러한 연결고리를 사용했던 것을 보여준다. 무역과 요소이동성은 세계 경제 성장에 중요할 뿐만 아니라 이를 설명하는 이론은 정부와 기업이 어떤 제품을 수입하고 수출해야 하는

무역 이론은 정책가와 경영자가 다음과 같은 질문에 집중하게 한다.

- 어떤 제품을 수출하고 수입하는가?
- 얼마만큼 무역을 해야 하는가?
- 어떤 상대와 무역을 해야 하는가?

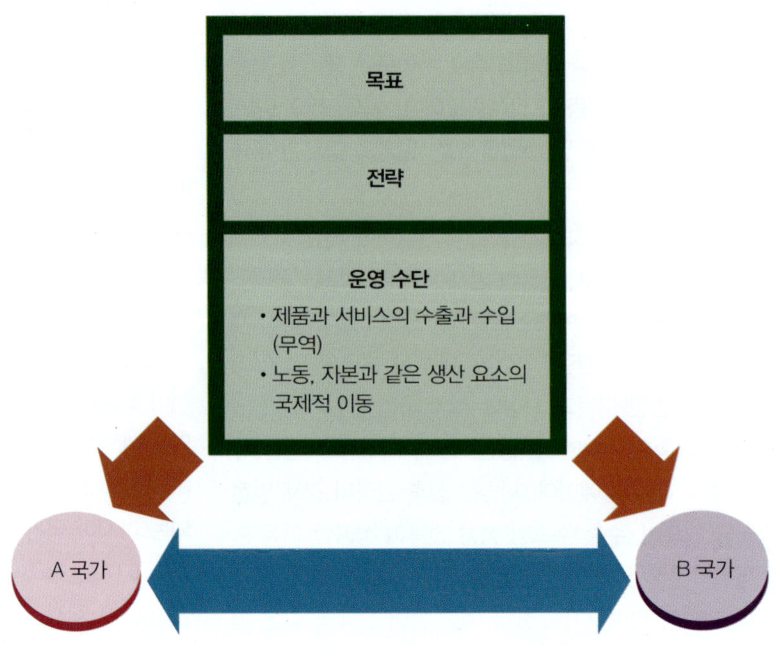

그림 6.1 국제적인 기업 운영과 경제적 연결
국제적인 목표를 달성하기 위해 기업은 반드시 운영 수단을 해외로[즉 본국(A 국가)에서 현지국(B 국가)으로] 이전시키고 거래하는 전략을 조정해야 한다. 두 국가는 이러한 과정을 통해 경제적으로 연결된다.

어떤 무역 이론은 정부가 무역 패턴에 영향력을 행사해야 한다고 하는 반면, 어떤 이론은 자유방임을 하는 것이 옳다고 주장한다.

지, 무역을 어떻게 해야 하는지, 누구와 무역을 해야 하는지 대한 결정을 내리는 데 도움을 준다. 또한 이러한 결정은 각국이 보유한 자본과 기술 역량, 노동 기술의 질과 양을 효율적으로 산출하여 국가 경쟁력을 향상하는 데 고려해야 할 다양한 사항과 서로 밀접하게 얽혀 있다.

이 장에서는 먼저 정부의 무역 개입(**중상주의와 신중상주의**)을 용인하는 이론과 정부의 개입 없는 자유방임주의 접근(**절대우위 및 비교우위의 자유무역 이론**)을 지지하는 이론을 검토한다. 그리고 **국가 규모, 요소 비율, 국가 유사성**에 관한 이론을 포함한 무역 패턴(국가가 어떤 제품으로 어떤 상대국과 무역하며 그것에 얼마나 의존하는지)을 설명하는 이론을 살펴볼 것이다. **제품수명주기 이론**과 **국가 경쟁우위 다이아몬드 이론** 등 특정 제품에 대한 국가 무역 경쟁력의 역학(dynamics)을 다루는 이론 역시 검토할 것이다. 국가 경쟁지위의 역학과 안정성은 생산 요소(토지, 노동, 자본, 기술)의 양과 질에 크게 좌우되므로, 요소이동성에 대한 개요로 이 장을 마무리할 것이다. 자유방임주의식 접근과 보호무역주의식 접근 중 어느 것을 선택하든 국가는 경제 정책 개발을 위해 무역과 요소이동성 이론에 의존한다. 즉 그림 6.1과 같이 기업은 이러한 정책 개발에 기초하여 입지를 결정함으로써 대응한다.

표 6.1은 주요 무역 이론과 각 이론의 핵심 내용을 요약하고 있다. 이러한 이론들의 차이점을 살펴보면 정부의 무역 정책이 기업 경쟁력에 미치는 영향을 더 폭넓게 이해할 수 있다. 예를 들면 수출에 유리한 지역 및 생산품에 대한 통찰력을 제공함으로써 기업에게는 유리한 생산 시설 이전 지역에 대한 의사결정에, 정부에게는 무역 규제의 시행과 철폐 시점에 대한 의사결정에 도움을 준다.

보호무역주의와 자유무역 이론

6-2 보호무역과 자유무역 이론의 역사적, 현재적 근거를 설명한다.

무역 정책의 한 극단에서 정부는 무역에 많은 개입을 한다. 먼저 가장 오래된 무역 이론인 중상주의 이론부터 살펴보자. 중상주의 이론으로부터 신중상주의 역시 최근에 등장했다.

표 6.1 주요 무역 이론의 논점: 체크리스트

이론	일반적인 거래 얼마만큼 거래되는가?	일반적인 거래 어떤 제품이 거래되는가?	일반적인 거래 누구와 거래하는가?	국가 간 무역 거래 정부가 무역을 통제해야 하는가?	국가 간 무역 거래 얼마만큼 무역해야 하는가?	국가 간 무역 거래 어떤 제품을 거래해야 하는가?	국가 간 무역 거래 어떤 상대국과 무역해야 하는가?
보호무역과 자유무역							
중상주의	–	–	–	예	✓	✓	✓
신중상주의	–	–	–	예	✓	–	–
절대우위	–	✓	–	아니요	–	✓	–
상대우위	–	✓	–	아니요	–	✓	–
무역 패턴							
국가 규모	✓	✓	–	–	–	–	–
요소 비율	–	✓	✓	–	–	–	–
국가 유사성	–	✓	✓	–	–	–	–
수출 역학							
제품수명주기	–	✓	✓	–	–	–	–
국가 경쟁우위 다이아몬드	–	✓	–	–	–	–	–

체크 표시는 무역 이론이 언급한 질문을 다루고 있음을 나타낸다.

중상주의

중상주의의 이론에 따르면 수출이 수입보다 많아야 한다.

중상주의(mercantilism)는 국가의 부(wealth)가 '보물(treasure)'의 보유 정도에 달렸다는 관점이다. 여기서 국부를 가늠하는 보물은 주로 금을 말한다. 대략 1500~1800년대[2] 경제적 사고의 기초를 이룬 이 이론에 따르면 국가는 가능한 한 수입보다는 수출을 많이 해야 하고 수출의 대가로 금을 얻는다. 수입으로 금을 유출한 국가는 무역 적자를 보인다. 이 기간에 소위 국민국가(nation-state)가 출현했으며 중앙정부는 보유한 금으로 군대를 창설하고 국가 제도에 투자하여 새로운 국가로 국민들의 충성심을 결속시켰다.

정부의 정책 중상주의하에서 정부는 수입보다 수출을 더 많이 하기 위해 수입을 규제하고, 내수나 수출 시장에서 경쟁력이 떨어지는 제품 생산에 정부 보조금을 지급하기도 했다. 몇몇 국가는 식민지를 이용하기도 했는데, 식민지는 생필품을 생산하여 지배국에 공급하는 대신 자국이 쓸 생필품은 다른 국가로부터 구매해야 했다. 또한 지배국은 잉여물을 식민지에 수출함으로써 추가 이익을 얻었다. 지배국은 식민지와의 무역을 독점했을 뿐만 아니라 식민지에게 주로 완제품보다 부가 가치가 낮은 원재료를 수출하게 하고, 대신 부가 가치가 높은 지배국 제품을 수입하게 했다.

1800년대 이후 중상주의가 약해지면서 식민 권력을 쥔 정부는 식민지의 산업 능력을 직접적으로 제한하지는 않았다. 그러나 지배국 기업은 자원 생산 기술력과 원재료 해외 생산의 소유권을 가졌으며 외국과의 경쟁으로부터 어느 정도 보호를 받고 있었다. 이러한 영향으로 식민지는 계속해서 원재료 생산에 의존하게 되었으며 무역은 주로 산업화된 지배국과 이루어졌다. 우리는 여전히 이러한 관계의 흔적들을 볼 수 있다.

무역수지 흑자가 언제나 좋은 것은 아니다.

무역수지의 개념 중상주의자의 용어는 오늘날에도 여전히 사용되고 있는데, 대표적인 것이 바로 **수출 초과**(favorable balance of trade), 즉 **무역수지 흑자**(trade surplus)이다. 이 용어는 수출이 수입보다 더 많아야 한다는 의미를 내포한다. 수출 초과의 반대 개념으로 **수입 초과**(unfavorable balance of trade), 즉 **무역수지 적자**(trade deficit)가 있다. 하지만 부적절하게 사용되는 경우가 많다. 예를 들면 **수출이 더 많으면**(favorable) '유리'하고, **수입이 더 많으면**(unfavorable) '불리'하다는 식으로 받아들여지는데, 사실 흑자 무역이 반드시 이익이 되고, 반대로 적자 무역이 반드시 이롭지 못한 것만은 아니다. 수출이 초과된 상태의 국가는 외국 사람들에게 받은 것보다 더 많은 것을 공급하고 있는 것이다.[3] 중상주의 시대에 이러한 국가 간 차이는 금의 이동으로 충당되었다. 그러나 오늘날 흑자국(예: 중국)이 적자국(예: 미국)의 통화(미국 달러)나 미국 달러로 표시된 투자를 보유함으로써 적자국에 신용을 부여한다. 만약 그 신용으로도 상품과 서비스를 충분히 구매할 수 없다면 소위 말하는 '수출 초과'는 사실상 '흑자' 국가에 불리하게 적용될 수 있다.

신중상주의

신중상주의 정책을 구사하는 국가는 수출 초과 정책을 시도한다. 이는 그들의 정치적 목적을 이루기 위함이다.

신중상주의(neomercantilism)는 사회적·정치적 목적을 달성하려는 의도로 유리한 교역 균형을 유지하려는 국가의 접근 방식을 말한다. 정부는 자국 기업에 국내 수요량을 초과하는 생산을 유도하고 초과분은 해외로 보내는 경제 정책을 추진해 자국의 완전고용 달성을 추구한다. 또는 수입하는 것보다 더 많은 상품을 보냄으로써 특정 지역에 정치적 영향력을 유지하기도 하는데, 예를 들면 자국의 초과 생산물을 구매할 수 있게 외국 정부에 원조를 하거나 차관을 제공하는 방식이 있다.

자유무역 이론

개념 체크

1장에서는 국가가 무역, 자본, 기술, 사람의 이동을 가로막는 장벽을 점차 감소시키고 있음을 살펴보았다. 이는 경쟁을 통한 효율성 증대와 더불어 소비자가 훨씬 더 다양한 종류의 제품과 서비스를 지금보다 더 낮은 가격에 구입할 수 있기 때문이다.

국가는 왜 무역을 해야 하는가? 대만(또는 다른 나라)은 자국 영토 내에서 생산된 재화와 서비스에 만족할 수 없는 이유는 무엇인가? 우선 어떤 나라도 오늘날 우리가 소비하는 모든 것을 생산하는 데 필요한 모든 천연자원, 지리적 조건, 기술을 보유하고 있지 않다. 자유무역을 지지하는 두 이론, 즉 **절대우위 이론**과 **비교우위 이론**이 이러한 질문에 답하는 데 도와줄 것이다.

두 이론은 국가가 인위적으로 수출을 촉진하거나 수입을 제한해서는 안 된다고 강조한다. 시장은 소비자의 욕구를 잘 충족시키는 재화만 구매되게 함으로써 어느 생산자가 살아남게 될지 결정한다.[4] 자유무역에 대한 이 두 이론은 **특화**(specialization, 전문화), 즉 국가적 특화를 내포한다. 이는 어떤 개인이 특정 재화를 만들어 다른 사람이 만든 재화와 서로 교환하는 것처럼, 한 국가가 자국 내 소비와 수출에 사용할 재화를 특화하여 생산하고, 동시에 해외에서 생산된 재화와 서비스를 수입하는 데 그 수출을 이용하는 것을 말한다.

절대우위 이론

애덤 스미스에 따르면, 한 나라의 부는 금이 아닌 거주자가 이용 가능한 상품과 서비스에 기초한다.

1776년 애덤 스미스(Adam Smith)는 국가의 진짜 부는 금을 보유하는 것이 아니라 시민이 이용할 수 있는 상품과 서비스로 이루어져 있다고 주장하면서 중상주의자의 기존 가정에 의문을 제기했다. **절대우위**(absolute advantage)라 불리는 그의 이론은 각 국가가 다른 국가에 비해 어떤 상품을 더 효율적으로 생산하고 소비자는 해외로부터 더 저렴한 값에 구매 가능한 재화가 있을 경우 국내에서 생산된 재화를 사지 않는다는 것을 의미한다. 또한 제약 없는 무역이 이루어진다면 국가는 각기 경쟁우위가 있는 재화를 특화하게 될 것이라고 추론했다. 비효율적인 산업은 경쟁우위를 가지기 힘들기 때문에 각국은 자원을 효율적인 산업으로 이동시킨다. 따라서 각국은 특화를 통해 효율성을 증가시킬 수 있는 데 그 이유는 다음과 같다.

1. 노동자는 동일 작업을 반복하면서 더 숙련된다.
2. 노동자가 한 상품의 생산에서 다른 상품 생산으로 이동되지 않음으로써 시간 손실을 줄인다.
3. 장기 생산은 더 효율적인 작업 방식을 개발하는 데 인센티브를 제공한다.

전문화는 아래와 같은 이유로 효율성을 증대한다.

- 노동 기술이 향상된다.
- 생산을 전환하지 않음으로써 시간 손실이 적다.
- 더 나은 작업 방법을 유도한다.

국가는 특화 제품의 초과분을 더 많은 수입품 구입에 사용할 수 있다. 만약 국가가 특화 생산을 하지 않는다면 수입품과 같은 제품은 내부에서 따로 생산할 수밖에 없다. 그렇다면 국가는 어떤 제품을 특화해야 하는가? 애덤 스미스는 이 문제가 시장에서 결정된다고 믿었지만, 국가 차원의 우위 수준은 **천혜적**이거나 또는 **후천적**일 수 있다고 생각했다.

천혜의 우위 국가는 어떤 제품을 생산하는 데 기후 조건, 특정 천연자원으로의 접근성, 노동력 이용 가능성과 같은 자연적인, 즉 **천혜의 우위**(natural advantage)를 가질 수 있다. 대만의 주요 수출품은 과거 차(tea)였는데, 이는 여전히 수출하는 제품이며 높은 고도가 우롱차 특유의 맛을 내는 데 유리하므로 생산상 이점이 있다. 반면 대만은 밀을 수입한다. 만약 기후와 지형에 덜 적합한 밀의 생산량을 늘리려면 현재 차를 재배하는 경지뿐만 아니라 일부 첨단 기술 산업의 근로자를 밀 생산에 동원해야 할 것이고, 따라서 그 수익이 감소할 것이다.

천혜의 우위는 기후, 천연자원, 노동력 부존 등을 포함한다.

이와 반대로 미국은 적은 양의 차를 생산한다. 미국이 차 생산을 자급자족하려면 밀과 같이 자연적으로 미국의 기후와 지형에 적합한 재화의 생산을 포기하고 자원을 이동해야 한다. 차를 밀과 교환하는 것은, 이 두 나라가 각각 차와 밀을 자급자족하려고 할 때보다 더 높은 효율성을 달성한다. 이처럼 두 국가 간에 천혜의 우위가 다를수록 타 국가와 거래함으로써 얻는 이익은 더 커진다.

또한 국가 간 서로 다른 천혜의 우위는, 특히 어떤 기업이 농산품이나 천연자원을 수출 전에 가공하여 운송 비용을 줄일 수 있을 경우 특정 제조품이나 가공품을 어디서 생산하는 것이 더 유리한지 설명할 수 있게 한다. 찻잎 가공을 통해 부피를 줄이고, 차 수출에 드는 운송 비용을 줄일 수 있다. 반대로 병에 든 차 음료 생산은 무게를 증가시켜 산업의 국제적 경쟁력을 떨어뜨릴 수 있다.

후천적 우위 오늘날 대부분의 국제무역은 농산품과 천연자원보다는 서비스와 제조품이 주를 이룬다. 제조품에 경쟁력이 있는 국가는 **후천적 우위**(acquired advantage)를 가진다. 후천적 우위는 일반적으로 제품 기술이나 공정 기술 중 하나이다. **제품 기술**(product technology)을 보유한 국가는 다른 경쟁자들과 쉽게 구별되는 제품이나 독특한 제품을 생산할 수 있다. 예를 들면 덴마크는 은식기(silver tableware) 수출로 유명하다. 이는 덴마크에 은 매장량이 풍부해서가 아니라 덴마크 기업들이 개발한 독특한 은식기 제품 때문이다. **공정 기술**(process technology)은 동일한 제품(경쟁자의 제품과 쉽게 구별되지 않는)을 더 효율적으로 생산할 수 있는 국가 차원의 능력이다. 아이슬란드는 현재 북극권 근처에서 재배되는 토마토를 수출하고 있으며, 브라질은 적도 근방에서 생산한 고급 와인을 수출하고 있다. 이 두 사례는 최근 공정 기술을 개발하기 전까지는 사실상 불가능한 일이었다.[5] 제품 기술이나 공정 기술을 개발하는 국가는 다른 국가의 생산자가 이를 모방하거나 성공적으로 능가할 때까지 후천적 우위를 누릴 수 있다. 이는 새로운 제품이 기존 제품을 대체하고, 기존 제품에 대한 새로운 용도가 개발되며, 다양한 생산 방식이 적용됨에 따라 나타나는 공통적인 과정이다.

후천적 우위는 제품 기술이나 제조 공정 기술로 구성된다.

전문화는 어떻게 생산량을 증가시키는가 여기서는 두 국가와 두 상품을 이용해 절대우위를 설명할 것이다. 아직 돈과 환율에 대한 개념을 고려하지 않았기 때문에 두 상품 중 어느 것을 생산하는

자유무역은 다음과 같은 효과가 있다.

- 전문화
- 세계적인 생산량 증대

대만(가정)
1. 이용 가능한 자원: 100단위
2. 밀 1톤 생산에 필요한 자원: 10단위
3. 차 1톤 생산에 필요한 자원: 4단위
4. 무역이 없을 경우 전체 자원 중 절반만 생산에 이용

미국(가정)
1. 이용 가능한 자원: 100단위
2. 밀 1톤 생산에 필요한 자원: 5단위
3. 차 1톤 생산에 필요한 자원: 20단위
4. 무역이 없을 경우 전체 자원 중 절반만 생산에 이용

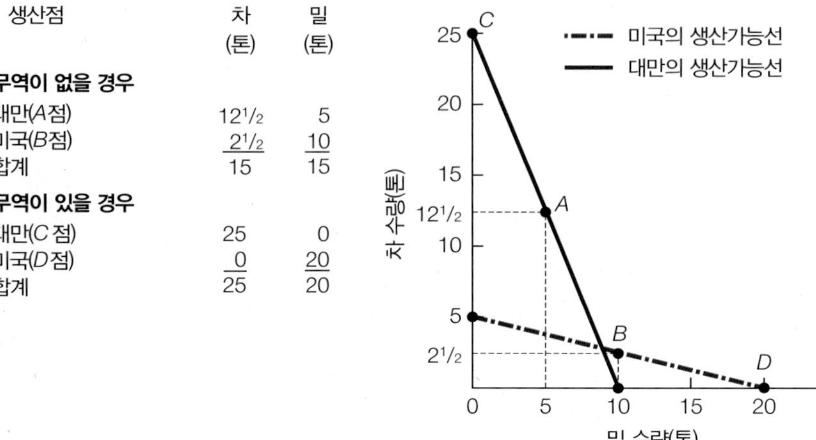

생산점	차 (톤)	밀 (톤)
무역이 없을 경우		
대만(*A*점)	$12\frac{1}{2}$	5
미국(*B*점)	$2\frac{1}{2}$	10
합계	15	15
무역이 있을 경우		
대만(*C* 점)	25	0
미국(*D* 점)	0	20
합계	25	20

그림 6.2 절대우위하의 생산가능선
특화(전문화)는 생산량을 증대한다.

데 필요한 자원을 생산 비용으로 정의한다. 이는 현실적인 예가 될 수 있는데, 생산량에 연동되는 실소득(income)이 상품 생산에 필요한 자원과 비교되기 때문이다.

우선 세상에는 대만과 미국만 존재하고 두 국가는 오직 차와 밀을 생산하며, 동일한 크기의 자원(토지, 노동, 자본)이 있다는 가정에서 출발해보자. 그림 6.2를 보면, 100단위의 자원을 각국에서 사용할 수 있다. 대만은 차 1톤 생산에 4단위, 밀 1톤 생산에 10단위를 사용한다고 가정한다. 그림의 생산가능선은 대만이 25톤의 차를 생산하게 되면 밀 생산은 없고, 10톤의 밀을 생산하게 되면 차 생산은 없는, 즉 두 상품의 생산 가능 조합점을 연결한 선이다.

미국은 차 1톤에 20단위, 밀 1톤에 5단위의 자원을 소비한다. 미국의 생산가능선은 미국이 5톤의 차를 생산하게 되면 밀 생산은 없고, 20톤의 밀을 생산하게 되면 차 생산이 없는, 마찬가지로 미국이 보유한 자원으로 생산할 수 있는 두 상품의 조합을 보여준다. 상품 1톤을 생산하는 데 소비되는 자원을 기준으로 효율성을 살펴보면, 대만은 차 생산에 미국보다 우위에 있고, 미국은 밀 생산에 우위가 있다.

그렇다면 특화와 무역이 어떻게 생산량을 증대할 수 있을까? 일단 두 국가에 해외 거래가 없는 상황이라고 가정해보자. 두 상품의 생산은 생산가능선 어느 지점에서도 출발할 수 있다. 편의를 위해 각국이 두 상품 생산에 각각 50단위 자원을 사용한다고 가정하자. 그러면 대만은 12.5톤의 차(50 ÷ 4)를 생산하고 5톤의 밀(50 ÷ 10)을 생산할 수 있다. 이는 그림 6.2의 점 A로 나타낼 수 있다. 반면 미국의 경우 2.5톤의 차(50 ÷ 20)와 10톤의 밀(50 ÷ 5)을 생산할 수 있고, 그림 6.2의 점 B로 나타낼 수 있다.

각국은 100단위만 사용이 가능하기 때문에 차 생산을 감소하지 않고서는 밀 생산을 증가시킬 수 없고, 그 반대의 경우도 마찬가지이다. 두 국가가 무역을 하지 않는다면 두 상품의 생산량은 차 15톤(12.5 + 2.5)과 밀 15톤(5 + 10)이다. 만약 각국이 절대우위에 있는 상품에 특화한다면 대만은

25톤의 차를, 미국은 20톤의 밀(그림 6.2에서 점 C와 점 D)을 각각 생산할 수 있다.

지금까지는 특화가 두 상품의 생산을 증가시키는 것을 확인했다. 결론적으로 무역이 국제적 효율성을 최적화했고 두 국가는 무역 전보다 더 많은 차와 밀을 보유할 수 있게 되었다.

비교우위

앞에서 절대우위에 대해 설명했지만 학생들은 종종 비교우위라 불리는 이론과 절대우위를 혼동하는 경우가 많다. 1817년 데이비드 리카도(David Ricardo)는 '모든 제품에 절대우위를 가진 국가가 있다면 어떤 일이 벌어질까?'에 대해 궁금해했고, 이를 바탕으로 비교우위 이론을 발전시켰다. **비교우위**(comparative advantage) 이론은 어떤 제품 생산에 절대우위가 없는 국가라고 하더라도 그 국가가 가장 효율적으로 생산할 수 있는 제품에 특화한다면 무역을 통해 국제적 효율성을 얻을 수 있다는 것이다.

모든 제품에 절대우위를 가진 국가도 무역으로 이익을 얻을 수 있다. 왜냐하면 그 국가 역시 더 효율적으로 생산하려면 상대적으로 덜 효율적인 생산을 포기하면 되기 때문이다.

비교우위에 대한 비유 처음에 이 이론은 조리 없게 보일 수 있다. 하지만 다음의 비유는 비교우위를 이해하도록 도와줄 것이다. 한 의사가 있다고 가정하자. 이 의사는 도시에서 가장 뛰어난 의사이자 동시에 가장 뛰어난 사무원이다. 그렇다면 이 의사는 사무실의 모든 행정적 업무도 도맡아 해야 할까? 이는 경제적으로 이치에 맞지 않다. 왜냐하면 이 의사는 덜 숙련된 사무원을 고용하더라도 의사로서 일할 때 더 많은 돈을 벌 수 있기 때문이다. 이와 같은 맥락으로 한 국가가 더 효율적으로 생산할 수 있는 제품의 생산에 국가 자원을 집중하면 이 제품을 더 효율적으로 생산할 수 있게 된다. 그리고 생산을 포기한 다른 제품은 무역을 통해 수입하면 된다. 다음의 논의는 이 이론의 사실적 근거를 더 명확히 설명한다.

생산가능선 미국이 차와 밀 생산 모두에서 대만보다 더 효율적이라고 가정하자. 즉 미국은 대만보다 두 상품 생산에서 모두 절대우위를 가진다.[6] 그림 6.3을 보면 절대우위 이론에서의 가정과 같이 세상에는 두 국가(대만과 미국)만 존재하고, 각 국가는 100단위의 자원만을 이용할 수 있다. 또 대만은 차 1톤, 밀 1톤을 생산하는 데 각각 10단위의 자원을 사용하고, 미국은 차 1톤에는 5단위, 밀 1톤에는 4단위의 자원을 사용한다. 대만은 차 5톤과 밀 5톤(실선의 점 A)을, 미국은 차 10톤과 밀 12.5톤(점선의 점 B)을 생산할 수 있다. 무역이 없다면 밀 생산의 일정 부분 희생 없이 차 생산을 증가시킬 수도, 그 반대도 할 수 없다.

여기서 미국은 두 상품 생산에서 절대우위에 있지만, 비교우위 측면에서는 밀 생산에 우위를 가진다. 그 이유는 미국이 대만보다 밀 생산에는 2.5배, 자 생산에는 2배의 생산성을 가지므로 상대적으로 밀을 더 효율적으로 생산하기 때문이다. 반대로 대만은 차와 밀 생산 모두 미국에 대해 절대열위에 있지만, 차 생산에 비교우위(또는 상대적으로 더 적은 비교열위)가 있다. 차 생산의 효율성 측면에서 대만은 미국의 50%지만, 밀 생산의 경우는 미국의 40%밖에 되지 않기 때문이다.

무역이 없다면 두 상품의 전체 생산량은 차 15톤(대만 5톤 + 미국 10톤), 밀 17.5톤(5톤 + 12.5톤)이다. 하지만 무역할 경우 두 상품의 생산량이 증가할 수 있다. 예를 들면 두 국가의 밀 생산량이 17.5톤으로 무역 전과 변화가 없다고 하면, 미국은 자원 70단위(17.5톤 × 톤당 4단위)를 사용해 밀 17.5톤을 생산할 수 있고, 나머지 30단위로 차 6톤을 생산할 수 있다(30단위/단위당 5톤). 이때 생산가능점은 그림 6.3의 점 D이다. 대만의 경우 차 10톤(점 C)을 생산하기 위해서는 보유한 모든 자

대만(가정)
1. 이용 가능한 자원: 100단위
2. 밀 1톤 생산에 필요한 자원: 10단위
3. 차 1톤 생산에 필요한 자원: 10단위
4. 무역이 없을 경우 전체 자원 중 절반만 생산에 이용

미국(가정)
1. 이용 가능한 자원: 100단위
2. 밀 1톤 생산에 필요한 자원: 4단위
3. 차 1톤 생산에 필요한 자원: 5단위
4. 무역이 없을 경우 전체 자원 중 절반만 생산에 이용

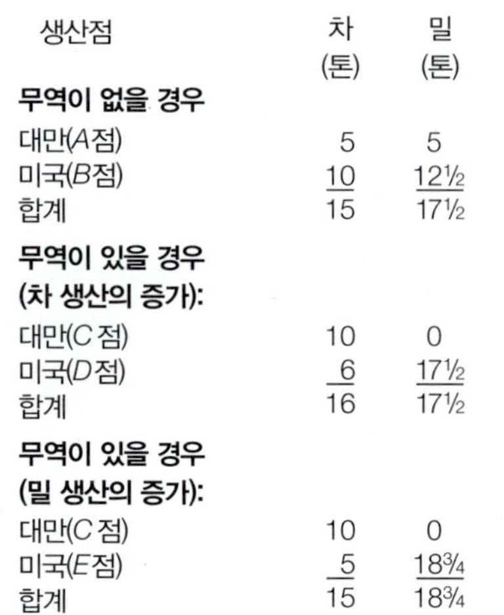

생산점	차 (톤)	밀 (톤)
무역이 없을 경우		
대만(*A*점)	5	5
미국(*B*점)	10	12½
합계	15	17½
무역이 있을 경우 (차 생산의 증가):		
대만(*C* 점)	10	0
미국(*D*점)	6	17½
합계	16	17½
무역이 있을 경우 (밀 생산의 증가):		
대만(*C* 점)	10	0
미국(*E*점)	5	18¾
합계	15	18¾

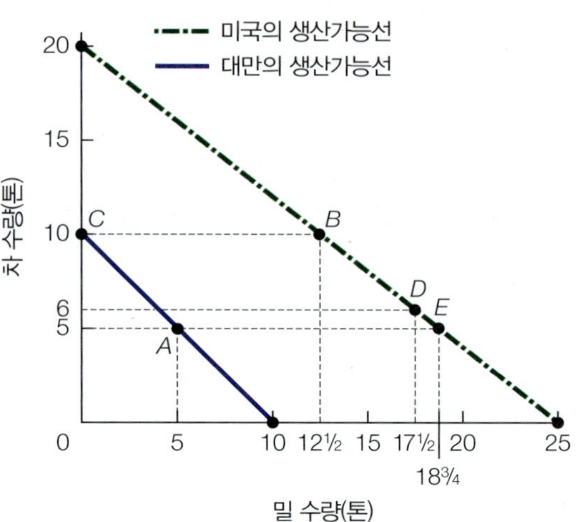

그림 6.3 비교우위하의 생산가능선
한 국가가 모든 제품의 생산에서 절대우위에 있다고 해도 무역으로 얻는 이점은 존재한다.

원을 사용해야 한다. 결국 밀 생산은 17.5톤으로 변화가 없지만, 전체 차 생산은 15톤에서 16톤으로 증가한다.

차의 생산 조합이 무역 전과 차이가 없다면 대만은 차 10톤 생산을 위해 모든 자원을 사용할 수 있다(그림 6.3의 점 C). 미국은 차 5톤 생산에 25단위의 자원을 사용하고, 남은 75단위를 사용해 18.75톤의 밀을 생산할 수 있다(75 ÷ 4). 이때의 생산가능점은 점 E이다. 이 생산가능점은 무역 이전에 사용할 수 있는 차를 포기하지 않았으며 밀 생산은 17.5톤에서 18.75톤으로 증가했다.

만약 미국이 점 D 또는 점 E에서 생산한다면 차와 밀 생산량은 두 국가의 무역 이전 생산량보다 더 증가할 것이다. 생산의 목표가 차나 밀 생산의 증가이든 또는 두 상품을 모두 일정 조합으로 생산하든 간에 대만이 차 생산의 일부를 미국의 밀 생산의 일부와 교환함으로써 두 국가는 이득을 얻을 수 있는 것이다.

비교우위와 절대우위를 혼동하지 말라 대부분의 경제학자는 비교우위 이론을 받아들였고, 이는 자유무역 정책을 촉진하는 데 영향을 미쳤다. 그럼에도 불구하고 많은 정책가, 언론인, 경영인과 근로자는 절대우위와 비교우위를 혼동하며, 한 국가가 어떻게 동시에 특정 제품의 생산에서 절대열위와 비교우위를 가지는지 이해하지 못한다.

자유무역 이론: 몇 가지 가정과 한계

절대우위 이론과 비교우위 이론의 이론적 기반은 모두 특화를 통한 생산량 증가와 무역 증대에 있다. 하지만 이러한 이론은 몇 가지 가정에서 출발하는데, 이들 중 일부는 현실과는 거리가 있다.

절대우위 이론과 비교우위 이론의 조건인 완전고용 상태는 반드시 유효한 가정은 아니다.

완전고용 앞의 의사와 사무원의 비유에서 의사는 하루 종일 의료 업무에 매달려 있다고 가정했다. 만약 그렇지 않다면 그는 의사로서 의료 업무를 통한 수입을 최대한으로 벌면서 행정 업무도 병

행할 것이다. 절대우위 이론과 비교우위 이론 모두 자원이 온전하게 활용 또는 고용되었다고 가정한다. 국가는 실업이 발생하고 유휴 자원이 있을 때는 이 유휴 자원을 활용하기 위해 수입제한 정책을 실행할 것이다.

경제적 효율 앞의 비유는 의사가 자신의 이익을 극대화하는 것에 관심이 많다고 가정한다. 하지만 그 의사는 의사로서 종일 근무하지 않을 수도 있다. 여러 이유가 있을 수 있는데, 이 의사는 사무원의 업무가 의사의 업무보다는 피로도가 덜하고 자아를 실현하는 길이라고 생각할 수 있다. 또 신뢰성이 떨어지는 사무원을 채용할까 봐 노심초사할지도 모른다. 또 다소 있을 법하지 않은 상황으로 예를 들면 의술보다 행정 업무가 더 많은 수입을 올리는 상황에 대비하여 의술보다는 행정 업무 기술을 유지하고자 할 수 있다. 국가는 종종 생산의 효율성 달성보다 다른 목적을 달성하기 위해 애쓴다. 또한 특정한 재화나 서비스에 대한 지나친 특화를 피하려 하는데, 기술의 변화나 가격 변동으로 인해 특정 재화 생산에 취약점이 생길 수 있고 다른 중요한 재화를 수입에 의존하는 경우 그 무역 상대국을 신뢰할 수 없는 상황이 발생할 수 있기 때문이다.

국가의 목표는 경제적 효율성 달성에만 국한되어 있지 않다.

분업의 이득 특화가 무역에 참여하는 모든 국가에게 잠재적인 이득을 가져다준다고 해도 국가가 증가된 생산량을 어떻게 나눌 것인지에 대한 논의는 하지 않았다. 앞서 살펴본 미국과 대만의 사례에서 미국과 대만이 증가된 생산량을 공유한다면 그들은 모두 특화와 무역으로 경제적으로 더 나은 상태에 있을 것이다. 그러나 국가는 절대적인 경제적 이득과 함께 상대적인 이득도 고려한다. 여기서 상대적인 측면이란 무역 상대국과의 비교를 의미한다. 만약 무역 상대국이 무역으로 인한 이익의 더 많은 부분을 가져간다는 사실을 알게 되면, 이런 무역 상대국의 상대적인 경제적 이득을 막기 위해 자국의 절대적인 이득을 포기할 수도 있다.[7]

개념 체크

1장에서 개인이 절대적 및 상대적 기준으로 자신의 복지를 평가함을 배웠다. 2장에서는 '일하기 위해 사는 것'와 '살기 위해 일하는 것'에 대한 국가적 선호도 차이를 논의했다.

운송 비용 제품을 운송하는 데 드는 비용이 특화를 통한 이득보다 더 크다면 무역은 일어나지 않을 것이다. 이런 경우를 미국과 대만의 예에서 살펴보면 기존에 차나 밀 생산에 투입된 노동력의 일부는 차나 밀의 해외 운송과 관련된 일로 전환되어야 한다. 그러나 이러한 전환을 통한 생산 감소량이 두 국가가 특화로 얻는 양보다 더 적다면 여전히 무역의 이득은 존재한다.

불충분한 수요 통상적으로 수요되는 차와 밀의 소비량보다 더 많은 생산량의 증가가 있다면 여전히 이점이 있을까? 그렇다. 두 나라의 소비자는 더 적은 시간을 일하고 더 많은 여가 시간을 얻으면서도 충분한 생산물을 얻을 수 있게 된다.

정태성과 동태성 절대우위 이론과 비교우위 이론은 모두 국가의 우위를 정적으로, 즉 특정 시점으로 설명한다. 하지만 한 국가의 특정 제품 생산에 대한 우위와 열위는 변하기 마련이다. 대만의 생산과 수출이 어떤 식으로 변하는지 살펴보자. 앞서 살펴본 대만과 미국의 예에서 차나 밀을 생산하는 데 필요로 하는 자원은 변할 수 있다. 왜냐하면 앞으로 기계화된 차 수확의 진보와 유전자 변형 작물의 수용이 가능할 수 있기 때문이다.[8] 따라서 미래의 절대우위 또는 비교우위가 현재와 같이 유지될 것이라고 가정할 수 없다. 이 장의 뒷부분에서 경쟁력 있는 생산 위치의 역학을 설명하는 이론을 검토하면서 다시 정태성(statics)과 동태성(dynamcis)에 대해 논의할 것이다.

한 국가의 절대우위와 비교우위는 변할 수 있다.

서비스 절대우위와 비교우위 이론은 서비스보다는 재화 및 상품에 대해 다룬다. 그러나 국제무역

자유무역의 이득은 재화의 교역뿐만 아니라 서비스에도 적용된다.

에서 서비스가 차지하는 비중은 증가하고 있다. 그렇다고 해서 이러한 이론이 유용하지 않다는 것은 아니다. 기존의 자원 또한 서비스 생산에 투입되어야 하기 때문이다. 예를 들면 미국은 다른 해외 국가에 교육 서비스(미국 대학에는 많은 유학생이 있다)를 초과 공급하고 있다. 동시에 미국은 해외 배송 서비스를 초과 수요하고 있다. 만약 미국이 해외 배송 부분에서 더 자급자족하기를 원한다면 고등교육 분야에 효율적으로 사용되는 자원을 해외 배송 분야로 전환해야 할 것이다.

개념 체크

1장에서는 많은 제품의 완제품 생산을 위해 한 국가 아닌 여러 국가의 생산 네트워크가 필요함을 설명했다. 그럼에도 불구하고 절대우위 및 비교우위의 개념은 유지된다.

생산 네트워크 하나의 완제품을 만들기 위해 많은 국가의 기여가 필요해지고 있는데, 이러한 생산 네트워크의 발전은 비교우위를 통한 전문화의 개념에 잘 들어맞는다. 즉 생산에 절대우위나 비교우위가 있는 국가에서 부품을 생산하여 공급하는 것이 비용 절감에 효과가 있다.

자유무역 이론이 암시하는 것만큼 국내 노동의 산업별 이동가능성은 크지 않다. 반대로 국제적인 노동의 이동은 가능하다.

이동가능성 두 이론은 한 상품에서 다른 상품의 생산으로 자원이 이동할 때 국내로만 이동할 수 있으며 비용이 없다고 가정했다는 점에서 큰 비판을 받을 수 있다. 이 가정은 완전히 타당하지 않다. 예를 들면 공장에서 해고된 사람이 소프트웨어 개발과 같은 첨단 기술 산업에서 직업을 구하기란 쉽지 않다. 필요한 기술이 서로 다르기 때문이다. 밀과 차의 예를 상기해보면, 밀을 재배하는 농부는 쉽게 차를 수확하는 농부가 되지 않을 것이다. 두 경우 모두 필요한 기술이 다르므로 재교육에 비용과 시간이 많이 소요된다. 또한 일반적인 노동자는 가족관계, 소유권, 친구들과의 지역 네트워크, 다른 기회에 대한 불충분한 정보, 네트워크의 부족, 불확실성에 대한 일반적인 회피 성향 때문에 쉽게 새로운 장소로 이동하지 않을 수 있다.[9] 설령 그렇게 하더라도 그들은 전보다 생산성이 떨어질 수 있다.[10]

또한 두 이론은 또 한 자원의 국경 간(국제적) 이동은 없다고 가정한다. 그러나 자원의 이동은 점점 더 국제적으로 이루어지고 있다. 예를 들면 거의 50만 명의 계약직 근로자가 대만에 있는데, 이는 대만에 좋은 취업 기회가 있기 때문이다.[11] 실제로 다국적 기업은 해외직접투자를 지원하고자 경영자와 자본을 대만으로 이전했고, 이는 대만인의 생산성 및 역량을 변화시키는 데 기여했다. 즉 자원의 이동은 분명 무역의 대안이 될 수 있다. 이 주제는 이 장 후반부에 다시 다루기로 하자. 그러나 자원의 이동은 국제보다는 국내에서 더 많다고 할 수 있다.

국가 무역 패턴 이론

6–3 국가의 무역 패턴을 설명하는 이론을 이해한다.

자유무역 이론은 특화와 자유무역을 통해 경제 성장이 어떻게 발생하는지를 논의했다. 그러나 이러한 이론은 한 국가가 자유무역 정책을 따를 때 얼마만큼 무역에 의존해야 하는지, 어떤 제품을 수출하고 수입해야 하는지, 어떤 국가와 무역을 해야 하는지 등과 같은 무역 패턴에 대해서는 다루지 않았다. 이 절에서는 이러한 무역 패턴을 설명하는 데 도움이 되는 이론을 살펴보자.

얼마만큼 무역을 해야 하는가

자유무역 이론에서의 특화는 한 국가 또는 주어진 한 제품이나 서비스만을 다루었다. 하지만 모든 국가는 **비교역재**(non-tradable goods), 즉 이발, 식료품 소매 유통같이 높은 거래 비용 때문에 현실적으로 수출이 불가능한 상품과 서비스도 생산한다. 하지만 교역재에 국한하더라도 일부 국가는 다른 국가보다 더 많은 수출과 수입을 한다. 이러한 국가 간 차이를 설명하는 이론을 다음에서 살펴보자.

국가 규모 이론 **국가 규모 이론**(theory of country size)은 규모가 큰 국가가 작은 국가보다 일반적으로 무역에 덜 의존한다는 것이다. 넓은 토지를 가진 국가는 다양한 기후 조건과 천연자원을 보유하고 있기 때문에 작은 국가보다 자급자족하기가 수월하다. 대부분의 큰 국가(예: 브라질, 중국, 인도, 미국, 러시아)는 작은 국가(예: 우루과이, 벨기에, 스리랑카)와 비교할 때 자국 소비에 필요한 수량보다 훨씬 적게 수입하고, 생산하는 양보다 훨씬 적게 수출한다.

큰 규모의 국가(면적 기준)는 작은 규모의 국가와 다음과 같은 차이가 있다.

- 생산량의 적은 부분만 수출하고 소비량의 적은 부분만 수입한다.
- 무역에 들어가는 운송 비용이 크다.

또한 외국 시장과의 지리적 거리도 큰 국가와 작은 국가에 다른 영향을 미친다. 일반적으로 거리가 더 멀어질수록 더 높은 운송 비용이 발생하고 운송 시간이 더 걸린다. 또 적기 운송의 불확실성이 높아지며 신뢰성도 떨어지게 된다. 다음의 예를 통해 지리적 거리가 작은 국가와 큰 국가에 어떻게 작용하는지 살펴보자.

어떤 제품의 거래 가능한 일반적인 거리를 최대 100마일이라고 가정하자. 왜냐하면 거리가 멀어질수록 운송비가 훨씬 비싸기 때문이다. 벨기에의 경우 어떤 지역에서도 외국과의 거리는 100마일 이내지만, 이웃에 있는 큰 두 국가, 즉 프랑스와 독일의 경우는 그렇지 않다. 따라서 벨기에는 생산과 소비에서 무역이 차지하는 비중이 프랑스와 독일에 비해 더 높으며, 이는 국가 규모에서 기인한 거리 개념으로 설명할 수 있다.

경제 규모 국토 면적이 국가의 크기를 측정하는 가장 명백한 방법이긴 하지만, 경제 규모 또한 국가 간 비교를 가능하게 하는 기준이 된다. 즉 국토 면적이 무역의 상대적 의존도를 설명하는 데 도움이 되는 반면, 국가의 경제 규모는 무역량의 절대적인 차이를 설명하는 데 도움이 된다. 2017년 기준 세계 4대 경제 대국은 수출 상위 4개국이었다. 간단히 말해서 경제 대국은 많이 생산하기 때문에 국내외로 판매할 것이 더 많다. 그와 동시에 대부분의 개발도상국의 무역은 선진국과 이루어지는데, 최근 개발도상국 사이에서 무역의 급증세가 있었다. 최근 중국과 인도의 경제 성장으로 주로 개발도상국에서 발견되는 원자재에 대한 수요 증가가 나타났기 때문이다.[12]

더 큰 경제는 더 많이 생산하고 소비하기 때문에 더 많이 무역에 연루된다.

또한 경제 발전 수준을 보면 육지로 둘러싸인 내륙 국가가 겪는 무역의 불이익을 관찰할 수 있다. 거의 예외 없이 이러한 나라는 무역과 1인당 국민총소득 부문에서 해양 국가에 뒤쳐진다. 내륙 국가는 바다 접근을 위한 인프라 건설을 위해 다른 나라에 의존해야 하며, 이를 할 유인 또한 크지 않다. 그와 동시에 내륙 국가는 일반적으로 수출을 위한 운송 비용이 더 많이 든다. 잠재적인 무역 상대국은 내륙 국가로부터의 운송 경로에 위치한 국가의 상황에 따라 무역에 방해를 받을 수 있기 때문에 내륙 국가의 공급자를 덜 선호한다. 예외적인 내륙 국가의 성공은 서비스 수출(예: 금융 서비스를 제공하는 스위스), 또는 항공으로 수출되는 상품(예: 다이아몬드가 있는 보츠와나)에 의존하여 운송 문제를 극복한 예이다.[13]

미국은 면적으로 보면 세 번째로 크고 경제 규모도 가장 큰 나라이기 때문에 무역에 대한 상대적 의존도와 절대적 의존도의 차이를 보여주는 좋은 예를 제공한다. 미국의 수출이나 수입에 대한 의존도는 경제에서 생산이나 소비가 차지하는 비율보다 상대적으로 낮지만, 미국은 세계에서 가장 큰 무역(수입 + 수출) 수준을 자랑한다. 미국 각 주의 생산량이 높기 때문에 각 주는 서로 거래할 수 있는 기회가 많다. 지도 6.1은 미국의 각 주가 다른 나라와 경제적으로 어떻게 비교되는지를 보여줌으로써 미국의 큰 경제 규모에 대해 설명한다.

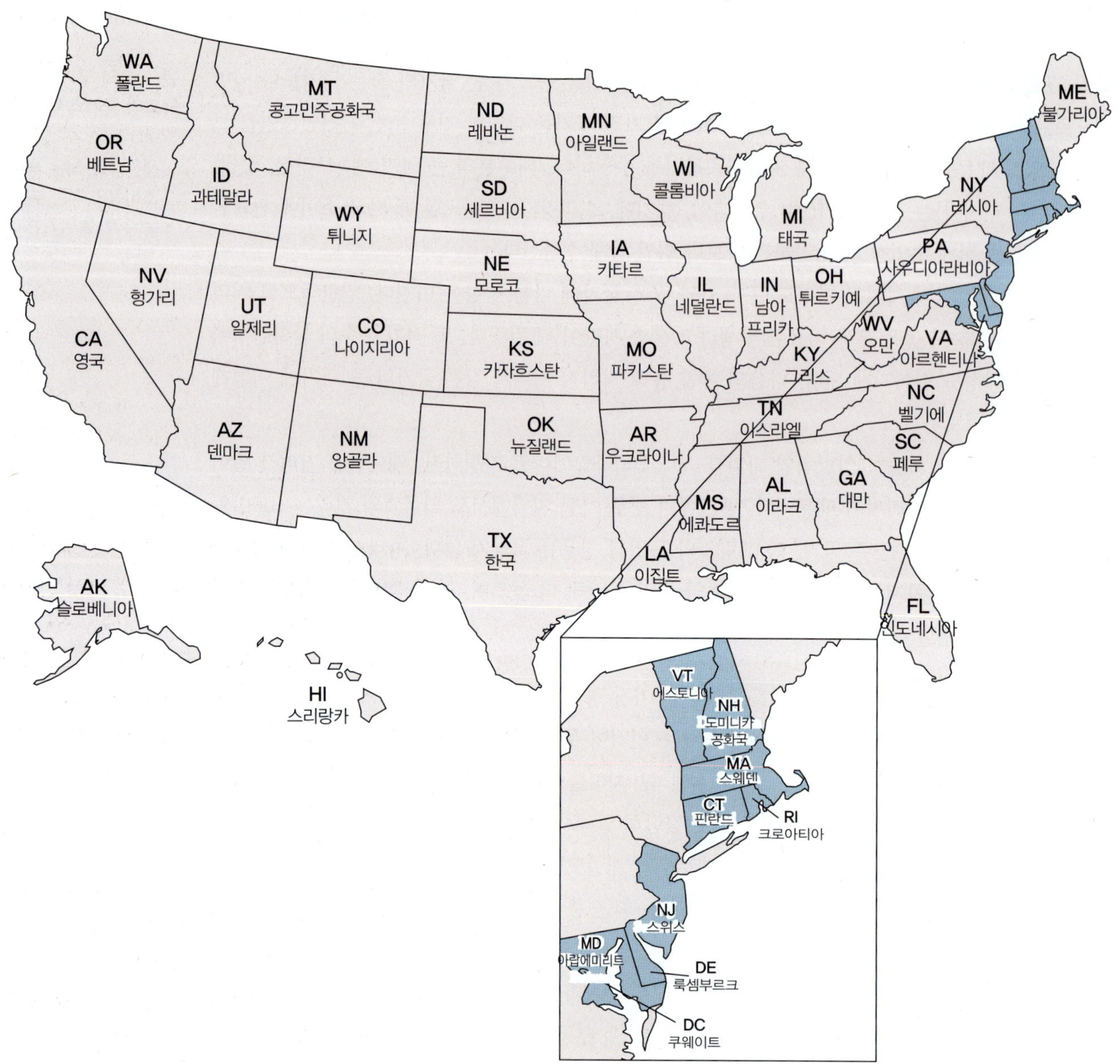

지도 6.1 다른 나라와 비교한 미국 주의 경제 규모

미국의 규모는 지리적으로나 경제적으로나 세계에서 가장 큰 무역국 중 하나이며 또한 대부분의 다른 국가보다 수출입에 대한 상대적인 의존도가 낮다.

출처: 미국 주의 GDP 수치는 2020년 1월 15일에 검색된 https://en.wikipedia.org/wiki/List_of_U.S._states_and_territories_by_GDP의 2018년 데이터를 기반으로 한다. 국가 GDP 수치는 2019년 10월 국제통화기금 세계경제전망(IMF WEO) 자료의 2018년 기준이다.

어떤 형태의 제품이 무역의 대상인가

요소 비율 이론에 따르면 상대적으로 풍부한 요소는 상대적으로 희귀한 요소보다 생산 비용이 더 저렴하다.

이 절에서는 앞서 이미 논의했던 기후 및 자연자원과 같은 국가의 천혜적 우위에 대해서는 논의하지 않을 것이다. 대신에 요소 부존 이론을 알아볼 것이다. 또한 후천적 우위의 측면에서 제품 및 공정 기술의 중요성에 대해서도 논의할 것이다.

요소 비율 이론 엘리 헥셔(Eli Heckscher)와 베르틸 올린(Bertil Ohlin)은 국가의 생산 요소, 즉 토지, 노동, 자본에 기반한 **요소 비율 이론**(factor proportions theory)을 발전시켰다. 이 이론은 한 국가에서 토지 부존량이나 자본 부존량과 노동 부존량의 차이가 생산 요소의 비용 차이를 발생시킨다고 설명한다. 예를 들면 한 나라가 토지와 자본에 비해 노동력이 풍부하다면 노동 요소의 비용은 토지와 자본 비용에 비해 상대적으로 낮을 것이다. 이와 반대로 노동력이 적다면 노동 요소의 비용은 토지와 자본 비용에 비해 상대적으로 높을 것이다. 따라서 이러한 상대적 요소 비용은 국가가 상대적으로 풍부한 생산 요소를 사용한 제품의 생산과 수출에 두각을 나타나게 하는 배경이 된다.[14]

일반적인 관찰 요소 비율 이론은 논리적이며 일반적인 관찰을 통해 이론과 일치하는 많은 예를 발견할 수 있다. 예를 들어 인구 밀도가 높은 홍콩은 농업을 위해서는 토지를 거의 사용하지 않고 많은 양의 토지를 필요로 하지 않는 공산품을 생산한다. 캐나다는 그 반대이다. 홍콩은 실제로 노동자 1인당 최소의 토지를 요구하는 작업장을 다층 건물에 배치할 수 있는 제조업(예: 인쇄, 의류, 시계)에 집중한다. 반대로 캐나다는 밀과 자동차 생산과 같이 1인당 상대적으로 넓은 토지를 필요로 하는 농산물과 공산품을 생산한다. 인구 대비 자본이 많은 독일은 자본 집중이 필요한 화학 제품 생산에 유리하다. 반면 자본 대비 노동력이 풍부한 방글라데시는 노동 집약적인 의류 생산에 우위가 있다.

심층적인 관찰 요소 비율 이론은 생산 요소가 균일하다고 가정하므로, 이론을 입증하기 위한 테스트의 결과는 일치하지 않는다.[15] 토지나 노동은 모두 동일하지 않다. 토지는 경작 가능성과 생산성이 다양하다. 노동은 훈련과 교육 정도의 차이로 다양한 숙련 수준에 따라 나뉜다. 특히 훈련과 교육에 대한 지출은 공장 및 장비 가치만 포함하는 전통적인 자본 측정에는 포함되지 않는다. 요소 비율 이론이 노동자를 훈련하기 위해 투자된 자본을 설명할 때, 요소 부존 이론은 많은 무역 패턴을 설명한다.[16] 예를 들어 선진국은 개발도상국보다 고학력 고용(예: 과학자와 엔지니어)의 비율이 높기 때문에 수출을 위한 생산 과정에서 고도로 훈련된 풍부한 인적 자원에 의존한다. 그러나 저소득 국가는 수출에서 숙련도가 낮은 노동력에 대한 높은 의존도를 보인다.[17]

생산 요소 중 토지와 노동력은 서로 동일하지 않다.

공정 기술 동일한 제품이 자본 집약적이거나 노동 집약적인 것과 같이 서로 다른 방식으로 만들어질 경우 요소 비율 분석은 복잡해진다. 예를 들면 방글라데시에서는 쌀 수확에 기계 대신 노동력을 주로 이용한다. 반면에 일본은 기계화 방식으로 밀을 수확하기 때문에 소수의 인력만을 필요로 한다. 결국 생산의 최적 위치는 비용을 최소화하는 생산 방식을 바탕으로 한 지역별 비용을 서로 비교해서 결정한다.

기업은 각각의 비용에 따라 생산 요소인 노동을 자본으로 대체할 수 있다.

그러나 모든 제품이 생산 방식에서 위와 같은 상충관계(trade-off)를 보이는 것은 아니다. 일부 제품은 대규모의 고정자본이 필요하고 장기 생산공정 운영으로 고정자본 비용을 단위 제품에 녹여 배분할 필요도 있다. 그리고 이런 경우는 대개 대규모 시장을 보유한 큰 국가에서 가능하다.[18] 하지만 수출할 수 있다면 기업은 장기 생산공정을 작은 국가에 위치시켜 운영할 수도 있다.[19] 장기 생산공정을 운영하는 산업은 점진적으로 제품 단위당 비용이 감소하기 때문에 이러한 산업의 기업은 소수의 국가에만 생산 시설을 두고 그곳에서 수출을 하는 경향이 있다. 반면에 장기 생산공정이 중요하지 않은 부문에서는 수출로 인한 운송 비용 최소화를 위해 세계 여러 국가에 생산 시설을 두는 현상이 확산되고 있다.

더 큰 시장을 가진 국가들은 더 큰 생산량을 필요로 하는 제품을 생산하는 데 더 치중한다.

또한 연구개발(R&D) 비용은 기업에 막대한 선행 투자도 요구한다. 그래서 작은 시장을 가진 국가의 기술 집약적인 기업은 자국 시장이 큰 기업에 비해 해외 매출이 더 절실하다. 결국 기업은 자국 시장 내 다른 기업과 산업으로부터 필요 자원을 확보해야 하고, 이는 큰 국가에서 보다 더 국가 차원에서의 특화가 나타난다는 것을 의미한다.[20]

출처: Robertharding/Alamy Stock Photo(좌)/Mamunur Rashid/Alamy Stock Photo(우)

▲ 쌀 수확은 임금률이 높은 일본(왼쪽)에서는 자본 집약적이다. 임금률이 낮은 방글라데시(오른쪽)에서는 노동 집약적이다.

대부분의 새로운 제품은 선진국에서 처음 만들어진다.

제품 기술 제조업은 세계무역에서 가장 큰 비중을 차지하는 부문으로, 제조업의 경쟁력은 전적으로 신제품과 신공정 개발 기술에 달려 있다고 해도 과언이 아니다. 하지만 이러한 기술 개발은 결국 교육 수준이 높은 사람(특히 과학자와 엔지니어)과 연구개발(R&D) 투자에 필요한 막대한 자금에 의해 결정된다. 선진국은 이러한 인력과 자금이 풍부하기 때문에 대부분의 신제품을 처음 만들어내고, 이들의 생산과 무역의 대부분을 차지한다. 반면 개발도상국은 기초 상품 생산과 자연적인(천혜의) 이점에 훨씬 더 의존한다.

어떤 국가와 무역을 해야 하는가

국가 유사성과 국가 간 거리는 교역 상대를 결정하는 데 중요한 역할을 한다.

선진국은 주로 선진국과 무역을 하는데, 그 이유는 다음과 같다.
- 개발도상국보다 생산과 소비가 더 많기 때문이다.
- 다른 산업에서 기술적 약진을 강조하기 때문이다.

국가 유사성 이론 **국가 유사성 이론**(country-similarity theory)은 대부분의 무역이 왜 선진국 간에 발생하는지 설명한다. 이 이론에 따르면 기업이 자국 시장의 조건에 대응하여 새로운 제품을 생산하고 그런 다음 자국 시장과 경제 수준이 비슷하며 특히 소비자의 1인당 소득 수준이 비슷한 시장으로 진출한다.[21]

후천적 우위와 특화 수출을 위해 기업은 해외 소비자가 자국에서 구입할 수 있는 제품보다 더 우위에 있는 무언가를 제공해야만 한다. 무역이 발생하는 이유는 국가가 연구에 쏟는 노력을 모든 분야보다는 일부 분야에만 배분하는 것처럼 후천적 우위를 획득하기 위해 특화에 나서기 때문이다. 독일은 전통적으로 기계와 장비에 강하고, 스위스는 의약품, 덴마크는 식료품에 강하다.[22] 개발도상국의 경우 틈새시장을 공략하여 특화함으로써 우위를 획득한다. 방글라데시의 경우 셔츠와 바지, 모자의 수출에 성공했다. 하지만 파키스탄이 수출에 성공한 리넨(linen)이나 축구공의 수출에는 성공하지 못했다.[23]

제품 차별화로 인해 국가는 비슷해 보이는 제품을 거래하게 된다.

제품 차별화 무역이 발생하는 또 다른 이유는 기업의 제품 차별화에 있다. 제품 차별화는 외형적으로 비슷한 제품들의 왕복무역(two-way trade)이 발생시킨다. 미국의 경우 여러 국가에서 온 기업이 자신만의 차별점으로 제품의 다양성을 개발해왔기 때문에 관광 서비스, 자동차와 항공기 분야의 주요 수출국이자 수입국이 되었다. 예를 들면 미국의 보잉(Boeing)과 유럽의 에어버스(Airbus) 모두 대형 제트 여객기를 생산한다. 하지만 미국과 유럽의 항공사는 보잉의 비행기와 에어버스의 비행기를 모두 구입한다. 왜냐하면 두 기업의 항공기는 승객 정원, 항속 거리, 연료 소비, 신뢰성 등과 같은 특징이 서로 다르기 때문이다.[24] 그 결과 보잉과 에어버스는 자국 시장과 서로의 시장뿐만 아니라 항공기를 생산하지 않는 국가에도 항공기를 판매할 수 있는 것이다.

문화적 유사성 수입업자와 수출업자는 자국의 문화와 비슷한 문화를 가졌다고 생각되는 국가(예: 비슷한 언어의 사용)와 사업하는 것이 더 수월하다는 사실을 발견했다. 이와 비슷하게 과거 식민 관계도 특정 선진국과 개발도상국 간 무역을 잘 설명해준다. 예를 들면 프랑스의 식민 지배를 받았던 아프리카는 현재 에어프랑스(Air France)의 주요 고객이다.[25] 마찬가지로 남반구 국가들 사이에 대규모 무역이 일어나지 않은 것 또한 역사적 연결 고리의 부재에서 일정 부분 답을 찾을 수 있다. 수출이나 수입에 경험이 적은 국가에 새롭게 유통망을 개발하는 것보다는 기존 사업의 유대관계를 유지하는 것이 상대적으로 더 쉽다.

무역 상대국은 다음의 요소에 영향을 받는다.
- 문화적 유사성
- 국가 간 정치적 관계
- 지리적 거리

정치적 관계와 경제협정 무역은 국가 간 정치적 관계와 경제적 협정에 부정적 또는 긍정적인 영향을 받는다. 이스라엘과 대부분의 중동 국가 사이의 정치적 적대감을 볼 때 약 60년 동안 이스라엘과 중동 국가들의 상호 무역은 감소해왔다. 무역 촉진의 한 예로 유럽연합을 들 수 있는데, 이는 많은 유럽 국가 사이의 모든 무역 장벽을 제거하고, 각 멤버 국가의 전체 무역에서 서로가 더 많은 몫을 차지하도록 하는 협약이다.

개념 체크

2장은 기업이 본국에서 가까운 문화를 가진 나라로 진출할 때 더 쉽게 적응할 수 있음을 시사한다.

지리적 거리 지리적 거리가 특정한 무역관계를 완전하게 설명해주는 단일 요소는 아니지만, 국제무역을 설명하는 데 중요한 요소임은 틀림없다. 본질적으로 더 먼 거리는 보통 더 높은 운송 비용을 의미한다. 그러나 동일한 제품은 가격을 기준으로 경쟁하므로 차별화 제품보다 거리가 더 중요하다.[26] 또한 비용 차이 분석에서 이용 가능한 운송 수단을 모두 고려해야 한다. 오스트레일리아에서 영국으로 수출되는 와인은 컨테이너 화물선으로 운송할 수 있는데, 여기에 드는 비용은 대략 프랑스 남부에서 영국으로 육로를 이용하여 와인을 수출하는 비용과 비슷하다.[27]

수출 역량의 동학

6–4 국가의 수출 역량이 역동적인 이유를 설명한다.

앞서 국가 간 정치적·경제적 관계, 신제품 및 공정 능력 개발 등의 요인으로 무역 패턴이 변한다는 점을 확인했다. 이제 국가가 어떻게 발전하고 지속하며 그들의 경쟁우위를 상실하는지 설명하는 데 도움이 되는 두 가지 이론을 논의할 것이다.

제품수명주기 이론

국제 **제품수명주기 이론**[product life cycle(PLC) theory]은 제품의 수명주기에 따라 해당 제품의 생산 위치가 이동한다는 점을 강조한다. 제품수명주기는 도입기, 성장기, 성숙기, 쇠퇴기의 4단계로 구성된다.[28]

제품수명주기(PLC) 이론에 따르면 제품의 생산 지역은 해당 제품의 수명주기 단계에 따라 한 국가에서 다른 국가로 이동한다.

(제품) 도입기 대부분의 신제품 및 프로세스 기술의 발견은 기업의 필요에 따라 선진국에서 시작된다.[29] 한번 기업이 신제품을 생산하면 이론적으로 그것은 세계의 어느 곳에서든 제조될 수 있다. 그러나 현실적으로 (제품) 도입기라 불리는 초기 생산 단계는 일반적으로 대부분의 매출이 국내에서

도입기의 특징은 다음과 같다.
- 소비자 니즈를 추구한 혁신이 발생한다.
- 혁신 국가가 수출한다.
- 제품 특성이 발전한다.

발생하기 때문에 기업은 시장 반응을 빨리 알 수 있고 운송 비용 또한 절약할 수 있다. 이 단계에서 수출 지역은 대부분 선진국인데, 이는 신제품에 대한 구입 여력이 있는 소비자가 주로 선진국에 있기 때문이다. 도입기에서 생산은 이후의 PLC 단계보다 노동 집약적인 경향이 있는데, 이는 판매가 빠르게 확대되고 제품이 고도로 표준화될 때만 노동 절약을 가능하게 하는 기계가 도입될 수 있기 때문이다. 이 시점에 고소득 국가에서 고도로 숙련되고 교육받은 노동력의 고용은 높은 보상을 지불함에도 불구하고 비표준화된 생산에 능숙하므로 대개 비용 효율적이다. 많은 소비자는 원가가 다소 비싸더라도 미래의 가격 인하를 기다리기보다는 신제품에 대해 높은 가격을 기꺼이 지불하려 한다.

성장기의 특징은 다음과 같다.
- 혁신 국가의 수출이 증가한다.
- 경쟁이 증가한다.
- 자본 집약도가 증가한다.
- 해외 생산이 시작된다.

성장기 이 단계는 매출이 신장되는 단계이기 때문에 주로 다른 선진국 시장을 중심으로 혁신 기업의 제품을 복제 가능한 기술을 지닌 경쟁자가 등장한다. 혁신 기업(innovator)은 미국에 있고 경쟁자는 일본에 있다고 가정해보자. 일본 기업은 다음의 이유로 제품을 주로 일본 내에서 판매할 것이다.

1. 증가하는 일본 내 수요는 다른 시장에 관심을 둘 여지를 제한한다.
2. 일본 기업은 일본 소비자를 위한 제품 다양성 개발에 몰두하고 있다.
3. 일본에서의 비용은 생산 개시(start-up) 문제로 인해 여전히 높다.

글로벌 매출이 신장되면 기업은 노동력을 절감할 수 있는 생산공정 개발에 나선다. 하지만 이는 다른 국가나 시장의 니즈를 잘 맞춘 경쟁자의 제품 차별화 전략으로 무산될 수 있다. 따라서 이 단계에서 자본 집약적 생산 방식은, 시장은 성장하지만 여전히 낮은 수준일 수 있고, 도입 자체가 늦춰질 수도 있다. 해당 제품의 원조 생산 국가는 이 단계에서 제품의 해외 수출을, 특히 개발도상국 시장을 중심으로 증가시킬 것이다. 하지만 개발도상국 현지의 경쟁자들이 해당 제품 생산을 시작할 경우 그 시장에 대한 수출이 줄어들 수 있다.

성숙기의 특징은 다음과 같다.
- 혁신 국가의 수출이 감소한다.
- 제품 표준화의 비중이 증가한다.
- 자본 집약도가 증가된다.
- 가격이 핵심 경쟁 도구가 된다.
- 개발도상국이 생산을 시작한다.

성숙기 이 단계에는 전 세계적인 수요가 안정되기 시작한다. 일부 국가에서는 여전히 시장이 성장하기도 하고, 또 다른 일부 국가에서는 반대로 감소하기도 한다. 이 단계에서는 일반적으로 경쟁자가 도태되기도 하고 제품이 높은 수준의 표준화 단계에 있으며 경쟁에서 가격이 매우 중요한 요소로 부상한다. 자본 집약적인 생산은 단위 생산 비용을 절감시키기 때문에 이제는 상대적으로 소득이 낮은 개발도상국에서도 많은 수요가 창출된다. 시장과 기술은 널리 확산되기 때문에 혁신 국가는 더 이상 생산우위를 차지하지 못한다. 기업은 표준화된 (자본 집약적) 생산을 위해 숙련도가 낮고 상대적으로 임금이 낮은 노동력을 확보할 수 있는 개발도상국으로 생산 설비를 이동시킨다. 이때부터 혁신 국가의 수출은 감소하고, 해외 생산이 그 자리를 대신한다.

쇠퇴기의 특징은 다음과 같다.
- 개발도상국이 주로 생산한다.
- 혁신 국가는 순수입국이 된다.

쇠퇴기 제품이 쇠퇴기로 이동함에 따라 성숙기에 발생한 요소는 계속해서 진화한다. 부유한 고객의 수요는 포화 상태에 이르며 그들은 더 새로운 제품을 원하게 되므로, 선진국의 시장은 개발도상국의 시장보다 더 급격히 작아진다. 이 시점에 시장과 비용의 요소를 고려하면 생산의 대부분이 개발도상국에서 이루어지고 있음을 알 수 있다. 개발도상국에서 생산된 제품은 시장의 규모가 줄어들거나 작은 틈새시장만이 존재하는 선진국으로 수출된다. 즉 처음에 혁신이 일어났고 해당 제품을 수출했던 국가는 이제 수입국이 된다.

제품수명주기 이론의 검증과 한계점 제품수명주기 이론은 제품이 지닌 수명주기의 변화에 따라 생산 설비의 위치도 이동된다는 점을 강조한다. 예를 들면 볼펜이나 계산기 같은 품목에서 이러한 패턴을 살펴볼 수 있다. 이러한 제품은 처음에 한 선진국에서 생산되어 높은 가격으로 판매된다. 이후 생산 시설은 현지 수요의 충족을 위해 다른 선진국으로 이동한다. 오늘날 이러한 제품의 생산 대부분은 개발도상국에서 이루어지며 가격은 하락했다.

그러나 이와 반대로 생산 위치가 잘 이동되지 않는 제품도 존재한다. 그러한 예외는 다음과 같다.

모든 제품이 PLC를 따르는 것은 아니다.

- 시장 가까이에서 생산해야 하는 높은 운송 비용의 제품(비교역재)일 경우 수출은 별로 일어나지 않는다.
- 극도의 짧은 수명주기를 가진 제품은 혁신이 매우 급속하게 이루어지기 때문에 한 국가에서 다른 국가로 생산을 옮겨 비용을 절감하는 것 자체가 불가능하다. 예를 들면 유행을 따르는 제품이 여기에 해당된다.
- 사치품을 구입하는 소비자에게 가격은 주된 고려사항이 아니다. 사실 이러한 사치품을 개발도상국에서 생산할 경우 고급 이미지가 퇴색될 수 있다.
- 광고와 같은 차별화 전략을 사용하여 가격 기반의 경쟁 없이 수요를 유지할 수 있는 기업의 제품도 있다.
- 차세대 제품 개발을 위해 특화된 기술을 보유한 노동자가 필요한 제품도 있다. 이는 미국이 의료장비 생산을, 독일이 윤전기 시장을 오랫동안 지배할 수 있었던 이유를 설명한다.

이러한 제품 특성을 고려하지 않더라도 최근 다국적 기업에 의해 신제품이 자국과 해외 시장에 동시에 소개되는 경향이 점차 증가하고 있다. 즉 기업은 단순히 자국 시장 내 수요만을 관찰하는 것을 넘어 세계 시장을 목표로 한 제품과 서비스를 개발한다. 그렇게 함으로써 기업은 제품의 국제적 확산이 지연되는 것을 막을 수 있다. 그리고 생산지를 선택할 때도 처음부터 여러 국가의 시장에 대응하는 데 드는 비용을 최소화할 수 있는 생산 후보지를 물색한다. 이 생산지는 혁신 국가일 수도 있고 아닐 수도 있다.

국가 경쟁우위 다이아몬드 모델

국가의 경쟁우위가 서로 다른 이유는 무엇인가? **국가 경쟁우위 다이아몬드 모델**(diamond of national competitive advantage)은 경쟁우위에 중요한 네 가지 조건을 보여주는 이론이다. 네 가지 조건은 수요 조건, 요소 조건, 관련 및 지원 산업, 기업의 전략과 조직 구조 및 경쟁이다[30](그림 6.4 참조).

국가 경쟁우위 다이아몬드 이론에 따르면, 다음과 같은 조건이 충족될 경우 기업은 국제적으로 경쟁력 있는 제품을 개발할 수 있다.

- 수요 조건
- 요소 조건
- 관련 및 지원 산업
- 기업의 전략, 조직 구조, 경쟁

이미 앞에서 살펴본 다른 무역 이론에서 이 네 가지 조건에 대해 광범위하게 논의했다. 하지만 이러한 조건이 어떻게 경쟁우위를 개발하고 지속 가능하게 하는지는 살펴보지 못했다. 따라서 국제적으로 경쟁력 있는 기업이 어디에서 어떻게 개발되고 유지되는지 이해하는 데 이 이론의 틀이 유용할 것이다.

국가 경쟁우위 다이아몬드 모델 한 산업이 국제적인 우위를 확보하고 유지하려면 일반적으로 다음에 소개될 4개의 조건을 모두 충족할 필요가 있다.

수요 조건 제품수명주기와 국가 유사성 이론 모두 새로운 제품이나 산업은 기업의 수요와 소비자 니즈에 대한 관찰로부터 발생함을 보여준다. 일반적으로 이러한 수요는 자국의 수요이고 생산도 자

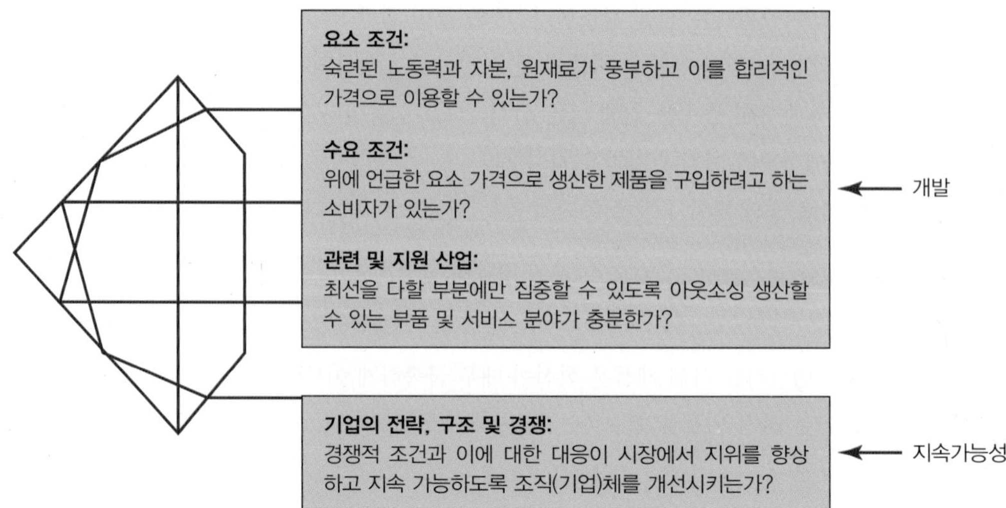

그림 6.4 국가 경쟁우위 다이아몬드 모델

만약 한 국가의 특정 산업이 자생적으로 유지되고 개발된다면 이들 요소 조건은 항상 서로에게 유리하게 작용해야 한다. 이 이론은 자국의 요소들을 근거해 개발되었다. 하지만 세계화 역시 기존 조건들에 영향을 미치고 상호작용을 강화시키는 요소이다.

출처: Michael E. Porter, "The Competitive Advantage of Nations," *Harvard Business Review*, 68:2 (March-April 1990).

국에서 시작하는 경우가 많다. 일례로 제2차 세계대전 이후 이탈리아에서 처음 시작된 세라믹 타일 산업을 들 수 있다. 전후 이탈리아에서 건축 사업이 붐을 이룰 때 이탈리아의 더운 기후는 소비자에게 시원한 바닥재를 찾게끔 했다.

요소 조건 요소 조건은 절대우위와 요소 비율 이론에서 천혜의 우위라고 불렸던 요소이다. 요소 조건은 소비자의 수요를 충족하는 타일과 생산 위치로서 이탈리아를 선택하는 것 모두에 영향을 미친다. 나무는 타일에 비해 이용 가능성이 적고 더 비싸다. 또한 숙련공, 자본, 기술, 설비와 같은 대부분의 생산 요소가 건축 사업 호황기 동안 이탈리아 내에서 이용 가능했다.

관련 및 지원 산업 세라믹 타일 생산에는 에나멜 제품이나 광택제가 필요하다. 이와 같은 관련 및 지원 산업이 이탈리아 시장 가까이에 존재하지 않았더라면 아주 큰 비용이 소요되었을 것이다. 제품 수명주기 이론의 예외적 요소와 특화 가정에서, 또 국가 규모 이론에서 언급한 운송비의 중요성을 상기해보라. 관련 및 지원 산업이 운송비 부담이 없는 가까운 거리에 존재하는 것은 산업 발전에 영향을 준다.

기업의 전략과 구조 및 경쟁 앞에서 언급한 세 가지 조건의 상호작용은 전후 이탈리아 기업의 초기 세라믹 타일 생산을 성공적으로 시작하는 데 영향을 미쳤다. 경쟁우위를 확보하고 유지하는 기업의 역량은 네 번째 조건, 즉 **기업의 전략과 구조 및 경쟁**에 대한 유리한 상황을 필요로 한다.

타일 산업은 어떤 기업의 경우 단 3명의 직원으로 시작할 수 있을 정도로 진입 장벽이 낮았다. 이는 곧 수백 개 기업의 타일 생산을 이끌었다. 이렇다 보니 기업은 점점 높아지는 이탈리아 소비자의 세련된 눈높이를 맞추기 위해 치열한 경쟁을 벌여야 했다. 하지만 이런 상황은 제품과 공정 기술의 모든 면에서 이탈리아 생산자가 외국 생산자보다 앞선 경쟁력을 가지게 했고, 이는 곧 이탈리아 타일이 세계 시장에서 가장 높은 점유율을 차지하게 했다.

국가 경쟁우위 다이아몬드 모델의 한계점 이 모델의 네 가지 조건이 모두 유리하게 적용된다고 하더라도 이것이 해당 산업이 반드시 발전한다고 보증하는 것은 아니다. 기업은 다양한 종류의 사업을 하기 때문에 유리한 조건과 마주할 수 있다. 사실 비교우위 이론은 어떤 국가가 절대우위에 있다고 하더라도 보유한 자원에 한계가 있다면 기업이 경쟁을 회피한다고 본다. 예를 들어 스위스 내 조건을 살펴보면, 스위스 기업은 PC 산업에 뛰어들더라도 성공 가능성이 높아 보인다. 그러나 스위스 기업은 시계나 과학기구와 같이 세계적인 경쟁력을 갖춘 제품의 현재 위치를 고수하는 전략을 더 선호한다. 그들은 수준 높게 숙련된 사람들을 새로운 산업에 투입함으로써 기존의 경쟁력 있던 산업에서 혁신의 노력이 줄어드는 것을 우려하기 때문이다.

자국 내 네 가지 조건을 모두 충족하는 것은 다음과 같다.

- 산업 발전을 보증하는 것은 아니다.
- 세계화를 위한 필수 조건은 아니다.

국가 경쟁우위 다이아몬드 모델의 또 다른 한계점은 세계화의 진전과 연관이 있다. 이 모델은 기업이 자국 환경에 더 집중할 때 산업 경쟁력이 성장하는 것을 전제로 한다. 언급한 네 가지 조건이 세계화에 어떤 영향을 받는지 살펴보자.

1. 최근 아시아 지역의 수출 성장은 해외, 혹은 자국과 외국 수요 모두를 인지하고 반응한 결과이다. 사실 일본의 유니덴(Uniden)과 후지테크(Fujitech) 같은 기업은 애초에 해외 시장을 목표로 하여 대부분의 매출을 올린다.[31]
2. 기업이나 국가는 국내의 요소 조건에만 전적으로 의존하지 않는다. 예를 들면 자본과 경영자는 국제적으로 이동이 가능하다. 그리고 기업도 생산의 일정 부분을 해외 현지 시장에 의존한다.
3. 국내의 관련 및 지원 산업을 활용할 수 없다고 해도 운송 수단의 발달과 수입제약 조건의 감소로 인해 원재료나 관련 부품을 해외에서 구입하는 것이 더 손쉬울 수 있다. 사실 현재 수많은 글로벌 기업은 완제품에 들어가는 부속품을 다양한 국가에서 공급받아(글로벌 소싱) 생산하고 있다.
4. 기업은 자국 경쟁자뿐만 아니라 해외 경쟁자와도 국내와 해외 시장 모두에서 경쟁한다. 따라서 국내적으로 다이아몬드의 네 가지 조건 중 어느 한 가지가 부족하더라도 이는 기업이 이러한 조건을 갖추는 것과 국제적으로 경쟁하는 것에 걸림돌이 되지 않을 것이다.

경제 구조 전환과 다이아몬드 모델의 활용 세계화로 인한 변화를 포함하기 위해 국가 경쟁우위 다이아몬드 이론을 확대해서 적용해보면 국가 경제 정책의 타당성에 대해서도 검증해볼 수 있다. 대만은 다이아몬드 이론의 시장 진입 조건을 만족하여 농산품 생산에서 첨단 기술 제품 생산으로 다변화했다. 대만 당국이 자국 국경 안에서 이용할 수 있는 것에만 집중했다면 이러한 변화는 일어날 수 없었을 것이다. 대만 자체에서는 마이크로칩과 의료기기 같은 대만이 생산하는 첨단 기술 제품에 대한 수요가 충분하지 않았다. 그러나 훌륭한 운송 수단은 수출을 가능하게 했다. 이와 유사하게 대만은 초기에 첨단 기술 제품을 생산하는 데 필요한 숙련된 인적 자본이 부족했지만 교육 시스템을 바꾸어 생산에 적합한 인적 자본을 얻을 수 있었다. 또한 기업의 인력 공백을 메우기 위해 외국인 관리자와 기술자를 데려오는 것을 허용했으며, 경쟁 환경을 보장하기 위해 첨단 기술 기업을 유치하는 등 지역적인 요소를 발전시키고 경쟁을 장려했다. 앞서 말한 바와 같이 글로벌 경쟁력을 위해 필수적인 조건을 보유하고 이해하는 것은 중요하다. 하지만 이러한 조건은 정태적이지도, 단순히 국내의 환경에만 국한되지도 않는다.

요소이동성 이론과 주요 효과

6-5 노동과 자본 등 생산 요소가 국제적으로 이동하는 이유 및 그 효과를 이해한다.

앞에서는 주요 무역 이론에서 생산 요소가 국가 간에 이동이 불가하다고 가정한다는 점에 주목했다. 실제로 토지와 천연자원은 이동이 불가능한 생산 요소이다. 그러나 점점 더 노동, 자본, 기술의 국제적 이동이 가능해지고 있다. **요소이동성 이론**(factor mobility theory)은 생산 요소가 이동하는 이유와 이러한 이동이 국가의 요소 부존 변화에 미치는 영향, 국제 요소이동성이 무역에 미치는 영향에 초점을 맞춘다.

현재 진행 중인 가장 큰 변화 중 하나는 인구수와 관련된 것이다. 현재 세계 인구의 46%가 인구대체율보다 출산율이 낮은 선진국에 살고 있다.[32] 선진국은 또한 연장된 교육으로 늦은 나이에 노동 가능 인구에 편입되는 인구와 은퇴 연령층의 인구 비율이 높아지고 있으며, 이는 노동 가능 인구의 비율을 낮추고 있다. 게다가 인구의 고령화는 질병을 치료하는 데 더 많은 노동자를 필요로 할 것으로 예상된다.[33] 이와 동시에 많은 개발도상국은 급속한 인구 증가를 경험하고 있다. 인도와 나이지리아가 선두를 달리고 있는 가운데 9개의 국가가 세계 인구 증가의 절반을 차지할 것으로 예상된다. 인도는 2027년경 중국을 제치고 세계에서 가장 인구가 많은 나라가 될 것으로 예상되며, 사하라 이남 아프리카의 인구는 2050년까지 2배가 될 것으로 예상된다.[34] 높은 인구 증가율로 인해 더 많은 젊은이가 일자리를 찾으려 할 것이지만, 이러한 나라에서 일자리 찾기는 전형적으로 쉽지 않다.

생산성의 증가에도 불구하고 낮은 인구 증가율의 국가는 더 많은 이민자를 수용하여 비취업 고령 인구의 지원을 도울 필요가 있고, 높은 인구 증가율의 국가는 노동력을 공급할 수 있는 위치에 있다. 일본은 낮은 출산율과 고령화를 경험하는 국가로서, 더 많은 외국인 노동자를 허용하기 위해 이민 정책을 개혁했다.[35] 오랜 이민에 대한 금기 끝에 일본 정부는 특히 식당, 농업, 간호 분야에 외국인 노동자를 위한 비자 프로그램을 도입했다. 대부분의 외국인 노동자는 베트남과 필리핀 같은 아시아의 개발도상국에서 온다.

인구 변화는 수출 생산과 수입 시장 위치의 변화를 이해하고 예측하는 데 중요하다. 동시에 노동, 자본 및 기술의 이동은 국가의 무역 및 상대적인 경쟁력에 영향을 미친다.

생산 요소는 왜 이동하는가

자본과 노동은 다음과 같은 이유로 국제적으로 이동한다.

- 더 많은 수익을 얻기 위해
- 불리한 정치적 상황을 피하기 위해

사람 국경을 넘는 사람들의 이동은 시간이 지남에 따라 물리적으로 더 쉬워졌다. 물론 어떤 사람은 다른 국가에 관광객, 학생, 은퇴자로서 여행한다. 그러나 여행자는 해당 국가에서 근로를 하지 않기 때문에 부존 자원에 영향을 미치지 않는다. 그러나 이동이 물리적으로 수월해짐에 따라 이민은 절차적으로 더 어려워졌다.[36] 합법적으로 움직이려면 이민자는 대부분의 국가가 잘 제공하지 않으려 하는 이민 서류와 취업 허가를 얻어야만 한다. 이민자는 또한 높은 이주 비용을 지불해야 하며, 다른 나라의 언어를 배워야 하고, 현재 지인과 환경으로부터 멀리 떨어져 다른 문화에 적응해야만 한다. 이러한 장벽에도 불구하고 사람들은 위험을 무릅쓰고 고난을 견디면서 다른 나라로 이동한다. 현재 2억 7,000만 명이 이민을 택하고 있다. 가장 많은 이민 인구는 인도인, 멕시코인, 러시아인, 중국인으로, 각각 1,000만 명 이상의 인구가 본국을 떠나 살고 있다.[37]

이민은 19세기 말에서 20세기 초에 세계화의 주요 엔진이었다. 그리고 현재에도 중요하게 여겨진

정부는 무역 정책을 전략적으로 사용해야 하는가?

POINT

그렇다. **전략적 무역 정책**(strategic trade policy) 또는 **산업 정책**(industrial policy)은 정부가 국제적으로 경쟁력을 갖추기 위해 개발할 대상 산업을 식별하는 정책이다.

만약 당신의 나라가 오늘날의 글로벌 환경에서 경쟁하길 원한다면(또는 경쟁해야만 한다면) 국제적으로 경쟁력을 갖출 산업만을 확실히 발전시키고 유지해야 한다는 것이다. 물론 이러한 산업은 국내 경제가 잘 돌아가도록 충분한 수입을 올리고 지속적인 성장을 이루어야만 한다.

사실 정부의 역할은 중립적이라 할 수 없다. 정부는 자국의 경제 정책이 세계 무대에서 자국 내 특정 산업의 성과에 별다른 영향을 미치지 않는다고 주장한다. 그러나 이러한 많은 정책은 정확하게 그런 영향을 미친다고 널리 알려져 있다. 미국의 '농업 생산성 증가'와 '방위력 증강'의 노력이 미국의 농산물과 항공우주 산업 제품 수출과 전혀 관련이 없다고 주장할 수 있겠는가?

게다가 하나의 사업을 지원하기 위해 고안된 거의 모든 정부 정책은 다른 산업에 부정적인 영향을 미친다. 유럽의 여러 항공사는 유럽 정부의 초고속열차 지원이 결과적으로 철도 이용객에 별 관심이 없는 미국 항공사와의 경쟁에 필요한 자신들의 수익을 빼앗아 가는 것이라고 불평한다. 다시 말하면 정책 입안자는 어디에서나 상충관계(어느 것을 얻으려면 반드시 다른 것을 희생해야 하는 경제관계)를 마주한다. 모든 정책이 한곳을 지원하면 다른 한곳에는 피해가 발생하는 상황이라면 정부는 최상의 경쟁우위를 가질 가능성이 있는 산업을 지원하지 말아야 하는가?

이러한 계획을 실행하는 것은 매우 간단하다. 첫째, 성장하고 있는 산업을 선정하고 어떤 요소가 이 산업에 경쟁력(또는 잠재 경쟁력)을 가져왔는지 확인한다. 둘째, 국가에 이와 비슷한 경쟁우위가 있는지 확인한다(그리고 그 이유를 알아야 한다). 셋째, 앞의 두 과정에서 발견한 강점의 시너지를 발전시킨다. 국가의 우위 요소에 가장 잘 맞는 산업을 중심으로 지원 자원을 선정한다.

전략적 무역 정책 또는 산업 정책은 특히 개발도상국일 때 더욱 효과적인데, 이는 ① 자국을 글로벌 경제와 통합할 필요가 있고, ② 국제적인 경쟁에서 성과를 내기 위한 최고의 방책을 알아낼 필요가 있다고 결정했을 것이기 때문이다. 경쟁 국가들이 벌써 미래에 유망한 여러 신규 업체를 지원하는 데 당신의 국가는 그렇게 하지 않고 있다면, 새로운 사업은 향후 열위에 처하게 될 것이다.[38] 지금까지는 그럭저럭 괜찮았지만 앞으로 기억해야 할 점이 하나 있다. 그것은 향후 단순히 외

COUNTERPOINT

아니다. 국가는 높은 수익성을 보장하고 세계화 가능성이 가장 높은 산업에서만 경쟁하려 해서는 안 된다. 물론 이러한 산업은 분명 국민생산의 가치를 (높은 수익과 좋은 임금의 형태로) 증대할 가능성이 높다. 그렇다고 해도 전략적 무역 정책이 국가의 목표를 달성하는 가장 좋은 방법은 아니다.

제한된 상황에서, 특히 대만과 같은 소규모 경제에 대한 전략적 무역 정책은 효과가 있을지 모른다. 대만의 GDP는 월마트(Walmart)의 연간 매출액보다 조금 더 크기 때문에, 관련 당사자는 최소한의 비용을 소요하고 상호 이익이 되는 합의에 도달하기 위해 협력할 수 있다. 하지만 대규모 경제에서는 어떨까? 불가능하다.

그러나 대만의 경제적 성공에 전략적인 무역 정책이 얼마나 기여했는지, 그리고 정부가 대외 무역에 관여하기 전부터 존재했던 조건이 언제부터 있었는지에 대해서는 논란의 여지가 있다. 일본 점령 시기 동안 역설적이게도 대만의 인프라, 문맹률, 교육참여율이 눈에 띄게 향상되어 국제적인 경쟁력을 갖추기 위한 환경이 구축되었다. 또한 수입 대체 정책은 국제적으로 경쟁력을 갖추기 위한 산업을 대상으로 하지 않았다.

또 다른 대안은 특정 산업을 목표로 하는 정책보다는 일반적으로 수익성 높은 기업을 끌어올 수 있는 시장 환경 조성에 집중하는 것이다. 다시 말해 정부는 자국 내 모든 산업을 위해 생산요소를 개선하여 요소 비율, 효율성, 혁신 등에 영향을 미치는 조건을 바꿀 수 있다. 이를 위해 정부는 구체적으로 인적 자원 기술을 향상하고, 충분한 산업 인프라를 제공하며, 질 좋은 상품을 구입할 수 있는 소비자 환경을 제고하고, 전반적인 경쟁 환경을 향상하도록 노력해야 한다.

시히리 사막 이남의 아프리카에 대한 사례를 다시 살펴보자. 정치 관료주의의 비효율성이 그 지역사회의 생활 방식이라는 부분은 받아들일 수 있고 그것이 조만간 사라질 것이라고 예상하지도 않는다.[44] 그러나 다른 관점에서 봤을 때는 어떠한가? 첨단 우주 산업 등과 같은 특정 산업에 집중하는 것보다는 오히려 모든 정부 부처나 기관이 국민을 안정시키기 위해 법을 검토하고 (그리고 시행하고), 가장 두드러진 경제적·사회적 남녀 불평등을 조정할 조치를 취하며, 비공식적인 경제 부문에서 기업 활동을 지원하는 것이 더 쉽지 않을까? 정부가 현지 기업이 경쟁에 필요한 지식과 자원의 작은 일부라도 확보하기 위해 국내 또는

국 시장에 진출하는 것이 외국이나 국내에서 경쟁 기업과 쉽게 경쟁할 수 있다는 것을 무조건적으로 의미하지 않는다는 것이다.

세계 시장에 진출했을 때 당신이 맞닥뜨리는 기업은 현재 당신이 발전시키려고 노력 중인 경쟁우위를 이미 획득한 외국 경쟁자이다. 그들은 이미 사업 내부의 효율성을 달성했을 뿐만 아니라 국제적인 유통 채널 안에 있는 당사자와의 관계 또한 발전시켰을 것이다. 또한 목표로 하는 산업이 얼마나 유망하고, 얼마나 수고를 들여 경쟁우위를 키웠는지 몰라도 아마도 당신의 기업은 경쟁에 필요한 기술과 마케팅 지식이 상대적으로 부족할 것이다. 이런 상황에 국가가 돕지 말아야 할 이유가 있을까?[39]

이러한 상황은 개발도상국이라면 전략적 무역 정책이 최선의 선택이라는 것을 보여준다. 정부는 국내 산업을 보호해야 한다. 즉 정부는 필요한 능력과 기술을 확보하도록 도와줘야 한다. 또한 기술 및 마케팅 능력을 갖춘 해외 기업의 투자를 유치하도록 노력해야 한다. 이는 필요한 생산라인을 확보하는 좋은 방법 중 하나이다. 이는 주요 산업에 대한 인센티브 확대 조치에도 방해되지 않는다.

전략적 무역 정책이 개발도상국을 효과적으로 세계화할 수 있다는 증거가 필요한가? 한국을 보라. 가전 제품 생산 경험이 있는 기업을 유치하는 데 그쳤을 뿐만 아니라, 결국 수입한 기술을 기반으로 기술 교육을 강조하여 경쟁력과 기술력을 모두 갖춘 글로벌 기업을 육성했다. 마찬가지로 개발도상국에서 자유방임주의가 잘 작동되지 않는 사례도 많다.[40] 예를 들면 아프리카 사하라 사막 이남 국가의 정부 기관은 관료주의의 뿌리가 너무 깊어 개인이든 글로벌 기업이든 관료와 깊게 얽히지 않고서는 비즈니스를 하는 것이 거의 불가능하다.[41] 또한 중국의 경제적 성공은 산업과 무역 정책 덕분에 가능했다. 2015년의 '중국 제조 2025' 정책은 국내외 시장 점유율 목표치를 포함한 10개 부문을 기획 중점 분야로 명시했다.[42]

게다가 개발도상국의 어떤 정치 기관도 자원이라고 할 만한 것을 별로 가지고 있지 않기 때문에 대부분은 국제 경쟁력의 잠재력이 있는 특정 산업에 총체적인 노력을 집중하는 편이 낫다. 그렇지 않으면 국가에 남게 되는 것은 경제 전반에 걸쳐 잘게 쪼개진 시장만 목표로 하는 빈곤한 정부 부처뿐이다.[43]

해외 기업과 기꺼이 협업할 수 있는 환경, 즉 시장의 거래 비용을 절감할 수 있는, 신뢰할 수 있는 환경을 조성하는 데 나서는 것이 더 생산적인 방법이라는 것을 알지 못할까?[45] 다시 말해 특정 산업을 선택하고 이에 대한 논쟁을 벌이는 대신 투자 환경을 개선하는 것이 결국에는 모든 사람에게 궁극적인 영향을 미치는 더 좋은 방법이 아닐까?

이러한 논점은 더 공격적으로 될 수 있다. 전략적 무역 정책의 이득은 일반적으로 클 수 없는데, 이는 대부분의 정부가 정책에 맞는 산업을 특정하기가 어렵기 때문이다.[46] 정부가 세계 수요의 예측에 절대 부합하지 않는 산업을 선택하면 어떻게 되는가? 이는 영국과 프랑스가 초음속 여객기 사업에 동의한 일과 동일한 결과를 나타낼 것이다. 또한 목표 산업 내 자국 기업의 경쟁력이 부족하다면 어떻게 되는가? 이는 태국이 철강 산업에 진출하기로 결정했을 때 일어난 일과 같을 것이다.[47] 그리고 중국의 예에서도 반도체와 자동차를 대상으로 한 이전의 산업 정책은 경쟁력 있는 산업을 생산하지 못했다.[48]

많은 나라에서 동일한 산업을 목표로 하는 경우 과도한 경쟁과 부족한 수익을 어떻게 해결할 것인가?[49] 브라질과 캐나다 모두 동일 지역에서 초음속 비행기를 생산하기로 한 경우처럼 두 국가가 동일한 산업을 지원하기로 결정하면 어떻게 되는가?[50] 마지막으로 국가가 산업을 목표로 하는 데 성공했으나 예상치 못한 상황을 발견했다면 어떻게 되는가? 불황에 처한 산업에서 고용 압박과 같은 다방면의 압박에 계속해서 반응하며 견뎌야 하는가?[51]

정부가 자국 기업의 성공 가능성이 매우 큰 미래 성장 산업을 식별할 수 있다 하더라도 특정 기업이 지원받을 만하다는 것은 받아들일 수 없다. 역사는 국가로 하여금 경제 전체 분야를 위태롭게 할 위험을 감수하지 말고, 다만 기업가들이 최선을 다해 일할 기회만 제공하라고 조언한다. 아마 결과는 항상 같을 것이다. 일부는 실패하고, 일부는 성공해 살아남아 경쟁적으로 성장하며 번성할 것이다.

다. 모국 밖에 사는 사람을 **국외 거주자**(expatriate)라 한다. 전 세계 인구의 약 3.5%가 다른 나라로 이민 간다. 이민자가 지역별로 고르게 분포되어 있지 않기 때문에 일부 국가에서는 국외 거주자가 다른 국가보다 훨씬 많다(예: 호주 인구의 29.6%, 멕시코 인구의 1% 미만). 미국의 외국 출생 인구는 13.6%이다.[52]

해외로 일하러 가는 사람 중 일부는 영구적으로, 일부는 일시적으로 이주한다. 몇몇은 다른 국가의 시민이 되어 남은 삶을 그곳에서 보내기 위해 아예 이주하기도 한다. 반대로 다국적 기업은 며칠부터 몇 년까지 일부 사람을 해외(보통은 다국적 기업이 자본을 이동시키는 장소)에서 근무하게 한다. 어떤 국가는 보통 짧은 기간만 노동자가 입국하는 것을 허가한다. 예를 들면 아랍에미리트의 대부분의 근로자는 임시고용 허가제로 머무르고 있다.[53] 많은 경우 노동자는 외국에서 충분한 돈을 번 뒤 다시 고향으로 돌아가겠다는 희망을 품고 집과 가족을 떠나온다. 몇몇은 합법적으로 이주하지만, 몇몇은 불법적인 경우(불법이주 노동자)도 있다.

유인 다른 나라로 이주하는 사람의 약 90%는 경제적인 이유 때문이다(예: 말레이시아에서 일하는 인도네시아 노동자). 고소득 국가로 이주하는 이민자는 국내보다 3~6배 더 많은 돈을 번다. 이런 관점에서 이민은 경제 성장에 도움이 된다. 만약 이주하기를 원하는 모든 사람이 그렇게 할 수 있다면 세계 생산량은 2배가 될 것이다.[54]

이민자의 약 10%는 정치적 이유(예: 박해나 전쟁 위험)로 이주하는데, 이를 **난민**(refugee)이라 한다. 대부분의 난민이 전쟁으로 파괴된 국가(최근에는 시리아, 아프가니스탄, 남수단, 콩고민주공화국)에서 배출되고 주로 인근 국가로 가는 것이 일반적이다. 최근 가장 많은 이민을 받아들인 국가는 튀르키예, 파키스탄, 이란이다.[55] 또한 시민권이 없는 약 1,000만 명의 난민이 있는데, 그들은 시민권을 줄 국가를 찾고 있다.[56]

때때로 열악한 경제 상황과 더불어 열악한 정치적 상황이 동시에 발생하기 때문에 이민에 대한 경제적·정치적 동기를 구별하는 것이 어려울 수 있다. 최근 몇 년 동안 수십만 명의 시리아인이 내전에서 탈출하여 다른 나라로 떠났지만, 상당수가 일자리를 찾지 못하고 본국으로 돌아갔다는 사실은 그들의 이주 동기가 경제적이었음을 보여준다.

자본 자본은 국경을 넘어 이동한다. 요소 부존을 생각할 때 자본은 재화와 서비스를 생산하는 데 사용되는 공장 건물, 사무실, 기계, 컴퓨터와 같은 물리적 장비이다. 장비와 일부 다른 물리적 자본은 수출과 수입을 통해 국경을 넘어 이동할 수 있다. 건축물은 건축자재 무역을 통해 국경을 넘어 '이동'할 수 있다. 어느 쪽이든 물리적 자본의 이전은 국제적인 대출과 차입과 연관되거나 그렇지 않으면 무역일 뿐이다. 일반적으로 자본의 이동은 실제로 통화(대출 및 차입) 측면에서 볼 수 있으며, 이러한 관점에서 자본은 매우 유동적인 생산 요소이다.

예를 들어 미국에 있는 BMW의 공장을 생각해보자. 고급 자동차와 오토바이를 생산하는 독일 다국적 기업인 BMW는 미국 시장을 초점하여 생산을 진행할 뿐만 아니라 미국 인근 시장에 수출하기 위해 사우스캐롤라이나에 자동차 생산 공장을 세웠다. BMW가 투자에 사용한 금액은 독일에서 미국으로의 자본 이동으로 계상된다. 우리는 미국에서 공장 및 장비 형태의 추가적인 물리적 자본을 보고 있지만, 이는 독일에서 금융 자본을 빌리지 않고는 불가능했을 것이다. BMW의 공장은 미국의 생산 능력을 증가시키지만, 공장의 소유주는 독일인이기 때문에 이것은 해외직접투자이다. 미국은 사실 수십 년 동안 미국 내 해외직접투자에 광범위하게 의존해왔다.

다국적 기업에 의한 해외직접투자는 자본 이동의 한 형태일 뿐이다. 국경을 넘어 주식과 채권을 사고파는 포트폴리오 투자도 있다. 기업 공개(initial offering) 시점에서는 외국인(개인, 투자펀드, 기타 기업)에게 주식이나 채권을 판매하는 기업은 직접 외국으로부터의 금융 자본을 받아들여 국내에서의 실물자본투자를 증가시킨다. (이러한 주식과 채권의 후속 매매로 소유권의 변동이 나타나지만 국내 물리적 투자에는 영향을 미치지 않는다.) 은행 부문은 국경을 넘나드는 대출과 차입에서도 중요한 역할을 한다. 미국 은행이 외국인들로부터 예금을 받고 그 후에 국내에서 대출하는 것처럼 이러한 형태의 자본 이동은 금융 흐름에 초점을 맞추지만, 모든 경우에서 국내의 일반적인 저축 수준으로는 감당이 불가능한 생산 자원에 대한 추가 투자를 가능하게 한다. 재무적인 관점에서 투자자는 낮은 비용으로 자본을 즉시 해외로 이전할 수 있기 때문에 이러한 형태의 자본은 직접투자보다 유동적이다. 왜냐하면 투자자가 자본을 본국으로 이전할 것을 원할 때 외국 주식을 자유롭게 사고팔 수 있는 시장이 활발하게 형성되어 있기 때문이다.

개념 체크

3장에서 투자의 수익성을 감소시키는 국가의 결정이나 사건의 위협을 정치적 위험으로 정의했다.

유인 사람들의 이동과 마찬가지로 자본은 주로 투자자가 국내보다 해외에서 더 높은 수익률을 기대하는 경우와 같이 경제적인 유인을 따라 다른 나라로 이동한다. BMW 사례에서 사우스캐롤라이나의 투자 수익률은 독일에서의 수익률보다 절대적으로 높기 때문에 자본의 해외 이전을 정당화할 수 있다. 수익률에 대한 세금 역시 해외 자본 이동에 영향을 줄 수 있다. 기업이 세후 수익률에 신경을 쓰기 때문에 세금이 낮을 때 세전 수익률이 낮더라도 매력적인 투자가 될 것이다. 정치적 고려 때문에 자본 이동이 발생할 수도 있다. 자본은 높은 정치적 위험을 피하기 위해 국외로 이동할 수 있으며, 종종 투자의 **세이프헤븐**(safe haven, 안전한 피난처)으로 불리는 정치적 위험이 낮은 나라로 이동할 것이다.

요소 이동의 효과

요소의 이동은 요소 부존을 바꾼다.

국제적인 자본 이동과 인구 이동은 둘 다 새로운 것이 아니다. 예를 들면 거대한 이민의 역사가 없었다면 오스트레일리아, 캐나다, 미국은 오늘날 엄청난 인구 감소를 겪고 있을 것이다. 게다가 많은 이민자는 인적 자본의 증가를 함께 가져왔다. 이를 통해 국가는 이민자가 없었다면 해외에서 수입했어야 할 일련의 제품에 대한 경쟁력 있는 기술력을 자연스럽게 확보했다. 마지막으로 이들 국가는 향후 경쟁 구조와 국제무역을 변화시킬 사회 인프라와 천연자원 개발을 위해 외국에서 자본을 들여왔다.

사람들이 이동하면 어떤 일이 일어나는가 앞서 이민이 경제 성장에 좋은 영향을 미치고, 그 결과 현재 이민이 충분하지 않을 수 있다고 지적했다. 하지만 이민은 많은 나라에서 논란이 되고 있으며, 어떤 사람들은 이민자가 이미 너무 많다고 생각한다.

미국은 최근 높은 수준의 숙련 인구와 낮은 수준의 비숙련 인구의 이민이 집중되어 있는 나라의 한 예이다. 미국에서 박사 학위를 보유한 사람 중 3분의 1 이상이 외국 태생이다. 기업가적 창업 스킬(skill)을 가진 이민자는 미국 비즈니스에서 중요한 역할을 했다. 미국 500대 기업의 43%는 이민자나 그들의 자녀가 설립하거나 공동 설립했다고 보고되었다.[57] 반면에 최근 미국 이민의 대부분은 비숙련 노동자가 차지한다. 양쪽 극단에서 미국은 미국 본토 출신 노동자가 부족했고, 부족한 부분은 이민을 활용해 부분적으로 메울 수 있었다.

이민은 국내 노동자의 임금에 하향 압력을 가하고 일부 이민자가 국내 노동자의 일자리를 빼앗는다는 인식 때문에 미국과 다른 많은 나라에서 논란이 되어 왔다. 그러나 이에 대한 증거는 거의 없으며, 대부분의 경제학자는 이민의 영향이 상당히 작다고 생각한다. 오히려 이민은 부분적으로 수요를 증진하고, 국내 노동자가 더 나은 일자리로 이동할 수 있게 하기 때문이다.[58] 그럼에도 불구하고 이민을 받는 나라에서는 사회 서비스 제공 및 이민자를 새로운 언어와 사회에 적응시키는 비용 때문에 이민에 대한 추가적인 논란이 있다. 일부 이민자, 특히 불법 이민자가 범죄나 테러 활동의 원천이 될 것을 우려하여 이민에 대해 반발하기도 한다.

논란이 되는 이슈는 해외로 이주하는 사람들과 관련되어 있다. 학력이 높은 사람이 자국을 떠나게 되면 국가의 생산성 있는 잠재 자원을 잃는 것이다. 이를 **두뇌 유출**(brain drain)이라 한다. 다른 한편으로 많은 사람은 본국으로 다시 송금을 보내는데, 이것은 종종 그들이 본국에서 일했다면 벌었을 금액보다 더 큰 금액이다. 이민자의 송금액은 현재 28개국에서 GDP의 10% 이상이고 아이티, 타지키스탄, 통가에서는 30% 이상이다.[59]

해외로의 노동 이동과 국내로의 송금이 자국의 창업과 자본을 증가시킨다는 증거도 있다. 이주자는 외국에서 교육을 받고 다양한 아이디어를 자국으로 가져오며, 국내로 송금된 자본을 이용해 주변 사람들과 회사를 창업하고 해외에서 관계를 맺었던 기업으로 상품을 수출하기도 한다.[60]

자본이 이동하면 어떤 일이 일어나는가 자본의 이동은 대체로 사람들의 이동보다 논쟁이 덜하지만 여전히 경제에 영향을 준다. 우리는 주로 생산적인 투자를 지원하는 장기적인 자본 이동을 언급해왔지만 일부 자본 이동은 단기적이며, 아마도 단순히 더 높은 이자율이나 예상되는 주식 수익률을 추구한다. 이러한 단기 자본의 유입과 유출을 통해 변동성이 확대되고 불확실성이 나타난다면 금융 시스템과 경제에 불안정성을 가져올 수 있다. 사실상 해외로부터 들어온 단기 자본은 언제든지 빠져나갈 수 있기 때문에 해외로부터 단기 대출을 통해 장기적인 자본 투자 자금을 조달하는 것은 어려운 일이다.

심지어 장기적인 자본 이동에도 비판적인 시각이 있다. 사우스캐롤라이나에 있는 BMW 공장을 다시 생각해보자. 이 투자는 독일의 자본가에게는 이득이 될 수 있지만, 독일 내 자동차 산업의 일자리를 빼앗는다. 그 대신 그 일자리는 미국 내 노동자를 위한 것이 되고, 미국 노동자는 비즈니스 결정 시에 미국의 국익을 고려하지 않는 외국인 소유주를 위해 일하게 된다. 외국인 소유주는 투자 상대국보다 본국에 더 많은 경제적인 협력을 해야 할 수도 있기 때문에, 미국 입장에서는 경제에 대한 통제력을 상실하고 자율성이 약화될 수도 있다. 국내 자본 또한 위협받을 수 있다. BMW의 새로운 공장의 건설은 포드(Ford)나 GM(General Motors) 같은 미국 자동차 회사가 투자한 자본의 수익률을 낮출 수 있다. 실제로 많은 나라의 산업은 국내 자본에 대한 높은 수익률을 유지하기 위해 외국 자본의 진출을 막으려고 노력한다.

일부 자본 투자에는 미국에서 개발된 첨단 기술에 대한 접근도 포함되며, 이 기술에 대한 외국인의 소유는 국가 안보에 대한 우려를 불러일으킬 수 있다. 이런 이유로 대미 외국인 투자는 미국 외국인투자심의위원회(Committee on Foreign Investment in the United States, CFIUS)의 승인을 받아야 한다. 미국 의회는 2018년 CFIUS의 권한을 확대하고 투자자의 인수 공시를 의무화했다. 최근 CFIUS는 국가 안보에 대한 우려 때문에 중국에서 온 다국적 기업이 반도체 산업에 대한 몇 가지 잠재적인 투자를 거부했다.[61]

무역과 요소 이동의 관계

6-6 국제무역과 국제 요소이동성의 관계를 이해한다.

요소 이동은 자원을 더 효율적으로 사용하거나 그렇지 않을 수도 있는 무역의 대안이 된다.[62] 국제적인 요소 이동이 무역에 어떤 영향을 미치는지 살펴보자.

대체 효과

가장 풍부한 요소는 희소한 영역으로 이동해야 한다는 압박이 있다.

국가 간 요소 비율의 차이가 클 때 가장 풍부한 요소는 더 높은 수익을 올릴 수 있는 요소가 희소한 국가로 이동하려 한다. 자본에 비해 노동력이 풍부한 국가의 노동자는 실업 상태이거나 적은 임금을 받을 가능성이 높다. 이러한 노동자는 허용이 된다면 완전고용이 달성되고 높은 임금을 받을 수 있는 국가로 갈 것이다. 그들이 이동을 통해 더 높은 임금을 받을 수 있는 것은 더 큰 희소성뿐만 아니라 자본이 풍부한 국가에서 주로 기계와 인프라에 투자함으로써 외부에서 이동해 온 노동자의 생산성이 본국 노동자의 생산성보다 더 높기 때문이다.

물론 요소 부존 이론에서 논의했던 것과 같이, 토지의 비율(이동 불가능한 요소)은 노동의 이동에도 영향을 미친다. 러시아는 인구밀도가 낮고 경작되지 않은 경작지가 어떤 나라와 비교해도 가장 많다. 반면에 옆나라는 인구가 가장 많고 비경작 농지가 거의 없는 중국이다. 현재 약 40만 명의 중국인이 러시아 농장에서 일하고 있으며, 생산량의 상당 부분이 중국으로 운송되고 있다.[63]

자본도 마찬가지로 풍부한 국가에서 희소한 국가로 이동될 것이다(예: 멕시코는 미국으로부터 자본을 얻고, 미국은 멕시코로부터 노동력을 얻는다).[64] 만약 완제품과 생산 요소가 모두 국제적으로 자유롭게 이동한다면 상품과 요소를 운반하는 데 드는 비용이 생산 위치를 결정할 것이다. 미국에 토마토를 공급하는 가상의 예를 살펴보자. 토마토를 재배하는 데 미국의 노동력이 비싸기 때문에 미국 자본은 멕시코로 이동하여 토마토 생산을 시작하고, 토마토는 미국으로 수출될지도 모른다. 또는 멕시코 노동자가 토마토 생산에 종사하기 위해 미국으로 이주할지도 모른다. 노동자 또는 토마토 이동에 대한 비용의 비교를 통해 비용을 최소화하기 위해 무역 또는 요소 이동 중 어느 것이 사용되는지 여부를 결정할 것이다.

해외 생산 요소를 효과적으로 확보하지 못하는 상황은 전통적인 생산 방식을 대체할 효율적인 대안을 개발하도록 촉진한다는 것을 몇몇 사례를 통해 볼 수 있다.[65] 예를 들면 한때 캘리포니아의 토마토 농장은 **브라세로 프로그램**(bracero program, 미국에서 농업 부문과 멕시코에 한정된 노동자 초빙 제도)하에서 멕시코의 임시 노동자에게 토마토 수확을 전적으로 의존했다. 브라세로 프로그램 종료 이후 캘리포니아 토마토 농장은 노동력의 72%를 기계로 대체해 수확량을 4배로 향상시켰다.

그러나 모든 수확 관련 작업이 기계화된 것은 아니다. 캔털루프(껍질은 녹색이고 과육은 오렌지색인 메론_역자 주)는 다양한 시간대에서 익기 때문에 채집자는 캔털루프 농장을 약 10회 이상 왕복하며 채집해야만 한다. 녹색 캔털루프를 남기기 위해 색깔을 구분할 수 있는 로봇을 생각할 수 있다.[66] 그러나 잘익은 캔털루프를 구분할 수 있는 카메라가 있는 로봇의 발전은 미래의 농업 종사자의 감소를 예고한다.[67] 그와 동시에 식당 테이블 치우기, 호텔 침대보 바꾸기 등 여전히 기계로 대체하기 어려운 수많은 직업은 개발도상국에서 온 미숙련 이민자로 대부분 채워진다.

보완 효과

해외투자를 통한 요소이동성은 종종 무역을 촉진하는데, 그 이유는 다음과 같다.

- 원재료나 부속품이 필요하다.
- 모회사에서 보완 제품을 판매할 수 있다.
- 현지 자회사에 제조 설비가 필요할 수 있다.

미국과 멕시코의 토마토 사례를 통해 요소 이동이 무역을 대체하거나 촉진하는 것을 보았다. 기업의 해외투자는 종종 자국의 수출을 증진한다. 사실 전 세계 수출의 약 80%는 다국적 기업이 담당하는데, 모기업에서 해외 자회사로, 해외 자회사에서 모회사로, 또는 독립적인 회사로 수출한다.[68]

만약 해외투자가 없다면 수출 또한 많이 발생하지 않을 것이다. 기업이 해외투자의 일환으로 장비도 함께 수출하기 때문이다. 또 예를 들면 코카콜라(Coca-Cola)의 수출이 해외의 콜라병 생산 시설로 집중되듯, 자국 생산 시설이 완제품 생산에 필요한 원재료나 부속품을 해외 생산 시설로 수출하는 것은 또 다른 사례가 될 수 있다. 마지막으로 해외 생산 시설은 제품의 부속품을 생산하면서 본사 수출 제품의 해외 판매 대리점 역할도 병행한다.

마지막으로 이민은 이민자와 그들의 본국을 연결하는 네트워크의 영역을 만듦으로써 무역을 강화한다. 이런 영역은 그들의 본국으로부터 수입되는 제품의 틈새시장 역할을 한다(예: 초기 미국의 간장 수입품은 주로 아시아계 미국인에게 판매되었다). 민족/인종 네트워크는 또한 이민자가 온 본국의 수출을 촉진하는 제품 및 국가의 특정 정보를 공유하는 데 도움이 된다. 특히 민족 네트워크는 낮은 신뢰의 문화(특히 가족 유대를 중시하는 문화)에 기반을 둘 때 더 중요하다. 실제로 이런 문화에서 온 대부분의 이민자는 잘 아는 사람들에게 더 큰 신뢰를 가지기 때문에 먼저 가족 내 사업을 선호하고, 다음으로 지인과 함께하는 것을 선호한다. 즉 다른 나라의 사람들과 사업을 하는 것은 가장 선호가 낮은 옵션이다. 그러나 민족 네트워크는 대안을 제시하여 낮은 신뢰의 문화권의 사람들이 모국에서의 경험과 유사한 언어를 사용하고 반응하는 다른 사람들을 상대할 수 있게 한다. 만약 이 네트워크가 없다면 이민자는 부족한 정보와 잠재적 비즈니스 파트너에 대한 낮은 신뢰에서 비롯된 위험을 극복하기 위해 더 많은 시간이 필요할 것이다. 따라서 잠재적 수입업자와 수출업자는 민족 네트워크의 일부일 때 더 기꺼이 무역을 하고 싶어 한다.[69]

개념 체크

2장에서 가족 유대의 강점과 함께 신뢰에 대한 사회적 차이를 강조했다. 신뢰가 높아지면 비즈니스 거래 비용이 절감된다.

미래 전망 무역 패턴이 변화하는 방향은?

정부가 대외무역과 요소이동성에 대한 제한 조치를 풀면 기업은 운영 비용을 줄일 수 있는 여지가 더 커진다. 예를 들면 무역 제재가 줄어들면 기업은 단일 생산지에서 여러 국가의 시장으로 제품 공급이 가능해져 이른바 '규모의 경제'를 누릴 기회를 가진다. 마찬가지로 '요소 이동'에 대한 제재의 축소는 요소 간 결합을 가져와 더 효율적인 생산을 가능하게 한다. 하지만 무역과 이민에 대한 정부의 제약은 시간이 지남에 따라 서로 다른 환경하에 있는 국가 간에 상이하게 나타나고 있다.

그럼에도 자유로운 무역은 더 큰 경제적 이익을 기대할 수 있기 때문에 국가 간 무역 제재 조치는 점차 줄어든다고 말할 수 있다. 더욱이 노동력의 자유로운 이동에 대한 이구신에도 불구하고 자본과 기술의 이동에 대한 제재도 점점 축소되고 있다.

하지만 무역 및 생산 요소의 자유로운 이동의 추세가 앞으로 계속될지는 불투명하다. 세계 여러 기관과 단체는 경제를 개방해 얻는 경제적 이익이 그로 인해 발생할 경제적·비경제적 비용보다 더 클지에 대해서 의문을 품고 있다. 이러한 관점은 다음 장에서 수입 제재(보호무역주의)와 관련해 자세히 살펴보겠지만, 보호무역주의자의 전체적인 정서를 이해하는 데 도움이 될 것이다.

중요한 문제는 선진국과 개발도상국 간 무역이라 할 수 있다. 무역 장벽이 낮아질수록 낮은 세율을 부여하는 일부 개발도상국은 선진국보다 훨씬 더 급속한 경제 성장을 이룬다. 부수적으로 기업이 개발도상국으로 생산지를 옮기면서 새로운 노동력이 기존 선진국의 노동력을 대체하고 있다. 이같이 대체된 기존의 선진국 노동자는 새로운 직업을 찾아야만 한다. 하지만 새로운 직업이 얼마나 빨리 기존의 것을 대체할지, 또 선진국이 얼마나 고용 대체와 노동 이전을 감내해야 할지는 불확실하다. 만약 선진국이 감내하지 못한다면 무역을 제재하는 보호무역 조치를 취할 수도 있다.

또 다른 중요한 문제는 기본 요소 부존의 미래에 관한 것이다. 만약 현재의 자유무역 경향이 계속 유지된다면 토지, 노동, 자본의 관계가 계속해서 변할 것이다. 예를 들면 개발도상국의 인구 증가율은 선진국보다 더 높을 것으로 예상되는데, 이는 노동 집약적 산업을 계속해서 개발도상국으로 이전시키고, 선진국은 이민자 수용을 압박받는 결과를 초래할 수 있다.

아마도 도시화는 이미 상당히 도시화가 진행된 선진국보다는 개발도상국에서 더욱 빠르게 진행될 것이다. 기업은 필요한 기술을 보유한 사람들을 더 많이 찾으려 하고, 완제품 및 공급 활동이 존재하며, 지식 또한 한 기업과 산업을 넘어 다른 곳으로 쉽게 흘러갈 수 있기 때문에 도시화는 생산성을 향상할 수 있다. 따라서 도시화의 속도를 근거로 몇몇 개발도상국의 높은 경제 성장을 예측할 수 있을 것이다. 이러한 경제 성장은 개발도상국이 세계무역에서 더 큰 점유율을 달성하게 할 것이다.

동시에 매장량이 한정된 천연자원은, 비록 과잉 공급으로 종종 가격이 낮아지긴 하지만 시간이 갈수록 가격이 점차 상승할 것이다. 제한된 자원 공급은 개발도상국에 유리할 수 있다. 개발도상국은 자원을 그나마 상대적으로 덜 사용했기 때문이다. 반면 셰일에서 천연가스를 확보하기 위한 수압파쇄법(fracking)과 같이 천연자원을 찾아 시추하는 기술은 천연자원의 공급 장소를 바꾸고 가격 상승을 억제할 수 있다.

요소 조건의 우위를 확보하기 위해 국가 간에 더 정교하게 생산 특화를 조정하는 추세를 목격할 수 있을 것이다. 이는 일정 부분 국가 간 기술과 임금의 차이로 인한 것이지만 그 외 다른 요소 또한 중요하다. 예를 들면 지식 재산권 보호의 국가 간 차이는 기술 집약적 기업의 이동에 영향을 미친다. 이러한 기업은 지식 재산권 보호 제도가 잘 정비된 국가로 이전하려 할 것이다. 그렇지 않으면 기업은 제품과 공정 기술을 훔칠 수 있는 잠재적인 경쟁자를 막기 위해 다른 국가로 생산의 일부를 분산해야 할 수도 있기 때문이다.

다음의 상호 관련성이 높은 네 가지 요소는 살펴볼 가치가 있다. 이러한 요소는 상품 무역이 미래에 상대적으로 덜 중요해질 수 있다는 점을 경고한다.

1. 경제가 성장하면 여러 생산지의 생산 효율성 또한 증대된다. 충분한 규모의 경제를 얻을 수 있기 때문이다. 이는 많은 경우 무역을 대체할 수 있는 국가 간 생산을 가능하게 한다. 예를 들면 자동차 기업 대부분은 생산 공장을 중국과 태국으로 이전했거나 이전할 계획에 있다. 그 결과 이들 국가의 자동차 시장 규모도 확대되었다.
2. 유연한 소규모 생산 방식(특히 로봇과 디지털 기술 사용)은 작은 국가도 자국의 소비를 위한 효율적인 제품 생산을 가능하게 한다. 예를 들면 효율적인 소형 제철소(작은 규모로 철강 생산이 가능)가 개발되기 이전에는 철강 생산에 거대한 시장과 대규모 자본이 필요했다. 마찬가지로 더욱 차별화된 제품에 대한 소비자의 수요를 만족시키기 위해서는 긴 생산공정을 통한 비용상 우위가 중요하지 않고 오히려 시장과 인접한 소규모 제조가 더 유리하다.[70]
3. 3D 프린터를 활용한 생산과 연구가 빠르게 증가하고 있다. 이미 완제품(의료용 임플란트, 보석, 램프 뚜껑, 자동차 부품, 휴대전화 등)의 생산이 3D 프린터를 통해 이루어지고 있다. 이제 금형, 도구, 염료 등을 만들기 위해 3D 프린터를 사용하는 연구가 진행 중이다. 또한 3D 프린터를 통한 육교(footbridge), 건물의 조립식 부분의 제작, 자동차의 복제와 같은 주목할 만한 돌파구가 있었다.[71] 이러한 기술이 발전하면 상품이 생산 국가에서 수입 국가로 거래되기보다는 상품이 필요하고 사용되는 곳에서 효율적으로 생산될 수 있다. 하지만 프린터의 부속품으로서 프린터 생산 단계의 금속과 플라스틱의 거래는 여전히 필요하다.
4. 서비스는 글로벌 생산과 소비의 일부로서 상품보다 더 급속하게 성장하고 있다. 이러한 변화는 음악 파일과 전자책과 같이 디지털화된 상품과 기술이 전통적인 제조품을 대체하는 현상과 관련이 있다. 이렇게 되면 사람들은 세계 어느 곳에서나 단순히 저작권(서비스 판매)을 구매하게 되므로 별도의 상품 운송이 필요 없게 된다. 이는 국가 전체 무역에서 상품 무역의 비중이 점차 감소하는 결과를 가져올 수 있다.

CASE

호주 쇠고기 산업[72]

–슈베타 샤르마(Shveta Sharma)

호주는 2019년 브라질에 이어 세계 2위의 쇠고기 수출국이다. (인도가 3위, 미국이 4위를 차지했다.) 쇠고기는 돼지고기와 닭고기(가금류)에 이어 사람들이 소비하는 세 번째로 인기 있는 육류이며, 호주산 쇠고기는 전 세계 쇠고기 생산량의 4%를 차지한다.

호주에서 생산되는 쇠고기의 70%는 수출되고, 나머지 30%는 자국에서 소비된다. *Bos Indicus, Bos Taurus, Brahman, Santa Gertrudis, British Angus, Hereford, French Charolais*는 호주에서 생산되는 소 품종이다. *Bos Indicus*의 고기는 튼튼하고 열과 진드기에 잘 견디는 품종이기 때문에 호주 북부 지역 축산업자에게 인기가 있다. 보통 고기를 납작하게 만들어 가공하는 것 외에도 *Bos Indicus*는 또한 인도네시아로 생물로 수출된다. 반면 호주 남부 지역 축산업자는 양질의 육류로 유명하고 자국에서 소비되거나 일본 같은 프리미엄 시장으로 수출되는 *Bos Taurus*를 선호한다.

산업과 경쟁우위

호주의 쇠고기 산업은 환경보호(육류 생산을 위한 자원의 효과적인 관리, 새롭고 효율적인 사육 방법의 채택, 물 소비 감소), 윤리(식품 안전, 육류 품종의 원산지 추적 가능성, 동물의 건강과 웰빙), 경제(공급 사슬에서의 효율성, 소규모 및 대규모 농장의 체계적인 관리, 고용 기회의 창출 및 기술 혁신)에 대한 논의를 지속하며 지속 가능한 소 사

출처: SerhiyHorobets/Shutterstock

▲ 현대식 가축 사육장에서 루체른 건초를 먹고 있는 소

육을 추구한다.

국가 축산물식별시스템(National Livestock Identification System)에서는 어린 동물에게 공급사슬의 모든 단계를 통해 추적할 수 있는 e-ear 태그를 부여한다. 이러한 시스템은 질병이 발생할 때 특히 유용한데, 질병에 감염된 소를 즉시 격리할 수 있기 때문이다. 질병이 없는 소로부터 환경적으로 지속 가능한 조건하에서 고품질의 쇠고기를 생산한다. 호주의 축산물은 일반적으로 '깨끗하고 건강한(clean and green)' 이미지를 가지고 있다. 또한 소가 사육된 방식에 대한 정보와 함께 쇠고기의 원산지 농장을 추적할 수 있도록 방목장에서부터 소비자의 소비까지 전면적인 책임을 진다.

쇠고기의 품질(육류 절단 부위, 근육 및 지방 분포, 체중 및 외관), 유연성(고객의 변화하는 요구에 대한 민첩성), 대응성(배송 시간, 리드 타임, 주문 이행률)이 생산자의 경쟁우위에 영향을 미치는 것으로 나타났다. 호주의 쇠고기 축산업자는 자연환경을 보존하면서 일관되고 질 좋은 제품을 공급하는 수익성 있는 생산자가 되는 것을 목표로 한다. 축산물 산업에 방향을 제시하는 협의체는 크게 두 곳이 있다. RMAC(Red Meat Advisory Council)는 생산자, 사료 공급업자, 가축 수출업자, 소매업자로 구성되어 있고, 8만 개의 호주 쇠고기, 양고기, 염소고기 사업을 대표한다. 여기에서 ABSF(Australian Beef Sustainability Framework)가 발전되었으며 동물복지, 경제적 회복력, 환경적인 책임에 지속 가능한 실행에 관해 연구한다. ABSF는 지속 가능한 쇠고기 생산 지침을 정하고 다양한 지표에 걸쳐 연간 산업 성과를 기록한다.

1998년 설립된 MLA(Meat and Livestock Australia)는 육류 및 가축 관리 기준을 규제하는 데 산업 관계자와 호주 정부가 제휴한 마케팅 연구 기관이다.

국내 생산자

호주의 붉은 육류 산업은 직간접적으로 40만 5,000명 이상의 노동자를 고용하고 있으며 약 7만 5,000개의 사업체를 포함한다. 2018~2019년까지 이 산업은 호주의 GDP에 176억 달러를 기여했다. 2019년 육류 및 축산업 보고서에 따르면, 호주는 쇠고기 생산 원가가 적당하지만 다른 주요 쇠고기 생산국과 비교했을 때 더 높은 이율과 가격 때문에 더 높은 수익성을 달성했다.

호주의 쇠고기 생산은 북쪽의 열대 사바나 지역과 숲에서부터 남쪽의 서늘하고 온화한 고산지대에 이르기까지 모든 농업 기후 지역에 걸쳐 있다. 호주에서 쇠고기의 가장 큰 생산자는 Australian Agriculture Company이며, 다른 유명한 회사로는 CPC(Consolidated Pastoral Company), Minnamurra Pastoral Company, Watervalley, Sundown Pastoral Company, Paraway Pastoral Company, NAPCo(North Australian Pastoral Company), S. Kidman and Co.가 있다. 이러한 회사는 다양한 환경 영역의 부동산을 소유하고 있으며 기후 위험을 최소화하기 위해 노력한다. 또한 여러 지역에서 홍수, 가뭄, 산불의 위험을 완화할 수 있는 녹색 목초지나 시장의 가까운 곳에서 가축을 사육한다.

공급사슬

슈퍼마켓, 정육점, 외식업 등으로 구성된 국내 시장의 경우 쇠고기 가공업체가 쇠고기를 직접 또는 도매업체를 통해 공급한다. 수출 시장에 대한 쇠고기 공급은 상대 국가의 수입자와 유통업체를 통해 이루어진다.

생물 수출용 소는 수출에 앞서 목초지나 가축 사육장(feedlot)에서 사육된다. 최근 몇 년간 국내 시장에 들어오는 쇠고기 품질 관리가 확대되고 한국과 일본 등 고부가 가치 수출 시장에 대한 앙구스, 와규 등 양질의 쇠고기 공급이 많아지면서 가축 사육장의 중요성이 커지고 있다. 일반적으로 풀을 먹는 소와 달리 가축 사육장에서 축산업자들은 일 년 내내 시장의 수요를 충족하는 양질의 쇠고기 생산을 위해 옥수수, 보리, 밀, 건초 등의 곡물을 소에게 먹인다.

정부 보조금 및 지원

호주 정부는 가축 판매에 거래 세금을 부과한다. 납세자 1인당 부과되는 세금은 소규모 취미농가가 내는 5달러짜리 단일 부담금에서 대기업과 농업 기업에게 받는 150만 달러 이상의 부담금까지 다양하다. 이 세금은 축산업과 관련된 마케팅, 연구개발 활동을 담당하는 MLA에 자금을 지원하는 데 사용된다. 정부의 매칭 지원 계획으로 MLA가 연구개발에 투자하는 1달러당 호주 정부는 세금 1달러를 기부한다.

2015년, 호주의 농민(쇠고기 산업 포함)은 세계무역기구(WTO)가 수출국을 지원하기 위해 사용하는 직접보조금, 세금 감면, 대출, 기타 금융 지원과 같은 수출 보조금을 폐지하기로 한 결정을 환영했다. 이로 인해 호주 쇠고기 생산자가 북미와 유럽의 쇠고기 생산자와 경쟁할 수 있는 공정한 경쟁의 장이 만들어졌다.

주요 글로벌 시장 및 소비

호주인이 쇠고기 세계 소비 평균의 거의 4배를 소비하기 때문에 호주산 쇠고기의 국내 시장은 크다.

전 세계 소비량을 보면 2019년 아시아가 전 세계 쇠고기 교역량의 48%, 수입 쇠고기 중 달러 기준 최고액을 차지했으며, 중국이 82억 달러(전체 쇠고기 수입량의 16.5%)로 선두를 차지했고, 미국(11.2%), 일본(7.1%)이 뒤를 이었다. 호주산 쇠고기에 대한 중국의 선호가 매우 커서 2019년 호주산 쇠고기 수출의 73%가 중국에 집중되었다. 그러나 2020년 호주와 중국 간 정치적 갈등으로 무역 분쟁이 격화되면서 중국은 호주의 많은 대형 도살장으로부터 쇠고기 수입을 중단했다.

동양보다 서양의 육류 소비가 더 많다. 대부분의 서유럽 국가는 1인당 연간 80~90kg의 고기를 소비한다. 반대로 소득 수준이 낮은 가난한 국가에서는 육류 소비가 아주 적다. 개발도상국에서 인구 증가와 중산층 소득 수준의 상승, 그리고 이런 중산층의 단백질을 더 많이 섭취하려는 수요로 인해 쇠고기의 소비가 증가하고 있다.

2019년 전망에 따르면, 2023년까지 전 세계적으로 쇠고기 소비량이 330만 톤 증가할 것으로 보았다. 인구 증가와 도시화로 인한 개발도상국의 수요 증가와 함께 선진국 시장에서 쇠고기의 양보다 질에 대한 선호가 나타나고 있다. 일부 아시아 국가에서 단백질 보충원으로서 쇠고기는 돼지고기, 해산물, 닭고기, 양고기와 치열한 경쟁에 직면한다. 시장마다 쇠고기에 대한 소비자의 인식이 다른 만큼 소비자 인식을 염두에 두는 것이 매우 중요하다. 개발도상국에서는 신선도와 안전에 중점을 두는 반면, 선진국에서는 품질에 더 중점을 둔다. 향후 육류 소비에 대한 전망은 건강과 윤리적 관점, 환경 제약, 정부 규제 및 기술 발전에 따라 결정될 가능성이 높다.

채식주의(veganism)가 증가하고 있으며, 소비자는 점점 더 식물성 식단에 관심을 가진다. 대부분 채소와 가끔 고기를 포함하는 식단인 반채식주의(flexitarianism)는 또 다른 새로운 추세이다. 비건(vegan), 채식주의자(vegetarian), 그리고 이와 관련된 모든 범주는 세계 인구의 14%를 차지하며 꾸준히 증가하고 있다. 인간이 소비하는 것보다 훨씬 더 많은 자원이 가축의 사료 생산에 투입된다. 《미국 임상영양학저널(American Journal of Clinical Nutrition)》에 따르면, 육류 위주 식단은 채식 위주의 식단보다 14배 더 많은 물, 17배 더 많은 땅, 10배 더 많은 에너지를 필요로 한다. 《미국 국립과학원 회보(Proceedings of the National Academy of Sciences)》에 실린 한 연구에서 우리가 먹는 것이 개인의 건강뿐만 아니라 지구 환경에도 영향을 미친다는 의견을 개진했다. 2050년까지 네 가지 다른 시나리오를 설정하여 사람들이 세계적인 식이 지침을 따르고 고기보다 과일과 채소에 더 의존하는 채식주의자 또는 비건이 된다면, 2050년까지 매년 800만 명의 사망을 피할 수 있다고 주장했다. 식단에서 과일과 채소의 증가는 칼로리 섭취를 낮춰 비만을 감소시킨다. 과일과 채소가 부족하고 육류가 많은 불균형 식단은 온실가스 배출에 훨씬 더 많은 책임이 있으며, 채식주의로 전환하면 식품과 관련된 탄소 배출량을 70%까지 줄일 수 있다고 주장한다.

또 다른 대안은 살아 있는 세포 조직을 통해 실험실에서 생산된 '깨끗한 고기(clean meat)'이다. 이러한 흐름은 잠재적으로 농장, 가축 사육장, 도축장에서 육류 생산을 대체할 수 있다. 육류 산업 종사자는 식물성 단백질 대체 식품에 많은 투자를 하고 있다. COVID-19 기간에 많은 사람이 육류 부족의 대안을 찾아야 했고 이는 식단에 큰 영향을 주었다. 육류를 줄이는 추세는 소비자가 더 건강한 옵션을 찾고, 환경에 미치는 영향에 대해 더 인식하며, 증가하는 비만율에 직면하면서 지속되고 있다. 세계 인구는 2050년까지 97억 명에 이를 것으로 보이며, 이는 식품 생산에 대한 증가 압력으로 이어져 육류를 대체할 식품을 찾는 회사는 단백질 대체제를 찾으려 할 것이다. 식물성 식품에 대한 수요의 급증은 호주의 육류, 유제품, 버터, 치즈 산업에 점점 더 큰 위협이 되고 있다.

환경 문제

건강한 생태계를 유지하기 위해 호주의 육류 산업은 깨끗한 물과 사료에 크게 의존하고 있다. 목초지를 위한 토종 초목의 제거와 부실한 방목 관행은 수로에 도달하는 과도한 퇴적물을 초래할 수 있다. 호주의 소와 양의 축산업은 호주의 총온실가스 배출량의 약 10%를 차지하는 것으로 추정되며, 이 중 66% 이상이 소로부터 나온다.

세계 육류 산업은 수십억 명의 생계를 지원하지만 환경에 심각한 결과를 가져왔다. 소의 혐기성 소화 과정은 메탄과 아산화질소 같은 온실가스를 생산하는데, 이러한 가스는 이산화탄소보다 지구 온난화를 일으킬 가능성이 더 높다. 2016년, 호주는 지구 온난화를 1.5도 이하로 유지하기 위한 파리협정에 175개의 다른 회원국과 함께 서명했다. 호주의 육류 및 축산업은 이제 2030년까지 탄소 중립(CN30)을 준수하기로 약속했는데, 이는 산업 내 온실가스 배출의 대기 중 순방출을 0으로 줄이도록 요구한다. CN30의 목표 달성을 위해 호주 축산업은 유전 및 축산 절차, 가축의 가스 배출량 측정 기술, 나무 재배, 소를 위한 식이 보조제 시험, 탄소 감소를 위한 나무와 관목 통합 등에 투자하고 있다. 호주의 CSIRO(Commonwealth Scientific and Industrial Research Organization)는 연구 끝에 붉은대조류(해조류)종인 바다고리풀(Asparagopsis)을 가축에게 먹이는 것이 온실가스 배출을 80%까지 줄일 수 있는 자연적 해결책이라는 것을 발견했다.

오랜 가뭄, 화재, 홍수, COVID-19로 인한 국경 폐쇄는 농부들에게 식량 생산 유지에 많은 어려움을 야기했다. 국내 소 사육은 거의 30년 만에 가장 적으며, 더 감소할 것으로 보인다. 이러한 부족은 가공업체에 영향을 주겠지만, 아직 국내 시장에는 충분한 육류가 공급되고 있다. 소 사육이 회복될 때쯤이면 중국 시장에 대한 미국 경쟁업체의 접근성이 향상되었을 것이므로 호주 축산업자들은 중국에서 시장 점유율을 되찾기 위한 치열한 경쟁에 직면할 것이다. 많은 축산업자는 막대한 은행 대출을 받았으며 더 이상 소를 사육할 수 없었기 때문에 소를 팔아야만 했다. 그러나 은행으로부터 자금 조달이 가능하며, 연방정부는 축산업자의 대출 상환에 대한 압력을 완화하기 위한 방법을 고려하고 있다.

2019년의 극심한 가뭄과 산불에도 불구하고 호주 부동산은 놀라울 정도로 호황을 누리고 있다. 뉴사우스웨일스 북부와 서부 지역의 기업 구매자는 가뭄이 발생하기 쉬운 지역의 더 나은 시설과 믿을 만한 관개 시스템 때문에 지역 마을 근처의 부동산을 구입한다. 지하수가 잘 공급되거나 지층의 구멍(bore)과 같이 좋은 물 인프라를 갖춘 부동산은 유망한 것으로 입증되고 있다. 계속되는 가뭄을 관리하고 가뭄 위험을 최소화하기 위해 뉴사우스웨일스 해안 지역의 농부들은 강우량이 더 충분한 산악 지형의 부동산을 구입한다.

국제 시장 및 신흥 글로벌 경쟁자

COVID-19 팬데믹 동안 미국은 봉쇄와 가공 공장의 폐쇄로 인해 주요 공급사슬 혼란에 직면했다. 미국의 육류 가공 산업은 고도로 집중되어 있는데, 단 2개의 회사가 쇠고기와 돼지고기 공급의 40%를 담당한다. 이러한 운영 중단으로 인해 공급사슬은 효율적으로 관리되지 못하고 병목 현상이 발생했다. 호주의 쇠고기 산업은 반대로 집중되어 있지 않기 때문에 유사한 질병이나 기타 재해 발생에 대응하기에 더 유리한 위치에 있다.

중국에 대한 수출 승인을 얻은 남미 업체는 호주산 쇠고기의 훨씬 더 큰 경쟁자로 떠오르고 있다. 브라질에서는 소 도축이 감소한 것으로 추정되어 가공업종에 비상이 걸렸지만, 건조한 여건 탓에 조만간 가축의 공급이 늘어날 가능성이 높고, 국내의 제한적인 소비는 앞으로 수출 급증세가 나타날 것으로 예고한다. 하지만 세계 경제 침체로 인해 돼지고기, 가금류, 덜 비싼 쇠고기로 소비가 전환될 위험이 있다.

남미산 쇠고기 수출도 미국 시장에서 증가세를 보이며 호주, 뉴질랜드와 같은 전통적인 수입 쇠고기 공급업체에 도전장을 내밀고 있다. 아르헨티나와 브라질은 이제 미국과 중국 시장의 주요 쇠고기 공급자가 되었다. 호주 달러가 2019년 내내 약세를 유지함에 따라 2019년은 지금까지 쇠고기 수출에 있어 가장 성공적인 해가 되었다. 브라질 헤알화, 아르헨티나 페소화도 약세를 이어가면서 세계 시장에서의 수출 입지와 가격 경쟁력을 뒷받침했다.

또한 다자간 및 양자 간 무역협정은 수출 시장에 막대한 이익을 가져다준다. 호주가 일본, 중국, 한국과 체결한 자유무역협정(FTA)은 호주에게 관세 특혜를 제공한다. 최근 호주가 체결한 홍콩, 페루, 인도네시아와의 FTA로 인해 무역의 불확실성을 제거했다. 2019년에 발효된 11개국 환태평양경제동반자협정(Comprehensive and Progressive Agreement for Trans-Pacific Partnership, CPTPP)은 멕시코와 캐나다 시장에서의 기회를 창출한다. 유럽연합 및 영국(브렉시트 이후)과의 협상은 시장 확대를 목표로 하는 핵심 초점이 되고 있다.

문제

6–3 국가 경쟁우위 다이아몬드 이론을 복습하고 이론의 네 가지 측면에서 호주 쇠고기 산업을 평가하라.

6–4 호주산 쇠고기 산업 및 경쟁우위에 관해 요소 비율 이론을 평가하라.

6–5 쇠고기 수출에서 호주와 경쟁하는 주요 국가의 데이터를 찾아보고 분석하라. COVID-19가 이런 경쟁에 어떤 영향을 미쳤는가?

6–6 쇠고기 산업은 채식주의 같은 메가트렌드로 인한 도전을 어떻게 해결해야 하는가?

Chapter 7

정부가 무역에 미치는 영향

학습 목표

7-1 보호무역주의의 상반된 결과를 인식한다.

7-2 정부의 무역 개입을 통한 경제적 이유 및 결과의 불확실성을 평가한다.

7-3 정부의 무역 개입을 통한 경제 외적인 이유 및 결과의 불확실성을 평가한다.

7-4 무역을 통제하는 주요 도구에 대해 알아본다.

7-5 기업이 수입 경쟁에 어떻게 대처하는지 이해한다.

출처: Thomas Baker/Alamy Stock Photo

▲ 희토류가 중국 화물선에 실리고 있다.

자선은 집에서 시작된다(다른 사람을 돕기에 앞서 가족부터 보살피라는 뜻). — *영국 속담*

CASE

전략 물자에 대한 무역 분쟁 및 보호주의 조치: REE의 사례[1]

—스테파니아 팔라디니(Stefania Paladini)

희토류 원소(rare earth element, REE)에 대한 이야기는 여러 면에서 보호무역주의 조치가 분쟁과 심지어 무역 전쟁으로 이어질 수 있음을 경고한다. 또한 이러한 분쟁이 발생할 경우 국가들이 세계무역기구(WTO)로부터 도움을 기대함을 시사한다.

희토류 원소는 2009년 세계 산업계가 세계 희토류 원소 생산의 90% 이상(즉 광업 및 가공)이 사실상 중국에 의해 독점되고 있으며 지금까지도 여전히 어느 정도는 중국에 의해 독점되고 있다는 사실을 깨닫게 되자 갑자기 주목을 받았다. 게다가 2005년 이후 중국은 자국 시장에서 희토류 원소 생산량의 상당 부분을 유지하기 위해 조용히 수출 할당량을 부과하기 시작했고, 이는 희토류 원소의 현물과 미래 가격의 급등을 야기했다.

이런 상황이 더욱 어렵게 된 것은 2010년 10월에 중국 어선 한 척이 분쟁 중인 (중국인들이 다이오유라고 부르는) 센가쿠 열도 영해에서 일본 해경에 나포되어 선원들이 체포된 사건 때문이다. 중국은 일본에 대한 희토류 원소의 수출을 봉쇄하는 등 보복에 나서 국제적 차원의 공분을 샀고 결국 희토류 원소 사업 전반에 대한 WTO 개입 요청으로 이어졌다.

'희토류'라는 용어는 17개의 원소(스칸듐, 이트륨, 란타넘족 15개)를 정의하는데, 실제로는 그렇게 희귀하거나 귀하지 않다. 사실 그들 중 일부는 아연이나 구리처럼 지구의 지각에서 흔하게 발견되며 희소성이 있는 것은 극히 일부이다. 이 희토류라는 용어는 원소의 추출이 일반적으로 복잡하고 비용이 많이 들며 종종 환경적으로 부담이 된다는 사실에서 유래했다. 최초의 희토류 광물은 18세기 말에 스웨덴에서 발견되었고, 나머지는 19세기에 걸쳐 발견되었다. 최근 수십 년 동안 희토류 원소의 사용을 특징짓는 특수성 덕분에 희토류 원소의 사용과 상대적 중요성은 증가하고 있다(즉 희토류 원소는 자석의 필수 구성 요소이며 군사적인 용도는 말할 것도 없고 하이브리드 차량, 컴퓨터 스크린, 스마트폰 및 풍력 발전소의 터빈에 필수적이다).

중국 시장 지배와 보호주의

중국은 특히 1990년대 이후 세계 최고의 희토류 생산국이 되었고, 2009년 전 세계 희토류 전체 생산량의 27%에서 97%로 그 생산량을 늘렸다. 이미 언급했듯이 중국은 덜 풍부한 희토류 원소 중 일부에 대해 수출 쿼터의 부과를 늘리고 있는데, 이 조치는 가격을 폭발적으로 증가시키고 희토류 부족에 대한 두려움을 야기했으며 심지어 상당한 양의 밀수를 유발했다(예: 대일 수출의 불법 사례).

희토류 원소에 대한 중국의 수출 쿼터에 숨겨진 동기에 대해 많은 비난이 쏟아져 결국 WTO의 본격적인 제소와 소송이 몇 년 동안 지속되었고 2015년에 이르러서야 끝이 났다. 중국 측의 쿼터에 대한 설명은 대체로 두 가지이다. 첫 번째는 경제적 이유와 관련이 있다. 중국의 산업은 희토류 원소와 같은 일부 예외를 제외하고는 일반적으로 수입해야 하는 막대한 양의 원자재를 필요로 한다. 그럼에도 불구하고 국내 생산자를 위해 이런 원자재가 확보되어야 하며, 특히 희토류의 경우 추출이 중국에 집중되어 있기 때문이다. 두 번째 이유는 지난 10년 동안 중국이 민감해진 희토류 원소의 추출에 수반되는 높은 환경 비용이다. 수출 쿼터는 1990년대에 중국에서의 희토류 원소의 과잉 생산의 결과로 이전에 하락했던 가격의 급격한 상승을 초래했다. 따라서 수출 쿼터는 중국이 나머지 세계에 부과하는 환경세의 성격을 띠며 중국 정부 당국이 이를 보여주기를 바라는 것이다.

수출 쿼터가 희토류 원소의 세계 생산량을 통제하려는 중국의 유일한 시도는 아니었다. 중국은 21세기 초부터 자국 영토 밖에서 현존하는 2개의 주요 희토류 원소 생산업체를 인수하려고 노력해왔다. 우선 중국해양석유공사(China National Offshore Oil Corporation, CNOOC)가 2005년 미국 석유생산업체 유노칼(UNOCAL)을 인수하려다 실패했다. 중국은 이런 경주를 시작하기 전 희토류 원소 생산의 중심에 있던 캘리포니아 마운틴패스 광산을 인수하려 시도했다. 이러한 중국의 움직임은 중국과 미국의 긴장을 고조시켰으나 결국 CNOOC의 실패로 그쳤다. 이후 중국 회사는 인수전에서 승리한 셰브론(Chevron)을 다시 한번 설득하여 광산을 매수하려 했으나 성공하지 못했다. 마운틴패스 광산은 2008년 미국의 또 다른 회사인 몰리코프미네랄스(Molycorp Minerals)에 의해 마침내 재개장되었다.

중국의 두 번째 노력은 선진국들이 점점 더 중국의 시도에 엄격하게 대응한 것을 보여주며, 중국의 팽창의 여지가 줄어들고 있음을 시사한다. 2009년 10월, 호주 정부는 국가 안보를 이유로 중국 비철금속광업그룹(China Nonferrous Metal Mining Group)이 호주 리나스코퍼레이션(Lynas Corporation)의 지배 지분을 2억 1,000만 달러에 인수하려는 입찰을 거부했다.

무역 분쟁 해결: 반대

2010년 10월, 일본으로의 선적 중단 이후 유럽연합(EU)이 앞장서서 중국에 대한 다자 제재 방안을 모색하는 등 주요 수입국의 쿼터에 대한 불만이 고조되었다. 사실 유럽연합이 원자재 수출 제한과 관련하여 중국과 충돌한 것은 이번이 처음이 아니었다. 2009년에 미국, 멕시코와 함께 구성된 위원회는 희귀 광물로 분류되지는 않았지만 확실히 전략적인 10개 광물(불소석, 아연, 마그네슘, 보크사이트, 망간, 탄화규소, 황인 등)에 대해 WTO에게 중국을 상대로 조사를 요청했다.

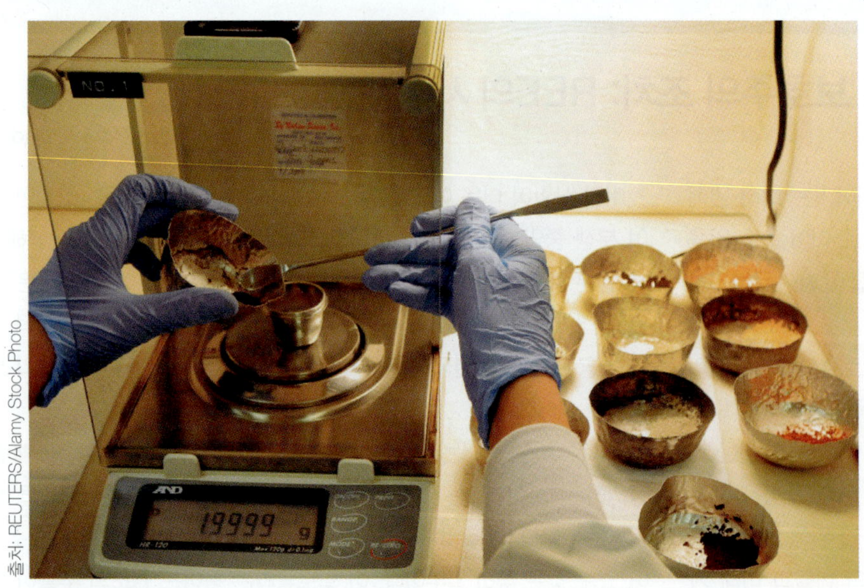

출처: REUTERS/Alamy Stock Photo

▲ 다양한 희토류 원소의 샘플은 마운틴패스 광산의 몰리코프 광물 실험실에서 품질보증시험 전에 측정된다.

하지만 2010년에 유럽연합은 이런 조치에서 더 나아갔다. 2011년 1월, 위원회의 성명은 유럽연합이 전략물자 수출에 대한 부당한 제한을 시행하는 국가에 대해 일반특혜관세제도(generalized preference system, GSP)의 시행을 일방적으로 중단할 수 있으므로 중국의 수출을 직접적으로 위협할 수 있다고 경고했다. 2012년 7월, 몰리브덴과 텅스텐뿐만 아니라 희토류 원소가 관련된 공식적인 사건이 WTO 분쟁해결위원회(WTO Dispute Settlement Board, WTO DSB)에 회부되어 전체 사건이 검토되었다.

WTO의 작동 방식을 잘 살펴볼 수 있으므로 조사가 어떻게 수행되었는지 살펴보는 것은 매우 흥미롭다. 많은 나라(브라질, 캐나다, 콜롬비아, 인도, 한국, 노르웨이, 베트남, 아르헨티나, 호주)는 이 사건에 동참하는 것에 관심을 보였다. 미국, 유럽연합, 일본은 2013년 11월까지 조사위원회를 구성하고 증거를 준비하기 위해 WTO로부터 승인을 받았다. 제소자들은 중국이 자체 가입 의정서에서 부속서 6에 포함된 일련의 제품을 제외한 모든 수출 제한 조치를 없애겠다고 약속했으므로 중국이 부과한 조치가 중국의 WTO 의무와 상충된다고 주장했다. 소송에 포함된 세 가지 제품 범주 중 텅스텐 광석만 실제로 해당 목록에 포함되었고 희토류 원소는 언급되지 않았다. 따라서 중국은 쿼터, 수출 관세, 무역 장벽 등 어떠한 종류의 제한적인 조치도 허용되지 않았다.

패널은 2014년 3월에 보고서를 발표했는데, 이러한 주장이 타당하다고 인정하며 특정 사례에 적용할 수 있는 완화적 상황이나 예외(몇 가지 사례는 여전히 WTO가 검토했다)를 부인했다. WTO는 또한 중국의 수출 쿼터가 중국의 주장대로 중국의 천연자원과 환경을 보존하기 위해 고안된 것이 아니라 정확한 산업 정책 목표를 달성하기 위해 지시된 것이라고 결정했다. 결과적으로 WTO는 중국의 제한적인 조치를 비난했다.

중국은 WTO의 최종 결정에 대해 전체적으로 항소하지는 않았지만 2014년 4월에 패널 결론의 제한된 측면에 대해서는 항소했다. 그러나 이 항소는 기각되었다. WTO DSB는 중국이 제한 조치를 중단하고 이듬해까지 이행 시한을 정할 것을 권고했다. 2015년 5월 20일, 중국은 WTO에 희토류 원소 쿼터와 다른 두 광물에 영향을 미치는 다른 조치들을 WTO DSB의 권고에 따라 중단했음을 통보했다. 그 이후 희토류 원소의 가격은 심지어 여전히 높은 수준을 유지하고 있음에도 불구하고 쿼터 부과 전보다 낮아졌다.

미래

그러나 희토류 원소가 주도하는 분쟁은 아직 끝나지 않은 것으로 보이며 상업 분쟁에서 희소한 광물을 보복적으로 사용하고 있다. 2019년 10월까지만 해도 중국은 미국과의 무역 전쟁에서 희토류 원소를 사용하는 것과 새로운 수출 쿼터 및 희토류 원소를 통해 생산한 원소와 자석에 대한 무역 제한 조치를 배제하지 않겠다고 선언했다. 중국의 제한 조치는 지금까지 실현되지 않았지만 가까운 미래에 이런 가능성을 배제하는 것은 현명하지 않다.

문제

7-1 사례에서 제공한 데이터와 www.energy.gov에서 구할 수 있는 'Critical Materials Rare Earths Supply Chain: A Situational White Paper'를 활용하여 희토류 원소의 공급사슬 다이어그램을 그리고 가능한 병목 현상을 설명하라.

7-2 중국은 2019년 진행 중인 무역 전쟁에서 보복 조치로 희토류 원소에 대한 수출 쿼터를 이용하겠다고 미국을 위협했다. 희토류 원소 가격이 2010년보다 훨씬 낮다는 점을 고려할 때 이것이 여전히 문제가 되는 이유는 무엇인가?

보호무역주의의 상반된 결과

7-1 보호무역주의의 상반된 결과를 인식한다.

정부의 무역 정책에 따라 성과나 생존이 좌우되는 기업에서 근무하거나 그 기업의 주식을 보유할 수 있다. 정부의 무역 정책은 해외 수출이나 수입을 제한하거나 강화할 수 있으므로 국내 시장에서 경쟁하는 외국 기업에 영향을 미칠 수 있다. 이와 같은 정부의 규제와 자국 기업에 대한 지원을 총체적으로 **보호주의**(protectionism)라고 한다.

도입 사례에서 보았듯이 모든 국가는 상품과 서비스의 국제 유통을 규제한다. 그림 7.1은 정부가 무역을 규제하도록 유도하는 압박 요소와 이런 정부 규제가 기업의 경쟁력에 미치는 영향을 보여준다. 이 장에서는 보호무역주의의 경제적 및 경제 외적 근거를 살펴보고, 주요 무역 통제 수단과 이런 수단이 기업의 경영 결정에 끼치는 영향을 설명할 것이다.

정부는 자유무역의 혜택에도 불구하고 경제, 사회, 정치적 목적을 달성하고자 무역에 개입한다. 정부는 국가와 국민에게 가장 이익이 되는 무역 정책을 수립한다. 물론 일부는 특정 개인의 정치적 이익을 위해 이를 추진하기도 한다. 무역에 대한 정책 개입 여부와 방법을 판단하는 것은 까다롭다. 정책의 불확실성과 정책이 상충했을 때의 결과 때문이다.

모든 국가는 무역에 영향을 미치고자 하고, 이들은 각각 경제적·사회적·정치적 목적을 가진다.

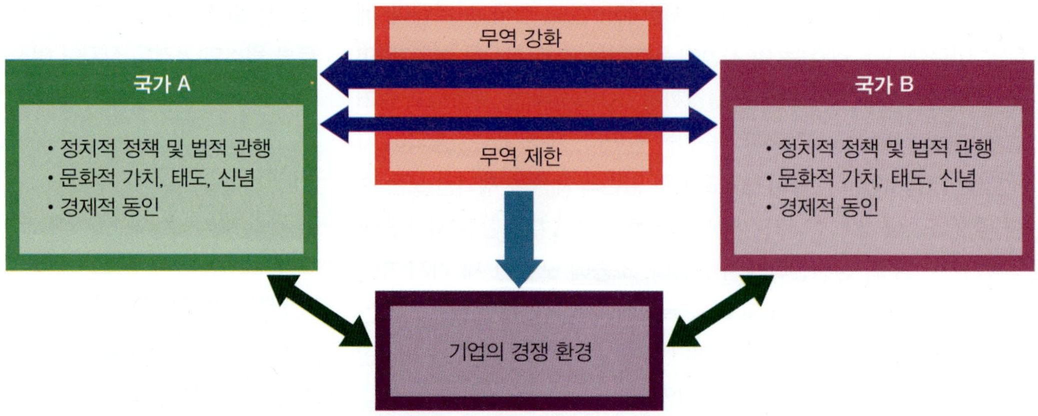

그림 7.1 상품과 서비스의 흐름에 영향을 미치는 제도적 요인
정부는 (정치/법, 경제 등) 다양한 제도적 요소를 감안하여 국제무역 흐름을 강화하거나 제한하는 정책을 수립한다. 이런 정책은 기업의 경쟁 환경에 영향을 미친다. 즉 국제적인 경쟁 역량을 강화하거나 저해한다. 물론 반대의 경우도 적용된다. 기업이 자사 활동에 영향을 끼치는 정부의 무역 정책에 영향을 주는 것이다.

개념 체크

6장에서 특화(전문화)와 자유무역을 통해 제품의 생산을 증가시킬 수 있음을 설명했다. 여기서는 보호무역 정책이 (때로는 효과적이기도 하지만) 상반된 결과를 가져올 수 있음을 확인할 것이다.

이해관계자의 역할

무역 관련 규정은 이에 영향받는 사람과 단체, 즉 이른바 이해관계자(stakeholder) 사이의 치열한 논쟁으로 치닫는 경우가 많다. 당연히 가장 직접적인 영향을 받는 사람(예: 노동자, 소유자, 기업, 지역 정치인)이 목소리를 높인다. 무역 정책으로 일자리를 잃은 노동자는 장기간 실업 상태에 빠지거나 새로운 산업, 새로운 도시에서 더 낮은 급여를 받는 일자리를 찾아야 한다. 이렇게 위협을 받는 사람들은 해당 무역 정책을 크게 반대한다.

무역 규제의 영향을 가장 많이 받는 이해관계자는 자신에게 유리한 무역 정책을 가장 강하게 밀어붙인다.

이와는 대조적으로 (이해관계자이기도 한) 소비자는 가격 대비 최고의 제품을 구입한다. 원산지를 알지 못하거나 개의치 않는 경우도 많다. 또 수입 제한으로 가격이 얼마나 많이 인상될지 깨닫지 못하는 경우도 많다. 더 나아가 소비자에게 이전되는 비용은 여러 사람에게 장기간 분산이 되기 때문에 이를 눈치채기도 어렵다. 높은 가시성에도 불구하고 2018년에 부과된 중국으로부터 수입되는 철강과 알루미늄 및 몇 가지 다른 대상에 대한 미국의 관세는 약 220억 달러[2] 또는 소비자 1인당 67달러의 비용을 부담하게 한 것으로 추정된다. 미국 소비자는 수입 제한으로 인해 더 많은 비용을 지불해야 한다는 것을 깨닫더라도 규제를 철폐하고자 영향력을 행사하기 위해 함께 뭉치지는 않을 것이다. 사실상 소비자의 노력에 비해 기대되는 이득은 너무 낮을 것이다.

정부의 무역 개입과 결과의 불확실성에 대한 경제적 이유

7-2 정부의 무역 개입을 통한 경제적 이유 및 결과의 불확실성을 평가한다.

정부가 무역에 개입을 하는 이유는 표 7.1에서와 같이 경제적 이유와 비경제적 이유로 구분할 수 있다. 먼저 경제적 이유를 살펴보자

실업 감소

실업자들은 수입 제한을 주장하는 압력 단체를 구성할 수 있다.

실업자 단체보다 더 효과적으로 압력을 넣을 수 있는 단체는 많지 않다. 공개적으로 시위를 하거나 정부 대표와 만날 시간도 많고, 이에 따른 인센티브도 크기 때문이다. 특히 대체 고용 기회가 거의

표 7.1 정부의 무역 개입 이유

경제적 이유	비경제적 이유
실업 감소	필수 산업 유지
유치산업 보호	해외에서의 수용 가능한 무역 관행 촉진
산업화 촉진	영향권(spheres of influences, 영향력이 미치는 다른 나라의 영토_역자 주) 확대 및 유지
비교 입지 강화	국내 문화 보존

없는 소규모 기업들이 밀집한 도시에 많은 수입 대체 실업자가 있는 경우 다른 일자리를 찾지 못하는 경우가 많다.[3] 설사 다른 일자리를 찾더라도 급여 수준이 떨어진다.[4] 더 나아가 일자리를 찾기까지 실업 수당에만 의지해야 한다. 이들은 예전 일자리로 돌아갈 수 있다고 생각하기 때문에 재훈련을 미루곤 한다. 재훈련을 희망하는 경우에도 많은 노동자, 특히 나이가 많은 노동자는 학력이 부족해 필요한 역량을 제대로 확보하지 못한다. 또한 현실성이 없는 직업훈련을 받기도 한다.

완전고용을 경제 목표로 삼았을 때 문제점이 있는가 없다! 그러나 수입을 제한하여 고용을 창출하겠다는 노력은 기대만큼의 효과를 거두지 못한다. 성공한다 할지라도 그에 대한 대가가 크다. 또한 일부는 이 대가를 부담해야 한다. 예를 들어 한 연구는 2018년에 부과된 수입 세탁기에 대한 관세가 미국에서 1,800개의 새로운 일자리를 창출했지만, 미국 소비자가 더 높은 가격에 세탁기를 구매함으로써 새롭게 창출된 일자리당 약 81만 7,000달러의 비용을 지불한 것과 다름없다는 사실을 밝혔다.[5] 하지만 다른 결과도 있다.

국내 고용 창출에 목적을 둔 수입 제한 정책은 다음으로 이어질 수 있다.

- 상대국에 무역 보복을 당할 수 있다.
- 경제 규모에 따라 다른 영향을 가져올 수 있다.
- 수입 관련 일자리가 줄어들 수 있다.
- 다른 산업에서 일자리가 줄어들 수 있다.
- 수출 관련 소득 감소로 수출 관련 일자리가 줄어들 수 있다.

보복 가능성 고용 창출을 위해 수입을 제한할 경우의 문제점 중 하나는 이런 수입 제한으로 생산이 감소하게 된 상대 국가가 동일한 정도의 수입 제한으로 보복할 가능성이 높다는 것이다. 예를 들어 미국의 메기 수입 규제에 대응해 베트남이 미국산 농산물의 수입을 줄일 것이라는 우려가 있었다. 따라서 실업은 단지 한 산업에서 다른 산업으로 옮겨갈 것이다.

그러나 무역 규모가 클수록 보복에 따른 효과가 더 크다. 예를 들면 미국이 의류 수입을 제한한다고 가정하면 모리셔스보다는 중국의 보복이 더 큰 영향력을 발휘한다. 또한 미국이 모리셔스보다는 중국에 보복을 할 확률이 더 높다. 모리셔스가 미국 경제에 미치는 영향이 더 적기 때문이다. 2018년 중반 미국이 중국산 수입품 500억 달러의 관세를 매긴 뒤 중국은 미국의 최대 농산물 수출품인 미국산 콩 수입에 관세를 매기는 등 보복에 나섰다. 실제로 중국이 브라질로부터 콩을 수입하기 시작하면서 세계 시장에 혼란을 가져왔다. 미국산 콩의 가격은 폭락했고 브라질산 콩의 가격은 급등했다. 소규모의 콩 수입국이라면 그렇게 광범위한 혼란을 야기하지 않았을 것이다. 중국이 미국에 대한 의존에서 벗어나 다각화를 모색하고 있기 때문에 시장 변화는 오래 지속될 것이다.[6]

(수입 제한) 고용 창출에 대한 한계점 수입을 제한하여 일자리를 얻으려면 다음과 같은 추가 한계점이 있다.

1. 제품 수입이 줄어들면 이를 처리하는 일자리 또한 줄어든다. 컨테이너 선사의 일자리가 그 예이다.
2. 글로벌 가치사슬을 고려할 경우 한 산업에 대한 수입 제한은 다른 관련 산업에 대한 투입 비용을 증가시켜 경쟁력을 떨어뜨린다.[7] 예를 들어 미국의 철강 수입 제한으로 자동차 및 농업 장비

의 제조 원가가 상승했다.

3. 수입은 수출을 촉진하지만 그 효과가 직접적이지는 않다. 예를 들면 수출국 사람들은 수출로 인해 해외 소득과 환율 소득이 증가한다. 이렇게 증가한 소득은 새로운 수입품을 소비하게 하여 다른 나라의 수출을 촉진하게 한다. 따라서 외국의 소득 활동을 제한하면 이는 다시 국내 소득과 고용에 부정적인 영향을 미치는 부메랑이 될 수 있다.

상충관계 분석 정부는 고용 창출을 목적으로 수입을 제한할 필요가 있는지 결정할 때 자유무역에 따른 실업 비용과 수입 제한에 따른 비용을 비교해야 한다. 이는 상당히 까다로운 작업이다. 수입으로 인해 일자리를 잃는 사람들의 고통에 가격을 매기는 것은 아주 어렵다. 또한 가격 인하에 따른 이익이 실업자들의 복지를 지원할 목적으로 발생되는 세금 인상으로 인한 비용보다 더 크다는 사실을 설득시키기도 힘들다.

요약하면 실업 상태가 지속되면 많은 단체가 보호주의를 부르짖게 된다. 그러나 수입 제한을 통해 실업을 해결하려는 노력이 효과적이지 않다는 증거는 많다. 재정 정책이나 통화 정책으로 실업을 다루는 것이 더 효과적이다.

'유치산업' 보호

다음을 통해 유치산업의 생산 경쟁력을 높일 수 있다.
- 규모의 경제 확대
- 노동자 효율성 개선

유치산업 보호(infant-industry argument)는 신생 산업의 내수 기업이 독자적으로 외국 기업과 경쟁할 수 있을 정도로 비중이 커지기까지 정부가 보호해야 한다는 것이다.

기본 전제 유치산업을 보호해야 한다는 주장에는 전제가 있다. 특정 국가에서 특정 산업의 초기 생산 비용이 너무 높아 세계 시장에서 경쟁할 수가 없다는 것이다. 그리고 효율성을 높여 경쟁력을 확보하기까지는 시간이 소요된다고 주장한다. 이런 이유에서 유치산업의 기업이 규모의 경제를 달성하고 직원들이 경험을 쌓아 생산성을 높여 효율적으로 생산하고 국제 경쟁력을 확보하기까지 정부가 해당 산업을 보호해야 한다고 강조한다.

개념 체크

6장의 '찬반 토론(Point-Counterpoint)' 논의는 전략적 무역 정책에서 어떤 산업을 지원할지 결정하는 정부의 문제와 그 산업이 세계적인 경쟁력을 갖추지 못할 경우 지원을 철회하는 어려움을 강조한다.

산업 지정에 따른 위험 그러나 유치산업에서 국제적으로 경쟁력이 있는 제품을 구현할 정도로 생산 비용이 낮아지진 않는다. 이런 위험에는 문제가 수반된다.

성공 가능성에 대한 고려 첫째, 정부는 성공 확률이 높은 산업을 파악해야 한다. 그러나 이는 쉽지 않다. 예를 들어 정부의 보호는 브라질 자동차 산업에는 효과가 있었지만, 말레이시아 자동차 산업에는 효과가 없었다. 둘째, 정부가 수입품과의 경쟁을 막으려고 추진하는 보호무역 정책은 글로벌 경쟁과 저원가 고품질 제품 구현에 필요한 경영자의 혁신 의지를 가로막는 부작용을 초래할 수도 있다. 셋째, 보호 산업이 글로벌 경쟁력을 갖추지 못하면 영향받는 이해관계자는 소비자에게 이익이 되는 수입을 막게 된다.

수입 제한으로 초래되는 비용에는 가격 인상, 세금 인상 등이 있다. 이런 비용을 실업 비용과 비교해야 한다.

누가 비용을 부담할 것인가 정책 입안자들이 성공 확률이 높은 유치산업을 판단할 수 있다고 하더라도 국내 생산이 국제적으로 경쟁력을 얻기 전에 일부 경제 부문은 높은 초기 비용을 필요로 한다. 이러한 비용 부담은 보호 산업의 제품을 소비하는 소비자나 보조금을 지불하는 납세자에게 돌아갈 수 있다. 세금을 보조금으로 사용하기 위해 정부는 교육 및 기반 시설과 같은 전반적인 경쟁력을 향상하기 위한 부문의 지출을 줄이게 된다. 마지막으로 '정부의 지원에 의존해야만 하는가?'라는 질문에는 많은 기업가가 미래의 경쟁력을 확보하기 위해 초기 손실을 감수해왔다는 사실을 돌아볼 필요가 있다.

산업 기반 개발

산업혁명 이후 산업 기반을 늘리는 국가는 더 빠른 고용 및 경제 성장을 경험했다. 이로 인해 지역 산업화에 박차를 가하기 위한 보호주의적 주장이 대두되었다. 이는 다음 가정을 전제로 한다.

1. 잉여 노동자는 농업 생산량보다는 제조 생산량을 증가시킬 수 있다.
2. 수입 규제는 외국인 투자 유입을 유도하고 국내 제조업에 일자리를 제공한다.
3. 경제의 다각화는 가격 변동이 심한 농산물과 원자재에 대한 의존도를 줄일 것이다.
4. 공업 제품 시장은 농산물 및 원자재 등 1차 상품 시장보다 더 빠르게 성장한다.

국가는 보호주의를 통해 산업화를 촉진한다. 이는 다음과 같은 목적이 있다. 다음과 같다.

- 농업 위주 성장보다 더 빠른 성장 구현
- 투자 유치
- 경제 다각화
- 1차 제품보다 더 많은 이익 창출 가능

지금부터 이러한 가설을 더 자세히 살펴보자.

잉여 노동자 많은 개발도상국의 농촌 지역에는 사실상 실업자가 많다. 이들은 효과적으로 농업 생산에 기여하지 못하는 노동력이다. 따라서 많은 노동력을 산업 부문으로 이전해도 농업 생산은 크게 줄어들지 않는다. **산업화 옹호론자**(industrialization argument)는 비효율적이고 국제적으로 경쟁력이 없는 산업을 발전시킴에도 불구하고 실업자의 고용을 창출하면 성장할 수 있다고 주장한다.[8]

그러나 농업 부문의 노동력을 이전했을 때 문제가 발생한다.

1. 농촌 지역의 불완전 고용자는 대가족이라는 안전망을 잃을 수 있다. 동시에 도시 지역으로 이주하더라도 적당한 일자리, 주거지, 사회복지 서비스를 찾지 못하는 사람들이 많다. 예를 들면 중국에서는 수백만 명이 도시로 이주했지만 성공하지는 못했다.[9]
2. 극단적인 산업화보다는 농업 방식을 개선하는 것이 경제적 성공에 더 효과적인 수단이 될 수 있다. 많은 선진국은 농산물 수출로 이익을 남기고 있으며, 공업과 효율적인 농업을 잘 배합하여 1인당 GDP를 높이고 있다.
3. 대부분의 과거 제조업은 상대적으로 비숙련 노동자가 수행했고, 제조업의 세계 생산과 성장 비중은 다른 부문(예: 농업, 원자재, 서비스)을 능가했다. 따라서 공장에서는 '농장에서 갓 나온' 비숙련 노동자를 위한 충분한 기회가 있었다. 그러나 일부 개발도상국에서 이러한 상황은 바뀌었다. 기술이 노동자, 특히 비숙련 노동자의 수요를 대체하고 있기 때문에 세계 총고용에서 제조업 고용의 비중은 감소하고 있다. 이를 **조기 산업화**(premature industrialization)라고 한다. 서비스업에서 취업 기회가 늘어나고 있지만 교육을 받지 못한 노동자는 저임금 서비스직으로 내몰리고 있다.[10]

국가의 산업 기반이 농업에서 공업으로 바뀌면 다음과 같은 일이 일어날 수 있다.

- 이전에 농업 노동자가 생산에 거의 참여하지 못했다면 생산량이 증가할 수 있다.
- 도시의 사회 및 정치 서비스에 대한 수요가 증가할 수 있다.
- 농업 부문의 개발 가능성이 간과될 수 있다.
- 산업 일자리가 나오지 않을 수 있다.

투자 유입 수입 제한은 산업화를 촉진하는 데 목표를 두고 있다. 동시에 자본과 기술, 고용을 제공하는 FDI를 증가시키는 역할을 한다. 무역 제한으로 매력적인 시장에 진출할 수 없다면 해외 기업은 잠재력이 높은 시장에서 손실을 피하기 위해 생산 시설을 이전할 수 있다.

수입 제한을 통해 외국 상품의 수입을 막으며, 외국 기업은 해당 분야의 생산에 투자할 수 있다.

다각화 석유와 커피 같은 1차 상품 수출 가격은 변동성이 높다. 공급에 영향을 끼치는 날씨, 수요에 영향을 끼치는 해외 사업 주기로 인한 가격 변동은 1차 상품에 의존하는 경제에 피해를 준다. 특

상품의 가격은 현저하게 변동하지만 제조업 생산으로의 전환은 경쟁적인 위험을 야기한다.

히 소수 1차 상품에 의존하는 많은 개발도상국에서는 그 피해가 더 크다. 이른바 '풍요 혹은 빈곤'의 주기에 빠져드는 경우가 많다. 예를 들면 어느 한 해 동안에는 외국의 고가품을 구입할 수 있지만, 다음 해에는 필수 장비의 부품을 교체할 돈이 없어 어려움을 겪는다. 기대와는 달리 제조 비중을 높인다고 해도 수출 소득이 다각화되지는 않는다. 많은 개발도상국 경제권은 인구가 적다. 제조업으로 이동한다고 하더라도 1~2개의 농산물에서 1~2개의 제품 생산으로 옮겨가는 것으로 그친다. 이로 인해 경쟁력과 관련된 위험이나 노후화를 직면한다.

교역 조건은 다음과 같은 이유로 악화되곤 한다.

- 1차 상품 수요가 제조업 상품 수요보다 더 느리게 증가되는 것
- 1차 상품의 생산 원가 절감이 소비자에게 이전되는 것

(생산) 제품의 증가 특정 국가의 수출 물량을 통해 구입할 수 있는 수입 물량(예: A 국가가 B 국가에서 냉장고 한 대를 구입하기 위해 판매해야 하는 바나나의 수량)을 **교역 조건**(terms of trade)이라고 한다. 역사적으로 원자재와 농산물 가격은 단기간을 제외하고는 완제품 가격만큼 빠르게 상승하지 않았다.[11] 시간이 지날수록 더 많은 1차 생산물을 판매해야 같은 수량의 고가의 제품을 구입할 수 있었다.

그 이유는 무엇인가? 첫째, 1차 생산물에 대한 수요가 제품과 서비스 수요만큼 빠르게 증가하지 않는다. 소득이 증가하면서 식품에 대한 소득 지출 비율이 낮아지고 있으며, 원자재 절감 기술이 발전했기 때문이다. 둘째, 1차 생산물의 차별화가 어려워 생산자는 가격 경쟁을 펼쳐야 한다. 반면 제조업 제품의 경우 차별화를 통해 경쟁하는 사례가 더 많기 때문에 가격을 높게 유지할 수 있다.

산업화는 다음에 초점을 맞춘다.

- 국내에서 판매할 제품
- 수출할 제품

수입 대체와 수출 주도 경제 개발 전통적으로 개발도상국은 **수입 대체**(import substitution)를 통해 산업화를 촉진했다. 수입 대체는 국내 생산과 수입품을 대체하는 제품의 소비를 증가시키는 데 목적이 있다. 이와는 대조적으로 대만이나 한국 같은 국가는 제품을 수출하는 산업을 지원하여 고속 경제 성장을 달성했다. 이른바 **수출 주도 경제 개발**(export-led development)로 알려진 방식이다. 현실적으로 수입 대체와 수출 주도 경제 개발을 구분하기란 쉽지 않다. 초기 수입 대체를 통해 산업화를 추진하지만 추후 제품 수출로까지 발전할 수 있다.

상대적인 경제적 입지 개선

국가는 경제적 후생을 모니터링하고 다른 국가와 성과를 비교하며 상대적인 입지를 개선하는 관행을 도입한다. 많은 관행이 있지만 그중 네 가지를 주목할 필요가 있는데, 바로 무역수지 조정, 해외 시장에 대한 동등한 접근권 획득, 협상 도구로서 규제 활용, 가격 관리이다.

무역수지 조정 무역 적자는 중요한 해외 제품 구매와 통화 신뢰도 유지에 중요한 외환 보유고가 줄어드는 문제를 불러온다. 따라서 정부는 무역수지 문제가 계속될 경우 수입을 줄이고 수출을 장려한다. 기본적으로 해외에서의 경쟁 입지에 영향을 미치는 두 가지 선택이 있다.

1. 통화 절하를 하면 기본적으로 모든 제품이 해외 제품에 비해 저렴해진다.
2. 재정 정책과 통화 정책을 통해 다른 나라에 비해 가격 인상폭을 낮추는 방법이 있다.

두 가지 선택사항 모두 시간이 필요하다. 더 나아가 선택적이지 못하다. 예를 들면 필수 수입품과 사치재 수입품 모두 가격이 인상된다. 그러므로 국가는 보호무역 정책을 대신 활용하여 특정 제품에 영향을 줄 수 있다. 이렇게 하는 것은 수출보다 수입이 큰 근본적인 경쟁 상황(제품의 품질, 수량, 특성, 가격)을 해소하기 위해 시간을 벌어주는 미봉책에 불과하다.

'동등한'(공정한) 시장 접근 기업과 산업계는 종종 동등한 시장 접근 권리를 주장하곤 한다. 외국 산업이 국내 시장에 대한 진입한 것만큼 외국 시장에 **동등한 접근권**(comparable access argument)을 가져야 한다는 주장이다. 문제는 관세가 상호적이지 않다는 것이다. 예를 들어 미국의 자동차 관세율은 2.5%이지만 EU의 관세는 4배, 인도는 10배이다. 이는 미국이 EU에 자동차를 수출하는 것보다 EU가 미국에 자동차를 수출하는 것이 3배 더 많은 이유와 미국은 인도의 세 번째로 큰 자동차 시장임에도 불구하고 미국 자동차 생산자에게 거대한 인도가 작은 시장에 불과한 이유를 설명하는 데 도움이 된다.[12] 규모의 경제(economies of scale)로 인해 생산 원가가 상당히 감소할 경우 경제 이론은 동등한 접근에 대한 생각을 지지한다. 경쟁 시장에 대한 동등한 접근성이 부족한 기업은 가격 경쟁력 확보에 필요한 매출을 올리는 데 상대적으로 불이익을 받을 것이다.[13]

국내 생산자는 자사의 해외 시장 접근성이 외국 생산자의 국내 시장 접근성보다 못하면 불이익을 받을 수 있다.

- 그러나 외국 기업의 진출을 제한하는 것은 국내 소비자에게 불이익을 줄 수 있다.
- 그러나 각 제품에 대해 동등한 시장 접근을 협상하는 것은 비현실적이다.

이는 '공정성'에 대한 주장이기도 하다. 예를 들면 미국 정부는 미국의 금융 서비스 업체에 평등한 시장 접근을 허용한 국가의 금융 서비스 기업에만 미국 내 영업권을 허가하고 있다.

그러나 최소한 두 가지 이유로 이런 공정성에 대한 주장을 반박할 수 있다.

1. 맞대응(tit-for-tat) 방식의 시장 접근권 허용은 소비자가 더 저렴한 가격에 제품과 서비스를 이용할 수 있는 기회를 부인하는 무역 제한으로 이어질 수 있다.
2. 정부는 수많은 제품과 서비스 무역에 대해 협상하고 별개의 협정을 감시하는 것이 실용적이지 못하다고 판단할 수 있다.

협상 도구인 수입 제한 수입을 제한하거나 수입 제한을 거론하여 상대국이 수입 장벽을 낮추도록 유도할 수 있다. 이때 위험이 따르는데, 각국이 수입 제한을 높이다가 무역 전쟁으로 발전하면 경제에 부정적인 영향을 미치게 된다. 수입 제한을 협상 도구로 활용하기 위해서는 다음과 같은 기준에 따라 수입을 제한할 제품을 신중히 선정해야 한다.

수입 제한을 통해 상대국의 정책을 바꾸게 하려는 국가 정책이 성공하려면 다음과 같아야 한다.

- 반드시 개연성이 있어야 한다.
- 상대국의 중요한 제품을 포함해야 한다.

- 개연성(believability) : 해당 제품에 대한 대안 시장을 가지고 있거나 소비자가 해당 제품이 없는 상황을 수용할 수 있어야 한다. EU는 미국산 대두에 대한 수입을 제한함으로써 미국의 의류 무역 제한에 대한 무역 보복을 성공시킬 수 있었다. 브라질의 대두 생산이 증가했기 때문이다.
- 중요성(importance) : 무역 제한 대상인 수출품이 해당 국가에 중요한 제품이어야 한다. 즉 해당 산업이 무역 정책을 바꾸도록 압력을 넣을 수 있는 제품이어야 한다. 미국이 철강 수입을 제한한 사례가 대표적이다. 당시 EU는 워싱턴주와 플로리다주에서 사과와 오렌지를 수입하지 않겠다고 위협했다. 워싱턴주와 플로리다주는 미국 대선에서 중요한 지역이었기 때문에 미국 정부는 철강 수입 제한을 철폐할 수밖에 없었다.

수출 제한 특정 자원을 거의 독점하고 있는 국가는 해외 가격을 올리기 위한 노력으로 때때로 자국의 해외 판매를 제한한다. 그러나 이런 정책은 종종 밀수(예: 에메랄드와 다이아몬드), 기술 개발(예: 천연고무 대신 합성고무) 또는 같은 제품을 생산하기 위한 다른 수단(예: 야생 철갑상어가 아닌 농장에서 재배한 캐비어)을 장려한다.[14] 특히 디지털 제품은 해외에서 매우 쉽게 복제되기 때문에 수출 제한이 효과적이지 않다.

수출 제한은 다음과 같다.

- 세계 가격을 올린다.
- 밀수를 막기 위해 더 많은 통제가 필요하다.
- 디지털 제품에는 효과적이지 않다.
- 제품을 대체하거나 제품을 생산하기 위한 새로운 방법이 나타난다.
- 국내 공급을 늘림으로써 국내 가격을 낮춘다.
- 생산자에게 생산량을 늘릴 동기를 낮춘다.

한 국가는 또한 국내 소비자에게 유리하도록 세계적으로 공급이 부족한 제품의 수출을 제한할 수 있다. COVID-19 기간에 최소 75개국이 중요 의료용품 수출을 제한했다. 예를 들어 독일은 이웃 국가들에 수술용 안면 마스크의 수출을 제한했다.[15] 세계적인 비상 사태와 유럽연합 내 자유무역에 대한 독일의 약속에도 불구하고 독일 정부는 국가 비상사태에 더 많은 주의를 기울였고 마스크가 실제로 더욱 필요했던 곳으로 수출되는 것을 막았다. (2020년 봄에 독일보다는 이탈리아와 스페인에서 COVID-19가 더 심각했다.)

일반적으로 공급이 많을수록 국내 가격은 외국 가격보다 낮아진다. 러시아와 아르헨티나는 식품 수출을 제한함으로써 이 전략을 추구했다. 인도는 섬유 산업 내 공급을 확보하기 위해 면화 수출을 제한했다. 미국은 원유 수출을 줄였다. COVID-19 당시 쌀값 상승에 직면한 베트남, 캄보디아, 미얀마 등은 쌀 수출을 제한했다.[16] 그러나 혜택을 받는 국내 소비자를 우대하는 것은 국내 생산자에게 불리하기 때문에 가격이 낮을 때 생산을 유지할 유인이 적다.

수입 가격에 미치는 영향 수입 제한은 가격을 올리거나 낮추는 것을 목표로 할 수 있다.

외국 독점 방지 외국 생산자가 인위적으로 수출가를 낮춰 수입국 기업을 시장에서 축출할 수 있다는 우려도 있다. 이런 시도가 성공한다면 수입국 경제에는 두 가지 부정적인 결과가 발생할 수 있다.

개념 체크

6장에서 신중상주의에 대한 논의는 국가가 여러 경제적·사회적 문제를 해외로 이전하려 할 수 있다는 것을 설명한다.

1. 외국 입장에서 자신들 국가의 생산자에게 판매 보조금을 지급함으로써 실업을 해외로 이동시킬 수 있다. 그러나 납세자가 해외 소비자의 구매를 보조하는 결과가 초래된다.
2. 진입 장벽이 높다면 생존한 외국 생산자는 경쟁자가 파산하고 난 후 가격을 인상할 수 있다. 그러나 여러 국가의 생산자가 경쟁하면 가격을 크게 인상할 수 없다. 저가 수입품 때문에 미국산 가전 제품 대부분이 사라졌다. 그러나 미국은 전 세계적으로 가전 제품의 가격이 가장 저렴한 국가이다. 많은 국가의 기업이 경쟁하기 때문이다.

덤핑은 다음과 같은 특성이 있다.

- 새로운 제품을 소개하는 데 사용할 수 있다.
- 수출국에 더 높은 가격을 부과하거나 또는 보조금을 야기할 수 있다.
- 증명하기 어렵다.

덤핑 방지 기업은 비용 또는 모국에서의 가격보다 낮은 가격에 수출하곤 한다. 이것이 소위 **덤핑**(dumping)이라고 하는 관행이다. 대부분의 국가가 이런 덤핑 제품의 수입을 금지하지만 실제 수입품이 국내 생산을 방해할 경우에만 수입 금지를 집행하는 것이 일반적이다. 그렇지 않으면 수입국 소비자는 더 낮은 가격의 혜택을 받고 불평하지 않는다. 수출국은 고용을 개선하기 위해 덤핑을 장려하는 반면, 기업은 제품을 해외 시장에 소개하고 시장을 구축하기 위해 덤핑을 사용할 수도 있다. 본질적으로 낮은 진입 가격은 소비자가 해외 브랜드 제품을 시도하도록 장려하며, 그 후에는 이윤을 남기기 위해 더 높은 가격을 부과할 수 있다.

보조금을 받거나 국내 시장에서 높은 가격을 매길 수 있다면 기업은 덤핑할 여력이 있다. 역설적이게도 수출국의 소비자는 외국으로 저렴하게 수출하기 위해 상대적으로 높은 가격이나 세금을 지불하고 있다는 사실을 잘 알지 못한다. 그리고 덤핑 제품과 경쟁해야 하는 산업은 정부가 수입을 제한하도록 청원을 넣을 수 있다. 그러나 회계 기록에 접근이 제한되고, 환율 변동이 일어날 수 있으며, 최종 소비자에 도달하기 전에 제품이 여러 유통 과정을 거치기 때문에 외국 기업의 원가나 심지어 중간 상인이 맞닥뜨리는 국내 가격을 알아내는 것은 어렵다. 그럼에도 불구하고 산업계는 덤핑 수입 제한에 성공한다[예: 미국 철강업체의 한국 강관(steel pipes) 수입 축소].[17] 그러나 반덤핑 규제를 통해 정부가 독단적으로 수입을 제한하고 가격 상황이 바뀌면 제재 처분이 늦어진다는 지적이 나온다. 반덤핑 규제로 적발된 기업은 애써 만든 수출 시장을 잃는 경우가 많다.

최적관세의 성공은 다음과 같은 특성이 있다.

- 수입국으로 이익을 이전한다.
- 예측하기 힘들다.
- 개발도상국에서 낮은 임금을 지불할 수 있다.

최적관세 이론 최적관세 이론(optimum-tariff theory)이란 수입국이 제품에 관세를 부과하면 외국 생산자는 가격을 인하하게 된다는 이론이다. 이 경우 이익은 수입국으로 이전된다.

가상의 상황을 예로 들어 설명해보자. 수출업체가 원가가 500달러인 제품을 700달러에 해외로 수출한다고 가정해보자. 수입 가격에 10%의 세금을 부과하면 수출업자는 단가를 636.36달러로 인하해야 세금 63.64달러를 더해 700달러에 제품을 판매할 수 있다. 즉 수출업자는 수출 가격이 700달러가 넘으면 제품을 판매할 수 없고, 이 경우 전혀 이익을 남기지 못할 수 있기 때문에 200달러의 이익 대신 136.36달러의 이익이라도 남기는 것이 더 낫다고 판단한 것이다. 이때 세금 63.64달러는 수입국으로 이전된다.

외국의 생산자가 수출 가격을 인하했을 때 매출의 일부가 수입국으로 이전되는 경우 이를 최적관세로 판단한다. 부과 관세 금액만큼 제품 가격을 인상하지 않는 사례가 많다. 2018년 미국의 철강 관세 부과 이후 외국 생산자는 가격을 내리고 미국 소비자는 절반 정도만 관세를 부담했다.[18] 이와 유사하게 사치품 공급자는 수입세와 판매세를 상쇄하기 위해 브라질에서 이윤을 줄였다.[19] 그러나 언제, 어디서, 어떤 수출업자가 자발적으로 그들의 이윤을 감소시킬지 예측하는 것은 부정확하다. 미국이 2018년 중국 상품 수입에 관세를 도입했을 때 중국이 수출 가격을 낮춰 관세를 낼 것이라는 계산이 있었다. 다만 관세가 발효됐을 때 당장 가격이 하락했다는 징후는 보이지 않았고, 지연된 영향을 고려한 종합평가 결과 중국은 관세를 내지 않고 대신 100% 미국 소비자에게 전가하고 있는 것으로 나타났다.[20] 게다가 최적관세에 대한 비판은 개발도상국 수출업자가 낮은 이윤을 통해 관세의 부정적인 영향을 직접 받기보다는 고용한 노동자의 임금을 줄여서 때때로 심각한 어려움을 야기한다는 것이다.[21]

정부의 무역 개입과 결과의 불확실성에 대한 경제 외적 이유

7-3 정부의 무역 개입을 통한 경제 외적인 이유 및 결과의 불확실성을 평가한다.

무역에 영향을 주는 경제 외적 요인에는 경제적인 기초와 결과가 수반되기도 한다. 이제 중요한 경제 외적인 이유를 살펴보자.

- 필수 산업 유지(특히 방위 산업)
- 해외에서의 수용 가능한 무역 관행 촉진
- 영향권 확대 및 유지
- 국내 문화 보존

필수 산업 유지

필수 산업을 보호하기 위해서 국가는 다음과 같아야 한다.

- 필수 산업을 판단한다.
- 원가와 대안을 고려한다.
- 정치적·경제적 결과를 고려한다.

정부는 평화 시 국내의 필수 산업을 보호하기 위해 무역 제한을 해야 한다. 전시에 외국 제품에 의존하지 않기 위해서이다. 이를 **필수 산업 보호**(essential-industry argument)라고 한다. 예를 들면 미국 정부는 국내 실리콘 생산 산업에 보조금을 지급하고 있는데, 이는 국내 컴퓨터 칩 생산자가 외국 공급업체를 의지하지 않도록 하기 위해서이다. 민족주의에 근거를 둔 이 주장은 수입 장벽을 정당화한다. 2018년 미국이 철강·알루미늄에 관세를 부과한 근거는 국가 안보를 지키기 위한 것이었다. 몇몇 경우 국가는 또한 외국 회사가 국가 안보에 필요한 국내 회사를 인수하는 것을 금지한다. 미국은 이런 조치를 미국 외국인투자위원회(Committee on Foreign Investment in the United States, CFIUS)를 통해 수행한다. 그러나 실제 (또는 인식된) 위기나 군사적 위기 상황에서는 사실상 전 제품이 필수 제품으로 간주될 수 있다.

원가와 실제적인 필요, 대안을 세심하게 고려하지 않은 상태에서 필수 산업 보호에 대한 주장을 수용해서는 안 된다. 한 번 보호하기 시작하면 이를 취소하기가 어렵다. 보호받고 있는 기업과 직원이 보조금 지급 사유가 없어진 이후에도 오랫동안 보호를 유지하도록 정치가에게 압력을 넣기 때문이다. 미국이 군복에서 모헤어 섬유를 사용하지 않은 지 20년이 지난 지금까지도 모헤어 생산자에게 보조금을 계속 지급하고 있는 이유가 이것이다.[22]

또한 정부는 미래에 공급이 부족할 가능성이 있는 원자재를 구입하여 재고를 축적할 수 있다. 예를 들면 미국은 희토류 원소를 비축하고 있는데, 이는 중국이 대부분의 생산량을 통제하고 있으며, 군 당국이 무기, 제트 엔진, 고출력 자석 및 다른 장비를 필요로 하기 때문이다.[23]

해외에서의 수용 가능한 무역 관행 촉진

무역 제한을 함으로써 외국이 불리한 관행을 수정하도록 강요할 수 있다.

정부는 외국의 정치적 정책에 영향을 미치기 위해 무역을 제한하기도 한다. 즉 국방을 이유로 심지어는 우호국을 대상으로도 전략 상품의 수출을 금지한다. 적이 될 수 있는 국가가 해당 상품을 수중에 넣을 수 있기 때문이다. 또한 수출과 수입을 제한하여 외국에 불리한 정책을 바꾸도록 강요한다. 그 근거는 외국의 해외 판매를 줄이고 필요한 제품에 대한 접근을 제한하여 외국 경제를 약화시킴으로써 인권, 환경 보호, 군사 활동, 유해 제품 생산과 같은 일부 문제에 대한 외국의 관행을 개정하도록 강요하는 것이다. 무역 제한은 종종 은행 계좌에 대한 접근을 제한하고 해외 원조를 중단 또는 증가시키는 것과 같은 다른 경제적 압력과 인센티브와 결합된다.

무역 제재(trade sanction)는 제재국이 효과적으로 보복하지 못하고, 대체 시장과 물량을 확보하지 못하며, 자체 생산 능력을 키우지 못할 때 효과적이다. 다음의 찬반 토론(Point-Counterpoint)은 무역 제재의 장단점에 대해 논의한다.

영향권 확대 및 유지

정부는 무역을 그들의 영향력 범위를 지원하기 위해 사용한다. 즉 정치적 동맹에 가입하거나 국제기구 내에서 자신들이 원하는 방식으로 투표하는 국가에 원조를 하거나 신용을 공급하고 수입을 장려한다. 예를 들어 유럽연합과 아프리카, 카리브해, 태평양의 78개국이 일련의 경제적·정치적 유대 관계와 경제적 이슈를 공식화하는 코토누 협정(Cotonou Agreement)에 참여한다.

국내 문화 보존

개념 체크

2장에서 문화의 주요 기능은 한 국가의 독특함과 진실성에 대한 감각을 지지하는 것임을 배웠다.

국가는 자국 국민만의 정체성 통합을 통한 단결을 추구한다. 그리고 이런 집단 정체성을 유지하기 위해 문화 유산의 일부로 간주하는 예술품과 유물의 수출을 금지한다. 이와 동시에 도덕성 같은 자국 가치에 반하는 외국산 제품과 서비스의 수입을 금지하고, 이를 전통 가치에 부합하는 국내산 제품 생산으로 대체한다. 문화적 다양성 보존을 추구하는 유네스코(UNESCO) 헌장은 이런 문화 보존의 중요성을 강조한다. 또한 (인쇄물, 시각물, 오디오 등) 미디어는 완전하지는 않지만 문화와 관련된 문제를 지적해왔다.[24] 캐나다와 오스트레일리아를 비롯한 많은 국가는 미디어에 자국 컨텐츠

정부가 무역 제재에 나서야 하는가?

POINT

그렇다. 현실을 살펴보자. 우리는 특정 국가의 행동이 전 세계에 전파되어 사람들에게 영향을 주는 글로벌 사회의 일원이다. 예를 들면 특정 국가가 개발한 핵무기를 테러리스트가 다른 국가에 사용할 위험이 있다. 특정 국가가 멸종 위기에 처한 생물을 제대로 보호하지 못하면 지구의 전체 환경에 장기적인 영향이 미친다. 다른 나라의 일이라고 가만히 손을 놓고 있을 수는 없다. 우리에게 피해가 올 수 있기 때문이다.

그와 동시에 일부 국가에서는 대부분의 국가가 반대하는 끔찍한 사건이 발생하기도 한다. 강제 매춘을 위한 인신매매, 농작물을 수확하기 위한 아동 노예, 목숨을 연명하기 힘든 식단을 따르는 정치범과 같이 몇 가지 예가 있다. 이런 행위를 중단시킬 수 없다고 가정하더라도 설사 비용이 들더라도 여기에 관여하지 않은 도덕적 책임을 져야 한다. 범죄 행위에서 나온 제품을 사는 것이 경제적으로 이익이 될 수 있다. 이런 범죄자와 사업하지 않는다고 범죄 행위가 사라지지는 않는다. 그러나 나는 이런 범죄자와 거래하고 싶지 않다. 사실상 범죄 행위에 가담하는 셈이 되기 때문이다.

무역 제재가 100% 성공하는 것은 아니다. 그러나 최소한 목적 달성에 영향을 끼친다. UN의 로디지아(현 짐바브웨) 제재, 영국과 미국의 우간다 아민(Amin) 정부 제재, 인도의 네팔 제재가 그 예이다.[25] 미얀마에 대한 제재는 미얀마를 경제적 재앙에 몰아넣었고, 군사 지도자들로 하여금 민주주의가 더 나은 길이라고 결정하게끔 했다.[26] 이란에 대한 제재는 이란의 핵 프로그램을 중단시키는 데 도움을 주었고, 브라질에 대한 압박은 아마존 숲의 벌목을 크게 감소시켰다.[27] 게다가 무역 제재가 행동을 완전히 바꾸게 하지는 못하더라도 제재 국가에게 용납할 수 없는 관행을 확대하지 않도록 강요할 수 있다.[28]

마지막으로 특정 국가가 국제 협약을 위반하거나 부정적인 행동을 했다고 가정하자. 다른 국가들이 이에 어떻게 대처해야 하는가? 1827년에서 제1차 세계대전까지 각국의 무역 봉쇄 사례는 21건에 달했다. 지금 와서 돌아보면 너무 위험한 상황이었다. 군사력을 동원하기도 한다. 사담 후세인(Saddam Hussein) 체제하의 이라크 전쟁을 예로 들 수 있다. 그러나 이는 국제적인 지지를 얻기 힘든 조치이다. 국가는 외교관계 단절, 스포츠 및 문화 행사 보이콧, 외국 기업의 재산 몰수, 원조 및 차관 금지 같은 제재를 부과할 수 있다. 그러나 추가적인 무역 제재가 있어야 효과적이다.

COUNTERPOINT

아니다. 정부는 매번 새로운 제재를 만든다. 이런 제재 가운데 일부는 무역에 영향을 주지 않을 수 있기도 하지만, 또 다른 제재는 법을 준수하며 오랜 기간 발전시킨 사업체를 망하게 할 수 있다. 우선 보복의 가능성이 있다. 크림반도 합병 이후 러시아에 대한 무역 제재는 러시아가 칠레와 무역을 시작하게 하여 노르웨이 어류 수출업자에게 큰 타격을 주었다.[29] 러시아 정부를 목표로 한 무역 제재는 오히려 비러시아 기업에게 타격을 입히며 끝났다.

게다가 이런 무역 제재가 효과적인지 의문이 든다. 미국은 과거 20년간 베트남을 대상으로 무역 봉쇄 정책을 추진했다. 그러나 베트남 소비자는 다른 국가에서 코카콜라(Coca-cola), 코닥(Kodak) 필름, 애플(Apple) 컴퓨터 같은 미국 제품을 구입할 수 있었다.[30] 쿠바와의 50년 이상의 무역 봉쇄 조치는 시간이 지남에 따라 약화되었고 각국이 무역 억제를 중단함으로써 비효율적이 되었다. 또 남아프리카공화국의 인종차별 문제 때문에 실시된 석유 수출 봉쇄는 남아프리카공화국 기업이 석탄 대신 석유 부문의 리더로 자리 잡게 만들었을 뿐이다.[31]

무역 제재를 통해 경제를 약화시켰다고 가정하자. 실제로 누가 고통을 받는가? 정치 지도자는 무역 제재에도 불구하고 자신들이 원하는 모든 것을 얻는다. 제재에 따른 대가를 부담해야 하는 이는 죄 없는 사람들이다. 이란에서 실제로 이런 일이 발생했다. 제재로 인한 의약품 부족으로 사망자가 발생했다.[32] 또한 무역 제재로 고통받는 사람들은 국내 정부가 아닌 제재를 가한 외국 정부를 비난한다. 특히 독재자는 대중 여론을 호도하는 데 능숙하다.[33]

더욱이 제재에 대한 비판자들은 수입 규제가 수요보다 공급을 줄이는 것을 목표로 하기 때문에 충분히 효과가 없다는 것을 지적한다. 예를 들어 미국의 아편 수요를 억제하기 위한 노력보다는 해외에서 아편 생산을 줄이려는 미국의 조치를 들 수 있다. 또 다른 예로 많은 나라에서 상아 수입을 제한하는데, 주로 아프리카 국가들은 코끼리를 보호함으로써 상아 공급을 제한할 것이다.[34] 제한이 코끼리 도축을 늦출 수 있지만 여전히 밀렵은 계속되고 있다(2010~2015년 동안 높은 상아 수요 때문에 탄자니아와 모잠비크는 60%, 48%의 코끼리를 잃었다).[35] 다음 사진은 압수된 상아이다.

마지막으로 정부는 특정 국가의 전반적인 기록보다는 부분적 사안을 근거로 무역 제재를 부과하는 경향이 있다. 이와 관련해서 일부에서는 브라질이 아마존 삼림의 벌채를 줄이도록 무역 정책을 통해 압력을 넣어야 한다고 주장한다. 그러나 브라질의 환경 관련 기록은 아주 좋다(예: 브라질은 유해 대기가스 배출을 줄이기 위해 자동차 엔진에 휘발유 대신 메탄올을 사용하도록 규제하고 있다).

출처: Wendy Hapgood/Shutterstock

▲ 뉴욕 타임스퀘어에서 압수된 이 상아는 곧 분쇄될 것이다.

의 수준을 요구한다.[36] 한국, 중국, 일본은 오랜 기간 사실상 쌀 수입을 전면 금지했다. 쌀농사가 역사적으로 중요한 의미를 가지기 때문이다.[37] 2017년 동아프리카 국가들은 중고 의류와 신발 수입에 대한 관세를 너무 높게 인상하여 수입이 본질적으로 금지되었다. 르완다는 물려받은 옷을 입는 것이 르완다의 존엄성을 훼손한다고 말함으로써 부분적으로 관세를 정당화했다.[38]

무역 통제 수단

7-4 무역을 통제하는 주요 도구에 대해 알아본다.

정부는 수출이나 수입에 개입할 때 많은 근거를 사용하고 다양한 결과를 추구한다. 무역 통제 수단 선택은 아주 중요하다. 수단에 따라 국내와 국제 사회의 반응이 다를 수 있기 때문이다. 이러한 무역 통제 수단은 두 가지로 구분할 수 있다. 수출입 **가격**에 직접적인 영향을 주어 무역량에 간접적인 영향을 끼치는 수단과 무역 상품의 **수량**을 직접 제한하는 수단이 있다. 이러한 수단을 살펴보자.

관세: 직접적인 가격 통제 수단

다음의 상황에 관세를 부과할 수 있다.
- 특정 국가로 들어오거나 나가거나 경유하는 상품을 대상으로 부과한다.
- 보호나 세입을 위해 부과한다.
- 단위 또는 가치당 부과한다.

관세 장벽(tariff barrier)은 가격에 직접적으로 영향을 끼치며, 비관세 장벽(nontariff barrier)은 가격이나 수량에 영향을 끼친다. **관세**(tariff 또는 duty)는 가장 많이 쓰이는 무역 통제 수단으로, 국제적으로 선적되는 상품에 부과하는 세금이다. 즉 정부는 상품이 공식적인 경계를 넘을 때 관세를 부과하는데, 한 국가의 상품이든 공통 관세를 부과하는 데 동의한 국가 그룹의 상품이든 상관없다. 단위 기준으로 평가되는 관세는 종량세(specific duty), 품목 가치의 백분율로 평가되는 관세는 **종가세**(ad valorem duty), 두 가지 기준으로 평가되는 관세는 **복합 관세**(compound duty)라고 한다.

수출국이 징수하는 세금을 **수출 관세**(export tariff)라고 한다. 또 상품이 통과하는 국가가 징수하는 관세를 **통과 관세**(transit tariff), 수입국이 징수하는 관세를 **수입 관세**(import tariff)라고 한다. 가장 일반적으로 많은 형태가 수입 관세로, 이에 대해 더 자세히 알아보자.

수입 관세 만약 (앞서 언급한) 최적관세가 아니라면 수입 관세는 수입한 상품에 세금을 부과하여 가격을 상승시켜 국내에서 생산된 상품에 가격 비교우위를 제공한다. 소비자는 수입 관세로 인한 비용 증가를 모르는 경우가 많지만 국제공항 면세점과 유람선 경유지에서는 이런 관세의 존재를 매우 빨리 배운다(아래 사진 참조).

세입원으로서의 관세 관세는 정부의 세입원이기도 하다. 선진국에서 수입관세는 세입에 큰 도움을 주지 않는다. 세입보다 관세 징수 비용이 더 많이 들기 때문이다.[39] 미국에서는 관세 수입이 연방 정부 세입의 약 1%에 달한다. 심지어 2018년에 중국으로부터의 수입품에 높은 관세를 부과하고도 관세 수입이 단지 2%로 증가했다. 그러나 많은 개발도상국에서는 관세가 주요 세입원이다. 왜냐하면 관세는 종종 소득세보다 더 쉽게 징수되기 때문이다. 바하마, 보츠와나, 자메이카, 나미비아는 모두 관세로 정부 수입의 30% 이상을 얻는다. 관세는 수입품에 대해 가장 일반적으로 징수되지만 일부 국가는 원자재 수출에도 관세를 부과하고 있다. 통과 관세가 주요 세입원이었던 시기가 있었지만 지금은 국가 간 조약으로 사실상 철폐된 상황이다.

출처: Song_about_summer/Shutterstock

▲ 태국 방콕의 두 국제공항 중 하나인 수완나품 공항의 면세점

실효관세 논란 선진국은 (원두 등) 원자재나 원료에 관세를 부과하지 않는다. 그러나 (인스턴트 커피 등) 가공이 되어 있다면 수입 관세를 부과한다. 종가세는 제품의 총가치(예 : 인스턴트 커피 한 통에 5달러의 10%)를 기준으로 부과된다. 즉 원료와 가공에 관세(0.5달러)를 부과한다는 의미이다(원두에 2.5달러, 가공에 2.5달러). 개발도상국은 이에 대해 제조 및 가공된 부분에 대한 **실효관세**(effective tariff)가 실제 관세율보다 높아진다고 주장하고 있다. 즉 10%의 관세율로 되어 있지만 실제 가공된 부분만 보았을 때 관세율은 20%가 된다는 의미이다. 이는 개발도상국이 (제조 및 가공)제품 시장을 찾는 데 어려움을 겪게 한다.

개발도상국은 제조 및 가공 제품에 대한 관세가 실제 관세율보다 높다고 주장한다.

비관세 장벽: 직접적인 가격 효과

관세를 통해 가격을 인상하고 무역을 제한하는 방법에 대해 살펴보았다. 지금부터는 정부가 무역을 제한하기 위해 제품 가격에 영향을 주는 다른 방법에 대해 살펴보자.

보조금 **보조금**(subsidy)은 기업의 경쟁력 제고를 위한 직접적인 지원이다. 직관적인 개념이기는 하지만 보조금의 어떤 요소가 무역 갈등을 초래하는지에 대해서는 의견이 불일치한다. 기업이 손실을 입고 있기 때문에 보조금을 지급한다거나, 모든 정부 대출과 교부금이 보조금이라는 주장에는 의견이 일치하지 않고 있다. 가장 오랜 기간 논란이 되어 왔던 것이 상업용 항공기이다. 에어버스(Airbus)와 EU는 미국의 연방 및 주 정부가 보잉(Boeing)에게 상업 분야에서 응용이 가능한 군용 항공기 R&D 계약에 보조금을 지급하거나, 보잉 시설의 고용 안정화를 위해 세금 우대 조치를 제공하고 있다고 주장한다. 또한 미국 수출입 은행(Ex-Im Bank)이 외국인 구매자에게 대출 보증을 제

정부 보조금은 기업의 경쟁력 확보에 도움을 준다.

- 그러나 보조금의 개념에 대해서는 의견이 일치되지 않는다.
- 그러나 농업 보조금은 구분해서 정의하기가 어렵다.
- 특히 시장 불확실성을 극복하는 데 도움을 준다. 최소한 논쟁의 여지는 있다.

공하기 때문에 델타항공(Delta Air Lines)은 이것이 오히려 미국 이외의 항공사에게 이점을 준다고 주장했다.[40] 이에 보잉과 미국 정부는 EU가 에어버스에 낮은 이자의 정부 대출을 제공하는 등 보조금을 지급하고 있다고 반박했다.[41]

각국 정부가 글로벌 경제 위기 동안 기업에 대한 지원을 강화하고 있으므로 향후 더욱 뜨거운 논란이 있을 것으로 예견된다. 예를 들면 은행권에 구제 금융을 제공하거나 우대 대출과 소비자의 신차 구입을 보조하는 방식으로 자동차 산업에 보조금을 지급하는 국가가 있다. 또 수출 소득세를 면제해주는 국가도 있다. 이는 제품의 국제 경쟁력에 영향을 주는 행위이다.[42]

농업 보조금 모든 사람이 보조금이라고 동의하는 분야가 바로 선진국이 농산물에 지급하는 보조금이다. 농부에게 보조금을 지불하는 공식적인 이유는 식량 공급이 너무 중요하다는 것이다. 보조금으로 인해 과잉 생산이 될 수 있다. 그러나 이런 과잉이 식량 공급 부족으로 인한 위험에 앞선다고 주장한다. 또한 과잉 생산을 막기 위해 미국은 농부가 과잉 생산을 하지 않도록 추가 보조금을 지급한다.[43] 그러나 이는 식량이 아닌 농산물에 보조금을 지급하는 이유는 되지 못한다. 예를 들면 미국은 브라질 면화에 비해 경쟁력이 떨어지는 미국산 면화에 보조금을 지급하고 있다.[44]

뿐만 아니라 농업에 대한 관심 또한 중요한 역할을 한다. EU, 일본, 미국에서는 농촌 지역을 대표하는 의원 수가 비정상적으로 많다. 이들은 정부의 의사결정을 담당하는 사람들이다. 예를 들어 일본의 농촌 이익 단체는 쌀에 778%의 관세를 부과할 수 있었다.[45] 미국을 예로 들면 주민의 68%가 농촌에 거주하는 버몬트주에서는 30만 명당 상원 의원이 1명이다. 반면 주민의 93%가 도시에 거주하는 캘리포니아주에서는 1,900만 명당 상원 의원이 1명이다. 농업은 EU 국내총생산(GDP)의 7%에 불과하지만 EU 예산의 38%를 차지하고 있다.[46] 이로 인해 정치가들은 농민에 대한 가격 보조 정책, 농업 생산성 향상을 담당하는 정부 기관, 저리 융자를 쉽게 철폐하지 못한다.

그렇다면 이에 따른 영향은 무엇일까? 인도와 같은 개발도상국은 농업 보조금을 지급하는 주요 국가이지만 선진국의 경쟁력 있는 농산물 때문에 선진국 시장에 진출을 하지 못한다. 더 나아가 선진국은 공급이 넘치는 농산물을 저가에 수출한다. 즉 선진국의 농업 보조금은 무역을 왜곡하고 개발도상국 농산물의 경쟁력을 떨어뜨리는 행위이다.[47]

시장 불확실성 극복 대부분의 국가가 잠재적 수출 기업에게 시장 정보, 무역박람회, 해외 기업 정보 등을 제공한다. 이는 시장 불확실성을 극복하는 데 목적을 두기 때문에 시장 효율성 관점에서 보자면 관세보다 정당성이 높은 (덜 논쟁적인) 보조금 형태이다. 이런 정보 수집 및 제공에는 또 다른 혜택이 있다. 각 잠재적 수출업자가 개별적으로 정보를 수집하는 경우보다 비용이 덜 소요된다는 것이다.

원조와 차관 다른 국가에 원조와 차관을 제공하기도 한다. 수혜 국가가 지원받은 원조나 차관을 증여 국가에 사용하게끔 하는 **구속성 원조**(tied aid)나 **구속성 차관**(tied loans)의 경우 일부 제품은 원조나 차관이 없는 상태에서는 해외 시장에서 경쟁력이 없지만 이후에는 경쟁력을 가지게 된다. 이런 구속성 원조는 전기통신, 철도, 발전소 등 대형 프로젝트 입찰에서 낙찰자로 선정되는 데 도움을 준다.

그러나 구속성 원조나 차관은 종종 수혜 국가로 하여금 (최적의 선택이 아닌) 증여 국가의 협력업체를 활용하라는 압력을 받는다. 이들은 경쟁력이 떨어지지만 보호를 받고 있고, 따라서 최고의 선택이라고 보기 힘든 기업이다. 또한 이런 구속성 원조는 개발도상국 현지 공급업체의 성장을 저해한다. 이런 우려 때문에 OECD 회원국은 개발도상국에 통합 원조를 제공한다. 원조 수혜국이 특정 증여국의 공급업체로부터 장비를 구입해야 할 의무가 없게 되는 것이다.[48] 그러나 중국은 모든 해외 프로젝트에 구속성 원조를 활용하고 있다.[49]

관세 평가 수입된 상품에 부과하는 관세는 가격(가치), 제품, 원산지에 따라 달라진다. 수출업자와 수입업자는 관세를 적게 내기 위해 송장 가격을 낮춰 신고할 수 있고 반대로 정부는 보호무역 조치에 합당하도록 높은 관세를 부과할 수 있다.

세관원이 수입 송장의 진위 여부를 판단하기 어렵기 때문에 다음과 같은 상황이 발생한다.

- 가치 평가 절차를 개발한다.
- 가치를 재평가한다.
- 수입품 원산지에 의문을 제기한다.

수입의 가치 대부분의 국가는 세관원이 진위 여부에 의혹을 제기하지 않는 한 송장에 나온 정보를 이용해 관세를 부과한다. 관세 담당자는 동일한 제품의 가치를 토대로 가치를 평가한다. 이것이 불가능하다면 동일 시점에서 유사한 제품의 가치를 토대로 가치를 평가해야 한다.[50] 예를 들면 구매가 아닌 리스로 상품을 수입한다면 판매 송장이 없다. 세관원은 이때 동일 상품 또는 유사 상품의 가치를 기준으로 관세를 부과해야 한다. 비평가들, 특히 수출국의 기업과 정부 당국은 수입국의 세관원이 태국에 수입된 필리핀 담배와 같이 더 높은 관세를 부과하기 위해 재량권을 너무 자주 사용한다고 불평한다.[51]

제품 특히 일부 상품은 기존 관세 기준에 따라 분류하기 힘든 경우가 많다. (의도적이든 고의적이든) 잘못된 분류를 기준으로 관세를 부과하기 쉽다. 관세 담당자는 1만 3,000여 품목(시장에 새롭게 수입되는 품목 포함)을 관리하는 과정에서 전문가로서 독자적인 판단을 해야 한다. 예를 들면 실리콘 칩을 '컴퓨터용 직접회로' 또는 '화학 실리콘의 일종'으로 분류해야 하는지 결정한다. 예를 들어 베트남의 생선이 메기인지 아니면 스와이(swai), 바사(basa), 트라(tra), 팡가시우스(pangasius)인지를 놓고 베트남과 미국 사이에 논쟁이 있었다. 또 관세율표(tariff schedule)에 등록된 제품의 차이가 크지 않은 문제도 있다. 예를 들면 미국은 경기용 풋웨어와 스포츠 풋웨어에 대한 관세율이 다르다. 여기서 그치지 않고 밑창이 윗부분과 분리되어 있는지에 따라 세율이 다시 한번 달라진다. 또 신발 윗부분의 소재와 보강재마다 관세율이 다르다.

이렇게 분류 차이는 크지 않지만 이로 인한 관세 차이로 기업은 수백만 달러의 손해를 입을 수 있다. 이와 관련하여 프랑스 기업 아가테(Agatec)의 레이저 균평기가 실내용인지 실외용인지,[52] 마블(Marvel)의 엑스맨 울버린이 장난감인지 인형인지, 스즈키사무라이(Suzuki Samurai)와 랜드로버(Land Rover) 같은 SUV가 승용차인지 트럭인지 분류하는 과정에서 논란이 일기도 했다.

원산지 국가는 원산지 국가별로 제품을 달리 취급한다. 따라서 세관은 제품의 원산지를 판단해야 한다. 예를 들어 붉은 고기(red meat) 제품은 첫째로 동물의 태어난 국가와 둘째로 사육된 국가, 셋째로 도살된 국가와 연관된다. 미국 세관은 무역업자에게 이러한 생산 단계에 대한 세부사항을 제공하도록 요구하며, 따라서 100% 미국 원산인 육류 제품에 대한 문서 비용을 더한다.[53] 세관 담당자는 무역 제한을 피하거나 줄이려는 많은 제품 환적 및 문서 위조 사례를 적발했다. 예를 들어 미국 세관은 중국산 수입품의 반덤핑 관세를 지불하지 않기 위해 연필의 원산지 표시를 오표기한 스테이플스(Staples), 오피스맥스(OfficeMax), 타깃(Target)에 벌금을 부과했다.[54]

기타 가격에 직접적인 영향을 미치는 수단 국가는 (영사 증명, 통관 서류 등을 대상으로 한) 특별 수수료, 선적에 앞선 통관 예치금, 통관 후 최저 판매 가격 의무화 등 수입 가격에 영향을 주는 다른 수단을 사용하기도 한다.

비관세 장벽: 물량 통제

수출과 수입 물량에 직접적인 영향을 주는 비관세 장벽 규정이나 관행도 있다. 통상 많이 사용되는 수단을 살펴보자.

퀀터는 다음과 같은 특징이 있다.
- 수출 수입에 부과할 수 있다.
- 거래할 무역 총량을 정한다.
- 국가별로 물량을 배정한다.
- 수출 자율 규제(VER)로 협상된다.
- 통상 금지 시에 일체의 무역을 제한한다.

쿼터 수출입 물량을 제한하기 위해 가장 많이 사용하는 수단이 **쿼터**(quota)이다. 이는 특정 기간(통상 1년) 동안 수출 또는 수입할 수 있는 제품의 물량을 제한하는 것이다. **수입 쿼터**(import quota)는 ① 공급 제한과, ② 매출 증가를 위한 가격 경쟁의 인센티브가 없다는 두 가지 이유 때문에 가격 인상으로 이어진다. 관세와 쿼터의 큰 차이는 세입에 있다. 즉 관세는 정부 세입으로 이어진다. 그러나 쿼터는 의도적으로 공급을 제한하는 제품을 획득 또는 판매할 수 있는 기업의 매출로만 이어진다. 정부는 때때로 정치적 조건이나 시장 조건을 기준으로 국가별로 쿼터를 할당하기도 한다.

기업은 쿼터를 피하기 위해 쿼터가 없는 장소에서 제품을 생산하기도 한다. 예를 들면 미국은 오랜 기간 설탕에 수입 쿼터를 부과했고, 이에 설탕 가격이 평균적으로 세계 시장 가격보다 높아지는 결과가 초래되었다. 이에 따라 미국의 많은 캔디 생산업체가 멕시코로 공장을 이전했다. 저가 설탕을 사서 캔디를 만든 후 이를 미국으로 무관세 수입을 할 수 있기 때문이다.[55]

국가는 국내 소비자에게 저렴한 가격에 상품을 충분히 공급하고 천연자원의 고갈을 방지하며 해외 시장에 대한 공급을 제한하여 수출 가격을 인상하기 위해 **수출 쿼터**(export quota)를 부과할 수도 있다.

수출 자율 규제(VER) **수출 자율 규제**(voluntary export restraint, VER)는 수입 쿼터의 일종으로, A라는 국가가 B라는 국가에 자발적으로 수출을 줄여줄 것을 요청하는 행위이다. 예를 들어 미국과 멕시코는 멕시코 토마토 수출을 다루는 VER에 합의했다.[56] 사실 **자율**이라는 표현은 다소 잘못됐다. 수출국인 B가 자발적으로 수출을 줄이는 경우도 있지만 수입국인 A가 엄격한 무역 규정을 부과할 수도 있기 때문이다. VER에는 절차적인 장점이 있다. 수입 쿼터보다 전환이 쉽고 외관상으로는 특정 국가가 '자율'적으로 선적을 제한하는 것이기 때문에 수입 쿼터에 비해 정치적 관계에 피해가 덜 간다.

엠바고 무역을 전면 금지하는 쿼터를 **엠바고**(embargo)라고 한다. 쿼터와 마찬가지로 국가들이 연대하여 수입이나 수출에 엠바고를 부과한다. 이는 원산지나 도착지에 상관없이 특정 상품군 전체를 대상으로 할 수도 있고, 특정 국가의 특정 제품이나 특정 국가의 전 제품을 대상으로 할 수도 있다. 엠바고는 정치적 목적 달성을 위한 경제적 수단이 되기도 한다. 또한 이는 앞서 **찬반 토론** 부분에서 논의한 일종의 무역 제재이다.

정부는 '현지 조달' 법률을 통해 다음을 유도한다.
- 국내에서 생산된 상품을 우선 구매한다.
- 국산화 비율을 규정하는 법률을 제정한다.

'현지 조달' 법률 제정 **현지 조달 법률 제정**(buy local legislation)은 정부 구입에 국내 상품을 우선하여 구입할 수 있는 특혜를 주는 수단이다. 대부분의 경제에서 정부 부문의 비중이 큰 것을 고려할 때 이 특혜는 상당할 수 있다. 때때로 미국 정부와 같이 정부는 국내 콘텐츠 제한을 명시한다. 즉 국산 제품을 일정 비율 이상 의무 구매하도록 규정하는 것이다.[57] 정부는 때때로 가격 체계를 통해 국내 생산자에게 특혜를 주기도 한다. 예를 들면 정부 기관이 사전에 결정한 마진이 국내 경쟁사 마진의 이하일 때만 외국 제품을 구매하도록 하는 경우이다. 또 간접적으로 국내 제품 구매에 우선권을 주는 사례도 있다. 미국은 응급 상황을 제외하고 고령자의 해외 치료에 메디케어(Medicare)를 지급하지 않고 있다. 이는 미국인이 급성장하는 의료 관광을 이용하지 못하도록 제한하는 법률이다.

기타 무역 장벽으로는 다음과 같은 것이 있다.

- 독자적인 기준
- 라이선싱 계약
- 행정적인 지연
- 호혜 요건
- 서비스 제한

기준과 라벨 국내 생산 제품의 판매를 촉진하고 외국 생산 제품의 판매를 방해하기 위해 분류법(classification)이나 라벨링, 표준을 도입할 수도 있다. 제품 라벨을 예로 들어보자. 제품 라벨은 제품의 원산지를 표기하도록 규정하여 특정 국가의 제품을 선호하는 소비자에게 이에 대한 정보를 제공하는 수단이다. 예를 들어 미국-베트남 무역 분쟁에서 미국의 메기 산업은 생선에 원산지 표시를 요구했다. 또한 포장에 다른 국가에서는 요구하지 않는 성분 정보를 표기하도록 의무화하는 국가도 있다. 이는 기업의 생산 원가를 높인다. 특히 수출 시장에 맞춰 여러 언어로 번역하여 라벨을 표기해야 한다면 더하다. 또 현재 대부분의 제품은 많은 국가에서 원재료와 부품을 조달하고 디자인되어 노동력을 이용하여 생산하기 때문에 원산지를 판단하기가 아주 어렵다.

기준은 표면적으로는 국민의 안전과 보건을 보호하는 데 목적이 있다. 그러나 일부 기업은 기준이 국내 생산자 보호를 위한 수단으로 전락했다고 주장한다. 예를 들면 미국과 캐나다의 생산자는 EU가 유전자 변형 옥수수와 카놀라유에 부과하는 라벨링 요건과 규정이 자신들의 기술이 미국과 캐나다를 따라잡을 때까지 이들 제품의 판매를 방해하려는 수단에 불과하다고 주장한다.[58] 또 다른 사례로 미국 식품의약국(Food and Drug Administration, FDA)은 2008년 금융 위기 동안 개발도상국에서 들어오는 식품(예: 멕시코의 아보카도)의 운송을 거부했다. 이는 미국의 식량 공급을 보호하기 위한 것으로 알려져 있다. 그러나 금융 위기가 수입 식품의 질을 악화시켰을 가능성은 적기 때문에, 위기로 인해 오히려 국내 식품 재배자에 대한 보호 수준이 높아졌다고 볼 수 있다.[59] 이와 비슷하게 미국이 오염된 중국 식품에 대해 홍보하자 중국은 약물과 살모넬라균에 의한 오염을 이유로 미국으로부터의 식품에 대한 거부 반응을 강화함으로써 보복했다.[60]

실제 안전과 보건 때문인지 아니면 국내 생산자 보호 때문인지 알 길은 없다. 건강과 안전을 이유로, 수입국이 특히 개발도상국으로부터의 출하를 거부하는 것은 수출국의 다른 제품에 부정적인 이미지를 초래하여 판매를 줄이고 수출 가격을 낮출 수 있다.[61]

특별 허가 요건 일부 국가는 수입업자나 수출업자가 무역에 앞서 정부 당국으로부터 허가받도록 요구한다. 이른바 **수입 면허**(import license) 또는 **수출 면허**(export license)로 알려진 요건이다. 면허를 취득하려면 정부 당국에 견본을 제출해야 한다. 이런 절차를 통해 면허를 거부당한다면 직접적인 수출입이 제한된다. 또한 이런 절차로 인해 원가가 상승하고 시간이 소요되며 불확실성이 높아지는 것은 간접적인 수출입 제한으로 판단할 수 있다.

외환 통제(foreign exchange control) 또한 이와 유사하다. 수입업자로 하여금 정부 당국에 일정 외환을 담보로 예치하게 하여 제품 가격을 지불하게 하는 것이다. 이 역시 수입 면허와 마찬가지로 허가받지 못할 수도 있다. 또한 신청해서 허가를 받기까지 시간과 비용이 소요된다. 이는 외국과의 무역을 방해하는 수단이다.

행정 지연 국제무역에서 특별 허가 요건과 유사한 비관세 장벽은 행정 지연(administrative delay)이다. 이는 불확실성과 재고 관리 비용을 상승시킨다. 의도적인 지연은 국내 생산자를 보호하기 위해서뿐만 아니라 정치적인 이유로도 발생할 수 있다. 일본과 중국이 동중국해의 섬 소유권을 놓고 충돌한 후 중국에서 일본 기업은 이러한 행정 지연을 보고했다.[62]

호혜 요건 수출업자는 수입국의 정부 규제 때문에 때때로 현금 대신 상품을 받거나 서비스를 구입해야 하는 경우가 있다. 이는 물물교환(barter)이라고 알려진 거래이다. 세계무역기구(WTO)는 세계 무역의 15%가 물물교환으로 이루어진다고 추정한다.[63]

연계무역 **연계무역**(countertrade) 또는 **대응구매**(offset)는 외국 정부에 수출하는 수출업자가 고용이나 기술 등 경제적 이익을 추가 제공하도록 규정한 수입국 정부의 요건이다. 수출국의 비평가들은 대형 방산업체가 이러한 협정에 참여함으로써 국내 소규모 업체로부터의 구매를 해외 업체로 이전하여 국내 공급업체와 수출국의 미래 방위 능력을 약화한다고 주장한다.[64]

수출업자가 직면한 문제 호혜 요건(reciprocal requirement)은 수출업자가 가치를 평가하고 전문성을 벗어난 상품의 시장을 찾으며 복잡한 운영 약정에 참여하고 숙련된 영역 밖의 활동을 수행할 것을 요구한다. 미사일과 레이더 시스템 같은 제품을 만드는 기업인 레이테온(Raytheon)은 사우디아라비아에서의 계약을 성사하기 위해 새우 양식업을 시작해야 했다.[65] 기업은 복잡하고 부담스러운 약정이 포함된 이러한 거래를 피하려 한다. 그러나 일부는 경쟁우위를 확보하기 위해 이러한 유형의 약정을 적극적으로 수용했다. 어떤 기업은 물물교환 거래를 전문적으로 수행하는 회사에 의존하기도 한다.

서비스 무역을 규제하는 네 가지 근거는 다음과 같다.

- 필수성
- 비영리 서비스에 대한 우선권
- 기준
- 이민

서비스에 대한 제한 서비스는 국제무역에서 가장 빠르게 성장하고 있는 분야이다. 국가는 필수성(essentiality), 비영리 서비스에 대한 우선권(not-for-profit preference), 기준(standards), 이민(immigration)의 네 가지 요인을 고려하여 서비스 무역을 제한할지 결정한다.

필수성 국가는 국내 또는 해외의 민간 기업이 특정 산업에 진출하지 못하도록 규제한다. 특정 서비스 산업을 사회적인 안정을 위해 중요한 서비스로 판단하기 때문이다. 또한 국영 서비스 기업에 보조금을 지불하거나 가격을 통제하여 외국의 민간 기업이 참여하는 것을 방해한다. 외국 기업의 시장 참여를 막는 필수 서비스로는 언론, 통신, 은행, 유틸리티, 교통을 들 수 있다.

비영리 서비스 우편, 교육, 병원, 보건은 비영리 산업인 경우가 많으며 외국 기업의 경쟁이 많지 않은 산업이다. 정부는 이런 산업을 민영화할 때 국내 기업에 소유권이나 통제권을 맡기는 것을 선호한다.

기준 전문가와 고객이 얼굴을 맞대고 상호 접촉해야 하는 서비스가 있다. 정부는 이와 동시에 전문직 서비스 진입을 제한하곤 한다. 자격을 갖춘 전문가만 서비스를 제공하도록 하기 위해서이다. 전문가에 대한 면허 기준은 국가마다 다르다. 이런 전문가로는 회계사, 보험계리사, 건축가, 전기 전문가, 보석 감정사, 헤어스타일리스트, 법률가, 의료 전문인, 부동산 브로커, 교사를 예로 들 수 있다.

현재 다른 나라의 전문가 면허를 인정하는 사례는 많지 않다. 직업에 대한 기준과 요건이 크게 다르기 때문이다. 특정 국가의 회계법인이나 법무법인이 다른 나라에서 서비스를 제공하기 힘들다는 의미이다. 자국 고객의 필요에 부합하는 서비스도 마찬가지이다. 이때 기업은 현지 전문가를 채용하거나 자격증을 취득해야 한다. 현지 언어로 시험을 치러야 하고 현지 언어로 된 자료를 공부해야 하기 때문에 자격증 취득은 어렵다. 또한 시험을 치르기까지 인턴십을 해야 하고 거주해야 하며 현지 대학에서 공부를 해야 하는 등 장시간이 소요될 수 있다.

이민 특정 국가의 기준을 충족했다고 해서 입국해서 바로 일을 시작할 수 있는 것은 아니다. 또 외국인에게 취업 허가증을 발급하기 앞서 현지에서 자격을 갖춘 인력을 찾도록 요구하는 규정이 많다.

개념 체크

6장에서 논의한 '요소이동성'에서 국제적으로 이동이 되는 요소 가운데 인력의 중요성이 커지고 있음을 설명했다. 또 대부분의 국가가 소수에게만 이민 허가증을 발급하고 있다고 설명했다.

기업의 수입 경쟁에 대한 대처 방안

7-5 기업이 수입 경쟁에 어떻게 대처하는지 이해한다.

기업이 수입 경쟁으로 손실을 예상할 때 다음 네 가지 옵션이 있다.

1. 다른 국가로 사업을 이전한다.
2. 국제적 경쟁이 적은 시장의 틈새에 집중한다.
3. 효율성 및 제품 개선 등 내부적으로 혁신한다.
4. 정부의 보호를 추구한다.

기업은 수입품과 경쟁할 때 다음과 같이 대처할 수 있다.

- 해외로 이전한다.
- 틈새시장을 찾는다.
- 국내 생산의 경쟁력을 확보한다.
- 보호받기 위해 노력한다.

이들 각 옵션에는 비용과 위험이 수반된다. 그럼에도 불구하고 기업마다 차이가 있음이 입증되었다. 예를 들면 미국 자동차 산업은 일본 자동차와의 경쟁이 치열해지면서 (외국 공급업체와의 하도급 계약을 통해 더 저렴한 부품을 생산하기 위해) 해외로 생산을 이전했고, 초기에 국제적 경쟁이 적었던 미니밴과 SUV라는 틈새시장을 개발했으며 효율성 및 제품 품질 개선을 위한 린(lean) 생산 기법 같은 혁신을 도입했다. 그리고 GM(General Motors)과 크라이슬러(Chrysler)는 생존을 위해 일본 정부로 하여금 VER을 하게 하는 등 상당한 정부 지원을 받았다.

물론 앞서 설명한 방법이 모든 산업과 사업에 현실적인 것은 아니다. 해외로 생산을 이전하기에는 경영, 자본, 기술 자원이 부족할 수도 있다. 또 적합한 국외 공급업체를 찾는 데 어려움이 따를 수 있다. 또 수익성이 높은 틈새 제품을 찾지 못할 수 있다. 틈새시장을 개발하거나 효율성을 개선하더라도 외국의 경쟁업체가 이런 혁신을 재빨리 복제할 수 있다. 이 경우 기업은 정부에게 수입을 제한하거나 수출 시장을 개방하라고 요구하게 된다.

의사결정자 설득

정부가 국제 경쟁에 직면한 기업 전부를 지원하는 것은 불가능하다. 또 특정 산업을 지원하는 바람에 다른 산업이 피해를 입을 수 있다. 즉 경영자라면 특정 보호무역 정책을 찬성할 수도, 반대할 수도 있다. 결과적으로 특정 정책을 도입하도록 정부를 설득하는 것은 회사의 몫이다. 핵심 의사결정자를 파악하여 이 장에서 제시한 경제적 이유와 비경제적 이유를 이용해 설득해야 한다. 또 어떤 경우에도 유권자와 이해관계자가 이를 지지한다는 사실을 전달해야 한다.[66]

전부는 아니더라도 동종 산업의 국내 기업 대부분이 연대할 수 있다면 성공 확률이 크게 높아진다. 그렇지 않다면 정부 관계자는 일반적인 수입 경쟁이나 수출 경쟁력 확보라기보다는 비효율성으로 인해 빚어진 문제라고 생각하게 된다. 이와 유사하게 사업 소재지의 납세자와 상인 등 다른 이해관계자를 참여시키는 것도 도움이 된다. 마지막으로 의사결정자를 대상으로 로비를 하거나 자사의 상황에 동조하는 정치가를 지지할 수 있다.

경쟁 환경의 변화에 대비

기업은 여러 방법을 통해 국제 경쟁 환경의 변화에 대처할 수 있다. 기업의 보호무역에 대한 태도는 국제 전략에 따라 이행한 투자의 여부에 따라 결정되기도 한다. 즉 자유무역에 의존하거나 전 세계적으로 공급사슬을 통합한 기업은 보호무역에 반대하는 경향이 있다. 이와 대조적으로 국내의 하나 또는 여러 개의 생산 시설을 보유한 기업(예: 일본 시장을 상대로 한 일본 공장, 대만 시장을 상대로 제품을 생산하는 대만 공장)은 보호무역을 찬성하는 경향이 있다.

기업은 수입품과의 경쟁에 대해서도 다른 입장을 가진다. 기업이 해당 산업에 대한 보호를 권고할 때 일반적으로 해당 산업에 속한 하나 이상의 기업이 이런 보호 조치에 반대한다. 이런 반대는 보통 규모의 경제, 공급업체 관계 또는 차별화된 제품 측면에서 강력한 경쟁우위를 가진 기업에서 나온다. 이런 기업은 국제적인 경쟁자와 성공적으로 경쟁할 수 있을 뿐만 아니라 경쟁력이 없는 국내 기업이 실패할 경우 훨씬 더 많은 이익을 얻을 수 있다는 이유를 제시한다.[67]

미래 전망 미래 세계 무역의 역동성 및 복잡성

무역 제한이 바뀌면 국가 간, 기업 간, 노동자 간에 승자와 패자로 갈린다. 즉 무역자유화 확대와 보호무역 확대를 견인하는 세력이 혼재한다고 말할 수 있다.

게다가 자유무역으로 소비자가 얻는 이익은 일부 기업과 노동자의 대가가 될 수 있다. 이들은 스스로를 패자로 간주한다. 이들은 패자가 되지 않기 위해 저항한다. 가능한 한 많은 지원을 획득하여 승리를 얻을 수도 있다. 국가 간 연대가 이루어지기도 한다. 여러 개발도상국 의류 회사들의 연대를 예로 들 수 있다. 이는 정부에게 중국과 인도를 상대로 한 선진국 시장을 보호하기 위해 쿼터 협정을 체결하도록 압력을 넣는다. 즉 정부의 보호 정책이 바뀌었을 때 영향을 받는 산업의 경영자라면 정치가 경제 상황에 미치는 영향을 면밀히 지켜보고 예측을 해야 한다.

마지막으로 국제적인 규제 환경은 점차 더 복잡해지고 있다. 이는 기업이 최적의 생산입지를 찾는 데 어려움을 겪도록 만드는 요인이다. 정기적으로 새로운 신제품이 등장하면서 관세 분류 체계 또한 복잡해지고 있다. 외국과의 경쟁에서 새로운 채널을 제공하는 인터넷 서비스는 정부의 규제 및 관세에 대한 고려를 더욱 복잡하게 만들고 있다. 테러리즘과 제품 안전에 대한 우려가 커지면서 무역 대상 품목과 상대에 대한 고려 또한 복잡해지고 있다.

CASE

싱가포르에서 사업하기[68]

데니스 리(Dennis Lee)

싱가포르는 세계은행의 '비즈니스 용이성' 글로벌 순위 지수에서 뉴질랜드에 이어 2위를 차지했다. 이는 싱가포르 정부가 다양한 부처, 기관, 법정 위원회를 통해 국제무역과 투자를 촉진할 수 있는 강력한 생태계를 조성한 친화적인 비즈니스 환경 덕분이다. 예를 들어 싱가포르 무역 산업부(Ministry of Trade and Industry, MTI)의 임무는 시민들이 더 높은 생활 수준을 달성할 수 있도록 경제 성장을 촉진하고 일자리를 창출하는 것이다. 특히 상품, 서비스, 투자에 대한 세계 시장에 대한 접근을 강화하는 관점에서 싱가포르의 국제무역 이익을 보호한다. 그리고 정책 수립과 개선을 돕기 위해 정책 이니셔티브, 경제 성과, 경제 전망에 대한 평가를 제공한다.

싱가포르 정부의 전략은 자유 시장 경제 체제를 강하게 고수하고 대외 지향적인 경제 정책을 적극적으로 추구하는 싱가포르의 일반적인 경제 운영 철학에서 파생되었다. 싱가포르의 비전은 세계화되고 기업가적이며 다각화된 경제를 발전시켜 싱가포르를 선도적인 글로벌 도시로 만드는 것이다. MTI는 글로벌 비즈니스 센터로서 싱가포르의 입지를 강화하기 위한 전략을 계획하고 실행하는 선도적인 정부 기관인 싱가포르 경제개발위원회(Singapore Economic Development Board, EDB)를 포함하여 10개의 법정 이사회를 감독한다. '호스트투

홈(Host to Home)' 전략은 싱가포르가 단순히 기업을 끌어들이는 것을 넘어 글로벌 비즈니스, 혁신, 인재가 양성되는 장소가 되는 것을 목표로 한다. EDB의 일관성 있는 결과 지향적 이니셔티브는 무역에 대한 싱가포르 정부의 영향력을 반영하는 것이다.

다음은 정부 정책을 활용하여 아시아 전체의 입지를 위해 싱가포르에 확장한 일부 글로벌 기업의 사례이다.

출처: Dmitrijs Dmitrijevs/Shutterstock

▲ 싱가포르는 번영하는 아시아의 비즈니스 허브이다.

지멘스메디컬인스트루먼트

지멘스는 세계 최고의 디지털 보청기 제조업체 중 하나로서, 1974년 싱가포르에서 지멘스 메디컬 인스트루먼트(Siemens Medical Instruments, SMI)를 설립했다. 그 이후로 지멘스의 연구 부서는 아시아의 강력한 성장과 시장 기회를 이용하여 완전한 연구개발 센터로 성장했는데, 아시아는 현재 빠르게 증가하는 중산층과 2050년까지 13억 명이 넘을 것으로 추정되는 고령화 인구의 중심지이다. 이러한 요인으로 인해 지멘스는 2015년에 R&D 투자를 총 48억 유로로 늘렸다. 지멘스가 이 지역에 장기간 투자하고 헌신하는 것은 비전에 맞는 성장을 달성하게 하는 선도 기업의 전략적 파트너로서 싱가포르 정부의 역할이 커지고 있음을 반영한다.

트리나솔라

2011년, 세계 굴지의 태양광(Photovolatic, PV) 기업인 트리나솔라(Trina Solar)는 아시아 지역에서의 입지와 고객 기반을 강화하기 위해 싱가포르 태양에너지연구소(Solar Energy Institute)와 트리나솔라의 단결정 웨이퍼(Trina Solar's mono-crystalline wafer)를 활용한 고효율 태양전지 개발 연구협약을 체결하고 싱가포르에 아태 지역 운영 본부를 설립했다.

싱가포르 정부는 에너지혁신프로그램사무소(Energy Innovation Programme Office, EIPO)를 통해 숙련된 인재 기시와 강력한 물류 인프라 개발을 육성하는 투자 환경을 조성했다. 이러한 움직임은 트리나솔라의 지역 R&D 센터가 아시아 시장에서 예상되는 청정 에너지의 증가하는 수요를 충족시키기 위해 새로운 태양력 기술과 애플리케이션을 개발하는 것을 전략적으로 유리하게 만들었다.

롤스로이스

롤스로이스(Rolls-Royce)는 1950년대 싱가포르에 진출한 이래 싱가포르 항공우주 산업의 주요 기업이 되어 항공우주 산업 생산량의 15% 이상을 차지한다. 전력 시스템 및 서비스 분야의 세계적 리더인 롤스로이스는 에너지 및 해양 분야에서의 활동과 싱가포르항공엔지니어링(Singapore Airlines Engineering)과 같은 주요 현지 산업 파트너와의 합작을 통해 아시아에서의 비즈니스를 크게 성장시켰다. 싱가포르 정부는 롤스로이스의 성장에서 강력한 파트너였으며, 싱가포르는 아시아 항공우주 부문의 수리 및 정비, 유지, 항공 제조, R&D 분야의 선두주자이다. 롤스로이스는 싱가포르가 제공하는 귀중한 비즈니스 기회, 우수한 인재 풀 및 탄탄한 인프라의 이익을 얻었다. 싱가포르의 셀레타캠퍼스(Seletar Campus)는 롤스로이스의 가장 현대적인 제조, 테스트 및 연구 부지를 대표하며, 7억 싱가포르 달러 이상이 투자되었다.

P&G

P&G(Procter & Gamble)는 많은 나라의 GDP보다 큰 시가총액을 가지고 있다. 180개 이상의 국가에서 제품을 판매하고 있으며 세계에서 가장 큰 가정용품 및 화장품 관련 회사로, 질레트(Gillette), 팜퍼스(Pampers), 팬틴(Pantene), 오랄비(Oral-B), SK-II와 같은 세계에서 가장 잘 알려진 브랜드가 속해 있다. 싱가포르에 있는 P&G 아시아 태평양 본사는 제조, 마케팅, 공급사슬 관리, R&D, 인재 육성 등의 브랜드 및 비즈니스 관리 활동을 지역 전역에서 수행한다. 싱가포르는 또한 P&G의 아시아 리더십 개발 센터의 본거지이다.

P&G는 MTI 산하의 법정 이사회인 과학기술연구기관(Agency for Science, Technology and Research, A*STAR)과의 협약을 통해 싱가포르의 강력한 연구 역량을 활용했다. 2011년, P&G는 싱가포르에 메가이노베이션센터를 짓기 위해 1억 9,200만 달러를 투자했다. 아시아 그룹 회장 데보라 헨레타(Deborah Henretta, 2005~2012)는 싱가포르 정부가 혁신에 대한 헌신, 세계 수준의 인프라, 비즈니스

친화적인 환경, 우수한 지역 인재, 파트너로서 지속적으로 일할 수 있는 능력 등 성공적인 기업이 추구하는 본질을 구현하고 있다고 말했다. 2019년, P&G는 싱가포르에서 새로운 사업 개발을 목표로 880만 달러의 투자를 발표했다.

유니레버

190개 이상의 국가에서 빠르게 움직이는 소비재(fast moving consumer goods, FMCG)의 또 다른 선도적인 글로벌 공급업체는 유니레버(Unilever)이다. 립톤(Lipton), 월스(Wall's), 도브(Dove)와 같은 세계에서 가장 잘 알려진 브랜드를 보유한 유니레버는 영양, 위생, 화장품 분야의 제품을 광범위한 소비자에게 제공한다. 1940년대 싱가포르에서 설립된 유니레버싱가포르는 그 이후 유니레버의 전략적 글로벌 허브로 부상했으며, 몇몇 고위 리더십 팀의 핵심 구성원이 있는 곳이다. 유니레버는 2013년 문을 연 글로벌 리더십 개발 센터인 포에이커스싱가포르(Four Acres Singapore)를 통해 싱가포르 EDB의 네트워크 및 지식 구축을 위한 리더십 이니셔티브(Leadership Initiatives for building Networks and Knowledge, LINK) 에코시스템을 이용했다. 이를 통해 경영대학원 및 기업 파트너와 함께 임원 인재 개발 및 리더십 프로그램을 제공했다. 유니레버의 CEO 폴 폴만(Paul Polman, 2009~2019)은 싱가포르의 발전된 비즈니스 인프라, 우수한 인적 자본, 연결성 및 강력한 산업 지원 기반과 싱가포르 정부가 제공하는 지원 등 싱가포르를 이상적인 지역 비즈니스 중심지로 만든 요소를 격찬했다.

델

맞춤 제작 컴퓨터를 고객에게 직접 판매하는 컴퓨터 업계의 선두 주자인 델(Dell)은 1984부터 기술과 혁신을 선도해왔다. 델아시아태평양(Dell Asia Pacific)은 싱가포르에 본사를 두고 있으며, 이 국제 시장과 전략적 위치를 아시아 서비스 및 솔루션의 테스트베드로 사용하고 있다. 델은 디스플레이 및 이미지 제품에서 회사의 R&D 역량을 강화하기 위해 2005년에 싱가포르에 첫 디자인 센터를 열었다. 2011년에 DSC(Dell Singapore Solution Center)를 추가하여 국가의 대규모 정보통신(Infocomm) 산업의 전문가 풀과 매우 적극적인 정부 기관인 IDA(Infocomm Development Authority of Singapore)를 활용했다. 2021년, 델은 미국 이외의 지역에서 최초로 싱가포르에 글로벌 혁신 시설을 열었다. 델아시아태평양의 아미트 미다(Amit Midha) 사장은 델이 아시아·태평양 지역의 고객에게 기술 솔루션을 제공할 수 있게 해준 요인으로 싱가포르의 강력한 기업 생태계, 친기업 환경, 지정학적 지형, 첨단 기술 인프라를 꼽았다.

미쓰이화학

미쓰이화학(Mitsui Chemicals, MCI)은 일본에서 가장 큰 화학 회사 중 하나이다. 싱가포르에서 MCI의 사업은 제조 공장, 연구개발 시설, 영업소를 포함한다. 싱가포르의 MCI 자회사는 미쓰이화학아시아태평양(Mitsui Chemicals Asia Pacific Ltd.), 미쓰이페놀싱가포르(Mitsui Phenols Singapore Pte Ltd.), 미쓰이엘라스토머싱가포르(Mitsui Elastomers Singapore Pte Ltd.)를 포함한다. 미쓰이화학은 1980년대 이후 싱가포르에 10억 달러 이상을 투자하여 페놀, 비스페놀, 타프머 공장 등 사업 확장에 나섰다. 싱가포르 MCI 아시아태평양 본부도 영업 및 마케팅, 물류, 사업 기획 기능을 지원한다. MCI는 싱가포르 정부 기관 파트너인 A*STAR 및 연구 기관과 긴밀히 협력하여 2011년에 R&D 센터인 MSR&D를 개설했다. MCI 아시아태평양의 야스시 나와(Yasushi Nawa) 전 전무는 싱가포르의 친기업적인 정부 정책, 최고의 인프라, 재능 있고 근면한 노동력 때문에 MCI가 싱가포르를 아시아·태평양 지역의 성장 전략의 출발점으로 삼을 수 있었다고 논평했다.

중국-싱가포르 협력 이니셔티브

싱가포르는 수년 동안 중국과 긴밀한 관계를 유지해왔다. 2013년부터 중국은 싱가포르의 최대 무역 파트너였고, 싱가포르는 중국의 가장 중요한 해외 투자자였다. 2015년, 두 나라는 25년간의 외교 및 경제 관계를 기념했다. 2009년 중국-싱가포르 자유무역협정(China-Singapore Free Trade Agreement, CSFTA)의 개정을 위한 협상이 시작되었다. 이 회담은 3년 후 CSFTA 업그레이드 프로토콜의 서명으로 마무리되었다.

싱가포르 정부의 국제무역을 촉진하기 위한 노력의 일환으로 싱가포르 통화 당국(Monetary Authority of Singapore, MAS)은 무역을 지원하는 몇 가지 이니셔티브를 개발했다. 싱가포르와 중국은 금융 부문 개발과 규제에 대한 협력을 강화하는 여러 이니셔티브에 합의했다.

2014년, 중국과 싱가포르는 중국 위안화와 싱가포르 달러 간 직접 통화 거래를 도입했다. 새로운 조치로 싱가포르와 쑤저우 산업단지(Suzhou Industrial Park, SIP) 및 톈진 에코시티(Tianjin Eco-City, TEC) 간 위안화 투자가 자유롭게 국경을 넘어 집행되었다. 또한 싱가포르 거래소와 상하이 선물거래소는 2014년 파생 상품 공동 개발 및 협력을 강화하기 위한 양해 각서(MOU)를 체결했다.

싱가포르는 2018년에만 4,800개 이상의 프로젝트(약 152억 달러)가 상하이에서만 활성화된 것으로 추정되며, 상하이는 싱가포르의 대중 무역의 거의 14%를 차지했다. 싱가포르는 또한 중국의 일대일로 구상에 대한 지분을 가지고 이 노선의 주요 경유지로 자리매김하는 데 주력하고 있다. 이와 같이 싱가포르는 이 이니셔티브의 최대 해외 투자자로, 2018년에 약 전체 투자의 23%를 차지했다.

2020년 5월, 중국과 싱가포르는 중국-싱가포르 연결 이니셔티브의 일환으로 광범위한 211개 프로젝트를 발표했다. 이 프로젝트의 총가치는 약 318억 달러로 추정되며 2015년에 시작된 중국-싱가포르(충칭)의 전략적 연결성에 대한 시범 이니셔티브[China-Singapore(Chongqing) Demonstration Initiative on Strategic Connectivity]에 따른 더 큰 프로젝트 및 합의의 일부이다. 투자를 통해 이익을 얻는 주요 분야는 금융 서비스, 물류, 정보통신 기술, 항공 운송 분야이다. 중국과 싱가포르의 이러한 협력 프로젝트는 지난 1994년 중국 동부 장쑤성의 쑤저우 산업단지(SIP)에 대한 투자와 2008년 중국 북부 톈진 에코시티(TEC) 조성 프로젝트에 이어 세 번째이다. 작지만 중요한 프로젝트로는 중국-싱가포르 광저우 지식도시, 싱가포르-쓰촨 하이테크 혁신단지, 난징 에코 하이테크 섬, 지린 푸드존 등이 있다.

문제

7-3 싱가포르 정부가 국제무역을 촉진하는 이유와 방법에 대해 논의하라.

7-4 자유무역이 싱가포르의 생존과 성장에 중요했던 이유는 무엇인가?

7-5 싱가포르는 무역을 중심으로 한 시장 경제가 고도로 발달되어 있으며, 세계에서 가장 개방적인 경제로 평가받고 있다. 이 업적을 달성하게 한 정부의 역할은 무엇인가?

Chapter 8
국가 간 협력과 협정

학습 목표

8–1 국제 경제 통합의 3대 유형을 정의한다.

8–2 세계무역기구(WTO)가 무엇이며, 전 세계적으로 무역 장벽을 줄이기 위해 어떤 일을 하는지 설명한다.

8–3 지역 경제 통합의 주요 이점을 요약한다.

8–4 지역별 무역 블록을 비교하고 대조한다.

8–5 코모디티 가격에 영향을 미치는 요소와 이러한 요소가 코모디티 협정에 미치는 영향을 설명한다.

출처: Delpixel/Shutterstock

▲ 브렉시트의 개념

결혼은 쉽지만 살림은 어렵다. –독일 속담

CASE

지역 통합과 관세 동맹에서 분리의 다양한 양식[1]

–스테파니아 팔라디니(Stefania Paladini)

2020년은 무엇보다도 영국이 가장 발전하고 포괄적인 지역 통합의 예로 꼽히는 유럽연합으로부터 결별한 브렉시트(Brexit)의 해로 기억될 것이다. 유럽연합과 영국의 관계는 수년 동안(일부에서는 처음부터) 문제가 있었지만, 브렉시트는 특히 영국에게 이후의 일을 결정하는 데 문제가 있는 것으로 판명되었다. 게다가 이 사례 자체는 다양한 종류의 지역 통합의 기회와 도전을 재평가할 절호의 기회를 제공했다.

"자유 무역은 그냥 일어나는 것이 아니다"라는 유명한 격언이 있다. 이는 상품 무역뿐만 아니라 유럽연합을 넘어 모든 종류의 무역에 적용되는 것이다. 2016년 국민 투표부터 2020년 12월 마지막 무역협정까지 4년 동안 가장 논란이 많았던 이슈 중 하나는 이전 무역 상대국과 합의가 필요한 무역관계의 형태였다. 많은 사람이 합의 결렬 시나리오 및 그러한 결과가 수반하는 모든 함의를 대비했다. 유럽연합에서 합의 없이 탈퇴함으로써 영국은 유럽연합이 시행하는 다른 세계 국가들과의 모든 무역 조치를 포기해야 했다(현재까지 영국은 총 60개 무역 상대국과 34개의 양자 및 역내 무역협정을 체결했다). 이는 원산지 규칙과 세관 신고 절차를 포함한 세관 절차와 조약 접근 측면에서 기업의 거래 비용 증가로 이어질 가능성이 높은데, 2016년 9월, 《이코노미스트(The Economist)》가 제시한 추정치에 따르면 총수출 비용에

4~15%가 추가될 것이다.

이것이 바로 거의 모든 사람이, 심지어 브렉시트의 확고한 지지자들조차 유럽연합과 영국의 27개 다른 국가들 사이에서 영국의 상품과 서비스에 대한 특혜를 허용하는 일종의 무역협정을 구상하고 노력한 이유이다. 합의 결렬의 결과는 WTO 관세 및 일반 협정의 틀로 되돌아가는 것을 의미했다. 이는 결국 국경 통제와 일부 상품에 대한 관세 부과를 요구하게 될 것이다. 영국이 합의 없이 유럽연합에서 탈퇴할 경우 서비스에 적용되는 무역 체제의 종류에 대해서는 더 많은 불확실성이 있었다. 이런 요인이 합의 결렬을 피하기 위한 열띤 노력이 있었던 이유를 설명한다.

그러나 미래의 특혜무역협정(Preferential Trade Agreement, PTA)이나 자유무역협정(FTA)의 구체적인 형태는 시간적 제약 때문에 합의하기 어려운 것으로 드러났다. COVID-19 대유행으로 인해 중요한 수개월이 지나버려서 복잡한 무역 거래를 협상하는 데 필요한 시간을 놓치고 말았다.

영국과 유럽연합의 강력한 통합을 요구하는 모든 해결책은 가능성이 낮았고 즉시 고려 대상에서 제외되었다. 또한 영국이 노르웨이와 유사한 방식으로 공동 시장의 일부로 남을 경우 생산 요소(상품, 서비스, 자본, 노동)의 자유로운 이동과 모든 관련 규칙에 동의해야 하기 때문에 실현 가능하지 않았다. 게다가 이 해결책은 긴 관습적 절차의 재도입을 피할 수 없었다. 왜냐하면 국가들이 관세 동맹에 가입하여 유럽연합의 회원국이 되었을 때만 국경 관세가 철폐되기 때문이다. 이는 노르웨이와 같이 공동 시장으로의 접근에 대해서만 비용을 지불하는 국가에는 해당되지 않는다.

가능한 타협안은 유럽연합과 튀르키예의 관계처럼 유사한 관세 동맹을 형성하는 것이었다. 그러나 브렉시트 관련 회담을 통해 영국은 유럽연합과 같은 조건을 공유하지 않는 국가들과 관세 동맹 협정을 맺는 것을 기피할 것이기 때문에, 마찬가지로 가능성이 낮은 시나리오임을 알 수 있다.

유일한 실행 가능한 대안은 유럽연합-스위스 협정과 같이 서명 파트너에게 상당한 자유를 허용하는 시나리오였다. 스위스는 공식적으로 단일 시장에 속하지 않고 제한된 접근권만을 누리기 때문에 유럽연합의 요소(노동) 이동을 효과적으로 제한하고 자체 무역협정을 체결할 수 있다. 그러나 언론이 '스위스 해법'이라고 부른 것은 해결책이 아니라 20년 이상에 걸쳐 협상된 여러 합의의 패치워크(patchwork)이며, 현재 지속적인 수정과 재협상이 진행되는 약 120개의 양자 간 합의를 말한다.

많은 협상 끝에 마지막 순간에 마침내 합의가 이루어졌다. COVID-19 팬데믹 때문에 크리스마스 기간에 영국과 프랑스의 국경이 48시간 동안 봉쇄되기 전이었는데, 어떤 종류의 혼란스러운 국경 문제가 초래될 수 있는지를 명백하게 보여주었다.

1,000페이지가 넘는 이번 합의는 유럽연합이 캐나다와 2017년에 발효한 포괄적경제무역협정(Comprehensive Economic and Trade Agreement, CETA)에 가깝다. CETA는 (여러 다른 조항 중에서) 캐나다와 유럽연합 간 관세의 약 98%를 철폐하고, 무엇보다 양측이 요구하는 협상의 자유와 무역 정책의 독립성을 유지하도록 하는 전형적인 FTA이다.

영국-유럽연합의 무역협력협정은 관세에 관한 한 CETA에서 더 나아가 적절한 원산지 규정을 준수하는 모든 상품에 대해 무관세와 제로 쿼터를 규정한다. 양측은 '공평한 경쟁의 장'을 확보하고 환경 보호, 기후 변화, 사회노동 규제, 조세 협정, 기업에 대한 국가 원조 등에 관한 일련의 공통 규칙과 높은 기준을 준수하기로 약속했다. 양측의 내부 로비로 인해 개별 조치의 실행이 더 문제가 될 수 있지만 운송과 어업 또한 협정에 포함되어 있다. 이 협정은 사회 보장에 관한 조정과 파트너십, 영국 국민과 유럽연합 시민의 몇 가지 권리 보호 및 포괄적인 거버넌스 프레임워크 등 다른 중요한 측면에서도 CETA의 규정을 넘어선다.

그러나 포스트브렉시트 협정의 효과를 평가하는 것은 시기상조이다. 그 복잡성뿐만 아니라 영국 경제에서 중요한 역할을 하는 금융 서비스 등의 많은 분야가 원활하게 기능하려면 아직 추가 협상이 필요하다는 사실 때문이다. 또한 규제 프레임워크에 유럽연합과 영국의 교류가 무난히 계속되려면 합의할 필요가 있는 요점이 모두 포함되지 않았다. 유럽연합에 식품을 수출하기 위해 필요한 영국의 위생 및 식물 위생 체제에 대한 평가는 협정의 일부가 아니며 유럽연합이 일방적으로 결정했다. 2020년에는 영국도 외교 정책과 국방 협력에 관한 모든 안건을 협상 테이블에서 제외했기 때문에 영국-유럽연합의 무역협력협정도 이 측면을 다루지 않았다.

이 새로운 파트너십이 만족스럽고 포괄적인 합의에 이르려면 아직 갈 길이 멀다.

문제

8-1 새로운 유럽연합-영국의 무역협정은 2020년 12월에 체결되었다. 이 결과에 대한 가능한 대체 시나리오는 어떤 것이 있는가?

8-2 새로운 무역협정은 2021년 1월 1일부터 발효되었다. 영국 경제에 어떤 비용이 수반되겠는가?

경제 통합의 형태

8–1 국제 경제 통합의 3대 유형을 정의한다.

1940년대 중후반, 많은 국가가 제2차 세계대전이 남긴 폐허에서 벗어나 경제를 성장시키고 안정화하려면 인접 국가를 지원하고, 이들 국가로부터 지원을 받아야 한다고 판단했다. 국가와 지역이 힘을 합쳐 공동 번영에 필요한 지원을 서로 제공할 수 있으면 어떨까?

경제 통합(economic integration)은 가입국에 우선권을 주는 국가 간, 또는 지역 정치 및 통화 협정을 가리키는 용어이다. 여기에는 세 가지 형태가 있다.

- **글로벌 통합**(global integration): 세계무역기구(WTO)와 같이 세계 곳곳의 국가들이 협력하기로 결정하는 것이다.
- **양자 통합**(bilateral integration): 두 나라가 밀접히 협력하기로 결정하는 것이다. 통상 관세 경감이 많이 사용된다.
- **지역 통합**(regional integration): EU와 같이 동일한 지역에 위치한 일부 국가들이 협력하기로 결정하는 것이다.

개념 체크

6장에서 자본, 기술, 노동의 이동성이 한 나라의 무역과 국내 기업 및 산업의 상대적 경쟁력 위치에 영향을 미치는 방식에 대해 논의했던 것을 상기하라. 종종 국가 간 통합을 위한 전략에서 생산 요소 이동성의 불균형을 다룬다.

경제 통합, 즉 가입 국가에 특혜를 주는 정치적·경제적 협정은 다음과 같은 형태이다.

- 양자 통합
- 지역 통합
- 글로벌 통합

무역 그룹, 즉 양자 통합, 지역 통합, 글로벌 통합은 다국적 기업의 전략에 큰 영향을 미친다. 이는 각 회사가 기업 활동을 하면서 지켜야 할 규칙과 지역 시장의 규모를 결정한다. 실제로 시장 규모 확대가 가장 중요한 이유이다.[2] 해외 확장 초기 단계에 있는 기업은 무역 그룹이 좋은 생산 입지와 시장 기회를 보유한 국가를 어떻게 포괄하는지 알아야 한다. 토요타(Toyota)는 유럽 현지 소비자 특유의 니즈를 수용할 수 있도록 디자인과 생산 전략을 조정하여 유럽 지역에서 성과를 낼 수 있었다. 마찬가지로 북미자유무역협정(NAFTA)은 월마트(Walmart)의 멕시코와 중남미 진출에 영향을 미쳤다. 따라서 기업은 해외로 시장을 확대할 때 이런 제휴관계에서 계속 혜택을 얻으려면 조직 구조와 운영 전략을 바꿔야만 한다.

다국적 기업은 지역 무역 그룹에 관심을 가진다. 다국적 기업 또한 지역적인 성향을 가지고 있기 때문이다. 전 세계에서 조업을 하지만 다국적 기업은 각자의 지역에서 대부분의 매출을 올린다.[3] 추가적인 연구에 따르면 물리적 거리가 1% 증가하면 무역이 1% 감소하며 두 나라 사이의 국경을 접하고 있을 경우 (국경을 접하지 않는 경우보다) 무역이 80% 증가한다고 한다. 이는 기업이 속한 지역에서 상당히 높은 비율의 수익을 창출할 가능성이 있다는 추가적인 증거를 제공한다.[4] 다만 자국 지역에서 조업하는 기업은 다른 지역과의 무역협정에도 관심이 많다. 이는 중국과 같이 세계에서 가장 큰 시장 중 일부가 다국적 기업의 본국에서 멀리 떨어져 있거나 국경을 접하지 않기 때문이다.

세계무역기구(WTO): 글로벌 통합

8–2 세계무역기구(WTO)가 무엇이며, 전 세계적으로 무역 장벽을 줄이기 위해 어떤 일을 하는지 설명한다.

GATT: WTO의 전신

1947년, 23개국은 국제연합(UN)의 후원 아래 쿼터 철폐와 관세 경감을 목표로 **관세와 무역에 관한**

개념 체크

7장에서는 관세를 가장 일반적인 형태의 무역 제한으로 정의하고, 정부가 국제적으로 출하되는 상품에 부과하는 '세금'으로 설명했다. 이 장에서는 관세 장벽이 국경을 넘는 상품의 가격에 영향을 미친다는 사실을 강조한다.

일반협정(General Agreement on Tariffs and Trade, GATT)을 창설했다. 그러다 1995년에 세계무역기구(WTO)가 GATT를 대체했으며, 125개국이 회원으로 가입했다. 많은 사람은 GATT가 20세기 후반 무역 자유화에 기여하여 국제무역을 증가시켰다고 믿는다.

개념 체크

7장에서는 원칙적으로 어떤 국가도 상품과 서비스가 국경 밖으로 규제 없이 유통되는 것을 허용하지 않으며, 정부는 주기적으로 수입과 수출 흐름에 영향력을 행사한다고 설명했다. 또한 정부가 내수 산업에 직간접적인 보조금을 지급하여 외국 기업과의 경쟁을 지원하고 있음을 확인했다(1장에서는 정부가 국가 간 협정에 관여하게 만드는 동기를 나열했다).

개념 체크

7장에서 무역 통제 수단인 '비관세 장벽'을 다루면서 보조금을 한 가지 예로 제시했다. 보조금이란 정부가 해외 판매에서 발생한 손실을 보상하거나 해외 판매의 이윤을 높여주기 위해 기업에 직접 지불하는 금액이다.

비차별 무역 모든 회원국이 상대국에게 동등하게 시장을 개방해야 한다는 것이 GATT의 기본 원칙이다. 이 '비차별 무역' 원칙은 GATT의 **최혜국 조항**[most-favored-nation(MFN) clause]으로 구체화되었다. 최혜국 조항이란 특정 국가와 무역 상대국이 관세를 낮추기로 합의했다면 이 관세 경감은 자동적으로 다른 회원국에도 적용이 된다는 조항이다. 여기서 해당 국가와 무역협정을 체결했는지는 문제가 되지 않았다.

GATT는 산업 표준, 정부 조달, 보조금, 상계 관세(countervailing duty, 다른 국가의 보호무역 조치에 대한 대응으로 부과하는 관세), 라이선싱, 관세 평가 같은 비관세 장벽 문제를 놓고 씨름했다. GATT 가입국은 수입품에 국산품과 동일한 산업 표준을 적용하고, 대부분의 대형 조달에서 외국 기업의 입찰을 비차별적으로 처리하고, 농산물을 제외하곤 수출 보조금을 금지하고, 해외 수입품에 대한 라이선싱 절차를 간소화하고, 관세 부과를 위한 수입품 평가 시 동일한 절차를 사용하기로 합의했다.

GATT에는 이후 문제가 발생하기 시작했다. GATT의 성공이 정부들에게 무역 보호를 위한 교묘한 책략을 마련하도록 유도한 것이다. 국제무역은 점차 복잡해졌고, GATT 규칙의 적용 대상이 아닌 서비스 무역이 점차 중요해졌다. 절차적으로 GATT의 제도적 구조와 분쟁 해소 시스템이 점차 과다하게 확대 적용되기 시작했다. 또 조약 준수를 집행할 수 없었다. 이런 시장 흐름과 구조적인 어려움으로 인해 무역협정을 이행하기가 어려워졌다. 그리고 무역 자유화를 위한 수단을 효과적으로 복원하기 위해 1995년 **세계무역기구**(World Trade Organization, WTO)가 창설되었다.

WTO의 역할

WTO는 GATT 체제 아래 합의된 무역협정과 원칙을 그대로 채택했다. 그러나 서비스, 투자, 지식재산 무역, 위생 검역, 식물 검역, 농산물, 섬유, 기술 장벽 등 사명을 확대했다. 164개 회원국이 세계무역의 대부분을 차지하고 있으며, 추가로 22개국이 회원 가입을 신청했다. 전체 회원국은 합의를 통해 중요한 결정을 내린다. 그러나 회원국 간 합의에 이르지 못한 사안에는 다수결 투표를 적용할 수 있는 조항이 있다. 이후 회원국 정부는 합의된 내용을 비준해야 하지만 정치적으로 어려울 수도 있다.

세계무역기구(WTO)는 다음과 같은 활동을 하는 주요 기구이다.

- 상호 호혜적인 무역 협상
- 무역협정의 집행

개념 체크

7장에서 국가가 수입 장벽을 낮추도록 유도하기 위해 수입 제한을 사용하는 방법을 살펴보았다. 또한 WTO나 다른 협정의 조항을 준수하지 않는 정책을 가진 국가를 처벌하는 데도 이러한 방법을 사용할 수 있다고 설명했다.

최혜국 WTO는 GATT의 최혜국(MFN) 조항을 계승했다. 회원국은 해외 제품을 '국내 제품'과 동등하게 처리한다. 즉 비차별적으로 무역을 해야 한다는 의미이다. WTO는 이런 특혜를 정회원국으로 제한하고 있다. 그러나 특히 개발도상국이나 지역 또는 양자 무역 그룹에 속한 경우 일부 예외가 허용된다.

분쟁 해결 WTO의 기능 가운데 하나가 분쟁 해결 메커니즘이다. 이는 특정 국가가 WTO 패널에 불공정 무역 관행을 제소하고, 피고에 해당하는 국가가 이를 항소하는 절차이다. 모든 심사 단계에는 시간이 제한되어 있으며, WTO의 규칙이 구속력을 가진다. 피고국이 패널의 판결을 준수하지 않았다면 무역 상대국은 이에 대한 보상을 청구할 권리를 가진다. 처벌이 비효과적이라면 피고국의 무역 상대국은 상계 제재(countervailing sanction)를 부과할 권리가 있다. 그러나 이런 시스템이 효과적인지에 대한 상당한 논쟁이 있었다. 특정 사례의 경우 모호하고 시간이 많이 소요되었기 때문이다.

지역 경제 통합

8-3 지역 경제 통합의 주요 이점을 요약한다.

양자협정

양자 간 무역협정은 WTO와 협정을 성사시키려는 것보다 간단할 수 있지만, 이 역시 쉽지 않다. 양자 간 협정의 예로는 중국의 불공정한 무역 관행에 대한 관세 부과 가능성으로 촉발된 미국과 중국의 무역협상이 있다. 이러한 협상은 전 세계 증시의 침체로 이어졌지만, 2020년에 마침내 양자협정이 체결되었다. 그러나 중국에 대한 3,700억 달러의 관세가 남아 있었고, 이 협정은 무역 분쟁을 해결하기 위해 일어날 것으로 예상되는 여러 합의 중 첫 번째에 불과했다.

양자협정이란 두 국가, 또는 한 국가와 국가들로 구성된 그룹이 체결하는 협정이다.

지역무역협정(regional trade agreement, RTA)은 양자협정에서 더 큰 지역 국가 그룹에 이르는 둘 이상의 파트너 간 상호협정이다. 가장 잘 알려진 RTA는 유럽연합, 미국-멕시코-캐나다 협정(U.S.-Mexico-Canada Agreement, USMCA)과 그 전신인 북미자유무역협정(North American Free Trade Agreement, NAFTA), 아세안자유무역협정[Association of Southeast Asian Nations (ASEAN) Free Trade Area, AFTA]이 있다.

지역무역협정이란 2개 이상의 국가가 참여하는 지역 통합을 의미한다.

지리적 위치의 중요성

대부분의 무역 그룹에는 같은 지역에 속한 국가들이 참여를 한다. 인접 국가들이 제휴하는 몇 가지 이유가 있다.

- 상품 운송 거리가 짧다.
- 소비자 기호가 유사하고, 상대적으로 유통망 구축이 쉽다.

개념 체크

6장의 '지리적 거리'에서는 거리가 멀수록 운송 비용이 상승하고, 지리적 인접성이 무역협력을 촉진한다고 설명했다. 또 국가 유사성 이론을 소개했다. 이는 기업이 내수 시장의 환경에 맞는 신제품을 개발하면, 이를 내수 시장과 가장 유사한 시장에 수출하고자 한다는 이론이다.

인접 국가들은 역사와 이해가 비슷하다. 또한 인접 국가일수록 정책을 조율하기가 쉽다.[5] 지리적 인접성이 지역무역협정(RTA)을 유도하는 주요 요소이기는 하지만 모든 협정에 적용되는 것은 아니다. 예를 들면 인도는 그 지역 대부분의 국가들뿐만 아니라 핀란드, 일본, 한국과도 많은 무역협정을 맺고 있다. 독일은 다른 EU 회원국에 상품의 약 58%를 수출하고 수입한다. 스위스는 EU 회원국은 아니지만 EU와 무역협정을 맺고 있으며, EU 국가로의 수출과 수입이 전체의 절반을 차지한다. USMCA는 미국과 국경을 공유하는 멕시코와 캐나다를 포함한다. 반면에 캐나다-이스라엘 RTA는 지리적 근접성을 기반으로 하지 않으며, 한미 FTA와 현재 미국, 중국과의 무역협정 마찬가지이다.

경제 통합에서는 지리적 인접성이 중요하다

지리적 입지가 RTA에 중요한 이유는 여러 가지가 있다. 인접 국가들은 늘 그런 것은 아니지만 역사와 언어, 문화, 통화를 공유한다. 또 서로 전쟁을 하지 않는 한 무역관계를 발전시켜왔다. 지리적으로 가까우면 운송비가 줄어들어 제품을 더 저렴한 가격에 수출할 수 있다. 연구 결과에 따르면 두 국가의 지리적 거리가 1% 증가하면 국제무역은 1.1% 감소한다. 또한 국경을 맞대고 있는 국가 간 무역이 발생할 확률은 80%, (미국과 캐나다처럼) 동일한 언어를 사용하는 국가 간 무역은 200%,

경제 통합의 주요 형태는 다음과 같다.

- 자유무역협정: 내부 관세 없음
- 관세 동맹: 내부 관세가 없고, 대외 공통 관세 적용
- 공동 시장: 관세 동맹에 요소 이동성이 추가된 형태

(유로화를 도입한 EU의 국가와 같이) 동일한 통화를 사용하는 국가 간 무역은 340%가 증가한다. 지리적으로 인접한 국가가 RTA를 체결했을 때의 또 다른 이점은 동일 무역 블록에 가입한 국가들 간 무역이 다른 국가들과의 무역보다 330%가 높다는 사실이다.[6]

앞서 언급했듯이 지역 무역 그룹을 만드는 주된 이유는 시장을 확장하기 위해서이다. 관세 정책의 관점에서 볼 때, 특히 관세 인하 관점에서 두 가지 주요 유형의 협정은 자유무역협정과 관세 동맹이다. [그러나 많은 협정(특히 미국과 관련된 협정들)은 서비스, 해외직접투자, 노동 개혁, 지적 재산과 같은 분야를 포함하기 위해 관세 자유화를 넘어선다. 중국과의 양자협정의 경우 국유 기업에 대한 중국의 보조금 지급, 지식 재산권 보호에 대한 관심이 높다.]

- **자유무역협정**(Free Trade Agreement, FTA): FTA는 회원국 간 관세 철폐에 목표를 두고 있다. 통상 이미 관세가 낮은 상품의 관세부터 서서히 철폐하는 것을 출발점으로 삼는다. 이후 이행 기간을 두고 모든 상품에 대한 관세를 철폐한다. 그러나 회원국은 FTA에 가입하지 않은 국가에는 독자적인 관세 체계를 유지한다.
- **관세 동맹**(Customs Union): 회원국은 내부 관세(internal tariff)를 철폐하는 것에 추가하여 비회원국에서 수입되는 상품에 대외 공통 관세(common external tariff)를 부과한다. 예를 들면 1957년 EU가 시작된 후 회원국 사이의 내부 관세를 철폐하기 시작했다. 결국 1967년에 최종적으로 내부 관세를 철폐를 완료했으며 대외 공통 관세를 도입했다. 그리고 현재는 WTO와 다른 지역무역협정에서 개별 국가가 아닌 단일 지역으로 협상을 하고 있다.

지역 통합은 사회적, 정치적, 경제적 효과를 발생시킨다.

공동 시장 국가는 관세 및 비관세 장벽의 경감 외에도 다양한 방법으로 협력관계를 강화할 수 있다. EU는 노동과 자본 같은 생산 요소를 자유롭게 이동시킬 수 있도록 허용하고 있다. 노동자가 공동 시장의 국가라면 어느 곳에서나 자유롭게 일할 수 있다는 의미이다. 관세 동맹에 생산 요소의 자유로운 이동이 추가된 형태가 **공동 시장**(common market)이다. EU는 공통 통화를 만들어 통화 정책을 일치시켰고, 최종적으로 중앙은행을 설립했다. 이런 정도의 협력을 위해서는 회원국들이 일정 수준 정치를 통합해야 한다. 이는 각국의 주권이 감소한다는 의미이다.

통합에 따른 정적 효과는 무역 장벽이 무너지면서 비효율적인 기업에서 효율적인 기업으로 자원이 이동한다는 것이다.

통합에 따른 동적 효과는 생산 확대와 기업의 규모의 경제 달성으로 시장이 전반적으로 성장하고 기업에 미치는 영향이 커진다는 것이다.

개념 체크

6장에서는 비교우위 이론에 대해 설명했다. 다른 제품보다 상대적으로 더 효율적으로 생산할 수 있는 제품을 국가가 특화하여 생산한다면 (다른 나라가 같은 제품을 훨씬 더 효율적으로 생산할 수 있는지에 관계없이) 무역에서 전 세계적으로 효율성이 개선된다는 것이다.

통합의 효과

지역 경제의 통합은 회원국의 사회, 문화, 정치, 경제에 다양한 영향을 미친다. 그러나 여기서는 경제적 효과에 먼저 초점을 맞출 계획이다. 6장에서 언급했듯이 관세와 비관세 장벽은 상품의 자유로운 이동을 방해하여 자원 배분에 영향을 미친다.

정적 효과와 동적 효과 지역 경제의 통합으로 회원국의 무역 장벽이 낮아지거나 철폐되면 **정적 효과와 동적 효과**가 발생한다. **정적 효과**(static effect)는 무역 장벽이 무너지면서 비효율적인 기업에서 효율적인 기업으로 자원이 이동하는 것을 가리킨다. **동적 효과**(dynamic effect)는 생산 확대와 규모의 경제 달성에 따라 시장이 전반적으로 성장하고 기업에 미치는 영향이 커지는 것을 가리킨다. 그림 8.1은 RTA가 어떻게 무역과 투자 흐름에 정적 효과와 동적 효과를 가져오는지 보여준다.

정적 효과는 다음 두 가지 조건 가운데 하나가 발생할 때 개발되곤 한다.

무역 창출은 더 효율적인 생산자가 생산을 하게 된다는 것이다. 이는 비교우위에 근거를 두고 있다.

1. **무역 창출**: 보다 효율적인 생산자가 생산을 하게 된다. 이는 비교우위에 근거를 두고 있다. 소비

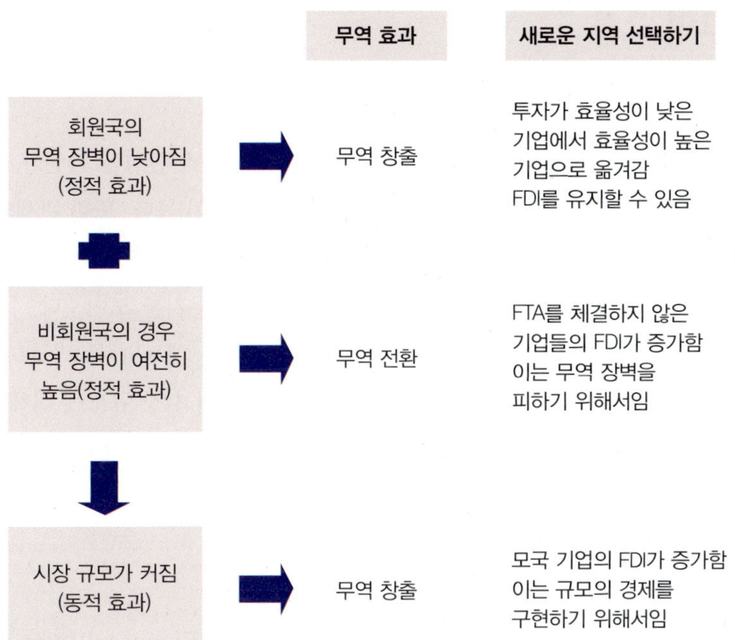

그림 8.1 FTA의 효과
경제 통합이 무역 장벽을 철폐하거나 경감할 때 국가에 미치는 효과는 정적 효과와 동적 효과로 구분할 수 있다. 정적 효과란 무역 장벽 자체에 대한 효과이다. 회원국에서는 무역 장벽이 낮아지고 비회원국에서는 높아진다. 동적 효과란 경제적인 변화를 가져오는 효과이다. 이는 새로운 시장을 조성한다. 시장이 확대되고, 현지 기업에 영향을 미친다. 시장이 커진 데 따른 이점을 얻게 되는 것이다.

자는 통합이 없을 때보다 더 저렴한 가격에 더 많은 제품을 구입할 수 있다. 내수 시장에서 보호를 받던 기업은 무역 장벽이 제거되어 보다 효율적인 생산자와 경쟁을 시도할 때 어려움을 겪게 된다. 전략적인 함의는 무역 장벽이 낮아지면서 (보다 효율적으로 생산을 할 수 있음에도 불구하고) 다른 국가로 수출할 수 없었던 기업이 수출할 수 있게 되는 것이다. 결국 이들 기업의 제품에 대한 수요는 증가하고, 내수 시장에서 보호를 받던 기업의 제품에 대한 수요는 감소한다. 투자 또한 보다 효율적인 국가, 생산 요소에 비교우위를 보유한 국가로 이동한다.

2. 무역 전환 : 무역 그룹 내 국가와의 무역은 증가하고, 기타 국가와의 무역은 그만큼 감소한다. 이들 국가의 기업들이 더 효율적으로 생산을 할 수 있는 경우에도 마찬가지이다.

무역 전환은 무역 그룹 내 국가와의 무역이 증가하는 것이다. 반면 무역 그룹 외 국가와의 무역은 상대적으로 감소한다.

규모의 경제 경제 통합으로 무역 장벽이 철폐되고 시장이 커지면 동적 효과가 발생한다. 시장이 커지면 기업은 생산을 늘릴 수 있다. 이는 제품 단가의 인하로 이어진다. 이것이 **규모의 경제**(economies of scale)이다. 기업은 더 저렴하게 생산할 수 있고, 이는 기업에게 유익하다. 생존을 위해서는 효율성을 제고해야 하기 때문이다. 규모의 경제로 시장이 커지고 다국적 기업의 투자 환경이 조성되면 회원국 간 무역(무역 창출)과 FDI가 증가한다.

규모의 경제는 생산이 증가함에 따라 생산되는 단위당 평균 비용이 감소하는 것을 말하며, 지역 통합에서 발생한다. 왜냐하면 지역 통합으로 시장 규모가 커지기 때문이다.

경쟁 강화 RTA로 발생하는 또 다른 주요 효과는 경쟁 강화를 통한 효율성 개선이다. 유럽의 많은 다국적 기업이 인수합병을 했다. 이는 시장이 커진 데 따른 경쟁력을 확보하기 위함이다. 멕시코의 기업은 NAFTA로 미국 및 캐나다 기업과의 경쟁이 치열해지면서 경쟁력을 강화해야 했다. 또한 NAFTA가 USMCA로 대체됨에 따라 더욱 경쟁력을 강화를 위한 준비를 해야 했다. 이는 효율적이지 못한 기업에서 효율적인 기업으로 투자가 이동하거나 기존 기업이 효율성을 제고하도록 유도한다.

주요 지역 무역 그룹

8-4 지역별 무역 블록을 비교하고 대조한다.

다국적 기업은 지역별 무역 그룹의 시장, 원자재 공급원, 생산지에 관심을 가진다. 새로운 시장이 크고 풍요로울수록 주요 투자국 및 투자 기업의 관심을 끌 가능성이 높다. 또한 관세와 그 외의 무역 장벽이 낮아짐에 따라 역내 각국에의 접근이 어떻게 용이하게 되는지를 이해하는 것이 중요하다. 표 8.1은 3개 지역 무역 그룹의 GDP와 인구를 비교하여 얼마나 다른지를 보여준다. 유럽연합(EU)의 아일랜드, 북미자유협정(NAFTA)의 캐나다, 아세안(ASEAN)의 베트남 등 각 그룹에서 1개국만 선택했다. 이를 통해 각 국가의 시장 규모는 지역 무역 그룹에서의 시장 규모에 비해 얼마나 작은지 알 수 있다. 비교 목적으로 EU의 인구와 GDP 데이터는 2020년 2월 1일 EU를 탈퇴한 영국을 포함하지 않았다.

유럽 연합

유럽연합(EU)은 다음과 같은 특성이 있다.

- 유럽경제공동체(EEC)와 유럽공동체(EC)를 거쳐 결성되었다.
- 규모가 크고 가장 성공적인 지역 통합이다.
- 상품, 서비스, 자본, 사람의 자유무역을 보장한다.
- 공통 관세를 부과한다.
- 공통 통화를 사용한다.

개념 체크

6장에서는 대국이 통상 소국보다 무역 의존도가 낮다는 국가 규모 이론을 설명했다. 같은 원칙이 경제 블록에도 적용되는데, 지역 경제의 통합이 회원국들의 외부 무역 의존도를 줄이는 데 필요한 규모를 달성하는 한 가지 방법임을 지적한다.

두 번째로 인구가 많고 가장 포괄적인 지역 경제 그룹은 **유럽연합**(European Union, EU)이다. 처음에는 내부 관세를 단계적으로 폐지하는 것으로 시작했지만, 결국 외부 관세를 제정하고 통합을 위한 다른 정책(자유로운 노동 이동, 공통적인 농업 정책 수립, 부가가치세 시스템 동의 등)을 실시했다. 유럽 의회의 구성 및 공통 통화인 유로화의 설립은 유럽연합을 모든 역내 무역 그룹 중 가장 야심 찬 그룹으로 만들었다.[7] 표 8.2는 유럽연합의 주요 사건을 요약하고 있으며, 지도 8.1은 유럽연합 회원국 및 기타 주요 유럽 그룹을 식별한다.

전임자 제2차 세계대전이 남긴 경제적·인적 파괴 때문에 유럽의 정치 지도자들은 유럽 국가 사이의 더 큰 협력이 회복을 가속화하는 데 도움이 될 것이라고 느꼈다. 유럽경제공동체(European Economic Community, EEC)를 포함한 많은 조직이 결성되었다. 특히 유럽경제공동체는 유럽 각국을 통합하는 조직으로서 세계에서 가장 강력한 무역 블록 중 하나로 부상했다. 영국을 포함한 몇몇 국가는 내부 관세를 없애겠다는 제한된 목표를 가지고 유럽자유무역연합(European Free Trade Association, EFTA)을 결성했다. 그러나 이 국가들 대부분은 결국 유럽연합의 일부가 되었다. EFTA를 탈퇴하지 않기로 한 국가들(아이슬란드, 리히텐슈타인, 노르웨이, 스위스)은 여전히 서로 자유무역협정을 맺고 있다. 스위스를 제외한 국가는 유럽경제지역(European Economic Area, EEA)의 일부인데, 이 경제 지역은 유럽연합의 '네 가지 자유', 즉 상품, 서비스, 노동, 자본의 자유로운 이동에 대한 접근을 제공한다. 그러나 이 경제 지역은 관세 동맹이나 통화 동맹과 같이 다른 협

표 8.1 지역 그룹의 비교

	인구(100만 명, 2018)	GDP(조 달러, 2018)
유럽연합(EU)	446.835	15.913
미국-멕시코-캐나다 협정(USMCA)	490.417	23.478
아세안자유무역협정(AFTA)	647.016	2.922

비교를 위해 EU의 인구 및 GDP 데이터에는 2020년 2월 1일에 EU를 탈퇴한 영국이 포함되지 않았다.

출처: http://data.worldbank.org/ (February 1, 2020); http://www.asean.org/ (February 4, 2020); https://europa.eu/european-union/about-eu/figures/living_en (February 1, 2020).

표 8.2 유럽연합의 주요 사건

1959	유럽경제공동체(EEC) 내의 관세 및 쿼터의 점진적인 폐지에 첫 번째 단계가 취해졌다. 1951년에 설립된 유럽 석탄 철강 공동체는 경제 통합에 대한 더 넓은 비전을 제시했다.
1960	스톡홀름협약에서 유럽연합의 자유 무역의 대안으로 유럽자유무역연합(EFTA)을 설립했다. 아이슬란드, 노르웨이, 리히텐슈타인, 스위스가 포함되었다.
1961	EEC 내 노동자의 자유로운 이동에 관한 첫 번째 규정이 시행되었다.
1962	공동 농업 정책이 채택되었다.
1966	부가가치세(VAT) 시스템에 대한 합의가 이루어졌다. 유럽공동체 집행부를 통합하는 조약이 발효되었다. EEC의 명칭을 유럽공동체(EC)로 바꿨다.
1967	모든 내부 관세가 없어지고, 공통 외부 관세가 부과되었다.
1973	덴마크, 아일랜드, 영국이 EC의 7, 8, 9번째 회원국이 되었다.
1981	그리스가 EC의 10번째 회원국이 되었다.
1986	스페인과 포르투갈이 EC의 11, 12번째 회원국이 되었다.
1992	EC를 유럽연합(EU)으로 변경하는 협정이 1992년에 채택되었고, 1993년에 시행되었다.
1995	오스트리아, 핀란드, 스웨덴이 13, 14, 15번째 회원국이 되었다.
1996	EU 정상회의는 영국, 스웨덴, 덴마크(개별 결정), 그리스(미정, 2001년에 채택)를 제외한 모든 EU 국가가 참여하는 유럽 단일 통화에 가입할 11개국을 지명했다.
1999	유럽 단일 통화인 유로가 발효되었다(1999년 1월 1일). 동전과 지폐는 2002년 1월 1일에 유통되었다.
2004~2016	사이프러스, 체코, 에스토니아, 헝가리, 라트비아, 리투아니아, 몰타, 폴란드, 슬로바키아, 슬로베니아가 2004년에 회원국으로 승인되었다. 불가리아와 루마니아는 2007년에, 크로아티아는 2016년에 회원국으로 승인되었다.
2020	영국이 EU를 탈퇴했다(2020년 2월 1일).

EU는 1957년 설립 이후 완전한 경제 통합을 향해 나아가고 있다. 초기 회원국인 6개 국가는 벨기에, 독일, 프랑스, 이탈리아, 룩셈부르크, 네덜란드이다.
출처: Europa, "The History of the European Union," http://europa.eu/about-eu/index_en.htm (February 4, 2020)

력 분야는 포함하지 않는다.[8] 무역 관계의 관점에서 브렉시트 이후 영국에 어떤 일이 일어날지는 두고 봐야 할 것이다.

조직 구조 유럽연합은 유럽연합 집행위원회, 유럽 이사회, 유럽 의회, 유럽 사법재판소 및 유럽 중앙은행 등 많은 통치 기구를 포함한다.[9]

유럽자유무역연합(EFTA)은 유럽연합과 긴밀한 관계를 맺고 있는 아이슬란드, 리히텐슈타인, 노르웨이, 스위스가 참여하는 자유무역협정이다.

다국적 기업이 유럽에서 성공하기 위해서는 투자나 사업을 하는 각 개별 유럽 국가의 거버넌스 프로세스를 이해해야 하는 것과 마찬가지로 유럽연합의 거버넌스 프로세스를 이해해야 한다. 이 기관들은 기업 운영과 관련한 기준을 설정하므로 경영진은 기업의 전략에 영향을 미칠 수 있는 기관과 의사결정 방법을 이해할 필요가 있다. 이는 모든 회원국이 같은 무역협정에 참여하지만 이해관계와 계획에 차이가 있기 때문이다.

주요 규제 기관 **유럽연합 집행위원회**(European Commission)는 유럽연합의 정치적 리더십과 방향을 제공하며, 각 회원국이 지명하고 유럽 의회가 승인한 5년 임기의 위원들로 구성된다. 집행위원회의 위원장은 회원국 정부가 지명하고 유럽 의회가 승인한다. 유럽연합 집행위원은 각 정부의 대표자로서가 아니라 유럽연합의 다양한 프로그램을 운영한다. 집행위원회는 유럽 의회와 유럽연합 이사회에 제출한 법률 초안을 작성한다.

유럽연합 집행위원회는 정치적 리더십을 제공하고 법률의 초안을 작성하며 유럽연합의 다양한 일일 프로그램을 운영한다.

유럽 이사회(European Council)는 각 회원국의 정상, 집행위원회 의장 및 외교안보 정책 고위 대표로 구성되어 있다. 이사회는 분기별로 개최되며 유럽연합의 전반적인 방향, 특히 외교와 유럽연합의 안보에 대해 가장 높은 수준의 책임을 진다. 이사회는 또한 유럽 중앙은행과 유럽연합 집행위

유럽 이사회는 각 회원국의 정상, 유럽연합 집행위원회 의장, 외교 안보 정책 고위 대표로 구성된다.

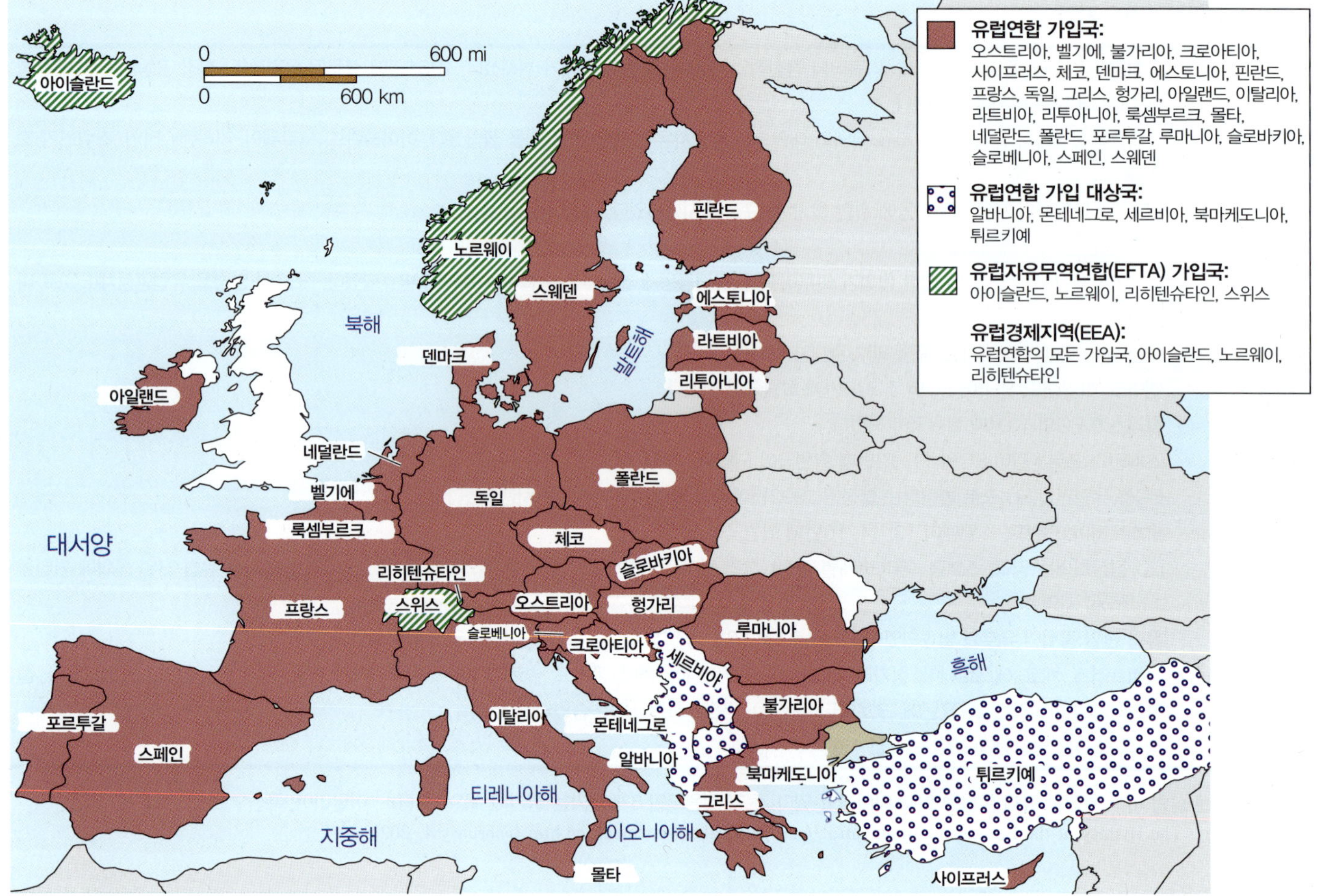

지도 8.1 유럽 무역 및 경제 통합

27개 회원국으로 구성된 EU가 유럽의 지배적인 무역 블록이지만 유일한 것은 아니다. 1960년에 설립되고 4개 회원국으로 구성된 유럽자유무역연합(EFTA)도 여러 나라와 공동자유무역협정을 유지하고 있다. 유럽경제지역(EEA)은 EU, 아이슬란드, 리히텐슈타인, 노르웨이를 내부 시장으로 통합한다. 스위스는 EEA의 일부가 아니다.

원회 구성원을 지명하고 임명한다. 하지만 이사회는 법을 통과시킬 수 없다.

유럽 의회의 세 가지 주요 책무는 입법권, 예산 통제, 행정 결정에 대한 감독이다.

유럽 의회(European Parliament)는 모든 회원국에서 선출된 705명으로 구성된다. 5년마다 선출되며 회원 수는 인구에 따라 결정된다. 입법권, 예산 통제, 행정 결정에 대한 감독 등 3대 책무가 있다. 구성원은 국적이 아닌 정치적 소속별(예: 기독교민주당, 녹색당 등)로 분류된다. 집행위원회는 의회에 커뮤니티 법안을 제출하고 의회에서 입법을 승인해야 한다.[10]

유럽 사법재판소는 유럽연합 조약의 일관된 해석과 적용을 보장한다.

유럽 사법재판소(Court of Justice)는 유럽연합 조약의 일관된 해석과 적용을 보장한다. 회원국, 각 기관, 개인 및 기업은 법원에 소송을 제기할 수 있다. 법원은 조약법 위반에 대해 유럽연합 집행위원회가 벌금에 처하는 개인, 기업 및 조직의 항소 법원 역할을 한다.[11]

반독점 조사 유럽연합은 독점 금지법을 시행하는 데 매우 적극적이다. 예를 들어 페이스북(Facebook),[12] 마이크로소프트(Microsoft), 구글(Google)과 같은 최첨단 기술 회사의 독점적인 시장 위치 때문에 경쟁자들을 해치고 있다는 혐의, 애플(Apple)과 아마존(Amazon)이 아일랜드와 룩셈부르크로부터 부당한 세금 혜택을 받고 있다는 혐의, 구글이 개인 정보 보호 정책을 위반하고 있다는 혐의 등을 각각 제기했다. 구글은 최근 새로운 유럽연합의 프라이버시법을 위반했다는 이유로

5,000만 유로(5,700만 달러)의 벌금을 부과받았다. 과징금의 취지는 구글이 마케팅을 목적으로 사용자의 데이터를 수집하는 데 동의를 얻기 위해 충분한 조치를 취하지 않았다는 것이다.[13] 구글을 포함한 대부분의 케이스는 아직도 진행 중이지만 기술, 소비자 행동, 시장 수요의 끊임없는 변화 때문에 결론을 내리기가 쉽지 않다.[14]

통화 동맹: 유로화 1992년 유럽연합 회원국들은 부분적으로 통화 동맹을 설립하고 정치적 연합을 강화하기 위해 마스트리히트 조약(Treaty of Maastricht)에 서명했다. 1999년 1월 1일, **유로화**(Euro)는 유럽연합의 공통 통화로 정식으로 제정되었고 2002년에 새로운 지폐가 발행되었다. 공통 통화로 전환하기로 한 결정에 따라 무역 장벽으로 작용하던 개별 통화가 제거되었다. 2020년 현재, 27개 유럽연합 회원국 중 19개국이 유로존(Euro zone)으로도 알려진 유로를 채택했다. 덴마크와 영국(현재는 유럽연합 회원국이 아니다)만이 공통 통화를 사용하지 않는 가운데 다른 나라들도 그렇게 할 준비를 하고 있다. 다른 유럽 국가들도 유럽연합 회원국이 아니지만 유로화를 사용한다. 10장에서 유로화에 대해 더 자세히 논의할 것이다. 유럽 중앙은행은 유럽연합의 통화 정책과 유로화의 안정을 관리할 책임이 있다.

마스트리히트 조약은 정치적 연합과 통화 동맹을 육성하는 것을 추구했다.

유로화는 다음과 같다.

- 유럽에서 통용되는 통화이다.
- 유럽 중앙은행이 관리한다.
- 1999년 1월 1일에 제정되었다.
- 2002년에 새로운 지폐가 발행되었다.

솅겐 지역 유럽연합 내 회원국 간 사람들의 자유로운 이동을 촉진하기 위해 1990년에 솅겐협정이 체결되었다. 이로 인해 유럽연합 시민들은 어느 회원국에서나 여행, 일, 거주가 가능하게 되었다. 이 협정으로 국경 검문이 사라졌다. 영국을 포함한 몇몇 회원국은 서명하지 않았지만 EFTA의 모든 회원국을 포함한 몇몇 비유럽연합 국가도 서명했다. 그러나 각국은 안전상의 이유와 비상사태를 대비해 비솅겐 회원국과의 국경 관리를 강화하고 있다.[15]

이민: 솅겐에 대한 위협 최근 몇 년 동안 테러리즘과 이민으로 인해 유럽에서 국경을 넘는 사람들의 자유로운 이동이 일부 제한되었다. 프랑스와 벨기에는 테러 공격을 받았다. 이민자들이 프랑스에서 벨기에로 자유롭게 국경을 넘을 것이라는 우려로 벨기에 정부는 프랑스에서 들어오는 무여권 여행을 부분적으로 중단했다. 벨기에 국경 근처 캠프에 살던 시리아와 다른 나라에서 온 많은 이민자가 벨기에로 이동하려고 시도했다.[16] 유럽은 항상 난민, 특히 정치적 난민에게 개방되어 있지만 시리아 내전은 제2차 세계대전 이후 어느 때보다도 많은 난민이 유럽으로 유입되는 결과를 낳았고, 이는 유럽 입장에서 큰 문제가 되었다. 또한 너무 단기간에 일어났기 때문에 유럽연합은 준비가 되어 있지 않았다. 난민은 시리아에서 튀르키예로, 그리스로, 그러고 나서 유럽의 다른 곳으로 이동했다. 유럽연합은 튀르키예와 협력하여 시리아 난민이 계속 튀르키예에 있도록 설득했고, 심지어 튀르키예가 난민을 더 많이 수용한다면 재정적 지원은 물론 유럽연합에 가입할 수 있게 도와주기로 약속했다. 하지만 난민은 20%가 넘는 실업률과 재정 위기로 인해 시리아 난민을 수용하기 어려운 그리스로 계속 유입되었다.[17] 세계 지도자들이 시리아의 정치적 위기를 해결할 방법을 찾고자 노력할 때 유럽은 난민 위기를 해결하려 노력했다. 국경 간 이동에 까다로운 절차를 도입하는 것부터 국경 봉쇄에 이르기까지 다양한 해결책이 검토되었다. 무엇보다 이민 위기를 해결하는 것은 매우 중요하다. 그렇지 않으면 유럽은 국경 개방을 제안한 것에 따른 막대한 비용을 치르게 될 것이다. 즉 국경 개방이라는 개념 자체가 틀렸다는 돌이킬 수 없는 피해를 야기할 뿐만 아니라 국경을 넘는 무역을 늦추고 중단하게 될 것이다. 그리고 국경을 폐쇄하는 것은 심각한 인도주의적 위기 또한 초래할 수 있다.[18]

이민과 테러는 솅겐협정의 핵심인 개방된 국경을 위협한다.

유럽연합은 2004년에 15개국에서 25개국으로 확대되었다. 그 후 루마니아와 불가리아는 2007년에, 크로아티아는 2013년에 각각 가입이 승인되었고, 브렉시트 이후 27개국이 되었다.

개념 체크

6장에서는 자본에 비해 노동력이 풍부한 국가에서 많은 노동자가 실업자이거나 저임금인 경향이 있다고 지적했다. 자유로운 이민(이주)이 허용될 경우 그들은 완전한 고용과 더 높은 임금을 받을 수 있는 국가로 이주할 것이다. 그러나 이주의 행선지가 되는 국가의 정부는 이런 요소이동성을 제한한다.

확장 유럽연합의 주요 과제 중 하나는 확장이다. 현재 공식 회원 후보로는 알바니아, 몬테네그로, 북마케도니아, 세르비아, 튀르키예가 있다. 튀르키예는 유럽과 아시아에 걸쳐 있고 99.8%가 이슬람교도(대부분 수니파)인 7,590만 명이 살고 있는, 인구 8,089만 명의 독일에 이어 두 번째로 많은 인구를 가지고 있는 흥미로운 후보이다. 제조업 기반이 튼튼하고 유럽과 활발한 무역을 하고 있다. 앞에서 설명한 바와 같이 튀르키예 입장에서는 유럽연합이 시리아 난민 때문에 맞닥뜨린 인도주의적 위기에 대처할 수 있도록 돕는 것도 하나의 열쇠가 될 수 있다. 튀르키예는 시리아 국경과 맞닿아 있어 임시 취업비자로 시리아 난민들을 정착시킨 뒤 정치적 상황이 안정되면 시리아로 돌아가도록 도울 수 있는 독특한 위치에 있다. 그러나 튀르키예의 정치적 혼란은 유럽연합 가입에 부정적인 영향을 주는 심각한 문젯거리이다.

양자협정 회원국에 무역 장벽을 낮추는 것 외에도 유럽연합은 역외의 다른 나라와 많은 쌍무 자유무역협정을 체결했다. 유럽연합은 다른 국가들과 하나의 주체로 협상을 하기 때문에 모든 회원국이 회담의 결과로부터 이익을 얻었음에도 불구하고 유럽연합의 무역협상은 양자협정으로 간주된다. 이 협정으로 인한 상대방 국가의 이득은 협정에 서명함으로써 유럽연합 27개국에 접근할 수 있다는 것이다.

대서양 횡단 무역 및 투자 파트너십(T-TIP) 흥미로운 잠재적 협정 중 하나인 대서양 횡단 무역 및 투자 파트너십(Transatlantic Trade and Investment Partnership, T-TIP)은 미국과 유럽연합이 체결한 협정이다. 두 초강대국 사이의 관세는 이미 낮지만(미국과 유럽연합은 서로가 세계에서 가장 큰 무역 파트너이며 세계 경제 생산량의 거의 절반을 차지한다) 새로운 협정은 남은 관세를 없애고 지역 간 무역을 활성화하며, 서로의 제품 표준을 조화시키는 데 도움을 줄 것으로 예상된다. 미국 노동조합은 미국과 유럽연합의 노동 및 환경 기준이 유사하고 협정이 연간 수십억 달러의 성장 및 수천 개의 일자리가 생길 수 있으므로 이러한 협정을 기꺼이 지지할 것이다.[19]

그러나 미국과 유럽연합이 2013년에 협상을 시작하면서 몇 가지 문제가 발생했다. 유럽 의회의 지원을 받는 프랑스는 영화와 음악 산업을 지원하기 위해 보조금과 쿼터를 계속 제공하고 문화 산업을 앞으로의 무역협상에서 배제하기를 원했다. 반면 미국 농부는 유럽의 농업 안전 기준을 동의하지 않으며 유럽연합을 보호주의자로 인식하고 있다. 분명 두 지역의 경제 성장이 촉진되리라는 희망에도 불구하고 어떠한 합의도 이루어지기는 어려울 것으로 보인다.[20] 2018~2019년에도 논의가 계속되면서 다른 문제가 제기되었다. 미국은 유럽의 자동차에 관세를 부과하여 위협했고, 유럽은 유럽의 강력한 농업 산업(특히 프랑스의 농업 산업) 보호를 위해 농업 부문을 협상에서 제외하기를 원했다.[21] 게다가 프랑스는 미국의 디지털 제품에 세금을 부과하면서 훨씬 더 큰 긴장을 야기했다. 2019년에 유럽연합과 미국이 무역 문제를 해결하고자 계속 노력했음에도 불구하고 유럽연합은 T-TIP가 이득이 없으며 더 이상 참여하지 않겠다고 선언했다.[22]

유럽연합에서 기업 전략을 세울 때 시사점은 다음과 같다.

- 기업은 어디에서 제품을 생산할지 결정해야 한다(생산지 결정).
- 기업은 진입 전략이 무엇일지 결정해야 한다(신규 투자, 기존 투자 확대, 합작 · 합병의 결정).
- 기업은 유럽연합의 공통 분모와 각 국가 간 차이에서 균형을 맞추어야 한다.

유럽연합과 비즈니스하기: 기업 전략에 미치는 영향 유럽연합은 인구와 소득(GDP), 양 측면에서 기업이 간과할 수 없는 거대한 시장이다. 또한 지리적 근접성과 무역 장벽의 제거가 무역에 어떤 영향을 미치는지 보여주는 좋은 예를 제공한다. 유럽연합 국가들의 상품 수출입의 절반 이상이 역내 무역이며, 이는 다른 지역 혹은 심지어 양자 간 무역협정보다 훨씬 더 안정적이다. 또한 대부분의 회원국이 사용하는 공통 통화, 지리적 근접성과 유럽연합의 존속 기간과 지역 내 무역이 높은 주된 이유로 평가된다.

유럽연합에서의 비즈니스는, 특히 외부 다국적 기업의 경우 다음의 세 가지 측면에서 기업 전략에 영향을 줄 수 있다.

1. **생산지 결정**: 한 가지 전략은 운송 비용을 낮추고 제품을 한 국가에서 다른 국가로 이동시키는 데 걸리는 시간을 최소화하기 위해 유럽의 중심 위치에서 생산하는 것이다. 그러나 중앙유럽에서 생산하는 경우 비용이 가장 높다. 예를 들어 독일에서 자동차 산업의 제조 임금은 동유럽 국가의 임금보다 훨씬 높다. 그래서 토요타는 체코와 폴란드 같은 저임금 국가에 공장을 설립하는 것을 선택했다.
2. **신규 투자, 기존 투자 확대, 합작·합병의 결정**: 토요타는 유럽에 제조 플랫폼을 처음 설립했을 때 유럽 자동차 회사의 공급사슬을 이용하기 위해 PSA 푸조-시트로엥(PSA Peugeot-Citroën)과 합작해 체코에 새로운 공장을 건설했다. 유럽 시장은 여전히 미국에 비해 통합되어 있지 않고 비효율적이라고 여겨지기 때문에, 대부분의 전문가는 유럽에서는 합병, 인수, 기업 분사(spinoff)가 계속되어야 한다고 생각하고 있으며, 미국 기업은 유럽 시장에서의 입지를 확보하고 경쟁을 낮추기 위해 유럽 기업을 인수하고 있다.
3. **'공통' 분모와 국가 간 차이와의 균형**: 유럽연합은 언어와 역사의 다양성으로 인해 국가 간 차이가 크다. 회원국 간 경제 성장률 또한 다르다. 또한 2008년 이후 침체된 경제 성장은 회원국들이 전반적으로 낮은 성장 가운데 있다는 것을 의미한다. 예를 들어 최근 몇 년 동안 남유럽, 특히 그리스, 사이프러스, 이탈리아, 스페인의 경제 성장률은 마이너스를 기록했고, 독일과 프랑스는 양(+)의 성장률이지만 비교적 보합세를 보였으며, 아일랜드의 성장률은 비교적 건실했다.

유럽연합에 맞는 비즈니스 전략을 택한 좋은 예를 토요타에서 볼 수 있다. 토요타는 유럽산 자동차를 디자인하느라 바쁜데, 유럽 어디에 집중할 것인가? 기후는 말할 것도 없고 북유럽과 남유럽의 취향과 선호는 크게 다르다. 그러나 토요타는 범유럽 전략을 촉진하기 위해 생산지 결정과 디자인을 이용하려 한다.

기업은 유럽연합 전체를 위한 전략과 유럽 내부의 개별 회원 국가를 위한 전략을 비교하는 데 항상 어려움을 겪을 것이다. 이러한 도전에도 불구하고 유럽연합이 성장하고 더 많은 유럽 국가들을 포괄함에 따라 기업은 유럽에서 시장 및 공급을 확대할 기회가 많아지고 있다.

미국-멕시코-캐나다 협정(USMCA)

미국과 캐나다 사이에는 역사적으로 다양한 형태의 상호 경제 협력이 존재해왔으며, 이를테면 1989년 캐나다-미국 자유무역협정으로 양국은 무역에 대한 모든 관세를 철폐했다. 1991년 2월, 2020년의 미국-멕시코-캐나다 협정(U.S.-Mexico-Canada Agreement, USMCA)이 통과되기 전에 멕시코는 자유무역협정을 체결하기 위해 미국에 접근했으며, 캐나다가 공식 협상에 포함되었고, 그 결과로 나온 **북미자유무역협정**(North American Free Trade Agreement, NAFTA)은 1994년 1월 1일에 발효되었다. USMCA가 NAFTA 협정을 대체하고 있지만 많은 측면에서 두 협정은 동일하다. USMCA는 NAFTA의 일부 기능을 변경하고 다른 기능을 추가한 것이며, USMCA를 이해하려면 NAFTA의 기본 개념을 이해하는 것이 필요하다.

북미자유무역협정(NAFTA)은 다음과 같다.

- 캐나다, 미국, 멕시코를 포함한다.
- 1994년 1월 1일에 발효되었다.
- 상품, 서비스, 투자를 자유무역한다.
- 큰 무역 블록이지만 각기 다른 크기와 부를 가진 국가들을 포함한다.

북미자유무역협정(NAFTA)의 근거는 다음과 같다.

- 미국과 캐나다의 무역은 세계에서 가장 큰 양자 무역이다.
- 미국은 멕시코와 캐나다의 가장 큰 무역 상대국이다.

왜 NAFTA인가 NAFTA는 지리적 위치와 무역의 중요성 측면에서 모두 논리적 근거를 가지고 있다. 비록 캐나다-멕시코 간 무역협정이 체결되었을 때 중요하지는 않았지만, 미국은 양국 각각과 주요 무역관계를 맺고 있었다. 실제로 미국과 캐나다의 양자무역은 유럽연합 27개 회원국을 포함하지 않을 경우 세계에서 가장 큰 규모인데, 표 8.1에서 알 수 있듯이 NAFTA는 유럽연합 27개 회원국을 합친 것보다 인구와 GDP 측면에서 더 강력한 무역 블록이다. 특히 유럽연합과 비교할 때 중요한 것은 다른 국가들에 비해 미국 경제가 엄청난 규모를 차지한다는 것이다. 이에 반해 유럽연합에는 미국과 같은 지배적인 국가가 없다. 캐나다는 멕시코보다 약간 높은 GDP를 가지지만 인구는 더 적다. 게다가 멕시코의 인구는 캐나다보다 빠르게 증가하고 있다.

USMCA는 관세 및 비관세 장벽 철폐, 무역 규범의 조화, 서비스와 외국인 투자에 대한 제한의 자유화, 지적 재산권의 집행, 분쟁 해결 절차 등을 요구한다.

평균 관세가 100%였던 멕시코는 1986년에 GATT 가입 이후 관세 인하에 큰 진전을 이루었다. 2008년 1월 1일 이후 캐나다와 멕시코에서 미국의 수출품에 대한 모든 관세와 쿼터가 철폐되었기 때문에 지역 자유무역협정의 설립이 훨씬 쉬워졌다. 유럽연합과 달리 NAFTA는 관세 동맹이나 공동 시장이 아닌 상품과 서비스에 대한 자유무역협정이며 공통 통화가 없다. 이는 USMCA에서도 지속되었다. 그러나 USMCA는 관세 및 비관세 장벽의 철폐를 훨씬 넘어 디지털 무역, 금융 서비스, 투자, 지적 재산권, 노동, 환경 및 강력한 분쟁 해결 메커니즘에 대한 조항을 포함하고 있다.

정적 및 동적 효과 USMCA를 통해 경제 통합의 정적 효과와 동적 효과를 살펴볼 수 있다. 예를 들어 경제 자유화의 **정적 효과**는 캐나다와 미국의 소비자가 멕시코의 저비용 농산물을 구매함으로써 얻는 이익을 생각할 수 있다. 또한 **동적 효과**는 미국 생산자가 미국 제품에 대한 엄청난 선호와 욕구를 가진 크고 성장하는 멕시코 시장에 판매함으로써 얻는 이익을 예로 들 수 있다.

USMCA는 무역 전환의 좋은 예이다. 아시아에 대한 미국의 일부 무역과 투자는 멕시코로 전환되었다.

무역 전환 USMCA는 무역 전환의 좋은 예를 보여준다. NAFTA 협정 이전에 미국과 캐나다의 많은 기업이 저비용 노동력을 활용하고자 아시아에 제조 시설을 설립했다. 예를 들어 IBM은 싱가포르에서 컴퓨터 부품을 만들었다. 그러나 NAFTA 이후 멕시코는 IBM에게 좋은 옵션이되었고, 5년 만에 IBM은 멕시코에서 미국으로의 수출을 3억 5,000만 달러에서 20억 달러로 늘릴 수 있었다. 비NAFTA 국가의 기업도 NAFTA를 이용하여 미국과 캐나다에 (특히 자동차 산업에) 진출하기 위해 멕시코에 투자하기 시작했다.

원산지 규칙은 더 낮은 관세에 접근하기 위해서는 제품과 서비스가 북미에서 생산되어야 함을 말한다.

원산지 규칙과 지역 콘텐츠 USMCA의 두 가지 중요한 구성 요소는 원산지 규칙과 지역 콘텐츠이다. 관세 동맹이 아닌 자유무역협정이기 때문에 각국은 협정 밖의 국가에 다른 관세를 부과한다. 예를 들어 중국에서 멕시코를 통해 미국으로 상품이 수입되는 것을 방지하기 위해 USMCA 국가들 사이에서 전달되는 제품의 원산지를 식별하는 조치를 포함해야 했다.

원산지 규정 '원산지 규정(rules of origin)'은 자유무역 지역 내에서 실질적인 경제 활동을 통해 생산된 제품만이 USMCA에서 제정된 자유로운 관세 조건의 혜택을 받을 수 있게 하는 것이다. 미국의 목표 중 하나는 지역 콘텐츠의 양을 늘리는 것이었다. 이를 통해 면세(duty-free) 조건의 자격을 갖추고, 국내와 국외의 임금 차이를 줄이려 했다. 즉 국내 기업이 높은 임금에서 더 낮은 임금의 국가로 생산을 전환하려는 동기를 없애려 했다.

지역 콘텐츠는 다음과 같다.

- 원산지 규정에 따라 북미 제품으로 간주되려면 제품 가치의 일정 부분 이상이 북미로부터 나와야 한다.
- USMCA에 따른 지역 콘텐츠는 NAFTA에 따라 62.5%에서 75%로 상향 조정되었다.

지역 가치 콘텐츠 요건 원산지 규정의 한 가지 측면은 지역 가치 콘텐츠 요건이다. 지역 가치의 내용은 산업마다 다르지만, 좋은 예로 자동차 산업을 들 수 있다. USMCA에 따르면 경차용 지역 콘텐츠는 NAFTA가 체결됨에 따라 62.5%에서 75%로 상향 조정됐다. LVC(Local Value Content)라는 새로운 조항이 추가되어 자동차 콘텐츠의 40~45%는 멕시코 노동자가 생산해야 한다고 요구하고 이들의 시간당 최소 임금을 16달러라고 규정함으로써, 멕시코 임금 상승에 대한 압력이 나타났다.[23] 이는 멕시코 최저 임금보다 약 3배 높은 수치이다.

노동 및 집행 조항 상기의 임금에 대한 논의와 더불어 미국은 노동자들의 강력한 권리에 관한 내용을 포함하고 협정에 명시된 조항이 이행되는지 여부를 확인할 수 있도록 강력하게 요구했다. 무엇보다도 3개국 모두 ILO(International Labor Organization)의 노동 관행을 수용하는 데 동의해야 했고 노동자는 단체교섭협정을 통해 보호될 수 있어야 했다. 노동 명령의 준수를 확실히 하기 위해 3개국 대표가 참가하는 검사와 중재 프로세스가 확립되었다.

이민 NAFTA부터 지속된 USMCA에 문제가 될 주요 이슈는 이민이다. 북미자유무역협정(NAFTA)의 체결로 농업 교역이 늘면서 멕시코에서는 미국과의 경쟁으로 100만 개 이상의 농업 관련 일자리가 사라졌다. 이들 중 많은 사람이 결국 미국에서 불법체류 노동자로 전락해서 멕시코가 직접투자로 받는 돈보다 더 많은 돈을 본국에 송금했다. 1990년대 멕시코와 비교할 정도로 급속하게 성장한 미국 경제도 멕시코에서 미국으로의 이주의 증가를 초래했다. 그러나 이러한 이주의 패턴은 멕시코의 가족 형태의 변화와 경제 호황으로 인해 바뀌고 있다. 2009~2014년 동안 멕시코에서 미국으로 이주한 멕시코인보다 미국에서 멕시코로 돌아온 멕시코인이 더 많았다. 귀환을 결정하게 된 주요 요인은 본국 가족들과의 재결합이었다.[24] 더 큰 문제는 중남미의 이민자가 급격하게 증가한 것인데 이들은 범죄와 가난을 피해서 또는 특정한 이유로 망명을 요구하기도 한다. 이는 유럽연합의 난민 상황과 크게 다르지 않다.

NAFTA의 주요 도전 중 하나는 불법 이민이다.

개념 체크

7장에서 보았듯이 무역 제한은 수출 능력을 감소시키고 기업이 제한을 부과하는 국가로 일부 생산을 이동시킨다. 무역 장벽의 부재는 생산 위치를 결정할 뿐만 아니라 다른 시장에 서비스를 제공할 방법을 결정할 때 더 많은 유연성을 제공한다.

생산의 정상화 NAFTA가 체결되었을 때 예측되었던 것 중 하나는 기업이 NAFTA를 하나의 큰 지역 시장으로 보고 생산, 제품, 금융 등을 정상화할 수 있다는 것이었다. 이러한 현상은 여러 산업, 특히 자동차 제품과 전자 제품에서 주로 발생한다. 각 NAFTA 회원국은 특화 생산에 기초한 자동차 제품을 다른 어떤 공산품보다 더 많이 회원국에 출하한다. 미국과 캐나다에서 생산 정상화가 수년간 진행되었지만, 멕시코야말로 최근 미국뿐만 아니라 전 세계에서 자동차 제조 산업을 유치하고 있다. 북미자유무역협정(NAFTA)의 원산지 규정 때문에 유럽과 아시아의 자동차 업체는 부품 공급업체를 끌어들여 멕시코에 조립 공장을 설립해야 했다. 미국 자동차 회사는 생산의 더 많은 부분을 미국에서 멕시코로 옮기고 있으며, 이는 폭스바겐(Volkswagen)이나 토요타 같은 비NAFTA 기업에게도 마찬가지이다. 멕시코는 세계에서 7번째로 큰 자동차 제조국이자 5번째로 큰 자동차 부품 제조국이다. 멕시코 자동차 생산의 77%가 수출되며, 대다수가 미국으로 간다.[25] USMCA의 새로운 지역 콘텐츠 및 노동 가치 콘텐츠 규정에 따라 투자와 국경을 넘는 공급사슬을 모니터링하는 것은 흥미로운 일이다.

소비 시장으로서의 멕시코 멕시코가 얻는 추가적인 이점은 캐나다와 미국 기업이 멕시코를 단순한 생산지가 아닌 소비 시장으로 인식했다는 것이다. 처음 미국과 캐나다 기업에게 멕시코에 대한 매력은 저임금 환경이었다. 그러나 멕시코의 소득이 계속 증가함에 따라(투자 유입과 기업의 수출 증가로 인해) 외국 제품에 대한 수요가 증가하고 있다.

미주 지역 경제 통합

중남미의 지역 경제 그룹은 공동 시장, 관세 동맹, 자유무역협정의 혼합체이다. 또한 중남미 내외의 각국과도 자유무역협정을 체결하고 있기 때문에 중남미 각국에서 사업을 전개할 때는 어떤 협정이 존재하는지 파악하는 것이 중요하다. 지도 8.2와 8.3을 보면 USMCA를 제외한 북미와 남미의 6개 주요 지역 경제 그룹을 볼 수 있다. 중미와 카리브해는 북미의 일부이며, 이 두 지역의 주요 무역 그룹은 카리브 공동체, 즉 캐리콤(CARICOM), 중미 공동 시장(Central American Common Market, CACM), 중미 자유 시장(Central America Free Trade Agreement-Dominican Republic, CAFTA-DR)이다. CAFTA-DR에는 CACM뿐만 아니라 온두라스 및 도미니카 공화국과 미국도 포함되어 있다. 남미의 두 주요 경제 그룹은 안데스 공동체(CAN)와 남부 공동 시장, 즉 메르코수르이다. 안데스 공동체는 관세 동맹인 반면 메르코수르는 공동 시장으로 설립되었다.

이러한 다양한 협력 경제 그룹의 주된 이유는 시장 규모이다. 제2차 세계대전 후 중남미 대부분 국가들의 국제수지 문제를 해결하기 위한 수입 대체 전략은 지역의 작은 시장 규모 때문에 좌절되었다. 따라서 중남미 기업이 규모의 경제를 달성하고 세계적으로 경쟁력을 높일 수 있도록 잠재적인 시장 규모를 확대하기 위한 경제 협력이 필요했다.

캐리콤(CARICOM) **카리브 공동체**(Caribbean Community, CARICOM)는 상품과 서비스의 완전한 이동, 사업 설립권, 공통의 대외 관세, 자본과 노동의 자유로운 이동, 공통의 무역 정책 등을 포함한 유럽연합 스타일의 협력 형태를 확립하고자 노력하고 있다. WTO는 캐리콤을 공식적인 경제 통합 협정으로 분류한다. 이러한 협력의 대부분은 CSME(CARICOM Single Market and Economy)라고 불리는 이니셔티브를 통해 이루어졌다. 캐리콤의 15개의 회원국 외에 지역 내 5개

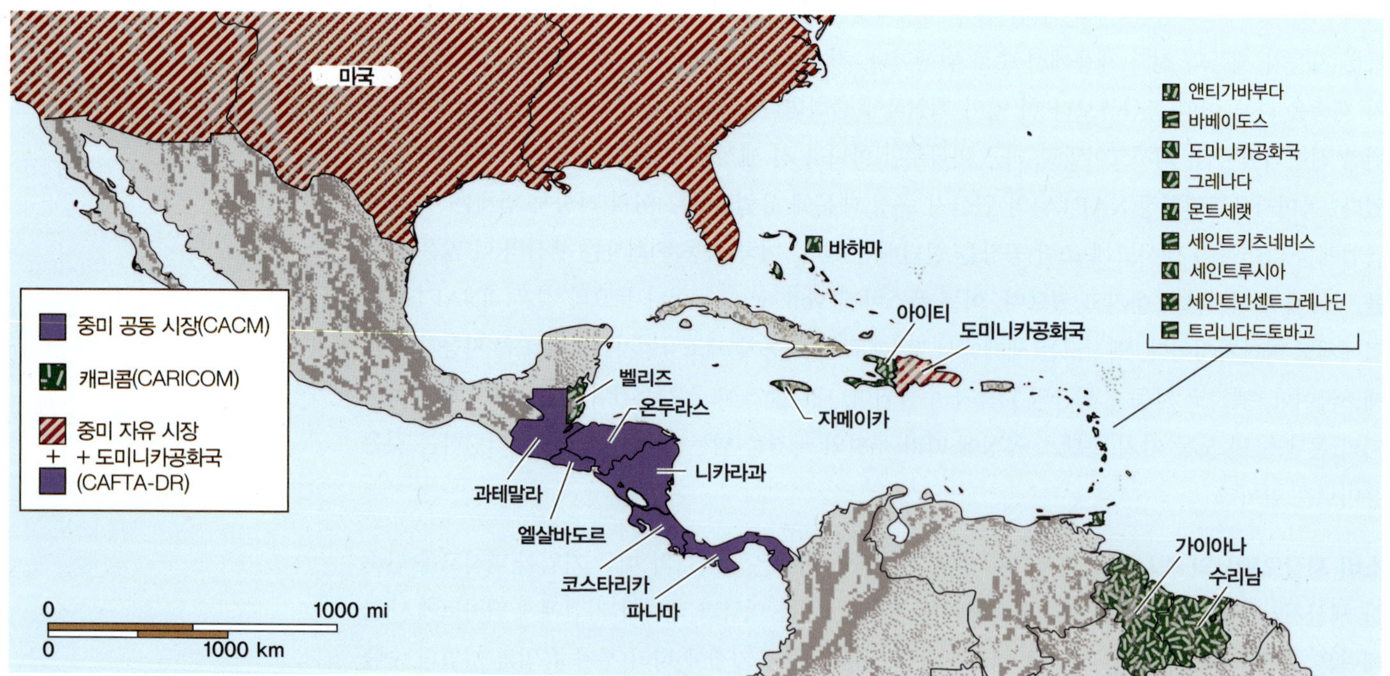

지도 8.2 중미와 카리브해의 경제 통합

중미와 카리브해 전역에서 경제 통합에 대한 초점은 (회원국 간 무역 장벽 철폐가 목표인) '자유무역협정'의 개념에서 (내부적 요소 이동성과 내부적 무역 장벽 철폐를 요구하는) '공동 시장'의 개념으로 옮겨갔다. 카리브 공동체 및 공동 시장(CARICOM)이 제안한 구조는 EU의 구조를 모델로 한다.

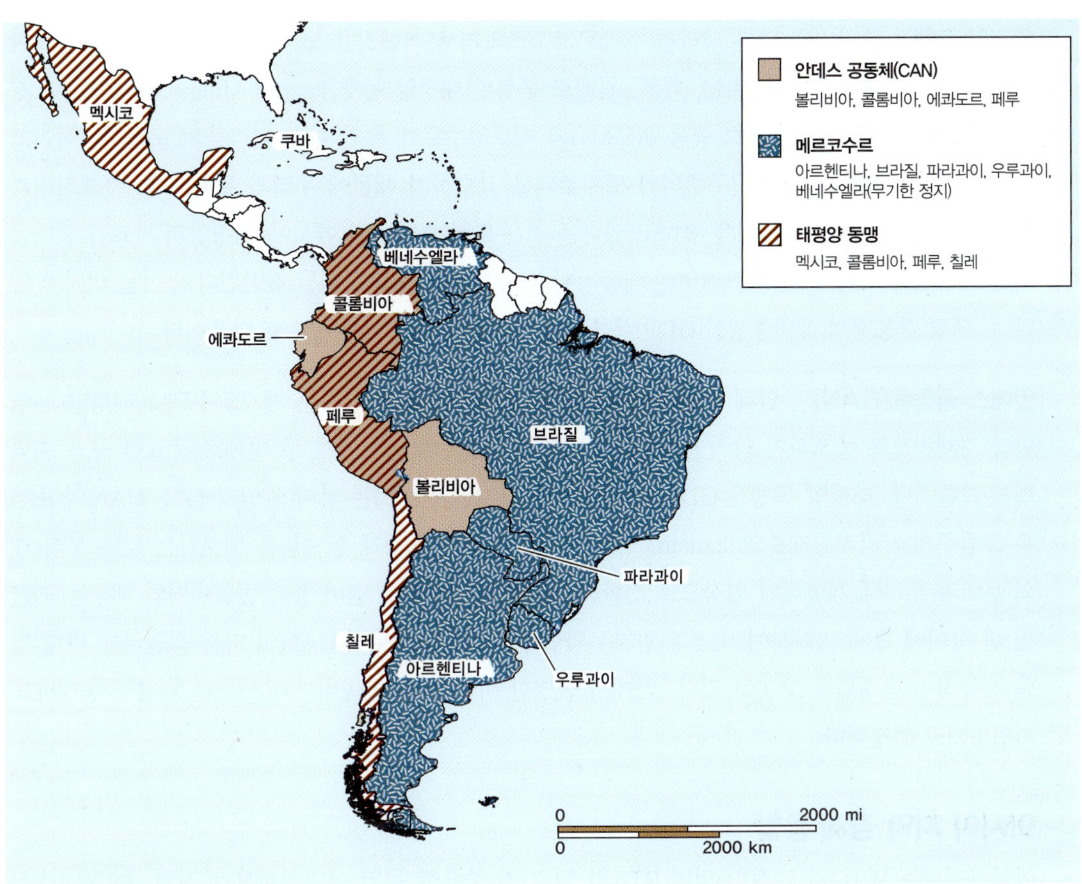

지도 8.3 중남미 경제 통합

의 준회원국이 있다.

수출 의존의 한계 중남미 및 카리브해 국가들은 역외 국가와의 무역에 크게 의존한다. 예를 들어 캐리콤 회원국인 자메이카는 미국에 49.3%, 유럽연합에 18%를 수출하며, 트리니다드토바고는 자메이카의 세 번째 주요 상품 수출국이지만 다른 회원국들은 수출 또는 수입 대상국으로서 아주 미미하다. 이런 상황은 중남미에서도 비슷하다. 이 지역 대부분의 국가에게 중요한 시장은 미국과 유럽연합이다.

개념 체크

6장에서 저소득 국가 사이에는 무역이 거의 이루어지지 않는다는 사실을 보았다. 일반적으로 신흥경제국은 고소득 국가와의 무역에 크게 의존하며, 일반적으로 새롭고 기술적으로 진보된 제품을 수입하는 대신 1차적이고 노동 집약적인 제품을 수출한다.

남부 공동 시장(스페인어로는 메르코수르, 포르투갈어로는 메르코줄) 남미의 주요 무역 그룹은 1991년 브라질, 아르헨티나, 파라과이, 우루과이가 설립한 **남부 공동 시장**(Southern Common Market), 즉 **메르코수르**(Mercosur)이다. 유럽연합의 주요 목표는 유럽연합 내 자유무역과 공통의 대외 관세를 가진 관세 동맹이 되는 것이다. WTO는 메르코수르를 상품 무역에 관한 관세 동맹과 서비스 무역에 관한 경제통합협정으로 분류한다. 메르코수르는 인구 2억 5,100만 명과 GDP 2조 9,000억 달러라는 규모를 가진, 남미 국내총생산(GDP)의 75%를 차지하며, 유럽연합과 NAFTA에 이어 세계 3위의 무역 블록이다. 그러나 정치적·경제적·윤리적 문제를 안고 있는 매우 까다로운 그룹이다. 베네수엘라의 가입이 승인되었지만, 정치적·경제적 문제 때문에 2017년에 베네수엘라의 회원 자격이 무기한 정지되었다. 게다가 베네수엘라에서 브라질과 다른 나라로 탈출하는 난민으로 인해 큰 문제가 지속되고 있다.

메르코수르는 아르헨티나, 브라질, 파라과이, 우루과이의 관세 동맹이다.

태평양 동맹 중남미의 다른 나라들이 메르코수르와의 무역협정을 모색하고 있지만, 앞서 언급한 문제들로 인해 멕시코, 콜롬비아, 페루, 칠레로 구성된 **태평양 동맹**(Pacific Alliance)이 2012년 창설되었다. 이들 국가는 안데스 공동체(CAN)와 메르코수르에 속한 다른 나라들의 포퓰리즘적이고 보호주의적인 철학이 아닌 민주주의와 법치주의를 고수하기 때문에 무역과 투자에 더 우호적이라고 자처한다.[26] 태평양과 국경을 접하고 있다는 것은 또한 중남미와 아시아-태평양의 가교가 된다는 것을 의미한다(아시아-태평양 지역의 역동적이고 시장 지향적인 경제를 감안한다면 이는 의미가 있다).[27] 태평양 동맹의 국내총생산(GDP)은 1조 8,000억 달러로, 메르코수르 다음이다.

안데스 공동체는 지역 경제 그룹 중 하나이지만 원래의 목표를 달성하는 데는 성공하지 못했다. 태평양 동맹은 멕시코, 칠레와 안데스 공동체의 두 회원국을 포함한다.

안데스 공동체(CAN) **안데스 공동체**(Andean Community, CAN)는 메르코수르나 태평양 동맹만큼 경제적으로 중요하지 않지만, 1969년부터 존재했으며 남미에서 두 번째로 중요한 공식 지역 경제 그룹이다. 태평양 동맹은 GDP 면에서는 더 크지만 멕시코는 남미에 있지 않다. CAN의 초점은 고립주의와 국가통제주의(statism, 국가, 즉 중앙 정부가 경제 통제권을 행사하는 것)로부터 대외 무역과 투자에 개방적인 입장으로 전환되었다. CAN의 창립 멤버 중에 콜롬비아와 페루는 최근 몇 년 사이에 크게 변화하여 미국과 양자무역협정을 체결함으로써 CAN의 다른 회원국에 비해 더욱 개방적인 움직임을 보이고 있다. 앞에서 설명한 바와 같이 콜롬비아와 페루는 태평양 동맹에도 가입하기로 결정했다.

아시아 지역 경제 통합

아시아에서는 WTO가 인정한 몇몇 RTA와 몇 가지 중요한 무역 이니셔티브가 진행 중이다. 공식 승인된 RTA 중 가장 중요한 것은 아세안 자유무역 지역이다. 중남미의 경우와 마찬가지로 아시아 지역의 통합은 유럽이나 북미처럼 성공하지 못했는데, 이는 역내 대부분의 국가들이 무역과 투자의 상당 부분을 미국, 유럽연합, 중국에 의존하고 있기 때문이다.

아세안(ASEAN) 1967년에 조직된 **아세안**(Association of South East Asian Nations, ASEAN)은 특혜무역을 많은 목표 중 하나로 하는 포괄적인 연합이다. 이 특혜무역협정은 브루나이, 캄보디아, 인도네시아, 라오스, 말레이시아, 미얀마, 필리핀, 싱가포르, 태국, 베트남으로 구성되어 있다(지도 8.4 참조). 총GDP가 2조 922억 달러이고 인구가 6억 4,701만 6,000명으로 추산되는 중요한 조직이다.[28]

아세안 자유무역 지역은 동남아시아 국가 간 성공적인 무역협정이다.

아세안 자유무역 지역(AFTA) 1993년 1월 1일, ASEAN은 2008년 1월 1일까지 모든 역내 무역에 대한 관세를 최대 5%로 인하하는 것을 목표로 아세안 자유무역 지역(ASEAN Free Trade Area, AFTA)을 공식 결성했다. ASEAN의 (상대적으로 약소한) 몇몇 국가들을 위해 장기간에 걸쳐 관세 인하를 단계적으로 실시할 수 있게 했다. 2018년까지 AFTA 국가 간에 거래되는 대부분의 상품은 0~5%의 관세가 부과됨으로써 AFTA는 목표를 달성했다. 회원국들의 GDP 대비 수출 비율이 70%에 육박하기 때문에 자유무역은 회원국들에게 매우 중요하다. AFTA의 가장 큰 성과는 관세를 인하하고, 직접투자를 유치하고, 지역을 거대한 생산 네트워크로 만들어 일부에서는 '아시아 공장(Factory Asia)'이라 불리고 있다.[29]

중국은 ASEAN의 일부가 아니지만 ASEAN의 미래를 위해 필수적이다. 2017년 말, 중국의 노동 가능 인구는 9억 9,830만 명으로 전년보다 감소했으나, 아세안 국가들의 노동 가능 인구는 3억

지도 8.4 아세안
아세안 국가들의 총인구는 EU나 NAFTA보다 많지만 1인당 GDP는 상당히 낮은 수준이다. 그러나 아세안 회원국들의 경제 성장률은 세계 최고 수준이다.

명을 넘어섰다. 제조업 근로자의 월평균 임금은 중국보다 싱가포르와 말레이시아가 훨씬 높지만 다른 아세안 국가에서는 훨씬 낮다. 중국의 임금이 계속 상승하고 있기 때문에 ASEAN 각국이 직접 투자를 유치할 기회가 많아지고 있지만, ASEAN 국가들은 특히 공급사슬과 제조 인프라 정비에 힘써야 한다.[30] 실제로 이러한 기회와 중국의 경쟁적 지위가 맞물려 ASEAN 국가들을 서로 더욱 협력하게 만들고 있다. 자유무역협정(FTA)과 더불어 ASEAN은 2015년 아세안경제공동체(AEC) 설립을 확정했으며, 회원국들은 무역 자유화를 넘어 정치·안보 문제 및 사회문화적 문제에 초점을 맞춘 단일 시장과 생산 기지를 구축하기를 바라고 있다.

ASEAN 회원국은 아시아 전역으로 영향력을 확대하기 위해 호주, 중국, 인도, 일본, 한국, 뉴질랜드 등 자유무역협정을 체결한 6개국과 함께 포괄적인 공통 시장이 아닌 자유무역협정을 기본으로 한 RCEP(Regional Comprehensive Economic Partnership)를 창설하는 데 힘쓰고 있다.

APEC은 환태평양에 접한 21개국으로 구성되어 있으며, 회원국 간 규모와 지리적 거리, 조약의 부재로 인해 자유무역으로의 진보가 더디다.

아시아태평양경제협력체(APEC) 1989년 11월, 환태평양 지역의 무역과 투자에 관한 다자간 경제협력을 촉진하기 위해 결성된 **아시아태평양경제협력체**(Asia Pacific Economic Cooperation, APEC)는 아시아와 아메리카에 접해 있는 21개국으로 구성되었다.[31] AFTA의 3개 회원국을 제외한 모든 회원국은 APEC 회원국으로, 미주 지역의 캐나다, 미국, 멕시코, 페루와 칠레, 호주, 뉴질랜드, 중국, 일본, 한국, 러시아, 대만이다. 무역과 투자, 안보, 에너지, 지속가능성, 반부패, 투명성 등과 관련된 광범위한 활동을 논의하는 장으로서 거대하고 강력한 조직이다. 그러나 WTO가 정의한 RTA가 아니며 RTA 목록에 나타나지 않는다. APEC은 엄청난 규모인데, 28억 인구, 세계 GDP

의 59%, 세계 무역의 49%를 차지한다.

환태평양경제동반자협정(TPP) 미국이 경제 성장을 촉진하고 일자리를 창출하기 위해 시작한 **환태평양경제동반자협정**(Trans-Pacific Partnership, TPP)에는 호주, 브루나이 다루살람, 캐나다, 칠레, 일본, 말레이시아, 멕시코, 뉴질랜드, 페루, 싱가포르, 미국, 베트남이 참여했다. 2011년에 구상 수립을 발표하여 2015년 10월 협정 체결, 2016년 2월 각국 통상 장관들이 서명했다. 그러나 미국 정부는 정치적 이유로 TPP를 탈퇴했고 TPP는 실효성을 잃은 것처럼 보였다. 그럼에도 불구하고 일본과 TPP의 나머지 10개 회원국은 CPTPP, TPP11 또는 TPP-11로 알려진 환태평양 파트너십을 위한 포괄적 진보적 협정을 체결했다. TPP-11은 당초 협정과 같은 구조를 유지하며 추진하고 있으며, TPP-11의 추가적인 국가들이 가입 가능성을 검토하고 있다.[32] 미국은 TPP에서 탈퇴했지만 무역 규정 중 일부는 USMCA에 통합되었다.

아프리카 지역 경제 통합

몇몇 아프리카 무역 그룹은 서로에게 의존하기보다 이전의 식민지 강대국과 다른 무역 선진국 시장에 더 많이 의존한다.

아프리카는 새로운 가능성이 많은 시장이며 사하라 이남의 아프리카에 49개국을 포함하여 총 54개국이 있다. 사하라 사막 이남 아프리카의 추정 인구는 2019년 초 10억 7,800만 명으로 매년 2.7%씩 증가 중이다.[33] 그러나 각 국가의 실제 인구를 확인하는 것은 어렵다. 유엔은 아프리카 인구 증가 추정치를 계속 수정하고 있지만, 가장 최근의 추정치는 사하라 사막 이남 아프리카 인구가 2015년 12억 명에서 2050년 25억 명으로 2배 증가할 것이라는 예측이다(나이지리아는 2019년 약 2억 명에서 4억 명으로 인구가 증가할 것이다). 2015년에는 중국과 인도만이 인구 4억 명을 넘었다. 아프리카는 인구가 많을 뿐만 아니라 1955년에 37세였던 기대 수명이 2015년에는 60세로 늘어나면서 세계 대부분의 지역보다 더 빠르게 성장하고 있다. 출산율이 세계 최고 수준이고 유아 사망률이 낮아짐에 따라 가정의 규모가 크다.[34] 아프리카는 세계에서 노동 인구가 가장 빠르게 증가하고 있으며 2040년에는 노동 가능 인구에서도 중국, 인도를 앞지를 것으로 전망된다.[35]

그러나 지역 경제 통합의 관점에서 아프리카는 여러 민족과 언어를 가진 많은 국가가 한 대륙에 있기 때문에 매우 복잡하다. 실제로 3개의 지역 통화 동맹과 17개 무역 블록이 존재한다. 지도 8.5에서는 아프리카의 상황을 설명하기 위해 4개의 무역 블록만을 선택했다. 문제는 아프리카 국가들이 정치적 정체성을 확립하기 위해 고군분투하고 있으며, 각각 다른 무역 그룹은 다른 정치적·경제적 기반을 가지고 있다는 것이다. 또한 각 무역 그룹에는 다른 규정이 있다. 아프리카에서 지속적인 성장의 열쇠는 분쟁이 감소하여 위험이 줄어들고 평화가 유지되는 것이다. 아프리카의 54개국이 하나 이상의 무역협정에 속해 있지만 아프리카 지역 내 무역보다 지역 외 다른 나라와의 무역이 더 중요하다. 처음에 아프리카의 무역은 과거 식민지 강대국에 의존했고, 그 후 미국이 아프리카의 가장 큰 무역 파트너가 되었다. 그러나 최근 중국은 특별히 석유와 광물에 대한 투자를 늘리면서 아프리카 국가들과의 주요 무역 파트너로서 미국을 앞질렀다.[36]

아프리카 경제 통합의 과제를 설명하려면 우선 서아프리카경제협력체(Economic Community Of West African States, ECOWAS)를 살펴봐야 한다. ECOWAS는 관세 동맹이지만 예외도 많고 사람 및 상품의 자유로운 이동과 수송에 대한 진전도 별로 없다. 일반적으로 대부분의 국가가 선진국, 특히 과거 식민지 강대국에 상품을 수출하는 것에 의존하고 있으며, 역내 국가와 무역이 거의 없는 실정이다. 결과적으로 역내 무역을 증가시키기보다는 지역 산업을 보호하는 것에 집중한

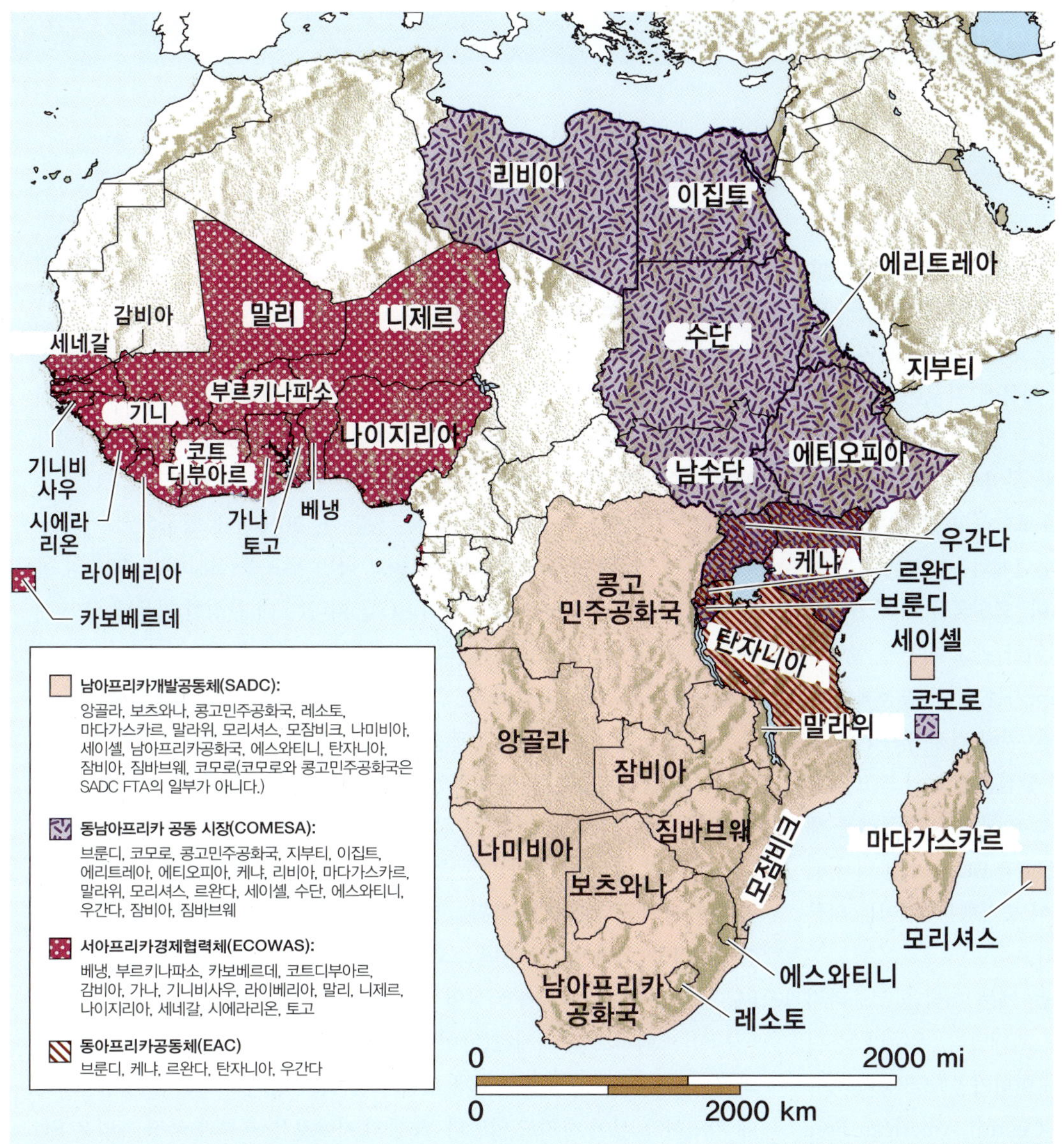

지도 8.5 아프리카 지역 경제 통합
대부분의 아프리카 국가는 하나 이상의 지역 무역 그룹의 회원국이기는 하지만, 회원국 간 무역 총액은 상대적으로 적다. 아프리카 국가들은 세계의 다른 국가들, 특히 이전의 식민지 및 다른 선진들과의 무역관계에 크게 의존하는 경향이 있다.

다. 남아프리카공화국을 제외하고 시장은 비교적 작고 개발되지 않아 무역 자유화는 이 지역 경제 성장에 상대적으로 기여하지 못하고 있다. 반면 동아프리카공동체(The East African Community, EAC)는 인접국 5개국만 포함되기 때문에 무역 차이를 해소하기 쉽고 여러 공동 인프라 프로젝트에서도 성공을 거두고 있다. 2015년에 남아프리카개발공동체(Southern African Development Community, SADC), EAC, 동남아프리카 공동 시장(Common Market for Eastern and Southern Africa, COMESA)의 회원국인 아프리카 26개국을 망라하는 비교적 새로운 협정인 3자 자유무역지역(Tripartite Free Trade Area)이 창설되었다. 이는 시장을 확대하고 보다 효과적인 글로벌 가치사슬을 확립할 수 있는 자유무역 규정을 확립하는 첫걸음이다.[37] 회원국들은 아프리카 GDP의 50%와 인구의 56%를 차지한다.[38]

지역 경제 통합은 좋은 아이디어인가?

POINT

그렇다. WTO의 광범위한 협정과는 달리 소규모 국가 간 지역 자유무역협정은 설립과 감시가 수월하다. 시장 규모가 커서 규모의 경제가 확대되고 투자 기회가 생긴다. 예를 들어 USMCA는 미국과 국경을 맞댄 3개국만 관여한다. NAFTA는 관세 동맹이 아니기 때문에 각국은 자유롭게 다른 나라와 양자무역협정을 맺을 수 있다. 그러나 또 다른 극단적인 예는 유럽연합(EU)이다. 무역의 관점에서 EU는 자유무역협정과 관세 동맹을 모두 포함하고 있다.

NAFTA나 다른 대부분의 지역 단체와는 달리 EU는 공통 통화, 유럽 중앙은행, 유럽 의회, 회원국을 더욱 가깝게 만들기 위해 최선을 다하는 광범위한 관료 기구를 설립함으로써 단순한 무역을 넘어섰다. 국가는 더 큰 공동체의 일부가 됨으로써 얻는 경제적 이익을 위해 기꺼이 주권을 포기하려고 한다. 이런 접근 방식의 장점은 유럽의 크고 작은 국가들이 이민, 안보, 경제 혼란 등의 공통적인 문제를 해결하기 위해 협력할 수 있다는 것이다. EU의 오랜 역사 때문에 EU 역내 무역이 50% 가까이 증가했는데, 이는 다른 지역 그룹보다 훨씬 높은 수준이다.

지역 경제 통합의 또 다른 좋은 예는 미국을 코스타리카, 도미니카공화국, 엘살바도르, 과테말라, 온두라스, 니카라과 등 6개 국가와 연결하는 도미니카공화국-중미 자유무역협정(Dominican Republic-Central American Free Trade Agreement)이다. 이 FTA는 서명국에게 막대한 이익을 가져다준다. 미국과 지역 간 무역 증대를 위한 문을 열고 직접투자를 장려하며 국제 공급사슬을 단축함으로써 지역 경제 성장을 촉진하고 마르크스주의, 독재 정권, 내전 등 역사적으로 어려움을 겪는 지역의 경제 및 정치 개혁을 장려한다.

미국은 CAFTA-DR 및 USMCA 회원국을 포함한 20개국과 자유무역협정을 체결하고 있으며, 그중 가장 큰 이익은 상대국의 상호 관세 대우이다. 임시 무역 특혜 프로그램과 다른 지역 협정 때문에 적어도 5개 중미 국가의 제품 중 80%가 이미 미국에서 면세 처리되고 있다. 협정에 서명하기 전 미국의 공산품 수출은 중미의 대미 수출보다 평균 30~100% 높은 관세를 부과받았다.[39] CAFTA-DR은 중미 국가가 이러한 유리한 이익을 유지할 수 있도록 허용하지

COUNTERPOINT

아니다. 영국과 EU의 나머지 국가들 사이에 진행 중인 브렉시트로 알려진 싸움은 지역 통합과 관련하여 많은 도전을 제기한다. 영국은 창립 EU 회원국이 아니었고 유로화를 통화로 채택하지 않기로 한 2개 회원국 중 하나였으나(다른 국가는 덴마크이다), 결국 유로존 탈퇴를 협상했다. 지역 통합의 부정적인 측면은 한 국가가 다른 회원국에 비해 작아서 힘을 거의 발휘하지 못하는 경우이다. 그러나 자유무역협정과 경제 통합 사이에는 차이가 있음을 주지할 필요가 있다. 자유무역협정은 무역을 증진시키지만 EU 수준의 지역 통합만큼 주권을 훼손하지는 않는다. 2016년에 영국은 '브렉시트'로 알려진 영국의 EU 잔류 여부를 놓고 국민 투표를 실시했다. 72%의 놀라운 투표율로 1,700만의 영국인이 EU를 떠나는 데 찬성한 가운데 52% 대 48%의 차이로 브렉시트가 승인되었다.[40]

노동당과 자민당, 기업 노조, 그리고 런던, 스코틀랜드, 북아일랜드에 거주하는 영국인이 잔류하는 것에 찬성했다. 브렉시트에 반대표를 던진 많은 영국인은 알려지지 않은 잠재적인 경제 위기가 오는 것을 두려워했다. EU 가입보다 좋은 대안이 없을 것 같은데, 왜 탈퇴를 선택했는가? 영국이 EU를 탈퇴하면 EU 국가들과 모든 무역 및 투자 관계를 재협상해야 하며, 어떤 결과를 가져올지에 대한 불확실성이 우려되었다. 또한 영국이 EU를 탈퇴할 경우 EU 회의론자가 아닌 스코틀랜드 민족주의자가 영국을 떠나 스스로 EU에 가입하려는 불씨를 되살릴 수 있다는 우려도 있었다.[41]

사실 브렉시트를 지지하는 이유는 여러 가지가 있다. 앞서 언급한 바와 같이 영국은 EU의 초기 6개 회원국 중 하나가 아니었고 공통의 유로존에 가입하고 싶어 하지도 않았다. 노동의 자유로운 흐름과 국경 개방은 EU에 매우 중요하다. 이는 젊은 노동자를 필요로 하는 고령화 국가에게는 좋은 생각처럼 보이지만 내전으로 폐허가 된 시리아로부터의 이민 증가는 영국에 심각한 정치적 긴장을 야기했다. 국경을 개방하고 사회적 비용 증가의 위험성을 계속 감수해야 하는가? 노동의 자유로운 흐름에 대한 EU의 명령을 거부하고 여전히 EU의 일원이 되는 것은 매우 어렵다.

EU의 주요 문제는 정치, 문화, 언어의 광범위한 다양성이다. 물론 모든 나라가 통상적인 무역관계에서 이러한 차이에 대처해야 한다. 그러나 EU 와 다른 역내 무역 그룹의 문제는 무역 그룹이 확대됨에 따라 이러한 요인이 더욱 복잡해지고 문제를 해결하기 위한 공통의 기반을 찾기 어렵다는 것이다.

브렉시트의 주요 논거는 EU 회원국로서의 개별 주권 상실이다. EU의 목표는 국가들을 계속해서 하나로 가깝게 만드는 것이므로 개별 국가의 주권 상실이 나타날 것이 분명하다. 그러나 영국의 브렉시트 지지 세력은 특히 브뤼셀의 권력 집중화에 대해 우려하고 있다. 브렉시트 지지 세력은 강력한 지역 경제 동맹을 탈퇴하는 강대국을 만들었다는 점에서 극단적 입장을

만, 또한 이 지역에 대한 미국 소비재 및 산업 수출의 80%에 대한 규제를 줄임으로써 미국이 이와 유사한 이익을 얻을 수 있도록 경쟁의 장을 열어두기도 한다.

취했지만, 다른 잠재적 지역 경제 동맹 협상의 가능성을 열어 두었다. 영국이 EU를 탈퇴하려면 다른 회원국에 공식적으로 통보해야 했고, 이에 따라 EU 탈퇴의 성격을 규명하기 위한 복잡한 절차가 시작됐다. 투표 이후 영국 정부는 EU 탈퇴 협상을 시도하고 있다. 2019년 12월 12일, 보수당이 의회에서 상당한 다수를 차지했고 총리가 된 보리스 존슨(Boris Johnson)이 영국은 2020년 말까지 사실상 EU를 탈퇴할 것이라고 선언하면서 EU 탈퇴가 결정되었다. 브렉시트의 첫 단계는 영국이 공식적으로 EU를 탈퇴한 2020년 1월 31일 자정에 이루어졌지만, 2020년 말까지 여러 세부사항, 특히 영국과 EU 사이의 새로운 자유무역협정의 개발 등을 해결해야 했다. 한편 영국과 EU는 2020년 말에 EU와의 협상을 마칠 때까지 유효한 무역관계와 협약을 유지하고 있다. EU는 현재 28개 회원국이 아닌 27개 회원국을 보유하고 있으며, 여러 면에서 영국은 EU 문제에 투표권이 없는 외부 국가로 간주되고 있다. 영국은 EU와의 무역관계를 위한 계획을 수립하면서 캐나다와 미국 등 다른 국가와의 무역협상을 시작할 것이다. 앞으로 이를 지켜보는 것은 매우 흥미로울 것이다.

유엔 및 기타 비정부 기구

유엔은 제2차 세계대전 이후 1945년에 국제 평화와 안보를 증진하기 위해 설립되었고 경제 발전, 반테러, 인도주의 운동에도 관여한다.

유엔 연구할 가치가 있는 국제 협력의 첫 번째 형태는 제2차 세계대전으로 인한 파괴에 대한 대응으로서 국제 평화와 안보를 증진하고 경제 개발, 반테러주의, 인도주의적 행동과 같은 다양한 분야에서 세계적인 문제 해결을 돕기 위해 1945년에 설립된 유엔(United Nations, UN)이다. 유엔이 책임을 다한다면 다국적 기업이 운영되는 전 세계 환경을 개선하여 위험을 줄이고 더 큰 기회를 제공할 수 있을 것이다.

조직과 회원국 UN의 조직 집단은 나열하기에는 너무 크지만 WTO, 국제통화기금(International Monetary Fund, IMF), 세계은행을 포함한다. 이들 기구는 모두 유엔 시스템의 6개 주요 기관 중 하나인 경제사회이사회(Economic and Social Council)에 속해 있으며, 총회(General Assembly), 안전보장이사회(Security Council), 국제사법재판소(International Court of Justice)도 포함되어 있다.

유엔은 안전보장이사회를 구성하는 15개국을 포함해 총회의 193개 회원국을 대표하고 있다. 안전보장이사회에는 5개 상임이사국(중국, 프랑스, 러시아, 영국, 미국)이 있고 총회에서 선출된 10개의 회원국은 2년 임기를 채운다.[42]

▲ 2016년, 브렉시트에 대한 역사적인 '찬성' 투표는 2019년의 12월 선거 후 보리스 존슨 총리가 2020년 2월 1일에 영국이 확실히 EU를 떠날 것이라고 발표한 데 이어 영국과 EU 간 광범위한 협상을 거쳐 2020년 말까지 최종 세부사항이 해결될 것이라고 발표한 것에 따른 것이다.

유엔무역개발회의(UNCTAD) 유엔무역개발회의(United Nations Conference on Trade and

UNCTAD는 개발도상국이 국제무역에 참여하는 것을 돕기 위해 설립되었다.

Development, UNCTAD)는 세계화와 개발 전략, 상품 및 서비스 무역, 상품, 투자 및 기업 개발, 무역 물류 및 인력 개발을 다루는 유엔의 주요 기구이다. 결과적으로 UNCTAD는 국제적으로 사업을 하는 다국적 기업에게 가장 중요하다.[43]

NGO는 정부로부터 독립된 민간 비영리 기관이다.

비정부 기구(NGO) 비정부, 비영리 자원봉사단체는 비정부 기구(Nongovernmental Organizations, NGO), 즉 어느 정부에서도 독립된 민간 기관으로 분류된다. 유엔은 정부 간 조직이기 때문에 NGO가 아니다. 일부 NGO는 특정 국가의 범위 내에서만 운영되는 반면, 다른 NGO는 국제적인 범위 내에서만 운영된다. 다국적 기업의 활동을 목표로 하는 NGO가 있는 반면, 국경없는의사회(Medicins Sans Frontieres) 같은 NGO는 범위가 글로벌하고 빈곤과 세계 보건 문제를 해결하는 데 주력한다. UNCTAD의 기능 중 하나는 NGO와 협력하여 개발도상국이 처한 문제와 관련된 정책을 만들고 행동하는 것이다. NGO는 잠재적인 문제를 밝히는 데 중요한 역할을 수행하며, 대개 특정 이슈에 집중하는 경향이 있다(예: 5장에서 논의한 국제투명성기구).

코모디티 협정(Commodity Agreements)

8–5 코모디티 가격에 영향을 미치는 요소와 이러한 요소가 코모디티 협정에 미치는 영향을 설명한다.

생산자 연합과 코모디티(원자재) 협정을 통해 원자재 가격을 안정시키려는 국가들의 시도는 대체로 성공하지 못했다.

원자재 또는 코모디티란 원재료 또는 1차 상품(예: 금속이나 농산물 등)을 말한다. 원유, 천연가스, 구리, 철광석, 담배, 커피, 코코아, 차, 설탕 같은 1차 상품 수출은 여전히 개발도상국에 중요하다. UNCTAD가 조사한 189개국 중 102개국(54%)이 코모디티 수출의 60% 이상을 차지하며 개발도상국에 집중되어 있다. 이는 특히 89%의 국가가 코모디티에 의존하는 사하라 사막 이남의 아프리카에 해당된다. 수출의 다양성이 커지지 않는 한 이들 국가는 특히 내부적으로 통제하기 힘든 코모디티 가격 충격과 변동성에 영향을 받는다.[44]

코모디티와 세계 경제

개념 체크

코모디티는 종종 천혜적 우위를 나타내며, 이는 6장에서 기후 조건, 특정 천연자원에 대한 접근 또는 특정 노동력의 가용성으로 인한 생산의 우위로 정의한다.

코모디티 가격의 장기 추세와 단기 변동 모두 세계 경제에 중요한 영향을 미친다. 수요 면에서는 코모디티 시장이 선진국에서는 중요한 역할을 하고 있으며, 경기 변동의 충격이 세계 경제에 전파되어 물가상승률에 영향을 준다. 공급 측면에서는 앞에서 설명한 바와 같이 많은 코모디티 생산국의 GDP 및 수출에서 1차 생산품이 차지하는 비중이 크다.

소비자와 생산자

개념 체크

6장에서 저소득 국가는 부유한 국가보다 1차 제품 생산에 훨씬 더 많이 의존한다는 사실을 관찰했다. 결과적으로 저소득 국가는 더 발전된 기술과 프로세스를 포함하여 획득된 일종의 기술 우위보다 자연적 우위에 더 많이 의존한다.

여러 해 동안 각국은 코모디티 가격을 안정시키기 위해 생산자 연합 또는 공동 생산자/소비자 연합을 구성하려고 노력했다. 그러나 이러한 노력은 다음에 설명할 OPEC를 제외하고 그다지 성공적이지 않았다. UNCTAD는 개발도상국이 코모디티, 특히 농산물에 대한 수출 수입(export revenue)의 의존도가 높기 때문에 그들이 직면한 문제에 대처하고자 코모디티 특별 부서(special unit)를 설립했다. 이러한 의존도를 감안할 때 UNCTAD는 특히 아프리카에서는 코모디티 가격의 변동 없이 빈곤 문제를 해결하는 것이 불가능할 것이라고 우려한다.

국제코코아기구(International Cocoa Organization)와 국제구리연구그룹(International Copper

Study Group) 등 가장 중요한 국제 코모디티 기구는 코모디티 의존 국가들이 효과적인 정책과 전략을 수립하는 것을 돕기 위해 유엔 주도 논의에 참여했다. 그러나 국제커피기구(International Coffee Organization, ICO)와 같은 각 기관은 유엔으로부터 독립된 독자적인 조직 구조를 가지고 있다. ICO는 커피 수출국 42개국(모두 개발도상국)과 수입국 8개국(대부분 선진국)으로 구성되어 있다(여기서 EU 전체는 하나의 국가로 간주된다). ICO 회원국은 세계 커피 수출의 98%와 세계 커피 소비의 67%를 담당한다.

많은 코모디티 협정이 현재 다음과 같은 목적으로 존재한다.
- 특정 이슈의 논의
- 정보 전파
- 제품 안전성 향상

많은 코모디티 협정은 다양한 시장 개입 메커니즘을 통해 가격에 영향을 미치도록 설계되었지만 기존 협정의 대부분은 특정 이슈의 논의, 정보 전파, 제품 안전성 향상 등을 위해 설립되었다. 시장 이외에는 가격에 영향을 미치는 것이 거의 없다. 예를 들어 ICO는 커피 생산국의 해충과 질병을 퇴치하고 홍보 활동을 통해 커피 소비를 확대하기 위한 프로젝트에 자금을 지원한다. 커피 소비량은 국가마다 차이가 크기 때문에 ICO가 지원하는 프로모션은 커피 저소비 국가의 1인당 소비를 늘리기 위한 것이다.

수년간 코모디티 가격은 등락을 거듭했지만 크게 오르지는 않았다. 그러나 2000년대의 10년 동안 세계 경제 성장이 코모디티 가격을 끌어올렸다. 중국은 매우 빠르게 성장하여 대부분의 코모디티 가격을 상승시켰고, 이는 중국과 많은 코모디티 생산국 사이의 무역협정과 상당한 해외투자로 이어졌다. 그러나 2020년의 COVID-19 팬데믹을 포함한 2009~2020년의 세계 경제 위기는 코모디티 가격의 상당한 감소를 초래했고, 이는 코모디티 생산국의 경제에 부정적인 영향을 미쳤다.

석유수출국기구(OPEC)

석유수출국기구(OPEC)가 석유와 천연가스를 공급하고 있지만 세계는 석유(31.1%), 석탄(28.9%), 천연가스(21.4%), 그리고 기타(수력, 원자력 및 재생 에너지, 18.6%)와 같은 주요 에너지원에 의존한다는 것을 이해하는 것이 중요하다. 특히 원유 공급에 관해 OPEC은 중요한 주체이다.

OPEC은 석유 생산자 연합체로 석유 가격을 높게 유지하기 위해 쿼터를 사용하는 데 성공했다.

석유수출국기구(Organization of the Petroleum Exporting Countries, OPEC)는 원유 가격에 영향을 미치기 위해 쿼터에 의존하는 생산자 카르텔의 한 예이다. 13개 산유국으로 구성된 그룹으로서 공급에 대한 상당한 통제권을 가지고 있으며 생산량과 가격을 통제하기 위해 협력하고 있다. 회원국은 알제리, 앙골라, 에콰도르, 인도네시아, 이란, 이라크, 쿠웨이트, 리비아, 나이지리아, 카타르, 사우디아라비아, 아랍에미리트, 베네수엘라이다. 미국, 러시아, 중국을 포함한 몇몇 최대 산유국은 OPEC의 회원국이 아니다. 2019년 미국은 사우디아라비아에 이어 세계 최대 산유국이 되었고 1953년 이후 처음으로 석유 및 가스의 순수출국이 되었다.

가격 통제와 정치 OPEC은 회원국에 생산 쿼터를 설정함으로써 가격을 통제한다. 사우디아라비아는 역사적으로 공급과 가격에 영향을 가하는 주요 공급국 역할을 수행했다. OPEC 석유 장관들이 정기적으로 모여 수급 추정에 따라 각국의 쿼터를 결정한다. 정치적 입장 또한 이런 결정에 중요한 역할을 한다. 인구가 많은 OPEC 회원국은 정부 프로그램에 자금을 공급하기 위해 많은 석유 수입을 필요로 한다. 결과적으로 더 많은 수입을 얻기 위해 수출 쿼터를 초과하고 싶은 유혹을 받는다.

생산과 수출 OPEC은 세계 원유 매장량의 81.9%를 보유하고 있으며 그중 중동은 OPEC 총매장량의 65.3%를 차지한다. 따라서 OPEC이 생산량을 줄이거나 늘리기로 결정한다면 OPEC은 원유

시장에 강한 영향을 줄 수 있다.[45]

OPEC의 정책은 때로는 효과가 있고 때로는 효과가 없다. 또한 통제할 수 없는 사건이 가격에 영향을 미치기도 한다. 세계 경제 위기 전에 치솟은 원유 가격은 세계적인 수요 증가(특히 중국), 중동의 정치적 불안정, 정유 시설 부족 등이 복합적으로 작용했는데, 부분적으로 새로운 정유 공장 건설을 가로막는 일부 국가의 환경 규정 때문이다. 가격 하락은 세계 경제 성장의 둔화와 석유 수요 감소에 기인했다.

OPEC이 고유가를 유지하는 데 발생하는 단점은 다음과 같다.

- 비OPEC 국가와의 경쟁 심화
- 비재래형 석유, 핵 에너지와의 경쟁 심화

고유가의 단점 유가를 높게 유지하는 것은 OPEC에게 몇 가지 단점을 야기한다. 먼저 OPEC이 아닌 산유국과의 경쟁이 심화된다. 왜냐하면 높은 가격하에서의 경쟁은 비OPEC 국가에게 발생하는 수익을 높이기 때문이다. 일부 OPEC 국가가 생산에 차질을 빚고 있기 때문에 BP, 엑슨모빌(ExxonMobil), 셸(Shell)과 같은 주요 생산자는 카스피안 분지, 멕시코만, 앙골라와 같은 지역에 많은 투자를 하고 있으며 러시아 같은 지역에 진출하려고 한다. 또한 높은 가격은 오일셰일(Oil Shale), 오일샌드(Oil Sands), 바이오연료(Biofuels)와 같은 비재래형 석유와 핵 에너지의 경쟁을 유발한다. 그러나 불행하게도 COVID-19 팬데믹은 석유 산업의 수요를 급격하게 감소시켰고 유가를 엄청나게 낮은 수준으로 끌어내렸다.

미래 전망 WTO는 양자 및 지역 경제 통합 노력을 극복할 것인가?

지역 통합이 미래의 물결이 될 것인가, 아니면 세계무역기구(WTO)가 세계 경제 통합의 중심이 될 것인가? 아니면 양자 무역협정이 지역과 WTO의 무역 통합 노력을 대신할 것인가? WTO의 목표는 상품, 서비스, 투자의 무역 장벽을 줄이는 것이다. 이에 더하여 지역 무역 그룹은 더 많은 것을 시도한다. 양자 간 거래 역시 비슷하지만, 두 국가만 합의에 도달하려고 하기 때문에 때때로 성공 확률이 더 높다. EU가 공통 통화를 도입하고 안보와 외교 정책 등의 분야에서 협력의 정도를 높이고 있지만 WTO는 결코 이런 문제에 관여하지 않을 것으로 보인다. 지역 통합은 회원국이 직면한 특정 문제를 다루는 반면, WTO는 세계의 모든 국가에 관심을 가질 필요가 있기 때문이다.

그러나 지역 통합(또는 일련의 양자협정)은 WTO가 세 가지 주요 방법으로 목표를 달성하는 데 도움을 줄 수 있다. 지역 통합은 다음과 같다.

1. WTO가 다루지 못하는 문제에서 오히려 개방을 유도할 수 있다.
2. 일반적으로 유사한 조건과 목표를 가진 국가가 적다는 점을 고려할 때 더 유연하다.
3. 특히 개발도상국의 개방을 유도할 수 있다.

이 장에서 살펴보았듯이 어떤 무역협정도 쉽거나 완벽하지 않다. WTO는 규모 때문에 심각한 문제를 안고 있다. USMCA, EU, ASEAN 등과 같은 지역 협정도 다양한 과제를 안고 있다. USMCA와 메르코수르의 경우 각각 하나의 우세한 회원국(각각 미국과 브라질)이 존재하므로 회원국 간 힘의 균형이 평등하지 않다. EU는 특히 그리스를 비롯한 여러 회원국의 부채 위기, 시리아와 다른 국가로부터의 (난민) 이주, 브렉시트로 인해 자체적인 어려움을 겪고 있다.

아프리카 대륙의 방대한 규모와 서로 다른 지역 경제 그룹에 관여하는 매우 많은 국가가 국경을 접하고 있음에도 불구하고 아프리카의 지역 통합은 더욱 발전될 여지가 있다. 아프리카는 천연자원이 풍부하고 중국과 세계 경제가 회복됨에 따라 자원이 부족한 중국이 선호하는 무역 파트너가 될 것이다. 게다가 아프리카의 더 큰 평화와 안정, 노동 가능 인구의 증가는 아프리카 대륙을 흥미로운 투자처 및 소비 성장의 잠재적 원천으로 만들 것이다. 하지만 아프리카는 코모디티 수출에 대한 의존으로 어려움을 겪을 것이다.

주로 APEC과 포괄적 환태평양경제동반자협정(CPTPP 또는 TPP-11)과 같은 아시아 경제 통합은 동아시아와 동남아시아의 경제가 계속 개방되고 중국의 도전에 대처하기 위해 협력함에 따라 활기를 띨 것이다. 그러나 TPP-11은 가능한 신규 진입 회원국 및 TPP-11 이외의 국가와의 기존 무역관계에 대한 문제를 다루어야 한다.

CASE

동쪽으로 진출하는 유니레버[46]

– 스테파니아 팔라디니(Stefania Paladini)

ASEAN은 세계에서 경제적으로 가장 역동적인 지역 중 하나에서 시작되었다. 동남아 5개국(태국, 말레이시아, 싱가포르, 필리핀, 인도네시아)은 첫 번째 통합 협정에 서명했다. 미얀마, 라오스, 베트남, 브루나이 다루살람이 그 뒤를 이어 서명했고, 마지막으로 1999년에 캄보디아가 가입했다. 아세안의 중요성은 1980년대 초반부터 동남아시아 경제의 점진적인 성장과 함께 점진적으로 증가했다. 다만 1990년대 아시아 위기 동안 일시적으로 둔화되었다. 아시아·태평양에 지속적인 관심을 가진 많은 다국적 기업이 점점 더 이 지역을 제조 기지이자 사업 거점으로 선택하고 있다. 2018년 자료에 따르면 아세안 지역은 6억 4,900만 명 규모의 시장과 3조 달러의 GDP를 가진 세계에서 5번째로 큰 경제 규모를 자랑한다. 세계무역에서 차지하는 비중은 2018년 2조 8,000억 달러를 넘어서는 등 동시다발적으로 성장하고 있다.

회원국 간에는 여전히 많은 차이가 있지만 이 지역의 주요 경제는 제조업의 오랜 전통을 보유하고 있으며 인프라, 항만, 기술 측면에서 좋은 시설을 보유한 국가도 있어(싱가포르가 가장 좋은 예이다) 오프쇼어링(offshoring)에 탁월한 거점으로 평가된다. 게다가 지역 내 무역은 견실하여 전체 무역의 약 23%를 차지하고 있으며, 국내 외 기업의 제조업 중심지로서 탁월한 성과를 거두고 있다.

유니레버와 아세안: 성공 사례

유니레버(Unilever)는 190개국 400개 이상의 브랜드 포트폴리오와 식품 및 화장품 분야에서 입지를 굳힌 세계 3위의 일용 소비재(fast-moving consumer goods, FMCG) 기업이다. 유니레버는 도브(Dove), 립톤(Lipton), 렉소나(Rexona), 바셀린(Vaseline), 매그넘(Magnum), 오모(Omo), 시프(Cif), 폰즈(Ponds), 크노르(Knorr)를 포함한 세계에서 가장 유명한 식품 및 가정 브랜드 중 일부를 소유하고 있다. 1930년에 설립된 영국-네덜란드의 거대 기업은 동남아시아 시장에 진출한 최초의 기업 중 하나였으며, 세계적으로도 가장 성공적인 기업 중 하나이다.

2011년, 새로 임명된 CEO인 폴 폴먼(Paul Polman)은 회사를 더 역동적이고 신흥 시장에 더 집중하기로 결정했다. 이와 함께 유니레버에 최고운영책임자(Chief Operating Officer, COO)의 직책을 도입하면서 새로운 지역에 집중하고 고유한 전략을 수립하라는 지시를 내렸다. 이는 궁극적으로 식료품이 사업 규모의 절반을 차지하는 유니레버가 기존 시장 모형을 모방하는 대신, 아시아의 자회사는 가정용품과 화장품에 집중 투자하여 사업 계획에서 식료품의 비중을 상대적으로 축소하려 했다.

글로벌 경기 침체와 일부 핵심 시장(즉 유럽)의 문제에도 불구하고 유니레버의 2012년 영업 실적은 10.5% 증가하여 513억 유로를 기록했다. 2012년 다보스에서 열린 세계경제포럼에서 유니레버의 COO인 하리시 만와니(Harish Manwani)는 유니레버의 다양한 포트폴리오와 아시아에서의 존재감이 유럽의 열세를 상쇄하는 데 도움이 되었다고 선언했다. 유니레버는 P&G, 네슬레(Nestlé) 등 성숙된 시장(mature market)에 더 치중했던 경쟁사들과 달리 광범위한 브랜드 포트폴리오와 신흥 시장을 강조함으로써 다른 경쟁사보다 격변하는 세계 경제 상황에 영향을 덜 받았다. 2013년의 예비적인 통계에 따르면 EU에서 판매 둔화에 대응하여 유럽 이외의 시장으로 지리적 초점을 계속 전환하는 것의 이점이 있음이 확인되었다. 2019년 유니레버의 전 세계 매출은 약 519억 8,000만 유로에 달하며, 여기에 동남아시아 시장이 상당한 기여를 했다. 동남아시아에서 유니레버의 존재는 제2차 세계대전이 끝난 때로 거슬러 올라가며 그 이후로 꾸준한 성장을 보이고 있다.

유니레버의 지역 본사는 쿠알라룸푸르에 있으며 1947년 이래로 말레이시아에서 활발히 조업하고 있다. 2013년에 유니레버말레이시아(동시에 싱가포르 지역을 책임지는)는 경영진을 위한 2.3헥타르(약 7,000평) 크기의 거대한 훈련 시설인 포에이커스싱가포르(Four Acres Singapore)를 개장했다. 이는 영국 밖의 유일한 본사 규모의 시설이며, 영국-네덜란드 다국적 기업이 아시아 지역에 부여하는 중요성을 명확하게 보여준다. 유니레버태국은 빠르게 확장하는 또 다른 자회사로, 현재 태국의 가장 큰 일용 소비재(FMCG) 기업 중 하나이다. 2014년에는 지속가능성에 기반한 성장 동력을 촉진하기 위해 80억 달러의 3개년 투자 계획을 발표했다.

유니레버의 가장 큰 신흥 시장 중 하나는 2007~2012년 동안 6억 2,590만 달러 이상을 투자한 인도네시아이다. 유니레버인도네시아의 매출은 2011년 23억 달러(유니레버 글로벌 매출의 약 5%)에 달했으며, 성장률은 전 세계 성장률과 비교하면 거의 2배에 달한다. COVID-19 팬데믹 속에서도 2020년 1분기 순이익이 6.53% 증가했다.

유니레버베트남은 지난 14년간 평균 30%가 넘는 놀라운 성장률을 보이며 강력하고 지속적인 성장을 이루었으며, 유니레버아시아 전체에서는 물론 베트남의 일용 소비재 부문에서도 가장 빠르게 성장하는 기업 중 하나이다. 약 200개의 유통업체와 40만 개 이상의 소매점을 보유한 유니레버 베트남의 총매출은 2008년 베트남 GDP의 약 1%에 달했다. 베트남 기획투자부 산하 자문 싱크탱크인 중앙경제관리연구소

▲ 유니레버는 바셀린, 도브, 립톤을 포함한 일용 소비재 부문에서 세계에서 가장 유명한 브랜드로 구성되어 있으며, 아시아 시장을 잠식하고 있다.

(Central Institute for Economic Management, CIEM)의 사례 연구 결과, 유니레버베트남의 성공 요인은 장기 투자자로 다국적 기업과 지역 비즈니스 사이에 건설적 파트너십과 효율적인 협업 모델을 이루었기 때문이라 평가했다.

유니레버필리핀은 땅콩, 타마린드, 덩이줄기 등을 현지 농민들로부터 조달하는 것을 목표로 하고 있으며, 이는 토착 사업 성장을 지원하기 위한 전략의 일환이다. 2010년 유니레버 지속가능계획(Unilever Sustainable Living Plan of 2010)은 다국적 제품의 환경 부담을 절반으로 줄이고 지역 농부들로부터 100% 농업 원료를 지속 가능한 방식으로 조달하는 것을 목표로 했다. 이 계획의 마지막 해인 2020년까지 유니레버는 성공적으로 온실가스 배출량을 65% 줄였고 모든 공장에서 쓰레기 매립을 전혀 하지 않았다.

유니레버는 사업을 계속 확장하여 다른 국가에도 손을 뻗치고 있다. 중국에 대한 투자는 지속되고 있으며 심지어 양쯔강 삼각주, 주강 삼각주, 베이징-텐진-허베이 지역에 이어 중국 사회 경제 발전의 소위 4극으로 불리는 내부로 이동하고 있다. 이곳은 쓰촨성으로, 지리적으로나 물류적으로 윈난과 메콩 지역과 연결되어 있어 아세안 국가들과 더 가깝다.

다른 거점도 개발 중이다. 가장 주목할 만한 사례 중 하나는 미얀마로, 유니레버는 1960년대부터 미얀마에 진출했지만 군사 정권이 독재 정권을 수립하며 권력을 장악하자 떠날 수밖에 없었다. 국가의 재개방과 민주적 선거에 대한 뉴스에 이어, 유니레버는 2010년에 첫 번째 투자자 중 하나로 돌아왔다. 또한 2017년에 유니레버는 미얀마에서 가장 큰 일용 소비재(FMCG) 기업 중 하나인 EAC(Europe & Asia Commercial Company)와 합작투자(joint venture)를 실시하여 미얀마에서 가정용품 및 화장품을 제조 및 유통한다고 발표했다.

앞으로의 과제

유니레버는 머뭇거림 없이 국가와 제품의 포트폴리오를 다각화한 다국적 기업의 확실한 성공 스토리를 대변한다. 아세안을 중심으로 신흥시장에 초점을 맞춤으로써 큰 성과를 거둔 것으로 보인다. 유니레버는 공정하고 지속 가능한 성장에 기여하는 데 좋은 위치를 선점했다. 2014년에 유니레버 아시아는 9개의 다른 현지 및 다국적 기업과 함께 싱가포르에서 조업하는 가장 지속 가능한 기업으로 인정받았으며, 지속 가능한 사업상(Sustainable Business Award, SBA)을 수상했다. 지속 가능한 계획에 따라 유니레버는 환경 영향, 양성 평등 및 사회적 포용과 같은 문제를 해결하기 위한 새로운 기업 전략인 유니레버컴퍼스(Unilever Compass)를 개발했다. 2019년에는 이미 여성이 경영진의 51%를 차지하기도 했다.

더 많은 다국적 기업이 운영 비용을 절감하고 중국 및 인도 소비 시장과 보다 공격적인 통합을 추구하는 것을 목표로 하기 때문에 미래에는 이 지역에 대한 인수합병 및 그린필드 투자(greenfield investment) 등 추가적인 외국인 투자가 늘어날 가능성이 높다. 게다가 아시아-태평양 지역의 소비 지출은 계속 증가할 것이고, 이는 아시아의 모든 지역이 투자자에게 더욱 매력적으로 비칠 것이다. 기업은 싱가포르의 허브로서 중심성, 고도로 정교한 시설, 기술 인프라, 심해 컨테이너 항구로부터 확실히 이익을 얻을 것이다. 놀랄 것도 없이 75%의 기업이 싱가포르에 지역 사업부를 운영하고 있고, 그 뒤를 이어 10%가 말레이시아의 쿠알라룸푸르에서 운영하고 있다.

중국의 인건비가 몇 년 동안 꾸준히 상승하여 미국의 생산 비용과 거의 맞먹고 있다는 사실은 비밀이 아니지만, 시간당 기준으로 보면 중국의 인건비는 여전히 상당히 낮다. 따라서 아세안은 제조업 중심지로서 점점 더 인기를 얻고 있으며 다국적 기업의 글로벌 공급사슬에서 지속적인 선호가 나타나고 있다. 인도네시아와 베트남과 같은 국가는 노동 비용이 미국 수준의 37%에 불과하며 생산 거점으로 선호되고 있다. 분석가들은 이 지역의 오프쇼어링 프로세스는 시작에 불과하다고 진단했다.

그러나 동시에 여러 도전 과제도 남아 있다. 동남아시아는 여전히 유럽연합에 버금가는 완전한 경제 통합을 달성하는 과정에서 일련의 장애물에 직면한다. 산업 표준과 관료주의와 같은 비관세 장벽은 말할 것도 없고 자유무역 지역의 틀에서도 예외적으로 특정 제품에 대한 민감도 목록을 허용하는 이 지역의 보호무역주의는 계속 이어지고 있다.

또 다른 문제는 AFTA(아세안 자유무역 지역)의 이행과 관련이 있다. 아세안 각국과 나머지 동아시아를 연결하는 일대일 특혜 무역협정과 함께 AFTA는 크게 성공했다. 그러나 아시아-태평양 지역의 다른 복잡한 지역무역협정에 대해서는 더욱 신중한 평가가 필요하다. 이런 지역무역협정에 장점보다 단점이 많은 경우가 많으며, 무역협정의 이행은 때때로 비용이 많이 들고 복잡하여 중소기업이 혜택을 얻을 수 없는 것으로 밝혀졌다. 일부 기업이 수행한 설문 조사와 함께 풍부한 학술 문헌은 이런 문제를 재차 지적했다. 운송 비용을 치솟게 하는 인프라 부족은 (인도네시아와 같은) 오프쇼어링이 전도유망한 국가에서 만만치 않은 장애 요인이 되고 있다.

또한 더 미묘한 문제도 있다. 예를 들어 피부 미백 제품은 남아시아와 동남아시아의 여성들 사이에서 큰 인기가 있음에도 불구하고 최근 인종차별 논란으로 공격받는다.

마지막으로 아세안 국가들의 다양성은 기회뿐만 아니라 위협이 될 수도 있다. 예를 들어 10개 국가를 비교할 때 1인당 국내총생산(GDP)이 거의 6만 4,581달러에 달하는 싱가포르와 1인당 GDP가 1,326달러(2018년)에 불과한 아세안 최빈국 미얀마 사이에서 소비자 구매력의 차이는 상당히 크다. 게다가 정치 체제, 종교, 언어 면에서 큰 차이가 있어 합의에 도달하기 어려운 문제도 있다. 따라서 다국적 기업이 단일 시장 접근법을 채택하는 것이 종종 불가능하며, 다양한 전략을 구상해야 한다. 향후 몇 년은 아마도 아세안 지역이 글로벌 성장의 새로운 거점 중 하나가 되고, 여기서 활동하는 유니레버와 다른 다국적 기업의 활동에 상당한 영향을 미칠 것이다.

문제

8–3 유니레버는 왜 신흥 시장, 특히 동남아시아에 많은 투자를 했는가?

8–4 미얀마에서 수십 년 동안 정치적 문제로 인해 비즈니스가 중단되었다가 최근 다시 국경이 개방되었다. 유니레버는 미얀마에 어떤 종류의 진입 모드 전략을 선택했는가?

Chapter 9
글로벌 외환 시장

학습 목표

9-1 외환과 외환 시장의 주요 참여자를 정의한다.

9-2 외환 시장의 주요 특성을 정리한다.

9-3 현물, 선물, 옵션, 통화선물을 비교한다.

9-4 외환 시장의 주요 양상을 설명한다.

9-5 기업이 국제무역을 활성화하기 위해 외환 거래를 어떻게 활용하는지 설명한다.

출처: Gr.classen/Shutterstock

▲ 가장 대표적인 가상화폐

다른 사람을 위한 장사는 돈이 든다. —*포르투갈 속담*

CASE

아시아·태평양에서의 가상화폐 등장: 필리핀 사례[1]

—스테파니아 팔라디니(Stefania Paladini)

블록체인, 특히 가장 유명하며 가장 먼저 기술을 설명하고 구현한 애플리케이션인 암호화폐 비트코인(Bitcoin)에 대해 들어보지 않은 사람은 거의 없을 것이다. 2009년 처음 개념화된 이후로 블록체인은 다양하고 광범위한 용도에 급격하게 사용되고 있다. 그러나 익명 및 보안을 담보하는 거래 내역 단위의 분산 원장을 도입한 블록체인은 그만큼의 부정적인 영향도 가져오고 있다. 왜냐하면 비트코인과 다크웹(일반적인 브라우저로 접속이 불가능한 웹사이트)의 관계가 지하 범죄 세계와 관련성이 있기 때문이다.

가상화폐는 이미 세계에서 가장 크고 가장 유동적인 시장인 외환 시장의 세계에서 역동적인 다음 단계로 진행 중이다. 이미 많은 외환 중개인이 이제 비트코인 및 거래를 위한 기타 유사한 암호화폐를 활용 중이다. 이스라엘 금융 서비스 회사인 이토루(F-Toro)가 최초 회사 중 하나였지만 곧 다른 회사가 경쟁에 뛰어들었고 현재는 스위스쿼트(Swissquote), IG, XTB, 포렉스닷컴(Forex.com) 등이 모두 다양한 암호화폐 옵션을 제공한다.

가상화폐의 잠재력을 발견하는 데는 기존에 인가받은 금융 기관도 그다지 뒤쳐지지 않았다. 미국의 증권거래소와 핀테크 기업 모두 이 기회를 가장 먼저 활용한다. 이후 영국 같은 다른 나라가 그 뒤를 이었다. 영국의 투자 은행이자 금융 서비스 회사인 바클레이즈(Barclays)는 2015년부터 파일럿 프로그램을 통해 비트코인의 거래를, 그리고 2016년 첫 블록체인 기반 금융 거래를 시도했다. 비슷한 시기에 스코틀랜드왕립은행(Royal Bank of Scotland)도 35억 파운드에 달하는 기술 개편의 일환으로 블록체인 기반의 통합을 시도했다.

10년이 조금 넘는 기간 동안 여러 국가에서 암호화폐 사용을 시도하면서 속도가 빨라졌다. 아시아·태평양 지역에서도 빠르게 급증했고, 비트코인은 소비자와 금융 시장 모두에서 사용 가능한 가상화폐 중에서 가장 많이 사용되었다.

코인마켓캡(CoinMarketCap)에 따르면 2020년 9월 8일 현재, 전 세계적으로 약 6,995개의 암호화폐가 거래되고 있으며, 총시가총액은 3,250억 달러이다. 다른 자료에 따르면 시장에서 암호화폐 자체의 개념과 거래 방식을 정의하기 위해 채택된 다양한 방법을 반영하는 약간 다른 수치도 있다. 또한 일부 출처는 지금까지 모든 암호화폐를 나열해 보여주는데, 그들 중 상당수는 만들어졌지만 사용되지 않고 있다. 현재 운용되는 암호화폐의 수와 상관없이 이 중 약 97개 암호화폐의 시가총액은 최소 1억 달러로, 시장 리더의 관련성은 부인할 수 없다.

비트코인은 이더리움(Ethereum), 리플(Ripple), 라이트코인(Litecoin), 테더(Tether)와 같은 최근 경쟁자보다 계속해서 선두를 유지하고 있다. 그러나 그들의 사용과 거래는 모든 곳에서 동일하지 않다. 특히 아시아·태평양은 전 세계 암호화폐 채굴 분포에서 뚜렷한 성과를 보여준다. 세컨드 글로벌 암호화폐 벤치마킹 연구에 따르면 2018년 11월 기준으로 비트코인 풀은 아시아·태평양, 유럽 및 북미 전역에 상대적으로 골고루 분포하고 있다. 반면에 비트코인 캐시 풀 환경은 아시아·태평양이 지배하고 있다.

통계를 살펴보면 더욱 인상적이다. 알트코인(altcoin, 비트코인에 대한 암호화폐 대안)은 라이트코인과 이더리움이 가장 잘 알려져 있다. 라이트코인은 최근 아시아·태평양 지역에서 선택되는 암호화폐이다. 이름 그대로 라이트코인은 2011년에 비교적 저렴하고 비트코인에 대한 덜 중앙집중화된 대안이며 어느 정도 이러한 약속을 지켜왔다. 라이트코인은 비트코인보다 약 4배 빠르게 작동한다. 동등한 거래소인 비트코인 블록을 확인하는 데 10분이 걸리는 데 비해 라이트코인에서는 2.5분 안에 확인된다. 라이트코인은 상당히 더 저렴하게 거래할 수 있다. 2020년 3월 기준, 라이트코인의 평균 거래 수수료 비용은 블록당 0.0327달러로, 비트코인의 약 0.631달러에 비해 저렴하다. 그리고 전 세계적으로 덜 유통되고 있지만 라이트코인은 확실히 성장할 여지가 있으며 아시아·태평양 지역의 채택 증가가 이를 보여준다.

암호화폐 거래소(암호화폐가 거래되는 곳)의 지리적 이동도 있었다. 원래 모든 BTC-USD 거래의 약 90%를 지배한 하나의 거래소는 2010년에 일본에서 설립된 마운트곡스(Mt. Gox)였다. 이제 시장은 전 세계적으로 바이낸스(Binance), 코인베이스(Coinbase), 후오비글로벌(Huobi Global), 크라켄(Kraken) 등 훨씬 작은 거래소로 쪼개졌다. 아시아·태평양은 이 영역에서도 주도권을 차지하여, 현재 세계 50대 암호화폐 거래소 중에 약 5분의 2를 차지하고 있다. 이 지역은 또한 거래량 면에서도 비트코인에 대한 세계 수요의 35.1%를 차지하면서 선두를 달리고 있다(이에 비해 미국의 수요는 25.3%에 불과하다).

필리핀: 사회 혁신의 새로운 방안

암호화폐, 일반적으로 블록체인은 단순한 전문 핀테크로 제한된 시장의 또 다른 거래 옵션 운영 그 이상이다. 아시아·태평양 지역의 암호화폐 친화적 국가에 대한 설문 조사는 잘 알려진 싱가포르와 일본에 더해 흥미로운 통찰력을 제공한다.

여러 지표는 필리핀이 점점 더 암호화폐에 친화적이 되고 있음을 보여준다. 필리핀에 기반한 암호화폐 거래소의 수는 빠르게 성장했다. 중앙은행이 해당 지역에서 운영하도록 승인한 11개 외에도 추가로 정부 소유의 경제자유구역청(Cagayan Economic Zone Authority, CEZA)으로부터 37개의 암호화폐 거래소가 권한을 취득했다. CEZA는 필리핀 북부 지역의 경제특구와 자유항을 관리하는데, 국제 금융 허브의 역할을 하고자 홍콩 및 싱가포르와 경쟁하기 위해 만들어졌다.

또한 필리핀 정부는 증권거래위원회와 함께 핀테크에 대한 규제 체계에 관한 협력을 진행했으며, 최근 암호화폐에 관한 지침을 마무리했다.

필리핀이 이처럼 중요한 암호화폐를 보유하는 데는 몇 가지 이유가 있다. 하나는 많은 사람(일부 최근 추정치에 따르면 10명 중 7명)은 여전히 전통적인 은행에 접근이 어렵고 소비자에게 새로운 선택권을 줄 수 있는 가상화폐에 접근하기가 쉽기 때문이다. 이런 의미에서 비트코인과 다른 암호화폐는 사회 혁신 및 포용이라는 의미에서 진정한 돌파구를 마련할 잠재력을 가지고 있다.

필리핀은 인근의 다른 나라에 비해 전통 자본 시장에 대한 접근성이 제한적이기 때문에 스타트업과 중소기업도 자본 시장에 분산되고 핀테크 중심의 접근이 성공하는 것을 보고 싶어 한다. 국내 암호화폐 거래액은 2017년 1억 8,918만 달러에서 2018년 3억 9,037만 달러로 증가했고, 비트코인 가격 급등은 2020년 거래량의 5배 증가라는 결과를 낳았다.

2018년에 필리핀 정부는 카가얀 경제구역에서 위에서 언급한 암호화폐 및 핀테크 허브와 위치를 공유하는 사이버 공원인 '아시아의 가상화폐 밸리'를 건설하기 시작했다. 부동산 개발사인 노던스타게이밍앤드리조트주식회사(Northern Star Gaming & Resorts Inc.)가 참여해 조성했으며, 이를 위해 개발사는 10년간 약 1억 달러를 투자하겠다고 약속했다. 일부 시설은 이미 사용 중이며 더 많은 시설이 개발 중에 있다.

암호화폐를 포함한 핀테크의 광범위한 채택을 촉진하려는 필리핀 정부의 이러한 대담한 움직임은 정부가 그러한 강력한 지원을 제공하는 경향이 덜할 수 있는 아시아·태평양 지역의 다른 국가보다 경쟁우위를 점할 수 있게 하며 아마도 그럴 것이다. 일본은 일찌감치 블록체인 기술을 수용해 비트코인 거래에서 아시아의 선두 주자로 꼽히는 반면, 중국과 한국 등 다른 주요국은 채택에 어느 정도의 신중함이 뒤섞인 열정을 보였다.

그러나 이러한 인상적인 성장 뒤에는 몇 가지 우려가 있다. 하나는 이러한 가상 거래를 안전하고 분산되며 결과적으로 불법 운영에 적합하게 만드는 블록체인 기술의 핵심과 관련이 있다. 따라서 필리핀 중앙은행은 암호화폐 허브가 발전할 수 있도록 허용하면서도 이들의 활동에 일부 법적 제한을 둔다. 예를 들어 암호화폐를 통해서는 50만 페소(약 1만 달러) 이상의 단일 거래를 할 수 없다. 대신 수표나 은행 계좌로의 직접 신용을 통해 수행해야 한다. 게다가 중앙은행은 암호화폐의 모든 거래소가 공식 지침을 준수하고 필요한 모든 기록을 유지하며 활동에 대한 보고서를 제출할 것을 요구한다. 마지막으로 일반적으로 블록체인과 특히 비트코인은 에너지 소비 집약적인 애플리케이션으로 잘 알려져 있어 지속가능성에 대한 우려가 있다.

이 모든 것은 정당한 관심사이다. 감독되고 올바르게 모니터링되지 않을 경우 기술의 광범위한 채택은 자금 세탁과 테러 자금 조달에도 이용될 수 있으며, 이는 이미 이 지역에 존재하는 안보 문제를 악화할 수 있다. 또한 광범위한 채택은 또한 환경 문제를 더욱 긴급하게 만들 수 있다.

그러나 여러 완화 전략이 준비되어 있으며 기존 모범 사례에 따라 적절한 규제 프레임워크를 설정하고 구현하면(다시 말하지만 일본은 여기서 표준을 설정했다) 보안 위험을 최소화할 수 있다. 구조화된 거래 프로토콜과 새로운 알고리즘은 에너지 효율적인 것으로 입증되었으며 블록체인 기술의 대안으로 채택될 수 있다. 중소기업과 신생 기업이 신용에 더 폭넓게 접근할 수 있게 되면서 필리핀에서 성공적으로 입증된 이 실험은 유사한 이니셔티브에 대한 중요한 선례가 될 수 있다.

문제

9-1 가상화폐는 약 12년 전에 등장했으며 이미 세계 각국 기업의 경영 방식에 변화를 주었다. 2020년 수천 억의 시가총액으로 이어진 획기적인 사건은 무엇인가?

9-2 미국은 새로운 블록체인 기술을 채택하고 가상화폐의 광범위한 사용에 투자한 첫 번째 국가였다. 오늘날도 그러한가? 변화한 것은 무엇인가?

9-3 필리핀은 아시아·태평양에서 가장 중요한 가상화폐 허브 중 하나가 되었다. 홍콩이나 싱가포르와 같은 국가에 비해 필리핀을 혁신적인 핀테크 솔루션에 적합한 나라로 만드는 요소는 무엇인가?

외환은 무엇인가, 그리고 시장의 주요 역할자는 누구인가

9-1 외환과 외환 시장의 주요 참여자를 정의한다.

외환(foreign exchange, FX)은 다른 국가 또는 국가 그룹의 통화로 표시된 돈이다.[2] 이러한 거래는 **외환 시장**(foreign-exchange market)에서 일어난다. 외환은 현금, 신용카드와 직불카드, 여행자 수표, 은행 예금, 기타 단기 자금의 형태가 될 수 있다.[3] 미국 내 멕시코 이주 근로자가 웨스턴유니온(Western Union)을 이용해서 달러를 페소로 바꾸고, 이 페소를 친척들이 돈을 찾을 수 있는 멕시코의 사무소로 전송한다.

환율(exchange rate)은 특정 통화의 가격, 즉 다른 통화 한 단위를 구입하기 위한 통화의 수량이다. 환율은 매일 바뀔 수 있다. 2020년 1월 1일에는 1유로로 1.1221달러(또는 1달러에 0.8912유로)를 구입할 수 있었다. 환율은 국제 가격과 비용의 비교를 가능하게 한다.

외환 시장은 다양한 참여자로 구성되어 있다. 60개 회원국 중앙은행이 소유하고 관리하는 스위스 바젤의 중앙은행 기관인 **국제결제은행**(Bank for International Settlement, BIS)은 시장을 **보고딜러**(reporting dealer), 기타 금융 기관, 비금융 기관의 세 가지 주요 범주로 나눈다.[4]

머니센터뱅크(money center bank)로 불리는 보고딜러는 전 세계 및 각국의 외환 및 파생 상품 시장에 적극적으로 참여하는 금융 기관이다. 주로 대규모 상업 및 투자 은행으로, 외환 거래의 전체 시장 점유율에서 가장 큰 은행 및 금융 기관으로는 도이체방크(Deutsche Bank), 시티그룹(CitiGroup), 바클레이즈캐피털(Barclays Capital), UBS, JP모건(JP Morgan), HSBC, 뱅크오브아메리카(Bank of America), 골드만삭스(Goldman Sachs), 등이 있다. 머니센터뱅크가 다루는 돈의 거래량으로 인해 이들은 가격 형성에 영향을 주고 시장을 조성한다.

개념 체크

1장에서는 다국적 기업을 소개하고 다국적 기업은 생산과 시장에 대한 글로벌 접근 방식을 취하는 기업이라고 강조했다. 여기서는 다국적 기업이 사업을 수행하는 환경에서 외환을 다루는 것이 중요하다고 덧붙인다.

외환은 다른 국가나 국가 그룹의 통화로 표시된 돈이고, 환율은 다른 국가의 용어로 표시된 통화의 가격이다.

국제결제은행(BIS)은 외환 시장을 보고딜러(딜러 은행 또는 머니센터 뱅크), 기타 금융 기관 및 비금융 기관으로 나눈다.

다른 금융 기관은 보고딜러로 분류되지 않는 금융 기관이다. 이들은 더 작은 상업 은행, 투자 은행, 증권 회사, 헤지 펀드, 연기금, 머니마켓 펀드, 통화 펀드, 뮤추얼 펀드, 전문 외환 거래사 등이다. 웨스턴유니온은 외환을 다루는 비은행 금융 기관이다. 비금융 기관은 앞에 소개된 기관과 다른 모든 상대방으로 중소 규모 기업과 더불어 다국적 기업과 같은 모든 비금융 최종 사용자를 포함한다. 2019년 BIS 트라이에니얼센트럴뱅크(BIS Triennial Central Bank) 외환 시장 활동 조사에서 일일 거래량의 38%가 보고딜러인 반면, 55%는 기타 금융 기관, 7%는 비금융 기관이었다.[5]

외환 시장의 몇 가지 양상

9-2 외환 시장의 주요 특성을 정리한다.

외환 거래 방법

딜러는 전자적 방법, 직접 고객과의 거래, 은행 간 시장, 보이스 브로커를 통해 외환을 거래할 수 있다.

외환 거래는 전자결제(eTrading), 소비자와의 직접 거래, 은행 간 직접 거래, 보이스 브로커를 통해 이루어진다. 최근에는 전체 거래량의 50% 이상이 전자결제 방법을 통해 이루어졌다. 브로커와의 음성 연결이 일부 유형의 거래에서 여전히 중요하지만, 음성으로 하는 하이터치 거래(브로커가 조사와 조언을 제공하는 것)는 로우터치 음성(전자결제와 결합된 음성 거래 포함)으로 자리를 내주고 있다.[6] 다른 종류의 전자 방법이 관련된다. 하나는 EBS, 톰슨로이터(Thomson Reuters), 블룸버그(Bloomberg) 등 전자 시스템을 이용해 외환 딜러를 대상으로 거래가 매칭되는 전자브로킹 시스템이다. 다른 하나는 단일 은행 독점 시스템 또는 다중 은행 거래 시스템에서 실행되는 전자 거래 시스템이다. 은행 간 직접 거래는 전화 또는 직접 전자 거래를 통한 딜러 은행 간의 거래를 뜻한다.

외환 시장에는 두 가지 주요 부문이 있다.

- 상업 은행과 투자 은행의 장외 시장(OTC)
- 증권거래소

고객을 위해 제공되는 전자 서비스는 또한 전 세계의 다양한 시장에 대한 많은 시장 데이터, 뉴스, 인용, 통계를 제공한다. 거래실에는 둘 이상의 전자 서비스가 있고 거래자는 같은 사무실 내에서 서로 다른 선호도를 보이는 경우는 드문 일이 아니다. 블룸버그와 톰슨로이터는 다수 은행의 시장 견적을 제공하므로 시장 컨센서스에 가깝다.

외환 시장은 장외 시장(OTC)과 거래소 거래 시장의 두 가지 주요 부문을 가지고 있다. 장외 거래 시장은 방금 설명한 대로 시중 은행, 투자 은행, 기타 금융 기관으로 구성되어 있다. 거래소 거래 시장은 선물, 옵션 등 특정 유형의 외환 상품이 거래되는 CME 그룹, 나스닥, ICE(Intercontinental Exchange)와 같은 증권거래소로 구성된다.

전 세계 장외 거래 외환 상품

전 세계 장외 거래 외환 상품은 현물환 거래, 선물환 거래, 외환스와프, 통화스와프, 통화옵션, 기타 외환 상품을 말한다. 이러한 도구는 앞서 언급된 시장에서 모두 거래된다.

현물환율은 2영업일 이내에 결재가 필요한 환율이다.

확정일 방식의 선물환은 선도 거래로 알려진 확정된 환율에 3영업일 이후 결재가 이루어지는 외환 거래를 말한다.

- **현물환 거래**(spot transaction)는 2영업일 이내에 결재하기로 합의한 외환 거래이다. 예를 들어 은행은 거래에 대한 환율을 월요일 기준으로 이용하지만 실제 거래는 목요일에 처리될 것이다.[7] 거래 시 사용되는 환율은 **현물환율**(spot rate)이다.
- **선물환 거래**(outright forward transaction)는 2영업일을 넘어서 결재가 이루어지는 외환 거래를 말한다. 이는 향후 지불을 위한 통화의 단일 구매 또는 판매이다. 거래에 적용되는 환율은 **선물환율**(forward rate)로, 쌍방 간에 계약한 환율이다. 선물환 거래는 결제 시점의 실제 현물

환율이 어떻든 선물환율로 결제된다.

- **외환스와프**(FX swap)는 한 통화를 다른 통화로 특정일에 교환하고, 미래 특정일에 다시 교환하는 거래이다. 대부분은 외환스와프의 첫 번째 거래는 현물환 거래이고, 두 번째 거래는 선물환 거래이다. 예를 들어 IBM이 영국 지사로부터 영국 파운드로 배당을 받았지만, 30일 후에 있을 영국 공급업자에 대한 지불 건 이외에는 영국 파운드를 사용할 일이 없다고 하자. IBM은 외환스와프 시장을 이용해서 현물 시장에서 딜러와 현물환율로 파운드화를 달러화로 바꾸고, 이 딜러와 30일 후 선물환율로 달러를 파운드로 바꾸는 거래를 할 수 있다.

외환스와프 현물환과 선물환을 동시에 거래하는 방식이다.

- **통화스와프**(currency swap)는 채권과 같은 이자를 포함하는 금융 상품을 다루며, 원금과 이자의 교환을 포함한다.

통화스와프, 옵션 및 통화선물 계약은 외환 거래의 다른 형태이다.

- **옵션**(option)은 미래에 외환을 거래할 권리이며 의무는 아니다.
- **통화선물 계약**(futures contract)은 통화선물거래소의 모든 참가자가 표준화된 계약에 명시된 대로 양 당사자 간에 미래 특정 시점에 특정 통화를 특정 가격에 사거나 팔기로 한 계약으로, 장외 거래 시장(OTC)에서 거래되지 않는다.

외환스와프는 여전히 47%의 시장 점유율로 지배적인 상품군이며, 33%의 현물환 거래가 그 뒤를 바짝 따르고 있다. 완전 선물환 거래는 14%를 차지하며 옵션, 통화스와프 및 기타 거래는 시장의 6%에 불과하다.[8]

외환 시장의 크기, 구성, 위치

외환 상품에 대해 자세히 알아보기 전에 시장의 크기, 구성, 지리적 위치에 대해 살펴보자. BIS는 2019년 전 세계 외환 활동에 관한 조사에서 일일 외환 회전율을 6조 6,000만 달러로 추정했다. 이는 2016년 조사에 비해 33% 증가한 수치이다.

외환 시장에서 미국 달러의 사용 미국 달러는 외환 시장에서 가장 중요한 통화이다. 표 9.1에서 볼 수 있듯이 가장 최근의 BIS 조사에 따르면 전 세계 모든 외환 거래의 88.3%에서 미국 달러는 매수나 매도 거래 상대방이었다. (표의 숫자는 백분율이고, 각 거래에 거래 상대방이 존재하므로 더하면

개념 체크

세계에서 가장 널리 거래되는 통화는 정치적 자유(3장 참조)와 경제적 자유(4장 참조)가 높은 국가에서 발행한 것이라는 사실이 놀라운 일은 아니지만 흥미롭다.

출처: eye35.pix/Alamy Stock Photo

◀ '시티'라고도 하는 런던의 금융 지구에서는 전 세계 외환 시장 거래의 36.9%가 발생한다.

표 9.1 전 세계 외환: 통화 분포

통화	2004년 4월	2007년 4월	2010년 4월	2013년 4월	2016년 4월	2019년 4월
미국 달러	88.0	85.6	84.9	87.0	87.6	88.3
유로	37.4	37.0	39.0	33.4	31.4	32.3
일본 엔	20.8	17.2	19.0	23.0	21.6	16.8
영국 파운드	16.5	14.9	12.9	11.8	12.8	12.8
호주 달러	6.0	6.6	7.6	8.6	6.9	6.8
캐나다 달러	4.2	4.3	5.3	4.6	5.1	5.0
스위스 프랑	6.0	6.8	6.3	5.2	4.8	5.0
중국 위안	0.1	0.5	0.9	2.2	4.0	4.3
기타	21.0	27.1	24.1	24.2	25.8	28.7

미국 달러는 전 세계 모든 외환 거래의 88.3%에 참여한다.

출처: Bank for International Settlements, *Triennial Central Bank Survey: Foreign Exchange Turnover in April 2019* (Basel, Switzerland: BIS, September 2019): 10.

200%가 된다.) 달러, 유로, 엔, 파운드가 가장 널리 사용되는 통화이지만 중국 위안의 중요성이 꾸준히 증가하고 있다. 2019년 위안화는 8번째로 가장 많이 거래된 통화가 됐고, 중국 금융 시스템이 글로벌 시스템과 통합되면서 중요성이 커질 것으로 예상된다.

달러화가 이렇게 폭넓게 거래되는 데는 크게 다섯 가지 이유가 있다.

1. 많은 자본 시장에서 투자 통화이다.
2. 많은 중앙은행이 보유하는 외환 보유 통화이다.
3. 많은 국제 상품 시장에서 거래 통화이다.
4. 많은 거래에서 결제 통화이다.
5. 공개 시장 조작을 통해 통화 당국이 자국 환율에 영향을 주려는 경우 사용되는 개입 통화이다.

전 세계적으로 미국 달러를 즉시 사용할 수 있으므로 미국 달러화는 미국 이외의 두 나라 사이에 외환 거래의 중요한 도구로 사용되고 있다. 예를 들어 한국 수출업자로부터 물건을 수입한 멕시코 회사는 멕시코 페소를 달러로 바꾸고 이 돈을 한국 수출업자에게 보내면, 이들은 이를 원화로 바꾼다. 그래서 달러는 멕시코와 한국의 거래에서 한 축을 이룬다. 그 이유는 무엇인가? 한 가지 이유는 한국 수출업자에게 페소는 필요 없지만 달러는 다양한 목적으로 사용할 수 있다. 다른 이유는 멕시코 은행이 원화 잔고를 맞출 수 없다면 멕시코 수입업자가 원화를 좋은 가격에 구하기는 어려울 것이지만 은행은 의심할 여지 없이 달러 잔고를 가지고 있으므로 수입업자는 달러를 쉽게 구할 수 있을 것이다. 그래서 달러는 은행이 많은 기타 통화에 대한 잔고를 유지할 필요가 없도록 외국 은행의 일을 상당 부분 덜어준다.

가장 많이 거래되는 통화인 달러는 상위 8개 통화 쌍에 속하며, 달러/유로와 달러/엔이 상위 2개 통화 쌍이다.

자주 사용되는 통화 쌍 외환 거래를 고려하는 또 다른 방법은 가장 자주 거래되는 통화 쌍을 살펴보는 것이다. 2019년 BIS 조사에서 상위 8대 거래 쌍은 미국 달러를 포함하며, 상위 2개는 전체의 24%를 차지한 유로/달러(EUR/USD)와 달러/엔(USD/JPY)이었다.[9] 외환 거래에서 미국 달러의 중요성 때문에 미국 달러화 이외의 다른 두 통화, 예를 들어 스위스 프랑과 브라질 헤알의 환율은 **교차 환율**(cross rate)이라고 한다.

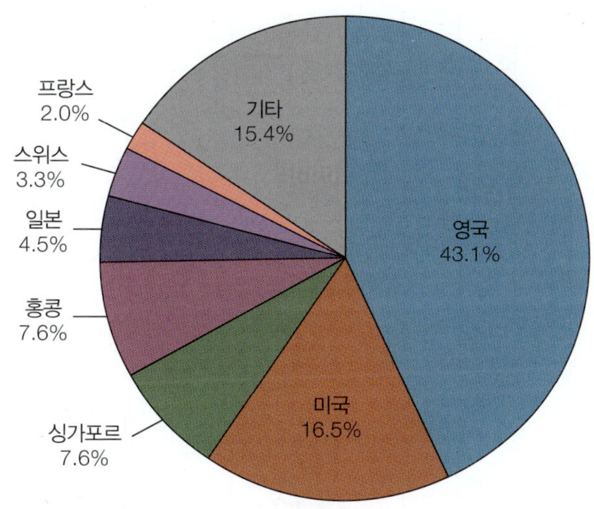

그림 9.1 외환 시장: 지역별 분포(2019년 4월)

미국이 불과 16.5%를 차지하는 데 비해 영국은 모든 세계 외환 거래의 43.1%를 처리한다. 영국의 인기에서 위치는 매우 중요한 요소이다. 런던은 모든 유럽의 자본 시장과 가깝고, 시간대는 미국과 아시아 두 시장의 거래에 참여하기 편리하다.

출처: Bank for International Settlements, *Triennial Central Bank Survey: Foreign Exchange Turnover in April 2016* (Basel, Switzerland: BIS, December 2016: 14).

유로는 상위 10대 통화 쌍 중 두 번째로, 달러와 영국 파운드 다음이다. 그러나 유로화는 튀르키예와 같은 유럽의 비유럽연합 국가뿐만 아니라 유로 통화 동맹에 속하지 않는 유럽연합의 다른 통화에도 중요하다.

달러가 세계에서 명확하게 가장 널리 거래되는 통화임을 감안할 때 외환 거래의 가장 큰 시장은 미국일 것으로 기대할 것이다. 그러나 그림 9.1과 같이 가장 큰 시장은 영국에 있다. 외환 거래의 5대 센터(영국, 미국, 싱가포르, 홍콩, 일본)는 일일 총거래량의 77%를 차지한다. 영국 시장은 너무나 확고해서 미국 달러를 뉴욕보다 런던에서 더 많이 거래한다.[10]

가장 큰 외환 시장은 런던이며, 그 다음으로 뉴욕, 싱가포르 순이다.

외환 시장 거래와 시간대

미국 달러가 세계에서 가장 널리 거래되는 통화임에도 거래 중심지로 런던이 중요한 이유는 무엇일까? 두 가지 주요 이유가 있다. 첫째, 런던은 유럽의 주요 자본 시장 부근에 자리 잡고 있어서 많은 국내 및 외국 금융 회사가 영업하는 강력한 국제금융센터이다. 따라서 중요한 글로벌 경제 활동 지역에 상대적으로 가까운 지리적 위치가 중요한 원인이다.

둘째, 런던이 위치한 시간대가 독보적인 사리를 자지하게 도와줬다. 지도 9.1에서와 같이 런던이 정오일 때 뉴욕은 오전 7시, 아시아는 저녁이다. 런던 시장이 개장할 때 아시아 시장은 거래를 마감하고, 뉴욕 외환 시장이 개장할 때 런던 시장은 거래가 왕성해진다. 따라서 런던은 중요한 세계 시장에 걸쳐 있다.

그림 9.2는 뉴욕 시간을 기준으로 각 위치에서 거래가 발생하는 시간을 나타낸다. 시간대가 겹치기 때문에 도쿄와 런던이 모두 문을 여는 시간, 즉 뉴욕에서 오전 3시부터 5시까지 약 2시간 동안 외환 거래 활동이 가장 많다. 다음 외환 거래의 최대 시간은 오전 8시부터 오후 1시까지 뉴욕이 열리고 런던이 여전히 한창인 때이다. 그러나 런던은 뉴욕이 개장하기 4시간 전부터 이미 문을 열고 있어 뉴욕 외환 트레이더는 런던에서의 활동을 놓치지 않기 위해 보통 일찍 출발한다.

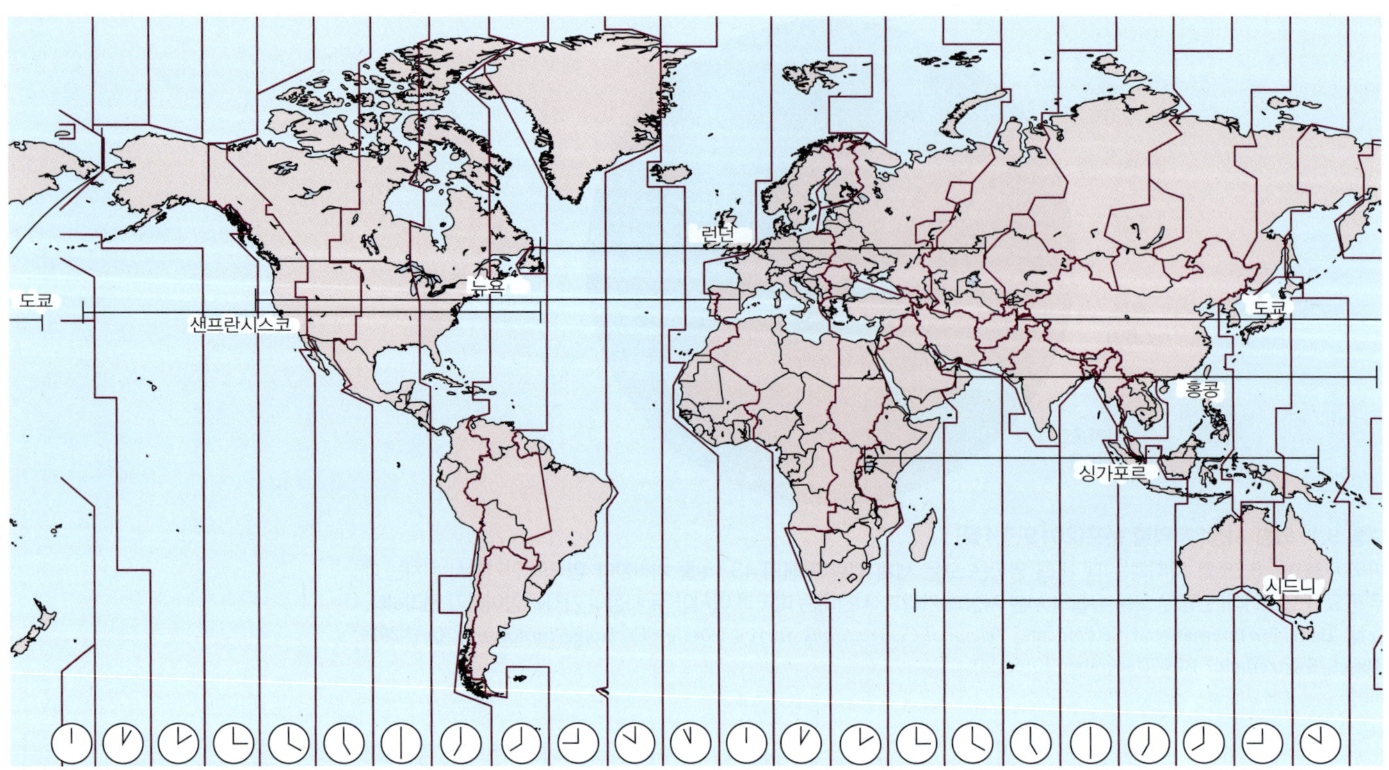

지도 9.1 국제적 시간대와 하나의 세계 시장

현재 전 세계 통신 네트워크는 너무나 잘 발달되어 하나의 시장이라고 말할 수 있다. 뉴질랜드에서 아침 9시에 간단히 시작해서 전날 뉴욕의 야간 시장과 조금 겹친다. 2~3시간 후 도쿄 시장이 개장하고, 1시간 후 홍콩이, 30분 후 싱가포르 시장이 열린다. 바야흐로 극동 지역 시장은 최대 활동 시간으로, 이제 중심은 중동 지역으로 옮겨간다. 뭄바이는 싱가포르보다 2시간 후 개장하고, 아부다비와 아테네는 1시간 30분 후 개장한다. 이 시점에서 극동 및 중동 지역 거래는 점점 뜸해지며 딜러는 유럽이 어떻게 거래할지 지켜본다. 파리와 프랑크푸르트가 런던보다 1시간 빨리 개장하고, 이 시간에 도쿄는 장 마감에 들어간다. 그래서 유럽 시장은 일본 시장을 바탕으로 판단할 수 있다. 런던의 정오에 뉴욕이 개장하고, 유럽은 폐장하여 포지션은 서쪽으로 옮겨갈 수 있다. 뉴욕의 한낮에는 포지션을 옮길 곳이 없어 거래는 한산한 편이다. 뉴욕보다 3시간 후 개장하는 샌프란시스코 시장은 뉴욕 시장의 효과적인 위성 역할을 하며, 뉴질랜드에는 매우 작은 포지션을 옮길 수 있다.

출처: Julian Walmsley, *The Foreign Exchange Handbook* (New York: John Wiley, 1983): 7–8. Reprinted by permission of John Wiley & Sons, Inc. Some information taken from David Crystal, ed., *The Cambridge Factfinders, 3rd ed.* (New York: Cambridge University Press, 1998): 440.

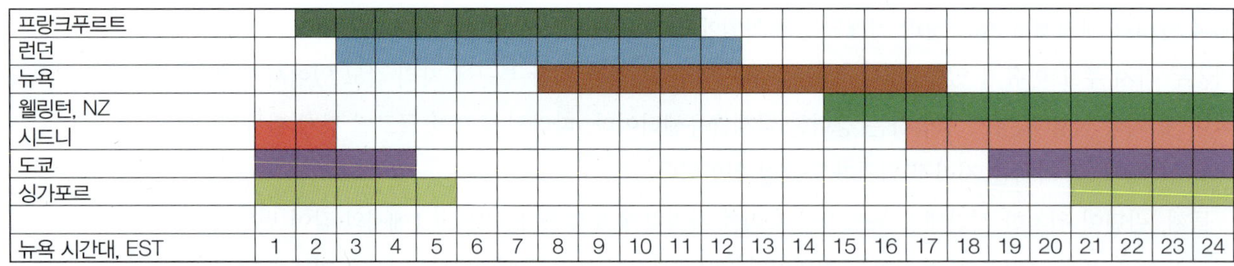

그림 9.2 겹치는 시간대와 외환 거래

외환 거래는 하루 24시간 거래되지만 대부분의 거래는 외환 시장, 특히 런던과 뉴욕 시장이 개장했을 때 활발히 거래된다.

주요 외환 시장

9–3 현물, 선물, 옵션, 통화선물을 비교한다.

현물 시장

외환 딜러는 환율을 제시하는 사람이다. **매입률**[bid(buy) rate]은 딜러가 외환을 구입할 의사가 있는 가격이다. **매도율**[offer(sell) rate]은 딜러가 외환을 판매할 의사가 있는 가격이다. 현물 시장에서 스프레드(spread)는 딜러의 이윤으로 매입률과 매도율의 차이이다.

주요 외환 용어는 다음과 같다.
- 매입률: 딜러가 외환을 구입하는 가격
- 매도율: 딜러가 외환을 판매하는 가격
- 스프레드: 매입률과 매도율의 차이
- 미국식 호가 또는 직접법: 외국 통화 한 단위당 미국 달러의 가격
- 유럽식 호가 또는 간접법: 미국 달러 한 단위당 외국 통화의 가격

직접법 및 간접법 매입과 매도가 어떻게 작동하는지 예를 들어 살펴보자. 미국 기반의 딜러가 영국 파운드를 2020년 2월 12일에 1.2964/66달러로 제시한다고 가정하자.[11] 이는 딜러가 1파운드를 1.2964달러에 구입하고 1.2966달러에 팔고자 하는 것을 의미한다. 즉 낮은 가격에 사고 높은 가격에 파는 것이다. 이 예에서 딜러는 외국 통화 한 단위에 대한 미국 달러 수로 표시했다. 이러한 인용 방법은 **직접법**(direct quote)으로 불리며, 외국 통화 한 단위에 대한 본국 통화(이 경우 미국 달러)의 필요 수량이다. 이는 또한 **미국식 호가**(American terms)라고 한다.

외환 인용에 대한 다른 규칙은 **간접법**(indirect quote)으로, 본국 통화 한 단위에 대한 외국 통화의 필요 수량을 나타내며, **유럽식 호가**(European terms)로 알려져 있다. 2020년 2월 20일, 영국 파운드에 대한 간접호가는 0.7713파운드이며, 달러당 파운드의 수량을 말한다.

기본 통화 및 가격 통화 딜러가 고객에게 호가를 제시할 때, 그들은 항상 **기본 통화**(base currency, 분모)를 먼저 제시하고 나서, **가격 통화**(terms currency, 분자)를 제시한다. USD/JPY에 대한 호가(USDJPY로도 표시)는 달러가 기본 통화이며, 엔화가 가격 통화이다. USD/JPY 호가를 알고 있다면 1을 이 호가로 나누면 JPY/USD 환율을 얻을 수 있다. 즉 미국식 호가는 유럽식 호가의 역수이다. 예를 들어 2020년 2월 12일에 일본 엔에 대한 간접법(USD/JPY)은 1달러당 110.01엔이다. 역수는 1/110.01엔 = 0.00909달러이다.

USD/JPY 호가에서 달러는 분모이고 엔은 분자이다. 딜러는 이 환율의 변화를 추적함으로써 기본 통화가 강세인지 약세인지를 판단할 수 있다. 예를 들어 110.01엔/1.00달러와 비교했을 때 2015년 4월 1일의 USD/JPY 환율은 119.75엔/1.00달러였다. 분자가 작아지면서 기본 통화(달러)는 약세가 된다. 이와 반대로 가격 통화(엔)는 강세가 된다.

온라인 및 인쇄 매체 등 환율 정보를 얻는 많은 방법이 있다. 대부분의 통화는 지속적으로 가치가 변동하기 때문에 많은 관리자가 매일 환율을 확인한다. 예를 들어 《월스트리트저널(The Wall Street Journal)》이나 《파이낸셜타임스(Financial Times)》는 미국식 호가(미국 달러에 해당) 및 유럽식 호가(미국 달러당 통화)를 제공한다. 또한 몇 개 통화에 대해 1개월, 3개월, 6개월 선물환율도 제공한다.

은행 간 거래 《월스트리트저널》에서 제공하는 현물환율은 100만 달러 이상의 **은행 간 거래**(interbank transaction)의 매도환율이다. 은행, 기업, 개인의 소매 거래는 은행 간 거래보다 작은 단위의 외환을 거래한다. 이와 비슷한 호가는 다른 경제 신문이나 인터넷을 통해 발견할 수 있다. 그러나 이러한 숫자는 단지 근사치로, 정확한 환율은 딜러를 통해 구할 수 있다.

선물환

현물 시장은 2영업일 이내에 외환 거래가 발생한다. 그러나 몇몇 거래에서 판매자는 구매자에게 그 이상의 기한을 주기도 한다. 예를 들어 일본의 가전 제품 수출업자가 미국 수입업자에게 텔레비전을 판매하면서 대금을 30일 내에 지불하도록 했다고 하자. 미국 수입업자는 엔화로 30일 내에 대금을 지급해야 되므로, 엔을 건네고자 선물환 거래에서 외환 딜러와 미래에 인도할 엔화를 위해 오늘 정해진 선물환율로 계약할 수 있다.

선물환율은 2영업일 이후 결제가 되는 거래의 호가이다.

월스트리트저널은 각 통화의 현물환율 외에도 선물 시장에서 가장 널리 거래되는 통화인 호주 달러, 일본 엔, 스위스 프랑, 영국 파운드에 대한 선물환율을 제공한다. 그러나 선물환 계약은 딜러를 통해 다른 많은 통화도 가능하다. 블룸버그와 같은 전자 서비스를 통해 미래의 서로 다른 만기를 가진 다양한 통화의 선물환율을 알 수 있다. 이국적인 통화일수록 너무 먼 미래의 선물환율을 얻기는 어렵고, 선물환율과 현물환율의 차이가 더 크다.

선물환 할인은 선물환율이 현물환율보다 낮을 때 존재한다.

선물환 할인과 선물환 할증 현물환율과 선물환율의 차이인 **선물환 할인**(forward discount)이나 **선물환 할증**(forward premium)의 차이를 살펴보자. 할증이나 할인을 계산하고 해석하는 방법을 설명하려면 미국 달러와 스위스 프랑 간 직접 환율(이 경우 1프랑당 달러의 수)을 사용한다. 스위스 프랑에 대한 선물환율이 현물환율보다 크다면 프랑은 미래에 더 많은 달러를 얻게 될 것이므로 프리미엄에 거래될 것이다. 선물환율이 현물환율보다 낮으면 프랑은 할인된 가격으로 판매되고, 미래에 더 적은 달러를 가지게 된다. 스위스 프랑의 현물환율이 1.0784달러이고 6개월 선물환율이 1.0808달러라고 가정하자. 할증이나 할인은 다음과 같이 계산된다.

$$\frac{1.0808\text{달러}-1.0784\text{달러}}{1.0784\text{달러}} \times \frac{12}{6} = .00445 \times 100 \text{ 또는 } 0.45\%$$

할증은 선물환율이 현물환율보다 높을 때 존재한다.

할증률은 현물환율과 선물환율의 차이를 현물환율로 나눈 값에 12개월을 선물환의 개월 수로 나눈 값(예제에서는 6개월)을 곱하여 연율로 표시한다. 그 값에 100을 곱하면 백분율로 표시된다. 선물환율이 현물환율보다 크기 때문에 스위스 프랑은 현물 시장보다 0.45% 높게 선물 시장에서 프리미엄에 거래된다. 이 특정 기간에 미국과 스위스의 금리는 매우 근접해 있어 보험료도 상당히 낮다. 금리 차이가 큰 기간에는 보험료나 할인이 훨씬 더 클 수 있다. 예를 들어 2007년에 프랑은 6개월 선물 시장에서 2.5%의 프리미엄으로 팔리고 있었다.

옵션

옵션은 외화를 특정 환율에 거래할 수 있는 의무가 아닌 권리이다.

옵션은 **의무**가 아니라 **권리**로, 특정 기간 내에 특정 환율로 특정 날짜에 외국 통화를 구매 또는 판매한다. 옵션은 상업 은행이나 투자 은행에서 장외 거래(OTC)나 거래소에서 구입할 수 있다. 예를 들어 미국 회사는 장외 거래 옵션을 상업 은행이나 투자 은행을 통해 100만 엔을 달러당 85엔(0.011765달러/엔)으로 11,765달러에 구입했다. 옵션 매도인은 이 회사에 옵션 매도 수수료를 청구할 것이다. 옵션 가치가 더 높을수록 회사에게 더 큰 이익이 돌아가서 수수료는 더 비싸진다. 여기서 85엔을 옵션의 **행사 가격**(strike price)으로, 수수료나 비용은 **프리미엄**(premium)이라고 한다. 옵션이 만료되는 날짜에 회사는 현물환율과 행사 가격을 비교하여 어떤 것이 더 나은 환율인지 비교한다. 현물환율이 달러당 90엔(0.01111달러/엔)으로 11,111달러가 필요하면, 현물환율로 엔을 구입하는 것이 옵션을 행사하는 것보다 비용 적기 때문에 이 옵션을 행사하지 않을 것이다. 그러나 행사 시점에 달러당 80엔(0.0125달러/엔)으로 12,500달러가 필요하다면, 회사는 현물환율보다 비용이 적게 드는 옵션을 행사할 것이다. 옵션은 회사에게 유연성을 제공하여 행사 가격이 좋은 가격이 아니면 옵션을 철회할 수 있다. 선물환 계약의 비용은 옵션 비용보다 일반적으로 저렴하지만 회사는 계약을 철회할 수 없다. 따라서 선물환 계약은 옵션보다 저렴하지만 덜 유연하다.

위의 예와 같은 옵션은 단순(바닐라) 옵션이다. 그러나 이국적 옵션 또는 구조화된 옵션은 특히 유럽 기업이 위험을 회피하기 위해 널리 사용한다. 이러한 옵션은 회사의 위험 내성과 허용 한도를 고려하여 가능한 한 프리미엄을 0에 가깝게 만든다. 옵션 매도자는 구조화 옵션을 통해 여전히 돈을 벌 수 있지만, 옵션이 효율적으로 종료된다면 이를 구매한 회사는 프리미엄에 대해 크게 고려하지 않아도 된다.

선물

통화선물(foreign currency future) 계약은 실제 통화의 교환에 앞서 환율을 명시하는 한 선도 계약(forward contract)과 유사하다. 그러나 선물은 장외(OTC)가 아닌 거래소(exchange)에서 거래된다. 은행이나 기타 금융 기관과 일하는 대신, 회사는 선물 계약(futures contract)을 구매할 경우 중개인(exchange broker)과 일한다. 선도 거래(forward contract)는 회사가 필요로 하는 금액과 기간에 맞게 조정되는 반면에, 선물 거래(futures contract)는 정해진 거래량과 만기가 존재한다. 그래서 선물 계약보다 선도 계약이 회사에 유용하다. 그러나 선물 거래는 투기 거래자와 선도 계약에 참여할 수 없는 소규모 기업에 유용할 수 있다.

선물 거래는 실제 통화의 교환 전에 환율을 미리 정하지만 선도 계약만큼 유연하지는 않다.

외환 거래 프로세스

9-4 외환 시장의 주요 양상을 설명한다.

회사가 외국 고객에게 상품이나 서비스를 판매하고 외국 통화를 받으면 본국 통화로 해당 통화를 환전할 필요가 있다. 수입의 경우 회사는 외국 공급업체에 지불하기 위해 본국 통화를 외국 통화로 변환해야 한다. 이러한 환전은 통상적으로 기업과 은행 사이에 이루어졌다.

때로는 시티은행이나 HSBC와 같은 대형 금융센터 은행이 기업 고객에게 외환 서비스를 제공하

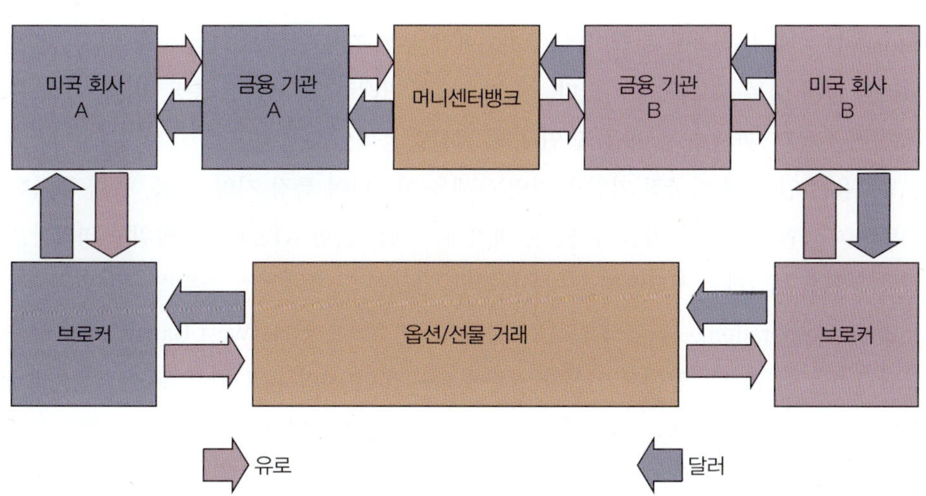

그림 9.3 외환 거래 프로세스
미국 회사 A는 제품에 대한 대가로 유로화를 지급받았으며 달러를 받고 유로를 팔고 싶어 한다. 거래를 하려면 당신은 현지 은행에 문의하거나 머니센터뱅크에 직접 가야만 한다. 한편 미국 회사 A는 미래에 유로화를 받을 예정이다. 환율 변동으로부터 자사를 보호하기 위해 A 회사는 유로화를 사고 다시 달러로 바꿀 수 있기를 원한다. 회사 A는 선도 거래나 스와프를 선택할 수 있고, 당신의 거래 경로는 회사 A와 완전히 반대 방향이다. 마지막으로 회사 A 또는 회사 B 어디든 옵션이나 선물 계약을 선택할 수 있다. 이 경우 거래는 브로커를 통하거나 직접 옵션이나 선물 거래를 이용하여 이루어진다.

기도 한다. 중간 시장 및 지역 중소기업의 경우 서비스는 대형 머니센터뱅크와 거래관계를 구축한 지역 은행이 제공한다. 그림 9.3의 왼편은 미국 회사 A가 유로를 달러로 바꿀 필요가 있음을 보여준다. 이 상황은 A가 독일 수입업자로부터 대금을 유로로 받을 때 발생할 수 있다. 그림의 오른편은 A사가 달러로 유로를 살 필요가 있을 때 어떤 일이 벌어지는지 보여준다. 이 상황은 기업이 유로를 독일 공급업자에게 지불해야 할 때 발생할 수 있다. 양쪽의 경우 모두 미국 회사는 통화 변환에 대한 도움을 은행에 요청할 수 있다. 미국 《포천(Fortune)》이 선정한 500대 기업 또는 글로벌 포천 500대 기업같이 큰 다국적 기업의 경우라면 아마도 머니센터뱅크와 직접 거래할 것이고, 다른 금융 기관에 대해 걱정하지 않을 것이다. 더 작은 회사는 아마도 거래를 하기 위해 머니센터뱅크를 통해 운영되는 금융 기관 A나 B(지역 또는 지역 은행)를 통해 일할 것이다.

미국 회사 A가 미래에 유로화를 받을 예정이라고 가정하자. 이들은 유로를 받을 때까지 현물 시장에서 변환할 수 없기 때문에 통화가 인도될 때까지 자사를 보호하기 위해 선도, 스와프, 옵션, 선물 거래 등을 고려할 수 있다. 금융 기관 A는 회사 A를 위해 선도, 스와프, 옵션 계약을 실행할 수 있다. 그러나 회사 A는 CME 그룹과 같은 거래소에서 선물 거래를 고려할 수도 있다. 이는 미래에 유로화가 필요한 회사 B에도 적용된다.

은행과 거래소

한때는 대형 머니센터뱅크만이 직접 외환 거래를 할 수 있었다. 지역 은행은 이들을 이용해서 고객을 위한 거래를 실행할 수 있었다. 전자 거래의 등장이 여기에 변화를 가져왔다. 이제는 지역 은행도 블룸버그, 톰슨로이터, EBS에 접속해서 은행 간 시장에서 직접 거래하거나 브로커를 통해서 거래한다. 이러한 변화에도 불구하고 외환 거래의 상당 부분은 대형 머니센터뱅크에서 발생한다. 이들의 영향력과 거래량으로 인해 이들은 글로벌 외환 시장에서 가격을 결정하고 있다.

은행 간 시장에서 최고 은행은 위치, 주요 통화와 특정 통화에 대한 전문지식, 다양한 금융 상품을 거래할 수 있는 능력 때문에 선택된다.

상위 외환 딜러 외환 시장에서 고객에게 서비스할 것은 규모 외에 더 많다. 매년 《유로머니(Euromoney)》는 재정 담당자, 트레이더, 투자자에게 은행 간 시장에서 그들이 좋아하는 은행과 최고의 딜러를 묻는 설문 조사를 하고 있다. 이 기준에는 거래량 및 서비스 품질, 위치, 주요 통화 및 외래 통화 취급 능력, 파생 상품 제공 및 연구 및 컨설팅 능력이 포함된다.[12]

다른 능력을 감안할 때 다국적 기업은 몇몇 은행을 이용하여 특정 지역, 상품, 통화에 특화한 이들을 선택하여 외환 거래에 참가할 수 있다. 과거에는 예를 들면 AT&T는 광범위한 영업망을 가지고 다양한 통화를 취급하는 시티은행을 이용하지만, 유로는 도이체방크, 스위스 프랑은 스위스은행(Swiss Bank Corporation), 파운드화는 내셔널웨스트민스터은행(NatWest Bank), 파생 금융 상품은 골드만삭스를 이용했다. 앞에서 언급한 기준에 따르면 2019년 유로머니 조사에서 전 세계 외환 거래를 하는 주요 은행은 JP모건, 도이체방크, 시티은행, XTX마켓, UBS이다.[13]

개념 체크

12장에서는 기업이 가치 창출 활동을 별도의 프로세스로 나누기 위해 프레임워크인 효과적인 가치사슬을 구축하고 유지하는 이유를 설명했다. 신뢰할 수 있는 가치사슬을 통해 기업은 핵심 역량, 즉 경쟁사보다 무언가를 더 잘 수행할 수 있는 고유한 기술 또는 지식에 집중할 수 있다. 통화와 교차 무역을 관리하는 것은 일반적으로 기업의 핵심 역량에 속하지 않기 때문에 은행가는 가치사슬의 핵심 구성 요소이다.

외환 거래의 상위 거래소

장외 거래소와 더불어 대부분 옵션과 선물환인 외환 상품은 상품 거래소에서 거래된다. 장외 거래 시장에서 기업은 선도 및 옵션 계약을 체결하기 위해 은행과 직접 협력한다. 상품 거래소에서는 은행을 통하지 않고 구매자와 판매자가 서로 계약을 맺는다. 가장 잘 알려진 세 곳은 시카고상품거래소그룹, 나스닥, 뉴욕증권거래소이다.

시카고상품거래소(CME) 그룹 시카고상품거래소 그룹[Chicago Mercantile Exchange(CME) Group]은 시카고상품거래소와 시카고거래소의 합병으로 2007년 7월 9일에 설립되었다. CME 그룹은 소위 공개 호가(open outcry)에 의해 작동된다. 트레이더는 거래소 안의 거래장(pit)에서 가격과 수량을 구두로 큰 소리로 제시한다. 일부 개방된 외화 옵션 시장이 시카고에 남아 있지만, CME 그룹 거래의 80% 이상은 현재 전자 기반이다. CME 그룹은 50종 이상의 외환 선물과 200종 이상의 외환 옵션 등 광범위한 상품에서 연간 50억 개에 가까운 계약을 취급한다.[14] 호주 달러 대비 유로화와 같은 교차무역뿐만 아니라 다양한 통화 대비 달러 대비 계약이 가능하다. CME 그룹은 CME글로벡스(CME Globex), DME다이렉트(DME Direct), CME클리어포트(CME ClearPort)의 세 가지 전자 거래 플랫폼을 사용하여 통화를 포함한 다양한 상품을 거래한다.

외환 파생 상품을 거래하는 주요 거래소는 CME 그룹, 나스닥, 뉴욕 증권거래소이다.

나스닥(NASDAQ) 2008년 이전 필라델피아증권거래소(Philadelphia Stock Exchange)는 통화 옵션 거래의 개척자 중 하나였다. 2008년 7월, 필라델피아증권거래소는 나스닥 OMX와 합병했고, 2014년에는 **나스닥**(NASDAQ)으로 이름을 바꾸었다. 옵션은 호주 달러, 영국 파운드, 캐나다 달러, 유로, 스위스 프랑, 뉴질랜드 달러, 일본 엔 등 7개의 통화로 제공된다.

뉴욕증권거래소(NYSE:ICE) 2013년, 인터콘티넨털익스체인지(Intercontinental Exchange, ICE)는 뉴욕증권거래소 유로넥스트를 인수하여 **뉴욕증권거래소**(NYSE:Intercontinental Exchange)를 설립했다. 이 합병 회사는 선물과 옵션 분야에서 거인이다. ICE 선물 미국(ICE Futures US)은 전자 거래 플랫폼을 통해 은행 간 시장에서 거래되는 기축 통화 쌍에 대한 ICE의 선물 계약을 통해 다수의 통화로 교차 거래를 제공한다.[15]

기업은 어떻게 외환을 사용하는가

9-5 기업이 국제무역을 활성화하기 위해 외환 거래를 어떻게 활용하는지 설명한다.

기업은 자신의 일상적인 업무 거래를 촉진하거나 투기를 위해 외환 시장에 참여한다. 재무 부서는 거래를 위해 통화 거래에 대한 정책 수립과 은행과의 관계 관리에 대한 책임이 있다. 무엇보다도 먼저 비즈니스 관점에서 회사는 수출과 수입, 상품의 구매 또는 판매를 위해 외환을 거래한다.

예를 들어 보잉(Boeing)이 신형 787드림라이너 상업용 비행기를 남미에서 가장 큰 항공사인 라탐항공(LATAM)에게 팔 경우 지불받을 통화와 방법에 대해 고민해야 한다. 이 경우 판매는 아마도 달러로 작성되어 보잉은 외환 시장에 대해 (이론적으로는 회사의 직원도) 걱정할 필요가 없다. 그러나 라탐항공은 시장에 대해 걱정해야 한다. 달러를 언제 준비해서 어떻게 보잉에게 지불할 것인가?

수출과 수입의 현금 흐름 측면

회사는 구입을 위해 지불할 돈을 이동하거나 판매를 통해 돈을 회수하면 그것을 사용할 수 있는 문서, 표시 통화 및 요청 가능한 보호의 정도에 관한 선택권을 가지고 있다. 보통 거래는 현금으로 미리 결제할 수 있지만 상업어음이나 신용장을 사용하는 것이 더 일반적이다.

환어음 기업은 현금으로 지불할 수도 있지만 종종 전자 결제를 활용하여 보통 수표로 지불한다. 수표는 **환어음**(draft)이나 **상업어음**(commercial bill of exchange)이라고 한다. 어음은 거래 당사자

환어음이나 상업어음이 있으면, 일방이 상대방에게 지불을 요청한다.

(발행인)가 상대방(어음 수취인)으로부터 대금을 수취하는 도구이다. 어음 수취인은 수입업자나 은행이 될 수 있다. 후자의 경우 어음은 은행어음으로 간주될 수 있다.

일람출급환어음은 지급 요청 즉시 결제가 이루어져야 한다. 시한부환어음은 지급 요청 이후 결제가 이루어진다.

화환어음(documentary draft)과 화환신용장(documentary letters of credit)은 구매자와 판매자 모두를 보호하는 데 자주 사용된다. 소유권이 적힌 문서를 제출하면 지급이 이루어지고, 거래에 참여한 당사자를 식별하는 기록이 남는다. 만약 수출업체가 결제를 즉시 요청할 경우 이 어음은 **일람출급환어음**(sight draft)이라고 한다. 만약 지불이 배달 후 30일과 같이 이후에 이루어질 경우에는 **시한부환어음**(time draft)이라고 한다.

신용장은 구매자의 은행이 자신에게 주어진 어음을 지급할 것을 의무화한 것이다. 수입업자와 수입업자의 은행 사이에 신용관계가 존재한다.

신용장 환어음만으로는 수입업자가 정해진 시간에 수출업자에 대금을 대부분 지불할 수 없다. 그러나 **신용장**(letter of credit, L/C)은 어음이 규정된 조건에 따라 제공된다면 수입국에 있는 구매자의 은행이 자사에 주어진 어음을 지급할 것을 의무화한다. 물론 수출업자는 '존재하지 않는 은행'이 발행한 어음위조(forgery)일 수 있으므로 은행의 신용이 유효한지 확인할 필요가 있다. 심지어 은행의 추가적인 보증이 있어도 여전히 거래에서 발생할 수 있는 잠재적인 불일치가 존재하므로 수출업자는 수입업자의 신용에 의존할 필요가 있다. 신용장은 당사자 어느 편의 통화로도 표시될 수 있다. 만약 수입업자의 통화인 경우 수출업자는 상업 은행을 통해 외환을 자국 통화로 변환해야 한다.

신용장이 화환어음보다 더 안전하지만 위험은 여전히 존재한다. 신용장이 유효하려면 문서에서 설명하는 모든 조건을 준수해야 한다. 예를 들어 신용장에서 상품을 다섯 묶음으로 운송할 것이라고 기재되어 있을 때 4개나 6개의 묶음으로 제공하면 신용장이 유효하지 않게 된다. 문서의 조건을 이해하는 것만큼 상대방 위험도 중요하다. 위조신용장은 분명 위험하지만 글로벌 금융 위기로 인해 은행이 신용장을 후원할 만큼 충분한 자본을 가지고 있지 않은 경우가 있기 때문에 거래 상대방 위험이 부각되었다. 이와 더불어 신용장은 변경할 수 없는데, 이는 거래에 관련된 모든 당사자의 동의 없이 취소 또는 어떤 방식으로 변경할 수 없다.

확인신용장 신용장 거래는 앞에서 언급한 당사자에 더하여 확인 은행(confirming bank)을 포함할 수도 있다. **확인신용장**(confirmed letter of credit)을 이용해서 수출업자는 수출업자의 본국이나 제3자의 추가된 은행의 보증을 받을 수 있다. 수출업자가 확인관계를 수립하는 경우는 거의 없다. 보통 개설 은행은 이미 신용관계가 있는 은행에 신용장의 확인을 요청한다.

다른 재무적 흐름

회사는 때로는 다른 목적을 위해 외환을 거래해야 할 때도 있다. 예를 들어 미국 기업의 영국 지사가 본사로 영국 파운드화로 배당을 송금한다면, 모기업은 파운드를 달러로 바꾸기 위해 외환 시장에 진입해야 한다. 만약 달러를 영국 자회사에 빌려준다면 자회사는 달러를 파운드로 바꾸어야 한다. 원금과 이자를 모기업에 되돌려줄 경우 자회사는 파운드를 달러로 바꾸어야 한다.

투기자는 이익을 얻기 위해 외환 시장과 자본 시장에 참여한다.

투기 기업은 때때로 이익을 위해 외환 시장에서 거래한다. 이는 특히 몇몇 은행과 모든 헤지 펀드에 해당하는 사실이다. 그러나 때때로 기업의 재무 부서가 환율 거래를 통해 이윤을 얻을 수 있는 기회를 포착하고 이익을 얻을 목적으로 외환을 사고판다.

투자자는 이익을 얻거나 위험으로부터 보호하기 위해 외환 거래를 사용할 수 있다. 투기(speculation)는 위험 요소와 큰 이익의 기회를 모두 가진 상품(여기서는 외화)을 구매하거나 판매하는 것이다. 헤지 펀드가 다른 통화에 비해 유로가 강세가 될 것으로 예상하여 유로를 구매한다고 가정하자. 예상대로 된다면 투자자는 이익을 얻을 것이다. 만약 약세가 된다면 투자자는 손실을 입을 것이다. 투기자는 추세를 발견하고 이를 활용하려고 하므로 외환 시장에서 중요하다. 그들은 시장에서 통화를 구입하여 통화에 대한 수요를 창출하거나 시장에 판매하여 통화 공급을 창출할 수 있다. 그러나 투기는 매우 위험한 사업이다. 최근 몇 년 동안 전자 거래의 등장으로 인해 외환 시장에서 데이트레이더가 많아졌다. 문제는 데이트레이더는 환율 투기로 돈을 거의 벌 수 없다는 것이다. 통화의 움직임을 예측하는 것은 참으로 위험한 사업이다.

차익 거래 **차익 거래**(arbitrage)는 이윤 추구 활동의 한 종류로, 한 시장에서 외환을 구입해서 (다른 나라에 있는) 다른 시장에서 즉시 재판매함으로써 가격 차이를 이용하여 이윤을 얻는다. 예를 들어 딜러는 더 많은 달러를 벌기 위해 미국에서 미국 달러를 팔아 스위스 프랑으로 바꾸고, 스위스에서 스위스 프랑을 영국 파운드로 바꾼 후, 다시 미국에서 영국 파운드를 미국 달러로 바꾼다.

차익 거래는 가격 차이로 인해 외화를 사거나 팔아서 이윤을 얻는 것이다.

어떻게 이런 과정이 작동하는지 살펴보자. 딜러가 환율이 1달러당 1.5스위스 프랑일 때 100달러를 150스위스 프랑으로 바꾼다고 가정하자. 다음으로 환율이 스위스 프랑당 0.467파운드일 때 150스위스 프랑을 70파운드로 바꾸고, 마지막으로 환율이 달러당 0.56파운드일 때 파운드를 125달러로 바꾼다. 이 경우 차익 거래를 통해 처음의 100달러가 125달러가 되었다. 전 세계적으로 환율 호가가 투명하다면 차익 거래를 통해 많은 돈을 벌기는 어렵지만 많은 돈을 가진 투자자가 빠르게 움직이는 것은 가능하다.

금리차익 거래(interest arbitrage)는 다른 나라에서 채권과 같은 부채 상품에 투자하는 것이다. 딜러는 미국에서 90일 동안 1,000달러를 투자할 수 있다. 또는 딜러는 1,000달러를 영국 파운드로 바꿔서 영국에서 90일 동안 투자한 후 달러로 환전할 수 있다. 투자자는 90일 후 가장 높은 수익률을 기록하는 투자안을 선택하려고 할 것이다. 선물 시장의 효율성을 고려할 때 차익 거래 이익은 오직 특정한 기회를 가진 투자자에게만 가능하다.

금리차익 거래는 이자율 차이로 인한 이익을 얻기 위해 외환 시장에서 이자 지급 상품에 투자한다.

통화에 투기하는 것은 괜찮은가?

POINT

그렇다. 사람들이 외환을 거래하는 데는 많은 이유가 있고 그중 하나가 투기로, 불법적이거나 반드시 나쁘지는 않다. 주식 브로커가 시장 평균보다 높은 수익을 얻기 위해 사람들의 돈을 투자하는 것처럼 외환 트레이더는 투자자 이익을 위해 외환에 사람들의 돈을 투자한다. 또는 개인이 데이트레이더가 되어 온라인 거래를 통해 이익을 추구할 수 있다. 투기는 단지 시장 동향에서 이익을 얻기 위해 통화 포지션을 취한 것뿐이다.

전자 거래는 다양한 투자자가 외환에 투기하는 것을 더 쉽게 만들었다. 헤지 펀드는 이 외환 투기의 중요한 원천이다. 그러

COUNTERPOINT

아니다. 이는 투기에 누구의 돈을 쓰느냐, 투기가 기관이나 거래자에게 이익이 되느냐, 포지션과 손익이 정확하게 보고되느냐에 따라 달라진다. 외환이든 증권이든 트레이더가 불법적이거나 회사 정책에 반하여 돈을 벌 기회는 많다. 금융 회사의 느슨한 통제와 결합되어 외환이나 기타 증권 거래에서 돈을 벌려고 노력하는 개별 트레이더의 문화는 이러한 스캔들에 기여하고 있다.

최근 몇 년 동안 파생 상품 시장에서 가장 널리 알려진 사건 중 하나는 28세의 니콜라스 리슨(Nicholas Leeson)과 233년 된 영국 은행 베어링스PLC(Barings PLC)와 관련이 있다. 베어링스의 딜러였던 리슨

나 거래의 투명성으로 시장에서 소규모 참가자를 몰아내고 있으며, 대형 기관과 트레이더가 대량의 거래에서 소규모 마진을 통해 이윤을 얻고 있다. 헤지 펀드는 보통 최소 투자자만 꽤 큰 금액으로 거래에 참여하므로 외환을 거래하는 헤지 펀드 매니저는 매우 큰 물량을 거래한다. 거시경제 조건에 따라 통화에 장기적인 투자를 할 수도 있고, 통화의 매수-매도 전략의 균형을 맞추기 위해서 한쪽이 다른 쪽을 방어할 수 있도록 노력한다. 어떤 경우이든 헤지 펀드 매니저는 펀드 투자자를 위해 돈을 벌 수 있는 통화의 미래 포지션에 투자한다.

투기자의 통제 범위 밖에 있는 정치적, 경제적 상황으로 인해 주식 시장보다 더 빠르게 이익이 손실로 바뀔 수 있다. 통화는 본질적으로 불안정하다. 2007~2008년에 유로와 엔에 대해 빠르게 절하되었던 미국 달러의 문제를 생각해보자. 헤지 펀드 매니저는 무엇을 했어야 하는가? 그들은 달러 약세가 지속될 것으로 전망했을 수 있다. 그러나 만약 강세가 된다면? 또는 달러가 바닥에 도달했으므로 상승할 준비가 되었다고 생각한 매니저는 달러를 구매해야 한다는 주장을 할 수도 있다. 그러나 언제 오르고 얼마나 오를 것인가? 2008년 3월 중순에 달러는 지난 12개월 동안 15% 하락했다. 두 달 후 많은 전문가는 저점에 도달했다고 느꼈고, 상승할 것으로 예상했다. 이는 연방정부의 이자 인하가 멈출 것이고 신용 위기가 완화되기 시작했다는 시장의 기대에 근거를 두었다. 이제 투기자는 이러한 기대에 대해 무엇을 해야 할지 결정해야 한다. 때때로 투기자는 좋은 경제 펀더멘털에 기초하여 통화를 사거나, 정부가 잘못된 경제 정책을 편다고 여길 때 통화를 매수하거나 매도할 수 있다. 2012년 하반기 일본 경제가 매우 약했지만 엔화는 강세였다. 새로운 일본 정부가 엔화 약세 정책을 고려 중이라고 발표하면서 많은 헤지 펀드가 시장에 뛰어들었고 엔화를 팔아 가치를 떨어뜨렸다. 어떤 시점에서 엔화가 충분히 떨어졌다고 느끼고 언제 그 가치가 다시 상승할 것이라고 느끼는가? 시장이 자유롭고 정보를 얻을 수 있는 한 상인은 미래에 대한 예측으로 돈을 벌 수 있어야 한다. 투기꾼이 정치적, 경제적 펀더멘털을 반영하는 방향으로 도박을 해서 정부를 정직하게 유지하는 데 도움이 된다는 주장도 있다.

핵심은 통화 투기란 돈을 투자하는 다른 방법이며, 투자자가 전통적인 주식과 채권으로부터 포트폴리오를 다양화할 수 있도록 한다는 데 있다. 외환이 투기 목적으로 거래될 수 있는 것처럼 주식 거래도 투기이다. 이러한 거래를 '투자'라고 부르더라도 확실히 높은 수익을 얻기를 바라는 투기의 또 다른 형태이다.

은 은행의 문제를 해결하기 위해 1990년대 초반에 싱가포르에 갔다. 그는 1년 이내에 주식 거래와 결제 기록의 책임을 맡았다. 이는 그의 행동에 아무런 견제와 균형이 없었던 것을 의미하며 사기로 가는 문이 열린 것이다.

1994년에 리슨은 도쿄 주식이 상승할 것이라는 가정하에 싱가포르 국제통화거래소(SIMEX)에서 주가지수 선물을 샀다. 그의 과열된 거래 활동을 보고 대부분의 트레이더는 베어링스에 큰 고객이 있기 때문에 그러한 거래를 한다고 가정했다. 그러나 리슨은 은행의 돈으로 투기 거래를 했다는 것이 밝혀졌다. 일본의 경기가 회복되고 있었으므로 시장이 계속 상승하여 리슨과 베어링스에 이익을 가져다줄 것이라고 가정하는 것이 합리적이었다. 불행히도 아무도 예상할 수 없었던 일이 발생했다. 1995년 1월 17일에 지진이 고베의 항구 도시를 덮쳤다.

폐허와 불확실성의 결과로 시장은 하락했고 리슨은 선물 계약에 의한 마진콜(margin call)을 감당하기 위해 현금을 준비해야 했다. 증거금은 신용으로 자금을 조달하는 금융 거래의 안전성을 위해 예치하는 돈이다. 상품 가격이 변하고 증거금이 오르면 거래소는 상대편(이 경우는 리슨)으로부터 증가된 증거금을 요구한다.

그러나 베어링스의 현금은 곧 바닥 났고 리슨은 더 많은 돈이 필요했다. 그가 사용한 방법 중 하나는 옵션 계약을 작성하고 그에 따른 프리미엄을 자신의 마진콜을 갚는 데 사용한 것이다. 불행히도 그는 자신을 위해 설정된 포지션을 충당하려고 베어링스의 자금을 사용했으며 그 거래를 숨기기 위해 문서를 위조했다.

도쿄 주식 시장이 계속 급락해서 리슨은 더욱 더 뒤떨어졌으며 마침내 싱가포르를 탈출했고 나중에 잡혀서 싱가포르로 돌아와 재판을 받고 감옥에 갔다. 베어링스는 리슨이 10억 달러 이상의 손실을 끼친 것으로 추정했고, 은행은 결국 네덜란드 은행인 ING에 매각되었다.[16]

2012년 파생 상품 거래에서 차지하는 포지션이 커서 런던 고래라는 별명이 붙은 브루노 익실(Bruno Iksil)은 JP모건체이스에게 리슨의 손실을 훨씬 뛰어넘는 62억 달러의 손실을 입히는 거래 전략을 펼쳤다. 프랑스 시민인 익실은 런던에 있는 JP모건체이스의 투자 부서에서 근무하고 있었고 상사가 '시작, 승인, 위임, 감시'했다고 주장하는 거래 전략을 실행했다. 두 나라에서 네 곳의 규제 기관이 그 사건을 조사했지만 그에 대한 고소를 취하하기로 결정했다. 그는 거래 전략과 증가하는 노출에 대한 우려를 내부적으로 모두에게 경고했고 누군가는 책임을 져야 했다. 익실과 그의 상사, 그의 부하 직원은 모두 해고되었으며 JP모건체이스는 손실 금액을 사기로 숨기고 부적절한 평가 절차를 사용한 혐의로 60억 달러가 넘는 벌금을 지불했다. 투기는 게임이라고 표현되지만 핵심은 규제 감독이 신중하게 지키는 것이다. 돈을 잃는 것과 잃는 것을 숨기는 것은 별개이다.[17]

미래 전망 외환 시장은 어디로 갈 것인가?

외환 시장의 발전에 상당한 진전이 이루어졌으며 앞으로도 이루어질 것이다. 세계적으로 처리되는 거래와 전송되는 정보의 속도는 외환 거래에 더 큰 효율성과 더 많은 기회로 이어질 것이다. 기업에 미치는 영향은 거래 비용이 낮아지고 더 많은 통화에 빠르게 접근할 수 있어야 한다는 것이다.

위안화의 부상

달러가 상위 통화 쌍뿐만 아니라 총거래량 측면에서 외환 시장의 주요 주체가 되겠지만 유로와 엔화는 계속해서 강세를 보일 것이다. 그러나 향후 큰 변화는 특히 중국과 교역하는 국가를 위해 글로벌 거래에서 위안화 사용 증가할 것이다. 위안화는 각국이 신뢰하는 기축 통화로 받아들여지기 때문에 세계 외환 시장의 주요 주체로 성공할 수밖에 없다. 이를 위해 정부의 통제를 줄이고 시장 참여자의 역할을 높이기 위해 위안화의 추가 자유화가 필요할 것이다. 중국 경제의 순수한 규모와 위안화를 세계 통화로 더 가까이 이동시키려는 중국 정부의 노력은 위안화가 외환 시장의 주요 주체로 받아들여지게 하는 데 더욱 도움이 될 것이다.

현재 런던과 뉴욕은 화폐를 거래하는 주요 금융 중심지이다. 위안화의 중요성이 커짐에 따라 싱가포르와 홍콩이 얼마나 중요도를 높일지, 상하이의 중요도가 높아질지 주목된다. 신흥 시장의 통화는 어려움에 처해 있으며 세계 경제가 안정적인 성장을 보일 때까지 계속 그럴 것이다. 브라질 헤알화와 같은 이들 통화의 대부분은 중국 경제의 강점과 결부되어 있다. 하지만 브라질은 또한 가까운 미래에 걸림돌이 될 심각한 경제 위축을 겪고 있다.

기술 발전

기술 발전이 외환 브로커를 완전히 사라지게 하지는 않겠지만 확실히 외환 거래를 보다 신속하고 저렴하게 수행할 수 있게 한다. 기술의 출현으로 전화 거래에서 전자 거래로 시장이 이동했다.[18]

가상화폐

2009년, 비트코인은 가상화폐 또는 디지털 화폐로도 알려진 세계 최초의 암호화폐 중 하나로 출시되었다. 1,600개가 넘는 가상화폐가 출시됐지만 비트코인은 여전히 1위이고, 이더리움이 강세를 보이고 있다. 이러한 디지털 화폐는 모든 거래가 공개적으로 기록되는 블록체인을 기반으로 한다. 프로그래머는 화폐 뒤에 소프트웨어를 쓰고, '채굴자'는 디지털 화폐를 주조하기 위해 컴퓨터를 사용한다. 이더리움의 290억 달러에 비해 비트코인은 약 1,880억 달러가 유통되고 있는 것으로 추정되며, 두 시스템 모두 수천 대의 컴퓨터 또는 노드에서 지원된다.

비트코인을 비롯한 암호화폐는 외환 시장에 비해 작지만 중앙은행과 제휴하지 않은 초국가적 통화로 볼 때 상당한 관심을 받고 있다. 일부 은행가는 달러화가 세계 기축 통화로서 치열한 경쟁에 직면할 것으로 예상한다.[19] 페이스북(Facebook, Inc.)은 블록체인 기술을 활용한 '리브라(Libra)'라는 디지털 화폐를 출시한다. 5개의 통화로 이루어진 바스켓에 기초하려는 원래 계획은 중앙은행의 반대에 부딪혔기 때문에 프로젝트는 축소되고 있으며 단계적으로 진행될 것이다. 블록체인 개념에 대해 은행과 법인이 특정 유형의 거래에 대해 검토하고 있으며, JP모건은 2019년 자체 암호화폐를 만들겠다고 발표했다. 따라서 비트코인과 이더리움은 규제 승인을 받고 테러 자금 조달을 포함한 불법 행위에서 블록체인을 보호하려고 노력하는 동시에 합법적인 거래를 위해 디지털 통화를 사용하는 다른 방법을 모색하고 있다.[20]

CASE

위안화로 위안화 거래를 하는가?[21]

2015년 11월 30일, 국제통화기금(IMF)은 위안화(RMB, 인민폐)가 SDR 또는 특별인출권으로 알려진 통화 바스켓에 미국 달러, 유로, 영국 파운드, 엔화에 이어 포함되었다고 발표했다. 실제로 2016년 10월 1일자로 발효되었다. 이런 위안화의 인상은 중국이 세계 경제에서 우위를 점하고 있으며 최근 몇 년간 금융 시장을 자유화하려는 움직임을 보였기 때문에 결정되었다. 하지만 이 모든 것이 중국과 나머지 세계에게 무엇을 의미하며, 중국은 통화와 다른 금융 시장의 자유화로 가는 길을 계속 갈 것인가?

짧은 역사

통화 시장에서 위안화 기호는 ¥(일본 엔화에 사용되는 기호와 동일)이고 코드는 CNY이다. 1994년 1월 7일, 중국 정부는 달러당 8.690위안으로 자국 통화 가치를 미국 달러에 고정하기로 결정했다. 이는 통화 거래가 통제되고 역외 거래가 허용되지 않고 있어서 쉽게 이루어졌다. 2004년에 일부 제한된 역외 거래에 대한 첫 번째 조치로 홍콩 주민이 위안화와 홍콩 달러를 교환하도록 허용했다. 2005년 초까지 위안화는 달러당 8.2665위안의 고정환율로 거래되었다. 그러나 2005년에 유럽연합과 미국 모두 중국으로부터의 수입 및 개발도상국에 대한 중국의 수출과 치열한 경쟁에 직면함에 따라 압력이 증가되기 시작했다.

1994년에 중국이 통화 가치를 고정했을 때 중국은 주요 경제 강국으로 간주되지 않았다. 그 후 상황이 변하기 시작했다. 1999년에 중국은 인구가 세계에서 가장 많은 국가였고, 2003년에는 GDP가 미국, 일본, 독일, 영국, 프랑스 다음으로 세계에서 6번째로 많았다. 또한 상위 5개국보다 빠르게 성장했다. 1990년대 10년 동안 중국은 연평균 9.5% 성장했으며 2000년대 초반에는 매년 8% 이상 성장했다.

중국은 제조 분야의 낮은 임금 때문에 미국에서 수입하는 것보다 더 많이 수출했다. 2004년에 미국과는 1,550억 달러의 무역수지 흑자를 기록했으나, 유럽연합과의 무역수지 흑자 규모는 860억 달러에 불과했다. 그러나 2002년과 2004년 사이에 무역수지 흑자는 미국과는 절반 좀 넘게 증가했으나, 유럽연합과는 2배 증가했다. 또한 그 기간에 중국 안팎으로 위안화 흐름에 대한 자본 통제가 있었기 때문에 중국의 은행 부문에 엄청난 위안화가 유입되어 실질적으로 돈을 해외로 이전할 방법이 없었다. 이는 은행이 매우 낮은 금리로 돈을 빌려 부동산붐을 일으킬 수 있음을 의미했다. 또한 중국은 증가한 외환 보유고로 무언가를 해야만 했다. 처음에는 미국재무부증권(T-bill)에 막대한 액수의 돈을 투자하여 증가하는 미국 예산 적자를 지원했다. 그다음에 특히 전 세계의 천연자원에 대한 외국인 직접투자를 장려하기 시작했다.

그러나 아시아에서 중국의 경쟁 압력은 그와 동일하지 않았다. 대부분의 아시아 통화가 달러에 고정되어 있기 때문에 위안화는 이들 통화와 좁은 범위 내에서 변동하며 거래되었다. 대부분의 아시아 국가는 중국을 제품의 새로운 시장으로 사용하였고 중국 경제를 화나게 하여 제품에 대한 수요를 줄이려 하지 않았다.

미국과 유럽연합의 비평가들은 위안화가 15~40% 저평가되었다고 주장하고 중국 정부는 통화를 자유화하여 시장 수준을 회복해야 한다고 주장했다. 변화를 지지하거나 반대하는 압력은 정치적으로나 경제적으로나 마찬가지였다. 미국 정부는 통화를 재평가하기 위해 중국과 장기간 협력하고 있었지만 중국 정부는 그렇게 하지 않을 핑계를 많이 발견했다.

중국에서의 정치적 압력

중국은 국내에서 정치적 압력을 받고 있었다. 우선 첫째로 많은 사람이 위안화의 재평가를 예상하여 통화를 옮겨오고 있으며, 이로 인해 인플레이션 압력이 유발되었다. 중국 정부는 압력을 줄이기 위해 통화를 시장에서 제거하려고 통화를 '살균'하는 수단으로 달러를 사고 위안화 채권을 발행해야만 했다. 정부는 위안화를 재평가하고 투기꾼이 보상을 받는 데 흥미가 없었기 때문에 재평가가 언제, 얼마나 될지 발표하지 않을 것이라고 계속 주장했다. 또한 해외로부터의 압력에 굴하는 것으로 보이지 않기 위해 외국 정부로부터 압력을 받아 재평가하기를 원하지 않았다.

마지막으로 중국은 취업에 심각한 문제가 있다. 인구에서는 10억이 넘는 인구가 매년 1%씩만 증가하고 있는데, 이는 매년 에콰도르 또는 과테말라 규모의 새로운 국가를 추가하는 것과 같다. 중국은 인구 증가와 농업 부문 및 국유 기업의 실직자를 따라잡을 수 있는 충분한 일자리를 추가해야 한다. 즉 1년에 1,500만~2,000만 건의 신규 일자리가 발생해야 하며, 이는 한 달에 약 125만 건을 추가해야 함을 의미한다.

통화 바스켓의 출현

이러한 압력을 감안하여 중국은 2005년 7월 21일, 역사적인 발걸음을 내딛으며 10여 년 된 미국 달러화에 대한 페그에서 11개의 통화를 포함하는 통화 바스켓 제도로 이동했다. 이는 달러가 여전히 위안의 가치를 결정하는 주된 통화이지만 몇몇 아시아 통화도 중요해지는 것이다. 그래서 통화 바스켓은 주로 중국의 대외무역, 투자, 외채에 영향을 주는 통화인 달러, 유로, 엔, 한국 원으로 선별하여 구성되었다.

인민은행(People's Bank of China, PBOC, 중앙은행)은 매일 중앙 균형환율을 결정한 다음 결정된 환율의 상하 거래 밴드를 허용한다. 위안/달러 페그가 해제되기 전에 위안화는 8.2665위안 전후로 유지되었다. 해제 직후에는 8.1011위안으로 2% 상승했다. 인민은행은 2007년 5월 18일, 위안화의 거래 대금을 고정환율의 0.3%에서 0.5%로 확대함으로써 압력에 대응했다. 분명히 그 작은 차이는 트레이더를 위한 작은 공간을 허용했다.

걸음마 단계

위안화가 달러에 대해 상승하기 전까지는 환율이 달러에 고정되었기 때문에 중국에서의 외환 거래는 매우 쉬웠다. 고정환율의 세계에서 거래하는 트레이더는 많은 판단을 하지는 않는다. 환율은 인민은행과 밀접하게 연결된 국가외환관리국(State Administration of Foreign Exchange, SAFE)에서 관리한다. SAFE는 새로운 외환 거래 지침을 수립하고 중국 외환 보유고를 관리할 책임이 있다. 인민은행의 주요 관심사는 중국의 금융 인프라가 자유 시장에서 외환 거래를 할 수 있는 가이다.

SAFE는 이를 바꾸기 위해 움직이고 있었다. 인민은행이 2005년에 위안화 가치를 완화하기로 결정했을 때 상하이의 은행들이 달러-스털링, 유로-엔을 포함한 8개 통화 쌍으로 거래하고 가격을 호가하도록 허용했다. 그 전에는 면허가 있는 은행만이 위안화를 미국 달러, 홍콩 달러, 유로화, 엔화의 네 가지 통화에 대해서만 거래할 수 있었다. 상하이는 중국의 금융 중심지로 자리매김했다. 그러나 모든 거래는 고정환율이었고, 위안화가 아닌 통화 쌍의 거래에는 관여하지 않았다. 또한 SAFE는 7개의 국제 은행[HSBC, 시티그룹, 도이체방크, ABN AMRO, ING, 스코틀랜드왕립은행, 몬트리올은행(Bank of Montreal)]과 2개의 국내 은행[중국은행(Bank of China), 시틱산업은행(CITIC Industrial Bank)]에 거래를 개방하기로 결정했다.

빠른 전진

세계 금융 위기로 인해 중국 정부는 위안화를 2008년 7월부터 2010년 6월까지 미국 달러화에 대한 페그로 되돌려 놓아야 했으며, 그 기간에 미국과 중국은 통화 가치를 둘러싼 논쟁에 휩쓸렸다. 미국은 중국이 통화 불균형을 해결하기 위해 통화 가치를 계속 올리길 원했으며, 중국은 미국이 경제를 통제하고 다른 대부분의 통화에 비해 가치가 떨어지는 달러 가치를 안정시키기를 원했다. 중국은 심지어 세계 경제에서 달러를 대신할 새로운 준비 자산의 창출을 요구했다. 왜 중국은 달러 가치에 대해 그렇게 걱정하는가? 대부분 무역 흑자로 인해 3조 달러가 넘는 세계에서 가장 큰 외환 보유고를 가진 중국의 대부분의 외환 보유는 미국 달러화이다. 중국이 원하는 마지막 일은 세계 경제에서 모든 달러 자산이 가치를 잃는 것이다.

중국의 경제적 도전

2010년 말까지 중국은 GDP 측면에서 세계 2위의 국가로 일본을 대체했을 뿐만 아니라 미국에 빠르게 다가갔다. 또한 중국은 독일과 미국을 제치고 세계에서 가장 큰 수출국이 되었기 때문에 달러가 다른 세계 통화에 비해 가치가 하락하면 손실에 노출될 대규모 외환 자산을 지속적으로 생산하고 있었다.

중국은 서구에서 무슨 일이 벌어지고 있는지에 관계없이 자체적인 일련의 문제를 안고 있었다. 위안화가 2010년 6월에 점차적으로 달러화에 가치가 상승하도록 결정했을 때 결과는 2010년 말까지 달러화에 대한 위안화 가치가 3.6% 상승한 것이었다. 그러나 중국의 인플레이션은 미국보다 더 빠르게 상승해서 중국 수출품은 점차 비싸졌다. 통화 가치 상승은 인플레이션 상승으로 인한 경쟁우위 상실을 악화했다. 강력한 중국 수출업자들은 정부가 통화를 자유롭게 하고 경쟁적 도전을 가속화할 것이라는 생각에 매우 분노했다. 인플레이션 때문에 중국 노동자는 점점 더 노동 조건에 불만을 가지게 되었고 때로는 격렬하게 시위하기 시작했다. 노동자가 임금 인상을 요구함에 따라 제조업체는 더 큰 비용 압박에 직면했다. 일반적인 인플레이션, 더 높은 임금, 더 비싼 위안화의 가능성으로 제조업체는 더 싼 노동력을 찾거나 해외로 이주하거나 더 내륙으로 이동해야 했다. 많은 미국 제조업체가 제품 생산을 미국 또는 아시아의 저렴한 국가로 이전하기 시작했다.

무역 인프라 개선

한편 인민은행은 2009년에 상하이와 4개 주요 도시의 기업이 달러 대신 위안화로 해외 거래를 결제할 수 있다고 발표했다. 더 많은 수출업자와 수입업자가 달러 대신에 위안화로 채무를 청산할 수 있게 한다면 중국 기업은 많은 거래 수수료를 절약할 수 있고 위안화의 중요성은 점차 커질 것이다.

중국이 상하이를 미래 금융 중심지로 만들고 싶다고 하더라도 홍콩에서 많은 위안 거래가 발생한다. 한동안 홍콩은 위안 은행 계좌를 개설할 수 있는 중국 본토 밖에 있는 유일한 곳이었다. 홍콩은 통화 거래의 자유화를 위한 중국의 시험지이다.

인민은행은 HSBC와 동아은행(Bank of East Asia)이 2007년에 위안화 채권 발행을 허용함으로써 홍콩이 위안화 거래의 역외 금융센터로서의 중요성을 높일 수 있게 했다. 은행과 기업이 위안화로 채권과 유가 증권을 발행함에 따라 중국 외 지역의 위안화는 꾸준히 증가할 것이다. 2010년 10월, ICAP PLC와 톰슨로이터는 전자 거래 플랫폼에서 위안화를 거래하기 시작했고, 플랫폼에서 위안화 거래를 위해 미국과 유럽의 은행과 협력하고 있다고 발표했다. 이에 앞서 홍콩의 은행은 서로 장외 거래를 하거나 중개인을 통해 위안화를 거래하고 있었다. 전자 플랫폼의 사용은 투명성과 트래픽을 증가시킬 것을 약속한다.

홍콩의 역외 시장은 성장했고 곧 중국 본토의 역외 시장보다 커졌다. SAFE가 정한 고정환율은 국내 시장에 가장 중요한 환율로, 중국 본토의 시장은 해외 시장보다 훨씬 엄격하게 통제되고 있다. HSBC와 같은 주요 머니센터뱅크가 중국에서 통화를 거래할 수 있다고 하더라도 그 규모는 대형 중국 은행의 거래량보다 작다. 이들 은행이 국제 거래에서 더 많은 전문성을 확보함에 따라 중국 이외 지역에서 더욱 중

출처: Guenter Fischer/imageBROKER/Alamy Stock Photo

▲ 중국의 중앙은행인 인민은행의 베이징 본사

요해질 것이다. 중국의 자본 통제가 완화됨에 따라 국제 은행은 현재 세계 외환 거래 게임에 참여하기 시작한 거대한 중국 은행과 경쟁하기 위해 자사의 입지를 강화해야 할 것이다.

2015년 개혁

중국은 위안화가 글로벌 통화로 받아들여지는 데 가까워지면서 2012년 1%로, 2014년 2%로 고정환율을 중심으로 거래 대역을 넓혔다. 중국 인민은행은 바스켓 통화 대비 위안화 절상을 30% 이상 허용했고, 단독으로 2014년 중반부터 2015년 중반 사이에 10% 절상했다. 국제통화기금(IMF)은 위안화가 저평가에서 '대략 적절'로 바뀌었다고 결론 내렸지만, 이는 미국에 의해 논란이 되고 있다. 중국 정부는 또한 외국인 투자자가 중국 증권에 더 많이 접근할 수 있도록 허용하고 중국인이 해외에 더 쉽게 투자할 수 있게 하기 위해 움직이고 있었다. 위안화는 여전히 자유롭게 환전할 수 없었지만 많은 중앙은행이 위안화를 준비 자산으로 사용하기 시작했다.

2015년 8월, 중국 인민은행은 환율 체제를 관리 변동성으로 이동시키는 새로운 고정 메커니즘을 발표했다. 하루 고정금리를 기존처럼 전일 고정금리에 가깝게 설정하는 대신, 새로운 고정금리는 전일 종가를 출발점으로만 삼을 것이다. 이는 위안화가 통화 바스켓에서 밴드의 (약세) 가장자리 근처에서 마감되었기 때문에 중요했다. 중국 인민은행은 또한 경제 성장을 다시 일으키기 위해 동시에 20년 만에 가장 큰 위안화 평가절하를 허용했다. 중국 인민은행은 위안화가 더 유연하고 위아래 모두 움직일 수 있다는 것을 보여주기 위해 이렇게 했다고 말했다. 매일 아침 중국 인민은행은 위안화 가치를 설정하는데, 평가절하가 시장에 금리 설정에 더 많은 자유를 준다는 느낌이다. 그러나 평가절하로 인해 많은 중국 기업이 더 많은 평가절하가 발생할 것을 우려하여 외채를 상환하게 되었고, 투자자는 위안화를 달러와 다른 통화로 바꾸었다. 이로 인해 은행은 2015년 8월, 위안화를 지원하기 위해 1,000억 달러 이상을 지출해야 했다.

게다가 2015년에는 더 많은 비중국계 은행이 위안화를 사용하기 시작했다. 100개국 1,000개 이상의 은행이 중국, 홍콩과의 결제에 위안화를 사용하고 있었는데, 이는 2013년에 비해 20% 이상 증가한 수치이다. 홍콩은 여전히 위안화 거래의 주요 무역 중심지이지만 런던, 싱가포르, 뉴욕도 현재 최고의 중심지이다. 영국은행과 유럽 중앙은행을 포함한 몇몇 중앙은행이 중국과 스와프 협정을 맺었다.

2015년에 외환 체제 개혁은 일부 변화를 겪었지만 대체로 온전하다. 중국 인민은행은 2016년 2월부터 2017년 5월까지 통화 바스켓 체제로 복귀해 2015년 12월에 발행된 13개 통화가 담긴 바스켓을 먼저 사용한 뒤, 2017년 1월에 24개 통화로 확장된 바스켓을 사용했다. 이후 위안화 관리는 통화 바스켓과 관리 변동 접근법이 혼재했고, 위안화는 24통화 바스켓에 대해 안정적이었다. 중국 인민은행은 여전히 3조 달러가 넘는 외환 보유액을 보유하고 있으며 위안화를 일일 고정금리 2% 이내로 유지하기 위해 개입할 준비가 되어 있지만 그럴 필요가 없었다. 그리고 2019년 8월, 위안화가 상징적 문턱인 달러당 7위안을 돌파하고 중국 인민은행이 일일 고정금리를 7.13으로 설정하자 미국 재무부가 중국을 환율 조작국으로 선포하는 등 정권에 따른 정치적 문제가 여전히 남아 있었다. 이번 지정은 미국 행정부가 국제통화기금(IMF)과 협력해 부당한 이익을 없애도록 요구했지만 중국이 변경을 하기로 합의하자 미국은 2020년 1월에 지정을 철회했다.

다음은 어떤 일이 발생할 것인가?

위안화는 유연한 환율 체제를 향해 계속 나아갈 것이다. 그러나 현재의 움직임에도 불구하고 위안화는 특히 소비자에게 여전히 널리 받아들여지지 않고 있다. 예를 들어 런던의 경우 위안화는 일일 통화 거래량의 1.6%만을 차지한다. 중국 관광객은 위안화를 일상 거래에 사용할 수 없는 반면, 미국 달러와 유로화는 자유롭게 사용할 수 있다. 런던은 더 많은 위안화 예금을 유치하기 위해 노력하고 있지만 그곳의 은행들은 홍콩과 싱가포르를 상당한 차이로 뒤쫓고 있다. 캐나다와 영국이 토론토와 런던에 위안화 결제 거점을 마련했음에도 미국은 여전히 뒤처져 있다. 그중 일부는 미국 기업이 여전히 달러를 중국 기업과의 거래를 결제하는 데 사용할 수 있으므로 위안화 사용의 수요가 크지 않다고 보기 때문이다. 그러나 미국은 위안화를 심각하게 받아들여야 할 것이다.

위안화가 세계 통화로 더 가까워짐에 따라 중국은 세계 준비 통화를 가진 국가들이 내리던 글로벌 결정에 대한 더 큰 통제를 달성할 것이다. 반면에 중국은 경제를 관리하고 자본 흐름을 통제하는 능력에 대한 통제력을 잃게 될 것이다. 금융 거래에서 더 투명해야 할 것이다. 글로벌 통화로 받아들여지기 위해서는 외국인 투자자의 신뢰를 불러일으킬 법적, 정치적, 제도적 개혁이 필요하다. 그럴 준비가 되었는가?

문제

9-4 중국 위안화가 중요한 세계 통화가 되는 것은 왜 중요한가? 중국이 감수할 위험 요소는 무엇인가?

9-5 HSBC와 같은 외국 은행, 톰슨로이터와 같은 전자플랫폼, ICAP는 위안화가 글로벌 화폐로 다가가는 것을 돕는 데 어떤 역할을 하는가?

9-6 위안은 왜 글로벌 무역에서 더 많이 사용되는가? 위안화가 미국 달러화와 유로화와 함께 글로벌 화폐가 되기 위해서는 무엇이 필요한가?

Chapter 10
환율 결정

학습 목표

10–1 국제통화기금(IMF)과 IMF의 환율 결정 역할에 대해 설명한다.

10–2 국가가 사용하는 주요 환율 제도에 대해 논의한다.

10–3 환율의 주요 결정 원리를 파악한다.

10–4 환율 움직임을 예측하는 방법을 살펴본다.

10–5 환율 움직임이 기업 의사결정에 어떻게 영향을 주는지 설명한다.

출처: Dim_dok/Alamy Stock Photo

▲ 세상에서 가장 높은 폭포인 앙헬폭포의 새벽. 807미터 높이의 물줄기는 베네수엘라 볼리바르의 급격한 하락을 상징한다.

돈이 없는 사람은 친구가 없다. *—아랍 속담*

CASE

베네수엘라의 급속한 환율 변화[1]

베네수엘라의 앙헬폭포는 세계에서 가장 높은 폭포이다. 807미터의 폭포는 지난 몇 년간 베네수엘라 볼리바르화의 가파른 추락을 상징한다. 2014년에 1,000억 볼리바르의 가치가 159억 달러였으나 2020년에는 공식 환율로 2센트 미만으로 떨어졌다. 폭포 바닥에서 안개가 피어오르는 것처럼 물가도 오르고 있다. 개발도상국의 물가상승률이 5.7%였던 2015년에 베네수엘라의 물가상승률은 159.1%로 단연 세계 최고 수준이었다. 2016년에는 인플레이션이 800%까지 상승했고, 2017년에는 2,616%에 달했다. 그리고 거기에서 멈추지 않았다. 2018년까지 인플레이션은 8만%로 추정되었고, 2019년까지 경제학자들은 100만~200만% 범위의 숫자를 인용했다. 2008년 11월에 800억%를 기록한 짐바브웨의 기록은 아닐지 모르지만, 짐바브웨는 상황을 파악하고 적어도 몇 년 동안 인플레이션을 잘 통제했다.

1800년대 초, 스페인 제국에 대항한 남미의 혁명에 중요한 역할을 했던 베네수엘라의 군사 지도자 시몬 볼리바르(Simón Bolívar)의 이름을 딴 볼리바르가 항상 그렇게 약한 것은 아니었다. 1934년 볼리바르(VEB)는 미국 달러당 3.914로 고정됐고, 3년 뒤엔 달러당 3.18로 강세를 보였다. 이후 40년 동안 볼리바르는 이 지역에서 가장 강력하고 국제적으로 인정받는 통화 중 하나였다.

베네수엘라 경제의 핵심은 석유이다. 석유수출국기구(OPEC)의 창립 회원국인 베네수엘라는 세계에서 가장 큰 석유 매장량을 보유하고 있다. 국영 석유 회사인 PdVSA는 베네수엘라에서 가장 큰 기업이다. 베네수엘라는 역사적으로 세계 5대 석유 수출국 중 하나였으며, 거의 모든 수출입과 정부 수입의 대부분을 원유 수송에 의존하고 있다.

석유와 볼리바르는 공생관계였다. 1983년, 볼리바르는 부분적으로 1970년대 초에서 중반의 유가 하락으로 평가절하되었다. 화폐 가치는 계속 하락했고, 2001년 9.11 테러가 세계 경제의 침체로 이어지면서 2000년대 초반 유가는 큰 타격을 입었다. 그 후 2002년 PdVSA의 파업으로 생산량이 감소했다. 1998년에 베네수엘라는 하루에 350만 배럴의 석유를 생산했지만, 2003년에는 230만 배럴로 감소했다. 생산량의 감소와 유가의 연화로 인해 정부는 2003년에 볼리바르를 달러당 1,600으로 더 평가절하할 수밖에 없었고, 자본 이탈을 제한하기 위해 외환 통제가 시행되었다.

부족, 통제, 새로운 통화

1999년부터 2013년까지 베네수엘라의 대통령이었던 우고 차베스(Hugo Chavez)는 그의 정치적 지지의 기반인 민족주의, 중앙집권적 경제, 강력한 군대, 가난한 사람들을 위한 사회 프로그램에 초점을 맞춘 프로그램을 시행했다. '차비스모(chavismo)'로 알려진 그 프로그램은 막대한 예산 적자를 초래하여 광범위한 외부 차입뿐만 아니라 정부 프로그램에 자금을 지원하기 위한 석유 수입에 의존하게 되었다. 석유 수입이 감소하자 정부는 더 많은 볼리바르를 인쇄하여 적자를 메웠다.

2007년 3월 7일, 차베스는 화폐 가치에서 3개의 0을 떼어내어 1:1,000이 될 것이라고 발표했다. 통화의 평가절하와 함께 차베스는 외환 통제를 시행했다. 2010년 1월 8일, 그는 일부 수입품에 대해서는 2.15VEF/$에서 2.60VEF/$로, 다른 수입품에 대해서는 4.30 VEF/$로 평가절하했다. 2011년 4월 11일, 그는 모든 수입품에 대해 VEF를 달러당 4.30으로 변경했다. VEF는 전통적인 페그라고 알려진 고정금리로, 미국 달러에 고정되었고 자유롭게 변동하는 것이 허용되지 않았다. 그러나 차베스는 원한다면 VEF를 평가절하할 수 있는 권리를 유지했다.

2013년에 차베스가 사망한 후 그의 후임자인 니콜라스 마두로(Nicolás Maduro) 대통령은 차비스모를 지속했다. 하지만 유가가 폭락하기 직전이었다. 베네수엘라에서 부족이 증가하기 시작했다. 러시아도 1980년대 중반에 '페레스트로이카(perestroika)'가 도입되었을 때 비슷한 변화를 겪었다. 가격은 통제되고 부족은 일상이었다. 러시아에서의 농담은 줄을 보게 되면 무조건 줄에 서서 기다려야 한다는 것이었다. 줄 맨 앞에 도착하면 가능한 한 모든 것을 사야 한다. 필요하지 않은 것이라 해도 가족 중 누군가가 필요로 할 것이기 때문이다. 쌀에서 가스, 시골 주택에 이르기까지 모든 것에 대한 보조금이 삶을 더 쉽게 만드는 것처럼 보일 수 있지만 상황을 더 악화시키고 있었다. 의약품, 의료용품에서부터 화장지, 기저귀에 이르기까지 모든 것이 부족하면 암시장이 번창하게 된다. 한 여성은 400VEF(실제로 통제된 가격이 32VEF일 때)에 세탁용 파우더 한 봉지를 사서 600VEF에 판매했다고 설명했다. 이는 불법이지만 기준일 뿐이다. 때때로 회사는 제품의 특성을 변화시켜서 가격 통제를 회피한다. 예를 들어 쌀에 마늘을 첨가하면 마늘밥으로 팔고 쌀 가격의 통제를 피한다. 이는 가격 통제가 있는 전 세계에서 일어나는 일이다. 재료를 바꾸거나 패키지의 크기를 변경한다.

2015년 2월, VEF는 대부분의 필수 수입품에 대해 달러당 6.3으로 평가절하되었다. 자동차 부품과 같은 일부 수입품은 달러당 12VEF의 중간 환율과 달러당 50VEF의 자유 환율로 통화를 전환할 수 있었다. 자유 환율은 이전에 존재했던 3단계 환율을 대체했다. 마두로 대통령은 2016년에 다시 VEF를 달러당 10으로 조정했다. 그러나 정부는 두 번째 금리를 채택했는데, 이는 달러 대비 변동은 허용했지만 정부가 관리했고 자유롭게 변동하지는 않았다. 불행하게도 이 또한 통화의 암시장을 초래했다. 고정금리가 달러당 10VEF인 대신, 암시장의 금리는 때때로 달러당 1,150VEF만큼 높았다.

화폐 개혁에도 불구하고 경제는 계속 위축되었다. 2018년에 석유 생산량은 하루 150만 배럴로 5년 전의 280만 배럴보다 감소했다. IMF에 따르면 국내총생산은 2013년과 2018년 사이에 50% 감소했다. 베네수엘라는 또 다른 새로운 화폐가 필요했다. 2018년 3월, 마두로 대통령은 6월부터 3개의 0을 잘라냄으로써 VEF를 대체할 새로운 볼리바르 소베라노(VES)를 만들겠다고 발표했다. 그러나 시행 지연으로 인해 새 화폐의 도입이 8월까지 연기되었고, 인플레이션이 너무 높아서 정부는 3개가 아닌 5개의 0을 잘라내기로 결정했다. VES는 또한 베네수엘라의 석유 비축량에 의해 지원된 것으로 추정되는 페트로(petro)라는 베네수엘라 정부가 통제하는 암호화폐에 고정되었다고 추정되지만, 이 조정에 대한 투명성이 높지 않고 자세한 내용은 시장에 제공되지 않았다. 불행하게도 우리가 아는 한 가지는 새로운 통화의 도입이 인플레이션을 끝내지 못했다는 것이다. 2019년 초, 경제학자들은 연간 인플레이션율이 200만%에 도달했다고 추정했다!

달러라이제이션이 해결책?

분명히 베네수엘라의 많은 문제는 고유가로 돌아가는 것으로 해결될 수 있다. 하지만 그것은 베네수엘라 경제에 가해지는 심각한 고통을 완화하기에는 너무 오랜 시간이 걸릴 것이다. 2016년 4월 말, 정전과 단수, 식량 및 의료 수입 부족 등으로 인한 폭동은 마두로 대통령을 소환해달라는 청원으로 이어졌다. 2019년까지 300만 이상의 사람들(국가 전체의 10%)이 난민으로 나라를 떠났다. 미국은 이 지역의 다른 나라들과 함께 인도주의적 지원을 확대했다. 경제가 붕괴되면서 볼리바르는 점점 더 쓸모없게 되었다. 베네수엘라는 유통될 지폐가 충분하지 않다는 위험을 무릅썼다. 베네수엘라는 자체적으로 지폐를 인쇄하지 않고 프랑스, 영국, 캐나다 등의 회사에서 인쇄했다. 인쇄된 화폐의 공급조차도 부족했다. 위기를 타개하기 위해 정부는 2020년부터 미국 달러가 VES와 함께 자유롭게 유통되도록 허용하여 기업이 달러를 사용하여 사업을 수행할 수 있게 했다.

차베스는 자국 통화를 미국 달러로 대체하는, 즉 달러화하지 않겠다고 말했지만 볼리바르의 가치를 미국 달러에 고정했다. 이는 대부분 석유가 달러로 가격이 매겨지기 때문이다. 그리고 볼리바르가 달러에 고정되어 있지만, 베네수엘라는 원한다면 달러에 대해 평가절하할 수 있는 유연성을 가지고 있다. 이는 통화를 마음대로 부풀릴 수 있다는 의미이다. 그러나 법정 통화로 달러를 성공적으로 대체한 나라도 있다. 파나마는 한 세기 전에 콜롬비아로부터 독립했을 때 그렇게 했다. 중남미의 다른 두 나라는 더 최근에 달러를 자국의 통화로 채택했다.

1994년에 엘살바도르 정부는 통화인 콜론을 미국 달러에 고정하기로 결정했다. 2001년에 페그와 콜론을 완전히 폐지하고 달러를 국가 통화로 채택하여 달러화로 전환했다. 엘살바도르는 현재 자국 통화가 없는 교환 협정을 맺은 13개국 중 하나이며, 13개국 중 7개국이 미국 달러를 사용한다. 달러로 전환함으로써 엘살바도르 기업과 정부는 더 싼 금리에 접근할 수 있게 되었는데, 이는 이 조치가 평가절하의 위험을 제거하거나 최소한 줄임으로써 외국 은행에 더 많은 신뢰를 심어주었기 때문이다. 엘살바도르의 기업 차입금리는 중남미에서 가장 낮은 수준이며, 낮은 금리로 인해 차입 매력이 높아지면서 소비자 신용도가 상승했다.

에콰도르는 2000년에 통화를 달러에 묶었다. 에콰도르의 경제를 달러화하기로 결정했을 때 대통령은 정치적 위기에 처해 있었으므로 그 발표는 전혀 예상치 못한 것이었다. 1999년 에콰도르의 소비자 물가 상승률은 52.2%로 당시 중남미에서 가장 높았다. 1999년 2월까지 중앙은행은 크롤링 페그(crawling peg) 환율 시스템을 유지해왔다. 그러나 통화 압박으로 인해 중앙은행은 페그에서 벗어나 통화가 자유롭게 변동할 수밖에 없었고, 즉시 65% 평가절하되었다. 마침내 에콰도르의 대통령은 환율 시스템을 달러화하는 것이 최선이라는 것을 깨달았다. 처음에 에콰도르는 수크레를 계속 사용했지만 1년 안에 수크레를 포기하고 달러를 통화로 사용하기로 결정했다.

에콰도르의 결정 근거를 논의한 세계은행의 관계자는 "대부분의 국가들이 달러화로 부채의 상당 부분을 보유하고 있고 해외에 보유 중인 외환 보유액의 상당 부분을 달러로 유지하고 있으며 달러화에 연동된 계약서를 작성한다"고 언급했다. 게다가 OPEC 회원국인 에콰도르는 대부분의 외환 수익을 석유에서 창출하며, 이는 달러로도 가격이 매겨진다. 베네수엘라는 어떤 면에서 석유에 대한 의존도가 에콰도르와 비슷하다.

문제

10-1 베네수엘라가 자국 통화인 VES 대신 미국 달러를 채택해야 한다고 생각하는가? 그렇게 생각하는 이유는 무엇인가?

10-2 베네수엘라가 VES를 달러로 대신하지 않는다면 베네수엘라의 경제, 인플레이션, 환율에 어떤 영향이 있을 것이라고 생각하는가?

9장에서 배웠듯이 환율은 하나의 통화를 취득하는 데 필요한 또 다른 통화의 단위 수를 나타낸다. 이러한 정의는 간단해 보이지만 경영자는 정부가 환율을 어떻게 설정하고 어떤 요인으로 인해 변화하는지 이해해야 한다. 이러한 이해는 환율 변화를 예측하고 원료 및 부품의 소싱, 제조 및 조립 공장의 위치, 최종 시장의 선택 등 민감한 사업 요소 결정에 도움을 줄 수 있다.

개념 체크

9장에서는 통화가 호가되고 거래되는 방식과 외환이 거래되는 다양한 방식에 대해 외환 시장을 살펴보았다. 이 장에서는 특히 정보의 역할과 예상 밖의 시장 변화를 고려하여 통화 가치가 결정되는 방법을 살펴본다.

국제통화기금(IMF)

10-1 국제통화기금(IMF)과 IMF의 환율 결정 역할에 대해 설명한다.

1944년, 제2차 세계대전이 종전에 가까워갈 때 전후 세계 경제의 안정과 성장에 무엇이 필요한지 결정하기 위해 주요 연합국 정부 인사들이 뉴햄프셔의 브레턴우즈에서 모였다. 회의 결과로 **국제통화기금**(International Monetary Fund, IMF)이 환율 안정과 통화의 국제적 흐름 촉진을 목표로 1945년 12월 27일 공식적으로 설립되었다. IMF는 1947년 3월 1일에 금융 업무를 시작했다.[2]

기원과 목적

개념 체크

8장에서는 UN의 설립과 그에 따른 IMF를 포함한 다수의 UN 위성 기구의 창설에 대해 알아봤다. 오늘날 IMF는 UN 회원국들 간의 경제 정책에 영향을 미치는 위치에 있다.

처음에 29개 국가가 IMF 협정을 체결했고, 2020년 1월 1일 기준으로 189개 회원국이 있다.[3] IMF의 기본적인 사명은 다음과 같다.

- 국제 통화 협력을 촉진한다.
- 환율 안정성을 보호한다.
- 국제무역을 촉진한다.
- 높은 고용률과 지속 가능 성장을 촉진한다.
- 세계의 빈곤을 감소시킨다.[4]

감독 과정을 통해 IMF는 세계 경제뿐만 아니라 개별 국가의 경제를 모니터링하고, 필요한 정책 조정에 관해 조언한다. 감독 이외에도 기술적 지원(주로 저소득 및 중간소득 국가)을 제공하고, 국제수지에 문제가 있는 국가에 대출을 제공한다.

브레턴우즈 협정은 각 통화를 금과 미국 달러로 표시하는 평가 또는 벤치마크 가치를 수립했다.

브레턴우즈 체제와 액면가 원칙 **브레턴우즈 협정**(Bretton Woods Agreement)은 IMF 회원국들이 금과 미국 달러화에 기초하여 자국 통화의 액면가를 고정하는 고정환율제도를 설립했다. 달러의 가치가 금 1온스당 35달러로 고정되었기 때문에 액면가는 금이나 달러 중 어떤 것을 기초로 사용해도 동일했다. 이 **액면가**(par value)는 각 국가의 통화가 다른 통화에 대해 가치가 결정되는 기준이 되었다. 통화는 수요와 공급에 따라 액면가(1971년 12월에 2.25%로 확대)의 1% 내에서 변할 수 있었다. 액면가의 추가적인 변동과 형식적인 변화는 IMF의 승인에 의해 가능했다. 액면가는 IMF가 더 큰 환율 유연성의 방향으로 나아갔을 때 폐지되었다.

1940~1950년대 미국 달러의 강세와 대량의 금 보유로 인해 IMF 회원국의 통화는 금과 달러로 표시되었다. 1947년경 미국은 세계의 공식 금 매장량의 70%를 보유하여 각국 정부는 금보다는 달러를 구입하고 판매했다. 확정적이지는 않았지만 미국이 달러를 금으로 상환해줄 것으로 이해했다. 달러는 거래 통화로서 전 세계 벤치마크가 되었으며, 고정환율에서 변동환율로 이동했음에도 불구하고 여전히 그러하다.

오늘날의 IMF

각 국가의 전체 평가 합계인 IMF 쿼터는 IMF가 다른 국가에 빌려주기 위해 의지할 수 있는 돈의 집합이며, 각 국가의 투표권의 기초가 된다. 개별 쿼터가 많을수록 더 많은 투표권을 얻는다.

쿼터 시스템 한 국가가 IMF에 가입할 때 세계 경제에서 차지하는 상대적 크기에 따라 **쿼터**(quota)라는 특정 금액을 기부한다. IMF는 이 풀에서 국가에 빌려주는 돈을 인출하고, 이 쿼터에서 한 국가가 이 기금에서 얼마나 빌릴 수 있는지에 대한 기초로 사용한다. 또한 쿼터는 IMF가 특별인출권(SDR)을 배분하는 기초로 사용된다. 게다가 쿼터는 개별 구성원의 의결권을 결정한다. 가장 큰 쿼터는 미국(17.45%)이 가지고 있으며, 그다음으로 일본(6.48%), 중국(6.41%), 독일(5.60%) 순이다. 2010년 12월 15일에 IMF 이사회는 총쿼터를 2배로 하여 SDR 476.8(승인 당시 현재의 환율로 7,500억 달러)로 하고, 급성장하는 신흥 시장과 개발도상국에 쿼터 지분을 더 배분하는 개혁 패키지를 승인했다. 재배치에 따르면 미국은 여전히 가장 큰 쿼터를 보유하지만 4개의 BRIC 국가들은 이 기금에서 상위 10대 주주가 될 것이다.[5]

특별인출권(SDR)은 다음과 같다.

- 보유고를 높이는 데 도움을 주기 위해 각 국가에 주어진 국제적 보유 자산이다.
- IMF가 금융 기록을 유지하는 단위계정이다.

특별인출권(SDR) IMF는 1969년 외환 보유고 증가를 돕기 위해 **특별인출권**(special drawing right, SDR)을 만들어 그 당시 존재하던 고정환율제도를 보강하는 데 도움을 주려고 했다. 외환 시장에서 자국 화폐를 지지하려면 미국 달러나 금을 사용할 수밖에 없었다. SDR은 회원국의 공식적인 금, 외환, IMF 보유 포지션을 보완하기 위해 마련된 국제 예비 자산이다. 그러나 브레턴우즈 체제의 붕괴, 주요 통화의 변동환율제도 이동, 정부 자금 원천으로서 세계 자본 시장의 성장은 SDR의 필요성을 줄였다. 또한 SDR은 IMF가 기록을 유지하는 단위인 IMF의 단위 계정(unit account)으로 사용되며 IMF 거래 및 운영에 사용될 수 있다.

2016년 10월 1일부터 SDR의 가치는 5개 통화를 기반으로 하고 있다. 미국 달러화는 SDR 가치의 42%, 유로화는 31%, 중국 위안화가 11%, 일본 엔화가 8%, 영국 파운드화는 8%를 차지한다. 2016년 10월 1일 이전까지 중국 위안화는 SDR 바스켓에 포함되지 않았지만 세계 경제에서 중국의 중요성을 인식하여 포함되었다. 광범위한 국제무역 및 지불에서 특정 통화의 중요성을 반영하기 위해 이러한 가중치가 선택되었다.[6]

SDR 바스켓을구성하는 통화는 미국 달러, 유로, 중국 위안화, 일본 엔, 영국 파운드화이다. 중국 위안화는 2016년에 추가되었다.

글로벌 외환 위기에서 IMF의 역할

IMF의 중요한 책임은 국내 및 세계 안정과 관련하여 회원국의 경제 및 금융 정책의 취약성을 모니터링하고 평가하는 것이다. 필요한 경우 IMF는 곤경에 처한 국가에 예방적 신용 한도를 제공할 수 있다. IMF는 2008년부터 시작된 글로벌 금융 위기 때 회원국에 대한 대출을 늘렸고, 전문성을 활용해 정책 해법과 개혁을 권고했다. 2020년 COVID-19 범유행 기간에 회원국과 세계 경제를 지원하기 위해 1조 달러 대출 권한을 모두 사용할 준비가 되었다고 발표했다. 이러한 대출은 단기 긴급 지원 대출이며, 대출을 받으려면 국가가 IMF 직원과 공동으로 결정한 건전한 재정 및 통화 정책을 따른다는 것을 보장해야 한다.[7]

모잠비크는 심각한 경제 문제를 안고 있으며, IMF와 가깝지만 분리된 다자간 UN 기반 대출 기구인 세계은행과 시중 은행으로부터 중장기 대출에 의존하고 있었다. IMF는 또한 모잠비크와 함께 대외 부채 상황을 정확하게 공개한다는 가정 아래 단기 구제에 협력했다. 정부가 IMF에 공개된 것보다 훨씬 더 많은 돈을 빌렸다는 사실이 알려지자 세계은행과 다른 사람들은 IMF가 모잠비크의 위험과 취약성에 대한 연구를 완료할 수 있을 때까지 지원을 축소했다. 이는 기부자와 다른 대출 기관이 신흥 시장에 어디서 얼마를 줄지 결정할 때 IMF 정보에 의존하기 때문에 중요하다.[8]

변동환율제도로의 발전

IMF 시스템은 처음에는 고정환율의 하나였다. 미국 달러화가 국제 통화 시스템의 초석이었기 때문에 그 가치는 금의 가치에 대해 일정하게 유지되었다. 다른 국가들은 금과 달러에 대해 자국의 통화 가치를 변경할 수 있었지만 달러의 가치는 고정되었다.

스미소니언 협정 1971년 8월 15일, 미국의 무역수지 적자가 악화되면서 미국 대통령 리처드 닉슨(Richard Nixon)은 다른 국가들이 국제 통화 시스템의 구조 조정을 지원하기로 합의하지 않는 한 금과 달러를 교환하지 않을 것임을 선언했다. 이 결과로 **스미소니언 협정**(Smithsonian Agreement)이 체결되었다.

1971년에 환율의 유연성은 액면가의 1%에서 2.25%로 확대되었다.

- 달러의 8% 평가절하(금에 대한 달러의 공식적인 가치 하락)

- 몇몇 다른 통화의 재평가(금에 대한 각 통화 가치의 공식적인 증가)
- 환율 유연성 확대(평가 가치의 상하 1~2.25%)

그러나 이러한 노력은 지속되지 않았다. 1972년 동안 세계 외환 시장은 불안정했으며, 달러는 1973년 초(아랍 석유 금수 조치와 빠른 유가 상승 및 글로벌 인플레이션이 시작된 해)에 다시 10% 평가절하되었다. 주요 통화가 시장에 의존하면서 서로 변동환율로 움직이기 시작했다. 1972~1981년 동안 브레턴우즈 체제는 종식되었고 변동환율체제로 변화했다.

1976년 자메이카 협정으로 더 큰 환율 유연성 및 액면가 사용 폐지로 귀결되었다.

자메이카 협정 브레턴우즈 체제가 고정환율과 액면가의 체계에 기초하기 때문에 IMF는 변동환율을 수용할 수 있게 규정을 고쳐야 했다. 1976년의 **자메이카 협정**(Jamaica Agreement)은 원래의 액면가 규칙을 제거하고 더 큰 환율 유연성을 허용했다. 더 큰 유연성으로의 움직임은 전체 시스템 단위뿐만 아니라 개별 국가 단위에서도 발생할 수 있다.

환율 제도

10-2 국가가 사용하는 주요 환율 제도에 대해 논의한다.

IMF 감독 및 상담 프로그램은 국가의 환율 정책을 모니터링하고 그들이 환율 정책에 공개적으로 책임감 있게 행동하고 있는지 확인하기 위해 설계되었다.

더 큰 유연성을 조성하기 위해 IMF는 개별 국가가 결정에 대해 IMF와 교류할 경우 자국의 선택으로 환율 방식을 선택하고 유지할 수 있도록 허용하기 시작했다. 한 국가가 특정 환율 메커니즘을 채택하는 공식적 결정을 **법률상**(de jure) 시스템이라고 한다. 여기에 IMF 감독 프로그램은 한 국가가 사용하는 **실질적인**(de facto) 환율 시스템을 결정한다.

IMF는 국가들이 공개적이고 책임 있게 환율 정책을 실행하고 있는지를 매년 상담하고 있다. 매년 각 국가는 IMF에 조정 방법을 통지하고, IMF는 국가가 제공하는 정보와 특정 범주에 위치하기 위해 국가 어떻게 행동하는지 관련 정보를 이용한다. 실제 국가가 채택한 환율 방식은 IMF 웹사이트와 표 10.1에서 찾아볼 수 있다.

세 가지 선택: 하드 페그, 소프트 페그, 변동환율

IMF는 각국이 환율 정책의 기초가 되는 하드 페그, 소프트 페그 또는 유연한 방법을 식별하도록 요구한다.

IMF는 통화를 가장 낮은 범주에서 가장 유연한 범주로 이동하는 세 가지 광범위한 범주 중 하나로 분류한다. 각 범주는 다음에 설명된 대로 세분된다. 국가가 하드 페그(전체 12.5%)를 채택했다면 국가는 화폐 가치를 무언가에 고정했다는 것이며 변동하지 않는다. 소프트 페그(46.4%)를 채택했

표 10.1 환율제도와 기준(2018년 4월)

	비율*	수
하드 페그제	12.5	24
소프트 페그제	46.4	89
변동환율제	34.4	66
그 외	6.8	13
총합	100.1	192

* 189개 가입국과 3개 영토 포함
출처: International Monetary Fund, *Annual Report on Exchange Arrangements and Exchange Restrictions*, 2018 (Washington, DC, IMF, April 2019, p. 5–8).

다면 상당히 경직된 편이지만 하드 페그만큼 경직된 편은 아니다. 변동형 약정(34.4%)을 채택했다면 화폐 가치가 수급에 따라 결정된다. 일부 국가는 분류되지 않는다.[9]

하드 페그

하드 페그(hard peg)를 채택한 국가에게는 두 가지 가능성이 있다. **달러라이제이션**(dollarization, 달러연동화폐)이라고도 하는 첫 번째는 한 국가가 자국 통화를 가지고 있지 않고 미국 달러(또는 유로)를 자국 통화로 채택했을 때 발생할 수 있다. 에콰도르는 2001년부터 달러라이제이션이 완전히 이루어졌으며, 현재 6개국에서 추가로 달러라이제이션이 이루어지고 있다. 세 나라는 공식적으로 유로존의 일부가 아님에도 불구하고 유로를 채택했다. 그리고 아르헨티나를 포함한 다른 나라들이 달러라이제이션의 후보로 논의되고 있다.[10]

에콰도르의 사례처럼 국가는 자국 통화 대신 다른 통화를 채택할 수 있다.

하드 페그의 두 번째 예는 한 국가의 중앙은행과 분리된 **화폐 발행국**이다. 이들은 일반적으로 외화에 고정된 국내 통화를 발행하는 것을 책임진다. 화폐발행위원회가 외화 예금을 수중에 두지 않는 한 더 많은 국내 화폐를 발행할 수 없다. 현재 11개국이 화폐 발행국을 두고 있으며, 그중 8개국이 미국 달러에 고정되어 있다.[11] 홍콩이 좋은 예인데, 1983년 이후 미국 달러로 홍콩 달러를 100% 지지했다. 홍콩 달러는 미국 달러화에 고정금리(달러당 7.80홍콩 달러)로 묶여 있지만 미국 달러는 자유롭게 변동하는 통화이기 때문에 다른 통화와 비교해 오르내린다.

다른 형태의 고정환율제는 화폐 발행국이다.

소프트 페그

몇 가지 종류의 소프트 페그(soft peg)가 있지만, 이 범주에 속하는 대부분의 국가(89개 중 43개)는 한 국가가 통화를 다른 통화 또는 통화 바스켓에 고정하고 환율이 그 가치에서 1% 또는 1%를 더하거나 더할 수 있도록 허용하는 **전통적인 페그**를 채택했다.[12] 대부분의 국가는 미국 달러와 유로를 그들의 말뚝을 고정하기 위해 사용한다. 다른 소프트 페그 범주에서는 유연성의 정도가 증가하지만 IMF는 통화가 변동하지 않는다고 판단한다.

많은 종류의 소프트 페그가 있지만 가장 일반적인 것은 전통적인 고정 페그 배열이다.

변동환율제

변동환율제로 간주되는 통화는 변동환율(35개국) 또는 자유환율(31개국)이다. 변동 통화는 일반적으로 시장의 힘에 따라 변동하지만 통화의 이동 방향이 정해지지 않은 상태에서 시장 개입의 대상이 될 수 있다. 자유 변동 통화는 예외적인 상황에서만 개입될 수 있다. 미국 달러, 일본 엔, 영국 파운드, 유로 등 주요 무역 통화는 자유롭게 변동하는 통화이다. 브릭스 국가 중 두 나라인 브라질과 인도는 변동 통화를 보유하고 있는 것으로 간주된다.

변동환율제도는 변동환율제와 자유변동환율제를 포함한다.

유로

새로운 통화를 생성하기 위해 자국의 통화를 포기한 자유변동환율제도의 가장 야심 찬 사례 중 하나는 유로이다. 단일유럽법(Single European Act)에서 예견된 경제적 통합에 만족하지 않고, 1992년 EU 국가들은 정치적 연합과 통화연합이라는 두 가지 목표를 달성하기 위해 마스트리흐트 경제조약을 체결했다. 각 국가의 통화를 단일 유럽 통화로 바꾸면서 국가들은 먼저 자국의 경제 정책을 수렴할 필요가 있었다.

개념 체크

더 큰 경제 협력에 대한 각 약속은 지역 통합 방향으로의 한 걸음을 나타내며, 이는 8장에서 살펴본 지리적으로 관련된 국가들 간 경제적 차별을 없애기 위한 경제 통합의 한 형태이다. 여기서는 EU가 이미 존재하는 내부 자유무역협정 및 공통 대외 관세 정책에 공통 통화를 도입했음을 강조한다.

유럽통화제도와 유럽통화동맹 유럽의 통화 통합은 하룻밤 사이에 이루어지지 않았다. 이 시스템의 뿌리는 1979년 **유럽 통화 시스템**(European Monetary System, EMS)이 유럽 공동체(EC) 내 환율 안정을 창출하기 위한 수단으로 설정되었을 때 시작되었다. 일련의 환율관계는 패리티 그리드(parity grid)를 통해 대부분의 회원국의 통화를 연결했다. 각국이 환율 변동폭을 좁히면서 EMS를 환율 메커니즘(ERM)과 완전통화동맹으로 대체할 수 있는 발판이 마련됐다.

마스트리히트 조약에 따르면 국가들은 유럽통화제도의 특정 기준을 맞추어야 하며 **유럽통화동맹**(European Monetary Union, EMU)의 일부가 되어야 했다. '안정 및 성장에 관한 협약'으로 명명된 기준은 조약의 윤곽을 보여주었고, 현재 유로화에 가입하려는 국가에도 적용되고 있으며, 다음과 같다.

안정 및 성장에 관한 협약의 일부 기준에는 적자, 부채, 인플레이션, 이자율, 환율 안정성 측정이 포함된다.

- 1년 정부 적자는 GDP의 3%를 넘으면 안 된다.
- 총정부 부채는 GDP의 60%를 넘으면 안 된다.
- 인플레이션율은 가장 성과가 좋은 EU 3개국의 1.5% 범위 내에서 유지되어야 한다.
- 평균 명목 장기이자율은 최저 인플레이션율을 기록한 3개 국가의 평균에서 2% 이내여야 한다.
- 환율 안정은 유지되어야 하며, 이는 최소 2년간 관계된 국가는 유럽환율제도의 '정상적인' 변동 내에서 유지되어야 한다는 뜻이다.[13]

개념 체크

12장에서는 국가가 기업(국내 또는 해외) 통제력에 대한 포괄적인 정책 변화를 시작할 때 가치사슬의 각 연결, 즉 운영을 통한 자재 구매에서 최종 유통으로 제품을 이동시키는 데 필요한 집단 활동을 재검토해야 한다고 지적할 것이다. 여기서는 국가의 환율 체제 변화가 외국 기업이 통제할 수 없는 경제 상황의 변화 중 하나일 뿐이라는 사실을 관찰한다.

2020년 2월 29일 현재 19개 EU 회원국이 공식적으로 유로존에 가입했으며, 1개 회원국은 탈퇴(덴마크)했고, 7개 회원국은 여전히 유로존 가입을 준비하고 있다. 환율 메커니즘은 각국이 국내총생산(GDP)의 3%, 공공 부채가 GDP의 60%에 이르는 최대 예산 적자를 내도록 요구하고 있지만, 2008년 경제 위기는 각국에 문제를 야기했다. 예를 들어 그리스의 공공 부채는 GDP의 181.9%, 이탈리아는 131.5%, 프랑스는 97%였다. 이들 및 유로존의 다른 회원국에 대한 주요 제재를 부과하기보다는 다시 준수하도록 하기 위해 그들과 협력을 시도했다.

유로화는 **유럽 중앙은행**(European Central Bank, ECB)이 관리한다. 유럽 중앙은행은 1999년 1월 1일부터 유럽 전역의 통화 정책을 수립하고 환율 시스템을 관리하는 책임을 지고 있으며, 정치적 과정과 독립적이기 때문에 인플레이션 통제 권한에 집중할 수 있다. 물론 유럽의 다른 경제들은 다른 속도로 성장하고 있으며 모든 것에 맞는 하나의 통화 정책을 꾸리는 것은 어렵다. EU의 느린 경제 성장으로 인해 유럽 중앙은행은 최근 마이너스 금리와 양적 완화(정부 부채를 구매하기 위해 유로화 인쇄) 정책을 채택했다. 높은 실업률과 예산 문제로 어려움을 겪던 남유럽 국가들 사이에서 인기 있는 전략이었지만, 독일이나 네덜란드와 같이 인구가 저축에서 매우 낮은 수익을 얻고 있는 나라에서는 인기가 적었다. 그러나 유럽 중앙은행 총재는 경제 성장이 매우 느린 상황에서 금리를 인상할 이유를 찾지 못했다.[14]

EU 27개 회원국 중 19개국은 유로존 회원국이다. 덴마크는 유로존에서 탈퇴하기로 결정했고, 다른 회원국들은 유로존에 가입하기 위해 노력하고 있다.

유럽 중앙은행은 유로를 도입한 국가의 재정 정책을 세운다.

유로와 글로벌 금융 위기 2008년 금융 위기 동안에는 투자자들이 주식에서 돈을 인출하여 일본 엔과 미국 달러와 같은 안전한 통화에 돈을 투자했기 때문에 유로화가 하락했다. 주식 시장이 회복되면서 달러 가치가 하락하고 유로가 상승했다. 당시 유럽에서 금리가 미국보다 높았기 때문에 유로화는 달러보다 가치가 큰 투자 자산으로 인식되었다. 주요 선진국의 경기 부양으로 금리가 떨어지면서 금리 차이는 사라지고 통화 가치는 상대국 경제의 강세와 같은 다른 요인을 반영하기 시작했다. 유럽 경제가 심각한 재정적 곤경에 처해 있었기 때문에 이는 유로화에 도움이 되지 못했다.

아프리카는 공통 통화를 개발해야 하는가?

POINT

그렇다. 이제까지 공통 통화의 개발을 유럽의 성공을 모델로 분석했다. 그러나 세계에서 가장 빠르게 성장하는 경제 대륙인 아프리카는 어떠한가? 유로의 성공과 아프리카의 깊은 정치, 경제 문제로 인해 많은 전문가는 이 대륙이 통화 정책을 수립할 중앙은행과 함께 하나의 공통 통화를 도입해야 하는지에 관해 논의하게 되었다.[15] 2003년 아프리카연합(African Union, AU)의 아프리카중앙은행연합 총재는 2021년까지 공통 통화를 만들기 위해 노력할 것이라고 발표했으나, 최근 이 목표는 연기되었다. 이는 더 큰 무역 규모와 규모의 경제 달성을 위해 시장 크기를 필사적으로 증가시키는 것이 필요한 대륙에 경제 통합을 앞당김으로써 아프리카에 도움이 된다. 공통 통화는 거래 비용을 절감하고 역내 무역에 쉽게 종사할 수 있게 한다.

아프리카에는 IMF가 분류한 통화 협력의 두 가지 형태부터 유로에 가치를 연동한 전통적인 페그제까지 이미 다양한 수준의 경제 협력이 존재하고 있다.

1. 경제 통화 동맹(CAEMC): 카메룬, 중앙아프리카공화국, 차드, 콩고공화국, 적도 기니, 가봉
2. 서아프리카 경제 통화 연합(WAEMU) : 베냉, 부르키나파소, 코트디부아르, 기니비사우, 말리, 니제르, 세네갈, 토고

두 통화 연합 모두 CFA 프랑존(franc zone)의 일부이다. 중앙아프리카 CFA 프랑과 서아프리카 CFA 프랑이 각각 통용된다. 프랑스 국고는 두 통화의 완전한 교환 가능성을 보장한다.[16] WAEMU는 최근 프랑스와 이 협정의 개혁에 대한 작업을 시작했고, WAEMU 회원국들이 참여한 서아프리카경제협력체(ECOWAS)를 지칭하는 통화의 이름을 '에코'로 바꾸기를 원한다. ECOWAS 15개국 정상은 2019년 6월, 지역 전체에 공통 통화를 채택하기로 합의했다고 발표했다.[17]

두 지역의 통화 동맹 외에도 나미비아, 레소토, 에스와티니가 남아프리카공화국 관세 동맹 내에서 통화를 남아프리카공화국 랜드에 고정하기로 한 공통 통화 지역도 있다. 아프리카에는 아랍 통화 연합, 동남아프리카 공동 시장, 중앙아프리카 공동 시장, 서아프리카경제협력체, 남아프리카개발공동체라는 5개의 기존 지역 경제 연합이 있다. 이들 그룹은 회원국 간에 무역 장벽을 감소시키고 거래를 증가시키기 위해 노력하고 있으며, 이를 통해 하나의 아프리카 경제 연합으로 통합하고 중앙은행을 설립하며 EU가 가진 것과 같은 공통 통화 정책을 수립하려고 한다. 동아프리카공동체 각료 이사회는 2013년에 10년 이내에 공동 통화 개발을 촉진하는 동아프리카 은행을 설립할 계획이라고 발표했지만, 이는 각국이 GDP, 통화, 기관의 차이 문제를 해결할 수 있다는 가정 아래 이루어진 것이다.[18]

중앙은행과 공통 통화 설립의 큰 장점은 기관이 각 아프리카 국가가 개선해야 할 점을 제시하며 중앙은행이 종종 인플레이션 압력과 그에 따른 평가절하를 야기하는 정치적 압력에서 통화 정책을 차단할 수 있다는 것이다.

COUNTERPOINT

아니다. 아프리카 연합은 이를 희망하고 있지만, 아프리카 국가들이 공통 통화를 창립할 방법은 없다. 개별 아프리카 국가의 제도적 프레임은 준비되어 있지 않다. 개별 중앙은행 중 정치에서 독립적인 경우는 거의 없어서 종종 정치적 압력에 따라 경제를 자극한다. 과정이 적절하게 관리되지 않고 통화가 자주 평가절하될 경우 국제 무대에서 이 지역의 자부심이나 영향력은 없을 것이다. 현 시점에서 성공한 두 지역 경제 그룹만이 유로화를 기준점으로 채택했고, 프랑스 재무부는 자국 통화를 뒷받침하고 있으므로 마치 중앙은행인 것처럼 행동하고 있다. 심지어 ECOWAS를 위해 공통 통화를 채택하려는 계획도 프랑스어권 WAEMU 국가와 다른 협정을 지지하는 영어권 국가(가나, 나이지리아, 감비아, 라이베리아, 시에라리온) 간 마찰에 부딪혔다.[19]

게다가 각 국가는 통화 주권을 포기하고 충격을 극복하기 위해 노동력 이동, 임금과 가격 유연성, 재정 이전과 같은 다른 방법에 의존해야 한다. 아프리카에서 노동력 이동이 쉽더라도 아프리카 국가들이 성장을 촉진하기 위해 세수를 국가에서 국가로 이동하는 것을 상상하기는 어렵다. 또한 유통 문제로 인해 아프리카 내 다른 국가 간 상품을 운송하는 것이 어렵다.

EU에서 유로의 설립은 성공적인 관세 연합과 환율 메커니즘으로의 점진적인 강화로 설립에 몇 년이 걸린 기념비적인 일이었다. 아프리카가 공통 통화를 설립하려면 먼저 가까운 경제 통합이 필요하다. 따라서 참을성 있게 아프리카가 앞으로 나아갈 수 있도록 기회를 주는 것이 필요하다. 공통 통화로 나아가는 한 가지 방법은 기존의 지역 통화 연합을 강화함으로써 점진적으로 이웃 나라에 개방하여 몇 개의 거대한 경제 연합을 만드는 것이다. 그 이후에야 이를 통해 공통 아프리카 통화로 함께 연결할 방법을 논의할 수 있을 것이다.

유럽 중앙은행의 역할은 인플레이션의 침탈에서 유로를 방어하는 것이다. 그러나 유럽의 경제, 특히 그리스, 이탈리아, 스페인 같은 국가의 약세는 유럽 중앙은행이 경제 성장의 촉진을 위해 통화 부양책을 사용하도록 강요했다. 가장 큰 타격은 그리스가 입었다. 막대한 국가 부채와 약한 경제 성장 때문에 그리스는 외부 채권자에게 빚을 갚기 어려웠다. 그 결과 유럽 중앙은행은 금융 유동성을 높이고 각국의 예산 문제를 해결하도록 압력을 가하는 '트로이카'라는 별칭을 가진 IMF와 유럽연합 집행위원회(European Commission)와 협력했다. 인플레이션을 통제하는 유럽 중앙은행의 주요 임무는 특정 조건을 충족하기 어려운 국가에 대출할 수 있는 유럽안정메커니즘을 승인할 경우 유동성을 증가시키는 것으로 확대되었다. 이는 문제 있는 유로존 정부가 금리를 낮게 유지할 수 있도록 해당 정부로부터 채권을 사는 것이다. 유럽 중앙은행이 채무불이행 가능성이 있는 채권을 매입하면 개별 정부가 이 법안을 고수할 것이기 때문에 독일 납세자가 그리스 채무를 지불할 수 있음을 의미하여 유럽에서 우려를 사고 있다. 분명 이는 정치적으로 인기 있는 상황이 아니다.

환율의 결정

10–3 환율의 주요 결정 원리를 파악한다.

다양한 원인으로 인해 환율 조정이 이루어진다. 이 장 초반에서 고정환율(하드 페그 또는 소프트 페그)은 어떻게 고정되는지와 변동환율은 실제 얼마나 변동하는지 등을 설명했다. 그러나 통화는 체제의 형태에 따라 다른 방식으로 변한다.

비개입: 변동환율 세계의 통화

한 나라의 통화 수요는 그 나라의 상품과 서비스, 금융 자산에 대한 수요의 함수이다.

변동환율제도는 수요 공급 조건에 반응한다. 이는 미국과 일본 두 국가의 모형을 통해 살펴볼 수 있다. 그림 10.1은 시장에서 균형환율과 시장 변화로 인해 새로운 균형 수준으로 움직이는 것을 보여

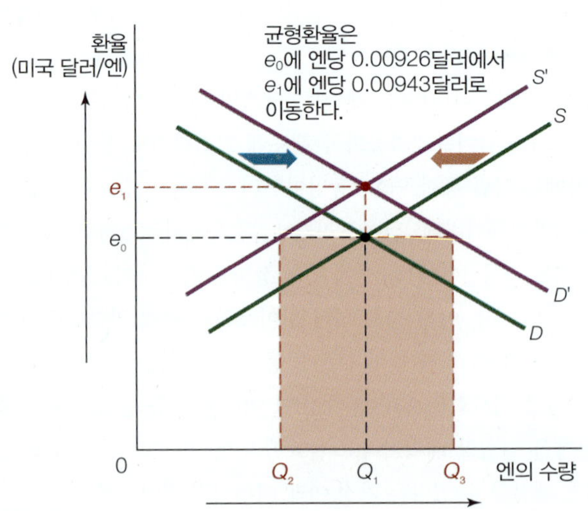

그림 10.1 균형환율과 작동 원리

미국의 인플레이션이 일본보다 상대적으로 더 높다고 가정하면 미국 소비자는 일본 상품과 서비스를 더욱 선호할 것이고, 일본 소비자는 미국 상품과 서비스를 덜 원할 것이다. 결론적으로 일본 엔에 대한 수요는 상승하지만 공급은 감소한다. 그러면 엔화 가치는 e_0에서 e_1으로 가치가 상승한다. 만약 일본이 엔-달러 환율을 e_0에서 고정하고자 한다면 Q_3–Q_2만큼 엔을 판매하고 달러를 받을 수 있다.

준다. 이 예에서 엔화 수요는 자동차와 같은 일본 상품과 서비스 및 증권과 같은 엔화 표시 금융 자산에 대한 미국의 수요의 함수이다.

엔의 수요는 미국 상품과 서비스, 달러 표시 금융 자산에 대한 일본 수요의 함수이다. 처음에 엔에 대한 수요와 공급곡선은 균형환율 e_0(예: 엔당 0.00926달러 또는 달러당 108엔)와 엔의 수량 Q_1에서 만난다.

미국의 높은 인플레이션과 같은 원인에 의해 미국 상품과 서비스에 대한 일본 소비자의 수요가 하락한다고 가정하자. 이러한 수요 감소는 외환 시장에서 엔화의 공급을 감소시켜 공급곡선이 S'으로 전환되는 결과를 초래할 것이다. 줄어든 수요로 인해 외환 시장에서 엔의 공급이 감소되고, 미국 상품의 가격 상승은 일본의 상품과 서비스에 대한 미국 소비자의 수요 증가로 이어질 수 있다. 이는 차례로 시장에서 엔에 대한 수요 증가로 이어져, 수요곡선을 D'으로 이동시키고, 마침내 엔과 환율의 수량을 증가시킨다.

새로운 균형은 e_1이 될 것이다(예: 엔당 0.00943달러 또는 달러당 106엔). 달러의 관점에서는 일본 상품에 대한 높은 수요는 점점 더 많은 소비자가 달러를 엔으로 바꾸려고 하면서 미국 상품에 대한 수요가 감소하고, 미국 상품에 대한 수요 감소는 달러에 대한 수요 감소로 나타나서 엔에 대한 달러 가치의 감소를 일으킨다.

개입: 고정환율이나 관리변동환율제에서의 통화

앞의 예에서는 일본과 미국 당국이 엔과 달러 가치 결정을 위한 수요와 공급을 허용했다. 그러나 미국과 일본은 환율을 관리하기로 결정했을 수도 있었다. 두 통화는 독립적으로 움직이지만 그들 각각의 정부는 시장에 개입할 수 있다. 미국 회사와 소비자는 일본 상품에 더 많이 지불해야 하고, 이는 미국에 인플레이션 압력을 유발할 수 있으므로 미국 정부는 자국 통화의 약세를 원하지 않을 수 있다. 또는 수출 산업에서의 실업을 의미하기 때문에 일본 정부가 엔화 강세를 원하지 않을 수 있다. 이 과정을 이해하기 위해 첫 번째로 외환 시장에서 중앙은행의 역할을 점검해보자.

중앙은행 통화 가치를 조절하는 독립적인 통화위원회가 있더라도 각 국가에는 자국의 통화 가치에 영향을 미치는 정책에 책임을 지닌 중앙은행이 있다. 미국 중앙은행은 연방준비제도(Federal Reserve System, Fed)로, 12개 지역 은행 시스템이다. 뉴욕연방준비은행(New York Federal Reserve Bank)은 연방준비제도의 밀접한 조정과 함께 대표를 맡고 있으며, 미국 재무부(U.S. Treasury)는 달러의 환율 정책 목표와 외환 시장의 무질서를 막기 위해 시장에 개입할 책임이 있다. 재무부는 환율 정책 수립에 대한 책임이 있는 반면에, 연방준비제도는 외환 개입 실행의 책임이 있다. 또한 뉴욕연방준비은행은 미국에서 각국 중앙은행과 공식 국제 금융 기구의 재정 대리인으로서 봉사한다.[20]

중앙은행은 통화 가치에 영향을 미치는 정책을 통제한다. 연방준비제도는 미국의 중앙은행이다.

유럽연합에서 유럽 중앙은행은 연방준비제도가 미국에서 하는 것처럼 유럽에서도 공통의 통화 정책을 수립하기 위해 독일의 연방은행과 같은 각 회원국의 중앙은행의 활동을 조정한다.

중앙은행 준비 자산 중앙은행은 **국제 준비 자산**(international reserve)으로 알려진 외화를 보유한다. 이 준비 자산은 외환 보유고, IMF 관련 자산(SDR 포함), 금의 세 가지 형태로 보관된다. 외환은 전 세계 준비 자산의 90% 이상을 구성하고 있다. 2019년 3분기에는 미국 달러가 전체 외환 보유액의 62%를 차지했고, 유로화가 20%, 일본 엔화가 6%, 영국 파운드화가 4%를 차지했다.[21] 외환 보

중앙은행의 준비 자산은 금, 외환 보유고, IMF 관련 자산의 세 가지 형태로 유지된다. 외환은 전 세계 준비 자산의 90%이다.

유액이 가장 많은 나라는 중국, 일본, 유럽(유로존), 스위스이다.

국가의 재정을 강화하는 데 중앙은행의 강력한 준비 자산 보유가 필수이다. 1990년대 말 아시아, 러시아, 남미에 금융 위기가 닥쳤을 때 중앙은행의 강력한 준비 자산을 보유한 국가는 얼마 안 되었다. 그 결과 많은 양의 미국 달러화를 빌려야 했으며, 이는 마침내 자국 통화를 평가절하해야 할 때 파괴적인 결과를 가져왔다. 그러나 2000년 이후 그림은 변했다. 높은 원자재 가격, 수출 확대 및 달러 부채 발행 억제로 인해 이들 중 많은 국가에서 준비 자산을 증가시켜 재무 상태를 강화했다.

중앙은행은 가격에 영향을 미치기 위해 통화를 사고팔면서 통화 시장에 개입한다.

중앙은행은 시장에 어떻게 개입하는가 중앙은행은 여러 방법을 통해 통화 시장에 개입할 수 있다. 예를 들어 미국 연방준비제도는 보통 달러가 약세일 때 달러를 사는 데 외국 통화를 사용하며, 달러가 강세일 때 외국 통화를 사기 위해 달러를 판매한다. 중앙은행은 다른 중앙은행과의 협조 행동을 하거나, 시장에 영향을 주는 정책을 발표하거나, 시장 동향을 뒤집고, 저항하고, 지원하기 위해 개입할 수 있다.

개입에 대한 상반된 태도 정부 정책은 통화가 자유롭게 움직이는 것으로 간주되는 것과 상관없이 권력을 쥔 행정부의 태도와 경제 여건에 따라 시간이 흘러가면서 변화한다.

글로벌 금융 위기는 외환 시장을 뒤흔들었고 많은 중앙은행이 자국 통화를 지원하기 위해 개입을 강요했다. 많은 신흥 경제의 중앙은행은 외환 위기 이후 시장의 유동성과 안정성을 개선하려고 노력하면서 외환 시장에서 활발히 활동했다.[22] 위기 당시 스위스는 유로화 대비 환율 상한선을 두고 3년 6개월 동안 제자리걸음을 했다. 2015년 1월, 에너지 가격 하락과 달러 상승 등의 문제와 함께 유로화의 안정성을 우려해 상한선을 없앴다. 유로화 대비 스위스 프랑의 급격한 상승을 초래했다.[23]

개입에 따른 도전 불가능하지 않다고 하더라도 개입이 통화 가치에 지속적인 영향을 주기 때문에 외환 시장 개입은 매우 어렵다. 일일 외환 시장 거래량을 볼 때 어떤 정부도 시장 심리를 변경할 수 없다면 시장을 움직일 수 없다. 개입을 통해 하락을 중단시킬 수 있지만, 국가는 시장이 적어도 장기적으로 가고 싶지 않은 방향으로 이동하도록 강요할 수 없다.

암시장

암시장은 정부가 통제하는 가격 대신 통화에 대한 수요와 공급에 근거한 가격에 근접한다.

통화가 시장의 힘에 의해 움직이는 것을 허용하지 않는 많은 국가에서 **암시장**(black market)이 공식적인 시장과 함께 존재하며, 공식 시장보다 수요와 공급의 힘과 더 밀접하게 연결된다. 환율제도의 유연성이 덜할수록 암시장(또는 병렬 시장)이 번성할 가능성이 높다. 암시장은 사람들이 달러나 유로를 구매하기 위해 공식적인 환율보다 더 지불할 때 존재한다. 암시장이 작동하려면 정부는 외환에 대한 접근을 통제함으로써 자국 통화 가격을 통제해야 한다. 도입 사례에서 살펴본 베네수엘라의 사례는 정부의 인위적 환율 조정이 어떻게 암시장 통화의 존재에 영향을 주는지 보여준다.

출처: Aaron Ufumeli/EPA-EFE/Shutterstock

▲ 2018년 7월, 짐바브웨 하라레 암시장에서의 외환 거래. 왼쪽에 보이는 것이 '본드 노트'이다.

2009년에 짐바브웨가 심각한 경제 위기를 겪을 당시 정부에서 100조 달러 지폐를 발행했는데, 이는 암시장에서는 5달러의 가치가 있었다. 가격이 매일 2배로 올랐으며, 음식과 연료의 공급이 부족했다. 대부분의 거래가 미국 달러 또는 남아프리카공화국 랜드로 이루어졌기 때문에 통화 가치는 무의미했다. 이로 인해 짐바브웨는 자국 통화 대신 미국 달러를 사용하는 것으로 전환했고, 2015년에 공식적으로 짐바브웨 달러를 폐지하고 법정 통화로 미국 달러를 채택했다.[24] 2016년 짐바브웨는 당시 미국 달러화에 1:1로 페그를 걸면서 '채권 지폐'로 지칭되는 새로운 통화를 발행했다. 그러나 2020년 초에는 공식 시장에서 1달러당 16.85에 거래되었다. 암시장에서는 36.5%의 프리미엄이 붙은 달러당 23에 거래됐다. 혼란이 계속되어 2020년 중반에 공식 환율은 미국 달러당 66짐바브웨 달러를 기록했지만 암시장 프리미엄은 29~52%대에 머물렀다.[25]

외환 태환성과 통제

고정환율제도를 시행하는 일부 국가는 자국 통화에 대한 접근을 통제한다. 반면 완전 교환 가능 통화(fully convertible currency)는 정부가 거주자와 비거주자 모두 무제한으로 구매하는 것을 허락한다.

경화와 연화 미국 달러, 유로, 영국 파운드, 일본 엔과 같은 **경화**(hard currency)는 완전 교환 가능한 통화이다. 짧은 기간 동안 가치에 높은 유동성과 상대적인 안전성이 있으므로 이들은 일반적으로 상품과 서비스에 대한 지불 매체로 세계적으로 인정되며, 또한 바람직한 자산이다. 완전히 교환 가능하지 않은 통화인 **연화**(soft currency)는 그 반대의 특성을 지니고 있다. 값이 매우 불안정하고 유동적이지 않으며 상품과 서비스에 대한 지불 매체로 널리 받아들여지지 않는다. 국가가 자국 통화의 태환성을 제한하는 가장 큰 이유는 외환 보유액이 부족하고 필수적인 거래를 위해 이들 보유고를 사용하려고 하기 때문이다.

경화는 다른 통화에 비해 일반적으로 완전히 교환 가능하고 가치가 상대적으로 안정적인 통화이다.

연화는 일반적으로 완전히 교환되지 않으며 약세 통화라고도 한다.

오늘날 대부분의 국가는 외국인이 자국 통화를 현지 통화로 교환하고, 다시 자국 통화로 교환할 수 있는 **비거주자(또는 외부) 태환성**을 보유하고 있다. 일부 국가에서 관광객이 떠날 때 현지 통화를 경화로 바꾸는 거래에 제한이나 조건을 부과하고 있지만, 일반적으로 이런 일에는 아무런 문제가 없다.

태환성 통제 부족한 외환을 절약하기 위해 일부 정부는 돈을 교환하려는 회사나 개인의 교환을 제한한다.

라이선스 정부 라이선스는 수출업자와 외환을 수취하는 사람들 같은 모든 참가자가 공식 환율로 자국 중앙은행에 판매하게 함으로써 환율을 고정한다. 그 후 은행은 취득한 외국 통화를 필수재 때문에 외국에 지불해야 하는 사람들에게 고정환율로 판매한다. 수입업자는 문제가 되는 상품에 대한 수입 라이선스를 취득한 경우에만 외환을 구입할 수 있다.

복수환율 정부가 외환을 통제하는 또 다른 방법은 하나 이상의 환율을 설정하는 것이다. 이러한 제한적인 도구를 **복수환율제도**(multiple exchange-rate system)라고 한다. 정부는 어떠한 종류의 거래에 어떤 환율을 적용할지 결정한다. 복수환율을 가진 국가는 종종 사치품과 배당 같은 금융 흐름에는 변동환율을, 필수재의 수입과 반가공품의 수입 같은 기타 무역 거래에는 보통 고정된 더 낮은 환율을 적용한다. 이 장의 도입 부분에서 다룬 베네수엘라의 사례는 정부가 어떻게 복수환율규제를 사용하는지 보여주었다. IMF에 따르면 192개의 국가 중 12개의 국가가 이중환율을, 9개의 국가가 복수환율을 사용한다.[26]

복수환율 시스템에서 정부는 거래 유형에 따라 서로 다른 환율을 설정한다.

수입보증금 외환 교환 통제의 다른 형태 중 하나는 **선수입보증금**(advance import deposit) 제도이다. 이 경우 정부는 수입 라이선스의 발행을 엄격히 하고, 수입업자가 해외에서 수입하는 공산품의 전체 가격을 담보로 중앙은행에 (종종 1년 무이자 조건으로) 예금을 예치할 것을 요구한다.

수량 통제 정부는 종종 관광에 적용되는 수량 통제를 통해 환전량을 제한할 수 있다. 수량 통제는 지역 주민이 해외 여행을 위해 은행에서 구입할 수 있는 화폐의 양을 제한한다.

환율과 구매력평가

환율은 다른 거시경제 변수와 관계가 있다. 이제 살펴볼 내용은 가격과 환율의 관계이다.

구매력평가(PPP) 구매력평가(purchasing power parity, PPP) 환율은 각 국가에서 동일한 양의 상품과 서비스를 구매하기 위해 한 나라의 통화를 다른 나라의 통화로 전환해야 하는 환율이다.[27] 구매력평가기준 환율과 시장 환율의 차이를 살펴보면 무역 관계가 어떻게 영향을 받을 수 있는지 이해하는 데 도움이 된다.

빅맥지수 PPP 이론은 매년 《이코노미스트(The Economist)》가 사용하는 통화의 '빅맥지수'로 설명된다. 1986년부터 영국의 정기간행물인 《이코노미스트》는 빅맥지수를 달러와 다른 통화의 환율을 추정하는 데 사용했다.[28] 매일 100개 이상 국가의 3만 6,000개 이상의 맥도날드에서 빅맥이 판매되고 있으므로 빅맥은 가격을 비교하는 데 사용하기 수월하다. PPP는 햄버거가 미국에서와 같은 비용으로 해외에서 판매되도록 환율이 적용되어야 한다고 주장한다. 빅맥은 때때로 좀 더 비싸거나 싸서 통화가 달러에 비해 얼마나 저평가되거나 과대평가되었는지를 보여준다.

미국 달러로 된 빅맥 가격은 현지 통화 가격을 현재 환율의 달러로 변환하면 구할 수 있다. 2019년의 데이터를 사용했을 때 빅맥은 미국에서 5.58달러인 반면, 중국에서는 20.9위안이다. 20.9위안을 실제 환율인 6.85위안/달러로 환산하면 중국에서 빅맥에 해당하는 달러는 3.05임을 알 수 있다. 달러의 암시적 구매력평가는 달러로 표시된 가격이 현지 통화로 표시된 가격과 같으면 환율이 어떻게 되어야 하는지를 보여준다. 중국을 예로 들면, 20.9위안을 5.58달러로 나누면 달러당 3.75위안인데, 이는 빅맥이 두 나라에서 같은 가격에 팔기 위한 환율을 말한다. 그러면 통화가 얼마나 과소평가되거나 과대평가되었는지 계산할 수 있다. 중국 위안화의 경우 $(3.75 - 6.85)/6.85 = -0.453$이므로, 위안화는 달러 대비 45.3% 저평가되어 있다.

실제로 2019년 대부분의 통화는 달러 대비 저평가되어 있어 달러 강세 시기에는 미국 기업이 수출하기 더 힘들었다. 반대로 미국 이외의 기업은 미국으로 수출하기가 더 수월했다. 그러나 이러한 관계는 달러가 다른 통화에 대해 약세를 보이면 변화한다.[29]

'맥패리티(McParity)'라고도 하는 빅맥지수는 지지자와 반대자가 모두 있다. 구매력평가가 어떻게 작동하는지 쉽게 관찰할 수 있는 방법이지만 이 지수는 상품 바구니가 아닌 오직 하나의 상품인 빅맥만을 포함한다. IMF는 구매력평가지수를 결정할 때 이치에 맞는 상품 바구니를 식별하기 위해 많은 노력을 기울인다.[30]

구매력평가 환율은 같은 양의 상품과 서비스를 구매하기 위해 한 나라의 통화를 다른 나라의 통화로 전환해야 하는 환율이다.

빅맥지수의 가치는 가격 차이가 장기적으로 지속되지 않는다는 것을 이해하는 데 있다. 환율은 결국 가격 차이를 더 밀접하게 반영할 것이고, 또한 수요와 공급의 법칙이 자리할 것이다. 물론 어떤 사람도 빅맥이 너무 싸다고 중국에서 미국으로 수입하지는 않을 것이다. 그러나 빅맥이 저렴하다면 다른 물건도 그럴 것이고, 무역 흐름은 가격 차이에 영향을 받을 수 있다.

구매력평가 이론의 변형은 인플레이션율을 고려한다. 빅맥 가격의 예에서 중국 위안화 환율이 3.75위안/달러에서 PPP 균형을 달성한다고 가정하자. 빅맥의 가격이 바뀌면 새로운 구매력평가 평형이 생긴다. 중국의 물가가 10%의 인플레이션을 나타내는 23위안으로 오른 반면 미국의 물가는 변하지 않는다고 가정하자(물가상승률 0). 새로운 균형은 중국 위안화의 약 10% 절하된 4.12위안/달러가 될 것이다. 따라서 구매력평가는 물가상승률이 높은 국가에는 약세 통화를, 물가상승률이 낮은 국가에는 약세 통화를 가져야 한다고 명시한다.

환율과 이자율

가격이 환율에 가장 중요한 중기적 영향을 미치지만 이자율도 중요하다. 이자율 차이는 환율에 단기 및 장기 구성 요소 모두에 영향을 미친다. 단기적으로 환율은 이자율에 강한 영향을 받는다. 거의 10년 만인 2015년 12월 16일, 미국 연방준비제도가 금리를 인상하자 그 결과는 약간 높은 금리를 이용하기 위해 미국으로 핫머니가 유입되는 것이었다. 미국 금리 인상 이전인 2015년 초만 해도 금리 정책 차이로 유럽에서 돈이 빠른 속도로 빠져나가면서 유로화 대 달러화 가치가 1년도 안 되어 22%나 떨어졌다. 투자자들은 미래의 기대를 바탕으로 현금을 움직이고 있었다.[31]

그러나 장기적으로 인플레이션, 금리, 환율에는 강한 관계가 있다. 이를 이해하려면 **피셔 효과**와 **국제 피셔 효과**라는 두 가지 주요 재무 이론을 점검할 필요가 있다. 피셔 효과는 인플레이션과 이자율을, 국제 피셔 효과는 이자율과 환율을 연결한다.

피셔 효과 **피셔 효과**(Fisher Effect)는 다음과 같이 한 국가의 명목이자율(r, 투자를 통해 얻는 실제 통화이자율)이 실질이자율(R, 명목금리에서 인플레이션 차감)과 인플레이션율(i)에 의해 결정된다는 이론이다.

명목이자율은 실질이자율에 인플레이션을 더한 금액이다. 실질이자율은 모든 국가에서 동일해야 하기 때문에 높은 이자율을 가진 국가의 인플레이션은 더 높아야 한다.

$$(1 + r) = (1 + R)(1 + i) \text{ 또는 } r = (1 + R)(1 + i) - 1$$

이 이론에 따르면 실질이자율이 5%이고, 미국 인플레이션율이 2.9%, 일본의 인플레이션율이 1.5%이면 미국과 일본의 명목이자율은 다음과 같이 계산된다.

$$r_{\text{US}} = (1.05)(1.029) - 1 = 0.08045 \text{ 또는 } 8.045\%$$
$$r_{\text{J}} = (1.05)(1.015) - 1 = 0.06575 \text{ 또는 } 6.575\%$$

따라서 미국과 일본의 이자율 차이는 인플레이션율의 차이이다. 만약 인플레이션율이 두 국가에서 모두 1.5%로 같지만(차이가 0) 이자율이 미국은 8.045%, 일본은 6.575%인 경우 투자자는 더 높은 실질수익을 얻을 수 있는 미국에 돈을 투자할 것이다.

국제 피셔 효과(IFE) **국제 피셔 효과**(International Fisher Effect, IFE)는 이자율 차이가 현물환율의 미래 변화에 대한 편견 없는 예측치라는 것으로, 이자율과 환율 관계를 설명해준다. 예를 들면 IFE가 미국의 명목이자율이 일본에 비해 높을 것으로 예상하는 경우 달러의 가치가 이자율 차이만큼 미래에 하락할 것이며, 이는 달러의 약세를 나타내는 것이다. 이는 이전에 논의한 것처럼 이자율 차이가 인플레이션 차이에 기초하고 있기 때문이다. PPP에 대한 이전의 논의는 높은 인플레이션을 가진 국가가 더 약한 통화를 가질 것을 보여주었다. 그래서 더 높은 이자율(과 더 높은 인플레이션

국제 피셔 효과는 금리가 낮은 국가의 통화가 미래에 강세를 보일 것을 보여준다.

율)을 가진 국가는 더 약한 통화를 가질 것이다.

물론 이러한 논의는 장기적으로 맞을 것이지만 단기적으로는 어떤 일이든 발생할 수 있다. 일반적인 가격 안정 시기에 국가가 이자율을 올린다면 자본을 유치할 가능성이 있고, 수요 증가로 통화 가치가 상승할 것이다. 그러나 인플레이션이 주요 무역 파트너들보다 더 높기 때문에 이자율을 높였고 국가의 중앙은행이 인플레이션을 줄이려고 노력한다면, 통화는 결국 인플레이션이 진정될 때까지 약세가 될 것이다.

환율 결정에 영향을 미치는 다른 요인

환율 변동은 투자자의 위험 대 욕구에 대한 선호에 따라서도 영향을 받는다.

자신감: 위험 선호 대 안전 선호 다른 다양한 요인이 통화 가치에 영향을 줄 수 있다. 가볍게 무시할 수 없는 한 가지 요소는 자신감이다. 혼란의 시대에 사람들은 안전하다고 여겨지는 통화를 보유하는 것을 더 선호한다. 2020년 COVID-19 범유행 당시 투자자들은 미국 달러화의 안전지대로 달아나 신흥 시장의 통화를 투매했다. 미국 금리가 하락하고 신흥국 금리가 상승했음에도 달러 가치가 상승하고 신흥국 통화 가치가 하락했다.[32] 2013년 3월, 사이프러스 은행 위기가 터졌을 때 투자자들은 유로(사이프러스 통화)에서 돈을 빼내 미국 달러(안전으로의 도피)에 투자했다.

다른 한편으로는 때때로 위험에 대한 욕구가 때로는 안전보다 더 중요하다. 2016년 초 유가가 안정되고 상승하면서 달러는 하락하기 시작했고, 투자자들은 브라질 같은 신흥 시장에 대한 투자를 살피기 시작했으며, 이는 달러 대비 환율 상승을 초래했다. 분명히 위험 감수가 안전 보장보다 중요했다.

환율 움직임 예측

10-4 환율 움직임을 예측하는 방법을 살펴본다.

기초 및 기술 분석

기본적 예측은 미래 환율을 예측하기 위해 경제 변수의 동향을 사용한다.

기술적 예측은 환율 자체의 과거 경향을 미래 현물환율 추세를 예측하는 데 사용한다.

경영자는 기본적 예측과 기술적 예측이라는 두 가지 방법 중 하나를 사용하여 환율을 예상할 수 있다. **기본적 예측**(fundamental forecasting)은 미래 환율을 예측하기 위해 경제 변수의 동향을 사용한다. 데이터는 계량경제 모델에 연결되거나 좀 더 주관적인 기준으로 평가될 수 있다.

기술적 예측(technical forecasting)은 환율 자체의 과거 경향을 미래 현물환율 추세를 예측하는 데 사용한다. 기술적 분석가는 도표 분석가라고도 하며, 환율이 시장의 모든 요소를 반영했다면 비슷한 상황에서 미래 환율은 동일한 패턴을 따를 것이라고 가정한다.[33] 그러나 연구 결과는 단기간을 제외하고는 과거 환율이 미래 환율의 정확한 예측치가 아니라는 것을 보여주었다. 이 이론에 따르면 환율은 랜덤워크로 모든 예측은 부정확하다.[34]

선입견 다루기 예측을 왜곡할 수 있는 몇 가지 편견이 존재한다.

- 예상하지 못한 극적인 뉴스 사건에 과민 반응을 보인다.
- 허구적 상관관계, 즉 자료에서 상관관계가 있는 것으로 보는 경향으로, 통계적으로 존재하지 않지만 과거 신념에 기초해서 발생할 것으로 기대한다.
- 전체 정보를 희생하고 특정 하위 정보에 집중한다.
- 시장 변동성과 같은 주관적인 사항에 불충분한 조정을 한다.

• 잘못된 트레이딩 결정과 같은 과거의 실수로부터 배우지 못한다.
• 통화를 정확히 예측할 수 있다는 자기과신을 보인다.[35]

좋은 재무 담당자 및 은행가는 특정 통화가 어떻게 될지에 대한 자체 예측을 개발하고 외부 예측자의 근본적 또는 기술적 예측을 활용한다. 이렇게 하면 중요한 요인을 고려하고 있는지 여부와 외부 분석을 고려하여 예측을 수정할 필요가 있는지 여부를 결정하는 데 도움이 된다.

경영자는 환율 움직임의 시기 선택, 방향 및 강도에 대한 관심을 필요로 한다.

시기 선택, 방향 및 강도 예측은 환율의 변화나 움직임의 시기 선택, 방향 및 강도를 예상한다. 통화가 자유롭게 변동하지 않는 국가의 경우 시기 선택은 종종 정치적 결정으로 이루어지기 때문에 예측하기 쉽지 않다. 아마도 변화의 방향을 예상한다고 해도 강도는 예측하기 어렵다. 통화에 무슨 일이 일어날지 예측하고 이익을 예상하고 운영 전략을 수립하는 것은 어렵다.

관측할 주요 요인

자유롭게 변동하는 통화의 경우 수요와 공급의 법칙이 시장 가치를 결정한다. 환율을 예측하는 능력은 시간 범위에 따라 달라진다. 일반적으로 향후 환율의 가장 좋은 예측치는 단기 움직임에는 이자율, 중기 움직임에는 인플레이션율, 장기 움직임에는 무역수지 균형이다.[36] 통화가 자유롭게 변동하는 국가도 자국 통화 가치를 우려한다는 점을 감안할 때 경영자는 정부와 동일한 요소를 모니터링하여 예측을 시도할 수 있다.

관측할 주요 요인은 제도 설정, 시장 기초, 신뢰 요인, 현재 상황, 기술적 분석이다.

- 제도 설정
  - 통화는 변동하는가, 아니면 관리되는가? 그리고 만약 그렇다면 다른 통화, 바스켓 또는 다른 표준에 고정되는가?
  - 개입 관행에는 어떤 것이 있는가? 그것은 믿을 만한가? 지속이 가능한 것인가?
- 시장 기초
  - 통화가 PPP, 국제수지, 외환 보유액 또는 기타 요소 측면에서 저평가 또는 과대평가된 것으로 보이는가?
  - 고용, 성장, 저축, 투자, 인플레이션 측면에서 주기적인 상황은 어떠한가?
  - 정부 통화, 재정 및 부채 정책에 대한 전망은 어떠한가?
- 신뢰 요인
  - 정부와 중앙은행의 신뢰도뿐만 아니라 정치적 환경에 대한 시장의 견해와 기대는 어떠한가?
- 현재 상황
  - 뉴스에 국가 또는 국제적 사건, 위기 또는 비상사태, 정부 또는 다른 중요한 회의가 곧 발표될 예정인가?
- 기술적 분석
  - 차트에는 어떤 추세가 나타나는가? 추세 반전의 징후가 있는가?
  - 중요한 매매 주문이 얼마나 많은 것 같은가? 균형이 잡혀 있는가? 시장이 너무 많이 구매했거나, 너무 많이 판매되지는 않았는가?
  - 다른 시장 참여자와 분석가의 생각과 기대는 어떠한가?[37]

앞서 이미 금리와 인플레이션에 대해 논의했지만 경상수지는 어떠한가? 경상수지 흑자는 국가가 수입한 것보다 더 많이 수출하고 상품과 서비스를 구매하는 국가로부터 외환 보유액을 쌓고 있다는 것을 의미한다. 장기적으로 그 국가의 통화가 무역 상대국에 대해 강화될 것이라는 기대가 있다. 반대로 경상수지 적자는 국가가 수출보다 더 많이 수입하고 수입 대금을 지불할 외환을 찾기 위해 고군분투하면서 해외에서 부채를 쌓고 있다는 것을 의미한다. 그럴 경우 장기적인 기대는 무역 상대국에 비해 통화가 약화될 것이라는 의미이다.

환율 변화가 경영에 미치는 영향

10-5 환율 움직임이 기업 의사결정에 어떻게 영향을 주는지 설명한다.

마무리 사례에서도 살펴보겠지만 환율 변동은 해외 사업의 환산 이익과 함께 영업 전략에도 매우 큰 영향을 미칠 수 있다.

마케팅 의사결정

마케팅 경영자는 국내외 회사 상품의 수요에 영향을 미치기 때문에 환율을 주목한다. 2013년, 인도 루피가 달러화 가치에 대해 급락하자 인도의 소규모 수입업자는 환율 변동에 대처할 재정적 힘이 없었기 때문에 곤경에 처했다. 대부분의 경우 미국 달러로 지불해야 했는데, 루피의 가치가 떨어지면 공급업자에게 돈을 지불하기 위해 달러로 전환해야 했으며 그에 따라 더 많은 루피가 필요해서 고심하고 있었다.[38] 반면 미국의 수출업자는 애초에 해외 경제 성장이 부진했던 시기에 자국의 통화 가격이 오르면서 달러의 강세로 인해 어려움을 겪었다.

생산 의사결정

기업은 약세 통화 국가에 다음과 같은 이유로 생산 시설을 위치시킬 수 있다.

- 초기 투자 비용이 상대적으로 저렴하다.
- 이러한 국가는 저비용 수출을 위한 좋은 기지이다.

환율 변화는 기업이 고려하는 많은 변수 중 하나일 뿐이지만 생산 결정에 영향을 미칠 수 있다. 임금과 운영 비용이 높은 국가의 제조업자는 급격히 가치를 잃어가는 통화의 국가에 생산 시설을 재배치하고 싶다는 유혹에 빠지기 쉽다. 회사는 약세 통화를 많이 구매할 수 있으므로 회사의 초기 투자 비용을 저렴하게 만든다. 또한 이 국가에서 생산된 제품은 세계 시장에서 상대적으로 저렴할 것이다.

재무 의사결정

환율은 자금 조달, 국경 간 송금 및 재무 결과 보고에 영향을 미칠 수 있다.

개념 체크

19장에서는 환율이 어떻게 자금 흐름에 영향을 주는지와 회사가 환율 변화로부터 자사를 보호하는 전략을 살펴본다.

환율은 주로 자금 조달, 국경 간 송금, 재무 결과 보고와 같은 중요 재무 의사결정에 영향을 미칠 수 있다. 자금 조달의 경우 회사는 금리가 가장 낮은 곳에서 돈을 빌리고 싶다는 유혹에 빠질 수 있다. 그러나 이자율 차이는 환율 변화를 통해 자금 시장에서 자주 상쇄된다는 사실을 기억하라.

국경 간 자금 흐름 결정의 경우 회사는 환율이 가장 우호적일 때 수익을 극대화할 수 있으므로 현지 통화를 본국 통화로 바꾸길 원한다. 그러나 약세 통화를 가진 국가는 종종 통화를 통제해서 다국적 기업이 이런 행동을 하기 어렵다.

마지막으로 환율 변화는 재무 결과 보고에 영향을 미칠 수 있다. 예를 들어 P&G(Procter & Gamble)는 매출의 65%를 미국 밖에서 창출한다. 2015년의 달러 강세 때문에 P&G는 달러화가 안정적이거나 약간 약세를 보일 때보다 약한 통화로 창출된 수익과 이익이 더 낮다는 것을 발견했다. 반면 강한 통화로 인한 매출과 수익은 달러로 다시 환산할 때 더 높은 이익이 된다.[39]

미래 전망 글로벌 통화의 상대적 강점의 변화

국제 통화 시스템은 달러가 처음으로 평가절하된 1970년대 초반 이후 상당한 변화를 겪었다. 소비에트 제국의 붕괴와 함께 새로운 나라들이 탄생했고, 그들과 함께 새로운 통화가 생겨났다. 게다가 중국은 성년이 되었다.

세계는 글로벌 금융 위기에서 벗어났지만 여전히 약하다. 인플레이션은 상대적으로 낮고 금리도 그렇다. 어떤 경우에는 금리가 0을 밑돌기도 하는데, 이는 얼마 전까지만 해도 상상도 할 수 없었던 일이다. 디플레이션은 인플레이션보다 더 큰 걱정거리이다. 유가가 낮아서 물가상승률이 낮다. 2019년에 전 세계 GDP 성장률은 3.0%에 불과했고, 중국은 6.1%에 불과해 24년 만에 7%를 밑돌았다.[40] 느린 경제 성장으로 인해 많은 나라가 부채 상환 능력에 영향을 미치는 예산 위기를 겪고 있다.

중앙은행이 사용하는 주요 준비 자산은 미국 달러지만 중국 위안화도 힘을 얻고 있다. 그러나 통화 준비 자산으로서의 자격을 결정하는 세 가지 주요 요인은 크기, 안정성 및 유동성이다.[41] 위안화는 달러를 주요 준비 자산으로 대체할 것인가, 아니면 권력을 공유할 것인가? 아니면 달러, 위안화, 유로 등 세 가지 준비 자산이 될 것인가? 그리고 엔화가 그 그림의 일부가 될까?

위안화는 규모(중국 경제가 만만치 않다), 안정성, 유동성 등 세 가지 영역에서 모두 어려움을 겪고 있다. 중국의 금융 기관은 개선되고 있음에도 불구하고 여전히 매우 취약하다. 위안화는 2016년 SDR 바스켓의 일부가 되어 예비 자산이 될 자격이 있지만 어려움을 겪고 있다. 중국은 2020년 3조 달러를 넘어 세계에서 외환 보유액이 가장 많다. 그러나 위안화는 자유롭게 변동하는 통화가 아니다. 그럼에도 몇 가지 이유로 인해 중국에서 위안화가 많이 유출되었다. 하나는 중국 인민은행이 외환 보유액을 활용해 위안화를 지원하려 했다는 점이다. 2016년 1월에만 위안화를 방어하기 위해 1,000억 달러의 준비금을 사용했는데,[42] 정부는 위안화를 계속 지원하고 외환 보유액을 더 고갈시킬 것인가? 위안화를 지원하기 위한 대규모 개입에 크게 저항했고, 2018년까지 중국은 위안화를 안정시키기 위해 자본 통제를 강화했다.[43] 이는 위안화를 훨씬 덜 자유롭게 변동하게 만들었다.

유로화는 강한 통화이며, 달러 다음으로 준비금으로서 많은 비율을 차지하고 있다. 유로화에 대한 주요 도전은 회원국이 그리스 부채와 같은 수많은 내부 문제로 분열되어 있다는 것이다. 게다가 유럽에서 가장 강한 나라 중 하나인 영국은 유로화를 채택하지 않았고, 2020년에 유럽연합을 떠났다.

CASE

'하락한 엔이 다시 상승하지 않는 한' 소니의 세계에 오신 것을 환영합니다[44]

2012년부터 2015년까지 3년 연속 엔화가 미국 달러화에 대해 하락세를 보였고, 이는 소니(Sony)에게는 호재였다. 그 이유는 해외로부터의 수입과 수익이 증가하면 엔화가 더 증가하기 때문이다. 게다가 엔화 약세는 수출 시장에서 소니를 도왔다. 그러나 2016년 초, 달러에 대한 엔화는 2015년 11월 123엔에서 2015년 말 120엔으로, 소니 회계연도 종료 시점인 2016년 3월 31일에는 112.4엔으로 강세를 보이기 시작했다. 소니는 매출과 영업이익이 1.3% 감소하며 한 해를 마무리했다. 토요타(Toyota)는 2015년 8월, 엔화 약세가 수익을 부채질하고 있다고 밝힌 반면, 2016년 1분기에는 태도를 바꿔 엔화 강세가 타격을 줄 것이라고 언급했다. 토요타는 2016년 3월 31일에 전년 대비 판매량(3.2%)이 감소하면서 매출이 소폭 증가(4.3%)하며 회계연도를 마감했다. 2016년 6월 엔화는 달러당 100엔까지 강세를 보였다. 2016년의 나머지 기간에 약세를 보여 12월까지 118엔에 도달한 후 2020년까지 105~115엔의 범위에서 거래되었다. 소니와 다른 일본 회사에게 미래는 무엇을 가져다줄 것인가?

과거

미래를 공격하기 전에 특히 일본 엔의 관점에서 과거를 살펴보자. 제2차 세계대전 이후 엔화는 1970년에 357.65엔에 거래되어 달러에 비해 매우 약세였다. 1946년에 도쿄통신주식회사(Tokyo Tsushin Kogyo Corporation)로 설립되어 1958년 공식적으로 소니코퍼레이션(Sony Corporation)이 되었으며, 주식이 도쿄증권거래소에 처음 상장되었다. 또한 1961년에 뉴욕증권거래소에 미국주식예탁증서(ADR)를 상장한 최초의 일본 기업이 되었고, 마침내 1970년 9월에 주식을 상장했다.

초기 소니는 달러 대비 약세일 뿐만 아니라 정부가 강력하게 통제하는 통화로 운영하는 사치를 누렸다. 일본의 외환 정책은 특히 수출 시장에서 정부가 성공하기를 원하는 기업과 산업에 대해 우호적이었다. 저렴한 엔화로 기업이 수출을 빠르게 늘릴 수 있었다.

첫 번째 엔고

1970년 이래로 엔은 실제로 급격히 상승한 1985년까지 꾸준히 강세를 보였다. 미국의 경제 문제로 인해 달러는 1985년 후반에 하락하기 시작했고, 이 해에 엔은 달러당 200엔으로 마감했다(달러당 엔화의 수가 하락하면 달러는 약해지고 엔화는 강해진다). 1986년 후반부에 엔화는 역사적인 고점에서 가파르게 상승한 150엔에 거래되고 있었다. 일본인은 이 엔고를 일본어로 '강세인 엔'이라는 의미로 '엔다카(Endaka)'라고 불렀다. 엔고는 일본 수출업자에게 심각한 문제를 야기했으며 국제무역에 크게 의존하는 일본 경제 전반에 잠재적인 고통을 안겨주었다. 그러나 엔고의 한 가지 장점은 수입이 저렴하다는 것이었고, 일본은 거의 모든 상품을 수입에 크게 의존했다. 따라서 수출가격이 상승했음에도 불구하고 투입 원가는 하락했다.

엔화 강세는 주로 강한 일본 경제, 대규모 무역 흑자, 세계에서 가장 큰 외환 보유고에 기인한 것이다. 또한 일본은 낮은 실업률, 낮은 금리, 낮은 인플레이션을 가지고 있었다. 그러나 경제에서 균열이 나타나기 시작했다. 주식 시장의 하락, 인플레이션의 상승, 부동산 버블의 결합은 경제와 엔화에 대한 신뢰를 떨어뜨렸다. 미국의 금리가 높았기 때문에 투자자들은 일본에서 돈을 끌어내어 더 높은 수익을 얻으려고 미국 달러에 투자했다. 엔에 대한 이러한 수요 감소와 달러에 대한 수요의 증가는 엔에 대한 달러 가치를 밀어 올렸고, 엔은 1년 전 125.85엔에서 1989년 143.45엔으로 마감했다.

미국과 일본은 1990년대 초반 인플레이션에 대해 우려하고 있었으므로 환율 정책을 조정하려 했지만 미국은 달러 가치를 너무 많이 낮추고 인플레이션에 맞선 싸움에서 지기를 원치 않았다. 양국은 엔화를 위해 자국 통화를 판매하여 엔을 강화하도록 독일, 영국 및 다른 국가의 중앙은행이 시장에 개입하도록 노력했다. 그러나 금리가 시장 심리를 몰아가고 있다는 사실을 감안할 때 시장을 움직일 수 있는 방법은 별로 없었다.

그 후 몇 년 동안 미국 경제의 약세(금리 하락 선호), 페르시아 걸프 전쟁(달러를 안전한 피난처 통화로 선호), 미국 이자율에 비해 일본 이자율의 상승, 1993년 엔이 지나친 약세인지 정상적인지에 대한 G8 국가들의 합의 결여 등 많은 요인이 엔/달러 환율에 영향을 미쳤다.

출처: Nippon News/Aflo Co. Ltd./Alamy Stock Photo

▲ 일본 도쿄 시내에 위치한 소니의 글로벌 본사

두 번째 엔고

첫 번째 엔고가 충분하지 않았던 것처럼 1995년엔 두 번째 타격을 입어 엔화가 달러당 80.63엔으로 올랐다. 첫 번째 엔고와 마찬가지로 일본 기업은 비용을 절감하고 경쟁력을 유지할 수 있는 방법을 모색했다. 그 기간에 일본 경제는 침체기에 접어들었고 일본 은행은 수요를 자극하기 위해 금리를 인하하고 엔화는 달러에 대해 하락하여 수출업자에게는 이익이 되었다.

경쟁 압박

이 수십 년 동안의 통화 변동 중에 소니는 가전, 게임, 음악, 영화 분야의 세계적인 기업 중 하나로 계속 움직였다. 다양한 제품 혁신을 통해 시장에서 프리미엄을 얻었고, 경쟁이 시작되었다. 삼성전자와 같은 한국 기업은 매년 품질이 향상되는 저렴한 제품을 생산하기 시작했으며 전자 제품 혁신에 대한 자체 명성을 쌓기 시작했다. 또한 삼성과 다른 외국 경쟁사들은 비용우위를 훨씬 더 향상하기 위해 중국을 비롯한 해외 공장을 설립하기 시작했다. 도시바(Toshiba)와 파나소닉(Panasonic)을 포함한 소니의 일본 경쟁사 중 일부는 해외, 즉 인도네시아와 필리핀 같은 국가로 공장을 옮기고, 달러 표시 수입 부품을 늘려 강한 엔에 대한 노출을 줄였다.

2003년 초부터 2004년 말까지 달러화는 엔화와 유로화에 대해 약세를 지속했다. 달러를 강화하기 위해 일본 중앙은행은 2003년에 20조 엔, 2004년 첫 2개월에만 10조 달러를 썼다. 이러한 노력에도 불구하고 2003년 달러 대비 엔화가 11% 상승했고, 이는 2004년까지 지속되었다. 일본 재무부는 2004년 3월, 외환 개입을 중단했지만, 2004년 말 유로화와 엔화 강세가 계속 악화됨에 따라 일본과 유럽의 개입에 대한 새로운 위협이 촉발되었다.

2008년까지의 상황

2007년 미국의 주택 시장 붕괴와 연이은 신용 위기로 인한 리먼브러더스(Lehman Brothers)의 파산과 2008년 9월 미국 정부가 글로벌 보험사 AIG를 인수하면서 세계 경제는 엄청난 악영향을 입었다. 미국 주식 시장이 추락하고 전 세계에서 유사한 상황이 발생했으며 투자자들은 위험한 신흥시장에서 자금을 끌어와서 안전한 피난처에 자산을 배치했다. 그 결과 유로화는 미국 달러와 일본 엔에 대해 하락했다.

왜 이런 일이 일어났을까? 미국 달러화에 대한 시장 반응은 표준적인 안전 자산 회귀를 보여준 것이다. 이러한 일은 세계적 사건으로 위험한 상황이 될 때 종종 발생한다. 정치적 안정과 경제 규모는 미국을 매력적인 투자 장소로 만드는 경향이 있다. 따라서 공포는 위기 동안 달러에 대해 상당히 중요한 요소이다. 그러나 이는 단기적인 현상이었고, 결국 경제 펀더멘털로 대체되었다.

위기 동안 시장에서 가장 중요한 뉴스에 따라 달러가 위아래로 움직였다. 위기가 뉴스일 때 달러는 강세였다. 뉴스가 미국 경기의 회복을 선호했을 때 수익률을 높이기 위해 미국과 해외의 주식 시장으로 돈이 유입되었다. 미국 경제의 둔화로 수출 주도국, 특히 신흥 시장이 어려움을 겪을 것으로 예상되었다. 또한 미국의 신용 위기는 다른 국가로 확대될 것으로 예상되었다. 이 위기의 한 가지 흥미로운 결과는 유로화가 미국 주식 시장에 매우 민감한 경향이 있다는 것이다. 시장이 하락할 때 유로도 마찬가지였다. 시장이 회복하기 시작했을 때 유로도 그렇게 되었다. 유로화는 분명 강력하고 중요한 통화이지만 경제적 위기에 대한 대응을 조정할 수 있는 강력한 중앙정부가 결여되어 있다. 유럽 중앙은행은 금리에 영향을 미칠 수 있지만 그게 전부이다.

엔은 어떠한가? 흥미롭게도 엔은 달러와 함께 위기 동안 안전한 피난처가 되었다. 분명히 일본은 중국에 이어 두 번째로 외환 보유고가 높고 시장 유동성이 높은 자유 태환성 통화이며 중요한 거래 통화로, 아시아에서 가장 중요한 통화이다. 또한 일본의 금리가 너무 낮아 많은 투자자가 엔화를 빌려 해외에 투자하여 더 높은 수익을 얻을 수 있었다. 위기가 닥쳤을 때 돈은 빨리 신흥 시장을 떠났고 일본으로 돌아왔다. 외환 시장의 변동성이 커지면 투자자는 반대로 거래하여 엔화가 강세가 되었다.

시장은 엔 및 미국 주식 시장이 반비례 관계임을 입증했다. 시장이 위험 회피적이 아닐 때 주식은 가치가 상승하고 엔은 가치가 떨어진다. 시장이 위험 회피적일 때 주가가 떨어지고 엔화 거래가 많이 일어난다.

엔화 강세와 글로벌 침체의 주요 영향 중 하나는 일본의 수출 급감이었다. 예를 들어 2009년 1월 수출은 전년 대비 49% 감소했다. 수출업체의 매출 감소로 인해 공급업체의 주문이 줄어들어 일본 경제에 파급 효과가 발생하여 생산과 고용 모두에 영향을 미쳤다. 이 사건으로 인해 GDP가 전년 동기 대비 12.1% 감소하면서 일본은 급격한 위축을 겪었고 많은 전문가는 제2차 세계대전 이후 일본이 최악의 경기 침체를 겪고 있다고 느꼈다. 디플레이션이 일본 경제에 다시 영향을 미치고 있으며, 소비자는 가격이 계속 하락할 것을 기대하면서 구매를 지연하고 있었고, 기업은 더 많은 것을 투자하는 것을 주저했다.

2011년: 비극의 해

2011년 3월 11일, 일본을 강타한 지진과 쓰나미는 충격적으로 많은 생명과 사람을 앗아갔다. 게다가 원자로의 손상과 글로벌 공급사슬의 붕괴로 많은 불확실성이 있었다. (일본의 공장은 세계 반도체의 약 25%, 전자 부품의 약 40%를 생산한다.) 재산 피해, 정전 및 운송 기반 시설이 중단되어 피해 지역의 공장이 폐쇄되었다.

이 위기 동안 일본 엔은 어떻게 되었는가? 일반적으로는 엔화가 달러에 비해 떨어졌다고 생각되지만 실제로 가치는 상승했다. 지진 후에 일본인들이 저렴한 엔으로 수익이 높은 이머징 마켓에 투자한 투자를 청산하여 엄청난 자본 유입이 있었다. 또한 많은 일본 기업은 회계연도 말(3월 31일)에 돈을 본국에 다시 가져오므로 자본에 대한 필요성 때문에 엄청난 돈이 유입되어 엔화 가치가 상승했다.

운명의 역전: 아베노믹스

엔화 강세와 유럽과 중국의 수요 부진으로 상황이 암울해 보인 2012년 11월, 일본은 느슨한 통화·재정·구조 정책을 통해 디플레이션과 취약한 국내 경제를 퇴치하기로 결정한 아베 신조(安倍晋三) 신임 총리를 선출했다. 2012년 대부분의 기간에 엔화는 미국 달러당 80엔 이하로 거래되었지만, 2012년 말에는 85.96엔으로 거래되었다. 2013년 1분기 말에 소니는 엔화 가치 하락으로 인해 연간 이익 추정치를 2배로 올렸다. 그리고 엔화는 계속 하락하여 2013년 말에 105엔, 2014년 말에 120엔까지 떨어졌다. 2015년 7월에는 123.94엔으로 최저치를 기록했다.

엔화 강세로 수출 기업의 해외 판매가 어려워지고 외국인 수익이 약화됐다면 엔화 약세는 정반대였다. 소니, 토요타, 파나소닉과 같은 수출업체는 엔화 약세(아베 집권 이후 20% 이상 하락)와 해외 판매 확대 기회에 열광했다. 엔화 약세를 활용할 수 있는 능력의 전부는 여전히 미국, 유럽, 중국의 경제 회복에 달려 있었지만, 적어도 통화는 경쟁적 지위에 추가적인 부담은 아니었다.

이 모든 것이 소니에게 무엇을 의미하는가?

현재 우리는 엔화가 달러에 대한 몇 년간의 약세를 역전시켰지만 마침내 달러당 105~115엔의 범위에서 안정화된 2020년에 있다. 2015년 달러당 123엔과 비교하면 강세를 보였지만, 2011년 달러당 80엔 이하로 거래되면서 여전히 약세를 보이고 있다. 2019 회계연도에 소니는 일본 30%, 미국 22.9%, 유럽 21.5%, 아시아/태평양 10.5%(인도, 한국, 오세아니아, 태국, 말레이시아 포함), 중국 8.9%, 기타 6.3%의 매출을 올렸다. 따라서 소니는 지리적으로 잘 다각화되어 있었다.

소니의 전자 제품 생산은 사내에서 60%, 아웃소싱에서 40%가 이루어진다. 내부 생산의 35%는 일본에서 이루어졌고, 그중 75%는 수출되었다. 40%는 중국에서 제조되었으며, 그중 75%는 수출되었다. 5%는 미국과 유럽에서 현지 소비를 위해 제조되었다. 그리고 나머지는 아시아의 다른 지역에서 제조되었고, 그중 65%는 아메리카로 수출되었다. 일본, 유럽, 중국 그리고 나머지는 현지 시장에서 판매되었다.

판매와 제조의 위치에서 흥미로운 점은 환율에 대한 다양한 노출이 있다는 것이다.

강한 엔은 또한 소니의 재무제표에 악영향을 끼쳤다. 소니가 미국 달러 또는 유로 재무제표를 엔화로 환산함에 따라 순자산과 이익이 엔화로는 더 적어져서 엔화로 표시된 소니의 연결 실적이 하락했다. 이 하락을 상쇄하는 유일한 방법은 회복이 느린 세계 경제에서 하기 힘든 두 가지인, 더 많이 팔고 마진을 개선하는 것이다. 현금 흐름 관점에서 볼 때 소니의 해외 사업장은 배당금을 일본으로 돌려주고 있지만, 달러화와 유로화가 약세를 면치 못하여 배당금의 엔화 환산 가치가 하락했다. 한 가지 희망은 다른 통화에 비해 엔화 가치가 상승하여 엔화의 구매력이 상승함에 따라 소니가 일본에 수입하는 모든 것이 저렴해지는 것이다. 일본 이외의 지역에서 제조된 제품의 경우에도 마찬가지이므로, 비용이 절감되고 마진이 향상되기를 바랐다. 소니가 전 세계 고객에게 달러로 수출 비용을 청구하는 한 부품이 더 저렴한 대만과 같이 미국이나 아시아의 다른 국가에 더 많은 투자를 하여 달러 수입을 달러 비용과 일치시켜야 한다.

문제

10-3 소니가 미국과 유럽에서 더 많은 제품을 생산하고 아시아의 다른 국가의 공급업체로부터 더 많이 구매하는 것이 중요하다고 생각하는 이유는 무엇인가?

10-4 수년 동안 일본 엔에 영향을 미쳤던 주요 요소는 무엇인가? 장래에 엔화 가치가 어떻게 될지 예측하기 위해 모니터링할 중요한 요소는 무엇인가?

Chapter 11
글로벌 자본 시장

학습 목표

11-1 글로벌 맥락에서 다국적 기업의 재무 기능을 설명한다.

11-2 레버리지와 그것이 자본 구조 선택에 주는 영향을 정의한다.

11-3 국제적으로 자본을 조달하는 다양한 방법을 설명한다.

11-4 해외 수입에 대한 과세가 어떻게 이루어지는지 요약한다.

11-5 역외 금융센터가 어떻게 다국적 기업에게 자금 조달 기회를 제공하는지 분석한다.

출처: dpa picture alliance/Alamy Stock Photo

▲ 유럽의 아마존 물류센터

돈이 있는 것은 좋은 일이다. 돈에 대한 발언권이 있다면 훨씬 더 좋다. —유대인 속담

CASE

거대 전자상거래 기업과 유럽연합: 새로운 경제 모델과 전통적인 국가 주권[1]

—스테파니아 팔라디니(Stefania Paladini)

전 세계의 거대 기술 기업과 정부의 분쟁과 관련된 논란은 한동안 일상적인 뉴스였다. 따라서 유럽연합 집행위원회(EC)가 2020년 6월에 애플(Apple)과 관련된 두 차례의 반독점 조사를 시작함으로써 위협을 행동으로 옮겼을 때 많은 사람은 마침내 기술 대기업이 오랫동안 미뤄 온 세금을 지불해야 할 때가 되었다고 말했다.

일반적인 생각은 맞지만 일은 언뜻 보기보다 복잡하다. 온라인 소매업은 이제 COVID-19 대유행 이후로 우리의 일상 어디에서나 볼 수 있게 되었지만, 점점 더 뚜렷해지는 기술 대기업의 존재는 훨씬 이전에 시작되었다. 2006년에 유럽 상위 20개 소매업체 중 대표적인 기술 기업은 단 한 곳으로 시가총액 상위 20개 소매업체의 10% 미만을 차지했다. 2017년까지 이 비율은 20개 기업 중 9개 기업으로 상승했으며, 시가총액 상위 20개 기업의 54%를 차지했다.

온라인 소매업에서 거대 기술 기업의 시장 점유율이 큰 부분을 차지하는 것은 사실이지만 독점적인 것은 아니라는 점을 주목해야 한다. 모델 자체는 단순히 상품과 서비스를 판매하는 것 그 이상이다. 또한 위탁 수수료나 가입비를 받고 전용 가상 공간에서 구매자와 판매자를 연결해준다. 아마존(Amazon)과 알리바바(Alibaba)는 이러한 두 가지의 좋은 예이다. 온라인 마켓플레이스에는 다른 용도가 있다. 페이스북(Facebook)과 트위터(Twitter)와 같은 소셜 미디어 플랫폼은 광고 공간을 팔아서 돈을 번다. 디지털 상품 가입은 넷플릭스(Netflix), 디즈니+(Disney+), 스포티파이(Spotify) 등 기업의 기반을 형성한다. 기업은 또한 온라인으로 예약된 운송 서비스[예: 우버(Uber), 디디추싱테크놀로지(Didi Chuxing Technology)]나 음식 배달 서비스[예: 딜리버루(Deliveroo)]를 제공한다. 온라인 플랫폼은 또한 소비자가 에어비앤비(Airbnb)를 통해 숙박을, 블라블라카(BlaBlaCar)를 통해 운송 서비스를 이용하는 것처럼 상품과 서비스를 거래할 수 있게 한다.

온라인 소매업은 본질적으로 주 주권과 영토 세금 관할권을 무시한다. 이는 많은 회사, 특히 첨단 기술 회사와 관련된 오랜 문제를 야기했다. 유럽 국가 중 일부는 또한 종종 거대 기업이 이러한 세금 회피에 책임이 있다고 주장할 수 있다. 그러나 최근의 발전에 비추어보면 그 논쟁은 성격을 근본적으로 변화시켰을 수 있다.

유럽연합 대 거대 전자상거래 기업

회사는 법인세를 어디서 납부해야 하는가? 이 믿을 수 없을 정도로 간단한 질문은 무수한 논쟁을 이끌었으며, 유럽연합이 이 문제를 단번에 해결하기로 결심한 것처럼 보이지만 여전히 논쟁거리로 남아 있다.

유럽연합 집행위원회가 지지하는 일반적인 원칙은 유럽연합에서 활동하는 모든 기업은 이익이 발생하면 세금을 내야 한다는 것이다. 온라인 소매업의 경우 어려움은 본질적으로 수익이 어디서 발생하는지 정의하는 데 있다. 이러한 기업은 기업 과세의 전제 조건 중 하나인 국가에 사무실이나 기타 안정적인 조직이 없는 경우가 많지만 온라인 고객이 있을 수 있으므로 해당 국가가 거래에 세금을 부과하기가 매우 어렵다.

이는 국제 조세 체계가 인터넷이 아직 보급되지 않은, 존재하지도 않은 세계에서 설계된 데서 비롯된 직접적인 결과이다. 이 구식 체계는 구조적으로 현재 상황을 처리할 수 없다.

결과적으로 유럽연합 집행위원회의 최근 보고서에 따르면 온라인 소매업체는 일반적으로 유럽연합에 매출액에 대해 약 10%의 세금을 지불한다. 이는 23% 정도를 맴도는 전통적인 기업이 내는 세금의 절반에도 못 미치는 것이다. 그러나 이미 인상적인 이 차이는 부정확하고 과소평가되었을 수 있다. 온라인 대기업은 종종 10% 미만의 돈을 지불한다.

애플에 대한 유럽연합의 절차는 아직 초기 단계에 있으며, 디지털 기술과 관련하여 전자 소매업체와 다국적 기업에 대한 유럽연합의 오랜 분쟁 중 가장 최신의 것일 뿐이다. 아마존은 첫 번째 사례들 중 하나였다. 2016년 유럽연합 집행위원회는 아마존에 2003년 룩셈부르크가 회사에 부여한 불법 세금 혜택으로 2억 5,000만 유로를 상환하라고 명령했다. 아마존은 임시 세금 혜택을 제공함으로써 대기업을 돕는 소위 '담합' 중 하나에 따라 지분을 설정했다. 이 거래에 따르면 유럽 전역에서 이루어진 매출은 룩셈부르크 지주에 집중되었으며 복잡한 세금 약정 덕분에 아마존이 정상 요금보다 적게 지불했다. 이 거대 전자상거래 기업(E-giant)은 다음 해 영국 경영경제연구센터(UK Centre for Economics and Business Research)의 2017년 보고서에서 전통적인 영국 서점보다 법인세를 약 11배 적게 납부하는, 불공정한 경쟁으로 정의될 수밖에 없는 방법을 보여 다시 곤경에 빠졌다. 브렉시트(Brexit)가 이 상황을 어떻게 변화시키느냐는 영국이 유럽연합과 서비스에 관한 어떤 종류의 협정을 체결하느냐에 달려 있지만, 이야기는 아직 끝나지 않았다.

또 다른 유명한 사례는 다양한 유럽연합 국가들과 오랜 문제가 있는 구글(Google)의 경우이다. 10년이 넘는 기간 동안 아마존룩셈부르크가 계약한 아일랜드 및 네덜란드와의 맞춤형 세금 협정의 조합 덕분에 구글은 유럽연합에서 얻은 이익에 10% 미만의 세금을 납부했다. 유럽연합과 미국 당국으로부터 압력을 받자 2014년에 아일랜드는 이 거대 기술 기업과 맺은 특별 협정을 점진적으로 폐지하기로 결정했다.

그러나 구글은 국가 법률에도 문제가 있었다. 예를 들어 법인의 공공 등록부인 영국 기업등록소(UK Company House)에 따르면 구글이 2019년에 납부한 법인세는 4,430만 파운드에 불과했다. 이는 2019년 구글UK의 수익이 더 높았음에도 불구하고 1년 전 구글UK가 지불한 6,560만 파운드보다 적었다(2018년보다 약 1억 9,300만 파운드 더 많은 16억 파운드). 이러한 불일치의 이유는 새로운 세금 협정에도 불구하고 여전히 영국보다 세금이 낮은 아일랜드에 구글 본사가 위치하고 있기 때문이다.

이러한 현상과 유사한 조세 회피 사례에 대응하기 위해 많은 회원국은 현재 '구글 세금'이라고 부르는 제도를 도입했는데, 이는 이익을 룩셈부르크, 아일랜드, 네덜란드와 같은 더 우호적인 입법 국가로 전환함으로써 국가의 보통 세금으로부터 보호받는 것을 해결하기 위한 조치이다. 그러나 이는 단지 단기적인 해결책일 뿐인 것으로 보인다. 왜냐하면 허점을 좁히면 다른 곳에서 허점이 나타나면서 똑같은 부담을 미치기 때문이다.

유럽연합이 온라인 소매업체와 온라인에서 발생하는 모든 수익을 처리하기 위한 강력하고 포괄적인 체계를 만들 때까지 주요 기업은 아마도 운영 기반을 계속 바꿀 것이다. 이것이 이른바 공동 통합법인세 과세표준(common consolidated corporate tax base, CCCTB)이라고 불리는 유럽연합 법률이 다루려는 것이다.

유럽연합의 디지털 단일 시장 이니셔티브

온라인 소매업체와 거래할 수 있는 새로운 국제 세금 시스템을 만들어야 하는 과제는 국가 간 조정과 합의 부족으로 더욱 어려워지고 있다. 이것이 CCCTB와 같은 이니셔티브가 미래에 더 큰 국제 환경에서 채택될 수 있는 일련의 원칙을 설정하는 매우 중요한 이유이다.

2016년 10월 25일, 유럽연합 집행위원회는 어디에 세금을 부과할 것인지뿐만 아니라 무엇에 세금을 부과할 것인지를 다루기 위해 공통 법인세 기준(common corporate tax base, CCTB)에 이어 공동 통합법인세 과세표준(CCCTB)을 발표했다. CCCTB에 따르면 유럽연합 내 다국적 기업의 이익은 그룹의 총수익이 7억 5,000만 유로의 문턱을 넘어서면 법인세 목적으로 통합될 것이다.

유럽연합 집행위원회는 디지털 단일 시장을 10개의 정치적 우선 순위 중 하나로 선언했으며, 이는 유럽 경제에 연간 약 4,150억 유로를 기여할 수 있으므로, 이 문제를 다루기에 적합한 기관으로 보인다.

유럽연합이 앞서 언급한 애플 사건을 다루면서 취한 접근법을 보면 상황이 곧 바뀔 것이라는 사실이 명백하다. 애플이 유럽연합과 맞대결을 벌이는 것은 이번이 처음이 아니다. 구글과 마찬가지로 아일랜드와의 담합 세금 거래는 많은 분쟁의 원인이 되었다. 하지만 애플을 상대로 한 새로운 사건 또한 무언가가 될 수 있다. 조세 문제는 경쟁법과 독점금지법을 충족하는 분쟁보다 주제가 복잡하므로 일반적인 조세 회피 사례와 다르다.

유럽연합 집행위원회는 두 가지 중 첫 번째 조사에서 애플의 앱스토어 정책이 유럽연합의 경쟁 규칙을 위반했는지 여부를 결정할 예정이다. 좀 더 즉각적인 재정적 영향을 미치는 두 번째 조사는 아이폰과 애플워치 두 제품에서 근거리 무선 통신(NFC) 기능에 대한 애플의 규칙을 검토할 것이다. 애플은 스마트폰을 직접 결제에 사용하는 사업자 중 하나에 불과하지만 근거리 무선 통신(NFC) 기능에 대한 접근을 제한해 은행과 다른 금융 서비스 제공업체가 자체 앱을 통해 근거리 무선 통신 결제를 제공하는 것이 불가능하다. 유럽연합의 독점 금지 조항이 고객에게 신기술의 혜택뿐만 아니라 선택의 여지를 주지 않기 때문에 비난받고 있다.

특히 COVID-19로 인한 만만치 않은 경제적 어려움을 겪고 있는 유럽연합에서 공정하고 효과적인 조세 제도를 시행하는 것은 중요하다. 단일 시장의 기능을 거스르는 다양한 국가적 접근법이 없는지 확인하는 것은 경제 회복과 궁극적으로 유럽연합의 생존에 근간이 될 수 있다.

문제

11-1 미국의 거대 기술 산업 회사는 10년 이상 세금 문제에서 유럽연합과 법적 분쟁을 겪었다. 세금 계산을 증명하는 것이 복잡한 이유는 무엇인가?

11-2 애플과 유럽연합의 법적 분쟁은 단순한 조세 소송 그 이상이며 양측 모두에게 더 큰 피해를 가져올 수 있다. 이 문제를 보다 일반적인 수준에서 해결하기 위해 가능한 방법은 무엇인가?

재무 기능

11-1 글로벌 맥락에서 다국적 기업의 재무 기능을 설명한다.

최고재무책임자(chief financial officer, CFO)와 재무 관리의 역할은 주주가 소유한 주식의 시장 가치인 주주 가치를 극대화하여 경제적 가치나 재산을 유지하고 생성하는 것이다.[2] 현금 흐름과 관련된 경영 활동은 세 가지 주요 영역으로 나눌 수 있다.

- 자금 조달 관리: 자본 구조(적절한 자산과 부채 배분 선택)와 장기 부채 관리(지역과 통화를 고려하고, 장기 채권과 주식 자본을 선택, 발행 및 관리)
- 투자 의사결정: 자본 예산
- 단기 자금 수요 관리: 회사의 통화 자산과 부채 관리(현금, 채권, 유가 증권, 재고, 매출 채권 및 단기 은행 어음)

개념 체크

19장에서는 기업 회계 담당자가 최고재무책임자(CFO)에게 보고하는 방법과 환노출의 회계 및 관리에 대한 책임을 논의할 것이다. 15장에서는 FDI 및 기타 진입 전략을 통한 다국적 기업의 확장이 어떻게 CFO가 관리해야 하는 재무 자원을 필요로 하는지 보여줄 것이다.

기업 재무 부서의 역할은 기업의 활동과 프로젝트에 금융 자원을 배분하는 것이다. 세 가지 주요 기능은 다음과 같다.

- 자본 조달 결정
- 투자 의사결정
- 단기 자금 수요 관리

CFO의 역할

CFO는 가능한 한 최저 비용으로 자금을 조달하여 금융 자산을 취득하고, 회사의 활동과 프로젝트에 따라 이를 배분한다. CFO의 일은 환위험, 통화 흐름과 규제, 정치적 위험, 서로 다른 세율과 과세 소득 결정, 다른 시장에 대한 자금 접근에 관한 규제 등과 같은 것으로, 국내 환경보다 글로벌 환경에서 더 복잡하다. CFO가 살펴봐야 할 영역은 다음과 같다.

1. 전반적인 자본 구조
2. 글로벌 자본 시장

개념 체크

회계 담당자는 회사의 현금 지급과 관련된 국내외 금융 기능을 통제할 책임이 있다. 19장에서 설명할 것처럼 재무 담당자의 기능은 최고재무책임자(또는 재무 담당 부사장)의 전반적인 책임에 속한다.

3. 외국 소득의 과세와 자본 시장에서의 영향
4. 역외 금융, 역외 금융센터, 조세 피난처

자본 구조

11-2 레버리지와 그것이 자본 구조 선택에 주는 영향을 정의한다.

CFO는 장기 부채와 자본 사이의 적절한 배분, 즉 **자본 구조**를 결정해야 한다. 많은 기업이 초기 투자 자금과 함께 사업을 시작하고, 이후 축적된 기금을 통해 성장한다. 그러나 이러한 자금원으로 회사가 새로운 시장으로 계속적으로 성장하는 데 필요한 자금을 조달하기에 부적절할 때 CFO는 적절한 부채/자본 구조를 결정해야 한다.

부채 조달의 레버리지

레버리지란 기업의 성장 자금을 부채로 조달하는 정도를 말한다.

부채로 기업 성장에 필요한 자금을 조달하는 정도를 **레버리지**(leverage)라고 한다. 회사가 주식으로 알려진 **자기 자본** 대신 레버리지를 사용하는 정도는 세계적으로 다양하다. 기업이 자국과 자국의 특정 산업 내의 금융 트렌드를 따라하는 경향이 있으므로, 국가별 요인은 다른 요인보다 기업의 자본 구조에 더 중요한 결정 요인이다. 레버리지가 종종 자본화를 위한 가장 비용 효율적인 과정으로 인식되는 것은, 대부분의 국가에서 부채에 대한 이자는 세금 공제 비용인 반면, 투자자에게 주어지는 배당은 그렇지 않기 때문이다.

레버리지가 최고의 옵션이 아닌 경우 다음 두 가지 주요 이유로 모든 국가에서 레버리지가 항상 최고의 옵션은 아니다. 첫째, 장기 부채에 대한 과도한 의존은 재무 위험을 제기함으로써 투자자에게 높은 수익을 요구한다. 글로벌 금융 위기 당시 유럽에서는 기업과 정부가 채권 발행을 통한 자본 조달에 투자자를 유치하기 위해 높은 이자율을 제공해야 했고 투자자를 확보하는 데 어려움을 겪었다. 둘째, 다국적 기업의 해외 자회사는 현지 자본 시장에 제한적으로 접근할 수 있어서 다국적 기업이 자산을 취득하고자 자금을 조달할 때 부채에 의존하는 것을 어렵게 만든다.[3]

자본 구조 선택에 영향을 주는 요소

자본 구조 선택은 세율, 지역 자본 시장의 발전 정도, 채권자 권리에 의존한다.

15년 동안 39개국 3만 6,767개 기업의 레버리지에 대한 최근의 광범위한 연구에 따르면 기업이 선택할 수 있는 자금 조달은 기업 자체뿐만 아니라 기업이 운영하는 환경에 고유한 여러 요인에 따라 결정되는 것으로 나타났다.[4] 저자들은 자본 구조에서 가장 중요한 결정 요인이 한 나라의 법과 세제, 부패 수준, 자본 공급자(은행과 연기금)의 선호도라는 것을 발견했다. 세금 차이가 중요한 곳에서 기업은 이자 비용을 공제할 수 있으므로 더 많은 부채를 사용하는 경향이 있다. 그러나 이는 다른 요소만큼 중요하지는 않다. 부패한 국가의 기업은 운영 자금을 조달하기 위해 더 많은 부채, 특히 단기 부채를 사용하는 경향이 있다. 미국, 영국, 캐나다 등 관습법 국가의 기업은 레버리지를 덜 사용하고 장기 부채를 더 많이 사용하며, 명시적 파산 코드를 가진 국가의 기업은 레버리지가 더 높고 장기 부채가 더 많다. 중간 레버리지 비율(이 경우 기업의 시장 가치에 대한 총부채로 정의된다)을 조사할 때 개발도상국의 기업이 레버리지의 양이 가장 높은 경향이 있다. 가장 높은 레버리지 국가는 한국, 인도네시아, 브라질, 포르투갈, 파키스탄이다. 선진국의 기업은 레버리지 스펙트럼의 하단에 위치하는 경향이 있다. 레버리지가 가장 낮은 나라는 호주, 남아프리카공화국, 캐나다, 미국, 튀르키예(이상치), 영국이다.[5] 레버리지에 과도하게 의존하는 기업은 종종 규모가 크고 활동적이며, 유동적인 주식 시장이 많은 국가에서 부채에 덜 의존하는 기업과 달리 증권 시장이 덜 활성화된 국가에 있다.

미국 기반 다국적 기업 해외 자회사의 자본 구조에 관한 연구에서 현지 세율이 자기 자본 대비 부채 비율에 영향을 미친 것으로 나타났다. 기업 전체로는 미국 자본 시장에 기반을 두고 부채 비율을 유지할 수 있지만, 외국 자회사는 현지 상황에 민감해야 한다. 이 연구는 다음 사항에 주목했다.

다국적 기업은 상대적으로 세율과 부패 정도가 높은 국가에서 부채를 사용하는 경향이 있다. 또한 외국계 자회사의 자본 구조는 현지 상황에 더 민감한 경향이 있다.

> 현지 세율이 10% 이상 높을 경우 자기 자본 대비 부채 비율이 2.8% 이상 더 높으며, 내부 자금 차입은 세금에 특히 민감하다. 다국적 기업의 계열사는 낙후된 자본 시장 또는 채권자 권한이 약한 국가에서 외채를 적게 조달하며, 이는 현지 차입 비용이 훨씬 더 높음을 반영한다. 자본 시장 조건에 따라 외부 차입의 4분의 3이 감소하고, 이를 모회사로부터 더 많은 차입을 통해 대체한다. 다국적 기업은 외부 자본 시장의 불완전성을 극복하기 위해 기회주의적으로 내부 자본 시장을 이용하는 것으로 나타난다.[6]

부채와 환율 2007~2009년의 글로벌 금융 위기는 환위험을 부각시켰다. 위기가 다가오자 많은 아시아 기업은 비교적 저금리에 달러로 돈을 빌렸다. 그러나 달러 가치가 상승하자 이들은 부채를 갚기 위해 달러로 바꿀 현금을 만들어낼 수 없었다.

자국 통화인 크로나를 보유하고 있는 아이슬란드에서 비슷한 현상이 발생했다. 아이슬란드의 중앙은행은 높은 금리를 통해 해외 투자를 많이 받음으로써 크로나 가치를 강하게 유지했다. 세계에서 가장 높은 수준의 삶의 질은 강한 통화와 제품 수입 능력으로 지지되었다. 아이슬란드 사람들은 당시 금리가 낮았던 유로로 주택과 다른 구매에 대한 자금을 조달하고 높은 소비 수준을 유지했다. 그러나 2007~2009년에 글로벌 금융 위기가 닥치자 크로나 가치는 급락했으며 은행들은 파산했고 기업과 소비자는 부채를 갚을 여유가 없었다. 저금리의 통화로 부채를 조달하는 것이 좋은 생각처럼 보였지만 낮은 외국의 금리는 환위험으로 대체되었다.[7]

규제 위험 내부 조달에 영향을 주는 두 번째 요소는 규제 위험이다. 규제 개혁은 부채 조달에 대한 접근성을 복잡하게 한다. 채권은 기업이 운영을 위해 자본을 늘릴 수 있는 좋은 방법이다. 그러나 기업은 또한 은행 차입에 크게 의존하고 있으며, 각국은 글로벌 금융 위기의 영향으로 인해 은행 실패를 매우 불안하게 여긴다. 국제결제은행(Bank for International Settlements)에 속하며 세계 최고 규제 기관과 중앙은행의 일원을 포함하는 바젤은행감독위원회(Basel Committee on Banking Supervision)는 은행이 미래의 경제 위기를 견딜 수 있도록 규칙을 마련하고자 열심히 노력해왔다. 기본 아이디어는 보다 강력한 자본 구조와 유동성 증가에 대한 기준을 설정하는 것이다. 가장 최근의 합의는 바젤 III라 불린다. 이는 은행권의 규제, 감독, 위험 관리를 강화하기 위해 마련되었다.[8] 은행이 바젤 III를 준수하고 자본 포지션을 증가시킴에 따라 세계는 더 나아질 것이지만, 이는 자본 요구량이 많을수록 IPO나 채권 발행을 통해 쓸 수 있는 자금이 적다는 것을 의미한다. 그러나 새로운 요구사항 덕분에 은행 시스템은 더 안전하고 재정적인 붕괴가 적을 것이다.

글로벌 자본 시장

11-3 국제적으로 자본을 조달하는 다양한 방법을 설명한다.

다국적 기업의 일상적인 영업을 위한 주요 외부 자금 조달원은 채권과 주식 시장이다.

기업은 국내외 채권 및 주식을 포함해 운영 자금을 조달하기 위한 많은 방법을 보유하고 있다. 우선 부채 자금 조달의 출처를 조사해보자. 일례로 미국의 개인 관리 제품 및 영양제 전문 기업인 뉴스킨엔터프라이즈(Nu Skin Enterprise)는 50여 개 국가에 제품을 판매하고 있으며, 초기에는 일본이 가장 중요한 시장이었다. 최근 뉴스킨엔터프라이즈는 2.3%의 변동금리로 66억 엔에 일본 엔화 신용 대출을 체결했다. 뉴스킨은 일본 엔화 수익을 사용하여 부채를 엔화로 상환함으로써 환율 위험을 제거하는 데 도움이 되며, 엔화 장기 부채 외에도 비교적 짧은 시간에 자금을 상환하기 때문에 단기로 분류되는 엔화 회전 신용 한도를 보유하고 있다. 뉴스킨과 같은 많은 기업은 지역 시장의 은행을 중요한 자금원으로 사용한다.[9]

유로 통화와 유로 통화 시장

유로 통화는 출신국 밖에 예치되는 모든 통화이지만, 주로 미국 이외에서 예치되는 달러이다.

유로 통화 시장(Eurocurrency market)은 다국적 기업이 국내 시장에서 찾을 수 있는 것을 보완하기 위해 부채로 자금을 조달하는 중요한 원천이다. **유로 통화**(Eurocurrency)는 발생한 국가 밖에서 예치되는 모든 통화이다. 본국 이외에서 예치되는 통화는 **역외 통화**(offshore currency)라고도 한다.

유로 달러 시장(Eurodollar market)은 가장 중요한 유로 통화 시장이다. **유로 달러**(Eurodollar)는 미국 이외의 은행에 달러로 예금한 증서이다. 대부분의 유로 달러 예금은 런던에 있지만 바하마, 케이맨제도처럼 미국 밖 어디에나 있을 수 있다. 유로 달러 시장의 주요 장점은 은행 감독 기관에 의해 규제되지 않는다는 것이다. 유로 달러 시장은 냉전 시대에 미국에서 자산이 동결될 가능성을 피하기 위해 소련이 런던의 은행에 미국 달러를 예치하면서 시작됐다. 다른 통화들이 역외 시장에 진입하면서 유로 엔(Euroyen), 유로 스털링(Eurosterling)이라는 구체적인 통화의 이름을 사용하는 경향이 있지만, 시장에서 더 넓은 의미로 '유로 통화'가 채택되었다. 유로 달러는 유로 통화 시장의 대부분을 구성한다. 미국 내에서 외국인이 예금으로 보유한 달러는 유로 달러가 아니지만, 미국을 벗어나서 미국 또는 다른 은행의 지점에서 보유한 달러는 유로 달러이다.

유럽 통화의 출처는 정부, 은행 및 회사가 역외 지역에 예금하길 원하는 초과 현금을 포함하여 여러 가지가 있다.

유로 통화의 주요 원천 유로 통화는 다음과 같은 네 가지 주요 원천이 있다.

- 미국 밖에서 달러를 보유하려는 개인의 외국 정부
- 현재 필요 이상의 현금을 보유한 다국적 기업
- 현재 필요량을 초과하는 외화를 가진 유럽 은행
- 중국과 같이 외환 보유액이 많은 국가

유로 통화 시장의 특성 유로 통화 시장은 소매 시장이라기보다는 도매 시장이므로, 거래 규모가 매우 크다. 정부, 중앙은행, 공공 부문과 같은 공공 대출자가 주요 참가자이다. 그러나 1990년대 후반부터 런던의 은행들은 유로화 도입과 은행 부문의 통합으로 인해 비은행 고객을 유로 달러 거래에 참여시키는 것으로 전환했다.[10]

유로크레디트는 1~5년 만기의 대출이다. 신디케이션 대출은 여러 은행을 포함한다.

유로 통화 시장은 단기 및 중기 시장이다. 단기 차입은 1년 미만의 만기로 구성된다. 1~5년 사이의 대출은 대출, 대출 한도, 중기 및 장기 신용의 형태가 될 수 있는 **유로크레디트**(Eurocredit)로 간

주된다. 여기에는 여러 은행이 대출자에게 신용을 확장하고 위험을 분산하기 위해 자원을 모으는 **신디케이션**(syndication)이 포함된다. 단기 차입금은 유로CP(euro commercial paper)라고 불리며, 역외 자금 시장에서 은행이나 기업이 발행한 무담보 대출이다. 예를 들어 독일 회사는 런던에서 미국 달러로 표시된 유로CP를 발행할 수 있다. 만기는 1년 미만이다.

유로 통화 시장의 이자율 유로 통화 시장의 주요 매력은 국내 시장의 이자율과 비교하여 이자율의 차이가 존재하는 것이다. 국내 이자율은 각 국가의 중앙은행이 채택하는 통화 정책의 함수이다. 기업이 대출을 받거나 채권을 발행하기 위해 지불해야 하는 금리는 기준 금리뿐만 아니라 신용도 역시 영향을 미친다. 신용도가 좋을수록 다른 대출자에 비해 이자율이 낮다. 대규모 거래 및 통제의 부재와 그에 따른 비용 때문에 유로 통화 예금은 국내 예금보다 수익률이 높고, 대출은 국내 시장보다 저렴한 경향이 있다.

런던 은행 간 금리(리보) 전통적으로 부채는 런던에서 미국 달러 부채에 대한 단기간 이자율인 **런던 은행 간 금리**(London Inter-Bank Offered Rate, LIBOR), 즉 리보에 일정 비율로 이루어진다. 그동안 영국은행협회(British Bankers' Association)는 18개 은행이 제출한 금리를 기준으로 10개 통화, 15개 만기로 리보 금리를 발행하여 은행 간 대출이 가능한 금리를 반영해왔다.[11] 그러나 2012년, 런던에서 리보의 설정 방식을 둘러싼 스캔들이 불거졌다. 은행원들이 금리 담합에 협력했다는 소문이 돌았고, 이후 최악의 범죄자들에게 수백억 달러의 벌금이 부과됐다. 2014년, 리보의 설립 책임은 인터콘티넨털 익스체인지(Intercontinental Exchange) 또는 ICE로 넘어갔다. 현재 IBA(ICE Benchmark Administration)는 하룻밤에서 1년까지 일곱 가지 다른 만기의 5개 통화에 대한 금리를 설정하는 책임을 맡고 있다. 가장 일반적인 ICE 리보 금리는 3개월 미국 달러 금리이다. ICE 리보는 회사채, 모기지, 신용카드 등 다양한 채무 상품을 포함해 260조 달러가 넘는 도소매 금융 상품의 기준 금리이다.[12] 최근에는 글로벌 은행들이 미국 및 유럽 규제 당국과 협력해 리보의 대체 상품을 마련하고 있다. 그렇게 되기 전까지 ICE 리보는 여전히 표준이다.[13]

ICE 리보는 7개의 다른 만기, 5개의 다른 통화에 대한 금리이며, 그 중 가장 일반적인 것은 3개월 유로 달러 금리이다.

국제 채권

많은 국가는 국내외 투자자가 이용 가능한 활성화된 채권 시장을 보유하고 있다. 2018년 세계 채권 시장은 총 103달러로, 75조 달러인 자본 시장보다 규모가 크다.[14] 미국은 채권 분야에서 세계에서 가장 큰 시장으로 41조 달러로 추정되며, 이는 30조 달러의 미국 주식 시장보다도 크다.[15] 그다음으로 큰 시장은 유럽연합(영국 비포함)으로, 22조 달러의 채권과 8조 달러의 주식이 있다. 채권은 정부, 금융 기관, 기업이 이용하며, 이들 중 회사채 발행은 가장 규모가 작다.[16]

미국은 세계에서 가장 큰 국내 채권 시장을 가지고 있고, 채권 시장은 규모 면에서 주식 시장을 능가한다.

미국 채권(및 주식) 시장이 영향력 있는 이유 중 한 가지는 유럽 대륙의 기업이 여전히 금융 부분에서 은행에 심하게 의존하고 있기 때문이다. 그러나 경제 위기와 가용한 은행 자금의 감소로 변하기 시작했다. 신흥 시장은 자금 조달을 위해 채권 시장에 점점 더 의존하고 있으며, 세계 시장의 약 14%를 구성하고 있다.[17]

다국적 기업은 국내 채권 시장을 이용하여 현지 통화로 자본을 조달할 수 있으며, 채권은 국내외 바이어에게 판매될 수 있다. 유럽의 채권 시장은 흥미롭다. 유로존 국가들이 동일한 통화를 사용하기 때문에 독일 기업이 유로로 표시된 채권을 발행하면, 국내 채권이자 유로 채권일 수 있다. 독일에 상장되어 있다면 국내 채권으로 간주될 것이다. 런던에 상장된다면 유로 채권일 것이다. 유럽 중앙은행(ECB)이 양적 완화 전략의 일환으로 유럽 기업의 회사채 매입에 나서겠다고 발표하자 갑자기 유럽 기업의 채권 발행 가격이 저렴해지면서 유럽 기업의 채권 발행 가능성이 커졌다.[18]

국제 채권에는 외국 채권, 유로 채권, 글로벌 채권의 세 가지 종류가 있다. 국제 채권 시장은 주로 도매 시장으로, 일반적으로 채권 소유자는 기관 투자자들이고, 발행자는 대기업, 정부, 국제 기관이다.

외국 채권은 채권자의 국가 밖에서 팔리며, 발행국의 통화로 표시된다.

외국 채권 **외국 채권**(foreign bond)은 채무자의 국가 밖에서 판매하지만, 발행국의 통화로 표시된다. 런던에서 파운드로 채권을 발행하는 프랑스 회사는 외국 채권을 발행하는 것이다.

유로 채권은 발행국 이외의 통화로 판매되는 채권이다.

유로 채권 **유로 채권**(Eurobond)은 일반적으로 여러 국가의 은행으로 이루어진 대출단이 인수하고, 발행국의 통화가 아닌 다른 통화로 판매된다. 런던에서 미국 달러로 프랑스 회사가 발행하는 채권이 유로 채권의 예시이다.

글로벌 채권은 여러 곳에서 동시에 발행되는 유로 채권이다.

글로벌 채권 글로벌 채권(global bond)은 미국 밖에서 발행되는 미국 달러 채권처럼 통화가 표시된 국가 밖 여러 곳에서 발행된다. 예를 들어 런던, 파리, 프랑크푸르트, 홍콩에 있는 미국 회사가 발행한 달러 채권일 수 있다. 목표는 여러 장소, 때로는 다국적 기업이 사업을 하거나 사업을 고려하는 국가에서 투자자에게 접근하는 것이다.

중요성이 높아지고 있는 것은 중국 위안화로 표시된 역외 채권인 '딤섬' 채권이다. 중국 기업이 외국인 투자자가 이용할 수 있는 채권을 중국에서 발행하고 있지만 중국 정부의 자본 유출 규제로 중국 내 자본 조달 위험이 높아지고 있다.[19] 그러나 중국이 막대한 외환 보유액을 활용할 수 있는 방법을 모색하면서 채권의 인기가 상승하고 있다. 중국 위안화로 표시된 부채를 사고 싶은 외국인 투자자는 홍콩에서 발행되는 딤섬 채권을 구입할 수 있다.[20]

국제 채권 시장의 매력은 무엇인가 국제 채권 시장은 돈을 빌리기에 좋은 장소이다. 기업이 현지 은행과 국내 채권 시장으로부터 회사의 자금 조달원을 다각화하고, 국내 시장에서는 제공되지 않을 수 있는 조건인 만기로 차입할 수 있으며, 현지 채권 시장보다 저렴한 경향이 있다.

미국 기업은 1963년에 미국의 세금 및 공시 규제를 피하기 위한 수단으로 유로 채권을 처음 발행했다. 일반적으로 5,000달러 또는 1만 달러의 종류로 발행되며, 연간 이자를 지불하고, 무기명 형식으로 보유되며, 가장 빈번하게 런던에서 장외 거래된다.[21] 무기명 채권을 보유한 투자자는 원리금을 지급받을 자격이 있다. 이에 반해 미국에서 더 전형적인 등록 채권의 경우 투자자를 채권의 소유자로 등록해야 지급받을 수 있다. 무기명 채권의 비밀성은 또한 유로 채권을 더 매력적으로 만든다.

예를 들어 러시아 최대 기업인 가스프롬(Gazprom)은 유로 채권 시장을 광범위하게 이용한다. 2016년에는 5억 스위스 프랑의 유로 채권을 2018년 11월에 4.625%의 수익률로 발행했다. 이러한 유로 채권의 주요 구매자는 부유한 개인의 저축을 관리하는 민간 은행이었고, 유로 달러 채권은 일반적으로 기관 투자자가 취득한다. 채권의 약 39.4%는 스위스 투자자가, 34.1%는 러시아 투자자가, 나머지는 다른 유럽 투자자가 사들였다. 민간 은행과 자산 관리 회사는 채권의 58.6%를 매입했다.[22]

글로벌 주식 시장

다른 자본 조달 원천으로 **주식**이 있다. 회사의 주식을 대가로 투자자는 소유권, 주식 가치의 상승으로 인한 자본 차익과 배당을 얻는다. 운영 자금을 조달하기 위해 자기 자본을 조달하려는 회사는 회사에 단순히 돈을 빌려주기보다는 회사의 지분을 가져가기를 원하는 개인 투자자와 협력할 수 있다. 혹은 주식 시장으로 가서 자기 자본을 조달하기 위해 투자 은행과 협력할 수도 있다. 증권거래소에서 발행하려면 국내 시장에서 자본을 조달할지 해외에서 조달할지를 결정해야 한다.

국부 펀드(sovereign wealth fund, SWF)도 중요한 자금 조달원이다. 국부 펀드는 석유와 같은 천연자원의 수출로 인한 수입을 포함하여 다양한 곳에서 자원을 조달하는 국유 투자 기금이다.[23] 자산 측면에서 상위 5개 SWF는 노르웨이정부연기금(Norway Government Pension Fund Global), 중국투자공사(China Investment Corporation), 아부다비투자청(Abu Dhabi Investment Authority), 쿠웨이트투자청(Kuwait Investment Authority), 홍콩금융관리국투자포트폴리오(Hong Kong Monetary Authority Investment Portfolio)이다. 상위 10개 펀드 중 4개가 석유 수입을 기반으로 한다.[24] 전문적으로 관리되는 펀드는 특정 프로젝트나 주식 시장에 투자할 수 있다. 예를 들어 아부다비투자회사(Invest AD)는 아랍에미리트의 국부 펀드 중 하나로, 중동 및 신흥 아프리카에 투자하고 제3자 고객에게 투자 기회를 제공하는 역할을 주로 한다. 임원은 투자할 주식을 찾기 위해 이 지역의 자본 시장을 샅샅이 뒤지고, 신흥 아프리카 펀드와 걸프협력위원회(Gulf Cooperation Council, GCC) 중심 펀드를 포함한 여러 펀드를 개발했다. 국부 펀드가 특정 프로젝트에 투자하면 그들은 더욱 벤처 캐피털 회사처럼 운영된다. 이들이 아부다비투자회사의 전략 중 하나인 주식 시장에 투자할 때는 신규 자본을 제공하는 것이 아니라 이미 증시에 상장된 주식을 활용하는 것이다.

국부 펀드는 다양한 곳에서 자원을 생산하는 국영 투자 펀드이며, 많은 국부 펀드의 주요 자원은 석유이다.

다국적 기업은 주식을 자국이나 다른 나라의 증권거래소에 상장함으로써 기업 공개(Initial Public Offering, IPO)를 통해 주식 자본 시장에서 새로운 자본을 조달한다. 전자의 예는 미국에 본사를 둔 페이스북이 미국에서 160억 달러를 조달하고자 2012년에 IPO를 한 것이다. 그러나 가장 큰 IPO는 2014년 9월 14일, 중국의 전자상거래 대기업 알리바바 그룹이 미국에서 발행한 IPO에서 218억 달러를 조달했을 때였다. 알리바바는 중국이나 홍콩에서 IPO를 발행할 수도 있었지만, 대신 미국 시장의 자금을 노리기로 결정했다.[25] 이 장의 마무리 사례에서는 알리바바 IPO의 더 많은 기능에 대해서 살펴볼 것이다.

기업 공개(IPO)는 기업이 대중에게 주식을 처음 판매하는 것이다. 발행인의 본국 또는 다른 국가에 있을 수 있다.

국제 주식 시장의 규모 세계 83개 증권거래소의 전체 **시가총액**(market capitalization)은 2020년 1월 기준 92조 6,000억 달러로, 2019년 1월 당시의 79조 6,000억 달러보다 증가한 수치이다. 지도 11.1은 상장된 주식 총수에 주당 주식 가격을 곱한 가격인 시가총액 기준으로, 10대 고소득 주식 시장과 10대 신흥 주식 시장을 보여준다. 지도 11.1의 숫자는 그 나라의 모든 시장보다는 각 특정 주식 시장을 나타낸다. 세계 3대 증시는 뉴욕증권거래소, 나스닥(미국), 일본거래소 그룹으로, 그 뒤를 중국 상하이증권거래소가 바짝 쫓고 있다.

세계 3대 증시는 뉴욕(2개 시장)과 도쿄로, 미국 증시가 세계 증시 시가총액의 40%를 점유하고 있다.

글로벌 증시의 정치경제적 요인과 동향 지난 몇 년 동안 세계 시장은 혼란에 빠졌고, 앞으로도 그럴 것이다. 시장에 영향을 미치는 몇 가지 요인이 있지만, 그 영향력은 해마다 변하고 항상 일정하지 않다. 애초에 유가가 하락하기 시작하면 주식 시장도 하락했다. 유가가 상승하기 시작하면 시장도 상승했다. 이에 대해 가능한 설명은 첫째, 물가 상승은 수요 증가와 경제 성장의 회복에서 비롯되었다는 것이다.[26] 둘째, 세계 경제의 약세는 일반적으로 시장을 해치고 위험에서 수익을 내기보다는 안전한 곳으로 돈을 피하게 한다.[27] 셋째, 중국은 거대한 힘이 되었다. 중국 경제가 둔화되기 시

유가, 세계 경제 성장, 중국 경제 약세, 금리 등이 세계 증시에 영향을 미치는 주요 요인이다.

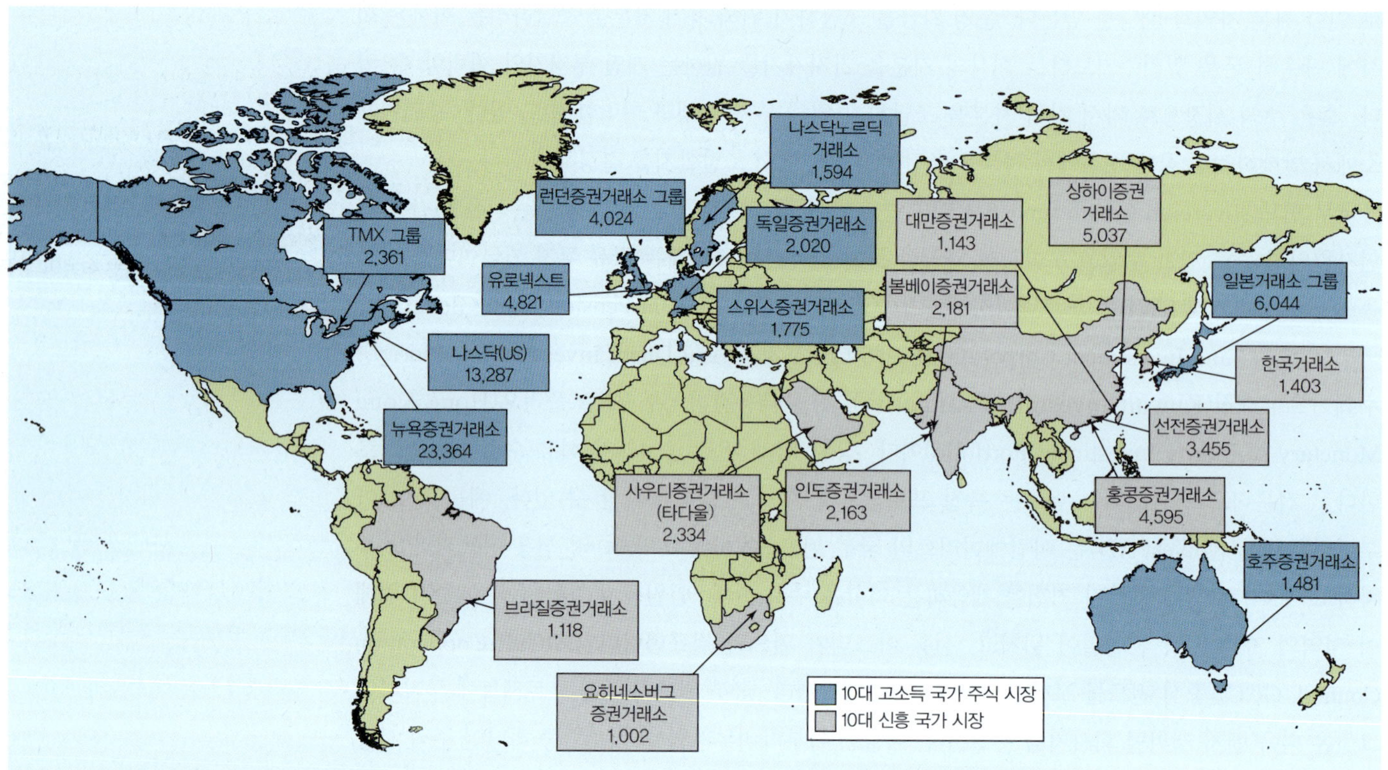

지도 11.1 글로벌 증권거래소: 시가총액(2020년 1월)
자료(10억 단위)는 10대 고소득 국가와 10대 신흥 국가 시장에서 거래되는 국내 시가총액을 나타낸다.
출처: World Federation of Exchanges, https://focus.world-exchanges.org/issue/february-2020/market-statistics (March 2, 2020).

작하자 그 영향은 상품의 수요 감소에서 결과적으로 상품 가격 하락에 이르기까지 전 세계적으로 체감되었다. 중국이 위안화를 평가절하했을 때 전 세계적으로 파급 효과가 느껴졌고 주식 시장은 하락했다.[28] 넷째, 금리의 불확실성이 시장의 불확실성을 만들었다. 미국 경제가 약세를 보일 때는 금리가 낮았지만 경제 활동이 가열되는 것처럼 보일 때는 금리가 오를 것으로 예측됐다. 이로 인해 세계 최대 규모인 미국 증시가 하락했다. 반면 신흥 시장이 금리를 낮추면서 자국 경제가 성장해 산업 시장 약세보다 높은 수익률을 제공할 것이라는 내기에 투자 자금이 신흥 시장으로 몰리기 시작했다.

흥미로운 예는 유럽이다. 2016년에 투자자들은 빠른 속도로 유럽에서 돈을 회수하고 있었다. 이는 주로 유럽의 불안정한 정치 상황, 저금리(따라서 많은 투자에 대한 낮은 수익률), 은행의 약세, 그리고 약세를 지속한 더 넓은 유럽 경제에 대한 우려 때문이었다. 이는 유럽이 2010~2012년 부채 위기에서 회복한 것처럼 보였던 2015년과 뚜렷한 대조를 이루었다.[29] 주식 시장의 동향을 이해하려면 세계적으로 정치적, 경제적 세력의 동향을 파악하는 것이 중요하며 국가나 지역의 세력이 다양한 경우가 많다는 것은 분명하다.

유로 주식은 발행 회사의 본국 외 국가의 증권거래소에 상장된 주식이다.

유로 주식 시장의 등장 지난 10년 동안 또 다른 중요한 사건 중 하나는 발행국의 본국 경제 밖에서 주식이 판매되는 시장인 **유로 주식 시장**(euroequity market)의 등장이다. 유로 주식 IPO는 주식이 회사가 기반을 둔 국가뿐만 아니라 국제적으로 이용 가능할 때 발생한다.[30] 일본의 메시지앱 운영업체인 라인코퍼레이션(Line Corporation)의 2016년 IPO는 도쿄증권거래소에 1,300만 주, 뉴욕 증권거래소에 2,200만 주를 동시에 제공하여 10억 달러 이상을 조달했다.[31] 이는 유럽이 아닌 일본과 미국에서 발행되었음에도 불구하고 유로 주식 IPO이다.

보다 일반적으로 다국적 기업은 교차 상장이라고 불리는 과정으로 여러 주식 시장에 기존 주식을 상장한다. 예를 들어 3M의 보통주는 뉴욕증권거래소와 스위스증권거래소에서 거래되며, 스위스 프랑으로 거래된다.[32]

상장 폐지 경향 하나 이상의 거래소에 상장하는 경향은 점점 더 많은 기업이 자사 주식을 상장한 거래소 숫자를 줄이면서 다소 역전되기 시작했다. 2019년, 뉴욕증권거래소에서 거래하는 미국 기반 다국적 기업인 P&G(Procter & Gamble)는 낮은 거래량, 높은 비용, 관리 요구사항을 이유로 유로넥스트파리거래소(Euronext Paris exchange)에서 상장 폐지했다.[33] 기업은 거래소에 상장하는 연간 비용을 지불해야 하고, 만약 특정 거래소에서 거래가 빈약하다면 거래량이 많은 거래소에서 상장함으로써 돈을 절약할 수 있다. 상장 폐지의 다른 이유는 낮은 시장 수익률(투자자들이 점점 더 주식에 돈을 투자하지 않는다) 및 증가된 규제(예: 미국의 샤베인-옥슬리법) 때문이다. 게다가 투자자들은 주식의 최적 가격이 보통 자신들이 투자하는 회사의 본국 시장이라는 것을 알아가고 있다.

미국주식예탁증서(ADR) 2019년에 508개의 외국 기업이 뉴욕증권거래소[34]의 전체 상장의 22.6%인 **미국주식예탁증서**(American Depositary Receipt, ADR)를 통해 이루어졌는데, 이는 미국 은행이 외국의 관리 은행에 신탁 보유한 외국 법인 주식의 기초 주식을 나타내기 위해 발행한 양도성 증권이다. 미국주식예탁증서는 주식처럼 거래되며, 각각의 주식은 기초 주식의 일부를 나타낸다. 예를 들어 토요타(Toyota)는 1999년부터 토요타 보통주 한 주당 2개 비율로 뉴욕증권거래소에 미국주식예탁증서를 상장하고 있다. 이들은 뉴욕은행(Bank of New York)을 미국주식예탁증서 운영업체로 하여 발행했다. 토요타는 뉴욕증권거래소 및 도쿄주식거래소와 더불어 런던주식거래소에도 미국주식예탁증서를 상장하고 있다.

미국증권거래소에 상장된 대부분의 외국 회사는 회사의 주식 또는 일부 주식을 대표하는 문서인 미국주식예탁증서(ADR)를 통해 상장한다.

외국 수입에 과세하기

11-4 해외 수입에 대한 과세가 어떻게 이루어지는지 요약한다.

자본에 접근하는 것은 이자율과 증권거래소의 상장 요건보다 그 이상을 요구한다. 세무 전략은 수익성과 현금 흐름에 지대한 영향을 미칠 수 있기 때문에 CFO에게 중대한 책임이다. 이는 특히 국제 비즈니스에서 사실이다. 국제 세금 전문가는 외국 사업에 대한 본국의 과세 정책과 다국적 기업이 운영하는 각 국가의 세법을 모두 잘 알고 있어야 한다. 과세는 몇 가지 선택에 중요한 영향을 준다.

- 운영 지역
- 수출이나 수입, 라이선싱 계약, 해외투자와 같은 운영 형태의 선택
- 지사나 자회사와 같은 새로운 기업체의 법적 형태
- 자금 조달과 현금 관리를 위해 조세 피난처 국가에 가능한 시설
- 외부 및 내부 자금 공급과 부채 또는 자본과 같은 자금 조달 방법
- 자본 예산 의사결정
- 이전 가격 설정 방법

국제 세금 관행

세계의 세금 관행 차이는 종종 다국적 기업에게 문제를 일으킨다. 법률과 관습에 대한 이해가 부족하면 혼란을 초래할 수 있다. 일부 국가에서는 세법이 느슨하게 적용된다. 한 국가에서는 전액 납부가 된다면 세금이 징수자와 납부자 사이에 일반적으로 협상이 가능하지만, 다른 국가에서는 세법을 엄격하게 준수해야 한다.

부가 가치세를 통해 각 회사는 비즈니스 프로세스의 각 단계에서 제품에 부가된 가치의 일정 부분을 지불한다.

세금 형태의 차이 국가마다 세금의 유형(소득 대 소비), 소득에 적용되는 세율, 과세 가능 소득의 결정, 외국 기반 소득의 처리가 다르다. 이 장에서는 기업 소득세에 집중하지만, 소비세는 정부 수입의 또 다른 중요한 원천 중 하나이다. 부가 가치세는 유럽과 중국을 포함한 기타 지역에서 사용되는 소비세의 예이다. 이는 가치사슬의 매 단계에서 판매 시점에 제품에 부과되는 비율로, 미국의 판매세와 같이 가격에 부가되기보다 상품의 마지막 가격에 포함된다. 다양한 소비세가 존재하며, 브라질 같은 몇몇 국가의 많은 세금은 현지 및 외국 투자자 모두에게 매우 혼란스럽다.

일반회계기준의 차이(GAAP) **일반회계기준**(Generally Accepted Accounting Principle, GAAP)의 국가 간 차이는 과세 가능 소득을 결정하는 데 차이를 만들어낼 수 있다. 세법에서 기업이 회계기준보다 빠르게 자산을 상각할 수 있는 국가에서는 기업이 세금 기준과 장부 회계에 대해서도 동일한 기준을 사용해야만 하며, 더 높은 감가상각 비용은 더 낮은 수입과 더 낮은 세금으로 귀결된다. 수익 인식은 중요한 문제이다. 일부 국가는 다국적 기업의 전 세계 매출에 과세하는 반면, 일부 국가는 국내 환경에서 발생한 매출의 수입만 인식한다.

세율의 차이 법인세 또한 국가마다 다르다. 화이자(Pfizer)가 조세 반전 문제를 검토할 당시 법인세율은 아일랜드가 12.5%, 미국이 35%였다. 미국은 2017년 조세 감면 및 일자리법(Tax Cuts and Jobs Act)의 일환으로 2018년부터 법인세율을 21%로 낮췄다. 이는 여전히 아일랜드보다 높지만, 훨씬 더 높은 비율을 가진 국가도 있다. 그러나 세율은 미국의 연방세와 주세처럼 중앙정부와 하위 중앙정부를 합친 것을 포함하는지 여부에 따라 달라진다. 한 보고서에 따르면 미국은 현재 25.89%의 종합 법정세율을 가지고 있는데, 이는 세계 218개 국가 중 84번째로 높은 세율이다.[35]

개별법인격 접근법에서 정부는 소득이 있을 경우 각 과세 대상에 세금을 부과한다.

기업 과세에 대한 두 가지 접근법 기업 소득의 과세에는 대부분의 국가에서 **개별법인격 접근법**(separate entity approach, 또는 고전적 접근법)이나 **통합 시스템 접근법**(integrated system approach)의 두 가지 방법 중 하나를 통해 이루어진다.

개별법인격 접근법 미국이 사용하는 개별법인격 접근법에서는 개별 분리 단위(기업이나 개인)가 소득을 버는 경우 과세한다. 예를 들어 기업은 수입에 대해 과세되며, 주주는 수입의 배분(배당금)에 과세된다. 결과는 이중 과세가 될 수 있다.

통합 시스템 접근법은 분할 세율 또는 세금 공제를 통해 기업 소득의 이중 과세를 피하려고 한다.

통합 시스템 접근법 다른 많은 선진국은 이중 과세를 제거하기 위해 통합 시스템을 사용한다. 예를 들면 호주와 뉴질랜드는 이중 과세를 막기 위해 주주에게 배당 유예를 부여한다. 이는 주주가 과세 소득으로 배당을 보고하면, 배당을 발행한 회사가 지급한 세금을 공제받는다. 이는 기업이 이미 지불했으므로 주주가 배당에 대한 세금을 지불하는 것을 막는다.

독일은 기업 소득에 대해 사내 유보와 소득 배분이라는 2개의 다른 세율인 분리세율 시스템을 사용해왔다. 그러나 분리세율 시스템을 2001년에 폐지하고 15%의 저율법인세(동독과의 통일에 도움이 되는 연대 할증료 포함 15.285%)와 14~17%의 지방 자치 무역세의 고전적 시스템을 채택하여 실효세율 30~33%로 귀결되었다.[36]

해외 수입 과세에서의 차이 해외 수입에 대한 조세는 모기업이 위치한 지역에 영향을 받기도 한다. 때때로 국가는 세계적인 수입에 대해 다국적 기업에 세금을 부과하고 그들에게 지불된 외국 기업 소득세를 공제해준다. 이는 '세계적 방법(worldwide method)'이라고 한다. 더 일반적으로 국가는 이제 '영토 제도(territorial system)'라고 불리는 국내 수입에 대해서만 다국적 기업에 세금을 부과한다. 미국의 2017년 조세 감면 및 일자리법은 미국 다국적 기업에 대한 과세 방식을 세계적 방법에서 영토 제도로 전환했다. 즉 미국은 더 이상 미국 기반 다국적 기업의 해외 수입에는 과세하지 않지만, 새롭게 마련된 법안이 다국적 기업이 미국 밖의 조세관할권이 낮은 지역으로 자본을 옮기는 것을 막는다.

지사와 자회사에 과세하기

혁신과 확장을 위해 기업은 부채와 자기 자본을 국내외 자본 시장에서 조달할 필요가 있다. 그러나 기업은 전 세계 납세 의무를 최소화하여 자금을 조달할 수 있고, 이를 통해 내부에서 생성된 현금을 사용하여 확장할 수 있다. 예를 들어 미국 기반의 기업이 **해외 지사**(foreign branch)와 **해외 자회사**(foreign subsidiary)로부터 발생한 수입에 어떻게 과세하는지 살펴보자.

해외 지사 해외 지사는 외국에서 법인으로 조직된 기업이라기보다는 본사의 연장이다. 지사가 본사에 수입 배분으로 현금을 송환했는지에 관계없이, 지사에서 발생한 어떤 소득도 본사에 즉시 과세 가능하다. 그러나 만약 지사가 손실을 기록한다면 과세 가능 소득에서 손실을 차감할 수 있어 전체 조세 채무를 줄인다.

해외 지사의 소득(또는 손실)은 본사의 과세 대상 소득에 직접 포함된다.

해외 자회사 지사가 모회사의 법적 확장인 반면, 외국 기업은 해당 국가의 법인법(laws of incorporation)에 따라 그 국가에 설립된 독립적 주체이다. 다국적 기업이 외국에서 외국 기업을 사거나 새로운 기업을 설립할 때 이를 본사의 **자회사**라고 부른다. 자회사가 번 소득은 자회사에 재투자되거나 본사에 배당으로 송금한다.

자회사 수입은 본사에서 과세가 가능하거나 과세 이연(tax deferral, 본사에 배당으로 송금될 때까지는 과세되지 않는다)된다. 어떤 조세 상황을 적용할지는 해외 자회사가 **피지배외국법인**(CFC, 미국 세법의 기술적 용어)인지의 여부와 수입이 적극적인지 수동적인지에 달려 있다. 이는 미국 기업에게 비교적 독특한 경우인데, 대부분의 국가는 국내 수입에만 과세하고 해외 수입에는 과세하지 않는다.

과세 이연이란 소득이 모회사에 배당금으로 송금될 때까지는 과세되지 않는다는 의미이다.

피지배외국법인(CFC) 미국 세법의 관점에서 **피지배외국법인**(controlled foreign corporation, CFC)은 다음 조건을 만족하는 외국 기업이다. 의결권 주식의 50% 이상을 '미국 주주'가 보유하고 있으며, 미국 주주는 피지배외국법인의 의결권을 10%나 그 이상 보유한 미국 사람이나 기업이다. 다국적 기업의 해외 자회사는 세법의 관점에서 피지배외국법인으로 자동적으로 분류된다. 그러나 해외의 조인트벤처 기업은 부분적으로 미국 기반 다국적 기업이 소유하고 부분적으로 현지 투자자가 소유한 기업으로, 만약 미국 다국적 기업이 조인트벤처 주식의 50% 이상을 보유하지 못한다면 피지배외국법인이 아닐 수 있다.

피지배외국법인(CFC)에서 미국 주주는 의결권 주식의 50% 이상을 보유한다.

피지배외국법인 자격을 얻으려면 회사 의결권의 50% 이상을 미국 주주가 보유해야 한다. **미국 주주**는 회사 의결권의 최소 10%를 보유한 미국인 또는 회사여야 한다. 세 가지 시나리오를 가정해보자. 외국 기업 A는 100% 지분을 소유한 한 사람의 미국 주주가 있다. 외국 기업 B는 4명의 주주가 있다. 한 사람은 주식의 45%를, 한 사람은 10%를, 한 사람은 20%를, 한 사람은 25%를 소유하고 있다. 외국 기업 C는 4명의 주주가 있다. 한 사람은 30%, 한 사람은 10%, 두 사람은 각각 8%를 소유하고 있으며, 미국인이 아닌 한 사람이 44%를 소유하고 있다. 이들 중 어떤 것이 피지배외국법인인가? 확실한 것은 B이다. B는 모든 주주가 최소 10% 이상의 주식을 소유한 미국인이기 때문이다. C는 그렇지 않다. 왜냐하면 2명의 미국인이 적어도 10% 이상의 주식을 소유하고 있으며, 미국인은 총 40%만 소유하고 있기 때문이다.

이전에 미국에 본사를 두었던 기업 엔론(Enron)이 조세 피난처에 페이퍼컴퍼니(shell company)를 설립했을 때 부채를 연결 수익에 포함하는 것을 회피하기 위해 주식의 50% 이상을 소유하지 않도록 주의했다.[37]

활성 소득은 무역이나 사업의 직접적인 행위로 얻는다. 불로 소득은 대개 조세 피난처의 운영에서 나온다.

활동 소득 대 불로 소득 만약 해외 자회사가 피지배외국법인의 자격 요건을 갖추려면 미국 세법은 미국 투자자가 해외 발생 수입을 **적극적 소득**인지 **수동적 소득**인지 분류할 것을 요구한다. **활동 소득**(active income)은 거래나 외국에서 만든 상품의 판매 같은 사업의 직접적 행위로부터 발생한다. 미국 연방조세법의 특별히 규정된 **서브파트 F**(subpart F) 또는 **불로 소득**(passive income)은 일반적으로 조세 피난처 국가에서 거래나 사업의 직접 행위와 관련된 소득 이외에서 발생하며, 다음을 포함한다.

- **지주 회사의 수입**: 주로 배당금, 이자, 임대료, 특허권 사용료, 주식 판매 수입에서 발생한 수입
- **판매 수입**: 제조 공장과 별도로 설립된 외국 판매 회사로부터의 수입. 이러한 기관의 상품은 외부에서 제조되고 피지배외국법인이 소재한 국가 밖에서 사용을 위해 판매되며, 피지배외국법인은 해당 상품에 중요한 작업을 수행하지 않는다.
- **서비스 수입**: 피지배외국법인과 동일한 기업 패밀리에 속하고 피지배외국법인이 거주한 국가 밖 기업의 기술, 경영, 또는 이와 유사한 서비스 수행으로 인한 소득

미국의 2017년 세제 개혁은 불로 소득에 대한 과세를 확대하기 위해 노력 중이다. 지적 재산을 사용함으로써 이익을 미국 밖으로 이동시키는 인센티브를 줄이기 위해 세법은 세계무형저세소득(Global Intangible Low Tax Income, GILTI)을 도입했다. 이는 해외에 보유한 특허권, 상표권, 저작권 등 무형 자산으로 벌어들인 해외 소득에 과세하겠다는 취지이다. 이전에는 이러한 무형 자산의 소유권을 임대료와 징수된 로열티 관련 세금을 납부하지 않기 위해 다국적 기업의 해외 자회사로 이전할 수 있었다. 종종 본사는 낮은 세금 관할권으로 이익을 이전하는 수단으로 외국 자회사에 임대료와 로열티를 지불한다. 2018년부터 시행되는 소득은 세계무형저세소득의 과세 대상이며, 이는 지적 재산의 소유권을 해외로 이전하는 인센티브를 감소시킬 수 있다.

그러나 세계무형저세소득의 세금 자체는 세금이 낮은 관할 구역에 있는 무형 자산에 소득을 과세하려는 대략적인 시도일 뿐이다. 실제로 세계무형저세소득은 단순히 외국인 원천 소득의 새로운 범주이며, 복잡한 계산에 기초한 저세율 국가의 고소득자에 대한 부가세이다. 외국계 자회사가 벌어들인 총활동 소득이 감가상각 유형 자산의 10%를 초과하면 일반적으로 세계무형저세소득의 50%

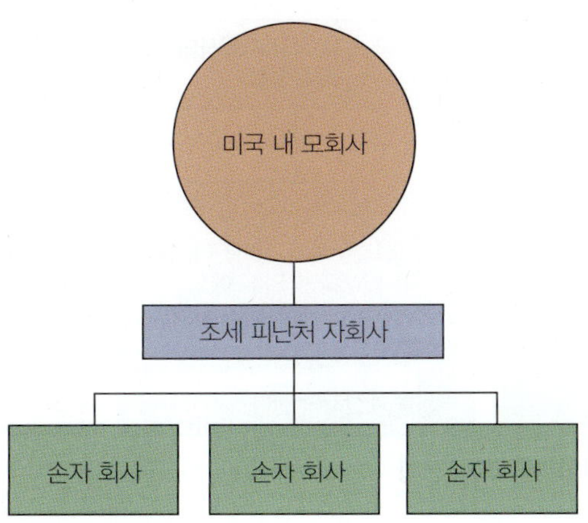

그림 11.1 지주 회사로서의 조세 피난처 자회사
미국 기업이 역외 지역에 조세 피난처 자회사를 설립한다. 그림과 같이 역외 자회사는 손자 회사라고 불리는 3개의 외국 자회사의 주식을 소유하고 있다. 역외 지주 회사는 지주 회사 수입을 발생시키고, 이는 불로 소득으로 미국 모회사 기업에 기록된다.

를 공제하고, 납부한 외국세의 80%에 대해 외국세액공제를 청구할 수 있다. 이 복잡한 공식을 통해 세계무형저세소득에 대한 미국의 실효세율은 법인세가 없는 국가에서는 10.5%까지 높고, 세금이 13.125% 이상인 국가에서는 0이라는 결과가 나왔다.[38] 다시 한번 말하지만 GILTI는 기업 실물 자산의 10%가 넘는 수입에 불과하다. 새로운 세금의 일부 요소는 아직 검토 중이지만, 이 제도는 세금이 낮은 국가에서 운영되는 수익성 높은 자회사에 추가 세금을 부과하는 효과가 있을 것으로 기대된다.

불로 소득과 세계무형저세소득은 종종 바하마, 케이맨제도, 파나마와 같은 소위 '조세 피난처' 국가의 자회사 활동에서 비롯된다. 조세 회피 대상자는 투자 회사, 판매 대리인 또는 유통업자, 라이선스 계약상 모기업의 대리인이나 **손자 회사** 또는 **제2종 종속 기업**으로 불리는 다른 외국계 종속 기업의 지주 회사 역할을 할 수 있다. 이 설정은 그림 11.1에 설명되어 있다. 지주 회사의 역할은 모기업의 해외 사업장에서 발생하는 현금을 조세가 낮은 국가에 집중시켜 글로벌 진출에 활용하는 것이 목적이다.

자회사 소득 결정하기 그림 11.2는 자회사 소득의 조세 상황이 어떻게 결정되는지 보여준다. 피지배외국법인이 아닌 외국 기업이 번 모든 소득(활동 소득과 불로 소득)은 (이 예시에서는 본사) 미국 주주에게 배당으로 송금될 때까지 이연된다. 대조적으로 피지배외국법인의 활동 소득은 본사에 과세가 이연되지만, 불로 소득은 몇 가지 제한과 예외를 조건으로 피지배외국법인이 버는 순간 본사에서 즉시 과세 가능하다. 또한 피지배외국법인은 세계무형저세소득을 계산하고 부채가 있는 경우 세금을 내야 한다. 만약 외국 지사가 소득을 번다면, 활동 소득이든 불로 소득이든 모회사에서 즉시 과세 가능하다.

이전 가격

이전 가격의 광범위한 사용은 국제운영에서 주요 세금 문제뿐만 아니라 성과 평가에 걸림돌로 지적되고 있다. **이전 가격**(transfer price)은 기업의 한 구성원이 다른 구성원에게 판매하는 재화와 서비스에 대한 가격이다. 이전 가격은 관련된 기관 간에 가격이 사용되기 때문에 **제3자 거래 가격**

이전 가격은 기업의 한 구성원이 다른 구성원에게 판매하는 재화와 서비스에 대한 가격이다.

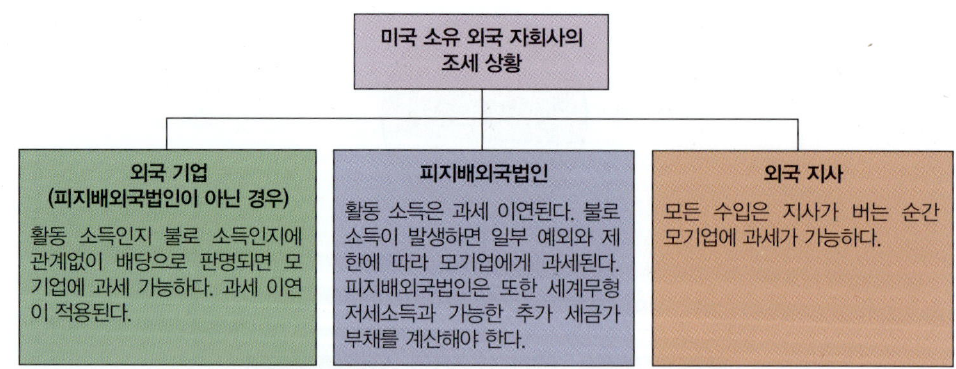

그림 11.2 미국 소유 외국 자회사의 조세 상황

(arm's-length price), 즉 서로 소유관계가 아닌 두 회사 사이의 가격이다. 이는 제3자 거래 가격이 이전 가격보다 시장 가격을 정확하게 반영한다고 가정한다.

이전 가격과 과세 기업이 임의 이전 가격을 책정하는 것은 주로 국가 간 과세 차이 때문이다. 예를 들면 법인세율이 종속 기업의 국가보다 지배 기업의 국가에서 더 높은 경우 지배 기업은 종속 기업에 판매하는 제품에 대해 낮은 이전 가격을 설정하여 종속 기업의 국가에서 과세 소득을 낮게 유지하고 종속 기업의 국가에서 높은 수준으로 유지할 수 있다. 지배 기업은 또한 종속 기업이 자사에 판매하는 제품에 대해 높은 이전 가격을 설정할 수 있다.

OECD는 기업이 전 세계적으로 자사의 세금 부담을 최소화하기 위해 이전 가격을 조작하는 방법을 매우 우려하고 있다. 이러한 이유로 OECD조세정책행정센터(OECD Centre for Tax Policy and Administration)는 다양한 세금 문제와 건전한 이전 가격 정책에 관한 회의를 정기적으로 연다. OECD는 1979년 이전 가격에 관한 지침을 발표하고, 1995년에 개정하여 독립 기업 간 이전이 그룹 내 이전과 유사한지 여부를 확인하는 방법에 대한 지침을 제공했다. 이전 가격 조작을 피하기 위해 각국에서 제3자 거래 가격을 적용하여 납세 의무를 결정할 것을 권고하고, 이 문제에 대한 지침을 발표했다. 1995년 이래로 추가 OECD 정책 개정안이 발행되었으며 계속해서 주기적으로 발간되고 있다.[39]

회사는 이전 가격 정책으로 인해 다른 세금 관할권을 두고 분쟁이 발생할 수 있다. 영국 제약 회사인 GSK(GlaxoSmithKline)는 2006년 이전 가격 분쟁에서 연방, 주, 지방세, 이자로 미국 국세청이 주장한 50억 달러에 못 미치며, GSK의 영업 현금 흐름의 절반인 31억 달러를 지불하여 분쟁을 종료했다. 미국 국세청은 GSK가 미국 계열사에 제공한 마케팅 서비스에 비용을 너무 적게 책정했기 때문에 미국 수입이 감소하여 미국에서 징수되는 세금이 줄어들었다고 주장했다. 이 분쟁은 GSK가 실경비만 받아야 하는지 아니면 독립적인 제3자에게 지급했을 가격으로 마케팅 서비스를 지불해야 하는지 여부에 따라 분쟁이 발생한다. 이는 서비스나 제품에 대한 가격을 정확하게 책정하지 않으면 기업의 재무 위험이 커질 수 있는 복잡한 문제이다.[40]

이중 과세와 세금 공제

세액 공제는 조세 채무의 비용과 가치를 고려한 감소이며 소득 인식과 일치해야 한다.

모든 국가는 자국 영토 내에서 생성된 모든 소득에 세금을 부과할 수 있는 주권을 가지고 있다. 그러나 다국적 기업은 소득이 발생한 국가에 수입을 과세하고, 본국에서도 과세당할 가능성이 있다. 이는 이중 과세 문제로 귀결된다. 미국 세법에서는 미국 다국적 기업은 외국 정부에 지불한 소득세에 대해 공제 혜택을 준다. 예를 들어 미국 본사가 외국에서 발생한 소득(예: 외국 자회사의 배당)을 인식하면 이 소득에 대해 미국 세금을 지불해야 한다. 그러나 미국 국세청은 본사가 이미 지급한 해외 소득세만큼 조세 채무를 줄여준다. 이는 그 수입으로 미국에서 지불해야 할 금액에 의해 제한된다.

예를 들어 미국 다국적 기업 A가 외국에서 발생한 소득 10만 달러에 대해 외국 정부에 2만 달러(20% 세율)를 지불했다고 가정하자. 이 소득이 미국에서 과세 대상으로 간주되는 경우 A 회사는 2만 1,000달러를 소득세(21% 세율)로 지불해야 한다. 세금 공제 혜택이 없다면 회사 A는 수입 10만 달러에 대해 41%의 세율로 총 4만 1,000달러의 소득세를 지불해야 한다.

그러나 미국 국세청은 회사 A가 미국에서 수입이 발생했을 경우 지불했을 소득인 2만 1,000달러까지 공제받을 수 있도록 허락한다. 만약 회사 A의 자회사가 해외 소득세로 2만 달러(20% 세율)를 지불했다면, 미국 조세 채무인 2만 1,000달러보다 적으므로, 2만 달러 전액을 공제받도록 요청할 수 있다. 회사 A는 외국에서 발생한 소득에 법인소득세로 2만 달러는 외국 정부에, 1,000달러는 미국 정부에 지급하여 총 2만 1,000달러를 지불한다.

조세협정: 이중 과세 방지 조세협정의 첫 번째 목표는 국제적으로 이중 과세를 방지하고 이중 과세가 발생했을 때 구제책을 제공하는 것이다. 미국은 58개국과 77개의 조세 조약에 활발히 참가하고 있다.[41] 두 협정국의 일반적인 형태는 배당 원천징수에 대한 상호 감면을 허용하고 어떠한 형태이든 원천세에서 로열티와 때때로 이자 지급을 면제하는 것이다.

조세협정의 목적은 이중 과세를 방지하고, 이중 과세가 발생했을 때 구제책을 제공하는 것이다.

미국은 조세협정이 없는 국가에서 발행한 미국 증권의 소유자(개인과 기업)에 대해 30%의 원천세를 징수하고 있다. 조세협정이 효력을 발휘하면 배당에 대한 미국 세율은 보통 5~15%로 감소하며, 이자와 로열티에 대한 세금은 제거되거나 5~15%로 감소한다.

조세 회피

정부는 가능한 한 많은 세금을 징수하는 방법을 찾으려 노력할 것이고 기업(그리고 개인)은 가능한 한 세금을 적게 내려 할 것이다. 이 두 가지는 항상 사실일 것이다. 문제는 일부 국가가 투자를 유치하고자 세금 인센티브를 제공한다는 것이며, 이러한 인센티브는 다국적 기업의 전반적인 세금 부담을 낮추는 데 도움이 될 수 있다. 전 세계적으로 운영되는 미국에 기반을 둔 회사인 구글을 예로 들면 구글은 이 장에서 언급한 것처럼 법인세율이 12.5%인 아일랜드에 유럽 본사를 설립하고 구글 검색엔진으로 광고를 구매하는 고객이 거주하는 국가가 아닌 아일랜드 자회사와 계약을 맺도록 했다. 따라서 구글은 유럽 전역에서 수익을 창출하지만 세율이 상당히 높은 다른 국가가 아닌 아일랜드에 세금을 지불한다. 구글은 자사의 납세 의무를 더욱 줄이기 위해 법인 소득이나 원천징수세가 없는 버뮤다에 설립한 자회사를 통해 로열티 일부를 운영하고 있다.[42] 유럽연합은 이제 아일랜드 같은 세금이 낮은 국가보다는 매출이 발생하는 국가에 세금을 내도록 다국적 기업에 강요하고 있다.

기업이 아일랜드에 입지하는 이유는 저렴한 인건비와 기업하기 좋은 환경 등 여러 가지가 있지만 법인세율이 낮은 것도 한몫한다. 지식 기반 기업을 더 많이 유치하고자 아일랜드는 자국에서 개발된 특허 및 기타 지적 재산에서 발생하는 수익에 대해 6.25%의 세율을 부과할 것임을 발표했다.[43] 어떤 면에서 이는 다국적 기업이 아일랜드 밖에서 연구개발을 하지만 낮은 세금을 부과하는 아일랜드에서 로열티를 징수한다는 비난을 피할 수 있다.

한 국가가 자체적으로 세금 정책을 파악하는 것은 어려울 수 있으며 모두가 동의할 수 있는 하나의 글로벌 세금 정책을 수립한다는 것은 거의 불가능하다는 것은 다국적 기업에게 이득으로 작용할 수 있다. 결과적으로 기업은 이러한 차이를 이용하기 위해 최선을 다한다. 유럽연합은 심지어 국가마다 세금 정책의 차이를 두고 싸우고 있다. 아일랜드뿐 아니라 룩셈부르크와 네덜란드도 다국적 기업의 투자를 유치하기 위한 도구로 서로 다른 세금 정책을 사용하고 있으며, 이를 없애려는 유럽연합 집행위원회의 비판을 받고 있다. 그리고 미국의 조세 조약은 유럽연합 전체가 아닌 개별 국가와 체결되기 때문에 미국도 유럽연합의 비판에 개입하고 있다. 미국은 유럽연합 집행위원회가 자체 세금 정책을 수립한 개별 국가를 괴롭히는 것을 우려한다.

역외 자금 조달과 역외 금융센터

11-5 역외 금융센터가 어떻게 다국적기업에게 자금 조달 기회를 제공하는지 분석한다.

역외 자금 조달이란 비거주자에게 은행이나 기타 중개인이 금융 서비스를 제공하는 것이다.

기업은 조세 피난처 국가와 다양한 역외 활동을 사용하여 부분적으로 조세 책임을 줄일 수 있다. **역외 자금 조달**(offshore financing)은 비거주자에게 은행과 기타 중개인이 금융 서비스를 제공하는 것이다. 간단한 형태로는 비거주자에게 돈을 빌리거나 빌려주는 것이다.[44] 합법적인 역외 자금 조달의 예로는 유로 달러 시장을 사용하는 것이다. 미국 회사는 은행과 협력하여 런던에서 유로 달러를 발행할 수 있다. 또는 이자에 대한 원천징수세가 없어서 투자자에게 더 유리한 버뮤다에서 유로 채권을 발행할 수 있다.

역외 금융센터

역외 금융센터(OFC)란 자국 통화 이외의 통화로 대량의 자금을 제공하는 도시나 국가를 말한다.

역외 금융센터(offshore financial center, OFC)는 자국 이외의 다른 통화로 많은 자금을 제공하고 현금을 마련하며 축적하는 장소로 사용된다. 보통 금융 거래는 소재지 국가와 다른 통화로 이루어지기 때문에 유로 통화 시장의 중심지이다. 역외 금융센터는 역외 활동이 이루어지는 모든 금융 중심지로도 정의할 수 있지만, 좀 더 실용적인 정의는 금융 활동의 대부분이 재무상태표 양쪽에 있고 역외에서 이루어지며 거래가 다른 곳에서 시작되고 참여 기관의 대부분이 비거주자에 의해 통제된다는 것이다.[45]

개념 체크

5장에서는 OECD 뇌물방지협약을 논의하면서 OECD를 소개했다. OECD는 또한 국경을 초월한 더 넓은 범위의 활동에 대해 우려하고 있다. 1976년에 나온 OECD의 초기 다국적 기업 관련 지침은 국경을 초월한 활동에 종사하는 다국적 기업의 행동강령이 포함되어 있다. 역외 자금 조달은 조세 회피와 같은 잘못된 행동을 조장하기 때문에 OECD를 비롯한 여러 다자간 기구는 역외 거래의 윤리적 관행을 강화하기 위해 노력한다.

역외 금융센터의 성격 일반적으로 이들 시장은 국내 시장과 다르게 좀 더 유연하다. 센터는 자국 시장에만 엄격하게 의존하지 않아도 되므로 다국적 기업의 자금 조달에 일반적으로 더 저렴한 자금원 대안을 제공한다. 역외 금융센터는 다음 중 하나 이상의 특징을 보유한다.

- 예금 및 대출 시장(예: 런던)을 위한 대규모 외환(유로 통화) 시장
- 세계 금융 시장에 자금을 공급하는 대규모 순공급자(예: 스위스)로서 기능하는 시장
- 국제 대출 자금의 중개 또는 경유지로 기능하는 시장(예: 바하마, 케이맨제도)
- 경제 및 정치적 안정
- 효율적이고 경험 많은 금융계
- 좋은 커뮤니케이션 및 지원 서비스
- 과도한 금융 기관의 규제 없이 투자자를 보호하는, 금융 산업에 호의적인 공식 규제 환경[46]

OECD는 역내 및 역외 금융을 구분하기보다는 잘 관리되거나 잘못 관리되는 금융센터를 구분하는 것을 더 선호한다.[47]

운영센터와 기장센터 운영센터(operational center)는 단기 금융 거래를 포함하는 광범위한 금융 활동을 수행한다. 기장센터(booking center)는 실제 금융 활동이 발생하지는 않지만, 비밀과 저율(또는 비) 과세 이점을 위해 거래를 기록한다. 후자의 경우 마약 거래나 테러 활동 자금을 조달하려 불법적으로 사용하거나, 개인이나 회사가 세금 납입을 원하지 않을 경우 자국의 세무당국으로부터 돈을 숨기기 위해 역외에 돈을 예치할 수 있다. 런던은 운영센터의 한 예이다. 케이맨제도는 기장센터의 한 예이다.

'조세 피난처'로서 역외 금융센터 역외 금융센터의 가장 큰 고민은 활동에 조세 회피 영역이 있는지 여부이다. OECD는 역외 금융센터가 합법적인 활동에 종사하고 있다는 것을 확신하기 위해 주요 역외 금융센터와 함께 밀접히 일하고 있다. 조세 피난처를 식별하는 데는 다음과 같은 주요 요소를 사용한다. ① 비과세거나 명목상 세금의 존재하는지, ② 효과적인 정보 교환이 부족한지(특히 은행 비밀), ③ 투명성이 부족한지, ④ 실질적인 활동이 부족한지 여부이다.[48] 주권 국가의 세율이 어떠해야 한다고 알려주려 노력하지는 않지만, OECD는 이 네 가지 영역에서 유해한 세금 관행을 제거하려고 노력하고 있다.

조세 피난처는 저율의 세금이나 비과세, 느슨한 금융 규제, 금융 비밀과 익명성을 제공한다.

1. (지리적으로 유동적인 금융 및 다른 서비스 활동을 통해) 관련 소득에 저율 세금 또는 비과세하는 체제
2. 국내 경제에서 분리된 체제
3. 투명성이 결여된 체제. 예를 들어 세부사항이나 적용이 명확하지 않거나 불충분한 규제 감독이나 재무 공시
4. 체제와 관련한 정보의 효과적인 교환의 전무[49]

분명 이러한 정의에는 중복이 많다. 2009년 보고서에서 OECD는 28개 조세 피난처 국가와 관대한 세무 행위를 표준으로 채택하려는 움직임을 보이는 10개 금융센터를 식별했다. 반면 어떠한 국가 관할권에서도 국제적으로 채택된 과세 표준을 적용하지 않는 곳은 없다고 보고되었다. 이는 분명 상당한 진전이다.[50] OECD는 향상된 환산 및 공개를 통해 불공정한 세금 관행을 줄이려 노력한다. 국가에 주목하는 것이 가장 좋은 접근법인 것 같다.

출처: GTS Productions/Shutterstock

▲ 파나마의 파나마시티는 조세 피난처의 주요 지역으로 여겨진다.

역외 금융센터와 공격적인 세금 관행은 사라져야 하는가?

POINT

그렇다. 역외 금융센터의 문제는 기업이 불법적이거나 비윤리적으로 운영할 수 있게 비밀 장막에서 운영하기 때문에 발생한다. 2016년, 모사크폰세카(Mossack Fonseca)라는 파나마 회사의 내부 문서 약 1,150만 건의 보물창고인 이른바 파나마 페이퍼스(Panama Papers)가 독일 신문사에 입수되어 《뉴욕타임즈(New York Time)》를 포함한 전 세계에 공유되었다. 언론은 모사크폰세카를 통해 부유한 고객이 매우 창의적인 방법으로 미국 세금을 회피하는 방법을 보여주었다. 모사크폰세카는 영국령 버진아일랜드, 파나마, 세이셸 등지에서 최소 2,400명의 미국 고객을 위해 2,800개 이상의 회사를 설립했다. 이 스캔들은 전 세계적이었다. 심지어 신문에 공개된 인물 중에는 아이슬란드의 총리도 있었는데, 그는 이러한 부적절한 행동으로 인해 사임했다. 모든 거래가 불법으로 간주된 것은 아니지만 일부는 기소되었다. 파키스탄의 전 총리가 유죄 판결을 받고 징역형을 선고받았다. 미국 관리는 2018년 말에 4명의 참가자를 기소했고, 더 많은 사람이 기소에 직면하는 것은 아마도 시간 문제일 것이다.[51]

파르마라트(Parmalat)는 카리브해에 명의뿐인 자회사 세 곳을 설립했다. 이러한 회사는 파르마라트의 제품을 팔았고, 파르마라트는 이들에게 가짜 송장을 보내고, 판매가 합법적으로 보이도록 비용과 수수료를 부과했다. 그러고 나서 자회사들이 갚아야 할 금액을 신용전표에 기재했고, 이를 은행에 가져가서 돈을 마련했다. 자회사의 위치를 고려하면 은행이 의문을 가졌겠지만 파르마라트는 이를 잘 모면했다.

부외 금융도 부채를 감추기 위해 사용되었다. 이 기업은 부채의 절반 이상을 케이맨제도와 같은 역외 조세 피난처에 기반을 둔 소규모 자회사에 기장하여 전가했다. 대규모 부채를 숨기면서 이자 비용을 과소평가하고(그래서 수익을 과대 계상하고), 잘못된 기장을 통해 수익을 과대평가하여 파르마라트는 건전한 재무제표와 수익성 있는 이익명세서를 투자자와 채권자에게 제공했다. 파르마라트의 실제 부채는 외부자에게 공개된 금액의 거의 2배였다.

테러리스트와 마약 거래자도 돈 세탁을 위해 역외 금융센터를 이용한다. 미국 정부가 오사마 빈 라덴(Osama bin Laden)의 자금을 추적할 때 익명성으로 악명 높은 역외 금융센터를 추적했다. 바하마의 은행이 자사 계정을 미국 정부 조사관에게 보여주기를 거절하자 미국은 전 세계 전산 송금 시스템으로부터 은행을 단절시켰다. 두 시간 내에 이 은행은 정책을 변경했다.[52] 영국계 은행인 스탠다

COUNTERPOINT

아니다. 역외 금융센터는 은행이 금융 자산을 좀 더 효과적으로 사용하는 효율적인 방법을 제공한다. 역외 금융센터는 모회사나 자회사를 위해 자금을 조달할 금융 자회사를 설립하기에 좋은 지역이다. 그리고 이들은 금융 자회사가 조달 비용을 낮추고 세율 혜택을 얻을 수 있게 돕는다.

이러한 행동 유형은 회사가 여전히 본국 및 현지국 법규와 세금 규제를 따라야 하기 때문에 불법적이지 않다. 어떤 거래는 불법적일 수 있지만 대부분은 그렇지 않다는 것이 사실이다. 마약 자금을 감추거나 파르마라트 사례처럼 회사 부정에 관여하는 것 같은 진정으로 불법적 행동을 감시하는 핵심은 투명성과 보고 체계를 향상하는 것이다.

국가가 다국적 기업에게 조세 피난처를 제공하고 기업을 유치하는 노력을 하지 않는가? 많은 국가는 자원을 산출하는 명백한 방법을 가지고 있지 않다. 그들은 너무나 작아서 제조 시설도 설립하기 어렵고, 저렴한 노동력을 제공하기에는 인구가 너무 적으며, 판매할 수 있는 천연자원이 없다. 그러면 무엇을 할 수 있는가? 기업과 개인은 부를 저축하거나 자본을 조달할 장소가 필요하다. 그래서 역외 금융센터는 요소 비율 이론을 이용하기로 결정하고 부를 유치하는 데 필요한 은행과 금융 인프라를 발전시켰다. 이들이 돈을 유치할 금융, 프라이버시, 세법을 설립하는 한, 그렇게 할 수 있도록 허락되어야 한다. 케이맨제도는 많은 여행객을 유치하지만 세계에서 다섯 번째로 큰 금융센터이자 가장 비밀스러운 곳이다. 자금 세탁 단속에 공을 들여서 금융 전문성을 법적으로 활용함으로써 기업과 개인을 돕는다.[54]

역외 금융센터는 대규모 군대 예산이나 복지 비용을 가지고 있지 않으므로 거대한 정부 지출을 조달하기 위해 세금에 의존하지 않는다. 대규모 세금을 걷지 않는 것이 잘못인가? 일부 국가는 역외에서 생성되는 수입에 무관세 환경을 제공하는 데 분노하지만, 이는 그 나라의 사업이다. 높은 세율의 국가는 은행과 금융 산업을 끌어오는 데 불리하므로 누구도 이들에게 높은 세금을 징수하도록 강요할 수 없다. 금융 거래에 국가가 고율의 세금을 부과하기를 원한다면 그렇게 하라. 그러나 역외 금융센터에게 그들의 일에 놀아나라고 강요하지는 마라.

심지어 영국 공공계정위원회(British Public Accounts Committee)의 위원장은 구글, 아마존, 스타벅스(Starbucks) 같은 다국적 기업의 세금 정책에 대해 불평하면서도 그들이 불법적인 일을 하고 있

드차타드plc(Standard Chartered plc)는 이란 고객을 위해 2,500억 달러 상당의 6만 건 이상의 거래를 숨기려는 불법적인 계획과 관련하여 미국의 돈세탁법을 위반한 혐의로 3억 4,000만 달러의 벌금을 부과받았다.[53] 이러한 활동은 중단되어야 한다.

지는 않다고 인정했다. 그녀는 그들을 부도덕하다고 비난했다.[55]

문제

영국 아마존에서 영국 웹사이트(amazon.co.uk)를 이용해서 책을 주문하면 브리티시로열메일(British Royal Mail) 창고에서 발송된다. 그러나 책값은 영국보다 더 호의적인 세금 조건을 제공하는 룩셈부르크에 있는 아마존 자회사에 지불될 것이다. 룩셈부르크에 자회사를 두어서 세금 청구를 최소화하는 아마존은 불법적인가, 비도덕적인가, 둘 다인가, 아무것도 아닌가?

미래 전망 자본 시장의 성장과 정부의 법인세 개혁 추진

글로벌 자본 시장은 취약한 경제 성장, 저금리, 낮은 물가, 정치적 불안정 등 불안정한 거시경제 세력 때문에 혼란에 빠져 있다. 주식 시장은 경제 소식의 변화에 따라 오르내리면서 변동성이 매우 크다. 낮은 유가로 인해 많은 국부 펀드는 기업에 투자하거나 IPO를 이용할 자원이 없다. 그럼에도 불구하고 기업은 값싼 자본을 찾아 전 세계를 샅샅이 뒤지고 있다. 유럽의 저금리 때문에 투자 자본을 잡기 위한 방안으로 기업과 국가 구매자의 채권 발행에 대한 관심이 지속될 것이다. 은행이 금융 문제와 채무 불이행을 보호하고자 날로 증가되는 규제에 대처함에 따라 주식과 채권 시장은 점점 더 중요해질 것이다.

신흥 시장은 경제가 회복되기 시작한다면 투자하기 좋은 장소가 될 수 있다. 그러나 불안정한 세계 경제가 일본, 미국, 스위스 같은 곳에서 안전으로의 도피를 선호하지 않는다고 가정할 때 신흥 시장에 대한 투자는 계속해서 위험으로 가는 비행이 될 것이다. 중국은 산더미 같은 부채와 약한 경제 성장 때문에 심각한 곤경에 처해 있고, 몇 년 동안 계속 그럴 것이다.

기업은 자금난이 큰 은행에서 주식 및 채권 발행으로 자금 조달을 전환함으로써 성장과 확대를 꾀할 수밖에 없으므로 글로벌 자본 경쟁이 치열할 것으로 보인다. 이와 함께 증시는 자금 조달처를 찾는 기업을 유치하기 위해 지속적인 경쟁을 벌일 예정이다. 비용을 절감하고 시장 잠재력을 확장하기 위한 주식 시장의 합병은 규제 우려가 없는 한 계속해서 미래의 물결이 될 것이다.

다국적 기업에 대한 또 다른 현금 공급원은 계속해서 세금 최소화 계획이 될 것이다. 그러나 OECD 국가들은 다국적 기업이 해외로 확장함에 따라 세금의 허점을 막기 위해 열심히 노력하고 있다. 반면에 허점을 막으려는 국가와 투자를 유치하기 위해 허점을 이용하는 국가 사이에 긴장감이 감돌 것이다. 최근 미국의 세제 개혁은 세법을 개혁하고 다른 나라의 세율을 낮추려는 노력을 촉발할 수 있다. 정부는 계속해서 추진할 것이고 기업은 세금 부담을 줄이기 위한 새로운 방법을 찾으려 변화하는 조세 환경에 계속 대응할 것이다.

OECD, IMF, 유럽연합은 국가들의 세금 차이를 좁히고 불법적인 목적으로 돈을 송금하는 것을 단속하는 기관이다. 수년 동안 불법적인 금전적 이전이 발생했지만 마약 밀매와 테러리스트 활동의 자금 조달로 인해 세계 금융 시스템의 개혁이 더 시급해졌다. 정부가 조세 개혁을 시도하면서 기업이 조세 피난처를 찾는 유인을 줄이는 과정에서 혁신과 경쟁력을 억세하지 않고 수익을 올리는 섬세한 균형이 이루어져야 할 것이다.

CASE

열려라 참깨: 알리바바는 더 이상 가난하지 않다[56]

《천일야화(One Thousand and One Nights)》의 가난한 나무꾼 알리바바는 '열려라 참깨'라는 주문으로 들어간 동굴에서 숨겨진 부를 찾았다. 이야기 속 가난한 나무꾼처럼 알리바바 그룹은 2014년 9월, 뉴욕증권거래소(NYSE)에 '열려라 참깨'라고 외치면서 부를 발견하고 첫 주식을 상장했다. 《천일야화》의 가난한 나무꾼(알리바바 기업 로고에도 등장)의 이름을 딴 알리바바 그룹은 중국 최대 전자상거래 기업이다. 2014년에 알리바바는 자본과 민간 지주 회사 소유주의 투자 이익을 실현할 수 있는 메커니즘이 필요했다. 기업 공개(IPO)를 통해 알리바바는 1,790억 달러로 평가한 상장에서 250억 달러를 조달하는 세계 최대 기업 중 하나로 기록되었다.

당시 기업을 위해 200억 달러 이상의 자금을 조달한 IPO는 3개에 불과했고, 모두 홍콩증권거래소(SEHK)에서 이루어졌다. 중국 농업은행(Agricultural Bank)은 2010년에 221억 달러, 중국 공상은행(Commercial Bank)은 2006년에 219억 달러, AIA는 2010년에 205억 달러를 모금했다. 알리바바는 왜 가까운 홍콩증권거래소보다 뉴욕증권거래소에 왔을까? 당시 알리바바는 미국 시장에서 잘 알려지지 않았던 터라 이 질문은 특히 흥미롭다.

알리바바는 누구인가?

중국 항저우에 본사를 둔 알리바바는 중국에서 가장 큰 전자상거래 회사이며, 아마도 세계에서 가장 큰 회사일 것이다. 1999년에 설립되었으며 다양한 인터넷 사업, 특히 온라인 소매 사이트에 참여하고 있다. 타오바오(Taobao) 마켓플레이스는 미국의 이베이(eBay)와 비슷한 상업 사이트이다. 티몰(Tmall)은 유명 브랜드 소매업체를 위한 온라인 마켓플레이스이다. 쥐화수안(聚划算)은 그루폰(Groupon)과 유사한 일일 거래 사이트이다. 알리바바는 또한 페이팔(PayPal)과 유사한 알리페이(AliPay)라고 하는 금융 기술 애플리케이션과도 연관되어 있다. 온라인 비디오, 모바일 메시지 및 클라우드 컴퓨팅에도 투자하고 있다.

서양에서는 종종 '중국의 아마존'이라고 지칭하지만 알리바바의 비즈니스 모델에는 상당한 차이가 있다. 알리바바는 크고 작은 상인이 물건을 파는 시장이다. 따라서 고객에게 상품을 판매하거나 배송하지 않는다. 알리바바는 웹사이트에서 검색 광고와 구글 및 이베이와 같은 일부 거래에 대한 수수료를 부과함으로써 돈을 번다. 2013년에 알리바바는 약 2,480억 달러의 거래를 처리했다. 알리바바는 79억 5,000만 달러의 수익과 35억 6,000만 달러의 순이익을 보고했으며, 45%의 놀라운 이익률을 보였다.

기업 상장(IPO)

알리바바의 설립자인 마윈(馬雲)은 이미 외부 재원에서 자본을 조달했다. 일본의 소프트뱅크(SoftBank)는 2000년 2,000만 달러를 투자해 IPO 당시 알리바바의 지분 34%를 보유했다. 미국의 인터넷 회사인 야후(Yahoo)는 2005년에 40%의 지분에 대해 10억 달러를 지불했다. 2012년에 76억 달러에 주식의 절반을 알리바바에 다시 매각한 후 야후는 여전히 IPO 당시 알리바바의 약 20%를 소유하고 있다. 나머지 지분은 2011년 지분을 매입한 창업자(단독 8.9%)와 다른 내부자, 투자자 컨소시엄이 보유했다.

2014년은 IPO에 적절한 시기로 보였다. 주가는 상대적으로 높았고 알리바바는 성공의 역사적인 정점에 있었으며 훨씬 더 많은 것을 준비했다. IPO는 알리바바가 추가 자본을 창출할 수 있게 할 것이다. 게다가 소유주에게 투자를 수익화할 기회를 제공할 것이다. 특히 야후는 주주들로부터 알리바바의 지위에서 얻은 이익의 일부를 거둬들이라는 압력을 받았다. 5월에 알리바바는 처음으로 대중에게 주식을 팔기 위해 미국에 서류를 제출했다. 알리바바가 자본을 조달했기 때문에 자사에 대한 방대한 양의 금융 및 비금융 정보를 공개해야 했다. 이는 투자자가 더 많은 정보에 입각하여 투자 결정을 내리는 것을 돕는 정보를 제공하는 공식 문서인 상세한 설명서에 공개되었다. 정관에는 수익금의 사용이 '일반적인 기업 목적'을 위한 것임을 나타냄으로써 자본이 특정한 신규 프로젝트와 연관되지 않았으며, 일부 소유주 지분을 청산하는 메커니즘일 수 있음을 시사했다.

정관에는 크레디트스위스(Credit Suisse), 도이체방크(Deutsche Bank), 골드만삭스(Goldman Sachs), JP모건체이스(JPMorgan Chase), 모건스탠리(Morgan Stanley), 시티그룹(Citigroup) 등 월스트리트의 유명한 주요 인수자가 나열되어 있다. 투자 은행은 수개월 동안 수수료 징수뿐만 아니라 향후 알리바바에 더 많은 서비스를 판매할 가능성을 놓고 파이의 한 조각을 가져가기 위해 경쟁했다. 실제로 알리바바는 은행 간 경쟁 때문에 IPO 수수료가 기준치를 훨씬 밑돌 것으로 예상되었다. 각각의 은행은 특정한 역할이 있었다. 크레디트스위스와 모건스탠리가 정관 마련에 앞장섰고, JP모건체이스와 골드만삭스가 공모주 구조 조정에 나서 기존 주주들과 함께 작업했으며, 도이체방크와 골드만삭스가 법정 실사를 주도했다. 뱅크오브아메리카 메릴린치(Bank of America Merrill Lynch), UBS, 바클레이스(Barclays) 등 유명 투자 은행이 알리바바 경쟁사의 IPO를 준비하고 있었기 때문에 여기에서 누락되어 있었다.

알리바바는 주식 기호로 'BABA'를 채택하여 뉴욕증권거래소에 상장하기로 결정했다. 알리바바는 외국 기업이기 때문에 해당 주식은 미국주식예탁증서(ADR)로 거래된다. 시티은행은 미국주식예탁증서를 위한 예금 은행이다. 이는 시티은행이 중국 현지 관리인을 통해 기초 보통주를 보유하고 뉴욕증권거래소에서 3억 6,812만 2,000ADR을 발행한다는 것을 의미하며, 각 ADR은 회사의 보통주 1주를 나타낸다. 이 지분은 알리바바 지분의 약 14.9%를 차지한다.

2014년 9월 18일, IPO의 가격은 주당 68달러였고, 알리바바는 218억 달러를 모금했다. 뉴욕증권거래소에서 9월 19일에 거래가 시작되었고, 주가는 36% 급등한 92.7달러까지 상승했다. IPO는 시장에서 매우 좋은 평가를 받았다. 회사는 68달러의 IPO 가격으로 주식을 추가로 매각할 수 있는 옵션을 행사하여 조달된 총금액을 250억 달러로 끌어올렸다. 이는 기업 공개(IPO) 인수자들이 더 많은 투자자의 수요를 충족하기 위해 기업 공개(IPO) 가격으로 회사 주식을 추가로 매입할 수 있는 '초과배정(greenshoe)' 옵션이 있었기에 가능했다.

출처: Christopher Penler/Shutterstock

▲ 2014년 9월 19일, 알리바바는 뉴욕증권거래소에서 주식을 상장했다.

투자자는 이 주식이 그들(특히 미국 투자자)에게 중국의 호황인 기술 산업에 접근할 직접적인 방법을 제공하기 때문에 이 주식을 환영했다. 중국 내 최대 라이벌은 텐센트(Tencent)지만, 텐센트의 지분은 미국에서 구할 수 없었다. 2004년 이후 홍콩증권거래소(SEHK)에서 거래가 가능해졌지만 미국의 투자자는 홍콩의 텐센트 주식을 구매하기 위해 준비가 필요하며, 이는 국내에서 ADR을 구매하는 것보다 더 어렵다.

IPO의 성공은 알리바바의 소유주를 매우 부유하게 만들었다. 소프트뱅크의 2,000만 달러 투자는 주식을 팔지 않기로 했지만 IPO 당시 580억 달러 가치로 풍선처럼 부풀었다. 반면 야후는 알리바바가 직접 제시한 주식까지 제치고 알리바바 IPO의 최대 판매자가 됐다. 야후는 소유권의 약 4분의 1에 해당하는 1억 4,010만 주를 매각해 95억 달러 이상을 받았다. 그리고 항저우 아파트에서 초라한 시작으로 회사를 설립한 마윈은 10억 달러 이상을 모았다. 알리바바의 주식은 일반인에게 판매되었음에도 불구하고 대부분의 주식은 3명의 소유주 손에 남아 있다(소프트뱅크 그룹은 29.11%, 야후는 14.95%, 마윈은 7%이다).

알리바바의 IPO는 더 이상 세계 최고 기록이 아니다. 사우디아라비아 석유 회사의 2019년 IPO는 국영 석유 회사를 위해 294억 달러를 모금했다. 사우디아람코(Saudi Aramco)는 사우디아라비아의 타다울 거래소에 상장되었다. 이 지역은 해외 투자자에게 어필하는 것을 제한했고 주식은 주로 국내 투자자에게 판매되었다.

세 번째로 큰 IPO는 2018년에 235억 달러를 모금한 일본의 소프트뱅크 그룹이다. 도쿄증권거래소에 상장되어 있다.

중국 기업이 미국 거래소에 상장하는 이유

특히 알리바바는 상하이증권거래소, 선전증권거래소, 홍콩증권거래소와 같은 중국증권거래소 대신 뉴욕증권거래소에 상장하는 것을 선택했다. 금융 시장은 매년 전 세계적으로 발전하고 있기 때문에 알리바바는 상장을 위해 중국증권거래소 또는 다른 아시아증권거래소를 선택하는 데 국한되지 않았다. 뉴욕증권거래소는 수십 년간 외국계 기업과 거래해왔으며, 현재 514개의 비미국계 발행인이 상장되어 있다.

외국 기업이 미국 내 거래소에 상장하는 데는 여러 이유가 있다. 첫째, 그들은 종종 미국 투자자뿐만 아니라 전 세계의 많은 외국인 투자자를 포함하는 미국 시장의 광범위한 투자자 집단에 접근하기를 원한다. 중국 본토 시장에 상장된 주식은 외국인이 인수하기 훨씬 어렵기 때문에 알리바바는 상하이와 선전 시장을 신속하게 배제했다. 미국에서 가시성이 없는 기업은 통상 미국 상장이 불가능하지만 알리바바는 시장에 잘 알려지지 않았어도 중국과 인터넷 시장에 대한 노출 욕구가 강했다. 결과적으로 알리바바는 중국 본토 시장에 상장하는 것보다 세계 최대 경제에 상장함으로써 전 세계적으로 더 많은 투자자에게 도달했으며, 이는 아마도 당시 세계 최고 IPO에 중요했을 것이다.

기업이 미국 거래소에 상장하는 또 다른 이유는 주식이 상대적으로 쉽고, 빠르고, 저렴하게 거래될 수 있는 미국 시장의 유동성을 중요시하기 때문이다. 이는 잠재적으로 투자 이탈에 관심을 보이는 내수주가 있는 기업에 중요하다. 알리바바의 경우 뉴욕증권거래소의 유동성은 소프트뱅크, 야후, 그리고 설립자가 미래에 주식을 파는 것을 더 수월하게 할 것이다.

마지막으로 중국과 같은 신흥 시장의 기업이 종종 미국에 상장하는 것은 자국보다 기관이 더 강한 선진국의 금융 시장과 제휴하기를 원하기 때문이다. 이를 위해서는 기업의 정보 투명성이 더 필요하지만, 투자자 보호가 강한 협회는 기업이 인수합병을 원하는 경우와 같이 나중에 이익을 얻을 수 있다. 상장 당시 알리바바 창업자는 다음과 같이 말했다. "오늘 우리가 모금한 것은 돈이 아니라 신뢰이다. 그것은 우리에게 주어진 책임이다."

알리바바가 홍콩증권거래소에 상장했다면 글로벌 투자자, 지속적인 유동성, 투자자 보호와 같은 강력한 기관에 거의 동일한 접근 권한을 제공했을 것이며 알리바바는 국내에 훨씬 더 잘 알려졌을 것이다. 그렇다면 알리바바는 왜 홍콩보다 뉴욕을 선택했을까? 알리바바의 경우 뉴욕증권거래소를 선택한 중요한 부가적인 이유가 있었다. 알리바바는 소유권에 대해 회사의 지배력을 바꿀 수 있는 이중 계층 구조를 원했다. 특히 마윈과 경영진은 완전한 지배력을 유지하고 싶어 알리바바 파트너십(당시 알리바바 그룹 임원 28명)이 이사회 과반수를 선출하는 지배 구조를 만들었다. 이 파트너십은 소수의 지위(당시 발행 주식의 14%)를 소유하고 있었기 때문에 11명으로 구성된 이사회에 불균형적으로 큰 영향력을 행사했다. 따라서 알리바바 경영진이 보유한 주식의 종류는 일반 주식보다 더 많은 의결권을 가진다. 당시 34.4%의 지분을 보유한 소프트뱅크는 이사 1명만 허용되었고 야후는 22.6%로 아예 허용되지 않았다.

모든 증권거래소가 의결권과 소유권의 차이를 허용하는 것은 아니다. 이러한 이중 계층 구조는 뉴욕증권거래소에 상장된 회사 사이에서 드문 것이 아니며, 사실 페이스북, 구글, 그루폰과 같은 다른 인터넷 회사의 설립자들이 통제권을 유지하기 위해 사용했었다. 뉴욕에서 이 지배 구조의 가용성은 홍콩과 비교했을 때 알리바바에게 주요한 매력이었다. 홍콩증권거래소는 기업에게 '1주 1표' 원칙을 따를 것을 요구했고, 따라서 이중 계층 구조를 완전히 허용하지 않았다. 놀랍지 않게도 홍콩증권거래소는 2018년 이후에 이중 계층 구조를 허용하도록 규칙을 변경했다. 이후 알리바바는 변화를 틈타 2019년 홍콩증권거래소에 대한 2차 주식 상장으로 129억 달러를 조달했다. 그러나 2014년 IPO 당시 알리바바는 중국 밖에서 이중 계층 구조의 IPO를 찾아야 했고, '열려라 참깨' 하고 외치자 뉴욕증권거래소와 미국 시장이 문을 열었다.

문제

11-3 알리바바가 IPO를 상장하기로 한 결정에 동의하는가 아니면 더 많은 돈을 빌려 런던이나 다른 곳에서 유로 채권을 유동화했어야 하는가?

11-4 알리바바가 뉴욕에서 IPO를 발행하는 데 영향을 미친 가장 좋은 이유는 무엇인가? 뉴욕에 상장하기로 한 결정에 부정적인 면이 있는가?

11-5 알리바바의 소유권을 희석하는 기존 주주에게 미치는 영향은 무엇이며, 이는 다른 회사가 따를 것으로 기대할 수 있는 모델인가?

11-6 미국에서 알리바바의 미래가 어떻게 될 것이라고 생각하는가?

Chapter 12 국제경영 전략

학습 목표

12-1 다국적 기업의 전략 개념을 설명한다.

12-2 경영진이 전략을 수립하는 방법을 설명한다.

12-3 자원, 능력 및 역량을 분석한다.

12-4 가치 창출을 위한 접근 방식을 평가한다.

12-5 가치사슬의 특징과 기능을 표로 설명한다.

12-6 글로벌 통합 및 현지 대응을 비교한다.

12-7 다국적 기업이 사용하는 전략 유형을 구분한다.

출처: TonyV3112/Shutterstock

행동이 없는 비전은 백일몽이고, 비전이 없는 행동은 악몽이다. –일본 속담

CASE

자라의 혁신적인 비전: 데이터에 기반한 패스트 패션[1]

일상에서 쉽게 접하는 의류는 보편성으로 인해 세계 시장에서의 그 위상이 두드러지지 않는다. 그러나 의류와 섬유는 세계에서 가장 큰 산업 중 하나이다. 의류와 섬유 산업은 수많은 사람을 고용하고 3조 달러 이상의 거래를 창출한다.[2] 해당 산업의 활동은 디자인, 브랜딩, 섬유 생산, 섬유 절단, 조립, 마감 작업, 물류, 상품화, 마케팅 기능 등 전 세계에 걸쳐 규모와 범위가 방대하다. 전통적으로 대형 유통업체는 시장을 주도하며 무엇을 만들 것인지, 어디서 만들 것인지, 어떻게 유통할 것인지, 어떻게 판매할 것인지를 결정한다. 운영상 글로벌 의류 회사와 국내 소매업체는 3PL센터(3PL Center), 글로벌트랜즈(GlobalTranz), 리앤드펑(Li & Fung)과 같은 글로벌 중개업체를 통해 의류 생산을 아웃소싱한다. 예를 들어 글로벌 의류 회사와 국내 소매업체는 전 세계의 백화점, 대형 슈퍼마켓, 전문점 및 전자상거래 사이

트에 수십억 벌의 의류를 공급하고 있다. 글로벌 중개업체는 직물 공장, 재봉틀, 의류 공장을 소유하지 않는다. 오히려 2만 2,000명의 리앤드펑의 직원은 40개국 250개 지사에서 세계 최대의 소매업체 및 브랜드의 공급사슬을 관리한다.[3]

역사적으로 전형적인 의류 제조업체는 소규모의 노동 집약적인 회사로, 보통 몇 명에서 수십 명의 근로자를 고용하고, 저임금 국가에 위치해 있다. 의류 제조업체에서 노동자는 종종 제한된 범위의 크기와 색상으로 특정한 품목을 생산하고, 글로벌 중개업체는 수십 개국에 걸친 수백 개의 다른 회사의 생산물을 합친다. 많은 국가의 기업이 더 전문화된 제품을 생산함에 따라(즉 한 공장은 지퍼를 만들고, 다른 곳에서는 안감을 만들고, 또 다른 곳에서는 단추를 만드는 등) 글로벌 중개업체는 국경을 초월한 중개자 역할을 하며 구성품이 완제품이 되기까지의 물류 및 조립 과정을 감독한다. 궁극적으로 완제품은 전 세계의 의류 소매업자에게 유통된다.

시시각각 변화하는 패션의 역동성은 의류 소매업자에게 적절한 시기, 가격, 크기에 맞춰 적절한 스타일의 의류를 갖추도록 끊임없이 압박한다. 이에 의류 소매업자는 글로벌 중개업체에게 많은 의류 제조업체 간 조정(coordination)을 개선하라는 압력을 가한다. 소매업체는 판매 시즌에 더 가깝게 컬렉션을 계획하고 시장을 테스트하며 초기 발주량은 적게 하고 자주 재주문함으로써 예측 오류를 줄이고 두려운 '재고로 인한 위험'을 피할 수 있다. 산업에서의 지혜와 역사적 관행은 의류 회사의 규모와 관계없이 다방면에서의 가치 창출보다는 단편적인 활동(예: 지퍼 생산, 물류 관리, 소매 유통 등)에 선택적으로 집중하도록 유도했다. 사실상 글로벌 의류 산업은 기업이 가장 잘하는 일을 제외하고 나머지는 아웃소싱하는 전략을 펼치도록 압력을 가한 것이다.

변화하는 시장, 변화하는 기회

세계화는 끊임없이 글로벌 의류 산업을 변하게 한다. 장애물이 감소하고 물류 및 기술이 개선되면 산업 표준을 무너뜨릴 수 있는 길이 열린다. 즉 일부 관리자는 산업 구조상의 결정론(determinism, 정립된 인과관계)을 받아들이기보다 혁명적인 비전과 급진적 활동에 승부를 걸었다.[4] 대표적인 예시는 의류 디자인부터 고객까지의 공급사슬(apparel-buyer chain)이 단축된 것이다. 전통적으로 의류를 디자이너에서 공장, 브로커, 배송업체, 매장 순으로 옮기는 데는 약 6개월이 소요된다. 즉 새 컬렉션을 디자인하는 데 3개월, 제작, 배송 및 입고하는 데 3개월이 소요되는 것이다. 현재 H&M, 탑샵(Topshop), 유니클로(Uniqlo)와 같은 일부 회사는 주기를 3~5개월로 단축했다.

자라(Zara)는 놀랍게도 주기를 2주로 단축했다. 데이터 기반 패스트 패션에 대한 자라의 비전은 의류 산업의 전략과 성공에 대한 난공불락의 규칙을 완전히 거부함으로써 오랫동안 지속된 원칙과 관행을 무너뜨렸다.[5] 예를 들어 자라는 경쟁업체와 달리 판매하는 제품의 대부분을 제작하고 광고와 영업은 지양하며 유통을 직접 총괄한다. 한때 이단으로 여겨졌던 이러한 선택은 자라를 세계 최고의 의류 회사로 만들었고, 설립자 아만시오 오르테가(Amancio Ortega)를 750억 달러 이상의 재산을 가진 세계에서 가장 부유한 사람 중 하나로 만들었다.[6]

패스트 패션의 비전

1975년, 오르테가는 패션 중심지인 뉴욕, 런던, 파리, 밀라노, 도쿄에서 멀리 떨어진 스페인의 외딴 곳에 있는 작은 마을 아르테이호에 작은 의류 매장 자라를 열었다.[7] 시작은 미미했지만 오늘날에는 96개국에 2,250개 이상의 자라 매장이 전략적으로 위치해 있다.[8] 초반에 오르테가는 '고객이 원하는 것을 누구보다 빠르게 제공한다'는 강력한 포부를 가지고 있었다.[9] 시간에 지남에 따라 자라의 창립 비전은 실현되었으며 오늘날 자라의 사명은 다음과 같다. "고객의 욕구를 만족시키고 경험을 향상시키기 위해 자라는 지속적으로 사업을 혁신할 계획이다. 합리적인 가격에 질 좋은 소재로 새로운 디자인을 선보일 것을 약속한다."[10] 다른 브랜드는 자라의 비전에 대해 '적당한 가격의 아르마니(Armani)' 또는 '올드네이비(Old Navy) 가격의 바나나리퍼블릭(Banana Republic)'이라고 묘사하며 비아냥거린다.[11] 그러한 뉘앙스에 관계없이 데이터에 기반한 패스트 패션을 지향하는 자라만의 비전은 세련되면서 저렴한 의류를 디자인, 제작, 운송, 판매하는 최첨단 시스템, 최첨단 기술, 효율적인 생산, 스마트 물류, 매력적인 유통을 통합하는 전략이다.

패스트 패션 전략 수립

글로벌 산업을 바꾸기 위해서는 고객이 무엇을 원하는지, 어떻게 만들고 마케팅하며, 어떻게 돈을 벌 수 있는지에 대해 근본적으로 재고해야 한다. 데이터 기반 패스트 패션 혁명을 시도하며 유지하는 자라는 자원 획득, 역량 개발 및 창출에 다양하고 기발한 선택을 통해 자사의 비전을 실용적인 전략으로 전환한다. 이러한 전략은 개별적 또는 전체적으로 자라의 경쟁력을 유지한다.

자원

패스트 패션을 만들고 판매하려면 통합 제조 시스템, 물류 노하우 및 소매점이 필요하다. 자라는 각각의 활동에서 꾸준히 세계 최상급의 자원을 개발했다.

제조 자라는 거의 모든 다른 의류 회사와 마찬가지로 유럽, 아프리카, 아시아의 공급업체로부터 일반 티셔츠, 슬립 등과 같은 완성된 의류를 공급받는다. 또한 자라는 경쟁사와 달리 패션 의류의 절반 이상을 만들기 위해 아르테이호 주변 공장에 직원을 고용하고 있다.[12] 자라의 생산 역량은 빠르게 변하는 패션 트렌드란 신속한 디자인과 유통을 필요로 한다는 오르테가의 통찰력에서 비롯되었다. 이는 전 세계 고객에게 신속하게 제품을 제공하기 위해 가까운 곳에서 제품을 만드는 것을 의미한다. 따라서 자라는 자사의 최첨단 공장에서 자사 일정에 따라 시간과 유행에 가장 민감한 수백만 개의 제품을 생산한다.

물류 의류는 아르테이호에 위치한 축구장 90개 이상의 크기인 자라의 물류 센터 또는 브라질과 멕시코의 소규모 위성 센터를 통해 공급된다. 아르테이호에서 의류는 '더큐브(The Cube)'로 알려진 본사 반경 10마일(16km) 이내의 11개 공장을 연결하는 지하 모노레일(24마일, 약 200km)을 따라 이동한다. 그 과정에서 의류는 시간당 4만 5,000개의 의류를 처리할 수 있는 최첨단 생산라인(carousel, 캐러셀)으로 빠르게 분류된다. 자라는 96개국에 있는 매장으로 매주 100만 개 이상의 상품을 배송한다. 주문 제작 상품은 유럽, 중동, 미국 대부분의 매장에 24시간 내에 도착하며 아시아와 중남미의 경우 48시간 내에 도착한다.[13]

소매업 자라에서 마케팅을 한다면 주위의 이목을 끄는 부동산을 통해 이루어질 것이다. 루이 블랑(Luis Blanc) 이사는 "우리는 최고의 위치에 투자하며 매장의 전시에 세심한 주의를 기울인다. 그것이 우리의 이미지를 투영하는 방법이다"라고 설명했다. 자라의 매장은 파리의 샹젤리제, 런던의 리젠트 거리, 뉴욕의 5번가, 상하이의 난징로드와 같은 주요 쇼핑 장소에서 대중의 관심을 받고 있다. 예를 들어 이 장 첫 페이지의 사진은 베이징에 소재한 자라 대표 매장의 정면 모습이다. 자라의 위치 전략은 흥미로운 긴장감을 만들어낸다. 한 컨설턴트는 "프라다(Prada)는 구찌(Gucci) 옆에 있고 싶어 하고 구찌는 프라다 옆에 있기를 원한다. 명품 브랜드의 소매 전략은 자라와 같은 브랜드로부터 최대한 멀리 떨어지는 것이다. 자라의 전략은 가능한 한 명품 브랜드에게 다가가는 것"이라고 했다.[14]

능력

공장을 짓고 매장을 여는 것은 기업의 자원을 의미한다. 통합적이고 일관되며 생산적인 방식으로 경영 활동을 영위하는 데 자원을 최적으로 통합하는 방법에 대한 관리자의 통찰력은 곧 능력이다. 예상한 대로 자라는 공장과 상점 같은 평범한 자원을 강력한 능력으로 바꾸었다.

디자인 자라의 디자이너는 매장 관리자, 업계 간행물, TV, 영화, 인터넷 사이트, 소셜 미디어 스트림에서 데이터를 수집한다. 자라는 대학캠퍼스와 나이트클럽을 중심으로 유행을 빠르게 파악한다. 직원들은 쿠튀르쇼(couture show)에서 사진을 찍어 본사에 보고한다. 본사에서 디자이너는 데이터를 선별하여 최신 유행의 옷을 대중을 위한 가성비 있는 패션으로 빠르게 바꾼다. 자라는 종종 2주 만에 파리 패션쇼에서의 패션 트렌드를 상하이에서 판매될 블라우스나 앙상블(ensemble, 패션의 조화성)로 바꾼다. 하지만 경쟁사인 갭(Gap)과 H&M은 동일한 작업을 진행하는 데 몇 달이 걸린다. 예를 들어 마돈나(Madonna)가 스페인에서 연이은 콘서트를 열었을 때 10대 소녀들은 그녀가 첫 쇼에서 입었던 옷을 카피한 자라의 옷을 입고 그녀의 마지막 공연을 보러 갔다. 사람들이 무엇을 입고 싶어 하는지 실시간으로 파악하는 자라는 국경을 초월한 패션과 취향의 통합을 가능하게 한다. 제품을 특정 국가의 선호도에 맞추는 것이 아니라 세계 시장에 맞게 디자인을 표준화하는 전략이다. 경영진은 고객에게 거부할 수 없는 가치를 효과적으로 제안하고 힙한 분위기(hip vibe)의 저렴한 고품질 의류를 제공하는 것을 통해 패션 선호도를 세계화할 수 있다고 생각한다.

희소성과 배경 내부와 외부 모두 매력적인 매장은 자라의 특별함에 필수적이다. 루이 블랑은 다음과 같이 말한다. "우리는 고객이 최신 패션을 제공하는 아름다운 매장에 오길 바란다. 고객의 마음에 드는 물건이 다음 주에는 매장에 없을 것이기 때문에 지금 구매해야 한다는 것을 이해해주길 바란다. 이는 희소성과 기회의 분위기를 조성하는 것이다."[15] 프라다, 구찌와 같은 고급스러운 경쟁 기업과 견주기 위해 자라는 최선을 다해야 한다. 디자이너들은 전 세계를 돌아다니며 윈도우 디스플레이를 조정하고 매장 분위기를 테스트하며 배치 방식을 재고한다. 레이아웃이 항상 변경되듯이 재고의 구성도 바뀐다. 자라는 고객의 일시적인 취향만큼 빠르게 디자인, 제조 및 판매되는 라이브컬렉션(live collection)을 선호하여 기존의 봄 및 가을 의류 컬렉션에 대한 아이디어를 지양한다. 몇 주 이상 지속되는 스타일은 거의 없다.[16]

홍보 자라의 제품 정책은 합리적인 품질과 저렴한 가격, 하이패션(high fashion, 고급 패션)을 강조한다. 제품은 광고 및 홍보용으로 거의 사용되지 않는다. 설립자 아만시오 오르테가는 광고를 '무의미한 방해'로 보았다. 그는 인터뷰를 한 적이 없으며 사진 촬영을 거의 허락하지 않는다.[17] 자라는 광고에 3~4%를 소비하는 경쟁사에 비해 매출의 0.5% 미만을 광고에 소비한다. 화려한 캠페인을 피하는 대신 충성도 높은 고객들의 입소문에 의존한다. 오르테가 본인처럼 자체적으로 홍보하는 것이 아니라 열광하는 고객에게 홍보를 맡긴다.

역량

영리한 경영자가 자원을 능력으로 결합하는 것처럼 능력도 역량으로 전환할 수 있다. 정확하게 정의 내리기 어렵지만 역량은 기업이 자원과 능력을 연결하기 위해 사용하는 특별한 지식, 기술, 능력으로 볼 수 있다. 이러한 자원과 능력의 통합은 고객을 위해 탁월한 가치를 창출할 수 있는 역량을 설정하고 유지해준다.

융통성 자라는 몇 주 전에는 없었던 최신 유행의 패션을 빠르게 선보인다. 마르코스 로페즈(Marcos Lopez) 이사는 "우리 매장의 주요한 원동력은 올바른 패션이다. 가격은 그다음으로 중요하다"고 설명했다.[18] 자라는 공격적으로 제품의 가격을 책정하고 국제 시장에 맞게 가격을 조정하여 해외 고객이 스페인에서 오는 제품의 비용을 부담할 수 있게 한다. 또한 제품라인이 고객의 관심을 끌지 못하면 "판매되지 않으면 전체 생산라인을 폐기할 수 있으며 컬렉션을 새로운 색상으로 바꾸어 며칠 만에 새로운 패션라인을 만들 수 있다"고 했다.[19] 새로운 아이디어와 디자인을 몇 주 안에 전 세계에서 구입할 수 있는 합리적인 가격의 하이패션 의류에 통합하는 것은 매우 어려운 목표이다. 자원과 역량을 결합한 자라의 통찰력은 가치 창출을 성공적으로 발전시키므로 같은 분야에서 고군분투하는 경쟁자로 인해 그 차이는 극명하게 잘 드러날 것이다.

패션테크 자라의 매장은 세상에 모습을 드러내는 것 외에도 풀뿌리 마케팅 에이전트(grassroots marketing agents) 역할을 한다. 네트워크로 연결된 매장은 아르테이호 본사에 판매 데이터와 고객의 요구(후자는 전 세계적으로 표준화된 제품을 현지화하는 데 도움을 준다)를 제공한다. 자라웹(Zara-web)의 중심에는 물리적·상징적으로 회사의 중앙 사령부인 '더큐브'가 있다. 더큐브에서 디자이너, 분석가, 기획자는 자원과 능력을 결합하여 실시간 데이터를 실시간 패션으로 활용하는 방법을 실험한다. 예를 들어 디자이너는 전략적으로 중요한 전 세계 매장의 배치를 모방한 모조 매장인 '패션스트리트(Fashion Street)'에서 제품 전시 및 위치 지정(매장 내 사운드트랙의 음향 테스트까지)을 시뮬레이션한다. 자원과 능력의 지속적인 개선은 자라의 역량을 강화한다.

흥미로운 모험으로서의 의류 쇼핑 제품의 적시성, 독점적인 분위기, 매혹적인 매장 분위기, 빠른 제품 회전율로 인한 긍정적인 입소문은 자라의 자원과 능력을 활용한다. 충성도가 높은 고객은 최신 유행 패션이 배송되는 요일(소위 'Z-데이')을 파악하고 그에 따라 쇼핑한다. 자라는 매장에 소규모 배송(예: 특정 스타일의 옷 3~4개)을 하여 열광적인 반응을 불러일으키고 있다. 소규모 배송으로 선반에는 재고가 가득 차지 않게 된다. 또한 제품의 전시 기간은 1개월로 제한된다. 빠른 회전율도 남은 부분을 보완한다. 소비자가 자라를 자주 방문하더라도 재방문할 때 매번 달라 보인다. 미국소매협회(National Retail Federation)의 CEO는 Z-데이, 빠른 회전율, 희소한 재고를 보며 "2주에 한 번씩 새 매장에 들어가는 것과 같다"고 감탄했다.[20]

전진

자라의 첫 매장은 1975년 아르테이호에 생겼다. 오늘날에는 2,200개 이상의 자라 매장이 있으며 평균적으로 며칠마다 새로운 매장이 생겨난다. 자라의 비전, 사명, 전략의 명료성은 자원, 능력, 역량의 매력적인 조합으로 전환되어 놀라운 성공을 이끌어낸다. 놀랍게도 자라의 엄청난 선택은 오랫동안 확립된 세계 의류 산업의 전략적 표준을 거부했다. 현재 자라만큼 빠르게 패션을 디자인, 제작, 운송, 판매하는 의류 회사는 없다. 자라의 성공은 경쟁업체가 운영 방식을 더 효과적으로 조합하고 조정하는 방법을 찾을 시간을 줄여준다. H&M과 같은 일부 기업은 사업을 지속하고 있는 반면, 갭과 같은 일부 기업은 더욱 뒤처져 있다. 궁극적으로 어려움을 겪고 있는 경쟁자들은 자라의 전략을 따라야 한다. 분석가들은 그렇지 않으면 경쟁 기업은 사업을 지속할 수 없을 것이라고 경고한다.

문제

12-1 자라는 '고객이 원하는 것을 누구보다 빠르게 제공하는 것'을 일상 업무로 어떻게 변환하는가?

12-2 갭과 같은 경쟁업체가 자라가 정의하는 자원, 능력, 역량을 재창출하는 데 직면한 어려움은 무엇일까?

다국적 기업의 전략

12-1 다국적 기업의 전략 개념을 설명한다.

진화하는 고객 선호도, 혁신적인 경쟁자, 변화하는 시장 구조, 새로운 기술 플랫폼, 변화하는 제도적 맥락은 기회와 위협을 만든다. 전략가의 임무는 어떤 제품을 어디에서 만들고 어디에서 판매하며 어떻게 경쟁해야 계속해서 이익을 얻을 수 있는지를 파악하는 것이다. 이 장과 다음 장에서 볼 수 있듯이 전략적 행동은 관리자가 어떻게 해외 시장을 평가 및 진출하고 투자를 결정하며 제휴를 맺고 활동을 조직하는지에 중점을 둔다. 이러한 전략적 선택을 고려하며 이 장에서는 경영자가 전 세계적으로 사업을 운영하려면 마케팅, 제조, 공급, 회계, 재무, 인적 자원 프로그램을 어떻게 실행하는지 파악해보자.

> 우수한 성과를 얻으려면 경영자가 글로벌 비즈니스 환경의 기회와 위협에 대한 계획을 수립해야 한다.

다국적 기업의 전략가에게 글로벌 시장은 종종 너무 좋은 환경이다. 세계은행(World Bank)은 오늘날 전 세계에서 217개의 국가를 식별했다. 217개국 중에 189개 국가는 호주, 중국, 프랑스, 인도네시아 등 익숙한 국가이고, 나머지 28개국은 인구수 3만 명 이상의 버뮤다, 마카오, 맨섬, 바누아투

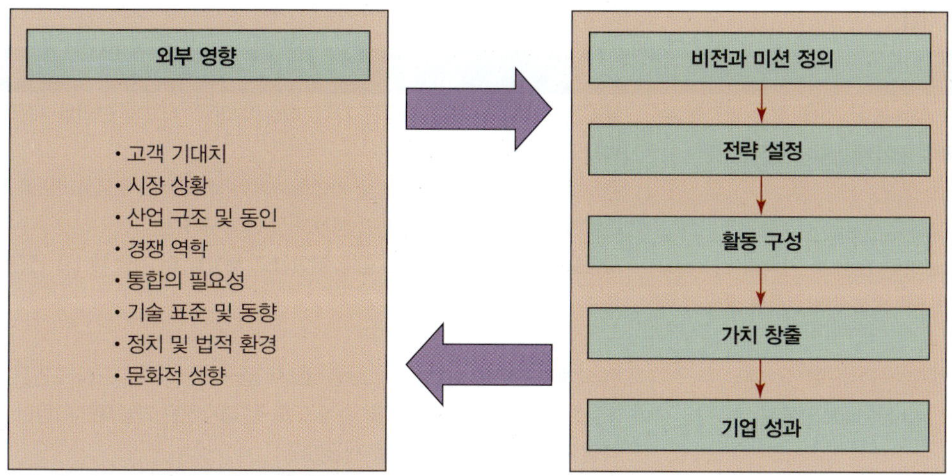

그림 12.1 국제경영에서 전략의 역할
다국적 기업의 운영 환경에는 물리적, 제도적, 정치적, 경제적, 문화적, 시장적, 금전적, 경쟁적 요인이 포함된다. 이러한 요인을 이해하는 것이 전략의 영역이다. 비전과 미션을 개념화하는 것을 시작으로 성과 결과에 이르기까지 전략은 강력하고 다양하며 매력적이다.

와 같이 일부 들어봤거나 들어본 경험이 없는 국가로 구성되어 있다.[21] 국가의 명칭과는 관계없이 관리자는 이러한 시장을 스캐닝하고 트렌드를 평가하여 이상적인 가치 창출 전략을 수립하고 실행한다.

217개 시장을 포괄하는 기회와 위협에 대한 분석 규모와 범위는 상당하다. 문제를 더 복잡하게 만드는 것은 자원 부족이다. 시간, 재능, 자본이 충분하지 않은 현실은 경영자가 어느 시점에 어떤 기회를 추구하고 어떤 기회를 포기하며 그다음에 어떤 조치를 취해야 하는지 등 큰 결정을 내려야 한다는 것을 의미한다. 이러한 결정은 전략에 대한 관심을 높인다.

전략은 회사의 현재 상황을 반영하고 기업이 나아가야 할 방향을 파악하며 그 목표에 어떻게 도달할지를 결정하는 통합되고 조정된 선택과 약속의 집합이다.

원칙적으로 **전략**(strategy)은 다국적 기업의 경쟁력을 지원하고 유지하는 선택과 약속의 집합이다. 전략은 다국적 기업이 언제 어디에서나 경쟁할 수 있도록 자원, 능력, 역량을 어떻게 사용할 것인지에 대한 계획을 정의하고 전달한다(그림 12.1 참조). 전략은 다국적 기업과 이해관계자를 위한 가치 창출 계획을 도표화한다. 전략은 다국적 기업이 무엇을 할 것인지와 무엇을 하지 않을 것인지를 명시한다. 전략은 경영자에게 역량을 통한 기회의 교차 확인, 경쟁 위협 평가, 우수 성과 설정 및 유지에 대한 의문과 복잡성에 대처하도록 요구한다. 모든 것이 어렵게 들리겠지만 다국적 기업의 실적은 경영자가 생산적이고 수익성 있는 기업을 만들기 위해 끝없이 기발한 방법의 전략을 고안한다는 것을 확인해준다.[22]

시작: 비전과 미션

전략은 비전과 미션에서 시작된다. 목표와 열망에 대한 미래 지향적 선언인 다국적 기업의 **비전**(vision)은 광범위한 포부를 보여준다. 비전은 이해관계자, 특히 직원, 주주, 정부, 파트너, 공급업체, 고객, 사회에 해당 다국적 기업이 무엇이며 어디로 나아가고 있는지를 알려준다. 다국적 기업의 **미션**(mission)은 비전을 보완하는 것이다. 비전서(vision statement)는 사람에게 꿈을 꾸도록 영감을 주는 반면, 사명서(mission statement)는 사람들이 행동하도록 영감을 준다. 사명서는 다국적 기업이 무엇을 할 것인지, 어떻게 할 것인지, 누구를 위해 할 것인지, 그렇게 함으로써 어떤 가치를 창출할 것인지를 전달한다. 다르게 말하면 비전서는 영감을 주고 동기를 부여하는 열망을 전달하는 반

비전은 다국적 기업의 열망을 이상화한 것이다. 미션은 무엇을 할 것인지, 어떻게 할 것인지, 누구를 위해 할 것인지, 그렇게 함으로써 어떤 가치를 창출할 것인지를 나타낸다.

표 12.1 비전서와 사명서, 선도적인 다국적 기업

기업	비전서	사명서
아마존	고객이 온라인에서 사고 싶은 모든 것을 찾고 발견할 수 있는 지구상에서 가장 고객 중심적인 회사가 되는 것	우리는 고객에게 가장 저렴한 가격, 최상의 선택, 최고의 편의를 제공하기 위해 노력한다.
디즈니	사람들을 행복하게 만드는 것	콘텐츠, 서비스, 소비자 제품을 차별화하기 위해 브랜드 포트폴리오를 사용하여 오락 및 정보의 세계 최고 생산자 및 제공자가 된다.
페이스북	사람들은 페이스북을 사용하여 친구 및 가족과 연락하고 세상에서 무슨 일이 일어나고 있는지 발견하며 중요한 것을 공유하고 표현한다.	사람들에게 공유할 수 있는 힘을 부여하고 세상을 더 개방적이고 연결되도록 한다.
구글	클릭 한 번으로 전 세계의 정보에 접근할 수 있다.	전 세계의 정보를 체계화하고 보편적으로 접근 가능하고 유용하게 만든다.
이케아	세계의 많은 사람을 위한 더 나은 일상 만들기	가능한 한 많은 사람이 구입할 수 있도록 잘 디자인된 기능적인 다양한 홈퍼니싱 제품을 저렴한 가격으로 제공한다.
인포시스	직원, 서비스, 해결책을 통해 고객이 목표를 달성할 수 있도록 지원한다.	고객이 정보 기술 과제와 비즈니스 목표를 달성하는 데 필요한 인력, 서비스 및 해결책을 제공한다.
마이크로소프트	전 세계 사람들과 기업이 잠재력을 최대한 발휘할 수 있도록 돕는다.	언제 어디서나 모든 장치에서 뛰어난 소프트웨어를 통해 사람들의 역량을 강화한다.
네슬레	좋은 음식, 좋은 삶	영양과 만족의 원천인 음식을 제공할 뿐만 아니라 즐거움, 건강, 행복, 마음의 평화를 제공한다.

면, 사명서는 기업이 이를 달성하기 위해 취해야 할 경로를 명시한다. 다국적 기업의 비전과 미션은 결합하여 기업의 목적, 가치, 목표, 방향을 정의한다.

표 12.1은 다양한 다국적 기업의 비전과 미션을 정리한 것이다. 각각은 전 세계 경영진이 비전과 미션을 어떻게 사용하는지 보여준다. 구글(Google), 이케아(IKEA) 같은 일부 기업은 명확하고 단순하며 정확한 언어로 메시지를 전달한다. 마이크로소프트(Microsoft), 디즈니(Disney) 같은 회사는 목표를 설정하고 방향을 확인하며 성과를 고무하기 위해 인류의 무궁무진한 정신에 호소하면서 더 열망적인 접근 방식을 취한다. 마지막으로 페이스북(Facebook), 인포시스(Infosys) 같은 기업은 비교적 직설적인 지침을 가지고 있다. 규모나 범위에 관계없이 기업 비전 및 경영 이념은 전략적 문제에 대한 경영진의 생각을 안내하고 인수를 촉진하며 성과 기준을 설명하고 직원 행동을 안내한다. 또한 고객, 공급업체, 파트너와 의사소통하고 대중의 지원을 구하는 외부 목적을 수행한다. 마찬가지로 투자자와 분석가에게 다국적 기업의 선택을 해석할 수 있는 관점을 제공한다. 가장 중요한 것은, 쉽게 이해되고 집단적으로 공유되는 비전과 미션을 가진 다국적 기업은 그렇지 않은 다국적 기업보다 일반적으로 더 뛰어난 성과를 낸다는 것이다.[23]

현실에 대한 미사여구 다국적 기업의 비전과 미션의 고상한 미사여구를 관련 프로그램과 현실적 성과 기준으로 변환하는 것은 어렵다. 다국적 기업의 어려움을 증가시키는 것은 비전과 미션이 다양한 환경에서 다양한 사람들이 운영하는 많은 비즈니스에 적용되어야 한다는 것이다. 예를 들어 네슬레(Nestlé)는 190개국에 지사를 두고 85개국에 413개의 공장을 운영하며 2,000개 이상의 브랜드를 관리하고 30만 8,000명의 직원을 두고 있다. 네슬레의 초월적인 비전인 "좋은 음식, 좋은 삶"은 보편적인 염원을 드러낸다. 이와 유사하게 토요타(Toyota)의 직원 34만 명은 29개국에 걸쳐 67개 공장에서 차량을 제조한 후 170여 개국에 판매한다. 토요타의 비전인 "사람들을 가장 안전하게 책임지고 이동시키는 방법으로 전 세계의 삶을 풍요롭게 하고 미래 모빌리티 산업을 선도하는 것"은 전략의 기반이 된다. 마지막으로 보다폰(Vodafone)의 9만 8,996명의 직원은 25개국에서 통신 네트워크를 직접 운영하고 47개 이상의 파트너와 협력하여 150개국의 고객에게 통신 및 IT 서비스를 제공하기 위해 노력하고 있다. 따라서 네슬레, 토요타, 보다폰은 다른 다국적 기업과 마찬가지로 본사에서 현장의 최전선에 이르기까지 모든 사람이 공동 목표를 향해 목적 의식을 가지고 일할 수 있도록 비전서와 사명서를 중요하게 고려한다.

전진: 전략 기획

다국적 기업은 해석과 행동의 일관성을 개선하기 위해 비전과 미션의 기반이 되는 이상을 체계화한다. 예를 들어 "좋은 음식, 좋은 삶"의 비전을 일관되고 통합된 일상적인 활동으로 전환하는 것은 큰 전진이다. 전략 기획은 전진하기 위한 강력한 도구이다. **전략 기획**(strategic planning)은 이상을 합리적인 도전 과제, 검증 가능한 제안, 실행 프로그램, 측정 가능한 결과로 변환한다. 이러한 과정이 잘 수행되면 전략 기획은 세상이 어떻게 움직이고 다국적 기업이 어떻게 세계로 나아갈 것인지에 대한 집단적 이해를 촉진한다.[24] "모빌리티의 미래를 이끈다"는 토요타의 비전은 광범위하고 끝없는 해석의 여지가 있다. 토요타는 소위 '토요타 웨이'라는 전략 기획을 세워 이러한 위험을 회피한다. 토요타가 어떻게 작업을 진행하는지를 체계화하는 것은 경영자가 문제를 정의하고 결정을 내리는 방법을 이끌어주는 지침이 된다.[25]

전략 기획은 기업이 비전과 미션을 가장 잘 달성할 수 있는 방법을 결정하는 포괄적인 과정이다.

전략 기획 규정은 엄격한 의사결정 프레임워크를 설정한다. 다국적 기업이 비전과 미션을 달성하기 위한 조치를 공식화하는 전략 기획의 목적에는 몇 가지 이점이 있다. 전략 기획은 경영자가 일상적인 일뿐만 아니라 이례적인 일에 어떻게 대처하는지를 정리하여 회사의 비전 및 미션에 부합하는 방식으로 상황을 해결할 수 있게 한다. 전략 기획은 결과에 대한 합의를 촉진하고 해석의 기준을 맞추며 경영자가 장기적으로 생각하도록 사회화하고 성공 기준을 규정하며 사업 방향에 대한 자신감을 높인다. 이 모든 것은 효과적인 전략의 기본적인 측면이다.

경영자는 다양한 프레임워크를 사용하여 전략 기획을 구성한다. 절대적인 기준은 없다. 다시 한번 네슬레, 토요타, 보다폰이 직면한 다양한 어려움과 고려사항 및 상황을 생각해보자. 각 기업은 '좋은 음식', '모빌리티의 미래', '이동통신 고유의 힘'이라는 글로벌 시장에서 경쟁하기 위한 최적의

표 12.2 전략 기획: 관점과 문제

- 강점과 약점 분석
- 기회와 위협 평기
- 강점과 약점 평가
- 고객의 기대치와 경쟁사의 포지셔닝 추정
- 자원, 능력, 역량의 혼합 평가
- 프로그램, 정책 및 전략 공식화
- 잠재적 제품 시장 파악
- 피드백 루프를 활성화하기 위한 적응형 및 학습 시스템 도입
- 실적, 경쟁자, 시장의 변화에 따라 임계 값을 모니터링하고 표준을 조정
- 경쟁사를 능가하는 정확한 경로 파악
- 목표 고객 계층의 선호도 파악
- 명확하고 간결하며 설득력 있는 목표 설정

전략을 개발했다. 분명히 중복되는 것이 존재하지만 차이점도 존재한다. 예를 들어 어떤 상황에서는 창의적이고 기업가적인 관점이 필요한 반면 다른 상황에서는 점진적이고 신중한 접근이 필요하다. 궁극적으로 각 기업은 의사결정을 최적화하는 해석 논리를 도입하기 위해 전략 기획을 수립한다. 표 12.2는 전략 기획을 구성하는 관점과 이슈를 강조한다.

전략 수립의 타당성

12-2 경영진이 전략을 수립하는 방법을 설명한다.

개념 체크

3장에서는 정치적 자유를 평가하기 위해 민주주의와 전체주의의 이분법을 사용했다. 4장의 통제, 시장, 혼합 경제의 원칙은 경제적 자유를 평가하는 데 도움이 되었다. 이 장에서도 경영자가 전략을 평가하는 데 사용하는 관점을 강조한다.

글로벌 비즈니스 환경의 복잡성은 전략 기획에 부담을 주기 쉽다. 네슬레, 토요타, 보다폰이 직면한 기획에서의 어려움을 생각해보자. 글로벌 운영의 방대한 규모와 범위를 고려할 때 반복적으로 발생하는 문제는 결정이 내려지지 않거나 사실상 '분석 마비(analysis paralysis, 생각이 너무 많아서 전혀 행동하지 못하게 되는 현상)'가 될 때까지 상황을 과도하게 분석하는 것이다. 예를 들어 다국적 기업의 전략 기획자가 직면하는 전형적인 질문을 생각해보자. 글로벌 표준을 어떻게 설정해야 할까? 현지 대응은 언제 의미가 있을까? 제품을 이곳, 저곳, 아니면 모든 곳에서 만들어야 할까? 운영 자금을 어떻게 조달할까? 피투자국 정부는 우리의 선택에 어떻게 대응할까? 공급업체가 우리의 계획을 지원할 수 있을까? 효과적인 마케팅 도구는 무엇일까? 운영을 하려면 어떤 사람을 고용해야 할까? 하나의 시장에서 위와 같은 질문 및 다른 유사한 문제에 대응하는 것은 어려운 일이다. 기획자가 적어도 2개, 20개, 심지어 200개의 시장을 평가하는 것은 어려운 일이다.

분석 마비의 사전 예방은 경영자가 전략 기획에 센스메이킹(sensemaking) 관점을 통합하도록 자극한다. 센스메이킹은 경제, 정치, 문화, 기술, 무역, 산업이 다국적 기업의 계획에 어떻게 영향을 미치는지 결정하기 위해 시장 변화, 규제 진화, 경쟁자의 동태, 소비자 행동과 같은 모든 문제를 연구하는 것을 포함한다. 센스메이킹은 행동의 발판을 제공하도록 이러한 복잡한 상황을 풀이하여 설명해준다.[26] 이러한 통찰력은 전략 기획자가 성공의 촉매와 실패의 원인을 결정하는 데 도움을 준다. 경영자는 다양한 센스메이킹 관점을 적용한다. 어떤 상황에서 어떤 관점이 사용되는지를 결정하는 기준은 없다. 현재 산업 조직론 및 자원 기반 관점의 변형을 흔히 볼 수 있다.

산업 조직(IO) **산업 조직**(industrial organization, IO) 관점은 외부 환경을 다국적 기업 전략의 주요 결정 요소로 설정한다. 산업 조직 관점은 산업 구조의 특성이 다국적 기업 전략의 잠재 수익성에 직접적인 영향을 미친다는 논지를 바탕으로 산업 구조의 결정론(determinism)을 강조한다. 특성은 입지 효과 및 수요탄력성 같은 기본 조건을 포함하여 진입 장벽 및 다각화와 같은 구조적 특성, 인수합병, 광고 및 투자와 같은 기업 행동 측면, 보호무역주의, 규제 및 과세와 같은 정부 정책 요소 등 다양하다. 기획자는 이러한 특성이 생산 요소 공급자, 제품 구매자, 대체품, 신규 진입자의 가능성, 경쟁 기업 간 경쟁관계에서의 상호작용에 어떻게 영향을 미치는지를 해석하기 위해 구상한다.

IO 모델은 시장이 완전 경쟁을 지향하는 경향이 있다고 주장한다. 예를 들어 낮은 시장 점유율을 가진 많은 기업은 가격 수용자이고 동일한 제품을 판매하며 업계에 자유롭게 진입 및 철수한다. 반면 구매자는 제품 특징과 경쟁사의 가격을 이해하고 위험 조정 수익률(risk-adjusted rates of return)은 일정하다. 결과적으로 수익성이 높은 상황에서 새로운 기업이 진출하고 더 좋고 저렴한 제품을 기반으로 경쟁한다. 공급을 확대하면 산업 수익성이 낮아진다. 수익성이 하락하는 상황에 직면하면 일부 기업은 퇴출되고 진입하는 기업의 수는 줄어든다. 시간이 지남에 따라 시장의 완전 경쟁 경향은 특정 기업의 혁신성이나 산업 내 불완전성에 관계없이 어떤 기업이나 산업이 일관되게 다른 대상을 능가하지 못한다는 것을 의미한다.

자원 기반 관점(RBV) 실제로 일부 산업은 완전 경쟁과 거리가 멀다. 예를 들어 독점우위, 높은 진입 장벽, 과점적 경쟁은 시장의 불완전성을 야기한다. 따라서 일부 다국적 기업은 평균 이상의 위험 조정 수익률을 얻는 반면, 같은 산업에 속한 다른 다국적 기업의 실적은 저조하다. 이러한 맥락에서 산업 구조는 기업의 성과를 형성하지만 결정하지는 않는다.[27]

시장 불완전성의 상황은 대안적인 센스메이킹 관점을 강조한다. 산업의 구조보다는 자원 획득, 역량 조직화, 역량 개발 측면에서 경영자의 통찰력이 성공을 결정한다. '위대한 기업의 선택(Great by Choice)' 관점으로도 불리는 자원 기반 관점(resource based view, RBV)은 유망한 경영자의 능력과 모방하기 어려운 전략을 고안해내는 예리한 감각을 강조한다. IO 모델의 산업 결정론과 달리 RBV는 "위대함은 환경의 기능이 아니다. 위대함은 대체로 의식적인 선택의 문제"라고 주장한다.[28] IO 관점과 같이 주어진 산업 구조에 맞춰 포지셔닝을 최적화하기보다 최고경영진은 내부적으로 경쟁우위를 설정하고 유지하기 위해 유념해야 한다.

예를 들어 아마존(Amazon) 디지털 플랫폼의 독창성, LVMH의 명품 포트폴리오, 저렴한 패스트 패션에 대한 자라의 비전, 애플(Apple)의 기술-미디어 믹스, 타타(Tata)의 산업 범위, 구글의 검색 전문성을 생각해보자.[29] 경영자는 산업 구조의 요소를 강조하기보다는 크고 위험하며 과감한 목표(big hairy audacious goal, BHAG), 둘 중 하나를 선택하는 대신 A와 B를 모두 가지는 방법(Tyranny of the 'OR', Genius of the 'AND'), 5단계 리더십, 고슴도치 개념(Hedgehog Concept)과 같은 도구를 사용하는 센스메이킹 관점에서 전략 기획 프로세스를 수립한다. 산업 구조도 중요하지만 일부 다국적 기업은 자원, 능력, 역량을 결합한 경영진의 독창적인 통찰력으로 번창하고 있다.[30]

자원의 역할, 능력 및 역량

12-3 자원, 능력 및 역량을 분석한다.

IO와 RBV의 관점 모두 전략 기획을 다국적 기업이 나아가는 방향과 이를 달성하기 위해 취해야 할 조치를 명확히 하는 것에 초점을 맞춘다. 물론 각자 지향하는 바는 다르다. IO는 다국적 기업의 외부 환경에 관한 센스메이킹에 초점을 맞추는 반면, RBV는 다국적 기업의 내부 설정에 중점을 둔다. 그럼에도 불구하고 IO와 RBV는 경쟁력을 유지하기 위한 자원, 능력 및 역량의 중요성을 강조한다.

자원(resource)은 고객에게 판매되는 재화와 서비스의 생산을 주도한다. 표 12.3에서 볼 수 있는 자원은 기업의 생산 능력을 발전시킨다. 제조 시스템, 기술 전문지식, 정보 시스템을 포함하는 자원은 다국적 기업이 통제하며, 대부분의 고객은 접근할 수 없다. 예를 들어 자라의 제조 및 물류 운영은 자원의 일부를 나타낸다. 부분적으로 혹은 제한적인 기준에서 유통점도 고객에게 접근이 가능하므로 자원이 될 수 있다.

전체적으로 자원은 경영자가 **능력**(capability)으로 결합할 수 있는 사용 가능한 요소의 재고

표 12.3 기업의 자원: 설명 및 개요

종류	설명	예시
유형	관찰 가능하고 측정 가능한 물리적 자원 이론적으로는 모든 회사에서 사용할 수 있다. 실제로는 제약으로 인해 획득 및 복제가 복잡하다.	• 신용도 • 유통망 • 직원 기술 • 부동산 포트폴리오 • 제조 설비 규모 • 서비스 시스템의 범위 • 기술 시스템의 고도화
무형	물리적 형태가 없는 자원 다국적 기업의 문화, 지식, 전문성, 고객과의 관계를 구성하는 원칙, 관행 및 프로세스에 내재되어 있는 경우가 많다.	• 브랜드 인지도 • 기업 영업권 • 의사결정 프로세스 • 실행 기술 • 외환 위험 전문성 • 지적 재산권 • 이해관계자 관리

자원은 회사가 소유하거나 통제하는 사용 가능한 요소이다. 유형 및 무형 자원의 일반적인 유형은 이와 같다.

(stock)를 나타낸다. 통합적이고 일관적이며 생산적인 환경에서 활용할 자원을 구성하는 경영자의 통찰력은 기업 고유의 능력을 만든다. 따라서 능력은 다국적 기업이 자원을 얼마나 효과적으로 관리하는지를 반영한다. 능력은 생산 과정에서 직접 사용되지는 않지만 생산 작업을 직접적으로 지원한다. 능력은 표 12.4에서 제시된 바와 같이 기업 전체에서 찾아볼 수 있다. 자라는 마켓 인텔리전스, 디자인 창의성, 제조 유연성, 물류 효율성 자원을 영리하게 관리하여 합리적인 가격의 최신 패션을 파악, 디자인, 제작, 운송, 판매하기 위해 강력한 능력을 개발했다.

경영자는 역량을 창출하기 위해 자원과 능력을 결합한다.

똑똑한 경영자는 자원을 능력으로 결합하는 것처럼 자원과 능력도 **역량**(competency)으로 바꾼다. 정확히 정의하기 어렵지만 역량은 자원과 능력을 결합할 때 다국적 기업의 경쟁력을 결정하고 유지하는 독특하고 모방할 수 없는 지식, 기술, 능력을 나타낸다. 예를 들어 자라의 하이테크와 하이패션의 조화 또는 애플의 디자인과 배송에 대한 안목, 구글 검색 알고리즘의 정밀함, 월마트(Walmart)의 정교한 정보 관리 및 제품 유통 시스템, 혼다(Honda)의 엔진 역학에 대한 숙련도, 네

표 12.4 기업의 능력: 설명 및 개요

기능적 지향	능력
의사결정	전략적 선택과 결과를 통찰력 있게 해석
설계	통찰력을 제품 및 프로세스로 변환하는 능력
유통	설계 및 배송 효율성을 지원하는 공급사슬 물류 숙련도
경영정보시스템	빅데이터 분석을 의사결정 도구로 변환하는 플랫폼 운영
제조	효율성을 극대화하는 조립라인 배치 고안
마케팅	고객 충성도를 높이는 브랜드 인지도 촉진
제품 기술	독점 기술을 활용한 제품 포트폴리오 개발
연구개발	혁신적인 제품 및 프로세스 설계

능력은 다국적 기업 자원의 양도 불가능한 기업 특유의 자원의 집합이다.

슬레의 마케팅 기술 등을 생각해보자.[31]

역량은 시간이 지남에 따라 나타난다. 경영자는 자원을 축적하고, 능력으로 결합하고, 역량으로 전환한다. 축적, 결합, 전환의 어려움은 역량이 기업의 '크라운 주얼(crown jewel, 가장 가치 있는 자산이나 수익성 또는 성장성이 높은 사업)'이 되게 한다. 자원, 능력, 역량이 있다면 다국적 기업은 경쟁자를 뛰어넘을 수 있지만, 반대의 경우 다국적 기업은 어려움을 겪는다. 경쟁자가 다국적 기업의 역량을 모방하기 어렵다면 해당 역량을 우수하고 지속 가능한 경쟁우위의 토대로 만들어야 한다.

가치 창출을 위한 탐구

12-4 가치 창출을 위한 접근 방식을 평가한다.

기본적으로 전략은 다른 사람이 하는 것을 하되 더 효율적으로 하거나 아무도 할 수 없는 일을 효과적으로 하는 것이다. 전략이 성공적으로 진행되면 다국적 기업은 경쟁 기업이 모방하기에 너무 비싸거나 복제할 수 없는 제품을 판매함으로써 우수한 가치를 창출한다. 특정 기업은 모방하기 어렵거나 불가능한 제품을 생산하며 가치를 창출하는 반면, 경쟁 기업은 해결책을 찾기 위해 고군분투한다.

가치는 제품을 만드는 데 드는 비용보다 더 많은 돈을 받고 판매할 수 있는 기업의 능력을 측정한다.

가치의 개념과 관련해서는 경제, 시장, 견적, 사회, 책, 보험, 사용, 액면가(par value), 대체성을 포함하여 다양한 방식으로 정의할 수 있다. 또한 고객, 직원, 이해관계자, 주주 등 다양한 관점에서 가치를 정의할 수도 있다. 이 장에서는 관습에 따라 **가치**(value)를 경제적인 용어로 정의하며, 제품을 만드는 비용과 고객이 지불하려는 가격 간 차이로 명시한다. 제품을 생산하는 데 발생하는 비용보다 더 많은 제품을 판매하는 다국적 기업은 이익을 얻고, 따라서 가치를 창출한다.[32] 고객이 기대하는 가치를 뛰어넘는 제품을 만들고 판매하는 능력이 클수록 더 높은 가격을 부과할 수 있고 더 많은 가치를 창출한다. 예를 들어 아이폰11프로맥스(iPhone 11 Pro Max)를 생각해보자. 엄밀히 따지면 각 단위의 비용은 부품 및 인건비 부분에서 약 490.5달러이다. 애플은 멋진 디자인, 독창적인 기능, 폭넓은 지원, 매력적인 마케팅 전략을 통해 가치를 더한다. 결국 애플은 아이폰11을 999달러에 판매했으며 로열티 비용과 라이선스 비용을 제외하고 400달러의 총이익을 창출했다.[33]

전략은 다국적 기업의 매력적인 가치 제안(고객이 상품을 구매하거나 서비스를 사용해야 하는 이유)과 목표 시장(재화나 용역을 창출하는 고객)을 명시한다. 도시별, 국가별, 대륙별 또는 전 세계적으로 수행되는 전략 분석은 경영자가 고객의 기대치를 뛰어넘는 제품을 만들고 판매하게 한다. 넓은 의미에서 다국적 기업은 경쟁 기업보다 더 효율적으로 작업을 진행하는 프로세스와 제품을 완성함으로써 경쟁 기업보다 더 낮은 비용으로 제품을 생산할 수 있다(원가우위 전략). 또는 경쟁자가 따라할 수 없는 작업을 효과적으로 수행함으로써 가치를 창출하고 소비자가 프리미엄 가격을 지불하는 제품을 만든다(차별화 전략). 마지막으로 두 전략(원가우위-차별화 전략)의 통합된 접근 방식을 통찰력 있게 결합하여 비용 효율적이며 독보적인 제품을 제공할 수 있다.

원가우위 전략

원가우위 전략을 실행하는 다국적 기업은 경쟁업체가 제공하는 제품에 비해 가장 저렴한 비용으로 가장 많은 잠재 고객에게 어필하는 제품을 만드는 것을 목표로 한다. 비용을 최소화하려면 효율성을

원가우위 전략은 경쟁사보다 낮은 비용으로 특정 수준의 제품을 만드는 것을 목표로 한다.

극대화해야 한다. 효율성을 극대화하려면 규모, 학습 및 **입지의 경제**(location economy)를 활용해야 한다. 일반적으로 기업이 더 많은 생산물에 고정된 비용을 배분하는 것을 고려하면 제품의 생산량이 많을수록 단위당 고정 비용이 줄어든다. 결과적으로 **원가우위 전략**(cost leadership strategy)은 표준화된 상품이나 서비스를 가장 광범위한 고객에게 판매하도록 촉진한다. 맞춤제작 방식(customization)은 비용을 증가시키기 때문에 표준화(standardization)가 필수적이다. 효율성을 극대화하는 데 집중하는 것은 절대적인 비용을 줄이는 자원 획득 및 능력 개발로 이어지는데, 더욱 중요한 것은 경쟁 기업에 비해 상대적인 비용을 줄이는 것이다. 일반적인 방법에는 검소 혁신 디자인(frugal design), 강화된 재료(enhanced materials) 등의 제품 혁신 또는 린 생산 방식이나 식스 시그마 등의 프로세스 혁신 등이 있다.

보통 항공, 철강, 주택 담보 대출, 대형 가전 제품, 소비자 신용, 스트리밍, 온라인 교육, 패키지 배송 시장과 같이 규모에 민감한 산업에서 원가우위 전략을 볼 수 있다. 사우스웨스트항공(Southwest Airlines), UPS, 하이얼(Haier), 타이유니온프로즌(Thai Union Frozen), 시티그룹(Citigroup), 2U, 아르셀로미탈(ArcelorMittal), 시멕스(Cemex), 란박시래버러토리즈(Ranbaxy Laboratories), 넷플릭스(Netflix), 버진모바일(Virgin Mobile), 폭스콘(Foxconn)과 같은 다국적 기업은 원가우위 전략을 활용한다. 많은 신흥 시장 기업은 원가우위 전략을 활용하고 국가 지원, 과학기술 고도화, 효율적인 제조, 저렴한 노동력, 유통 확대를 결합함으로써 경쟁사를 능가한다.

원가우위 전략에는 다음과 같은 몇 가지 위험이 있다.

- 효율성 기준을 변화시키는 파괴적 기술
- 고객의 니즈 변화
- 경쟁사의 더 저렴하고 더 나은 제품

원가우위 전략의 위험 원가우위 전략은 프로세스와 제품을 표준화하는 작업에 집중해야 한다. 그러나 파괴적(disruptive), 점진적(incremental), 변혁적(transformational) 혁신은 고객의 기대치를 변화시키거나 경쟁자의 역량을 강화하여 효율적으로 구성된 다국적 기업의 시스템을 뒤처지게 할 수 있다. 또한 비용 절감을 위한 끊임없는 탐구는 시장 동향에 대한 경영자의 시야를 가릴 수도 있다. 예를 들어 헨리 포드(Henry Ford)의 비전인 "모든 집 앞에 차를 놓겠다"와 가장 저렴한 자동차인 모델 A(Model A)를 만들겠다는 그의 미션이 전형적인 예시이다. 이러한 관점은 "모든 고객의 차량이 검정색이면 원하는 색상으로 자동차를 도색할 수 있다"는 악명 높은 전략으로 이어졌다.[34] GM(General Motors)은 이러한 관점을 성공적으로 활용하여 비슷한 가격에 다양한 색상의 자동차를 만들었다. 오늘날 스마트폰과 가전 제품에서도 비슷한 경쟁 양상을 볼 수 있다.

마찬가지로 파괴적 혁신은 기존 시장 선도 기업의 정밀하게 설계된 시스템을 대체하는 변화를 촉발한다. 예를 들어 매일 저렴한 가격을 제공하는 월마트의 비전은 소매 네트워크 자원, 글로벌 공급사슬 기능 및 경영진 역량의 정교하게 정제된 통합에 달려 있다. 점점 더 많은 온라인 소매업체가 오프라인 매장 내 쇼핑 경험의 전통적인 역학을 파괴함으로써 월마트의 원가우위 전략에 도전한다. 경쟁 제품을 동등하거나 더 낮은 가격으로 제공하는 아마존의 능력 향상은 월마트의 원가우위의 지속가능성을 위협한다. 성공은 경쟁을 유발하고, 경쟁자는 꾸준히 원가우위를 연구하여 혁신적인 방법을 평가한 다음 운영 방식을 수정한다. 따라서 월마트는 아마존과 경쟁하기 위해 빠르게 성장하는 온라인 소매업체인 미국의 제트(Jet)와 인도의 플립카트(Flipkart)를 인수했다.

차별화 전략

차별화 전략은 고객이 가치 있게 여기고 경쟁업체가 모방하기 힘든 제품을 개발한다.

다국적 기업은 다른 기업이 할 수 없는 일을 효과적으로 수행하는 것을 목표로 할 때 **차별화 전략**(differentiation strategy)을 실행한다. 원가우위 전략과 마찬가지로 차별화 전략은 제품을 만들거나 서비스를 제공하기 위한 통합적 선택이다. 원가우위 전략과 달리 차별화 전략은 고객이 중요하게 생각하는 방향으로 제품을 설계하고 제공하기 때문에 고객의 프리미엄 가격 지불 의향이 높다. 차별화 전략은 경영자로 하여금 지속 가능한 경쟁력의 토대로서 비용을 계속 절감하는 것이 아니라 지속적인 혁신을 유도한다. 차별화 전략은 경쟁자가 모방하기 힘든 자원, 능력, 역량을 개발하게 한다. 예를 들어 애플 아이폰의 세련된 디자인, 렉서스(Lexus) 세단의 정교한 엔지니어링, 리츠칼튼(Ritz-Carlton)의 고객 서비스, 코카콜라(Coca-Cola)의 비밀 조제법을 생각해보자.

차별화를 위한 접근 방식은 멋진 디자인, 극한의 성능, 빠른 혁신, 반응형 서비스, 높은 명성, 트렌디한 참신함, 시크한 스타일 등 다양하다. 차별화 전략은 일반적으로 오트쿠튀르(haute couture)에서 하이테크에 이르기까지 고수익 시장 제품에서 나타난다. 그러나 차별화 역학은 다른 방면에서도 작용한다. 다국적 기업은 고객이 단순히 저렴한 가격보다 더 중요하게 여기는 특징을 바탕으로 우유, 아스피린, D램 칩, 휘발유, 휴대전화 요금제, 직불 카드와 같은 상품의 차별화를 시도한다. 어떤 경우라도 제품의 고유한 특성을 만드는 비용을 초과하는 가격으로 제품을 판매하면 다국적 기업은 경쟁 기업보다 우수한 성과를 낼 수 있다. 흥미롭게도 비용우위 전략의 비용 절감에 대한 집착은 궁극적으로 투입물의 가격, 재료과학, 서비스 역량과 같은 어려운 한계에 부딪힌다. 이와 대조적으로 어떤 경쟁사도 효과적으로 쟁취할 수 없는 가치를 생산하려는 기업이 취할 수 있는 모든 시도는 차별화를 위한 거의 무한한 기반을 형성한다. 예를 들어 애플, 나이키(Nike), 루이비통(Louis Vuitton), 메르세데스벤츠(Mercedes-Benz)와 같은 유명한 브랜드가 충성도 높은 고객에게 강력하게 어필하는 경우를 생각해보자.

차별화 전략에는 다음과 같은 몇 가지 위협이 있다.
- 변화하는 고객의 기대치
- 고객이 프리미엄 가격을 정당화하는 충분한 가치를 더 이상 보지 못하는 것
- 더 높은 성능의 대안을 제안하는 경쟁자

차별화 전략의 위협 차별화 전략에 대한 지속적인 위협은 더 높은 가격의 제품에 대한 저항을 유발하는 고객 행동의 변화이다. 특히 경쟁업체가 동일하거나 더 낮은 가격으로 더 많은 가치를 제공하는 대안을 제시할 경우 차별화에 대한 위협은 강력해진다. 특히 고객이 비용에 민감한 신흥 시장 및 개발도상국에서 이러한 위협이 두드러진다. 예를 들어 애플은 훨씬 더 저렴하고 완전한 기능을 갖춘 스마트폰과 경쟁하기 위해 신흥 시장, 특히 인도에서 선호하는 프리미엄 가격 전략을 조정했다. 원래 아이폰7의 경우 5만 2,370루피(735달러)였지만 판매가 어려워진 후 애플은 가격을 3만 9,900루피(560달러)로 인하했다. 한편 인도에서 가장 많이 팔린 스마트폰인 샤오미(Xiaomi)의 레드미 6A(Redmi 6A)는 5,999루피(84달러)에 판매되고 있다. 또한 인도의 1인당 실질 소득은 약 7,100달러이다. 성능 대비 가격 차이로 인해 급성장하는 인도 스마트폰 시장에서 애플의 점유율은 1% 미만이다. 반면 미국에서는 39%의 시장 점유율을 기록하고 있다.[35]

차별화 전략에 대한 지속적인 위협은 오늘의 혁신이 내일은 의미 없게 된다는 위험이다. 전 세계적으로 진취적인 경쟁자의 존재는 차별화의 기반을 유지하는 것을 끝없는 과제로 만든다. 독일에서 구상한 혁신은 브라질, 미국, 중국의 경쟁업체로 빠르게 확산된다. IBM의 전 CEO가 설명했듯이 차별화 전략의 측면에서 경쟁하는 기업은 '무엇이 나를 일하게 할 것인가? 어떤 기준으로 차별화하고 경쟁해야 하는가?'를 끊임없이 생각해야 한다.[36]

원가우위-차별화 통합 전략

원칙적으로 원가우위와 차별화의 비대칭적 요구는 두 가지를 동시에 추구하기 어렵게 만든다. 원가우위의 필수 요소인 효율성의 원칙과 차별화의 필수 요소인 효과의 유연성을 합치는 것은 어렵다.

실제로는 일부 다국적 기업이 저비용 고성능 제품을 제공하는 가치 제안을 독창적으로 개발하고 있다. 예를 들어 "적당한 가격의 아르마니"라는 비전을 실행하는 자라는 멋진 아이디어를 경쟁력 있는 가격의 유행 패션으로 바꾼다. 마찬가지로 화웨이(Huawei)는 높은 성능과 경쟁력 있는 가격으로 스마트폰을 제공한다. 화웨이 스마트폰은 대체품에 비해 가격 대비 높은 가치를 제공하는 인상적인 특징이 있다. 마지막으로 타깃(Target)은 고소득층, 패션과 가격에 민감한 고객을 대상으로 "더 큰 편리함, 더 많은 비용 절감, 그리고 더 개인화된 쇼핑 경험을 제공"하는 "더 기대하고, 덜 내세요(Expect More. Pay Less)"와 같은 통합 전략을 구현한다.[37]

원가우위는 비용 관리를 개선하는 반면, 차별화 전략은 지속적인 혁신을 추구한다. 원가우위-차별화 통합 전략은 두 가지 모두를 목표로 한다. **원가우위-차별화 통합 전략**(integrated cost leadership-differentiation strategy)은 차별화된 기능을 갖춘 비교적 저렴한 제품을 고객에게 효과적으로 제공한다. 예를 들어 자라, 렉서스, 타깃은 원가우위-차별화 통합 전략을 사용하여 독창적인 제품과 프로세스를 설계하고 효율적으로 만들며 효과적으로 판매한다. 성공적으로 전략을 실행하기 위해 다국적 기업은 변화에 신속하게 적응하여 차별화를 추구하는 동시에 경쟁력을 유지하기 위해 효율성을 지속적으로 최적화해야 한다.

원가우위-차별화 통합 전략의 위험 프리미엄 가격을 정당화할 정도의 매력적인 가치를 가진 고유한 제품을 효율적으로 생산하는 것은 어렵다. 이는 효율성과 효과성의 비대칭적 기준을 균형 있게 만들면서 상호 유익한 관계를 발전시키기 위한 자원, 능력, 역량의 조화로운 공존을 필요로 한다. 일부 다국적 기업은 생산을 최적화하지 못하거나 충분한 차별화에 실패하는 '중간에 갇힌' 상태에 놓이게 된다. 결국 상충적인 목표 사이에 매몰된 다국적 기업의 비용 구조는 낮은 가격과 차별화 어느 것도 제공할 수 없게 된다.

가치 창출 조직화: 가치사슬

12-5 가치사슬의 특징과 기능을 표로 설명한다.

다국적 기업은 원가우위, 차별화, 결합을 통해 창출하는 가치가 이를 위해 발생하는 비용보다 클 때 경쟁우위를 설정하고 유지한다. 실용적인 측면에서 다국적 기업은 제품을 설계, 제작, 운송, 판매, 서비스할 때 문제, 기회, 제약 조건에 직면한다. 각 활동은 가치 창출에 영향을 미치는 비용을 부과한다. 전략 기획이 경영자의 전략 개발에 도움이 되는 것처럼 **가치사슬**(value chain) 분석은 다양한 활동이 어떻게 가치를 창출하는지 평가하는 데 도움이 된다.

가치사슬 분석은 경영자가 자원과 능력의 성과, 역량의 맥락, 가치 창출의 동인을 이해하는 데 도움을 준다.

가치사슬 분석은 다국적 기업의 강점과 약점에 대한 평가를 구성한다. 가치사슬 분석은 내부 비용 구조의 구성 요소 및 결정 요인에 대한 경영자의 분석을 안내한다. 기업의 가치사슬을 도표화하는 것은 자원, 능력, 역량과 원가우위, 차별화, 통합 전략 옵션의 관계를 모델링한다. 원가우위의 경우 활동을 합리화할 수 있는 자원과 능력의 잠재력을 모델링한다. 차별화의 경우 우수한 최신 제품을 제공하는 일에서 경쟁자를 능가하도록 지원하는 활동을 강조한다. 통합된 믹스의 경우 효율성-효과성 변증법을 조정하는 데 도움이 된다. 마지막으로 가치사슬 분석은 경쟁업체의 비용 구조와 그에 따른 상대적 경쟁력을 추정하는 방법을 알려준다.

전략 기획은 생산적인가?

POINT

그렇다. 전략 기획은 체스를 두는 것과 같다. 체스에서는 체스판, 선수와 그들의 해야 할 행동이 잘 정의되어 있고, 경기 속도는 신중한 움직임을 허용하기 때문에 놀랄 만한 일은 거의 없다. 실제로 몇 세대 전 은행에서 악명 높았던 '3-6-3' 규칙만 기억하면 된다. 3-6-3 규칙이란 은행은 예금자 계좌에 3%의 이자를 주고, 예금자에게 6%의 이자로 돈을 빌려준 다음 오후 3시에 골프장에 간다는 것이다.[38] 오늘날 무수한 요인으로 인해 글로벌 비즈니스 환경은 게임을 훨씬 더 복잡하게 만들었다. 일상적이고 파괴적인 기술은 효율성의 한계와 시장 경계를 재설정한다. 기존 경쟁업체와 신흥 경쟁업체 모두 생산 및 유통 시스템을 혁신하고 완전히 새로운 비즈니스 모델을 실험하고 있다. 민주적이면서 동시에 권위적이기도 한 정부는 게임의 규칙을 바꾸기 때문에 상황 파악과 자원 획득, 역량 개발 및 역량 창출은 어려운 일이다. 전략 기획은 그것을 가능하게 한다.

프레임 질문

전략 기획을 통해 경영자는 일상적인 것에서 벗어나 미래를 바라보며 원대한 질문을 하고 답할 수 있다. 목표를 결정하고 최적의 경로를 발견하는 것은 비즈니스의 잠재력을 정확히 파악하고 비전을 행동으로 연결시킨다. 글로벌 비즈니스 환경의 혼란을 조직화하여 체계적인 기준을 설정하고 엄격한 분석을 통해 경영자는 표준을 설정하고, 목표를 공식화하고, 전략을 수립하고, 행동을 구체화할 수 있다. 이에 더하여 기획 프로세스는 조정, 의사소통 및 학습을 구성하고 촉진한다. 다국적 기업의 미래와 필요한 자원, 능력 및 역량에 대한 경영진 간 대화를 촉진하면 의사결정이 강화된다.

추진력

전략 기획은 시장 변화에 따라 변화할 수 있는 유연성을 향상한다. 적극적인 경영진이 제기한 중요한 이슈에 이의를 제기하는 사람은 적지만 여전히 '분석 마비'는 되풀이되는 문제이다. 기획은 경영자로 하여금 원대한 질문뿐만 아니라 작은 질문도 하게 한다. 계획적인 토론을 통해 책임과 업무를 재설정하거나 전환하기 위해 자원을 최적으로 재배치하고 시급성을 판단한다. 혼란이 일어나기에 앞서 유연성을 향상하기 위해 전략 기획을 수립하는 것은 경영자가 대안을 식별하는 데 일조한다.

결과 개선

전략 기획은 더 높은 성과와 경쟁력 향상을 지원한다. 체계적으로

COUNTERPOINT

아니다. 전략 기획의 생산성은 매력적이지만 근본적으로 의심스럽다. 전략은 최적의 결과를 향한 의사결정을 확실하게 안내하면서 전략가가 밝은 미래를 만들 계획을 상상할 수 있게 해주는 불변의 법칙을 가진 과학이다. 실제로 글로벌 시장의 복잡한 역학관계는 전략 기획이 이론상으로 효과가 있지만 현실에서는 어려움을 겪을 수 있음을 의미한다. 더 정확히 말하자면 40년 이상의 경험적 연구 후에도 전략 기획과 기업 성과 사이의 모호한 관계가 지속되고 있다.[40]

지속적인 문제

미래를 설계하려는 경영자의 최선의 의도에도 불구하고 경영자는 미래가 밝은 비전, 통찰력 있는 미션, 신중한 계획과 부합하지 않는 문제에 끊임없이 직면한다. 스탠더드앤드푸어(Standard & Poor)의 500 지수(S&P 500)와 같이 전략 기획에 지속적으로 많은 노력을 투자하는 기업의 실적이 고무적이지 못하다는 점을 고려해보자.[41] 기업이 S&P 500 지수에 투자하는 평균 시간은 1958년의 61년에서 오늘날 약 14년으로 감소했으며, 연평균 22개 기업이 교체되고 2000년 S&P 500 지수에 포함된 기업의 절반 이상이 더 이상 존재하지 않는다.[42] 마찬가지로 벤처 기업의 최대 90%가 창업 직후 실패한다. 벤처 캐피털 기업은 투자의 80% 이상이 실패하는 것으로 간주한다. 주식형 뮤추얼 펀드의 80% 이상이 지속적으로 S&P 500 지수를 밑돌고 있다. 지난 50년 동안 평균 비즈니스 모델 수명이 약 15년에서 5년 미만으로 감소했다. 그리고 인수합병의 75% 이상이 성과를 내지 못한다.[43] 많은 기업이 큰 성공을 거두기보다는 엄격하고 객관적이며 체계적인 계획 프로세스에 전념하며 생존을 위해 고군분투하고 있다.

결함과 속임수

회의론자들은 기획의 근본적인 한계를 지적한다. 즉 강점과 약점, 기회와 위협을 평가하는 포괄적인 전략 기획 프로세스가 단기 경쟁력을 향상하고 장기적인 지속가능성을 강화한다는 것은 망상에 가깝다는 것이다. 최선의 의도에도 불구하고 전략 기획은 결함과 속임수의 희생양이 된다. 전략 기획은 엄격함과 규율에 대한 표면적인 장식과 웅장한 스토리텔링이 혼동된다. 전략 기획은 평범한 행운의 힘을 과소평가하는 것을 포함하여 비즈니스 성공의 본질에 대해 비판적으로 생각하는 경영자의 능력을 혼란스럽게 한다.[44] 필연적으로 기획은 의사결정의 효과성을 손상시키는 미화된 예언으로

기회와 위협을 명확히 하는 것은 대체로 의사결정을 개선한다. 기획은 다양한 국가의 여러 시장에 걸친 해석을 통합하고 분석함으로써 성과를 이룰 수 있게 한다. 성과 효과는 산업군마다 크게 다르지 않다. 일부 근거는 더 많은 계획을 세울수록 더 나은 성과를 거둘 수 있다는 긍정적이고 직접적인 관계를 나타낸다.[39]

어려움 극복

의심할 여지 없이 시장 매핑(mapping)의 복잡성은 전략 기획이 어려움에 부딪힌다는 것을 의미한다. 역설적이게도 전략 기획의 단점은 장점으로부터 나온다. 기획은 경영자가 시장을 평가하는 방법을 구성하는 분석 원칙을 부여한다. 유사한 시장(예: 미국에서 캐나다로 이동)에 허용되는 관점은 유사하지 않은 시장(예: 중국에서 칠레로 이동)의 분석을 조정하는 데 어려움을 겪을 수 있다. 이론적으로 체계적인 기획 절차의 질서정연한 진행에 대한 앵커링 분석(anchoring analysis)은 경영자가 최적의 전략을 수립할 수 있게 돕는다. 그러나 다른 객관적인 모델과 마찬가지로 경영자는 시장을 잘못 해석하고 의사결정을 잘못 지시하는 선형적 사고를 피해야 한다.

조직화 장애

기업 경영자는 내부 조건과 외부 환경의 혼란을 인식하고 기획 수립 과정을 강조한다. 브레인스토밍으로 어떤 행동을 취하기 전에 기획 모델을 테스트하는 '가상' 상황을 확인한다. 경영자는 시나리오 분석, 루트맵(rooted map), 컨틴전시 기획(contingency planning, 비상 대응 계획)의 요소를 통합한다. 시나리오 분석에서는 다양한 운영 전략 및 산업 조건의 가능한 결과를 해석하여 대안적 미래를 평가한다. 루트맵은 경영자가 글로벌 시장에서 기회와 위협에 대한 직관력을 높이는 것을 돕는다. 마지막으로 컨틴전시 기획은 경영자가 잠재적 혼란의 영향을 추정하고 선제적 전략을 고안하는 데 도움이 된다.

생산적인 경로

궁극적으로 전 세계 주요 다국적 기업의 성과 기록에 따르면 검증된 전략 기획 프로세스를 통해 경영자는 복잡하고 비구조화된 국제경영의 현실에 대처할 수 있다. 전략 기획은 엄격하고 규율화된 체계적인 의사결정을 시행함으로써 익숙한 시장으로의 성공적인 확장과 새로운 영역으로의 진출을 지원한다. 전략한다.[45] 그리고 진정한 통찰력을 창출할 가능성이 희박할 경우 그 기획은 행동 이행 단계와 잘 연결되지 않아 모호한 문제에 부딪히기도 한다(예: 실행을 위해 하루가 늦어지거나 1달러 부족한 상황). 흥미롭게도 COVID-19 대유행은 경영자가 불완전한 정보로 의사결정을 내리고 신속하게 운영을 전환하며 자원을 재할당할 수 있다는 것을 강조했다.

파괴적 역동성

안정적인 조건에서는 잘 나타나지 않는 파괴적 역동성 경향은 국제경영에서 볼 수 있는 극단적인 종류의 변화를 고려할 때 기업에게 손해를 끼칠 수 있다. 혼란, 그리고 때때로 COVID-19와 같이 큰 뜻밖의 사건은 모든 곳에 불확실성을 만든다. 새로운 플레이어, 새로운 제품, 새로운 프로세스는 '알 수 없는 미지'를 만들어내는 급진적인 사건으로 인해 주기적으로 강화되며, 끝없는 복잡성과 우발성을 만든다. 지역적으로 한때 변두리였지만 이제는 핵심 시장(예: 중국, 인도, 인도네시아)으로 성장한 시장은 글로벌 성과 표준을 재설정한다. 서양에서는 많이 알려지지 않은 약 400개의 중소 신흥 시장 도시(예: 사나, 와가두구, 치타공, 킨샤사)는 향후 15년 동안 세계 성장의 약 40%를 생산할 것이다. 오늘날의 시장 혁명은 전 세계에 걸쳐 있고 훨씬 더 많은 국가의 사람들을 포함하며 자본주의 역사상 가장 큰 변화를 나타낸다. 디지털 방식으로 알고리즘과 인공지능에 적응하고 조정하며 끊임없이 진화하는 인터넷은 이전에 볼 수 없었던 옵션이다. 이미 디지털 프로세스는 역사상 세계화를 위한 가장 강력한 힘이다.[46] 실제로 인터넷이 무엇과 결합하든 인터넷은 분석을 리셋하고 예측을 거부하는 방식으로 변화한다. 결과적으로 경영진은 전략적 나침반이 아무리 민감하더라도 사소하거나 중대한 역동성에 직면하여 계획을 세우는 데 어려움을 겪는다.[47]

망상과 편견

궁극적으로 불규칙한 시장에서 인과관계의 논리적 규칙을 적용하려는 경영자는 전략 기획이 효과적인 의사결정 과정이라고 착각한다. 후광 효과의 일반화, 상관관계와 인과관계의 혼동, 성공적인 점만 연결하는 등 다루기 어려운 편향으로 인해 전략 기획 수립은 어렵다.[48] 그러면 이전과 마찬가지로 인상적이었던 기획은 어느새 성과 목표에 미치지 못하게 될 것이다.

가치사슬은 기업이 제품을 설계, 제작, 마케팅, 배포 및 지원하기 위해 수행하는 일련의 연계된 활동이다.

가치사슬 분석의 체계적인 관점은 가치 창출의 추상적 개념을 이해하기 쉬운 단계별 모델로 나눈다. 이 순서는 제품이 R&D에서 재료 조달, 제조 조직화, 물류 감독, 마케팅 적용, 서비스 제공으로 이동함에 따라 창출되는 가치를 명시한다. 그림 12.2는 가치사슬을 구성하는 활동을 나타내며, 그림 12.3은 가치사슬 활동의 특성을 보여준다.

본원적 활동(primary activity)은 제품을 만들고 이동하는 핵심 비즈니스 기능을 나타낸다. 본

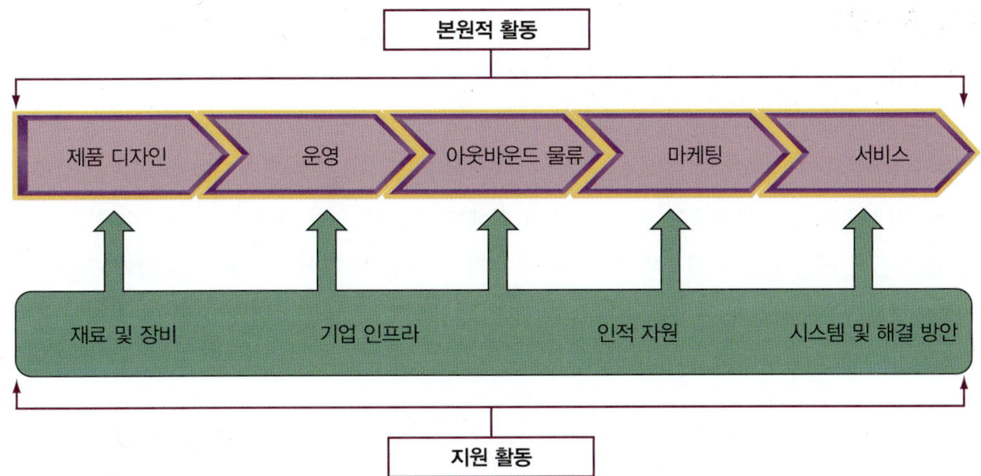

그림 12.2 가치사슬의 시각화

가치사슬은 고전적인 비즈니스 기능과 경영 방향을 반영하는 본원적 활동으로 구성된다. 가치사슬은 본원적 활동을 구현하는 데 도움이 되는 일상적인 작업을 나타내는 지원 활동을 명시한다. 지원 활동은 가치사슬의 범위에서 볼 수 있듯이 모든 본원적 활동에 적용된다.

가치사슬	본원적 활동	제품 디자인	제품 또는 프로세스의 기능, 특징 및 미관을 디자인한다.
		운영	부품 소싱, 공급사슬 배치, 공장 위치 구성 및 제조공정 최적화 측면에서 투입물을 완제품으로 변환할 수 있다.
		아웃바운드 물류	완성된 제품을 운영에서 도매상, 소매상, 최종 소비자로 옮긴다. 유통 경로, 재고 관리, 창고 보관, 운송 물류를 처리한다.
		마케팅	구매자와 소비자에게 제품 및 서비스에 대해 알리고, 영업 인력을 개발하고, 포장 계획을 고안하고, 브랜드를 정의하고, 홍보를 구상한다.
		서비스	설치 지원, 판매 후 지원, 교육 및 유지 보수를 통해 고객에게 서비스를 제공한다.
	지원 활동	재료 및 장비	본원적 활동을 수행하는 데 필요한 자재 및 장비의 조달, 운송, 보관 및 유통을 관리한다.
		인적 자원 관리	직원을 모집, 개발, 동기부여, 보상 및 유지한다.
		시스템 및 해결 방안	정보 처리를 관리하고 정보 시스템을 감독하며 기술 플랫폼을 통합한다.
		기업 인프라	회계, 재무, 법률, 안전 및 보안, 품질 관리와 같은 고전적인 간접비의 기능을 한다.

그림 12.3 가치사슬 명시

가치사슬의 본원적 및 지원 활동은 다국적 기업이 가치를 창출하기 위해 취하는 단계를 나타낸다. 여기에서 볼 수 있듯이 활동을 개별 책임으로 세분화함으로써 가치사슬은 경영자에게 전략적으로 계획할 수 있는 강력한 도구를 제공한다.

원적 활동의 순서는 제품을 디자인하고 만드는 작업을 구축하고, 물류, 마케팅, 유통, 서비스를 통해 나아간다. 본원적 활동은 고전적인 비즈니스 활동 및 경영 성향을 반영한다. 따라서 본원적 활동은 운영이나 마케팅과 같은 기능적 레이블을 가지고 있다. 또한 그림 12.2는 **지원 활동**(support activity)이라고 불리는 2차 프로세스를 나타낸다. 지원 활동은 기업의 기반 시설을 나타내며 본원적 활동을 지원하는 활동을 나타낸다. 예를 들어 인적 자원은 자재 보관에서 생산 지시, 제품 배송, 고객 서비스에 이르기까지 각 본원적 활동에 필요하다.

가치사슬 구성

가치사슬 분석은 경영자가 비용 구조를 평가하고 어떻게 가치를 창출하는지 파악하는 데 도움을 준다.

다국적 기업은 주요 활동이나 지원 활동을 수행하기 위해 전 세계 어디를 가든지 선택의 폭이 매우 넓다. 다국적 기업이 가치 활동을 전 세계에 분배하는 방법은 **배치**(configuration), 즉 본질적으로 어떤 활동을 어디에서 수행할지 결정하는 작업의 문제이다. 다국적 기업은 글로벌 비즈니스 환경을 구성하는 217개 시장에서 판매할 수 있는 옵션 외에도 각각에 운영 체제를 설치할 수 있는 옵션이 있다. 예를 들어 네슬레는 86개국에서 447개의 공장을 운영하는 반면, 토요타는 29개국에서 70개 공장을 운영한다. 각 장소에 공장을 열기로 한 것은 우연이 아니라 글로벌 기회와 현지 위협에 대한 전략 기획자의 해석이 반영된 것이다.

입지의 경제는 다국적 기업이 가치 활동을 집중시키거나 분산시키는 방법에 영향을 미친다.

어디든 진출하여 무엇이든 하고자 한다면 다국적 기업은 **입지우위**(location advantage)를 활용할 수 있는 가치사슬을 구성해야 한다. 생산적인 장소에 본원적 활동 및 지원 활동을 배치하면 다국적 기업의 경쟁력 있는 입지를 최적화할 수 있다. 이론적으로 **집중 배치**(concentrated configuration, 다국적 기업이 한 입지에서 모든 가치사슬 활동을 수행)에서 **분산 배치**(dispersed configuration, 다국적 기업이 다른 입지에서 다른 가치사슬 활동을 수행)까지 존재한다. 따라서 단일 시장이 모든 활동에 최저 비용과 최고 생산성을 갖춘 환경을 제공한다고 가정한다. 다국적 기업은 가치사슬을 해당 시장으로 집중시키고 수출을 통해 글로벌 시장에 서비스를 제공할 수 있다. 예를 들어 전 세계의 거의 모든 아이폰은 중국 정저우의 아이폰시티(iPhone City)와 상하이 근처의 페가트론(Pegatron)에서 제조된다. 생산에 집중함으로써 애플은 강력한 설계, 생산 및 공급사슬 효율성을 달성할 수 있다.[49] 반대로 분산된 가치사슬은 어떤 활동이 국가 X에서 비용이 적게 들고, 다른 활동이 국가 Y에서 비용이 더 적게 들고, 또 다른 활동이 국가 Z에서 비용이 더 적을 때 의미가 있다. 최고의 산업디자이너가 대만에 있다면 기업은 대만을 R&D 거점으로 삼는다. 가장 생산적인 노동력이 베트남에 있다면 베트남에 공장을 짓는다. 가장 창의적인 사람이 덴마크에 있다면 덴마크에서 광고 캠페인을 전개한다. 최근 COVID-19 대유행은 분산된 가치사슬의 가치를 강조했다. 전염병은 집중된 공급사슬이 병목, 부족 및 중단으로 빠르게 붕괴될 수 있음을 보여주었다. COVID-19가 삶을 재설정하면서 애플의 중국 중심 제조 전략은 비용이 많이 들고 복잡한 혼란을 초래했다. 이에 따라 애플은 가치사슬이 집중된 다른 다국적 기업과 마찬가지로 전 세계 여러 지역에서 가치 활동이 분산되는 것을 평가했다.[50]

개념 체크

6장의 미래 전망 '무역 패턴이 변화하는 방향은?'에서는 기술 혁신이 고객 가까이에서 제품을 제조하는 효율성과 용이성으로 인해 국제무역을 감소시킬 수 있다고 말한다. 마찬가지로 3D 프린팅은 혁신적인 생산 기술을 도입한다. 제조업의 경제성을 재설정하는 것 외에도 입지우위를 해석하는 방법을 변화시킨다.

어떤 활동을 집중시키고 어떤 활동을 분산시킬지 결정하는 것은 환경 조건이 다르면 입지에 따라 비용이 다르다는 사실에서 비롯된다. 인건비, 자본비, 자원비는 입지우위의 전통적인 결정 요소이다. 예를 들어 노동 집약적 생산 프로세스를 통해 원가우위 전략을 추구하는 다국적 기업은 근로자의 공급, 비용 및 생산성에 민감하며 이러한 요소를 최적화하는 입지를 목표로 한다. 다른 조절 요소에는 정치적 위험, 무역 지역, 클러스터 영향, 환경 규제, 물류 연결 및 기반 시설이 포함된다(표 12.5 참조). 디지털화 추세는 점점 입지우위를 완화하고 다국적 기업의 구성 선택을 완화한다.[51] **미래 전망**에서는 디지털화 추세를 살펴보고 디지털화가 입지우위를 해석하는 방법에서도 새로운 방식이 있을 수 있다는 것을 발견하게 한다.

규모의 경제 지역적으로만 판매하는 것이 아니라 전 세계적으로 판매하면 다국적 기업이 규모의 경제를 달성할 수 있는 탁월한 입지에 놓이게 된다. 특히 다국적 기업은 규모, 생산량, 운영 규모 측

표 12.5 가치 활동 배치: 주요 조절자

범위	영향
경영 환경 품질	다국적 기업은 비즈니스 환경을 고려하며 국가에 진입하거나 피하기 위해 가치사슬을 구성한다. 국가는 신생 기업에 대한 자본 요구사항을 줄이고, 부동산 등록을 간소화하고, 규제 검토를 가속화하고, 노동 규제를 자유화함으로써 입지의 경제를 개선한다. 기회주의적인 정부는 유연한 운영 요구사항, 낮은 세율, 저렴한 자금 조달 및 대응하는 공공 정책을 제공하는 유망한 비즈니스 친화적 시장을 약속하며 외국인 투자자를 모집한다.
클러스터 효과	서로 비즈니스를 수행하고 인재, 기술 및 인프라에 대한 중복 요구사항을 공유하는 경쟁하고 상호의존적인 기업 및 산업은 점점 더 지리적 근접성, 즉 클러스터(예: 글로벌 금융의 경우 뉴욕시, 자동차의 경우 바덴뷔르트템베르크)에서 운영되고 있다. 활기찬 클러스터는 관련 공급업체, 서비스 제공업체, 투자자, 분석가, 숙련된 근로자, 무역 협회 회원 및 컨설턴트를 끌어들인다.
디지털화	비즈니스 모델을 재설정하고 새로운 가치 창출 기회에 접근하기 위해 디지털 기술의 사용이 증가함에 따라 기업은 점점 더 정교해지는 디지털 활동을 지원하는 시장을 모색해야 한다.
혁신 맥락	피투자국은 지식 집약적인 기술 기반 비즈니스 환경을 구축한다. 기술을 활용하고, 인적 역량을 확장하고, 조직 기능을 간소화하고, 제도적 대응성을 개선함으로써 지식을 혁신으로 활용하는 입지를 개발한다.
인건비	임금률, 근로자 생산성 및 작업장 규정의 차이는 동일한 일을 하는 데 드는 인건비가 국가마다 다르다는 것을 의미한다. 다국적 기업은 이러한 차이를 활용하기 위해 가치사슬을 구성한다.
물류	물류, 즉 제품 조달, 운송, 환적, 보관은 가치사슬 활동을 연결한다. 제품에 따라 물류는 양륙 비용에 약간의 추가 비용이 더해질 수 있다. 따라서 다국적 기업은 물류 경제를 최적화하기 위해 가치 활동의 입지를 구성한다.
정치적 위험	가치 활동을 여러 국가에 분산하는 것은 다국적 기업을 정치적 위험, 즉 현지 결정, 사건 또는 여건이 투자 가치의 일부 또는 전부를 잃게 하거나 예상보다 낮은 수익률을 수용하게 할 가능성에 노출시킨다. 정치적 위험은 시장마다 다르다. 어떤 나라는 공정한 법 체계, 안정된 제도, 법치를 고려할 때 다른 나라보다 덜 위험하다.

지상 및 디지털 옵션의 확장을 고려할 때 경영자는 '어디서, 무엇을, 어떻게 수행해야 하는지'를 파악하기 위해 다양한 조절자를 고려한다.

면에서 규모의 경제를 포착한다. 생산량을 늘리면 고정 비용을 더 많은 수의 단위에 분배할 수 있으므로 단위당 비용이 체계적으로 감소한다. 보다 정확하게는 소규모 지역 시장이 아닌 대규모 글로벌 시장에 서비스를 제공하는 장기 생산은 한계 생산 비용이 감소하는 반면 누적 생산량은 증가하기 때문에 단위당 비용이 낮아진다. 규모 효과를 이용하는 것은 생산성과 수익성의 강력한 원동력이다. 즉 규모의 경제는 국제경영 분야에서 가치사슬이 왜 중요한지를 설명한다.

원가우위 전략을 실행하는 다국적 기업은 효율성을 경쟁력의 기반으로 본다. 따라서 가치 활동을 소수의 대규모 공장에 집중하여 규모의 경제를 활용한다. 예를 들어 집적 회로를 만들기 위한 최소한의 효율적인 크기의 공장은 수십억 달러의 비용이 든다. 그 결과 세계 최대의 반도체 칩 제조업체인 인텔(Intel)은 4개국에 입지한 15개의 제조 공장(미국 11개, 아일랜드 3개, 이스라엘 2개, 중국 및 아일랜드 1개)에서 전 세계 고객에게 제품을 공급한다. 물론 인텔은 더 많은 국가에서 더 소규모의 공장을 선택할 수 있다. 분산된 소규모 제조 활동의 생산성 감소는 규모 효율성을 최소화하여 운영 비용을 늘리고 가치 창출 능력을 감소시킨다.

일반적으로 규모의 경제 효과를 활용하는 것은 차별화 전략을 실행하는 다국적 기업에게 덜 시급하다. 가격은 중요하지만 이미지, 포지셔닝, 독점성과 같은 제품의 다른 기능보다는 덜 중요하다. 그러나 **외국인 비용**(liability of foreignness)을 상쇄할 수 있는 방법을 찾아야 한다. 특히 본국 밖에서 운영되는 다국적 기업은 현지 기업이 경험하는 것보다 더 많은 추가 비용이 발생한다. 차별화 전략이 제조 옵션을 제한하는 경우 관리(경영진의 전문성 활용), 금융(은행 대출 시 더 낮은 이자율 획득), 마케팅(광범위 미디어 시장에 광고 비용 확산), 기술(정보 처리의 규모에 대한 수익 활용) 등 가치사슬의 다른 요소를 대상으로 할 수 있다.[52]

개념 체크

4장에서 '경제 환경 요소'에 대해 논의하면서 인건비와 생산성이 다국적 기업의 주요 관심사라는 점에 주목했다. 6장에서는 다른 나라의 상대적인 무역 성과를 설명하기 위한 이론에 대해 논의했다. 여기서는 입지의 경제가 다국적 기업의 가치 활동 구성 방식을 직접 조정한다는 점을 반복한다.

출처: Alexander Kirch/123RF

▲ 3D 프린팅의 향상된 기능은 미래 '공장'의 규모, 범위 및 입지에 대한 우리의 생각이 근본적으로 재설정될 것임을 암시한다.

배치 선택의 위험 배치 결정은 예측할 수 없는 시장 변화의 위험에 직면한다. 정권 교체, 물질적 부족, 노동 불안, 통화 불안정, 주기적 '검은 백조(black swan)'와 같은 혼란은 효율적인 입지를 비용이 많이 드는 입지로 빠르게 전환할 수 있다. 예를 들어 애플은 오랫동안 아이폰 생산의 대부분을 중국 정저우에 있는 2개의 폭스콘 공장에 의존했다. 중국의 COVID-19는 두 곳 모두에서 생산 속도를 빠르게 늦추고 진행 중인 배송을 위협했다. 마찬가지로 또 다른 혼란이 발생한 후 GE(General Electric)의 전 CEO인 잭 웰치(Jack Welch)는 GE 공장을 위한 최적의 입지는 모바일 플랫폼이라면서, "이상적으로는 바지선에 자신이 소유한 모든 공장을 싣고 통화와 경제 변화에 따라 움직여야 한다"고 설명했다.[53] 바다를 통해 공장을 나르는 바지선 함대는 비현실적이므로 경영자는 시장 동향을 감시해야 한다. 시나리오 분석 및 컨틴전시 평가와 같은 기획 도구는 경영자가 입지우위를 배치 선택으로 전환하는 의미를 추정하는 데 도움이 된다.

미래 전망 디지털화와 위젯 및 입지우위의 변화

사업이 시작된 이후 입지우위는 기업이 가치 활동을 배치하는 방식에 영향을 미쳤다. 원자재 모색, 생산적이고 저렴한 노동력 모색, 세금 및 관세 차익 거래 등은 다국적 기업이 지속적으로 최적의 입지를 탐색하게 한다. 그곳에서 제품을 만들고 이곳으로 제품을 옮기려면 광범위하고 값비싼 물류 매트릭스가 필요했다. 약간 절제된 표현으로 바꿔보자면 '시대가 변하고 있다'. 디지털화, 로봇, 3D 프린터의 혁신적인 발전은 가치사슬 활동 배치에 대한 입지우위의 의미를 근본적으로 재고하게 만들었다.

디지털화

물체, 이미지, 소리, 문서, 신호를 일련의 숫자로 표현하면 디지털화된다. 다국적 기업은 소프트웨어, 음악, 책과 같은 제품은 물론 응용 프로그램 처리, 금융 통합, 법률 지원과 같은 서비스를 디지털화한다. 네트워크에 연결된 다국적 기업은 적은 비용과 복잡성으로 더 많은 제품을 전 세계로 이동시킨다. 특히 인터넷이 확장됨에 따라 사실상 어디에서나 디지털 활동을 할 수 있는 유연성은 다국적 기업이 어디서, 무엇을, 어떻게 하는지에 영향을 미친다. 한 세대 전에는 사용할 수 없었던 옵션(예: 보스턴에서 찍은 X-레이를 방콕에서 판독)이 이제는 일반화되었다. 과거에 지리적 공간으로 대표되었던 물리적 거리는 이제 '클라우드(cloud)'의 전자적 시공간 개념으로 측정될 것이다.

디지털화의 지속적인 개선은 지속적인 혼란을 야기하기도 한다. 예전에는 몇몇 전문화된 장소에서만 일어나던 많은 활동이 변화될 수 있다는 것을 의미한다. 예를 들어 인수합병에서의 실사 과정(due diligence)은 규제 등록이나 평가의 용이성과 가치 활동의 집중도를 고려하여 뉴욕시나 런던에서 주로 이루어졌다. 디지털화는 이러한 활동을 분산시킨다. 실제로 디지털화는 금융 서비스에 대한 새로운 글로벌 모델을 만들어 판도를 바꾸는 파괴적인 혁신을 이끌었다. 분명히 역사상 이 정도 규모의 혼란은 존재한 적이 없다. 기업은 가치 활동의 입지를 재고하면서 배치 옵션(configuration option)으로 대응해야 한다. 일부는 디지털화를 "방대하고 자동적이며 보이지 않는 제2의 경제를 창출하여 산업혁명 이후 가장 큰 변화를 가져오는 것"으로 해석한다.[54]

예를 들어 이러한 디지털 경향은 법률 분야에서 입지 효과를 방해하기도 한다. 인도의 법률 아웃소싱 산업은 실험적인 기업에서 세계 법률 사업의 주요 부분으로 성장하고 있다. 판게아3(Pangea3)와 코브라리갈솔루션즈(Cobra Legal Solutions)의 직원들은 전통적으로 미국의 진취적인 후배 변호사에게 할당된

▲ 전 세계적으로 작업 현장에 로봇이 증가하는 것을 고려하면 기술 트렌드가 글로벌 비즈니스 환경에서 전략에 대한 우리의 이해를 어떻게 재설정할 것인지 궁금하게 만든다.

일상적인 업무를 적은 비용으로 수행한다. 또한 미국 연방의 민사 소송 규칙 개정안은 전자 메일, 인스턴트 메시지, 음성 메일과 같은 전자 문서를 포함하도록 검색 범위를 확장했다. 전자 증거 개시 제도는 법률 업무를 생산적인 제공자에게 위탁하도록 유도했다. 모든 것을 종합하면 디지털화는 "단순히 일시적인 문제가 아니다. 디지털화는 역사적으로 거대한 변화이다."[55]

앞으로 연결된 디지털 기술에 정기적으로 접근할 수 있는 사람과 그렇지 않은 사람 사이의 **디지털 격차**(digital divide)가 줄어들면서 더 많은 사람이 정보 매트릭스에 참여할 것이다. 따라서 입지 선정에 해당하는 국가의 변화에 다국적 기업의 배치 선택도 바꿀 수밖에 없다. 전 세계 사람을 대상으로 한 저렴한 기술의 보급은 정보가 고립된 장소의 수를 더욱 줄어들게 할 것이다. 정보 매트릭스에 새롭게 합류한 사람들이 전 세계의 상대방과 연결되면서 기술 플랫폼에 대한 숙련도가 향상될 것이다. 결과적으로 다국적 기업은 새로운 기능을 활용하기 위해 배치 전략을 재고해야 한다.

로봇의 부상

기술적으로 소형 기계 장치인 위젯은 덜 위협적으로 느껴진다. 로봇의 등장과 3D 프린팅의 확장이라는 맥락에서 위젯의 개념은 완전히 새로운 의미를 가진다. 로봇의 등장은 우리가 알고 있는 배치 전략에 많은 것을 방해할 위험이 있다. 원래 수작업을 기반으로 이루어졌던 입지 결정은 사람을 배치한 조립라인으로 기반이 바뀌면서 점점 더 로봇이 작업을 완수할 가능성에 가까워지고 있다. 일상생활에서 ATM, 셀프 계산대, 무인 차량이 주는 시사점을 생각해보자.

중국 주하이에 있는 필립스일렉트로닉스(Philips Electronics) 공장에는 수공구를 사용하여 전기 면도기를 조립하는 구식 노동자 수백 명이 있다. 한편 네덜란드의 시스터팩토리(sister factory)에서는 128대의 로봇이 동일한 작업을 수행하여 동일한 제품을 만든다.[56] 네덜란드 공장에는 주하이 공장의 약 10분의 1에 해당하는 수십 명의 작업자가 교대로 근무한다. 그럼에도 중국보다 생산량이 많다. 다른 곳에서도 임금 인상에 대한 두려움이 로봇을 설치하게 한다. '애플의 모든 것'을 만드는 회사인 폭스콘은 수만 명의 직원으로 가득 찬 공장을 운영하고 있지만 100만 개 이상의 로봇을 설치할 계획이다. 2018년 중국 공장에는 2016년보다 70% 이상 증가한 15만 4,032대의 산업용 로봇이 설치되었고, 그 수는 유럽과 미국을 합친 것보다 많다.[57]

변화는 제조업에 국한되지 않는다. 유통 창고에서 점점 더 민첩해지는 로봇은 사람보다 훨씬 더 능숙하게 상품을 저장하고 선택하며 포장한다. 저널리즘에서 로봇 작가는 더 적은 비용으로 매년 수억 건의 뉴스 보도를 생성하는데, 이는 전 세계의 모든 인간 기자보다 더 많은 수의 뉴스 보도이다.[58] 회계 분야에서는 컴퓨터 시스템이 세무사, 회계 장부 담당자, 예산 분석가, 대출 담당자, 회계사, 회계 감사관의 대부분을 대체할 것으로 보고 있다.[59] 언제 어디서나 더 빠르고 저렴하며 능률적으로 작업을 수행할 수 있는 기계의 능력은 점점 더 많은 분야에서 인간보다 높은 생산성을 보이고 있다. 로봇 제작업체 인더스트리얼퍼셉션(Industrial Perception)의 설립자는 "우리는 제조 및 유통을 완전히 변화시키는 시점에 도달했다. 나는 이것이 특별한 사건은 아니지만 궁극적으로는 인터넷만큼 큰 영향을 미칠 것이라고 생각한다"고 전했다.[60]

3D 프린팅 형태의 로봇은 미래의 입지 결정에 흥미로운 시각을 제시한다. 표준화된 제품을 대량 생산하기 위해 저비용 노동 시장에 대규모 공장을 짓는 전통적인 공장의 입지 결정 요소는 점차 '대량 맞춤화'가 가능한 소규모 3D 프린터 장착 설비에 의해 서서히 밀려나고 있다. 다양한 제품의 소규모 배치를 효율적으로 만드는 3D 프린터의 기능은 제품이 현장에서 실시간으로 만들어지고 고객의 정확한 명세에 맞춰지는 시나리오를 뒷받침한다. 개선된 소프트웨어와 독창적인 소재로 구동되는 3D 프린팅은 전 세계 어디에나 위치한 메이커 로봇을 통해 소규모 '유인(manned)' 공장을 점점 더 선호하게 될 것이다. COVID-19의 대유행은 이미 매력적인 3D 프린팅 산업을 더욱 매력적으로 만들었다. 예를 들어 소생 장치(reanimation device)의 중요한 밸브 공급이 고갈되는 상황에 직면한 이탈리아의 어느 병원은 현장에서 3D 프린팅 밸브를 사용하여 시간을 절약할 수 있었다.[61] 고객과 가까운 거리에 있다는 이점을 감안할 때 언젠가는 외국 공장이 아닌 가정에서도 3D 프린팅은 판도를 바꿀 것이다.

시사점

디지털화와 소형 기계류인 위젯은 관리자들로 하여금 '입지우위 활용', '생산 가동 극대화', '단위 노동 비용 최소화', '모 아니면 도'와 같이 오랜 기간 신성시되었던 전략 원칙에 대해 점점 더 많은 의문을 제기하게 한다. 토지, 노동력, 자재의 가용성이 아니라 연결성, 로봇 공학, 자동화에 기반하여 가치 활동을 위치시키는 것은 다국적 기업으로 하여금 운영 방법을 제고하게 한다.[62]

우리는 이미 노동 비용이 낮은 입지로 이전되었던 생산 활동이 현재는 선진국으로 리쇼어링되고 있으며, 입지의 개념이 확장되는 것을 보고 있다(표 12.6 참조). 매출이 100억 달러 이상인 미국 제조 기업 경영진의 거의 절반은 제품 생산 입지를 중국에서 미국으로 되돌릴 계획이거나 고려 중이고, 생산 입지의 변화는 COVID-19가 급격한 변화를 일으키기 전부터 논의되었다. COVID-19가 전 세계를 시험하는 가운데 북미, 유럽, 아시아-태평양(중국 제외)의 12개 글로벌 분야 기업은 수십 년 동안의 오프쇼어링 추세에서 최초의 반전을 시사하며 기업 활동의 리쇼어링 계획을 발표했다.[63] 이러한 지각 변동을 증폭시키는 요인은 로봇과 3D 프린터로 곧 제조될 기계 장치류, 수송, 컴퓨터 기반의 가공 금속류에 대해 미국이 중국으로부터 수입하는 상품의 점유율이 급증하고 있다는 것이다. 미국은 이미 2015년 이후 기록적인 FDI를 발표했고, 2018년에 세계 최고의 FDI 입지를 기록했다.[64] 전 세계적으로 전개되는 이러한 추세는 입지우위에 대한 우리의 견해와 이해를 재설정할 것으로 예측되는 위젯 주도의 디지털 혁명을 예고한다.

표 12.6 입지를 나타내는 어휘의 확장

'쇼어링'의 형태	특징
홈쇼어링(재택 근무)	이전에는 외국으로 파견되었던 활동을 재택에서 처리
니어쇼어링	다국적 기업이 활동을 이웃 또는 인근 국가로 이전하는 덜 공격적인 형태의 해외 파견
해외 업무 위탁(오프쇼어링)	다국적 기업 내에 있거나 다국적 기업 외부에 있는 다른 국가로 가치 활동 재배치
온쇼어링	비즈니스 프로세스 또는 작업 단위를 생산성이 높고 비용이 저렴한 본국으로 이전
리쇼어링	외국에서의 활동을 원래 작업이 수행되었던 국가로 되돌리는 것

가치 활동을 구성하는 옵션은 규모와 범위를 확장한다. 한때 외부 위탁 문제를 중심으로 논의가 진행되었다. 이제는 디지털화 및 자동화, 위치 이동 효과, 지적 재산권 보호, 고객 대응력 향상 등의 추세로 해석이 확대된다. 결과적으로 '쇼어링'의 해석은 발전하게 된다.

글로벌 통합 대 현지 대응

12-6 글로벌 통합 및 현지 대응을 비교한다.

글로벌 통합은 전 세계 활동을 표준화하여 효율성을 극대화하는 반면, 현지 대응은 현지 활동을 조정하여 유효성을 최적화한다.

글로벌 시장에서의 경쟁은 다국적 기업을 딜레마에 빠뜨린다. 다국적 기업은 제품과 프로세스를 표준화하고 운영 효율성을 극대화하기 위해 입지 효과를 활용해야 하는가? 표준화와 입지우위를 활용하는 것은 **글로벌 통합**(global integration)을 지지한다. 그렇지 않으면 다국적 기업은 각 시장의 고유한 상황에 맞게 제품과 프로세스를 조정하여 운영 효율성을 극대화해야 하는가? 각 시장의 상황에 맞도록 기업 운영을 조정하는 것은 **현지 대응**(local responsiveness)을 지지한다. 표 12.7에는 각 개념의 동기가 나열되어 있다. 글로벌 통합의 표준화와 현지 대응의 맞춤화 간 끊임없는 줄다리기는 다국적 기업의 이상적인 자원과 기능, 역량에 영향을 미친다. 통합을 극대화하는 것은 차별화를 최적화하는 것과는 매우 다른 명령을 시행한다. 한쪽이 압도적으로 우세한 산업에서 운영되는 다국적 기업은 거의 없다. 오히려 대부분의 다국적 기업은 자사의 비전, 임무, 목표의 특수성을 고려하여 경쟁적인 요구들을 탐색한다.

네슬레의 상황을 생각해보자. "좋은 음식, 좋은 삶"이라는 기업 비전은 영양과 만족뿐만 아니라 즐거움, 건강, 행복, 마음의 평화의 원천이 되는 음식을 제공한다는 기업의 미션을 명확하게 보여준다. 소비자에게 다양한 만족을 줄 수 있는 이상적인 조건은 이론적으로는 보편적이지만 실무적으로는 현지의 습관, 문화적 전통, 사회적 규범이 사람들의 입맛에 맞고 선호하는 음식의 기준을 형성한다는 점에서 시장마다 다르게 나타난다. 더욱이 음식의 재료는 일반적으로 식품 원료이고 생산 규모는 제한적이며 단위 무게당 가치가 낮은 것을 고려하면 유통 비용이 많이 든다. 그리고 판촉은 차

표 12.7 글로벌 통합과 현지 대응의 목표

글로벌 통합의 목표	현지 대응의 목표
구매력을 극대화하기 위한 소비자 탐색의 가속화	유통 경로 및 서비스 시스템의 차이 수용
보편적인 메시지로 글로벌 이미지 구축	디지털 격차에 맞게 제품 및 프로세스 조정
수렴하는 소비자 선호도와 보편적 요구사항 활용	지역의 정치, 경제, 문화 상황에 적응
글로벌 경쟁자에 직접 참여	국가 의제 지원을 통한 지역 친선 구축
초국가적 조직이 설립한 국가 간 연결 활용	규모, 경험 및 학습 효과를 최적화하기 위해 제품 및 프로세스를 현지 선호도에 맞춤화
입지 효과 활용	현지 경쟁업체와 직접 접촉
국가 간 연결 확장 활용	신제품 및 프로세스 옵션에 대한 민감도 증가
자원, 능력, 역량의 생산성 극대화	국가 이해관계자를 잠재우기 위한 지역 프로필 홍보
모든 고객에게 균일한 서비스 제공	역사적 또는 지리적 필요성에 대응
지속적인 시장 세계화에 대응	피투자국 정부의 요구사항 및 규정 충족
전 세계적인 자원 재료 및 투입물	현지 이상에 맞는 맞춤형 마케팅 메시지
제품 및 프로세스를 표준화하여 규모, 경험 및 학습 효과 극대화	현지 자원, 능력 및 역량 활용

별화된 취향과 규제, 경쟁사, 소매 채널을 고려하면 현지에 맞게 이루어지는 것이 가장 바람직하다. 따라서 네슬레의 디자이너, 규제 전문가, 소비자 관리 담당자는 제품을 판매하는 190개 시장의 차별화된 상황에 효과적으로 대응할 수 있도록 현지 관점에 맞게 기업 활동을 조정한다.

그러나 외국인 비용을 상쇄하려면 네슬레는 정보 시스템, 브랜드 이름, 광고 메시지, 포장 프로세스 등 여러 국가에서 공통적인 일부 활동을 표준화해야 한다. '글로벌' 활동의 효율성을 달성함으로써 네슬레는 현지 경쟁사가 누릴 수 없는 비용우위를 달성할 수 있고, 외국인 비용을 상쇄할 수 있다. 네슬레는 5,000명 이상의 과학자, 엔지니어, 영양학자로 구성된 34개 R&D 시설의 네트워크를 통해 자사의 비전을 뒷받침하는 안전하고 높은 품질의 제품에 대한 글로벌 표준 수립에 집중하고 있다. 물론 네슬레의 경영진은 어디에서나 동일한 방식으로 동일한 작업을 수행하는 것을 선호할 것이다. 그러면 전략 기획을 수립하기 더욱 쉬울 것이고 기업 운영은 원활하게 이루어질 것이며 복잡한 문제는 줄어들 것이다. 그러나 현지 사정에 맞게 대응해야 한다는 압력이 존재하므로 모든 곳에서 동일한 방식으로 사업을 운영할 수는 없을 것이다. 결과적으로 네슬레는 많은 다국적 기업과 마찬가지로 일부 활동은 글로벌 표준화를 진행하고, 다른 일부 활동은 현지 상황에 맞추면서 글로벌 통합과 현지 대응 간 발생하는 충돌을 관리한다.

글로벌 통합은 차별화된 부분을 표준화된 전체로 결합한다. 현지 대응은 표준화된 전체를 차별화된 부분으로 분해한다.

개념 체크

4장에서 볼 수 있듯이 빠르게 성장하는 신흥경제국은 국제경영에 큰 변화를 일으키고 있다. 기업은 개발된 혁신을 신흥경제국 현지 시장에 활용하기 위해 다양한 환경에 노출시켜 평가한다.

통합과 대응의 상충하는 필수적 요인을 조정하려면 경영자는 다양한 문제, 제약 조건, 관심사를 관리해야 한다. 분석을 구조화하고 시나리오를 개발하는 과정에서 전략 기획은 경영자가 자원과 기능 및 역량에 대한 영향을 평가하는 데 도움이 된다. 일반적으로 기획자는 환경의 여러 측면을 관찰한다. 주요 관심사는 표준화 가능성 평가, 소비자 행동 해석, 기관 대리인의 의제를 평가하는 것에 중점을 둔다.

표준화의 잠재력

가치 활동을 표준화할 수 있는 잠재력이 클수록 다국적 기업의 경쟁력에 대한 글로벌 통합의 중요성도 커진다. 표준화 지지자들은 '일상생활의 경험이 전 세계적으로 표준화' 되는 정도가 높아지고 있는 것을 고려할 때 어디에서나 동일한 방식으로 동일한 작업을 수행하는 것은 엄청난 잠재력을 가진다고 주장한다.[65] 전 세계 사람이 자라의 하이터치 티셔츠에서 삼성의 하이테크 스마트폰에 이르기까지 점점 더 동일한 방식으로 많은 제품을 소비한다는 추론은 변함이 없다. 전 세계 소비자의 소비 패턴이 동일해지는 추세가 강해질수록 가치사슬을 집중하여 특성과 기능 면에서 차이가 거의 없는 저가의 고품질 제품을 만들 기회가 커진다. 성공적인 표준화는 기업이 어디서나 소비자에게 강력한 가치 제안을 제공할 수 있게 한다.

표준화의 논리는 간단하다. 같은 방식으로 동일한 작업을 반복하여 규모의 경제를 극대화하면 품질 저하 없이 비용을 절감하는 효율성을 얻을 수 있다. 효율성은 가치사슬 전반에 걸쳐 나타난다. 예를 들어 다국적 기업은 제품 설계를 간소화하여 조립을 합리화하고 자재 구매에 대한 수량 할인을 협상할 수 있으며 자재 관리를 합리화하고 아웃바운드 물류를 최적화할 수 있다. 표준화는 또한 다른 가치 활동의 효율성을 실현한다. 공통 디자인 플랫폼을 활용한 R&D 이점, 보편적인 메시지를 전달하며 광고에서의 이점, 채널 간소화를 통한 유통에서의 이점이 그것이다.

국가 시장의 융합, 선호의 표준화, 효율성은 다국적 기업이 활동을 통합하도록 압박한다.

이 장의 도입 사례는 글로벌 의류 산업에서 강력한 경쟁우위를 창출하는 표준화의 힘을 보여준다. 자라는 제품 표준화를 통해 중앙 집중형 공장에서 생산 시설 가동을 늘리고 제품 단가를 낮추는 것을 경험했다. 결과적으로 자라는 표준화를 통해 현지의 완고한 선호도를 상쇄하는 합리적인 가격으로 매력적인 패션 제품을 제공할 수 있게 되었다. 자라의 최첨단 물류를 기반으로 하는 글로벌 네트워크는 전 세계 소비자가 최신 패션 트렌드에 실시간으로 접근할 수 있게 했다. 따라서 자라는 글로벌 시장을 위한 표준화된 제품을 생산하며 디자인, 제조, 유통, 소매 활동에 대한 투자를 활용할 수 있게 된다. 결국 표준화를 통한 효율성은 전 세계 고객에게 높은 가치를 제공하는 고품질의 가격 경쟁력 있는 제품을 생산하는 데 도움이 되고, 이러한 순환이 반복되도록 한다. 궁극적으로 자라의 통찰력은 자라를 세계 최고의 의류 소매업체로 만들었다.

소비자 행동의 맥락

현지 고객의 행동에 대응하는 것은 다국적 기업이 제품과 프로세스를 맞춤화하도록 유도한다. 절대적인 측면에서 현지화는 표준화의 효율성을 떨어뜨리고, 이로 인해 외국인 비용 증가, 운영 비용 상승, 가치 창출 감소가 발생한다. 따라서 다국적 기업은 불필요하게 기업 운영을 현지화하는 것을 반대한다. 그럼에도 불구하고 현지에서의 요구는 종종 다국적 기업이 현지화를 채택하도록 압박한다. 다양한 문화적, 정치적, 법적, 경제적 상황은 다국적 기업이 제품과 프로세스를 맞춤화해야 하는 비즈니스 환경을 조성한다. 애플의 아이폰, 스타벅스(Starbucks)의 라떼 음료, 인스타그램(Instagram)의 스트리밍에 대한 전 세계의 수요를 생각해보면 시장 간에 약간의 차이점은 고품질, 저가격 제품의 매력으로 극복할 수 있다. 이처럼 제품의 품질과 가격이 압도적인 상황에서는 표준화된 제품의 매력이 현지 소비자의 선호를 뛰어넘는다.

개념 체크

2장에서 세계화가 다양한 경영적 접근을 촉진한다고 언급했다. 마찬가지로 3장과 4장에서 다국적 기업이 언제나 다른 정치, 법률, 경제적 관행에 직면한다는 것을 강조했다. 이 장에서는 세계적 의무사항과 현지 제약 조건이 다국적 기업의 계획을 형성한다는 것을 강조한다.

그러나 다른 차이점은 다국적 기업이 제품과 프로세스를 맞춤화하도록 압박한다. 다른 조건이 동일하다면 소비자는 자신의 라이프스타일에 민감한 제품을 선호한다. 맞춤화의 예시는 현지 고객이 선호하는 제품 설계 및 제작(예: 미국의 대형차, 유럽의 소형차, 신흥 시장의 소형차), 구매자 선호도에 맞춘 경로 구조 조정(예: 한국의 웹 콘텐츠, 프랑스의 인쇄 및 미디어 홍보, 브라질의 인적 판매), 현지 취향에 맞춘 제품 특징 변경(예: 독일과 스칸디나비아의 약배전 커피, 이탈리아와 스페인의 강배전 커피, 에티오피아와 인도의 시나몬, 레몬그라스, 정향과 같은 향신료로 맛을 낸 커피), 소비 패턴에 따른 마케팅 관행(예: 호주의 대형 포장, 일본의 소형 포장, 빈곤국의 낱개 포장) 등이 있다. 이상의 상황에서는 현지의 선호와 상황이 종종 글로벌 표준을 뛰어넘는다.

표준화 지지자들은 맞춤화 요구를 부정한다. 대신 국경을 넘어 꾸준히 연결을 확대하면 소비자 행동이 수렴된다고 주장한다. 궁극적으로 표준화 지지자들은 모든 사람이 어디서든 동일한 제품을 같은 방식으로 소비할 것으로 예측한다. 스티브 잡스(Steve Jobs)가 튀르키예를 여행하는 동안 관찰하고 다음과 같이 말했다. "나는 하루 종일 이스탄불의 젊은이들을 보았다. 이스탄불의 젊은이들은 세상의 모든 아이들이 마시는 것을 마시고 있었고, 갭에서 구매한 것으로 보이는 옷을 입고 있었으며, 다른 아이들과 마찬가지로 휴대전화를 사용하고 있었다. 젊은이에게 지금은 전 세계가 똑같다는 생각이 들었다."[66] 현지화 지지자들은 전 세계 우편물의 약 1%가 국경을 넘고 통화 시간의 2% 미만이 국제적이며 인터넷 트래픽의 4분의 1이 국경을 넘는다고 반박한다.[67] 마찬가지로 8개 이상의 국가에서 소비자가 인식하는 브랜드는 329개에 불과하다. 모든 브랜드의 16%만이 2개 이상의 국가에서 인지되고 있다.[68] 또한 대부분의 사람들은 한 국가에서 평생을 살아가며 현지의 상품 생산과 소비를 지원하고 현지의 정치, 역사, 문화, 정체성을 유지한다. 글로벌리즘이 아니라 로컬리즘이 많은 국가에 사는 많은 사람의 생활 방식이다.

다양한 국가에서 소비자 선호도의 완강한 변화에 직면한 다국적 기업은 제품과 프로세스를 현지 환경에 맞게 조정한다.[69] 확실히 연결성 확대는 바이로컬(buy-local, 현지 제품 구매) 관점을 약화하는 소비자 행동을 유도한다. 그럼에도 불구하고 시장 구조, 문화적 관점, 역사적 유산, 보이지 않는 민족주의로 인해 시장 간 차이점은 사라지지 않는다. 다양한 시장의 다양한 선호에 대응하기 위해 다국적 기업은 제품과 프로세스를 조정해야 한다. 그리고 표준화를 극대화하기보다는 최적화를 통해 외국인 비용을 상쇄해야 한다.

문화적 성향, 역사적 유산, 잠재된 민족주의로 인해 현지 소비자 행동에서의 차이점이 지속된다.

기관 대리인의 의제

표준화의 기회는 글로벌 통합을 지지하는 반면, 다양한 소비자 행동은 현지 대응을 지지한다. 세 번째 요소인 기관 대리인의 의제는 서로 다른 시기에 각각을 지원할 수 있다. G20, AIIB, IMF, WTO, 세계은행과 같은 초국가적 기관은 점진적으로 통합되고 조밀하게 연결된 글로벌 비즈니스 환경을 구축한다. 국가를 체계적으로 통합하는 것은 시장을 국제무역과 외국인 투자에 개방하고, 다국적 기업이 글로벌 통합 사업을 구축, 확장 및 운영할 수 있는 더 큰 잠재력을 창출한다. 예를 들어 현재 164개국이 세계무역 규칙을 관장하는 WTO에 가입되어 있다. WTO에 가입하려면 현지의 규세를 글로벌 표준에 맞게 바꿔야 한다. 마찬가지로 세계에서 가장 큰 선진국과 신흥국의 집합인 G20 회원국은 국가 간 통합을 확대하기 위해 정기적으로 회담을 개최한다. G20이 세계 GDP의 85%를 차지한다는 사실은 G20의 정책과 관행을 강력한 통합 도구로 만든다.

말하자면 초국가적 기관이 세계화의 규칙을 표준화함에 따라 다국적 기업은 활동 방식을 더욱 쉽게 표준화할 수 있다. 점진적인 무역 자유화와 함께 국가 간 연결을 확장함으로써 다국적 기업은 전 세계 시장에 대한 접근성을 포기하지 않고 최적의 입지에서 가치 활동을 구성할 수 있다. 따라서 인도의 비즈니스 프로세스 아웃소싱 기업, 독일의 로봇 제조업체, 중국의 태양광 패널 제조업체, 대만의 칩 설계업체는 다른 국가의 소비자에 대한 접근성을 포기하지 않으면서 효율성을 극대화하는 가치사슬을 설계할 수 있다.

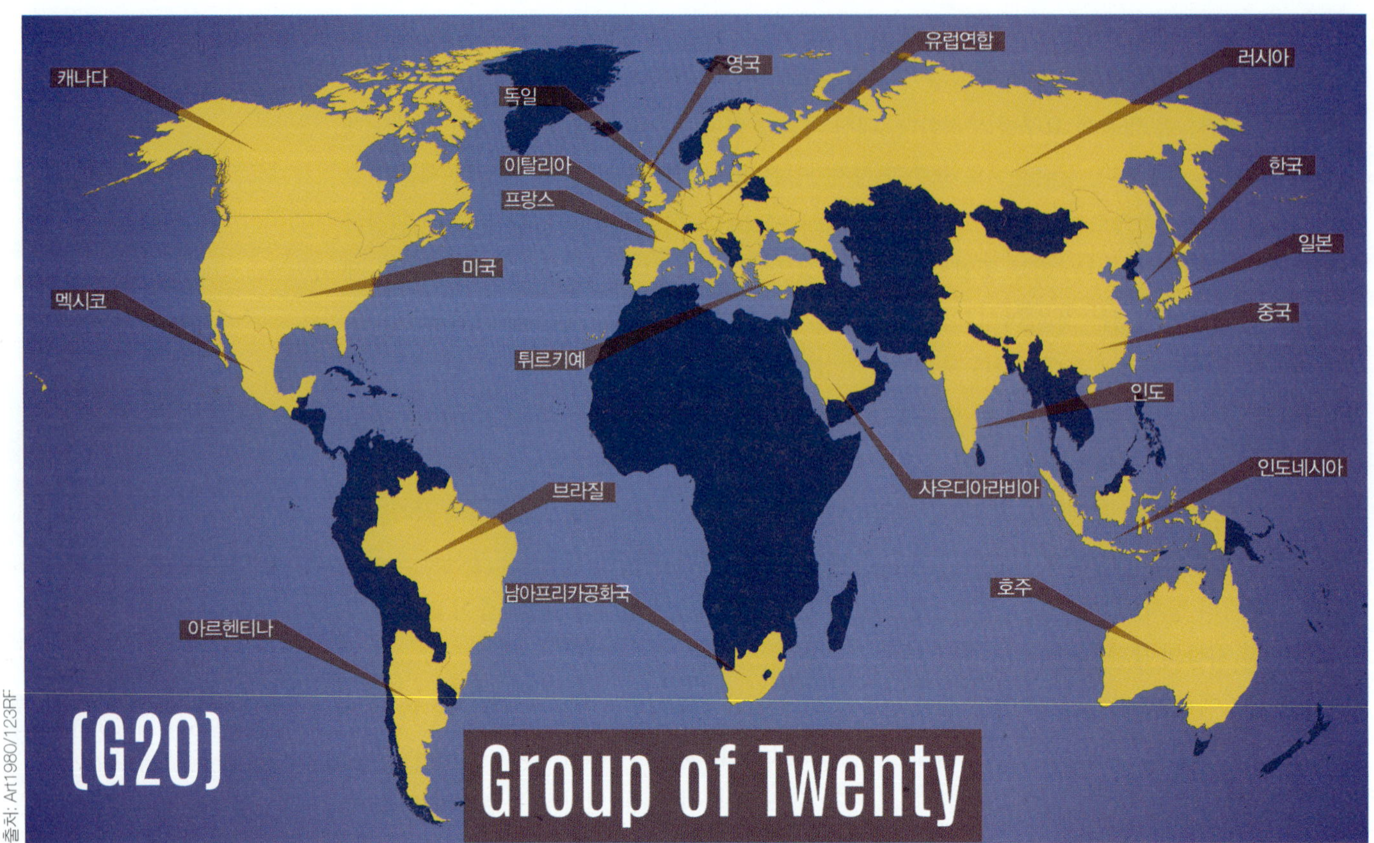

▲ G20은 19개국의 정부와 중앙은행 총재, EU가 모여서 서로의 관점을 공유하고 합의를 이끌어낸다.

개념 체크

8장에서 지역무역협정을 향한 국내 시장의 움직임을 설명했다. 10장에서는 자본 시장의 국가 간 통합을 강조했다. 국가 간 관계가 가까워지는 이상의 추세는 글로벌 시장의 주요 측면을 표준화함으로써 제품 및 프로세스의 표준화를 지지한다. 표준화 정도의 증가는 가치사슬의 집중화를 지지한다.

반면 기관 대리인, 특히 피투자국 정부는 의무사항은 아니지만 다국적 기업이 현지 환경에 맞게 기업을 운영할 것을 지지하는 경우가 많다. 일반적으로 국가마다 재정, 통화, 시장 규제를 개발하는 방법이 다르다. 어떤 국가는 경제적 자유를 지지하지만 어떤 국가는 경제적 자유를 제한한다. 경제적 개방을 지지하는 의견도 있는 반면, 경제적 자립을 지지하는 의견도 있다. 민족주의 정책은 다국적 기업이 가치 활동을 현지화하거나 접근성이 좋지 않은 경우 거래를 중단하도록 한다. 예를 들어 현지 대응에 대한 일상적인 압력은 다국적 제약 기업의 임상 테스트, 인증 절차, 가격 책정 정책 및 마케팅 관행 등이 현지 규제를 따라야 한다는 피투자국 정부의 명령을 준수하기 위해 기업의 가치 활동을 분산한다. 현지 대응에 대한 압력이 높은 상황에서 다국적 기업은 분산된 가치사슬 활동을 지원하기 위해 자원, 기능 및 역량을 조정하며 글로벌 효율성을 대가로 현지 접근성을 획득한다.

다국적 기업은 종종 현지 대응에 대한 엄청난 압력에 직면한다. 예를 들어 브라질은 현지 부품 비율이 65% 미만인 수입차에 대하여 30% 인상된 세금을 부과한다. 마찬가지로 외국 에너지 기업은 총수익의 1%를 현지 R&D에 지출해야 한다. 태국의 외국인 고용법은 상당수의 건축 및 엔지니어링 서비스직을 자국민이 차지하도록 한다. 우버(Uber)의 국제적 확장은 과속 방지턱에 부딪쳤다. 파리와 마드리드에서는 대중의 반발을 유도하는 시위가 이루어지고, 프랑크푸르트와 런던에서는 공무원이 현지화를 위한 더욱 엄격한 규제를 고려하고 있다. 결과적으로 현지 부품 기준 자국산 제품 우대(buy-national) 정책, 보호무역주의, 고용 규정, 통화 송환에 대한 피투자국의 정책은 다국적 기업이 가치 활동을 현지화하거나 시장 접근을 포기하게 한다.

글로벌 통합과 현지 대응: 통합과 대응 간 상호작용 도표화

국제적 기업 활동을 위해 글로벌 통합과 현지 대응의 경쟁적 요구를 조화하는 방식으로 기업 운영을 구성하고 조율해야 한다. **IR 그리드**(integration-responsiveness grid)는 분석을 구조화하기 위한 간단한 프레임워크를 제공한다(그림 12.4 참조). 절차에 따라 각 압력에 대한 민감도를 나타내는 사분면에 산업을 배치한다. 민감도에 따라 산업을 배치한 사분면은 경영진에게 전략 기획을 개선할 수 있는 간단한 프레임워크를 제공한다.

현지화에 대한 압력은 높지만 글로벌 통합에 대한 압력은 낮은 IR 그리드의 우측 하단 사분면은 가치 활동을 현지 상황에 맞게 조정할 것을 권장한다. 현지화의 압력이 더욱 높을 경우 독특한 문화적 감수성을 지닌 산업에서 운영되는 다국적 기업은 현지 대응을 통해 더 높은 수익을 얻고 글로벌 통합을 통해서는 더 적은 혜택을 얻는다. 이와 대조적으로 IR 그리드의 좌측 상단 사분면에 위치하여 높은 글로벌 통합 압력과 낮은 현지 대응 압력을 겪는 다국적 기업은 비용우위 전략을 위해 표준화를 사용한다. 표준화를 통해 다국적 기업은 입지우위를 활용하고 규모의 경제를 극대화하여 보편적 니즈를 공유하는 전 세계 소비자에게 가격 경쟁력이 있으며 수용 가능하도록 표준화된 제품을 제공한다. 예를 들어 평면 패널 디스플레이는 다양한 제품에서 핵심적인 요소이다. 제품이 가격 경쟁력이 있으면서 기대한 만큼의 성능을 발휘한다면 해당 제품이 어디에서 제조되는지에 관심을 가지는 소비자는 거의 없다. 따라서 LG, 필립스, 치미옵토일렉트로닉스(Chi Mie Optoelectronics), 삼

IR 그리드는 다국적 기업의 전략에 영향을 미치는 글로벌 및 현지 압력을 연관시킨다.

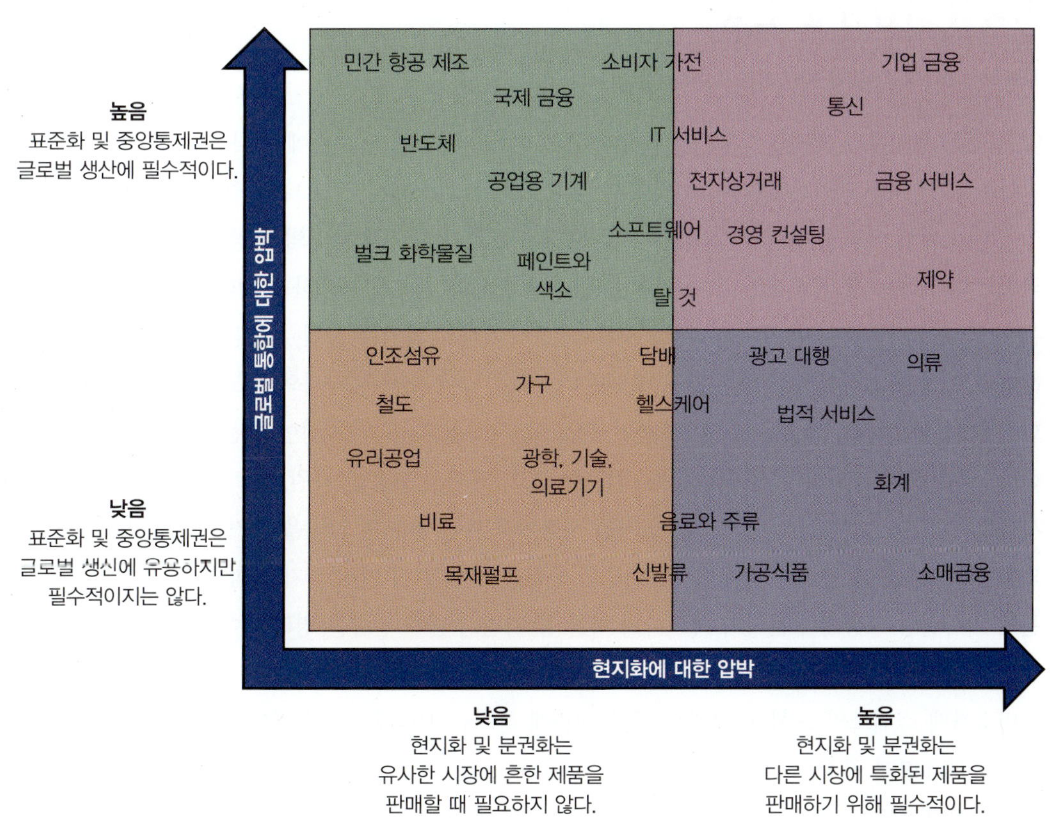

그림 12.4 IR 그리드

각 전략은 글로벌 통합에 대한 압박과 현지화에 대한 압박의 정도를 조정하여 가치를 창출하고자 하는 고유한 개념을 담고 있다. IR 그리드는 다국적 기업이 한 산업 환경에서 받는 압박 정도의 관계도를 그림으로 표현한다. 경영자는 이 그리드를 참고하여 경쟁력 유지에 필요한 요소를 알 수 있다.

개념 체크

세계화는 강력하지만 필연적인 것은 아니다. 3장과 4장은 정치적·경제적 자유가 끊임없이 변화한다는 점에 주목하여 이상의 논지를 발전시켰다. 마찬가지로 바이로컬 캠페인과 민족주의 캠페인은 모두 기업이 가치 활동을 현지화하도록 압박한다.

성과 같은 제조업체는 경제적으로 유리한 입지에 가치 활동을 집중하여 전 세계로 제품을 공급한다.

세번째 분류에 속하는 다국적 기업은 현지 대응과 글로벌 통합에 대한 압력이 모두 높은 산업에서 경쟁한다. IR 그리드 중앙에 위치한 산업은 현지 대응 및 글로벌 통합의 압력이 모두 높다. 통신, 국방, 정보기술, 자동차, 제약, 금융 서비스 등 국가의 핵심적인 부문에서 활동하는 다국적 기업은 차별화된 고객 선호도, 시장 구조, 규제 및 제도적 환경에 직면한다. 그럼에도 불구하고 투자 요구사항, 규모의 경제, 경험 효과에 대한 생산성 임계치는 높다. 산업 내 다양한 차별화된 요인을 만족하면서 높은 생산성을 유지해야 하는 딜레마를 해결하기 위해 가치 활동을 구성하고 조정하는 것은 어렵다. 덴츠(Dentsu), 차이나모바일(China Mobile), 보다폰, 인포시스와 같은 다국적 기업은 원가우위와 차별화 우위를 통합하는 전략을 지원하는 복합적 배치 포맷(complex configuration format)을 개발해야 한다.

요약하자면 IR 그리드는 경영자가 산업 내 글로벌 통합과 현지 대응에 대한 압력을 고려하여 전략적 옵션을 도표화하는 것에 도움을 준다.[70] IR 그리드는 경쟁 상황을 이해하는 데 유용하며 비용 구조, 제도적 역동성, 소비자 선호에 관한 경쟁사의 움직임을 추적할 뿐만 아니라 분석을 구조화하는 데 도움이 된다. IR 그리드는 산업 구조가 컨텍스트를 설정하는 방법, 전략이 목적을 구체화하는 방법, 경영자가 이상의 두 개념을 중재하기 위해 기업 운영을 조정하는 방법을 명확하게 밝힌다.

다국적 기업 수준 전략

12-7 다국적 기업이 사용하는 전략 유형을 구분한다.

앞 절에서 원가우위, 차별화, 원가우위-차별화 통합 전략 등 사업 수준에서 사용할 수 있는 전략을 알아보았다. 해당 전략은 애플이 미국에서, 네슬레가 스위스에서, 토요타가 일본에서 경쟁하듯 기업이 시장에서 어떻게 경쟁할 수 있는지 알려준다. 기업이 다국적 기업의 운영을 한 국가에서 여러 국가로 분산하는 등 국제적인 모습을 취하면 기업 수준의 전략을 사용하게 된다. 기업 수준의 전략은 경영자가 2개의 시장이든 217개의 시장이든, 다국적 기업의 분산된 부분을 일관되게 통합하여 하나로 만드는 과정을 이해하는 것을 도와준다. 예를 들어 애플은 자사의 본고장인 미국에서 차별화 전략을 사용한다. 애플은 추가로 해외 시장으로 확장할 때 모든 시장에 같은 전략을 사용하고자 한다. 이를 통해 자사의 비전과 사명을 지킬 수 있고, 자사의 고유한 자원, 능력, 역량을 생산적으로 사용할 수 있다. 그럼에도 아직 다른 국가의 시장에서 다른 종류의 압박을 받기 때문에 기업은 여러 의문점과 어려움을 가질 수밖에 없다. 애플은 전략을 구상할 때 여러 국가를 함께 고려해야 하기 때문에 의사결정 과정에서 본사와 자회사의 역할 등 기업 수준의 전략을 명확히 해야 다양한 시장에서 발생하는 문제를 관리할 수 있다.

비슷하게 스위스의 도시 브베에 소재한 네슬레 본사는 197개국에서 판매되는 상품을 생산하는 86개국의 447개 공장을 지휘한다. 또한 도요타시에 있는 토요타의 본사도 170개국에서 판매되고 서비스에 이용되는 차량을 생산하는 29개국의 70개 공장을 관리한다. 네슬레, 토요타, 애플, 그리고 다른 다국적 기업의 리더는 자사의 기본 전략을 지지하는 다방면의 모든 관계자를 돕는 기업 수준의 전략을 구상하여 국제적인 운영을 관리한다. 이처럼 통합적인 전략이 없다면 전 세계의 관계자들이 자사의 전략과 다른, 혹은 반하는 결정을 내리게 되며, 이는 글로벌 기업의 성공을 방해할 수 있다. 또한 네슬레, 토요타, 애플의 운영 범위를 생각해보자. 광범위한 국제적 운영을 관리하는 기업은 한 시장에서 운영하는 기업보다 높은 비용과 많은 문제가 나타날 수밖에 없는데, 이를 외국인 비용이라고 한다. 그리고 본사의 경영진은 자사의 넓게 뻗어 나간 기업 운영에 대한 조사를 진행하여 국제적 운영에 따르는 추가 비용을 넘어서는 가치를 창출하기 위해 정확히 어떻게 자사의 독점적, 지리적, 내부화 우위를 사용할 것인지 고려하여 기업 수준 전략을 구상한다.

하지만 먼저 **기업 수준 전략**(corporate-level strategy)은 다국적 기업이 국가 간 비즈니스를 관리하기 위해 벌이는 일련의 행위를 말한다. 자세하게 말하자면 기업 수준 전략은 다국적 기업의 경영진이 자사의 비전과 사명을 지킬 수 있도록 글로벌 통합과 현지화를 적절히 조화시키는 것, 경영진이 다국적 기업의 개별적인 부분을 어떻게 전략적으로 통합할지 정하는 것, 그리고 이 모든 것을 행동에 옮길 때 본사와 자회사가 의사결정에 가지는 권한 정도를 정하는 것을 말한다. 표 12.8에서는

표 12.8 다국적 기업이 사용하는 전략의 특징

	국제적 전략	현지화 전략	글로벌 전략	초국가적 전략
지향점	본국의 자원, 능력, 역량을 활용하여 해외에서 경쟁력 있는 포지셔닝을 잡는다.	자원, 능력, 역량을 소비자 행동, 산업 특성, 정부 규정, 마케팅 문맥 같은 국가적 차이에 맞춰 바꾼다.	보편적인 니즈와 원츠를 목표로 삼아 표준화된 상품을 국제적으로 판매한다. 보통 판매량, 비용 최소화, 효율성에 초점을 맞춘다.	전문지식을 활용하고 국제 경험 학습을 촉진하도록 글로벌 통합과 현지화를 동시에 추구한다.
가치사슬 배치	집중되어 있다. 본사가 가치 활동을 정하고 주도한다.	분산되어 있다. 자회사가 가치 활동을 현지에 따라 변화시킬 재량권을 가진다.	집중되어 있다. 가치 활동은 현지 경제를 활용한다.	지역적 경제를 이용하기 위해 집중되어 있다. 최소 효율의 기준점에 따라 현지 고객의 수요에 맞출 때는 분산되기도 한다.
의사결정 관점	집중화, 본사가 역량을 보호, 규제, 적용하기 위해 기업의 자원과 능력의 통제권을 지닌다.	분권화, 자회사가 현지 상황에 기업 활동을 맞춰 거의 독립적으로 운영된다.	집중화, 본사는 전체적으로 표준화를 극대화하고 일관적인 운영을 시행하며 국제적 네트워크에 투입되는 자원과 그 결과를 조정하고 비용을 최소화하기 위해 기업 활동을 주도한다.	글로벌 통합과 현지화를 동시에 추구하기 위해 본사와 자회사가 서로 의견을 주고받는다.
주요 장점	전문지식을 본사에서 해외 구성원에게 직접적으로 전달할 수 있다.	현지 활동을 위한 본사의 지원 필요도가 적다. 현지 고객의 수요에 긴밀히 반응한다.	저렴하지만 고품질이고 상품 간 차이가 거의 없지만 전 세계의 소비자에게 매력적인 표준화된 상품을 생산한다.	효율에 도움을 주고 효과적인 활동을 촉진하며 국제적인 구성원의 혁신을 일으키는 학습이 일어나게 한다.
주요 단점	본국에서 본사의 집중화된 의사결정은 현지 자회사의 혁신을 고려하지 못할 수도 있다.	자회사가 서로의 가치 활동을 따라 하는 '미니미' 현상이 일어난다. 책임성과 충성도 문제가 발생한다.	국제적인 표준을 지배적으로 사용하기 때문에 학습 기회가 줄어든다.	치밀하게 설계된 의사결정 메커니즘이 분산된 활동을 통합한다. 초기에 설정하기 힘들며 조정하기 어렵고 성과 부진에 취약하다.
IR 그리드 위치	글로벌 통합과 현지화의 압박이 낮거나 보통이다.	글로벌 통합의 압박은 낮으나 현지화 압박은 높다.	글로벌 통합은 높고 현지화 압박은 낮거나 보통이다.	글로벌 통합과 현지화 압박 모두 높다.
예시	구글, P&G, 뉴코, 할리데이비슨, 바이두, 애플, 테스코, 페이스북, 까르푸	유니레버, 네슬레, 맥도날드, J&J, 화이자, 엠브라에르, 란박시	토요타, 캐논, 하이얼, 캐터필러, 시멕스, 인포시스, 월마트, 그레이트바이초이스, 아메리칸익스프레스, 시스코	GE, 타타, 자라, IBM, SAP

전체적으로 '국제적-현지화-글로벌-초국가적 전략'은 국제경영의 대표적인 이론 중 하나이다. 각 전략은 다국적 기업이 글로벌 통합과 현지화의 대립 구도에서 적절한 중심을 찾는 방법을 설명한다. 경영진은 산업의 구조, 정확한 선택의 영향, 가치 창출의 요인을 고려하여 전략의 장단점을 비교한다.

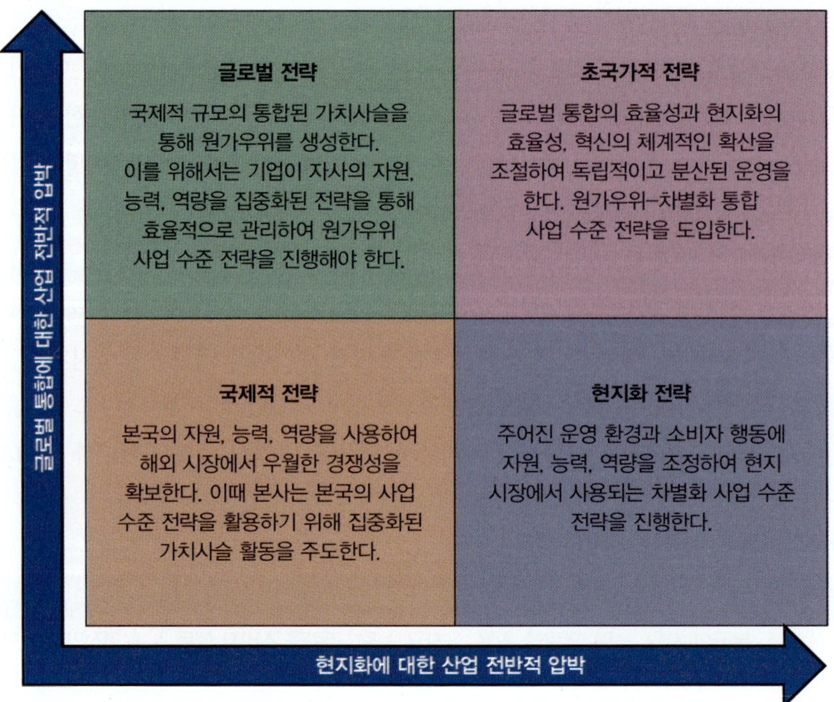

그림 12.5 IR 그리드: 정리된 기업 수준 전략의 해석
IR 그리드의 정리 방법을 적용하여 기업 수준 전략의 주요 기능을 강조했다.

방금 나열한 기업 수준 전략의 원칙과 관행을 설명하며, 그림 12.5에서는 이 정의와 IR 그리드의 관계를 나타낸다.

국제적 전략

글로벌 통합과 현지화에 대한 압박이 적은 산업(IR 그리드의 좌하단)에서 경쟁하는 다국적 기업은 본국에서 판매하던 상품을 최소한의, 아니면 아예 수정하지 않고 해외 시장에 판매할 수 있는 유연성을 가진다. 이들은 해외 시장에 경쟁력 있는 상품을 판매하는 경쟁자가 별로 없거나 아예 만나지 않을 수도 있으며, IR 그리드상에서 이 기업들의 경쟁력 있는 위치 선점은 유연성을 발휘하여 입지 효과를 통해 차익을 얻을 수 있게 한다. 이런 상황에 있는 기업의 경영진은 **국제적 전략**(international strategy)을 사용한다.

국제적 전략은 본국에 위치한 본사의 전략적 관점과 지향점을 해외 시장에 바꾸지 않거나 미미한 수준의 변환만을 거치고 직접적으로 이전한다. 그리고 기업의 자원, 능력, 핵심 역량을 궁극적으로 제어하는 것은 이를 어떻게 사용할지 잘 이해하고 있는 본사의 고위 경영진의 몫이다. 또한 새로운 아이디어를 실험하는 것은 해외 시장에서 하지 않고 본국에서 진행한다. 본사는 국제적 기업 활동을 전부 감독하는 입장으로 의사결정을 하고, 이 결정을 해외의 자회사가 따라서 도입한다. 하지만 국제적 전략은 해외 현지에 있는 경영자의 계획, 행동 과정, 상품을 현지에 맞춰 바꿀 권한을 제한한다. 국제적 전략을 도입한 다국적 기업으로 에어버스(Airbus), 애플, 구글, 화웨이가 있다.

예를 들어 구글은 캘리포니아의 마운틴뷰에 위치한 본사인 구글플렉스에서 전략을 집중적으로 계획하고, 모든 중요한 결정은 이곳에서 이루어진다. 물론 구글도 자사의 마케팅믹스 중 몇몇 요소는 해외 현지 자회사로 분산시켜 특정 상황에 대응하게 한다. 하지만 구글의 핵심 경쟁력인 검색 알고

리즘과 플랫폼은 구글플렉스의 경영진이 안전하게 보호한다. 또한 구글플렉스에서 기획을 주도하는 관계자들은 상품 개발을 지시하고 해외 사업장을 위한 비즈니스 프로세스를 결정한다. 결론적으로 기업의 본사는 해외 영업장에 원칙, 관행, 프로세스를 전달하지만 통제권을 넘겨주지는 않는다. 결국 전략적 결정은 구글플렉스가 전담하는 것이다.

장점 국제적 전략은 다국적 기업의 상품이나 프로세스가 보편적인 고객의 수요에 부합할 때, 아니면 소비자의 지역에 존재하지 않거나, 있다고 해도 덜 효율적으로 생산되거나, 효과적으로 소비자에게 전달되지 않을 때 가장 효과적이다. 알리바바(Alibaba), 보잉(Boeing), 구글의 해외 영업장을 생각해보면 이들은 어느 국가에서나 상품 수요 및 가격 탄력성과 상관없이 매력적인 상품을 제공한다. 다국적 기업의 상품은 국제적으로 표준화되어 있기 때문에 우월한 경쟁력으로 인한 적은 경쟁자, 직접적인 상품 운송으로 인한 적당한 운영 비용, 국제적 시장을 이용한 높은 수익률 등 이점을 확보할 수 있다.

한계점 본사의 우월한 자원, 능력, 역량에서 나오는 강한 자신감은 현지화를 저해한다. 국제적 전략은 초기에 위험 부담이 크지 않다. 하지만 다국적 기업이 국제 활동을 확장하면서 세계에 대한 편협한 관점 때문에 기회를 놓치거나 위험을 잘못 해석할 수도 있다. 또한 해외 경쟁자가 확실하게 맞대응하기 시작하면 성과가 위험해질 수도 있다. 이미 전 세계의 기업, 특히 신흥국의 기업은 생산과 유통의 체계를 뒤바꾸고 새로운 비즈니스 모델을 시험하며 혁신의 기준을 다시 정의하고 있다. 따라서 예상치 못한 경쟁 기업이 나타나서 산업의 구조나 시장 체계의 근간을 뒤흔들 수도 있다. 예를 들어 구글은 중국의 바이두(Baidu), 러시아의 얀덱스(Yandex), 인도의 123코즈(123Khoj), 한국의 네이버 같은 숙달된 현지 경쟁자를 상대하고 있으며, 경쟁자의 현지 검색 동향에 대한 전문성은 현지 시장에서 상당히 유리한 위치에 있게 해준다.[71] 결론적으로 국제적 전략에 대한 집중은 현지의 위험 요소를 파악하는 데 어려움을 겪을 수 있다.

현지화 전략

일부 다국적 기업은 현지에 대응해야 한다는 큰 압박을 받고, 국제적으로 통합하라는 압박은 적게 받는다(IR 그리드 우측 하단). 해외 시장의 문화적, 정치적, 법적, 경제적 조건은 다국적 기업이 상품과 프로세스를 현지에 맞추도록 부추기거나 강제한다. 경영진은 현지화를 하면 비용과 복잡성이 증가하기 때문에 이를 하지 않는 것을 선호하지만, 기업이 강한 현지화 압박을 받는 상황에서 현지화를 하지 않는다면 낮은 판매량, 약한 경쟁력, 궁극적으로 시장 포기로 이어질 수 있다. 따라서 다국적 기업은 현지화 압박에 직면한 상황에서 J&J(Johnson & Johnson), 맥도날드(McDonald's), 네슬레, HSBC처럼 **현지화 전략**(localization strategy)을 도입하여 자사의 비전과 사명을 조정하고 상품과 프로세스를 현지화한다.

전략 기획 측면에서 현지화 전략은 현지의 자회사가 현지의 상황에 맞춰 가치 활동을 변화할 수 있도록 분산된 의사결정 체계를 사용한다. 현지화 전략에서는 소비자의 수요, 현지의 관행, 현지 시장의 정치, 법, 문화에 대응하여 상품을 설계, 생산, 판매하고, 필요한 자원, 능력, 역량을 배분하는 결정에서 본사보다 현지의 자회사가 더 큰 주도권을 가진다. 예를 들어 J&J의 본사는 국가마다 헬스케어 규정과 환자 치료 기준이 다르다는 것을 확인했다. 이러한 국가별 차이는 본사의 표준화된 계획을 구성하지 못하게 한다. 국제적으로 성과를 최적화하려면 J&J는 전 세계의 250개 구성원 모두 혁신적이고 기업가 정신에 충실한 기업으로서 현지 상황 맞춤형 전략 기획과 가치 활동을 구성하도록 해야 한다.[72]

개념 체크

4장에서는 국가 자본주의의 개념을 설명했고, 6장에서는 정부의 무역 개입에 대한 경제적 합리성에 관해 논의했으며, 8장에서는 무역협정이 시장에 어떤 영향을 미치는지 알아보았다. 이런 상황은 국가가 시장에 개입하면 다국적 기업이 글로벌 통합을 통해 효율성을 추구할 자유를 저해한다는 것을 설명한다. 반면에 현지화를 강조하는 다국적 기업은 국가의 개입에 오히려 도움을 받는다.

장점 현지화 전략은 특정 국가에서 발견되는 소비자 수요, 비즈니스 환경, 시장 상황 같은 고유한 특징에 훌륭하게 대응할 수 있게 해준다. 예를 들어 스타벅스는 1996년부터 세계적인 확장을 시작했고, 지금은 80개 국가에 3만 1,200개의 매장을 가지고 있다. 스타벅스는 커피 블렌드, 디자인, 환경을 현지 소비자의 선호에 맞추면서 현지 시장에 진출한다. 유럽에서 스타벅스는 샹들리에와 시 낭독을 위한 무대 같은 멋진 건축물을 사용하여 인간적인 카페 문화에 익숙한 고객을 끌어들인다. 또한 174개의 인도 스타벅스 매장은 타타글로벌베버리지스(Tata Global Beverages)와 50 대 50 합작투자를 통해 운영되고 있다. 인도의 매장에서는 인도에서 재배되고 로스팅된 커피를 사용한 인도 맞춤 블렌드를 만들어 판매하고 있다. 인도 소비자의 입맛에 맞춰 메뉴를 개발하고 각 도시마다 현지 요리도 메뉴에 추가하고 있다.[73] 이처럼 스타벅스는 합작투자 파트너의 전문지식을 활용하여 현지의 역사적 건축 이론과 구조를 사용하는 것뿐만 아니라 현지 문화의 한 부분을 담아 매장을 디자인한다.

현지화 전략은 다국적 기업의 해외 지부에 풍부한 자원을 가진 모기업이 있다는 이점을 통해 현지 경쟁자와 차별성 있는 경쟁력을 가진다. 식품, 헬스케어, 소매금융 등 IR 그리드의 우측 하단에 해당되는 산업에는 과거부터 한 국가에서 전국적으로 운영되는 현지 기업이 있는 경우가 많다. 이들은 경쟁력이 있긴 하지만 성공적인 다국적 기업이 가진 자원, 능력, 역량에 대응하기 어렵다. 예를 들어 J&J는 우수한 연구, 금융, 마케팅, 물류, 경영적 역량을 활용하기 위해 본사에서 현지 구성원을 지원하는 국제 활동을 구성하고 조정한다. 따라서 현지화 전략에서는 모기업이 자사의 우위를 활용해 자회사의 현지 시장 경쟁력을 기르고 외국인 비용을 상쇄한다. 시장과 시장 사이를 이동할 때 강한 현지화 압박 속에서 상품과 프로세스를 현지에 맞추는 일은 본사가 해외 활동을 주도하고자 한다면 큰 비용과 높은 복잡성이 동반된다. 다국적 기업은 외국인 비용을 상쇄하고 현지 제품보다 가격 경쟁력 있는 대체품을 판매하려면 생산을 최적화해야 한다.

현지화 전략은 운영 중복을 발생시켜 간접 비용을 증가시킨다.

한계점 현지화를 하려면 자회사들끼리 서로 같은 가치 활동을 도입해야 한다. 말하자면 현지화 전략을 사용하는 다국적 기업은 전 세계에 '미니미(mini-me)'를 만들어야 하는 것이다. 상품이나 프로세스를 현지에 맞추는 일은 자원과 능력을 현지에 맞춰 변형해야 하는데, 이는 가치사슬의 효율성을 저해한다. 상품 구조가 달라진다는 것은 다른 재료가 필요하다는 것이고, 시장이 작아지면 상품 수명도 짧아지고 유통 채널 구조가 변하면 기존과 다른 유통 체계가 필요해지며 서로 다른 기술 플랫폼의 존재는 정보 교환을 어렵게 한다. 따라서 현지화 전략은 가격 탄력성이 적은 산업에 종사하는 다국적 기업에게 더 유리하다.

현지화 전략을 사용하려면 시장마다 다른 경영 방식과 가치사슬을 적용해야 한다. 하지만 자회사에게 의사결정권을 부여한다면 시간이 지날수록 자회사에게 힘을 실어줄 수 있다. 결국 자회사는 본사의 지시를 무시하고 본사의 비전 및 사명과 다르거나 반하는 환경을 유지하고자 할 수도 있다. 자신만의 결정을 하는 자회사는 자회사들의 통합에서 나오는 잠재적 범위의 경제 효과를 상쇄시켜서 운영 비용이 높아지는 전략을 선택할 수도 있다. 이에 더해 해당 자회사는 단독적인 영업체로 전환하여 자원과 권력 체계의 변화로 본사의 권한을 무력화할 수 있다. 이처럼 비전, 사명, 계획을 둘러싼 갈등은 기업의 경쟁력 저하로 이어질 수 있다.

글로벌 전략

IR 그리드 좌측 상단에 위치한 산업에 종사하는 다국적 기업이 겪는 글로벌 통합에 대한 압박은 크지만 현지화 압박은 낮다. 그리고 산업 효과는 기업에게 효율의 경제성, 표준화 우위, 통합의 필요성에 민감한 **글로벌 전략**(global strategy)을 도입하게 한다. 다국적 기업은 생산성에 대한 압박을 받으므로 이를 해소하고자 원가우위를 확보하거나 적어도 산업 선두 주자와 경쟁할 수 있는 상태가 되고자 한다. 이때 기업의 경쟁적 포지셔닝은 잠재적인 범위의 경제, 경험 효과, 입지우위에 달려 있다. 다국적 기업은 운영 측면에서 가치 활동을 이상적인 몇몇 위치에 집중하고 상품을 오랫동안 판매하기 위해 상품을 표준화하며 공격적인 가격 정책과 직접 유통을 위해 마케팅을 개선한다.

글로벌 전략은 가치 활동의 전 세계적 표준화를 달성하는 것이다.

글로벌 전략은 가치사슬 설계에 적나라한 영향을 미친다. 다국적 기업의 거점은 베트남의 신발 공장, 중국의 자동차 부품 공장, 필리핀의 서비스 콜센터처럼 생산성이 최대화되는 장소에서 운영된다. 하지만 가치 활동은 같은 장소에서 일어나지 않아도 된다. 완전히 최적화된 글로벌 가치사슬에서는 가장 효율적인 장소를 찾아 가치 활동을 수행한다. 예를 들어 IBM은 마닐라의 HR 전문가, 상하이의 외상매출금 전문가, 쿠알라룸푸르의 회계사, 선전의 조달 담당자가 아시아의 가치사슬을 지원한다.[74] 본사는 관행과 프로세스를 표준화하면서 의사결정을 주도한다. 그리고 경쟁자가 주는 끊임없는 비용 압박 때문에 본사는 정기적으로 생산성의 기준을 높여야 한다.

일부 상품, 특히 일상재 분야에서는 글로벌 전략이 사실상 유일하게 수익을 올릴 수 있는 선택지이다. 휘발유, D램 칩, 철강, 아스피린, 신용카드, 설탕 등 일상재는 보편적인 필요를 충족한다. 기업 X의 휘발유와 기업 Y의 휘발유 같은 기본적으로 동일한 상품 사이에 하나를 선택해야 할 때는 가격이 주요 경쟁력이 된다. 하지만 글로벌 전략이 일상재 시장에만 국한되어 있는 것은 아니다. 시장의 세계화는 의류 산업의 자라, 가구 산업의 이케아, 사치품 산업의 LVMH 같은 다국적 기업에게 과거에는 차별화해야 했던 제품의 특징을 표준화하여 글로벌 규모로 생산하고 세계적인 브랜드로 마케팅하며 집중된 유통 채널을 통해 판매할 수 있게 한다. 국가 간 소비자의 수요에는 분명히 차이가 있지만 글로벌 전략에는 상당한 맞춤화가 필요하지 않다.

글로벌 전략을 통해 다국적 기업은 소비자 행동의 강력한 추세에 대응할 수 있다. 우수한 품질과 가격 경쟁력이 있다면 소비자는 기존 제품에 대한 선호를 포기하고 외국산 제품을 구매할 것이다. 이는 어느 사회라도 돈은 획득하기 어렵고(일해야 얻을 수 있나), 끊임없이 움직이며(빠르게 사용), 공급이 (양에 상관없이 언제나) 부족하기 때문이다. 결과적으로 전 세계의 소비자는 가능한 한 낮은 가격에 최고의 품질을 가진 제품을 구매하려고 할 것이다.[75] 결국 합리적인 소비자는 제품의 원산지에 상관없이 외국 제품과 자국 제품 중 더 나은 가치를 제공하는 제품을 구매한다. 기술의 확산과 범위는 이러한 경향을 증폭시켰다. 기술의 발달로 인해 세계 각국이 연결되면서 소비자의 선호는 동질화되고 있으며 디지털 격차가 줄어들면서 더 많은 사람이 대중 미디어에 노출되었고 전 세계적으로 소비자 행동이 동질화되고 있다. 결국 소비자가 민족주의에서 벗어나 더 나은 가치를 제공하는 제품을 찾으려는 경향은 기업이 글로벌 전략을 선택하도록 유도한다.

개념 체크

앞 장에서는 중국, 인도, 필리핀 같은 신흥경제국의 성장 잠재력과 성과를 강조했다. 이들 국가에서 빠르게 성장 중인 다국적 기업은 독창적인 제품과 서비스를 개발하기 위해 제품 및 프로세스를 혁신하고 있다. 이러한 혁신으로 인해 서구 다국적 기업은 가치 창출의 경제학을 재고하게 되었다.

장점 글로벌 전략은 지속적인 국가 시장의 통합에 직접 대응하는 전략이다. 제도의 발전으로 과거 국가 간 이동을 제한했던 무역 마찰과 투자 제한이 점차 감소했다. 그에 따라 점점 더 많은 다국적 기업이 효율적인 생산 네트워크를 쉽게 구성하여 언제 어느 곳으로든 쉽게 옮길 수 있게 되었다. 글로벌 전략으로 규모의 경제를 달성하고 경험 효과를 활용하며 입지의 경제를 더 잘 활용하면 기업은 점점 더 높은 품질의 저렴한 제품을 생산할 수 있다. 이는 곧 외국 시장에서 현지 제품을 능가하는 우수한 가치를 제공하는 제품 생산으로 이어진다. 즉 제도적 발전과 소비자 행동 변화가 함께 이루어지며 시장이 세계화되는 것이다. 경영자는 지속적인 통합을 통해 글로벌 전략에 사용하기 용이하도록 자원과 역량을 변화시킬 수 있다. 더욱이 글로벌 전략은 효율성 향상에 집중하면서 기업의 전략 기획이 명확해지기 때문에 비전과 업무 지침이 명확해진다는 핵심 장점을 가지고 있다.

한계 글로벌 전략은 비용 민감성이 높기 때문에 다국적 기업은 현지 조건에 맞게 제품이나 프로세스를 조정하기 어렵다. 조정할 때마다 효율성이 감소하기 때문이다. 따라서 다국적 기업의 성공은 전 세계 모든 고객의 니즈에 맞는 한 가지 제품을 개발하는 것에 달려 있다. 그러나 전 세계 시장에 같은 방식으로 접근하는 것은 위험하다. 파괴적 변화로 인해 세계적으로 구성한 가치사슬에 문제가 생길 수 있다. 예를 들어 시티은행(Citibank), 스코틀랜드왕립은행(Royal Bank of Scotland), 포르티스(Fortis) 같은 대형 은행은 글로벌 금융 위기의 여파로 과거 높은 실적을 안겨주었던 글로벌 전략에 문제가 생겨 큰 어려움을 겪었다. 이들은 세계 자본 시장의 주도권을 쥐고 있었음에도 불구하고 금융 위기와 그에 따른 현지 대응 요구로 인해 많은 강점이 약점으로 변했다. 마지막으로 다국적 기업이 생산성이 극대화되는 일부 지역으로 가치 활동을 집중하면 정치적 변화, 법률적 조작, 무역 갈등, 환율 불안과 같은 다양한 위험에 노출되는 문제가 따른다.

초국가적 전략

비용우위를 통해 효율성을 극대화하면서도 차별화를 통해 유효성을 극대화하는 것은 매우 어려운 일이다. 각각에 필요한 사항이 상반되기 때문이다. 그러나 타깃이나 자라와 같은 일부 기업은 사업 수준 전략에서의 원가우위-차별화 통합 전략을 성공적으로 실행한다. 기업 수준에서 **초국가적 전략**(transnational strategy)은 이 아이디어를 전 세계적으로 적용한 것이다.[76]

초국가적 전략은 글로벌 통합의 효율성, 현지 대응의 효율성, 혁신의 체계적 확산을 목표로 한다.

특히 항공, 금융, 전자상거래처럼 IR 그리드의 우측 상단 사분면에 속하는 산업군의 다국적 기업은 전 세계적 통합을 추진하면서도 동시에 현지 이해관계자와 충돌하지 않기 위해 각국의 상황에 적응해나간다. 이때 경영자는 어떤 활동은 표준화하고 어떤 활동은 차별화해야 한다. 그러나 한 가지 목표를 최대화하는 것이 아니라 두 목표를 모두 최대화하게 되면 효율과 효과가 감소한다. 다국적 기업의 외국인 비용을 상쇄하려면 모방하기 어려운 기업 특유의 자원과 역량, 경쟁력을 갖추어야 한다. 따라서 초국가적 전략은 양방향 글로벌 학습이 필요하고, '보편화(universalizing)'를 달성하기 위해 경영자가 '전문화(particularizing)'를 통해 현지 통찰력을 학습하여 활용하는 것이 요구된다.[77] 한 지역에서 다른 지역으로 현지 통찰력을 체계적으로 확산하면 초국가적 전략을 통해 지역 유효성과 글로벌 효율성을 모두 달성할 수 있다.

초국가적 전략은 권한을 본사에 완전히 집중화하는 것이 아니고, 탈집중화하는 것도 아니다. 대신 아이디어를 낸 사람과 아이디어를 채택하는 사람이 위치에 상관없이 원활히 의사소통과 협업을 할 수 있게 한다. 초국가적 전략을 구현하기 위해서는 통합과 대응, 학습을 동시에 원활하게 하는 정교한 가치사슬이 필요하며 경영자는 문화적, 정치적, 법적, 경제적 조건을 고려하여 이상적으로 국가별 최소 효율성 기준을 충족할 수 있는 가치사슬을 구성해야 한다. 입지 선정은 한곳에 집중해서도 완전히 분산해서도 안 되며 글로벌 통합에 따른 보편화 경향과 현지 대응을 위한 차별화 경향의 균형을 유지해야 한다. 기업은 초국가적 전략을 성공적으로 구현하여 생산성을 최적화하고 가치를 창출하며 '글로컬(glocal)하게' 경쟁력을 유지할 기회를 얻을 수 있다.

장점 몇몇 사람들은 초국가적 전략을 글로벌 비즈니스 환경의 새로운 요구사항에 대응하기 위한 이상적 전략으로 바라본다. 프로세스와 제품을 조정할 수 있는 유연성을 유지하면서 입지의 경제와 경험 효과를 얻기 위해 전략 기획자에게 권한을 부여하는 것은 자원과 능력, 역량의 혁신적 조합을 촉진한다. 초국가적 전략은 거점 간 다방향 지식 교환의 성과에 집중한다. 자라의 사례에서 보았듯이 본사나 현지 자회사 둘 다 지식이 완벽하지 않지만 협력을 통해 양측에게 모두 도움이 되는 '글로컬'한 혁신을 이루었다. 다국적 기업의 글로벌 네트워크를 통한 학습을 검증하는 것은 경영자가 보편화와 특수화를 고려하며 본사의 자원과 현지 자회사의 능력을 최적화하는 데 도움이 된다.

초국적 전략은 다국적 기업의 역량을 전 세계 운영 과정에서 이용하여 글로벌 통합과 현지 대응을 조화시킨다.

한계 초국가적 전략은 감독하고 설계하기 어려우며 부족한 부분이 있다. 통합 및 현지 대응을 조화하는 것은 지역적으로 지식을 창출하되 이를 전 세계에 확산해야 하기 때문에 더욱 복잡하고 다국적 기업에 어려움을 줄 수 있다. 통합 및 차별화의 이점을 동시에 개발하기 위해서는 독창적인 방법으로 자원과 역량이 가치 활동의 넓은 영역을 지원할 수 있도록 전환해야 한다. 경영진 간 연결된 사고방식 개발, 필요한 통신 네트워크 설치, 다기준 의사결정의 모호성 관리 등으로 전략 기획이 어려워진다. 또한 초국가적 전략의 복잡성은 다국적 기업이 글로벌 활동을 충분히 통합하고 현지 운영을 차별화하기 어렵게 한다. 본질적으로 비용이 너무 많이 들고 대응력이 너무 떨어지는 두려운 '중간'에 갇히는 것이다.

초국적 전략은 의제가 복잡하며, 비용 소모가 크고, 인지적 한계가 있어 실행하기 어렵다.

CASE

미래의 다국적 기업: 우세한 시나리오

작업 속도의 진화와 기술 및 시장의 변화는 세계화를 가속화했다. 다국적 기업은 현명하게 대응하고 비전을 재고하며 목표를 명확히 하고 전략을 조정하며 가치사슬을 재구성하여 신세계에서 경쟁하고 있다. 무엇보다도 디지털화, 소규모 혁신, 로봇 세포, 초국가적 기관의 활발한 활동으로 변화가 가속화될 것이라는 예측은 다국적 기업이 자원과 역량을 이상적으로 결합할 수 있게 자극한다. 지금부터는 다국적 기업의 미래에 대한 몇 가지 하이콘셉트(high-concept) 예측을 살펴볼 것이다.

글로벌 통합 기업

진화론적 관점에 따르면 다국적 기업은 꾸준히 진행되는 세계화의 바람에 체계적으로 대응하고 있다. 정책과 관행이 변경되며 점차 국가 간 연결이 심화됨에 따라 다국적 기업은 점진적으로 국제적인 운영을 통합한다. IBM의 전 CEO는 도발적인 입장을 가지고 있다. 그는 IBM의 진화를 비추어 보아 IBM이 세 가지 전략적 단계를 거쳐왔다고 주장한다.

첫 번째 단계는 19세기의 국제적 모델이다. 당시 IBM은 실체적으로나 비실체적으로나 본국이 있는 기업이었으며 해외 영업소를 통해 제품을 판매했다.[78] 본사는 본국 사업에 집중하고 해외 법인의 도움을 거의 받지 않은 채로 해외 사업을 기획했다. 국가들이 불규칙하게 연결되어 있는 세계 각지에서 사업하기 위해 국제적 전략을 사용한 것이다.

두 번째 단계는 20세기 후반의 고전적 다국적 기업 형태이다. 이 당시 본사는 현지화 전략을 반영하고 고도로 차별화된 해외 시장을 위해 해외에 작은 버전의 본사를 구축했다. 입지의 경제와 규모의 경제를 활용하기 위해 집중된 가치사슬을 지향하면서 국가 간 연결이 확대되어 '미니미' 전략의 경제적 비효율성이 드러나게 되었다.[79] 각국에서 독립적으로 사업을 운영함으로써 지속적으로 중복 비용이 상승했으며 경쟁이 심화되는 상황에서 IBM이 받아들일 수 없는 수준이 되었다.

세 번째 단계인 '글로벌 통합 기업'은 "사업은 모든 방향으로 흐른다. 기업은 중심이 없다. 이질적인 생각은 이질적이다. 시장이 뒤바뀌므로 시장 지배력도 변화한다"는 세계화의 여명을 의미한다.[80] 모든 곳의 모든 이와 모든 것을 두고 경쟁하려면 적절한 비용과 기술, 비즈니스 환경을 기반으로 하여 전 세계 어디에서나 가장 효율적이고 질 높은 인력과 업무, 투자금을 배치해야 한다.[81] 과거에는 배치 및 조정의 장벽이 지식의 흐름과 생산 기회, 조직의 선택지를 제한한다고 생각했다. 그러나 현재에는 마치 인터넷처럼 전 세계적으로 통합된 기업이 전략을 설계하고, 활동을 구성하고, 프로세스를 조정하여 모든 것을 모든 장소에 연결하고 있다.

메타내셔널 기업

미래에는 세계적 차원의 운영 효율성이 더 이상 다국적 기업의 경쟁우위를 결정하지 않을 것이다. 다국적 기업이 본국이나 자회사가 위치한 국가의 고유한 특징을 활용하여 높은 경쟁력을 구축할 수도 없을 것이다. 오히려 다국적 사업을 설계하는 쪽이 아닌 메타내셔널(metanational)한 역량을 합치는 쪽이 성공할 것이다.

메타내셔널 기업은 기존 운영 방식을 보완하고 새로운 요소를 이용하는 독특한 아이디어와 활동, 통찰력을 추구하며 전 세계적으로 제품을 판매하는 것에서부터 전 세계 어디에서나 나타나는 귀중한 아이디어와 자원, 역량을 찾는 것까지 활동을 확장한다. 또한 세계를 탐색하여 독특한 시장 상황에 잠재된 전문지식의 잠재력을 확인하고 해석한다. 이러한 기회를 활용하여 경영자는 전 세계 곳곳에서 지식을 발견하고 접근하고, 동원하고, 활용하여 새로운 종류의 경쟁우위를 구축할 수 있다.[82]

이론적으로 메타내셔널 기업은 다음과 같은 전략 기획을 세운다.

- 미개척 기술과 미확인된 소비자의 동향을 예측하고 접근한다.
- 현지 자회사에 흩어져 있는 전문지식을 전 세계적으로 활용한다.
- 파편화된 지식을 활용하여 생산하고 홍보하고 전 세계적인 가치를 제공하는 혁신을 창출한다.
- 우수한 프로젝트 관리 기술을 적용하여 조직 구성원 간 강력한 협업 문화를 조성한다.[83]

어떤 종류의 다국적 기업이 메타내셔널 기업이 되고자 하는가? 대개 글로벌 통합 및 현지 대응의 압력에 직면하면서 여러 국가에 파편화된 지식을 탐색, 활용, 동원, 적용할 기회를 노리고 있는 기업이다. 메타내셔널 기업의 시작은 파편화된 지식을 통합하는 방법을 찾는 것이다. 최근까지 메타내셔널한 기업은 거의 없었다. 협업과 의사소통의 장벽으로 지식 공유가 어려웠으며 국가적 차이도 문제가 되었다. 오늘날에는 환경적 조건과 제도적 의제, 기술 동향이 지식의 감지, 동원, 활용을 용이하게 한 덕에 메타내셔널 기업의 시대가 꾸준히 열리고 있다.[84]

시세이도(Shiseido), ARM, 맥도날드, ST마이크로일렉트로닉스(STMicro-electronics), P&G(Procter & Gamble), SAP, 타타 같은 다국적 기업은 지역적 통찰력을 글로벌 혁신으로 전환할 수 있는 신흥 메타내셔널 기업이다. 맥도날드는 가장 빠르게 성장하고 수익성이 높은 시장 중 하나인 러시아에 700개 이상의 매장을 보유하고 있으며 앞으로도 수백 개를 더 추가할 계획이다. 맥도날드는 러시아에서의 경험을 전 세계적으로 활용하여 새로운 역량을 개발했다. 특히 러시아에서의 커피 사업 시험 운영을 통해 획득한 지식을 활용하여 전 세계의 커피 체인점과 경쟁을 시작했다. 맥도날드는 2003년 러시아에 맥카페(McCafé)를 열고 에스프레소 스타일의 커피를 개발한 후, 2009년 미국에 진출했으며 그 이후 전 세계로 확장했다.[85]

마이크로 다국적 기업

혹자는 다국적 기업의 미래는 규모의 문제에 있다고 말한다. 역사적으로 다국적 기업은 전 세계에 걸쳐 있는 거대 기업이었다. 오늘날 세계적으로 다국적 기업의 수는 증가하고 있지만 평균 규모는 감소하고 있다. 해외 사업을 하면서도 직원을 250명도 고용하지 않는 기업이 많으며 단 몇 명에 불과한 경우도 있다. 이는 이른바 마이크로 다국적 기업의 시대를 의미한다. 마이크로 다국적 기업은 소규모의 본 글로벌(born global) 기업을 뜻한다. 점차 해외 사업을 확대하고 신규 시장에 진출하는 과거 대기업과 달리 마이크로 다국적 기업은 즉시 전 세계로 진출한다. 일반적으로 인터넷을 이용하고 항상 많은 고객과 혁신적인 시장 환경을 목표로 원하는 곳으로 이동한다. 또한 본 글로벌 기업은 해외 시장을 국내 판매가 부진할 때에 대비한 피난처로 여기지 않으며 오히려 국내 시장을 세계의 수많은 시장 중 하나일 뿐이라고 여긴다.

다른 다국적 기업과 비교되는 마이크로 다국적 기업의 독특한 차이는 창업 당시의 글로벌한 목표에서 출발한다는 것이다. 본 글로벌 기업의 창립자는 해외 생활이나 유학을 통해 얻은 강한 국제적 지향을 가진 경우가 많다. 스웨덴의 오디오 공유 웹서비스인 사운드클라우드(SoundCloud)를 생각해보자. 각각 영국과 스웨덴 태생인 공동 창립자들은 이전부터 독일과 미국 시장에 대해서도 지식이 충분했고, 창업 몇 달 안에 독일과 미국으로 진출했다.[86] '드론의 스위스 군용칼(Swiss Army Knife of drones)'을 제작한 이스라엘의 에어로보틱스(Airobotics) 같은 다른 신생 기업은 매력적인 기술 솔루션을 개발하고 있다.[87] "더 나은 쥐덫을 만들면 세상이 당신의 문을 두드려 열게 될 것"이라는 말처럼 이들은 처음부터 전 세계에 고객을 보유하고 있다.[88] 예를 들어 클라우드 컴퓨팅 기술을 사용하여 원격 회의 서비스를 제공하는 줌비디오커뮤니케이션(Zoom Video Communication)의 경우 시스코시스템스(Cisco Systems)의 수석 엔지니어이자 화상 회의 얼리어답터인 창업자가 전 세계에 포진된 기회를 포착하여 설립했다. 줌비디오커뮤니케이션은 창업 몇 달 만에 전 세계 100만 명 이상의 사용자를 확보할 수 있었다.[89]

상황이 잘 맞아떨어진 덕에 마이크로 다국적 기업은 점점 이론을 현실로 바꾸고 있다. 무역 자유화, 전문 제품 수요의 증가, 기술 개선으로 대표되는 세계화는 본 글로벌 기업이 자사의 비전을 저렴하고 신속하게 구현할 수 있도록 도왔다. 영리한 이들은 이러한 변화를 활용하여 전 세계에 포진된 틈새시장에서 혁신을 창출하고 제공하기 위해 주어진 발판을 활용한다.

글로리컬한 다국적 기업

현지화에 대한 지지자는 다국적 기업의 다음 진화 단계로, 아직은 생소한 용어인 **글로리컬라이제이션**(glorecalization)을 이야기한다.[90] 글로벌라이제이션(globalization)과 리저널라이제이션-로컬라이제이션(regionalization-localization)의 합성어인 글로리컬라이제이션은 지역 시장 내에서 입지의 경제를 활용하는 가치사슬을 통해 글로벌 비전과 지역 맞춤화를 실현한다. 글로리컬한 다국적 기업은 기본적으로 글로벌하게 생각하고 지역적으로 행동하기보다는 글로벌하게 움직이되 지역적으로 생각하고 현지에서 활동한다. 또한 글로벌 시스템과 지역 시스템을 구축하지 않고 지역 시장 규모를 고려하여 지역 네트워크가 기업이 경쟁력 있는 포지셔닝에 필요한 효율을 달성할 수 있도록 한다. 지리적으로 가까운 국가들이 정치적, 경제적, 문화적 특성을 공유하는 지역의 맥락에 부합하도록 사업을 운영한다면 지역의 효율성을 극대화할 수 있다. 글로리컬한 다국적 기업은 다양한 조건의 도움을 받는다. 무엇보다 제도적 구조, 규제 체계, 지역 무역 블록(AU, ASEAN, CARICOM, EU, OBOR, USMCA 등)의 시스템 통합은 지속적인 역량이 된다.

예를 들어 EU는 27개 국가를 통합하여 소비자의 선호, 전망, 국가적 이해관계가 유사한 인구 4억 4,500만 명 규모의 시장을 만들었다. EU 전역의 효율적인 인력, 자본, 정보, 제품, 프로세스의 효율적 흐름으로 인해 다국적 기업은 보다 쉽게 자원을 획득하고 역량을 발전시키고 경쟁우위를 창출한다. 이와 유사하게 생산을 지역화하면 입지 효과와 규모의 경제 효과를 이용할 수 있으면서도 유연하게 상품과 서비스를 조정할 수 있다. 중국의 일대일로(One Belt One Road, OBOR) 계획은 글로리컬화된 다국적 기업의 최고의 시장 개척지가 될 수 있다. 일대일로 계획은 도로, 파이프라인, 철도, 해로, 항구, 발전소, 디지털 네트워크 및 문화센터를 확대 건설하여 아시아, 아프리카, 유럽, 오세아니아의 국가들을 통합하는 것이다. 이들 90개국을 합하면 세계 인구의 70%, GDP의 45%에 해당한다. 성공할 경우 일대일로 시장의 규모와 범위는 글로리컬화된 다국적 기업의 강력한 발판이 될 수 있다.

디지털 기업

한 세대 전까지 상상할 수도 없었던 기업 형태인 디지털 기업은 오늘날 점점 현실이 되고 있다.[91] 디지털 기업은 제품, 목표 소비자나 시장을 구성할 때 지리적 요인을 반영하지 않는다. 국경이 아닌 인터넷의 디지털 연결이 사업 경계가 된다. 예를 들어 페이스북은 물리적으로는 캘리포니아에 본사가 있지만 약 4만 5,000명의 직원이 100개 이상의 언어로 번역된 웹사이트를 통해 거의 200개 국가의 약 22억 5,000만 명에게 서비스를 제공하고 있다.

디지털 기업은 고객과 시장, 환경의 변화에 실시간으로 대응하는 역량을 개발한다. 디지털 기업은 가치사슬을 가상 세계로 끌어들이는 관점과 전략을 사용하여 전 세계의 활발한 디지털 네트워크 속에서 자원과 역량을 연결한다. 예를 들어 나이키와 리복(Reebok)은 직접 공장을 소유하지 않고 위탁 생산 업체에 의존하여 제품을 생산하고 유통한다. 애플, 시스코, 퀄컴(Qualcomm)도 페가트론, TSMC, 폭스콘과 같은 제조업체에 생산을 아웃소싱하며, 각자가 가장 잘하는 일에 집중한다. 해당 기업은 명목상으로 독립적이지만 통신 및 협업 시스템으로 직원들이 연결되어 있으며, 그로 인해 가상의 역량을 만들어낸다. 예를 들어 나이키는 자사의 디자인과 마케팅 역량을 활용하고 진화하는 소비자 행동에 따라 제품을 조정할 수 있는 제조업체의 전문성을 신뢰하면서 더 많은 가치를 창출하는 데 집중한다.

디지털 기업은 클라우드 소싱(crowdsourcing), 군집 지능(swarm intelligence), 인공 지능을 기반으로 원격 실행, 글로벌, 상시 작동, 무한히 변경할 수 있는 특성을 가진 자기조직화 시스템으로 개발한 집단 통찰(collective insight)을 활용한다. 또한 파트너와 협력하며 무한한 사이버 공간에서 활동한다. 이러한 기업의 대부분은 불과 한 세대 전만 해도 글로벌 그리드(시장 경계)와는 거리가 멀었다. 그러나 오늘날 혁신은 모든 사람이 이른바 '진화하는 문명의 신경계'에 연결되는 기술 유토피아를 만들어내고 있다.[92] 학습하고 진화하고 변화하는 전략을 위해 만들어진 디지털 기업은 미래의 업무 공간을 바꿀 수 있는 전망과 방향을 가지고 있다.

명칭 정하기

미래의 다국적 기업을 묘사하는 것은 규정하기보다는 추측하는 것에 가깝다. 궁극적으로 어떤 기준이 등장하든 간에 우리는 해당 기준이 지속 가능을 목표로 만들어진 기업의 역사적 좌표를 보여줄 것으로 기대한다. 통찰력 있는 비전과 판도를 바꾸는 전략을 명확히 보여주는 뛰어난 경영자가 실용적이고 헌신적인 프레임워크를 제시할 것이다.[93] 그러나 사람들은 여전히 기업을 추적하고 어떤 기업이 결국 새로운 표준을 세우는지 지켜볼 것이다.

문제

12-3 글로벌 통합 기업, 마이크로 다국적 기업, 디지털 기업에서 일

할 수 있다면 어디를 택하겠는가? 그 이유는 무엇인가?

12–4 10년 후 '전형적인' 다국적 기업은 어떤 식으로 가치를 창출하겠는가? 또 어떤 형태의 다국적 기업이 그에 가장 적합하다고 생각하며 그 이유는 무엇인가?

12–5 미래의 다국적 기업은 형태에 상관없이 글로벌 통합 및 현지 대응 압력에 직면할 것이다. 어떤 다국적 기업이 이에 대응하는 데 가장 적합하다고 생각하는가?

Chapter 13
진출국 평가 및 선택

학습 목표

13-1 국제경영 운영에서 입지의 중요성을 자세히 설명한다.

13-2 스캐닝을 통해 진출국을 비교하는 것이 중요한 이유와 최종 입지 선택으로 어떻게 연결되는지 설명한다.

13-3 해외 진출 여부와 입지를 결정할 때 주요 기회 및 위기 변수를 파악하고, 이를 우선으로 하여 연관시키는 방법을 파악한다.

13-4 국가 간 비교 정보의 출처와 단점을 요약한다.

13-5 기업이 국가 간 자원을 배분하기 위한 선택지와 수단을 설명한다.

13-6 기업이 해외 사업장을 선택할 때 비교 불가한 결정을 내리는 이유에 대해 인식한다.

출처: Jack Sullivan/Alamy Stock Photo

▲ 에어버스 A380

말이 최고 속도를 내는 곳은 카누로 최고 속도를 낼 수 있는 곳이 아니다. *—아프리카 속담*

CASE

에어버스: 거대 항공사의 국제적 탄생[1]

—스테파니아 팔라디니(Stefania Paladini)

유럽에 기반을 둔 에어버스(Airbus)만큼 국제적으로 잘 알려진 기업은 드물다. 2019년에 약 700억 유로의 매출과 13만 3,000명 이상의 직원이 있는 이 기업은 2020년 《포천(Fortune)》이 선정한 글로벌 500대 기업 중 125위에 올랐다. 당신이 항공 여행을 해보았다면 탑승 항공기 중 절반은 에어버스였을 것이고, 에어버스 A380 모델은 기네스 세계 기록에 등재된 세계 최대의 여객기이다. 당신이 유럽에 살고 있다면 당신이 사용하는 네비게이션 시스템인 갈릴레오(Galileo) 또한 전 세계 통신 위성의 약 25%를 생산하는 에어버스가 대부분 개발한 것이다. 에어버스는 유럽우주국(ESA)의 주요 계약업체 중 하나로서 세계에서 가장 복잡한 과학 및 탐사 임무를 주도하고 있을 뿐만 아니라 아리안(Ariane) 우주 로켓도 생산하고 있다.

그러나 복잡한 역사와 독특한 DNA의 측면에서 에어버스의 정체성은 잘 알려져 있지 않다. 에어버스는 국제 경쟁력이 있을 뿐 아니라 유럽연합에서 유일한 진정한 의미에서의 초국가적이고 통합된 기업이다. 에어버스가 가진 노하우와 지배 구조는 고유한 기업 문화와 경제적 환경에서 기인한다.

에어버스 이름의 복잡한 역사

에어버스의 역사를 살펴보는 것은 제2차 세계대전 이후 유럽에서 항공우주 산업의 통합과 점진적인 합병에 대해 배우는 것이라고 해도 과언이 아니다. 에어버스 산업 GIE(Airbus Industries GIE) 컨소시엄은 1970년에 프랑스에서 탄생했으며 현재 에어버스로 알려진 기업의 기원이다.

첫 번째 주요 변화는 2000년에 에어버스가 프랑스, 독일, 스페인의 항공우주 및 방위 분야 선도 기업 3개와 합병하면서 발생했으며, 유럽 태생임을 반영하기 위해 이름을 EADS(European Aeronautic Defence and Space Company)로 변경했다. 에어버스와 합병한 3개의 기업은 프랑스의 아에로스파티알레 마트라(Aerospatiale Matra), 독일의 다임러크라이슬러 에어로스페이스(DaimlerChrysler Aerospace, DASA; 역사적인 기업 다임러의 일부였으며 수십 년 동안 항공우주 사업에서 활동했다), 1923년에 설립된 스페인의 콘스트루치오네스 에어로나우티카스(Construcciones Aeronáuticas S.A.) 등이었다. 현재까지 프랑스, 독일, 스페인 3개국이 에어버스 운영의 핵심을 대표하지만 수년간 유럽(영국 등)과 해외(미국, 중국, 일본 등)에서 더 많은 지역, 사업 라인, 국가가 편입되었다. 에어버스 자체는 EADS가 지분 80%를 보유한 주식회사로 재편되었다.

EADS는 설립 이후 군사용과 민간용의 다양한 헬리콥터 개발과 제조 및 상업화를 담당하는 유로콥터(Eurocopter) 자회사의 100%를 소유하고 있다. 또한 아리안스페이스(Arianespace)의 상당 지분을 소유하고 있으며, 1970년대 이후 아리안 로켓 패밀리를 만들고 발사하여 인공위성을 궤도로 보내거나 국제우주정거장의 승무원들에게 보급품을 전달하고 있다. 전투기를 제조하는 유로파이터 컨소시엄, 터보프롭 항공기 제조사인 아비옹 드 트랜스포트 레지오날(Avions de Transport Régionale, ATR), 미라지(Mirage), 라팔(Rafale)과 같이 잘 알려진 전투기를 설계하고 생산하는 프랑스 다쏘(Dassault)는 EADS와 중요한 이해관계가 있던 다른 자회사이다.

2000년 이후 EADS는 두 가지 주요 변화를 겪었다. 첫 번째는 2006년 에어버스 SAS의 전체 소유권을 인수하기로 결정하면서 BAE 시스템스로부터 나머지 20%를 인수했다는 것이다. 두 번째는 2017년 에어버스의 EADS에 대한 우위를 인정하면서 에어버스 SE로 이름을 변경했다는 것이다.

지난 20년간의 발전을 반영하여 에어버스 본사는 네덜란드 레이던에 위치하고 있으며 독일, 프랑스, 스페인, 영국, 미국, 일본에 주요 생산 및 조립 시설을 갖추고 있다.

중국의 에어버스

중국은 에어버스의 가장 중요한 시장 중 하나일 뿐만 아니라 단일 통로 최종 조립라인(FAL)이 위치한 곳이기도 하다. 톈진에 위치한 중국 FAL은 에어버스와 톈진자유무역구역(TJFTZ)과 중국 항공산업공사(AVIC)의 컨소시엄이 합작하여 2008년부터 운영하고 있는 기업이다. 이곳은 항공 산업에서 성공적인 협력의 상징이 되었다. 2020년 10월, COVID-19 위기 속에서 에어버스 톈진은 동체가 좁은 기종인 A320의 500번째 비행기를 중국남방항공(China Southern Airlines)에 인도했다.

톈진 생산 시설은 에어버스가 유럽 이외의 지역에 설립한 첫 번째 시설이며 프랑스, 독일, 미국에 이어 현존하는 4개의 공장 중 하나이다. 에어버스의 글로벌 전략에서 중국 시장이 차지하는 비중을 고려할 때 기업 확장 계획의 중요성은 아무리 강조해도 지나치지 않다. 이 시설은 2017년 새로운 에어버스 A330의 완성 및 배송센터(C&DC)가 생기면서 업그레이드되었다. 이 센터는 에어버스의 유럽 외 최초의 넓은 동체형의 항공기 센터이다. C&DC의 주요 업무는 객실 설치, 도색, 비행 시험, 고객 관리, 항공기 인도 등 A330의 완성 활동을 수행하는 것이다.

중국이 에어버스의 두드러진 성공 사례 중 하나라는 것에는 의심의 여지가 없다. 이 기업은 1994년 불과 20%의 시장 점유율로 중국 시장에 진출했다. 이후 국제와 국내 노선 모두에서 중국 항공 시장이 인상적인 성장세를 보인 데 힘입어 에어버스의 중국 내 중요성과 시장 점유율은 꾸준히 성장했다.

2020년 말까지 현재 중국에서 운항 중인 에어버스 항공기는 거의 2,000대(이 중 1,450대는 베스트 셀러인 A320기종이었다)로, 이는 중국에서 운항 중인 전체 항공기의 약 50%를 차지한다. 이곳에서 인도되는 항공기는 현재 에어버스 전체 상업용 제트 여객기 제조의 4분의 1에 달한다.

상업용 제트 항공기가 우세하긴 하지만 중국과 에

출처: dpa picture alliance/Alamy Stock Photo

▲ 에어버스 공장에서 에어버스 A320 제품군의 최종 조립라인에서 일하는 에어버스 직원들

어버스 사이의 유일한 협력 라인은 아니며, 헬리콥터는 또 다른 성공 사례이다. 에어버스는 2018년 칭다오에 H135 헬리콥터 공장을 열었고, 현재 중국 헬리콥터 시장의 선두주자이다. 우주 분야는 중국-유럽 협력의 초기 성공 스토리 중 하나를 제공한다. 1998년 중국의 장거리 로켓이 발사한 통신 위성 시노새트 1호(Sinosat-1)는 아에로스파티알레/DASA와 중국항공우주과학기술공사가 공동 생산했다.

에어버스의 불확실한 미래

에어버스는 수십 년 동안 지속적으로 성장해왔고 지난 10년이 특히 중요했던 것으로 입증되었다. 2019년, 에어버스는 전 세계 항공사에 기록적인 863대의 항공기를 공급하면서 세계 최대의 항공기 제조사가 되었다.

지난 수십 년 동안 에어버스의 기회는 시장 성장뿐만 아니라 경쟁사인 미국 보잉(Boeing)이 직면한 문제와 같이 확실히 에어버스에 유리하게 작용한 몇 가지 외부 환경에서 비롯되었다. 에어버스와 보잉의 싸움은 수십 년에 걸쳐 이어졌으며, 심지어 각 정부 대출을 통한 불공정한 보조금으로 인해 WTO의 소송까지 제기되었다. 2017~2018년에 보잉 737맥스 항공기 사고로 인해 생산이 갑자기 중단되고 유럽연합과 중국을 포함한 많은 시장에서 보잉 737맥스 항공기의 운항을 금지시켰기 때문에 보잉은 2019년에 345대의 항공기만 겨우 인도할 수 있었다.

기술적인 차원에서 보잉 737맥스의 문제 해결 방안이 가시화되고 있지만 회생 조건은 이상적이지 않고 보잉만의 문제도 아니다. 실제로 2020년은 제조업체와 항공사를 포함한 항공 산업 전체에게 엄청나게 도전적인 한 해였다. 항공 산업은 2020년 봄, 첫 번째 COVID-19 대유행 동안 국제선 항공편에서 약 80%의 운항 감소를 기록했다. 제2의 대유행이 닥쳤을 때는 충격을 어느 정도 흡수했지만, 수십억 달러의 손실이 있었다. 항공 산업은 2024년에 이르러서야 COVID-19 이전의 위치로 돌아갈 것으로 예상되면서 향후 전망도 암울하다.

COVID-19 대유행은 급변하는 연료 가격, 항공권과 화물 운송률의 하락 추세, 국제 무역의 전반적인 둔화와 관련된 이미 존재하는 어려운 상황을 더욱 악화시켰다. 에어버스에게 가장 중요한 항공 부문은 2015년부터 2020년까지 연평균 약 −1.8%의 성장률을 기록했다.

다른 도전은 에어버스에게 더 구체적인데, 브렉시트가 그중 하나이다. 항공 전문가들이 잘 알고 있듯이 항공기 설계에서 가장 민감한 요소는 날개이다. 에어버스의 경우 날개의 설계, 제조 및 조립은 탑재될 항공기의 유형에 따라 영국 전역의 여러 생산 현장에서 이루어지며, 영국에 기반을 둔 공급사슬의 일부이다. 무역 장벽의 귀환으로 인해 영국과 유럽연합 회원국의 원활한 통합이 저해될 가능성이 있으며, 심지어 에어버스가 날개 제조를 이전해야 할 수도 있다. 항공기 날개의 생산이 영국의 지식 경제에 얼마나 의존하는지를 고려하면 이는 빠르거나 값싸게 달성될 수 없을 것이다.

마지막으로 특히 중국과 같이 호황을 누리는 다른 국가의 항공기 제조 산업과의 경쟁은 에어버스에게 골칫거리가 될 수 있다. 몇 년 안에 중국의 국내 항공이 세계 최대 규모가 될 것이라는 예측이 나왔는데, 중국을 오가는 국제 항공 교통량은 지난 10년 동안 2배로 증가했으며, 일부 예측에 따르면 중국에 향후 20년 동안 약 7,560대의 새로운 항공기가 투입되어야 할 것이라고 한다. 한편 중국 정부가 이러한 수요를 충족하기 위해 국내 제조업체를 이용하려는 의향이 있다는 신호는 점점 더 커지고 있다. 중국상용항공기공사(Commercial Aircraft Corporation of China, COMAC)가 생산한 ARJ21과 C919는 많은 비판을 받았고 지연과 기술적 문제로 어려움을 겪었지만, 항공 산업의 가치사슬에 발돋움하여 자국 제품의 입지를 확보하겠다는 중국의 의지를 보여주는 신호이다. 미국의 리더십 변화와 향후 EU-중국 관계 재설정 가능성과 같은 전망을 고려할 때 이러한 추세는 에어버스를 포함한 주요 국제 항공사 제조자에게 훨씬 더 두드러지고 위협적일 수 있다.

문제

13-1 국제화 전략에서 에어버스가 다른 다국적 기업과 상당히 다른 점은 무엇인가?

13-2 영국과 유럽연합(EU) 사이에 체결된 기존 조약에도 불구하고 브렉시트 이후의 환경은 에어버스에 심각한 위협이 되고 있다. 그중 가장 민감한 분야는 무엇인가?

13-3 COVID-19는 중단기적으로 항공사 성장률 전망에 큰 변화를 가져왔으며, 그 피해는 아직 끝나지 않았다. 이러한 문제를 해결하기 위해 어떤 완화 전략을 사용할 수 있는가?

입지의 중요성

13-1 국제경영 운영에서 입지의 중요성을 자세히 설명한다.

경영에서 세 가지 가장 중요한 성공 요인이 '입지, 입지, 입지'라는 격언은 국제경영에도 그대로 적용된다. 전 세계 200개가 넘는 각 국가는 서로 상이한 기회와 위험을 가지고 있다. 따라서 어떤 지역은 다른 지역보다 기업의 역량과 전략에 더 적합하다. 외부 환경과 기업의 목표 및 역량을 비교함

모든 국제적 기회를 활용하기에는 기업이 가진 자원이 부족하다.

으로써 경영자는 다음과 같은 질문을 할 수 있다. 기존 역량을 가장 잘 활용할 수 있는 지역은 어디인가? 그리고 기업의 역량을 가장 잘 유지하며 향상 또는 확장할 수 있는 곳은 어디인가? 모든 기업은 자원의 제약이 있기 때문에 다음 세 가지 결정 측면에서 진출국의 평가 및 선택에 신중을 기해야 한다.

1. 판매, 생산, 관리 및 기타 서비스(예: 연구개발)가 이루어질 입지 선정
2. 국가 간 진입 순서
3. 자원과 역량의 국가별 적절한 분배

기업은 다음을 수행해야 한다.
- 국가 진입 순서를 결정한다.
- 자원을 각국에 배분한다.

인적 자원, 기술적 자원, 재무적 자원 등을 한곳에 투자한다는 것은 다른 곳의 프로젝트를 미루거나 포기한다는 것을 의미하기 때문에 기업은 우선 국내와 해외 시장 중 어느 쪽에 보다 더 집중할 것인지를 선택해야 한다. 예를 들어 GE(General Electric)는 총매출액의 60%를 해외에서 거둔다는 목표를 설정했다.[2] 그다음에는 국가별 혹은 지역별 진입 순서를 정해야 한다. 여러 나라에서 기업을 운영하게 되면 그 나라들 사이에 자원을 배분해야 한다. 이 장에서는 국가 선택 과정을 강조하는데,[3] 보다 나은 입지를 선택하는 데 공을 들이는 것이 기업의 경쟁우위를 확보하고 지속하는 데 중요한 영향을 미치기 때문이다.[4]

지리적 입지를 결정할 때 기업은 반드시 다음을 결정해야 한다.
- 판매처
- 생산처

제품 및 서비스의 판매지와 생산지는 일치할 수도, 다를 수도 있다. 운송 비용이나 정부의 규제로 인해 판매국에서 생산해야 한다면 판매지와 생산지가 같게 된다. 예를 들어 버거킹(Burger King)과 같은 레스토랑 사업이나, 건설업, 소매업 등 서비스 산업은 생산 설비를 해외 고객과 가깝게 위치해야 한다.

반대로 자동차, 철강 산업과 같이 대규모 자본 집약적 생산 기술이 필요한 제품은 몇몇 국가에서 생산하여 수출하는 것이 더 낫다. 또한 원자재 및 부품 조달이 여러 국가에 분산되어 있고 본사, 콜센터, R&D센터 등 운영 시설이 흩어져 있을 경우 기업의 입지 선정은 복잡해진다.

경쟁 조건은 변화하므로 지리적인 유연성이 꼭 필요하다. 기업은 새로운 기회를 잡을 수 있는 지역으로 진입하고 수익이 낮은 지역에서는 철수해야 한다. 제품라인, 경쟁적 위치, 자원, 전략이 각 기업마다 다르기 때문에 지리적 선택에 만병통치약과 같은 이론은 없다.[5] 적합한 인력을 고용하여 국가별 차이를 분석하고 기업을 운영하는 것이 매우 중요하다. 능력 있는 경영자가 지리적 결함을 극복하기도 하고 무능력한 경영자가 최상의 지리적 이점에도 불구하고 낮은 성과를 내기도 하지만, 최상의 장소와 최상의 경영자의 조합이 가장 이상적이다. 그림 13.1은 국제경영에서 입지 선정 과정을 보여준다. 다음 절에서 이러한 단계를 심도 있게 살펴보자.

스캐닝을 통한 국가 비교

13-2 스캐닝을 통해 진출국을 비교하는 것이 중요한 이유와 최종 입지 선택으로 어떻게 연결되는지 설명한다.

경영자는 국가가 가진 기회와 위기를 보여주는 광범위한 지표를 살펴볼 수 있는 **스캐닝**(scanning) 기술을 사용한다.[6] 스캐닝은 쉽게 이용할 수 있고, 비용이 저렴하며, 비교 가능한 정보를 활용하여 가장 최적의 입지를 선정한다는 목표로 많은 국가를 비교한다.

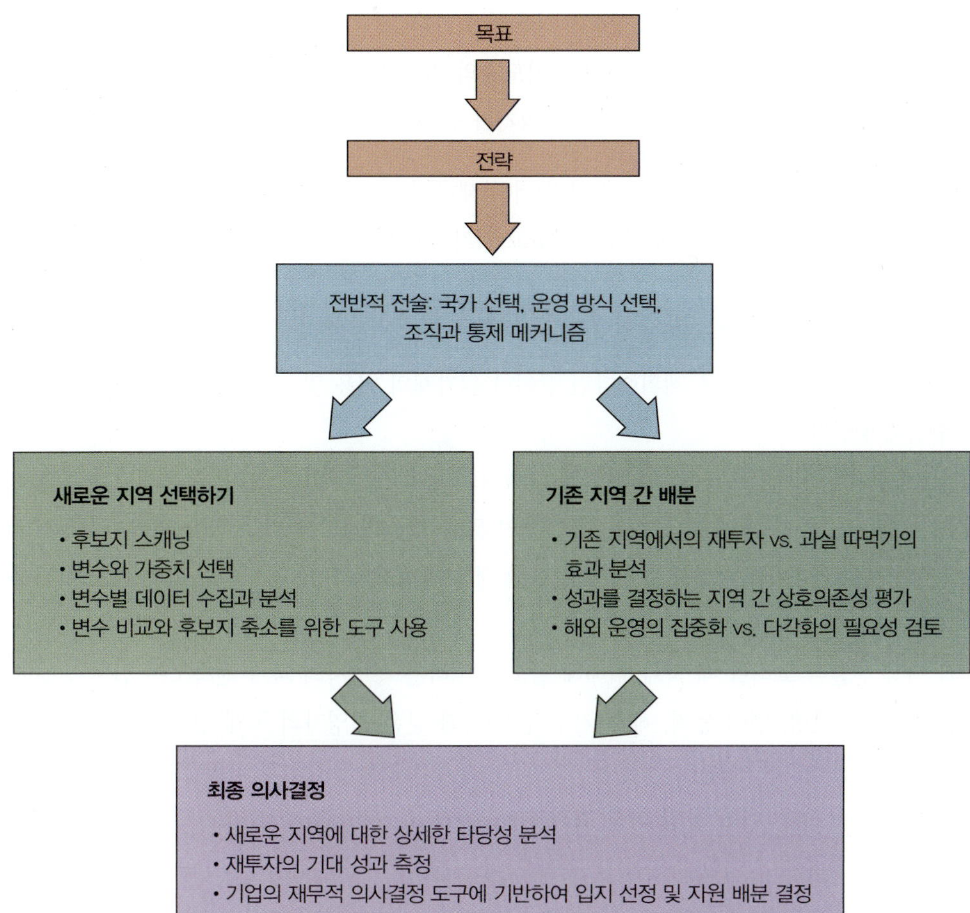

그림 13.1 입지 선정 과정
입지: 자원을 외국 부지에 투입하는 데는 다른 프로젝트를 포기하거나 중단하는 것과 같은 위험한 반대급부가 따른다. 의사결정 과정의 시작은 기본적으로 제안된 위치의 외부 환경을 검토하고 각각의 환경을 기업의 목표 및 역량에 비추어 비교하는 두 가지 과정이다.

스캐닝 작업이 중요한 이유

스캐닝은 넓게 씨를 뿌린 후 솎아내는 것과 같아서 기업이 너무 많거나 너무 적은 수의 후보지를 고려할 위험이 있을 때 유용하다. 그러나 국가 간 비교가 항상 가능한 것은 아니다. 비교 불가능한 결정이 언제 적절한지에 대해서는 이 장의 뒷부분에서 논의할 것이다.

스캐닝 작업을 하지 않은 기업은 너무 많거나 너무 적은 후보지를 검토할 위험이 있다.

스캐닝 대 심화 분석

1단계: 스캐닝 스캐닝을 통해 경영자는 광범위하게 다양한 국가를 분석하여 심화 분석과 현장 방문을 할 가장 가능성 있는 국가의 명단을 좁혀간다. 무료로 이용 가능한 정보를 분석하고, 기업의 성공과 사업적합도에 중대한 영향을 미칠 수 있는 조건에 대해 경험자와 의견을 나눈다. 쉽게 찾을 수 있는 정보를 이용하므로 한 지역 전체와 같이 많은 국가를 동시에 고려할 수 있다.

스캐닝은 '그렇다' 또는 '아니다' 질문, 직접 통계, 간접 지표, 질적 평가를 활용한다.

수집된 정보는 네 가지 유형으로 나눌 수 있다.

1. '그렇다' 또는 '아니다' 질문: '100% 소유의 해외직접투자를 국가가 허용하는가?' 같은 질문에 대한 대답은 '그렇다' 또는 '아니다'이다.
2. 직접 통계: '기업 순이익에 대한 가장 높은 한계세율은 얼마인가?' 같은 질문의 경우 세무일람표에서 직접 정보를 확인할 수 있다.
3. 간접 지표: '자사 제품의 잠재적 매출은 얼마인가?' 같은 질문에 대한 답을 추산하려면 1인당

GDP나 인구 규모와 같은 간접 지표를 사용해야 한다.

4. **질적 평가**: '국제경영에 대한 미래 정치 지도자의 철학은 무엇인가?' 같은 질문의 경우 서로 다른 견해와 간접지표를 바탕으로 한 질적 평가가 필요하다.

현장 방문은 스캐닝 후 이루어지며 최종 입지 결정 과정의 일부이다.

2단계: 심화 분석 국가 범위를 좁히고 나면 더 상세하게 비교해야 한다. 모든 생산과 판매를 아웃소싱할 것이 아니라면 구체적인 정보를 수집하고 평가하기 위해 현장을 방문해야 한다.

판매에 최적인 장소를 결정하려면 최종 후보 국가를 방문하여 시장을 관찰하고 유통업체를 방문할 것이다. 생산에 최적인 장소를 결정하려고 할 때는 외주를 계획한다면 잠재적인 협력사를 조사해 볼 필요가 있으며 자체 생산을 계획한다면 땅이나 원자재의 비용 및 조달 가능성에 대한 입지별 정보를 수집해야 한다.

인텔(Intel)이 남미에서 생산을 확대한 것이 하나의 예가 될 수 있다. 인텔은 스캐닝을 통해 방문해야 할 남미 국가의 수를 줄였다. 이어진 현장 방문에서는 파견할 인력을 위한 주택, 의료 서비스, 식료품 등 훨씬 더 자세한 정보를 수집했다. 또한 정부 관계자와 재계 지도자의 환영 정도와 같은 질적인 정보 또한 얻을 수 있었다.

해외 시장 진출을 고려할 때 국가에 대해 알고 이해하는 경영자의 국가 친숙도는 입지 선정에 중요한 요소이다.[7] 여행, 언어 능력, 해외 거주 경험 등과 같은 경영자의 국제 경험도 중요하다. 불행히도 기업이 대안을 검토하는 데 더 많은 시간과 돈을 투자할수록 장점과 상관없이 그것을 받아들일 가능성이 더 높아진다. 이를 **몰입 상승 효과**(escalation of commitment)라고 한다. 타당성 조사에는 경영자가 과한 투자에 대한 몰입을 중단할 수 있는 명확한 의사결정 지점이 포함되어야 한다.

기회와 위험 변수

13-3 해외 진출 여부와 입지를 결정할 때 주요 기회 및 위기 변수를 파악하고, 이를 우선으로 하여 연관시키는 방법을 파악한다.

기업은 수용할 수 없는 조건을 가진 나라들을 먼저 제거함으로써 스캐닝 작업을 단순화한다.

경영자는 먼저 국가별로 수용할 수 없는 조건을 확인해야 한다. 100% 외국인 소유를 금지하거나 위험한 작업에 아동 노동을 흔히 사용하는 것처럼 이런 조건은 기업에 따라 다르다. 수용할 수 없는 조건을 가진 국가를 제거함으로써 스캐닝 작업을 단순화할 수 있다. 다음으로 성공과 실패에 영향을 미칠 만한 기회와 위험 지표를 고려해야 한다. 물론 어떤 조건은 한 기업에게는 기회로, 또 다른 기업에게는 위험으로 여겨질 수도 있다. 다음에서 자세히 살펴보자.

기회: 판매 확대

큰 시장과 매출 성장에 대한 기대는 잠재적인 입지의 주요 매력이다.

경영자는 더 많은 판매가 더 많은 수익으로 이어질 것이라고 생각하기 때문에 판매 확대는 국제경영에서 기업의 가장 큰 동기부여 요소이다.

경영자는 판매하고자 하는 아이템에 대한 국가별 판매 수치를 가지고 싶어 하지만 신제품의 경우 그러한 정보 자체가 없을 수도 있다. 그럴 때는 예를 들어 HD TV의 과거 판매량을 토대로 잠재적 3D TV 판매량을 예상하는 등, 유사하거나 보완적인 제품의 판매량은 어떻게 되는지 살펴봄으로써 대략적으로 판매 가능성을 추정할 수 있다. 또한 경제적 · 인구통계학적 데이터를 사용하여 판매 잠재력을 예측할 수 있으며, 그중 가장 일반적으로 사용하는 데이터는 소득과 인구 규모의 조합이다.

당연히 자사의 제품과 직접 관련된 지표를 살펴봐야 한다. 사치품을 판매한다면 1인당 GDP는 그다지 도움이 되지 않을 것이다. 대신 일정 수준 이상의 소득이 있는 사람이 얼마나 되는지 알아야 한다. 기업이 청년층이나 노년층을 목표로 한다면 전체 인구는 연령대별 인구수에 대한 수치만큼 도움이 되지 않을 것이다. 게다가 기업의 제품이나 서비스가 평균적인 소비자에게 매력적이지 않더라도 틈새를 찾을 수 있다. 과테말라에 본사를 둔 치킨레스토랑 포요캄페로(Pollo Campero)는 중미 대륙에서 인구가 많은 나라와 도시를 찾아냈고, 이는 그 후 미국에 진출할 때 우선 로스앤젤레스로 진출하는 계기가 되었다.[8]

경제적·인구통계학적 변수 경제 및 인구통계학적 변수를 검토할 때 고려해야 할 몇 가지 주요 사항은 다음과 같다.

여러 국가에서 제품에 대한 잠재적 수요를 추정할 때 소득과 인구 이외의 변수를 고려해야 한다.

- 제품의 퇴역과 세대 초월: 수요를 추정할 때 신흥경제국 소비자가 고소득 국가의 소비와 동일한 패턴을 반드시 따르는 것은 아니라는 점을 고려해야 한다. 예를 들어 중국 소비자는 유선 전화를 건너뛰어 전화기가 없는 상태에서 바로 휴대전화 사용으로 이행했다.[9]
- 필수품에 대한 수요 vs. 비필수품: 사람들은 비필수품을 구매하기 전에 음식과 같은 필수품을 사며, 따라서 필수품의 가격은 선택적인 비필수품의 수요에 영향을 미친다. 예를 들어 일본은 식품에 대한 지출은 높은데, 이는 음식이 비싸고 일하는 습관 때문에 외식이 흔하기 때문이다. 이 경우 식품 구매가 비필수품 구매를 대체한다.
- 대체재: 소비자는 한 국가에서 특정 제품이나 서비스를 다른 국가와 다르게 대체할 수 있다. 인도에서는 경유 가격 대비 휘발유 가격 상승으로 인해 스즈키(Suzuki), 토요타(Toyota), GM(General Motors)과 같은 기업이 디젤 승용차 생산 비중을 더 높이도록 차량 생산을 조합을 변경할 수밖에 없었다.[10] 베네수엘라에서는 경기 침체로 인해 오래전부터 인기 있던 비싼 스카치 위스키에서 덜 비싼 럼주로 수요 이동에 큰 변화가 일어났다.[11]
- 소득 불균형: 소득 불균형이 높은 곳에서는 1인당 GDP 수치의 중요성이 약해진다. 많은 사람은 지출할 돈이 거의 없는 반면, 다른 많은 사람은 상당한 구매력이 있다. 예를 들어 높은 소득 불균형 때문에 대부분의 사하라 이남 아프리카 국가에서 중산층의 비중은 매우 낮다.[12]
- 문화적 요인과 선호: 인도에서는 힌두교의 육류 제한과 같은 문화적 요인이 특정 제품의 전반적인 매출에 영향을 미치지만, 문화적으로 다른 소비자의 니즈를 검토할 필요가 있다. 인도에도 힌두교도나 채식주의자가 아닌 사람들 사이에 소고기를 소비하는 큰 시장이 있다.
- 무역 장벽: 어떤 나라가 무역 블록에 속해 있다면 그 나라의 작은 인구 규모와 GDP만으로 그 잠재력을 제대로 파악할 수 없다.[13] 예를 들어 우루과이는 국내 시장이 작지만 우루과이산 제품은 남미 공동 시장(메르코수르)에 속한 다른 나라에서 면세 판매가 가능하다.

개념 체크

8장에서는 지역 내 무역 장벽이 무너지면 일반적으로 소규모 회원국이 이용할 수 있는 시장 규모가 상당히 크게 증가한다고 설명한다.

잠재적인 수요를 완벽하게 예측할 수는 없지만 사용이 용이한 추정치를 만들어 타당성 조사 대상을 적절한 수로 좁힐 수 있다.

기회: 자원 획득

기업이 자원(예: 노동, 원자재, 지식 등)을 확보하고자 국제경영을 할 때 원하는 자원을 확보할 수 있는 가능성이 있는 지역으로 한정한다. 그중에서도 일부 국가는 다른 국가보다 더 나은 기회(예: 원유 추출, 운송, 세금에 따른 기름값 차이)를 제공하기도 한다. 비용 차이를 고려할 때 특정 산업이나 기업의 경우 특정 자원이 우선될 수 있다(예: 사탕 기업의 경우 설탕, 알루미늄 기업의 경우 저비용 수력 등).

비용 가운데 특히 인건비는 기업의 생산 입지 결정에 중요한 요소이다.

비용 측면 고려사항 기업의 총비용은 수많은 하위 비용으로 구성되며, 그중 다수는 산업별 또는 기업별 비용이다. 하위 비용에 영향을 미치는 몇 가지 요소(**인력 상황, 기반 시설, 외국과의 연결, 정부의 정책**)는 넓은 범위의 기업에 적용된다.

개념 체크

6장에서는 생산지를 찾기 위해 요소 비율 이론을 적용할 때 기업은 생산 요소가 동질적이지 않다는 점을 고려할 필요가 있다는 것을 살펴봤다. 이 이론에 따르면 새로운 기술이 최적의 생산지를 변경할 수 있다.

인력 상황 대부분의 산업에서 로봇 사용을 통한 자본 집약도가 증가하고 있지만 대부분의 기업에서 인건비는 여전히 중요하다. 스캐닝을 통해 기업은 노동 시장 규모, 최저 임금, 평균 임금, 근로자 복지, 교육 수준, 실업률과 같은 요소를 검토할 수 있으며, 이러한 검토는 인건비, 숙련도, 가용성을 비교하는 데 도움이 된다. 분석은 조만간 일어날 변화에 대해서도 수행되어야 하는데, 예를 들어 중국의 비용 인상은 미얀마와 멕시코 같은 국가를 더 매력적으로 만든다.[14]

노동자의 요구도 기업의 요구도 균질적이지 않다. 콜센터를 예로 들면 미국과 프랑스 기업은 언어적 요구가 각각 달라 미국 기업은 필리핀, 프랑스 기업은 세네갈로 많이 진출했다. 저렴한 제조업 인력이 아닌 연구개발 인력을 확보하려는 욕구 측면에서 이공계 졸업생 수에 대한 수치로 필요한 기술이 어느 곳에 있는지 대략적으로 파악할 수 있고, 이는 기업이 중국, 헝가리, 인도, 이스라엘에 R&D 시설을 설립하는 데 영향을 미쳤다.[15]

기업에게 필요한 숙련 노동이 부족한 국가로 진출하려면 다국적 기업은 교육, 생산 재설계, 감독에 추가 비용을 지출해야 한다. 또한 한 나라의 임금률(그리고 교육)은 산업별, 지역별로 다를 수 있으며, 이민과 건강 상태로 인해 변경될 수 있다.

기업이 낮은 인건비 때문에 신흥경제국으로 진출하는 경우 다음 세 가지 중 하나 이상의 이유로 인해 경쟁우위를 오래 지속하지 못할 수 있다는 점에 유의해야 한다.

- 경쟁사가 선도 기업을 따라 인건비가 낮은 지역으로 들어간다.
- 이러한 생산 이동에는 **선점우위 효과**(first-mover advantage)가 거의 없다.
- 임금이나 환율에 대한 압력으로 인해 비용이 빠르게 상승할 수 있다.

기반 시설의 문제는 영업 비용을 증가시킨다.

기반 시설 열악한 국가 기반 시설은 비용을 증가시킨다. 나이지리아의 직원이 출퇴근을 위해 추가적인 시간을 혼잡한 도로에서 보내는 것을 생각해보면 생산성이 떨어진다. 캐드버리(Cadbury)와 네슬레(Nestlé) 같은 많은 기업은 공공 전력의 공급이 불규칙하기 때문에 조립라인이 멈추는 것을 방지하거나 식품의 부패를 막기 위해 비용이 비싼 자가 발전기를 설치한다. 전화 수신이 불안정한 경우가 많기 때문에 고객과 공급업체를 방문하기 위해 사람을 보내야 한다. 상품 배송은 열악한 도로 위의 교통체증 때문에 지연된다.[16]

국가 간 운영을 통합해야 하는 필요성은 입지 결정에 영향을 미친다.

외국과의 연결 국제경영을 할 때 다양한 수준의 국가 간 통합이 필요하며, 통합은 시간과 비용이 소요된다. 원활한 통제를 위해 본사 인력이 현지를 방문해야 한다. 게다가 기업은 다른 국가의 시설 사이에서 수출입하기 위해 원활한 물류가 필요하다. 시간과 비용은 거리와 비례하기 때문에 뉴질랜드와 같이 지리적으로 고립된 국가는 본사나 다양한 공급업체 근처에 위치한 국가보다 기업의 국제적 통합 전략에 적합하지 않다.[17] 한편 무역 제한이 적고 통관이 효율적인 국가는 관세 비용 절감과 통관 시간 단축 등의 이점을 제공한다.[18]

정부의 투자 유인책과 투자 억제책 정부는 일자리를 창출하고 경쟁력을 향상시키며 무역수지를 개선하기 위해 광고, 투자 유치 활동, 영사 활동을 통해 해외직접투자 유치를 촉진한다. 이 외에도 세금 인하, 직원 교육, 대출 보증, 저금리 대출, 수입 관세 면제, 에너지 및 운송 보조금 지원 등 투자자의 비용을 절감하는 인센티브를 제공하는 곳이 많다. 예를 들어 유럽 구조 기금 프로그램(European Structural Funds program)은 코카콜라(Coca-Cola), 피아트(Fiat), GSK(GlaxoSmithKline)와 같은 기업을 위한 프로젝트의 자금 조달을 도왔다.[19] 기업이 해변 휴양지를 건설하는 것과 같이 제한된 자원을 원할 때는 정부가 외국 기업에 대해 우위의 협상력을 가진다.[20] 기업이 고유 기술, 해외 시장에 대한 접근성, 글로벌 브랜드와 같이 복제하기 어려운 자산을 가지고 있다면 기업이 우위의 협상력을 가진다.

정부의 행위가 기업의 비용을 증가시키거나 감소시킬 수 있다.

기업은 관료주의와 부패가 적고 법적 투명성과 법의 집행력이 높은 국가에서 영업하기를 선호한다.[21] 이와 반대로 법적 불확실성 때문에 세금, 노동 조건, 환경 규정 준수, 기타 문제에 대해 정부 기관을 만족시키기 위해 과도한 시간을 소비해야 할 때 경영자는 생산과 판매를 감독하는 주업무로부터 시간을 빼앗긴다.[22]

개념 체크

3장에서 형식적인 절차(즉 창업, 운영 및 폐업에 필요한 시간 및 단계)의 국가별 차이를 자세히 설명했다.

지적 재산권 보호가 제대로 이루어지지 않는 것은 양날의 검과 같다. 지적 재산권 보호가 취약한 국가에서 다국적 기업이 경쟁사에게 기술을 빼앗길 수 있는 반면, 이런 국가에서 경쟁사의 기술에 더 쉽게 접근할 수도 있다.[23]

위험

기업의 결정은 기회와 위험을 비교하고 검토한 후 이루어져야 한다. 예를 들어 기업의 의사결정자가 위험이 너무 높다고 인식한다면 매출 잠재력이 가장 높은 국가나 자산 가격이 가장 저렴한 국가를 포기할 수 있다. 이 절에서는 정치, 외환, 자연재해, 경쟁의 네 가지 측면에서 위험 요인을 살펴보자.

위험 분석 시 고려해야 할 요소 구체적인 위험 요인에 대해 논의할 때 다음과 같이 몇 가지 요인을 염두에 두어야 한다.

1. 기업은 위험에 대한 접근 방식이 다르다. 경영자는 무엇이 위험한지, 얼마나 위험기피적인지, 기대 수익의 정도, 위험 자산의 비율 등의 측면에서 서로 다른 인식을 가지고 있다.[24]
2. 한 기업에게 위험인 것이 다른 기업에게는 기회일 수 있다. 예를 들어 다른 기업의 위험을 발견하는 보안 솔루션(예: 경보 시스템, 보안경비 서비스, 보험, 무기)을 제공하는 기업 같은 경우는 다른 기업이 처한 위험이 가장 큰 영업 기회가 될 수 있다. 위험 평가 서비스를 제공하는 기업은 위험에 대한 인식이 높아질수록 기업 성과가 좋아진다.[25]
3. 기업은 입지 선정의 회피 이외에도 보험과 같은 방법으로 위험을 줄일 수 있다. 그러나 모든 위험 회피 옵션에는 비용이 발생한다.
4. 위험 사이에 상충관계가 있다. 정치적 위험이 높은 국가를 피했다고 하더라도 다른 기업이 그 국

위험 평가는 인식, 기업 상황, 제품 라인, 영업 형태가 다르기 때문에 달라진다.

가에서 좋은 수익을 올릴 경우 경쟁 위험 측면에서 더 취약해질 수 있다.

5. **공급업체와 공급업체의 공급사슬 내에서 위험이 발생할 수 있다.** 기업은 공급업체의 복잡한 외부 의존성과 취약성을 검토해야 한다.[26]

개념 체크

3장에서 정치적 위험이란 정치적 결정이나 사건, 조건이 투자자의 가치를 감소시키거나 예상보다 낮은 수익을 수용하도록 강요할 가능성이라고 설명했다.

정치적 위험 정치 지도자의 의견과 정책, 내분, 진출국과 다른 국가(특히 다국적 기업의 본국) 사이의 적대감 등이 기업의 재산 손실이나 손해, 영업 방해, 영업 규칙 변경으로 이어질 수 있다. 예를 들어 유니레버(Unilever)는 보안상의 문제로 외국 경영진이 파키스탄에서 근무하는 것을 거절하는 것에 직면했고, 치키타(Chiquita)는 직원을 보호하기 위해 콜롬비아 혁명 세력에게 대가를 지급해야 했으며, 오언스-일리노이(Owens-Illinois's)의 투자는 베네수엘라에서 국유화되었고, 메리어트(Marriott)의 인도네시아 호텔은 폭격당했으며, 코카콜라(Coca-Cola)는 앙골라에서 트럭과 전화 서비스를 이용하는 데 경찰의 보호가 필요했다.

기업은 정치적 위험을 예측하기 위해 다음과 같이 행동해야 한다.

- 과거의 패턴을 분석한다.
- 현재의 여론을 파악한다.
- 불만족스러운 사회경제적 상황을 검토한다.

경영자는 정치적 위험을 예측하기 위해 **과거 패턴 분석, 여론 평가, 잠재적으로 위험한 사회경제적 여건 검토**의 세 가지 접근 방식을 사용한다.

과거 패턴 분석 과거 패턴을 바탕으로 정치적 위험을 예측하는 것은 상황이 변화할 가능성이 있으므로 효과가 제한적이다. 더욱이 국가의 전반적인 정치적 상황만 보아서는 국가 내 지역별 및 기업별 차이를 알 수 없다. 예를 들어 내정의 불안은 슬로베니아가 유고슬로비아 내전 중 피해를 거의 입지 않았던 것처럼 지리적으로 제한될 수 있다. 국유화는 일반적으로 매우 선별적이었으며, 규모나 독점적 지위로 인해 국가에 가시적으로 광범위한 영향을 미치는 자회사에만 영향을 미쳤다. 또한 진출국과 밀접한 관계를 맺고 있는 국가의 국영 다국적 기업은 몰수 위험이 비교적 적은 것으로 보인다.[27]

재산 피해나 자산 몰수가 반드시 투자자에게 완전한 손실을 초래하는 것은 아니다. 첫째, 보험을 통해 보상받을 수 있다. 둘째, 대부분의 국유화는 공식적인 의사 선언으로 시작되어 베네수엘라와 홀심(Holcim)의 합의와 같이 외국인 투자자의 보상을 결정하기 위한 법적 절차를 따른다(이때 과거의 합의는 보상 가능성의 지표가 된다).[28] 합의된 보상액에 추가되는 부수적 합의에 따라 전체 보상액이 충분할 수도 있고, 부족할 수도 있다. 예를 들어 과거의 투자자가 수수료를 받고 운영을 지속적으로 관리하거나 유리한 가격으로 산출물을 받을 수 있다.

여론 평가 영향력 있는 사람들이 미래의 정치적 사건을 좌우할 수 있기 때문에 경영자는 개인 사업, 해외 사업 관계, 경제적 변화에 영향을 미치는 수단, 해당 외국에 대한 국민 감정 등에 대한 입장을 결정하기 위해 정치적 지도자의 발언을 평가해야 한다. 경영자는 또한 서로 다른 지도자가 당선될 가능성을 보여주는 여론조사에 접근해야 한다. 대사관 관계자, 국내외 기업인, 언론인, 학계, 지자체 당국자, 노동계 지도자의 다양한 의견은 그들의 태도를 보여주고 현재와 미래의 정치 상황을 반영하는 경우가 많다. 이러한 의견은 간행물과 대화를 통해 수집하거나 기업이 이미 한 국가 내에서 운영되고 있는 경우 해당 국가에서 일하는 경영자들의 보고서를 통해 수집할 수 있다.

사회경제적 여건 검토 특정 집단이 충족되지 않은 사회적·경제적 열망을 가지고 있을 경우 불안이 발생할 수 있다. 불만이 큰 집단은 총파업을 하거나 재산과 공급사슬을 파괴하며 정부 지도자의 몰락을 야기함으로써 사업을 방해할 수 있다. 예를 들어 다음 사진과 같이 알제리의 반정부 시위는 엑손모빌(ExxonMobil)의 2019년 천연가스 전 개발 계획에 차질을 가져왔다.[29] 그리고 정치 지도자는 외국인과 외국 기업에 비난의 화살을 돌림으로써 지지를 이끌어내기도 하며, 이는 때때로 불매 운동, 재산 피해, 몰수, 영업 규칙 변경으로 이어진다. 따라서 집단적 열망과 관련된 사회적·경제적 상황을 검토함으로써 정치적 상황의 악화 가능성을 예측할 수 있다.

출처: Farouk Batiche/dpa picture alliance/Alamy Stock Photo

▲ 2019년 알제리에서의 반정부 시위대

외환 위험 환율 변동과 자금 유동성의 두 가지 측면에서 위험을 살펴보자. 두 가지 모두에서 기업은 변화를 가져올 수 있는 조건과 함께 현재 상황을 고려해야 한다.

환율 변동 외화 가치의 변화는 해외로 나가 판매를 하느냐, 자원을 찾느냐에 따라 양날의 검이 될 수 있다. 미국 기업이 인도에 수출한다고 가정해보자. 인도 루피 가치의 하락은 수출품의 루피화 환산 가격을 올림으로써 수출 경쟁력을 약화한다. 인도 시장을 공략하기 위해 인도 내에서 생산할 경우에는 인도 내 경쟁력은 크게 변화하지 않겠지만 루피화로 번 수익을 미국에 들여올 때 달러 환산 수익이 줄어들 것이다. 그러나 콜센터 인력 충원 등 인도에서 자원을 찾고 있다면 루피화 가치의 하락은 달러 비용을 낮추는 긍정적인 효과가 있다.

개념 체크

10장에서는 환율 변동의 원인 중 일부를 논의하고 환율 변동을 예측하는 방법을 설명했다.

자금 이동의 제약 기업이 외국에 수출하거나 투자할 때 그 나라로부터의 매출 수입, 수익, 자본의 국제 이동성을 선호한다. 이동성이 없다면 많은 기업이 영업을 포기하거나 다른 국가보다 더 높은 수익률을 요구한다. 유동성 선호는 배당금, 파업 위협이 있을 때 자재를 비축하는 것과 같은 예상치 못한 우발 상황, 수익성이 더 높은 기회로 자금을 이동하는 것과 같은 단기 지불을 하기 위한 필요에서 비롯된다.[30]

기업은 재무 자원을 더 쉽게 이동시키기 위해 더 낮은 수익률을 받아들일 용의가 있다.

자금에 접근할 수 있는 능력은 활발한 자본 시장과 정부의 외환 통제 여부에 영향을 받는다. 활발한 자본 시장, 특히 주식 시장은 기업이 현지거래소에서 소유권의 일부를 매각하거나 영업 전체를 처분하려는 경우 도움이 된다. 외환 통제가 없으면 기업이 현지 통화를 환전할 수 있다. 그러므로 기업이 강세이며 태환 가능한 화폐를 사용하는 국가에서의 사업을 선호하는 것은 놀라운 일이 아니다.

개념 체크

10장에서는 국가가 희소한 외환을 보존하기 위해 환전을 통제하는 방법을 검토했다.

자연재해 위험 자연재해와 광범위한 질병은 유사 이래로 존재해왔지만 국제경영 입지 선정과의 관계는 비교 가능한 데이터가 확보됨에 따라 최근에야 명확해졌다.

자연재해와 질병은 영업을 방해하고 전 세계적으로 불균등하게 퍼진다.

자연재해 매년 수억 명이 지진, 태풍, 홍수, 가뭄, 화산 폭발, 해수면 상승, 산사태, 토네이도의 위험에 노출되어 있다. 이러한 재해는 시장, 기반 시설, 생산을 혼란에 빠뜨리는 동시에 기업의 재산을 손상시키고 직원을 다치게 하며 보험 비용을 증가시킨다. 또한 세계적으로 공급사슬에 혼란을 야기하기도 한다. 2011년 일본 지진으로 인한 쓰나미는 자동차 부품 부족 현상을 일으켜 세계 자동차 산업의 생산에 차질을 빚었다.[31]

이러한 사건은 고르지 않게 퍼져 있다. 아시아의 일부 지역은 지진에 많이 노출되어 있다. 일부 아프리카 국가는 가뭄에 가장 취약하다. 그러나 재난 요건은 국가의 대처 능력과 함께 검토되어야 한다. 이러한 재난에 노출된 사람들의 11%만이 세계 최빈국에 살고 있으며 열악한 주거 환경과 부족한 의료 지원 때문에 이들 국가에서 재해 사망자의 55%를 차지한다. 마찬가지로 최빈국에서 농촌

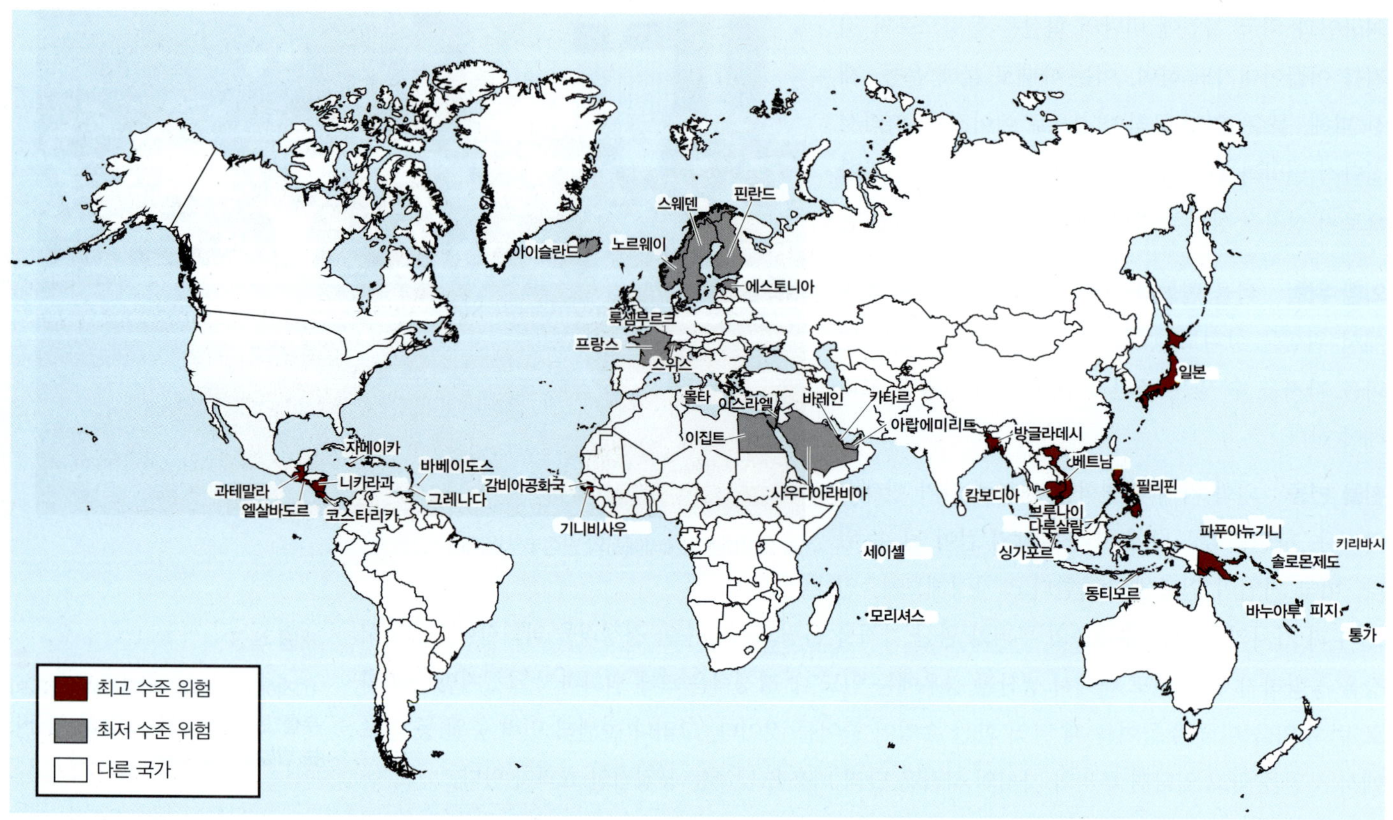

지도 13.1 자연재해로 인한 위험 수준 최고 및 최저 20개국

노출(지진, 폭풍, 홍수, 가뭄, 해수면 상승에 노출되거나 위협받는 인구수), 취약성(기반 시설, 주거 조건, 영양, 빈곤, 의존성, 경제적 능력 및 분배), 대처 능력 및 적응 능력의 조합을 기반으로 계산되었다.

출처: United Nations University Institute for Environmental and Human Society, *World Risk Report 2016*, 64–66.

에서 도시로 이주한 사람들은 주로 지진, 산사태, 사이클론에 대처할 장비를 제대로 갖추지 못한 위험한 산기슭, 계곡 및 낮은 고도 지역에 정착한다. 지도 13.1은 잠재적 노출과 대처 능력을 모두 고려하여 자연재해에 가장 취약한 국가와 취약하지 않은 국가를 보여준다.

질병 유엔 산하의 세계보건기구(WHO)는 전염병의 세계지도를 제작했는데,[32] 이에 따르면 전염병의 상당수는 질병과 빈곤의 연관성으로 인해 의료 시설이 가장 취약한 곳에서 발생한다. 또한 홍수 후 콜레라 및 말라리아 발병과 같이 자연재해와 관련이 있으며 지리적 패턴이 있다. 예를 들어 말라리아는 주로 아프리카에서 매년 약 200만 명의 목숨을 앗아간다.

질병의 무력화 효과는 사업 운영의 여러 측면에 영향을 미친다. 예를 들어 서아프리카의 에볼라 발병 당시 많은 시에라리온 기업들의 재무 성과는 인력 감소로 인한 경제 악화와 함께 하락했다. 결과적으로 KPMG 등 시에라리온 고객을 보유한 국제 기업의 매출이 감소했다.[33] 중남미와 카리브해 지역의 지카 바이러스 위기 동안 킴벌리 클락(Kimberly-Clark)과 같은 많은 기업은 피해 지역의 직원에게 바이러스로부터 대항하는 방법을 교육하기 위해 값비싼 교육 프로그램을 마련했다.[34] 그와 동시에 기업은 직원들에게 임신의 위험에 대해 조언해야 하는지 여부와 같은 새로운 윤리적·법적 결정에 직면했다. 게다가 에볼라와 지카 바이러스로 인해 기업은 어려움이 있는 지역으로의 출장을 줄여 구매와 자회사 감독에 어려움을 겪었다.[35]

WHO는 국제적으로 공중 보건을 책임지는 핵심 기관으로서 2020년 COVID-19와 같은 전염병의 전 세계적 대유행을 선언할 권한을 가진 기관이다. COVID-19 대유행은 전 세계 기업을 혼란에 빠뜨렸으며 국제적인 입지 선정에도 영향을 미쳤다. 바이러스의 발원지라는 점에서, 그리고 초기 대처에서 발생한 실수 때문에 앞으로 다국적 기업의 입지 선정에서 중국을 위험성이 높다고 판단하여 피할 것임을 시사할 수 있다. 그러나 중국의 발전된 병원 시스템과 엄격한 정책 대응은 상당한 경제적 비용이 많이 들었지만 바이러스의 확산을 억제하는 데 효과적이었다. 이와 대조적으로 대부분의 개발도상국은 열악한 보건 의료 체계로 어려움을 겪었고 일부 선진국은 정책 대응에 어려움을 겪으면서 높은 경제적 비용을 부담했다.[36] 이 일화는 다국적 기업이 해외 사업 입지를 선정할 때 의료 제도와 정책을 고려해야 한다는 것을 보여준다.

경쟁 위험 입지 선정을 통해 기업의 경쟁 위치에 영향을 미치는 요인에는 **운영 측면의 호환성, 입지 다각화, 경쟁사 모방 및 고객 추종, 경쟁 차단** 등이 있다.

기업은 다음과 같은 국가에 매우 큰 매력을 느낀다.
- 같은 언어를 사용하는 국가
- 본국과 유사한 제도를 가진 국가
- 거리가 가까운 국가

운영 측면의 호환성 기업은 국내보다 해외에서 덜 친숙한 환경에 접하기 때문에 일반적으로 영업 위험은 해외에서 더 높다. 따라서 선택한 입지가 충분한 기회를 제공한다는 전제하에 경영자는 처음에는 자사의 본국과 더 유사하다고 판단되는 곳에서 영업하는 것을 선호한다.[37] 실제로 다국적 기업은 조업 시작 후 수년간 국내 기업보다 생존율이 낮으며, 이를 **외국인 비용**(liability of foreignness)이라고 한다.[38]

이러한 유사성에 대한 인식은 지금까지 논의된 기회 및 위험 변수가 나타내는 것보다 더 많은 미국 기업이 캐나다와 영국에 집중하는 이유를 설명하는 데 도움이 된다. 쉽게 말해서 경영자는 1인당 GDP가 비슷하고 유사한 언어, 문화, 법 체계가 있는 곳에서 사업을 하는 것에 더 편안함을 느낀다.[39] 초기 진입 이후에는 진출국 간에 상호의존적으로 활동할 수 있는 확장 패턴을 만드는 것이 도움이 된다.[40]

개념 체크

2장에서는 기업이 문화적으로 유사한 국가로 진입할 때 일반적으로 더 적은 차이를 예상하며 조정을 적게 해도 된다고 설명했다. 6장에서는 국가 유사성이 무역 상대국의 패턴을 지원하는 데 도움이 된다고 설명했다.

인접 국가 간에는 이동 및 의사소통이 쉽기 때문에 유사성이 높을 가능성이 크다. 예를 들어 국가의 마케팅 프로그램은 종종 다른 곳, 특히 인접 국가에서 제품에 대한 인지도를 높이는 결과를 가져오는데, 이 현상을 **파급 효과**(spillover effect)라고 한다. 미국 텔레비전 광고는 쉽게 캐나다 사람들에게 전달되며 이는 미국 기업이 캐나다에서 사업하는 것을 용이하게 만든다.

본국과 진출국 사이의 긍정적인 역사적 관계는 기업이 인식하는 위험을 낮춰 기업의 입지 선호를 설명해준다.[41] 기업은 또한 제품, 공장 규모, 관행 측면에서 경영자에게 친숙하고 경쟁우위에 중요한 국가를 선택함으로써 위험을 줄일 수 있다. 예를 들어 블록버스터(Blockbuster)가 독일에서 실패한 이유 중 하나는 비디오 대여가 몰리는 시간인 저녁, 일요일 및 공휴일에 매장을 여는 것을 금지하는 법 때문이다.[42]

개념 체크

6장은 이전의 식민 본국과 식민지 사이의 긍정적인 역사적 관계가 무역 패턴을 설명하는 데 도움이 된다는 것을 보여준다.

입지 다각화 경기 순환이 서로 밀접하게 연동되지 않은 다양한 국가에서 사업을 운영하면 매출과 이익의 변동성을 줄일 수 있고, 이는 다시 자금 조달에 유리할 수 있다.[43] 환율이 서로 밀접하게 연동되어 있지 않은 국가들을 찾아 진입하면 통화 가치 변화의 영향을 방어할 수 있다.[44] 이러한 다각화의 장점은 본국과 유사한 국가에서 영업할 때의 장점과 반대로 작용한다. 따라서 경영자는 서로 다른 방식 간 위험 감소 효과를 신중하게 비교해야 한다.

입지 전략 측면에서 선택지는 다음과 같다.
- 소수의 국가 또는 다수의 국가
- 비슷한 국가 또는 매우 다른 국가
- 경쟁사가 우위를 점하는 것을 방지
- 경쟁사가 진입하지 않은 시장 또는 경쟁사가 모여 있는 시장

제품 복잡성, 기술 콘텐츠, 기업의 제품 전문성이 증가함에 따라 여러 기업에서 나오는 지식을 활용할 필요가 있다. 동시에 일부 산업에서 특정 국가의 장기적인 지배력 때문에 그러한 지식이 국가

에 고유할 수 있다. 따라서 다양한 국가에서 지식을 활용할 필요가 있다. 지식은 국제적으로 한 조직에서 다른 조직으로 퍼져 나가지만 다국적 기업은 정보 접근 지점 역할을 하는 해외 자회사를 보유함으로써 지식에 대한 접근 속도를 향상시킨다.[45]

개념 체크

6장에서는 국가가 전문화를 통해 다른 국가에 비해 장기적인 생산우위를 달성하는 방법을 설명한다.

경쟁사 모방 및 고객 추종 경영자는 경쟁사가 다른 곳에서 지위를 향상하는 데 사용할 수 있는 이점을 얻는 것을 막기 위해 의도적으로 시장을 경쟁적으로 만들 수 있다. 이러한 상황을 **과점적 대응**(oligopolistic reaction)이라고 한다.[46] 이 경우 기업의 입지 결정은 인건비나 시장 규모, 성장과 같은 입지 기반 특성보다는 경쟁사의 행동에 따라 이루어진다. 따라서 절대적인 성과보다는 경쟁사 대비 상대적인 성과를 살펴야 한다.

동시에 기업은 경쟁사가 있는 곳을 찾아냄으로써 절대우위를 얻을 수도 있다. 첫째, 특정 유형의 제품에 대한 시장 수용도를 구축하는 고비용 작업을 수행했던 경쟁사를 따름으로써 무임승차의 혜택을 누릴 수 있다. 둘째, 경쟁사 클러스터는 여러 공급업체, 전문 기술을 갖춘 인력 및 여러 제품이나 서비스 옵션을 한눈에 비교하려는 구매자를 끌어들인다. 기업은 경쟁사의 직원, 고객 및 공급업체와 자주 접촉하기 때문에 새로운 개발에 대한 정보에 더 잘 접근할 수 있다.[47] 예를 들어 인도의 구자라트주는 세계 시장의 90%를 처리하는 세계 최대의 다이아몬드 절단 및 연마 중심지로 부상했다. 5,000개 이상의 기업에서 수십만 명의 숙련된 노동자를 고용하고 있다.[48] 옆의 사진은 수랏시의 작업장을 보여준다.

출처: David Gee 4/Alamy Stock Photo

▲ 세계 절단 및 연마 작업의 90%를 처리하는 집합체의 일부인 인도 수랏시에 있는 다이아몬드 작업장에서 근무 중인 노동자들

국적별 집적(agglomeration by nationality)은 업종에 관계없이 같은 모국의 기업들이 한곳에 모일 때 발생한다. 이러한 클러스터는 주재원 직원에게 생활과 업무에 보다 익숙한 환경을 제공한다는 장점이 있으나, 반대로 다국적 기업이 다른 곳의 경쟁사와의 상호작용하지 못하게 하여 다국적 기업의 혁신 및 적응 능력을 지연시킬 수 있다.[49]

고객을 따라 해외 시장으로 진출하는 것은 매출을 확보하거나 본국 시장에서의 관계를 강화하게 한다. 예를 들어 브리지스톤타이어(Bridgestone Tires)는 일본 고객 중 하나인 토요타를 따라 미국으로 진출했는데, 첫째, 그동안 토요타와 쌓은 실적 때문에 미국 시장에서 다른 타이어 기업보다 우위를 점했고, 둘째, 다른 타이어 제조업체가 미국 시장에서 토요타와 긴밀한 관계를 구축하는 경우 브리지스톤은 토요타와의 일본 내 판매를 줄일 수 있다.

경쟁 차단 기업은 ① 해외에 가장 먼저 진출하고, ② 경쟁이 치열한 국가 진입을 피하며, ③ 영업 방식에 관계없이 가능한 한 많은 국가에 신속하게 진출함으로써 경쟁우위를 노릴 수 있다. 이제 각각에 대해 논의해보자.

첫째, 한 국가에 최초로 진출하면 기업은 최고의 파트너, 최고의 입지, 최고의 공급업체를 보다 쉽게 확보할 수 있는데, 이를 **선점우위 효과**(first mover advantage)라고 한다. 이 전략은 중국에서의 폭스바겐(Volkswagen)과 러시아에서의 록히드(Lockheed)처럼 정부와 강력한 관계를 맺는 데 도움이 될 수 있다.[50]

둘째, 기업은 경쟁사가 훨씬 더 클 경우 상당한 경쟁을 피하려고 할 수 있다. 미국에 기반을 둔 할인 매장 프라이스스마트(PriceSmart)는 모든 창고 매장을 미국 이외의 지역에 두고 있는데, 월마트(Walmart), 까르푸(Carrefour), 테스코(Tesco)와 같은 경쟁사로 인해 선점우위 효과를 가지기 어려웠으므로 시장 규모가 작은 중미, 카리브해, 아시아 지역을 공략하는 데 성공했다.[51] 그러나 이 성공을 목격한 월마트를 그 시장으로 끌어들이게 되었다.

셋째, 기술이 매우 빠르게 변화하는 산업 내에서 영업 모드에 관계없이 최대한 빠르게 많은 시장으로 진입하는 것이 유리하다. 진출 시기를 기다리다가는 경쟁사가 기술적 우위로 시장을 확보할 위험이 높아진다. 그러나 나중에 '지리적 다각화 대 집중화' 부분에서 논의하겠지만, 시장에 빠르게 또는 천천히 진입하는 결정에 필요한 고려사항이 있다.

기회 및 위험 변수 분석

기업은 스캐닝 과정을 위한 데이터 수집을 완료한 후 국가별로 우선순위를 정하기 위해 해당 데이터를 면밀히 조사해야 한다. 마케팅, 재무 등 다양한 업무 담당자로 구성된 팀을 사용하면 기업의 자원과 목표에 가장 적합한 것을 발견할 가능성이 더 커진다. 팀 구성원의 기능적 전문성(예: 재무 팀에게 모든 국가의 외환 상황을 조사하게 하거나 회계 팀에게 세율을 조사하게 하는 것)을 기반으로 데이터 수집을 분할하면 국가별로 데이터를 보다 일관되게 분석할 수 있다. 각 구성원이 일부 국가의 모든 변수를 평가하도록 역할을 나눈다면, 평가가 후한 구성원이 평가가 박한 구성원보다 국가를 더 호의적으로 평가하여 평가의 일관성을 떨어뜨릴 위험이 있다.

다양한 기능 영역의 사람들로 구성된 팀은 국가의 기회와 위험 지표를 선택하고 평가하는 데 유용하다.

분석 과정에서 예를 들어 정치적 위험이 자연재해 위험보다 더 중요하다는 식으로 일부 조건을 다른 조건보다 더 중요하게 고려하게 될 것이다. 따라서 일부 변수는 다른 변수보다 더 큰 가중치를 부여해야 한다. 이 단계에서 도움이 되는 두 가지 일반적인 도구는 **그리드**와 **매트릭스**이다. 각각을 간략하고 간단한 예를 들어 설명할 것이다.

그리드 표 13.1은 ① 수용 가능/수용 불가능 요인, ② 기회 지표, ③ 위험 지표의 세 가지 범주로 분류된 정보가 있는 그리드를 단순화한 예이다. 이 예에서 국가 I는 기업이 100% 소유권을 가질 수 있는 곳으로만 진입하려 하기 때문에 즉시 제거될 수 있다. 여기서는 기회 지표로 매출 잠재력에 기반 시설보다 더 많은 가중치를 두고 있으며, 위험 지표로서 경쟁 위험보다 정치적 위험에 더 많은 가중치를 두고 있지만, 다른 기업은 다른 지표를 선택하고 가중치를 다르게 부여할 것이다. 표 13.1의 설명은 이런 그리드 분석이 경영자가 더 자세한 분석을 위해 국가를 선택하는 데 어떻게 도움이 되는지 보여준다.

그리드는 다음을 수행하는 도구이다.

- 수용 가능 또는 수용 불가능한 국가 조건을 표현한다.
- 중요 변수에 따라 국가 순위를 선정한다.

매트릭스 기회/위험 관계를 더욱 명확하게 보여주기 위해 경영자는 그림 13.2와 같은 매트릭스 값을 표시할 수 있다. 이러한 유형의 매트릭스를 도표화하면 가중치와 변수 비교를 더욱 정확하게 구별할 수 있다.

기회-위험 매트릭스를 통해 기업은 고려하고 비교할 요소를 결정할 수 있다.

매트릭스에 값을 어떻게 표시해야 하는가? 그리드 분석의 경우처럼 수용 불가능한 요인을 결정하여 제외 국가를 선정하고, 기업의 위험과 기회에 대한 지표를 선택해야 한다. 그리고 나서 중요도를 반영하기 위해 가중치를 부여한다. 예를 들어 그리드 분석에 사용한 것과 동일한 위험 요소를 사용하면 총 100% 중 정치적 위험에 35%(0.35), 외환 위험에 30%(0.30), 자연재해 위험에 20%(0.20),

표 13.1 단순화된 국가 비교 그리드 예시

국가 변수	가중치	I	II	III	IV	V
1. 수용 가능(A), 수용 불가능(U)						
100% 지분 소유 허용	–	U	A	A	A	A
2. 기회						
a. 판매 잠재력	0~5	–	4	3	3	3
b. 노동 조건	0~3	–	3	1	2	2
c. 기반 시설	0~2	–	2	1	2	2
d. 외부 통합의 용이성	0~4	–	3	2	4	1
e. 정부의 장려책의 가능성	0~3	–	2	1	3	1
f. 세금 비율	0~2	–	2	1	2	0
합계	–	–	16	9	16	9
3. 위험(낮은 숫자 = 선호순)						
a. 정치적	0~4	–	2	1	3	2
b. 외환 교환	0~3	–	1	0	3	3
c. 자연 재해	0~4	–	0	0	4	3
d. 경쟁력	0~2	–	0	1	2	2
합계	–	–	3	2	12	10

이 표는 실제로 기업이 고려해야 할 변수와 국가를 선택하고(일반적으로 이 표에서 설명하는 것보다 더 많은 숫자) 일부 변수에 다른 변수보다 더 중요한 가중치를 선정하는 단순화된 예시이다. 여기서 경영자는 기업이 100% 외국인 소유가 허용되는 곳에만 갈 것이기 때문에 국가 I을 배제한다. 국가 II가 가장 매력적인 이유는 고기회와 저위험을 가지기 때문이다. (스캐닝된 국가의 수가 많을수록 일부 국가는 이러한 특성을 가지게 되고 심화 분석을 할 수 있는 국가가 되어야 한다.) 국가 III는 저기회, 저위험이며, 국가 IV는 고기회 고위험이다. (이 중 하나를 선택하여 기업의 위험에 대한 허용 정도에 따라 추가 분석을 할 수 있다.) 국가 V는 저기회 고위험이기 때문에 배제된다.

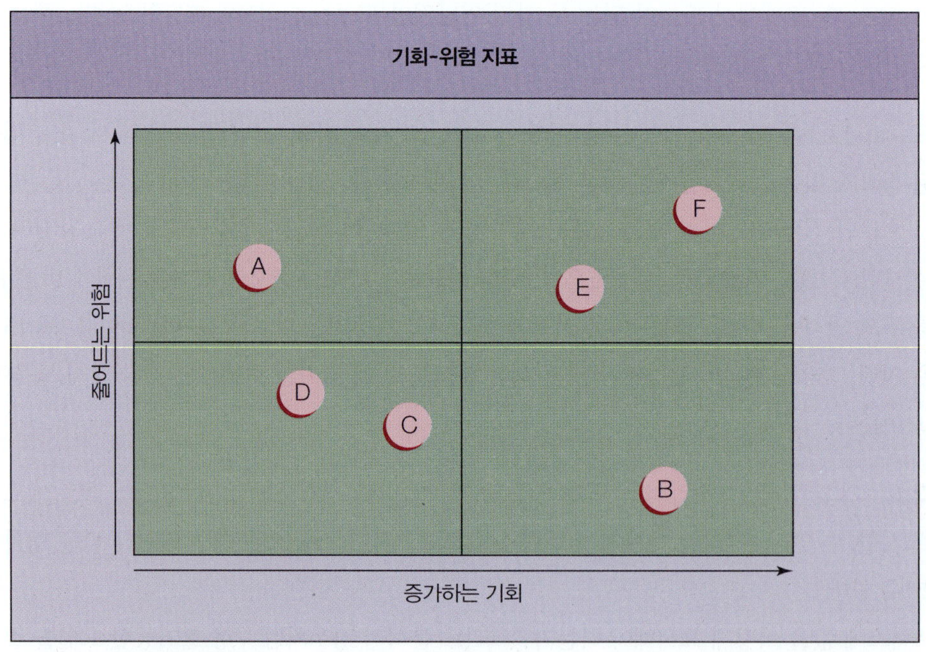

그림 13.2 기회-위험 매트릭스

국가 E와 F가 가장 바람직한 이유는 높은 수준의 기회와 낮은 수준의 위험이 결합되어 있기 때문이다. 하지만 그 결정이 국가 A와 국가 B에 내려진다면 어떨까? 국가 A의 기회 수준은 기업이 원하는 것만큼 높지 않을 수 있지만, 낮은 수준의 위험이 매력적일 수 있다. 그러나 국가 B는 높은 수준의 기회를 약속하지만 높은 수준의 위험도 존재한다. 국가 A와 B 사이의 결정은 아마도 기업의 위험 감수성을 고려할 것이다.

경쟁 위험에 15%(0.15)를 부여할 수 있다. 그런 다음 각 변수에 대해 1부터 10까지의 숫자로 각 국가를 평가한다. 10이 가장 높은 점수를 나타내며(둘 이상의 국가가 동일한 점수를 가질 수 있다), 각 변수에 할당하는 가중치를 곱한다. 만약 정치적 위험 변수에서 국가 A를 8로 평가한다면 8에 0.35를 곱하여 2.8의 점수를 얻는다. 그런 다음 국가 A의 모든 위험 변수 점수를 합산하여 위험 축에 표시하고 마찬가지로 기회 축에 국가 A의 위치를 표시한다.

하지만 국가의 정치적 위험 점수가 8점이라고 어떻게 확신할 수 있는가? 정치적 위험 관련 점수 10점을 몰수, 내정 불안, 본국 정부와의 관계, 부정적인 규제 변경 가능성 등 하위 범주로 나누고 각각에 가중치를 둘 수 있다. 각각의 변수에 대해 이와 같은 과정을 수행해야 한다.

각 나라의 가치를 매트릭스에 표시한 다음, 고위험-고기회와 저위험-저기회 중에서 선택해야 하므로 위험 회피 정도에 따라 결정을 내려야 할 수도 있다. 또한 그림 13.2에서 국가 A, B, C, D가 국가 E, F보다 덜 매력적이지만, 그럼에도 불구하고 큰 투자 없이 라이선싱이나 합작투자를 통해 A, B, C, D에서 기회를 찾을 수도 있다.

이러한 종류의 매트릭스에서 중요한 요소이지만 항상 실무에서 포함하지 않는 요소는 국가들이 미래에 어디에 있을 것인가에 대한 예측, 또는 적어도 국가가 이동할 것으로 예상되는 **방향**에 대한 예측이다. 그런 예측은 분명히 유용하지만 먼 미래를 예측할수록 예측의 정확성이 떨어진다.

국가 간 정보 비교: 출처 및 단점

13–4 국가 간 비교 정보의 출처와 단점을 요약한다.

기업은 불확실성을 줄이고 성과를 평가하기 위해 경영 연구를 수행한다. 이 장에서는 입지 선정에 도움이 되는 정보에 중점을 둘 것이다. 경영자는 원하는 정보를 모두 얻을 수 있는 경우가 드물기 때문에 정보 비용을 매출 증대 또는 비용 절감에서 발생할 수 있는 예상 수익과 비교해야 한다.

모든 수준을 통제하려면 정보가 필요하다. 기업은 정보의 비용과 가치를 비교해야 한다.

조사 결과와 데이터의 문제

많은 국가에서 노후화되고 부족하며 정확하지 않은 데이터 때문에 연구 결과에 문제가 있을 수 있다. 두 가지 기본적인 문제인 부정확성과 비교 불가능성에 대해 논의해보자.

부정확한 정보는 다음의 상황에서 비롯된다.

- 데이터를 수집하고 분석하는 것의 어려움
- 의도적으로 오해의 소지가 있는 데이터, 시장 외 및 불법 활동이 배제

부정확성 보고된 정보가 부정확할 수 있는 여섯 가지 기본적인 이유는 다음과 같다.

1. **정부 자원의 데이터 수집 제약:** 국가의 자원이 부족하여 데이터 수집, 최신 컴퓨터 하드웨어, 소프트웨어 및 교육 프로그램에 대한 예산을 제한할 수 있다(예: 자료 수집보다는 보건과 문해력 프로그램 자체에 대한 지출에 우선순위를 부여할 수 있다).
2. **정부가 추정 및 수정에 의존하는 경우:** 둘 다 중요하지만 데이터의 정확성과 적시성 사이에는 절충점이 있다. 예를 들어 국가의 GDP 성장률에 대한 추정은 초기에 적시성을 위해 전체 표본 수집 완료 전에 이루어진다. 그러나 더 많은 샘플 정보를 사용하면 정확성을 개선하기 위해 때로는 여러 번의 수정이 필요하다. 예를 들어 미국은 자국 GDP를 수정하면서 스리랑카의 GDP 규모만큼이나 하향 조정한 적이 있다.[52]
3. **의도적으로 정보를 생략하거나 오해의 소지가 있는 정부의 발표:** 정부 소속 연구원은 때때로 상급

자, 일반 시민, 해외 기업과 기관을 잘못된 판단으로 이끌고자 허위 또는 고의적으로 기만적인 정보를 발표한다. 예를 들어 베네수엘라는 대중이 나쁜 소식을 듣지 못하도록 모기 매개 질병, 국내총생산(GDP), 국제 수지 등에 대한 데이터 공개를 중단했다.[53]

개념 체크

2장에서는 문화를 비교할 때 잘못된 응답이 정확성을 저해한다고 설명했다.

4. **응답자의 잘못된 정보 제공:** 데이터의 사용에 대한 불신으로 인해 응답자가 질문에 거짓으로 대답할 수 있으며, 특히 응답자가 재무 세부사항이나 개인 정보 또는 정부가 처벌에 사용할 수 있는 질문인 경우 더욱 그러하다.
5. **공식적인 데이터가 합법적인 시장 거래만 반영하여 집계되는 경우:** 국민소득 수치에는 세금 납부를 피하려고 현금 거래나 마약 거래와 같은 활동으로 인한 불법 소득은 거의 포함되어 있지 않다. EU 국가들은 GDP 내에서 이를 추정하기 시작했지만 오차가 클 수 있다는 것을 인정한다.[54]
6. **잘못된 방법론의 사용:** 정보를 수집하고 분석하는 데 사용되는 방법으로 인해 부정확성이 발생할 수 있다. 예를 들어 중국의 소비를 추정하기 위해 일반적으로 허용되는 두 가지 다른 방법을 사용했는데, 두 방법 사이에는 호주 전체 GDP보다 더 큰 차이가 있었다.[55]

정보 비교 가능성의 문제는 다음에서 발생한다.
- 정의와 기준 연도의 차이
- 통화 가치로 인한 왜곡

비교 불가능성 국가가 반드시 동일한 기간 또는 시점에 보고서를 발행하는 것은 아니다. 그러므로 기업은 국가 간 비교를 위해 추정을 해야 한다. 국가별로 회계 규칙과 가구 수입, 문맹률, 해외직접투자 등의 지표를 정의하는 방법도 다르다. 가계 내에서와 같이 시장 경제 밖에서 이루어지는 활동은 소득 수치에 나타나지 않는다.

개발도상국 사람들은 자급자족(채소 재배, 집에서 식사 준비, 옷 재봉, 머리 자르기 등)하는 경향이 있기 때문에 개발도상국의 공식 소득 수치는 경제적 수준을 과소평가하는 경향이 있다.

게다가 국가의 재무 데이터를 미국 달러와 같은 공용 통화로 변환하는 데 환율이 사용되어야 한다. 미국 달러 대비 일본 엔화가 10% 절상되면 일본의 1인당 국내총생산(GDP) 가치가 10% 증가하지만, 일본인들이 갑자기 10% 더 부유해진 것은 아니다. 일본인들은 소득의 약 85% 정도를 국내에서 엔화로 지출하기 때문에 구매하는 것의 85%에 대해서는 추가 구매력이 거의 없다.

정부의 외부 출처

정보 출처는 비용과 세부사항에 따라 다르다.

기업은 좋은 입지를 결정하기 위해 정보가 필요하다. 적어도 스캐닝할 때 인터넷을 통한 정보 수집이 가장 많이 이용될 것이다. 그곳의 정보 중 일부는 무료이고, 일부는 유료이다. 인터넷 외에 가장 비용이 많이 드는 곳은 마케팅 조사, 컨설팅 기업이지만 기업이 원하는 정보에 집중할 수 있다는 장점이 있다. 주요 인터넷 소스 중 일부는 서비스 기업(예: 은행, 운송 기관, 회계 기업), 정보 기관(예: 미국 상무부, CIA), 국제 기구(예: UN, WTO, IMF, OECD, EU), 무역협회 등을 통해 정보를 수집한다. 어떤 경우에든 출처가 정보를 생성하는 방법과 조언을 제공하는 기업(예: 위험 평가 기업)의 경우 과거 성공률을 아는 것이 현명하다.

내부 데이터

다국적 기업은 때때로 예리하게 관찰하고 많은 질문을 함으로써 많은 정보를 수집할 수 있다. 예를 들어 국가를 방문하는 동안 조사관은 어떤 종류의 상품이 있는지 확인하고, 어디에서 구매할 수 있는지, 집에서 바느질한 옷과 매장에서 파는 기성복의 비교 등 드러나 있지 않은 경쟁사에 대한 정보를 찾아낼 수 있다. 또한 은밀하게 판매된 밀수품이 시장에서 경쟁력 있는 요소라는 것을 발견할지

기업은 분쟁 지역에서 영업해야 하는가?

POINT

그렇다. 위험이 따르는 곳에는 보통 보상이 있다. 기업은 폭력이 있는 지역을 피해서는 안 된다. 사업가는 항상 위험을 감수해왔고 직원은 항상 위험한 지역으로 갔다. 17세기로 거슬러 올라가면 지금의 미국, 인도, 호주로 이주한 이민자들은 질병과 적대적인 원주민과 직면했다. 기업과 이민자가 위험을 감수하지 않았다면 오늘날 세계는 훨씬 덜 발전했을 것이다.

폭력은 위험의 한 유형일 뿐이다. 과거 데이터가 부족하지만 오늘날 대부분의 장소는 과거보다 더 안전할 것이다. 질병은 여전히 폭력보다 더 큰 위험이지만 수많은 역사적인 역병(소아마비, 홍역, 천연두, 결핵 등)에 대한 의학적 발전으로 위험을 감소시킨 반면, 실제 응급 상황 발생 시 대피하는 것은 훨씬 빨라졌다.

하지만 우리 시설과 직원에게 폭력의 가능성이 있는 국가를 피하기로 결정했다고 가정해보자. 그런 곳이 있을까? 이 질문에 답하려면 전반적인 범죄 및 살인율, 테러, 납치, 정치적 폭력을 포함하는 일련의 지표를 고려해야 한다. 보고되지 않은 사건이 너무 많기 때문에 통계는 신뢰할 수 없다. 게다가 시리아에서 갑작스러운 폭력 사태가 발생하는 것과 같이 상황은 빠르게 변한다. 이른바 위험 전문가들의 의견은 서로 엇갈린다. 마지막으로 우리가 안전하다고 생각하는 국가인 프랑스, 벨기에, 미국에서 최근 치명적인 폭력 사태가 일어났다.

일부 산업은 폭력적인 국가를 피할 여유가 없다. 예를 들어 석유 기업은 석유를 찾을 가능성이 높은 곳으로 가야 한다. 중동, 서아프리카, 중앙아시아의 구소련 공화국들, 콜롬비아와 같은 가능성 높은 국가에서 최근 폭탄 테러, 납치, 조직 범죄가 발생했다. 만약 기업이 이런 곳에 가지 않았다면 파산했을 것이다.

사실상 우리는 기회가 있는 곳이라면 어디든 계속 운영할 것이다. 장소가 물리적으로 위험해 보이면 가능한 모든 예방 조치를 취할 것이다. 정보 보고서를 공유하고 사람들에게 안전 교육 과정을 이수하게 하며 해외에서 보안 조치를 취할 것이다. 그리고 아마도 우리는 배우자와 자녀를 '위험한' 지역으로 이주시키지 않을 것이므로 소수만이 이러한 조치를 필요로 할 것이다.

COUNTERPOINT

아니다. 우리는 더 이상 단순히 적대 세력 간 십자포화에 휘말리는 것에 관심을 두지 않는다. 반세계화 단체는 국제적인 홍보를 원하고 있으며 다국적 기업의 인력과 시설을 목표로 공격함으로써 기업이 철수하거나 몸값을 지불하게 할 것이다. 또 다른 사람들은 목적에 상관없이 외국인이나 타종교인을 반대한다. 이러한 단체는 아프고 부상당한 사람들을 치료하기 위해 해외에 파견된 국경없는의사회(Médecins sans Frontières)와 적십자사(Red Cross)의 직원조차 살해했었다.[56]

또한 십자포화에 휘말리는 것은 더 큰 위험이 되었다. 무기 밀매는 증가했고, 이로 인해 혁명 세력뿐만 아니라 마약, 외국인 밀수업자, 돈 세탁업자에게도 무기 가격이 낮아졌다.[57] 다국적 기업은 눈에 띄기 때문에 취약할 수밖에 없다.

본질적으로 다국적 기업이 폭력의 위험이 큰 곳에서 영업을 하면 직원을 위험에 빠뜨린다. 직원에게 폭력이 가해지지 않더라도 업무 수행에 부정적인 영향을 미치는 스트레스를 견뎌야 한다. 현지인은 납치와 같은 위험이 덜할 수 있지만 경험에 따르면 그들 역시 위험이 전혀 없는 것은 아니다.[58] 게다가 다국적 기업은 직원을 영업하는 지역으로 보내야 한다. 일부는 관리자 또는 기술자로 장기간 일하고, 다른 일부는 회계 감사, 통제와 직원 지원을 위해 단기적으로 일한다. 위험은 하찮은 것이 아니다. 매년 수천 건의 납치가 보고될 뿐 아니라 보고되지 않은 납치 사건도 셀 수 없이 많다. 이들 중 다수는 외국인 근로자와 그 가족을 대상으로 한다.

직원을 그런 상황에 처하게 하는 것은 비윤리적이다. 물론 위험한 곳으로 가도록 강요받지 않고 기업이 위험 지역에서 일할 충분한 사람들을 얻을 수도 있다. 그러나 경험에 따르면 이러한 분야에서 일하는기를 원하거나 의향이 있는 세 가지 유형의 사람들이 있으며, 이상적인 사람은 없다. 첫 번째, 단순히 높은 보상과 큰 보험 액수를 원하는 사람들이며, 이들 중 일부는 군대나 잠복 수사 경험이 있다. 그들은 매우 독립적이고 통제하기 어려운 경향이 있다. 두 번째는 위험을 이해하지 못하고 훈련과 보안 활동을 통해 보호하기 어려운 순진한 사람들이다. 세 번째는 아드레날린이 중독성 있는 약물과 같다는 사실을 알게 된 스릴을 찾는 사람들이다. 그들은 위험에 대한 스릴을 즐기며 상황이 악화될 때 떠나기를 꺼리기 때문에 가장 큰 위험에 처한다.[59]

개인에 대한 높은 위험은 통제할 수 없는 정치적 상황을 나타낸다. 이는 정권 교체, 소비자 신뢰 하락, 수입과 운영 규정을 손상시키는 전반적인 불안을 통해 발생할 수 있는 추가 위험의 전조이다. 이런 유형의 국가는 사업을 하기에 부적절하다.

도 모른다. 기업은 이미 해당 국가에서 경험이 있는 기업에서 정보를 얻을 수도 있다. 예를 들어 리미티드브랜드(Limited Brands)는 중국에 있는 애플(Apple)의 경영자를 만나 그들이 진출하는 동안 겪었던 경험을 확인했다.[60]

입지 간 자원 분배

13–5 기업이 국가 간 자원을 배분하기 위한 선택지와 수단을 설명한다.

기업은 다음과 같은 방식으로 외국인 비용으로부터 위험을 줄일 수 있다.

- 본국과 유사한 특징을 가진 나라부터 우선 진입한다.
- 경험이 풍부한 중개인을 고용하여 운영한다.
- 해외에서 더 적은 자원 투입을 필요로 하는 형식으로 운영한다.
- 초기에 하나 또는 소수의 외국으로 진출한다.

이 절에서는 점진적 몰입, 지리적 다각화 대 집중화, 재투자 대 과실 수확이라는 국제적 확장을 위한 세 가지 상호 보완적인 전략을 검토한다.

점진적 몰입

앞서 논의한 바와 같이 외국인 비용의 존재 때문에 기업은 자국과 유사한 국가에서 운영을 선호하는 방식으로 위험을 최소화하고자 한다. 그림 13.3은 위험을 최소화하기 위한 확장 패턴을 보여준다. 어떤 축이든 기업이 중심에서 멀어질수록 국제적 몰입의 정도는 깊어지지만, 기업이 각 축을 따라 동일한 속도로 움직이는 것은 아니다. 사실 몇몇의 단계를 뛰어넘을 수도 있다. 한 축을 따라 천

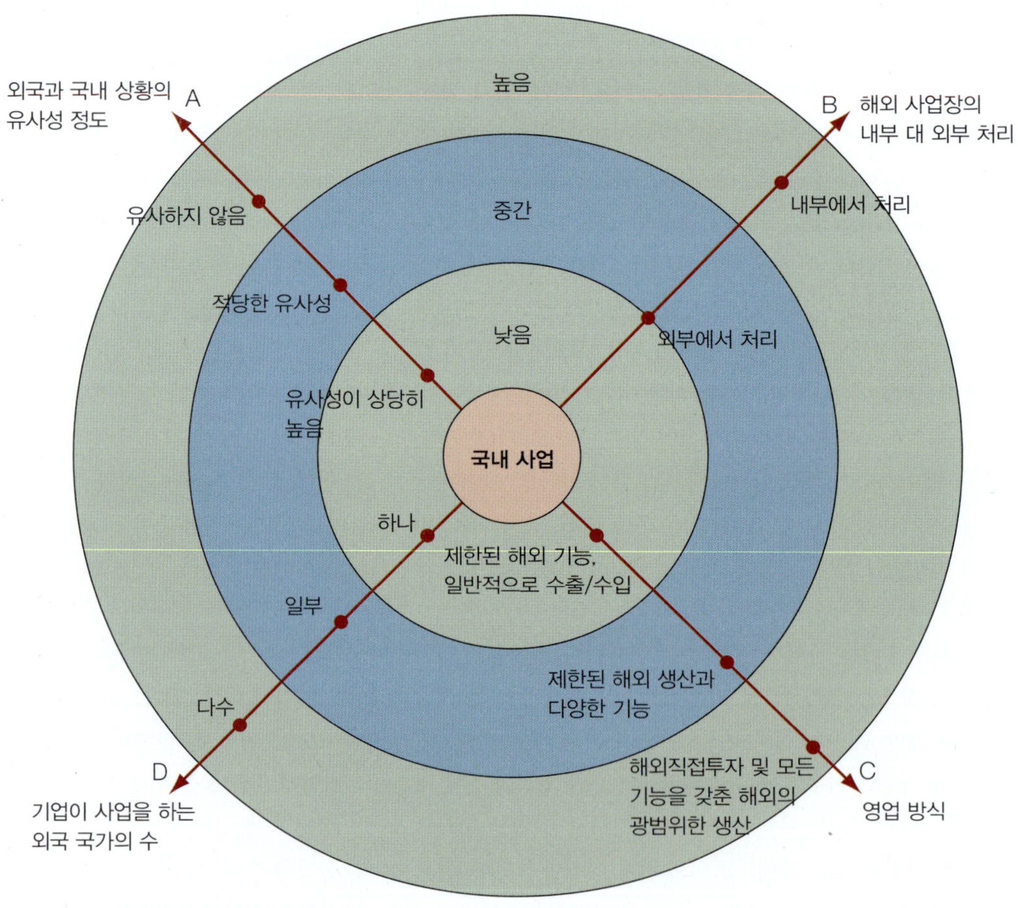

그림 13.3 국제화의 패턴

기업이 축(A, B, C, D)을 따라 바깥으로 더 멀리 이동할수록 기업의 국제적 몰입 정도는 더 깊어진다. 대부분의 기업은 서로 다른 축을 따라 다른 속도로 움직인다.

천히 움직이면 유휴 자원이 확보되고 위험이 낮아져 다른 축을 따라 더 빠르게 확장할 수도 있다.

그림 13.3을 더 자세히 살펴보자. A축은 기업이 오직 국내 사업만 하다가 자국과 유사하거나 덜 유사한 국가에서 사업을 할 수 있음을 보여준다. 물론 A축을 따라 빠르게 이동할 때(심지어 중간 단계를 점프하는 경우도) B축을 따라서는 천천히 이동할 수도 있다.

B축은 기업이 해외 진출의 초기 단계에서 해외 영업을 처리하기 위해 중개인, 특히 다른 해외 시장에서 영업하는 방법을 이미 알고 있는 중개인을 이용할 수 있음을 보여준다. 그렇게 함으로써 기업이 해외에서 위험에 처하게 되는 자원을 최소화하고, 이에 따라 외국인 비용 정도를 최소화할 수 있다. 관련된 예는 신흥경제국의 일부 첨단 기업의 해외 진출이다. 이들 기업은 자국 시장과 유사한 특성을 지닌 인근 국가를 먼저 공략하기보다 고소득 국가로 진출하고, 공략하는 시장을 잘 아는 인력을 활용하기 위해 중개업체와 해외 인수에 크게 의존하고 있다. 그러나 시간이 지남에 따라 기업은 자사 직원과 함께 업무를 처리함으로써 B축에서 더 멀리 나가기를 원할 수 있다. 해외 사업에 대해 더 많이 학습함으로써 해외 진출 초기보다 위험도가 낮다고 인식하고, 사업의 성장이 해외 영업이나 매입을 담당하는 부서의 내부화에 드는 비용을 충분히 상쇄할 수 있다는 것을 깨닫기 때문이다.

C축은 기업이 국제경영을 시작할 때 해외에 작은 규모의 기업 자원을 배치해도 되는 수출입 방식을 사용하는 것을 보여준다. 기업은 경험을 쌓음에 따라 직접투자를 함으로써 자본, 인력, 기술을 해외에 투입할 수 있다.

D축은 기업이 한 번에 한 국가씩 진입할 수 있음을 보여주는데, 한 번에 많은 국가에 대해 배우면서 압도되는 것을 막아준다. 그러나 다음 절에서 논의하는 바와 같이 여러 국가로 거의 동시에 이동해야 하는 영업상의 이유가 있을 수도 있다.

지리적 다각화 대 집중화

궁극적으로 기업은 대부분의 국가에서 상당한 존재감을 가질 수 있지만, 그러한 지위를 달성하기까지는 다른 경로가 있다. 해외 진출은 항상 지리적 다각화를 의미하지만, 국제경영 입지의 맥락에서 **다각화 전략**(diversification strategy)이라는 용어는 기업이 많은 해외 시장으로 빠르게 이동하여 각각의 시장에서 점차적으로 투입을 증가시키는 것을 의미한다. 예를 들어 기업은 광범위한 확장을 가능하게 하는 초기 너그러운 라이선스 정책을 통해 이를 수행할 수 있으며, 그 후에 다른 기업과 계약했던 활동을 직접 수행하는 정도를 높일 수 있다.

다른 극단에서는 **집중화 전략**(concentration strategy)을 사용하여 기업이 우선 하나 또는 소수의 해외 시장에 진입하고 강력한 개입을 통해 경쟁우위를 달성할 때까지 다른 곳에 가지 않고 집중하는 것이다. 물론 두 가지 전략이 혼합된 경우도 있다. 예를 들어 대부분의 시장으로 빠르게 진출하지만 소수의 시장에서만 투자를 늘리는 것이다.[61] 언제 다각화 전략을 쓰는 것이 유리하고 언제 집중화 전략을 쓰는 것이 유리한지 알아보자.

많은 국가에서 궁극적으로 높은 수준의 몰입에 도달하기 위한 전략은 다음과 같다.

- 다각화: 빠르게 여러 국가에 진입한 다음 각각에서 천천히 구축한다.
- 집중화: 하나 또는 몇 개 국가에 집중하여 다른 곳에 진입하기 전에 빠르게 구축한다.
- 다각화와 집중화의 혼합 전략

1. 현지국에서 급속한 성장의 필요성: 자본 집약적 기술이나 매스 마케팅으로 인해 높은 진입 비용이 필요한 산업에서는 기업이 여러 국가에 동시에 진출할 수 있는 자원이 부족할 수 있으므로 일반적으로 집중 전략을 선호한다. 마찬가지로 현지국 시장이 모두 빠르게 성장하고 있다면 기업은 문턱 시장 점유율을 구축하고 유지하기 위해 각각에 막대한 투자를 해야 할 수 있으며, 따라서 동시에 많은 국가에 진출하는 경우 자원 배분에 무리가 올 수 있다.[62]

2. **경쟁사에 대한 리드타임**: 기술이 빠르게 퇴화하는 경우 경쟁사가 우위를 점하기 전에 기업이 많은 시장에 빠르게 진입해야 하므로 다각화 전략이 선호된다. 본 글로벌(born-global) 기업의 경우 빠른 시장 침투가 필요한 새롭고 빠르게 퇴화하는 기술에 의존하기 때문에 특히 다각화 전략을 따르는 경향이 있다.[63]
3. **제품, 커뮤니케이션, 유통 측면의 현지 적응 필요성**: 기업이 진출하는 국가별로 제품과 운영 방식을 맞춰야 할 때는 추가 비용이 발생한다. 동시에 여러 국가에 진출하는 비용을 최소화하기 위해 집중 전략을 따라야 할 수 있다.
4. **프로그램 통제의 필요성**: 사업 파트너가 경쟁자가 될 것이라는 두려움 때문이든 다른 이유 때문이든 해외 영업을 통제하려고 할수록 집중 전략이 유리하다. 통제를 위해서는 기업이 자회사에서 더 큰 지분을 차지하는 것과 같이 더 많은 자원이 필요하기 때문이다.

재투자 대 과실 수확

지금까지 국가 진입 순서에 대해 논의했다. 해외에 진출하게 되면 기업은 각 지역에 얼마나 많은 자원을 배분할 것인지 평가해야 한다. 성공적인 해외직접투자를 통해 기업은 본사로 송금하거나 재투자해 투자 가치를 높일 수 있는 돈을 벌어들이게 된다. 그러나 투자 수익이 충분하지 않은 경우 기업은 자본을 이전하고 다른 곳으로 투자를 이전하는 것을 고려할 수 있다.

기업은 경쟁력을 유지하기 위해 한 지역에서 새로운 투자를 해야 할 수도 있다.

재투자 결정 일단 정해진 장소에 전념하게 되면 기업은 그곳에 수익을 재투자해야 할 수도 있다. 확장에 실패하면 성장 목표치에 미달할 수 있다. 더욱이 본사 경영진은 자회사 경영진이 영업에 필요한 사항을 가장 잘 판단한다고 생각하기 때문에 경험이 풍부한 해외 자회사 경영진에게 특정 투자 결정을 위임할 수 있다.

기업은 다음과 같은 경우 영업을 중단하는 방법을 결정해야 한다.
- 더이상 전체 전략에 맞지 않는 경우
- 더 나은 기회가 다른 곳에 있는 경우

과실 수확 일부 국가에서는 일반적으로 기업이 다른 국가 보다 성과 전망이 좋지 않기 때문에 투자를 줄이는데, 이를 **수확**(harvesting) 또는 **매각**(divesting)이라고 한다. 예를 들어 버거킹은 중국과 러시아 시장에서 더 유망한 벤처 기업을 위한 자금을 확보하기 위해 한국과 슬로바키아에서 실적이 저조한 사업을 매각했다. 다른 이유도 있다. 다나(Dana)는 다양한 자동차 기술 개발에 집중하는 데 자금을 사용하기 위해 영국 공장을 매각했다.[64] 굿이어(Goodyear)는 고무 생산을 중단하기로 결정했기 때문에 인도네시아 고무 농장을 매각했다.[65]

기업은 더 나은 매각 계획을 세우고 자산 매각 전문가를 육성함으로써 이익을 얻을 수 있다. 기업은 성과를 개선하기 위해 자회사 경영자가 제안하는 비싼 수단을 시도하면서 매각까지 너무 오래 기다리는 경향이 있다. 자회사 경영자의 성과 평가는 자기 책임 영역에서의 성장에 주로 의존하며 그들에게 매각을 제안할 동기는 없다는 점을 명심해야 한다.[66]

기업은 일반적으로 일부 보상을 받기 때문에 매각을 선호하며 시설 폐쇄나 매각로 처분할 수 있다. 만약 잘 알려진 국가의 정치적·경제적 상황 때문에 매각을 고려한다면 매우 낮은 가격을 제외하고는 잠재적인 구매자를 거의 찾을 수 없을 것이다. 이러한 상황에서 상황이 호전되기를 바라며 매각을 미루려 할 수 있다.

기업이 해외투자자산을 버리는 것은 때로 불가능하며 철수하는 데 몇 년이 걸릴 수도 있다. 진출국 정부는 종종 투자의 순가치보다 매각 손실이 더 클 정도의 직원 퇴직금과 같은 성과 계약을 요구한다. 게다가 많은 다국적 기업은 외국 정부와 우호적으로 관계를 끊지 않으면 시장에 재진입이 어려울 뿐 아니라 국제적으로 불리한 평판을 얻게 될까 두려워한다.

입지 선정 비교의 어려움

13-6 기업이 해외 사업장을 선택할 때 비교 불가한 결정을 내리는 이유에 대해 인식한다.

대부분의 기업이 제안서를 한 번에 하나씩 검토하고 최소 기준을 충족하면 수용하는 이유는 다음과 같다.

- 예상치 못한 기회의 경우 결정을 내릴 시간이 촉박하다.
- 단일 국가 분석에 글로벌 성과를 통합하는 것은 어려운 일이다.

기업이 더 이상 투자할 수 없을 때까지 최선, 차선 순으로 해외 영업 제안의 예비안을 유지할 것 같지만 실제로는 그렇지 않다. 기업은 한 번에 하나의 기회를 검토하고 그것이 기준을 만족한다면 **투자 의사결정**(go-no-go decision)을 내린다. 기업이 투자 기회를 비교하는 데 방해가 되는 세 가지 요소는 시간, 글로벌 성과에 대한 영업의 상호 관련성, 비용이다.

기업이 계획에 없던 해외 매각, 합작 투자, 라이선스 계약 체결 등 예상치 못한 상황에 신속하게 대응해야 하는 경우가 있다. 실제로 많은 기업이 수출을 시작할 때 외국 기업의 공급 요청에 의해 수동적으로 시작한다. 마찬가지로 멕시코의 통신 사업자 선정 과정과 같이 정부나 다른 기업이 입찰을 요청하거나, 협력을 요청하거나, 경쟁 및 해외 인수를 장려하기 위해 규칙을 변경하기 때문에 사업은 단 한 번만 오는 기회일 수 있다.[67] 이 경우 신속하게 움직임으로써 최상의 자산을 획득할 수 있으며, 타기업이 매각하는 자산을 구입할 기회가 되기도 한다.

비교를 방해하는 또 다른 요인은 국가 간 운영의 상호의존성이다. 개별 사업장의 이익 수치는 전체 기업 성과에 미치는 실질적인 영향을 모호하게 할 수 있다. 예를 들어 생산 시설을 해외에 두는 경우 본국으로부터의 수출이 증가할 수도, 감소할 수도 있다. 더욱이 본사는 해외 시설을 감독하기 위해 추가 비용을 지불해야 하며, 본국과 외국 간의 부품 이동을 조율하는 경우에는 더욱 그렇다. 이 비용은 서로 다른 나라에 추정하여 할당하기가 어렵다. 또한 공급업체가 글로벌 고객과 거래할 경우 다른 나라의 고객을 만족시키기 위해 한 국가에서 이익을 최적화하지 못할 수 있다. 마지막으로 해외 자회사의 매출과 매입의 상당 부분이 동일한 모기업의 내부에서 이루어지기 때문에 상호의존이 발생한다. 기업이 이러한 거래에 부과하는 가격에 따라 각 나라에 위치한 자회사 수익성이 영향을 받는다.

기업은 매우 많은 타당성 조사를 동시에 수행할 여력이 없다. 설령 할 수 있다 하더라도 어느 한 시점에서 연구들은 각각 다른 완성도를 보일 것이다. 기업에서 이미 완료된 연구에 대한 결정을 미룰 수 있을까? 아마 아닐 것이다. 기다리면 완료된 연구 데이터의 상당 부분이 무효화되므로 업데이트를 위한 추가 비용과 추가 지연이 발생하게 된다.

미래 전망 주요 입지가 변경될 수 있는 조건

미래의 매출이나 자원 추구 기회와 위험은 다양한 인구통계학적, 사회문화적, 정치적, 법적, 기술적, 경제적 사건으로 인해 국가 간에 이동할 수 있다. 여기서는 인구 변화와 사람들이 일할 수 있고 일하기를 선호하는 곳에 집중해서 논의할 것이다.

시장은 어디에서 성장할 것인가?

6장에서는 일부 국가의 인구가 감소하고 개발도상국, 특히 사하라 이남의 아프리카에서 가장 강력한 성장을 경험하는 가운데 인구학자들이 세계 인구 성장의 둔화를 어떻게 예상하는지 논의했다. 이러한 추세는 현재 선진국에 거주하는 사람들의 비율을 감소시킬 것이다. 매출 잠재력에 대한 인구 규모의 중요성을 고려할 때 이러한 변화가 실현된다면 엄청난 변화일 것이다.

게다가 세계 인구는 계속해서 고령화될 것이고 사람들은 더 긴 시간 교육받을 것이기 때문에 우리가 현재 생산 가능 인구로 간주하는 비율은 선진국에서는 줄어들고 많은 개발도상국에서는 증가할 것이다. 생산 가능 인구의 비율과 1인당 GDP 사이에는 양의 관계가 있기 때문에 생산 가능 인구를 재정립하지 않는 한 오늘날 선진국보다 개발도상국에서 1인당 GDP 성장률이 더 높을 것이다.[68] 이러한 인구통계학적 변화가 일어나면 시장과 노동력 양측에서 입지에 영향을 미칠 것이다.

사람들은 어디에서 일할 것인가?

흥미로운 가능성은 국제 기업을 위한 비대면 본사이다. 기술은 더 많은 사람들이 동료, 고객, 공급자와 이메일을 보내고 원격 회의를 통해 어디에서나 일할 수 있게 할 수 있다. 사실 이미 일부 직업에서 실행되고 있는 것처럼 세계 어느 곳에서나 살 수 있고 재택근무를 할 수 있다. 그러나 만약 사람들이 집에서 일할 수 있다면 고용주 근처보다는 각자 살고 싶은 곳에 거주할 것이다. 매우 창의적이고 혁신적이며 자기 동기부여가 되는 사람들은 일반적으로 전 세계의 거의 모든 나라에서 거주할 허가를 받을 수 있다.

도시화와 계획에 대한 선도적인 연구자는 적어도 로마 제국 초기부터 이러한 유형의 사람들이 혁신의 중심지였던 특정 도시에 이끌렸다는 것을 보여주었다. 이러한 매력은 다른 사람들과의 교류를 통해 더 나아지려는 욕구 때문이며, '학교나 대학의 매우 뛰어난 수업에서처럼 모두가 서로를 이기려고 노력하며 더 잘하려고 한다.' 따라서 그가 옳다면 가장 똑똑한 사람들은 집에서 더 많이 일하지만 여전히 동료들과의 대면 상호작용이 필요할 것이다.[69] 실리콘밸리와 같은 곳에 젊은 기술 인력이 계속 유입되는 것이 이러한 관점을 확인해주는 것 같다.[70] 연구자는 더 나아가 이러한 사람들이 관광객에게 매력적인 장소와 동일한 장소에 끌릴 것이라고 주장한다.

이제 사람들이 이동을 많이 하지 않고도 의사소통할 수 있는 기술을 가지고 있으므로 이러한 주장은 도발적이다. 그러나 출장의 지속적인 증가는 대면 상호작용이 여전히 필요하다는 것을 보여준다.

동시에 서구 사회를 이끄는 지식인과 고학력자로 구성된 엘리트가 점점 더 신기술을 지연시키고 차단하기 위해 노력하고 있다는 견해도 있다. 만약 성공한다면 그런 노력은 기술 개발과 수용의 최전선에 다른 국가가 출현하게 할 것이다.[71]

CASE

레고 그룹[72]

베르산트 홉다리(Bersant Hobdari)

레고(LEGO®) 그룹은 1932년 덴마크 빌룬에서 나무 장난감을 만드는 것으로 시작한 가족 기업이다. 1958년, 기업 설립자인 올레 키르크 크리스티안센(Ole Kirk Christiansen)의 아들인 고트프레드 키르크 크리스티안센(Godtfred Kirk Christiansen)은 훗날 《포천(Fortune)》과 영국 장난감소매상협회가 '세기의 장난감'이라고 칭한 소박한 레고 블록을 만들었다. 2018년 레고는 마텔(Mattel)과 하스브로(Hasbro)를 제치고 반다이남코(Bandai-Namco)에 이어 세계에서 두 번째로 큰 장난감 제조사가 되었다. 2020년, 레고는 58억 7,000만 달러의 매출을 올렸으며, 전 세계적으로 약 1만 6,000명의 직원을 고용했다. 레고의 2020년 상반기 판매량은 7% 증가했으며 미주, 서유럽, 아시아·태평양, 중국에서 가장 큰 성장세를 보였다. 레고는 장난감 외에도 게임, 비디오 게임, 의류, 테마파크 등 다양한 제품과 서비스 포트폴리오를 보유하고 있다. COVID-19 대유행에도 불구하고 제품 포트폴리오를 더욱 강화한 레고는 디지털과 현실 놀이가 융합된 참신한 경험을 제공하는 레고 슈퍼 마리오™를 출시했다.

다각화는 산업의 발전과 도전에 대한 직접적인 반응이었다. 1990년

출처: Richard McDowell/Alamy Stock Photo

▲ 레고랜드

대에 들어 조립 장난감 부문은 축소되었고 아이들의 시간과 부모의 돈을 위한 경쟁은 점점 더 치열해지고 있었다. 레고는 '에듀테인먼트'라고 불리는 시장의 일부로서, 오락과 교육을 동시에 할 수 있는 기능을 갖춘 제품이다. 첫째, 컴퓨터 게임은 잠재적인 레고 사용자를 많이 '훔쳤다'. 레고 블록으로 작은 세상을 만드는 것을 즐겼던 사람들을 위해 심시티(Simcity)와 심즈(Sims) 같은 컴퓨터 게임은 이제 레고보다 훨씬 더 빨리 자연스러운 창의적 욕구를 충족시킬 수 있다.

동시에 미국에서 소매상의 힘은 커졌고 레고 제품의 판매처는 토이저러스(Toys'R'Us), 월마트, K마트(Kmart)와 같은 몇몇 기업으로 축소되었다. 그리고 당시 레고의 사업 모델은 소매업자에게 매우 의존적이었는데, 그들은 더 큰 할인과 특별 맞춤형 제품을 요구했다. 소매업체의 유연성 향상에 대한 요구와 함께 동일한 품질과 가격을 유지한다는 신뢰를 유지할 필요가 있었다. 기업의 강력한 브랜드 이미지를 보호하기 위해 레고는 사람들이 어디에서나 거의 같은 가격으로 같은 제품을 살 수 있기를 원했다. 만약 고객이 레고 제품에 대해 단 하나의 가격과 단 하나의 품질 수준만 있다는 것을 안다면 일부 소매점에서 저가와 저품질 제품을 구매할 수 있는 경쟁사보다 레고를 훨씬 더 신뢰할 수 있다고 볼 것이다.

독립을 위한 레고 블록 제작

더 독립적이기 위해 레고는 제품을 판매하는 새로운 방법을 찾기 시작했는데 인터넷이 기회를 제공했다. 2000년대 초, 레고는 레고 다이렉트를 출시했는데, 이것은 성공하지 못한 레고 월드숍의 후속작이다. 레고 다이렉트는 고객이 개인용 컴퓨터에서 가상으로 자신만의 레고 구성을 발명하는 것을 가능하게 했다. 완성에 필요한 레고의 정확한 제품을 주문할 수 있었다. 이 옵션은 레고에게 몇 가지 귀중한 이점을 제공했다. 즉 소매업체로부터 더 독립적이 되었고 고객과 직접 소통할 수 있는 채널을 확보했다. 이는 또한 소비자 수요의 새로운 추세를 빠르게 인식하는 데 도움이 되었다. 시간이 지남에 따라 LEGO.com은 큰 성공을 거두었고 현재 매달 수백만 명이 방문하며, 평균 방문자는 8~9분 정도 머무른다.

전 세계 장난감 산업은 2023년까지 1,200억 달러의 가치가 있을 것으로 추정되며 2017년부터 2023년까지 약 4%의 연평균 성장률을 보이고 있다. 그러나 산업 성장은 모든 국가에 균등하게 퍼져 있지 않다. 프랑스, 독일, 호주, 브라질, 중국 등 일부 국가는 괄목할 만한 성장세를 보이고 있고(중국은 두 자릿수 성장률을 보이고 있다), 미국, 캐나다, 유럽 일부 지역은 포화 상태에 이른 것으로 보이며 심지어 시장 점유율에서 마이너스 성장세를 보이고 있다.

레고 제품은 현지화가 필요하지 않기 때문에 130여 개국에 제품이 계속 판매되지만 점차 사무실을 축소했다. 레고는 현지 법률에 제품이 맞는지만 확인하면 되며, 이는 각 제품군에 대해 중앙집중식 환경으로 수행할 수 있다. 레고는 저렴한 비용과 시장 근접성을 찾기 위해 생산지를 체코, 멕시코, 최근에는 중국으로 이전했다. 2005년, 레고는 또한 싱가포르에 기반을 둔 전자 제품 제조업체인 플렉트로닉스(Flextronics)의 헝가리 공장에 단순한 제품의 제조를 위탁하기 시작했다.

중국의 레고

2013년 10월, 레고는 중국 자싱시에 제조 시설을 짓고 있다고 발표했다. 중국은 이 산업에서 가장 빠르게 성장하는 시장 중 하나이다. 중국의 장난감 시장은 2016년 이후 매년 9%씩 성장하고 있으며, 2019년에는 230억 달러로 평가되었고 2022년에는 280억 달러로 성장할 것으로 예상된다. 새로운 레고 공장은 2013년에 기공하여 2015년에 완공되었으며, 최초의 레고 블록 생산은 2017년에 시작되었다. 새로운 시설은 덴마크, 멕시코, 헝가리, 체코에 있는 레고의 기존 공장 4개의 복제품과 같은 완전한 공장이다. 블록 성형부터 가공, 레고 상자 포장까지 모든 생산 과정으로 구성되어 있다. 이 도시는 필요한 모든 시설과 기반 시설을 갖추고 있으며 레고의 지역 물류 센터와 가깝기 때문에 시설 부지로 선정됐다. 게다가 기업은 입지가 레고 직원을 위한 완벽한 환경이라고 믿고 있다. 이 도시는 레고의 핵심 가치와 가장 잘 어울리는 도시로 선전되고 있으며 지속 가능한 도시 개발을 위한 계획이 순조롭게 진행되고 있다. 자싱시는 '국가 건강 도시', '국가 녹색 모범 도시', '국가 정원 도시'로 지정되었다.

지난 20년 동안 레고는 비용 절감을 기반으로 여러 생산 입지 결정을 했다. 그러나 최근 수요 증가와 주문 및 배송 사이의 시간을 줄이려는 노력이 중국 공장에 수억 유로를 투자하기로 한 기업의 결정에 영향을 미쳤다.

2020년 COVID-19 대유행이 시장과 투자에 미치는 경제적인 타격에도 불구하고, 레고 그룹은 수익성이 좋은 중국 시장에 침투하려는 야심 찬 계획을 유지했다. 6월에 중국 동부 저장성의 수도인 항저우에 새로운 플래그십 스토어를 열었다. 이것은 베이징과 상하이에 이어 레고의 네 번째 플래그십 스토어였다. 레고 그룹의 수석 부사장이자 레고차이나의 총책임자인 폴 황(Paul Huang)은 2020년 말까지 중국 전역에 220개의 매장을 열 계획이라고 발표했다.

미국과 유럽 장난감 시장의 경쟁이 심화되고 포화 상태에 있는 가운데 중국은 급속한 발전을 위한 좋은 기회를 제공한다.

중국에 생산 시설을 설립하는 결정은 처음에는 눈살을 찌푸리게 했을 것이다. 이전에 중국 부모는 자녀가 노는 것보다 책을 읽는 것을 더 선호했기 때문에 장난감 제조사는 지속적인 어려움을 겪었다. 사실 교육이 우선되는 문화에서 놀이는 종종 부정적인 단어로 여겨졌다. 하지만 많은 장난감 기업은 이미 장난감을 교육 품목으로 포지셔닝함으로써 중국 부모의 마음을 사로잡을 수 있다는 점을 깨달았다. 이런 점에서 레고는 아이들의 손재주와 창의력 발달을 돕는다고 홍보하여 점점 더 부유해지는 중국 부모의 마음을 사로잡았다. 레고 그룹으로부터 독립적이지만 명칭을 공유하는 레고 재단(LEGO Foundation)은 중국 학생들과 협력하고 있는데, 칭화대학교 학생들은 레고 블록, 3D 인쇄 부품, 기성 전자 제품을 사용하여 저렴한 원자력 현미경을 만들었다.

레고는 중국 교육부와 협력하여 6만 명의 초등 및 중학교 교사 교육을 지원했다. 이는 주교육자의 역할과 책임을 학부모가 아닌 교사가 충실히 수행할 것으로 기대되는 중국 시장에 중요하다. 이러한 발전에 따라 레고는 상하이 전역에서 과학, 기술, 공학, 예술, 수학을 가르치는 것에 도움이 되는 장난감을 개발하기 위해 화둥사범대학교와 파트너십을 체결했다.

불법 복제로 인한 문제

과거 다른 제조사와 마찬가지로 레고 역시 중국에서 인기를 얻으면서 모조 제품을 만드는 제조사와 경쟁하는 상황에 직면했다. 레고는 오랫동안 '레고 복제'에 대한 저작권을 보호하기 위한 법정 분쟁을 벌였다. 2012년, 레고는 레고의 대표적인 '미니 피규어'를 모방한 혐의로 기소된, 홍콩에 본사를 둔 베스트락컨스트럭션토이즈(Best-Lock Construction Toys)와 법적 분쟁에 휘말렸는데, 2019년에 결국 승소했다. 레고는 지금까지 저작권 분쟁에서 비교적 성공했지만, 시중에 레고 제품이라고 주장하거나 주요 블록 장난감과 호환된다고 주장하는 복제품이 많다. 예를 들어 중국 기업인 리가우(Ligao)와 반바오(Banbao)가 판매하는 블록은 종종 레고 디자인을 직접적으로 모방한 것이다.

대부분의 중국 장난감 공장이 국내 소비를 위한 고품질 제품보다는 저가 제품을 생산하고 수출하는 데 초점을 맞추고 있기 때문에 이러한 지적 재산권 침해를 막기 위한 잠재적인 전략 중 하나는 레고의 제조 기준을 지금보다 높이는 것이다. 게다가 레고는 중국이나 다른 아시아 시장을 위한 맞춤형 제품을 만드는 데 투자할 수도 있다. 하지만 이는 현재는 단종된 '동방 탐험(Orient Expedition)' 제품과 같은 운명을 맞게 될 수도 있는 위험한 전략이다.

문제

13-4 레고는 입지 선정에서 일본과 한국 같은 선진국보다 중국과 같은 국가를 우선순위에 두었다. 이 전략의 장점과 단점에 대해 토론하라.

13-5 레고의 제품 포트폴리오는 상당히 광범위하다. 제품의 집중화 대 다각화의 장점과 단점은 무엇인가?

13-6 레고는 중국 시장에서 후발주자이다. 후발주자로서의 약점을 어떻게 극복할 수 있는지에 대해 토론하라.

Chapter 14

수출과 수입

학습 목표

14-1 수출의 원칙과 관행을 설명한다.

14-2 수출의 다양한 동기와 방법을 이해한다.

14-3 수출의 시작과 확장의 과정을 이해한다.

14-4 수입의 원칙과 관행을 설명한다.

14-5 수입의 다양한 동기와 방법을 이해한다.

14-6 국제무역상의 문제와 함정을 설명한다.

14-7 국제무역상을 돕는 자원과 지원을 알아본다.

14-8 수출 계획의 기준을 정의한다.

14-9 연계무역의 원칙과 관행을 이해한다.

출처: Nightman1965/Shutterstock

▲ 수출의 과정 중 한 장면인 화물선이 항구에서 출항하는 모습이다.

준비되어 있어야 어려움이 오지 않는다. —*에디오피아 속담*

CASE

스핀센트: 수출을 결심하다

현재 미국에서는 28만 7,314개의 수출업체가 1조 3,000억 달러만큼 수출하고 있다.[1] 캐터필러(Caterpillar), 보잉(Boeing), 엑손모빌(Exxon Mobil), J&J(Johnson & Johnson), 코카콜라(Coca-Cola), 인텔(Intel)을 비롯한 약 7,000개의 미국 기업은 매년 미국의 전체 수출액 중 약 3분의 2를 창출한다. 이런 거대 기업의 화물 중 제일 작은 것도 중소기업의 가장 큰 화물보다 클 것이다. 실제로 미국의 상위 20개 수출업체가 전체 수출액의 약 20%를 차지한다. 그럼에도 미국 수출업체의 98%는 약 28만 개의 중소기업, 특히 근로자가 500명 미만인 기업으로 구성되어 있다. 그중에는 펜실베이니아의 중소기업인 스핀센트(SpinCent)도 있다.[2]

스핀센트는 실험용 및 공업용 원심분리기를 제조하는 기업이다. 화학, 제약, 식품, 환경, 광업에 종사하는 기업에서 스핀센트의 원심분리기를 사용하는데, 원심분리기는 고정된 축을 중심으로 물질을 고속 회전 상태로 만들어, 상대적으로 무거운 구성 물질은 아래쪽으로, 가벼운 구성 물질은 위쪽으로, 액체는 그 사이로 이동시키는 역할을 한다. 스핀센트는 필라델피아 교외 지역에서 12만 제곱피트의 시설을 운영하는데, 조립 기술자 53명, 제품 및 프로세스 엔지니어 8명, 경영진 4명으로, 총 65명의 직원이 기업을 운영하고 있다.

스핀센트는 완벽한 안정성과 우월한 성능의 고품질 원심분리기를 시장에 공급하겠다는 모토를 세우며 시작했다. 스핀센트는 특허받은 회전 기술로 품질과 가치를 인정받은 수동 및 자동 원심분리기 같은 상품을 판매한다. 현재까지도 경영진은 스핀센트의 상품이 경쟁 상품과 분명한 차별점이 있는 원심분리기를 만든다고 말한다.

수출하느냐 수출하지 않느냐, 그것이 문제로다

스핀센트는 창업 때부터 수출에 적극적이지 않았다. 스핀센트가 해외 판매를 하는 일은 상품을 수출하려는 국내 기업의 주문, 산업 무역 박람회에서 가끔 들어오는 리드, 갑작스러운 해외 바이어의 주문 등이 있을 경우에 한해서였다. 해외 판매는 높은 가격과 수수료가 책정되어 있으므로 무시하지 못할 수준의 마진을 가져다주었다. 하지만 통관이나 신용 문제같이 예상치 못한 문제점이 발생하여 높은 거래 비용을 지불해야 할 때도 있었다. 그래도 스핀센트가 수출로 거둔 매출은 국내 매출보다 순이익이 20~30% 정도 많았다.

스핀센트의 CEO이자 설립자인 폴 네퍼(Paul Knepper)는 초반에 수출 과정에서 반복되었던 문제 때문에 수출에 대한 흥미가 떨어졌다고 말했다. 이 때문에 스핀센트는 수출에 회의적인 생각을 가지게 되었다. 스핀센트는 초기에 낯선 상황을 조사하거나 해결하는 데 너무 많은 시간을 소비할 수밖에 없었다. 또한 국내 고객을 상대하기 바빴기 때문에 해외 시장에 진출할 여력이 부족했다. 게다가 계속해서 수출 과정에서 문제가 발생했기 때문에 노련한 독일과 일본의 수출업자가 경쟁자로 있는 해외 시장에 넘기 힘든 벽이 있다고 생각하게 되었다.

그러나 시간이 지남에 따라 국내 시장에도 문제가 생기면서 스핀센트의 지속적인 생산성과 수익성에 우려가 제기되었다. 미국 제조업의 위축은 스핀센트의 성장 속도를 늦추었다. 한편 스핀센트의 일부 고객은 저가형 원심분리기를 수입하여 사용하기 시작하며 가격 경쟁이 심화되기도 했다. 폴은 결정해야 할 때가 다가왔다고 생각했다. 스핀센트는 국내 시장에 집중하여 국내 시장 수요 감소와 해외 상품 유입 때문에 가격 경쟁으로 타격을 입은 생산을 보호하기 위해 모든 역량을 동원하거나, 빠르게 성장하는 해외 시장으로 공격적인 확장을 하여 성과를 내야 했다. 미국에서는 느리지만 확실히 탈공업화가 진행되고 있었으므로 미국 내 수요는 꾸준히 감소하고 있었다. 한편 아시아 같은 산업화가 빠르게 진행되던 신흥경제국에는 큰 기회가 도사리고 있었다. 폴은 이런 시장 트렌드 때문에 어쩔 수 없이 수출에 나섰다고 말했다. 폴은 스핀센트가 매출을 유지하고 경쟁력을 갖추려면 수출밖에 답이 없다는 사실을 받아들인 것이다.

아시아의 부름

거대한 시장의 흐름은 아시아에 큰 기회가 있음을 가리키고 있었다. 폴은 당시에 마치 하룻밤 사이에도 곳곳에서 기업이 창업되는 것처럼 보인다고 말했다. 아시아 전역의 시장 친화적인 변화와 가속화된 산업화로 인해 스핀센트가 만든 원심분리기를 사용하는 회사가 점점 많아졌기 때문이다. 원심분리기의 제품수명주기가 성숙기에 있던 미국과 달리 신흥경제국은 앞으로 빠르게 성장하리라 예측되었다.

수출의 시작

48개국에서 거의 2,300개의 언어가 사용되고, 42억 명이 사는 1,700만 평방마일의 드넓으며 다양성을 가진 아시아 시장을 처음 접하는 폴은 시장에 접근하기 위해 협력자를 찾아야 했다. 폴은 누군가의 도움 없이 아시아 시장을 개척하는 것은 너무 많은 비용이 들고 위험하다고 생각했다. 게다가 폴은 수출이 급격히 확대되는 것을 원하지 않았다. 그보다는 능력 있는 회사와 장기적인 관계를 만들어나가길 원했다. 따라서 폴은 현지 판매가 가능하고 현지 판매 계약을 따내며 판매를 서비스할 수 있는 유능하고 신뢰할 만한 유통업체를 찾는 것이 첫 번째 과제라고 생각했다. 스핀센트는 단기적인 해외 판매보다 장기적인 파트너를 찾는다고 설명했다. 그렇기에 스핀센트와 적합한 파트너는 제품에 대해 자사만큼 확신이 있으며 전문적이어야 하고 현지

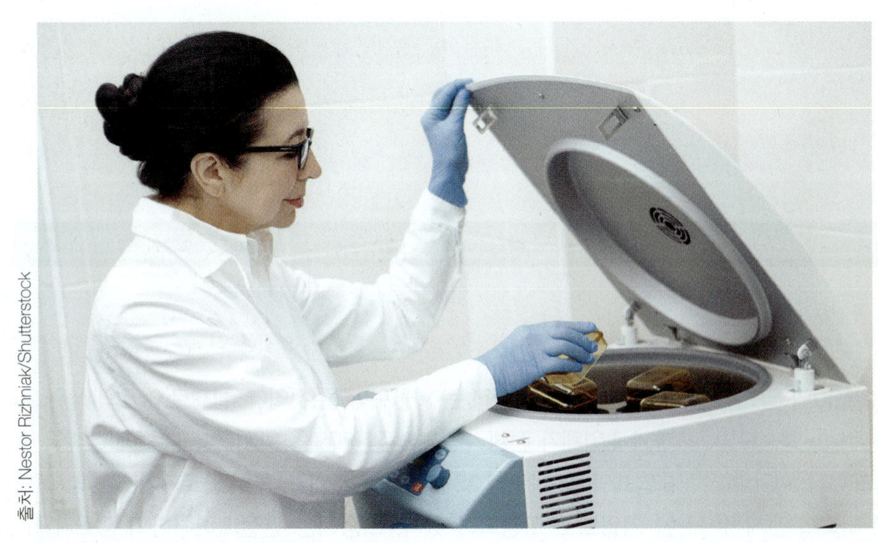
출처: Nestor Rizhniak/Shutterstock

▲ 과학자가 원심분리기를 사용하고 있다.

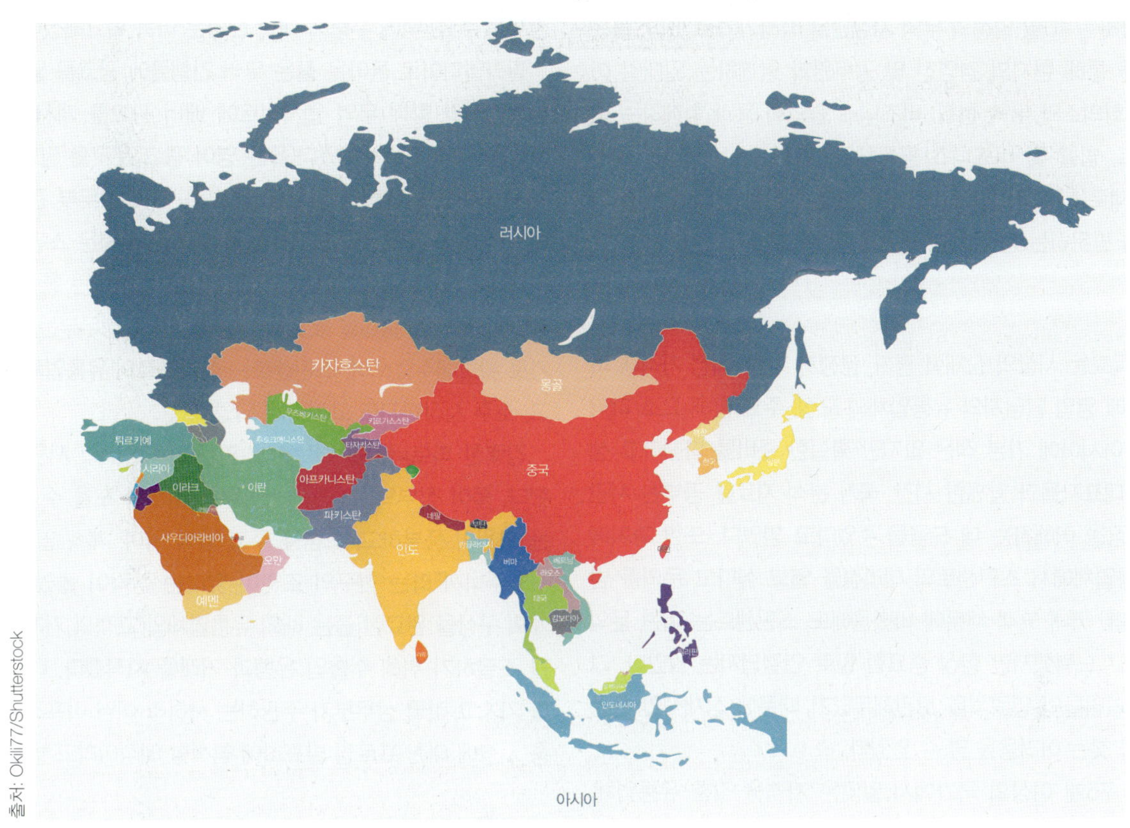

출처: Okili77/Shutterstock

▲ 아시아 시장을 구성하는 국가

소비자에게 홍보, 교육, 서비스를 할 수 있어야 한다. 또한 믿을 수 있으며 명성이 있는 기업과 파트너십을 맺는 것이 핵심이라고 덧붙였다. 하지만 오히려 잠재적 에이전트에게 장기적으로 봤을 때 스핀센트와 파트너십을 맺는 것이 의미가 있다고 설득해야 한다는 것도 알고 있었다.

폴은 잠재적 파트너들의 평판과 자원을 확인하며 정보를 모으기 시작했다. 스핀센트는 초기에 일부 수출 거래 중 재정적으로 어려움을 겪는 바이어를 만나는 문제를 겪기도 했었다. 대금 수령이 사업을 운영하는 데 큰 비중을 차지하기 때문에 정당한 대금 지불 정책을 가지고 있지 않을 경우 작은 의견 충돌이 순식간에 큰 문제로 불어난다고 강조했다.

도움을 얻다

폴은 이러한 경험을 염두에 두고 필라델피아의 미국 상무부 수출지원센터(U.S. Commercial Service's Export Assistance Center)가 개최하는 무역 세미나에 참가했다. 이 수출지원센터는 미국 상무부가 국내에서 운영하는 106개의 사무소 중 하나이다. 수출지원센터의 목표는 기업의 수출 시작을 돕고, 수출 기업의 수출 시장 다변화를 지원하는 것이었다. 수출은 경제 성장에 중요한 역할을 하기 때문에 정부기관은 무역 세미나, 시장 조사, 교육 프로그램, 재무 계획 같은 다양한 지원책을 운영한다. 정부의 무역 관련 관계자들은 수출 지원 프로그램의 주요 수혜자인 스핀센트 같은 중소기업의 수출 활동을 장려한다. 중소기업 중 60% 이상이 오직 해외 시장 한곳에만 수출하는 것을 고려할 때 한두 곳 정도 추가로 진출하는 것만으로 좋은 성과를 거머쥘 수 있다. 무역 세미나는 중소기업이 진출할 수 있는 시장의 영역을 확대하여 중소기업의 자신감을 북돋아준다고 관계자들은 말했다.

폴이 무역 세미나에 참가한 날, 한 세션에서 아시아의 신흥경제국에 대한 설명과 무역 보고서를 발표했다. 아시아 시장에 도사리는 잠재적 기회와 위험이 궁금했던 폴은 그 세션을 듣기 위해 자리에 앉았다. 폴은 커다란 시장을 두고 거창하게 예측을 나열하는 것이 듣기에는 좋았지만 이런 과대한 예측이 좋지 않게 끝나는 것을 본 적이 있었고, 수출과 동반되는 문제와 잠재적 위험 요소에 대한 끔찍한 이야기에 대해 생각했다. 그래도 기회와 위험의 상충관계에서 생기는 불안을 해소하려 이 무역 세미나에 참석한 것이므로 세션을 경청했다.

오전 내내 프로필과 발표를 들은 폴은 아시아 시장이 문제보다 잠재력이 훨씬 크다는 믿음을 가질 수 있었다. 폴은 아시아에 대해 많이 배웠고 수출 절차와 세부 내용도 공부했다. 그러나 아시아 비즈니스에 대한 실무 경험 부족과 현지 대리점의 부재가 불안감을 주었다. 폴은 현장 조사를 하여 이 불안감을 없애고자 했다. 떠나기 전에 폴은 미국 상무부 관계자를 만나 관리 및 사업가들과 함께 홍콩, 필리핀, 대만,

베트남으로 향하는 10일 일정의 무역 사절단을 따라가기로 했다. 폴은 무역 사절단을 통해 현지의 경영진 및 공무원과 함께하는 일대일 미팅, 지역 상공회의소와 무역 협회, 비즈니스 협의회 등과 함께하는 네트워킹 이벤트, 법률 및 비즈니스 공동체와 함께하는 비즈니스 실사 및 기회를 주제로 한 브리핑과 토의, 원심분리기 같은 공업 장비를 사용하는 시설을 방문하는 등 유익한 활동을 할 수 있었다.

목표 설정

출장의 주된 목표는 시장의 잠재력 평가, 경쟁자 확인, 적정 가격대 파악, 현지의 판매 영업 담당자와 유통업체의 모집, 주요 방해 요소 파악이었다. 폴은 아시아에 가본 적은 없지만 확실한 준비를 마쳤다고 생각했다. 무역 대표자들과 함께한 시간, 국가 분석 자료를 공부한 시간이 아시아 시장을 이해하는 데 도움을 주었다고 믿었다. 또한 과거에 아시아의 유통업체에서 스핀센트의 대리점을 열고 싶다고 문의를 받은 적도 있었다. 국내 고객 때문에 바빴음에도 스핀센트는 이런 문의에 답을 주려고 노력했지만 항상 중요한 일로 연결되지는 않았다. 그래도 문의한 기업들의 연락처를 보관해두었기 때문에 잠재적인 유통업체와 고객을 찾는 어려움을 덜 수 있었다.

중소기업이 75개 이상의 국가에서 알맞은 자격을 갖춘 유통업체, 대리점, 중개업체를 찾는 것을 지원해주는 미국 상무부의 골드키 프로그램(Gold Key program)도 도움이 되었다. 골드키 프로그램은 잠재적 파트너를 사전에 심사하고 자격을 평가하거나 배경을 조사하며 맞춤 현지 시장 조사를 제공해주었다. 수출업자가 새로운 파트너와 협업하고자 할 때 골드키 프로그램은 현지 파트너가 좋은 평판을 지녔음을 보장해준다.

폴은 보이스카우트 시절에 들었던 "항상 준비되어 있어라"라는 격언을 마음에 새기고 있다고 했다. 폴은 제품소개서가 가득 든 서류 가방과 제품라인의 프로필이 담긴 노트북, 엄청난 가능성을 품은 일을 한다는 생각을 가지고 아시아로 향했다. 10일 동안 폴은 가능성 있는 에이전트와 상담하고 유망 고객과 대화를 나누었으며 경쟁자가 제안하는 가격대를 확인하고 회사 서비스 지원을 테스트하고 운송업자 및 물류업체와 컨설팅을 했으며 무역 관련 관료 및 통관업체와 만남을 가졌다.

아시아의 부름에 스핀센트가 응답하다

고단했지만 자신감은 충만했던 폴은 돌아가는 비행기에서 수출에 대해 다시 고려해봐야 한다고 생각했다. 수출에 위험이 따르는 것은 분명했지만 그보다 큰 기회가 아시아 시장에 존재했다. 이제 폴은 스핀센트에게 수출은 선택이 아니라는 것을 알았다. 필리핀과 대만에서 새로 계약한 유통업체, 필리핀, 대만, 홍콩에서의 판매 리드(sales lead, 잠재적 수요) 덕에 수출에 대한 신념은 더욱 확고해졌다.

필라델피아로 돌아온 폴은 무역 간행물에 광고를 넣고 새로 계약한 유통업체와 함께 무역 웹사이트에 배너 광고를 게시하는 등, 아시아 시장을 더 테스트해보았다(폴은 영어 광고 문구를 담당했고 유통업체가 중국어와 필리핀어 광고를 맡았다). 미국 상무부 관계자가 수출 계획 구성에 도움을 주기도 했다. 곧 이러한 노력은 스핀센트의 최대 해외 파트너이자 급성장하는 중국 시장을 상대하는 홍콩의 유통업체와 계약을 맺으며 결실을 맺었다. 거기에 미국 상무부는 판매 리드를 추가로 확보해주었으며, 스핀센트는 싱가포르의 유통업체와 계약을 맺었고, 호주 시장까지도 고려하게 되었다.

강력한 파트너들을 확보한 스핀센트는 정부의 지원책을 계속 활용했다. 폴이 정부의 도움을 받을수록 "정부가 도울 수 있게 해라. 정부는 자원이 풍부하고, 도움을 주고 싶어 하며, 계속 일을 할 수 있도록 도와주니까"라는 친구의 조언이 맞다는 생각이 들었다고 했다. 수출 계획 구상을 완료한 폴은 해외 유통업체와 고객의 거래에 필요한 자금을 조달하기 위해 수출입 은행과 거래를 시작했다. 나아가 폴은 열의를 가지고 미국 상무부가 주관하는 사하라 이남 아프리카 국가들의 신흥 시장에 대한 프로필 발표회에 참석할 예정이라고 밝히기도 했다.

앞으로 나아가다

스핀센트는 대만, 필리핀, 홍콩, 싱가포르에서 경험을 쌓으며 꾸준히 발전하고 있다. 수출은 새롭게 도전하게 하지만 도전은 스핀센트의 생산성과 수익성을 향상시켰다. 실제로 미국의 불황기에 해외 수출을 감행한 기업은 시장 다각화를 하지 않은 경쟁업체에 비해 지속적으로 영업 활동을 이어나갈 수 있었다. 또한 스핀센트는 수출을 통해 자사의 독보적인 원심분리기 기술을 더 잘 활용할 수 있었다.

폴의 수출과 관련된 경험은 다음과 같은 교훈을 준다. "해외 수출을 고려하고 있다면 일단 시작하라. 움직여라. 공부하라. 적은 비용으로 사용할 수 있는 자원을 활용하라. 무역 사절단에 참가하라. 새로운 관계를 늘려나가라. 항상 잠재적인 비즈니스 파트너를 확인하라. 가능한 한 많은 정보를 수집해라. 추측하지 마라. 틀린 추측은 시간과 비용을 낭비하게 한다. 무엇보다도 어떤 장애물을 만나도 신념을 꺾지 마라. 이 모든 것은 어려워 보이지만 들인 노력에 비해 굉장한 대가로 돌아올 수 있다."

문제

14-1 스핀센트가 수출 계획을 완성할 동안 극복한 두 가지 문제를 정리하고 극복한 과정을 서술하라.

14-2 스핀센트의 아시아 경험을 바탕으로 스핀센트가 선택할 수 있는 사하라 이남 아프리카 시장 확장의 계획을 순서대로 나열하라.

수출과 수입은 항상 세계 경제의 중요한 역할을 맡고 있다. 소비자 수요 확대, 국가 간 연결의 증가, 다자간 협정의 확대는 점차적으로 더 많은 시장의 문을 열게 하여 국제무역의 용이성을 높여줬다. 결과적으로 수출입은 국제경영에서 빠르게 성장하는 경제 활동 중 하나가 되었다. 그림 14.1은 글로벌 GDP에서 재화와 서비스의 수출과 수입을 합한 수치가 지난 50년 이상 증가하는 것을 보여준다. 주기적인 증감이 있긴 하지만 국제적 비즈니스 활동에서 국제무역이 차지하는 비중의 지배적인 추세는 점진적으로 증가하고 있다.

이전 장에서는 기업이 여러 방식으로 국제경영에 참여한다고 설명했다. 기업이 라이선싱, 프랜차이즈, 합작투자, FDI보다 수출 또는 수입 중 하나를 선택하는 것은 기업이 수행한 시장 요인 분석과 자사의 고유한 자원, 능력과 역량의 조합에 따라 결정된다(그림 14.2 참조). 수출입이 일관적으로 국제경영의 가장 흔한 형태인 이유는 이 장에서 살펴볼 것이다. 수출과 수입은 국제경영 가운데 가장 지배적인 유형이기에 수출입이 가장 흔한 유형의 국제경영이라는 것은 당연한 말이라고 생각할 수 있다. 수출입을 통틀어서 국제무역이라고 할 수 있는데, 이는 세계 경제에 중요한 부분 중 하나이며, 국가의 경제적 성과를 결정하는 주요 원인이자, 전 세계 모든 규모의 기업이 선택할 수 있는 전략이다.

수출입의 지속적 효용은 수출입이 가진 강점에서 나온다. 수출입은 다른 국제 시장 진출과 운영 방식에 비해 간단하고 비용이 적게 든다. 또한 둘 다 비즈니스 리스크를 최소로 하고 비교적 적은 자원을 필요로 한다. 더 나아가 국제무역은 모든 규모의 기업이 매출을 높이고 이익을 늘리며 위험을 분산한다. 국제무역은 전 세계 인구의 대다수가 해외에 거주하고 있다는 단순한 사실을 효과적으로 활용한다. 수출강국인 일본의 경우 잠재 고객의 약 99%가 해외에 거주하고 있으며 해외 고객이 전 세계 구매력의 95%를 차지한다. 따라서 내수 시장 판매를 하는 일본 기업은 최대 1억 2,600만 명의

수출을 통해 상품을 다른 국가로 보내고, 수입을 통해 다른 나라에서 상품을 들여온다.

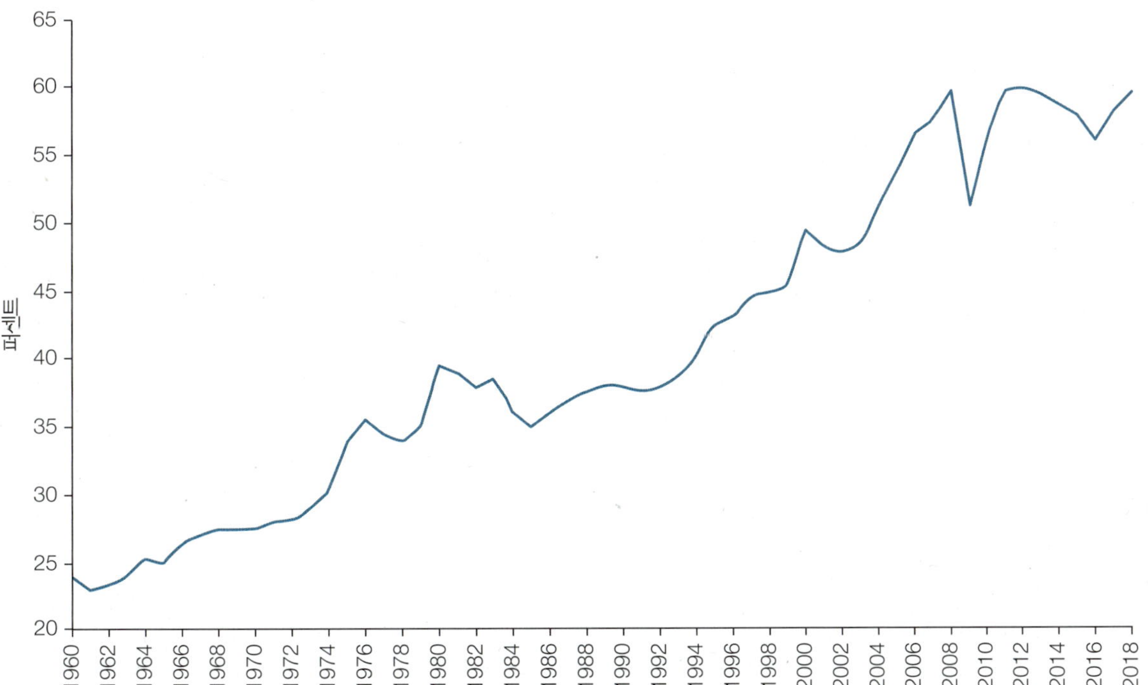

그림 14.1 세계무역이 세계 GDP에 차지하는 비중(1960~2018)[3]

출처: The World Bank Indicators, Trade (% of GDP), retrieved February 15, 2020.

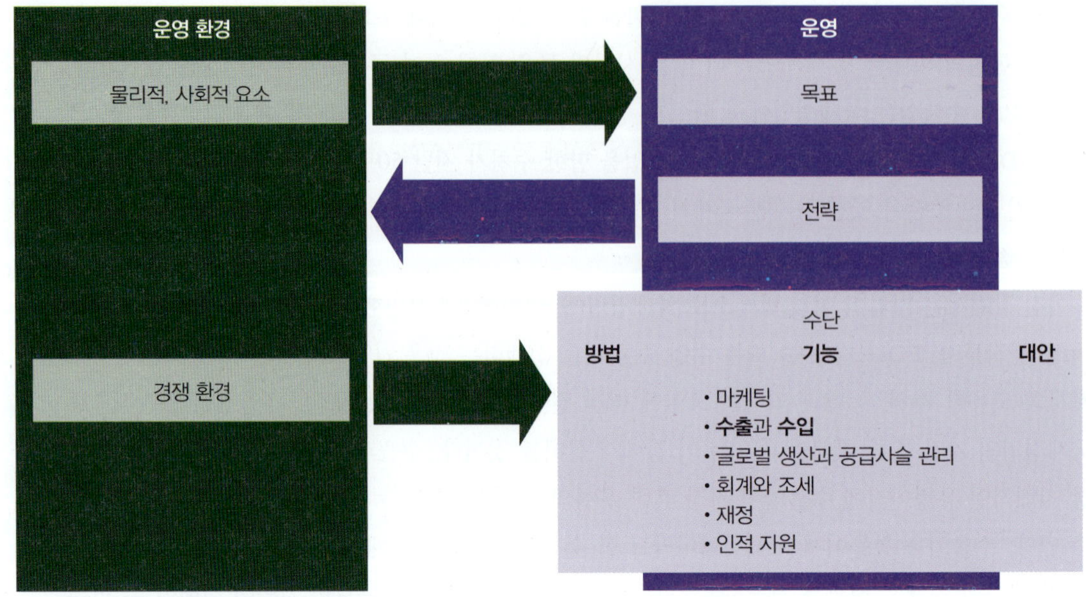

그림 14.2 수출입에 영향을 미치는 요인
수출입을 고려할 때는 기업의 선택, 기회, 관행, 성과에 영향을 미치는 환경적, 운영적 요인에 집중해야 한다.

소비자를 확보할 수 있지만, 국제무역을 할 경우 75억 명을 추가로 확보할 수 있다. 정리하자면 국제무역은 수출에 적극적인 기업에게 큰 기회를 제공한다. 물론 어느 정도의 위험을 기업에게 부담시키긴 한다. 그렇지만 이 장의 내용과 같이 수출입을 결정하는 데 도움이 되는 유용한 접근 방식이 여전히 존재한다. 또한 기업의 성공과 실패 사례는 여러 가지 수출과 수입의 방법이 성과 최적화를 위한 검증된 방법임을 증명한다.

수출: 원칙과 관행

14-1 수출의 원칙과 관행을 설명한다.

개념 체크

1장의 '기업이 국제경영에 참여하는 이유'에서 매출 증가, 자원 획득, 위험 감소라는 세 가지 목표를 확인했다. 기업은 하나 또는 그 이상의 목표를 달성하기 위해 다양한 '국제경영 운영 방식' 중 하나를 선택한다. 수출입은 특히 중소기업 사이에 가장 많이 사용되는 방식이다.

수출(exporting)은 한 국가에 위치한 기업이 다른 국가의 고객에게 상품 또는 서비스를 판매하는 행위이다. 상품 수출이라는 개념은 매우 간단하다. 상품 수출은 기계 장치, 콩, 천, 컴퓨터 칩, 휘발유 같은 유형 재화를 한 국가에서 보내고 다른 국가에서 받는 것이라고 설명할 수 있다. 예를 들어 독일 자동차 제조업체 BMW가 뮌헨에서 만든 자동차를 캄보디아 고객에게 보낸다면 BMW는 수출을 했고 캄보디아 고객은 수입을 했다고 볼 수 있다. 물리적인 재화는 보고, 만지고, 무게를 잴 수 있기 때문에 가시적 수출이라고도 한다.

당연하게도 국가별 주요 수출품에는 차이가 있다. 예를 들어 미국 상위 3대 상품 수출 품목은 음식, 음료, 사료와 원유, 연료, 기타 석유 제품, 민간 항공기, 항공기 엔진으로 이루어져 있다. 중국 상위 3대 상품 수출 품목은 전기기기 및 컴퓨터를 포함한 기계장치와 가구, 침구, 조명, 조립식 건물이다. 독일의 상위 3대 상품 수출 품목은 컴퓨터를 포함한 기계장치와 탈 것, 전기기기이다. 전 세계의 3대 상품 수출 품목은 전기기기 및 장비와 석유를 포함한 광물성 기름, 그리고 컴퓨터를 포함한 기계장치이다.[4]

서비스 수출(service export)에서 서비스는 무형의 제품이고, 사람이 실제로 볼 수 없기 때문에 비가시적이라고도 한다. 주요 서비스 수출 항목에는 금융, 정보, 과학 서비스, 기술 지원, 통신, 여행과 관광, 보험, 교통, 엔터테인먼트가 있다. 서비스는 그 기준이 모호하여 어떤 것이 수출이고 수입인지 정의하기 어렵다. 서비스 수출의 예를 들어보면 벡텔(Bechtel), 스칸스카 AB(Skanska AB), 카지마(Kajima)와 같은 엔지니어링 업체가 외국에서 건물, 도로, 유틸리티, 공항, 항구 등을 건설할 때 서비스를 수출한다고 한다. 또한 매킨지앤드컴퍼니(McKinsey & Company)와 같은 경영 컨설턴트가 외국 고객에게 컨설팅할 때 서비스를 수출한다고 일컫는다. 추가로 골드만삭스(Goldman Sachs) 및 UBS와 같은 투자 은행이 외국 고객에게 자본 시장을 살펴보는 데 도움을 주면 서비스를 수출한다고 정의한다. 서비스는 간접적으로 수출되기도 하는데, 그 예시로 일본 광고 회사 덴츠(Dentsu)가 소니(Sony)의 의뢰를 받고 마케팅 캠페인을 만든 후 소니가 이를 일본 밖에서 사용하면 간접적인 수출에 해당한다. 마찬가지로 온갖 종류의 디지털 효과를 디자인하는 하이드롤스 VFX(Hydraulx VFX)는 해외 고객이 비디오나 게임에 시각 효과를 추가할 때 서비스를 제공했다면 서비스를 수출했다고 한다. 위의 예시에서 서비스의 판매자는 수출업자이고 구매자는 수입업자이다.

엄밀히 말하자면 서비스가 한 국가를 물리적으로 벗어나지 않아도 수출이라고 말할 수 있다. 서비스가 외화를 벌어온다면 수출인 것이다. 예를 들어 당신 옆에 앉아 있는 유학생도 당신의 나라에게는 수출 전략의 예시 중 하나라는 것은 생각하지 못했을 것이다. 이미 고등교육은 몇몇 나라의 서비스 수출 품목 상위 10개에 자리잡았다. 전 세계적으로 등록된 460만 유학생 중 약 110만 명의 학생은 미국에서 교육받고 있으며, 미국 다음으로 유학생이 많은 국가는 영국과 중국이다. 미국에서 교육받는 유학생이 지불하는 수강료, 수수료, 생활비는 약 40만 개의 일자리를 만들어주었고 미국 경제에 약 396억 달러를 안겨주었다.[5]

당연하게도 국가마다 주요 서비스 수출 품목에는 차이가 있다. 예를 들어 미국의 상위 3개의 서비스 수출 항목은 대중교통, 컴퓨터 관련 비즈니스 서비스, 로열티 라이선싱 수수료로 이루어져 있다. 중국의 경우에는 기타 비즈니스 서비스, 관광, 운송업이다. 또한 영국의 상위 3개 서비스 수출 품목은 기타 비즈니스 서비스, 금융 서비스, 관광이다. 전 세계적으로 3대 서비스 수출 품목은 관광, 기타 비즈니스 서비스, 운송업이다.[6]

수출업자는 누구인가

많은 기업이 매출 증진, 생산성 향상, 이익 증대를 위해 수출을 고려한다. 하지만 그중 소수만이 실제 수출 시장으로 뛰어든다. 그렇게 수출업을 시작한 기업 중에서도 수출에 비교적 많은 노력을 기울이는 기업이 있다. 기업의 수출 패턴을 바탕으로 수출하는 기업은 다음과 같은 유형으로 나눌 수 있다.

수출업자의 유형은 다음과 같다.
- 비정규 수출업자
- 정규 수출업자

비정규 수출업자 비정규 수출업자(sporadic exporter)는 국제무역에 대해 수출을 기피하지도, 적극적으로 추구하지도 않지만 수출 기회가 온다면 수출을 감행하는 수동적인 태도를 취하는 기업이다. 비정규 수출업자는 기본적으로 국내 시장에 집중하지만 외국 바이어의 주문이 들어온다면 이를 처리하기도 한다.[7] 비정규 수출업자는 수출의 기본적인 과정에 대해 숙지하고 있지만 여러 이유로 수출 활동의 우선순위는 낮다. 예를 들어 창업자인 폴이 수출의 중요성을 깨닫기 전 스핀센트의 무역 활동을 생각해보자. 그 당시 스핀센트는 가끔씩 해외에서 들어오는 주문을 가능성 있는 기회라기보다는 비정기적 거래라고 생각하면서 처리했었다.

정규 수출업자 정규 수출업자(regular exporter)는 생산적이며 수익성 있고 전략적인 활동으로서 수출 거래를 추구한다. 정규 수출업자는 국제 시장에서 성장의 기회를 찾고 무역 활동을 확장하기 위해 자원을 투자하며 수출 기회에 재빠르게 반응한다. 정규 수출업자는 국제무역 활동에 익숙하고 적절한 파트너와 수출 계획 수립의 중요성을 인지하며 도움을 원할 때 어디로 가야 하는지 잘 알고 있다. 스핀센트의 예를 다시 살펴보면 폴은 수출 지원 기관의 도움과 아시아 여행을 통해 수출이 시간과 노력을 들이기에 충분한 가치가 있다는 것을 깨달을 수 있었고, 결국 수출을 하기로 했다. 수출하기 위한 단계를 밟으면서 스핀센트가 비정규 수출업자에서 정규 수출업자로의 변화할 근거를 확보할 수 있었다.

수출하지 않는 업체 수출하지 않는 업체(non-exporter)는 엄밀히 말하면 수출업자는 아니지만 미국의 560만 개 기업 중 수출업자는 약 20만 개로, 약 5%밖에 안 되므로 수출하지 않는 업체의 개념을 이해해두는 것이 좋다. 이 유형의 기업은 국제무역에 관심이 없으며 여러 이유로 수출에 대해 익숙하지 않거나 전혀 경험이 없다. 이런 기업은 실용성을 이유로 수출하지 않는 경우가 많다. 현지 로펌이나 휴양 시설과 같이 해외 시장의 이동이 어려운 상품을 만들거나 서비스를 제공하는 기업은 보통 국내 시장에 집중하려고 한다. 하지만 수출하지 않는 업체 중 그렇지 않은 기업도 존재한다. 이들은 해외에서도 사용되는 제품을 생산하지만 그냥 관심이 없거나 수출하기에 부족한 자원, 해외 진출 도전에 불안감을 품는 것 같은 이유로 수출을 배제한다.

수출의 장점

기업이 어떠한 형태로든 해외 진출을 결정하는 것은 기업의 성장에 아주 중요한 단계이다. 잘 수행하기만 한다면 큰 성공이 뒤따르기 때문이다. 하지만 실패 시 그만큼 큰 문제가 발생할 수 있다는 위험이 있다. 따라서 경영자는 최고의 기회를 제공하지만 최소한의 위험을 부담할 수 있는 선택지를 고르기 위해 노력한다. 기존 연구에서는 라이선싱, 합작투자, 제휴, FDI 등 기업이 선택할 수 있는 수출의 형태를 설명했다. 그리고 기업의 최적화된 해외 시장 진입 방식에 독점적, 지리적, 내부화 우위가 미치는 영향에 대해서도 설명했다. 이 책에서는 기존 연구에서 설명한 것에 수출의 의사결정을 접목하여 설명하고자 한다.

기업의 독점적 우위, 시장의 위치와 관련된 지리적 우위, 거래를 통제할 수 있는 내부화 우위는 기업이 해외 시장에 진입할 때 형태를 결정한다.

독점적 우위 12장에서 경영자가 자사의 경쟁적 이점을 형성하고자 할 때 해외 진출의 여부, 혹은 그 방법에 영향을 미치는 기업의 역량을 개발하기 위해 자원과 능력을 동원한다고 설명했다. 예를 들면 스핀센트는 원심분리기를 디자인하고 제조하며 관련 서비스를 제공하는 핵심적 역량을 가진다는 독점적 우위(ownership advantage)를 활용했다. 독점적 기술과 전문지식을 가진 스핀센트의 이러한 독점적 우위는 수출 의사결정에 큰 영향을 줄 수밖에 없다. 따라서 스핀센트는 이러한 지적 재산을 보호하기 위해 믿을 수 있는 유통업체를 찾아야만 했다. 실제로 독점적 우위가 적거나 쉽게 따라 만들 수 있는 상품을 생산하는 기업은 해외 기업과 경쟁하기 힘들 것이라고 예상하고 수출을 포기하는 경우가 많다.

자원이 부족하거나 위험을 기피하는 기업은 대부분 해외 시장 진입 방식으로 수출을 선택한다.

지리적 우위 어떤 해외 시장에 기회가 풍부하고 부담할 위험이 적다면 그 시장에서 기업은 자사에 유리한 수출 형태를 선택할 수 있다. 소비자가 많고 안정적인 시장이라면 잠재적 고객도 많을 가능성이 높다. 따라서 수출업자는 캐나다, 일본, 독일처럼 안정적인 시장을 가진 국가를 선호한다. 하지만 경험 있는 무역업자는 중국, 인도, 인도네시아, 말레이시아와 같은 높은 잠재력을 가진 신흥경제국으로 점점 눈을 돌리고 있다. 신흥경제국 진출은 큰 위험을 부담해야 하지만 그들이 가진 잠재력은 강력한 동기가 될 수 있다. 다시 스핀센트를 예시로 들어보자. 그들은 빠르게 산업화가 진행되는 아시아 시장의 커지는 수요와 친기업 정책이 형성되는 모습을 보고 아시아 시장이 지리적 우위(location advantage)가 있는 시장이라고 판단했다.

내부화 우위 많은 기업은 완벽한 시장의 장점을 무시하고 불완전한 시장에서 사업을 이어나가고 있다. 시장의 불완전성은 거래 비효율성, 비일관적 규제로 인한 불확실성, 불공정한 경쟁, 불완전한 정보로 야기된다. 기업은 이러한 불완전한 시장에 대응하기 위해 대체로 거래를 내부화하기 시작한다. 다시 말해 기업은 불완전한 시장에서 낯선 외부 기업과 거래하기보다 조직 내부에서 거래하기를 선택할 수 있다. 거래를 내부화한다면 불완전성으로 발생하는 위험을 줄이고 오히려 그 격차를 이용할 수도 있다. 예를 들면 내부화는 지적 재산권을 잘 지키지 못하는 외부 기업에게 라이선싱하는 것보다 기업의 핵심 역량을 효과적으로 보호할 수 있다.

스핀센트는 직접 수출보다 독점적인 원심분리기 기술을 아시아의 제조업체에게 맡기는 라이선싱을 선택했을 수도 있다. 이 선택이 단기적으로 더 저렴했을 수도 있지만 기술 사용을 허가받은 비양심적 기업이 경쟁자가 되는 것을 의도치 않게 도와주면서 장기적으로 더 큰 비용으로 돌아왔을 수도 있다. 아시아 시장에서 흔하게 볼 수 있는, 법보다 단체가 정하는 규칙이 우선되는 환경에서는 지적 재산권이 잘 보호되지 못한다고 3장에서 강조했다. 이런 종류의 불완전성 때문에 기업은 수출을 보완하는 방법으로 내부화를 선택하여 핵심 역량을 지키고자 한다.

수출업자의 특징

정부는 기업이 국제무역을 원하기 때문에 이를 돕기 위해 성공적인 수출업자의 특징을 파악하기 시작했다. 정부가 수출 지원 정책을 발전시키기 위해서는 성공에 핵심적인 요인을 특정해야 한다. 성공적인 수출업자의 특징은 특별하지 않은 점도 있고 아주 특별한 점도 있다. 성공적인 수출업자는 국내 시장에서 성공적으로 자리를 잡았고, 통찰력을 가진 비즈니스 계획과 그 효율성을 증명하는 실적, 차별적인 상품을 가지는데, 이것이 그렇게 특별하다고 볼 수는 없다. 정말 특별한 특징은 이들이 한동안 결과가 없을 수 있다는 것을 알고도 시간, 사람, 자본 같은 자원을 투자하면서 조심스럽게 위험을 감수하여 결국 돌아올 성과를 기다린다는 것이다. 이런 특징을 염두에 두고 성공적인 수출의 원인과 요인을 분석해보면 기업의 규모가 수출의 성공에 큰 비중을 차지한다는 것을 알 수 있다.[8]

대기업과 소규모 기업의 무역 활동에는 흥미로운 관계가 있다는 것을 알 수 있다. 삼성, 보잉, 아우디(Audi), 폭스콘(Foxconn)과 같은 대규모 다국적 기업은 대규모 수출업자이기도 하다. 이들의 독점적, 지리적, 내부화 우위는 시장의 판별, 핵심 역량의 활용, 위험 관리에 유리하다. 대부분의 사람들이 수출에 따른 문제 때문에 대기업만 수출하는 것이 좋다고 생각한다. 이런 생각도 전혀 틀린 것은 아니다. 현재 세계적인 대기업은 전 세계 수출의 큰 비중을 차지하고 있다. 미국의 경우 상위 500개의 기업이 전체 수출액의 약 60%를 가져가고, 상위 250개로 가면 절반 이상을 차지하며, 상위 100개의 기업으로 좁혀도 3분의 1에 살짝 못 미치는 비중을 가지고, 상위 20개 기업은 전체 수

개념 체크

다양한 문화적, 정치적, 법률적, 경제적 환경이 부르는 복잡성은 외국인 비용을 발생시킨다. 외국인 비용은 다국적 기업이 현지 시장 환경에 대한 정보가 부족하여 발생하는 추가 비용을 말한다. 이론적으로 외국인 비용은 기업이 국제경영 활동을 하기에 너무 높은 비용을 지불하게 한다. 그래서 기업은 자사의 우위를 활용할 수 있는 최적의 진입 방식을 선택하여 외국인 비용을 상쇄한다.

출의 5분의 1을 맡는다.[9]

그럼에도 많은 사람은 500명 미만의 직원을 고용하는 **중소기업**(small and medium-sized enterprise, SME)에게도 잠재적인 수출 가능성이 있다고 생각한다. 미국에서는 중소기업이 전체 수출입업자 중 97%를 차지하고 총국제 거래액의 3분의 1을 차지하고 있으며, 2015년에 수출하지 않았던 기업 중 9만 1,860개가 2016년에 수출을 선택하기도 했다.[10] 중소기업이 수출을 선택하는 트렌드는 전 세계적으로 찾아볼 수 있는데, 이미 전 세계 수출입업자의 3분의 2가 20명 미만의 직원을 고용한다고 보고되었다. 예를 들면 중국 기업 중 99%는 3,800만 개의 중소기업이고 전체 수출액의 60% 이상을 벌어들인다.[11] 따라서 세계적으로 가장 거대한 수출업자는 대기업이지만 많은 중소기업도 활발히 수출하고 있으며 이들은 더 확장하기를 원한다.

영향은 주지만 결정적 요인은 아니다 기업의 규모는 수출의 여부를 설명하는 데 도움을 주지만 결정적 요인은 아니다. 스핀센트와 같은 전형적인 중소기업도 자원을 끌어 모으고 도움을 찾고 나서야 수출을 시작했다. 기업의 규모는 스핀센트가 수출을 결정하게 된 이유는 아니었다. 기존 연구에서도 일관적으로 기업 규모보다 기업의 역량, 경쟁력 있는 가격 책정, 생산 효율성, 경영진의 리더십, 효과적인 마케팅 등의 특성이 기업의 수출 활동에 큰 영향을 미친다고 말한다.

스웨덴의 경우 생산효율성이 높은 기업은 해외 시장 진출을 목표로 삼았고, 그렇지 않은 기업은 국내에 남는 것이 확인되었으며, 시장 생산 효율성이 기업의 수출 여부에 가장 큰 영향을 미치는 것으로 나타났다. 중국에서는 수출 결정에 기업의 규모보다 인건비, R&D, 국유화 여부가 더 큰 영향을 미쳤다.[12] 마찬가지로 대만에서 높은 성과를 보이는 기업은 기업의 규모와 상관없이 낮은 성과를 보이는 기업보다 수출을 선택할 가능성이 더 높았다. 캐나다도 비슷한 양상을 보였는데, 기업 규모보다 해당 기업의 역량이 수출 성향, 진출한 국가의 수, 수출 집약도(수출 매출/총매출)를 더 잘 설명했다. 동아프리카의 경우 근로자 생산성, 산업화, 해외직접투자, 환율이 기업의 수출 성과에 큰 영향을 주고 있었다.[13] 마지막으로 수출이 성장과 이윤을 부를 것이라고 생각하는 최고경영진의 기대가 영국 기업의 수출 여부를 가장 잘 설명했다.[14]

기업의 특징은 수출 활동에 영향을 미친다. 기업의 규모도 중요하지만 경영진의 각오, 생산성, 혁신의 정도, 비용 구조가 더 중요한 경우가 많다.

요약하자면 기업의 규모는 기업이 보유한 자원의 양과 회복탄력성을 설명하는데, 이는 수출을 시작하거나 확대하려는 기업의 성향에 영향을 미친다. 하지만 대게 다른 요소가 기업의 규모보다 더 중요하거나 같은 만큼의 영향을 준다. 예를 들어 커피앤드모어(Coffee & More)라는 텍사스에서 프리미엄 커피와 관련 상품을 판매하는 작은 기업은 성장의 수단으로 수출을 선택했다. 커피앤드모어의 CEO는 주변에서 수출 활동이 스스로 목을 조르는 행위라고 했으며 자신들도 그렇게 큰 믿음을 가진 것은 아니었다고 말했다. 그러나 미국 밖 잠재적 고객이 다수 존재하기 때문에 성공할 가능성이 높다고 봤다. 각오를 다지고 인내심을 가진 결과 결국 결실을 맺을 수 있었고, 국제무역은 커피앤드모어의 핵심 전략이 되었다.[15]

수출: 동기와 방법

14–2 수출의 다양한 동기와 방법을 이해한다.

기업이 수출을 선택하는 이유는 업계가 꾸준한 관심을 가지는 연구 주제이다. 기존 연구는 외부 환경(소비자 동향, 시장 규모, 국가 간 거리, 지리적 연결, 정부 규제)과 내부 동기(자원, 능력, 역량, 위험을 지고자 하는 정도, 지적 재산, 규모, 전략적 전망)가 가지는 영향력을 분석했다. 연구, 자본 집약적인 특성이 강한 제약, 산업용 기계장치, 자동차 제조업에 종사하는 기업은 높은 R&D 비용을 상쇄하기 위해 수출을 선택한다. 반면에 의류, 식품 등의 소비재처럼 자본 집약도가 낮은 상품을 취급하는 기업은 세계적인 수요를 맞추거나 본사의 강력한 브랜드 인지도를 활용하기 위해 수출을 선택한다. 광고 대행사, 변호사, 컨설턴트와 같은 '비가시적 서비스'를 제공하는 기업은 고객의 국제적 요구사항에 따라 수출하지 않으면 경쟁사에게 고객을 빼앗길 위험이 있으므로 이를 방지하기 위해 수출을 시작한다. 산업의 종류와 위험을 부담할 수 있는 정도 또한 수출 의사결정에 영향을 미친다. 상대적으로 규모가 작은 기업은 국내 동산업의 선두자를 피하기 위해 수출을 결정할 수 있고, 일부 기업은 위험의 정도를 계산하여 해외에 직접투자를 하기보다 수출을 선택할 수 있다.

기존 연구는 다양한 수출 시나리오에서 수많은 동기를 찾아냈다. 이 동기는 세 가지 범주로 나눌 수 있는데, 기업은 기본적으로 수익성, 생산성, 다각화를 중심으로 수출을 결정한다고 볼 수 있다.

수출은 다음과 같은 면에서 기업에게 도움이 된다.

- 수익성 향상
- 생산성 증진
- 리스크 분산

수익성

수출을 한다면 이윤을 증대할 수 있는 기회가 늘어난다. 예를 들어 치과 장비 제조업체인 아셉티코(Aseptico)는 40여 년 전 무역 박람회에서 국제적 유통업체와 만났고, 현재는 125개국을 상대로 상품을 수출하고 있다. 아셉티코의 국제영업부장은 미국도 좋지만 세계 시장에 자사의 수익을 높일 잠재력이 있다고 생각했다고 말했다. 또한 아셉티코의 국제사업개발부 부장은 수출하지 않는 것은 책상에 올려진 돈을 놓치고 가는 것이며, 판매 잠재력을 최대로 이끌어내지 못하는 것이라고 말했다.[16]

대체로 상품은 국내보다 해외에서 더 비싸게 가격이 책정된다. 해외 시장에서는 딱히 경쟁력 있는 대체재가 없거나, 두 국가의 제품수명주기 단계가 달라서 가격에 차이를 보일 수 있다. 기업은 산업이 성숙기에 접어들어 경쟁자와 가격 경쟁을 해야 하는 국내보다 성장기에 있는 해외 국가에서 더 비싼 가격을 받고 상품을 판매할 수 있다. 또한 기업은 수출을 통해 사업 영역을 확장할 수도 있다. 사업의 영역 확장은 미국과 같은 거대 시장에 있는 기업에게는 큰 상관이 없을 수도 있지만 스위스나 한국처럼 작은 시장을 가진 나라의 기업에게는 기업의 존망이 걸린 문제일 수 있다.

생산성

수출은 노동력과 자본 같은 한정적인 자원을 효율적으로 사용할 수 있는 선택지를 제공함으로써 기업의 생산성을 향상한다. 생산성은 규모의 경제와 밀접한 관계가 있다. 규모의 경제는 특정 상품을 더 많이 생산하여 더 많은 양의 상품 사이에 비용을 분산함으로써 생산성이 향상되고 비용이 절감되는 것을 말한다. 수출을 하면 다양한 종류의 혁신이 일어나기 때문에 생산성이 올라갈 수 있다. 예를 들어 미국 국제무역위원회(U.S. International Trade Commission)는 국제무역을 경험하며 기른 능력을 갖춘 수출업자가 수출하지 않는 기업보다 좋은 성과를 올리는 데 도움을 준다고 보고했다. 수출업자는 수출하지 않는 기업에 비해 2배 이상의 총수익을 올리고 있었고, 노동 생산성을 대략적으로 보여주는 직원 1인당 수익도 70% 이상 높은 수치를 보였다.[17]

기존 연구는 수출과 혁신에는 서로를 긍정적인 방향으로 이끌어주는 '역동적인 선순환'이 존재한다고 밝혔다.[18] 수출업자는 해외 시장에서 종종 국내 시장에는 없던 새로운 아이디어와 관행을 목격

개념 체크

국제무역의 효율성이 증가함에 따라 수출입에 대한 매력도 증가하고 있다. 7장과 8장에서는 국경 간 자원 이동의 장벽이 낮아진 것과 무역을 지원하는 서비스가 개발되면서 기업에게 수출입이 점점 더 실용적인 선택지가 되고 있다는 것에 주목했다. 마찬가지로 9~11장에서는 전반적인 국제경영과 특히 수출입을 지원하는 금융 시장의 점진적 통합에 대해 자세하게 설명했다.

하곤 한다. 이에 대한 궁금증과 다양한 아이디어는 학습으로 이어지는데, 경영자는 학습을 통해 프로세스 효율과 품질을 개선할 수 있다. 새로운 학습은 결과적으로 생산성을 증진하여 더 많은 수출 선택지를 열어준다. 미시시피의 저가형 주택 제조업체인 돔스인터내셔널(Domes International)은 국제적인 확장을 결심하면서 인도에 진출했다. 인도 시장에서의 경험 덕에 비즈니스 관행을 혁신적으로 개선하여 경쟁력을 강화할 수 있었다. 돔스인터내셔널의 CEO는 인도에서 얻은 경험으로 자사가 더 유연하고 혁신적으로 발전된 회사가 될 수 있었다고 단언했다. 돔스인터내셔널은 고객이 더 저렴한 상품을 원했기 때문에 연구를 통해 더 나은 단열 방법을 고안해냈고, 고객이 원하는 상품을 개발할 수 있었다. 또한 새로 개발한 단열 방법을 통해 주력 상품을 개선하고 더 다양한 종류의 상품을 제공할 수 있게 되었다. 돔스인터내셔널의 CEO는 인도에서 얻은 경험 덕분에 새로운 상황에서 듣고, 적응하고, 최적의 해결법을 찾는 데 자신감을 가질 수 있었다고 말하며 인도에서 얻은 경험의 중요성에 대해 설명했다.[19]

다각화

수출은 기업의 활동을 다각화하여 경제의 순환과 파괴적 혁신에 더 수월하게 적응할 수 있게 돕는다. 수출은 성장률과 이익에 미치는 긍정적 효과에 더불어 추가적으로 긍정적인 파급 효과를 가진다. 미국 중소기업청(U.S. Small Business Administration)의 국제무역사무국은 수출하는 기업의 회복력이 더 크며 사업을 이어나갈 가능성이 더 높다고 밝혔다.[20] 미국의 수출업자는 수출하지 않는 업체에 비해 매출 성장률이 높고 더 많은 일자리를 창출하며 높은 수준의 임금을 지급하는 것 외에도 폐업까지 갈 확률도 더 적다고 알려졌다. 수출업자는 해외 시장에서 고객에게 서비스를 제공함으로써 국내 시장에서의 구매자 손실에 따른 타격을 완화하는 동시에 공급업자와의 협상력을 보호할 수 있다. 시장마다 성장률이 다르기 때문에 수출업자는 한 나라에서 매출이 부진해도 매출이 좋은 다른 나라에서 그 손실을 상쇄할 수도 있다. 예를 들어 스핀센트는 빠르게 성장하는 아시아 시장에 수출하여 성장이 부진한 미국 경제에 의존하는 것을 줄이는 데 성공했다.

선진국은 서양에서 동양으로 경제적 우위가 이동하는 것을 위협 요인으로 여긴다. 하지만 이를 빠르게 성장하고 번영하는 신흥경제국을 상대로 하는 수출을 통해 기업 활동을 다각화할 수 있는 기회로 볼 수도 있다. 신흥경제국은 산업 성장과 인프라 구축에 대한 욕망이 있기 때문에 이를 충족하고자 선진국 기업으로부터 도구와 기술을 수입한다.[21] 실제로 지난 10년간 선진국의 수입보다 신흥경제국의 수입이 2배 정도 빠르게 증가했다.[22] 미국을 예로 들면 1990년에는 수출의 30% 정도가 신흥경제국을 상대로 진행되었지만, 2019년에는 60% 이상으로 그 수치가 증가했다. 이런 트렌드는 아시아-태평양 시장이 전 세계 GDP의 50%를 상회하고, 세계의 소비 중 40%를 이끌어나간다는 전망과 함께 가속될 것이다.[23]

수출: 시작과 확장

14-3 수출의 시작과 확장의 과정을 이해한다.

계획적이고 단계적인 점진적 국제화와 즉각적으로 수출하는 본 글로벌의 두 가지 관점으로 수출을 해석한다.

기존의 연구자는 기업이 어떻게, 언제, 왜 수출을 시작하고 발전해나가는지에 대해 연구했다. 이들은 경영적 태도, 제품의 기능, 조직적 자원, 기업 전략, 경쟁 환경, 시장 동향, 기술적 기반, 공공 정책 등 폭넓은 주제를 다루었다. 이 연구의 결과에 대해서는 대부분 의견이 일치하기도 하지만 그렇지 않은 경우도 많다. 실제로 1991년까지 거슬러 올라가보면 기업이 수출을 시작하거나 발전시키는 동기에 관해 700개 이상의 요인이 있다는 것이 연구를 통해 확인되었다.[24] 하지만 현재 수출의 시작 및 개발의 동기로 거론되는 두 가지 관점은 **점진적 국제화**(incremental internationalization)와 본 글로벌이다.

점진적 국제화

1970년대에 시작된 이 관점은 기업이 수출을 시작하고 발전시키는 원인은 기본적으로 물리적 거리, 문화적 특성, 시장 환경이라고 주장한다.[25] 특히 기업은 수출할 때 지리적·심리적으로 가까운 국가부터 단계적으로 수출을 시작하는 과정을 따른다. 기업은 가까운 국가부터 물리적으로 멀고 환경적으로 덜 유사한 나라까지 체계적으로 확장해나간다. 예를 들어 미국의 기업은 먼저 캐나다와 멕시코로 수출을 시작하여 성공적인 성과를 거둔다면 다음은 유럽연합으로, 나아가 전 세계로 진출할 것이다. 마찬가지로 스위스의 수출업자는 유럽에 먼저 수출을 시작하고 미국, 아시아, 아프리카 순으로 진출할 가능성이 높다.

경험의 확장 처음 수출을 경험하는 기업은 지리적, 문화적, 언어적, 정치적, 법적으로 유사한 국가의 고객과 거래하기 더 쉽고 위험하지 않다고 생각한다. 실제로 독일과 오스트리아, 캐나다와 미국처럼 동일하거나 유사한 언어를 사용하고 역사적 배경을 공유하며 유사한 정치적 원칙을 지지하는 태생적 무역 상대국과 거래하게 되면 높은 진입 장벽과 운영적 문제를 줄일 수 있다.[26] 무역 데이터를 보면 지리적인 영향의 존재를 확인할 수 있는데, 만약 두 나라가 공통적인 언어를 공유한다면 42%, 유럽연합 같은 무역 블록에 속한다면 47%, 공통 통화를 사용한다면 114%, 같은 식민지 역사를 가진다면 188% 더 많이 무역을 진행한다고 나타났다.[27]

점진적 국제화에서 말하는 경험의 영향력은 간단하다. 기업이 유사한 환경의 국가와 성공적으로 무역을 마친다면 경영자는 자신감을 얻고 기업의 자원, 능력, 역량이 발전하여 경영자가 인지한 시장에 대해 불확실성을 줄이고 다양한 시장에서 수출을 할 수 있다. 실제로 기업의 국가별 수출 확대 경로는 경영자가 유사성이 적은 국가에 수출해보면서 자신감을 길러 점점 더 공통점이 적거나 지리적으로 더 먼 국가에 수출할 수 있는 학습 과정을 따른다. 요약하자면 기업이 수출을 할수록 경영자는 문제는 줄어들고 기회는 늘어난다고 생각하게 된다. 우주, 국방, 정보 관련 소프트웨어를 개발하는 펜실베이니아의 애널리티칼그래픽스(Analytical Graphics)를 예로 들 수 있다. 이들은 1990년대 후반에 유럽에 존재하는 기회를 포착하고 수출을 시작했다. 계속해서 성공적인 성과를 거둔 경영진은 일본과 한국의 수출 기회를 목표로 삼을 수 있었다. 아시아의 비즈니스 문화까지 경험해본 애널리티칼그래픽스는 싱가포르에 아시아 지역 매출을 관리하는 영업장까지 만들게 되었다.[28]

점차적으로 덜 유사한 시장에서 성공하는 경험은 경영진이 국제적 시장 영역을 확장하게 하는 계기가 된다.

자주 사용되는 방법 경영진이 경험적 학습을 하여 점점 유사성이 없는 국가로 수출을 확대하는 것은 가장 흔한 수출 확장 시나리오이다. 예를 들어 미국의 중소기업은 일반적으로 캐나다와 멕시코로 먼저 수출한 다음 유럽으로 진출하고, 최종적으로 남아메리카, 오세아니아, 아시아, 아프리카, 중동의 국가들까지 진출한다.[29] 반대로 베트남, 태국, 말레이시아의 중소기업은 동남아시아의 국가들에 먼저 수출을 하고, 다음으로 동아시아로 진출한 후 수출 경험에서 배운 것을 바탕으로 비즈니스 관행을 개선하여 미국, 유럽, 중동, 아프리카까지 목표하게 된다.

본 글로벌 현상

국제기업가정신 문헌에 따르면 일부 기업은 인스턴트 국제 기업(instant international), 초소형 국제 기업(micronational), 국제 신생 벤처 기업(international new venture)이라고도 불리는 본 글로벌로 수출을 시작하게 된다. 본 글로벌 기업은 체계적이고 점진적으로 덜 유사한 국가에 수출하는 단계적 과정을 거치기보다 창업과 동시에 혹은 직후에 국제 시장으로 진출한다. 본 글로벌 기업은 국내 시장을 그저 세계의 시장 중 하나로 인식하고 처음부터 어디에 있든, 누구에게나 수출하고자 한다.[30]

본 글로벌 기업은 경영진의 국제적 지향성과 발전하는 기술적 선택지 덕분에 빠르게 국제무역을 시작할 수 있다.

크거나 작거나, 신흥국이거나 선진국이거나 전 세계 시장에서 본 글로벌 기업을 찾아볼 수 있다. 그들의 공통점은 경영진의 국제 시장에 집중하고자 하는 모습이다. 마우스, 키보드, 스피커와 같은 컴퓨터 주변 기기를 제조하는 스위스의 로지텍(Logitech)은 미국 유학 중이던 한 스위스인과 이탈리아인이 만나 설립했다. 로지텍은 창업 직후 전 세계에 수출을 시작했다.[31] 비슷한 사례가 많은 것을 보아 본 글로벌 기업을 창업한 사람들은 보통 해외에서 거주하거나 유학을 하여 국제적인 활동을 지향한다는 것을 알 수 있다. 또한 국제적 틈새시장을 발견한 경험이 많은 경영자가 고용주를 떠나 본 글로벌 기업을 창업하는 모습도 종종 볼 수 있다.[32] 예를 들어 줌비디오커뮤니케이션(Zoom Video Communication)은 클라우드 컴퓨팅 기술을 이용한 원격 회의 서비스를 제공하는 기업이다. 이 기업은 화상 회의의 얼리어댑터인 시스코시스템스(Cisco Systems)의 수석 엔지니어가 국제적 확장 기회를 찾아낸 후 시작되었다. 줌비디오커뮤니케이션의 창업자는 시스코시스템스를 떠나 스타트업을 창업했고, 몇 달 만에 전 세계적으로 100만 명 이상의 사용자를 확보했다.[33]

디지털화가 수출의 동기가 되다 본 글로벌 현상은 전문적인 상품의 수요 증가와 확대되는 무역 자유화가 일으킨 시장의 세계화를 대체적으로 따라가는 경향이 있다. 결정적으로 시대가 변하면서 통신 기술과 물류 기술의 디지털화는 개인이 더 쉽게 기회를 잡을 수 있도록 하여 기존 수출의 판도를 뒤바꾸는 계기가 되었다. 디지털 프로세스와 플랫폼은 국제 간 상호작용과 거래 비용을 절감하여 국제 비즈니스 경제성의 근본을 흔들어놓았다. 국제적 규모의 사용자 커뮤니티와 시장의 등장은 본 글로벌 기업이 고객에게 효과적으로 접근할 수 있는 수단이 되었다. 따라서 상황의 변화가 받쳐주자 본 글로벌의 경영자는 빠르게 국제화를 진행할 수 있었다. 국가 간 연결의 확대와 기술의 발전은 세계 고객에게 효과적으로 혁신적인 상품을 전달해주어 본 글로벌 경영자의 비전을 펼칠 수 있게 한다.

환경과 노동 법규를 준수하여 생산된 의류, 악세서리, 가정용품을 판매하는 뉴욕의 온라인 소매상인 제이디(Zady)를 예로 들어보자. 창업 직후부터 제이디는 캐나다, 프랑스, 일본, 영국에서 웹사이트 트래픽이 증가하는 것을 확인했다. 이후 제이디는 피트니보우스(Pitney Bowes)의 국제 전자상거래 부문의 자회사인 보더프리(Borderfree)에게 웹사이트의 현지화, 다중 통화 가격 책정, 결제 처리, 부정 감사, 통관, 국제 물류 등 자사의 국제적 쇼핑 부문을 맡겼다. 그리고 제이디의 제품은 곧 보더프리가 관리하는 웹사이트를 통해 74개의 통화를 사용하는 지역과 220개국의 쇼핑객에게 판매되었다.[34]

개념 체크

새롭고 기발한 기준의 등장은 국제 경영의 구조와 다이내믹스의 변화에 큰 영향을 받았다. 떠오르는 신흥경제국, 디지털 세계화와 같은 다양한 트렌드는 전통적인 이론에 도전한다. 결과적으로 연구자는 점진적 세계화와 본 글로벌 현상과 같은 트렌드를 연구하여 변화의 방향과 모멘텀을 알아내고자 한다.

이와 유사하게 1990년에 창업된 미국의 중소기업인 에버텍컴퓨터(Evertek Computer)도 빠르게 수출을 시작하여 지금은 100개 이상의 국가에 고객을 가지고 있다. 에버텍컴퓨터는 세계 여러 지역의 금전적으로 풍족하지 못한 고객은 가장 좋고 비싼 최신 기술이 적용된 상품을 필요로 하지 않으므로 재활용된 컴퓨터와 그 부품을 판매하고 있다. 에버텍컴퓨터의 해외 영업 관리자는 회사의 비즈니스 모델이 저렴한 제품을 원하는 자사의 고객과 중고 컴퓨터 부속품을 판매하고자 하는 사람들의 욕구를 연결해준다고 말했다.[35] 에버텍컴퓨터의 비즈니스 모델은 얼핏 보면 성공적인 수출을 위한 아이디어가 아닌 것처럼 보인다. 또한 에버텍컴퓨터는 유리한 수출 활동을 위해 필요한 독점적 우위조차 가지고 있지 않다. 하지만 최고경영진의 국제 시장 지향성은 강력한 동기가 되는 본 글로벌 기업의 핵심적인 면모 중 하나이다. 에버텍컴퓨터 영업 부문의 책임자는 세계에 대한 궁금증을 항상 가졌고 다른 문화에 대해 배우는 것을 즐기며 자신과 다른 배경을 가진 사람들을 존중한다고 말했다. 또한 그는 자사가 번창하는 이유는 세계가 작아지고 있어서 국제 거래가 점점 용이해지고 이에 드는 비용이 줄어들고 있기 때문이라면서 본 글로벌다운 설명을 했다.[36] 이런 책임자의 국제경영에 대한 열정은 어디든 수출할 수 있다는 가치를 중요시하는 에버텍컴퓨터의 비전을 보여준다.[37]

시간과 장소의 영향력

점진적 국제화와 본 글로벌 모두 기업이 수출을 시작하고 확장하는 모든 이유를 정확하게 설명하기에는 부족하다. 그래도 수출을 진행하는 과정의 일부 요소를 설명할 수는 있다. 예를 들어 미국의 기업은 전 세계 233개의 국가와 지역에 수출하고 있다.[38] 이 중 많은 무역로는 캐나다와 미국같이 오랫동안 지속된 무역관계이다. 하지만 일부는 비교적 미국과 키르기스스탄같이 새로 만들어진 무역로이다. 이런 수출 환경의 규모와 범위는 기업이 더 많은 시장에 진출하기 위해 자원, 능력, 역량을 키워나가는 점진적 세계화 관점과 거리가 먼 시장에 더 쉽고 빠르게 진출할 수 있다는 본 글로벌 관점을 뒷받침한다.

현재 트렌드에서는 점진적 세계화와 본 글로벌 관점의 관계가 긴밀해지고 있다.

점점 점진적 세계화와 본 글로벌 관점의 관계가 긴밀해지고 있다. 과거에는 기업이 세계로 진출할 경우 일처리가 느린 무역 관계자가 조절하는 분위기 속에서 수많은 규제와 관행으로 난무한 각 시장을 각개로 상대해야 했다. 따라서 점진적으로 시장을 확장해나가는 방법이 그나마 가능성이 있었고, 조금 과장하자면 유일한 실용성 있는 선택지였다.[39] 현재에 와서는 알리바바(Alibaba)나 아마존(Amazon) 같은 전자상거래 도구와 플랫폼이 효과적으로 스타트업과 전 세계의 공급업자 및 소비자를 연결해주며 전 세계의 시장에 접근할 수 있게 해준다. 이 장을 마무리하며 소개할 사례는 바로 전자상거래의 최고 강자인 아마존이 인도 기업의 수출에 미친 영향이다.

현재 세계적으로 35억 이상의 사람이 소셜 미디어를 사용하고 있고 약 10억 명 정도는 범국가적 전자상거래에 참여한다.[40] 디지털 시스템의 발전으로 국가 간 상호 연결이 확대되면서 전 세계의 소비자를 포용하려는 현명한 비즈니스 모델을 가진 기업이 본 글로벌을 선택할 수 있게 되었다. 또한 점진적 세계화를 선택하려는 기업에게도 인터넷의 발전은 유사성이 떨어지는 시장을 분석하고 접근할 수 있게 하는 효과적인 수단이 되었다. 따라서 기업이 점점 유사성이 떨어지는 시장으로 확장하는 것은 점진적 세계화를 뒷받침하고, 시장의 확장이 가속화되는 과정은 본 글로벌 관점에 힘을 실어준다.

세렌디피티가 주는 뜻밖의 기회

수출업자는 종종 선도적인 의사결정을 하곤 한다. 하지만 가끔은 우연히 찾아온 운 좋은 발견인 세렌디피티가 수출 활동을 촉발하기도 한다.

많은 사람이 수출의 시작과 확장을 선도적인 경영진이 의도적으로 계획하고 실행했다고 생각한다. 하지만 의도치 않게 수출업자가 된 기업도 존재한다. 이들은 우연히 수출을 시작하여 의도하지는 않

출처: Adriano Castelli/Shutterstock

▲ 구매자와 판매자는 특정 산업에 종사하는 기업이 최신 상품을 전시하고 시연하는 무역 박람회에 모인다. 이곳에서 일어나는 간단한 대화와 접촉이 뜻밖의 우연을 만들어내고는 한다.

았지만 성공적인 국제무역 성과를 이루었다. 모든 기업이 의도적으로 수출을 시작하지는 않으며, 우연한 사건을 계기로 수출을 시작하는 기업도 존재한다. 우연한 수출업자가 되는 가장 흔한 계기는 갑자기 도착한 해외 바이어의 주문일 것이다. 또 다른 경우로는 새로 고용한 직원에게 해외 시장과 연결점이 있을 수 있다. 또는 산업 콘퍼런스에서 이루어진 해외 고객과의 연결, 소셜 미디어의 인플루언서가 의도치 않게 만들어낸 자사의 인지도, 수출의 잠재력을 깨닫게 해주는 해외 출장 등이 있다. 물론 성공적인 수출을 위해서는 노력과 재능도 필요하지만 이것만 있어서는 안 되는 경우가 있다. 때로는 **세렌디피티**(serendipity), 즉 우연히 찾아온 운 좋은 발견이 주는 뜻밖의 기회가 성공적인 수출에 중요한 역할을 한다.[41]

대표적인 예시로 에드워드 커틀러(Edward Cutler)의 사례를 들 수 있다. 에드워드 커틀러는 대량 생산된 치약이 잘 안 맞는 사람들을 위한 독특한 치약을 제조하는 펜실베이니아 기업 스퀴글(Squigle)의 창업자이다. 커틀러는 창업하자마자 미국 시장을 집중적으로 공략했다. 인터넷에서 입소문을 탄 스퀴글은 곧 캐나다, 프랑스, 튀르키예 등지에서 구매 문의를 받았다. 구내염을 앓고 있던 영국의 한 고객은 스퀴글의 제품을 너무 사용하고 싶은 나머지 직접 영국으로 수입하기 시작했다. 이 사건은 커틀러에게 낮은 위험과 비용으로 수출을 진행할 수 있는 좋은 기회였다. 커틀러는 다음과 같이 말했다. "우리는 대기업처럼 해외 시장으로 더 확장할 것이다. 전 세계의 인구의 대부분은 미국 밖에 살고 있으니까 말이다."[42]

비슷한 예로 벨러스(Vellus)라는 오하이오에서 시작한 고급 애완용품을 제조하는 업체가 있다. 대만의 한 사업가가 벨러스의 애완용 샴푸를 사용해보고 대만에서 팔기 위해 2만 5,000달러 어치의 상품을 구입한 사건이 계기가 되어 벨러스의 수출 활동이 시작되었다. 곧 전 세계의 애완견 대회에서 벨러스 상품에 대한 소문이 퍼져 나갔다. 벨러스의 CEO는 애완견 대회에서 본사의 상품에 대해 듣고 위원회에게 자사에 연락하는 방법을 알아낸 고객에게서 구매 문의가 빗발쳤다고 말했다.[43] 벨러스는 세렌디피티에 의해 시작되었지만 기업 역량이 받쳐주어 곧 30개 이상의 국가에 수출하는 기업으로 거듭났다.

수출 방식

수출은 단순히 만들고, 팔고, 운송하기만 하면 되는 것처럼 보인다. 실제로 많은 거래가 이렇게 이루어지기도 하지만 이렇게 단순하게 진행되지 않는 경우도 많다. 일반적으로 수출의 난이도는 기업이 해외 고객과 접하는 방법을 결정한다. 다음에서 몇 가지 수출 방법을 살펴볼 것이다.

직접 수출은 수출업자 외 해외의 대리점, 유통업체, 소매상의 도움이 필요하다.

직접 수출 직접 수출 방법에서는 기업이 상품을 최종소비자에게 직접 판매한다. 하지만 보통은 유통업자, 해외 소매상, 판매 대리점과 같은 중개자에게 상품을 판매하고, 이들이 다시 현지의 최종 소비자에게 판매하는 방식을 취한다. **직접 수출**(direct exporting)은 어느 방식이든지 수출 과정을 기업이 직접 관리해야 한다. 수출 과정은 상품을 만들고, 운송하고, 대금을 받고, 상품의 마케팅하는 것까지 포함한다. 따라서 직접 수출을 시작하고 유지하려면 경영진의 각오와 기업의 자원 투자가 필수적이다.

간접 수출 일부 기업은 본사가 잘 할 수 있는 부분만 처리하고 나머지는 아웃소싱하는 것을 선택한다. 기업이 간접 수출을 할 때는 상품만 만들고 유통업체, 중개업체, 수출 관리업체를 따로 고용하여 수출을 전담하게 한다. 엄밀히 말하면 간접 수출은 기업이 국내에 있는 독립적인 중개업체에게 상품을 판매하고, 그 중개업체는 해외의 중개업체에게 수출하고, 해외의 중개업체가 최종소비자에게 판매하는 과정을 거친다. 이 과정이야 말로 수출하려는 기업은 가장 잘할 수 있는 제조만 하고, 중개업체에게 마케팅, 매매 조건 설정, 포장, 유통, 대금 수납을 맡기는 **간접 수출**(indirect exporting)이라고 할 수 있다.

간접 수출은 국내 시장의 중개업체에게 상품을 판매하고 중개업체가 해외의 최종소비자에게 다시 판매하는 방식이다.

간접 수출은 운영이 편리하기 때문에 비교적 부담이 덜하다. 스퀴글의 CEO는 대량의 치약을 한꺼번에 유통업체와 거래하면 본사는 라벨만 붙이고 나머지는 유통업체에 맡기면 되므로 편리하다고 말했다.[44] 하지만 모든 일을 도맡아 모든 이익을 챙길 수 있는 직접 수출과 달리 간접 수출은 중개업체를 통해야 하기 때문에 수익이 줄어들 수밖에 없다. 거기에 간접 수출은 최종소비자와 관계를 맺을 수 없기 때문에 더 큰 기회와 선택지로 발전할 수 있는 고객과의 직접적 경험이라는 전략적 이점을 포기해야 한다.

소매업도 세계화 시대에 맞춰 변화하면서 중소기업에게 특히 수출은 더 실용적인 선택지가 되었다. 월마트(Walmart), 까르푸(Carrefour), 아마존, 아홀드(Ahold) 같은 국제적 소매업체는 상품이 수출업자에서 소비자로 이동하게 도와준다. 예를 들어 베트남의 헤드셋 제조업체는 월마트인터내셔널에게 상품을 넘기고, 월마트인터내셔널은 자사의 수없이 많은 매장에서 헤드셋을 판매한다. 마찬가지로 수만 개의 중국 기업은 아마존과 알리바바가 만든 플랫폼 덕분에 직접 해외 시장에 접근하는 수고를 덜고 있다.

서비스 기업은 자사의 서비스를 간접적으로 수출하는 경우가 많다. 사전적으로 본다면 간접 서비스 수출은 수출하지 않는 기업이 자사의 상품을 수출하는 다른 기업에게 서비스를 제공할 때 발생한다. 일례로 스웨덴의 회계법인이 수출 활동을 하는 스웨덴 기업의 회계 장부를 관리해주는 것은 간접 서비스 수출이라고 할 수 있다. 그래서 간접 서비스 수출은 주로 회계, 광고 대행, 컨설팅, 법적 분야 같은 전문적인 비즈니스 서비스에서 많이 찾아볼 수 있다. 이 외에 간접 서비스 수출을 찾아보자면 영화나 TV 프로그램 제작사에게 영상, 음향 효과를 제공하여 만들어진 결과물이 해외에서 상영되는 것이나 자산 관리 서비스를 통해 외국인 투자자에게 주식을 파는 헤지 펀드가 있다.

상품을 수출하는 국내 중개업체의 주문을 받는 수동적인 방법 한 기업이 다른 기업에게 상품을 판매하고, 그 상품을 구매한 기업은 상품을 자사 상품의 부품으로 사용하고 최종 결과물을 국제 시장에 수출하는 방법이다. 다시 말하면 구매자 알파는 공급자 오메가에게 연락하여 특정 부품을 주문하고, 오메가의 부품으로 자사의 상품을 만들어 국제 시장에 수출한다. 공급자 오메가의 입장에서는 알파의 주문이 국내 매출과 다를 것이 없다. 그리고 공급자 오메가는 자사의 상품이 수출되었는지 신경 쓰지 않거나 모르고 있는 경우가 많다.

어떤 방식을 언제 선택할 것인가

여러 요인이 중소기업의 수출 방식을 결정하는 데 영향을 주는데, 대표적으로 독점적, 지리적, 내부화 우위의 조합이 있다.

모든 조건이 동일하다면 수출 접근 방식 중 하나가 특별히 더 낫다고 할 수는 없다. 대체로 기업의 독점적, 지리적, 내부화 우위를 고려하여 최적의 접근 방식을 결정한다. 예를 들어 독점적 우위의 보호는 수출 활동에 직접적인 영향을 미친다. 스핀센트는 자사의 독점적 우위를 유지하는 최고의 방법으로 직접 수출 방식을 선택했다. 이처럼 최고경영진의 경험과 기업의 자원 및 역량도 수출 방식을 선택하는 데 영향을 준다. 정규 수출업자는 직접 수출을 선택할 확률이 높고, 비정규 수출업자는 더 쉽고 간접적인 선택을 할 확률이 높다.

수출 접근 방식은 상호 배타적이지 않다. 기업은 다른 시장에서 각기 다른 상품을 수출하고자 다양한 수출 방식을 사용하곤 한다. 캐나다의 기업이 캐나다와 비슷한 특성을 가진 미국과 영국 시장에서는 직접 수출을 하고, 시장 특성에 차이가 있는 아시아나 아프리카에서는 간접 수출을 선택할 수도 있다. 예를 들면 1990년대 후반부터 수출을 시작한 애널리티칼그래픽스는 13개 국가에서 다양한 수출 방식을 사용하여 거래한다. 애널리티칼그래픽스는 캐나다와 영국에서는 직접 수출을, 일본, 한국, 인도, 러시아, 브라질에서는 대리점을 통한 간접 수출 방식을 채택하고 있다.[45]

개념 체크

인터넷은 정치적 변화에 영향을 주며 외환 시장 운영에 도움을 주고 입지의 경제에 변화를 주어 기업이 가치사슬을 설정하는 데 영향을 미친다. 또한 인터넷은 접근하기 힘든 시장의 문을 열어주고 색다른 전략의 기반이 되며 수출입의 새로운 수단이 되어 전에 없던 수출 및 수입 활동 방식을 만들어낸다.

기술의 발전은 기업의 수출 접근 방식 선택에 영향을 미친다. 예를 들어 인터넷이 발달하면서 직접 수출 방식은 보다 더 효율적이고 효과적이게 되었다. 인터넷은 정규 수출업자, 특히 본 글로벌 기업에게 적은 비용으로 즉각적으로 여러 시장에 접근할 수 있는 수단을 마련해주었다. 이에 더해 전자상거래가 발달하면서 규모에 상관없이 기업에게 자본과 기반 시설의 한계를 넘어설 수 있게 해주었다. 일부 수출업자는 엑스트라넷을 사용하여 전 세계의 바이어와 소통한다. 또한 일부는 직접 수출을 하기 위해 온라인 쇼핑몰을 개설하기도 한다. 세계적으로 가장 큰 온라인 B2B(기업 간 거래) 시장인 알리바바의 전자상거래 서비스는 마법과도 같은 기술력으로 중소기업이 고객과 소통할 수 있게 한다.

마지막으로 기업의 규모는 영향력이 크지는 않지만 수출 방식에 영향을 미치기는 한다. 일반적으로 대형 다국적 기업은 해외 사업부를 통해 직접 수출하는 반면, 중소기업은 직접 수출과 간접 수출 중 선택해야 한다. 심지어 대형 다국적 기업의 경우 수출의 40%가 이미 서로 관계자인 자회사 간 거래 같은 이해관계자 간 무역이었다고 보고되었다. 반면에 중소기업의 수출 중 약 절반은 수출업자가 생산한 상품을 수출하는 직접 수출이고, 나머지는 기업이 생산한 상품이 도매업체 같은 기업에 공급된 후 수출되는 간접 수출이었다.[46]

수입: 원칙과 관행

14-4 수입의 원칙과 관행을 설명한다.

수입과 수출은 국제무역의 토대를 이룬다.

수입은 수출과 함께 국제무역의 토대를 이룬다. 수출은 앞서 설명했듯이 타국에 판매 목적으로 상품을 이동시키는 행위이다. 반대로 **수입**(importing)은 수입업자인 국가 X의 구매자가 수출업자인 국가 Y의 판매자에게 상품이나 서비스를 구입하는 행위이다. 사실상 수출을 반대로 하면 수입이 된다. 상품 수입은 예시로 간단하게 설명할 수 있다. 서울에서 만든 삼성의 스마트폰이 담긴 화물이 몬트리올에 있는 구매자에게 이동하는 것은 캐나다가 수입을 했고, 한국이 수출을 했다고 할 수 있다. 참고로 수출(export)와 수입(import)이라는 용어에서 공통적으로 보이는 'port'는 과거에 상품이

전자 폐기물의 수출: 해결책이 될 수 있을까?

POINT

그렇다. 수출은 어디서든 항상 윈윈(win-win) 시나리오이다. 기업이 무역을 할수록 더 많은 기회를 창출하고 생산성을 향상하며 수익성을 증대하고 활동을 다각화할 수 있다. 마찬가지로 국가도 수출을 통해 일자리를 창출하고 혁신을 앞당기며 생활 수준을 개선할 수 있다. 더 넓게 본다면 수출은 국가 간 외교관계를 개선해주고 국제 정세를 안정시켜준다.

수출에는 이런 장점이 있지만, 일부 사람들은 수출에 유해 폐기물인 오래된 기술장비의 거래 같은 어두운 측면도 존재한다고 주장한다. 컴퓨터, 모니터, 전자기기, 게임기, 하드 드라이브, 텔레비전, 스마트폰 및 이런 전자기기로 구성된 전자 폐기물은 정보화 시대가 발전할수록 늘어나기만 한다. 그리고 세계적으로 수억 톤 분량의 전자 부품을 폐기하고, 이는 또 수백만 톤의 전자 폐기물이 된다.[47] 이 중 일부는 발생국이 재활용을 하지만 대부분은 아시아와 아프리카의 개발도상국으로 수출되어 창고와 쓰레기장에 쌓여간다. 더 새롭고, 고성능에, 멋지고 반짝거리는 기기가 신규 출시되어 이전 기기를 밀어내고 결국 자신들도 밀려나게 되는 끝없는 행렬 때문에, 다음 10년 동안 전자 폐기물은 500% 가까이 증가하게 될 것이다.[48]

전자 폐기물은 어디로 가는가 대량으로 발생하는 전자 폐기물을 어디에 보관할지가 문제로 남는다. 대부분의 국가는 국내 매립지에 폐기하는 행위를 금지한다. 이런 규제는 해당 국가에서 전자 폐기물을 처리할 때 드는 비용이 급증할 수 있음을 의미한다. 하지만 폐기물 처리업체에게 넘겨진 전자 폐기물은 결국 아시아나 아프리카로 넘어가서 재활용, 재사용, 폐기된다.[49] 이 지역에서 폐기 비용이 낮은 이유는 노동력이 풍부하고 환경 규제가 다르며 폐기할 공간이 확장되고 있기 때문이다. 그리고 해당 국가에서는 지속적으로 반대 의견이 나오지 않기 때문에 폐기물 처리 비용이 적고 일자리를 찾는 진취적인 사람들의 존재는 지역 사회의 반대 의견을 약화한다.

모두에게 돌아가는 이익 폐기물을 수출하면 점점 심각해지는 전자 폐기물 문제를 효과적으로 해결할 수 있다. 재활용한다면 자원의 낭비를 줄일 수 있고, 환경을 보호할 수 있다. 개발도상국에서는 컴퓨터, 모니터, 회로기판, 게임기, 스캐너, 프린터, 라우터, 휴대전화, 랜카드 등의 전자기기를 재활용하는 기업이 생겨나고 있다. 이런 사업은 일자리를 구하기도 어렵고 고용이 지속되기는 더 어려운 나라에서 사람들에게 좋은 기회를 마련해준다.

상황이 좋지 않은 많은 지역은 자신들의 우월한 입지의 경제를 이용하여 일자리, 수입, 번영의 계기로 삼는다. 예를 들어 전자 폐

COUNTERPOINT

아니다. 일단 재사용, 감축, 리퍼비시, 재활용이 유익한 행위임은 인정한다. 그리고 전자기기로 포화된 세상에서 전자 쓰레기를 수출하면 생산적으로 재활용할 수 있고 지역 발전에 기여할 수 있다는 점에도 동의한다. 그럼에도 전자 폐기물의 수출이 무조건 옳은 일은 아니라고 주장한다. 전자 폐기물 수출은 여유가 없는 사람들을 무자비하게 착취하고 이윤을 위해 느슨한 규제를 이용하며 몸, 마음과 영혼을 망가트린다.

바젤행동네크워트(Basel Action Network)의 책임자는 다음과 같이 말했다. "우리만의 작고 더러운 비밀은 전자 폐기물을 재활용업체에 가져가면 쓰레기통에 버리는 대신 폐기물의 80% 정도는 빠르게 중국, 나이지리아, 인도, 베트남, 파키스탄 같은 나라로 가는 화물선에 실려 도착해서는 아주 더러운 일이 일어나게 된다는 것이다."[57] RSR의 총책임자는 "우리는 유해물질을 처리할 능력이 부족한 이웃에게 이를 보내고 있는데, 이 행위가 합법적이니까 문제가 없다면서 아무도 신경 쓰지 않으려 고개를 돌린다"고 덧붙였다.[58] 유해 폐기물을 계속 수출한다면 그것을 받는 개발도상국의 목숨까지 위협할 수 있는 관행을 지지하는 것밖에 안 된다. 앞으로 수출은 증가할 것이며 전자기기가 생산되었을 때부터 계획적으로 수명을 정해놓는 기업의 행위로 끊임없이 나올 신제품의 물결에는 항상 한 발 늦을 것이다.

마녀의 혼합물 개발도상국에는 유해물질의 위험 요소로부터 사람들을 보호할 수 있는 규제나 폐기 시설이 부족하다. 현지 기업은 미국과 EU였으면 법에 걸렸을 만한 임시방편적 방법을 사용하여 유독한 마녀의 혼합물에 작업자들이 노출되게 놔둔다. 예를 들어 일부 전자 폐기물에는 금과 은 같은 귀금속이 소량 들어 있다. 이를 추출하기 위해 예산이 부족한 재활용업체는 느슨한 규제 속에서 아주 위험한 야외 소각 방식을 사용한다. 육안으로는 잘 보이지도 않는 소량의 은을 위해 납, 바륨, 내화제, 카드뮴, 산, 플라스틱, 염소와 브롬 화합물 등 수천 개의 유독 화학물질을 공기 중으로 방출시키는 것이다. 또한 회로기판은 산성물질로 처리된 후 소각되는데, 이때 나오는 인간에게 치명적인 연기에 공기가 오염되며 작업자와 주변 시민은 여기에 노출될 수밖에 없다.[59] 거기에 고철상들이 전자 폐기물을 긁어가면 나머지 쓰레기는 지역의 매립장으로 가게 되는데, 거기에 남아 있는 산성용액은 지하수로 스며들게 되고, 뿜어져 나오는 유독 가스는 바람을 타고 공기를 오염시키며 무자비하게 환경을 파괴한다.

기물 무역의 중심지인 중국의 구이유에는 수만 명을 고용하는 수천 개의 작은 기업이 몰려 있다. 과거에는 자급자족하던 농부와 어부가 이제는 매일 수십 대의 트럭에서 쏟아지는 전자 폐기물을 처리한다.[50] 멕시코에도 끊임없이 몰려오는 전자 폐기물로 가득 찬 대형 트럭이 미국 국경을 넘기만을 기다리는 장소가 몇 군데 존재한다. 위험하고 더러운 재활용 작업이지만 아쿠물라도레스 데 할리스코(Acumuladores de Jalisco) 공장 근처에 사는 주민들은 이곳에서 일자리를 찾는다. 그 근처에 재활용 작업 외에 일자리가 그렇게 많은 것 아니기 때문이다.[51]

전자 폐기물의 수출은 개발도상국의 사업가에게는 폐기물에서 나오는 희귀 자원을 회수, 재활용, 리퍼비시, 재사용하면서 가치를 창출할 수 있으므로 큰 기회가 될 수 있다. 스마트폰의 무게 중 약 20%가 가치 있는 원자재 중 하나인 구리이다. 인도 재활용 센터의 주인인 아툴 마헤슈와르(Atul Maheshwar)는 미국이 계속 구리를 보내니까 자신이 돈을 벌 수 있다고 말하기도 했다.[52] 실제로 전자 폐기물에 담긴 원자재의 가치는 135개국의 국내총생산보다 큰, 약 610억 달러로 추정된다.[53]

이에 더해 전자 폐기물이 가난한 지역에 수출되면 오히려 지역 주민의 생활 수준을 높이는 효과가 있기도 하다. 피닉스(Phoenix)의 재활용업체인 스크랩컴퓨터스(Scrap Computers)는 중고 전자 제품은 모든 면에서 재활용할 수 있다고 주장했다. 중고 텔레비전은 말레이시아에서 어항으로 재사용되고, 오래된 모니터는 반도체가 부족한 지역에 판매할 수 있기 때문이다. 어떤 이는 중고 컴퓨터를 거리에 내놓으면 누군가 부품을 가져가는 세상에서 개발도상국의 전자 폐기물 매립지는 존재할 수 없다고 주장했다.[54] BMP리사이클링(BMP Recycling)의 책임자도 자사는 쓰레기를 수출하는 것이 아니라 수입국이 원하는 상품을 수출하는 것이라며 비슷한 주장을 펼쳤다.[55]

비인간적인 친절 믿기 힘들겠지만 톡시스링크델리(Toxics-Link Delhi)의 마두미타 두타(Madhumita Dutta)는 환경 훼손은 재활용 시설의 끔찍한 작업 환경에 비하면 아무것도 아니라고 설명했다. 컴퓨터 분해부터 구리를 추출하기 위해 회로기판의 부품을 빼서 산성용액으로 세척하는 일까지 전부 보호 장비 없이 맨 얼굴, 맨손으로 진행되며, 심지어 안전 규칙을 따르는 작업장은 거의 없다는 것이다. 여기에 환경 지속가능성은 말할 것도 없고 노동자와 사회는 전부 고통받고 있다. 교육, 발전, 시민 사회를 돕는 대신에 필요 없는 전자 부품을 보내는 행위에서 자선적인 면모는 찾아볼 수 없다. 비도덕적 기업이 높은 재활용 비용을 피할 목적으로 쓸모없는 전자기기를 기증한다고 하는 것은 비난받아 마땅하다. 한 비평가는 이를 '디지털 격차 위에 다리를 놓는 것'이라고 자주 정당화하는데, 이는 그 다리가 유독물질의 파이프라인으로 사용된다는 사실을 숨기고 외면하려는 핑계로 사용된다고 비판했다.[60]

기관의 차이 소비자와 기업은 자신들의 삶과 수익성을 위해 사용하는 유해물질에 대한 책임을 져야 한다. 전자 폐기물 재활용을 위한 친환경 캠페인을 후원하면서 환경적 책임을 지는 방향을 선택한 기업도 물론 있다.[61] 하지만 이런 기업은 많지 않아 친환경 전환으로의 진전이 더디다. 지금도 전 세계의 전자 폐기물 중 20%만 인증된 재활용업체로 보내지며, 나머지 80%의 행방은 거의 알려지지 않았다.[62] 환경 운동가들은 국경을 넘나드는 상품을 감시, 통제, 인증하기 위해 더 엄격한 통제를 해야 한다고 주장한다. 하지만 언제나 충분한 검토가 이루어지지 않은 해결책은 새로운 문제를 발생시킬 수 있다. 예를 들어 미국 대다수의 주에서는 기업이 전자장비를 재활용하도록 하여 책임을 지게 하고 있다. 물론 이 정책으로 인해 개발도상국으로 수출되는 전자 폐기물은 많이 줄었지만, 기존 폐기물 중 가치 있는 것들만 줄어들고 나머지는 그대로 수출되고 있다. 기업은 도시 광산 활동(urban mining)을 하며 가치 있는 금, 은, 팔

출처: zlikovec/Shutterstock

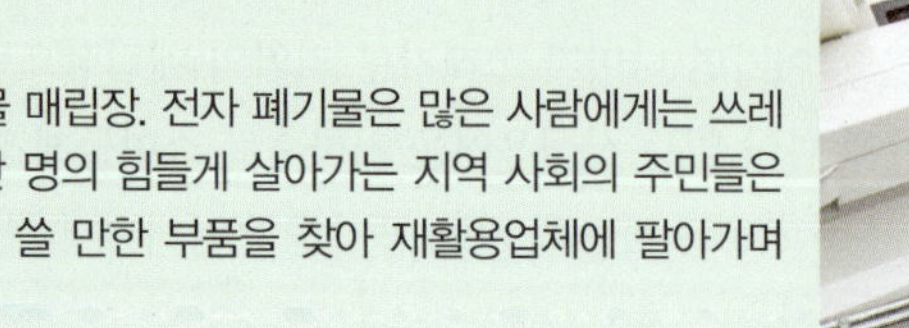
▶ 전자 폐기물 매립장. 전자 폐기물은 많은 사람에게는 쓰레기이지만, 수만 명의 힘들게 살아가는 지역 사회의 주민들은 이 매립지에서 쓸 만한 부품을 찾아 재활용업체에 팔아가며 살아간다.

출처: n86/ZUMA Press/Newscom

◀ 나이지리아의 라고스 지역 근처의 쓰레기장. 이곳의 사람들은 절박함에 이끌려 유독가스의 위험을 무릅쓰고 가치 있는 물건을 찾는다.

도덕적인 선택 다국적 기업은 유해물질을 수출하면서 사회적 책임을 다할 수도 있다. 다국적 기업 중 특히 삼성, 델(Dell), 미쓰비시(Mitsubishi)는 자사 상품에 대한 책임이 갈수록 커지고 있다. 다양한 이니셔티브를 통해 제조업체, 소매업체, 폐기물 회수업체, 재활용업체, 비정부 기구, 정부 기관이 서로 협력할 계기를 얻는다. 미국의 전자 폐기물 재활용의 선두자인 ERI는 매년 10억 파운드가 넘는 전자기기를 재활용한다. 또한 ERI는 46개국에서 100개 이상의 검증되고 인증받은 시설을 운영하는 국제적 네트워크를 가지고 있다. 인스티튜트오브리사이클링인더스트리(Institute of Recycling Industries), 리사이클링리더십카운슬(Recycling Leadership Council), 3R이니셔티브(3R Initiative)와 같은 연합 조직체도 수십억 파운드에 달하는 폐기물을 재활용했다.[56] 다른 곳에서도 규제를 만들어 친환경으로 빠르게 전환하고 있다.

완벽한 해결책 물론 환경을 신경 쓰지 않는 소비자와 기업은 계속해서 쓸모없고 독성이 강한 전자 폐기물을 전 세계에 버릴 것이다. 그리고 이 폐기물은 매립지뿐만 아니라 지역의 물과 공기도 오염시킨다. 그럼에도 전자 폐기물 수출은 소비자, 지역 사회, 기업, 국가에게 최선의 선택지이다. 전자 폐기물 수출의 낙관론자들은 수출을 통해 폐기물이 리퍼비시, 재사용, 재활용되면서 자원 낭비를 줄이고 지속 가능한 미래에 도움을 주기 때문에 순환 경제에 이바지한다고 주장한다. 결국 따지고 보면 전자 폐기물 수출은 해결하기 힘든 문제에 최적의 해결책이 된다. 미국 환경보호청은 전자 폐기물을 처리하는 방법이 부적절하게 보일 수 있다고 인정하지만 폐기물 수출의 중단은 비현실적이라고 주장했다. 전자 폐기물 수출은 상대적으로 부유한 국가에게 해결이 불가능한 문제를 처리해주고, 덜 부유한 국가에게도 기회를 제공해주기 때문이다. 전자 폐기물은 디지털화 시대를 살아가는 대가라고 생각해야 한다.

라듐만 골라간 다음 나머지 그나마 있던 가치조차 사라진 최악의 쓰레기를 폐기물로 생계를 유지하는 절박한 사람들이 있는 곳으로 보낸다.[63]

누구 책임인가 많은 사람은 UN의 유해 폐기물의 발생, 관리, 이동, 처리를 규제하는 협약인 유해 폐기물의 국가 간 이동 및 그 처리의 통제에 관한 바젤협약(Basel Convention)을 더 강하게 시행하기를 원한다. 이 협약은 국제적으로 회수, 재활용, 재사용, 처리 등 어느 목적이든 관계없이 유해 폐기물의 수출을 전면 금지하는 적극적인 조치를 옹호한다.[64] 2020년 기준으로 187개의 국가와 유럽연합이 이 협약에 가입했고, 미국도 1990년에 이 협약에 서명했지만 아직 비준하지 않아 법적 구속을 받지 않는다. 이렇게 인간성을 보호하기 위한 운동은 느리지만 계속되고 있다. 하지만 아직도 세계 곳곳의 사람들은 디스토피아적 운명을 위해 유토피아적 이상을 희생하고 있다.

항구(seaport)를 통해서 움직였다는 점에서 유래되었다.

당연히 국가별로 주요 수입품의 품목에는 차이가 있다. 예를 들어 미국의 상위 3개 수입 품목은 컴퓨터를 포함한 기계장치, 전기기기, 탈 것이다. 브라질의 경우 석유를 포함한 광물성 연료, 전기기기, 컴퓨터를 포함한 기계장치이다. 대만의 3대 수입 품목은 석유를 포함한 광물성 연료, 쇠/강철, 유기화학물질이다. 전 세계의 3대 수입 품목을 보면 원유, 직접회로와 극소형 조립회로, 자동차이다.[65]

서비스는 '비가시적' 특성이 있기 때문에 서비스 수입은 형태가 다양하다. 독일 은행이 스위스의 고객에게 서비스를 제공하는 행위도 스위스의 수입 행위로 볼 수 있다. 비슷한 예로 런던의 로이즈(Lloyd's)가 사우디아라비아의 고객을 위해 보험증권 문서를 작성해준다면 사우디아라비아의 무역관리는 이를 수입 활동으로 기록해야 한다. 또한 서비스 수입은 정의하기 애매하다는 특성이 있다. 예를 들어 프랑스 기업인 아레바(Areva)가 폴란드에 원자력 장비를 설치한 일의 결과물은 가시적이고 유형인 원자력 시설이지만 폴란드의 서비스 수입이라고 말할 수 있다. 서비스 수입을 구별하는 방법은 소유로 귀결되지 않거나, 국가의 비거주자가 거주자에게 제공하는 모든 거래를 서비스 수입의 기준이라고 생각하면 된다.[66]

수입업자의 특징

소유권으로 귀결되지 않거나 국가의 비거주자가 거주자에게 제공하는 모든 거래를 서비스 수입이라고 생각하면 된다.

광범위하게 진행된 기존 연구 덕분에 수출업자의 특징은 많이 밝혀졌다. 그러나 국가 차원에서 수출은 장려하면서도 수입은 막으려고 하기 때문에 수입업자는 관심을 덜 받았다. 앞에서 무역수지란 한 국가의 수출과 수입으로 발생한 가치의 차이를 말한다고 설명했었다. 더 자세히 설명하면 한 국가의 수입이 수출을 능가할 때는 무역 적자가 발생한다. 만성 무역 적자는 국가의 고용률, 경제 성장률, 경제 안정성에 부정적인 영향을 준다. 그렇기 때문에 국가의 정부는 무역 적자의 위협에 예민해질 수밖에 없고, 기업이 수출 활동을 연구하고 지원하기를 장려한다.

하지만 수출업자의 특징은 대체로 수입업자의 특징과 겹치는 경우가 많다. 왜냐하면 수입업자는 수출도 같이할 확률이 높고, 실제로 둘 다 실행하는 기업이 전 세계 수출입의 큰 부분을 담당하기 때문이다. 실제로 미국의 경우에는 28만 7,314개의 수출업자와 21만 1,335개의 수입업자 중 8만 5,324개의 기업이 수출과 수입 경험 모두를 가지고 있었다.[67] 따라서 수출업자와 같이 수입업자도 자사의 독점적, 지리적, 내부화 우위를 고려하여 국제적 활동을 결정한다. 또한 수입업자도 점진적이거나 본 글로벌 업체로 나눌 수 있다. 마지막으로 수출업자와 똑같이 기업의 규모, 효율성, 혁신, 경영진의 각오가 수입업자의 무역 활동에 영향을 준다.

역사적으로 수입업자는 상대적으로 적은 수의 개발도상국과 비교적 적은 종류의 상품을 거래했다.[68] 대부분의 수입 활동은 기회주의적인 모습을 보이거나 사우디아라비아의 저렴한 석유를 독일에 비싸게 파는 것과 같은 시세 차익 기회에 집중되었다. 필리핀, 페루, 나이지리아, 인도네시아같이 빠르게 성장하는 국가는 이런 수입업자와의 관계를 조정하거나 강화하고 있다. 신흥경제국의 상품과 서비스는 대부분 다른 시장보다 가격과 기능적 측면에서 우월한 경우가 많은데, 이는 신흥경제국도 이제 선진국의 전유물이었던 고품질 상품을 제공할 능력을 갖추었기 때문이다. 과거에 노키아(Nokia)와 에릭슨(Ericsson) 같은 유럽 제조업체가 세계 스마트폰 산업을 장악했던 때도 있었다. 이제는 한국의 삼성과 중국의 화웨이(Huawei)나 샤오미(Xiaomi)가 스마트폰 산업을 지배한다. 또한 독일과 일본의 기업은 현재 인도의 다국적 기업인 인포시스(Infosys)와 카그니전트(Cognizant)에게 비즈니스 프로세스 서비스를 배우고 있다. 세계화는 더 많은 국가를 가로지르는 연결고리를 구축하여 차별성을 가진 공급사슬의 손을 들어주며, 이런 광대한 공급사슬은 수출 및 수입의 규모와 범위의 경제가 더 효과적인 역할을 하게 한다.

수입: 동기와 방법

14–5 수입의 다양한 동기와 방법을 이해한다.

다양한 요인이 수입을 시작하거나 유지하려는 기업의 의사결정에 영향을 준다. 기존 연구는 고품질 제품, 가격 탄력성, 안정적인 물류 시스템, 현지 시장의 불완전성이 수입 결정에 영향을 주는 주요 요인이라고 강조했다. 이러한 요인은 다 함께, 혹은 개별적으로 수입업자에게 영향을 주어 해외 시장에서 저렴하지만 고품질의 상품이나, 국내에서 구할 수 없는 상품을 찾게 한다. 여기서 왜 시장마다 상품에 차이가 존재하는지 의문이 들 수 있다. 하지만 이런 차이가 없다면 수입과 수출은 존재의 이유를 잃는다. 6장과 12장에서 이 문제에 대해 자세하게 설명했었다. 그리고 이 장의 주제를 설명하기 위해 다음과 같은 조건으로 수입의 주요 동기를 설명할 수 있다.

수입의 동기에는 여러 가지가 있다.
- 분업
- 글로벌 경쟁
- 지리적 한계
- 다각화
- 최고경영진의 관점

수입의 동기

분업 경영자는 보통 상품의 생산 과정이 서로 분리되어 있지만 상호의존적이도록 단계를 나누어 설계한다. 그리고 12장에서 설명한 가치사슬 구조처럼 각 단계에서 해당 작업만 하도록 직원을 배치한다. 이렇게 기업은 생산량과 상품당 고정비의 역관계인 규모의 경제와 국가마다 임금 수준, 원자재 가격 등의 차이를 이용하는 경제지리적 우위를 확보할 수 있도록 각 단계별로 분업을 하게 조직을 설계한다. 그 덕에 이루어낸 효율성으로 비용을 절감할 수 있고, 이를 통해 기업은 국내외 소비자에게 더 높은 품질과 더 저렴한 가격의 상품을 제공할 수 있다. 당연히 이때 해외 소비자와 행한 거래는 수입이다. 예를 들어 나이키(Nike)는 몇몇 아시아 국가의 공장에서 신발을 납품받는데, 납품업체는 산업의 특정 환경적 조건 덕분에 고품질의 신발을 저렴하게 생산할 수 있다. 나이키는 자국에서 신발을 제조해서는 도저히 합리적인 가격을 책정하면서 수익성을 잡을 수 없다고 본다. 따라서 신발을 아시아의 공장에서 수출하고 다른 시장에 수입하게 하면서 수익을 올린다.

분업은 생산성 향상에 아주 효과적인 수단이다. 분업은 중소기업과 대기업의 수입 잠재력에도 긍정적 영향을 미친다.

투입의 최적화 기업은 비용 절감을 위해 해외 공급업자를 찾아 물건을 수입하고자 한다. 통신, 공업용 기계, 비즈니스 서비스처럼 비용 압박이 강한 산업에서는 비용을 줄이는 것이 항상 중요하다. 그래서 자동차 제조업체 같은 기업은 전 세계 곳곳에서 만들어진 부품을 수입하여 한 제조 시설로 집중시킨다. 금융 서비스 업계도 마찬가지로 일상적으로 해외에 위치한 백오피스 부서나 고객 콜센터에 의존한다. 자동차 제조나 전화를 받는 일까지 기업은 어떻게든 투입되는 비용을 줄이려고 노력한다.

지리적 한계 WTO에 따르면 수입을 통해 얻을 수 있는 가장 큰 이득은 국내에서 접할 수 있는 상품이나 서비스의 종류를 늘려준다는 것이다. 수입 활동은 기존에는 상품을 구할 수 없어서 제공하지 못하거나 다른 것으로 대체해야 했던 국내 시장의 상품 다양성을 넓혀준다. 캐나다는 바나나를 재배하기 적합한 기후가 아니므로 열대 기후 지역에서 바나나를 수입하지 않으면 캐나다 국민은 바나나를 접하기 힘든 것처럼 지리적 기후의 차이가 무역 흐름에 주는 영향을 생각하면 이해가 수월할 것이다.

다각화 수입업자도 수출업자와 마찬가지로 위험을 분산할 수 있는 선택지를 넓히기 위해 국제 시장을 개척한다. 기업이 수입하면 저렴한 가격의 고품질 상품을 얻을 수 있기 때문에 현지 공급업체에 휘둘리지 않고 경기 순환에도 대비할 수 있다. 예를 들어 자동차 제조업자는 한국의 철강업체 외에 중국, 유럽, 인도에서도 철강을 구하는 방식으로 구입처를 다각화한다. 대체 공급업체를 두면 기존 업체의 공급 부족이나 철강업체의 일방적인 가격 인상에 대처할 수 있다. 이런 면모에서 다각화 활동은 수입에 도움을 준다.

수입업자의 유형

수입업자는 크게 세 가지 유형으로 나눌 수 있다.
- 최적화 중시
- 기회주의자
- 차익 거래자

수입업자는 의류나 식품 같은 대중적인 수요가 있는 시장부터 의료기기나 법률 서비스처럼 수요가 그다지 많지 않은 시장까지 광범위한 상품과 서비스를 취급한다. 수입업자는 상품과 시장에 상관없이 크게 세 가지 유형으로 나눌 수 있다.

최적화 중시 최적화 중시(optimizer) 유형의 수입업자는 자사의 공급사슬에 들어가는 상품의 가격과 품질을 최적화하기 위해 해외 공급업자를 찾는다. 기본적으로 기업은 상품 생산에 들어가는 요소를 최적화하기 위해 전 세계를 탐색하고, 이를 전 세계에 있는 공장으로 보낸다. 이 공장에서 기업이 해외에서 찾은 최적화된 부품으로 완성품을 만들어 전 세계 국가에 수입품으로 판매한다. 예를 들어 피아트크라이슬러(Fiat Chrysler)는 세르비아 공장에서 중국의 자동차 부품을 공급받아 세계의 국가들이 수입하는 피아트 500L를 생산한다. 당연히 이런 국가 간 상품의 이동은 수입이기도 하지만 수출이라고 할 수도 있다.

기회주의자 기회주의자(opportunism) 유형의 수입업자는 해외에서 수입하여 국내 고객에게 팔아 마진을 남길 수 있는 상품을 찾는다. 이들은 국내 시장에서 고객이 더 높은 품질과 저렴한 가격 중 어느 것을 더 선호하는지 판단하는 등의 실질적인 불완전성과 해외 제품이 국내 대체품보다 우수하다는 생각을 가지는 인지적 불완전성을 파악한다. 그런 다음 이 기회를 이용하여 해외에서 상품을 찾고 국내 시장으로 운송하고 유통하여 수익을 올린다. 이들에게 무엇을 수입하는지는 중요하지 않다. 이들의 주된 목표는 수입 활동으로 국내 시장의 불완전성을 채워 이윤을 얻는 것이기 때문이다.

차익 거래는 서로 다른 시장에서 한 상품에 차이가 생겨서 그 시장에서 사고 다른 시장에서 파는 것을 의미한다.

차익 거래자 일물일가의 법칙에 따르면 한 시장에서 거래되는 상품의 가격은 화폐의 차이, 운송비, 무역 규제를 제외하면 다른 시장에서도 같아야 한다.[69] 하지만 실제로는 정부 규제, 무역 거래의 비효율성, 정치적 리스크 등으로 생기는 시장의 불완전성 때문에 시장마다 상품의 가격이 달라진다. 시장의 불완전성 때문에 시장마다 상품 공급에 격차가 생기는데, 이 격차가 차익 거래(arbitrageur)의 토대가 된다.

차익 거래는 한 국가의 기업이 국내에서 구할 수 없는 상품을 해외에서 찾아 수입하여 국내에 판매하는 행위이다. 예를 들면 과거에 소비자 사이에서 아이폰 열풍이 불었는데, 그때 최신 기종의 아이폰은 처음 몇 주 동안 미국에서만 구입할 수 있었기 때문에 이 일시적인 시장 격차를 이용하는 사업가들이 있었다. 이런 외국 상품에 대한 수요는 매력적인 기회이다. 중국의 사업가들은 로스앤젤레스, 시카고, 뉴욕의 주민을 고용하여 최신 기종의 아이폰을 구매하게 한 뒤 청두 또는 상하이로 급송하게 하고 중국 시장에서 2~3배 정도의 차익을 챙겼다.[70] 결국 애플(Apple)이 최신 기종의 아이폰을 중국의 소매업체와 인증받은 대리점에서 직접 판매하기 시작하면서 차익 거래의 기회는 사라졌고 수입 활동도 같이 사라졌다.

수출과 수입: 문제점과 함정

14-6 국제무역상의 문제와 함정을 설명한다.

수출과 수입 활동이 매출 성장, 리스크 분산, 전략적 포지셔닝 등 온갖 혜택을 준다는 것에는 의심의 여지가 없다. 일부 기업은 이런 혜택을 위해 생각을 확장하고 용감하게 국제무역으로 뛰어든다. 하지만 일부는 국제무역에서 발생하는 문제와 함정이라는 거대한 벽을 느끼고 수출과 수입을 포기한다. 이는 수출과 수입을 방해하는 장애물의 종류와 특징, 미치는 영향을 전체적으로 고려한 결과일 수 있다. 실제로 과거 기업의 실적과 설문 조사, 끔찍한 실패 사례는 국제무역에 제동을 거는 다수의 장애물이 있다는 것을 증명한다. 표 14.1에서는 주요 장애물을 설명한다.

개념 체크

본 글로벌이든, 점진적 다국적 기업이든, 수출은 겉으로는 간단하게 보이지만 실제로는 많은 문제를 해결해야 실행할 수 있다. 소비자 행동은 본 글로벌과 다국적 기업의 국제 활동을 방해한다. 정치적, 법적 정책은 무역 과정에 함정을 만들며 정부 규제는 무역관계에 어려움을 주고 외환의 존재는 금융 전문지식을 요구한다.

운영 관리

국제무역상이 자주 겪는 문제는 운송과 물류의 최적화, 해외 시장의 느슨한 연결점, 시장의 판로 파악, 홍보 전략 설정, 소비자 행동 파악, 애프터서비스의 맞춤 설계, 해외 경쟁자의 가격 대비 품질 수준을 따라가지 못한다는 점 등이 있다. 수출하지 않는 기업은 국내 시장의 비교적 간단한 상품 수요만을 고려하므로 이런 문제에 더 큰 불안감을 느낀다. 또한 경제적 변화로 새로운 시장의 문이 열려도 이 시장의 새로운 시장 구조와 소비자 행동은 또 다른 문제를 일으킨다. 예를 들면 미국에서 캐나다와의 거래는 비교적 간단하지만 미국에서 투르크메니스탄, 잠비아, 코소보와 거래하는 것은 완전히 다른 일인 것이다.

과거에 수출과 수입은 장거리 거래이자 배송만 하면 되는 간단한 일이었다. 고객과 연락하려면 국제 특급 우편이나 팩스로 문서를 주고받아야 했다. 그리고 이런 환경은 궁금증과 불만을 처리할 시간을 벌어줬다. 하지만 이제 고객은 이메일, SMS, 영상통화 등을 사용하여 시간에 구애받지 않고 공급업체에 문의할 수 있게 되었다. 고객은 공급업체에게 즉각적인 반응을 기대하기 때문에 일부 기업에게는 국제무역의 매력이 줄어들었다. 열처리 장비를 제조하는 세코/워릭(Seco/Warwick)의 자

표 14.1 무역에서 흔히 볼 수 있는 장애물[71]

운영	언어와 문화 차이, 현지 소비자의 상품/서비스의 선호도, 유통 경로, 물류 비용, 제품 적응화의 압박, 서비스 문화의 차이
전략	최고경영진의 의지, 국제경영 전문지식, 직원의 유연성, 적은 수익성, 판매로 개발의 어려움, 신뢰할 수 있는 파트너 탐색, IPR 보호
금융	대금 수령/처리, 세금 징수 제도의 차이, 무역신용장 발급, 영업 자본 조달, 환율 변동, 외환 관리
정부	국내와 해외 국가의 무역 규제, 복잡한 관세율표, 비관세 장벽, 적절한 정부 지원 프로그램의 부재, 자국 상품 우대
서류	관세 절차, 본국 안보 규제, 수출입 양식, 허가와 라이선싱 계약, 수수료와 요금 지급

재 관리자는 고객이 수입항까지 배송을 마친 후 추가 서비스를 요구하는 것을 처리하는 것이 업계의 새롭게 떠오르는 문제라고 말했다. 또한 그는 원래 비용, 보험, 수입항까지 운송(CIF)만 담당하면 되었지만 이제는 고객의 공장으로 배송될 때까지 온갖 업무까지 담당하게 되었다고 설명했다. 예를 들어 장비를 설치하고 심지어 가동까지 담당해야 되기 때문에 서비스 엔지니어와 크레인을 배송지에 대기시키고 있다고 덧붙였다.[72] 중소기업에게 고객 관리는 큰 걱정거리이다. 중소기업은 자사의 전문적인 부분에만 집중하기 때문에 허점이 있는 전략을 사용할 수밖에 없다. 중소기업은 고객의 요구가 늘어나므로 서비스를 고객에게 맞춰 설계해야 하는데, 이때 기업이 가진 자원을 과도하게 소모할 수도 있다.[73]

전략적 경영

국제무역상은 자사의 전략이 어디에 유효하고, 어디에 유효하지 않은지 알아보는 것을 목표로 해외 시장의 구조와 움직임을 연구한다. 목표 시장에 수출하기 위한 필수 요소와 경쟁자, 규제의 이해는 기업에게 수출의 강력한 동기가 된다. 결국 기업의 국제무역 활동이 확대되고 있는 것으로 보아 기업의 경영진이 성공적인 수출을 위해 자원, 능력, 역량을 사용하는 방법을 끊임없이 탐색하는 것으로 보인다. 이번 장의 도입 사례를 떠올려보자. 스핀센트는 목표 시장을 잘 이해하지 못한다는 두려움 때문에 현지 대리점과 유통업자를 고용하고 국내뿐만 아니라 수입국의 무역관계자에게도 상담을 받았다.

더 적절한 예시로 샌디에이고에 위치한 아이언피스트브루잉컴퍼니(Iron Fist Brewing Company)의 수출 과정을 살펴보자. 이들은 세계 최고의 수제 맥주를 만들겠다는 비전을 가지고 시작했다. 미국 내에서 좋은 성과를 내기 시작한 아이언피스트브루잉컴퍼니는 미국상무부 관계자와 미팅을 가지기 전까지 수출이라는 선택지는 생각조차 하고 있지 않았다.[74] 결국 수출에 관심을 갖게 된 아이언피스트브루잉컴퍼니는 미국 상무부의 지역 사무소와 연계하여 자사의 맥주 전문성을 바탕으로 수입업자와 협상하기 시작했다. 현재 아이언피스트브루잉컴퍼니는 호주, 캐나다, 핀란드, 홍콩, 멕시코, 노르웨이에서 맥주를 판매하며 수출 확장을 관리하기 위해 사람들을 고용하고 있다.

기업의 경영적 특성 가운데 특히 경영진의 국제 활동 의지와 기업가적 지향성은 기업이 전략적으로 수출과 수입을 해석할 때 큰 영향을 미친다. 기업은 보통 해외 시장보다 국내 시장에 집중하며, 중소기업은 특히 이런 경향을 강하게 보인다. 실제로 미국의 수출업체 중 97%가 중소기업이지만, 이들은 미국 전체 중소기업의 1% 정도밖에 안 된다.[75] 거기에 수출하는 중소기업 중 3분의 2는 한 국가에만 수출하고 있다. 이러한 중소기업의 경영자에게 그 이유를 질문하자, 이들은 국내 시장의 친숙함 때문에 해외 시장에 매력을 느끼지 못한다고 답변했다. 기업은 세계화의 이점을 충분히 알지만 같이 수반되는 리스크와 준비해야 하는 것들이 자사가 선호하는 전략에 문제가 되는 경우가 많기 때문에 실행으로 옮기지 않는다. 또한 기업은 복잡한 문서 작업, 불명확한 문화적 차이, 비즈니스 관행의 차이, 수출 도중 발생하는 변수에 대처할 시간 부족 등 많은 문제를 전체적으로 경험하기도 한다. 이런 장벽은 하나씩, 또는 종합적으로 모든 종류의 무역상에게 문젯거리가 된다.

자사가 선호하는 전략을 목표 시장의 비즈니스 표준에 맞춰 바꾸는 유연성과 이를 가능하게 하는 자원, 그러고자 하는 의향을 가진 기업은 아주 드물다. 그렇기 때문에 미래에 수출을 하겠다는 야망은 있지만 현재에는 국내 매출을 강조하는 경영진이 많다. 폴 네퍼가 스핀센트에 가졌던 생각을 떠올려보면 그는 기껏해야 수출에 보상보다 리스크가 더 크다고 보던 비정규 수출업자였다. 하지만 결국 그는 생산성, 수익성, 활동의 다각화에 대한 걱정으로 수출을 다시 생각하게 되었다. 이때부터 그의 전략적 포지셔닝은 독점적 우위, 정부 기관의 지원, 신뢰할 수 있는 유통업체로 인해 굳게 자리 잡았다.

재무 관리

재정 제약은 국제무역상에게 큰 문젯거리 중 하나이다. 978개의 중소기업을 상대로 무역 장벽에 대한 설문 조사를 진행한 결과, 가장 큰 장벽은 운영 자금을 위한 자본의 부족이라고 나타났다.[76] 또한 대금 납부와 세금 같은 재정적 우려는 항상 제조 및 서비스 업체의 큰 고민거리이다. 국제무역을 무사히 마치려면 대체로 해외 고객에게 신용장, 정부 자금 지원, 은행 보증 등의 수단을 사용하여 거래 대금을 받아야 한다. 또한 미국의 기업은 거래 후 30일이나 60일 이후에 대금을 지급하는 방법에 익숙하여 관례적으로 더 오래 걸리는 조건을 선택하는 시장에서의 거래는 선호하지 않는다.[77] 일부 국가에서는 대금 지급 시기가 90일 이상으로 연장되기도 하는데, 이는 수입업자에게는 현금 흐름과 비용 측면에서 유리하지만 더 큰 리스크를 짊어져야 하는 수출업자에게는 불리하다. 또한 무역상은 고객의 대금 미지급, 비대한 거래 수수료, 규제와 법적 체계의 차이 등을 막기 위해 드는 방지책이 너무 비싸다고 말한다. 이런 문제를 관리하는 방치책은 통화 및 신용 프로세스에 대한 전문지식이 필요하기 때문에 비쌀 수밖에 없다. 따라서 일부 무역상은 수출과 수입이 높은 비용에 금융 리스크가 크며 환율이 불안정할 때 더욱 위험해지기 때문에 수익성이 충분하지 않다고 주장한다.

중소기업은 재정 제약이 국제무역의 가장 심각한 장벽이라고 말한다.

정부 규제

기존 연구에 따르면 수많은 외부적, 내부적 요인이 수출과 수입 활동에 영향을 미친다고 한다. 그중 다수는 기업에게 세계화를 부추기는 인센티브가 된다.[78] 하지만 국제 시장의 확장을 가로막는 장벽이 되는 요소 또한 많이 존재한다. 그중에 특히 강력한 장벽은 무역을 규제하는 규칙이다. 국제무역을 확장하려 노력하는 초국가적 기구인 WTO가 성공적으로 자리 잡으면서 국제무역은 세계적으로 더욱더 간단해졌다. 그러나 국가의 표준, 안보, 보호 차원에서 생기는 정부의 규제는 수출업자와 수입업자를 당혹스럽게 한다.

국가 표준 중소기업은 정부가 소비자에게 해가 되거나 위험하지 않도록 설정한 상품과 프로세스 표준을 준수해야 한다는 문제에 직면한다.[79] 고품질 맞춤형 염료와 착색제를 생산 및 유통하는 뉴저지 기반의 스펙트라컬러스(Spectra Colors)는 국가마다 수입 규제가 달라서 곤란한 상황을 겪었다. 유럽의 REACH 제도(Registration, Evaluation, and Authorization of Chemicals, 신화학물질 관리 정책) 때문에 많은 시간이 지연되었고 큰 비용이 발생했다고 스펙트라컬러스의 비즈니스 관리자가 말했다.[80] 가끔 일부 해외 시장으로 상품을 운송하기 위해 정부의 허가가 필요할 때가 있다. 하지만 국내의 상품 제약 조건이나 해외 목표 거래국과의 정치적 긴장 때문에 종종 허가를 내어주지 않는다. 또한 REACH의 규정은 인력과 자원이 부족한 중소기업에게 불리하게 작용한다. 거기에 캐나다, 중국, 일본, 스위스, 대만, 튀르키예에서는 REACH와 비슷한 규제를 만들고 있다고 한다. 다른 곳에서도 비슷한 상황이 연출된다. 의료기기 수출업자는 일상적으로 다량의 임상 데이터를 요구하는 규제와 마주친다. 또한 호주, 중국, 캐나다, 일본, 미국, EU의 특정 국가는 기업에게 ISO 인증된 품질 관리 시스템을 도입하도록 하고 있다. 하지만 기업 중 특히 중소기업은 ISO 인증을 받고 유지하는 데 어려움을 겪는다.

개념 체크

3장의 '다국적 기업이 직면하는 법적 쟁점'에서 국가의 법적 체계가 국제경영 의사결정에 얼마나 큰 영향을 주는지에 대해 설명했다. 또한 7장에서는 정부가 무역 관리 수단을 어떻게 사용하여 수입을 통제하는지 소개했다. 이 장에서는 국제무역에 영향을 주는 긴 리스트에 대금 납부와 국토 안보를 추가한다.

국가 안보 국가의 안보를 확보하는 관행과 법규는 어쩔 수 없이 기업의 자유를 제한한다. 예를 들어 미국에서는 보안 문제 때문에 국제무역 효율성에 제약을 건다. 쇼트노스아메리카(Schott North America)의 물류 관리자는 요즘 세상에 국제무역의 위험은 무역 장벽 같은 게 아니고 상품이 든 컨테이너가 뉴욕 항구에서 방사능 탐지 장비를 통과해야만 미국으로 들어올 수 있으므로 방사능 검사를 받을 때까지 그대로 묶여 있어야 하는 게 진짜 위험이라고 설명했다.[81] 328개의 미국 공식 통관항으로 컨테이너가 매년 1,100만 개 이상 들어오는 것을 생각했을 때 이런 보안 문제 의식은 지속적으로 문제가 될 것이라고 우려된다. 실제로 확대된 보안 절차 때문에 국경을 넘어 상품을 운송하는 것은 과거보다 현재 훨씬 많은 시간이 걸린다. 현재 상품을 가득 실은 트럭이 캐나다와 미국의 국경을 넘으려면 2001년 9월 11일보다 3배 더 많은 시간이 필요하다.

국가 정부는 다른 나라와 비슷한 선별 방법을 채택하거나 보안 조치를 국제적으로 맞추는 등, 세계적으로 공통된 기준을 만들기 위해 노력한다. 미국 세관국경보호국(U.S. Customs and Border Patrol)은 국제무역 상대국의 고위험군 해상 화물이 미국행 선박에 실리기 전에 검사 절차를 진행하는 쌍방의 화물 보안 협정인 컨테이너안전협정(Container Security Initiative, CSI)을 도입했다. 현재 CSI는 북미, 유럽, 아시아, 아프리카, 중동, 중남미, 중미 지역의 항구에서 시행되고 있다. 마찬가지로 효율성을 위해 항공 화물이 항공기에 실리기 전에 통관 절차를 진행하는 '상용화주(Known Consignor)' 제도를 도입했다. 이 제도는 인증된 물류 단체가 자체적으로 기업을 인증하여 상품을 받을 수 있고, 이 물류 단체는 높은 수준의 보안을 가진 창고에서 미리 상품 검사를 감독하여 신속하게 항공 화물을 처리한다.[82]

노동 정책 국내 상황에 민감한 정부는 수입에 영향받는 노동자를 적극적으로 보호한다. '가시적' 상품 수입에 대해서는 관세 장벽이 자주 사용된다. '비가시적' 서비스 수입에 대해서는 정부가 간접적 비관세 장벽을 사용하곤 한다. 엔지니어링, 법, 금융, 엔터테인먼트 분야 같은 전문적인 서비스를 제공하는 업체는 주기적으로 계약된 서비스를 제공하기 위해 해외로 직원을 파견한다. 하지만 말레이시아의 경우 해외 엔지니어가 말레이시아의 엔지니어는 건축 업무를 맡을 능력이 되지 않는다고 말레이시아 엔지니어 위원회를 설득하기 전까지 현지의 건축 프로젝트에 참가할 수 없다.[83] 태국은 규제가 더 엄격한데, 태국의 외국인 취업 규제는 태국인을 위해 건축 및 엔지니어링 일자리를 따로 남겨둔다.[84] 인도에서는 변호사를 하려면 인도 시민이어야 하고 관련 인도 주에서 변호사 면허를 가지고 있어야 한다. 또한 변호사 자격을 얻으려면 인도 시민이거나 인도 정부가 호혜적 법 집행이 가능한 국가의 시민이어야 하고, 인도 변호사 협회에서 인정하는 대학 학위를 소지하고, 나이가 21세 이상이어야 한다.[85] 이 외에도 브라질, 바레인, 필리핀, 홍콩 등지에서도 비슷한 규제를 통해 해외 법무법인의 자국 진출을 막는다.

무역 서류

정부는 국제무역상이 거래를 빈틈없이 서류화하기를 요구한다.

무역에 필요한 서류가 국제무역의 제약 요인으로 작용하기도 한다. 표 14.2는 가장 흔한 형태를 설명한다. 정부의 많은 우려로 인해 거래 추적, 관세 징수, 국가 안보 보호 등을 통해 수출 활동을 감

표 14.2 수출 서류의 종류

종류	설명
선하 증권(Bill of Lading)	운송을 위해 선주에게 전달된 물품에 대한 증권. 선주가 제공하는 서비스에 대한 계약 증서이자 권리 증권. 고객은 소유권을 주장하기 전에 소유권을 증명하기 위해 원본을 가지고 있어야 한다.
원산지 증명서(Certificate of Origin)	상공회의소 같은 기관에서 물품의 원산지를 인증하는 공문서. 적절한 관세율을 정하는 통관 관료에게 도움을 준다.
상업 송장(Commercial Invoice)	구매자가 판매자에게 보내는 거래상품 명세서. 상품에 대한 설명, 구매자와 판매자의 주소지, 인도 조건과 지불 조건을 표기한다. 정부가 관세율을 정할 때 상품의 가치를 판단하기 위해 사용한다.
영사 송장(Consular Invoice)	상품의 운송을 인증하는 송장. 송하인과 수하인의 정보와 화물의 가치가 표기되어 있다. 송장을 받는 국가의 영사나 대사관에 제출되면서 효력을 얻는다.
전자 수출 정보 (Electronic Export Information, EEI)	가장 흔한 형태의 수출 문서. 수출업자가 관계자, 거래 일자, 최종 수입자, 운송 대리업자, 최종 도착지, 선적항 등 거래의 주요 정보를 신고하도록 한다.
수출 포장 명세서(Export-Packing List)	포장된 각 물품의 목록을 기술하며, 포장의 종류를 표시하고, 포장 겉에 부착된다. 송하인과 통관 관료가 화물을 확인하기 위해 사용된다.
견적 송장(Pro Forma Invoice)	거래가 성립된 것처럼 거래 가격, 거래 조건, 운송 정보 등을 기재한, 수출자가 수입자에게 보내는 서류이다. 수입자가 이 조건에 만족할 경우 구매 주문서를 발송하고 대금 지급을 준비한다.

이는 미국 세관국경보호국과 국토안보부의 법규를 지키기 위해 작성해야 하는 서류 중 몇 가지의 샘플이다.

시한다. 정부의 감시 활동에 따라 무역업자는 모든 거래를 문서로 남겨야 하는 의무를 부여받는다. 관세 규정은 국가마다 비슷한 점도 있지만 분명한 차이가 존재한다. 세번 분류, 가격 신고, 의무사항 관리는 이 상황을 더 복잡하게 한다. 국가 안보 측면을 보면 시민, 시설, 영토를 보호하기 위해 더 많은 정보가 필요하다.[86] 이런 장애물을 극복하려면 무역업자가 거래를 추적, 인증, 합법화하는 일련의 문서를 관리해야 한다.

무역 서류가 누락되거나 부정확하게 만들어지면 비용이 증가하고 일정을 방해하며 나아가 거래를 중단시킬 수도 있다. 보통 무역 조건의 해석에 관한 국제 규칙인 인코텀스(Incoterms)의 잘못된 사용이 이런 문제를 일으킨다. 수출업자는 상품을 수입국의 관세율표상 잘못 분류하는 실수를 할 수도 있다. 상업송장에 개재된 상품의 정보가 수입국의 세번부호와 일치하지 않을 경우 '기계장치, 기타'와 같은 기타 목록 아래에 등록된다. 이를 부정확하게 표기한다면 거래가 늦어질 뿐만 아니라 더 높은 관세의 부과로 이어질 수 있다.

수입업자도 비슷한 문제를 겪는다. 일부 수입업자는 구매하기도 전에 상품을 수령받는다. 다시 말해 대금을 지급하기 전에 소유권 증서를 보유하다가 화물이 계약된 대로 도착하는지 확인한다. 물품을 국내에 도착시키기 위해 수입업자는 사무소와 기관을 전전하며 대금 정산, 증서 등록, 관세 지불, 배송 등을 처리해야 한다. 또한 요구되는 서류도 국가마다 다르다. 일반적으로 관세청은 수입업자에게 화물을 넘기기 전에 수입 신고서, 선하 증권, 상업 송장, 가격 신고서, 포장 명세서 등을 요구한다.

개념 체크

이 장의 파트 1과 2는 국제경영이 일자리를 만들고 수익을 창출하며 생활 수준을 증진해준다는 점을 언급한다. 파트 2와 3에서는 정부가 어떻게 규제를 통해 무역 관계에 영향을 주는지에 대해 설명한다. 여기서는 정부가 수출과 수입의 효율을 증진하는 프로그램을 제공하는 모습을 볼 수 있다.

수입과 수출: 자원과 지원

14-7 국제무역상을 돕는 자원과 지원을 알아본다.

세계화 트렌드는 크고 작은 기업이 시장을 개척하고 확장하기를 장려한다. 무역의 자유가 확대되고 국경의 의미가 흐려지면서 무역에 대한 기회와 선택지가 늘어나고 있다. 지금까지 역사적으로 대기

표 14.3 비전서와 사명서, 선도적인 다국적 기업

용이함	순위	용이하지 않음	순위
크로아티아	1	이라크	181
덴마크	2	탄자니아	182
프랑스	3	콩고	183
헝가리	4	라이베리아	184
이탈리아	5	수단	185
룩셈부르크	6	카메룬	186
폴란드	7	콩고민주공화국	187
루마니아	8	베네수엘라	188
슬로베니아	9	예멘	189
스페인	10	에리트레아	1909

이 표에서는 무역이 더 용이해지도록 노력하는 국가와 오히려 어렵게 만드는 국가를 확인할 수 있다. 이 순위는 국가의 서류 심사, 국경 심사, 표준화된 화물의 국내 해상 운송에 드는 시간과 비용(관세 제외)을 고려하여 매겼다. 주요 요인으로 세관에서 무역상에게 작성을 요구하는 서류의 수, 거래를 완료하는 데 드는 시간과 전체적인 비용이 있다.
출처: "Trading across Borders | Topic Analysis," Doing Business, World Bank Group[87]

업이 중소기업보다 좋은 성과를 보였다. 대기업이 가진 독점적, 내부화 우위는 공격적인 확장을 가능하게 했고, 중소기업은 국제무역을 적극적으로 추진할 역량과 연줄이 부족한 경우가 많다. 시장마다 이 제약의 중요도에 차이가 있지만 일부 시장에서는 결정적인 작용을 한다. 단순하게 말하자면 국가마다 수출입의 난이도가 다르다는 것이다(표 14.3 참조).

수출입 거래하기 쉬운 국가는 분명 존재한다. 예를 들어 무역 용이성 순위의 상위 10개 국가 중 대부분은 유럽 국가이다. EU의 통합 노력 덕분에 유럽에서 점점 원만한 무역 활동이 가능해지고 있다. 미국-멕시코-캐나다 협정(United States-Mexico-Canada Agreement, USCMA)이 미국, 멕시코, 캐나다 간 원활한 무역에 이바지하는 것처럼 세계 곳곳에서 나타나는 자유무역협정은 EU와 유사한 효과를 보인다. 하지만 반대로 보자면 이런 협정이 없는 국가에서는 무역의 난이도가 올라가고 있다. 아프리카와 남아시아의 특이한 통관 관행은 계속해서 수출과 수입을 방해한다. 이곳에서 항구 사이를 이동하다 보면 명쾌하지 않고 모호한 규제 때문에 불법의 영역으로 넘어갈 수 있게 된다. 잠비아의 한 무역상은 더반 항구의 관계자가 구리선이 실렸던 나무 팔레트에 해충이 없다는 증거를 요구했기 때문에 자사의 구리선이 남아프리카공화국의 더반에서 일주일 동안 묶여 있던 적도 있었다고 말했다. 그는 결국 농업부의 조사관이 100달러를 받고 나무 팔레트가 훈증소독이 되었다는 것을 확인해주었다고 덧붙였다.[88] 이렇듯 수입을 할 경우 어느 지역이든 세관의 규정을 이해하고 출입국 관리 따라 화물을 운송하는 법을 알며 알맞은 관세를 지불하고 무역 절차를 정확하게 이행해야 한다.

공공 기관

기업은 국제 활동에서 제3자의 도움을 받을 경우 더 높은 수익성과 생산성을 야기하는 상황에 직면하곤 한다. 그러므로 기업은 다양한 민간 혹은 공공 기관의 도움을 받고자 한다.

공무원은 거시경제와 미시경제적 이익을 볼 수 있는 수출을 장려한다. 수출은 거시경제적 관점에서 각국이 일자리를 창출하고 외환 보유액을 쌓고 무역수지를 개선하고 대외관계를 발전시키며 생활수준을 향상하는 데 도움을 준다. 예를 들어 미국에서는 수출이 1,000만 개 이상의 일자리를 창출한 것으로 알려졌는데, 수출로 생성한 10억 달러의 가치마다 약 6,000개의 일자리를 지원하는 효과를 가진다고 한다.[89] 미시경제적 관점에서 수출은 기업이 핵심 역량을 활용하고 재무 성과를 개선하며 경제적 입지를 강화하고 위험을 분산하는 데 도움을 준다. 그리고 새로운 시장은 높은 생산성과 수익성으로 향할 수 있는 길을 열어준다. 결과적으로 거의 모든 국가의 정부는 수출과 수입을 통해 더 발전할 수 있다고 기대한다. 따라서 정부는 무역에 관한 조언, 목표 시장에 대한 정보 제공, 무역 상대 소개, 통상 외교를 통해 잠재적이며 적극적인 수출업자를 돕는다. 또한 더 소극적이긴 하지만 국가 간 무역협정에 명시된 규정을 통해 수입업자를 장려하기도 한다.

기관과 서비스 미국에서 기업은 미국 국제무역청(U.S. Department of Commerce's International Trade Administration)의 통상 촉진 부서인 근처 미국 상무부 사무소로 찾아가면 바로 지원받을 수 있다. 일본의 경우 일본무역진흥기구(Japan External Trade Organization, JETRO)의 도움을 받을 수 있고, 영국의 기업은 영국무역투자청(UK Trade and Investment)에게 연락할 수 있다. 세계 곳곳에 무역과 투자를 촉진하는 역할을 하는 기관이 존재하며, 이들은 특히 중소기업의 창업과 사업을 유지할 수 있게 지원해준다. 다시 미국 상무부를 예로 들면 100개 이상의 국내 도시와 약 70여 개의 국가에서 자국의 기업이 시장을 파악하고 전략을 설계하며 함정 요소를 피하는 일을 도와준다.

공공 기관은 수출입 과정에서부터 전략적인 부분까지 광범위한 지원을 제공한다. 아셉티코의 국제영업담당 이사는 "수출은 국내 판매와 큰 차이를 보인다. 언어, 문화, 그리고 경쟁자들이 다르다. 그러니까 수출은 국내 판매처럼 간단한 게 아니다"라고 말하기도 했다. 아셉티코는 미국 상무부의 자원을 사용하여 해외 시장에 있는 기회를 확인하고 수출 전략을 설계하며 해외 파트너가 될 수 있는 기업과 접촉하고자 했다. 아셉티코의 임원 중 하나는 미국 상무부가 본사와 가지는 협력적인 관계에 감사하며, 그들이 국제적으로 판매를 확장할 수 있도록 전문적인 조언을 건네주었다고 말했다.[90]

다른 많은 국가들과 유사하게 미국에서 민간 기관은 기업이 수출과 수입을 시작하고 확장하는 데 도움을 준다.

다른 기업도 마찬가지로 미국 국제무역청이 협상에 대한 전문지식과 통상 외교를 통해 무역에서 발생하는 문제를 해결해줄 것이라고 기대한다. 하지만 앞서 말한 대로 수입은 국내 생산에 타격을 주어 일자리 시장에 압박을 줄 수 있다. 이에 따라 정부는 수입 장벽을 세워 이를 막으려고 하기도 한다. 미국 국제무역청은 세계 곳곳에서 공정 무역을 위해 국가의 정부와 협력하기도 하고, 필요할 때는 WTO의 무역기술장벽위원회(Technical Barriers to Trade Committee)와 접촉하기도 한다. 미국 정부의 기관은 기업에게 수출에 대한 현실적인 조언과 깊이 있는 정보를 세세하게 전달한다. 이들의 공식 웹사이트인 www.export.gov에 접속하면 더 자세한 사항을 알 수 있다. 기업은 미국 상무부, 국제무역청, 중소기업청이 운영하는 수출지원센터에서 개인적인 도움을 받기도 한다. 이러한 기관은 무역과 투자를 증진하고 국내외에서 경쟁할 수 있도록 도우며 공정 무역을 위해 노력한다. 또한 국내 지역별로 자리 잡아 선적 전과 후에 받을 수 있는 자금 대출, 보증, 매출 채권, 수출 보험 등의 금융 서비스를 운영한다.

민간 기관

기업은 국제무역에 도움을 받기 위해 민간 기관을 고용한다. 주요 기관에는 수출 중개업자, 세관 중개업자, 화물 운송업자, 세계무역센터(World Trade Center), 국제 은행이 있다. 이러한 조직은 무역이 더 쉽고 리스크를 줄이는 서비스를 제공한다.[91] 이들의 전문적인 서비스는 중소기업 같은 기업에게 부족한 기술과 우위를 제공해준다. 또한 수출 규정, 관세, 보험, 운송 등 문제가 생길 수 있는 부분을 관리하는 데 도움을 준다.

개념 체크

해외 시장의 평가, 규정 준수, 외환 숙달, 국토 안보법에 따르는 등 국제적으로 기업을 운영하려면 거쳐야 하는 수많은 단계는 기업 혼자 관리하기가 매우 힘들다. 그러므로 일부 기업은 무역 중개업자의 전문지식을 사용하여 더 빠르게 궤도에 오르고자 한다.

무역 중개업자는 수출업자에게 다양한 서비스를 제공하는 제3자이다.

수출관리업자 수출관리업자는 기업의 국제 영업 부서의 역할을 대신하면서 처음 무역을 할 때 발생하는 문제를 극복할 수 있게 돕는다. 이들은 대체로 주문을 받고 유통 채널을 구성하며 판촉 활동까지 하면서 마케팅 부서 역할도 비공식적으로 맡는 경우가 많다. 추가로 신용정보, 해외 계좌, 결제 조건의 확인은 물론이고 심지어 고객의 서신을 사용하여 해외 바이어와 연락을 주고받는 것도 도와준다. 수출관리업자는 더 나아가 무역 서류를 검토하고 운송 계약을 해주며 특허 및 상표권 보호까지 주선한다. 또한 이들은 분쟁을 더 빨리 해소할 수 있게 돕고 필요한 경우 세관 조사에서 고객을 대표할 수도 있다. 수출관리업자는 계약에 따라 운영되기 때문에 계약서상 지정된 시장에서 고객을 대표해준다.[92] 계약서에서는 관례적으로 대금, 신용, 재무 방침, 판촉 서비스, 대금 지급 방법을 명시한다.

많은 수출관리업자는 특정 품목, 서비스, 시장에 전문화된 벤처 기업이다.

수출관리업자는 상품의 소유권을 가지고 있는 경우를 제외하고 수수료를 받고 서비스를 제공할 수도 있다. 또한 이들은 다른 서비스에도 수수료를 부과할 수 있다. 수출관리업자는 여러 기업에서 주로 보완재나 서로 경쟁자가 되지 않는 상품을 집중적으로 공급받아 여러 상품을 한번에 효율적으로 마케팅한다. 하지만 수출관리업자가 여러 면에서 유용하다고 해서 모든 문제를 해결해주는 것은 아니다. 또한 제한된 자원을 보유하여 상품을 보관하거나 판매 자금을 조달하는 데 어려움을 겪는 수출관리업자도 일부 존재한다.

미국은 반독점법을 면제하여 수출무역업자와 경쟁자들이 힘을 합쳐 해외 시장에 진출할 수 있도록 허용한다.

수출무역업자 1982년, 미국은 수출상사법을 통과시켰다. 이 법은 수출 시장에서 더 효과적으로 경쟁할 수 있게 미국 기업들이 서로 협력하여 효율을 높일 수 있도록 한다. 이는 기업에게 미국의 독점금지법을 면제받고, 국내 경쟁자들과 함께 국제 활동을 구상할 수 있게 한다. 기업은 이 법으로 인해 합법적으로 전문지식을 공유하고 시스템 효율성을 높이며 운송 비용을 감축하고 협상력을 높이며 더 큰 주문을 받을 수 있게 되었다. 수출무역업자가 수출관리업자와 다른 점은, 수출무역업자는 공급보다 수요에 초점을 맞춘다는 것이다. 수출무역업자는 판매자와 구매자를 연결시키는 방식으로 운영된다. 이들은 해외 고객의 선호를 파악하고 국내 공급업자를 탐색하며 거래를 발생시키면서 이윤을 창출한다. 수출무역업자는 제조업체 한곳만 대표하기보다는 여러 제조업체와 거래한다. 이들은 단독적인 유통업체로 활동하기 때문에 자사의 이름으로 상품을 운송하거나 판매 후 서비스를 수행하지 않으려 한다.

화물 운송업자 '화물의 여행사'라고 불리기도 하는 **화물 운송업자**(freight forwarder)는 국제 운송 상품의 가치와 무게로 따지면 가장 큰 수출과 수입 중개업자라고 할 수 있다.[93] 이들은 종종 시간에 맞춘 운송 전문 군대에서 차용된 용어인 물류 서비스를 제공한다고 알려져 있다. 운영상의 이유로 기업이 해외 판매를 완료하기 전에 수출업자는 최대한 빠르고 저렴한 운송 방법을 마련하고자 화물 운송업자를 고용한다. 전 세계 90%의 화물을 운송하는 거대한 컨테이너선을 운용하고, 그 과정에서 국제무역의 기반이 되는 화물 운송업자는 세계화 시대의 짐말이라고 표현되기도 한다.[94]

수출무역업자는 공급보다는 수요에 초점을 맞추어 운영한다. 이들은 해외 시장의 주문을 소화할 수 있는 공급업자를 찾는다.

화물 운송업자는 공간, 속도, 비용의 제약을 고려하여 제조업체에서 항공, 육상, 해상 터미널로 화물을 이동하는 최적의 경로를 찾고 통관 절차를 감독하며 해외 구매자에게 화물이 배송되는 것까지 관리한다. 같은 과정에서 화물 운송업자는 화물의 선적 전 보관을 준비하고 신용장을 확인하며 수출 허가를 받고 영사 수수료를 지불하며 서류를 처리하고 적하 목록을 준비한다. 또한 이들은 포장과 라벨링, 운송 보험, 운송 중 손상된 화물의 재포장, 상품의 보관에 대한 조언할 수도 있다. 화물 운송업자는 수출관리업자나 수출무역업자의 영역에 있는 상품의 소유권을 가지거나 영업 부서 역할을 하지는 않는다. 화물 운송업자는 보통 이 둘보다 적은 서비스를 제공한다.

화물 운송업자의 역할은 운송의 비용이나 기간이 거래 성사 여부에 영향을 미칠 때 특히 중요하다. 서티파이드월드와이드(Certified Worldwide)의 책임자는 지역 미국 상무부 사무소에서 화물 운송업자를 찾고, 선택한 운송업자가 자사의 상품 운송을 책임져야 한다는 것을 염두에 두고 가능한 여러 운송업자에게 문의해보라고 조언했다.[95] 화물 운송업자는 운송된 상품 가치의 일정 부분을 대금으로 가져가고 제공된 서비스의 양에 따라 작은 비용을 추가로 받기도 한다. 대부분의 기업, 특히 중소기업은 국제 물류를 처리하는 데 비용이 너무 많이 들고 복잡하다고 생각한다. 화물 운송업자의 전문적인 서비스는 비용 대비 효율이 높은 운송을 확보할 수 있게 한다.

▲ 이러한 컨테이너선은 수출과 수입에서 안정적이고 확실한 운송을 책임진다. 운송되는 상품의 무게를 보면 이들은 가장 효율적인 운송 수단이다.

화물 운송업자는 판매자로부터 구매자까지 상품을 운송하는 전문적인 서비스를 제공한다.

3PL은 무역의 물류 시스템을 관리하기 위해 정교한 기술을 적용하는 무역 중개업자이다.

제3자 물류 **제3자 물류**(third-party logistics, 3PL)는 물류와 공급사슬 관리 사업에서 기업의 유통과 풀필먼트 서비스의 일부, 혹은 전부를 관리하는 제3자이다. 3PL은 국제무역에서 빠르게 비중이 높아지고 있다. 화물 운송업자처럼 3PL도 국제 시장에서 화물을 운송한다. 화물 운송업자와 다른 점은 제조업체, 해운업체, 유통업체, 소매업체 등과 협력하여 배송, 보관, 크로스·도킹, 재고 관리, 포장, 화물 운송의 책임을 분산한다는 것이다. 모호크글로벌로지스틱스(Mohawk Global Logistics), UPS, 페덱스(FedEx) 같은 3PL업체는 복잡한 물류와 공급사슬 관리를 엔드투엔드(end-to-end) 솔루션으로 단순화하여 배송, 세관 중개, 보험 등 화물을 적시에 저렴하고 확실하게 세계를 가로질러 이동시키기 위해 필요한 모든 것을 해결한다. 당신이 마지막으로 UPS를 이용했을 때를 생각해보자. 기업도 상품을 운송할 때 3PL을 고용하여 중간 과정을 관리하게 한다. 3PL은 모든 운송, 세관 중개, 관세, 세금, 배달 서비스를 통합하여 한번에 대금을 청구한다. 반품, 워런티 청구, 부품 교환, 역물류까지 대신 처리해준다.

세계화와 무역의 자유화가 확대되면서 3PL의 성장도 가속되고 있다.[96] 이 현상은 특히 본 글로벌 기업에게 유리하게 작용한다. 본 글로벌 기업은 물류 시스템을 스스로 구축하기보다 3PL의 문만 두드리면 된다. 3PL의 성장은 《포천(Fortune)》이 선정한 100대 기업 중 대부분이 3PL을 사용하므로, 대기업에게도 좋은 소식이다.[97] 3PL의 성장에 타격을 받는 당사자는 화물 운송업자이다. 이에 대응하기 위해 화물 운송업자는 전통적인 화물의 여행사 역할을 확대하여 추가적인 물류 서비스를 제공하려 한다. 예를 들어 머스크(Maersk)와 CMA CGM SA는 국제 제조업체와 소매업체의 공급사슬에 더 깊이 관여하여 상품의 이동을 관리하고자 항구 간 운송을 넘어선 서비스를 시작했다. 머스크는 '바다의 페덱스'를 목표하고 있다. 머스크는 자사의 '피트스톱(Pit Stop)' 애플리케이션과 디지털 플랫폼, 블록체인 기술을 사용하여 테스코(Tesco)와 까르푸 같은 택배업체가 고객의 집으로 택배를 효과적으로 배송해주는 것처럼 자사의 고객에게 컨테이너를 운송하고자 한다.[98]

출처: Travel media/Shutterstock

▲ 시장과 마찬가지로 수출과 수입도 점점 긴밀히 연결된 시스템으로 통합되고 있다.

세관 중개인 국제무역을 하려면 통관 규정을 이해하고 세관을 통해 상품을 이동시키는 법을 알며 적절한 세번을 부여하고 수많은 규제를 준수할 지식이 필요하다. 미국은 HTS(Harmonized Tariff Schedule) 관세율표에 1만 7,000개 이상의 고유한 세번을 명시하고 있다. 이 관세율표에는 미국으로 들어오는 모든 상품에 적용되는 관세율과 품목 번호가 기록되어 있다. 이 관세율표 중 60% 정도는 한 상품이 한 가지 이상의 범주에 들어갈 수 있는 등, 그 의미가 명확하지 않다. 따라서 관세를 최소화하는 세번을 찾아내는 것이 매우 중요하며, 아주 높은 수준의 전문지식이 필요하다. 그와 비슷하게 수입 활동도 통관을 처리할 때 높은 수준의 전문지식이 필요하다. 세금과 관세의 계산 및 지불, 고위 관계자들과 의사소통 관리 등 이 과정에서 매우 광범위한 종류의 서류가 요구된다. 그러나 모든 기업이 이것이 가능할 정도의 역량을 지닌 게 아니다. 그래서 결국에는 **세관 중개인**(customs broker)을 고용하게 된다.

세관 중개인은 수입업자가 세관의 규정을 준수할 수 있게 돕는다. 이들은 수입업자에게 다음과 같은 측면에서 도움을 준다.

- 평가
- 자격
- 기간 연기
- 책임

민간 기관의 비용과 제약 개인 중개업자는 당연히 자신의 서비스에 맞는 요금을 부과한다. 그리고 이 요금을 책정하는 데 수많은 요소가 고려된다. 화물 운송업자에게는 운송 방식, 거리, 도착지, 무게, 부피, 가치, 계약 종류, 취급 요건, 요구되는 보안 정도에 따라 요금이 달라진다. 3PL이나 수출관리업자를 고용하는 것처럼 협력과 상호의존성의 정도를 바꾸는 것도 요금에 영향을 준다. 3PL은 자재 관리, 운영적, 정보적 시스템, 고객이 원하는 시스템의 구축 등을 계획하고 구축하는 것의 난이도에 따라 요금을 변동한다. 수출관리업자와 수출무역업자도 마찬가지로 소비재의 경우 10%에서 공업 제품의 경우 15% 이상까지 요금이 책정되고, 물품을 구입할 때 공급업자와 수출관리/무역업자의 소재국이 같을 때와 판매할 때 물품이 해외에서 얼마나 더 비싸게 팔리는지에 따라 요금이 할인되며, 해외의 무역 박람회에서 상품을 개시했거나 프로모션 비용을 선납했을 경우에도 요금을 달리 받는다.

중개업자를 고용한다면 어쩔 수 없이 수출업자는 운영의 일부를 포기해야 한다.

수출업자가 무역 중개업자를 고용한다면 어쩔 수 없이 화물의 통제, 상품의 포지셔닝, 가격 정책, 판촉물, 배송 일정, 고객 서비스의 권한을 일부 포기해야 한다. 계약 조건에 따라 중개업자는 이들 중 일부 혹은 전부를 관리한다. 이를 선호하지 않는 일부 수출업자는 결국 중개업자의 사용을 줄이게 된다. 다른 제조-구매 의사결정처럼 기업은 어디까지 통제하고 싶은지를 이에 발생하는 관리 비용과 비교하여 결정한다.[99]

정부의 지원, 언어 장벽의 와해, 긴밀해지는 연결성, 규정 완화, 전자상거래는 점점 수수료 기반 무역 중개업자의 경쟁력을 떨어트린다. 무역 거래가 점점 더 용이해지는 것도 있지만 직접 거래를 관리할 기업의 자신감과 역량이 늘고 있다. 이에 대응하여 민간 중개업자는 자사의 서비스에 혁신을 일으키고 개선한다. 일부 중개업자는 대량의 물품이나 원자재 상품을 운반하기보다 지정된 시장에서 특정 산업의 고가치 상품만을 집중적으로 운송한다. 또 다른 중개업자는 효율적인 서비스를 위해 산업 특정 전문지식을 강화하거나 최적화된 효율성을 위해 여러 제품군을 운송한다. 중개업자는 중소기업 고객이 더 신속하게 해외 시장에 진출하는 것을 보여주며 요금의 합리성을 주장한다.

도전과 기회의 조화: 수출 계획

14-8 수출 계획의 기준을 정의한다.

수출업자와 수입업자는 매력적인 시장을 찾는 것에서 국제 영업을 협상하고 상품을 운송하거나 운송받는 것과 다양한 생산적, 마케팅, 금융적, 물류적, 법적 책임을 관리해야 한다. 때로는 재정적 우려가 화물, 배송, 서비스 문제보다 심각한 것처럼 특정 책임은 다른 책임보다 더 큰 압박을 가한다. 이렇듯 여러 활동이 수익성에 미치는 영향력을 고려한 후 활동에 개입하거나 더욱 확대하는 것이 매우 중요하다. 성공적인 수출업자는 기업이란 실패하기 위해 계획하지 않고 계획하기를 실패한다는 생각을 가지고 **수출 계획**(export plan)을 수립한다.

국제 시장을 선택하는 것은 다음을 요구한다.
- 자원 배치
- 경영진의 효율성
- 운영적 유연성
- 재정적 안정
- 의사결정

수출 계획에서는 시장의 우선순위를 정하고 톱매니지먼트바이인(Top management buy-in, 최고 경영진의 지지)을 공식화하기도 하며 무역 활동을 조직하고 비즈니스 시나리오를 예측해보기도 한다. 목표를 정하고 전략을 결정하며 일정을 조정하는 과정은 기업이 자원을 가늠하고 역량을 개발하며 업무를 할당하고 통제 정도를 규정할 동기를 부여해준다. 철저하게 설계된 수출 계획은 경영진이 성과를 확인하고 실시간으로 단계를 수정할 수 있게 한다. 수출 계획은 자원을 활용하고 제약 요인을 관리하여 수출 활동을 시작하고 확장하고자 하는 기업의 의도를 보여준다. 언뜻 보면 수출 계획을 짜는 것이 어려워 보일 수도 있다. 하지만 수출 계획은 적은 분량으로 시작해서 점점 내용을 추가하는 식으로 작성할 수 있다. 표 14.4에서는 수출 계획을 구성하는 데 유용한 질문 몇 가지를 소개한다.

성공적인 요인 경영자는 투명하고 협동적인 환경에서 구성해야 더 효율적인 수출 계획이 나온다고 말했다. 물론 이것으로 성공이 약속되는 것은 아니다. 전략적인 계획은 어느 환경이든 어려울 수밖에 없는데, 국내 시장의 익숙함을 버리고 국제 시장의 변동성으로 가야 하는 상황에서는 더욱 힘들 수밖에 없다. 제3자의 검토는 수출 계획을 설계하는 데 큰 도움이 된다. 실제로 공공 기관에게 수출에 대한 금융적 지원을 받으려면 짜임새 있는 수출 계획이 필수이다.

표 14.4 수출 계획 과정의 효율을 높이는 방법

• 수출이 자사의 비전과 사명에 부합하는가?
• 자사는 정규 수출업자인가, 비정규 수출업자인가?
• 자사의 자원을 국내 사업 발전에 사용하면 더 효율적인 결과를 얻을 수 있는가?
• 수출이 경영, 생산, 재정, 마케팅 부분에 너무 큰 부담을 줄 것인가?
• 수출을 한다면 자사의 독점적 우위를 활용할 수 있는가?
• 자사의 내부화 우위가 수출에 도움을 주는가?
• 목표 수출 시장에 지리적 우위가 있는가?
• 현재 자사가 수출할 수 있는 수준의 자원, 능력, 역량을 가지고 있는가?
• 자사에 비하여 경쟁자의 판매 성과는 어느 정도인가?
• 자사의 상품을 운송하는 데 비용이 얼마나 드는가?
• 민간 기관과 공공 기관의 도움을 얼마나 받아야 하는가?
• 수출 계획을 설계할 때 정부와 민간 기관의 도움을 얼마나 고려해야 하는가?

전략을 계획하는 것은 힘들지만 그만큼 보상이 돌아온다. 계획을 할 때 이와 같은 질문을 던져보면 분석의 효율을 늘릴 수 있다.

미래 전망 기술이 국제무역을 바꾼다

국제무역의 거래 비용은 점점 줄어들고 있다. 운송과 통신 시스템의 발전도 무역의 비용을 줄이고 용이하게 하며 수출과 수입을 촉진한다. 또한 인터넷은 개인 간 접촉을 더 쉽고 빠르게 하도록 돕는다. 화물 목록, 통관 서류, 운송 양식 등 서류를 온라인으로 처리하여 물류 과정을 단순화한다. 함부르크와 시드니에서 사용되는 통관 관리 소프트웨어는 홍콩과 롱비치에서도 사용된다. 이렇게 기술의 발전 덕에 송하인, 운송 시설, 세관, 구매자와 판매자를 비롯한 점점 더 다양한 관계자가 무역의 흐름을 볼 수 있게 되었다. 전체적으로 국제무역이 더 효율적이고 유연하게 바뀌면서 기업의 수출과 수입의 선택지가 넓어진 것이다.

기술의 발전은 대기업과 중소기업 모두가 해외 구매자나 판매자와 접촉하는 방법 자체를 바꾸고 있다. 과거에는 가장 큰 성과를 얻는 것은 대기업이었다. 대기업은 우월한 자원, 역량, 능력을 통해 복잡한 상품, 자금, 정보의 관리를 해결할 수 있었기 때문이다. 이제는 기술이 무역 과정의 근간을 바꾸며 생긴 이점 덕분에 소규모 기업도 성과를 올릴 수 있게 되었다. 이들은 온라인, 소프트웨어, 물류 플랫폼의 발전 덕에 대규모의 국제 기업과의 차이를 극복할 수 있게 되었다. 실제로 현재는 거대한 예산을 사용할 수 있는 대기업과 다소 적은 양의 예산으로 운영해야 하는 중소기업을 구분하기 어려워지고 있다.

온라인 플랫폼

점점 더 많은 기업이 수출을 시작하고 확장하고자 온라인 기술을 사용한다. 이들은 정보를 모으고 상품의 자재를 구하며 공급업자를 찾고 거래 대금을 확보하며 상품을 홍보하기 위해 인터넷을 사용한다. 이제 기업은 가상 가치사슬을 구축하여 기반 지역을 벗어나지 않고 무역 거래를 처리할 수 있게 되었다. 이렇게 인터넷은 잠재적, 적극적 무역업자에게 사실상 무한한 자원을 제공한다.

기업은 인터넷을 통해 정부 제공 데이터, 온라인 카탈로그, B2B 거래 정보, 디지털 무역 게시판, 소비자 설문, 소셜 미디어, 무역 발간물, 무역가상박람회 등을 검색하여 수입할 상품을 찾거나 수출할 시장을 찾는다.

국가별 포털사이트와 웹거래소의 등장으로 인터넷 사용 트렌드가 가속화되고 있다. 일부 웹사이트는 소비자 대 소비자 전자상거래를 모방하여 온라인에서 바자회 같은 환경을 재현했다. 이 환경에서 무역업자는 상품을 가상 돗자리 위에 전시하고 지구 사방에서 온 잠재적인 소비자와 가격을 흥정한다. 예를 들어 인도의 상품을 수입하고 싶다면 www.trade-india.com을 접속해볼 수 있고, 유럽을 목표로 한다면 www.bizeurope.com의 잘 만들어진 무역 게시판을 보면 된다. 또한 tradekey.com, alibaba.com, 또는 go4worldbusiness.com을 통해 전 세계를 대상으로 탐색, 접촉, 거래 활동을 할 수 있다.

온라인 플랫폼은 무역업자에게 수출 트레이닝, 사이버 거래 기반 시설, 특별 국제 박람회, 무역가상박람회, 무역 전략의 제시 같은 다양한 서비스를 제공한다. 근본적으로 온라인 플랫폼은 한곳에 있는 판매자와 다른 곳에 있는 구매자를 연결하는 공통적인 목표를 지닌다. 이들은 실제로도 대나무 이쑤시개부터 크롤러 불도저까지 다양한 상품의 구매자와 판매자가 서로 만나고 거래 조건을 협상하며 거래를 체결할 수 있도록 강력한 B2B 수단을 제공하여 거래의 메커니즘의 발전을 도모한다.

전 세계의 중소기업이 인터넷을 사용하게 되면서 온라인 플랫폼을 사용하여 수출 비즈니스를 구성하는 경우가 많아졌다. 온라인 플랫폼은 소규모 기업이 서로 만날 기회를 제공해주는 것 외에도, 세계 곳곳의 소규모 기업으로 형성된 거대하고 탐색되지 않은 불모지의 문을 열어준다. 이러한 기업은 오랫동안 세계 경제의 보이지 않는 생산자 역할을 하며 거대 국제 기업이 주도하는 국제 공급사슬 안에서 거래하고 있었다. 하지만 이제는 소규모 기업도 온라인을 통해 판매자와 직접 만날 수 있는 시스템에 참여할 수 있게 되었다.

소프트웨어 플랫폼

지난 수년간 급증한 비즈니스 소프트웨어는 중소기업의 국제적 성과를 혁신적으로 바꿔놓았다.[100] 10명 미만의 직원을 고용한 소규모 수출업자도 관계자와의 연결을 위해 만들어진 소프트웨어를 사용하여 전 세계를 여행하지 않고도 해외 거래자와 사업할 수 있다. 예를 들어 미국의 중소기업인 에버텍컴퓨터는 전자상거래 웹사이트와 포털사이트를 구축하여 시장 영역을 확장했다. 에버텍컴퓨터는 전 세계 구매자를 확인할 수 있게 해주는 인터넷 프로그램 BuyUSA.com을 미국 상무부로부터 구매한 후 1년도 채 안 되어서 수출을 10개의 신규 해외 시장으로 확장했고, 각 거래액이 7만 5,000달러까지 치솟는 성과를 달성할 수 있었다. 심지어 2010년에 에버텍컴퓨터는 105개 국가에 수출하고 있다고 보고했다. 현재 에버텍컴퓨터는 200개 이상 국가의 고객에게 주로 웹을 통해 서비스를 제공하고 있다.

이제 중소기업도 해외 공장을 관리할 때 본래 다국적 기업을 위한 수단을 사용한다. 예를 들어 캘리포니아 기반의 GMN(Global Manufacturing Network)은 중화권 국가들에 소재한 독립적인 공장으로 이루어진 네트워크를 통해 각종 산업 장비를 생산하게 한다. 부품과 하위 조립품을 제공하는 고객은 GMN에게 하청을 주어 생산 일정, 품질 관리, 운송 물류를 관리하게 한다. 이러한 작업을 가능하게 하기 위해서는 온디맨드(on-demand) 기반의 확장 가능한 비즈니스 프로그램으로 주문을 추적하고 상품 완성 과정을 감독하며 네트워크 흐름을 관리해야만 한다.

물류 플랫폼

중소기업이 물류 시스템을 개선한다면 상품을 더 간단하고 저렴하게 더 많은 장소로 보낼 수 있을 것이다. 그리고 저렴한 최신 기술이 적용된 운송 서비스는 오랫동안 대기업의 전유물이었던 우위를 빼앗아간다. 이제는 소규모의 이름 없는 수출 기업도 국제적인 유명 운송 파트너와 협력하여 거대 다국적 기업의 물류 역량을 훨씬 저렴하게 어느 정도 따라잡을 수 있게 되었다. 중소기업도 대기업과 동등한, 어쩌면 더 우월한 물류적 유연성을 가질 수 있다. 내부 시스템에 의존하는 대기업과 다르게 중소기업은 화물 운송업자와 3PL을 비교하여 더 나은 선택지를 선택할 수 있다. 페덱스나 UPS의 편의성을 생각해보면 그 이점을 알 수 있을 것이다. 소규모의 국제무역업자는 이런 중개인을 고용하여 아시아 공장에서 유럽 고객에게 한 번도 직접 상품을 소유하지 않고도 상품을 보관하며 육상, 해상, 항공 운송이 가능하다는 것이다.

이렇듯 많은 발전이 이루어졌지만 아직 더 발전할 여지가 남아 있다. 3PL과 화물 운송업자는 인공 지능과 블록체인 기술 같은 새로운 방식을 접목하여 더 효율적인 운송을 달성하기 위해 노력 중이다. 화물 관리 플랫폼을 개선하면 선박에서 도착지, 그리고 최종 고객에게 배송되는 것까지 주문을 인도할 수 있을 것이다. 이 과정에서 물류 플랫폼은 비용, 결제, 통관, 도착지, 운송에 대한 데이터를 축적할 것이다.[101]

경쟁 조건의 평준화

거래에 활용되는 기술의 발달에 따라 온라인, 소프트웨어, 시장 및 물류 플랫폼이 개선되면서 국제무역의 경쟁 조건이 평준화되고 있다. 유비쿼터스 인터넷과 저렴한 클라우드 컴퓨팅 기술은 수출과 수입을 더욱 쉽게 만든다. 이렇게 발달된 도구가 자사의 문제를 해결해줄 수 있다고 믿으면서 대기업과 중소기업 모두 적극적으로 위험을 방지하고 기회를 잡는다. 무역에 기술이 접목되는 상황에서는 중소기업이 특히 더 번창할 수 있다. 또한 기술이 규모와 능력의 영향을 분리해준다는 것이 가장 중요하다. "고객은 우리의 규모를 판단할 수 없지만, 그것보다 우리의 능력을 제일 중요하게 생각한다"고 차이나매뉴팩처링(China Manufacturing)의 CEO가 설명했다.[102]

성공적인 수출업자는 정부 기관과 외부 중개업자의 도움으로 기회를 명확하게 볼 수 있고 문제를 미연에 방지할 수 있다고 설명한다. 커피앤드모어의 CEO는 수출을 하고 싶다면 깊이 고민해보고 관련 지식을 얻고 근처 미국 상무부 사무소의 도움을 받아 진행하라고 조언을 건내기도 했다.[103] 애널리티칼그래픽스의 국제영업책임자도 미국 상무부는 기업이 목표하는 시장에서 비즈니스하는 법을 알고 있으며 미국 기업이 거기서 성공하는 법도 알고 있으므로 혼자 뛰어들지 말고 미국 상무부의 지원을 이용하라며 자신의 기업도 이를 통해 소중한 시간과 자원을 아낄 수 있었다고 말했다.[104]

마지막으로 음과 양의 관계처럼 수출과 수입은 국제무역의 틀 안에서 대척점에 있지만 상호 보완적인 관계이다. 전략적이고 실용적인 면에서 수출 과정은 수입 과정과 유사한 면이 있다. 수출 계획에서 '수출'이라는 단어를 '수입'으로 변경해도 계획의 구조는 크게 변하지 않는다. 기업은 오히려 환경을 수입 상황이라고 바꿔 생각하면서 분석을 조정하고 사건을 해석하기도 한다.

연계무역

14-9 연계무역의 원칙과 관행을 이해한다.

현금이나 어음은 쉽고 빠르며 직접적이기 때문에 국제무역 거래에서 선호되는 결제 수단이다. 하지만 기업은 종종 구매자의 본국 통화가 환전이 불가능하거나, 보유액이 부족하거나, 신용도가 부족하거나, 정부가 엄격하게 통화를 통제하는 등, 구매자가 현금으로 대금을 지불할 수 없다는 어려움에 직면한다. 이럴 때는 어쩔 수 없이 무역을 위한 다른 수단을 찾아야 한다.

다음과 같은 예시를 살펴보자. 코카콜라(Coca-Cola)는 자사의 음료 시럽을 소련에서는 치즈와, 이집트에서는 오렌지와, 튀르키예에서는 토마토 페이스트와, 폴란드에서는 맥주와, 헝가리에서는 음료수병과 교환한다. 말레이시아는 자국의 팜유와 북한, 쿠바, 러시아의 비료 및 기계장치를 교환하고 모로코, 요르단, 시리아, 이란과도 비슷한 거래를 진행했다. 세계 최대 쌀 수출국인 태국에서는 중동 국가들과 쌀과 석유를 교환하고 있다. 보잉은 10대의 747 항공기를 사우디아라비아의 3,400만 배럴의 석유와 맞바꿨다. 중국 기업은 짐바브웨에 광산, 발전소, 댐을 건설하는 대금을 여기서 발생하는 수익으로 받기로 했다. 이런 방식을 **연계무역**이라고 한다. 보다 자세하게는 어음이나 현금을 사용하지 않거나 제한적으로 사용하는 거래를 연계무역으로 규정한다. 표 14.5에 흔하게 볼 수 있는 연계무역의 형태가 나열되어 있다.

연계무역이란 물물교환, 오프셋같이 판매자가 상품이나 서비스를 현금이나 어음 대신 받는 것을 허용하는 무역을 포괄하는 용어이다.

연계무역은 모두 공개가 되지 않기 때문에 전 세계적으로 얼마나 행해지는지 알기 어렵다. 비공식 정부 대 정부 거래나 위장 거래도 흔하게 발생한다. 세계적 연계무역은 2018년에 19조 5,000억 달러, 전 세계의 무역 중 10% 정도라고 추정된다.[105] 연계무역은 국가에 경제적인 어려움이 찾아왔을 때 증가한다. 특히 원자재 시장에서 많이 발생하는 경제적 버블이 연계무역을 지속될 수 있게 한다.

비용

연계무역은 비즈니스에서 효과적인 방법일 수 있지만 효율은 아주 낮다. 당연하지만 기업은 거래할 때 비교적 단순한 현금이나 어음을 선호한다. 현금과 어음이 사용되는 거래에서는 외환시세표만 있으면 거래 조건을 설정할 수 있다. 반면에 연계무역은 판매자와 구매자가 거래의 대금을 정하기 위해 쌀 몇 톤을 몇 대의 트랙터와 교환할 건지 정하는 것 같은 비시장 요소를 살펴봐야 한다. 이렇게 교환비를 정한다고 거래가 끝나는 것이 아니다. 각 상품의 품질이 떨어질 수도 있고 포장이 잘못되었을 수도 있으며 서비스하기 어려운 상품일 수도 있다. 결과적으로 연계무역은 가격, 재정, 품질 문제에 약할 수밖에 없다. 또한 간접적인 보호주의와 가격 담합으로부터 자유 시장의 힘을 시험한다.

개념 체크

4장과 5장에서 가난에 대해 논의했다. 이때 자원의 부족은 개인뿐만 아니라 국가에게도 영향을 미친다고 설명했다. 어떤 국가는 해외에서 상품을 사기 위해 필요한 외화를 보유하는 것도 힘들어한다. 그래서 이러한 국가는 외화가 부족하면 연계무역으로 거래 방법을 바꾼다.

이점

구매자가 현금이나 어음의 사용이 제한되거나 사용할 수 없다면 기업은 어쩔 수 없이 연계무역을 해야만 한다. 상황이 어려운 기업과 국가는 일자리를 창출하고 외환 보유액을 관리하며 무역관계를 형성하기 위해 연계무역을 사용한다. 연계무역은 국가가 운영 자금을 대출할 필요성을 줄이며 기업의

표 14.5 가장 흔하게 발생하는 연계무역의 형태

형태	설명
물물교환(barter)	현금과 어음의 사용 없이 상품과 동등한 가치를 지니는 다른 상품을 직접적으로 교환한다.
바이백(buyback)	판매자는 설비 구축에 필요한 자본이나 장비를 공급하고 해당 설비를 통해 생산된 제품으로 대금을 지급받는 것을 말한다. 예를 들어 화학 공장에게 장비를 수출했다면 화학 공장 측은 그 장비로 생산한 제품을 통해 대금을 납부한다.
오프셋(offset)	수출업자는 현금을 받기로 하고 제품을 판매한 후 수입업자가 대금으로 지급해야 하는 현금을 벌어들일 기회를 찾는 데 도움을 주는 것을 말한다. 대금이 아주 큰 거래에 주로 사용된다.
스위치 무역(switch or swap trading)	기업이 다른 기업에게 해외 국가에서 상품을 구매해야 하는 의무를 판매하는 행위이다. 보통 상품 운송 도중에 문서와 도착지를 바꾸는 방식으로 이루어진다.
대응구매(counter-purchase)	기업이 해외 국가에서 생산되는 특정 상품을 구매할 것이라는 약속을 하면서 상품을 판매하는 행위이다.

기술과 마케팅 전문지식을 사용할 수 있게 한다. 여기서 기업에게도 부실 채무를 정산하고 막혀 있던 자금의 흐름을 해결하며 좋은 관계를 쌓는다는 이점이 있다. 연계무역의 수락은 판매자가 선의와 유연성을 가지고 있다는 것을 알림으로써 미래에 시장 거래에서 우위를 점하도록 포지셔닝할 수 있게 한다.

CASE

인도에 진출한 아마존: 큰 잠재력을 가진 시장을 포착하다[106]

– 슈베타 샤르마(Shveta Sharma)

전자상거래는 소매 판매에 중요하고 필수적인 부분이 되었다. 디지털화가 촉진되면서 소비자는 온라인 거래를 더 선호하게 되었고, 2019년에는 19억 2,000만 명의 소비자가 상품이나 서비스를 온라인으로 구매한 것으로 나타났다. 최근 유엔무역개발회의(United Nations Conference on Trade and Development, UNCTAD)에서 시행한 설문 조사에 따르면 COVID-19 전염병의 확산이 온라인 쇼핑을 촉진했고, 특히 신흥 시장에서 이 효과가 부각되고 있음을 발견했다고 보고했다. 소비자가 스스로를 보호하고 사회적 거리두기를 실천하면서 인도의 경우 온라인 쇼핑이 68%나 증가하기도 했다.

전자상거래 플랫폼은 수천 명의 국내, 해외 상인을 한데 모으면서 지리적 인접성의 중요성을 줄이고 거래의 모델을 바꾸며 거래의 비용, 효율성, 가치에 큰 영향을 주었다. 이는 모든 국제무역 행위에서 상품의 가격, 범위의 경제, 기업의 이윤, 상품의 수출과 수입 측면에도 변화를 가져왔다. 전자상거래는 계산, 연구, 품질 관리, 회계, 광고 대행 같은 서비스에도 큰 영향을 끼쳤다.

인도에 아마존이 진출하다

아마존은 1998년에 인수한 온라인 쇼핑 웹사이트 Junglee.com을 통해 인도에 간접적으로 진출했다. 이케아(IKEA) 같은 단일 브랜드 소매유통업자는 100% 지분의 해외직접투자가 가능하지만 인도에서 아마존이 해당하는 멀티브랜드 소매유통업자는 법적으로 최대 51%까지만 가능하기 때문에 이런 진입 방식을 선택할 수밖에 없었다. 하지만 2017년 아마존은 이 웹사이트를 폐쇄하고 전자상거래에서 구매자와 판매자를 이어주는 플랫폼인 순수한 마켓플레이스 모델을 적용하기 시작했다. 이는 인도 정부가 전자상거래 소매유통업에서는 100% 투자를 허용했기 때문에 가능했다.

아마존은 자사의 브랜드 제품과 타기업의 브랜드 제품을 판매하는 아마존 매장, 제3자 비즈니스와 고객을 연결하는 온라인 마켓플레이스(B2B2C)라는 2개의 매우 다르지만 서로 매끄럽게 이어질 수 있는 쇼핑 장소를 연결했다.

인도를 선택한 이유

인도는 작은 마을에 살아 아직 소비할 곳이 부족한 잠재적 고객과 높은 할인율 및 합리적인 거래를 선호하는 문화, 쇼핑을 활성화하기 좋은 여러 축제 시즌의 존재, 디지털 지갑과 온라인 결제 시스템을 채택하는 트렌드 등 전자상거래를 적용하기 좋은 특성을 다수 보유하고 있었다.

인도는 인터넷 접근성이 증가하는 활기차고 변수가 많으며 발달 단계 초기의 소비자 시장을 대표한다. 빠르게 증가하는 인터넷 보급률, 탄탄한 스마트폰 사용자층, 사업 용이성의 개선은 인도를 투자하기 좋은 환경으로 만들었다.

인도의 전자 소매 시장의 규모는 350억 달러이며 2034년에는 미국을 앞지를 것이라고 예상되고 있다. 월마트는 인도 시장의 점유율을 높이기 위해 160억 달러를 들여 인도의 플립카트(Flipkart)의 다수의 지분을 구매하며 세계 최대의 전자상거래 인수 사건을 성사시켰다.

현재 인도의 주요 전자상거래 업체로는 플립카트, 아마존, 알리바바, 페이티엠(Paytm), 스냅딜(Snapdeal), 민트라(Myntra), 인디아마트(IndiaMart)가 있다. 31.9%의 시장 점유율을 확보한 플립카트의 뒤를 이어 아마존은 시장의 31%를 점유하고 있다.

인도의 소상공인 및 중소기업과 아마존글로벌셀링

2015년에 출범한 아마존글로벌셀링(Amazon Global Selling)은 전자상거래 플랫폼을 제공하는데, 구체적으로 미국, 영국, 캐나다, 아랍에미리트, 독일, 이탈리아, 멕시코, 브라질, 프랑스, 스페인, 네덜란드, 일본, 싱가포르 등 15개의 아마존의 국제 마켓플레이스를 통해 전 세계의 소비자와 연결해준다. 현재 6만 개의 인도 제조업체, 판매자, 수출업자가 이 플랫폼을 통해 전 세계의 고객과 접촉한다. 아마존글로벌셀링을 사용하기 위한 4단계 과정은 수출업자가 목표하는 시장의 소비자층의 특정 욕구를 충족시키기 위해 특정 상품의 수출을 결정하는 것에서 시작된다. 이 단계에서는 상품, 문화와 언어의 차이, 현지의 세금, 최적화된 광고, 규제, 법규 등을 고려해야 한다. 아마존은 수출업자를 돕기 위한 제3자 서비스도 제공한다. 기업이 상품을 아마존에 올리고 판매할 준비를 마치면 아마존은 웹 세미나를 통해 다양한 시장에 접근하는 방법과 전자상거래 수출의 중요성에 대해 조언해준다. 목표하는 시장에 따라 수출업자는 상품을 소비자에게 직접 배송할지 또는 FBA(Fulfillment by Amazon) 서비스를 이용하여 풀필먼트센터로 보낼지 선택할 수 있다. 또한 아마존은 물류 협력업체 목록을 제공하여 판매자의 국제무역을 돕는다. 아마존의 풀필먼트센터는 재고 파악과 상품의 보관, 선택, 포장, 운송, 24시간 고객 서비스까지 제공한다. FBA 서비스 사용에는 요금이 부과되는데, 이 요금은 상품의 종류, 크기, 무게 등에 따라 달라진다. 그리고 아마존은 해외 고객에게 상품을 2일 이내에 배송해주고, 수출업자는 인도 루피화로 대금을 지급받는다. 수출업자는 현지 통화로 가격을 통일하거나 아마존의 번역 서비스 같은 다양한 마켓플레이스 도구와 서비스를 통해 고객에게 다가갈 수도 있는데, 이는 국제 시장으로 확장하고자 하는 소규모 사업체에게 한곳에서 통합적인 다양한 솔루션을 제공한다.

아마존은 스스로 웹사이트 구축, 재고 관리, 물류, 마케팅을 원치 않는 수출업자에게 비용 효율적으로 국제 시장에 진출할 수 있는 수단과 수출 범위를 향상할 수 있는 간접적 유통 서비스를 제공한다. 인도에서 아마존글로벌셀링의 사용 고객은 수출업자, 중소기업, 브랜드 등 6만에 달하고 수출된 제품의 가치는 20억 달러를 넘었는데, 아마존은 이를 2025년까지 100억 달러로 늘릴 계획이다.

아마존글로벌서비스(Amazon Global Service)를 통해 인도로 수입되는 모든 상품은 해당 품목에 맞는 최신 수입 관세율표에 따라 관세가 부과된다. 예를 들어 인도에 수입되는 헤드셋은 10%의 기본 관세가 적용되며, 18%의 통합 간접세가 추가로 부과된다.

아마존과 인도의 소규모 기업

인도에는 제조업체, 물류 기업, 마케팅 기업, 서비스 제공자, 소비자가 존재하는 환경에서 다국적 기업과 소규모 기업이 공존한다. 아마존과 인도의 소규모 기업의 공생관계는 매출을 향상시키거나 소셜 미디어 노출을 높이고 소비자 경험을 증진하는 것을 목표로 한다. 아마존은 중소기업이 스스로 물류 관리를 하지 않을 수 있게 하여 빠르고 규모 있게 사업을 운영할 수 있도록 돕는다.

인도에서는 소상공인 및 중소기업이 전체 수출의 40% 정도를 차지하고, 1억 1,000만 명을 고용하며 인도 경제의 중추 역할을 하고 있다. 수출업자가 일자리를 창출하고 국가의 경제를 발전시키고 있는 것이다. 그리고 이 소규모 기업은 디지털화되면서 이윤 성장률이 2배로 늘어날 것으로 예측된다.

아마존의 대표인 제프 베이조스(Jeff Bezos)는 1,000만 개의 무역업자와 중소기업이 온라인 판매를 시작할 수 있도록 장려하고자 10억 달러의 투자 계획을 발표했으며, 수출 규모는 2025년까지 약 100억 달러까지 성장할 것이라고 예상한다. 그러나 많은 사람이 아마존인디아가 그 10억 달러를 정확히 어디에 투자할 것인지 의문을 가지고 있다. 아마존셀러서비스(Amazon Seller Service)의 부사장인 고팔 필라이(Gopal Pillai)에 따르면 아마존은 유망한 지역 제조업체를 위한 플랫폼을 개발하여 좋은 기회를 창출하거나 논의할 수 있는 인큐베이팅존을 형성할 계획이라고 한다. 디지털 하트(haat)가 도시, 마을, 지역사회에 배치될 것이고, 특히 제조업의 중심지에 들어설 것이라고 한다. 하트는 판매자가 이미징, 카탈로그 작성, 전자상거래 참여, 디지털 마케팅, 소규모 기업과 제조업체의 준법 감시 등 서비스를 활용할 수 있는 참여 가능한 공간이 된다. 이런 장소는 2025년까지 100여 개가 들어설 것이며 이는 소상공인 및 중소기업을 디지털화하고 국내와 해외 바이어를 연결시킨다. 필라이는 하트를 여러 부스가 있는 푸드코트에 비유했다. 그리고 하트의 일부 서비스는 무료로 제공될 예정이다.

아마존과 인도의 소비자

아마존의 글로벌하게 생각하고 로컬하게 활동하라는 글로컬 전략은 아주 광범위한데, 이는 판매자의 자전거나 오토바이를 이용한 도심과 교외 지역 배송, 이 배송을 위한 소규모 상점과의 제휴, 심지어 소상공인 및 중소기업 소유주에게 전자상거래를 홍보하면서 이동식 차 카트를 사용하여 음료를 제공하는 일까지 포함한다. 아마존은 배송 네트워크를 구축하고 소상공인 및 중소기업의 고객 연결을 돕기 위해 인도의 15개 주에 60개가 넘는 풀필먼트센터를 가지고 있다. 이 전략은 아마존이 이 산업에서 우월한 경쟁력을 유지하기 위해 필수적이다.

현재 인도에는 6억 8,800만 명의 인터넷 사용자가 존재한다. 닐슨(Nielsen)과 인도 모바일앤드인터넷협회(Internet & Mobile Association of India, IAMAI)에 따르면 2019년 11월 기준으로 도시 사용자보다 교외 지역 사용자가 더 많았지만, 소비자는 중소 규모 도시에 집중되어 있다고 한다. 인도의 전자 소매유통업의 발전은 자국어 기반 사용자 인터페이스와 음성 및 시각 기반 검색 옵션 같은 혁신에 의해 형성될 것이다.

아마존이 인도에서 겪은 고난

2019년에 인도 정부는 아마존의 경쟁 전략에 문제가 될 수 있는 새로운 전자상거래 법안을 규정했다. 새 법안은 외국인 소유 소매업체에서 자회사의 상품을 판매하는 것을 허용하지 않으며, 그들이 지분을 가지고 있는 기업의 상품도 판매를 금지한다. 아마존과 월마트는 전자상거래 기업으로서 미국 소비자에게 상품과 서비스를 직접 판매하고 있는데, 인도의 신규 법안으로 인해 해외직접투자자가 기존에 사용하던 재고 기반 모델을 더 이상 활용할 수 없게 되었다. 쉽게 말하면 아마존은 이제 자사의 상품을 자사의 온라인 마켓플레이스에서 판매할 수 없게 되었다는 것이다. 이 법안은 아마존 같은 거대기업과 경쟁할 수 없고 막대한 할인도 제공할 수 없는 아직 준비되지 않은 소매업체를 보호하기 위한 조치라고 볼 수 있다.

아마존은 이제 2020년 초에 전자상거래 서비스를 출범한 릴라이언스리테일(Reliance Retail) 소속의 지오마트(Jio Mart)와 경쟁하게 되었다. 지오마트는 소규모 상점과 파트너십을 맺고, 릴라이언스리테일이 상점들의 백엔드 운영을 담당할 수 있도록 POS(Point-of-Scale) 기계를 설치하는 등의 큰 계획을 진행하고 있다. 이 서비스 범주에서 경쟁업체의 주요 차별점은 서비스의 품질, 비용, 상품 카탈로그의 종류, 쇼핑 경험일 것이다.

인도의 소매유통업 시장에 진출하는 모든 다국적 기업은 반드시 무역 규정을 이해하기 위한 자원을 투입해야 한다. 이 시장은 확장 가능성이 어마어마한 기회를 내포하고 있지만 보호주의적 정부와 경쟁자의 존재라는 새로운 위협이 존재하기도 한다. 인도는 환경 개선과 글로벌 무역과 투자의 공정한 경쟁의 장을 위해 전자상거래 정책의 기준을 제정해야 할 것이다.

문제

14-3 아마존의 인도 진출을 독점적, 지리적, 내부화 우위 관점에서 분석해보라. 분석을 서술할 때 위 사례에서 제공된 정보와 최신 기사를 참고하라.

14-4 중소기업이 국제 소비자와 접촉할 때 아마존에 의존하면 비용이 발생한다. 이 비용은 무엇인가? 중소기업이 스스로 세계화를 진행하지 않고 비용을 지불하는 이유를 생각하여 서술하라.

14-5 확장과 인도의 경쟁자에 대한 생각을 아마존에게 제안해보라.

14-6 현재 인도 전자상거래 시장의 점유율 상황을 찾아보라. 아마존의 경쟁적 우위는 무엇이며, 어떻게 유지하고 있는가?

Chapter 15
직접투자와 협력 전략

학습 목표

15-1 수출과 수입이 기업의 국제경영 목표 달성에 충분하지 않을 수 있는 이유를 이해한다.

15-2 기업이 단독 해외직접투자를 하는 이유와 방법을 설명한다.

15-3 기업이 해외 시장에서 협력하는 이유를 인지한다.

15-4 국제적 제휴의 방식과 고려사항을 비교 및 대조한다.

15-5 국제경영에서 제휴가 실패하거나 성공하는 주요 원인을 파악한다.

출처: Eden Breitz/Alamy Stock Photo

▲ 독일 베를린의 멜리아호텔 입구

이길 수 없다면 함께하라. —*미국 속담*

CASE

멜리아호텔스인터내셔널[1]

– 피델 레온-다르데르(Fidel León-Darder)와 크리스티나 비야르(Cristina Villar)[2]

잠을 발명한 이에게 신의 가호가 있기를[미구엘 드 세르반테스의 《돈키호테(Don Quijote de la Mancha)》 중에서]

리 펑(Li Feng)은 베이징에서 13시간의 비행 끝에 런던에 도착했다. 런던은 MBA를 마친 이후 처음으로 떠나는 출장이자 중국 밖으로의 첫 여행이었다. 숙소인 멜리아화이트하우스(Meliá White House)에 들어가서는 너무 지친 나머지 샤워하고 방을 구경하는 것 외에는 아무것도 할 수 없었다(돈키호테의 말이 정말 맞았다). 그러나 리 펑은 너무 신나서 바로 잠에 들 수 없었고 머리맡에 있는 호텔 안내 책자를 훑어보다 이곳이 전 세계에 300개 이상의 호텔을 소유한 스페인 기업의 호텔이라는 것을 읽고 놀랐다. 안내 책자에는 대도시에 있는 (주로 사업가를 위한) 호텔부터 아주 깨끗한 해변가의 (주로 피서객을 위한) 호텔 사진이 담겨 있었다.

리 평은 1956년에 호텔 체인을 설립한 가브리엘 에스카레(Gabriel Escarré)의 사진에 흥미를 느꼈다. 에스카레는 겨우 21세 때 여행사에서 근무하며 얻은 지식과 저축한 돈으로 스페인 마요르카에서 호텔을 열었다고 적혀 있었다. 그날 밤 잠이 든 리 평은 멜리나비치리조트(Meliá beach resort)에서 휴가를 보내는 꿈을 꾸었지만, 에스카레가 어떻게 글로벌 호텔업계에서 멜리나의 입지를 다졌는지 궁금했다. 다음 5일간 그녀는 긴 시간을 일하며 보냈으며 약간의 관광을 마친 뒤 베이징으로 돌아갔다. 베이징과 런던은 시차가 있지만 다음 날 바로 일해야 했다. 그러는 중에도 틈틈이 쉬는 시간에 멜리나에 대해 조사했다. 그녀가 조사한 내용을 소개하겠다(15장 첫 페이지의 사진은 베를린 멜리나호텔의 사진이다).

스페인에서의 성장

가브리엘 에스카레의 첫 호텔은 마요르카에 있었다. 대부분의 기업가들이 익숙한 환경에서 사업을 시작한다는 것을 생각하면 그리 특이한 일은 아니다. 에스카레의 사업은 타이밍이 잘 들어맞았다. 당시 유럽인의 소득이 증가하고 있었으며 따뜻한 햇볕을 좋아하는 관광객을 위한 패키지 여행이 인기를 얻고 있었기 때문이다. 무엇보다도 에스카레는 호텔 경영에 대한 소질과 사업을 키우고 싶어 하는 마음을 모두 가지고 있었다. 에스카레는 스페인 발레아루스 제도와 카나리아 제도에 있는 부동산을 인수하여 처음에는 오텔레스마요르키네스(Hoteles Mallorquines)로, 이후 오텔레스솔(Hoteles Sol)로, 그다음에는 아직까지 많은 사람이 부르는 솔멜리아(Sol-Meliá)라는 이름으로, 마지막으로 2011년에는 멜리아호텔스인터내셔널(Meliá Hotels International)로 브랜드명을 바꾸며 성장했다. 사업 초기에 에스카레의 주요 고객층은 해변의 관광객이었다. 그러다 첫 해외 진출을 3년 앞둔 1982년에 사업 목적으로 방문한 여행객을 대상으로 하는 도시형 호텔로 다각화를 시작했다.

1984년에는 호텔 브랜드명을 솔(Sol)로 변경하고 스페인의 호텔 체인인 오타사(Hotasa)로부터 32개의 호텔을 인수하여 스페인의 도시 곳곳으로 사업을 확장했다. 3년 후 파레티(Paretti)로부터 멜리나를 인수하여 고객층의 다각화까지 추진했다. 당시 솔호텔은 대부분 3~4성급의 해변 호텔인 반면 멜리나의 호텔은 4~5성급의 도시 호텔이었다. 2000년에는 또 다른 스페인계 호텔 체인인 TRYP를 합병하여 호텔이 45개나 더 늘었다. 현재 멜리나는 스페인에서 가장 큰 호텔 기업이며, 스페인은 멜리나의 주요 사업 지역이 되었다.

해외 시장 확장

멜리나호텔의 43%는 스페인에 있지만 국제적으로 점차 빠르게 성장하고 있다. 이러한 해외 시장 확장 중 일부는 인수합병을 통해 이루어졌다. TRYP와의 계약에는 튀니지 임대 계약 8건과 쿠바 관리 계약 3건이 포함되어 있었다. 멜리나는 유럽 도시 지역에서 입지를 다지기 위해 1999년 런던의 화이트하우스(White House)를 인수하고, 2007년 독일의 인사이드인스(Innside Inns)를 인수했다(지도 15.1에서 멜리나호텔의 2018년 지리적 분포를 확인할 수 있다).

스페인에서 관련 경험과 전문지식을 습득한 멜리나의 첫 해외법인

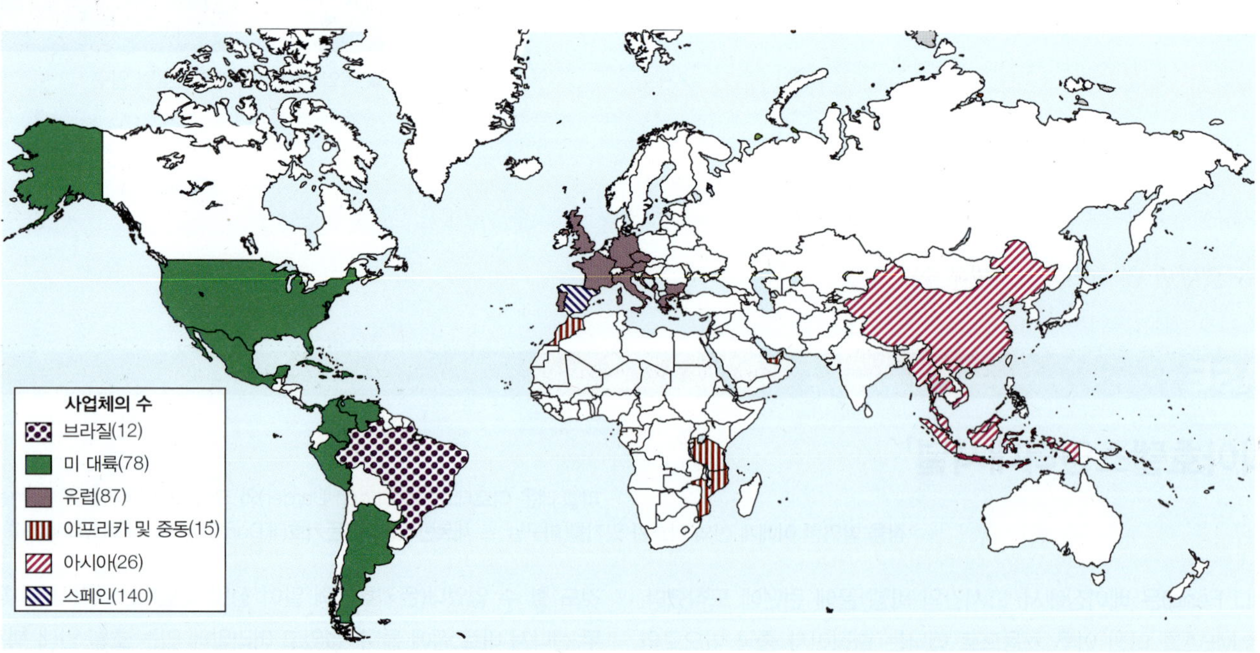

지도 15.1 멜리나 사업체의 지리적 분포

출처: *Meliá Hotels 2018 Integrated Consolidated Management Report*, pp. 17–18.

설립은 인도네시아 멜리나 발리의 합작투자였다. 멜리나 발리 합작투자는 많은 시간이 소요되고 복잡했으며, 현지 공급업체를 찾는 데 큰 어려움이 따랐다. 심지어 마요르카에서 자재를 보낼 때도 물류 및 수입 문제가 발생했다. 이후 멜리나는 중남미에 집중했고 서서히 다른 지역에도 관심을 가지게 되었다. 멜리나가 시도한 주요 해외 진출 사례를 통해 다양한 해외 진출 전략을 살펴보자.

쿠바

멜리나는 쿠바에서 34개 호텔을 운영하고 있다. 그러나 쿠바의 중앙계획적인 경제 체제로 인해 외국 호텔 그룹은 쿠바에서 호텔을 완전히 소유할 수 없기 때문에 호텔의 지분을 소유하고 있지는 않다. 따라서 멜리나는 쿠바의 공공 기관인 쿠바나칸(Cubanacán)이 호텔 부동산을 소유하고 멜리나는 호텔의 운영권을 가지는 계약을 체결했다.

쿠바 사업으로 인해 멜리나의 미국 시장 진출이 늦어지기도 했다. 미국 정부가 몰수당한 미국인의 쿠바 자산을 관리하는 등 쿠바와 사업하는 기업을 규제하고 있었기 때문이다. 미국에 진출하려면 멜리나가 쿠바에서 운영하는 호텔이 미국인에게서 몰수한 것이 아니라는 것을 증명해야 했다.

중국

멜리나의 아시아 시장 확장은 멜리나가 25년 넘게 시도했음에도 더디게 이루어졌다. 2009년 멜리나는 그란멜리나상하이(Gran Meliá Shanghai)를 10년간 관리하고 이를 10년 연장 가능한 계약을 체결했다. 그란멜리나상하이는 2009년에 최초로 중국에 진출한 스페인계 호텔이 되었다. 중국 최대의 호텔 체인인 진장(Jin Jiang)뿐만 아니라 하얏트(Hyatt), 메리어트(Marriott), 래디슨(Radisson) 등 비스페인계 국제 호텔 체인도 중국을 오랫동안 중요하고 성장세가 뚜렷한 시장으로 여겨온 것과는 대조적이다. 스페인 호텔 체인이 중국 시장의 잠재력을 몰랐기 때문에 오랫동안 중국 시장에 진출하지 않은 것은 아니었다. 실제로 중국 시장을 선점하기 위해 많은 사업이 그보다 10년이나 앞서 계획되었다. 그러나 스페인 호텔인 바르셀로호텔(Barceló Hotels)의 실패 사례로 인해 다른 스페인 호텔 체인은 중국 진출을 꺼리게 되었다.

멜리나의 주요 경쟁업체 중 하나인 바르셀로는 2000년 중국 국영 기업과 상하이인터내셔널컨벤션센터앤드호텔(Shanghai International Convention Center & Hotel)의 10년 관리 계약을 맺었다. 그러나 중국 측에서는 개업 8개월 만이자 호텔이 흑자를 달성한 지 6개월도 채 되지 않은 시점에 성과가 부적절하다며 일방적으로 계약을 해지했다. 2년간의 법정 싸움 끝에 바르셀로는 계약 위반에 따른 약간의 보상을 받을 수 있었으나, 이 사건으로 바르셀로는 씁쓸한 경험을 겪어야 했으며 스페인의 호텔업계에게 중국 정부는 외국 파트너로부터 충분히 지식을 습득한 후에는 계약을 파기할지도 모른다는 의구심을 주게 되었다.

멜리나의 중국 진출은 중국 기업 신톈[Xintian(Suntime)]과 함께 상하이호텔(Shanghai hotel)의 지분을 공유하는 쿠바나칸과 멜리나가 20년간 좋은 관계를 맺어온 덕에 가능했다. 그러나 거래를 성사시키기는 쉽지 않았는데, 협상이 시작되고 호텔이 문을 열기까지 무려 5년이 넘는 세월이 걸렸다. 게다가 운영 초기부터 멜리나와 호텔 소유주 사이에 마찰이 있었고, 결국 2013년에 계약은 파기되었다. 현재 호텔은 켐핀스키(Kempinski)라는 스위스 기업에서 운영하고 있다.

멜리나는 호텔 소유주 측과 마찰을 겪는 동안 중국에서 다른 사업의 확장 수단을 찾기 시작했다. 2011년에는 브랜드 이미지를 제고하고 중국 내 제휴를 확대하기 위해 상하이에 대표 사무소를 개설했다. 이어 진장과 중국 부동산 회사인 그린랜드(Greenland)와 공동 운영 계획을 발표했는데, 이는 각 제휴 당사자의 3개 호텔을 공동 관리할 수 있도록 하여 총 6개의 호텔을 공동으로 관리하는 내용을 담고 있다. 중국 파트너 측에서는 멜리나와 중국 3개 도시 호텔의 공동 관리 계약을 체결하는 대가로 각각 하나씩 독일, 스페인, 프랑스에 위치한 멜리나의 호텔 3개로 사업을 확장할 수 있게 되었다. 또한 각 제휴 당사자는 서로의 지식과 모범 사례를 공유하고 직원 훈련, 정보, 예약 시스템을 통합 및 개발하기로 합의했다.

윈덤과의 관계

멜리나는 윈덤(Wyndham)의 평판과 시장지식을 활용하여 북미 진출의 발판을 마련하고자 계약을 체결했다(윈덤은 75개국에 7,700여 개 호텔과 15개 브랜드를 보유한 세계 최대의 호텔, 관광 산업 기업이자 호텔 프랜차이즈 중 하나이다). 멜리나는 윈덤과의 계약을 통해 TRYP를 브랜드를 매각했는데, 부동산을 판매하지는 않은 채로 브랜드만 매각했다. 이때 거래된 호텔은 TRYP바이윈덤(TRYP by Wyndham)으로 리브랜딩되었고, 멜리나는 20년 동안 TRYP바이윈덤 브랜드를 이용하는 모든 호텔의 프랜차이즈 업체가 되었다. 윈덤은 멜리나의 예약 시스템에 동일한 호텔이 있음에도 불구하고 유럽과 남미 지역의 중견급 브랜드에 대한 예약 서비스를 확대함으로써 이익을 가져갈 수 있었다. 이후 TRYP바이윈덤은 21개국에서 문을 열었다.

국제 호텔 운영 방식

호텔 산업은 생산과 소비를 분리할 수 없는, 이른바 '소프트 서비스(soft service)'에 해당한다. 관광객은 일반적으로 자신이 외국에 대해 생각하는 것과 유사한 분위기의 호텔을 원하지만 동시에 브랜드의 어느 호텔에서나 비슷한 수준의 서비스와 편의 시설을 이용할 수 있을 것으로 기대한다. 따라서 대부분의 경우 현지에서 운영 방식을 조정할 필요가 있다.

호텔 산업은 투자 비용이 높고, 소유권과 운영권이 분리될 수 있는 몇 가지 독특한 특성이 있다. 따라서 기업은 호텔 서비스의 일부를 제

3자가 관리하는 것처럼 다양한 운영 방식을 채택할 수 있다.

호텔 운영 방식을 구분하려면 호텔 체인의 해외 사업 통제 수준을 살펴볼 필요가 있다. 통제 수준은 서로 다른 4개의 차원으로 구분할 수 있다.

1. 호텔의 일상적인 관리(직원 채용 및 배치, 필요 물품 확보)
2. 물리적 자산(주로 재산 소유권과 유지 관리)
3. 효율성과 효과 추구를 위한 조직 문화 및 시스템 같은 기업의 일상적이고 암묵적인 요소
4. 브랜드나 예약 시스템 같은 기업의 형식지(codified asset)

이러한 요소에 대한 통제권은 호텔의 운영 방식에 따라 국제 호텔 체인이나 기타 계약 당사자에게 있을 수 있다. 이러한 네 가지 차원에 대한 자본적 기여 수준은 단독 투자(대개 직접투자), 공동 투자(대개 지분형 합작투자 형태로 이루어지는데, 멜리나와 진장이 체결한 것과 같은 비지분형 합작투자도 존재한다), 비지분 협정(라이선싱, 관리 계약, 턴키 프로젝트, 임대)으로 범주화할 수 있다.

운영 방식을 혼합하여 사용할 수도 있다. 예를 들어 TRYP바이윈덤의 경우 일부 호텔을 멜리나가 소유하고 있으며, 윈덤에게서 브랜드명의 사용료를 받고, 해당 호텔은 윈덤과 멜리나의 예약 시스템에서 모두 예약이 가능한 구조로 되어 있다. 지분 없이 운영 관리로 인한 수익만을 가져가는 경우도 있다. 그란멜리나상하이호텔은 중국과 쿠바 기업의 합작투자로 설립되었으며, 멜리나(이후 켐핀스키)에 일상적 운영권을 부여하는 관리 계약과 멜리나의 브랜드명 및 예약 시스템을 사용하기 위한 프랜차이즈 계약을 체결했다.

다른 기업과 파트너십을 체결할 경우 운영 방식에 상관없이 각 당사자는 잠재적 경쟁자를 양산할 위험을 가진다. 상대방이 자사의 지식과 같은 핵심 자원을 획득할 수 있기 때문이다. 그러므로 멜리나도 다른 회사와 마찬가지로 파트너의 그러한 기회주의적인 행동을 방지하고자 노력한다. 주로 브랜드와 예약 시스템 같은 형식지를 통제하며 법적으로도 보호받는 이를 다른 회사에 양도하지 않는다. 멜리나는 수십 년 동안 브랜드 인지도와 평판을 발전시켜왔기 때문에 새로운 브랜드는 멜리나의 브랜드 이점을 압도할 수 없다. 호텔 브랜드의 가치는 고객의 경험에 달려 있고, 물리적 자원과 직원의 행동 모두가 고객의 의견에 영향을 미치므로 멜리나의 명시지는 암묵지와도 밀접하게 연관되어 있다. 물리적 자원은 경쟁 기업이 막대한 자금을 바탕으로 쉽게 따라할 수 있으나 인간의 학습은 사람 대 사람으로 이루어지기 때문에 인적 자원은 모방하기 어렵다. 호텔을 운영할 때 손님을 맞이하는 것부터 침대를 정돈하고 재고를 관리하는 것에 이르기까지 모든 과정의 학습은 아주 중요하며 운영 효율성과 평판에 영향을 미친다. 더욱이 시간이 지남에 따라 이러한 행동은 기업 문화의 핵심 정수가 된다.

멜리나 운영 방식의 변화

앞서 본 것처럼 멜리나는 계속해서 다양한 운영 방식을 만들고 사용했다. 그러나 항상 멜리나가 운영 방식을 선택할 수 있었던 것은 아니었다. 가브리엘 에스카레가 첫 호텔을 개업했을 때 다른 호텔 소유주에게서 브랜드나 예약 시스템을 제공한 수익을 얻지는 않았다. 또한 국제화 이전에 스페인에서 사업을 성공적으로 확장하며 30년간 명성을 쌓았다.

게다가 멜리나의 초기 국제화는 이미 해외 사업을 진행 중인 스페인 기업 TRYP와 독일 기업 인사이드인스를 인수한 것처럼 인수합병을 통해 이루어졌다. 덕분에 멜리나는 양질의 호텔을 운영하는 기업이라는 명성을 획득했으며, 외국인의 호텔 소유를 제한하는 국가로 확장하고 자본투자 없이 사업을 늘리는 등 다른 기업과 공동으로 자본을 투자하거나 자본투자를 하지 않으면서도 사업을 확장할 수 있었다.

멜리나가 사업을 확장한 이유는 무엇일까? 사업 규모가 클수록 공급업체와의 물류와 교섭력, 예약 시스템의 확대와 종업원 훈련 시스템 등의 측면에서 경제성이 생기기 때문이다. 잠재 고객이 큰 호텔 체인을 더욱 익숙하게 느낀다는 마케팅 측면의 이점도 있다.

멜리나의 현재와 미래

현재 멜리나는 그란멜리나, 미바이멜리나(ME by Meliá), 파라디수스(Paradisus), 인사이드바이멜리나(Innside by Meliá), TRYP바이윈덤, 솔호텔, 클럽멜리나(Club Meliá) 등 명성 있는 브랜드로 구성되어 있다. 멜리나가 호텔을 인수했을 때 기존 브랜드는 이미 저마다의 인지도와 가치를 가지고 있었기 때문에 이를 유지하고 관리하는 것이 중요했다. 그럼에도 불구하고 멜리나는 기존 브랜드의 인지도와 멜리나를 연결하고 있다(인사이드바이멜리나나 멜리나화이트하우스가 그러한 맥락에서 붙여진 이름이다). 사실 멜리나는 자사의 브랜드 거의 대부분에 멜리나라는 이름을 붙이고 있다. 오랫동안 고급 호텔에서 사용된 덕에 이름 자체가 가지는 명성이 있기 때문이다. 또한 모든 브랜드가 동일한 예약 시스템을 사용하도록 하여 추가적인 브랜드 연계를 꾀하고 있다. 그렇지 않은 브랜드는 다른 틈새시장을 공략하고 있다.

최근 아프리카나 중동 같은 국가로 사업을 확장할 때는 현지나 해외 파트너와의 제휴를 활용한다. 대개 파트너는 부동산을 건설하여 소유하고 멜리나는 새 호텔의 설계와 후속 관리에 참여한다. 미국에서는 부동산 소유주에게 수입원을 보장하는 장기 임대 계약을 체결하기도 했다. 부동산 소유주 측은 지분으로 인한 위험을 부담하고 멜리나는 운영 위험을 부담하는 방식이다. 전반적으로 멜리나의 운영 방식은 지분형에서 비지분형으로 전환하는 모습을 보인다(표 15.1 참조).

멜리나의 예약 시스템은 베네수엘라처럼 인플레이션이 심하고 환전과 송금 문제가 있는 나라에서 사업을 운영하는 데 도움이 되었다. 멜리나의 예약 시스템을 통해 인터넷 예약자들도 비용을 현금으로 지불할 수 있었기 때문이다.

표 15.1 멜리나 운영 방식의 변화

운영 방식/기간	1985~1995	1996~2005	2006~2015	2016~2018
임대	1.56	8.68	16.67	17.00
프랜차이징	10.94	13.24	8.97	15.00
관리 계약	76.56	62.56	57.69	67.00
지분형 해외직접투자(FDI)*	10.94	15.53	16.67	1.00
계	100.00	100.00	100.00	100.00

*지분을 완전히 소유한 경우와 일부만 소유한 경우 모두 포함

멜리나는 더 많은 국가에 진출하고 이미 진출한 국가에도 더 많은 호텔을 추가하여 세계적으로 더욱 성장할 것으로 예상된다. 또한 하드록카페(Hard Rock Café) 및 플린트스톤스(Flintstones) 같은 기업과 멜리나의 브랜드를 연결하고자 관심을 보이고 있다. 이토록 많은 일은 멜리나 혼자 단독으로 이루어내기 어렵다. 그리고 자본이 충분하더라도 유럽(특히 스페인)과 기업 환경이 매우 다른 곳에서는 멜리나가 단독으로 사업하기를 원하지 않을 수 있다. 따라서 멜리나 미래의 핵심은 비지분형 투자의 활용에 있다.

잠재력이 높은 시장에서 성장 전략의 일환으로 멜리나는 최근 몇몇 아프리카 및 중동 국가에 진출했으며, 레저 여행객과 비즈니스 여행객 모두에 중점을 두며 다른 국가에도 관심을 표했다. 아시아에서는 근 몇 년간 입지를 2배로 늘렸고, 몽골과 미얀마 등 새로운 국가에서도 계약을 발표했다. 최근 중남미 지역에서는 폭넓은 현지 경험을 가진 TRYP바이윈덤 브랜드를 통해 성장을 이어오고 있다.

2018년 멜리나의 신규 사업 중 3분의 2 이상이 관리 계약을 통해 이루어졌으며, 임대 및 프랜차이즈 계약이 그 뒤를 이었다. 따라서 2020년의 저변 활동 계획(low plan)에 따른 비지분형(non-equity) 운영의 활용을 위해 신규 프로젝트 95% 이상이 스페인 외부에서 이어질 것이며, 그 대부분은 개발도상국에서 이루어질 것이다. 유럽에서는 새로운 브랜드를 출시하여 유럽의 주요 도시에서 사업을 강화할 계획이다. 멜리나는 아프리카 및 중동에서 사업 확장을 목표로 하고 있으며, 그곳의 호텔이 미두바이(ME Dubai)와 같은 훌륭한 국제적인 모범 사례가 될 것으로 기대한다. 중남미 지역에서는 현지 경험이 풍부한 TRYP바이윈덤를 통해 성장하고 있다. 멜리나는 아시아·태평양 지역과 중국에서 계약 방식을 통한 성장을 지속하여 카리브해 지역과 비슷한 규모까지 사업 규모를 확장할 계획이다.

베이징으로 돌아온 후의 약 1년을 되돌아보면 리 펑은 거의 쉬지 않고 일했으며 더 이상 여행을 가지도 않았다. 계약상으로도, 육체적으로도, 정신적으로도 그녀는 휴가를 떠날 준비가 되어 있다. 그녀는 런던에서 가져온 호텔 안내 책자를 뒤돌아보고 하얀 모래사장과 푸른 바다 앞 나뭇잎에 반쯤 가려진 호텔의 사진을 바라보았다. 그녀는 생각했다. '일은 잊어버리고 이렇게 아름다운 곳에서 시간을 보내는 게 좋지 않을까?'

문제

15–1 멜리나가 호텔을 소유할 때와 다른 기업이 소유한 호텔을 관리할 때 각각의 이점은 무엇인가?

15–2 멜리나가 진장과의 비지분 합작투자를 통해 얻을 수 있는 이점과 위험에 대해 논하라.

그림 15.1에서 볼 수 있듯이 기업은 해외 시장에서 자사의 국제적 목적과 전략을 수행하기 위해 적합한 진입 방식을 선택한다. 이러한 전략은 **진입 전략**이라고 불리기도 하는데, 기업은 시장 진입 이후 전략을 변경하는 경우가 빈번하기 때문에 **운영 방식**이라고 하는 편이 더 좋다. 14장에서는 국제경영에서 가장 일반적이고 기업이 선호하는 방식인 수출과 수입에 대해 이야기했다. 그러나 강력한 특정 요인으로 인해 수출입보다 다른 방법이 더 실용적일 수 있다. 이러한 경우 기업은 수출입 대신 생산 설비 설립, 인수, 다양한 유형의 제휴를 통해 일부나 전체 생산을 해외에 의존할 수 있다.

기업은 해외 시장의 기회를 활용하기 위해 다음과 같은 선택을 할 수 있다.
- 전적으로 자국 생산에만 의존
- 대부분의 운영 방식에 의존
- 해외 생산을 위해 서로 다른 운영 방식 결합

그림 15.2는 기업이 선택할 수 있는 해외 사업 운영 방식을 보여준다. 해외 사업 운영 방식은 해외 생산을 하는지 여부와 해외 생산을 한다면 지분을 소유하고 있는지, 지분을 다른 기업과 공동으로 소유하고 있는지 여부에 따라 분류할 수 있다. 해외 사업 경험이 많은 다국적 기업은 기업의 역

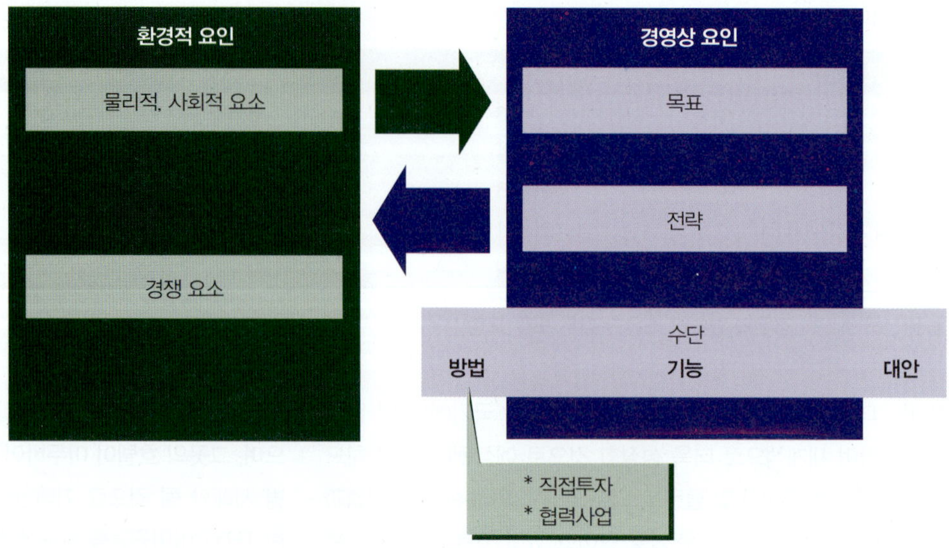

그림 15.1 국제경영에서 운영 방식에 영향을 미치는 요인
기업이 해외 사업을 수행할 때 독자적으로 사업을 진행할 수도 있고, 다른 기업과 협력할 수도 있다. 그 여부는 법적 규제, 위험 수준, 적합한 파트너의 존재 여부 등 외부적 요인과 기업의 목표, 전략, 역량과 같은 내부적 요인에 따라 결정된다.

소유권	생산 입지: 본국	생산 입지: 해외
지분 협정	a. 수출	a. 단독투자 b. 다수지분투자 c. 합작투자* d. 지분 제휴
비지분 협정		a. 라이선싱 b. 프랜차이징 c. 관리 계약 d. 턴키 방식

그림 15.2 해외 시장 확장: 운영 방식의 선택
기업은 해외 사업을 위해 지분 협정을 체결할 수도, 비지분 협정을 체결할 수도 있다. 수출은 본국에서 상품의 생산이 이루어지지만, 이외의 모든 형태는 상품을 해외에서 생산한다. 우측 하단에 보라색으로 표시된 방식은 협력에 의한 방식이다. 운영 방식은 어느 곳에서든 복수의 방식이 채택될 수 있다.
*합작투자는 비지분투자인 경우도 있으나 지분이 있는 합작투자 방식이 더욱 일반적이다.

량과 제품, 해외 시장의 특징에 따라 다양한 운영 방식을 선택한다. 멜리나가 중국과 쿠바의 기업이 공동 소유한 상하이호텔의 관리 계약을 체결한 사례처럼 다양한 방식을 결합할 수도 있다. 이 장에서는 먼저 수출입이 적합하지 않아 해외 생산이 이루어지게 되는 원인을 살펴보자.

수출입이 적합하지 않은 경우

15-1 수출과 수입이 기업의 국제경영 목표 달성에 충분하지 않을 수 있는 이유를 이해한다.

기업이 상품을 수출하는 것보다 해외에서 생산하는 것이 더 이로운 여섯 가지 상황을 알아보자.

1. 국내보다 해외 생산 비용이 저렴한 경우
2. 재화나 서비스의 운송 비용이 너무 큰 경우
3. 본국 내 설비가 충분하지 않은 경우
4. 해외 소비자의 수요에 맞도록 제품이나 서비스를 변경할 필요가 있을 경우
5. 현지 정부가 외국 제품의 수입을 금지할 경우
6. 구매자가 특정 국가의 제품을 선호할 경우

본국보다 해외의 생산 비용이 더 저렴한 경우

기업이 해외 고객이 원하는 제품과 서비스를 제공할 수 있다고 하더라도 본국에서의 생산 비용이 너무 높을 수 있다. 이때 해외에서 제품을 생산하여 비용을 절감할 수 있다. 예를 들어 자동차 시장이 성장 중인 튀르키예의 경우 다국적 기업의 입장에서 튀르키예에서 자동차를 생산하는 것이 본국에서 생산한 자동차를 튀르키예에 판매하는 것보다 저렴하다. 튀르키예의 숙련된 노동자와 유능한 기술자는 하루에 더 오랜 시간을 근무하기 때문이다. 따라서 많은 자동차 기업과 자동차 부품 기업은 튀르키예에 생산 공장을 설립하여 제품을 판매한다.[3]

상품이나 서비스의 운송 비용이 너무 높은 경우

운송 비용이 과하게 높은 경우 상품과 서비스 수출에 걸림돌이 된다. 일반적으로 생산지와 멀리 떨어진 시장일수록 운송 비용이 증가하게 되는데, 생산 원가에서 운송 비용이 차지하는 비중이 높을수록 수출 시장 개척이 어려워진다. 청량음료의 경우 해외 운송 비용이 생산 원가의 상당한 부분을 차지하기 때문에 수출을 통해 판매하는 경우 판매 가격이 너무 높아진다. 반면 시계와 같은 제품은 생산 원가에서 운송 비용이 차지하는 비중이 낮기 때문에 수출이 용이하다. 이에 롤렉스(Rolex)와 세이코(Seiko) 같은 기업은 각각 스위스와 일본에서 시계를 생산하여 해외로 수출한다.

개념 체크

6장에서 주로 운송 비용이 높아 수출이 거의 일어나지 않는 제품이나 서비스를 일컫는 비교역 상품의 개념을 확인할 수 있다.

본국 내 설비가 충분하지 않은 경우

초과설비가 있는 기업은 효과적으로 상품을 해외에 수출할 수 있다. 실제로 초과설비가 있다면 해외 판매용 제품 생산으로 고정 비용이 분산되기 때문에 단위당 평균 생산 비용이 하락한다. 예를 들어 폭스바겐(Volkswagen)은 전 세계에 판매할 뉴비틀(New Beetle)을 생산할 첫 공장을 멕시코에 세웠다. 공장 설비가 수요를 따라가지 못하게 되자 두 번째 공장을 유럽에 세웠고, 멕시코에서 생산된 제품은 인근 시장에 판매하여 유럽으로의 물류 비용을 줄일 수 있었다.[4]

본국에서 초과 설비가 있는 경우 대개 기업은 직접투자보다 수출을 선호하고, 단위당 생산 비용 감소로 수출 경쟁력을 확보할 수 있다.

제품이나 서비스를 변경해야 할 경우

해외 판매를 목적으로 제품을 변경하려면 추가적인 투자가 필요하다. 예를 들어 우리나라 기업이 영국에 자동차를 판매하려면 핸들을 오른쪽에 배치하는 조립라인을 추가해야 한다. 조립라인을 추가하는 투자를 해야 한다면 해당 생산 설비를 영국 근처에 배치할 수도 있다.

해외 시장에 맞게 제품을 더 많이 변경할수록 일부 생산이 해외로 이전될 가능성이 높다. 월풀(Whirlpool)은 미국에서는 대부분 110볼트를 사용하는 대용량 세탁기를 생산해왔으나 유럽의 경우 220볼트의 저용량 세탁기를 선호한다는 것을 알게 되었다.[5] 월풀은 이러한 국가별 상품 선호도 차

해외 시장에 맞춘 제품 변경은 추가 투자를 필요로 하고, 제품의 해외 생산으로 이어질 수 있다.

이를 고려하여 미국과 유럽 모두에서 제품을 생산하게 되었다.

수입에 대한 제한이 있는 경우

개념 체크

8장에서는 정부가 무역 장벽을 완화하는 이유를 살펴볼 수 있다. 무역 장벽의 완화에도 불구하고 수출 기업은 여전히 다양한 규제에 직면하며, 그중 일부는 해외 생산을 유인한다.

수입 장벽을 낮췄다고 하더라도 아직 많은 장벽이 존재한다. 따라서 기업이 해외 판매를 원한다면 해외 생산이 필요할 수 있다. 일례로 인도의 높은 수입차 관세를 피하고자 많은 자동차 기업이 인도 시장 판매용 자동차를 인도에서 생산한다.[6]

경영자는 해외 시장의 규모, 필요한 생산 기술 등 다른 요소와 함께 수입 장벽을 확인해야 한다. 예를 들어 수입 규제는 자동차 제조 기업이 브라질에 진출하도록 하는 데 큰 영향을 미쳤다. 반면에 유사한 규제가 중미 지역에서 시행됐을 때는 중미 지역의 시장 규모가 작았기 때문에 효과적으로 작용하지 않았다. 그러나 중미 지역에서도 의약품 산업처럼 규모가 작고 기술이 적게 필요한 시장에서 효율적인 산업의 수입 장벽은 외국 기업의 투자를 성공적으로 유인했다.

지역무역협정이나 양자무역협정 또한 역내에 더 큰 시장을 창출하여 대규모 생산을 가능하게 하기 때문에 직접투자를 유인하는 역할을 한다.

원산지 효과가 있는 경우

소비자는 다음의 경우 특정 국가의 상품을 선호한다.

- 민족주의
- 특정 국가의 상품이 더 낫다고 생각하는 경우
- 수입 제품이 제때 공급되지 않을 수 있다고 우려되는 경우

특정 국가에서 생산된 제품에 대한 소비자의 구매 선호도는 생산 입지 선택에 영향을 미친다.[7] 소비자는 민족주의로 국내 제품을 선호할 수 있으며, 독일 자동차나 이탈리아의 패션 상품처럼 특정 국가의 제품이 우수하다고 생각할 수도 있다.[8] 또는 수입품이 원활히 공급되지 않는 상황을 우려할 수도 있다. 따라서 호주와 미국 등의 국가는 소비자가 구매 결정을 내릴 때 원산지 정보를 고려할 수 있도록 많은 제품에 원산지 표시를 의무화한다.[9] 이에 더하여 JIT(적시 생산 시스템)를 사용하는 기업은 부품을 빠르고 안정적으로 납품할 수 있는 인근 업체를 선호한다. 이러한 경우 기업은 제품이나 서비스의 수요가 있는 곳 인근에 생산 시설을 배치할 수 있다.

기업이 단독투자를 하는 방법과 이유

15-2 기업이 단독 해외직접투자를 하는 이유와 방법을 설명한다.

수출이 불가능한 경우 기업은 해외 진출을 위해 해외 법인의 지분을 보유하거나, 다른 기업과의 계약을 통해 제품과 서비스를 생산할 수 있다. 이 장에서는 이러한 두 가지 방식에 대한 방법과 이유에 대해 논한다. 그림 15.2는 지분형 및 비지분형 협정과 단독투자 및 그 외의 경우를 구분하고 있다.

단독투자를 하는 이유

일반적으로 기업이 지분을 더 많이 확보할수록 의사결정 과정에서 더 큰 발언권을 가진다. 그러나 지분이 많이 분산되어 있다면 소수의 지분만으로도 큰 힘을 얻을 수 있다. 그러나 정부가 소액 지주를 보호하므로 투자 기업은 지분을 100% 확보하여 원하는 대로 피투자 기업을 관리하고자 한다. 단독투자를 통해 피투자 기업을 통제하고자 하는 이유는 시장 실패, 내부화 이론, 전유성 이론, 글로벌 전략 추구의 자유의 네 가지로 설명할 수 있다.

시장 실패 피투자국의 환경과 제도에 익숙한 기업과의 제휴(collaboration)는 해외 진출에 따른

외국인 비용을 감소시킬 수 있는 좋은 수단이다. 그러나 이는 피투자국 환경에 대해 지식이 풍부하고 투자 기업의 기술을 효율적으로 다룰 수 있는 역량을 갖추며 수용 가능한 조건을 제시하는 파트너가 있을 때에만 가능하다.[10] 그렇지 않으면 적합한 파트너를 찾는 데 시장 실패가 있을 수 있다. 만약 외국인 비용을 극복할 수 있는 운영상의 우위가 있다고 판단한 경우에는 투자 기업의 **내부 위계**(internal hierarchy) 내에서 해외(현지) 활동을 관리해야 한다.

내부화 **내부화**(internalization)는 해외 사업에 필요한 기능을 기업 내부에서 처리하는 것이다.[11] 내부화라는 개념은 거래 비용 이론에서 유래했다. **거래 비용 이론**에 따르면 기업은 특정 기능을 내부화하는 것과 외부에서 거래하는 것 중 더 저렴한 방식을 추구한다. 내부화는 다음 네 가지 이유로 필요한 비용을 절감한다.

1. 같은 기업 내의 각 사업부는 상호 소통을 윤활하게 해주는 공통의 기업 문화를 공유하고 있을 확률이 높다. 경영진은 신뢰, 통일된 용어, 공유된 지식이 성공적인 협력으로 가는 핵심 요소라고 결론지었다.[12]
2. 기업의 목표를 이해하고 수행하기 위해 최선을 다하는 내부 관리자를 활용할 수 있다. GE(General Electric)가 헝가리 기업인 텅스램(Tungsram)을 인수했을 때에도 GE의 관리자를 핵심 직책에 배치한 덕에 텅스램을 통제하고 변화를 촉진할 수 있었다.[13]
3. 기업은 제휴 상대방의 책임과 보상에 관한 장기간에 걸친 협상을 피할 수 있다. 이러한 협상은 합의에 도달할 것이라는 보장 없이 몇 년간 계속되기도 한다.[14]
4. 기업은 발생 가능한 강행 문제(enforcement problem)를 회피할 수 있다. 록시땅(L'Occitane)과 버버리(Burberry's)는 생산 라이선스를 구매한 업체가 생산 초과분을 비명품 유통업자에 판매하여 브랜드 이미지를 낮추지 못하도록 싸워야 했다.[15]

전유성 **전유성 이론**(appropriability theory)은 경쟁자가 자원에 접근하지 못하도록 막는 것에 대한 이론이다.[16] 기업은 자사의 경쟁적 우위를 지키고자 자본, 특허, 상표, 경영 노하우 등의 핵심 자원이 다른 조직으로 이전되는 것을 꺼린다. 예를 들어 전략적으로 중요한 노하우가 유출되는 두려움 때문에 독일의 파버카스텔(Faber-Castell)은 공장을 소유할 수 있는 곳에서만 해외 생산을 하고 있다.[17] 그럼에도 불구하고 소유권을 확보하는 것만이 전유성의 유일한 방법은 아니며,[18] 이런다고 해서 다른 기업으로 노하우가 이전되지 않는 것도 아니다. 사실 노하우의 이전은 공급업체의 효율성을 향상하며, 기업은 이전된 지식을 빠르게 이해하고 향상하기 위해 공식적 및 비공식적 방법을 모두 사용한다.[19] 동시에 기업은 비전략적 자원보다는 전략적 자원의 전유성에 더 집중한다. 예를 들어 음료 원액 제조 레시피가 아주 중요한 코카콜라(Coca-Cola)는 전 세계의 파트너와 협력하지만 기업의 경쟁력을 유지하기 위해 음료 원액 생산에 대한 협력은 일체 거부한다.

기업은 경쟁자가 역량을 향상할 기회를 줄이기 위해 FDI를 통한 통제를 원할 수 있다.

글로벌 전략 추구의 자유 단독투자를 통해 기업은 더 자유롭게 글로벌 전략을 수립하여 실행할 수 있다. 예를 들어 단독투자로 브라질에 진출한 미국 기업은 브라질 사업의 실적을 낮추더라도 독일 사업을 위해 브라질의 고객에게 판매 가격을 낮추는 것과 같은 방법으로 전 세계적인 경쟁사와 고객에게 효과적으로 대응할 수 있다. 브라질에서 판매 실적이 감소하더라도 제품을 표준화하여 전 세계적인 비용 절감을 달성할 수도 있다. 그러나 브라질에서 미국 기업이 다른 기업과 지분을 공유한다

개념 체크

12장에서 글로벌 대응 전략과 현지 대응 전략의 차이점을 확인할 수 있다.

면 이러한 전략을 수행하기 어려울 것이다.

인수와 그린필드 투자

기업은 금융 및 유무형 자산을 해외로 이전하여 해외직접투자를 수행한다. 이때 기존 사업체의 지분을 인수(acquisition)할 수도 있고, 그린필드 투자(greenfield investment)를 수행할 수도 있다. 각각의 이유는 아래에서 설명한다.

기존 기업을 인수할 때의 이점은 다음과 같다.

- 다른 방식으로는 확보하기 어려운 중요한 자원 확보
- 자금 조달의 용이성
- 초기 사업 과정에서의 문제 방지
- 시장에 공급 과잉을 유발하지 않음

인수 기업은 확보하기 어렵거나 시간이 오래 걸리는 중요한 자원을 획득하고자 인수를 통한 해외투자를 할 수 있다.[20] 예를 들면 적정한 임금으로는 고용하기 어려운 지식이 풍부한 직원을 고용할 수 있으며,[21] 그런 직원을 고용할 수 있지만 효과적으로 관리하는 경험이 부족한 경우에도 인수를 활용할 수 있다. 일례로 혁신적인 제품을 개발한 러시아 기업은 그러한 제품을 성공적으로 판매한 경험이 있는 경영진을 확보하고자 인수를 통한 해외 시장 진출을 시도했다.[22] 뿐만 아니라 인수를 통해 기업은 제품 개발, 생산, 마케팅 등에 경험이 많은 조직을 확보할 수도 있다.

게다가 기업을 인수하면 그 기업의 긍정적 이미지와 브랜드 자산, 새로운 유통 채널을 확보할 수 있다. 근래에 인수를 통한 중국의 미국 투자가 활발하게 이루어졌는데, 이는 중국 기업이 미국의 유명 브랜드를 확보하여 해외 매출을 향상하고자 했기 때문인 것으로 보인다.[23]

재무적인 이유도 존재한다. 첫째, 현지 자금 조달 측면에서 현지에 잘 알려져 있지 않은 외국 기업보다는 잘 알려진 현지 기업이 대출에 용이하다. 둘째, 기업이 생산 실적을 향상할 능력이 있다면 그린필드 투자에 비해 더 적은 비용으로 설비를 얻을 수 있다. 이때 성과가 부진한 기업의 설비는 더 적은 비용으로 살 수 있다. 실제로 세계 최대 육류 기업인 브라질의 JBS(José Batista Sobrinho)는 재정적 어려움에 빠져 있던 미국의 스위프트(Swift)와 필그림스프라이드(Pilgrim's Pride)라는 기업을 매우 저렴한 가격에 인수할 수 있었다.[24] 셋째, 투자자가 시장의 규모에 대한 확신이 없는 경우 인수는 공급 과잉으로 인한 가격 하락을 피할 수 있는 방법이 된다. 넷째, 인수를 통해 초기 운영 과정에서 발생하는 여러 문제를 회피하고 즉각적으로 현금 흐름을 창출해낼 수 있다.

기업이 그린필드 투자를 선택하는 이유는 다음과 같다.

- 피투자국 정부로 인해 인수가 어려울 경우
- 그린필드 투자가 자금 조달이 더 용이한 경우
- 인수 가능한 기업의 실적이 좋지 않을 경우
- 인수 기업과 피인수 기업 직원들의 융화가 잘 이루어지지 않을 것으로 예상될 경우

그린필드 투자 각국에는 외국 기업의 인수를 방해하는 장애 요인이 있을 수 있다. 예를 들어 피투자국 정부가 시장 독점을 우려하여 시장에서 많은 기업이 경쟁하기를 원할 수 있으며, 피투자국의 산업은행이 새로운 일자리 창출을 원하여 인수보다는 새로운 사업에 자금을 조달하고자 할 수도 있다.

인수 전략이 성공하지 못할 가능성도 존재한다.[25] 첫째, 인수가 제대로 수행되지 않아 실적 부진이 잘 개선되지 않을 수 있다. 인사 및 노사관계에 문제가 있을 수도 있는데, 이는 제품이나 브랜드에 영향을 미칠 수도 있으며 설비가 비효율적이거나 열악할 수도 있다. 둘째, 피인수 기업과 인수 기업의 경영자가 서로 다른 경영 방식을 가지고 있거나 조직 문화 및 의사결정권에 대한 갈등으로 상호 협력이 잘 이루어지지 않을 수도 있다.[26] 예를 들어 IBM의 PC 사업부를 인수한 레노버(Lenovo)는 중국 경영자와 미국 경영자 사이의 문화적 차이를 극복해야 했다. 중국인 경영자는 미국인들이 아무 할 말이 없을 때도 쓸데없이 대화를 계속한다고 생각했고, 미국인 경영자는 회의에 늦게 도착한 사람들에게 공개적으로 망신 주는 것을 반대하는 등의 갈등이 있었다.[27]

임대 앞선 사례에서 멜리나는 호텔을 임대하여 광범위한 지역에서 사업을 운영했다. 임대는 인수

와 비슷하지만 투자가 필요 없는 방식이다. 이는 호텔 산업 등에서는 일반적으로 사용되지만 다른 산업에서는 그렇지 않다. 다른 산업에서도 한 기업이 차량, 컴퓨터, 건물, 항공기와 같은 특정 자산을 해외에서 임대하는 경우는 종종 있지만 이는 시설 전체를 임대하는 것과는 엄연히 다른 경우이다.

기업이 협력하는 이유

15-3 기업이 해외 시장에서 협력하는 이유를 인지한다.

기업이 해외 시장에서 제휴(**전략적 제휴**라고도 한다)를 체결하는 이유는 국내 시장과 동일하다. 그러나 국제경영에는 기업들이 협력하게 하는 몇 가지 다른 이유가 있다. 그림 15.3은 기업들이 협력하는 일반적 이유와 국제경영의 특성을 반영한 이유를 설명한다.

제휴의 일반적인 동기

국내외의 기업은 제휴를 통해 비용을 분산 및 절감하고 경쟁력을 강화하며 경쟁을 회피하고 수직 및 수평적 통합을 도모하며 지식을 습득한다.

비용 분산 및 절감 해외 생산 및 판매에는 고정 비용이 발생하는데, 사업의 규모가 작다면 다른 기업으로 활동을 외부화하여 고정 비용을 분산하는 것이 더 저렴하다. 또한 다른 기업과의 제휴를 통해 기업은 해외 시장에 진출하는 과정에서 고정 비용을 분산하고 장기간의 소요 시간과 현금 흐름을 원활하게 할 수 있다.

다른 기업과 제휴하는 것이 더 저렴한 경우는 다음과 같다.
- 사업 규모가 작을 경우
- 다른 기업에 초과설비가 있을 경우

특히 소규모 기업이나 신생 기업의 경우 모든 업무를 스스로 처리하기에는 필요한 역량이 부족할 수 있다.[28] 이런 경우에는 다른 기업과의 제휴를 통해 자신의 역량이 부족한 부문의 활동을 수행할

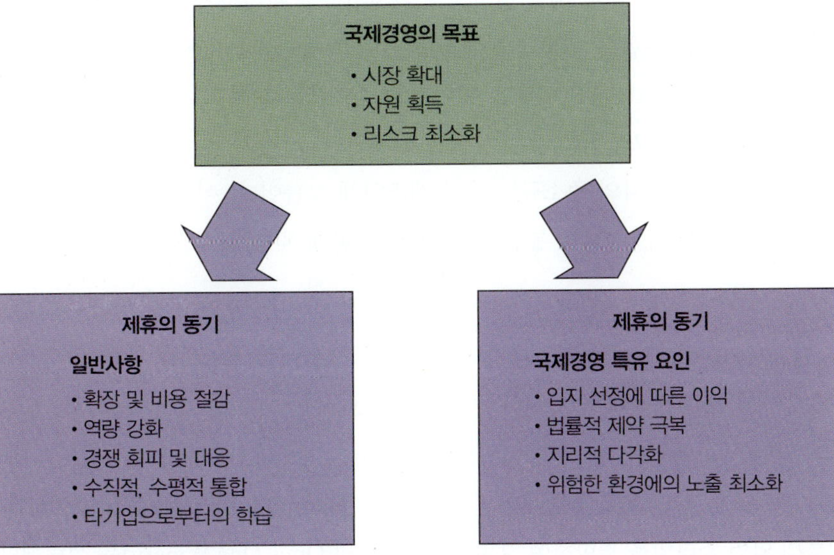

그림 15.3 제휴 및 국제경영의 목표
기업은 국내와 같은 이유(예: 비용 분담 등)로 해외에서 제휴를 체결할 수 있다. 또한 특정 해외 확장 전략의 목표(예: 지리적 다각화)를 위해 국제 제휴를 체결할 수 있다.

수 있다. 자본과 역량이 풍부한 대기업의 경우에도 개발 및 투자 비용이 너무 높은 경우 제휴를 활용할 수 있다. 일례로 홍콩에 위치한 디즈니(Disney) 테마파크를 개발할 때는 디즈니와 홍콩 정부가 지분과 비용을 공유하여 비용 부담을 줄일 수 있었다.[29]

제휴가 가장 활발하게 이루어지는 분야는 새로운 비행기나 통신 시스템 개발처럼 단일 기업이 감당하기 어려운 막대한 자본과 기술이 필요한 사업이다. 이러한 경우 기업은 처음 제휴를 시작할 때부터 다른 기업이나 국가와 제품 개발에 필요한 요소를 분담하여 비용 부담과 위험을 감소시킨다. 전 세계의 다양한 기업이 참여한 보잉(Boeing) 787 항공기 개발이 대표적인 예시라고 할 수 있다.

특정 자산이나 기능을 다른 기업에 위탁하는 것은 해당 자산이나 기능이 기업 경쟁력을 위한 전략적 우선순위에 해당하지 않을 때 적합한 수단이다.

경쟁 역량 향상 **자원 기반 관점**(resource-based view)에 따르면 각 기업은 고유한 역량을 가지고 있는데, 기업은 자사의 역량과 가장 잘 부합하는 활동에 집중하고 경쟁력이 부족한 제품이나 서비스에 관한 활동은 다른 기업에 의존하여 기업 성과를 향상할 수 있다. 그러나 이러한 제휴에는 시간적인 제약이 따른다. 시간이 지나면서 기업의 핵심 역량이 변화함에 따라 기존에는 부족했던 제품이나 자산과 기술을 확보할 수 있기 때문이다.

다른 기업과 제휴를 체결하여 기업은 더 빠르게 움직이고 수익을 극대화하며 경쟁에서 유리한 위치를 점할 수 있다.

경쟁 회피 또는 대응 시장 규모가 작을 때 기업은 서로 경쟁하기보다는 협력하게 된다. 대표적으로 소니(Sony)와 삼성이 LCD 기술을 보다 빠르게 개발하기 위해 제휴를 맺은 사례가 있다.[30] 이처럼 기업은 경쟁에서 우위를 점하기 위해 제휴를 맺기도 한다. 또한 단순히 모두의 이익을 향상하기 위한 목적으로 제휴하기도 한다. 예를 들어 캐나다 기업인 칸포텍스(Canpotex)는 캐나다 기업이 수출 경쟁을 하지 않기 위해 함께 모여 만든 기업으로, 세계 탄산칼륨 시장의 4분의 1을 점유하고 있다[31](경쟁사들의 담합에 실질적인 조치를 취하는 국가는 극소수에 불과하다).[32]

다른 기업과의 제휴를 통해 수직적 및 수평적 통합을 이룸으로써 기업은 역량의 차이를 극복하고 비용을 절감하며 고객 및 공급업체와 더욱 쉽게 거래할 수 있다.

수직적 및 수평적 통합 기업은 수직적 통합을 통해 잠재적인 비용을 줄이고 공급 및 판매 안정성을 확보할 수 있다. 그러나 한 기업이 모든 가치사슬상의 활동을 내부화하기에는 필요한 역량이나 자원이 부족할 수 있다. 이에 대한 해결 방안으로 가치사슬을 관리하기 위해 기업은 서로 협력하는 방법을 선택한다. 수평적 통합은 유통 과정에서 범위의 경제(economies of scope)를 창출하고, 제품라인을 확장하여 방문 고객 대비 매출을 증가시킬 수 있다. 일례로 에이본(Avon)은 전 세계 곳곳에서 화장품과 함께 책, 크레용과 같은 상품을 판매한다. 수평적 및 수직적 통합을 모두 사용한 사례도 있다. 바로 아르헨티나의 중소규모 가구 제조업체 그룹이다. 이들은 수평적 통합을 통해 필요한 자원을 통합 사용하며, 수직적 통합을 통해 해외 판매 및 공급사슬 확보에 보다 효과적으로 임한다.[33]

기업은 파트너의 지식을 학습하여 역량을 향상할 수 있다.

지식 습득 많은 기업이 제휴를 맺는 목적은 파트너로부터 기술이나 운영 방법 또는 시장에 대해 학습하여 자사의 역량을 향상하는 것이다.[34] 각각의 파트너는 서로의 지식을 학습하게 된다. 예를 들면 미국의 와인 제조업체인 콘스텔레이션브랜즈(Constellation Brands)의 로버트몬다비(Robert Mondavi)와 프랑스의 와인 제조업체 바롱필립드로췰드(Baron Philippe de Rothschild)는 미 대륙과 유럽 대륙의 와인 스타일을 결합하여 오퍼스원와이너리(Opus One Winery)를 설립했다.[35]

제휴의 국제적인 동기

이제부터는 기업이 제휴를 맺는 국제경영의 특성이 반영된 동기에 대해 살펴볼 것이다. 다국적 기업은 지역 특유의 자산(location-specific asset)을 확보하기 위해, 법적 제약을 극복하기 위해, 지리적 다각화를 위해, 위험 노출을 최소화하기 위해 제휴를 추진한다.

지역 특유의 자산 획득 국가 간 문화, 정치, 경쟁 구조, 경제 상황의 차이는 기업의 해외 진출에 장애 요인이 된다. 이러한 차이를 극복할 준비가 충분치 않은 경우에는 현지 기업과 협력하게 된다. 월마트(Walmart)는 처음 일본 시장에 단독투자 형태로 진출했을 때 기대 이하의 실적을 냈다. 결국 월마트는 일본인의 취향과 점포 개업에 지식이 많은 세이유(Seiyu)와 파트너십을 체결했다. 사실 일본에서 홀로 유통망과 인력을 확보하기는 어렵기 때문에 일본에 진출하는 대부분의 다국적 기업은 현지 기업과 협력한다.

피투자국의 현지 기업은 외국 기업에 비해 현지 시장의 경쟁에서 중요한 지식을 더 쉽게 얻을 수 있다.

정부 제약 요인의 극복 도입 사례에서 멜리나는 쿠바의 중앙 계획형 경제 구조로 인해 쿠바에서 호텔을 소유할 수 없었다. 사실 거의 모든 국가는 특정 영역에서 외국인이 기업을 소유하지 못하도록 제한하고 있다. 대표적으로 인도는 다양한 산업 분야에서 외국인 지분의 한도를 설정했다.[36]

피투자국 법률은 외국 기업의 단독투자를 금지할 수 있으며, 현지 기업에 호의적으로 작용할 수 있다.

정부 조달 정책 또한 제휴를 유도한다. 정부는 국영 기업이 함께 참여한 사업의 입찰을 선호하기 때문이다. 일례로 대만은 관련 사업에 국영 독점 기업인 타이완파워[Taiwan Power(Tai Power)]를 포함한다.[37]

자산 보호 많은 국가는 규제 당국이 지속적으로 요구하지 않는 한 상표권, 특허권, 저작권 등의 지식 재산권 보호에 소홀하다. 한편 기업은 지식 재산권을 강력히 보호하는 국가에 지식 재산권을 이전하고자 한다. 상표를 비롯한 몇몇 지식 재산은 회사가 직접 해외에 이전하지 않았더라도 해외로 유출될 수 있다.[38] 다국적 기업은 독점적 지식 재산의 불법 복제를 방지하고자 현지 기업과 제휴하여 시장을 모니터링하고 규제 당국을 상대한다.

제휴를 통해 다른 기업이 자산을 불법 복제하는 것을 방지할 수 있다.

일부 국가에서는 국제적으로 등록된 무형 자산이 일정 기간 내에 현지에서도 사용될 경우에만 해당 지식 재산권을 보호한다. 하지만 일정 기간 내에 사용되지 않는다면 현지에서 그것을 가장 먼저 사용하는 이가 지식 재산권을 획득하게 된다. 이에 현지인이 본인은 사용하지도 않는 상표권을 등록한 다음, 다국적 기업이 시장에 진입할 때 상표권 이전을 협상하는 경우도 있다. 한 러시아 기업은 스타벅스(Starbucks)를 포함한 300여 개 이상의 해외 상표를 러시아에 등록했다. 이러한 경우 다국적 기업은 비용을 지불하고 상표권을 되찾아오거나 시간과 돈이 많이 필요한 법정 절차를 거쳐야 한다.[39] 다국적 기업이 아예 다른 상표로 시장에 진입할 수도 있다. 이러한 이유로 버거킹(Burger King)은 호주에서 헝그리잭(Hungry Jack)이라는 이름으로 사업을 한다.[40]

지리적 다각화 지리적 다각화를 추구하는 경우에도 기업은 제휴를 맺는다. 다른 기업의 자원을 활용하여 여러 시장에 더 빠르게 진입할 수 있기 때문이다. 다만 이미 기업 내에 지리적 다각화를 위한 자원이 충분한 경우에는 제휴를 선호하지 않는다.

개념 체크

13장에 지리적 다각화와 집중화 전략의 이점과 차이점이 설명되어 있다.

위험 노출 최소화 기업은 해외 자산을 최소화하여 국제정치적, 경제적 위험을 줄이고자 노력한다. 기업이 다른 기업과 협력한다면 파트너 기업의 자원을 대신 활용하여 해외에서 자산이 위험에 노출되지 않도록 할 수 있다. 또한 자산을 여러 국가에 분산하여 위험을 줄일 수도 있다. 여러 국가

기업은 제휴를 통해 자산을 분산하여 위험을 줄일 수 있다.

에 자산이 분산되어 있으면 모두 동시에 유사한 위험에 빠질 가능성이 낮기 때문이다.

그 외에 현지 기업과의 제휴를 통해 피투자국 정부의 자산 탈취를 방지할 수 있으며, 다른 외국 기업과의 제휴를 통해 각각 자국 정부의 지원을 이끌어내어 피투자국 정부의 차별적 조치나 자산 탈취를 방지할 수도 있다.

제휴의 방식과 선택

15–4 국제적 제휴의 방식과 고려사항을 비교 및 대조한다.

개념 체크

1장에 다양한 제휴의 형태가 정의되어 있다.

이제까지 해외에서 기업이 상호 협력하는 이유를 살펴보았다. 지금부터는 제휴 방식을 선택할 때 고려해야 할 사항에 대해 알아보자.

제휴 형태를 선택할 때의 고려사항

각 운영 방식에는 저마다의 장단점이 있다.

상충관계와 한계 그림 15.2를 보면 해외 운영 방식은 기업이 투입하는 자원의 양과 비율에 따라 다르다는 것을 알 수 있다. 이때 운영 방식에는 **상충관계**가 있다는 것을 유의해야 한다. 예를 들어 다른 기업에 생산 라이선스를 판매하는 등의 비지분 협정을 맺기로 결정한다면 정치적 위험에 대한 노출이 줄어들 것이다. 그러나 직접 현지 생산을 할 경우에 비해 피투자국 환경에 대해 학습하는 것이 오래 걸릴 것이며, 해외에서 제품을 생산하고 판매하여 수익을 완전히 거두기 어려워질 것이다.

기업이 고유하고 필수적인 역량을 가지고 있다면 운영 방식을 더 폭넓게 선택할 수 있다.

기업이 원하는 운영 방식으로 시장에 진입하기 어려운 경우도 있으며, 정부의 조치와 잠재적 파트너 문제도 고려해야 한다. 그러나 기업이 복제하기 어려운 고유의 가치 있는 자원을 가진 경우에는 선호하는 운영 방식을 선택하여 수익을 극대화하기에 훨씬 유리한 위치에 있다고 할 수 있다.

제휴 목적, 수직적 또는 수평적 확장 여부, 경쟁사 참여 여부에 따라 제휴의 조건이 달라진다.

목적에 따른 제휴의 유형 기업의 목표와 가치사슬 내의 위치에 따라 다양한 제휴의 형태가 존재한다. **규모의 제휴**(scale alliance)는 자원 통합을 통한 경제적 효율성 창출을 목표로 한다. 항공사들이 라운지를 공동 사용하는 것이 그 예시이다. **연결 제휴**(link alliance)는 파트너의 자원을 보완하고 이용하여 새로운 사업으로 진출하는 것을 목표로 한다.[41] 노키아(Nokia)는 이러한 방법으로 휴대폰을 개발하고 판매한다.[42] 식품 프랜차이저와 프랜차이지처럼 **수직적 제휴**(vertical alliance)를 통해 가치사슬상의 다른 단계에 있는 기업이 협력할 수도 있으며, 메르세데스(Mercedes)와 인피니티(Infiniti)의 멕시코 합작투자처럼 가치사슬에서 같은 단계에 있는 기업의 **수평적 제휴**(horizontal alliance)를 통해 제품을 다각화할 수도 있다.[43] 이들의 협력은 동시에 경쟁자 간 협력이라는 뜻에서 **코피티션**(coopetition)이라고 불리기도 한다. 이 경우 각 당사자들은 개발 단계에서 서로 긴밀하게 협력하지만 최종 제품은 서로 다르게 나타나기 때문에 각자의 경쟁력을 갖추게 된다.[44]

해외에서 기업의 경험과 자산은 신제품과 사업을 출범할 때 운영 방식을 선택하는 데 영향을 미친다.

기업의 해외 진출 경험 기업은 국제화하고자 하는 제품이나 사업을 확장할 때마다 그에 적합한 운영 방식을 결정해야 한다. 기업이 해외에서 이미 (특히 단독투자의 형태로) 사업을 하고 있어 해외 사업을 어떻게 운영하는지 알고 현지 인력과 설비를 활용하여 제품을 생산하고 판매할 수 있는 능력을 갖췄다면, 다른 기업과의 협력하며 얻을 수 있는 장점 중 일부가 사라질 수 있다. 동시에 특정 운영 방식에 대한 기업의 과거 경험(특히 최근 경험)도 시장 진입 방식의 선택에 영향을 미친다.[45] 다만 무엇보다 기존 해외 사업과 새로 운영하고자 하는 사업이 얼마나 유사한지가 가장 중요하다. 두 사업

정부는 핵심 산업에서 외국인 통제를 제한해야 하는가?

POINT

그렇다. 핵심 산업은 그 규모나 다른 분야에 대한 영향력으로 경제에 막대한 영향을 미치기 때문이다. 해외 자본의 소규모 투자나 대규모 투자의 우선주 지분과는 다르다. 국가가 외국 기업의 기술, 자본, 수출 시장, 제품 등의 자원을 필요로 한다면 그들 기업에 통제권을 양도하지 않는 형태의 협력을 통해 자원을 획득할 수도 있다.

물론 각국은 핵심 산업을 정의할 필요가 있으며 실제로 그렇게 하고 있다. 예를 들어 미국은 안보상의 이유로 텔레비전 및 라디오 방송국과 국내 운수 산업에서 외국인의 소유를 금지한다. 캐나다는 자국 문화 유지에 밀접하게 관련된 산업에 외국인의 소유를 제한한다. 칠레는 과거의 좋지 않은 경험을 토대로 칠레 경제에 많은 부분을 차지하는 구리 산업에 외국인 투자를 금지하고 있다.

과거 역사에서 한 나라의 정부가 강력한 기업을 이용하여 다른 나라의 정책에 영향을 미친 사례는 핵심 산업을 보호하는 근거가 된다. 과거 레반트(Levant)나 영국 동인도회사(British East India Company)는 대영제국 시절 영국 정부의 정치적 무기 역할을 수행한 바 있다.

최근에 미국을 비롯한 각국 정부는 자회사가 위치한 국가의 이익에 반하더라도 특정 지역을 떠나고 특정 국가와 사업을 하지 못하도록 다국적 기업에 압력을 가했다.[46]

일부 기업은 본국 정부에 영향력을 행사할 수 있을 정도로 강력하다. 소위 바나나 공화국이라 불리던 미국의 UFC(United Fruit Company)가 대표적이다. 이들은 투자 자산을 보호하기 위해 미국 정부에게 과테말라 정부를 전복하도록 설득했다. 이를 두고 노벨문학상 수상자인 미겔 앙헬 아스투리아스(Miguel Angel Asturias)는 UFC의 수장을 가리키며 이렇게 말했다. "그는 손가락을 들어올리면 배가 출발하거나 멈추는 녹색 교황이다. 그는 말 한마디로 공화국을 산다. 그가 재채기하면 대통령이 사라지고, 그가 의자에 등을 문지르면 혁명이 일어난다."[47]

해외 법인에게 통제권이 있어 기업의 의사결정이 해외에서 이루어질 경우 해외법인의 경영진이 직원 채용, 수출 가격, 이익 유지, 배당 지급 등을 결정할 수 있다. 이러한 결정으로 현지 통제, 현지 확장 속도 차질, 설립 예정 공장 폐쇄 및 현지 추가 고용 중단 등이 발생할 수 있다.

COUNTERPOINT

아니다. 찬성 측에서는 외국인이 소유한 기업이 현지 기업이라면 내리지 않을 법한 결정을 내릴 것이라고 주장한다. 그러나 여기에는 설득력이 부족하다. 외국인 통제 제한이 현지국에 최선의 이익을 가져다준다는 보장도 없다. 글로벌한 전략적 결정은 다국적 기업의 본사에서 내리지만, 일반적으로 현지의 의견을 많이 참고하여 이루어지며, 해외 자회사는 주로 현지인을 고용하여 일상적인 의사결정을 담당한다.

의사결정권자나 다국적 기업의 국적에 관계없이 경영자는 본국이나 현지국의 사회경제적 의제보다는 기업의 비즈니스에 가장 적합한지를 고려하여 의사결정을 내린다. 이와 동시에 경영자는 현지 법률을 준수하고 이해관계자의 의견을 고려하여 결정을 내려야 한다. 물론 다국적 기업은 현지인이 반발할 결정을 내리는 경우도 있지만 이는 현지 기업도 마찬가지이다. 한편 피투자국 정부는 현지 및 외국 기업 모두에 적용되는 법률을 제정하여 시행할 수 있으며 이러한 법률은 기업이 현지 국가의 이익에 부합하게 행동하도록 유도할 수 있다.

핵심 산업에서 외국인의 통제를 제한한다는 것은 좋은 의도에서 비롯될 수 있으나 효율적이지 못한 성과를 보호하는 결과를 초래할 수 있다. 더욱이 찬성 측의 주장은 이성보다 감정에 호소하고 있으며, 미국 안보에 대한 주장도 면밀하게 살펴보면 타당하지 않다. 라디오 및 텔레비전 방송국을 외국인이 소유할 때 선전 관련 문제가 생길 수 있다고 주장하지만 신문, 잡지, 인터넷 매체에는 외국인 소유를 제한하지 않는다(신문, 잡지, 인터넷 기사를 읽는 사람들이 선전에 덜 휘둘린다고 생각하는 것인가?). 미국이 국내 운수 산업을 보호하는 것은 안보상의 이유가 아니라 조선 산업이나 해양 산업에서 그러하듯 국내 기업과 노동자를 보호하기 위함이다. 예를 들어 미 해역에서 미국 상선은 폭탄 테러를 방지하기 위해 미국 시민권자만 승무원으로 고용해야 하지만 외국 상선은 정기적으로 미국 항구를 사용하며 외국인도 미 해병대에 입대할 수 있다.

바나나 공화국의 주장은 구식이며 신흥경제국이 다국적 기업을 다룰 힘이 실질적으로 없다고 주장하는 과거 이론인 **의존성 이론**(dependencia theory)에 기반한다.[48] 최근 이론인 **교섭 이론**(bargaining school theory)에 따르면 해외투자 조건은 투자 기업과 피투자국에게 서로가 얼마나 필요한지에 달려 있다.[49] 기업은 시장과 자원으로 인해 국가가 필요하지만 국가는 기술, 자본, 해외 시장 접근성, 전문성으로 인해 다국적 기업이 필요하다. 협상 과정을 통해 이들은 다국적 기업이 할 수 있는 것과 그렇지 않은 것을 규정하고 합의나 계약에 도달한다.

국가나 기업이 FDI를 통해 얻을 수 있는 것을 그 외의 제휴로 얻을 수 있다는 것에도 동의하기 어렵다. 기업이 제휴를 선호하는 경우가 많기는 하지 마지막으로 다국적 기업은 현지국에 특정한 자원을 제공하지 않거나 파업을 허용함으로써 다른 산업에 부정적인 영향을 미칠 수 있다. 본질적으로 다국적 기업은 피투자국의 운영을 위한 최선의 결정과는 거리가 있는 그들만의 이익을 추구할 수 있다.

만 외국 기업이 운영권을 가짐으로써 피투자국과 다국적 기업이 얻을 수 있는 이점도 존재한다. 예를 들어 단독투자를 통해 진출한 기업은 경쟁자 양성을 별로 신경 쓰지 않아도 되기 때문에 더 거리낌이 없이 가치 있고 필요한 기술을 해외로 이전할 수 있다.[50]

이 유사하다면 신규 사업 관련 결정에 큰 영향을 미칠 것이고 유사하지 않다면 그렇지 않을 것이다.

해외 사업에서의 협력은 통제력이 떨어지고 이익을 공유하는 것을 의미한다.

보상 협력은 이익과 지식의 공유를 포함하기 때문에 잠재수익의 예상치는 중요한 고려사항이 된다. 수익이 결정되는 데에는 수많은 변수가 영향을 미치므로 수익 배분 문제에는 명확한 정답이 없다. 협력 파트너 간 협상력이 중요하며 정부 의무사항, 파트너의 위험 인식, 경쟁적 제약 등이 모두 중요하다. 또한 협력 방식은 일반적인 사업 시행까지도 안내한다.[51] 이제까지 일반적인 협력의 유형에 대해 이야기했으므로 지금부터는 이러한 관행 중 일부를 소개할 것이다.

라이선싱

라이선스 계약은 독점적이기도, 독점적이지 않기도 하며, 특허, 저작권, 상표권, 기타 지식 재산에 사용될 수 있다.

무형 자산의 사용권은 배타적이고 독점적일 수 있으며 라이선스를 제공하는 **라이선서**(liecensor)는 특정 지역이나 기간 내에 누구에게도 사용권을 부여하지 않을 수 있다.

미국 국세청(U.S. Internal Revenue Service)은 무형 자산을 다음과 같이 다섯 가지 유형으로 구분한다.

1. 특허, 발명, 공식(formula), 프로세스, 디자인, 패턴
2. 문학, 음악, 예술 분야의 저작권
3. 상표(trade name), 상표권(trademark), 브랜드
4. 프랜차이즈, 라이선스, 기타 계약
5. 방법, 프로그램, 절차, 시스템

일반적으로 라이선서는 충분한 정보와 지원을 제공할 의무가 있고, 라이선스를 제공받는 라이선시(licensee)는 받은 권리를 효과적으로 활용하고 그 대가로 로열티(royalty)를 지급할 의무가 있다.

라이선싱은 빠른 시장 진입이나 비용 절약, 추가적인 자원 획득을 원할 때 선택할 수 있다.

라이선싱의 주요 동기 어떤 제품이나 프로세스는 기업의 비즈니스 중 일부분에 제한적인 기간 내에만 한정적인 영향력을 가지기도 한다. 이때 기업은 해외에 자체 생산 설비를 건설하기에는 판매 수요가 충분하지 않다고 판단하고 라이선싱을 통해 짧은 시간 내에 낮은 비용으로 생산과 판매를 할 수 있는 라이선시를 활용할 수 있다.

기술 변화가 빈번하고 다방면에 영향을 미치는 산업의 경우 여러 국가의 기업이 서로 경쟁하기보다는 기술이나 무형 자산을 교환하는 경우가 많은데, 이를 **교차 라이선싱**(cross-licensing)이라고 한다. 미국의 구글(Google)과 한국의 삼성이 서로의 특허를 활용하기 위해 교차 라이선스 계약을 체결한 것이 그 예이다.[52]

지불 고려사항 라이선스 사용료와 지불 방식은 굉장히 다양한데, 이는 라이선스 협상 내용이 라이선스가 지닌 장점에 따라 달라지기 때문이다. 사용료와 지불 방식은 판매 범위, 라이선스의 시장

가치, 라이선스 기간 등에 의해 달라진다. 예를 들어 판매 예상치가 높은 경우에는 라이선시가 높은 금액을 지불해야 한다.

무형 자산 가격 책정 파트너의 기여도와 보상을 평가하는 것은 복잡하며 논의의 여지가 있다. 무형 자산을 이전할 때는 일반적으로 비용을 선불로 지급하여 기술 이전 비용을 충당하게 되는데, 이는 라이선서 입장에서 단순 **명시지**를 이전하는 것보다 더 많은 노력을 투입해야 하기 때문이다. 대부분의 경우 무형 자산을 이전하려면 엔지니어링, 컨설팅 등을 통해 **암묵지**를 이전해야 한다. 명시지 이전과 암묵지 이전은 큰 차이가 있다. 명시지 이전이 초보 요리사에게 레시피만을 제공하는 것이라면, 암묵지 이전은 초보 요리사와 함께 재료를 선택하고 손질하여 요리하는 것에 비유할 수 있다. 물론 저작권이나 브랜드 이름과 같은 일부 무형 자산의 라이선스는 이전 비용이 훨씬 저렴하다.

라이선스 계약을 체결하는 무형 자산은 새것일 수도 오래된 것일 수도 있으며, 라이선서의 국내 시장에서 사용 중인 것일 수도 더 이상 사용되지 않는 것일 수도 있다. 많은 기업이 개발 단계나 개발 직후에 무형 자산에 대한 권리를 다른 기업에 이전하기 때문에 신상품이 여러 시장에서 동시에 출시되기도 한다. 이는 여러 국가에서 사업을 하는 구매자에게 라이선스를 판매하거나, 글로벌 광고 캠페인이 효과적일 경우에 중요하게 작용한다. 이때 라이선시는 새로운 무형 자산이 더 오랫동안 사용하기 유리하기 때문에 기꺼이 더 많은 비용을 지불할 수도 있으며, 시장 가치가 검증되지 않은 것을 이유로 비용을 더 적게 지불할 수도 있다.

자회사로의 라이선스 라이선스 계약이 서로 다른 기업들 간에서만 일어날 것이라고 생각하기 쉽지만 실제로는 모기업(parent)과 해외 자회사(foreign subsidiary) 사이에도 발생한다. 모기업이 해외 자회사의 지분을 100% 소유하고 있다고 하더라도 이들은 법적으로 완전히 다른 기업이기 때문이다. 따라서 모기업에 이전하는 자금이 배당금인지 로열티인지에 따라서도 세율이 달라지며, 기업이 해외에서 단독투자를 하지 않은 경우에는 별도의 라이선스 계약을 통해 라이선스에 대한 대가를 지불한다.

모기업은 일반적으로 자회사와 라이선스 계약을 맺는다. 이는 모기업과 자회사가 법적으로 분리되어 있고 세금에 영향을 미칠 수 있기 때문이다.

프랜차이징

라이선싱의 특별한 형태라고 할 수 있는 프랜차이징에서 제공자인 프랜차이저(franchisor)와 제공받는 프랜차이지(franchisee)는 상호의존적 관계에 있으며, 제품이나 서비스의 일부를 분담 생산하여 최종소비자에게 전달한다. 이 때문에 둘은 마치 수직적으로 통합된 기업처럼 보일 수 있다.

프랜차이저는 프랜차이지에게 상표 같은 무형 자산을 제공하고 필요한 자원을 지속적으로 제공한다.

오늘날의 프랜차이징은 미국 패스트푸드 기업에서부터 세계 각국의 많은 분야에까지 다양하게 이루어지고 있다. 도입 사례에서 다룬 멜리나의 호텔 프랜차이즈도 그중 하나이며, 심지어는 인간 정자와 난자 은행을 프랜차이징하여 운영하는 덴마크 기업 크리오스인터내셔널(Cryos International)도 있다.

많은 유형의 제품이나 기업, 국가가 프랜차이즈에 참여한다.

과거에 프랜차이저는 프랜차이즈를 홍보하고 확장하기 위해 무역 박람회에 참석하며 해외를 직접 방문하여 홍보했다. 아직까지도 인지도가 낮은 신생 프랜차이즈는 이러한 방법을 중요하게 사용하지만 오늘날에는 인터넷을 통해 프랜차이즈에 대한 정보 제공이 가능하다.

프랜차이즈 조직 프랜차이저는 개별적으로 직접 해외의 프랜차이지를 만나기도 하고, **총판**(master franchise)을 설립하여 서브 프랜차이즈(sub-franchise)를 개발하고 총판이 점포를 확장하는 방식으로 해외 시장에서 사업을 확장한다. 서브 프랜차이즈는 서브 프랜차이저가 로열티를 받아 프랜차이저에게 전달하는 형태로 이루어진다. 총판 시스템은 기업이 개별 프랜차이지를 평가하는 데 어려움이 있거나 해외 시장을 직접 통제하는 비용이 너무 높을 때 유용한 수단이다.[53]

프랜차이저는 다음과 같은 딜레마에 직면한다.
- 현지 공급 문제가 전 세계적 제품 표준화를 저해한다.
- 전 세계적으로 표준화가 진행될수록 해외 시장에 맞춘 조정이 어려워진다.
- 조정을 많이 할수록 프랜차이저가 필요 없어진다.

운영 방식의 수정 프랜차이즈의 성공은 일반적으로 상품과 서비스의 표준화, 홍보를 통한 확실한 이미지 확립, 비용 관리에 달려 있다. 후자의 둘은 매우 간단하지만 전자의 경우, 특히 식품 프랜차이즈는 현지 공급 문제로 본국의 제품과 서비스를 그대로 이전하기 어려운 경우가 많다. 일례로 맥도날드(McDonald's)는 영국에서 미국과 같은 햄버거 빵을 만들기 위해 새로 공장을 건설해야 했고, 태국에서는 농부의 감자 생산을 지원해야 했다.[54] 또한 현지 소비자의 취향도 본국과 다를 수 있으며, 땅이 넓은 국가에서는 국가 안에서도 차이가 생긴다. 다만 이처럼 현지 소비자의 취향에 맞춘 조정이 늘어날수록 프랜차이저가 프랜차이지에게 제공해야 하는 요소가 감소한다는 장점이 있다.

관리 계약

해외 관리 계약은 외국 기업이 사업을 더 잘할 수 있을 때 체결된다.

기업은 다른 기업이 자신보다 사업을 더 효율적으로 운영할 수 있다고 판단할 경우 다른 기업과 관리 계약을 체결하고 수수료를 지급받고자 한다. 대개 계약 상대방이 해당 산업 특유의 역량(industry-specific capability)을 가지고 있을 때 그렇다. 피투자국 정부가 외국 기업의 지식을 원하지만 외국인 소유권을 허용하고 싶지는 않을 경우에도 자주 사용되며, 자본 투자 없이도 수익 창출을 가능하게 한다. 이러한 방법은 호텔 산업에서 널리 이용된다(도입 사례에서 살펴본 멜리나도 이러한 방식으로 수익을 얻었다). 많은 경우 피투자국의 부동산 소유권자는 입지 좋은 호텔을 보유할 수는 있지만 호텔 운영에 대해서는 아는 바가 거의 없을 수 있고, 호텔 체인 기업은 해외 부동산을 소유하기에는 위험이 크다고 판단하므로 관리 계약을 선호한다.[55]

턴키 방식

턴키 방식은 대부분 산업 장비 및 건설, 컨설팅 기업이 수행하며 종종 정부 기관의 요청으로 수행된다.

턴키 방식(turnkey operation)은 대부분 산업 장비 제조 기업이나 건설 기업 또는 컨설팅 기업에 의해 진행된다. 이들 기업은 투자를 허가받지 못하는 경우 종종 턴키 서비스를 제공한다. 주로 정부 기관에 제공하며, 근래 진행된 대부분의 대규모 턴키 프로젝트는 빠르게 인프라를 개발하고 산업화를 추진 중인 개발도상국에서 진행되었다.

턴키 방식은 다른 해외 협력 사업 방식과 달리 규모가 매우 클 수 있고, 주로 정부 고위 관료에 의해 추진되며, 종종 매우 낙후된 지역에서 이루어진다.

계약 규모 다른 해외 사업 방식과 다른 턴키 방식의 독특한 특징은 대부분의 계약이 수십억 달러 규모에 이른다는 것이다. 이는 곧 프랑스의 빈치(Vinci), 미국의 벡텔(Bechtel), 독일의 호흐티프(Hochtief)와 같은 소수의 초대형 기업이 시장 점유율의 대부분을 차지한다는 것을 의미한다. 최근에는 일부 중국 기업도 주요 업체로 이름을 올렸다. 턴키 프로젝트는 규모가 너무 거대하여 턴키 사업자가 컨소시엄을 이루어 진행하기도 한다. 스페인의 사시르바예에르모소(Sacyr Vallehermoso)가 이끄는 컨소시엄이 파나마운하 확장 공사를 진행한 것이 그 예이다. 대기업뿐만 아니라 중소 규모 기업도 턴키 프로젝트에 참여하기도 하는데, 이들은 하청업체 역할을 하거나 유해 폐기물 처리와 같은 특정 영역을 전문적으로 담당한다.

인맥 확보 턴키 계약의 성격상 해외 정부의 고위급 인맥이 있는 임원을 고용하는 것이 매우 중요하며, 국가 공휴일에 시설을 개관한다거나 국가 원수가 시설 개관식에 참석할 수 있도록 하여 해외 고위 관료의 호감을 사고 친분을 쌓는 것도 중요하다. 계약을 수주하기 위해 인맥(public relation, 대외홍보 및 섭외)이 필요하지만 계약 규모(magnitude of contract)를 결정하는 가격, 자금 조달, 관리 및 기술적 품질, 경험 및 평판과 같은 다른 요소도 두루 갖추어야 한다.

출처: DigitalGlobe via Getty Images

▲ 턴키 계약을 통해 벡텔이 추진한 안데스산맥 높은 곳에 위치한 칠레 구리 광산의 항공 사진

자원 수집 턴키 계약은 외딴 지역에서 이루어지는 경우가 많기 때문에 대규모 주택 건설과 인력 수급이 필요하며 엄청난 악조건 아래 전체 기반 시설을 모두 구축해야 할 수도 있다. 일례로 벡텔은 안데스산맥의 에스콘디다 광산이라는 고지대에 하나의 단지를 구축하고, 아타카마 사막의 태평양 인근에 위치한 담수화 공장을 잇는 180km 길이의 파이프라인을 연결한 바 있다. 그러므로 턴키 사업자는 오랜 기간 외진 곳에서 일할 사람들을 고용하고 엄청난 악조건 하에서 물자를 운송하고 사용할 수 있는 전문성을 갖추어야 한다.

기업이 최신 정제 기술 등 독보적인 역량을 갖추었다면 경쟁이 치열하지 않을 것이다. 그러나 이런 기술이 없을수록 경쟁은 치열해진다. 기술이 풍부한 선진국 기업은 주로 첨단 기술 관련 사업으로 분야를 옮겨간 반면 중국, 인도, 한국, 튀르키예 등은 첨단 기술이 필요하지 않은 프로젝트에서 낮은 인건비를 바탕으로 경쟁력을 갖추고 있다. 일례로 중국건축공정총공사(China State Construction Engineering)와 상하이건설그룹(Shanghai Construction Group)은 이란과 사우디아라비아의 지하철 시스템과 나이지리아 철도, 바하마의 관광 단지, 수단의 송유관, 미국의 사무 건물 건설 등을 수주해냈다.

합작투자

합작투자는 참여 및 소유권의 주체가 다양하다.

합작투자(joint venture)라면 보통 50 대 50 투자를 많이 떠올리지만, 그보다 많은 기업이 합작투자에 임하는 경우도 있으며 한 당사자가 지분을 50% 넘게 소유할 수도 있다. 예를 들어 미국의 플래그십벤처스(Flagship Ventures), 영국과 스웨덴의 아스트라제네카(AstraZeneca), 스위스의 네슬레헬스사이언스(Nestlé Health Science), 독일의 바이어크롭사이언스(Bayer CropScience)는 의료 혁신을 목표로 함께 합작투자를 진행했다.[56] 이처럼 3개 이상의 기업이 참여하는 합작투자를 **컨소시엄**(consortium)이라고 한다.

가능한 조합 다음의 예시처럼 합작투자는 다양한 기업이 모여 이루어질 수 있다.

- 같은 국가의 두 기업이 외국 시장에서 합작투자[예: 일본의 NEC와 미쓰비시(Mitsubishi)의 영국 합작투자 등]
- 외국 기업과 현지 기업의 합작투자[예: 캐나다의 배릭(Barrick)과 중국의 쯔진광업그룹(Zijin Mining Group)의 중국 합작투자 등]
- 2개나 그 이상 국가의 기업의 제3국 합작투자[예: 독일의 메르세데스벤츠(Mercedes-Benz)와

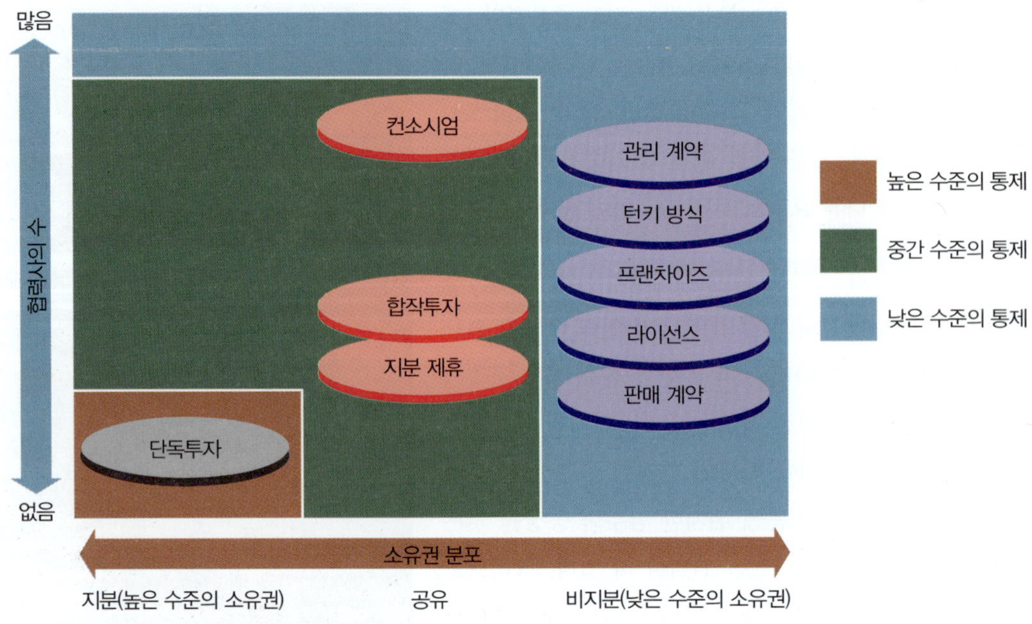

그림 15.4 협력 전략과 통제의 복잡성

기업이 제휴에 더 많은 자본을 투입할수록 해외 사업에 더 많은 통제력을 얻는다. 비지분 협정은 일반적으로 최소 하나 혹은 그 이상의 파트너로 구성된다.

출처: Shaker Zahra and Galal Elhagrasey, "Strategic Management of International Joint Ventures," *European Management Journal* 12:1 (March 1994): 83–93. Reprinted with permission of Elsevier.

일본의 닛산(Nissan)의 멕시코 합작투자 등]

- 사기업과 현지 정부의 합작투자[예: 일본의 미쓰비시와 멕시코의 공기업 ESSA(Exportadora de Sal SA)의 합작투자 등]
- 사기업과 공기업의 제3국 합작투자[예: 영국과 미국의 아모코(Amoco)와 이탈리아 공기업 에니(Eni)의 이집트 합작투자]

합작투자나 기타 제휴는 참여하는 기업이 많을수록 운영이 복잡해진다. 일례로 보잉 787드림라이너(Boeing 787 Dreamliner)와 에어버스(Airbus) A380 개발에는 세계 각국의 수많은 기업이 참여했다.[57] 이때 사업 통제에 굉장한 어려움을 겪었고, 한 기업의 업무가 지연되거나 차질이 생기면 다른 기업의 업무도 함께 지연되었으며 전체 프로젝트에 문제를 일으켰다. 그림 15.4를 통해 기업이 파트너 수를 늘리고 자기 자본의 비율을 줄일수록 통제가 어려워진다는 것을 알 수 있다.

지분 제휴

지분 제휴는 협력을 더욱 공고하게 만든다.

지분 제휴(equity alliance)는 적어도 하나 이상의 기업이 다른 기업의 지분(대부분 소수 지분)을 취하는 협력 방식이다. 예를 들어 벨기에의 앤트워프 항구는 품질 및 생산성 향상을 위한 장기 제휴를 위해 인도 에르사 항구에 소액의 지분을 투자했다. 종종 지분 제휴에 참여하는 기업이 서로에게 지분을 투자하기도 한다.[58] 파나마의 코파(Copa)와 콜롬비아의 에어로리퍼블릭(AeroRepublic)이 서로의 지분을 매입한 것이 그 예이다.[59]

기업이 지분 제휴를 하는 이유는 협력을 공고히 하여 제휴가 결렬되지 않게 하기 위함이다. 특히 지분 제휴를 하는 기업은 상대 기업에서 이사회 자리를 확보할 수 있을 정도로 지분을 투자하는 경우도 있는데, 이 역시 제휴를 공고히 하기 위함이다.

제휴가 실패하거나 성공하는 이유

15-5 국제경영에서 제휴가 실패하거나 성공하는 주요 원인을 파악한다.

제휴 성과는 모든 참여 기업을 만족시켜야 하며, 그렇지 못한다면 제휴는 실패할 수 있다.

실패의 이유

상황이 변화하면 제휴 파트너는 목표나 책임, 권한, 성과, 측정 기준, 관리 구조 등을 다시 협상하게 된다. 제휴 구조를 조정하더라도 한 파트너가 불만을 품는다면 기존의 많은 합의가 깨질 수 있다. 이때 한 파트너가 상대 기업의 지분을 사들이고 단독투자와 같은 형태로 사업이 진행되는 경우가 많으며, 그렇지 않으면 기업이 계약을 파기하기도 한다.

제휴를 위협하는 주요 요인은 다음과 같다.

- 상대적인 중요도 차이
- 각자의 상이한 목적
- 통제 문제
- 상대적인 기여도와 수익 분배
- 문화적 차이

상대적인 중요도 차이 각 제휴 파트너가 제휴에 대해 느끼는 중요도는 다를 수 있다. 문제가 생겼을 때 더 적극적인 파트너는 그렇지 않은 파트너가 충분한 노력을 기울이지 않았다고 비난하고, 적극적이지 않은 파트너는 상대방이 잘못된 결정을 내렸다며 비난한다. 파트너의 기업 규모 차이로 인해 중요도의 차이가 나기도 한다. 예를 들어 중소규모 기업은 더 큰 파트너기업보다 상대적으로 합작투자에 더 많은 자원을 투입하므로 합작투자를 더 중요하게 생각할 수 있다.

기업 규모가 다르면 제휴에 대한 관심도 달라질 수 있다.

더욱이 중소기업은 더 큰 파트너와의 법적 공방에서 불리한 위치에 있다. 예를 들어 미국의 중소기업 아이젠(Igen)은 자사보다 매출이 100배나 많은 독일의 뵈링거만하임(Boehringer Mannheim)에 자사 기술을 라이선스한 적이 있다. 이후 두 기업은 로열티 지급 문제로 충돌하게 되었는데, 아이젠은 4년간의 소송 비용으로 1년 전체 매출에 해당하는 금액을 지불해야 했다.[60] 다만 이는 이례적인 사례인데, 보통 작은 기업은 더 큰 기업을 상대로 싸움을 걸지 않거나, 걸어도 효과적으로 대응할 수 없기 때문이다.

각자의 상이한 목적 파트너가 초기에 가졌던 제휴 목적은 경쟁자와 제품의 변화로 인해 달라질 수 있으며, 그로 인해 다른 기업과의 협력이 최선의 수단이 아니라고 생각을 바꿀 수 있다. IBM이 과거 도시바(Toshiba)와 협력관계에 있었으나, 시간이 흘러 제품라인이 변경되고 도시바가 잘 생산하지 못하는 모니터가 필요해졌던 것이 그 예이다.[61] 또한 한 파트너는 수익을 재투자하길 원하지만 다른 파트너는 배당금을 받기를 원할 수 있으며 한 파트너는 제품라인을 확장하고 사업 영역을 확대하길 원하는 반면 다른 파트너는 이 합작투자 기업을 완전히 자사의 것으로 만들기 위한 경쟁으로 간주할 수도 있다(BP와 TNK의 갈등이 그랬다).[62] 한 파트너가 합작투자 기업의 매각 또는 인수를

파트너의 역량과 전략이 변화함에 따라 제휴의 목표가 바뀔 수 있다.

원할 때 상대 파트너는 해당 가격에 동의하지 않을 수 있다.

모든 당사자에 책임이 있음에도 '누가 책임을 질 것인가?' 하는 질문은 협력의 방해 요소가 된다.

통제 문제 다른 기업과 자산을 공유하다 보면 통제에 혼란이 생길 수 있다. 이러한 혼란은 모호한 부분이 많기 때문에 직원에게 혼란을 줄 수 있다. 메릴린치(Merrill Lynch)와 UFJ가 합작투자를 논의할 때, 한 일본인 관리자는 "누가 책임을 져야 할까요? 일본인? 미국인? 아니면 둘 다?"라고 질문하기도 했다.[63] 더욱이 기업이 자사가 생산하지 않는 제품에 자사의 상표와 로고를 라이선스할 경우 제품의 품질 관리 능력에 문제가 생긴다. 일례로 피에르가르뎅(Pierre Cardin)이 의류에서부터 시계, 변기에 이르는 수백 가지 제품에 라이선스를 했을 때 품질 관리가 잘되지 않은 것이 다른 고품질 제품의 이미지까지도 손상시키는 결과를 이끌었다.[64]

제휴에서 통제권이 파트너 중 한쪽에 양도되더라도 문제가 생겼을 때 모두가 책임져야 할 수 있다. 이스라엘 기업 리메디아(Remedia)와 독일 기업 후마나밀후니온(Humana Milchunion)이 합작투자하여 분유를 생산했을 때, 후마나밀후니온이 분유 농축액에서 비타민 B1을 제거하여 유아 3명이 사망했다.[65] 리메디아는 비타민 B1이 제거된 것을 알지 못했지만 공동으로 사고에 책임을 져야 했다.

상대 파트너가 제휴에 얼마 기여하지 않거나 너무 많은 이익을 가져가고 있다고 생각하면 협력이 느슨해질 수 있다.

상대적인 기여도와 수익 분배 파트너의 상대적인 역량 차이는 변화할 수 있으므로 한 파트너가 처음에 예상한 만큼 제휴에 기여하지 못한다고 생각할 수 있으며, 상대방이 자사보다 더 많은 것을 얻어가고 있다고 생각할 수 있다(특히 지식 기반 자원이나 합작투자 핵심 인사 측면에서 그렇다). 기업은 상대방이 너무 많은 이득을 취하지 못하게 하기 위해 특정 정보를 제공하지 않을 수 있고, 이는 사업에 악영향을 줄 수 있다. 사실 그보다는 파트너 없이 홀로서기를 시도하는 경우가 많다. 특히 상대 기업의 지식을 얻기 위해 제휴를 시작한 경우에는 더욱 그렇다.

국가 및 기업의 문화 차이로 인해 한 파트너는 만족하고 한 파트너는 그렇지 않은 상황이 생길 수 있다.

문화적 차이 국가나 기업 간 문화의 차이는 파트너 간 관계에 영향을 줄 수 있다.

국가 간 문화의 차이 경영자와 기업은 자신이 속한 국가의 문화에 영향을 받는다. 그러나 서로 다른 두 국가의 기업이 제휴를 체결하면 두 국가의 문화가 한곳에 모이게 된다. 국가 간 문화 차이로 인해 합작투자의 수명이 줄어든다는 명확한 증거는 없지만 문화적 차이는 의견의 불일치를 낳을 수는 있다.[66] 예를 들어 기업의 성과 보고 방식, 시기, 빈도에 차이가 있을 수 있으며, 사업이 주주에게 미치는 영향과 전체 이해관계자에게 미치는 영향 중 어떤 것을 더 중요하게 평가하는지가 다를 수 있다.[67] 이러한 차이로 인해 어느 한쪽에서는 제휴에 만족하지 못할 수 있다. 실제로 다논(Danone)과 중국 공기업의 합작투자의 경우 중국 정부가 사업적 효율성과 이윤보다는 고용 창출을 우선하여 발생한 문제로 결국 파기되었다.[68]

합작투자에는 신뢰 역시 중요한 요소이다. 국가적인 차이로 인해 어떤 기업은 외국 파트너와 협력하는 것을 선호하지 않기도 한다.[69] 하지만 양 파트너가 서로의 차이점을 다루는 방법을 학습한다면 문화적 차이가 큰 나라의 합작투자도 성공할 수는 있다.[70]

개념 체크

2장에서 국가별 문화 차이로 벌어지는 신뢰의 차이에 대해 논의했으며, 신뢰가 높은 문화에서는 사업 비용이 낮아지는 경향이 있다고 설명했다.

기업 문화의 차이 기업 문화가 유사하면 서로 지식을 전달하고 의사소통하는 데 도움이 되지만, 문화가 다르다면 문제가 생길 수 있다.[71] 예를 들어 일본의 ANA와 말레이시아의 에어아시아(AirAsia)의 합작투자의 경우 일본 측에서는 자사의 세심한 서비스 문화를 강조한 반면, 말레이시아 측은 자사의 비용 절감 문화를 강조하다가 결국 합작투자를 해산하게 되었다.[72] 한쪽은 내부 직원을 승진시키는 조직 문화를 가진 반면 다른 한쪽은 외부에서 새로 고용하는 조직 문화를 가졌을 수도 있으며, 한쪽은 수평적인 조직 문화를 가진 반면 다른 한쪽은 수직적인 문화를 가졌을 수도 있다. 위험 회피 성향에도 차이가 있을 수 있다. 이러한 기업 문화의 차이로 인해 많은 기업이 라이선스나 유통 계약을 통해 오랫동안 상대방 기업을 경험하고 좋은 관계를 가지기 전까지는 합작투자를 하지 않는다. 실제로 기업을 인수하기 전에 제휴를 맺는 등 점진적으로 협력 수준을 높여보는 것이 인수 성과에 긍정적인 영향을 미친다는 증거도 있다.[73] 물론 사람이 결혼할 때 그렇듯 기존에 관계가 좋았다고 해서 합작투자도 잘 이루어진다는 보장은 없다.[74]

제휴 성공 지원

제휴에는 많은 문제와 실패 위험이 있지만, 그렇다고 해서 성공 사례가 없는 것은 아니다. 미국의 제록스(Xerox)와 영국의 랭크(Rank)는 함께 수십 년간 좋은 성과를 냈으며, 일본에서 후지포토(Fuji Photo)와 함께 합작투자를 하기도 했다.

앞서 언급한 요소 외에도 다음은 운영 방식을 선택하고 관리하는 데 도움을 준다.

- 국가별 맞춤 운영 방식
- 파트너 탐색 및 평가
- 계약 협상: 비밀 유지
- 계약과 신뢰를 통한 통제
- 내부 조직 조정

국가별 맞춤 운영 방식 국가적 조건은 기업이 가장 적합한 해외 사업 운영 방식을 선택하는 데 영향을 미친다. 우선 각 국가별 외국인 단독투자 금지 조항이나 경제 성장률과 같은 차이는 투자하는 기업의 역량 및 전략에 따라 다르게 맞물린다. 따라서 각 국가에 가장 적합한 운영 방식을 선택하는 것이 기업의 성공에 도움이 된다.

기업은 가장 매력적인 전략과 보유 역량에 어울리는 시장에 더 많은 자원을 투입해야 한다. 운영 방식의 선택은 다른 해외 자원 할당 비율이나 기타 자원 투입에 관한 결정만큼이나 자원 배분에 직접적인 영향을 미친다. 그림 15.5는 국가매력도(country attractiveness)와 운영 방식(operation form)의 관계를 보여준다. 그림 15.5의 한 축은 해당 국가에 대한 기업의 적합성에 관계없이 높음, 중간, 낮음으로 국가의 매력도를 평가하며, 다른 한 축은 각국에서 목표를 달성하기 위한 기업의 경쟁력을 평가한다. 그런 다음 두 축의 결과를 매트릭스상의 적합한 영역에 표시하여 국가별로 적합한 운영 형태를 설명한다.

기업은 가장 매력적이고 기업의 전략과 경쟁력에 적합한 시장에서 가장 몰입도를 높일 수 있는 운영 방식을 선택한다.

그림 15.1의 매트릭스가 의사결정에 도움을 줄 수는 있지만, 경영자는 이를 주의해서 사용해야 한다. 우선 국가의 매력도와 기업의 경쟁력을 매트릭스에 표시하기는 어렵다. 예를 들면 해당 국가에서 경쟁력이 높은 경우 국가매력도도 덩달아 높아 보일 수 있다. 또한 많은 기업이 처음에는 경쟁력이 약했던 시장에서 경쟁력을 점차 구축한 것을 고려하면 매트릭스의 결과와 적합하지 않아도 충분히 사업에 성공할 수 있다.

개념 체크

13장에서 국가별 위험 및 기회의 차이와 기업이 운영 방식 선택을 통해 위험을 줄이는 것을 확인할 수 있다.

파트너 탐색 및 평가 제휴를 성공하려면 좋은 파트너와 계약하는 것이 중요하다. 경영자는 학술지를 모니터링하고, 기술 회의에 참석하고, 지인에 도움을 구하고, 학술 기관과의 관계를 다지면서

파트너 선택은 자원, 목표, 양립성 등을 고려하여 결정해야 한다.

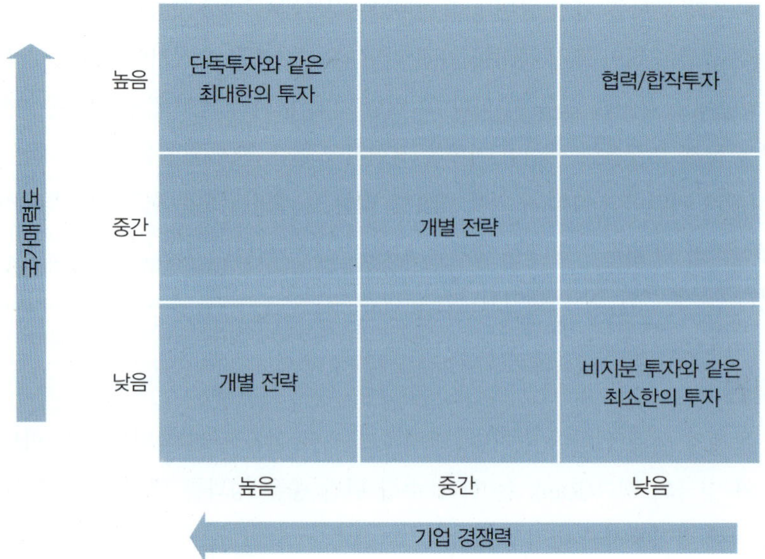

그림 15.5 국가매력도/기업 경쟁력 매트릭스

매트릭스상에서 왼쪽 상단에 위치한 국가가 기업 운영에 가장 매력적인 장소일 것이다. 그곳이 기업의 경쟁력도 높으면서 국가 자체의 매력도도 큰 시장이기 때문이다. 이러한 시장에 진입하는 경우 기업은 단독투자 등의 방식으로 사업의 몰입도를 최대한 높이고자 한다. 우측 상단에 있는 국가 역시 국가의 매력도는 높으나 기업 경쟁력과 시장 기회가 맞지 않는 문제가 있다(이 경우 기업의 시장 경험이 부족할 수 있다). 사업 기회를 포기할 필요는 없으나 합작투자나 다른 협력을 통한 방식이 더욱 적합할 것이다. 마지막으로 기업은 역량과 해당 시장의 변화에 따라 운영 방식을 역동적으로 변화시킬 수 있어야 한다.

좋은 파트너를 식별하는 능력을 기를 수 있다.[75]

기업은 잠재적 파트너의 자원, 목표, 양립성 등을 평가해야 한다. 과거 유사한 유형의 협력에서 보인 능력을 살펴보면 파트너가 필요한 전문적 요건을 갖추고 있는지를 평가할 수 있다. 또한 협력 성과가 좋아지면 파트너 간 신뢰도도 좋아져 수익 창출을 위해 필요한 파트너 통제에 큰 돈을 소모하지 않아도 된다.

기업이 잠재적 파트너를 찾고 평가하는 동안 그 잠재적 파트너도 같은 일을 하고 있다. 따라서 무역 박람회 참석, 브로셔, 웹사이트 및 잠재적 협력 파트너 기업 방문 등을 통해 가시성 및 파트너십 가능성을 높일 수 있다. 이때 해외 사업이나 다른 기업과의 협력이 처음이라 과거 실적이 없다면 협상에 더 열심히 임하고 더 많이 양보해야 할 수도 있다.

기술 계약에서 판매자는 계약 합의에 도달하기 전에 정보를 제공하지 않기를 원하고, 구매자는 계약을 체결하기 전에 기술을 평가하기를 원하며, 계약 조건은 독점적인 것으로 간주할 수 있다.

계약 협상: 비밀유지 제휴를 하다 보면 기술이 이전되는 경우가 많다. 기술은 널리 퍼지거나 모두가 이해하게 되면 그 가치가 떨어지기 때문에 기술 소유권자는 기술 이전을 받는 기업이 기술을 퍼뜨리지 못하도록 막는 조항을 계약에 삽입했다. 또는 특정 요소는 꼭 자체 생산하거나 소유권을 이전하지 않는 등의 방법으로 기업이 완전히 지식을 이해하고 복제해내지 못하도록 막았다.

아직 상용화되지 않은 기술을 판매하는 경우도 있다. 이 경우 기술 구매자는 정확히 보지 않은 기술을 구매하기를 꺼리지만 판매자 입장에서 아직 기술을 구매하지 않은 기업에게 공개하기에는 기술 유출의 위험이 따른다. 따라서 일반적으로는 모든 참가자를 보호하기 위한 목적으로 협력 시작 전에 사전 계약을 맺는다.

계약의 재정적 규약을 둘러싼 비밀 유지에 관해 여러 의견이 있다. 예를 들어 일부 국가에서 라이선스 계약은 정부 기관의 승인을 받아야 하며, 담당 정부 기관은 협상에서 우위를 선점(negotiating position)하기 위해 해당 계약과 유사한 계약을 체결한 다른 국가의 기관과 협의할 수 있다. 반면에 많은 다국적 기업은 두 기업 간 계약 조건이 경쟁에서 매우 중요한 독점적 정보라고 주장하며 이에 반대한다. 게다가 국가마다 시장 상황이 달라 계약 조건이 달라지기도 한다.

계약과 신뢰를 통한 통제 자산의 권리를 다른 기업에 양도하면 이전된 자산에 대한 통제력을 일부 상실하게 된다. 이는 파트너의 성과와 파트너가 기회주의적으로 행동하지 않을 것이라는 진실성 문제를 야기한다.[76] 이러한 문제는 공동의 목표를 설정하고 계약서에 모든 기대사항을 명시함으로써 가능한 한 해결되어야 한다. 그러나 이런 식으로 모든 문제를 해결할 수는 없다. 또한 한 국가의 문화는 파트너가 계약에서 얼마나 많은 부분을 명시하고 싶지 않아 하는지에 영향을 미친다. 따라서 양 당사자는 충분한 공감대를 형성하여 공통의 상식에 의해 사업이 추진될 수 있게 해야 한다.[77] 사업이 시작되고 나면 각자의 행동을 통해서도 신뢰를 구축할 수 있다.[78] 그러므로 유사한 수준의 신뢰를 가진 문화권의 당사자들이 모인 경우 계약서에 자세히 명시할 사항과 신뢰에 맡겨야 하는 사항에 대해 합의할 가능성이 크다.[79]

신뢰와 계약 모두 통제에는 한계가 있지만, 모든 제휴에는 계약서에 명시되어야 하는 조항이 있다.

평판을 중요하게 생각하는 기업과 파트너십을 체결하는 것도 도움이 된다. 문제를 언론에 공개하는 것보다 조용히 해결하는 것을 선호할 수 있기 때문이다. 솔직한 의사소통은 잠재적 파트너에 근본적 기대치를 설정하는 데 도움이 될 수 있다. 예를 들어 중국 및 러시아 기업을 대상으로 연구한 결과 외국 파트너가 중국과 러시아 정부와 더 많은 거래(뇌물 수수 완화 등)를 기대했던 것보다 실제로 하거나, 거래를 인지하지 않았다고 밝히기도 했다.[80]

계약서에 모든 사항을 명시할 수는 없지만 최소한 다음 문제는 다루어야 한다.

- 당사자가 약속을 지키지 않는다면 계약이 종료되는가?
- 품질 테스트는 어떤 방법으로 할 것인가?
- 자원 이용에 있어 지리적 제약 요건은 무엇인가?
- 어떤 기업이 어떤 부분을 담당할 것인가?
- 각 기업의 미래 계획은 무엇인가?
- 각 회사는 협업 계약의 결과로 발생하는 자산을 어떻게 구매, 판매 또는 사용할 것인가?
- 수익을 어떻게 배분할 것인가?

지속적 평가 유능하고 양립 가능한 파트너와 계약을 체결하는 것이 좋지만 그렇다고 꼭 성공이 보장되는 것은 아니다. 계약이 실행된 이후에 효과적인 이행이 따라야 된다. 경영자는 잠재적 판매량 및 비용을 추정하고 품질 기준을 충족하지 않는 부분이 있는지, 목적에 맞게 운영되고 있는지, 파트너는 적절한 역할을 잘 수행하고 있는지 등을 평가해야 한다. 이 부분에서 파트너와의 관계가 긍정적, 혹은 부정적으로도 발전할 수 있으므로, 운영 방식을 변경하거나 계약을 종료해야 할 수도 있다.

다른 기업과 협력할 때 경영자가 해야 할 일은 다음과 같다.
- 성과 모니터링
- 운영 방식 변경 여부 평가
- 제휴 포트폴리오 관리 능력 개발

지속적으로 파트너의 성과를 평가하는 것 외에도 기업은 라이선스 계약을 합작투자로 변경할지 여부처럼 주기적으로 각 제휴 방식의 상대적 가치를 평가해야 한다. 자원과 전략의 변화뿐만 아니라 피투자국의 정치 및 경제 상황과 같은 외부 조건으로 인해 제휴 방식이 변화할 수도 있다.

다른 운영 방식으로의 변화는 과거 경험으로 인한 결과일 수 있으며, 조직 내부의 긴장을 초래할 수 있다.

조직 내부의 조정 기업은 해외에서 제휴를 체결하고 성장하면서 경쟁 역량을 획득한다. 이때 운영 방식을 변경하면 조직을 조정해야 하는데, 학습한 지식을 조직에 적용하기도 하며 운영 방식의 변화에 맞추어 조직을 변화시킨다.

학습 및 적용 기업의 과거 협력 경험이 많을수록 좋은 성과를 내는 경향이 있다. 그러나 이러한 경향은 한 국가에서의 합작투자 경험을 통해 학습한 것을 다른 국가에서의 합작투자에 적용하는 경우처럼 유사한 방식의 협업에서 뚜렷하게 모습을 보인다.[81] 과거 경험을 가진 기업은 파트너를 더 잘 선택하고 시너지 효과를 향상한다. 따라서 기업은 제휴를 할수록 한 경험에서 학습한 것을 다른 제휴에 적용할 수 있게 제휴 포트폴리오 관리 능력(portfolio of arrangement)을 개발해야 한다.[82] 그러나 과거에 성공적 제휴를 경험했어도 다음 제휴를 성공하는 것은 아니다.[83] 과거와 같은 방식을 사용하여 특정 운영 방식(예: 라이선싱)에 대해 더 많은 지식을 쌓을 수는 있지만, 여전히 새로운 국

미래 전망 프로젝트의 규모와 복잡성

반세기 훨씬 전에 미국의 경제학자 존 케네스 갤브레이스(John Kenneth Galbraith)는 적은 비용으로 발명할 수 있는 시대는 끝났다고 주장하며 이렇게 말했다. “새로운 것을 개발하는 것은 비용이 많이 들기 때문에 상당한 규모와 관련 자원을 보유한 기업에 의해서만 가능하다.”[84] 갤브레이스의 말은 적대국과 테러리스트에 대한 방어 수단을 개발, 사이버 공격으로부터의 보호, 기후 변화 대응과 같은 분야에 한해서는 맞는 말이 되었다. 그러나 동시에 몇 가지 요소를 간과한 발언이기도 하다.

첫째, 기업이 앞서 언급한 문제를 해결할 수 있는 상당한 규모에 도달할 수 있는지 의심스럽다. 예를 들어 자동차 산업에는 세계 최고 규모의 기업이 있지만 이들은 점점 서로 협력해야 한다고 생각하고 있다(예: 토요타와 BMW는 이산화탄소 배출에 관한 역사상 가장 엄격한 규정을 충족하기 위해 협력한다).[85] 또한 정부는 독점 금지를 이유로 인수합병을 제한하여 기업의 성장을 억제하고 있기도 하다.

둘째, 기업이 앞서 말한 큰 문제를 해결하는 데 필요한 많은 기술을 내부화할 수 있는지도 의심스럽다. 최근 기업은 가장 역량이 뛰어난 부분에 집중하고 그 외의 부문은 아웃소싱하고 있기 때문에 대기업의 기술의 폭은 성장한다기보다는 줄어들고 있다. 덕분에 많은 국가의 많은 산업 및 기업이 수평적, 수직적으로 더 많이 연결되었다. 반면 내부화와 전유성으로 인해 협업을 통한 개발은 속도가 느리다는 증거가 나타나고 있다.[86]

기업이 수평적으로, 수직적으로 더 연결된다면 이러한 연결이 과거와 유사한 방식으로 진행될 것인가? 그렇지 않은 경우도 있을 것이다. 예를 들어 우버(Uber)나 에어비앤비(Airbnb)처럼 근 몇 년간 빠르게 성장하고 있는 일부 스타트업은 외부인이 투자를 하도록 하고 그들과 고객을 연결하는 기업이다. 즉 협업은 새로운 형태로 증가할 것이며, 이로 인해 갤브레이스의 대규모 개발(big development, 규모와 자원이 풍부한 기업만이 개발할 수 있을 것이라는 구상)에 관한 제안은 더욱 비판받게 될 것이다.

심지어 대부분의 제품 개발 비용은 앞서 말한 초대규모 개발 프로젝트의 비용보다 훨씬 적다. 사업 전략가는 기업이 자사가 가장 잘하는 영역에 특화될 것(이는 다른 기업과의 협력을 부추긴다)을 조언하지만 구매자 측에서 여러 기업이 아닌 하나의 기업과만 거래하는 것을 선호한다는 증거가 늘어나고 있다. 따라서 특히 신흥국에서 대기업이 다시 힘을 얻고 있다.[87] 즉 기업은 협력에 필요한 충분한 자원을 갖춘 파트너를 찾기 어렵기 때문에 시장의 요구사항을 충족하고자 직접 수직적, 수평적 확장을 추진할 가능성이 높다. 그럼에도 해외 사업을 추진하는 경우, 특히 국가적 차이로 운영 방식을 변경해야 하는 경우에는 모든 제품이나 시장 특유의 자원을 단독으로 확보하기 어려울 수 있다. 따라서 기업은 해외로 진출할 때 협력할 의향이 더욱 커지게 된다.

새로운 국가로 진출하고 새로운 기업과 협력하게 되면서 다국적 기업은 제휴를 통해 기회와 위협을 동시에 마주하게 될 것이고, 그러한 차이에서 비롯된 문제를 극복해야 한다.

- 파트너가 정보를 다르게 받아들이고 평가할 수 있는 국가 간 문화의 차이
- 운영 방식에 제약을 가져올 수 있는 정부 정책, 기관 및 산업 구조의 차이
- 기업 관행과 관계에 영향을 미치는 근본적인 이데올로기와 가치의 차이
- 목표와 기여도의 불일치를 야기하는 전략적 방향의 차이
- 파트너 간 비효율적 상호작용을 유발하는 경영 방식과 조직 구조의 차이[88]

가와 파트너의 속성에 대해 지식을 쌓아야 하기 때문이다.[89]

협력 형태 전환에 따른 압박 수출이 해외 생산 방식으로 변경되는 등 운영 방식이 변할 경우 누군가는 권한을 더 얻고 누군가는 잃게 된다. 예를 들어 수출에서 해외 생산 방식으로 바뀌면서 본국의 마케팅 및 생산 부서의 규모가 축소될 수 있다. 이는 판매 실적이나 수익을 바탕으로 상여금이나 승진 평가를 받는 직원에게는 불리하게 작용하기도 한다. 따라서 기업은 직원의 성과 하락이 본인이 통제할 수 없는 결정으로 인한 것이라는 것을 참작하고 성과 평가 체계를 수정해야 한다.

CASE

원월드의 항공 제휴[90]

항공 산업은 비용, 규제, 경쟁 요인 등으로 인해 해외 노선 개통의 시작 단계부터 제휴를 맺을 필요성이 강조되는 독특한 특징이 있다. 이러한 필요는 최근 몇 년 사이 가속화되었다.

이 때문에 항공사들의 실적이 위축되고 있다. 이러한 이유로는 첫째, 유가 변동으로 인해 비용 불확실성이 커졌으며, 둘째, 보안의 강화가 필요해졌다. 탑승객 보안 검사 외에도 항공사는 정부 기관에 더 자세한 탑승객 정보를 제공하고, 화물 운송업체 및 공급사슬 운영자와 협력하여 여객기 수화물의 안전성을 확보해야 했다. 셋째, 장기적으로 가격 경쟁이 심화되어 항공사가 비용 증가분을 고객에 전가하기 어려워졌다. 심지어 고객이 인터넷에서 더 저렴한 비행기표를 구할 수 있게 되면서 가격 경쟁은 더 심해졌다. 넷째, 현재 COVID-19 대유행으로 항공 여행의 수요가 급격히 감소했으며, 언제 다시 여객 수요가 늘어날 것인지 불확실해졌다.

해외 여행객의 증가가 항공사의 세계화를 크게 촉진했지만, 전 세계로 항공기를 운항할 수 있을 정도의 재정과 항공기를 보유한 항공사는 없다. 반면 여행객은 전 세계를 여행하고 있으며 이동 거리 및 항공편 연결 시간을 최소화하고 수화물을 일정에 맞게 목적지로 운송할 수 있기를 바란다. 따라서 항공사는 여행객에게 더 좋은 서비스를 제공하면서도 비용을 절감하기 위해 협력을 확대하고 있다.

그러나 협력만으로 필요한 모든 비용을 절감할 수 있는 것은 아니다. 항공사는 항공권 구매에서부터 목적지 도착까지 전 과정에서 비용 절감을 위해 다양한 노력을 기울이고 있다. 전자항공권을 판매하여 티켓 발행에 필요한 비용을 절감했으며 공항 셀프 체크인 서비스를 통해 인건비도 줄일 수 있었다. 단거리 비행의 경우 좌석 공간, 기내식, 베개, 헤드폰에 들어가는 비용까지 절감했다.

간략한 역사: 정부 규제의 변화

역사적으로 정부는 항공사의 주요 이해관계자 자리에 있었다. 많은 국영 항공사는 자국 시장에서 독점적인 위치를 가졌으나 적자를 낳았고 정부 보조금을 필요로 했다. 아직 몇몇 항공사는 여전히 보조금을 받고 있지만 점차 항공사는 민영화되고 있다.

정부가 규제할 수 있는 요소

민영화의 바람에도 불구하고 정부는 여전히 상호 간 협약을 통해 항공사를 규제하고 권한을 부여하는 등의 관리를 하고 있다. 구체적으로는 다음을 관리한다.

- 어떤 항공사가 착륙할 수 있는지
- 어떤 공항과 항공기를 사용할 수 있는지
- 비행 편수
- 외국 항공사가 자국 영공을 비행할 수 있는지[예: 스페인 항공사인 이베리아항공(Iberia Airline)이 스페인에서 미국으로 비행한 후 미국에서 파나마로 비행할 수 있는지 여부]
- 영공 비행 특권
- 항공사의 운임

최근 몇 가지 주목할 만한 규제의 변화가 있었다. 첫째, 미국 국내 시장의 규제가 완화되어 미국 항공사는 미국 어디든 원하는 만큼 운항할 수 있게 되었다. 규제 완화로 인해 경쟁이 심화되어 많은 미국 항공사가 도산했지만 새로운 항공사가 계속 등장하고 있다. 둘째, 유럽 내에서 유사한 규제 완화로 인해 일부 항공사가 경쟁력을 잃었지만 미국과 마찬가지로 새로운 항공사가 등장하고 있다. 셋째, 여러 지역에서 항공 자유화 협정이 체결되어 협정 체결국 간 항공기 편수, 기종, 규모에 관계없이 해당 노선의 비행이 자유화되었다. 예를 들어 미국과 일본의 항공 자유화 협정으로 인해 AA(American Airlines)는 뉴욕과 하네다 공항의 노선을 새로 개통했다. 넷째, 유럽 국가들은 독일의 루프트한자(Lufthansa)의 스위스국제항공(Swiss International Airlines) 인수 등 해외 항공사의 인수를 허용했다.

정부가 항공사를 보호하는 이유

정부가 자국 항공사를 보호하는 이유는 다음과 같다.

1. 비정규적 항공 운송이 필요할 때 공군 대신 자국 항공사를 활용하여 공군 유지에 필요한 비용을 절감할 수 있다(예: 미국 정부는 자국 민간 항공사를 통해 아프가니스탄에 군대를 이송한다).
2. 국민은 출장 목적의 정부 지출을 자국 내에서 소비하기를 원한다. 예를 들어 국민은 공무원이 출장에 자국 항공사를 사용하여 외화를 절약하기를 원한다.
3. 항공사는 국가 자부심의 원천이며, 항공기는 국가의 자주권과 기술력의 상징이다. 국가 정체성의 중요성이 감소하긴 했으나 여전히 일부 개발도상국에는 중요하다.

확장에서의 규제 장애물

항공사가 전 세계 어디로든 확장할 수 있는 재정적 능력이 있더라도 국가 규제로 인해 한계에 부딪힌다. 일부 예외적인 경우를 제외하면 항공사는 타국에서 황금노선을 이용할 수 없다. 예를 들어 JAL(Japan Airlines)은 뉴욕-로스앤젤레스 노선을 운항할 수 없고 AA는 도쿄-나고야 노선을 운항할 수 없다. 이러한 규제로 인해 항공사는 자사의 국제선을 잇는 해외의 국내 노선을 개발하기 어렵다. 일례로 JAL은 시카고-도쿄 노선을 이을 수 있는 미국 내 국내선이 없지만 AA는 있다. 또한 미국 정부는 미국 항공사의 외국인 소유 지분을 25%로 제한한다.

마지막으로 항공사는 일반적으로 두 해외 국가 간 운항을 할 수 없다. 예를 들어 AA는 브라질과 남아프리카를 잇는 노선을 운항할 수 없으며, 현지 정부 규제로 인해 브라질과 남아프리카공화국 국적의 항공사만 취항할 수 있다. 항공사가 이러한 규제를 피하려면 다른 국가의 항공사와 제휴를 맺어야만 한다.

협력 동기에 관한 사례

비용 요인

어떤 항공사는 항상 특정 공항을 과점하여 수화물이나 항공기 관리 장비와 같은 핵심 역량을 축적했다. 항공사는 이러한 역량을 다른 항공사와 공유하여 비용을 분산할 수 있다. 예를 들어 BA(British Airways)는 런던의 히드로 공항에서 오랫동안 다른 여러 항공사의 승객 체크인, 수하물 적재 및 유지를 담당했다.

유지보수 및 예약 시스템에 필요한 높은 비용으로 인해 갈릴레오레저베이션시스템(Galileo Reservation System) 소유권 공유 등의 합작투자가 발생하기도 했다. 물론 비용 절감뿐만 아니라 고객에게 더 나은 서비스를 제공하려는 목적도 있었다.

연결 항공편

정부의 노선 규제를 회피하고자 항공사는 오랫동안 승객이 환승 티켓을 통해 한곳에서 다른 곳으로 환승할 수 있게 했다. 그러나 사람들은 처음 스크린에 보이는 길을 따라가는 경향이 있으며, 어떤 항공사의 경로는 첫 화면에 나타나는 반면 어떤 항공사의 경로는 그다음에 나타나기도 한다. 또한 승객은 항공사를 갈아타야 한다면 커다란 공항 내에서 다른 항공사의 연결편으로 잘 이동할 수 있을지 걱정한다. 이러한 우려를 없애기 위해 항공사는 '편명 공유(code sharing)'라는 제휴를 맺어 동일한 항공편이 다른 둘 이상의 항공사에 지정될 수 있게 했다. 덕분에 마이애미에서 마드리드까지 이베리아항공에서 운영하는 항공편에 AA, BA, 핀에어(Finnair)의 이름도 표기하는 등의 일이 가능해졌다. 따라서 연결 항공편을 이용하는 승객은 항상 같은 항공사를 이용하게 된 덕에 걱정을 덜 수 있다. 그러나 비행기를 갈아타기 위해 승객은 여전히 한 탑승구에서 다른 탑승구로 이동해야 한다. 따라서 항공사는 승객이 환승에 필요한 최소한의 시간을 지켜줘야 한다.

원월드 제휴

현시점에 원월드(Oneworld)는 AA, BA, 캐세이퍼시픽항공(Cathay Pacific Airways), 피지항공(Fiji Airlines), 핀에어, 이베리아항공, JAL, 라탐항공(LATAM), 말레이시아항공(Malaysia Airlines), 콴타스항공(Qantas Airwasys), 카타르항공(QATAR Airways), 모로코항공(Royal Air Maroc), 로열요르단항공(Royal Jordanian Airlines), S7항공(S7 Airlines), 스리랑카항공(SriLankan Airlines) 등 15개 항공사로 이루어져 있다. 원월드는 스타(Star)와 스카이팀(Sky Team)이라는 다른 거대 제휴와 주로 경쟁하고 있다. 이러한 제휴에 소속된 항공사는 좌석 업그레이드나 마일리지 등 다양한 프로그램을 협력 운영하고 있다. 원월드의 경우 모든 협력사는 도쿄 나리타 공항의 제2터미널을 사용하여 연결 시간을 단축하고 있으며, 항공기에 항공사의 이름과 함께 원월드라는 이름을 표기하여 홍보하고 있다. 이러한 동맹은 편명 공유 등 다양한 협력을 할 수 있다. 그러나 미국 반독점 규제에 따라 노선, 일정, 가격의 조정은 금지된다.

반독점 면제

AA는 대서양 지역 합작투자와 태평양 지역 합작투자 모두에서 반독점 면제(antitrust immunity)를 받아 더 많이 협력할 수 있도록 허가받았다. 두 경우 모두 상호 간 합의를 통해 각 항공사의 대표가 공동으로 운항 규모를 관리하고 항공편의 좌석을 판매 및 홍보하며 수익을 분배하고 연결 항공편을 예약할 수 있게 했다. 이러한 사업의 주요 목표는 운항 규모를 더 잘 조정하여 운영 비용을 절감하고 가격 경쟁을 회피하며 승객이 더 많은 선택지를 가질 수 있도록 운항 일정을 개선하는 것이다.

대서양 횡단 합작투자

AA, BA, 이베리아항공은 100개 이상 국가의 400여 개 목적지로 1일 6,000편이 넘는 규모의 운항 네트워크를 결합했다. 면제가 승인되고 합작투자를 만들면서 이들은 북미 22개 도시와 유럽 13개 도시를 연결하는 48개의 항로를 가지게 되었다. 48개 노선 중 직접 경쟁을 하게 되는 노선은 9개 노선에 그쳤다.

이들은 합작투자 덕에 승객에게 보다 편리한 시간대의 항공편을 제공할 수 있게 되었다. 예를 들어 AA와 BA는 단 몇 분 간격 차이로 가지고 있었던 뉴욕의 존F.케네디 공항과 런던의 히드로 공항을 잇는 노선을 약 1시간 간격으로 조정할 수 있었다. 덕분에 승객은 자신에게 편리한 출발 시간을 선택할 수 있게 되었고, 다른 곳으로의 환승도 수월해졌다. 또한 합작투자에 참여하는 항공사는 대서양 횡단 노선의 국내 연결 편명을 자체적으로 지정할 수 있게 되었다. 예를 들어 샌디에이고-시카고와 시카고-마리드노 두 노선은 모두 AA에서 운항하지만 이베리아라는 항공사 이름으로 편제할 수 있다.

편명(dual 또는 multiple designations, 다중 목적지 지정) 및 수익 공유와 여러 항공사에서 함께 좌석을 판매한 덕에 합작투자사의 판매가 촉진되어 시카고-헬싱키, 뉴욕-부다페스트 노선 등의 직항 운항도 가능해졌다.

AA-JAL 합작투자

JAL은 20여 개 국가의 80여 개 도시를 취항하는 거대 항공사이다. JAL과 AA의 합작투자는 대서양 횡단 합작투자와 유사한 이점과 목적을 가지고 있다. 해당 합작투자 출범 이후 주목할 만한 몇 가지 변화가 있었다. 두 회사는 시카고 오헤어와 도쿄 나리타를 잇는 환승 노선의 비행 일정을 조정하여 승객이 두 시간 내에 연결편에 탑승할 수 있게 했다. 덕분에 20개 도시에서 출발하는 22개 노선이 추가로 오헤어에서 나리타로 가는 노선에 연결할 수 있게 되었다. 지도 15.2에서 JAL-AA 공동 운항 노선을 볼 수 있으며, 호놀룰루와 일본 간 노선은 공동운항 노선 계약에 포함되지 않았음을 알 수 있다.

JAL은 오헤어 항공편을 국제 공항 터미널에서 AA 탑승구 인근으로 옮겼으며, AA는 일본 사무소를 도쿄에 있는 JAL 본사 건물로 이전하여 양사 간 의사소통을 용이하게 했다. JAL은 AA가 일본인 승객을 위한 일본어 안내 방송을 지원하는 등 문화적인 면에서 서로를 돕고 있다. 한편 항공사는 관문 도시들뿐만 아니라 더욱 많은 곳에서도 편명 공유를 대폭 확대했다. 예를 들어 AA와 AJL은 솔트레이크시티-도쿄-하노이 노선에서도 편명 공유를 한다.

왜 인수나 합병을 하지 않는가?

우선 정부의 소유권 규제 등으로 인해 미국과 미국 외 항공사 간의 인수나 합병은 금지되어 있다. 또한 규제를 제외하고도 기업을 인수합병하는 데는 많은 문제가 따른다. 일례로 AA와 US에어웨이즈(US Airways) 합병의 경우 합병을 완료하려면 양사 노조의 운영 시스템과 임금 체계 합의가 필요했다. 또한 US에어웨이즈의 대서양 횡단 노선은 AA, BA, 이베리아와의 협약에 따라야 했으며 US에어웨이즈는 스타 제휴에서 탈퇴하고, 고객 마일리지도 통합해야 했다.

합작투자의 장점

항공사의 합작투자에서 대양 횡단 경로를 조정하는 경우를 제외하고

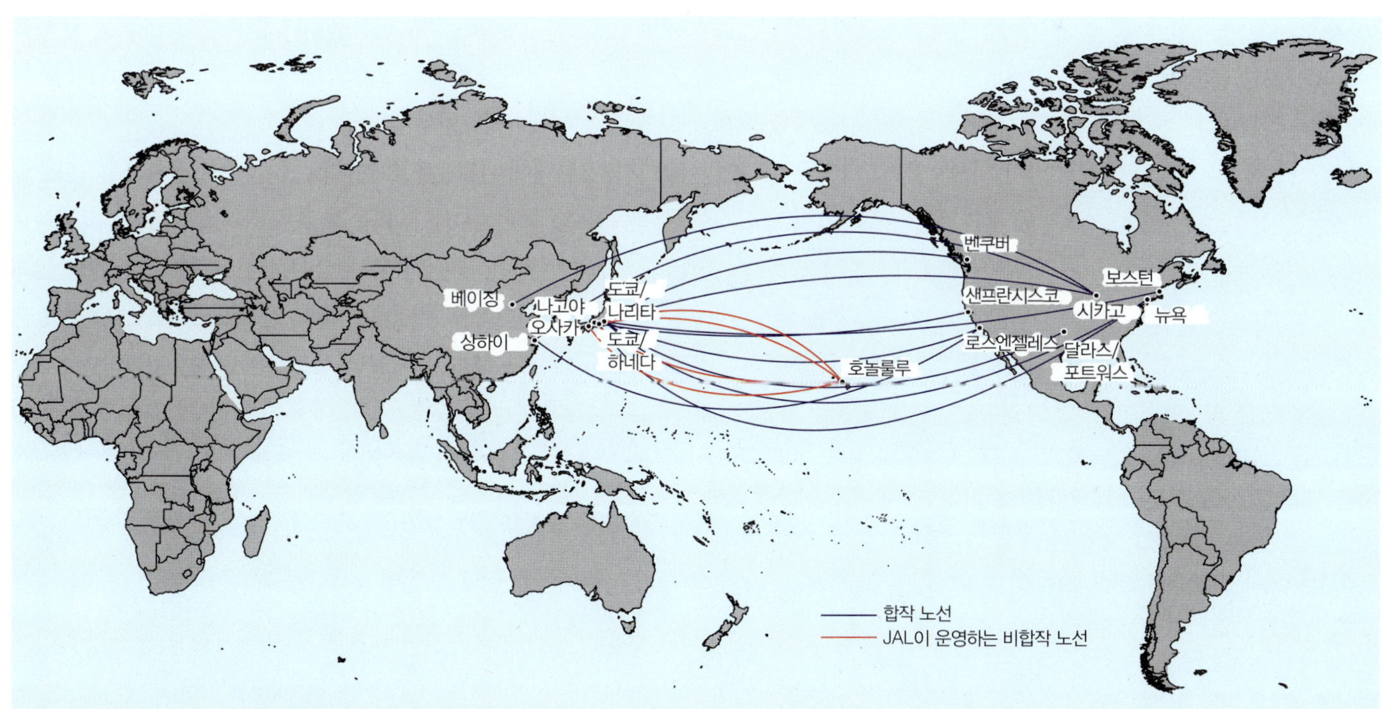

지도 15.2 AA와 JAL: 환태평양 노선
합작은 미국 본토에서 동아시아로 가는 항공편에 국한된다.

는 각 기업이 고유의 정체성을 유지하고 독립적으로 사업을 운영한다. 또한 원월드나 다른 합작투자에 참여한 항공사는 고유한 문화와 브랜드를 개발하여 각 국가의 고객에게 가지는 경쟁력을 지켜나간다. 여전히 BA는 영국 여행객에게, JAL은 일본 여행객에게 가장 영향력이 큰 기업이다. 노선을 공유하더라도 각 기업은 자사만의 정체성을 유지하고 있는 것이다. 그러나 동시에 전 세계 곳곳에서 체크인 카운터와 공항 라운지를 공유하여 고객에게 더 나은 서비스를 제공하면서도 비용을 절감하는 등 강력하게 협력한다. 따라서 향후 원월드 회원사의 제휴는 약화되기보다는 더욱 공고해질 가능성이 높다.

문제

15-3 원월드, 스타, 스카이팀에 속한 기업은 주로 인수합병으로 연결되어 있다[아메리칸항공(American Airlines)과 US에어(US Air)–원월드, 델타항공(Delta Airlines)과 노스웨스트항공(Northwest Airlines)–스카이팀, 콘티넨털항공(Continental Airlines)과 유나이티드항공(United Airlines)–스타)]. 항공 산업에서 M&A와 비지분 제휴의 장점과 단점은 무엇인가?

15-4 사우스웨스트항공(Southwest) 같은 항공사는 국제선 없이 니치마켓(niche market)에서 운영되고 있다. 이 전략이 앞으로도 유효할까?

15-5 항공사가 단순히 피투자국에서 현지 노동 및 사업 관련 법규를 준수할 것을 입증하는 것만으로는 전 세계에서 사업을 운영할 수 없다. 그 이유는 무엇인가?

15-6 미국 정부는 1938년 미국 항공사의 외국인 지분을 25% 이하로 제한하는 법을 제정했다. 이 법은 시대 착오적인가 아니면 명백히 필요한 이유가 존재하는가?

15-7 많은 항공사는 수익을 거의 창출하지 못할 때도 있다. 항공 산업은 정부가 기업의 생존을 위해 개입해야 할 만큼 중요한 산업인가? 개입해야 한다면 어떻게 개입해야 하는가?

Chapter 16

국제경영 조직

학습 목표

16–1 조직의 개념에 대해 논의한다.

16–2 고전적인 조직 구조를 설명한다.

16–3 신고전주의 조직 구조를 설명한다.

16–4 국제 활동 조정에 사용되는 시스템을 구별한다.

16–5 국제 활동 통제에 사용되는 시스템을 구별한다.

16–6 조직 문화의 원칙과 관행을 설명한다.

출처: Sipa US/Alamy Stock Photo

▲ 디디추싱이 소유한 디디스테이션

발 없는 말이 천리 간다. —*한국 속담*

CASE

대나무 네트워크에서 기술 중심 유니콘으로: 동남아시아에 있는 중국 기업[1]

—스테파니아 팔라디니(Stefania Paladini)

'대나무 네트워크'는 1990년대 중국 본토 외부에 정착한 중국인 커뮤니티가 소유한 기업을 설명하기 위해 널리 사용되던 용어였다. 이 용어는 모든 곳에 적용할 수 있었지만 동남아시아에서 특히 중요하게 되었으며, 태국, 말레이시아, 인도네시아와 같은 국가가 가장 중요한 네트워크 호스트이다.

종종 이민자가 운영하는 소규모 가족 사업으로 시작한 이러한 기업은 수십 년 동안 동남아시아 전역에, 때로는 아시아·태평양 전역에 걸쳐 상호 연결된 여러 기업과 함께 대기업으로 성장했다. 이들의 특징은 현지 국가에서 차지한 높은 지위뿐만 아니라 현지 네트워크와 국제 네트워크를 통해 여러 자원을 효과적으로 활용하면서 현지에서 각종 절차를 효과적으로 처리하는 점이다.

유명한 사람으로는 현지에서 수도노 살림(Sudano Salim)으로 알려진 림시우리옹(Liem Sioe Liong)이 있다. 중국 본토에서 온 중국인으로, 1930년대에 인도네시아로 이주하여 인도네시아에서 가장 큰 대기업 중 하나인 살림그룹(Salim Group)의 창립자이자 회장이 되었고, 2000년대에는 인도네시아의 최고 부자가 되었다. 또 다른 예는 후지 태생의 헨리 시(Henry Sy)인데, 그는 아버지와 함께 가족의 편의점에서 일하면서 경력을 시작했고, 《포브스(Forbes)》가 선정한 필리핀 부자 순위에서 11년 연속으로 1위를 차지했다. 가장 유명한 사람은 광동에서 태어났고 홍콩 출신인 리카싱(Li Ka-shing)이다. 가족이 운영하는 플라스틱 꽃 제조 사업을 시작으로, 수십 년 동안 리카싱은 CK허친슨홀딩스(CK Hutchinson Holdings)가 관리하는 거대한 대기업을 세웠으며 부동산, 은행, 에너지, 슈퍼마켓에 이르기까지 다양한 사업으로 확장했다.

림시우리옹, 헨리 시, 리카싱은 가장 유명하고 성공적인 사람들이지만, 수십 년 동안 변하지 않은 대나무 네트워크의 독특한 철학을 사용한 유일한 사람들은 결코 아니다. 가장 성공적인 사례에 대한 분석은 대나무 네트워크의 특성에 대한 정의가 무엇이었는지(그리고 지금은 그대로인지)를 보여준다.

가족은 회사의 전체 경영이 구조화되고 작동하는 핵심을 형성하기 때문에 가족 관계가 가장 중요하다. 이는 중소기업에만 해당되는 것이 아니라(여전히 많은 기업에 해당된다) 리카싱과 다른 사람들이 입증했듯이 운영이 급격히 확장되어도 마찬가지이다. 이는 신뢰의 필수 요소가 유교적 직업 윤리가 만연한 중국 전통 사회의 특징인 대가족 관계와 밀접한 관련이 있기 때문이며, 리더십 스타일을 서구 사회보다 더 권위적으로 만드는 경향이 있다. 대나무 네트워크의 기능은 5장에서 논의한 바와 같이 서구 국가와 공통되지 않고, 기업의 사회적 책임(CSR) 원칙과도 비교할 수 없는 유교 원칙에 따른 도덕적 차원을 특징으로 한다. '꽌시(guanxi)' 역학이 자리 잡고 있기 때문에 자금 접근과 같은 것은 미국이나 유럽의 회사와 다른 경로를 취한다. 증권거래소나 상업 은행 대신 네트워크는 일반적으로 구성원 관계 내에서 자원을 찾고, 이는 재무상태표의 우수한 통제력으로 해석된다.

이러한 측면과 직접적으로 관련된 다른 속성은 일반적으로 대나무 네트워크 모델에 부여되는 유연성 및 낮은 고정비(사업 운영 비용)와 같이 격동의 경제 상황을 헤쳐나가고 해외 활동 및 국제적인 확장에 도움이 된다.

새로운 회사 모델의 부상: 중국 유니콘

오늘날 동남아시아의 경제 및 비즈니스 환경은 예전과 상당히 다르고 더 복잡해졌다. 대나무 네트워크가 잊히지거나 옮겨지지는 않았지만 더 역동적인 제도에 가려지게 되었다.

이제 이 지역의 비즈니스 환경에서 새로운 것을 구성하는 것은 '유니콘'으로, 대부분이 중국 기업(아시아·태평양의 약 80%)이다. 아시아·태평양의 유니콘 기업의 수는 전 세계에서 두 번째로 높지만, 기업 가치에서는 1위를 차지하고 있다(그림 16.1 참조).

일반적으로 받아들여지는 정의에 따르면 유니콘 기업은 개인 소유의 회사로, 기업 가치가 10억 달러 이상으로 추정된다. 회사가 세계 증권거래소에 상장된 경우 기업 공개(IPO)를 통해 회사 주식의 일부를 대중에게 공개하여 공공 투자자로부터 자본을 조달할 수 있으므로 더 이상 유니콘 기업으로 간주되지 않는다.

후룬리서치인스티튜트(Hurun Research Institute)에 따르면 중국에는 206개의 유니콘 기업이 있으며, 그중 일부는 온라인 결제 서

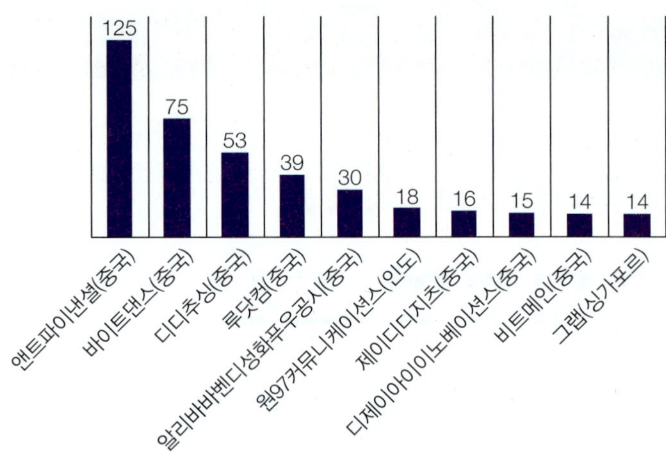

그림 16.1 아시아·태평양의 선두 유니콘 기업

출처: Leading unicorn enterprises in the Asia-Pacific region as of January 2020, by market valuation (in billion U.S. dollars), Statista, https://www.statista.com/statistics/1094156/largest-valued-unicorns-in-asia-pacific/ (July 28, 2020).

비스 제공업체이자 알리바바(Alibaba)의 재무적으로 중요한 계열사인 앤트파이낸셜(Ant Financial)처럼 세계 시장에서 상위권에 위치해 있다. 앤트파이낸셜은 현재 아시아에서 가장 큰 유니콘 기업일 뿐만 아니라 가치가 1,250억 달러에 달하는 세계에서 가장 가치가 높은 신생기업이기도 하다.

아시아·태평양 지역의 지배적인 유니콘 기업을 살펴보면 위에서 언급한 상위 10개 기업 중 8개 기업이 속해 있는 중국이 우세하다는 것을 알 수 있다. 대부분은 상하이, 선전, 항저우, 베이징(이곳에만 61개의 유니콘 기업이 있다)과 같은 테크노 허브에 위치하고 있다. 따라서 핀테크 및 기타 기술 주도형 기업이 전체 유니콘 인구, 특히 소위 '슈퍼 유니콘'(최소 100억 달러의 가치를 지닌 가장 국제화된 기업)의 상당 부분을 차지하는 것은 우연이 아니다. 대부분은 계속해서 각 산업의 대기업으로 성장할 것이고, 결국에는 증권거래소에 상장되어 유니콘 기업의 위상을 잃겠지만 시장에서 추가적인 비중을 얻게 될 것이다.

750억 달러의 가치로 추정되는 바이트댄스(ByteDance)는 또 다른 거대 기술 기업이다. 세계적으로 유명한 틱톡(TikTok)과 동영상 앱 시구아(Xigua)를 만든 회사이며, 중국과의 정치적 분쟁으로 인해 2020년에 인도 정부가 금지 조치를 취할 때까지 인도에서 큰 인기를 누렸던 소셜 미디어 앱 헬로(Helo)도 운영하고 있다. 우버(Uber)의 중국 현지 대응 기업인 디디추싱(Didi Chuxing)은 시장 평가에서 세 번째로 큰 중국 유니콘 기업이다. 앱 기반 차량 예약 서비스는 550억 달러의 가치이며, 400개 도시에서 사용할 수 있다. 사용자는 여러 옵션(카 셰어링, 심지어는 자전거까지)을 선택할 수 있으며, 디디추싱으로 자동차 보험에 들 수도 있다. 디디추싱이 2016년 우버차이나를 인수하여 시장 점유율을 굳힌 것은 유니콘 기업 성공의 명백한 증거이다.

중국 유니콘 기업의 구조

중국을 유니콘 기업이 등장하고 번성할 수 있는 최적의 인큐베이터로 만든 것은 무엇인가?

생각해볼 많은 요소가 있다. 첫 번째는 확실히 최근 중국 정부가 고급 기술에 막대하게 투자하여 유니콘 기업이 출현할 수 있는 조건과 기술 클러스터를 만들었다는 점이다. 결국 많은 기업이 전자상거래 회사이거나 이와 밀접하게 연결되어 있다는 것이다. 그러나 이러한 유니콘 기업에 관해서는 직원의 재능과 기술 향상도 중요하다. 2019년도 PwC 설문 조사에서 알 수 있듯이 인재 유치는 중국 유니콘 기업의 발전 전략의 핵심이며 그 어느 때보다 중요하다. 응답자의 83%가(2018년 77%와 비교했을 때) 인재 유치를 성공의 핵심 요소로 인정했다. 유니콘 기업의 성공에 기여한 또 다른 요인은 직원의 적응력을 요구하는 기업 내 조직의 유연성이다. PwC 조사 응답자의 60% 이상이 유니콘 기업은 매년 조직 구조를 변경하는 경향이 있으며, 이는 기존 기업보다 훨씬 더 빈번한 것으로 나타났다.

현재 중국 유니콘의 기업의 구조를 자세히 분석한 연구는 거의 없다. 위의 모든 것은 유니콘 기업이 고유한 기업 문화를 구축하기 위해 투자하고 있다는 증거이다. 전통적 가치 및 혁신 전략의 성공적인 결합이라고 할 수 있는 대나무 네트워크처럼 독특하면서도 확연히 다른 기업 문화를 구축하는 것이라고 말할 수 있다.

대나무 네트워크 대 유니콘

대나무 네트워크와 유니콘의 운영 사이에는 두 가지 중요한 차이가 있다. 첫째, 자본 시장에 대한 접근이다. 유니콘의 경우 전 세계의 다른 사기업과 유사한 방식으로 발생하며 대나무 네트워크와 달리 꽌시에 의존하지 않는다. 둘째, 이들 기업은 목표하는 분야도 다르다. 유니콘은 대부분 고도로 기술 중심적이며 전자상거래 플랫폼, 웹 기반 서비스, 스마트폰 앱, 게임을 다룬다. 온라인 게임 부문에서만 2017년 매출이 22억 달러에 이르렀고, 2021년에는 44억 달러로 2배 증가하여 세계에서 가장 빠르게 성장하는 시장 중 하나가 될 것으로 예상된다.

동남아를 향한 중국의 레이스: 성장하는 네트워크

동남아시아에서 중국의 확장은 장기적인 현상으로, 지난 수십 년간의 대나무 네트워크에 잘 드러나 있다. 이러한 확장은 다양한 특성과 대상 국가의 비즈니스 역학에서 중요한 요소를 나타내는 인수합병(M&A)과 함께 21세기에서도 여전히 계속되고 있다. 그러나 모든 인수 회사가 중국 대기업이나 국유 기업은 아니다. 유니콘 기업이 점점 더 중요한 역할을 하고 있다.

중국 유니콘 기업은 국내 시장을 통합한 후 광범위한 인수 캠페인을 위해 해외 시장을 주목하고 있다. 인구 6억 5,500만 명과 오랫동안 해외 화교 커뮤니티가 형성된 여러 국가가 있는 동남아시아는 알리바바, 텐센트(Tencent), 제이디닷컴(JD.com)과 같은 주요 기업의 투자처가 되었으며, 여전히 기술 및 전자상거래 회사가 큰 몫을 차지하고 있다. 결국 동남아시아의 인터넷 경제는 2025년에 3,000억 달러에 도달할 것으로 예상된다. 한계를 넘어 확장할 수 있는 상당한 여지가 있다.

싱가포르는 오래전부터 중국의 해외 사업 선택지가 되었으며, 최근에는 중국 본토의 새로운 관심을 불러일으키며 다시 한번 중국 기업의 사냥터가 되었다. 처음에는 승차 예약 서비스였으나 지금은 배달 서비스, 호텔 예약, 다양한 보험 상품을 제공하도록 진화한 그랩(Grab)과 같이 가장 가치 있는 유니콘 기업의 본거지이다. 게다가 그랩은 최근 디디추싱과 일본의 소프트뱅크(SoftBank)로부터 상당한 투자(약 20억 달러)를 받았다.

기술 유니콘 기업이 주도하는 M&A에 대한 새로운 욕구는 이 수치가 시사하는 것보다 더 크다. 또한 중국의 메이투안디앤핑(Meituan Dianping)이 목표로 삼고 있는 인도네시아 유니콘 기업 고젝(Go-Jek)과 같이 작고 덜 눈에 띄는 목표 기업을 포함한다. 2018년 11월, 선전에 기반을 둔 세계 최대의 비디오 게임 회사이자 세계에서 가장 재정적으로 가치 있는 회사 중 하나인 자이언트텐센트(Giant Tencent)는 쇼피(Shopee) 전자상거래 사이트와 게임 플랫폼 가레나(Garena)를 모두 소유한 싱가포르에 기반을 둔 유니콘 기업 시(Sea)와 계약을 체결했다. 이 계약 덕분에 텐센트는 동남아시아 전역에 게임 타이틀을 상용화하고 배포할 수 있게 되었다.

전반적인 글로벌 경제 상황과 중국과 미국 사이의 불확실하고 대립적인 관계를 고려할 때 중국의 동남아시아에 대한 투자 확대 추세는 계속될 뿐만 아니라 속도도 빨라질 것이다. 광섬유를 통해 연결되는 새롭고 복잡하며 상호 연결된 비즈니스 관계 네트워크가 만들어지고 있다.

문제

16-1 대나무 네트워크의 주요 특징은 무엇이며, 시간이 지남에 따라 어떻게 진화되었는가? 이러한 특성을 잘 나타내는 동남아시아 국가의 예를 하나 이상 제시하라.

16-2 중국의 유니콘 기업이 유명한 분야는 무엇이며, 그 이유는 무엇인가?

16-3 중국의 유니콘 기업이 동남아시아에서 M&A를 선택하는 이유는 무엇인가? 앞으로도 이런 추세가 계속될 것으로 보는가? 그렇다면 어떤 요인이 이를 향상하거나 방해하는가?

글로벌 통합 및 지역 차별화에 대한 경쟁 압력을 독창적으로 조정하면서 전 세계적으로 활동을 능숙하게 실행하는 **조직**(organization)을 설계하는 것은 다국적 기업에게 지속적인 도전 과제이다. 의욕을 행동으로 옮기려면 경영자가 작업 수행 방법, 다른 활동을 조정하는 방법, 계획이 어긋났을 때 통제하는 방법, 직원 간 공통의 대의를 설정하고 유지하는 가치를 설정하는 방법을 구성해야 한다. 가장 큰 다국적 기업에서 가장 작은 다국적 기업에 이르기까지 모든 곳에서 경영진은 이러한 질문에 직면한다. 밝고 현명한 선택은 경영과 업무 흐름을 최적으로 구성하고 의사결정을 효과적으로 조정하며 통합된 소속감을 지지한다.

따라서 조직의 개념은 경영자가 전략을 실행하는 데 필요한 구조, 시스템, 문화를 구축하기 위해 참여하는 활동을 나타낸다. 간단하면서도 한없이 복잡한 주제는 다국적 기업을 조직하는 데 핵심이다. 이 장에서는 경영자가 어떻게 모든 것을 하나로 묶는지, 누가 어떤 일을 하는지 구성하는 구조를 보여주고 모든 사람을 계속 움직이고 유지하는 시스템을 설계하며 기업을 유지하는 문화를 설정해야 하는 방법을 확인한다(그림 16.2 참조).

조직의 개념

16-1 조직의 개념에 대해 논의한다.

12장에서는 다국적 기업이 비전과 사명을 개발한 다음, 이를 전략으로 전환한다고 설명했다. 높은 의욕을 실질적인 결과로 전환하려면 경영자가 필요한 역할, 관계, 책임을 지원하는 조직을 설립해야 한다. 이 조직을 설립하려면 누가, 무엇을, 어디서, 왜 하는지에 대한 크고 작은 결정을 내려야 한다. 이러한 이슈는 조정, 통제, 책임, 자동화, 정체성, 커뮤니케이션, 협업, 차별화, 통합과 같은 문제를 제기한다. 제대로 설정되면 경영진은 조직이 각 사업부, 지역, 제품의 전략적 우선순위와 중요한 운영에 집중한다는 확신을 가지고 조직을 움직이게 한다. 이 장에서 설명하는 것처럼 강력한 관점과 실용적인 도구는 경영진이 조직의 구조, 시스템, 문화를 정확하게 설정하는 데 도움이 된다.

조직은 어떤 상황에서든 도전적이다. 국제경영에서는 다양한 문화적, 정치적, 경제적 환경을 탐

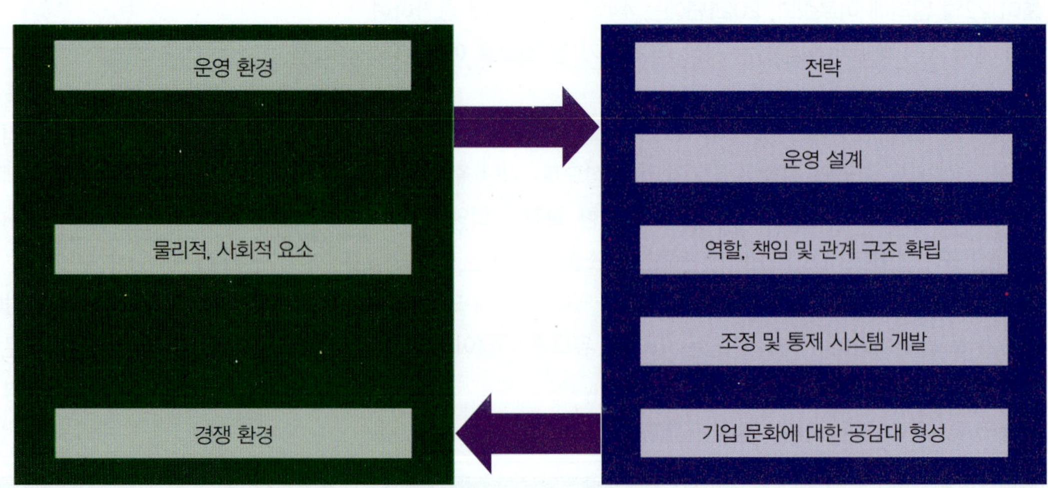

그림 16.2 조직 설계에 영향을 미치는 요인
경영자는 외부 환경의 일반적인 맥락에서 선택한 전략을 구현하기 위해 조직을 구성하는 역할, 책임, 관계를 처리한다.

색하고자 운영을 준비할 때 경영자가 마주하는 많은 질문, 우발적 상황, 예외사항을 고려할 때 특히 그렇다. 예를 들어 17개의 주요 글로벌 기업의 경영진 300명을 대상으로 한 설문 조사에서 최선의 노력에도 불구하고 절반 정도만 자신의 조직이 명확한 책임성, 목적 있는 방향, 의사결정의 명확성을 만들어냈다고 믿었다.[2] 게다가 평균적인 대기업은 2~3년마다 운영을 재구성하고 각 반복 작업마다 최대 18개월이 소요된다.[3] 또한 조직 개편은 비용이 많이 들고 붕괴의 위험이 있다. 수익률 하락으로 어려움을 겪고 있는 HSBC는 글로벌 은행 업무를 '리모델링'하고 그 과정에서 3만 5,000개의 일자리를 없앴으며 1,000억 달러의 자산을 줄여 73억 달러의 영업권을 축소했다.[4] 그럼에도 불구하고 상황이 전개되면서 경영진은 일이 진행되는 방법을 이해할 수 있는 유용한 관점을 적용한다.

다국적 기업의 조직은 다음을 반영한다.

- 시장 상황
- 전략적 선택
- 가치사슬 구성
- 운영 관행
- 경영진 선호도

다국적 기업은 언제 어디서나 구조, 시스템, 가치의 구성을 최적화하여 J&J(Johnson & Johnson)가 '마법' 조직이라고 부르는 것을 구축한다. 서로 다른 다국적 기업은 마법을 만들기 위해 서로 다른 접근 방식을 적용한다. 스위스의 네슬레(Nestlé), 멕시코의 시멕스(Cemex), 일본의 토요타(Toyota), 인도의 인포시스(Infosys), 미국의 월마트(Walmart)와 같은 일부 기업은 고전적인 계층 구조 형식을 적용하고 개선한다. 예를 들어 월마트는 아칸소주에 본사를 둔 검증된 국제 부서에 의존하여 매주 23억 달러의 매출을 올리는 1억 명 이상의 고객에게 서비스를 제공하는 26개국에 걸친 5,900개 이상의 매장에 근무하는 70만 명의 직원을 감독한다.[5] 월마트는 네슬레, 인포시스, 토요타, 시멕스와 마찬가지로 업무 환경을 합리화하고 시스템 표준을 개선하기 위해 기존 조직, 프로세스 매핑 활동을 미세하게 조정한다. 업무 흐름을 리엔지니어링하고 의사결정을 정비하면서 정보 흐름을 명확히 하고 기획 결과를 조이고 복제를 방지하는 것이 주요 도구이다.

스웨덴의 오티콘(Oticon), 미국의 IBM, 페루의 벨코프(Belcorp), 콜롬비아의 그루포엠프레사리알안티오케뇨(Grupo Empresarial Antioqueño), 일본의 미쓰이(Mitsui), 홍콩의 리앤드펑(Li & Fung)과 같은 기업은 신고전주의적 이종의 형식을 사용한다. 세계 최대의 소싱 및 물류 회사인 리앤드펑은 전 세계의 백화점, 대형 슈퍼마켓, 전문점 및 전자상거래 사이트에 수십억 개의 의류를 공급한다. 그러나 직물 공장, 재봉틀, 의류 공장을 소유하지 않는다. 오히려 리앤드펑의 40개국 250개 지사에 있는 2만 2,000명의 직원은 거의 모든 종류의 의류 품목을 만드는 1만 5,000개 이상의 공급업체와 협력하고 있다.[6] 마찬가지로 IBM의 '글로벌 통합 기업'으로의 전환은 비용, 기술, 위치 효과의 최적의 조합을 기반으로 전 세계 어디서나 투자, 인력 및 작업을 수행하는 것을 목표로 한다. IBM의 글로벌 전략 부사장은 "사람들을 작업 장소로 데려가는 대신, 사람들이 있는 곳으로 일을 가져간다"고 설명했다.[7] 리앤드펑, 오티콘, 고어(Gore), 미쓰이의 경우와 같이 IBM의 새롭고 때로는 근본적으로 다른 업무 흐름은 고전적 계층 구조의 명령-제어 코드를 신고전적인 이종의 조정 및 협력 정신으로 바꾸게 한다. 교차 기능 특별 팀, 지식웹, 수평적 구조, 가상 형식, 소셜 네트워킹은 조직을 최적화하는 핵심 도구이다.

개념 체크

조직 구조를 설계하려면 외부 환경의 조건에 맞게 조직을 구성해야 한다. 이러한 조건에는 소유권 구조, 경제적 자유도, 입지의 경제, 제휴 파트너의 기대에 대한 법적 규정이 포함된다.

전망이 고전주의이든 신고전주의이든 상관없이 경영자는 몇 개에서 몇백 개 국가에 이르는 단위를 구성, 조정, 결합한다. 변함없이 경영자는 어떻게 조직하는 것이 최선인지, 이 옵션이 글로벌 통합을 최대화하는지, 해당 옵션이 현지 대응을 향상하는지 여부를 결정하거나, 마법처럼 두 가지 모두를 수행하는 옵션을 확인하는 방법에 대해 서로 다른 선택을 한다. 이상적으로는 이 장이 마법 조직을 만들기 위한 정확한 청사진을 제공할 것이다. 그러나 안타깝게도 그렇지 않다. 짐작하듯이 이

주제는 단순히 명시하기에는 너무 복잡하다. 오히려 우리는 모든 종류의 상황에서 경영자가 어떻게 회사의 구조, 시스템, 문화를 빈틈없이 조직하여 여기, 저기, 어디에서든 업무가 수행되는 방식을 최적화하는 방법을 확인할 것이다.

고전적인 조직 구조

16–2 고전적인 조직 구조를 설명한다.

20세기 초, 기업은 이전과 다른 환경에 직면했다. 철도, 통신, 전보 등의 새로운 기술이 등장했고, 이에 평범하지 않은 조직 개념을 채택함으로써 대응했다.[8] GM(General Motors), 마쓰시타(Matsushita), 필립스(Phillips), 시어스(Sears), GE(General Electric), 듀폰(DuPont) 등 미국의 거대 기업은 나름대로 위계적인 조직 구조를 구축했는데, 그 당시 유행했던 조직 형식이 당시 신흥 기술 덕분에 가능했던 새로운 전략을 가장 잘 구현할 것이라고 생각했기 때문이다. 다음 세대의 경영자는 누가 어떤 일을 하고, 누가 어떤 결정을 내리고, 누가 어떤 부서에서 일하고, 누구에게 보고하는지, 누가 누구에게 무엇을 하라고 말하는지를 더 잘 결정하면서 계층적 설계를 개선했다. 이러한 분석의 결과는 회사의 구조를 나타내는 선과 상자로 코드화되어 명령, 통제, 제약, 계약의 계층적 시스템을 구축했다. 이는 노력을 요구했고 전 세계 노동자의 규정 준수를 확실히 하고자 했다.[9]

구조는 역할, 책임, 및 관계가 특정되어 있는 일종의 업무의 형식적 구분이다.

역할, 책임, 관계의 형식적 구분을 **조직 구조**(organization structure)라 한다. 운영상 경영자는 회사 업무의 흐름 요소를 조직 구조를 집합적으로 구성하는 권한, 역할, 의무, 관계를 할당하는 선과 상자의 도식으로 구성한다. 이러한 결정은 겉으로 보기에는 단순해 보이지만 종종 회사의 성공을 좌우한다.[10] 이와 마찬가지로 J&J의 경영진은 사려 깊게 구성되고 교묘하게 지속된 분산 구조를 마법 조직의 기반으로 본다. 이와 비슷하게 12장에서 살펴보았듯이 자라(Zara)의 CEO는 자라의 구조가 근본적으로 경쟁력을 좌우한다고 말한다. 수직적 통합, 첨단 기술에 기반한 조정 활동, JIT(just-in-time) 생산 시스템 도입, 정교하게 설계된 물류 체계, 최신의 판매 기법 등의 활동을 혁신적으로 결합시켜 경쟁자의 거센 도전에 대응하고 있다. 자라의 조직 구조는 작업, 역할, 규칙, 책임을 독창적으로 배열하여 격파하기 어려운 전략을 구현하기 위해 일의 흐름을 구성한다.

조직을 설계하는 것은 일반적으로 다국적 기업의 전략을 실행하기 위해 개인과 단위를 배치하는 이상적인 구조를 결정하는 것으로 시작된다. 실제로 오래 지속된 경영학 논문에서는 "구조는 전략을 따른다"고 주장한다.[11] 예를 들어 다국적 기업의 전략은 글로벌 통합 또는 현지 대응을 지지하는가? 전자의 경우 중앙 집권적 의사결정이 중요하지만, 후자는 분산적 의사결정이 중요하다. 운영상 다국적 기업의 전략은 가치 활동을 소수의 국가에 집중하거나 여러 국가에 분산하는 전략으로 이어졌는가? 집중에는 정확한 통제가 필요한 반면, 분산은 유연한 시스템이 필요하다. 문제를 복잡하게 하는 것은 국제경영의 일반적인 맥락이다. 국내에서 조직을 구성할 때는 기술 수준, 문화지향성, 사업장 관행 등이 상수이다. 국제적으로 조직을 구성할 때는 이러한 요소가 변수가 되는데, 국가 간 차이가 매우 크다.

차별화는 기업이 업무를 수행하는 단위, 일의 종류, 권한의 수준으로 구성되어 있음을 의미한다.

전체적으로 보았을 때 이러한 상황은 일부 구조 형태의 유용성을 지지하는 반면 다른 것들은 거부한다. 전략-구조 상황을 이해하는 것은 일련의 결정을 내리게 한다. 경영자는 두 가지 방법으로 해결한다. 첫째는 **수직적 차별화**(vertical differentiation)이다. 이는 누가 어떤 결정을 내릴 권한을 가지고 있는지 결정하는 것을 의미한다. 둘째는 **수평적 차별화**(horizontal differentiation)이다. 이는 어떤 부서에서 어떤 작업을 수행할지 구체화하는 것을 의미한다.

수직적 차별화

시장, 제품, 의욕을 하나로 결합하는 것은 어려운 일은 아니지만 다국적 기업은 '글로벌 통합'과 '현지 대응'이라는 상반된 요구에 직면한다. 불가피하게 질문이 계속된다. 알파 국가에 있는 공장의 문을 닫는 것과 오메가 국가에 새로운 공장을 짓는 것을 누가 결정할 것인가? 본사만이 본국과 해외에서 누구를 채용하고 해고할지 결정하는가? 해외 자회사는 본사에게 어떠한 양식으로 보고해야 하며, 얼마나 자주 보고해야 하는가? 글로벌 기업을 운영하는 것은 소규모 글로벌 기업에서 대규모 다국적 기업에 이르기까지 예상대로 이러한 종류의 끝없는 결정에 직면한다.

개념 체크

국제 비즈니스는 다양한 형태의 반복되는 대립관계라는 특징이 있다. 예를 들어 세계 대 지역, 친세계화 대 반세계화, 민주주의 대 전체주의, 표준화 대 현지화 등이다. 여기서 또 다른 형태의 대립관계, 즉 중앙화와 분산화를 추가할 수 있다.

고전적 용어로 말하면 경영자는 이러한 종류의 질문을 해결하기 위해 기업의 구조를 설계한다. 구조의 상자와 선을 만들고 구성하여 누가 어떤 결정을 내릴 권한이 있는지 명시한다. 실제로 조직화의 1단계는 서로 다른 장소에서 서로 다른 업무를 수행하는 서로 다른 부서 간에 누가 어떤 결정을 내리는지 결정하는 측면에서 생각할 수 있다. 계획의 대부분의 결정을 본사에서 내리는 것이면 경영자는 그 결정을 구현하기 위해 구조를 차별화한다. 또는 현지 자회사가 이러한 결정을 내리도록 계획하는 경우 경영자는 의사결정의 **중앙화**(centralization, 어느 정도로 높은 단계까지) 대 **분산화**(decentralization, 어느 정도로 낮은 단계까지) 측면에서 구조를 수직적으로 차별화하여 선호하는 결정을 구현한다.

운영상 수직적 차별화는 CEO가 전략을 설정하고 중간 경영자, 감독자, 일반 사원에게 해내도록 지시하는 '하향식' 구조를 도입한다. 명확한 지시사슬은 사슬의 '길이'에 관계없이 모든 사람이 누가 결정을 내리고 누가 어떤 업무를 책임지는지를 이해한다는 의미이다. 일반적으로 하향식 구조는 의사결정을 규율하고 효율성을 극대화하며 순서를 알려주기 위해 다단계 계층 구조를 필요로 하는 기업에서 사용된다. 또한 낮은 수직적 차별화는 모든 수준의 직원에게 중요한 결정을 내릴 수 있는 권한을 부여하는 평평한 '상향식' 구조를 도입한다. CEO는 지침을 공유하고 직원이 매일 더 나은 길을 만들기 위해 지식, 기술, 능력을 사용하는 데 도움이 되는 가드레일을 설정한다.

일반적으로 자회사 수준 이상의 결정은 중앙화를 의미하고, 그보다 낮은 수준의 결정은 분산화를 의미한다. 운영상 중앙화된 구조는 다국적 기업의 고위 수준을 담당하는 경영진 사이의 의사결정권을 중앙집중화한다. 분산화된 구조는 의사결정권을 운영 단위의 최일선에 있는 사람들에게 내린다. 표 16.1이 보여주듯이 중앙화와 분산화 사이의 긴장을 해결하는 것은 다른 목표를 설정하고 다른 원칙을 옹호하며 다른 관행을 구현하는 것이다.

전략을 따르는 구조 중앙화 대 분산화의 선택은 양자택일이 아니다. 원칙적으로 의사결정은 결과에 가장 직접적으로 영향을 받고, 상황에 대해 가장 직접적인 지식을 가진 사람들의 수준에서 이루어져야 한다. 따라서 예를 들어 입지의 경제를 활용하거나 생산 시스템을 합리화하기 위해 전 세계적으로 가치 활동을 구성하는 것과 같은 중앙집중식 의사결정을 촉진한다. 마찬가지로 다른 활동은 제품 패키징을 조정하거나 지역 공무원과 협상하는 것 같은 분산된 의사결정을 장려한다. 다시 말하면 '구조는 전략을 따른다'는 이론의 맥락에서 다국적 기업 전략의 요구사항은 이상적인 구조를 결정하고, 더 나아가 경영자가 중앙화와 분산화의 균형을 유지하는 것을 결정한다.

표 16.1 중앙화와 분산화의 원리 및 실행

중앙화	분산화
전제	**전제**
• 의사결정은 뛰어난 전문성, 더 넓은 경험을 겸비한 중역이 해야 한다. • 가치사슬의 효과적인 배치와 조정을 위해 본사는 현지 활동을 지시해야 한다. • 중앙화된 의사결정 구조를 활용함으로써 다국적 기업의 비전과 사명에 도움을 줄 수 있다.	• 의사결정은 고객과 가장 가까운 경영자가 해야 한다. • 기업 가치사슬의 효과적인 배치와 조정은 현지 경영자의 적용으로 이루어진다. • 현지 목표 달성을 성공하는 것은 글로벌 성과의 기반이 된다.
장점	**장점**
• 의사결정 활동이 목표를 지원하도록 보장한다. • 변화를 규제할 권한을 본사와 함께 가진다. • 동일한 경영 방식을 사용하게 만드는 데 유리하다. • 하위 경영자가 실수를 일으킬 위험을 줄일 수 있다. • 경영 활동을 조정하는 것을 간소화할 수 있다. • 이해관계자와 관계 구축에서 일관성을 유지할 수 있다.	• 고객, 경쟁사, 공무원, 시장을 직접 상대하는 경영자가 의사결정을 한다. • 하위 경영자가 기업가적으로 행동할 수 있도록 유도한다. • 현장 직원의 충성도 및 책임성을 향상한다. • 자회사 경영자의 선택과 결정이 직접 성과로 연결된다.
단점	**단점**
• 최고경영진이 활동을 모니터링하고 관리해야 한다. • 하위 직원의 적극적인 성향을 억압할 수 있다. • 하위 직원을 주어진 명령에 따라 행동하도록 기다리게 하는 수동적인 사람으로 만들 수 있다. • 정보의 흐름이 '하향식(위에서 아래)'으로만 흐르게 됨으로써 새로운 혁신을 위한 아이디어 창출 가능성을 제한한다.	• 하위 경영자가 비생산적인 결정을 내릴 위험이 있다. • 자회사가 글로벌 성과보다 현지 사업의 이익을 추구할 수 있다. • 글로벌 혁신에 대한 회사의 대응 속도를 늦춘다. • 정보는 '상향식(아래에서 위로)'으로 흐르기 때문에 하향식 혁신을 방해한다.
중앙화 구조를 장려하는 요인	**분산화 구조를 장려하는 요인**
• 환경과 산업 조건은 제품, 방법, 정책의 전 세계적인 일관성을 추구한다. • 상호의존적인 자회사는 활동, 시장 구분, 경쟁자를 공유한다. • 전략은 입지의 경제를 전 세계적으로 잘 활용할 것을 요구한다. • 하위 경영자가 상위 직급의 경영자보다 의사결정을 내릴 만큼의 경륜과 역량을 갖추지 못한다. • 의사결정 사안이 중요하고 손실 위험이 크다.	• 환경과 산업 조건이 제품과 정책의 대응을 요구한다. • 현지 생산이 현지 요소를 충분히 활용한다. • 하위 경영자가 효과적으로 의사결정을 한다. • 속도와 융통성이 성과를 창출한다. • 다른 해외지사의 포지션을 위해 경영자를 육성할 필요가 적다. • 새로운 시장으로의 신속한 확장을 지원한다. • 현지 수준에서 경영자 후보를 육성할 목표가 존재한다.

중앙화는 상위에 위치한 경영진, 즉 일반적으로 국가 단위 이상의 경영 활동을 수행하는 경영진이 전략적 의사결정을 진행하고 하위의 경영진 및 구성원이 이 의사결정 사안을 수행할 수 있도록 위임하는 것에 대한 수준을 의미한다.

예를 들어 국제 전략을 수행하는 다국적 기업은 대부분의 의사결정을 중앙화한다. 12장에서 국제 전략은 기업의 전략적 예상과 방향을 해외 시장으로 이전한다고 말했다. 최적의 번들링에 대한 고위 경영진의 높은 수준의 이해를 감안할 때 기업의 자원, 능력, 핵심 역량에 대한 궁극적인 통제는 본사에 있다. 본사는 글로벌 운영의 감독자로서 현지 자회사가 이행하는 결정을 내린다. 예를 들어 구글(Google)은 국제 전략을 고려하여 캘리포니아 마운틴뷰에 있는 구글플렉스(Googleplex)에 전략 계획을 중앙화하며 모든 중요한 결정은 그곳에서 이루어진다. 구글은 독특한 상황에 대응하기 위해 마케팅 믹스의 일부 요소를 현지 자회사로 분산한다. 그럼에도 불구하고 구글플렉스가 궁극적으로 이끈다.

분산화는 하위에 위치한 경영진, 일반적으로 국가 단위 이하의 경영 활동을 수행하는 경영진이 전략적 의사결정을 진행하고 수행할 수 있도록 하는 것을 의미한다.

다른 방안으로는 현지화 전략을 실행하는 다국적 기업은 현지 구성원에게 권한을 분산하는데, 배경 논리는 현지 소비자와 가장 가까이에 있는 직원이 다른 직원보다 훨씬 더 현지 상황을 잘 이해한다는 것이다. 이 시나리오에서 J&J와 같은 다국적 기업은 현지 자회사를 운영하는 기업가 정신을 가진 사람들을 지지하는 분산화된 의사결정을 위해 중앙화된 통제를 포기함으로써 성과를 최적화하려는 이유를 설명한다.

기술, 균형, 글로벌성 기술은 누가 어떤 결정을 내릴 권한을 가져야 하는지에 대한 계산법을 점점 바꾸고 있다. 한 세대 전에는 불가능해 보였던 정보와 상호작용을 즉시 활용할 수 있게 됨으로써 우리가 상상하지 못한 방식으로 조직을 구성한다. 본사와 자회사의 경영진은 ERP, 이메일, VoIP, 원격 회의를 통해 실시간으로 글로벌 상황과 현지 성과를 추적할 수 있다. 얼마 전까지만 해도 명령의 사슬은 위아래로 천천히 이동하는 보고서에 의존했다. 스카이프(Skype), 텔레프레전스(TelePresence), 줌(Zoom)과 같은 경제적인 기성 플랫폼은 손쉽게 여러 장소에 공존할 수 있는 마법을 만들어냈다. 마우스 클릭 한 번으로 언제, 어디서나, 어떤 누구와도 연결할 수 있다. 인공 지능과 함께 자동화는 조직을 근본적으로 재구성하여 계층 구조를 줄이고 자율성과 유연성을 높이고 협업을 강화할 것이다.[12] 궁극적으로 다국적 기업은 "비즈니스는 모든 방향으로 전개되고 기업은 센터를 가지고 있지 않다. '낯설다'라는 개념 자체가 낯설다"라는 기술 중심의 **글로벌성**(globality)을 위해 조직을 다듬는다.[13] 어디에서나 어떤 누구와도 쉽게 일할 수 있게 하려면 결정을 중앙화하고 책임을 분산하면서 복잡한 균형을 맞춰야 한다.

수평적 차별화

수직적으로 말하면 다국적 기업은 상단(CEO)에서 하단(신입 수준 직원)으로 운영한다. 이는 다단계 계층을 구성하는 높은 수준에서 낮은 수준까지 일련의 긴 상자에 나타난다. 수평적으로 말하면 다국적 기업은 또한 연구, 생산, 마케팅, 재무와 같은 비즈니스 기능과 같이 활동에서 활동으로 운영한다. 수평적 차별화는 특정 활동을 하는 특정 사람에게 특정 작업을 할당하는 것을 포함한다.

> 수직적 차별화는 조직의 '위에서 아래로' 실행되는 일련의 명령 체계를 다루는 반면, 수평적 차별화는 조직에서 '옆으로' 실행되는 별도의 작업 또는 기술에 관련된 내용을 다룬다.

업무를 수평적으로 구성하면 일반적으로 국제 운영의 광범위한 규모와 범위를 관리할 수 있다. 기술적으로 다국적 기업은 수평적으로 구조를 차별화하여 ① 각 그룹이 완료해야 하는 업무를 명확히 한다. ② 사업부, 부문, 자회사, 부서, 위원회, 팀, 직무, 개인과 같은 서로 다른 그룹 간에 업무를 나누어 누가 무엇을 하는지 명확히 한다. ③ 책임을 설정하기 위해 각 그룹 내의 상하 관계를 규정한다.

운영상 높은 수평적 차별화는 권한을 공유하고 책임이 중복되는 다중 사업부의 더 정교한 구조를 도입한다. 의사결정은 더 많은 소통과 조정을 필요로 한다. 대신에 낮은 수평적 차별화는 더 적고 다른 사업부로 구성된 간단하고 능률적인 구조를 도입한다.

이론적으로 경영자는 기능, 프로세스, 제품, 서비스, 지역, 고객 측면에서 구조를 수평적으로 차별화할 수 있다. 다국적 기업의 경우 전통적으로 기능, 제품, 지리 또는 일부 조합의 표준이 중요했다. 비즈니스 활동에 기반한 수평적 차별화는 기능별 구조를 낳는다. 제품 또는 지역에 따라 제품 사업부제 구조가 만들어진다. 결합을 기반으로 매트릭스 또는 혼합 구조를 만든다. 다국적 기업이 이러한 형식으로 장기간 운영하는 것을 **고전적인 조직 구조**(classical structure)로 설명할 수 있다. 이 특징은 그들이 유물(relic)임을 시사한다. 그러나 지난 세기 동안 많은 국가에서, 많은 산업에서, 많은 기업에서 널리 사용했음을 의미한다. 현재 많은 다국적 기업이 고전적인 구조를 사용하여 구조를 구성하는 역할, 책임, 관계를 설명한다.[14]

> 고전적인 조직 구조는 사업장을 구성하기 위해 명시적인 수직적 및 수평적 차별화를 적용한다.

> 기능별 구조에는 다음과 같은 특성이 있다.
> - 비슷한 기술, 전문지식, 관점을 바탕으로 사람들을 그룹화한다.
> - 의사결정을 중앙화하기 위해 수평적 차별화를 적용한다.
> - 지속적인 운영을 지원하는 안정적인 환경에서 일을 잘한다.

기능별 구조

기능별 구조(functional structure)는 그림 16.3처럼 비즈니스 기능별로 회사를 운영한다(즉 생산 인력은 생산 인력과, 마케팅은 마케팅과, 재무는 재무 인력과 일한다). 전 세계적으로 기능에 대한 각 그룹의 책임은 정확한 역할과 관계를 설정한다.

같은 생각을 가진 사람들이 함께 일할 수 있도록 구조를 조정하는 것은 강력한 전문성을 만들어낸다. 전문적인 경험은 예리한 의사결정을 가능하게 한다. 기능별 조직 구조에서 명확한 권한, 정확한 역할, 표준화된 루틴은 의사결정을 중앙화하며, 높은 수직적 차별화에 기여한다. 이를 도입한 다국적 기업은 일반적으로 자원을 구성하고 능력을 표준화하고 역량을 달성하기 위해 글로벌 통합을 극대화하는 것이 현지 대응력을 최적화하는 것보다 더 중요하다.

단점 다층적 명령 구조의 기능적 구조에서 볼 수 있는 극단적으로 수직화된 차별화는 의사결정을 관료화할 수 있다. 마찬가지로 비즈니스 기능별로 사람과 프로세스를 수평적으로 구분하는 것(예: 재무 팀 사람들은 재무 책과 함께하고, IT 팀 사람들은 IT 팀 사람들과 일하는 것)은 기능 간 지식 생성 및 의사결정 관계를 개발하는 데 한계가 있다. 결과적으로 시장 붕괴 또는 전략 변화와 같은 사태에 대응하여 서로 다른 기능별 단위를 조정하는 것은 어려울 수 있다. 가령 COVID-19 팬데믹의 결과로 운영을 재정비하거나 조정할 때 기능적 조직의 취약성이 시험받을 수 있다. 명령사슬(command chain)이 사건에 압도당하면 구성원들은 다방면으로 방법을 모색하거나 아예 방법 모색을 중지한다. 다른 구성원이 의사결정을 하도록 두는 것이 더 낫다고 생각하기 때문이다. 또한 위기 모드가 없는 경우 기능별 형식은 부서, 그룹, 사람 간의 통제를 위한 제로섬 싸움을 유발할 수 있다(예: 생산 대 마케팅 대 재무). 구분된 계층 구조에서 권력을 최대화하려는 목표는 협력을 방해하는 영역 싸움을 유발한다.

사업부 구조

사업부 구조는 다음과 같은 특성이 있다.

- 제품, 서비스, 지역 측면에서 장소를 구분한다.
- 할당된 활동에 대해 책임을 지는 자율적인 부서가 있어야 한다.
- 차별화된 활동을 관리하는 다국적 기업의 조직적 요구에 적합해야 한다.

사업부 구조(divisional structure)는 생산하는 제품, 제공하는 서비스, 판매하는 장소의 관점에서

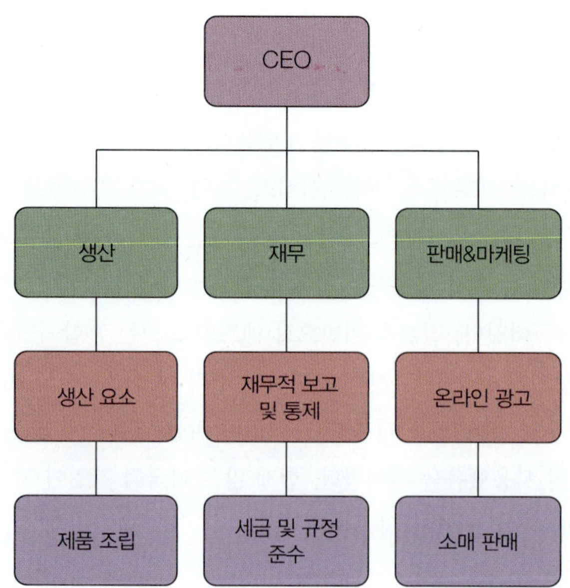

그림 16.3 기능별 구조
경영자는 기능 구조를 설계할 때 명확한 역할, 규칙, 책임을 설정하고, 이를 바탕으로 전문성을 활용하고 의사결정을 명확히하여 효율성을 향상한다.

업무를 조직하는 경영진의 선택에 따른다. 즉 다국적 기업은 제품(예: 의료기기, 제약 가공, 소비재, 산업 부품, 소비재 기업의 항공우주전자 제품), 서비스(예: 소매, 상업, 투자, 은행의 자산 관리), 시장(예: 지리적으로 다각화된 기업의 경우 북미, 유럽, 아프리카, 아시아)의 관점에서 조직을 구성할 수 있다. 각 사업부는 상대적으로 자율적이고 할당된 활동에 직접 책임을 지며 일반적으로 자체 계획 프로세스를 관리한다. 사업부 구조는 의사결정을 분산하기 위해 수직적 차별화를 줄이고 수평적 차별화를 도입한다.

국제 사업부 다국적 기업은 국제 활동이 전체 사업에서 차지하는 비중이 상대적으로 작을 때 국제 사업부를 활용한다. 이런 상황에서 국내 사업부는 내수 시장의 사업 활동에만 전념하며, 해외 사업에 관련된 부분은 전략적으로 업무의 부담을 줄이도록 국제 사업부에서 관리한다(그림 16.4 참조). 국내 및 국제 활동을 분리하면 전담 부서 내에서 인력을 통합할 수 있다. 독립적인 국제 사업부에 인력을 조직하면 사람들은 더 빠른 결정을 내리고 더 직접적으로 협력하는 방법을 찾으며 더 신뢰를 가지고 서로 도전할 수 있다. 궁극적으로 조직적 근접성은 국제 시장의 고유한 요구를 더 잘 해석할 수 있는 중요한 지식을 생성하게 도와주며 의사결정 관계를 촉진한다.

국제 사업부는 다음과 같은 특성이 있다.

- 중요한 국내 전문지식을 창출한다.
- 기업 내 한정된 자원을 위해 강력한 국내 부서와 경쟁한다.
- 단일 국가에서 가장 많은 매출을 올리는 다국적 기업에 적합한 조직 구조이다.

역사적으로 미국의 다국적 기업은 내수 시장의 규모가 해외 사업을 훨씬 능가한다는 점을 고려할 때 국제 사업부가 매력적이라 생각했다. 마찬가지로 내수 시장의 규모와 국제 업무의 초기 단계를 최적화하는 문제를 고려했을 때 일본, 한국, 중국 기업 및 신흥 시장의 다국적 기업에게 역시 국제 사업부는 인기 있는 선택이다. 유럽의 다국적 기업에게는 국제 업무에 비해 내수 시장의 규모가 작기 때문에 구미가 당기지 않는 선택지이다.

단점 다국적 기업을 국내 사업부와 국제 사업부로 나누면 '우리 대 그들'로 긴장이 형성될 수 있다. 큰 힘이 있는 국내 사업부의 경영자는 국제 사업부를 큰 국내 시장의 보조 시장 정도로 간주하고 국제 사업부를 지원하는 것을 하찮게 여길 수도 있다. 국내 사업부와 국제 사업부의 갈등은 종종 역량 공유, 모범 사례 활용, 의사결정 통합을 방해한다. 무방비 상태에서의 지속적인 긴장은 부서 간 연결, 소통, 협업을 차단하여 글로벌 성과에 부정적인 영향을 미친다.

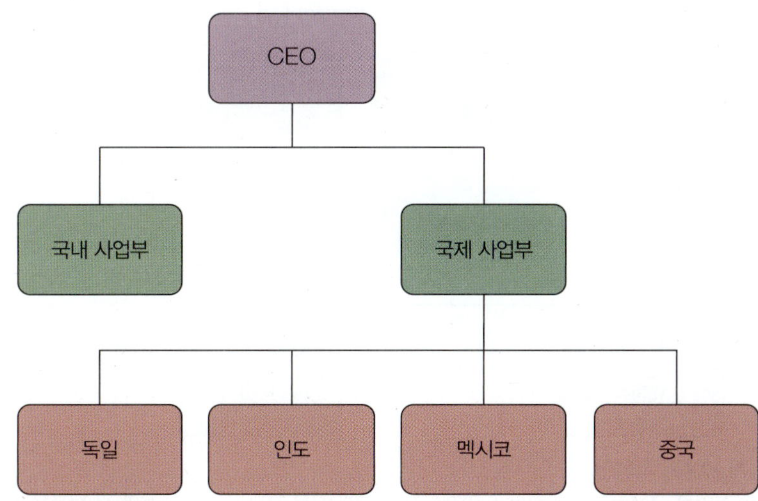

그림 16.4 국제 사업부
경영진은 국제 사업을 독립적이고 상대적으로 자율적인 단위로 조직함으로써 국제 사업부를 활용한다.

전 세계 제품별 사업부 제품별 사업부 구조는 전 세계 다국적 기업에서 가장 널리 사용되는 조직 구조이다. 이는 많은 다국적 기업이 여러 시장에서 공통되는 역량을 기반으로, 관련 제품의 광범위한 포트폴리오를 만들고 판매한다는 사실에서 비롯된다(그림 16.5 참조). 여러 시장에서 공통되는 제품 사업은 글로벌 효율성을 최적화하는 활동을 통합할 수 있는 기회를 제공한다.

예를 들어 고어(Gore)의 조직 구조는 전자 제품, 직물, 산업, 의료의 네 가지 제품 사업부로 구성되어 있다. 각 사업부는 다양한 산업에 서비스를 제공하지만 고어의 독점적인 PTFE 전문성을 기반으로 전 세계에 제품을 만들고 판매한다. 예를 들어 전자 제품 사업부는 PTFE 기반의 고성능 케이블과 조립품을 만든다. 직물 사업부는 PFTE 기반으로 아웃도어 의류, 군용, 법 집행, 소방 시장을 위한 제품을 만든다. 고어는 제품별 사업부 구조에 의존하여 시장 전반에 걸친 유사성을 활용하고 시너지를 달성한다.

단점 특히 다각화된 다국적 기업에서 다양한 제품별 사업부의 자율성은 제도 및 사업 관행 조정, 아이디어 교환, 자원 활용에 어려움을 겪는다. 소통과 협업은 전체 제품 사업부보다 제품 사업부 내에서 더 쉽게 발생한다. 특히 일부 규모가 큰 사업부가 수익을 많이 내고 조직 내에서 높은 위치를 차지할 때 이러한 현상은 더 쉽게 발생한다. 마찬가지로 제품 사업부의 의사결정을 좌우하는 글로벌 전망은 현지 시장 상황에 적응하는 데 어려움을 겪을 수 있다. 독립적이고 준자율적인 제품 사업부는 비효율적인 결정을 내릴 수 있다. 이는 종종 같은 국가 내에 있는 서로 다른 제품별 사업부 내의 서로 다른 자회사가 본사에 있는 다른 경영진에게 보고한다는 사실로 인해 더욱 복잡해진다.

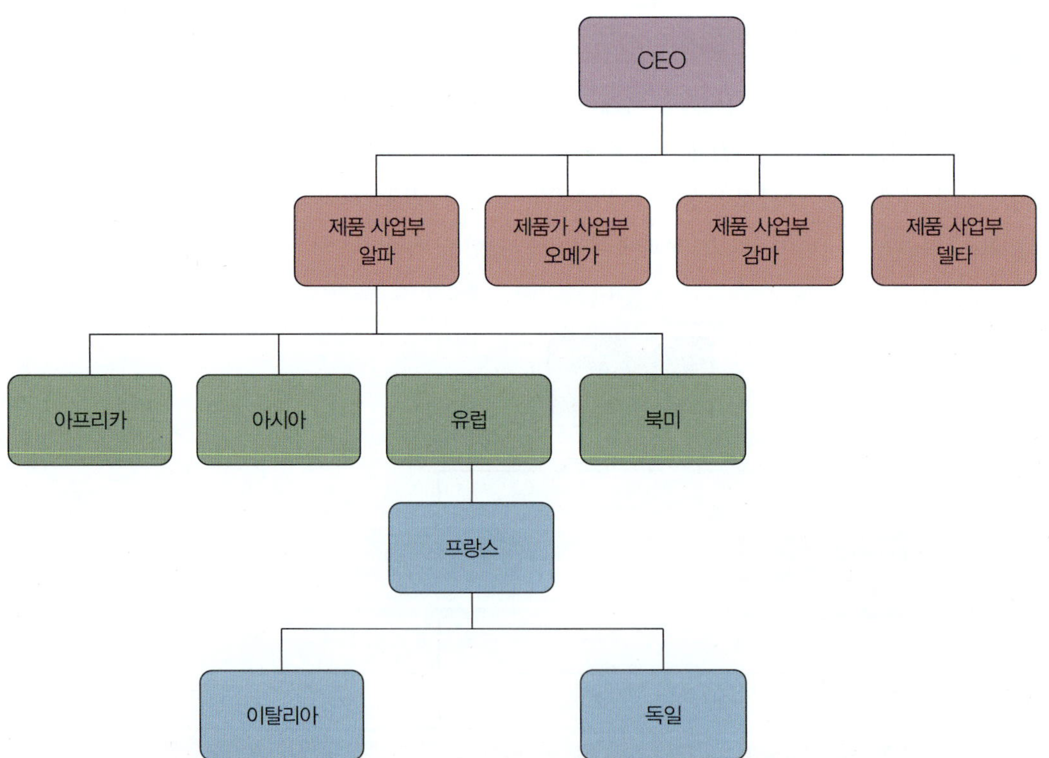

그림 16.5 전 세계 제품별 사업부
경영진은 전 세계적 사업을 구성하고 조정하는 독립적이고 비교적 자율적인 단위 내에서 특정 제품을 지원하는 활동을 조직함으로써 전 세계적 제품별 사업부 구조를 확립한다.

예를 들어 한때 네슬레의 많은 제품별 사업부는 약 8,000개의 브랜드 중 한 브랜드의 제품을 만들기 위해 거의 90개국에 500개 이상의 공장을 만들었다. 스위스에 있는 본사는 공장이 공급업자에게 구매한 원자재 비용을 결정하는 데 어려움을 겪었다. 극단적인 예로 미국 네슬레의 40개 공장이 원료를 독자적으로 조달했다. 네슬레의 제품 사업부는 5개의 서로 다른 이메일 시스템을 사용했다. 이는 사업부 간 조정의 부족으로 인해 서로 다른 제품별 사업부와 연계된 미국 공장이 동일한 공급업자로부터 바닐라 추출물을 공급받는 데 20가지 이상의 다른 가격을 지불했다는 사실을 몰랐다는 것을 의미한다.[15]

지역별 사업부는 여러 국가에 분산되어 광범위하게 국제 운영을 하는 다국적 기업에 적합한 조직 구조이다.

지역별 사업부 다국적 기업은 그림 16.6과 같이 판매가 자국 시장과 단일 국가에 지배되지 않고 여러 시장에 분산되어 있을 때 전 세계 지역별 사업부를 도입한다. 이 경우 다국적 기업은 지역/국가 A를 담당하는 알파 사업부, 지역/국가 B를 담당하는 베타 사업부 등 사업을 수평적으로 구분한다. 글로벌 시장에 대한 제품별 사업부의 지향과는 달리 지역별 사업부는 특정 지역 또는 국가의 특정 요구사항에 중점을 둔다. 지리는 지역별 사업부의 공통적인 기준이다. 그러나 어떤 경우에는 문화적 유사성, 경제 상황, 사업 전망, 지역 통합이 이를 완화한다.

역사적으로 유럽 대기업은 지역별 사업부 구조를 선호했다. 소규모 국가에 기반을 둔 많은 기업이 해외 시장에서 대부분의 수익을 창출했다. 따라서 그들은 해외 자회사가 본사에 직접 보고하는 소위 '모녀' 구조의 지역별 사업부 버전에 의존하여 더 큰 시장으로 확장했다.[16] 미국과 같이 한 시장이 지배적이거나 중동/북아프리카처럼 여러 소규모 시장의 근접성도 마찬가지로 지역별 사업부 조직을 장려했다. 예를 들어 스위스에 본사를 둔 네슬레는 전 세계를 EMENA 구역(유럽, 중동, 북아프리카), 아메리카, 아시아/오세아니아/아프리카로 구분하여 식음료 사업을 지역별로 구성한다. 한 지역 내의 국가들은 지리적으로 인접해 있고 문화, 언어, 역사, 정치, 경제적 특성을 공유한다. 따라서 네슬레는 지역별 사업부가 지역 내 부서 간 조정 및 협력을 촉진하고 새로우면서 인접한 시장을 수용하며 더 넓은 경영진 개발을 촉진한다고 본다.

기존 경제와 신흥 경제 사이의 경제적, 정치적 현실이 다르기 때문에 경영진은 지리적 영역에 대한 해석을 미세하게 조정해야 한다. 규모와 범위가 작았던 아시아, 아프리카, 남미의 시장은 기존 국가보다 더 큰 잠재력을 가지고 있다. 다국적 기업은 조직 구조를 그에 맞게 조정한다. 예를 들어 중국과 동유럽의 중요성이 높아짐에 따라 나이키(Nike)는 4개의 지역 구조를 북미, 서유럽, 동부/

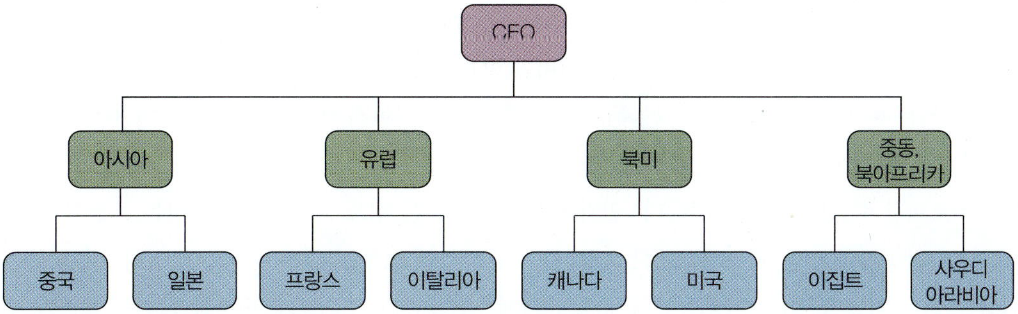

그림 16.6 전 세계 지역별 사업부
경영진은 지역별로 다양한 사업을 조직함으로써 전 세계에 지역별 사업부 구조를 확립한다. 그다음 각 지역별 사업부는 할당된 영역에서 사업을 구성하고 조정한다.

중부 유럽, 일본, 중화권, 신흥 시장의 6개 영역으로 재설정했다. 나이키는 또한 중국과 동유럽/중부 유럽을 다른 지역과 분리하여 운영할 것이라고 발표했다. 기업 전체 매출에서 차지하는 비중이 증가하고 성장률이 비교적 빠르며 장기적인 잠재력이 우수하여 수직적, 수평적 차별화를 필요로 했기 때문이다. 마찬가지로 런던에 본사를 두고 64개국에서 운영하는 유럽의 가장 큰 은행인 HSBC는 아시아와 중동에 더 중점을 두도록 조직을 재구성하고 성장이 더딘 유럽과 미국에서는 영업을 중단했다.[17]

지역별 사업부 구조는 나이키와 HSBC의 개편에서 볼 수 있듯이 변화하는 시장에 더 잘 대응하기 위해 현지화 전략을 추구하는 다국적 기업에서 사용한다. 지역별 사업부 구조의 분산화(북미는 북미, 유럽은 유럽 등)는 현지 경영자에게 구역 내에서의 가치 활동을 조정할 수 있는 더 많은 권한을 부여한다. 나이키는 이를 이렇게 설명했다. "우리는 새로운 조직 구조를 도입하는 것이 우리의 미래 성장에 최선의 여건을 허락할 것으로 확신한다. … 이 조직 구조는 나이키가 전 세계적으로 취급하는 다양한 제품이 현지 소비자에게 보다 가까이 다가갈 수 있게 만들 것이다."[18] 그러나 통합 목표는 일반적으로 본사가 전략적, 재무적 권한을 유지할 것을 강요한다.

역사적으로 서구 중심의 다국적 기업은 빠르게 성장하는 신흥 시장을 고려하여 조직 구조의 수평적 차별화에 대해 다시 생각했다. 예를 들어 파나소닉(Panasonic)은 신흥 시장 대 기존 시장의 판매 동향을 고려하여 전 세계의 지역별 사업부 구조를 조정했다. 북미, 유럽, 아시아의 전통적인 영역의 측면에서 지역별 사업부 구조를 구성했다. 많은 신흥경제국이 적도에 근접해 있는 것을 고려하여 파나소닉은 온도와 열대 기후 구역 측면에서 구성함으로써(위도가 아니라 경도가 더 중요했다) 조직 구조를 차별화했다. 이전에 칠레의 동료들과 직접 협업한 브라질의 경영진은 이전에 일본의 동료와 협업한 적이 있는 말레이시아의 경영진과 아이디어를 교환한다.[19]

행정 관행, 경영진 선호, 법적 제약으로 인해 일부 기업은 더 작게 조정한다. 전체 사업부를 재배치하는 대신 우선순위가 높은 시장에 주요 기능을 둔다. 델(Dell)의 사례처럼 재무와 세금은 싱가포르로, 글로벌 조달은 월마트의 사례처럼 선전으로 이동한다.[20] 이와 비슷하게 P&G(Procter & Gamble)는 글로벌 스킨, 화장품, 퍼스널케어 사업의 본사를 신시내티에서 싱가포르로, 필립스일렉트로닉스(Philips Electronics)는 국내 가전 제품 사업의 본사를 에인트호번에서 상하이로 이전했다.

단점 여러 곳에서 비슷한 조직 업무를 수행하면 관리상의 비효율이 증가한다. 각 지역별 사업부는 할당된 영역에서 제품을 만들고 판매하기 위해 자체적인 대규모 조직 구조를 완비하고, 본질적으로 '소규모 조직(mini-me)' 업무를 구축한다. 반복 복제(replication)는 비용이 많이 들 뿐만 아니라 통합을 복잡하게 만든다. 어떤 다국적 기업은 이러한 비효율을 차별화된 활동을 위해 불가피하지만 감당할 수 있는 비용으로 간주한다. 그들은 구조적 결합보다는 현지 대응력을 높이기 위한 노력이 불가피하게 반복 활동을 요구하기 때문이라고 생각한다. 그런 다음 경영자는 조직 내 다른 곳에서 비용을 최소화할 수 있는 방법을 찾는다. 인기 있는 옵션으로는 정보 흐름을 최적화하는 조정 및 통제 시스템과 자동화와 인공 지능 시스템을 채택하여 일상적인 업무를 실행하는 것이 있다. 예를 들어 IBM은 인공 지능이 인사 부서 인력의 30%를 대체했고 95%의 정확도로 퇴사할 직원을 예측할 수 있다고 발표하면서 인사 부서에게 사전에 좀 더 적극적으로 숙련 향상, 교육, 승진, 임금 인상 등에 대해 개입해야 한다고 조언한다.[21]

매트릭스 구조

전 세계 제품별 사업부 구조는 글로벌 통합을 최적화하기 위해 운영 효율성을 개선하는 의사결정을 중앙화한다. 전 세계 지역별 사업부 구조는 현지 대응을 최적화하기 위해 운영 효율성을 개선하는 의사결정을 분산화한다. 글로벌 전략을 구현하는 다국적 기업은 전 세계 통합을 극대화하기 위해 전자를 선택하는 반면, 현지화 전략을 구현하는 다국적 기업은 현지 대응을 극대화하기 위해 후자를 선택할 것이다. 12장에서 보았듯이 일부 다국적 기업은 초국가적 전략을 통해 세계화와 현지화의 압박을 동시에 조정하는 가치 명제를 개발한다. 이러한 결과를 반영하는 업무 흐름을 구성하면 **매트릭스 구조**(matrix structure)를 도입할 수 있다(그림 16.7 참조).

매트릭스 구조는 다음과 같은 특성이 있다.

- 다국적 기업 내 하위 조직의 기능 및 분할 형태가 서로 중복된다.
- 기능, 제품, 지리적 그룹 모두 공동의 목표를 가진다.
- 단일 명령 체계가 아닌 이중 보고 체계를 가진다.
- 경쟁 시장 압력을 쉽게 조정할 수 없는 다국적 기업에게 적절한 방법이다.

일반적으로 매트릭스 구조는 두 차원에 따라 다국적 기업을 수평적으로 구분한다. 제품 및 지역과 같은 서로 다른 사업부에 걸친 의사결정의 교차는 이론적으로 경쟁 압력에 민감한 부서를 통합한다. 서로 다른 부서의 경영자가 상호 동의할 수 있는 계획을 협상하도록 요구하는 것은 각 관점을 의사결정에 반영하여 통합 및 대응 압력을 조정한다. 매트릭스 구조는 제품 및 지역 경영자에게 동등한 권한을 할당하므로 책임을 설정하고 자원을 조정하며 보상을 공유해야 한다.[22] 당연히 매트릭스 구조는 사업부 간 빈번한 상호작용이 필요하다. 따라서 성공적인 매트릭스 구조는 그 분야에 있는 사람들이 주도하지만 본사에서 모니터링되고, 필요에 따라서는 조정되기도 하는 광범위한 조정 메커니즘과 협업 루틴이 필요하다.

일반적으로 제품과 시장 또는 기능과 제품과 같은 2차원 매트릭스 구조를 볼 수 있다. 제품별, 지역별, 기능별 사업부를 혼합한 3차원 매트릭스 구조는 가능하지만 쉽지는 않다. 예를 들어 2013년에 P&G는 글로벌 사업부, 영업 및 마케팅 운영, 기업 및 글로벌 사업 서비스로 구성된 3차원 매트릭스 구조를 구성했다. P&G는 점점 더 정교해지는 글로벌 전략을 더 잘 지원하는 방식으로 글로벌 규모를 활용하고 중복되는 부분을 최소화하며 3차원 매트릭스 전반에 걸쳐 기능을 활용하는 것을 목표로 삼았다.

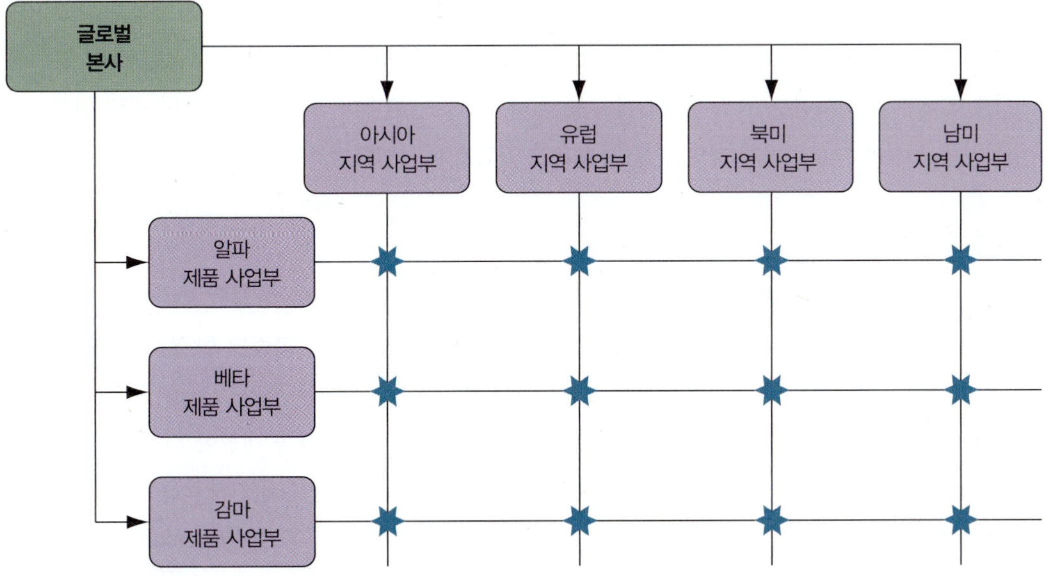

그림 16.7 매트릭스 구조

경영진은 세계화와 현지화 관점을 동시에 보여주기 위해 의사결정을 통합하고 서로 다른 부서 간 이중 관계를 조직함으로써 매트리스 구조를 도입한다.

단점 원칙적으로 매트릭스 구조는 부서 간 소통과 다기능 협력을 촉진하지만, 실제로는 사내 정치로 인해 자원과 보상에 대한 경쟁을 부추긴다. 매트릭스 구조 내에서 견제받지 않은 과도한 이익 추구는 상호협력을 위협하고, 결과적으로 매트릭스 구조의 도입 유인이었던 지식 창출과 의사결정 관계를 망쳐놓을 수도 있다. 마찬가지로 조정 문제도 증가한다. 자동화 및 전력 기술 거대 기업인 ABB는 5,000개 이상의 수익 센터로 분리된 여러 사업부 및 지역별 매트릭스를 조직했다. 초기의 성공은 곧 사업부 간의 의사소통을 조직화하는 데 어려움을 겪었다. 일부는 제품별 사업부의 관점을 옹호하고, 일부는 지역별 사업부의 관점을 옹호했다. 소통과 협업의 어려움은 서로 다른 부서의 선호도가 다르다는 사실을 포함하여 여러 문제로 복잡했다. 한때 ABB는 576개의 ERP 시스템을 운영했는데, 역설적으로 이 시스템은 원래 통합 계획을 세우고 더 나은 결정을 위한 관점을 제시하겠다고 약속한 것이었다.[23]

지속적인 책임과 자원 조정 문제로 인해 다국적 기업은 매트릭스 구조의 실질적인 유용성에 의문을 제기했다.

기본적으로 매트릭스 구조는 이중 위계를 제시한다. 즉 2명의 대표가 있을 때 한 사람은 제품별 사업부를 대표하고, 한 사람은 지역별 사업부를 대표하는 것이다. 이 상황은 지시 일원화의 원칙을 파괴하는데, **지시 일원화의 원칙**(unity-of-command principle)이란 기업의 최고경영자부터 일선 노동자에 이르기까지 지시 계통이 단절되어서는 안 된다는 것이다. 한 사람의 직원이 두 사람의 상급자(경영자)의 통제를 받는 것은 업무에 대한 책임 소재를 불명확하게 만들고 명령 계통의 혼선으로 경영자 간 마찰을 조성하며 직원 관리에 대한 책무를 등한시하게 만들 수 있다. 글로벌 화학 기업 다우케미컬(Dow Chemical)은 선도적으로 매트릭스 구조를 조직 구축에 적용한 기업으로서 매트릭스 구조에 대하여 이렇게 평가했다. "우리는 매트릭스 구조를 구축했다. 그리고 팀워크를 강조하면서 의욕적으로 업무를 진행했다. 그러나 특이한 점은 이 새로운 조직 구조 내에서 우리는 누구에게 어떠한 책임을 지워야 할지를 모른다는 것이었다. 어떠한 일이 좋은 성과를 보였을 때 우리는 누가 보상을 받아야 할지에 대해 알지 못했다. 또한 어떠한 일이 좋지 않은 성과를 보였을 때 누구를 비판해야 할지도 알지 못했다."[24] P&G도 3차원 매트릭스가 책임 소재를 불명확하게 하고 의사결정을 느리게 만든다고 지적하면서 이를 인정했다. CEO도 마찬가지로 의사결정 과정에 너무 많은 사람들이 관여하고 있고 결과적으로 발생하는 '덤불(thicket)'은 특히 잘못되었을 때 단독으로 결정할 사람이 아무도 없다는 것을 의미한다고 설명했다. 따라서 2019년 P&G는 3차원 매트릭스를 포기하고 전 세계 제품별 사업부 구조 내에 6개 부문의 사업부로 전환했다. 자율성을 도입하려면 신속하게 행동하는 동시에 사람들에게 책임을 물을 필요가 있었기 때문이다.[25]

혼합 구조

극소수의 다국적 기업만이 기능별, 사업부별, 혼합 조직 구조의 정확한 특성을 깔끔하게 적용하는 조직 구조를 활용한다. 의심할 여지없이 많은 기업은 할 수만 있다면 그렇게 할 것이다. 현실에서는 판매 동향, 산업 상황, 시장 상황, 환경 상황으로 인해 탁월한 단일 조직 모델을 도입하지 못한다. 토요타와 시멘스 같은 R&D 집약적 회사는 신흥 경제에 연구센터를 개설한 다음에 기존 시장의 부서와 통합해야 한다. 엑슨모빌(ExxonMobil)이나 발레(Vale) 같은 천연자원을 추출하는 기업은 발전하고 종종 분열이 일어나며 규제가 있는 상황에 적응해야 한다. 헨켈(Henkel)이나 시시도(Shishido) 같은 소비자 지향 기업은 일관된 글로벌 프로세스를 유지하면서 현지 요구에 맞게 사업을 맞춤화해야 하는 상반된 도전에 직면한다. 조직 구조의 일관성에 대한 선호에도 불구하고 다양한

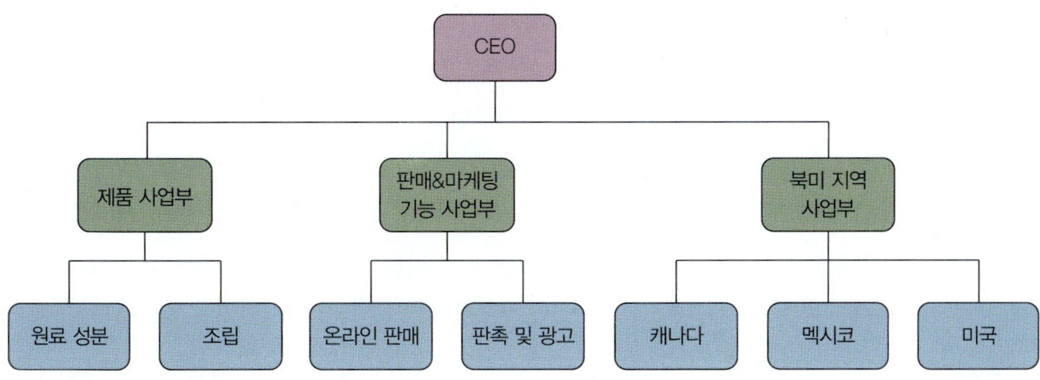

그림 16.8 혼합 구조
경영진은 다양한 판매 동향, 산업 상황, 시장 상황, 환경 상황으로 인해 비즈니스 전반에 걸쳐 차별된 사업을 구성하기 위해 다양한 형식을 혼합하는 조직 구조를 도입한다.

조건을 위한 조직 구조는 일부 다국적 기업이 기능별, 지역별, 제품별 사업부의 특징을 결합한 **혼합 구조**(mixed structure)를 도입하게 한다(그림 16.8 참조).

혼합 구조는 결단력이 없다는 것을 의미하는 것이 아니라 실질적인 해결책을 의미하는 것이다. 예를 들어 상황에 따라 지역별 구조는 A 지역에 최적화되어 있지만, 기능별 구조는 B 지역의 사업에 적합하다. 예를 들어 나이키는 북미, 서유럽, 일본에서의 사업과는 맞지 않는 수직적, 수평적 구조를 중국, 동유럽/중부 유럽에 사용했다. 마찬가지로 델 컴퓨터는 싱가포르에 있는 아시아 본사를 사업 기능별로 수평적으로 차별화하여 지역 재무, 운영 및 세금 효율성을 향상하는 것을 목표로 했다. 네슬레는 대부분의 식음료 사업을 지역별(EMENA, 미주, 아시아/오세아니아/아프리카)로 조직하지만, 일부 제품은 전 세계적으로 운영한다[예: 네슬레워터스(Nestlé Waters), 네슬레뉴트리션(Nestlé Nutrition), 네스프레소(Nespresso)]. 토요타의 조직 구조는 제품별, 지역별, 기능별 사업부를 혼합한다. 한 사업부는 북미, 유럽, 일본의 기존 시장을 담당하고, 다른 사업부는 중국 및 중남미의 신흥 시장을 담당하며, 또 다른 사업부는 렉서스(Lexus) 브랜드를 운영하고 마지막 사업부는 차량 부품의 개발 및 생산을 관리한다.

신고전주의 조직 구조

16-3 신고전주의 조직 구조를 설명한다.

이 상황의 맥락에서는 다국적 기업이 더 높은 수준의 전략을 고려하게 만드는 여러 상황 요인이 있다. 이에 따라 "조직 구조는 전략을 따른다"는 논제를 고려할 때 그에 상응하는 정교한 구조를 도입해야 한다. 기존 시장에서 자동화와 인공 지능은 디지털화라는 더 넓은 맥락에서 미래의 사업장으로 인도한다. 기술은 정보와 상호작용을 바로 이용할 수 있게 함으로써 우리가 상상하지 못한 방식으로 조직 구조를 형성할 수 있게 한다. 신흥 경제에서 인프라 개선, 성장 가속화, 수요 확대는 누가 어떤 업무를 하는지, 왜, 어디에서 하는지를 다시 생각해볼 수 있는 굉장한 기회를 만들어준다. 업무 흐름을 구성하려면 다른 장소에서 일하는 상호의존적인 사람들을 연결하기 위해 더 다양한 소통 및 협업 모드가 필요하다.

일부 사람들은 고전적인 조직 구조가 가진 위계적 속성 때문에 새로운 기술 집약적 전략을 지원하

개념 체크

4장의 '경제 체제의 유형'에 대한 논의는 혼합 경제가 명령 시스템의 특징과 자유 시장의 일부 특성을 결합한다는 점에 주목했다. 혼합 구조는 실용성을 위해 순수성을 희생하는 유사한 선택을 반영한다.

기술은 정보와 상호작용을 바로 이용할 수 있게 함으로써 우리가 상상하지 못한 방식으로 조직 구조를 형성할 수 있게 한다.

는 데 어려움을 겪을 것이라고 생각한다. 명령, 통제, 강요, 복종을 극대화하는 장점이 종종 복잡성, 관료주의, 복종, 비유연성으로 악화된다. 분석가들은 "제2차 세계대전 종식부터 냉전 종식까지 우리의 주요 조직을 형성한 모델과 프레임워크는 e-비즈니스, 끊임없는 혁신 및 글로벌 경쟁의 이 새로운 시대에서 분명히 쇠퇴한 것"이라고 결론지었다.[26] 프리미엄 플라스틱 조립 블록 장난감 제조업체인 레고(LEGO)의 회장은 매출, 모멘텀, 생산성 하락에 직면했을 때 이를 인정하면서 다음과 같이 후회했다. "우리는 정체나 쇠락을 가져올 수 있는 너무 많은 계층과 겹치는 기능을 가지고 있다. 점점 더 복잡해지는 조직을 만들어온 것이다."[27] 마찬가지로 실적 부진에 직면한 P&G는 이니셔티브와 혁신을 야기하는 더 단순하고 효율적인 조직 구조를 만들어야 한다고 생각했다.

고전적인 조직 구조는 명령과 통제의 원칙을 강조한다. 신고전주의 조직 구조는 조정과 하위 조직의 성장을 도모한다.

이러한 상황에 직면한 다국적 기업은 수평적, 수직적 차별화에 대한 전통적인 접근 방식을 재고한다.[28] 그들은 관계를 장려하고 소통을 확장하며 협업을 지원하는 형식을 추구한다. 직원에게 더 명확하고 단순하게 하여 생산성과 성과를 높이는 형식을 추구한다. 유연성과 기업가 정신을 만들어내고 직원이 근로자가 아니라 소유자로서 행동하도록 동기를 부여하여 더 빠른 결정을 장려하는 형식을 추구한다. 이러한 우려와 야망은 경영진에게 **신고전주의 조직 구조**(neoclassical structure)에 대한 관심으로 이끈다.

원칙적으로 신고전주의는 인간의 행동이 어떻게 성과를 근본적으로 형성하는지를 이해하기 위해 조직을 사회 시스템으로서 생각할 것을 주장한다. 절대적으로 보자면 신고전주의 조직 구조는 고전주의 조직 구조와 같은 목적을 수행한다. 즉 그들은 다국적 기업이 사업장을 배치하고 의사결정을 조직하며 권한, 책임, 역할을 할당하는 방법을 규정한다. 그러나 신고전주의 조직 구조는 근본적으로 다른 방식이다. 특히 위계 구조를 규정하는 경계선을 명확히 하는 것에서 벗어나 이질성을 느슨하게 구획하는 **무경계**(boundarylessness)를 발전시키는 방향으로 조직 설계를 바꿔나가고 있다.

상황의 변화 신고전주의 조직 구조는 연중무휴의 연결성, 변화하는 글로벌 업무 흐름, 자동화 및 인공 지능의 영향을 감안할 때 가장 큰 본사에서 또는 가장 작은 자회사에서 수행되는 직원 업무의 새로운 행동과 맥락을 나타낸다. 업무 성격의 변화는 국제경영의 성격을 변화시키고 있다. 역사적으로 위계 구조에서 직급이 높을수록 회사의 다양한 직무에 대해 더 많이 알 수 있었다. 따라서 한 세대 전 다국적 기업은 전 세계 근로자에게 위임된 큰 결정을 내리기 위해 엘리트 경영진에 의존했다. 당시의 기술은 정보를 얻기도 어렵고 처리하기도 어려우며 배포하기도 어렵다는 것을 의미했다. 즉 고위 경영진은 회사의 전략을 개발하고 추진하는 데 가장 적합한 위치에 있었다.

오늘날 그 논제는 더욱 논쟁의 여지가 많아지고 있으며 고어와 J&J 같은 다국적 기업에서는 분명 의심의 여지가 있다. 역사적으로 현지 자회사를 운영하는 사람들은 글로벌 드라마에서부터 멀리 떨어져 있었다. 그것은 더이상 지속되지 않는다. 값싸고 강력한 전기통신으로 촉진되는 정보에 대한 실시간 접근은 전 세계와 지역 간 격차를 좁힌다. 몇몇 국가의 몇몇 도시뿐만 아니라 모든 곳에서 밝고 의욕적인 근로자의 공급이 증가하고 있다는 것은 어디서든 일을 잘할 수 있다는 것을 의미한다. 결과적으로 상위 경영진이 규정하거나 자회사 경영자가 할 수 없는 일은 별로 없다.

출처: Rawpixel.com/Shutterstock

▲ 신고전주의 조직 구조 맥락에서 누가 누구와 무엇을 할지 논의하고, 토론하고, 결정한다.

사업장의 큰 변화는 사업장 조직 구조의 큰 변화를 유인한다. 이 변화는 신고전주의 조직 구조의 아이디어, 매력, 유용성을 강조한다.

조직 내 경계로 인한 문제

조직 구조의 맥락에서 **경계**(boundary)는 ① 구성원들을 위계(hierarchy) 내에 특정한 자리에 배치하는 수직적 제약 조건이며, 각각은 공식적인 상위-하위 관계로 표시된다. ② 구성원이 조직 내 특정한 소집단 내에서 특정한 업무만을 수행할 수 있도록 만드는 수평적 제약 조건을 의미한다. 고전적인 조직 구조에서 업무 흐름을 수직 및 차별화하면 표준이 설정되고 순서를 부과하며 결정을 규정하고 책임이 결정된다. 각각 정의에 따라 역할, 관계, 책임의 경계를 설정한다. 예를 들어 그림 16.3부터 그림 16.8까지 표시된 '상자와 선'을 생각해보자. 각 '상자'는 다양한 기능, 시장, 제품을 수행하는 사람들을 분리하는 경계로 표시하고, 각 '선'은 정보, 소통, 의사결정의 경로를 표시한다.

개념 체크

1장에서 설명한 '세계화 및 국제경영의 촉진 동인'은 기술 확장, 무역 자유화, 국가 간 협력 증가와 같은 시장 동인이 국제경영에 대한 해석을 재설정한다고 설명한다. 이러한 변화를 기회로 인식함으로써 다국적 기업은 수직적 및 수평적 차별화에 대한 해석을 재설정하는 신고전주의 조직 구조를 경험하게 된다.

사람 사이에 부서를 도입함으로써 고전적인 조직 구조의 명령과 통제 형식을 설정하는 경계는 종종 소통을 늦추고 협업을 방해하며 엄격함을 만들고 의사결정을 관료적으로 도입한다. 예를 들어 소니(Sony)의 CEO는 실적 부진의 원인을 잘못된 전략이 아니라 차별화된 사업부 간 경쟁과 갈등이 개인의 노력과 집단적 효율성을 가로막는 현실 때문이라고 말했다.[29] 소통을 방해하고 조정을 늦추며 부서 간 협업을 방해하는 경계를 없애면서 소니는 시장, 고객, 경쟁사의 다양성에 더 잘 대응할 수 있도록 재배치했다. 소니와 마찬가지로 정교한 전략을 구현하기 위해 정교한 조직 구조를 개발하는 다른 다국적 기업도 신고전주의 조직 구조의 원칙을 적용한다.

무경계 탐구

경계와 이에 대한 재빠른 대응은 신고전주의 조직 구조에 관심을 집중한다. 이 새로운 형식은 수직적 조직 구조 간 서로 다른 기능과 역할 사이, 서로 다른 부서, 생산라인, 공간에서의 수평적 구조 사이, 마지막으로 회사, 공급업체, 배분업체, 협력업체, 전략 팀, 고객 사이에 경계를 세우는 것에 의문을 제기한다. GE는 이에 대해 꽤 정교한 업적을 이루었다. 전 CEO 잭 웰치(Jack Welch)는 널리 퍼진 글로벌 사업부를 점차 평등한 구조에서 기능할 수 있도록 이끌었다. 그는 회사, 경영자, 고객, 공급업체와 같은 이해관계자 사이의 모든 수직적, 수평적 장벽을 없애는 조직을 만드는 것을 목표로 했다. 잭 웰치는 다음과 같이 설명했다. "우리가 무엇을 만들고자 하는지, 즉 우리의 목적이 무엇인지에 대한 가장 간단한 정의는 바로 무경계이다. 무경계란, 사람들이 자신의 지위와 안전을 지키고 변화를 막기 위해 서로에게 세우고 있는 모든 불필요한 벽과 장애물을 허무는 것을 의미한다. 모두가 동일한 정보에 접근할 수 있는 권한을 가지고 모두가 동일한 방향을 향해 나아가며 또한 모든 인재를 효율적으로 배치할 수 있다면 경제적 성공에서 나아가 자아실현까지 이룰 수 있다."[30]

신고전주의 조직 구조의 무경계는 많이 아는 것보다 어떻게 정보를 찾아내는지가 더 중요하다. 일을 진행하려면 똑똑한 사람들을 모집하고 동기부여를 하며 급여를 지급하고 밝은 분위기를 유지해야 한다. 또한 그들을 느슨한 네트워크로 서로 연결하여 스스로 구성하고 자치적으로 운영하게 만들어 정보의 흐름을 최대화하여 더 많은 학습을 이루어내며 사람들이 아이디어를 교환하는 데 방해되는 모든 것을 제거하기 위해 인프라를 최소화해야 한다. 속도, 융통성, 생산성, 권력은 대체로 이롭게 작용하지만 COVID-19 팬데믹과 같은 위기가 발생하면 다국적 기업이 행정을 바꾸고 자원을 재

무경계는 정보, 관계 형성을 제한하는 수직적, 수평적 및 외부에 대한 장벽 제거를 의미한다.

배치하게 하는 번거로움이 생긴다. 이제 경영자는 무언가를 통제하고 정체시키며 부서와 계급 사이에 경계를 만드는 것을 지양해야 한다. 이제 지도자로서 어디서든 아이디어를 공유하기 위해 도전하고 경쟁을 벌여야 한다.

변화의 시작 무경계에 대한 비전은 오늘날 다소 부족하다. 예를 들면 고어의 격자 구조와 평등주의적 직장에 대한 철학은 무경계의 규칙과 관행의 예시를 보여준다. 더 정확하게 말하면 고어의 방식은 계층 체계를 창의성과 혁신을 억누르는 것으로 보았다. 고어는 조직도, 일련의 명령, 이미 정해진 계층, 직급을 중시하지 않았다. 대신 격자 구조를 통해 정보를 통제하지 않고 공유하도록 했다. 소수의 사람이 많은 사람에게 무엇을 해야 하는지 지시하는 대신 다기능을 하는 팀이 기회를 중심으로 스스로 조직하게 한다. 협동은 커뮤니케이션을 낳고 실무 능력이 지도자의 능력을 나타낸다. 고어의 전 CEO는 다음과 같이 설명한다. “우리는 개인의 잠재력을 극대화하고 제품의 상태에 초점을 두며 창의성이 충분히 발휘될 수 있는 환경을 조성하기 위해 열심히 일하고 있다.” 또한 “아무리 세계적으로 성공한 기업이라고 하더라도 성공의 열쇠는 우리의 인재와 그들의 능력에 대한 근본적인 믿음이다”라고 덧붙였다.[31] 다음 과제는 직원들에게 의사결정을 할 수 있는 동기와 권한을 부여하는 시스템을 도입하는 것이다.

시스코(Cisco)도 이와 유사한 일을 시작했다. 그 이유를 묻자 시스코의 CEO는 선택의 여지가 없었다고 답했다. 그는 새로운 기회에 신속하게 대응하고 한번의 수정 방식이 아닌 전체 솔루션을 개발하며 ‘전 세계의 경영진이 쉽게 관여할 수 있도록 개선함으로써 시스코가 글로벌 통합 기업이 될 수 있도록 유도하는’ 구조가 필요했다고 말했다.[32] 앞으로 그는 더 저렴하고 쉬운 기술을 통해 더 많은 다국적 기업이 명령과 통제의 고전적 표준에서 조정과 협력의 신고전주의적 이상으로 변화할 것으로 기대하고 있다고 했다. 유연한 스타트업에서 경직된 계층으로 성장하는 결과를 두려워한 테슬라(Tesla)는 스스로를 근본적으로 재설정했다. CEO는 ‘우리 임무의 성공’을 위협하는 경계를 형성 및 유지하는 커뮤니케이션과 관리 소홀을 없애고 피드백 루프 가속화, 투명성 개선을 위해 모든 구조를 수평적으로 만들었다.[33] 마찬가지로 P&G는 한때 혁명적이었던 3차원 매트릭스 구조를 버리고 확실히 구분된 사업부 구조를 선호했다. 이 변화를 발표하면서 CEO는 “우리는 이것이 지난 20년 동안 만든 가장 중요한 조직 변화라고 믿는다”고 보고했다.[34] 여기에서 이것이란 업무를 간단화하여 자율성과 책임감을 향상한 것을 의미한다. 마지막으로 가장 위계적인 체계인 미군은 알카에다의 이라크 주둔군을 물리치는 것을 돕기 위해 신고전주의적 요소의 분산적 의사결정 방식을 채택했다.[35]

핵심 특징 신고전주의 조직 구조는 수평적 결정 과정과 연결고리, 강한 협업을 강조한다. 핵심 특징은 스스로 구성하고 운영하는 기관을 포함한다는 것이다. 융통성은 관료주의적이기보다는 창업자적 마인드의 의사결정을 용이하게 만들어준다. 동료 간의 연결은 효율성을 높여줄 뿐만 아니라 상호 간에 이익이 된다. 경영자의 표면적 특징(직급, 위치, 직속상사 보고라인 숫자, CEO의 레벨)이 필요한 고전적인 조직 구조와 달리 신고전주의 조직 구조는 경영자와 다른 이들의 관계를 더 중요하게 만든다. 소위 말하는 ‘자유방임주의’적인 리더가 가이드와 방향성을 제시한다. 요약하면 신고전주의 조직 구조는 사람들이 정보를 통제하기보다는 공유하고, 경쟁하기보다는 협력하며, 명령하기보다는 관계 형성에 집중하고, 변화에 저항하기보다는 참여하며, 결정을 따르기보다는 만들도록 자극한다. 고어, 시스코, 테슬라, P&G 등에서의 이러한 일련의 변화는 ‘조직적인 인간’이 ‘네트워크형

인간'으로 변했음을 보여준다.

네트워크 구조

네트워크 구조(network structure)는 신고전주의 조직 구조의 원리를 예시로 보여준다. 이는 활동을 조율하고 자원을 구성하는 패턴화된 활동 흐름에서 역할, 관계, 책임을 최적으로 조정한다(그림 16.9 참조).[36] 사람, 제품, 프로세스를 수평적이고 차별화된 구조로 연결하면서 의사결정을 분산화한다. 커뮤니케이션이 이루어지는 각 영역은 협업에 활력을 주는 연결을 극대화한다. 조정 및 제어 시스템은 구성원 간의 상호작용을 설정, 규제, 통합하며, 후자는 공통의 목표와 특정 목표로 동기가 부여된다. 지식을 통제하는 능력보다는 어떻게 지식을 만들고 공유하느냐가 기준을 설정한다.[37] 빌 고어(Bill Gore)는 《The Lattice Organization: A Philosophy of Enterprise》에서 "격자 구조는 직접적인 상호작용, 자아 몰입, 타고난 리더십을 포함하며, 이미 정해지거나 가정된 권한이 없는 조직이다"라고 논한 바 있다. 따라서 이는 갑이 어떤 을과 대화하고 일할 것인지를 정한다는 기존의 틀을 거부한다.[38]

네트워크 구조는 기업 내부 및 외부 대리인의 연결, 의사소통 및 협업을 촉진하기 위해 의사결정을 분산하는 수평적이고 덜 계층적인 형식이다.

네트워크의 조직 중심부에서는 최선을 선택하고 나머지를 아웃소싱하는 방식을 쓴다. 즉 이들이 이점과 역량을 지닌 부분은 잘 활용하고, 그렇지 않은 부분은 외주를 맡기는 식으로 타 기업과 협력한다.[39] 예를 들어 애플(Apple), 퀄컴(Qualcomm), 시스코는 연구개발, 디자인, 마케팅 분야에서 가치 창출에 집중한다. 그러고 나서 그들은 페가트론(Pegatron), 폭스콘(Foxconn), 교세라(Kyocera), 유원공업(Yue Yuen Industrial) 같은 세계적인 제조업체와 계약을 맺고 제품을 생산한다. 운영상 파트너 기업 사이에서는 생산, 배포, 서비스 자원을 공유하는 협정을 만든다.

가장 최신의, 그리고 가장 최고의 의사소통 시스템인 클라우드 서비스, 소셜 미디어 및 원격 회의 도구는 자동화 및 인공 지능으로 점점 더 강화되고 있으며, 이들은 네트워크 구조에서 협업에 크게 기여한다. 예를 들어 IBM은 매출 채권을 처리하기 위해 상하이의 직원을, 인적 자원을 감독하기 위해 마닐라의 전문가를, 장부를 보관하기 위해 쿠알라룸푸르의 회계사를, 부품을 조달하기 위해 심

개념 체크

네트워크 개념은 국제경영 논의에 중요한 틀을 제시한다. 가령 1장에서는 연결성과 국가 간 인프라 확대를 논의했고, 7장에서는 WTO에 의해 형성된 무역 네트워크를 설명했다. 9장에서는 국제 자본 시장에서의 재무 네트워크를 논했으며, 15장에서는 다국적 기업의 네트워크 속에서 서로 협력관계를 통해 파트너 회사와 어떻게 관계를 맺는지 다루었다.

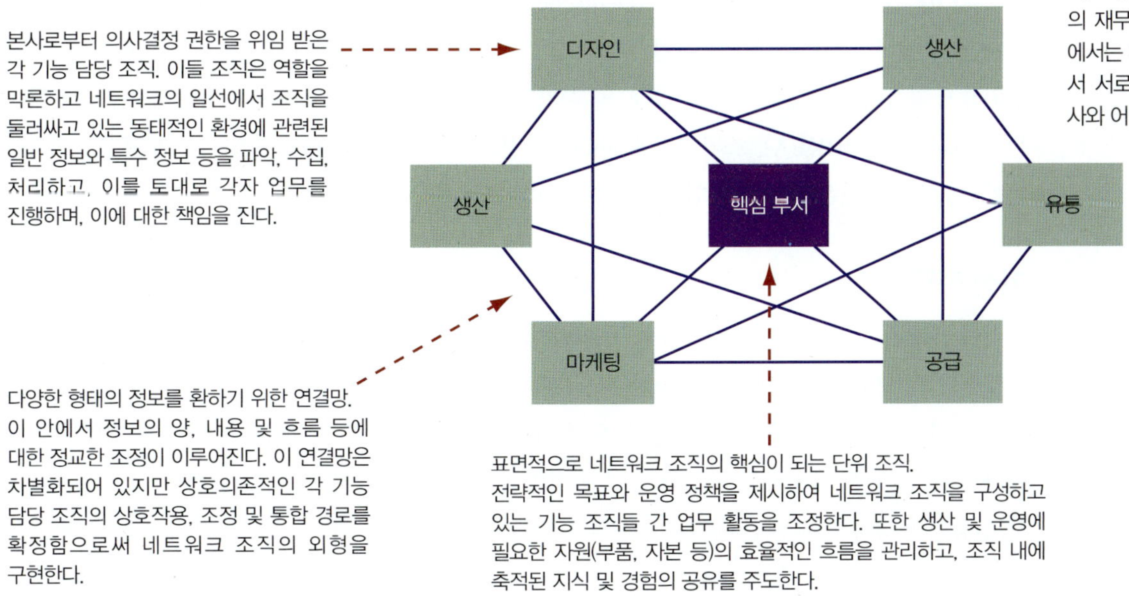

그림 16.9 네트워크 구조

천에서 구매자를, 안내데스크를 운영하기 위해 브리즈번에서 고객 전문가를 고용하고 있다. 각 부서는 작업을 가장 효율적이고 높은 퀄리티로 진행하려는 IBM의 요구에 알맞게 전 세계에서 일어나는 모든 프로젝트를 관리한다.[40] 한편 고객은 계약 조건을 만족하기만 한다면 작업이 어디에서 수행되었는지에 대해 아무런 문제를 삼지 않는다.

다국적 기업은 전 세계에 걸쳐 다양한 형태의 네트워크 구조를 사용한다.

네트워크는 새로운 것이 아니다 네트워크 구조는 새로운 개념인 것처럼 들릴 수 있지만 전례가 없는 것은 아니다. 고어는 1950년대에 이미 격자 구조를 시작했다. 마찬가지로 일본의 다국적 기업은 서로가 다른 회사의 지분을 소유하는, 즉 명목상으로만 독립인 회사들의 모임인 소위 **게이레츠**(keiretsu) 형식을 오랫동안 사용했다.[41] 게이레츠는 기업 경영진들 사이의 개인적인 관계가 중요하다. 가끔 네트워크가 수직적으로 형성된 경우가 있는데, 예를 들면 **세이산**(seisan, 생산) 게이레츠처럼 경영자가 생산의 부분이나 특정 제품에 관여하는 경우(토요타와 공급업체처럼)나 **류쓰**(ryūtsū, 유통) 게이레츠와 같은 저장 공간, 운송 시스템, 고객을 연결하는 네트워크[의료물품 공급에서의 스즈켄(Suzuken)] 등이 있다. 또는 **기교 슈단**(kigyō shūdan, 기업 수단)처럼 수평적인 네트워크도 있는데, 이는 서로 다른 산업의 기업을 연결해주는 다각화된 비즈니스 그룹이다. 그 중심에는 미쓰비시(Mitsubishi) 같은 **소고 쇼샤**(sogo shosha, 종합 상사), 스미토모(Sumitomo) 같은 금융 기관이 있다. 수직 및 수평 게이레츠에서 네트워크 센터는 생산을 구성하고 마케팅을 조정하며 제휴 부서들 간 자금 조달을 규제한다.

출처: Anton Balazh/Shutterstock

▲ 네트워크는 때로는 혼란스럽게 보일 수도 있지만 정교하게 연결된 광범위한 연결성이라는 특징이 있다. 이러한 네트워크는 사진에서 보듯이 캐리비안, 중미, 북미의 키노드(핵심 연결점) 사이에서 항공로로 연결되어 있는데, 이러한 모습이 기본 원칙을 보여준다.

한국의 삼성, LG, 현대와 같은 기업은 **재벌** 커뮤니티에서 게이레츠와 같은 특성을 보인다. 이러한 큰 산업 그룹은 일반적으로 오너나 가족이 운영하며 다양한 계열사로 구성되어 있다. 예를 들어 한국에서 10개의 주요 재벌 그룹이 600개 이상의 계열사를 운영한다.[42] 현재 한국에 수십 개의 가족 형태의 기업 집단이 재벌의 자격을 갖추고 있다. 가족 네트워크의 연장선은 재벌을 구성하는 연결고리를 조직한다. 도이체방크(Deutsche Bank) 같은 독일 기업도 비슷한 형태로 이루어져 있지만 그 형식을 설명하는 공식적인 용어는 없다. 그들의 일본 협력 기업처럼 이 다양한 그룹은 광범위하고 자급자족 관계를 가지고 있다. 일본 기업과 다른 점은 중앙의 통제를 공식적으로 허용한다는 것이다. 이케아(IKEA), 스카니아(Scania), 버진그룹(Virgin Group), 시스코, 그루포엠프레사리알안티오케뇨와 같은 다국적 기업은 이러한 형식의 요소를 보여준다.[43]

가상조직 구조

가상조직 구조는 신축적으로 변화에 적응하는 파트너들 사이에서 민첩하게 움직이는 배열 구조이다.

디지털 플랫폼은 점진적으로 **가상조직 구조**(virtual structure)를 신고전주의의 옵션으로 만든다. 모바일 장치의 보편성, 전 세계의 다양한 직원과 고객의 풀, 향상된 정보 관리 능력은 가상조직 구조 전략을 지지한다. 즉 가상조직 구조를 필요로 한다. 이 형식은 자원을 공유하는 개인과 기업에 집중한다. 이는 연결을 유지하고 확장하기 위해 광범위하게 기술을 사용한다. 이러한 가상조직 구조는 "통신망의 확장을 통해 시간, 공간, 조직의 경계를 초월해 작동한다."[44] 가상조직 구조는 명령과 통제 대신 연합, 협정, 동맹을 사용하여 독립적인 노동자를 양성한다. 공식적인 규칙, 책임, 절차에 대한 강조를 줄임으로써 계층 간 경계를 줄여주는 비공식적 커뮤니케이션을 촉진한다. 기술 향상은 서로 다른 위치에서 일하는 사람들의 커뮤니케이션을 지원하여 관계를 형성하고 자원을 획득하며 능력을 개발하는 것을 더 수월하게 한다. 계약과 같은 시장 메커니즘이 가상조직의 구성과 재구성을 이끌어낸다. 높은 성과를 이끌어낼 수 있는 구성원은 별다른 성과를 내지 못한 구성원을 대체하게 되는 것이다.

분석가들은 브리티시텔레콤(British Telecom), 로이터스홀딩스(Reuters Holdings), 코닝(Corning), 아벤티스(Aventis)와 같은 다국적 기업이 가상조직 구조의 일면을 보여주고 있다고 강조한다. 각 다국적 기업은 느슨하게 연결된 클라우드 기반의 역동적인 조직 요소를 구축하여 가상 환경의 조정, 협업, 통제 방식을 옹호한다. 더 실험적인 형태는 에어비앤비(Airbnb), 딜리버루(Deliveroo), 우버, 업워크(Upwork)와 같은 회사에서 찾아볼 수 있다. 가상조직 플랫폼은 노동자와 고객을 일치시킨다. 프리랜서, 계약직, 임시 직원이 구매자와 연결되는 온라인 긱(online gig) 또는 공유 경제가 성장하면서 지속적인 혁신을 불러일으킨다. 영화 산업은 가상조직 구조의 극단적인 모델을 제공한다. 전 세계적으로 약 6만 편의 영화가 많은 '회사 구성원들'에 의해 제작되는데, 이들은 자유 계약자로 프로젝트를 자유롭게 이동하면서 계약에 충실하게 업무(예: 감독, 연기, 배우 섭외, 애니메이션, 의상, 무대 디자인)를 수행했다.[45] 이러한 일시적인 협력은 프로젝트의 시작부터 끝까지 스스로 구성하고 해체 및 재조직할 수 있다. 모든 유형에서 명령과 통제는 연결과 협업을 위한 길을 열어준다.

신고전주의 조직 구조: 실제적인 문제

신고전주의 조직 구조는 고전주의 조직 구조와 마찬가지로 필연적으로 한계점에 봉착한다. 역동적인 구조를 가진 만큼 그때그때 상황에 맞게 재구성하고 조절하는 작업이 필요하다.[46] 계속해서 변화하는 무언가를 관리하는 것은 어려운 일이다. 예를 들어 고어는 직장의 복잡성이 육체적으로나 사회적으로나 너무 복잡하고 피곤할 것을 우려한다. 시스코는 지속적인 인수 및 매각 과정에서 팀 관리에 어려움을 겪고 있다. 노키아(Nokia)의 리더들은 합의를 추구하며 경계가 허물어진 부서 사이의 협업을 유도했지만, 결국 점진적으로 붕괴하고 말았다.

더 정확히 말하면 소매업 환경이 전례 없는 규모와 속도로 변화함에 따라 매출이 하락하는 것을 목격한 이케아는 '성장을 위한 조직(O4G)'이라는 가장 극적인 구조 조정에 착수했다. 이 기업은 새로운 '멀티채널 세상'에 맞게 위치를 조정하고 '고객 중심'의 기준을 높이는 데 관료적 절차를 줄이고 의사결정 속도를 높이기 위해 수천 개의 일자리를 줄였다. 1년 후 CEO는 O4G가 팀워크, 유연성, 진취성을 떨어뜨려서 업무 환경을 악화시켰음을 인정했다. 이이 이케아는 "과거를 바꿀 수는 없지만 우리의 미래를 형성할 수 있다"며 '완전히 새로운 이케아를 함께 만드는 중'이라는 의미에서 '긍정적인 사람 운동' 프로그램을 시작했다.[47]

일부 기업은 이러한 문제점을 사전에 방지하기 위해 방법을 찾는다. 인도의 디지털 변형 회사인 스리잔(Srijan)은 직원들이 동료의 성취를 서로 관찰할 수 있도록 한다. 자포스(Zappos)의 조직도는 하루에도 몇 번씩 바뀌지만 온라인에서 이를 실시간으로 이용할 수 있으며 직원들은 계속해서 바뀌는 동료의 업무와 역할을 확인할 수 있다. 자포스와 마찬가지로 섬올(SumAll)은 개인과 팀이 의사결정에 참여할 수 있는 권리를 공식화하는 기업 규칙을 제정한다. 서로를 관찰하는 것이 과연 효과가 있는지는 아직 확실치 않다. 일부는 신고전주의 형식의 평등주의가 작은 기업을 운영하는 데는

위계적 구조는 탁월한 형식인가?

POINT

그렇다. 어떤 방법이 다국적 기업을 조직하는 데 더 우월한 방법인가에 대한 논의는 아직 진행 중이다. 우리는 다음과 같은 이유로 고전적인 관료주의 체계가 다국적 기업의 역할, 책임, 관계를 구성하는 데 더 적합하다고 생각한다. 그림 16.10에서 보는 바와 같이 명확한 수직적, 수평적 차별화를 통해 조직에서 누가 누구인지를 식별하기가 용이하기 때문이다. 이렇게 하면 명확한 일련의 명령 체계가 설정되고 작업이 정확하게 할당된다. 규칙, 루틴, 정책, 절차의 모든 흐름을 간소화할 수 있다. 계획, 조정, 통제 시스템을 조직한다. 최초의 경영컨설팅인 프레드릭 테일러(Fredrick Taylor)는 1895년에 《과학적 관리의 원칙(The Principles of Scientific Management)》에서 다음과 같이 선언했다. "과거에는 인간이 우선이었지만 미래에는 시스템이 우선되어야 한다."[48] 오늘날 우리는 이러한 시스템을 관료주의적 시스템이라고 한다.

관료주의적 계층주의 지지자인 ITT의 해럴드 제닌(Harold Geneen)은 "사람들을 그들이 책임지고 있는 자본 자원만큼 예측 가능하고 통제할 수 있게 만든다"고 정확하게 주장했다.[49] 규율은 경영자가 역할을 지정하고 책임을 부여하며 불확실성을 최소화할 수 있도록 만든다. 이러한 장점은 20세기 초부터 관료주의적 조직을 전문 경영의 필수 요소로 만들었다. 인도와 중국과 같은 나라가 관료주의적 시스템을 강하게 선호한다는 점에서 이는 21세기에도 표준으로 지속될 것이다. 신고전주의 조직 구조가 여기저기 위기에

COUNTERPOINT

아니다. 완벽하지는 않을지라도 역사는 현재를 해석하고 미래를 예측하는 것을 돕는다. 1900년대 초반을 돌이켜보면 신흥 기술이 업무의 흐름을 근본적으로 재설정함으로써 당시 혁신 이단적인 계층 구조의 우월성을 제대로 보여주었다. 한 세대가 지난 후 논쟁은 끝났고, 위계질서가 지배적이었다. 새로운 기술이 이 흥미로운 새로운 구조적 변화를 지지함에 따라 오늘날 우리는 같은 결과를 본다. 하지만 한 세대 정도 지나면 무의미해질 것이다. 향후 10년간 자동화 및 인공 지능 기술은 즉각적인 정보를 상호작용함으로써 작업 공간을 근본적으로 재창조할 것이다. 디지털 인프라의 확장은 다국적 기업이 정보를 효율적으로 확산하고 흐름을 효과적으로 통합할 수 있게 하여 활동을 새로운 방식으로 구성할 수 있게 한다. 이전에는 조직이 경영자에 의존하여 모든 것을 통제하고 채널을 유지하며 기능과 순위 사이의 경계를 구축하고 회사의 벽 안에 머무르며 계층 조직의 모든 부분을 차지했다. 이제 비계층적 구조의 점진적인 실효성은 작업 현장, 다른 업무, 다른 기업, 다른 국가 어디에서든 최고의 아이디어를 이끌어내는 리더들이 독특하고 잘 만들어진 기업가적 기업을 만들 수 있도록 도와준다.

변화의 가장 큰 쟁점 의심할 여지없이 검증된 고전적 위계질서는 장점을 가지고 있다. 그럼에도 불구하고 시장의 동향은 한계를 조명한다. 또한 업무 수행과 정보 전달을 통합에 방해가 되는 방식으로 구성한다. 이는 전 세계를 통틀어 업무가 점점 더 '나뉘고(unbundled)' '재조합(rebundled)'됨에 따라 대두될 수밖에 없는 문제이다. 매트릭스 중첩 구조와 혼합된 조정으로 과부하된 경우에도 계층 구조는 관계를 느리게 하고 책임감을 흐리게 하며 협업을 복잡하게 만든다.[52] 예를 들어 매킨지앤드컴퍼니(McKinsey & Company)는 다국적 기업이 전통적인 조직 형식에 의존하는 것이 굉장히 불리하다고 보고한다. 직원들의 동기를 약화하고 적응을 억압하며 기업가 정신을 억누름으로써 계층 구조는 공동의 명분을 방해하고 관계를 약화하며 혁신을 저해한다.[53] 그래서 100년 전처럼 오늘날의 유능한 경영인은

그림 16.10 고전적 계층 구조

이 그림은 단순하지만 계층 구조의 조직 논리를 보여준다. 즉 서로 다른 수준의 서로 다른 계급의 사람들이 서로 다른 일을 한다. 하향식 흐름은 수직적 차별화의 개념을 강조하는 반면, 다양한 그림자는 수평적 분화를 말한다.

출처: Paperboat/Shutterstock

부딪히는 반면, 우리는 높은 지위의 리더, 공장업계에서 많은 계급이 제거된 많은 회사의 계층 구조를 통해 활동을 명령하고 통제하는 것을 본다.

지속적인 개선 현시대의 기술, 규제, 경쟁의 동향은 회사를 조직하는 것에 흥미로운 영향을 미친다는 것을 다들 인식하고 있을 것이다. 즉각적인 정보 및 상호작용은 전환점이다. 의심할 여지없이 환경이 변화함에 따라 기업의 전략과 구조도 발맞춰 발전해야 한다. 하지만 반대 주장이 이야기하는 이미 시도되어 검증된 진실된 위계질서의 원칙을 버리자는 요구는 너무나 무모하여 놀랄 지경이다. 물론 관료주의적 조직에서는 갭(gap)이 발생하여 일시적인 불확실성을 만들기도 한다. 하지만 이는 경영자가 프로세스를 재정비하기만 하면 해결되는 일이다. 전사적 품질 관리(TQC), 식스 시그마, 균형성과표(BSC)와 같은 강력한 프로그램은 인공 지능과 자동화로 더욱 효과를 볼 수 있다. 이러한 방법을 통해 사업장 조직을 미세 조정하면 다국적 기업이 사업장을 조직할 수 있다.[50]

그렇다면 반대 쪽에서 주장하는 신고전주의 대안에 대해 어떻게 생각할지 궁금할 것이다. 솔직히 말해 국제적 운영의 냉정한 현실을 판단했을 때 반대 측의 용기 있는 시도에는 박수를 보내지만 의심할 만한 부분이 있다. 성공은 교묘하고 명확하지 않은 소셜 네트워킹 도구에 의존할 것이 아니라 성공적인 실적을 얻는 방법에 중점을 두어야 한다.

선도 주자 구글은 과거를 존중하지만 미래를 계획하는 관료주의적 구조를 운영하는 예시를 보여준다. 구글은 엔지니어링, 제품 관리, 마케팅 부서로 대표되는 가장 큰 기능을 가진 비즈니스 기능별로 시니어 경영진과 업무 그룹을 구성한다. 창업자들이 엔지니어링 현상의 문제에서 벗어나 다국적 기업으로 유입되고 스쳐 지나가며 빠져나가는 정보의 흐름을 활용하는 조직을 구성한다.

복합지배 오늘날 주위를 둘러보면 네트워크, 가상 조직, 격자 구조, 플랫 형식, 그리고 더 나아가 나선 구조 및 홀라크라시(holacracy, 권한과 의사결정이 조직 전체에 분산된 구조)의 예를 볼 수 있다.[54] 이러한 신고전주의 형태의 업무 구성은 "비정상적으로 높은 수준의 에너지와 참여를 자유롭게 해주는 대규모의 자기 공동체"라는 융합 혹은 복합지배적 특성을 보인다.[55] 융합 혹은 복합지배(heterarchy)는 기술, 지식, 사회관계, 행정 절차, 법적 유대의 상호작용으로부터 오는 수행자와 그들 관계의 무리를 의미한다. 그것은 "무한히 크고 균형이 잡히지 않으며 결코 최적의 상태에는 도달할 수 없고 모든 구성원을 위한다는 독특한 지향점을 가지고 있다."[56] 그림 16.11에서 보는 바와 같이 구성원은 직접 및 간접 채널을 통해 다른 사람들과 연결된다. 정보는 여러 경로와 중간 경로를 따라 흐른다. 이렇게 하면 정보를 정렬하고 해석할 수 있는 여러 허용점이 발생한다. 이를 통해 풍부한 정보를 효과적으로 처리할 수 있다.[57] 관료적 경계에 대한 편견을 수정함으로써 진정한 통합적 기업을 구축할 수 있는 기반을 마련한다.

도구 자동화와 인공 지능은 점차적으로 작업 공간을 재설정하여 회사를 운영하는 일상적인 작업을 기계에 맡김으로써 근로자가 복잡하고 창의적인 일에 몰두할 수 있게 한다. 추정에 따르면 현존하는 직업의 절반 이상이 한두 세대 이내에 사라지며, 더구나 나머지 많은 작업 역시 자동화될 것이다.[58] 한편 모든 종류의 기술은 더 많은 팀 기반 설정과 민첩한 작업 방식을 점점 더 쉽게 가능하게 함으로써 더 큰 협업을 촉진한다. 이질적 의사결정의 효율성과 효과성의 결과는 한 세기 전 계층 구조가 그랬던 것처럼 새로운 시대의 시작을 알린다.

시도 가차 없이 조직의 표준은 계속해서 변화한다. 수직적, 수평적 분화의 정밀성은 사라지고 느슨하게 결합되며 경계를 줄인 신고전주의 형식이 자리잡기 시작한다.[59] 게다가 식스 시그마나 균형성과표(BSC)와 같은 조직의 소위 보조 역할을 수행하는 조직만 고치면 된다고 생각하는 것은 지나치게 낙관적이다. 확

그림 16.11 신고전적 복합지배
복합지배의 그림은 다시 단순하게 핵심 기능을 강조한다. 연결 네트워크는 정확한 순위와 부서를 대체한다. 기술의 도움과 지원을 받는 커뮤니케이션, 조정 및 협업 링크는 동등하고 상호의존적인 경영진을 통합한다.
출처: Paperboat/Shutterstock

중심적이라고 설명했음에도 구글은 설계상 혼돈에서 덕을 본다. 질서정연한 무질서, 의도적인 혼란, 어떤 불확실성에 대한 내부자들의 이야기는 통제된 혼돈의 가장자리에서 번성하려는 계획을 암시하며, 동시에 고전적인 계층 구조의 기능적 순서에 확고하게 고정되어 있다.

구글은 초기 듀폰이나 GM(General Motors) 같은 상징적인 엔지니어링 중심 회사에서 흔히 볼 수 있는 계층적 관습으로 후퇴하기보다는 가능한 한 계층을 확장한다. 구글의 공동 창업자이자 CEO 겸 비공식 사상지도자인 래리 페이지(Larry Page)는 그 이유를 묻자 "나는 우리가 너무 빨리 움직이고 일을 너무 많이 하고 너무 조심하거나 일을 너무 적게 하지 않는 그런 회사를 운영하고 싶다"며 "이러한 실수가 없다면 충분한 위험을 감수하지 못하고 있는 것이다"라고 대답했다.[51]

실히 유용하게 작용할지라도 시대착오적인 문제점을 수정하는 일에는 점점 한계가 생길 것이다. 한 분석가는 다음과 같이 설명했다. "오늘날의 대기업은 전문가의 생산성을 향상하는 데 거의 도움이 되지 않는다. 실제로 즉석에서 만들어지고 여러 가지를 합쳐 개조된 수직적 조직 구조는 거의 대부분의 경우 전문적인 작업을 더 복잡하고 비효율적으로 만든다."[60]

한 때 인텔의 CEO였던 앤디 그로브(Andy Grove)는 복합지배의 눈에 띄는 혼란점이 어떻게 복합지배에서 기대하는 질서를 다시금 세울 수 있는지에 대해 설명한다. 구조는 근로자의 찬반을 모두 수렴하여 건설적인 대립을 장려하고 활성화해야 하지만, 궁극적으로는 하나의 목표에 전념하게 해야 한다. 그가 말하는 궁극적인 목표는 "혼돈이 혼돈을 억제하는 구조를 개발하는 것"이다.[61] 우리가 보기에 고전적 계층 구조가 아닌 신고전적 복합지배는 이를 실현하기 위한 원칙과 관행을 제공한다.

효과적이지만, 큰 기업에서는 효과적이지 못하다고 설명한다. 이와 마찬가지로 경계의 파괴는 이미 개인의 생산성을 측정하는 것에 곤란을 겪고 있는 매킨지(McKinsey) 또는 구글과 같은 지식 집약적 기업에게는 해로울 수 있다.[62]

마지막으로 일부 경영진은 군대를 스스로 조직하는 것을 옹호하지만 막상 실천하면 지위를 남용하고 권력을 독점하며 마음대로 조직을 굴린다. 무경계의 원칙과 직장에서의 관행은 동기부여 문제를 일으킨다. 근로자는 경영진이 의도한 것과는 달리 규칙, 보상, 처벌과 같은 일상적인 관행을 실행하면서 암묵적인 위계 구조를 형성할 수도 있다.[63] 한 관찰자는 이렇게 말했다. "수평적인 조직 구조와 자기경영 체계를 구축한 많은 조직 내부에는 명확하지는 않지만 실질적으로 업무가 진행되는 과정에서 위계 구조가 만들어지고 있다."[64]

조정 시스템

16–4 국제 활동 조정에 사용되는 시스템을 구별한다.

다국적 기업이 세우는 전략은 자사의 자원, 기능, 역량을 어떻게 구성할지에 대한 방법을 결정한다. 이 구성이 제 역할을 하게 하려면 구조를 만들어놓고 사람과 과정이 이 구조 안에서 작동하는 방식을 조정해야 한다. 이러한 아이디어를 실천하는 한 가지 방법은 다국적 기업이 명확한 구조를 만들어서 세계에 도입하는 것이다. 다양한 이유로 이는 스웨덴의 R&D의 일부에, 베트남 공장의 일부에, 미국의 물류의 일부에, 브라질의 마케팅 일부에, 말레이시아의 서비스 분야의 일부에 녹아들어 있다. 일단 이러한 구조를 세계 시장에 투입해놓기만 하면 경영진은 그 조각들을 어떻게 연결하고 작용시킬지를 찾아낸다. 이를 유도하기 위해서는 조직의 각 부분을 일치시키고 통합 및 규제하는 **조정 시스템**(coordination system)의 개발이 필요하다. 기술적으로 이 모든 조정은 존재하지 않는 것(모든 부분이 독립적)에서부터 전체를 아우르는 것(전체가 상호의존적)에 이르기까지 다양하다.

진화하는 시장과 역동적인 산업은 다국적 기업에게 정교한 전략을 만들도록 요구한다. 가치 있는 업무를 구성하기 위한 선구적인 계획에는 그에 상응하는 혁신적인 조정 방법이 필요하다. 업무 조정에는 유연하게 바꿀 수 있는 아이디어, 구성 요소, 사람, 자본이 필요하다. 예를 들어 IBM, GE, 마이크로소프트(Microsoft), 액센추어(Accenture)는 인도에 R&D 시설을 설립했다. 비용이 들지 않는 혁신에 대한 독특한 현지 전망과 결합된 현지 기술 커뮤니티의 생산성을 가치 창출의 가능성으로 보았기 때문이다. 재빠른 조정 시스템 덕분에 이는 벵갈루루에 있는 GE의 기술 센터에서 헝가리, 브라질, 중국, 미국 등의 GE 사업부로 확산되었다. 한 예로 GE의 인도 센터는 시골 지역의 의료 서비스를 위한 저비용 심전도 기계를 개발했다. 조정 시스템은 이를 다른 곳으로 연결했고, 곧 GE의 독일과 미국 자회사는 그것을 팔기 시작했다.[65]

더 저렴한 음성, 비디오, 데이터 옵션으로 더 빠르게 통신 시스템을 개선하면 더 많은 사람이 더 많은 장소에서 더 많은 프로세스를 수행하도록 연결할 수 있다. 그럼에도 불구하고 다국적 기업은 시차, 언어 차이, 모호한 상호작용으로 인해 문제에 봉착한다. 전 세계적으로 자원을 갖추고 역량과 영향력을 가진 다국적 기업을 잠시 상상해보자. 제품은 남아프리카와 칠레의 광산에서 멕시코와 인도의 조립 작업으로까지 전 세계의 고객에게 전달된다. 광산에서 창고, 공장, 운송, 매대까지 이동하는 각각의 연결고리마다 조정이 필요하다. 다양한 시간대, 언어, 문화가 뒤섞여 있으면 전달 방식에서 문제가 발생할 가능성이 높아진다. 조정 시스템은 조직을 구성하는 '조각'을 연결하는 규칙, 책임, 관계를 일치시킴으로써 문제를 최소화한다. 따라서 구조적 형식이 고전주의 혹은 신고전주의적이든 간에 조직 활동은 경영자들이 서로 다른 사업을 통합하기 위한 조정 시스템을 개발할 것을 요구한다. 오늘날 조정 시스템은 표준화, 계획, 상호 조율의 세 가지로 구성되어 있다.

표준화를 통한 조정

일관성을 유지하기 위해 규칙과 루틴을 표준화하는 것은 쉬운 일이다. 모든 곳에서 동일한 일을, 동일한 방법으로, 어디에서든 하는 것이다. **표준화를 통한 조정**(coordination by standardization)은 직원이 자신의 업무를 수행하고 다른 직원들과의 협업하며 고객과의 관계를 형성하는 방법을 기업 차원에서 구체화하는 것이다. 일상적인 요소(예: 옷 입는 방법과 격식에 대한 직원 매뉴얼)와 전략적인 요소(예: 새로운 시장 진입 시 합작투자 파트너를 상대하기 위한 규정) 전반에서 다국적 기업은 표준이 되는 지침을 제시한다. 전 세계를 대상으로 제조 프로세스, 업무 절차 등을 표준화한 이유에 대해 스타벅스(Starbucks)는 전 세계에 3만 1,000개에 달하는 스타벅스 매장을 찾는 고객이 고유한 분위기를 그대로 보고 느낄 수 있도록 하기 위한 것이라 언급했다. 따라서 시애틀에 위치한 스타벅스는 시드니의 스타벅스 매장과 동일해야 하며 시드니의 스타벅스는 산티아고에 있는 스타벅스와 동일해야 한다.[66] 표준화를 통한 조정은 사업장 규칙과 업무 방식을 정교하고 정확하게 명시함으로써 이 목적을 달성한다.

개념 체크

1장에서 살펴본 기술의 등장과 활용은 기술이 전 세계적 운영에 소통의 새로운 방법을 촉진한다고 강조했다. 신기술은 다국적 기업이 예전에 없었던 방식으로 산재된 기업 활동을 조정하게끔 도와준다.

표준화를 통한 조정은 국제 또는 글로벌 전략을 구현하는 다국적 기업에 이상적으로 적합하다. 전 세계적으로 일관성을 유지하는 각 전략의 필요성은 모든 것을 표준화할 수 있도록 돕는다. 국제화 전략을 추진하는 경우 역량을 이전, 적용, 보호하기 위해 업무 규칙을 수립하는 것이 반드시 필요하다. 글로벌 통합 전략을 추진하는 다국적 기업은 밀접하게 연결된 업무 활동을 통합하고 일탈적인 행동을 방지하기 위한 목적으로 표준화에 입각한 조정이 필요하다. 명확한 책임 범위, 중앙화식 의

표준화를 통한 조정은 다음과 같은 특성이 있다.

- 전 세계 단위에 적용되는 보편적 규칙과 절차를 설정한다.
- 분산된 장치 간 활동의 일관성을 유지한다.

사결정, 문서화된 지식으로 누가, 언제, 왜, 어떻게 일을 하는지 명시해야 한다. 일례로 자원과 부품은 적시 적소에 공급되어야 한다. 이러한 상황에서 표준화를 통한 조정은 정보 공유와 물류 체계의 감독 활동을 통해 공급 실패를 선제적으로 대응할 수 있게 한다.

효율적인 운영은 세계 어디에 있든 간에 작업이 얼마나 효과적으로 연결되어 있는지에 따라 결정되며, 이는 작업자가 정확한 일정을 준수할 수 있게 한다. 특히 표준화를 통한 조정은 직장에서 국가 문화의 지나친 영향을 감소시킨다. 예를 들어 단색 문화(monochronic culture)에서는 마감일을 어려운 약속으로 보는 반면, 다색 문화(polychronic culture)에서는 이를 일반적인 기준으로 여기는 경향이 있다. 표준화는 업무와 관련된 책임을 일치시키는 역할을 한다. 어떤 다국적 기업이 일본과 멕시코에서 공장을 운영하고 같은 제품을 생산하고 있다 하더라도 현지의 경제 환경과 문화적인 차이로 인해 각기 다른 생산 접근법을 적용한다. 멕시코 공장은 저렴한 노동력과 열악한 운송 인프라, 기술에 대한 높은 한계 비용과 같은 조건으로 인해 전통적인 조립라인 운영 기법을 활용하게 된다. 이와는 반대로 일본 공장은 높은 역량을 지닌 현지 노동력, 효율적인 운송 인프라 및 높은 재고 비용 등으로 인해 린 생산 방식(lean production system)을 사용하게 된다. 이러한 상황에서 표준화에 기반을 둔 조정 활동은 서로 다른 생산 방식을 동시에 운영할 수 있게 한다.

문제점 실제 산업과 법적 규제의 차이는 표준화를 통한 조정을 방해하지는 않더라도 복잡하게 만든다. 널리 쓰이는 표준이라고 해서 모든 국가의 모든 사업에서 모든 상황에 적합한 것은 아니다. 예를 들어 누구를 고용하고 해고할 수 있는지에 대한 규칙은 국가마다 크게 다를 수 있으므로 운영 정책의 표준화를 방해할 수 있다. 일부 다국적 기업, 특히 자사의 구조를 독특하게 차별화하는 기업은 HSBC가 신흥경제국으로 사업 방향을 바꾼 것처럼 자회사가 현지 상황에 맞게 활동할 수 있도록 권한을 분산한다. 궁극적으로 이 정책을 조정하거나 절차를 변경하는 것은 표준화를 통한 조정의 일관성을 감소시킨다.

계획을 통한 조정

계획을 통한 조정은 상호의존적인 부서들이 공통의 데드라인과 목적을 충족할 것을 요구한다.

목표, 지침 및 스케줄을 적용하여 사람과 프로세스를 연계하면 **계획을 통한 조정**(coordination by plan)을 할 수 있다. 일반적으로 계획은 성공 요인을 정하고 예상치를 명시하며 책임을 할당하고 마감일을 공식화한다. 이들은 부서 간 활동을 수용, 채택, 조정하는 방법을 규제한다. 계획은 참여하는 경영자와 프로그램을 파악하고 방식, 순서, 시기를 설정한다. 표준화를 통한 조정과 달리 계획을 통한 조정은 상호의존적인 부서 경영자가 본사에서 설정한 목표를 달성하기만 한다면 계획을 상호 조정할 수 있다. 달리 말하면 표준화를 통한 조정은 운영의 효율성을 극대화하는 반면, 계획을 통한 조정은 조직의 효율성을 최적화한다.

기술 향상은 정보 분석, 교환, 통합의 용이성을 높여 계획을 통한 조정의 실용성을 높인다. 더 빠른 운송 수단, 증가하는 교환 옵션과 강력한 원격 회의 기술은 오랫동안 극복하지 못했던 장벽을 넘어서게 도와준다. 국제경영은 역사적으로 너무 먼 직원, 파트너, 고객에게 방문할 때 드는 과한 비용과 노력 때문에 골머리를 앓았다. 오늘날 원격 회의 덕에 이러한 문제로부터 완전히 해방될 수 있었다.

개념 체크

다국적 기업이 어떠한 조정 시스템을 사용한다고 하더라도 각국의 문화는 여러 복잡성을 야기한다. 문화의 차이는 사회적, 사업장별, 정치적, 법적, 경제적 맥락에서 각기 다르게 영향을 미친다. 문화의 차이는 2장의 '경영 활동에 영향을 미치는 주요 행동 양식'에서 논의했듯이 기업의 조정 시스템 선택에 영향을 준다.

혁신적인 경영 방법도 도움이 된다. 엄격하고 규율 있는 계획의 과정인 식스 시그마는 데이터와 통계 분석을 사용하여 관행과 시스템을 조정한다. 전 세계 기업은 활동 기준 원가 계산(Activity

Based Costing, ABC), 균형성과표(BSC), 전사적 품질 경영(TQM)과 같은 유사한 프로그램을 사용한다. 이와 비슷하게 다국적 기업도 다른 방법을 적용한다. 일부는 의사소통과 협업을 촉진하는 개인 네트워크를 향상하기 위해 국제 및 국내 인력을 가까이에 배치한다. 일부 기업은 격차를 해소하기 위해 서로 다른 책임을 가진 사람들로 구성된 다국적 팀을 구성한다.[67] 예를 들어 네덜란드 은행 그룹 ING는 350개의 9명의 다분야 공통소재(co-located) 조직을 만들어 구체적으로 고객과 관련된 목적에 초점을 두었다. 업무가 겹치는 팀끼리는 하나의 단위를 형성하며 보통 15명을 넘지 않는다. 새로운 작업 동향에 맞게 작업 공간을 재설정함으로써 ING는 모바일 뱅킹의 혁신을 주도할 수 있었다.[68]

문제점 계획이 아무리 훌륭해도 예상치 못한 문제는 항상 일어나기 마련이다. 예를 들어 "쥐와 인간의 가장 완벽한 계획은 종종 어긋난다"는 속담을 떠올려보자. 시장 변화, 정부 규제, 인수합병, COVID-19 팬데믹 대유행과 같은 사건은 혼란을 유발한다. 이때 목표와 일정을 조정하려면 여러 경계에 걸쳐 있는 서로 다른 팀 간의 긴밀한 소통이 필요하다. 다국적 기업의 규모와 범위를 고려할 때 문제는 빠르게 증가한다. 예를 들어 레드햇(Red Hat)의 글로벌 지원 서비스를 참고해보자. 이 서비스는 복잡한 소프트웨어 제품에 대해 사용자가 직면한 기술적 문제를 해결한다. 레드햇의 지원 엔지니어 및 회계경영자는 16개국에 존재하며, 35개국에 분산된 65개의 사무실에서 3,600명의 직원이 근무하고, 9개 언어로 24시간 고객 서비스를 제공한다.[69] 이러한 활동을 일치시키는 것은 계속 지속되어야 한다. 비슷하게 문화적 차이는 일상적으로 문제를 야기한다.[70] 직원들은 시간, 신뢰, 소통, 책임감, 사명감을 향한 가치관이 서로 다르다. 개인주의적 문화에 고정된 부서는 집단주의적 상대와의 정보 공유나 업무 책임에 대해 의견이 일치하지 않을 수 있으며, 그에 따른 불확실성은 조정을 혼란스럽게 한다. 관계를 규제하는 규칙이 없다면 문화적 차이는 국가 간 교류를 어지럽게 만든다.

상호 조율을 통한 조정

상호 조율을 통한 조정은 상대방과 광범위하게 상호작용하는 관리자 행동에 달려 있다.

일부 다국적 기업은 개인의 개입으로 직원과 과정을 조율하고 근로자들 간의 관계를 증진하기 위해 시스템을 사회공학적으로 설계하여 연결, 커뮤니케이션, 협업을 촉진한다. 이들 기업은 조정 활동을 실행하기 위하여 일련의 규정 및 규칙 혹은 목표와 이를 달성하기 위한 일정을 활용하기보다 **상호 조율을 통한 조정**(coordination by mutual adjustment)의 맥락에서 사회 연결망 기법을 활용한다. 동료들 간 지식 생성 및 의사결정 관계를 이루고 정교한 전략을 지원하는 데 필요한 정교한 시스템을 구축한다.

상호 조율을 통한 조정은 국가 간, 업무 간, 비즈니스 팀 사이를 넘나드는 다양한 방법을 시도한다. 이러한 팀은 협업해야 한다는 책임을 지고 관점을 공유하며 협력하기 위한 활동을 한다. 마찬가지로 다국적 기업은 관계를 형성하고 네트워크를 확장하는 것이 경계를 허물어준다고 주장하면서 다양한 부서에 경영자들을 로테이션하며 일하게 한다. 게다가 부서별, 사업별, 기능별 단위에 걸친 로테이션은 고립된 사고를 완화해주고 지식의 공유를 확장시킨다. 이와 같이 상호 조율을 통한 조정은 신고전주의 조직 구조와 실질적으로 양립할 수 있다.[71]

전 세계 50개 이상 국가에 걸쳐 100개 이상의 응용 엔지니어링 연구소와 고객 기술 센터를 갖춘 3M에 있는 8,000명의 과학자를 생각해보자. 제품 개발의 복잡성과 마찬가지로 과학적 프로세스의 추상화는 본질적으로 도전적이다. 3M은 여러 부서에 널리 분산된 똑똑하고 독립적인 지식인들을 네트워킹하여 아이디어 교환, 프로그램 수정, 활동의 통합을 이끌어내는데, 강력하고 개인적이며 빈번한 상호작용이 필요하다고 보았다.

거의 70년 전에 3M의 R&D 커뮤니티는 상호 조율을 통한 조정을 고정하는 일종의 연결과 커뮤니케이션을 촉진하고자 '테크포럼(Tech Forum)'을 시작했다. 이를 위한 주요 도구로는 주요 연구소의 책임자가 포함된 기술 위원회가 있으며, 기술 위원회는 상호 조정을 위한 관계를 형성하기 위해 매월 회의를 개최한다.[72] 마찬가지로 고어는 비슷한 종류의 조정 방식을 따른다. 관계자들은 정기적으로 과학자, 엔지니어, 분석가가 아이디어를 공유하는 회의를 연다. 한 기업 리더는 이 과정을 반영하면서 "많은 경계를 넘어 사적이면서도 공식적인 네트워크를 형성하기 위해 많은 노력을 기울였다"고 설명했다.[73] 이러한 성과는 기업에 엄청난 이익을 줄 수 있다. 연구 보고서에 따르면 의사결정의 질을 개선할 경우 기업은 2.5배 더 성장하고 2배 더 이익을 창출하며 30% 더 높은 투자 자본 수익률을 획득할 수 있다.[74]

문제점 상호 조율을 통한 조정은 엄격한 조직적 노력이 필요하다. 상호 조율을 통한 개인화된 조정 역학은 공식적인 역할, 지위, 권력에 의해 설정된 공식적인 요소(official trappings)를 재설정한다. 소셜 네트워크의 역학은 상사, 동료, 부하의 지위 관계를 흐리게 한다. 반면에 수직적, 수평적 차별화는 계획을 통한 조정을 수용하고 강화한다. 그러므로 상호 조율을 통한 조정은 고위 경영진에게도 많은 것을 요구한다. 경영진은 직원에게 무엇을 해야 하는지 지시할 뿐만 아니라 그들의 성공을 도울 수 있도록 역할을 재설정해야 한다. 운영상 전형적인 다국적 기업의 규모와 범위는 엄격한 지역 문제를 초래한다. 예를 들어 시차가 발생하는 나라에서는 팀이 이른 아침이나 늦은 저녁에 업무를 봐야 하기도 한다. 미국의 경영자가 회의를 진행하려고 할 때 아시아 지역은 새벽 2시, 서유럽은 오전 9시, 남아프리카에서는 오후 3시에 회의를 하게 되는 것이다. 소수의 팀이나 다수의 팀에 참여하는 고위 경영진은 그대로 온종일 인터넷 화상회의에 매달리는 상황이다. 종종 관점이 조정되고 번복됨에 따라 의사결정이 느려지기도 한다. 경영자들의 몰입은 진행 중인 협상에 지쳐서 깨질 수도 있다. 앞으로 디지털 플랫폼, 특히 소셜 네트워킹 모드는 이러한 문제점을 해결해줄 것이다.

통제 시스템

16–5 국제 활동 통제에 사용되는 시스템을 구별한다.

경영의 핵심 기능은 직원이 반드시 해야 할 일을 하고 있는지를 확인하는 것이다. 그렇지 않은 경우 일정이 지연되고 생산성이 저하되면서 경영자가 개입하여 문제를 해결해야 한다. 통제 시스템(control system)은 문제 해결이라는 의미를 내포하고 있다. 그리고 잘 설계된 조직에는 반드시 통제 시스템이 존재한다. 경영자들은 성과와 계획을 비교하고 격차를 파악하며 조정을 부과하기 위해 그것들을 적용한다. 이와 마찬가지로 통제 시스템은 경영진의 노력, 자원의 배분, 자기 이익 추구 성향을 조절한다. 조정 활동 및 조직 구조 설계를 직접적으로 보완해주는 역할을 한다. 대표적인 통제 시스템으로는 관료적 통제, 시장 통제, 클랜 통제의 세 가지가 있다.

개념 체크

2장에서 설명한 '문화 적응을 위한 지침'은 경영자가 업무 동기부여, 관계 형성, 일터에서의 행동 등에서 뚜렷한 문화적 특성을 지닌 동료나 부하 직원을 대응하는 방식의 차이를 잘 다루어야 한다고 강조한다. 다국적 기업은 이러한 차이를 감안해서 조정 시스템을 채택할 때 문화적 지향성을 잘 고려해야 한다.

관료적 통제

관료적 통제(bureaucratic control)에서는 활동을 관리하기 위해 명시적인 규칙과 루틴을 사용한다. 관료적 통제는 절대적인 규칙과 정확한 절차에 입각하여 조직을 운영한다. 이는 식스 시그마 또는 전사적 품질 경영(TQM)과 같은 프로그램을 보완한다. 관료적 통제는 권한과 책임을 분할하여 역할과 관계를 규정한다. 경영진 보고에 따르면 글로벌 운영의 규모와 범위는 문화와 국가에 따라 의도치 않게 달라질 수 있다. 관료적 통제는 이 문제를 감소시킨다.[75] 게다가 조직 내 직원 사이의 신뢰는 지리적 거리가 증가함에 따라 종종 감소하기도 한다. 예를 들어 서유럽 사람들은 이웃 나라 출신의 사람들보다는 자국민을 2배 더 신뢰한다. 거리가 멀수록 신뢰도도 떨어진다.[76] 규칙을 표준화하면 이러한 경향을 줄일 수 있다. 따라서 관료적 통제는 조직 원리와 표준화를 통한 조정을 공유하고 고전적 조직 구조를 뒷받침해준다.

통제 시스템은 직장 내 행동을 명령, 지시, 규제하는 정책 및 절차이다.

관료적 통제는 조직 내 권한을 강조하며 규칙과 규정에 의존한다.

시장 통제

수익성 혹은 시장 점유율 확대를 위해 다른 기업의 성과를 벤치마킹하는 경우 이는 외부 시장의 메커니즘을 활용하여 내부 조직의 통제를 시도하는 것으로 볼 수 있다. 즉 **시장 통제**(market control)로, 주관적 해석이 아닌 객관적 표준이 업무를 통제한다. 시장 표준에 따르면 모든 국가에서 작용하는 보편적인 측정 기준을 만들 수 있다. 따라서 시장 통제 지표는 다른 국가의 다른 부서로부터 성과를 유추하는 것을 단순화한다. 시장 통제의 객관적 지표는 경영진이 자회사의 성과를 정확하게 추적하는 데 도움이 된다. 통제 시스템이 벤치마킹에서 크게 벗어날 경우 이를 악화시킬 가능성이 있다. 시장 통제는 경영진이 의사결정을 분산할 때 특히 유용하다. 예를 들어 네슬레와 나이키 같은 다국적 기업은 현지 자회사에 권한을 분산한다. 모회사는 일반적으로 기술적, 재정적, 행정적, 법적 자원을 가진 자회사를 지원하고 결과를 기다린다. 기대한 성과가 나오지 않는 경우 상위 관리자를 파견하여 자회사의 경영 활동을 지도한다. 시장 통제의 원칙은 계획을 통한 조정의 원칙과 겹치고, 고전적인 구조와 지식을 창출하는 구조의 원칙과 일치한다.

시장 통제는 성과를 규정하는 기준을 수립하기 위해 외부 시장 메커니즘을 활용한다.

클랜 통제

클랜 통제(clan control, 부족 통제)는 가치, 신념, 공유된 규범 및 사적인 관계에 의존하여 직원의 행동을 규제한다. 직원이 일상생활을 할 때 다국적 기업의 비전과 사명을 동일시하도록 사회화하여 경계를 허무는 것을 목표로 한다. 다국적 기업에서 클랜 통제는 어려운 일이다. 다양한 구성원들 사이에 통일된 비전을 수립하는 것은 일부 직원의 가치와 규범에 부딪힌다. J&J 신조(J&J Credo), 토요타 웨이(Toyota Way), 마쓰시타의 7가지 영적 가치(Matsushita's Seven Spiritual Values), 고어 웨이(Gore Way)와 같은 유명한 클랜 통제 시스템이 있다. 클랜 통제는 상호 조율을 통한 조정과 조직 원리를 공유하고 신고전주의 조직 구조를 뒷받침한다.

클랜 통제는 직원의 행동을 규제하기 위해 공유된 가치나 이상을 사용한다.

개념 체크

12장에서는 가치 활동에서 소통 채널을 형성하는 데 다국적 기업이 많은 다양한 장애물을 마주한다고 설명했다. 얼마 전까지 비효율적인 운송과 비용이 많이 드는 소통은 글로벌 활동을 조율하려는 노력을 방해했다. 오늘날 소셜네트워킹 도구의 향상은 클랜 통제를 더욱 더 실용적인 선택지로 만들었다.

통제 방법

한 세대 전에는 여행, 데이터 교환, 통신 기술에 드는 비용은 특정 종류의 통제 방법을 지지했다. 인프라 및 디지털 기술 확장과 함께 지속적인 경제 환경의 진보가 이루어지면서 다국적 기업 내 의사소통 네트워크 구축에 대한 비용을 혁신적으로 낮춤과 동시에 이용 환경이 더욱 간편해졌다. 이러한 일련의 과정을 통해 새로운 선택지가 태동할 수 있는 가능성을 높였으며, 현재 다국적 기업은 자사의 통제 시스템을 지원하고자 다음과 같은 다양한 도구를 활용한다.

보고 체계 국제경영의 복잡성으로 인해 내부 보고 시스템은 가장 중요한 통제 방식으로 손꼽힌다. 빈번하고 정확하며 실시간에 기반을 둔 보고 체계는 경영자가 한정된 자원을 다국적 기업 내에 배분하고 성과를 통제하는 데 도움을 준다. 끝없이 확장되는 데이터 흐름은 정교한 정보 기술을 요구한다. SAP, 오라클(Oracle), 마이크로소프트, 레드햇의 전사적 자원 관리(enterprise resource planning, ERP) 플랫폼 형태로 표준화된 소프트웨어 패키지가 전 세계적으로 확산됨에 따라 많은 보고 체계가 구성되었다. 전 세계적으로 정형화된 보고 양식을 활용하는 것은 경영 활동에서 단위 조직 간, 지역 간 이질성을 극복할 수 있게 함으로써 보고 체계의 실시간 성과가 향상된다.

개념 체크

2장에서 '문화적 차이의 정도'에 대해 논의하면서 문화적 거리에 대한 다양한 태도와 문화 충격에 대한 다양한 대응이 다양한 문화 환경에 걸친 가치 활동을 조정하려는 경영자의 노력을 얼마나 좌절시키는지 설명했다. 경영자는 조직을 강화하기 위해 통제 수단을 사용한다.

자회사 직접 방문 경계는 데이터 분석의 유용성을 제한한다. 경영자들, 특히 상호 조율을 통한 조정 방식과 클랜 통제를 다국적 기업 조직 관리의 주요 방법으로 활용하는 경영자는 종종 직접 자회사를 방문한다. 대면 회의와 예산 검토, 전략 회의를 자회사에서 직접 주재하는 행동은 통제 시스템을 더욱 확실히 한다. 전략화와 사회화로 가득한 전통적인 자회사 방문 활동은 본사와 현지 경영자 간의 소통을 촉진한다. 기술은 점점 더 경영자의 권한을 증가시킨다. 원거리 화상 회의 시스템은 다국적 기업이 출장을 줄이고 시간을 절약하며 생산성을 높이고 통제를 강화하는 데 도움을 준다. 예를 들어 시스코는 일주일에 평균 수천 건의 원격 회의를 한다. 원격 회의는 연간 출장 비용을 절반 이상 삭감해줄 뿐만 아니라 경영자들의 대면 시간도 늘려주었다.[77]

정보 시스템 디지털 플랫폼은 다국적 기업에게 유용한 통제 기법을 제공한다. 대부분의 다국적 기업은 제품 생산 계획 수립, 부품 구입, 재고 관리, 고객 서비스, 주문 관리와 같은 전반적인 활동을 감시하기 위해 전사적 자원 관리 시스템(ERP)을 도입한다. 온라인 거래는 가치사슬의 연결 간 교환을 능률화함으로써 효율성을 높인다. 더 큰 시장에서 이 인터페이스는 미국의 코스트코(Costco)와 P&G, 유럽의 까르푸(Carrefour)와 네슬레 사이의 관계 같은 제조업체와 1차 공급자 사이에서 널리 퍼져 있다. 많은 다국적 기업은 인터넷의 오픈소스 언어 프로토콜을 글로벌 표준으로 설정한다. 디지털 플랫폼에 대한 정보 교환의 단순성, 일반성, 유용성의 증가는 글로벌 표준을 촉진한다. 그러나 경영자는 정보를 획득하는 데 어려움을 겪고 있다. 특히 해당 정보의 가치와 관련 없는 정보를 분류하는 데 드는 비용을 조정하는 일에 어려움을 겪는다.

언제, 어떤 통제 시스템을 사용해야 하는가

국제경영이 내리는 대부분의 결정과 마찬가지로 언제 어떤 통제 시스템을 실행하는지에 대한 몇 가지 어렵지만 빠른 규칙이 있다. 스타벅스와 같이 스타트업이 글로벌 기업으로 진화하면서 성장한 다국적 기업은 종종 국가 전반에 걸쳐 비교적 일관되게 운영되며 표준화된 비즈니스 모델을 고려할 때 관료적 통제를 선호한다. 그렇지 않으면 J&J와 같이 인수, 합작투자, 제휴를 통해 성장한 다국적 기업은 서로 다른 부서를 긴밀하게 통합하기 어려워 시장 통제와 클랜 통제를 강조한다.[78]

일반적으로 구조는 전략을 따르기 때문에 통제 방법도 마찬가지이다. 글로벌 전략을 따르는 다국적 기업은 표준적이고 객관적인 벤치마크를 적용하여 모든 시장의 성과를 평가할 수 있기 때문에 시장 통제를 선호한다. 그렇지 않은 다국적 기업은 클랜 통제에서 가치를 찾는다. 지역적으로 분산된 근로자들 사이에 개방적인 교환이 필요한데, 이는 공통의 가치와 규범에 기초한 통제를 촉진한다. 그럼에도 모든 전략적 시나리오에서 경영자는 글로벌 통합의 역동적인 긴장과 현지 대응으로 야기되는 우발적인 상황에 대해 통제 시스템을 조정한다.

마찬가지로 정교한 전략을 실행하기 위해서는 경영자가 서로 다른 부서가 직면하면서 서로 다른 운영 환경을 반영하는 것에 상응하는 정교한 통제 방법을 생각해야 한다. 결과적으로 단일 통제 방법에 의존하는 다국적 기업은 없다고 봐도 무방하다. 예를 들어 J&J와 고어는 시장 통제와 클랜 통제의 두 가지 양상을 적절히 혼합한다. 분명 양쪽 모두 단일 시스템의 명확성을 선호하긴 할 것이다. 둘 다 조직 구조, 조정 접근법, 조직 문화에 의해 발생하는 우발성을 고려하여 조정해야 한다.

조직 문화

16-6 조직 문화의 원칙과 관행을 설명한다.

조직 문화는 다국적 기업의 전 세계 사업이 위치에 관계없이 직원이 합법적으로 간주하는 이데올로기, 상징 및 핵심 가치를 의미한다.

지금까지 다국적 기업을 구성하는 과정에서 조직 구조와 체계의 역할에 대해 논의했다. 그러나 이와 함께 조직 설계에 반드시 필요한 요소가 하나 있다. 바로 조직 문화이다. 이론적으로 조직 문화는 응용학문 분야에 속하는 개념으로서, 개별 다국적 기업이 내부적으로 형성한 독특한 업무 처리 방식을 특징짓는 근원임과 동시에 조직의 구성원들이 업무 규칙과 성과에 대한 보상 및 처벌에 관련된 내용을 구성하는 데 영향을 미친다. 2장에 제시된 내용과 철학적인 관점을 통해 **조직 문화**(organization culture)를 정의한다면, "조직 구성원들에게 체화된 것으로서, 구성원들이 취할 행동을 인도하고 용인될 수 있는 행동을 선별할 수 있게 만드는, 구성원들에게 공유된 규범적 원리의 집합"이라고 할 수 있다. 따라서 이러한 관점을 통합하여 다국적 기업의 조직 문화를 "다국적 기업의 존재, 목적, 활동에 대해 구성원들에게 공유된 일관된 전제의 집합"으로 정의할 수 있다. 조직 문화는 경영 활동에서 무엇이 중요한가에 대한 공유된 가치 기준과 다국적 기업으로서 어떻게 일해야 하는지에 대한 신념의 집합으로, 경영자가 의사결정을 어떻게 해야 할지, 계획을 어떻게 실행에 옮길지, 구성원들의 관심사를 어떻게 공통적으로 유지할 수 있을지에 대한 방향을 제시한다.

문화: 조직 성과의 핵심 요소

다국적 기업 경영은 전 세계적으로 분포하는 자사의 구성원들이 새로운 아이디어를 창조할 수 있도록 최대한 자유로운 활동을 보장함과 동시에 자사의 전략을 실행할 수 있게 만들어야 한다. 구조, 조정, 통제 시스템을 설계하는 것만으로 이러한 균형을 유지하고 지속시키는 다국적 기업은 거의 없다. 오히려 그 기술을 완성하기 위해 자사의 조직 문화에 주목한다. 이 점에 대해 한때 GE의 CEO였던 잭 웰치는 "실제 삶에서 전략은 사실 매우 간단하다. 일반적인 방향을 택하고 지옥처럼 실행하지만, 목표가 아닌 가치에 초점을 두어야 한다"고 말했다.[79] 가치의 문제는 조직 문화에 문제의 초점을 맞춘다.

직장의 가치를 뒷받침하는 조직 문화는 기존 직원과 신입 직원의 행동 패턴을 형성한다.

전략적 성공과 실패에 대한 평가는 조직 문화의 성과 결과에 초점을 맞춘다. 경영진은 이를 직원이 업무를 수행하는 방법, 경영진이 의사결정을 통합하는 방법, 개인이 전략을 집합적으로 구현하는 의사결정을 내리는 방법을 형성하는 강력한 도구로 보고 있다. 연구 결과에 따르면 다국적 기업의 조직 문화와 성공 사이에는 강력한 연관성이 있다. 다국적 기업 문화의 핵심 측면, 예를 들면 가치와 원칙, 작업 환경의 특성, 전통과 윤리적 기준 등은 항상 그리고 어디에서나 다국적 기업의 성과에 영향을 미친다.[80]

정교한 전략, 정교한 문화 더 다양한 장소에서 더 정교한 전략을 구현하려면 점점 더 정교해지는 조직 문화가 필요하다. 글로벌 비즈니스의 성장은 다국적 기업의 기회와 선택권을 변화시킨다. 미국, 일본, 독일과 같이 한때 우세한 시장은 새로운 위치로 전환된다. 한때 비주류였던 중국, 인도네시아, 나이지리아와 같은 시장은 중심으로 이동한다. 생소한 가지바드, 치타공, 사나, 카노, 바마코와 같은 서구의 400개의 중간 규모의 신흥 시장 도시가 향후 15년 동안 전 세계 성장의 약 40%를 창출할 것이다.[81]

다국적 기업은 운영을 재배치하고 복잡한 업무 흐름 패턴을 생성하는 전략을 수립함으로써 대응한다. 이러한 활동을 조정하고 통제하려면 다국적 기업의 기존 조직보다 더 강력한 조직이 필요하다. 대부분의 신흥 시장은 물리적으로나 심리적으로 유럽과 북미의 친숙한 시장과는 동떨어져 있다. 예를 들어 독일에서 투르크메니스탄, 일본, 르완다, 캐나다, 캄보디아 등 기성 시장에서 신흥 시장으로 이동하는 경영자들은 문화적, 정치적, 경제적 문제의 독특함에 대해 대비해야 한다.[82] 이러한 문제를 방치할 경우 조직 운영은 급속도로 복잡해진다. 결과적으로 특히 전통적으로 서구 중심적인 관점을 가진 사람들을 위해 더 다양한 직장이 있는 더 다양한 시장으로 확장하려면 조직의 유연성과 다재다능성을 개선해야 한다. 제대로 진행되면 다국적 기업은 누가, 어디서든 간에 의사결정을 조율하여 올바른 방식으로 올바른 일이 이루어지게 할 수 있다.

개념 체크

신흥국의 가속화된 성과는 오래된 전략적 패턴이 새로운 것에 자리를 내어주는 '변곡점'을 나타낸다. 12장에서 설명했던 가치 창출에 대한 다른 국가의 관점은 그러한 문제가 새로운 비즈니스 모델을 지원하기 위해 고안된 점점 더 정교한 가치사슬에서 조화를 이룰 수 있다고 주장한다. 조직 문화를 개발하는 것이 경영자에게 강력한 도구를 제공한다는 것을 확인할 수 있다.

문화가 핵심이다 자원, 기능, 역량의 진화하는 구성을 관리하면 다국적 기업의 구조와 시스템에 대한 수요가 증가한다. 특히 다국적 기업이 고객, 파트너, 커뮤니티에 가장 가까운 사람들에게 분산된 의사결정을 내릴 때 인식과 프로세스를 조정하면 구조와 시스템을 빠르게 압도할 수 있다. 성공과 실패의 행적을 살펴보면 경영진은 조직 문화의 지원 없이 이러한 요구를 성공적으로 충족할 가능성이 낮다는 것을 알 수 있다. 제대로 이해되지 않고 부분적으로 공유된 문화적 가치는 조정과 통제 시스템을 아우르는 소통과 협력을 막는 벽을 만든다.

분명 다국적 기업은 가치와 규범을 무시하는 대신 제약, 통제, 계약을 적용하여 직원에게 그들의 일을 하도록 강요할 수 있다. 물론 "사기가 개선될 때까지 채찍은 계속될 것"이라는 생각은 단기적인 성과를 올릴 수도 있다. 당연히 다국적 기업의 문화와 전략 간의 적합성을 개선함으로써 우수한 성과의 보다 강한 원동력이 입증되었다.[83]

공통 원칙의 힘

성공적인 다국적 기업은 경제적인 보상뿐만 아니라 직원의 참여와 열정을 불러일으키는 문화를 형성한다.[84] 분명 급여는 성과에 자극을 준다. 그러나 효과적인 문화는 근로자가 회사의 비전을 받아들이고 그들의 일에 투자하게 한다. 또한 열린 마음으로 협력하도록 격려하는 동시에 정교한 구조와 시스템으로 그들의 행동을 규제할 필요를 줄인다.[85] 금전적 보상에 의한 동기부여 이상으로 개인의 성과를 유도하는 문화의 능력은 경영자에게 사람들이 단지 일하고 싶어 하지 않고 소속되기를 열망하는 회사를 설립해야 하는 책임을 부과한다. 사실상 직원들은 더 이상 급여를 받기 위해 들어오는 것이 아니다. 조직 문화는 비전에 기반한, 그리고 원칙에 의한 정체성과 동일성을 자극한다.[86]

경쟁적인 변화와 성과 기대는 능력 있는 근로자와 다국적 기업 간의 사회적 계약을 꾸준히 변화시킨다. 보안, 급여, 복리후생도 중요하지만 점점 더 많은 근로자가 의사결정, 고유한 문제에 대한 해결책 고안, 어려운 문제를 해결하는 데 직접 참여하기를 기대한다. 게다가 많은 사람이 다양성, 문제 해결, 지적인 내용의 가치를 창출하기 위해 디지털 시스템으로 일한다. 이는 추리 또는 문제 해결 작업을 담당하는 '통제' 전문 직원에게는 문제가 된다. 이런 종류의 밝고 동기가 충만하며 자기 조직적인 사람들은 일반적으로 직접적인 감독을 반대한다. 지식 노동자든 창의성 발휘자든 간에 이러한 개인은 스스로 CEO인 것처럼 행동하는 것을 목표로 한다.[87]

근로자의 견해와 회사의 조직 문화를 고착하는 규범과 가치의 적합성은 성과와 몰입의 강력한 결정 요인이다. 예를 들어 구글의 인재 유출에 대한 우려는 사람들이 왜 회사를 그만두는지 확인하도록 이끌었다. 구글의 경영진은 더 높은 보수를 받기 위해 다른 회사로 떠난 것이 아니라 자신의 비전과 더 일치하는 곳으로 이직을 했다.[88] 인재를 잃는 것은 항상 문제이지만 개인이 구현하는 전략적 역량에 기업이 더 많이 의존하면서 그 의미가 점점 더 커지고 있다. 단순히 불만스럽거나 지루하다는 이유로 그들은 쉽게 다른 곳으로 이동한다.

가치 공유, 해석 형성 조직 문화를 만드는 공유된 가치는 추론을 통해 직원이 인식하는 것, 직원이 해석하는 방법, 자신의 세계에 대응하는 방법에 영향을 미친다. 융합적인 문화의 가치는 아이디어의 교환을 용이하게 하여 의사소통, 조정, 협업을 향상한다. 예를 들어 J&J는 가치 창출의 비전을 신조의 원칙에 고정한다. 이 선언문은 J&J가 전 세계 이해관계자에 대한 책임을 구체화하는 가치를 분명하게 옹호한다. 어떤 결정을 내리든 신조는 J&J의 전략을 뒷받침하여 근로자가 정의, 분석, 해결을 할 수 있도록 돕는다. 마찬가지로 강력한 조직 문화는 직장 문제에 강력한 해결책을 제시한다. 급진적인 조직 개편에 반대하는 직원을 마주한 이케아는 '이케아의 문화와 가치관을 반영한 리더십과 발전'을 키워 함께 새로운 이케아를 만드는 데 초점을 맞춘 '긍정적인 사람 운동'을 시작했다.[89]

직원이 정보를 해석하고 결정을 내리며 행동을 실행하는 방식을 형성하는 공유된 의미와 신념이 조직 문화를 정의한다.

좋은 회사에서 훌륭한 회사로 조직 문화는 일부 기업이 좋은 회사에서 훌륭한 회사로 도약하는 이유를 설명해주고, 또 그렇지 못한 기업의 이유도 설명해준다.[90] 의심할 여지없이 제품 개발, 마케팅 독창성, 재무적 책임은 성장을 조절한다. 연구에 따르면 위대함을 얻는 것은 변함없는 믿음과 열정, 엄격한 규율과 집중, 명확하게 전달되고 실천된 핵심 가치와 시대를 초월한 원칙, 강한 직업윤리, 올바른 견해를 가진 사람들을 찾고 승진시키는 문화에 달려 있다.[91] J&J가 신조를, 토요타가 토요타 웨이를, 고어가 고어 웨이를 실행하는 것처럼 훌륭한 기업은 직원들이 자신의 직무, 서로 간, 고객, 주주, 이해관계자와 일관된 방식으로 관계를 맺을 수 있도록 가장 중요한 가치, 관점, 관행의 통합 시스템을 의도적으로 촉진한다. 아마도 가장 결정적인 것은 전 세계 직원들의 눈에 회사의 비전을 정당화하는 것이다.

조직 문화 개발

역사적으로 경영자는 사회적 공학의 역동성에 기인한 불확실성을 이해했고 조직 내 사회적 현상에 대해 수용적인 입장을 취했다. 이러한 입장으로 인해 조직 문화는 자연스럽게 형성되고 진화하게 되었다. 어떤 일이 진행되는 것에 대한 정보와 조언은 공장 내에서 입으로 전달되거나 커피를 마시며 잠시 쉬는 시간에 전달된다. 오늘날 다국적 기업은 문화의 출현과 진화를 사전에 관리한다.[92] 예를

다국적 기업은 목적을 가지고 구조와 시스템을 설계하는 것처럼 조직 문화를 선제적으로 발전시킨다.

들어 전 세계적으로 통합된 기업을 조직하려면 근로자 간의 광범위한 조정과 협업이 필요하다. 전 세계 직원들 사이의 공통적인 가치를 설정하고 유지하는 것의 중요성과 복잡성은 다국적 기업이 조직 문화를 발전시키고 확산하며 유지하는 방법에 관심을 돌리게 한다. 특히 고어, J&J, 구글, 인포시스, 토요타와 같이 중복되는 문화적 모범 사례는 다국적 기업의 비전을 지지하는 다음 비전을 이행하는 데 '말하는 것은 반드시 실천하는' 사람들을 고용하고 보상하며 승진시키는 것의 중요성을 강조한다. 예를 들면 그들은 이상적인 가치와 규범을 강화할 뿐만 아니라 확산되는 사회화 과정과 의사소통 관행을 촉진한다.

기업의 조직 문화에 포함되어야 할 핵심 요소는 다음과 같다.

- 기업 경영 활동에서 추구하는 가치와 따라야 할 원칙
- 업무 분위기와 환경
- 업무를 수행하는 논리
- 기업 고유의 전통
- 윤리적 관점

경영자들, 특히 문화적으로 다른 경영자들은 가치관의 충돌을 겪곤 한다.[93] 게다가 많은 근로자, 특히 본국 회사에서 멀리 떨어진 시장에 있는 근로자는 고위 경영자의 행동에 약간 노출된다. 조직 문화의 가치와 규범보다 훨씬 객관적인 개념인 다국적 기업 전략의 표준에서도 임원들은 서로 이해관계를 통일하기 위해 고군분투한다. 예를 들어 다국적 기업의 단면에 있는 임원 중 절반만이 전 세계 직원들에게 전략을 분명하게 전달했다고 믿었다.[94] 다국적 기업은 직원들 간의 우연한 만남에 의존하여 공동의 동기를 발전시키기보다 다양한 방법으로 이상적인 조직 문화를 주도적으로 설정하고 유지해야 한다.

시스템 설정 공통의 목적을 설정하게 되면 경영자가 가치 체계를 통일하기 위해 다양한 국가 출신의 경영자들과 친밀한 접촉을 주선하는 데 좀 더 수월해진다. 합의는 조정 루틴이나 통제 시스템을 통해 강제적으로 준수하기보다는 공통의 가치를 공유하는 동료들에게 달려 있다. 국가 간 팀은 널리 사용되는 방법이다.[95] 다국적 기업은 또한 본사 및 자회사의 경영진을 글로벌 사업부로 교대 근무를 시킨다. 인도의 기업인 위프로(Wipro)는 35개국에 5만 4,000명의 직원을 거느리는 기업으로, 인도 이외의 지역에서 일하는 직원이 1만 1,000명이며, 전체 직원의 90% 이상이 인도인이다. 위프로의 세계화 프로그램 담당 임원은 "우리는 우리 기업의 고유한 문화를 전달하고 구축하며 견고히 하기 위해 인도인을 새로운 시장에 파견하고 있다"고 언급했다.[96] 리더십 개발 프로그램에서는 일반적으로 서로 다른 사업 및 세계 각지의 경영자들이 회사의 문화에 도전하고 명확히 하는 상황에 내몰린다.

전 세계에서 사람들을 고용하면 국적과 민족의 혼합이 확대된다. 벵갈루루에서 엔지니어를 조직하여 시애틀 사람들과 협력하는 것은 경제적으로 설득력 있는 일이다. 바벨탑을 선점하기 위해서는 다기능, 다문화, 다국적 팀을 이끄는 데 필요한 민감성과 기술을 가진 사람들을 통일적으로 사회화시켜야 한다. 우연한 기회에 과정이 잘 진행되도록 하는 것이 편하기는 하지만 선의의 방치는 위험하다. 오히려 경영자들은 시스템을 능동적으로 설정한다.

시스템 유지 조직 문화가 자연스럽게 나타나도록 놔두는 대신, 많은 경영자는 구조와 시스템을 이용한다. 다국적 기업의 비전과 사명을 지원하는 공유 가치 시스템을 능동적으로 개발한다. 고어의 전 CEO는 다음과 같이 설명했다. "우리는 우리 문화에 큰 자부심을 가지고 있으며 우리의 문화가 사업 성공을 이끄는 데 매우 중요한 역할을 하고 있다는 것을 인정한다. 직원들이 일하는 것에 대해 동기부여, 참여, 열정을 느낄 수 있는 환경을 조성함으로써 우리의 잠재력을 더 잘 활용하고 세상을 진정으로 변화시키는 혁신적인 제품을 만들 수 있다."[97]

토요타는 사내 대학인 기술교육학교(Technical Skills Academy)를 통해 자사의 문화를 공유하고

새로운 세대의 리더십을 양성한다. 물론 공장 통제와 생산라인 관리 같은 과목도 있지만 다양한 일반적 경영 기법과 함께 '토요타 웨이'라는 자사 특유의 기업 경영 원리를 심어주기 위해 노력한다.[98] 명성 있는 경영 비법을 공유하며 토요타의 구성원으로서 친숙해진 직원들은 공유된 철학에 바탕을 두고 의사결정을 진행하게 되었으며, 장기적으로 생각하고 문제 해결을 위해 일련의 프로세스를 고안하는 태도를 가지게 되었다.[99]

토요타는 졸업생들을 전 세계 사무실에 배치하고 이들은 토요타 웨이를 전도하는 역할을 한다. 기업의 오랜 특징인 토요타 웨이는 꾸준히 자사의 문화를 발전시키는 데 큰 역할을 해왔다. 특히 신흥경제국으로의 국제 사업 확장으로 경영진은 토요타 웨이의 영향력이 줄어드는 것을 우려했다. 토요타가 일본의 주축이었을 때 그것을 유지하기 위해 친숙한 사회화에 의존했었다. 토요타 기관의 경영자는 "이전에 모든 직원이 일본인이었을 때는 이러한 것을 분명히 할 필요가 없었다. 우리는 토요타 웨이를 종이에 적어 가르쳐야 한다"고 설명했다.[100]

점점 더 많은 다국적 기업이 자사의 조직 문화를 홍보하기 위해 독점적인 기업대학으로 눈을 돌리고 있다. 전 세계적으로 지난 10년 동안 1,000개 이상의 기업이 대학을 설립했다. 지역별로는 미국에서 꾸준히 확대되고, 유럽에서 번성하며, 아시아에서는 가속화되고 있다. 미국의 기업대학 수는 1993년 400여 개에서 2002년 2,000여 개, 오늘날은 거의 4,000여 개로 늘어났다. 애플, 월트디즈니(Walt Disney), 인포시스, GE, J. P. 모건체이스(J.P. Morgan Chase), SAP를 포함한 저명한 다국적 기업도 이러한 대학을 운영하고 있다.[101] 이러한 기관은 기술 향상 이외에도 조직 문화의 바탕을 이루는 원칙과 관행을 공유 및 공개한다. 유니시스대학교의 부총장은 사람들을 교실로 끌어들이는 것은 직원 개발과 회사의 전략을 일치시키고 그들의 문화에 대한 정체성을 강화한다고 설명한다. 마찬가지로 토요타는 태국과 미국의 센터와 함께 일본 도요타시에 있는 토요타 기관에 의지하여 전 세계 근로자들을 자사의 핵심 가치와 사회화를 통해 멀리 떨어진 사업 전반에 걸쳐 조직 문화를 조화롭게 한다.

미래 전망 변화하는 시대, 변화하는 기술, 변화하는 조직

전화와 전신의 발명은 연결을 확장하고 의사소통을 개선함으로써 20세기 초에 일터를 재설정했다. 당시 기업은 이들 기술의 조직 논리를 반영한 조직으로 대응했다. 우리는 오늘날에도 같은 과정을 볼 수 있다. 인터넷은 우리가 상호작용해서 정보를 구성하는 방법을 근본적으로 재정의함으로써 경영자들이 직장에서 역할과 책임을 어떻게 배열하는지에 대한 그들의 전제를 다시 생각하게 한다.

이와는 대조적으로 인터넷은 공식적인 구조도, 이사회도, 경영자도 없다. 자체 구성 및 자체 조절 기능은 설계, 조정, 제어에 대한 기존 개념을 다시 생각하게 한다. 그 대신에 텐센트, 페이스북(Facebook), 아마존(Amazon), 플립카트(Flipkart), 에어비앤비, 얀덱스(Yandex), 알리바바, 페이팔(PayPal), 우버, 바이두(Baidu)와 같은 현대의 글로벌 거물은 한 세대 전에 조직적인 몽상(pipe dream)이었다. 그러므로 1900년대 초에 새로운 전략이 혁신적 조직을 요구했던 것처럼 오늘날에도 비슷한 상황을 볼 수 있다. 틀림없이 놀랍도록 강력한 기술의 지속적인 행보를 고려할 때 미래의 다국적 기업을 조직하는 접근법, 도구, 방법 또한 마찬가지일 것이다.

실행 중인 도구

우리는 이미 고급 분석, 자동화, 인공 지능의 형태로 디지털화의 증거를 보고 있으며, 근로자와 리더가 이끄는 방식과 수단은 근본적으로 재설정되고 있다. 게다가 파티는 이제 막 시작했다. 소비자는 대부분 디지털화된 반면, 일자리는 아직 디지털화의 초기 단계에 있다.[102] IBM의 인공 지능 시스템은 이를 '예측 소모' 소프트웨어로 고정시킨다. IBM은 약 35만 명의 직원 중 어떤 직원이 퇴사할지 파악함으로써 3억 달러를 절약했다. IBM은 이 시스템을 구현한 후 글로벌 인사 부서의 인력을 30%나 절감했다고 CEO는 설명한다. 게다가 인공 지능 시스템은 또 다른 이점을 가지고 있다. 그녀는 "우리는 관리자의 설문 조사가 정확하지 않다는 것을 발견했다. 관리자들은 주관적으로 평가한다. 데이터를 통해 더 정확하게 유추해낼 수 있다"고 설명했다.[103] 현재가 유효한 예측 변수라면 미래의 직장에 대한 유일한 제약점은 우리의 상상력이다.

예를 들어 착용 가능한 사업장 기술을 고려해보자. 그곳에서는 사회 가치를 측정하는 배지나 플러그인 언어 번역 이어폰을 착용한다. 전자의 경우 배지는 동료와의 상호작용과 사회적 행동을 추적하는 반면, 후자의 경우 적절한 이어폰을 꽂는 것은 어떤 언어를 말하는 사람과도 쉽게 소통하는 것을 의미한다.[104] 많은 사람에게 기이하게 느껴지겠지만 요즘의 밀레니얼 노동자들은 이를 단순한 게임의 한 부분으로 본다. 이러한 도구와 기타 많은 도구는 전체적으로 작업장을 디지털화할 것이며 구조, 조정, 통제, 문화에 대한 급진적인 재고를 필요로 한다.

커리어를 시작하거나 경력을 쌓기 위해 미래의 조직에 어떻게 대비하는 것이 좋을까? IBM의 CEO는 "미래에 불필요하고 시장에 풍부하며 회사가 필요로 하는 전략을 가지고 있지 않고 맞지 않는 기술을 가지고 있다면 당신은 아주 불리할 것"이라고 조언한다.[105] 세계경제포럼(The World Economic Forum)은 몇 가지 권고사항을 제시했다. 이 보고서는 고용, 기술, 인력 전략의 미래에 대한 주요 글로벌 고용주의 경영진을 표본으로 추출했다. 놀랄 것도 없이 모든 사람은 개발이 우리가 사는 방식과 일하는 방식을 변화시킬 것이라는 데 동의했다. 데이터에 따르면 경영진은 동일한 방식으로 대응하여 조직을 혁신하고, 따라서 고용하는 사람과 해고하는 사람에 대한 기준을 변화시키면서 같은 방식으로 대응한다.

현재 그 보고서는 진취적인 개인에게 복잡한 문제 해결, 비판적 사고, 창의력을 향상하라고 조언한다. 사람 관리, 감정 지능, 판단과 의사결정, 인지 유연성과 같은 다른 기술도 중요하다. 신제품, 새로운 공정, 새로운 기술, 새로운 작업 방식의 쓰나미는 사람들로 하여금 복잡한 문제를 다루고 비판적으로 생각하며 기발한 해결책을 만들어내게 할 것이다. 의심할 여지없이 미래의 조직은 그들을 지원하기 위해 진화해야 한다.

CASE

현대자동차: 조직적 수월성을 통해 확장하다[106]

– 브랜던 월커트(Brandon Walcutt)

자동차는 세계 경제뿐만 아니라 수십억 명의 삶의 방식을 바꾸었다. 2019년, 자동차 산업은 유럽에서 거의 1,380만 개의 일자리를 만들었고, 미국에서는 300만 개, 일본에서는 550만 개 이상이었다. 1885년에 최초의 자동차가 만들어진 이후 토요타와 GM 같은 회사가 지배하는 이 산업은 상당한 변화를 거쳐왔다. 오늘날 기업은 국내 시장을 위한 자동차 제조 대신 주요 지역 시장에 있는 수출 및 국제 생산 공장을 통해 전 세계로 사업을 확장하고 있다. 이러한 확장으로 인해 기업은 고유한 구조, 문화, 통제 문제에 직면하게 되었다. 이러한 도전을 성공적으로 극복함으로써 바닥에서 정상까지 올라간 기업이 바로 현대자동차이다.

현대자동차에 대한 개요

1968년에 설립된 현대자동차는 한국 서울에 본사를 두고 있다. 미약한 시작에서 성장한 현대자동차는 자매 회사인 기아자동차와 함께 2020년 판매량 374만 대를 기준으로 한국 최대의 자동사 회사이자 세계 5위의 자동차 회사가 되었다. 현대자동차는 기아자동차의 지분 33.88%를 보유하고 있으며 현대자동차에 원자재와 부품에서 물류와 금융 자본에 이르는 재화와 서비스까지 공급하는 수직 계열사도 보유한다. 이 회사는 현재 전 세계적으로 12만 명 이상의 직원을 고용하고 있다.

설립과 성장통

1968년에 한국의 최대 재벌 중 하나인 현대비즈니스그룹이 설립한 현대자동차는 처음에 포드(Ford) 자동차 회사의 자동차 조립업체로 운영되었다. 그러나 현대그룹의 설립자인 정주영 회장은 재벌이 다각화와 규모의 경제 및 범위의 경제를 최대화하는 데 도움이 될 것이라고 희망하면서 이 회사의 미래 방향과 성장에 대한 큰 계획을 세우고 있었다. 1974년, 현대자동차는 다음 단계를 밟아 현대자동차가 디자인한 최초의 모델인 포니를 생산, 판매하기 시작했다. 이듬해 정 회장은 에콰도르와 베네룩스에 포니를 수출하면서 회사의 미래를 확고히 했고, 결국 저비용 전략으로 전 세계에 수출하기 시작했다. 포니와 후속 모델의 해외 판매 증가에도 불구하고 이 시기는 회사에게 쉽지 않은 시기였다. 현대자동차의 초기 모델 중 일부는 '조잡한 구조, 낮은 동력 엔진, 지루한 디자인'이라는 말로 조롱당했다. 이러한 문제를 인식한 현대자동차는 시장 제공 범위를 확대했는데, 특히 차량 품질 개선에 힘써 시간이 지남에 따라 판매량이 크게 향상했다.

아마 현대자동차에 가장 큰 영향을 미친 것은 창업주의 장남인 정몽구 회장이 최고경영자(CEO) 자리를 얻었을 때였을 것이다. '회장(Chairman)'은 현대자동차의 광범위한 적용 범위와 기타 품질 포부를 나타내는 '미국 최고의 품질보증'을 뒷받침하는 데 필요한 품질 개선을 추진함으로써 현대자동차를 세계적인 수준으로 끌어올리는 데 기여했다.

글로벌 성장

현대자동차의 눈부신 성장에 기여한 또 다른 주요 요인은 수출을 통한 해외 진출과 주요 해외 시장에서의 자동차 생산 추진이다. 캐나다에 건설된 국제 조립 공장의 첫 시도는 실패했지만 현대자동차는 그들이 얻은 새로운 지식을 새로운 벤처의 형태로 내재화하고 구현했다. 현재 이 회사는 한국에 3개의 조립 공장과 브라질, 체코, 중국, 인도, 튀르키예, 미국 등 전 세계에 11개의 공장을 운영하고 있다. 2019년 기준으로 약 150만 대의 차량이 울산 공장에서 생산되었다. 27만 9,000대가 더 생산되었지만, 270만 대가 해외에서 생산되었다. 인도의 공장은 68만 2,100대라는 놀라운 생산량에 가장 큰 기여를 했다. 그 뒤를 이어 65만 8,000대 이상의 차량을 중국의 BHMC 공장이 생산했다.

이러한 성장은 현대자동차가 지속적으로 해외 시설을 증설하고 글로벌 시장에 대한 접근 방식과 품질 역량을 개선함에 따라 당분간 계속될 것으로 예상된다.

조직의 성공 요인

현대자동차가 불리한 시장 상황에 적응하고 극복할 수 있게 해준 몇 가지 조직적 기둥(pillar)이 있다. 그러나 어떤 경우에는 동일한 요인이 해외 사업에서는 문제가 되기도 한다.

이 중 첫 번째는 현대 특유의 현지 대응적이면서도 중앙 집권적인 조직 구조이다. 현대자동차의 조립 공장과 자회사는 전 세계에 퍼져 있지만, 조직 구조와 접근 방식은 회사 이력 전반에 걸쳐 유사하다. 많은 한국 기업과 마찬가지로 현대는 매우 실무적인 권위적 경영 방식을 채택한 하향식 계층형 기업이다. 정 대표는 '불도저' 리더십 스타일로 널리 알려져 있었고 현대 공장을 깜짝 방문하는 모습을 자주 보여주었으며 사무실로 임원들을 불러들여 직접 문제를 보여주는 모습도 볼 수 있었다. "그는 매달 회의를 열었고 책상을 두드렸으며 사람들은 그를 실망시키는 것을 두려워했다"고 한 국가 관리자가 보고했다. 게다가 현대 CEO들은 빠르고 결정적인 의사결정 스타일을 가지고 있다. 예를 들어 회사의 두 번째 CEO인 정세영은 현대가 품질에 대해 가지고 있던 헌신을 근본적으로 혁신할 수 있는 공격적인 새 보증 정책에 대해 공격적인 결정을 내렸다. 이번 결정이 공격적이라는 지적에 대해 "한국인은 카우보이와 같아서 일본인과는 근본적으로 다르다. 토요타에서는 합의 과정을 거쳐 아이디어를 얻는 것에만 18개월이 걸렸을 것"이라고 말했다.

사장의 직권 장악을 넘어 현대자동차는 서울의 경영진들이 모든 업무를 완전히 장악하고 있는데, 이는 현지의 경영진들이 자율적으로 운영할 수 있는 능력에 영향을 미친다. 러시아, 인도, 미국과 같은 현대의 해외 사업부에서도 비슷한 상황을 보고한다.

고도의 중앙화에도 불구하고 현대는 국내 시장의 요구와 기회를 포착하고 그것을 신속하게 유형 상품으로 바꾸기 위해 글로벌 외국인 팀(비한국인 팀)에게 의존하는 것이 중요하다는 것을 배웠다. 회사는 현지 팀이 야심 찬 일정과 설계, 비전통적인 해결책의 형태로 위험을 감수하도록 장려한다. 이러한 의존과 신뢰는 특히 현대자동차의 더 오래되고 확립된 조립 공장에서 볼 수 있다. 현대자동차의 가장 오래된 해외 사업장 중 하나인 인도에서 서울 본사가 현지 국가 직원의 권한의 필요성을 깨닫고 2013년 한국인 경영진을 인도 국적자로 교체하는 구조 조정을 시작했다.

현대자동차의 경쟁 기반 및 관료적 통제 시스템은 두 번째 조직의 성공 요인을 구성한다. 현대는 경쟁적이고 팀 기반의 시장 접근법으로 잘 알려져 있다. 서로 다른 팀은 정기적으로 서로 경쟁하여 제품이나 기능 설계 또는 심지어 기업의 과제에 가장 효과적이거나 혁신적인 해결책을 식별하기 위한 기술까지 결정한다. 이러한 내부 경쟁의 결과는 종종 현대자동차의 가장 놀라운 결과 중 일부를 만들어내는 것으로 보인다. 그러나 그들은 종종 직원 사이에 불신과 불화를 야기한다.

현대자동차의 관료주의적 통제는 유익한 동시에 파괴적일 수 있다. 현대의 해외 공장에서 관리자와 함께 일하는 사람들은 한국인 코디네이터이다. 이러한 코디네이터는 일반적으로 젊고 서구식 교육을 받은 한국인 근로자로, 국제적인 관리자와 언어 및 문화적인 격차를 해소하고 그들이 한국 관리자와 함께 일할 수 있도록 돕는 일을 한다. 한국 본사에서 내린 결정은 이러한 코디네이터를 통해 전달되며 예외 없이 따라야 한다. 코디네이터가 종종 그들이 따르는 외국인 임원보다 훨씬 더 많은 의사결정권을 가지고 있다는 사실이 주목되었다. 이 정도의 현장 감시, 장거리 감시는 본국과 현지 회사 사이에서 종종 심각한 문제가 되었다.

현대자동차는 집단주의와 온정주의 같은 전통적인 한국의 문화적 태도에 중점을 둔 활기찬 기업 문화로 잘 알려져 있다. 유교의 역사로 인해 한국은 여전히 집단주의와 밀접하게 연계된 문화를 가지고 있으며, 이는 현대자동차의 핵심 신념에 내재되어 매우 강한 직업 윤리와 집단 이탈에 대한 불편함을 불어넣었다. 전 세계의 현대 공장은 종종 추가 보상 없이 광란의 속도와 장시간 근무하는 것으로 알려져 있다. 현대자동차의 집단주의적인 접근처럼 이 회사의 온정주의적 초점은 또한 이 회사에 득이 되기도 하고 손해를 끼치기도 한다. 경영진, 특히 회장에 의한 결정은 '종종 주저하거나 논쟁하지 않고, 의심의 여지없이 경건하게 수행'되며 엄청난 속도로 달성된다. '현대 스피드(Hyundai Speed)'라는 용어는 2002년 중국의 첫 공장 설립 당시 회장이 운영상의 스피드와 효율성을 강조하면서 현대자동차 문화의 일부가 되었

출처: Ian Dagnall/Alamy Stock Photo

▲ 현대자동차 대리점

다. 이때 한국과 중국 근로자는 신공장에서 양산을 시작하기 위해 엄청난 노력을 기울였다.

현대자동차의 글로벌 조직에서 지속적으로 논란이 되는 분야 중 하나는 경영진이 심어주려 했던 문화적 접근 방식과 다르게 독립적인 직원 노동조합의 창설이다. 이 회사의 전 세계 사업부 대부분은 정기적으로 노사 협상과 파업에 영향을 받고 있다. 사실 현대자동차의 한국 근로자들은 1987년 노조가 설립된 이후 4년을 제외하고 모두 파업을 해왔다. 해외 공장은 근로자들이 의무적인 초과 근무, 경영진의 괴롭힘과 협박, 열악한 근무 환경 등에 항의하여 파업하는 것과 유사한 패턴을 보인다.

앞으로의 방향성

현대자동차의 미래는 아직 결정되지 않았다. 판매가 상당히 일정하고 전 세계적으로 잘 분포되어 있으며 조직은 대부분의 돌발 상황에 잘 대비하고 있는 것으로 보이지만, 아직 많은 요소가 알려지지 않았다. 일부는 고급 브랜드를 계속 개발함으로써 도가 지나치다고 믿는 반면, 일부는 일본 자동차 회사가 현대자동차의 사례를 배우고 있다고 지적한다. 그러나 기업의 구조적, 문화적, 조직적 강점의 성장과 유지뿐만 아니라 품질과 혁신에 대해 초점을 둠으로써 현대자동차는 세계 시장에서 지속적인 성장과 수익성을 유지하기를 바라고 있다.

문제

16–4 현대자동차가 계속 확장하면서도 핵심 문화와 구조를 유지하는 것이 가능할 것으로 보이는가? 현대자동차가 시도하는 것은 바람직한가?

16–5 힘 있는 중심 인물이 결정을 내리지 않았다면 초기 현대자동차의 품질 문제를 해결하는 것이 가능했을까?

16–6 현대자동차의 중앙화 접근법과 분산화 접근법의 위험성을 비교해보라.

16–7 경쟁 기반의 통제 메커니즘을 사용하여 문제를 해결해보자. 다른 대안이 있는가?

16–8 한국 문화는 종종 다른 사람들에게 쉽게 이해되지 않는다. 현대는 핵심 신념을 더 잘 전달하기 위해 무엇을 할 수 있는가?

Chapter 17
글로벌 마케팅

학습 목표

17-1 마케팅 지향성, 세분화, 표적 시장 선정 측면에서 국제 마케팅 전략을 분류한다.

17-2 제품의 국가별 현지화와 글로벌 표준화를 논의한다.

17-3 해외 시장에서 판매할 때 복잡한 가격 책정 방법을 설명한다.

17-4 국가 간 획일적인 판촉 마케팅 관행의 장단점을 인지한다.

17-5 기업이 국제적으로 사용할 수 있는 다양한 브랜딩 전략을 설명한다.

17-6 국제 유통의 주요 관행과 복잡성을 파악한다.

17-7 격차 분석이 국제 마케팅 믹스를 관리하는 데 어떻게 도움이 될 수 있는지 설명한다.

출처: GROGL/Shutterstock

▲ 세계적으로 취미 낚시의 인기가 증가함에 따라 낚시 도구의 국제 시장은 계속 확대되고 있다.

시장은 관습을 가지고 있고, 마을은 전통을 가지고 있다. — *베트남 속담*

CASE

스벤슨스포츠: 건강한 비즈니스 개발을 위한 글로벌 마케팅[1]

– 마사 린 에릭센(Martha Lynn Erikson)

인구가 600만 명에 불과한 덴마크의 내수 시장은 규모가 작다. 이에 덴마크는 건강한 경제를 유지하고자 역사적으로 제품 및 서비스 수출에 의존해왔다. 당신은 레고(Lego), 칼스버그(Carlsberg), 가장 큰 인슐린 제조업체 중 하나인 노보노디스크(Novo Nordisk)와 같은 많은 덴마크 대기업에 대해 잘 알고 있을 것이다.

유럽연합의 다른 국가와 마찬가지로 덴마크의 중소기업은 경제에 상당히 기여하고 있다. 2017년 기준 중소기업은 산업 내 전체 일자리의 65%를 차지했다. 매출의 94%가 덴마크 이외 국가에서 발생하는 스벤슨스포츠(Svendsen Sport)도 그러한 중소기업 중 하나이다. 직원 수가 180명을 조금 넘는 스벤슨스포츠는 유럽에서 가장 큰 낚시 도구를 제공하는 업체 중 하나이며 호주, 아시아, 미국 시장에서 상당한 존재감이 있는 회사이다.

낚시 도구는 낚시 바늘, 줄, 추에서부터 낚싯대, 릴, 도구 상자에 이르기까지 낚시꾼이 사용하는 낚시 장비이다. 세계은행은 낚시꾼이 취미용 낚시에 매년 약 1,900억 달러를 지출하고 있으며 전 세계 국내총생산(GDP)에 연간 약 700억 달러를 기여한다고 추정했다. 2018년에는 세계 낚싯대 시장의 가치가 9억 940달러로 평가되었다. 영국, 일본, 호주 등의 국가에서 다양한 연령대가 취미 활동으로 즐기기 때문에 낚시 시장의 성장 전망은 낙관적이다. 글로벌 스포츠 낚시 장비 시장도 2020~2025년 동안 28억 6,000만 달러가 더 성장할 것으로 예상된다.

제품과 가격

가드스트루프에 있는 스벤슨스포츠 본사에는 낚시 도구, 의류, 낚시용 장비, 그물 및 선박 등의 제품라인을 혁신하기 위해 전 세계 공급업체와 긴밀하게 협력하는 제품 개발 팀과 디자이너가 입주해 있다. 13개 이상의 브랜드를 보유한 스벤슨스포츠는 품질과 판매량 사이의 건강한 균형을 이루기 위해 고가 전략이 아닌 중간 시장을 추구하는 포트폴리오 공급업체이다.

브랜드 범주는 낚시꾼의 위치, 낚시 방법 및 어종 선택을 기반으로 낚시꾼을 공략한다. 시장 세분화는 매우 간단하다. 일부 낚시꾼은 바다 낚시를 선호하는 반면, 일부 낚시꾼은 민물 호수나 강을 선호하거나 바다 낚시가 아예 불가능하다. 물고기의 종류와 크기는 미끼, 낚싯대, 의류, 선박 및 보트 모터와 같은 기타 장비를 결정하는 데 매우 중요하다. 원하는 어종이 수심이 깊은 곳에 서식하는가 또는 얕은 곳에서 서식하는가? 붕어, 도미, 송어를 낚는 것은 플라이 낚시나 철갑상어, 크기가 큰 물고기를 낚는 낚시와는 매우 다른 경험이다. 낚시용 도구뿐만 아니라 의류 및 기타 장신구 제품 판매에는 계절적 영향도 크다.

스벤슨스포츠는 제품이 더 이상 판매되지 않거나 불필요해질 때 자사의 심층적인 제품라인을 정리하고 낚시꾼들의 요구와 필요를 충족하기 위해 제품군을 빈번하게 확장한다. 이러한 측면에서 스벤슨스포츠는 제품을 개발하고 변경하는 활동이 생산 비용과 제품 성과에 어떠한 영향을 미치는지 지속적으로 평가해야 한다. 스벤슨스포츠는 덴마크 본사의 대형 전시장에 투자한다. 고객은 낚시 미끼가 물속에서 어떻게 보이고 움직이는지를 보기 위해 넓은 분지에서 낚시 미끼를 시험해볼 수 있다. 고객의 제안과 비판은 기꺼이 향후 제품 개발을 위한 중요한 자료로 취급한다.

판촉과 브랜딩

그렇다면 덴마크 기업이 어떻게 전 세계 낚시꾼의 관심을 끌어낼 수 있을까? 스벤슨스포츠는 다운스트림마케팅(물류)에서 자회사 및 대리점에 자사의 제품을 공급하고 이들 재판매 업자와 긴밀하게 협력한다. 이는 스벤슨스포츠의 다운스트림마케팅의 핵심이기 때문이다. 실제로 소매점은 매력적인 제품이 진열되고 제품 사용에 대한 조언과 지침을 제공하는 데 중요하다. 또한 소매업체는 최종소비자의 선호와 기대에 대한 피드백을 스벤슨스포츠에 전달하는 데 중요한 역할을 한다.

스벤슨스포츠는 소셜 미디어상에서 전 세계적으로 300만 이상의 팔로워를 보유하고 있다. 브랜드 전략의 중요한 일부로서 스벤슨스포츠는 소셜 미디어 계정상에서 인플루언서를 띄워준다. 인플루언서는 본질적으로 브랜드 홍보대사이며, 스벤슨스포츠 세비지기어(Savage Gear) 웹 사이트에서 이들을 프로 스태프(Pro Staff) 또는 세비지 프로 팀(Save Pro Team)으로 지칭하면서 중요성을 인정한다. 프로 스태프는 여러 나라 출신으로 구성되어 있고, 전반적으로 자신들의 낚시 지역을 잘 아는 낚시 가이드이다. 이들은 제품을 테스트하고 평가하는 역할을 하며, 블로그, 비디오, 조언, 마스터 클래스를 통해 사용자 생성 콘텐츠(UGC) 기여자로서 중요한 역할을 한다. 낚시꾼들은 또한 클럽 세비지(Club Savage) 또는 회사의 현지 지역 페이스북에 가입할 수 있다. 이들은 UGC에 기여할 수 있고, 많은 경품 행사에도 참여할 수 있다. 회원에게는 스벤슨스포츠의 제품과 '낚시 친구'에 대한 정보가 담긴 뉴스레터도 발송된다.

유통

스벤슨스포츠는 미국과 유럽 대부분의 지역(스웨덴, 독일, 베네룩스, 프랑스, 노르웨이, 폴란드, 체코, 오스트리아, 헝가리, 이탈리아, 크로아티아, 영국)에서 판매 기업 및 자회사를 통해 제품을 유통한다. 유럽의 나머지 지역에서는 현지 대리점을 통해 제품을 유통한다. 덴마크의 론톰슨(Ron Thompson), 프로로직(Prologic), 세비지기어, 시에라(Scierra), 댐(DAM), 퀵(Quick), 한센(Hansen)은 스벤슨스포츠의 자체 브랜드를 대표하며, 세비지기어가 판매 수익률에 가장 크게 기여한다. 재고를 보유하고 매력적인 제품 진열을 보장하는 소매업체의 역할은 중요한 판매 매개 요인이다. 스벤슨스포츠는 오쿠마(Okuma) 낚싯대와 릴의 유통업체이기도 하다. 35년 된 이 대만 기업은 가성비가 좋은 것으로 세계적으로 잘 알려진 브랜드이다.

스벤슨스포츠는 소매점 이외에도 이베이(eBay), 아마존(Amazon)과 같은 주요 전자상거래 플랫폼에서도 자사의 제품을 판매한다. 온라인과 다수의 오프라인 매장에서도 제품을 구매할 수 있으므로 허가되지 않은 유통사나 회색 시장을 통해 국가 간 사소한 가격 차이를 이용하려고 시도할 필요는 없다.

미래를 위한 비즈니스 구축

스벤슨스포츠는 사업 개발 전략에서 소매업자의 가치를 창출하고 낚시꾼이 원하는 신제품은 물론, 비즈니스 구축 측면에서도 혁신에 매우 집중한다. 건강한 비즈니스를 구축하기 위한 한 가지 측면은 소셜 마케팅 지향적인 전략으로 기업의 환경적 영향에 세심한 주의를 기울이는 것이다.

불행히도 대부분의 산업에서는 기업이 환경에 무해하거나 환경에 최소한의 부정적인 영향을 미친다고 거짓으로 주장하는 위장환경주의(greenwashing)가 널리 퍼져 있다. 또한 자원의 사용과 자연환경에 대한 부정적인 영향의 측면에서 지속가능성에 대한 다양한 인식이 존재한다. 세계환경개발위원회(World Commission on Environment and Development)에서 발표한 '브룬트란트보고서(Brundtland Report, 1987)'는 지속 가능한 발전을 "미래 세대를 위한 환경의 질을 보존하면서 경제 성장을 촉진하려는 경제 계획 접근법"이라고 설명한다. 보다 나은 미래와 지속가능한미래를 위한 이러한 행동 요구는 오늘날 유엔의 17가지 지속가능 개발목표(SDGs)에 포함되어 있다.

환경에 대한 관심이 높아지는 가운데 낚시꾼들은 일반적으로 지속 가능한 낚시를 실천하는 것에 호의적이며, 이는 모든 지리적 시장에 해당되는 것으로 보인다. 미국 스포츠낚시정책센터(Center for Sportsfishing Policy, CSP)와 유럽 낚시도구협회(European Fishing Tackle Trade Association, EFTTA) 등 여러 로비 단체가 미래 세대를 위한 천연자원 보존에 주력하면서 낚시꾼의 이익을 다루는 정책을 발전시키기 위해 행동하고 있으며, 어떤 단체는 산업 표준과 소비자 보호법에 따라 모노필라멘트 낚싯줄 강도에 대한 올바른 표시와 같은 특정 이슈에 집중한다. 또 다른 이슈는 납 사용인데, 세계적으로 낚시 도구의 납은 아직 금지되지 않았지만, 덴마크에서는 2002년 12월부터 무게의 0.01%로 제한되었다. 그러나 덴마크 환경보호청(Danish Environmental Protection Agency)의 주기적인 무작위 표본조사에 따르면 한계가 자주 초과되는 듯하다. 스벤슨스포츠는 제품 개발 과정에서 모든 대상 시장에 높은 기준을 적용하고 있다.

플라스틱 문제의 해결책을 위한 낚시

매출의 상당 부분이 부드러운 플라스틱 낚시 미끼로 구성되어 있기 때문에 스벤슨스포츠는 생분해성이 없는 플라스틱의 해로운 영향을 감소시키려 한다. 수포장, 조개껍질 포장 등 포장재에 들어 있는 단단한 플라스틱은 재활용이 불가능하여 자연이나 매립지에서 쓰레기로 전락하기도 한다.

현재 스벤슨스포츠는 중국의 수많은 공급업체에 생산을 아웃소싱하고 있는데, 부드러운 플라스틱 미끼에 프탈레이트와 기타 유해한 화학물질이 없는 제품의 사용을 명시하지만 품질 관리 검사에 따르면 중국 공급업체가 항상 이를 지키지 않는 것으로 밝혀졌다. 이러한 경우 스벤슨스포츠는 제품 사양을 준수하지 않는 공급업체를 교체한다. 스벤슨스포츠가 어떤 공급업체를 선택할지는 통제할 수 있지만 실수로 분실되거나 제대로 처리되지 않은 낚시 도구로 인한 오염은 통제할 수 없다. 보다 환경적으로 지속 가능한 비즈니스를 구축하기 위해 스벤슨은 고객이 진정으로 친환경 제품에 더 많은 비용을 지불할 의사가 있는지 확인해야 한다.

문제

17-1 스벤슨스포츠에 가장 잘 적용되는 국제 마케팅 방향은 무엇인가? 그 이유는 무엇인가?

17-2 재료나 미끼 구성을 변경하면 고객의 불만을 유발할 수 있다. 분해되지 않는 플라스틱을 대체할 때의 고려사항과 결과에 대해 논의하고 주장을 뒷받침해보자.

국제 마케팅 전략: 지향성, 세분화 및 표적 시장 선정

17-1 마케팅 지향성, 세분화, 표적 시장 선정 측면에서 국제 마케팅 전략을 분류한다.

마케팅은 매출을 일으키고, 매출이 없다면 기업은 생존할 수 없다. 유사한 원칙이 전 세계적으로 적용된다(즉 기업은 바람직한 제품과 서비스를 갖추고 사람들에게 그에 대해 알려야 하며 소비자가 선호하는 장소에서 적절한 가격으로 제공해야 한다). 하지만 해외에서는 현지 선호도에 따라 제품을 맞춤 제작하는 등 이 원칙을 다르게 적용할 수 있다. 앞선 사례에서 알 수 있듯이 다국적 기업은 원칙과 지역의 우선순위 및 선호 사이에서 올바른 균형을 찾아야 한다.

마케팅 원칙은 글로벌하지만, 기업은 해외에서 이를 다르게 적용해야 할 수도 있다.

국제 마케팅 접근 방식은 기업의 전반적인 목표 및 전략에 부합해야 하지만 기업이 판매하는 모든 제품에 대한 모든 관행을 표준화할 필요는 없다. 예를 들어 시장 차이로 인해 일부 국가에서는 표준화를 통해 비용우위를 추구하고, 다른 국가에서는 비용이 많이 드는 차별화를 추구해야 할 수 있다. 한 나라에서는 대중 시장 지향 전략이 적절한 반면 다른 국가에서는 집중 전략이 적절할 수 있다. 마지막으로 제품을 최대한 표준화하면서 국가별로 다르게 홍보하는 것처럼 마케팅 믹스 내에서의 글로벌 표준화와 현지화 정도가 다를 수 있다. 그림 17.1은 국제경영에서 마케팅의 위치를 보여준다.

개념 체크

12장에서 글로벌 통합 대 현지 대응 전략을 설명하고, 기업이 많은 정책과 관행을 표준화함으로써 비용을 절감할 수 있는 방법을 살펴봤다.

일반적으로 기업의 마케팅 전략을 설명하는 방향에 대해 논의할 때 그것들이 완전히 상호배타적이지 않다는 점을 명심해야 한다. 우리는 논의에서 제품 정책을 강조하는데, 이는 기업 전략의 중심이기 때문이다. 반면 마케팅 믹스의 다른 요소는 제품 전략을 뒷받침한다.[2]

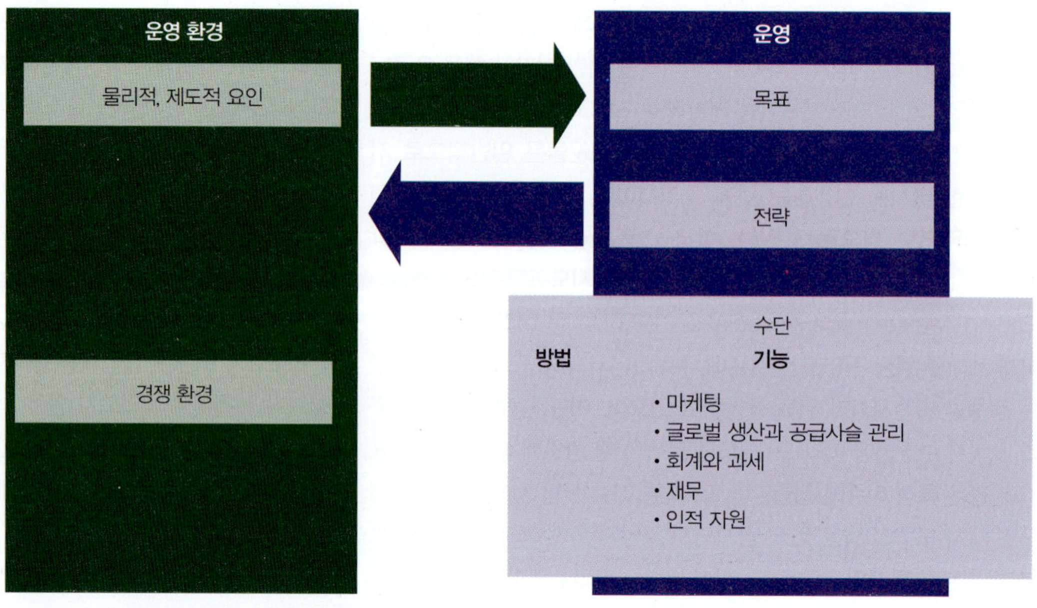

그림 17.1 국제 전략 추구 수단으로서의 마케팅
그림 15.1을 통해 기업이 국제적인 목표와 전략을 추구할 수 있는 다양한 방식과 수단을 소개했음을 기억하라. 이러한 수단 중에는 기능이 포함되어 있으며, 여기서는 이러한 기능 가운데 가장 중요한 것 중 하나인 마케팅에 초점을 맞추고 있다.

마케팅 지향성

해외 시장을 대상으로 마케팅 활동을 전개하는 기업은 일반적으로 다음의 다섯 가지 마케팅을 지향한다. **생산 지향성, 판매 지향성, 소비자 지향성, 전략적 마케팅 지향성, 사회적 마케팅 지향성**이 그것이다. 각각에 대한 설명은 다음과 같다.

특정 상황에서는 소비자가 단순히 더 낮은 가격이나 더 높은 품질을 원한다는 가정이 유효하다.

생산 지향성 생산 지향적인 기업은 일반적으로 소비자는 단순히 낮은 가격, 높은 품질, 국산 제품을 선호한다는 전제하에 생산에 집중하는 특징이 있다. 생산 지향적인 접근 방식은 다소 유행을 지난 것이 사실이지만, 다음의 특정한 상황에서는 글로벌 시장에서 활용할 수 있다.

개념 체크

7장에서는 차별화의 어려움 때문에 제품의 가격이 일반적으로 제조업체 가격보다 덜 상승한다고 설명했다. 여기서는 차별화의 성공 사례를 살펴볼 것이다.

일반 소비재 판매 제품에 대한 보편적인 수요가 존재하기 때문에 기업은 주로 가격에 초점을 두고 차별화가 낮은 제품을 판매한다. 하지만 일반 소비재의 경우에도 소비자의 호의적인 인식을 높이기 위한 차별화를 통해 글로벌 시장에서 긍정적인 판매 실적을 올리기도 한다. 일례로 치키타(Chiquita)는 바나나 브랜드에 대한 차별화를 통해 소비자의 긍정적인 반응을 이끌어내는 데 성공했으며, 사우디아람코(Saudi Aramco)와 모티바(Motiva) 같은 석유 생산업체는 브랜드를 보유하고 있는 가솔린 정제 기업 및 유통 기업을 인수해서 차별화되지 않은 제품 판매에 도움을 얻고자 했다. 또한 일반 소비재 판매 기업은 혁신적인 자금 지원 프로그램을 제공하고, 적시에 고품질 제품을 공급하는 방식으로 기업 고객을 대상으로 한 마케팅 활동에 노력을 기울이기도 한다.

수동적인 수출 상당수의 기업은 우연히 해외로부터 제품 주문을 받아 수동적으로 수출을 시작한다. 이러한 상황에서 기업은 자사 제품을 해외 소비자의 기호에 맞추거나 수정하는 과정을 거의 거치지 않고 제품을 수출하게 된다. 이는 기업이 해외 시장을 국내에서 판매하기 어려운 재고를 처리하기 위한 하나의 수단으로 대하기 때문이다. 만약 기업이 국내 판매를 통해 고정 비용을 충당할 수 있다면 국내 시장에 피해를 주지 않고 재고 청산을 위해 국내 시장보다 더 낮은 수출 가격을 제시할 수 있을 것이다. 이러한 수동적인 판매는 해외 바이어가 신제품을 찾는 경우에 일어나기도 한다.

해외 세분시장 또는 틈새시장 일부 기업은 국내 시장에서 높은 시장 점유율을 달성하는 것을 목표로 하고, 이후에 자사 제품을 구매하고자 하는 일부 해외 소비자를 발견하게 되기도 한다. 페루 최대의 소프트드링크 기업인 잉카콜라(Inca Kola)의 수요 대부분은 국내 시장에서 발생되며, 소규모 해외 틈새시장을 보유한다. 하지만 멕시코의 코로나(Corona) 맥주처럼 해외 틈새시장이 대규모 시장으로 변할 가능성이 있다.

해외 틈새시장을 공략하는 경우 국가별 적응이 필요하지 않을 수 있다.

이와 유사하게 기업은 소규모 개발도상국처럼 시장 잠재력이 최소이고 지역 시장 선호도에 적응하는 회사와 경쟁할 필요가 없는 국가, 특히 소규모 개발도상국에 제품을 판매할 수 있다. 실제로 시장 규모가 작은 경우 지역 시장에 적응하고자 제품 변경 비용을 지출하는 것은 바람직하지 않다. 예를 들어 진출한 국가의 소켓에 맞게 전기 제품의 플러그를 변경하기보다는 진출국 판매상에게 맡기는 편이 더 낫다.

판매 지향성 판매 지향적인 기업은 소비자는 대체로 유사하다는 가정 아래 국내에서 판매하는 제품을 해외 시장에서 동일하게 판매하는 모습을 보인다. 힐피거(Hilfiger)는 이러한 방식을 통해 자사의 어린이 컬렉션 제품을 다수의 국가에 동시다발적으로 출시했다.[3] 이와 유사하게 면도날, 항공기, 반려묘 사료 등의 일부 제품은 현지 시장에 맞게 제품을 수정할 필요가 없는 경우도 있다. 하지만 어떤 기업은 미국과 캐나다처럼 문화적으로 유사성이 있고 제품에 대한 국가 간 정보 확산이 쉬운 국가에 제품을 판매함으로써 판매 지향적인 마케팅 관리를 통해 탁월한 성과를 올릴 수 있을 것이다.[4]

변경되지 않은 제품이 국내외에서 어필할 수 있는 이유는 다음과 같다.

- 전 세계적으로 유사한 수요
- 본국의 제품 정보 유출
- 개발 시 국내 및 해외 자원의 투입

판매 지향적인 기업은 제품 판매에서 수동적인 입장을 취하는 생산 지향적 기업과는 달리 능동적인 입장을 취한다는 점에서 차이가 있다. 그러나 자사의 제품이 해외 시장에서 수용될지 여부에 대한 경영자의 인식과 현실의 불일치로 인해 제품 판매 활동에서 실패가 발생하기도 한다.[5] 이러한 상황에서 기업은 다양한 국적으로 구성된 제품 개발 팀이 제품 개발의 시작 단계에서부터 전 세계적으로 적용되는 고객 솔루션을 개발하게 함으로써 경영자의 인식과 현실의 불일치를 줄여나갈 수 있다.[6] 또한 해외 자회사와 본사 간 정보 교환을 통해 각 국가마다 다른 소비자의 기호에 맞는 표준화된 제품을 개발해나갈 수 있다.[7]

개념 체크

2장에서는 팀 내에서 문화적 다양성을 육성함으로써 기업이 경쟁우위를 확보할 수 있다는 점을 논의했다.

소비자 지향성 판매 지향적인 기업은 종종 '어떤 수출품을 해외에 판매해야 하지?', '제품 X를 어떤 국가에서 더 많이 판매할 수 있을까?'와 같은 질문에 답해야 하는 상황에 직면한다. 이는 제품은 동일한데 판매 지역은 다양하기 때문에 등장하는 고민이다.

소비자 지향성은 주어진 지리적 영역을 주어진 것으로 받아들이고, 그곳에서 팔릴 제품을 찾는 방식이다.

이와 대조적으로 **소비자 지향**적인 기업은 '무엇을 어떻게 국가 A에 판매할 수 있을까?' 또는 '무엇을 어떻게 특정 기호를 가진 소비자에게 판매할 수 있을까?'와 같은 질문에 초점을 맞춘다. 이 경우 국가와 소비자 유형은 동일하게 유지되지만 제품과 마케팅 방법은 변한다. 국가 시장의 규모와 성장 잠재력 또는 기업에게 매력적인 소비자 유형이 존재하는 경우 다국적 기업은 소비자 지향적인 마케팅 접근 방식을 취할 가능성이 높다. 극단적인 예로 소비자 지향적인 기업은 시장에서 완전히 차별화된 제품을 판매하는 경우도 있지만, 이는 일반적인 기업이 선택하지 않는 드문 전략으로 볼 수 있다. 예를 들어 칠레의 성냥 제조업체인 콤파니아칠레나데포스포로스(Compañía Chilena de Fósforos)는 일본 시장의 성장률과 규모를 보고 시장 진출을 계획했다. 하지만 이 회사의 성냥은 일본 시장에서 가격 경쟁력이 없었기 때문에 기업이 보유한 산림 자원과 목재 가공 능력을 활용한 제품인 젓가락을 선보임으로써 성공적으로 일본에 진출했다.[8]

기업 간 거래(B2B) 공급업체는 해외 시장에서 무엇을 판매할 것인지를 결정하기보다는 자사의 생산 역량, 가격, 배송 신뢰성을 높이는 데 주로 관심을 가질 수 있다. 대신에 이들은 자사에 제품 사양을 제공해줄 수 있는 다른 회사에 의존하는 모습을 보인다. 예를 들어 나이키(Nike), 뉴발란스(New Balance), 아디다스(Adidas)와 같은 글로벌 스포츠용품 기업은 세계 최대의 신발 브랜드 제조업체인 홍콩의 유원공업(Yue Yuen Industrial)을 통해 자사 제품 사양에 맞는 운동화를 제조한다.

가장 일반적인 제품 전략은 정도에 따라 현지화하는 것이다.

전략적 마케팅 지향성 해외 시장에서의 매출이 지속적으로 유지되기를 원하는 기업은 일반적으로 생산, 판매, 소비자 지향적인 마케팅 관리 접근법을 결합한 전략을 수립한다. 이러한 기업은 공격적인 경쟁자에게 많은 매출을 빼앗기지 않도록 해외 소비자의 기호에 맞춘 제품이나 서비스를 제공하는 동시에 자사가 경쟁사 대비 우위를 누릴 수 있는 부분을 간과하지 않도록 자사의 역량을 고려해야 한다. 따라서 전략적 마케팅 지향적인 기업은 제품의 다양성을 필요로 한다. 고급 실크 제품으로 유명한 에르메스(Hermès)는 인도 시장에 맞춘 한정판 고급 실크 사리 제품을 출시했다.[9] 이렇듯 에르메스는 명품 의류의 디자인 역량을 활용해서 인도 시장 특성에 부합하는 제품을 생산하여 판매했다. P&G(Procter & Gamble)와 헨켈(Henkel)은 이슬람(할랄) 시장에 진입할 때 돼지고기 추출 성분과 알코올 함량을 제거한 화장품 제품을 시장에 판매했다.[10]

기업은 제품을 생산하고 판매할 때 모든 이해관계자에 미치는 영향을 고려한다.

개념 체크

5장은 다양한 이해관계자의 이익을 절충하는 문제를 보여준다.

사회적 마케팅 지향성 사회적 마케팅을 지향하는 기업은 자사의 제품을 판매하고 생산하는 데 발생할 수 있는 환경, 건강, 사회, 노동에 관련된 문제에 주로 관심을 기울인다. 소비자 단체, 정당, 노동조합, NGO 등의 이해관계자 집단은 전 세계적으로 자신들의 목소리를 더욱 높여가고 있으며 영향력이 점차 높아지는 상황이다. 이들은 특정 제품이 사회적 책임의 개념에 부합하지 않는다고 판단되는 경우 해당 제품에 대한 수요를 줄일 수 있는 영향력을 가지고 있다. 그렇기 때문에 기업은 반드시 자사의 제품이 어떠한 방식으로 생산되고 구매되며 사용되고 폐기되는지에 대해 진지하게 고려해봐야 한다. 이러한 고민의 결과로 코카콜라(Coca-Cola)는 아르헨티나와 브라질에서 재활용 가능한 유리 용기를 사용하게 되었다.

시장 세분화와 표적 시장 선정

기업은 표적 시장을 선정해야 하는데, 여기에는 하나 이상의 국가에 존재하는 세분시장이 포함될 수 있다.

전체 인구가 자사의 제품을 소비하도록 설득하기란 어려운 것이 사실이다. 이에 기업은 자사의 마케팅 지향성에 따라 제품 및 서비스에 대한 수요가 존재하는 시장을 세분화한 다음, 표적 시장과 마케팅 방법을 결정해야 한다. 시장 세분화 및 표적 시장 선정을 하는 가장 일반적인 방법은 소득, 연령, 인종, 종교, 또는 여러 요인의 조합과 같은 인구통계학적 자료를 활용하는 것이다. 이외에도 기업은 심리적 요인(태도, 가치, 라이프스타일)을 추가적으로 고려해서 좀 더 정교하게 시장 세분화를 할 수 있다. 시장 세분화 및 표적 시장 선정은 글로벌에서 혹은 국가별로 이루어질 수 있다.[11]

글로벌 세분화 기업은 글로벌 시장을 국경을 초월해서 전 세계적으로 존재하는 몇 개의 세분시장으로 구분할 수 있다.[12] 예를 들어 레드불(Red Bull)은 전 세계적으로 젊은 운동 애호가를 표적 시장으로 하고 있으며,[13] 페라리(Ferrari)는 비범함을 추구하는 자산가를 표적 시장으로 삼고 있다.[14] 따라서 각국의 소비자는 국경에 관계없이 동일한 세분시장에 포함될 수 있다. 하지만 특정 세분시장이 각 국가 내에서 차지하는 비율과 크기는 국가별로 다를 수 있다.

국가별 세분화 기업이 캐나다 시장에 진출하기로 결정했다고 가정해보자. 이러한 상황에서 기업은 캐나다 상황에 적합한 방식으로 글로벌 세분시장을 수정할 수 있다. 퀘벡주의 프랑스계 주민이나 브리티시 컬럼비아주의 중국계 주민 등 지역적 인구 분포를 고려하는 것이 한 예이다. 이후 해당 기업은 단일 시장 또는 다수의 세분시장을 공략할지, 모든 세분시장에서 동일한 마케팅 믹스를 통해 판매 활동을 할지, 각 세분시장의 특징에 따라 제품을 수정할 것인지, 판촉과 유통 방식을 세분시장에 맞게 변경할 것인지에 대해 결정해야 한다. 또한 해당 기업은 표준화 방식을 통해 경제적 성과를 얻고자 다른 국가의 세분화된 시장과 캐나다 세분시장을 비교할 수도 있다.

개념 체크

13장에서는 기업 운영을 위한 국가를 선택할 때 인구 통계의 중요성을 설명하고 있으며, 이러한 데이터의 대부분은 마케팅 결정에 의미가 있다.

마케팅 믹스의 혼용 기업은 가격, 판촉, 브랜드, 유통 등 마케팅 기능 일부를 일정하게 유지하면서 다른 요소를 변경할 수 있다. 예를 들어 샤넬(Chanel)은 국경을 초월한 세분시장에서 화장품 판매 활동에 집중한다. 샤넬은 전 세계적으로 동일한 브랜드, 판촉, 가격, 유통 정책을 활용하지만 현지 시장 내 인종 및 기후 규범에 따라 기업의 마케팅 활동을 조정한다.[15]

대중시장 대 틈새시장 이와 동시에 다수의 기업은 다수의 제품을 기반으로 다양한 세분시장을 공략한다. 따라서 이러한 기업은 해외에 어떤 제품을 출시할지 그리고 대중시장과 틈새시장 중 어떤 시장을 표적 시장으로 선정할 것인지를 결정해야 한다. 일례로 GM(General Motors)은 미국 시장에서 소득 수준을 기준으로 대중시장을 공략하며 전반적인 쉐보레 스파크(Chevrolet Spark)에서 캐딜락 에스컬레이드 SUV(Cadillac Escalade SUV)에 이르기까지 가격대가 다양한 차종을 제공한다. 반면 중국 시장에 진출하는 과정에서는 초창기에는 뷰익(Buicks)으로 시작하여 추후에는 캐딜락을 기반으로 소득 수준이 높은 소비자 계층을 세분시장으로 삼았다.

특정 세분시장으로 분류되는 사람들의 비율은 국가 간에 차이가 있으므로, 한 국가에서 틈새시장인 집단이 다른 나라에서는 대중 시장을 형성하는 집단이 되기도 한다. 이에 다국적 기업은 대중시장과 틈새시장을 동시에 공략하는 일을 당연하게 받아들여야 한다. 그러나 다국적 기업이 전 세계적으로 대중시장을 공략하고자 한다면 자사의 마케팅 프로그램 요소를 수정할 필요가 있다.

제품 정책: 국가별 현지화 대 글로벌 표준화

17-2 제품의 국가별 현지화와 글로벌 표준화를 논의한다.

기업의 비용적 측면이 전 세계적으로 동일한 마케팅 믹스를 활용하는 글로벌 표준화 전략을 사용하게 하는 주요 요인이지만, 마케팅 믹스 중에서도 제품 표준화는 일반적으로 가장 큰 비용 절감 효과를 가져다준다.[16] 이러한 제품 표준화의 비용 절감 효과에도 불구하고 기업은 흔히 제품을 국가 시장에 맞게 현지화하는 제품 정책을 채택한다.

제품 수정 및 개조의 이유

기업은 법적, 문화적, 경제적인 이유로 진출 국가의 소비자 요구에 맞게 자사의 제품을 수정한다.

법률적 고려사항 일반적으로 제품을 사용하는 소비자를 보호하는 법적 요구사항이 명시적으로 현

법적 요인은 일반적으로 안전, 건강 및 환경보호와 관련이 있다.

지 시장 내에 존재하는 경우 기업은 자사의 제품을 해외 시장에 맞게 수정하여 제작해야 한다. 기업이 법적인 요건을 충족하지 못하는 경우에는 현지에서의 제품 판매가 불가능하기 때문이다. 의약품과 식품은 특히 순도, 시험, 제품 표기 규격 등에 대한 법적 규제를 충족해야 하는 한편, 자동차는 안전, 환경 오염 및 연비 기준과 같은 다양한 법적 요건을 충족해야 한다.

안전과 관련된 법적 기준이 국가마다 다른 경우 기업은 각 국가의 최소 기준을 충족하는 형태로 제품을 수정하거나 전 세계적으로 가장 높은 법적 기준을 토대로 제품을 생산하고 판매할 수 있다. 경영자는 일부 국가에서 제시하는 낮은 법적 기준을 따르는 경우 발생할 수 있는 부정적인 여론과 비용을 반드시 고려해야 한다. 일각에서는 다국적 기업이 개발도상국에서 판매하는 제품(장난감, 자동차, 피임약 및 의약품)은 개발도상국 이외의 지역에서는 절대로 안전 및 품질 기준을 충족하지 못할 것이라는 비난을 받고 있다.

제품 표기 규정 원산지, 성분, 주의사항 등 제품 표기에 대한 법적 기준을 고려한 제품 변경 또한 필요하다. 일례로 식품의 제품 표기는 생명공학적 사항과 유기농 여부, 공정 무역 여부에 대한 사항을 포함한다. 국가별로 주의사항에 대한 다양한 법적 기준과 방법이 존재한다. 예를 들어 담배를 살펴보면 호주에서는 모든 기업이 단조로운 모양의 짙은 갈색 담배곽에 표준화된 폰트의 브랜드 표기를 해야 한다.[17]

환경보호 관련 규정 또 다른 고려사항은 환경보호에 관한 법적 기준이다. 일례로 덴마크에서는 특정 금속, 유리, 플라스틱 용기에 대한 반환 보증금 정책을 시행한다. 다른 국가에서는 자원을 절약하고 쓰레기를 줄이기 위해 포장재의 양을 제한하는 경우도 있다. 이외에도 제품 포장재가 재활용, 소각 또는 퇴비화할 수 있는지에 대해서도 국가별로 차이가 있다.

간접적인 법규 간접적인 법규에 의한 요건도 제품 완료 및 수요에 영향을 미친다. 일부 국가에서는 기업이 특정 원자재나 부품을 수입하는 일이 쉽지 않기에 현지에서 구할 수 있는 대체재를 활용해서 최종 제품을 생산하는 경우가 있다. 이러한 방식은 결과적으로 제품의 수정 및 변형을 수반한다. 이외에도 대형차에 대한 높은 세금 부과 같은 법적 기준으로 인해 자동차 기업은 소형차 판매에 집중하게 되고, 간접적으로 타이어 크기와 특정 등급의 휘발유 수요에 변화를 가져오기도 한다.

일부 글로벌 제품 표준화는 낭비적인 변경을 제거할 것이지만 저항이 따른다. 그 이유는 다음과 같다.

- 전환 비용이 많이 든다.
- 사람들은 '예전 것'에 익숙해한다.

표준화 이슈 국가별로 존재하는 법적 차이로 인해 기업은 제품 수정에 많은 비용을 소모하게 된다. 각국 정부가 일부 제품 특성(휴대폰의 기술 표준, 제품 식별을 위한 바코드)에서는 표준화된 기준을 공유하기도 하지만 상당수의 제품(철도 표준 규격, 전원 공급 장치)은 국가별 기준에 차이가 존재한다. 글로벌 표준은 일반적으로 질레트(Gillette)의 면도날과 같이 해당 산업 내에서 지배적인 위치에 있는 기업을 모방하는 과정에서 만들어진다.

하지만 미국이 미터법 도입을 꺼렸던 것과 같이 실제로 전 세계적으로 글로벌 표준을 도입하는 과정에는 소비자 저항 및 경제적 저항이 존재한다. 경제적으로는 기업이 글로벌 표준을 도입하면서 기존 제품을 변경하게 되면 단순히 소비자 및 인력을 교육하고 제품 표기를 변경하는 것보다 많은 비용이 들 수 있다. 예를 들어 컨테이너의 경우 사이즈가 짝수가 되도록 컨테이너를 재설계하고 생산을 조정해야 하는 상황이 발생하기도 한다. 이러한 이유에서 신제품 또는 개발 중인 제품이 있다고 할지라도 해당 제품의 기준 및 표준에 대한 기업과 국가 간 합의는 더디게 이루어진다. 왜냐하면 이들은 기존에 투자한 제품 및 기술을 보호하려 하기 때문이다. 그렇기 때문에 글로벌 제품 표준에 도달하는 과정은 매우 느리게 진행된다.

문화적 고려사항 이슬람 국가의 식품 프랜차이즈 사업에서 돼지고기 사용이 제한되는 것처럼 종교적 차이는 기업의 제품 표준화를 방해하는 주요 요인이라고 할 수 있다. 맥도날드(McDonald's)와 버거킹(Burger King) 등의 프랜차이즈는 햄버거 빵에 오징어 기름을 넣는 등 현지 소비자 입맛에 맞춘 재료를 추가한다.[18] 하지만 제품 수요에 영향을 미치는 문화적 차이는 그리 쉽게 파악되는 것이 아니다. 토요타(Toyota) 픽업트럭의 고객은 카우보이 모자를 곧잘 착용하는데, 토요타는 이를 인지하지 못하고 충분한 실내 공간을 확보하지 못했다. 이에 토요타는 운전자가 충분한 머리 위 공간을 확보하도록 내부를 재설계하기 전까지는 미국 시장 내 픽업트럭의 판매율이 저조했다. 또한 홈디포(Home Depot)의 경우 DIY(직접 조립) 개념을 받아들이는 것보다는 조립 및 설치 대행을 선호하는 중국 소비자의 선호를 극복하지 못하고 중국 시장에서 철수하게 되었다. 글로벌 식품 판매 기업의 마케팅 담당자는 현지 소비자의 입맛과 기호에 맞게 자사 제품에 들어가는 성분(특히 지방, 나트륨, 설탕)을 교체하기도 한다.[19] 실제로 멕시코에서 판매되는 켈로그(Kellogg)의 올브랜바(All-Bran bar)는 미국에서 판매되는 제품보다 나트륨 함유량이 더 높다.

문화적 차이를 조사하면 일어날 수 있는 제품 문제를 정확히 찾아낼 수 있다.

경제적 고려사항

소득 수준과 유통 구조 기업은 저소득 소비자가 다수를 구성하는 국가에서는 기존 방식과는 다른 형태로 제품 판매 활동을 진행하기도 한다. 예를 들어 페루 시장에서 유니레버(Unilever)는 캔 스프레이 방식의 데오드란트를 재정적으로 여유가 있는 소비자에게 판매하고, 저소득 계층에 속하는 소비자에게는 크림 타입의 데오드란트를 소량 포장하여 판매했다.[20] 또한 디아지오(Diageo)와 SAB 밀러(SABMmiller)는 참마와 같이 현지에서 생산된 재료를 기반으로 맥주를 양조해서 아프리카 국가 내 저소득 계층 소비자에게 판매하는 맥주 제품의 가격을 낮추었는데, 이는 자사가 현지에서 생산된 재료 활용을 통해 농업 일자리를 창출함으로써 아프리카 국가 내에서 부과되는 소비세를 감면받을 수 있었기 때문이다.[21] 소비자의 경제적 수준에 따라 제품 판매 시장을 분류할 경우 기업은 개별적인 브랜드명을 활용해서 자사의 제품을 제공할 수 있다. 실제로 P&G는 중국 시장에서 듀라셀(Duracell)과 난푸(Nanfu)라는 2개의 브랜드명을 활용하여 배터리 제품을 판매한다.[22]

개인의 소득 수준과 기반 시설은 제품 수요에 영향을 미치므로 기업은 다음을 수행해야 한다.

- 다양한 소득 수준에 맞춰 다양한 제품을 제공한다.
- 인프라 차이를 보완하기 위해 제품을 맞춤화한다.

산업 기반 시설 열악한 산업 기반 시설은 척박한 자연환경과 부실한 기반 시설을 견딜 수 있도록 제품의 수정 및 변경이 이루어지게 하는 요인이 된다. 월풀(Whirlpool)은 세탁기 제품을 판매하기 위해 세탁기 배수 호스를 쥐가 갉아먹지 못하도록 쥐 침입 방지 장치를 추가하고 비포장 도로에서 제품 운송이 가능하도록 견고한 부품을 사용했다. 또한 불안정한 전력 품질에 대응하기 위해 세탁기 전기 배선의 내구성을 보강했다.[23] 일본은 탁월한 산업 기반을 갖추었음에도 불구하고 높은 인구 밀도와 비싼 토지 가격이 문제이다. 일례로 일본은 주차 건물의 엘리베이터 및 골목길과 같은 공간이 협소한 것이 특징이다. 이에 일부 외국 자동차 기업의 대형차 모델은 일본의 협소한 기계식 주차장과 좁은 골목길에 적합하지 않아 판매 부진을 겪기도 했다.

제품 수정 및 개조 비용

제품 포장에 표기를 변경하는 데 드는 제품 수정 및 개조 비용은 새로운 자동차 모델을 개발하는 것보다 저렴하다. 또한 제품의 어떤 부분을 수정 또는 변경하는가에 따라서 매출이 크게 변하기도 한

제품 수정 및 개조 비용은 예상되는 추가 매출액과 비교해야 한다.

다. 따라서 각각의 제품 변경사항이 가져올 잠재적 비용과 매출 창출 가능성을 평가한 뒤 제품의 변경 및 수정에 대한 결정을 내려야 한다. 하지만 제품 수정 및 변경에 드는 비용이 상당한 경우에도 기업의 목적에 따라 제품 수정 및 변경을 진행하기도 한다. 일례로 기업은 진출한 시장 내에서 특정 제품 이미지를 구축하고자 제품 포장재 변경에 많은 비용을 소모하기도 한다.[24] 제품 포장은 소비자의 구매 결정에 일부 영향을 미치지만 소비자의 구매 행동을 이끌어내는 데 필요한 제품 이미지는 표적 시장에 따라 다를 수 있기 때문이다.[25]

다국적 기업은 제품의 표준화와 현지화를 진행하면서 제품의 통일성과 다양성이라는 상반된 개념을 절충할 수 있다. 일례로 월풀은 자사가 생산하는 모든 냉장고에 동일한 부품을 사용하지만 냉장고 도어 및 선반 등의 외형적 요소는 현지 국가 특성을 고려하여 변경했다.[26]

제품 계열: 제품 계열 확장 및 제품 믹스

제품라인을 확장하면 유통의 경제를 얻을 수 있지만 기업의 모든 제품군이 어디에서나 매력적인 것은 아니다.

기업이 해외 시장에 여러 제품을 출시할 경우 일반적으로 각 제품의 매출 비중은 본국에서의 매출 비중과는 다른 모습을 보인다. 예를 들어 타이어 제조업체는 자사가 생산하는 모든 크기의 타이어 제품을 세계 여러 시장에서 판매하지만 각 타이어 제품의 시장 점유율은 각 시장 내에서의 자동차 차종별 판매량에 따라 다르게 나타날 수 있다. 문화적 요인도 해외 시장에서의 제품 매출 비중을 결정짓는 중요한 요인이다. 중국 시장에서 나이키 제품의 판매량을 살펴보면 대다수의 특수 운동화 제품은 높은 판매량을 기록한 반면 러닝화의 판매는 저조한 모습을 보였다. 이는 중국에서 달리기는 인기 없는 운동 종목 중 하나이기 때문이다.[27]

이렇듯 다국적 기업이 보유한 모든 제품이 해외 시장에 출시될 때 발생하는 비용을 상쇄할 수 있도록 충분한 매출을 창출할 수 있는 것은 아니다. 물론 다국적 기업이 자사의 모든 제품을 한꺼번에 출시할 수도 있지만, 진입 전략의 차원에서 자사가 보유한 제품 계열을 부분적으로 시장 내에 출시한다. 또한 현지 시장의 유통업체가 다양한 제품 계열을 취급하는 경우 제한적인 진열 공간과 높은 재고 비용이 발생하기 때문에 제품 계열의 일부만 출시하기도 한다. 실제로 월마트(Walmart)의 캐나다 매장에서 구매 가능한 제품은 미국 매장에서 판매되는 제품 종류의 20% 정도에 불과하다.[28]

판매 및 비용에 대한 고려 경영자는 현지에 판매할 제품 계열을 선택하는 과정에서 제품 계열의 규모에 따른 판매량과 비용을 고려해야 한다. 때때로 기업은 규모가 큰 현지 유통업체와의 거래를 확보하기 위해 다양한 제품을 생산하고 판매할 수 있게 해야 한다. 한편 소매업체당 해외 매출의 규모가 작은 경우에는 현지 유통과 관련된 고정 비용이 제품 판매당 배송 비용을 높이기도 한다. 이러한 경우 기업은 더 많은 패밀리 제품을 소개하거나 제조업체의 판매량을 그룹화하는 방식으로 자사가 시장에 유통하는 제품의 계열을 확장할 수 있다.

국제 가격 책정의 복잡성

17-3 해외 시장에서 판매할 때 복잡한 가격 책정 방법을 설명한다.

제품 가격은 매출을 올릴 수 있을 만큼 충분히 낮아야 한다. 하지만 동시에 기업의 마케팅 활동에 소모된 비용을 상쇄하고 장기적인 경쟁력을 확보하는 데 필요한 자금의 흐름을 만들 수 있을 만큼 높아야 한다.

글로벌 가격 전략 책정에 영향을 미치는 방해 요소

글로벌 시장에서 가격을 책정하는 활동은 국내 시장 대비 매우 복잡하다. 글로벌 시장에서의 가격 책정은 다음의 여러 요소에 의해 결정되기 때문이다.

정부 간섭 각 국가에는 제품 가격에 영향을 미칠 수 있는 법적 규정이 존재한다. 가격하한제도는 일반적으로 경쟁자를 제거하고 독점적 위치를 차지하려는 기업의 행동을 방지하기 위해 만든 제도이다. 한편 가격상한제도는 빈곤층에 속한 소비자가 제품과 서비스를 구매할 수 있도록 보장하기 위해 도입된 제도이다.

시장 다양성 국가별 수요와 경쟁의 차이는 세분시장과 가격 책정에 차이를 가져온다. 문화적인 차이로 인해 수산물 기업의 경우 성게나 참치 눈알은 미국에서는 낮은 가격에도 판매가 어려운 반면 일본에서는 고급 식재료로 소비되기 때문에 고가로 판매된다. 시장 내에서의 경쟁 또한 가격 책정에 영향을 미친다. 경쟁의 측면에서 볼 때 시장 내에서의 기업 간 경쟁이 심할수록 기업은 가격 책정에 상당히 신중을 가해야 한다.

일부 국적의 사람들은 단순히 특정 제품을 더 좋아하고 기꺼이 더 많은 비용을 지불한다.

원산지 효과와 관련된 고정관념도 제품 가격을 책정하는 데 영향을 미친다. 일례로 개발도상국의 수출업체는 제한된 자원으로 인해 선진국으로 진출하는 데 어려움을 겪기도 한다.[29] 또한 이들이 생산하는 제품의 품질에 대한 부정적인 인식이 존재하기 때문에 제품의 가격을 낮게 책정하는 전략을 통해 경쟁우위를 확보해야 하는 경우가 많다. 하지만 저가격 정책은 궁극적으로 값싼 제품의 이미지를 만들어낼 위험이 있다.

다양한 신용 구매 방식도 제품 판매에 영향을 미친다.[30] 예를 들어 일본과 같은 일부 국가의 소비자는 평균적으로 미국 소비자에 비해 부채에 대해 느끼는 심리적 부담감이 높은 경향이 있다. 이에 일본과 같은 국가에서는 신용 결제 서비스를 제공하는 방식으로는 매출을 높이기가 어려운 측면이 있다.

수출 가격 상승 유통 채널이 복잡해지고 유통 채널이 길어지거나 유통 시스템 내에서 추가 비용이 발생하면 운송 및 관세 비용이 증가하는 것 이상으로 소비자에게 제시되는 가격은 더욱 인상된다. 이를 **수출 가격 상승**(export price escalation)이라 한다. 그림 17.2의 수출 판매 활동에서 제품 가격을 상승시키는 원인을 보여준다.

개념 체크

14장에서는 수출 중개자의 중요성과 국제무역을 촉진하는 독립적인 기업을 통한 간접 판매 과정에 대해 논의했다.

수출 가격 인상은 기업에게 두 가지 중요한 시사점을 제공한다. 가치사슬 내 기업들이 원가에 적정 마진을 추가하여 가격을 책정하는 방식인 원가 가산식 가격 결정 방식(cost plus pricing)을 활용하는 경우 수출 가능한 제품은 해외 시장에서 경쟁력이 없는 것으로 판명될 수 있다. 따라서 기업이 수출 경쟁력을 갖추려면 중간 유통업자에게 자사의 제품을 저렴한 가격으로 판매하거나 중간 유통업자의 마진을 낮추는 방식으로 가격 인상 정도를 낮추기도 한다.

수출 가격은 일반적으로 추가 운송 및 관세 비용보다 더 많이 증가하기 때문에 수출 기업은 판매를 위해 마진을 줄여야 할 수도 있다.

통화 가치 변동 상대적으로 안정적인 통화 정책이 유지되는 국가에서 경영 활동을 진행한 기업에게 높은 환율변동성이 존재하는 국가 및 지역에서의 가격 정책 수립은 매우 다루기 어려운 사안이다. 경영자는 현지에서 환율변동성을 반영하여 기업이 적정 수준의 재고를 확보하고 이윤을 창출할 수 있는 정도의 가격을 도출해야 한다. 그렇지 않으면 장부상의 이익만이 존재하게 된다. 다시 말해 장부상에 존재하는 이익은 단지 재고의 가치를 현금화한 것에 지나지 않으며, 현지의 물가 상승을

개념 체크

10장에서는 환율이 변동하는 이유를 설명하고 13장에서는 환율 변동이 기업 운영에 긍정적 또는 부정적으로 영향을 미치는 방식을 설명했다.

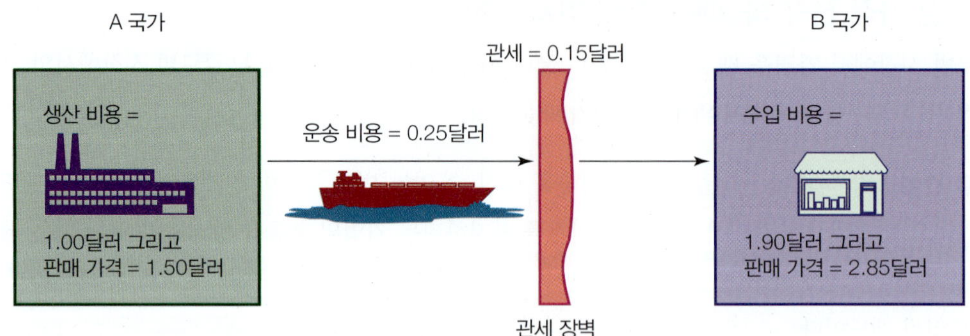

그림 17.2 원가 가산식 가격 결정 방식이 수출 가격을 상승시키는 이유
특정 제품이 A 국가에서 수출되고 B 국가로 수입되고 있다고 가정해보자. 또한 생산자(수출업체)와 유통업체(수입업체) 모두가 제품의 지불 가격을 50% 인상한다고 가정해보자. 운송 비용과 관세를 추가하게 되면 해당 제품의 판매 가격은 A 국가 대비 B 국가에서 더 높게 책정되고 가격 경쟁력이 낮아질 것이다.

제대로 반영하지 않은 결과물일 뿐이기 때문이다.

이외에도 현지 국가의 물가 상승으로 인해 제품 가격을 결정하는 과정에서 다음의 문제에 직면하기도 한다.

1. 기업의 매출이 현지 통화로 이루어진 경우 이를 자국 통화로 환전하면서 기대한 것보다 매출이 낮아지는 상황이 발생하기도 한다.
2. 지속적으로 증가하는 기업 활동 비용을 충당하기 위해 현지 가격을 빈번하게 재조정해야 하는 상황이 발생하기도 한다.

첫 번째 사례의 경우 기업이 때때로 판매 계약을 맺을 때 일반적이지 않은 외국 통화를 자사가 주로 통용하는 통화처럼 동등하게 취급할 수 있다. 예를 들어 미국 기업이 아르헨티나 기업에게 제품을 판매할 때 구입 대금이 지불되는 시점에 달러를 기준으로 책정된 대금지불액이 달러 또는 페소로 동일하게 지불될 수 있도록 계약 내용을 명시할 수 있다.

두 번째 사례의 경우 빈번한 가격 인상은 기업이 가치가 떨어지는 특정 통화로 미리 가격의 견적을 내고자 할 때 어려움을 가져오기도 한다. 또한 새로운 판매 가격에 맞춰 자동판매기를 초기화해야 하고 새로운 가격에 상응하는 거스름돈을 준비해야 하기 때문에 자동판매기를 활용한 판매 활동에 어려움이 따를 수도 있다. 가격 인상으로 인해 발생하는 어려움을 비켜가기 위한 대안으로는 제품의 품질 또는 규격을 변경하는 방법이 있는데, 품질 변경은 대부분의 기업이 원하지 않는다. 코카콜라의 경우 음료수 캔 제조에 필요한 알루미늄 가격이 오르자 홍콩에서 판매하는 음료 캔의 크기를 변경한 예가 있다.[31]

통화 가치의 변화는 해외에서 경쟁 가능성이 있는 제품의 가격 결정에도 영향을 미친다. 일례로 기업은 미국의 달러화가 강세를 보일 때 미국 이외의 국가에서 만들어진 제품을 미국 시장에서 싼 가격에 판매할 수 있다. 이 경우 달러로 표시된 제품의 가격이 하락하는 효과를 가져오기 때문이다. 이러한 상황에서 미국 기업은 경쟁력을 갖추기 위해 이윤을 줄여야만 한다. 하지만 달러화가 약세를 보일 때는 반대로 외국 기업이 자사의 이윤을 낮추는 방향으로 가격을 책정해야 한다.

기업의 가격이 국가마다 다를 때 소비자는 저렴한 국가에서 구매하려는 유혹을 받는다.

회색 시장 **회색 시장**(gray market)은 비공식 유통업체를 통해 제품이 판매되고 관리되는 시장을 의미한다. 회색 시장에서는 공식적인 유통업체와 경쟁이 가능하기 때문에 비공식 유통업체가 해외에서 더 저렴한 제품을 수입해서 재판매하는 행위가 가능하다. 이러한 비공식적인 판매 행위는 장기적 관점에서 유통 시스템의 생존 가능성을 저해할 수 있고, 기업의 경영 활동이 상호 경쟁하게 되는 상황을 만들어낼 수 있다. 또한 무단 판매는 기업이 각국에서 시장 가격을 제대로 받기 어렵게 만들기도 한다. 제품 비용에서 운송 비용이 차지하는 비중은 해당 제품에 대한 회색 시장 형성이 가능한지 여부를 결정하는 데 중요한 요소로 작용한다. 예를 들어 아이스크림 제품처럼 운송 비용이 높은 경우에는 대량의 제품을 해외로 이동시키는 행위는 현명한 선택은 아니다. 반면 여타 다른 제품의 경우 해외로 제품을 운송하는 일이 현실적으로 가능하다. 예를 들어 전통적으로 출판사는 자사의 출판물을 국가마다 다른 가격에 판매했지만 미국 대법원에서는 미국 내 교과서 재판매를 위해 해외에서 저가의 교과서를 구입하는 행위는 합법적이라는 판결을 내렸다. 본질적으로 무역 장벽이 낮아지면서 소비자는 전 세계 시장에서 판매되는 제품 가격에 대한 정보를 손쉽게 얻을 수 있게 되었다. 또한 소비자의 해외 직구가 가능해지면서 국가별 제품 가격의 차이를 유지하는 일이 점점 더 어려워지고 있다.

가격이 고정되어 있는지 또는 흥정이 되는지 여부, 흥정이 일어나는 곳, 어떤 제품의 가격이 흥정되는지 여부는 국가별로 다르다.

고정 가격 대 변동 가격 다국적 기업은 종종 생산업체 및 수입업체와 제품 생산 관련 지불 대금 또는 제품의 수출 가격에 대해 협상한다. 중소기업, 그중에서도 특히 개발도상국에 본거지를 둔 기업은 종종 암묵적인 가격 할인을 빠르게 해주며, 비용에 영향을 미치는 다양한 마케팅적 요소에 대해 가급적 협상이 빠르게 이루어질 수 있도록 양보하는 모습을 보인다.

- 구매 수량 및 재구매에 따른 가격 할인 제공
- 생산 혹은 운송 비용과 관련된 납기일
- 신용 거래 및 거래 대금 지급 관련 사항
- 기타 서비스
- 판매 촉진을 위한 다양한 경품 제공
- 판매 사원 및 소비자 교육 훈련 제공

문화에 관계없이 일부 사람들은 가격 협상을 통해 경제적인 이득을 얻을 수 있다는 점을 알면서도 가격 협상을 피하려는 모습을 보인다.[32] 대다수의 사람들은 본질적으로 너무 공격적이거나 너무 가난한 사람으로 인식되는 것을 피하고자 하는 경향이 있기 때문이다. 또는 장기적인 관계 형성에 위험이 되기도 하는 가격 협상에 많은 시간을 들이고 싶어 하지 않기 때문이기도 하다. 이러한 원인에 관계없이 가격 합의를 위해 소비자가 제품을 흥정하는지, 어디서 어떤 제품에 대해 흥정을 하는지 여부는 국가마다 상당한 차이가 있다. 미국 소비자는 일반적으로 식료품에 대한 흥정은 하지 않지만 자동차, 부동산, 산업용 제품의 대량 구매에 대해는 가격 협상을 진행한다. 다만 일부 자동차 대리점은 정가에 자동차를 판매하는 반면 인터넷을 통해 보다 쉽게 가격 비교가 가능한 소규모 제품에 대해는 가격 협상을 통해 판매하는 경우가 늘어나는 추세이다. 이와는 달리 개발도상국 소비자는 대부분 제품 크기에 관계없이 가격 협상을 진행하는 경향이 있다. 물론 이러한 가격 협상은 소매점보다는 전통 시장에서 일상적으로 이루어지고 있다.[33]

시장을 지배하는 기업은 강력한 협상력이 있다.

공급업체와의 관계 특정 시장 및 산업 내에서 강력한 영향을 가진 지배적인 기업은 공급업체로부터 더 낮은 가격에 원료를 공급받을 수 있다. 이를 통해 기업은 경쟁업체에 비해 가격우위를 확보할 수 있다. 그러나 이들도 해외 시장에서는 현지 시장 지배력이 낮을 수 있기에 공급업체로부터 더 낮은 가격에 원료를 공급받는 데 어려움이 따를 수 있다. 월마트, 테스코(Tesco), 까르푸(Carrefour) 등의 기업은 국내 시장(미국, 영국, 프랑스)에서 공급업체와의 관계에 주도권을 쥐고 있다. 그러나 이들 기업이 다른 기업의 본국 시장에 진입하는 경우에는 동일한 수준의 영향력을 확보하는 데 어려움을 겪었다.

또한 다수의 기업은 동일한 사업 분야에서 그리고 차별화 가능성이 낮은 제품의 판매를 위해 인터넷상에서 경쟁한다. 따라서 대형 구매업체는 인터넷을 활용해서 구매 가격을 낮출 수 있는 반면, 판매업체는 인터넷 판매와 대면 판매 방식을 결합한 가격 협상을 통해 협상에서의 위치를 개선할 수 있다.[34]

판매 촉진 전략은 국가마다 차이가 있어야 하는가

17–4 국가 간 획일적인 판촉 마케팅 관행의 장단점을 인지한다.

판매 촉진(promotion)은 제품 및 서비스의 판매를 위한 일종의 메시지를 표시하는 방법이다. 이러한 메시지의 종류와 방향, 제시 방법은 기업별, 제품별, 국가 시장별로 매우 다양하다.

푸시-풀 혼합 전략

판매 촉진 활동은 크게 직접 판매 기법을 활용하는 **푸쉬**(push) 전략과 대중매체에 의존하는 기법인 **풀**(pull) 전략 두 가지로 나눌 수 있다. 대부분의 기업은 이 두 가지 전략을 조합해서 사용한다. 기업은 각 국가에서 판매되는 개별 제품에 대해 두 전략을 어떠한 방식으로 혼합해서 사용할지 결정해야 한다. 이러한 의사결정은 판매 촉진 활동에 책정된 예산 범위 내에서 이루어져야 한다.

푸시-풀 전략 관련 의사결정에 영향을 미치는 요소 푸시-풀 전략의 적절한 혼합을 결정하는 데 영향을 미치는 요소는 다음과 같다.

다음과 같은 경우에 푸시 전략을 사용할 가능성이 높다.
- 셀프 서비스가 우세하지 않다.
- 광고가 제한된다.
- 제품 가격이 소득에서 차지하는 비중이 높다.

- 유통 시스템의 유형
- 표적 시장을 공략할 수 있는 미디어의 존재 여부와 활용 비용
- 정보 출처에 대한 소비자의 태도
- 개인 소득 대비 제품 가격

일반적으로 유통 시스템이 유통업체에 의해 엄격하게 감시 또는 통제되고 있는 상황에서 기업은 유통업체가 푸시 전략을 선택하도록 제안할 가능성이 높다. 이 경우 유통업체가 자사의 제품을 취급하게 하는 데 상당한 노력을 필요로 하기 때문이다. 이러한 사항은 대부분 유통업체의 규모가 작고 소수의 브랜드를 취급하는 경우에 주로 해당된다. 그렇기 때문에 기업은 유통업체가 자사의 제품을 취급하도록 설득하는 데 집중해야 한다.

또한 판매원과 소비자 간 접촉 빈도는 푸시-풀 전략 선택에 영향을 미친다. 제품에 대한 소비자의 의견을 들어줄 영업사원이 없는 셀프 서비스 상황에서는 매스미디어 또는 구매 시점을 활용한 광고 활동을 진행하는 방식으로 풀 전략을 활용하는 것이 더 적합하다.

개념 체크

2장에서는 불확실성 회피의 문화적 개념을 논의했다.

마지막으로 불확실성 회피 성향이 높은 소비자일수록 **구전 효과**(word-of-mouth)에 의존하는 경향이 있다.[35] 이러한 구전 효과를 위해 기업은 애프터 서비스를 제공하는 등 기존 고객이 양질의 제

품을 합리적인 가격으로 구매했다고 느낄 수 있도록 설득할 필요가 있다. 소셜 미디어 플랫폼은 제품 및 서비스에 대한 소비자의 독립적인 경험을 상호 교환하고 전달하는 데 매우 중요한 역할을 한다. 실제로 소비자는 자신이 숙박한 호텔에 대한 평가와 관련 정보를 공유하는 방식으로 자신의 경험을 공유한다.

글로벌 판매 촉진 활동을 저해하는 요인

국가별 다양한 경영 환경은 판매 촉진 활동에 여러 문제를 일으킨다. 예를 들어 중국 인구의 절반 이상은 도시가 아닌 전원에 거주하고 있으며 이들 대부분은 가난하다. 그렇기에 이들 대다수는 광고의 수단이 되는 전통적인 미디어를 접할 수 있는 기회가 상대적으로 적다. 따라서 레노버(Lenovo)와 HP(Hewlett Packard) 등의 PC 제조업체는 자사의 제품이 등장하는 다양한 영화와 쇼를 보여주는 방식으로 전원 지역의 소비자에게 판매 촉진 활동을 진행했다.[36] 쿠웨이트의 이동통신 회사는 나이지리아의 전원 지역에 진출한 초기에 직접 마케팅을 시도했지만 현지의 판매 사업자가 많은 위험에 직면하고 있음을 알게 되었다. 이에 기업은 소매업자와 같은 소형 매장 소유주에게 관심을 가졌고, 이들과 함께 소규모 프랜차이즈 시스템을 구축했다.[37]

여러 영역의 정부 규제는 판매 촉진 활동에 추가적인 장벽으로 작용할 수 있다. 예를 들어 스칸디나비아에서는 아동 소비자를 겨냥한 상업 광고의 방영을 금지한다. 중국에서는 광고가 드라마 방영을 방해할 수 없도록 규제하므로 방송 프로그램과 프로그램 사이에 모든 광고가 편성되어 있다. 그렇기 때문에 일각에서는 기업의 광고 효과가 다소 떨어진다고 주장한다. 이 외의 국가 중에는 기업이 전하는 메시지 내용에 대해 법적인 제약을 가하는 경우도 존재한다. 예를 들어 미국은 제약 회사가 TV 광고에 발기부전과 같은 신체 증상에 사용할 수 있는 처방 약물에 대한 내용을 포함하는 것을 허용한다. 또한 시청자가 비아그라(Viagra)와 시알리스(Cialis) 같은 특정 브랜드에 대해 의사에게 문의를 권유하는 내용의 광고도 허용한다. 하지만 유럽에서 방영되는 화이자(Pfizer)와 일라이릴리(Eli Lilly)의 TV 광고물은 시청자에게 발기부전과 관련해서 전문의와 상의하라는 내용은 언급하지만 특정 약품 브랜드에 대한 언급은 하지 않는다.[38]

마지막으로 자신의 소득 수준 대비 제품의 가격이 높을 경우 소비자는 일반적으로 구매 결정을 내리기 전에 제품에 대한 많은 정보와 시간을 요구한다. 이러한 상황에서는 제품 및 서비스에 대한 정보는 양방향 의사소통을 촉진하는 개인 판매 활동을 통해 더욱 풍부하게 전달될 수 있다. 따라서 다국적 기업이 개발도상국에서 판매 촉진 활동을 진행하는 경우 일반적으로 개발도상국 소비자의 낮은 소득 수준 때문에 자사 제품에 대한 푸시 전략을 주로 활용해야 한다.

광고 표준화의 장점과 단점 전 세계 시장에서 표준화된 광고 프로그램을 활용하는 경우 기업은 마케팅 활동 준비에서의 중복을 피할 수 있고, 이를 통해 막대한 비용 절감을 기대할 수 있다. 아울러 기업은 해외 시장 내에서 전문성을 가진 현지 광고업체를 찾는 데 많은 어려움을 겪는다. 하지만 표준화된 광고 프로램을 활용하면 해외 시장에서 실행되는 광고 프로그램의 질을 높일 수 있다. 또한 글로벌 통신망에서 표준화된 광고 프로그램을 통해 정보를 습득하는 소비자가 자사의 기업 및 제품 이미지에 대한 혼란을 경험하지 않도록 전 세계적으로 일관된 기업 이미지를 구축할 수도 있다. 이 외에도 기업은 표준화된 광고 프로그램을 통해 여러 국가에 제품을 빠르게 출시하고 판매할 수도 있다.

표준화된 광고의 장점은 다음과 같다.

- 일부 비용 절감
- 국가 차원에서 더 나은 품질
- 전 세계적으로 공통된 이미지
- 다른 국가로의 빠른 진입

하지만 한 가지 명심할 사항은 전 세계적으로 표준화된 광고 프로그램을 제공한다는 것은 **동일함**의 맥락에서 해석되는 개념이라기보다는 각국 시장에서 제공되는 광고 프로그램의 **유사함**을 의미하는 것으로 봐야 한다는 것이다. 예를 들어 레드불의 광고 캠페인은 전 세계적으로 스포츠라는 테마를 동일하게 가져가지만 광고의 중심이 되는 스포츠 유형은 진출 국가별로 차이가 있다.[39] 표준화된 광고 프로그램을 제작하는 경우 하나의 대행사가 전 세계에서 진행되는 광고 프로그램을 담당하는 경우가 일반적이다. 이러한 방식을 통해 콜게이트(Colgate)와 탐브랜즈(Tambrands) 같은 기업은 지적 재산과 관련된 법적 및 윤리적 문제를 겪지 않고 하나의 광고 아이디어를 다른 시장에도 빠르게 적용할 수 있었다. 하지만 P&G와 같은 일부 기업은 광고 대행사 간 경쟁을 유도하고, 특정 광고 대행사의 단점을 보완하기 위해 하나 이상의 광고 대행사를 활용하는 것을 선호한다.

마지막으로 광고 표준화는 **번역, 적법성, 차별화된 메시지의 필요성** 같은 몇 가지 영역에서 문제를 일으키기도 한다.

개념 체크

2장에서 메시지 번역의 문제와 메시지 전달에서 비언어적 의사소통의 역할을 강조했다.

번역 각기 다른 언어를 구사하는 국가에서 광고 활동을 하려면 적절한 번역 과정이 필요하다. 종종 해외 시장의 소비자는 적절한 번역 과정을 거치지 않은 외국 기업 광고에 이질감을 느끼기도 한다. TV 광고의 더빙이 광고 모델의 입 모양과 일치하지 않는 경우가 발생하기 때문에 기업은 보통 광고 모델의 대사가 없는 형태에 현지 언어로 된 음성 또는 문구를 덧입히는 방식을 선택한다.

국제적으로 책, 영화, TV쇼 등을 통해 제품 및 브랜드를 간접 광고할 수 있는 경로가 많아지면서 광고 음성 더빙 방식은 간접 광고에도 적용되고 있다. 첫째, 일부 국가에서는 특정 제품의 간접 광고를 제한한다. 일례로 인도에서는 담배에 대한 간접 광고를 제한하고 있다. 둘째, 일부 제품 및 브랜드는 전 세계 모든 국가에서 판매되지 않는 경우도 있다. 이 경우 기업은 해당 제품을 작품 속에서 삭제하거나 대체하는 방식을 통해 문제를 해결한다. 실제로 〈스파이더맨 2(Spider-Man 2)〉의 냉장고에 부착된 음료수 로고를 살펴보면 미국 버전에서는 캐드버리슈웹스(Cadbury Schweppes)의 닥터페퍼(Dr. Pepper)가 사용되었지만 유럽 버전에서는 펩시코(PepsiCo)의 미란다(Miranda)가 사용되었다.[40]

표면적으로는 광고 메시지를 번역하는 일은 비교적 쉬운 일처럼 보인다. 하지만 농담 또는 말장난 등은 동일한 언어를 사용하는 국가 간에도 다른 의미를 가질 수 있기 때문에 언어권이 같은 국가에서도 언어유희를 포함한 일부 광고 메시지는 번역되지 않는다. 때때로 특정 국가에서 용인되는 단어 또는 직역된 문장이 다른 국가에서는 오해의 소지가 있거나 불쾌한 느낌을 주는 경우도 있다. 또한 다른 국가에서는 아무런 의미를 지니지 않는 단어 및 문장이 다른 국가에서는 특정한 의미를 가지게 되는 경우도 있다. 이외에도 한 국가에서 통용되는 언어가 둘 이상인 경우 어떤 언어를 기준으로 번역을 진행할 것인가에 대한 선택사항 또한 주요한 이슈이다. 예를 들어 많은 기업이 일반 대중을 대상으로 한 광고 활동에서는 아이티의 공용어인 크레올어를 사용하지만 상류층 소비자를 대상으로 한 광고 활동에서는 프랑스어를 활용하는 모습을 보인다.

국가 가치의 차이는 국가 간 광고 차이로 이어진다.

적법성 특정 국가에서는 법적으로 문제가 없는 광고가 다른 국가에서는 불법적인 광고로 간주되기도 한다. 이는 국가별로 소비자 보호, 과도한 경쟁 규제, 시민의 권리 증진, 도덕적 행동의 기준, 민족주의에 대한 관점의 차이에서 기인한다. 예를 들어 일부 국가에서는 특정 제품이 사회적으로 나쁜 풍토를 조장할 수 있다는 우려에서 해당 제품의 광고를 제한한다.[41]

소비자 보호의 측면에서는 국가별로 과장 광고에 대한 허용 범위와 어린이를 대상으로 한 광고 내용의 허용 범위에서 차이를 보인다. 일례로 멕시코는 어린이를 대상으로 한 당도 높은 제품의 TV

광고를 제한한다.[42] 영국과 미국은 경쟁 제품과 자사 제품에 대한 직접적인 비교를 허용하는 반면, 필리핀에서는 이러한 내용의 광고를 금지한다. 몇몇 국가에서는 광고 내 성차별적인 내용을 포함하지 못하도록 제한하며, 또 다른 몇몇 국가에서는 과속을 조장하거나 모델의 노출 수위가 높은 것처럼 위법 및 비행 행위를 조장할 수 있는 광고 내용을 규제한다.[43]

효과적인 홍보 메시지는 다음에 따라 국가마다 다를 수 있다.

- 문화적 요인
- 표적 시장의 경제 수준
- 제품수명주기의 단계

차별화된 메시지의 필요성 국가마다 소비자의 제품 인지도와 인식, 구매 결정을 내리는 소비자의 특징, 광고 중에서 가장 중요하게 강조해야 할 요소인 광고 소구력의 차이가 있으므로 전 세계에 동일한 광고 테마를 적용하는 것은 좋은 선택이 아닐 수 있다. 한때 이탈리아에서는 식기세척기가 식기의 청결한 관리를 저해한다고 생각되던 때가 있었다. 이러한 이유로 이탈리아에서 식기세척기를 보유한 가구 수는 가구의 소득 수준 대비 의외로 낮게 나타나기도 했다. 이에 제조업체들은 식기세척기는 뜨거운 물을 사용하기 때문에 손 세척에 비해 더 깨끗하게 식기를 세척 관리할 수 있다고 광고하기도 했다.[44] 이외에도 홈디포는 국가별 경제적 차이를 고려하여 미국 시장에서는 취미 생활에 관심이 많은 사람을 중심으로 광고를 기획한 한편, 멕시코에서는 DIY족을 중심으로 집 수리비 절감이 가능하다는 광고 활동을 진행했다.[45]

광고 메시지에 대한 반응 또한 국가별로 다양할 수 있다. 레오버넷월드와이드(Leo Burnett Worldwide)는 유방 검진을 활성화하고자 짧은 여름 원피스를 입은 매력적인 여성이 등장하는 공익 광고를 제작했다. 그리고 "여성이 남성들만큼 자신의 가슴에 많은 관심을 기울인다면"이라는 메시지를 목소리로 첨가했다. 이 광고에 대해 일본 소비자는 유머러스한 방법으로 유방암에 대한 대중의 관심을 높였다고 평가했지만, 프랑스 소비자는 암 자체가 가볍게 다룰 수 없는 사안이기 때문에 이 광고는 불쾌함을 유발한다고 평가했다.[46] 여러 국가의 소비자에게 접근할 수 있는 수단인 TV와 인터넷 전송이 증가하면서 광고업체는 잠재적 소비자에게 소구할 수 있는 공통의 테마와 메시지를 마련해야 한다.

국가별로 제품의 수명 주기나 길이가 다를 수 있다. 따라서 한 국가에서 제품 판매가 감소하는 경우에도 다른 국가에서는 해당 제품의 판매가 증가하거나 지속될 수 있다. 자동차를 예로 들어보자. 자동차의 경우 서유럽 시장은 제품이 성숙기에 있는 시장으로 분류되지만, 한국은 후기 성장기, 인도는 초기 성장기 시장으로 분류된다. 성숙기에 있는 시장에서 자동차 회사는 라이프스타일이나 속도, 액세서리와 같이 아직 사용할 만한 차라도 교체할 만한 특징을 강조해야 하는 반면, 초기 성장기 시장에서는 가격에 민감한 생애 첫 차 구입 고객에게 소구하기 위해 연비나 가격을 강조한다.[47]

인터넷 현재 그리고 미래의 전 세계 온라인 가구 수와 온라인 판매를 통해 창출되는 전자상거래에 대한 추정치는 매우 다양하지만 인터넷 광고는 현재 광고 사업의 약 4분의 1을 차지한다.[48] 인터넷은 최근 몇 년 동안 국제적인 판촉 활동을 변화시키기 위해 다른 어떤 혁신보다 더 많은 역할을 했다. 전자상거래를 통해 전 세계 소비자는 유통업체의 가격을 빠르게 비교할 수 있으므로 가격 인하를 이끌어낸다. 소셜 미디어의 사용이 증가하면서 소비자는 제품과 유통업체의 품질 및 신뢰성을 비교할 수 있는 좋은 정보를 얻을 수 있다.

인터넷을 통한 제품의 온라인 가용성의 증가는 판촉 및 유통에서의 기회와 도전을 가져온다.

기회 직접 판매를 위한 판촉 활동, 사전 판매를 위한 정보 제공 등을 통한 국제 전자상거래의 성공 사례가 있다. 이러한 성공 사례 중 하나는 미리 공장에서 부품의 가공 조립을 해놓고 현장에서 설치만을 행하는 건축 공법인 프리패브(prefab)를 활용하는 뉴질랜드 주택 회사 트리스타일인터내셔널

(Tristyle International)로, 이들 매출의 약 95%가 수출되고 40%는 인터넷을 통해 이루어진다.[49] 또 하나의 예는 홍콩과 방글라데시의 리훙팻봉제공장(Lee Hung Fat Garment Factory)이다. 해외 의류업체의 제품 샘플 사진을 찍고 가공하고 전송해서 원하는 제품을 정확히 생산한다. 항공권, 호텔, 음악 등의 일부 제품 및 서비스의 경우 인터넷이 전통적인 판매 방식을 대체했다. 그러나 이 경우에도 다양한 언어로 인터넷 접근을 제공하는 것처럼 기업은 국가별 차이에 적응할 필요가 있다.[50]

문제점 글로벌 인터넷 판매에 문제가 없는 것은 아니다. 글로벌 시장에 진출하려는 기업은 다른 판촉 및 유통 방식으로 인터넷 판매 방식을 보완해야 할 수도 있다. 이는 비용적으로 비쌀 수 있다. 또한 인터넷 판매로 전환하면 기존 유통업체의 반발을 가져올 수 있고, 성공하지 못할 경우 미래의 판매 활동을 저해할 위험이 있다.[51]

인터넷에서 다국적 기업은 소비자를 현지 사이트로 안내하더라도 국가별로 마케팅 프로그램을 차별화하기란 쉽지 않다. 국가별로 다른 광고 소구 방법과 가격이 매출과 이익을 더 많이 가져다줄 수 있지만 대다수의 경우 모든 국가의 소비자에게 동일한 웹 광고와 가격을 제시한다. 인터넷을 통해 직접 판매를 하려면 신속한 배송이 필요하며 해외의 창고 및 서비스 시설이 필요할 수 있다. 마지막으로 다국적 기업의 인터넷 광고 및 가격은 제품을 판매하는 국가의 법률을 준수해야 한다. 웹의 글로벌한 범위 때문에 문제가 된다. 이처럼 인터넷은 기업에게 국제적으로 판매 활동의 기회를 제공하지만 동시에 어려움을 야기한다.

글로벌 브랜딩 전략

17-5 기업이 국제적으로 사용할 수 있는 다양한 브랜딩 전략을 설명한다.

브랜드(brand)는 제품이나 서비스를 식별하는 표시이며, 법적으로 등록되어 있다면 상표(trademark)라고 한다. 브랜드는 제품이나 서비스에 대한 즉각적인 인지를 제공하고 판촉 비용을 줄여준다. 기업은 과거에 브랜드 인지도를 높이는 데 많은 비용을 지출했기 때문에 다수의 브랜드는 수십억 달러의 가치가 있고, 기업이 보유한 자산 중 가장 가치가 높은 자산이다.[52] (다음 사진은 전 세계의 수많은 브랜드를 보여준다.) 소비자의 관점에서 보면 브랜드는 기업이 약속한 바를 소비자에게 전달하는데, 불확실성 회피라는 문화적 특성이 강한 국가에서는 그 중요성이 더 높다.[53]

기업은 전 세계적으로 동일한 브랜드를 사용하면서도 국가별로 브랜드 이미지를 변경할 수 있다는 사실을 명심해야 한다. 예를 들어 개인주의적 문화에서는 집단주의 문화보다 혁신의 이미지가 더 유리하다. 반면 집단주의 문화에서는 개인주의적 문화에서보다 사회적 책임의 이미지가 브랜드 몰입도에 더 유리하다.[54]

전 세계적으로 동일한 브랜드명을 사용하는 것은 다음과 같다.

- 공통 이미지를 개발하는 데 도움이 된다.
- 글로벌 제품이 더 낫다고 생각하는 경우 소비자의 수요가 증가할 수 있다.
- 언어 차이로 방해를 받는다.
- 인수합병의 경우 단점으로 작용한다.

글로벌 브랜드 대 현지 브랜드

글로벌 마케팅 관리자는 글로벌 브랜드를 선택할 것인지 혹은 국가별로 다른 브랜드를 사용할 것인지를 결정해야 한다.

글로벌 브랜드의 장점 애플(Apple)과 같은 일부 기업은 전 세계 대부분의 제품에 동일한 브랜드와 로고를 사용한다. 이는 특히 해외 여행을 하는 소비자에게 글로벌 이미지를 높인다. 또한 글로벌 브랜드를 사용하면 많은 소비자가 해당 브랜드를 글로벌 기업으로 인식하는 데 도움이 된다는 증거가 존재한다. 많은 소비자가 이러한 기업을 더 호의적으로 인식한다.[55] 네슬레(Nestlé)와 같은 기업은 '네슬레'라는 이름에 대한 소비자의 긍정적인 인식을 공유하고자 네스티(Nestea), 네스카페(Nescafé)와 같은 제품을 자사의 모브랜드와 연관시킨다.

글로벌 브랜드의 문제점 글로벌 브랜드를 사용하는 데에는 다음과 같은 문제가 내재되어 있다.

언어 브랜드명이 다른 언어에서는 전혀 다른 뜻을 의미할 수 있다. GM은 시장 진입 전에 포커스 그룹(Focus group)을 통해 뷰익라크로스(Buick LaCrosse)가 캐나다 퀘백에서는 자위 행위를 의미하는 속어라는 것을 발견한 뒤 캐나다에서 판매되는 뷰익라크로스의 이름을 얼루어(Allure)로 변경했다.[56] 코카콜라는 가능한 한 모든 곳에서 글로벌 브랜드를 사용하지만 다이어트코크(Diet Coke)라는 단어가 독일과 이탈리아에서 질병을 암시하는 것을 감안하여 미국 이외의 국가에서는 코카콜라라이트(Coca-Cola Light)를 사용한다.

브랜드명의 어떤 음운은 외국어에는 존재하지 않을 수 있고 다른 의미를 부여할 수도 있기 때문에 발음은 또 다른 문제를 야기한다. 마르셀 빅(Marcel Bich)은 빅(Bic) 펜을 브랜드화할 때 영어로 잘못 발음될 것을 우려하여 빅 펜의 이름에서 h를 삭제했다. 마이크로소프트(Microsoft)의 검색 엔진 빙(Bing)이 중국에서는 비잉(Biying)이 되었는데, 이를 통해 질병이 아닌 '찾으면 찾을 것이다'라는 단어처럼 들리게 되었다.

중국과 같이 상형 문자를 사용하는 경우 브랜드명은 보기에도 좋고 소리도 매력적이어야 한다. 따라서 다국적 기업은 다른 국가에서와 마찬가지로 번역된 브랜드가 만다린어 또는 광둥어에서도 거의 동일하게 발음될 뿐만 아니라 브랜드명이 상형 문자에서도 의미가 있는지 확인해야 한다. 타이드(Tide)는 중국어로 '더러움을 없애다'라는 의미의 타이즈(Tai-zi)가 되었다.[57] 중국에서는 8획 한자와 빨간색이 행운의 상징이므로 기업은 중국에서 이를 이용한 브랜드명과 가격을 찾는다.[58]

브랜드 인수 상당수의 해외 시장 진출은 다양한 브라질 커피 로스팅 업체인 빔보(Bimbo)의 사라리(Sara Lee)와 같은 유명한 브랜드를 보유한 기업의 인수를 통해 이루어진다. 사라리는 브라질 커피 시장의 선두 기업이 되었지만 많은 브랜드에 대한 판촉 예산을 늘리는 것은 어려운 일이었다.[59] 전반적으로 글로벌 브랜드 대비 현지 브랜드의 비율이 감소하고 있지만 강력한 현지 브랜드를 대체할 경우 기업은 해당 브랜드의 인지도와 호감도를 잃게 된다.[60] 마찬가지로 앤하이저부시인베브(Anheuser-Busch InBev)의 맥주에 사용된 브랜드와 같이 다양한 세분 시장에 호소하는 글로벌 브랜드와 현지 브랜드의 조합을 보유하는 것이 기업에게 때때로 유리할 수 있다.[61]

원산지 이미지 소비자는 대부분 브랜드의 국적에 대한 제한된 지식을 가지고 있고, 종종 생산 원산지를 잘못 분류하는 경우가 있다.[62] 이러한 혼란은 제품을 구성하는 구성 요소의 출처가 혼재되는 현상이 증가

출처: Onurhazar/Shutterstock

▲ 아마도 이들 상표의 대부분을 알 것이다.

제품의 이미지는 제품이 생산된 위치에 따라 영향을 받는다.

함에 따라 가중된다. 또한 원산지와 브랜드 이미지가 상호작용해서 긍정적인 브랜드 이미지가 부정적인 원산지 이미지를 극복하는 데 도움이 될 수 있다.[63] 그럼에도 불구하고 많은 소비자는 특정 국가에 대한 정서적인 친밀감에 영향을 받는다. 이러한 친밀감은 특정 국가에 대한 이미지와 제품 생산지에 기초한 구매 결정에 영향을 미친다.[64]

원산지인 국가가 제품에 대한 소비자의 평가에 영향을 미치는 경우

- 긍정적인 브랜드 이미지는 부정적인 원산지 이미지를 극복하는 데 도움이 될 수 있다.
- 이러한 의견은 시간이 지나면서 바뀔 수 있다.

그러나 제품 원산지에 따른 구매 결정은 제품 유형, 생산국의 경제적 수준 및 근접성, 소비자의 국가 문화(예: 개인주의 대 집단주의의 영향 등), 소비자 성격(예: 얼마나 물질주의적인지)과 같은 요인에 따라 복잡하다.[65] 복잡함에도 불구하고 기업은 원산지 이미지를 긍정적으로 평가하고 부정적인 원산지 이미지는 낮게 평가할 수도 있다. 예를 들어 많은 일본인은 해외에서 생산된 옷이 일본에서 생산된 옷보다 우수하다고 믿기 때문에 버버리(Burberry)는 일본산과 영국산 제품에 대해 별도의 제품 라벨을 만들었다. 남아프리카공화국의 와이너리인 라모트(La Motte)와 레오파드리프(Leopard's Leap)는 중국 시장을 위한 와인 브랜드인 르위그노(L'Huguenot)를 보유하고 있다. 이는 프랑스어처럼 들리는 브랜드명이 중국 소비자에게 긍정적으로 인식되기 때문이다.[66]

그래도 이미지는 바뀔 수 있다. 수년 동안 다양한 한국 기업은 개인 상표로 판매되거나 외국 기업과의 계약을 통해 해외 시장에 판매되었다. 한편 현재 삼성과 같이 이들 중 일부는 자사의 상표명과 한국 제품의 품질을 강조한다. 반면에 골드스타라는 브랜드로 가장 잘 알려진 한국의 LG 그룹은 유럽식 이름으로 들리는 LG 트롬(LG Tromm)이라는 고급 가전 제품라인을 선보였다.[67]

이름의 지리적 유래 현재 진행 중인 국제적인 법적 논쟁 중 하나는 위치와 관련된 제품명에 대한 것이다. 유럽연합은 로케포트(Roquefort)와 페타(Feta) 치즈, 파르마(Parma) 햄, 키안티(Chianti) 와인처럼 지리명을 기반으로 하는 많은 유럽 제품의 제품명을 보호한다.[68] 또한 클로(clos), 샤토(Chateau), 토니(tawny), 노블(noble), 루비(ruby), 빈티지(vintage) 등 와인과 관련된 정해진 표현이 외국에서 사용되는 것을 방지하기 위해 노력하고 있다.[69]

기업이 다양한 제품군에 브랜드명을 사용하는 경우 상표를 잃을 수 있다.

보통명사화된 브랜드명 기업은 자사의 브랜드가 누구에게 물어도 바로 알 수 있는 이름이 되기를 원하지만 너무나 일반화되어 경쟁 기업도 해당 브랜드를 사용할 수 있게 되는 것은 기피한다. 미국에서 브랜드명인 제록스(Xerox)와 크리넥스(Kleenex)는 복사기와 얼굴 전용 티슈와 거의 동의어이지만 독점 브랜드로 남아 있다. 셀로판(cellophane), 리놀륨(linoleum), 코니시헨즈(Cornish hens) 등의 또 다른 이름은 한때 독점적 명칭이었지만 현재는 보통명사가 되었다.

이러한 맥락에서 기업은 때때로 판매를 촉진하거나 저해할 수 있는 국가 간 차이에 직면한다. 예를 들어 아스피린(aspirin)과 스위스 군용 칼(Swiss Army knives)은 유럽에서는 독점적인 브랜드명이지만 미국에서는 보통명사이다. 이러한 상황에서는 미국 기업도 복제품을 생산할 수 있기 때문에 유럽 브랜드 제품의 대미 수출이 저해된다.

유통 방식과 어려움

17-6 국제 유통의 주요 관행과 복잡성을 파악한다.

기업은 자사의 제품이 어디서든 쉽게 구할 수 없는 경우 기대에 못 미치는 매출을 달성하게 된다. **유통**(distribution)이란 생산과 소비 사이에서 제품이 거치는 경로(물리적인 경로 또는 법적 소유권)를 말한다. 이 절에서는 해외 시장 사이의 유통의 차이와 유통 환경에 대해 논의해보자.

정부는 개발도상국에서 자국 기업의 마케팅을 규제해야 하는가?

POINT

그렇다. 다국적 기업은 본국에서 금지한 제품을 개발도상국 시장에서 광고, 판촉, 판매하기도 한다. 만약 이들 기업이 제품의 위험성 또는 윤리적 책임 때문에 해당 제품을 국내에서 판매하지 않기로 결정했다면 해외에서 동일한 결과를 방지해야 할 도덕적 의무가 있다. 이러한 발언은 치외법권의 느낌을 줄 수 있지만 직시해야 한다. 개발도상국의 많은 소비자는 제품에 대한 현명한 결정을 내릴 수 있는 교육과 신뢰할 수 있는 정보가 부족하거나, 그들의 이익을 돌보지 않는 부패한 정치 지도자 때문에 고생한다. 소비자는 다국적 기업의 영리한 판촉 활동으로 인해 유발된 욕구가 아니라 올바른 욕구에 지출하도록 해야 한다. 선진국이 개발도상국의 소비자를 보호하기 위해 규제하지 않는다면 누가 규제할 것인가?

기업은 또한 국내에서의 품질 기준을 충족하지 못하거나 잠재적으로 위험한 제품을 수출한다. DDT의 예를 보면 모든 선진국에서 DDT 사용을 금지할 정도로 환경적 측면에서 매우 위험하지만 일부 선진국 기업은 이를 금지하지 않은 국가에서 DDT를 계속 판매하고 있다. 또는 배터리 재활용을 고려해보자. 선진국에는 납 중독을 예방하기 위해 꽤 엄격하고 많은 비용이 드는 오염 방지 규정이 있다. 이러한 납 중독은 수년간 천천히 누적 섭취한 후에 나타난다. 이에 기업은 현재 오염 관련 법률이 약하거나 약하게 시행되는 개발도상국에 배터리를 수출한다.[70]

세계보건기구(WHO)가 담배를 세계적으로 예방 가능한 사망의 주요한 원인이라고 추정하는 가운데 경고문 표시와 광고, 미성년자에 대한 판매 제한, 특정 공공장소에서의 흡연 금지를 통해 담배 소비를 제한하려는 시도가 있었다. 선진국에서는 담배 사용이 감소하고 있지만 개발도상국, 특히 담배 기업이 판촉 활동을 늘린 아프리카에서는 담배 소비가 급증하고 있다.[71] 이와 비슷하게 기업의 홍보가 탕(Tang)과 같은 설탕이 든 음료의 미국 내 판매를 감소시킴에 따라 기업은 개발도상국에서의 마케팅과 판매를 증가시켰다.[72]

다국적 기업은 또한 개발도상국 소비자의 요구에 거의 관심을 기울이지 않는다. 그 대신 주로 자사의 제품을 살 여유가 있는 부유한 소비자의 요구에 맞춰 제품을 만든다. 하지만 이들 제품은 종종 다국적 기업이 해당 제품에 대해 중점적으로 소개하고 홍보하는 대상인 저소득층 소비자에게는 불필요한 것들

COUNTERPOINT

아니다. 다국적 기업을 규제하여 사람들의 선택을 제한하기보다는 교육이 해답이다. 실제로 소비자와 정부가 정확한 사실을 알게 되었을 때 소비자와 정부 모두의 행동이 변화한 사례가 많다. 예를 들어 아프리카 3개국에서 실시한 연구에서 라디오 및 TV 금연 광고가 흡연 성향을 감소시키는 것을 보여줬다.[76]

국내에서 금지된 제품을 해외에서 판매해서는 안 된다는 주장은 본국 정부가 가장 현명하다는 것을 가정한다. 하지만 살충제 및 제초제의 효과에 대한 연구의 대부분은 이를 생산하는 업체가 수행하므로 결과는 매우 선택적일 수 있다. 다양한 과학적 견해 또한 존재한다.[77] 예를 들어 EU는 EU 내에서는 사용이 금지되었지만 미국에서는 사용이 허가된 많은 살충제와 화학물질을 생산한다.[78] 또한 이러한 차이는 실제 위험의 문제라기보다는 도덕적 관점의 차이를 반영한 것일 수 있다. 예를 들어 일부 국가에서는 도덕적인 이유로 사후피임약 RU-486의 판매를 금지했다. 하지만 다른 도덕적 기준을 가진 국가에서까지 판매를 금지하는 것은 문화 제국주의의 느낌을 줄 수 있다.

부유한 국가와 가난한 국가 사이의 여건은 때때로 너무 달라서 서로 다른 규제가 필요할 때가 있다. DDT 판매를 예로 들어보자. 개발도상국은 DDT가 환경에 장기적으로 악영향을 미친다는 점을 알고 있지만, 단기적으로는 이들 국가 중 다수가 지카, 뎅기열, 말라리아를 일으키는 모기 때문에 골치를 앓고 있다.[79] 남아프리카공화국이 DDT의 사용을 금지하는 데 설득되어 대신 다른 살충제로 바꾸었을 때 새로운 말라리아 발병 건수는 4년 만에 3배가 되었다. DDT 살포를 재개하면서 그 수치는 다시 낮아졌다.[80] 모기 퇴치를 위한 더 나은 해결책이 나올 때까지 DDT 금지는 득보다 실이 많을 수 있다. 만약 한 정부가 특정 제품이 위험하다는 것을 확인하면 다른 국가의 정부에게 이 정보를 전달해야 하는 것은 당연하지만 DDT 및 독성물질 수출의 관점에서 이러한 사항은 이미 행해지고 있다.

담배의 경우도 마찬가지이다. 담배 회사는 개발도상국에서 중점적으로 판촉 활동을 한다. 하지만 이러한 판촉의 좋은 측면은 기존의 담배보다 안전하게 금연하는 데 도움이 될 수 있는 무연 담배 제품에 대한 것이라는 것을 명심하자.[81] 실제로 필립모리스(Philip Morris)는 가장 큰 해를 끼치는 연소 과정 없이 에어로졸을 생성하는 제품을 개발하고 있다.[82] 다국적 기업의 본국 정부가 이들 기업의 해외 담배 판매나 판촉을 제한한다고 해도 개발도상국의 국민은 여전히 담배를 구입할 수 있을 것이다. 다수의 개발도상국은 태국과 같이 국영 담배 기업을 보유한다. 사람들을 보호하기 위해 우리는 어디까지 할 수 있을까? 선진국에서 건

이다. 이에 빈곤층은 영양과 건강 품목에 돈을 쓰는 대신 필요하지 않은 제품을 구매하게 된다. 네슬레, 다논(Danone), 코카콜라, 펩시코와 같은 기업이 플라스틱 병에 담아 판매하는 생수가 그 예이다. 종종 이 생수는 사실상 수돗물이나 다름없지만 버려지고 자연 분해되는 데 1,000년이 걸리는 병에 담겨 수돗물의 1만 배 가격에 팔린다.

마지막으로 다국적 기업은 개발도상국의 요구에 맞는 제품을 만드는 데 거의 돈을 들이지 않는다. 전 세계 보건 연구 예산의 대부분이 전 세계 질병 부담의 대부분을 차지하는 질병(주로 선진국을 우회하는 질병)에 지출된다는 사실을 고려하자.[73] 다국적 기업은 말라리아, 샤가스병, 수면병과 같은 생명을 위협하는 질병에 많은 비용을 지출하는 대신, 발기부전이나 탈모와 같은 생활 습관 치료에 투자한다. 에볼라가 오랫동안 아프리카 국가들을 괴롭혔지만 제약 회사는 선진국으로 확산될 위험이 있기 전까지는 백신 개발에 거의 돈을 들이지 않았다.[74] 미국 식품의약국(FDA)은 이전에 방치된 질병을 연구하는 제약 회사를 위해 블록버스터(blockbuster) 의약품의 신속한 승인이라는 인센티브를 도입했다. 하지만 신속한 승인이 충분한 인센티브가 되느냐에 대해서는 회의적이다.[75] 물론 우리는 개발도상국에서 위험하고 불필요한 제품을 판매하는 것에 집중하기보다는 그곳에서 기업이 실제 요구를 충족하도록 강제하는 수단을 찾을 수도 있다.

강 문제로 여겨지는 비만은 교육을 통해 해결되고 있는데, 이러한 방식으로 우리는 개발도상국의 문제를 다루어야 한다. 설탕, 지방, 탄수화물의 배급이나 금지를 상상하기는 어렵다. 탄산음료나 생수 같은 제품은 사람들이 영양이 부족하고 건강 상태가 좋지 않을 때는 불필요해 보인다. 하지만 위생적인 물을 쉽게 접하기 어렵다는 점은 세계에서 가장 큰 건강 문제 중 하나이며, 탄산음료와 생수 판매가 단기적으로는 도움이 된다. 장기적으로 코카콜라는 이러한 문제를 완화하고자 소규모 정수 시스템을 보급하기 위해 노력하고 있다.[83] 게다가 이런 소위 불필요한 제품을 살 수 있는 사람과 그렇지 않은 사람을 구분하는 명확한 수단은 없다.

기업은 빈곤한 사람들의 요구에 맞게 제품을 변경하는데, 이는 저렴한 포장에서 저렴한 제품에 이르기까지 모든 것이 해당된다. 저소득층의 건강 요구사항을 고려하지 않는다고 비판받는 제약 회사는 암, 당뇨병, COVID-19와 같이 어느 곳에 있든 상관없이 모든 사람을 공격하는 질병에 대한 해결책을 찾는 데 많은 비용을 지출한다. 사실 이들은 신흥 시장에서 처방약 시장의 엄청난 성장을 보았고, 앞으로도 성장을 예상한다.[84] 하지만 생존을 위해 비용을 회수해야 하기 때문에 수익을 올릴 수 있는 약에 집중해야 한다. 개발도상국의 건강 문제를 해결하는 것은 정부의 연구 센터와 비영리 재단에게 더 어울린다. 이들의 일부는 제약 회사와 공동으로 해결책을 모색하며, 미국의 국립보건원(National Institutes of Health, NIH)은 연구 비용을 회수할 만큼 수익이 충분하지 않을 가능성이 있는 6,800개의 질병 중 일부에 대한 치료법을 찾는 프로그램을 제정했다.[85]

유통 표준화에 대한 결정

유통은 전 세계적으로 표준화하기 어렵다. 국가마다 고유한 유통 시스템이 있으며, 해당 국가의 문화적, 경제적, 법적 환경과 연결되어 있기 때문에 수정이 어렵다. 사실 대부분의 기업은 한 국가의 유통 시스템을 당연한 것으로 받아들이고 그에 적응하려고 한다. 애로우앤드그레인저(Arrow and Grainger)와 같이 규모가 큰 다국적 유통 기업도 있지만, 도소매업체는 이러한 유통 시스템을 뚫고 들어가기가 어렵기 때문에 일반적으로 제조업체와 서비스 업체보다 시장 진입이 늦다. 그러나 최근에는 많은 소매 기업이 해외 진출에 성공했다.

유통은 다른 국가 환경을 반영하기 때문에 다음과 같다.

- 국가마다 상당히 다를 수 있다.
- 변경하기 어렵다.

국가 내 소매 유통에 영향을 미치는 몇 가지 요인에는 자사 소유 매장에 대한 현지 주민의 태도, 소매점 직원에게 지불되는 비용, 매장 규모 및 운영 시간을 제한하는 법률, 체인점과 개인 소유의 소매점에 대한 법률, 소매점 점주가 피고용인에게 가지는 신뢰, 배송 시스템의 효율성, 기반 시설의 질적 수준, 대규모 재고를 유지할 수 있는 재정적 역량 등을 들 수 있다. 예시는 국가 간 요인의 차이가 얼마나 광범위한지를 보여준다. 홍콩과 미국의 식료품 유통을 비교해보면 홍콩의 평균적인 식료품점은 신선 제품 취급 비중이 더 높고 매장 규모가 더 작으며 고객당 판매량도 적고 매장 간 간격이 더 가깝다. 그렇기 때문에 통조림, 포장용, 냉동 식품을 판매하는 홍콩의 기업은 매장당 수요가 적고, 적은 양을 배달해야 하며, 진열 공간을 차지하기 위해 더 많은 어려움을 겪을 것이다.

동시에 기업의 유통 시스템은 독립 대리점을 통한 에이본(Avon)의 직접 판매 및 인터넷을 통한 아마존닷컴(Amazon.com)의 판매와 같이 경쟁사가 쉽게 모방할 수 없는 전략적 이점을 제공할 수 있다. 이들 기업도 국가별로 존재하는 표현, 감정, 의미 색채 등의 미묘한 차이에 적응해야 했다. 예를 들어 에이본의 경우 일본에서는 통신 판매 사업이 번창했으며, 중국에서는 방문 판매에 대한 규제로 인해 이동식 가판을 운영한다. 아울러 기반 시설의 비효율성 때문에 필리핀에서는 프랜차이즈 센터를 운영하고 있으며, 아르헨티나에서는 다수의 고객이 화장품을 구매할 때 서비스를 원하므로 미용 센터를 운영하고 있다.

내부화 여부

기업은 자체적으로 유통 과정을 운영해야 하는가? 아니면 유통을 담당할 다른 기업과 계약을 맺어야 하는가?

판매량 및 비용 판매량이 적을 경우 기업은 일반적으로 비용을 절약하기 위해 외부 유통업체에 의존해야 한다. 매출이 증가함에 따라 기업이 더 많은 통제력을 얻기 위해 유통의 일부를 자체적으로 처리할 수 있다. 하지만 이러한 내재화는 필수적인 자원이 부족한 소규모 기업에게는 여전히 어려울 수 있다.

그럼에도 불구하고 기업이 국가 전체로 진출하기 전에 지역 수준에서 제품을 판매할 수 있는 경우에는 초기 유통 비용을 낮출 수 있다. 많은 제품과 시장이 이러한 점진적인 시장 확장에 적합하다. 예를 들어 많은 외국 기업은 먼저 베이징, 상하이, 광저우로 진출한 다음, 각 성의 수도, 다른 대도시, 마지막으로 소도시로 진출하는 방식으로 중국 시장에 진입한다. 종종 지리적인 장벽과 열악한 내부 운송 시스템은 국가를 매우 뚜렷한 시장으로 나눈다. 사실 개발도상국 내에서 대부분의 부와 판매에 대한 잠재력은 몇몇 대도시 지역에 존재할 수 있다.

기업은 지리적 범위를 제한하여 점진적으로 시장에 진입할 수 있다.

내부화를 선호하는 요인 내부화에 적합한 상황은 높은 판매량뿐만 아니라 다음의 요인이 포함된다.

- 제품이 높은 가격, 첨단 기술, 복잡한 구매 후 관리(예: 항공기)를 필요로 하는 특성을 가진 경우 기업은 구매자와 직접 거래해야 하지만 이와 동시에 기업이 판매하는 제품에 관심이 있는 개인 또는 조직인 판매선(sales lead)을 식별하기 위해 유통업체를 활용할 수도 있다.
- 글로벌 고객을 상대하는 경우 특히 기업 간 거래(예: 자동차 부품 제조업체가 여러 국가에 진출한 자동차 제조업체에 주문자 상표 부착 제품을 판매하는 경우)에서는 글로벌 고객에게 직접 판매될 수 있다.
- 기업의 주요 경쟁우위의 원천이 유통 방식일 경우 에이본이 독립적인 대리점을 통해 직접 판매를 진행한 것과 같이 해외 시장의 유통을 통제할 수 있다.

유통 파트너십

기업이 해외 유통업체를 활용하고자 하는 경우에는 일반적으로 여러 가지의 잠재적 대안을 비교할 수 있다. 기업은 최고의 유통업체를 찾으려고 노력해야 하며, 그와 동시에 해당 유통업체가 자사의 제품을 취급하도록 설득해야 한다.

가장 적합한 유통업체는 누구인가 해외 유통업체를 선정하는 일은 국내 유통업체 선정과 동일한 기준에 따라 이루어진다. 이러한 기준에는 유통업체의 재무 건전성, 양호한 비즈니스 인맥을 보유하는지 여부, 기타 사업 영역, 현재 상황(예: 인력, 시설, 장비 등), 정직한 성과를 내는 기업으로서의 평판이 포함된다.

유통업체는 취급할 회사와 제품을 선택한다. 기업은 다음과 같아야 한다.

- 인센티브를 제공해야 할 수도 있다.
- 성공적인 제품을 새 제품을 위한 미끼로 사용할 수 있다.
- 자사의 제품과 기업이 생존할 수 있다는 것을 유통업체에 확신시켜야 한다.

잠재적인 유통업체에 대한 판촉 활동 기업은 잠재적인 유통업체를 평가해야 하지만 유통업체는 어떤 기업의 제품을 대표하고 강조할지 선택해야 한다. 도소매업체는 모두 제한된 보관 시설, 진열 공간, 재고 유지를 위한 자금, 제품의 운송 및 판매를 위한 운송 수단과 인력 등이 제한적이기 때문에 수익적 측면에서 잠재력이 가장 큰 제품만을 취급하려고 한다.

기업은 해외 시장 진출을 모색하는 과정에서 현지 시장의 유통업체가 새로운 경쟁자의 시장 진입을 방해하는 독점적 계약을 맺고 있다는 사실을 발견할 수 있다. 예를 들어 일본의 많은 제조업체는 자사의 제품만을 판매하도록 하는 계약을 다수의 유통업체와 맺고 있다. 이러한 계약이 배타적이지 않더라도 기존의 유통업체는 이미 유사한 제품을 취급하고 있으므로 새로운 업체와의 거래를 꺼릴 수 있다. 이러한 상황에서 해당 시장에 진입하는 기업은 제품 취급과 관련하여 효과적인 인센티브(높은 이익률, 사후 관리 서비스, 판촉 활동 지원 등)를 제공해야 한다. 하지만 결국 유통업체가 기업을 신뢰할 수 있고 제품이 시장에서 생존 가능하다고 믿지 않는 한 이러한 인센티브는 거의 소용없을 것이다.

유통 부문의 도전과 기회

해외 시장에서의 유통은 많은 도전과 기회를 수반하지만 다음의 논의에서는 사후 관리 서비스의 필요성과 일부 비용상의 장점과 단점 같은 두 가지 사항을 강조한다.

교체 부품과 서비스 확보에 대한 확신은 특히 수입 제품 판매에 중요하다.

판매 후 서비스를 얼마나 신뢰할 수 있는가 소비자는 향후 교체 부품과 서비스가 필요한 제품을 좋은 품질과 합리적인 가격으로 쉽게 구할 수 있다는 확신이 없는 한 해당 제품에 대한 구매를 꺼린다. 이러한 거부감은 특히 수입 제품의 경우 더욱 심하게 나타나는데, 이는 거리와 통관 때문에 교체에 필요한 부품의 배송이 지연될 것이라는 우려 때문이다. 성숙한 제품의 경우 일반적으로 문제가 발생했을 때 소비자가 문의할 수 있는 여러 서비스 회사가 현지 시장 내에 존재한다. 하지만 신기술 제품, 특히 복잡하고 비싼 제품의 경우 제조업체가 서비스 센터에 직접 투자하거나 개발해야 하는 단점에 직면할 수 있다. 그럼에도 불구하고 부품 판매와 사후 관리 서비스를 통해 벌어들이는 수익이 때로는 원래 제품을 판매할 때 발생하는 수익을 넘어설 수 있다는 것이 장점이다.

사후 관리 서비스에 대한 문제는 개발도상국의 기술 지향적인 성향과 더불어 기업가 정신을 지닌 기업의 수가 증가함에 따라 특히 중요하다. 이러한 기업은 상대적으로 신생 기업이고 규모가 작으며 잘 알려지지 않았고 아마도 부정적인 원산지 효과로 어려움을 겪고 있으며 종종 기술 개발에서 뒤떨어진다고 간주되기 때문에 해외 시장에서 제품을 판매할 때 여러 문제에 직면한다.[86]

개념 체크

13장에서 열악한 기반 시설이 어떻게 유통을 방해하는지를 설명한다.

유통 과정 내 숨겨진 비용과 이익 여러 요인이 국가별 유통 비용의 차이를 가져온다.

기반 시설의 상태 도로와 창고 시설의 상태가 좋지 않은 곳에서는 제품을 신속하고 저렴하게 최소한의 손상이나 손실로 소비자에게 제공하는 것은 어려운 일이다. 예를 들어 나이지리아는 항구와 철도가 연결되어 있지 않고 도로 건설이 뒤처져 있으며 대도시와 소도시 간 연결이 열악하다.[87]

유통 시스템의 단계 제품이 소매 수준에 공급되기 전에 다수의 중간 도매상(예: 국가 단위의 도매상, 지역 도매상 등)을 거쳐야 하는 경우 각각의 중개업자가 이윤을 추가하기 때문에 가격이 상승한다. 예를 들어 일본은 빠르게 변화하고 있지만 프랑스와 미국보다 훨씬 더 많은 유통 단계가 있다.

유통 비용은 다음의 경우 증가한다.
- 열악한 기반 시설
- 유통 시스템의 여러 경로
- 비효율적인 소매 유통
- 소매업체의 부적절한 재고 보유

소매 시장의 비효율성 낮은 인건비와 가족이 아닌 구성원에 대한 소유주의 불신이 역효과를 가져오는 곳에서는 고객 서비스의 생산성이 떨어진다. (실제로 일부 소매업체는 고객이 제품을 받기 전에 계산원에게 결제를 요구한다.) 한편으로 추가 인력은 소매 비용을 증가시키고, 매장에 사람이 있어야 하는 추가 시간은 해당 매장에서 서비스를 제공하는 인력의 수가 적다는 것을 의미한다. 반면에 고객이 한 매장에서 더 많은 시간을 보내면 다른 매장에서 제품을 비교할 시간이 줄어든다.[88] 또한 많은 소매업자(주로 개발도상국)는 재고 관리 기록과 신용카드 회사에 연결된 전자 스캐너 및 결제 시스템과 같이 고객을 관리하고 통제하는 데 효율성을 높여주는 장비가 부족하다.

개념 체크

2장에서는 사람들이 가족 외의 사람들을 불신하는 경향이 있는 사회를 설명했다.

정부에서 소매업자가 더욱 생산적인 유통 관행을 사용하지 못하도록 규제하는 경우 비용은 상승한다. 예를 들어 프랑스, 독일, 일본은 소규모 소매업체를 보호하는 법률이 있으므로 대형 소매업체의 판매 경쟁력을 제한한다. 대부분의 국가에는 종교나 국가 기념 행사, 근로자가 늦은 밤이나 주말에 근무하지 않도록 보호하기 위해 근무 요일 또는 시간을 제한하는 법률 시스템이 있다. 이러한 시스템은 사회적 목적에 부합하지만 점포를 운영하면서 발생하는 고정 비용을 더 많은 영업 시간에 분산하는 것을 막음으로써 해당 비용을 소비자에게 전가한다.

재고 소진 대부분의 소매 시설이 소규모인 곳에서는 재고를 보관할 공간의 거의 없다. 이러한 상황에서 도매업자는 더 많은 소매상에게 제품을 공급하기 위해 소규모 배송에 따른 비용을 부담해야 하고, 때로는 재고 소진을 피하기 위해 각 소매업자를 더 자주 방문해야 한다. 하지만 이러한 비용은 소량의 제품을 자전거나 도보로 운반할 수 있는 저임금 배달 인력을 활용하여 인력 및 운송 비용을 줄이는 방식으로 절감할 수 있다(옆의 사진은 네팔에서 자전거로 배달하는 모습이다). 또한 소매업체는 판매 대비 재고 유지 비용이 낮기 때문에 비용을 절감할 수 있다.[89]

출처: ImageBROKER/Alamy Stock Photo

▲ 네팔 카트만두의 시장에서 한 남자가 자전거에 계란을 싣고 왔다.

격차 분석: 국제 마케팅 믹스의 관리를 지원하는 도구

17-7 격차 분석이 국제 마케팅 믹스를 관리하는 데 어떻게 도움이 될 수 있는지 설명한다.

마케팅 믹스의 강조점은 다음과 같다.

- 주요 매출 손실을 설명하는 기능이 있어야 한다.
- 국가마다 다를 수 있다.
- 다양한 국가의 요구사항을 결합할 수 있다.

마케팅 믹스의 모든 요소(제품, 가격, 판촉, 브랜딩, 유통)가 중요하지만 각 요소의 상대적인 중요성은 제품에 따라, 장소에 따라, 시간이 지남에 따라 다를 수 있다. 기업은 각 국가에서 현재 얼마나 잘 운영해나가고 있는지, 어떻게 하면 더 잘할 수 있을지, 여러 국가에서 이루어지는 마케팅 활동 간 시너지는 어떻게 얻을 수 있을지 계산해야 한다. 이러한 도구 중 하나가 **격차 분석**(gap analysis)으로, 기업은 특정 유형의 제품에 대한 잠재적인 매출을 추정하고 서로 다른 마케팅 믹스의 구성 요소를 강조하는 것이 이 잠재 고객에게 더 나은 서비스를 제공하는 데 더 나은 방법인지 비교한다.[90]

총시장잠재력과 기업 매출의 차이는 다음과 같은 몇 가지 유형의 간극 때문이다.

- 사용(usage): 모든 경쟁 기업의 매출 합이 잠재적 시장 규모보다 작아서 발생하는 격차
- 제품 계열(product line): 기업의 제품 다양성이 부족해서 발생하는 격차
- 유통(distribution): 기업이 놓친 지역 또는 판매 매장의 유형 때문에 발생하는 격차
- 경쟁(Competitive): 제품 계열과 유통 격차로 설명되지 않는 경쟁사의 매출

그림 17.3은 이 네 가지 유형의 격차를 보여주는 막대이다. 이러한 막대를 구성하려면 기업은 첫째, 관련 기간(예: 향후 1년 또는 향후 5년)에 국가 내 모든 경쟁 기업에 대한 잠재적 수요를 추정해야 한다. 이 수치는 막대의 높이를 나타낸다. 둘째, 기업은 모든 경쟁 기업의 현재 매출, 즉 A 지점을 추정해야 한다. A 지점과 막대 상단 사이의 공간은 **사용 격차**이며, 이는 해당 기간에 모든 경쟁

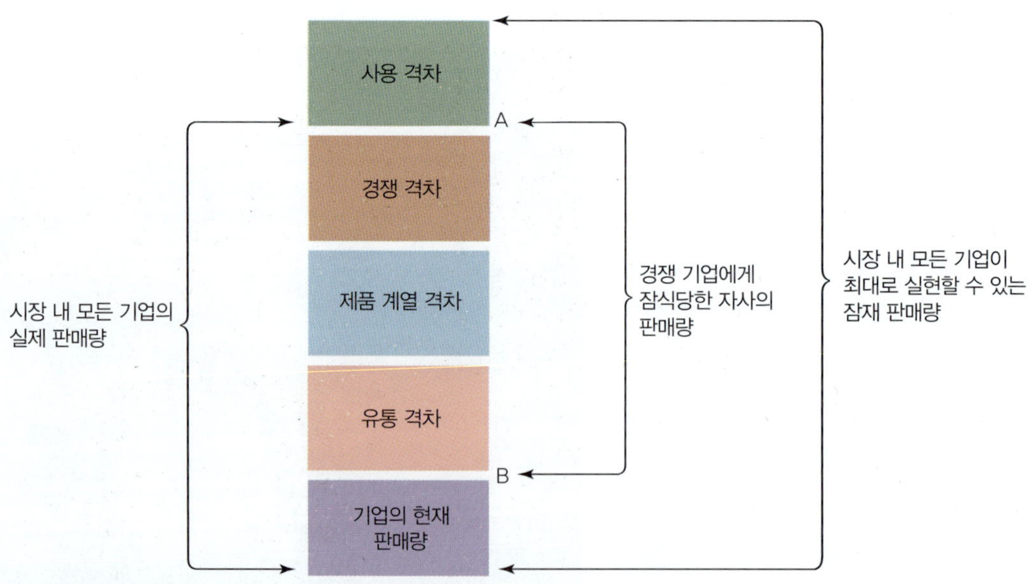

그림 17.3 격차 분석

기업이 판매할 수 있는 최대치만큼 판매량이 높지 않은 이유는 무엇인가? 경영자가 격차 분석을 진행할 때 묻는 질문이다. 상단의 화살표는 주어진 기간에 모든 경쟁 기업이 실현할 수 있는 최대 판매액을 나타낸다. A에 있는 화살표는 실제 매출을 나타낸다. 제품의 잠재력과 실제 매출에는 사용 격차가 있다는 점에 주목해야 한다. 하지만 다른 격차도 존재한다. 예를 들어 A와 B 지점의 괄호는 경쟁업체에 의해 손실된 매출을, 즉 다양한 이유로 경쟁업체에게 많은 매출을 빼앗기지 않았다면 판매할 수 있었던 것과 기업이 실제 판매한 것의 격차를 나타낸다. 마지막으로 현실에서는 격차의 크기가 변할 수 있다는 점을 명심해야 한다.

기업의 성장 잠재력을 의미한다. 셋째, 기업은 B 지점이라는 제품의 현재 판매량을 도표로 그려야 한다. 넷째, 기업은 경쟁 기업 때문에 매출이 손실되는 이유에 대한 추정치를 기반으로 A와 B의 차이를 유통, 제품 계열, 경쟁 등의 여러 격차 유형으로 나눈다.

사용 격차

기업은 시장마다 서로 다른 크기의 격차를 가질 수 있다. 예를 들어 대형 초콜릿 기업은 시장별 격차 크기의 차이 때문에 국가 간 마케팅 프로그램을 변경해왔다. 일부 시장에서 인구와 소득 수준을 기준으로 예상보다 적은 양의 초콜릿이 소비되고 있다는 것을 알게 되었다고 하자. 인도 시장의 1인당 초콜릿 소비는 독일의 1%도 채 안 되는데, 낮은 소득과 함께 특정한 동물성 지방을 사용할 수 없다는 점에서 소비량이 낮다. 하지만 인도는 최근 몇 년 동안 세계에서 가장 빠르게 성장하는 시장이었다. 그 이유는 무엇인가? 초콜릿 기업은 대중에게 다가가려고 저렴하고 작은 초콜릿을 개발했고, 초콜릿이 다른 종류의 기호 식품보다 더 위생적이고 오래 지속되는 과자라고 홍보했다.[91] 산업 전문가는 많은 개발도상국에는 인구의 대부분이 초콜릿을 맛본 적이 없다고 추정하며, 이로 인해 선도 기업이 특정 제품보다는 초콜릿 일반에 대한 판매 촉진을 진행하고 있다고 추정한다.[92]

미국 시장은 또 다른 유형의 사용 격차를 보여준다. 이 시장 내 모든 사람이 대부분의 초콜릿 제품을 경험해봤지만 비만에 대한 우려 때문에 1인당 소비량은 감소해왔다. 게다가 미국의 1인당 소비량은 대부분의 유럽 국가보다 훨씬 낮다. 마스(Mars)는 이러한 다양한 소비 형태의 주된 이유는 문화적인 것이라고 결론지었다(즉 미국 소비자는 일반적으로 저녁 식사를 초대한 호스트에게 와인이나 꽃을 선물로 가져가는 반면, 유럽 소비자는 보통 초콜릿을 가져간다). 이에 대응하고자 마스는 친구에게 초콜릿을 선물하고 함께 영화관에서 초콜릿을 먹도록 유도하기 위해 "당신이 좋아하는 것을 좋아하는 사람들과 공유하세요"라는 캠페인을 미국에서 벌이고 있다. 일찍이 네슬레는 초콜릿에 대한 미국의 수요를 늘리려고 스포츠를 좋아하는 사람들을 위한 에너지원으로 초콜릿을 홍보했다. 하지만 대중의 소비를 진작하는 것은 시장 선도자에게 가장 유리하므로, 그러한 캠페인은 실제로 짧은 홍보 기간에 네슬레보다 미국 초콜릿 판매량이 높은 마스와 허시(Hershey)에게 이익을 가져다 주었다.

제품 계열 격차

초콜릿 기업은 또한 제품 계열 격차도 발견했다. 일부 기업은 최근에 무설탕, 높은 코코아 함량, 공정 무역 초콜릿 제품을 자사의 제품 목록에 추가했다. 또한 이들은 일부 제품에 베이컨, 치아시드, 녹차, 퀴노아와 같은 재료를 추가했다.[93] 고디바(Godiva)는 중국에서 12간지별로, 그리고 중추절을 맞아 테마 상품을 판매하는 현지 기업과 경쟁하기 위해 특별한 제품을 판매한다.[94]

유통과 경쟁 격차

기업의 제품이 소수 지역에서 판매되는 경우 유통에 격차가 생길 수 있다. 이를 방지하기 위해 페레로로셰(Ferrero Rocher)는 대표적 소매업체 매장을 통해 제품을 유통하는 것을 강조해왔다. 또한 제품 계열과 유통 격차로 설명할 수 없는 경쟁업체의 판매량과 같은 경쟁 격차가 있을 수 있는데, 경쟁업체가 가격, 광고 캠페인, 영업권 등 기타 여러 요인으로 인해 더 많은 제품을 판매하는 상황을

미래 전망 글로벌 시장 세분화는 어떻게 발전할 것인가?

인구통계와 심리통계가 시장 세분화에 어떠한 영향을 미치는지에 대한 논의를 상기해보자. 이 두 통계가 미래에 어떻게 전개되는지는 국제 마케팅에 영향을 미칠 것으로 보인다. 물론 우리가 강조할 수 있는 것보다 미래의 국제 마케팅에 영향을 미칠 수 있는 글로벌 트렌드는 훨씬 다양하다(예: 인구 고령화, 비만의 증가, 소셜 미디어 사용의 증가 등). 그러므로 다음 논의에서는 하나의 주요한 인구통계학적 영역과 심리통계학적 영역만을 집중적으로 살펴보자.

소득 통계

대부분의 예측은 가까운 미래에 국가 내에 그리고 국가 간에 부자와 가난한 사람들 사이의 격차가 커지고 있음을 보여준다. 또한 부자가 더 많은 교육을 받고 인터넷 접근성이 더 좋기 때문에 세계적으로 저렴한 가격의 제품을 더 잘 검색할 수 있다. 따라서 전 세계적으로 부유한 계층의 구매력지수는 소득에 의해 보여지는 것보다도 더 클 것이다.[95]

가처분 소득이 증가함에 따라 일부 사치재는 더 대중화되고, 겉보기에 유사하지 않은 제품 및 서비스(예: 자동차, 여행, 보석 및 예술품)가 동일한 재량적 지출을 놓고 서로 경쟁하게 될 것이다. 이는 수요에 어떠한 영향을 미치는가? 예를 들어 일본은 1980~1990년대 초반에 명품 의류의 주요 수입국이었지만, 이 수입 제품은 스파나 값비싼 레스토랑 같은 일련의 다른 고급 서비스와 경쟁해야 했기 때문에 매출이 줄었다.[96] 또한 일본의 경제 성장이 정체되던 시기에 많은 다수의 소비자가 싸구려 시장(down-market)으로 옮겨갔는데, 이들은 경기가 회복되어도 다시 고가 시장(up-market)으로 이동하지 않을 것이라는 추측이 나오고 있다. 부유층의 더 나아진 의사소통과 높은 교육 수준 때문에 이들은 더 많은 선택지를 원할 것이다. 하지만 세분시장은 국경에 따라 나뉘지 않으며, 기업의 매출은 오히려 국경을 초월한 고객의 틈새시장을 알아보는 것에서 나오는 경우가 많다.

반대로 가처분 소득이 적은 저소득층이 많기 때문에 기업은 저소득층의 요구에 맞는 저가의 표준화된 제품을 개발할 기회를 가지게 될 것이다. 실제로 저소득층은 상당한 구매력이 있으며 주로 주거, 식품, 의료, 교육, 통신, 금융 비용, 소비재 등에 주로 지출할 가능성이 높다.[97] 따라서 기업은 부유층을 위한 사치품을 개발하고 저소득층을 위해서는 비용 절감을 해야 하는 두 가지 상충되는 기회를 얻을 것이다. 일부 생산업체는 이러한 양분된 시장에 대응하고 있다. 프리토레이(Frito-Lay)는 이러한 양분된 시장을 과자 시장의 분할이라고 부르며 중간 가격의 제품이 아니라 고가 또는 저가용 신제품에 중점을 둔다.[98] 스페인 와인 아카데미 회장은 중국 와인 판매 시장의 분할을 언급했다. 그는 중국 와인 시장에 중간 시장은 존재하지 않으며 투기나 과시용 음료로 와인 한 병당 수천 달러를 소비하는 고급 제품 시장과 큰 용기에 구매하면서 병당 몇 달러밖에 되지 않는 저가 제품 시장이 있다고 언급했다.[99] 빈부 격차가 증가하고 있음에도 불구하고 인구통계학자들은 빈곤 수준에서 중산층 수준으로 이동하는 사람의 수는 증가할 것이라고 예상한다. 이는 주로 일부 저소득 국가, 특히 아시아의 인구와 소득 증가 때문이다. 이러한 변화는 저소득 국가에서의 매출 성장이 소비재 전자 제품 및 가전 제품과 같이 주로 선진국에서 성숙기에 있는 제품에서 나올 것인지, 아니면 빈곤 국가의 소비자가 유선 전화를 거치지 않고 직접 휴대폰으로 넘어간 것처럼 최신 제품으로의 도약이 있을지와 같은 의문점을 제기한다.

국가 시장은 시대에 뒤떨어진 것이 될 것인가?

소득에서의 인구통계학적 차이 이외에도 소비자 태도의 차이가 일반적인 수요와 특정 유형의 제품 및 서비스에 영향을 미친다. 글로벌 커뮤니케이션이 전 세계의 사람들에게 도달하고 있지만 사람들마다 이에 대한 반응이 다르다. 상호 배타적이지 않은, 적어도 세 가지 유형의 성격적 특성이 서로 상호작용하면서 잠재적 소비자가 반응하는 방식에 영향을 미친다.[100] 이러한 성격적 특성은 모든 국가 내에 존재하지만 셋 중 어느 하나의 강한 영향을 받는 사람들의 비율은 현재 국가마다 다르다. 이러한 요소가 어떻게 진화하느냐는 국제 마케팅의 미래에 지대한 영향을 미칠 것으로 보인다.

그 특성 중 첫 번째는 **물질주의**(materialism)로, 자기 만족과 행복의 수단으로서 재산을 획득하는 것뿐 아니라 성공을 외적으로 드러내는 것도 중요하다는 것을 의미한다. 이 특성은 널리 퍼지고 있는 것으로 보인다. 하지만 항상 부유했던 사람들이 근래에 부유해진 사람들, 소위 신흥 부자(nouveau riche)라고 불리는 사람들보다 더 낮은 물질주의적 행동을 보인다는 사례도 있다. 두 번째 특성은 세계에 대한 개방성을 의미하는 **세계시민주의**(cosmopolitanism)이다. 이 특성이 학습된 것인지 타고난 것인지에 대한 논쟁이 있기는 하지만 이 특성의 주요한 특징은 자신의 비교대상을 지역이 아니라 전 세계로 놓는 것이다. 세계시민주의적인 성향을 가진 사람들은 실제로 외국 제품 및 서비스를 즐겨 찾는다. 세 번째 특성은 **소비자 자문화중심주의**(consumer ethnocentrism)로, 제품과 서비스를 구매할 때 자국산을 찾는 등 글로벌보다 지역적인 것을 선호하는 것을 의미한다.

말한다. 1인당 초콜릿 소비량이 많은 시장에서 기업은 경쟁업체의 매출을 빼앗아 오는 데 대부분의 노력을 기울인다. 예를 들어 스위스는 세계에서 1인당 초콜릿 소비량이 가장 많은데, 스위스 시장 내 미그로스(Migros), 린트(Lindt), 네슬레의 카이에(Cailler)와 같은 경쟁업체는 고급 제품 이미지를 얻기 위해 치열하게 다투고 있다.[101]

국가 간 마케팅 프로그램의 종합

격차 분석이 한 국가 내의 마케팅 믹스 요소를 우선적으로 다루기는 하지만 국가 간 마케팅 니즈를 종합하는 도구로도 사용될 수 있다. 한 국가에서 제품 계열의 격차가 너무 작아서 저칼로리 초콜릿과 같은 특정 신제품 개발 비용을 보전할 수 없다고 가정해보자. 그럼에도 해당 제품에 대한 여러 나라의 시장 잠재력을 합치면 제품 및 판촉 개발 비용을 보전할 수도 있다. 따라서 마케팅 믹스 내 여러 요소의 중요성을 비교하는 일은 경영자가 경영 활동을 진행하는 국가 간 시너지를 높이고, 국가 차원에서 성과를 향상하는 데 도움을 줄 수 있다.

CASE

방글라데시의 그라민다논식품[102]

–문정빈, 존 D. 다니엘스(John D. Daniels)

1932년, 미국 대통령 프랭클린 D. 루스벨트(Franklin D. Roosevelt)는 빈곤층을 "경제 피라미드의 밑바닥에 있는 잊힌 사람"이라고 표현했다. 나중에 BoP로 축약된 이 용어는 2010년 C. K. 프라할라드(C. K. Prahalad)의 《Fortune at the Bottom of the Pyramid》가 출판된 이후 비즈니스 전문 용어가 되었다.

방글라데시는 2004년 이후 연평균 GDP 성장률이 6.5%로 세계에서 가장 빠르게 성장하는 국가 가운데 하나이지만, 세계적으로 방글라데시만큼 빈곤층이 많은 곳은 드물다. 2019년 기준 방글라데시의 인구는 1억 6,900만 명으로, 구매력평가 기준 1인당 GDP는 4,753달러였으며, 인구의 22%가 하루에 1.9달러를 버는 국제 빈곤선 미만이었다.

방글라데시는 2018년 26%의 성인 문맹률, 높은 전염병 발생률, 열악한 기반 시설, 높은 수준의 불완전 고용, 높은 인구 밀도(미국 인구의 절반이 아이오와주에 사는 정도), 그리고 특히 주기적인 홍수와 같이 개발을 방해하는 자연재해 등 가난한 나라가 가지고 있는 많은 조건을 가지고 있다. 이러한 어려운 상황에서 방글라데시의 그라민재단(Grameen Foundation)과 프랑스 다논그룹(Groupe Danone)이라는 두 조직이 방글라데시의 BoP를 지원하기 위해 합작투자 형태의 사회적 기업을 설립했다.

사회적 기업이란 무엇인가?

1974년 그라민은행(Grameen Bank)의 설립자이자 2006년 노벨평화상을 수상한 모하마드 유누스(Mohammad Yunus)는 지속 가능한 사업으로 사회적 이익을 창출하려는 사회적 기업의 개념을 창시했다. 그라민다논푸드JV(Grameen Danone Foods JV)는 이익을 내기 위해 설립되었지만 배당금은 지급하지 않았다. 투자자가 원래의 자본 투입을 회수할 수 있다는 점을 제외하고는 모든 수익이 재투자된다. NGO, 자선 단체, 비영리 단체와 달리 사회적 기업은 기업체를 유지하기 위해 기부금을 받기보다 경쟁적으로 수익을 창출함으로써 지속한다.

그라민은행과 재단

그라민은행은 유누스가 가난한 마을 사람들에게 담보 없이 27달러에 해당되는 돈을 빌려주고 이들이 돈을 갚은 데서 시작되었다. 방글라데시 은행의 관행과는 달리 이 작은 시작은 그라민은행의 소액 금융 프로그램으로 이어졌다. 그리고 주로 하루에 최대 10%의 이자를 부과하는 고리대금업체와 경쟁했다. 그라민은행의 연 20% 이자율은 높게 들릴 수 있지만 방글라데시의 물가상승률은 8%에 달하고, 그라민은행은 많은 무이자 대출도 지원한다. 그라민은행이 설립된 이후 시티그룹(Citigroup)과 도이체방크(Deutsche Bank) 같은 글로벌 금융 기업이 그라민은행의 사례를 참고했다.

그라민은행 이전에 방글라데시의 여성들은 대출받기가 거의 불가능했고, 유누스는 그것이 예언자 무하마드의 뜻이라고 믿는 종교적 반대자들을 설득해야 했다. 오늘날 그라민은행 대출의 약 97%가 여성에게 돌아가고 있으며, 감사 결과 상환율은 98%였다. (채무자는 기존의 대출금을 상환해야 새로운 대출을 받을 수 있다.) 그라민은행은 상환금과 이자를 추가 대출 생성과 그라민재단의 빈곤 퇴치 프로젝트 지원에 사용한다. 2017년에 거의 17억 5,000만 달러에 달했던 대출에는 노점상을 위한 초기 자금 조달과 70만 채 이상의 주택 건설이 포함되어 있으며, 매년 5만 명 이상에게 학자금 대출과 2만 7,000명에게 장학금을 제공한다. 또한 7,700명이 넘는 걸인이 집집마다 구걸하는 동안 자잘한 장신구를 팔 수 있도록 무이자 대출을 해주었다. 그라민재단의 활동은 전화 서비스, 태양광 발전, 건강 관리 등과 같은 다양한 사업으로 확장되었다.

다논그룹

프랑스 최대 식품 기업인 다논그룹은 네 가지 제품 부문을 운영한다. 유제품(세계 최대 업체인 다논은 거의 요거트의 대명사이다), 생수[에비앙(Evian) 및 볼빅(Volvic) 등을 포함해서 세계 2위], 이유식[블레딘(Blédine) 브랜드에 이어 세계 2위], 의료 영양식(유럽 최대)이다. 전 세계적으로 운영되며 2018년 매출은 246억 유로(280억 달러)였다. 그라민과 합작하기 전에 방글라데시 내 사업장은 없었다. 사실 액티비아(Activia), 액티멜(Actimel) 브랜드의 요거트 같은 다논의 제품 대부분은 고가 소비자를 겨냥한다.

왜 사회적 기업에 투자해야 하는가?

다논 또는 누군가가 배당금이나 자본 이익이 발생하지 않는 사업에 투자하기를 원하는 이유는 무엇일까? 유누스는 사람들은 다차원적이므로 경제적 이득보다 더 많은 것을 원할 수 있다고 주장한다. 그는 막대한 부를 축적한 후 자선 사업에 관심을 돌린 카네기(Carnegie), 게이츠(Gates), 록펠러(Rockefeller) 같은 비즈니스 리더를 언급한다. 다논의 JV 참여는 이러한 다차원적 비전에 부합한다. 사실 다논은 '가능한 한 많은 사람에게 음식을 통해 건강을 가져다주는' 기업의 사명과 함께 사회적으로 책임 있는 행동의 역사를 가지고 있다. 그럼에도 불구하고 다논은 이익을 창출해야 하고 경영진은 주주에게 응답해야 한다. 이때 방글라데시 JV는 몇 가지 잠재적인 경제적 이점을 제공할 수 있다.

전통 시장의 성숙

다논 제품에 대한 수요는 다논의 전통적인 시장이었던 부유한 국가에서는 성숙기에 접어들었다. 따라서 다논의 경영은 더 가난한 국가로 초점을 옮기고 있다. 1999년과 2010년 사이에 저개발국(LDC)에서 발생하는 매출 비중이 6%에서 47%로 증가했다. 하지만 저개발국에서의 판매는 부유층 중심으로 이루어져, 프랑크 리부(Frank Riboud) 회장이 "피라미드의 꼭대기 층만을 생각하는 것은 미친 짓이다"라고 말할 정도였다. 따라서 방글라데시는 BoP에서 고객과 운영 방식에 대해 배울 수 있는 실험실의 역할을 할 수 있다.

저개발국의 성장 촉진

비판적인 사람들은 다국적 기업이 가난한 소비자에게 영양가 있는 식품 대신 불필요한 제품을 구매하도록 부추김으로써 경제적 저개발을 가져온다고 비판한다. 하지만 다논의 제품은 모두 건강에 좋고 위생적이다. 한 기업의 이러한 성공적인 마케팅은 개발에 큰 영향을 미치지 않을 가능성이 높지만 잠재적인 촉매제가 될 수 있고, 이는 아마도 호의적인 홍보로 이어질 수 있다. 또한 BoP 소비자가 경제적으로 상향 이동함에 따라 그들은 다른 다논 제품을 더 많이 소비하게 될 것이고, 이전 경험 때문에 다논 제품을 더 선호할지도 모른다. 리부 회장은 "빈곤이 증가할 때 다논의 성장 전망은 어두워진다. 그렇다면 가난을 퇴치하는 것이 내 사업에 도움이 된다는 것을 의미한다"고 언급했다.

해외 판매 및 충성도 구축

사회적으로 책임 있는 기업으로 인식되면 경영 성과 향상에 다양한 방법으로 도움이 된다. 하지만 사회적 책임을 다하는 방식은 매우 많다. 다논이 JV에 투자한 초기 금액은 50만 달러로, 그 정도 규모의 회사로서는 작은 지출이었고, 다논은 운영 수익이 충분해지면 돈을 돌려받을 수 있었다. 게다가 사회적 기업에 투자하는 최초의 주요 기업 중 하나가 된다는 사실은 전 세계적으로 무료로 긍정적인 홍보를 창출해낼 수 있다.

방글라데시 JV를 만들어낸 역사

2005년, 파리에서 열린 점심식사 자리에서 리부는 유누스에게 다논이 가난한 사람을 돕기 위해 무엇을 할 수 있는지 물었다. 유누스가 사회적 기업이라는 개념을 설명하자 리부가 곧바로 '하자'고 말했고, 두 사람은 JV 설립으로 손을 잡았다. 이 JV는 주요 다국적 기업과 협력해서 설립된 최초의 사회적 기업 중 하나지만 루스벨트 대통령의 '잊힌 자'가 완전히 잊히지는 않았다. 많은 기업이 분뇨 스토브와 같은 장치를 사용해서 BoP(특히 1970년대 적정 기술의 전성기 동안 인도에서)에 마케팅을 했다. 이러한 경험은 특히 영양가 있는 제품으로 BoP를 공략하고자 하는 기업에게 다음과 같은 교훈을 제공한다.

- **가격**: 저렴하고 안정적인 가격은 매출을 창출하고 유지하는 데 도움이 되므로 기업은 자체 비용을 절감하고 안정화할 수 있는 새로운 수단을 찾아 이점을 얻고 이를 고객에게 전달한다.
- **제품 호환성**: 저렴한 가격에 고영양만으로는 부족하다. 제품은 대상 시장의 익숙한 습관과 호환되어야 하고, 시각적으로 매력적이고 맛이 있어야 한다. 따라서 적절한 제품을 선택하고 현지 시장에 적용하는 것이 중요하다.
- **교육**: 일부 국가에서 BoP는 대부분 문맹이고 대중매체에 대한 접근성이 낮으며, 인과 관계에 대한 과학적 근거에 대해 확신하지 못한다. 따라서 이러한 사람들에게는 비전통적인 수단을 통해 접근하여 영양의 변화가 중요하고 시간이 걸린다는 것을 확신시키고 그들

이 믿을 만한 정보를 전달하는 것이 중요할 수 있다.

- **판촉**: 판매 시작 전 홍보는 매우 중요하므로 신뢰도를 높이려면 표적 시장에서 인정받는 오피니언 리더의 활용이 필수적이다.
- **경쟁**: 빈곤층을 돕기 위한 노력이라는 점에서 경쟁 상대가 정부 프로그램, 비영리 조직 및 자선 단체일 가능성이 크다. 따라서 기업은 이러한 경쟁자보다 잘하거나 아니면 이들과 협력할 수 있는 방법을 찾아야 한다.

전략 추진 및 방향

2005년 파리에서 의기투합한 후 2년도 채 되지 않아 그라민다논의 생산이 시작되었다. 합작회사는 주변의 빈곤 지역에 서비스를 제공하기 위해 작은 시골 농장에서 시작했다. JV의 사회적 목표를 고려해서 파트너들은 제품과 생산을 가능한 한 친환경적으로 하기로 합의했다. 이 공장의 규모는 다른 곳에 있는 다논의 표준 공장의 1%에 불과하지만 유입수와 배출수 처리, 재생 에너지를 생산할 수 있는 태양 전지판 등 최신 설비를 갖추었다.

제품 정책

최초 공장을 비롯해 2015년까지 지어진 2개의 추가 공장에서 어린이를 위한 영양가 높은 요거트를 생산하는데, 이 요거트는 효율적인 소규모 생산과 우유의 근접 공급을 통해 만들어진다.

시장 테스트를 통해 다논은 용기로 직접 마실 수 있는 더 달콤하고 묽은 요거트를 판매하기로 결정했다(이후 시장 피드백으로 숟가락이 포함되었다). 비타민 A, 아연, 아이오딘 하루 필요량의 30%를 요거트에 첨가하고, 생분해 기술을 사용하여 용기를 비료로 전환할 수 있게 했다.

가격 책정

비용과 가격을 낮게 유지하기 위해 이 공장은 주로 우유를 통에 담아 배달하는, 젖소 한두 마리만 사육하는 소규모 농가로부터 공급받은 현지 재료를 사용한다. 변동하는 우유 가격 때문에 JV는 가격 안정화를 위해 농부와 장기적인 계약을 맺었다. 따라서 JV는 때때로 시장 가격보다 더 많이 지불하고 다른 때는 더 낮은 가격을 지불한다. 여성 방문 판매원 20%, 지역 소매상 80%로 구성된 배급망에서 수수료 기반 운영을 통해 고정비를 절감한다. 여성 판매원의 수수료를 최소화하기 위해 방문 판매 시 추가적인 제품 판매를 제안하는 데 성공했다. 창업 단계 완료 이후 방글라데시 현지 인력만 채용하여 인건비를 낮게 유지한다. 요거트 공장은 규모의 경제가 부족하지만 단위 비용은 다른 곳에 있는 다논의 큰 공장과 동일한 수준이다.

촉진

대부분의 촉진 활동은 입소문이지만 주목할 만한 촉진 활동이 하나 있

출처: Durand Patrick/Abaca/Newscom

▲ 방글라데시 다카의 국립 축구 경기장에 입장하는 지단, 리부, 유누스

다. 리부는 방글라데시에서 가장 유명한 프랑스인 축구 스타 지네딘 지단(Zinédine Zidane)이 공장 설립 행사에 방문하도록 주선했는데, 이 행사는 방글라데시 전역의 신문 헤드라인을 장식했다. 방글라데시에 있는 동안 지단은 국립 경기장에서 청소년들과 함께 축구했고 공장의 초석에도 서명했으며 새로운 JV와 요거트에 대한 인지도를 올리는 데 즉각적인 도움을 주었다(지네딘 지단, 프랑크 리부, 무하마드 유누스의 경기 입장을 보여주는 위의 사진 참조).

브랜딩

JV 이름은 높은 인지도 때문에 그라민을 앞에 놓았다. 요거트 브랜드는 '힘을 위한 요거트'라는 뜻의 샥티도이(Shokti Doi)로 제품과 광고에 등장하는 근육질의 사자가 상징이다. 사자 옷을 입은 마스코트들이 요거트를 먹는 것의 장점을 설명하기 위해 청소년이 많은 지역을 방문하기도 한다.

유통

방글라데시의 높은 불완전 고용 때문에 표적 시장의 많은 가난한 어머니가 파트타임으로 요거트 판매에 뛰어들었다. 그러나 JV는 여성에게 대출해줄 때 직면했던 것과 유사한 반발을 극복해야 했다. 이번에는 여성이 방문 판매를 하는 것이 부적절하다는 불만이었다. 다음으로 큰 과제는 여성 판매원에게 ① 수수료를 얻기 위한 것 이외의 요거트 판매의 중요성과, ② 요거트 품질의 중요성과 유지 방법에 대해 교육하는 것이었다.

첫째, 판매의 중요성은 주로 영양이었다. 그라민다논이 접촉한 의사는 아이들이 일주일에 두 컵의 요거트만 섭취해도 이전에 결핍된 영양으로 인한 신체적 손실을 9~10개월 이내에 회복할 수 있다고 설명한다. 둘째, 요거트 판매는 더 많은 사람을 고용하고 지역 사회 내에서 소비하는 공급업체를 활용함으로써 지역 경제를 활성화하는 데 도움이 될 것이다. 냉장고가 있는 집이 거의 없고 상한 제품을 먹으면 질병과 향후 판매에 손실이 발생할 수 있기 때문에 요거트의 품질을 유지하는

것은 필수적이었다. 기업은 판매원에게 요거트를 만드는 방법을 시연하고 보냉 가방을 제공하며 해당 가방을 올바르게 사용하는 방법을 보여주고 부패 가능성을 줄이기 위해 최소한의 재고만 휴대해야 한다고 강조했다.

평가

JV의 재무 성과를 평가하는 것은 간단하지만 JV의 사회적 영향을 평가하는 것은 어렵다. 이를 위해 JV는 가난한 사람들을 위한 자사의 목표를 달성하는 성과지표를 개발하고 시험하며 검증하기 위해 스위스에 기반을 둔 영양 기관 게인(GAIN)을 고용했다. 미량 영양소가 첨가된 요거트와 그렇지 않은 요거트를 섭취한 어린이를 비교한 결과, 전자의 키가 더 많이 자랐다는 잠정적인 결론을 얻었다. 또한 심리 측정 검사는 전자가 계획, 집중, 문제 해결 및 개념적 유연성과 같은 중요한 정신적 기능에서 훨씬 더 뛰어나다는 것을 보여주었다.

미래

그라민다논식품의 판매는 2008년 15만 개에서 2013년 3,520만 개로 꾸준히 증가했다. 2013년 말에 직원 수는 976명으로 이 중 여성 판매원은 697명이다. 또한 다논은 방글라데시에서 소규모 생산을 효율적으로 운영하는 방법에 대해 많은 것을 배웠고 인도네시아와 세네갈에서의 운영을 돕기 위해 이 지식을 이전하고 있다(지도 17.1은 국제적인 연결을 보여준다). 이 새로운 협력 모델에 영감을 받은 주요 다

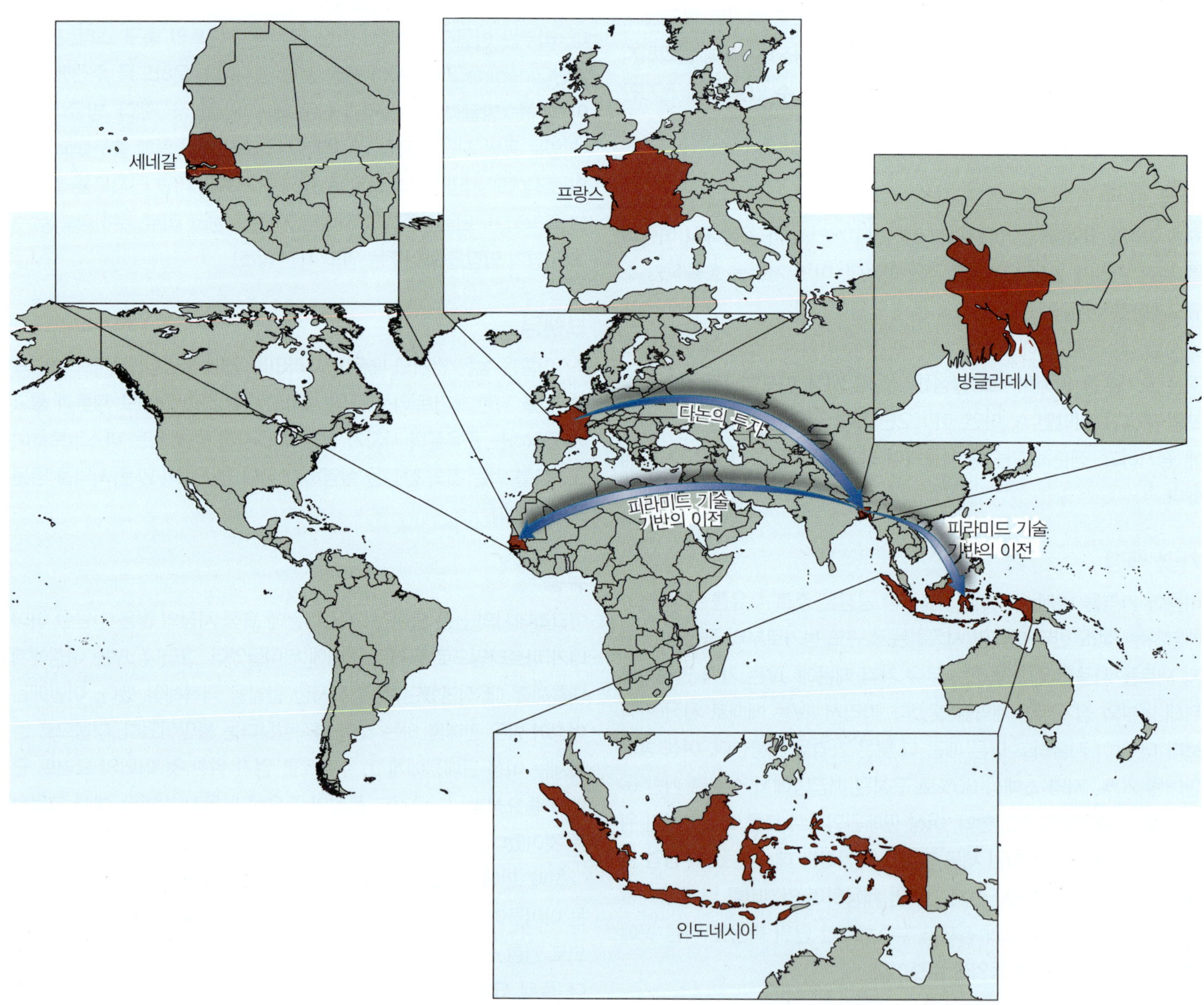

지도 17.1 그라민다논푸드 합작투자

프랑스 출신의 다논그룹이 그라민재단에 합류해 방글라데시에서 사회적 기업 합작투자법인을 설립했다. 그 후 다논그룹은 피라미드 하부층의 소비자를 다루는 방법을 배웠고, 이 지식을 인도네시아와 세네갈에서 운영하는 데 도움이 되도록 변형했다.

국적 기업은 그라민재단과 함께 사회적 기업을 설립했는데, 그라민인텔(Grameen Intel)은 토양을 시험하고 적절한 비료를 추천하는 휴대용 장치의 소프트웨어 응용 프로그램을 개발했고, 그라민유니클로(Grameen Uniqlo)는 방글라데시에서 의류라인을 생산하고 15개 매장을 열었으며, 그라민베올리아(Grameen Veolia)는 가장 가난한 지역의 주민들이 깨끗하고 안전한 물을 이용할 수 있도록 투자했다. 하지만 이러한 합작사업의 유명세와 가능성에도 불구하고 다논은 보다 부유층의 세분시장으로 확장하기 위해 피라미드 더 높은 곳에서의 판매에 BoP 브랜드의 인지도와 무형 자산 가치가 어떻게 활용될 수 있는지 평가할 필요가 있다.

문제

17–3 다논이 그라민다논 합작투자를 통해 얻을 수 있는 이점은 무엇인가?

17–4 사회적 기업을 설립하기로 한 다논의 동기는 재무 성과에 도움이 될 것이라고 믿었기 때문일까, 아니면 사회적 책임을 원했기 때문일까? 이 차이가 중요하다고 생각하는가?

17–5 다논이 BoP에 판매할 제품을 추가하는 경우 어떤 제품이 최고의 후보가 될 것인가? 그 이유는 무엇인가?

17–6 사회적 기업인 그라민다논식품의 설립 이후 전 세계적으로 사회적 기업의 수가 많이 증가해서 현재 독일 볼프스부르크에서 매년 글로벌 회담이 개최되고 있다. 사회적 기업을 설립하기에 적합하지 않은 유형의 기업이 있는가? 만약 그렇다면 어떤 기업이 그러하며 그 이유는 무엇인가?

17–7 그라민재단과 성공적으로 협력해서 방글라데시의 특정 문제를 해결할 수 있는 또 다른 다국적 기업이 있는가? 있다면 어떤 방법으로 가능할까?

17–8 당초 그라민다논식품JV는 2012년에 손익분기점에 도달할 것으로 예상되었다. 공식적인 수치는 발표되지 않았지만 2018년까지도 그 수준에는 도달하지 못한 것으로 보인다. 다논이 이 JV에 계속 투자를 해야 하는가? 그렇다면 향후 JV의 재무 전망을 개선하기 위해 무엇을 할 수 있는가?

Chapter 18

글로벌 운영 및 공급사슬 관리

학습 목표

18-1 글로벌 공급사슬 관리의 의미를 정의한다.

18-2 글로벌 운영 전략의 다양한 측면을 설명한다.

18-3 글로벌 소싱이 글로벌 공급사슬 및 글로벌 운영 관리의 중요한 측면임을 보여준다.

18-4 글로벌 운영 및 공급사슬 관리에서 정보 기술이 어떻게 사용되는지 설명한다.

18-5 글로벌 운영 및 공급사슬 관리에서 품질 관리가 얼마나 중요한지 요약한다.

출처: Street VJ/Shutterstock

▲ 500개 이상의 소매점 중 하나인 중국 심천에 있는 애플스토어. 애플이 '커뮤니티 모임 장소'라고 지칭하는 전 세계 장소에서 고객은 매장 바로 바깥의 테이블에서 휴식을 취할 수 있다.

싸다고 결함만 있는 것이 아니고, 비싸다고 품질이 다 좋은 것도 아니다. —아프가니스탄 속담

CASE

애플의 글로벌 공급사슬 관리[1]

아이폰(iPhone)을 구입하는 데 시간이 얼마나 걸리는가? 2012년 9월, 세계 최대 가전업체이자 미국 시가총액 1위 기업인 애플(Apple)이 아이폰 6세대이자 인기 아이폰4S의 후계자인 아이폰5를 공식 발표했다. 새 휴대전화에 대한 폭발적인 기대감으로 사전 주문이 폭주했으며, 이는 중국 중북부 도시인 정저우의 애플 공장에서 공급할 수 있는 아이폰의 생산 능력을 넘어설 정도였다. 맨디 샤오(Mandy Xiao)는 당시 유타주 프로보에 거주하고 있었으며 2012년 크리스마스까지 제품을 받고 싶어 12월 5일 Apple.com에서 직접 주문했다. 정저우에 위치한 애플의 공장은 사실 대만에 본사를 둔 혼하이정밀공업(Hon Hai Precision Industry Co. Ltd.)이 소유하고 있으며 폭스콘테크놀로지그룹(Foxconn Technology Group)으로도 알려져 있다. 크리스마스 시즌이라는 상황과 정저우가 1만 킬로미터 조금 넘는 거리에 있다는

지리적인 사실을 고려하면 맨디는 아이폰을 배송받는 데 얼마나 걸릴지 확신할 수 없었다. 하지만 애플의 공급 체인은 빠르게 대응했다. 맨디는 주문 이틀 만에 정저우에서 한국의 인천 국제공항을 거쳐 알래스카 앵커리지, 유타주 프로보에 있는 자신의 집까지 UPS를 통해 아이폰의 여정을 추적할 수 있었다. 현재 시점에서 경쟁자와 제대로 경쟁하려면 당신은 가능한 한 빨리 소비자에게 제품을 가져와야 한다. 애플은 소비자와 1만 킬로미터 떨어져 있는 상황에서도 그것을 해냈다. 맨디가 지금 다시 아이폰을 구매한다면 솔트레이크시티에 있는 애플스토어나 베스트바이(Best Buy) 같은 소매 아웃렛이나 휴대전화 공급업자를 통해 아이폰11프로를 찾아 손쉽게 구입할 수 있을 것이다. 이렇게 세상은 빠르게 변하고 있다.

애플의 기원

애플의 초기 공급 체인은 비교적 단순했다. 1976년 스티브 잡스(Steve Jobs)와 스티브 워즈니악(Steve Wozniak)은 캘리포니아주 쿠퍼티노에 있는 잡스의 집 차고에서 첫 제품인 애플 I 컴퓨터를 판매했다. 워즈니악은 디자이너였고 잡스는 유망한 마이크로컴퓨터 산업에서 사업을 운영했다. 잡스와 워즈니악은 제품을 디자인하고 작동하게 하는 운영 체제를 개발하며 제조하고 시장에 내놓는 것까지 모든 과정을 담당해야 했다. 포드(Ford)나 GM(General Motors)과 같은 대형 자동차 회사도 같은 이슈를 가지고 있었지만, 그들은 시장에 공급하기 위해 거대한 제조 시설을 건설하는 데 상당한 자원을 투자했다. 새로운 애플 컴퓨터 회사는 자동차 회사들과는 달리 주요 제품 제조업체가 아니라, 주로 다른 회사가 공급하는 부품을 조립하는 업체였다. 애플은 이 새로운 벤처로 엄청난 성공을 거두었는데, 이는 컴퓨터의 가격이 꽤 비쌌고 판매량도 많지 않았지만 경쟁도 그리 강하지 않았기 때문이다.

진정한 경쟁의 시작은 IBM의 시장 진출이었다. IBM은 애플을 이기기 위해서는 가능한 한 비용을 절감해야 한다는 것을 알고 있었다. 당초 IBM은 미국 내에서 대부분의 부품과 구성 요소를 생산하는 수직통합형 대기업이었으나, 1980년대 초 잡스와 워즈니악의 성공적인 애플 I 컴퓨터의 후속인 애플 II 컴퓨터보다 더 저렴한 대안을 만들려면 핵심 부품에 외부 공급업체를 사용할 필요가 있음을 깨달았다. 그 후 IBM은 운영 체제를 마이크로소프트(Microsoft)에, 마이크로프로세서를 인텔(Intel)에 아웃소싱했고, 경쟁은 시작되었다. IBM은 가치사슬을 면밀히 살펴보고 아웃소싱을 감행함으로써 마이크로소프트가 IBM의 운영 체제를 사용하려는 모든 회사에게 운영 체제를 공급할 수 있게 했고, 결과적으로 업계에서 사용되는 상당수의 컴퓨터가 IBM 기술 기반을 가지게 만들었다. 이와 함께 인텔도 IBM 기반의 마이크로프로세서를 공급함으로써 IBM 컴퓨터를 생산하는 많은 기업을 위한 반도체 개발에 집중할 수 있었다. 또한 이로 인해 규모의 경제를 확보할 수 있었다.

애플의 적응

애플은 소비자 가전업계 전체와 마찬가지로 다양한 방식으로 적응했다. 애플의 강점은 소비자가 원하는 디자인이 반영된 신제품을 제시하는 것이었다. 하지만 애플은 이러한 강점이 단지 컴퓨터 디자인에만 국한되는 것이 아니라 애플이 생산하는 모든 제품 영역에 적용되어야 한다고 생각했다. 따라서 PC에만 매달리지 않고 다양한 모바일 통신과 미디어 기기, 휴대용 음악 플레이어, 소프트웨어, 클라우드 스토리지로 사업 영역을 확장했다. 그리고 아이폰, 아이패드(iPad), 맥(Mac), 아이팟(iPod), 애플TV(Apple TV) 등의 브랜드를 확보했으며, 자체적으로 제품을 디자인하고 제조했다. 애플은 항상 멋진 제품을 내놓았고 삼성처럼 시장에 새로 진출한 기업 또한 애플의 디자인 전략을 적극적으로 추진했다. 그러나 애플은 여전히 새로운 아이디어와 새로운 제품의 대명사로 알려져 있다. 이는 스티브 잡스와 그가 죽기 전에 만든 조직에 기반한 강점이다.

애플이 직면한 가장 큰 과제는 '어떻게 이렇게 다양한 제품을 생산하느냐?'였다. 애플의 공급사슬, 제조 및 조립 시설의 대부분은 미국 외 지역에 위치하는데, 주로 아시아에 있다. 그런데 2012년에는 컴퓨터를 조립하기 위해 1억 달러를 신규 시설에 투자하여 일부 컴퓨터의 제조를 '리쇼어링'하거나 미국으로 가져오겠다고 발표하기도 했다. 애플은 더 이상 자체 부품을 생산하지 않으며, 공급사슬이라고도 불리는 공급업체로부터 부품을 구입한다. 애플이 일부 생산 시스템을 재편하기로 한 이유는 에너지 비용 절감, 중국 같은 나라의 임금 인상, 미국 달러화 약세, 품질 관리 문제, 미국 국내 시장과의 근접성 때문이다. 하지만 이러한 변화가 애플이 제품을 제조하는 방식의 전반적인 변화를 의미하는 것은 아니다.

계약 생산 방식의 부상

애플이 사용하는 부품은 대부분 복수 공급처에서 나오지만 일부 제품은 단일 또는 한정 공급원 제품이므로 공급에 문제가 생길 수 있다. 이는 특히 애플이 업계에서 널리 쓰이지 않고 자사 제품에만 쓰이는 일부 맞춤형 부품을 사용하는 경우 더욱 그렇다. 마침 애플의 신뢰할 수 있는 공급업체를 찾는 시점에 폭스콘테크놀로지그룹으로 널리 알려진 혼하이정밀공업이 출현했다. 폭스콘은 1976년 테리 구(Terry Gou)가 대만에 설립했으며, 애플이 창립되었을 때와 거의 비슷한 시기에 설립되었다. 테리 구는 기계와 전기 부품에 대한 전문지식을 저비용 솔루션과 결합하여 전자 제품의 가격 경쟁력을 높이겠다는 목표로 어머니로부터 7,500달러의 융자를 받아 회사를 시작했다. 아타리(Atari)에 부품을 공급하기 시작한 뒤 미국으로 건너가 미국 기업과의 관계를 발전시켰다. 이 중 주문을 받은 회사 중 하나는 IBM이었다. 테리 구는 정말 알맞은 시기에 미국에 도착했다. 마침 IBM의 공급사슬은 수직에서 수평으로, 국내에서만 조달하던 것에서 국제적 소싱으로 변경되었기 때문이다.

애플이 싱가포르의 공장에서 자사의 제품 조립하는 것은 오프쇼어링 방식이다. 이는 미국에서 제품을 조립하는 공장을 해외로 이전한다는 것을 의미한다. 그 공장은 아직도 애플의 소유이지만, 조립에 필요한 부품은 여전히 아시아 지역의 다양한 공급자로부터 조달될 것이다. 그러나 애플과 폭스콘의 관계는 다르다. 대만에서 임금이 오르기 시작하면서 많은 기업이 필리핀과 말레이시아로 이주했지만 폭스콘은 처음에는 중국 선전에, 나중에는 노동력이 풍부하고 싼 중국의 다른 도시에 투자했다. 폭스콘은 해외 주문이 늘어나면서 대만 중소기업에서 세계 최대 규모의 계약 전자업체로 올라섰고, 중국에서 100만 명이 넘는 노동자를 고용했다.

폭스콘은 전 세계 다양한 기업에 부품을 공급하지만 애플이 폭스콘의 1위 고객임은 분명하다. 실제로 2013년 1분기 애플 실적에 대한 우려가 제기되자 혼하이의 주가는 14%나 하락했고 다른 애플 공급사의 주가도 비슷한 양상을 보였다. 그러나 1분기 실적이 발표되고 애플이 선전하는 것처럼 보이자 주가는 손실을 만회하고 상승세를 보였다.

1997년에 애플의 현 최고경영자(CEO)이자 스티브 잡스의 후계자인 팀 쿡(Tim Cook)이 입사하자 잡스는 제조공정을 재조정할 것을 요청했다. 제조상의 문제와 과잉 재고는 기업의 이윤, 현금 흐름에 부정적인 영향을 미쳤고, 궁극적으로 신제품 투자에 사용할 수 있는 자금 확보에 지장을 주었다. 쿡은 제조 역량 강화에 힘쓰면서 폭스콘 등 아시아 전역의 기업과 강력한 공급자 관계를 형성했다. 이들 기업과 폭스콘 사이의 차이점은 애플이 자체 시설에서 조립할 수 있는 부품만 조달하는 대신, 전체 제품 조립에 대해 폭스콘에 아웃소싱할 수 있었다는 점이다. 애플은 아일랜드나 싱가포르에서 오프쇼어링을 통해 제품을 생산하는 대신, 전체 생산공정을 계약업체인 폭스콘에 아웃소싱했다. 애플은 매우 높은 사양의 제품을 디자인하고 폭스콘 및 그 공급업체들과 협력하여 새로운 제품을 출시했고, 폭스콘은 애플에 제품을 제조하고 납품하는 일을 담당했다. 현재 애플의 하드웨어 제품은 대부분 주로 아시아에 위치한 아웃소싱 파트너가 제조한다. 제조량의 상당 부분을 현재 폭스콘과 같은 소수의 아웃소싱 파트너가 단일 위치에서 수행한다. 이들 협력사 중 일부는 애플 제품의 부품 공급 및 제조사의 위치를 독점한다.

폭스콘은 매우 신뢰할 수 있는 계약 제조업체가 되었지만 애플은 여전히 자사가 원하는 수준의 제품 및 구성 요소의 품질을 유지하려고 부단한 노력을 기울이고 있다. 애플이 자사의 조립 시설에서 품질을 조절하는 것과 폭스콘의 품질이 충분히 좋은지 확인하는 것은 전혀 다른 속성의 업무이다. 애플이 폭스콘 등의 납품업체와 강한 관계를 맺고 있는 것은 업계가 부러워하는 대목이다. 그러나 계약 생산 방식에 문제가 없는 것은 아니다. 폭스콘이 중국에 있는 자사 공장에서 직원들과 문제를 겪고 있다는 소식은 애플의 평판에 부정적인 영향을 미쳤다. 근로자들은 폭스콘이 열악한 환경에서 오랜 시간 일하도록 강요했다고 비난했고, 일부 직원은 폭스콘 건물에서 뛰어내려 자살하기도 했다. 그 결과 쿡은 중국 내 공장을 방문하여 폭스콘과 다른 공급업체에게 중국의 노동법과 더 높은 국제 수준의 노동 안전을 준수하라고 요구했다. 폭스콘은 공장 내에, 특히 위험하고 반복적인 생산라인이 많은 경우 폭스봇이라고 불리는 자체 로봇을 사용하여 자동화하고 있다. 애플은 공정노동조합(Fair Labor Association)에 가입한 최초의 기술회사가 되었고, 2007년부터 근로 조건에 대한 감사 결과를 발표했다. 2018년에 애플은 제품 생산에 사용되는 부품과 기타 서비스를 공급한 상위 200개 기업을 발표했다. 공급업체가 주로 아시아에만 있는 것은 아니었다. 실제로 애플의 지배적 공급업체인 폭스콘은 미국 위스콘신주에 설비 투자뿐 아니라 브라질 상파울루에 5개 제조 시설을 짓기로 합의했다. 이후 장에서 논의하듯이 중국에서 시작된 COVID-19로 중국 내 계약 제조업체 방식은 심각한 타격을 입었다. 중국 공장의 폐쇄는 애플의 글로벌 공급사슬에 심각한 문제를 일으켰다.

공급사슬의 마지막 부분

애플은 좋은 제품을 디자인하고 제조하는 것 외에도 공급사슬의 마지막 부분인 마케팅에 대해 걱정할 필요가 있다. 맨디가 아이폰을 사기로 결정했을 때 그녀에게는 많은 선택권이 있었다. 애플은 앞의 사진에서 볼 수 있는 것처럼 자사 소매점, 이동통신사, 코스트코(Costco)나 베스트바이 같은 소매상 등을 통해 전 세계에 제품을 판매하고 있다.

문제

18-1 애플의 인바운드 물류는 애플이 컴퓨터 조립을 통제하면서 시작됐지만 최종 생산과 조립의 대부분을 담당하는 계약업체와 함께 공급업체가 원료를 조달하도록 하는 쪽으로 방향을 틀었다. 애플은 왜 이런 일을 했으며, 애플이 직면한 주요 과제는 무엇인가?

18-2 애플의 주요 계약업체인 폭스콘은 삼성폰의 주요 제조 및 조립업체인 미국 플렉스트로닉스(Flextronics)를 누르고 세계 최대 ODM/EMS(원래 디자인 제조업체/전자 제조 서비스)가 된 기업이다. 2013년에 폭스콘은 미국에서 생산 공장을 운영하는 것을 고려했다. 이런 폭스콘의 진출은 애플에 도움이 될 것인가, 오히려 손해가 될 것인가?

글로벌 공급사슬 관리

18-1 글로벌 공급사슬 관리의 의미를 정의한다.

공급사슬(망)이란 원재료 공급자로부터 최종 고객까지 자재, 정보, 자금의 조정 활동을 말한다.

대부분의 기업은 효과적인 공급사슬 관리가 비용 절감과 수익 증대에서 가장 중요한 도구 가운데 하나라는 데 동의한다.[2] 도입 사례에서 공급자와 제조업체 및 고객을 연결하는 이러한 공급사슬 네트워크의 차원을 살펴봤다. 이 장에서는 구매 기능과 공급업체 네트워크의 후방(upstream) 프로세스, 운영 전략, 글로벌 공급사슬 관리에서 정보 기술의 역할, 운영에 영향을 미치는 품질 관리 등을 중심으로 글로벌 공급사슬의 국제적 차원에 대해 논의할 것이다. 전방(downstream) 프로세스는 17장에서 다루었다.

공급사슬 관리란 무엇인가

물류(자재 관리)란 고객의 요구사항을 충족시키기 위해 생산 지점에서 소비 지점까지 상품, 서비스 및 관련 정보의 효율적이고 효과적인 흐름과 보관을 계획, 구현 및 제어하는 공급사슬 프로세스의 일부이다.

개념 체크

12장에서는 가치를 전략의 기본 원칙으로 설명하면서, '만드는 데 드는 비용보다 더 많은 돈을 받고 판매할 수 있는 기업 능력의 척도'로 정의했다.

그림 18.1에서 볼 수 있듯이 **공급사슬**(supply chain)은 초기 원재료의 공급자에서부터 최종 소비자에게 이르는 과정을 연결하고, 제품 생산에 필요한 재료와 원료, 정보 및 자금의 조정을 수행하는 네트워크라 볼 수 있다.[3]

공급사슬 관리는 기업 외부에서 발생하는 가치사슬 내의 활동을 의미하며, **운영 관리**(operations management), 일명 **물류 관리**(logistics management)는 내부 활동을 의미한다. 공급업체가 생산업체와 수직적으로 통합된 기업의 역할을 하는 경우 생산자 조직 구조의 일부로 여겨질 수 있다. 물론 그렇지 않고 독립적인 존재로 활동할 수도 있다. 예를 들어 애플의 계약 제조업체인 폭스콘은 중국 공장에 애플 제품의 제조에 사용되는 자체 공급업체 네트워크를 가지고 있다. 공급업체는 제조 또는 조립이 이루어지는 국가에 위치하거나 다른 곳에 위치하여 최종 조립 시설 또는 중간 저장 지점으로 자재를 운송할 수 있다. 제조공정 산출물은 고객 또는 창고 네트워크로 직접 배송되어 최종 소비자 또는 총판, 도매상 또는 소매점에 직접 판매된 후 최종 소비자에게 판매될 수 있다. 공급업

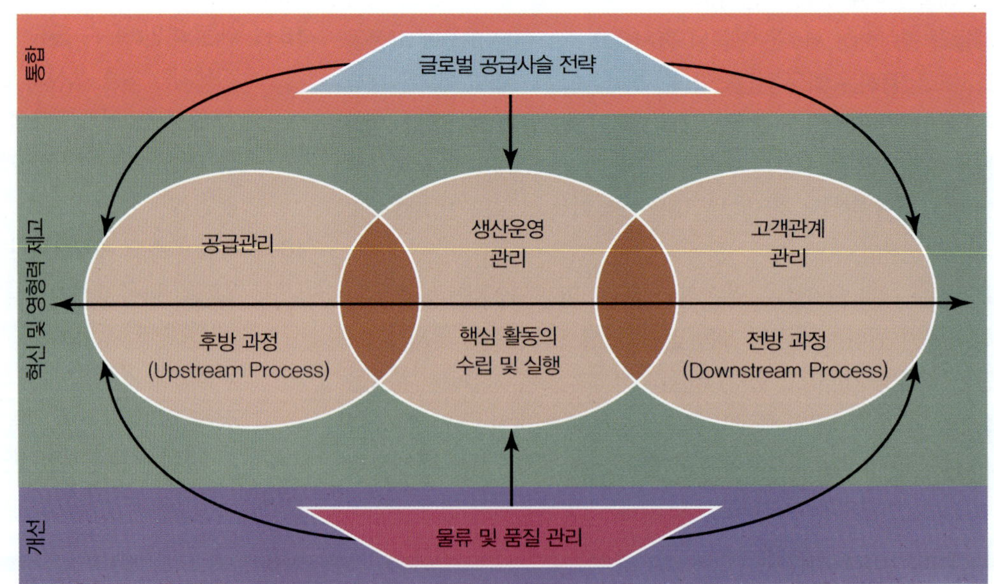

그림 18.1 통합된 공급사슬과 운영 전략

출처: S. Thomas Foster, Scott Sampson, Cindy Wallin, and Scott Webb, *Managing Supply Chain and Operations: An Integrative Approach* (Pearson Education, Inc., 2016): 2.

체 네트워크의 경우와 마찬가지로 생산물은 국내 또는 국제적으로 판매될 수 있다.

대부분의 글로벌 기업(다국적 기업, MNE)은 공급사슬 관리 능력이 뛰어나다. 가장 좋은 사례 중 하나는 12장에서 논의된 스페인의 소매업체 자라(Zara)이다. 이 장에서 우리가 살펴볼 기업은 디자이너, 공급업체, 하도급업체, 제조업체와 고객을 연결하는 글로벌 네트워크의 일부로 간주된다. 공급사슬 네트워크는 매우 광범위하며, 이들의 조정은 네트워크 내 기업 간 상호작용을 통해 이루어진다.[4]

호환성이란 FDI 결정과 기업의 경쟁 전략 간 일관성의 정도를 말한다.

글로벌 공급사슬 및 운영 관리 전략

18–2 글로벌 운영 전략의 다양한 측면을 설명한다.

애플이 중국에 생산 시설을 마련했던 것은 **지역 특유의 우위 요소**(낮은 임금 및 관련 비용 등) 때문이다. 폭스콘과 같은 기업은 애플의 생산 비용 절감에 대한 관심을 잘 이해하고 있었으며, 애플에게 적합한 생산 조건을 제시한 것이다. 이를 통해 애플은 자사의 **기업 특성 자산**(혁신, 제품 개발, 마케팅)에 집중할 수 있었고, 따라서 수직적 통합에서 벗어나 가치사슬의 요소를 폭스콘에 더 많이 내줌으로써 더욱 효과적으로 될 수 있었다.

물론 애플만이 아웃소싱하는 기업은 아니다. 다른 다국적 기업의 경우에도 생산 부분을 다른 기업에게 아웃소싱하고 있다. 나이키(Nike)는 핵심 역량이라 꼽히는 디자인과 마케팅 부문만 기업 내부에 유지하고 제품의 생산 부문은 다른 기업에게 하청을 준다. 바비 인형을 생산하는 마텔(Mattel)도 중국에 자사가 직접 소유한 생산 공장은 보유하고 있지 않다. 홍콩에 기반을 두고 중국에 공장을 보유한 인형 제조업체에게 생산 부분의 하청을 준다.[5] 19장에서 H&M은 수직적으로 자체 시설을 통합하고 설립하기보다 유럽과 아시아의 외부 공급업체에서 모든 패션 상품을 구매하는 방식을 택했다.

개념 체크

'가치 창출을 위한 탐구'의 과정에 대해 토론할 때 12장에서는 비용 리더십의 위치를 열망하는 기업이 품질 수준을 위해 산업에서 저비용 생산업체가 되려 노력한다고 설명했다. 이 전략은 기업이 가치사슬의 구조와 양립할 수 있는 두 가지 전략 중 하나를 채택한다는 것을 의미한다. ① 평균적인 산업 가격으로 제품을 판매하여 업계 경쟁업체보다 높은 수익을 얻거나, ② 업계 평균 이하의 가격으로 제품을 판매하여 시장 점유율을 획득하는 것이다.

개념 체크

기업의 가치사슬을 구성하고 조정하는 문제로서 12장에서 '글로벌 통합 대 현지 대응'의 확장된 논의를 상기해보자. 이 문제를 해결하기 위한 노력이 글로벌 전략 또는 국제 운영을 위한 다자간 전략 수립에 어떻게 기여할 수 있는지 설명했다. 여기서는 이 가치사슬 구성과 조정 문제가 제조 시설의 구성에 대한 특정한 전략적 결정에 어떻게 영향을 미치는지 분석한다.[6]

운영 관리 전략

제조업과 서비스 모두를 위한 공급사슬 전략의 한 부분은 **운영**(operation)이다. 이는 곧 투입이 산출로 전환되는 것을 의미한다. 글로벌 운영 전략의 성공 여부는 양립 가능성, 배치, 조정, 통제의 네 가지 주요 요소에 따라 결정된다.[7]

양립 가능성 생산 전략 차원에서 양립 가능성(compatibility)은 기업의 경쟁 전략과 해외투자 활동이 일치하는 수준을 의미한다. 월마트(Walmart)와 같은 일부 회사는 저비용 전략을 채택한다. 애플과 같은 다른 기업은 상대적으로 독특한 제품을 디자인하는 차별화 전략을 채택했다. 기업이 전반적인 전략을 운영과 일치시킬 경우 고려해야 하는 몇 가지 요소는 다음과 같다.

- **효율성/비용**: 생산 비용의 절감
- **신뢰성**: 제품의 품질과 배송 및 가격에 대한 약속 엄수에 대한 신뢰
- **품질**: 신뢰할 만한 제품 성능, 양질의 서비스, 배달 속도 및 믿을 만한 제품 유지 관리
- **혁신**: 새로운 제품 및 아이디어를 만들어내는 능력
- **유연성**: 다양한 제품 생산 요구와 생산량의 변동에 맞춰 생산 프로세스를 조정할 수 있는 능력.[8] 예를 들어 월스(Wall's)는 모회사인 유니레버(Unilever)의 글로벌 브랜드인 매그넘바(Magnum Bar)와 코네토(Cornetto)를 포함하여 중국에서 아이스크림을 생산한다. 그러나 월

스는 아이스크림 수요가 떨어지는 겨울철에는 일부만 생산하여 그때 여름을 맞는 남아프리카 공화국과 호주로 출하할 수 있음을 발견했다. 이를 통해 중국 내 과잉 생산 설비를 사용할 수 있고 중국 외 시장에서도 비용을 절감할 수 있게 되었다.

제조 배치 및 구성 글로벌 공급사슬에 속한 공급업체는 운영 관리 단계에서 원자재를 부품(즉 최종 제품으로 전환하기 위한 투입물을 구성하는 부품)으로 변환한다. 다음의 논의는 전 세계적으로 자동차를 제조하는 포드와 같은 기업의 제조 배치와 구성에 초점을 맞춘다. 다국적 기업은 글로벌 제조 전략을 수립할 때 세 가지 기본 배치와 구성을 고려해야 한다.

제조 배치 및 구성의 기본은 다음과 같다.
- 중앙집중 생산
- 지역 생산
- 다국가 생산

- 중앙집중 생산(Centralized Manufacturing): 중앙집중 생산에는 여러 옵션이 있다. 첫 번째 옵션은 다국적 기업은 제조를 하나의 공장, 일반적으로 전 세계에 서비스를 제공하는 국내 시장에 집중할 수 있다. 두 번째 옵션은 한 국가에 국내 및 국제 시장에 서비스를 제공하는 여러 공장을 보유하는 것이다. 세 번째 옵션은 전 세계적으로 판매되는 특정 제품에 초점을 맞춘 공장을 보유하는 것이다. 포드는 모든 모델을 생산하는 하나의 공장만 있는 것이 아니라 다른 모델을 생산하는 여러 공장을 소유하고 있다. 예를 들어 포드는 독일과 중국에서 포드 포커스(Focus)를 생산하고, 포커스를 제조하던 미국 공장은 다른 두 가지 모델을 생산한다.[9]
- 지역 생산(Regional Manufacturing): 많은 회사가 아시아를 제조업의 지역 중심지로 이용한다. 홍콩에 본사를 둔 의류 제조업체인 탈그룹(Tal Group)[10]은 지오다노(Giordano), 브룩스브러더스(Brooks Brothers), 바나나리퍼블릭(Banana Republic), 제이크루(J. Crew) 같은 회사의 의류 제조 및 도매업체 중 하나이다. 탈그룹은 중국에서만 의류를 생산했지만 인건비 상승으로 말레이시아, 인도네시아, 태국, 베트남 등에 공장을 열 수밖에 없었다. 여전히 중국에서 4,000명의 직원을 고용하여 셔츠를 만들고 있으며, 이 지역에 여러 제조 시설을 보유하고 있다.[11] 현재 5,300만 제품 이상의 생산 능력을 보유하고 있으며 11개 공장에서 2만 5,000명 이상의 직원을 고용하고 있다.[12] 이 경우 탈그룹의 지역 생산 전략은 이 지역 이외의 고객에게 서비스를 제공할 수 있게 하는 것이다. BMW, 폭스바겐 AG(Volkswagen AG), 토요타코퍼레이션(Toyota Corporation)은 북미 지역의 고객에게 서비스를 제공하기 위해 미국과 멕시코에 공장을 가지고 있다.[13] 대부분의 주요 자동차 제조업체는 북미뿐만 아니라 다른 시장에도 서비스를 제공하기 위해 멕시코에 제조 시설을 설치했다.[14]
- 다국가 생산(Multi-Domestic Manufacturing): 개별 국가의 시장이 확대되면 기업은 해당 국가의 고객에게 더욱 관심을 가지게 되고 고객의 기호가 반영된 제품, 즉 해당 국가에 특화된 제품을 생산하기 위해 현지에 공장을 설립하게 된다. 이는 다내수 시장 전략(multi-domestic strategy)과 일치한다.[15] 네덜란드의 전자 기업 필립스(Philips)는 제2차 세계대전 이후 해외로 진출하면서 줄곧 다국가 생산 전략을 수립했다. 필립스의 주요 활동 무대인 유럽 시장은 국가 간 진입 장벽이 매우 높았기 때문이었다. 따라서 필립스는 국가 단위를 기준으로 생산 공장을 설립했다. 무역 장벽이 낮아지면서 광범위한 지역 제조업 방식으로 생산을 정상화할 수 있었지만, 각각 국가의 시장이 개별적으로 성장함에 따라 노력이 중복되더라도 각 국가 내에서 제조하는 것이 타당하다는 것을 알게 되었다.

오프쇼어링은 본국 이외의 국가에서 이루어지는 제조 투자를 말한다.

오프쇼어링, 니어쇼어링, 온쇼어링 애플이 싱가포르와 아일랜드 코크에 제조 공장을 설립했을 때와 마찬가지로 한 기업이 자국 시장 밖에서 제조하기로 결정하는 것을 **오프쇼어링 제조**(offshoring manufacturing)라고 한다. 오프쇼어링의 주된 동인은 저렴한 임금이었다. 중국에서 임금이 계속 오르자 기업은 베트남, 인도네시아, 태국과 같은 더 낮은 임금의 국가로 이동했다. 이제 아프리카가 저임금 국가로 인기를 끌고 있다.[16]

그러나 일부 기업은 **니어쇼어링**(nearshoring) 방식으로 역외 전략을 수정했다(예: GM은 미국 시장에 더 가까이 접근하기 위해 제조공정 중 일부를 멕시코로 이전했다). 미국의 임금에 비해 멕시코의 낮은 임금과 NAFTA와 긴밀하게 연결된 공급사슬을 가질 수 있는 장점이 결합될 수 있었다. 그래서 임금이 훨씬 저렴하지만 미국 시장에서 멀리 떨어져 있는 다른 시장보다 멕시코에 위치한 것이 더 매력적이다. 일부 다국적 기업은 운영의 효율성을 향상하여 **리쇼어링**(reshoring) 또는 **온쇼어링**(onshoring) 전략처럼 본국으로 돌아가기도 했다. 예를 들어 보잉(Boeing)은 777X 비행기의 부품 생산의 일부를 리쇼어링하고 있으며 향후 몇 년 안에 약 8,000개의 일자리를 본국으로 리쇼어링할 것이라고 발표했다.[17]

니어쇼어링은 미국 기업의 경우 멕시코, 독일 기업의 경우 체코 프라하와 같이 국내 시장에 공급사슬을 더 가까이 이동시키는 오프쇼어링 전략이다.

리쇼어링 또는 온쇼어링은 오프쇼어링 투자로부터 본국으로 생산을 되돌리는 것을 의미한다.

조정과 통제 조정과 통제는 서로 잘 어우러지는 개념이다. **조정**(coordination)은 단일 시스템 내에서 이루어지는 모든 생산, 공정, 유통 관련 활동의 연결과 통합을 의미한다.[18] 따라서 원재료의 구입에서 생산 및 배송에 이르는 글로벌 공급사슬 내 모든 활동이 조정의 대상이다. 생산 시설의 배치가 완벽하게 이루어진 후에도 조정에 관련된 논의가 제대로 진행되지 않으면 효율적인 공급사슬 관리를 기대하기 어렵다.

생산 시설의 글로벌 배치가 결정되고 조정 활동을 수행할 수 있을 때 기업은 자사의 글로벌 생산 전략이 원활하게 진행되도록 통제 시스템을 도입해야 한다. **통제**(control)는 기업이 변화하는 상황에 적절하게 대응할 수 있게 만드는 역할을 한다. 통제 구조의 또 다른 측면은 16장에서 자세히 논의된 조직 구조이다.

조정은 단일 시스템 내에서 이루어지는 모든 생산, 공정, 유통 활동의 연결과 통합을 의미한다.

개념 체크

제16장에서 조직 구조, 조정 및 통제 체계, 조직 문화의 관점에서 통제를 논의했다. 조정 및 통제 시스템을 설명하면서 다국적 기업이 구조에 관계없이 중복을 방지하고 자원 할당을 조정하며 조직 내에서 나온 아이디어로 전사적 운영이 이익을 얻을 수 있도록 조정 및 통제 메커니즘을 개발해야 한다고 설명했다.

조직 구조 및 성과 측정 시스템과 같은 통제 시스템은 관리자가 기업 전략을 구현할 수 있도록 보장한다.

글로벌 소싱

18–3 글로벌 소싱이 글로벌 공급사슬 및 글로벌 운영 관리의 중요한 측면임을 보여준다.

글로벌 소싱(global sourcing)은 자재 관리 과정의 첫 단계로, 생산공정, 재고 관리 및 공급업체, 제조업체 및 고객 간 운송에 사용되는 투입물의 공급을 확보하는 것이다. 글로벌 소싱 및 생산 전략은 생산 과정의 단계별로 기본적인 운영 환경 선택(본국 또는 해외)을 보여주는 그림 18.2를 보면 더 잘 이해할 수 있다.

소싱이란 기업이 생산 과정을 위해 외부 공급업체(국내 및 해외)로부터 투입물을 공급받는 과정이다.

자동차 제조와 같은 첨단 기술 및 복잡한 공정과 연계되는 경우가 많지만 글로벌 소싱은 우리가 매일 사용하고 소비하는 저가 제품에도 영향을 미친다. 미국계 브랜드 사라리(Sara Lee)의 통밀빵을 살펴보자. 이 빵을 만들기 위해 사라리는 다양한 공급업체로부터 재료를 얻는데, 그중 거의 3분의 1이 외국에서 공급된다. 빵을 촉촉하게 유지하기 위해 사용되는 구아검(guar gum)은 인도에서 자란 구아 나무의 씨뿌리에서 나오는 가루이다. 여러 국가에서 제조되는 분말 형태의 곰팡이 억제제인 칼슘 프로피오네이트(calcium propionate)는 네덜란드에서 생산된다. 천연 감미료로 사용되는 꿀은 미국, 중국, 베트남, 브라질, 우루과이, 인도, 캐나다, 멕시코, 아르헨티나의 공급업체로부터 얻는다. 사라리는 미국의 공급이 종종 부족할 수 있으므로 미국 이외의 여러 다른 국가로 공급을

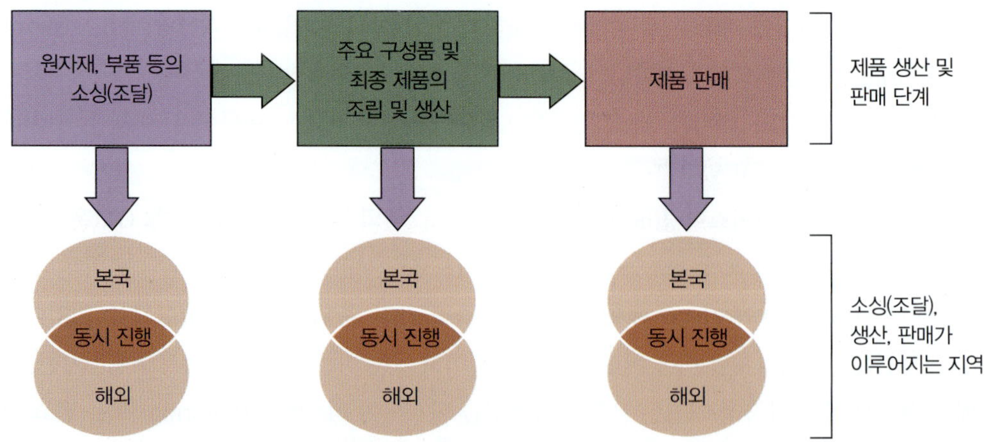

그림 18.2 생산 위치와 단계에 따른 글로벌 소싱 및 생산 전략
기업이 글로벌 전략의 기능으로서 원자재, 부품, 부품을 조달하고자 할 때, 몇 가지 중요한 결정에 직면하게 된다. 예를 들어, 부품을 국내에서 조달하고, 해외에서 조립한 다음 최종 제품을 국내 시장, 해외시장 또는 두 시장 모두에 수출할 수 있다.

다변화하고 있다. 제분 과정에서 손실된 비타민을 보충하는 밀가루 농축 공정은 중국에서 공급받는다. 산업 통합으로 밀가루 농축 공급업체는 제한되어 있다. 빵과 빵 껍질에 색을 입히는 데 사용되는 인공 색소인 베타카로틴(beta-carotene)은 스위스에서 공급받는다(참고로 베타카로틴은 스위스 외에 다른 국가에서도 구할 수 있다). 비타민 D3는 중국에서 공급되고, 밀 글루텐은 프랑스, 폴란드, 러시아, 네덜란드, 호주 등 여러 국가에서 공급된다.[19]

재료 공급원이 전 세계에 퍼져 있기 때문에 사라리는 시의성, 안전, 품질을 유지하기 위해 공급사슬을 신중하게 관리해야 했다. 그래서 기존에 흩어져 있던 조달 업무를 본사에 위치한 '중추센터(nerve center)'로 알려진 단일 부서로 통합함으로써 글로벌 재료 구매를 중앙 집중화했다. 구매 전문가는 날씨 패턴, 상품 동향 및 에너지 가격을 모니터링한다. 또한 사라리는 다양한 공급업체와 긴밀하게 소통하고 협력한다. 어떤 경우에는 공급업체가 미국 식품 안전 표준을 준수하게 하기 위해 공급업체 운영에 돈을 투자하기도 했다.[20]

기업은 부품을 내부적으로 제조하거나 외부 제조업체로부터 구매할 수 있다.

소싱 측면에서는 기업이 내부적으로 부품을 제조하거나 (관계없는) 외부 제조업체로부터 부품을 구입할 수 있다. 또한 자체 제품을 내부적으로 조립하거나 외부업체에 하청할 수 있다. 부품 제조 및 최종 조립은 본국, 판매 국가 또는 제3국에서 이루어질 수 있다.[21]

소싱이라는 용어는 다양한 방식으로 사용된다. 예를 들어 **아웃소싱**(outsourcing)은 한 회사가 한 프로세스나 기능을 다른 회사에 외부화하는 것을 말한다. 아웃소싱은 IT 분야에서 자주 발생하지만 연구, 서비스 센터, 심지어 회계 및 세금 기능과 같은 다른 분야에서도 사용된다. 오프쇼어링 역외 제조 외에도 기업이 업무 프로세스의 일부를 본국 밖으로 옮기면서도 다른 기업에 아웃소싱하는 대신 기능을 내부화하는 또 다른 형태의 오프쇼어링도 있다. 예를 들어 다른 국가에 자체 R&D 시설을 설립하거나 미국에 본사를 둔 공공 회계법인이 인도에 세금 관행 지부를 설립하는 것이 그 예일 것이다. 아웃소싱은 국내 또는 해외에서 이루어질 수 있다. 때로는 해당 위치에서 고용된 인재를 이용하여 전체 작업을 해외로 옮길 수도 있다.

공급사슬은 공급업체, 소매업체, 고객 간에 수평적으로 협업하여 가치를 창출하는 방법이다.

아웃소싱에 대한 또 다른 견해는 **공급사슬**(supply-chain, 공급망)이다. 공급사슬은 공급업체, 소매업체, 고객이 수평적인 협력을 통해 가치를 창출하는 방법이다.[22] 자라, 월마트, 이케아(IKEA)는 전 세계 주요 공급업체와 공급사슬로 연결되어 고객 맞춤형 제품을 제공하는 전략을 보여주는 좋은 예이다. 공급사슬은 비즈니스 프로세스에 중점을 두는 전통적인 아웃소싱과 구별되는데, 특히 공급사슬은 고객에게 판매되는 최종 제품과 직접 관련되기 때문에 훨씬 광범위하고 복잡하다. 애플이 폭스콘을 아이폰과 같은 제품의 **계약 제조업체**(contract manufacturer)로 고용한 것은 기술적으로 공급사슬이라 할 수 있다. 다만 전체 제조공정은 폭스콘이 담당한다는 점에서 아웃소싱과 비슷하다. 그림 18.1에서는 폭스콘과 같은 계약 제조업체가 후방 과정을 맡을 뿐만 아니라 조립도 하기 때문에 일부 운영 관리 기능도 담당한다고 볼 수 있다.

계약 제조업체는 폭스콘과 같은 기업으로 애플과 같은 기업과 계약을 체결하여 전체 제조공정을 인수하는 기업이다.

본국에서의 조달은 언어 차이, 거리, 긴 공급라인, 환율 변동, 전쟁과 반란, 파업, 정치, 관세, 복잡한 교통 경로와 같은 수많은 문제를 피할 수 있다. 그러나 많은 기업에게 국내 공급원은 구할 수 없거나 해외 공급원보다 더 비쌀 수 있다. 일본에서는 우라늄, 보크사이트, 니켈, 원유, 철광석, 구리, 코킹탄 등 제조공정에 사용되는 원료가 거의 모두 수입되기 때문에 해외 조달이 중요하다. 일본의 무역 회사는 일본 제조업에 필요한 원재료를 얻기 위해 명시적으로 존재하게 되었다.

원자재와 부품을 본국에서 조달하면 기업은 언어 차이, 거리, 통화, 정치, 관세 문제뿐만 아니라 다른 문제도 피할 수 있다.

글로벌 소싱을 해야 하는 이유

기업은 다음과 같은 이유로 글로벌 소싱 전략을 선택한다.

- 더 저렴한 노동력, 느슨한 노동 관련 법규, 저렴한 토지 및 공장으로 인한 비용 절감
- 제품 품질 향상
- 최신 기술 습득 기회 증대
- 원료 공급 프로세스의 개선
- 해외 공급자와 국내 공급자를 동시에 유지하여 원료 공급의 신뢰성 강화
- 해외에서만 확보할 수 있는 원료(기술적인 이유 또는 제품 수용성 때문)
- 해외 시장에서의 위상을 확고히 함
- 절충 교역 요건(offset requirement) 충족
- 경쟁자의 해외 소싱 활동에 대응[23]

글로벌 소싱을 선택하는 이유는 15장에서 FDI가 가진 장점의 내용과 유사하다. 공급업체가 제조업체 내에 있는지 아니면 독립적인 기업인지에 따라 다국적 기업은 현지에서 지역 특유의 우위를 누릴 수 있을 것이다.

2015년, 아부다비가 소유한 글로벌파운드리(Globalfoundries) 공장은 IBM으로부터 미국의 첩보 위성, 미사일, 전투기에 사용되는 첨단 마이크로칩을 제조하는 사업을 인수했다. 글로벌파운드리공장은 IBM의 이전 공장인 뉴욕 외에 독일과 싱가포르에도 사업장을 두고 있다. 펜타곤(Pentagon)의 목표 중 하나는 시장 흐름에 대응하여 공급사슬을 세계화하고 비용을 줄이는 것이다. 그러나 펜타곤은 공급 기반을 확장할 수 있을 때까지 마이크로칩의 제조가 여전히 뉴욕에서 이루어지기를 원했다. 이는 사이버 보안이

출처: Cabeca de Marmare/Shutterstock

▲ 많은 기업이 전 세계 전문 콜센터에 아웃소싱하고 있다. 예를 들어 멕시코 몬테레이에 있는 콜센터 직원은 2개 국어 능력을 활용하여 미국이나 중남미의 고객을 응대한다.

실제 문제인 특정 사업에서 글로벌 소싱의 좋은 예이다.[24]

경우에 따라 글로벌 소싱은 국내 소싱보다 더 많은 비용이 소요될 수 있다. 예를 들면 운송과 통신 비용이 더 많이 소요될 수 있고, 때때로 소싱을 중개한 사람에게 일정한 수수료를 지급해야 하기도 한다. 부품 및 재료의 공급 경로가 길어지면 해외로부터 부품을 공급받는 시간이 길어지고, 제품 생산 시간의 정확도가 감소하게 된다. 이러한 문제는 재고 관리 비용을 증대시키고, 부품이 생산 공장에 적시에 공급되는 것을 더욱 어렵게 만든다. 만약 수입된 부품이 불량품이거나, 재조정이 불가피한 경우에는 단위 제품당 생산 비용이 상승할 것이고, 몇몇 부품은 다시 해외 공급자에게 반납해야 할 것이다.

글로벌 소싱 시 고려사항

아웃소싱의 주요 구성은 다음과 같다.

- 수직 통합
- 산업 클러스터를 통한 아웃소싱
- 기타 아웃소싱

수직 통합 기업이 공급업체 네트워크 전체를 소유하거나 적어도 핵심 공급업체를 소유할 경우 이를 **수직 통합**(vertical integration)에 의한 소싱이라 할 수 있다. 예를 들면 앞서 본 것처럼 애플이 계약 생산업체를 사용하기 이전의 경우라고 할 수 있다. 기업은 외부의 공급업체로부터 원재료를 구입할 수도 있지만 가격이 매우 비싼 부품은 자체 생산을 할 수도 있다. 수직적 통합은 가치사슬 내 다양한 활동을 내부화함으로써 거래 비용(공급업체 탐색, 가격 협상 등에 소요되는 비용)을 낮출 수 있다.[25]

산업 클러스터 **산업 클러스터**(industrial cluster)를 통한 소싱은 운반 및 거래에 소요되는 비용을 절감하는 대안이 될 수 있다. 클러스터 내에서 구매업체와 공급업체는 서로 인근에 위치하게 되고, 이로 인해 사업을 진행하는 데 상당한 도움을 얻을 수 있다. 예를 들어 멕시코 자동차 제조업체의 성장은 공급업체를 멕시코로 끌어들여서 고객에게 가까이 다가갈 수 있게 했기 때문이다. 실리콘밸리는 스탠퍼드대학교와 IT 공급사슬에 있는 첨단 기술 기업의 연구를 이용하는 소프트웨어 기업의 클러스터이다.

개념 체크

15장에서 설명했듯이 기업에 대한 자원 기반 관점은 모든 기업이 고유한 역량을 조합한다고 생각한다. 여기서 자체 생산 대 외부 구입 결정은 기업이 이러한 자원 기반 관점을 수용하는 정도에 따라 달라질 수 있다. 예를 들어 기업이 내부적으로 자사의 역량에 가장 적합한 활동에 집중하도록 유도할 수도 있지만 반면에 기업의 역량이 낮은 제품, 서비스 또는 지원 활동에 의존하도록 유도할 수도 있다.

게이레츠 일본 특유의 기업 집단 구조인 게이레츠(Keiretsu)는 가치사슬 전반에 걸쳐 재화와 서비스의 흐름을 관리하기 위해 독립적으로 운영되는 기업들이 협업을 목적으로 모인 기업 집단이다.[26] 토요타의 정교한 공급업체 네트워크는 일본 게이레츠의 성공적인 운영 사례이자 산업 클러스터의 좋은 사례이다. 토요타의 공급업체 네트워크는 수직 통합에 거의 근접한 형태를 갖추고 있다. 부품 공급업체가 토요타의 자동차 조립 공장에 근접하여 위치하고 있으며, 토요타는 일반적으로 공급업체의 지분을 보유하는 방식을 취한다. 게이레츠에서 기업 간 신뢰관계는 설립 단계부터 긴밀하게 협력할 수 있게 하며 종종 독점 기술을 공유하고 새로운 기술이 개발될 때 서로 거부권을 허용할 수 있다. 그러나 최근 글로벌 시장의 변화와 철강 가격 인상에 의한 가격 상승 압력, 엔화 강세 상황은 토요타가 게이레츠 공급업체에게 중국의 저렴한 납품업체를 벤치마킹하도록 압력을 가함으로써 일본 내 촘촘히 짜인 공급업체 기반을 넘어서게 했다. 공급업체가 충분히 낮은 가격을 달성할 수 없다면 토요타는 일본 밖 공급업체에게 공급을 맡겨야 할 것이다.[27] 게이레츠 모델은 세계화에 대처하기 위해 약간 변화가 생길 수 있지만 일본에서는 여전히 중요하다.[28]

자체 생산 대 외부 구입 결정

다국적 기업의 경영자는 '생산 활동을 내부에서 수행할 것인가? 아니면 외부의 독립된 기업에게 맡

기업은 혁신을 아웃소싱해야 하는가?

POINT

그렇다. 기업이 하이테크 및 전자 산업에 집중하고 효과적으로 자리매김하려면 혁신적인 프로세스를 아웃소싱해야 한다. 점점 더 많은 기업이 이 방법의 장점을 깨닫고 있다. 공급업체는 시제품(prototype) 설계 및 제조, 실현 가능한 제품으로 전환, 성숙한 제품으로 업그레이드, 품질 테스트, 사용자 설명서 작성 및 부품 공급업체 선정 등의 책임을 지고 있다. 2011년 전 세계 노트북의 94%는 대만에 본사를 둔 소수의 ODM(Original Design Manufacturer)이 설계했지만 대부분의 경우 중국에서 생산되었다. 가장 큰 회사는 콴타(Quanta), 컴파이(Compai), 위스트론(Wistron), 폭스콘이다. 이런 기업이 제품을 공급하는 기업은 HP(Hewlett-Packard), 레노버(Lenovo), 애플, 델(Dell), 에이서(Acer)이다.[29] 심지어는 보잉(Boeing)에서도 인도 회사와 협력하여 787드림라이너(787 Dreamliner) 제트기용 소프트웨어를 개발했다.

일부 연구개발(R&D) 및 기술 설계를 아웃소싱하려는 기업은 비용을 대폭 절감할 수 있다. 경쟁력을 유지하려면 혁신이 필수지만, 점점 더 많은 기업에서 사내 R&D 팀이 대규모 투자를 정당화할 만한 결과를 내지 못하고 있다. 따라서 요구가 까다로운 고객과 마진을 압박하는 끊임없는 경쟁에 직면하여 관리자는 비용을 절감하거나 연구개발의 생산성을 높일 방법을 찾아야 한다.

이때 아웃소싱은 실행 가능한 해결책이다. 기업은 디자인을 자체 개발하지 않고 단순히 구매함으로써 수백만 달러를 절약할 수 있다. 예를 들어 휴대전화에 미리 설계된 플랫폼을 사용하면 개발 비용을 처음부터 절감할 수 있다(자체 개발 시 약 1,000만 달러와 150명의 엔지니어가 필요하다). 또한 기업은 소매업체 및 고객의 수요와 불확실한 미래 시장의 동향으로 인해 비용이 많이 드는 여러 제품의 모델을 개발해야 한다. 제3자 개발자는 이러한 비용을 보다 효과적으로 처리할 수 있으며, 비용을 많은 구매자에게 분산하고 단일 기본 설계에서 다양한 모델을 개발할 수 있는 전문지식을 보유하고 있다.

아웃소싱은 또한 제품의 시장 출시 시간을 단축하는 데 도움이 된다. 이는 제품이 몇 개월 만에 필수품이 되는 데 매우 중요하다. HP는 파트너 및 공급업체와 디자인을 협력함으로

COUNTERPOINT

아니다. R&D, 설계, 개발의 아웃소싱에 대해 기업이 어디에 선을 그어야 하는지 어떻게 알 수 있을까? 핵심 지적 재산과 상품 기술이 무엇인지 어떻게 결정해야 할까? 사실 아웃소싱은 앞서가는 리더 기업을 후진 기업으로 바꿀 수 있고, 중요 기술을 대부분의 사람들이 이용할 수 있게 한다. 도시바(Toshiba)를 보자. 한국의 반도체 생산업체와 제휴하여 D램 메모리 칩을 개발함으로써 이러한 컴포넌트의 배후에 있는 기술을 상품화하여 선두를 유지하고 있다.[31]

경쟁우위는 통상 경쟁사와 구별되는 영업 비밀에 의존한다. 아웃소싱 혁신은 이러한 독점 기술을 공급업체와 파트너에게 이전하여 새로운 경쟁자를 육성할 위험을 높인다. 공급업체가 한 고객과만 협력하는 경우가 드물기 때문에 한 고객을 위해 수행하는 공급업체의 R&D는 다른 고객에게 쉽게 이전될 수 있다. TV용 대형 패널을 만드는 '6세대' 공장을 개발하기 위해 공급업체와 긴밀히 협력한 일본 기업 샤프(Sharp)의 예를 볼 수 있다. 불행하게도 공급업체는 샤프의 경쟁사들 중 많은 대만 회사와 긴밀히 협력하고 있었으며, 공장 완공 후 얼마 지나지 않아 이러한 경쟁사는 자사만의 '젠6(Gen-6)' 시설을 건설했다. 샤프는 공급업체에 맡기지 않고 비밀리에 일부 장비의 소프트웨어를 고쳐 쓰고 기계류를 샤프 내부에서 고치는 방식으로 스스로를 보호하려 했다. 그러나 2012년 대만의 폭스콘은 10%의 샤프 지분과 LCD 디스플레이를 생산하는 샤프의 일본 공장 중 하나를 인수했다.[32] 2016년 폭스콘은 애플 제품의 스크린을 생산하는 회사에 35억 달러를 투자하면서 샤프의 인수를 완료했다. 폭스콘은 이 투자가 애플과의 관계를 더욱 공고히 하기를 희망했다.[33]

공급업체 및 파트너도 공유된 정보와 기술을 빼앗아 스스로 경쟁자가 될 가능성이 있다. 모토로라(Motorola)가 대만 기업인 벤큐(Ben Q)를 고용해 휴대전화를 디자인하고 제조한 후 벤큐는 경쟁이 치열한 중국 시장에서 자체 브랜드로 휴대전화를 판매하기 시작했고, 이 때문에 모토로라는 계약을 해지했다. 심지어 폭스콘도 노키아 소유주가 디자인한 휴대전화를 만들어 애플과 경쟁하고 있다. 그러나 그것으로 애플의 독점 기술을 훔치고 있다고 할 수는 없다.[34]

새로운 경쟁자가 생기는 것 외에 혁신을 아웃소싱하는 것은 기업의 경쟁력이나 혁신에 투자할 의욕을 잃게 할 수 있다. 일부에서는 특정 개발 및 설계 작업을 아웃소싱하면 기업이 새로운 혁신 기술에 더 집중할 수 있다고 주장하지만 종종 기업 내부 R&D 투자를 줄이고 미래의 돌파구를 찾는 일에 나태해지며 공급업체에 지나치게 의존하게 된다. 보스턴컨설팅그룹(Boston Consulting Group)의 수석 부사장인 짐 앤드루(Jim Andrew)는 다음과 같이 경고했다. "만약 혁신이 공급업체에 정착하기 시작하면 가

써 이제 60%나 짧은 시간 안에 새로운 콘셉트의 모델을 출시할 수 있다고 주장한다. 비판론자들은 테크놀로지를 아웃소싱함으로써 기업은 경쟁우위성을 아웃소싱한다고 우려한다. 그러나 특정 설계 및 개발 프로세스를 아웃소싱함으로써 기업은 진정한 핵심 역량에 더욱 집중할 수 있다. 자체 연구개발 인력을 완전히 제거하려는 기업은 거의 없다. 또한 대부분의 기업은 보다 독점적인 연구개발 작업을 계속할 것이다.

모든 것을 인하우스(in-house)로 관리할 수 있는 기업은 없다. 한때 거의 모든 것을 자체 개발했다고 자부했던 노키아(Nokia)의 최고기술책임자(CTO)조차 "모든 것을 마스터할 수 있는 사람은 아무도 없다"고 말했다. 실제로 최근 다국적 기업을 대상으로 한 설문 조사에 따르면 응답자의 거의 4분의 3이 외부 기업, 심지어 경쟁업체와 협력함으로써 혁신을 획기적으로 촉진할 수 있다고 응답했다.[30] 앞으로 살아남을 기업은 전 세계 파트너 및 공급업체의 네트워크를 효율적이고 효과적으로 제어할 수 있는 기업일 것이다.

능성이 거의 없는 지점부터 성장을 시도해야 한다."

혁신 프로세스를 아웃소싱하는 첨단 기술 및 전자 기업은 실제 비즈니스의 본질을 잃을 위험이 있으며, 다른 기업의 마케팅 수단으로 전락할 수 있다. 또한 투자자에게도 나쁜 시그널이 될 수 있는데, 투자자는 진정한 지적 재산권이 없고 실제 성공한 제품을 개발한 기업에게 얻은 이익을 라이선스 수수료로 지불하는 기업의 실제 가치를 평가하기 어렵기 때문이다.

지난 수십 년간 제조 아웃소싱은 많이 이루어졌지만 혁신을 아웃소싱하는 것은 아웃소싱을 비용 절감의 지름길로 간주하는 첨단 기술 기업에게 잠재적으로 더 큰 위협이 된다. 즉각적인 비용 절감을 기대하는 것은 근시안적이며, 결국 기업은 경쟁적 지위를 상실하고 산업 내 경쟁 주체로서의 생존력을 잃을 수 있다.[35]

문제

현재 애플은 폭스콘으로부터 아이폰과 아이패드를 구매하는데, 폭스콘에게 애플 제품에 들어가는 새로운 기술 개발에 집중하게 하고 애플은 마케팅에 집중해야 하는가? 그 이유는 무엇인가?

생산 또는 구입이란 내부 생산에서 부품을 공급하거나 아웃소싱하는 것을 의미한다.

다국적 기업이 부품을 내부 생산에서 조달하지 않고 아웃소싱할 경우 공급업체와의 관여 정도를 판단해야 한다.

길 것인가?'의 딜레마를 해결하기 위해 고민한다. 이 딜레마는 **자체 생산 혹은 외부 구입의 의사결정**(make-or-buy decision)이라고 한다. 하청 생산을 결정한 경우 경영자는 하청 생산을 국내에서 진행할지, 해외에서 진행할지를 반드시 결정해야 한다. 이 과정에서 3개의 방법(아웃소싱, 오프쇼어링, 공급사슬)을 통해 하청 생산 전략을 수립할 수 있다.

자체적으로 생산할지, 아니면 외부로부터 구매할지를 결정할 때 다국적 기업은 제품 생산에 중요한 부품에 초점을 두고 결정을 내려야 한다. 경영자는 공급업체가 차별적인 비교우위(더 큰 규모, 낮은 비용 구조, 나은 성과 인센티브 등)를 보이는 부품을 아웃소싱해야 한다. 또한 자체 생산과 외부 구매를 결정하는 과정에서 다국적 기업은 자사의 역량과 비교하여 잠재적인 공급업체의 디자인 및 생산 역량 수준을 파악하는 것이 필요하다. 공급업체가 명확하게 우위를 보이는 부분이 있다면 경영자는 최고의 공급업체를 섭외하는 데 소요되는 비용과 해당 공급업체에게 아웃소싱을 하는 것이 정말 적합한 판단인지에 대해 결정을 내려야 할 것이다.

공급업체와의 관계

공급업체와의 관계는 매우 중요하지만 때로는 복잡하다. 특히 전 세계에서 공급업체 관계를 관리하는 다국적 기업에게 더욱 그렇다. 이케아의 글로벌 공급사슬에는 30개국 367개 이케아 매장에 제품을 공급하는 전 세계 1,000여 개의 공급업체가 참여한다. 많은 공급업체가 하위 공급업체를 보유하고 있기 때문에 이케아는 에너지 및 물 지속가능성, 아동 노동, 강제 노동 및 담보 노동(bonded labor), 보건 및 안전 문제 등 다양한 문제에 초점을 맞춘 공급업체 행동강령인 IWAY를 수립했다.[36] 또한 내부 감사 팀과 제3자 감사 팀을 사용하여 IWAY 감사를 실시했다. 애플의 공급업체 책임보고서는 이케아의 보고서와 유사하며, 근로자 자율권 부여, 노동 및 인권, 보건 및 안전, 환경 및 책임에 대한 권한 부여에 초점을 맞춘다. 2018년 애플은 자체 또는 타사 감사인을 사용하여, 공급업체 지출의 93%를 포함하는 770개의 공급업체 평가를 수행했으며, 이 중 17%가 최초 평가업체였다.[37] 대부분의 다국적 기업은 공급업체 관계와 공급업체 활동이 자사의 평판에 어떻게 반영되는지 중요하게 인식하고 있다.

분쟁 광물

미국에 기반을 둔 다국적 기업의 중요한 도전은 기업이 주로 아프리카에서 전쟁으로 파괴된 지역이나 분쟁 지역에서 채굴된 특정 광물을 사용한 것을 공개하도록 요구하는 도드-프랭크법(Dodd-Frank Act)의 조항을 준수하는 것이다. 문제의 광물은 G3T(금, 티타늄, 텅스텐, 주석)이며, 광석에서 채굴되어 콩고나 주변 9개국에서 추출된다. 이 조항의 목적은 광물 판매로 자금을 조달하는 국가의 민병대를 근절하는 것이다.[38] 이러한 광물은 휴대전화, 태블릿, 노트북과 같은 가전 제품 생산에 중요한데, 특별히 애플, 마이크로소프트, 인텔과 같은 공급라인이 긴 기업은 공급업체가 분쟁 광물을 사용하고 있는지 확인하기 위해 정밀 조사를 하고 있다. 기업은 공급업체와 원산지 검사 시 올바른 판단을 하고 있다는 것을 보여줘야 하지만 대부분의 경우 분쟁과 관련이 없다고 말하는 데 그치고 있다. 그러나 애플은 2019년 공급업체 책임보고서에서 자사의 정책을 따르지 않는 공급업체, 광산 또는 제련소에게 관행을 시정할 기회를 주거나 공급사슬에서 제외할 것이라고 보고했다. 제련소나 정제소의 100%가 애플이나 제3자 감사인에게 감사받았다.[39] 이러한 기업의 보고서는 몇 년 전에 분쟁 광물을 조사했던 (앞서 설명한 이케아와 애플의 보고서보다 이전에 작성된) 미국 정부 책임국의 보고서보다 훨씬 나은 수준이었다. 그리고 얻은 결론은 대부분의 기업이 분쟁 광물의 근원에 대해 결정을 내릴 수 없다는 것이다.[40]

분쟁 광물은 콩고민주공화국의 동부 지역에서 온 광물로, 분쟁 자금을 조달하기 위해 수익을 창출에 이용되는 광물을 말한다.

구매의 역할

구매 중개인(purchasing agent)은 기업의 아웃소싱 결정과 공급업체 관계를 연결해주는 역할을 한다. 기업이 글로벌 경영 활동의 단계에 들어서면 구매 중개인의 책임 범위도 글로벌 수준으로 확장된다. 일반적으로 구매(purchasing)는 글로벌 수준으로 확장되기 전 4단계를 거친다.

1. 국내 구매 활동
2. 필요에 의한 해외 구매 활동
3. 조달 전략의 일환으로서의 해외 구매 활동
4. 글로벌 조달 전략의 통합[41]

글로벌 수준의 구매의 역할은 다음과 같다.

- 국내 구매 활동
- 필요에 의한 해외 구매 활동
- 조달 전략의 일환으로서의 해외 구매 활동
- 글로벌 조달 전략의 통합

4단계는 기업이 글로벌 맥락에서 구매 활동의 통합과 조정을 통해 창출할 수 있는 우위를 누릴 때만 가능하다. 따라서 이 단계는 단순 수출 기업이 아닌 다국적 기업 수준에서 실현 가능한 단계이다.

구매 활동이 글로벌 경영의 일부가 되었을 때 다국적 기업은 구매 활동을 중앙집중화할지, 분권화할지 선택의 딜레마에 직면한다. '구매 활동을 현지 자회사의 재량으로 진행할 것인가? 아니면 본사가 구매 활동을 중앙에서 통제할 것인가?'를 고려하게 되는 것이다. 분권화의 주요 장점은 생산 시설의 통제력 증대, 생산 공장의 요구에 대한 빠른 대응 능력, 현지 공급업체의 활용 증대 등이 있다. 중앙집중화의 주요 장점은 공급업체에 대한 영향력 증대, 가격 경쟁력 확보, 중복 관리 방지, 구매

관련 기술 및 지식 축적, 견고한 공급업체 관계 구축 등이 있다.[42]

정보통신 기술과 글로벌 공급사슬 관리

18-4 글로벌 운영 및 공급사슬 관리에서 정보 기술이 어떻게 사용되는지 설명한다.

포괄적인 공급사슬 전략을 펼치려면 신속하고 효율적인 생산, 능숙한 재고 관리, 공급업체와의 효과적인 커뮤니케이션 및 고객 만족을 돕는 정보통신 기술(information technology, IT)을 깊게 이해하고 사용하는 것이 가장 효과적이다. 《세계는 평평하다(The World is Flat)》라는 책에서 꼽은 세계화의 세 번째 주요 동인(Flattener #3)은 워크플로우 소프트웨어(workflow software)이다.[43] 표준 통신 규약인 HTTP가 등장함으로써 컴퓨터로 진행되는 각종 업무가 통합될 수 있었으며, SAP와 같이 기업 내 경영 활동을 지원하는 혁신적인 컴퓨터 프로그램 덕분에 기업은 업무 효율성을 향상할 수 있었다. 무엇보다 워크플로우 소프트웨어는 기업의 공급사슬 관리에 매우 중요하다.

전자정보 교환 시스템(EDI)

글로벌 공급사슬을 작동시키는 핵심은 정보 시스템이다.

글로벌 정보 시스템 구축의 핵심은 신뢰할 만한 정보를 적시에 확보할 수 있게 하는 것이다. 예를 들어 애플은 모든 공급업체가 의무적으로 사용해야 하는 B2B(Business to Business) 게이트웨이를 구축하여 공급업체가 기본적으로 애플과 전자 데이터를 공유할 수 있게 했다. 많은 기업은 **전자정보 교환 시스템**(electronic data interchange, EDI)을 통해 공급자와 생산자, 소비자, 중개업자 등을 연결한다. 특히 식품 제조업과 자동차 제조업의 경우 공급업체로부터 충분한 원료, 부품을 제때 공급받는 것이 생산에 매우 중요하기 때문에 전자정보 교환 시스템을 상당히 중요하게 인식한다.

전자정보 교환 시스템(EDI)은 서류 및 재무의 흐름을 신속하게 처리하기 위해 공급자, 소비자, 제3자 중개업자를 전자적으로 연계하는 것이다.

글로벌 경영의 맥락에서 전자정보 교환 시스템은 수출업체가 제품 통관에 필요한 서류를 더욱 빠르게 처리하고자 사용되었으며, 이로 인해 국가 간 제품의 이동을 더욱 신속히 할 수 있었다. 월마트는 자사의 재고 발주 시스템에 글로벌 공급업체를 포함시킴으로써 전자정보 교환 시스템을 혁신적으로 사용했다.[44]

전사적 자원 관리(ERP)와 자재 요구 계획(MRP)

전사적 자원 관리(ERP)란 비즈니스의 여러 부분과 다른 지역(자회사)의 정보 흐름을 연결하는 시스템 소프트웨어이다.

전사적 자원 관리(enterprise resource planning, ERP)는 EDI 이후 새롭게 등장한 시스템 소프트웨어로서 글로벌 공급사슬 관리에 상당한 영향을 미쳤다. 오라클(Oracle), 반(Baan), 피플소프트(PeopleSoft)와 독일의 거대 소프트웨어 기업인 SAP 같은 기업은 기업 내 구성원이 업무를 진행하는 과정에서 경험하게 백오피스(the back office)의 모든 것을 통합하는 소프트웨어를 도입했다(백오피스는 고객을 다루는 프런트오피스가 아닌 내부 문제를 처리하는 비즈니스 부문을 말한다). 전사적 자원 관리 시스템은 기업 내 정보와 다른 지역에 있는 자회사의 정보를 취합하여 통합 관리하는 것이 요체이다. 그러나 기업이라는 경계 밖에 소비자와의 연결고리가 존재하지 않으며, 전자상거래 활동을 포함시킬 수 없다는 것이 단점이다.

자재 요구 계획(MRP)은 복잡한 재고 상황을 해결하고 이를 사용하는 회사의 생산 일정에서 부품의 수요를 계산하고 예측하는 전산 정보 시스템이다.

전사적 자원 관리의 확장된 개념으로 **자재 요구 계획**(material requirements planning, MRP)이 있다. MRP는 복잡한 재고 관리를 통제하는 정보 시스템으로서, 이를 사용하여 제품을 생산하는 기업은 생산 계획에 맞춰 예상되는 부품의 수요를 파악하여 자사의 재고를 효과적으로 관리할 수 있다. 토요타의 주요 부품 공급업체인 덴소(Denso)는 토요타 이외에 자동차 제조업체에 자사의 부품을 공급하는 경우 MRP 사용하여 해당 자동차 제조업체의 생산 계획에 따른 자사 부품의 수요량을 예측함으로써 효과적인 부품 생산이 가능했다.

전자 태그(RFID)

전자 태그(radio frequency ID, RFID) 또한 새로운 기술로서 효과적인 공급사슬 관리에 기여한다. RFID는 제품의 원산지와 이동 경로 및 수량에 대한 정보가 저장된 전자 태그를 제품에 부착하는 방식이다. 제품이 이동하는 과정에서 계속 전자 태그를 스캔하는데, 이때 새로운 정보가 전자 태그에 저장되고 전자 태그에 있는 전체 정보는 컴퓨터 네트워크를 통해 데이터베이스에 축적된다. 축적된 데이터는 ERP 시스템과 연동되어 사용되기도 한다.

전자 태그(RFID)란 제품에 라벨을 붙이는 시스템으로, 제품의 원산지, 목적지 및 수량에 관한 정보를 저장하고 전송하는 시스템이다.

실시간 정보를 통해 생산업체, 공급업체, 유통업체는 제품과 부품의 경로를 추적할 수 있다. 결국 공급사슬 내에서 더욱 높은 효율성을 확보할 수 있으며 공급사슬의 가시성(visibility)을 향상한다. 라스베이거스 공항은 RFID로 수화물을 추적할 수 있는 시스템을 구축했으며, 이를 통해 수화물 분류의 정확도를 향상했고 수화물 추적 능력이 증대되었으며 수화물 분실 사례를 최소화했다.[45] 월마트는 공급사슬의 효율성을 높이면 전체 유통에서 수십억 달러를 절약할 수 있을 것으로 예측하면서 주요 공급업체에게 기본적인 부분부터 RFID 태그를 사용하도록 요구했다.[46] 애플은 아이튠즈(iTunes)에서 구입하여 아이폰이나 아이패드로 다운받을 수 있는 RFID 앱을 갖추고 있는데, 이를 통해 태그 가능한 아이템의 위치를 항상 추적할 수 있다. 공급사슬 관리 외에도 RFID의 가장 빠른 성장 영역 중 하나는 보건 및 의료 경영 부분이다.[47]

전자상거래

글로벌 공급사슬을 연결하는 기술 물결의 최근 진입자는 **전자상거래**(E-commerce)이다. 월마트가 EDI 기반 인프라를 전통적인 고부가 가치 네트워크(VAN)에서 인터넷으로 옮긴 것은 수천 개의 전 세계 공급업체에게 희소식이 되었다. 월마트와의 모든 거래는 이제 웹 기반이며, 이는 다국적 기업과 공급업체의 막대한 비용을 절감할 수 있는 기회가 되었다.[48]

개념 체크

16장의 '미래 전망'에서 조직 전체의 아이디어 확산을 가속화하는 인터넷이 조직 구조에 대한 새로운 개념을 창조했음을 보았다. 다시 말해 인터넷은 글로벌 지식, 자원 및 사람을 조직하는 매우 효율적이고 효과적인 수단으로서, 많은 사람이 기업의 자원(특히 인적 자원)을 효과적으로 조직하는 새로운 방법을 상상하도록 영감을 주었다.

엑스트라넷과 블록체인 웹 기반 시스템을 사용하는 기업은 일반적으로 공급자를 위한 **엑스트라넷**(extranet, 인터넷을 통한 정보 시스템 연결)을 구축하여 부품의 생산과 납품을 조직할 수 있다. 공급업체는 기업의 고객 데이터베이스에 연결되어 수요의 변화를 추적할 수 있으며, 주문 프로세스에 연결되어 공장에서 집집마다 주문 진행 상황을 추적할 수 있다.

전자상거래는 인터넷을 사용하여 공급업체와 회사, 그리고 고객과 함께 기업을 결합한다.

글로벌 공급사슬 관리의 향후 발전은 암호 화폐로 가장 잘 알려진 블록체인(blockchain) 기술의 잠재력에 기대고 있다. 그러나 월마트와 같은 기업은 블록체인 역량 덕분에 즉각 추적할 수 있었던 상추 대장균 발생 사건 이후 녹색 채소 공급자들에게 제품을 즉각적으로 추적이 가능하게 하는 시스템 개발을 장려한다.[49]

블록체인 기술은 기업과 공급업체를 연결하는 공급사슬 관리 기술 활용의 차세대 물결이다.

'디지털 격차' 글로벌 공급사슬 관리가 직면한 도전 중 하나는 열악한 인터넷 환경이다. 이는 특히 저개발국 및 개발도상국에서 상당히 심각하게 나타난다. 낙후된 정보통신 기술 수준과 느린 인터넷 속도로 인해 이들 지역에서는 정보통신 기술을 활용한 공급사슬 관리가 어려울 수 있다. 인터넷의 활용도는 지역과 산업의 차이에 따라 다르다. 그러나 인터넷 접근성은 최근 몇 년 동안 증가했다. 2004년 12월, 전 세계 인구의 12.7%가 인터넷을 사용하는 것으로 추정되었으며, 2019년 3월까지 56.1%가 되었다.[50] 휴대전화를 통한 인터넷 접속은 일반인에게 큰 차이를 만들었으며, 2019년 4분기 현재 전 세계적으로 25억 명 이상의 사용자가 있는 페이스북(Facebook)[51]과 같은 소셜 미디어는 사람들이 인터넷을 통해 온라인으로 연결되고 쇼핑할 수 있는 또 다른 방법을 제시했다.

앞서 논의한 내용은 정보통신 기술(IT)이 기업의 글로벌 공급사슬 관리에 상당한 도움을 줄 수 있다는 사실이다. 그러나 정보통신 기술 도입 시 자사의 전반적인 전략 방향에 부합되는지 여부를 신중하게 살펴보는 것이 필요하다. IT는 고도로 기술적이며 기업의 사업 부문를 지원하기 때문에 기업 전략과 일치시키기 어려운 경우가 많다. 이는 특히 국제 무대에서 더욱 그렇다. 각각 국가의 자체 IT 시스템에 익숙하며 일부 규모의 경제를 달성하고 이를 전체 기업 전략에 완전히 통합하는 글로벌 IT 형식을 채택하는 데 어려움을 겪을 수 있다.

품질

18-5 글로벌 운영 및 공급사슬 관리에서 품질 관리가 얼마나 중요한지 요약한다.

품질이란 기업이 제공하는 제품 혹은 서비스가 소비자의 기대에 부합하거나 넘어서는 것을 의미한다.

글로벌 공급사슬의 모든 단계에서 중요하게 다루어지는 요소는 품질 관리이다. 제조업이 아닌 서비스업에 종사하는 기업에서도 품질 관리는 매우 중요하다. **품질**(quality)은 특정 제품이 소비자의 기대에 부합하거나 기대를 넘어서는 것으로 정의할 수 있다. 조금 더 자세하게 정의하면 품질은 제품의 사양, 가치, 사용 적합성, 생산자의 지원, 심리적인 인상 등의 결합으로 형성되는 제품에 대한 평가라고 볼 수 있다.[52] 또한 품질은 제품과 서비스의 신중한 설계와 설계대로 제품을 지속적으로 생산할 수 있는 조직 시스템의 존재 여부도 포함한다.[53] 예를 들어 그 누구도 문제투성이의 컴퓨터 소프트웨어를 구입하려 하지 않을 것이다. 그러나 기업이 가능한 한 빨리 제품을 출시하는 것에 관심을 두고 있다면 유형의 제품을 구성하는 것에만 중점을 둘 것이며, 품질에 관련된 활동인 에러 수정은 뒷전으로 밀려날 것이다. 인기 있는 보잉 737맥스(737 MAX) 항공기와 관련된 두 번의 치명적인 항공기 충돌 사고 후, 보잉은 항공기가 다시 비행할 수 있도록 소프트웨어 수정을 완료하기 위해 고군분투했다. 이 결함은 항공기 일부 설계의 실패였을 수 있다.[54] 많은 여행객은 문제가 해결될 때까지 737맥스에 탑승하는 것을 주저했다. 이를 통해 품질에 대한 우려는 고객의 인식에 큰 차이를 만드는 것을 확인할 수 있다.

또 다른 예로, 일본에 본사를 둔 타카타(Takata)는 전 세계 주요 자동차 제조업체를 대상으로 자동차 안전벨트, 에어백, 스티어링휠, 인테리어 트림 및 어린이 안전장치 시스템을 제조하여 공급한다. 혼다(Honda)가 최대 고객사였지만 일본, 미국, 유럽 자동차 업체 14곳이 타카타의 제품을 사용했다. 그러나 타카타 에어백에 큰 결함이 발생하여 미국에서만 10명이 사망하고 100명 이상이 부상을 입었다. 추돌 사고 시 에어백 덕분에 훨씬 더 많은 생명을 구했지만, 결함이 있는 에어백으로 인한 사망과 부상은 미국 역사상 가장 크고 복잡한 리콜을 초래했고 전 세계적으로 유사한 리콜이 쇄도했다.[55] 타카타는 미국에서만 5,000만 개 이상의 결함이 있는 에어백을 공급했다는 사실이 밝혀졌고 마침내 2017년에 파산을 선언했다.

불량 제로

품질은 궁극적으로 **불량 제로**(zero defect)를 추구하는 것에서 시작된다. 이는 일체 결함을 인정하지 않는 일본 제조업체가 제기한 개념이다. 이렇게 불량 제로에 대해 강력한 주장을 펴기에 앞서 많은 기업은 **합격 품질 수준**(acceptable quality level, AQL)이라는 개념을 활용한다. 이는 불량 제로를 달성하는 것은 사실상 어렵고, 수리 시설과 서비스 보증을 통해 다루어야 하는 불량의 존재는 인정해야 한다는 개념이다. 즉 어느 품질 불량의 사후 통제 가능성을 고려하여 제품 품질의 기준을 설정해야 한다는 것이다. 이러한 유형의 제조/운영 환경에서는 가능한 한 빨리 제품을 출시하고 나중에 문제를 처리하는 것을 목표로 하여 예비 재고 확보, 재작업 스테이션(rework station) 및 신속화를 필요로 한다. 그러나 세계적인 기업들은 불량 제로를 선호하고 품질을 심각하게 받아들이는 것이 경쟁에서 이길 수 있는 유일한 방법이라는 것을 깨닫고 있다.[56]

불량 제로란 어떠한 형태의 불량도 용납하지 않는 것이다.

1970년대 일본 기업은 높은 제품 품질과 효율적인 생산 프로세스 구현에서 미국 기업을 앞서 나가기 시작했다. 이러한 상황은 미국 내에서 품질에 영향을 미칠 수 있는 기업 내 활동을 보다 능동적을 관리해야 한다는 주장이 나오는 계기가 되었다. W. 에드워즈 데밍(W. Edwards Deming)은 일본 기업에게 품질에 대한 교육을 진행한 경험을 토대로 품질 관리에 대한 본인만의 접근법을 제시했다. 데밍은 품질 향상에 있어 경영자의 계획과 실천이 중요한 역할을 한다고 주장했다. 여기에서 데밍은 통계적 수치에 기반을 둔 생산 통제, 생산 설비 설계, 종업원 훈련과 함께 품질 관리에 대한 경영자의 계획 및 실천이 포함되어야 품질의 향상을 기대할 수 있다고 주장했다. 데밍은 높은 품질은 비용의 절감을 유도하고, 결국 소비자가 자사의 제품을 더 잘 구입하게 될 것으로 생각했다. 지속적인 개선을 위한 데밍의 과정은 문제를 수정하는 프로세스를 **계획**하고(plan), 계획을 **실행**하거나(do), 개선이 어떻게 진행되고 있는지 **확인**하고(check), 변화가 영구적으로 이루어지도록 **행동**하는 것(act)이었다.

데밍의 품질관리에 대한 아이디어는 품질에 대한 책임이 관리자의 정책과 관행에 있음을 말한다.

경영진이 품질 관리를 강조하면 경쟁우위의 원천인 높은 품질을 지속할 수 있다. 또한 해외 시장에서 기업이 활동하는 데 중요한 역할을 한다. 흥미로운 점은 국가마다 문화와 선호하는 제품, 사업 활동에 차이가 존재하는 것처럼 품질 관리에 대한 개념도 지역별로 차이가 있다는 것이다. 일본은 생산 프로세스에서 불필요한 낭비를 제거하는 데 초점을 맞춘다. 반면 미국은 전통적으로 통계적인 접근법을 활용하며, 유럽의 경우 품질에 관련된 표준을 수립하고 이를 기업에게 적용하는 데 관심을 둔다.[57] 품질에 대한 상이한 접근법은 다국적 기업의 글로벌 생산 관리를 더욱 복잡하게 만들 수 있다. 그러나 최근 몇 년간 닛산(Nissan), 미쓰비시(Mitsubishi), 고베제철(Kobe Steel) 등 일본 최고의 기업들이 품질 검사를 위조하고 제품 결함을 은폐하고 잘못된 연비 자료(자동차 기업의 경우)를 보고하고 있다는 것이 밝혀지면서 일본 품질의 명성에 심각한 문제가 생겼다. 1990년대 일본의 거품 경제가 붕괴된 후 제조업의 품질이 악화되기 시작했다. 원가 절감을 위해 품질 검사 직원을 해고하고 조립라인 근로자에게 품질 검사를 직접 하도록 지시했으며 생산 기한에 맞춰 해외 경쟁에 대응하라는 압박이 품질 저하를 초래했다. 폐쇄적인 문화로 인해 고위 임원진에게 이런 문제는 보고되지 않고 공장 근로자만이 문제 해결을 위해 일하고 있다.[58]

개념 체크

여기서 살펴볼 직원 및 근로자 참여의 개념과 16장에서 논의한 상호 조정에서의 조정의 개념을 비교해보자. 조정에 대한 두 접근법 모두 직원이 상호 중요사항을 결정하는 데 참여하도록 장려하는 수단을 포함하여 다양한 비공식 메커니즘을 통해 가치 활동을 조정하려는 의지를 나타낸다.

린 생산 방식과 전사적 품질 관리(TQM)

기업이 해외 공급업체로부터 부품을 공급받는 것을 망설이는 이유 중 하나는 린 생산 방식(lean

린 생산 방식이란 지속적으로 개선하는 철학을 통해 프로세스를 최적화하는 데 중점을 둔 생산 시스템을 말한다.

manufacturing) 때문이다. 린 생산은 "지속적인 개선을 통해 생산 프로세스를 최적화하는 것에 중점을 두는 생산 시스템"으로 정의할 수 있으며, 공급사슬의 모든 부분에서 낭비의 감소를 지향한다.[59] 이 개념은 토요타를 통해 대중화되었고 전 세계적으로 모방되었다. 린 생산 방식은 폐기물과 결함을 줄임으로써 얻는 효율성에 의존하기 때문에 품질 관리와도 밀접하게 연관되어 있다.

전사적 품질 관리(TQM)란 고객 만족, 지속적인 (품질) 개선, 종업원의 참여를 강조하는 프로세스이다. TQM의 목표는 모든 결함을 제거하는 것이다.

품질에 대한 일본 제조 기업 접근법으로 **전사적 품질 관리**(total quality management, TQM)가 있다. TQM은 고객 만족, 지속적인 개선, 직원 참여라는 세 가지 원칙을 강조한다.[60] 물론 TQM의 목표는 모든 불량 및 결함을 제거하는 것이다. TQM은 종종 세계 수준의 품질 표준, 제품 및 서비스의 설계, 생산 프로세스 설계, 원자재 및 부품의 구입 등과 관련하여 우수한 외부 사례를 벤치마킹하는 것에 초점을 맞추기도 한다.[61] 그러나 TQM 과정의 핵심은 설령 제품 생산 비용이 증대되는 상황이 있더라도 고객을 만족시켜야 한다는 것이다. TQM은 소비자의 관점에서 다른 제품에 비해 자사의 제품이 얼마나 인정받고 있느냐가 품질의 주된 기준이다.

JIT 재고 관리란 원재료와 부품을 제조공정에서 적시에 필요한 만큼 조달하는 시스템이다.

또한 TQM은 전사적인 차원에서 지속적인 개선을 이끌어내는 과정(process)이다. 제품이 생산되는 각 단계에서 품질의 향상을 도모할 만한 모든 요인을 찾아내고 개선하거나 실행할 것을 요구한다. TQM에 꼭 특별한 생산 철학이 적용되어야 하는 것은 아니다. 또한 재고 관리를 위한 JIT(just-in-time)와 같은 특별한 생산 기법이 필요하지도 않다. TQM은 품질 향상을 위해 뭔가를 추종하는 것이 아닌 창의적인 기법을 꾸준히 만들면서 추진하는 선제적인 전략이라 할 수 있다. 물론 유수의 기업이 사용하는 탁월한 생산 프로세스를 도입할 수도 있겠지만 벤치마킹이 목표가 될 수는 없다. 요약하면 TQM은 최고가 되기 위해 노력하는 것이 아니라 더 나아지기 위해 노력하는 과정이라고 볼 수 있다.

TQM의 불량 제로 철학을 받아들인 경영자는 장기적인 차원에서 생산 비용은 불량률의 감소와 보조를 맞춰 감소하게 된다고 주장한다. 지속적인 개선 과정은 일본어로 **카이젠**(kaizen)이라 한다. 카이젠은 문제를 정의하고 해결 방법을 모색하기 위해 기업 내 모든 계층의 구성원에게 참여를 요청하는 행동을 의미한다. 이러한 행동의 핵심은 지속적인 개선이 모든 직원의 일상적인 업무에서 구현되도록 하는 것이다. 하지만 일본 기업의 카이젠 모델은 최근 몇 년 동안 품질 저하로 인한 소송과 스캔들로 타격을 입으면서 실패했다. 이는 해외 경쟁, 비용 절감에 대한 압력, 납품 속도를 향상하라는 압력 등 다양한 이유로 근로자를 압박했기 때문이다. 또한 고베제철 등 일부 업체가 제품 품질인증서를 위조한 사실이 적발됐다. 이어진 조사에서 품질 감사가 부실하게 진행된 것이 품질 저하와 결함 증가로 이어졌고, 최고경영진의 연락이 공장에 닿지 않았던 것으로 드러났다.[62] 린 생산 방식의 중요한 요소는 "생산 과정에서 비효율성 및 비생산적인 시간을 감소시키고 제품 또는 서비스의 프로세스와 품질을 지속적으로 개선"하는 데 초점을 맞춘 JIT 재고 관리이다.[63] JIT는 적시에 구매자에게 원재료, 부품 및 기타 구성품을 공급하는 것을 말한다. 이를 통해 구매하는 기업은 재고량을 최소화시킴으로써 비용을 절감할 수 있다. 하지만 JIT 시스템은 품질 구성 요소에 의존하며 앞서 살펴본 바와 같이 일부 기업에게는 어려운 과제이다.

이러한 생산 시스템은 델이 추구하는 것과 일치한다. 델은 컴퓨터 주문을 받은 후 생산공정에 들어갈 때 바로 부품이 배송되고, 컴퓨터의 조립을 마치자마자 제품이 고객에게 배달되는 생산 프로세스를 구축하기 위해 노력하고 있다. JIT를 추구한다는 것은 불량 부품이 거의 존재하지 않아야 하며 언제나 제시간에 공급되어야 함을 의미한다. 이러한 JIT의 목표를 달성하려면 기업은 부품 공급업체와 긴밀한 관계를 구축해야 한다. 이는 산업 클러스터링이 공급업체와 더욱 긴밀하게 연계하는 데 각광받는 방법인 이유를 말해준다.

해외 소싱의 위험 기업이 린 생산과 JIT를 도입하는 경우 부품의 해외소싱은 상당한 위험을 초래할 수 있다. 왜냐하면 부품 및 원료의 공급이 원활하게 이루어지지 못하면 생산 과정에 큰 혼란이 벌어지기 때문이다. 다국적 기업은 JIT의 필요 조건을 충족하는 데 능숙하다(예: 태평양을 건너는 데 2주가 걸리고 예정된 도착 후 1시간 이내에 도킹을 해야 하는 선박, 소규모 주문을 더 쉽게 처리할 수 있는 공장 등). 그러나 물리적 거리로 인해 공급사슬 내에서 배송이 지연되는 것 등의 다양한 문제를 야기할 가능성이 늘 존재한다.[64] 무역협정의 불확실성도 공급사슬을 교란할 수 있다.

해외에 제조 및 조립 공장을 설립하여 현지 시장에 서비스를 제공하는 많은 다국적 기업은 JIT 제조를 유지할 수 있도록 국내 부품 공급업체의 해외 이전을 사실상 강요한다. 이것이 일본의 부품 공급업체가 미국과 멕시코 등의 일본 자동차 제조업체가 진출한 지역 인근에 진출하게 된 이유이다.

기업의 재고 관리 전략은 부품이 이동하는 빈도를 결정한다. 토요타의 주요 공급업체 중 하나인 덴소는 일본 토요타의 조립 공장과 매우 가깝기 때문에 JIT 제조를 위해 덴소의 부품은 사용되는 시점으로부터 몇 분 안에 도착한다.[65]

JIT는 재고가 사용되는 것처럼 납품이 적시에 이루어질 것을 요구하기 때문에 해외 공급업체로부터 입고되는 재고에 대해서는 고려가 필요하다. 배송 빈도가 낮고 국제 공급원의 공급라인이 길수록 생산 과정에 충분한 부품 공급을 위한 재고를 개발해야 한다. 이는 보관 비용을 증가시킬 수 있지만 부품 공급의 부족에 대한 위험은 줄인다.

수중에 안전한 재고가 없으면 해외 아웃소싱과 JIT 생산을 결합하기 어렵고, 이로 인해 JIT의 개념은 성립할 수 없다.

칸반 시스템 JIT 전략을 촉진하기 위해 토요타는 **칸반 시스템**(kanban system)을 고안했다. 칸반(Kanban)은 '카드' 또는 '시각적 기록(visible record)'이라는 의미이다. 칸반 카드는 공장에서 생산 프로세스의 흐름을 통제할 때 사용된다. 토요타가 사용한 이 시스템의 원리를 살펴보면 다음과 같다. 공장에서 생산이 시작되기 바로 전에 부품이 배송된다. 그러면 종업원은 각 부품이 들어 있는 통에 부품의 수량이 적힌 카드를 붙인다. 조립 프로세스가 시작될 때 생산 주문 카드는 조립공정에 어느 통을 가져가야 할지 알려준다. 통 안의 부품을 소진하면 부품 저장소에 와서 부품이 들어 있는 통으로 교체한다. 이때 빈 통의 칸반 카드는 제거되고 부품 공급업체에게 부품을 주문할 때 사용한다.

칸반 시스템은 공장 전체의 생산 과정을 통제하는 카드를 활용함으로써 JIT를 구현하는 데 도움을 준다.

식스 시그마

식스 시그마(Six Sigma)는 통계적인 접근법을 품질 관리에 적용한다. 식스 시그마는 모토로라가 개발했으며 GE(General Electric)가 대중화했다. 식스 시그마는 품질 통제에 초점을 맞춘 품질 관리 시스템이다. 기업의 생산 시스템 전반을 면밀히 조사한 후 제품의 불량과 결함을 유발하는 요인을 제거하고 제품의 생산 시간을 단축하며 비용을 절감하는 것이 주요 목표이다. 식스 시그마는 생산 프로세스 및 제품의 '불량'과 '결함'을 정의하고 품질 변동을 최소화하며 가능한 한 불량률이 제로에 근접하도록 정확한 데이터를 기반으로 엄밀한 통계적 분석을 실시한다.[66]

식스 시그마란 결함 제거, 제품 주기 단축, 전반적인 비용 절감을 목적으로 하는 품질 관리 시스템이다.

1980년대에 모토로라가 처음 소개한 식스 시그마는 현재 GE, GSK(Glaxo-SmithKline), 아마존(Amazon), 머스크(Maersk) 등 유수의 다국적 기업이 활용하는 품질 관리 기법이 되었다. 물론 식스 시그마 프로그램의 주요 관심사가 고객이 아니라는 것과 오히려 기업 내부의 혁신 활동을 방해할 수 있다는 의견이 있지만, 미국의 100대 기업 중 상당수가 식스 시그마를 활용한다.[67] 식스 시그마의 주요 목적은 불량 및 결함을 줄이는 것이다. 불량과 결함이 감소함으로써 제품의 품질이 향상되고 소비자의 만족 수준도 향상될 수 있다. 결국 기업의 수익은 증대될 것이다. 식스 시그마는 결함 측정을 위해 설계된 측정지표라는 점에서 볼드리지우수기준(Baldrige Criteria for Excellence)이나 유럽품질상(European Quality Award) 등과 연계하여 사용할 때 가장 효과적이라는 주장도 있다.[68]

품질 기준

품질 기준 수준은 다음과 같다.
- 일반 수준: ISO 9000, 말콤볼드리지국가품질상
- 산업별 수준
- 기업별 수준

품질 기준(quality standard)은 크게 수준에 따라 세 가지로 구분할 수 있다. 첫째, **일반** 품질 기준, 둘째, **산업별** 품질 기준, 셋째, **기업별** 품질 기준이 그것이다. 첫 번째는 일반 품질 기준과 관련하여 품질 우수성을 입증하는 기업에 수여하는 데밍상(Deming Award)이나 품질 전략과 성과를 입증하는 기업에 매년 수여하는 말콤볼드리지국가품질상(Malcolm Baldrige National Quality Award)이 있다. 그러나 더 많은 관심을 받는 일반 기준은 품질인증(quality certification)이다.

일반 품질 기준 ISO는 **국제표준화기구**(International Organization for Standardization)의 영문 약자이다. ISO는 1947년 제네바에 설립되었으며, 산업 표준의 단일화와 국제적인 상호 협력을 촉진하려는 목적을 가지고 있다. 처음부터 ISO는 글로벌 기술 표준의 원조격인 IEC(International Electrotechnical Commission)와 제휴했다. ISO는 또한 국제전기통신연합(International Telecommunications Union) 및 세계무역기구(WTO)와 협력한다. ISO는 NGO로서 전 세계 163개국의 표준 세터(setter) 네트워크를 대표하며 2만 1,000개가 넘는 국제 품질 기준을 제정했다.[69]

ISO 9000은 조직의 모든 수준에서 품질을 촉진하기 위한 글로벌 품질 표준 집합이다.

ISO 14000은 환경 관리와 관련된 품질 표준이다.

ISO 9000와 ISO 14000 2만 2,598개가 넘는 ISO 표준에도 불구하고 매년 새로운 표준이 출판되고 있다. ISO가 제시하는 표준은 크게 2개의 표준 집단으로 구성되어 있다. ISO 9000의 표준 계열은 품질 관리 시스템의 원리 및 기초에 대해 말하며, ISO 14000의 표준 계열은 기업 환경에 관련된 활동을 개선하는 방법을 다룬다. 그러나 다양한 분야에 ISO 표준이 있다.

ISO 9000은 기업이 품질 보증 시스템을 구축할 때 준수해야 할 보편적인 기준이며, 전 세계적으로 인정받는다. ISO 9000은 산업의 차이, 기업 규모의 차이에 관계없이 모든 기업에게 동일한 기준을 제시한다. 이는 모든 기업에게 품질 경영의 중요성을 강조하려는 의도로 볼 수 있다. ISO 9000은 처음 도입될 때 EU에 속한 국가 내에서 기술적인 표준을 상호 맞추기 위한 목적으로 고안되었다. 그러나 현재는 유럽에서 기업 활동을 하는 데 상당히 중요한 요소로 자리잡았다. ISO 9000 계열 기준을 적용받는 경우 기업은 품질에 영향을 주는 직원의 모든 행동에 대한 절차를 명시한 문서를 갖추어야 한다. 그리고 문서화된 행동 절차대로 행동할 수 있게 만드는 행동 메커니즘을 갖추어야 한다. 문서화는 제조업과 서비스업의 구분 없이 모든 조직에게 적용되는 사항이다. ISO 9000의 주요한 장점은 바로 이 문서화 과정이다. 다양한 절차를 문서화하는 과정에서 근로자는 품질 향상에 기여하는 행동을 보다 명확하게 이해할 수 있으며, 행동 절차가 문서화됨으로써 근로자의 업무가 바뀌어도 해당 업무의 일관성을 담보할 수 있다.

ISO 인증은 단순히 품질 통제에 관련된 기준이 아니며, 경영 시스템과 절차에 대한 면밀한 분석 과정을 포함한다. ISO는 특정 제품의 품질을 판단하는 것이라기보다 원료의 구매에서 생산 시설의

설계, 생산 인력의 교육 등 20개의 영역에 걸쳐 기준을 제시하며 궁극적으로 제품의 생산 혹은 서비스의 제공 과정에 관련된 전반적인 관리 수준을 평가한다. 관리 시스템 표준의 운영 원칙은 데밍의 PDCA의 지속적인 개선 주기에 기초한 계획(plan), 실행(do), 점검(control), 실행(act, 수정 및 개선 계획)이다. ISO 인증의 획득을 원하는 기업은 앞서 언급된 내용을 정리한 보고서를 작성하고 독립적인 감사관으로 구성된 인증 팀의 증명서를 제출해야 한다. 인증 과정은 상당한 시간과 비용이 소요될 수 있다. 기업의 전 분야에 걸쳐 분야별로 각각 인증 활동이 진행되기 때문이다. ISO 14000 계열 표준은 기업이 공기, 물, 토양과 관련하여 높은 수준의 환경 기준을 수립하는 데 도움을 주기 위해 개발되었다. ISO 14000은 기업이 환경 기준을 준수할 방법과 환경 친화적인 제품 및 서비스를 개발하는 방법 등을 개발하는 데 기여한다.

유럽에서 활동하는 미국 기업은 유럽 시장에 계속 진입하기 위해 ISO 인증을 획득한다. 듀폰(DuPont)은 ISO 인증을 받은 비유럽 기업에게 주요한 유럽 거래처를 잃고서 ISO 인증을 추진했다. 이를 통해 유럽에서 더 나은 입지를 다질 수 있었을 뿐 아니라 인증 과정을 거치며 품질에 집중한 경험의 덕을 톡톡히 봤다. 일부 유럽 기업은 ISO를 중요하게 생각하기 때문에 협력사가 ISO 인증을 받지 않을 경우 그 기업과 거래하지 않을 것이다. 기업은 공급사슬의 모든 수준에서 품질이 관리되기를 원한다.

유럽에서 활동하는 비유럽 기업은 유럽 시장에 대한 접근성을 유지하기 위해 ISO 인증을 받아야 한다.

산업별 품질 기준 산업별 품질 기준은 주로 해당 산업 내 공급업체에게 적용된다. ISO 기준은 상대적으로 보편적이기 때문에 자동차 산업을 포함하여 몇몇 산업은 산업에 특화된 품질 기준을 개발했다. QS9000은 포드(Ford)와 GM이 부품 공급업체의 품질을 관리하기 위해 개발한 기준이다. 그러나 이를 토대로 자동차 산업은 자체적인 품질 기준을 개발하게 되었으며, 모든 자동차 관련 업체에 적용될 수 있는 기준으로 ISO/TS 16949:2009가 제시되었다. ISO/TS 16949:2009는 ISO 9001과 함께 품질 관리에 적용될 수 있다. 이 기준은 자동차에 관련된 모든 제품의 설계 및 개발, 생산, 설치 및 사후 관리를 위해 품질 관리 시스템 도입 시 필요한 사항을 망라한다.

기업별 품질 기준 개별 기업도 자체적인 품질 기준을 가지고 있다. 이 품질 기준은 주로 공급업체로부터 납품받은 물건의 품질을 평가할 때 사용한다. 대규모 공급사슬을 보유한 대부분의 대형 다국적 기업은 종종 지속가능성 보고서의 맥락에서 공급사슬 표준을 설정하고 발표했다. 앞서 글로벌 공급업체와 협력하는 맥락에서 애플의 접근 방식을 살펴봤다. 서비스 분야에서는 KPMG, PWC 등 글로벌 공공 회계법인이 전 세계 계열사가 활용할 것으로 기대하는 수준 높은 감사 관행을 설정했다. 공공 회계법인은 하나의 이름으로 운영되는 개별 국가 파트너십의 연합이기 때문에 공통된 감사 관행 설정이 무척 복잡하다. 그러나 다국적 고객에 대한 감사는 높은 기준에 따라 수행되어야 한다.

미래 전망 불확실성과 글로벌 공급사슬

이 장에서는 두 가지의 상반되는 아이디어를 강조했다. 첫째, 세계화는 기업이 비용을 절감하고 시장에 더 가까이 근접하기 위해 해외 사업장을 설립하거나 외국 공급업체에 아웃소싱하도록 유도한다는 것, 둘째, 그러나 공급라인이 길수록 위험은 커진다는 것이다. 세계 정치 불안과 테러의 증가로 인해 공급라인이 더 길어질 위험이 급격히 증가했다. 언제든지 글로벌 불확실성은 잘 조직된 공급사슬을 완전히 붕괴시키고 기업을 위험에 빠뜨릴 수 있다. 2011년 일본의 지진과 쓰나미로 이런 명제는 최근에 다시금 입증되었다.

또한 최근 중국에서 시작되었지만 다른 국가로 확산된 COVID-19가 대표적인 예이다. COVID-19가 중국을 강타함으로써 애플, 폭스바겐 AG, 피아트크라이슬러(Fiat Chrysler) 자동차 등 글로벌 공급사슬을 보유한 수많은 기업과 중국인 관광객 부족으로 매출이 떨어지고 있는 명품 브랜드 업체에게 영향을 미쳤다. 피아트크라이슬러는 중국으로부터 부품을 공급받지 못해 시베리아에서 자동차 생산을 일시 중단해야 했다. 애플은 바이러스 때문에 2020년 1분기 매출 예상치를 달성하지 못할 것이라고 발표했다. 애플 제품은 대부분 계약 제조업체 폭스콘테크놀로지스그룹을 통해 중국에서 제조되는데, COVID-19 때문에 인력 부족으로 공장 재가동에 어려움을 겪었다. 많은 사람이 음력 설 연휴 동안 중국 각지에서 발이 묶여서 공장에 나갈 수 없었다.[70]

공급사슬이 확대되고 불확실성이 커질수록 기업은 우발 상황에 대해 실행 가능한 시나리오를 구축하는 데 훨씬 더 능숙해져야 한다. 아마도 이는 기업이 해외 사업에서 다른 국가의 영향을 최소화하고 국내 소비자에게 더 잘 대응할 수 있도록 다양한 국내 전략을 추구할 것임을 말해준다. 그러나 선진국에서 조업하는 다국적 기업은 비용 절감을 위한 경쟁 압력에 대응함에 따라 소유 시설 또는 제3자로부터 해외소싱을 지속할 것임을 또한 예측할 수 있다.

좋은 기업은 '만약'을 고려하여 시나리오를 구축해야 한다. 제품을 수송할 수 있는 안전한 항공 또는 해양 교통 수단이 없다면 어떻게 될까? 제품을 보낼 수 있지만 지연된다면 어떻게 될까? 테러리스트가 제품을 오염시키거나 유해물질을 이동시키기 위해 합법적인 기업의 글로벌 공급사슬을 사용하면 어떻게 될까? COVID-19와 같은 또 다른 바이러스가 글로벌 공급사슬을 완전히 폐쇄한다면 어떻게 될까? 분명 많은 기업이 중국에 대한 의존도를 줄이고자 공급업체의 다변화를 고려하지만 이는 꽤 복잡한 이슈이다. 앞서 언급한 대로 글로벌 공급사슬을 다각화한 기업이 전례 없는 글로벌 보건 위기인 COVID-19가 불러온 도전에 어떻게 대응하는지 지켜보는 것은 흥미로울 것이다. 분명히 미래는 현재나 과거의 상황보다 훨씬 더 복잡하기 때문에 경영자는 더욱 주의를 기울여야 한다. 세계의 제조 공장인 중국의 비용 상승으로 인해 많은 기업이 소싱에 국내와 더 가까운 공급원뿐만 아니라 더 저렴한 공급원을 찾기 위해 다른 국가에 눈을 돌리고 있다.

CASE

노케로: 세상을 비추다[71]

– 마누엘 G. 세라피오(Manuel G. Serapio)

2016년 6월, 노케로(Nokero)의 설립자이자 CEO인 스티브 카차로스(Steve Katsaros)는 어떻게 해야 자신이 창립한 기업이 성과를 거둘 수 있을지 고민하고 있었다. 태양광 전구 마케팅 업체인 노케로가 성공적인 본 글로벌(Born-global) 사회적 기업으로 떠올랐다. 노케로는 2010년에 설립된 이래 120여 개국에 140만 개 이상의 태양광 전구를 판매했다. 노케로는 상당한 언론의 주목을 받았다. CNN, 뉴욕타임스온라인(The New York Times online), 워싱턴포스트(The Washington Post), 패스트컴퍼니(Fast Company), 파퓰러메커닉스(Popular Mechanics), 파퓰러사이언스(Popular Science), 덴버포스트(The Denver Post), 엔가젯(Engadget)을 비롯한 많은 언론이 세계 빈곤층에게 친환경 태양 조명을 제공하는 노케로의 이야기를 특집으로 다루었다. 카차로스는 사회적 기업의 인도주의적인 업적으로 인정받았다. 2013년 4월, 그는 미국 특허청의 인류특허상(U.S. Patent Office's Patent for Humanity Award)을 수상했다.

카차로스는 지금까지의 회사의 전반적인 성과에 매우 만족했지만 세 가지 근본적인 질문에 관심을 보였다. 첫째, 기업은 어떻게 성장해야 하는가? 구체적으로 수익성을 성장시키려면 어떤 시장에 집중해야 하는가? 설립 이후 몇 번의 좋은 기회로 노케로의 판매가 촉진되었다. 노케로는 웹사이트를 통해 북미와 해외의 수천 명의 고객에게 소량 및 샘플 주문 판매로 수만 개의 태양 전구를 판매했다. 또한 여러 국가의 유통 대리점에 입점하거나 판매업체와 계약을 체결했다. 노케로는 정부, 국제 기구, 비정부 기구와 환경 지속가능성, 재생 에너지, 빈곤 완

▲ 노케로의 설립자이자 CEO인 스티브 카차로스가 자사의 혁신적인 태양광 전구가 어떻게 작동하는지 아이들에게 보여주고 있다.

화, 재난 및 구호 프로젝트와 관련된 협력적 사회 프로그램에 대해 협력했다. 카차로스는 노케로가 사회적 기업 부문과 상업적 채널 모두에서 성장을 위한 최선의 경로를 탐색할 수 있기를 원했다.

둘째, 기업은 어디로 성장해야 하는가? 현재까지 노케로는 기회주의적인 판매 방식을 추구했다. 노케로의 주요 고객은 아주 다양하고 케냐, 가나, 남아프리카공화국, 피지, 멕시코, 인도, 인도네시아, 나이지리아, 아이티와 기타 시장에 분산되어 있다. 실용적인 비즈니스 감각으로 노케로와 같은 국제적인 신규 벤처 기업은 일부 시장에만 집중할 수 있지만 카차로스는 노케로의 태양광 전구의 혜택을 가능한 한 많은 사람에게 주겠다는 기업의 사회적 사명과 배치되기 때문에 이런 접근법을 추구하는 것을 주저했다.

셋째, 노케로는 기업의 성장을 지원하려면 공급사슬을 어떻게 관리해야 하는가? 카차로스는 노케로가 성장할수록 효과적으로 해결해야 할 중요한 글로벌 공급사슬 문제 등의 여러 가지 도전이 있다는 것을 이해했다. 여러 국가에 분산되어 있는 다양한 시장과 고객층에 어떻게 서비스를 제공할 수 있을까? 노케로는 어떻게 다운소싱(down sourcing)하고 제조 및 유통 비용을 절감하여 고객에게 제품을 더 저렴하게 제공할 수 있을까? 가장 먼 곳의 고객에게 도달하는 '라스트 마일 이슈(last mile issue)'를 해결하려면 무엇을 해야 하는가?

노케로 이야기

기회의 포착

노케로['No Kerosene(등유)'의 줄임말]는 전 세계적으로 빛과 열에 사용되는 유해하고 오염을 야기하는 연료의 필요를 없애고, 이를 필요로 하는 고객이 저렴하게 사용할 수 있는 안전하고 환경 친화적인 태양광 제품을 개발하려는 목적으로 스티브 카차로스가 설립한 기업이다. 카차로스는 등유와 디젤 랜턴을 대체할 태양광 제품을 개발하는 데 중요한 가능성을 포착했다. 카차로스는 이런 기회를 다음과 같이 묘사했다. 세계의 많은 지역에서 전기를 사용하지 않는 주택과 작업장은 등유나 디젤 램프, 양초 또는 나무로 조명을 사용한다. 전기를 사용하는 옵션이 있지만 대부분은 비싸거나 가용하지 않고, 교체 가능한 충전식 배터리가 없다.

가장 최근의 데이터에 따르면 9억 4,000만 명 이상이 전기 없이 살고 있다. 이 중 5억 9,105만 명이 사하라 이남 아프리카에 살고 있고, 2억 5,491만 명이 남아시아에 살고 있다. 이들 중 많은 사람이 외딴 지역에 거주하며 조명을 위해 등유와 디젤 연료 랜턴에 의존한다. 등유 랜턴을 태양광 전구로 대체하면 시장 상황에 따라 12일에서 2개월 안에 전구 구입 가격을 환수할 수 있다. 게다가 등유 랜턴을 태양광 전구로 대체하는 것은 환경과 건강에 상당한 이익을 창출한다. 등유 랜턴을 대체하는 모든 태양광 전구는 제품의 5년 수명 동안 CO_2 배출량의 4분의 3을 줄일 수 있다. 세계은행에 따르면 등유 랜턴에서 나오는 유해물질에 매일 노출되는 것은 하루에 담배 두 갑을 피우는 것과 같다고 한다.

솔루션 발명: N100, N200, N233

2010년 1월 24일, 카차로스는 아이디어를 메모장에 스케치하던 중 첫 번째 노케로의 전구인 N100 전구를 발명했다. 나흘 후 카차로스는 N100에 대한 미국 특허를 신청했고, 마침내 2011년 2월에 허가되었다. 2010년 6월에 노케로 전구는 생산이 시작되었고 2016년 11월에 최신 모델 N233이 출시되었다.

노케로 태양광 전구는 작고 가볍고 휴대하기 쉬운 형태로 식별이 용이하다. 전구를 충전하기 위해 태양이 있을 때 걸어놓고 밤에는 계속 걸어두거나 옆으로 눕혀놓는다. '피벗(pivot)' 기능은 사용자가 태양 쪽으로 태양 전지판을 회전하여 충전 능력을 극대화할 수 있게 한다. 밤에 전구를 회전하여 필요한 곳에 빛을 비출 수 있다. LED 조명은 비산 방지 전구에 둘러싸여 있어 뜨거워지지 않고 고른 빛을 낸다.

N233의 밝기는 조도가 높을 때 25루멘, 조도가 낮을 때 10루멘이다. 빛의 지속 시간은 하루 충전으로 6~15시간이다. 기존 LED 조명과 같지 않지만 N233의 밝기는 등유 랜턴보다 5배 이상 밝다. N233은 비산 방지 및 방수 기능이 있으며 5년 동안 지속되도록 제작되었다.

노케로는 N233을 대량 주문(예: 1,000개 이상)으로 약 8달러(FOB China)에 판매한다. 샘플 판매 가격은 15~20달러 사이이다(배송비에 따라 다르다). 저렴한 가격으로 노케로 태양광 전구에 대한 시장의 반응이 뜨겁자 카차로스는 N233의 가격의 절반인 기본 버전 전구를 출시했다. 이외에도 아마존, 스포츠맨스웨어하우스(Sportsman's Warehouse), 이베이(eBay) 등을 통해 노케로 제품을 구매할 수 있다.

본 글로벌 기업 만들기

N100을 개발한 지 몇 주 후 카차로스는 노케로의 비즈니스 모델, 패키지 디자인, 가격 책정, 제조 및 유통 공정에 대한 여러 작업을 했다. 그리고 2010년 4월, 노케로의 운영 회사인 노케로인터내셔널을 설립했다.

출처: Courtesy of Steve Katsaros/Nokero

노케로가 N100을 개발 및 제조하고 사업체를 형성한 속도는 발명가이자 기업가로서 카차로스의 경험 덕분이라고 해도 과언이 아니다. 카차로스는 이전에 스포츠 회사[예: 다이나스타스키(Dynastar Skis), K2, 하버비전(HaberVision)]에 발명품을 허가하는 작업을 했고, 시속 20킬로미터로 갤런당 320킬로미터를 달리는 자전거용 전동휠인 레보파워(RevoPower)를 만들기도 했다. 퍼듀대학교 기계공학부에서 학사 학위를 받았고, 콜로라도덴버대학교 바드기업가정신센터[현 제이크 잡스 기업가정신센터(Jake Jabs Center for Entrepreneurship)] 자격 졸업자 및 대학 발명가 대회 수상자인 카차로스는 미국 특허상표청(U.S. Patent and Trademark Office)에 등록된 특허 대리인이다(카차로스는 자신의 이전 발명품에 대한 몇 가지 특허를 자신에게 발행하기도 했다).

처음부터 노케로는 세계 각지의 고객과 홍콩과 중국의 공동 소유자 및 공급업체 파트너를 보유한 '본 글로벌 기업'이었다. 카차로스는 홍콩에 기반을 둔 3명의 기업가와 제휴하여 홍콩에 노케로인터내셔널 주식회사를 설립했다. 이전 사업에서 카차로스의 협력사인 이 파트너들은 노케로의 소수 지분을 대표하는 창업 자본을 제공했고, 카차로스가 중국에서 강력하고 신뢰할 수 있는 공장 공급업체를 찾을 수 있도록 도왔다. 노케로는 또한 홍콩 파트너와 공장 공급업체의 관계를 활용하여 공급업체로부터 무역 자금 조달라인을 확보했다. 홍콩 파트너들은 중국 내 공급 공장을 감독하고, 공장에서 직접 대량 주문을 처리하며, 중국 선전에 아웃소싱 수행센터(outsourced fulfillment center)를 유지하여 전 세계로부터 소량 및 샘플 판매를 공급하고, 기업의 공급사슬을 관리하는 등 노케로의 사업을 관리한다.

노케로의 중국 공급업체는 가전 분야에서 상당한 경험과 규모를 갖춘 인정받는 공장이다. 태양광으로 구동되는 가전 제품만 놓고 보면 공급업체는 매년 3,000만 개 이상의 태양광 제품을 생산한다. 이 공급업체의 고객으로 코스트코, 월마트, 홈디포(Home Depot), 로우스(Lowe's) 및 미국과 유럽의 주요 소매 고객이 있다. 노케로는 콜로라도주 덴버에 본사를 두고 있으며, 영업 및 마케팅, 사업 개발, 웹 기반 영업, 사업 운영 전반을 총괄한다.

그라운드웰 지원 창출

전통적인 미디어와 소셜 미디어를 통한 광범위하고 호의적인 보도는 가능한 한 많은 사람에게 노케로의 이야기를 전달하는 데 중요한 역할을 했다. 특히 알리 벨시(Ali Velshi)가 진행하는 CNN의 낮시간대 TV 프로그램 〈빅아이즈(The Big Eye)〉에 카차로스와 노케로가 잠깐 출연한 것이 큰 영향을 주었다. 보도는 전 세계 시청자에게 전달되었을 뿐만 아니라 일반적으로 태양광 조명에 관심이 있는 사람들에게 노케로를 인지시키는 데 도움이 되었다.

노케로는 브라질의 우글로부(O Globo), 호주의 시드니타임스(Sydney Times), 프랑스의 에어프랑스(Air France), 독일의 주트베스트룬트풍크(Sudwestrundfunk) 등 해외 소식통을 비롯해 전통 인쇄 매체와 TV 방송사의 수십 가지 이야기와 소셜 미디어의 수백 가지 이야기 덕을 봤다. "태양광 전구가 길을 비출 수 있다"라는 제목의 기사에서, 《뉴욕타임즈(The New York Times)》는 "노케로의 전구가 세상을 흔든 것은 디자인 때문이다. 노케로의 전구는 가지고 다니기 쉽게 충분히 작고 별다른 것이 필요 없으며 매우 내구성이 있고 배터리가 교체 가능하다"고 언급했다. 덴버포스트는 또 다른 기사인 "빛의 힘"에서 노케로의 제품의 환경, 건강, 안전상의 이점과 비즈니스 모델의 사회적 기업가적 측면을 높이 평가했다. 이러한 주요 이야기는 노케로의 웹사이트 트래픽 증가와 샘플 신규 주문, 예비 유통업체에 대한 문의로 이어졌다.

소셜 미디어, 특히 블로그(Blogs)는 기업이 커뮤니티 그라운드웰(groundswell) 지원을 창출할 수 있는 강력한 방법이었다. 2010년 7월, 런던의 영향력 있는 사업가가 노케로에 지원을 제안했고, 이 제안은 인기 있는 축구 스타 디디에 드로그바(Didier Drogba)가 노케로 제품에 대한 지원을 수락하며 받아들여졌다. 소셜 미디어는 또한 노케로와 다른 파트너들이 옹호하는 사회적 이니셔티브에 대한 인식을 창출하고 커뮤니티 참여를 동원하는 데 중요한 역할을 했다. 예를 들어 노케로는 바이기브(Buy-Give) 프로그램에서 프로젝트 C.U.R.E.(Project Commission on Urgent Relief and Equipment)와 파트너 관계를 맺었다. 이 프로그램에 따라 노케로에서 태양광 전구를 구입한 고객은 프로젝트 C.U.R.E.에 두 번째 전구를 기부할 수 있으며, 프로젝트 C.U.R.E.는 전 세계의 도움이 필요한 사람들에게 전구를 배포하게 되었다.

이와 비슷하게 영화 제작자 커트 만(Kurt Mann)의 단체인 아메리칸그린(American Green)은 아이티의 지진으로 황폐해진 희생자들을 돕기 위해 노케로의 전구를 아이티로 가져왔다. 노케로와 아메리칸그린은 공동으로 사람들이 아이티에 전구를 기부할 수 있는 '빛의 선물(The Gift of Light)' 프로그램을 마련했다. 커트 만은 또한 최근 아이티를 방문한 동안에 빛에 접할 수 있게 해주는 노케로의 제품이 아이티의 사람들과 세계의 가난한 사람들을 어떻게 도왔는지를 기록한 짧은 영상을 촬영했다. 노케로와 다른 사람들은 이 비디오를 노케로의 이야기를 전달하는 데 널리 사용했다. 노케로는 필리핀의 태풍 하이옌이나 미국 동부 해안의 허리케인 샌디 등 자연재해에도 신속하게 대응하여 이재민들에게 태양광 전구를 기증하는 것은 물론, 태양광 전구를 기증할 수 있는 프로그램을 만들어 시행하고 있다.

비즈니스 성장

정부 및 국제 기구와의 협력 기회

여러 정부, 국제 비정부 기구, 국제 기구가 카차로스와 노케로에게 많은 잠재적인 대규모 파트너십과 프로젝트의 가능성을 열어놓고 접근했다. 멕시코와 콩고 정부는 하루 수입이 2달러 미만(즉 소비자 중 최하위층)이고 전기를 사용할 수 없는 사람들에게 태양광 전구를 분배하기 위해 노케로 제품의 구매를 추진하고 있다. 필리핀의 한 협력업체를 통해 노케로는 여전히 등유 랜턴에 의존하는 가난한 가정의 학령기 아이들에게 태양광 전구를 제공하는 최선의 방법을 모색하고 있다. 노케로는 인도네시아 정부와 손잡고 복잡한 전력 설비가 어려운 인도네시아 외딴 지역에 태양광을 공급해 250만 명에게 전력을 공급하기도 했다.

노케로는 또한 유엔, USAID, 다양한 국제 재단의 국제 기구와 여러 논의를 시작했다. 정부와 국제 기구에 대한 판매는 노케로에게 매력적인 기회를 제공했지만, 세 가지 주요 과제에 당면했다. 첫째, 이러한 정부 및 국제 기구 조직의 구매 주기는 긴 경향이 있으며 전문 기술과 주요 비즈니스 개발 리소스가 필요하다는 것이다. 이 과제를 해결하기 위해 노케로는 지식이 풍부하고 이러한 종류의 조직과 네트워크를 구축한 컨설턴트를 영입했다.

둘째, 노케로는 이러한 정부로부터 더 큰 주문을 달성하기 위해 생산을 크게 확장해야 한다는 것이다. 노케로와 거래를 요청한 정부는 수천 개가 아니라 수백만 개의 전구를 요청했다. 게다가 이들 정부는 노케로에게 가격 인하를 압박할 가능성이 높다. 셋째, 이러한 정부에 판매하는 것은 생산 및 공급사슬 문제를 예고한다. 카차로스는 또한 노케로에게 대량 주문을 하는 정부들이 노케로의 제품을 현지에서 생산하거나 조립하도록 요구할 것으로 예상하고 있다.

사회적 기업 부문의 기회

노케로는 앞서 언급한 바와 같이 프로젝트 C.U.R.E., 엘리펀트 에너지(Elephant Energy), 얼스스파크인터내셔널(Earthspark International), 셸터박스(Shelterbox), 차일드펀드(Child Fund), 파워디월드(Power the World) 등 다양한 사회적 기업과 파트너십 프로그램을 진행했다. 대표적인 사례로 노케로와 프로젝트 C.U.R.E.는 2010년에 노케로 태양광 전구를 C.U.R.E. 어린이용 키트(Kits for Kids, 즉 반창고, 항생제, 방충제 등의 일상 의료용품을 담은 신발 상자 크기의 키트)에 추가하고 일상 의료용품을 구비하지 못하는 부모에게 제공하는 라이트포라이프(Lights for Life) 캠페인을 시작했다.

정부 및 국제 기구와 협력하는 것과는 달리 사회적 기업과의 파트너십은 노케로에게 다른 일련의 과제를 안겼다. 이러한 파트너들이 지지하는 프로그램은 상당히 다양하고 서비스를 제공해야 할 고객은 널리 분산되어 있으며, 구매는 더 빈번하게 이루어지지만 주문량은 더 적은 경향이 있다. 이런 모든 것을 고려할 때 사회적 기업과의 협력은 노케로의 공급사슬에서 다른 순서와 이행 메커니즘을 필요로 한다. 이러한 과정이 더 까다로울 수 있지만 카차로스는 마이크로 비즈니스 및 사회적 기업 부문과 협력하는 데 전념하고 있다. 이러한 기업이 도달하는 사람들에게 서비스를 제공하는 것이 노케로의 임무의 핵심이기 때문이다.

상업 채널에서의 기회

노케로는 두 가지 방법으로 상업 채널을 통해 판매를 주도했다. 첫째, 직접 웹 기반으로 판매하는 것과, 둘째, 허가된 유통업체를 통해 판매하는 것이다. 고객은 노케로 홈페이지(Nokero.com)를 통해 직접 주문하고, 페이팔(PayPal)을 통해 신용카드나 계좌로 결제한다. 주문이 접수되고 결제가 확인되면 해당 주문은 판매 스프레드시트에 추가되어 주문 배달을 처리하는 노케로의 수행센터로 야간에 전달된다. 노케로는 홍콩 우편이나 싱가포르 우편을 이용해 주문을 집행한다. 그런 다음 고객은 노케로의 웹사이트에 로그인하여 보통 페덱스(FedEx) 또는 UPS를 통해 소포의 배송을 추적할 수 있으며, 주문 시 사용한 이메일 주소를 입력하여 주문 내역을 확인할 수 있다.

노케로는 2011년부터 홈페이지를 통해 120여 개국에 수만 달러 규모의 전구를 판매하는 데 성공했다. 따라서 카차로스가 이 채널에서 발견한 주요 기회 중 하나는 판매 전환(sales conversion), 즉 샘플 주문을 한 사람을 디스트리뷰터(유통업자)로 등록하는 전환이다. 노케로는 웹 사이트에서 디스트리뷰터로 신청하도록 사람들을 초대하는 양식이 아닌 이러한 판매 전환을 위한 전략이나 과정을 도입하고자 했다.

노케로의 최대 고객은 안조케어(Anzocare, 남아공 내제에너시협회)와 인도, 케냐, 잠비아, 가나, 피지의 주요 개인 유통업체를 포함해 수천 개의 전구를 주문한 유통업체, 협회와 개인이다. 아프가니스탄, 호주, 나이지리아, 중미, 코트디부아르, 말리, 부르키나파소, 베트남에 추가 배급사가 있다. 대규모 상업 주문은 중국 노케로 공장에서 중국 선전항을 거쳐 직접 배송된다. 소규모 주문은 중국 선전에 있는 노케로의 아웃소싱 수행 파트너가 처리한다.

공급사슬 문제 해결

앞서 언급했듯이 카차로스는 노케로 비즈니스의 성공이 중요한 공급사슬 문제를 해결하는 능력에 달려 있다는 것을 이해하고 있다. 카차로스와 홍콩 파트너는 노케로가 지리적으로 분산된 수백 개의 고객의 샘플 및 소량 주문 판매뿐만 아니라 정부 및 국제 기관의 대규모 집중 주문을 모두 처리할 준비가 되어 있는지 확인해야 했다. 이 시점에서 노케로는 중국 내 주요 공급업체 파트너를 지원할 제2 또는 제3의 공급업체를 영입해야 하는지 평가할 필요가 있고, 더불어 수행센터의 위치를 평가할 필요가 있다.

또한 카차로스는 공급사슬 관리와 관련된 몇 가지 운영 문제를 해결해야 한다. 여기에는 다음과 같은 내용이 있다.

1. 배송비의 지불 및 가격: 현재 홈페이지를 통해 주문하는 고객은 신용카드나 페이팔로 결제한다. 그러나 페이팔은 모든 국가(특히 노케로의 매력적인 시장인 아시아와 아프리카 국가)에서 사용이 가능하지 않다. 또한 노케로의 수행센터에서는 배송료의 국제 가격이 업데이트된 실시간 자료를 제공하지 않기 때문에 배송료에 대한 정확한 금액을 결정하는 것이 어렵다. 일반적으로 전 세계 모든 지역에 소량의 주문을 배송하는 데 드는 비용을 신뢰성 있게 추정하는 것은 매우 어렵다.
2. 주문 추적: 추적 정보는 보통 패키지가 중국 밖으로 나가면(즉 중국 선전의 공장 또는 수행센터) 정지되므로 추적 정보가 제한되고 유용성이 떨어진다.
3. 시기적절한 배달: 주문은 노케로의 공장 및 수행센터에서 적시에 작성 및 배송된다. 그러나 배송 과정은 수취 국가의 우편 시스템의 적시성과 신뢰성에 크게 의존한다. 어떤 경우에는 샘플이나 소규모 주문이 고객에게 전달되기까지 수개월이 걸렸다.
4. 라스트 마일 이슈(배송 마지막 단계의 문제): 노케로의 일부 고객은 종종 일반 우편 배달로는 접근할 수 없는 외딴 곳에 있다. 노케로와 협력하는 사회적 기업이나 정부 기관도 원격지의 고객에게 접근하는 것이 어렵다는 것을 알고 있다. 라스트 마일 이슈의 중요성은 필요한 사용자에게 제품을 제공하는 것뿐만 아니라 제품 속성과 사용법에 대해 교육하는 것이다. 카차로스가 지적했듯이, "이는 웹사이트나 제품 매뉴얼을 통해 할 수 없다. 현지인이 사용자와 소통하고 제품을 사용자에게 시연할 수 있다면 더 좋다." 이를 위해 노케로는 케냐에서 원격지에 있는 고객과의 접근성과 연결성이 뛰어난 P&G 유통업체와 제휴한 모델을 테스트하고 있다. 노케로는 또한 현지 직원을 고용하여 케냐 고객과의 커뮤니케이션 및 유통을 돕고 있으며, 유통업체와 협력하고 있다. 만약 성공한다면 노케로는 이 모델을 다른 시장에서도 동일하게 사용하기를 희망한다.

카차로스는 노케로가 추구하는 성장 전략이 기업의 공급사슬 전략, 프로세스 및 가능한 결과에 중요한 영향을 미칠 것이라는 것을 알고 있다. 결과적으로 유통과 공급사슬에서 더 큰 효율성을 창출한다면 가격을 낮추고 고객이 제품을 더 쉽게 접하도록 만들 수 있을 것이다. 카차로스는 노케로가 기업의 공급사슬 관리와 관련된 주요 전략적 및 전술적 문제를 효과적으로 해결하기를 원하며, 이는 다시 노케로가 향후 몇 년 동안 더 빠른 성장을 예상하고 더 진전하는 데 도움이 될 것이다.

문제

18–3 노케로는 어떤 제조 전략을 추구해야 하는가? 중국 내 단일 공장에서 전구를 계속 공급하는 것이 좋을까? COVID-19와 같은 통제할 수 없는 문제가 노케로의 소싱 전략에 어떤 영향을 미칠 것인가?

18–4 유통망 측면에서 노케로는 아프리카, 아시아, 중남미에 수행창고를 유지해야 하는가? 노케로는 가장 외진 곳에 있는 고객에게 접근하는 라스트 마일 이슈를 어떻게 해결해야 하는가?

Chapter 19

글로벌 회계 및 재무 관리

학습 목표

19-1 회계와 재무가 교차되는 부분을 설명한다.

19-2 회계의 목적, 기준, 실무의 발전에 영향을 주는 주요 요인을 확인한다.

19-3 국제 회계 표준과 그 과정의 글로벌 수렴점을 설명한다.

19-4 기업이 외환 거래를 어떻게 회계 처리하는지 보여준다.

19-5 기업이 외화 재무제표를 어떻게 환산하는지 결정한다.

19-6 주요 국제 금융 기능 중 일부를 열거한다.

19-7 기업이 어떻게 외환 위기를 방어하는지 살펴본다.

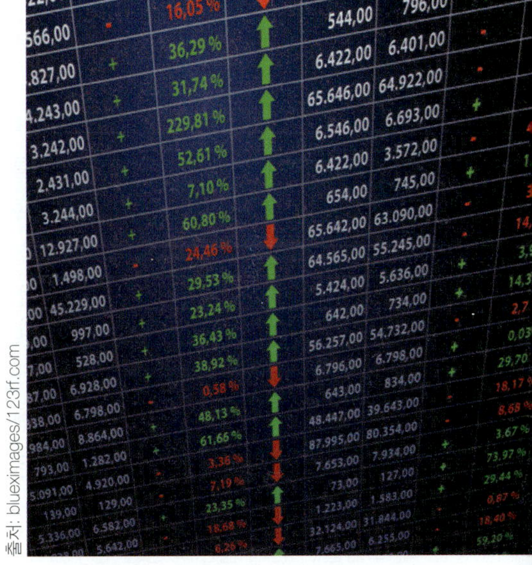

출처: bluexi mages/123rf.com

▲ 한 외환 중개사의 게시판에 표시된 환율 동향

부모와 자식 사이에서도 돈 문제는 낯선 사람을 만든다. *―일본 속담*

CASE

파르마라트: 유럽의 엔론[1]

엔론(Enron)과 월드컴(WorldCom)의 거대한 기업 사기 사건 이후 미국 밖에서는 이러한 스캔들이 미국의 적극적인 비즈니스 환경과 관행으로 인한 '미국 문제'라고 간주되었다. 그러나 가족 소유의 한 이탈리아 회사는 엄청난 기업 스캔들이 어디에서나 발생할 수 있다는 사실을 세계에 보여주었다.

간략한 배경 이야기

1961년, 칼리스토 탄치(Calisto Tanzi)는 아버지로부터 회사를 물려받아 유제품에 집중한 파르마라트(Parmalat)라는 브랜드를 만들었다. 2년 만에 파르마라트는 이탈리아 최초의 브랜드 우유 제조업체가 되었다. 1966년에 테트라팩 포장 기술을 사용하여 파르마라트는 초고온에서 살균(UHT)하여 6개월 이상 유통기한을 유지하는 대표 신제품을 만들었다. UHT 우유는 낙농업계에서 기술적 경쟁우위를 제공하여 경쟁에서 앞서 나갔다. 1970년에 성분을 조정하지 않은 일반 우유를 식료품점에서 판매하는 것이 허용되면서 파르마라트는 빠르게 이탈리아의 지배적인 우유 공급업체가 되었다.

파르마라트는 1970년대 스키 월드컵 및 포뮬라원 경주용 자동차 챔피언인 니키 라우다(Nicki Lauda)를 후원한 후 '챔피언의 우유'로 명성을 얻었다. 1970년대 말, 이 회사는 치즈, 버터 및 다양한 디저트를 생산함으로써 새로운 시장으로 진입했다. 파르마라트는 인기가 높아짐에 따라 독일과 프랑스에서 글로벌 유제품 제국의 시작을 알리는 인수를 통해 국제적인 확장을 시작했다.

이탈리아에서 거의 전설적인 인물인 칼리스토 탄치는 이러한 성장의 주도자였다. 파르마라트를 유명 브랜드로 만든 스포츠 마케팅의 힘을 발견한 사람이었다. 그에게는 파르마라트를 지지하는 법률을 통과시키는 데 도움을 준 정부 관료 친구가 있었다. 경건한 가톨릭 신자인 탄치는 관대한 후원자였다. 그리고 그는 자신의 업적에 대해 겸손했다. 파르마라트가 성장하는 동안 탄치는 경영에서 가부장적인 접근 방식을 고수했다.

1989년에 회사는 지주회사에 인수되어 파르마라트피난치아리아 SPA(Parmalat Finanziaria SPA)라는 이름으로 바뀌었다. 매년 이익은 건실했고, 재무상태표는 강건해서 많은 현금을 벌었다. 이를 통해 이 거대한 낙농 회사는 주식과 채권을 발행하여 이탈리아에서 기업 주식을 공개하고 미국 및 다른 국가에서 자본을 조달할 수 있었다. 브라질, 아르헨티나, 베네수엘라 및 여러 국가의 낙농 시장을 장악하고 있던 파르마라트는 중남미로 확장하기 위해 이 자본을 사용했다.

1990년대 초, 파르마라트는 식료품 고객뿐만 아니라 투자자와 채권자에게서도 인기가 높았다. 대형 국제 은행은 이 회사가 채권을 발행하고 해외 시장에 주식을 등록하고 국제 인수 자금으로 자본을 조달하는 데 도움을 주면서 많은 비용을 징수했다. 한 가지 문제가 있었다. 바로 파르마라트가 보고한 이익은 일련의 회계 조작에 의한 착시일 뿐이라는 것이었다.

회계 문제

파르마라트 사건의 가장 흥미로운 측면 중 하나는 사기성 회계의 단순성이다. 사기의 목적은 투자자와 채권자를 실망시키지 않도록 운영 손실을 숨기는 것이었다. 이 계획의 핵심은 이탈리아의 슈퍼마켓과 다른 소매점에 대한 이중 청구서 발급이었다. 표준 회계 절차에서는 제품이 고객에게 배송될 때마다 회사는 나중에 현금으로 수금할 것으로 예상되는 매출 채권을 기록한다. 미수금은 판매 수익으로 간주되기 때문에 파르마라트는 각 선적에 대해 고객에게 두 번 청구서를 발급하여 매출을 크게 늘렸다. 회사는 이렇게 부풀 수입을 여러 국제 은행의 대출 보증 수단으로 사용했다.

1995년까지 파르마라트는 중남미 국가에서만 매년 3억 달러 이상을 잃고 있었다. 이러한 지속적인 운영 손실로 인해 회사 경영진은 회사의 진정한 성과를 가리는 보다 복잡한 방법을 모색하게 되었다. 경영진은 '부외 자금 조달(off-balance-sheet financing)'이라는 트릭을 사용하여 카리브해에 본사를 두고 파르마라트 제품을 판매하는 3개의 페이퍼컴퍼니를 설립했다. 파르마라트는 가짜 청구서를 보내고 '판매'를 합법적으로 보이게 하는 비용과 수수료를 부과한 다음, 자회사가 빚진 금액에 대한 신용 기록을 작성하고, 이를 이용하여 은행에서 돈을 모으는 데 사용했다.

부외 자금 조달은 부채를 가리는 데에도 사용되었다. 회사는 부채의 절반 이상을 케이맨제도와 같은 해외 조세 피난처를 기반으로 하는 소규모 자회사의 계정으로 이관했다. 이로써 파르마라트는 많은 부채를 숨기고 판매 수익을 과장함으로써 투자자와 채권자에게 '건강한' 재무상태표와 손익계산서를 제시할 수 있었다. 2002년에 파르마라트는 연결재무상태표에 80억 달러에 가까운 부채를 보고했다. 실제로는 약 140억 달러의 부채가 있었다.

파르마라트는 이미지를 이용하여 미국과 유럽에서 위조된 자산, 특히 현금으로 채권을 발행했다. 일반적으로 기업은 성장을 위해 부채를 증가시킨다. 그러나 파르마라트 사건에서 회사는 이전 대출금을 상환하기 위해 대출을 받았다. 수사관들은 회계 조작이 없었으면 1990~2003년 동안 매년 영업 손실을 보고했을 것이라고 보고한다.

갈수록 많은 양의 부채가 발생하여 운영 손실을 감추는 순환은 유지하기가 어려웠다. 사기를 영속하기 위해 파르마라트는 빚을 지고, 자사의 실제 현금 없이 오래된 채무에 대한 이자를 지불하고, 잘못된 판매를 창출하는 새로운 방법을 찾는 것을 계속해야만 했다.

1990년대 후반에 아르헨티나와 브라질의 감사관은 파르마라트의 회계에 의문을 제기했다. 2003년 12월 초, 회사는 1억 5,000만 유로의 채권을 지불하지 않았다. 2002년 재무제표에 따르면 파르마라트는 많은 현금을 보유하고 있었기 때문에 이 회사에 익숙한 사람들은 당황했다.

사기는 2003년 12월 19일, 회사의 감사 기관인 그랜트손튼 LLP(Grant Thornton LLP)의 깜짝 놀랄 만한 발견으로 공개되었다. 케이맨제도에 본사를 둔 파르마라트의 전액출자 자회사인 본라트(Bonlat)를 감사하는 동안 회계 감사관들은 본라트가 보유한 BOA(Bank of America)에 현금 39억 5,000만 유로를 예치하고 있다는 서한을 확인하고자 BOA에 연락했다. BOA는 그러한 계좌가 존재하지 않는다고 대답했다. 수사관들은 파르마라트 본사를 급습하여 회계 조작을 밝힐 문서 및 컴퓨터 하드 드라이브를 압수했다. 한 하드 드라이브에서 검찰은 속임수에 대한 단서를 발견했다. 'Account 999'에는 80억 유로가 넘는 비밀 거래 내용이 담겨 있었다.

결과

파르마라트는 2003년 12월 24일에 파산 보호 신청을 했다. CEO 탄치는 사흘 후 이탈리아 당국에 의해 사임되었고 CEO 자리에서 내려왔다. 또한 불법 행위로 기소된 이들은 해당 기간 중 대부분 CFO였던 파우스토 톤나(Fausto Tonna), 탄치의 형제인 조반니(Giovanni), 아들인 스테파노(Stefano), 딸인 프란체스카(Francesca)였으며, 계획에 관여된 것으로 여겨지는 다른 핵심 직원들도 포함된다.

유죄 판결

처음에는 허위 진술이 운영 손실을 감추기 위해서만 만들어졌다고 생각했다. 그러나 검찰은 탄치 가족이 사기를 통해 재정적으로 이익을 얻었음을 입증했다. 탄치는 6억 3,800만 달러가 '가족 소유의 관광 사업'으로 옮겨갔다고 자백했다. 2008년 12월, 밀라노 법원에서 시장 조작으로 징역 10년 형을 선고받았다. 2010년에 그는 파르마의 판사로부터 회사 파산에 기여한 데 대해 추가로 18년 형을 선고받았다. 2012년에 탄치에 대한 분쟁을 충당하기 위해 압수하려는 값비싼 그림을 숨겨서 검찰은 탄치에 대한 기소장을 제출했다. 다른 사람들은 형을 마쳤거나 수감되어 있으며, 탄치의 아들인 스테파노는 사기와 기망 혐의로 스위스에서 재판받고 유죄 판결을 받았고, 14년 형을 선고받았다.

정부는 파르마라트의 복구를 위해 엔리코 본디(Enrico Bondi)를 CEO로 임명했다. 그는 노력의 일환으로 적절한 주의를 기울여 감사를 실시하지 않고 의심을 경영진에게 알리지 않았다며 감사 기관인 그랜트손튼과 딜로이트(Deloitte)를 상대로 소송을 제기했다. 2009년, 뉴욕의 한 판사는 그랜트손튼에 대한 사건을 기각했다. 2011년 초에 사건을 재청구했지만 다시 기각되었다.

은행은 파르마라트와 거래하면서 사기를 무시하고 수수료를 받았다고 기소되었다. 앞서 언급했듯이 이 은행들은 회사가 국제적 확장을 위한 자금을 조달하는 데 도움이 되었다. 은행과 회계 감사관은 잘못된 행동을 부정하고 사기 계획의 피해자라고 주장했다. 시티그룹(Citigroup Inc.), UBS AG, 도이체방크(Deutsche Bank AG), 모건스탠리(Morgan Stanley)는 밀라노 재판에 참여했다. 2007년 6월 중순, 본디는 이탈리아와 미국에서 거의 9억 달러의 합의금을 모았지만, 파르마라트는 시티그룹에 대한 소송에서 패했고, 실제로 손해배상금을 지불해야 했다.

파르마라트는 투자자, 은행 및 기타 조직에 의해 기소되었다. 미국 증권거래위원회(Securities and Exchange Commission, SEC)는 2003년 12월 29일에 자산을 과장하고 부채를 과소평가하여 미국의 채권을 통해 사기로 돈을 모으는 등 불법 행위로 소송을 제기했다. 2004년 7월 30일, 파르마라트는 청구를 인정하거나 부인하지 않고 SEC와 합의하기로 했다. 파르마라트는 벌금이 부과되지 않았지만 이사회를 강화하고 지배 구조를 개선하기로 합의했다.

구조 조정

사기로 인한 법적인 전투 외에도 본디의 구조 조정 캠페인은 파르마라트 조직의 공격적인 변화를 요구한다. 2004년 3월 29일, 이 회사는 이탈리아, 캐나다, 호주, 남아프리카공화국, 스페인, 포르투갈, 러시아, 루마니아 시장으로 초점을 좁히고 그 외 지역에서 벗어날 것이라고 발표했다. 그러나 2007년 5월에 파르마라트는 스페인 자산을 락테오스 시글로XXI(Lacteos Siglo XXI)에 매각하기로 합의했다. 콜롬비아, 니카라과, 베네수엘라와 같이 '강력하고 수익성 있는' 중남미는 계속 유지되었다. 또한 파르마라트는 인력을 3만 2,000명에서 1만 7,000명 미만으로, 브랜드 수를 120개에서 30개로 줄이고 건강한 라이프스타일 제품에 집중했다.

2010년까지 파르마라트는 보츠와나, 쿠바, 에콰도르, 모잠비크, 파라과이, 에스와티니, 잠비아로 진입했다. 2011년 7월에 락탈리스그룹(Lactails Group)이 주식의 83%를 차지하는 인수 입찰을 진행함에 따라 파르마라트S.p.A의 소유권이 이들에게 넘어갔다. 최근 이들은 고가치 상품에 중점을 두고 있으며 다양한 지리적 위치에서 신제품의 잠재력을 확인하기 위해 시장 테스트를 계획하고 있다. 2017년까지 파르마라트는 66억 유로 이상의 수익을 창출했고, 전 세계 24개국에 위치한 93개 공장을 통틀어 2만 6,000명이 넘는 직원을 고용하고 있었다.

그래서 결론은?

유럽에서는 파르마라트 스캔들이 당국의 깊은 관심을 불러일으켰다. 유럽연합 집행위원회(EC)는 회원국들이 미국과 유사한 회계감독위원회를 도입할 것을 주장함으로써 감사 기준을 강화할 것을 제안했다. 많은 조직이 이러한 규모의 또 다른 스캔들을 방지하고자 향상된 유럽 채권 시장의 투명성(즉 채권 가격 공시)과 같은 개혁을 제안했다.

회계 관점에서 파르마라트는 통합 재무제표를 위해 유럽의 다른 회사처럼 국제회계기준위원회(International Accounting Standards Board)에서 발간하고 유럽연합 집행위원회가 채택한 국제회계기준(IFRS)을 채택했다. 또한 글로벌 감사 회사인 PWC(PricewaterhouseCoopers)는 이제 파르마라트의 독립 회계 감사관이 되었다. 구조 조정 이후 파르마라트는 잿더미에서 일어섰고, 밀라노증권거래소에 재상장 후 현재 이탈리아에서 가장 큰 상장 식품 회사이다. 적어도 엔론의 운명을 겪지는 않았다.

앞에서 설명한 회계 움직임은 파르마라트의 회복을 위해 시행된 것이지만 아직 충분하지 않다. 일련의 회계 속임수를 통해 사기를 저지를 수 있었지만, 이러한 소삭이 발생할 수 있게 하는 어러 문제가 존재한다. 파르마라트에서 가장 분명한 결점 중 하나는 기업 지배 구조 시스템이었다. 가족 소유 기업인 이 회사는 내부자, 특히 CEO 겸 이사회 회장을 지낸 칼리스토 탄치에 의해 철저히 통제되었다. 다른 이사회 구성원 대부분은 파르마라트의 가족 또는 관리자여서, 경영진이 취한 조치를 중단하기에 강력하고 독립적인 목소리를 내지 못했다.

또한 이탈리아 법에 따라 파르마라트는 하나의 회사 대신 2개의 회사로부터 감사를 받을 수 있었다. 그랜트손튼이 주 감사 기관이었지만 딜로이트는 사기가 밝혀진 본라트를 포함한 일부 자회사를 감사했다. 이러한 합의로 인해 감사 기관은 파르마라트의 재무 상태에 대한 명확하고 일관된 하나의 그림을 얻는 것이 어려워졌다. 마지막으로 그리고 아마도 가장 중요한 것은 경영의 완전성이 실패한 것이다. 결국 사기를 저지르려는 경영자는 아주 좋은 관리 시스템에서도 성공할 가능성이 크다.

파르마라트 사기 사건의 여파로 조사관들은 몇 개의 회계 수치가 어떻게 많은 사람을 속일 수 있었는지 궁금해하고 있다. 그러나 한 가지 분명한 사실은 유럽의 엔론이라는 자기만의 버전이 있다는 것이다.

문제

19–1 파르마라트의 문제 중 얼마나 많은 부분이 회계 부정으로 인한 것이고, 어느 부분이 회사 내 개인의 사기로 인한 것인가?

19–2 이 장에서는 IFRS를 통해 미국 및 기타 국가의 회계 표준 차이점에 대해 논의한다. 파르마라트가 미국 GAAP 대신 IFRS를 사용했기 때문에 사건이 달라졌다고 생각하는가?

회계와 재무의 교차점

19–1 회계와 재무가 교차되는 부분을 설명한다.

개념 체크

9장에서는 외환 환율과 이것이 다국적 기업 운영에 미치는 다양한 영향을 알아보았다. 여기서는 기업과 밀접하게 관련된 회계 및 재무 기능 감독에 최고재무책임자(CFO)의 책임에 대해 설명한다. 앞으로 살펴보겠지만 재무 관리는 채권이나 채무와 같은 재무제표 항목에 미치는 환율의 영향을 다룬다.

11장에서 살펴보았듯이 회사의 최고재무책임자(CFO)는 광범위한 재무 영역을 담당한다.[2] CFO 아래에서 일하는 사업의 회계 부문은 회계 관련 활동을 담당하는 회계 담당자에 의해 관리되며, 경영진에게 관련되고 신뢰할 수 있는 정보를 제공하고, 재무 정보의 외부 사용자를 위한 정보를 준비한다. 기업의 훌륭한 내부 통제 시스템은 회계와 보고를 회계 담당자에게 맡기고 자산 관리는 재무 담당자에게 맡긴다. 수표를 작성하는 사람이 수표를 기록하는 것도 원하지 않는다. 그렇게 해서 돈이 사라지기 때문이다.

솔직하게 말해서 회계나 재무를 전공하는 것이 아니라면 이 장에 관심을 가질 이유가 있겠는가? 회계나 재무 과목을 수강하며 고생했을 수도 있고, 기꺼이 수강 취소를 하고 싶을 수도 있다. 그러나 앞으로 근무할 회사가 당면한 국제적인 회계 및 재무 도전을 아주 기초적인 수준에서조차 이해하지 못한다면 당신이 좋지 못한 의사결정을 내릴 수도 있다는 것을 알아야 한다. 회계 담당자가 전달하는 정확한 최신 정보가 없다면 현금과 같은 자산을 효율적으로 운용하는 것은 매우 어렵다. 이 장에서는 회계와 재무 기능이 서로에게 의존하며 각자의 책임을 다하는 과정을 중심으로 둘 사이의 긴밀한 관계에 대해 알아볼 것이다. 국경을 넘나드는 실제 그리고 잠재적인 자산의 흐름은 재무와 회계 기능을 복잡하게 한다. 따라서 다국적 기업은 다양한 인플레이션율, 환율 변화, 통화 통제, 몰수 위험, 관세, 세율 및 과세 소득 결정 방법, 현지 회계 직원의 정교함 수준, 현지 및 본국 보고 요구사항에 대처하는 법을 배워야 한다.

회계 담당자의 책임

회계 담당자는 재무 의사결정자에게 정보를 제공하는 데 필수적이다.

다국적 기업의 회계 담당자는 회계 기술을 활용하는 기업 전략을 다루는 다양한 문제를 고려해야 한다.

회사 회계 담당자의 역할은 경영진과 외부 이해관계자에게 유용하고 시기적절한 정보를 제공하는 것이다. 기업의 주식이 주식 시장에서 거래되는 경우 회계 담당자는 회계 표준에 따라 주식 시장의 보고 요건을 충족하는 재무 정보를 생성해야 한다. 회사가 다국적 기업이고 여러 증권거래소에 주식을 상장하는 경우 회계 담당자는 다른 국가의 보고 요건을 충족하는 재무 정보를 생성해야 한다. 본질적으로 회계 담당자는 전 세계의 재무 정보를 기반으로 데이터를 관리하고 다양한 형식과 통화로 무수한 보고서를 생성할 수 있어야 한다. 내부 목적을 위해 회계 담당자는 경영진이 해외에서 잠재적인 인수를 평가하고 종속 기업이나 사업부를 처분하며 현금 흐름, 위험 회피 통화 및 이자율 위험을 관리하고 세금 계획을 지원하며 프로세스와 절차를 확인하는 데 도움이 되는 전문적인 정보를 준비해야 한다. 그리고 강력한 내부 제어 시스템을 올바르게 준수해야 한다.

재무제표의 국제적 차이

재무제표의 형식과 내용은 국가마다 다르다.

다국적 기업이 직면하는 문제 중 하나는 전 세계적으로 다양한 회계 표준과 관행이다. 국가 간 재무제표는 형식과 내용이 서로 다르다. 미국 기반 다국적 기업이 **재무상태표를 위해 사용하는 균형식**은 아래와 같다.

자산 = 부채 + 자본

미국에서는 현금, 매출 채권, 재고 자산, 장기 자산, 고정 자산과 같이 가장 유동적인 것부터 자산을 기록한다. 이들은 유동 부채, 장기 부채, 주주 자본을 통해 조달된다. 그러나 유럽 회사는 유동 자산보다 (빠르게 현금으로 변환하기 어려운) 비유동 자산으로 시작할 가능성이 높다. 마무리 사례의 주인공인 스웨덴 기업 H&M은 다음과 같은 균형식을 사용한다.

비유동 자산 + 유동 자산 = (주주 자본 + 비유동 부채 + 유동 부채)

영국 기업인 막스앤드스펜서(Marks and Spencer)가 사용하는 균형식은 다음과 같다. 이는 영국 기업 사이에서 매우 흔하다.

비유동 자산 + 유동 자산 − 유동 부채 − 비유동 부채 = 총자본

영국식 재무상태표는 자산이 팔리고 부채가 청산된 후 총자본이 얼마나 남는지를 보여준다. 알맞은 하나의 재무상태표 형식이 존재하는 것은 아니지만, 각 국가들이 따르는 논리는 대체적으로 그 주식 시장이 지시하는 형식을 기반으로 한다. 그러나 자국의 익숙한 형식과 다른 재무제표를 처음으로 보는 것은 혼란스러울 때가 많다.

금융 정보 유형의 차이

다른 국가에서 요구되는 금융 정보 유형은 다를 수 있다. 또한 회사는 잠재 고객이 누구인지를 고려해야 한다. 즉 현지 시장에만 재무 정보를 제공하는가? 더 넓은 세계 자본 시장의 고객에게도 제공하고 있는가? 증권거래소에 상장된 회사는 일반적으로 손익계산서, 재무상태표, 자본변동표, 현금흐름표, 연례보고서의 자세한 각주를 제공한다. 특히 각주에서의 정보 깊이는 내용 문제의 주요 사안이다. 광범위한 투자 공동체를 위해 금융 정보 제공자는 다음과 같은 세 가지 요소를 고려해야 한다.

1. 언어
2. 통화
3. 재무제표의 근거가 되는 기본 회계 표준

주요 보고 이슈는 다음과 같다.

- 언어
- 통화
- 재무제표의 근거가 되는 기본 회계 표준

언어의 차이 만약 기업이 연례보고서를 모기업의 언어와 다른 언어로 제공하기로 했다면 어떤 언어를 사용해야 하는가? 기업이 여러 증권거래소에서 자본을 조달하고자 택하는 첫 번째 언어는 영어이다. 예를 들면 스웨덴의 H&M은 연례보고서를 스웨덴어와 영어로 제공한다. 독일 회사 다임러(Daimler)는 영어와 독일어로 정보를 제공한다. 언어와 더불어 기업은 용어의 차이도 고려해야 한

다. 예를 들어 미국 회사에서 사용하는 'inventory'는 영국 회사에서 'stocks'로 사용된다. 그러나 미국 회사는 'stocks'를 'shares of stock'으로 칭하는데, 이는 영국 회사에서 'shares'로 사용된다.

회계에 영향을 주는 주요 요소로는 자본 시장, 문화 및 규제적 환경, 글로벌 표준 설정과 기타 사용자가 있다.

통화의 차이 세계의 기업은 재무제표를 여러 통화로 준비한다. 즉 다임러는 유로로, H&M은 스웨덴 크로나로, 코카콜라(Coca-Cola)는 달러로 준비한다. 따라서 스웨덴 크로나로 발표된 재무 상태를 달러로 계산하려면 어떤 환율을 사용할 것인지 정해야 한다. 애널리스트들은 주로 손익계산서에는 연간 평균 환율을, 재무상태표에는 연말의 환율을 사용한다. 기업은 환율이 수익에 미치는 영향에 대한 정보를 연례보고서의 각주나 다른 곳에 제공하기도 한다. 그러나 환율은 매우 쉽게 이용할 수 있으므로 통화를 환산하는 것은 문제가 되지 않는다.

기본 회계 표준 다른 국가에서 자본을 조달하는 데 가장 큰 방해물은 매우 다양한 회계 및 공시 제도에 대응하는 것이다. 이 문제는 많은 나라와 증권거래소에서 IFRS를 채택하면서 현저히 줄어들었지만 어떤 나라는 다른 나라보다 그 차이에 더 신경을 쓴다. 대부분의 국가, 특히 유럽에서는 연결 그룹에 대해 하나의 회계 표준을 적용하고 그룹 내 모회사에 대해 다른 회계 표준을 적용할 수도 있다. 이 경우 개별 기업은 통상 법적 요건에 묶여 세무회계의 기초가 되는 현지 회계 표준을 사용해야 한다. 연결재무제표에는 모회사뿐만 아니라 기업 집단 내 모든 종속 기업에 대한 재무 정보가 포함되어 있다. 이러한 연결재무제표는 대부분 세금 목적이 아닌 자본 시장에 사용되며, IFRS와 같은 다른 표준에 의해 작성된다. 미국 기업은 이와 동일한 상황이 아니다. 그들은 미국 회계 표준을 사용하여 연결재무제표만 공시한다. 세금 요구사항으로 인해 미국 기업에 발생하는 모든 차이는 연결재무제표에서 조정된다.

회계 표준 및 관행에 영향을 미치는 요인

19-2 회계의 목적, 기준, 실무의 발전에 영향을 주는 주요 요인을 확인한다.

개념 체크

3장에서 '다국적 기업이 직면하는 법적 쟁점'을 논의하면서 국내 법적 기준이 일상적으로 외국 기업의 기능 방식에 영향을 미칠 수 있는 다양한 방법을 조사했다. 당연히 이러한 표준은 회계 기준을 포함하고, 여기서는 회계 관행에 대한 태도와 더 중요한 것은 회계 관행에 대한 규제가 국가마다 매우 다르다는 것을 강조한다.

그림 19.1은 국제 회계 표준 및 관행의 발전을 이끌어내는 국내외적 요소를 모두 보여준다. 모든 요소가 중요하지만 그 중요성은 국가마다 다르다. 자본 시장은 주식 시장과 부채 시장을 말한다. 11장에서 언급했듯이 대출자는 채권 보유자, 은행 및 사모 펀드로 간주된다. 주식 시장의 투자자들은 미국과 영국에서 영향력이 큰 반면, 주로 은행과 같은 채권자들은 오래 전부터 독일과 스위스에서 많은 영향력을 행사했다. 그러나 이러한 상황은 시간이 흐름에 따라 변했고 성장을 위해 큰 규모의 자본이 필요한 회사는 은행에서 조달하는 자본을 보충하기 위해 주식 시장에 의존하게 되었다.

이 다음에 더 자세히 알아보겠지만 문화적 쟁점은 모든 국가에 걸쳐 적용되며 회계 발전에 큰 영향을 미친다. 법률 및 세제와 같은 제도적 요소는 세계 대부분, 특히 역사적으로 약한 주식 시장을 가진 국가의 회계 표준 및 관행에 큰 영향을 미친다. 제도적 요소는 주식 시장에도 영향을 미친다. 이전의 식민지 영향력, 외국인 투자, 지역경제협정(예: EU)의 영향력과 같은 특정한 국제적 요인도 중요하다.

문화는 측정 및 공개 관행에 영향을 미친다.

- 측정: 자산의 가치를 어떻게 평가할 것인가?
- 공개: 정보의 공개 및 결과 토의

회계상 문화적 차이

국제 투자자에게 국가 간 측정과 공시 관행의 차이는 특별한 관심사이다. 측정은 기업이 재고 자산

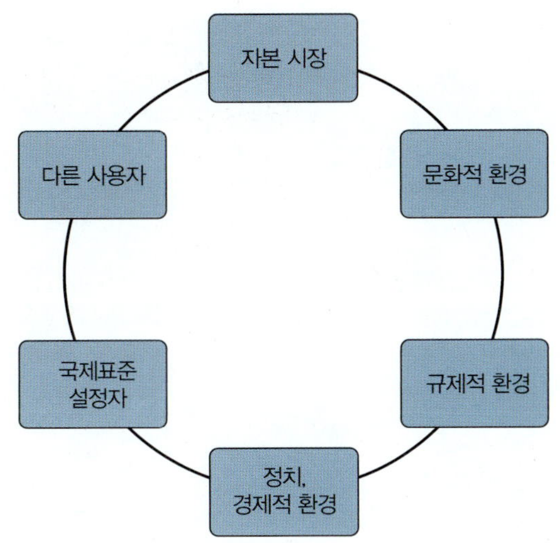

그림 19.1 회계 기준 및 실무에 영향을 미치는 요소
회계 과정의 모든 요소는 여러 가지 내외부 요소에 의해 영향을 받으며, 이들은 모두 잠재적으로 중요하다. 요소별 중요도는 국가마다 다르게 나타난다.

이나 고정 자산과 같은 자산을 평가하는 방법을, 공시는 기업이 정보를 제공하는 방법과 내용, 그리고 투명성 및 구체성 수준을 의미한다.

문화는 2장에서 매우 상세히 논의되었지만 문화와 회계의 상호작용에 대한 많은 연구는 초기에 문화의 구조적 요소, 특히 조직과 기관의 업무 상황에서 행동에 가장 강하게 영향을 미치는 요소에 대한 헤이르트 호프스테더(Geert Hofstede)의 연구에 기초한다.[3] 호프스테더의 업무는 그레이(Gray)에 의해 회계 분야로 확장되었고, 이는 공개 및 측정 원칙에 따른 국가 분류, 특히 비밀주의/투명성, 낙관주의/보수주의의 결과를 가져왔다.[4]

개념 체크

2장에서는 지역 문화가 국가별 국제 비즈니스가 이루어지는 환경을 형성하는 방법을 설명하는 데 전념했다. 여기서는 문화가 회계 시스템과 정책에 접근하는 방식의 차이에도 영향을 미친다는 것을 지적한다. 2장에서는 경영 태도와 선호도의 국가적 차이를 연구한 헤이르트 호프스테더의 주장을 인용했는데, 여기서는 그의 연구 결과를 문화적 차이가 회계 기준과 관행에 미치는 영향을 조명하는 수단으로 작업 상황 행동 연구에 적용한다.

비밀주의-투명성/낙관주의-보수주의 매트릭스 그림 19.2는 비밀주의-투명성 및 낙관주의-보수주의의 문화적 가치 매트릭스 내에서 다양한 국가 그룹의 회계 관행을 보여주는 역사적 맥락을 제공한다. 회계 비밀 및 투명성과 관련하여 회사가 대중에게 정보를 공개하기를 기대하는 정도에 유의하라. 역사적으로 독일, 스위스, 일본과 같은 국가들은 주식 시장에 의존하므로 은행 자금 조달에 의존하는 경향이 있었고, 더 투명한 미국과 영국 기업(그림 19.2의 영미)보다 더 적은 공개(비밀주의의 문화적 가치를 보여준다)를 했다. 그림 19.2의 국가 분류는 한 시점을 나타내며, 자본 시장의 더 많은 정보에 대한 중요성 및 요구 증가와 IFRS와 같은 글로벌 회계 기준의 영향으로 국가는 항상 변하고 있다. 그러나 측정 및 공시 측면에서 국가가 어떻게 다른지 이해하는 것의 중요성은 모든 사람을 하나의 글로벌 회계 표준으로 이동시키는 복잡성을 보여준다.

비밀주의와 투명성은 기업이 정보를 대중에게 공개하는 정도를 의미한다. 낙관주의와 보수주의는 기업이 자산을 평가하고 소득을 인식하는 데 신중함을 보여주는 정도를 말한다.

낙관주의와 보수주의(정치적인 의미가 아닌 회계적인 의미에서)는 기업이 자산을 평가하고 소득을 인식하는 데 보여주는 경계의 정도이다. 보수적인 국가일수록 자산과 소득을 과소평가하는 경향이 있는 반면, 낙관적인 국가는 소득에 대한 인식이 더 자유로운 경향이 있다. 역사적으로 은행은 자본 시장이 약한 국가의 기업에게 주요 자금원이었으며, 종종 세무회계에 대한 강력한 영향력을 동반했다.

결과적으로 회사는 세금을 내지 못할 정도의 이익을 기록할 때와 은행 부채를 상환하기 위해 현금 적립금을 쌓는 배당금을 선언할 때 모두 매우 보수적인 경향이 있다. 그러나 특히 독일의 다국적 기업이 은행의 자금 수요 대부분을 제공할 수 있는 능력을 능가함에 따라 그들은 글로벌 자본 시장에

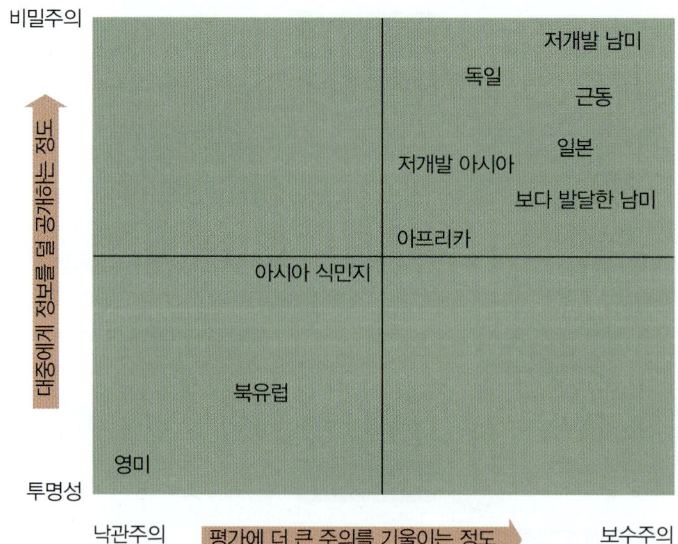

그림 19.2 국가 회계 시스템의 공시/평가 매트릭스

수직축은 투명성 대 비밀주의(한 국가의 기업이 대중에게 정보를 공개하는 정도)에 따른 관행을 반영한다. 수평축은 낙관주의 대 보수주의(기업이 자산 가치를 평가하고 소득을 인식할 때 주의를 기울이는 정도)에 따른 회계 관행을 반영한다. 비밀주의와 보수주의가 그러하듯이 투명성과 낙관주의가 함께 가는 경향이 있다는 것을 주목하라.

출처: Lee H. Radebaugh, Sidney J. Gray, and Ervin L. Black, *International Accounting and Multinational Enterprises*, 6th ed. (NewYork: John Wiley & Sons, 2002): 51.

더 부합하는 연결재무제표에 대한 회계 표준과 보고 관행을 채택할 수밖에 없었고, 비밀주의와 투명성이 낮아졌다. 반면 미국과 영국 기업은 낙관적이고 투자자들을 감동시키며 끌어들일 수 있는 수익력을 보여주고 싶어 한다.

국제 표준과 글로벌 수렴

19-3 국제 회계 표준과 그 과정의 글로벌 수렴점을 설명한다.

상호 인정과 조화

영국과 미국 기업은 소득을 인정할 때 낙관적인 반면, 일본과 유럽 기업은 더 보수적이다.

글로벌 자본 시장의 중요성이 증가하고 공통된 회계 표준으로 이동하기 전에 많은 국가는 **상호 인정**(mutual recognition)의 원칙을 적용하는 것이 일반적이었다. 글로벌 자본 시장의 중요성이 증가하고 공통된 회계 표준으로 이동하기 전에 독일증권거래소와 같은 규제기관이 독일에 증권을 상장하려는 미국 기업의 미국 일반회계기준(GAAP)에 제공된 재무제표를 받아들이는 상호인정 원칙을 적용하는 것이 일반적이었다. 2005년 EU 기업이 IFRS에 따라 작성된 재무제표를 제공하도록 요구하기 전에 다임러, 도이체방크와 같은 일부 독일 기업은 당시 독일 법이 허용한 대로 미국 GAAP에 따라 연결재무제표를 작성했다. 이는 그들이 뉴욕증권거래소에 상장하는 것을 더 쉽게 만들었다. 그러나 그들은 이 관행을 버리고 2007년에 IFRS로 옮겼다.

회계 및 보고 차이와 관련된 주요 접근법은 다음과 같다.

- 상호 인정
- 현지 GAAP와의 조정
- IFRS에 따른 재무제표 발행
- 공통 회계 표준 집합으로의 수렴

일반적으로 미국은 비미국계 및 비캐나다계 외국인 민간 발행자로 하여금 국제회계기준위원회가 제정한 미국회계기준 또는 IFRS에 따라 작성된 재무 정보를 SEC에 제공할 것을 요구한다. 그러나 본국의 회계 표준에 따라 재무 정보를 제공하는 것을 선호하는 외국 기업은 반드시 **조화확인서**(reconciliation)를 제공해야 한다. 이 경우 회사는 보통 미국 거래소에 미국주식예탁증서(ADR)를 상장한 다음 본국 회계 표준으로 작성한 재무제표를 미국 GAAP과 조정하여 Form 20-F라는 특별 보고서를 작성한다. 이는 다임러가 연결재무제표에 미국회계기준을 채택하기 전에 사용한 접근법이다. 그러나 2007년 이후 SEC는 재무제표가 완전한 IFRS에 따라 작성되는 한 외국 발행자가 조정문 없이 상장할 수 있도록 허용하고 있다. 이에 대해 EU는 2008년 수렴의 진전과 미국 GAAP과 IFRS가 대부분의 표준에서 유사하다는 점을 고려하여 미국 기업들이 미국 GAAP을 사용하여 EU 주식 시장에 계속 상장할 수 있도록 허용할 것이라고 발표했다.[5]

전 세계적으로 회계 표준과 관행에 많은 차이가 있음에도 불구하고 다음과 같은 여러 힘에 의해 **수렴**(convergence)으로 이어지고 있다.

- 투자자의 요구에 부합하는 정보를 제공하기 위한 움직임
- 재무 정보의 비교 편리성을 충족하고 투자 기회에 더 쉽고 빠르게 접근할 수 있도록 하는 자본 시장의 글로벌 통합
- 가능한 한 다른 재무제표 작성을 적게 하면서도 모회사 밖 시장으로부터 자본을 조달할 필요성
- 무역 및 투자 문제뿐만 아니라 회계에도 영향을 미치는 EU의 노력과 같은 지역 정치 및 경제적 조화
- 각국의 일반적인 보고에서 더 큰 용이성과 비용 절감을 위해 보다 균일한 표준을 요구하는 다국적 기업의 압박

글로벌 회계 표준의 수렴을 이끄는 힘은 다음과 같다.

- 투자자 지향
- 자본 시장의 글로벌 통합
- 다국적 기업의 해외 자본 필요성
- 지역 정치 및 경제 조화
- 회계 및 보고 비용을 절감하려는 다국적 기업의 의지
- 표준 제정 기구의 수렴 노력

국제회계기준(IFRS) 제정의 첫 단계

1973년에 설립된 IASC(International Accounting Standards Committee)는 세계 누구나 사용할 수 있는 일련의 IAS(International Accounting Standards)를 발표함으로써 표준의 조화를 위해 노력하기 시작했다. 원래 표준은 자본의 자유로운 흐름을 촉진하기 위해 전 세계적으로 사용될 수 있도록 자본 시장에 초점을 맞추었다. 이러한 목표로 IASC는 독일과 프랑스의 합법적이고 세금에 기반한 시스템보다는 미국과 영국 자본 시장 전통에 더 기울어지는 경향이 있었다. 초기 표준은 종종 매우 피상적이었고, 모든 사람의 지지를 얻기에는 너무 많은 선택지가 있었다.

IAS의 중요성에 대한 전환점은 1995년에 왔는데, 이때 **국제증권위원회**(International Organization of Securities Commissions, IOSCO)는 IASC가 IAS를 수용할 수 있는 핵심 기준을 개발한다면 IAS를 지지할 것이라고 공개적으로 발표했다. IOSCO는 미국의 SEC를 포함한 세계 대부분의 주식 시장의 규제 기관으로 구성되어 있기 때문에 중요하다. 2000년 5월에 IASC는 IOSCO가 수용할 수 있는 핵심적인 기준 집합을 완성했고, 증권 시장 감독 기구는 국제회계기준(IFRS)이라고 하는 이러한 기준을 채택하도록 표준 제정자들을 설득하는 과정을 시작했다.

국제증권위원회는 국제회계기준위원회가 발행한 증권 감독 기구가 신뢰할 수 있는 회계 기준의 핵심을 받아들였다.

국제회계기준위원회(IASB)

2001년 3월, IASC는 **국제회계기준위원회**(International Accounting Standards Board, IASB)를 표준 제정 기구로 하는 국제회계기준위원회재단(International Accounting Standards Committee Foundation, 현 IFRS Foundation)으로 개편되어 IASC의 표준 제정 기능을 인계받았다.[6] IASB는 아시아/대양주 지역, 유럽, 아메리카 및 아프리카의 광범위한 지리적 대표성을 가진 표준 제정자, 작성자, 감사인, 이용자 및 학자인 14명의 위원으로 구성된다. 한 위원은 '전체'이며 IASB의 부위원

장을 맡고 있다.[7]

국제회계기준(IFRS) IASB가 조직되었을 때 IASC의 모든 오래된 기준이 채택되었고, IASB는 각 기준을 검토하고 개선하기 시작했다. 그 후 IASB는 새로운 **국제회계기준**(International Financial Reporting Standards, IFRS)을 발표하기 시작했고, 따라서 IFRS라는 용어를 사용할 때 새로운 기준서와 구 IAS를 언급한다.

국제회계기준위원회(IASB)는 국제회계기준(IFRS) 발행을 통해 회계기준을 조화시키고 있다.

IFRS 재단과 IASB의 목적은 "기준 설정 기구인 IASB를 통해 고품질의 이해가 가능하며 집행될 수 있는 전 세계적으로 수용되는 국제회계기준(IFRS)의 단일 집합을 개발하고, 그 기준의 사용과 엄격한 적용을 촉진하는 것"이다.[8] 2020년 기준으로 총 166개국의 관할국 중 144개국이 자국 자본시장에서 국내 상장 기업에 IFRS 사용을 요구한다. 나머지 국가와 국가 중 일부는 IFRS의 사용을 허용하거나 IFRS의 채택을 향해 나아가고 있다. 미국은 재무 보고를 위해 GAAP을 요구하기 때문에 주목할 만한 예외 중 하나이지만, 미국증권거래소에 증권을 상장하는 외국 기업은 IFRS를 사용할 수 있다.[9]

재무회계기준위원회(FASB)와 국제회계기준위원회(IASB)는 기존 기준서의 차이를 제거하고 새로운 기준서를 개발하기 위한 공동 과제에 참여함으로써 그들의 기준서를 수렴하려고 노력하고 있다.

재무회계기준위원회(FASB)와 국제회계기준위원회(IASB)의 관계 미국 **재무회계기준위원회**(Financial Accounting Standards Board, FASB)와 국제회계기준위원회(IASB)는 회계 표준의 정합성을 달성하기 위해 긴밀히 협력해왔다. 2002년, 그들은 미국회계기준과 IFRS 사이의 개별적 차이를 제거하고 미래의 표준을 개발하기 위한 공동 프로젝트를 수행하기 위해 최선의 노력을 약속하는 노워크협정(Norwalk Agreement)을 발표했다.[10] 수렴은 목표와 그것을 성취하는 길을 의미한다. 목적은 FASB와 IASB의 회계 표준의 차이를 제거하는 것이다. 수렴 과정(또는 경로)은 여러 형태를 취한다. 처음에 두 위원회는 쉽게 통합될 수 있는 기준서를 식별했다. 이러한 표준이 수렴되자 기존 표준과 상당히 다른 새로운 표준을 공동으로 개발하기로 결정했다. 마지막으로 그들은 공동으로 개발될 완전히 새로운 표준을 확인했다.[11]

그러나 미국의 표준 설정은 "투자자를 보호하고, 공정하고, 질서 있고, 효율적인 시장을 유지하고, 자본 형성을 촉진하는" 임무를 수행하는 증권거래위원회(SEC)의 협력에 달려 있다.[12] SEC가 회계 표준을 설정하지는 않지만 미국에서 자본을 조달하려는 기업은 SEC 지침을 따라야 하기 때문에 FASB가 그렇게 하도록 권한을 부여한다. 또한 SEC는 앞에서 언급한 바와 같이 미국증권거래소의 발행인이 사용할 수 있는 회계 표준을 결정한다. 수렴은 표준의 질적 측면뿐만 아니라 정치적 측면에서도 기술적이기 때문에 복잡하다.

유럽연합은 2002년에 IFRS의 채택을 요구했고, 2005년에 발효되었다.

수렴에 대한 유럽의 반응 유럽연합의 유한책임회사에 대한 재무 보고 요건의 주요 본문은 유럽 이사회(European Council)가 발행한 두 가지 지침으로 구성된다. 따라서 IFRS와 해석은 유럽 의회(European Parliament)와 유럽 이사회의 승인을 받아야 하며 유럽연합에서 법적 지위를 얻으려면 유럽위원회(European Commission)의 공식 규정으로 채택되어야 한다는 점을 이해하는 것이 중요하다.[13] 이는 IFRS 채택에서 정치적 절차의 중요성을 보여준다. IASB가 개발되기 전에 유럽연합은 금융 시장을 더 잘 조정하기 위해 보고 실무를 조화하려 노력했다. 그러한 과정을 개선하고자 IASB는 그 노력을 지지했고 2002년 봄에 회원국에게 2005년까지 IFRS를 채택할 것을 지시했다. 유럽연합의 경우 이는 7,000개의 상장 기업이 2005년에 연결재무제표에 IFRS를 사용하기 시작했다는 것을 의미한다.[14] 유럽연합이 IFRS를 추진하는 두 가지 주요 이유는 IFRS가 IASB의 기준서에 영향을 미치도록 허용하고 경쟁적인 표준 제정 기구의 자금 후원과 개발을 피하기 위해서였다.[15] IASB와 협력함으로써 유럽연합은 자본 시장 보고를 위해 미국에서 개발된 표준에 의존하는 것을 피할 수 있을 것이다. 한 정치적 결정으로 인해 유럽연합은 갑자기 IFRS를 미국 FASB가 발표한 기준 이외의 가장 중요한 회계 표준 집합으로 만들었다.

유럽연합은 대부분의 기준을 서면으로 채택했지만 프랑스 은행의 정치적 압력이 큰 탓에 금융 상품에 대한 기준을 '조각내거나 중단'했다. 따라서 유럽연합은 분할이 유럽 시장의 8,000개 상장 기업 중 20개 미만의 은행에 영향을 미치지만 자체 버전의 IFRS를 가지고 있다.[16] 이에 따라 H&M과 같은 유럽 기업은 마무리 사례에서 설명한 바와 같이 연례보고서에 '유럽연합이 채택한 대로 IFRS를 적용한다'고 명시해야 한다. 이는 미래에 유럽연합의 권고에 따라 회원사들이 특정 기준을 '선택'하거나 '조각'할 수 있으며, 결국 그들만의 버전의 IFRS로 끝날 수 있다는 것을 의미한다. 2005년 유럽 기업의 IFRS 채택에 대한 다양한 당사자들의 초기 반응은 흥미로웠다. 실제로 다양한 해석과 적용이 존재한다. 일부 기업은 IFRS를 적용할 때 광범위한 판단력을 사용하는 반면, 다른 기업은 개별 국가 회계 처리에 기초한 변경이나 대체 해석과 함께 적용된 형태를 사용한다.

다양한 국가와 다양한 규제 체제하에서 IFRS를 완전히 적용하는 것은 판단하기 어렵다. 유럽연합은 기업이 완전한 IFRS를 준수하도록 요구하지 않으며, 유럽연합에 의해 승인된 기업만 준수한다.

외환 거래

19-4 기업이 외환 거래를 어떻게 회계 처리하는지 보여준다.

기업이 국내 시장 밖에서 영업할 때는 외화로 측정되거나 표시되는 자산, 부채, 수익, 비용의 적절한 기록과 후속 회계에 관심을 기울여야 한다. 이러한 거래는 외화의 차입과 대출뿐만 아니라 상품과 서비스의 구매와 판매에서 발생할 수 있다.

거래 기록

수입업체가 외화로 장비나 상품에 대한 대금을 지불할 때마다 그 대금을 지불하기 위해서는 수출업체와 자국 통화를 교환해야 한다. 미국 회사인 선댄스스키로지(Sundance Ski Lodge)가 프랑스 공급업체로부터 5,000유로에 스키를 수입하고 환율이 1.4500달러/유로일 때 유로로 지불하기로 동의한다고 가정해보자. 선댄스는 장부에 다음과 같이 기록했다.

매입	7,250	
매입 채무		7,250
5,000유로 @ 1.4500		

선댄스가 바로 결제하면 문제없다. 하지만 수출업체가 선댄스에 30일의 신용을 연장하면 어떻게 될까? 만약 요금이 지불 기한까지 1.5000달러/유로로 변경된다면 선댄스는 다음과 같이 최종 정산을 기록할 것이다.

매입 채무	7,250	
환차손	250	
현금		7,500

미국 회사의 IFRS 사용은 허용되어야 하는가?

POINT

그렇다. 전 세계 투자자의 주요 이슈는 기업 평가 및 비교하는 데 신뢰할 수 있는 재무제표 정보를 얻는 것이다. 채권자 및 다른 사용자들은 또한 전 세계적으로 충분한 정보에 입각한 결정을 내리기 위해 이 정보가 필요하다. 국제회계기준위원회재단(IFRS foundation)은 기준을 투명성, 책임성, 효율성을 증진하는 것으로 본다. 비즈니스 세계의 구성이 국내 경제에서 세계 경제로 전환됨에 따라 단일 집합의 재무 보고 기준에 대한 필요성이 그 어느 때보다 커졌다. IFRS는 유럽연합, 캐나다, 호주, 뉴질랜드가 주도하는 144개 국가 및 지역의 상장 기업에 필요하다.

미국 GAAP과 IFRS는 오늘날 가장 인정받는 두 가지 표준 세트이며, 그들은 꾸준히 서로 거의 동일해지고 있다. IASB와 FASB의 정합화 과제에 대한 노력은 두 가지를 이전보다 더 가깝게 만들었다. SEC는 현재 미국 거래소에 상장된 외국 기업이 재무 보고를 위해 IFRS를 사용할 수 있도록 허용하고 있으며, 미국 기업에도 허용한다. 이는 미국을 세계 경제의 일부로 만들 뿐만 아니라, 이를 사용하는 국가의 투자자들이 더 친숙하고 단일 국제 표준을 따라갈 수 있으므로 미국의 기업은 더 많은 자본을 모을 수 있다.

미국 투자자도 혜택을 받을 것이다. 그들은 국제 표준에 더 익숙해지고 국제 기업에 투자하는 것을 더 쉽게 느낄 것이다. IFRS와 미국 GAAP의 차이가 줄어들면서 IFRS에 따라 표시되는 재무 정보의 질은 GAAP에 따라 표시되는 것보다 낮지 않을 것이다.

국제 영업을 하는 많은 미국 기업은 해외에서 IFRS를 사용하므로 IFRS를 미국 보고에 사용하도록 허용하면 사용자에게 정보를 보고하는 데 드는 비용을 줄일 수 있다. 또한 IFRS를 사용하는 외국 기업을 인수하는 미국 기업은 그들이 인수한 기업의 결과를 보고 목적으로 IFRS에서 미국 GAAP으로 전환하는 것보다 모든 운영에 IFRS를 사용하는 것이 더 쉽다는 것을 알게 된다.

COUNTERPOINT

아니다. IFRS가 미국의 독특한 경제 환경에 적합할 것이라고 가정하는 것은 비현실적이다. 미국은 세계에서 가장 크고 정교한 자본 시장을 가진 세계에서 가장 큰 경제국으로서 세계에서 가장 엄격하고 투명한 재무 보고 표준이 있어야 한다. 전 세계의 많은 기업이 미국 GAAP에 따라 재무 정보를 계속 준비하고 있다. 이는 관련성이 있고 신뢰할 수 있는 정보를 제공하도록 설계된, 역사적으로 세계에서 가장 신뢰할 수 있는 표준 세트였기 때문이다. IFRS는 GAAP보다 훨씬 덜 포괄적이며, 이 표준은 자본 시장을 지향하지만 미국 자본 시장에 중요한 특정 이슈를 고려할 수 없다. IFRS 표준은 덜 상세하고 FASB가 미국에서 다루는 산업별 회계상 차이를 다루기에 적합하지 않다.

미국 기업이 IFRS를 사용하도록 허용하는 것은 미국 경제에 엄청난 비용을 부과할 것이다. 상장 기업은 IFRS 적용에 능숙한 훈련된 직원이 필요할 것이다. 미국 회계법인은 기존 IFRS 감사 인력 양성, 신입 사원 채용 및 교육, 기존 IFRS 전문가 채용 등을 담당하게 된다. 이러한 교육 및/또는 채용은 이러한 기업에 시간과 비용 면에서 엄청난 부담을 줄 것이며, 이는 여전히 PCAOB(공기업 회계감독위원회)와 2002년 사베인-옥슬리법(SOX)의 모든 엄격한 기준을 충족해야 하는 책임이 있다. 미국의 많은 계약은 미국 회계기준에 기초하고 있으며, IFRS를 사용할 수 있도록 거의 모든 계약을 변경할 필요가 있다.

IFRS와 미국회계기준의 차이는 좁지만 여전히 존재한다. 이 기준들은 직접적으로 비교할 수 없기 때문에 차이점을 보기 어려운 투자자에게 문제가 될 수 있다. 새로운 IFRS 기준 중 일부는 GAAP과 일관되지 않기 때문에 그러한 분야에 정합성이 있을 가능성은 낮다. 또한 ① IASB가 발표한 IFRS, ② 유럽연합이 채택한 IFRS, ③ 개별 국가 기준으로 적용/채택된 IFRS 등 여러 종류의 IFRS가 존재하는 것으로 보인다. 투자자는 어떤 세트가 다양한 회사에 의해 사용되고 있는지 어떻게 확인할 것이며, 이 정보는 어떻게 비교할 것인가?

유럽연합의 정치가 IFRS 채택에 영향을 미치는 것처럼 미국 GAAP에서도 정치가 중요하다. SEC의 위원 5명은 대통령이 임명하는 미국 정부 기관이기 때문에,[17] 미국회계기준이 IFRS와 IASB의 통제로 넘어갈 것이라고 믿는 것은 불가능하다. 주권은, 심지어 회계 역시 마찬가지로 미국 정부가 어느 정도 영향력은 있지만 통제할 수 없는 국제 기구에 넘길 만한 사안이 아니다.

상품은 원래 가치인 7,250달러에 머무르지만 수출업체에게 지불해야 하는 계좌의 달러 가치(7,250달러)와 수입업체가 수출업체에게 지불할 유로를 구매하기 위해 생각해야 하는 실제 달러(7,500달러)에는 차이가 있다. 두 계좌의 차액(250달러)은 외환 손실이며 손익계산서에 인식된다.

판매나 구매를 외화로 표시하는 기업(이 경우 수입업체)는 매 회계 기간 말에 외화 거래로 인한 손익을 인식해야 한다. 이 사례에서는 분기 말이 도래했고 선댄스가 여전히 프랑스 수출업체에 지불하지 않았다고 가정한다. 스키는 계속해서 7,250달러로 평가되지만, 지불 가능한 금액은 유로당 1.5000달러의 새로운 환율로 갱신되어야 한다. 저널 항목은 다음과 같다.

외화 채권과 지급 채권은 환율이 바뀔 때마다 손익을 낳는다. 거래 손익은 발생하는 회계 기간에 손익계산서에 포함되어야 한다.

환차손	250	
매입 채무		250

지불해야 할 금액은 이제 7,500달러가 될 것이다. 분기 말 다음 달에 결제가 이루어졌고 환율이 동일하게 유지된다면 최종 항목은 다음과 같다.

매입 채무	7,500	
현금		7,500

만일 미국 회사가 수출업체이고 외화를 수령할 것으로 예상되는 경우 해당 항목(이 예와 동일한 정보 사용)은 다음과 같다.

매출 채권	7,250	
매출		7,250
현금	7,500	
환차익		250
매출 채권		7,250

이 경우 회사가 즉시 돈을 회수한 경우보다 더 많은 현금을 받았기 때문에 이득이 발생한다.

미국 기업을 위한 올바른 절차

GAAP에 따르면 미국 기업은 거래일에 유효한 현물 환율로 최초 거래를 기록하고 후속 재무상태표일에 수취 채권과 지급 채권을 현물 환율로 기록해야 한다. 환차 손익은 당해 기간의 손익계산서에 인식한다.[18] 이는 기본적으로 IAS 21뿐만 아니라 IASB가 요구하는 절차와 동일하다.[19]

FASB는 미국 기업이 외화 거래를 원래 현물 환율로 보고하고 외화 채권이나 지급 채권에 대한 후속 손익을 손익계산서에 기재하도록 요구한다. IFRS에 따라 동일한 절차를 따라야 한다.

외화 재무제표의 환산

19–5 기업이 외화 재무제표를 어떻게 환산하는지 결정한다.

미국에 본사를 둔 다국적 기업이 다양한 통화로 구성된 보고서를 받더라도 경영진과 투자자가 공통 통화로 세계적인 활동을 이해하기 위해서는 결국 미국 달러로 된 재무제표 하나로 끝나야 한다. 외화 재무제표를 미국 달러로 재작성하는 과정을 **환산**(translation)이라고 한다. 이러한 모든 변환된 재무제표를 하나로 결합하는 것이 **연결**(consolidation)이다. 영국 파운드화로 재무제표를 작성해야 하는 영국 기반의 다국적 기업처럼 다른 국가에도 동일한 개념이 존재한다. 설명을 위해 미국 기반의 다국적 기업을 살펴보자.

환산이란 외화 표시 재무제표를 재작성하는 과정을 말한다.

미국에서 환산은 두 단계 과정으로 진행된다.

연결이란 지배 기업과 종속 기업의 환산된 재무제표를 하나의 재무제표 세트로 결합하는 과정이다.

1. 외화 재무제표를 미국회계기준에 부합하는 재무제표로 재작성한다.
2. 모든 외화 금액을 미국 달러로 환산한다. FASB 재무제표 제52호는 기업이 외화 재무제표를 달러로 환산하는 방법을 설명한다. 미국 거래소에 상장하는 모든 미국 기업은 제52호 명세서를 사용해야 한다.

환산 방법

FASB와 IASB가 각각 발표한 관련 환산 기준인 재무제표 제52호와 IAS 21은 다국적 기업이 외화 재무제표를 본국의 통화로 환산하게 하는 방법이 기본적으로 같다. 단순화를 위해 외화 재무제표를 미국 달러로 환산해야 하는 미국 기반 다국적 기업의 예를 계속해서 살펴보자.

기능 통화는 기업이 운영하는 주요 경제 환경의 통화를 말한다.

현지 통화가 기능 통화인 경우에는 현행 환율법이 적용된다.

임시 방법은 지배 기업의 보고 통화가 기능 통화인 경우에 적용된다.

두 가지 방법: 현행 환율과 임시 환율 두 표준 모두 기업이 환산 과정에서 **현행 환율법**(current-rate method, IFRS에서는 종가법이라고 한다) 또는 **임시 방법**(temporal method)이라는 두 가지 방법의 사용을 허용한다. 기업의 선택은 기업이 운영하는 주요 경제 환경의 통화인 해외 사업장의 **기능 통화**(functional currency)에 달려 있다. 기업이 어떤 방법을 사용하든 그것은 외화 잔고를 미국 달러로 환산하기 위해 적절한 환율을 결정해야 한다.

예를 들어 미국 밖에서 코카콜라의 가장 큰 사업체 중 하나는 일본에 있다. 주요 경제 환경은 일본이며, 기능 통화는 일본 엔화이다. FASB는 경영진이 기능 통화를 결정하는 데 도움이 될 현금 흐름, 판매 가격, 판매 시장 자료, 비용, 자금 조달, 기업 집단 내의 다른 기업과의 거래 같은 몇 가지 요소를 식별한다. 만일 현금 흐름과 비용이 주로 해외 사업장의 통화로 되어 있다면 그것은 기능 통화이다. 지배 기업의 통화로 되어 있다면 그것은 기능 통화이다.

기능 통화(코카콜라의 경우 일본 엔화)가 현지 운영 환경(일본)의 것이라면 재무상태표일의 현물 환율인 현행 환율로 모든 자산과 부채를 환산하도록 규정한 현행 환율 방식을 사용해야 한다. 코카콜라가 12월 31일 재무상태표를 발행할 경우 사용할 환율은 12월 31일 일본 엔화로 표시된 현물환율이다. 모든 손익계산서 항목은 평균 환율로 환산되며, 소유주 자본은 회사가 자본금을 발행하고 이익잉여금을 누적했을 때 유효한 비율로 환산된다. 손익계산서의 평균 환율을 결정하는 방법은 여러 가지가 있지만 코카콜라는 매월 평균 거래소를 이용한다.

기능 통화가 지배 기업의 통화인 경우 다국적 기업은 통화 자산(현금, 시장성 증권, 수취 채권)과 부채만 현재 환율로 환산하는 임시 방법을 사용해야 한다. 기업은 재고 자산, 부동산, 공장, 장비를 자산으로 취득한 시점에 유효한 환율인 과거 환율(IASB 용어로 거래율)로 환산한다. 일반적으로 회사는 대부분의 손익계산서 계정을 평균 환율로 환산하지만, 판매 원가와 감가상각비는 물론 소유주 자본도 적절한 과거 환율로 환산한다.

기업은 특정 외국 자회사에 가장 적합한 환산 방식을 선택할 수 있으므로 임시 방법이나 현행 환율법만 선택할 필요가 없다. 코카콜라는 200개 이상의 국가에서 제품을 판매하고 있으며 2019년에는 달러 외에 70개의 다른 기능 통화를 사용했기 때문에 이 문제에 직면해 있다.[20]

그림 19.3은 기능 통화의 선택에 따른 환산 방법의 선택을 요약한다. 앞서 설명한 바와 같이 기능 통화가 외국 자회사가 소재한 국가의 통화인 경우에는 현행 환율법을 적용한다. 모회사의 보고 통화인 경우에는 임시 방법이 적용된다. 이에 대해 걱정할 필요가 있을까? 환산 과정을 따라가면 외화 조정이 기업의 재무제표에 어떤 영향을 미칠 수 있는지 더 잘 이해할 수 있다. 이는 정보를 준비하고

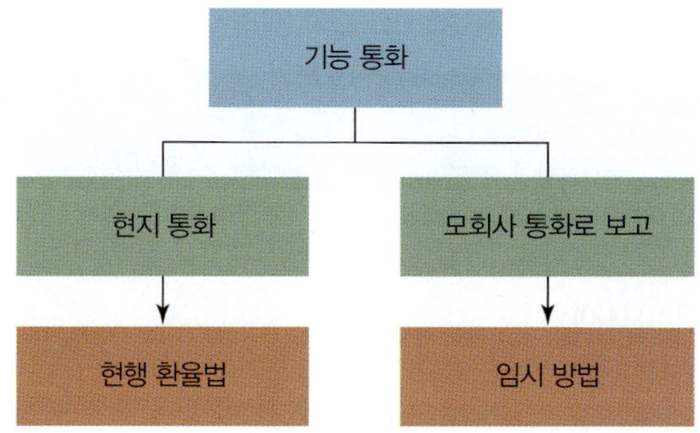

그림 19.3 환산 방법의 결정
다국적 기업이 다른 국가에 위치한 자회사나 지점으로부터 보고를 받으면 회계 부서는 다른 통화로 표시된 재무 수치에 직면하게 된다. 외화로 표기된 모든 재무제표는 연결 결과를 준비하기 전 모회사의 통화로 환산해야 한다. 기능 통화는 자회사나 지점이 운영되는 경제적인 환경의 통화이거나 모회사의 통화일 수도 있는데, 이는 회사가 사용할 환산 방법을 결정한다.

공개하는 것을 책임지는 회계사가 아닌 이상 실제로 계산하는 것보다 더 중요하다.

환산 과정 표 19.1과 19.2는 환산 방법의 차이를 비교하기 위해 두 가지 접근법으로 개발된 재무상태표와 손익계산서를 보여준다. 이 단순화된 사례에서 두 가지 방법 모두 이익잉여금의 최초 잔액은 40,000달러로 가정한다. 다음 환율은 표 19.1과 19.2의 환산 과정을 수행하는 데 사용된다.

- 1.5000달러: 고정 자산을 취득하고 자본 주식을 발행했을 때의 과거 환율
- 1.6980달러: 2018년 12월 31일 현재 환율
- 1.5617달러: 2019년 평균 환율
- 1.5606달러: 종료 재고가 획득된 기간의 환율
- 1.5600달러: 판매된 상품의 원가에 대한 과거 환율

표 19.1 외화의 환산: 재무상태표

		임시 방법		현행 환율법	
	외화	환율	달러	환율	달러
현금	20,000	1.6980	33,960	1.6980	33,960
매출 채권	40,000	1.6980	67,920	1.6980	67,920
재고 자산	40,000	1.5606	62,424	1.6980	67,920
고정 자산	100,000	1.5000	150,000	1.6980	169,800
감가상각누계액	(20,000)	1.5000	(30,000)	1.6980	(33,960)
총자산	**180,000**		**284,304**		**305,640**
매입 채무	30,000	1.6980	50940	1.6980	50,940
장기 부채	44,000	1.6980	74,712	1.6980	74,712
자본금	60,000	1.5000	90,000	1.5000	90,000
이익잉여금	46,000	*	68,652	*	89,988
총부채 및 자본	**180,000**		**284,304**		**305,640**

*이익잉여금은 주주에게 분배되지 않고 사업에서 이전에 벌어들인 모든 소득에 올해의 소득을 더한 금액에 해당하는 미국 달러이다. 이익잉여금을 달러로 환산하는 데 사용되는 단일 환율은 없다. 여기에는 위에서 설명하는 것처럼 최초 유보이익과 연결순이익 및 기타 포괄손익이 포함된다.

표 19.2 외화의 환산: 손익계산서

		임시 방법		현행 환율법	
	외화	환율	달러	환율	달러
매출	230,000	1.5617	359,191	1.5617	359,191
비용					
매출 원가	(110,000)	1.5600	(171,600)	1.5617	(171,787)
감가상각비	(10,000)	1.5000	(15,000)	1.5617	(15,617)
기타 비용	(80,000)	1.5617	(124,936)	1.5617	(124,936)
세금	(6,000)	1.5617	(9,370)	1.5617	(9,370)
연결순이익	**24,000**		**38,285**		**37,481**

자본주 발행 시점(1.5000달러)과 연말(1.6980달러) 사이에 외화 가치가 상승(강세)하고 있었기 때문에 재무상태표에는 현행 환율법에 따른 추가적인 누적 환산 조정이 반영됐다. 이는 순자산이 강세 통화로 가치를 얻고 있다는 생각과 일치한다.

회사 실적의 중요한 재무 지표는 주당 수익이다. 수익은 표 19.2의 손익계산서에 표시된 것과 같이 연결순이익과 동일하지만 기타 포괄손익에 포함된 외화 환산손익은 아니다. 다음의 두 방정식은 소득의 다른 측면과 이익잉여금의 상호작용을 반영한다. 기타 포괄손익은 1997년에 FASB가 발표한 회계 표준의 결과이며 IFRS와 더 밀접하게 일치하는 미국의 관행을 가져왔다.

연결순이익 + 기타 포괄손익 = 총포괄손익(약간 혼란스러워 보이는 부분)
최초 이익잉여금 + 총포괄손익 = 종료 이익잉여금

그렇다면 이 예에서 외화 환산 손실만 포함하는 기타 포괄손익의 금액을 어떻게 결정할 수 있을까? 이 장의 앞부분에서 논의한 회계 방정식을 사용하여 총자산 = 부채 + 소유주 자본(자본 및 이익잉여금 포함)을 계산할 수 있다. 표 19.1의 현행 환율법의 자료를 사용하여 305,640 − 50,940 − 74,712 − 90,000 − (40,000 + 37,481) = 12,507의 최종 이익잉여금 잔액을 결정할 수 있다. 이 추정 수치는 표 19.2의 손익계산서에 표시된 연결실현소득에 추가된 기타 포괄손익 금액으로, 총포괄손익 37,481 + 12,507 = 49,988로 해당 연도의 이익잉여금 증가액이다. 임시 방법을 사용하여 동일한 계산을 수행할 수 있으며, 결과는 284,304 − 50,940 − 74,712 − 90,000 − (40,000 + 38,285) = (9,633)이 된다. 이 경우 총포괄손익은 38,285 − 9,633 = 28,652가 될 수 있다. 달러 대비 외화 가치 상승을 반영하여 현행 환율법에 따른 조정은 긍정적인 반면, 비화폐성 자산(현금 및 외상매출금을 제외한 모든 자산)과 자본 주식은 더 약한 과거 환율로 기록되기 때문에 임시 방법이 부정적인 것에 유의해야 한다.

현행 환율법과 임시 방법 모두 손익은 손익계산서에 포괄순익이 아닌 기타 포괄손익으로 표시된다. 이는 IFRS와 FASB에 따라 일관된다.

외환손익 공시 미국의 회계 규칙 변경으로 인해 미국회계기준과 IFRS 모두 환산 손익의 인식을 기타 포괄손익의 일부로 함으로써 동일하게 취급한다. 외화로 표시된 재화와 용역을 사고파는 결과로 발생하는 거래손익은 손익계산서의 연결순익으로 인식한다.

국제적인 재무 사안

19–6 주요 국제 금융 기능 중 일부를 열거한다.

11장에서 글로벌 자본 시장의 관점에서 재무 기능에 대해 살펴보았다. 이 절에서는 자본 예산, 현금 흐름 및 글로벌 현금 관리, 외환 위험 관리를 포함한 중요한 재무 기능 중 일부에 대해 논의할 것이다.

글로벌 차원의 자본 예산

자본 예산 결정은 다국적 기업이 어떤 프로젝트와 국가에 자사의 자금을 투자할지 결정하는 데 도움을 주는 기술이다. 모회사는 자원을 투자할 최적 장소를 결정하기 위해 전 세계에서 자사의 다른 프로젝트와 비교하여 잠재적인 해외 프로젝트의 순현재 가치나 내부자본수익률을 비교해야 한다.

자본 예산이란 다국적 기업이 어떤 프로젝트와 국가에 투자 자금을 투자할지 결정하는 과정이다.

자본 예산 방법

회수기간법 자본 예산의 첫 번째 접근법은 초기 투자를 회수하는 데 필요한 프로젝트 또는 필요한 연수의 **회수 기간**(payback period)을 결정하는 것이다. 이러한 방법은 일반적으로 매년의 미래 현금 흐름의 현재 가치를 결정한 후 초기 투자 비용을 회수하는 데 몇 년이 걸릴지를 결정하여 투자의 세후 여유 현금 흐름을 추정하여 이루어진다.

자본 예산 방법의 종류는 다음과 같다.

- 회수기간법
- 순현재 가치법
- 내부수익률법

순현재 가치법 두 번째 방법은 다음과 같이 정의된 프로젝트의 **순현재 가치**(net present value, NPV)를 결정하는 것이다.

$$NPV = \sum_{t=1}^{n} \frac{FCF_t}{(1 + k)_t} - IO$$

여기서 FCF_t = t기의 여유 현금 흐름

k = 적합한 할인율, 즉 요구수익률이나 자기 자본 비용

IO = 초기 투자 비용

n = 프로젝트의 기대수명

요구수익률은 회사가 초기 투자 비용을 정당화하거나 적어도 보통주의 가치를 유지하기 위해 프로젝트에서 얻어야만 하는 수익률이다. NPV가 양수이면 프로젝트는 긍정적인 것으로 간주된다. NPV가 음수이면 회사는 프로젝트에 착수하지 말아야 한다.

내부수익률법 세 번째 방법은 프로젝트의 초기 투자의 현재 가치와 미래 현금 흐름의 현재 가치를 동일하게 하는 이자율인 **내부수익률**(internal rate of return, IRR)을 계산하는 것이다. 만약 프로젝트 수익률이 내부수익률보다 큰 경우 투자는 긍정적인 것으로 간주된다. 그러나 이때 회사는 다른 국가에서의 경쟁 프로젝트의 IRR과 비교할 필요가 있다.

이 방법들 각각의 공통점은 다음과 같다. 첫째, 회사는 다른 나라에 다른 세율을 공식에 대입하면서 동시에 현금 흐름을 추정하여, 잉여 현금 흐름을 결정할 필요가 있다. 둘째, NPV와 IRR 모두 회사는 요구수익률이 무엇인지 결정해야 한다.

다국적 기업은 현금 예상치와 다른 국가들의 세율을 감안하여 여유 현금 흐름과 위험을 조정한 적정 요구수익률을 결정할 필요가 있다.

자본 예산의 복잡성 자본 예산의 몇 가지 측면이 해외 프로젝트 평가에 고유하다.

- 모기업 현금 흐름(본국 통화로 모기업에 돌려주는 프로젝트의 현금 흐름)은 프로젝트 현금 흐름(현지 통화로 된 상품과 서비스의 판매로 인한 현금 흐름)과 구별되어야 한다. 의사결정이 한편이나, 다른 편, 또는 둘 모두를 기반으로 할 것인가?
- 배당, 차입에 대한 이자, 회사 내 미수금과 미지급금의 지급과 같은 모기업에 대한 자금 송금은 다른 세금 체계, 자금 이동에 관한 법적 및 정치적 이견, 지역 비즈니스 규범, 금융 시장과 기관이 운영되는 방법의 차이에 영향을 받는다. 게다가 세금 체계는 송금 문제와는 별개로 프로젝트의 여유 현금 흐름에 영향을 준다.
- 시간에 따른 경쟁력과 현금 흐름의 변화를 초래하는 데는 인플레이션율이 중요하기 때문에 모국과 자회사 양쪽 모두가 인플레이션율 차이를 예상해야 한다.
- 모회사는 현금 흐름의 가치에 대한 직접적인 영향과 해외 자회사의 경쟁적 위치에 미치는 간접적 영향 때문에 기대하지 않은 환율 변화 가능성을 고려해야만 한다.
- 모회사는 정치적 사건으로 인해 예상되는 현금 흐름의 가치나 가용성이 크게 감소될 수 있으므로 목표 시장의 정치적 위험을 평가해야 한다.
- 주최국, 가정, 제3국 또는 민간 또는 공공 부문의 잠재적 구매자들이 프로젝트 가치에 대해 매우 다른 관점을 가질 수 있기 때문에 최종 가치(예산 기간 종료 시점의 프로젝트 가치)는 추정하기 어렵다. 최종 가치는 프로젝트에서 발생하는 총현금 흐름을 결정하는 데 중요하다. 총현금 지출은 최종 가치에 의해 부분적으로 상쇄된다. 즉 모회사가 최종적으로 매각하는 경우 자회사나 프로젝트로부터 얻을 수 있는 현금의 양이다.[21]

다양한 현금 흐름 시나리오를 결정하거나 허들 비율(프로젝트에 필요한 최소 수익률)을 조정한다.

여기 언급된 모든 요인으로 인해 자회사와 모기업 모두의 미래 현금 흐름을 예측하기는 매우 어렵다. 미래 현금 흐름의 다양성을 관리하는 두 가지 방법이 있다. 하나는 몇 가지 다른 시나리오를 세운 후 각각의 시나리오에서 프로젝트의 자금 회수 기간, 순현재 가치, 내부수익률을 구하는 것이다. 다른 하나는 자본을 얻기 위해 프로젝트가 달성해야 할 최소 요구수익률을 조정하는 것이다. 조정은 일반적으로는 최소한의 수준 이상으로 최소 요구수익률을 높여서 이루어진다. 이는 현금 흐름을 예측하는 것보다 쉽지만, 빠져나가기 쉬운 길이기도 하다.

예산이 완료되면 다국적 기업은 현지 통화 수익률과 달러 표시 모기업의 수익률 모두를 검사해야 한다. 현지 통화 수익률 검사를 통해 경영자는 이 프로젝트를 해당국의 다른 투자 대안과 비교할 수 있다. 그러나 이러한 현금 흐름에서 주주에 대한 배당이 지급되므로 모국에 대한 현금 흐름도 중요하다. 만약 다국적 기업이 본국 통화로 모기업에게 충분한 수익을 생성할 수 없는 경우 결국 주주에게 지급하고 회사의 빚을 갚는 능력이 뒤떨어질 것이다. 마지막으로 이러한 결정은 투자의 재무적 맥락뿐만 아니라 전략적인 맥락에서 이루어져야한다.

자금의 내부 공급원

내부 자금은 운전 자본, 즉 유동 자산에서 유동 부채를 뺀 것이다.

자금이라는 용어가 일반적으로 '현금'을 의미하지만, 사업에서는 훨씬 광범위한 의미로 사용되고 있으며, 일반적으로 운전 자본, 즉 유동 자산과 유동 부채의 차이를 의미한다.[22] 일반적인 관점에서 자금은 사업의 일상적인 운영(상품 또는 서비스 판매)뿐만 아니라 차입, 채권 발행, 주식 발행에서 발생한다. 이들은 고정 자산 구입, 임금 지불, 원재료와 부품 구입, 시장성 증권에 투자나 장기 투자에 사용된다.

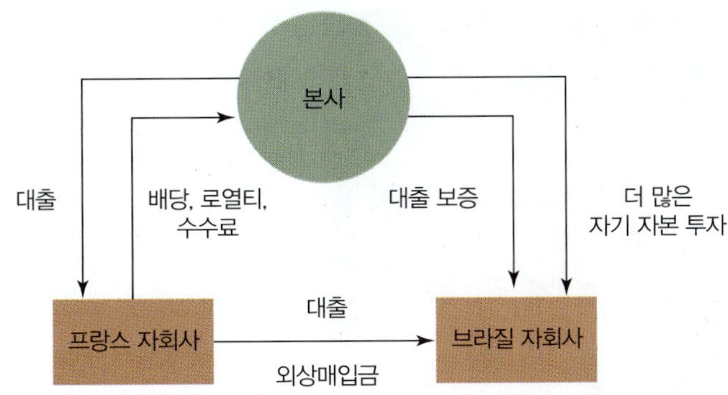

그림 19.4 다국적기업의 자금 운용(I): 내부 자금
자금은 일상적 기업 운영에서 발생하고 자산과 재료의 취득, 직원 임금, 투자를 위한 운전 자본으로 구성된다. 다국적 기업이라면 자금은 모기업이나 자회사 또는 양쪽에서 발생하고, 모기업이 본사 운영을 지원하기 위해 사용하기도 한다.

현금 흐름과 다국적 기업 다국적 기업의 현금 흐름은 순수 국내 환경에서 영업하는 기업보다 더 복잡하다. 사업을 확장하려 하거나 추가 자본을 필요로 하는 다국적 기업은 국내 및 국제 채권과 주식 시장뿐만 아니라 내부 공급원에 대해서도 고려해야 한다. 그들이 운영하는 자회사 및 다양한 환경으로 인해 내부 공급원의 복잡성이 증폭된다.

자금의 내부 공급원으로는 다음이 있다.

- 부채
- 자기 자본을 통한 투자
- 기업 내 외상매출금과 외상매입금
- 배당

그림 19.4는 본사와 두 해외 자회사를 보여준다. 본사와 자회사는 아마도 대출 등을 통해 회사 전체에서 사용할 수 있는 일상적인 운영을 통해 자금을 증가시킬 수 있다. 본사는 자회사에게 직접 자금을 대여하거나 외부 자금을 보장해줄 수 있다. 본사로부터의 자기 자본은 자회사의 또 다른 자금원이다.

자금은 자회사로부터 본사로 이동할 수도 있다. 자회사는 자본에 대한 수익으로 본사에게 배당금을 지급하거나 직접 현금을 빌려줄 수 있다. 자회사가 배당을 지급하지 않는다면 본사가 돈을 다시 빌려줄 수 있다. 자회사에게 배당은 세금 공제가 가능하지 않지만, 본사에게는 소득으로 포함되어서 본사가 배당에 대한 세금을 지불해야 된다. 만약 자회사가 자금을 모회사에 빌려준다면 본사가 지급하는 이자는 본사에게 세금 감면이 가능하고, 자회사에게는 과세 가능한 소득이다.

상품, (서비스 기업에서) 사람, 자금 흐름은 자회사들 간에 이동하면서 외상매출금과 외상매입금을 증가시킬 수 있다. 기업은 관련된 기관에 돈을 신속히 이동시키거나 지불을 연기하면서 자금을 축적할 수 있다. 이들은 또한 시장 가격과 비교하면서 기업 내 거래 가격을 높이거나 낮추면서 지급의 크기를 조정할 수 있다.

글로벌 현금 관리

현금을 효율적으로 관리하는 것은 CFO의 중요 관심사이며, CFO는 다음 세 가지 질문에 답할 수 있어야 한다.

1. 현금에 대한 현지 및 기업 시스템의 필요사항은 무엇인가?
2. 자회사에서 현금을 어떻게 인출하고 중앙에서 통제할 수 있는가?
3. 현금을 중앙에서 통제한 후에는 이를 어떻게 처리해야 하는가?

현금 예산과 예측은 기업이 필요한 현금을 추정하는 데 필수적이다. 배당은 기업 내 이전의 훌륭한 자금원이지만 정부는 이의 자유로운 이동을 종종 제한한다.

재무 담당자에게 보고하는 자금 관리자는 기업의 정상적인 운영 주기에 현금을 모으고 지불해야만 하고, 이를 모으고 투자할 때 상업 및 투자 은행과 같은 금융 기관과 거래해야 한다. 지역이나 본

▲ 벨기에의 브뤼셀은 그랜드팰리스의 본거지이며 유럽 내 다국적 기업의 주요 현금 관리 센터이다. 낮은 세율은 주요 위치, 정치적, 경제적 안정성, 국제 은행과 통신의 접근성, 명확한 법률 체계와 결합하여 이를 이상적으로 만든다.

사 수준의 다국적 기업의 통제센터에 현금을 송금하기 전에 자금 관리자는 현금 예산과 예상치를 통해 지역에서 필요한 현금 수요량을 먼저 찾아야 한다. 이를 통해 초과 현금을 예상할 수 있으므로 자금 관리자는 단기 이익을 위해 얼마나 투자할 수 있을지 알 수 있다.

현지의 현금 요구가 충족되면 자금 관리자는 현지 경영자가 초과 현금을 투자하거나 중앙 현금 풀에 송금할지 여부를 결정해야 한다. 모든 현금을 중앙에서 관리할 경우 경영자는 이전할 방법을 찾아야 한다. 현금 배당은 현금을 배포하는 가장 쉬운 방법이지만 정부 규제로 방해받을 수 있다. 예를 들어 외환 통제는 가능한 대규모 배당을 송금하는 것을 제한할 수 있다. 현금은 로열티, 경영 수수료, 원금 상환 및 대출 이자의 형태로 송금될 수 있다.

다자간 네팅이란 자회사 간 현금 유입과 유출을 조화하는 과정으로, 순현금 흐름만 이전되어 거래 비용을 줄인다.

네팅에는 정교한 소프트웨어와 다른 국가에서의 좋은 금융관계가 필요하다.

다자간 네팅 중요한 현금 관리 전략은 국제적으로 현금 흐름을 **네팅**(netting)하는 것이다. 예를 들어 4개의 유럽 국가에서 영업하는 다국적 기업은 대출, 상품의 판매, 라이선스 계약 등에서 발생한 다양한 종류의 기업 내 현금 송금을 실행한다. 그림 19.5에서 4개의 자회사 간에 9개의 서로 다른 송금이 이루어진다. GPS캐피털마켓(GPS Capital Markets Inc.)은 현금 흐름을 포함한 고객을 위한 전문 서비스를 제공한다. 대형 기술 회사인 한 고객사는 국제적으로 매우 빠르게 확장하고 있었기 때문에 성장으로 인해 따라잡을 수 있는 능력이 부족했다. 수백 개의 통화 쌍과 재무제표가 다양한 통화로 생성되고 다양한 기능 통화를 사용하기 때문에 고객사는 복잡성을 따라잡기가 어려웠다. GPS는 그 거래를 네팅함으로써 고객사의 많은 돈을 절약할 수 있다는 사실을 깨달았다. 전 세계의 각 기업이 다른 모든 기업과의 거래를 결제하도록 하는 대신, GPS는 표 19.3과 그림 19.6에서 설명한 바와 같이 기업이 통화를 교환해야 하는 횟수를 줄일 수 있는 다자간 네팅 시스템을 구축하는 데 도움을 주었고, 따라서 각 거래의 비용을 절감할 수 있었다.

표 19.3은 각 자회사의 전체 채권, 채무 및 순포지션을 알려준다. 각 자회사가 다른 국가의 자회사와 독립적으로 결산하기보다는 많은 다국적 기업은 여러 국가의 자회사 간 현금 흐름을 조정하기 위해 브뤼셀과 같은 한 도시에 현금 관리 센터를 구축한다.

그림 19.6은 순채무 위치에 있는 각 자회사가 중앙 청산 계정에 자금을 전송하는 방법을 보여준다. 계정 관리자는 순수신 자회사의 계정에 자금을 전송한다. 이 예에서는 4개의 송금이 발생한다. 청산 계정 관리자가 최소한 매달 거래 정보를 수신하고 각 자회사의 순포지션을 계산하며 청산 과정을 조율해야 한다. 송금은 납부자의 통화로 발생하고, 환전은 중앙에서 일어난다. 네팅이 작용하기 위해 기업은 자금을 추적하고 송금할 수 있는 소프트웨어와 기업체 사이에 돈이 이전될 수 있는 금융관계를 통해 현금 필요량을 맞추어야 한다.

개념 체크

9장에서는 다국적 기업이 환율 변화를 예측하고 이러한 변화에 민감할 수 있는 비즈니스 활동(예: 원자재 및 부품의 조달 또는 제조 및 조립 시설의 위치)에 대한 결정을 내리는 것이 왜 중요한지 설명했다. 13장에서는 동일한 주제를 다루었는데, 여기서는 환율 움직임을 특정 국가의 임금에 영향을 미칠 수 있는 한 가지 요소로 언급하며, 따라서 기업이 해당 국가에서 영업을 함으로써 얻을 수 있는 인건비 차이의 이점을 알아본다.

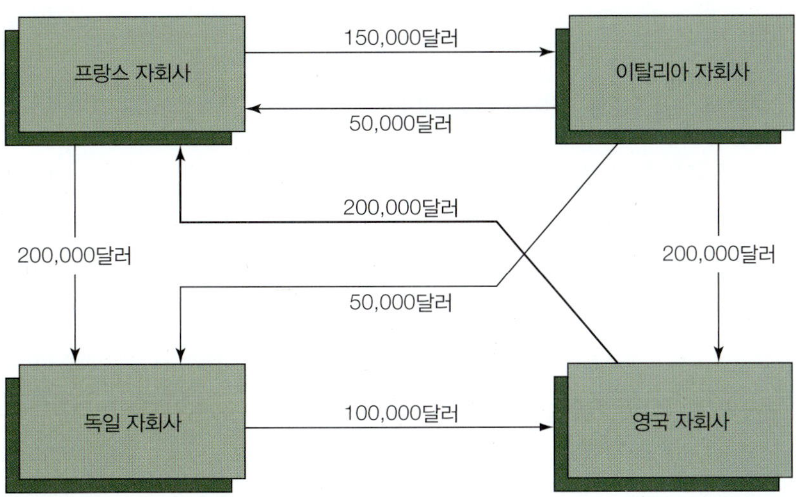

그림 19.5 다국적 기업의 자금 운용(II): 다자간 현금 흐름

다국적 기업의 많은 자회사가 사업을 수행함에 따라 현금이 이들 사이에 다양한 이유(예: 대출금이나 상품 판매로 인한 수입의 형태)로 이전될 수 있다. 물론 현금은 어떤 방향으로든 흐를 수 있고 다국적 기업이 현금 관리 센터를 어떠한 이유로 운용하지 않는다면 각각의 자회사는 자기 계정(외상매출금, 외상매입금 등)을 독립적으로 해결해야 한다.

표 19.3 다국적 기업의 자금 운용(III): 순포지션

자회사	총외상매출금	총외상매입금	순포지션
프랑스	250,000	350,000	(100,000)
독일	250,000	100,000	150,000
이탈리아	150,000	300,000	(150,000)
영국	300,000	200,000	100,000

그림 19.5에서 소개된 것과 동일한 다국적 기업의 자료라고 가정하자. 이 회사에 현금 관리 센터가 없기 때문에 총외상매출금과 총외상매입금의 차이인 순포지션은 자회사 대 자회사 기반으로 결정되어야만 한다.

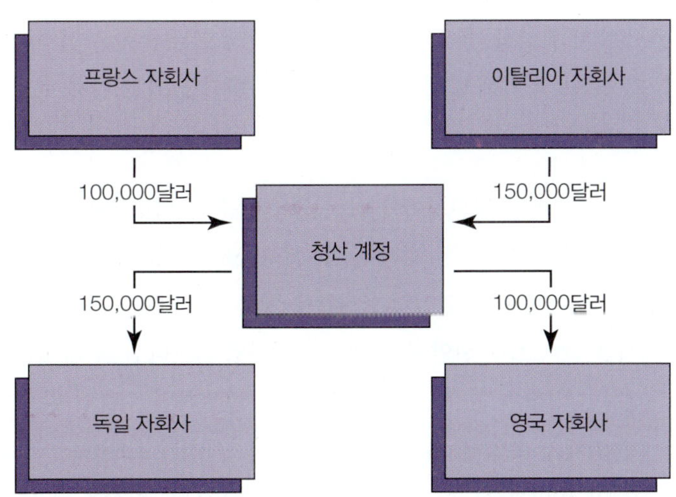

그림 19.6 다국적 기업의 자금운용(IV): 다자간 네팅

그림 19.5에 제시된 과정에 만족하지 못한 다국적 기업이 이제 임시 계정인 현금 관리 센터(청산 계정)를 설립하여 각 자회사는 순현금을 이전한다. 자연적으로 다국적 기업은 자회사 운영을 지원하기 위해 총금액을 차례로 배분할 수 있다.

환위험 관리

19-7 기업이 어떻게 외환 위기를 방어하는지 살펴본다.

글로벌 현금 관리 전략은 특정 운영 목적을 위한 자금의 흐름에 집중한다. 다국적 기업 재무 전략의 또 다른 중요한 목적은 해외투자의 환위험에서 보호하는 것이다. 이를 위해 다국적 기업이 채택하는 전략은 옵션 및 선물 계약과 같은 외환 상품의 사용뿐만 아니라 내부 자금의 이동도 의미할 수 있다.

노출 형태

환노출의 세 가지 유형은 다음과 같다.

- 환산 환노출
- 거래적 환노출
- 경제적 환노출 또는 운영 환노출

모든 환율이 고정되어 있다면 환위험은 없을 것이다. 그러나 환율은 고정되어 있지 않으며, 통화 가치가 자주 변경된다. 드물게 발생하는 한 방향의 변화대신 통화는 수시로 상하 양방향으로 변동한다. 환율의 변화는 기업에게 **환산 환노출**, **거래적 환노출**, **경제적 환노출**의 세 가지 노출로 귀결될 수 있다.

환산 환노출은 노출된 자산이나 부채의 달러 가치가 환율 변화에 따라 변해서 발생한다.

환산 환노출 외국 통화 표시 재무제표는 보고 통화(미국 기업에는 달러로 가정)로 환산되어서 그룹의 다른 회사들의 재무제표와 결합되어 연결재무제표를 형성한다. **환산 환노출**(translation exposure)은 재무상태표 환율이나 현재 환율로 환산되는 노출된 계정이 환율이 변할 때 달러 기준으로 이익을 얻거나 손실이 발생하기 때문에 발생한다.

멕시코에 자회사가 있는 미국 회사의 환산 환노출 예를 고려해보자. 자회사는 회계 장부를 페소로 유지하고 있으나 재무제표 보고를 달러로 환산해 모회사가 멕시코 자회사와 세계 각국의 다른 자회사의 결과를 통합할 수 있도록 해야 한다. 회사는 은행에 90만 페소가 있다고 가정하자. 이때 환율 변동 후 현금의 가치는 얼마인가? 만약 변동 전 환율이 달러당 18.5페소(4만 8,649달러)이고 변동 후에는 달러당 20페소(달러에 비해 페소가 약화)라면 현금의 가치는 4만 5,000달러이다. 자회사는 여전히 은행 계정에 페소를 보유하고 있다. 하락한 것은 페소의 달러 가치 손실로 귀결된다. 페소는 단지 달러로 환산한 것이지 환전한 것이 아니기 때문에 이익 또는 손실은 실제 현금 흐름을 나타내지 않는다. 또한 주당 이익과 주가에 영향을 미칠 수 있는 환산 효과로 인해 보고 이익은 달러 대비 상승하거나 하락할 수 있다.

거래적 환노출은 거래가 외국 통화로 표시되고 결제로 인해 현금 흐름에 이익이나 손실을 야기할 때 발생한다.

거래적 환노출 기업이 결국에는 정산되어야 하는 외국 통화로 미수금이나 미지급금을 가지고 있다면, 외국 통화로 거래를 표시하는 것은 **거래적 환노출**(transaction exposure)을 발생시킨다. 환율이 파운드당 1.9000달러일 때 미국 수출업체가 상품을 영국 수입업체에게 50만 달러(26만 3,158파운드)에 판매하는 예시를 살펴보자. 만약 수출업체가 달러로 받는다면 달러/파운드 환율 변화가 수출업체에게 주는 즉각적인 영향은 없다. 그러나 파운드로 받는다면 수출업체는 환차익이나 환차손이 발생한다. 만약 수출업체가 수업체로부터 받는 파운드의 가치가 1.8800달러로 떨어지면 수출업체는 5,263달러가 손실인 49만 4,737달러를 받을 것이다. 이 사례의 경우 파운드화 가치가 하락했으므로 수출업체는 환율 변동 후 판매로부터 더 적은 달러를 받는다. 이는 수출업체에게 실제 현금 흐름 이익이나 손실이다. 이 이익과 손실은 수익과 주당 순익에 영향을 준다.

경제적 환노출 또는 운영 환노출은 환율 변화로 인해 다음에 영향을 준다.

- 미래 현금 흐름
- 부품이나 부속품의 공급
- 투자 지역
- 다른 시장에서 회사의 경쟁적 위치

경제적 (또는 운영) 환노출 **경제적 환노출**(economic exposure) 또는 **운영 환노출**(operating exposure)은 제품 가격, 투입물의 구매 및 비용, 투자의 위치로부터 발생한 예상되는 현금 흐름의 변화 가능성이다. 가격 전략은 현금 흐름에 즉각적이며 장기적인 영향을 미친다. 앞의 사례에서 수출업체가 달러로 지불받기로 한다면 환위험은 수입업체에게 넘어간다. 그러나 **수입업체**는 원래 환율보다 새로운 환율(26만 5,957파운드)로 더 많은 파운드를 준비해야 할 것이다. 수입업체는 원래 가격에 제품을 판매하고 많은 이익을 얻을 수 없거나 가격을 인상하고 소비자가 이를 지불하기를 희망할 수 있다. **수출업체**도 두 가지 선택을 할 수 있다. 동일한 가격에 상품을 계속 판매하거나 가격을 낮출 수 있다. 가격을 낮출 경우 낮은 이윤을 얻게 된다. 만약 동일한 가격에 판매를 계속하는 경우 수입업체는 상품에 더 많이 지불해야 되므로 어떤 것을 선택할지 결정해야 한다.

또 다른 경제적 환노출 의사결정에는 투자 결정에 관한 것이다. 2011년 폭스바겐 AG(Volkswagen AG)는 달러 대 유로화 강세의 이점을 취하기 위해 미국에 공장을 열기로 결정했다. 유로화 강세로 인해 미국에서 가격 경쟁력이 없었고, 회사는 미국 남부인 테네시에 공장을 열면 저렴한 노동력과 강한 유로의 이점을 취할 수 있다고 생각했다. 따라서 그들은 수입은 약세 통화로, 비용은 강세 통화로 발생하여 이익에 심각한 영향을 미치고 있었다. 경제적 해결책 중 하나는 동일한 통화로 수입과 지출 균형을 맞추기 위해 미국에 제조 시설을 확장하는 것이었다.[23]

노출 관리 전략

환율 변동의 환산 환노출, 거래적 환노출, 경제적 환노출 위험으로부터 자산을 적절히 보호하기 위해 경영자는 다음을 필히 수행해야 한다.

- 노출을 정의하고 측정한다.
- 노출과 환율 움직임을 감시하는 보고 시스템을 조직하고 실행한다.
- 노출을 최소화 또는 헤지하기 위한 의무를 할당하는 정책을 채택한다.
- 노출을 헤지하기 위한 전략을 수립한다.

환위험에서 자산을 보호하기 위해 경영자는 다음을 수행해야 한다.
- 노출을 정의하고 측정한다.
- 보고 시스템을 확립한다.
- 노출 관리에 대한 전반적인 정책을 채택한다.
- 헤지 전략을 형성한다.

노출의 정의와 측정 대부분의 다국적 기업은 환산 환노출, 거래적 환노출, 경제적 환노출이라는 세 가지 형태의 환노출을 모두 경험한다. 유형이 다르기 때문에 통화별 실제 노출은 각각 추적되어야 한다. 예를 들어 거래적 환노출은 실제 현금 흐름으로 귀결되지만, 환산 환노출은 그렇지 않기 때문에 브라질 헤알화에서 환산 환노출은 거래적 환노출과 별개로 추적해야 한다. 따라서 기업은 각 노출 유형마다 보고서를 작성한다. 또한 다른 유형에는 다른 헤지 전략을 채택할 수 있다. GPS캐피털마켓이 고객의 외환 현금 흐름에 대한 전문적인 감사를 수행할 뿐만 아니라 이를 개선하기 위한 효과적인 위험 회피 전략을 제안하는 FXpert라는 독점 소프트웨어를 개발했다. 해결책에는 선물, 옵션 및 선물 계약과 같은 잘 알려진 위험 회피 전략이 포함될 수 있다.

환노출의 세 가지 형태 모두 각각 지켜보고 측정되어야 한다.

노출을 측정하는 주요 요소는 환율을 예측하는 것이다. 회사는 환율을 감시하는 내부 능력을 개발하거나 그들이 거래하는 은행에게 환율 움직임에 대한 동의를 얻기 위해 노력하는 경제 전문가를 활용해서 그 안에서 환율이 예측 기간 동안 변동할 것을 기대하는 범위를 사용하고 예상해야 한다. 그들의 관심사는 환율 변화의 방향, 강도 및 시기를 예측하지만, 예측은 부정확하다.

환율 움직임은 내부적으로나 외부 전문가를 활용하여 예측한다.

보고 시스템 생성 회사는 노출을 정의하고 측정하며 미래 환율을 예측하는 방법을 결정하면 위험으로부터 보호하기 위해 도움을 주는 보고 시스템을 생성해야 한다. 이 목적을 달성하려면 외환 운영 부서의 참여가 효율적인 중앙통제와 결합되어야 한다.

보고 시스템은 중앙통제와 외환 운영 부서의 조언 모두를 활용해야 한다.

헤지 전략은 운영 전략이나 재무 전략일 수 있다.

헤지 전략 수립 회사가 노출 수준을 파악하고 어떤 노출이 위험한지 결정하면 손익과 운영에 시사점을 주는 운영과/또는 재무 전략을 채택해서 자사의 포지션을 헤지할 수 있다. 가장 안전한 포지션은 노출된 자산과 노출된 부채의 균형을 유지하는 것이다.

운영 헤지 전략은 다음과 같아야 한다.

- 현지 부채를 사용하여 현지 자산과 균형을 맞춘다.
- 회사 내 지급을 위해 리드와 form의 이점을 살린다.

운영 헤지 전략 노출을 맞추기 위해 부채를 사용하는 것은 흥미로운 전략이다. 많은 기업은 특히 '약세 통화 국가 지역에서 빌린다'. 이를 통해 외국 통화로 차입하여 환위험을 피하고, 자산과 소득에서 자사의 노출된 포지션을 중화할 수 있다. 이 전략의 한 가지 문제는 약세 통화 국가의 이자율이 높은 경우가 많아 환율 변동의 잠재적 손실과 차입 비용의 상쇄가 존재한다는 것이다.

거래적 환노출로부터 손실을 방어하는 것은 복잡하다. 외국 고객과 거래할 때 기업은 환노출을 피하는데, 자국 통화로 거래를 표시하면 항상 안전하다. 위험은 기업의 통화로 거래해야 하는 외국 고객에게 넘겨진다. 아니면 기업은 더 약세인 통화로 구매 금액을, 더 강한 통화로 판매 금액을 표시할 수 있다. 만약 강세 통화로 구매하고 약세 통화로 판매할 수밖에 없다면 선물환이나 옵션과 같은 거래 기법에 의지하거나 빈틈없는 판매와 구매 전략을 통해 유입과 유출의 균형을 맞추기 위해 노력할 수 있다.

리드 전략은 미리 수취하거나 지급하는 것을 의미한다. 래그 전략은 나중에 수취하거나 지급하는 것을 의미한다.

리드와 래그 다른 운영 전략은 본사와 자회사 같은 관련된 기관 사이의 현금 흐름을 보호한다. **리드 전략**(lead strategy)은 외국 통화의 약세가 예상될 때 만기 전에 외국 통화 표시 미수금을 수취하거나, 외국 통화의 강세가 예상될 때 만기 전에 외국 통화 표시 미지급금을 지급하는 것이다. **래그 전략**(lag strategy)은 기업이 해당 통화가 강세가 될 것으로 기대될 때 외국 통화 표시 미수금 수취를 미루거나, 통화가 약세가 예상될 때 미지급금의 지급을 연기하는 것이다. 다른 말로 하면 기업은 보통 경화로 지급을 당기고, 약세 통화로 지급을 미룬다.

운영 전략은 통화의 변화에 따른 혜택을 취하기 위해 자산을 해외로 옮기는 것이기도 하다. 앞서 언급한 것처럼 미국 달러에 비해 유로가 강세일 때 폭스바겐은 공장을 미국으로 옮겼다.

선도 계약은 미래 거래를 위한 고정 환율을 확립할 수 있다.

외환 위험을 헤지하기 위해 파생 상품 사용하기 앞에서 언급한 운영 전략과 더불어 기업은 선물환과 옵션과 같은 파생 상품 금융 계약을 통해 노출을 헤지할 수 있다. 선물환 계약은 가장 흔한 헤지 도구이다.

1.900달러/파운드일 때 미국 수출업체가 영국 제조업체에게 물건을 판매(100만 파운드)하는 경우를 생각해보자. 수출업체가 바로 돈을 받고 달러로 변환할 수 있다면, 190만 달러를 받을 것이다. 그러나 수출업체가 90일 동안 돈을 받지 못한다면 환율 변화에 노출된다. 이를 방지하는 한 가지 방법은 은행과 선물환율 1.8500달러에 파운드를 주고 달러로 받는 선물환 계약을 하는 것이다. 90일 안에 수출업체는 파운드를 1.8500달러에 달러로 바꾸고 185만 달러를 받는다. 이는 초기 현물환율에서 받을 수 있는 금액보다는 적은 금액이다. 그러나 만약 파운드화 가치가 더 하락한다고 해도 수출업체는 185만 달러를 받아서 나쁜 거래는 아니다. 또한 선물환 계약은 불확실성을 제거한다.

외환 옵션은 특정 기간에 고정 환율에 외환에 접근할 수 있다.

외환 옵션은 옵션 구매자에게 특정 시간 내에 정해진 환율로 특정 외국 통화를 사거나 팔 수 있는 (의무가 아닌) 권리를 부여하므로, 선물환 계약보다 훨씬 유연하다. 앞에서 언급한 것과 동일한 상황에서 수출업체는 트레이더와 특정 환율에 파운드를 달러로 바꾸는 옵션 계약을 할 수 있다. 보호 비용으로 수출업체는 트레이더에게 프리미엄을 지급하는데, 이는 보험과 비슷한다. 수출업체가 수입업체로부터 현금을 받으면 옵션을 행사할지 결정할 수 있다. 만약 옵션이 현물환율보다 더 많은 돈을 준다면 수출업체는 옵션을 행사할 것이다. 만약 그렇지 않다면 행사하지 않을 것이다.

미래 전망 세계 경제력이 회계와 금융에 미치는 영향

회계의 미래는 복잡하다. 외부 재무 보고를 위해 미국회계기준보다 IFRS를 사용하는 국가가 더 많은 것은 분명하다. 그러나 미국은 미국증권거래소에 상장된 미국 기업에 대해 IFRS를 사용하는 것을 허용하지 않았다. 주된 이유는 GAAP이 깊이와 폭 모두에서 IFRS보다 훨씬 포괄적이기 때문이다. 또한 IFRS보다 미국 자본 시장의 배경, 필요성, 규제 요건에 더 많은 반응을 보인다. SEC는 미국 다국적 기업이 재무 정보를 보다 쉽게 보고하고, 공시를 개선하며, 재무 보고를 단순화하고, 단일 글로벌 회계 표준으로 전환할 수 있는 방법을 모색하고 있다.[24] 이는 거의 불가능하게 들린다. 그러나 한 가지 가능성은 "기업이 국제 표준을 사용하여 미국 규제 당국에 제출한 재무 보고서로 미국 재무 보고서를 보완할 수 있도록 조정 요건을 폐기"하는 것이다. 포드모터컴퍼니(Ford Motor Company) 글로벌 회계 담당 이사는 "국제회계기준과 미국 GAAP 재무 자료를 모두 제공하는 것이 복잡해질 수 있다는 점을 우려한다"고 지적했다.[25] 복잡한가? 그렇다. 불가능한가? 그렇지 않다.

미국에서 재무 보고의 중요한 측면은 내부 통제 프로세스를 검토하고 기업 재무 기록의 정확성을 보장하는 독립 감사 전문가이다. IFRS의 주요 관심사는 독립적인 회계 전문가가 기준서를 시행할지 가능성의 여부이다. 각국의 회계 감사 전문 인력이 재무 정보의 정확성을 검증하기에 충분하지 않다면 단순히 회계 규칙을 만드는 것만으로는 충분하지 않다. 국제회계사연맹(International Federation of Accountants)은 국제회계감사위원회(International Accounting Auditing Board)를 설립해 어느 나라에서나 사용할 수 있는 감사 및 통제 기준을 정하고 있지만, 이 기준을 채택해야 한다는 압력은 IFRS의 경우보다 훨씬 적다. 미국 금융 시장의 무결성에 대한 한 가지 중요한 기여는 강력한 감사 전문가이다. 이는 증권선물거래소(NYSE)에 상장된 중국 기업을 상대로 SEC가 제기한 최근 사례에서도 살펴볼 수 있다. 현지 중국 감사 회사는 중국 법이 SEC에 문서를 제공하는 것을 금지하고 있기 때문에 SEC에 문서를 제공하지 않을 것이다. SEC는 가장 큰 4개 회사인 PWC, 딜로이트, KPMG, E&Y 등에 과징금을 부과하고 중국 감사법인이 미국에서 거래하는 중국 기업에 대한 감사를 중단하겠다고 위협했다.[26]

국제 금융의 미래를 감상하기 위해서는 글로벌 기업의 연례보고서를 읽고 그들이 무엇을 걱정하는지 보기만 하면 된다. H&M은 2018년 연례보고서에서 미래의 많은 과제를 논의한다. 경쟁이 치열해지면서 H&M은 경쟁력을 유지하기 위해 비즈니스 모델을 조정해야 한다는 압박을 받고 있다. 재정적인 관점에서 외환 시장의 변동은 계속해서 대혼란을 일으킬 것이다. 현실적인 예산을 책정하고 효과적인 자본 예산을 마련하기 위해 환율을 예측하는 것은 더 어렵다. 보고서에서 그들은 효과적인 위험 회피 전략을 수립하는 것뿐만 아니라 해외 사업장에 대한 회계 처리의 과제에 대해 논의한다. H&M과 같은 회사는 더 나은 현금 관리와 위험 회피 전략을 채택해야 할 것이다. 이것이 GPS와 같은 위험 관리 기업이 다국적 기업의 미래 관리를 돕는 틈새시장을 찾을 수 있는 지점이다. 글로벌 기업의 회계 및 재무 측면에서 성공한다는 것은 회계 및 재무의 기술적 측면뿐만 아니라 글로벌 시장의 힘에 대한 이해를 의미한다.

CASE

H&M: 글로벌 확장의 과제와 IFRS 채택 움직임[27]

패션 트렌드 세터인 스웨덴 다국적 기업 H&M(Hennes & Mauritz AB)은 "최상의 가격에 패션과 품질을 제공하여 고객에게 최고의 가치를 제공하는 것"이라는 목표를 가지고 있다. 이들은 어떤 공장도 소유하지 않고, 주로 아시아와 유럽에 있는 독립적인 공급업체에게 생산을 아웃소싱한다. H&M은 또한 자사의 매장을 소유하기보다는 국제적으로 현지 지주에게 공간을 임대한다.

H&M은 패션 트렌드가 중요하고 상품이 빠르게 움직이는 의류 소매 시장의 주요 기업이다. 이 산업에서 핵심 구매자는 소비자이고, 핵심 공급업자는 의류 제조업체와 도매업체이며, 디자이너는 왕이고, 빠르고 잘 조직된 공급사슬이 필수이다. 개별 회사 전략에 따라 의류 소매 시장이 자본 집약적일 필요는 없지만, 소매와 공급업계에서 가장 큰 업체는 매우 국제적이다. 업계에서 가장 큰 회사는 미국에 본사를 둔 갭(Gap), H&M, 스페인에 본사를 두었으며 대표 브랜드 자라(Zara)로 더 잘 알려진 인디텍스(Industria de Diseno Textil, S.A.)가 있다. 이 3개 기업은 각자 다른 브랜드를 보유하고 있다. 갭, 바나나리퍼블릭(Banana Republic), 올드네이비(Old Navy), 애슬레타(Athleta for The Gap)는 갭의 계열 브랜드이고, H&M, 코스(COS), 먼키(Monki), 위크데이(Weekday), H&M홈(H&M Home), 아르켓(Arket), 어파운

출처: Julius Kielaitis/Alamy Stock Photo

▲ 스웨덴에 본사를 둔 H&M은 트렌디한 장소에 트렌디한 매장을 둔다. 사진은 영국 리버풀에 있는 매장으로, 74개 시장의 5,000개 H&M 매장 중 하나이다.

드(Afound), 칩먼데이(Cheap Monday for H&M)는 H&M의 계열 브랜드이며, 자라, 버쉬카(Bershka), 풀앤드베어(Pull and Bear), 마시모두띠(Massimo Dutti), 스트라디바리우스(Stradivarius), 오이쇼(Oysho), 자라홈(Zara Home), 우테르케(Uterque for Inditex) 등은 인디텍스의 계열 브랜드이다.

글로벌 확산 및 전략

H&M의 경쟁사는 모두 매우 국제적이다. H&M은 74개 시장에서 약 5,000개의 매장을 운영하고 있으며, 갭은 90개국에서 3,100개의 회사 매장과 400개 이상의 프랜차이즈 매장을 운영하고 있고, 인디텍스는 96개국에서 7,000개 이상의 매장 네트워크를 운영하고 있다. 세 기업 모두 온라인에서도 강한 존재감을 보인다.

H&M은 1947년에 스웨덴에서 여성복 매장으로 시작했다. 오늘날 H&M의 사업은 훨씬 더 광범위하고 현재 의류, 액세서리, 신발, 화장품, 가정용 섬유 등을 판매한다. H&M은 스웨덴 최고의 다국적 기업 중 하나로 알려져 있지만, 2018년에 독일에서 15.4%, 미국에서 11.8%, 프랑스에서 5.4%의 매출을 올렸다. 중국은 스웨덴 바로 다음으로 큰 시장이었다. 그러나 H&M의 성장의 대부분은 미국과 유럽 밖에 있다.

H&M과 자라는 매우 다른 전략을 활용한다. 자라는 일주일에 두 번 새로운 제품을 매장에 배달한다. 매우 조직화된 공급사슬 덕분에 자라는 디자인에서 매장까지 10~15일밖에 소요되지 않는다. 세계 각국에서 의류를 조달하지만 자동차 업계의 JIT(적시 생산) 방식을 채택하고 로봇이 직물을 자르고 염색하는 고도로 자동화된 스페인 공장 14곳을 설립하여 최종 제품의 기반이 되는 미완성 '중간 제품'을 만들어낸다. 그런 다음 중간 제품을 가져와서 마무리 작업을 위해 포르투갈과 스페인의 작은 상점 네트워크로 아웃소싱한다. 매장 관리자는 소비자 수요에 대한 최신 정보를 지속적으로 보내어 그들이 새로운 유행으로 나아갈 수 있게 한다. 자라의 규칙은 매장에서 상품을 보고 마음에 든다면, 그것을 사는 것이 낫다는 것이다. 왜냐하면 제품이 없어지는 순간 고객은 다시는 그 제품을 볼 수 없을 것이기 때문이다. 노련한 자라의 소비자들은 최신 물건을 구매하기 위해 새로운 물건이 언제 들어오는지 추적한다. H&M은 트렌디하지만 800개 이상의 공급업체 네트워크에 생산을 아웃소싱하고 있으며, 그중 60%는 아시아에 위탁한다. 봄과 가을에 두 번씩 메인 컬렉션을 제공하며, 여러 하위 컬렉션을 통해 새로운 트렌디한 아이템을 들여올 수 있다. 리드 타임이 긴 품목은 아시아에서 생산되는 반면, 짧은 리드 타임 품목은 유럽에서 제조된다.

현재 인디텍스에 이어 두 번째로 큰 의류 소매업체인 H&M은 지난 6년간 2,800개 매장에서 4,900개 매장으로 성장했으며, 여전히 미국과 유럽을 중심으로 공격적으로 확장하고 있다. H&M은 전 세계적으로 존재함에도 불구하고 스톡홀름증권거래소와 나스닥스톡홀름에 상장되어 있다. H&M은 유럽연합의 IFRS를 채택하고 재무제표를 영어와 스웨덴어로 표시한다. 재무제표는 스웨덴 크로나로 보고되며, 스웨덴 크로나는 기능 통화 역할도 한다. 소매업은 자본 집약도가 낮기 때문에, 대부분의 회사는 어떤 외국 증권거래소에도 상장할 필요가 없다. 인디텍스는 마드리드, 바르셀로나, 빌바오, 발렌시아를 포함한 스페인 전역의 증권거래소에만 상장되어 있다. 국내 상장과 마찬가지로 1969년에 미국에서 설립된 갭은 뉴욕증권거래소에만 상장되어 있다.

기업이 거주하는 국가에서만 상장할 수 있게 하면 여러 국가의 회계 규칙을 준수하는 재무제표를 제시할 필요가 없어지므로 재무 보고 절차를 간소화할 수 있다. 스웨덴의 또 다른 인기 있는 다국적 기업인 에릭슨(Ericsson)은 훨씬 더 많은 자본을 필요로 하기 때문에 스웨덴의 스톡홀름거래소와 미국의 나스닥에 모두 미국주식예탁증서(ADR)로 등재되어 있다. 이에 따라 에릭슨은 외환 자본을 늘리려는 욕심 때문에 여러 회계 기구를 수용하고 보고서를 보다 투명하게 작성해야 했다.

갭, H&M, 인디텍스는 서로 다른 회계 및 규제 환경에서 출발했다. H&M은 연례보고서에서 IASB가 발표한 IFRS와 IFRS 해석위원회가 제공한 해석에 따라 연결 계정이 작성되었다고 언급하고 있다. 또한 모회사 보고서에 사용되는 IFRS는 유럽연합의 승인을 받은 기준에 불과하며, H&M은 스웨덴 재무보고위원회(Swedish Financial Reporting Board)의 권고 RFR 1에 따라 공시를 제공한다. 모회사와 연결재무상태표 모두 고정 자산 + 유동 자산 = 자본 + 장기 부채 + 유동 부채의 형식을 사용한다.

스웨덴이 유럽연합(EU) 회원국이라는 점을 감안할 때 H&M은 2005년 기준으로 IFRS를 채택하도록 요구받았는데, 이는 과거 관행과 달라진 것이다. 그 이전에 H&M은 주로 국제 회계 표준에 기초한 스웨덴회계기준 제정자가 발표한 권고안을 사용하고 있었기 때문에 H&M의 연결보고서는 이미 IAS에 거의 조정되어 있었다. 스웨덴회계

기준에서 IFRS로 전환하기 위해 H&M은 2003~2004년에 전환 과정을 시작했고 2005년에 강화되었다. H&M은 2005년 연례보고서에서 이러한 변화의 가장 큰 영향은 금융 상품과 위험 회피 회계 때문이라고 보고했다. 새로운 회계 기준에 따르면 모든 파생 상품은 공정 가치로 인식되어야 하므로 H&M은 위험 회피에 대한 손익이 이연되고 재무상태표 밖에서 인식될 때보다 보고된 이익이 더 변동성이 클 것이라고 언급했다. 이것이 바로 유럽, 특히 프랑스 은행이 피하고 싶어 했던, 변동성으로 인해 유럽연합이 파생 상품의 취급을 분할한 것이다.

IFRS 전환 전

2006년에 IFRS로 전환하기 전에 H&M은 자본 시장이 주도하는 영미 회계와 은행 금융 및 세금에 의해 주도되는 독일 회계의 약간 혼합인 스웨덴 GAAP을 준수하는 재무 결과를 보고했다. 스웨덴 보고서는 독일 회계보다 약간 더 투명하지만 영미 회계보다는 덜 투명한 경향이 있다.

투명성 문제

스웨덴 회계가 덜 투명한 한 가지 이유는 채권자, 정부 및 세무 당국에 대한 지향성이다. 또한 스웨덴증권거래소가 북유럽 기업의 상장 중심지가 되었기 때문에 스웨덴의 영향력 있는 회계 전문가는 주주의 요구를 대변하기 위해 연결 계정을 추진한 반면, 모회사 계정은 스웨덴의 법적 요건을 반영했다. 스웨덴 회계는 광범위한 사회 복지 프로그램에 자금을 지원하기 위한 세금의 중요성과 스웨덴 정부가 정부 및 사회적 목표에 중요하다고 간주되는 분야에 대한 투자에 영향을 미치기 위해 세금 정책을 사용하는 경향으로 인해 매우 보수적인 경향이 있다.

스웨덴과 유럽연합(EU)

스웨덴이 유럽연합에 가입한 이후 회계는 유럽연합의 회계 지침과 철학을 통합하는 방향으로 진화해왔다. 스웨덴 정부는 회사법의 틀에 맞는 회계 원칙을 권고하기 위해 1976년 회계기준위원회(BFN)를 설립했다. 스웨덴 재무회계위원회(RR)는 1991년에 설립되어 회계 실무, 특히 연차회계법에 따라 연례보고서를 작성하는 방법에 관한 권고사항을 작성하는 회계 전문가의 역할을 인계받았다. 이제 그 기준은 스웨덴 재무보고위원회에 의해 정해진다.

스웨덴증권거래소는 그들의 권고가 자발적이고 회사법의 적용을 받음에도 불구하고 회계 전문가의 노력을 지지해왔다. 그러나 연결재무제표에 기업이 IFRS를 사용하도록 요구하는 유럽연합의 결정은 모든 것에 우선한다.

전환 비용

H&M은 2005년에 IFRS 전환 비용에 대한 많은 정보를 제공하지 않았지만 에릭슨은 이를 제공했다. 에릭슨은 스웨덴증권거래소뿐만 아니라 미국 나스닥에 상장되어 있기 때문에 스웨덴과 미국 GAAP의 Form 20F 조정을 제공해야 하므로 더 많은 정보를 제공했다. 공시 수준이 더 높기 때문에 에릭슨이 2005년에 IFRS로 전환하면 순이익이 스웨덴 GAAP에서보다 15억 싱가포르달러 감소하고 자본은 57억 싱가포르달러 감소할 것으로 추정했다는 것을 발견했다. 또한 재무상태표상의 현금의 인식은 스웨덴 GAAP하에서의 현금보다 IFRS하에서의 현금 인식이 상당히 다른 것으로 나타났으며, 2004년 말의 현금은 스웨덴 GAAP하에서의 현금보다 461억 크로나가 적었다.

IFRS를 이행하는 데 드는 원가는 측정하기 어렵다. 많은 국가(예: 스웨덴)는 IFRS와 일치를 시도하는 국가 규정을 시행했다. 따라서 기업은 완전한 IFRS의 이행이 가까워지고 있다는 사실을 알았기 때문에 전환 원가는 수년에 걸쳐 분산되었을 수 있다. 에릭슨의 경영진은 2004년 연례보고서에 다음과 같이 언급했다.

> 최근 몇 년 동안 스웨덴회계기준은 IFRS에 고도로 적용되었고 최초 채택 기업에 대한 규정은 완전한 소급 재작성에 대한 특정 면제를 허용하므로 스웨덴회계기준에서 IFRS로 전환하는 것은 우리의 재무제표에 상대적으로 제한적인 영향을 미칠 것으로 예상된다. 게다가 우리는 IFRS로의 전환이 우리의 보고서를 U.S. GAAP과 더 밀접하게 일치시킬 것이라고 믿는다.

그러나 다른 많은 유럽 국가 기업에게 국내 규제 기관은 변화를 더 느리게 시행했기 때문에 그 변화는 더 갑작스럽고 고통스러웠다. 모회사와 연결재무제표를 모두 보유한 국가는 국내 규제가 국내 환경에 보유된 자본의 원천에 더 부합하는 반면, 연결재무제표는 IFRS를 채택해야 한다는 것을 발견했다.

문제

19–3 만약 투자자가 갭, 인디텍스, H&M의 재무상태를 비교할 경우 각각 다른 GAAP에 따라 작성된 재무제표로 인한 차이는 무엇인가? 갭이 사용한 미국 GAAP와 H&M, 인디텍스가 사용한 IFRS 사이에 큰 차이가 있을 것이라고 생각하는가?

19–4 H&M이 2005년과 2018년 재무제표 공시에 사용하기로 한 각 IFRS 형식은 무엇인가?

Chapter 20
국제 인적 자원 관리

학습 목표

20-1 국제 인적 자원 관리에 대해 설명한다.

20-2 해외 주재원에 대한 관점을 명확히 한다.

20-3 다국적 기업이 사용하는 인력 운용을 위한 채용 프레임워크를 구분한다.

20-4 해외 주재원 선정에 대해 알아본다.

20-5 해외 주재원의 준비에 대해 살펴본다.

20-6 해외 주재원에 대한 보상을 설명한다.

20-7 해외 주재원의 귀임에 대해 설명한다.

20-8 해외 파견의 실패에 대해 살펴본다.

출처: Galina Peshkova/123RF

사람이 행운을 찾는 게 아니라 행운이 사람을 찾는다. —튀르키예 속담

CASE

다국적 기업의 해외 주재원

기업은 몇 세기 동안 사람들을 움직이며 적당한 시간에 적당한 업무에 적당한 임금을 주고 적당한 직장에 적당한 사람을 투입하는 이점을 누렸다. 현대 시장 동향, 전략적 중요성, 경영진의 성과 기준이 이러한 인적 자원 운용 업무의 중요성을 강화하고 있다. 오늘날에 직업적으로 성공하려면 적어도 높은 수준의 글로벌 인식을 요구하며, 이상적으로 말하자면 비즈니스 세상이 어떻게 작동하는지에 대한 다양한 수준의 경험적인 지식을 필요로 한다

세계화는 무역, 자본, 투자 흐름을 유발함으로써 글로벌 비즈니스 환경을 구성하는 214개 시장에 수십만 개의 자회사를 개설하고 운영 범위를 확장할 수 있게 한다. 새롭게 떠오르는 설립된 각각의 단위 조직은 경제 복잡성, 문화적 모호성, 정치적 도전을 탐색할 수 있는 지식, 기술, 능력을 지휘하는 경영자를 필요로 하며, 동시에 다국적 기업의 글로벌 효율성을 극대화하고 현지 대응을 극대화해야 한다. GE(General Electric)의 전 CEO는 다음과 같이 설명한다. "탁월한 글로벌 기업은 다음과 같은 세 가지 속성을 지닌다. 첫째, 글로벌 판매 기업이다. 세계 어느 지역에서든 고객에게 일등 기업이 되어야 하는 것이다. 둘째, 글로벌 생산 기업이다. 단순히 한 지역을 위한 것이 아닌 전 세계 시장을 위한 기술, 생산 시설, 제품을 갖추고 있어야 한다. 셋

째, 가장 중요한 것으로 글로벌 인재로 구성된 기업이다. 글로벌 시장과 인재를 확보함으로써 더 나은 성과를 거두는 기업이 되어야 한다."[1] 따라서 직원의 경력에 해외 파견의 주도적인 영향은 더 크고 광범위한 리더십 활동의 가능성이 증가한다는 것은 놀라운 일이 아니다.[2]

물론 기업이 즉시 해외로 나서야 한다는 것은 결코 아니다. 국제적인 임무에는 많은 장점이 있으므로 두려워하지 않아도 된다. 국제적인 경험을 가진 사람들은 더 나은 문제 해결사이고 더 날카로운 창의력을 보여준다. 게다가 갤럽 조사에 따르면 11억 인구, 즉 지구 성인의 4분의 1이 일시적으로 다른 국가로 이주하여 더 높은 임금을 받는 일자리를 찾고 싶어 한다. 또 다른 6억 3,000만 명이 영구적으로 해외로 이주하는 것을 목표로 한다.[3]

만일 직업 계획이 당신을 국내 시장에 고정시키더라도 세계화 시장은 당신의 사고방식을 세계화할 것을 장려한다. 아프가니스탄에서 짐바브웨에 걸쳐 효과적인 리더십은 시장 전반에 걸친 차이에 대한 개방과 인식을 더 요구하며, 이는 결국 통합적 테마를 지지한다. A. T. 커니(A. T. Kearney)의 부사장은 "세상이 어떻게 작동하는지, 사람이 어떻게 행동하는지에 대한 직관적인 감각을 가져야 한다"고 설명했다.[4] 이곤젠더인터내셔널(Egon Zehender International)의 CEO는 다음과 같이 말했다. "세상은 점점 작아지고 시장은 점점 커지고 있다. … 다양한 환경에서 효과적인 경영자를 찾을 필요성은 점점 더 절실해지고 있다. 우수한 재원과 특별한 기술, 기술적인 통찰력을 가진 사람을 찾는 것 외에 다국적 기업은 세계 무대에서 좀 더 편안하게 경영 활동을 수행할 임원을 찾는다."[5] ATT의 CEO인 랜들 스티븐슨(Randall Stephenson)은 멕시코에서 다년간 근무한 후 다음과 같이 덧붙였다. "다양한 시장에 서비스를 제공하려면 수치적, 인구학적 관점뿐만 아니라 실제로 그러한 시장에서 살아 숨쉬고 운영해본 사람을 리더십 팀에 두는 것이 좋다."[6]

해외 주재원

다국적 기업은 종종 해외 사업을 운영하기 위해 자사의 관리자를 다른 나라에 파견한다. W. L. 고어(W. L. Gore)나 J&J(Johnson & Johnson)와 같이 소수의 인력을 파견하거나, 로열더치셸(Royal Dutch Shell)이나 위프로테크놀로지(Wipro Technologies) 같은 회사는 많은 직원을 해외로 보낸다. 불행하게도 다국적 기업이 왜, 언제, 어디서 이러한 외국인(예: 본국 외의 국가에서 일하는 사람)을 고용해야 하는지를 규정하는 표준은 거의 없다. 게다가 국제경영 환경이라는 모호함은 적절한 외국인 선발, 올바른 출발 전 프로그램 개발, 적절한 보상 시스템 설계, 최적의 지원 시스템 구성, 임무 수행에 적합한 시간적 범위 설정, 임무를 완수했을 때 그들을 본사로 재통합할 수 있는 올바른 방법을 결정하는 문제까지 많은 일을 더욱 어렵게 만든다.

해외 주재원의 성공과 실패는 다국적 기업이 인적 자원을 전략적으로 관리하도록 압박하는 역할을 한다. 허니웰(Honeywell)은 많은 다국적 기업과 마찬가지로 해외로 파견되기 몇 년 전부터 해외 주재원 후보의 개발을 시작한다. 허니웰은 후보의 지식, 기술, 능력을 평가하고 가능한 격차를 예상하는 트레이닝 경로를 미리 준비한다. 허니웰의 HR 부사장은 "우리는 그들에게 미래지향적, 점진적으로 국제화를 위한 길을 가고 있다. … 우리는 그들이 소위 전략적 책임이라고 하는 문화적 지성을 개발하기를 원한다"고 언급했다.[7] 허니웰은 직원에게 경험 많은 외국인과 네트워크를 구축하거나 개인 및 전문적 지략을 향상할 것을 지도한다. 네슬레(Nestlé)는 해외 주재원 파이프라인을 개발할 기회를 거의 남기지 않는다. 스위스 브베에 위치한 본사에서 높은 성과를 내는 사람들은 보통 두 번 교대로 근무하는데, 첫 번째는 경영진 경력 초기에, 두 번째는 중간 관리직에 도달했을 때이다. 마지막으로 세계 최대의 유전 서비스 제공업체인 슐룸베르거(Schlumberger)는 경영자에게 사업 단위와 기업 기능 전반에 걸쳐 2~3년마다 일을 교대할 것을 요구한다. 경영진은 경력의 절반 이상을 본국이 아닌 국가에서 일할 것으로 예상한다.[8]

특히 중국, 인도, 인도네시아, 필리핀과 같은 신흥경제국 출신 다국적 기업의 국제화 속도는 글로벌 기업의 준비를 가속화한다. 일부 경영자는 채용할 때 해외 주재원의 예비 후보를 물색한다. 인도의 위프로테크놀로지의 글로벌 프로그램 대표는 "우리 채용 프로세스의 큰 부분은 후보자에게 해외에서 일할 기회가 주어질 것이라고 말하는 것"이라고 말한다. 그는 이러한 접근 방식은 회사의 해외 주재원 파이프라인을 강화하는 동시에 신입사원의 자질을 향상한다고 믿는다.[9]

새로운 환경과 새로운 업무 방식

그림 20.1은 해외 주재원을 통해 얻을 수 있는 이익이 제시되어 있다. 줄곧 거론되는 해외 주재원의 장점에는 직업 전망 개선, 새로운 도전 참여, 삶의 질 향상, 소득 잠재력 증가 등이 있다. 성공적인 해외 주재원 활동을 달성한 인력은 자신의 해외 파견 경험이 어떻게 직업적, 개인적 정체성을 변화시켰는지를 설명한다. 많은 사람은 해외에서 일하는 것이 때로는 부드럽게, 때로는 가혹하게 상황을 다르게 해석하도록 강요했다고 설명한다. PwC 러시아의 갈리나 나우멘코(Galina Naumenko)는 국제적인 임무란 "직원들 사이에 글로벌 네트워킹을 전파하고 다른 문화에 대한 이해를 제공하며 그들이 문제에 접근하여 문제를 해결하는 대안적인 방법을 생각하게 한다"고 말한다. IBM의 성장시장전략책임자는 "상하이, 상파울루, 두바이에 앉아 있으면 뉴욕에서와는 매우 다른 생각을 하게 된다"고 덧붙였다.[10]

국제적으로 일하는 것은 직원이 더 광범위한 경영 관련 지식과 기법을 개발하도록 유도한다. 영국의 제품 담당자 위치를 수락하기 전에 시애틀의 본사에서 일했던 마이크로소프트(Microsoft)의 경영자인 조안 패틀(Joan Pattle)의 경우 영국에서 일을 시작하게 되면서 더 많은 책임감을 가지게 되었다. "미국 본사에서 내 일은 매우 자세하고 엄격하게 규정되어 있었다. 나는 기본적으로 데이터베이스 관리에 한정된

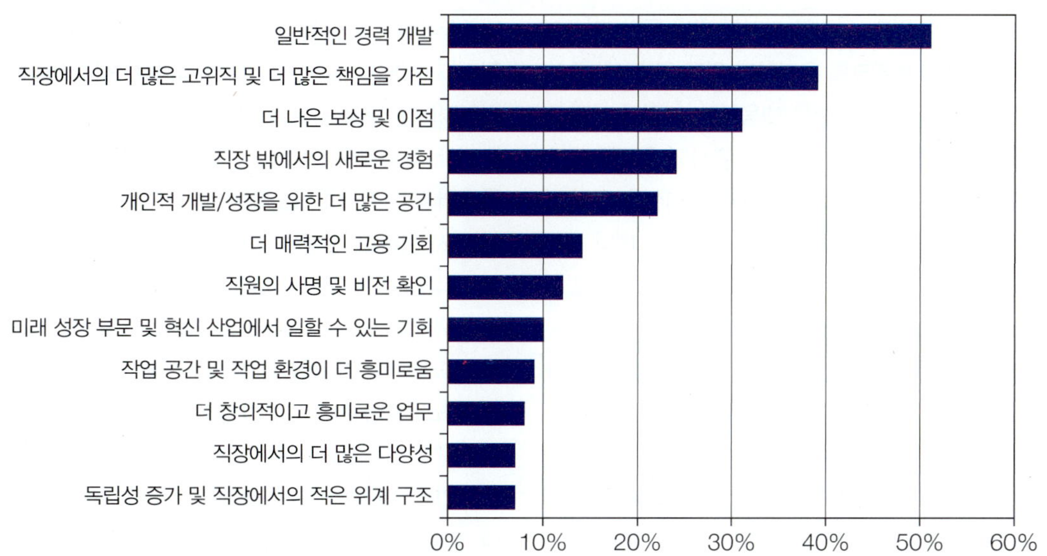

그림 20.1 해외 주재원의 장점과 이점
경영진은 국제적 파견의 많은 이점을 인식한다. 도표를 통해 전문적인 동기를 알 수 있다.[11]

전문 능력만 필요했다. 그러나 영국에서는 직접 마케팅과 언론 관계도 맡게 되었다. 훨씬 더 광범위한 경험을 할 수 있었다."[12] 사실상 해외 주재원의 임무는 더 이상 한 상자에 담겨 있지 않기 때문에 틀에서 벗어나서 생각할 수 있는 큰 기회를 제공한다. 비슷하게 인텔(Intel)의 대변인인 로라 앤더슨(Laura Anderson)은 홍콩에서의 파견 업무를 통해 시야를 넓히고 창의력을 증가시켰다고 설명한다. 그녀는 결과적으로 "나에게는 엄청난 성장 경험이었다"고 전했다.[13]

새로운 문제와 새로운 도전

모험과 보상이라는 매력에도 불구하고 국제적으로 일하는 것은 모두가 받아들일 수 있는 것은 아니다. 아무리 의지가 강해도 적응하기 어렵기 때문에 해외 과제 중 절반 가까이가 실패한다. 가족 문제, 삶의 질 문제, 어색한 사회화, 외로움은 개인적인 도전을 오래 지속하게 한다. 운영상으로는 문화적 충돌, 언어적 어려움, 익숙하지 않은 사업 관행, 안전에 대한 위험이 상황을 어렵게 만든다. 최근 COVID-19 팬데믹은 외국 파견의 험난한 단점을 더 극대화했다. 즉각적인 건강 보호 우려 외에도 폐쇄된 국경과 여행 금지에 직면한 채 본국 복귀의 어려움은 국제 임무를 고려하는 사람들에게 새로운 차원의 우려를 더했다. 많은 사람에게 이러한 어려움은 현지에서 장기간 체류하는 것을 어렵게 만든다. 다른 문제는 기업이 경영진에게 선호도가 낮은 지역인 제2, 제3의 도시로 파견을 요청하는 경우 발생한다. 낙원에서 황무지로 옮기는 것을 어려운 일일 뿐만 아니라 도전적인 경험을 하게 한다.

본국에서의 생활과 '그곳' 사이의 차이는 종종 직업적, 가족적, 개인적인 문제를 일으킨다. 해외 주재원은 현지 환경을 이해하는 데 어려움을 겪을 수 있다. 차이를 이해하고 존중하는 것은 어려운 일이기 때문에 아무리 평범하고 영적이거나 철학적이더라도 값비싼 실패를 야기한다. 게다가 국제경영 여행은 "아마도 가장 위험한 형태의 여행일 것이다. 관광객은 전쟁 지역을 방문하는 것을 고려하지는 않겠지만 석유, 컴퓨터, 제약, 농업, 통신을 다루는 다국적 기업은 정기적으로 방문해야 한다."[14] 현지에서 유명 호텔과 레스토랑을 방문하는 것조차도 위험할 수 있다.

마지막으로 누군가는 미묘한 직업 정치와 사무실에서의 위치를 다룬다. 국제적인 경력을 쌓으려는 의도는 직업 적응력 및 문화적 지능과 긍정적으로 연관되어 있지만 해외에서 너무 적거나 너무 많은 시간을 보내는 것이 승진 계획을 좌절시킬 수 있음을 보여주는 사례가 많다. 이는 본사와 문화 및 지리적 거리가 높은 국가에 할당될 때 특히 큰 영향을 미친다.[15]

해외 주재원의 복귀

세계를 떠도는 인력은 기본적으로 '파견 인생'이다. 같은 회사든 다른 회사든 간에 새로운 업무를 맡아가면서 옮겨 다니게 되는데, 이들은 '고국'에는 돌아가지 않을 것으로 계획을 세운다. 하지만 대다수는 결국 동료들과 작별인사를 하고 고국행 비행기에 탑승하게 되는데, 때로는 본국에서 영웅적인 환대를 해줄 것으로 생각할 수 있다. 하지만 그러한 성대한 파티는 없는 경우가 대부분이다.

물론 본국으로 돌아가는 것이 꼭 어려운 것만은 아니다. 성공담이 경력 관리 계획의 큰 차이를 만든다는 것을 확인시켜준다. 산켓 아커카르(Sanket Akerkar)는 마이크로소프트의 인도 지사를 운영하는 동안 자신의 미국 네트워크를 활성화했다. 미국 출장 동안 아커카르는 며칠 더 머물며 네트워크를 구축했다. 마찬가지로 도쿄에서 4년간 근무한 브라이언 크루거(Bryan Krueger)는 박스터펜웰(Baxter Fenwal)의 북미 지역 사장으로 승진했다. 그가 도쿄로 떠났을 때 회사는 복귀 후 승진을 보장하지 않았다. 하지만 자리를 비운 동안 그는 본사에서 하는 일을 추적했고 네트워크를 유지하기 위해 몇 달에 한 번씩 방문했다. 그는 "나는 분명히 선제적으로 대응했다. 그렇게 하지 않았다면 복귀 과정에서 어려움을 겪었을 것이다. 본사의 동료들과 의식적으로 연락하며 관계를 유지하기 위해 노력했더니 결실을 맺었다"고 언급했다.[16] 마찬가지로 아시아링크(AsiaLink)의 CEO 페니 버트(Penny Burtt)는 "연락을 유지하는 것은 절대적으로 중요하다"고 말했다.[17]

그러나 모든 임원이 복귀 후 긍정적인 성과를 거두는 것은 아니다. 국제 업무를 성공적으로 마치고 귀임한 기업 간부를 대상으로 조사한 결과 귀국 3개월 만에 3분의 1 이상이 임시직 자리를 잡은 것으로 나타났다. 거의 80%는 새로 얻은 직업을 강등이라고 보았다. 60% 이상이 어렵게 얻은 국제적인 전문지식을 활용할 기회가 너무 적다고 느꼈다. 일부 경영진은 여러 이유로 이 결과를 받아들인다. 그렇지 않은 경우 복귀하는 경영진의 4분의 1 이상이 2년 이내에 다른 회사로 떠난다.[18]

위험과 보상

해외에서 근무하는 것에는 매력적인 장점이 있지만 치명적인 단점도 있다. 전반적으로 해외 파견 업무의 매력에는 규모가 큰 영향을 미친다. 해외에서 근무하는 동안 해외 주재원은 보수가 높고 책임이 크며 높은 지위를 가진다. 역동적인 해외 파견 업무 경험은 특정 사람들에게 상당히 매력적인 요소가 되어 국제적인 경력 축적 활동에 몰입하게 된다. 결과적으로 한 업무에서 다른 업무로 이동하는 이른바 '글로벌 유목민'을 만들어내는 것이다. 예를 들어 싱가포르와 런던에서 근무한 후 인도의 모건스탠리(Morgan Stanley)에서 근무하는 한 해외 주재원은 "나는 여전히 미국으로 돌아가고 싶지 않다. 세상은 넓고 볼 것이 많다"고 설명했다.[19]

여전히 경력 단절의 위험은 크다. 일부 다국적 기업은 해외 파견 업무를 경영자들이 보다 광범위한 책임을 수행할 수 있도록 준비하는 의미 있는 경험이라고 주장한다. 실제로 경력 개발은 해외 파견 업무 중 거의 4분의 1을 차지한다.[20] 이러한 인식에 따라 해외 주재원 배치 활동은 개인의 기술과 전문성을 향상하고 문화적 자각을 증진한다. 또한 도전을 극복하는 자신감을 높이며 다른 행동 방식에 노출됨으로써 창의력을 향상할 수 있을 것으로 보인다. 그러나 부정적인 결과도 보인다. 딜로이트앤드투슈(Deloitte & Touche)의 톰 시로(Tom Schiro)가 관찰하듯이 "일부 다국적 기업은 해외로 사람을 보낸 후 2년 동안 별다른 관심을 보이지 않는다."[21] 또한 귀환 후 기업은 해외에서 큰 역할을 성공적으로 마치고 돌아온 구성원의 보상에 대해 미온적일 수 있다.

새로운 기준의 등장

세계화의 규모와 범위가 확대되면서 각 기업은 유능한 경영진을 찾는 데 어려움을 겪는다. 다국적 기업은 유능한 후보를 찾으려 애쓰고 면접과 고용에 더 많은 시간을 투자하며 경쟁 상대가 자사의 경력 있는 경영자들을 빼가는 것을 막기 위해 고민한다. 인재 부족은 더 악화될 뿐이다. 다국적 인재 컨설팅 회사인 맨파워(Manpower)는 전 세계 고용주의 34%가 기업 내 해외 주재원의 자리를 채우기 위해 애쓰고 있다는 사실을 발견했다.[22] 매킨지앤드컴퍼니(McKinsey & Company)는 브라질, 독일, 인도, 멕시코, 사우디아라비아, 튀르키예, 미국과 같은 주요 시장의 고용주 대부분이 숙련된 노동자를 고용하기 위해 고군분투하고 있다고 보고했다. 게다가 전 세계는 4,000만 명의 대학교육을 받은 노동자가 부족한데, 이는 "높은 생산성 향상을 위해 필요한 고급 기술을 갖춘 노동자가 특히 부족하다"는 것을 의미한다.[23]

기업 간 경쟁의 룰이 바뀌면서 세계화는 성과에 대한 기준도 바꾼다. 점점 더 많은 수의 다국적 기업은 국제적인 업무 경험을 개인이 가진 경력 중 핵심 요소로 평가한다. 유럽 100대 기업의 CEO 중 70% 가량이 해외 주재원 업무를 완료했다. 미국 《포천(Fortune)》이 선정한 100대 CEO의 75%가 해외 고위직에서 최소 2년을 일했다.[24] P&G(Procter & Gamble)의 인사 담당 임원은 "장기적으로 글로벌 선수가 되기를 열망한다면 반드시 갖춰야 할 요소"라고 설명했다.[25] P&G는 리더들이 혁신적이면서도 글로벌 감각을 갖추기를 기대한다. 해외 시장에서 사업을 운영하지 않고 최고경영진이 되는 것은 어려울 것으로 보고 있다. 독일에서 P&G와 경쟁하는 헨켈(Henkel)의 경우 최소 2개국 이상에서 경험을 쌓아야 임원으로 승진하는 것이 가능한 체계를 갖추고 있다. 경영진 헤드헌팅 회사인 보이든(Boyden)은 거의 고객 4명 중 3명이 고위직 임원이나 이사진을 구할 때 국제적인 경험을 요구한다고 말한다. 간단히 말해서 다국적 경험은 다양한 기능을 갖춘 것만큼 필수적이다. 결과적으로 다국적 기업은 잠재력이 높은 임원을 해외에 배치하여 글로벌 시장의 도전에 발맞추어 자사가 가진 기술을 시험하고 글로벌 사고방식을 미세하게 조정할 수 있는 기회를 누리고자 한다.

요약하면 다국적 기업은 자사의 능력 있는 임원이 점점 더 해외로 진출하기를 원하고 있다. 그리고 개인적인 야망, 환경 동향, 시장 상황, 직장 기준은 '대기업에서 최고의 직무를 가진 사람들이 세계적인 노출과 이상적으로는 국제적인 경험을 하는' 상황을 만들어낸다.[26]

문제

20-1 해외 주재원을 수행해야 하는 세 가지 이유를 설득력 있게 제시하라.

20-2 성공적인 해외 주재원의 세 가지 핵심 자격을 설명하라.

국제 인적 자원 관리

20-1 국제 인적 자원 관리에 대해 설명한다.

성공적인 다국적 기업은 통찰력 있는 전략, 효과적인 조직, 효율적인 공급사슬 관리, 숙련된 마케팅, 최신의 재무 시스템 등을 갖추고 있다. 그러나 궁극적으로 다국적 기업의 성공은 어디에서든 기업을 이끌어나가는 사람들이 어떠한 역할을 하는지에 달려 있다. 확장하는 국제경영의 망(web)은 다양한 시장에서 상호 연결된 운영을 관리할 경영진을 필요로 한다. 적절한 시기와 장소에서 적절한 일을 적절한 인력이 감당할 수 있게 하고, 이에 대한 적절한 보상을 제공하는 것은 글로벌 경영의 최전선에서 감당해야 하는 것이다. 새로운 벤처를 시작하여 현지 전문성을 기르면서 기술 격차를 메우고 기술 플랫폼을 설정하면서 조직 문화를 전파하고 실패한 부서를 되찾는 등 모든 활동의 주인공은 경영진과 관리자이다. 실제로 성공하거나 어려움을 겪는 모든 업무의 핵심에는 경영진과 관리자가 있다. 간단히 말해서 국제경영의 초점은 종종 변화의 기회로 이어지는 도전에 직면한 경영진과 관리자이다. 이 장의 초점인 도전과 기회 간 논쟁은 국제경영 경력의 정신이다.

개념 체크

1장의 '세계화 및 국제경영의 촉진 동인'에서 전 세계 사람들 사이에 연결을 만드는 몇 가지 요소를 확인한 논의를 상기해보자. 문화, 정치, 시장의 융합은 국가 간 물리적, 심리적 거리를 좁힌다. 여기서는 이러한 추세가 한 국가에서 다른 국가로 이동하는 가능성을 더욱 매력적인 커리어 계획으로 만들기 시작했다고 본다.

국제 인적 자원 관리(international human resource management, IHRM)란 다국적 기업의 가장 귀중한 자산인 인력을 운용하는 활동이다. 국제 인적 자원 관리는 개인 생산성과 집단 성과를 향상하는 정책을 개발하고 시스템을 설정한다. 기업의 규모에 관계없이 사업을 일으키고 운영하기 위해서는 사람이 필요하다. 사람을 통해 전략을 실행하고 사람을 통해 조직의 구성원들이 더 나은 성과를 낼 수 있도록 독려할 수 있으며 더 큰 과제를 수행하는 과정에서 사람은 자신의 능력을 향상한다. 그리고 궁극적으로 사람을 통해 구성원들을 유지할 수 있다. 국제 인적 자원 관리는 다국적 기업 전략의 요건에 따라 직원을 살피고 교육, 평가, 보상, 유지를 고려하여 이러한 기능을 이끈다. 기능적으로 국제 인적 자원 관리는 인적 자원 관리(HRM)와 동일한 업무를 많이 수행한다. 인적 자원 관리와 마찬가지로 국제 인적 자원 관리는 기업 전략의 맥락 내에서 채용, 선택, 성과 측정, 보상, 교육, 노사관계, 경력을 관리한다. 그러나 국제 인적 자원 관리는 국경을 넘어 사람을 관리하는 것과 관련된 복잡성 측면에서 국내의 대응과는 상당히 다르다. 이러한 문제는 해외 주재원의 선택, 준비, 지원, 보상, 본국 귀임에 대한 광범위한 관심을 유도한다.

국제 인적 자원 관리(IHRM)는 다국적 기업의 직원 관리와 관련된 모든 것을 감독하는 것을 가리키는 포괄적인 용어이다.

이 장에서는 12장에서 소개된 주제와 글로벌 비즈니스 환경의 기회와 도전을 고려하여 비즈니스 기능 및 운영 업무에 적용된 이슈를 더 정교화할 것이다. 성공한 다국적 기업이 '자사의 장점을 살리고 단점을 보완하면서 또한 글로벌 전략과 현지화 전략 사이의 상충된 압력을 균형 잡으며 미션과 원칙을 가지고 사업을 영위하는' 훌륭한 관리자를 충원하고 배치한다는 관점에서 국제 인적 자원 관리를 살펴볼 것이다. 국제 인적 자원 관리는 경영자가 인적 자원 관리 활동을 다국적 기업의 전략과 연결했을 때 최상의 성과를 거둘 수 있다(그림 20.2 참조).

인적 자원 관리는 한 민족 내에서 활동하는 기업보다 다국적 기업에게 절대적으로 더욱 어려운 과제이다. 국내 시장의 상황을 다루는 것 외에도 국제 인적 자원 관리는 정치, 문화, 법, 경제적 상황을 반영하여 정책과 프로그램을 조정해야 한다. 예를 들면 효과적인 리더십 스타일과 경영 방식은 국가마다 다를 수 있다. 가령 본사와 해외법인의 사람들 간 차이는 어려움을 가중시킨다. 이를 소홀히 여긴다면 국내의 훌륭한 관리자가 해외에서는 무능한 관리자로 될 수 있다. 결과적으로 국제 인적 자원 관리는 국제 운영에서 인력 충원, 준비, 지원, 보상, 귀국 프로그램을 종합적으로 어떻게 잘

다국적 기업에게 국제 인적 자원 관리(IHRM)는 다음과 같은 이유로 국내 기업보다 더 어려울 수 있다.

- 환경적 차이
- 전략적 상황의 다양성
- 조직 차원의 다양한 도전 과제

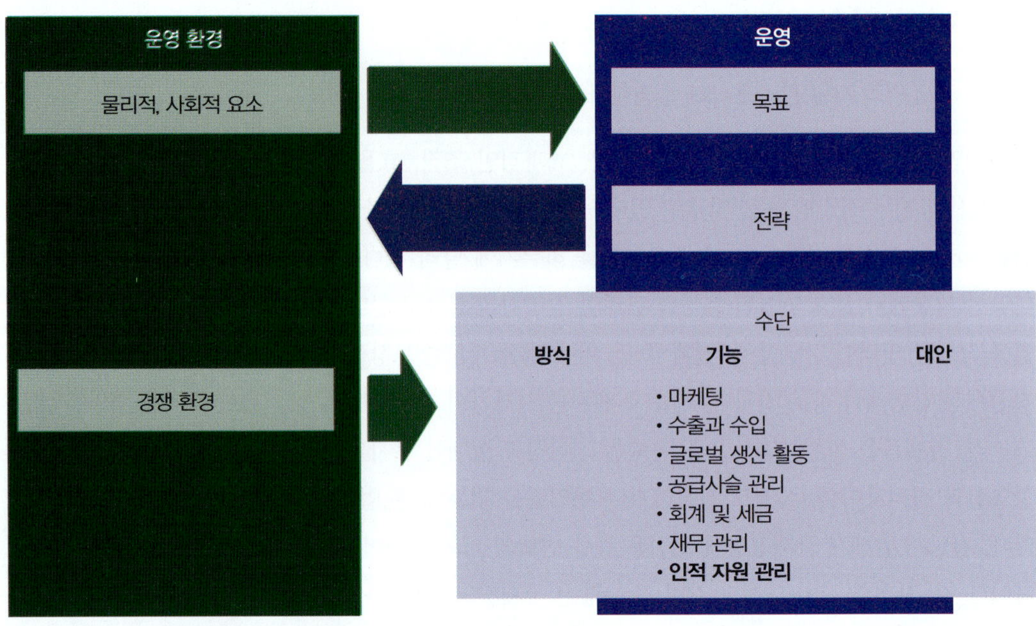

그림 20.2 국제경영에서 인적 자원 관리에 영향을 미치는 요인
성공적인 다국적 기업은 재무, 마케팅, 공급사슬 관리와 마찬가지로 인적 자원 관리 활동에 자사가 선택한 전략에 가장 적합한 인적 자원 관리 체계를 구축하고 지속시킨다. 인적 자원 관리 활동의 핵심은 적절한 시간에, 적절한 장소에, 적절한 보상으로, 적절한 업무를 담당할 수 있는 적절한 사람을 확보하는 것이다.

조율할지 지속적으로 고민하고 평가한다.

국제 인적 자원 관리가 이러한 어려움을 다루어야 하는 이유를 묻는 사람들이 있다. 짧게 답하자면 세계화의 거대한 추세가 요구하기 때문이다. 길게 대답하자면 세계화의 기회와 도전을 감안할 때 성공적인 인적 자원 관리는 가치를 창출하고 경쟁력을 강화한다는 것이다. 두 답변 모두 국제 인적 자원 관리의 권한을 강조한다. 다국적 기업이 전략을 달성하도록 이끄는 관리자 그룹을 개발하고 유지하기 위한 시스템을 생각해야 한다.

개념 체크

본문의 반복적인 주제는 전략적 관점을 채택하는 것의 유용성을 보여준다. 주제가 정치적, 법적, 경제적, 문화적 차원을 포함하더라도 우수한 성과의 근원에 대한 연구에 따르면 다국적 기업은 다양한 차원의 주제를 기업의 전략으로 이해하는 작업이 필요하다.

다국적 기업의 전략을 지원하는 인적 자원 관리 정책은 높은 생산성과 경쟁우위를 창출한다.

국제 인적 자원 관리의 전략적 역할

여러 사례와 연구는 인적 자원 관리와 경영진 전문성, 전략적 성과에 긍정적인 관계가 있음을 확인해준다. GE의 전 최고경영자는 글로벌 성공을 다음과 같이 보았다. "건물이 어디에 위치해 있느냐에 관한 것이 아니라 사람에 관한 것이며, 리더십을 발휘하여 사람들을 이끌어갈 수 있는 인력을 양성하는 것이 기업의 세계화를 달성하는 가장 효과적인 방법이다."[27] 아시아, 유럽, 미국의 다국적 기업에 대한 연구는 우수한 인적 자원 관행을 갖춘 다국적 기업이 높은 생산성, 가치 창출, 경쟁우위를 유지한다는 것을 확인해준다. 평균적으로 그들은 평범한 국제 인적 자원 관리 관행보다 더 큰 가치를 지속적으로 창출한다. 이를 벗어나면 드라마틱한 수익이 발생한다. 연구에 따르면 의사결정의 질을 개선하면 2.5배 더 높은 성장률, 2배 더 높은 수익, 30% 더 높은 투자 자본 수익을 발생시킨다.[28]

인적 자원 관리와 기업 성과 간 연결에 대한 이해도를 높이면 우수한 성과가 다국적 기업에게 우수한 국제 인적 자원 관리 제도를 발전시킬 수 있는 자원을 창출하게 한다는 가설도 설득력을 얻는다. 즉 우선 성과(성공)가 뒷받침되면 우수한 국제 인적 자원 관리가 가능하게 된다는 논리이다. 하지만 분석 결과는 그 반대이다. 우수한 국제 인적 자원 관리는 기업 성과의 주요 결정 요인이다. 더 나아가 다국적 기업의 전략과 국제 인적 자원 관리 제도의 상호작용은 제도만 독립적으로 살펴봤을 경우보다 더 큰 성과를 설명해줄 수 있다. 이러한 관계도는 국제 인적 자원 관리가 단순히 인사 관리나 행정적인 사업장 프로세스에 머무는 것이 아니라 다국적 기업을 이끄는 지식, 기술, 능력을 활용할 줄 아는 우수한 경영자와 관리자를 찾아내서 보상하고 계속 회사에 머물게 하는 성과 창출자임을 보여준다.

그림 20.3은 이 문제를 더 넓은 관점에서 보여준다. 지난 50년 동안 해외 주재원 관리의 전망과 결과를 분석해보면 실용적인 해석에서 전략적인 이해로 발전했다. 초기에 국제 인적 자원 관리는 일반적으로 기업의 국내 사업의 일부분이었다. 해외 주재원은 관련 경험을 기반으로 선정되었다. 그러한 다음 기능적인 전문성이 높은 성과를 위한 필요 충분 조건으로 간주되었다. 언어, 문화와 관련된 준비성 또는 리더십 스타일 같은 관점과 방향의 문제는 대부분 개인에게 달려 있다. 아마도 해외 경력에 관심이 있는 경영진은 세계 사건을 모니터링하고 여행하며 다양한 민족, 문화, 국적을 가진 사람들과 어울리게 될 것이다. 이는 시간이 지남에 따라 결국 해외로 파견을 가면 이러한 종류의 관리자는 해외 경험이 덜한 관리자보다 더 나은 성과를 거둔다는 것을 나타낸다. 해외 주재원의 성과 차이는 다국적 기업이 기술 역량을 최적화하는 것 이상으로 준비와 지원 프로그램을 확장하게 만들었다.

국제경영 업무를 확장하면서 기업은 좀 더 분주하게 움직였다. 국제 인적 자원 관리는 기업의 전략

1970년 이전
- 비공식 절차가 해외 주재원 선택에 적용되었다.
- 대표적인 후보자로는 공무원, 외교관, 전문가, 세계 여행자가 있다.
- 느리고 비용이 많이 드는 통신 및 운송 거리가 해외 주재원을 본사로부터 격리시켰다.
- 대부분의 해외 주재원은 남성이었다.

1970년대
- 지역 경제를 활용하기 위해 기술 및 운영 전문지식을 갖춘 관리자를 파견하는 것에만 집중한다.
- 입증된 실적과 운영 경험을 감안했을 때 본국 인력이 우세하다.
- 적응 문제로 인해 파견된 해외 주재원의 3분의 1에서 절반이 조기 귀국했다.

1980년대
- 기술력은 여전히 선택에 큰 역할을 하지만 지역 경제를 최적화하는 경쟁력 있는 자회사를 구축할 인력을 찾는 것으로 확장되었다.
- 실패율을 줄이기 위한 노력이 사업장 환경을 변화시키는 데까지 이르렀다.
- 여성이 점진적으로 후보자 풀에 포함되었다.

1990년대
- 세계화의 가속화는 운영을 개선했고 국가 간 공급사슬 연결을 최적화하기 위한 해외 주재원의 중요성을 높였다.
- 선택 효과성의 향상이 체계적인 프레임워크 개발을 촉진했다.
- 평가는 기술적 능력뿐만 아니라 개인 및 상황적 요소를 고려하도록 확장되었다.

2000년대
- 해외 주재원 선택 프레임워크는 빠르게 성장하는 시장 상황에 도전했다.
- 정보 및 운송 시스템을 개선함으로써 해외 파견의 대안적 형태를 지원했다.
- 평가는 개인 특성과 가족 상황을 강조함으로써 해외 주재원의 실패율을 줄이고 효율성을 높였다.

2010년대
- 모든 곳에서 우수한 직원의 공급이 증가함에 따라 더 많은 국가로 사업이 확장되어 더 많은 지역에 더 많은 주재원의 자리가 생겼다.
- 파견 기간이 점차 줄어들었다.
- 여성이 파견 자리에서 차지하는 비율이 증가했다.
- 해외 파견 실패율이 약 5%로 떨어졌다.

2020년 이후
- 모든 곳에서 우수한 경영진의 공급이 증가하면서 잠재적인 후보자 풀)이 확장된다.
- 파견 업무에 대한 전략적 중요성이 점차 증가한다.
- 이민자와 자발적으로 동기부여된 해외 주재원의 비율이 증가한다.
- 정교한 소프트웨어 휴리스틱 및 프로그램을 통해 인적 자원 관리는 알고리즘 프로그램을 적용할 수 있다. 인공 지능의 발전은 응용을 향상한다.

그림 20.3 해외 주재원 선택 전망과 결과에 대한 시기별 변화 과정

주재원 선발의 진화 과정을 살펴보면서 주요 성과 특성 및 국제 인적 자원 관리에 대한 고려사항을 강조한다.

을 지원하기 위해 운영, 사업, 시장 측면을 적용하여 해외 업무를 수행한 사람에 대한 평가, 선택, 구성을 꾸준히 개선했다. 해외 파견 업무에 대한 이해도가 높아지고 다양한 후보자 선발이 확대되었으며 프로그램과 정책을 통합하는 전문성 수준이 꾸준히 높아졌다. 결과적으로 국제 인적 자원 관리는 계속해서 진화하고 발전을 거듭하여 오늘날 약 5%의 해외 주재원들이 그들의 임기를 못 마치고 있다. 1980년대에 해외 주재원의 실패는 큰 문제였다. 그리고 거의 3분의 1이 업무 수행상의 어려움으로 인해 일찍 귀국했다. 실패율은 생활이 쉽지 않은 국가에 파견된 사람들의 경우 2배나 높았다.[29]

사례: GE의 성장 GE의 성장 과정 중 국제 인적 자원 관리의 역할은 다국적 기업의 전략과 국제 인적 자원 관리의 관계를 더욱 정교하게 이해할 수 있는 좋은 사례이다. 기존에 GE는 제품을 해외에 판매하는 방식(국제화 전략 및 핵심 역량 활용)으로 글로벌 시장을 공략했다. 그러한 다음 GE는 보다 광범위한 국가(즉 글로벌 전략 및 효율성 극대화 추구)에서 고품질이면서 저렴한 가격의 자원을 확보하기 위해 공급사슬을 세계화하기 시작했다. 성공을 바탕으로 GE는 사업 전반에 걸쳐 아이디어를 찾고 배우며 이전함으로써 지식을 세계화했다(즉 초국가적 전략과 지식 이전, 현지 대응 및 글로벌 통합을 동시에 최적화하기 위해 탐구했다).

다국적 기업은 다음과 같은 다양한 이유로 해외 주재원을 활용한다.

- 현지 시장에서 기술 격차 해소
- 역량 이전
- 의사 결정 관점 통합
- 전략적 활동 조정
- 리더 개발

각 전략은 자원, 능력, 역량을 구성하는 데 독특한 요구사항을 부과했다. 이에 따라 각 전략은 국제 인적 자원 관리가 필수 지식, 기술, 능력을 갖춘 경영진을 찾아 준비시키고 배치하며 보상하고 조직에 머물도록 요구했다. 그렇게 하지 못했을 경우 아무리 뛰어난 전략일지라도 GE의 성과를 약화할 것이다. '적합한 역량'을 가진 경영진을 배치하면 우수한 성과를 낼 수 있다.

GE는 각 단계에서 국제 인적 자원 관리 정책과 시스템을 개선하여 필요한 인적 자원을 개발하는 데 집중했다. 국제화 전략에서 필요한 인력은 해외 시장을 개척할 수 있는 전문성을 가진 인력이었다. 현지 사업부는 자원을 획득하고 역량을 구축하며 능력을 개발할 지식과 기술이 부족했다. 따라서 GE는 공백을 메우기 위해 본사에서 해외 주재원을 보냈다. 글로벌 전략에서는 지역 경제 상황을 잘 파악하고 글로벌 공급사슬을 관리할 수 있는 능력을 지닌 인력이 필요했다. 현지 사업 간의 연결을 증가시키기 위해서는 글로벌 관계망을 확장해야 했다. 많은 자회사에서 경영진 인력의 부족을 겪었기 때문에 GE는 경험이 많은 해외 주재원이 공백을 메우도록 했다. 마지막으로 초국가적 전략을 수행할 때는 본인의 역할과 시장 상황에 관계없이 지식을 창출하고 이전하며 수용하는 능력을 가진 해외 주재원이 필요했다. 이 목표를 달성하고자 필요한 글로벌 전망과 리더십 기술을 개발하기 위해 여러 국가의 다양한 사업에 다양한 인력을 배치했다. 따라서 GE는 국적에 관계없이 최고관리자를 해외 주재원으로 배치했다.

국제 인적 자원 관리의 사명

다국적 기업의 전략적 진화는 국제경영이 어떻게 관련되는지를 구체화한다. 예를 들어 GE는 각 단계에서 국제 인적 자원 관리를 통해 정책과 시스템을 전략이 요구하는 해당 조건에 맞게 조정했다. 전 CEO는 "내가 처음 GE에 입사했을 때 세계화는 미국인들이 글로벌 사고방식을 훈련하는 것을 의미했다. 따라서 미국인들은 파견 업무를 할당받았다. 여전히 전 세계에 많은 미국인이 살고 있고, 이는 물론 좋은 일이지만 1990년대 후반에 우리는 미국인이 아닌 사람들을 위한 해외 파견으로 초점을 옮겼다. 이제 미국인이 아닌 사람들이 모든 수준에서, 모든 국가에서, 새로운 업무를, 큰 업무를, 중요한 업무를 하는 것을 볼 수 있다"고 설명했다.[30] 오늘날 GE는 자원을 얻고 역량을 구축하며 능력을 발전시키는 전문적인 국제 관리자를 보유하고 있다.

이 장에서 소개된 다양한 다국적 기업의 성공과 마찬가지로 GE의 성공은 국제 인적 자원 관리의 사명을 강조한다. 즉 다국적 기업의 전략을 지원하고 유지하는 데 필요한 지식, 기술, 능력을 갖춘 경영진을 찾아 준비시키고 지원과 보상을 하며 조직에 머물게 하는 것이다. 만약 제대로 잘 진행된다면 국제 인적 자원 관리는 더 높은 생산성, 더 큰 경쟁력, 수익성 향상을 지원한다. 제대로 진행되지 않을 경우에는 인력 문제가 기업의 성과를 저해하고 경력을 손상시킨다.

해외 주재원에 대한 관점

20-2 해외 주재원에 대한 관점을 명확히 한다.

국제 인적 자원 관리는 직무 내용, 채용, 인사 계획, 임금 및 급여, 수당 및 인센티브, 노사관계, 성과 평가 등의 문제를 중심으로 다양한 관점에서 평가할 수 있다. 이 장에서는 해외 주재원 관리의 맥락에서 경영진의 관점을 적용한다. 이렇게 하는 이유는 다국적 기업에서 해외 사업체를 운영하는 관리자들이 운영의 최전선에 있기 때문이다. 사실상 성공적이거나 어려움을 겪는 전략의 핵심에는 경영진이 있다. 경영진은 신사업 시작, 현지 전문성 개발, 자원 격차 좁히기, 역량 이전, 기술 플랫폼 구축, 조직 문화 확산, 실패 사업 재활성화 등을 담당한다. 또한 경영진의 관점은 국제적으로 일하는 것에 대해 알려준다. 학생들은 종종 교수에게 글로벌 경영 경력에 대해 왜, 어떻게, 언제, 어디서, 무엇을 했는지를 질문한다. 이 장은 이러한 질문에 대해 설명한다.

해외 주재원에 대한 관점은 국제경영을 운영하는 관리적 활동에 중점을 둔다.

현지 직원과 주재원

이 장에서는 경영진의 유형을 두 가지, 즉 현지 직원과 주재원으로 나눠서 살펴본다. **현지 직원**(local)은 모국의 다국적 기업이 현지 운영을 위해 고용한 인력이다. 즉 현지 직원은 현지 운영을 돕기 위해 현지 노동 시장에서 고용된 직원이다. 해당 직책이 자신의 나라에 있다는 점을 감안해서 근로 계약에는 특별한 규정이 적용되지 않는다. 예를 들어 독일 다국적 기업의 베를린 사무소에서 근무하는 독일 국민이 이 프로필에 적합하다. 반면에 **주재원**(expatriate, 짧게 'expat'이라고도 한다)은 법적 거주지가 아닌 국가에서 일하기 위해 파견된 인력이다. 다른 나라로 이주가 필요하다는 점을 감안할 때 근로 계약서에 해외 근무수당, 특별 수고수당, 세금 격차 고려 등과 같은 특례 조항을 적용한다. 게다가 다른 해외 시장의 다양한 작업 환경은 심리적 특성, 가족 상황, 인지적 전망과 같은 특별한 고려사항을 야기하여 국제 인적 자원 관리에 상당한 우려를 준다.

주재원은 다시 2개의 유형으로 구분된다. **본사국 국적 직원**(home-country national)은 **모국 국적 직원**(parent-country national)이라고도 하며, 본사가 위치한 국가의 국적을 가진 직원이 현지에 파견되는 경우를 말한다(즉 브라질 다국적 기업의 아르헨티나 자회사로 파견된 브라질 직원을 말한다). **제3국 국적 직원**(third-country national)은 본국이나 현지 국가의 국민이 아니다(즉 싱가포르 기업의 독일 자회사에서 근무하는 인도네시아 직원을 의미한다). 만약 인도네시아 직원이 다국적 기업의 싱가포르 본사로 이전되면, 그들은 **본사 파견 현지 직원**(inpatriate)이다. **글로벌 파견 직원**(transpatriate)은 계속되는 일련의 국제 업무를 수행하고 본사로 돌아가지 않으며 종종 회사나 국가의 '본국(home)'과 동일시하지 않는다. 마지막으로 **복귀한 주재원**(repatriate)은 해외 파견 업무에서

경영진의 상대적인 국적 측면에서 해외 업무를 분류하는 데는 다음과 같은 다양한 용어가 사용된다.

- 주재원
- 본사국 국적 직원
- 본사 파견 현지 직원
- 모국 국적 직원
- 제3국 국적 직원
- 글로벌 파견 직원
- 복귀한 주재원

본국 시장으로 돌아온 해외 주재원을 의미한다.

주재원 파견의 트렌드

주재원에 대한 수요가 전 세계적으로 증가하고 있다. 1990년에는 세계적으로 약 3,000개의 다국적 기업이 있었다. 2010년에는 80만 개의 계열사와 8만 개의 다국적 기업이 있었다. 지금은 오피스, 공장, 센터, 연구소 등의 형태로 100만 개 이상의 계열사를 운영하는 10만 개 이상의 다국적 기업이 있다. 마찬가지로 신흥 세계에 본사를 둔 다국적 기업이 2만 5,000개 이상 있다. 이들 기업 중 10년이 채 안 된 기업이 대다수이며 현재 숙련된 경영자가 필요하다.[31] 전 세계적으로 빠르게 성장하는 경제의 출현은 미국 및 독일과 같은 기존 시장과 중국 및 인도와 같은 신흥 시장 모두 새롭고 다양한 위치에 다국적 기업이 자회사를 설립하게 했다. 모든 유형의 다국적 기업은 자회사 인력에 어려움을 겪고 있다. 어디에서 무엇을 하든 다국적 기업의 각 사업부는 경영진의 인재를 필요로 한다.

통근 형태의 파견 및 자유로운 형태의 주재원과 같은 단기 파견 업무는 10년 전보다 오늘날 더 일반적이다. 아주 짧은 기간만 파견되는 주재원도 꾸준히 증가하고 있다.

유능한 경영진의 부족은 국제 업무의 특성을 바꾼다. 기존에는 3~5년 동안 업무를 위해 현지 국가에 파견되고 이후 본국으로 귀환하는 것이었다. '몇 년'이라는 개념은 점점 몇 달, 몇 주, 심지어는 며칠로 바뀌고 있다. **통근 형태의 파견**(commuter assignment)은 주재원을 1~3년 정도 짧은 기간 파견하고 규칙적인 간격으로 가족을 방문하게 하는 것이다. 극단적인 경우에는 주 단위로 왕복하는 경우도 있다. 이를 테면 비엔나와 런던을 왕복하는 것을 말한다. 사실상 한 세대 이전에는 존재하지 않았던 통근 형태의 파견은 특히 비용을 절감하기 위한 수단으로 인기 있는 옵션이다. 또한 '초단기적 주재원(gig expats)'의 부상도 눈여겨볼 만하다. 고도로 숙련된 이동 전문가이며 국제경영 무대에서 일하는 미래의 성장하는 특징으로서 다양한 고용주를 위해 프로젝트에서 프로젝트로 이동한다. 국제 업무를 수행하는 새로운 방식은 전 세계의 해외 주재원을 움직이게 하고 여기저기를 여행하면서 이동하게 한다.

▲ 이동 중인 해외 주재원은 전 세계 여행자들처럼 출국과 귀국을 반복한다.

단기 파견(short-term assignment)은 장기 파견보다 훨씬 경제적일 뿐만 아니라 지식과 자원을 현지 법인에 신속하게 전달한다. 게다가 동료들과 대면함으로써 소셜 네트워크를 구축할 수 있다. 점점 더 많은 기업이 고정된 단기 파견 업무와 다른 열린 형태(open-ended) 해외 파견을 활용한다. 이렇게 함으로써 주재원은 해외 파견 기간이 끝나가면서 겪는 레임덕(lame duck) 현상을 넘길 수 있고 현지 업무에 좀 더 몰입할 수 있다. 마찬가지로 일부 회사에서는 **자유로운 형태의 주재원**(flexpatriate)을 사용한다. 이는 일련의 해외 파견 업무를 수행하면서 좀 더 긴 시간에 걸쳐 본사를 왕복하는 직원을 말한다. 이러한 모든 경우에서 국제 인적 자원 관리는 좀 더 효과적으로 광범위한 단면의 지원자들을 채용할 수 있는데, 이들은 가족 문제나 경력 계획이 부과하는 제한이 상대적으로 적다.

변화하는 시장, 증가하는 비용에 대한 인식, 진화하는 전략은 해외 주재원에 대한 개념을 재설정한다. 이제 우리는 해외 파견 주재원 지형도에 대한 관심이 증가하는 것을 본다.

해외 파견 주재원 지형도 기간뿐만 아니라 누가 해외로 파견되는지에 대해서도 진화한다. 전통적으로 해외 주재원은 리더십 기술을 미세 조정하고 더 크고 나은 것을 준비하기 위해 해외로 파견되는 중간 및 상위 수준의 경영자였다. 사실상 국제 업무는 다국적 기업의 최고이자 가장 뛰어난 경력을 쌓기 위한 디딤돌이었다. 이러한 사고방식은 여전히 많은 다국적 기업에 널리 퍼져 있다. 예를 들어 제록스(Xerox)와 베르텔스만(Bertelsmann)은 2~4년의 업무를 통해 회사내 떠오르는 인재들을 순환시킨다. 이 테스트를 성공적으로 통과하면 고위직의 경쟁자가 된다. 점차 국제 인적 자원 관리에서 시니어 직원까지 주재원 후보군으로 고려하게 되었는데, 대개 이들은 자녀들이 이미 성장했고 배우자가 해외 근무를 더 긍정적으로 보는 경우가 많다. 또한 독신이고 유동적인 삶을 살고 있으며 해외 생활을 원하는 젊은 직원도 해외 주재원 후보로서 주요 타깃 대상이다. 보고서에 따르면 주재원의 11%는 20~29세, 31%는 30~39세, 30%는 40~49세, 17%는 50세 이상이었다.[32] 게다가 실버 혁명(silver revolution)이라고 불리는 맥락에서 북미와 유럽, 아시아와 중남미의 시니어 직원들은 고령 파견자의 비율을 점점 더 확대하고 있다.[33]

다국적 기업은 젊은 관리자를 국제 업무에 배치할 경우 장기적인 잠재력에 대한 성과 실적으로 타협한다.[34] 진취적인 정신과 해외에서 일할 동기를 가지고 이주하는 개인이 증가한다. 이들은 일반적으로 **자발적 주재원**(self-initiated expatriate, SIE)이라 한다. 100개 이상의 국가에 있는 2만 2,318명의 해외 주재원을 대상으로 한 설문 조사에서 고용주가 해외에서 일하도록 요청한 사람은 12%에 불과하다는 것을 발견했다. 35%는 직업 전망을 향상하기 위해 해외로 이주했고, 28%는 새로운 도전을 추구하기 위해 해외로 이주했다. 이러한 전망은 밀레니얼 세대에게 특히 강하게 나타났다. 98%는 경력 개발/기회, 61%는 해외 업무를 하려는 가장 큰 동기로 새로운 국가/문화의 경험을 꼽았다. 일반적으로 인터넷과 소셜 미디어는 자발적 주재원을 장려하여 정보를 확장하고 국제적 경력을 장려한다.[35]

대학 프로그램은 이러한 경향에 대응하고 가속화한다. 전 세계의 학교는 커리큘럼을 국제화하고 해외 유학에 대한 옵션을 확장하며 해외 기관과의 공동 학위를 제공하고 국제 학생을 모집한다. 마찬가지로 일부 학생은 대학에 진학하기 위해 해외로 뛰어든다. 예를 들어 미국 대학에 다니는 외국인 학생의 수는 2001년 11만 명에서 2012년 52만 4,000명, 2019년 109만 5,822명으로 증가했다.[36] 반대 상황도 분명하다. 미국인은 해외 프로그램에 등록하고 해외 유학을 국제 경력의 관문으로 본다. 바르셀로나의 ESADE에 참석한 사람은 "오늘날의 세계를 보면 비즈니스 상황에서 다리가 건설되고 국경이 허물어지는 것을 볼 수 있다. 지식과 네트워크 모두를 확장하기 위해 글로벌 비즈니스에 집중하길 원했다"고 설명했다.[37] 자발적 주재원은 문화적, 개인적 경력 및 경험을 추구하기 위해 해외로 향하면서 해석을 다듬는다.

여성 해외 주재원의 증가 해외 주재원 선발에서 여성의 범위는 진화해왔다. 1980년대 20명 중 1명이었던 여성 주재원의 비율이 오늘날 3명 중 1명으로 증가했다.[38] 2001년 이래로 아시아·태평양 지역의 다국적 기업은 여성 해외 주재원의 비율이 16배나 증가했고, 북미의 다국적 기업에서는 4배, 유럽의 다국적 기업에서는 2배 증가했다. 한 국제 인적 자원 관리 전문가에 따르면 "해외 주재원 근무는 경력 사다리에서 중요한 기회라서 여성들은 점점 더 파견 근무에 흥미를 가진다"고 설명했다.[39] 연구에 따르면 여성 해외 주재원은 관계 형성 및 소통, 적응력 등에서 우수할 뿐만 아니라 해외 파견 업무에서 남성만큼 효과적이었다.[40]

개념 체크

12장에서는 탁월한 경쟁우위 추구로 인해 다국적 기업이 더 세련된 전략을 실시할 수 있는 글로벌 통합 시스템을 구축하고 있는 것을 살펴봤다. 결과적으로 그들은 오랜 기간 파견되는 전통적 관념의 해외 주재원을 최근 상황에 맞게 변화시키면서 다양하고 새로운 형태를 실험하고 있다.

제3국 국적의 해외 주재원 증가 다국적 기업은 점차 유사하지 않은 지역으로 해외법인을 확대하는데, 가령 미국에서 시작해서 캐나다, 영국, 인도, 싱가포르, 중국, 베트남으로 확대하듯이 본국과 유사성이 별로 없는 낯선 지역으로 진출해왔다. 이러한 상황에서 좀 더 큰 시야를 가지고 다양한 환경에 민첩하게 적응할 수 있는 제3국 국적의 해외 주재원이 증가세를 보이고 있다. 특히 신흥 시장에서 장기간 경험이 많은 유능한 제3국 국적 해외 주재원의 증가세가 두드러진다. 가령 중국은 현재 세계에서 가장 큰 교육 시스템을 가지고 있으며 중국의 고등 교육 기관에서는 매년 800만 명 이상의 졸업생이 배출되는데, 이는 인도와 미국의 졸업생을 합친 것보다 많은 숫자이며 2030년까지 300% 증가할 것으로 예상된다.[41]

서구의 다국적 기업은 신흥 시장에서 사업 확장 속도에 맞출 수 있는 인력 확보에 어려움을 겪는다. 한 다국적 기업의 보고서에 따르면 그들의 상위 200명의 직원 중 2%만 아시아의 신흥 시장에서 근무 중인데, 향후 수년 내에 아시아 신흥 시장은 회사 전체 매출의 3분의 1 이상을 차지할 예정이다.[42] 이러한 상황에서 자주 사용되는 전략은 제3국 국적의 지리적 유연성과 문화적 적응력을 고려한 단기 파견이다. 가령 두바이에 거주하는 직원이 월요일부터 금요일까지 뭄바이에서 일하고 주말에 3시간 비행하여 집으로 귀가하는 것이다. 이러한 상황에서 이 기업의 도하 지사에서 요청이 들어오면 두바이와 도하를 오가는 단기 파견을 고려할 수 있다.

이러한 '항공 모빌리티(Fly in-Fly out)'는 실시간으로 변화에 적응하는 주재원을 통해 다국적 기업이 신속하게 전략을 수행할 수 있게 한다. 실제 현장에서 이러한 제3국 국적 단기 파견이 증가하고 있음이 보고되고 있다. 한 세대 이전만 해도 대부분의 주재원은 다국적 기업 본사의 경영자 풀(pool)에서 선발되었다. 대략 60%의 주재원은 본사로부터 혹은 본사로 파견되었고, 다른 경우에는 해외 지사에서 선발되었다.[43] 현재 국제 인적 자원 관리는 새로운 지역에서 주재원을 선발하고 있으며 예전에는 고려하지 않았던 지역에서 기동성 있는 인재(mobile talent)를 주재원으로 선발하고 있다.

역주재원은 신흥 시장에서 업무를 시작하기 전에 미리 정해진 시간 동안 본사 소재국에서 시간을 보낸다.

역주재 신흥 시장의 중요성은 주재원에 대한 기존 관념을 수정하고 있다. 역사적으로 다국적 기업은 독일, 미국과 같은 선진 시장에서 채용해서 중국이나 인도와 같은 신흥 시장에 해외 파견을 보냈다. 오늘날에는 신흥 시장에서 인재를 선발해서 선진 시장에 파견하여 그들의 역량을 신장시키는데, 이를 **역주재**(reverse-expat)라고 한다. 그들은 2주부터 1년에 이르기까지 일정 기간 본사에 근무한 뒤 본국으로 돌아간다.

독일의 대형 미디어그룹인 베르텔스만은 지역 관리자들을 본사에 불러서 중요한 리더십 역할을 맡기는데, 이들이 상위 직급에 필요한 이러한 역할을 잘 수행하면 예리한 전략적 이해도와 함께 고성과자 네트워크도 얻게 된다. 어떤 다국적 기업은 이러한 제도를 조금 변형해서 사용한다. 즉 서구의 MBA 프로그램을 마친 외국인 고성과자를 채용해서 뉴욕, 런던 등에서 훈련시킨 뒤 싱가포르, 상파울루, 홍콩과 같은 신흥 시장의 지역 중심지에 배치한다.

해외 주재원의 경제학

해외 파견은 타국으로 이동하는 것에 대한 보상을 해야 하기 때문에 비용이 많이 소요된다. 급여, 이동, 세금, 주거, 생활비, 교육비 등 해외 파견 비용은 해외 주재원이 받는 연간 급여의 2~3배가량이다. 더구나 해외 주재원 선발, 출발 전 교육, 이동, 가족 이동, 귀임 등 간접 비용이 많이 든다. 예를 들면 주재원 자리는 국내 인력 자리보다 더 많은 서류 작업이 필요하다. 주재원 파견의 복잡한 상황을 조정하고 운영하는 제도와 정책은 기타 업무보다 2배의 인적 관리 업무를 필요로 한다.

전 세계 국제 인적 자원 관리 이사 중 70%가 주재원의 비용을 줄이기 위해 노력한다고 보고했다.[44] 국제 인적 자원 관리는 점점 더 단기 파견과 통근 파견을 강조하면서 전통적인 다년간 파견의 대안에 초점을 맞추고 있다. 경영진은 해외 시장으로 이동하는 대신 본국에서 멀리 떨어진 곳으로 옮겨간다. 현재 단기 파견(3~12개월)은 해외 파견의 절반 이상을 차지한다.[45] 마찬가지로 비용 문제로 인해 모국 경영진 대신 제3국 국적 경영자를 배치한다. 모국 국적 경영자는 종종 더 많은 보상 패키지, 이주 비용, 더 큰 행정적 지원이 필요하다. 비용 압박은 **현지화**(localization)를 추진하게 한다. 현지화는 현지 고용 기준의 수용, 특히 현지 임금 수준의 수용을 통해 경영자의 해외 파견이 이루어지는 것을 말한다. 일부 다국적 기업은 개인 및 경력 개발의 기회를 희생하지 않으면서 더 적은 금전적 혜택을 제공하는 '경량급 주재원(expat-lite)' 제도를 운영한다.

비용에 대한 우려가 높아지면서 다국적 기업은 장기간의 해외 파견 업무 대신 통근을 더 강조하게 되었다.

국제 인적 자원 관리는 자동화와 인공 지능 시스템을 사용하여 해외 주재원 관리의 경제를 더 향상시킨다. 끊임없이 확장하는 데이터 흐름을 기반으로 한 소프트웨어 플랫폼과 예측 분석은 일반적인 행정 업무를 수행하고 전략적 측면을 구성한다. 예를 들어 IBM은 인공 지능 시스템으로 인사 부서 직원의 30%를 교체했고 어떤 직원이 퇴사하려고 하는지 95%의 정확도로 예측하며 인사 팀에게 기술 훈련, 교육, 승진, 임금 인상에 앞서 개입하도록 조언할 수 있다고 설명한다.[46] 작업 환경 분석 및 프로세스 제어를 확장하는 기술을 향상시킴으로써 파견 프로그램 관리의 효율성을 개선할 수 있다. 특히 파견 비용을 추적하는 가장 일반적인 문제는 다중 시스템, 불충분한 기술, 부정확한 데이터라는 점을 감안할 때 더욱 그렇다. 예상대로 국제 인적 자원 관리는 데이터, 분석, 시니어 관리자들의 벤치마크에 대한 수요가 증가하고 있다고 보고한다.[47]

파견 트렌드의 지속적인 변화

글로벌 시장의 변화하는 트렌드는 국제 사업 인력 충원에 대한 생각의 진화를 이끌어낸다. 여전히 원칙은 분명 존재한다. 전 세계적으로 수천, 수백 개의 자회사를 거느리고 운영하는 일은 능력 있는 현지, 본국 및 제3국 경영자를 아우르는 것을 필요로 한다. 수요 측면에서 다국적 기업은 해외 업무를 수행할 파견 인재의 지속적인 부족을 호소하고 있으며 결과적으로 모든 종류의 장소에서 온 모든 종류의 후보자를 포함하도록 풀을 확장한다.[48] 이 모든 과정에서 국제 인적 자원 관리는 적절한 인력에게 적절한 역할을 맡기고 적절한 지역에서 적절한 시기에 적절한 보상을 통해 일할 수 있도록 해야 한다. 성공은 전략과 지속가능성을 주도한다. 실패는 경력을 망치고 성과를 떨어뜨린다.

다국적 기업의 인력 운용을 위한 채용 프레임워크

20-3 다국적 기업이 사용하는 인력 운용을 위한 채용 프레임워크를 구분한다.

국제 인적 자원 관리는 파견 정책과 프로그램을 구성하기 위해 나름의 **인력 운용을 위한 채용 프레임워크**(staffing framework)를 활용한다. 이는 복잡한 문제를 해결하는 데 도움을 주는 인력 운용에 대한 기본적인 접근 방식이다. 이들 프레임워크의 역할은 현지 인력과 본사 파견 인력, 제3국 인력의 최적 조합 상태를 정의하는 것이다. 마찬가지로 단기 파견 대 장기 파견의 균형을 이해시킨다. 가장 중요한 것은 다국적 기업 전략의 수요에 따라 인력의 선발, 훈련, 기간, 보상, 재배치에 대한 지침을 구성한다는 것이다. 16장에서 높은 성과를 위해서는 적합한 조직을 필요로 하고, 이는 이 전

개념 체크

2장의 '기업과 경영 지향성'은 다국적 기업과 경영자가 외국 문화에 어떻게 접근하는지를 설명하기 위해 본국중심주의, 현지중심주의, 세계중심주의의 개념을 설명했다. 여기서는 이러한 '태도' 또는 '방향'이 다국적 기업의 인력 프레임워크에 영향을 미치는 방식을 강조하면서 이러한 용어를 다시 소개한다.

략을 운영할 적합한 경영진을 필요로 한다고 설명했다. 넓은 의미에서 국제 인적 자원 관리는 본국중심주의, 현지중심주의, 세계중심주의의 세 가지 인력 프레임워크를 적용할 수 있다.

본국중심주의 프레임워크

본국중심주의는 자사가 선호하는 정책과 절차를 누구든, 어디에서든 관리할 수 있는 최상의 방법이다.

본국중심주의는 특정 집단이 스스로를 사회적 계층의 상위에 위치한다고 본다. 그러므로 **본국중심주의 프레임워크**(ethnocentric framework)는 본사가 제시하는 경영 원리와 사업 방침이 어디에서든 우위에 있다고 보는 신념을 의미한다. 본국중심주의 프레임워크에 따르면 한 기업의 경영 방식이 성공적인 것으로 인식되면 이를 받아들이고 해외 시장에서도 별다른 고민 없이 해당 인력과 과정을 적용하는 행동을 보이게 된다. 결국 다국적 기업은 해외 사업부의 경영진 자리를 본국 인력으로 채운다(예: 일본 다국적 기업은 해외 자리를 일본 경영진으로 채운다).

장점 본국 회사 경영진은 일반적으로 현지에 유능한 경영진이 부족하지 않다고 설명한다. 오히려 부족한 것은 운영 전문지식, 산업 경력, 유창함이 적절하게 혼합된 사람들이다. 본사 출신 인력을 해외에 배치하면 전략적 이점, 이전의 수월함, 조직 사회화 관점의 장점이 존재한다.

전략적 장점 기업은 독특한 방법으로 자원과 능력을 번들링해서 독점적 역량을 창출함으로써 자국 시장에서 성공한다. 성공은 종종 기업에게 비즈니스 수행 방식을 가치 창출의 우수한 수단으로 보게 한다. 마찬가지로 해외 파견의 성공은 다른 곳에서 같은 일을 같은 방식으로 하는 것에 달려 있다고 본다. 본사는 국내에서 성공적으로 수행한 경영진이 해외에서도 동일할 것이라는 결론을 내린다. 따라서 그들은 본국중심주의 프레임워크를 채택하고, 파견 자리를 채우기 위해 본국 인력을 사용한다. 마찬가지로 소유권적 장점(ownership advantage)을 보호해야 하는 중요성이 커짐에 따라 다국적 기업은 역량을 보호해야 한다. 이러한 강점이 있으면 기업은 성공한다. 강점이 없으면 어려울 것이다. 많은 다국적 기업은 기업의 '왕관의 보석(crown jewel)'에 대한 통제를 가장 잘 보호할 수 있는 사람에게 맡기는 것을 선호한다. 즉 모국에서 온 믿을 수 있는 동료들을 의미한다. 지적 재산에 대한 이전의 논의에서는 법적 보호가 절도를 억제하지만 예방하지는 못한다고 설명했다. 본국중심주의 프레임워크는 자산을 보호하기 위해 신뢰할 수 있는 본국 경영진을 배치하여 방어를 강화한다.

본국중심주의 관점은 주요 관리직을 본국 인력으로 충원한다.

이전의 이점 다국적 기업은 핵심 역량을 유형화하고 표준화하기 어려운 경우 핵심 역량 이전은 매우 중요하다. 예를 들어 애플(Apple)의 디자인 능력, 월마트(Walmart)의 정보 관리 및 제품 유통 시스템, 리츠칼튼(Ritz-Carlton)의 서비스 표준, 혼다(Honda)의 내연 기관 기술을 그 예로 볼 수 있다. 본국중심주의 프레임워크는 기술적 지식과 직접적인 경험을 가진 본국 관리자를 현지에 배치함으로써 이 문제를 해결한다.

사회화의 이점 본사에서 나온 주재원은 기술적 전문성과 통찰력을 전파하는 것 외에도 현지 직원에게 기업의 글로벌 전망을 사회화하는 데 도움을 제공한다. 거의 17만 명의 직원이 175개국에 진출하여 《포천(Fortune)》이 선정한 1,000대 기업 중 900개 이상의 기업에 서비스를 제공하는 인도의 위프로테크놀로지를 살펴보자. 1만 명 이상의 주재원을 고용하며 대부분이 인도인으로 '위프로 웨이'를 전파할 준비가 잘되어 있다고 보았다. "우리는 문화와 강함을 심어주고 정착하는 데 도움이 되기 위해 새로운 시장에 인도인을 파견한다"고 글로벌 프로그램의 최고경영자가 설명했다.[49] HSBC 그룹은 완벽한 예시이다. 여러 세대에 걸쳐 대부분의 최고경영진은 해외 사업부에서 순환하면서 '조직 DNA'를 널리 알린 긴밀하게 연결된 엘리트 주재원 출신이다.

한계 다국적 기업은 해외 경영 활동을 유지하는 데 본사국에 의존해야 하는 것에 대해 합리적인 답변을 제시해야 한다. 그러나 "악덕은 종종 극으로 치닫는 미덕이다"라는 속담이 있다. 본국중심주의 프레임워크도 동일하게 적용한다. 어려움은 여러 부분에서 발생한다.

일터에서의 긴장 본국중심주의에 입각한 인력 수급 정책은 종종 현지 직원의 일에 대한 의지와 열정을 꺾을 수 있다. 모국 직원을 해외 자회사에 파견하는 것은 똑똑하고 능력 있는 사람들이 회사 반경 40킬로미터 이내에 거주하고 있다는 메시지를 자회사 직원에게 전달하는 것이다. 해외 주재원이 특수한 지식을 전수하지 않는 한 현지 직원은 자신보다 어쩌면 더 자격이 없다고 생각하는 누군가를 원망할 수도 있다. 현지 직원이 자신의 경력을 제한하는 유리 천장을 느끼기 때문에 생긴 분노가 억제되지 않으면 생산성이 저하되고 이직률이 증가할 수 있다. 예를 들어 중국 경영진은 외국보다 국내 기업에서 수행하는 근무의 선호도가 증가했다. 데이터는 그들이 로컬 기업에서 더 높은 상향 이동성을 가진다고 이해하고 있다는 것을 지적한다.

법적·정치적 긴장 본국중심주의 인력만을 고수하는 정책은 법적으로 어렵고 정치적으로 비현실적이다. 국내 고용법은 현지 인력 대신 주재원을 고용하는 것을 때로는 호의적으로, 때로는 엄격하게 규제한다. 인력 개발에 노력하는 현지국 정부는 현지 사업부가 현지 인력을 고용하는 것을 선호한다. 독특한 요구사항이 현지 인력의 고용을 막는다는 다국적 기업의 하소연은 무시되기 일쑤이다. 필요시 정부는 해외 주재원을 제한하는 이민법 또는 현지 고용을 필수로 하는 직장 규정을 부과한다.

본국중심주의 프레임워크는 직장에서 발생하는 법적, 정치적 직장 문제에 취약하며 긴장관계를 잘못 이끌기도 한다.

혼동 및 부적합 긴장 표준화된 인력 수급 정책으로 현지 경영 활동을 감당하는 것은 마치 사각형 구멍에 둥근 못을 박는 것처럼 적절한 인력 배치의 실패로 현지 경영 활동을 부실하게 만들 가능성을 높일 수 있다. 해외 경영 활동은 다국적 기업에게 본사의 경영 활동을 객관적으로 살펴보게 만드는 '거울'과 같은 의미가 있다. 그러나 해외 경영 활동에 본사의 경영자를 파견한다고 해서 자동적으로 본사의 역량이 성공적으로 복제된 사업부가 만들어지는 것은 아니다. 결과적으로 본국중심주의 프레임워크는 시장을 잘못 이해하는 경영진을 배치할 수도 있다.

예를 들어 초기에 토요타는 중국에서 연간 100만 대의 자동차를 판매하고자 했다. 초기 노력은 실패했다. 토요타는 중국 시장을 잘못 이해했음을 시인했다. 특히 다키(daqi, 도로가 존재하는 것에 대한 중국 소비자의 인식)가 너무 적고 가격이 너무 높은 자동차를 제공하는 등 중국 시장을 잘못 이해했다. 진행 중인 중국 문제에 대한 토요타의 해결책은 전통적인 본국중심주의 인력 정책을 반영한 것으로 문제를 복잡하게 만들었다. 토요타의 고위 경영진은 다음과 같이 설명했다. "중국에서 사업을 강화하는 우리의 방법은 일본에서 더 많은 사람을 데려오는 것이었다. 우리는 이곳에서 사업을 현지화하고 중국인 관리자를 승진시키며 중국 소비자의 목소리에 더 귀 기울여야 한다. 하지만 우리는 그렇지 않았다."[50] 습득한 교훈을 통해 토요타는 요즘 차량 100만 대 이상이라는 목표를 넘어섰다.

현지중심주의 프레임워크

현지중심주의는 서로 다르지만 동등하게 중요한 정치적인 차이, 사회적인 차이, 경제적인 차이를 배경으로 집단이 구성되는 원리를 말한다. 따라서 **현지중심주의 프레임워크**(polycentric framework)는 현지 경영 방식의 효과성에 대해 본국의 경영 방식과 동일한 가치를 부여한다. 본국에서의 사업

현지중심주의 프레임워크는 현지 업무를 관리하기 위해 현지국 인력을 찾는다.

은 해외 시장에서의 사업과 다르고 국가 간 동등성의 이론을 감안하여 국제 인적 자원 관리는 현지 사업 환경에 정책과 프로그램을 적용한다. 따라서 현지 경영진은 현지 시장에서 고용된다(예: 본국 직원은 본국 회사의 경영을 담당하고 러시아인은 러시아 자회사를 운영하며 멕시코인은 멕시코 자회사를 운영한다). 드문 경우에 본국 경영진이 해외 자회사에 파견되는데, 이때 효율성은 현지 환경에 대한 몰입을 필요로 한다고 가정한다.

장점 해외법인을 현지국 출신 직원으로 운영하는 것은 전략적, 경제적, 정치적 장점이 있다.

전략적 장점 현지중심주의를 지지하는 사람들은 현지 고객, 시장, 기관에 대한 예리한 감각을 감안할 때 현지 관리자가 우수한 성과를 낸다고 생각한다. 예를 들어 글로벌 기업의 고위 경영진 300명을 인터뷰한 결과 60% 이상이 현지 직원이 현지의 운영 환경과 고객의 요구사항에 대해 자신들보다 더 잘 이해한다고 믿는 것으로 나타났다.[51] 마이크로소프트의 전임 최고운영책임자(COO)는 이에 대해 다음과 같이 언급했다. "우리는 현지의 상황과 가치 창출 구조를 알고 있는 사람을 원한다. 또한 현지에서 업무를 진행하는 방식과 현지인의 기술 사용하는 방식, 현지의 주요 경쟁자들을 알고 있는 사람을 원한다. … 만약 당신이 다른 지역, 다른 국가에 이제 막 입사한 인력을 파견한다면 그들은 아무것도 아는 것이 없을 것이다."[52] 마이크로소프트의 회장은 현지 경영 활동에 본사의 인력을 파견하는 것은 외국인을 점령군처럼 보이게 만들 수 있다고 주장했다.[53]

J&J는 이와 관련한 경험을 보여준다. 원칙적으로 현지인이 J&J의 현지 자회사를 운영한다. 각 자회사는 상당한 수준의 자율권과 현지 시장의 상황에 가장 적합한 행동을 자체적으로 취할 수 있는 권한을 가지고 운영되고 있다. 각 자회사는 작은 사업체로 운영된다. 또한 이들 자회사는 성과가 현지 고객의 기호를 예측할 수 있는 탁월한 감각에 달려 있다는 것을 인지하고 있으며 현지 경영 현안에 의미 있는 해결책을 제시했다. J&J의 최고경영자는 현지 경영 활동을 위한 인력을 현지인으로 충당하는 행동을 다양한 재능을 저장하는 하나의 거대한 공간의 구축으로 표현했다. 이는 현지 인력 고용 활동이 현지 직원에게 자신의 역량을 향상할 수 있는 공간을 제공함과 동시에 새로운 아이디어를 탐색할 수 있는 공간을 제공했고, 궁극적으로 현지 인력의 기술과 경력 개발에 기여했기 때문이다.[54] 마찬가지로 중국 시장 문제를 해결한 토요타는 국제 인적 자원 관리 정책을 재설정하여 전통적인 본국중심주의 접근을 강조하지 않고 현지중심주의를 강화했다. 토요타의 대변인은 다음과 같이 설명했다. "우리는 더 많은 현지 중국 직원을 경영진으로 승진시키고 있으며, 앞으로도 계속할 것이다."[55]

현지국 관리자를 고용하면 현지 인력의 의욕과 사기를 높일 수 있다. 그러나 자율성과 충실성의 문제로 인해 글로벌 수준의 운영 활동과 차이가 발생될 수 있으며, 이는 비용을 유발한다.

경제적 장점 현지중심주의 접근은 해외 주재원의 경제적인 부분에 시사하는 바가 크다. 현지 경영자를 고용함으로써 해외 주재원에 드는 비용을 줄일 수 있다. 총비용을 정확히 산출하는 것은 대체적으로 어렵지만 경영자를 파견하는 비용은 인센티브, 주거, 이전, 세금, 생활비 수당을 포함하여 일정한 범위 내에서 이루어지고 있다. 경영자를 파견하는 데 연간 소요되는 총비용은 대략 해당 인력이 본국에서 받는 연봉의 2~3배로 계산하는 것이 일반적인 견해이다.

정치적 장점 현지 정부는 현지중심주의적 접근을 선호하며, 현지 관리자는 해외 주재원에 비해 글로벌 목표보다 국가의 이익을 더 지지하는 경향이 있다고 본다. 민족주의자들은 종종 다국적 기업에 현지인을 고용하도록 요구하고 변호사나 회계사와 같은 특정 유형의 해외 주재원 파견을 금지하는 조건을 부과하며 비자 규제를 통해 이주 횟수를 제한한다. 예를 들면 미국이 H-1B 비자 프로그램을 사용하는 것과 같다. 지역 규제를 무력화하는 것 외에도 현지중심주의 프레임워크는 기회를 제공한다. 예를 들어 토요타는 중국 경영진이 강력한 중국 공산당과의 관계 구축의 복잡성을 더 잘 이해하고 있다고 믿는다.

한계 현지중심주의 접근 방식은 권한을 현지 자회사에 효율적으로 분산함으로써 여러 방면에서 조직의 긴장을 유발한다.

자율성과 충실성 의사 결정 역할에 현지 경영진을 배치하면 기술을 개발하고 번영하는 사업을 구축할 기회를 얻을 수 있다. 성공은 모회사로부터 자원에 대한 독립성을 높이고 현지 자회사를 준자율적인 자회사로 전환하는 데 도움이 된다. 그렇지 않으면 다국적 기업은 느슨하게 연결된 준자율적인 국가 운영 연합으로 발전하여 본사에 신경을 덜 쓰게 될 위험이 있다. 마찬가지로 충실성에 대한 딜레마는 현지국 관리자가 본국 동료 대신 현지 동료에게 충실성을 보일 때 나타난다. 이론적으로 현지 관리자는 현지 관점과 본국 관점에서 상황을 이해해야 하는, 상충되는 요구 사이에서 균형을 잡아야 한다. 그러나 실제로는 현지 압력의 즉각성을 고려할 때 국가적인 우려가 우선되는 경우가 많다. 현지 관리자는 각자의 계획에 맡겨 글로벌 운영의 통합을 복잡하게 만드는 방식으로 현지 상황에 대응할 수 있다.

의욕 및 이동 긴장 현지중심주의 프레임워크에는 해외 주재원의 자리가 거의 없다. 다시 말하지만 현지 인력은 현지 자회사를 관리하고 모국 인력은 기업 본사를 운영하며 국가 간 이동에 대한 선택이 거의 없다. 현지 인력은 본국 밖에서 일할 기회가 거의 없기 때문에 이동을 효율적으로 제한한다. 결과적으로 현지 경영자는 다국적 비즈니스 관행 또는 문화 간 통합을 개선하는 방법을 습득하는 데 별다른 장점을 누리지 못하게 되는 것이다. 결국 지역에 국한된 경영은 자회사를 고립시킬 수 있을 뿐만 아니라 해외에서 근무하고자 하는 야망 있고 진취적인 경영진이 다른 회사나 지역을 알아보게끔 할 수 있다.

지역중심주의 프레임워크

지역중심주의 프레임워크는 해당 지역의 전망, 지향, 일반적으로 그 지역에 거주하는 경영진으로 파견 자리를 채운다.

지역중심주의는 한정된 지역 범위 내에서 정체성을 표현하고 집단 행동을 형성하는 공통된 전망 및 지향의 가정이다. 지역적 접근성은 지역중심주의의 주요 원인이지만 정치적 통합, 공유된 언어, 공통적인 종교와 같은 다른 요소가 종종 요인이 된다. 더 일반적으로 8장에서도 설명했듯이 다국적 기업은 자유 무역 지역, 관세 동맹, 공동 시장, 경제 동맹을 설립하는 국가 간 협력 및 협정에 대응한다. 예를 들어 유럽연합은 27개 국가를 통합하고 비슷한 전망, 중복되는 국가 이익 및 소비 선호를 공유하는 4억 4,500만 명의 공통적인 '자기 지역'을 만든다. 예를 들어 카리브해 공동체, 동남아시아 국가 연합, 남아프리카 개발 공동체, 서아프리카 국가 경제 공동체, 아시아·태평양 경제 협력체, 남부 공동 시장, 미국-멕시코-캐나다 협정에서도 유사한 상황을 볼 수 있다.

통합된 지역 전체에 걸친 인력, 자본, 정보, 제품, 프로세스의 흐름은 해당 지역의 전망과 지향을 가진 경영진과 함께 해외 주재원을 배치하도록 장려한다. 따라서 지역중심주의 프레임워크이다. 그리고 국제 인적 자원 관리는 해당 지역에 이미 거주하는 경영진으로 지역 내 해외 업무를 채운다. 후보자는 대개 본국 인력(예: 스위스에 본사를 둔 네슬레는 스위스 경영진이 독일 사업부를 운영하도록 할당한다)과 제3국 인력(예: 네슬레는 독일 경영진이 프랑스 사업부를 운영하도록 할당한다)이다.

장점 지역 내 사업부를 '지역 인력'으로 배치하는 것은 전략적이고 근접하다는 장점이 있다.

전략적 장점 해당 지역에 거주하는 사람들에 의해 지역 내 파견 자리를 채우면 비즈니스 업무 및 시장 상황에 대한 결합과 일관성 있는 이해를 발전시킬 수 있다. 지리적 측면, 운영적 측면, 인지적 측면, 문화적 측면에서 근접성은 지역을 구성하는 사업부를 통해 아이디어를 빠르게 전달하는 데 도움이 된다. 의료기기 및 의약품에 대한 승인, 제안, 정부 통제에 대한 지역 규제를 탐색하는 것은 지역적 관점을 적용하는 '지역 인력'을 통해 더 쉽게 수행할 수 있다. 마찬가지로 공통점이 있는 문화 및 언어 관행을 감안할 때 고객 및 경쟁업체에 대한 친숙함은 자원, 능력, 역량을 향상한다.

근접성 장점 지리적으로 가까운 지역 내에서 인적 자원을 관리하는 것은 모든 종류의 운영상에 이점이 있다. 자유로운 형태의 주재원(예: 통근 형태의 파견, 초단기적 주재원 등)은 인접 국가 간의 이동 용이성을 고려할 때 매우 실용적인 옵션이다. 국제 인적 자원 관리는 많은 지역 내 업무가 재배치를 필요로 하지 않는다는 점에서 더 넓은 범위의 경영진 인재를 활용할 수 있다. 즉 서울에 거주하지만 상하이에 근무하는 경영진은 매일 2시간씩의 수많은 비행을 감안할 때 쉽게 이동이 가능하다. 그리고 무엇보다도 이러한 종류의 파견은 비용이 적게 들고 행정적인 복잡성이 적다. 다른 이점은 언어적, 인지적, 문화적 교차로 인한 것이다. 궁극적으로 의사소통이 향상함으로써 협업과 의사결정이 향상된다.

한계 지역중심 운영의 집중된 영역은 조직 및 개인 간의 사회적 역동성을 강화할 수 있다. 일반적인 문제가 복잡한 문제로 확대될 수 있다.

입지와 힘 운영을 지역 구역으로 세분화하면 지역 사업부는 글로벌 통합을 희생하면서 지역 문제에 대한 전망과 지향에 초점을 맞추도록 지시한다. 예를 들어 유럽연합은 효율적이고 효과적인 운영을 지원하기에 충분한 4억 4,500만 명의 인구가 살고 있다. 거대한 유럽연합의 고유한 요구사항에 초점을 둔 경영진은 글로벌 목표에 제대로 부합하지 못하는 대가로 지역적 요구사항을 지나치게 강조할 수 있다. 해외 주재원은 본사에 반하는 지역적 의사결정 과정을 시행할 수 있다.

관행적 유산 한 지역에 거주하는 사람들이 전망과 지향을 공유한다는 근거는 매력적이긴 하지만 반드시 현실적이지는 않다. 예를 들어 유럽연합의 통합 규모와 범위는 확실히 합의를 보인다. 이를테면 솅겐 협정은 회원국 간의 국경 검문을 폐지했다. 그러나 심오한 차이는 여전히 존재한다. 예를 들어 유럽연합에는 24개의 공식 언어가 있다. 세 가지, 즉 영어, 프랑스어, 독일어는 절차 언어에서 더 높은 지위를 가지고 있다. 의사소통을 가능하게 하는 것 외에도 언어는 광대한 범위의 문화적 함축성과 잠재적 상징성을 지닌다. 따라서 유럽연합의 27개 회원국에서 온 해외 주재원이 지역별 자리에 쉽게 이동할 수 있다고 생각하는 것은 매력적일 수 있지만 모든 종류의 관행적 유산은 의사소통과 이에 따른 협력에 문제를 제기한다. 지역 내 국가들 사이에 서로 다른 문화적, 사회적, 정치적, 법적 중재자도 마찬가지로 지역 파견의 효과에 도전한다.

세계중심주의 프레임워크

세계중심주의 프레임워크는 국적에 관계없이 가장 적합한 경영자를 위치에 관계없이 필요한 지역에 배치하는 것을 의미한다.

세계중심주의는 인류를 하나의 공동체로 인지하고, 이를 토대로 형성되는 세계 지향적인 태도와 가치의 집합이다. **세계중심주의 프레임워크**(geocentric framework)는 가장 좋은 방법은 어디에서 발견되었든, 언제 적용되었든, 어디에서나 작용한다고 본다. 따라서 본국, 현지국, 제3국을 기준으로 경영자를 분류하는 것을 불필요하게 여긴다. 이 책임은 기존의 본국 또는 최종 현지 시장에 관계없이 국제 인적 자원 관리가 업무를 완수하는 데 필요한 지식, 기술, 능력을 갖춘 경영진을 개발하도록 한다. GE의 CEO는 다음과 같이 언급했다. "그 사람의 위치에 상관없이 중요한 것은 최고의 인력을 찾는 것이며 더 큰 사업을 이끌어갈 수 있는 역량을 개발하는 것이다."[56] 세계중심주의 프레임워크는 본국중심주의 프레임워크의 비판적인 한계이자 현지중심주의 프레임워크의 핵심 동기인 '외국인 비용' 극복을 위한 경영진의 요구보다는 '글로벌성 자산'이 탁월한 경영진 성과의 기초라고 주장한다.

장점 세계중심주의 프레임워크는 글로벌 사고방식을 통해 문화와 국가를 쉽고 효과적으로 탐색할 수 있는 경영진을 육성한다.[57]

전략적 장점 세계중심주의의 세계지향주의는 다양한 시각을 제공하고 예리한 해석으로 사안을 종합화하며 생산성 향상을 위해 노력하도록 해외 주재원의 글로벌 마인드를 지향한다. 세계중심주의 하의 주재원은 글로벌, 특히 초국적 전략을 효과적으로 구현하여 학습 기회를 활용하고 지식을 전달하며 상호작용을 촉진하는 방법을 찾는다. 셰링플라우(Schering-Plough)의 CEO는 이와 관련하여 다음과 같이 언급했다. "좋은 아이디어의 출처는 정해져 있는 것이 아니다. 글로벌 경영을 위한 아이디어를 확보할 수 있는 더 많은 장소와 지역을 확보하는 만큼 우리는 더욱 다양한 아이디어를 얻을 수 있을 것이다. 그리고 더 많은 아이디어를 확보하면 더 많은 지역에 우리의 제품을 판매할 수 있으며 글로벌 시장에서 더욱 강력한 경쟁력을 확보하게 될 것이다. 다양한 지역에서의 경영 활동은 그것이 어디로부터 비롯되는지에 관계없이 새로운 아이디어 습득에 대한 갈망을 필요로 한다. 이것이 글로벌 경영을 위해 갖춰야 할 우리의 자세이다."[58]

성과적 장점 본국 문화와 현지 문화를 모두 동일시하는 경영진은 하나만 동일시하거나 둘 다 동일시하지 않는 경영진보다 성과가 더 높다. 마찬가지로 세계중심주의 최고경영진은 재정적으로 높은 성과를 내며, 특히 문화 간 차이가 큰 상황에서 야심 찬 글로벌 전략을 구현한다.[59] 경영진이 보다 폭넓은 태도와 가치를 장려하면 차이점을 연결하고 협업을 촉진하는 전망이 조성된다. 세계중심주의 해외 주재원은 문화적 근시안을 견디고 경영진의 대표성을 높이며 시장 대응력을 향상한다.

한계 세계중심주의 정책을 도입하는 것은 매우 어려운 일이며, 이를 유지하는 것은 상당한 비용을 필요로 한다. 직업적 및 이동적 복잡성은 그 효과를 상쇄하기도 한다.

직업적 긴장 문화적 다양성을 가진 집단의 업무 활동은 문화적으로 가까운 국가에서 같은 생각을 가진 사람들과 협업하는 것과는 상당히 다른 분위기를 만들어낸다. 종종 다양한 관점의 혼합은 창조적인 해결책을 만들어낸다. 그러나 다양한 관점을 인정함으로써 의사결정 과정에서는 더 많은 인내와 도전을 필요로 한다. 세계중심주의는 바벨탑과 유사하게 시로 다른 전망이 뒤범벅된 것에서 목표 확립에 부정적인 영향을 미친다. 따라서 주재원이 직업적인 정체성을 유지하기 위해 고군분투할 때 어려움이 발생한다.

세계중심주의 프레임워크는 직업적이고 지역적인 긴장으로 발생하는 문제에 취약하다.

이동적 긴장 세계중심주의 프레임워크는 지역에 많은 비용을 부과한다. 글로벌성이라는 자산을 활용하려는 노력을 고려할 때 경영진을 다양한 장소에서 다양한 아이디어에 노출하는 것은 많은 비용이 든다. 고액 연봉의 경영진이 국가에서 국가로 이동할 때 보상 비용이 상승한다. 세계중심주의 선구자에게 주어지는 보수와 명성은 일반 사원들 사이에서 분노를 불러일으킬 수 있다. 세계중심주의 프레임워크에서 장기 파견에 대한 선호는 글로벌 사고방식을 확장하기 위해 필요한 것으로 보이며 단기 파견과 자유로운 형태의 주재원 파견으로 비용을 절감해야 한다는 압력에 직면한다. 운영상 이민법과 비자 상한은 자회사 간에 경영진을 효율적으로 이동시키는 것을 방해할 수 있다.

언제, 어떤 프레임워크가 필요한가

표 20.1은 본국중심주의, 현지중심주의, 지역중심주의, 세계중심주의 프레임워크를 요약하고 있다. 기본적으로 해외 주재원은 중요한 전략적 동인이다. 이들은 새로운 사업 분야를 시도하고 새로운 경영 지식을 만들어낸다. 그리고 현지의 기술 격차를 줄이고 기술을 이전하며 다국적 기업 고유의 조직 문화를 확산하는 역할을 한다. 국제 인적 자원 관리는 글로벌 전략 등 다국적 기업의 전략 선택에 대한 경영진의 요구사항을 고려하여 인력 정책을 최적화해야 한다. 예상대로 전략에 따라 인적 자원

표 20.1 다국적 기업 인적 자원 관리 구축을 위한 프레임워크: 원리와 실행

프레임워크	기본 전제	장점	단점	관련 전략
본국중심주의	• 한 기업이 보유한 리더십, 경영 및 업무 방식이 현지 시장의 것보다 우위에 있다. • 본사는 핵심 의사결정을 진행하고, 자회사는 본사의 명령을 따른다.	• 기업의 핵심 역량이 확대 및 보호된다. • 경영진의 글로벌 시각이 향상한다. • 본사와 현지의 기술 격차가 해소된다. • 본사의 문화, 관행, 원칙을 이식한다.	• 현지 직원의 동기가 저하되며 갈등이 증폭될 가능성이 있다. • 문화적 공감을 저해한다. • 관리자들이 현지의 혁신을 저해할 수도 있다. • 현지국 관점을 지닌 현지 직원과 괴리감이 발생한다.	해외 시장에서 본사의 자원, 역량, 능력을 확장하면서도 보호하려는 국제화 전략
현지중심주의	• 본사는 자회사가 적용하는 비전과 사명을 개발한다. • 본국과 현지국의 차이를 수용한다. • 우수한 경쟁력을 위해 현지 시장의 현지 고객, 시장, 기관에 대한 이해가 필요하다.	• 현지 지역이 지닌 장점을 인지한다. • 현지 채용을 하면 비용이 덜 소요된다. • 현지인 경영자는 현지 직원에게 큰 동기를 부여한다. • 현지인 고용을 장려하는 현지국 정부와 좋은 관계를 유지한다.	• 본사의 조정과 통제 활동이 복잡해질 수 있다. • 대리인 비용이 발생해 현지법인이 본사와 유리될 수 있다. • 글로벌 관점을 가지려는 현지 직원의 동기부여가 감소될 수 있다. • 현지 직원에게 자국 시장만 바라보는 협소한 시각이 생길 수 있다.	현지의 요구 수준을 맞추고 대응성을 최대화하는 현지화 전략
지역중심주의	• 글로벌 시장을 정치적, 경제적, 사회적, 문화적 연결과 관행적 유산을 공유하는 지역으로 세분화한다. • 지역 표준, 전망, 지향 측면에서 의사결정을 한다.	• 비슷한 사고방식을 가진 사람들과 함께 지역 내에서 인력 운영을 순조롭게 할 수 있다. • 다양한 단기 주재원(자유로운 형태의 주재원, 초단기적 주재원, 통근 형태의 파견)을 지원할 수 있다.	• 해외 주재원이 글로벌 관점 대신 지역중심주의 시각을 가지도록 장려할 수 있다. • 지역 간 차이를 제도화한다.	현지 대응을 강화하면서도 국제 운영 전략을 지원하기 때문에 국제화 전략과 현지화 전략 추구
세계중심주의	• 모든 국가는 동등하며 우위와 열위를 판가름 내는 특징을 가지고 있지 않다. • 본사와 자회사는 최선의 경영 기법을 정의, 이전, 확산하기 위해 협력한다. • 아이디어와 혁신은 인사이트가 열려 있는 경우 어디에서든 찾을 수 있다.	• 다양한 국가 내 다양한 전망과 다양한 사람을 노련하게 다룬다. • 전략적 계획과 운영 범위를 확대한다. • 전 세계적으로 좋은 아이디어를 개발, 전달, 확대하는 학습 역학을 촉진한다.	• 어려운 개발 과정, 높은 운영 비용, 유지의 어려움 등의 곤란함이 존재한다. • 국가별 시장 개발 계획에 반하는 지역적 행동이 가능하다. • 글로벌 사고방식을 가진 인력 탐색이 쉽지 않다. • 글로벌 주재원의 높은 입지는 지원 인력의 동기 저하를 가져온다.	글로벌 통합과 현지 대응의 균형을 최적화하는 글로벌 전략 및 초국가적 전략

각각의 프레임워크는 일반적인 전제와 장단점 및 기업이 취하는 글로벌 전략과의 적합성 등을 고려하여 선택된다.

관리의 요구사항이 다르다. 따라서 표 20.1은 해당 전략에 대한 각 프레임워크에 적합한 대응 전략을 보여준다.

해외 주재원 대상자 선택

20-4 해외 주재원 선정에 대해 알아본다.

분명 뛰어난 해외 주재원은 스스로 드러나는 편이다. 그래서 우리는 자수성가한 성공 스토리를 점점 더 많이 볼 수 있다. 여전히 해외 사업에 필요한 인력에 대한 지속적인 수요는 국제 인적 자원 관리에서 국제 업무에 관심이 있는 국내 직원을 선별하여 해외 파견을 준비시킨다. 그들을 동기부여하기 위한 방법을 고안하고 적절한 업무를 배정하며 그들의 향상된 능력을 다음 업무에도 적용할 것을 요구한다. 이런 이유로 국제 인적 자원 관리는 점진적으로 이러한 기능을 수행하기 위한 프로그램을 만들고, 이를 실제로 시행하며 준비와 보상을 통해 해외로 이동시키고 다시 귀임시킨다. 대략 80%의 기업은 직원의 리더십과 문화적 준비성을 측정하는 정형화된 도구가 있다.[60] 해외 근무에 대한 잠재력이 가장 높고 뛰어난 성향을 가진 임원을 선별하는 것이 **해외 주재원 선발**(expatriate selection)의 초점이다(표 20.4 참조).

일반적으로 해외 주재원의 도전은 단순히 해외로 나갈 의욕과 자세가 된 사람을 뽑는 것이 아니다. 능력 있는 사람을 뽑아야 한다. 현지 운영의 복잡성은 잠재적인 해외 주재원의 성과를 안정적으로 예측하는 정확한 측정 기준을 세우는 것을 방해한다. 예를 들어 대부분의 다국적 기업은 성공적인 수행을 지원하는 특성(예: 자원의 풍부함과 모호성에 대한 관용)을 식별하기 위한 표준 선별 프로세스를 가지고 있지 않다. 어쩔 수 없이 국제 인적 자원 관리는 여러 측면에서 준비된 사람을 보내면서 직감에 의존하는 수밖에 없다. 그러나 실패에는 큰 비용이 따른다.

이러한 결과를 피하면서 해외로 진출할 준비가 되어 있고 본인 스스로 해외에 진출할 의향이 있으며 국제적으로 진출할 수 있는 경영진을 식별해야 한다는 압력이 높아짐에 따라 국제 인적 자원 관리는 선발 프로세스를 개선해야 한다. 테스트는 지원자의 적응 능력, 전략성, 문제 해결력, 사고방식, 모호성에 대한 관용을 평가하는 것이 기업과 지원자 모두에게 도움이 된다는 것을 보여준다. 기업에게는 핵심 성공 요인을 보여주고 지원자에게는 업무에 대한 기대를 보여주는 것이 필요하다. 오

개념 체크

2~4장에서 국제경영 운영을 구성하는 환경(문화, 정치, 법률, 경제)을 평가했다. 각 맥락의 변동성은 해외 업무의 완벽한 기준을 설정하는 것을 방해한다. 여기서는 주재원 선발에 대한 변동성의 영향을 확인한다. 종종 보편적인 지침은 완벽한 기준을 대신하기도 한다.

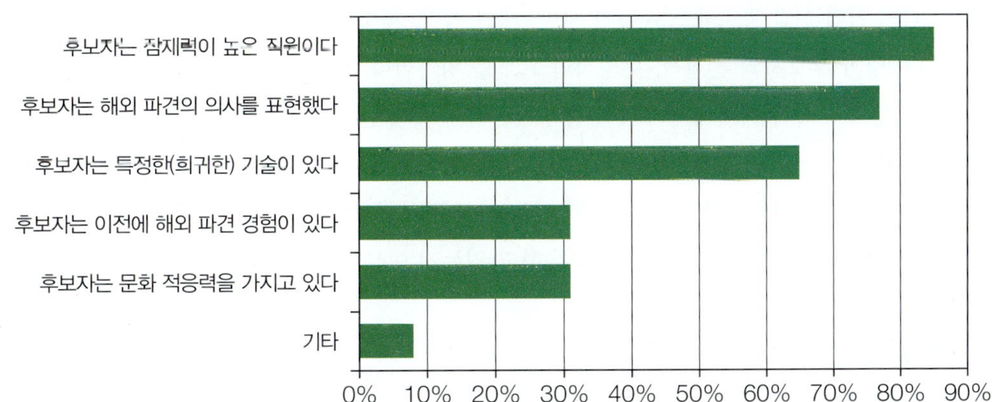

그림 20.4 해외 주재원 후보자의 선발 기준[61]
국제 인적 자원 관리는 해외 주재원을 선발하기 위해 후보자의 지식, 기술, 능력의 다양한 측면을 고려한다.

늘날 국제 인적 자원 관리는 지원자를 선발하기 위해 인력 체계에 상응하는 운영, 문화, 인지, 성격 측정을 적용한다. 실제 사례에 대한 분석은 다음 범주의 중요성을 강조한다.

기술적 역량

기술적인 경쟁력과 운영에서의 전문성은 주재원 자리에 배치되는 경영진의 핵심 결정 요소이다.

지속적인 선발 기준은 과거의 능력에서 알 수 있는 경영진의 기술적 전문지식과 이를 해외 지사에 전달하는 능력에 대한 이해이다. 예를 들어 소프트웨어 시스템 구현, 마케팅 캠페인 조정, 새로운 벤처 조직 운영과 같은 업무는 현지 자회사의 역량을 넘어서는 업무일 수 있다. 따라서 본사는 능력 있는 해외 주재원을 배정하여 자회사에 필요한 전문지식이 신속하게 이전될 수 있도록 해야 한다. 결과적으로 해외 지사의 기술 또는 관리의 격차를 메우는 것이 해외 주재원이 필요한 능력의 거의 절반을 결정한다.[62] 일반적으로 요구되는 일련의 정교한 전문지식은 후보자가 실무 경험을 가지고 있어야 함을 의미한다. 따라서 국제 인적 자원 관리는 직장 동료들과 면담함으로써 후보자를 지속적으로 검토하여 실무적인 전문지식의 중요성을 강화한다. 마지막으로 뛰어난 기술 역량은 종종 해외에서 성공하기 위한 자신감의 신호로 여겨지기도 한다.

국제 인적 자원 관리의 인재 선발에서는 기술 역량과 리더십, 문화적 준비성 대비 기술 역량의 상대적 중요성에 대해 지속적으로 논의하고 있다. 기술적 역량보다는 리더십과 문화적 준비성이 중요하다는 주장도 많이 제기된다. 즉 기술력을 가진 사람을 선택하고, 필요한 리더십과 문화적 준비성을 개발할 수 있다고 가정하는 대신, 국제 인적 자원 관리에서는 행동적으로 준비된 후보를 선별하고 기술 역량을 갖추고 있음을 확인해야 한다는 것이다. 여전히 국제 인적 자원 관리는 지속적으로 기술적, 행정적 기술의 격차를 줄이는 것을 나머지 국제 업무보다 우선순위로 두고 있다. 게다가 계속해서 증가하는 업무 환경의 다양성과 다문화성 아래에서 주재원은 훨씬 타문화에 적응할 준비가 되어 있어야 한다. 80% 이상의 지원자가 현지 환경에 적응할 준비가 되어 있다.[63]

자기 지향성

파견 업무에는 모호성, 불확실성, 리스크가 있다. 어려운 상황에 처했을 때 해외 주재원의 능력은 새로운 지식, 기술, 능력을 개발하는 데 달려 있다. 모호함에 직면하여 해석을 체계화하고 의사결정을 확실히 해야 한다. 신체적, 정서적, 사회적 스트레스에 맞서 선택과 결과를 조화해야 한다. 따라서 한 사람의 자기 지향성은 동기, 의존, 성실의 측면에서 시작하고 앞으로 나아가는 데 도움이 된다. HSBC의 인력 선발 프로세스는 필기 시험, 대면 평가, 체력 검증 등을 통해 자기 지향성에 대한 후보자의 역량과 후보자의 본질적, 무형적인 요소를 평가한다. HSBC의 CEO는 다음과 같이 설명한다. “우리는 후보자가 어디에서 무엇을 공부했는지에 대해 큰 관심을 기울이지 않는다. 오히려 자기 주도적 성향, 문화적 민감성, 자신만의 관점으로 세상을 볼 수 있는 능력을 파악하는 데 초점을 맞춘다. 전공은 크게 중요하지 않다. 중요한 것은 다양한 사회적 구조에서 높은 수준의 국제경영 활동을 수행하는 데 적합한 기술과 역량을 보유하고 있는지 여부이다.”[64]

자기 지향성과 타인 지향성은 해외 주재원에게 다음과 같은 도움을 준다.

- 모호성, 불확실성, 리스크를 관리한다.
- 신체적, 정신적, 감정적, 사회적 스트레스를 해결한다.
- 효과적인 소통을 지원한다.
- 대인관계를 향상한다.

타인 지향성

경영진은 새로운 환경에 주어진 새로운 상황이 자신의 가치와 전망을 시험한다는 점에 주목한다. 다른 관점에 대해 부정적으로 생각하기보다는 동료, 고객, 경쟁업체가 현지 시장에서 어떤 시각을 가지고 있는지를 이해해는 것이 강력한 성과를 뒷받침한다. 고정관념, 선입견, 비현실적인 기대를 제외하고 사건을 해석하는 것은 해외 주재원이 청취자의 관점을 이해할 수 있게 한다. 타인 지향성의 한 가지 요소인 효과적인 의사소통은 국제경영에서 더 나아갈 수 있도록 도와준다. 마찬가지로 타인 지향성은 문화적 공감을 촉진한다. 이러한 관점은 외국인과 친밀감을 형성하는 데 도움이 되고 비록 기초적인 수준이라도 현지 언어를 사용하도록 유도한다. 타인 지향성은 사람들과의 상호작용을 증진하고 왜 누구는 성공하고 누구는 그렇지 못했는지를 이해할 수 있도록 도와준다. 이러한 요소는 현지 직장에서 갈등을 중재하고 주도하며 해결하는 데 매우 중요하다. 성공적인 해외 주재원은 문화적 차이에 물러서지 않았다. 오히려 그들의 타인 지향성은 의사소통, 관용, 외교를 향상했다.

자원충만성

본사에서의 정확한 직무 기술은 필연적으로 외국 자회사에서 훨씬 광범위한 직무에 지원할 수 있게 도와준다. 문제는 해외 주재원이 보통 본사에서 사용할 수 있는 자원이 부족하다는 점이다. 동시에 많은 일을 하라는 요구는 현지 직원이 어떻게 일에 참여하고 결정을 내리며 불확실성을 용인하고 권력을 행사하며 공감대를 형성하는지를 해외 주재원이 찾게 한다. 게다가 해외 주재원은 다른 무역 규칙, 투자 규제, 사업 관행에 맞닥뜨리게 된다. 자원충만성은 상황에 대한 통찰력 있는 해결책을 제시한다.

자원충만성은 다음에 대한 인력의 잠재력을 의미한다.

- 자기 유지
- 상황에 따른 유연성
- 즉각적인 환경 해석
- 생산적인 직장관계 개발

예를 들어 빠르게 성장하는 시장은 다국적 기업과 더 나아가 해외 주재원을 끌어들였다. 유럽의 다국적 기업에게 신흥 아시아는 북미보다 더 멀리 위치해 있고 전혀 다른 곳이다. 법치 중심(독일과 같이 사업을 지배하는 규칙이 객관적인 지침인 곳)에서 인간 중심(중국처럼 규칙이 유연하게 움직이는 곳)으로 이동하는 것은 어려운 일이다. 한 해외 주재원은 서구 문화에서는 "모든 것이 투명하다. 어떤 일을 하기 위해 자격증을 따야 할 때 공무원에게 뇌물을 주거나 중개인을 고용할 필요는 전혀 없다. 인터넷에서 양식을 다운받아 신청하기만 하면 된다"고 말했다.[65] 독일에서 중국으로 관점을 변화시키는 일은 꽤 힘든 일이다. 문화, 법률, 단순히 현지 시장을 탐색하는 등의 자원충만성은 해외 주재원의 성과를 좌지우지하며, 따라서 선발 과정에서 중요한 역할을 한다.

외국계 자회사의 임원은 대개 비슷한 규모의 국내 사업체의 경영자보다 더 광범위한 분야에서 리더십을 발휘해야 한다.

글로벌 사고방식

글로벌 사고방식(global mindset)은 해외 주재원의 성공의 결과일 뿐만 아니라 조건이기도 하다. 요컨대 경영 성과를 높이기 위해 유사점을 파악하려는 의지와 능력을 갖춘 대인관계 차이에 대한 개방성과 인식이다. 해외 업무는 불가피하게 해외 주재원에게 새로운 사람과 새로운 장소에서 새로운 도전을 제시한다. 해결책을 찾으려면 더 나은 대안을 찾아야 한다. 강력한 글로벌 사고방식은 상황을 이해하고 참가자와 과정을 동화시키며 혁신적인 해결책으로 현명하게 대응할 수 있도록 해외 주재원을 돕는다.[66]

글로벌 사고방식은 해외 주재원이 위협과 복잡성이 아닌 기회를 보게 한다.

매킨지앤드컴퍼니는 기술 역량이 해외 주재원의 성과를 뒷받침한다는 것을 확인했다. 그러나 데이터에 따르면 일부 해외 주재원은 그들의 글로벌 마인드를 감안했을 때 뛰어난 성과를 낸다는 것을 보여준다. 특히 "수많은 글로벌 리더의 성공담 뒤에는 남달리 생각하는 법을 배운 다국적 기업이 있다. 그들은 다른 정보를 찾아내고 다른 방식으로 처리하며 다른 결론에 도달하고 다른 결정을 내린다. 다른 사람들은 위협과 복잡성을 보는 곳에서 기회를 본다. 다른 사람들이 가능성이 없다고 판단할 때 그들은 무궁무진한 가능성을 발견한다."[67] 다른 새로운 시장에서 도전의 기회를 새롭고 다른 방식으로 만들어내는 능력은 글로벌 사고방식의 중요성을 강조한다.

해외 주재원의 준비와 지원

20–5 해외 주재원의 준비에 대해 살펴본다.

개념 체크

점점 더 정교한 국제 인적 자원 관리 프로그램과 함께 국제경영 운영의 복잡성에 대한 이해를 향상함으로써 해외 주재원의 실패율이 꾸준히 감소하고 있다. 이러한 사실은 제도, 시장, 기업, 소비자 등 광범위하고 다양한 지식에 대한 통합적인 이해의 중요성을 확인해준다.

이상적으로 국제 인적 자원 관리는 아주 일찍부터 해외 주재원을 준비하기 시작한다. 또한 국제 인적 자원 관리는 새로운 작업이 시작되면 멈추지 않는다. 지원 시스템은 계속된다. 종종 상황은 중요한 준비를 방해한다. 해외 사업부는 기술 붕괴, 경영상의 난관, 적대적 인수를 겪고 있을 수 있으며 본사는 즉시 지원을 보내야 한다. 하지만 완벽한 세상에서나 국제 인적 자원 관리는 국제 업무를 위한 파견 경영진을 준비하고 지원할 수 있다.

의심할 여지 없이 그림 20.1에서 보듯 해외에서 일하는 것은 굉장한 영감을 주는 경험이다. 그럼에도 불구하고 해외 주재원은 성과에 영향을 미치는 어려움에 직면한다. 오늘날 국제 인적 자원 관리가 지원자의 기술적인 자격을 잘못 판단하여 실패하는 일은 드물다. 해외 주재원의 낮은 성과는 종종 국제 업무를 부족하게 준비한 데서 비롯한다. 그림 20.5는 반복되는 강조점을 나타낸다. 밑줄 칠 필요는 없다. 그러나 강조점은 다르다. 사회적인 삶을 재정립하고 외로움을 극복하며 가족 및 친구들과의 연결을 최우선으로 두어야 한다. 사실 가족과 관련된 문제는 해외 주재원의 실패 요인이 된다. 현지국에서의 일상적 상호작용은 말할 것도 없고 새롭고 다른 동료들과 생산적인 관계를 구축하는 도전에 대한 불안감도 있다. 이러한 우려는 문화에 대한 준비성과 대인관계 기술을 향상하는

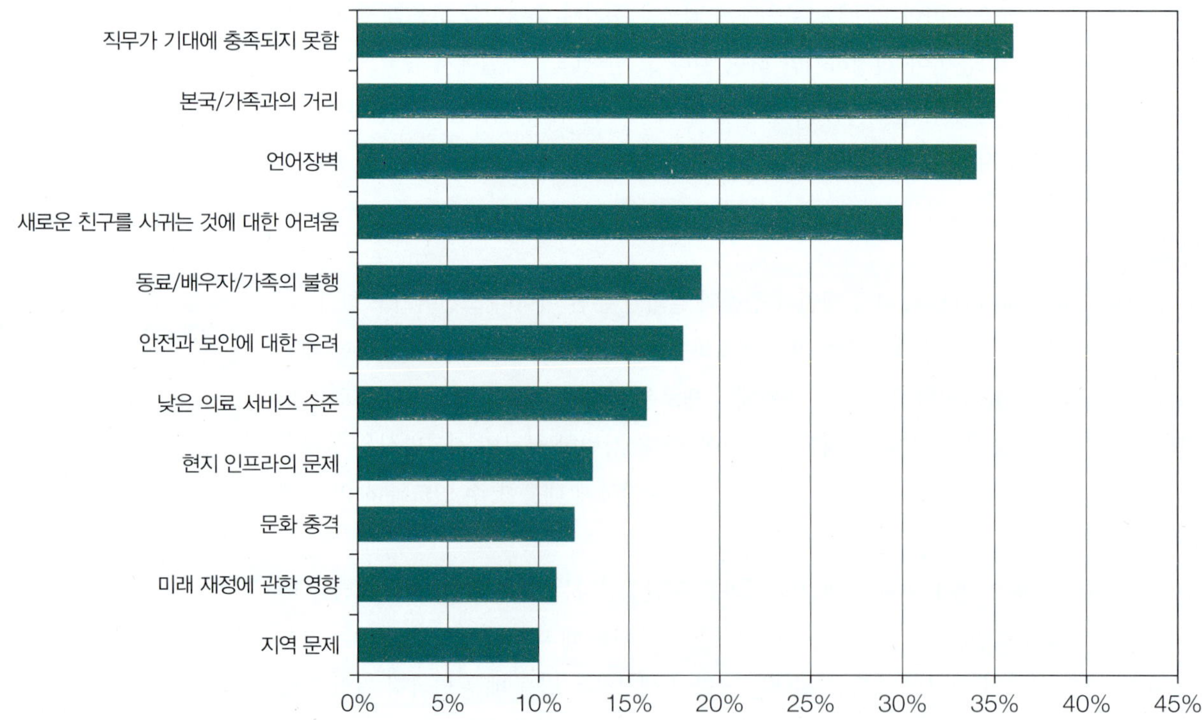

그림 20.5 해외 주재원 대상자가 예측하는 주요 난관[68]

해외 파견 업무는 풍부한 기회와 동시에 도전으로 가득 차 있다. 해외로 떠나기 전에 경영진은 많은 문제를 걱정한다. 위에 제시된 난관을 예측하고 조정하면 성공적인 경험이 될 확률이 높아진다.

것이 성공적인 적응 확률을 높여주고, 따라서 성공적인 파견이 가능함을 보여준다. 국제 인적 자원 관리는 이 필수사항을 출발 전 준비와 해당 국가에서의 지속적인 지원이라는 2단계 프로그램으로 설명한다.

출발 전 준비 프로그램

현지국에 대한 친숙함, 문화적 준비, 사회화 관습을 바탕으로 준비 프로그램을 형성한다. 프로파일은 정치, 법률, 경제, 직장 관행, 비즈니스 에티켓, 물류 및 사회 규범을 다룬다. 교육은 일반적으로 원탁 회의, 세미나, 튜토리얼, 비디오, 웹 활동, 근원지도(rooted map), 읽기의 형태로 진행된다. 이러한 자료는 전체적으로 일반 지역 연구, 시장 분석, 운영 개요, 직장 프로파일을 제공한다. 시간이 허락하는 한 준비는 해외 주재원이 현지국에서의 삶을 더 잘 헤쳐나갈 수 있도록 돕기 위한 다문화 훈련과 기초적인 언어 수업을 포함한다. 문화 훈련은 현지 사상, 태도, 신념이 직장과 사회적 관계에 어떻게 영향을 미치는지 명확히 한다. 이러한 전망은 모두에게 자연스럽게 다가오지 않는다. 따라서 해외 주재원 준비에서 그들이 스스로의 글로벌 사고방식과의 차이를 인식할 수 있도록 도와주어야 한다.

출발 전 준비 프로그램은 현지 국가에 대한 실용적인 정보를 전달할 뿐만 아니라 해외 주재원의 문화적 준비성을 향상한다.

주재원의 많은 준비는 **문화 충격**(cultural shock)을 예방하는 데 도움이 된다. 문화 충격은 곧 도착하게 될 현지 국가에 대한 불만족, 현지 회사의 방식에 대한 불만족, 향수병, 과민반응, 오만, 경멸로 볼 수 있다.[69] 예를 들어 미셸 브라운(Michelle Brown)은 새로운 문화에 대한 부푼 기대를 안고 런던을 떠났다. 그러나 그녀의 새로운 삶은 상상과는 달랐다. "나는 내가 정말 아무것도 몰랐다는 것을 깨달았다. 홍콩은 완전한 문화 충격이었다"고 말한다. "습도는 높았고 냄새도 심했으며 너무나 많은 변화가 모두 유쾌하지만은 않았다."[70] 생활과 업무 환경을 이해하는 것은 외국 환경에 대한 사람들의 개방성과 관용을 증진한다. 보고서에 따르면 이러한 압력을 성공적으로 탐색하는 것은 주재원을 더 창의적이고 기업가적으로 만든다. 현재 진행 중인 설문에 따르면 해외 주재원 중 80% 이상이 문화적 준비가 유용하다고 응답했다.[71]

문화 충격은 낯선 문화로 이동할 때 경험하는 불안과 상실이다.

현지 내 지원 프로그램

해외 주재원이 현지에 도착하고 처음에는 업무에 열의를 보이며 수월하게 현지에서 적응한다. 동료들은 지식과 전문성을 공유하고 새로운 사람을 관대하게 대한다. 그런데 결국 모호한 직장 상황이 발생해서 해외 주재원을 시험에 들게 한다. 국제 인적 자원 관리는 종종 현지 멘토링, 경영진 코칭, 가상 회의를 통해 해외 주재원에게 관점과 자원을 제공하며 지원한다. 해외 주재원이 언제 어디서나 접근할 수 있다는 점에서 다국적 기업은 점점 더 웹 프로그램을 활용한다. 경제적일 뿐만 아니라 쉽게 접근할 수 있으므로 현지에 보강을 위한 도구로 이용할 수 있다. 레이테온(Raytheon)은 한 걸음 더 나아가 후원자, 해당국 감독자, 인사 담당자를 포함한 지원 팀을 해외 주재원에게 배정한다. 팀은 해외 주재원의 준비, 배치, 귀임을 돕는다. 국제 인적 자원 관리의 부사장은 "지원 팀은 직원의 직무와 경력 포부를 이해하고 직무를 수행하는 동안 직원들이 목표를 달성하는 데 도움을 주는 정기적인 커뮤니케이션 및 활동을 수행할 책임이 있다"고 설명했다.[72]

생활 방식 면에서 다른 장소에서 새로운 일상을 개발하는 것은 어려운 일이다. 예를 들어 해외 주재원은 인도, 중국, 브라질, 카타르, 러시아, 사우디아라비아와 같은 다수의 지역에서 재정, 의료,

직장 적응을 넘어서 해외 파견 업무에 성공적으로 적응하기 위한 중요한 요소는 교육, 쇼핑, 사회적 관계 형성에 익숙해지는 것이다.

숙박 시설, 공공 시설 사용에 큰 어려움을 호소한다. 특히 다른 곳보다는 조금 낫긴 하지만 여전히 아주 익숙하지 않은 남아프리카, 캐나다, 태국, 호주에서도 이러한 불편함을 호소한다.[73] 해외 주재원과 가족들에게 현지국의 일상을 친숙하게 하는 것은 현지 생활의 실제를 이해할 수 있게 한다. 교육(schooling), 사회적 관계 형성(socializing), 쇼핑(shopping)은 3S라 불리며, 현지 생활에서 이에 대한 이해와 실행이 빠르게 진행될수록 문화 충격을 이겨낼 가능성이 높아진다.

가족 문제

경영진은 경력, 보상, 생활 방식 등 다양한 이유로 해외 파견 업무를 거절한다. 모든 상황이 가족(파트너, 배우자, 자녀) 걱정에 미치지 못한다. 경영진은 해외 파견 거절의 60%를 그러한 이유로 든다.[74] 게다가 성과 부진의 지속적 원인은 해외 주재원의 배우자와 자녀가 새 환경에 적응하는 데 어려움을 겪는 것 때문이다. 파견 업무는 해외 주재원에게 스트레스를 주지만 이동한다는 것 자체는 가족을 압도하게 하는 이슈이다. 교육에 대한 걱정, 생활 방식 적응, 해외 이주에 대한 후회가 문제로 꼽힌다.

해외 주재원은 이러한 상황이 반복되는 것을 부담스러워한다. 친구, 가족 및 기존 경력과의 갑작스러운 분리는 배우자와 자녀를 고립시킨다. 이때 가족의 상당수는 해외 주재원에게 함께한다는 감정과 안정감을 요구하기도 한다. 인적 자원 관리 담당자는 해외 주재원을 선발할 때 대상자와 그 가족 사이에 존재하는 갈등을 조정할 수 있는 시간을 가능한 한 단축시키는 노력이 필요하다. 때로는 천천히, 때로는 빠르게, 그러나 항상 해외 파견 사안과 관련하여 심리적 부담이 커지게 되며, 이로 인해 가족 내 화목은 위협을 받는다. 가족이 안정되기 시작하면 해외 주재원도 언젠가 안정되기 시작할 것이라는 막연한 기대는 해외 주재원의 업무 성과에 부정적인 영향을 미친다. 가족이 주는 부담을 경감하기 위한 적극적인 대응이 필요하다. 궁극적으로 가족과 관련된 문제는 해외 근무에서 외국인들이 실패하는 주된 이유이며, 그 지역에 적응하는 문제나 잘못된 후보자 선발보다 거의 2배 가까운 영향력이 있다.[75]

준비 과정은 점진적으로 배우자와 가족을 위한 지원 활동을 포함한다.

국제 인적 자원 관리는 출발 전 준비, 특히 도착지에 대한 친숙함 및 문화 준비 프로그램에 가족을 포함하는 것과 같은 해결 방법을 적용한다. 마찬가지로 국제 인적 자원 관리가 늘어나는 이중 경력 경로(dual-career-track) 가족을 지원하게 한다. 언어 훈련과 직업 계획 등이 인기 있는 프로그램이다. 일부는 배우자 지원, 취업 기회 제공, 자발적인 옵션에 대한 수당을 제공한다. 해외 파견 기간을 단기로 조정하거나 출퇴근할 수 있는 거리의 지역에 파견하는 방법을 통해 가족을 동반하는 것과 같은 문제를 피하도록 한다. 마찬가지로 연령이 낮은 혹은 높은 인력을 해외에 파견하는 경우도 있다. 낮은 연령의 해외 주재원 후보자는 일반적으로 동반해야 할 가족이 없고 모험을 추구하고 오픈마인드이기 때문이다. 반면 높은 연령대 후보자는 이미 자녀들이 독립할 나이가 되었고 익숙한 파트너가 있으며 지혜를 갖추고 있다.

해외 주재원에 대한 보상

20-6 해외 주재원에 대한 보상을 설명한다.

다른 조건이 동일하다면 보상은 해외 주재원의 업무 수행 가능성과 성공을 결정한다. 임금을 너무

영어는 국제언어가 될 것이라고 생각하는가?

POINT

그렇다. 영어는 다른 어떤 언어보다도 보편적으로 널리 사용되고 있다. 현재 20억 이상의 사람이 영어를 사용한다. 이런 연유로 영어는 비즈니스 세계의 공용어로 사용되고 있다. 영어는 다른 언어보다 훨씬 더 많은 비율로 지구상의 비즈니스 결과물의 큰 부분을 차지하고 있다. 영어 사용 인구는 세계 인구의 7%밖에 안 되지만 영어 사용자는 전 세계 비즈니스 결과물의 40% 이상을 생산한다.

선호되는 선택 유럽연합의 상황이 현 상황을 잘 설명해준다. 1950년대 태어난 유럽 사람들에게 영어, 프랑스어, 독일어는 비슷한 비중으로 사용된다. 하지만 15~24세의 젊은 세대에서는 영어가 독일어나 프랑스어보다 5배 많은 비중의 제2외국어로 사용된다. 원어민을 후천적으로 배운 사람들과 합친다면 젊은 유럽 사람들의 60% 정도는 영어를 유창하게 혹은 아주 유창하게 구사할 수 있으며 많은 사람이 언어 능력을 향상할 계획을 세운다.[76] 유럽연합에 사는 1만 6,000명을 대상으로 실시한 설문 조사에서 70% 이상이 "모든 사람이 영어를 잘 구사해야 한다"고 응답했다. 영어는 유럽연합의 생활언어이다.[77]

우리는 유사한 상황을 다른 곳에서도 볼 수 있는데, 인도에는 미국 다음으로 두 번째로 많은 유창한 영어 구사 인구가 있다. 10년 이내에 아마도 가장 많은 영어 구사 인구를 보유할 것이다. 힌두 영화, 광고판, 고등 교육은 영어로 이루어진다. 인도의 고소득 직업은 영어 구사 능력을 요구한다.[78] 중국에서는 40세 미만의 공무원은 적어도 1,000개 이상의 영어 문구를 완벽하게 구사해야 한다.[79] 아랍권에서의 영어의 보편적 사용은 아랍어가 쇠퇴할지도 모른다는 우려를 낳기도 한다. 미국 대학은 이러한 추세를 반영한다. 그들은 공격적으로 커리큘럼을 국제화하지만 아주 적은 수의 대학만이 외국어 트레이닝을 요구한다. 이 비율은 2001년도에는 53%였지만 현재는 37%만이 그러하나. 또한 외국어 수업에 등록한 대학생의 비율도 1960년 이래 절반으로 줄었다.[80]

자동적인 선택 영어가 많은 나라에서 공식적인 언어는 아니지만 제2외국어로 채택되는 경우는 많다. 유럽연합에서 학생들의 76%가 영어를 배우는데, 프랑스어(32%), 독일어(18%), 스페인어(8%)보다 훨씬 많다. 몰타, 오스트리아, 스페인, 이탈리아, 사이프러스, 폴란드, 크로아티아, 프랑스에서는 90% 이상이 영어를 배운다.[81] 중국에서는 4분의 1 이상의 학생들이 영어를 배우는데, 두 살부터 영어를 배우는 어린이도 많고 유치원에 이르면 대부분의 어린이가

COUNTERPOINT

아니다. 외국어를 배우는 것은 인생을 변화시키고 기존 생각을 바꾸는 유익함을 주는 인생 경험이다. 언어라는 프리즘을 통해 다른 사회를 배우게 되면 나 자신뿐만 아니라 세상에 대한 생각을 명확하게 만들 수 있다. 외국어를 배우는 과정과 그 과정에서의 노력은 새로운 방식의 사고법의 길을 열어준다.

새로운 방식의 사고법 외국어를 배우면서 사고하는 법을 바꾸게 되는데, 개념을 표시하고 해석하며 상황을 이해하는 다른 방법이 있다는 것을 배우게 된다.[86] 다르게 생각하고 이해관계자와의 교환 관계를 향상하면서 비즈니스 기술도 정교화하고 글로벌 마인드를 확장할 수 있게 된다. 외국어를 배운 관리자는 창의적으로 기여하는 새로운 방법을 발견한다. 연구 결과에 따르면 외국어를 배우면 좀 더 명석해질 수 있다. 다언어 구사는 뇌의 실행력을 강화하는데, 계획하고 문제를 해결하고 인지적으로 까다로운 일을 처리하는 통제 시스템을 향상할 수 있다. 다언어 구사자는 환경에 대해 세심한 민감성과 문제 해결에 높은 수준의 효율성을 보인다. 방해 요소를 맞이하더라도 계속 집중할 수 있고 좀 더 신속하게 사안에 대응할 수 있으며 정보를 조직화하는 데 수월성을 보인다.

문화적 필요성 언어는 사람들이 감정, 가치, 의도를 만들고 이해하고 표현하는 것을 도와준다. 활기찬 국가 언어는 문화를 정의하고 유지하는 것 이외에도 민족주의를 강화한다. 언어 소멸의 증가는 문화권과 국가들로 하여금 자국의 유산을 보호하는 데 힘쓰게 만든다. 소멸률은 가속화되고 있다. 평균적으로 14일마다 언어가 소멸한다. 2100년경에는 현재 사용 중인 7,000개의 언어 중 절반 이상이 사라질 것이다.[87] 언어의 소멸은 언어 사용자가 다른 언어를 공식적인 언어로 사용하면서 발생하는데, 이렇게 되면 시간이 지나면서 원래 언어는 사용 비중이 줄어들고 영어와 같은 공식 언어의 사용이 활발해진다.

언어의 소멸 현상은 문화권이 언어를 지키도록 압력을 가하고 있다. 캐나다 언어법령(Canada's Official Languages Act)은 프랑스어와 영어의 동등한 지위를 보호한다. 프랑스는 라카데미프랑세즈(L'Academie francaise)라는 공식 기구에 의존해서 프랑스어의 사용법, 단어, 문법을 관리하는데, 이는 프랑스어의 영어화를 막기 위함이다. 아랍어와 영어를 혼합하여 사용하는 아라비지(Arabizi)의 확산은 우려를 불러일으켰다. 사우디아라비아는 호텔에서 전화로 응대할 때 영어 사용을 금지한다. 중국 출판국은 영어

영어를 배운다. 일본에서는 5세 어린이의 5분의 1 이상이 영어 회화를 배운다. 아르헨티나에서는 4학년부터 고등학교까지 매주 2시간씩 영어를 배운다. 칠레에서는 공립학교에서 5학년때 영어를 가르치도록 의무화하고 있다.

영어는 많은 아프리카 국가의 교실에서도 중요한 선택 언어이다. 대부분의 나라에서는 "공용어로서 영어는 학생들이 전 세계 어디에서든 사용할 수 있고 어디로든 갈 수 있게 만드는 중요한 언어"라는 믿음으로 20년 동안 영어를 공용어로 만드는 것을 목적으로 삼았다.[82] 요약하자면 20억 지구촌 사람들이 사용하고 수백만 명이 영어를 배우고 있기 때문에 우리는 글로벌 언어로서 영어의 헤게모니를 목격하고 있다.

온라인의 선택 영어 사용의 확대는 인터넷상에서 영어의 독보적 존재감으로도 알 수 있다. 사람들은 영어를 공식 언어로 사용하는 인터넷에서 영어를 통해 전 세계적인 비즈니스를 영위할 수 있다. 《슈피겔(Der Spiegel)》, 《알자지라(Al Jazeera)》, 《차이나데일리(China Daily)》 등 글로벌 유수 언론은 영어 웹사이트를 제공한다. 번역 소프트웨어가 발전하면서 인터넷에서 자국어를 사용하려는 사람들에게 외국어 능력은 큰 빛을 발하고 있지 못하다. 거의 완벽한 동시번역 도구가 도처에서 사용 가능하다.[83]

또한 온라인 상황이 언어에 대한 우리의 생각을 바꿀지도 모른다. 우리는 영어, 독일어, 중국어의 음운론이나 형태론보다는 파이썬, 자바, 루비의 구문론과 의미론을 마스터할 것이다. 파이썬, 자바 등은 고급 프로그래밍 언어의 형태인데, 디지털화가 진행되는 미래에 대해 사람들을 더 잘 대비시킬 수 있을 것이다. 알리바바(Alibaba)와 페이스북(Facebook)은 거의 10억 이상의 고객에게 서비스를 제공하는데, 이들은 100개 이상의 언어를 자동적으로 번역하는 웹사이트를 통해 큰 문제없이 서비스를 제공한다. 외국인과 그들의 언어로 대화하는 것보다 디지털 퍼즐을 해결하는 프로그래밍 언어를 말하는 것은 디지털 국제화 시대에 언어 역량의 기준을 정하는 것일 수도 있다. 컴퓨팅연구협회(Computing Research Association)의 정부 업무 책임자는 "현대 시대에 성공하려면 직업이 무엇이든 간에 컴퓨터를 능숙하게 다룰 수 있어야 한다"고 언급했다.[84]

유일한 선택 다국적 기업은 비슷하게 반응한다. 소수의 기업만이 외국어 구사 능력을 경영자의 성공에 결부한다. 오히려 이러한 외국어 구사 능력은 기술적 스킬, 리더십 능력, 경력 개발 등의 뒤에 위치한다. 에어버스(Airbus), SAP, 레노버(Lenovo), 혼다(Honda), 다임러크라이슬러(Daimler-Chrysler), 르노(Renault), 루프트한자(Lufthansa), 라쿠텐(Rakuten), 아벤티스(Aventis), 삼성, 마이크로소프트 등은 영어를 공식 언어로 사용한다. 프로그래밍 언어에의 단어의 침투와 중국어 문장의 간소화가 언어를 오염시킨다고 간주하고 "이러한 현상이 중국어의 기준과 순수성에 피해를 입히고 건강하고 조화로운 언어와 문화의 발전을 막아서 부정적인 사회 영향을 야기한다"고 논평했다.[88] 중국은 중국어 출판물에 GDP(gross domestic product), CPI(consumer price index), WTO(world trade organization) 등 외국어 문구를 중국어와 함께 사용하는 것을 금지했다. 마지막으로 영어화 현상을 막는 것은 어떤 국가에게는 자부심의 문제이다. 인도는 봄베이(Bombay)를 뭄바이의 잘못된 영어화로 간주하고 영국 식민지의 잘못된 유산으로 보았다. 따라서 캘커타(Calcutta), 방갈로르(Bangalore), 마드라스(Madras) 대신 뭄바이(Mumbai), 콜카타(Kolkata), 벵갈루루(Bengaluru), 첸나이(Chennai)가 사용된다.

새로운 네트워크 외국어 배우기를 싫어하는 해외 주재원은 현지 공무원과의 영향력 있는 네트워크 형성을 배재하고 현지의 업무 파트너와의 사회화를 늦춘다. 국가는 각기 다른 문화적 사업적 기대치가 존재하는데, 이러한 특수성은 현지어로 자연스럽게 대화하면서 습득하고 해석해야 한다. 해외 근무 자체가 도전이다. 언어적 한계는 문제를 악화한다. 한 해외 주재원은 튀르키예어를 구사하지 못했기 때문에 이스탄불에서 외롭게 지냈다고 회고했다. "읽고 쓰지 못하면 현지인과 어울리지 못하고 현지 교통을 이용할 수가 없다"고 말했다.[89] 상징적으로도 현지어를 구사하려는 노력은 아무리 소소한 언어 구사 능력이라고 하더라도 현지 직원에게 '우리는 동등하다'는 중요한 메시지를 전한다. 더구나 외국어를 힘들게 배우다 보면 겸손함을 배우게 된다.

새로운 요구 조건 결국 외국어 구사 능력은 경쟁력의 필요 조건이 될 것이다. 글로벌 시대의 확장하는 국제화 연결고리와 문화 간 연결은 언어 능력이 직업을 구하고 경력 관리를 하는 데 중요한 역할을 할 것이다. 영어의 확대로 영어 구사 능력이 있으면 걱정할 것이 없다는 생각은 의심스럽다. 시장 트렌드는 영어만 구사하는 사람들에게 불이익을 줄 것이다. 그들은 서서히 한때 영어 구사 능력으로 얻었던 이익이 사라지는 것을 느낄 것이다. 다언어 구사자는 점점 더 영어만 구사하는 사람들의 능력과 기술을 대체할 것이고 더 넓은 시야를 가지게 될 것이다. 이미 공식적으로 다언어 구사에 대한 인센티브가 제도화되고 있다. 가령 유럽연합의 공식적인 언어 정책은 "모국어 더하기 두 언어(mother language plus two)"이다. 이러한 정책하에 유럽연합 구성원들은 2개의 추가 언어를 배울 것을 요구받는다.

당신의 선택은? 궁극적으로 '외국어를 배워야 하나?'라는 질문을 제기할 수 있다. 인기도, 보편성, 난이도에 따라 많은 선택지가 있다. 시장 트렌드는 비즈니스 분야의 행위자에게 선택지를 명확히 높아진 관심은 기준을 변경시킨다. 어떤 사람들은 언어 능력이 글로벌 마인드를 대리하는 잘못된 징표라고까지 말한다. 한 최고경영자는 "나는 서너 가지 언어를 구사하는 많은 사람을 만나봤는데, 이들의 세계관은 오히려 넓지 못했다. 오로지 영어만 구사하는 사람 중에 다른 문화에 대해 더 많은 호기심과 진정한 열정을 가진 경우도 많았다"고 언급했다.[85] 궁극적으로 평화롭고 번영하는 지구촌 마을을 유지하려면 사람들은 영어로 소통하고 서로 협조해야 한다. 영어가 그동안 걸어온 길이나 전 세계에 널리 퍼지는 현상을 보았을 때 향후 지구촌의 공식 언어가 될 가능성이 아주 높다. 하고 있다. 기업가는 국내를 둘러보고 스페인어, 중국어, 아랍어 등 빠르게 전파되는 언어를 살펴볼 것이다. 해외를 바라보고 있는 사람들은 직업이 독일, 일본, 미국 등 선진 시장에서 브라질, 중국, 인도와 같은 신흥 시장으로 이동하고 있음을 금방 인지할 수 있다. 다국적 기업이 이러한 급성장 시장에서 경영자를 찾고 외국인 파트너와 소통할 수 있는 현지 인력을 고용하는 데 어려움을 겪고 있으므로 포르투갈어, 중국어, 힌두어 등을 유창하게 구사할 수 있는 능력은 새로운 기회를 제공할 것이다.

적게 주면 사람들은 파견 가기를 거부한다. 그럴 경우 분노는 종종 의욕 상실로 이어지고 조기 귀임을 재촉한다. 그렇다고 너무 많은 임금을 지불하면 비용이 증가하고 수익이 부족해지며 불평등으로 인한 불화가 생길 수 있다. 또한 임금이 높을수록 해외 주재원의 임무는 더 오래 지속되는 경향이 있다. 넉넉한 생활을 연장하는 데 만족한 일부 관리자들은 당연히 집에 돌아가고 싶어 하지 않는다. 따라서 국제 인적 자원 관리는 해외 주재원을 유치하고 동기부여할 수 있는 보상 계획을 고안함과 동시에 기업의 투자 수익에 대한 문제도 항상 고려해야 한다.

경영진에게 공정하게 보상하는 효과적인 보상 시스템을 설정하는 것은 국제 인적 자원 관리가 다른 급여 수준, 혜택, 세금 프로그램, 전제 조건을 설정할 것을 요구한다. 예를 들어 다국적 기업은 각 지역의 기준에 따라 급여를 정해야 하는지, 아니면 전 세계적으로 각 직급에 대한 급여를 정해야 하는지, 어떤 종류의 수당을 제공해야 하는지, 국가마다 상이한 세금 정책의 영향을 어떻게 해결해야 하는지 등의 문제가 있다. 더 어려운 것은 장기 파견, 단기 파견, 통근 형태의 파견, 제3의 국적 등의 다양한 요인의 보상 기준을 수용하는 것이다. 마지막으로 다국적 기업의 채용 프레임워크에서 본국중심주의, 현지중심주의, 지역중심주의, 세계중심주의에 적합한 보상 정책을 찾아야 한다.

문제를 복잡하게 만드는 것은 해외 파견 비용을 절약하라는 국제 인적 자원 관리의 끊임없는 압력이다. 다국적 기업은 3년의 파견 기간에 해외 주재원에게 상당한 금액을 지출한다. 실제로 애틀랜타에서 상파울루로 연간 25만 달러의 미국인 경영진을 배치하는 것은 고용주의 비용을 3배로 증가시킨다. 싱가포르, 루안다, 취리히와 같은 고비용 지역으로 이동하는 것은 갑자기 100만 달러의 지출을 만들 수 있다. 투자 수익에 대한 보호와 함께 이동을 확보하기 위해 국제 인적 자원 관리는 합리적인 보상 계획을 협상해야 한다. 몇 가지 조건을 참고한다면 합리적인 기준을 만들 수 있다.

- 파견에서 생활 수준을 떨어뜨리는 것에 대한 추가 비용이 필요하지 않도록 '전체로 동일하게 유지하는' 보상을 설정한다.
- 경영진과 가족이 해외로 나가도록 설득하고 할당의 책임을 반영하며 세후 소득이 떨어지지 않도록 보장하는 패키지를 고안한다.
- 동료 간 보상의 공정성을 유지하고 주재원 간 평등을 촉진하며 경쟁업체가 제공하는 패키지와 보상이 경쟁하는 계획을 수립한다.
- 본국과 현지국 간 재정적, 세금 및 법적 차이를 조정하는 보상 패키지를 설계한다.

이러한 일은 힘든 작업이다. 이러한 조건은 다국적 기업의 국제적 업무의 범위를 확장한다. 국제 인적 자원 관리는 시행착오와 날카로운 분석을 통해 점진적으로 보상 정책을 개선하여 문제를 해결해야 한다.

보상 계획의 유형

해외 주재원에게 지급하는 보상에 대한 가장 일반적인 접근법은 재무상태표 접근법이다.

다국적 기업은 일반적으로 **재무상태표 접근법**(balance sheet approach)으로 해외 주재원의 보상을 관리한다. 이 접근법은 해외 주재원이 외국에서 본국과 같은 생활 수준을 누리게 하는 보상을 추구한다. "하나를 온전히 유지하는 것"의 정신에서 이 접근법의 기본 원칙은 **평등**(equalization)이다. 해외 주재원은 해외에서 일하는 것으로 인해 과도하게 보상받거나 부당하게 고생해서는 안 된다. 다음의 방법은 재무상태표 접근법을 활용한 방식이다.

해외 주재원의 보상을 위한 다양한 재무상태표 접근법은 다음과 같다.
- 본국 기반 방식
- 본사 기반 방식
- 현지 기반 방식
- 글로벌 시장 방식

본국 기반 방식 본국 기반 방식은 해외 주재원의 보상 기준을 본국의 유사한 직무에 대한 보상에 맞추는 방식이다. 이를 통해 자국 동료와 동등한 보상을 유지할 수 있고 궁극적으로 얻게 되는 이익을 단순화할 수 있다. 급여는 국내 직급과 동일하게 직무 평가, 역량 평가, 시장 조사, 인센티브로 책정된다. 이는 가장 효과적인 보상 계획이다. 다국적 기업의 약 80%가 단기 파견 및 장기 파견에 적용한다.[90]

본사 기반 방식 이 방식은 본사 소재지의 유사한 직무를 기준으로 해외 주재원의 급여를 책정하는 것이다. 예를 들어 덴버에 본사를 둔 다국적 기업이 런던, 산티아고, 자카르타의 자회사에 주재원을 배치하면 덴버에서 지급하는 급여에 따라 설정된 급여를 각 경영진에게 지급하는 것이다. 이 계획은 해외 주재원의 어려움을 이해하고 해외 주재원이 본국에서와 유사한 생활 수준을 누릴 수 있게 기여한다. 이 계획은 조정 방향이 저비용에서 고비용으로 전환되게 한다.

현지 기반 방식 목적지 기반 가격(destination pricing, 혹은 going rate, local-plus)으로 불리는 이 방법은 현지국의 급여 기준을 기반으로 해외 주재원의 보상을 나타내는 방식이다. 국제 인적 자원 관리에서는 해외 주재원의 급여를 비슷한 책임을 가진 현지 임원의 급여와 동일하게 설정한다. 해외 주재원과 생활비 수당, 본국 이익, 세금 감면 등의 형태로 추가 보상을 협상한다. 현지 기반 방식은 본국 및 본사 기반 방식에 비해 해외 주재원에 대한 보상 수준이 가장 낮다. 비록 해외 주재원에게는 이익이 아니지만 저임금의 현지 국가 동료와 보상에 따른 긴장을 줄이는 데 도움이 된다.

'모든 직원을 전체로 동일하게 유지'하려면 국제 인적 자원 관리가 해외 주재원의 생활 수준에 부정적인 영향을 미치는 국제 업무의 특성을 무효화해야 한다.

글로벌 시장 방식 일반적인 방식에서부터 통근 형태까지 해외 파견의 유형, 조건, 기간의 다양성은 국제 인적 자원 관리가 보상 방법을 변경하게 한다. 글로벌 시장 방식은 국제적인 업무를 지속적이지만 불규칙한 업무로 본다. 이는 해외 주재원이 출퇴근 업무의 맥락에서 동일하거나 때로는 다른 국가에서 다른 기간 동안 불규칙하게 일한다는 것을 인식한다. 이 접근 방식을 구현하려면 '모든 해외 주재원을 전체로 동일하게 유지'하기 위해 유연한 시스템과 정교한 성과 추적 방식을 설계해야 한다.

보상 요소

해외 주재원의 보상 패키지는 다양한 임금, 수당, 공급, 상환이 포함된다.

본국 기반, 본사 기반, 현지 기반, 글로벌 시장 방식은 각각 다른 목적과 지침을 적용하고 있다. 그럼에도 불구하고 모든 해외 주재원이 기본 급여, 해외 파견에 대한 프리미엄, 다양한 수당, 부가적

표 20.2 주재원 보상 요소

급여	특징
기본 급여	해외 주재원의 기본 급여는 일반적으로 본국에서 비슷한 직무를 했을 때와 같은 범위에 속한다. 급여는 본국 통화 또는 현지 통화로 지급된다.
생활비	해외 주재원이 도시(예: 런던 또는 라고스) 또는 국가(예: 스위스)의 높은 비용으로 인해 생활 수준의 저하를 겪지 않도록 해야 한다.
해외 주재수당	이동 수당(mobility premium)이라고도 불리는 이 현금 인센티브는 개인이 새로운 국가로 이동하고 가족과 친구로부터 떨어져 생활하며 새로운 문화, 언어, 직장 관행의 일상적인 문제를 다루고 귀국할 때 궁극적으로 이 삶을 방해하는 현실에 대해 보상한다. 장기 파견은 이동 프리미엄을 받을 자격이 된다. 단기 파견은 거의 보상받지 않는다.
부가적인 비용	건강 보험, 생명 보험, 교육비, 양육비, 배우자 지원 등 다양한 혜택이 해외 주재원의 기본 급여를 보완한다.
위험 수당(hardship)	어려운 환경 또는 위험 장소로의 파견에 대한 비용이다. 위험 특별 수당(combat pay)이라고도 하며, 이는 보안 시스템, 몸값 보험(ransom insurance), 위기에 대응하는 안전 장치, 위협 관리 프로그램의 비용을 상회한다.
주거비	해외 주재원에게 익숙한 주거지를 동일하게 유지하는 비용을 의미한다.
세금 차이	다양한 세금 정책에 따라 다국적 기업은 보상을 조정하여 해외 주재원의 세후 소득이 해외 파견 동안 발생한 세금으로 고통받지 않도록 해야 한다. 조세 균등화는 해외 주재원의 보상 비용을 많이 필요로 하는 요소이다.

파견 업무에 경영진을 보내는 것은 이동에 많은 비용이 들고 상당한 스트레스를 부과한다. 국제 인적 자원 관리는 해외 주재원 전체를 유지하기 위해 자리(post)의 위치와 기간을 고려하여 다양한 보상 요소를 조정한다. 이러한 요소는 인사 팀에게 특별한 상황을 해결하기 위해 급여 계획을 조정할 수 있는 유연성을 제공한다.

인 혜택, 세제 혜택 및 기타 복지 혜택을 포함하는 협상을 진행하길 기대한다(표 20.2 참조). 해외 주재원의 변화하는 경제는 이러한 요소에 영향을 미친다. 주요 내용은 다음과 같다.

파견 유형 통근 형태의 파견, 자유로운 형태의 주재원, 초단기적 주재원의 증가로 보상을 계산한다. 단기 파견은 일반적으로 급여나 수당에 변화를 주지 않는다. 대신 경영진은 해외 업무에 대한 일일 수당을 마련한다.

공급 다이내믹스 더 많은 사람이 직업에 대한 야망과 개인적 성취에 동기부여를 받아 기꺼이 어느 곳에서든 일하려고 한다. 어떤 경영진은 경력을 발전시키기 위해 해외에서 근무하기를 원하는 반면, 어떤 경영진은 글로벌 사고방식을 확장하는 기회를 원한다. 두 경우 모두 후보자는 낮은 임금을 상쇄하는 측면으로 '가치'를 본다. 그 결과 많은 국제 업무가 독특하고 풍부한 경험에서 일상 업무의 일부로 이동했다. 마찬가지로 해외 파견에 대한 프리미엄은 많은 다국적 기업에 의해 단계적으로 폐지되었다.

적합한 장소 세계화의 증기는 생활 방식의 기준을 확산시킴으로써 극히 생활하기 어려운 지역의 숫자를 감소시키고 있다. 몇몇 지역은 여전히 안 좋은 기후, 주거 환경, 범죄율, 건강 관리 또는 오염 조건 등으로 확실히 소위 말하는 어려운 지역에 해당한다. 그러한 위치에 파견된 주재원은 급여의 10~35% 정도의 위험 수당을 추가로 받는다. 그럼에도 불구하고 국제 인적 자원 관리는 프라하, 모스크바, 상하이, 리우데자네이루와 같이 예전보다 훨씬 더 수요가 높은 지역의 위험 수당을 감소시키고 있다고 보고한다. 게다가 유럽에서 사업을 하는 대부분의 다국적 기업은 이제 대륙을 하나의 국가로 취급한다.

국제 인적 자원 관리는 다음과 같은 주재원의 난관에 내한 수당을 고려한다.

- 다른 생활 수준
- 익숙한 주거지 유지
- 배우자 지원
- 혹시 모를 안전 또는 보안상의 문제

보상의 복잡성

여러 유형의 주재원을 다양한 지역에 파견하는 기업은 보상을 설정하는 데 좀 더 많은 분석이 필요

개념 체크

국가 간 물리적 및 사이버 네트워크 연결에 의해 세계화 규모와 범위의 확대가 이루어지고 있으며, 이로 인해 점점 더 외국인에 대한 생각이 바뀌고 있다. 한때 외국인으로 여겨졌던 사람들은 오늘날 모든 국가에서 외국인으로 여겨지고 있지 않다. 결과적으로 해외 주재원은 본국과 유사한 지역으로 가기 위해 비용을 지불해할 필요성이 점점 줄어들고 있다.

하다. 예를 들어 국제 인적 자원 관리는 다음과 같은 종류의 문제를 자주 해결한다.

변화하는 표준 세계화가 끊임없이 진화하는 가운데 국제 인적 자원 관리는 보상 방법을 조금씩 조정해야 한다. 예를 들어 본국 기반 방식은 원래 서구 다국적 기업에서 전 세계의 다른 곳으로 전근된 직원을 보상하기 위해 설계되었다. 서구 다국적 기업은 생활 지수를 조정하고 영국이나 미국과 같은 고비용 국가에서 말레이시아나 멕시코와 같은 국가로 이동하기 위한 수당을 지원한다. 물가가 저렴한 마닐라에서 물가가 비싼 샌프란시스코로 경영진을 옮기는 등 역주행을 해야 할 때 어려움이 발생한다. 예를 들어 중국의 해외 주재원은 일반적으로 사치스러운 급여와 혜택을 누리지 않는다. 차이나유니콤(China Unicom)의 유럽 담당 관리자는 파견 기간 동안 적은 생활비와 약소한 중국 급여를 받았다. 모두 합친다고 하더라도 회사의 현지법인의 신입사원 급여의 30%밖에 되지 않았다.[91] 따라서 본사 기반 방식을 적용하면서 재무상태법을 사용하는 다국적 기업은 해외 주재원의 진화하는 지역을 감안할 때, 특히 급여 평등과 수당 일관성을 유지하는 데 어려움을 겪는다.

다국적 기업은 다양한 국가에서 다양한 인력이 수행하는 유사한 업무에 대해 동등한 보상을 할 수 있어야 한다.

일관성 우려 일관성이 보장된 임금 및 복리 후생 제도의 체계화는 공정하고 공평한 보상 계획을 만든다. 비슷한 직무에 대한 급여는 국가마다 다르다. 사실 비슷한 직무에 대한 급여가 국가마다 상당한 차이를 보이고 있다. 그럼에도 불구하고 법적, 문화적, 규제적 차이를 고려하여 국가 및 지역별로 성과 기반 급여를 조정해야 한다. 예를 들어 세금 준수는 미국 시민인 주재원에게 지속적인 공개 요구와 회계 수수료를 부과한다. 미국은 미국인 주재원에 대한 조세 부담 관련 60여 개 국가와 협약을 맺고 있다. 흥미롭게도 미국과 에리트레아는 사는 곳에 상관없이 시민에게 세금을 부과한다.[92]

전략적 우려 본국중심주의 프레임워크를 적용하는 다국적 기업은 오늘날 소수의 해외 주재원만 고용하고 있을 수 있으나, 국제화를 확대할수록 보상 패키지를 사례별로 관리하는 것이 복잡해질 수 있다. 이와는 반대로 세계중심주의 프레임워크를 적용하는 다국적 기업은 다양한 국적의 해외 주재원이 있으며 그들이 고비용 국가에서 저비용 국가로, 또는 저비용 지역에서 고비용 지역으로 이동하면서 수많은 예외사항과 특이사항을 발생시킨다. 국제 인적 자원 관리는 동일한 작업을 수행하지만 다른 지역에 있는 모든 관리자가 동일한 보상을 받을지 여부를 결정해야 한다. 비슷한 일을 하는 관리자 사이의 극심한 임금 격차는 동료의 의욕을 꺾는다. 시스템을 조직하는 것은 국제 인적 자원 관리에 표준을 마련하도록 강요한다.

해외 주재원의 귀임

20-7 해외 주재원의 귀임에 대해 설명한다.

국제 인적 자원 관리는 해외 주재원의 선발, 준비, 보상, 지원, 귀임 등 일련의 행동을 기획하고 운영한다. 프로세스의 말미에 있는 업무인 **귀임**(repatriation)은 해외 주재원의 업무가 종료되었을 때 국외의 주재원을 온전한 상태에서 본국으로 귀임시켜, 기존의 조직에 재통합하는 과정이다. 마지막 단계인 귀임까지 성공적으로 관리했을 때 해외 주재원 관리 활동이 목표가 달성된 것으로 볼 수 있다. 본사에 복귀한 직원은 자신의 지식, 경험, 열정을 동료와 공유한다. 높은 성과를 거둔 주재원의 동료는 해외 파견의 장점을 깨닫고 더 넓은 시야로 본다.

귀임은 파견 업무를 끝내고 돌아오는 많은 대상자에게 효과적이다. 그들은 빠른 승진, 향상된 성과 평가, 더 높은 보상이라는 공통점을 얻는다. 하지만 또 다른 부류는 경력과 기회의 정체를 경험하고 네트워크가 사라진다고 보고한다. 해외 근무를 성공적으로 마친 주재원을 대상으로 한 설문 조사에서 3분의 1은 귀국 후 3개월 만에 임시 업무를 수행한 것으로 나타났다. 일부는 자신의 새로운 직무를 국제적인 전문지식을 활용할 기회를 거의 제공하지 않는 강등으로 보았다. 다른 이들은 동료와 회사가 자신의 업적을 인정하게 하기 위해 고생하는 것을 불평하며 본국으로 돌아온 것을 후회한다고 말한다.[93] 좌절한 상태로 이들은 다른 회사로 이직하는데, 이러한 비율이 대략 20%이다.[94] 그럼에도 불구하고 여전히 이들 중 80%는 회사에 남아 있다.

귀임은 해외 주재원을 본국으로 보내는 것이다.

귀임과 관련된 어려움

해외 주재원의 성공률을 높이는 데 초점을 맞춘 국제 인적 자원 관리는 반복되는 스트레스 지점을 확인한다. 본국 귀임 인력의 업무 배치가 가장 큰 어려움이고 그 뒤를 이어 개인의 재정적 문제와 재적응 문제가 존재한다.

경력 진행 귀임의 문제가 시작되는 지점을 찾기 위해 국제 인적 자원 관리는 해외 주재원이 올바른 자리로 복귀하는 것에 대한 어려움을 중점으로 둔다. 해외에서 근무한 경험이 있는 고성과자는 같은 사무실과 같은 비전으로 복귀하는 것에 대해 그다지 감흥을 느끼지 않는다. 일부 귀임자는 이전 동료들이 본국 혹은 본사에서 자신보다 높은 지위에 있는 것을 발견한다. 동료들은 이들이 모든 비용이 지불된 소위 '휴가' 기간 동안 최신 기술을 유지하고 있는지에 대해 의문을 품는 경우도 있다. 일부는 그들의 바뀐 문화에 놀라며, 다시 회사 네트워크에 함께하는 것에 어려움을 느끼기도 한다. 해외 파견 귀환자들은 자신이 회사를 위해 열심히 노력했기 때문에 칭찬받고 승진할 것이라고 생각했는데, 쉽게 그러한 노력과 성과가 무시당하게 되면서 악감정이 쌓이게 된다.

귀임은 업무적인 어려움, 재정적인 어려움, 사회 재적응 문제를 야기할 수 있다.

해외로 나간다는 것은 권력의 중심을 떠나 주변부로 가는 것을 의미한다. 해외 파견으로 인해 사람들의 시야에서 사라지는 것이 결과적으로 향후 복귀의 결정적인 걸림돌이 될 것이라는 두려움으로 인해 귀임의 어려움이 발생한다. 이 문제는 대부분의 기업이 경력 관리, 계획, 유지와 관련된 공식적인 귀임 전략이 부족하다는 사실로 인해 생긴다.[95] 정체된 경력에 대한 이야기를 듣게 되면 패스트트랙(fast-track)에 있는 관리자는 해외 파견을 꺼리게 된다. 한 경영진은 다음과 같이 설명한다. "다국적 기업은 해외에 사람들을 배치한 다음 잊어버린다. 무엇보다도 최고경영자와 네트워크를 형성할 기회를 놓친 채 본국으로 복귀하면 그 회사의 해외 파견은 훨씬 더 어려워진다."[96] 이 상황은 특히 기업 조직이 위계적 관계에 놓인 구성원들 사이에서 지속적인 대면이 이루어지고 일종의 집단주의가 형성된 문화를 가진 경우 더욱 심각한 문제를 만들 수 있다.

귀임자를 좌절시키는 가장 큰 원인은 그들에게 적합한 업무가 주어지지 않는다는 것이다.

개인 재정의 변화 해외 주재원이 귀국하게 되면 재정 상황이 바뀔 수 있다. 대부분의 해외 주재원은 외국에서 지내는 동안 다양한 수당을 통해 넉넉한 지원을 누린다. 해외에서 주재원은 한정된 구역 내에 살면서 자녀를 유명한 학교에 보내고 가정부를 고용하며 현지의 엘리트와 교류하고 여전히 상당한 액수의 돈을 저축하고 있다. 따라서 특권이 훨씬 적은 본국의 보상 체계를 적용받게 되면 상당한 혼란을 느낄 수 있다.

역문화 충격은 자신의 문화로 돌아갈 때 불안을 경험하면서 발생하는 것을 의미한다.

개인적 재적응 귀임은 본국의 삶에 재적응의 어려움으로 이어진다.[97] 해외 주재원과 가족은 역문화

개념 체크

4장에서는 경제적 요인이 고성장 시장의 프로파일 변화에 기여한다는 점을 강조한다. 17장에서는 이러한 변화된 프로파일에 대응하는 글로벌 제조 전략과 공급사슬 관리 전략에 대한 새로운 생각을 설명했다. 이러한 추세는 일부 다국적 기업이 현지 사업을 운영할 현지 직원을 모집하기 위해 주재원 정책을 변경함으로써 본국 귀임 문제를 예방하게 한다.

충격(reverse culture shock)을 겪게 된다. 미국으로 돌아오자마자 한 직원은 다음과 같이 말했다. "나는 페루 문화를 너무 사랑했다. 내 현재 느낌은 더 이상 나의 믿음과 맞지 않는다. 여기는 내 집인데 전혀 이해되지 않는다."[98] 해외 파견 기간의 길이에 따라 귀임자는 자신이 한때 당연시했던 것을 다시 배우고 익혀야 할 필요도 있다. 그러는 동안 자녀들은 학교 생활에 적응하느라 힘들고 배우자는 격리된 느낌을 받거나 예전 커리어 혹은 예전 친구들에게로 돌아가는 데 곤란을 겪는다.

본국 귀임 과정의 관리

귀임 딜레마는 국제 인적 자원 관리를 어려운 상황으로 몰아넣는다. 해외 주재원의 자리는 그들이 해외에 파견 나간 동안 비워둘 수 없다. 합병, 인수, 분할, 구조 조정 등은 기업의 계획을 변경하고, 더 나아가 해외 주재원에 대한 계획을 변경한다. 마찬가지로 귀임 직원이 돌아왔을 때 그들의 '대체 직원'과 만나는 것은 한 가지 문제는 해결할 수 있지만 또 다른 문제를 야기한다. 국제 인적 자원 관리는 귀임의 어려움이 클수록 다른 사람들이 해외 파견을 받아들이도록 설득하는 데 어려워지므로 귀임 문제를 정확하게 연구하고 해결한다. 따라서 체계적인 귀임 프로그램의 중요성에 이의를 제기하는 사람은 거의 없다.

귀임을 진행하려면 출국 전, 해외에 있는 동안, 특히 귀국하기 전에 긍정적인 측면과 부정적인 측면에 대한 예리한 감각이 필요하다.

국제 인적 자원 관리는 일상적으로 워크숍을 개최하고 멘토를 임명하고 생존 지침을 공유하며 복귀 전략을 경력 관리에 연결한다. 일부는 해외 주재원이 국제 경험을 활용할 수 있는 기회를 만들어 공식적인 인정을 제공하고 가족의 이동을 지원하며 더 많은 경력 선택권을 확인하는 방법을 찾는다. 국제 인적 자원 관리는 해외 주재원의 업무를 경력 계획에 통합하여 주재원의 경력을 보호하기 위한 감독 프로그램을 개발한다. 예를 들어 레이테온은 해외 주재원 지원 팀에게 그들의 경력 포부와 해외 경험의 혜택에 부합하는 자리에 담당자를 배치하는 것을 도와달라고 요청한다.[99] 국제 인적 자원 관리는 개인 경력 관리가 의기양양하게 귀국하는 데 필수적이라고 조언한다. 해외 주재원은 이상적으로 지속적인 대면 및 온라인 네트워킹을 통해 사이클을 관리해야 한다. 네트워킹은 해외 근무 중이라도 '마음만은 본국에' 있게 하는 가장 강력한 도구라는 점을 고려할 때 수동성은 위험할 수 있다.

해외 파견의 실패

20-8 해외 파견의 실패에 대해 살펴본다.

아쉽게도 아무리 잘 짜인 계획이라도 종종 실패할 때가 있다. 다국적 기업은 글로벌 경영 활동을 원활히 진행하기 위해 가장 우수한 경영진을 선발하고 해외 파견 준비에 투자하며 인력을 현지에 배치하고 적절한 보상 체계를 수립한다. 그러나 그러한 노력에도 불구하고 언제나 해외 파견이 성공하는 것은 아니며 적지 않은 숫자의 실패를 경험하게 된다. 해외 파견의 실패는 잘못된 기대와 함께 잘못된 시기에 잘못된 직무에 잘못된 사람을 투입하는 잘못된 파견 계획의 결과이다. 때로는 개인적인 상황으로 인해 많은 사람이 확실한 것으로 여겼던 것을 망치기 때문에 놀라움으로 다가온다. 어느 경우이든 계획은 꼬일 수 있다. **해외 파견의 실패**(expatriate failure)는 좁은 의미로는 성과 부진으로 인해 관리자 조기 귀국하는 것이며, 넓은 의미에서는 국제 인적 자원 관리의 해외 주재원 관리 시스템의 실패이다.

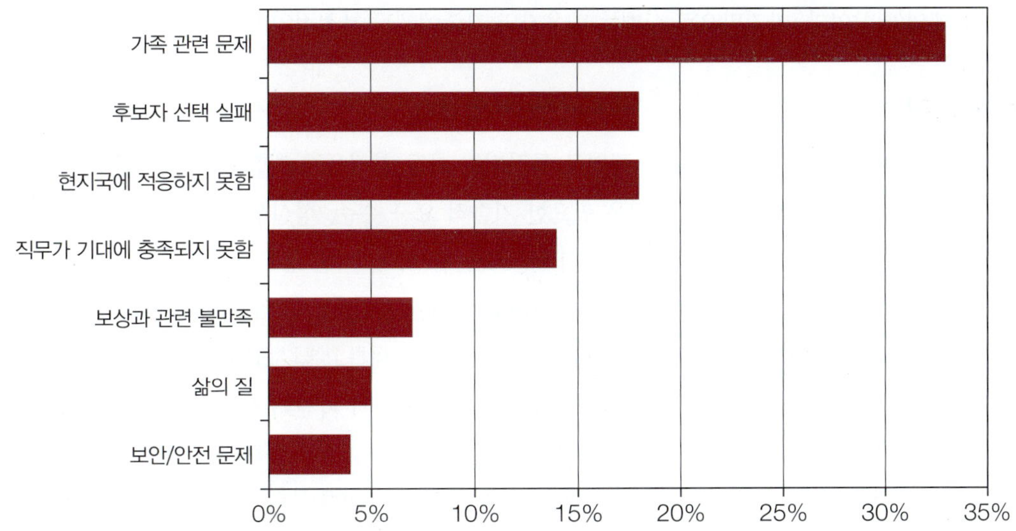

그림 20.6 해외 파견이 계획대로 진행되지 않는 이유[100]
해외 주재원의 지위는 본질적으로 기대, 전망, 지향이 본질적으로 다양하기 때문에 해외 파견 실패의 이유도 다양하다. 개인적, 운영적, 환경적, 제도적 요인이 있다.

1980년대에 성과 문제로 인해 선진국에 배정된 미국 주재원 중 거의 3분의 1이 일찍 귀국했다. 생활 및 업무 환경이 열악한 국가에 파견된 관리자의 실패율은 2배에 달했다. 오늘날 약 5%의 해외 주재원은 공식적으로 파견을 완수하지 못한다. 그림 20.6을 보면 주요 원인을 알 수 있다. 국제 인적 자원 관리 입장에서 걱정스러운 것은 25%에 달하는 추정치보다 더 많은 해외 주재원이 조기 복귀를 고려하지만 부정적인 의미를 감안하여 그렇게 하지 않고 있다는 사실이다. 그럼에도 불구하고 그 옵션을 고려하는 것은 종종 해외 주재원의 유효성을 감소시킨다. 한때 흔한 걱정거리였던 새로운 문화와 삶의 질에 적응하는 어려움은 문화적 준비성 향상과 글로벌 사고방식의 확장을 감안할 때 더 이상 큰 어려움으로 간주되지는 않는다. 오히려 가족 문제 조정, 사회적인 연결의 어려움, 지속적인 외로움이 점점 더 중도 귀임의 큰 이유로 부상했다. 후자의 두 가지는 밀레니얼 세대와 Z세대에게서 두드러지게 나타난다.[101]

해외 주재원 선발 과정의 개선으로 해외 파견의 실패율이 감소한다.

실패 비용

실패율이 감소하는 것은 적절한 인력을 선택하고 준비하며 올바른 업무에 배치하기 위한 국제 인적 자원 관리 기능의 정교함을 증명한다. 확실히 감소는 축하할 만한 일이다. 그러나 해외 파견 업무의 완수를 의미하는 것은 아니다. 실패에 따른 재무적, 개인적 비용이 그리 빈번하게 발생하는 것은 아니지만 치명적일 수 있다. 게다가 경우에 따라서는 실패율이 오르기도 한다. 신흥경제국의 확장으로 인해 본국과 근본적으로 다른 환경을 관리하기 위해 자원 여력(resourcefulness)을 테스트하는 시장에 해외 주재원이 투입된다. 오늘날 중국과 인도는 해외 주재원 자리로 많이 떠오르고 있으며 실패율이 가장 높은 지역 중 상위에 있다.

해외 파견 실패는 운영상 많은 비용, 경력에 악영향, 당사자의 과한 스트레스를 유발한다.

해외 파견의 실패에는 많은 비용이 든다. 직접 비용은 종종 해외 주재원 연봉의 3배가량의 비용과 이동 비용이다. 총재정 비용은 선정, 준비, 운송, 실패로 인한 생산성 저하와 손해 관리 등을 포함하기 때문에 그 액수가 상당할 수밖에 없다. 이외에도 파견 전 탁월한 역량을 가진 관리자로서 개인적으로 가진 자신감, 기업 정체성, 잠재적인 리더십에 상처를 입을 수 있고, 이는 비용으로 산정할 수 없는 실패의 영향이다. 마지막으로 실패는 배우자와 가족에게도 부정적인 영향을 준다.

추가 기회

외국에 나가는 것은 다른 규범, 가치, 행위로 특징되는 다른 환경을 항해할 것을 요구한다. 이론적으로 국제 인적 자원 관리의 검증 과정은 필요한 기술적 요구 수준, 성실성, 자신감, 자원 여력, 문화적 적극성, 글로벌 마인드를 가진 해외 주재원을 찾는 것이다. 어떤 경우에는 좋은 의도에도 불구하고 경험이 가장 중요하다는 것을 느낀다. 아쉽게도 이러한 차이를 일찍 인지하는 것은 (마치 보스턴을 떠나 방콕으로 향한다는 것을 경영진에게 듣는 것처럼) 새롭고 낯설고 다른 것에 적응하는 능력을 보증하지는 않는다. 매력적으로 보이고 보상이 높지만 해외 파견의 생활 방식은 그들 마음의 안전지대(comfort zone)를 벗어난다. 뒤따르는 어려움은 향수병, 문화 충격, 외로움으로 이어질 수 있다. 아무리 준비를 잘해도 예정된 모험은 우울한 유배가 될 수 있다.

미래 전망 글로벌 파견의 변화지형도

우리는 갈수록 해외 주재원 파견과 전문가 경로의 지형도에서 큰 변화를 맞이하고 있다. 서구의 다국적 기업은 한때 우리의 주요 관심 대상이 아니었던 국가들에 대한 전략을 수정하고 있다. 한 세대 전만 하더라도 대개 해외 주재원은 유럽, 북미, 일본이라는 번성하는 시장의 주요 전략지에 모여들었다. 하지만 요즘에는 빠르게 성장하는 아프리카, 아시아, 남미와 같은 신흥 경제의 중요성이 증가함에 따라 그곳에서 사업을 열고 확장하고 있다. 그러는 동안 서구 다국적 기업은 국내 시장의 운영을 축소하고 있는데, 인력 숫자를 줄이고 주요 경영 활동을 신흥 시장으로 재배치하고 있다.

구성 변경

다국적 기업은 전열을 재정비하면서 인력을 재배치한다. 예를 들어 1990년대에 미국 회사는 해외에 270만 명의 임직원 숫자를 늘린 반면, 미국 국내에서는 440만 명의 임직원 숫자를 증가시켰다. 대조적으로 2000년대에 미국 회사는 국내에서 300만 명을 줄이고 해외 인력을 240만 명이나 늘렸다. 예를 들어 IBM은 1998년 소수 인원만 근무했던 인도법인을 현재 13만 명으로 늘렸다. 이 회사는 현재 미국보다 인도에서 더 많은 인력을 고용하고 있다.[102]

다른 기업도 이와 유사하게 경영진을 재편하면서 서구 시장에서 근무했던 인력을 동양의 비즈니스센터로 재배치했다. P&G는 글로벌 스킨, 화장품, 퍼스널케어 사업부의 본사를 신시내티에서 싱가포르로, 필립스일렉트로닉스(Philips Electronics)는 국내 가전 사업부를 아인트호벤에서 상하이로 이전했다. 시스코(Cisco)는 모든 신흥 시장 활동을 단일 사업부인 벵갈루루의 '시스코이스트(Cisco East)'로 통합하고 최고국제화책임자(Chief Globalization Officer)라는 영예로운 직함을 가진 고위 경영진을 배치했다. 또한 변화의 속도는 더욱 빨라지고 있다. 한 다국적 기업은 상위 200명의 임직원 중 2%만이 아시아의 신흥 시장에 근무하고 있는데, 이들이 전체 매출의 3분의 1 이상을 차지할 것으로 예측된다.[103] 이러한 기업의 재배치는 크게 설득력이 있다. 한 CEO는 다음과 같이 말했다. "오늘 우리는 브라질에 가고, 중국에도 가고, 인도에도 간다. 왜냐하면 그곳에 고객이 있기 때문이다."[104]

개인적 야망과 프로의 경로

신흥 시장의 매력은 기업을 넘어 확장된다. 졸업생들은 성숙한 서구 경제에서 느리게 성장하는 사업과 포화된 최고경영자 시장을 맞이한다. 많은 사람은 뉴욕, 도쿄, 파리, 런던보다 마닐라, 상하이, 라고스, 뭄바이에서 승진할 가능성이 더 높다고 생각한다. 한 진취적인 학생은 다음과 같이 말했다. "많은 친구가 아시아와 중남미로 인턴십을 하러 갑니다. 안전하지 않을 수도 있지만 그곳에서 경험을 얻는 것이 도움이 된다고 봅니다. 왜냐하면 그곳에 일자리가 많을 것이기 때문입니다."[105] 다시 말하지만 젊은이들은 해외에서 일하는 것에 이끌린다는 걸 잊지 말아야 한다. 44개국의 4,200명의 졸업생을 대상으로 한 조사에서 80%의 학생이 국제적으로 일하고 싶어 한다는 조사 결과가 나왔다.[106]

학생들은 참을성 있게 기다리기보다는 과정을 시작하고 미래를 움직이는 시장으로 바로 향한다. 외국 현지와 문화적 연계가 있는 졸업생은 물론, 언어에 능통한 졸업생과 문화 경험과 언어 능력이 떨어지는 졸업생에게도 매력적이다. 웨어러블 기술[실시간 다국어 번역을 가능하게 하는 값싼 이어버즈(earbuds) 같은 물건]에서 인공 지능(즉 다국적 기업을 인간과 알고리즘의 무한한 네트워크로 재구성)에 이르는 모든 영역을 실행하는 기술은 채용 조건과 승진 기준을 재설정할 것이다. 글로벌 환경에서 일할 수 있는 경험과 모험, 초급 직무를 건너뛸 수 있는 기회는 밀레니엄 세대는 물론 Z 세대에게도 크게 어필한다.

전속 전진

매출, 성장성, 근무, 경영진의 기회가 서구에서 신흥경제국으로 이동함에 따라 해외 주재원 업무의 지리적 근본이 급진적으로 재설정될 것으로 예상한다. 데이터는 이 추세가 진행 중임을 확인해준다. 중국, 베트남, 아랍에미리트, 홍콩, 태국, 체코, 카타르, 인도, 싱가포르는 해외 주재원을 위한 주요 목적지이다. 태국, 말레이시아, 오만, 에스토니아, 케냐, 나이지리아도 그에 뒤지지 않는다. 마지막으로 그 흐름은 일방향이 아니라는 것을 명심해야 한다. 신흥 시장의 다국적 기업은 서구 시장에서 사업을 운영하기 위해 현지 인재를 점점 더 찾고 있다.

CASE

TCT: 인도 자회사의 임원 선임

2020년 5월, 미국 TCT(Tel-Comm-Tek)의 자회사인 TCT 인도의 경영 임원인 마크 홉킨스(Mark Hopkins)는 자신의 은퇴를 2020년 8월로 정했다. 2016년 1월부터 홉킨스는 인도 사업의 성장, 시장 점유율, 수익성을 이끌었다. 그의 결정에 따라 필라델피아에 본사를 둔 TCT 글로벌의 국제 인적 자원 관리 팀은 후임자를 찾기 시작했다.

TCT는 주로 광복사기, 레이저 프린터, 문서 분쇄기 등 사무용 장비를 11개국에서 제조하고 92개국에서 판매하고 있다. 글로벌 전략에서는 본사가 비용을 관리하고 입지 효과를 활용하며 표준화를 최적화하기 위해 전 세계 활동을 긴밀하게 조정하도록 요구한다. TCT는 2012년에 인도에 진출하여 처음에는 현지 대리점에 의존하여 수입 제품을 판매하고 서비스를 제공했다. 매출 증가로 TCT는 2016년 뉴델리에 마케팅 자회사를 설립했다. TCT 인도의 판매는 초기 느린 성장세를 보였지만 급증하는 인도 경제와 함께 빠르게 성장하고 있다. 2019년, TCT 글로벌은 2021년 3월까지 인도에 현지 제조 시설을 개설할 것을 승인받았다.

놀라운 기회, 어려운 제약 조건

성장 가속화

인도는 세계에서 두 번째로 큰 경제 대국으로 꾸준히 발전하고 있다. 2019년에는 영국과 프랑스를 제치고 세계 5위의 경제 대국이 되었다. 인도는 엄청난 인구 규모, 우호적인 인구 구성, 인프라와 소비에서의 급속한 따라잡기가 예상되는 대단히 큰 규모의 국가이다. 이러한 전망은 다국적 기업이 인도 사업을 확장하는 데 큰 자극이 된다. 예를 들어 TCT의 오랜 고객인 IBM은 1998년 소수 인원에서 현재 전 세계 인력의 약 3분의 1에 해당하는 약 13만 명으로 인도인의 채용을 꾸준히 늘렸다. 마찬가지로 벵갈루루에 본사를 둔 인도의 대표 IT 기업이자 TCT의 핵심 고객인 인포시스(Infosys)는 2005년에 3만 6,000여 명에서 2019년에 24만 8,000여 명으로 직원을 늘렸다. 증가하는 시장 수요에 따라 TCT는 인도 매출이 2024년에 미국 매출을 넘어설 것으로 전망하고 있다.

인프라 개선

인도 물류 시스템의 개선은 TCT 인도의 운영 범위를 확장하도록 장려한다. 고속도로, 철도, 항구를 개선하면 운송 옵션이 꾸준히 확대되고 운송 효율성이 향상된다. 경영진은 TCT 인도가 글로벌 공급사슬과 장기적으로 성장하는 아시아 네트워크의 허브에서 중요한 연결고리가 될 것으로 보고 있다.

변화하는 정치 경제

1947년부터 1990년까지 인도는 중앙계획경제였다. 광범위한 시장 규제는 복잡한 라이선스 시스템, 규칙, 때로는 비즈니스의 개방과 운영을 규제하는 불투명한 관료주의에 의해 관리되었다. 이 시스템은 매우 번거로웠기 때문에 지방 정부 관계자들의 갈등으로 시장 활동을 크게 복잡하게 만든 악명 높은 '라이선스라즈(License Raj)'를 불러왔다. 1991년 국제수지 위기가 인도의 변화를 일으켰다. 정부는 경제를 자유화하고 규제를 철폐했으며 투자와 무역을 장려했다. 이 변화는 계속 진행 중인데, 경제를 안정화했고 인도의 매력도를 향상했다. 1990년대 초 인도의 경제적 자유 점수(economic freedom score)는 40%를 약간 상회했는데, 2019년에는 55%로 많이 높아졌다. 마찬가지로 세계은행의 사업용이성지수(World Bank's Ease of Doing Business Index)는 2009년에 인도를 133위, 2019년에는 63위로 평가했다. 지속적인 시장 자유화에 대한 자신감은 TCT의 확장에 동기를 부여한다.

친노동법

꾸준한 규제 완화에도 불구하고 인도의 노동법은 제약을 가한다. 인도의 산업분쟁법은 100명 이상의 근로자를 고용하는 회사가 아무리 심각한 상황이라 하더라도 누군가를 해고하기 전에 국가의 허가를 받도록 하고 있다. 허가는 일반적으로 광범위한 협상과 합의에 달려 있다.

결과적으로 인도의 히어로그룹(Hero Group)의 CEO가 언급한 것처럼, "기업은 새로운 사람을 고용하기 전에 두 번, 열 번 생각한다."[107] 다른 법류는 기업이 설사 제조 근로자가 원한다고 하더라도 3개월 동안 54시간 이상의 초과근무를 못하게 금지하고 있다.

산업 규제

산재되어 있는 마을에서 운영되는 수백만 개의 소규모 기업을 보호하기 위해 고안된 다양한 법률은 다국적 기업이 많은 인도 산업에서 경쟁하는 것을 제한한다. 높은 관세는 또 다른 도전이다. 국내 생산을 촉진하기 위해 제정되었고 여전히 많은 수입품에 적용된다. 관세 노출을 최소화하는 것은 외국 제조업체가 현지에서 제품을 만들도록 자극한다.

법적 잔재

민주주의가 작동하더라도 부패는 지속된다. 2019년, 국제투명성기구(Transparency International)에서 사적 이익을 위한 공권력 남용에 대해 인도는 175개국 중 80위를 차지했고, 10년 전에는 87위를 차지했었다.[108] 인도의 법체계는 법치를 지지하지만 중앙계획경제와 악명 높은 라이선스라즈의 잔재인 방대한 관료제는 이를 어렵게 한다. 인도의 법률 시스템은 법의 지배를 원칙으로 하면서도 광범위한 관료주의(중앙계획경제와 악명 높은 라이선스라즈의 유산)와 힘든 투쟁을 전개하고 있다. 규제의 투명성은 개선됐지만 어려움은 여전하다. 결과적으로 다국적 기업은 지적 재산권을 보호하기 위해 고군분투한다.

장애물을 없애고 전속력으로

2020년 5월, TCT는 인도 실리콘밸리의 중심지인 벵갈루루 근처에 공장을 짓기 시작했다. 이 공장은 2020년 7월에 첫 생산을 앞두고 보급형부터 고급형 레이저 프린터까지 만들 예정이다. 초기에는 현지에서 양질의 부품이 부족했던 터라 아시아의 공급사로부터 부품을 공급받아야 하는데, 문제는 이러한 부품의 경우 높은 관세를 납부해야 한다는 것이다. 최종적으로 TCT 인도는 이러한 부품을 현지에서 만들 계획이다.

TCT 인도는 조립라인을 가동하기 위해 75~90명의 직원을 고용할 것으로 예상하고 있다. 이는 인구 통계학적, 교육적 상황을 고려하여 숙련된 노동자를 고용하는 데 문제가 없을 것으로 예상한다. 수백만 명이 유명한 다국적 기업의 수천 개의 일자리에 정기적으로 지원한다. 최근 2,500만 명 이상이 인도국영철도의 약 9만 개 일자리에 지원했다.[109] 이와 유사하게 한국의 대기업 LG가 인도 공장에서 458개의 조립라인 인력을 고용했을 때 지원자들은 고등학교와 기술대학 자격으로 환산되는 최소 15년의 교육을 받아야 했다. 젊은 인력을 선호한 LG는 이전 업무 경험이 많지는 않더라도 어느 정도는 경력이 있는 인력을 원했다. 최종적으로 약 5만 5,000명이 면접을 볼 수 있는 자격이 있었다.

TCT는 벵갈루루 공장의 건설을 감독하기 위해 일본 엔지니어링 회사를 고용했다. TCT 미국은 개리 켄트(Gary Kent)를 텍사스 레이저 프린터 공장을 운영하는 현 직책에서 인도 공장을 운영하도록 파견했다. 그는 뉴델리에 있는 TCT 인도 경영임원뿐만 아니라 TCT 미국 본사에 공동으로 보고한다(이 자리는 마크 홉킨스의 은퇴로 공석이 된 자리이다). 인도 공장이 가동되면 켄트는 미국으로 돌아갈 것이다. 그의 후임자는 TCT 인도의 새로운 경영임원이 선정할 것이다.

TCT 인도의 경영임원 선정

TCT는 본국, 호스트국, 제3국 국적자를 혼합한 세계중심주의 프레임워크를 전 세계에 적용한다. 사내에서 최고의 자격을 갖춘 후보자를 승진시킴으로써 경영진 공석을 메운다. 해외 주재원 업무를 마친 대부분의 고위 경영진은 국제 경험이 리더십의 핵심이라고 믿는다. 일반적으로 TCT의 해외 주재원 선정 기준은 기술적 역량과 글로벌 마인드를 강조한다. 인도의 독특한 상황은 회사 내부뿐만 아니라 사회 내에서의 대인관계의 모호성을 탐색하기 위해 아이디어가 풍부하고 다양한 지향성을 강조했다.

TCT 미국의 국제 인적 자원 관리 담당자는 아시아 지역 사무소에 TCT 인도의 경영임원을 선정하도록 요청했다. 제조, 마케팅, 물류와 인도, 미국, 아시아 사업부의 행정 대표로 구성된 위원회가 다음의 후보자를 평가하기 위해 소집되었다. 인도 비즈니스 환경의 다양한 요건과 함께 광범위한 직책은 정확한 직무 요건을 규정하는 것을 막았다. 위원회는 '지식, 기술, 능력(KSA)' 프레임워크를 구조 분석에 적용했다. 이상적인 후보자는 광범위한 전략적 지식, 경영 원칙의 실제 적용을 입증하는 기술, 글로벌 마인드뿐만 아니라 경영 전망을 나타내는 능력을 가지고 있어야 한다고 판단했다.

후보자

- **아타시 다스(Atasi Das)**

출처: Shutterstock

미국에서 태어났으며 콜롬비아대학교에서 MBA를 취득한 후 9년 전 TCT에 합류했다. 41세인 그녀는 지원 부서와 직접 부서를 성공적으로 오갔으며 전략 기획에서 좀 더 큰 역할을 맡았다. 2년 동안 그녀는 중간 규모 생산 그룹의 부책임자였다. 그녀의 성과는 꾸준하게 좋은 평가를 받는다. 현재는 TCT 필라델피아 본사에서 공급사슬 물류를 지휘하고 있다. TCT에 입사한 후 그녀는 학부 전공이 국제경영이라며 해외 근무가 자신의 목표라고 말했다. 그녀는 꾸준히 해외 기회에 대한 관심을 상기시키며 가급적 TCT와 함께하고 싶지만 필요한 경우 다른 곳도 괜찮다고 했다. 그녀는 힌두어를 구사할 수 있으며 미혼이다. 미국에

사는 그녀의 부모는 인도에서 온 이민 1세대이다. 친척이 인도 북부의 카슈미르와 펀자브에 거주한다.

- **브렛 해리슨**(Brett Harrison)

출처: EDHAR/Shutterstock

47세이며 TCT에서 21년 동안 근무했고 직접 부서 업무와 지원 부서 업무를 경험했다. 그의 상사들은 그를 고위 경영진에 합류할 준비가 된 노련한 경영진으로 생각한다. 지난 2년 동안 그는 싱가포르에 본부를 둔 아시아 지역 사무소에서 전략 기획 이사로 근무했다. 그는 영어만 구사하면서도 꾸준히 TCT 아시아 사업부를 순회하며 현지 비즈니스 상황을 효과적으로 살핀다. 그와 그의 아내는 2명의 10대 자녀와 함께 인도를 수차례 여행했고 인도의 지리와 관습에 어느 정도 익숙하다. 해리슨은 벵갈루루에 있는 다른 해외 주재원을 알고 있다. 해리슨의 아내는 일본계 제약 다국적 기업의 싱가포르 자회사에서 마케팅 이사로 근무 중이다. 현재 이 회사는 인도에 수출하지만 인도에서 직접 법인을 운영하는 것은 아니다.

- **잘란 부킷 셍**(Jalan Bukit Seng)

출처: Ajay Bhaskar/Shutterstock

52세의 셍은 말레이시아에 있는 TCT의 레이저 프린터 제조 공장의 경영임원이다. 싱가포르 시민권자인 그는 싱가포르와 말레이시아에서 경력을 쌓았다. 그는 꾸준히 다양한 TCT 공장에 출근하여 조립 시스템을 업그레이드하고 장비 수리를 감독한다. 그는 싱가포르국립대학교에서 학부 및 MBA 학위를 취득했으며, 싱가포르의 4개 공용어인 말레이어, 영어, 만다린어, 타밀어를 구사한다. 그의 성과 평가는 꾸준히 긍정적이며, 주기적으로 우수하다는 평가를 받는다. 셍은 미혼이지만 싱가포르와 말레이시아에 가족이 있다. 싱가포르와 벵갈루루 사이의 직항은 매일 4시간 20분 동안 운행된다.

- **라비 데사이**(Ravi Desai)

출처: Wong Yu Liang/Shutterstock

현재 TCT 인도에서 부책임자를 맡고 있는 데사이는 뉴델리에 있는 TCT 사무실에서 현지 시장 활동을 감독한다. 인도 시민권자인 그는 TCT에서 14년을 근무했는데, 주로 인도에서 일했지만 일본과 호주 사업부에서 자유로운 형태의 주재원 형식으로 단기로 근무하기도 했다. 현재 37세인 그는 명망 있는 인도 교육기관(Indian Institute of Management)에서 MBA 학위를 받았다. 그는 성과 평가가 뛰어나고 강력한 리더십 능력을 보여준다. 기혼인 그는 두 살과 일곱 살 된 두 아이가 있으며, 영어와 힌디어를 구사한다. 인도 출신인 그의 아내는 가사에 종사하며 영어를 사용하지 않는다. 이 가족은 정기적으로 인도 전역의 친척들을 방문한다.

- **사우미트라 차크라보티**(Saumitra Chakraborty)

출처: Ashwin/Shutterstock

36세의 차크라보티는 인도에서 퇴임하는 경영임원의 수석보좌역이다. 라비 데사이와 함께 뉴델리 오피스에 근무 중이다. 그는 스위스 제네바 대학교에서 공부한 후 시드니대학교를 졸업하자마자 TCT 인도에 입사한 이후 현재 직책을 맡고 있다. 그는 꾸준히 고객 관리에서 우수 등급을 받으며 TCT 인도의 매출 증가에 기여했다. 이는 주로 인도의 저명한 가족 및 정부 관리자와의 사회적 연결과 인도 비즈니스 환경의 방식에 대한 숙련도 덕분이다. 그의 아버지는 인도 재무부의 고위 관료이다. 인도의 주요 언어인 영어와 힌디어 외에도 칸나다(벵골루루의 현지어)를 사용하는 유일한 후보이다. 그는 직접 부서 경험이 부족하다.

- **톰 월리스**(Tom Wallace)

출처: Andresr/Shutterstock

TCT 미국에서 30년간 근무한 베테랑인 월리스는 광범위한 기술력과 영업 경험을 보유하고 있다. 그는 곧 인도 공장 관리자가 될 게리 켄트와 함께 미국의 공급사슬 프로젝트에서 일했다. 해외에서 근무한 적은 없지만 정기적으로 TCT의 해외 사업장을 둘러봤다. 그는 최근에 해외 업무에 관심을 표명했다. 그의 상사들은 대부분 그의 성과를 훌륭하다고 평가한다. 월리스는 7년 후에 은퇴할 예정이다. 그와 그의 아내는 영어만 구사한다. 그들에게는 미국에서 가족과 함께 사는 3명의 성인 자녀가 있다. 현재 월리스는 TCT 인도의 현재 크기보다 조금 더 큰 미국 사업부를 관리하고 있다. 그의 사업부가 다른 TCT 부서와 합병되면 9개월 안에 그의 현재 직위는 없어질 것이다.

선택의 시간

각 후보자의 프로필과 함께 큰 결정을 내리는 선정 위원회가 소집되어 치열한 토론이 벌어졌다. 인도에서의 직책과 거대한 잠재력은 이것이 일반적인 직원을 뽑는 행사가 아니라는 것을 의미했다. 이 직무에 적합한 사람을 선택하는 것은 궁극적으로 인도뿐만 아니라 아시아 전역에서 TCT의 확장을 지원하는 데 필수적이다.

문제

20-3 후보 6명의 주요 이점을 파악해보자. 각 후보자의 주요 제한사항을 파악해보라. 그런 다음 TCT 인도의 경영임원 자리를 놓고 가장 자격이 있는 사람부터 가장 낮은 사람까지 후보자의 순위를 매겨보라.

20-4 경영임원으로 임명되기를 추천하는 사람이 직면할 수 있는 운영 및 개인적 어려움은 무엇인가?

20-5 선호하는 후보자가 이러한 어려움을 관리하는 데 어떠한 단계(step)를 추천하는가?

20-6 TCT가 현지중심주의 프레임워크를 적용했다고 상상해보자. 그렇게 되면 후보의 순위가 바뀌는가? 현재 당신이 선호하는 후보는 누구인가?

20-7 TCT가 본국중심주의 프레임워크를 적용했다고 상상해보자. 그렇게 되면 후보의 순위가 바뀌는가? 현재 당신이 선호하는 후보는 누구인가?

20-8 TCT가 지역중심주의 프레임워크를 적용했다고 상상해보자. 그렇게 되면 후보의 순위가 바뀌는가? 현재 당신이 선호하는 후보는 누구인가?

미주

1장

1 *Sources include the following:* "Mr Putin's Awful Week," *The Economist* (December 14, 2019): 45; Rachel Axon, "Without Any Competitions, Olympic Athletes Feel Financial Squeeze as They Train for Tokyo Games," *USA Today*: n.p.; Ed Augustin, "Cuba Learns to Live Without Its Stars," *New York Times* (December 30, 2018): SP1+; "European Sports," *The Economist* (August 25, 2018): n.p.; "Cricket in Corfu," *The Economist* (September 15, 2018): 61; "Bigger Than Blatter," *The Economist* (June 6, 2015): 12; Andrew Zimbalist, *Circus Maximus: The Economic Gamble Behind Hosting the Olympics and the World Cup* (Washington: Brookings Institution Press, 2015); Binyamin Applebaum, "Globalization Under Attack," *New York Times* (April 2, 2015): A3; Stephanie Clifford and Matt Apuzzo, "U.S. Vows to Rid Global Soccer of Corruption," *New York Times* (May 28, 2015): A1+; CIES Football Observatory, "Monthly Report: Foreign Players in Teams" (February 9, 2016): n.p.; "The Swedish Model," *The Economist* (October 27, 2012): 56; Kim Daekwan, "The Global Impacts of World Event Sponsorships on Firm Market Performance: A Hierarchical Linear Modeling Approach," *Proceedings of the 54*th *Annual Meeting of the Academy of International Business* (Washington: June 30–July 3, 2012); Mike Esterl, "Olympics Sponsors Go for the Young," *Wall Street Journal* (July 3, 2012): B8; Harald Dolles and Sten Söderman, eds., *Sport as a Business: International Professional and Commercial Aspects* (Houndsmills, UK: Palgrave Macmillan, 2011); Mark Mulligan, "Football, Funding and MBAs," *Financial Times* (December 13, 2010): 11; Roger Blitz, "Sports Organisers Play High Stakes Games," *Financial Times* (September 29, 2010): 7; Jeremy Kahn, "N.B.A. in India, in Search of Fans and Players," *New York Times* (December 28, 2010): B13; Simon Kuper, "Lost in Translation," *Financial Times* (February 2–3, 2008): p. life & arts 2; Matthew Graham, "Nike Overtakes Adidas in Football Field," *Financial Times* (August 19, 2004): 19; L. Jon Wertheim, "The Whole World Is Watching," *Sports Illustrated* (June 14, 2004): 73–86; Jon Wertheim, "Hot Prospects in Cold Places," *Sports Illustrated* (June 21, 2004): 63–66; Grant Wahl, "Football vs. Fútbol," *Sports Illustrated* (July 5, 2004): 69–72; Grant Wahl, "On Safari for 7-Footers," *Sports Illustrated* (June 28, 2004): 70–73; Gregor Aisch, Kevin Quealy, and Rory Smith, "Where Athletes in the Premier League, the N.B.A. and Other Sports Leagues Come From, in 15 Charts," *The New York Times* (December 29, 2017): sec. The Upshot, www.nytimes.com/interactive/2017/12/29/upshot/internationalization-of-pro-sports-leagues-premier-league.html, www.nytimes.com/interactive/2017/12/29/upshot/internationalization-of-pro-sports-leagues-premier-league.html; TennisFansTV, "ATP Calendar 2018—All ATP Tournaments from the 2018," TennisFans.TV (blog), www.tennisfans.tv/atp-tour/ (accessed January 1, 2019); "National Sport," Wikipedia (December 14, 2018): https://en.wikipedia.org/w/index.php?title=National_sport&oldid=873768228; "Roger Federer Leaves Nike for Uniqlo in Blockbuster Deal," *Bloomberg* (July 2, 2018): www.bloomberg.com/news/articles/2018-07-02/roger-federer-leaves-nike-for-uniqlo-in-blockbuster-deal (accessed January 1, 2019); Smith, Rory, "Love the Club. Loathe the American Owner," *The New York Times* (January 20, 2018): sec. Sports, www.nytimes.com/2017/09/16/sports/soccer/premier-league-american-owners.html; "List of Sporting Scandals," Wikipedia (December 29, 2018): https://en.wikipedia.org/w/index.php?title=List_of_sporting_scandals&oldid=875922848

2 For a good discussion of the versatility of the term *globalization*, see Joyce S. Osland, "Broadening the Debate: The Pros and Cons of Globalization," *Journal of Management Inquiry* 10:2 (June 2003): 137–54.

3 Amy M. Thomas, "Brussels: The Chocolate Trail," *New York Times* (December 25, 2011): tr7 shows that the typical bonbon includes cacao from five different countries. Less than 75 percent of Ford's content originates in the United States; see Sue Callaway, "Cars Made in America? Chrysler, Ford No Longer Qualify," *Fortune* (June 29, 2015): n.p.

4 Greg Linden, Jason Dedrick, and Kenneth L. Kraemer, "We Estimate China Only Makes $8.46 from an iPhone—and That's Why Trump's Trade War Is Futile," *The Conversation*, http://theconversation.com/we-estimate-china-only-makes-8-46-from-an-iphone-and-thats-why-trumps-trade-war-is-futile-99258 (accessed January 1, 2019); Andrew Batson, "Not Really 'Made in China,'" *Wall Street Journal* (December 16, 2010): B1–B2. Incidentally, "the remaining $228.99 goes elsewhere. The U.S. and Japan each take a roughly $68 cut, Taiwan gets about $48, and a little under $17 goes to South Korea. And we estimate that about $283 of gross profit from the retail price—about $649 for a 32GB model when the phone debuted—goes straight to Apple's coffers."

5 Günther G. Schulze and Heinrich W. Ursprung, "Globalisation of the Economy and the Nation State," *The World Economy* 22:3 (May 1999): 295–352.

6 "Africa's Economy: Bulging in the Middle," *The Economist* (October 20, 2012): 43.

7 For example, see OECD, *Measuring Globalisation: OECD Economic Globalisation Indicators* (Paris: OECD, 2005); Pim Martens and Daniel Zywietz, "Rethinking Globalization: A Modified Globalization Index," *Journal of International Development* 18:3 (2006): 331–50; "The Globalization Index," *Foreign Policy* (November–December 2007): 68–76; M. Raab, M. Ruland, B. Schonberger, H. P. Blossfeld, D. Hofacker, S. Buchholz, et al., "GlobalIndex: A Sociological Approach to Globalization Measurement," *International Sociology* 23:4 (2008): 596–631; "KOF Globalization Index, 2011," http://globalization.kof.ethz.ch/ (accessed November 5, 2012).

8 "Biodegradable Plastic from Mushrooms," *Green Building Elements* (blog, March 27, 2015), https://greenbuildingelements.com/2015/03/27/biodegradable-plastic-from-mushrooms/; Gardiner Harris, "Tiny Bean, Crucial to Halliburton, Lifts India Farmers from Mud," *New York Times* (July 17, 2012): A1+; "The Tin Mines of Bangka Island," *Bloomberg* (August 26, 2015), www.bloomberg.com/news/photo-essays/2015-08-26/the-tin-mines-of-bangka-island. See also, "Mycelium and Sawdust-Based Biodegradable Material Could Replace Plastics," AZoM.com (July 10, 2018): www.azom.com/news.aspx?newsID=49312; "Mushrooms, Feathers Combine in Biodegradable Shoes," https://phys.org/news/2018-04-mushrooms-feathers-combine-biodegradable.html (accessed January 1, 2019).

9 "Rebirth of the Cool," *The Economist* (August 25, 2018): 10–11.

10 "Flight Prices: Prepare for Landing," *The Economist* (December 8, 2018): 85.

11 Dan McGraw, "The Foreign Invasion of the American Game," *The Village Voice* (May 28–June 3, 2003) (accessed June 4, 2007).

12 See Rodney C. Shrader, Benjamin M. Oviatt, and Patricia Phillips McDougall, "How New Ventures Exploit Trade-Offs Among International Risk Factors: Lessons for the Accelerated Internationalization of the 21st Century," *Academy of Management Journal* 43:6 (2000): 1227–47.

13 Mark Scott, "Companies Born in Europe, but Based on the Planet," *New York Times* (June 12, 2012): B7.

14 Alison Coleman, "The Tel Aviv Tech Start-ups to Watch in 2018," *Forbes*, www.forbes.com/sites/alisoncoleman/2018/03/06/the-tel-aviv-tech-startups-to-watch-in-2018/ (accessed January 2, 2019); Greg Nichols, "Swiss Army Knife of Drones Gets $28.5m in Funding," *ZDNet*, www.zdnet.com/article/swiss-army-knife-of-drones-gets-28-5m-in-funding/

(accessed January 2, 2019).

15 "Charlemagne: Coming off the Rails," *The Economist* (October 20, 2012): 51; "Railways Put China on a Belt and Road to Nowhere," *Bloomberg* (November 5, 2018), www.bloomberg.com/opinion/articles/2018-11-05/trans-asian-rail-puts-china-on-a-belt-and-road-to-nowhere; Hermesauto, "In Europe's East, a Border Town Strains under China's Silk Road Train Boom." *The Straits Times* (June 27, 2018), www.straitstimes.com/world/europe/in-europes-east-a-border-town-strains-under-chinas-silk-road-train-boom.

16 Landom Thomas, Jr., "Seeking Firewall Between Fed and World," *New York Times* (December 8, 2015): B1+, referring to criticism by Hélène Rey.

17 "G20 Information Centre," www.g20.utoronto.ca/ (accessed January 1, 2019); "G20 Osaka Summit 2019 Top Page," G20 Osaka Summit 2019, https://g20.org/en/ (accessed January 1, 2019); "G20." *Wikipedia* (January 1, 2019), https://en.wikipedia.org/w/index.php?title=G20&oldid=876253410.

18 For the cooperation on piracy, see "Malacca Buccaneers," *The Economist* (June 27, 2015): 34.

19 Alyssa Pagano, "Why Airlines Pay to Fly Over Other Countries," *Business Insider*, www.businessinsider.com/countries-charge-foreign-airlines-to-fly-through-airspace-travel-planes-international-flight-2017-9 (accessed January 1, 2019); "Overflight Fees," Template, www.faa.gov/air_traffic/international_aviation/overflight_fees/ (accessed January 1, 2019); Susan Carey, "Calculating Costs in the Clouds," *Wall Street Journal* (March 6, 2007): B1+.

20 John Glendall, "On the Coldest Continent, the Coolest Architecture," *New York Times* (January 7, 2020): D2.

21 Brad Plumer, "Outcomes Hazy for Countries That Tax Carbon Emissions," *New York Times* (April 5, 2019):B1+.

22 His views are discussed in Joellen Perry, "Nobel Laureates Say Globalization's Winners Should Aid Poor," *Wall Street Journal* (August 25, 2008): 2.

23 Lorraine Eden and Stefanie Lenway, "Introduction to the Symposium Multinationals: The Janus Face of Globalization," *Journal of International Business Studies* 32:3 (2001): 383–400.

24 For a discussion on the impact of international travel, see "Travelling Light," *The Economist* (August 29, 2015): 50.

25 Mark Piesing, "Cargo Ships Are the World's Worst Polluters, So How Can They Be Made to Go Green?," inews.co.uk (January 4, 2018), https://inews.co.uk/news/long-reads/cargo-container-shipping-carbon-pollution/; Victoria Heckstall, "Here's How Much Pollution Shipping Containers and Freight Trucks Cause," *Medium* (blog) (April 22, 2018), https://medium.com/@victoria27/heres-how-much-pollution-shipping-containers-and-freight-trucks-cause-b358cb034c70; Christopher DeMorro, "One Container Ship Pollutes as Much as 50 Million Cars" (June 3, 2009), http://gas2.org/2009/06/03/one-container-ship-pollutes-as-much-as-50-million-cars/ (accessed September 14, 2012).

26 On the question of absolute versus relative income gains, see Richard Easterlin, "Happiness, Growth, and Public Policy," *Economic Inquiry* 51:1 (January 2013): 1–15.

27 For an excellent discussion of the growing U.S. inequality from meritocracy see Matthew Stewart, "The 9.9 Percent Is the New American Aristocracy," *The Atlantic* (June 2018); A discussion that inequality is overstated is found in "Inequality Illusions," *The Economist* (November 30, 2019): 13–14.

28 His views are discussed in Joellen Perry, "Nobel Laureates Say Globalization's Winners Should Aid Poor," *Wall Street Journal* (August 25, 2008): 2.

29 "The Chinese Century Is Well under Way." *The Economist* (October 27, 2018), www.economist.com/graphic-detail/2018/10/27/the-chinese-century-is-well-under-way. "India Is on the Rise—But It Already Leads the World in These Sectors," World Economic Forum, www.weforum.org/agenda/2017/09/indias-rising-sectors/ (accessed January 1, 2019); "India to Become Fifth-Biggest Economy in 2019, Says Study," *The Financial Express* (blog) (December 20, 2018), www.financialexpress.com/economy/india-to-become-fifth-biggest-economy-in-2019-says-study/1419276/; Steve Lohr, "An Elder Challenges Outsourcing's Orthodoxy," *New York Times* (September 9, 2004): C1+; Paul A. Samuelson, "Where Ricardo and Mill Rebut and Confirm Arguments of Mainstream Economists Supporting Globalization," *Journal of Economic Perspectives* 18:3 (Summer 2004): 135–47.

30 An examination of this subject may be found in Arne Kalleberg, "Precarious Work, Insecure Workers: Employment Relations in Transition," *American Sociological Review* 74:1 (2009): 1–22.

31 "Trump Voters Were Motivated by Fear of Losing Their Status: Left Behind?," *The Economist (Online)* (April 27, 2018): n.p. discussing research by Diana Mutz.

32 Bernhard G. Gunter and Rolph van der Hoeven, "The Social Dimension of Globalization: A Review of the Literature," *International Labour Review* 143:1/2 (2004): 7–43.

33 Jagdish Bhagwati, "Anti-Globalization: Why?" *Journal of Policy Modeling* 26:4 (2004): 439–64.

34 Craig Karmin, "Offshoring Can Generate Jobs in the U.S.," *Wall Street Journal* (March 16, 2004): B1.

35 Keun Lee and Moosup Jung, "Overseas Factories, Domestic Employment, and Technological Hollowing Out: A Case Study of Samsung's Mobile Phone Business," *Review of World Economics* 151:3 (August 2015): 461–75.

36 Robert C. Feenstra and Gordon H. Hanson, "The Impact of Outsourcing and High-Technology Capital on Wages: Estimates for the United States, 1979–1990," *Quarterly Journal of Economics* 114:3 (1999): 907–40.

37 Alan S. Brown, "A Shift in Engineering Offshore," *Mechanical Engineering* 131:3 (2009): 24–29.

38 "An Internet of Airborne Things," *The Economist* (December 1, 2012): Monitor 3.

39 Paul Markille, "Cars on Autopilot," *The Economist* (The World in 2013 special issue): 152.

40 Carl Benedikt Frey and Michael A. Osborne, *The Future of Employment: How Susceptible Are Jobs to Computerization* (Oxford, UK: Oxford University Programme on the Impacts of Future Technology, 2013); Jeremy Bowles, "Chart of the Week: 54% of EU Jobs at Risk of Computerisation," blog post, Bruegel.org, July 24, 2014; Melanie Arntz, Terry Gregory, and Ulrich Zierahn, "The Risk of Automation for Jobs in OECD Countries," Organization for Economic Cooperation and Development, Working Paper 189, 2016; Aaron Smith and Janna Anderson, "AI, Robotics, and the Future of Jobs," Pew Research Center, August 6, 2014; Carl Benedict Frey and Michael Osborne, "The Future of Employment: How Susceptible Are Jobs to Computerisation?" Oxford University paper, September 17, 2013.

41 James Manyika, Susan Lund, Michael Chui, Macques Bughin, Jonathan Woetzel, Parul Batra, Ryan Ko, and Saurabh Sanghui, "Jobs Lost, Jobs Gained: Workforce Transitions in a Time of Automation," McKinsey Global Institute, December, 2017; Darrell M. West, "The Future of Work: Robots, AI, and Automation," Brookings Institution Press, 2018; Darrell M. West, "Will Robots and AI Take Your Job? The Economic and Political Consequences of Automation," *Brookings* (blog), April 18, 2018.

42 Lydia Bals, Anika Daum, and Wendy Tate, "From Offshoring to Rightshoring: Focus on the Backshoring Phenomenon," *AIB Insights* 15:4 (2015): 3–8.

43 "Compensation of Employees: Wages and Salary Accruals/Gross Domestic Product | FRED | St. Louis Fed," https://fred.stlouisfed.org/graph/?g=2Xa (accessed January 1, 2019); U.S. Bureau of Economic Analysis, "Corporate Profits After Tax (without IVA and CCAdj)," FRED, Federal Reserve Bank of St. Louis (January 1, 1946), https://fred.stlouisfed.org/series/CP; David H. Autor, "Why Are There Still So Many Jobs? The History and Future of Workplace Automation," *The Journal of Economic Perspectives,* 29:3 (Summer 2015): 3–30; and Tali Kristal, "Good Times, Bad Times: Postwar Labor's Share of National Income in Capitalist Democracies," *American Sociological Review* 75.5 (October 2010): 729–63.

44 "The Pay Gap between CEOs and Workers Is Much Worse Than You Realize," *Washington Post*, www.washingtonpost.com/news/wonk/wp/2014/09/25/the-pay-gap-between-ceos-and-workers-is-much-worse-than-you-realize/ (accessed January 1, 2019); "The Income Gap between Bosses and Workers Is Getting Even Bigger," *Washington Post*, www.

washingtonpost.com/news/on-leadership/wp/2015/03/13/the-income-gap-between-bosses-and-workers-is-getting-even-bigger-worldwide/ (accessed January 1, 2019).

45 Deborah Solomon, "Federal Aid Does Little for Free Trade's Losers," *Wall Street Journal* (March 1, 2007): A1+.

46 Paul Windrum, Andreas Reinstaller, and Christopher Bull, "The Outsourcing Productivity Paradox: Total Outsourcing, Organisational Innovation, and Long Run Productivity Growth," *Journal of Evolutionary Economics* 19:2 (2009): 197–232; and Ryan Avent, "The Third Great Wave," *The Economist* (October 4, 2014): Special Report, The World Economy: 6.

47 US Census Bureau, Foreign Trade Division, "US Census Bureau Foreign Trade," www.census.gov/foreign-trade/Press-Release/edb/2017/index.html (accessed December 21, 2018); United States International Trade Association, Export Fact Sheet April 2015, www.trade.gov/press/press-releases/2015/export-factsheet-060315.pdf (accessed July 15, 2015).

48 Quora, "How Much Would An iPhone Cost If Apple Were Forced to Make It in America?" *Forbes*, www.forbes.com/sites/quora/2018/01/17/how-much-would-an-iphone-cost-if-apple-were-forced-to-make-it-in-america/ (accessed January 1, 2019).

49 Heather Berry, "Leaders, Laggards, and the Pursuit of Foreign Knowledge," *Strategic Management Journal* 27 (2006): 151–68; and Jaeyong Song and Jongtae Shin, "The Paradox of Technological Capabilities: A Knowledge Sourcing from Host Countries of Overseas R&D Operations," *Journal of International Business Studies* 39:2 (2008): 291–303.

50 Smitha R. Nair, Mehmet Demirbag, and Kamel Mellahi, "Reverse Knowledge Transfer from Overseas Acquisitions: A Survey of Indian MNEs," *Management International Review* 55 (2015): 277–301.

51 Aaron Chatterji, ""Why Washington Has It Wrong," *Wall Street Journal* (November 12, 2012): R1+.

52 "Ships Take to Arctic Ocean as Sea Ice Melts," www.msnbc.com/id/39394645/ns/world_news-worldenvironment (accessed September 28, 2010).

53 Geoffrey M. Hodgson, "What Are Institutions?" *Journal of Economic Issues* XL: 1 (March 2006): 2; for a discussion on the measurement of institutional differences, see André van Hoorn and Robbert Maseland, "How Institutions Matter for International Business: Institutional Distance Effects vs Institutional Profile Effects," *Journal of International Business Studies* 47:3 (2016): 374–81.

54 Sam Anderson, "Home and Away," *New York Times Magazine* (August 23, 2015): 26–9; and Ed Agustin, "Cuba Learns to Live Without Its Stars," *New York Times* (December 30, 2018): SP1+.

55 Ronak Shah, "Top 10 Car Manufacturers in India: Know Car Makers Market Share in 2017," *The Financial Express* (blog) (January 11, 2018), www.financialexpress.com/auto/car-news/top-10-car-manufacturers-in-india-know-carmakers-market-share-in-2017/1011187/.

56 Paraq Khanna, *Connectography: Mapping the Future of Global Civilization* (New York: Random House: 2016).

57 David Wessel and Marcus Walker, "Good News for the Globe," *Wall Street Journal* (September 3, 2004): A7+.

58 Alan M. Rugman and Cecelia Brain, "Multinational Enterprises Are Regional, Not Global," *Multinational Business Review* 11:1 (2004): 3; and Alain Verbeke and Liena Kano, "An Internalization Theory Rationale for MNE Regional Strategy," *Multinational Business Review* 20:2 (2012): 135–52.

59 John Ralston Saul, "The Collapse of Globalism," *Harpers* (March 2004): 33–43; James Harding, "Globalisation's Children Strike Back," *Financial Times* (September 11, 2001): 4; Bob Davis, "Wealth of Nations," *Wall Street Journal* (March 29, 2004): A1; Harold James, *The End of Globalisation: Lessons from the Great Depression* (Cambridge, MA: Harvard University Press, 2001).

60 R. Andres Castaneda Aguilar, Tony Fujs, Christoph Lakner, Minh Cong Nguyen, and Espen Beer Prydz, "September 2019 Global Poverty Update from the World Bank," https://blogs.worldbank.org/opendata/september-2019-global-poverty-update-world-bank (accessed August 3, 2020); "Poverty in China," *Wikipedia* (December 23, 2018), https://en.wikipedia.org/w/index.php?title=Poverty_in_China&oldid=875103835; "Top 10 Facts About Poverty in China," The Borgen Project (February 24, 2018), https://borgenproject.org/top-10-facts-about-poverty-in-china/; "The Two Biggest Trends on Earth," *Axios*, https://www.axios.com/population-living-in-poverty-around-the-world-4e9a1682-8635-46f5-8c20-43264b765c5e.html (accessed January 1, 2019); Somini Sengupta, "Global Poverty Drops Sharply, But Gains are Uneven," *New York Times* (July 7, 2015): A4.

61 D. Ronen, "The Effect of Oil Price on Containership Speed and Fleet Size," *The Journal of the Operational Research Society* 62:1 (January 2011): 211–16.

62 On the schism between those who thrive in a globalized environment and those who don't, see Jagdish Bhagwati, "Anti-Globalization: Why?" *Journal of Policy Modeling* 26:4 (2004): 439–64; Roger Sugden and James R. Wilson, "Economic Globalisation: Dialectics, Conceptualisation and Choice," *Contributions to Political Economy* 24:1 (2005): 13–32; J. Ørstrøm Møller, "Wanted: A New Strategy for Globalization," *The Futurist* (January–February 2004): 20–22.

63 *Sources include the following:* DP World website, web.dpworld.com/about-us (accessed October 24, 2020); "Trade Shows Signs of Rebound from COVID-19, Recovery Still Uncertain," WTO, press release (accessed October 24, 2020); "Freight Rates," info.japanesecartrade.com/content-item/385-freight-rates (accessed October 24, 2020); "Container Throughput Worldwide from 2012 to 2019 with a Forecast for 2020 and 2021 (in Million TEUs)," Statista, www.statista.com/statistics/913398/container-throughput-worldwide/ (accessed October 24, 2020); "Top 50 World Container Ports," World Shipping Council (accessed October 24, 2020); box-bay.com (accessed October 24, 2020); Humeyra Pamuk and Andrea Shalal, "Trump Administration Pushing to Rip Global Supply Chains from China: Officials," *Reuters* (May 4, 2020); World Shipping Council, www.worldshipping.org/about-the-industry/global-trade; The Public–Private Infrastructure Advisory Facility (PPIAF), Port Reform Tool Kit, www.ppiaf.org; Marie-Helene Le Rossignol, "Global Terminal Operators: An Overview," Washington, DC, at www.oas.org/cip/docs/areas_tecnicas/1_reformas_portuarias/15_global_terminal_operators.pdf (April 2007); "Outlook on the Logistics and Supply Chain Industry 2012," World Economic Forum, Containerization International Yearbook 2010; "Logistics Clusters: The Feedback Loop Leading to Economic Growth and Jobs," "Logistics Clusters: Delivering Value and Driving Growth," *The World Financial Review*, www.worldfinancialreview.com (October 15, 2013).

2장

1 We are particularly appreciative of personal insights given us by the following people in Saudi Arabia: Nora al Jundi, lecturer at Effat University; Omar Aljindi, consultant at Saudi Diyar Consultants; and Talah Tamimi, former executive at Saudi Investment General Authority. Additional sources include the following: Alan Rappeport, "Saudi Arabia's Sports Strategy," *New York Times* (December 3, 2019): B1+; Stanley Reed, "Saudis Bet on New Commodity: Tourism," *New York Times* (December 26, 2019): B1+; "Saudi Arabia: The Western Compound," americanbedu.com/2011/03/07/saudi-arabia-the-western-compound/ (accessed March 15, 2011); Abeer Allam, "Saudi Women Bridle at Business Rules," *Financial Times* (May 22, 2009): 4; Steve Jarvis, "Western-Style Research in the Middle East," *Marketing News* (April 29, 2002): International section, 37; Barbara Slavin, "U.S. Firms' Saudi Offices Face Manpower Issues," *USA Today* (May 13, 2002): 5A.

2 Patricia Faison Hewlin, "Authenticity on One's Own Terms," Chapter 6 in *Positive Organizing in a Global Society*, eds. Laura Morgan Roberts, Lynn Perry Wooten, and Martin N. Davidson (New York: Routledge, 2016): 53–8.

3 Robert J. Foster, "Making National Cultures in the National Acumen," *Annual Review of Anthropology* 20 (1991): 235–60, discusses the concept and ingredients of a national culture.

4 Helene Tenzer and Markus Pudelko, "Language Differences as Impediments to Shared Mental Model Formation in Multinational Teams," paper presented at the 54th Annual Meeting of the Academy of International Business (Washington, DC: June 30–July 3, 2012).

5 Jeanne Brett, Kristin Behfar, and Mary C. Kern, "Managing Multicultural Teams," *Harvard Business Review* 84 (November 2006): 84–91; Yaping Gong, "The Impact of Subsidiary Top Management Team National Diversity on Subsidiary Performance: Knowledge and Legitimacy Perspectives," *Management International Review* 46:6 (2006): 771–98; and Aida Hajro, Markus Pudelko, and Christina Gibson, "Multinational Teams: Cultural Differences, Interactions, Organizational Context, and Performance," paper presented at the 54th Annual Meeting of the Academy of International Business (Washington, DC: June 30–July 3, 2012).

6 Vas Taras, Pawel Bryla, Dan V. Caprar, Alfredo Jimenez, Peter Magnusson, and Riikka Sarala, "A Comparative Analysis of the Effects of Different Forms of Team Diversity on Global Virtual Team Performance," paper presented at the 54th Annual Meeting of the Academy of International Business (Washington, DC: June 30–July 3, 2012) and Christian Tröster and Daan van Knippenberg, "Leader Openness, Nationality Dissimilarity, and Voice in Multinational Management Teams," *Journal of International Business Studies* 43:6 (2012): 591–613.

7 Richard Gesteland, *Cross-Cultural Business Behavior* (Copenhagen: Copenhagen Business School Press, 2012).

8 David E. Brown, "Human Universals, Human Nature and Human Culture," *Daedalus* 133:4 (Fall 2004): 47–54.

9 Tomasz Lenartowicz and Kendall Roth, "The Selection of Key Informants in IB Cross-Cultural Studies," *Management International Review* 44:1 (2004): 23–51.

10 Four of the most significant are Geert Hofstede, *Cultures and Organizations: Software of the Mind* (New York: McGraw-Hill, 1997), which explores attitudes in 50 countries, primarily those concerning workplace relationships; Ronald Inglehart, Miguel Basañez, and Alejandro Moreno, *Human Values and Beliefs: A Cross-Cultural Sourcebook* (Ann Arbor: University of Michigan Press, 1998) analyzes political, religious, sexual, and economic norms in 43 countries; Robert J. House, Paul J. Hanges, Mansour Javidan, Peter W. Dorfman, and Vipin Gupta, eds., *Culture, Leadership, and Organizations* (Thousand Oaks, CA: Sage, 2004) examines leadership preferences in 59 countries; and S. Schwartz, "A Theory of Cultural Value Orientations: Explication and Applications," *Comparative Sociology* 5:2–3:(2006): 137–82.

11 Ben Casselman, "Risk-Averse Culture Infects U.S. Workers, Entrpreneurs," *Wall Street Journal* (June 3, 2013): A1+ shows how a variety of entrepreneurial indicators changed with the economy.

12 Patti Waldmeir, "Property Bubble Erodes China's Traditional Preference for Sons," *Financial Times* (November 2, 2010): 1.

13 Anne-Wil Harzing, Michelle Brown, Kathrin Köster, and Shuming Zhao, "Response Style Differences in Cross-National Research," *Management International Review* 52:3 (2012): 341–63.

14 Mary Lou Egan and Marc Bendick, Jr., "Combining Multicultural Management and Diversity into One Course on Cultural Competence," *Academy of Management Learning & Education* 7:3 (2008): 387–93; and Paul Brewer and Sunil Venaik, "National Culture versus Individual Culture: The Importance of the Ecological Fallacy," paper presented at the 54th Annual Meeting of the Academy of International Business (Washington, DC: June 30–July 3, 2012).

15 Geert Hofstede and Robert R. McCrae, "Personality and Culture Revisited: Linking Traits and Dimensions of Culture," *Cross-Cultural Research* 38:1 (February 2004): 52–88.

16 Irem Uz, "The Index of Cultural Tightness and Looseness Among 68 Countries," *Journal of Cross-Cultural Psychology* 46:3 (April 2015): 319–35; Michele Gelfand, Lisa Hisae Nishii, and Jana L. Raver, "On the Nature and Importance of Cultural Tightness-Looseness," *Cornell University CAHRS Working Paper Series 1-1* (2007).

17 Harry C. Triandis, "Dimensions of Cultural Variation as Parameters of Organizational Theories," *International Studies of Management and Organization* 12:4 (Winter 1982–1983): 143–44.

18 Choe Sang-Hun, "In Changing South Korea, Who Counts as 'Korean'?" *New York Times* (December 7, 2012): A10.

19 Terence Mughan, "Language and Languages: Moving from the Periphery to the Core," in *The Routledge Companion to Cross-Cultural Management*, eds. Nigel Holden, Snejina Michailova, and Susanne Tietze (New York: Routledge, 2015): 79–84.

20 "Nationalism of Small Differences," *The Economist* (August 25, 2018): 70.

21 "English Speaking Countries: Statistical Profile," http://www.nationmaster.com/country-info/groups/English-speaking (accessed February 6, 2016).

22 Robert Guest, "Anglosphere v Sinosphere," *The Economist: The World in 2020* special section on leaders (November 5, 2019): 19.

23 "A World of Languages," https://www.bing.com/search?q=a+world+of+languages&form=EDGSPH&mkt=en-us&httpsmsn=1&plvar=0&refig=7f850c0767d248f7bd4678c95a6bf966&PC=MSE1&sp=-1&pq=a+world+of+languages&sc=3-20&qs=n&sk=&cvid=7f850c0767d248f7bd4678c95a6bf966 (accessed April 15, 2019). Other statistics on languages are from the same source.

24 Yadong Luo and Oded Shenkar, "The Multinational Corporation as a Multilingual Community: Language and Organization in a Global Context," *Journal of International Business Studies* 37 (2006): 321–39; and Vesa Peltokorpi and Eero Vaara, "Language Policies and Practices in Wholly Owned Foreign Subsidiaries: A Recontextualization Perspective," *Journal of International Business Studies* 43 (2012): 808–33.

25 Jon Boone, "Native English Speakers Face Being Crowded Out of Market," *Financial Times* (February 15, 2006): 8; "The Golden Age of the Western Corporation May Be Coming to an End," *The Economist* (September 19, 2015): n.p. illustrates the faster growth of companies within emerging markets along with their proportional increase among *Fortune 500* companies.

26 Ariel Sabar, "Last Words," *Smithsonian* (February 2013): 31–34.

27 Inglehart et al., *Human Values and Beliefs*, 21.

28 Matthew Coy Mitchell, "Corporate Legitimacy across Cultural Contexts: Mapping the Cultural Schemata of Religio-Institutional Actors" (Columbia, SC: unpublished PhD dissertation, Moore School of Business Administration, 2010).

29 "When Culture Masks Communication: Japanese Corporate Practice," *Financial Times* (October 23, 2000): 10; Robert House et al., "Understanding Cultures and Implicit Leadership Theories across the Globe: An Introduction to Project GLOBE," *Journal of World Business* 37 (2002): 3–10.

30 Michael Segalla, "National Cultures, International Business," *Financial Times* (March 6, 1998): mastering global business section, 8–10.

31 Amartya Sen, *Development as Freedom* (Oxford: Oxford University Press, 1999): 192.

32 Fons Trompenaars, *Riding the Waves of Culture* (Burr Ridge, IL: Richard D. Irwin, 1994): 100–16.

33 "Putting the Malaise into Malaysia," *Asia Times Readers Forum*, forum.atimes.com/topic.asp?topic_ID=9002& whichpage=10 (accessed May 27, 2007); Thomas Fuller, "Malaysia Vote May Rule on Racial Divide," *New York Times* (April 4, 2013): A10.

34 Clara Chooi, "Poor English Skills, Race Quotas in Way of Malaysian Prosperity, Says ST," *The Malaysian Insider* (December 11, 2011): n.p. A downside of Malaysia's racial quota system has been an emigration of many of the best qualified Chinese-Malaysians. See "Race in Malaysia: Playing with Fire," *The Economist* (September 26, 2015): 38.

35 "Anti-Meritocracy in India, *The Economist* (January 12, 2019): 33.

36 "Black Women of Brazil" (November 20, 2011) www.blackwomenofbrazil.com/2011/11/ (accessed November 23, 2012); "Affirming a Divide," *The Economist* (January 28, 2012).

37 Information on a number of gender-related indices can be found in UN Human Development Report (2011). *Gender Inequality Index*, pp. 139–42. Available at hdr.undp.org/en/statistics/gii/ (accessed November 19, 2012). For a discussion of the relationship between gender gaps and a number of cultural values, see Andy Bertsch and Gillian Warner-Soderholm, "Updating Cross Cultural Management: Exploring the Relationships between Cultural Values and Gender Inequality Practices," paper presented at the 54th Annual Meeting of the Academy of International Business (Washington, DC: June 30–July 3, 2012).

38 Inglehart et al., *Human Values and Beliefs*, question V128.

39 Somini Sengupta, "Report Finds Most Nations Hinder Women," *New York Times* (September 10, 2015): A8.

40 Shaila Dewan and Robert Gebeloff, "More Men Enter Fields Dominated by Women." *New York Times* (May 21, 2012): A1+; Josh Mitchell, "Women Notch Progress," *Wall Street Journal* (December 5, 2012): A3, citing Census Bureau data that showed women composed about 10 percent of U.S. doctors in 1970, but 32 percent in 2010.

41 "Which European Country Has the Lowest Drinking Age?" (January 6, 2015), http://brilliantmaps.com/drinking-age-europe/ (accessed February 6, 2016).

42 "The Employers Forum on Age," *Legal: Europe,* at www.efa.org.uk/legal/europe.asp (accessed May 27, 2007); Cindy Wu, John J. Lawler, and Xiang Xi, "Overt Employment Discrimination in MNC Affiliates: Home-Country Cultural and Institutional Effects," *Journal of International Business Studies* 39:5 (2008): 772–94.

43 Inglehart et al., *Human Values and Beliefs,* question V129.

44 Francis Fukuyama, *Trust: The Social Virtues and the Creation of Prosperity* (New York: Free Press, 1995); Ana Paula Matias Gama and Jorge Manuel Mendes Galvão, "Performance, Valuation and Capital Structure: Survey of Family Firms," *Corporate Governance* 12:2 (2012): 199–214; "Spanish Business: Supersize Me," *The Economist* (February 21, 2015): 65.

45 For a good overview of the literature on the Protestant ethic, see Harold B. Jones Jr., "The Protestant Ethic: Weber's Model and the Empirical Literature," *Human Relations* 50:7 (1997): 757–86. For evidence that other religions have equal or higher work ethics, see Yavuz Fahir Zulfikar, "Do Muslims Believe More in Protestant Work Ethic Than Christians? Comparison of People with Different Religious Background Living in the US," *Journal of Business Ethics* 105:4 (Feb 2012): 489–502.

46 Luigi Guiso, Paola Sapienza, and Luigi Zingales, "People's Opium? Religion and Economic Attitudes," *Journal of Monetary Economics* 50:1 (2003): 225–38.

47 See, for example, David S. Landes, *The Wealth and Poverty of Nations* (New York: Norton, 1998).

48 Hamid Yeganeh, "An Investigation into the Cultural and Religious Determination of National Competitiveness," paper presented at the 54th Annual Meeting of the Academy of International Business (Washington, DC: June 30–July 3, 2012).

49 Triandis, "Dimensions of Cultural Variation as Parameters of Organizational Theories," 159–60.

50 Hofstede, *Cultures and Organizations.*

51 Abraham Maslow, *Motivation and Personality* (New York: Harper & Row, 1954).

52 F. Pichler and C. Wallace, "What Are the Reasons for Differences in Job Satisfaction across Europe?" *European Sociological Review* 25:5 (2009): 535–49.

53 Hofstede, *Cultures and Organizations* 49–78; House et al., *Culture, Leadership, and Organizations.*

54 Adam Grant, "Friends at Work? Not So Much," *New York Times* (September 6, 2015): Sunday Review 1+.

55 Hofstede, *Cultures and Organizations.*

56 Hofstede, *Cultures and Organizations.*

57 Inglehart et al., *Human Values and Beliefs,* question V94.

58 Srilata Zaheer and Akbar Zaheer, "Trust across Borders," *Journal of International Business Studies* 37:1 (2006): 21–29.

59 Miriam Muethal and Michael Harris Bond, "National Context and Individual Employees' Trust of the Out-Group: The Role of Societal Trust," *Journal of International Business Studies* 44:4 (2013): 312–33.

60 Walter Mischel, *The Marshmallow Test: Mastering Self-Control* (New York: Little, Brown & Company, 2014).

61 Examples in this section come from the GLOBE (Global Leadership and Organizational Behavior Effectiveness) project, *Journal of World Business* 37 (2002). See Szabo et al., "The Germanic Europe Cluster: Where Employees Have a Voice," 55–68; Bakacsi et al., "Eastern European Cluster: Tradition and Transition," 69–80; Jorge Correia Jesino, "Latin Europe Cluster: From South to North," 81–89.

62 Ping Ping Fu, Jeff Kennedy, Jasmine Tata, Gary Yukl, Michael Harris Bond, Tai-Kuang Peng, Ekkirala S. Srinivas, Jon P. Howell, Leonel Prieto, Paul Koopman, Jaap J. Boonstra, Selda Pasa, Marie-François Lacassagne, Hiro Higashide, and Adith Cheosakul, "The Impact of Societal Cultural Values and Individual Social Beliefs on the Perceived Effectiveness of Managerial Influence Strategies: A Meso Approach," *Journal of International Business Studies* 35:4 (2004): 284–304.

63 Shirley Wang, "The Science Behind Why We Love Ice Cream," *Wall Street Journal* (November 9, 2010): D1+; and Nicholas Wade, "Human Culture, an Evolutionary Force," *New York Times* (March 2, 2010): D1+.

64 Benjamin Lee Whorf, *Language, Thought and Reality* (New York: Wiley, 1956): 13 claimed there are more than 6,000 words. "How Many Words Are There for 'Camel' in Arabic?" *Arabglot* (November 11, 2011), http://www.arabglot.com/2011/02/how-many-words-are-there-for-camel-in.html (accessed November 23, 2012) found many fewer, but nevertheless many more than one would find in any other language.

65 Hyun-Jung Lee, Katsuhiko Yoshikawa, and Carol Reade, "Culture Under Strain? Leadership Challenges of Japanese Managers in the UK and China," paper presented at the 54th Annual Meeting of the Academy of International Business (Washington, DC: June 30–July 3, 2012).

66 "Getting from A to B," *The Economist* (September 20, 2014): 58.

67 Viviane A. Winkler and Ricarda B. Bouncken, "How Does Cultural Diversity in Global Innovation Teams Affect the Innovation Process?" *Engineering Management Journal* 23:4 (December 2011): 24–35.

68 Richard E. Nisbett et al., "Culture and Systems of Thought: Holistic Versus Analytic Cognition," *Psychological Review* 108:2 (April 2001): 291–310.

69 "Babel or Babble?: Machine Translation," *The Economist (Online)* (Jun 11, 2012).

70 Don Clark, "Hey, #@*% Amigo, Can You Translate the Word 'Gaffe'?" *Wall Street Journal* (July 8, 1996): B6.

71 Wenting Zhou, "Translation Errors Cause Disputes over Contract Terms," *McClatchy - Tribune Business News* [Washington] (March 23, 2012; accessed November 24, 2012).

72 Terry Mughan, "Culture and Management Crossing the Linguistic Rubicon," *Language and Intercultural Training* 13:1 (Spring 1993).

73 Manjeet Kripalani and Jay Greene, "Culture Clash," *Business Week* (February 14, 2005): 9.

74 Christina Hoag, "Slogan Could Offend Spanish Speakers," *Miami Herald* (March 8, 2005): C1+.

75 Much of the discussion on silent language is based on Edward T. Hall, "The Silent Language in Overseas Business," *Harvard Business Review* (May–June 1960). Hall identified five variables—time, space, things, friendships, and agreements—and was the first to use the term *silent language.*

76 Alberto Rubio Sanchez, Alejandro Pico, Lucette B. Comer, Purdue University, "Salespeople's Communication Competence: A Study of the Mexican Market," *Journal of Business & Economic Studies* 16:1 (Spring 2010): 1–18.

77 For an excellent explanation of four ways to view time, see Carol Saunders, Craig Van Slyke, and Douglas Vogel, "My Time or Yours? Managing Time Visions in Global Virtual Teams," *Academy of Management Executive* 18:1 (2004): 19–31. See also Lawrence A. Beer, "The Gas Pedal and the Brake: Toward a Global Balance of Diverging Cultural Determinants in Managerial Mindsets," *Thunderbird International Business Review* 45:3 (May–June 2003): 255–70.

78 Trompenaars, *Riding the Waves of Culture,* 130–31.

79 Vanessa Swales, "Supremacists Have Seized the O.K. Sign as Their Own," *New York Times* (December 16, 2019): A21.

80 Inglehart, *Human Values and Beliefs,* 16.

81 Amin Maalouf, *In the Name of Identity* (New York: Penguin Group, 2000): 26, asserts that people pinpoint the aspect of their identity that is most under threat.

82 Mary Yoko Brannen, "When Mickey Loses Face: Recontextualization, Semantic Fit, and the Semiotics of Foreignness," *Academy of Management Review* 29:4 (2004): 593–616.

83 Many food examples are given in "Overcoming the Yuck Factor," *The Economist* (January 11, 2020): 49–50.

84 Mary Yoko Brannen and Jane Salk, "Partnering across Borders: Negotiating Organizational Culture in a German-Japanese Joint Venture," *Human Relations* 53:4 (June 2000): 451–87; Baruch Shimoni and Harriet Bergman, "Managing in a Changing World: From Multiculturalism to Hybridization—The Production of Hybrid Management Culture in Israel, Thailand, and Mexico," *Academy of Management Perspectives* (August 2006): 76–89.

85 Geraldine Brooks, "Eritrea's Leaders Angle for Sea Change in Nation's Diet to Prove Fish Isn't Foul," *Wall Street Journal* (June 2, 1994): A10; M. Y. Teweldemedhin, "The Fish Industry in Eritrea: From Comparative to Competitive Advantage," *African Journal of Agricultural Research* 3:5 (May 2008): 327–33; "Taboo Food and Drink," *Wikipedia*, en.wikipedia.org/wiki/Taboo_food_and_drink (accessed November 26, 2012).

86 Patrick M. Reilly, "Pitfalls of Exporting Magazine Formulas," *Wall Street Journal* (July 24, 1995): B1; James Bandler and Matthew Karnitschnig, "Lost in Translation," *Wall Street Journal* (August 19, 2004): A1+.

87 Mzamo P. Mangaliso, "Building Competitive Advantage from Ubuntu: Management Lessons from South Africa," *Academy of Management Executive* 15:3 (August 2001): 23–34.

88 John Tomlinson, *Globalization and Culture* (Chicago: University of Chicago Press, 1999).

89 Sam Schechner, "C'est What?: French TV in English," *Wall Street Journal* (November 21, 2012): B8; Ian Austen, "Crackdown in Quebec: 'Le Gap' Won't Do," *New York Times* (November 23, 2012): B1+; Maïa de la Baume, "Bid in France to Add Course in English Raises Fear for Language," *New York Times* (May 24, 2013): A10.

90 Nader Asgary and Alf H. Walle, "The Cultural Impact of Globalisation: Economic Activity and Social Change," *Cross Cultural Management* 9:3 (2000): 58–76; Tyler Cowen, *Creative Destruction: How Globalization Is Changing the World's Cultures* (Princeton, NJ: Princeton University Press, 2002): 128–52.

91 "Schumpeter: The Global Mexican," *The Economist* (October 27, 2012): 70.

92 Adrian Furnham and Stephen Bochner, *Culture Shock* (London: Methuen, 1986): 234.

93 Gina Chon, "China Faces Unexpected Problem Drilling for Oil in Iraq—Farmers," *Wall Street Journal* (May 22, 2009): A6.

94 Sally Bowen, "People Power Keeps Peru's Investors in Check," *Financial Times* (February 6, 1998): 6.

95 Roberto P. Garcia, "Learning and Competitiveness in Mexico's Automotive Industry: The Relationship between Traditional and World-Class Plants in Multination Firm Subsidiaries," unpublished PhD dissertation (Ann Arbor, MI: University of Michigan, 1996).

96 Mary Yoko Brannen and Fiona Lee, "How Can the Organizational Literature Inform Psychology Research on Biculturalism?" in *The Handbook of Multicultural Identity: Basic and Applied Psychological Perspectives*, eds. V. Benet-Martinez and Y.Y. Hong (New York: Oxford University Press: 2014): 417–38.

97 Mary Yoko Brannen and David C. Thomas, "Bicultural Individuals in Organizations: Implications and Opportunity," *International Journal of Cross Cultural Management* 10:1 (2010): 5–16; and David C. Thomas, Mary Yoko Brannen, and Dominie Garcia, "Bicultural Individuals and Intercultural Effectiveness," *European Journal of Cross-Cultural Competence and Management* 1:4 (2010): 315–33.

98 Peter Capelli, Harbir Singh, Jitendra Singh, and Michael Useem, "The Indian Way, Lessons for the U.S.," *The Academy of Management Perspectives* 24:2 (May 2010): 6–24.

99 Neil Parmar, "Legalities: A Global Love Affair," *WSJ.Money* (Summer 2013): 12–13.

100 James Wilson and Quentin Peel, "Multicultural Attempts 'Failed,' Claims Merkel," *Financial Times* (October 18, 2010): 3.

101 *Sources include the following:* Creso M. Sá and Emma Sabzalieva, "The Politics of the Great Brain Race: Public Policy and International Student Recruitment in Australia, Canada, England and the USA," *High Education* 75:2 (February 2018): 231–253; Jillian Berman, "For U.S. Grad Students, Overseas Schools Beckon; The Price May Be Right. But Students First Need to Ask Themselves Some Hard Questions," *Wall Street Journal (Online)* (March 23, 2017), n.p.; Alex Vernon, Chris Moos, and Holly Loncarich, "Student Expectancy and Barriers to Study Abroad," *Academy of Educational Leadership Journal* 21:1 (2017): 1–9; Joshua E. Bienstock and Amr Swid, "International Students' Adjustment to U.S. Universities: Utilizing a Campus Mediation Approach," San Diego: *Proceedings of the American Society of Business and Behavioral Sciences* (March 2017), n.p.; Tamilla Curtis and John R. Ledgerwood, "Students' Motivations, Perceived Benefits and Constraints Towards Study Abroad and International Education Opportunities," *Journal of International Education in Business* 11:1 (2018): 63–78; Eric R. Terzuolo, "Worth the Trip? Debating the Value of Study Abroad/Ungar Replies," 95:5 (September/October 2016): 162–164; Paul M. Vaaler, "Immigrant Remittances and the Venture Investment Environment of Developing Countries," *Journal of International Business Studies* 42:9 (December 2011): 1121–49; Jim Russell, "Canada Is Dying," *Pacific Standard* (June 14, 2017) https://psmag.com/economics/canada-dying-70440 (accessed May 14, 2019).

102 H. Spencer-Oatey and D. Dauber, "How Internationalized Is Your University? From Structural Indicators to an Agenda for Integration." *Globalpad Working Papers* (2015). http://www.warwick.ac.uk/globalpadintercultural (accessed May 5, 2019).

103 J. Luo and D. Jamieson-Drake, "Examining the Educational Benefit of Interacting with International students." *Journal of International Students*, 3:2 (2013), 85–101.

104 D. Deardorff, "In Search of Intercultural Competence," *International Educator* (2004), NAFSA.

105 X. Zhang and M. Zhou, "Interventions to Promote Learners' Intercultural Competence: A Meta-Analysis." *International Journal of Intercultural Relations* 71 (2018) 31–47.

106 Op.cit, p. 43.

3장

1 *Sources include the following:* Michael Sylvester, "Flaming Hoops," *Corporate Counsel: Market Report China* (2004): 171; "A Survey of Business in China: A Disorderly Heaven," *The Economist* (March 20, 2004): 12; "Bulls in a China Shop," *The Economist* (March 20, 2004): 10; "*The Economist*, Country Briefings: China," https://econ.st/39c3KGi (accessed January 20, 2020); U.S. Department of State, Background Note: China, www.state.gov/r/pa/ei/bgn/18902.htm (accessed January 13, 2013); Central Intelligence Agency, *World Factbook*, www.cia.gov/library/publications/the-world-factbook/geos/ch.html (accessed January 12, 2019).

2 Richard McGregor, *The Party: The Secret World of China's Communist Rulers* (Harper Collins, 2010): 1.

3 Jinping Xi, *The Chinese Dream of the Great Rejuvenation of the Chinese Nation* (Foreign Languages Press, 2014).

4 "Foreign Investment in China: Even Harder Than It Looks," *The Economist* (September 16, 2010): 64.

5 "Chinese Negotiation: The Long Kiss Goodnight," https://bit.ly/2UafAw9 (accessed May 14, 2009).

6 "A Survey of Business in China: A Disorderly Heaven," *The Economist*, https://econ.st/3bibfwH (accessed March 24, 2011).

7 Ibid.

8 Zhenmin Wang, "The Developing Rule of Law in China," *Harvard Asia Quarterly*, 4, no. 4 (Autumn, 2000).

9 Personal Conversation, Daniel Sullivan and Kathy Stearman, Beijing (March 4, 2011).

10 Oded Shenkar, *The Chinese Century* (Upper Saddle River, NJ: Pearson Prentice Hall, 2006).

11 Counterfeiters Will Win the Trade War," Foreign Policy, https://bit.ly/3drDDP9 (accessed March 3, 2020).

12 Steven Weisman, "Before Visit to China, a Rebuke," *New York Times* (December 12, 2006): A-1.

13 "The World's Greatest Fakes," *60 Minutes*, quote by Dan Chow, https://cbsn.ws/2WCoMLM (accessed June 15, 2006).

14 "The Sincerest Form of Flattery," *The Economist* (April 4, 2007): 67.

15 The middle income trap emerges when a country make significant progress in reducing extreme poverty and experience structural change and growth but then find it difficult to make the climb from being a middle-income country to higher-income fully-developed status. The path from low income (about $5,000 per capita) to middle-income (about $10,000 per capita) is fairly straightforward and mostly involves reduced corruption, direct foreign investment and migration from the countryside to cities to pursue assembly-style jobs. The path from middle-income to high-income (about $20,000 per capita) is much more difficult and involves creation and deployment of high-technology and manufacture of high-value-added goods.

16 "Coronavirus and the Death of Xi's 'China Dream' | The Strategist" https://bit.ly/3991EqN; "Coronavirus Killed the 'China Dream' | The National Interest," https://bit.ly/2y2xcSg (all accessed March 23, 2020).

17 Political stability safeguards investment while uncertainty penalizes it. Daniel Kaufmann, Aart Kraay, and Massimo Mastruzzi, "Governance Matters IV: Governance Indicators for 1996–2004," *World Bank Policy Research Working Paper Series No. 3630* (May 2005).

18 "Business in Russia: Dancing with the Bear," *The Economist* (February 1, 2007): 23.

19 Ibid, Business in Russia: Dancing with the Bear.

20 "Putin Signs Law to Shut Down 'Undesirable' Foreign Organizations in Russia," https://bit.ly/2QDC1aY (accessed November 4, 2015); "Planet Plutocrat," *The Economist*, https://econ.st/33FvdiE (accessed November 4, 2015); "Corruption Perceptions Index—2014," www.transparency.org/cpi2014 (accessed November 4, 2015); "Crocodile Tears," *The Economist* (April 28, 2007): 44; Andrew Osborn, "Russia's Rule of Lawlessness," *Wall Street Journal*, https://on.wsj.com/3bhkVrl (accessed January 20, 2011); Corruption Perceptions Index 2012, https://bit.ly/2WzHLX7 (accessed January 15, 2013). "Russia's Weakened Democratic Embrace," *Pew Global Attitudes Project*, https://pewrsr.ch/2J9Vmwy (accessed January 14, 2013); "Russia's Future: The Cracks Appear," *The Economist* (December 10, 2011): 13. Others, however, see Russia trapped in lawlessness and legal nihilism.

21 "Fragile States Index," *Wikipedia, the Free Encyclopaedia*, https://bit.ly/2WzOIra (accessed March 20, 2020).

22 Alan Ryan, *On Politics: A History of Political Thought from Herodotus to the Present* (London: Allen Lane, 2012).

23 Statement from the Declaration of Independence of the United States of America.

24 In Germany, before the adoption of liberal western economic ideas, its economic policy, called "Gemeinnutz geht vor Eigennutz," held that "the welfare of the nation takes precedence over the selfishness of the individuals," https://bit.ly/2QCjMTc (accessed, January 20, 2020).

25 "How China Contained the Coronavirus after Early Blunders - What Did China Do to Contain the Coronavirus? | The Economic Times," https://bit.ly/3bhsMFm; "Coronavirus: Government Must 'Promote Sense of Collectivism' in Order to Avoid Public Disorder | The Independent," https://bit.ly/2vHnJyQ (all accessed March 23, 2020).

26 Practically, the ideology of democracy anchors a political system that grants voters the power to alter the laws and structures of government, to make decisions (either directly or through representatives), and to participate directly in elections.

27 More specifically, a democracy accepts the legitimacy of (1) freedom of opinion, expression, press, religion, association, and access to information; (2) free, fair, and regular elections; (3) majority rule coupled with protection of individual and minority rights; and (4) subordination of government to the rule of law.

28 "Are Economic and Political Freedoms Interrelated? | Bruegel," https://bit.ly/397WdIt (accessed March 19, 2019).

29 The philosophy of Apple's founder Steve Jobs fit this outlook as well; he rejected the notion that individuals were rational, believing "consumers don't know what they want."

30 "China's Future: Rising Power, Anxious State," *The Economist* (June 25, 2011): 3; for example, bookstores in China stock works approved by the CCP.

31 "Iran: Police Use New Tactics to Confiscate Satellite Dishes," BBC News, https://bbc.in/2WHhMNH (accessed December 16, 2015).

32 Anne-Marie Brady, *Marketing Dictatorship: Propaganda and Thought Work in Contemporary China* (Lanham, MD: Rowman & Littlefield, 2007).

33 "The Long Arm of the State," *The Economist*, Special Report: China (June 25, 2011): 14.

34 "Fact Sheet: Communist Party Groups in Foreign Companies in China," *China Business Review*, https://bit.ly/2QCEUZL (accessed May 31, 2018).

35 Keith Brasher, "Solar Panel Maker Moves Work to China," NYTimes.com, https://nyti.ms/2QAWiho (accessed February 11, 2011).

36 "Chinese Politics and the WTO: No Change," *The Economist* (December 10, 2011): 46.

37 Extracted from Mission Statement, Freedom House, retrieved June 28, 2009, from www.freedomhouse.org/template.cfm?page=2. For example, classical liberal philosophy holds that freedom is the absence of coercion of one person by others; jurisprudence holds that one has the right to determine one's own actions autonomously; environmentalism advocates constraints on the use of ecosystems in any definition of freedom. Others take a more abstract approach, discussing notions of positive versus negative freedom (the right to fulfil one's own potential vs. freedom from restraints).

38 "New Periodic Report Looks into the Global State of Democracy—Democracy Without Borders," https://bit.ly/2Uw1RPd (accessed March 25, 2019).

39 Samuel P. Huntington, *The Third Wave: Democratization in the Late Twentieth Century* (Norman: University of Oklahoma Press, 1991).

40 Ronald Bailey, "Does Disease Cause Autocracy?" *Reason Magazine* (June 1, 2011).

41 Francis Fukuyama, *The End of History and the Last Man* (New York: Free Press, 1992).

42 "Freedom in the World 2018: Democracy in Crisis," https://bit.ly/2QDZ3hX (accessed January 26, 2019).

43 Arch Puddington, "Freedom in the World 2011: The Authoritarian Challenge to Democracy," *Freedom House*, https://bit.ly/2J6obKj (accessed April 21, 2011).

44 Arch Puddington, "Freedom in the World 2012," *Freedom House*, https://bit.ly/3aeyzvh (accessed January 15, 2013).

45 Ibid, "Freedom in the World 2018: Democracy in Crisis."

46 "EIU Democracy Index 2018—World Democracy Report," https://bit.ly/2WCpw3w (accessed March 11, 2019).

47 Adapted from "EIU Democracy Index 2018—World Democracy Report," https://bit.ly/2Ux7blu (accessed March 11, 2019).

48 John L.Thornton, "Long Time Coming - the Prospects for Democracy in China," *Foreign Affairs* 87 (2008): 2.

49 "Freedom in the World 2013: Middle East Gains Provoke Intensified Repression," *Freedom House*.

50 Julian Wucherpfennig, "Modernization and Democracy: Theories and Evidence Revisited," *Living Reviews in Democracy* (2009): 1.

51 "Dictatorships' GDPs 'greater than Economic Output of Democratic Nations for First Time in 120 Years,'" *Daily Mail Online*, http://dailym.ai/2ZjLHws (accessed May 19, 2020).

52 "On the People's Democratic Dictatorship," *Selected Works of Mao Tse-Tung*, https://bit.ly/2Uw25Wz (accessed January 15, 2013); Pushkar, "India Waits for Democracy with Benefits," *Asia Times Online*, https://bit.ly/3dw93ns (accessed January 16, 2013).

53 "Countries at the Crossroads," freedomhouse.org, https://bit.ly/3blSY1Q (accessed April 18, 2011).

54 Scott Shane, "America's Journeys with Strongmen," NYTimes.com, https://nyti.ms/398BZOH (accessed February 7, 2017).

55 "Democracy Index 2011," *Economist Intelligence Unit*, https://bit.ly/2UnV4Hu (accessed January 20, 2013).

56 "Can We Replace Politicians with Robots?," *IFLScience*, https://bit.ly/3baIXEu (accessed March 28, 2019).

57 Gallup, "Confidence in Institutions," Gallup.com, https://bit.ly/2vI3bX9 (accessed January 25, 2020).

58 ILO, "World of Work Report 2010: From One Crisis to the Next?" https://bit.ly/2UnVgGI (accessed February 7, 2011).

59 Kirk Hawkins, "Don't Try to Silence Populists – Listen to Them," *The Guardian*, https://bit.ly/2Ww8Me6 (accessed March 9, 2019).

60 "Democracy? Hu Needs It," *The Economist* (June 28, 2007): 44; "A Warning for Reformers," *The Economist* (November 17, 2007): 67.

61 "Xi Touts Communist Party as Defender of Confucius's Virtues," *New York Times*, https://nyti.ms/2WA51nV (accessed November 4, 2015).

62 "'I Am a True Democrat:' G-8 Interview with Vladimir Putin," *Spiegel Online*, https://bit.ly/3dlEhgK (accessed June 4, 2007).

63 E.g., "Brazil's President Lula Says G7 Nations No Longer Speak for the World," *The Telegraph* (March 16, 2009): A-1.

64 "Nigeria's Prospects: A Man and a Morass" *The Economist* (May 28, 2011): 24.

65 "Japan and China: Rattling the Supply Chains," *The Economist* (October 20, 201): 60.

66 "The 2010 Failed States Index," *Foreign Policy*, https://bit.ly/3agmRjO (accessed February 8, 2011).

67 "Coronavirus' Business Impact: Evolving Perspective | McKinsey," https://mck.co/2J6an2g (accessed March 23, 2020).

68 "Science: Getting in the Mood," *The Economist: The World in 2012* (November 17, 2012): 152.

69 Andrew Martin, "Turning Point for Suits over Chinese Drywall," *New York Times* (October 12, 2012): A-7.

70 "Russia: The Long Life of Homo Sovieticus," *The Economist* (December 10, 2011): 27–30; "Russian Politics: Fear and Loathing," *The Economist* (September 22, 2012): 60.

71 See Juriglobe World Legal Systems, www.juriglobe.ca/eng/.

72 *Stare decisis:* Latin, "to stand by that which is decided."

73 Denis Wiechman, Jerry Kendall, and Mohammad Azarian, "Islamic Law: Myths and Realities," https://bit.ly/2J6SqAz (accessed June 22, 2019).

74 "What Is Legality? Definition of Legality," *The Law Dictionary*, https://bit.ly/3bcA9hg (accessed October 19, 2012).

75 A. Kraay and M. Mastruzzi, "The Worldwide Governance Indicators: Methodology and Analytical Issues," https://bit.ly/3adAtw9 (accessed March 15, 2019).

76 Similarly, Thomas Paine wrote "in America, the law is king" in contrast to the view that the king was the law. *Common Sense*, https://bit.ly/2QDD6j2 (accessed March 26, 2011).

77 "Rule of Law Index," *World Justice Project*," https://bit.ly/3acEa5o (accessed February 8, 2019).

78 Paul Collier, *Wars, Guns, and Votes: Democracy in Dangerous Places* (New York: HarperCollins, 2009). More pointedly, the rule of law is vital to a functioning democracy, given that, as John Locke warned some three centuries ago, "Wherever law ends, tyranny begins."

79 Alternatively, Thomas Jefferson reasoned, "Information is the currency of democracy." If so, then the satellite dish-covered exteriors we see worldwide play a crucial role.

80 "Revolution in the Arab World: The Twilight of the Dictators," *The Economist* (August 4, 2012): 73.

81 Richard McGregor, *The Party: The Secret World of China's Communist Rulers* (Harper Collins, 2010), Quote, He Weifang, p. 22.

82 Hernando De Soto, *The Mystery of Capital: Why Capitalism Triumphs in the West and Fails Everywhere Else* (Basic Books, 2000).

83 Louise Arbour, "The Rule of Law," *New York Times* (September 26, 2012): A-8; "Economics and the Rule of Law: Order in the Jungle," *The Economist* (March 13, 2008): 43–8.

84 Tom Friedman, "Our One-Party Democracy," *New York Times* (September 8, 2009): A-8.

85 Ibid., "Xi Touts Communist Party as Defender of Confucius's Virtues."

86 Ibid., "A Disorderly Heaven," *The Economist* (March 20, 2004): 75.

87 Ibid., "Russian Politics: Fear and Loathing."

88 Ibid., "Business in Russia: Dancing with the Bear.,"

89 "Belarus," *Freedom House*, https://bit.ly/2xh7Lfr, "Kazakhstan," *Freedom House*, https://bit.ly/3bovMjv, "Thailand," *Freedom House*, https://bit.ly/2Uw2OqL (all accessed January 16, 2020); Andrew Higgins, "Kazakhstan Gets New Leader, But Old System's Grip on Power Remains," *New York Times*, https://nyti.ms/3bgGEzK (accessed January 21, 2020).

90 "Big US Firms Shift Hiring Abroad," *Wall Street Journal* (April 19, 2011): B1.

91 "The World's New Growth Frontier: Midsize Cities in Emerging Markets," McKinsey & Company, https://mck.co/2Ux6eKd (accessed October 20, 2015).

92 Now, the more plausible scenario is one in which emerging economies may migrate from one basis of rule to another—that is, from rule of man to "rule by law" and its implicit notion that even the ruler is subject to the law.

93 Gardiner Harris, "India Backs Foreign Investment in Retailing," NYTimes.com, https://nyti.ms/2xljHwo (accessed January 17, 2013).

94 Geoff Lewis, "Who in the World Is Entrepreneurial?" *Fortune: Small Business* (June 1, 2007): 24.

95 A contract is a binding legal agreement that formalizes promises between parties, the breach of which triggers legal action.

96 "Economics Focus: The Himalayas of Hiring," *The Economist* (August 7, 2010): 76.

97 In the United States, the Internal Revenue Service requires reporting the sale of assets, payments to subcontractors, and termination of retirement plans.

98 "Three Years Later, India's Bankruptcy Reform Languishes in Courts," *Reuters*, https://reut.rs/2WA5GWr (accessed January 27, 2019).

99 "Lawmakers to U.S. Companies: Don't Buy Huawei, ZTE," *CNET News*, https://cnet.co/3bfQXnC (accessed January 17, 2013).

100 Duncan Fairgrieve and Geraint Howells, "Is Product Liability Still a Global Problem?" *Managerial Law* 49:1/2 (2007): 6–9.

101 "Lego: Bricks and Flicks," *The Economist* (May 7, 2011): 70.

102 "A High Cost to Developing Countries," *New York Times* (October 5, 1986).

103 Stephanie Clifford, "Recession? Knockoffs Go Down-Market," NYTimes.com, https://nyti.ms/3af74Su (accessed February 14, 2011).

104 Items commonly counterfeited include books, printer cartridges, music CDs, brake pads, DVDs, aircraft parts, cigarettes, wristwatches, razor blades, batteries, medicine, motorcycles, handbags, jewellery, automobiles, shampoo, pens, toys, wine, shoes, clothing, luggage, foods, beer, perfume, cleaning supplies, pharmaceuticals, and health-care supplies.

105 Stephanie Sutton, "EFCG: Counterfeit Medicines More Profitable than Heroin," https://bit.ly/2UssFA1 (accessed February 16, 2011).

106 Ibid.

107 "Statistics | IACC," https://bit.ly/2wxx6ld (accessed February 26, 2019); "Inside the Knockoff-Tennis-Shoe Factory," NYTimes.com (accessed February 14, 2011).

108 Owen Fletcher and Jason Dean, "Ballmer Decries Huge China Sales Holes," *Wall Street Journal* (May 27, 2011): A-1.

109 Ibid., Quote by Jonathan Erece, a trade enforcement coordinator for United States Protection.

110 "Fake Pharmaceuticals: Bad Medicine," *The Economist* (October 13, 2012): 74.

111 Ibid.

112 "Special 301 Report, *Office of the United States Trade Representative*," https://bit.ly/33B7cZW (accessed February 24, 2013).

113 "Software Piracy Takes Toll on Global Scale," *Hack in the Box: Keeping Knowledge Free*, https://bit.ly/2Uw3tIL (accessed April 23, 2011).

114 "Microsoft Says Software Piracy Continues to Grow," *TG Daily*, https://bit.ly/3dlYLWR (accessed February 14, 2011).

115 View of Mr. Orhii reported in "Fake Pharmaceuticals: Bad Medicine," *The Economist* (October 13, 2012): 74.

116 Ibid., Microsoft Says Software Piracy Continues to Grow."

117 "Business in China and the West: A Tale of Two Expats," *The Economist*

(December 29, 2010): 73.

118 "BSA | The Software Alliance," www.bsa.org/ (accessed January 12, 2020).

4장

1 Clyde V. Prestowitz, *Three Billion New Capitalists: The Great Shift of Wealth and Power to the East* (New York: Basic Books, 2006); Angus Maddison, *The World Economy, 1–2030 AD* (London: Oxford University Press, 2007); *The World Economy: Volume 1: A Millennial Perspective* (Paris: Development Centre, 2001); *Volume 2: Historical Statistics* (Paris: Development Centre, 2003); Parag Khanna, *The Future Is Asian* (Simon & Schuster, 2019); Joseph S. Nye, Jr., "The Rise and Fall of American Hegemony from Wilson to Trump," *International Affairs* 95, no. 1 (2019): 63–80; Boris Lee, "Assessing Made in China 2025, the US-China Trade War and Ways Going Forward" (2019), *CMC Senior Theses*; Colin Flint and Cuiping Zhu, "The Geopolitics of Connectivity, Cooperation, and Hegemonic Competition: The Belt and Road Initiative," *Geoforum* 99 (2019): 95–101.

2 "The World's Shifting Centre of Gravity," *The Economist* https://econ.st/3bjzAT2 (accessed June 28, 2012); "McKinsey: The World's Economic Center of Gravity from AD 1 To AD 2010," *Business Insider*, https://bit.ly/2xcwGAF (accessed December 30, 2015).

3 Martin Dewhurst, Jonathan Harris, and Suzanne Heywood, "The Global Company's Challenge," *McKinsey Quarterly*, https://bit.ly/2WyjErJ (accessed December 31, 2012).

4 We are currently experiencing roughly 10 times the economic acceleration of the Industrial Revolution, on more than 100 times the scale, resulting in an economic transformation that carries over 1,300 times the force of change.

5 Also see Angus Mattison, *The World Economy, 1-2001 AD; HS–8: The World Economy, 1–2001 AD*, https://bit.ly/2J9xY2e (accessed March 20, 2020).

6 "China Overtakes US as World's Largest Trading Country," *RT International*, https://bit.ly/2UrpatH (accessed March 9, 2019).

7 Clyde Prestowitz, "Three Billion New Capitalists," video transcript, *News Hour* (August 15, 2005), https://to.pbs.org/3bjzmva (accessed July 18, 2007).

8 "How Does the World Bank Classify Countries? – World Bank Data Help Desk," https://bit.ly/3966ViI(accessed March 3, 2019).

9 See, for example, Steven D. Levitt and Stephen J. Dubner, *Freakonomics* (New York: HarperCollins, 2009).

10 Nielsen, Lynge. "How to Classify Countries Based on Their Level of Development," *Social Indicators Research* 114, no. 3 (2013): 1087–1107.

11 "World Economic Outlook- GDP Based on PPP, Share of World," https://bit.ly/2xgNZAy (accessed March 6, 2019).

12 "Data - Country Classification," https://bit.ly/3dnp5zW (accessed January 22, 2020).

13 Quote, Jeffrey Sachs, "Commanding Heights: Jeffrey Sachs," *PBS*, https://to.pbs.org/2vHEMkv (accessed March 22, 2016).

14 Derek Thompson, "How Globalization Saved the World and Damned the West," *The Atlantic* (2019), https://bit.ly/2J9mQCe (accessed February 7, 2019).

15 "World Economic Outlook" (January, 2020), https://bit.ly/33BEatf (accessed January 22, 2020).

16 "The Next Billions: Unleashing Business Potential in Untapped Markets," *World Economic Forum* (January 2009): 44; C. K. Prahalad and S. L. Hart, "The Fortune at the Bottom of the Pyramid," *Strategy+Business* (2002) 26: 54–67.

17 Emerging-market status determined by "MSCI Index Country Membership," www.msci.com/emerging-markets and www.msci.com/market-classification, and "FTSE Benchmarks" (accessed March 3, 2019).

18 "World Economic Outlook (October 2018)—GDP Based on PPP, Share of World" https://bit.ly/2Uxuc7Q (accessed March 6, 2019).

19 "Emerging Markets: Group Statistics," https://bit.ly/2UsIu9V; "Stats for Country Grouping: High Income OECD Countries," https://bit.ly/3bmzb2d (accessed March 6, 2019).

20 Martin Dewhurst, Jonathan Harris, and Suzanne Heywood, "The Global Company's Challenge."

21 "Prosperity in Asia: The Intergenerational Dimensions," EABER, www.eaber.org/node/24815 (accessed December 13, 2015).

22 "Chart Focus: The World's Economic Center of Gravity Shifts," *McKinsey Quarterly*, https://bit.ly/3dorASi (accessed February 25, 2013).

23 William W. Beach and Marc A. Miles, "Explaining the Factors of the Index of Economic Freedom," *2005 Index of Economic Freedom*, https://herit.ag/2J3P5Cv (accessed August 14, 2006).

24 Quote extracted from *The Wealth of Nations*. Reported in "Executive Summary," Index of Economic Freedom, https://herit.ag/33KtmJm (accessed February 4, 2008).

25 Adapted from "Methodology," *2019 Index of Economic Freedom Book*, https://herit.ag/2y1O3oj, and "Country Rankings: World & Global Economy Rankings on Economic Freedom," https://herit.ag/3aeaKDR (accessed March 1, 2019).

26 "IMD World Competitiveness Centre," www.imd.org/wcc/ (accessed December 8, 2015).

27 "Index of Economic Freedom: Promoting Economic Opportunity and Prosperity by Country," www.heritage.org/index/ (accessed February 27, 2019); "Executive Highlights," *2019 Index of Economic Freedom Book*, https://herit.ag/2QCH6AB (accessed March 1, 2019).

28 The designations "developed" and "developing" are used for statistical convenience and do not convey a judgement about status or stage in the development process.

29 "Doing Business 2020," *World Bank Group*, www.doingbusiness.org (accessed January 15, 2020).

30 Anatole Kaletsky, *Capitalism 4.0: The Birth of a New Economy in the Aftermath of Crisis* (New York: Public Affairs, 2010).

31 "China | Data," https://bit.ly/3bmoFYv (accessed March 7, 2019).

32 "Q&A with Ian Bremmer on State Capitalism," *Foreign Affairs*, https://fam.ag/2QBZpWq (accessed April 13, 2011).

33 The state essentially prevents systemic distortions threatening the stability of the system and promoting societal welfare—or, as Marx prophesied, capitalism eventually is destroyed by its own contradictions.

34 Michael Wines, "Make No Mistake: In China, State-Run Firms Rule," *New York Times* (August 31, 2010): B-4.

35 "China's Future: Rising Power, Anxious State," *The Economist*, Special Report: China (June 25, 2011): 14.

36 Max Zenglein and Anna Holzmann. "Evolving Made in China 2025: China's Industrial Policy in the Quest for Global Tech Leadership," *MERICS Paper on China No* 8 (2019).

37 "Countries at the Crossroads," https://bit.ly/3ablgKN (accessed April 18, 2011).

38 Ian Bremmer, "State Capitalism and the Crisis," *McKinsey Quarterly* (July 2009): 4.

39 "Global Indicators Database: Country's Economic Situation (2015)," Pew Research Center, https://pewrsr.ch/3966ogI, and https://pewrsr.ch/2xjVIhu (accessed January 20, 2020).

40 Ian Bremmer, *The End of the Free Market: Who Wins the War Between States and Corporations?* (New York: Portfolio, 2010).

41 Adam Smith, "An Inquiry into the Nature and Causes of the Wealth of Nations, Book IV, Chapter IX," *Library of Economics and Liberty*, https://bit.ly/2U9PUQh (accessed December 8, 2015).

42 François Maniquet, "From Each According to His Ability, to Each According to His Needs, or (Even) More, If He Wishes," *Revue économique* 68, no. 1 (2017): 119–129.

43 Michael Todaro, *Economic Development*, 6th edition (Reading, MA: Addison Wesley, 1996): 705.

44 Regarding the informal, the *Economist* reported that "When Alan Greenspan was chairman of the Federal Reserve, he monitored several unusual measures. One favorite, supposedly, was sales of men's underwear, which are usually pretty constant, but drop in recessions when men replace them less often." See "Fast Food for Thought," *The Economist* (July 30, 2011): 12.

45 "GDP: One of the Great Inventions of the 20th Century," *Bureau of Economic Analysis*, https://bit.ly/2UwFDwR (accessed January 24, 2013).

46 See "On the Difference between GNP and GDP," *A (Budding) Sociologist's*

Commonplace Book, https://bit.ly/2QSjB6L (accessed April 8, 2019).

47 Historically, GNI was referred to as gross national product. The definition and measurement of GNI and GNP are analogous, but institutions such as the World Bank and International Monetary Fund now use the term GNI.

48 "World Economic Outlook (October 2018)—Gross Domestic Product (GDP)," https://bit.ly/3bjeF2w (accessed January 15, 2020). Total Global Economy: $134,981.

49 "U.S. and World Population Clocks," POPClocks, retrieved January 23, 2020. Check www.census.gov/popclock/ for current statistics.

50 "GNI per Capita, Atlas Method (current US$)," *The World Bank*, https://bit.ly/33EBlrp (accessed March 27, 2019).

51 "Gasoline Prices around the World," GlobalPetrolPrices.com, www.globalpetrolprices.com/gasoline_prices/ (accessed January 20, 2020).

52 World Bank, 2013 Survey (Atlas methodology for GNI per capita). Typically, the prices of many goods are considered and weighted according to their importance in the economy of the country.

53 "Sex, Drugs and GDP: The Challenge of Measuring the Shadow Economy," WSJ.com, https://on.wsj.com/3blxjXx (accessed December 31, 2015).

54 OECD/ILO (2019), *Tackling Vulnerability in the Informal Economy*, Development Centre Studies, OECD Publishing, Paris.

55 A. T. Kearney, "Global Study Finds Nearly a Quarter of the World's Economy Is 'Off the Books,'" https://prn.to/2xgN2bs (accessed March 2, 2019).

56 "Changing the Scales," *The Economist* (August 23, 2014): 68–9; "How Nigeria's Economy Grew by 89 percent Overnight," *The Economist* (April 7, 2014): 56–7; Leandro Medina and Friedrich Schneider, "Shadow Economies Around the World: What Did We Learn Over the Last 20 Years?" (2018).

57 "British Shadow Economy Grown in Size," Institute of Economic Affairs, https://bit.ly/2wuR3ZJ (accessed March 14, 2019).

58 "Process of Preparation of the Environmental Perspective to the Year 2000 and Beyond," General Assembly Resolution 38/161, https://bit.ly/2UcX06W (accessed May 27, 2007).

59 Joseph Stiglitz, "Good Numbers Gone Bad: Why Relying on GDP as a Leading Economic Gauge Can Lead to Poor Decision-Making," *Fortune* (September 25, 2006): 45–9.

60 "Human Development Reports," http://hdr.undp.org/en/composite/HDI (accessed April 8, 2019).

61 "World Happiness Report 2018," *World Happiness Report*, http://worldhappiness.report/ed/2018/ (accessed March 8, 2019).

62 Roger Cohen, "The Happynomics of Life," NYTimes.com, nytimes.com/2011/03/13/opinion/13cohen.html?_r=1 (accessed April 27, 2011).

63 Eric Weiner, "The Happiest Places in the World," *Forbes* (April 23, 2008): 55.

64 "World Happiness Report 2019," http://worldhappiness.report/ (accessed March 26, 2019).

65 "World Happiness Report 2019."

66 "OECD Launches New Report on Measuring Well-Being – OECD," https://bit.ly/3dlh5PU (accessed March 3, 2019).

67 "Happy Planet Index," www.happyplanetindex.org/ (accessed April 8, 2019).

68 "World Bank Indicators, 2013," *The World Bank*, data.worldbank.org/data-catalog/world-development-indicators.

69 "Government v. Market in America: The Visible Hand," *The Economist* (May 28, 2009): 25–8.

70 "Thomas Hobbes: 'Solitary, Poor, Nasty, Brutish, and Short,'" *Yale University Press London Blog*, https://bit.ly/33BCPlW (accessed April 5, 2013).

71 E. Mishan, *The Costs of Economic Growth* (New York: Praeger, 1967).

72 Ibid.

73 Jerome Glenn, Theodore Gordon, and Elizabeth Florescu, *2009 State of the Future, The Millennium Project*, www.millenniumproject.org/millennium/sof2009.html (accessed May 15, 2011).

74 Technically, a score of zero implies perfect equality (everybody has the same income); a score of one implies perfect inequality (one person has all the income).

75 "Global Competitiveness Index," *World Economic Forum*, www.weforum.org/issues/global-competitiveness (accessed January 25, 2013).

76 "Global Competitiveness Report 2015–2016," *World Economic Forum*, http://reports.weforum.org/global-competitiveness-report-\2015-2016/competitivenessrankings/ (accessed December 8, 2015).

77 "IMD's 2020 World Competitiveness Ranking Revealed, Showing Strength of Small Economies."IMD Business School, /news/updates/IMD-2020-World-Competitiveness-Ranking-revealed/, accessed June 20, 2020.

78 "The Global Innovation Index 2012," www.globalinnovationindex.org/gii/ (accessed January 25, 2013).

79 "The Lottery of Life," *The Economist: The World in 2013* (November 21, 2012): 91.

80 *Sources*: The Global Competitiveness Report 2019, from https://bit.ly/2U8erW1; The World Competitiveness Ranking 2019, from https://bit.ly/3biTBZY; Global Innovation Index (GII) 2019, from https://bit.ly/2UsHPFt; Overall Best Countries Ranking, https://bit.ly/2Wz2V7H; Where-To-Be-Born" Index, https://bit.ly/2WBiUlG (all accessed January 15, 2020).

81 *Sources include the following:* "A European Green Deal," European Commission, https://ec.europa.eu/info/strategy/priorities-2019-2024/european-green-deal_en; "European Industrial Strategy," European Commission, https://ec.europa.eu/info/strategy/priorities-2019-2024/europe-fit-digital-age/european-industrial-strategy_en; "Farm to Fork Strategy—for a Fair, Healthy and Environmentally-Friendly Food System," European Commission, https://ec.europa.eu/food/farm2fork_en; "Growth Within: A Circular Economy Vision for a Competitive Europe," Ellen MacArthur Foundation (2020), https://www.ellenmacarthurfoundation.org/assets/downloads/circular-economy/Growth-Within-Report.pdf; Towards the Circular Economy, Ellen MacArthur Foundation (2013), https://www.ellenmacarthurfoundation.org/assets/downloads/publications/Ellen-MacArthur-Foundation-Towards-the-Circular-Economy-vol.1.pdf; "What Is the Green Deal?" *Politico*, https://www.politico.eu/article/what-is-the-green-deal/ (October 20, 2020); "Recovery plan for Europe," European Commission (All web sources accessed on January 10, 2021).

5장

1 *Sources include the following:* McKinsey, State of the Global Fashion Report 2018, 2020; H&M, official company website, http://www.hm.com/; Uniqlo, official company website, https://uniqlo.com; Inditex, official company website, http://www.inditex.com/; "Rana Plaza," Clean Clothes Campaign, cleanclothes.org/campaigns/past/rana-plaza; "Sustainable Materials," Inditex (July 16, 2019), www.inditex.com/our-commitment-to-the-environment/closing-the-loop/sustainable-materials; "EU Circular Economy Action Plan," European Commission, ec.europa.eu/environment/circular-economy/; "Recycling Facilities Takes Fashion Industry One Step Closer to Circularity," H&M, press release (September 3, 2018), https://hmfoundation.com/2018/09/03/new-facilities-for-textile-blend-recycling-takes-fashion-industry-one-step-closer-to-circularity/; Scarlett Conlon, "Zara Clothes to Be Made from 100% Sustainable Fabrics by 2025," *The Guardian* (July 17, 2019);"Fashion's New Must-Have: Sustainable Sourcing at Scale," McKinsey Apparel CPO Survey 2019 (October 17, 2019), www.mckinsey.com/industries/retail/our-insights/fashions-new-must-have-sustainable-sourcing-at-scale; "Smart Textile Market Size Worth $5.55 Billion By 2025 | CAGR: 30.4%," Grand View Research, www.grandviewresearch.com/press-release/global-smart-textiles-industry (March 2019); N Kiran Ciliz, "Reduction in Resource Consumption by Process Modifications in Cotton Wet Processes," *Journal of Cleaner Production* 11 (June 2003): 481–86; Georg Müller-Christ, Carsten Gandenberger, "Sustainable Resource Management—Illustrated at the Problems of German Textile Industry," IFSAM VIIIth World Congress 2006 Berlin (All web sources accessed on October 22, 2020).

2 Pankaj Ghemawat, "Distance Still Matters: The Hard Reality of Global Expansion," *Harvard Business Review* (September 2001): 137–47.

3 Eduardo Porter, "Corporate Action on Social Problems Has Its Limits," *New York Times* (September 9, 2015): B1.

4 Bradley R. Agle, Thomas Donaldson, R. Edward Freeman, Michael C. Jensen, Ronald K. Mitchell, and Donna J. Wood, "Dialogue toward

SuperiorStakeholder Theory," *Business Ethics Quarterly* 18:2 (2008): 153–90.

5 John H. Dunning, "The Eclectic Paradigm of International Production: A Restatement and Some Possible Extensions," *Journal of International Business Studies*, 19:1 (1988): 1–32.

6 Mohsin Habib and Leon Zurawicki, "Corruption and Foreign Direct Investment," *Journal of International Business Studies* 33 (Summer 2002): 291–308.

7 Ravi Ramamurti, "The Obsolescing 'Bargaining Model'? MNE-Host Developing Country Relations Revisited," *Journal of International Business Studies* 32 (Spring 2001): 23.

8 "Global Apparel Manufacturing Industry Market Research Resport," IBIS World (August 2019), https://www.ibisworld.com/global/market-research-reports/global-apparel-manufacturing-industry/ (accessed January 24, 2020).

9 Maria Armental, "Ford Shakes Up South America Strategy," *Wall Street Journal* (February 20, 2019), B1.

10 Lawrence Kohlberg, "The Claim to Moral Adequacy of a Highest Stage of Moral Judgment," *Journal of Philosophy* 70 (1973): 630–46.

11 Richard T. DeGeorge, *Business Ethics*, 7th edition (Upper Saddle River, NJ, 2010): 22–4.

12 DeGeorge, *Business Ethics*, 39, 44.

13 Ibid., p. 39.

14 Alfred Marcus, *Business & Society: Ethics, Government, and the World Economy* (Homewood, IL: Irwin, 1996).

15 T. L. P. Tang, P. Sutarso, M. A. Ansari, et al., "Monetary Intelligence and Behavioral Economics: The Enron Effect—Love of Money, Corporate Ethical Values, Corruption Perceptions Index (CPI), and Dishonesty Across 31 Geopolitical Entities," *Journal of Business Ethics*, 148 (2018): 919.

16 David J. Vidal, *The Link between Corporate Citizenship and Financial Performance* (New York: Conference Board, 1999).

17 Trivia-Library.com, "Origins of Sayings—When in Rome, Do As the Romans Do" (accessed March 30, 2011), reproduced with permission from the People's Almanac series of books, 1975–1981 by David Wallechinsky & Irving Wallace.

18 See John M. Kline, *Ethics for International Business: Decision Making in a Global Political Economy* (London and New York: Routledge, 2005).

19 DeGeorge, *Business Ethics*, 33.

20 S. Prakash Sethi, "Standards for Corporate Conduct in the International Arena: Challenges and Opportunities for Multinational Corporations," *Business and Society Review* (Spring 2002): 20–39.

21 "The Ethics of Business," in "A Survey of Corporate Social Responsibility," *The Economist* (January 22, 2005): 20.

22 John R. Boatright, *Ethics and the Conduct of Business* (Upper Saddle River, NJ: Prentice Hall, 1993): 13–16.

23 Boatright, *Ethics and the Conduct of Business*, 16–18.

24 See A. M. Ali and I. H. Saiad, "Determinants of Economic Corruption," *Cato Journal* 22:3 (2003): 449–66; H. Park, "Determinants of Corruption: A Cross-National Analysis," *Multinational Business Review* 11:2 (2003): 29–48.

25 Transparency International, "How Do You Define Corruption?," www.transparency.org/what-is-corruption/ (accessed February 22, 2019).

26 Transparency International, "Bribe Payers Index Report," www.transparency.org/bpi2011/results (accessed February 10, 2015).

27 Chad Bray and Stanley Reed, "Petrobras of Brazil to Pay $2.95 Billion Over Corruption Scandal," *The New York Times* (January 3, 2018), online edition (accessed February 25, 2019).

28 www.theguardian.com/world/2015/sep/21/ex-treasurer-workers-party-sentenced-prison-petrobras-corruption-scandal and www.theguardian.com/business/2015/sep/27/rolls-royce-second-investigation-brazil-petrobas.

29 See The World Bank, *World Development Report 2002: Building Institutions for Markets;* M. Habib and L. Zurawicki, "Country-Level Investments and the Effect of Corruption—Some Empirical Evidence," *International Business Review* 10:6 (2001): 687–700.

30 S. Ghoshal and P. Moran, "Towards a Good Theory of Management," in J. Birkinshaw and G. Piramal, eds., *Sumantra Ghoshal on Management: A Force for Good* (Upper Saddle River, NJ: Financial Times/Prentice Hall, 2005): 1–27.

31 MarkPiethandHuguetteLabelle,"BriberyinInternationalBusiness:MakingSure That Bribes Don't Pay," www.oecd.org/daf/anti-bribery/makingsurethatbribesdontpay.htm (accessed June 20, 2013).

32 *Progress Report 2015: Assessing Enforcement of the OECD Convention on Combating Bribery*, Transparency International, www.transparency.org/whatwedo/publication/exporting_corruption_progress_report_2015_assessing_enforcement_of_the_oecd (accessed February 10, 2016).

33 "Strengthening the Anti-Bribery Convention: Review of the 2009 OECD Anti-Bribery Convention," Organization for Economic Cooperating and Development (OECD.org) (accessed February 25, 2019).

34 "EU Anti-Corruption Report: Report from the Commission to the Council and the European Parliament" (Brussels, European Commission, 3/2014 Com (2014) 38 Final).

35 Devlin Barrett, Christopher M. Matthews, and Aruna Viswanatha, "Charges Show U.S. Justice Department's Long Reach," *Wall Street Journal* (May 28, 2015): A11.

36 David Child, "India Has the Worst Air Pollution: Report," *AlJazeera* (March 5, 2019), www.aljazeera.com/news/2019/03/india-world-worst-air-pollution-report-190305151923982.html (accessed 27 January 2020).

37 "Choking on It," *The Economist* (December 5, 2015): 54.

38 John Carey, "Global Warming," *Businessweek* (August 16, 2004): 60–69.

39 "Green Light," *The Economist* (December 19, 2015): 89.

40 "Hope for the Trees," *The Economist* (December 19, 2015): 90.

41 Michelle Hackman, "Coal Fuels German Debate," *Wall Street Journal* (October 11, 2018), A18.

42 Rob Curran, "PG&E's Bankruptcy Highlights Blind Spots in Green Investing," *Wall Street Journal* (February 15, 2019):B5.

43 Danny Hakim, "VW Admits Cheating in U.S., But Says Its Practices Were Legal in Europe," *New York Times* (January 22, 2016): B1.

44 Danny Hakim and Claire Barthelemy, "VW Fought Emissions Test Changes in Europe," *New York Times* (December 2, 2015): B1.

45 Bill Vlasic, "Volkswagen Engineer Gets Prison in Diesel Cheating Case," *The New York Times* (August 25, 2017), www.nytimes.com/2017/08/25/business/volkswagen-engineer-prison-diesel-cheating.html (accessed February 27, 2019); Sonari Glinto and Rachel Gotbum, "Former Volkswagen CEO Indicted Over Testing Scandal," National Public Radio (May 4, 2018), www.npr.org/sections/thetwo-way/2018/05/04/608374639/former-volkswagen-ceo-indicted-over-emission-testing-scandal (accessed February 27, 2019).

46 Danny Hakim and Jack Ewing, "Executive Had a Crucial Role as VW Struggled with Emissions," *New York Times* (December 22, 2015): B1.

47 Ethical Trading Initiative, www.ethicaltrade.org (accessed February 27, 2019).

48 Ans Kolk and Rob van Tulder, "Child Labor and Multinational Conduct: A Comparison of International Business and Stakeholder Codes," *Journal of Business Ethics* 36:3 (March 2002): 291–301.

49 International Labor Organization, "Global Estimates of Child Labour: Results and Trends 2012–2016 (International Labour Office, Geneva, Switzerland, 2017)," ILO.org (accessed February 27, 2019).

50 Ibid.

51 International Labour Organization, "Forced Labor, Modern Slavery, and Human Trafficking," op. cit.

52 Edward Luce, "Ikea's Grown-Up Plan to Tackle Child Labour," *Financial Times* (September 15, 2004): 7.

53 UNICEF's Corporate Partnerships: IKEA, www.unicef.org/corporate_partners/index_25092.html (accessed May 13, 2013).

54 www.globalreporting.org (accessed February 27, 2019).

55 Christopher Bartlett and Paul Beamish, *Transnational Management: Text, Cases, and Readings in Cross-Border Management*, 7th Edition (New York, NY: 2014): Chapter 8.

56 *Sources include the following:* "Our Goal in Ending the AIDS Epidemic by

2030," www.unaids.org/en (accessed on March 1, 2019; see various sections of the website on data and programs); angloamerican.com/sustainability/safety-and-health (accessed March 1, 2019); Alec Russell, "Answers to an AIDS Epidemic: New Initiatives to Help Infected Workers Mark a Big Shift in Attitude and Approach at Some of South Africa's Largest Companies," *Financial Times* (October 4, 2007): 14; Mark Schoofs, "New Challenges in Fighting AIDS—Enlisting Multinationals in Battle," *Wall Street Journal* (November 30, 2001): B1; James Lamont, "Anglo's Initiative," *Financial Times* (August 8, 2002): 10; "Anglo American to Give Mineworkers AIDS Drugs Free," *Wall Street Journal* (August 7, 2002): A13.

6장

1 *Sources include the following:* "South Korea (KOR) Exports, Imports, and Trade Partners," The Observatory of Economic Complexity, oec.world/en/profile/country/kor/ (accessed January 10, 2021); World Bank Group, "Doing Business in Korea 2020," www.doingbusiness.org/content/dam/doingBusiness/country/k/korea/KOR.pdf (accessed January 10, 2021); "World Investment Report 2019," UNCTAD, unctad.org/en/PublicationsLibrary/wir2019_en.pdf (accessed January 10, 2021); "Annual Report on the Implementation of the EU-Korea Free Trade Agreement," European Commission (June 30, 2016), trade.ec.europa.eu/doclib/docs/2016/june/tradoc_154699.pdf (accessed January 10, 2021); Michael J. Seth, "South Korea's Economic Development, 1948–1996," *Oxford Research Encyclopedia of Asian History* (December 19, 2017), doi.org/10.1093/acrefore/9780190277727.013.271 (accessed February 1, 2021); "South v North Korea: How Do the Two Countries Compare? Visualised," *The Guardian* (April 8, 2013); "The World Factbook," Central Intelligence Agency, www.cia.gov/library/publications/the-world-factbook/ (accessed December, 2016); "Trade: South Korea," European Commission, ec.europa.eu/trade/ policy/countries-and-regions/countries/south-korea/index_en.htm (accessed December, 2016); "Fact Sheets on the European Union—2017," European Parliament, www.europarl.europa.eu/ftu/pdf/en/FTU_6.6.6.pdf (accessed December, 2016).

2 For a good survey of mercantilism and the mercantilist era, see Gianni Vaggi, *A Concise History of Economic Thought: From Mercantilism to Monetarism* (New York: Palgrave Macmillan, 2002).

3 For reviews of the literature, see Jordan Shan and Fiona Sun, "On the Export-Led Growth Hypothesis for the Little Dragons: An Empirical Reinvestigation," *Atlantic Economic Review* 26:4 (1998): 353–71; George K. Zestos and Xiangnan Tao, "Trade and GDP Growth: Causal Relations in the United States and Canada," *Southern Economic Journal* 68:4 (2002): 859–74.

4 For a good discussion of the history of free trade thought, see Leonard Gomes, *The Economics and Ideology of Free Trade: A Historical Review* (Cheltenham, UK: Edward Elgar, 2003).

5 "Year Round Production of Tomatoes in Iceland," retrieved July 16, 2007, from www.freshplaza.com/news_detail.asp?id=3791; "The History of Wine Production in Brazil," retrieved July 16, 2007, from www.brazilianwines.com/en/brazilie histoire.asp.

6 For simplicity's sake, both Smith and Ricardo originally assumed a simple world composed of only two countries and two commodities. Our example makes the same assumption. Now, although this simplification is unrealistic, it does not diminish the usefulness of either theory. Economists have applied the same reasoning to demonstrate efficiency advantages in multiproduct and multicountry trade relationships. Smith's seminal treatise remains abundantly in print; for a reliable recent edition, see *An Inquiry into the Nature and Causes of the Wealth of Nations* (Washington, DC: Regnery Publishing, 1998). Like Smith's *Wealth of Nations,* Ricardo's seminal work on comparative advantage, originally published in London in 1817, is continuously reprinted; see, for example, *On the Principles of Political Economy and Taxation* (Amherst, NY: Prometheus Books, 1996).

7 For a good discussion of this paradoxical thinking, see Paul R. Krugman, "What Do Undergraduates Need to Know about Trade?" *American Economic Review Papers and Proceedings* (May 1993): 23–26. For a discussion of some developing countries' views that monopolistic conditions keep them from gaining a fair share of gains from international trade, see A. P. Thirwell, *Growth and Development,* 6th ed. (London: Macmillan, 1999).

8 Thomas I. Palley, "Institutionalism and New Trade Theory: Rethinking Comparative Advantage and Trade Theory," *Journal of Economic Issues* 42:1 (2008): 195–208.

9 Abhijit V. Banerjee and Esther Duflo, *Good Economics for Hard Times* (New York: PublicAffairs, 2019); see especially Chapter 2.

10 Murray Kemp, "Non-Competing Factor Groups and the Normative Propositions of Trade Theory," *International Review of Economics and Finance* 17 (2008): 388–90.

11 Andrew Avery Herring, Roger Enrique Bonilla-Carríon, Rosilyne Mae Borland, and Kenneth Hailey Hill, "Differential Mortality Patterns Between Nicaraguan Immigrants and Native-Born Residents of Costa Rica," *Immigrant Minority Health* 12 (2010): 33–42.

12 Gordon H. Hanson, "The Rise of Middle Kingdoms: Emerging Economies in Global Trade," *The Journal of Economic Perspectives* 26:2 (Spring 2012): 41–64.

13 "Interiors: Why It's Better to Have a Coastline," *The Economist* (May 9, 2015): 31.

14 Eli J. Heckscher, *Heckscher-Ohlin Trade Theory* (Cambridge, MA: MIT Press, 1991).

15 For a discussion of ways in which the theory does not fit the reality of trade, see Antoni Estevadeordal and Alan M. Taylor, "A Century of Missing Trade?" *The American Economic Review* 92:1 (2002): 383–93. For a study supporting the theory, see Yong-Seok Choi and Pravin Krishna, "The Factor Content of Bilateral Trade: An Empirical Test," *The Journal of Political Economy* 112:4 (2004): 887–915.

16 See, for example, Donald R. Davis and David E. Weinstein, "An Account of Global Factor Trade," *The American Economic Review* 91:5 (2001): 1423–53; Oner Guncavdi and Suat Kucukcifi, "Foreign Trade and Factor Intensity in an Open Developing Country: An Input-Output Analysis for Turkey," *Russian & East European Finance and Trade* 37:1 (2001): 75–88.

17 See, for example, P. Krugman and A. J. Venables, "Globalization and the Inequality of Nations," *Quarterly Journal of Economics* 110 (1995): 857–80.

18 See Paul Krugman, "Scale Economies, Product Differentiation, and the Patterns of Trade," *The American Economic Review* 70 (1980): 950–59; James Harrigan, "Estimation of Cross-Country Differences in Industry Production Functions," *Journal of International Economics* 47:2 (1999): 267–93.

19 Drusilla K. Brown and Robert M. Stern, "Measurement and Modeling of the Economic Effect of Trade and Investment Barriers in Services," *Title Review of International Economics* 9:2 (2001): 262–86, discuss the role of economies of scale and trade barriers.

20 See Gianmarco I. P. Ottaviano and Diego Puga, "Agglomeration in the Global Economy: A Survey of the 'New Economic Geography'," *The World Economy* 21:6 (1998): 707–31; Gianmarco I. P. Ottaviano, Takatoshi Tabuchi, and Jacques-François Thisse, "Agglomeration and Trade Revisited," *International Economic Review* 43:2 (2002): 409–35.

21 Stefan B. Linder, *An Essay on Trade Transformation* (New York: Wiley, 1961).

22 Dirk Pilat, "The Economic Impact of Technology," *The OECD Observer* 213 (August–September 1998): 5–8.

23 Anthony J. Venables, "Shifts in Economic Geography and Their Causes," *Economic Review—Federal Reserve Bank of Kansas City* 91:4 (2006): 61–85, referring to work by R. Hausmann and D. Rodrik, "Economic Development as Self Discovery" (2003), Harvard Kennedy School working paper.

24 Two discussions of intra-industry trade are: Don P. Clark, "Determinants of Intra-Industry Trade between the United States and Industrial Nations," *The International Trade Journal* 12:3 (Fall 1998): 345–62; H. Peter Gray, "Free International Economic Policy in a World of Schumpeter Goods," *The International Trade Journal* 12:3 (Fall 1998): 323–44.

25 Daniel Michaels, "Landing Rights," *Wall Street Journal* (April 30, 2002): A1+.

26 Lars Håkanson and Douglas Dow, "Markets and Networks in International Trade: On the Role of Distances in Globalization," *Management International Review* 52:6 (2012): 761–90.

27 Christopher A. Bartlett, "Global Wine Wars: New World Challenges Old," Harvard Business School Case 9-303-056 (July 21, 2003).

28 See Raymond Vernon, "International Investment and International Trade

in the Product Life Cycle," *Quarterly Journal of Economics* 80 (May 1996): 190–207; David Dollar, "Technological Innovation, Capital Mobility, and the Product Cycle in North–South Trade," *American Economic Review* 76:1 (1986): 177–90.

29 This is true according to various indicators. See, for example, International Bank for Reconstruction and Development, "Science and Technology," *The World Development Indicators* (Washington, DC: International Bank for Reconstruction and Development, 2000): 300.

30 Michael E. Porter, "The Competitive Advantage of Nations," *Harvard Business Review* 68:4 (1990): 73–93.

31 Kiyohiko Ito and Vladimir Pucik, "R&D Spending, Domestic Competition, and Export Performance of Japanese Manufacturing Firms," *Strategic Management Journal* 14 (1993): 61–75.

32 Mertule Mariam, "The Young Continent," *The Economist* (December 12, 2015): 23–25.

33 "Demographic Change Will Have Big Economic Impacts," *The Economist* (September 26, 2016): 72.

34 United Nations, Department of Economic and Social Affairs, Population Division, *World Population Prospects 2019: Highlights* (New York: United Nations, 2019).

35 Greg Ip, "How Aging Japan Defied Demographics and Revived its Economy," *The Wall Street Journal* (January 11, 2019) (accessed January 29, 2020).

36 "The Magic of Migration," *The Economist* (November 16, 2019): special re port 1–12.

37 Eduardo Porter and Karl Russell, "Migrants Are on the Rise Around the World, and Myths About Them Are Shaping Attitudes," *New York Times* (June 23, 2018): B1+.

38 Jeremy Wiesen, "The U.S. Needs Its Own Industrial Policy," *Wall Street Journal* (September 13, 2010): A19.

39 Hubert Schmitz, "Reducing Complexity in the Industrial Policy Debate," *Development Policy Review* 25:4 (2007): 417–28.

40 Ion Ignat Liviu-George and Andre Teofil Postolachi, "Theoretical Controversies on Strategic Trade Policy," *Economy Transdisciplinarity Cognition* 15:1 (2012): 300–7.

41 Sonny Nwankwo and Darlington Richards, "Institutional Paradigm and the Management of Transitions: A Sub-Saharan African Perspective," *International Journal of Social Economics* 1:1/2 (2004): 111.

42 "Biting the Bullet," *The Economist* (September 23, 2017): 65–66.

43 Jeffrey Sachs, "Institutions Matter, But Not Everything," *Finance and Development* (June 2003): 38–41.

44 Nwankwo and Richards, "Institutional Paradigm and the Management of Transitions," 111.

45 Andrés Rodríguez-Clare, "Clusters and Comparative Advantage: Implications for Industrial Policy," *Journal of Development Economics* 82 (2007): 43–57.

46 Paul Krugman and Alasdair M. Smith, eds., *Empirical Studies of Strategic Trade Policies* (Chicago: University of Chicago Press, 1993); Howard Pack and Kamal Saggi, "Is There a Case for Industrial Policy?" *The World Bank Research Observer* 21:2 (2006): 267.

47 Paul M. Sherer, "Thailand Trips in Reach for New Exports," *Wall Street Journal* (August 27, 1996): A8.

48 "Biting the Bullet," *The Economist* (September 23, 2017): 65–66.

49 Richard Brahm, "National Targeting Policies, High-Technology Industries, and Excessive Competition," *Strategic Management Journal* 16 (1995): 71–91.

50 Andrea E. Goldstein and Steven M. McGuire, "The Political Economy of Strategic Trade Policy and the Brazil-Canada Export Subsidies Saga," *The World Economy* 27:4 (2004): 541.

51 Theresa M. Greaney, "Strategic Trade and Competition Policies to Assist Distressed Industries," *The Canadian Journal of Economics* 32:3 (1999): 767.

52 "Migration: Foreign-Born Population," OECD, https://data.oecd.org/migration/foreign-born-population.htm (accessed January 26, 2020).

53 Sevil Sönmez, Yorghos Apostopoulos, Diane Tran, and Shantyana Rentrope, "Human Rights and Health Disparities for Migrant Workers in the UAE," *Health and Human Rights* 13:2 (2011).

54 "The Magic of Migration," *The Economist* (November 16, 2019): special report 1-12.

55 Sergio Peçanha and Timothy Wallace, "Around the Globe, a Desperate Flight from Turmoil," *New York Times* (June 21, 2015): 10.

56 "Statelessness: Nowhere to Call Home," *The Economist* (May 17, 2014): 58.

57 "The Magic of Migration," *The Economist* (November 16, 2019): special report 1-12.

58 Abhijit V. Banerjee and Esther Duflo, *Good Economics for Hard Times* (New York: PublicAffairs, 2019); see especially Chapter 2.

59 "The Magic of Migration," *The Economist* (November 16, 2019): special report 1-12.

60 Paul M. Vaaler, "Immigrant Remittances and the Venture Investment Environment of Developing Countries," *Journal of International Business Studies* 42:9 (December 2011): 1121–49.

61 James K. Jackson, "The Committee on Foreign Investment in the United States," Congressional Research Service Report, July 3, 2018; Katy Stech Ferek, "U.S. Panel Expanded Its Review Of Foreign Deals in '19," *Wall Street Journal* (July 31, 2020): A3.

62 Keith Head and John Ries, "Exporting and FDI as Alternative Strategies," *Oxford Review of Economic Policy* 20:3 (2004): 409–29.

63 Andrew E. Kramer, "Russian Farm, Chinese Farmer," *New York Times* (September 11, 2012): B1+.

64 See Frank D. Bean et al., "Circular, Invisible, and Ambiguous Migrants: Components of Differences in Estimates of the Number of Unauthorized Mexican Migrants in the United States," *Demography* 38:3 (2001): 411–22; United Nations Conference on Trade and Development, *World Investment Report 2000: Cross-Border Mergers and Acquisitions and Development* (New York and Geneva: United Nations, 2000): 312.

65 Paul Windrum, Andreas Reinstaller, and Christopher Bull, "The Outsourcing Productivity Paradox: Total Outsourcing, Organisational Innovation, and Long Run Productivity Growth," *Journal of Evolutionary Economics* 19:2 (2009): 197–229.

66 June Kronholtz, "Immigrant Labor or Machines?" *Wall Street Journal* (December 19, 2006): A4.

67 "March of the Lettuce Bot," *The Economist* (December 1, 2012): monitor 5.

68 Theodore H. Moran, "Foreign Investment and Supply Chains in Emerging Markets: Recurring Problems and Demonstrated Solutions," Peterson Institute for International Economics, Working Paper WP 14–12 (December 2014): 1.

69 J. Duanmu and Y. Guney, "Heterogeneous Effect of Ethnic Networks on International Trade of Thailand: The Role of Family Ties and Ethnic Diversity," *International Business Review* 22:1 (2013): 126–39.

70 Paul Markillie, "Manufacturing the Future," *The Economist* (special issue, the world in 2013, no date): 128.

71 "3D Printing: Print Me a Pavilion," *The Economist* (December 5, 2015): 13–14.

72 *Sources include the following:* Katharina Buchholz, "The Biggest Exporters of Beef in the World," Statista, www.statista.com/chart/19122/biggest-exporters-of-beef/ (July 13, 2020); "The Australian Beef Industry: The Basics," PricewaterhouseCoopers, www.pwc.com.au/industry/agribusiness/assets/australian-beef-industry-nov11.pdf (accessed September 4, 2020); "The Framework," The Australian Beef Sustainability Framework, www.sustainableaustralianbeef.com.au/the-framework (accessed November 4, 2020); "Rabobank Tips Slowing Beef Demand," *Farm Weekly* (June 9, 2020), https://www.farmweekly.com.au/story/6784724/rabobank-tips-slowing-beef-demand/; "Global Comparison of Australian Beef Production," Meat & Livestock Australia (February 14, 2019), www.mla.com.au/prices-markets/market-news/2019/global-comparison-of-australian-beef-production/; "Meat Consumption," OECD, data.oecd.org/agroutput/meat-consumption.htm (accessed October 10, 2020); Colin Bettles, "Australia World's Largest Beef and Veal Exporter, New Report Says," Farm Online (October 18, 2017), www.farmonline.com.au/story/4995326/australia-worlds-largest-beef-and-veal-exporter-new-report-says/; "WhatAretheAnimalWelfareIssuesofFeedlots?" RSPCA Knowledgebase (July 10, 2020), kb.rspca.org.au/knowledge-base/what-are-the-animal-welfare-issues-of-feedlots/; Anna Vidot,

"Australian Farmers Welcome Global Agreement to Scrap Agricultural Export Subsidies," *ABC News* (December 21, 2015); Daniel Workman, "Fresh or Frozen Beef Imports by Country," World's Top Exports, www.worldstopexports.com/fresh-or-frozen-beef-imports-by-country/ (accessed November 19, 2020); Mike Foley and Eryk Bagshaw, "China Suspends Australian Beef Imports from Four Abattoirs," *Sydney Morning Herald* (May 12, 2020), https://www.smh.com.au/politics/federal/china-suspends-australian-beef-imports-from-four-abattoirs-20200512-p54s4k.html; Daniel Hurst, "How Much Is China's Trade War Really Costing Australia?" *The Guardian* (October 28, 2020); Mandy Meyer, "This Is How Many Vegans Are In The World Right Now (2020 Update)," WTVOX, wtvox.com/lifestyle/2019-the-world-of-vegan-but-how-many-vegans-are-in-the-world/ (accessed September 17, 2020); David Pimentel and Marcia Pimentel, "Sustainability of Meat-Based and Plant-Based Diets and the Environment," *The American Journal of Clinical Nutrition* 78:3 (September 1, 2003): 660S–663S, https://doi.org/10.1093/ajcn/78.3.660S; "Veggie-Based Diets Could Save 8 Million Lives by 2050 and Cut Global Warming," OUP (March 26, 2016), www.ox.ac.uk/news/2016-03-22-veggie-based-diets-could-save-8-million-lives-2050-and-cut-global-warming; "Our Meatless Future: How the $2.7T Global Meat Market Gets Disrupted," CB Insights Research (July 15, 2020), www.cbinsights.com/research/future-of-meat-industrial-farming/; Samantha Noon, "How Farmers Are Adapting to Climate Change in Australia," NSW Farmers' Association (November 2019), www.nswfarmers.org.au/NSWFA/Posts/The_Farmer/Environment/How_farmers_are_adapting_to_climate_change_in_Australia.aspx; Tim Fookes, Cara Jeffery, Joshua Becker, Lara Webster, Mike Pritchard, Olivia Ralph and Michael Cavanagh, "Drought Not Denting NSW Farmland Values as Buyers Scout Property with Promise of Rain and Water," *ABC News* (December 14, 2019); Clint Jasper, "The U.S. Meat Industry Has Been Crippled by COVID-19, but That's Unlikely to Happen Here," *ABC News* (May 6, 2020); Jon Condon, "South American Exports Slowly Encroaching on U.S. Manufacturing Beef Market," Beef Central (August 18, 2020), www.beefcentral.com/trade/south-american-exports-slowly-encroaching-on-us-manufacturing-beef-market/; Shan Goodwin, "Red Meat's Market Access Gains," Farm Online (December 26, 2019), www.farmonline.com.au/story/6535564/red-meats-market-access-gains/.

7장

1 *Sources include the following:* "Rare Earth Elements: A Beginner's Guide from the BGS," British Geological Society (January 26, 2010), www.bgs.ac.uk/news/rare-earth-elements-a-beginners-guide-from-the-bgs/ (accessed April 15, 2021); "What Are 'Rare Earths' Used For?," BBC News (March 13, 2012), www.bbc.co.uk/news/world-17357863 (accessed April 15, 2021); "China Drops Its Export Limits on Rare Earths," *The New York Times* (January 5, 2015); Douglas Bulloch, "Protectionism May Be Rising around the World, but in China It Never Went Away," *Forbes* (October 12, 2016); EuRare Project website, Eurare.org (accessed January 15, 2021); James Vincent, "China Can't Control the Market in Rare Earth Elements because They Aren't All That Rare," *The Verge* (April 17, 2018), www.theverge.com/2018/4/17/17246444/rare-earth-metals-discovery-japan-china-monopoly (April 15, 2021); Sara Zheng, "China Will Not Rule Out Using Rare Earth Exports as Leverage in Trade War with U.S.," *South China Morning Post* (May 29, 2019).

2 Mary Amiti, Stephen J. Redding, and David E. Weinstein, "The Impact of the 2018 Tariffs on Prices and Welfare," *Journal of Economic Perspectives* 33:4 (Fall 2019): 187–210.

3 Nelson D. Schwartz and Quoctrung Bui, "Where Free Trade Hurts, Voters Seek Extremes," *New York Times* (April 26, 2016): A1+.

4 Christopher J. O'Leary, Randall W. Eberts, and Brian M. Pittelko, "Effects of NAFTA on US Employment and Policy Responses," *OECD Trade Policy Working Papers* 131 (February 2012).

5 Jim Tankersley, "Trump Tariff on Washers Created Jobs At High Price," *New York Times* (April 22, 2019): B1.

6 "Zero-Sum Grain," *The Economist* (December 15, 2018): 70–71.

7 Michael Hart, "Breaking Free: A Post-mercantilist Trade and Productivity Agenda for Canada," *C.D. Howe Institute Commentary* 357 (August 2012): 1–27.

8 This argument is most associated with the writings of Raul Prebisch, Hans Singer, and Gunnar Myrdal in the 1950s and 1960s. For a recent discussion, see P. Sai-wing Ho, "Arguing for Policy Space to Promote Development: Prebisch, Myrdahl, and Singer," *Journal of Economic Issues* 42:2 (June 2008): 509–16.

9 Dorothy Solinger and Yiyang Hu, "Welfare, Wealth and Poverty in Urban China: The Dibao and Its Differential Disbursement," *The China Quarterly* 211 (September 2012): 741–64.

10 Dani Rodrik, "Premature Deindustrialization," 21 (2016): 1–33 gives a detailed analysis of the changing structure of economies at different economic levels.

11 Benedict Ezema, "Effectiveness of Policy Responses to Terms of Trade Shocks in Selected African Countries," *International Journal of Business and Management* 7:8 (April 2012): 88–101.

12 Peter Navarro, "A Tariff Issue on Which Free and Fair Traders Can Agree," *Wall Street Journal* (May 29, 2019): A15.

13 Gerald K. Helleiner, "Markets, Politics, and Globalization: Can the Global Economy Be Civilized?" *Global Governance* (July–September 2001): 243; Marina Murphy, "EU Chemicals Need Flexibility: A Level Playing Field Should Be Established between the EU and U.S. Chemicals Industries," *Chemistry and Industry* (July 1, 2002): 9; Lisa Schmidt, "How U.S. Sees Trade Rows," *Calgary Herald* [Canada] (June 25, 2002): A2.

14 Annie Gowen, "U.S. Caviar with a Russian Accent," *Washington Post* (December 31, 2004): Metro, B1.

15 Greg Ip, "Globalization Is Down, but It's Not Out Yet," *Wall Street Journal* (April 29, 2020): A2;Gerard Baker, "Nations Push Back Against a Globalized World," *Wall Street Journal* (March 28–29, 2020): C6.

16 Emiko Terazono, "UN Warns Over Volatility in Food Prices," *Financial Times* (October 11, 2011): 20; Tennille Tracy, "Lawmaker Gets a Say on Gas Exports," *Wall Street Journal* (December 26, 2012): A4; Keith Johnson, "Geopolitical Benefit Raised in Debate on Exporting Gas," *Wall Street Journal* (May 6, 2013): A4; "Crude-Oil Exports: Binning the Ban," *The Economist* (March 28, 2015): 35–6; "Developing World Faces Food Crisis," *Wall Street Journal* (May 14, 2020): A9+.

17 John W. Miller, "U.S. Steel Makers Win Tariff Battle," *Wall Street Journal* (August 23–24, 2014): B2.

18 Jenna Smialek and Ana Swanson, "American Consumers, Not China, Are Paying for Trump's Tariffs," *New York Times* (January 6, 2020) (accessed January 12, 2020).

19 Jessica Brice and Christiana Sciaudone, "Luxe for Sale as Cartier, Prada Become Bargains in Brazil," *Bloomberg Business* (August 14, 2015): n.p.

20 "Who Pays?" *The Economist* (September 8, 2018): 25; Jenna Smialek and Ana Swanson, "American Consumers, Not China, Are Paying Trump's Tariffs," *New York Times* (January 6, 2020) (accessed February 3, 2020).

21 Sanchita B. Saxena, "American Tariffs, Bangladeshi Deaths," *New York Times* (December 12, 2012): A31.

22 Stephen Moore, "Tax Cut and Spend: The Profligate Ways of Congressional Republicans," *National Review* (October 1, 2001): 19.

23 Liam Pleven, "Pentagon in Race for Raw Materials," *Wall Street Journal* (May 3, 2010): A3+.

24 Rostram J. Neuwirth, "The 'Culture and Trade Debate' Continues: The UNESCO Convention in Light of the WTO Reports in China—Publications and Audiovisual Products: Between Amnesia or Déjà Vu?" *Journal of World Trade* 44:6 (December 2010): 1333–56.

25 Lance Davis and Stanley Engerman, "Sanctions: Neither War nor Peace," *Journal of Economic Perspectives* 17:2 (Spring 2003): 187–97.

26 Susie Sell, "Promise and Pitfalls in Myanmar," *Asia's Newspaper for Media, Marketing and Advertising* (November 1, 2012): 42–3.

27 "The Amazon Rainforest: Cutting Down on Cutting Down," *The Economist* (June 7, 2014): 83–4.

28 "Too Smart by Half," *The Economist* (September 6, 2014): 29–30.

29 Anton Troianovski and Ellen Emmerentze, "Norway Fish Are Caught in Sanctions Clash," *Wall Street Journal* (August 8–9, 2014): A9.

30 Philip Shenon, "In Hanoi, U.S. Goods Sold but Not by U.S.," *New York Times* (October 3, 1993): A1.

31 Patrick Barta, "Black Gold," *Wall Street Journal* (August 16, 2006): A1+.

32 Thomas Erdbrink, "Iran Sanctions Take Unexpected Toll on Medical Imports," *New York Times* (November 3, 2012): A4+.

33 Jacob Weisberg, "Sanctions Help to Sustain Rogue States," *Financial Times* (August 3, 2006): 11.

34 Andrew M. Lemieux and Ronald V. Clarke, "The International Ban on Ivory Sales and Its Effects on Elephant Poaching in Africa," *The British Journal of Criminology* 49:4 (July 2009): 451–71; Bryan Christy, "Ivory Worship," *National Geographic* (October 2012): 28–61.

35 Bryan Christy and Brent Stirton, "Tracking Ivory," *National Geographic* (September 2015): 32–59.

36 "Canadian Content," *Wikipedia*, https://en.wikipedia.org/wiki/Canadian_content (accessed May 1, 2016).

37 Gail L. Cramer, James M. Hansen, and Eric J. Wailes, "Impact of Rice Tariffication on Japan and the World Rice Market," *American Journal of Agricultural Economics* 81 (1999): 1149.

38 Kimiko de Freytas-Tamura, "East Africa Curbs Imports on the West's Hand-Me-Downs," *New York Times* (October 12, 2017): A4.

39 "Futile Fortress," *Financial Times* (August 26, 2003): 16.

40 Jonathan Weisman and Eric Lipton, "Air Skirmish in War Over Ex-Im Bank," *New York Times* (April 7, 2015): B1+.

41 "U.S.–EU Aircraft Subsidies Dispute Drags on, with No End in Sight in 2013," *Inside US Trade* 31:1 (January 4, 2013): n.p.; Jeffrey D. Kienstra, "Cleared for Landing: Airbus, Boeing, and the WTO Dispute over Subsidies to Large Civil Aircraft," *Northwestern Journal of International Law & Business* 33:3 (Summer 2012): 569–606.

42 John W. Miller, "WTO Warns Members Not to Undermine Trade," *Wall Street Journal* (March 27, 2009): A8; Joseph Stiglitz, "The Global Crisis, Social Protection and Jobs," *International Labour Review* 148:1/2 (June 2009): 1–13; "State Capitalism: Big Brother is Back," *The Economist* (November 3, 2012): 63–4.

43 "Milking Taxpayers," *The Economist* (February 14, 2015): 26, 28.

44 Colin O'Neill, "Will the Obama Administration Give Cotton Growers a New $10 Billion Subsidy," *AgMag Blog* (January 29, 2016), www.ewg.org/agmag/2016/01 (accessed May 1, 2016).

45 "No More Grand Bargains," *The Economist* (August 9, 2014): 10.

46 European Commission, *EU Agriculture Spending Focused on Results* (September 2015). For some data on the United States, see "At the Trough," *The Economist* (June 1, 2013): 32.

47 G. Chandrashekhar, "Should India Demand Farm Subsidy Cuts by Developed Nations?" *Businessline* (January 4, 2006): 1; Carmen G. Gonzalez, "The Global Food System, Human Rights, and the Environment," *GPSolo* 29:6 (November–December 2012): 72–3.

48 Chi-Chur Chao and Eden S. H. Yu, "Import Quotas, Tied Aid, Capital Accumulation, and Welfare," *Canadian Journal of Economics* 34 (2001): 661; Mark Rice, "Australia Must Join Other Countries in Untying Overseas Aid," *Australian Financial Review* (April 4, 2002): 59.

49 Yun Sun, "China's Aid to Africa: Monster or Messiah?" *Brookings East Asia Commentary* 75 (February 2014): n.p.

50 "An Opportunity to Support US Customs Valuations," *International Tax Review* (June 2012): n.p.

51 "Philippines/Thailand: Philippines Urges Thailand to Fully Comply with WTO Customs Valuation Ruling," *Asia News Monitor* [Bangkok] (May 19, 2012): n.p.

52 "National Import Specialist Addresses Outreach to the Public," *U.S. Customs Border Protection Today* (October–November 2006), retrieved July 13, 2007, from www.customs.ustreas.gov/xp?CustomsToday/2006/october_november/import_article; *Customs Bulletin and Decision* (June 27, 2007): 58.

53 Alexander Moens and Amos Vivancos Leon, "Mandatory Country of Origin Labeling: The Case for a Harmonized Canada–US Beef and Pork Regulatory Regime," *Fraser Forum* 4 (July–August 2012): 14–17.

54 "Target Corp., Staples Inc., and OfficeMax, Inc., Among Pencil Importers in the Subject of a False Claims Act Case Brought by The Cullen Law Firm, PLLC," *PR Newswire* [New York] (May 17, 2012): n.p.

55 Christopher Swann, "Shielding Sugar Industry 'Costs Thousands of Jobs,'" *Financial Times* (February 15, 2006): 6; Bryan Riley, "U.S. Trade Policy Gouges American Sugar Consumers," *Backgrounder #2914 on Trade* (June 5, 2014), www.heritage.org/research/reports/2014/06/us-trade-policy-gouging (accessed May 1, 2016); Ron Nixon, "American Candy Makers, Pinched by Inflated Sugar Prices, Look Abroad," *New York Times* (October 30, 2013): n.p.; Douglas A. Irwin, "The Return of the Protectionist Illusion," *Wall Street Journal* (July 2, 2012): A11.

56 Stephanie Strom, "United States and Mexico Reach Tomato Deal, Averting a Trade War," *New York Times* (February 3, 2013), www.nytimes.com/2013/02/04/business/united-states-and-mexico-reach-deal-on-tomato-imports.html (accessed April 21, 2014).

57 John R. Luckey, "Domestic Content Legislation: The Buy American Act and Complementary Little Buy American Provisions," *Congressional Research Service* 7:5700 (April 25, 2012).

58 Jeremy Grant and Ralph Minder, "Comment & Analysis: Agribusiness," *Financial Times* (February 1, 2006): 11.

59 Abhijit V. Banerjee and Esther Duflo, *Good Economics for Hard Times* (New York: PublicAffairs, 2019): 66.

60 Anita Chang, "Food Safety," *Miami Herald* (July 15, 2007): 18A.

61 Marie-Agnés Jouanjean, "Standards, Reputation, and Trade: Evidence from US Horticultural Import Refusals," *World Trade Review, suppl. Symposium Issue: Standards and Non-Tariff Barriers in Trade* 11:3 (July 2012): 438–61.

62 "Delays Reported in Customs-Clearance Procedures in China," *Jiji Press English News Service* [Tokyo] (September 20, 2012): n.p.

63 Dena Kouremetis, "Bartering for Survival," *Forbes/Tech* (October 22, 2012), www.forbes.com/sites/denakouremetis/2012/10/22/bartering-for-survival-have-i-got-a-deal-for-you/ (accessed May 1, 2016).

64 Mark J. Nackman, "A Critical Examination of Offsets in International Defense Procurements: Policy Options for the United States," *Public Contract Law Journal* 40:2 (Winter 2011): 511–29.

65 "Guns and Sugar," *The Economist* (May 25, 2013): 63–5.

66 Ralph G. Carter and Lorraine Eden, "Who Makes U.S. Trade Policy?" *International Trade Journal* 13:1 (1999): 53–100.

67 Eugene Salorio, "Trade Barriers and Corporate Strategies: Why Some Firms Oppose Import Protection for Their Own Industry," unpublished DBA dissertation, Harvard University, 1991.

68 *Sources include the following:* "Rankings," Doing Business, www.doingbusiness.org/en/rankings (accessed January 15, 2021); Sara Pek, "Ministry of Trade and Industry," Singapore Infopedia, eresources.nlb.gov.sg/infopedia/articles/SIP_2018-03-21_104409.html (accessed January 15, 2021); "Singapore—Rolls-Royce," Rolls-Royce website, careers.rolls-royce.com/india/our-locations/singapore (accessed January 15, 2021); "At a Glance," Unilever website, www.unilever.com/about/who-we-are/about-Unilever/ (accessed January 15, 2021); "Mitsui Chemicals," EDB Singapore, www.edb.gov.sg/en/our-industries/company-highlights/mitsui-chemicals.html (accessed January 15, 2021); "Dell Opens Global Innovation Facility in Singapore, First Outside U.S.," *Business Standard* (February 22, 2021), www.business-standard.com/article/companies/dell-opens-global-innovation-facility-in-singapore-first-outside-us-121022200301_1.html; Nur Atifi, "P&G Commits $8.8m to Develop New Businesses in Singapore," *Tech in Asia* (March 7, 2019), www.techinasia.com/pg-commits-8m-develop-new-businesses-singapore (accessed April 15, 2021); "Siemens to Increase R&D Investment by €300 Million to a Total of €4.8 Billion," Siemens website, press release (December 8, 2015), press.siemens.com/global/en/pressrelease/siemens-increase-rd-investment-eu300-million-total-eu48-billion (accessed April 15, 2021); Xinhua, "Over 200 Cooperation Projects Inked under China-Singapore Connectivity Initiative" (May 13, 2020), www.china.org.cn/china/Off_the_Wire/2020-05/13/content_76039798.htm (accessed April 15, 2021); "Foreign Policy: People's Republic of China," Ministry of Foreign Affairs Singapore—People's Republic of China, www.mfa.gov.sg/SINGAPORES-FOREIGN-POLICY/Countries-and-Regions/Northeast-Asia/Peoples-Republic-of-China (accessed January 15, 2021).

8장

1 *Sources include the following:* Trade and Cooperation Agreement between the European Union and the European Atomic Energy Community, of the One Part, and the United Kingdom of Great Britain and Northern Ireland, of the Other Part," OJ L 444, 31.12.2020, p. 14–1462, ec.europa.eu/info/relations-united-kingdom/eu-uk-trade-and-cooperation-agreement_en (accessed February 8, 2021).

2 Peter J. Buckley, Jeremy Clagg, Nicolas Forsans, and Kevin T. Reilly, "Increasing the Size of the 'Country': Regional Economic Integration and Foreign Direct Investment in a Globalised World Economy," *Management International Review* 41:3 (2001): 251–75.

3 Alan M. Rugman and Alain Verbeke, "A Perspective on Regional and Global Strategies of Multinational Enterprises," *Journal of International Business Studies* 35 (2004): 7.

4 Pankaj Ghemawat, "Distance Still Matters: The Hard Reality of Global Expansion," *Harvard Business Review* (September 2001): 3–11.

5 Bela Balassa, *The Theory of Economic Integration* (Homewood, IL: Richard D. Irwin, 1961): 40.

6 Op cit., Ghemawat.

7 For more information on the EU, check out its website at europa.eu (accessed April 1, 2019).

8 "About EFTA," www.efta.int (accessed April 1, 2019).

9 "EU Institutions and Other Bodies," europa.eu (accessed April 1, 2019).

10 "The European Parliament," europa.eu (accessed April 1, 2019).

11 "The European Court of Justice" in "Institutions and Bodies," europa.eu (accessed April 1, 2019).

12 Sam Schechner, Emily Glazer, and Valentina Pop, "EU Deepens Antitrust Probe of Facebook's Data Practices," *Wall Street Journal* (February 7, 2020): B1.

13 Sam Schechner, "Europe Gives Google a Major Privacy Fine," *Wall Street Journal* (January 22, 2019): B1.

14 Farhad Manjoo, "Challenge to Google: Innovation May Undercut the Case," *New York Times* (April 16, 2015): B1.

15 https://europa.eu/european-union/about-eu/countries_en#schengen (accessed on February 8, 2020).

16 Matthias Verbergt, "Belgium Tightens Border with France," *Wall Street Journal* (February 24, 2016): A12.

17 "Refugees in Greece: No Way Out," *The Economist* (February 27, 2016): 43.

18 "Forming an Orderly Queue," *The Economist* (February 6, 2016): 19.

19 Sudeep Reddy, Matthew Dalton, and Joann S. Lublin, "Broad Trade Deal on Table," *Wall Street Journal* (February 13, 2013); Annie Lowrey, "Sore Feelings on U.S. and Europe Begin Trade Talks," *New York Times* (July 9, 2013): B8.

20 Joshua Chaffin and James Politi, "Fractures Appear on Trade Pact," *Financial Times* (May 24, 2013): 2.

21 Jacob M. Schlesinger and Emre Peker, "U.S., EU Set Conflicting Goals for Looming Trade Talks," *Wall Street Journal* (January 14, 2019), www.wsj.com (accessed April 2, 2019).

22 https://ec.europa.eu/trade/policy/in-focus/ttip/index_en.htm (accessed on February 8, 2020).

23 Office of the United States Trade Representative, "United States-Mexico-Canada Trade Fact Sheet: Rebalancing Trade to Support Manufacturing," https://ustr.gov/trade-agreements/free-trade-agreements/united-states-mexico-canada-agreement/fact-sheets/rebalancing (accessed February 10, 2020).

24 Miriam Jordan, "Mexican Migration Reverses," *Wall Street Journal* (November 20, 2015): A3.

25 Mexican Automotive Industry Association and the U.S. Department of Commerce, Bureau of the Census, Foreign Trade Division. Mexico Country Commercial Guide, export.gov (accessed April 4, 2019).

26 Andres Oppenheimer, "While Pacific Alliance Thrives, Mercosur Withers," *The Miami Herald* (May 27, 2013).

27 Sebastian Sermiento-Saher, "The Pacific Alliance: The Americas' Bridge to Asia?" *Pacific Money: Economics and Business* (May 25, 2013), thediplomat.com/pacific-money/2013/05/25/the-pacific-alliance–the-americas-bridge-to-asia/ (accessed May 27, 2013).

28 https://www.statista.com/statistics/796245/gdp-of-the-asean-countries/ (accessed April 3, 2019).

29 "AFTA Doha," *The Economist* (September 6, 2008): 85.

30 Patrick Barta and Alex Frangos, "Southeast Asia Linking Up to Compete with China," *Wall Street Journal* (August 23, 2010): A2.

31 www.opec.org (accessed on April 9, 2019).

32 Barbara Weisel, "Trade Policy in the Asia Pacific after Trans- Pacific Partnership, *Insights* Vol. 19, No. 1 (Academy of International Business, 2019): 22–23.

33 http://worldpopulationreview.com/continents/sub-saharan-africa-population/ (accessed on April 9, 2019).

34 Joseph J. Bish, "Population Growth in Africa: Grasping the Scale of the Challenge," *The Guardian* (January 11, 2016), online edition (accessed March 12, 2016).

35 "Foreign Direct Investment in Africa," KPMG (June 1, 2012), www.kpmg.com/africa/en/issuesandinsights/articles-publications/pages/foreign-direct-investment-in-africa.aspx (accessed May 27, 2013).

36 Eleanor Albert, "China in Africa," *Council on Foreign Affairs* (last updated on July 12, 2017), https://www.cfr.org/backgrounder/china-africa (accessed April 11, 2019).

37 "Trade Within Africa: Tear Down the Walls," *The Economist* (February 27, 2016): 37.

38 Mariama Sow, "Foresight Africa 2016: Regional Integration in Sub-Saharan Africa" (The Brookings Institution, January 12, 2016), https://www.brookings.edu/blog/africa-in-focus/2016/01/12/foresight-africa-2016-regional-integration-in-sub-saharan-africa/ (accessed April 11, 2019).

39 Alan M. Field, "Showdown for CAFTA-DR," *Journal of Commerce* (April 11, 2005).

40 Gerard Butler, "The Great Brexit Breakdown," *The Wall Street Journal* (December 8–9, 2018): C1–2.

41 "The Real Danger of Brexit," *The Economist* (February 27, 2017): 8; "Next Stop: Brexit?", *The Economist* (March 12, 2016): 53; "The Brexit Delusion," *The Economist* (February 27, 2016): 16; Tim Montgomerie, "Brexit Strategy," *Wall Street Journal* (February 20–21): C1; Jenny Gross and Laurence Norman, "Britain Forges EU Deal, Sets Up Showdown at Home," *Wall Street Journal* (February 20–21): A1.

42 The United Nations, www.un.org/en/mainbodies/index.shtml (accessed March 12, 2016).

43 "About UNCTAD," unctad.org (accessed on February 11 2019).

44 *State of Commodity Dependence: 2019* (UNCTAD, October 5, 2019), especially pages 1–20.

45 "Annual Statistical Bulletin," OPEC, www.opec.org/opec_web/static_files_project/media/downloads/publications/ASB2012.pdf (accessed April 12, 2019).

46 *Sources include the following:* R. Baldwin, "Multilateralizing Regionalism: Spaghetti Bowls as Building Blocks on the Path to Global Free Trade," *World Economy* 29:11 (2006): 1451–1518; "Unilever and EAC Announce Joint Venture in Myanmar," Unilever global company website (May 4, 2017), www.unilever.com/news/press-releases/2017/Unilever-and-EAC-announce-Joint-Venture-in-Myanmar.html (accessed June 16, 2020); "U.S. Companies See Delay on ASEAN Single Market," *South China Morning Post* (August 22, 2013), www.scmp.com/news/asia/article/1298442/american-firms-doubt-aseans-single-market-will-launch-2015 (April 15, 2021); S. Paladini, "Outlook of ASEAN's Free Trade Areas," in Italian Foreign Trade Report 2008–2009, Italian Trade Commission Rome; Pham Lan Huong et al., "Unilever in Vietnam: A Case Study," Unilever official website (2009), https://www.unilever.com/Images/sd-exploring-the-links-between-international-businesses-and-socio-economic-developmen-of-vietnam-a-case-study-of-unilever-vietnam-2009_tcm244-409773_en.pdf; Medilyn Manibo, "Unilever Asia Emerges Top among Singapore's Sustainability Leaders," Eco-Business (November 26, 2014), www.eco-business.com/news/unilever-asia-emerges-top-among-singapores-sustainability-leaders/ (April 15, 2021); Yunindita Prasidya, "Unilever

Indonesia Books 6.5% Profit Growth in Q1 as Consumer Goods Still Sell," *The Jakarta Post* (May 4, 2020), www.thejakartapost.com/news/2020/05/04/unilever-indonesia-books-6-5-profit-growth-in-q1-as-consumer-goods-still-sell.html (April 15, 2021); "Thai Unilever Will Invest B8bn," *Bangkok Post* (October 10, 2014), https://www.bangkokpost.com/business/436790/thai-unilever-will-invest-b8bn (April 15, 2021); "Unilever Celebrates 10 Years of the Sustainable Living Plan," Unilever press release (June 5, 2020), www.unilever.com/news/press-releases/2020/unilever-celebrates-10-years-of-the-sustainable-living-plan.html (April 15, 2021).

9장

1 *Sources include the following:* Grace Caffyn, "Barclays Trials Bitcoin Tech with Pilot Program," Coindesk (June 22, 2015), www.coindesk.com/barclays-trials-bitcoin-tech-with-pilot-program; Jemima Kelly, "Barclays Says Conducts First Blockchain-based Trade-Finance Deal," *Reuters* (September 7, 2016), www.reuters.com/article/us-banks-barclays-blockchain-idUSKCN11D23B; Grace Caffyn, "RBS Trials Ripple as Part of £3.5 Billion Tech Revamp," Coindesk (June 26, 2015), www.coindesk.com/rbs-trials-ripple-part-3-5-billion-tech-revamp; "Top Cryptocurrency Spot Exchanges," CoinMarketCap, coinmarketcap.com/rankings/exchanges/ (accessed September 8, 2020); Michel Rauchs, Apolline Blandin, Kristina Klein, Dr. Gina Pieters, Martino Recanatini, and Bryan Zhang, "2nd Global Cryptoasset Benchmarking Study," Judge Business School, University of Cambridge, December 2018; "Crypto Deals on the Rise in Asia Pacific," Fintechnews Singapore (September 16, 2019), fintechnews.sg/33639/blockchain/crypto-deals-on-the-rise-in-asia-pacific/; Kevin Helms, "Philippines Increasingly Crypto Friendly," Bitcoin News (August 17, 2019), news.bitcoin.com/philippines-crypto-friendly/; Kevin Helms, "48 Crypto Exchanges Approved in the Philippines," Bitcoin News (June 24, 2019), news.bitcoin.com/48-cryptocurrency-exchanges-philippines/ ; Lawrence Agcaoili, "BSP Sees Further Rise in Cryptocurrency Transactions," *The Philippine Star* (March 1, 2021), www.philstar.com/business/2021/03/01/2080977/bsp-sees-further-rise-cryptocurrency-transactions ; Kevin Helms, "Philippines Building Crypto Valley of Asia," Bitcoin News (August 8, 2018), news.bitcoin.com/philippines-crypto-valley-asia; Benedict Alibasa, "Philippines Central Bank Warns on Risks of Growing Cryptocurrency Use," Coindesk (June 11, 2019), www.coindesk.com/philippines-central-bank-warns-on-risks-of-growing-cryptocurrency-use; Charles Q. Choi, "New Alternative to Bitcoin Uses Negligible Energy," IEEE Spectrum (October 15, 2019), spectrum.ieee.org/energywise/computing/software/bitcoin-alternative (all websites, unless otherwise noted, accessed April 15, 2021).

2 Sam Y. Cross, *All about the Foreign Exchange Market in the United States* (New York: Federal Reserve Bank of New York, 1998): 9.

3 Cross, *All about the Foreign Exchange Market,* 9.

4 Bank for International Settlements, "Triennial Central Bank Survey: Foreign Exchange Turnover in April 2019" (Basel: BIS, September 2019): 7.

5 Ibid.

6 John D'Antona Jr., "E-Trading in FX Outshines Voice," *Traders Magazine,* 27: 377 (July 2015), Proquest (accessed March 25, 2015).

7 Reuters financial glossary, glossary.reuters.com (accessed March 26, 2016).

8 Bank for International Settlements, "Triennial Central Bank Survey: Foreign Exchange Turnover in April 2019," 6.

9 Bank for International Settlements, "Triennial Central Bank Survey: Foreign Exchange Turnover in April 2019," 11.

10 Cross, *All about the Foreign Exchange Market,* 12.

11 www1.oanda.com/currency/live-exchange-rates (accessed February 12, 2020).

12 See "Foreign Exchange Poll 2009: Methodology," *Euromoney* (May 2009): 76.

13 "Euromoney FX Survey 2019 – Press Release," https://www.euromoney.com/Media/documents/euromoney/pdf/research/Euromoney-FX-Survey-2019-Press-Release.pdf (June 11, 2019; accessed February 12, 2020).

14 http://www.cmegroup.com/trading/fx/?utm_source=trading_flyout&utm_medium=fx&utm_campaign=flyout (accessed April 4, 2016).

15 https://www.theice.com/products/Futures-Options/FX (accessed February 12, 2020).

16 "The Collapse of Barings: A Fallen Star," *The Economist* (March 4, 1995): 19–21; Glen Whitney, "ING Puts Itself on the Map by Acquiring Barings," *Wall Street Journal* (March 8, 1995): B4; John S. Bowdidge and Kurt E. Chaloupecky, "Nicholas Leeson and Barings Bank Have Vividly Taught Some Internal Control Issues," *American Business Review* (January 1997): 71–7; "Trader in Barings Scandal Is Released from Prison," *Wall Street Journal* (July 6, 1999): A12; Ben Dolven, "Bearing Up," *Far Eastern Economic Review* (July 15, 1999): 47; "Nick Leeson and Barings Bank," *bbc.co.uk,* www.bbc.co.uk/crime/caseclosed/nickleeson.shtml (accessed May 19, 2005); Nick Leeson and Edward Whitley, *Rogue Trader* (London: Little, Brown, 1996): 272.

17 James B. Stewart, "Convictions Prove Elusive in 'London Whale' Trading Case," *New York Times* (July 17, 2015); Lucy McNulty and Gregory Zuckerman, "London Whale Breaks Silence," *Wall Street Journal* (February 2, 2016; accessed online March 28, 2016).

18 Steve Bills, "State St.'s Forex Deal a Lure for Hedge Funds," *American Banker* (January 23, 2007): 10.

19 Dave Michaels and Paul Vigna, "Digital Money vs. The Dollar," *Wall Street Journal,* September 23, 2019: R1.

20 Nathaniel Popper, "New Kid on the Blockchain," *New York Times* (March 28, 2016): B1; Robert McMillan, "IGBM Bets on Bitcoin Ledger," *Wall Street Journal* (February 16, 2016): B1; "Bitcoin's Schism: Stumbling Blocks," *The Economist* (December 12, 2015): 72; "List of Cryptocurrencies," *Wikipedia* (accessed March 18, 2019); coinmarketcap.com (accessed February 12, 2020).

21 *Sources include the following:* Keith Bradsher, "IMF Designates China's Renminbi Global Currency," *New York Times* (December 1, 2015): A1; Ian Talley, "China Joins World's Elite Currency Club," *Wall Street Journal* (December 1, 2015): A1; Justin Baer, "Group Promotes Trading of China Currency in U.S," *Wall Street Journal* (November 30, 2015): C3; Lingling Wei, Jason Douglas, and Chiara Albanese, "Yuan's Adventure Abroad Stumbles in London," *Wall Street Journal* (November 15, 2015): C1; Chiara Albanese, "China's Yuan Goes Global," *Wall Street Journal* (October 7, 2015): C12; Ira Iosebashvili and Biman Mukherji, "Markets Jolted by China Devaluation," *Wall Street Journal* (August 12, 2015): C1; Lingling Wei, "China Pushes Further to Widen Yuan Use," *Wall Street Journal* (June 16, 2015): C1; Lingling Wei, "New Signal on Easing Yuan's Peg to Dollar," *Wall Street Journal* (December 12–13, 2015): B1; Mia Lamar and Anjani Trivedi, "Wagers Against Yuan Face Risk from Central Bank," *Wall Street Journal* (January 14, 2016); Lingling Wei, "IMF Wants More Data From Beijing on Yuan," *Wall Street Journal* (March 23, 2016): C1; Tom Orlick, "Get Ready: Here Comes the Yuan," *Wall Street Journal* (June 2, 2011): C7; Peter Stein, "The Chinese Test Kitchen," *Wall Street Journal* (June 2, 2011): C8; Peter Stein and Shai Oster, "China Speeds Yuan Push," *Wall Street Journal* (April 20, 2011); Lingling Wei, "Beijing Considers New Hub for Yuan," *Wall Street Journal* (April 9–10, 2011): B1; "The Rise of the Redback," *The Economist* (January 22, 2011): 14; Shai Oster, Dinny McMahon, and Tom Lauricella, "Offshore Trading in Yuan Takes Off," *Wall Street Journal* (December 14, 2010): A1; Dinny McMahon, "Yuan Goes Electronic in Global Market Bid," *Wall Street Journal* (October 8, 2010): C1; Robert N. McCauley and Chang Shu, "Recent RMB policy and currency co-movements," Bank for International Settlements working paper number 727, June 2018; Mike Bird, "This Is How China Keeps a Firm Grip on the Yuan," *Wall Street Journal* (October 30, 2018; accessed March 6, 2019); William Mauldin, Nick Timiraos, and Paul Kiernan, "U.S., China Escalate Trade War," *Wall Street Journal* (August 6, 2019): A1; Joshua Zumbrun and Kate Davidson, "U.S. Drops China's Label as Currency Manipulator," *Wall Street Journal* (January 14, 2020): A8; Sonali Das, "China's Evolving Exchange Rate Regime," *IMF Working Paper,* March 2019; "The 24-body Problem," *The Economist* (June 13, 2020): 60.

10장

1 *Sources include the following:* Angelina Rascouet, "Venezuela Needs Oil's Rally More Than Anyone as Economy Teeters," *Bloomberg.com* (April

8, 2016, accessed on that date); Andrew Rosati, "Venezuela Doesn't Have Enough Money to Pay for Its Money," *Bloomberg.com* (April 27, 2016; accessed April 28, 2016); Anatola Kumarev and Mayala Arman, "Venezuelans Seek Leader's Recall," *Wall Street Journal* (April 28, 2016): A10; CIA World Factbook (Washington, DC, CIA; accessed April 25, 2016); Brian A. Nelson, "Hugo Chavez: President of Venezuela," www.britanica.com (accessed April 28, 2016); Currency Converter, *oanda.com* (accessed April 27, 2016); "Spot the Difference," *The Economist* (April 2, 2016): 36; Kejal Vayas, "Venezuela Tries to Prop Up Crumbling Economy," *Wall Street Journal* (February 18, 2016): A9; Carolyn Cui and Sara Schaefer Munoz, "Venezuela Pulls Out All Stops for Debt," *Wall Street Journal* (February 25, 2016): C1; Juan Forero, "Venezuela Data Show World's Top Inflation," *Wall Street Journal* (February 19, 2016): A6; "Reasons to Celebrate," *The Economist* (December 12, 2015): 35; Kejal Vyas, "Venezuela Embraces the Dollar—Ambivalently," *Wall Street Journal* (May 30–31, 2015): A8; William Neuman, "Venezuela Announces Plan to Relax Currency Controls," *New York Times* (February 11, 2015): A10; Analtoly Kurmanaev and Maolis Castro, "Venezuela's Savage Suffering," *Wall Street Journal* (February 13–14, 2016): A1; Corina Pons, "Venezuela 2016 Inflation Hits 800 Percent, GDP Shrinks 19%: Document," *Reuters News*, January 20, 2017 (accessed March 31, 2019); "Venezuela 2017 Annual Inflation at 2,616 Percent: Opposition Lawmakers," *Reuters News* (January 8, 2018; accessed March 31, 2019); International Monetary Fund, *Annual Report on Exchange Arrangements and Exchange Restrictions 2017* (Washington, DC: IMF, 2017); Juan Forero, "Hyperinflation Shatters Venezuelan Manufacturing," *Wall Street Journal* (March 5, 2019; accessed March 31, 2019); Steve Hanke, "Venezuela's Hyperinflation Hits 80,000% per Year in 2018," *Forbes* (January 1, 2019; accessed March 31, 2019); Robert Rapier, "Charting the Decline of Venezuela's Oil Industry," *Forbes* (January 29, 2019; accessed March 31, 2019); Patrick Gillespie, "Half the Venezuelan Economy Has Disappeared," *CNN Money* (January 25 2018; accessed March 31, 2019); Kejal Vyas, "Caracas Reports Soaring Prices," *Wall Street Journal* (November 7, 2018; accessed March 31, 2019).

2 International Monetary Fund, "IMF Chronology," imf.org/external/np/exr/chron/chron.asp (accessed April 28, 2016).

3 IMF, "History," www.imf.org/external/about/history.htm (accessed April 28, 2016) and "The IMF at a Glance," https://www.imf.org/en/About/Factsheets/IMF-at-a-Glance (accessed March 25, 2019).

4 IMF, "Overview: What Do We Do?" imforg/external/about/overview.htm (accessed April 28, 2016).

5 "Quotas, Governors, & Voting Power," imf.org/data (accessed April 29, 2016).

6 Keith Bradsher, "I.M.F. Designates China's Renminbi Global Currency," *New York Times* (December 1, 2015): 1.

7 International Monetary Fund, "How the IMF Promotes Global Economic Stability," http://www.imf.org/external/np/exr/facts/globstab.htm (accessed April 29, 2016).

8 Julie Wernau and MatthieuWirz, "World Bank Halts Aid to Mozambique," *Wall Street Journal* (April 28, 2016): C2.

9 International Monetary Fund, *Annual Report on Exchange Arrangements and Exchange Restrictions 2018* (Washington, DC: IMF, 2019): pp. 5–8.

10 Mary Anastasia O'Grady, "Argentina Needs the Dollar," *Wall Street Journal* (August 18, 2019; accessed March 9, 2020).

11 Ibid.

12 See the following for specific definitions of different degrees of flexibility in exchange rates: https://www.imf.org/external/np/mfd/er/2003/eng/1203.htm.

13 "The Euro: Who Can Join and When," http://ec.europa.eu/economy_finance/euro/adoption/who_can_join/index_en.htm (accessed April 30, 2016).

14 "The EU: Going Negative," *The Economist* (April 30, 2016): 9, 47.

15 Paul Masson and Catherine Patillo, "A Single Currency for Africa?" *Finance & Development* (December 2004): 9–15; "History of the CFA Franc," www.bceao.int/internet/bcweb.nsf/pages/umuse1 (accessed May 30, 2005); IMF, "The Fabric of Reform—An IMF Video," www.imf.org/external/pubs/ft/fabric/backgrnd.htm (accessed May 30, 2005).

16 Ann-Marie Gulde, "The CFA Franc Zone: Common Currency, Uncommon Challenges Overview" (Washington DC: IMF, 2008).

17 Elliot Smith, "West Africa's New 'Eco' Currency Sparks Division Over Timetable and Euro Peg," *CNBC online* (January 17, 2020; accessed February 26, 2020).

18 Isaac Imaka, "East Africans to Wait for 10 Years to Get Common Currency, Officials Say," *Daily Monitor* (May 27, 2013), www.monitor.co.ug/News/National/East-Africans-to-wait-for-10-years-to-get-common/-/688334/1864310/-/sg6wfrz/-/index.html (accessed June 18, 2013).

19 Elliott Smith, "West Africa's New 'Eco' Currency Sparks Division Over Timetable and Euro Peg," *CNBC online* (January 17, 2020; accessed February 26, 2020).

20 "Foreign Exchange" www.newyorkfed.org/markets/foreignex.html (accessed May 4, 2016).

21 "Currency Composition of Official Foreign Exchange Reserves (COFER)," International Monetary Fund, data.imf.org/cofer (accessed February 26, 2020).

22 Dietrich Domanski, Emanuel Kohlscheen, and Robin Moreno, "Foreign Exchange Market Intervention in EMEs: What Has Changed?" *BIS Quarterly Review*, Bank for International Settlements, September 2016: 65–79.

23 Neil MacLucas and Brian Blackstone, "Swiss Move Roils Global Markets," *Wall Street Journal* (January 16, 2015): A1.

24 Patrick McGroarty and Farai Mutsaka, "How to Turn 100 Trillion Dollars into Five and Feel Good About It," *Wall Street Journal* (May 11, 2011), online edition.

25 Steve Hanke, "Zimbabwe Introduces a New Currency and a Maxi-Devaluation," *Forbes* (February 22, 2019) online edition (accessed March 25, 2019); Victor Bhoroma, "Zimbabwe: Government Controls Fuelling the Black Market," *Zimbabwe Independent* (January 10, 2020), https://allafrica.com/stories/202001100386.html (accessed March 9, 2020); Gabriele Steinhauser and Bernard Mpofu, "Zimbabwe Shuts Exchange as Currency Deteriorates," *Wall Street Journal* (July 8, 2020): B12.

26 International Monetary Fund, *Annual Report on Exchange Arrangements and Exchange Restrictions 2018* (Washington, October 2019): 17.

27 Tim Callen, "Purchasing Power Parity: Weights Matter," *Finance & Development* (Washington, DC: IMF), as cited in http://www.imf.org/external/pubs/ft/fandd/basics/ppp.htm (accessed May 5, 2016).

28 Reid W. Click, "Contrarian Macparity," *Economics Letters* 53:2 (November 1996): 209–212.

29 "The Big Mac Index Shows Currencies Are Very Cheap Against the Dollar," *The Economist* (January 12, 2019) online edition (accessed March 25, 2019). For more information, see economist.com/bigmac.

30 "The Big Mac Index: Food for Thought," *The Economist* (May 27, 2004): 75; quoting Michael Pakko and Patricia Polland, "For Here or to Go? Purchasing Power Parity and the Big Mac" (St. Louis, MO: Federal Reserve Bank of St. Louis, January 1996).

31 Tommy Stubbington, "Torrent of Cash Exits the Eurozone," *Wall Street Journal* (March 23, 2015): A1.

32 Avantika Chilkoti and Caitlin Ostroff, "Coronavirus Pushes Some Emerging Markets to Brink of Default," *Wall Street Journal* (March 29, 2020; accessed March 29, 2020).

33 "Forecasting Currencies: Technical or Fundamental?" *Business International Money Report* (October 15, 1990): 401–02.

34 See Ian H. Giddy and Gunter Dufey, "The Random Behavior of Flexible Exchange Rates: Implications for Forecasting," *Journal of International Business Studies* 6:1 (1975): 1–32; Christopher J. Neely and Lucio Sarno, "How Well Do Monetary Fundamentals Forecast Exchange Rates?" *St. Louis Fed* (September/October 2002), 51–74, www.research.stlouisfed.org/publications/review/02/09/51-74Neely.pdf (accessed October 8, 2009).

35 Andrew C. Pollock and Mary E. Wilkie, "Briefing," *Euromoney* (June 1991): 123–24.

36 David A. Moss, *A Concise Guide to Macro Economics* (Boston: Harvard

Business School Press, 2007): 131.

37 Sam Y. Cross, *All about the Foreign Exchange Market in the United States* (Federal Reserve Bank of New York, 1998): 114.

38 Sudeep Jain and Debiprasad Nayak, "Rupee Fall Hits India's Small Importers," *Wall Street Journal* [India] (June 18, 2013), online edition.

39 Theo Francis, "Dollar's Rise Puts Squeeze on American Companies," *Wall Street Journal* (January 21, 2015): A1.

40 International Monetary Fund, *World Economic Outlook* (October 2019); Appendix A.

41 "What America Can Learn from Sterling's Decline as a Reserve Currency," *The Economist* (October 3, 2015): 80.

42 Alex Frangos, "Chinese Foreign-Exchange Reserves Dive as Stresses Mount," *Wall Street Journal* (February 8, 2015): C6.

43 Samuel Shen and Andrew Galbraith, "China Constricts Capital Outflows with an Eye on Yuan Stability," *Reuters* (October 11, 2018; accessed March 31, 2019).

44 *Sources include the following:* Megumi Fujikawi, "Corporate Profits in Japan Bend to Yen," *Wall Street Journal* (February 18, 2016): B1; James Ramage and Anjani Trivedi, "Fumbling the Carry Trade," *Wall Street Journal* (March 12, 2015): C1; Yoko Kubota, "Weak Yen Fuels Toyota's Profit Even as Sales Dip," *Wall Street Journal* (August 5, 2015): B4; Takashi Nakamichi, "Japan Caught in Negative Rate Trap," *Wall Street Journal* (March 11, 2016): C3; Hiroko Tabuchi, "Weaker Yen Helps Sony Raise Its Profit Outlook," *Wall Street Journal* (April 26, 2013): B6; Mayumi Negishi and Daniel Inman, "Falling Yen Sets Stage for Windfall," *Wall Street Journal* (April 24, 2013): B6; Thomas Black, "Now, a Weak Link in the Global Supply Chain," *Businessweek* (March 21–27, 2011): 18; Hiroko Tabuchi, "Sony Warns of a Loss from Quake," *Wall Street Journal* (May 24, 2011) online edition; Jamie McGeever, "Dollar Gets Battered across the Board," *Wall Street Journal* (December 9, 2003): C17; Sebastian Moffett, "Japan's Yen Strategy Offers Economic Relief," *Wall Street Journal* (January 12, 2004): A2; Miyako Takebe, "Japan Plans to Keep Intervening in Markets to Hold Down the Yen," *Wall Street Journal* (March 17, 2004): B4E; Alan Beattie, "Japan and ECB Consider Joint Currency Move as Dollar Falls," *Financial Times* (December 2, 2004): 11; Sony 2008 Annual Report; Robert Flint, "Yen Gains on Dollar, Europe in Flight from Risk," *Wall Street Journal* (January 13, 2009): C2; Joanna Slater, Yuka Hayashi, and Peter Stein, "Move to Stem Yen's Rise Is Likely," *Wall Street Journal* (October 28, 2008): C1; Stanley Reed, "What's Driving Up the Dollar," *Businessweek* (December 8, 2008): 38; John Murphy and Hiroko Tabuchi, "Japan's Companies, Consumers, React to New Reality," *Wall Street Journal* (October 29, 2008): A13; John Murphy, "Toyota's Global Woes Start to Hit Home in Japan," *Wall Street Journal* (November 4, 2008): A10; Yumiko Ono and Andrew Monahan, "Japan Exports Fall 49% as U.S. Trade Plunges," *Wall Street Journal* (March 26, 2009): A7; John Murphy, Peter Stein, and Neil Shah, "Dollar Vexes Asian Central Banks," *Wall Street Journal* (May 26, 2009): C1; Sony Consolidated Financial Statements, for the fiscal year ended March 31, 2019 (available from www.sony.net).

11장

1 *Sources include the following:* John Naughton, "Is It Payback Time for Apple as the EU Goes After Its Licences To Print Money?" *The Guardian* (June 27, 2020), https://www.theguardian.com/commentisfree/2020/jun/27/is-it-payback-time-for-apple-as-the-eu-goes-after-its-licences-to-print-money; Jennifer Rankin, "EU to Find Ways to Make Google, Facebook and Amazon Pay More Tax.," *The Guardian* (September 21, 2017), https://www.theguardian.com/business/2017/sep/21/tech-firms-tax-eu-turnover-google-amazon-apple#img-1; "A Fair and Efficient Tax System in the European Union for the Digital Single Market," European Commission (October 21, 2017), https://ec.europa.eu/taxation_customs/sites/taxation/files/1_en_act_part1_v10_en.pdf; "Global Top 100 Companies—June 2020 Update: Global Ranking of the Top 100 Public Companies by Market Capitalisation," PricewaterhouseCoopers, https://www.pwc.com/gx/en/services/audit-assurance/publications/global-top-100-companies.html (accessed December 28, 2020); Pat Sweet, "Google Revenue Hits £1.6bn, Pays Only £44m in Corporation Tax," Accountancy Daily (April 8, 2020), https://www.accountancydaily.co/google-revenue-hits-ps16bn-pays-only-ps44m-corporation-tax; Toby Sterling, "Google to End 'Double Irish, Dutch Sandwich' Tax Scheme," *Reuters* (December 31, 2019), https://www.reuters.com/article/us-google-taxes-netherlands/google-to-end-double-irish-dutch-tax-scheme-filing-idUSKBN1YZ10Z; Alison Flood, "Amazon Pays 11 Times Less Corporation Tax Than Traditional Booksellers," *The Guardian* (September 12, 2017), https://www.theguardian.com/books/2017/sep/12/amazon-pays-11-times-less-corporation-tax-than-traditional-booksellers; Sean Farrell and Henry McDonald, "Apple Ordered to Pay Up to €13bn After EU Rules Ireland Broke State Aid Laws," *The Guardian* (August 30, 2016), https://www.theguardian.com/business/2016/aug/30/apple-pay-back-taxes-eu-ruling-ireland-state-aid; Juliette Garside, "Sweetheart Deals and Sister Companies: How Top Firms Pay Less Tax," *The Guardian* (January 26, 2016), https://www.theguardian.com/politics/2016/jan/27/sweetheart-deals-and-sister-companies-how-top-firms-pay-less-tax.

2 Jonathan Berk, Peter De Marzo, and Jarrad Harford, *Fundamentals of Corporate Finance*, 2nd edition (Upper Saddle River, NJ: Pearson Prentice-Hall, 2012), 9–10.

3 "Theory versus the Real World," *Finance & Treasury* (April 26, 1993): 1.

4 Joseph P. F. Han, Sheridan Titman, and Garry Twite, "An International Comparison of Capital Structure and Debt Maturity Choices," *Journal of Finance and Quantitative Analysis* 47:1 (February 2013): 23–56.

5 Ibid., p. 33.

6 Abe de Jong, Rezaul Kabir, and Thuy Thu Nguyen, "Capital Structure around the World: The Roles of Firm and Country Specific Determinants," *Journal of Banking & Finance* 32 (2008): 1954–69.

7 Charles Forelle, "The Isle That Rattled the World – Tiny Iceland Created a Vast Bubble, Leaving Wreckage Everywhere When It Popped, " *Wall Street Journal* (December 27, 2008): A1.

8 Basel Committee on Banking Supervision, Bank for International Settlements, bis.org, (accessed May 20, 2016).

9 Nu Skin Annual Report 2017.

10 Patrick McGuire, "A Shift in London's Eurodollar Market," *BIS Quarterly Review* (September 2004): 67.

11 Michael J. de La Merced, "Understanding LIBOR," *Wall Street Journal* (July 11, 2012): B3; David Enrich and Max Colchester, "Before Scandal, Clash Over Control of LIBOR," *Wall Street Journal* (September 11, 2012): A1.

12 "London Interbank Offered Rate (LIBOR) Definition," www.investopedia.com/terms.asp (accessed May 20, 2016) and ICE LIBOR, http://theice.com/iba/libor (accessed April 13, 2019) and Oliver Wyman, "Making the World's Most Important Number Less Important: LIBOR Transition," July 2018 Edition.

13 Oliver Wyman, "Making the World's Most Important Number Less Important: LIBOR Transition," July 2018 Edition.

14 Securities Industry and Financial Markets Association, "SIFMA 2020 Outlook: Trends in the Capital Markets."

15 Ibid.

16 Financial Market Series, *Bond Markets* (October 2012): 3 (accessed June 3, 2013).

17 Securities Industry and Financial Markets Association, "SIFMA 2019 Outlook: Trends in the Capital Markets."

18 Christopher Whittall, "In ECB Moves, Corporate Bonds Score Big," *Wall Street Journal* (March 11, 2016): C1.

19 Fiona Law, "Dim-Sum Bond Issuance Climbs," *Wall Street Journal*, online edition (accessed March 25, 2013).

20 Peter Stein, "'Dim Sum Bonds' on the Menu for Foreign Investors," *Wall Street Journal* (October 31, 2010), retrieved July 13, 2011, from http://wsj.com.

21 Anant Sundaram, "International Financial Markets," in *Handbook of Modern Finance*, ed. Dennis E. Logue (New York: Warren, Gorham, Lamont, 1994): F3–F4.

22 Jason Bush, "Gazprom Swiss Franc Bond Shows Reviving Demand for Russian Issues," *Reuters*, www.reuters.com/article/russia-gazprom-eurobond-

idUSL5N16P2EH (accessed May 21, 2016).

23 "Sovereign Wealth Fund Rankings," The Sovereign Wealth Fund Institute, swfinstitute.com (accessed March 2, 2020).

24 Ibid.

25 Michael J. de la Merced, "Alibaba Raises Fund-Raising Target for I.P.O. to $21.8 Billion," *New York Times* (September 16, 2014): B4.

26 Saumya Vaishampayan and Min Zeng, "Stocks Near Elusive Record," *Wall Street Journal* (April 18, 2016): C1.

27 Saumya Vaishampayan, "Why Markets are in Chaos," *Wall Street Journal* (February 11, 2016): C1.

28 Corrie Driebusch and Riva Gold, "China Drags Down Markets," *Wall Street Journal* (January 8, 2016): 1.

29 Christopher Whittall and Riva Gold, "Investors Pull Out of Europe," *Wall Street Journal* (May 23, 2016): C1.

30 "Euroequity" *Investopedia* (accessed April 13, 2019).

31 Alexander Martin, "App IPO Priced at More Than $1 Billion," *Wall Street Journal* (July 11, 2016; accessed April 13, 2019).

32 3M Annual Report, 2018 and www.six-group.com/exchanges/shares/companies/issuer_list_en.html.

33 Procter & Gamble, "P&G Announces Delisting of its Shares from Euronext Paris," press release, www.pginvestor.com/Cache/1001249378.PDF?O=PDF&T=&Y=&D=&FID=1001249378&iid=4004124 (accessed April 19, 2019).

34 NYSE, "Current List of All Non-U.S. Issuers," February 28, 2019, www.nyse.com/publicdocs/nyse/data/CurListofallStocks.pdf (accessed April 8, 2019).

35 Elke Asen, "Corporate Tax Rates Around the World, 2019," The Tax Foundation (December 10, 2019; accessed March 2, 2020).

36 Deloitte, "International Tax and Business Guide: Germany" (2016), www.deloitte.com/taxguides.

37 David Cay Johnston, "Enron Avoided Income Taxes in 4 of 5 Years," *New York Times (Late Edition [East Coast])* (January 17, 2002): A1.

38 Urban Institute and Brookings Institution, Tax Policy Center, *Briefing Book*, p. 417.

39 OECD, *Transfer Pricing Guidelines for Multinational Enterprises and Tax Administrations 2017* (Paris: OECD Publishing, July 10, 2017; accessed April 17, 2019).

40 Ronald Fink, "Haven or Hell," *CFO Magazine* (March 2004), www.cfo.com/article.cfm/3012017 (accessed October 23, 2009); Helen Shaw, "Transfer Students," *CFO Magazine* (April 2007), www.cfo.com/article.cfm/8885626/c_8910395?f=insidecfo (accessed August 30, 2007).

41 IRS Publication 901, *U.S. Tax Treaties*, revised September 2016, www.irs.gov/pub/irs-pdf/p901.pdf.

42 Eric Pfanner, "European Countries Seek More Taxes from U.S. Multinational Companies," *New York Times* (November 19, 2012): B1.

43 Mark Scott, "Ireland Adjusts Its Corporate Tax Attraction," *New York Times* (November 16, 2016): B1.

44 IMF Monetary and Exchange Affairs Department, "IMF Background Paper: Offshore Financial Centers," www.imf.org/external/np/mae/oshore/2000/eng/back.htm#1, June 23, 2000.

45 Ibid.

46 "How the Heavyweights Shape Up," *Euromoney* (May 1990): 56.

47 "On or Off? It's a Matter of Degree," in "Places in the Sun: A Special Report on Offshore Finance," *The Economist* (February 24, 2007): 7.

48 OECD, *Harmful Tax Competition: An Emerging Global Issue* (Paris: OECD, 1998): 23.

49 OECD, *Harmful Tax Competition: An Emerging Global Issue* (Paris: OECD, 1998): 27.

50 OECD, *Overview or the OECD's Work on Countering International Tax Evasion* (Paris: OECD, August 11, 2009): 8; www.oecd.org/dataoecd/32/45/42356522.pdf (accessed October 23, 2009).

51 Eric Lipton, "Documents Show How Wealthy Hid Millions Abroad," *New York Times* (June 6, 2016): A1; Jesse Drucker, "U.S. Prosecutors Bring Their First Charges Over the Panama Papers," *New York Times* (December 4, 2018; accessed April 19, 2019).

52 Lucy Komisar, "Funny Money," *Metroactive News & Issues*, January 24, 2002, www.metroactive.com/papers/sonoma/01.24.02/offshorebanking-0204.html (accessed June 7, 2005).

53 Liz Rappaport, "Bank Settles Iran Money Case," *Wall Street Journal* (August 15, 2012): A1.

54 Nick Davis, "Tax Spotlight Worries Cayman Islands," *BBC News* (March 31, 2009), news.bbc.co.uk/go/pr/fr/-/2/hi/americas/7972695.stm (accessed October 23, 2009).

55 Eric Pfanner, "European Countries Seek More Taxes from U.S. Multinational Companies," *New York Times* (November 19, 2012): B1.

56 *Sources include the following:* Vindu Goel, Michael J. de la Merced, and Neil Gough, "Chinese Giant Alibaba Will Go Public, Listing in the U.S.," *New York Times* (May 6, 2014; accessed April 17, 2019); Michael J. de la Merced, "The Six Banks Leading Alibaba's Giant I.P.O.," *New York Times* (May 6, 2014; accessed April 17, 2019); Liyan Chen, Ryan Mac, and Brian Solomon, "Alibaba Claims Title for Largest Global IPO Ever with Extra Share Sales," *Forbes* (September 22, 2014; accessed April 8, 2019); Victor Luckerson, "Everything You Need to Know About Alibaba and Its Mega-IPO," *Time* (September 18, 2014; accessed April 8, 2019); "Alibaba IPO: The Biggest IPO in History," NYSE, www.nyse.com/network/article/Alibaba-Lists-on-the-NYSE (accessed April 8, 2019); Paul Hodgson, "Alibaba IPO: Shareholders Can Buy Shares, Not Influence," *Forbes* (September 18, 2014; accessed April 8, 2019); "Alibaba: A Dictatorship?" Chazen Global Insights, Columbia Business School (November 7, 2016; accessed April 8, 2019); Bruce Einhorn, "Masayoshi Son's $58 Billion Payday on Alibaba," *Bloomberg* (May 8, 2014; accessed April 17, 2019); Leena Rao, "The Most Expensive Sake that Alibaba's Jack Ma Ever Had," *Fortune* (September 25, 2015; accessed April 17, 2019); Rory Jones, "Aramco Adds to Record Listing," *Wall Street Journal* (January 13, 2020): B1; Stu Woo, "Alibaba Starts Strong in Hong Kong," *Wall Street Journal* (November 27, 2019): B4.

12장

1 *Sources include the following:* Vertica Bhardwaj, Megan Eickman, and Rodney C. Runyan. "A Case Study on the Internationalization Process of a 'Born-Global' Fashion Retailer," *The International Review of Retail, Distribution and Consumer Research* 21:3 (2011): 293–307; Paige L. Glovinsky and Jiyeon Kim, "Turning Customer Feedback into Commitment," *GSTF Business Review (GBR)* 4:2 (2015): 53; Min Jeong Seo, Minjeong Kim, and Kyu-Hye Lee, "Supply Chain Management Strategies for Small Fast Fashion Firms," *International Journal of Fashion Design, Technology and Education* 9:1 (2016): 51–61; Aline Buzzo and Maria José Abreu. "Fast Fashion, Fashion Brands & Sustainable Consumption." In *Fast Fashion, Fashion Brands and Sustainable Consumption* (Springer: Singapore, 2019): pp. 1–17; Mary Hanbury, "We Went Inside One of the Sprawling Factories Where Zara Makes Its Clothes. Here's How the World's Biggest Fashion Retailer Gets It Done," *Business Insider*, https://bit.ly/33BWpyo (accessed February 14, 2020); Vickie Elmer, "Issue: Fashion Industry Fashion Industry" (Sage Publishing Inc., 2019).

2 "Global Fashion Industry Statistics—International Apparel," *Fashion United*, www.fashionunited.com/global-fashion-industry-statistics-international-apparel.

3 John Fernie and David B. Grant. *Fashion Logistics: Insights into the Fashion Retail Supply Chain* (Kogan Page Publishers, 2019); Ian Urbina and Keith Bradsher, "Linking Factories to the Malls, Middleman Pushes Low Costs," *New York Times* 8 (2013). See also www.lifung.com/about-lf/our-reach/.

4 James C. Collins and Jerry I. Porras, *Built to Last: Successful Habits of Visionary Companies* (New York: Harper Business Essentials, 1994).

5 The Inditex Group, a Spanish apparel MNE, is the parent corporation of eight global retail chains, including Zara, Bershka, Massimo Dutti, Stradivarius, and Oysho. No matter the brand, the all-trendy, reasonably priced products are sold in attractive stores worldwide. Zara is the flagship, generating the bulk of total sales. Inditex runs operations from "The Cube," its gleaming, futuristic headquarters in Artexio, near La Coruña, a small,

seaside town in northwest Spain about 300 miles from Madrid.

6 "Amancio Ortega," *Forbes*, www.forbes.com/profile/amancio-ortega/(accessed January 31, 2020).

7 The Inditex Group, a Spanish apparel MNE, is the parent corporation of eight global retail chains, including Zara, Bershka, Massimo Dutti, Stradivarius, and Oysho. Inditex is one of the world's largest fashion retailers with eight brands and over 6,700 stores. Zara is the crown jewel of Inditex, generating roughly two-thirds of total sales.

8 "Zara," Inditex.com, www.inditex.com/brands/zara (accessed February 1, 2020).

9 "Meet Amancio Ortega: The Third-Richest Man in the World," *Fortune*, https://bit.ly/2vGQ1tq (accessed April 2, 2016).

10 "Our Mission Statement," ZARA United States, https://go.zara/3diiR4b (accessed April 2, 2016).

11 Jane M. Folpe, "Zara Has a Made-to-Order Plan for Success," *Fortune, European Edition*, 142:5 (2000): 18.

12 "Zara Transforms Life in La Coruna—Business Insider." https://bit.ly/2vHw0TA (accessed February 1, 2020).

13 "Zara Clothing Company Supply Chain," *SCM Globe*, https://bit.ly/2W-wqQVf (accessed February 15, 2020).

14 Derek Thompson, "Zara's Big Idea: What the World's Top Fashion Retailer Tells Us About Innovation," *The Atlantic*. https://bit.ly/3bkHeN3 (accessed November 13, 2012).

15 Pankaj Ghemawat, Jose Luis Nueno, and Melissa Dailey. *ZARA: Fast Fashion* (Boston, MA: Harvard Business School, 2003).

16 About three-quarters of the merchandise on display changes every three to four weeks, which corresponds to the average time between Zara customers' visits: 17 times a year, versus 3 to 4 visits per year for competitors.

17 Vivienne Walt, "Meet Amancio Ortega: The Third-Richest Man in the World," *Fortune* (January 14, 2013): 56–59.

18 "The Stars of Europe—Amancio Ortega, Chairman, Inditex," *Businessweek*, (June 11, 2001): 65.

19 "The Fashion Industry in Galicia: Understanding the 'Zara' Phenomenon," *European Planning Studies* 10 (2002).

20 Patrick Byrne, "Closing the Gap between Strategy and Results," *Logistics Management* (March 2004): 13.

21 "How We Classify Countries," *The World Bank*, from data.worldbank.org/about/country-classifications (accessed February 6, 2016).

22 Andrea Ovans, "What Is Strategy, Again?" *Harvard Business Review* (May 12, 2015).

23 Michael A. Hitt, R. Duane Ireland, and Robert E. Hoskisson. *Strategic Management Cases: Competitiveness and Globalization* (Cengage Learning, 2012).

24 Deborah Ancona, "Sensemaking: Framing and Acting in the Unknown," in *The Handbook for Teaching Leadership: Knowing, Doing, and Being*, eds. Scott Snook, Nitin Nohria, and Rakesh Khurana (Sage Publishing, 2012): 3–21.

25 Ad Krijnen, "The Toyota Way: 14 Management Principles from the World's Greatest Manufacturer," *Action Learning: Research and Practice*, 4:1 (2007): 109–111; Y. Monden, *Toyota Management System: Linking the Seven Key Functional Areas* (Routledge, 2019).

26 Karl E. Weick, Kathleen M. Sutcliffe, and David Obstfeld, "Organizing and the Process of Sensemaking," *Organization Science* 16:4 (2005): 409–21.

27 See B. Wernerfelt, "A Resource-Based View of the Firm," *Strategic Management Journal* (1984): 171–80.

28 "James C. Collins Quotes (Author of Good to Great)," GoodReads, www.goodreads.com/author/quotes/2826.James_C_Collins (accessed February 26, 2016); Peter Drucker, *The Effective Executive* (Routledge, 2018).

29 Jim Collins and Morten T. Hansen, *Great by Choice: Uncertainty, Chaos and Luck—Why Some Thrive Despite Them All* (Random House, 2011).

30 Birger Wernerfelt, "A Resource—Based View of the Firm," *Strategic Management Journal* 5, no. 2 (1984): 171–180.

31 Technically, a competency satisfies three conditions: It provides consumer benefits, it is difficult for competitors to imitate, and it is leveraged to different products and markets. The fact that rivals cannot easily match or replicate a firm's competencies serves as a powerful competitive advantage.

32 Creating value requires that an MNE develop a compelling value proposition (why a customer should buy its goods or use its services) that specifies its targeted markets (those customers for whom it creates goods or services).

33 Greg Linden, Jason Dedrick, and Kenneth L. Kraemer, "We Estimate China Only Makes $8.46 from an iPhone—and That's Why Trump's Trade War Is Futile," *The Conversation*, https://bit.ly/2xfsbVQ (accessed January 1, 2019). See also https://bit.ly/2Ub4Iyt and https://bit.ly/3dihLW7.

34 Henry Ford, Wikiquotes. Accessed February 20, 2020, from https://en.wikiquote.org/wiki/Henry_Ford.

35 Newley Purnell and Tripp Mickle, "'It's Been a Rout': Apple's iPhone Fall Flat in World's Largest Untapped Market," *Wall Street Journal*, https://on.wsj.com/3deABh3 (accessed December 18, 2018).

36 "Hungry Tiger, Dancing Elephant: How India Is Changing IBM's World," *The Economist* (April 4, 2007): 58–61.

37 "Profitable Growth: Target 2012 Annual Report," *Target Corporate* https://bit.ly/33Crjqp (accessed October 11, 2015).

38 See www.investopedia.com/terms/1/3_6_3_rule.asp; https://en.wikipedia.org/wiki/3-6-3_Rule.

39 Chet Miller and Laura B. Cardinal, "Strategic Planning and Firm Performance: A Synthesis of More than Two Decades of Research," *Academy of Management Journal* 37:6 (1994): 1649–65.

40 See Henry Mintzberg, *Rise and Fall of Strategic Planning* (Simon and Schuster, 1994); Robert M. Grant, "Strategic Planning in a Turbulent Environment: Evidence from the Oil Majors," *Strategic Management Journal* 24 (2003): 491–517; Phil Rosenzweig, *The Halo Effect: ... and the Eight Other Business Delusions That Deceive Managers* (Simon and Schuster, 2014).

41 The S&P 500 stock market index, maintained by S&P Dow Jones Indices, comprises 505 common stocks issued by 500 large-cap companies and traded on American stock exchanges, and covers about 75 percent of the American equity market by capitalization.

42 Ilan Mochari, "Why Half of the S&P 500 Companies Will Be Replaced in the Next Decade," *Inc.com* https://bit.ly/2WvNOMr (accessed March 23, 2016); Matthew De Silva, "The Art and Science of Stewarding the S&P 500," *Quartz*, https://bit.ly/2J4JUlS (accessed February 15, 2020).

43 "Schumpeter: Fail Often, Fail Well," *The Economist*, https://econ.st/2y-2Eeq8 (accessed April 28, 2011).

44 Scott Barry Kaufman, "The Role of Luck in Life Success Is Far Greater Than We Realized," *Scientific American Blog Network*, https://bit.ly/33BRWw0 (accessed December 24, 2018). "If You're So Smart, What Virtue Rich? Turns Out It's Just Chance," *MIT Technology Review*, https://bit.ly/3deAq5n (accessed February 5, 2020).

45 Dan Kahneman and Daniel Lovallo, "Delusions of Success: How Optimism Undermines Executives' Decisions," *Harvard Business Review* (July 2003); Phil Rosenzweig, *The Halo Effect: ... and the Eight Other Business Delusions That Deceive Managers* (Simon and Schuster, 2014).

46 J. Manyika, S. Lund, J. Bughin, J. Woetzel, K. Stamenov, and D. Dhingra, *Digital Globalization: The New Era of Global Flows* (New York: McKinsey Global Institute, 2016).

47 Ibid., Lovallo and Kahneman, "Delusions of Success."

48 Ibid., Phil Rosenzweig, *The Halo Effect*; M. G. Haselton, D. Nettle, and D. R. Murray, The evolution of cognitive bias. In D. M. Buss (ed.), *The Handbook of Evolutionary Psychology*, 1–20 (New York: Wiley and Sons, 2015); D. Kahneman, D. Lovallo, and O. Sibony, "Before You Make That Big Decision," *Harvard Business Review*, *89*:6 (2011), 50–60.

49 "Apple Supply Chain Braces for Disruption From Coronavirus | Material Handling and Logistics," https://bit.ly/2wvbHJn (accessed March 23, 2020).

50 "Coronavirus and the Death of Xi's 'China Dream' | The Strategist" https://bit.ly/3991EqN; "Coronavirus Killed the 'China Dream' | The National Interest," https://bit.ly/2y2xcSg (all accessed March 23, 2020).

51 Ibid., J. Manyika, et al.

52 Nan Zhou and Mauro F. Guillén, "From Home Country to Home Base: A

Dynamic Approach to the Liability of Foreignness," *Strategic Management Journal* 36:6 (2015): 907–17.

53 Janet C. Lowe, *Welch: An American Icon* (New York: Wiley and Sons, 2002).

54 W. Brian Arthur, "The Second Economy," *McKinsey Quarterly* (October 2011).

55 Heather Timmons, "Outsourcing to India Draws Western Lawyers," NYTimes.com, https://nyti.ms/2U85FqZ (accessed April 26, 2011).

56 John Markoff, "New Wave of Deft Robots Is Changing Global Industry," *New York Times* (August 18, 2012).

57 Eugene Demaitre, "China's Robotics Market: A Look Ahead to 2020," *The Robot Report*, https://www.therobotreport.com/chinese-robotics-market-look-ahead-2020/ (accessed, February 5, 2020); "Shirt Tales; Schumpeter," *The Economist* (January 5, 2019).

58 Hannah Jane Parkinson, "AI Can Write Just like Me. Brace for the Robot Apocalypse | Hannah Jane Parkinson," *The Guardian*, https://bit.ly/2QOOhpt (accessed February 15, 2019).

59 "The Future of Employment: How Susceptible Are Jobs to Computerisation?" Oxford Martin School, https://bit.ly/3bi4U4D (accessed October 13, 2015).

60 John Markoff, "New Wave of Deft Robots Is Changing Global Industry," NYTimes.com, https://nyti.ms/33GfLmb (accessed February 25, 2013).

61 "Coronavirus and 3D Printing - 3D Printing Media Network." https://bit.ly/2wvFLEK;"MeetTheItalianEngineers3D-PrintingRespiratorPartsforFree to Help Keep Coronavirus Patients Alive," *Forbes*, https://bit.ly/2UaLPeU (all accessed March 23, 2020).

62 "The Digitization of Manufacturing Will Transform the Way Goods Are Made—And Change the Politics of Jobs Too," *The Economist* (April 21, 2012): 56.

63 BofA Global Research, "*Tectonic Shifts in Global Supply Chains*," https://bit.ly/2QzT5P5 (accessed February 4, 2020).

64 "FDI in the United States, First Quarter 2018," https://bit.ly/3bdrGdJ (accessed February 18, 2019); "*FDI in the USA,*" Bureau of Economic Analysis, https://www.selectusa.gov/FDI-in-the-US (accessed February 5, 2020).

65 *Encyclopaedia Britannica*, www.britannica.com/EBchecked/topic/1357503/cultural-globalization.

66 Walter Isaacson, *Steve Jobs* (Simon & Schuster, 2011).

67 Adrian Wooldridge, *Masters of Management: How the Business Gurus and Their Ideas Have Changed the World—for Better and for Worse* (HarperCollins, 2011).

68 Pankaj Ghemawat, "Distance Still Matters," *Harvard Business Review* 79:8 (2001): 137–47.

69 Lui Hebron and John F. Stack, *Globalization: Debunking the Myths* (Pearson Prentice Hall, 2008);

70 C. Prahalad and Y. Doz, *The Multinational Mission: Balancing Local Demands and Global Vision* (New York: Free Press, 1987).

71 "Google in Asia: Seeking Success," *The Economist*, https://econ.st/3aa4aOF, (accessed March 15, 2011).

72 "A Special Report on Entrepreneurship: Global Heroes," *The Economist*, www.economist.com/node/13216025 (accessed March 15, 2011).

73 Interestingly, a 150-pound bag of coffee beans might earn a farmer approximately $50. The "street value" of that same bag, once processed into approximately 10,000 cups of coffee and depending upon the outlet, is anywhere between $10,000 to $40,000.

74 Toby Gibbs, Suzanne Heywood, and Leigh Weiss, "Organizing for an Emerging World," *McKinsey Quarterly* (June 2012).

75 Theodore Levitt, "The Globalization of Markets," *Harvard Business Review* 61 (1983): 92–102.

76 C. Dörrenbächer and M. Geppert, *The Integration-Responsiveness Framework: A Review and Application of the Concept* (No. 1). Working paper (2016), https://bit.ly/2UvAxB0 (accessed February 22, 2020).

77 Jan Art Scholte, *Globalization: A Critical Introduction* (Palgrave Macmillan, 2005).

78 "Hungry Tiger, Dancing Elephant: How India Is Changing IBM's World," *The Economist* (April 4, 2007): 58–61.

79 Headquarters sent home-nation executives to run its satellite units. Expatriates typically commanded technical expertise but little cultural fluency and minimal foreign-language competency. Often, the only thing multinational about these executives was the location of their international assignment.

80 Harold Sirkin, James Hemerling, and Arindam Bhattacharya, *Globality: Competing with Everyone from Everywhere for Everything* (New York: Business Plus, 2008).

81 Ibid.

82 Yves Doz, Jose Santos, and Peter Williamson, *Global to Metanational: How Companies Win in the Knowledge Economy* (Cambridge, MA: Harvard Business School Press, 2001).

83 Keeley Wilson and Yves L. Doz, "10 Rules for Managing Global Innovation," *Harvard Business Review* (October 12, 2012).

84 "Globalization Feature: Why Being Multinational Is No Longer Enough," HBS Working Knowledge Archive, Harvard Business School, http://hbswk.hbs.edu/archive/2679.html (accessed March 7, 2016).

85 Andrew Kramer, "The Evolution of Russia, as Seen from McDonald's," NYTimes.com, https://nyti.ms/2xdxqW (accessed March 17, 2011).

86 Mark Scott, "Companies Born in Europe, but Based on the Planet," *New York Times* (June 12, 2012): B7.

87 Alison Coleman, "The Tel Aviv Tech Start-ups to Watch In 2018," *Forbes*, https://bit.ly/2xiGpVZ (accessed January 2, 2019); Greg Nichols, "Swiss Army Knife of Drones Gets $28.5m in Funding." ZDNet, https://zd.net/2J54Ade (accessed January 2, 2019).

88 O. Moen, R. Sorbeim, and T. Erikson, "Born Global Firms and Informal Investors: Examining Investor Characteristics," *Journal of Small Business Management* (October 2008): 536.

89 "Zoom Video Communications." *Wikipedia* (September 29, 2018), https://bit.ly/3dgmHuE (accessed December 24, 2018).

90 Pankaj Ghemawat, "Regional Strategies for Global Leadership," *Harvard Business Review* (December 2005).

91 Marc Singer, "Beyond the Unbundled Corporation," *McKinsey Quarterly* (Summer, 2001).

92 "2009 State of the Future," The Millennium Project, 22.

93 Ibid., Jim Collins, "Good to Great."

13장

1 *Sources include the following:* Virginia Harrison, "Can China's Plane-Maker Take On Boeing and Airbus?" BBC News (April 28, 2019), www.bbc.com/news/business-47689386; "Global 500," Fortune, 2020, fortune.com/fortune500/ (accessed February 15, 2021); "Observing the Earth," ESA, www.esa.int/Applications/Observing_the_Earth (accessed December 8, 2020); Remy Davison, "The Most Powerful Companies You've Never Heard Of: EADS," The Conversation (October 18, 2011), theconversation.com/the-most-powerful-companies-youve-never-heard-of-eads-3192; "Memorandum by Airbus UK," Written Evidence, Trade and Industry, House of Commons, publications.parliament.uk/pa/cm200405/cmselect/cmtrdind/151/151we03.htm (accessed July 24, 2020); "Airbus and China Reinforce Long-Standing Partnership," Airbus website (November 6, 2019), www.airbus.com/newsroom/press-releases/en/2019/11/airbus-and-china-reinforce-longstanding-partnership.html; "Airbus and China: Reaching New Heights," Airbus website, https://www.airbus.com/public-affairs/brussels/our-topics/innovation/eu_and_china.html (accessed July 24, 2020); Danny Santos, "How Airports Globally Are Responding to Coronavirus (Updated Frequently)," Aislelabs Blog (March 27, 2020), www.aislelabs.com/blog/2020/03/27/how-airports-globally-are-responding-to-coronavirus-updated-frequently/ (accessed December 8, 2020); Linnea Ahlgren, "Airbus' China Final Assembly Line Has Now Delivered 500 A320s," Simple Flying (October 29, 2020), simpleflying.com/airbus-china-fal-500/.

2 Paul Glader, "GE Is Reassigning Veteran Rice to Job Focusing on Overseas Sales," *Wall Street Journal* (November 9, 2010): B2.

3 Thomas Hutzschenreuter and Martin Hommes, "What Determines the Speed of New Product Area International Rollout?" *Proceedings of the 54th Annual Meeting of the Academy of International Business* (June 30–July 3, 2012), emphasize the further need to consider location when companies add new products to their portfolios.

4 Shige Makino, Takehiko Isobe, and Christine M. Chan, "Does Country Matter?" *Strategic Management Journal* 25 (2004): 1027–43.

5 Tony W. Tong, Todd M. Alessandri, Jeffrey J. Reuer, and Asda Chintakananda, "How Much Does Country Matter? An Analysis of Firms' Growth Options," *Journal of International Business Studies* 39:3 (2008): 387–405.

6 Peter Enderwick, "The Imperative of Global Environmental Scanning," *AIB Insights* 11:1 (2011): 12–15.

7 Daniel R. Clark, Dan Li, and Dean A. Shepherd, "Country Familiarity in the Initial Stage of Foreign Market Selection," *Journal of International Business Studies*, 49:4 (2018): 442–472.

8 David Gonzalez, "Fried Chicken Takes Flight, Happily Nesting in U.S.," *New York Times* (September 20, 2002): A4; Joel Millman, "California City Fends Off Arrival of Mexican Supermarket," *Wall Street Journal* (August 7, 2002): B1+ illustrates how Gigante, a Mexican supermarket chain, has targeted U.S. cities with large Mexican populations.

9 Don E. Schultz, "China May Leapfrog the West in Marketing," *Marketing News* (August 19, 2002): 8–9.

10 Amol Sharma, "In India, Subsidies Upend Car Sales," *Wall Street Journal* (July 1, 2012): B1+.

11 Kejal Vyas, "Venezuelans Opt for Rum over Pricey Scotch," *Wall Street Journal* (August 13, 2014): B4.

12 "Africa's Middle Class Few and Far Between," *The Economist*, October 24, 2015, 43–44, refers to data from Pew Research Centre that just 6 percent of Africans qualify as middle class.

13 C. Denbour, "Competition for Business Location: A Survey," *Journal of Industry, Competition and Trade*, 8:2 (June 2008): 89–111.

14 Nicholas Casey, "In Mexico, Auto Plants Hit the Gas," *Wall Street Journal* (November 20, 2012): A1+; "The Rise of Mexico," *The Economist* (November 24, 2012): 14; Keith Bradsher, "Hello, Cambodia," *New York Times* (April 9, 2013): Business 1+.

15 Anil Khurana, "Strategies for Global R&D," *Research Technology Management* (March/April 2006): 48–59.

16 Michael Peel, "Bitter-Sweet Confections of Business in Nigeria," *Financial Times* (November 20, 2002): 10; "Dairy Farming in Nigeria: Uncowed," *The Economist* (June 6, 2015): 38.

17 G. Bruce Knecht, "Going the Wrong Way down a One-Way Street," *Wall Street Journal* (March 18, 2002): A1.

18 Alfredo J. Mauri and Arvind V. Phatak, "Global Integration as Inter-Area Product Flows: The Internationalization of Ownership and Location Factors Influencing Product Flows across MNC Units," *Management International Review* 41 (2001): 233–49.

19 Cynthia O'Murchu and Jan Cienski, "Multinationals Reap the Rewards," *Financial Times* (December 2, 2010): 9. For a description of the EU financial support, see European Commission, "Research Structures: EU Financial Support" (August 11, 2015), http://ec.europa.eu/research/infrastructure/index (accessed September 14, 2015).

20 Nicholas James Bailey, "MNE Bargaining Power Under Constrained Location Choices: Evidence from the Tourism Industry," *Proceedings of the 54th Annual Meeting of the Academy of International Business* (June 30–July 3, 2012).

21 Colin Kirkpatrick and Kenichi Shimamoto, "The Effect of Environmental Regulation on the Locational Choice of Japanese Direct Investment," *Applied Economics* 40:11 (June 2008): 1399; and George Z. Peng and Paul W. Beamish, "The Effect of National Corporate Responsibility Environment on Japanese Foreign Direct Investment," *Journal of Business Ethics* 80:4 (July 2008): 677–95.

22 Hoon Park, "Determinants of Corruption: A Cross-National Analysis," *Multinational Business Review* 11:2 (2003): 29–48.

23 Mario I. Kafouros, Peter J. Buckley, and Jeremy Clegg, "The Effects of Global Knowledge Reservoirs on the Productivity of Multinational Enterprises: The Role of International Depth and Breadth," *Research Policy* 41:5 (June 2012): 848–61.

24 John D. Daniels and James A. Schweikart, "Political Risk, Assessment and Management of," in *IEBM Handbook of International Business*, ed. Rosalie L. Tung (London: International Thomson Business Press, 1999): 502–14.

25 "Political Consultants: Risk Premiums," *The Economist* (May 21, 2016): 61.

26 Robert Wright, "Continuity Planning Is Strengthened," *Financial Times* (March 20, 2012): Risk Management/Supply Chain 1.

27 Jing-Lin Duanmu, "State-Owned MNCs and Host Country Expropriation Risk: The Role of Home State Soft Power and Economic Gunboat Diplomacy," *Journal of International Business Studies* 45:8 (2015): 1044–60.

28 Haig Simonian, "Venezuela to Pay Holcim $650M Compensation for Seized Assets," *Financial Times* (September 14, 2010): 17.

29 Lamine Chikhi, Dmitry Zhdannikov, and Ron Bousso, "Exxon's Talks to Tap Algeria Shale Gas Falter Due to Unrest – Sources," *Reuters* (March 20, 2019; accessed May 1, 2019).

30 This preference for liquidity is associated with options theory in the work of Robert C. Merton, Myron S. Scholes, and Fisher Black. For good, succinct coverage, see John Krainer, "The 1997 Nobel Prize in Economics," FRBSF Economic Letter No. 98–05 (February 13, 1998).

31 Sharon Terlep and Mike Ramsey, "Disaster in Japan: Supply Shortages Stall Auto Makers," *Wall Street Journal* (March 19, 2011): 9.

32 WHO, Public Health Mapping and GIS, Map Library, retrieved June 11, 2007, from gamapserver.who.int/mapLibrary/default.aspx. Also see World Health Organization, *World Health Statistics 2012* (Geneva: World Health Organization, 2012) for statistics on communicable and noncommunicable diseases by country.

33 KPMG Services Ltd. (2015) "Doing Business in Africa in Sickness and Health: A Focus on the Business and Economic of Ebola," http://www.kpmg.com/Africa/en/IssuesAndInsights/Articles-Publications/Documents/Business%201nd%20economics%20impact%20ofEbola.pdf (accessed August 3, 2016).

34 Julie Creswell and David Segal, "Companies Confront Zika Virus and Safety," *New York Times* (February 15, 2016): B1–B2.

35 Samantha Pearson, Ralph Oliver, and Robert Wright, "Business Take Stock as Zika Outbreak Spreads," *Financial Times*, February 16, 2016: 16.

36 Jeremy Page, Wenxin Fan, and Natasha Khan, "How It All Started: China's Early Coronavirus Missteps," *Wall Street Journal* (March 6, 2020; accessed March 29, 2020); Liza Lin, "How China Slowed Coronavirus: Lockdowns, Surveillance, Enforcers," *Wall Street Journal* (March 10, 2020; accessed March 29, 2020); Reshma Kapadia, "What the U.S. Can Learn from China's Response to the Coronavirus Pandemic," *Barron's* (March 20, 2020; accessed March 29, 2020).

37 Paul D. Ellis, "Does Psychic Distance Moderate the Market Size-Entry Sequence Relationship?" *Journal of International Business Studies* 39:3 (2008): 351–69; Katarina Blomkvist and Rian Drogendijk, "The Impact of Psychic Distance on Chinese Outward Foreign Direct Investment," *Management International Review* 53:5 (2013): 659–86; David W. Williams and Denis A. Grégoire, "Seeking Commonalities or Avoiding Differences? Re-conceptualizing Distance and Its Effects on Internationalization Decisions," *Journal of International Business Studies* 46:3 (2015): 253–84.

38 See Srilata Zaheer and Elaine Mosakowski, "The Dynamics of the Liability of Foreignness: A Global Study of Survival in Financial Services," *Strategic Management Journal* 18 (1997): 439–64; Stewart R. Miller and Arvind Parkhe, "Is There a Liability of Foreignness in Global Banking? An Empirical Test of Banks' X-Efficiency," *Strategic Management Journal* 23 (2002): 55–75.

39 Mikhail V. Gratchev, "Making the Most of Cultural Differences," *Harvard Business Review* (October 2001): 28–30.

40 John Cantwell, "Location and the Multinational Company," *Journal of International Business Studies* 40:1 (January 2009): 35–41; Nandini Lahiri, "Geographic Distribution of R&D Activity: How Does It Affect Innovation Quality?" *Academy of Management Journal* 53:5 (2010): 1194–209; and Lilach Nachum and Sangyoung Song, "The MNE as a Portfolio: Interdependencies in MNE Growth Trajectory," *Journal of International Business Studies* 42:3

(April 2011): 381–405.

41 Shige Makino and Eric W. K. Tsang, "Historical Ties and Foreign Direct Investment: An Exploratory Study," *Journal of International Business Studies* 42:4 (May 2011): 545–57.

42 Khanh T. L. Tran, "Blockbuster Finds Success in Japan," *Wall Street Journal* (August 19, 1998): A14; Cecile Rohwedder, "Blockbuster Hits Eject Button as Stores in Germany See Video-Rental Sales Sag," *Wall Street Journal* (January 16, 1998): B9A.

43 John A. Doukas and Ozgur B. Kan, "Does Global Diversification Destroy Firm Value?" *Journal of International Business Studies* 37 (2006): 352–71.

44 B. Kazaz, M. Dada, and H. Moskowitz, "Global Production Planning under Exchange-Rate Uncertainty," *Management Science* 51 (2005): 1101–09.

45 Mario I. Kafouros, Peter J. Buckley, and Jeremy Clegg, "The Effects of Global Knowledge Reservoirs on the Productivity of Multinational Enterprises: The Role of International Depth and Breadth," *Research Policy* 41:5 (June 2012): 848–61.

46 Edward B. Flowers, "Oligopolistic Reactions in European and Canadian Direct Investment in the United States," *Journal of International Business Studies* 7:2 (Fall–Winter 1976): 43–55; Frederick Knickerbocker, *Oligopolistic Reaction and Multinational Enterprise* (Cambridge, MA: Harvard University, Graduate School of Business, Division of Research, 1973); Keith Head, John C. Ries, and Thierry Mayer, "Revisiting Oligopolistic Reaction: Are Decisions on Foreign Direct Investment Strategic Complements?" *Journal of Economics & Management Strategy* 11:3 (2002): 453–72.

47 See J. Myles Shaver and Fredrick Flyer, "Agglomeration Economies, Firm Heterogeneity, and Foreign Direct Investment in the United States," *Strategic Management Journal* 21 (2000): 1175–93; Philippe Martin and Gianmarco I. P. Ottaviano, "Growth and Agglomeration," *International Economic Review* 42 (2001): 947–68; Edward E. Leamer and Michael Storper, "The Economic Geography of the Internet Age," *Journal of International Business Studies* 32 (2001): 641–65.

48 "Hard Faces: India's Diamond Polishers," *The Economist* (December 5, 2015): 40–41.

49 Heeyon Kim, "Should Birds of a Feather Flock Together? Agglomeration by Nationality as a Constraint in International Expansion," *AIB Insights* 15:3 (2015): 11–12; Exequiel Hernandez "Finding a Home Away from Home: Effects of Immigrants on Firms' Foreign Location Choice and Performance," *Administrative Science Quarterly* 59:1 (2014): 73–108.

50 Jedrzej George Frynas, Kamel Mellahi, and Geoffrey Allen Pigman, "First Mover Advantages in International Business and Firm-Specific Political Resources," *Strategic Management Journal* 27 (2006): 321–45; Makino, Isobe, and Chan, "Does Country Matter?"

51 Joel Millman, "PriceSmart to Restate Results Due to an Accounting Error," *Wall Street Journal* (November 11, 2003): B9.

52 "Economic Data: Funny Numbers," *The Economist* (October 24, 2015): 68.

53 "Maduro's Muzzle," *The Economist* (April 4, 2015): 32+.

54 Josh Zumbrun, "Sex, Drugs and a GDP Rethink," *Wall Street Journal* (June 9, 2014): 2; Liz Alderman, "Black Markets, Red-Light Districts and Measuring G.D.P.s in Europe," *New York Times* (July 10, 2014): Business 1+.

55 "China: Bottoms Up," *The Economist* (March 30, 2013): 43–4.

56 Azam Ahmed, "Suicide Bombers Attack a Red Cross Compound in Eastern Afghanistan," *New York Times* (May 30, 2014): A6.

57 Moisés Naím, "The Five Wars of Globalization," *Foreign Policy* (January–February 2003): 29–36.

58 Benjamin Bader and Nicola Berg, "An Empirical Investigation of Terrorism-Induced Stress on Expatriate Performance," *Proceedings of the 54th Annual Meeting of the Academy of International Business* (June 30–July 3, 2012).

59 "Doing Business in Dangerous Places," *The Economist* (August 14, 2004): 11.

60 Andria Cheng, "Limited Brands Defends Its International Plan," *Market Watch* (October 19, 2011): n.p.

61 Most of these variables are discussed in Igal Ayal and Jehiel Zif, "Marketing Expansion Strategies in Multinational Marketing," *Journal of Marketing* (Spring 1979): 84–94.

62 Makino, Isobe, and Chan, "Does Country Matter?"

63 Susan Freeman, Kate Hutchings, and Sylvie Chetty, "Born-Global and Culturally Proximate Markets," *Management International Review* 52 (2012): 425–60.

64 Nikki Tait, "Dana Set to Sell UK-Based Components Arm," *Financial Times* (November 29, 2000): 22.

65 Makino, Isobe, and Chan, "Does Country Matter?"; Bernard Simon, "Goodyear Sells Its Last Plantation," *Financial Times* (December 1, 2004): 18.

66 See Jean J. Boddewyn, "Foreign and Domestic Divestment and Investment Decisions: Like or Unlike?" *Journal of International Business Studies* 14:3 (Winter 1983): 28; Michelle Haynes, Steve Thompson, and Mike Wright, "The Determinants of Corporate Divestment in the U.K.," *Journal of Industrial Organization* 18 (2000): 1201–22; Jose Mata and Pedro Portugal, "Closure and Divestiture by Foreign Entrants: The Impact of Entry and Post-Entry Strategies," *Strategic Management Journal* 21 (2000): 549–62.

67 *Mexico Telecommunications Report* (Second Quarter 2015).

68 International Monetary Fund, *World Economic Outlook, September 2004* (Washington, DC: International Monetary Fund, 2004): 143–9.

69 Peter Hall, *Cities in Civilization: Culture, Technology, and Urban Order* (London: Weidenfeld & Nicholson, 1998).

70 "A Sense of Place," *The Economist* (October 27, 2012): Special Report on Technology and Geography, 6.

71 David Aviel, "The Causes and Consequences of Public Attitudes to Technology: A United States Analysis," *International Journal of Management* 18 (2001): 166.

72 *Sources include the following:* "Revenue of the LEGO Group from 2003 to 2020 (in Billion Euros)," Statista, https://www.statista.com/statistics/282870/lego-group-revenue/ (accessed February 14, 2021); Keith Oliver, Edouard Samakh, and Peter Heckmann, "Rebuilding Lego, Brick by Brick," *Strategy+Business* 48, Autumn (August 29, 2007), https://www.strategy-business.com/article/07306?gko=813c3; "The LEGO Group Sees Sales And Profits Increase in 2019," Brick Fanatics, https://www.brickfanatics.com/the-lego-group-sees-sales-and-profits-increase-in-2019/ (March 4, 2020); "The LEGO Group Delivers Double-Digit Growth in 1H 2020," LEGO website (September 2, 2020), https://www.lego.com/en-gb/aboutus/news/2020/september/interim-results/; "Toys Market—Global Outlook and Forecast 2018–2023," Research and Markets (October 2018), https://www.researchandmarkets.com/reports/4655482/toys-market-global-outlook-and-forecast-2018; "China Toy Industry," WPIC (August 4, 2020), https://www.wpic.co/blog/china-toy-industry/; The LEGO Group Responsibility Report 2015 at https://www.lego.com/cdn/cs/aboutus/assets/blt8630ef4d3066bc76/Responsibility-Report-2015.pdf (accessed October 15, 2020); "LEGO to Open 80 New Retail Stores in China in 2020," XinhuaNet (June 26, 2020), http://www.xinhuanet.com/english/2020-06/25/c_139167097.htm; Bel Brooker, "Lego's Growth Strategy: How the Toy Brand Innovated to Expand," Attest (September 12, 2019), https://www.askattest.com/blog/brand/legos-growth-strategy-how-the-toy-brand-innovated-to-expand; "Lego: Brick by Brick a Toy Empire Emerges from China," Marketing to China (January 14, 2020), https://www.marketingtochina.com/lego-brick-by-brick-a-toy-empire-emerges-from-china/; Alexis Kramer, "LEGO Scores Victory in Toy Figure Copyright Fight (1)," Bloomberg Law (July 26, 2019), https://news.bloomberglaw.com/ip-law/lego-scores-victory-in-minifigure-copyright-case?context=article-related.

14장

1 "Trade Data & Analysis | International Trade Administration," retrieved February 15, 2020, from https://www.trade.gov/trade-data-analysis. United States International Trade Association, Export Fact Sheet April 2015, www.trade.gov/press/press-releases/2015/export-factsheet-060315.pdf (accessed July 15, 2015).

2 Case developed based on profiles of company management, company activities, and country profiles reported at www.export.gov; United States International Trade Administration; United States Census Bureau, *Profile of U.S. Exporting Companies 2015–2016*, at www.census.gov/foreign-trade/aip/edbrel-0203.pdf; *Small & Medium-Sized Exporting Companies: Statistical*

Overview, tse.export.gov/EDB/SelectReports.aspx?DATA=ExporterDB. SpinCent represents the reported experiences of active exporters as well as the observations expressed by their management. Please visit www.export.gov/articles/successstories/eg_success_story_021417.asp for an overview of the source documents.

3 By the way, these trade data combine imports and exports (i.e., a bit of double counting). Still, the upward trend powers on.

4 "World's Top Export Products." 2019. World's Top Exports. October 14, 2019 http://www.worldstopexports.com/worlds-top-export-products/ (accessed February 22, 2020).

5 "Economic Impact of International Students," www.iie.org/Research-and-Insights/Open-Doors/Data/Economic-Impact-of-International-Students (accessed December 21, 2018).

6 "World's Top Export Services in 2018." n.d. http://www.worldstopexports.com/worlds-top-export-services/ (accessed February 15, 2020).

7 Saeed Samiee and Peter Walters, "Segmenting Corporate Exporting Activities: Sporadic Versus Regular Exporters," *Journal of the Academy of Marketing Science* 19:2 (1991): 93–104.

8 Jakob Munch and Georg Schaur, "The Effect of Export Promotion on Firm-Level Performance," *American Economic Journal: Economic Policy* 10.1 (2018): 357–87; James H. Love and Stephen Roper, "SME Innovation, Exporting and Growth: A Review of Existing Evidence," *International Small Business Journal* 33:1 (2015): 28–48.

9 US Census Bureau, Foreign Trade Division, "US Census Bureau Foreign Trade," www.census.gov/foreign-trade/Press-Release/edb/2017/index.html? (accessed December 21, 2018). We see the same shares for the big importers in the United States.

10 A Profile of U.S. Importing and Exporting Companies, 2015–2016; Release Number: CB 18-54, USITC, www.census.gov/foreign-trade/Press-Release/edb/2016/text.pdf (accessed January 5, 2019); "Small and Medium-Sized Enterprises: Overview of Participation in U.S. Exports," January 2010; USITC, "Small and Medium-Sized Enterprises: U.S. and EU Export Activities, and Barriers and Opportunities Experienced by U.S. Firms," July 2010.

11 Richard Hoffman, "Small And Medium Enterprises in China," (July 4, 2018), https://ecovis-beijing.com/investment/smes-china/ (accessed December 20, 2018); "SMEs Keen on E-Commerce Exports - Business - Chinadaily.Com.Cn," www.chinadaily.com.cn/business/2016-12/24/content_27762503.htm (accessed December 21, 2018). "International Trade - Exports by Business Size - OECD Data," The OECD, http://data.oecd.org/trade/exports-by-business-size.htm (accessed December 21, 2018); Number of small to medium-sized enterprises in China from 2012 to 2020 (in millions), Statista, https://www.statista.com/statistics/783899/china-number-of-small-to-medium-size-enterprises/ (accessed February 29, 2020); Ministry of Commerce, "Small and Medium-Size Enterprises," People's Republic of China, http://english.mofcom.gov.cn/aarticle/zm/201205/20120508136044.html (accessed February 28, 2016).

12 B. Aw, M. Roberts, and D. Xu, "R&D Investment, Exporting, and Productivity Dynamics," www.econ.psu.edu/~mroberts/arxmarch2010.pdf (accessed December 18, 2012).

13 Özgur Uysal and Abdulakadir Said Mohamoud, "Determinants of Export Performance in East Africa Countries," *Chinese Business Review* 17.4 (2018): 168–178.

14 D. Crick, "UK SMEs' Motives for Internationalizing: Differences between Firms Employing Particular Overseas Market Servicing Strategies," *Journal of International Entrepreneurship* (2007): 11–23 (accessed May 15, 2011); H. T. Ngo, & P. A. Igwe (2019). Internationalization of Firms and Entrepreneur's Motivations: A Review and Research Agenda. *Societal Entrepreneurship and Competitiveness, Emerald Publishing Limited,* 29–46.

15 Coffee & More, LLC, www.export.gov/articles/successstories/eg_success_story_022775.asp (accessed May 15, 2011).

16 Certified Worldwide LLC, www.export.gov/articles/successstories/eg_success_story_020902.asp (accessed May 15, 2011).

17 USITC, "Small and Medium-Sized Enterprises: Overview of Participation in U.S. Exports," January 2010; USITC.

18 Elena Golovko and Giovanni Valentini, "Exploring the Complementarity between Innovation and Export for SME's Growth," *Journal of International Business Studies* 42 (2011): 362–80.

19 Domes International, www.export.gov/articles/successstories/eg_success_story_021027.asp (accessed May 15, 2011).

20 "Direct vs. Indirect Exporting," http://onlinefx.westernunion.com/business/learning-center/import-and-export/direct-vs-indirect-exporting/(accessed July 14, 2015).

21 "Global Development Horizons 2011—Multipolarity: The New Global Economy," *The World Bank,* http://siteresources.worldbank.org/INTGDH/Resources/GDH_CompleteReport2011.pdf (accessed May 30, 2011).

22 "Hey Big Spenders," *The World in 2012, The Economist,* www.economist.com/theworldin/2012 (accessed December 22, 2012).

23 "Asia's Future Is Now | McKinsey," https://www.mckinsey.com/featured-insights/asia-pacific/asias-future-is-now (accessed February 15, 2020).

24 Hans Gemunden, "Success Factors of Export Marketing: A Meta-Analytic Critique of the Empirical Studies," in *New Perspectives on International Marketing,* ed. S. Paliwoda (London: Routledge, 1991): 33–62; M. Y. Haddoud, P. Jones, and R. Newbery, "Export intention in developing countries: A configuration approach to managerial success factors," *Journal of Small Business Management* (October 2018), 1–29.

25 Jan Johanson and Jan-Erik Vahlne, "The Internationalization Process of the Firm: A Model of Knowledge Development and Increasing Foreign Market Commitments," *Journal of International Business Studies* (1977): 23–32; Daniel Sullivan and Alan Bauerschmidt, "Incremental Internationalization: A Test of Johanson and Vahlne's Thesis," *MIR: Management International Review* (1990): 19–30; Daniel Sullivan, "Measuring the Degree of Internationalization of a Firm," *Journal of International Business Studies* (1994): 325–42.

26 Guillermo García-Pérez, et al., "The Hidden Hyperbolic Geometry of International Trade: World Trade Atlas 1870–2013," *Scientific Reports* 6 (2016): 33441.

27 "Schumpeter: The Case against Globaloney," *The Economist* (April 23, 2011): 72.

28 Profile of Analytical Graphics, Inc., export.gov/articles/successstories/eg_main_033668.asp (accessed December 15, 2012).

29 Daniel Sullivan and Alan Bauerschmidt, "Incremental Internationalization: A Test of Johanson and Vahlne's Thesis," *Management International Review* (1990): 19–30.

30 McKinsey & Co. (1993), "Emerging Exporters: Australia's High Value-Added Manufacturing Exporters," Melbourne: Australian Manufacturing Council, catalogue.nla.gov.au/Record/2621131 (accessed May 17, 2011).

31 Examples cited in T. Koed Madsen and P. Servais, "The Internationalization of Born Globals: An Evolutionary Process?" *International Business Review* (1997): 561–83.

32 O. Moen, R. Sorbeim, and T. Erikson. "Born Global Firms and Informal Investors: Examining Investor Characteristics," *Journal of Small Business Management* (October 2008): 536.

33 "Zoom Video Communications." *Wikipedia* (September 29, 2018), https://en.wikipedia.org/w/index.php?title=Zoom_Video_Communications&oldid=861677545 (accessed December 24, 2018).

34 "Zady Takes Socially Conscious Fashion Global with Pitney Bowes' Borderfree," Pitney Bowes, http://news.pb.com/article_display.cfm?article_id=5632 (accessed July 31, 2015).

35 Evertek Computer Corp., www.export.gov/articles/successstories/eg_success_story_021490.asp (accessed May 15, 2011).

36 Ibid., Evertek.

37 Ibid., Evertek.

38 "A Profile of U.S. Importing and Exporting Companies, 2015–2016; Release Number: CB 18-54, USITC, www.census.gov/foreign-trade/Press-Release/edb/2016/text.pdf (accessed January 5, 2019).

39 Daniel Sullivan and Alan Bauerschmidt, "Incremental Internationalization: A Test of Johanson and Vahlne's Thesis," *Management International Review* (1990): 19–30.

40 J. Manyika, S. Lund, J. Bughin, J. R. Woetzel, K. Stamenov, and D. Dhingra,

Digital Globalization: The New Era of Global Flows (Vol. 4) (San Francisco: McKinsey Global Institute, 2016); "Global Ecommerce Statistics and Trends to Launch Your Business Beyond Borders." n.d. Enterprise Ecommerce Blog - Enterprise Business Marketing, News, Tips & More, https://www.shopify.com/enterprise/global-ecommerce-statistics (accessed February 15, 2020); Bryan Bielefeldt, n.d. "Global Commerce | What Is International E-Commerce | Global Expansion," *Flow* (blog), https://www.flow.io/international-e-commerce/ (accessed February 15, 2020).

41 Scott Barry Kaufman, "The Role of Luck in Life Success Is Far Greater Than We Realized." Scientific American Blog Network, https://blogs.scientificamerican.com/beautiful-minds/the-role-of-luck-in-life-success-is-far-greater-than-we-realized/ (accessed December 24, 2018).

42 Mark Stein, "Export Opportunities Aren't Just for the Big Guys," *New York Times* (March 24, 2005): C1.

43 Vellus Products, www.export.gov/articles/successstories/eg_main_020763.asp (accessed May 15, 2011).

44 Mark Stein, "Export Opportunities Aren't Just for the Big Guys," *New York Times* (March 24, 2005): C1.

45 Profile of Analytical Graphics, Inc. at export.gov, export.gov/articles/successstories/eg_main_033668.asp (accessed Saturday, December 15, 2012).

46 A Profile of U.S. Importing and Exporting Companies, 2015–2016; Release Number: CB 18-54, USITC, www.census.gov/foreign-trade/Press-Release/edb/2016/text.pdf (accessed January 5, 2019); "Small and Medium-Sized Enterprises: Characteristics and Performance," United States International Trade Commission, Investigation No. 332-510, USITC Publication 4189, November 2010.

47 The World Counts. "Electronic Waste Facts," https://www.theworldcounts.com/challenges/planet-earth/waste/electronic-waste-facts(accessed February 16, 2020).

48 "Municipal Solid Waste Generation, Recycling and Disposal in the United States; Tables and Figures for 2012," U.S. EPA, February 2014, Tables 12–14, www.epa.gov/sites/production/files/2015-09/documents/2012_msw_fs.pdf.

49 "Africa Waste Trade," www1.american.edu/TED/oauwaste.htm (accessed May 4, 2011); Estimates for developed economies taken from Hazardous Waste Disposal, www.uos.harvard.edu/ehs/environmental/hw_faq_answers.shtml; Leslie Kaufman, "A Green Way to Dump Low-Tech Electronics," *New York Times* (June 30, 2009).

50 "Electronic Waste in Guiyu" *Wikipedia*, en.wikipedia.org/wiki/Electronic_waste_in_Guiyu (accessed December 22, 2012).

51 Elisabeth Rosenthal, "Recycled Battery Lead Puts Mexicans in Danger," NYTimes.com, www.nytimes.com/2011/12/09/science/earth/recycled-battery-lead-puts-mexicans-in-danger.html?pagewanted=all&_r=0 (accessed December 23, 2012).

52 Reported by Karl Schoenberger, "E-Waste Ignored in India," *Mercury News*, www.ban.org/ban_news/ewaste_ignored_031228.html (accessed May 4, 2011).

53 Brook Larmer, "E-Waste Offers an Economic Opportunity as Well as Toxicity," *The New York Times*, https://www.nytimes.com/2018/07/05/magazine/e-waste-offers-an-economic-opportunity-as-well-as-toxicity.html (accessed February 16, 2020); "GDP (Current US$) | Data," The World Bank, https://data.worldbank.org/indicator/NY.GDP.MKTP.CD?most_recent_value_desc=false (accessed February 16, 2020).

54 Matthew Khan, "Environmental and Urban Economics: October 2005," greeneconomics.blogspot.com/2005_10_01_archive.html (accessed February 25, 2013).

55 Rick LeBlanc, "Here Is a Look at E-Waste Recycling Facts and Figures," *The Balance Small Business*, www.thebalancesmb.com/e-waste-recycling-facts-and-figures-2878189 (accessed December 29, 2018); "After Dump, What Happens to Electronic Waste?" *NPR*, www.npr.org/2010/12/21/132204954/after-dump-what-happens-to-electronic-waste (accessed April 19, 2011).

56 "CTA Releases ECycling Leadership Initiative Annual Report," *Recycling Today*, www.recyclingtoday.com/article/cta-ecycling-leadership-initiative-2016-report/ (accessed December 29, 2018); "ERI to Team with CTA and Samsung for Free E-Waste Recycling Event Before CES 2020," December 27, 2019, https://www.businesswire.com/news/home/20191227005234/en/ERI-Team-CTA-Samsung-Free-E-Waste-Recycling.

57 "E-Waste Chokes Southeast Asia–Basel Action Network," www.ban.org/news/2018/11/5/e-waste-chokes-southeast-asia (accessed December 29, 2018); Michelle Castillo, "Electronic Waste: Where Does It Go and What Happens to It?" TIME.com, techland.time.com/2011/01/14/electronic-waste-where-does-it-go-and-what-happens-to-it/ (accessed February 25, 2013).

58 Elisabeth Rosenthal, "Recycled Battery Lead Puts Mexicans in Danger," *NYTimes.com*, www.nytimes.com/2011/12/09/science/earth/recycled-battery-lead-puts-mexicans-in-danger.html?pagewanted=all&_r=0 (accessed February 25, 2013).

59 Forti V. Baldé, V. Gray, R. Kuehr, and P. Stegmann, "The Global E-waste Monitor—2017, United Nations University (UNU), International Telecommunication Union (ITU) & International Solid Waste Association (ISWA), Bonn/Geneva/Vienna," http://collections.unu.edu/eserv/UNU:6341/Global-E-waste_Monitor_2017__electronic_single_pages_.pdf (accessed December 29, 2019); Helen Baulch, "Error: Dumping Does Not Compute," *Alternatives Journal* (Summer 2002): 2.

60 "The Digital Dump: Exporting Reuse and Abuse to Africa," *Basel Action Network*, www.ban.org/banreports/10-24-05/index.htm (accessed May 4, 2011).

61 Ibid., C. P. Baldé, V. Forti, V. Gray, R. Kuehr, and P. Stegmann.

62 Ibid., Brook Larmer.

63 Kaufman, "A Green Way to Dump Low-Tech Electronics"; "The Politics of E-waste: A Cadmium Lining," *The Economist* (January 26, 2013): 56.

64 "Basel Convention Home Page," www.basel.int/ (accessed December 29, 2018); "Basel Action Network," Basel Action Network, www.ban.org/ (accessed December 29, 2018).

65 "World's Top Imports: Products and Countries," http://www.worldstopexports.com/worlds-top-imports-products-countries/ (accessed February 16, 2020).

66 Kenton, Will. "Import." Investopedia, www.investopedia.com/terms/i/import.asp (accessed December 26, 2018).

67 A Profile of U.S. Importing and Exporting Companies, 2015–2016; Release Number: CB 18-54, USITC, www.census.gov/foreign-trade/Press-Release/edb/2016/text.pdf (accessed January 5, 2019); Andrew Bernard, Bradford Jensen, and Peter Schott, "Importers, Exporters, and Multinationals: A Portrait of Firms in the U.S. That Trade Goods," NBER Working Paper No. 11404, June 2005.

68 Andrew Bernard, Bradford Jensen, and Peter Schott, "Importers, Exporters, and Multinationals: A Portrait of Firms in the U.S. that Trade Goods," NBER Working Paper No. 11404, June 2005.

69 "Law of One Price," *Wikipedia*, retrieved December 25, 2018, from https://en.wikipedia.org/w/index.php?title=Law_of_one_price&oldid=875263329.

70 Pascal-Emmanuel Gobry, "Asian Scalpers Are Wiping out Apple's Supply of iPad 2s In New York," www.businessinsider.com/ipad-scalpers-new-york-2011-3 (accessed May 31, 2011).

71 Adapted from various sources, including "Small and Medium-Sized Enterprises: Characteristics and Performance," USITC Investigation No. 332–510, 2010; see also "Trade Barriers That U.S. Small and Medium-Sized Enterprises Perceive as Affecting Exports to the European Union," USITC Investigation No. 332–541.

72 John Kerr, "Exporters Need to Connect with Customers," *Logistics Management* (March 1, 2006): 41.

73 C. O'Gorman, "Strategy and the Small Firm," in *Enterprise and Small Business: Principles, Practice, and Policy*, eds. S. Carter and D. Jones-Evans (Harlow: Prentice Hall, FT Pearson, 2000).

74 "Food & Beverage Exporter Successes | Export.Gov," www.export.gov/article?id=Food-Beverage-Exporter-Successes (accessed December 28, 2018).

75 A Profile of U.S. Importing and Exporting Companies, 2015–2016; Release Number: CB 18-54, USITC, www.census.gov/foreign-trade/Press-Release/

edb/2016/text.pdf (accessed January 5, 2019).

76 OECD, OECD-APEC paper on removing barriers to SME access to international markets (2006). See also Alan Bauerschmidt, Daniel Sullivan, and Kate Gillespie, "Common Factors Underlying Barriers to Export Studies in the U.S. Paper Industry," *Journal of International Business Studies*, 16:3 (1985): 111–23.

77 Irving A. Williamson, Shara L. Aranoff, Dean A. Pinkert, David S. Johanson, Meredith M. Broadbent, and F. Scott Kieff, "U.S. International Trade Commission," n.d., 168. Technically, a trade credit is an agreement where a customer can purchase goods on account (without paying cash), paying the supplier later. Usually when the goods are delivered, a trade credit is given for a specific number of days—30, 60, or 90. "Open Account | Export. Gov," www.export.gov/article?id=Trade-Finance-Guide-Chapter-5-Open-Account (accessed December 27, 2018).

78 Eldrede T. Kahiya, "Five Decades of Research on Export Barriers: Review and Future Directions," *International Business Review* (2018), 27, 6: 1172–1188, https://doi.org/10.1016/j.ibusrev.2018.04.008

79 Ibid., Irving A. Williamson, et al.

80 Spectra Colors of NJ, retrieved May 15, 2011, from www.export.gov/articles/successstories/eg_success_story_023038.asp.

81 Kerr, "Exporters Need to Connect with Customers."

82 "Exporters Hit by Air Freight Restrictions," *Telegraph*, www.telegraph.co.uk/finance/yourbusiness/8860814/Exporters-hit-by-air-freight-restrictions.html (accessed December 21, 2012); "Known Consignor Scheme," Australian Government, Department of Homeland Affairs, https://www.homeaffairs.gov.au/about-us/our-portfolios/transport-security/air-cargo-and-aviation/air-cargo/known-consignor-scheme(accessed February 17, 2020).

83 U.S. Trade Representative, "2010 National Trade Estimate Report on Foreign Trade Barriers," 2010.

84 U.S. Department of Commerce, International Trade Administration, "Country Commercial Guide: Thailand," February 18, 2008, 64.

85 WTO, "Trade Policy Review: India," April 18, 2007, 147; WTO, "Trade Policy Review: India," April 18, 2007, 147; "India Supreme Court: Foreign Lawyers Cannot Practice Law in Country—JURIST—News—Legal News & Commentary," www.jurist.org/news/2018/03/india-supreme-court-foreign-lawyers-cannot-practice-law-in-country/ (accessed December 28, 2018).

86 "A 'Green Zone' for Firms in Ciudad Juárez: Business on the Bloody Border," *The Economist*, www.economist.com/node/21540262 (accessed December 22, 2012); "Canada and the United States: The Border Two-Step," *The Economist*, www.economist.com/node/21541421 (accessed December 22, 2012).

87 "Trading Across Borders Topic Analysis - Doing Business - World Bank Group," https://www.doingbusiness.org/en/data/exploretopics/trading-across-borders/what-measured (accessed February 17, 2020).

88 Specifically, see "Trading across Borders - Doing Business - World Bank Group," www.doingbusiness.org/en/data/exploretopics/trading-across-borders (accessed December 28, 2018).

89 "Trade.Gov - Trade Statistics," www.trade.gov/mas/ian/tradestatistics/index.asp (accessed December 28, 2018). In particular, see U.S. Trade Overview, 2016 for a summary profile of developments and general trends in international trade.

90 "Medical Exporter Success | Export.Gov," www.export.gov/article?id=-Medical-Exporter-Success (accessed December 28, 2018).

91 Lee Li, "Joint Effects of Factors Affecting Exchanges Between Exporters and Their Foreign Intermediaries: An Exploratory Study," *Journal of Business & Industrial Marketing* (February–March 2003): 162–78.

92 See U.S. Department of Commerce, *Guide to Exporting, 1998*, p. 20; Philip MacDonald, *Practical Exporting and Importing*, 2nd edition (New York: Ronald Press, 1959): 30–40.

93 U.S. Department of Commerce, Guide to Exporting (Washington, DC: U.S. Government Printing Office, 1998): 63; "Global Freight Forwarding," *Transport Intelligence* (blog), www.ti-insight.com/product/global-freight-forwarding/ (accessed December 28, 2018); "Top 25 Freight Forwarders 2017: Digitization & E-Commerce Continue to Reshape the Marketplace," www.logisticsmgmt.com/article/top_25_freight_forwarders_2017_digitization_e_commerce_continue_to_reshape (accessed December 28, 2018).

94 *The Economist*. "Why Have Containers Boosted Trade So Much?" https://www.economist.com/the-economist-explains/2013/05/21/why-have-containers-boosted-trade-so-much(accessed February 17, 2020).

95 Ibid., Certified Worldwide LLC.

96 Richard Armstrong, "The Top 40 3PLs 2010," *Logistics Quarterly Magazine* (2011). "Top 50 US and Global Third Party Logistics Providers (3PL) in 2017: Collaboration Is Now Paramount," https://www.logisticsmgmt.com/article/top_50_us_and_global_third_party_logistics_providers_3pl_in_2017_collaborat(accessed February 15, 2020.).

97 "Third-Party Logistics," Wikipedia, https://en.wikipedia.org/w/index.php?title=Third-party_logistics&oldid=872098645 (accessed December 5, 2018).

98 Costas Paris and Mike Sudal, "With Container Ships Getting Bigger, Maersk Focuses on Getting Faster," *Wall Street Journal* (December 20, 2018): sec. C Suite, www.wsj.com/articles/with-container-ships-getting-bigger-maersk-focuses-on-getting-faster-11545301800.

99 "Basic Question: To Export Yourself or to Hire Someone to Do It for You?" *Business America* (April 27, 1987): 14–17.

100 Julie Sloane, Justin Martin, and Alessandra Bianchi, "Small Companies That Play Big," *FSB Magazine* (November 1, 2006), quoting Ram Iyer.

101 Costas Paris and Mike Sudal, "With Container Ships Getting Bigger, Maersk Focuses on Getting Faster," *Wall Street Journal* (December 20, 2018): sec. C Suite, www.wsj.com/articles/with-container-ships-getting-bigger-maersk-focuses-on-getting-faster-11545301800.

102 Gary Hamel, *What Matters Now: How to Win in a World of Relentless Change, Ferocious Competition, and Unstoppable Innovation* (Wiley, 2012).

103 Quote from CEO Robert Allen, Coffee & More, LLC, www.export.gov/articles/successstories/eg_success_story_022775.asp (accessed May 15, 2011).

104 Profile of Analytical Graphics, Inc. at export.gov, export.gov/articles/successstories/eg_main_033668.asp (accessed December 15, 2012).

105 "Countertrade | World Problems & Global Issues | The Encyclopaedia of World Problems,"http://encyclopedia.uia.org/en/problem/149679 (accessed December 29, 2018); Marco Sartor, Guido Orzes, Guido Nassimbeni, Fu Jia, and Richard Lamming, "International Purchasing Offices: Literature Review and Research Directions," *Journal of Purchasing and Supply Management* 20, no. 1 (2014): 1–17.

106 "E-Commerce Worldwide—Stats and Figures," Statista, www.statista.com/topics/871/online-shopping/#:~:text=In%202019%2C%20an%20estimated%201.92,even%20further%20in%20the%20future (accessed November 22, 2020); "COVID-19 Has Changed Online Shopping Forever, Survey Shows," UNCTAD (October 8, 2020), unctad.org/news/covid-19-has-changed-online-shopping-forever-survey-shows; "COVID-19 Led 68% Indians to Increase Online Shopping: Survey," *The Tribune* (November 17, 2020), www.tribuneindia.com/news/science-technology/covid-19-led-68-indians-to-increase-online-shopping-survey-171627; He Yong, Li Jun-Yang, Wu Xue-Pin, and Jiao-Jiao, "Impact of E-Commerce on International Trade—Based on an Iceberg Cost Model," *International Journal of Trade, Economics and Finance* 175–178. 10.7763/IJTEF.2011.V2.99; Nuray Terzi, "The Impact of E-commerce on International Trade and Employment," *The Procedia—Social and Behavioral Sciences* 24 (2011): 745–53; Daniela Coppola, "Amazon—Statistics & Facts, Statista (March 23, 2021), www.statista.com/topics/846/amazon/ (accessed October 20, 2020); Sankalp Phartiyal, "Explainer: What Are India's New Foreign Direct Investment Rules for E-Commerce?," *Reuters* (January 31, 2019), www.reuters.com/article/india-ecommerce-explainer-idINKCN1PP1XS?edition-redirect=in; Sandhya Keelery, "Internet Usage in India—Statistics & Facts," Statista (July 7, 2020), www.statista.com/topics/2157/internet-usage-in-india/ (accessed November 22, 2020); "India to Overtake U.S. as World's Largest E-Commerce Market: Study," *The Economic Times* (December 5, 2016), economictimes.indiatimes.com/industry/services/retail/india-to-overtake-us-as-worlds-largest-e-commerce-market-study/articleshow/55819926.cms?from=mdr; "E-commerce Industry in India," India Brand Equity Foundation (March 22, 2021), www.ibef.org/

industry/ecommerce.aspx (accessed October 21, 2020); "How Amazon Global Selling Works," https://services.amazon.in/services/amazon-global-selling/how-it-works.html?ld=ASINAGS_Sticky_Nav&ref=ASINAGS_Sticky_Nav (accessed November 11, 2020); "Indian MSMEs on Amazon Global Selling Programme Cross $2 Billion in Exports," *Business Standard*, www.business-standard.com/article/companies/indian-msmes-using-amazon-global-selling-programme-cross-2-bn-in-exports-120072000612_1.html (July 20, 2020); Export Genius website, www.exportgenius.in (accessed November 22, 2020); Brock Blake, "Amazon: Small Business Friend or Foe?" *Forbes* (September 23, 2019), www.forbes.com/sites/brockblake/2019/09/23/amazon-friend-or-foe/?sh=cd18a0273673; Vikas Vasal, "MSMEs: The Growth Engines of the Indian Economy," *Mint* (August 20, 2020),www.livemint.com/news/india/msmes-the-growth-engines-of-the-indian-economy-11597923225239.html; "Amazon in India: Jeff Bezos Announces $1bn Indian Investment," BBC News (January 15, 2020), www.bbc.com/news/business-51117515; Suneera Tandon, "Amazon Plans 'Haats' to Help Digitize Small and Medium Business," *Mint*, www.livemint.com/companies/news/amazon-plans-haats-to-help-digitize-small-and-medium-business-11579797287824.html (January 23, 2020); Vijay Govindarajan and Anita Warren, "How Amazon Adapted Its Business Model to India," *Harvard Business Review* (July 20 2016), hbr.org/2016/07/how-amazon-adapted-its-business-model-to-india; Shah Mohammed, "How Did Amazon Build Its 'Sustainable Competitive Advantage'? Business Strategy and The Key Success Factors," Medium (May 28, 2018), shahmm.medium.com/how-did-amazon-build-its-sustainable-competitive-advantage-88cfee7fe2c8; Digbijay Mishra and Madhav Chanchani, "For the First Time, India Has More Rural Net Users Than Urban," *Times of India* (May 6, 2020), timesofindia.indiatimes.com/business/india-business/for-the-first-time-india-has-more-rural-net-users-than-urban/articleshow/75566025.cms.

15장

1 *Sources include the following:* J. Pla-Barber, F. León-Darder, and C. Villar, "The Internationalization of Soft-Services: Entry Modes and Main Determinants in the Spanish Hotel Industry," *Service Business* 5:2 (2011): 139–154; M. M. Massot, L. M. Vegas, and M. A. García, "Sol Meliá: Un Nuevo Paradigma en la Gestión Hotelera," in *Multinacionales Españolas II: Nuevas Experiencias de Internacionalización*, ed. J. J. Durán (Madrid: Pirámide, 1997): 73–110; www.meliahotelsinternational.com (accessed April 19, 2013); "Sol Meliá Absorbe la Cadena TRYP en una Operación Valorada en 72,500 Millones," *Cinco Días* (August 22, 2001) at www.cincodías.com (accessed January 5, 2013); "Sol Meliá Compra una Cadena en Alemania por 16.5 Millones," *Cinco Días* (November 9, 2007) at www.cincodias.com (accessed February 7, 2013); "La Cadena Sol Meliá Vende la Marca TRYP al Grupo Hotelero Americano Wyndham: La Operación, Cifrada en unos 32 Millones, No Implica la Transacción de Establecimientos," *Diario de Mallorca* (June 9, 2010) at www.diariodemallorca.es (accessed March 21, 2013); F. Contractor and S. Kundu, "Modal Choice in a World of Alliances: Analyzing Organizational Forms in International Hotel Sector," *Journal of International Business Studies* 29:2 (1998): 325–57; F. León-Darder, C. Villar, and J. Pla-Barber, "Entry Mode Choice in the Internationalization of the Hotel Industry: A Holistic Approach," *Service Industries Journal* 31:1 (2011): 107–22; "La Primera Aventura Británica de Escarrer—Meliá White House, un Hotel en Londres 'Made in Spain'," *Actualidad Económica* (September 23, 2002) at www.actualidad-economica.com (accessed February 7, 2013); "Sol Meliá Renueva su Portfolio en el Exterior con Siete Altas y Ocho Bajas," *Alimarket* (March 1, 2008) at www.alimarket.es (accessed January 19, 2013); "Sol MeliáControla Ya el 32% del Mercado Turístico Cubano," *El País* (May 16, 2005) at www.elpais.com (accessed March 21, 2013); "Sol Meliá Busca una Alianza para Crecer en EE.UU," *La Vanguardia* (September 18, 1999) at www.lavanguardia.es (accessed February 7, 2013); "Sol Meliá, Barceló y Blau Hotels Entrarán en China con la Gestión de Hoteles en Shanghai," *Cinco Días* (May 5, 1999) at www.cincodias.com (accessed January 5, 2013); "Sol Meliá, Barceló y Riu Descartan Nuevas Inversiones en Asia a Corto Plazo por la 'Complejidad' del Mercado," *Europa Press* (February 6, 2006) at www.europapress.es (accessed January 5, 2013); "Barceló Abandona la Gestión de su Primer Hotel en China," *Cinco Días* (January 5, 2001) at www.cincodias.com (accessed January 5, 2013); "Sol Meliá Entra en China de la Mano de un Grupo Local y otro de Cuba," *Cinco Días* (July 10, 2010) at www.cincodias.com (accessed January 5, 2013); "Meliá Apuesta por la Internacionalización en 2013 Para Reforzar su Liderazgo y Hacer Frente al Entorno," at www.meliahotelsinternational.com/es/sala-de-prensa/30012013/melia-apuesta-internacionalizacion-2013-reforzar-su-liderazgo-hacer-frente (accessed April 19, 2013); "Meliá Hotels International Anuncia en Kenia su Interés de Expansión en África Subsahariana," at www.meliahotelsinternational.com/es/sala-de-prensa/26092012/melia-hotels-international-anuncia-kenia-su-interes-expansion-africa; Joseph A. Mann, Jr. "Meliá Expanding in the Americas," *Miami Herald* (May 4, 2015): 13G.

2 Fidel León-Darder is Associate Professor and Cristina Villar is Assistant Professor, both in the Department of Management, Universitat de València (Spain).

3 "Looking to the Future," *Business Europe* 50:18 (October 1, 2010): 7; Birsen Altayli, "Turkish Auto Production and Exports to Hit Record – Association," *Reuters* (July 15, 2015), www.reuters.com/article/turkey-autos-idUSL5N0ZT0MD20150713#qEQKTil3mtCseYDl.97 (accessed December 4, 2015).

4 John Griffiths, "VW May Build Beetle in Europe to Meet Demand," *Financial Times* (November 11, 1998): 17.

5 Peter Marsh, "The World's Wash Day," *Financial Times* (April 29, 2002): 6.

6 "India–EU FTA to Include Tariff Reduction on Import of Vehicles," *Accord Fintech* [Mumbai] (May 20, 2011).

7 Jill Gabrielle Klein, "Us versus Them, or Us versus Everyone? Delineating Consumer Aversion to Foreign Goods," *Journal of International Business Studies* 33:2 (2002): 34563; and Jing Yang, "An Examination of Brand Equity Differences between Utilitarian and Hedonic Products," *International Journal of Marketing Studies* 7:4 (2015): 42–50.

8 John S. Hulland, "The Effects of Country-of-Brand and Brand Name on Product Evaluation and Consideration: A Cross-Country Comparison," *Journal of International Consumer Marketing* 11 (1999): 23–39; Ali Riza Apil and Erdener Kaynak, "Georgian Consumers' Evaluation of Products Sourced from European Union Member Countries," *International Journal of Commerce and Management* 20:2 (2010): 167–87.

9 "'Made in Australia' Label Confuses Shoppers: Choice Survey," *Asia Pulse* (May 18, 2011).

10 Peter J. Lane, Jane E. Salk, and Marjorie A. Lyles, "Absorptive Capacity, Learning, and Performance in International Joint Ventures," *Strategic Management Journal* 22 (2001): 1139–61.

11 *Internalization theory*, or holding a monopoly control over certain information or other proprietary assets, builds on earlier market-imperfections work by Ronald H. Coase, "The Nature of the Firm," *Economica* 4 (1937): 386–405. It has been noted by such writers as M. Casson, "The Theory of Foreign Direct Investment," Discussion Paper No. 50 (Reading, UK: University of Reading International Investment and Business Studies, November 1980); Alan M. Rugman, *Inside the Multinationals: The Economics of Internal Markets* (New York: Columbia University Press, 1981); David J. Teece, "Transactions Cost Economics and the Multinational Enterprise," Berkeley Business School International Business Working Paper Series No. IB-3 (1985); B. Kogut and U. Zander, "Knowledge of the Firm and the Evolutionary Theory of the Multinational Corporation," *Journal of International Business Studies* 24:4 (1993): 625–45; Peter W. Liesch and Gary A. Knight, "Information Internalization and Hurdle Rates in Small and Medium Enterprise Internationalization," *Journal of International Business Studies* 30:2 (1999): 383–96.

12 Eric M. Johnson, "Harnessing the Power of Partnerships," *Financial Times* (October 8, 2004): Mastering Innovation, Section 4.

13 Paul Marer and Vincent Mabert, "GE Acquires and Restructures Tungsram: The First Six Years (1990–1995)," *OECD, Trends and Policies in Privatization* III: 1 (Paris: OECD, 1996): 149–85; and their unpublished 1999 revision, "GE's Acquisition of Hungary's Tungsram."

14 Kalle Pajunen and Liang Fang, "Dialectical Tensions and Path Dependence in International Joint Venture Evolution and Termination," *Asia Pacific Journal of Management* 30:2 (2013): 577–600.

15 Kathy Chu, "L'Occitane Joins Alibaba's Tmall—French Skin-Care Brand Launches Store on Shopping Site in Move to Combat Unauthorized Sales," *Wall Street Journal* (December 10, 2014): n.a.; and Iolanda D'Amato and Thanos Papadimitriou, "Legitimate vs. Illegitimate: The Luxury Supply Chain and Its Doppelganger," *International Journal of Retail & Distribution Management* 41:11/12 (2013): 986–1007.

16 Stephen Magee, "Information and the MNC: An Appropriability Theory of Direct Foreign Investment," in Jagdish N. Bhagwati, ed., *The New International Economic Order* (Cambridge, MA: MIT Press, 1977): 317–40; C. W. Hill, L. P. Hwang, and W. C. Kim, "An Eclectic Theory of the Choice on International Entry Mode," *Strategic Management Journal* 11 (1990): 117–18; Ashish Arora and Andrea Fosfuri, "Wholly Owned Subsidiary versus Technology Licensing in the Worldwide Chemical Industry," *Journal of International Business Studies* 31:4 (2000): 555–72.

17 Jack Ewing, "The Royal Family Business," *New York Times* (December 4, 2013): B1+.

18 Fabio Gama "Managing Collaborative Ideation: The Role of Formal and Informal Appropriability Mechanisms," *International Entrepreneurship and Management Journal* 15:1 (March 2019): 97–118; Roger Strange and John Humphrey, "What Lies Between Market and Hierarchy? Insights from Internalization Theory and Global Value Chain Theory," *Journal of International Business Studies* 50:8 (October 2019): 1401–1413; and Graciela Corral de Zubielqui and Janice Jones, "The Influence of Trust and Collaboration with External Partners on Appropriability in Open Service Firms," *Journal of Technology Transfer* 44:2 (April 2019): 540–558.

19 Zaheer Kahn, Oded Shenkar, and Yong Kyu Lew, "Knowledge Transfer from International Joint Ventures to Local Suppliers in a Developing Economy," *Journal of International Business Studies* 46:6 (2015): 656–75; and Liliana Pérez-Nordtvedt, Debmalya Mukherjee, and Ben L. Kedia, "Cross-Border Learning, Technological Turbulence and Firm Performance," *Management International Review* 55:1 (2014): 32–51.

20 Anne-Wil Harzing, "Acquisitions versus Greenfield Investments: International Strategy and Management of Entry Modes," *Strategic Management Journal* 23:3 (2002): 211–27.

21 Jaideep Anand and Andrew Delios, "Absolute and Relative Resources as Determinants of International Acquisitions," *Strategic Management Journal* 23:2 (2002): 119–34.

22 Sergery Filippov, "Innovation and R&D in Emerging Russian Multinationals," *Economics, Management and Financial Markets,* 6:1 (March 2011): 182–206.

23 Geoff Dyer, Francesco Guerrera, and Alexandra Harney, "Chinese Companies Make Plans to Join the Multinational Club," *Financial Times* (June 23, 2005): 19.

24 "Beefed Up—The World's Largest Meat Company Is Brazilian, but Mostly Operates Abroad," *The Economist* (September 24, 2011): Special Report on the World Economy, 16.

25 Two such indications are from studies by Alan Gregory, which is cited in Kate Burgess, "Acquisitions in U.S. 'Disastrous' for British Companies," *Financial Times* (October 11, 2004): 18; and Ping Deng, "Absorptive Capacity and a Failed Cross-Border M&A," *Management Research Review* 33:7 (2010): 673–82.

26 John Child, David Faulkner, and Robert Pitethly, *The Management of International Acquisitions* (Oxford: Oxford University Press, 2001); Peter Martin, "A Clash of Corporate Cultures," *Financial Times* (June 2–3, 2001): Weekend section, xxiv.

27 "From Guard Shack to Global Giant," *The Economist* (January 12, 2013): 55–6.

28 Gabriel Baffour Awuah and Amal Mohamed, "Impact of Globalization: The Ability of Less Developed Countries' (LDCs') Firms to Cope with Opportunities and Challenges," *European Business Review* 23:1 (2011): 120–32; Rodney C. Shrader, "Collaboration and Performance in Foreign Markets: The Case of Young High-Technology Manufacturing Firms," *Academy of Management Journal* 44:1 (2001): 45–60.

29 Rahul Jacob, "Hong Kong Banks on New Disney Park for Boost," *Financial Times* (August 31, 2001): 6.

30 Paavo Ritala, "Coopetition Strategy—When Is It Successful? Empirical Evidence on Innovation and Market Performance," *British Journal of Management* 23:3 (September 2012): 307–24.

31 Phred Dvorak and Scott Kilman, "BHP Roils Potash Cartel," *Wall Street Journal* (August 25, 2010): 1.

32 John M. Connor, "Global Antitrust Prosecutions of Modern International Cartels," *Journal of Industry, Competition and Trade* 4:3 (2004): 239.

33 Luiz F. Mesquita and Sergio G. Lazzarini, "Horizontal and Vertical Relationships in Developing Economies: Implications for SMEs' Access to Global Markets," *Academy of Management Journal* 51:2 (2008): 359–80.

34 Destan Kandemir and G. Tomas Hult, "A Conceptualization of an Organizational Learning Culture in International Joint Ventures," *Industrial Marketing Management* 34:5 (2005): 440.

35 Robert F. Howe, "The Fall of the House of Mondavi," *Business 2.0* 6:3 (2005): 98.

36 Sebastian-Andrei Labes, "FDI Determinants in BRICs," *CES Working Papers* 13 (2015): 1–13.

37 Jia-Ruey Ou, "An Analytical Model for Innovating Localization Policy," *International Journal of Electronic Business Management* 8:2 (2010): 110–19.

38 Heather Berry, "Managing Valuable Knowledge in Weak IP Protection Countries," *Journal of International Business Studies* 48:7 (2017): 787–807.

39 "H&M Wins Back Name in Russia," *Managing Intellectual Property* (April 2007): 1; and Steven Seidenberg, "Trademark Squatting on the Rise in U.S." *Inside Counsel* (May 2010): n.p.

40 Julie Bennett, "Road to Foreign Franchises Is Paved with New Problems," *Wall Street Journal* (May 14, 2001): B10.

41 Pierre Dussauge, Bernard Garrette, and Will Mitchell, "Asymmetric Performance: The Market Share Impact of Scale and Link Alliances in the Global Auto Industry," *Strategic Management Journal* 25 (2004): 701–11; and Candace E. Ybarra and Thomas A. Turk, "Strategic Alliances with Competing Firms and Shareholder Value," *Journal of Management and Marketing Research* 6 (January 2011): 1–10.

42 Koen Dittrich and Geert Duysters, "Networking as a Means to Strategy Change: The Case of Open Innovation in Mobile Telephony," *Journal of Product Innovation Management* 24:6 (November 2007): 510–21.

43 Barry J. Dickinson, "Symbiotic Marketing: A Network Perspective," *Journal of Management and Marketing Research* 11 (September 2012): 1–27, offers many examples of horizontal alliances.

44 Viknesh Vijayenthiran, "Mercedes and Infiniti Form Mexican Joint Venture for Next-Generation Compact Car Production," *Motor Authority* (August 4, 2015), http://motorauthority.com/news/1028353 (accessed September 25, 2015).

45 Stefano Elia, Marcus M. Larsen, and Lucia Piscitello, "Entry Mode Deviation: A Behavioral Approach to Internalization Theory," *Journal of International Business Studies* 50:8 (October 2019): 1359–1371.

46 Melissa Maleske, "OFAC's Global Reach," *Inside Counsel* (August 2012): n.a.

47 Miguel Angel Asturias, *Strong Wind,* trans. Gregory Rabassa (New York: Delacorte Press, 1968): 112.

48 For an extensive treatise on the theory, see Robert A. Packenham, *The Dependency Movement: Scholarship and Politics in Development Studies* (Cambridge, MA: Harvard University Press, 1992). For some different national views of its validity, see Ndiva Kofele-Kale, "The Political Economy of Foreign Direct Investment: A Framework for Analyzing Investment Laws and Regulations in Developing Countries," *Law & Policy in International Business* 23:2/3 (1992): 619–71; and Stanley K. Sheinbaum, "Very Recent History Has Absolved Socialism," *New Perspectives Quarterly* 13:1 (1996).

49 Ravi Ramamurti, "The Obsolescing 'Bargaining Model'? MNC-Host Developing Country Relations Revisited," *Journal of International Business Studies* 32 (2001): 23; Yadong Luo, "Toward a Cooperative View of MNC-Host Government Relations: Building Blocks and Performance Implication," *Journal of International Business Studies* 32 (2001): 401.

50 Qing Liu, Ruosi Lu, and Chao Yang, "International Joint Ventures and Technology Diffusion: Evidence from China, *The World Economy* 43:1

(January 2020): 146+.

51 For an extensive discussion of these variables, see Farok J. Contractor and James Woodley, "How Do Alliance Partners Share the Value They Create? Determinants of the Value Split in International Technology Transfer Alliances," *Proceedings of the 54th Annual Meeting of the Academy of International Business* (Washington: 2012): n.p.

52 "Google and Samsung in Deal to Cooperate on Patents," *New York Times* (January 14, 2014): B4.

53 Fred Burton, Adam R. Cross, and Mark Rhodes, "Foreign Market Servicing Strategies of UK Franchisors: An Empirical Enquiry from a Transactions Cost Perspective," *Management International Review* 40:4 (2000): 373–400.

54 John K. Ryans, Jr., Sherry Lotz, and Robert Krampf, "Do Master Franchisors Drive Global Franchising?" *Marketing Management* 8:2 (1999): 33–8.

55 "Four Seasons Signs Management Contract with Three C Universal Developers," *Mint* [New Delhi] (April 21, 2011).

56 "Flagship Ventures Forms Strategic Innovation Partnerships with AstraZeneca, Nestlé Health Science and Bayer CropScience," *News Bites US – NASDAQ*, (May 6, 2015): n.p.

57 Daniel Michaels and Robert Wall, "Airbus-Boeing Speed Race Increasingly Takes Place on the Ground," *Wall Street Journal Online* (June 2015): 11, www.wsj.com/articles/airbus-boeing-speed-race-increasingly-takes-place-on-the-ground-1434042301 (accessed December 7, 2015).

58 "Essar Ports Announces Strategic Alliance with Port of Antwerp International," *PR Newswire* (May 31, 2012): n.p.

59 Luis Zalamea, "AeroRepublica, Copa Offer Details of New Alliance," *Aviation Daily* (March 11, 2005): 5.

60 Terrence Chea, "No Perfect Partnership," *Washington Post* (June 3, 2002): E1.

61 Anna Shaojie Cui, Roger J. Calantone, and David A. Griffith, "Strategic Change and Termination of Interfirm Partnerships," *Strategic Management Journal* 32:4 (April 2011): 402–23.

62 Mikhail Fridman, "BP Has Been Treating Russians as Subjects," *Financial Times* (July 7, 2008): 9.

63 David Ibison, "Culture Clashes Prove Biggest Hurdle to International Links," *Financial Times* (January 24, 2002): 17.

64 William H. Meyers, "Maxim's Name Is the Game," *New York Times Magazine* (May 3, 1987): 33–5; Christina Passariello, "Pierre Cardin Ready to Sell His Overstretched Label," *Wall Street Journal* (May 3, 2011): 1.

65 Ramit Plushnick-Masti, "German Firm Faulted for Taking Vitamin out of Baby Formula," *Miami Herald* (November 12, 2003): 19A.

66 Annette P. Tower, Kelly Hewett, and Anton P. Fenik, "The Role of Cultural Distance Across Quantiles of International Joint Venture Longevity," *Journal of International Marketing:* 27:4 (December 2019): 3–21.

67 Diana Elena Ranf, "Cultural Differences in Project Management," *Annales Universitatis Apulensis Series Oeconomica* 12:2 (2010): 657–62; and Marshall Geiger and Joyce van der Laan Smith, "The Effect of Institutional and Cultural Factors on the Perceptions of Earnings Management," *Journal of International Accounting Research* 9:2 (2010): 21–43.

68 James T. Areddy, "Danone Pulls Out of Disputed China Venture," *Wall Street Journal* (October 1, 2009): B1.

69 Gokhun Ertug, Ilya R. P. Cuypers, Niels G. Noorderhaven, and Ben B. Bensaou, "Trust Between International Joint Venture Partners: Effects of Home Countries," *Journal of International Business Studies* 44 (2013): 263–82.

70 Seung Ho Park and Gerardo R. Ungson, "The Effect of National Culture, Organizational Complementarity, and Economic Motivation on Joint Venture Dissolution," *Academy of Management Journal* 40:2 (April 1997): 279–307; Harry G. Barkema, Oded Shenkar, Freek Vermeulen, and John H. J. Bell, "Working Abroad, Working with Others: How Firms Learn to Operate International Joint Ventures," *Academy of Management Journal* 40:2 (April 1997): 426–42, found survival differences only for differences in uncertainty avoidance.

71 Riikka M. Sarala and Eero Vaara, "Cultural Differences, Convergence, and Crossvergence as Explanations of Knowledge Transfer in International Acquisitions," *Journal of International Business Studies* 41:8 (October–November 2010): 1365–90.

72 Tabuchi, loc. cit.

73 Akbar Zaheer, Exequiel Hernandez, and Sanjay Banerjee, "Prior Alliances with Targets and Acquisition Performance in Knowledge-Intensive Industries," *Organization Science* 21:5 (September–October 2010): 1072–91+.

74 Mike W. Peng and Oded Shenkar, "Joint Venture Dissolution as Corporate Divorce," *Academy of Management Executive* 16:2 (May 2002): 92–105.

75 Doug Cameron, "U.S. Airline Merger to Affect Alliances," *Wall Street Journal (Online)* (February 14, 2013): n.p.; Adrian Schofield, "JAL, British Airways Code-Share Another Step Toward Joint Venture," *Aviation Daily* 389:46 (September 5, 2012): n.p.; Anne Smith and Marie-Claude Reney, "The Mating Dance: A Case Study of Local Partnering Processes in Developing Countries," *European Management Journal* 15:2 (1997): 174–82.

76 Linda H. Y. Hsieh and Suzana B. Rodrigues, "Partner Trustworthiness and Ex Post Governance Choice in International Joint Ventures: The Role of Performance Satisfaction," *AIB 2012 Proceedings of 54th Annual Meeting* (Washington: June 30–July 3, 2012).

77 Africa Ariño and Jeffrey J. Reuer, "Designing and Renegotiating Strategic Alliance Contracts," *Academy of Management Executive* 18:3 (2004): 37–48.

78 Sanjiv Kumar and Anju Seth, "The Design of Coordination and Control Mechanisms for Managing Joint Venture–Parent Relationships," *Strategic Management Journal* 19:6 (June 1998): 579–99; T. K. Das and Bing-Sheng Teng, "Between Trust and Control: Developing Confidence in Partner Cooperation in Alliances," *Academy of Management Journal* 23:3 (July 1998): 491–512; Arvind Parkhe, "Building Trust in International Alliances," *Journal of World Business* 33:4 (1998): 417–37; Prashant Kale, Harbir Singh, and Howard Perlmutter, "Learning and Protection of Proprietary Assets in Strategic Alliances: Building Relational Capital," *Strategic Management Journal* 21:3 (March 2000): 217–37; and Dina Preston-Ortiz, "The Effects of Trust in Virtual Strategic-Alliance Performance Outcomes," unpublished doctoral dissertation (Phoenix: University of Phoenix, 2010).

79 Srilata Zaheer and Akbar Zaheer, "Trust across Borders," *Journal of International Business Studies* 37:1 (2006): 21.

80 Gary D. Burton, David Ahlstrom, Michael N. Young, and Yuri Rubanik, "In Emerging Markets, Know What Your Partners Expect," *Wall Street Journal* (December 15, 2008): R5.

81 Bharat Anand and Tarun Khanna, "Do Firms Learn to Create Value? The Case of Alliances," *Strategic Management Journal* 21:3 (March 2000): 295–315; Anthony Goerzen and Paul W. Beamish, "The Effect of Alliance Network Diversity on Multinational Enterprise Performance," *Strategic Management Journal* 26 (2005): 333–54; and Maurizio Zollo and Jeffrey J. Reuer, "Experience Spillovers Across Corporate Development Activities," *Organization Science* 21:6 (November–December 2010): 1195–1212.

82 Prashant Kale and Harbir Singh, "Managing Strategic Alliances: What Do . We Know Now and Where Do We Go from Here?" *Academy of Management Perspectives* 23:3 (August 2009): 45–62.

83 Rachelle C. Sampson, "Experience Effects and Collaborative Returns in R&D Alliances," *Strategic Management Journal* 26 (2005): 1009–31.

84 John Kenneth Galbraith, *American Capitalism* (Boston: Houghton Mifflin, 1952): 91–2.

85 "Schumpeter: Managing Partners," *The Economist* (May 23, 2013): 57.

86 Eric H. Kessler, Paul E. Bierly, and Shanthi Gopalakrishnan, "Internal vs. External Learning in New Product Development: Effects of Speed, Costs and Competitive Advantage," *R & D Management* 30:3 (2000): 213–23.

87 Adrian Wooldridge, "Return of the Giants," *The Economist* (The World in 2013 edition): 25.

88 These are adapted from Arvind Parkhe, "Interfirm Diversity, Organizational Learning, and Longevity in Global Strategic Alliances," *Journal of International Business Studies* 22:4 (1991): 579–601.

89. Christian Schwens, Florian B. Zapkau, Keith D. Brouthers, and Lina Hollender, "Limits to International Entry Mode Learning in SMEs," *Journal of International Business Studies* 49:7 (2018): 809–831.

90 *Sources include the following:* We wish to acknowledge the assistance of several American Airlines and oneworld executives, who, although wishing to remain anonymous, supplied useful information for and feedback on this case. Additional information came from "American Airlines to Operate Only Service between New York and Japan's Tokyo International Airport

at Haneda after Historic Open Skies Agreement," *Entertainment Newsweekly* (March 4, 2011): 172; Andrea Ahles, "American Airlines, Japan Airlines Announce Joint Venture," *McClatchy–Tribune Business News* (January 12, 2011): n.p.; Julie Johnsson, "American Airlines Combining Pacific Flights with Japan Airlines," *McClatchy–Tribune Business News* (January 12, 2011): n.p.; "American to Move Its Asia–Pacific Regional Office to the Japan Airlines Building in Tokyo," *Journal of Transportation* (September 18, 2010): 26; "Japan Airlines and American Airlines Announce Joint Business Benefits for Trans-Pacific Consumers," *The Pak Banker* (January 11, 2011): n.p.; "Airline Profits to Tumble in 2011: IATA," *The Pak Banker* (June 8, 2011): n.p.; "Europe: Trans-Atlantic Alliances Are Set to Tighten," *Oxford Analytica Daily Brief Service* (January 3, 2008): 1; Alfred Kahn and Dorothy Robyn, "The Sky Must Be No Limit to Global Competition," *Financial Times* (February 15, 2006): 17; Bruce Bernard, "American Airlines Seeks OK for Trans-Atlantic Tie-up," *Journal of Commerce Online* (August 15, 2008); International Air Transport Association, *Annual Report* (2008); "Aer Lingus Set for Second oneworld," *Airline Business* 31:7 (2015): 43; Linda Ball, "Will Qater Pull Out of oneworld?" *Air Cargo World* 18: 6 (2015): 16.

16장

1 *Sources include the following:* Murray Weidenbaum, "The Bamboo Network: Asia's Family-Run Conglomerates," Strategy+Business (January 1, 1998), Issue no. 10, www.strategy-business.com/article/9702?gko=44b6b (accessed July 28, 2020)about:blank" ; Dewey Sim, "How Chinese Money Is Driving Southeast Asia's Start-Up Scene," *South China Morning Post* (October 6, 2019), www.scmp.com/week-asia/economics/article/3031636/how-chinese-money-driving-southeast-asias-tech-start-scene; Chua Kong Ho and Zen Soo, "Southeast Asia Becomes a Target for China Technology Companies but Is a Tough Nut to Crack," *South China Morning Post* (July 6, 2018), www.scmp.com/tech/enterprises/article/2153876/southeast-asia-becomes-target-china-technology-companies-tough-nut; Sharon Lewis, "10 Southeast Asian Unicorns over US$10B," *Jumpstart Magazine* (March 27, 2020), www.jumpstartmag.com/10-southeast-asian-unicorns-over-us10b/; Eric Bellman, "An Indonesian Tycoon Dies," *The Wall Street Journal* (June 11, 2012), https://www.wsj.com/articles/SB10001424052702303444204577460351515148464; Iris Deng, "Chinese Gaming Giant Tencent Looks to Southeast Asia with Sea Partnership Amid Regulatory Uncertainties at Home," *South China Morning Post* (November 20, 2018), https://www.scmp.com/tech/gear/article/2173982/chinese-gaming-giant-tencent-looks-southeast-asia-sea-partnership-amid?utm_medium=partner&utm_campaign=contentexchange&utm_source=mediacorp; "The New Chinese Unicorns: Seizing Opportunity in China's Burgeoning Economy," PricewaterhouseCoopers (October 31, 2018), https://www.pwc.com/gx/en/industries/tmt/publications/china-unicorn-survey.html; "Unicorns: Harnessing Innovation for Hypergrowth," PwC China Unicorn Survey 2019, PricewaterhouseCoopers, https://www.pwc.com/gx/en/industries/technology/publications/harnessing-innovation-for-hypergrowth.html (accessed July 28, 2020); Aradhana Aravindan, "Southeast Asia's Internet Economy to Hit $300 Billion by 2025: Report," *Reuters* (October 3, 2019), https://www.reuters.com/article/us-southeast-asia-internet-idUSKBN1WI07X.

2 Courtney Young and Sumantra Ghoshal, *Organization theory and the multinational corporation* (Springer, 2016); Martin Dewhurst, Jonathan Harris, and Suzanne Heywood, "The Global Company's Challenge," *McKinsey Quarterly*, December 31, 2012, https://mck.co/2PC5WQt.

3 Aaron De Smet and Chris Gagnon, "8 Ways to Build a Future-Proof Organization | McKinsey & Company," June 4, 2018, https://mck.co/2veBaGu (accessed February 27, 2020).

4 Simon Clark and Margot Patrick, "HSBC to Cut 35,000 Jobs and $100 Billion of Assets," *Wall Street Journal*, https://on.wsj.com/3aiRgO1 (February 18 2020; accessed February 18, 2020).

5 "Walmart International Sales 1997–2019 and Number of Stores outside US in 201," https://corporate.walmart.com/our-story/our-business (accessed February 30, 2020).

6 Ian Urbina and Keith Bradsher, "Linking Factories to the Malls, Middleman Pushes Low Costs," *New York Times* 8 (2013).

7 "Hungry Tiger, Dancing Elephant: How India Is Changing IBM's World," *The Economist* (April 4, 2007): 58–61.

8 Alfred P. Sloan and John McDonald, eds., *My Years with General Motors* (New York: Doubleday, 1964).

9 Chris Bartlett, "MNCs: Get Off the Reorganization Merry-Go-Round," *Harvard Business Review* (March–April 1983): 88–101; Mike Geppert, Florian Becker-Ritterspach, and Ram Mudambi, "Politics and Power in Multinational Companies: Integrating the International Business and Organization Studies Perspectives," *Organization Studies* 37, no. 9 (2016): 1209–1225; Florian Becker-Ritterspach, Knut Lange, and Karin Lohr, "Reorganization in MNCs," *Challenges for European Management in a Global Context: Experiences from Britain and Germany* (2016): 68.

10 Craig W. Fontaine, "Organization Structure," *Human Resource Management Knowledge Base*, Northeastern University (August 2007).

11 Alfred Dupont Chandler, *Strategy and structure: Chapters in the history of the industrial enterprise*, Vol. 120 (MIT Press, 1990).

12 Lucia Darino, Bryan Hancock, and Kate Lazaroff-Puck, "Employee Motivation in the Age of Automation and Agility," December 9, 2019, https://bit.ly/2uHgnLm (accessed February 28, 2020).

13 Harold Sirkin, James Hemerling, and Arindam Bhattacharya, *Globality: Competing with Everyone from Everywhere for Everything* (New York: Business Plus, 2008).

14 Richard Daft, *Organization Theory and Design* (Cengage Learning, 2018); Andrea Whittle, Frank Mueller, Alan Gilchrist, and Peter Lenney, "Sensemaking, Sense-Censoring and Strategic Inaction: The Discursive Enactment of Power and Politics in a Multinational Corporation," *Organization Studies* 37, no. 9 (2016): 1323–1351.

15 "Nestlé Is Starting to Slim Down at Last," *Businessweek* (October 27, 2003): 56–8; "Daring, Defying, to Grow," *The Economist* (August 7, 2004): 55–7; Scott Keller and Mary Meaney, "Reorganizing to Capture Maximum Value Quickly | McKinsey" (accessed December 30, 2018).

16 Gunnar Hedlund, "Organization in-between: The Evolution of the Mother-Daughter Structure of Managing Foreign Subsidiaries in Swedish MNCs," *Journal of International Business Studies* 15:2 (1984): 109–123.

17 Ibid., Simon Clark and Margot Patrick.

18 Andria Cheng, "Nike Reorganizes into Six Geographic Regions: Faster-Growing China, Eastern Europe Regions to be Managed Separately," *MarketWatch* (March 20, 2009).

19 "Japanese Firms Push into Emerging Markets: The New Frontier for Corporate Japan," *The Economist* (April 19, 2011), www.economist.com/node/16743435.

20 See Toby Gibbs, Suzanne Heywood, and Leigh Weiss, "Organizing for an Emerging World," *McKinsey Quarterly* (June 2012).

21 Eric Rosenbaum, "IBM Artificial Intelligence Can Predict with 95% Accuracy Which Workers Are About to Quit Their Jobs," *CNBC* (April 3, 2019), https://cnb.cx/2TsKluL (accessed March 1, 2020).

22 John W. Hunt, "Is Matrix Management a Recipe for Chaos?" *Financial Times* (January 12, 1998): 10.

23 Scott Keller and Mary Meaney, "Reorganizing to Capture Maximum Value Quickly | McKinsey," https://mck.co/397X0tI (accessed December 30, 2018); Phil Rosenzweig, *The Halo Effect: How Managers Let Themselves Be Deceived* (New York, NY: Free Press, 2007).

24 Richard Hodgetts, "Dow Chemical CEO William Stavropoulos on Structure," *Academy of Management Executive* (May 30, 1999): 30.

25 Spin-Off Insights, "P&G: The Largest Organizational Change in 20 Years," *Seeking Alpha*, https://bit.ly/2VrImJN (November 19, 2018); "Procter & Gamble Unveils Simpler Management Structure," *Reuters* (November 8, 2018), https://reut.rs/2T41E6A.

26 "The New Organisation," *The Economist* (February 24, 2013): 63.

27 Christian Weinberg, "Why Lego Is Snapping Off 1,400 Jobs," *Just Sayin'* (blog), https://bit.ly/2Tkyv61 (September 6, 2017).

28 Aaron De Smet, Sarah Kleinman, and Kirsten Weerda, "Beyond Matrix Organization, the Helix Organization | McKinsey," https://mck.co/39eXe2b.

29 Hiroko Tabuchi and Brooks Barnes, "Sony Chief Is Still in Search of a Turnaround," *New York Times* (May 26, 2011): A1.

30 Statement from Jack Welch's Letter to Shareholders, "Boundaryless Company in a Decade of Change," reported in GE's 1990 *Annual Report*.

31 "Gore: Our Culture," www.gore.com/en_xx/aboutus/culture/ (accessed May 1, 2013); "W. L. Gore & Associates—Best Companies to Work For 2012," *Fortune*, money.cnn.com/magazines/fortune/best-companies/2012/snapshots/38.html (accessed May 1, 2013).

32 "The World According to Chambers," *The Economist* (August 27, 2009): 81–4.

33 "Tesla CEO Musk Says Company Is 'Flattening Management Structure' in Reorganization—WSJ," https://on.wsj.com/2T63l3f (accessed December 30, 2018).

34 Ibid., Spin-Off Insights, "P&G: The Largest Organizational Change in 20 Years."

35 General Stanley McChrystal, Tantum Collins, David Silverman, and Chris Fussell, *Team of Teams: New Rules of Engagement for a Complex World* (New York: Portfolio, 2015); ibid., De Smet and Gagnon.

36 W. Baker, "The Network Organization in Theory and Practice," in *Networks and Organizations*, eds. N. Nohria and R. Eccles (Cambridge, MA: Harvard Business School Press, 1992): 327–429.

37 "ING's Agile Transformation | McKinsey," https://mck.co/32ymJsN (accessed January 1, 2019).

38 Characteristics of a lattice structure include: Lines of communication are direct—person to person—with no intermediary; No fixed or assigned authority; Sponsors, not bosses; Natural leadership defined by followership; Objectives are set by those who must "make them happen"; Tasks and functions are organized through commitments.

39 Yves Doz and Keeley Wilson, *Managing Global Innovation: Frameworks for Integrating Capabilities around the World* (Harvard Business Press Books, 2012).

40 Gibbs, Toby, Suzanne Heywood, and Leigh Weiss, "Organizing for an Emerging World | McKinsey," https://mck.co/2PwEPGr (accessed January 4, 2019).

41 The *keiretsu* appeared in Japan during the "economic miracle" following World War II. Before Japan's surrender, Japanese industry was controlled by large family-controlled vertical monopolies called *zaibatsu*.

42 "Presidential Politics in South Korea: Bashing the Big Guys," *The Economist* (October 13, 2012): 49.

43 "The New, Improved Keiretsu," *Harvard Business Review*, https://hbr.org/2013/09/the-new-improved-keiretsu (accessed March 7, 2016).

44 "ING's Agile Transformation | McKinsey," https://mck.co/32wgkOO (accessed January 2, 2019).

45 Jenni L. Hebert, "The Identification of Leadership Competencies within a Global Virtual Organization" (PhD dissertation, The Chicago School of Professional Psychology, 2017).

46 Dmitry Ivanov, Boris Sokolov, and Joachim Kaeschel, "Structure Dynamics Control-Based Framework for Adaptive Reconfiguration of Collaborative Enterprise Networks," *International Journal of Manufacturing Technology and Management* 17 (2009): 23.

47 Áine Cain, "In a Leaked Video, Ikea US Head Apologizes for Restructuring That Store Employees Say Tanked Morale and Pit Them against Each Other," *Business Insider*, https://bit.ly/2uB20rQ (accessed December 30, 2018).

48 Frederick Winslow Taylor, *Scientific Management* (Routledge, 2004).

49 Karen Beaman, "An Interview with Christopher Bartlett," *Boundaryless HR: Human Capital Management in the Global Economy* (San Francisco: IHRIM Press, June 2002).

50 Darrell Rigby, "Bain & Company's 2005 Management Tools & Trends" (August 2, 2005), www.bain.com/management_tools.

51 Karl-Heinrich Grote and Erik K. Antonsson, eds., *Springer Handbook of Mechanical Engineering* (New York: Springer, 2009): 1344.

52 Adam Lashinsky, "Chaos by Design," *Fortune* (October 2, 2006); Geoffrey Colvin, "Managing in Chaos," *Fortune* (October 2, 2006).

53 Lowell Bryan and Claudia Joyce, "The 21st-Century Organization," *The McKinsey Quarterly* 3 (2005).

54 Ibid., Martin Dewhurst, Jonathan Harris, and Suzanne Heywood.

55 Ibid., Aaron De Smet, Sarah Kleinman, and Kirsten Weerda; Tony Hsieh, "Holacracy and Self-Organization," *Zappos.com*, https://bit.ly/32Forsm (both accessed March 1, 2020).

56 Loren Cary, "The Rise of Hyperarchies," *Harvard Business Review* (March 2004).

57 The Boston Consulting Group, "Reorganized Information Processing Vital to Improving U.S. Intelligence Capabilities," *BCG Media Releases* (May 6, 2007), www.bcg.com/news_media/news_media_releases.jsp?id=928.

58 Ibid., Lucia Darino, Bryan Hancock, and Kate Lazaroff-Puck.

59 In contrast, one could precisely design a structure that looks great on paper but struggles in the stress test of reality.

60 "The New Organisation," *The Economist* (February 24, 2013): 63; Yves Doz, "Managing Multinational Operations: From Organisational Structures to Mental Structures and from Operations to Innovations," *European Journal of International Management* 10, no. 1 (2016): 10–24.

61 More specifically, Grove reasoned: "Let chaos reign, then rein in chaos. Does that mean that you shouldn't plan? Not at all. You need to plan the way a fire department plans. It cannot anticipate fires, so it must shape a flexible organization that can respond to unpredictable events"; Michael E. Rock, "Case Example: Intel's Andy Grove," *CanadaOne* (October 31, 2007), www.canadaone.com/magazine/mr2060198.html.

62 "Schumpeter: Corporate Burlesque," *The Economist* (November 3, 2012): 68.

63 Nicolai J. Foss, "Selective Intervention and Internal Hybrids: Interpreting and Learning from the Rise and Decline of the Oticon Spaghetti Organization," *Organization Science* 14 (May–June 2003): 331–50.

64 Patrick Kiger, "Hidden Hierarchies," *Workforce Management* (February 27, 2006): 24.

65 "Innovations to Create New Streams of Profitable Growth," *Accenture Outlook*, www.accenture.com/in-en/outlook/Pages/outlook-journal-2010-less-is-new-more-innovation.aspx (accessed June 9, 2011).

66 "Starbucks Opens in India with Pomp and Tempered Ambition," *New York Times*, http://india.blogs.nytimes.com/2012/10/19/starbucks-opens-in-india-with-pomp-and-tempered-ambition/?_r=0 (accessed September 28, 2015).

67 Daniel Erasmus, "A Common Language for Strategy," *Financial Times* (April 5, 1999): 7–8.

68 Neil Perkins, "Agile Transformation at ING—A Case Study—Business Agility," https://bit.ly/2PF8PA0 (accessed March 2, 2020).

69 Michel Domsch and Elena Hristozova, eds., *Human Resource Management in Consulting* (New York: Springer, 2006).

70 Jakob Lauring and Ling Eleanor Zhang, "Knowledge Sharing Across National Cultural Boundaries and Multinational Corporations." In *The Palgrave Handbook of Knowledge Management*, pp. 381–407 (Palgrave Macmillan, Cham, 2018).

71 Innovations can arise anywhere within the firm's global network, not just at the center. The role of headquarters changes fundamentally.

72 Sumantra Ghoshal and Christopher Bartlett, "Changing the Role of Top Management: Beyond Structure to Process," *Harvard Business Review* 73 (January–February 1995): 93–4. "Corporate Spotlight Interview: 3M." https://bit.ly/2IcdsNR (accessed March 2, 2020).

73 F. Shipper, C. C. Manz, B. Nobles, and K. P. Manz, "Shared Entrepreneurship: Toward an Empowering, Ethical, Dynamic, and Freedom-Based Process of Collaborative Innovation," *Organization Management Journal*, 11:3 (2014): 133–46.

74 Acharya Ashwin, Ketan Chaudhry, J. Maxwell, and Matt Rosenstock, "Streamline Decision-Making for a Better Customer Journey | McKinsey & Company" (August 12, 2019), https://mck.co/2T4cs4s (accessed February 27, 2020).

75 Toby Gibbs, Suzanne Heywood, and Leigh Weiss, "Organizing for an Emerging World," *McKinsey Quarterly* (June 2012).

76 Pankaj Ghemawat, "Developing Global Leaders | McKinsey," https://mck.co/3ce8iyt (accessed January 4, 2019).

77 "The World According to Chambers," *The Economist* (August 27, 2009): 81–4.

78 Ibid., Dewhurst, Martin, Jonathan Harris, and Suzanne Heywood.

79 Sumantra Ghoshal, Gita Piramal, and Christopher A. Bartlett, *Managing Radical Change* (Penguin Books India, 2002): 318; Jack Welch and Suzy Welch, *Winning* (HarperCollins Publishers, 2005).

80 See H. Schwartz, "Matching Corporate Culture and Business Strategy," *Organizational Dynamics* 81:10 (1981): 30; J. B. Barney, "Organizational Culture: Can It Be a Source of Sustained Competitive Advantage?" *Academy of Management Review* 11:3 (1986).

81 Ibid., Martin Dewhurst, Jonathan Harris, and Suzanne Heywood.

82 Pankaj Ghemawat, "Developing Global Leaders | McKinsey," https://mck.co/32vzlB8 (accessed January 4, 2019).

83 Ibid., Dewhurst, Martin, Jonathan Harris, and Suzanne Heywood.

84 Pay is one thing, passion is another; see Stephen R. Covey and Rebecca R. Merrill, *The Speed of Trust: The One Thing That Changes Everything* (Simon and Schuster, 2006).

85 Chris Gagnon, Elizabeth John, and Rob Theunissen, "Organizational Health: A Fast Track to Performance Improvement | McKinsey," https://mck.co/2uFpXyk (accessed December 30, 2018).

86 Aaron De Smet and Chris Gagnon, "Company Organization in the Age of Urgency | McKinsey," https://mck.co/2VvyY82 (accessed December 30, 2018).

87 Richard Florida, *The Rise of the Creative Class* (New York: Basic Books, 2004); Charlotta Mellander and Richard Florida, "The Rise of the Global Creative Class," in *The Handbook of Global Science, Technology, and Innovation*, eds. Daniele Archibugi and Andrea Filipppetti (Wiley-Blackwell, 2015): 313–42.

88 Adam Bryant, "Google's 8-Point Plan to Help Managers Improve," NYTimes.com, www.nytimes.com/2011/03/13/business/13hire.html?hp (accessed March 12, 2011).

89 Cain, Áine, "In a Leaked Video, Ikea US Head Apologizes for Restructuring That Store Employees Say Tanked Morale and Pit Them against Each Other," *Business Insider*, https://bit.ly/39b0XOo (accessed December 30, 2018).

90 James Charles Collins, *Good to Great: Why Some Companies Make the Leap... and Others Don't* (New York: Random House, 2001).

91 Ibid.

92 Natalie Djodat and Dodo zu Knyphausen-Aufseß, "Revisiting Ghoshal and Bartlett's Theory of the Multinational Corporation as an Interorganizational Network," *Management International Review* 57, no. 3 (2017): 349–78.

93 Alison Maitland, "Bridging the Culture Gap," *Financial Times* (January 28, 2002): 8.

94 Ibid., Martin Dewhurst, Jonathan Harris, and Suzanne Heywood.

95 Tatiana Kostova, "Transnational Transfer of Strategic Organizational Practices: A Contextual Perspective," *Academy of Management Review* 24 (1999): 308–24.

96 "Staffing Globalisation: Travelling More Lightly," *The Economist* (June 23, 2006): 55.

97 Quote extracted from "Gore Recognized as One of the World's Best Multinational Workplaces by Great Place to Work®," www.gore.com/en_xx/news/best-multinational-places-to-work-2014.html (accessed September 23, 2015).

98 Martin Fackler, "The 'Toyota Way' Is Translated for a New Generation of Foreign Managers," *New York Times*, www.nytimes.com/2007/02/15/business/worldbusiness/15toyota.html (accessed August 5, 2010).

99 "The Toyota Way: Our Values and Way of Working," https://bit.ly/2wr0cSH (accessed March 2, 2020).

100 Ibid., Martin Fackler.

101 Rebecca Knight, "Corporate Universities: Move to a Collaborative Effort," *Financial Times* (March 19, 2007); "Book Review: Corporate Universities. Drivers of the Learning Organization—Kasper Spiro" (2016), http://kasperspiro.com/2015/05/11/book-review-corporate-universities-drivers-of-the-learning-organization/ (accessed January 7).

102 Aaron De Smet, Susan Lund, and William Schaninger, "Organizing for the Future | McKinsey," https://mck.co/2uBOF2B (accessed December 30, 2018).

103 Eric Rosenbaum, "IBM AI Can Predict with 95 Percent Accuracy Which Employees Will Quit," https://cnb.cx/37Zql8s (accessed April 3, 2019).

104 "Humanyze—Analytics for Better Performance," *Humanyze*, www.humanyze.com/ (accessed January 3, 2019); "Google's New Earbuds Can Translate 40 Languages," *BuzzFeed News*, https://bit.ly/2I3U4SY (accessed January 3, 2019).

105 Ibid, Eric Rosenbaum.

106 *Sources include the following:* "Hyundai Motor Reports 2020 Global Sales and 2021 Goals," Hyundai, press release, www.hyundai.com/worldwide/en/company/newsroom/hyundai-motor-reports-2020-global-sales-and-2021-goals-0000016607?selectedVal=&selection=&pageNo=3&searchKey=&rowCount=9&type=RES&type=IMG&listPageUrl=release.all (January 4, 2021); Jang Seob Yoon, "Hyundai Motor's Production Volume Overseas 2019, by Factory," Statista (October 6, 2020), www.statista.com/statistics/683788/hyundai-motor-car-manufacturing-location/; Hyunjoo Jin, "Hyundai Motor Agrees Wage Deal, Avoids Strike for First Time in Eight Years," *Reuters* (August 28, 2019), https://www.reuters.com/article/us-hyundai-motor-union/hyundai-motor-agrees-wage-deal-avoids-strike-for-first-time-in-eight-years-idUKKCN1VH2HH?edition-redirect=uk; John Reed, "Hyundai Reaps Rewards of Quality Push," *Financial Times* (May 7, 2012); William J. Holstein, "Hyundai's Capabilities Play," strategy+business (October 22, 2013), www.strategy-business.com/article/00162?pg=all&tid=27782251; Mooweon Rhee, "Hyundai Motor Company," Stanford University Graduate School of Business, Case SM-122; William J. Holstein, "Hyundai's Capabilities Play," The Strategy Business (October 22, 2013), http://www.strategybusiness.com/; William J. Holstein, "Hyundai's Capabilities Play," strategy+business (October 22, 2013), http://www.strategy-business.com/article/00162?pg=all&tid=27782251; "Hyundai Introduces Indian Executive in Top Management Criteria," Hyundai India (October 22, 2013), www.hyundaicarsindia.in/2013/01/hyundai-introduces-indian-executive-in-top-management-criteria.html; John Reed, "Hyundai Reaps Rewards of Quality Push," *Financial Times* (May 7, 2012); "Unions of Hyundai Motor, Kia Authorize Strikes," *The Korea Herald* (August 14, 2013).

17장

1 *Sources include the following:* "Enhancing the Contributions of SMEs in a Global and Digitalised Economy," OECD, www.oecd.org/mcm/documents/c-min-2017-8-en.pdf (accessed February 4, 2021); Savage Gear website, savage-gear.com/about (accessed February 4, 2021); GLOBEFISH, "The Role of Recreational Fisheries in the Sustainable Management of Marine Resources," Food and Agricultural Organization of the United Nations, *GLOBEFISH Highlights* Issue 2 (2017) (accessed February 4, 2021); "Fishing Rods Market Size, Share & Trends Analysis Report by Product (Spinning, Fly Fishing), by Raw Material, by Application, by Distribution Channel, by Region, and Segment Forecasts, 2019–2025," Grand View Research (September 2019), www.grandviewresearch.com/industry-analysis/fishing-rods-market; "Sports Fishing Equipment Market 2020–2024: Post-Pandemic Industry Planning Structure | Technavio," Business Wire (September 7, 2020), www.businesswire.com/news/home/20200907005035/en/Sports-Fishing-Equipment-Market-2020--2024-Post-Pandemic-Industry-Planning-Structure-Technavio; "Brand Story," Okuma Fishing Tackle Co., Ltd. website, www.okumafishing.com/en/page/brand-story.html (accessed February 10, 2021); United Nations Sustainable Development Goals, www.un.org/sustainabledevelopment/sustainable-development-goals/ (accessed June 10, 2020); Michelle E. Jarvie, "Brundtland Report Publication by World Commission on Environment and Development," Britannica, www.britannica.com/topic/Brundtland-Report (accessed June 10, 2020); "Sustainable Fishing," Fishing Tackle Traders, www.fishingtackletraders.com.au/pages/sustainable-fishing (accessed June 10, 2020); Center for Sportfishing Policy website, www.sportfishingpolicy.com/who-we-are/ (accessed June 7, 2020); "EFTTA Is Reviving Its Line Charter," European Fishing Tackle Trade Association, www.eftta.co.uk/line-charter (accessed June 7, 2020);

Troels Jensen, "Lots of Lead in Fishing Tackle," Danish Broadcasting Corporation (July 22, 2008), www.dr.dk/nyheder/indland/masser-af-bly-i-fiskegrej; "Garmin Reports First Quarter Revenue and Profit Growth," FTR Industry Wire (May 1, 2019), fishingtackleretailer.com/garmin-reports-first-quarter-revenue-and-profit-growth/.

2 Stefan Schmid and Thomas Kotulla, "50 Years of Research on International Standardization and Adaptation—From a Systematic Literature Analysis to a Theoretical Framework," *IBIB Review* 20 (2011): 491–507.

3 "Tommy Hilfiger Thriving Under PVH Ownership," *WWD* (April 19, 2012): n.p.

4 Constantine S. Katsikeas, Saeed Damiee, and Marios Theodosiou, "Strategy Fit and Performance Consequences of International Marketing Standardization," *Strategic Management Journal* 27 (2006): 867–90.

5 Schmid and Kotulla, "50 Years of Research on International Standardization and Adaptation."

6 Karina R. Jensen, "Creating Global Innovation Opportunities through Cross-Cultural Collaboration," *The International Journal of Knowledge, Culture and Change Management* 10:10 (2011): 33–42.

7 Ruby P. Lee, Qimei Chen, Daekwan Kim, and Jean L. Johnson, "Knowledge Transfer between Multinational Corporations' Headquarters and Their Subsidiaries: Influences on and Implications for New Product Outcomes," *Journal of International Marketing* 16:2 (2008): 1–31.

8 Matt Moffett, "Learning to Adapt to a Tough Market, Chilean Firms Pry Open Door to Japan," *Wall Street Journal* (June 7, 1994): A10.

9 Margarita Stancati and Preetika Rana, "Hermès Goes Local with India Sari Launch," *Wall Street Journal* (October 12, 2011): n.p.

10 Peter Evans and Caitlan Reeg, "Personal-Care Firms Uncover New Markets," *Wall Street Journal* (May 20, 2014): B7.

11 Manoj K. Agarwal, "Developing Global Segments and Forecasting Market Shares: A Simultaneous Approach Using Survey Data," *Journal of International Marketing* 11:4 (2003): 56.

12 Rosalie L. Tung, "The Cross-Cultural Research Imperative: The Need to Balance Cross-National and Intra-National Diversity," *Journal of IBIB Studies* 39:1 (2008): 41–46; James Agarwal, Naresh Malhotra, and Ruth N. Bolton, "A Cross-National and Cross-Cultural Approach to Global Market Segmentation: An Application Using Consumers' Perceived Service Quality," *Journal of International Marketing* 18:3 (2010): 18–40.

13 Ed Hammond, "Red Bull: Where Marketing Goes into Overdrive," *Financial Times* (September 27, 2011): n.p.

14 "Ferrari Makes India Debut," *Wall Street Journal* (May 27, 2011): n.p.

15 Rebecca Rose, "Global Diversity Gets All Cosmetic," *Financial Times* (April 10–11, 2004): W11.

16 Constantine S. Katsikeas, Saeed Samiee, and Marios Theodosiou, "Strategy Fit and Performance Consequences of International Marketing Standardization," *Strategic Management Journal* 27 (2006): 867–90.

17 "Look What They've Done to My Brands," *The Economist* (November 17, 2012): 60.

18 Adam Janofsky, "Franchising: Why Burger King Is Selling a Squid-Ink Burger," *Wall Street Journal* (May 26, 2015): R4.

19 Laurie Burkitt, "Home Depot: Chinese Prefer 'Do-It-for-Me'" *Wall Street Journal* (September 15, 2012): B1.

20 Louise Lucas, "Multinationals Try to Make the Most of their Local Credentials," *Financial Times* (September 22, 2010): Peru section, 10.

21 Paul Sonne, Devon Maylie, and Drew Hinshaw, "With West Flat, Big Brewers Peddle Cheap Beer in Africa," *Wall Street Journal* (March 20, 2013): A1+.

22 Orit Gadiesh and Till Vestring, "The Consequences of China's Rising Global Heavyweights," *MIT Sloan Management Review* 49:3 (Spring 2008): 10–11.

23 Keith Bradsher, "India Gains on China among Multinationals," *International Herald Tribune* (June 12–13, 2004): 13.

24 Stefan Schmid and Thomas Kotulla, "To What Degree Should Firms Standardize or Adapt Their Product Mix Across Countries? New Empirical Results Based on the Strategic-Fit Approach," Paper presented at the Academy of AIB annual meeting, Washington, DC (2012).

25 Yonca Limon, Lynn R. Kahle, and Ulrich R. Orth, "Package Design as a Communications Vehicle in Cross-Cultural Values Shopping," *Journal of International Marketing* 17:1 (2009): 30–57.

26 "The World's Wash Day," *Financial Times*, 6.

27 "Nike Faces Marketing Challenge in China: Make Running Cool," *Advertising Age* (October 20, 2011): n.p.

28 Ian Austen and Stephanie Clifford, "North of the Border," *New York Times* (November 15, 2012): B1+.

29 Saeed Samiee, "International Marketing Strategy in Emerging-Market Exporting Firms," *Journal of International Marketing* 27:1 (March 2019): 20.

30 James A. Roberts and Chris Manolis, "Cooking Up a Recipe for Self-Control: The Three Ingredients of Self-Control and Its Impact on Impulse Buying," *Journal of Marketing Theory and Practice* 20:2 (Spring 2012): 173–88.

31 Jenny Wiggins and Chris Flood, "Coke to Shrink Size of Cans in Hong Kong," *Financial Times* (July 25, 2008): 18.

32 Edward W. Miles, "The Role of Face in the Decision Not to Negotiate," *International Journal of Conflict Management* 21:4 (2010): 400–14.

33 C. Gopinath, "Fixed Price and Bargaining," *Business Line* (July 15, 2002): 1.

34 Claude Cellich, "FAQ . . . about Business Negotiations on the Internet," *International Trade Forum* 1 (2001): 10–11.

35 Jan H. Schumann, Florian V. Wagenheim, Anne Stringfellow, Zhilin Yang, Vera Blazevic, Sandra Praxmarer, G. Shainesh, Marcin Komor, Randall M. Shannon, and Fernando R. Jiménez, "Cross-Cultural Differences in the Effect of Received Word-of-Mouth Referral in Relational Service Exchange," *Journal of International Marketing* 18:3 (2010): 62–80.

36 Loretta Chao, "PC Makers Cultivate Buyers in Rural China," *Wall Street Journal* (September 23, 2009): B1.

37 Jamie Anderson, Martin Kupp, and Ronan Moaligou, "Lessons from the Developing World," *Wall Street Journal* (August 17, 2009): R6.

38 Owen M. Bradfield, Caroline Parker, and Leonie Goodwin, "Sustaining Performance: Learning from Buyers' Experience," *Journal of Medical Marketing* 9:4 (October 2009): 343–53.

39 Ed Hammond, loc. cit.

40 Charles Goldsmith, "Dubbing in Product Plugs," *Wall Street Journal* (December 6, 2004): B1+.

41 Ouidade Sabri, Delphine Manceau, and Bernard Pras, "Taboo: An Underexplored Concept in Marketing: RAM," *Recherche et Applications en Marketing* 25:1 (2010): 59–85.

42 Amy Guthrie, "Mexico Hits Food Ads for Children," *Wall Street Journal* (August 22, 2016): B6.

43 Gemma Charles, "Don't Be a Code Breaker," *Marketing* (March 17, 2010): 17; Ernest Cyril De Run, "Attitudes Towards Offensive Advertising: Malaysian Muslims' Views," *Journal of Islamic Marketing* 1:1 (2010): 25–36.

44 Deborah Ball, "Women in Italy Like to Clean but Shun the Quick and Easy," *Wall Street Journal* (April 25, 2006): A1+.

45 Andrew Ward, "Home Improvements Abroad," *Financial Times* (April 6, 2006): 8.

46 Sarah Ellison, "Sex-Themed Ads Often Don't Travel Well," *Wall Street Journal* (March 31, 2000): B7.

47 Arvind Sahay, "Finding the Right International Mix," *Financial Times* (November 16, 1998): Mastering Marketing section, 2–3.

48 "Stalkers, Inc.," *The Economist* (September 13, 2014): 18.

49 *New Zealand Business* 18:11 (2004): 21–27.

50 Rita Marcella and Sylvie Davies, "The Use of Customer Language in International Marketing Communication in the Scottish Food and Drink Industry," *European Journal of Marketing* 38:11/12 (2004): 1382.

51 Moen Øystein, Iver Endresen, and Morten Gavlen, "Executive Insights: Use of the Internet in International Marketing: A Case Study of Small Computer Software Firms," *Journal of International Marketing* 11:4 (2003): 129–44.

52 "What Are Brands For?" *The Economist* (August 30, 2014): 57–8; Jo Roberts, "The 100 Most Valuable Global Brands," *Marketing Week* (May 24, 2012): 1+.

53 Tulin Erdem, Joffre Swait, and Ana Valenzuela, "Brands as Signals: A Cross-Country Validation Study," *Journal of Marketing* 70:1 (2006): 34; Desmond Lam, "Cultural Influence on Proneness to Brand Loyalty," *Journal of International Consumer Marketing* 19:3 (2006): 7.

54 Andreas B. Eisingerich and Gale Rubera, "Drivers of Brand Commitment: A Cross-National Investigation," *Journal of International Marketing* 18:2 (2010): 64–79.

55 Claudiu V. Dimofte, Johny K. Johansson, and Richard P. Bagozzi, "Global Brands in the United States: How Consumer Ethnicity Mediates the Global Brand Effect," *Journal of International Marketing* 18:1 (2010): 81–106.

56 Andrews Adugudaa Akolaa, "Cultural Diagnosis and By Passing: The Effect on Successful Internationalizaton," *Review of Business & Finance Case Studies* 3:1 (2012): 69–84.

57 Michael Wines, "Picking the Pitch-Perfect Brand Name in China," *New York Times* (November 12, 2011): A4.

58 Lee Simmons and Robert M. Schindler, "Cultural Superstitions and the Price Endings Used in Chinese Advertising," *Journal of International Marketing* 11:2 (2003): 101.

59 Miriam Jordan, "Sara Lee Wants to Percolate through All of Brazil," *Wall Street Journal* (May 8, 2002): A14+; "Sara Lee Buys Brazilian Out-of-Home Player Expresso Coffee: Sara Lee Reinforces its Leadership in Fast-Growing São Paulo and Rio de Janeiro Markets," *PR Newswire* [New York] (April 10, 2012): n.p.

60 Isabelle Schuiling and Jean-Noël Kapferer, "Executive Insights: Real Differences between Local and International Brands: Strategic Implications for International Marketers," *Journal of International Marketing* 12:4 (2004): 197.

61 Jan-Benedict, E. M. Steenkamp and Martijn G. de Jong, "A Global Investigation into the Constellation of Consumer Attitudes Toward Global and Local Products," *Journal of Marketing* 74 (November 2010): 18–40.

62 Saeed Samiee, Terrence A. Shimp, and Subash Sharma, "Brand Origin Recognition Accuracy: Its Antecedents and Consumers' Cognitive Limitations," *Journal of International Business Studies* 36 (2005): 379–97; George Balabanis and Adamantios Diamantopoulos, "Gains and Losses from the Misperception of Brand Origin: The Role of Brand Strength and Country-of Origin Image," *Journal of International Marketing* 19:2 (2011): 95–116; Helena F. Allman, Anton P. Fenik, Kelly Hewett, and Felicia N. Morgan, "Brand Image Evaluations: The Interactive Roles of Country of Manufacture, Brand Concept, and Vertical Line Extension Type," *Journal of International Marketing* 24:2 (June 2016): 1.

63 Daniel Laufer, Kate Gillespie, and David H. Silvera, "The Role of Country of Manufacture in Consumers' Attributions of Blame in an Ambiguous Product-Harm Crisis," *Journal of International Consumer Marketing* 21 (2009): 189–201.

64 Daniel Laufer, Kate Gillespie, and David H. Silvera, "The Role of Country of Manufacture in Consumers' Attributions of Blame in an Ambiguous Product-Harm Crisis," *Journal of International Consumer Marketing* 21 (2009): 189–201.

65 P. Sharma, "Country of Origin Effects in Developed and Emerging Markets: Exploring the Contrasting Roles of Materialism and Value Consciousness," *Journal of IBIB Studies*, 42:2 (2012): 285–306; Terence Motsi and Ji Eun Park, "Consumer Evaluation of Developing Country Products: The Moderating Role of Product Ethnicity," paper presented at the Academy of IBIB annual meeting, Washington, DC (2012); Zhongqi Jin, Richard Lynch, Samaa Attia, Bal Chansarkar, Tanses Gulsoy, and Paul Lapoule, "Antecedents of Home and Foreign Product Country Images in Developed and Developing Countries: A Comparative Study," paper presented at the Academy of IBIB annual meeting, Washington, DC (2012); Stephen Gould, Mike Chen-Ho Chao, Andreas Grein, and Rania Semaan, "The Biasing Effects of Country-of-Origin: A Cross-Cultural Application of Preference Reversals," paper presented at the Academy of IBIB annual meeting, Washington, DC (2012).

66 "Chin-Chin in China," *The Economist* (May 9, 2015): 44.

67 Seah Park, "LG's Kitchen Makeover," *Wall Street Journal* (September 22, 2004): A19.

68 Matthew Dalton, "Salty Issue in U.S.—European Trade Talks," *Wall Street Journal Online* (October 19, 2015).

69 Kevin McCallum, "Grape Debate," *Miami Herald* (March 27, 2009): 1C+.

70 "CEC Finalizing Report on SLAB Exports," *Business Wire* [New York] (November 30, 2012): n.p.; Don Hopey, "Rachel Carson's Book Turned the Environmental World on Its Ear 50 Years Ago," *McClatchy Tribune Business News* [Washington] (September 27, 2012): n.p.

71 Robert Kennedy, "Tobacco Firms Accused of Thwarting Controls," *McClatchy Tribune Business News* [Washington] (May 30, 2012): n.p.

72 Andrew Jacobs, "Big Tobacco Hooked Them Young, On," *New York Times* (March 15, 2019): B1+.

73 Andrew Jack, "Economic Reality Spurs Intervention: More Is Being Done to Tackle 'NTDs' as Research Reveals Their Impact on Countries' Growth," *Financial Times* (October 11, 2012): 2.

74 Rick Gladstone, "W.H.O. Deplores Delay in Ebola Vaccine," *New York Times* (November 4, 2014): A9.

75 Andrew Jack, "FDA to Stimulate Tropical Disease Research," *Financial Times* (May 1, 2008): 6.

76 Rebecca Perl, Nandita Murukutla, Jessica Occleston, Megen Bayly, and Mego Lien, "Responses to Antismoking Radio and Television Advertisements among Adult Smokers and Non-smokers Across Africa: Message-Testing Results from Senegal, Nigeria, and Kenya," *Tobacco Control* 24:6 (November 2015): 601.

77 SebastienSauve,"PesticideResearchMustStayTransparentandIndependent," *Bizcommunity.com [Capetown]*: (May 13, 2019) ABI/Inform from Proquest (accessed January 29, 2020).

78 Danny Hakim, "Banned Abroad," *New York Times* (February 24, 2015): Business 1+.

79 Daniel Greenfield, "DDT Might Have Stopped Zika, but Environmentalists Chose Mosquitos over People," *Frontpage Magazine* (January 28, 2016), www.frontpagemag.com/point/261639 (accessed June 10, 2016).

80 Michael Finkel, "Bedlam in the Blood: Malaria," *National Geographic* (July 2007): 63; and Richard Tren and Roger Bate, "Malaria and the DDT Story," *SSRN Working Paper Series* (April 2012).

81 Kevin Helliker, "Smokeless Tobacco to Get Push by Venture Overseas," *Wall Street Journal* (February 4, 2009): B1+.

82 "Smoke Signals," *The Economist* (April 23, 2016): 55–6.

83 "Coca-Cola Releases 2011–2012 Global Sustainability Report," *Professional Services Close-Up* (November 11, 2012).

84 Avery Johnson, "Drug Firms See Poorer Nations as Sales Cure," *Wall Street Journal* (July 7, 2009): A1+.

85 Andrew Jack, "Anti-Malaria Drug to Sell at Cost Price," *Financial Times* (March 2, 2007): 3; Jennifer Corbett Dooren, "Research to Target Neglected Diseases," *Wall Street Journal* (May 21, 2009): 16.

86 Susanna Khavul, Mark Peterson, Drake Mullens, and Abdul A. Rasheed, "Going Global with Innovations from Emerging Economies: Investment in Customer Support Capabilities Pays Off," *Journal of International Marketing* 18:4 (2010): 22–42.

87 Mobolaji Olaseni and Wale Alade, "Vision 20:2020 and the Challenges of Infrastructural Development in Nigeria," *Journal of Sustainable Development* 5:2 (February 2012): 63–76.

88 Tomasz Lenartowicz and Sridhar Balasubramanian, "Practices and Performance of Small Retail Stores in Developing Economies," *Journal of International Marketing* 17:1 (2009): 58–90.

89 Ibid.

90 J. A. Weber, "Comparing Growth Opportunities in the International Marketplace," *Management International Review* 1 (1979): 47–54; Van R. Wood, John R. Darling, and Mark Siders, "Consumer Desire to Buy and Use Products in International Markets: How to Capture It, How to Sustain It," *International Marketing Review* 16:3 (1999): 231–42.

91 "Mintel: India's Craving for Chocolate to Create Business Opportunities for Manufacturers," *Entertainment Close Up* (November 17, 2012): n.p.; Anu Kaimal, "What May Be the Reasons Why Per Capita Chocolate Consumption of India Is Comparatively Lower?" www.quora.com (accessed April 21, 2016).

92 Oliver Nieburg, "The New World of Chocolate: How Is Consumption in Emerging Markets Developing?" Confectionarynews.com (October 9, 2014) (accessed April 21, 2016).

93 Elizabeth Crawford, "5 Marketing Tactics Helping Premium Chocolate Sales Outpace Overall Category" (December 9, 2014), www.foodnavigator-usa-com/Markets/5 (accessed April 21, 2016).

94 Dermot Doherty, "Godiva's Sweet on China," *Miami Herald* (June 12, 2012): 6B.

95 "A Billion Shades of Grey," *The Economist* (April 26, 2014): 13.

96 Michiyo Nakamoto, "Japanese Fall out of Love with Luxury," *Financial Times* (June 3, 2009): 15.

97 Allen L. Hammond and C. K. Prahalad, "Selling to the Poor," *Foreign Policy* (May / June 2004): 30–7.

98 Stephanie Strom, "New Tack on Snacks," *New York Times* (June 13, 2012): B1+.

99 Kelvin Chan, "Foreign Vineyards Keen to Tap China Wine Market," *Miami Herald* (November 7, 2011): n.p.

100 For an excellent discussion of these traits and their interactions, see Mark Cleveland, Michel Laroche, and Nicolas Papadopoulos, "Cosmopolitanism, Consumer Ethnocentrism, and Materialism: An Eight-Country Study of Antecedents and Outcomes," *Journal of International Marketing* 17:1 (2009): 116–46.

101 Haig Simonian, "Nestlé Enriches Its Choc Value," *Financial Times* (March 24, 2006): 9.

102 Coauthor Professor Jon Jungbien Moon is at Korea University. *Sources include the following:* Muhammad Yunus, *Creating a World Without Poverty* (New York: Public Affairs, 2007); C. K. Prahalad, *The Fortune at the Bottom of the Pyramid* (Upper Saddle River, NJ: Wharton School Publishing, 2010); IMF World Economic Outlook Database, October 2018 (www.imf.org/en/Publications/WEO/Issues/2018/09/24/world-economic-outlook-october-2018) and World Bank Country Statistics (data.worldbank.org/country/bangladesh); Grameen Danone Foods Ltd. PowerPoint (Jan. 2012) available at www.danonecommunities.com; Grameen Intel TSI available at www.tsi.com.bd/about/who-we-are/(accessed March 17, 2019); Grameen Bank Annual Report, 2017; Danone Annual Report, 2017; Grameen UNIQLO, www.grameenuniqlo.com/who-we-are (accessed March 17, 2019); Grameen Veolia Water Ltd., www.muhammadyunus.org/index.php/social-business/grameen-veolia-water-ltd (accessed March 17, 2019); "GAIN and Grameen Danone: A Study About Nutrition," www.youtube.com/watch?v=EQJ0Qco-7JhE (accessed on February 8, 2013); Sheridan Prasso, "Saving the World With a Cup of Yogurt," *Fortune* 155:2 (March 15, 2007): 44; John F. Jones, "Social Finance: Commerce and Community in Developing Countries," *International Journal of Social Economics* 37:6 (2010): 415–28; Nevin S. Scrimshaw, "History and Early Development of INCAP1, 2," *The Journal of Nutrition* 140:2 (February 2010): 394–96; Sarah Murray, "Yogurt Maker's Recipe for Funding Social Businesses," *Financial Times* (July 7, 2008): 16; Christina Passariello, "Danone Expands Its Pantry to Woo the World's Poor," *Wall Street Journal* (June 29, 2010): A1; Paul Bennet, "The Biggest Idea Might Be Learning to Think Small," *Financial Times* (December 31, 2009); Michael Fitzgerald, "As the World Turns," 133 *Fast Company* (March 2009): 33–4; Scheherazade Daneshkhu, "The Off-the-Wall Executive," *Financial Times* (November 22, 2010): 12; "Top CEOs Talk on Global Social Business in Germany," *The Global Express* [Dhaka] (November 12, 2010): n.p.; and Dean Nelson, "Pioneer Bank in Turmoil," *The Sunday Telegraph* [London] (February 13, 2011): 3.

18장

1 *Sources include the following:* Philip Elmer-DeWitt, "What's Really Going On at Apple's iPhone 5 Factory in Zhengzhou, China," *Fortune* (October 7, 2012), http://tech.fortune.cnn.com/2012/10/07/whats-really-going-on-at-apples-iphone-5-factory-in-zhengzhou-china/(accessed June 15, 2013); Kenneth L. Kraemer, Greg Linden, and Jason Dedrick, "Capturing Value in Global Networks: Apple's iPad and iPhone," pcic.merage.uci.edu/papers/2011/Value_iPad_iPhone.pdf; Dedrick, Kraemer, and Linden, "The Distribution of Value in the Mobile Phone Supply Chain," pcic.merage.uci.edu/papers/2010/CellPhoneProfitability_Oct2010.pdf; G. Froud, S. Johal, A. Leaver, and K. Williams, "Apple Business Model: Financialization Across the Pacific," University of Manchester, Centre for Research in Socio-cultural Change (CRESC), Working Paper No. 111 (2012); B. Ganges and A. Van Assche, "Product Modularity and the Rise of Global Value Chains: Insights from the Electronics Industry," CIRANO Scientific Series, Montreal (2011): S64; Apple Inc., Form 10-K, September 29, 2012; Nick Wingfield, "Fixing Apple's Supply Lines," *New York Times* (April 2, 2012): B1; Catherine Rampell and Nick Wingfield, "In Shift of Jobs, Apple Will Make Some Macs in U.S.," *New York Times* (December 7, 2012): A1; "When the Jobs Inspector Calls," *The Economist* (March 31, 2012): 73; "Non-U.S. Share of Apple's Revenue from 1st Quarter 2006 to 2nd Quarter 2016," www.statista.com/statistics/263465/non-us-share-of-apples-revenue/(accessed June 6, 2016); "Apple Retail Stores," www.apple.com/retail/storelist/(accessed June 6, 2016).

2 "The Fourth Annual Global Survey of Supply Chain Progress," Computer Sciences Corporation (CSC) and *Supply Chain Management Review* (2006); Darrell Rigby, "Management Tools 2005," *Bain & Company* (2005): 58.

3 Council of Supply Chain Management Professionals, cscmp.org/about-us/supply-chain-management-definitions (accessed June 1, 2013).

4 Homin Chen and Tain-Jy Chen, "Network Linkages and Location Choice in Foreign Direct Investment," *Journal of International Business Studies* 29:3 (1998): 447.

5 Lauren Sherman, "It Takes a Village to Make a Barbie," *Forbes* (March 5, 2009), http://www.forbes.com/2009/03/05/barbie-design-manufacturing-business_numbers.html (accessed June 6, 2016).

6 Interview by author of Wall's Unilever personnel in Beijing, China (June 2006).

7 Stanley E. Fawcett and Anthony S. Roath, "The Viability of Mexican Production Sharing: Assessing the Four Cs of Strategic Fit," *Urbana* 3:1 (1996): 29.

8 See S. C. Wheelwright, "Reflecting Corporate Strategy in Manufacturing Decisions," *Business Horizons* (1978): 21; S. C. Wheelwright, "Manufacturing Strategy: Defining the Missing Link," *Strategic Management Journal* 5 (1984): 77–91; Frank DuBois, Brian Toyne, and Michael D. Oliff, "International Manufacturing Strategies of U.S. Multinationals: A Conceptual Framework Based on a Four-Industry Study," *Journal of International Business Studies* 24:2 (1993): 313–14; Robert H. Hayes, Steven C. Wheelwright, and Kim B. Clark, *Dynamic Manufacturing* (New York: Free Press, 1988): 10–11.

9 Christina Rogers, "Ford Aims to Raise Output from Mexico," *Wall Street Journal* (February 8, 2016): B3; Phoebe Wall Howard, "Ford Focus for 2019 gets Roomier, More Tech-Forward: Will No Longer Be Built in the U.S.," *Detroit Free Press*, www.usatoday.com/story/money/cars/2018/04/10/ford-focus-gets-new-look-more-room-and-tech/505491002/ (accessed April 16, 2019).

10 www.talapparel.com/en/tal-group (accessed April 16, 2019).

11 Kathy Chu, "China Loses Edge on Labor Costs," *Wall Street Journal* (December 3, 2015): B1.

12 Demetri Sevastopulo, "Shirt Tales from TAL, an Apparel Powerhouse," *Financial Times* (December 11, 2015), https://www.ft.com/content/f31b2d54-60de-11e3-916e-00144feabdc0 (accessed April 16, 2019).

13 Rogers, op. cit.

14 Rogers, op. cit.

15 Michael E. McGrath and Richard W. Hoole, "Manufacturing's New Economies of Scale," *Harvard Business Review* (May–June 1992): 94.

16 Christina Rogers and John D. Stoll, "Ford to Shift Work Abroad," *Wall Street Journal* (July 10, 2015): B1 and Kathy Chu, "Made in Vietnam Ready for Boost," *Wall Street Journal* (October 19, 2015): B1.

17 Evan Coman, "Which Manufacturers Are Bringing the Most Jobs Back to America," *USA Today* (June 6, 2018; accessed April 16, 2019).

18 Fawcett and Roath, "The Viability of Mexican Production Sharing," 29.

19 Amy Schoenfeld, "A Multinational Loaf," *New York Times* (June 20, 2007), www.nytimes.com/imagepages/2007/06/15/business/20070616_FOOD_GRAPHIC.html (accessed November 9, 2007).

20 Alexei Barrionuevo, "Globalization in Every Loaf," *New York Times* (June 16, 2007), www.nytimes.com/2007/06/16/business/worldbusiness/16food.html?partner=rssnyt&emc=rss (accessed November 9, 2007).

21 Masaaki Kotabe and Glen S. Omura, "Sourcing Strategies of European and Japanese Multinationals: A Comparison," *Journal of International Business Studies* (Spring 1989): 120–22.

22 Thomas L. Friedman, *The World Is Flat* (New York: Picador/Farrar, Straus and Giroux): 152.

23 Robert M. Monczka and Robert J. Trent, "Global Sourcing: A Development Approach," *International Journal of Purchasing and Materials Management* (Spring 1991): 3.

24 Doug Cameron, "Pentagon Hires Foreign Chips Supplier," *Wall Street Journal* (June 6, 2016): B3.

25 R. D'Aveni and D. Ravenscraft, "Economies of Integration versus Bureaucracy Costs: Does Vertical Integration Improve Performance?" *Academy of Management Journal* 37: 5 (1994): 1167–206; O. Williamson, "Vertical Integration and Related Variations on a Transaction-Cost Theme," in *New Developments in the Analysis of Market Structure*, eds. J. Stiglitz and G. Mathewson (Cambridge, MA: MIT Press, 1986): 149–95; O. Williamson, *The Economic Institutions of Capitalism* (New York: The Free Press, 1985): 85–130.

26 Russell Johnston and Paul R. Lawrence, "Beyond Vertical Integration—The Rise of the Value-Adding Partnership," *Harvard Business Review* (July–August 1988): 98.

27 Chester Dawson, "A 'China Price' for Toyota," *Businessweek* (February 21, 2005): 50–51.

28 Brian Tomey, "Understanding Japanese Keiretsu," *Investopedia* (March 9, 2018), www.investopedia.com/articles/economics/09/japanese-keiretsu.asp (accessed April 17, 2019).

29 List of Laptop Brands and Manufacturers (Wikipedia.com), en.wikipedia.org/wiki/List_of_laptop_brands_and_manufacturers (accessed April 18, 2019).

30 Rigby, "Management Tools 2005."

31 "Still Made in Japan," *Economist.com* (April 7, 2004), www.economist.com/printedition/displayStory. cfm?Story_ id=2571689 (accessed November 9, 2007).

32 "Still Made in Japan," *Economist.com.*

33 Paul Mozur, "Eye on Apple, Foxconn Bets Billions on Sharp," *New York Times* (March 31, 2016): B1.

34 Ralph Jennings, "Apple Contractor Foxconn Makes Gains with Its Own Brand of Phones in a Tough Market," *Forbes* (January 31, 2019), https://www.forbes.com/sites/ralphjennings/2019/01/31/apple-contractor-foxconn-makes-gains-with-its-own-brand-of-phones-in-a-tough-market/#f8a84472c48e (accessed February 18, 2019).

35 Adapted from Pete Engardio and Bruce Einhorn, "Outsourcing Innovation," *Businessweek* (March 21, 2005): 84–94.

36 IKEAGroupFY18SustainabilityReport(accessedApril18,2019)andhttps://preview.thenewsmarket.com/Previews/IKEA/DocumentAssets/525318.pdf (accessed April 18, 2019).

37 Apple Supplier Responsibility 2019 Progress Report, p. 50, www.apple.com/supplier-responsibility/pdf (accessed April 18, 2019).

38 Lynnley Browning, "Complex Law on Conflict Mineral," *New York Times* (September 8, 2015): B1.

39 Apple Supplier Responsibility, op. cit.

40 "Conflict Minerals Rule," *Government Accountability Office* (www.gao.gov/assets/680/672051.pdf), accessed April 18, 2019.

41 Monczka and Trent, "Global Sourcing: A Development Approach," 4–5.

42 Stanley E. Fawcett, "The Globalization of the Supply Environment," *The Supply Environment* 2 (Tempe, AZ: NAPM, 2000): 11.

43 Thomas L. Friedman, *The World Is Flat: a Brief History of the Twenty-First Century*, Release 3.0 (New York, NY: Picador, 2007): 77.

44 Richard Karpinski, "Wal-Mart Mandates Secure, Internet-Based EDI for Suppliers," *Internetweek.com* (September 12, 2002), www.internetweek.com/supplyChain/INW20020912S0011 (accessed October 1, 2002); R. Sridharan and Shamni Pande, "Surviving Wal-Mart," *Business Today* (July 29, 2007): 166.

45 Scott McCartney, "A New Way to Prevent Lost Luggage," *Wall Street Journal* (February 27, 2007): D1.

46 Vlad Krotov and Iris Junglas, "RFID as a Disruptive Innovation," *Journal of Theoretical and Applied Electronic Commerce Research* 3:2 (August 2008): 44.

47 Radio-Frequency Identification (RFID) Market 2018: Global Trends, Business Growth and Forecast Report basics: Segmentation, Application, Dynamics, Development Status and Outlook 2023, *Market Watch* (March 27, 2018), www.marketwatch.com/press-release/radio-frequency-identification-rfid-market-2018-global-trends-business-growth-and-forecast-report-basics-segmentation-application-dynamics-development-status-and-outlook-2023-2018-07-27 (accessed April 18, 2019).

48 Karpinski, "Wal-Mart Mandates Secure, Internet-Based EDI for Suppliers."

49 Rob O'Bryne, "Blockchain Technology is Set to Transform the Supply Chain," *Logisticsbureau.com* (January 9, 2019), https://www.logisticsbureau.com/how-blockchain-can-transform-the-supply-chain/ (accessed February 18, 2020).

50 "Internet Growth Statistics," www. Internetworldstats.com/emarketing.htm (accessed April 18, 2019).

51 "Number of Active Daily Facebook Users Worldwide as of 4th Quarter 2019," Statista (https://www.statista.com/statistics/264810/number-of-monthly-active-facebook-users-worldwide/), accessed February 17, 2020.

52 Lee J. Krajewski, Manoj K. Malhotra, and Larry P. Ritzman, *Operations Management: Processes and Supply Chains,* 12th ed. (Boston, MA: Pearson Education, Inc., 2019): Chapter 3.

53 F. Robert Jacobs and Richard B. Chase, *Operations and Supply Management: The Core,* 4th Edition (New York: McGraw-Hill Irwin, 2017), Chapter 10.

54 Daniel Michaels and Robert Wall, "Boeing Aims to Restore Its Image," *Wall Street Journal* (April 17, 2019): B2.

55 "Takata Airbag Recall—Everything You Need to Know," *Consumer Reports,* updated on June 9, 2016, www.consumerreports.org/cro/news/2016/05/everything-you-need-to-know-about-the-takata-air-bag-recall/index.htm.

56 Hayes, Wheelwright, and Clark, *Dynamic Manufacturing,* 17.

57 Foster, *Managing Quality: Integrating the Supply Chain,* 6th edition (Upper Saddle River, NJ: Pearson, 2016).

58 Alastair Gale and Sean McLain, "Japan's Famed Manufacturing Model Is Facing a Crisis," *Wall Street Journal* (February 5, 2018), A1.

59 Foster, op. cit.

60 Krajewski, Malhortra, and Ritzman, op. cit.

61 Ibid, 101–103.

62 Alastair Gale and Sean McLain, "Japan's Famed Manufacturing Model Is Facing a Crisis," *Wall Street Journal* (February 5, 2018), A1.

63 Ibid.

64 Gabriel Kahn, Trish Saywell, and Quenna Sook Kim, "Backlog at West Coast Docks Keeps Christmas Toys at Sea," *Wall Street Journal* (October 21, 2002), www.wsj.com (accessed October 25, 2002).

65 Shawnee K. Vickery, "International Sourcing: Implications for Just-in-Time Manufacturing," *Production and Inventory Management Journal* (1989): 67.

66 "What Is Six Sigma?" www.isixsigma.com/new-to-six-sigma/getting-started/what-six-sigma/(accessed June 9, 2016).

67 Brian Hindo and Brian Grow, "Six Sigma: So Yesterday?" *Businessweek* (June 11, 2007): 11.

68 Robert McClusky, "The Rise, Fall and Revival of Six Sigma Quality," *Quality Focus* 4:2 (2000): 6.

69 International Organization for Standardization, "ISO Standards," www.iso.org (accessed April 19, 2019).

70 Yoko Kubota, "Coronavirus Exposes Businesses'Dependency on China," *Wall Street Journal* (February 19, 2020), A7; Tripp Mickle, "Apple Warns Coronavirus to Hit Sales," *Wall Street Journal* (February 18, 2020), A1.

71 This case was written by Manuel G. Serapio, Associate Professor and IB Program Director, Business School and Faculty Director of the University of Colorado Denver CIBER. The information on Nokero is from the author's personal interviews with Steve Katsaros, Founder and CEO of Nokero, and Tom Boyd, Director of Communications and Marketing, Nokero. Nokero's Steve Katsaros, Evan Husney, Tom Boyd, and Beth Polizzotto, University of Colorado Denver, provided research materials for the initial version of the case. Updates on the case were provided by Steve Katsaros, Hannah Ritchie, and Max Roser (2020). *Sources include the following:* "Access to Energy," *Published online at OurWorldInData.org.* Retrieved from 'https://ourworldindata.org/energy-access' [Online Resource] John Collins Rudolf, "A Solar Bulb May Light the Way," *New York Times* (June 25, 2010), http://green.blogs.nytimes.com/2010/06/25/a-solar-bulb-may-light-the-way/?_r=0 (accessed June 1, 2013); Jason Blevins, "The Power of Light," *The Denver Post*

(July 10, 2010): 1; Tom Boyd, "A Year After Quake, Nokero and American Green Light Up Orphanage, Tent City in Haiti" (January 14, 2010), Nokero.com (accessed June 1, 2013); "Solar Powered Lightbulb Invented for World's Powerless" (January 8, 2013), http://nokero.com/ (accessed April 15, 2019).

19장

1 *Sources include the following:* Matthew Partridge, "Great Frauds in History: Calisto Tanzi and Parmalat," MoneyWeek (May 7, 2019), https://moneyweek.com/506162/great-frauds-in-history-calisto-tanzi-and-parmalat; "Parmalat in Brief," Parmalat website, https://www.parmalat.com/en/about_us/parmalat_in_brief/ (accessed December 18, 2020).

2 "Chief Financial Officer—CFO," www.investopedia.com/terms/c/cfo.asp (accessed February 27, 2020).

3 Geert Hofstede, *Culture's Consequences: International Differences in Work-Related Values* (Beverly Hills: Sage, 1980): 327; Geert Hofstede and Michael H. Bond, "The Confucius Connection: From Cultural Roots to Economic Growth," *Organizational Dynamics* 16:4 (1988): 4; Geert Hofstede, Gert Jan Hofstede, and Michael Minkov, *Cultures and Organizations: Software of the Mind,* Third Edition (Maidenhead, England: McGraw-Hill, 2010): 561.

4 Sidney J. Gray, "Towards a Theory of Cultural Influence on the Development of Accounting Systems Internationally," *Abacus* (March 1988): 1.

5 European Union, "Third Countries/Convergence," ec.europa.eu/internal_market/accounting/third_countries/index_en.htm (accessed May 27, 2016).

6 "IFRS: About the Organisation," www.ifrs.org/The+organisation/IASCF+and+IASB.htm (accessed May 2, 2019).

7 IFRS Foundation "The Organisation, Trustees," www.ifrs.org/The+organisation/Trustees/Trustees.htm (accessed May 2, 2019).

8 IFRS Foundation, "About the IFRS Foundation and the IASB," www.ifrs.org/The-organisation/Pages/IFRS-Foundation-and-the-IASB.aspx (accessed May 2, 2019).

9 "Who Uses IFRS Standards" (IFRS Foundation, updated on April 25, 2018), www.ifrs.org/use-around-the-world/use-of-ifrs-standards-by-jurisdiction/#analysis (accessed February 27, 2020).

10 FinancialAccountingStandardsBoard,"MemorandumofUnderstanding:The Norwalk Agreement," www.fasb.org/news/memorandum.pdf (accessed May 28, 2016).

11 FASB, "Convergence with the International Accounting Standards Board."

12 Securities and Exchange Commission, "About the SEC: What We Do," www.sec.gov/about/whatwedo.shtml (accessed May 2, 2019).

13 "Financial Reporting," (European Union), http://ec.europa.eu/info/business-economy/company-reporting-and-auditing/company-reporting/financial-reporting.en

14 "Finance and Economics: Speaking in Tongues," *The Economist* (May 19, 2007): 77–78.

15 "Uniform Rules for International Accounting Standards from 2005 Onwards," *European Parliament Daily Notebook*, Report on the Proposal for a European Parliament and Council Regulation on the Application of International Accounting Standards (COM 2001) 80-C5-0061/2001–2001/004 (COD), Doc.: A5-0070/2002, www.europarl.europa.eu/sides/getDoc.do?pubRef=-//EP//TEXT+PRESS+DN-20020312-1+0+DOC+XML+V0//EN&language=EN#SECTION5 (accessed October 21, 2009).

16 "Who Uses IFRS," op cit.

17 "Organization of the SEC," www.sec.gov/about/whatwedo.shtm#org (accessed May 30, 2016).

18 FASB, "Foreign Currency Translation," Statement of Financial Accounting Standards No. 52 (Stamford, CT: FASB, December 1981): 6–7.

19 www.ifrs.org/IFRSs/Pages/IFRS.aspx.

20 Coca-Cola, 2019 Form 10-K (Securities and Exchange Commission), p. 64.

21 David K. Eiteman, Arthur I. Stonehill, and Michael H. Moffett, *Multinational Business Finance*, 15th edition (Pearson: Upper Saddle Ridge, NJ:, 2019): Chapter 18.

22 "Working Capital," Investopedia.com/terms/w/workingcapital.asp (accessed May 3, 2019).

23 Mike Ramsey, "VW Chops Labor Costs in U.S.," *Wall Street Journal* (May 23, 2011): B1; Stephen Power, "BMW's Profit Softened in Quarter," *Wall Street Journal* (May 4, 2005): A12.

24 Tatyana Shumsky, "SEC Nods to Multinationals," *Wall Street Journal* (February 23, 2016): B5.

25 Ibid.

26 Michael Rapoport and Jean Eaglesham, "SEC Nears Settlement with China Auditors," *Wall Street Journal* (February 5, 2015): C3.

27 *Sources include the following:* Various annual reports of The Gap, H&M, and Inditex for 2015, accessed on May 26, 2016; Greg Petro, "The Future of Fashion Retailing," a three-part series, *Forbes*, www.forbes.com/sites/gregpetro/2012/10/23/the-future-of-fashion-retailing-part-1-uniqlo/, www.forbes.com/sites/gregpetro/2012/10/25/the-future-of-fashion-retailing-the-zara-approach-part-2-of-3/#I, www.forbes.com/sites/gregpetro/2012/11/05/the-future-of-fashion-retailing-the-hm-approach-part-3-of-3/ (accessed June 15, 2013); MarketLine Industry Profile, "Global Apparel Retail," February 2013.

20장

1 S. Green, F. Hassan, J. Immelt, M. Marks, and D. Meiland, "In Search of Global Leaders," *Harvard Business Review* 81:8 (2003): 44.

2 Brookfield GRS. "Career Impact of an Assignment—2016 Global Mobility Trends Survey" http://globalmobilitytrends.brookfieldgrs.com/ (accessed March 10, 2020).

3 "Migration: How Many People Are on the Move around the World?" *The Guardian*, September 10, 2018, sec. News.

4 Mark Schoeff Jr., "P&G Places a Premium on International Experience," *Workforce*, https://bit.ly/2wEJL5F (accessed February 25, 2013).

5 Ibid., Green, Hassan, Immelt, Marks, and Meiland.

6 Liz Wolgemuth, "What the Résumés of Top CEOs Have in Common | Careers | US News," https://bit.ly/2TNXHDj (accessed March 14, 2020).

7 Barbara Ettorre, "A Brave New World," *Management Review* 82:4 (April 1993): 10–16.

8 Martin Dewhurst, Matthew Pettigrew, and Ramesh Srinivasan. "How Multinationals Can Attract the Talent They Need | McKinsey," https://mck.co/39JbCAk (accessed January 4, 2019).

9 "Staffing Globalisation: Travelling More Lightly," *The Economist* (June 23, 2006): 67.

10 "Globalisation: The Empire Strikes Back," *The Economist* (September 18, 2008): 51.

11 Adapted from Expat Insider 2019 Business Edition, "A Look at Global Talent Mobility Though Expat Eyes, Motivation for Relocation," InterNations Business Solutions, https://business.internations.org/expat-insider (accessed March 13, 2020).

12 Melinda Ligos, "The Foreign Assignment: An Incubator, or Exile?" *New York Times* (October 22, 2000).

13 Mark Larson, "More Employees Go Abroad as International Operations Grow," *Workforce Management* (June 1, 2006): 12.

14 Joe Sharkey, "Global Economy Is Leading to More Dangerous Places," *New York Times* April 19, 2005): C3.

15 Stefan Schmid and Dennis Wurster. "International Work Experience: Is It Really Accelerating the Way to the Management Board of MNCs?" *International Business Review* 26, no. 5 (2017): 991–1008; Njål Andersen, "Mapping the Expatriate Literature: A Bibliometric Review of the Field from 1998 to 2017 and Identification of Current Research Fronts," *The International Journal of Human Resource Management* (2019): 1–38.

16 Sandra Jones, "Going Stateside: Once the Overseas Hitch Is Over, Homeward-Bound Expats Hit Turbulence," *Crain's Chicago Business* (July 24, 2000): 23.

17 "No Soft Landing for Returning Expats," Jemima Whyte, September 10, 2018, https://bit.ly/2Q3ck3g (accessed March 9, 2020).

18 Breakthrough to the Future of Global Talent Mobility—2016 Global Mobility Trends Survey, https://bit.ly/2Q0Het3 (accessed January 9, 2019). Joann S. Lublin, "Going Overseas for a Job? Coming Home Is the Hard Part," *Wall Street Journal* (September 5, 2017), https://on.wsj.com/2Wa9vBF.

19 Barry Newman, "Expat Archipelago," *Wall Street Journal* (December 12, 1995): A1.

20 Ibid., Breakthrough to the Future of Global Talent Mobility—2016 Global Mobility Trends Survey.

21 Ibid., Melinda Ligos.

22 Jeffrey Joerres, "Beyond Expats: Better Managers for Emerging Markets | McKinsey," https://mck.co/2IApsJi (accessed January 4, 2019).

23 *"The World at Work,"* McKinsey Global Institute, www.mckinsey.com/insights/ (accessed December 27, 2012); David Jones, "The Importance of International Experience for CEOs," June 12, 2019, https://bit.ly/3cVDx1X (accessed March 14, 2020).

24 "The Rise and Rise of Overseas Experience for Today's CEO | DHR International," https://bit.ly/33tU6Od (accessed March 14, 2020).

25 Ibid., Mark Schoeff

26 Ibid., Green, Hassan, Immelt, Marks, and Meiland.

27 Ibid., Green, Hassan, Immelt, Marks, and Meiland.

28 Acharya Ashwin, Ketan Chaudhry, J. Maxwell, and Matt Rosenstock, "Streamline Decision-Making for a Better Customer Journey | McKinsey & Company," August 12, 2019, https://mck.co/2T4cs4s (accessed February 27, 2020).

29 Ibid., 2016 Global Mobility Trends Survey, See responses to query "International Assignment Failure: What Percentage of Your International Assignments fail?" "Reasons for Early Return from an Assignment: Select the Primary Reasons for Early Returns from International Assignments."

30 Ibid., Green, Hassan, Immelt, Marks, and Meiland.

31 See "World Investment Report 2018: Investment and New Industrial Policies," https://bit.ly/2VYHPzu (accessed January 6, 2019); "2018 BCG Local Dynamos: Emerging-Market Companies up Their Game." https://on.bcg.com/336tZfG (accessed January 9, 2019).

32 Ibid., 2016 Global Mobility Trends Survey/

33 Mercer Mobility, "Seven Dilemmas Facing the Future of Global Mobility," https://bit.ly/2Q4A2MD (accessed March 10, 2020).

34 For example, PricewaterhouseCoopers (PwC) found that more than 70 percent of millennials seek global opportunities. Hence, it offers its Early PwC International Challenge program (EPIC) to fast-track younger employees into international assignments. Candidates jump-start the process by completing an online assessment and consulting PwC's career pages. If selected, off one goes to a two-year assignment. Candidates, besides expediting career progression, improve executive skills and global orientation. PwC benefits by improving recruitment as well as fortifying its leadership pipeline.

35 Maike Andresen, Marshall Pattie, and Thomas Hippler. "What Does It Mean to Be a 'Self-Initiated' Expatriate in Different Contexts? A Conceptual Analysis and Suggestions for Future Research," *The International Journal of Human Resource Management* 31, 2020: 174–201. "Expat Explorer—Expat 2019 Global Report," HSBC, https://www.expatexplorer.hsbc.com/global-report/ (accessed March 10, 2020). Ibid., Mercer Mobility. "Mobile Millennials."

36 "Number of International Students in the United States Hits All-Time High," https://bit.ly/2IC00Tu (accessed March 10, 2020).

37 "Americans Look Overseas for Global MBA Courses and Diversity," *TOPMBA*, https://bit.ly/2xsbvuJ (accessed December 27, 2012).

38 Ibid., Expat Insider 2019 Business Edition, "A Look at Global Talent Mobility Through Expat Eyes;" see also "International Assignees by Gender: Estimate the Percentage of Your Current International Assignees by Gender;" "Where Are Women in the Expatriate Workforce," https://bit.ly/2TFFojT (accessed January 15, 2018).

39 "More Females Sent on International Assignment Than Ever Before, Survey Finds," https://bit.ly/3aMXK8h (accessed April 25, 2009).

40 Maria Bastida, "Yes, They Can Do It! Exploring Female Expatriates' Effectiveness," *European Research on Management and Business Economics* 24, no. 2 (2018): 114–120.

41 "Education in China," 2019. WENR, https://bit.ly/38GWamG (accessed March 10, 2020);

42 Martin Dewhurst, Jonathan Harris, and Suzanne Heywood. "The Global Company's Challenge | McKinsey," https://mck.co/2vJ0sNd (accessed January 4, 2019).

43 Ibid., 2016 Global Mobility Trends Survey, See response to query "Assignments to/from Headquarters Country: Estimate the Percentage of Your International Assignments to/from Headquarters Country."

44 Ibid., 2016 Global Mobility Trends Survey, See response to query "Pressure to Reduce Assignment Costs: In Response to Business and Economic Conditions That May Be Affecting Your Company, Has There Been an Effort to Reduce International Assignment Costs?"

45 Ibid., 2016 Global Mobility Trends Survey, See response to query "Single Status Assignments by Assignment Length: Estimate the Percentage of Single Status Assignments by Assignment Length (Short-Term vs. Long-Term Assignment)."

46 Eric Rosenbaum, "IBM Artificial Intelligence Can Predict with 95% Accuracy Which Workers Are about to Quit Their Jobs," *CNBC*, April 3, 2019, https://cnb.cx/2TsKluL (accessed March 1, 2020).

47 Maggie M. Cheng and Rick D. Hackett, "A Critical Review of Algorithms in HRM: Definition, Theory, and Practice," *Human Resource Management Review* (2019): 100698; Brookfield GRS. "Change in Requirement for Program Reporting, Global Mobility Trends Survey," http://globalmobilitytrends.brookfieldgrs.com/ (accessed March 10, 2020).

48 Adrian Wooldridge, "The Battle for the Best," *The Economist: The World in 2007*.

49 "Staffing Globalisation: Travelling More Lightly," *The Economist* (June 23, 2006).

50 "Why Toyota Has Flopped in China," *Business Insider*, http://globalmobilitytrends.brookfieldgrs.com/ (accessed January 6, 2013).

51 Ibid., Martin Dewhurst, Jonathan Harris, and Suzanne Heywood.

52 J. Kahn, "The World's Most Admired MNEs," *Fortune* (October 11, 1999): 267.

53 Ibid., J. Kahn.

54 William C. Weldon, "Chairman's Letter: To Our Shareholders," *Annual Report 2006*.

55 Ibid., "Why Toyota Has Flopped in China."

56 Ibid., Green, Hassan, Immelt, Marks, and Meiland.

57 "High-Tech Nomads: These Engineers Work as Temps on Wireless Projects All over the World," *Time* (November 26, 2001); B. Kedia and A. Mukherji, "Global Managers: Developing a Mindset for Global Competitiveness," *Journal of World Business* 34 (Fall 1999).

58 Ibid., Green, Hassan, Immelt, Marks, and Meiland.

59 Adam Hajo, Otilia Obodaru, Jackson G. Lu, William W. Maddux, and Adam D. Galinsky, "The Shortest Path to Oneself Leads around the World: Living Abroad Increases Self-Concept Clarity," *Organizational Behavior and Human Decision Processes* 145 (March 2018): 16–29. https://doi.org/10.1016/j.obhdp.2018.01.002.

60 Ibid., Candidate Readiness - Leadership Skills, 2016 Global Mobility Trends Survey, http://globalmobilitytrends.brookfieldgrs.com/ (accessed March 10, 2020).

61 Data results for query: "What Are the Criteria for Including a Candidate into the Candidate Pool?" "Mindful Mobility: Brookfield GRS' 2015 Global Mobility Trends Survey," https://bit.ly/2VYyXtr (accessed January 10, 2020).

62 "Mindful Mobility: Brookfield GRS' 2015 Global Mobility Trends Survey," https://bit.ly/332MDoS (accessed October 6, 2015), see query "International Assignment Objectives: Select the Primary Objectives for Sending Employees on Assignment."

63 "Breakthrough to the Future of Global Talent Mobility—2016 Global Mobility Trends Survey," Brookfield GRS. http://globalmobilitytrends.brookfieldgrs.com/ (accessed January 10, 2019).

64 "In Search of Global Leaders: View of Stephen Green, Group CEO, HSBC," *Harvard Business Review* (August 1, 2003).

65 "Business in China and the West: A Tale of Two Expats," *The Economist* (December 29, 2010).

66 Yari, Nooria, Erik Lankut, Ilan Alon, and Nicole Franziska Richter, "Cultural Intelligence, Global Mindset, and Cross-Cultural Competencies: A Systematic Review using Bibliometric Methods," *European Journal of International Management* (2020); Maike Andresen and Franziska Bergdolt, "A Systematic Literature Review on the Definitions of Global Mindset and Cultural Intelligence—Merging Two Different Research Streams," *The International Journal of Human Resource Management* 28, no. 1 (2017): 170–195.

67 Tsun-yan Hsieh, Johanne Lavoie, and Robert Samek, "Are You Taking Your Expatriate Talent Seriously?" *The McKinsey Quarterly* (Summer 1999).

68 Adapted from Expat Insider 2019 Business Edition, "A Look at Global Talent Mobility Though Expat Eyes, Biggest Concerns before Moving Abroad," InterNations Business Solutions, https://bit.ly/38QkimQ (accessed March 13, 2020); see also Karen Beaman, "2010–2011 Going Global Report," Jeitosa Group International, Adapted from Table 7, https://bit.ly/2TCK9KY.

69 "Before You Accept That Exciting Expat Assignment, Know This First," https://bit.ly/332Rvul (accessed March 9, 2020).

70 Jessica Twentyman, "An Expat Job Can Be a Move Too Far," FT.com, https://on.ft.com/2WjKN1A (accessed February 25, 2013).

71 S. Larson, "More Employees Go Abroad as International Operations Grow," Workforce.com, www.workforce.com/index.html (accessed April 27, 2009).

72 Kathy Gurchiek, "HR Best Practices Can Lead to a Better Expat Experience," SHRM, March 22, 2016, https://bit.ly/2IQKhA6 (accessed March 15, 2020).

73 Ibid., "Breakthrough to the Future of Global Talent Mobility—2016 Global Mobility Trends Survey."

74 "Mindful Mobility: Brookfield GRS' 2017 Global Mobility Trends Survey," *Brookfield GRS*, http://globalmobilitytrends.brookfieldgrs.com/ (accessed January 13, 2019).

75 "Reasons Why Expatriates Fail at Overseas Assignments," Atlas, https://bit.ly/2x0QEOz (accessed December 1, 2017).

76 "English Is Coming: The Adverse Side-Effects of the Growing Dominance of English," *The Economist* (February 14, 2009): 85.

77 Philip Oltermann, "Something in Common: Should English Be the Official Language of the EU? | Philip Oltermann," *The Guardian*, April 24, 2013, https://bit.ly/2PZw347 (accessed September 28, 2019).

78 M. Joseph, "India Faces a Linguistic Truth—English Spoken Here," *New York Times* (February 16, 2011); "Schumpeter: New Rules for Schools," *The Economist* (March 26, 2013).

79 "Lingua Franca," https://bit.ly/2VXYjYw (accessed February 25, 2016).

80 "MLA Data on Enrolments Show Foreign Language Study Is on the Decline," (March 19, 2018), https://bit.ly/3aE802 (accessed January 6, 2019).

81 European Commission, "Languages of Europe," *Education and Training*, https://bit.ly/2IMOi8Y (accessed July 18, 2007).

82 Doreen Carvajal, "In Many Business Schools, the Bottom Line is in English," *New York Times* (April 10, 2007), https://nyti.ms/3366gMT (accessed June 12, 2007).

83 "Machine Translation: Conquering Babel," *The Economist* (January 5, 2013): 63.

84 Jenna Wortham, "A Surge in Learning the Language of the Internet," NYTimes.com, https://nyti.ms/38Ni2Nu (accessed December 26, 2012).

85 "In Search of Global Leaders: View of Fred Hassan, Chairman and CEO, Schering-Plough," *Harvard Business Review* (August 1, 2003).

86 Lera Boroditsky, "How Language Shapes Thought," *The Long Now*, https://bit.ly/39TdPJl (accessed December 27, 2012); "For a Better Brain, Learn Another Language," *The Atlantic*, https://bit.ly/2TZ0rfS (accessed October 6, 2015).

87 "Enduring Voices Project," *National Geographic*, https://bit.ly/39Q6Fpp (accessed December 27, 2012).

88 "It's Time to Protect Chinese Language," *China Daily*, https://bit.ly/3aQGSNC(accessed December 27, 2012).

89 Ibid., Melinda Ligos.

90 Ibid., Mindful Mobility: Brookfield GRS' 2017 Global Mobility Trends Survey, See response to query "Approach to Long-Term Assignment Compensation: Approach Taken to Assignee Compensation Philosophy/Methodology for Long-Term Assignments (1 Year or Greater)."

91 "Business in China and the West: A Tale of Two Expats," *The Economist* (December 29, 2010).

92 Barney Jopson and Demetri Sevastopulo, "US Expats Given Hope of Lower Tax Bills," *Financial Times* (October 25, 2017), https://on.ft.com/2TATJh9 (accessed February 20, 2020); "Tax Nightmare for American Expats As IRS Treats Them Like Cheats - Bloomberg," November 26, 2019, https://bloom.bg/2VZM9hY (accessed March 9, 2020).

93 Ibid., Jemima Whyte.

94 Ibid., 2016 Global Mobility Trends Survey, See response to query "Career Impact of International Assignment: Upon Repatriation, What Is the Impact on the Assignee Career in Comparison to Peers without International Experience within your Company?"

95 "Repatriation Strategy Link to Career Management, 2016 Global Mobility Trends Survey," http://globalmobilitytrends.brookfieldgrs.com/ (accessed March 10, 2020).

96 "In Search of Global Leaders: View of Daniel Meiland, Executive Chairman, Egon Zehender International," *Harvard Business Review* (August 1, 2003).

97 M. Lazarova and P. Caligiuri, "Retaining Repatriates: The Role of Organizational Support Practices," *Journal of World Business* 36 (Winter 2001): 389–402.

98 Liz Bleacher, "Students Return from Study Abroad, Experience Reverse Culture Shock," *Delaware Review* (February 19, 2013).

99 Ibid., Kathy Gurchiek.

100 Source: "2016 Global Mobility Trends Survey," Brookfield GRS, https://bit.ly/38ABcWI (accessed March 11, 2020).

101 Expat Insider 2019 Business Edition, "A Look At Global Talent Mobility Though Expat Eyes," InterNations Business Solutions, https://business.internations.org/expat-insider (accessed March 13, 2020); Breakthrough to the Future of Global Talent Mobility—2016 Global Mobility Trends Survey, https://bit.ly/2Q0Het3, See responses to query "International Assignment Failure: What Percentage of Your International Assignments Fail?," "Reasons for Early Return from an Assignment: Select the Primary Reasons for Early Returns from International Assignments."

102 Vindu Goel, "IBM Now Has More Employees in India Than in the U.S," *The New York Times* (September 28, 2017), https://nyti.ms/39BTY13 (accessed January 24, 2019).

103 Ibid., Martin Dewhurst, Jonathan Harris, and Suzanne Heywood.

104 "Big US Firms Shift Hiring Abroad," *Wall Street Journal* (April 19, 2011).

105 "Financial Careers: Go East, Young Moneyman," *The Economist* (April 16, 2011).

106 "Up or Out: Next Moves for the Modern Expatriate," *The Economist Intelligence Unit*, https://bit.ly/2U3e3XL (accessed December 31, 2012).

107 Keith Bradsher, "A Younger India Is Flexing Its Industrial Brawn," *New York Times* (September 1, 2006): A1.

108 "Transparency International - India," https://www.transparency.org/country/IND (accessed January 6, 2019). "Transparency International—Country Profiles," www.transparency.org/country#IND (accessed January 15, 2016).

109 "More than 25 Million People Apply for Indian Railway Vacancies," *Reuters*, March 29, 2018, https://reut.rs/2IuW0V0 (accessed January 28, 2020).

용어 해설

가격 통화(terms currency) 일반적으로 한 단위의 기준이 되는 기본 통화의 가격을 나타내는 통화. 기본 통화 1단위당 해당 통화 단위 수를 제시한다. 외환 딜러가 호가를 제시할 때 USD/JPY를 인용하면 달러가 기본 통화이고 엔이 가격 통화이다. 미국 달러당 일본 엔의 수를 알려주며, 호가는 USDJPY=X로도 표시된다.

가상조직 구조(virtual structure) 신축적으로 변화에 적응하는 파트너들 사이에서 민첩하게 움직이는 배열 구조로, 통신망의 확장을 통해 시간, 공간, 조직의 경계를 초월해 작동한다.

가치(value) 제품을 만드는 데 드는 비용보다 더 많은 돈을 받고 판매할 수 있는 기업의 능력을 측정한 것으로, 제품을 만드는 비용과 고객이 지불하려는 가격 간 차이로 명시한다. 전략의 궁극적인 목적이다.

가치사슬(value chain) 제품이 원재료 도입에서부터 최종 배송에 이르는 일련의 과정을 거치면서 기업이 취하는 행동의 집합. 가치 창출 구조의 분해

간접 수출(indirect exporting) 기업은 가장 잘할 수 있는 제조만 하고, 중개업체에게 수출의 마케팅, 매매 조건 설정, 포장, 유통, 대금 수납을 맡기는 것

간접법(indirect quote) '유럽식 호가' 참조

개발도상국(developing economy) 일반적으로 다른 국가에 비해 낮은 산업화와 낮은 생활 수준을 보이는 경제로, '저개발국'이라고도 한다.

개인주의(individualism) 여가 시간을 충족하고 우정을 쌓으며 조직에 의존하지 않고 역량을 개선하는 것과 개인적으로 의사결정하는 것을 선호하는 것

거래 중심 문화[deal-focus(DF) culture] 주로 관계 시향석이기보다는 업무 지향적인 문화

거래적 환노출(transaction exposure) 기업의 거래가 외국 통화로 표시되고 결제로 인해 현금 흐름에 이익이나 손실을 야기할 때 발생하는 환위험

격차 분석(gap analysis) 회사에서 특정 유형의 제품에 대한 잠재적인 매출을 추정하고 서로 다른 마케팅 믹스의 구성 요소를 강조하는 것이 이 잠재 고객에게 더 나은 서비스를 제공하는 데 더 나은 방법인지 비교하는 도구

경계(boundary) 정치 환경 측면에서는 한 국가의 경계를 정의하는 공식적 또는 인식된 분리 지점이며, 조직 구조 맥락에서는 구성원을 위계 내에 특정한 자리에 배치하는 수직적 제약 조건이나, 구성원이 조직 내 특정한 소집단 내에서 특정한 업무만을 수행할 수 있도록 만드는 수평적 제약 조건을 말한다.

경제 시스템(economic system) 희소 자원의 배분에 대한 시스템

경제의 무게 중심(economic center of gravity) 지구상의 여러 지역에서 3차원으로 측정한 경제 활동의 평균 위치

경제자유지수(Economic Freedom Index) 전 세계 국가의 경제적 자유를 체계적으로 측정한 것으로, 헤리티지 재단과 월스트리트 저널이 후원한다.

경제적 자유(economic freedom) 시민이 자유 그 자체를 보호하고 유지하는 데 필요한 범위를 넘어서는 경제적 자유에 대한 정부의 제약이나 강압이 부재하는 것

경제적 환노출(economic exposure) 제품 가격, 투입물의 구매 및 비용, 투자의 위치로부터 발생한 예상되는 현금 흐름의 변화 가능성으로서, '운영 환노출'이라고도 한다.

경제 통합(economic integration) 특히 무역 장벽 감소와 관련하여 가입국에 우선권을 주는 국가 간, 또는 지역 정치 및 통화 협정

경화(hard currency) 완전 교환 가능한 통화로, 높은 유동성과 상대적인 안전성이 있으므로 일반적으로 상품과 서비스에 대한 지불 매체로 세계적으로 인정되는 바람직한 자산

계약 제조업체(contract manufacturer) 계약을 맺은 다른 회사를 대신하여 제품을 제조하고 전달하는 책임을 지는 회사

계획 경제(command economy) 국가가 생산 요소를 소유하고 통제하는 경제 체제

계획을 통한 조정(coordination by plan) 활동을 조정하기 위해 일반적인 목표와 세부적인 목표에 의존하는 시스템

고맥락 문화(high-context culture) 대부분의 사람들이 간접적인 정보를 적절한 것으로 이해하고 간주하는 경향이 있는 문화

고전적인 조직 구조(classical structure) 효율성, 표준화 및 전문화를 극대화하기 위해 정확한 역할, 관계 및 책임을 강조하는 과학적 관리 관점을 반영하는 구조적 구성

공급사슬(supply chain) 초기 원재료의 공급자에서부터 최종 소비자에게 이르는 과정을 연결하고, 제품 생산에 필요한 재료와 원료, 정보 및 자금의 조정을 수행하는 네트워크

공동 시장(common market) 국가가 내부 관세를 폐지하고 공통 외부 관세를 사용하며 요소 이동에 대한 제한을 폐지하는 지역 경제 통합의 한 형태

공리주의(utilitarianism) 어떤 행위가 영향을 받는 최대 다수의 이익을 낸다면, 혹은 이익을 내는 경향이 있다면, 해당 행위를 정당한 것으로 보지만, 그렇지 않다면 잘못된 행위로 보는 도덕적 추론 방식

공산주의(communism) 국가의 자원 소유 및 경제 활동에 대한 통제를 옹호하는 정치 이론으로, 마르크스주의 원칙인 '능력에 따른 노동과 필요에 따른 분배'를 달성하기 위해 정부의 지휘를 기반으로 평등주의, 무계급의 사회, 궁극적으로는 무국적 사회를 이룩할 것을 희망한다.

과점적 대응(oligopolistic reaction) 경쟁사가 다른 곳에서 지위를 향상하는 데 사용할 수 있는 이점을 얻는 것을 막기 위해 의도적으로 시장을 경쟁적으로 만드는 것

관계 중심 문화[relationship-focus(RF) culture] 사업 거래보다 친구와의 거래를 우선시하는 문화

관료적 통제(bureaucratic control) 조직이 중앙집중식 권한을 사용하여 활동을 관리하는 규칙 및 절차를 설치하는 통제 시스템

관세(tariff 또는 duty) 가장 많이 쓰이는 무역 통제 수단으로, 국제적으로 선적되는 상품에 부과하는 세금

관세와 무역에 관한 일반협정(General Agreement on Tariffs and Trade, GATT) 관세 및 비관세 장벽을 낮추는 다자간협정으로 GATT의 우루과이라운드에서 세계무역기구(WTO)가 설립되었다.

관습법(customary law) 일상생활의 지혜, 종교, 철학적 전통에서 자연적으로 형성된 법적 시스템

교섭 이론(bargaining school theory) 해외투자 조건은 투자 기업과 피투자국이 서로가 얼마나 필요한지에 달려 있다는 전제

교역 조건(terms of trade) 특정 국가의 수출 물량을 통해 구입할 수 있는 수입 물량

교차 라이선싱(cross-licensing) 기술 변화가 빈번하고 다방면에 영향을 미치는 산업의 경우 여러 국가의 기업이 서로 경쟁하기보다는 기술이나 무형 자산을 교환하는 것

교차환율(cross rate) 현물 시장에서 사용되는 두 통화의 환율로서 달러 대비 각 통화의 환율로 계산된다.

구매력평가(purchasing power parity, PPP) 특정 재화와 서비스에 대해 기준 국가 화폐 한 단위로 살 수 있는 것과 동일한 양을 살 수 있는 비교 국가의 화폐 단위

국가 경쟁우위 다이아몬드 모델(diamond of national competitive advantage) 경쟁우위에 중요한 네 가지 조건을 보여주는 이론으로, 네 가지 조건은 수요 조건, 요소 조건, 관련 및 지원 산업, 기업의 전략과 조직 구조 및 경쟁이다.

국가 규모 이론(theory of country size) 규모가 큰 국가가 작은 국가보다 일반적으로 무역에 덜 의존한다는 이론

국가 유사성 이론(country-similarity theory) 기업이 자국 시장의 조건에 대응하여 새로운 제품을 생산하고 그런 다음 자국 시장과 경제 수준이 비슷하며 특히 소비자의 1인당 소득 수준이 비슷한 시장으로 진출한다는 무역 이론

국가 자본주의(state capitalism) 정치 관계자가 생산 요소의 가치 평가와 사용에 영향을 미치지만 직접적으로 통제하지는 않는 경제 시스템

국내총생산(gross domestic product, GDP) 한 국가의 국경 내에서 생산되는 모든 생산물의 시장 가치

국민총생산(gross national product, GNP) 특정 연도에 한 국가 내에서 생산된 최종 재화 및 서비스의 총가치

국민총소득(gross national income, GNI) 한 나라의 경제적 성과를 측정하는 가장 광범위한 척도이며, 개인 소비, 기업 투자, 정부 지출, 재화 및 서비스 순수출의 네 가지 주요 요소로 구성되어 있다.

국부 펀드(sovereign wealth fund, SWF) 다양한 곳에서 자원을 생산하는 국영 투자 펀드이며, 국가의 중요한 자금 조달원이다. 일반적으로 석유와 같은 천연자원이 국부 펀드의 주요 자원이다.

국제 인적 자원 관리(international human resource manage-ment, IHRM) 다국적 기업의 직원 관리와 관련된 모든 것을 감독하는 것을 가리키는 포괄적인 용어로, 채용, 선택, 성과 측정, 보상, 교육, 노사 관계, 경력을 관리한다.

국제 제품수명주기 이론[product life cycle(PLC) theory] 제품의 수명주기에 따라 해당 제품의 생산 위치가 이동한다는 이론으로, 특히 선진국에서 개발도상국으로 이동한다고 한다. 제품수명주기는 도입기, 성장기, 성숙기, 쇠퇴기의 4단계로 구성된다.

국제 준비 자산(international reserve) 외환 보유고, IMF 관련 자산(SDR 포함), 금의 세 가지 형태로 유지되는 중앙은행이 보유한 통화 자산

국제 피셔 효과(International Fisher Effect, IFE) 금리가 낮은 국가의 통화가 미래에 강세를 보일 것을 보여주는 이론

국제결제은행(Bank for International Settlements, BIS) 60개 회원국 중앙은행이 소유하고 관리하는 스위스 바젤의 중앙은행 기관

국제경영(international business, IB) 국가 간에 발생하는 판매, 투자, 운수를 포함한 모든 상업적 거래 활동

국제적 전략(international strategy) 기업의 핵심 역량을 자국 내 시장에서 그러한 역량을 보유한 경쟁자가 없는 해외 시장으로 이전하여 가치를 창출하려는 전략과 경영자의 노력

국제증권위원회(International Organization of Securities Commissions, IOSCO) 포괄적인 회계 표준을 수립하기 위해 국제회계기준위원회(IASB)를 지원하는 증권 감독 기관 성격의 국제 기구

국제통화기금(International Monetary Fund, IMF) 환율 안정과 통화의 국제적 흐름 촉진을 목표로 1945년 12월 27일 공식적으로 설립된 다자간 협의체

국제표준화기구(International Organization for Standardization, ISO) 1947년 제네바에 설립된 산업 표준의 단일화와 국제적인 상호 협력을 촉진하는 비정부 조직

국제회계기준(International Financial Reporting Standards, IFRS) 국제회계기준위원회(IASB)에서 발행한 것으로, 많은 국가, 특히 유럽 연합에서 채택한 일련의 회계 표준

국제회계기준위원회(International Accounting Standards Board, IASB) 전 세계적으로 사용되는 재무 회계 표준을 설정하는 런던에 소재한 국제 민간 부문의 조직

권력 거리(power distance) 상사와 부하 직원 간 상호작용에 대한 직원의 선호도를 측정한 것

귀속된 소속 집단(ascribed group membership) 성별, 가족, 연령, 카스트, 인종, 민족, 출신 국가 등 출생으로 결정된 집단

귀임(repatriation) 해외 주재원의 업무가 종료되었을 때 국외의 주재원을 온전한 상태에서 본국으로 귀임시켜, 기존의 조직에 재통합하는 과정

규모의 경제(economies of scale) 더 많은 생산 단위에 고정 비용을 할당하여 생산 규모가 증가함에 따라 단위당 생산 비용이 낮아짐으로써 생기는 경제적 이익

규범주의(normativism) 행동이 다양한 문화적 가치에 영향을 받지만 전 세계 어디에서나 사람들이 수용해야 하는 보편적 기준이 있다는 주장

글로리컬라이제이션(glorecalization) 지역 시장 내에서 입지의 경제를 활용하는 가치사슬을 통해 글로벌 비전과 지역 맞춤화를 실현한다.

글로벌 사고방식(global mindset) 전 세계의 정보, 전통, 규범을 흡수하고 모든 환경에 영향을 미칠 수 있는 방법을 개념화할 수 있는 능력

글로벌성(globality) 모든 것을 놓고 모든 곳에서 모든 사람과 경쟁하는 상황

글로벌 전략(global strategy) 경험곡선 효과 및 지역 경제로 인한 비용 절감을 통해 수익성을 높이는 전략

글로벌 통합(global integration) 세계 곳곳의 국가들이 협력하기로 결정하는 것

글로벌 파견 직원(transpatriate) 계속되는 일련의 국제 업무를 수행하고 본사로 돌아가지 않으며 진정한 회사나 국가의 '본국'과 동일시하지 않는 국외 '종신 근무자'

금리차익 거래(interest arbitrage) 이자 차이를 이용하기 위해 다른 나라에서 채권과 같은 부채 상품에 투자하는 것으로, 투자자가 현금을 현물환율의 외환으로 전환하고 더 높은 금리로 해외 시장에 투자한 후 원금과 이자를 자국 통화로 다시 전환할 수 있도록 선도 계약을 체결하면 투자가 '보장'된다. 그 돈을 자국 통화에 투자했을 때보다 더 많이 벌 수 있다.

기능별 구조(functional structure) 업무의 기능적 영역에 따라 구성된 조직

기능 통화(functional currency) 기업이 운영하는 주요 경제 환경의 통화

기본적 예측(fundamental forecasting) 경제 변수의 동향을 사용하여 미래 환율을 예측하는 도구

기본 통화(base currency) 두 통화 간에 호가가 제시될 때 암시적으로 값이 1인 통화. 예를 들어 브라질 헤알화가 달러당 3.8에서 거래되고 있다면 여기서 기본 통화는 달러이고, 가격 통화는 헤알이다.

기술적 예측(technical forecasting) 환율 자체의 과거 경향을 미래 현물환율 추세를 예측하는 데 사용하는 도구

기업 수준 전략(corporate-level strategy) 다국적 기업이 국가 간 비즈니스를 관리하기 위해 벌이는 일련의 행위로, 경쟁우위를 확보하기 위해 결정한다.

나스닥(NASDAQ) 주식, 원자재, 옵션 및 선물을 거래하는 미국에서 두 번째로 큰 주식 시장으로, 덴마크, 핀란드, 아이슬란드, 스웨덴에서 나스닥노르딕을 소유 및 운영하고 있으며, 노르웨이에서는 NASDAQ OMX이라는 이름으로 파생 상품 거래소를 운영하고 있다.

난민(refugee) 정치적 이유(예: 박해나 전쟁 위협)로 출생 국가가 아닌 다른 국가에 이주하는 사람

남성성-여성성 지수(masculinity-femininity index) 성과에 대한 태도를 측정하는 것으로, 남성성 점수가 높을수록 '일하기 위해 사는 것'을 선호하는 반면, 여성성 점수가 높으면 '살기 위해 일하는 것'을 선호한다.

내부화(internalization) 외부의 조직을 이용하는 것보다 회사 내부에서 처리하는 것이 더 효율적이므로 해외 사업에 필요한 기능을 기업 내부에서 처리하는 것

네트워크 구조(network structure) 기업 내부 및 외부 대리인의 연결, 의사소통 및 협업을 촉진하기 위해 의사결정을 분산하는 수평적이고 덜 계층적인 신구전주의 조직 구조로, 네트워크의 조직 중심부에서는 최선을 선택하고 나머지를 아웃소싱하는 방식을 쓴다.

네팅(netting) 자회사에서 중앙 청산 계정으로 자금을 이체하고 그곳에서 다른 자회사의 계정으로 자금을 송금하는 것

녹색경제학(green economics) 경제가 자연계의 구성 요소이며 궁극적으로는 이에 귀속된다고 주장하는 학문

뉴욕증권거래소(NYSE:Intercontinental Exchange, NYSE:ICE) 세계에서 가장 큰 주식 시장으로, 뉴욕증권거래소와 다양한 파생 상품 거래소를 포함하여 미국, 캐나다 및 유럽에서 23개의 규제 거래소를 소유하고 운영한다.

능력(capability) 기업이 소유한 관련 자원의 생산성을 향상시키는 고유한 유형의 자원

니어쇼어링(nearshoring) 본국에 공급사슬을 더 가까이 이동시키는 오프쇼어링 전략

다각화 전략(diversification strategy) 기업이 많은 해외 시장으로 빠르게 이동하여 각각의 시장에서 점차적으로 투입을 증가시키는 것

다국적 기업(multinational enterprise, MNE) 해외직접투자를 한 기업

다면적인 문화(polychronic culture) 사람들이 멀티태스킹과 같이 여러 일을 동시에 하는 것을 더 선호하는 문화

다문화(multicultural) 둘 이상의 국가 문화를 내재화한 사람에 대한 설명

단색 문화(monochronic culture) 다른 고객과 거래하기 전에 한 고객과의 거래를 완료하는 것과 같이 대부분의 사람들이 일반적으로 순차적으로 작업하는 것을 선호하는 문화

대응구매(offset) '연계무역' 참조

덤핑(dumping) 기업은 비용 또는 모국에서의 가격보다 낮은 가격에 수출하는 관행

동등한 접근권(comparable access argument) 기업과 산업체는 외국 산업과 기업이 자국 시장에 접근하듯이 외국 시장에 동등하게 접근할 수 있는 권리가 있다고 주장하는 공정성 논거

동적 효과(dynamic effect) 생산 확대와 규모의 경제 달성에 따라 시장이 전반적으로 성장하고 기업에 미치는 영향이 커지는 것

두뇌 유출(brain drain) 학력이 높은 사람이 자국을 떠나게 되어 국가의 생산성 있는 잠재 자원을 잃는 것

디지털 격차(digital divide) 디지털 기술에 정기적으로 접근할 수 있는 사람과 그렇지 않은 사람 사이의 격차

라이선싱 계약(licensing agreement) 한 기업이 소유한 상표, 특허권, 저작권 또는 기타 노하우와 같은 자산에 대한 사용 권리를 부여하는 계약

래그 전략(lag strategy) 기업이 해당 통화가 강세가 될 것으로 기대될 때 외국 통화 표시 미수금 수취를 미루거나, 통화가 약세가 예상될 때 미지급금의 지급을 연기하는 전략으로, '리드 전략'의 반대이다.

런던 은행 간 금리(London Inter-Bank Offered Rate, LIBOR) 유로화에 대한 대규모 은행 간 대출 이자율로, 주택 담보 대출을 포함하여 다양한 대출에 대한 벤치마크 이자율

레버리지(leverage) 기업의 성장 자금을 부채로 조달하는 정도

로열티(royalty) 상표, 특허, 저작권 또는 전문지식과 같은 일부 자산의 사용에 대한 지불 비용

리드 전략(lead strategy) 외국 통화의 약세가 예상될 때 만기 전에 외국 통화 표시 미수금을 수취하거나, 외국 통화의 강세가 예상될 때 만기 전에 외국 통화 표시 미지급금을 지급하는 전략으로 '래드 전략'의 반대이다.

리쇼어링(reshoring) 해외 운영 부문을 다시 국내로 돌아오도록 하는 것

매각(divesting) 일부 국가에서는 일반적으로 기업이 다른 국가 보다 성과 전망이 좋지 않기 때문에 투자를 줄이는 것을 말하는데, '수확'이라고도 한다.

매도율[offer(sell) rate] 딜러가 외환을 판매할 의사가 있는 가격

매입률[bid(buy) rate] 딜러가 외환을 구입할 의사가 있는 가격

매트릭스 구조(matrix structure) 조직 구성원들이 해외 조직의 제품, 기능, 지역 등 하나 이상의 그룹에 배치되어, 소속된 그룹에 대한 책임을 공유하는 것

메르코수르(Mercosur) 아르헨티나, 브라질, 파라과이, 우루과이가 남미 국가 간 무역 장벽을 없애기 위해 1991년 창설한 남미 공동 시장이자 경제 공동체

모국 국적 직원(parent-country national) 현지에 파견된 본사가 위치한 국가의 국적을 가진 직원

목적론적 접근법(teleological approach) 도덕적 추론의 한 가지 방식으로, 행위의 결과에 토대를 두고 결정을 내리는 접근 방식

몰입 상승 효과(escalation of commitment) 기업이 대안을 검토하는 데 더 많은 시간과 돈을 투자할수록 장점과 상관없이 그것을 받아들일 가능성이 더 높아지는 것

무경계(boundarylessness) 정보 흐름을 방해하고 관계 발전을 방해하는 위계 구조를 규정하는 경계선을 명확히 하는 것에서 벗어나 이질성을 느슨하게 구획하는 상태

무역수지 적자(trade deficit) 국가의 수출보다 수입이 더 많은 상태

무역수지 흑자(trade surplus) 국가의 수출이 수입보다 더 많은 상태

문화(culture) 개인 집단의 공유된 가치, 태도, 신념

문화적 거리(cultural distance) 다른 문화적 요소로 측정하여 각각의 요인을 비교한 각 국가들의 문화적 차이 정도

문화 제국주의(cultural imperialism) 외래 문화의 어떤 요소를 강요하는 것으로, 부와 권력을 갖춘 발전된 자본주의 국가와 상대적으로 힘이 약한 저개발국가 사이의 지배와 종속의 문제가 문화에도 적용된다는 견해

문화 충격(culture shock) 새로운 문화 신호와 기대를 흡수해야 하는 데서 오는 혼란스러움과 낙담

문화 충돌(cultural collision) 다양한 문화 간 접촉으로 발생하는 문제

물류 관리(logistics management) 고객의 요구사항을 충족하기 위해 생산 지점에서 소비 지점까지 상품, 서비스 및 관련 정보의 효율적이고 효과적인 흐름과 보관을 계획, 구현 및 제어하는 공급사슬 프로세스의 일부로, '운영 관리'라고도 한다.

물질주의(materialism) 자기 만족과 행복의 수단으로서 재산을 획득하는 것뿐 아니라 성공을 외적으로 드러내는 것도 중요하다는 것

미국식 호가(American terms) 외국 통화 한 단위에 대한 본국 통화의 필요 수량

미국주식예탁증서(American Depositary Receipt, ADR) 미국 은행이 외국의 관리 은행에 신탁 보유한 외국 법인 주식의 기초 주식을 나타내기 위해 발행한 양도성 증권

미래 지향성(future orientation) 미래에 더 많은 것을 거두기 위해 만족을 늦추는 의지

미션(mission) 비전을 보완하는 것으로, 무엇을 할 것인지, 어떻게 할 것인지, 누구를 위해 할 것인지, 그렇게 함으로써 어떤 가치를 창출할 것인지를 나타낸다.

민법(civil law) 개인 및 조직 간 행위를 규제하기 위한 사적 권리 및 구체적인 해결책을 규정함으로써 계약, 재산 및 가족과 같은 영역에서 개인 간의 분쟁을 규율하는 법

민주주의(democracy) 모든 국민이 정치적으로 평등하고 사상, 의견, 신앙, 언론, 결사의 자유를 가지며 공직자에 대한 궁극적인 통제권을 가진다는 정치 체제

배치(configuration) 회사가 운영을 시작하고 유지할 수 있도록 전 세계의 이상적인 위치에 가치 활동을 설정, 조정, 분산하는 것

법률 선택 조항(choice-of-law clause) 당사자가 다른 국가에 거주하거나 계약에 서명한 경우에도 특정 국가의 법률을 사용하여 계약을 해석하는 데 동의하는 계약의 조항

법률 체계(legal system) 행동을 규제하는 규칙, 법을 집행하는 과정, 불만을 해결하는 절차를 규정하는 명시된 규칙

법치(rule of law) 모든 사람이 같은 방식으로 시행되는 동일한 법의 적용을 받는다는 원칙

보조금(subsidy) 기업의 경쟁력 제고를 위한 정부의 직접적인 지원

보호주의(protectionism) 국제무역에 영향을 미치는 정부의 규제와 자국 기업에 대한 지원

복귀한 주재원(repatriate) 해외 파견 업무에서 본국 시장으로 돌아온 해외 주재원

복수환율제도(multiple exchange-rate system) 정부가 거래 종류에 따라 환율을 다르게 설정하는 외환 관리 수단

복합 관세(compound duty) 가치와 양을 기준으로 국제적으로 거래되는 상품에 부과되는 세금

본국중심주의(ethnocentrism) 자국의 관행이 다른 나라보다 우월하다는 신념

본국중심주의 프레임워크(ethnocentric framework) 본사가 제시하는 경영 원리와 사업 방침이 어디에서든 우위에 있다고 보는 신념

본 글로벌 기업(born-global company) 일반적으로 창립자의 국제적 경험과 커뮤니케이션의 발전을 통한 외국 시장에 대한 지식 때문에 글로벌에 집중하여 시작하는 회사

본사국 국적 직원(home-country national) 현지에 파견되는 본사가 위치한 국가의 국적을 가진 직원을 말하며, '모국 국적 직원'이라고도 한다.

본사 파견 현지 직원(inpatriate) 해외 사업장에서 다국적기업의 본부 국가로 파견된 주재원

본원적 활동(primary activity) 제품을 만들고 이동하는 핵심 비즈니스 기능으로, 제품을 디자인하고 만드는 작업을 구축하고, 물류, 마케팅, 유통, 서비스를 통해 나아간다.

분산 배치(dispersed configuration) 특정 경영 활동을 다양한 지리적 위치에서 수행하고 전 세계 시장에 제공하는 가치사슬의 설계

분산화(decentralization) 일반적으로 국가 수준 이하의 하위 수준 관리자가 전략적 결정을 내리고 수립 및 실행하는 정도

불량 제로(zero defect) 어떠한 형태의 불량도 용납하지 않는 것으로, 제조 비용을 절감하고 소비자 만족도를 향상하는 기업 활동

불로 소득(passive income) 지주 회사의 수입과 같이 실제적인 무역 및 사업 활동에 의해 발생된 수입 이외에 발생된 피지배 외국 회사의 수입으로, '서브파트 F'라고도 한다.

불확실성 회피(uncertainty avoidance) 모호함에 불편을 느끼는 특성

브레턴우즈 협정(Bretton Woods Agreement) 환율 안정을 촉진하고 통화의 국제적 흐름을 촉진하기 위한 IMF 국가 간의 협정

비교역재(non-tradable goods) 높은 거래 비용 때문에 현실적으로 수출이 불가능한 상품과 서비스

비교우위(comparative advantage) 어떤 제품 생산에 절대우위가 없는 국가라고 하더라도 그 국가가 가장 효율적으로 생산할 수 있는 제품에 특화한다면 무역을 통해 국제적 효율성을 얻을 수 있다는 자유무역 이론

비전(vision) 기업이 되고자 하는 이상이자 목표와 열망에 대한 미래 지향적 선언으로, 광범위한 포부를 보여준다.

사업부 구조(divisional structure) 생산하는 제품, 제공하는 서비스, 판매하는 장소를 기반으로 업무를 조직하는 별도의 사업부 조직

사회주의(socialism) 부의 생산 및 분배가 사유가 아닌 공유의 개념에 바탕을 둔 사회 시스템으로, 철학적으로 혼합 경제와 일치한다.

산업 정책(industrial policy) 정부가 국제적으로 경쟁력을 갖추기 위해 개발할 대상 산업을 식별하는 정책. '전략적 무역 정책'이라고도 한다.

산업 조직(industrial organization, IO) 기업의 전략적 행동, 시장의 구조 및 상호 작용을 연구하는 경제학 분야

산업 클러스터(industrial cluster) 사업을 용이하게 하기 위해 서로 인접하게 위치한 동일한 산업 내의 구매업체와 공급업체 그룹

산업화 옹호론(industrialization argument) 비효율적이고 국제적으로 경쟁력이 없는 산업을 발전시킴에도 불구하고 실업자의 고용을 창출하면 성장할 수 있다고 주장하는 이론

상대주의(relativism) 윤리적 진리가 특정 사회의 가치에 좌우되며, 사회 및 국가마다 다를 수 있다고 주장하는 이론으로, 누군가의 윤리적 가치를 다른 사람에게 주입하거나 강제하는 것이 적합하지 않을 수 있다.

상법(commercial law) 비즈니스, 상거래 및 소비자 거래의 광범위한 영역을 규율하는 법률

상품 수출과 수입(merchandise export and import) 물건(제품)을 외국으로 내보내거나 자국으로 들여오는 것

상호 인정(mutual recognition) 외국 증권거래소에 상장하여 거래하려는 외국인 등록자는 자국의 GAAP에 따라 준비된 정보만 제공하면 된다는 원칙

상호 조율을 통한 조정(coordination by mutual adjustment) 공통 목표를 설정할 때 경영자가 상대방과 광범위하게 상호작용하는 시스템

서브파트 F(subpart F) 일반적으로 거래나 외국에서 만든 상품의 판매 같은 사업의 직접적 행위 이외에 발생하는 소득을 말하며, '불로 소득'이라고도 한다.

서비스 수출과 수입(service export and import) 상품이 아닌 서비스의 국제 거래를 통한 매출과 지출. '무형의 수출입'이라고도 한다.

석유수출국기구(Organization of the Petroleum Exporting Countries, OPEC) 석유 가격을 높게 유지하기 위해 석유 생산 및 가격 정책에 합의하는 13개국의 석유 생산자 연합체

선물환 거래(outright forward transaction) 2영업일을 넘어서 결제가 이루어지는 외환 거래

선물환율(forward rate) 3일 이상의 통화 교환을 위해 미리 정해진 환율

선물환 할인(forward discount) 외화의 선물환율이 현물환율보다 낮은 비율, 즉 미래에 외화의 약세가 예상되는 금액

선물환 할증(forward premium) 외화의 선물환율이 현물환율보다 높은 비율, 즉 미래에 외화의 강세가 예상되는 금액

선수입보증금(advance import deposit) 외환 교환 통제의 다른 형태 중 하나로, 정부는 수입 라이선스의 발행을 엄격히 하고, 수입업자가 해외에서 수입하는 공산품의 전체 가격을 담보로 중앙은행에 예금을 예치할 것을 요구한다.

선점우위 효과(first mover advantage) 한 국가에 최초로 진출하면 기업은 최고의 파트너, 최고의 입지, 최고의 공급업체를 보다 쉽게 확보할 수 있는 것

선진국(developed economy) 개발도상국에 비해 상대적으로 높은 생활 수준, 첨단 기술 인프라 및 보다 광범위한 생산 활동을 특징으로 하는 경제

세계무역기구(World Trade Organization, WTO) 125개 회원국으로 구성된 GATT의 후속 기구로, 회원국 간 상품, 서비스 및 투자 무역에 대한 관세 및 비관세 장벽을 낮추는 임무를 맡는다.

세계시민주의(cosmopolitanism) 세계에 대한 개방성이 높아 외국 제품에 대한 수용도가 높다.

세계중심주의(geocentrism) 본국과 대상국의 관행에서 나아가 완전히 새로운 관행을 통합하는 개념

세계중심주의 프레임워크(geocentric framework) 국적에 관계없이 가장 적합한 경영자를 위치에 관계없이 필요한 지역에 배치하는 것

세계화(globalization) 여러 국가의 사람들 사이에서 상호관계가 확대되는 현상. 상품과 서비스, 자본, 기술, 인적 자원의 이동을 가로막는 장벽을 없앰으로써 세계 경제의 통합을 의미하기도 한다.

세관 중개인(customs broker) 수출입 활동의 통관을 처리할 때 국가의 관세청을 통해 화물을 통관하도록 도와주는 전문가

세렌디피티(serendipity) 우연히 찾아온 운 좋은 발견이 주는 뜻밖의 기회가 성공적인 수출에 중요한 역할을 하는 것

세이프헤븐(safe haven) 일반적으로 투자하기 좋은 위치로 간주되는 정치적 위험이 낮은 나라

소비자 자문화중심주의(consumer ethnocentrism) 제품과 서비스를 구매할 때 자국산 제품을 찾는 등 세계적인 것보다 지역적인 것을 선호하는 것

소싱(sourcing) 기업이 원재료, 부품, 및 완성품 등을 구입, 조달하는 과정에서 취하는 전략. 소싱은 국내 및 해외, 회사 내부 및 외부에서 이루어진다.

수렴(convergence) 재무회계기준위원회(FASB)와 국제회계기준위원회(IASC)가 공동의 글로벌 회계 기준으로 나아가기 위한 노력

수입(importing) 수입업자인 구매자가 수출업자인 다른 국가의 판매자에게 상품이나 서비스를 구입하는 행위

수입 관세(import tariff) 수입국이 징수하는 관세

수입 대체(import substitution) 제품의 현지 생산을 촉진하기 위해 수입을 제한하는 것으로, 국내 생산과 수입품을 대체하는 제품의 소비를 증가시키는 데 목적이 있다.

수입 면허(import license) 수입업자나 수출업자가 무역에 앞서 정부 당국으로부터 허가받아야 하며 면허를 취득하려면 정부 당국에 견본을 제출해야 하는데, 면허를 거부당한다면 직접적인 수출입이 제한된다. '수출 면허'라고도 한다.

수직적 차별화(vertical differentiation) 누가 어떤 결정을 내릴 권한을 가지고 있는지 결정하는 것으로, 조직에서 의사결정의 중앙집중화 및 분산화 정도를 지정한다.

수직 통합(vertical integration) 기업이 공급업체 네트워크 전체를 소유하거나 적어도 핵심 공급업체를 소유하는 것

수출(exporting) 한 국가에 위치한 기업이 다른 국가의 고객에게 상품 또는 서비스를 판매하는 행위

수출 계획(export plan) 수출 성공을 좌우하는 핵심사항을 명시하는 것

수출 관세(export tariff) 수출국이 징수하는 세금

수출 자율 규제(voluntary export restraint, VER) 수입 쿼터의 일종으로, 국가가 다른 국가에 자발적으로 수출을 줄여줄 것을 요청하는 행위

수출 주도 경제 개발(export-led development) 고속 경제 성장을 달성하기 위해 국가가 제품을 수출하는 산업을 지원하는 것

수출 초과(favorable balance of trade) 국가의 수출이 수입보다 더 많다는 의미로, '무역수지 흑자'라고도 한다.

수평적 차별화(horizontal differentiation) 어떤 부서에서 어떤 작업을 수행할지 구체화하는 것

수확(harvesting) '매각' 참조

순현재 가치(net present value, NPV) 연간 현금 흐름의 현재 가치에서 초기 투자를 뺀 값

스미소니언 협정(Smithsonian Agreement) 1971년 미국 스미소니언 박물관에서 열린 IMF 10개국 재무장관 회의에서 이루어진 협정으로, 미국 달러화의 평가절하, 다른 나라 통화의 재평가, 환율의 유연성 확대 및 무역 장벽을 낮추기 위한 참여국들의 노력 등이 합의의 내용이다. 1976년에 자메이카 협정으로 대체되었다.

스캐닝(scanning) 국가가 가진 기회와 위기를 보여주는 광범위한 지표를 살펴볼 수 있는 기술로, 경영자는 쉽게 이용할 수 있고 비용이 저렴하며 비교 가능한 정보를 활용하여 가장 최적의 입지를 선정한다는 목표로 많은 국가를 비교할 수 있다.

시가총액(market capitalization) 상장된 주식을 모두 현재의 시장 가격으로 환산하여 나타낸 총체적 가치로서, 거래소에 상장된 주식의 총주식 수에 주당 시가를 곱하여 계산한다.

시장 경제(market economy) 정부가 아닌 개인이 대부분의 의사결정을 내리는 경제 체제로, 개인이 어디서 일할 것인지, 무엇을 할 것인지, 언제 어떻게 소비할 것인지를 결정하는 많은 선택권을 주는 제도를 도입하며, 이를 위해 경제적 자유를 수호한다.

시장 통제(market control) 다국적 기업이 내부 성과를 규정하는 기준을 수립하기 위해 외부 시장 메커니즘을 활용하는 시스템

시카고상품거래소그룹[Chicago Mercantile Exchange(CME) Group] 시카고상품거래소와 시카고거래소의 합병으로 2007년에 설립된 외환을 포함한 다양한 자산군에 대한 선물 및 옵션 상품을 취급하는 세계 최고의 다양한 파생 상품 시장

시한부환어음(time draft) 지불이 배달 후 30일과 같이 이후에 이루어지는 환어음

식스 시그마(Six Sigma) 생산 프로세스 및 제품의 '불량'과 '결함'을 정의하고 품질 변동을 최소화하며 가능한 한 불량률이 제로에 근접하도록 정확한 데이터를 기반으로 엄밀한 통계적 분석을 실시하는 고도로 집중된 품질 관리 시스템

신고전주의 조직 구조(neoclassical structure) 고전적인 조직 구조에서 발견되는 순응성, 경직성, 관료주의, 권위주의와 같은 단점을 해결하기 위해 조정과 하위 조직의 성장을 도모하는 다양한 장치를 적용하는 조직 구조

신디케이션(syndication) 여러 은행이 대출자에게 신용을 확장하고 위험을 분산하기 위해 자원을 모으려 협력하는 것

신용장(letter of credit, L/C) 어음이 규정된 조건에 따라 제공된다면 수입국에 있는 구매자의 은행이 자사에 주어진 어음을 지급할 것을 의무화한 문서

신정법(theocratic law) 사회를 지배하는 종교에서 제시하는 문헌을 국가의 법체계 기반으로 삼는 것

신중상주의(neomercantilism) 사회적·정치적 목적을 달성하려는 의도로 유리한 교역 균형을 유지하려는 국가의 접근 방식

신흥경제권(emerging economy) 빠른 경제 성장, 산업화 확대, 생활 수준 향상을 경험한 개발도상국가

실용주의(pragmatic) 추상적인 원칙보다는 디테일에 더 초점을 맞추는 문화를 설명한다.

실효관세(effective tariff) 개발도상국에서 생산된 제품 중 선진국에서는 원자재 성분이 면세로 들어왔을 것이기 때문에 명시된 관세보다 더 높은 관세를 지불해야 한다는 주장

아세안(Association of South East Asian Nations, ASEAN) 브루나이 다루살람, 캄보디아, 인도네시아, 라오스, 말레이시아, 미얀마, 필리핀, 싱가포르, 태국, 베트남 등 아시아 국가들이 특혜무역 등을 목표로 참여하는 자유무역 지역

아시아태평양경제협력체(Asia Pacific Economic Cooperation, APEC) 환태평양 지역의 무역과 투자에 관한 다자간 경제협력을 촉진하기 위해 아시아와 아메리카에 접해 있는 21개국이 결성한 협력체

아웃소싱(outsourcing) 한 회사가 한프로세스나 기능을 다른 회사에 외부화하는 것으로, 회사의 본국 또는 다른 국가에서 니어쇼어링 또는 오프쇼어링으로 수행할 수 있다.

안데스 공동체(Andean Community, CAN) 볼리비아, 콜롬비아, 에콰도르, 페루를 포함하는 남미 지역 경제 그룹

암시장(black market) 공식 시장 외부에 존재하는 외환 시장

액면가(par value) 각 국가의 통화가 다른 통화에 대해 가치가 결정되는 기준으로, 원래는 금이나 미국 달러로 표시되었으나 지금은 특별인출권(SDR)으로 표시된다.

양자 통합(bilateral integration) 두 나라가 밀접히 협력하기로 결정하는 것으로, 통상 관세 경감이 많이 사용된다.

엑스트라넷(extranet) 협력업체와 인터넷을 통한 정보 시스템 연결

엠바고(embargo) 무역을 전면 금지하는 쿼터

역량(competency) 자원과 능력을 결합할 때 다국적 기업의 경쟁력을 결정하고 유지하는 독특하고 모방할 수 없는 지식, 기술, 능력. 서로 다른 가치 활동을 통합 가치사슬로 통합한다.

역문화 충격(reverse culture shock) 본국에서는 선택할 수 없는 해외 생활의 측면을 좋아하게 된 후 자국에 돌아와서 다시 적응하는 데 느끼는 고통

역외 금융센터(offshore financial center, OFC) 자국 이외의 다른 통화로 많은 자금을 제공하고 현금을 마련하며 축적하는 장소로 사용되는 도시나 국가

역외 자금 조달(offshore financing) 비거주자에게 은행과 기타 중개인이 금융 서비스를 제공하는 것

역주재(reverse-expat) 신흥 시장에서 인재를 선발해서 선진 시장에 파견하여 그들의 역량을 신장시키는 것

연결(consolidation) 모회사 및 자회사와 같은 관련 기관의 재무제표를 결합하여 연결재무제표를 산출하는 회계 프로세스. 이 과정에서 관련 기업 간의 거래가 제거되어 외부 당사자와의 거래를 반영한다.

연계무역(countertrade) 물물교환 또는 대응무역과 같은 여러 종류의 무역에 대한 포괄적 용어로, 판매자가 지급에 대한 대가로 통화나 신용이 아닌 상품이나 서비스를 수령한다.

연화(soft currency) 일반적으로 완전히 교환되지 않는 통화로, 약세 통화라고도 한다. 값이 매우 불안정하고 유동적이지 않으며 상품과 서비스에 대한 지불 매체로 널리 받아들여지지 않는다.

영미법(common law) 전통, 판례, 용례에 기초한 법률 시스템으로, 법원은 판례법에 우선권을 부여한다.

오프쇼어링(offshoring) 국내에서 해외로 생산을 이전하는 것

오프쇼어링 제조(offshoring manufacturing) 기업이 자국 시장 밖에서 제조하기로 결정하는 것

온쇼어링(onshoring) 해외에서 국내로 사업을 이전하는 것

옵션(option) 매수자에게 일정 기간 동안 정해진 환율로 일정량의 외화를 매수 또는 매도할 수 있는 권리(의무는 아님)를 부여하는 외환 상품

외국 채권(foreign bond) 채무자의 국가 밖에서 판매하지만, 발행국의 통화로 표시되는 채권

외국인 비용(liability of foreignness) 외국인이기 때문에 겪는 현지의 불리한 여건과 이와 관련된 유무형적인 비용을 통칭

외환(foreign exchange, FX) 다른 국가 또는 그룹의 통화로 표시된 돈

외환스와프(FX swap) 한 통화를 다른 통화로 특정일에 교환하고, 미래 특정일에 다시 교환하는 거래

외환 시장(foreign-exchange market) 외환이 거래되는 시장으로, 일반적으로 은행, 비은행 금융 기관 및 증권거래소 같은 거래소를 말한다.

외환 통제(foreign exchange control) 국제수지의 균형과 환율의 안정을 기하기 위해 외환 거래를 국가가 직접적으로 규제 또는 조정하는 것

요소 비율 이론(factor proportions theory) 한 국가에서 토지 부존량이나 자본 부존량과 노동 부존량의 차이가 생산 요소의 비용 차이를 발생시킨다고 설명하는 이론

요소이동성 이론(factor mobility theory) 생산 요소가 이동하는 이유와 이러한 이동이 국가의 요소 부존 변화에 미치는 영향, 국제 요소 이동성이 무역에 미치는 영향에 초점을 맞춘 이론

욕구(니즈) 단계 이론(hierarchy-of-needs theory) 사람들은 고수준 욕구에 앞서 저수준 욕구를 충족하려 한다는 동기 이론

운영(operation) 제조업과 서비스 모두를 위한 공급사슬 전략의 한 부분으로서, 투입을 산출로 전환하는 것

운영 관리(operations management) 회사 내에서 발생하는 가치사슬에서의 활동

원가우위 전략(cost leadership strategy) 시장 점유율을 확보하기 위해 표준화된 상품이나 서비스를 원가를 줄여 경쟁사보다 저렴한 가격으로 판매하는 전략

원가우위-차별화 통합 전략(integrated cost leadership-differentiation strategy) 차별화된 기능을 갖춘 비교적 저렴한 제품을 고객에게 효과적으로 제공하는 전략

원산지(country of origin) 제품이 추출, 재배, 생산 또는 제조된 나라. 소비자는 품질에 대한 인식이나 민족주의와 같은 이유로 특정 국가에서 생산된 물건을 구매하는 것을 더 선호할 수도 있어서 무역에 영향을 미친다.

위탁 관리 계약(management contract) 기업이 일반적인 또는 전문적인 관리 기능을 수행할 수 있는 인력을 제공하고 다른 기업은 비용을 지불하는 형태

유럽 사법재판소(Court of Justice) 각 유럽연합 회원 국가의 판사로 구성된 법원으로, 법률이 회원국 간에 동일하게 적용 및 해석되도록 하고, 유럽연합 기관이 법률을 준수하는지 확인하며, 회원국 간의 분쟁을 해결한다.

유럽식 호가(European terms) 본국 통화 한 단위에 대한 외국 통화의 필요 수량

유럽연합(European Union, EU) 자유무역 지역, 관세 동맹, 생산요소의 자유로운 이동성을 포함하는 유럽 국가 간 지역 경제 통합 형태로, 정치 및 경제 통합을 위해 노력한다. 유럽위원회, 유럽이사회, 유럽의회, 사법재판소가 관할한다.

유럽연합 집행위원회(European Commission) 유럽연합의 정치적 리더십과 방향을 제공하는 유럽연합 각 회원국의 대표

유럽 의회(European Parliament) 입법권, 예산통제권, 행정 결정 감독권을 가진 유럽연합 주요 정당의 선출된 대표

유럽 이사회(European Council) 법률 통과 및 주요 정책 수립 및 시행을 담당하는 유럽연합 각 회원국 정부의 대표

유럽 중앙은행(European Central Bank, ECB) 1998년 7월 1일에 설립되었으며, 1999년 1월 1일부터 유럽 전역의 통화 정책을 수립하고 환율 시스템을 관리한다.

유럽통화동맹(European Monetary Union, EMU) 경제 정책을 조정하고 유로 채택으로 절정에 이르는 3단계로 구성된 유럽연합 회원국 간의 동맹

유럽 통화 시스템(European Monetary System, EMS) 많은 유럽연합 회원국이 참여하는 유럽 공동체(EC) 내 환율 안정을 창출하기 위해 고안된 협력적 외환 협정

유로 달러(Eurodollar) 미국 이외의 은행에 예치된 달러 자금

유로 주식 시장(euroequity market) 발행국의 본국 경제 밖에서 주식이 판매되는 시장

유로 채권(Eurobond) 발행국의 통화가 아닌 다른 통화로 판매되는 채권

유로 통화(Eurocurrency) 발생한 국가 밖에서 예치되는 모든 통화

유로 통화 시장(Eurocurrency market) 유로 통화를 대상으로 하는 각종 거래로 구성되어 있는 금융 시장

유로크레디트(Eurocredit) 유로 통화 시장에서 1~5년 만기의 대출, 신용 한도, 중기 및 장기 신용의 형태

유로화(Euro) 모든 회원국이 유로를 채택한 것은 아니지만 정시으로 제정된 유럽연합의 공통 통화

유엔무역개발회의(United Nations Conference on Trade and Development, UNCTAD) 세계화와 개발 전략, 상품 및 서비스 무역, 상품, 투자 및 기업 개발, 무역 물류 및 인력 개발을 다루는 유엔의 주요 기구

유치산업 보호(infant-industry argument) 신생 산업의 내수 기업이 독자적으로 외국 기업과 경쟁할 수 있을 정도로 비중이 커지기까지 정부가 보호해야 한다는 주장

유통(distribution) 생산과 소비 사이에서 제품이 거치는 경로(물리적인 경로 또는 법적 소유권)

은행 간 거래(interbank transaction) 시중 은행 사이에 이루어지는 외환 거래

의무론적 접근법(deontological approach) 사람들이 결과와는 상관없이 도덕적 판단을 하고 도덕적 행위를 한다는 주장

의존성 이론(dependencia theory) 신흥경제국이 다국적 기업을 다룰 힘이 실질적으로 없다고 주장하는 이론

이상주의(idealism) 사소한 사안을 해결하기 앞서 개괄적인 원칙을 수립하는 것을 선호하는 것

이전 가격(transfer price) 기업의 한 구성원이 다른 구성원에게 판매하는 재화와 서비스에 대한 가격

이중 문화(bicultural) 이중 또는 다중 국적, 부모 또는 다른 나라 배우자를 가지고 있기 때문에 둘 이상의 국가 문화를 내재화한 사람에 대한 설명

이해관계자(stakeholder) 기업이 성공하기 위해 만족시켜야 하는 주주, 직원, 고객, 공급업체 및 사회 전반에 걸친 다양한 집단의 집합체

인력 운용을 위한 채용 프레임워크(staffing framework) 국제 인적자원 관리에서 파견 정책과 프로그램을 구성하는 시스템 관점으로, 복잡한 문제를 해결하는 데 도움을 주는 인력 운용에 대한 기본적인 접근 방식

인치(rule of man) 한 개인의 말과 기분이 법의 근간이 되는 것으로, 통치자에게 독단적으로 통치할 수 있는 권리를 부여한다.

인코텀스(Incoterms) 무역 계약에서 잘못된 의사소통을 방지하기 위해 전 세계적으로 인정되고 사용되는 세 글자 용어

일람출급환어음(sight draft) 수출업체가 결제를 즉시 요청하는 환어음

일반회계기준(Generally Accepted Accounting Principle, GAAP) 외부의 회계정보 이용자들을 위한 재무제표 작성에 각국의 회계 종사자들이 인정하는 회계 기준

임시 방법(temporal method) 외화 재무제표를 작성할 때 지배 기업의 보고 통화가 기능 통화인 경우에 적용하는 환산 방법

입지우위(location advantage) 최적의 장소에서 본원적 활동 및 지원 활동을 배치함으로써 기업의 경쟁력 있는 입지를 최적화하는 것으로, '지리적 우위'라고도 한다.

입지의 경제(location economy) 최적의 위치에서 가치 활동을 수행함으로써 얻을 수 있는 비용상의 이점

자메이카 협정(Jamaica Agreement) 국제통화기금의 특별위원회에서 1976년에 합의된 협약으로, 고정환율제도를 포기하고 변동환율제를 공식화함으로써 환율의 유연성이 크게 높였다.

자발적 주재원(self-initiated expatriate, SIE) 진취적인 정신과 해외에서 일할 동기를 가지고 이주하는 주재원

자본주의(capitalism) 사유재산제도가 주도권, 투자, 리스크로 얻은 이익을 정당화하는, 양도할 수 없는 재산권을 개인에게 부여한다는 경제 시스템

자원(resource) 생산 프로세스에서 다국적 기업이 소유하거나 통제하는 투입물

자원 기반 관점(resource-based view, RBV) 각 기업은 고유한 역량을 가지고 있으며, 기업은 자사의 역량과 가장 잘 부합하는 활동에 집중하고 경쟁력이 부족한 제품이나 서비스에 관한 활동은 다른 기업에 의존하여 기업 성과를 향상할 수 있다는 관점

자유로운 형태의 주재원(flexpatriate) 일련의 해외 파견 업무를 수행하면서 좀 더 긴 시간에 걸쳐 본사를 왕복하는 직원

자유방임(laissez-faire) 사업 활동이 정부의 간섭 없이 자율적으로 행해지는 것을 지지하는 개념

재무상태표 접근법(balance sheet approach) 해외 주재원이 외국에서 본국과 같은 생활 수준을 누리게 하는 보상을 추구하는 것

재무회계기준위원회(Financial Accounting Standards Board, FASB) 미국에서 재무 회계 표준을 설정하는 민간 회계 기준 설정기관

저맥락 문화(low-context culture) 사람들이 특정 사안에 직접 관련된 정보만 관련 있는 정보로만 판단하는 것

전략(strategy) 회사의 현재 상황을 반영하고 기업이 나아가야 할 방향을 파악하며 그 목표에 어떻게 도달할지를 결정하는, 통합되고 조정된 선택과 약속의 집합

전략 기획(strategic planning) 기업이 비전과 미션을 가장 잘 달성할 수 있는 방법을 결정하는 포괄적인 과정

전략적 무역 정책(strategic trade policy) 정부가 국제적으로 경쟁력을 갖추기 위해 개발할 대상 산업을 식별하는 정책으로, '산업 정책'이라고도 한다.

전략적 제휴(strategic alliance) 합작투자, 라이선싱 계약, 위탁 관리 계약, 소수 지분 확보, 장기 계약 등을 통해 회사가 협력하는 것을 말하며, 일반적으로 하나 이상의 파트너에게 아주 중요한 약정이거나 공동 소유권 계약이 아닌 약정을 일컫는 데 쓰인다.

전사적 자원 관리(enterprise resource planning, ERP) 기업의 전 부문에 걸쳐 독립적으로 운영되던 각종 관리 시스템의 경영 자원을 하나의 통합 시스템으로 재구축하는 소프트웨어

전사적 품질 관리(total quality management, TQM) 고객 만족, 지

속적인 (품질) 개선, 종업원의 참여를 강조하는 프로세스로, 모든 결함을 제거하는 것을 목표로 한다.

전유성 이론(appropriability theory) 경쟁자가 자원에 접근하지 못하도록 막는 것에 대 한 이론

전자상거래(E-commerce) 온라인 인터넷을 통하여 재화나 서비스를 사고파는 형태의 거래

전자정보 교환 시스템(electronic data interchange, EDI) 컴퓨터와 통신 장비를 통한 돈과 정보의 전자적 이동

전체주의(totalitarianism) 단일 행위자에 권력을 집중시켜 정치와 경제, 사회 활동을 통제하는 정치 이데올로기

절대우위(absolute advantage) 각 국가가 다른 국가에 비해 어떤 상품을 더 효율적으로 생산하고 소비자는 해외로부터 더 저렴한 값에 구매 가능한 재화가 있을 경우 국내에서 생산된 재화를 사지 않는다는 자유무역 이론

점진적 국제화(incremental internationalization) 기업이 경험, 자원 및 자신감을 얻음에 따라 점점 더 멀리 떨어져 있고 유사하지 않은 국가로 점진적으로 수출한다는 관점

점진적 몰수(creeping expropriation) 정부가 다국적 기업의 현지 재산권을 입법, 규제, 과세를 통해 점진적으로 감소시켜 이익의 더 많은 부분을 점유하는 것

정적 효과(static effect) 무역 장벽이 무너지면서 비효율적인 기업에서 효율적인 기업으로 자원이 이동하는 것

정치 스펙트럼(political spectrum) 다양한 유형의 정치적 이데올로기를 구체화하고 구성하는 개념적 구조

정치 이념(political ideology) 국가의 모든 제도와 정치 단체 및 국민 개개인의 정치 행동 등의 정치적 문제에 대한 인식과 그에 관한 가치 판단의 사상 체계

정치적 위험(political risk) 정치적 결정, 사건 또는 조건이 국가의 사업 환경을 변화시켜 기업으로 하여금 더 낮은 수익률을 받아들이거나, 투자의 일부 또는 전부를 포기하거나, 계속 운영하기 어렵게 위협할 가능성

정치적 자유(political freedom) 정치 과정에 자유롭게 참여할 권리

정치 체제(political system) 제도, 조직, 이익 집단을 규정하고, 정치적 행동을 지배하는 규범과 규칙을 정의하는 정부의 구조적 차원과 역학관계

제3국 국적 직원(third-country national) 본국이나 현지 국가의 국민이 아닌 주재원

제3자 거래 가격(arm's-length price) 서로 소유관계가 아닌 두 회사 사이의 가격

제3자 물류(third-party logistics, 3PL) 물류와 공급사슬 관리 사업에서 기업의 유통과 풀필먼트 서비스의 일부, 혹은 전부를 관리하는 제3자

제도(institution) 언어, 화폐, 법률, 도량형 및 측정 시스템, 식사 예절 및 기업(및 기타 조직) 같은 사회적 상호작용을 구조화하는 확립된 시스템이자 만연한 사회적 규칙

조정 시스템(coordination system) 가치사슬의 업무 책임을 동기화하여 자원을 효율적으로 사용하고 효과적으로 의사결정을 내리는 시스템

조직(organization) 특정한 목적을 달성하기 위해 여러 개체나 요소를 모은 체계적 집단으로, 업무 프레임워크를 구체화하고, 업무를 조정하고 통제하는 시스템을 개발하며, 직원 간의 공통된 직장 문화를 조성해야 한다.

조직 구조(organization structure) 조직 내에서 역할, 책임, 및 관계가 특정되어 있는 일종의 업무의 형식적 구분

조직 문화(organization culture) 조직 구성원들에게 체화된 것으로서, 정보를 해석하고 결정을 내리고 행동을 실행하는 방법을 형성하는 구성원들에게 공유된 규범적 원리의 집합

조화확인서(reconciliation) 미국 자본 시장에서 요구되는 프로세스로서, 외국 회사가 본국 GAAP와 미국 GAAP를 조정하는 것

종가세(ad valorem duty) 국제적으로 선적되는 상품에 부과하는 세금으로, 품목 가치의 백분율로 평가되는 관세

종량세(specific duty) 상품의 수량 또는 중량 등 단위 기준으로 부과하는 관세

주권(sovereignty) 외부 세력(외국 등)의 통제로부터 자유로울 수 있는 한 국가의 고유한 권리

주변 가치(peripheral value) 핵심 가치보다 덜 지배적이고 유연한 가치

주재원(expatriate) 법적 거주지가 아닌 국가에서 일하기 위해 파견된 인력

중상주의(mercantilism) 국가의 부가 '보물'의 보유 정도에 달렸다는 무역 이론

중소기업(small and medium-sized enterprise, SME) 인원수 또는 매출액이 일정 기준 이하인 기업으로, 미국에서는 500명 미만의 직원을 고용하는 회사를 말한다.

중앙화(centralization) 일반적으로 국가 수준을 상회하는 고위 관리자가 전략적 결정을 내리고 실행을 위해 하위 수준에 위임하는 정도

지분 제휴(equity alliance) 적어도 하나 이상의 기업이 다른 기업의 지분(대부분 소수 지분)을 취하는 협력 방식

지속가능성(sustainability) 미래 세대의 요구를 충족할 수 있는 능력을 훼손하지 않고 현재의 요구를 충족하는 것으로, 경제 성과 측정치를 통해 기존 통화지표를 보완함으로써 성장을 통한 이익과 비용을 고려하게 한다.

지시 일원화의 원칙(unity-of-command principle) 기업의 최고경영자부터 일선 노동자에 이르기까지 지시 계통이 단절되어서는 안 된다는 것

지역 조달(local content) 생산공정에 사용되는 중간재 중 일정 비율이 현지 협력업체에서 나오도록 하는 것

지역 통합(regional integration) 동일한 지역에 위치한 일부 국가들이 협력하기로 결정하는 통합 형태

지원 활동(support activity) 기업의 기반 시설을 나타내며 본원적 활동을 지원하는 활동

지적 재산(intellectual property, IP) 발명, 문학 및 예술 작품, 기호, 이름, 이미지, 디자인, 공정 형태의 창의적인 아이디어, 독점적 작품, 혁신적인 전문지식 또는 무형의 통찰력으로서 개인, 기업 또는 국가에 경쟁우위를 창출하는 것

지적 재산권(intellectual property right, IPR) 특허권, 상표권, 저작권, 노하우 등 무형자산에 대한 소유권

지하 경제(shadow economy) 국가의 공식 경제와 함께 존재하는 법의 테두리를 벗어나는 활동(예: 무면허 셔틀 운전, 여행 비자 위반)뿐 아니라 여러 공식 통계를 넘어서는 불법적인 활동(예: 마약 밀매, 성매매, 불법 도박)으로, '병렬 시장', '비공식 경제' 또는 '시스템 D'라고도 한다.

직접 수출(direct exporting) 수출 과정을 기업이 직접 관리하는 것

직접법(direct quote) 특정 외환의 1단위를 국내 통화의 단위로 표시하는 방법

직접투자(direct investment) '해외직접투자(FDI)' 참조

집단주의(collectivism) 집단의 필요가 개인의 필요보다 우선한다는 관점으로, 조직에 의존하는 것을 선호한다.

집중 배치(concentrated configuration) 특정한 활동이 한 지리적 위치에서 수행되고 그곳에서 세계에 서비스하는 가치사슬의 설계

집중화 전략(concentration strategy) 기업이 우선 하나 또는 소수의 해외 시장에 진입하고 강력한 개입을 통해 경쟁우위를 달성할 때까지 다른 곳에 가지 않고 집중하는 전략

차별화 전략(differentiation strategy) 기업이 고유한 제품이나 서비스를 제공하거나 고유한 브랜드의 고객 서비스를 제공함으로써 경쟁우위를 확보하려는 사업 전략

차익 거래(arbitrage) 한 시장에서 외환을 구입해서 다른 시장에서 즉시 재판매함으로써 가격 차이를 이용하여 이윤을 얻는 것

천혜의 우위(natural advantage) 국가가 어떤 제품을 생산하는 데 기후 조건, 특정 천연자원으로의 접근성, 노동력 이용 가능성 같은 자연적으로 유리한 조건을 보유하여 무역 거래에 우위를 얻는 것

초국가적 전략(transnational strategy) 글로벌 통합의 효율성, 현지 대응의 효율성, 혁신의 체계적 확산을 목표로 하는 전략으로, 다국적 기업의 역량을 전 세계 운영 과정에서 이용하여 글로벌 통합과 현지 대응을 조화시킨다.

초국적 기업(transnational company, TNC) 다국적 기업을 지칭하기 위해 UN에서 사용하는 용어

최적관세 이론(optimum-tariff theory) 수입국이 제품에 관세를 부과하면 외국 생산자는 가격을 인하하게 된다는 관세에 관한 이론

최혜국 조항[most-favored-nation(MFN) clause] 특정 국가와 무역 상대국이 관세를 낮추기로 합의했다면 이 관세 경감은 자동적으로 다른 회원국에도 적용이 된다는 조항으로, GATT의 기본 원칙이다. '비차별 무역' 원칙이라고도 한다.

침묵 언어(silent language) 메시지를 전달하기 위하여 공식적인 언어 체계 외에 사용되는 광범위하고 다양한 신호 전달 방식

카리브 공동체(Caribbean Community, CARICOM) 상품과 서비스의 완전한 이동, 사업 설립권, 공통의 대외 관세, 자본과 노동의 자유로운 이동, 공통의 무역 정책 등 을 포함한 유럽연합 스타일의 협력 형태를 확립하고자 하는 카리브해 지역의 관세 동맹

컨소시엄(consortium) 3개 이상의 기업이 참여하는 합작투자

코피티션(coopetition) 경쟁 회사가 작업의 일부에서 협력하는 것

쿼터(quota) 특정 기간 동안(일반적으로 연간) 제품의 수입 또는 수출 수량 제한하는 것

클랜 통제(clan control, 부족 통제) 가치, 신념, 공유된 규범 및 사적인 관계에 의존하여 직원의 행동을 규제하는 것으로, 직원이 일상생활을 할 때 다국적 기업의 비전과 사명을 동일시하도록 사회화하여 경계를 허무는 것을 목표로 한다.

태평양 동맹(Pacific Alliance) 멕시코, 콜롬비아, 페루, 칠레로 구성된 중남미 경제 협력 그룹으로, 이들은 민주주의와 법치주의를 고수하기 때문에 중남미 다른 지역 그룹보다 무역과 투자에 더 우호적이다.

턴키 방식(turnkey operation) 계약에 따라 수행되고 운영 중일 때 소유주에게 이전되는 건설 프로젝트

통과 관세(transit tariff) 상품이 통과하는 국가가 징수하는 관세

통근 형태의 파견(commuter assignment) 주재원을 1~3년 정도 짧은 기간 현지로 파견하고 규칙적인 간격으로 본국을 방문하게 하는 것

통제 시스템(control system) 경영자가 성과와 계획을 비교하고 격차를 파악하며 조정을 부과하는 프로세스. 조정 활동 및 조직 구조 설계를 직접적으로 보완해주는 역할을 한다.

통화선물 계약(futures contract) 통화선물거래소의 모든 참가자가 표준화된 계약에 명시된 대로 양 당사자 간에 미래 특정 시점에 특정 통화를 특정 가격에 사거나 팔기로 한 계약

통화스와프(currency swap) 원리금 상환의 교환으로서, 서로 다른 통화로 차입한 자금의 원리금 상환을 서로 바꿔 이를 이행하기로 하는 약정거래

투자 의사결정(go-no-go decision) 기업은 한 번에 하나의 기회를 검토하고 기준을 만족한다면 이를 결정한다는 것

특별인출권(special drawing right, SDR) IMF가 외환 보유고 증가를 돕기 위해 회원국의 공식적인 금, 외환, IMF 보유 포지션을 보완하려 창출한 국제 예비 자산

파급 효과(spillover effect) 국가의 마케팅 프로그램이 종종 다른 곳, 특히 인접 국가에서 제품에 대한 인지도를 높이는 결과를 가져오는 현상

평등(equalization) 해외 주재원은 해외에서 일하는 것으로 인해 과도하게 보상받거나 부당하게 고생해서는 안 된다는 기본 원칙

포트폴리오 투자(portfolio investment) 다른 기업을 지배할 목적이 없는 투자로, 채권, 증권, 투자자가 구매한 어음 형태로 기업(혹은 국가)에 대한 대출 또는 주식으로 구성된다.

포퓰리즘(populism) '국민'에게 호소하는 다양한 정치적 접근 방식으로, 종종 '엘리트'와 병치시킨다.

표준화를 통한 조정(coordination by standardization) 세계 단위에 적용되는 보편적인 규칙과 절차를 적용하는 시스템으로, 지리적으로 분산된 단위 활동의 수행에 일관성을 강화하는 시스템

푸쉬(push) 판매 촉진 활동에 직접 판매 기법을 활용하는 것

풀(pull) 판매 촉진 활동을 대중매체에 의존하는 기법

품질(quality) 특정 제품이 소비자의 기대에 부합하거나 기대를 넘어서는 것

프랜차이즈 계약(franchising) 기업이 지속적으로 다른 기업을 지원하고 상표를 사용하도록 허용하는 계약

피라미드의 바닥(Base of the Pyramid) 하루에 몇 달러로 생계를 유지하는 40억 이상의 인구 집단으로, 향후 글로벌 경제의 시장 개척자가 될 것이라고 전망된다.

피셔 효과(Fisher Effect) 한 국가의 명목이자율은 실질이자율과 인플레이션율에 의해 결정된다는 이론

피지배외국법인(controlled foreign corporation, CFC) 의결권 주식의 50% 이상을 '미국 주주'가 보유하고 있으며, 미국 주주는 피지배외국법인의 의결권을 10%나 그 이상 보유한 미국 사람이나 기업을 말한다.

필수 산업 보호(essential-industry argument) 정치적으로 적대적인 시기에 외국 제품에 의존하지 않기 위해 정부는 국내의 필수 산업을 보호하기 위해 무역 제한을 해야 한다는 보호주의의 근거

합격 품질 수준(acceptable quality level, AQL) 불량 제로를 달성하는 것은 사실상 어렵고, 수리 시설과 서비스 보증을 통해 다루어야 하는 불량의 존재는 인정해야 한다는 품질 관리 개념

합작투자(joint venture) 2개 혹은 그 이상의 기업이 FDI의 지분을 공동 보유한 경우. '조인트 벤처'라고도 한다.

해외부패방지법(Foreign Corrupt Practices Act, FCPA) 외국 정부 기관에 대한 뇌물과 같은 미국 기업의 특정 유형의 지급을 범죄로 규정하는 법률

해외 주재원 선발(expatriate selection) 해외 근무에 대한 잠재력이 가장 높고 뛰어난 성향을 가진 임원을 선별하는 과정

해외직접투자(foreign direct investment, FDI) 투자자가 외국 기업의 지배 지분을 보유하는 것으로, '직접투자'라고도 한다.

해외 파견의 실패(expatriate failure) 좁은 의미로는 성과 부진으로 인해 관리자 조기 귀국하는 것이며, 넓은 의미에서는 국제 인적 자원 관리의 해외 주재원 관리 시스템이 실패한 것

핵심 가치(core value) 너무 강해서 타협이 어려운 가치

행동강령(code of conduct) 윤리적이고 사회적으로 책임감 있는 기업 활동을 위한 전략의 주요한 구성 요소로, 기업이 어떻게 운영되어야 하는지에 대한 일반적인 지침을 제공한다.

행복경제학(happynomics) 국민의 삶의 만족도를 직접적으로 고려하여 국가의 성과와 잠재력을 평가하는 것

헌법(constitutional law) 국가의 통치 조직과 통치 작용의 기본 원리 및 국민의 기본권을 보장하는 근본 규범

현물환 거래(spot transaction) 2영업일 이내에 결재하기로 합의한 외환 거래

현물환율(spot rate) 보통 2영업일 이내에 결재하기로 합의한 외환 거래 시 사용되는 환율

현지 대응(local responsiveness) 각 시장의 상황에 맞도록 기업 운영을 조정하는 것

현지중심주의 프레임워크(polycentric framework) 현지 경영 방식의 효과성에 대해 본국의 경영 방식과 동일한 가치를 부여하여 현지 업무를 관리하기 위해 현지국 인력을 찾는 것

현지화(localization) 현지 고용 기준의 수용, 특히 현지 임금 수준의 수용을 통해 경영자의 해외 파견이 이루어지는 것

현지화 전략(localization strategy) 소비자의 수요, 현지의 관행, 현지 시장의 정치, 법, 문화에 대응하여 상품을 설계, 생산, 판매하고, 필요한 자원, 능력, 역량을 배분하는 결정에서 본사보다 현지의 자회사가 더 큰 주도권을 가지는 전략

현행 환율법(current-rate method) 기능 통화가 현지 영업 환경의 통화인 경우 사용하는 외화 재무제표 환산 방법

협력 약정(collaborative arrangement) 합작투자, 라이선싱 계약, 위탁 관리 계약, 소수 지분 확보, 장기 계약 등을 통한 기업의 협력

형법(criminal law) 어떤 행위가 범죄인지 명시하고, 그 기준을 위반하는 사람에 대한 처벌을 규정함으로써 사회를 보호하는 법률

혼합 경제(mixed economy) 시장 경제와 계획 경제 체제의 요소를 결합된 경제 시스템으로, 정부와 민간 기업 둘 다 생산, 소비, 투자, 저축에 영향을 미친다.

혼합 구조(mixed structure) 기능별, 지역별, 제품별 사업부의 다양한 특징을 결합한 구조

혼합 법률 체계(mixed legal system) 한 국가에 2개 이상의 법적 제도가 공존하는 시스템

화물 운송업자(freight forwarder) 한 국가에서 다른 국가로 상품 이동을 용이하게 하는 회사

확인신용장(confirmed letter of credit) 수출국의 은행이 지불 보증을 추가한 신용장

환산(translation) 외화 재무제표를 미국 달러로 재작성하는 과정

환산 환노출(translation exposure) 노출된 자산(재무상태표 환율이나 현재 환율로 환산되는 노출된 계정)이나 부채의 달러 가치가 환율 변화에 따라 변해서 발생하는 환노출

환어음(draft) 수입업자가 수출업자에게 지불하는 국가 간의 거래 대금 수단으로, '상업어음'이라고도 한다.

환율(exchange rate) 특정 통화의 한 단위를 구입하기 위한 통화의 수량

환태평양경제동반자협정(Trans-Pacific Partnership, TPP) 호주, 브루나이 다루살람, 캐나다, 칠레, 일본, 말레이시아, 멕시코, 뉴질랜드, 페루, 싱가포르, 미국, 베트남이 참여한 잠재적인 경제 무역 그룹

활동 소득(active income) 미국 세법에 명시된 거래나 외국에서 만든 상품의 판매 같은 사업의 직접적 행위로부터 발생한 소득

회색 시장(gray market) 비공식 유통업체를 통해 제품이 판매되고 관리되는 시장

회수 기간(payback period) 초기 투자를 회수하는 데 필요한 프로젝트 또는 필요한 연수

획득된 소속 집단(acquired group membership) 출생이 아닌 종교, 정치적 당파, 직업, 기타 관계로 결정된 집단

후천적 우위(acquired advantage) 제품 기술이나 공정 기술을 기반으로 국가의 경쟁우위에 대한 설명

FDI '해외직접투자'의 약자

IB '국제경영'의 약자

IR 그리드(integration-responsiveness grid) 경영자가 가치사슬의 구성 및 조정에 영향을 미치는 글로벌 및 현지 압력을 측정하는 데 도움이 되는 프레임워크

MNC '다국적 기업'의 약자

MNE '다국적 기업'의 약자

TNC '초국적 기업'의 약자로, UN에서 다국적 기업을 지칭하는 데 사용하는 용어

TQM '전사적 품질 관리' 참조

VER '수출 자율 규제' 참조

찾아보기

기업